LES
GRANDS ÉCRIVAINS
DE LA FRANCE
NOUVELLES ÉDITIONS

PUBLIÉES SOUS LA DIRECTION

DE M. AD. REGNIER

Membre de l'Institut

OEUVRES
DE
J. RACINE
TOME VIII

CHARTRES. — IMPRIMERIE DURAND
Rue Fulbert, 9.

OEUVRES

DE

J. RACINE

NOUVELLE ÉDITION

REVUE SUR LES PLUS ANCIENNES IMPRESSIONS
ET LES AUTOGRAPHES

ET AUGMENTÉE

de morceaux inédits, de variantes, de notices, de notes, d'un lexique des mots
et locutions remarquables, d'un portrait, d'un fac-simile, etc.

PAR M. PAUL MESNARD

TOME HUITIÈME

TROISIÈME TIRAGE

PARIS

LIBRAIRIE HACHETTE

BOULEVARD SAINT-GERMAIN, 79

1929

LEXIQUE

DE LA LANGUE

DE

J. RACINE

AVEC

UNE INTRODUCTION GRAMMATICALE

PAR M. CH. MARTY-LAVEAUX

PRÉCÉDÉ D'UNE ÉTUDE SUR LE STYLE DE RACINE

PAR M. PAUL MESNARD

ET SUIVI DES TABLEAUX

DES REPRÉSENTATIONS DE CORNEILLE ET DE RACINE

PAR M. EUGÈNE DESPOIS

———

PARIS
LIBRAIRIE HACHETTE
BOULEVARD SAINT-GERMAIN, 79
—
1929
Tous droits réservés.

PRÉFACE.

DE
LA LANGUE DE RACINE.

L'étude de la langue de Racine devrait, ce semble, avoir pour préliminaires l'histoire des mots dont il s'est servi, les exemples de l'usage qu'en avaient fait avant lui les poëtes tragiques ses prédécesseurs. Mais pour cette histoire, pour ces exemples, nous croyons pouvoir renvoyer nos lecteurs à notre *Lexique de Corneille* : d'une part, à la préface de ce lexique, où ils trouveront les faits généraux ; et de l'autre, aux articles mêmes, où ils trouveront les observations de détail. Nous ne devons pas songer à reproduire ici ce travail ; mais nous demandons tout d'abord qu'on veuille bien s'y reporter, afin que l'examen de la langue de notre auteur en soit mieux éclairé, et qu'on n'y soit pas choqué d'une fâcheuse lacune. Ceci dit, nous entrons en matière.

L'erreur la plus ordinaire, contre laquelle il importe de se prémunir d'abord, quand on veut étudier la langue d'un écrivain, c'est de croire que tout ce qui dans ses œuvres s'éloigne de l'usage actuel doit lui être attribué en propre, caractérise sa manière, sa langue à lui, porte la marque de son tour d'esprit, de son génie.

Une étude, au moins générale, de la langue du temps auquel l'auteur appartient est indispensable pour éviter cet écueil, auquel sont venus se heurter bon nombre de critiques et de commentateurs, principalement vers la fin du siècle dernier.

Parmi les mots qui, dans les œuvres de Racine, ont plutôt reçu l'empreinte de l'époque que celle du poëte, nous citerons, à titre d'exemples, et sans nous piquer d'être complet :

Courage, dans le sens de « cœur » ; *Détestable*, signifiant « digne d'être détesté », et non pas seulement « très-mauvais »; *Ennui*, pour « violent chagrin »; *Espérance*, pour « attente », même en mauvaise part; *Galant*, dans le sens d' « élégant, qui a bonne grâce », en fait de littérature et d'art, même antiques, et, par exemple, en parlant des poëmes d'Homère; *Géner (mettre à la géne, à la gehenne)*, « faire souffrir extrêmement »; *Génie*, signifiant « le naturel », sans exprimer l'idée de supériorité créatrice, etc.; *Honnéte, honnêtement*, au sens de « convenable, convenablement, facilement » : « habit *honnête*, je n'en vivrois que trop *honnêtement* »; *honnête homme*, dans son sens d'autrefois, assez peu précis, et beaucoup plus étendu que celui qu'a conservé de nos jours cette expression; *Imbécile*, au sens latin de « faible »; *Incommodé*, pour « gêné, indigent »; *Lettre*, pour « écriture, main », façon d'écrire à laquelle on reconnaît qu'un écrit vient de telle ou telle personne; *Libertinage*, dans le sens que nous donnons à « libre pensée »; *Manière*, pour « espèce » : « cette *manière* de lettre ». *Méchant* a une force qu'il a aujourd'hui perdue, et s'emploie, dans le plus haut style, en parlant d'un criminel, d'un grand coupable; d'un autre côté, dans un langage plus familier, il a souvent la signification de mauvais : « *méchants* auteurs, *méchantes* maximes, *méchante* morale »; *Misère* a l'acception générale de « malheur »; *Nourrir, nourriture*, celles d' « élever, éducation »; *Oppressé*, qui n'a plus aujourd'hui qu'un sens purement physique, se prend au figuré comme maintenant *opprimé*; *Parties* marque les différentes qualités essentielles d'une personne, d'une profession : « toutes les *parties* d'un véritable académicien ». *Pénétration* s'employait rarement seul comme aujourd'hui; il exigeait d'ordinaire un complément : « *pénétration* d'esprit »; *Pitoyable* était usité dans son sens étymologique, pour « attendrissant, excitant la pitié »; *Plaisamment* voulait dire « d'une façon qui plaît, d'une manière agréable »; *Poil* désignait la chevelure ou la barbe : « le *poil* hérissé, faire le *poil* ». *Préoccupé* signifiait, suivant son étymologie : « occupé d'avance »; et un « cœur *préoccupé* » était par conséquent un cœur où la place était prise; *Prochain*, qui ne se dit plus guère que du temps, s'employait alors très-fréquemment en parlant de l'espace : « chambre *prochaine*, autel *prochain* »; *Singulier, singulièrement* avaient le sens que nous donnons aujourd'hui à « particulier, particulièrement, principal, principalement »; *Soin* voulait souvent dire « inquiétude, chagrin »; *Succès, succéder* indiquaient surtout l'événement, l'issue bonne ou mauvaise d'une affaire, d'une entreprise; *Tourmenter*, comme *géner*, avait une énergie qu'il a un peu perdue maintenant.

Il faut mettre à part, outre les mots et les tours du commun usage, ceux qui dès lors étaient des archaïsmes : ils n'appartiennent pas non plus à l'auteur, à moins qu'il n'ait été les chercher plus ou moins loin dans le passé, et qu'il n'y ait là un renouvellement presque équivalent à une création. Mais tel n'est point le cas pour Racine. Il n'a jamais affectionné les expressions et les locutions vieillies. Celles qu'on rencontre en très-petit nombre dans ses œuvres sont les derniers vestiges d'un usage qui s'éteignait; mais on n'y saurait voir aucun désir prémédité d'innover en renouvelant.

Elles se trouvent presque toutes soit dans les poésies de jeunesse, soit dans les livres annotés, soit enfin dans la *Correspondance*, où elles sont employées en badinant[1].

Quelques mots anciens ont été introduits par Racine dans *les Plaideurs*[2] pour concourir à l'effet comique, mais sont tout accidentels dans ses œuvres, et ne peuvent à aucun égard être considérés comme faisant réellement partie de son vocabulaire.

Nous avons signalé dans un assez grand détail le soin curieux avec lequel Corneille met à profit les termes spéciaux que lui fournissent les diverses professions[3]. Racine n'a point suivi cet exemple. Il n'a demandé aux vocabulaires techniques qu'un fort petit nombre de mots, en dehors de ceux qu'un fréquent usage avait déjà fait passer dans le langage commun.

Des expressions comme *il en vint quelque* Vent, *en* Défaut, *faire* Ombrage, Parer *les coups*, tirent bien, à la rigueur, leur origine de la vénerie, de l'équitation et de l'escrime, mais elles avaient depuis longtemps cessé d'appartenir à ces dictionnaires particuliers, pour prendre un sens beaucoup plus général.

Quand nous disons que Racine s'est généralement abstenu des termes techniques, on peut réclamer une exception pour les termes de droit, dont la comédie des *Plaideurs* est remplie. Le sujet le demandait, au reste. Racine, c'est lui qui nous l'apprend, ne devait point la connaissance de ces termes à une étude approfondie du lexique judiciaire, mais à des circonstances toutes fortuites. « C'est, dit-il dans l'avis *Au lecteur* (tome II, p. 142), une langue qui m'est plus étrangère qu'à personne, et je n'en ai employé que quelques mots barbares que je puis avoir appris dans le cours d'un procès que ni mes juges ni moi n'avons jamais bien entendu. » On trouvera ces mots de Palais (ceux qui méritent en effet l'épithète de *barbares* sont assez rares) aux articles : Amené sans scandale, Appointement, Appointer, Assigner, Audience, Comparoître, Compulsoire, Contredit,

---

1. Voyez, par exemple, au *Lexique* : Accoutumance, avoir Accoutumé de, Agace, Amnestie pour *amnistie*, Atours, Attache pour *attachement*, Blanc signé, Brèveté pour *brièveté*, Chantre en parlant d'un poëte ou d'un oiseau, Chenu, Coutumier, au Desçu, Devers, Discord, Discorder, Féru, Ficher au sens de *fixer*, Fil de perles pour *collier de perles*, Mie en parlant de la bonne d'un enfant, Nocher, Oncques, Parentage, Parochial, Pers, Retardement, se Revancher, Sourdre.

2. Tels sont *céans, icelui, icelle, les plaids*, etc.; telle est encore la vieille prononciation de la diphthongue *oi* : voyez ci-après, Prononciation.

3. *Lexique de Corneille*, préface, p. 11 et suivantes.

Décréter, Défendeur, arrêt de Défense, Demandeur, Dépens, Dit, Informer, Instance, Instruire une affaire, Interlocutoire, Production, Provision, Récuser, Requête.

Outre les termes de droit proprement dits, Racine a fort à propos introduit dans ses *Plaideurs* des façons de parler en usage dans la pratique, telles que : *un mien pré, un mien papier;* voyez Mien.

Il y a quelques mots de jurisprudence employés sérieusement dans les *Factums* pour le maréchal de Luxembourg, dont la rédaction est attribuée à Racine ; et quelques termes de droit canonique, tels, par exemple, qu'Intrusion, Relief *d'appel comme d'abus,* dans l'*Histoire abrégée de Port-Royal.*

Dans cette même histoire, s'il y a quelques expressions du langage mystique, comme celle-ci : « la Mère des Anges et la Mère Angélique n'étoient point assez *intérieures* au gré de ces pères », elles sont rares, et Racine les employait moins pour son compte qu'il ne les rapportait historiquement.

Mais le véritable langage particulier, nous n'osons dire technique, chez Racine, c'est celui de la galanterie. Quelque élégance qu'il ait su lui donner, ce n'est pas là que son art d'écrivain doit être admiré, ni même approuvé. Il est à regretter qu'il ait fait d'assez fréquents emprunts à cette langue romanesque, dont il est bien loin, disons-le pour son excuse, d'être le créateur ; car, lorsque nous venons de dire que c'était chez lui une langue particulière, à part, nous n'avons point entendu qu'elle n'appartînt qu'à lui.

Tantôt l'amant est représenté, avec toute la rigueur des termes militaires, se préparant à l'*attaque,* à l'*assaut,* et enfin « menant en *conquérant* sa nouvelle *conquête* », et l'amante le proclame « son *vainqueur* »; tantôt, au contraire, le poëte nous le montre s'avouant vaincu, lui rendant les *armes, enchaîné,* subissant un *joug, captif,* perdant sa *franchise,* passant sous les *lois* d'une belle, dont les yeux sont ses aimables *tyrans;* recevant une *atteinte,* une *blessure,* ayant l'âme *blessée* pour une *cruelle,* une *ingrate,* une *inhumaine,* de laquelle il attend toutefois « quelque heureuse *foiblesse* », pour laquelle il *brûle,* à qui, par des métaphores assez étranges, et qui ne s'expliquent que par l'oubli des significations primitives, il demande de *couronner* sa *flamme,* ses *feux.* C'est encore par suite d'un tel abus des mots qu'un amour coupable devient une *flamme noire;* c'est ainsi également qu'après avoir dit qu'une femme est l'*objet* d'une vive passion, on en est venu à dire que c'est un « bel *objet* », et à désigner Thésée comme un « volage adorateur de mille *objets* divers »

Nous venons de voir le mot d'*adorateur;* en effet, la femme, après avoir été présentée comme une place de guerre dont il s'agit de s'emparer, se transforme aussi, dans ce langage, en une sorte d'idole : il y est question de *divines* princesses, de *divins* appas; les yeux d'une belle deviennent les *dieux* de celui qui, ne se contentant plus d'aimer, d'adorer même, s'écrie : « Que dis-je aimer? j'*idolâtre Junie.* »

Cette langue artificielle, que Racine, par son bon goût, eût été digne de réformer, un de ses personnages se reproche de n'en pas posséder assez bien toutes les ressources et de *parler une langue étrangère* (*Phèdre*, vers 558). Nous sommes porté, quant à nous, à trouver qu'il ne parle déjà que trop bien ce langage de convention, et nous comprenons le sentiment d'Hermione, lorsqu'elle répond à Oreste qui a comparé ses cruautés à celles des Scythes :

> Quittez, Seigneur, quittez *ce funeste langage.*
> A des soins plus pressants la Grèce vous engage.
> Que parlez-vous du Scythe et de mes cruautés ?
> Songez à tous ces rois que vous représentez (*Andr.*, vers 505-508).

Lorsqu'on a de la sorte mis à part les divers éléments qui n'appartiennent point en propre à la langue de l'auteur qu'on étudie, l'examen des tournures qu'il affectionne ou qui lui sont propres, des alliances de mots qu'il a créées, des habitudes de son style, est plus facile à essayer.

Cette élimination n'est toutefois point suffisante pour nous permettre de pénétrer, du premier coup, au cœur même du langage habituel et personnel du grand écrivain. On trouvera dans le *Lexique* bien des mots, curieux à beaucoup d'égards, mais qu'on ne croirait pas sortis de la plume de Racine. Ceux-là, pour la plupart, n'appartiennent point aux ouvrages qu'il a avoués et qu'il a publiés lui-même. Ils sont tirés de la correspondance de sa jeunesse, ou bien de ces notes curieuses et succinctes, resserrées, le plus ordinairement, dans les étroites limites des marges de ses livres, et dont le principal mérite est de nous présenter parfois le premier jet d'une expression qui, plus tard, prendra, dans un chef-d'œuvre tragique, sa forme définitive.

Bien des étrangetés de langue appartiennent aussi aux *Poésies* de la première époque, et notamment à la *Promenade de Port-Royal des Champs*, écrite tout entière dans un style trop surchargé, trop peu simple, mais qui n'est d'ailleurs dépourvu ni de séve, ni de vigueur. Les épithètes y manquent de précision et y sont employées d'une façon quelque peu banale. C'est là du reste, parmi les défauts de ces ouvrages de la jeunesse, le seul que peut-être on serait tenté de relever çà et là plus tard, mais bien rarement.

Des vers insérés dans une lettre de 1662 nous représentent la lune « tenant *cercle* avec les étoiles »; les étoiles elles-mêmes sont des *diamants*. Dans la *Promenade de Port-Royal*, l'eau devient tour à tour du *cristal*, de l'*argent* liquide; l'onde *refrise* la surface de ses flots; un étang est un « *miroir* humi`le » où les tilleuls et les chênes se *mirent*; les poissons sont des « *nageurs* marquetés », les cercles qu'ils décrivent en nageant, des *couronnes* ; les arbres, des « *géants*, de cent bras armés », qui semblent prêter leur forte *échine* au soleil; ils forment des allées *étoilées*, c'est-à-dire en forme d'étoiles. Les fleurs des arbres à fruits sont une *neige empourprée* ; la laine des troupeaux est une *neige luisante* ; le blé, un *or mouvant*, une *richesse flottante*. Tandis que les arbres sont transformés en géants les cerfs,

.... ces *arbres vivants*,
De leurs bandes hautaines
Font cent autres grands *bois mouvants*
(IV, 29, *Poés. div.* 48-50).

Puisqu'il est certain que Racine est l'auteur de ces poésies de jeunesse, on ne saurait trop admirer l'énergie avec laquelle il a su se dégager, presque complétement, de cette recherche, de ces comparaisons forcées, de ces procédés descriptifs, qui transforment tout en or, en pierreries, etc., sans donner aucune idée de la chose décrite. Plus tard, ces défauts ont entièrement disparu, au moins est-il bien rare qu'on rencontre encore quelque expression douteuse, quelque métaphore incohérente, comme :

Il *éteint* cet amour, *source* de tant de haine (*Britannicus*, vers 1487);

ou un peu d'emphase :

.... Sur le dos de la plaine liquide
S'élève à gros bouillons une montagne humide
(*Phèdre*, vers 1513 et 1514).

Si maintenant, après avoir écarté les expressions communes à tous au dix-septième siècle, les rares archaïsmes, les affectations de la jeunesse, nous parcourons l'ensemble du vocabulaire de Racine, en laissant de côté, pour un instant, ses tragédies, nous serons surpris de la franche propriété de son langage.

Dans sa correspondance, dans ses notes, dans ses ouvrages historiques même, il s'est servi de plus d'un terme que les grammairiens ou les dictionnaires qualifient de bas, et il emploie, sans le moindre scrupule, l'expression toute familière ; dans *les Plaideurs*, en particulier, mainte trivialité populaire du comique. Voyez au *Lexique* les articles suivants : *faire en* ALLER; ATTRAPER; BÊTE, pour *simple, naïf, sot*; CHANTER, pour *dire, parler*; CHICANER; CRAPULE; CREVER DE GRAISSE; *se laisser* DÉBAUCHER *pour...*; *coup de pied dans le* DERRIÈRE; *ne pouvoir* DIGÉRER, au figuré; *se faire* ÉCHIGNER; *quelle* GUEULE! en parlant d'un avocat; HUPÉ, au figuré; JEUNESSE pour *jeune fille*; *faire à quelqu'un d'étranges* NOCES; PAPA; PISSER; POT DE CHAMBRE; RAISONNABLE, c'est-à-dire « d'une certaine étendue »; SOUILLONNÉ; SOÛLÉ *de pleurer*; TÈ, pour appeler un chien; TIREZ, pour « emmenez (les chiens) »; TEMPÊTER, au figuré; etc. Aux mots de ce genre on peut joindre les tours, qui offrent de nombreux gallicismes, du style familier. Voyez au *Lexique* : *cause en l'*Air; Aller, *il y va de;* Avec *tout cela; trois* Bons *quarts d'heure;* Dire, *il y a à dire; s'en* Donner; *ne pouvoir* Durer; *dans le* Fond; Foin *de moi;* Force *huissiers;* de Gaieté *de cœur; faire sonner* Haut; *le prendre de* Hauteur; *ne pouvoir aller* Loin; *dormir un* Miserere; *mettre à* Pis *faire; au fait et au* Prendre; Prendre *au mot;* etc.

Dans ses lettres d'Uzès, on rencontre quelques expressions patoises ou locales, plus d'une écrite en plaisantant[1]. Nous remarquerons, en passant, qu'il lui est arrivé d'attribuer au midi ce qui ne lui appartenait pas; ainsi, de regarder comme propre à Uzès la locution assez générale alors en France : « pousser le temps par l'épaule[2]. »

Quant aux manières de parler proverbiales, elles abondent chez Racine, dans sa correspondance, dans ses notes, dans sa comédie des *Plaideurs,* partout, en un mot, où le genre le permet. Voyez, par exemple, au *Lexique* : *j'étois un bon* Apôtre; *sa* Bile *se réchauffa; gros comme le* Bras; *de* Caen *à Rome; en un mot comme en* Cent; Chanter *pouille; jeter le* Chat *aux jambes; j'y vendrai ma* Chemise; *tiré par les* Cheveux; *remuer* Ciel *et terre; pas de* Clerc; *se tenant* Clos *et couvert; fausser* Compagnie; *avoir le* Diable *au corps; à deux* Doigts *de; filer* Doux; *à bonnes* Enseignes; *faire l'*Entendu; Face *de carême; se faire de* Fête; *je ne fus jamais à telle* Fête; *faire* Feu *qui dure; sur l'avenir bien* Fou *qui se fira; faire claquer son* Fouet; *s'en aller en* Fumée; *casser aux* Gages; *courir le grand* Galop; Graisser *le marteau;* Graisser *la patte; faire le pied de* Grue; *parler bien plus* Haut *que,* dans le sens de « se vanter de quelque chose de mieux »; *traiter de* Haut *en bas;* Heureux *comme un roi; à la* Joie *de mon cœur; pleurer à cœur* Joie; Leurrer *de; courir deux* Lièvres *à la fois; j'y brûlerai mes* Livres; *il faut être* Loup *avec les loups; voilà comme on fait les bonnes* Maisons; *suis-je pas fils de* Maître? *sans argent l'honneur n'est qu'une* Maladie; *lever le* Masque; *qui veut voyager loin ménage sa* Monture; *avoir encore le* Morceau *dans la bouche; être traité de Turc à* More; *plus* Mortes *que vives; le* Mot *pour rire; le* Nez *a saigné à...; donner du* Nez *en terre; fermer la porte au* Nez; *vous n'avez tantôt plus que la peau sur les* Os; *manger son* Pain *blanc le premier; rendre la* Pareille; *juge en* Peinture; *faire le* Pied *de veau; réduire au* Pied *de la chicane; d'ici jusqu'à* Pontoise; *venir à bon* Port; Portier *de comédie; tourner autour du* Pot; *suer* Sang *et eau; point d'argent point de* Suisse; *son* Timbre *est brouillé; mots longs d'une* Toise; *pêcher en eau* Trouble;

---

1. Voyez au *Lexique* : Adiousias, Broquettes, Conse, Pichet, Polide, Salmée; joignez-y les mots Besoche, Cabri, Souchet, pris dans les annotations ou les exercices de traduction.

2. Voyez l'article Épaule.

rompre en Visière. Il est même des proverbes qui datent de lui, comme : *passons au déluge, venir d'Amiens pour être Suisse.*

Nous nous croyons donc fondé à dire que, considéré dans son ensemble, le vocabulaire de Racine est riche en expressions familières, et que, quand le genre de sujet qu'il traite le permet, le poëte n'a aucune répugnance à nommer, le plus simplement du monde, les choses par leur nom. Voyons maintenant comment il a compris les exigences du style tragique et de ce qu'on appelle, dans notre littérature, le style noble, en quoi il s'y est assujetti, en quoi il s'y est soustrait, et ce qu'il y a innové.

Dans la préface du *Lexique de Corneille*, nous avons essayé d'indiquer très-sommairement en quoi ce style noble consiste ; nous avons constaté qu'il s'est formé surtout par élimination, par exclusion, et que, par conséquent, pour se conformer à ses lois, il fallait se priver d'une portion des ressources qu'offrait le vocabulaire. Racine a su s'affranchir, en grande partie, de cette tyrannie, et faire accepter aux plus délicats de ses contemporains bon nombre des termes qu'ils repoussaient.

Son opinion à ce sujet ne saurait être un instant douteuse. Il l'a exprimée, et fort nettement, dans ses *Remarques sur l'Odyssée*, au mois d'avril 1662, c'est-à-dire dès l'âge de vingt-deux ans. Il dit (tome VI, p. 163) qu'Homère compare la joie qu'eurent les compagnons d'Ulysse en le voyant de retour dans son vaisseau « à la joie que de jeunes veaux ont de revoir leurs mères, qui viennent de paître, » et il ajoute : « Cette comparaison est fort délicatement exprimée, car ces mots de veaux et de vaches ne sont point choquants dans le grec, comme ils le sont en notre langue, qui ne veut presque rien souffrir, et qui ne souffriroit pas qu'on fît des éclogues de vachers, comme Théocrite, ni qu'on parlât du porcher d'Ulysse comme d'un personnage héroïque; mais ces délicatesses sont de véritables foiblesses. »

Aussi, dans ces *Remarques sur l'Odyssée*, qu'il écrit du reste pour lui seul, Racine ne se fait-il aucun scrupule de se servir du mot de *porc*, et même de *cochon*. Si une délicatesse, dont nous venons de lui voir déplorer l'excès, mais qui a d'ailleurs ses justes exigences, l'empêche d'aller aussi loin dans sa poésie, il ne croit pas du moins devoir s'y refuser l'emploi des noms d'animaux que l'usage autorise dans le langage ordinaire et dans la conversation la plus polie. *Bouc, chien, cheval* sont des mots qu'on trouve dans ses œuvres du style le plus élevé ; il n'y aurait même pas lieu de le remarquer, si des commentateurs ne s'en étonnaient comme d'une hardiesse et ne saisissaient avec empressement cette occasion de louer l'habileté singulière du poëte. Suivant eux, le mot *chiens* n'a passé dans le songe d'*Athalie* (vers 506) qu'à la faveur de l'épithète *dévorants;* mais, tandis qu'ils s'extasient sur l'art de Racine, ils ne remarquent pas assez que ce mot se retrouve dans la même pièce (vers 117) sans aucune épithète. Quant au mot *cheval*, que nous lisons dans *Athalie* (vers 116), il revient trois fois dans le récit de Théramène (vers 1502, 1532, 1548), concurremment avec celui de *coursiers*, employé trois fois également (vers 1503, 1512, 1528), et s'appliquant fort bien aussi à un *superbe* et fougueux attelage.

Si Racine était d'avis qu'on usât sans scrupule en français de ces mots nécessaires, il ne leur trouvait point pour cela, même dans les langues classiques, une noblesse et une beauté que l'engouement de l'antiquité portait parfois à leur attribuer. Dans ses *Réflexions sur Longin*, Boileau avait avancé que le mot d'*âne* était, en grec, un mot très-noble. Racine l'arrête, et lui répond (tome VII, p. 118) : « Vous pourriez vous contenter de dire que c'est un mot qui n'a rien de bas, comme celui de cerf, de cheval, de brebis, etc. Ce *très-noble* me paroît un peu trop fort. »

Nous venons de voir que notre auteur n'usait qu'avec une discrète mesure du procédé d'élimination auquel on a recours si volontiers dans le style noble, et qui consiste à exclure certains mots, au risque, si l'on va trop loin, d'appauvrir la langue poétique. Il est un autre artifice, non moins fréquent, qu'il sait pratiquer avec la même discrétion : c'est l'emploi de certains tropes, qui modifient l'étendue et la compréhension du sens, substituent, par exemple, l'expression générale à l'expression particulière, et réciproquement, désignent au moyen de la matière, de la partie, de la cause, de l'effet, etc. Ainsi CHAMP désigne tour à tour la *campagne*, le *champ de bataille*, la *carrière* réelle ou figurée qu'il s'agit de parcourir; AVENIR est synonyme de *postérité*; *homicide* ACIER, de *poignard*; *fragile* BOIS, d'*idole*; BRAS, MAIN s'appliquent à la personne considérée comme agissant, comme combattant, ou même à sa *valeur*, à son *courage*; GAGE se dit de la *descendance*, des *enfants*, qui sont un gage de la tendresse de celui qui vous les a donnés; LUMIÈRE désigne le *jour* et la *vie* même; la MÉMOIRE se prend pour le *souvenir*; OUVRAGE, ce terme qui paraît familier, se trouve rehaussé par la généralité de l'expression, et s'emploie fort bien en parlant des plus hautes entreprises d'un héros; PEUPLE se dit pour *quantité*, *multitude* : « un *peuple* de rivales »; POUDRE, pour *poussière*; REJETON, pour *enfant*; TÊTE est très-noble dans le sens de *personne*[1].

Parmi les substitutions figurées, une des plus fréquentes dans le style noble consiste à désigner une chose par le nom d'un objet qu'elle rappelle ou qui en est l'attribut et en devient le symbole. Ce genre de trope est fréquent chez Racine. On trouve à chaque instant dans

---

[1]. C'est ainsi que les poëtes grecs et latins employaient κάρα et *caput*. De même *gage*, dans le sens où nous le signalions tout à l'heure, est le *pignus* des latins.

ses tragédies Couche ou Lit, pour *mariage;* Diadème, Sceptre, Trône, pour *royauté;* et, ce qui lui appartient plus particulièrement, Encensoir ou Tiare, pour *prêtrise.*

Mais, s'il emploie avec à-propos et justesse ces diverses sortes de figures pour donner au langage plus de variété, d'éclat, d'élévation, il ne bannit pas pour cela le mot propre, comme l'ont fait trop souvent ses imitateurs. Il se sert volontiers du mot *frein*, mais *mors* paraît également dans ses vers; *faix* n'exclut point *fardeau;* ni *captif, prisonnier;* ni *fer* et *acier, glaive* et *couteau.* Le soin de la noblesse et de l'élégance ajoute à son vocabulaire des termes choisis et relevés, mais ne rejette point, je le répète, ceux qui appartiennent au fonds ordinaire, exact et précis de la langue.

Racine a largement contribué à introduire ou à conserver dans la langue française de nombreux latinismes, qui, en même temps qu'ils l'enrichissaient, contribuaient à lui donner cette couleur antique qui sied à la tragédie. Louis Racine s'est contenté, dans ses *Remarques*[1], de signaler d'une façon générale cette tendance du style de son père; notre *Lexique* en offre de nombreux exemples, qu'il serait trop long d'énumérer. Contentons-nous de rappeler : Admirer pour *s'étonner;* Affecter pour *ambitionner;* Affliger pour *accabler;* Applaudissement, au singulier, pour *approbation;* Celer pour *cacher;* Commettre pour *confier;* Conseil pour *résolution;* Destiné ou Fatal pour *fixé, déterminé par le destin;* Domestiques pour *appartenant à la maison;* Effusion au propre; Monstre pour *action monstrueuse;* Neveu, Neveux pour *descendant, postérité;* Superbe pour *fier, orgueilleux*, etc.

Parfois le latinisme est dans la construction des verbes, des participes : Divisé *de* pour *séparé de;* Invoqué *sur;* Inspirer *dans;* Monter pris activement, etc.; voyez encore ci-après l'*Introduction grammaticale*, à l'article Verbes, *Participes.* Parfois la tournure entière, ou peu s'en faut, a passé du latin en français, avec la pensée qu'il s'agissait de rendre, comme :

> Un roi victorieux vous a fait ce loisir (IV, 86, *Poés. div.* 35);
> Suis-je, sans le savoir, la *fable* de l'armée? (*Iphigénie*, vers 754),

façon de parler, que nous rencontrons non pas seulement chez Horace et Ovide, mais aussi chez Corneille et chez Molière, et que, comme au reste plus d'une autre tirée du latin, Racine n'a pas été le premier à introduire en français. Nous ne parlons pas des latinismes tout techniques et scolastiques, qui consistent tout simplement dans l'emploi, en prose, d'un terme latin à peine francisé, tel, par exemple, que le mot *disquisition.*

A côté de ces emprunts faits à la langue latine qui, chez notre poëte,

---

1. *Remarques sur les tragédies de Racine*, tome I, f° 12 r°, édition de 1752.

contribuent, dans certains sujets, à donner au style un caractère de vérité historique, il faut dire qu'on trouve çà et là, mêlés à l'antique, quelques détails de langage qui troublent l'harmonie. On peut s'étonner qu'il n'ait pas remarqué et évité ces disparates. Dans sa lecture de la *Traduction de Quinte-Curce* par Vaugelas, il se montre choqué de ce qui, dans un sujet ancien, rappelle nos croyances, nos façons de parler modernes. A l'occasion des mots : « Bon Dieu! » il fait la note suivante, fort juste assurément (tome VI, p. 357) : « Exclamation assez étrange en traduisant Q. Curce. » Mais cela ne l'empêche pas, dans ses *Remarques sur l'Odyssée*, de se servir lui-même d'expressions qui ne semblent pas mieux à leur place. En effet, il y parle de jeunes gens qui « vont au *bal* » (tome VI, p. 112), de la *boutique* de Vulcain (p. 134), de la *frégate* (p. 105) et des *gens* d'Ulysse (p. 145). C'est en plaisantant que, dans une lettre de 1661 (tome VI, p. 391), il parle de la *miche* dont Énée ferma la triple gueule de Cerbère; mais c'est sérieusement qu'il est question de « pèlerins » dans les *Remarques sur Pindare* (tome VI, p. 14), et qu'il nous dit, dans sa traduction de la *Vie de Diogène* (tome V, p. 511), que ce philosophe laissait aller ses enfants sans *pourpoint*. Dans un passage traduit du *Livre de Job* (tome VI, p. 184), il parle de *valet*. Ailleurs il résume en ces termes un morceau d'Horace : « Contre l'égalité des *péchés* » (tome VI, p. 328); ce mot ne se prêtait pas à la signification profane, comme le faisait alors celui de *reliques*, qui, lui aussi, n'est plus guère qu'un terme spécial, à peu près tout chrétien, mais que Racine a pu prendre encore au sens général de *restes* dans *Bajazet* (vers 873) et dans *Phèdre* (vers 1554).

Ce sont là des fautes de costume ou, comme on dit aujourd'hui, de couleur locale, non moins dignes de remarque, ce me semble, que l'anachronisme de langage relevé et blâmé dans Vaugelas. Leur excuse est de se trouver dans des notes ou des exercices écrits au courant de la plume, non destinés à la publicité, et sur lesquels la critique n'a nul droit.

Mais quelques-uns de ces défauts d'exactitude historique se rencontrent dans les chefs-d'œuvre mêmes. Louis Racine a relevé avec raison, dans *Bajazet* (vers 1598), « les *mânes* de sa mère », comme une expression peu musulmane; *appartement* (voyez ce mot au *Lexique*) ne convient guère non plus dans la bouche des anciens ou des Orientaux; et ce n'est pas sans quelque surprise qu'au vers 827 d'*Esther*, on trouve « ce *salon* pompeux ». Enfin on peut se demander si, dans ce passage de *la Thébaïde :*

Quittez, au nom des Dieux, ces *tragiques* pensées (vers 1019),

le mot *tragique* est bien à sa place. Nous ne parlons pas des interpellations : *Madame*, *Seigneur*, fort impropres aussi quand on y pense, mais si bien consacrées par l'usage qu'on ne s'en choque pas, et qu'en tout cas on ne peut les imputer particulièrement ni à Racine ni à Corneille. Quant au mot *parvis*, qui est trois fois dans *Athalie* (vers 397, 1101 et 1749), ce serait être bien délicat e même peu exact que de vouloir, comme on l'a fait, croyons-nous, l'exclure du langage biblique, sous prétexte qu'il serait de création trop moderne. Il y a pris dès le seizième siècle[1] et y garde très noblement sa place, et Racine pouvait s'autoriser de l'exemple de le Maître de Saci, qui plus d'une fois en a fait le même usage que lui dans la traduction de la *Bible*[2].

Au reste, il est juste de remarquer que les fautes de ce genre, même bien réelles et frappantes, passaient alors inaperçues, et nous ne pourrions en faire à Racine un reproche particulier, si sa judicieuse remarque, au sujet d'un passage de Vaugelas, ne nous montrait que son goût devançait en ces matières celui de son temps.

Nous arrivons à un des points les plus importants et les plus difficiles de cette étude : à la détermination de la part vraiment personnelle de Racine dans la formation de son vocabulaire poétique.

Déjà, pour Corneille, dans la préface de son *Lexique*, nous avons eu l'occasion de constater qu'un grand nombre d'expressions, considérées par ses commentateurs comme créées par lui, ne devaient pas lui être attribuées, et qu'un examen quelque peu attentif des écrivains antérieurs, et surtout des anciens poètes, fait voir qu'elles remontent beaucoup plus haut. L'étude que nous avons faite de la langue de Racine et des observations auxquelles elle a donné lieu nous conduit à un résultat analogue, mais plus surprenant encore. En effet, si l'on blâme les commentateurs et les critiques de Corneille de ne pas avoir fouillé les origines de notre théâtre, que dire de ceux de Racine qui, avant d'écrire des observations sur ses tragédies, n'ont pas même relu Corneille ?

Abord pour *arrivée* (*Iphigénie*, vers 349), que Louis Racine regarde comme hasardé par son père, se trouve très-souvent dans Corneille ; Affable (*Athalie*, vers 1525), qu'Aimé-Martin est tenté d'attribuer à Racine, date au moins du quatorzième siècle. « Le Bruit de ma faveur » (*Britannicus*, vers 1605), où Laharpe a voulu voir une expression nouvelle, peignant le mouvement, l'agitation, le tumulte qui ont lieu autour des gens en faveur, appartient à la langue la plus courante du dix-septième siècle, et *le bruit* veut simplement dire ici *la nouvelle*. Charmes, employé en parlant de Bajazet (vers 138), semble au même Laharpe un trait de mœurs : « Ailleurs qu'au Sérail, dit-il, le poète n'eût pas parlé des *charmes* d'un homme » ;

---

1. M. Littré, dans son *Dictionnaire*, cite un exemple de Calvin.
2. Voyez, par exemple, au chapitre VII, verset 12, et au chapitre VIII, verset 64, du livre III des *Rois*, dont la version a paru cinq ans avant *Athalie*.

il oublie que ce mot avait été déjà employé par Racine même, d'une manière tout à fait semblable, dans sa tragédie d'*Alexandre* (vers 873). « CHATOUILLOIENT *de mon cœur l'orgueilleuse foiblesse* », expression heureusement placée dans *Iphigénie* (vers 82). et attribuée en général à Racine, n'est pas non plus de son invention, et remonte au moins jusqu'à Ronsard. DÉTRUIRE, en parlant des personnes, « Mithridate *détruit* » (vers 921), autre création, nous dit-on encore, de Racine, se lit dans Corneille, et on le trouve même à une époque fort antérieure. Ce bel hémistiche du récit de Théramène : « La terre s'en *émeut* » (vers 1523), est textuellement dans la *Première semaine* de du Bartas ; nous ne prétendons certes point que Racine l'y ait copié, mais cela encore nous avertit qu'il ne faut pas trop se hâter de faire honneur au vocabulaire du dix-septième siècle d'expressions et de tours qui se rencontrent déjà dans le style, souvent hasardé, mais parfois aussi singulièrement heureux, des poëtes de l'époque précédente. NAISSANT, dans le sens de *jeune*, « Néron *naissant* » (*Britannicus*, vers 29), qu'on peut encore être tenté d'attribuer à Racine, se trouve dans les *Conversations galantes* de René Bary. Enfin REBRCUSSER (*Athalie*, vers 1546), qui, suivant Aimé-Martin, n'existait point sous Henri IV, et que, dit il, on cherche en vain dans le *Dictionnaire* de Nicot, y est cependant sous la forme de *rebourser*, qui remonte au moins au treizième siècle, comme l'établissent les exemples rapportés par M. Littré.

On voit qu'on ne trouve pas dans les œuvres de Racine d'acceptions de mots, inconnues et frappantes, forgées par lui pour prendre place dans le vocabulaire tragique, très-difficile à enrichir de cette manière. Dans la comédie des *Plaideurs*, et ailleurs çà et là, dans le style familier, il semble avoir créé quelques mots et surtout quelques acceptions plaisantes. Il pourrait bien être l'auteur de cet adverbe interminable : COMPENDIEUSEMENT, dont l'Intimé se sert (vers 794) pour annoncer, le plus longuement possible, qu'il va parler brièvement, et qui a trompé quelques personnes par son étendue même : on s'est figuré assez souvent qu'au lieu de signifier *en abrégé*, ce mot voulait dire *lentement, en détail*. Dans la même pièce, ENCAVÉ (vers 576), qui est ancien dans la langue, mais qui ne s'y employait guère qu'en parlant des futailles, est plaisamment appliqué aux personnes. Pour EMBOURSER *des coups* (vers 158), expression fort originale, et dont on lui a parfois fait honneur, il n'a que le mérite de l'avoir bien placée ; mais il l'a prise à Rabelais. Dans une de ses lettres, il nous prévient, en badinant, qu'il forme le mot *ensaboté*, à l'imitation d'*encapuchonné*, qui a passé, dit-il. Il nous explique en ces termes le latin *moratores aut palantes* : « c'est ce que nous appelons *traîneurs* », ce qui prouve qu'on employait de son temps cette expression, à laquelle on a substitué *traînards*, et qu'il ne l'a point forgée. Mais les indications de ce genre n'abondent pas, et nous avouons humblement que nous ne savons à quoi nous en tenir sur *emphasiste, interpositeur, judiciel, quolibetier, rhétoriquement* et *saturité*, qu'on trouve dans sa correspondance ou dans les notes qu'il rédigeait pour son usage. Il emploie dans une lettre de 1698 *écot* pour *convive;* a-t-il été le premier à s'en servir dans ce sens ? Il est plus que probable que *Jansénien*, que M. Littré marque d'une croix et qu'il appuie seulement de l'autorité de Voltaire, à laquelle il aurait pu ajouter celle d'une poésie de la première jeunesse de Racine[1], n'a pas été créé par lui. Il a dû, bien pu tout au moins, l'entendre à Port-Royal, ou le lire dans quelque ouvrage de controverse.

Il n'y a nul compte à tenir ici des fabrications techniques, tout occasionnelles, *potéité* et *tabléité*. Ils ne font pas plus partie de la langue de Racine que leurs équivalents grecs, ainsi traduits par lui, ne font partie de la langue de Platon.

Mais ce sont là d'insignifiants accessoires, qui nous ont fort écarté de l'étude du langage tragique de Racine. Nous y revenons.

Un procédé naturel à notre auteur, et qui est moins un artifice qu'un instinct de son génie, c'est d'introduire dans le tissu même du style le plus relevé, des expressions familières qui en font partie si intime, et s'ennoblissent si bien par le contexte, qu'il faut quelque attention pour les distinguer. Le plus habituellement, elles naissent de la situation. Ce sont souvent les scènes d'ironie, si fréquentes dans les tragédies de Racine, qui les amènent et les font passer. Nous renvoyons en particulier, dans le *Lexique*, aux expressions suivantes, dont les unes sont décidément familières, les autres de ton moyen, mais plus près, ce nous semble, du style familier que du style noble : *faire l'*Amour; *faire l'*Apprentissage *de;* Apprivoisé; *courir* Après; Assassiner, pour *fatiguer, chagriner;* Caresser, au figuré, pour *flatter, chercher à gagner; payer* Cher; *vendre* Chèrement; *caché en un* Coin; Couleur, pour *prétexte, apparence,* et Colorer, dans un sens analogue; Congédier; Content, satisfait, ne demandant rien de plus; Conter; Coup; Cri; Crier; Découler, en parlant d'un sang illustre dont on tire son origine; Écouter, au figuré, pour *écouter avec complaisance, favorablement;* Entendre, pour *comprendre;* Femme, au sens d'*épouse;* Flanc, pour le *côté*, ou pour le *sein* maternel; Flotter, être dans l'incertitude; *de quel* Front...? *en* Fureur, *en* Furie; *une* Furie; *le cœur* Gros *de soupirs;* Hurlements; Interdit; Jouet; Manie; *dire deux* Mots; *donner des* Noms; *donner sa* Parole; *de ce* Pas, etc. Nous pourrions ajouter des expressions proverbiales, comme ce vers de *Britannicus* (713) :

Ces *murs* mêmes, Seigneur, peuvent *avoir des yeux.*

Dans une langue aussi faite, aussi fixée déjà que l'était la nôtre

---

1. Voyez au tome IV, p. 203, vers 24.

PRÉFACE.

au temps de Racine, quant aux mots pris un à un, l'invention en fait de langage ne peut plus guère consister que dans les alliances de mots et dans les tours. On a peut-être exagéré l'importance de cette sorte de création dans notre auteur, et là encore on lui a attribué plus d'une fois ce qui appartenait à ses devanciers. Mais il demeure certain que nul n'a été plus habile que lui en cette manière d'inventer, qui convenait si bien à la délicate souplesse de son talent.

« On s'aperçut, dit Louis Racine, qui le premier a insisté, à propos d'*Andromaque*, sur ce mérite du style de son père, que le poëte, en inventant, non des mots, mais des alliances de mots et des tours de phrase, faisoit pour ainsi dire une langue nouvelle ; et ces tours, qui ne nous étonnent plus aujourd'hui, parce qu'ils sont devenus familiers à la langue, furent critiqués et applaudis : critiqués par ceux qui étoient servilement attachés à la grammaire, et applaudis par ceux qui sentirent que c'étoit donner à la langue de la grâce et de la noblesse, que de l'affranchir quelquefois de la servitude grammaticale[1]. »

Il serait impossible d'énumérer ces tours, ces alliances de mots, et même assez difficile de fixer les catégories diverses et les chefs principaux auxquels on les pourrait ramener. Un de leurs grands charmes est, du reste, cette variété même.

Tantôt un substantif est vivement déterminé par un autre substantif :

.... Tous mes *pas* vers vous sont autant de *parjures*
(*Andromaque*, vers 486)

Tantôt un nom abstrait est suivi d'un autre nom concret, précédé de la préposition *de* : *la* Fureur *du glaive*, *l'*Horreur *d'un cachot* ; et la locution ainsi formée exprime d'une façon plus animée et plus poétique l'idée qu'on rendrait au moyen des adjectifs : *le glaive furieux, un horrible cachot*. Dans *Alexandre, la* Terreur *de ses armes* signifie « la terreur qu'inspirent ses armes ».

Les objets matériels, les conceptions abstraites sont doués par le poëte de la vie et des sentiments qui n'appartiennent qu'aux êtres vivants. Il parle de *soupirs qui craignent de se voir* Repoussés, *de portes qui n'*Obéissent *qu'à une personne*.

Le plus fréquemment, l'artifice consiste dans le choix habile d'une épithète jointe à un terme qui ne la comporte point d'ordinaire, et qui prend de la circonstance une énergie particulière, ou forme une antithèse avec le substantif auquel elle se rapporte. Ainsi : *confidence* Auguste ; *l'Orient* Désert, pour dire seulement que Bérénice ne s'y trouve point ; *naufrage* Élevé ; *charme* Empoisonneur ; *frêles* Avantages ; *jeune* Éclat ; *yeux* Éperdus ; Incurable *amour* ; *gloire*

[1]. *Remarques sur les tragédies de Racine*, tome I, p. 130.

Inexorable; *offense longtemps* Nouvelle; *honneurs* Obscurs; *déserts* Peuplés *de sénateurs;* Timide *vainqueur.*

Il arrive qu'un adjectif qui se dit proprement des choses favorables et heureuses prend de la nouveauté si on l'applique à un ordre d'idées différent : Fidèle *en toutes ses menaces.*

Parfois, c'est un verbe hardiment transporté d'un sens tout physique au sens moral : Boire *la joie; ne* Respirer *qu'une retraite prompte.* Un autre, gardant son sens physique, forme une figure poétique par l'ingénieuse impropriété de son sujet : dans *Athalie* (vers 8), ce ne sont point des flots, c'est le peuple qui Inonde *les portiques.* Nous n'avons pas besoin de dire que la métaphore, au fond toute semblable, mais devenue si commune, de Flots *de peuple,* se rencontre en plusieurs endroits de Racine, sans y paraître plus remarquable qu'ailleurs, et qu'on trouve dans sa toute simple prose *l'*Inondation *des François* (tome V, p. 249; comparez p. 257), et un Déluge *d'Allemands (ibid.,* p. 263).

Ici, le verbe a deux compléments, l'un physique et l'autre abstrait, comme dans cette expression : Couronner *ma tête et ma flamme.* Là, il a plusieurs sujets, et l'emploi tout naturel du premier sauve la hardiesse des suivants [1] :

.... Tout *dort*, et l'armée, et les vents, et Neptune
(*Iphigénie*, vers 9);

ailleurs, il frappe par sa vive antithèse avec ce qui le précède :

Dans une longue *enfance* ils l'auroient fait *vieillir*
(*Britannicus*, vers 190).

Parmi les alliances de mots qu'on a crues mal à propos nouvelles chez Racine, nous nous bornerons à citer comme exemples de fausses attributions : *cœur* Gros *de soupirs (Phèdre,* vers 843); Commettre *ses jours à quelqu'un (Bajazet,* vers 1712). Ses commentateurs l'ont loué de les avoir imaginées : il suffit d'ouvrir, aux articles Gros et Commettre, notre *Lexique de Corneille,* pour voir que l'éloge n'est pas fondé.

Les grammairiens ont, aussi souvent que les critiques, allégué légèrement et à contre-sens l'autorité de Racine. Ils l'ont fréquemment invoquée à l'appui de règles grammaticales qui, de son temps, n'existaient pas encore ou étaient du moins fort irrégulièrement observées. Pour prouver que « *tout* adverbe.... est invariable.... avant un adjectif féminin qui commence par une voyelle », Girault Duvi-

---

1. L'*Iphigénie* est de 1674. La Fontaine, qui publia en 1668 les six premiers livres de ses *Fables*, a dit dans la 3ᵉ du livre III, *le Loup devenu berger* :

Son chien *dormoit* aussi, comme aussi sa musette.

vier cite dans sa *Grammaire des grammaires*[1] ces deux exemples de Racine :

C'est Vénus *tout* entière à sa proie attachée (*Phèdre*, vers 306) ;
Et mon âme à la cour s'attacha *tout* entière (*Athalie*, vers 932) ;

et afin de témoigner du soin qu'il a mis à vérifier l'orthographe de ces citations, il nous avertit qu'elles sont tirées de l'édition de P. Didot. Mais P. Didot a corrigé Racine, qui avait écrit *toute* (voyez tome III, p. 325 et 657), et dont ainsi le témoignage tourne contre celui qui l'invoque.

Ce n'est là, du reste, qu'un exemple entre mille de ces textes cités à faux[2] ; qui voudrait les relever un à un dans nos grammaires, renverserait facilement la base fragile sur laquelle reposent bon nombre des règles subtiles, aujourd'hui généralement suivies, qui y sont enseignées. Nous n'avons voulu qu'indiquer ici les conséquences qu'on peut tirer de notre travail. Par le simple rapprochement des passages de Racine exactement cités sous certains mots du *Lexique* ou, selon l'ordre des parties du discours, dans l'*Introduction grammaticale*, les blâmes, les admirations, les étonnements de plusieurs générations de critiques et de grammairiens se trouvent en partie réduits à néant. Nous attirons sur ce point l'attention du lecteur, sans prévenir, en chaque circonstance, les réflexions qu'il fera aisément de lui-même. Les observations très-sommaires que nous venons de présenter ne font, d'une part, que marquer quelques sources d'erreurs, et de l'autre, qu'ouvrir certains points de vue, inviter à des travaux plus développés, plus approfondis. L'*Étude sur le style de Racine* dont M. Mesnard a enrichi ce volume sera une première preuve et un remarquable exemple de l'intérêt et de la fécondité du sujet.

En la préparant et en menant à fin sa consciencieuse édition, M. Mesnard a noté, comme supplément aux passages que j'avais moi-même relevés, quelques mots et quelques tours qui lui ont paru dignes aussi de remarque. Il me les a obligeamment communiqués, au fur et à mesure, et je les ai ou intercalés dans le *Lexique*, ou insérés, quand il n'était plus temps de les mettre à leur place alphabétique, dans les *Additions* imprimées à la suite. Dans ces *Additions* (voyez p. 589-598) ont pris place aussi la plupart des observations de l'Académie française sur *Athalie*. Ai-je besoin d'ajouter que je dois à l'infatigable directeur de la collection, M. Adolphe Regnier, des compléments du même genre qu'à M. Mesnard, et en de nombreux endroits le secours d'une très-active collaboration ? MM. Regnier fils aîné et Coster m'ont aussi fourni d'intéressants exemples, bons à joindre aux

1. Seconde édition, 1844, tome I, p. 426.
2. Conférez dans le *Lexique* le mot AYEUL.

miens, et dont je suis heureux de les remercier ici, ainsi que de l'assistance qu'ils ont bien voulu me donner pour les très-minutieuses et très-nécessaires révisions et vérifications de texte et de chiffres.

Ch. MARTY-LAVEAUX.

Ce dernier volume des *OEuvres de Racine* contient, à la suite du *Lexique :*

1° La collation de quelques nouveaux manuscrits qui ont été, depuis l'impression du tome VII, communiqués à M. Mesnard, et au sujet desquels un *Avertissement* détaillé, qu'on trouvera aux pages 559-564, donne les informations désirables ;

2° Des tableaux qu'on peut considérer comme des suppléments aux notices des diverses pièces de théâtre de Racine et de Corneille. Il n'était plus temps de mettre ceux qui concernent Corneille à leur vraie place, c'est-à-dire dans ses *OEuvres*, dont l'impression est depuis longtemps achevée. Il nous a semblé qu'ils ne paraîtraient point déplacés ici : nos deux grands tragiques vont bien de compagnie, et la comparaison entre eux est intéressante, pour leur histoire au théâtre comme à tout autre point de vue. Ces tableaux, qui donnent le relevé des représentations de leurs tragédies et comédies, tant à la ville qu'à la cour, ont été dressés par M. Eugène Despois, qui prépare en ce moment notre édition de *Molière*, et qui, en dépouillant, pour suivre son auteur au théâtre depuis le dix-septième siècle jusqu'à nos jours, les registres de la Comédie française, a bien voulu se charger d'y relever aussi ce qui se rapporte à Racine et à Corneille. Voyez ci-après, p. 601 et 602, l'avant-propos qu'il a mis lui-même en tête de ces tableaux.

ÉTUDE SUR LE STYLE DE RACINE.

A côté du *Lexique de la langue* de Racine, il nous paraît y avoir place pour quelques observations sur son style, faites à un point de vue différent. Le lexique d'un écrivain a pour objet de faire connaître son vocabulaire et sa syntaxe. On y trouve les mots dont il s'est servi, et l'on y peut remarquer dans quelle acception il les a pris, souvent même à quelles nouvelles alliances il les a pliés, quelles locutions et quels tours de phrase lui ont été le plus familiers. Rien de cela sans doute n'est sans rapport avec l'étude de son style. Cependant cette dissection, cette anatomie, presque toute grammaticale, d'un écrivain, ne saurait guère mettre sous nos yeux sa vraie physionomie. Et son style, n'est-ce pas avant tout cette physionomie même ? N'est-ce pas le mouvement de sa pensée, l'art avec lequel il ordonne et enchaîne ses idées, la couleur dont son imagination les revêt, l'accent qu'il met dans ses paroles suivant les affections qu'il ressent ? Il y a donc bien des choses, et des plus caractéristiques, à dire de son style, en dehors des curieuses et instructives remarques fournies par son lexique, très-richement complétées, et condensées dans un ordre systématique par l'*Introduction grammaticale*, qui, pour chacun des auteurs de notre collection, précède ce lexique.

Nous irons jusqu'à croire qu'un tel lexique est plein d'utiles renseignements plutôt encore sur la langue du temps que sur celle de l'écrivain soumis à cette analyse. Les résultats fort bien constatés par M. Marty-Laveaux sont dignes d'attention : les expressions, les tours qu'on aime à citer comme propres à Racine, lui sont le plus souvent communs avec Corneille ; ils étaient dans l'usage courant du dix-septième siècle. On s'en convaincra de plus en plus, à mesure que s'achèveront les lexiques des grands écrivains de cette époque. Tous ils s'appuieront, se justifieront, nous forceront de plus en plus à diminuer le nombre des prétendues incorrections reprochées, ou des formes de langage particulièrement attribuées à tel ou tel d'entre eux. Mais apparemment de ces traits de ressemblance, plus marqués dans leur langue que beaucoup ne l'ont cru, on ne conclura pas qu'ils ont eu le même style.

Nous ne devons rien exagérer. Les lexiques des auteurs de ce temps ne laissent pas d'offrir entre eux des différences importantes. Si, par exemple, au *Lexique de Racine* on compare celui qu'on sera toujours le plus curieux de mettre en regard, le *Lexique de Cor-*

neille, on trouvera dans celui-ci bien des locutions vieillies, dont les unes ne sont que dans les premiers écrits de Racine, dont les autres n'ont jamais été employées par lui. Tout ce qui pour nous est archaïque dans Racine (il ne faut pas croire que, même à partir d'*Andromaque*, rien ne le soit), peut être presque toujours noté également dans Corneille; mais il n'y a pas réciprocité. Nous voilà donc avertis par la lecture seule des lexiques que ces deux maîtres de notre théâtre tragique n'ont pas écrit tout à fait la même langue. Est-ce là une différence très-significative, et qui en marque une bien réelle entre les deux génies? On peut le dire jusqu'à un certain point. Corneille était un de ces esprits sévères, un peu rudes, qui gardent volontiers la physionomie du vieux temps, et craignent toujours qu'on n'affaiblisse la langue en la polissant à l'excès. Le goût élégant de Racine l'avertissait plus promptement que personne des heureux changements qui s'introduisaient, de son temps, dans la langue, pour la rendre plus claire, plus rapide et plus légère, et les lui faisait aisément adopter, parfois devancer. Cependant la question de chronologie ne doit pas être non plus oubliée. Corneille est de fait plus ancien, et pendant les deux premiers tiers du dix-septième siècle, il s'est opéré, de dix en dix ans, des changements rapides dans la langue. Ce n'est pas seulement à côté de Racine que Corneille a souvent quelque chose de suranné, mais à côté de tous les écrivains qui appartiennent exclusivement au règne de Louis XIV. Qu'on lui compare, avant la date même des premières tragédies de Racine, Molière, dans *l'Étourdi*, *le Dépit amoureux*, *l'École des maris*, *l'École des femmes*, Boileau dans les satires I, VI et VII, Quinault dans ses tragédies et comédies; on s'apercevra que leur langue diffère plus de la sienne que de celle de Racine Ceux qui ont cru voir Racine se façonner, au moins par exclusion et par épuration, une langue nouvelle, n'ont pas assez remarqué que cette langue plus châtiée, qui ne diffère pas sensiblement de celle d'aujourd'hui, se faisait alors par le concours de tous, et que si Racine, par l'autorité de son talent, a contribué pour une part très-grande à fixer ce changement, à le rendre aussi définitif que la perpétuelle inconstance des langues pouvait le permettre, il n'en a pas été cependant l'unique ouvrier. Moins de mots et de tours hors d'usage aujourd'hui dans Racine que dans Corneille ne nous apprennent donc rien de très-particulier sur le style du premier. Moins de locutions familières, un usage plus discret et beaucoup moins dur des inversions[1], dans les tragédies de l'un que dans celles de l'autre, en disent un peu plus; toutefois ce n'est encore là qu'une bien légère indication.

Dans le lexique de la langue d'un écrivain, non-seulement on enregistre son vocabulaire, ses tours, ses constructions, on recherche aussi, dans l'*Introduction grammaticale* surtout, les figures de grammaire dont l'emploi est, dans ses écrits, le plus digne d'être remarqué, ou le plus fréquent. Qui ne sait que Racine, dans son style poétique, abonde en ellipses et en syllepses? mais elles ne

---

1. Voyez le *Lexique de la langue de Corneille*, tome XI, p. LXXIX-LXXXI.

sont guère plus rares dans Corneille. Et quand même l'*Introduction grammaticale* aurait eu à s'occuper d'autres figures que de celles de grammaire, des antithèses, par exemple, dont Corneille a été moins sobre que Racine, il ne resterait pas moins évident que l'étude comparée des figures chez divers auteurs ne mène pas très-loin dans la connaissance de ce qui distingue leurs génies. Ainsi, quelque genre de renseignements que l'on demande à un lexique, à la liste qu'il nous donne des mots, des tours de phrase ou des figures, la décomposition qu'il peut opérer, même avec la précision la plus parfaite, de la langue qu'il analyse, laissera nécessairement échapper ce qu'il y a de plus profond et de plus vivant dans le style proprement dit. Il faut aller au delà des faits de langue qu'il recueille et réunit comme dans un herbier desséché, et s'adresser aux œuvres elles-mêmes, pleines de toute leur vie, pour tâcher d'y saisir la forme particulière et les qualités dominantes du génie d'un écrivain. Mais un tel dessein est moins difficile à former qu'à suivre. Ce qui donne au style la vie, la lumière et la flamme est ce qui peut le moins se mesurer et se peser; on croit, il est vrai, le sentir, mais on trouve bientôt qu'on a peine à rendre compte de ce qu'on a senti. Et quand il s'agit de Racine, dont la critique, celle même des maîtres, s'est tant de fois occupée, on risque non-seulement d'être insuffisant, mais de manquer absolument de nouveauté. Tout n'a-t-il pas été dit? Nous n'aurons pas du moins à répéter tant de justes observations déjà faites sur son système dramatique, sur la force de ses conceptions, sur l'art avec lequel il formait les plans et enchaînait les scènes de ses pièces, sur ses peintures profondes des caractères, sa merveilleuse connaissance des passions. Ici nous ne devons nous attacher, autant qu'une telle abstraction est possible, qu'à sa manière d'écrire, à son style. Ainsi restreinte, notre étude aura, d'un autre côté, beaucoup à s'étendre, afin de s'appliquer non-seulement à ses œuvres en vers, tragédies, comédie, poésies lyriques, mais encore à sa prose, qui est d'un caractère très-différent, et dans laquelle, avec moins d'éclat, il a cependant excellé.

Il convient de parler d'abord de ses tragédies, son incomparable gloire étant là. Il débuta par *la Thébaïde* (1664) et par *Alexandre* (1665), qui furent non-seulement ses premières tragédies, mais les premières révélations sérieuses de son talent poétique. Quelques petites pièces de vers antérieures lui avaient certainement marqué parmi les beaux esprits une place qui devait fixer les regards sur sa jeunesse. Sa *Nymphe de la Seine*, curieuse par les nombreuses variantes qui laissent remarquer un progrès de goût et d'élégance de 1660 à 1666, puis à 1671; l'*Ode sur la convalescence du Roi*, *la Renommée aux Muses*, toutes deux de 1663, ont, surtout la dernière, beaucoup de vers harmonieux, faciles, des traits ingénieux, de l'imagination dans le style. Mais Racine n'y paraît encore qu'un assez bon élève de Malherbe; l'originalité manque. Dès *la Thébaïde*, on peut pressentir un art nouveau, sinon encore chez l'auteur dramatique, au moins chez l'écrivain. La langue qui lui est particulière est déjà en voie de se former, et montre quelques-unes de ses qua-

...ités distinctives, la netteté, la clarté, l'enchaînement naturel des pensées, un ordre lumineux dans le discours. Avec cela, un grand nombre de beaux vers et d'images vraiment poétiques. Il y a quelques incorrections ou impropriétés, par exemple au vers 485 :

> De ce titre odieux mes droits *me sont garants* [1];

et au vers 39 :

> Allons leur faire voir ce qu'ils ont de plus *tendre*.

Ces incorrections nous ont frappé, rien n'étant plus rare chez Racine que l'impropriété des expressions. On pourrait dans cette tragédie relever encore quelques fautes d'un autre genre; elles y sont toutefois plus rares que ne l'ont cru ceux qui appliquaient à la langue du dix-septième siècle la règle des nouveaux grammairiens. L'oreille est parfois blessée par quelques duretés; mais la plupart du temps le vers est coulant et nombreux. Que même à ce premier essai l'on compare les meilleures pièces des disciples de Racine, celles qui l'emportent beaucoup, dans le théâtre de Voltaire, par exemple, par le mérite de l'invention et de la composition, par les situations dramatiques, par les caractères : on verra combien, auprès de *la Thébaïde*, le style en paraît vague, sans précision, d'un tissu lâche. Nous regrettons d'être ici en quelque désaccord avec un excellent critique, dont Racine n'a pas d'ordinaire à se plaindre. M. Nisard [2] reproche aux deux premières tragédies de notre poëte, ne faisant pas grâce même à l'*Alexandre*, « une langue débile et incertaine, qui s'y ajoute au froid de l'imitation. » On hésite, quand on n'a pas de son côté un tel juge. Mais nous devons dire que notre impression est différente. Ce qu'on ne peut contester à M. Nisard, c'est qu'à ses débuts Racine ait été imitateur. Dans sa première pièce, n'ayant pas encore trouvé sa propre route, il s'est souvent inspiré du style de Corneille ou de celui de Rotrou. On reconnaît l'imitation à plus d'un trait de fière énergie, à cet artifice, plus tard si peu recherché par lui, qui consiste à renfermer un sens dont l'esprit est fortement frappé en un seul vers vigoureux et concis. Avec la souplesse de son esprit, il aurait pu sans doute faire de mieux en mieux dans cette manière cornélienne, et affermir de plus en plus ses pas, s'il eût continué, suivant une expression de l'abbé du Bos, de « marcher avec les brodequins de son devancier. » Mais soit qu'il craignît avec raison de ne faire ainsi que de beaux pastiches, soit qu'il obéît invinciblement à son propre génie, qui le portait vers des beautés d'un autre caractère, il se hâta d'abandonner les traces d'abord cherchées. Lorsqu'en 1676 il donna une nouvelle édition de *la Thébaïde*, il semble qu'il se soit plu à effacer, autant qu'il le pouvait, les marques évidentes d'une contrefaçon de style. Ainsi, dans la grande variante qui se rattache au vers 91, il

---

[1]. C'est-à-dire *me garantissent, me mettent à l'abri.* Nous ne pensons pas qu'aucun exemple autorise cette locution.
[2]. *Histoire de la littérature française*, livre III, chapitre VIII (tome III, p. 16, édition de Firmin Didot, 1857, in-8°).

a retranché des sentences concises dans lesquelles il avait affecté de n'employer que l'expression nécessaire, sans aucun ornement. Dans la variante qui suit le vers 692, il a fait disparaître des antithèses tout à fait dans le goût de Corneille.

La tragédie d'*Alexandre* fut un progrès qui dut, au moins d'un certain côté, paraître décisif; et si depuis elle a beaucoup déchu de l'admiration que, non sans cause, elle obtint en son temps, c'est que Racine, par l'éclat de chefs-d'œuvre bien autrement complets, a lui-même rejeté dans l'ombre cette pièce faiblement conçue, et à laquelle manquent encore la science profonde du cœur humain et la sensibilité passionnée, ces dons particuliers et éminents de notre poëte. Mais les grandes qualités de l'écrivain s'y montrent si frappantes, avec un caractère qui les distingue si bien de toutes celles des prédécesseurs, qu'on ne put hésiter à saluer un talent vraiment original et sans modèle. On a souvent dit cependant, et avec raison dans un certain sens, que cette tragédie était encore une imitation de Corneille. Il est très-vrai que le sujet tout héroïque d'une pièce qui tend surtout à inspirer l'admiration, l'expression de sentiments généreux poussée jusqu'à l'emphase, quelque chose d'un peu guindé dans la grandeur, des caractères d'une noblesse idéale, celui de Porus, celui d'Axiane, dignes d'aller de pair avec les Émilie et les Viriate, même les propos de galanterie (car il n'y a pas encore là de vraie peinture de l'amour), mêlés à toute cette sublime jactance, sont bien de l'école du grand devancier de Racine; et de ce côté l'*Alexandre* doit plus à ses exemples que *la Thébaïde*. Mais pour ce qui est du style, tout le monde dut bien voir que Racine s'affranchissait et se séparait de plus en plus de Corneille, et qu'il entrait dans de tout autres chemins. Au reste, c'était bien moins de parti pris que naturellement, et par le caractère essentiellement différent de son génie. *Alexandre le Grand* « est, dit Laharpe[1], la première de nos pièces qui ait été écrite avec cette élégance qui consiste dans la propriété des termes, dans la noblesse de l'expression, dans le nombre et la cadence du vers. » Il est certain que dans aucune autre tragédie on n'avait encore trouvé cette pureté de diction, qui se soutient, sans négligence, jusque dans les scènes secondaires, une telle harmonie des vers, une distribution si variée, si claire, si savante, des membres de la période, un langage si paré de couleurs brillantes, en même temps solides et franches. C'est la manière de Racine qui s'annonce déjà. Si, dans l'*Alexandre*, il a plus cherché qu'il ne le fera plus tard les images éclatantes, elles sont justes et naturelles :

> Ce foudre étoit encore enfermé dans la nue (vers 170);
> Nos couronnes, d'abord devenant ses conquêtes,
> Tant que nous régnerions flotteroient sur nos têtes (vers 205 et 206);
> N'allez point dans ses bras irriter la victoire (vers 462);
> Venge nos libertés, qui respirent encore (vers 1198).

La grandeur et l'énergie de la pensée ne manquent certes pas

---

[1]. *Cours de littérature*, 2ᵉ partie, livre I, chapitre III (tome VII, p. 217, édition de P. Dupont, 1826).

dans ces beaux vers; mais ces qualités, qui sont les plus remarquées parmi celles de Corneille, ont pris dès lors chez Racine une autre forme, plus ornée, plus revêtue d'ample magnificence. Le trait rapide lui-même y a moins de soudaineté et de brusquerie; tout l'a préparé, non qu'il y ait arrangement artificiel et calculé : ce qui se fait sentir, au contraire, c'est un enchaînement naturel, un développement harmonieux; la pensée de Racine se déroulait avec ordre.

Nicomède pourrait être rapproché en quelques points d'*Alexandre*, le développement des sentiments d'héroïque fierté en étant également la beauté principale. Cependant Racine en a fort peu imité le style. Ce qui peut-être le rappellerait le plus, ce serait ce vers, où l'expression d'un écrasant mépris est si altière :

Elle en a fait un lâche et ne l'a pu sauver (vers 1468);

ou cet hémistiche d'une rude familiarité, qui n'est pas dans le ton ordinaire des tragédies de Racine :

.... Il en fait trop paraître (vers 265).

Il ne faut peut-être pas ajouter ce sarcasme d'Axiane :

Sa paisible valeur me sert ici de garde (vers 710).

Racine, qui excellait dans le trait satirique, pouvait, aussi bien que Corneille, manier l'ironie; mais ici, comme dans les vers de *Bajazet*, si admirés de Boileau :

L'imbécile Ibrahim, sans craindre sa naissance, etc.[1],

l'ironie est d'un tour ingénieux et élégant, qui ne la laisse pas confondre avec celle de *Nicomède*. Elle semble ainsi moins s'écarter de la dignité tragique, aussi bien que cette autre ironie, d'un caractère encore différent, que Racine a mise dans le fameux couplet d'Hermione[2], ironie passionnée, à laquelle se mêlent de si terribles éclairs d'indignation et de fureur. On doit dire aussi que Racine n'aurait jamais continué la raillerie aussi longtemps que Corneille l'a fait dans tout le rôle de son principal personnage. La variété des tons et des mouvements est un des charmes de l'éloquence de notre poète.

Si l'on faisait remarquer encore que dans l'*Alexandre* la noblesse de la diction est beaucoup plus soutenue que dans *Nicomède*, qu'on n'y trouve rien de semblable à ces façons toutes vulgaires de parler : « Pas de mais, ni de si, — J'ai fait de l'effrayée, — Pour moi, je ne vois goutte en ce raisonnement », on pourrait répondre avec raison que *Nicomède*, dans l'intention de son auteur, était à moitié une comédie. Il n'en reste pas moins vrai que Racine, dans *Alexandre*, comme dans ses pièces suivantes, a plus constamment élevé le ton que Corneille ne l'avait fait dans celles mêmes de ses œuvres qui sont de pures tragédies, et qu'il a dès lors montré qu'il n'admettait pas ces brusques passages du sublime poétique à tout ce que la langue de chaque jour a de plus populaire. Mais une

---

1. *Bajazet*, vers 109-112. — 2. *Andromaque*, vers 1309-1340

des différences les plus caractéristiques à noter, dans la comparaison
des deux pièces, entre le style de Corneille et celui de Racine, c'est
que l'un arrive à ses plus grands effets par la force de la dialectique,
l'autre par la force de l'imagination. Tandis que Corneille a toute
sa grandeur, surtout quand il raisonne vigoureusement, c'est l'imagination vivement émue qui inspire à Racine ces vers magnifiques
de l'*Alexandre :*

> Souvent dans la poussière il leur cherche des rois (vers 212);
> Et la terre en tremblant se taire devant vous (vers 920).

C'est l'imagination dans le style qui lui donne cet art d'ennoblir la
pensée, n'eût-elle en elle-même rien de très-rare, par la brillante
hardiesse de l'expression :

> Toujours son amitié traîne un long esclavage (vers 182);
> Il craint que la victoire, à ses vœux trop facile,
> Ne conduise ses coups dans le sein de Taxile (vers 413 et 414);
> Dans son avide orgueil je sais qu'il nous dévore....
> .... Il ne reste que moi
> Où l'on découvre encor les vestiges d'un roi (vers 537-540);
> Je m'en vais par l'éclat qu'une victoire donne,
> Attacher de si près la gloire à ma personne.... (vers 653 et 654);
> Vous poussez un peu loin vos vœux précipités (vers 727).

Racine, on le voit, savait déjà se parer de sa plus riche élégance.
Mais il n'y a encore dans l'*Alexandre* qu'une éclatante et harmo-
nieuse versification, qu'une belle rhétorique. L'éloquence autrement
vraie de la passion va bientôt donner à sa langue ces accents profonds ou touchants dans lesquels elle était sans modèle, comme elle
y est demeurée inimitable.

De l'*Alexandre* à l'*Andromaque* (1667), le progrès merveilleux,
sans aucune mesure possible, pour la conception du drame, les caractères, les passions, paraît grand même dans le style, bien
qu'à s'attacher seulement à la pureté de la diction, au développement facile et clair autant qu'abondant de la pensée, à l'harmonie
des vers, à l'éclat des images, l'art n'eût plus beaucoup à gagner.
On peut dire tout au moins que l'instrument était préparé et formé.
Mais dans combien de scènes de l'*Andromaque* les mouvements deviennent plus variés, plus vifs, plus entraînants au souffle d'une
émotion puissante qu'avait encore ignorée l'*Alexandre* ! Faire éclater
tout à coup le cri du cœur, donner aux sentiments leur expression
la plus énergique en même temps que la plus simple, peindre les diverses agitations de l'âme dans leur succession la plus rapide, changer ses couleurs pour chacune des figures de son drame, voilà ce
dont Racine montrait pour la première fois qu'il était capable, et ce
qui, sans doute, suppose autre chose encore que l'art de manier la
langue, quoique cet art y soit nécessaire. Oreste, Pyrrhus, Andromaque, Hermione ont un langage aussi différent que leurs caractères.
Marquer, distinguer ainsi tous ses personnages par des traits aussi
vrais que diversifiés, c'est la qualité la plus désirable comme la plus
rare du style dramatique. Personne ne l'a possédée comme Racine.

Dans ces quatre rôles si divers de dessin, si dissemblables par le genre d'éloquence, les traits de passion jaillissent avec autant de naturel que de force; et, ce qu'il faut remarquer comme propre au génie du poëte, il ne les lance pas brusquement, quelque vif que le mouvement puisse être : tous viennent tellement à leur place qu'ils frappent sans presque surprendre. Ce qui éclate le plus admirablement fait à peine saillie, parce que tout est fondu d'un seul jet.

C'est aussi dans *Andromaque* que se montre pour la première fois ce don singulier de Racine de rencontrer la véritable et distinctive expression des sentiments féminins. Cherchant ce qui sur la scène tragique restait encore à innover après Corneille, M. Nisard dit[1] entre autres choses : « Il y avait à faire parler la femme dans une langue aimable où l'on sentît la délicatesse de sa nature dans l'emportement de ses passions. » Le rôle d'Hermione est violent; mais dans cette violence il n'y a pas une parole qui ne soit celle de son sexe, *furens quid femina possit*. Celui d'Andromaque, souvent jugé le plus délicieux que Racine ait créé, ce rôle pour lequel il fallait trouver le langage de la fidèle veuve, de la tendre mère, de la princesse fière jusque dans l'humilité du malheur, et aussi de la femme belle encore, qui n'ignore pas son pouvoir sur un cœur épris, a toutes les « charmantes douceurs » que Boileau louait si justement dans les vers de Racine.

La préface d'*Andromaque* commence par la citation de quelques vers de Virgile, dans lesquels, dit Racine, est tout le sujet de cette tragédie. Il lui doit plus que cela. Dans nos notes sur la pièce, nous avons signalé neuf passages[2] évidemment imités, quelques-uns même traduits de l'*Énéide* de Virgile (surtout du quatrième livre); et l'on en citerait beaucoup aussi des pièces suivantes puisés à la même source[3] Mais il ne lui dérobait pas seulement quelques traits. Il marchait sur ses traces, dans sa voie, autant que la différence des deux langues et des genres de poëmes le permettait; ou, pour mieux dire, il était naturellement un de ses pareils, plutôt qu'un de ses disciples; il était de la même famille poétique, son goût, son tour de génie le faisaient Virgilien. La flexibilité, la douceur et l'élégance de la langue, ce que, chez Virgile, Horace appelait le *molle atque facetum*, ne caractérise pas plus parfaitement sa manière d'écrire que celle de Racine, et à tous deux a été départi le don de sensibilité. Nous indiquons à peine un parallèle, qui, pour être juste, demanderait bien des nuances; mais en reconnaissant, après tant d'autres (Chateaubriand[4] doit avant tous être nommé), une ressemblance entre les deux poëtes harmonieux et pleins de grâce, dont le cygne est demeuré l'emblème, nous cherchons à mieux rendre ce qu'il y a de plus

---

1. *Histoire de la littérature française*, livre III, chapitre III, à la page 165 du tome II.
2. Aux vers 86, 653, 866, 1081, 1278, 1374, 1380, 1400, 1477.
3. Voyez dans *Bérénice*, les vers 334, 1164-1168; dans *Bajazet*, les vers 336, 517, 525-527, 1248, 1308; dans *Mithridate*, les vers 1485 et 1486, et le vers 1696; dans *Iphigénie*, les vers 50, 187, 426, 1304, 1571; dans *Phèdre*, les vers 281-283, 388, 808, 858, 1010. Les tragédies sacrées elles-mêmes offrent quelques expressions qu paraissent inspirées par des souvenirs de Virgile.
4. Voyez le *Génie du Christianisme*, livre II de la seconde partie, chapitre x.

frappant dans la physionomie de Racine, depuis *Andromaque*, ce qui la distingue le mieux de celle de Corneille. Être de la postérité de Virgile ou de celle de Sénèque et de Lucain (soit dit sans défaveur, Corneille les ayant de si loin dépassés), cela ne marque-t-il pas tout d'abord une ligne de démarcation très-profonde entre les esprits de nos deux grands tragiques et dans leur style?

L'élégance, que nous avons déjà plusieurs fois nommée, paraîtra toujours un des traits les plus marqués de Racine comme de Virgile; cette élégance qui « consiste, a-t-on dit [1], dans un tour de pensées noble et poli, rendues par des expressions châtiées, coulantes et gracieuses à l'oreille, et qui est la réunion de toutes les grâces du style. » Il serait injuste d'y voir l'unique qualité de la langue de Racine, au détriment des autres, mais non de dire qu'on peut l'y signaler partout, dans la douceur comme dans la force. Andromaque en offre une abondance d'exemples, qui rend le choix difficile. Tantôt elle s'unit à l'énergie, et n'est que l'ornement de la vigueur, comme dans ces beaux vers :

> Je renvoie Hermione, et je mets sur son front,
> Au lieu de ma couronne, un éternel affront (vers 963 et 964).

Tantôt, se mêlant à l'expression familière, elle en relève la forte simplicité, qu'elle fait accepter sans l'affaiblir :

> Et mon cœur, soulevant mille secrets témoins,
> M'en dira d'autant plus que vous m'en direz moins (vers 1307 et 1308).

Ou bien elle donne à des pensées ordinaires un tour dont la nouveauté hardie n'est aperçue qu'à la réflexion :

> Muet à mes soupirs, tranquille à mes alarmes (vers 1401).

Ou elle rajeunit heureusement, en forçant les bornes de l'usage commun, les images que notre langue a mises en circulation :

> C'est traîner trop longtemps ma vie et mon supplice (vers 713).

Elle orne continuellement la diction par des expressions figurées, qui le sont avec tant de justesse qu'elles ne sortent jamais de la vérité, et ne semblent pas trop poétiques dans la bouche des personnages :

> D'un amour qui s'éteint c'est le dernier éclat (vers 704).

Mais il faut dire que très-souvent, chez Racine, l'image est plutôt juste et naturelle que nécessaire, le coloris alors pouvant paraître seulement de décoration. La vérité du style dramatique est, malgré tout, sauvée, parce que le retour est prompt de l'expression figurée à l'expression simple, et que l'éclat, sagement distribué, laisse place aux ombres et aux demi-teintes. Il est vrai toutefois que le poëte donne, non pas trop, beaucoup du moins à l'ornement. L'expression est caressée, et pour qu'elle ne paraisse pas amollie, il faut une touche

---

[1]. Marmontel, *Éléments de littérature*, au mot ÉLÉGANCE.

aussi sûre que celle de Racine l'est déjà dans *Andromaque*. Rarement y trouve-t-on un vers où l'artifice ne soit pas assez caché, comme celui-ci peut-être :

<blockquote>Hector tomba sous lui, Troie expira sous vous (vers 148).</blockquote>

Quelque habile versificateur que soit Racine, il est grand poëte avant tout, de même que l'éloquence de Cicéron, en s'aidant beaucoup de la rhétorique, s'élève fort au-dessus d'elle. Ils étaient tous deux de ces artistes de la parole qui, forts par la pensée, n'en sont pas moins portés à prendre soin de la forme, toujours brillants, harmonieux, cadencés. Sans faux éclat, Racine a cependant plus de parure que Corneille; en même temps, il flatte plus que lui l'oreille par la musique du vers. Les effets d'une modulation qui enchante sont partout sensibles dans *Andromaque*, comme ils le seront dans les pièces suivantes. Qu'on prenne pour exemple le grand couplet d'Oreste, au commencement de la seconde scène de l'acte Ier : qui n'y sentira le chant des vers, une parfaite mélopée, dont Racine seul a si merveilleusement possédé le secret ?

S'il y a quelques taches dans *Andromaque*, quelques fautes de goût, où l'on reconnaît encore une œuvre de jeunesse, elles sont fort rares. On a justement blâmé la fausse antithèse :

<blockquote>Brûlé de plus de feux que je n'en allumai (vers 320)[1];</blockquote>

la singulière comparaison des cruautés d'Hermione avec celle des Scythes :

<blockquote>Si j'en avois trouvé d'aussi cruels que vous (vers 504);</blockquote>

et l'abus que Racine a fait de l'*œil*, des *yeux*, quelquefois dans des phrases où ces mots sont employés très-improprement. C'était là un reste encore du tribut à payer à une mauvaise langue romanesque du temps. Mais la perfection du goût était si manifestement un des caractères du génie de Racine, qu'on pouvait dès lors prévoir qu'il y atteindrait de plus en plus ; et dans sa route vers ce but, jamais, à la différence de Corneille, il ne fit un pas en arrière.

Britannicus (1669) ne surpasse pas, n'égale pas *Andromaque* du côté dramatique. Mais Racine y est plus grand écrivain encore. Nous avons vu que son style, si brillant dans l'*Alexandre*, a de plus dans *Andromaque* une variété et une énergie qu'il doit aux vifs et profonds mouvements de la passion ; dans *Britannicus*, il s'y joint des beautés plus sévères et plus mâles, une plus grande richesse de nuances pour exprimer les affections les plus diverses de l'âme, un art plus admirable encore de prendre la fidèle empreinte des cœurs

---

1. Dans notre note sur ce vers (tome II, p. 56) nous avons dit que Racine avait pu se souvenir d'un passage du roman d'Héliodore. On nous a depuis signalé un autre rapprochement avec une phrase de Cicéron dans la *Seconde action contre Verrès*, livre V, chapitre xxxv : *Una atque eadem nox erat qua prætor amoris turpissimi flamma, ac classis populi romani prædonum incendio conflagrabat.* Mais cette fois nous croyons la ressemblance fortuite. Elle n'atténue pas la faute de Racine ; mais c'est sa gloire que, même chez Cicéron, on soit moins étonné de la trouver que chez lui.

dans leurs moindres replis Il y faut noter aussi un progrès de simplicité, une élégance qui, sans être moindre, se dissimule davantage : il y a des tirades entières, et des plus belles, où rien ne paraît en relief, parce que tout y est d'un sublime égal. Enfin, sans que la vivacité des sentiments y ait rien perdu, on y trouve une plus grande force de pensée. Boileau disait[1] que Racine n'avait jamais fait de vers, non-seulement plus finis, mais plus *sentencieux*, que ceux de cette pièce. Les vers sentencieux font penser à Corneille, soit parce qu'il aime, beaucoup plus que Racine, à faire parler ses personnages par maximes, soit parce qu'il conclut volontiers sa période ou sa tirade par ces traits propres à exciter l'applaudissement, auxquels aussi les anciens donnaient le nom de *sentences;* soit enfin parce qu'il a tant de paroles fermes et concises qui renferment un grand sens, une grande pensée morale. C'est assurément ce dernier genre de beauté qui frappait Boileau dans les vers de *Britannicus*. Au reste, dans cette pièce, tirée de l'antiquité romaine, et toute pleine de la peinture de caractères politiques, Racine, comme dans l'*Alexandre*, mais par un autre côté, mettait le pied sur le terrain de Corneille. Cette fois la différence du style des deux tragiques, dans des tableaux en quelques points comparables, ne se fait que mieux sentir. On n'a qu'à rapprocher des vers de *Britannicus* les plus beaux passages de *Cinna*. Laissant de côté ces négligences, ces inégalités que Racine ne connaissait pas, nous admirons dans *Cinna* toutes les beautés d'un style encore plus oratoire que poétique, se déployant dans de magnifiques lieux communs; une énergie qui, tendant l'expression, donne un ressort puissant à la pensée; non l'élégance brillante, mais la hardiesse de la touche, la fierté du pinceau dans des images d'autant plus belles que l'émotion de l'âme, plus que l'imagination proprement dite, semble les former; chez des personnages très-divers, la hauteur des sentiments soutenue presque au même ton; les antithèses si grandes que, l'artifice s'y laissant voir, elles restent d'un puissant effet; une force étonnante de raisonnement et de dissertation, quand Racine aurait de préférence laissé parler les passions. Dans *Britannicus*, où l'on est bien plus près de la nature humaine, où les caractères sont bien mieux distingués les uns des autres, et soumis à la plus fine analyse, le style est incomparablement plus souple, les tons plus variés. Racine, comme Corneille, mêle à l'élévation du langage la simplicité familière, mais avec une transition plus insensible de l'une à l'autre. Dans le développement d'une idée, il observe avec plus d'art les lois de la progression logique dans l'ordre des expressions. Enfin, car il faut bien nous répéter, la diction, sans être moins forte, a bien plus d'ornements poétiques. Nous ne pouvons nous borner à ces généralités; on nous pardonnera quelques remarques de détail.

Tout beau vers, toute forte et brillante expression que l'on cite isolément perd, surtout chez Racine, beaucoup de son prix; car là tout est à sa place, et ce qui paraît admirable, même quand on le

---

1. Voyez notre tome II, p. 229.

détache, est souvent plus admirable encore dans la situation. Prenons cet exemple :

> ..... Je ne sais si cette négligence,
> Les ombres, les flambeaux, les cris et le silence,
> Et le farouche aspect de ses fiers ravisseurs,
> Relevoient de ses yeux les timides douceurs (vers 391-394).

Quelle élégance dans le dernier vers, et quel tableau parfait dans la phrase entière ! Mais la peinture la plus achevée et la plus frappante n'est peut-être pas celle de la scène elle-même si vivement mise sous nos yeux ; c'est plutôt (ce qu'ici le poëte a surtout en vue) celle de l'âme de Néron.

Dans ces vers de Junie :

> Vous êtes en des lieux tout pleins de sa puissance.... (vers 712-714),

le langage est à la fois élégant et fort ; mais on en comprend autrement l'énergie, et ce qu'il y a de redoutable dans l'harmonie du premier vers, lorsqu'on y entend retentir les terreurs de l'âme de Junie.

Dans une tragédie dont le sujet historique demandait un style sévère, il semble d'abord que la poésie de la diction avait moins de droit à être admise ; mais ne la trouve-t-on pas dans Tacite lui-même ? Racine a su la prodiguer dans *Britannicus*, tout en ne choisissant que celle qui convenait. Les riches images, les expressions hardies, originales, autant que naturelles, y brillent partout :

> Le Ciel dans tous leurs pleurs ne m'entend point nommer,
> Leur sombre inimitié ne fuit point mon visage ;
> Je vois voler partout les cœurs à mon passage (vers 1362-1364) ;
> Sa facile bonté, sur son front répandue,
> Jusqu'aux moindres secrets est d'abord descendue.
> Il s'épanchoit en fils.... (vers 1591-1594).

Nul autre style, dans notre poésie, n'a de telles couleurs ; et ce sont de semblables passages qui forcent de reconnaître à Racine une langue qui n'appartient qu'à lui. Mais ce qu'il y a de nouveau, de créé dans cette langue, est tellement fondé sur l'analogie que tout est rare et que rien n'est étrange. Un de ses plus étonnants secrets est l'heureuse association de mots qu'on n'avait pas encore vus ensemble :

> ..... Tous auroient brigué l'honneur de l'avilir.
> Dans une longue enfance ils l'auroient fait vieillir (vers 189 et 190);
> Sa réponse est dictée, et même son silence (vers 120) ;
> ..... Vos embrassements
> Ne se passeront-ils qu'en éclaircissements ? (vers 269 et 270);
> Elle se déroboit même à sa renommée (vers 416) ;
> (Pourquoi) M'avez-vous sans pitié relégué dans ma cour ? (vers 546);
> Non, vous avez trop bien établi ma disgrâce (vers 911);
> Et ranger tous les cœurs du parti de ses larmes (vers 924) ;
> Un geste, confident de notre intelligence (vers 992) ;
> Il hait à cœur ouvert.... (vers 1518) ;
> Déjà de ma faveur on adore le bruit (vers 1605).

Au milieu de cette élégance et de cette noblesse, de plus en plus parfaite dans le style du poëte, les vers de *Britannicus* ont bien des paroles simples et familières :

> Et pouvez-vous, Seigneur, souhaiter qu'une fille
> Qui vit presque en naissant éteindre sa famille.... (vers 611 et 612) ;
> Mais ne nous flattons point, et laissons le mystère (vers 635)[1] ;
> Ma place est occupée, et je ne suis plus rien (vers 882) ;
> .... Que voulez-vous qu'on fasse? (vers 1287).

Mais Racine n'abaisse le ton que pour arriver à quelque effet, soit d'agréable naïveté, soit d'énergie ; et quand il l'a abaissé, il le relève si promptement que l'impression d'une dignité soutenue demeure.

Le goût du poëte avait été fort rarement en défaut dans *Andromaque*. Les plus scrupuleux ont-ils quelque chose à reprendre dans *Britannicus ?* Peut-être, non pas pour le goût, mais pour la correction de la langue, l'impropriété du mot *appareil* au vers 389, du mot *gloire* au vers 545, et la construction inexacte d'*à peine* au vers 1197. Et tel est le prestige des vers de Racine, que le *simple appareil* a été adopté, et est devenu presque proverbial, et que les deux autres imperfections se cachent et passent inaperçues dans des phrases si coulantes et d'une si adroite contexture.

Le style de Racine a jusqu'ici paru toujours en progrès. Après *Britannicus*, il était devenu difficile que de ce côté le poëte se surpassât lui-même, plus difficile encore dans un sujet tel que celui de *Bérénice* (1670). Ce sujet étant moins tragique que celui des deux chefs-d'œuvre précédents, prêtant moins au développement des caractères, à celui des passions ardentes ou profondes, quelques-unes des plus hautes qualités du style n'y pouvaient trouver place. Toutefois la perfection du langage, sans être plus grande, s'y découvre peut-être plus facilement, parce que l'extrême simplicité de l'action, l'immobilité de la peinture, le peu de variété des sentiments, toutes choses qui rendaient cette perfection une ressource plus nécessaire, la font mieux ressortir.

Racine, il l'a dit lui-même, eût aimé, dans la comédie, à imiter Térence, et non-seulement sa régularité dont il parle, mais plus encore sans doute sa grâce et son élégance exquise, la délicatesse de ses pensées, les traits si fins dont il a marqué les passions, et principalement celle de l'amour. Ce désir de rivaliser avec un tel maître de style, poëte plus attique que latin, qui semble dans *Andromaque* même lui avoir inspiré quelques traits[2], nous nous demandons si dans *Bérénice* il ne l'a pas jusqu'à un certain point satisfait ; s'il n'a pas, sur un ton, il est vrai, plus élevé, fait une pièce, au moins en partie, térencienne. *Bérénice*, œuvre aussi singulière et neuve, dans son genre très-différent, que la tragi-comédie de *Nicomède*, rappelle beaucoup les parties les plus sérieuses et les plus touchantes de la

---

1. Léandre, dans *les Plaideurs*, dit aussi (vers 124) : « Laissons là le mystère. » Le sens est un peu différent.
2. Voyez la scène v de l'acte II.

haute comédie. Racine s'y est tenu dans les régions moyennes de la passion, à quelque distance des régions plus orageuses, dont s'approchent rarement la tristesse de Bérénice, la fermeté hésitante de Titus, la tendresse malheureuse et résignée d'Antiochus. C'est une douce peinture dont toutes les parties sont parfaitement en harmonie et dans le même ton. Elle demandait le pinceau le plus délicat. Racine n'a jamais orné sa diction avec un soin plus achevé; mais il s'est attaché à n'admettre que des ornements sans faste et sans excessif éclat; car les douleurs que cette fois sa tragédie soupire sont tout particulièrement, il l'a bien senti, de celles qui demandent qu'on ne hausse pas trop la voix: *tragicus plerumque dolet sermone pedestri*[1]. Les figures de style sont fort simples dans *Bérénice*, les inversions plus rares et moins fortes que dans les pièces précédentes; beaucoup de vers y semblent à peine s'élever au-dessus du langage ordinaire, quoique le poëte ait partout insinué un charme d'élégance, de grâce décente et de dignité, qui les tient loin de la vulgarité et du prosaïsme. Rien n'est trop fleuri, ni fade; mais tout est plein d'agrément, de douceur sans mollesse, et, s'il est permis d'employer un terme d'art, qui n'emporte point une idée d'affectation, tout est d'un fini précieux. Il y a là une des preuves de ce tact si fin de Racine, auquel n'échappaient, dans aucun sujet, les convenances du style.

Un critique dont l'autorité est grande, M. Sainte-Beuve, parlant du style de Racine, a quelques lignes qui semblent y noter, avec toutes les réserves nécessaires, un peu de faiblesse poétique parfois : « Racine, dit-il[2], quand il y a doute, péril, ou même qu'il n'y a pas nécessité de haute poésie, rase volontiers la prose, sauf l'élégance toujours observée du contour.... C'est l'écueil du style poétique racinien. L'écueil ici est un banc de sable. » Racine mériterait-il donc ce reproche d'Horace aux poëtes timides :

Serpit humi, tutus nimium timidusque procellæ[3] ?

Non: s'il rase quelquefois la terre, ce n'est jamais faute de hardiesse ou d'imagination; mais il sait où la simplicité est séante, où elle est réclamée par la vérité et le naturel, où par elle on évite une élégance trop continue. Ce n'est qu'une nouvelle perfection de son art, et la remarque nous paraît bonne à faire ici, parce que *Bérénice* surtout en offre l'occasion. Que Racine y ait, plus qu'ailleurs, rapproché le langage tragique du langage de la haute comédie, et, dans bien des endroits, côtoyé la prose[4], ainsi que lui seul pouvait le

---

1. Horace, *Art poétique*, vers 95.
2. *Port-Royal*, tome VI, p. 126.
3. *Art poétique*, vers 28.
4. Si l'on compare les exemples que nous allons en donner quelques lignes plus bas, avec ceux que peuvent nous offrir les imitateurs de Racine, la différence paraîtra si grande qu'on sentira mieux l'art et l'élégance de Racine jusque dans sa plus grande simplicité. Ainsi rapprochez les vers les plus simples de *Bérénice* de ce vers de *Mariamne*, dont le sens est suspendu : « Mais je n'ai jamais vu.... (acte I, scène 1, v. 96), » ou de cet hémistiche, de *Zaïre* : « L'instruction fait tout (acte I, scène 1, v. 109), » vous comprendrez que si Racine s'est approché quelquefois du « banc de sable », dont parle M. Sainte-Beuve, il n'y échoue jamais, tandis que Voltaire reste souvent sur la

faire sans que le vers dérogeât, c'est de quoi l'on trouve, dans tous les rôles de sa pièce, de nombreux exemples, où l'on pourra presque toujours observer que les inversions ont été comme évitées :

> .... Vous seul, une échelle à la main (vers 110),

dit Arsace; et ceux qui aiment l'expression franche et sans fausse délicatesse auraient pu aussi bien noter cette *échelle* que les *chiens* et le *pavé*.

Dans le rôle d'Antiochus :

> .... Que veux-tu que je dise?
> J'attends de Bérénice un moment d'entretien.
> .... Son sort décidera du mien (vers 124-126);
> Quand nous serons partis, je te dirai le reste (vers 135);
> L'aimable Bérénice entendroit de ma bouche
> Qu'on l'abandonne.... (vers 836 et 837).

La coupe si remarquable du dernier de ces vers n'a pas seulement pour effet d'accentuer fortement ce mot d'*abandon*, impossible à imaginer, impossible à dire, mais de donner à la phrase un tour plus simple et qui imite mieux le discours familier.

Dans le rôle de Titus :

> Ah! lâche, fais l'amour, et renonce à l'Empire (vers 1024)

Corneille n'a rien de plus familièrement énergique dans l'expression).

> Allons, Rome en dira ce qu'elle en voudra dire (vers 1216).

Mais c'est dans le rôle de Bérénice que les exemples de cette simplicité de langage sont surtout nombreux, et en même temps ont le plus de beauté et de charme, parce qu'il ne semble pas que le cœur puisse mieux parler :

> Voyez-moi plus souvent, et ne me donnez rien....
> Mais parliez-vous de moi quand je vous ai surpris?...
> .... Étois-je au moins présente à la pensée ? (vers 578-584);
> Vous voyez devant vous une reine éperdue
> Qui, la mort dans le sein, vous demande deux mots (vers 872 et 873);
> Nous séparer! Qui? moi? Titus de Bérénice? (vers 895);
> Hélas! pour me tromper je fais ce que je puis (vers 918);
> N'êtes-vous pas content ? Je ne veux plus vous voir (vers 1306).

A côté de ces vers, qui charment sans ornements, combien de traits poétiques pour les relever! Quel couplet que celui ci :

> De cette nuit, Phénice, as-tu vu la splendeur? etc. (vers 301-316)!

Ce chant d'un amour qui triomphe dans son orgueil éclate avec la

---

rive plate. M. Sainte-Beuve, dans le passage tout à l'heure cité, distingue très-bien de Racine ce qu'il appelle « sa postérité directe », et qui est son école dégénérée bien plutôt que sa famille. Voltaire a cru dans *Mariamne* s'approprier la langue de Racine; il en a seulement saisi quelques formes très-superficielles. Nous ne trouvons pas plus vraiment racinien le style de *Zaïre*, cette tragédie dont le sujet est si pathétique, les situations si touchantes, mais qui reste aussi loin des beaux vers de *Bajazet* que des vigoureuses peintures d'*Othello*, les deux modèles dont son auteur s'était inspiré.

soudaineté la plus brillante. L'harmonie des vers, comme la couleur de l'expression, ont changé tout à coup : c'est un des effets de style les plus étonnants. Il semblerait que la musique en pût seule produire de pareils.

Si ce rôle, comme celui de toute la pièce, est du style simple et tempéré, ce style n'exclut pas la poésie ; celle qu'il comporte, Racine l'a su mettre dans l'élégante délicatesse de tant de vers tels que ceux-ci :

> Moi qui loin des grandeurs dont il est revêtu,
> Aurois choisi son cœur et cherché sa vertu (vers 161 et 162).

Que les beautés poétiques de *Bérénice* soient surtout des beautés d'idylle, on l'a répété souvent ; sans y contredire absolument, reconnaissons du moins qu'il n'y eut jamais idylle plus charmante, plus noble, plus royale, qui s'élevât si haut dans sa simplicité. Antiochus sera, si l'on veut, un amoureux d'églogue ; mais dans quelle autre églogue a-t-on parlé si délicieusement la langue de l'amour ?

> Dans l'Orient désert quel devint mon ennui ?
> Je demeurai longtemps errant dans Césarée,
> Lieux charmants où mon cœur vous avoit adorée (vers 234-236).

Lieux charmants n'est pas un trait moins exquis que l'*Orient désert*.

> Je cherchois en pleurant les traces de vos pas (vers 238) ;
> .... Je fuis des yeux distraits
> Qui, me voyant toujours, ne me voyoient jamais (vers 277 et 278).

Une peinture de ce genre aimable et gracieux admettait les traits les plus naïfs. Racine a su tout oser, sans que rien parût indigne de la tragédie ; car il etait bien celui « qui dit sans s'avilir les plus petites choses. » On a mille fois loué ces vers :

> Laissez-moi relever ces voiles détachés, etc. (vers 969-971) :

le choix exquis des mots, la douceur des vers, et, à la fin, une dernière expression très-poétique, qui ne fait pas cependant dissonance, tout ennoblit ce soin vulgaire de rajuster une toilette. Phénice est digne de parer les héroïnes, *comere digna Deas*[1]. Et quand il semble que l'art ne laisse plus rien à désirer pour faire passer, briller même un si prosaïque détail, Racine le relève bien plus encore, et en change tout à coup l'effet par le mot touchant de Bérénice :

> Laisse, laisse, Phénice, il verra son ouvrage (vers 972).

Dans cette pièce, dont la diction est si pure, d'Olivet a prétendu signaler quelques fautes de langue, mais toujours à tort. Nos *lexiques*, en constatant l'usage du dix-septième siècle, protestent assez contre les critiques du grammairien pour que nous n'ayons pas à les discuter.

Notre étude ne gagnerait rien à une comparaison du style de

---

1. Ovide, *Amores*, livre II, *élégie* VIII, vers 2.

Racine dans *Bérénice* avec celui de Corneille dans la tragédie qu'il a composée sur le même sujet, si peu fait pour son génie. On pourrait toutefois citer de lui, dans *Tite et Bérénice*, quelques beaux et nobles vers dans sa manière ordinaire. Il y en a bien peu qui soient dans la manière de Racine. Nous avons remarqué celui-ci :

> Mais ce que fait l'amour, l'amour aussi l'excuse (vers 592).

En écrivant *Bajazet* (1672), où Mme de Sévigné vit, au premier moment du moins, un temps d'arrêt dans la décadence dont elle accusait Racine depuis *Andromaque*[1], le poëte revint à cette peinture des passions véhémentes qui est, sur la scène tragique, celle dont l'effet est le plus grand. *Bajazet* est une des pièces de Racine qui, aujourd'hui encore, ont le mieux conservé le don d'émouvoir. Nous n'avons à parler ici que du style; mais dans un chef-d'œuvre si vraiment tragique par les passions et par les caractères, se pouvait-il que le style de Racine ne fût pas à la hauteur de sa conception dramatique? Cependant on a prétendu que Boileau jugeait négligée la versification de *Bajazet*[2]. Voltaire paraissait y trouver quelque prosaïsme, et dans le jugement de Laharpe, on entrevoit des préventions à peu près semblables contre le style de cette tragédie.

Est-il vrai qu'il s'y rencontre plus d'incorrections et de négligences que dans les autres pièces de Racine, ce que l'on s'expliquerait difficilement chez lui à cette date ? Nous dirons tout à l'heure ce qu'il en faut penser. Au surplus, pour y trouver une véritable infériorité de style, il ne suffirait pas de quelques taches, il faudrait avant tout qu'on ne pût y remarquer les mêmes qualités de premier ordre. Laharpe, en même temps qu'il croyait découvrir dans *Bajazet* une cinquantaine de vers répréhensibles, ajoutait qu'il y en a un millier d'excellents et trois ou quatre cents d'admirables[3]. Voltaire, qui jugeait le rôle d'Acomat un étonnant chef-d'œuvre, y louait la beauté de la diction. « Pas un seul vers dur ou faible, disait-il, pas un mot qui ne soit le mot propre[4]. » Assurément, il y a dans ce rôle toutes les grandes qualités du style; et il ne serait pas moins difficile de les refuser à l'éloquence passionnée de Roxane, qui rappelant, avec la plus heureuse différence de couleur et de traits de caractère, le rôle d'Hermione, a d'aussi admirables mouvements de colère, d'ironie, de douleur, d'attendrissement :

> Je vous entends, Seigneur : je vois mon imprudence.... (vers 497);
> Car enfin qui m'arrête ?...
> Ah! je vois tes desseins.... (vers 525-529);
> Bajazet, écoutez : je sens que je vous aime (vers 538);
> Dans son cœur? Ah! crois-tu, quand il le voudroit bien...? (v. 547 et suiv.)
> Ah! je respire enfin; et ma joie est extrême.... (vers 1273);
> Tu pleures, malheureuse? Ah! tu devois pleurer.... (vers 1308).

1. Voyez à la page 451 du tome II, dans la *Notice de Bajazet*.
2. Voyez *ibidem*, p. 467.
3. *Cours de littérature*, tome VII, p. 319.
4. *Épître dédicatoire de Zulime*.

Nulle part Racine n'a eu plus d'énergie dans l'expression :

> Ma tranquille fureur n'a plus qu'à se venger (vers 1276);
> Prends soin d'elle : ma haine a besoin de sa vie (1322);
> Quel surcroît de vengeance et de douceur nouvelle....
> De voir sur cet objet ses regards arrêtés
> Me payer les plaisirs que je leur ai prêtés ! (vers 1325-1328).

Partout aussi se retrouve une des marques les plus distinctives du style de Racine, l'élégance unie à la force :

> Et si, de mes bienfaits lâchement libérale,
> Sa main en osera couronner ma rivale (vers 1241 et 1242);
> Moi ! qui de ce haut rang, qui me rendoit si fière,
> Dans le sein du malheur t'ai cherché la première,
> Pour attacher des jours tranquilles, fortunés,
> Aux périls dont tes jours étoient environnés (vers 1301-1304).

Les fautes de langue qui dépareraient de si grandes beautés, quelles sont-elles donc ? Après examen, il n'y a pas une des critiques de d'Olivet et de Laharpe à laquelle nous puissions souscrire. Ce que Laharpe ne regarde pas comme français, c'est au vers 533, « je m'assure aux bontés », qui est de la langue ordinaire de Racine, dans son *Athalie* par exemple, et même dans sa prose ; au vers 667, « parer contre », admis aujourd'hui même encore par l'Académie ; au vers 703 : « Ne vous informez pas ce que je deviendrai, » une de ces excellentes ellipses familières à la diction poétique du dix-septième siècle ; aux vers 1008-1010, une construction de *que* aussi élégante en vers qu'elle est parfaitement claire ; au vers 1674 : « Ses yeux ne l'ont-ils point séduite ? » Corneille a dit de même : « Tes yeux t'ont donc séduit[1] ? » et tous deux ont bien parlé. Puis il s'effarouche des plus heureuses hardiesses :

> J'ai reculé vos pleurs autant que je l'ai pu (vers 672);
> D'un lâche désespoir ma vertu consternée (vers 734);
> Poursuivez, s'il le faut, un courroux légitime (vers 1558).

On croirait que d'Olivet répond à Laharpe, lorsque, parlant des poëtes de son temps, il dit dans l'examen de cette même pièce : « Pour peu qu'ils continuent..., nous n'aurons plus de vers.... Il seroit à souhaiter que notre poésie fût attentive à maintenir ses priviléges. » Cependant il les a méconnus lui-même, quand il censure ce vers de *Bajazet*, dont l'expression est si belle :

> Tout ce qui convaincra leurs perfides amours (vers 1208).

S'il n'avait pas pris l'usage de son temps pour règle absolue, il n'aurait pas condamné *les reliques plus chères* (vers 873), *m'acquitter vers vous* (vers 899), *croître* employé activement (vers 925). Dans ses remarques sur *Bajazet*, tous ses scrupules sont aussi vains. La chicane grammaticale n'a rien attaqué dans la diction de cette tragédie qui ne se justifie ou par l'usage du dix-septième siècle, ou par les droits de

---

1. *La Place Royale*, vers 1056.

la poésie, quelquefois par des emprunts très-légitimes faits à la langue latine, comme celui-ci, qu'on trouve aussi aux vers 333 et 334 d'*Athalie*, et que d'Olivet a défendu avec raison contre quelques censeurs : « le temps..., lorsque.... » (vers 47 et 48); ou encore, au vers 65 : « fiers de sa disgrâce »; au vers 318 : « un juste hyménée »; au vers 483 : « incertain de régner ». Les autres tragédies de notre poëte offriraient de même des exemples de locutions dérivées, avec autant de sagesse que de nouveauté hardie, de cette source latine où notre langue a pris naissance[1].

Mithridate (1673) n'est pas la plus irréprochable des tragédies de Racine, pour la conception du sujet, ni pour la force dramatique. L'intérêt nous y paraît trop divisé entre l'histoire et le roman. Mais pour la beauté du style, c'est un chef-d'œuvre qui va de pair avec les plus parfaits de notre poëte. Il y a répandu l'éclat à pleines mains. La magnificence, la vigueur, la grâce délicate et touchante, rien n'y manque. Comme par la grandeur historique idéalisée, cette pièce, ainsi que nous l'avons fait remarquer ailleurs, à la page 3 du tome III, dans la *Notice* de *Mithridate*, est une des plus cornéliennes du théâtre de Racine, et qu'elle peut en quelques points donner lieu à des rapprochements avec *Nicomède*, *la Mort de Pompée*, *Polyeucte* (tome III, p. 15), il s'y présenterait une nouvelle occasion de comparer le style des deux tragiques. Cette comparaison, qui servirait seulement à confirmer quelques-unes de nos remarques précédentes, serait par là même superflue. Nous nous répéterions inutilement en montrant Racine différant de Corneille par cet art de revêtir la force de nobles et brillantes draperies qui l'ornent sans la cacher, par la beauté soutenue d'un style qui prodigue ses richesses non-seulement dans les grandes scènes, où l'inspiration élève naturellement l'expression, mais dans les plus simples, dans celles qui ne sont

---

1. Dans le vers 1209 d'*Andromaque* :

    Aux yeux de tout son peuple il faut que je l'*opprime*,

Racine, par exception, semble avoir trop osé, et cette fois le latinisme étonne sans plaire. Mais dans *Britannicus* on ne peut qu'approuver :

    Ah! quittez d'un censeur la *triste diligence* (vers 271);
    Vous savez de ces lieux comme elle *s'est ravie* (vers 1723);
    D'aucun *gage*, Narcisse, ils n'honorent sa couche (vers 472);
    Ses honneurs *abolis* ... (vers 646).

Il faut dire que ces deux derniers latinismes se rencontrent déjà, l'un dans Corneille (*Rodogune*, vers 36), l'autre dans Malherbe (tome I, p. 281, vers 89). Il y a aussi au vers 1182 de *Britannicus* un tour qui répond à un remarquable emploi du gérondif latin, mais qui était fréquent chez les autres écrivains du dix-septième siècle. Si, dans cet autre vers de la même pièce :

    Vous voyez, c'est lui seul que la cour *envisage* (vers 1107),

il n'y a pas précisément latinisme, on y trouve du moins l'équivalent, qui semblait nous manquer, du verbe latin *respicere*. Enfin, ne peut-on pas considérer comme un latinisme l'expression, souvent accusée de trop de pompe, *porter ses pas* (*gressus, vestigia ferre*), dont Racine s'est servi au vers 1285 de *Bérénice* et au vers 631 d'*Esther*? Mais sur les latinismes de Racine nous sommes nécessairement ici très-incomplet. M. Marty-Laveaux en a fait ci-dessus dans sa *Préface*, p. x, l'objet de remarques qui, jointes aux nôtres, laisseront beaucoup moins à désirer.

que d'exposition, de préparation ou de liaison. Il serait superflu aussi de multiplier les exemples des beautés de détail qui frappent dans *Mithridate :* un petit nombre suffira. Quoique Racine ait beaucoup varié la couleur de ses différentes tragédies, comme de chacun de leurs rôles, l'étude qu'on y pourrait faire des qualités de sa diction ramènerait des observations à peu près semblables. Ce sont toujours, par exemple, ces expressions hardies et créées, en lesquelles se changent, par les plus neuves alliances de mots, des expressions très-ordinaires :

> Aux offres des Romains ma mère ouvrit les yeux (vers 62);
> Vit emporter ailleurs ses desseins et ses pas (vers 258);
> Il me faut de leurs cœurs rendre un compte fidèle (vers 480);
> Sous quel appui tantôt mon cœur s'est-il jeté[1]? (vers 669);
> .... L'autel
> Où je vais vous jurer un silence éternel (vers 698);
> .... Tous ces noms
> Que Rome y consacroit à d'éternels affronts (vers 842);
> La guerre, les périls sont vos seules retraites (vers 792);
> N'en attendez jamais qu'une paix sanguinaire (vers 916);

ou ces constructions dont l'irrégularité donne plus de naturel et de vivacité au discours (en langage de grammairien *anacoluthes*) :

> Mes soldats presque nus...,
> Que pouvoit la valeur dans ce trouble funeste? (vers 441-447);
> .... Jusqu'à ce jour ce que j'ai pu comprendre,
> Ce prince a cru pouvoir, après votre trépas.... (vers 504 et 505).

Ce que nous n'avons pas encore noté, quoique nous en eussions trouvé de nombreuses occasions, ce sont les élégantes appositions que Racine aimait singulièrement. Elles sont fréquentes dans *Mithridate :*

> .... Vous y pouvez monter,
> Souveraine des mers qui vous doivent porter (vers 241 et 242);
> .... Esclave couronnée,
> Je partis.... (vers 255 et 256);
> M'en irai-je moi seul, rebut de la fortune?... (vers 895)[2].

Souvent, au lieu de substantifs, ce sont des participes qui jouent à peu près le même rôle dans ces constructions appositives. De là parfois une certaine lenteur un peu pompeuse dans la phrase, qui donne quelque prise à la critique ; mais celle-ci, surtout dans la nouvelle école, a beaucoup exagéré le reproche qu'elle fait au style tragique de Racine d'être trop solennel et trop orné. Quoique très-poétique, tout reste naturel ; et l'art de Racine est si juste qu'une langue si parée ne nous ôte jamais l'illusion de la vérité. Croit-on qu'on s'éloigne moins du vrai et du simple, avec des images excessives, mêlées tantôt à des familiarités qui ne sont pas sans préten-

---

1. *Sous quel appui* ne semble pas juste pour l'image. Mais Racine a plus d'une fois admis cette expression (voyez le *Lexique,* au mot APPUI) ; Boileau de même, dans l'*Art poétique,* chant IV, vers 144. L'Académie l'a blâmée au vers 1666 d'*Athalie.*

2. Pour de semblables appositions, voyez les vers 78, 252, 405, 451, 1195 d'*Iphigénie.*

tion, tantôt à des expressions laborieusement abstraites? Une comparaison du style de Racine avec celui de nos drames contemporains est à peine utile pour le mieux caractériser, tant la différence est sensible! Un passage de *Mithridate* nous suggérerait cependant un rapprochement, qu'une seule fois en passant on peut indiquer. Xipharès dit :

> Ne vous imputez point le malheur qui m'opprime.
> Votre seule bonté n'est point ce qui me nuit :
> Je suis un malheureux que le destin poursuit (vers 1216-1218).

La même idée est exprimée dans ce vers de la même pièce :

> Ma funeste amitié pèse à tous mes amis (vers 782).

On peut en voir aussi un développement non moins simple qu'éloquent aux vers 65 et 66 et aux vers 779-782 d'*Andromaque*, sans oublier le vers 797. Le drame d'*Hernani* nous offre à mettre en regard son héros fatal et maudit; car rien n'a été plus à la mode pendant quelques années. Qu'on lise donc, à côté des vers de Racine, la tirade de la scène IV de l'acte III :

> .... Je suis une force qui va !
> Agent aveugle et sourd des mystères funèbres, etc.

jusqu'au treizième vers; et plus haut, dans la même scène :

> Mauvais, je noircirais ton jour avec mes nuits.

Le point d'élégantes appositions, point de scrupules dans le choix des expressions nobles; et cependant de quel côté est l'emphase et la déclamation, de quel côté la simplicité et le naturel? Nous ne faisons pas ici une guerre littéraire, qui serait déplacée; et loin des voies de notre vieux théâtre classique, nous admettons qu'il a pu naître, particulièrement dans ce drame d'*Hernani*, des beautés d'un genre nouveau. Nous voulons seulement montrer qu'en fait même de vérité simple, le style de Racine est loin de perdre à la comparaison avec celui des novateurs modernes.

Cependant, quand nous parlons de cette vérité, ne dissimulons rien. Nous voici arrivé à *Iphigénie* (1674), à cette tragédie touchante, dont le style a tant de beautés de tout genre. Mais là Racine est en face de la naïveté, au moins relative, d'un tragique grec; il fait parler des rois et des princesses de l'*Iliade* : grande difficulté pour un poëte tout imbu du langage délicat et poli de la cour du grand roi. Comment éviter les anachronismes de style? Dans les traits qui peignent les sentiments naturels, Racine sait être aussi heureusement simple que les Grecs ses maîtres; dans ceux qui expriment les coutumes et les mœurs (on disait autrefois le *costume* et, en prononçant à l'italienne, le *costumé*[1]), il est loin de la même vérité. On en est averti un peu désagréablement, il faut le dire, dès

---

1. Voyez le *Dictionnaire de l'Académie* de 1740, et le *Dictionnaire de M. Littré*, au mot COSTUME.

les deux premiers vers, où Agamemnon éveille Arcas avec tant de
pompe, et quelques vers plus loin quand Arcas dit à son maître :

> Qu'est-ce qu'on vous écrit? *Daignez* m'en avertir (vers 39)[1].

Il y aurait lieu à plusieurs critiques semblables dans les rôles d'A-
chille et d'Iphigénie. On peut dire qu'en général il y a dans le ton
de la pièce quelque chose qui n'est pas parfaitement juste. On le
sent chez les étrangers; on le sent même chez nous de plus en plus,
à mesure que le style des cours étonne davantage nos oreilles. Le
goût excellent de Racine, la connaissance sérieuse et le sentiment
délicat qu'il avait de l'antiquité, n'ont pas suffi pour le préserver
d'une faute qui a d'ailleurs sa source dans une des heureuses qualités de son génie. Ce génie sympathique s'était mis singulièrement
en harmonie avec son pays et avec son temps. Ses œuvres n'en ont
été que plus vivantes; et c'est ainsi que, sans avoir pris aucun de
ses sujets dans l'histoire ou dans les légendes de notre nation, il a
cependant écrit des tragédies si nationales. Mais, dans ce qu'il em-
pruntait à son pays et à son siècle, ce qu'il y avait de moins universellement vrai et de moins durable, c'était le langage de la cour.
Une fois qu'on a pris son parti de ce qu'il faut bien reconnaître
pour une erreur, le charme, l'éloquence, l'expression à la fois élégante et énergique des sentiments, dans laquelle le naturel se retrouve,
ne sont pas moins dignes d'être admirés dans *Iphigénie* que dans
les plus belles des autres tragédies de Racine; et jamais il n'a été
plus pathétique. On y relèverait presque à chaque vers ces beautés
de diction, ces expressions aussi originales que justes, dont nous
avons déjà proposé tant d'exemples :

> Mettons en liberté ma tristesse et leur joie (vers 398);
> .... Un sort si digne de pitié,
> Et dont mes pleurs encor vous taisent la moitié (vers 891 et 892);

où encore des vers pittoresques et en même temps d'une expressive
harmonie, comme celui-ci :

> Déjà le jour plus grand nous frappe et nous éclaire (vers 158),

qui ne nous paraît pas moins beau que le vers fameux d'*Athalie :*

> Et du temple déjà l'aube blanchit le faîte (vers 160);

quelquefois une coupe d'un grand effet, comme il y en aurait eu
tant à citer ailleurs; mais nous n'avons pu tout dire :

> Si ma fille une fois met le pied dans l'Aulide,
> Elle est morte... (vers 134 et 135).

Quelques sacrifices regrettables que Racine, dans cette tragédie, ait

---

1. Voyez aussi le vers 1664, qu'on peut encore plus justement critiquer, parce qu'I-
phigénie le prononce dans un moment où la langue cérémonieuse paraît tout à fait
hors de la vérité :

Daignez m'ouvrir vos bras pour la dernière fois.

faits à de prétendues bienséances, on n'y trouve pas moins des expressions d'une franchise à effrayer la timidité des faux classiques :

> C'est un titre qu'en vain il prétend me voler (vers 1579);

et le « poil hérissé » de Calchas (vers 1744).

Dans les remarques de grammaire que d'Olivet a faites sur *Iphigénie*, il est tombé dans le même genre d'erreurs que nous avons déjà signalé, et qu'il est si souvent inutile de réfuter. Mais nous rencontrons ici un autre grammairien fort inattendu, et qui n'a pas usé des ménagements respectueux du puriste du dix-huitième siècle. Ce grammairien est un poëte, qui connaît bien toutes les ressources et les richesses de notre langue, mais semble en avoir incomplètement étudié l'histoire, et qui d'ailleurs en comprend le génie tout autrement que ne l'a fait Racine. Si M. Paul Stapfer n'était pas témoin d'une véracité si irrécusable, nous aurions peine à croire aux jugements sur Racine que, dans son livre des *Artistes juges et parties*, il attribue au grammairien de Hauteville House (il désigne ainsi M. Victor Hugo). Racine est un écrivain sans vrai talent[1]. Il fourmille d'images fausses et de fautes de français[2]. Celles-ci « sont si nombreuses dans Racine, aurait dit M. Hugo, que si vous voulez.... lire attentivement avec moi une de ses tragédies,... nous n'aurons jamais fini de les relever ; mais elles échappent à une lecture rapide, parce qu'elles n'ont rien de très-choquant pour la plupart, et qu'elles se dérobent habilement dans le tissu harmonieux du style[3]. » Cette dernière remarque qui, par un sentiment très-vrai mêlé à une appréciation très-fausse, a frappé M. Hugo, nous l'avons déjà faite à propos, moins des fautes qui sont en bien petit nombre et très-légères, que de ces heureuses dérogations à la langue ordinaire, à la langue de la prose, dont Racine fait si habilement accepter l'audace. Pour montrer combien le style de Racine est vicieux, M. Hugo prend un exemple dans les quatre vers 1179-1182 d'*Iphigénie* :

> D'un œil aussi content, d'un cœur aussi soumis,
> Que j'acceptois l'époux que vous m'aviez promis,
> Je saurai, s'il le faut, victime obéissante,
> Tendre au fer de Calchas une tête innocente

« Analysez un peu, dit-il, ce galimatias suave : voici une fille qui va tendre sa tête au fer (on dit : *tendre le cou*) d'un œil content et d'un cœur soumis, du même œil et du même cœur dont elle aurait bien voulu se marier ! c'est grotesque. » Nous regrettons que M. Stapfer ne lui ait pas répondu : Dans le sens de *trop avancer*, on tend le cou, et non la tête[4] ; mais lorsque *tendre à* veut dire *présenter à*, on dit fort bien *tendre le cou au bourreau, tendre la gorge au fer* (Rotrou et du Ryer l'ont dit) ; pourquoi ne dirait-on pas « tendre la tête au fer »? expression très-claire et très-naturelle, que Voltaire n'a pas craint de s'approprier dans *Mariamne* (acte V, scène VII) :

> Tend au fer des bourreaux cette tête charmante.

1. *Les Artistes juges et parties*, p. 51. — 2. *Ibidem*, p. 48. — 3. *Ibidem*, p. 49.
4. Voyez le *Dictionnaire de M. Littré*, à l'article TENDRE, 6°.

Essayez de changer ainsi le vers de Racine :

> Tendre au fer de Calchas une gorge innocente,

ou « un col innocent », vous comprendrez si Racine savait parler sa langue avec justesse et élégance. Quant au *grotesque* (mot qu'il n'était pas prudent de prononcer), où est-il? Non sans doute dans cette pensée qu'Iphigénie acceptait avec une pareille soumission toutes les volontés de son père, soit qu'il lui permît un hymen souhaité, soit qu'il eût besoin du sacrifice de sa vie. *D'un cœur aussi soumis* n'a donc pu choquer, mais probablement *d'un œil aussi content.* En bon français, *content* n'est pas *joyeux.* On est content des choses auxquelles on se résigne aussi bien que de celles qui plaisent (voyez Content au *Lexique*). *Résigné* eût été juste s'il ne s'était agi que de la mort; *joyeux,* si l'on n'avait parlé que du mariage. Dès qu'on parlait de l'une comme de l'autre, *content* était le mot qui convenait, celui que rien ne pouvait remplacer. Racine avait le sentiment exquis de ces nuances.

M. Hugo disait encore [1] : « Vous rencontrez à chaque instant dans Racine des expressions impropres et incohérentes, comme celle-ci : *le jour que je respire* [2]. Le fameux discours de Théramène se termine par une faute de français :

> Et que *méconnoîtroit* l'œil même de son père (*Phèdre,* vers 1570).

Jamais *méconnaître* n'a signifié *ne point reconnaître.* »

Blâmez aussi Corneille, qui a dit :

> Albe, où j'ai commencé de respirer le jour (*Horace,* vers 29);
> ....[Ceux] qui m'ont conservé le jour que je respire (*Cinna,* vers 1458) [3];

et sans doute en même temps Virgile, chez qui l'on trouve *haurire lucem*[4].

M. Hugo s'est encore trompé, sur la langue du dix-septième siècle, dans sa critique au sujet de *méconnaître.* On peut voir non-seulement le *Lexique* de Racine, où il y a des exemples de ses autres tragédies, et même de sa prose, mais aussi les *Lexiques* de Corneille, de Malherbe, de Mme de Sévigné, et dans le *Dictionnaire de M. Littré,* des citations de Bossuet, de la Rochefoucauld, de Boileau.

M. Hugo trouve dans les vers 49 et 50 d'*Iphigénie* un exemple des images fausses dont, à l'en croire, les vers de Racine sont pleins :

> .... Et la rame inutile
> Fatigua vainement une mer immobile.

« C'est justement, lui fait-on dire, quand la mer est immobile que la rame est utile. Et puis, quoi de plus faux, quoi de plus mesquin que l'image de cette mer *fatiguée*[5]? » La rame est inutile, parce

---

1. *Les Artistes juges et parties,* p. 49 et 50.
2. *Iphigénie,* vers 425. — Voyez encore *Britannicus,* vers 15.
3. Voyez aussi le vers 1316 d'*OEdipe,* encore dans Corneille.
4. *Géorgiques,* livre II, vers 340.
5. *Les Artistes juges et parties,* p. 49.

que, sans le secours des voiles que le vent n'enfle pas, elle ne peut suffire. L'expression *fatiguer la mer par les rames* est de Virgile[1], et n'avait jamais encore été trouvée mesquine. Elle présente une image particulièrement vraie ici, où il s'agit, ce qui n'est pas dans Virgile, d'efforts impuissants, que la mer, vainement frappée, doit souffrir avec impatience. On peut se demander, il est vrai, si, par un calme plat, la rame n'aurait pu faire sortir les navires de l'Euripe, et s'il ne valait pas mieux supposer, avec Eschyle, qu'on avait à lutter contre les vents contraires : question nautique, dont la poésie ne s'embarrasse pas si rigoureusement. Et quand on eût pu sortir du détroit à la rame, aurait-on pu entreprendre, par ce calme obstiné, de naviguer ainsi jusqu'à Troie? Euripide veut, comme Racine, qu'au moment où les Grecs tentèrent de partir, le silence des vents ait rendu l'Euripe immobile. Au reste, Racine parle d'« un prodige étonnant » (vers 47), d'« un miracle inouï » (vers 51) : ce qui doit faire penser que les lois de la nature étaient suspendues, et que, même sur cette mer endormie, la rame, par quelque volonté des Dieux, était sans effet. Autrement, un calme plat n'a rien en lui-même de prodigieux.

N'avons-nous pas discuté plus qu'il n'était nécessaire des critiques irréfléchies? Mais quand c'est le potier qui dénigre le potier, ceux qui estiment qu'il doit s'y connaître prêtent volontiers l'oreille. M. Hugo a été autrefois plus juste pour Racine : dans sa préface de *Cromwell*, il l'a nommé « divin poëte »; il a dit que « cette prodigieuse *Athalie* » est « une magnifique épopée »; *Esther*, « une ravissante élégie »; que Delille « est le père (lui, et non Racine, grand Dieu!) d'une prétendue école d'élégance et de bon goût qui a flori récemment. » Nous ne savons s'il pensait à Racine plutôt qu'à lui-même (mais on voudrait le croire, tant ces excellentes paroles sont applicables à notre poëte), lorsqu'il a écrit dans la même préface : « L'indispensable mérite d'un écrivain dramatique, c'est la correction; non cette correction toute de surface..., mais cette correction intime, profonde, raisonnée, qui s'est pénétrée du génie d'un idiome, qui en a sondé les racines, fouillé les étymologies : toujours libre parce qu'elle est sûre de son fait, et qu'elle va toujours d'accord avec la logique de la langue. »

C'est par d'autres beautés encore que par celles du style, si dans de telles œuvres on peut mettre le style à part, que *Phèdre* (1677) est la plus admirable des tragédies profanes de Racine. Mais nulle part les qualités de sa versification ne furent plus brillantes. Voltaire la proclamait le « modèle inimitable de quiconque voudra jamais écrire en vers. » Deux caractères différents nous frappent dans le style de *Phèdre*. L'éloquence de la passion, cette éloquence tantôt véhémente, tantôt profonde, qui se déploie dans une langue à la fois forte et simple, et dont *Andromaque* et *Bajazet* offrent déjà de si beaux exemples, est arrivée dans *Phèdre* à ses plus grands effets. Mêlant aux sublimes remords des cœurs chrétiens la puissance fatale de l'antique Vénus avec tous ses délires, Racine, dans cette inspiration de son génie, de son âme, a trouvé le secret de la plus terrible et

---

1. *Énéide*, livre VIII, vers 94.

de la plus touchante poésie. Le second caractère, d'un ordre moins haut sans doute, qui distingue le style de *Phèdre*, est celui-ci Quoique l'époque de Thésée ne soit pas beaucoup plus ancienne que celle où vécurent les Iphigénie, les Andromaque, cependant, avec la légende de la fille de Minos et de Pasiphaé, Racine se trouvait environné de plus près par les souvenirs mythologiques ; et d'ailleurs la poésie des vieilles fables lui semblait plus nécessaire à évoquer, pour que, tenue dans cet étrange lointain, dans cette région presque plus divine qu'humaine, l'horreur d'un amour incestueux parût atténuée. Il y avait de toute façon convenance à se servir de couleurs qu'il avait crues jusque-là hors de leur place dans une action dramatique, et à faire parler ses personnages en héros, non de l'histoire, mais de la fable, vivant dans un monde de croyances et d'images poétiques. Racine a pu ainsi se rapprocher quelquefois du style de l'épopée, sans manquer aux vraisemblances d'un genre différent. De là des beautés nouvelles, auxquelles, particulièrement peut-être, on devrait appliquer ce que Boileau disait des « pompeuses merveilles » de notre poëte :

> Tantôt, savant dans l'art par Neptune inventé,
> Rendre docile au frein un coursier indompté (vers 131 et 132);
> Les ombres par trois fois ont obscurci les cieux,...
> Et le jour a trois fois chassé la nuit obscure (vers 191-193);
> Mon âme chez les morts descendra la première (vers 230);
> Et repasser les bords qu'on passe sans retour (vers 388);
> Les Dieux livrent enfin à la Parque homicide
> L'ami, le compagnon, le successeur d'Alcide (vers 469 et 470).

La périphrase poétique s'est donné ici carrière, ce qu'on ne remarque pas dans les autres pièces. Nous trouverions encore :

> .... La mer qui vit tomber Icare (vers 14);
> Les superbes remparts que Minerve a bâtis (vers 360);

et tant d'autres façons de parler que le sujet seul pouvait admettre, que même il appelait. Nous ne croyons pas que les plus exigeants en fait de naturel dans le style dramatique aient trouvé là matière à leurs censures. Ce n'est guère que dans le fameux récit de Théramène qu'ils ont blâmé le luxe de la poésie. Il nous semble qu'en cela ils se sont montrés bien hypercritiques, Fénelon comme les autres ; que dans ces modèles grecs eux-mêmes, dont on accuse Racine d'avoir mal imité la simplicité, les grands récits sont très-descriptifs et épiques ; enfin que, dans celui de Racine, plusieurs vers ont paru trop fastueux, qui sont en harmonie avec cette couleur générale de la pièce dont nous avons parlé. Un reproche mieux fondé, c'est celui d'avoir, comme dans *Iphigénie*, prêté à cet âge héroïque des raffinements de délicatesse et de politesse modernes. De là des disparates de style que l'art séduisant du poëte n'a pu entièrement sauver. Par exemple, lorsqu'on entend ces vers d'Aricie, quelque exquise qu'en soit la grâce et la finesse :

> D'un soin si généreux honorer ma disgrâce,
> Seigneur, c'est me ranger, plus que vous ne pensez,
> Sous ces austères lois dont vous me dispensez (vers 482-484),

le moyen de se croire encore dans les temps où l'on pouvait dire :

> J'ai pour aïeul le père et le maître des Dieux,

et tout ce qui suit (vers 1275-1290)? C'est aussi le côté faible, on le sait, du personnage d'Hippolyte. Dans la déclaration de son amour :

> Depuis près de six mois, honteux, désespéré, etc.,

les vers 539-545 sont au nombre des plus parfaits que Racine ait écrits ; mais à la fin de la tirade, dans les vers 553-560 :

> Peut-être le récit d'un amour si sauvage...,

la galanterie du courtisan français, qui se montre malheureusement, est trop en désaccord avec l'arc, les javelots, et avec « les leçons de Neptune. »

A côté des sublimes accents d'éloquence, dont *Phèdre* est remplie, relever les plus heureux détails de diction semble presque un soin frivole. Mais c'est la langue de Racine que nous étudions ; et il n'est pas inutile de montrer que, si haut que le poëte s'élève, cette langue reste aussi riche en élégantes expressions, dont voici quelques exemples :

> Détrompez son erreur.... (vers 357),

hardiesse très-légitime, à rapprocher de celles-ci :

> Pourquoi détournois-tu mon funeste dessein? (vers 747);
> Et d'entrer dans un cœur de toutes parts ouvert (vers 448);
> Comme il ne respiroit qu'une retraite prompte! (vers 745);
> Déjà de l'innocence heureux persécuteur (vers 940);
> .... Sa main meurtrière
> Éteignit de ses yeux l'innocente lumière (vers 1017 et 1018);
> A nos amis communs portons nos justes cris (vers 1367);
> J'ai voulu devant vous exposer mes remords (vers 1635).

A côté de l'art inépuisable de l'expression, que n'y aurait-il pas à dire de l'harmonie des vers, de ceux-ci entre autres :

> N'allons point plus avant. Demeurons, chère OEnone.
> Je ne me soutiens plus : ma force m'abandonne (vers 153 et 154),

dont la coupe monotone est d'un si grand effet? On n'omettrait pas non plus cette autre coupe, aussi rare qu'expressive :

> Quand je me meurs! (vers 763).

Mais dans Racine, l'harmonie est partout.

Les grammairiens n'ont pas laissé de découvrir quelques incorrections dans cette tragédie, qu'à examiner même uniquement la pureté et l'exactitude du langage, Racine avait écrite avec un soin dont une de ses lettres au P. Bouhours[1] atteste tous les scrupules. Mais,

---

1. Voyez la *lettre* 45, aux pages 515 et 516 de notre tome VI.

comme d'ordinaire, ce qu'ils ont attaqué se défend aisément. Ils ont vu un barbarisme dans cette phrase :

> Ou si d'un sang trop vil ta main seroit trempée (vers 709).

On peut consulter le *Lexique de Corneille*, au mot Si, et l'*Introduction grammaticale* de ce même *Lexique*, à la page LIII. Molière a dans l'*Avare*, acte III, scène XI, un exemple, plus incontestablement semblable encore à celui de Racine, de ce tour que Desfontaines disait avec raison *indispensable*. D'Olivet n'a pas jugé français non plus « ce héros expiré » (vers 1567). Les meilleurs exemples démontrent son erreur. On comprend mieux qu'il lui ait paru y avoir quelque impropriété d'expression dans ce vers :

> Une autre cependant a fléchi son *audace* (vers 1209).

Toutefois *audace* ne s'est-il jamais dit dans ce sens ? Dans les vers de Malherbe sur « ces beautés, »

> Qui des vœux des amants à l'envi desirées,
> Aux plus *audacieux* ôtent la liberté (*Poésies*, XIV, vers 50 et 51),

les plus *audacieux* ne sont-ils pas les *plus insensibles?* La « démarche timide » du vers 1410 donne aussi d'abord quelques scrupules, ainsi que l'expression « embrasser la conduite de l'Etat », au vers 758. Mais *démarche* pour *marche* était alors du style poétique; Corneille (voyez son *Lexique*) s'en est servi dans ce sens. *Embrasser*, dans le sens du verbe latin *capessere*, n'était pas une innovation de Racine; Corneille, au vers 617 d'*Othon*, avait dit :

> Du timon qu'il embrasse il se fait le seul guide

et Molière dans l'*Étourdi*, acte III, scène V :

> Si je dois de vos feux embrasser la conduite.

Plus on étudie Racine, plus il paraît difficile de le convaincre de quelque faute de langue.

Après un silence de douze années, durant lesquelles l'auteur de *Phèdre* s'était détourné de la poésie, il se retrouve tout à coup plus grand poëte encore que jamais, écrivain aussi parfait. L'inspiration d'une âme naturellement passionnée a été remplacée par l'inspiration plus haute de la foi. Louis Racine a remarqué très-justement que dans les deux tragédies sacrées de son père (1689 et 1691), on reconnaît le même peintre, quoique le sujet de ses tableaux et sa manière même aient changé. Dans son style est entré un élément nouveau, puisé dans la sublime éloquence des livres saints. De même que les images qui sont familières à la poésie mythologique ont pu, dans *Phèdre*, sans nuire à la vérité dramatique, colorer le langage de la tragédie, les grandes images des prophètes se sont trouvées naturelles dans la bouche des personnages de l'Ancien Testament. Mais Racine (et ce n'est pas une critique), avec son génie non timide assurément, discret toutefois, et mesuré dans sa hardiesse, n'a pas été au delà de ce que le goût français pouvait porter dans l'emploi de ce style biblique. Il n'en a certes pas abaissé la grandeur et la majesté, ni appauvri la magnificence; mais il en a souvent adouci l'âpreté, atténué les hyperboles, réduit le luxe d'images, suivant le génie de notre langue. « Racine, dit M. Sainte-Beuve[1], a égalé les grandeurs bibliques de Bossuet, et il les a égalées avec des formes d'audace qui lui sont propres, c'est-à-dire toujours amenées et revêtues, et sans avoir besoin des brusqueries de Bossuet » Bossuet n'avait pas seulement plus de brusqueries; il prenait plus facilement, reconnaissons-le, la couleur du génie des anciens âges; mais Racine entrait aussi profondément que qui que ce soit dans leurs sentiments et dans leur esprit; s'il a mis ses tableaux à notre point de vue, ils n'en restent pas moins vrais et grands. Enfin, comme l'a fort bien dit encore M. Sainte-Beuve, il a eu lui aussi ses formes d'audace.

Corneille, avant Racine, avait demandé des inspirations tragiques à la religion; mais on ne peut guère comparer leurs pièces saintes. Corneille n'a pas mis sur la scène un sujet biblique, mais l'histoire d'un martyr sous les Romains : ce qui suffirait pour qu'il y eût une grande différence entre les deux styles. De toute façon d'ailleurs, là comme dans leurs autres œuvres, la manière des deux poëtes devait rester aussi différente que leur génie, même quand leurs pensées religieuses avaient à se rencontrer dans leur sublimité. Par le style, quand on a fait la part d'un nouvel ordre de beautés, Corneille est resté, dans *Polyeucte*, le Corneille de *Cinna*, quelquefois de *Nicomède*, comme Racine, dans *Esther* et dans *Athalie*, est toujours le Racine de *Bérénice* et de *Britannicus*. *Polyeucte*, une des pièces les mieux écrites de son auteur, a ses inégalités pourtant, ses fautes de goût, jusque dans le rôle si noble et si touchant de Pauline. Mais quels effets dramatiques, et combien plus émouvants que ceux d'*Esther*, d'*Athalie* même, avec toute sa grandeur tragique! Quels élans! Quels coups d'aile jusque dans les cieux! Comme l'âme est transportée par ces pathétiques et sublimes dialogues des derniers actes de *Polyeucte*! Racine reprend l'avantage par la composition parfaite, par l'harmonie de toutes les parties, par l'égale beauté du style poétique dans toutes les scènes.

Comme dans *Bérénice*, Racine dans *Esther*, qui est bien supérieure, a eu besoin de toute la magie de sa langue pour donner un tel charme à l'extrême simplicité du fond. Jamais ses expressions n'ont été plus égales à la beauté des pensées et des sentiments : rien de plus doux, de plus enchanteur n'est sorti de sa plume. La tragédie de *Bérénice* respire tous les parfums de l'amour ; celle d'*Esther* monte au ciel, si l'on peut emprunter cette image à Racine luimême, comme l'odeur d'un agréable encens La grandeur biblique et l'énergie s'y trouvent aussi en bien des passages, et assez pour promettre *Athalie*, particulièrement dans le rôle de Mardochée, et dans quelques parties de celui d'Esther, par exemple dans ces vers sublimes de la scène III de l'acte IV :

>Ce Dieu maître absolu de la terre et des cieux, etc.

Ils surpassent en vigueur les vers 841-851 et les vers 1215-1220

---

1. *Port-Royal*, tome VI, p. 150.

de *Polyeucte*, dont quelques traits peuvent être à comparer. Si l'on essayait de définir l'impression que produit *Esther*, il faudrait dire peut-être qu'on y trouve la pleine satisfaction de l'oreille, de la raison, du goût et du cœur; car si cela est vrai de tout le théâtre de Racine, on en est ici plus frappé encore. Un style, comme celui de cette pièce, qui ravit surtout par l'élégance et la beauté continues, où, dans chaque phrase, les expressions s'appuient, se complètent, ne se goûte bien qu'à la lecture suivie. C'est à peine si l'on ose désigner quelques morceaux où ce style paraîtrait encore plus achevé, plus délicieux, comme le prologue, la première scène, la prière d'Esther, en mettant à part les chœurs, que, tout indissolublement liés qu'ils soient à la pièce, nous réservons, comme ceux d'*Athalie*, pour le moment où nous dirons quel poëte lyrique fut Racine. Mais des expressions que l'on détachera suffiront moins encore qu'ailleurs pour donner une idée du génie d'écrivain que Racine a déployé. En citer quelques-unes pourra seulement servir à montrer que dans ses deux dernières œuvres tragiques, où son art paraît tellement transformé, il y a des procédés de son style qui ont persisté. Ce sont toujours ces hardiesses qui ne déconcertent jamais, ces expressions toutes nouvelles, qui sont à la fois si voisines et si éloignées du langage ordinaire :

> Lui seul, invariable et fondé sur la foi (vers 37, *Prologue*);
> Dans un lieu séparé de profanes témoins (vers 105);
> Dans ces jours solennels à l'orgueil dédiés (vers 279);
> J'inventai des couleurs, j'armai la calomnie (vers 493);
> .... Mon intérêt seul est le but où tu cours (vers 584);
> .... De fausses couleurs se déguiser le front (vers 839);
> .... Suspendez la douleur qui vous presse (vers 955).

Mais c'est là, on peut le dire, la langue naturelle de notre poëte. Rien n'est plus loin du style d'*Esther* qu'une élégance cherchée, que l'artifice d'ornements poétiques laborieusement préparés. Partout, au contraire, la grâce de la simplicité. Si l'on rencontre un vers tel que celui-ci :

> Vit-il encore ? — Il voit l'astre qui vous éclaire (vers 557),

qu'on se garde d'y voir une périphrase ambitieuse : Asaph parle la langue de l'Orient. Ce n'est point d'une vaine pompe de paroles, loin de là, c'est d'une grande franchise d'expression qu'on trouverait des exemples dans *Esther*. On a souvent cité ce vers :

> Baiser avec respect le pavé de tes temples (vers 28, *Prologue*).

Le mot *pavé* était bien moins difficile à placer que le verbe *s'ennuyer*. L'idée même de l'ennui qu'une tragédie pieuse peut causer aux profanes est faite pour étonner la poésie. Racine n'a reculé ni devant l'idée, ni devant le mot :

> Profanes amateurs de spectacles frivoles,
> Dont l'oreille s'ennuie au son de mes paroles (vers 67 et 68, *Prologue*);

mais aussi l'art d'envelopper d'élégance un mot familier ne peut être plus parfait.

D'Olivet avoue que sur la correction grammaticale il n'a, dans *Esther*, que de bien légères observations à faire; encore eût-il pu s'en épargner la peine. Il n'en propose qu'une seule qui soit à peu près fondée; c'est au sujet de ce vers :

<blockquote>Nulle paix pour l'impie. Il la cherche, elle fuit (vers 814).</blockquote>

Là même il aurait plus entièrement raison, si ce rapport du pronom à un substantif sans article, rapport condamné par Vaugelas, n'était tellement commun chez les écrivains du dix-septième siècle, chez Pascal, chez Corneille, etc., que Racine est excusé par l'usage de son temps.

Athalie, par la grandeur comme par l'intérêt dramatique du sujet, par l'invention, par les caractères, par l'effet majestueux du rôle que, depuis la première scène jusqu'à la dernière, le divin et l'invisible y jouent encore plus que l'humain, s'élève bien plus haut qu'*Esther;* mais lorsque, dans la comparaison des tragédies de Racine entre elles, on ne s'occupe que du style, les rangs sont plus difficiles à marquer. Si les nouvelles couleurs, fournies par la Bible, distinguent des pièces profanes les deux pièces sacrées, elles ne les distinguent pas l'une de l'autre. Il y a cependant quelque chose de particulier à dire du style d'*Athalie*. Pour la vigueur, la fermeté, la précision, pour la plénitude et la solidité que ce style donne au vers, il surpasse celui d'*Esther* et de tous les autres chefs-d'œuvre de Racine. La force et la hauteur de Corneille sont atteintes plus que jamais, mais par d'autres chemins, et avec quelque chose de plus calme et de plus réglé dans la même énergie. On peut surtout citer les admirables vers 104-128 du rôle de Joad dans la première scène, et tous ceux du même rôle dans les scènes II et III de l'acte IV, particulièrement dans la scène III. Ces beautés mâles et sublimes ont, nous venons de le dire, un autre caractère que celles de Corneille, qui a souvent, lui aussi, la simplicité dans l'élévation; mais ce n'est pas une simplicité de même nature. Tantôt c'est la familiarité de la grandeur; tantôt ce sont des cris de l'âme; mais il ne connaît pas cette continuité de magnifique éloquence; il s'élance plus volontiers par bonds. Dans *Athalie*, les grandes paroles s'élèvent par un mouvement facile et presque doux; elles coulent comme un fleuve majestueux et tranquille.

Le rôle de Joas a des beautés de style qui lui sont propres. Un enfant qui parle en même temps le langage naïf de son âge, et le langage des grandes pensées dont il a été nourri, c'est avant tout une heureuse conception du poëte; mais pour réaliser cette conception, quel art d'écrivain ne fallait-il pas? L'habileté délicate de la plume de Racine a secondé son inspiration de son génie et de son cœur. Celui qui a si bien exprimé ce qu'il y a de plus fin et de plus doux dans l'âme des femmes, devait pouvoir rendre aussi le charme inexprimable de l'enfance. Ne disons pas qu'il se soit, avec la flexibilité de son talent, baissé jusqu'à sa taille; il a fait mieux : par la force du sentiment religieux, accessible aux petits eux-mêmes, il a élevé cette enfance à une sublime hauteur, où elle conserve cependant toute son aimable ingénuité. Sans sortir du naturel, il a pu lui faire dire dans le style du Psalmiste :

> Le bonheur des méchants comme un torrent s'écoule (vers 688);

et il a pu rendre vraisemblables dans sa bouche les expressions le plus heureusement poétiques comme celle-ci :

> Entre les bras de Dieu jeté dès ma naissance (vers 635).

Si l'on voulait citer les plus beaux vers d'*Athalie*, on reconnaîtrait que ce sont les plus simples d'expression. Cependant Racine, dont l'imagination, en s'approchant d'une admirable source de poésie, n'avait certes rien pu perdre de ses propres richesses, nous offre dans *Athalie*, au moins autant qu'ailleurs, des exemples de cette diction savamment ornée, sans être ambitieuse, de cette langue originale dans son élégance associée à la force :

> Du milieu de mon peuple exterminez les crimes (vers 91);
> .... Dieu trouvé fidèle en toutes ses menaces (vers 112);
> .... Réparer les ruines
> De cet arbre séché jusque dans ses racines (vers 139 et 140);
> .... Sa noble pudeur
> Où semble de son sang reluire la splendeur (vers 273 et 274);
> .... De David éteint rallumer le flambeau (vers 282);
> Vous cultivez déjà leur haine et leur fureur (vers 705);
> Son cœur déjà saisi des menaces du ciel (vers 878);
> J'approchai par degrés de l'oreille des rois (vers 933);
> De leurs plus chers parents saintement homicides,
> Consacrèrent leurs mains dans le sang des perfides (vers 1365 et 1366);
> .... Ce roi racheté du tombeau (vers 1517);
> Ce secret au dehors est-il aussi semé? (vers 1529);
> Et ne respire enfin que sang et que ruines (vers 1540).

Dans ces vers la manière de Racine se reconnaît telle qu'elle était dans ses tragédies profanes; il y en a d'autres où il parle une langue qui ne pouvait appartenir qu'à ses tragédies sacrées, la langue biblique, dont, sans aucune affectation de la couleur des temps et des lieux, et toujours sans disparates, il a si bien fait entrer les expressions dans le tissu de son style :

> Je vais l'offrir au Dieu par qui règnent les rois (vers 178);
> Si la chair et le sang, se troublant aujourd'hui (vers 261);
> Qu'avec lui ses enfants, de ton partage exclus,
> Soient au rang de ces morts que tu ne connois plus (vers 1379-1380).

Tout en s'inspirant ainsi des livres saints, Racine ne s'était pas, autant qu'on pourrait le croire, éloigné de ses premiers modèles, les tragiques grecs. Nous ne voulons pas seulement parler de quelques emprunts, plus ou moins évidents, faits à l'*Ion* d'Euripide, ni même de ses chœurs, pour lesquels il a été sciemment l'imitateur des poëtes d'Athènes; il y a dans la pièce d'*Athalie* des morceaux où son style s'est plus involontairement, et par une affinité naturelle de deux sublimes du même ordre, rencontré avec le style d'Eschyle. N'est-ce pas le poëte des *Choéphores* que l'on croit entendre dans ces vers d'une pompe si grave, si antique :

> D'un pas majestueux, à côté de ma mère,
> Le jeune Éliacin s'avance avec mon frère.
> Dans ces voiles, mes sœurs, que portent-ils tous deux?
> Quel est ce glaive enfin qui marche devant eux? (vers 1237-1240).

Il est vrai que dans l'antiquité profane la poésie d'Eschyle est celle qui va le mieux de pair avec celle de la Bible.

D'Olivet n'a pas examiné le style d'*Athalie*. L'Académie française, entre 1730 et 1740, s'était chargée de cette tâche. Ce fut la belle et libre langue poétique du dix-septième siècle, jugée par la grammaire timorée et peu solidement érudite du dix-huitième. Sans vouloir ici peser un à un tant de scrupules prosaïques, nous renvoyons à nos notes sur *Athalie*, et aux pages 589-598 du présent volume, où l'on a donné ce qui nous a paru le plus intéressant dans ces *Sentiments de l'Académie sur Athalie*. Ajoutons seulement quelques remarques. Au vers 43, l'Académie regarde comme incorrecte la leçon de la première édition :

> Pour vous perdre il n'est point de ressorts qu'il ne *joue*.

Racine a été lui-même d'avis qu'il avait trop osé. Cependant on a dit autrefois *jouer les eaux* pour *faire jouer les eaux*. Racine faisait donc revivre une ancienne locution, à laquelle il nous aurait peut-être habitués, s'il avait maintenu son vers. L'Académie censure des façons de parler justifiées par d'excellentes autorités :

> Qui donc *opposez-vous contre* ses satellites? (vers 207) :

voyez, dans Regnier, le premier vers de l'*élégie* v;

> Mais *quelque* noble ardeur *dont* ils puissent brûler (vers 214)

voyez, dans la Fontaine, le vers 54 de la *fable* xiv du livre VIII; dans Corneille, le vers 1342 d'*Othon*.

Ce tour :

> *Tels* qu'on voit des Hébreux les prêtres revêtus (vers 509),

où, par une sorte d'attraction, inusitée dans notre langue, l'adjectif antécédent *tel* se rapportant à *un jeune enfant*, s'accorde avec *prêtres* qui suit le conséquent *que*, est, croyons-nous, moins facile à défendre[1].

On peut aussi être tenté d'abord de donner raison à l'Académie contre ce vers, où elle voit une faute de français :

> De David à ses yeux le nom est *favorable* (vers 1072).

Cependant *favorable*, dans le sens de *trouvant faveur*, se rencontre

---

[1]. La tournure devient très-légitime (et c'est ce qui explique cette hardiesse de notre auteur) au moyen de la reprise de l'antécédent dans le second membre de phrase : *Tel que... tel...*, construction que Racine a employée dans son *Cantique* Ier (tome IV, p. 149, vers 37-39), et dont les exemples abondent dans nos bons auteurs : voyez, par exemple, Malherbe (tome I, p. 261, vers 5 et 6).

chez un de nos vieux poëtes que cite le *Dictionnaire de M. Littré*.
Racine avait dit lui-même au vers 241 de *Bajazet* :

<blockquote>Les peuples, prévenus de ce nom favorable,</blockquote>

ce qui doit exclure au moins toute idée de négligence. La plupart des autres critiques de l'Académie, celles du moins qui portent sur la langue, ne sont pas même spécieuses.

Au moment où nous venons d'achever ce que nous avions à dire du style tragique de Racine, ses deux pièces sacrées, avec leurs chœurs, nous amènent à poursuivre notre étude du côté de la poésie lyrique, à laquelle son génie ne semblait pas moins l'appeler qu'à la poésie dramatique. Autrefois déjà, au temps des Eschyle, des Sophocle, des Euripide, ces deux poésies étaient sœurs et se mêlaient dans l'unité d'une même œuvre. Mais, dans le genre lyrique, ce n'est pas seulement par les chœurs de ses tragédies que Racine a fait ses preuves. Nous avons de lui quatre *Cantiques spirituels*, qui sont des chefs-d'œuvre. On ne doit pas, nous l'avons dit, s'arrêter à ses Odes de 1660 et de 1663, agréables essais d'un jeune homme d'esprit. L'*Idylle sur la paix* a été composée dans un tout autre temps (1685), lorsque Racine était en possession de toute sa gloire poétique. Il semble avoir écrit cette idylle par pure obéissance. Elle n'en est pas moins d'une facilité charmante. La simplicité de la chanson s'y mêle aux tons les plus élevés de l'ode, sans dissonance dans le passage de l'une aux autres. Il y a des strophes énergiques, éclatantes de couleur et d'harmonie; il y en a de riantes et d'aimables. Il nous semble que nos poëtes lyriques, ni avant, ni après Racine, n'ont rien de ce caractère, et que l'heureuse variété de tons, si remarquable dans les chœurs d'*Esther* et d'*Athalie*, est déjà là, sans qu'on veuille d'ailleurs comparer des œuvres d'une valeur si inégale.

La poésie sacrée est celle qui convient le mieux à l'inspiration lyrique, nul autre souffle que celui de l'enthousiasme religieux ne faisant monter aussi haut l'imagination et l'âme. Racine, qui doit à la poésie sacrée deux de ses plus admirables tragédies, leur doit aussi ses chefs-d'œuvre lyriques. De ce nombre on ne peut compter ses *Hymnes* traduites du bréviaire romain; c'est un ouvrage de jeunesse. Il était alors sous l'influence de Port-Royal, et semble avoir fait sa traduction sous les yeux et comme à l'école de M. de Saci, qui, de son côté, a traduit aussi quelques hymnes. Ce n'était peut-être pas une école aussi mauvaise de tous points qu'on paraît l'avoir cru quelquefois. Quoi qu'il en soit, l'écolier dut, en fait de poésie, en savoir sur-le-champ plus que le maître. Sous leur première forme, qui nous est inconnue, ces hymnes de Racine révélaient sans doute quelque chose de son talent; il les a retouchées plus tard, nous ne savons jusqu'à quel point, ni précisément à quelle date. Telles que nous les avons, elles portent des traces d'inexpérience; bien des passages sont faibles; mais le sentiment poétique y est déjà, et l'on y trouve beaucoup de vers qui, par leur couleur et leur élégance, ne sont pas indignes de son âge mûr, auquel il est permis d'en attribuer au moins quelques-uns.

Dans les dernières années de la vie de Racine, quand la religion eut ressaisi son cœur, il chercha de nouveau son inspiration à cette source dont s'était approchée son enfance; et alors cette inspiration fut vraiment riche et grande. Dans le genre lyrique, elle produisit les *Chœurs* et les *Cantiques*.

Ses chœurs avaient pris pour modèles les chœurs du théâtre grec, et surtout, comme il l'a dit (*Préface d'Esther*, tome III, p. 455), ceux qui y étaient employés à chanter les louanges de la Divinité. Dans la disposition de ces chants, dans leur système musical et dans leur symétrie, les Grecs avaient des règles qui ne convenaient qu'à leur langue et à leur scène. Racine, avec raison, s'en affranchit, ce que n'avaient pas toujours fait ceux de nos vieux poëtes dramatiques qui avaient trop hellénisé. Libre dans le choix de ses rhythmes, il les a diversifiés hardiment, richement, non par un caprice arbitraire, mais avec le sentiment le plus juste et le plus poétique de l'effet musical et des rapports de l'harmonie avec l'idée ou avec la passion à exprimer. Dans cet art aucun de nos poëtes lyriques ne l'égale. Comparez le mouvement vif de ces vers :

> Rompez vos fers,
> Tribus captives,
> Troupes fugitives, etc. (*Esth.*, vers 1241-1250),

avec la marche lente et solennelle de ceux-ci, dont l'harmonie nous met en présence de l'adorable Grandeur et des cieux prosternés :

> Et vous, sous sa majesté sainte,
> Cieux, abaissez-vous! (*Esth.*, vers 1263 et 1264).

Ce n'est qu'un exemple; on pourrait tout citer : on trouverait dans chaque strophe la variété d'harmonie et de couleur poétique la plus heureuse et la mieux appropriée.

Quelques passages rappellent les chœurs sentencieux des Grecs :

> Rois, chassez la calomnie, etc. (*Esth.*, vers 969-984);
> On peut des plus grands rois surprendre la justice, etc.
> (*Esth.*, vers 1214 et 1215);

Mais Racine a bien moins fait renaître pour nous la poésie du théâtre athénien que celle des prophètes et du Nouveau Testament, mêlant aux sublimes images des premiers la douceur de l'Évangile, passant des expressions les plus audacieuses aux plus simples, avec le secret qu'il a toujours possédé comme personne, dans sa poésie dramatique aussi bien que dans sa poésie lyrique, de fondre harmonieusement les couleurs les plus diverses.

Ceux-là même qui ont le plus raillé la poésie pompeuse de Racine, lui ont reproché quelquefois d'avoir introduit dans ses chœurs des vers communs et prosaïques. Il est vrai du moins qu'il y en a admis de parfaitement simples :

> Un cœur noble ne peut soupçonner en autrui
>   La bassesse et la malice
> Qu'il ne sent point en lui (*Esth.*, vers 1218-1220);
> Que le peuple est heureux
> Lorsqu'un roi généreux,
> Craint dans tout l'univers, veut encore qu'on l'aime (*Esth.*, vers 960-962).

Il croyait que le style lyrique lui-même ne doit pas toujours être tendu, et qu'au milieu du sublime il faut des repos. Il a donné ainsi à ses chants une grâce et un charme de facilité bien rare dans nos odes. On peut, sans défaillance, s'abaisser volontairement, quand on se relève aussitôt par des vers de cette force et de cette magnificence :

> J'ai vu l'impie adoré sur la terre.... (*Esth.*, vers 1208-1213);
> O mont de Sinaï, conserve la mémoire.... (*Ath.*, vers 332-342);

ou de cette élégante douceur :

> Il donne aux fleurs leur aimable peinture.... (*Ath.*, vers 323-331);
> Tel en un secret vallon.... (*Ath.*, vers 778-785).

Les chœurs d'*Esther* surpassent peut-être en beauté ceux d'*Athalie*, quoique dans ces derniers aussi il y ait des passages au-dessus desquels on n'oserait rien mettre dans nos plus belles odes, comme la strophe déjà citée : « Ô mont de Sinaï.... », ou encore celle-ci :

> De tous ces vains plaisirs où leur âme se plonge.... (vers 833-841);

Mais, en dehors de ses chœurs, *Athalie* a le morceau lyrique le plus admirable, cette grande prophétie de Joad, pleine de l'enthousiasme le plus vrai qui ait jamais enflammé une ode. Les mouvements, les images, la magnificence et l'éclat des expressions, tout fait de cette imitation vivante des prophètes un chef-d'œuvre de poésie. Et quel charmant contraste entre son imposant début :

> Cieux, écoutez ma voix; terre, prête l'oreille (vers 1139 et suivants),

et ce doux prélude du chœur :

> .... Qu'à nos cœurs son oracle divin
> Soit ce qu'a l'herbe tendre
> Est, au printemps, la fraîcheur du matin (vers 1136-1138) !

Les *Cantiques spirituels*, composés un peu plus tard que les deux tragédies sacrées (1694), et qui furent les derniers vers de Racine, ont une beauté différente de celle des *Chœurs*. Le même mouvement dramatique, la même diversité de tons n'y étaient pas possibles. Mais ils sont d'une élégance sobre et ferme. Quesnel, qui, avec son âme de chrétien, en sentait vivement le charme, les a fort bien loués, en les disant « tendres et naturels. » Le naturel est en effet l'éminente qualité de leur style; et leur poétique élégance s'allie à une simplicité parfaite. Racine avait écrit déjà, à une époque incertaine, une ode imitée du *Psaume* XVII. Si quelque chose y rappelle la manière des quatre *Cantiques*, et si elle est loin d'être sans valeur, à côté d'eux cependant elle pâlit, et nous ne nous y arrêterons pas.

Le premier et le troisième des *Cantiques spirituels* sont tirés de saint Paul. Le troisième paraphrase l'apôtre avec assez de liberté; le premier le suit pas à pas, et traduit fidèlement toutes ses pensées. N'est-il pas merveilleux d'avoir, tout en restant un interprète exact, tiré une poésie si facile et si coulante d'une prose qui, dans sa grande éloquence, a le plus souvent quelque chose de dur et d'abrupt?

Affaiblir, amollir le modèle, était le danger; mais l'élégance de Racine est restée sévère, digne de l'austérité du texte sacré. Corneille, il est vrai, eût donné un autre caractère à l'imitation de saint Paul, comme à celle d'Isaïe et de Jérémie, et en eût tiré des beautés d'un autre genre, qui eussent rappelé davantage ce que leur style a souvent d'étrange pour nous. Il parle quelque part [1] de la difficulté « d'apprivoiser avec la poésie la partie la plus sublime et la plus farouche de la théologie. » Il était homme moins à l'apprivoiser et à l'adoucir dans ses vers (c'était plutôt l'art de Racine) qu'à l'y faire entrer tout âpre et hérissée. Dans sa traduction de l'*Imitation*, où il avait à rendre un style presque toujours doux et simple, il a trouvé des équivalents surprenants à des expressions d'une latinité un peu rude qui s'y rencontrent : *Ecce in cruce totum constat, et in moriendo totum jacet :*

> Tout consiste en la croix, et tout gît à mourir (*Imitation*, livre II, vers 1418).

Au même chapitre il dit avec une énergie qui surpasse celle du texte :

> Que les afflictions sont les portes des cieux [2] (vers 1704).

Ce sont de beaux vers que Racine, traduisant l'*Imitation*, n'eût pas faits, le premier surtout; car il n'écrivait pas de ce style. Mais quels vers délicieux eussent coulé de sa plume, si, rivalisant avec Corneille, il eût appliqué sa poésie à ce chef-d'œuvre de simplicité évangélique, où abondent les pieux élans, les tendres effusions! Nous n'avons songé à aucune comparaison entre les *Cantiques* de Racine et l'*Imitation* traduite par Corneille, où, malgré les stances, on ne peut pas chercher des odes. Mais nous avons imaginé un moment, intervertissant les rôles, Racine écrivant un poëme sur l'*Imitation de Jésus-Christ*, Corneille aux prises, dans des poésies lyriques, avec les vieux prophètes; et cette supposition peut aider à faire ressortir les traits distinctifs du style de notre poëte dans ces luttes difficiles avec le génie hébraïque ou apostolique : l'aisance, la clarté, la simplicité, le bel enchaînement des pensées et des expressions, rien qui heurte les habitudes de notre langue, rien cependant de commun, ni qui sente la timidité, rien qui altère au fond l'esprit de ces grands inspirés, que sa foi, comme son imagination, comprenait si bien.

Comme tous ces quatre cantiques, le second, tiré du chapitre v de *la Sagesse*, est d'un dessin très-net, d'une parfaite composition, grand mérite à ajouter à tous ceux du style proprement dit, et qu'il n'en faudrait pas trop distinguer. Partout est répandue une lumière égale, un même doux éclat; tous les vers ont la même justesse élégante. Les derniers justifient bien ce que disait Quesnel des tendres accents du poëte :

> Tes saints trouveront des charmes
> Dans le souvenir des larmes
> Qu'ils versent ici pour toi (vers 58-60).

---

[1]. Voyez les *OEuvres de Corneille*, tome VIII, note 1 de la page 10.
[2]. *Ibidem*, p. 258. *Per multas tribulationes oportet nos intrare in regnum Dei.*

De tels chants qui viennent de l'âme, et ne naissent pas sans inspiration, éloignent l'idée d'un travail artificiel. Mais Racine, sans doute après avoir laissé couler librement le flot, n'en pesait pas moins avec rigueur chacune de ses paroles. Il nous en est resté pour ce cantique une preuve dans la lettre où il faisait part à Boileau de ses scrupules[1]. Quand on lit ces vers si dignes du grand style de l'ode :

> La pénitence tardive
> Des inconsolables morts,

on admire que Racine, au lieu de s'enchanter lui-même de ses paroles, examine pourquoi *pénitence* a dû être préféré à *repentance*. Nous avons peine à comprendre aujourd'hui chez un grand poëte, cette manière modeste et consciencieuse de travailler, qui certainement ne gênait pas la verve. Ses expressions le plus heureusement trouvées l'arrêtaient ; il voulait s'en rendre compte et s'assurer qu'elles seraient comprises. Il avait dit excellemment

> Fermant l'œil à la lumière
> Qui leur montroit la carrière
> De la bienheureuse paix.

Il interrogeait son Aristarque sur la légitimité de cette expression : *la carrière de la bienheureuse paix*, lui faisant remarquer celles qui sont analogues dans notre langue ; car c'était, nous l'avons vu, un des caractères des hardiesses de son style, d'être fondées sur l'analogie et sagement dérivées de l'usage ordinaire de la langue, *parce detorta*.

Entre les quatre *Cantiques* en choisir un, pour lui donner la préférence, est difficile. M. Sainte-Beuve admirait surtout le premier[2]. La beauté du quatrième nous frapperait plus encore peut-être. C'est là plus particulièrement que nous paraîtrait devancée la poésie lyrique de notre siècle, regardée, d'une façon trop absolue peut-être, comme sans modèle dans quelques-unes de ses formes, dans quelques-uns de ses caractères. N'est-ce pas un précurseur, un maître de notre Lamartine, qui a écrit ces vers doux, mélodieux, abondants :

> Leur gloire fuit, et s'efface
> En moins de temps que la trace
> Du vaisseau qui fend les mers,
> Ou de la flèche rapide
> Qui, loin de l'œil qui la guide,
> Cherche l'oiseau dans les airs (*Cantique IV*, vers 5-10)?

N'est-ce pas encore le poëte des *Méditations* (voyez surtout quelques strophes de la huitième et de la trentième) qu'on entend dans cette magnifique strophe :

> O Sagesse, ta parole
> Fit éclore l'univers.... (*Ibidem*, vers 31-40)?

Mais puisque nous parlons de Lamartine, si racinien quelquefois, et

---

1. Voyez notre tome VII, p. 126-129.
2. Voyez *Port-Royal*, tome VI, p. 152.

qui, sans doute, doué, comme on pouvait l'être seulement au temps où il est venu, d'une imagination rêveuse, et du sentiment pittoresque de la nature, a ajouté plus d'une corde nouvelle à notre lyre, disons que souvent il lui manque non-seulement la parfaite correction de Racine, mais aussi la précision de son trait. Jamais Racine ne se laisse vaguement bercer au son des paroles harmonieuses ; et nulle part son inspiration si riche ne déborde comme un fleuve qui ne connaît plus de rive. Quoique l'épithète de *tendre* lui ait été si souvent donnée, ce n'est pas lui dont les chants s'attendrissent jusqu'à la mollesse énervante. Loin de se plaire dans un demi-jour vaporeux, il a toujours, dans son style, des contours arrêtés. Quels vers plus fermes, par exemple, que ceux de ce quatrième cantique sur le pain qui « sert aux anges d'aliment[1] ! » Les meilleurs poëtes de nos jours auraient-ils su parler cette langue si lyrique par le mouvement, par le sentiment, par l'expression, mais en même temps si exacte et si simple ?

Si le génie de Lamartine, comme nous n'en doutons pas, doit beaucoup à Racine, il est plus incontestable encore que Jean-Baptiste Rousseau a voulu être le disciple de notre poëte, qu'il en a été un savant imitateur. L'élégance de Racine a été son modèle ; et c'est plutôt d'après lui, ce semble, que d'après le Psalmiste et les prophètes, qu'il a écrit ses odes sacrées. Il a le secret de l'harmonie, il sait faire de beaux vers, et donner leur forme aux grandes images. Dans la poésie des livres saints il choisit, à la manière de Racine, ce qui n'étonnera pas trop notre langue ; mais chez lui, non chez Racine, l'artifice est visible : la sincère inspiration manque beaucoup trop. Il est bien loin de la correction de son maître. Il abuse des épithètes, il a parfois des vers oiseux, et, au milieu de sa diction élégante, des expressions dures et barbares, qui font dissonance. Il n'a surtout ni la simplicité de Racine, ni sa variété de tons. Fontanes, autre disciple, moins brillant, et qui ne visa jamais si haut, serait plutôt celui qui, dans cet héritage de Racine, recueillit quelque chose du côté de la grâce familière, de la facilité, de la justesse et de la correction de la langue. Ne dédaignons pas d'ailleurs Rousseau ; toujours versificateur habile, poëte même par moments, il est, après tout, moins faible, moins dénué d'originalité que ne l'a été au théâtre l'école racinienne.

On ne s'étonne pas trop de trouver un grand poëte lyrique dans un grand poëte tragique. La muse de la tragédie et celle de l'ode se tiennent volontiers par la main. Mais Platon, au livre III de sa *République*, a dit que le même homme ne peut guère se flatter de remporter le prix du théâtre tragique et du théâtre comique ; et passer d'*Andromaque* à la comédie, au genre même qui prend le moins sérieux de ses masques, et là aussi exceller, c'est un démenti très-inattendu donné à cette observation du philosophe grec, c'est la marque d'un génie comblé des dons les plus divers. Corneille a fait aussi des comédies ; il a même, ainsi qu'il l'a dit, été « obligé

---

1. Voyez les vers 15-30.

au genre comique de sa première réputation[1]. » *Le Menteur*, la meilleure de ses productions dans ce genre, fut écrit lorsqu'il était déjà entré avec une gloire éclatante dans une autre voie, qui était pour lui la véritable; et parlant de cette pièce et de celle de *Pompée*, il put dire « qu'on aura peine à croire qu'elles soient parties toutes deux de la même main dans le même hiver[2]. » Mais *les Plaideurs* (1668), partis de la même main qu'*Alexandre* et *Andromaque*, voilà qui est plus surprenant encore; car la force comique y est de tout autre nature que dans *le Menteur*, et le style bien plus éloigné de celui de la tragédie. La comédie de Racine n'a point de vers comme ceux-ci :

De mille exploits fameux enfler ma renommée (*le Menteur*, vers 182):
.... Jusqu'au jour
Dont le soleil jaloux avança le retour (vers 291 et 292);
Par ces indignités romps toi-même mes fers (vers 536);

et bien d'autres du même ton. Nous ne les critiquons pas ; mais ils sont de la haute comédie, et Corneille, en les écrivant, ne changeait pas beaucoup de manière. Il est vrai qu'il y en a de très-différents dans *le Menteur*, où la langue familière est agréablement maniée. Mais Corneille a jusque dans ses tragédies bien des familiarités que Racine n'admettait pas dans les siennes. Ainsi, de toute façon, en passant d'un genre à l'autre, il ne s'est pas autant transformé que Racine, et n'a pas montré la même souplesse à parler, avec leur caractère le plus vrai, les deux langues les plus opposées qu'on puisse entendre sur la scène.

Laharpe dit que *les Plaideurs* « sont écrits d'un bout à l'autre du style de la bonne comédie[3] ; » nous aimerions mieux dire « d'un style très-comique et très-bon. » Le *style de la bonne comédie*, si ce n'est pas une expression un peu vague, pourrait donner à entendre quelque chose de plus élevé de ton. *Le Misanthrope*, le *Tartuffe*, *les Femmes savantes* ne sont pas écrits comme *les Plaideurs*. Le vers, quelle qu'en soit la franchise, y a toujours quelque chose de plus orné, à part même les passages où la comédie hausse la voix. Ni *l'Étourdi*, ni *le Dépit amoureux*, où, dans plusieurs scènes, le poëte n'a pas craint le gros rire, ne font exception; pas même l'*Amphitryon*, écrit d'une tout autre manière encore, et avec tant d'originalité. La palme est à Molière assurément ; mais le style des *Plaideurs* a son originalité, excellente aussi. Rien de plus aisé, de plus complétement naturel, qui sente moins l'artifice du théâtre. Est-ce à dire que dans *les Plaideurs* il n'y ait pas de style, que les vers n'y soient qu'une prose rimée ? Loin de là. Le trait (et dans quelle comédie y a-t-il plus de traits ?) est aiguisé, la saillie vivement frappée par le vers, si souvent devenu proverbe. C'est un genre d'élégance aussi, l'élégance qui là convenait le mieux ; en prose, elle n'aurait pu être aussi parfaite. Le goût n'abandonne Racine nulle part ; et c'est ce goût qui l'avait averti de ne pas traiter une pièce donnée tout

---

1. *OEuvres de Corneille*, tome IV, p. 130 (*Épître du Menteur*). — 2. *Ibidem*
3. *Cours de littérature*, tome VIII, p. 119.

simplement pour une très-libre plaisanterie, dans le style de la grande comédie, style qu'il aurait bien su trouver, si, comme il eût aimé à le faire, il avait imité « la régularité de Ménandre et de Térence. » On peut remarquer avec quel soin, dans l'édition de 1676, il a effacé le peu de vers qui, dans sa première composition, étaient d'un ton plus élevé que les autres :

> [Un tas d'officiers affamés]
> Qui moissonnent les champs que vous avez semés,
> Dont la main toujours pleine, et toujours indigente.... (var. du vers 651).

C'est une très-bonne tirade qu'il a sacrifiée, et il a eu raison. Mais, quoiqu'il se soit si absolument renfermé dans la plus simple familiarité du langage, sa pièce aristophanesque n'en est pas moins bien écrite; Racine s'y retrouve tel qu'il est sur une scène plus haute, pour la correction de la langue, la justesse de l'expression, l'art de lier le dialogue. Ajoutons que nous n'avons pas de comédie plus remplie d'excellents gallicismes, sans que l'auteur paraisse jamais les avoir cherchés ni accumulés à dessein et par raffinement littéraire : tout coule de source.

Le sel de la satire et de l'épigramme est répandu à pleines mains dans *les Plaideurs*. On sait combien Racine avait l'esprit naturellement satirique. Ses *épigrammes*, qu'il ne faut pas entièrement passer sous silence, dans une revue de la merveilleuse variété de ses œuvres, sont singulièrement mordantes; il en a, mieux que personne, connu le style et le vrai tour, manié l'aiguillon et fait ressortir la pointe. Mais si la finesse et la malice sont aussi heureuses dans *les Plaideurs*, elles y ont une autre forme, celle que demandent les conditions particulières du théâtre ; et Racine n'y est pas tombé dans la faute de Voltaire, qui, dans ses prétendues comédies, parlant toujours pour son compte, non pour celui de ses personnages, n'a fait que mettre en dialogue des satires, des épigrammes, ou des épîtres tantôt sérieuses, tantôt badines. Racine savait avoir de l'esprit sans se montrer derrière ses acteurs.

Il était difficile qu'un écrivain aussi parfait que l'a été Racine dans ses vers, ne laissât pas dans sa prose quelque marque de son talent; mais il a fait plus : là aussi il reste un modèle. Souvent les poëtes, quand ils mettent leur Muse à pied, demeurent encore poëtes ; c'est ce qui se voit surtout aujourd'hui que les frontières de la poésie et de la prose se distinguent moins qu'autrefois par des bornes fortement établies. Racine a toujours eu le pur et vrai style de la prose, sans aucun mélange hétérogène du style des poëtes. Sans doute, dans la claire et belle simplicité de cette prose, il y a quelque chose qui n'appartient pas à lui seul, mais à son siècle. C'est seulement dans l'âge suivant que peu à peu tout se complique, les sentiments comme la langue (faisons une exception pour la langue de Voltaire); et notre âge a vu s'augmenter cette complication. Le dix-septième siècle ne la connaissait pas. Racine néanmoins a eu ses qualités propres qui ne se confondent pas avec celles des autres bons prosateurs du même temps, et cela dans des genres très-divers, dont il a également bien compris les caractères particuliers : dans la correspondance familière, dans des écrits polémiques, dans les simples récits d'une histoire de monastère, dans l'éloquence d'apparat des solennités académiques.

On ne doit compter parmi les écrits de Racine ni ses premières traductions, simples exercices d'écolier, ni les annotations qu'il a laissées à la marge de ses livres d'étude, ni même ses remarques manuscrites sur Pindare et sur Homère, travail à peu près du même genre, et dans lequel on peut seulement trouver pour son *Lexique* d'utiles renseignements. Il est sans doute intéressant de reconnaître déjà dans ces cahiers de classe la justesse et la netteté d'un esprit qui se rendait bien compte de sa pensée, qui trouvait presque toujours l'expression claire ; d'y sentir quelque chose de solide et de judicieux. Il y a là des qualités qu'il devait sans doute à ses maîtres, et qui sont restées le fond sur lequel, dans ses œuvres même les plus brillantes d'imagination, il s'est toujours affermi et maintenu. Les annotations ne sont pas toutes du temps de ses premières études ; il doit y en avoir de dates très-différentes ; mais ce ne sont pas là non plus des ouvrages ; ce sont des provisions qu'il amassait, quelquefois en vue du style (car il a noté en plus d'un endroit la propriété ou la beauté des expressions), plus souvent pour se préparer à la composition, à la peinture des caractères et des mœurs, à l'analyse des sentiments. Ces notes, dont les plus remarquables sont naturellement celles dont les tragiques grecs ont été l'objet, sont des preuves de son bon goût, souvent même des révélations des instincts de son génie. Elles appartiennent à l'histoire de la formation de son talent, non à celle de ses œuvres.

Les *épîtres* de *la Thébaïde* et d'*Alexandre*, et l'une des deux *préfaces* de cette seconde tragédie, sont les premiers écrits en prose que Racine ait fait imprimer : la *préface* de *la Thébaïde* et la *seconde préface* d'*Alexandre* ne furent écrites que pour l'édition de 1676. Les épîtres dédicatoires ne sont à peu près que des salutations ; toutefois celles du jeune Racine ont un tour spirituel et une bonne grâce que, dans de semblables banalités de la flatterie cérémonieuse, on connaissait moins avant lui. Dans l'*épître* de *la Thébaïde* la phrase est vive et dégagée, le ton mêlé, avec un tact très-fin, de respect et d'agrément. L'*épître* d'*Alexandre*, adressée au Roi, a quelque chose de moins simple ; mais la mesure est gardée, surtout quand on pense à ce qui était alors de style quand on avait à louer le Prince. Racine a mis de l'esprit dans sa louange, seul moyen d'en relever la fadeur. La diction est noble ; la phrase a du nombre. Un peu plus tard Racine écrivit l'*épître à Madame*, pour lui dédier son *Andromaque*. Ce fut mieux encore. Tous les compliments y sont d'une charmante délicatesse. L'élégance du style est parfaite. Dans quelques passages on est bien près de l'élévation oratoire ; Racine cependant, comme dans l'*épître au Roi*, s'est arrêté où le ton de l'épître aurait été dépassé. On peut comparer l'*épître* de Molière à la même princesse, qui est à la tête de *l'École des femmes*. Elle est tout à fait de bon goût dans sa simplicité, et l'on y reconnaît l'homme d'esprit ; mais la touche de Racine est plus fine encore ; en même temps il y a, dans la forme, quelque chose de beaucoup plus achevé.

Sans valoir l'*épître* d'*Andromaque* (l'occasion n'était pas si belle), les deux épîtres que Racine a encore écrites, celles de *Britannicus* et de *Bérénice*, sont remarquables aussi par la grâce du style, la convenance, et les heureux traits d'une louange qui sait ne pas s'écarter de la dignité.

Les *préfaces* sont écrites tout autrement ; car Racine savait changer de plume comme il convenait. Il est impossible d'imaginer un style moins ambitieux et qui cherche moins les ornements. La justesse de l'expression, et la correction, qui a aussi son élégance, y suffisaient. Rien d'oratoire, rien de poétique surtout. Ces pièces où Racine avait prodigué les richesses de son inspiration, il n'en discourt que dans le langage sobre et clair de la raison, sans monter sur le trépied. Il parle de son art, semant les observations judicieuses, mais ne prétend pas, comme on l'a fait depuis, faire de chacun de ses avis au lecteur une poétique nouvelle et complète ; il n'aurait pas voulu être de ceux qui, pour annoncer leur œuvre, ouvrent une si grande bouche, *magno promissor hiatu*. Donner quelques éclaircissements sur le sujet qu'il a traité, faire en passant un petit nombre de remarques sur les règles du poëme dramatique, répondre à certaines objections, voilà tout ce qu'il se proposait. Au fond, rien de plus solide que ces pages discrètes ; dans la forme, rien de plus éloigné de la pesanteur didactique. La phrase courte, qui imite si bien la facilité de la conversation, et qui, dans notre langue, passe quelquefois pour une innovation de la plume légère et rapide de Voltaire, n'a-t-elle pas eu ici son premier modèle ?

Racine a écrit seize *préfaces*, quatre de ses tragédies en ayant une double. Toutes sont des morceaux d'un grand prix, pour le grand sens de leurs observations critiques, comme pour les mérites de leur style. Racine y parle de lui-même en homme de bon goût, avec modestie. Cependant l'amour-propre ne pouvait perdre tous ses droits ; il se montre dans l'extrême sensibilité du poëte aux attaques de ses censeurs. Si de ce côté Racine a trahi une petite faiblesse, elle a été pour lui l'occasion de faire preuve d'un de ses talents d'écrivain, du talent redoutable de trouver le trait mordant. Les premières *préfaces* d'*Alexandre*, d'*Andromaque* et de *Britannicus*, la *préface* de *Bérénice*, ont des passages très-vifs, très-caustiques. Si l'on aime les coups bien portés, on est content. Mais, soit crainte d'avoir été, dans ces dures représailles, plus emporté que de droit, soit simple scrupule de l'écrivain de goût, averti qu'il altérait ainsi le ton grave et sage de ces morceaux inscrits au frontispice de ses immortelles tragédies, dans les préfaces qu'il refit pour l'édition collective de 1676, il ne laissa plus trace de ces mouvements de colère.

A peu près dans le même temps que la *préface* d'*Alexandre*, imprimée en 1666, et avant celle d'*Andromaque*, imprimée en 1668, Racine, donnant cette fois pleine carrière à sa verve satirique, avec plus de préméditation et avec un dessein plus suivi, écrivit sa *Lettre à l'auteur des hérésies imaginaires*; bientôt après, une *seconde lettre* provoquée par le même débat, et une *préface* aussi cruellement assaisonnée que les deux lettres. Il y a longtemps que ces courts pamphlets ont été proclamés des chefs-d'œuvre, dignes d'avoir leur place à côté des *Provinciales*. Le débat était tout personnel, et, de toute façon, bien moins haut, quoique la défense des droits de la poésie y parût intéressée. Aussi Pascal, génie d'ailleurs d'une trempe très-différente, a-t-il une grande supériorité par la dialectique puissante et par le mélange de la plus grave éloquence à la fine ironie. Mais l'avoir égalé, nous n'oserions dire plus, dans l'art de la plaisanterie piquante, était un assez étonnant succès. Quand les jansénistes (Pascal excepté) sortaient de leur gravité pour railler, ils n'avaient pas la main légère; et leur enjouement peu agréable devenait facilement bouffonnerie. Racine le leur a bien dit; il a fait mieux : il leur a montré avec quelle grâce on peut rire, tout en faisant de sérieuses blessures. Ses traits les plus malins ne paraissent jamais cherchés; ils sont aussi naturellement amenés qu'inattendus; et quelque acérée que soit la moquerie, elle est toujours attique et de bon ton. Beaumarchais, avec tout son esprit, n'a pas, il s'en faut, dans sa causticité, le goût aussi pur; il ne parle pas d'ailleurs cette langue excellente, irréprochable dans sa correction, et si riche en heureux idiotismes. Jamais plume facile n'a été en même temps aussi sûre que celle de Racine dans cette polémique. La variété est des plus agréables; les saillies les plus plaisantes sont entrecoupées de récits parfaits.

A la fin de sa première lettre, Racine, renvoyant ses vénérables adversaires aux sujets qui seuls leur convenaient, leur dit : « Remplissez vos lettres de longues et doctes périodes...; vous êtes appelés à ce style. » Il avait bien reconnu leur côté faible, malgré le profit qu'il avait, sur d'autres points, tiré de leurs leçons. Autant leurs périodes étaient « longues et doctes », autant, dans ces vives répliques, sa phrase est courte. C'est une qualité de sa prose que nous avons déjà notée dans ses *préfaces*, où elle est un peu moins marquée toutefois, plus de gravité y étant nécessaire. Mais quelle que soit la leste allure, la légèreté de la phrase, elle ne perd pas pour cela (on en dirait autant du style des *Provinciales*) cette solidité qui était la marque du temps. On voit bien qu'aussi, comme Pascal, il aurait su, au milieu des railleries, élever le ton, si l'occasion l'eût plus souvent demandé. Ce passage en offrirait un exemple : « Sophocle, Euripide, Térence, Homère et Virgile nous sont encore en vénération, etc.[1] » Là se trouve, ce qui est bien rare dans ces lettres, une période assez longue et oratoire : « Notre siècle qui ne croit pas être obligé, etc. » C'est une exception, mais justifiée.

Malgré leur aimable facilité, les lettres que Racine a écrites aux amis de sa jeunesse sont loin de donner l'idée d'un écrivain aussi habile qu'il l'a été dans ses lettres contre Port-Royal. Mais entre les dates des unes et des autres quelques années s'étaient écoulées, qui furent celles où le talent de Racine fit un progrès décisif : sans compter que des écrits qui, même sous leur forme de simples lettres, ont été polis pour le public, ne sont pas à comparer avec une correspondance particulière, où il doit suffire de laisser courir la plume. Les lettres du jeune Racine sont d'un tour aisé et même agréa-

---

1. Voyez au tome IV, p. 279 et 280.

ble. Il ne s'est pas trompé là plus qu'ailleurs sur le vrai ton à prendre. Il connaît bien le langage familier qui a ses locutions et ses tours particuliers, et dont il a fait si bon usage dans ses *Plaideurs*. Il aimait évidemment alors le bel esprit; il citait ses poëtes, et parlait volontiers de vers, quelquefois même en vers, comme c'était assez la mode. Il avait le désir de bien écrire; mais nous avons peine à trouver que cela sentît autant le livre qu'on l'a dit[1]. Il évitait d'être trop *solide*, et se moquait des gens empesés qui n'admettaient jamais *le creux*. Avec cela l'esprit sensé se montre; et l'on discerne bien que le jeune homme est moins frivole qu'il ne s'amuse à le paraître, pour « être loup avec les loups[2] ».

On trouverait dans cette première correspondance quelques façons de parler qui ont vieilli; ce ne sont pas là des incorrections; s'il y en a quelques-unes, comme : « Je ne prétends pas en être pour cela du nombre[3] », elles sont peu nombreuses; et généralement ces lettres sont écrites avec une pureté qui, sans être affectée, n'est pas cependant, on le voit bien, indifférente à Racine, et qui en même temps lui est facile. Celles qu'il adresse à la Fontaine sont de toutes les plus soignées, et les plus spirituelles; un tel correspondant l'inspirait, et lui donnait aussi un peu plus d'ambition de montrer ce qu'il pouvait faire. Mais ce ne sont pas les seules dont on pourrait citer d'agréables traits. Il y en a une, par exemple, adressée à le Vasseur, dont la fin[4] rappelle, par sa très-spirituelle malice (Port-Royal en est encore cette fois la victime), les fines épigrammes de ses deux réponses aux attaques jansénistes, et pouvait faire prévoir qu'il serait capable de les écrire.

Les *lettres* recueillies parmi celles que Racine écrivit dans la pleine maturité de son esprit, presque toutes adressées à Boileau ou à Jean-Baptiste Racine, sont d'une bien plus grande valeur. M. Stapfer, qui nous a révélé les jugements fort extraordinaires de M. Hugo sur la poésie de Racine, dit qu'il « faisait grand cas de sa prose et trouvait son style épistolaire excellent[5] ». Si l'on écarte l'idée d'une préférence certainement étonnante, il n'y a pas cette fois à contredire. Parmi les correspondances vraiment familières, qui n'ont rien d'étudié, qui ne visent pas à l'esprit, et dont le style est tout à fait simple, quoique très-distingué et de la meilleure qualité, celle-ci sera toujours une des plus appréciées des gens de goût. Si Racine avait écrit ses premières lettres un peu à la façon de Pline le Jeune, celles dont nous parlons ne décèlent plus aucune préoccupation d'auteur. Tout y est de l'honnête homme, au sens que le mot avait alors, en même temps que de l'homme de bien; l'esprit, mais sans aucune envie de se montrer, y est aussi; et la gravité est à propos mêlée de grâce et d'enjouement. Il ne faut sans doute penser ni à la langue pleine d'imagination et de couleur de Mme de Sévigné, à cette langue incomparable dans ses brillants caprices, et si variée dans tous les

---

1. Sainte-Beuve, dans *Port-Royal*, tome VI, p. 98.
2. Voyez tome VI, p. 416.
3. *Lettre* 7, tome VI, p. 390.
4. *Lettre* 11, tome VI, p. 407 et 408.
5. *Les Artistes juges et parties*, p. 58.

genres d'éloquence; ni à la verve étincelante et intarissable de Voltaire. Quoiqu'il y ait dans les lettres de Mme de Sévigné et dans celles de Voltaire autant de naturel qu'on en peut souhaiter, tous deux aimaient à y mettre tout l'esprit qu'ils avaient. Racine n'avait aucune complaisance pour le sien dans ces correspondances tout intimes, où il ne songeait qu'à l'agréable commerce de l'amitié ou de l'affection paternelle. Pour la politesse du style, sans le moindre artifice, on pourrait plutôt, tout en mettant à part l'intérêt des sujets traités, se souvenir de ces lettres de Cicéron que Racine goûtait extrêmement. Il faut se garder de croire que le style sage et sobre des lettres de Racine ait rien de terne et de triste; il a toujours, dans sa justesse, de l'élégance et de la vivacité.

Si, de même que la langue de la prose est distincte de la langue poétique, on voulait dans la prose elle-même trouver comme deux langues différentes, il faudrait prendre comme les extrêmes où cette différence est le plus sensible, la simplicité des lettres familières et l'éloquence d'apparat. De ce dernier genre d'éloquence Racine a donné, ce nous semble, les meilleurs, les plus purs modèles. Nous avons de lui deux discours académiques; il ne faut pas les mettre au même rang, et peut-être le second en date justifie-t-il seul pleinement ce que nous venons de dire. Avoir à exposer les titres académiques de l'abbé Colbert, dont le premier était peut-être de porter un nom si illustre, ou à louer le grand Corneille, c'étaient là des sujets faits pour inspirer très-inégalement.

La harangue pour la réception de l'abbé Colbert (1678) est d'un style très-noble. Le choix des expressions, la distribution savante des périodes, l'habile symétrie de quelques phrases, le nombre oratoire, la variété des mouvements, qualités que le genre demande, font lire avec plaisir ce court morceau, dans lequel le soin de la forme était la véritable ressource de l'orateur. On peut y remarquer combien Racine, dans sa prose la plus ornée, s'abstenait des images, des tours, des mots poétiques. Quant à la pureté de la diction, il savait que dans de tels discours elle est particulièrement exigée, et d'ailleurs elle lui était naturelle. S'il y a dans sa harangue deux phrases qui s'écriraient autrement aujourd'hui : « Nous pensions que les armes eussent porté[1] », et « contribuer quelque chose à la gloire[2] », on sait qu'elles sont de la meilleure langue du dix-septième siècle.

L'autre harangue, celle qui fut prononcée à la réception de Thomas Corneille et de Bergeret (1685), n'a pas seulement les mérites isocratiques de la première, elle y joint la haute éloquence. C'est dans un langage magnifique et plein d'une généreuse émotion que Racine parle de son grand rival, caractérisant son génie par un petit nombre de traits qui suffisent, parce qu'ils sont les plus vrais et les plus profonds. Rien de plus noble que le passage où il place cette gloire de l'éloquence et de la poésie, que nul n'était plus digne de venger des ignorants dédains, à côté de la gloire des plus illustres héros et des plus grands princes. Ce n'est pas cette juste et fière revendication elle-même que nous avons à faire remarquer ici, mais l'expression

1. Tome IV, p. 354. — 2. *Ibidem*, p. 356.

égale à la beauté du sentiment. Chaque parole, chaque accent des phrases où cette pensée est développée, a quelque chose qui élève l'âme, qui donne l'impression de la vraie dignité. Avec un instrument de style tout différent, Racine dans ces deux morceaux de sa harangue est bien le même grand écrivain que dans ses tragédies; et ils n'y sont pas les seuls qu' offrent des beautés du premier ordre. L'éloge du Roi, qui la termine, est écrit avec un art admirable. La grandeur y est sans emphase; l'hyperbole même de la louange est placée dans un jour qui fait illusion sur ce qu'elle peut avoir de démesuré. Les plus heureux traits ont été trouvés pour graver dans les mémoires l'image des gloires de ce règne. Il y a sans doute dans les dernières lignes de cette belle louange quelques paroles dont on a justement critiqué l'*excès*; c'est le mot dont se sert Arnauld, en rappelant le jugement qu'en avait paru porter Louis XIV lui-même. Une faute semblable se trouve à la fin du premier discours académique. Il faut voir là soit un égarement de sincère admiration, soit une faiblesse de caractère qui est devenue une erreur de goût, chose si rare chez Racine. C'est, il nous semble, l'unique tache dans un chef-d'œuvre d'éloquence.

Dans le second discours plus encore que dans le premier, on rencontre des expressions qui font image ou qui ont une certaine hardiesse; mais dans leur style figuré ou dans l'élégance qui les distingue du langage ordinaire, elles restent en deçà de ce que pouvait se permettre, sans empiéter sur le domaine du style poétique, la prose oratoire: « Lorsqu'il ne lui restoit plus qu'un rayon de connoissance (tome IV, p. 361).... — Les importantes négociations qui sous son règne ont donné le branle à toute l'Europe (*ibidem*, p. 364).... — La voie de la négociation est bien courte sous un prince (*ibidem*).... — Leur impuissance, leur douleur est publique à toute la terre (IV, 367). — Tous ces longs détails de chicanes ennuyeuses qui sèchent l'esprit de l'écrivain (*ibidem*). » Racine demeure dans les vraies limites. Il n'a même cru pouvoir dire que Corneille avait « lutté contre le mauvais goût de son siècle, » qu'en s excusant de l'oser[1]. Nous avons depuis fait des progrès d'audace; et à peine sommes-nous encore en état de sentir combien de tels scrupules conservaient utilement à chaque style son vrai caractère. Tout diffère d'ailleurs aujourd'hui : nous ne penserions pas que ce fût assez d'un éloge de deux pages pour honorer dignement le génie de Corneille. Nos harangues académiques ne peuvent être accusées d'un excès de laconisme, ni même louées de leur brièveté. Ajoutons que, dans leur style, elles sont à la fois beaucoup moins oratoires et moins simples que celles de Racine. Sans vouloir, par des épigrammes déplacées, rabaisser les grands esprits de notre temps, qui ont bien leur mérite, il n'est pas téméraire de dire que nous n'avons plus la même sûreté de goût, ni la même mesure, et qu'il peut y avoir profit à se remettre devant les yeux des modèles dont on s'est trop écarté.

1. Tome VI, p. 358. En vers Racine avait déjà dit : « lutter contre les destinées » (*Mithridate*, vers 880). Il semble que cette métaphore était alors nouvelle (voyez cependant le *Lexique de Malherbe*). Aujourd'hui elle est tellement en usage qu'on ne la remarque plus.

Nous avons dit que les premières traductions de Racine n'intéressaient aucunement sa renommée d'écrivain. Il en est autrement de la traduction d'une partie du *Banquet de Platon*, écrite, suivant toutes les vraisemblances, après l'année 1678. Elle est digne de sa plume. Les traductions étaient alors regardées comme d'importantes œuvres de style. Le mérite du fond appartenant tout entier à l'auteur original, on croyait que le traducteur devait donner les plus grands soins à la forme française dont il avait à le revêtir, s'appliquer à la rendre très-correcte, très-pure, et à la marquer du cachet de notre langue. De là le grand succès des traductions de Vaugelas et de d'Ablancourt, dont Racine ne dédaignait pas d'étudier la diction ; de là aussi la pensée qu'avait eue l'Académie de prendre surtout ce genre d'écrits pour objet de ses remarques sur les particularités de notre idiome. Racine, dans sa traduction du *Banquet*, sans manquer, ainsi qu'on le faisait trop alors, à l'exactitude de l'interprétation, n'a jamais dépaysé le génie de notre langue, ni oublié, d'un autre côté, qu'on ne pouvait faire connaître Platon, si, en s'attachant seulement au sens, on ne s'efforçait pas de donner aussi un reflet de son style. Personne n'était mieux fait que lui pour en sentir la douceur, l'harmonie, la finesse, l'élégance. On peut dire qu'il lui a laissé toutes les grâces qu'un idiome moins flexible et moins riche pouvait lui conserver. La couleur d'un style à la fois orné, distingué et familier a toujours été rendue par d'heureux équivalents, auxquels nous ne croyons pas que la langue d'aujourd'hui pût si bien se prêter. S'il y a une traduction qui nous offre d'excellents exemples des tours qui nous sont propres, de nos meilleurs idiotismes, c'est assurément celle-là.

Pendant plusieurs années Racine se prépara plus sérieusement qu'on ne l'a cru quelquefois à écrire l'histoire. Nous ne doutons pas que le jour où il aurait mis en œuvre les matériaux amassés, il n'eût plié son talent au style de l'histoire avec le succès qu'il a eu dans les genres si divers auxquels il a touché. La gravité, la simplicité sans sécheresse, la facilité élégante du récit, et l'élévation, où elle convient, ne lui auraient pas manqué. Mort dans la force de l'âge, le temps ne lui a pas été laissé. La *Relation du siége de Namur* (1692) ne doit pas être considérée comme un fragment d'une grande œuvre historique ; c'est un petit écrit sur un point particulier d'histoire militaire, qu'il fallait développer dans un détail presque technique. Toutefois Racine a pu y montrer des qualités de narrateur très-distinguées ; et dans le début il y a un vrai souffle d'historien. Une impression qui nous reste de cette *Relation*, c'est que sans aller jusqu'au style oratoire, qui n'eût pas été à sa place, Racine aurait, dans l'histoire, un peu plus haussé le ton que ne l'a fait Voltaire, et aurait aimé à ne pas trop s'éloigner du style plus orné et plus élevé de Tite-Live. Le *Précis historique des campagnes de Louis XIV* (1684), morceau plus important, nous confirmerait dans cette idée.

Ce *Précis* n'est encore qu'un opuscule, très-différent de l'histoire proprement dite, et qui avait ses conditions particulières de style, parce qu'il tenait également de la narration et de l'éloge. C'est même la couleur du panégyrique qui y domine : il s'agissait d'un commentaire de dessins représentant les conquêtes du Roi sur la Hollande. Plus encore cependant que dans la *Relation du siége de Namur*, on croit y entrevoir quelle eût été la manière de Racine historien, combien son récit eût été vif et rapide, sa phrase nette et courte, en cela du moins plus rapprochée de celle de Voltaire que de celle de Tite-Live, avec lequel il n'eût été à comparer que pour l'ornement de l'expression et l'éloquence pleine de dignité. Ce n'est point au reste dans quelques pages oratoires qui commencent et finissent le récit que nous avons pu chercher à nous faire une idée du style historique de Racine. Elles sont belles, mais rappellent surtout ses discours académiques; et dans une véritable histoire, il n'aurait pas mis autant de rhétorique, de quelque excellent goût que soit celle-ci.

Boileau paraît bien avoir pris quelque part à la rédaction de ce *Précis*. Il peut y avoir une trace de sa collaboration dans la phrase : « le Roi rebrousse chemin (tome V, p. 290), » puisque l'on sait que Louis XIV, ayant été choqué de l'expression, Boileau seul la défendit, et ne fut pas appuyé par Racine[1]. Mais quand les deux illustres amis ont travaillé ensemble, comme il semblerait qu'ils l'ont fait aussi pour l'*Idylle sur la paix*, et pour quelques parties de l'*Histoire de Port-Royal*, nous croyons hors de doute que Racine, qui avait la meilleure plume, a dominé, et a fait prévaloir son style. Le *Précis*, tel qu'il est écrit, décèle plutôt la main de l'un que celle de l'autre. Personne n'a jamais imaginé non plus que Boileau ait écrit beaucoup de pages dans l'*Histoire de Port-Royal*.

Il nous reste à dire quelques mots de cette dernière histoire (1698?), qu'il ne s'agissait pas d'écrire comme celle du règne de Louis XIV. C'est là surtout qu'il suffisait d'une narration claire et sans prolixité, d'une diction correcte, d'un style simple, grave, presque austère. Telles ont été les qualités de l'écrivain dans ce sage et modeste récit, auquel il s'est appliqué avec un soin pieux, comme à une tâche qui donnait satisfaction à tous ses sentiments les plus chers de reconnaissance, d'amitié et de religion. Chamfort trouvait « plaisant de voir l'auteur de *Phèdre* parler des grands desseins de Dieu sur la Mère Agnès. » Racine ne connaissait pas ces superbes dégoûts; il ne lui semblait pas qu'il abaissât son génie; et il n'est nullement plaisant, mais à la fois raisonnable et touchant, qu'il n'ait pas cru indigne de sa plume, depuis longtemps si vantée, d'écrire l'histoire d'une maison pleine à ses yeux d'une sainte grandeur, et à laquelle d'autres, moins favorables, ne refuseront pas du moins la gloire d'avoir produit d'éminents esprits, de fortes et nobles âmes, ni celle d'avoir livré les combats les plus émouvants sur le champ de bataille des consciences. Non-seulement Racine n'a pas dédaigné de se charger de ce travail, qui a paru à de beaux esprits ridiculement humble pour lui; mais il s'est étudié à polir son ouvrage, avec tous les scrupules d'écrivain dont il avait l'habitude. On en a la preuve

---

1. Voyez la lettre de Boileau à Brossette, en date du 2 décembre 1706. Au reste, il faut remarquer (voyez ci-dessus, p. XIII) que Racine avait employé le verbe *rebrousser* au vers 1546 d'*Athalie*. Mais dans la *lettre* de Boileau, c'est l'expression « rebrousser chemin » qui est citée.

dans les variantes considérables qu'offrent ses manuscrits. Aussi n'y a-t-il de négligences ni dans la composition, ni dans le style; et Boileau, qui n'aurait pas ainsi parlé s'il eût été lui-même un véritable collaborateur, Boileau, bon juge, « vantoit fort cette histoire, nous dit le fils aîné de Racine[1], comme un morceau parfaitement bien écrit. » C'était un éloge mérité. Port-Royal a eu d'autres historiens. Les anciennes *Relations*, les *Histoires générales*, les *Mémoires*, écrits par des personnes mêmes de Port-Royal, ou par leurs adhérents, ont abondé; et, de nos jours, un homme d'un rare esprit a repris toute cette histoire de la célèbre abbaye en curieux passablement profane, qui, avant tout, y cherchait tantôt des informations littéraires, tantôt une étude de philosophie morale. Son ingénieux, brillant et agréable livre, si on le lit à côté de celui de Racine, nous fait mieux sentir combien heureusement le style de celui-ci est en harmonie avec le sujet, tout autrement envisagé sans doute, qu'il traitait, et dans la couleur du tableau sévère qu'il avait à peindre. Il est évident que les anciens écrits, que nous rappelions, se compareraient mieux avec l'*Abrégé* de notre auteur; mais si quelque chose de solide et de grave les en rapproche, ce n'est que chez Racine qu'on trouve la rapidité du récit et sa belle ordonnance, la proportion des développements, la diction élégante, la phrase accourcie, allégée, ayant pris une allure toute nouvelle, et qui, nous l'avons remarqué déjà, n'avait pas été enseignée par les jansénistes à leur illustre élève. Entreprise surtout dans une intention d'apologie, l'histoire écrite par Racine participait à la fois du récit et du plaidoyer. Il fallait être cependant bien plus historien qu'avocat, et plaider la cause surtout par l'exposé des faits. Le tact et le bon goût de Racine lui ont fait toujours éviter la forme de l'argumentation comme les vivacités pressantes de la polémique. Son indignation se fait sentir, sans éclater plus qu'il ne sied au simple narrateur; et si, pour peindre le ridicule odieux, pour le représenter vivement et le mettre en action dans des scènes où la comédie se mêle à des douleurs tragiques, sa malice, si heureuse en traits satiriques, ne lui a pas fait défaut, la manière cependant est tout autre que dans les épigrammes aiguisées des deux lettres où il avait autrefois si bien raillé. Récits éloquemment émus, comme celui de derniers jours de la Mère Angélique, récits qui ont leur côté plaisant, comme ceux des visites de M. de Péréfixe, tout reste dans le caractère, dans le ton convenable à l'historien.

Nous avons cherché dans les œuvres de Racine, en les prenant une à une, les principaux traits de son génie, particulièrement les qualités de son style, seul objet de cette étude. Ces œuvres sont extrêmement variées; et, par suite, il peut paraître que ce génie universel a bien des aspects dissemblables, ce style bien des formes difficiles à comparer entre elles. Mais les différentes applications de grandes facultés ne font pas que ces facultés cessent d'être les mêmes, et que le génie de l'écrivain devienne indéfinissable. Racine a eu

1. Voyez notre tome VII, à la page 333.

des dons très-divers; ils se sont associés dans une belle harmonie. Un jugement solide et ferme qui ne s'est jamais laissé arracher la direction et le contrôle de la pensée, un goût sûr et délicat, ami de la clarté et de la mesure, ont fait le plus sage et le plus correct des écrivains de celui que l'extrême sensibilité de son âme, la vivacité et la richesse de son imagination ont fait en même temps un si grand poëte. Jamais intelligence aussi brillante et ardente, aussi puissante pour créer, n'a été aussi bien gouvernée par la règle. On a rarement méconnu chez Racine cette correction et ce goût, que nous venons de rappeler après tant d'autres; mais nous devons dire moins vaguement quels ils furent. Sa correction n'était jamais servile ni pédante; elle était fort libre au contraire, et lui a permis, dans un si grand nombre de vers de ses tragédies, les plus grandes hardiesses qui aient jamais donné la nouveauté et l'originalité à une langue poétique Elle se fondait sur un sens droit et juste, qui, apercevant chaque pensée sous son vrai jour, en trouvait comme nécessairement l'expression la plus nette et la plus irréprochable, et sur une connaissance profonde du génie de la langue, souvent refusée aux plus doctes grammairiens. Dans un passage de son *Histoire de Port-Royal* (tome V, p. 440), Racine reproche aux jésuites une justesse grammaticale qui va jusqu'à l'affectation; pour lui, sa correction n'était ni affectée, ni timide, ni négative; elle n'était que la parfaite conformité de l'expression avec l'idée, dans les limites du bon usage, ou, quand il fallait passer au delà, dans les limites de la juste analogie. Quant à son goût, non-seulement il était exact et sévère, infaillible même, pourrait-on dire, sans l'illusion que lui fit quelquefois le point de vue de sa nation et de son temps, où il était porté à se placer; mais, pour en définir le caractère, il faut l'appeler de son vrai nom, qui est l'*élégance*. Dans sa plus grande simplicité, dans son plus vif éclat, dans sa force même et jusque dans le sublime, dans les plus libres familiarités de sa plaisanterie, toujours l'élégance. Elle était chez lui cet amour naturel du noble et du beau, qui n'a donné qu'à bien peu d'écrivains, de poëtes, d'artistes, autant qu'à Racine, le besoin absolu de la perfection de la forme. A tout cela il faut ajouter quelque chose qui se distingue du goût et du génie : l'esprit Racine n'en a pas eu seulement dans sa causticité et dans sa malice, mais partout, du plus fin et du plus adroit.

Voilà quelles qualités bien diverses d'imagination, de sensibilité, de sens droit et de goût exquis ont contribué à former ce style si charmant et si grand, à la fois original et naturel, juste et hardi, ferme et souple, élevé sans emphase, sublime sans inégalité, vigoureux avec grâce, clair, sage, ordonné, et pourtant plein de vivacité et de chaleur, alliant la propriété de l'expression à sa beauté poétique et à sa délicatesse charmante, d'une noblesse toujours soutenue, coloré et mélodieux, passionné et parlant au cœur, comme il satisfait l'esprit, enfin s'adaptant, avec une incroyable flexibilité et une convenance qui n'est jamais en défaut, à tous les sujets et à tous les genres d'écrits. L'enseignement donné par de premiers maîtres, dont les méthodes étaient très-propres à former des esprits judicieux, et qui savaient les bonnes règles de l'art d'écrire jusqu'à se faire accuser par leurs adversaires d'une politesse de langage excessive pour des chrétiens[1], les conseils rigoureux et fermes de Boileau, la forte nourriture puisée dans une étude sérieusement commencée de bonne heure, et toujours continuée, de l'antiquité grecque et latine, l'air que l'on respirait à ce moment unique pour la langue et la littérature française, le commerce des plus beaux esprits, celui d'un monde où la vie de société était si élégante, d'une cour où régnait tant de dignité; puis, dans les dernières années surtout, l'élévation que donne à l'âme une foi vive et profonde, n'oublions pas la lecture assidue des livres saints renouvelant et portant plus haut l'imagination, ce sont des influences auxquelles, il n'en faut pas douter, le génie de Racine doit beaucoup. A ces sources très-diverses ont été puisés bien des éléments, préparées bien des qualités de son style. Mais, dans la formation d'un grand génie, qui toujours croît principalement par sa propre séve, il n'en reste pas moins quelque chose de mystérieux : elle ne peut pas être si exactement analysée Jamais non plus on n'analyse que d'une manière bien imparfaite les œuvres de ce même génie ; il faut surtout les sentir. Une étude comme celle que nous avons tentée ne peut être qu'une préparation à les sentir mieux encore en les relisant.

P. MESNARD.

1. *Histoire de Port-Royal*, à la page 440 de notre tome IV.

INTRODUCTION GRAMMATICALE.

N. B. A part un certain nombre de hardiesses poétiques, les exemples cités dans le *Lexique*, et particulièrement dans l'*Introduction grammaticale*, comme s'écartant de l'usage actuel, ne doivent pas être considérés comme caractérisant la langue de Racine, au temps de ses chefs-d'œuvre. La plupart des emplois de mots ou de tours que nous relevons comme irréguliers ou comme étranges sont empruntés soit aux exercices et traductions de sa jeunesse, soit à des annotations rapides et naturellement négligées, soit encore, mais en nombre moindre, à ses deux premières tragédies. De ces trois sources, nous distinguons les deux premières par des astérisques.

I. — Article.

1° Emplois à remarquer, conformes ou non à l'usage actuel, d'articles définis, indéfinis ou partitifs :

Voyez surtout LE, LA, LES, article, p. 296; UN, article, p. 538 et 539; DE, 5°, p. 126 et 127.

.... Je le reconnois pour *le* roi des Troyens. (II, 117, *Andr.* 1512.)
Le Ciel doit-il sur vous en prendre *la* vengeance? (I, 422, *Théb.* 420.)
*J'ai déguisé la vérité, non point par *l'*ordre d'Hercule. (VI, 251, *L. ann.*)
.... Mon amour devint *le* confident du vôtre. (II, 385, *Bér.* 244.)
.... J'en ai fait *le* choix. (I, 408, *Théb.* 178.)
*Le sommeil est *le* frère de la mort. (VI, 309, *Livres ann.*)
* Chavigny avoit été *l'*ami intime du Cardinal. (V, 88, *Notes hist.*)
.... A qui veux-tu faire perdre *la* cause? (II, 217, *Plaid.* 845.)
.... Elle attend *le* moment favorable. (II, 377, *Bér.* 67.)
Seigneur? Étois-je au moins présente à *la* pensée? (II, 399, *Bér.* 584.)
A dire *le* vrai. (IV, 359, *Disc. acad.*)
Le jeune Agrippa....
Se vit exclus *du* rang vainement prétendu. (II, 296, *Brit.* 866.)
*Lorsque les danseurs alloient de *la* droite à *la* gauche, ce qui exprimoit le mouvement du ciel, qui se meut de *l'*orient à *l'*occident.... (VI, 222, *Livres ann.*)
Sitôt qu'il hait *un* roi, doit-on cesser de l'être? (I, 425, *Théb.* 476.)
.... Je fuis *des* yeux distraits,
Qui me voyant toujours, ne me voyoient jamais. (II, 386, *Bér.* 277.)
*Ils vont querir *du* feu chez leur voisin, et y en trouvant *un* bon, ils y demeurent. (VI, 305, *Livres ann.*)
Je m'en console avec mes livres.... Il y a bien des gens.... qui m'en apportent tous les jours. Les uns m'en donnent *des* grecs, les autres *d'*espagnols, et de toutes les langues. (VI, 465, *Lettres.*)
* *Un* qui n'avoit jamais sorti de Corinthe commençoit ainsi son histoire.... (V, 496, *Trad.*)

Ils causent *des* mieux. (VI, 419, *Lettres de* 1661.)

Pour les locutions, avec ou sans article, *demain au matin, demain matin, hier au soir*, etc., voyez ci-après au *Lexique* les mots A, 6° (vers le milieu de la page 6), Hier, Matin, et Soir.

2° Omission de l'article après des prépositions, dans divers tours et gallicismes, après certains verbes, dans des énumérations, devant des noms propres qui le prennent d'ordinaire, etc.; article exprimé une seule fois devant plusieurs substantifs ou adjectifs :

Gens pour Pradon voulurent parier....
Pommes sur lui volèrent largement;
Or quand sifflets prirent commencement....
(IV, 185, *Poés. div.* 6, 11 et 12.)

.... Les étoiles à leur tour,
Comme torches funèbres,
Font les funérailles du jour. (IV, 42, *Poés. div.* 79.)

Qu'on les fasse tous deux paroitre en ma présence. (III, 637, *Ath.* 587.)

Ils sont encore jeunes tous deux. (VII, 280, *Lettres*.)

Qu'il me soit permis de vous répondre en même temps à tous deux. (IV, 327, *Imag*.)

*Monsieur le Prince pensa les surprendre tous trois. (VI, 350, *L. ann*.)

*Ces paroles tendres les font pleurer tous quatre. (VI, 87, *R. sur l'Od*.)

Voyez Deux, p. 149; Tout, p. 526.

Jurant qu'à si haut point elle mettroit sa gloire, etc. (IV, 74, *Poés. div.* 31.)

*Il se met à nage. (VI, 106, *Rem. sur l'Odyss*.)

La politesse de langage. (IV, 474, *P. R*.)

.... Êtes-vous en pouvoir de mari ? (II, 182, *Plaid.* 465.)

Au siècle d'innocence. (IV, 28, *Poés. div.* 9.)

Nous sommes de telle nature, qu'il n'y a rien au monde qui, etc. (I, 522, *Alex.* 2° préf.)

*Ils étoient de la couleur d'hyacinthe. (VI, 117, *Livres ann*.)

D'autre côté, les Espagnols.... songèrent aussi à se déclarer. (V, 254, *Camp. de Louis XIV;* voyez IV, 228, *Poés. div.* 57, 2ᵈ app.)

*Pyrrhus avoit un pouce au pied droit, dont l'attouchement guérissoit les malades de rate. (VI, 338, *Livres ann*.)

Elle en a autant.... à espérer après la mort de père et de mère. (VII, 280, *Lettres*.)

*Se réconcilier avec lui de paroles et par présent. (VI, 138, *R. sur l'Od*.)

*Vaincre par justice plutôt que par force. (VI, 293, *Livres ann*.)

*L'une couvre les sièges de tapis de pourpre par haut; et par le bas, de lin. (VI, 162, *Rem. sur l'Odyss*.)

Dans huitaine. (IV, 456, *P. R*.)

En lieu plein de tant d'objets. (IV, 202, *Poés. div.* 8 et note 2.)

En si beau sujet. (IV, 76, *Poés. div.* 67.)

On voit en même champ vos drapeaux et les nôtres. (I, 541, *Alex.* 381.)

Pour affaire qui presse. (II, 158, *Plaid.* 188.)

*Ces gens-là ont bon temps. (VI, 61, *Rem. sur l'Odyss*.)

*Avoir permission. (VI, 312, *Livres ann*.)

*Dès qu'il eut nouvelle, etc. (V, 148, *Notes hist*.)

J'en ai sur moi copie.... (II, 176, *Plaid.* 378.)

C'est un rang où Porus n'a plus droit de prétendre. (I, 582, *Alex.* 1281.)

Vous aurez tout moyen de vous entretenir. (II, 170, *Plaid.* 302.)

Je n'avois autre dessein que de vous témoigner, etc. (II, 241, *Brit.* épitre.)

*Tant de malheurs dont il avoit été cause. (V, 142, *Notes hist*.)

Elle fut occasion de scandale aux uns.... (IV, 391, *P. R*.)

INTRODUCTION GRAMMATICALE. LXXIII

.... Vos pareils sont gens que je révère. (II, 180, *Plaid.* 435.)
.... Demain vous serez maitre. (II, 108, *Andr.* 1374.)
Néron n'est plus enfant.... (II, 263 *Brit.* 159.)
... Suis-je pas fils de maitre? (II, 156, *Pla'd.* 159.)
Je puis l'aimer, sans être esclave de son père. (II, 52, *Andr.* 242.)
.... Est-ce haine, est-ce amour qui l'inspire? (II, 258, *Brit.* 55.)
.... Vivre sans plaider, est-ce contentement? (II, 163, *Plaid.* 250.)
Quand on s'aime comme nous,
C'est agréable martyre. (IV, 206, *Poés. div.* 6, app.)
Un déclamateur, qui ne savoit ce que c'étoit que tragédie. (I, 394, *Théb.* préf.)
.... Protestant Qu'on lui feroit plaisir. .. (II, 181, *Plaid.* 454.)
Ordonné qu'il sera fait rapport à la cour. (II, 160, *Plaid.* 217.)
Est-ce là faire droit? Est-ce là comme on juge? (II, 161, *Plaid.* 231.)
Buvez, mangez, dormez, et faisons feu qui dure. (II, 147, *Plaid.* 28.)
* Donner cœur au peuple. (V, 90, *Notes hist.*)
Donnez-moi temps. (VI, 432, *Lettres.*)
.... Donne force à mes pleurs. (I, 415, *Théb.* 301.)
*Le Roi.... reçut nouvelle que Gand étoit investi. (V, 108, *Notes hist.*; voyez V, 183, *ibid.*)
J'obtiens lettres royaux.... (II, 161, *Plaid.* 226.)
De mille autres secrets j'aurois compte à vous rendre. (II, 303, *Brit.* 1019.)
Les prêtres refusent de prier et de dire messe. (IV, 592, *P. R.*)
Le vicomte de Turenne lui coupa chemin. (V, 252, *Camp. de L. XIV.*)
* Il entretenoit commerce avec des huguenots. (V, 165, *Notes hist.*)
Voyez AVOIR, DONNER, ÊTRE, FAIRE, etc.
Comme il a de l'honneur autant que de courage. (I, 408, *Théb.* 179.)
*La bannière de France. (V, 135, *Notes hist.*)
*Le commerce d'Espagne. (V, 150, *Notes hist.*)
*La survivance de Normandie. (VI, 350, *Livres ann.*)
*A douze milles d'Italie. (VI, 153, *Rem. sur l'Odyss.*)
*L'éloquence vient de Sicile. (VI, 333, *Livres ann.*)
*Il est fait cardinal, non point à la nomination de Pologne, mais, etc. (VI, 347, *Livres ann.*)
Entre Sambre et Meuse. (V, 331, *Siége de Nam.*)
* Les bords d'Asopus. (VI, 215, *Livres ann.*)
Sultan Amurat, ou sultan Morat. (II, 475, *Baj.* 2ᵉ préf.)
* Le Danemarck et Brandebourg. (V, 189, *Notes hist.*)
*L'Orient, Perse, Bithynie, Cilicie, Damas. (V, 193, *Notes hist.*)
Voyez CHRIST, CYCLOPE.
Je confesserai tout, exils, assassinats,
Poison même.... (II, 295, *Brit.* 853 et 854.)
*La hardiesse et confiance est le commencement de la victoire. (VI, 293, *Livres ann.*)
*Mazarin se fait surintendant de la conduite et gouvernement du Roi. (VI, 344, *Livres ann.*)
*Robert le laissa à la garde et protection du roi Henry. (V, 191, *Not. hist.*)
Le cinquième ou sixième avril cinquante-six. (II, 161, *Plaid.* 221.)
Ailleurs : Le premier et le deuxième jour de septembre. (IV, 495, *P. R.*)

Nous ne notons que pour mémoire les ellipses d'articles qui reviennent à tout moment dans les notes de Racine sur les auteurs.

* Poëtes sont légers. (VI, 275.)
*Nature inutile sans travail. (VI, 302.)
* Tyrans lâches sont cruels. (VI, 295.)
* Pères doivent donner bon exemple. (VI, 312.)
* Ne rendre mal pour mal. (VI, 308.)

*Exemple de ceux qui reprochent fautes dans les adversités. (VI, 307, note 2.)
*Ville où règne la licence est bientôt abîmée. (VI, 243.)
* Comédie et tragédie est du même génie. (VI, 272.)
*Belle-mère n'avoir de jalousie (VI, 310)
*Le Visir refusoit argent, emprisonnoit tous les envoyés. (V, 143, Notes hist.)
Ce ne sont point là des exemples de grammaire ni de style ; c'est de l'abréviation et de la tachygraphie.

II. — Nom ou substantif.

A. Noms communs.

1° Genre.

Racine a fait rapporter à des noms ou pronoms féminins les noms Dieu, Juge, Ministre, Dépositaire, Enfant, Vainqueur : voyez le Lexique à ces mots.

Pour les archaïsmes, les incertitudes de genres, la diversité de genre d'un même mot selon le sens, voyez au Lexique : Aigle, Amour, Baliste, Couple, Duché, Emplâtre, Épigramme, Épitaphe, Épithète, Érésipèle, Foudre, Hydre, Hymne, Idole, Inde (fleuve et pays), Lettre, Navire, Offre, Période, Sphinx.

Parmi ces mots, les seuls dont des exemples remarquables quant au genre soient tirés d'écrits de Racine faisant vraiment autorité sont Aigle, Amour, Couple, Hydre, Offre. Joignons-y Foudre et Inde pris dans *Alexandre* (1669); Emplâtre et Érésipèle pris dans deux lettres de 1692 et de 1698. — Les exemples des autres noms pour le genre desquels nous renvoyons au Lexique sont empruntés aux *remarques et annotations* de Racine, sauf Baliste et Épitaphe, dont le premier est dans une poésie de la première jeunesse, le second dans une lettre de 1661.

Une variante de la préface des *Plaideurs* (tome II, p. 143) fait équivoque du masculin dans les éditions de 1669-1687 : « Un seul de ces sales équivoques. »

Dans les exercices de traduction (V, 568), nous lisons : « le voile enflé par les vents. » Comparez le latin *velum* et le vers 743 du *Pompée* de Corneille. On trouve aussi d'anciens exemples de *voile* au masculin dans le *Glossaire nautique* de M Jal.

Nous ne parlons pas d'une étrangeté de genre qui se rencontre dans le manuscrit autographe de notre *Appendice* aux *Traductions* : « Un araignée » (V, 518, note 3). On se demande si c'est une inadvertance ou une imitation du latin : *araneus*.

Dans de petits vers que contient une lettre de 1662 nous lisons le féminin *larronnesse* : voyez Larron au Lexique.

Pour les noms de lettres, Racine suit le plus ancien et plus ordinaire usage, et dit : « Un G, une M » (VI, 359).

Nous mentionnerons ailleurs (voyez ci-après, XV) les accords par syllepse auxquels donnent lieu les mots *Personne, Gens*.

2° Nombre.

a) Noms employés au singulier, avec idée du pluriel et valeur, pour la plupart, collective :

J'excite *le soldat*, tout le camp se soulève. (I, 445, *Théb*. 868)
Le *Mallien* m'attend.... (I, 584, *Alex*. 1321.)
Ne vois-je pas *le Scythe* et *le Perse* abattus
Se plaire sous le joug...? (I, 574, *Alex*. 1111 ; voyez I, 543, *Alex*. 434.)
*Artifice pour cacher le sang *au spectateur*. (VI, 242, *Livres ann*.)
Les sentiments d'Aristote sur *le héros* de la tragédie. (II, 243, *Brit*. 1re préf.)
*Ils menoient autrefois leurs petits enfants *au festin*. (VI, 312, *L. ann*.)
L'ornement de *la côte* de France. (V, 53, *Médailles*.)
*A *l'instance* des légats du Pape. (V, 197, *Notes hist*.)
**Adieu* d'Hector et d'Andromaque. (VI, 203, *Livres ann*.)

INTRODUCTION GRAMMATICALE. LXXV

*Le temple retentissoit d'*applaudissement*. (VI, 46, *Rem. sur Pind.*)
De *leur* biasphème et de leurs crimes
J'abolirai le souvenir. (IV, 143, *Poés. div.* 99.)
* L'homme a toujours besoin de *remède*. (VI, 318, *Livres ann.*)
* Vices qu'on peut changer en *vertu*. (VI, 316, *Livres ann.*)
* On peut se servir de *machine* dans ce qui précède l'action. (VI, 290, *Livres ann.*)
* Un toit à *cochon*. (VI, 159, *Rem. sur l'Odyss.*)
Elle sera bientôt nécessaire au faubourg Saint-Germain. Elle ne manquera pas de *pratique*, s'il plait à Dieu. (VI, 442, *Lettres;* voyez la note 5).
Aussi avons-nous plus de pente pour le creux et *la bagatelle*. (VI, 407, *Lettres.*)
* Une belle forêt pleine d'arbres verts, d'*aune*, de *peuplier* et de *cyprès odoriférant*. (VI, 97, *Rem. sur l'Odyss.*)
* L'enfant prodigue souhaitoit.... pouvoir se rassasier de *gland*. (V, 202, *Notes relig.*)
*Afin qu'elle lui donne *quelque habit*. (VI, 114, *Rem. sur l'Odyss.*)
*Répandre *quelque goutte* de vin. (VI, 61, *Rem. sur l'Odyss*)
* *Quelque grain* de sel. (V, 547, note 1, *Trad.*)
Pour toi je ferai *toute chose*. (II, 217, *Plaid.* 846; voy. II, 161, *Plaid.* 219.)
On trouvera au *Lexique*, p. 89, d'autres exemples de *toute chose*, où soit la rime soit la mesure du vers veulent le singulier. Ailleurs, avec l'adjectif *tout*, Racine paraît employer de préférence *choses*, et de même *sortes*, au pluriel :
* Plus précieux que *toutes choses*. (VI, 282, *Livres ann.*; voyez deux autres exemples ci-après, p. 89.)
* On étudie son goût en *toutes sortes* de professions. (VI, 284, *Livres ann.*; voyez VI, 275 et 309, *ibid.*)
Voyez encore au *Lexique* des exemples du singulier de Auspice, Débris, Papier; et d'autres emplois remarquables de ce nombre ci-après, p. LXXVI, c:
La phrase suivante, s'il n'y a point eu simplement inadvertance, lettre omise, offre un exemple remarquable d'un nom d'heure considéré neutralement comme un singulier:
Ne manquez pas de vous trouver samedi prochain à son lever chez lui, sur *le* huit heures et demie. (VII, 161, *Lettres.*)
Dans celle-ci, nous avons un singulier accompagné de mots qui impliquent pluralité :
Par *un ordre* souvent *l'un à l'autre contraire*,
Un frère détruiroit ce qu'auroit fait un frère. (I, 410, *Théb.* 211.)

b) Pour le pluriel, voyez :

ABATTEMENT, ADRESSE, AFFECTATION, AMOUR, ARDEUR, BEAUTÉ, BONTÉ, BUTIN, CLARTÉ, COMMERCE, CONTENTEMENT, CONTRARIÉTÉ, DÉFÉRENCE, DOUCEUR, FUREUR, HAINE, JALOUSIE (ajoutez à l'exemple cité, I, 395, *Théb.* préf.), LÂCHETÉ, MÉPRIS, PROSPÉRITÉ (auquel on peut ajouter *adversité*, VI, 297 et 308, *Livres ann.*), RÉBELLION, SOUMISSION (ajoutez V, 142, *Notes hist.*), TENDRESSE (ajoutez I, 395, *Théb.* préf.), USURP, VÉRITÉ.
Ces noms abstraits, dont la plupart aujourd'hui s'emploient surtout au singulier, se trouvent fréquemment au pluriel chez Racine, comme chez Corneille et ses prédécesseurs.
Nous n'avons pas relevé, dans le *Lexique*, toutes ces sortes de pluriels. Sans parler de divers exemples peu remarquables par comparaison avec l'usage actuel, tels que :
* *Cupidités* qui naissent de l'esprit (VI, 310, *Livres ann.*),
* Ils vous chargeront d'*ignominies* (VI, 284, *Livres ann.*),
nous ajouterons celui-ci, qui maintenant nous choquerait, que nous tirons d'un essai de la jeunesse de Racine, et qui l'aurait assurément choqué lui-même au temps de sa maturité :
Fabuleuses *antiquités*,
Ne nous vantez plus les beautés
De vos pommes dorées. (IV, 41, *Poés. div.* 25.)

Voyez encore ci-après, p. 328 et 329, les deux pluriels *Messeigneurs* et *Nosseigneurs*, et le pluriel comique *Monsieurs*.

c) Emploi du pluriel dans des manières de parler où l'usage, même au temps de Racine, eût comporté et, pour plusieurs, voulu plutôt le singulier ;

Usage divers et comme arbitraire des deux nombres, tantôt de l'un, tantôt de l'autre dans les mêmes tours :

*A *proportions*. (VI, 117, *Rem. sur l'Odyss.*)

Je ne manquerois pas de *matières* pour grossir celle-ci (*cette lettre*). (IV, 336, *Imag.*)

* Les honnêtes gens se réjouissent *aux nouvelles* des prospérités de leurs amis. (VI, 214, *Livres ann.*)

On eut *nouvelles* que, etc. (V, 330, *Siége de Nam.*; voyez VII, 121, *Lettres*.)

.... Ne parlons point de *maris* à des filles. (II, 183, *Plaid*. 467.)

Laver les *vaisselles*. (IV, 287, *Imag.*; voyez Vaisselle, au *Lexique*.)

Saintes *demeures* du silence. (IV, 22, *Poés. div.* 1.)

.... Des soldats de *moments* en *moments*
Vont arracher pour lui les applaudissements. (II, 325, *Brit.* 1477.)

L'histoire de *ces temps*-là. (VII, 71, *Lettres*.)

* Pour les morts imprévues et avant *les temps*. (VI, 309, *Livres ann.*)

* Les paroles qu'il avoit dites.... par esprit de *prophéties*. (V, 566, note 1, *Trad.*)

* L'argent *nerfs* de la guerre. (VI, 295, *Livres ann.*)

Que je sentis dès lors de joie et de *plaisirs*
A vous ouïr nommer.... (IV, 61, *Poés. div.* 166.)

Poiriers de pompe et de *plaisirs*. (IV, 41, *Poés. div.* 42.)

.... Tirez donc. Quels *vacarmes!* (II, 215, *Plaid.* 825.)

Six-vingts productions, vingt arrêts de *défenses*. (II, 161, *Plaid.* 228.)

Dans ces quatre derniers exemples, le pluriel semble une licence appelée par la rime.

Voyez au *Lexique*, Force et Merveille.

Action de grâce aux Muses. (VI, 327, *Livres ann.*)

Actions de grâce de Platon. (VI, 294, *Livres ann.*)

* Etre prêt à *toutes sortes* d'accident. (VI, 309, *Livres ann.*)

Voyez ce qui est dit, à la page précédente, de *toute sorte*, *toute chose*.

D'excellentes mères de *famille*. (IV, 427 et note 3, *P. R.*)

Voyez-vous, ce sont là des secrets de *familles*. (II, 183, *Plaid.* 468.)

Cette duplicité d'*actions* avoit pu nuire à sa pièce. (I, 394, *Theb.* préf.)

*Huit cents pièces de *revenus*. (V, 133, *Notes hist.*)

*Leurs capitaines de *vaisseau*. (V, 150, *Notes hist.*)

A coups de *haches*. (V, 276 et note 8, *Camp. de Louis XIV.*)

Dans l'édition de 1749 : « de hache », au singulier.

*Les jours de *fêtes*. (VI, 312, *Livres ann.*)

*Égalité d'*humeurs*. (VI, 310, *Livres ann.*)

*Les ongles de *lions*. (VI, 216, *Livres ann.*)

*Il y a plusieurs flatteurs dans *la cour* des princes, et beaucoup de mouches dans *leur cuisine*. (VI, 308, *Livres ann.*)

* Les sages ne vont point *aux portes* des riches. (VI, 284, *Livres ann.*)

* Les flatteurs découvrent *leur secret* afin d'avoir ceux des autres. (VI, 306, *Livres ann.*)

* Amour des femmes envers *leur mari*. (VI, 311, *Livres ann.*)

* Pour louer les morts, exhorter les enfants et les frères à les imiter, et consoler *leur père* et *leur mère*. (VI, 276, *Livres ann.*)

INTRODUCTION GRAMMATICALE. LXXVII

Mais que font là tes bras pendants à *ton côté?* (II, 204, *Plaid.* 694.)
.... En vous arrachant les armes de *la main*,
.. se promet du reste un triomphe certain. (I, 526, *Alex.* 39.)
Qu'on le tienne, mon fils, d'un beau-père ou d'un père,
La main de tous les deux vous sera toujours chère. (I, 461, *Théb.* 1120.)
.... Du fils de Créon l'héroïque trépas
De tous les combattants a retenu *le bras.* (I, 438, *Théb.* 710.)
.... Courons de ce pas
Arrêter, s'il se peut, *leur* parricide *bras.* (I, 400, *Théb.* 33.)
Ils signalent leur crime en signalant *leur bras.* (I, 413, *Théb.* 265.
.... La seule fureur précipitant *leurs bras*,
Tous deux semblent courir au-devant du trépas. (I, 473, *Théb.* 1323.)
    Je les vois *(les ruisseaux)*....
    Traîner en cercles tortueux
        Leurs sources *vagabondes.* (IV, 34, *Poés. div.* 27.)
    Ce n'est pas.... que je croye ma pièce sans *défauts.* (I, 517, *Alex.* 1re prét.)
Seroit-ce sans *efforts* les Persans subjugués? (I, 549, *Alex.* 559.)

Voyez à l'article SANS : « sans *témoins* », et « sans *témoin* »; à l'article PIED : « aux *pieds* de », et « au *pied* de ».
On voit par les parties des œuvres d'où sont tirés la plupart de ces exemples que nous avons dans presque tous une orthographe de premier mouvement et de jet rapide plutôt que bien réfléchie et de nature à faire loi comme fruit de principes sûrs et arrêtés.

3° *Compléments.*

Nous avons donné dans le *Lexique* ceux qui nous ont paru dignes de remarque, aux articles des noms d'où ils dépendent : ainsi COMPARAISON (*à*), CONFIANCE (*à*), CONFORMITÉ (*avec*), FLUXION (*sur*), TRAÎTRE (*à*), etc. — Voyez aussi tout particulièrement les articles À et DE.

4° *Mots pris substantivement.*

a) Adjectifs masculins et féminins :

*Athalie voulut qu'il ne restât pas *un seul* de la maison de David. (V, 207, *Notes relig.*)
*Une *jalouse* qui veut apprendre son malheur. (VI, 250, *Livres ann.*)
*Dieu n'exauce point les prières *des injustes.* (VI, 297, *Livres ann.*)
*Les *vertueux* n'avoient aucun vice. (VI, 303, *Livres ann.*)
*S'ils sont enfants des Dieux, n'en faites point *des vicieux.* (VI, 277, *Livre ann.*)

Pour l'ellipse générale des mots *homme, femme*, voyez ADULTÈRE, AISÉ, CRASSEUX, ÉGAL, HUMBLE, INCESTUEUX, INFÂME, INFIDÈLE, MALHEUREUX, MISÉRABLE, MYSTIQUE, etc.; et ci-après, XIII, ELLIPSE, 2°, p. CXVII et CXVIII.

Stoïques (au sens de *Stoïciens*). (VI, 303, *Livres ann.*)
Pour des ellipses plus particulières, de mots tels qu'*évêque, courrier, colique*, etc., voyez : ORDINAIRE, EXTRAORDINAIRE, NÉPHRÉTIQUE, DÉFENSIVE, LÉGITIME, etc.

b) Adjectifs au sens neutre :

*La poésie est occupée autour du *général*, et l'histoire ne regarde que le détail. (V, 479, *Trad.*)
Aussi avons-nous plus de pente pour le *creux* et la bagatelle. (VI, 407, *Lettres.*)
Du plus *beau* de leur sang il prive les Etats. (I, 450, *Théb.* 958 var.)
Mais le *premier*, Monsieur, c'est le *beau.* — C'est le *laid.*
        (II, 211, *Plaid.* 766.)

Voyez COMMUN, DERNIER, IMPOSSIBLE, MERVEILLEUX, ORDINAIRE, POSSIBLE, SÉRIEUX, TEMPOREL, TOUT, VRAI, VRAISEMBLABLE, etc.; et pour les locutions : « au *naïf*, au plus *vite*, au *fort* de mon ennui, au *clair* de la lune », voyez Naïf, Fort, Clair, Vite (et ajoutez pour ce dernier mot les variantes des vers 15 et 296 de *la Thébaïde*).— Comparez Il (derniers exemples), p. 263; et Le, 3°, p. 296 et 297.

c) Infinitifs :

*Ne dormir aussitôt après *le manger*. (VI, 310, *Livres ann.*)
* Continence dans *le parler*. (VI, 308, *Livres ann*)
*Le trop *parler* est un mal incurable. (VI, 317, *Livres ann.*)
Voyez Penser, Vivre.

d) Adverbes :

Voyez Dedans, Dessous, Dessus, Devant, Jamais, Pourquoi, Trop (dernier exemple), etc.

5° *Noms employés adjectivement* :
Voyez ci-après, III, Adjectif, 4°, p. lxxix et lxxx.

B. Noms propres.

1° *Genre des noms propres* :

*Tournay.... vaut bien que je hasarde quelque chose pour *le* conserver. (V, 108, *Notes hist.*)
Qu'on fasse de l'Épire *un second Ilion*. (II, 68, *Andr.* 564.)

2° *Noms propres au pluriel* :

Les portraits *des Dandins*.... (II, 152, *Plaid*. 92.)
* Les *Bouillons* et les *Rohans*. (V, 122, *Notes hist.*)
Les *Fouillous* et les *Menevilles*. (VI, 415, *Lettres*.)
(*Corneille*) comparable... aux *Eschyles*, aux *Sophocles*, aux *Euripides*, dont la fameuse Athènes ne s'honore pas moins que *des Thémistocles*, *des Périclès*, *des Alcibiades*, qui vivoient en même temps qu'eux. (IV, 360, *Disc. acad.*)
Les *Garasses*, les *Santarels*, les *Baunis*. (IV, 463, *P. R.*)
Toutes les opinions *des Mariana* et *des Santarels*.... Où sont *les Servins*, *les Marions* et *les Harlais*? (IV, 530, *P. R.*)
*(Il) le défendit l'épée à la main contre *des Brandebourgs*. (V, 113. *Notes hist*)

3° *Noms propres employés comme noms communs* :

Voyez au *Lexique* : Alexandre, Calepin, Caton, Céladon, César.

4° *Omission de l'article devant des noms propres qui le prennent d'ordinaire* :

Voyez ci-dessus, p. lxxi. et lxxiii.

5° *Formes des noms propres* :

Racine, dans ses tragédies, et en général dans les vers et dans la prose de sa maturité, ne francise guère, parmi les noms antiques, que ceux que nous francisons encore aujourd'hui. Tandis que Corneille dit *Tite*, il dit *Titus* (voyez *Tite et Bérénice* de l'un, et la *Bérénice* de l'autre). Toutefois, dans *Britannicus*, nous trouvons concurremment les deux formes *Claudius* et *Claude* : dans la prose (*préfaces* et *liste des acteurs*), toujours la première ; dans les vers, huit fois *Claudius* et douze fois *Claude*. Dans *Bérénice* (vers 444) on lit *Rutile*.

Dans les traductions de sa jeunesse et dans ses notes sur les auteurs, il suit l'usage du temps auquel appartiennent ces exercices. Le plus souvent, il francise : ainsi *Antipatre* (V, 518), *Dèce* (V, 587), *Fauste* (V, 586), *Gaje* (V, 586), *Ingène* (V, 594), *Luculle* (VI, 293, *Livres ann.* dans la préface de *Mithridate*, III, 16, *Lucullus*), *Taphe* (VI, 61), *Rufe* (V, 581), *Quinte*, femme chrétienne (V, 588), *Brute*, *Brute et Cassius* (VI, 236); ailleurs *Porcie et Brutus* (VI, 202); *Tirésie* (VI, 234) ; « *Orchomène*, ville de *Bœoce* » (VI, 53 ; ailleurs, VI, 34, *Béoce*)

INTRODUCTION GRAMMATICALE.

D'autres fois, dans ces mêmes ouvrages, c'est la forme antique qui est conservée, entièrement ou en partie, pour des noms que nous francisons. Ainsi : *Telemachus* (VI, 61, etc), *Menelaüs* (VI, 79), *Penelope* (VI, 58), *Mécenas* (VI, 326), *Troëzène* (VI, 256), *Euboæ* (VI, 247; ailleurs, VI, 43 et 128, *Eubœæ*).

Pour la prononciation d'*Acheron*, voyez tome III, p. 306, note 1.

Dans les *Notes historiques* (V, 134), nous avons *Sorie*, équivalant à *Syrie*; dans une lettre (VII, 307), *Juppiter*, pour *Jupiter*.

Sur la forme *Colchos*, employée aux vers 114, 325, 326 et 426 de *Mithridate*, voyez la note 2 de la page 27 du tome III.

Pour la mesure du vers, il a dit *Athène* pour *Athènes* (III, 307, *Phèd.* 32); *Sina*, pour *Sinaï* (III, 605, *Ath.* 4); *Iocaste*, au lieu de *Jocaste* (I, 483, *Théb.* 1509); pour ce dernier mot, les éditions de 1664 et de 1676 ont aussi un I initial dans la liste des acteurs de *la Thébaïde* (I, 396, note 2); et nous lisons au tome VI (p. 261, *Livres ann.*) : « Affection d'*Iocaste* pour son fils ». En prose (IV, 286, *Imag.*), et, sans besoin, en vers (*Plaid.*, vers 405 et 418), il écrit *Hierosme*, *Hiérome*, au lieu de *Jérôme*.

Nous n'avons pas à parler des noms antiques ridiculement et à dessein défigurés aux vers 681-683 des *Plaideurs*.

Pour les noms propres modernes, voyez ci-après, ORTHOGRAPHE, p. CXXXVIII.

III. — ADJECTIF.

1° *Accord:*

Voyez ci-après, XI, p. CIX et CX.

2° *Régime :*

a) Au moyen de la préposition *à :*

Voyez au *Lexique :* ACCESSIBLE, ADMIRABLE, AFFREUX, ARDENT, ASSIDU, BARBARE, BON, CIVIL, COMPLAISANT, CONFORME, CONSIDÉRABLE, CONSTANT, CONVENABLE, CRUEL, DANGEREUX, DOCILE, DOUX, FIDÈLE, FUNESTE, HARDI, HUMAIN, IMPUISSANT, INACCESSIBLE, INDIFFÉRENT, INDULGENT, INEXORABLE, INFAILLIBLE, INGRAT, INJURIEUX, INVINCIBLE, INVIOLABLE, INVULNÉRABLE, MÉSÉANT, MUET, NÉCESSAIRE, PÉNIBLE, PRÊT, PROMPT, PROPICE, PROPRE, PUBLIC, REBELLE, RESPECTABLE, SÉVÈRE, SOURD, TARDIF, TERRIBLE, TRAÎTRE, TRANQUILLE, etc. — Voyez aussi à l'article À, 1°, p. 1 et 2; 5° et 6°, p. 5 et 6.

b) Au moyen de la préposition *de :*

Voyez au *Lexique :* ABSENT, AMOUREUX, CAPABLE, CONFIDENT, COUPABLE, CURIEUX, DÉSERT, FLATTEUR, HUMIDE, IDOLÂTRE, INDIGNE, INNOCENT, IVRE, JALOUX, LIBÉRAL, LIBRE, PLEIN, PRÊT, RICHE, SOIGNEUX. — Voyez aussi à l'article DE, 7° *b*), p. 128.

c) Au moyen d'autres prépositions ou de la conjonction *que :*

Voyez par exemple FERTILE (*en*), INCOMPATIBLE (*avec*), INDIGNE (*que*), PROPRE (*pour*), UNIFORME (*avec*), etc.

3° *Adjectifs pris substantivement :*

Voyez ci-dessus, NOM, 4° *a* et *b*), p. LXXVII et LXXVIII.

4° *Emploi au sens adjectif, ou en apposition qualificative, de substantifs ou de mots qui flottent entre le sens de substantifs et d'adjectifs :*

Peuple *adorateur*, table *amie*, yeux *ennemis*, charme *empoisonneur*, voix *enchanteresse*, conseils *flatteurs*, yeux *guerriers*, langue *homicide*, conseils *parricides*, *parricides* bras, *parricides* mains, bruit *imposteur*, fille *meurtriere*, glaives *meurtriers*, une *philosophe* tête, etc. : voyez ADORATEUR, AMI, ENNEMI, EMPOISONNEUR, ENCHANTEUR, FLATTEUR, GUERRIER, HOMICIDE, PARRICIDE, IMPOSTEUR, MEURTRIER, PHILOSOPHE, etc.

Nous ne réunissons pas à ces exemples, c'est tout autre chose, l'emploi, passé d'usage, d'*inceste* (voyez ce mot), au sens d'*incestueux*.

Comme locution prise adjectivement, nous pouvons citer le tour suivant, qui au reste n'a nullement vieilli :

Un je ne sais quel trouble empoisonne ma joie.

(III, 497, *Esth.* 513 : voyez V, 587, *Trad.*)

Rien de plus ordinaire que certaines locutions où le substantif, régi par *de*, est équivalent à l'adjectif, comme celle-ci par exemple : « Sceptre *de fer* » (III, 681, *Ath.* 1396). En voici quelques-unes qui peuvent paraître d'un usage moins naturel et moins commun :

*Tambours *de grand bruit*. (VI, 258, *Livres ann.*)
*Les huiles *de parfum*. (V, 533, *Trad.*)
  Poiriers *de pompe* et *de plaisirs*. (IV, 41, *Poés. div.* 42.)

5° *Construction.*

Pour la place de l'adjectif, l'usage de Racine est en général conforme au nôtre, et ses hardiesses en poésie ne dépassent guère celles qui paraissent encore légitimes aujourd'hui. On a souvent cité les deux exemples :

  Sacrés murs, que n'a pu conserver mon Hector. (II, 57, *Andr.* 336.)
  .... Le *sacré couteau*.... (III, 240, *Iph.* 1776.)

On pourrait en relever quelques autres, tels que :

  .... Par un *contraire choix*. (II, 312, *Brit.* 1161.)
  .... Pour son *empire heureux*. (II, 388, *Bér.* 321.)
  Je ne viens point ici, par de *jalouses larmes*,
  Vous envier un cœur qui se rend à vos charmes. (II, 83, *Andr.* 861.)
  Une des plus *considérables places*. (V, 52, *Médailles*.)
*Nourris *à communs frais*. (VI, 277, *Livres ann.*)
*Les plus *ingénieux hommes* du monde. (VI, 109, *Rem. sur l'Odyss.*)
* Le fils d'un *tel homme* qu'Ulysse. (VI, 80, *Rem. sur l'Odyss.*)
*Le peuple aime mieux les *choses grandes* en vers. (VI, 326, *L. ann.*)

Voyez, en outre, aux articles Beau, Brave, Dernier, Légitime (à l'exemple cité de *la Thébaïde*, on en peut joindre un de prose : « Un sujet.... ne peut se révolter.... contre son *légitime prince* », IV, 476, *P. R.*), Même, Mortel, Philosophe (pris adjectivement), Premier, Seul, etc.

6° *Observations diverses.*

a) Adjectifs et participes remarquables, vu leur sens ou l'usage actuel, par les noms auxquels ils se rapportent :

  Ne lui disputez plus mes vœux *infortunés*.
            (II, 306, *Brit.* 1077 ; voyez Infortuné.)
  J'ai reçu de ma mort la nouvelle *sanglante*. (III, 203, *Iph.* 1034.)
  Choisi pour mettre un frein à ses *jeunes ardeurs*. (II, 294, *Brit.* 818.)
  .... Sa *perfide joie* éclate malgré lui. (II, 334, *Brit.* 1642.)
  Il brave le faste *orgueilleux*. (III, 649, *Ath.* 753.)
  .... Ton nom paroîtra, dans la race future,
  Aux plus cruels tyrans une *cruelle* injure. (II, 337, *Brit.* 1692.)
  Je ne m'arrêtai point à ce bruit *téméraire*. (III, 44, *Mithr.* 487.)
  .... (Dieu a) de David *éteint* rallumé le flambeau. (III, 621, *Ath.* 282.)
  De mon front *effrayé* je craignois la pâleur. (II, 303, *Brit.* 1009.)

Il se nd *accessible*, prince *déplorable*, il se voit déjà *désert*, plaidoyers *dévots*, cœur *douteux*, ami *effectif*, javelles *fertiles*, mémoire *fidèle*, *fidèle* récit, *fidèle* secours, récit *infidèle*, me venger *fixe* et déterminée, j'avois commencé... à n'être plus *intelligible*, la Mère des Anges et la Mère Angélique n'étoient point assez *intérieures*, lui seul *invariable*, tristesse *obscure*, flammes *obscures*, (la Mère Angélique) très-sainte, mais naturellement un peu *scientifique* : voyez Accessible, Déplorable, etc.

Jalouses larmes : voyez ci-dessus, 5°, 5ᵉ exemple.

b) On peut citer comme exemple d'un autre genre :

  Les combats du *roi polonois* (pour *du roi de Pologne*). (IV, 203, *Poés. div.* 19, 1ᵉʳ append.)

7° *Comparatif* et *superlatif* (adjectifs, participes, adverbes). Emplois remarquables, particulièrement du comparatif pour le superlatif :

Je n'ai pas laissé d'enrichir ma pièce de tout ce qui m'a paru *plus éclatant* dans la sienne. (III, 299, *Phèd.* préf.)

Tout ce qu'il y avoit alors à Paris de prélats *plus considérables*. (IV, 417, *P. R.*)

Tout ce qu'il y avoit d'oculistes, de chirurgiens, et même d'opérateurs *plus fameux*. (IV, 466, *P. R.*)

.... Tout ce qu'Amour a de nœuds *plus puissants*. (II, 397, *Bér.* 541.)
Beaux déserts qu'à l'envi des cieux,
De ses trésors *plus précieux*
A comblés la nature. (IV, 22, *Poés. div.* 6.)

.... Perçant du ciel les voiles *plus obscurs*.
(IV, 251, *Poés. div.* 3, 2ᵈ app.)

Chargeant de mon débris les reliques *plus chères*. (II, 519, *Baj.* 873.)
Du peuple bysantin ceux qui *plus respectés*
Par leur exemple seul règlent ses volontés. (II, 508, *Baj.* 623.)

Une des choses qui rendoit cette maison *plus recommandable*, et qui peut-être aussi lui a attiré *plus* de jalousie, c'est que, etc. (IV, 427, *P. R.*)

La chose du monde qui pouvoit *plus* gagner le Pape.... (IV, 455, *P. R.*)

L'Amour est celui de tous les Dieux qui sait *mieux* le chemin du Parnasse. (VI, 394, *Lettres*.)

La personne.... que j'honore avec *plus* de passion. (VI, 451, *Lettres*.)

Voyons donc qui des deux aura *plus* de courage. (I, 453, *Théb.* 995.)

*Choses où il a *plus* de disposition naturelle. (VI, 42, *Rem. sur Pind.*)

*Celles à qui les louanges doivent être *moins* enviées. (VI, 47, *Rem. sur Pind.*)

L'un de leurs *plus emportés* écrivains. (IV, 434, *P. R.*)

*Les grandes âmes sont *plus dangereuses* quand elles se portent au mal. (VI, 284, *Livres ann.*)

*Les discours *moins sérieux* plaisent *plus* aux enfants. (VI, 303, *L. ann.*)

* Une philosophie.... *très-excellente*. (V, 545, *Trad.*)

Cette lettre vint *très à propos* pour eux. (IV, 461, *P. R.*)

Que l'on aille *au plus vite* avertir la princesse.
(I, 398, *Théb.* 15 var.; voyez I, 415, *Théb.* 296 var.)

Dans ces deux exemples de *la Thébaïde*, l'adjectif est pris au sens neutre, adverbial. Le suivant, tiré d'une lettre de 1661, renferme une ellipse très-hardie :

Ils causent *des mieux*. (VI, 419.)

Voici un exemple d'un comparatif d'égalité où un adjectif se trouve en corrélation avec un nom :

Je souhaite qu'elle se trouve *aussi heureuse* dans ce nouvel état, qu'elle a eu d'empressement pour y entrer. (VII, 186, *Lettres*.)

Dans les exemples suivants, ce sont des noms qui, au sens qualificatif, prennent les degrés de comparaison :

Oui, vous êtes sergent, Monsieur, et *très-sergent*. (II, 180, *Plaid.* 434.)

Un *très-homme de bien*. (IV, 577, *P. R.*)

Non moins grand, non *moins héros*, non moins admirable. (IV, 368, *Disc. acad.*)

Pour l'emploi ou l'omission de *ne* après le comparatif, voyez au *Lexique*, p. 337; pour l'emploi de *non* ou de *non pas* avant ou après le comparatif, voyez p. 342 et 343.

IV. — Noms de nombre.

a) Nombre ordinal où nous employons le nombre cardinal, particulièrement pour marquer le quantième du mois :

' Henri *IIIᵉ*. (V, 167, *Notes hist.*)

La nuit du premier au *deuxième* juin. (V, 327, *Siège de Nam.*)
.... *Sixième* janvier. (II, 177, *Plaid.* 397.)
Le *cinquième* ou *sixième* avril cinquante-six. (II, 161, *Plaid.* 221.)
*L'*onzième* juin 1651. (V, 160, *Notes hist.*)
La nuit du *vingt-neuvième* au *trentième* mai. (V, 326, *Siège de Nam.*)
La nuit du *trente-unième* mai. (V, 327, *Siège de Nam.*)
Le *vingt-cinquième*, l'armée.... alla, etc. (V, 321, *Siège de Nam.*)
Voyez V, 115, 159, 194, *Notes hist.*; V, 322, 324, 328, etc., *Siège de Nam.*; et en général les dates des lettres des tomes VI et VII.

Quelquefois, avec ou sans le mot *jour*, *de* est exprimé devant le nom du mois :
Le *deuxième* jour *de* septembre. (IV, 495, *P. R.*)
Le *premier de* juin. (V, 327, *Siège de Nam.*)
Le soir du *sixième d'*août. (IV, 517, *P. R.*)
Nous avons de même *de* devant le chiffre de l'année dans l'exemple suivant :
*Toute l'année 1652 et celle *de* 1653. (V, 160, *Not. hist.*)

b) Exemples divers :
.... Je perds ma cause avec dépens,
Estimés environ *cinq* à *six* mille francs. (II, 161, *Plaid.* 230.)
Six-vingt productions, vingt arrêts de défenses.
(II, 161, *Plaid.* 228; voyez la note 1.)
Seize tant archevêques qu'évêques. (IV, 430, *P. R.*)
Quarante-sept jours, dont il n'y a que *cinq* de combats, *neuf* de peste, *onze* pendant que les Dieux sont en Éthiopie. (VI, 195, *Livres ann.*)
Soixante et neuf professes. (IV, 619, *P. R.*)
Je me suis laissé débaucher par M. Félix pour aller demain avec le Roi à Maintenon.... M. de Terme nous mène dans son carrosse, et j'ai aussi débauché M. Hessin pour faire le *quatrième*. (VI, 562, *Lettres*.)

V. — Pronom.

1. Pronoms personnel

Voyez JE; TE, TOI; TU; IL; LE, LA, LES, pronom (p. 296-298); LUI; LEUR, pronom personnel (p. 299 et 300); SE, SOI; EN, pronom (p. 180-182); Y (p. 555 et 556); ON, L'ON (p. 353).

On trouvera dans le *Lexique*, à ces articles auxquels nous renvoyons, la plupart des exemples où l'emploi de chacun des pronoms personnels et de leurs substituts *en*, *y*, nous a semblé, pour une raison ou pour une autre, digne de remarque. Nous avons réservé pour l'*Introduction grammaticale* ce qui est commun à tous les pronoms régimes : *me*, *te*, *se*, *lui*, etc., et particulièrement ce qui concerne la construction. A la suite de ce qui se rapporte aux pronoms régimes en général, nous donnons, sous un seul et même chef, comme supplément aux articles de pronoms du *Lexique*, un recueil additionnel d'exemples diversement remarquables qui n'y ont point trouvé place.

1° Emplois divers des régimes indirects qu'on peut appeler datifs des pronoms :

Les moments *me* sont chers, écoutez-moi, Thésée. (III, 396, *Phèd.* 1622.)
Les Dieux depuis un temps *me* sont cruels et sourds. (III, 179, *Iph.* 572.)
Vous *me* serez plus juste. (VI, 406, *Lettres*.)
Une mère qui *m'*a été si bonne. (VI, 499, *Lettres*.)
.... Dussiez-vous encor *m'*être aussi rigoureuse. (I, 482, *Théb.* 1485.)
Rome *lui* sera-t-elle indulgente ou sévère ? (II, 391, *Bér.* 368.)
Tout *me* sera Pyrrhus.... (II, 115, *Andr.* 1490.)
.... Couler dessous votre empire
*M'*est plus que de régner sur l'empire des mers. (IV, 52, *Poés. div.* 20 var.)

INTRODUCTION GRAMMATICALE. LXXXIII

Un moment loin de vous *me* duroit une année. (I, 417, *Théb.* 331.)
Comment lui rendre un cœur que vous *me* retenez? (II, 57, *Andr.* 344.)
Homère et Virgile *nous* sont encore en vénération. (IV, 279, *Imag.*)
.... Les Romains ne *vous* sont pas connus. (II, 324, *Brit.* 1437.)
Vous savez si jamais ma voix *lui* fut contraire. (II, 318, *Brit.* 1307.)
Un si long entretien *vous* seroit ennuyeux. (I, 539, *Alex.* 319.)
Rappelez un espoir qui ne *vous* dura guère. (III, 52, *Mithr.* 683.)
Oui, pour *vous* faire un choix où vous puissiez souscrire,
J'ai parcouru des yeux la cour, Rome et l'Empire. (II, 281, *Brit.* 575.)
On ne *lui* trouva pas de quoi faire les frais pour l'enterrer. (IV, 475, *P. R.*)
Moi! que je *lui* prononce un arrêt si sévère! (II, 285, *Brit.* 675.)
C'est *leur* être cruels que de les respecter. (I, 466, *Théb.* 1197.)
On *leur* met, pour ainsi dire, à profit leurs heures de récréation. On leur fait faire entre elles, sur leurs principaux devoirs, des conversations ingénieuses. (III, 454, *Esth.* préf.)
Voilà ce que mon cœur *se* présage de toi. (II, 337, *Brit.* 1693.)

2° Construction des pronoms, régimes directs ou indirects, *me*, *nous*, *te*, *vous*, *se*, *le*, *la*, *les*, *lui*, *leur*, *en*, *y*, quand ils dépendent d'un infinitif qui lui-même dépend d'un autre verbe.

Chez Racine, comme en général chez les auteurs de son temps, l'usage à peu près constant en prose, et le plus fréquent de beaucoup en vers, est de mettre le pronom avant le verbe qui régit l'infinitif, tandis que le nôtre est de le mettre après ce verbe.
Pour bien montrer l'habitude prédominante de notre auteur, nous distinguerons les exemples où le tour était libre de ceux où il était commandé par le vers.

A. Exemples où le tour était libre.

a) Tour ancien.

Exemples de prose :

On *me* pouvoit faire une difficulté qu'on ne m'a point faite. (II, 248, *Brit.* 1re préf.)
* Vous *me* prétendez soutenir que, etc. (VI, 186, *Livres ann.*)
* Vous qui *me* venez consoler. (VI, 210, *Livres ann.*)
On *m'*est venu avertir que deux jeunes hommes.... (IV, 11, *Plan d'Iph. en Taur.*)
Il se pourroit faire qu'en *me* voulant dire des injures, vous en diriez au meilleur de vos amis. (IV, 337, *Imag.*)
* Qu'est-ce que le Tout-Puissant *nous* peut faire? (VI, 187, *Livres ann.*)
* Elle *se* veut marier. (VI, 63, *Rem. sur l'Odyss.*)
* Il semble que Dieu *se* soit voulu jouer dans la construction de l'univers. (VI, 283, *Livres ann.*)
* Créon *se* vient plaindre. (VI, 235, *Livres ann.*)
* Il *s'*alla seoir. (VI, 66, *Rem. sur l'Odyss.*)
Quelle apparence qu'un homme *se* puisse taire, etc.? (II, 240, *Brit.* épît.)
*Ergotélès.... *s'*étoit venu habituer à Himère. (VI, 49, *Rem. sur Pind.*)
*Tout le monde aime ce qui *le* peut rendre heureux. (VI, 271, *L. ann.*)
*Vous ne *le* sauriez être sans moi. (VI, 273, *Livres ann.*)
Un autre *l'*auroit pu raconter pour elle. (II, 245, *Brit.* 1re préf.)
Elle (*l'Académie*) a regardé la mort de M. de Corneille comme un des plus rudes coups qui *la* pût frapper. (IV, 357, *Disc. acad.*)
* Vous *les* voudriez manger tout vifs. (VI, 199, *Livres ann.*)
*La Nymphe ne *lui* pouvoit plaire. (VI, 101, *Rem. sur l'Odyss.*)
*Personne ne *leur* peut résister. (VI, 189, *Livres ann.*)
*Les biens nuisent à ceux qui n'*en* peuvent user. (VI, 303, *L. ann.*)

LEXIQUE DE RACINE.

Il manda.... le bachelier qui *la* devoit soutenir (*la thèse*), et le docteur qui *y* devoit présider. (IV, 535, *P. R.*)

*.... Après quoi il y a ou il *y* doit avoir d'autres choses. (V, 479, *Trad.*)

* S'il *y* en peut avoir un pareil. (VI, 278, *Livres ann.*)

Voyez II, 236, *Brit.* 1ʳᵉ préf. (2 exemples); II, 249, *ibid.*; IV, 11, *Plan d'Iph. en Taur.*; V, 295, *Camp. de Louis XIV*; VI, 53, *Rem. sur Pind.*; VI, 60, 81, 106, 110, 118, 119, 139, *Rem. sur l'Odyss.*; VI, 182, 199, 224, 227, 235, 238, 240, 245, 256, 273, 278, 281, 284, 285, 310, 352, *Livres ann.* — On voit que, parmi les exemples cités ou objets de renvois, il y en a un bon nombre empruntés à des écrits rapides où ils pourraient être considérés comme des tours de premier jet.

Exemples de poésie :

Qu'un moment de repos *me* va coûter de pleurs ! (I, 397, *Théb.* 2.)
Qu'on *me* puisse empêcher.... (I, 568, *Alex.* 964.)
Vous m'aimeriez, Madame, en *me* voulant haïr. (II, 67, *Andr.* 544.)
N'as-tu pas dû cent fois te le faire redire?
Toi-même avant le coup *me* venir consulter ? (II, 119, *Andr.* 1551.)
Je *me* veux mettre.... aussi de la partie. (II, 188, *Plaid.* 532.)
Il m'écarta du trône où je *m'*allois placer. (II, 260, *Brit.* 110.)
Lisez, ingrat, lisez, et *me* laissez sortir. (II, 438, *Bér.* 1357.)
Dis-moi plutôt, dis-moi que je *m'*aille cacher. (III, 40, *Mithr.* 390.)
J'ai surpris ses soupirs, qu'il *me* vouloit cacher. (III, 186, *Iph.* 720.)
(Leur bonté) Ne *me* sauroit payer de ce qu'ils (les Dieux) m'ont ôté.
(III, 395, *Phèd.* 1616.)
Je l'offre à qui *me* veut suivre. (IV, 159, *Poës. div.* 28.)
.... La paix qu'il *nous* veut présenter. (I, 536, *Alex.* 248.)
.... Ce même Burrhus, qui *nous* vient écouter. (II, 317, *Brit.* 1298.)
.... S'il *te* faut chercher, ce n'est qu'entre les morts. (I, 568, *Alex.* 968.)
Par des faits glorieux tu *te* vas signaler. (II, 336, *Brit.* 1673.)
Mon père.... *vous* va perdre aujourd'hui. (I, 422, *Théb.* 425.)
Il *vous* peut arracher à mon amour extrême. (I, 537, *Alex.* 278.)
.... Mon ennemi ne *vous* peut échapper. (II, 101, *Andr.* 1227.)
.... C'est tout ce que je *vous* puis dire. (II, 306, *Brit.* 1064.)
Ne *vous* peuvent ravir ce cœur qui vous adore. (II, 399, *Bér.* 588.)
.... Puisque la raison ne *vous* peut émouvoir. (III, 192, *Iph.* 815.)
Contre tant d'ennemis qui *vous* pourra défendre? (III, 233, *Iph.* 1622.)

Dans les premières éditions (1675-1687) ;
.... Qui pourra *vous* défendre?

.... Sans vous la paix *se* pouvoit faire. (I, 429, *Théb.* 560.)
Il veut que Troie encor *se* puisse relever. (II, 94, *Andr.* 1051.)
.... Néron commence à ne *se* plus forcer. (II, 305, *Brit.* 1053.)
L'embarras irritant de ne *s'*oser parler. (II, 487, *Baj.* 160.)
.... Où ma raison *se* va-t-elle égarer ? (III, 376, *Phèd.* 1264.)
Que si j'en crois ma gloire, il *y* faut renoncer. (III, 188, *Iph.* 752.)
Il *les* faut séparer, ou mourir par leurs mains. (I, 399, *Théb.* 18.)
.... C'est pour vous que je *le* veux gagner. (I, 538, *Alex.* 300.)
Il *la* viendra presser de reprendre son cœur. (II, 47, *Andr.* 128.)
Oui, vous prenez la chose ainsi qu'il *la* faut prendre. (II, 164, *Plaid.* 264.)
Je *la* voudrois haïr avec tranquillité. (II, 300, *Brit.* 942.)
Cet amour est ardent, il *le* faut confesser. (II, 393, *Bér.* 421.)
.... Puisqu'on *le* veut confondre. (II, 544, *Baj.* 1410.)

Dans les premières éditions (1672-1687) :
Puisqu'on eut *le* confondre.

C'est leur en dire assez : le reste il *le* faut taire. (III, 158, *Iph.* 157.)
Hélas! de quel péril je *l'*avois su tirer! (III, 617, *Ath.* 185.)
L'amour donne nos cœurs à qui ne les veut pas,

INTRODUCTION GRAMMATICALE. LXXXV

Et les refuse à qui *les* veut bien prendre. (IV, 208, *Poés. div.* 10.)
Non, je n'ai pas bien dit tout ce qu'il *lui* faut dire. (II, 74, *Andr.* 674.)
.... Je *lui* vais servir un plat de mon métier. (II, 174, *Plaid.* 354.)
.... Quoi? je *lui* pourrois plaire? (II, 409, *Bér.* 799.)
.... C'est un secret qu'il *leur* faut arracher. (III, 188, *Iph.* 755.)
Ce fils de David qu'on *leur* doit révéler. (III, 618, *Ath.* 213.)

Voyez *Théb.* vers 63, 154, 341, 482, 545, 569, 586, 761, 802, 961, 978, 1208, 1344, 1415; *Alex.* vers 596, 928; *Andr.* vers 228, 812, 1008, 1036, 1120, 1220; *Plaid.* vers 194, 736, 754; *Brit.* vers 304, 1012, 1061, 1522; 1714, 1734; *Bér.* vers 62, 616, 907; *Baj.* vers 1, 33, 163, 259, 324, 1375, 1412; *Mithr.* vers 794; *Iph.* vers 430, 756, 902, 1167, 1444; *Ath.* vers 583; *Poes. div.*, tome IV, p. 179, vers 4.

Dans tous ces exemples de tour ancien en poésie, la facture du vers permet le déplacement du pronom. Le poëte aurait pu dire :

Qu'un moment de repos va *me* coûter de pleurs! etc.

b) Tour moderne.

Exemples de poésie :
Vous me donnez des noms qui doivent *me* surprendre. (III, 185, *Iph.* 701.)
Je sors, et vais *me* joindre à la troupe fidèle. (III, 616, *Ath.* 163.)
.... Il faut *me* contenter. (III, 698, *Ath.* 1713.)
Pourquoi si promptement voulez-vous *nous* quitter? (I, 428, *Théb.* 546.)
.... Vous pouvez *nous* laisser. (III, 168, *Iph.* 359.)
.... Il faut *vous* satisfaire. (I, 405, *Théb.* 123.)
Il vous auroit déplu. s'il pouvoit *vous* déplaire. (II, 61, *Andr.* 426.)
Aux timides conseils qu'on ose *vous* donner. (III, 164, *Iph.* 276.)
Quoi? vous pouvez *vous* taire en ce péril extrême? (III, 381, *Phèd.* 1329.)
.... Une mère enfin ne peut pas *se* trahir. (I, 412, *Théb.* 246.)
.... Il faut *se* hâter, chaque heure nous est chère. (I, 415, *Théb.* 295.)
.... Leur fureur ne pouvoit *se* contraindre (I, 469, *Théb.* 1249.)
Achille devant vous pourra *se* présenter. (III, 187, *Iph.* 732.)
De lâches courtisans peuvent bien *le* haïr. (I, 412, *Théb.* 245.)
Il fallut *le* promettre, et même le jurer. (II, 383, *Bér.* 205.)
Lui-même à haute voix viendra *la* demander. (III, 170, *Iph.* 376.)
Non, non, jusques au bout vous devez *le* chercher. (III, 173, *Iph.* 431.)
Grands Dieux! à son malheur dois-je *la* préparer? (III, 178, *Iph.* 551.)
Jusques à son retour il veut *le* retarder. (III, 183, *Iph.* 636.)
.... Qui peut *les* ébranler? (III, 667, *Ath.* 1121.)

Dans ces exemples de tour moderne, le vers permettait de même le déplacement du pronom :

Vous me donnez des noms qui *me* doivent surprendre, etc.

B. Exemples ou le tour était commandé par le vers : par la mesure, la césure, la nécessité d'éviter l'hiatus.

a) Tour ancien.
.... Une troupe hardie
M'a voulu de nos murs disputer la sortie. (I, 402, *Théb.* 52.)
Tu veux servir : va, sers, et *me* laisse en repos. (I, 578, *Alex.* 1204.)
Lui qui me fut si cher, et qui *m*'a pu trahir! (II, 61, *Andr.* 415.)
Partez : allez ailleurs vanter votre constance,
Et *me* laissez ici le soin de ma vengeance. (II, 102, *Andr.* 1238.)
.... Vous *me* deviez fermer la porte au nez. (II, 173, *Plaid.* 346.)
Songiez-vous aux douleurs que vous *m*'alliez coûter? (II, 287, *Brit.* 706.)
.... Ai-je donc attendu ce moment
Pour *me* venir encor déclarer son amant? (II, 375, *Bér.* 30.)
.... Puisque jusque-là l'ingrat *m*'ose outrager. (II, 541, *Baj.* 1355.)

Que fait-il? Qui pourra *m*'expliquer ce mystère? (III, 182, *Iph*. 613.)
Me puis-je avec honneur dérober avec vous? (III, 383, *Phèd*. 1380.)
Pour trouver un bien fragile
Qui *nous* vient d'être arraché. (IV, 154, *Poés. div*. 32.)
Les Dieux de ce haut rang *te* vouloient interdire. (I, 464, *Théb*. 1167.)
Écoute, et tu *te* vas étonner que je vive. (III, 175, *Iph*. 469.)
Et l'on *vous* va, Seigneur, livrer votre victime. (II, 70, *Andr*. 614.)
Je *vous* vais en deux mots dire toute l'affaire. (II, 218, *Plaid*. 854.)
Qu'il *vous* ose, Madame, expliquer sa pensée. (II, 280, *Brit*. 548.)
Qui *vous* osent donner.... (II, 321, *Brit*. 1384.)
Seigneur, je *vous* veux bien confier mes alarmes. (II, 381, *Bér*. 151.)
.... J'ai cru *vous* devoir avertir par avance. (II, 528, *Baj*. 1106.)
.... On *vous* est venu demander de sa part. (III, 337, *Phèd*. 563.)
Seigneur, je ne *vous* puis cacher la vérité. (III, 384, *Phèd*. 1419.)
Non, je ne *vous* veux pas contraindre à l'oublier. (III, 622, *Ath*. 681.)
.... Ils *se* vont égorger. (I, 398, *Théb*. 14.)
Quoi? votre amour *se* veut charger d'une furie? (II, 78, *Andr*. 753.)
Tout auprès de son juge il *s*'est venu loger. (II, 155, *Plaid*. 133.)
Se venir à mes yeux déclarer mon amant. (II, 386, *Bér*. 262.)
.... Ils *se* vont épouser. (II, 520, *Baj*. 904.)
Il *s*'alloit plein d'amour sacrifier pour moi. (II, 521, *Baj*. 908.)
Dans l'ombre du secret ce feu *s*'alloit éteindre. (III, 81, *Mithr*. 1335.)
Quel profane en ce lieu *s*'ose avancer vers nous? (III, 475, *Esth*. 155.)
Il *la* faut accuser si je manque de foi. (I, 405, *Théb*. 109.)
Je *le* vais engager à combattre pour vous. (I, 539, *Alex*. 340.)
Le dessein en est pris, je *le* veux achever.
Oui, je le veux. — Hé bien, il *la* faut enlever. (II, 76, *Andr*. 715 et 716.)
.... Il *la* voudroit faire passer pour folle. (II, 170, *Plaid*. 312.)
.... Dans l'ignorance il *le* falloit instruire. (II, 264, *Brit*. 183.)
Le ministre insolent qui *les* ose nourrir (*ses caprices*). (II, 272, *Brit*. 362.)
Ce n'est que par ma mort qu'on *la* peut obtenir. (III, 27, *Mithr*. 106.)
Vous *l*'allez à Calchas livrer de votre main. (III, 217, *Iph*. 1328.)
Dans mes jaloux transports je *le* veux implorer. (III, 376, *Phèd*. 1263.)
Il faut bien que je *l*'aille arracher de ces lieux. (II, 187, *Plaid*. 521.)
.... Dans le même instant la prompte Renommée
L'alla dire en tous lieux. (IV, 78, *Poés. div*. 120.)
..... Ce frère inhumain
Lui veut ôter le fer qu'il tenoit à la main. (I, 476, *Théb*. 1376.)
Je *lui* veux bien encore accorder cette joie. (II, 60, *Andr*. 386.)
.... Refusant l'honneur qu'on *lui* veut accorder. (III, 183, *Iph*. 635.)
.... Quand j'*y* monterai, j'*y* veux monter en maître. (I, 461. *Théb*. 1128.)
Le sort vous *y* voulut l'une et l'autre amener. (II, 57, *Andr*. 347.)
Faites percer ce cœur qui n'*y* peut consentir. (II, 321, *Brit*. 1378.)
Vous en Aulide? vous? Hé! qu'*y* venez-vous faire? (III, 186, *Iph*. 725.)

Voyez *Théb*. vers 253, 481, 690, 904, 1198, 1248; *Alex*. vers 777, 1224, 1355; *Andr*. vers 542, 1082, 1193, 1600; *Plaid*. vers 23, 442; *Brit*. vers 152, 242, 529, 729, 863, 1481, 1562, 1599, 1709; *Mithr*. vers 721; *Iph*. vers 179, 821, 856, 1012; *Phèd*. vers 1371, 1382.

b) Tour moderne.

.... Le fils de Thétis va *m*'appeler sa mère. (III, 191, *Iph*. 806.)
Vous *m*'entendez assez, si vous voulez *m*'entendre. (III, 184, *Iph*. 662.)
Je n'ai pu *vous* cacher, jugez si je vous aime,
Tout ce que je voulois *me* cacher à moi-même. (III, 381, *Phèd*. 1345 et 1346.)
Croirai-je qu'une nuit a pu *vous* ébranler? (III, 165, *Iph*. 283.)
Il est tard de vouloir *s*'opposer au vainqueur. (II, 533, *Baj*. 1179.)

INTRODUCTION GRAMMATICALE. LXXXVII

Comme il le dit, Arbate, il veut *l'*exécuter. (III, 27, *Mithr.* 97.)
Quoi ? parmi tous les soins qui doivent *l'*accabler ? (III, 181, *Iph.* 583.)
Considérez l'honneur qui doit *en* rejaillir. (III, 170, *Iph.* 380.)
Le reste me regarde, et je vais *y* penser. (III, 168, *Iph.* 360.)
Quand je l'aurois voulu, falloit-il *y* souscrire ? (III, 119, *Ath.* 1549.)

L'exemple suivant nous offre à la fois le tour ancien et le tour moderne, le premier libre, le second commandé par le vers :

Plus on *les* veut brouiller, plus on va *les* unir. (II, 47, *Andr.* 139.)

Remarques diverses sur la construction des pronoms.

1. Double pronom.

Quelquefois c'est pour deux pronoms régimes directs ou indirects que l'usage ancien diffère de l'usage moderne :

Je te crois maintenant digne du diadème,
Et *te le* vais porter au bout de ce fer même. (I, 457, *Théb.* 1076.)
* Je *vous la* puis bien montrer. (VI, 120, *Rem. sur l'Odyss.*)
Cléone, avec horreur je *m'en* veux séparer. (II, 61, *Andr.* 420.)
Rien ne *l'en* peut bannir.... (II, 301, *Brit.* 964.)
Je *l'en* puis détourner, et je *t'y* vais offrir ? (II, 92, *Andr.* 1035.)
* Il *s'en* faut tenir à la religion de ses pères. (VI, 253, *Livres ann.*)
* Qu'Ajax *s'y* puisse tuer. (VI, 241, *Livres ann.*)
.... S'il se peut, fais-*le-moi* croire aussi. (II, 62, *Andr.* 432.)
Vous aurez la bonté de *me le* bien payer. (II, 178, *Plaid.* 414.)

Dans les deux derniers exemples, une seule place est possible pour les verbes ; on ne pourrait, dans le premier des deux, que mettre les pronoms *le moi* dans l'ordre inverse ; dans le second, que déplacer *bien*.

2. Double infinitif.

Je sais qu'il se dispose à *me* venir parler. (I, 569, *Alex.* 999.)
* Il n'ose leur proposer de son chef de *s'*aller.... exposer.... (VI, 197, *Livres ann.*)
* Je prétends *vous* pouvoir répondre. (VI, 235, *Livres ann.*)
Que je n'ai cru *le* devoir faire. (II, 35, *Andr.* épitre.)
Il s'éleva quantité de critiques qui sembloient *la* devoir détruire (*la tragédie de Britannicus*). (II, 250, *Brit.* 2ᵉ préf.)
J'ai cru de votre sort *vous* devoir avertir. (III, 333, *Phèd.* 464.)
Ce fut lui qui souleva contre Mithridate ce qui lui restoit de troupes, et qui força ce prince à *se* vouloir empoisonner. (III, 21, *Mithr.* préf.)
L'autre *me* veut faire croire que, etc. (IV, 335, *Imag.*)
Qui *se* voudroit faire haïr. (II, 247, *Brit.* 1ʳᵉ préf.)
* En *me* voulant faire passer pour impie. (VI, 184, *Livres ann.*)
* Phèdre *se* veut laisser mourir. (VI, 256, *Livres ann.*)

Avec double pronom :

.... Je *vous en* veux faire passer l'envie. (II, 217, *Plaid.* 850.)

L'usage ancien est, on le voit, de placer le pronom devant le verbe personnel d'où les deux infinitifs dépendent. Si nous changeons le tour conformément à l'usage actuel, nous mettrons le pronom entre l'infinitif régissant et l'infinitif régi, ou devant les deux infinitifs quand le premier est *faire* ou *laisser*.

3. Verbe unique.

Cesse, cesse, et *m'*épargne un importun discours. (III, 369, *Phèd.* 1135.)
Belle Aurore, rougis, ou *te* cache à nos yeux. (IV, 204, *Poés. div.* 6.)
Rendez-moi Polynice, et *lui* rendez Hémon. (I, 441, *Théb.* 782.)
Tâchez dans ce dessein de l'affermir vous-même ;
Et *lui* promettez tout, hormis le diadème. (I, 442, *Théb.* 804.)

Vous attendez le Roi. Parlez et *lui* montrez
Contre le fils d'Hector tous les Grecs conjurés. (II, 47, *Andr.* 135.)
Dans tous ces exemples, le verbe est à l'impératif.

4. Usage ancien, différent du nôtre, pour la place des pronoms régimes par rapport aux adverbes (particulièrement aux adverbes négatifs), et à l'indéfini *rien* (voyez ci-après, VIII, p. cviii, 5° et 6°) :

*Ne *se* voulant *pas* seoir. (VI, 94, *Rem. sur l'Odyss.*)
*Euryte père d'Iolé ne *lui* voulut *pas* permettre de, etc. (VI, 250, *Livres ann.*)
* Ceux qui n'*en* savent *pas* user. (VI, 308, *Livres ann.*)
* Ils vont aux sermons comme à des festins. Ils n'*y* veulent *point* travailler. (VI, 305, *Livres ann.*)
*Ne *se pas* donner trop de tort. (VI, 207, *Livres ann.*)
*Ne *se point* mettre en peine (VI, 247, *Livres ann.*)
*Elle a eu tort.... de ne *le pas* amener. (VI, 127, *Rem. sur l'Odyss.*)
Ne *les pas* séparer.... (I, 409, *Théb.* 198.)
....Pour ne *me point* voir.... (I, 482, *Théb.* 1482.)
*Pour ne *le pas* tuer. (VI, 233, *Livres ann.*)
Monsieur, je ferai tout pour ne *vous pas* déplaire. (II, 184, *Plaid.* 492.)
....Je l'ai trop aimé pour ne *le point* haïr. (II, 61, *Andr.* 416.)
J'ai feint en le voyant de ne *le point* chercher. (II, 530, *Baj.* 1132.)
Tout ce qui regarde votre illustre maison ne *leur* sauroit *plus* être ni inconnu ni indifférent. (IV, 352, *Disc. acad.*)
*Il ne *le* falloit *plus* attendre. (VI, 249, *Livres ann.*)
*Homère ne craint point de redire la même chose, quand il ne *la* sauroit *plus* mieux dire. (VI, 204, *Livres ann.*)
Vous consentez sans peine à ne *me plus* revoir. (III, 381, *Phèd.* 1332.)
Votre exemple m'apprend à ne *le plus* chérir. (I, 465, *Théb.* 1189.)
*Phèdre le menace de ne *lui plus* rien montrer. (VI, 273, *Livres ann.*)
(Il) peut bien se résoudre à ne *la jamais* voir. (II, 377, *Brit.* 50.)
Trêves *se* croit *déjà* voir au pillage (V, 290, *Camp. de Louis XIV.*)
Je ne *la* puis *donc* voir ?... (II, 300, *Brit.* 953.)
....D'une cause en l'air il *le* faut *bien* leurrer. (II, 201, *Plaid.* 662.)
....Ceux à qui César *le* veut *bien* confier. (II, 266, *Brit.* 242.)
....Pour *en mieux* juger, voyez-les de plus près. (I, 452, *Théb.* 982.)
....S'il faut ne *te rien* déguiser. (II, 79, *Andr.* 771.)

Dans l'exemple suivant, la place de la négation est déterminée par la rime :

Vos yeux auroient pu feindre, et ne *m*'abuser *pas*. (II, 302, *Brit.* 994.)

OBSERVATION GÉNÉRALE. Nous terminerons ce qui concerne la construction des pronoms par un calcul propre à montrer quel a été en poésie, à des époques diverses, l'usage de Racine :

Dans *la Thébaïde*, nous avons environ 50 exemples du tour ancien, et 30 du tour moderne; 15 du premier, 12 du second commandés par le vers. Dans *Andromaque*, environ 50 aussi du tour ancien, et 70 du tour moderne; près de 20 du premier, une trentaine du second commandés par le vers. Dans *Athalie*, 25 du tour ancien, 60 du tour moderne; 10 du premier, 20 du second commandés par le vers.

3° Ellipse et pléonasme du pronom :

Voyez ci-après, XIII, 4°, p. cxviii-cxx ; XIV, p. cxxv et cxxvi ; et au *Lexique*, p. 297, fin, et 298.

Omission du pronom personnel qui entre dans la formation d'un verbe réfléchi employé à l'infinitif et dépendant d'un autre verbe :

Autour du fils d'Hector il les fait tous *ranger*. (II, 101, *Andr.* 1219.)
De peur qu'*en* le voyant, quelque trouble indiscret

Ne fasse avec mes pleurs *échapper* mon secret. (III, 617, *Ath.* 194.)
Voilà sans doute de quoi faire *récrier* tous ces Messieurs. (II, 247, *Brit.* 1re préf.)
* Jacques Artevelle.... fait *déclarer* les Flamands pour Édouard. (V, 197, *Notes hist.*)
Je craindrois de m'exposer.... à vous faire *repentir* de l'attention.... dont vous m'avez honoré. (II, 364, *Bér.* préf.; voy. II, 302, *Brit* 984.)
On ne put jamais les faire *résoudre* à quitter l'habit. (IV, 506, *P. R.*)
* Il.... fait *ressouvenir* Agamemnon du reproche, etc. (VI, 200, *Livres ann.*)
Je la laisse *expliquer* sur tout ce qui me touche. (II, 306, *Brit.* 1067.)
Je vous laisse à regret *éloigner* de ma vue. (II, 328, *Brit.* 1540.)
J'ai vu sur ma ruine *élever* l'injustice. (II, 302, *Brit.* 979.)
Elle voit *dissiper* sa jeunesse en regrets. (II, 155, *Plaid.* 145.)
Il pense voir en pleurs *dissiper* cet orage. (II, 112, *Andr.* 1410.)
.... Je sens *affoiblir* ma force et mes esprits. (III, 99, *Mithr.* 1693.)

4° Mélange de personnes et de nombres ; *on* substitut de pronoms personnels :

Non, ne révoquons point l'arrêt de *mon* courroux
Qu'il périsse ! Aussi bien il ne vit plus pour *nous*.
Le perfide triomphe, et se rit de *ma* rage. (II, 111, *Andr.* 1407-1409.)
Ah ! c'en est trop. *Voyons* ce que le sort m'apprête....
Allons : n'attendons pas dans un lâche courroux
Qu'un si grand différend se termine sans *nous*. (I, 581, *Alex.* 1265-1268.)
Hé bien ! Antiochus, es-*tu* toujours le même ?
Pourrai-je, sans trembler, *lui* dire : « Je *vous* aime ? »
(II, 375, *Bér.* 19 et 20.)
          Rendre un fils à *sa* mère...,
Sans *me* faire payer son salut de mon cœur. (II, 56, *Andr.* 306 et 308.)
Quoi ? *cet Antiochus*....
Aujourd'hui que le Ciel semble *me* présager
Un honneur qu'avec *vous* je prétends partager,
Ce même Antiochus, etc. (II, 380 et 381, *Bér.* 141-147.)
Son maître, chaque jour caressé dans *mes* bras,
Prit insensiblement dans les yeux de *sa* nièce
L'amour, etc. (II, 310, *Brit.* 1130 et 1131.)
Sur d'éclatants succès *ma* puissance établie
A fait jusqu'aux deux mers respecter *Athalie*. (III, 632, *Ath.* 471 et 472.)
.... Qu'aux portes du temple, où l'ennemi *m'*attend,
Abner puisse du moins mourir en combattant. (III, 694, *Ath.* 1645 et 1646.)
Voyez III, 692, *Ath.* 1603 et 1604.
Captive, toujours triste, importune à *moi-même*,
Pouvez-vous souhaiter qu'*Andromaque* vous aime ?
(II, 55, *Andr.* 301 et 302.)
.... Pouvez-vous, Seigneur, souhaiter qu'*une fille*....
Passe subitement.... Dans un rang qui *l'*expose aux yeux de tout le monde,
Dont *je* n'ai pu de loin soutenir la clarté ? (II, 283, *Brit.* 611-617.)
L'amour ne règle pas le sort d'*une princesse* :
La gloire d'obéir est tout ce qu'on *nous* laisse. (II, 81, *Andr.* 821 et 822.)
C'est *lui-même*, c'est *toi* cher époux que j'embrasse. (II, 72, *Andr.* 654.)
Que craignez-*vous* ? Parlez : c'est trop longtemps *se* taire. (II, 383, *Bér.* 183.)
Tu t'en souviens encor, tout conspiroit pour lui :
Ma famille vengée, et les Grecs dans la joie,
Nos vaisseaux tout chargés des dépouilles de Troie,
Les exploits de son frère effacés par les siens,

Ses feux que je croyois plus ardents que les miens,
Mon cœur, toi-même enfin de sa gloire éblouie,
Avant qu'il me trahît, *vous* m'avez tous trahie (II, 63, *Andr.* 465-470.)

Voyez ci-après, p. 536, à l'article TU, TOI, TE, VOUS, des exemples du passage de *vous* à *tu*; et joignez-y celui de la scène v du IVe acte d'*Andromaque*, entre Hermione et Pyrrhus.

L'on trouve étrange.... Mais, disent-*ils*.... (II, 245, *Brit.* 1re préf.)
Vous, Narcisse, approchez, et *vous*, qu'*on* se retire. (II, 272, *Brit.* 372.)
Ils s'aiment. C'est ainsi qu'*on* se jouoit de nous. (III, 72, *Mithr.* 1117.)
Quand *on* est au tombeau, tous *nos* tourments s'apaisent;
Quand *on* est furieux, tous *nos* crimes nous plaisent. (I, 470, *Théb.* var.)
*Il (*Antinoüs*) dit donc à Telemachus qu'il la renvoie chez son père, et qu'il lui ordonne de se marier, au lieu d'employer tous ces artifices pour *nous* tromper. (VI, 69, *Rem. sur l'Odyss.*)

Dans ce dernier exemple, il y a, à l'imitation du grec, passage du discours indirec au discours direct.

5° Pronoms employés neutralement :

Voyez au *Lexique :* IL, p. 260 ; LE, 4°, p. 296 et 297. Comparez le démonstratif CE, p. 78 ; et ci-après, *Verbes impersonnels*, p. CXII, 3°.
Voyez aussi ci-après, XIII, ELLIPSE, 5° *d*), p. CXXI.

II. PRONOMS DÉMONSTRATIFS.

Voyez au *Lexique :* CE, CELA, CELUI-LÀ, p. 78-80.

Du pronom CELUI, CELLE, omis dans le *Lexique*, nous avons relevé deux exemples. Dans le premier, le pronom tient la place d'un nom sans article, rapport blâmé par l'Académie (comparez LE, LA, LES, pronom, p. 296) ; dans le second, il précède, avec *de*, un chiffre d'année :

Quelques interprètes veulent que ce fût un jour de fête. J'ai choisi *celle* de la Pentecôte. (III, 599, *Ath.* préf. ; voyez la note 4.)
*Toute l'année 1652 et *celle* de 1653 se passent. (V, 160, *Notes hist.*)

III. PRONOMS RELATIFS OU CONJONCTIFS.

Voyez au *Lexique :* QUI, QUE, QUOI, p. 429-432 ; LEQUEL, LAQUELLE, LESQUELS, 299 ; DONT, p. 160 et 161 ; OÙ, p. 357-359.

Aux exemples donnés dans le *Lexique*, on peut joindre les suivants, que nous distinguons par les chiffres sous lesquels ils se rangeraient aux pages 430-432 :

2° Mon amour inquiet déjà se l'imagine
Qui m'amène Octavie, et.... (II, 277, *Brit.* 485.)
3° Tancret y fut, *qui* le trouva tout habillé sur un lit. (VI, 574, *Lettr.*)
*Mon ami Patrocle est bien mort, *qui* valoit mieux que toi. (VI, 209, *Livres ann.*)
.... Nous l'avons rencontré
De morts et de mourants noblement entouré,
Que vengeant sa défaite, et cédant sous le nombre,
Ce héros a forcés d'accompagner son ombre. (II, 559, *Baj.* 1699-1702.)
*Il compare nos espérances aux navires, *qui* coupent des apparences trompeuses comme des flots. (VI, 49, *Rem. sur Pind.*)

Nous n'avons pas besoin de faire remarquer qu'il n'y a pas là hardiesse ni archaïsme, mais négligence de premier jet.

5° *Le duc d'Anjou avoit eu dessein de se faire roi..., à *quoi* les Turcs ne voulurent point entendre. (V, 135, *Notes hist.*)
6° *Je suis un bon homme qui ne *sait* dire que la vérité. (VI, 274, *Livres ann.* ; voyez IV, 109, *Poés. div.* 6, note 2.)

INTRODUCTION GRAMMATICALE.

8° L'humeur de la fille, *qu*'on dit *qui* aime le faste. (VII, 281, *Le'tr.*)
Cet enfant sans parents *qu*'elle dit *qu*'elle a vu. (III, 660, *Ath.* 978.)
Votre règne, *que* le Ciel a voulu *qu*'il fût un règne de merveilles. (V, 362, *Harangue de Colbert;* voyez la note 2.)

A ce dernier tour (tour latin si l'on substitue *être* à *qu'il fût*), nous ajouterons un emploi, bien latin également, du relatif *dont :*

Loin de nous cette nuit *dont* nos âmes couvertes
Dans le chemin du crime ont erré si longtemps! (IV, 120, *Poés. div.* 3 et 4.)

Voyez aux vers 329 et 330 des *Plaideurs*, un exemple plaisant de proposition relative allongée à dessein.

IV PRONOMS INTERROGATIFS

Voyez, au *Lexique :* QUI, QUE, interrogatif direct et indirect, p. 432 et 433; QUEL, QUELLE, p. 427; LEQUEL, LAQUELLE, p. 299.

VI. — ADJECTIFS PRONOMINAUX POSSESSIFS.

Voyez au *Lexique :* MON, MA, MES, p. 328; MIEN, p. 324; NOTRE, NOS, LE NÔTRE, p. 343; VOTRE, VOS, p. 553 et 554; SON, SA, SES, LEUR, p. 493. 494 et 300.

Comme supplément, on peut aux exemples cités sous ces divers chefs ajouter ceux-ci, qui pour la plupart ont leurs analogues dans le *Lexique :*

Qui voudroit élever *sa* voix? (III, 672, *Ath.* 1204.)
(Il) reçut sur *sa* tête un coup de sabre. (VII, 108, *Lettres.*)
Voici Britannicus : je lui cède *ma* place. (II, 268, *Brit.* 283.)
Elle avoit toujours eu au fond de *son* cœur un fort grand amour pour la hiérarchie ecclésiastique. (IV, 403, *P. R.*)
On leur met.... à profit *leurs* heures de récréation. (III, 454. *Esth.* préf.)
....* Qui porte *sa* générosité empreinte dans *ses* yeux. (VI, 43, *Rem. sur Pind.*)

Dans ces divers passages, on pourrait au possessif substituer l'article. On peut remarquer les suivants pour les diverses nuances du sens possessif; l'avant-dernier pour l'idiotisme, très-ordinaire encore, qui consiste à rejeter après le nom et le verbe le possessif construit avec l'article ; le dernier, pour l'apposition au pronom personnel contenu dans le possessif.

.... Prends *ton* chemin vers Suse. (III, 466, *Esth.* 16.)
(J'avois peur) qu'il ne s'échauffât le sang à *sa* lecture. (II, 184, *Plaid.* 479.)
Va faire chez *tes* Grecs admirer ta fureur. (II, 118, *Andr.* 1535.)
Mais qui renvoyez-vous dans *votre* Comagène? (II, 377, *Bér.* 75.)
J'irai semer partout *ma* crainte.... (II, 299, *Brit.* 923.)
.... *Ma* mort me vengera. (II, 115, *Andr.* 1491.)
.... Vous connoissez *ma* prompte obéissance. (II, 377, *Bér.* 71.)
En quels lieux avez-vous choisi *votre* retraite? (III, 30, *Mithr.* 184.)
Le Ciel met sur le trône un prince qui vous aime,
Un prince qui jadis témoin de *vos* combats, etc. .II, 378, *Bér.* 101.)
.... Quelle humeur est *la vôtre?* II, 166, *Plaid.* 272.)
Jugez de *ma* douleur, *moi* dont l'ardeur.... (II, 381, *Bér.* 159.)

L'Académie, dans ses *Remarques sur Athalie*, a relevé, aux vers 56 et 113, deux emplois de *son*, clairs, elle l'avoue, par le sens, mais, dit-elle, grammaticalement équivoques. Dans bien d'autres endroits, Racine, avec toute raison ce nous semble, ne paraît tenir nul compte de ces incertitudes grammaticales, quand l'ensemble les corrige et que la clarté n'en souffre pas : voyez, entre autres, II, 288, *Brit.* 723; II, 294, *Brit.* 815; II, 558, *Baj.* 1676; II, 559, *Baj.* 1696; III, 195, *Iph.* 874; IV, 361, l. 2-6, *Disc. acad.;* VI, 59, l. 10-12, *Rem. sur l'Odyss.*; VI, 296, l. 33, *Livres ann.*, etc., etc.

VII. Verbe.

1. Voix.

1° Verbes à remarquer pour leur emploi au sens actif, neutre, absolu ou passif :

Voyez au *Lexique :* Avancer (p. 54)," Blasphémer, Bouger, Consulter, Contribuer, Convaincre, Courir (p. 115), Croître (p. 120), Défaire, Dégénérer, Dépouiller, Disputer, Enseigner, Familiariser, Figurer, Fléchir, Hanter, Hâter, Hériter, Inspirer, Lamenter, Monter, Paître, Pénétrer, Plaider, Plaindre, Pouvoir, Prétendre, Prononcer, Répondre, Ruer, Travailler, Trémousser, etc.

Arrêtons un moment.... (II, 373, *Bér.* 1.)
Ils avoient déjà fait l'an passé porter parole qu'on les remboursât des frais, et qu'ils *désisteroient.* (VI, 476, *Lettres;* voyez la note 9.)
`Il se plaignoit que les hommes *disputoient* tous les jours sur cent badineries, comme à qui *escrimeroit* et à qui lutteroit le mieux, et que personne ne *disputoit* à qui seroit le plus honnête homme. (V, 509, *Trad.*)
J'ai.... été *promener* cette après-dînée.... (VII, 304, *Lettres.*)
.... *Mariez* au plus tôt. (II, 218, *Plaid.* 859.)
*Il *épousoit* pour se démarier. (VI, 347, *Livres ann.*)
Contre un ingrat qui *plaît* recourir à la fuite. (III, 347, *Phèd.* 757.)
* (Il) chercha à *précipiter* dans des conseils violents. (V, 89, *Notes hist.*)
Il *est fort trompé* (c'est-à-dire *il se trompe fort*). (VI, 465, *Lettres.*)
Les Jésuites.... avoient empêché toutes les requêtes d'*être répondues.* (IV, 483, *P. R.*; expression consacrée dans la langue de l'administration et du droit).
La douleur qu'ils eurent de se voir *moqués* et abandonnés de tout le monde. (IV, 483, *P. R.*)
Les Espagnols.... renvoyèrent aux commissaires de l'Empereur tous leurs différends pour *être terminés* à Ratisbonne. (V, 58, *Méd.*)

2° Verbes réfléchis pris au sens passif :

.... Par ce seul conseil Thèbes *se peut sauver.* (I, 409, *Théb.* 190.)
Avant que son destin *s'explique* par ma voix. (III, 616, *Ath.* 177.)
Ce dessein *s'est conduit* avec plus de mystère. (II, 333, *Brit.* 1619.)
* Une parole lâchée ne *se peut* plus *rappeler.* (VI, 58, *Rem. sur l'Od.*)
* Tout *se fit* par les prêtres. (V, 207, *Notes relig.*)
Je vous conduis au temple où son hymen *s'apprête.* (II, 89, *Andr.* 965.)
* Ce passage *se peut appliquer* aux mauvais chrétiens. (VI, 154, *Rem. sur l'Odyss.*)
*Les jeux *se doivent célébrer.* (VI, 214, *Livres ann.*)
Les cris, le désespoir de toute une famille,
Le sang à ces objets facile à *s'ébranler.* (III, 207, *Iph.* 1123.)
Profanes amateurs de spectacles frivoles,
Dont l'oreille *s'ennuie* au son de mes paroles. (III. 464, *Esth.* prol. 68.)
Trop de sang innocent *se verse* tous les jours. (I, 456, *Théb.* 1057.)

3° Verbes impersonnels :

* *Il sert* d'être calomnié. (VI, 308, *Livres ann.*)
.... *Il viendra* me demander peut-être
Un grand homme sec, là, qui me *sert* de témoin. (II, 157, *Plaid.* 172.)
Il n'étoit parlé que des grands préparatifs qu'ils avoient faits. (V, 253, *Camp. de Louis XIV.*)

INTRODUCTION GRAMMATICALE.

II. Modes et temps.

A. *Modes et temps personnels.*

1° Indicatif où nous mettrions, soit nécessairement, soit de préférence, le subjonctif :

Seigneur, qu'a donc ce bruit qui vous *doit* étonner? (III, 160, *Iph.* 180 var.)
.... Ne peuvent-ils point (*les Dieux*), quand ils sont en courroux,
Chercher des criminels à qui le crime *est* doux? (I, 432, *Théb.* 614.)
Je crois que c'est le seul de sa famille qui *a* l'âme tendre. (VI, 477, *Lettres.*)
*Il est le seul des poëtes qui *sait* parfaitement ce qui convient au poëte. (V, 488, *Trad.*)
*Jusqu'à présent je ne sache qu'un seul entre eux qui, étant tombé entre les mains des infidèles, *a renié* le Seigneur. (V, 588, *Trad.*)
Quel conseil.... croyez-vous qu'on *doit* suivre ? (III, 692, *Ath.* 1588.)

Nous voyons dans les *Sentiments de l'Académie sur Athalie* que cet emploi de l'indicatif a été blâmé par quelques académiciens, mais approuvé par la plupart.

Ne vous suffit-il pas que je l'*ai condamné ?*
Ne vous suffit-il pas que ma gloire offensée
Demande une victime à moi seule adressée;
Qu'Hermione *est* le prix d'un tyran opprimé ;
Que je le *hais;* enfin, Seigneur, que je l'*aimai ?* (II, 100, *Andr.* 1188-1192.)
Il se peut faire que celui qui m'a conté cette aventure, et qui y étoit présent, n'*a* pas *retenu* exactement.... (IV, 336, *Imag.* ; voyez la note 1.)
Il seroit fort surpris que.... je ne lui *ai parlé* de rien. (VII, 161, *Lettres;* voyez la note 5.)
*Il attend.... que le rapport *est* commencé, pour évoquer à un autre parlement. (V, 392, *Factums.*)
*Bellérophon.... voulant monter le cheval Pégase, n'en pouvoit venir à bout, jusqu'à ce que Pallas lui en *donna* en dormant une bride. (VI, 52, *Rem. sur Pind.*)
Si le titre ne vous plaît, changez-le. Ce n'est pas qu'il m'*a paru* le plus convenable. (VI, 455, *Lettres;* voyez VI, 60, *Rem. sur l'Odyss.*)

Voyez, p. 475, 13ᵉ exemple, un ancien emploi de *sans que* avec l'indicatif.
Il sera parlé, ci-après, *Orthographe*, p. cxxxii, d'une ancienne manière d'écrire qui empêche de distinguer, aux deux premières personnes du pluriel, le présent du subjonctif de celui de l'indicatif.

2° Indicatif au sens du conditionnel :

.... Je *devois* retenir ma foiblesse :
Tu vas en triompher.... (II, 505, *Baj.* 553.)
Ah! vous *deviez* du moins plus longtemps disputer. (II, 301, *Brit.* 970.)
.... Lorsque convaincu de tant de perfidies,
Vous *deviez* ne me voir que pour les expier,
C'est vous qui m'ordonnez de me justifier. (II, 314, *Brit.* 1221.)
.... Vous *deviez* le rendre moins volage. (III, 385, *Phèd.* 1425.)
(Mon cœur) *Devoit* mieux vous connoitre.... (II, 107, *Andr.* 1348.)
*Le cardinal Mazarin ne *devoit* jamais l'abandonner. (V, 88, *N. hist.*)
Madame, il faut partir. — Quoi? ne puis-je savoir
Quel sujet.... — Il *falloit* partir sans la revoir. (II, 383, *B r.* 182.)
N'eût-on pas cru que vingt années de conférences ne *suffisoient* pas pour terminer toutes ces querelles? (IV, 366, *Disc. acad.*)
Je ne m'arrêtai point à ce bruit téméraire :

Et je n'*écoutois* rien, si le prince son frère....
Ne m'eût en arrivant confirmé vos malheurs. (III, 44, *Mithr.* 488.)
Et je *puis* voir répandre un sang si généreux?
Et je *laisse* avec lui périr tous ses ayeux? (II, 91, *Andr.* 1027 et 1028.)
Vous, dont j'ai pu laisser vieillir l'ambition. (II, 262, *Brit.* 753.)

Ils ne dissimuloient pas même que, dans les règles, cette affaire *avoit dû être discutée* par les évêques de France avant que d'être portée à Sa Sainteté. (IV, 445, *P. R.*)

Innocent XI.... fit un décret où il condamnoit à la fois soixante-cinq propositions..., avec excommunication encourue *ipso facto* par ceux qui, directement ou indirectement, *auront* la hardiesse de les soutenir. (IV, 491, *P. R.*)

Auront au futur, comme s'il y avait citation directe du décret. C'est un changement de tour qui rappelle certains hellénismes très-fréquents.

3° Emplois divers du subjonctif :

Vous croyez qu'un amant *vienne* vous insulter? (II, 60, *Andr.* 403.)
Vous pensez qu'approuvant vos desseins odieux,
Je vous *laisse* immoler votre fille à mes yeux?
Que ma foi, mon amour, mon honneur y *consente*?
                                    (III, 218, *Iph.* 1344 et 1345.)
Je pensois, en voyant sa tendresse alarmée,
Que son fils me la *dût* renvoyer désarmée. (II, 72, *Andr.* 646.)
Je pensois qu'à l'amour son cœur toujours fermé
Fût contre tout mon sexe également *armé*. (III, 374, *Phèd.* 1208.)
Pensez-vous qu'après tout ses mânes en rougissent;
Qu'il *méprisât*, Madame, un roi victorieux? (II, 90, *Andr.* 987.)
Penses-tu seulement que parmi ses malheurs....
L'ingrate me *permît* de lui donner des larmes? (II, 409, *Bér.* 804.)
Mais croyez-vous qu'un prince enflé de tant d'audace
De son passage ici ne *laissât* point de trace? (I, 533, *Alex.* 202.)
Dois-je croire qu'assise au trône des Césars,
Une si belle reine *offensât* ses regards? (II, 391, *Ber.* 370.)
Aussi bien, penses-tu que je *voulusse* vivre
Sous les lois d'un vainqueur à qui ta mort nous livre? (I, 569, *Alex.* 997.)
Je ne crois pas que j'*eusse* besoin de cet exemple d'Euripide pour justifier le peu de liberté que j'ai prise. (II, 39, *Andr.* 2ᵉ préf.)
Croyez-vous que je les *envoyasse* seulement pour vous divertir un quart d'heure? (VI, 485, *Lettres*.)
Croyez-vous que vous *fissiez* mal d'aller vous-même une fois chez lui? (VII, 75, *Lettres*.)
Quelques interprètes veulent que ce *fût* un jour de fête. (III, 599, *Ath.* préf.)
* Vous diriez que ces enfants n'*osassent* parler devant leur père. (VI, 155, *Rem. sur l'Odyss.*)
On craint qu'il n'*essuyât* les larmes de sa mère. (II, 54, *Andr.* 278.)
Je rends grâces au Ciel que votre indifférence
De mes heureux soupirs m'*apprenne* l'innocence. (II, 107, *Andr.* 1346.)
J'aime à voir que du moins vous vous *rendiez* justice,
Et que voulant bien rompre un nœud si solennel,
Vous vous *abandonniez* au crime en criminel. (II, 106, *Andr.* 1310 et 1312.)
* Il n'importe en quel lieu on *fasse* bien. (VI, 293, *Livres ann.*)
.... Je consens qu'il me *voie*. (II, 60, *Andr.* 385.)
* Il invoque Neptune qu'il *tourmente* Ulysse. (VI, 152, *Rem. sur l'Od.*)
* Telemachus leur dit qu'ils se *taisent*. (VI, 65, *Rem. sur l'Odyss.*)
* Calypso lui dit qu'il ne *pleure* plus. (VI, 101, *Rem. sur l'Odyss.*)

M. de Saint-Laurent lui dit que cela ne l'*étonnât* point. (VI, 575, *Lettres*.)
De vos ordres, Seigneur, j'ai dit qu'on l'*avertisse*.
(II, 389, *Bér.* 331 ; voyez la note 1.)
* Que tardez-vous donc, me dit Glaucon, que vous ne me *fassiez* ce récit? V, 455, *Trad*.)
* Prenez garde que.... vous ne vous *repentiez*. (VI, 245, *Livres ann*.)
* Je ne t'épargnerai..., si ce n'est que je le *fasse* de mon bon gré. (VI, 149, *Rem. sur l'Odyss*.)

    Par quelle erreur....
    Achetez-vous si souvent,
    Non un pain qui vous *repaisse*,
    Mais une ombre qui vous laisse
    Plus affamés que devant? (IV, 158, *Poés. div.* 18.)

Étonnés de tant de triomphes, nous pensions que les armes *eussent porté* la gloire de ce prince au plus haut point où elle pouvoit monter. (IV, 354, *Disc. acad*.)

.... Plût à ce Dieu puissant
Qu'Athalie *oubliât* un enfant innocent,
Et que du sang d'Abner sa cruauté contente
Crût calmer par ma mort le Ciel qui la tourmente!
                       (III, 692, *Ath.* 1602 et 1604.)
Oui, quoique dans la paix je *trouvasse* des charmes,
Je serai le premier à reprendre les armes. (I, 450, *Théb.* 951.)
* Il disoit que.... c'étoit une dette dont ils s'acquittoient, plutôt qu'un présent qu'ils lui *fissent*. (V, 519, *Trad*.)
.... *Dussent*-ils encore, en repassant les eaux,
Demander votre fils avec mille vaisseaux;
Coutât-il tout le sang qu'Hélène a fait répandre ;
Dussé-je après dix ans voir mon palais en cendre,
Je ne balance point.... (II, 54, *Andr.* 283-286.)
Quoi qu'ils *fissent* pour moi, leur funeste bonté
Ne me sauroit payer de ce qu'ils m'ont ôté. (III, 395, *Phèd.* 1615.)
Pour moi, quoique le ciel, au gré de mon amour,
Dût encore des vents retarder le retour,
Que je *quitte* à regret la rive fortunée
Où je vais allumer les flambeaux d'hyménée,
Puis-je ne point chérir l'heureuse occasion
D'aller du sang troyen sceller notre union?
                       (III, 193, *Iph.* 844 et 845; voyez la note 2.)
La ville (*Nîmes*) est assurément aussi belle et aussi polide, comme on dit ici, qu'il y en *ait* dans le royaume. (VI, 422, *Lettres*.)
* Comme tous les autres le *traitassent* d'ignorant et de ridicule, lui seul le louoit. (V, 520, *Trad*.)
* Un jour, comme ce même orateur *haranguât* publiquement, Diogène se mit à montrer, etc. (V, 526, *Trad*.)

Cet emploi tout latin de l'imparfait du subjonctif après *comme* ne se trouve que dans des exercices de traduction datant de la jeunesse de Racine. Voyez ci-après, p. 97, et le *Lexique de Malherbe*, p. xxxv, fin.

Subjonctif sans que, *au sens optatif ou impératif :*

Ainsi *puisse* sous toi trembler la terre entière !
Ainsi *puisse* à jamais contre tes ennemis
Le bruit de ta valeur te servir de barrière ! (III, 525, *Esth.* 1006 et 1007.)
Vous *préserve* le Ciel d'une telle victoire !...
Dure-t-elle à jamais cette cruelle guerre ! (I, 403, *Théb.* 71 et 75 *var*.)

.... Non, Monsieur, ou je *meure!* (II, 190, *Plaid.* 547.)
Vous plaidez. — *Plût* à Dieu !...
(II, 161, *Plaid.* 235 ; voyez III, 692, *Ath.* 1601.)
Il *soit dit* que sur l'heure il se transportera, etc. (II, 177, *Plaid.* 402.)

4° Emplois divers du conditionnel :
Je les connois tous deux, et je *répondrois* bien
Que leur cœur, cher Hémon, est plus dur que le mien. (I, 420, *Théb.* 385.)
Il se pourroit fort bien faire que je vous *irois* voir mecredi matin.
(VII, 175, *Lettres.*)
Quand ma pièce ne m'auroit produit que cet avantage, je pourrois
dire que son succès *auroit passé* mes espérances. (I, 390, *Théb.* épître.)
Lequel Hiérome, après plusieurs rébellions,
Auroit atteint, frappé, moi sergent, à la joue,
Et *fait* tomber d'un coup mon chapeau dans la boue.
.... *Auroit* avec le pied *réitéré*. Courage !
Outre plus, le susdit *seroit venu*, de rage,
Pour lacérer ledit présent procès-verbal.
(II, 179, *Plaid.* 419 et 420, 423 et 424)
.... Si d'un sang trop vil ta main *seroit trempée*,
Au défaut de ton bras, prête-moi ton épée.
(III, 344, *Phèd.* 709 ; voyez ci-dessus, p. XLVI.)

5° Présent de l'indicatif pour le futur :
Quelques coups de bâton, et je *suis* à mon aise. (II, 179, *Plaid.* 428.)
.... Je sens que bientôt ma douceur *est* à bout. (III, 637, *Ath.* 598.)
Bientôt, si je ne romps ce funeste lien,
Ma place *est* occupée, et je ne *suis* plus rien. (II, 297, *Brit.* 882.)
Daignez-vous avancer le succès de mes vœux,
Et bientôt des mortels *suis*-je le plus heureux ? (III, 160, *Iph.* 176.)
C'est à Votre Majesté seule que nous *devons* bientôt le rétablissement
entier de la foi. (V, 362, *Harangue de Colbert ;* voyez la note 1.)
.... C'*est* un grand hasard s'il conclut votre affaire,
Sans plaider le curé, le gendre et le notaire. (II, 155, *Plaid.* 135.)
Dès que je le pourrai, je *reviens* sur vos traces. (II, 330, *Brit.* 1571.)
Vois si je *puis* bientôt lui parler sans témoins. (II, 374, *Bér.* 18.)
Par quel prix, quel encens, ô Ciel, *puis*-je jamais
Récompenser Achille, et payer tes bienfaits ? (III, 241, *Iph.* 1795.)
Ou Monime, à ma flamme elle même contraire,
Condamnera l'aveu que je prétends lui faire;
Ou bien, quelques malheurs qu'il en puisse avenir,
Ce n'*est* que par ma mort qu'on la *peut* obtenir. (III, 27, *Mithr.* 103-106.)
Peut-être avant la nuit l'heureuse Bérénice
Change le nom de reine au nom d'impératrice. (II, 376, *Bér.* 60.)
Vengez-moi, je *crois* tout.... (II, 99, *Andr.* 1157.)
.... Tant que je *respire*,
Les Dieux auront en vain ordonné son trépas. (III, 205, *Iph.* 1082.)
Le Roi *fait* demain ses dévotions. (VII, 74, *Lettres.*)

6° Temps divers de l'indicatif :
Ses transports dès longtemps *commencent* d'éclater. (II, 291, *Brit.* 765.)
Assez et trop longtemps mon amitié t'*accable*. (II, 79, *Andr.* 781.)
.... Qui *peut* vous tenir ce langage ? (II, 335, *Brit.* 1659.)
Au lieu que de Porus vous *êtes* la victime,
Vous serez.... Mais voici ce rival magnanime. (I, 530, *Alex.* 117.)
.... Vous me l'avez promis,

INTRODUCTION GRAMMATICALE.

Qu'Alexandre vainqueur n'*avoit* plus d'ennemis. (I, 586, *Alex.* 1376.)
Britannicus, Madame, *eut* des desseins secrets (II, 335. *Brit.* 1661.)
Hélas! *fus*-je jamais si cruel que vous l'êtes? (II, 56, *Andr.* 322.)
  Le soleil *vit*-il dans son tour
  Quelque si superbe séjour
    Qui ne vous rende hommage? (IV, 22, *Poés. div.* 17.)
.... Si la guerre *eut* pour vous tant de charmes,
D'où vient que de leurs mains vous arrachez les armes? (I, 445, *Théb.* 856.)
  Il traita.... Rufin comme le plus ignorant homme de son siècle, depuis qu'il *se fut jeté* dans le parti d'Origène. (IV, 286, *Imag.*)
.... Le vainqueur vers nous s'avançant de plus près,
A mes yeux éperdus *a montré* Xipharès. (III, 95, *Mithr.* 1618.)
N'*as*-tu pas *dû* cent fois te le faire redire? (II, 119, *Andr.* 1550.)
.... Vous *verrez* qu'il va juger les chats. (II, 187, *Plaid.* 518.)
Son procès est tout fait, et je l'*assommerai*. (II, 206, *Plaid.* 714.)
  Elle est affligée de ce que la fête de Diane *se passera* sans qu'on lui immole aucun étranger. (IV, 9, *Plan d'Iph. en Taur.*)
....Elle m'a dit que prêt à l'épouser,
Vous ne la *verrez* plus que pour l'y disposer (II, 406, *Bér.* 710.)
  * Quelle apparence que cette Cléopatre, après avoir dit que le poison fera mourir sur-le-champ celui qui le prendra, se puisse résoudre à en prendre elle-même la moitié, afin de porter son fils et Rhodogune à prendre le reste? Elle *aura* lieu de supposer qu'elle mourra avant qu'ils aient le temps de boire le reste de son poison. (VI, 352, *Livres ann.*)
      ... Va, Tu ne *seras* qu'un sot. (II, 153, *Plaid.* 110.)
Commandez-lui, Madame. Et vous, vous me *suivrez*. (I, 408, *Théb.* 182.)
Et quand je le *croirai*, dois-je m'en réjouir? (II, 408, *Bér.* 778.)

7° Concordance des temps (soit coordonnés soit subordonnés) :

<small>On remarquera qu'un bon nombre des exemples où les temps paraissent le moins d'accord sont empruntés aux écrits rapides, exercices d'étude et non de style.</small>

La mort *est* le seul dieu que j'*osois* implorer (III, 375, *Phèd.* 1243.)
Par les traits de Jéhu je *vis* percer le père;
Vous *avez vu* les fils massacrés par la mère. (III, 614, *Ath.* 151 et 152.)
  Elle *accourut* au parloir..., et *demande*, etc (IV, 285, *Imag.*)
  Elle *naquit* le 18 septembre 1609). Elle *est morte* le (14 avril 1687). (V, 14, *Épitaphes.*)
  * Ulysse s'*éveilla*. Il *songe* d'abord, etc. (VI, 113, *Rem. sur l'Odyss.*)
  * Il... *commanda* qu'on lui attelât un chariot, ce qui *est exécuté*, et sa mère lui *met* des viandes dans une corbeille. (VI, 112, *Rem. sur l'Odyss.*)
  * Nestor lui *fait* un vœu.... Pallas l'*écouta*. Après Nestor *ramène*, etc. (VI, 81, *Rem. sur l'Odyss.*)
  * Il *sauta* dessus tout armé, et lui *faisoit* faire la volte. (VI, 52, *Rem. sur Pind.*)
  * Nestor s'y *assoit* présentement,... et autour de lui s'*arrangeoient* tous ses enfants. (VI, 81, *Rem. sur l'Odyss.*)
  M de Luxembourg *étoit*, dit-on, quelque chose de plus qu'humain, volant partout, et même s'*opiniâtra* à continuer les attaques..., *menoit* en personne les bataillons.... à la charge. (VII, 108 et 109, *Lettres.*)
Je l'attends. Il *viendra* m'en demander raison,
Et *croit* pouvoir encor cacher sa trahison. (III, 209, *Iph.* 1152.)
  * Si les Dieux *ont honoré* quelqu'un, c'*etoit* Tantale. (VI, 212, *Liv. ann.*)
  * Il le blâme de n'*avoir* pas *dit* tout ce qu'il *faut*. (VI, 273, *Liv. ann.*)
  .... Des propositions.... qui.... ne *pouvoient* produire.... que des disputes pleines de chaleur, dans la diversité des interprétations qu'on leur peut donner. (IV, 445, *P. R.*)

* Pourquoi Neptune *étoit*-il le seul qui s'*empresse* pour leur délivrance? (VI, 137, *Rem. sur l'Odyss.*)

Vespasien *est mort*, et Titus *est* le maître.
Que ne *fuyois*-je alors...? (II, 385, *Bér* 248.)

.... Je *fuis* des yeux distraits,
Qui me voyant toujours, ne me *voyoient* jamais. (II, 386, *Bér.* 278.)

Je crains.... qu'en considération de M. de Noirmoustier le fermier *soit* médiocrement chargé de tailles, et que cela ne *vînt* à augmenter si la ferme étoit à un autre. (VII, 4, *Lettres*.)

Ce reste malheureux *seroit* trop acheté,
S'il *faut* le conserver par une lâcheté. (II, 507, *Baj.* 595 et 596.)

Qui l'eût cru, que Pyrrhus ne fût pas infidèle...,
Qu'il *reviendroit* à moi quand je l'*allois* quitter? (II, 81, *Andr.* 812.)

* Comme le roi de Pologne *fut* monté à cheval..., la Reine le *regardoit* en pleurant.... Le Roi lui dit, etc. (V, 147, *Notes hist.*)

Comme ils la *disoient* (la messe), M. de Bagnols *entre* dans l'église, et *fut* bien *surpris* de trouver, etc. (IV, 285, *Imag.*)

Depuis que le temple de Salomon *fut bâti*, il n'*étoit* plus permis de sacrifier ailleurs. (III, 591, *Ath.* préf.)

« Les deux temps ne s'accordent pas, » dit l'Académie dans ses *Sentiments sur Athalie*. « Il faudroit *étoit bâti* ou *fut permis.* »

Cette estime qu'il *avoit conçue*.... dès qu'ils *étoient* ensemble sur les bancs. (IV, 475 et 476, *P. R.*)

Tant qu'un reste de sang *coulera* dans mes veines,
Vous *deviez* à mon sort unir tous ses moments,
Je *défendrai* mes droits fondés sur vos serments. (III, 218, *Iph.* 1354-1356.)

Abner, quoiqu'on se *pût* assurer sur sa foi,
Ne *sait* pas même encor si nous avons un roi. (III, 618, *Ath.* 201.)

* *Brute* suit le parti de Pompée, quoiqu'il *eût fait* mourir son père. (VI, 296, *Livres ann.*)

* Il *marche*,... sans que personne le *voie*, à cause de ce nuage qui l'environnoit. (VI, 121, *Rem. sur l'Odyss.*)

* Ulysse *est reçu* comme un roi, sans qu'on le *connût*. (VI, 58, *Rem. sur l'Odyss.*)

* Il.... *gouverne* adroitement le timon, sans souffrir que le sommeil lui *fermât* les yeux. (VI, 103, *Rem. sur l'Odyss.*)

.... Une sage conduite,
Dont César *a voulu* que vous *soyez instruite.* (II, 262, *Brit.* 132.)

.... J'ai dit qu'on l'*avertisse.* (II, 389, *Bér.* 331.)

.... N'avez-vous pas
Ordonné dès tantôt qu'on *observe* ses pas? (II, 428, *Bér.* 1201 et 1202.)

* L'oracle *a commandé* que la mort de Laïus *soit expiée.* (VI, 234, *Livres ann.*)

* Sa mère.... lui *donne* aussi de l'huile..., afin qu'elle se *frottât.* (VI, 112, *Rem. sur l'Odyss.*)

.... Afin qu'il *exerçât* la commission pour elle, jusqu'à ce qu'elle *soit remboursée.* (VII, 172, *Lettres.*)

* On *diroit* que les temples *fussent* autant d'hôtelleries. (VI, 99, *Rem. sur l'Odyss.*)

* Un homme *auroit passé* tout le jour sans pleurer quand il *verroit* mourir ou sa mère ou son père. (VI, 88, *Rem. sur l'Odyss.*)

.... Quand moi seul enfin il *faudroit* l'assiéger (Troie),
Patrocle et moi, Seigneur, nous *irons* vous venger.
(III, 164, *Iph.* 267 et 268.)

Voyez d'autres exemples de corrélations peu régulières ci-dessus, 1°, 2°, 3°, 4°, 6°, p. XCIII-XCVII.

INTRODUCTION GRAMMATICALE.

8° Temps composés, verbes auxiliaires.

Avec des verbes qui aujourd'hui prennent plutôt l'auxiliaire *être*, Racine emploie l'auxiliaire *avoir*, et réciproquement :

Voyez au *Lexique* : Aborder, Avancer (p. 54), Cesser, Coucher, Courir, Demeurer, Échapper, Entrer, Expirer, Monter, Percer, Sortir, etc.

Avec certains verbes il emploie l'un et l'autre auxiliaire. Ainsi avec *courir*, dans cet exemple cité ci-après, p. 114 :

.... J'*ai couru* chez la Reine,
Dans son appartement ce prince avoit paru ;
Il en étoit sorti lorsque j'*y suis couru*. (II, 389, *Bér.* 328, 330.)

Voyez Demeurer, Entrer, Sortir. — A l'article Percer, on trouvera aussi les deux auxiliaires, mais dans des sens différents.

Pour l'ellipse de l'auxiliaire, voyez ci-après, p. cxxi, *c*).

B. *Modes impersonnels.*

1. Infinitif. Emplois divers :

Que croira-t-on de vous, à *voir* ce que vous faites ? (II, 76, *Andr.* 718.)
Allons nous délasser à *voir* d'autres procès. (II, 219, *Plaid.* 884.)
Ceux qui avoient cru se déshonorer de *rire* à Paris.... (II, 141, *Plaid.* au lect.)
La délicatesse est grande de ne pas *vouloir*, etc. (II, 245, *Brit.* 1re préf.)
Il me faut suer sang et eau pour faire quelque chose qui mérite de vous l'*adresser*. (VI, 431, *Lettres*.)
Pour *dormir* dans la rue on n'offense personne. (II, 148, *Plaid.* 48.)
Qu'ai-je fait, pour *venir* accabler en ces lieux
Un héros sur qui seul j'ai pu tourner les yeux ? (I, 573, *Alex.* 1079.)
Il fit remarquer à Willemstat, entre l'embouchure de l'Escaut et de la Meuse, une partie des régiments qu'il avoit amenés d'Angleterre, pour *être* en état d'y repasser au premier ordre. (V, 318, *Siège de Nam.*)
.... Avant que de *partir*. (II, 321, *Brit.* 1377.)

Voyez au *Lexique* Avant, Depuis.

* Le bien qui nous arrive après l'*avoir* bien *souhaité* est le bien qui nous plait davantage. (VI, 15, *Rem. sur Pind.*)

Oui, je les vois de tous côtés,
Abaissant l'éclat argenté
De leurs feuillages sombres,
Comme *vouloir* à ces ruisseaux,
Qui dorment sous leurs ombres,
Faire d'officieux rideaux. (IV, 36, *Poés. div.* 68.)

.... Parlons : c'est assez nous *contraindre*. (II, 376, *Bér.* 48.)
Madame, à votre époux c'est *être* assez fidèle. (II, 90, *Andr.* 981.)
.... Pourquoi donc le *venir* attaquer ? (I, 570, *Alex.* 1016.)
Est-ce pour *obéir* (pour qu'il obéisse) qu'elle l'a couronné ?
(II, 314, *Brit.* 1234.)
On dit que sous mon nom à l'autel appelée,
Je ne l'y conduisois que pour *être immolée* (que pour qu'elle fût immolée).
(III, 217, *Iph.* 1330.)
Le public m'a été trop favorable pour m'*embarrasser* (pour que je m'embarrasse) du chagrin particulier de deux ou trois personnes. (II, 35, *Andr.* 1re préf.)
L'Espagne.... se vante de n'*avoir* jamais *signé*.... que des traités avantageux, et de *regagner* souvent par un trait de plume ce qu'elle avoit perdu en plusieurs campagnes. (IV, 364, *Disc. acad.*)

*Ils ont.... trouvé l'art.... d'*avoir mis* les premiers un double aigle dans les temples. (VI, 51, *Rem. sur Pind.*)

.... Cette maxime horrible, qu'un religieux peut.... calomnier et tuer même les personnes qu'il croit *faire* tort à sa compagnie. (IV, 439, *P. R.*)

Voyez ci-après, XVI, CONSTRUCTION, p. CXXXIII.

II. PARTICIPES.

1° *Participe présent.*

a) Accord.

Quand le participe est employé verbalement, l'usage de Racine est le plus habituellement conforme au nôtre. Ainsi, avec un régime direct :

.... *Fuyant* l'orgueil du diadème,
Lasse de vains honneurs, et me *cherchant* moi-même.
(III, 472, *Esth.* 107 et 108.)
.... Sa fille, au moins soi-*disant* telle. (II, 181, *Plaid.* 452.)

Avec un régime indirect :
.... J'ai vu de toutes parts
Vaincus et renversés les Romains et Pharnace,
Fuyant vers leurs vaisseaux.... (III, 95, *Mithr.* 1616.)

Voici cependant une suite d'exemples dans laquelle, avec certains accords qui seraient encore ou nécessaires ou plus ou moins légitimes aujourd'hui, il s'en trouve un bon nombre que la grammaire et l'usage interdisent maintenant :

*Il ne veut pas qu'on introduise de grands hommes *pleurants*. (VI, 276, *Livres ann.*)

*Un tourbillon les enleva, tout *pleurants*, bien loin de leur pays. (VI, 154, *Rem. sur l'Odyss.*)

*On représente les héros *agissants*, et non pas *contemplants*. (VI, 283, *Livres ann.*)

Figure-toi Pyrrhus, les yeux *étincelants*,
Entrant à la lueur de nos palais *brûlants*.
(II, 90, *Andr.* 1000; voyez II, 82, *Andr.* 842.)
.... Cent longues allées...,
Droites, *penchantes*, étoilées. (IV, 28, *Poés. div.* 14.)
Les rochers en sont teints (de son sang); les ronces *dégouttantes*
Portent de ses cheveux les dépouilles sanglantes. (III, 392, *Phèd.* 1557.)
(Ses ennemis) Vaincus cent fois, et cent fois *suppliants*,
En leur fureur de nouveau s'*oubliants*. (IV, 87, *Poés. div.* 39 et 40.)
Les morts se *ranimants* à la voix d'Élisée. (III, 613, *Ath.* 124.)

Girault Duvivier, dans sa *Grammaire des grammaires* (tome II, p. 717, 5ᵉ édition), écrit *ranimant*, et cite Racine comme une autorité en faveur de l'indéclinabilité du participe.

Nos chefs et nos soldats *brûlants* d'impatience. (I, 530, *Alex.* 125.)

* Quelques étrangers *souhaitants* de voir cet orateur. (V, 513, *Trad.*)

* Des vices *approchants* de celui qu'on lui impute. (VI, 331, *Livr. ann.*)

J'en avois toujours quelque idée assez tendre et assez *approchante* d'une inclination. (VI, 457, *Lettres.*)

* Province *appartenante* aux Suédois. (V, 189, *Notes hist.*)

Une enveloppe *adressante* à M. Symil. (VI, 421, *Lettres.*)

*Des lettres *adressantes* à Antipatre. (VI, 518, *Trad.*)

.... Ces sombres regards *errants* à l'aventure. (II, 273, *Brit.* 380.)

Nos peuples. qu'on a vus, *triomphants* à sa suite,
Repousser les efforts du Persan et du Scythe (I, 543, *Alex.* 433.)

(Brutus) Voit mourir ses deux fils, par son ordre *expirants*.
(II, 427, *Bér.* 1166.)

INTRODUCTION GRAMMATICALE.

Songe aux cris des vainqueurs, songe aux cris des mourants,
Dans la flamme étouffés, sous le fer *expirants*. (II, 91, *Andr.* 1004.)
Du vieux père d'Hector la valeur abattue
Aux pieds de sa famille *expirante* à sa vue. (II, 107, *Andr.* 1334.)
.... Le Clerc et son ami Coras,
Tous deux auteurs *rimants* de compagnie. (IV, 181, *Poés. div.* 2.)
N'est-ce point à vos yeux un spectacle assez doux
Que la veuve d'Hector *pleurante* à vos genoux? (II, 83, *Andr.* 860.)
Pleurante après son char vous voulez qu'on me voie. (II, 107, *Andr.* 1329.)
Girault Duvivier écrit, dans le premier de ces deux passages d'*Andromaque* (voyez sa *Grammaire*, tome II, p. 709) : *pleurant à vos genoux*; et il prétend que « le poëte a fait usage du participe (invariable) parce que *pleurer aux genoux de quelqu'un* peint une action instantanée : mais que si (dans le second passage : *pleurante après son char*) il a employé l'adjectif verbal, c'est parce que *pleurante* exprime moins une action qu'un état. » Ces subtilités tombent devant le texte, qui porte *pleurante* dans les deux endroits.

b) Constructions diverses et emplois divers, au sens de participe et au sens de gérondif (avec ou sans *en*) :

... Le cruel Amurat,
Avant qu'un fils *naissant* eût rassuré l'État,
N'osoit sacrifier ce frère à sa vengeance. (II, 486, *Baj.* 124.)
.... Néron *naissant*
A toutes les vertus d'Auguste *vieillissant*. (II, 257, *Brit.* 29 et 30.)
Britannicus *mourant* excitera le zèle
De ses amis, tout prêts à prendre sa querelle. (II, 319, *Brit.* 1347.)
Triomphant dans le temple, il ne s'informe pas
Si l'on souhaite ailleurs sa vie ou son trépas. (II, 112, *Andr.* 1415.)
Combien à vos malheurs ai-je donné de larmes,
Craignant toujours pour vous quelque nouveau danger! (II, 42, *Andr.* 15.)
J'y cours, je le relève, et le prends dans mes bras;
Et me *reconnoissant* : « Je meurs, » dit-il tout bas. (I, 474, *Théb.* 1340.)
.... Je fuis des yeux distraits,
Qui me *voyant* toujours, ne me voyoient jamais. (II, 386, *Bér.* 278.)
O Dieux! à quels tourments mon cœur s'est vu soumis,
Voyant des deux côtés ses plus tendres amis! (I, 417, *Théb.* 350.)
.... Que *voyant* de près ce spectacle charmant,
Je sens croître ma joie et mon étonnement! (III, 177, *Iph.* 543.)
Si je n'eusse songé.... que *pensant* à moi, vous penseriez aussi
Qu'il faut aimer beaucoup pour obéir ainsi. (I, 417, *Théb.* 337.)
Dieux! si *devenant* grand souvent on devient pire...,
Lorsque vous régnerez, que serez-vous? hélas! (I, 455, *Théb.* 1047.)
.... L'amoureux Titus, *devenant* son époux,
Lui prépare un éclat qui rejaillit sur vous. (II, 378, *Bér.* 85.)
Une des premières choses à quoi Sa Majesté se crut obligée, *prenant* l'administration de ses affaires..., ce fut, etc. (IV, 503, *P. R.*)
M. Arnauld fit un écrit où il renversoit entièrement cette opinion, c'est-à-dire *montrant* que cette défense auroit été tournée en ridicule. (IV, 603, *P. R.*)
Je pensois, *en voyant* sa tendresse alarmée,
Que son fils me la dût renvoyer désarmée. (II, 72, *Andr.* 645.)
Ne connoîtrois-tu point quelque honnête faussaire
Qui servit ses amis, *en payant*, s'entend? (II, 155, *Plaid.* 149.)
On ne nie pas même qu'*ayant* su l'extrême nécessité où il étoit après qu'il eut disparu de Rome, elles et leurs amis ne lui aient prêté quelque argent pour subsister, ne *s'imaginant* pas qu'il fût défendu, ni à des

ecclésiastiques, ni à des Religieuses, d'empêcher leur archevêque de mourir de faim. (IV, 477 et 478, P. R.)

Vous jugez bien que je ne négligerai point ces occasions quand elles arriveront, n'y *ayant* rien qui me retienne à la cour que la pensée de vous mettre en état de n'y avoir plus besoin de moi. (VII, 265, *Lettres.*)

Nous avons bien pensé ne vous pas envoyer notre enfant, le lait de sa nourrice s'*étant arrêté* presque aussitôt après son arrivée, et *ayant été* même *obligés* d'en envoyer querir une autre. (VII, 72, *Lettres.*)

Elle (l'abbesse) ne faisoit autre chose jour et nuit que lever les mains au ciel, ne lui *restant* aucune espérance de secours de la part des hommes. (IV, 466, *P. R.*)

Quelques-uns des derniers exemples nous offrent des tours analogues à l'ablatif absolu des Latins. Voyez ci-après, XVI, CONSTRUCTION.

A ces exemples nous pourrions en joindre beaucoup d'autres, si nous puisions dans les écrits qui ne font pas autorité, tels que les *Notes historiques*, les *Livres annotés*. Le participe présent, employé soit seul, soit comme auxiliaire avec un participe passé, s'y rencontre souvent très-librement construit. Ainsi :

*Se venger de son ennemi, ne lui *ressemblant* pas. (VI, 308, *Livr. ann.*)

*Flatteur se rend agréable *faisant* tout ce qui peut plaire ; et l'ami déplaît quelquefois *faisant* ce qu'il faut faire. (VI, 306, *Livres ann.*)

*Ne se laisser détourner (du devoir) *voyant* ses amis bien riches et bien venus dans la cour. (VI, 307, *Livres ann.*)

*Ce qu'on dit *étant* en colère n'est jamais bon. (VI, 303, *Livres ann.*)

*Vouloir paroître vertueux, ne l'*étant* pas. (VI, 305, *Livres ann.*)

*Lysandre fit plus de mal à Sparte, l'*emplissant* d'argent, que Sylla à Rome *en* la *vidant* de celui qu'elle avoit. (VI, 296, *Livres ann.*)

*Il le trompa, lui *faisant* pourtant de grandes caresses. (V, 88, *Notes hist.*)

*Le Roi, *approchant* de Valenciennes, reçut nouvelle que, etc. (V, 108, *Notes hist.*)

*Charles le Chauve fut celui qui, *allant* en Italie, confirma les ducs. (V, 190, *Notes hist.*)

*Attendant sa réponse, il étoit dans la cendre pour la toucher davantage. (VI, 124, *Rem. sur l'Odyss.*)

*On fait des choses en cet état, qu'on ne fait pas se *portant* bien. (V, 82, *Notes hist.*)

*Socrate ne cessera de vous interroger, (vous) *étant* beau surtout (VI, 269, *Livres ann.*)

*Ils vont querir du feu chez leur voisin, et y en *trouvant* un bon, ils y demeurent. (VI, 305, *Livres ann.*)

*Leurs dépenses sont communes aussi bien que leurs vêtements et leur nourriture, *mangeant* tous en un même réfectoire. (V, 557, *Trad.*)

* Affection d'Iocaste *en voyant* son fils. (VI, 261, *Livres ann.*)

* Prière d'Électra *en faisant* des libations. (VI, 221, *Livres ann.*)

* Nous passâmes la nuit *en dormant*. (VI, 77, *Rem. sur l'Odyss.*)

* Ceux qui se croient en liberté *étant délivrés* de précepteurs, sont dominés par des maîtres bien plus fâcheux. (VI, 304, *Trad.*)

*Pour rendre la louange qu'ils lui donnent moins suspecte, n'*étant* point *donnée* en face. (VI, 198, *Livres ann.*)

*Mort de Philippe, *ayant régné* quarante-neuf ans. (V, 194, *Not. hist.*)

*Charles de Blois se pourvoit par devers Philippe, comme seigneur souverain de la Bretagne, depuis que Pierre Mauclerc avoit reconnu la tenir des rois de France, et même *ayant été honorée* du titre de pairie par Philippe le Bel. (V, 198, *Notes hist.*)

Voyez aussi IV, 439, *P. R.*, les quatre dernières lignes.

* *Étant* donc purs, ils entrent tous dans leur réfectoire..., et s'y *étant* *assis* en silence..., celui qui a la charge de faire le pain leur en distribue à tous. (V, 534, *Trad.*)

Mais s'étant purgé.... d'une calomnie qui lui avoit été imposée avec si peu de fondement, on le déféra ensuite comme chrétien, etc. (V, 594, *Trad.*)

Sur la construction suivante de Vaugelas : « Et *étant assemblés*,... prenant un truchement, il leur parla », Racine fait cette remarque : « Deux participes actifs tout de suite, dans un sens tout à fait différent » (l'un absolu, l'autre se rapportant au sujet de la phrase) (VI, 356).

Voyez ci-après, XVI, CONSTRUCTION, p. CXXXI et CXXXII.

2° *Participe passé.*

a) Accord[1].

Racine suit le plus souvent les mêmes règles que nous. Ainsi :

Je les aurois *sauvés* ou *combattus* tous deux. (I, 573, *Alex.* 1072.)

De tous les ouvrages que j'ai *donnés* au public, il n'y en a point qui m'ait attiré plus d'applaudissements. (II, 242, *Brit.* 1re préf.)

Quelques efforts que l'on eût *faits*. (I, 513, *Alex.* épitre.)

Il n'y a point de cabale qu'ils n'aient *faite*, point de critique dont ils ne se soient *avisés*. (*Ibidem.*)

Je l'ai *vue* à genoux consacrer ses fureurs. (II, 391, *Bér.* 354.)

Après tous les ennuis que ce jour m'a *coûtés*. (II, 330, *Brit.* 1577.)

Sans compter les chagrins que leur ont peut-être *coûtés* les applaudissements, etc. (I, 517, *Alex.* 1re préf.)

Nous suivons le texte de l'édition originale (1666), la seule où se lise cette phrase.

Que de soins m'eût *coûtés* cette tête charmante ! (III, 342, *Phèd.* 657.)

C'est ainsi que ce vers est écrit, avec accord du participe, dans la première édition (1677), et dans celle de même date qui a été annexée au recueil de 1676. Dans les recueils postérieurs, de 1687 et de 1697, il y a *coûté*. Le défaut d'accord est conforme à la règle du P Bouhours (*Remarques nouvelles*, 2e édition, p. 520), qui veut que, si l'on ajoute quelque chose au participe (particulièrement le sujet même du verbe), il redevienne indéclinable, étant suffisamment soutenu. Voyez le *Lexique de Corneille*, tome I, p LVIII et LIX. — Ci-après, p. 568, il est parlé, au sujet d'un passage du tome IV, d'un participe laissé de même invariable, parce qu'il est suivi du sujet.

Racine d'ordinaire emploie également les participes sans accord devant des infinitifs, ou d'autres participes, ou même des adjectifs :

Je l'ai *laissé* (Junie) passer dans son appartement. (II, 274, *Brit.* 398.)

Le monde vous a *laissé* rire et pleurer tous seuls. (IV, 327, *Imag.*)

*On les a *vu* paroître ainsi que les admirables confesseurs de son royaume. (V, 591, *Trad.*)

Nous avons vu ici Mme de Luines dans le récit du Ballet, et je ne doute point que vous ne l'y ayez *vu* paroître dans tout son éclat. (VI, 451, *Lettres.*)

.... D'aussi loin qu'il nous a *vu* paroître. (II, 558, *Baj.* 1681.)

Les a-t-on *vu* souvent se parler, se chercher?

(III, 375, *Phèd.* 1235 et note 1.)

Les a-t-on *vu* marcher parmi vos ennemis? (III, 530, *Esth.* 1105.)

Tantôt à son aspect je l'ai *vu* (Athalie) s'émouvoir. (III, 693, *Ath.* 1618.)

L'Académie, ne tenant pas compte de l'ancienne règle, « a condamné tout d'une voix *je l'ai vu.* »

Elle (la Champmeslé) est morte à Auteuil, dans la maison d'un maître à danser, où elle étoit *venu* prendre l'air. (VII, 264, *Lettres.*)

---

1. Pour la plupart des participes que nous allons donner en exemple, comme s'écartant de notre usage, soit par l'accord, soit par le défaut d'accord, voyez, aux pages citées, les notes où est indiqué le texte des autographes ou des éditions anciennes.

Il a souligné *venus*, comme si l'accord paraissait l'étonner, dans ce passage de Vaugelas : « Et qui l'étoient *venus* servir » (VI, 354).

Sainte Thérèse, qui, malgré son éminente sainteté, s'étoit *vu* calomniée. (IV, 514, *P. R.*)

Votre père et les rois qui vous ont devancés,
Sitôt qu'ils y montoient s'en sont *vu* renversés. (I, 463, *Théb.* 1158.)

Tel est le texte de l'édition de 1697, la dernière publiée du vivant de Racine. Les précédentes donnent toutes *vus*.

Votre cousin le mousquetaire.... l'a *trouvé* (Babet) fort grande et fort jolie. (VII, 261, *Lettres.*)

Votre mère est *venu* toute éperdue. (VII, 230, *Lettres.*)

Je l'ai toujours *trouvé* telle (sa conversation). (VII, 260, *Lettres.*)

* Il y en a eu qui étant *demeuré* fermes jusque.... dans la prison, etc. (V, 590, *Trad.*)

Voici des exemples où il a fait l'accord devant un autre participe, comme nous le ferions aujourd'hui :

Je l'ai *trouvée* (Fanchon) renversée sur son lit. (VII, 229, *Lettres.*)

*Ceux qui reviennent de loin, ayant été *crus* morts (VI, 311, *Liv. ann.*)

Parmi les passages suivants, il en est où le défaut d'accord peut s'expliquer plus ou moins par la règle de Bouhours : le participe y est soutenu par des compléments, des additions; mais il en est aussi auxquels cette règle ne s'applique point, et plus d'un, sans aucun doute, où le participe n'est invariable que par suite d'une inadvertance :

Ils s'étoient *cru* en droit de porter leurs plaintes aux mêmes tribunaux qui avoient autrefois condamné les Santarels, les Mariana. (IV, 489, *P. R.*)

La grande idée qu'il nous a *donné* de votre économie. (VII, 265, *Lettr.*)

Cette particularité.... qu'elle a *su*, comme je crois, de Monsieur le curé de Saint-Sulpice. (VII, 244, *Lettres.*)

* Ils s'étoient *moqué* de tous les projets qu'on faisoit en France pour se rendre puissant sur la mer. (V, 73, *Notes hist.*)

*Ils se sont *rendu* faute de pain. (V, 109, *Notes hist.*)

Les personnages tragiques doivent être regardés d'un autre œil que nous ne regardons d'ordinaire les personnages que nous avons *vu* de si près (II, 477, *Baj.* 2ᵉ préf.)

Je l'avois *montré* (la pièce) à deux personnes seulement (VI, 454, *Lettres.*)

* Ceux que le Seigneur avoit *choisi* pour être.... les colonnes de son Église. (V, 591, *Trad.*)

* Traiterons-nous avec douceur ceux qu'ils ont *traité* avec compassion ? (V, 596, *Trad.*)

La distraction des revenus qu'elles avoient *possédé* en commun. (IV, 618, *Mém. pour les Rel. de P. R.*)

Le cardinal du Perrone les auroit *lu* (ces vers latins) de fort bon cœur. (VI, 389, *Lettres.*)

J'ai eu tout le loisir de lire l'ode de M. Perrault. Aussi l'ai-je *relu* plusieurs fois. (VI, 453, *Lettres.*)

*Ils.... s'exercent dans l'étude des préceptes de sagesse qu'ils ont *reçu* de leurs pères, croyant que les secrets de la nature y sont cachés sous des paroles allégoriques....dont leurs pères se sont *servi*. (V, 545, *Trad.*)

Ce saint temps, dont voilà déjà une partie de *passé*. (VII, 229, *Lettr.*)

J'avois reçu, ma très-chère sœur, les lapins.... Mais je ne vous en ai point *remercié*. (VI, 541, *Lettres.*)

*Les hommes oublient les biens qu'ils ont *reçu*. (VI, 14, *Rem. sur Pind.*)

*Ils s'enfuient après avoir reçu la coupure du médecin, sans attendre qu'il l'ait *relié*. (VI, 305, *Livres ann.*)

INTRODUCTION GRAMMATICALE.

C'est surtout avec certains participes comme *eu*, *fait*, *plaint*, etc., qu'on se dispensait assez volontiers de l'accord :

Ces approbations m'ont confirmé dans l'estime et dans la vénération que j'ai toujours *eu* pour les ouvrages qui nous restent de l'antiquité. (III, 142, *Iph.* préf.)

Cette conformité que nous avons tous *eu* en vue. (IV, 361, *Disc. acad.*)

Cette querelle ne fut que le prélude des.... démêlés que le célèbre Arnauld.... a *eu* depuis avec cette puissante compagnie. (IV, 429, *P. R.*)

* Hérodote raconte la guerre que les Grecs ont *eu* contre les Barbares. (V, 500, *Trad.*)

Une conversation qu'il a *eu* avec vous. (VII, 66, *Lettres.*)

* Tous les présents qu'on a *fait* à Ulysse. (VI, 139, *Rem. sur l'Odyss.*)

* Quelques recherches que nos frères aient *fait*. (V, 595, *Trad.*)

L'illustre princesse que la Providence en a *fait* abbesse. (IV, 400, *P. R.*)

Vous le voyez, c'est une chose
Que j'ai *fait* longtemps devant vous. (IV, 232, *Poés. div.* 187.)

La pauvre Fanchon s'étoit beaucoup *plaint* de maux de tête. (VII, 229, *Lettres.*)

On dit que le Pape.... lui a demandé un mémoire des principales choses que ce cardinal lui a *dit* dans son audience. (VII, 22, *Lettres.*)

Cependant, dans quelques passages, nous trouvons ces mêmes participes employés avec accord :

Sa vocation à la religion pourroit bien s'en aller avec celle que vous aviez *eue* autrefois pour être chartreux. (VII, 250, *Lettres.*)

Je souffre tous les maux que j'ai *faits* devant Troie.
(II, 56, *Andr.* 318 ; voyez II, 242, *Brit.* 1re préf.)

Voyez II, 242, *Brit.* 1re préf., et ci-dessus, p. CIII, les exemples 3 et 4 du présent article *Accord*.

L'un des trois chirurgiens qui avoient fait la consultation que j'ai *dite*. (IV, 469, *P. R.*)

Aux défauts d'accord contraires à notre usage, nous pouvons opposer quelques accords qui ne s'en écartent pas moins, et qui même au temps de Racine n'étaient pas corrects, et peuvent être par conséquent regardés aussi comme des inadvertances :

Les bons sentiments que l'on a *tâchés* de vous inspirer. (VII, 252, *Lettres de* 1698.)

* Lorsque.... il leur semble avoir tous *satisfaits* à l'obligation qu'ils avoient (V, 552, *Trad.*)

* La loi de nature, laquelle ayant *engendrés* et *nourris* tous les hommes.... (V, 555, *Trad.*)

* Plus éveillés que lorsqu'ils ont *commencés* à se mettre à table. (V, 553, *Trad.* ; voyez V, 581, note 2.)

Contrairement à notre usage, Racine paraît considérer *en* dans les passages suivants comme un régime direct après lequel il fait l'accord :

Je prévois qu'il aura bientôt matière à des types plus magnifiques qu'il n'en a encore *imaginés*. (VII, 37, *Lettres.*)

* Pline dit qu'on lui en avoit *apportée* une sèche (une herbe). (VI, 161, *Rem. sur l'Odyss.*)

Il emploie autant de vers à représenter la fureur d'Hémon et la punition de Créon..., que j'en ai *employés* aux imprécations d'Agrippine. (II, 246, *Brit.* 1re préf.)

Nos peuples eurent plus de compassion pour elle que les Grecs n'en avoient *eue*. (IV, 13, *Plan d'Iph. en Taur.*)

Je ne veux pas vous faire pitié, puisque vous n'en avez pas déjà *eue* pour moi. (VI, 385, *Lettres.*)

b) Emplois et tours divers.

Nous réunissons ici quelques exemples, auxquels on en pourrait joindre bien d'autres, de participes diversement remarquables, les uns comme appartenant à des verbes neutres, d'autres par leur construction soit absolue, soit rappelant certains tours latins :

.... A ce mot, ce héros *expiré*
N'a laissé dans mes bras qu'un corps défiguré. (III, 394, *Phèd.* 1567.)
Que veut Asaph ? — Seigneur, le traître est *expiré*. (III, 536, *Esth* 1190.)
On dit qu'elle est fort jolie de sa personne, et qu'elle est même beaucoup *crue*. (VII, 251, *Lettres*.)
Si du sang de nos rois quelque goutte *échappée*.... (III, 614, *Ath.* 144.)
*Leurs vassaux..., *descendus* de ces premiers Portugais.... (V, 155, *Notes hist.*)
.... Mon âme, au tombeau *descendue*. (I, 569, *Alex.* 993.)
.... Le jeune Agrippa, de son sang *descendu*,
Se vit exclus du rang vainement *prétendu* (II, 296, *Brit.* 865 et 866.)
De Joas *conservé* l'étonnante merveille. (III, 697, *Ath.* 1688.)
Dois-je oublier Hector *privé* de funérailles ? (II, 90, *Andr.* 993.)
*Dès qu'il eut nouvelle du siége *levé*. (V, 148, *Notes hist.*)
(Nos lévites) Ont conté son enfance au glaive *dérobée*. (III, 701, *Ath.* 1751.)
* Ragotski fut obligé d'abandonner Cracovie, *pressé* par les Polonois. (V, 142, *Notes hist.*)
Éloigné de ses yeux, j'ordonne, je menace.... (II, 278, *Brit.* 496.)
Un arrêt par lequel, moi *vêtue* et *nourrie*,
On me défend, Monsieur, de plaider de ma vie. (II, 162, *Plaid.* 243.)
Ils ne s'assurent point en leurs propres mérites,
Mais en ton nom sur eux *invoqué* tant de fois,
En tes serments *jurés* au plus saint de leurs rois.
(III, 667, *Ath.* 1125 et 1126.)
Depuis cette lettre *écrite*, j'en ai reçu une de vous. (VII, 268, *Lettres*.)
Huit ans déjà *passés*, une impie étrangère
Du sceptre de David usurpe tous les droits. (III, 609, *Ath.* 72.)
.... Ou *lassés*, ou *soumis*,
Ma funeste amitié pèse à tous mes amis. (III, 57, *Mithr.* 781.)
.... Vous même ignorez de quels parents *issu*,
De quelles mains Joad en ses bras l'a reçu. (III, 661, *Ath.* 1009.)

Voyez ci-après, XVI, CONSTRUCTION, p. CXXXII, et comparez, dans le *Lexique de Corneille*, p. LXXVII, 8.

IV. — FORMES VERBALES.

Verbes de la seconde, de la troisième et de la quatrième conjugaison, sans *s* finale à la première personne du présent de l'indicatif :

Visir, songez à vous, je vous en *averti*;
Et sans compter sur moi, prenez votre parti. (II, 506, *Baj.* 579.)
Hors de cour. — Comme il saute ! — Ho ! Monsieur, je vous *tien*.
— Au voleur ! Au voleur ! — Ho ! nous vous tenons bien.
(II, 150, *Plaid.* 65.)
Je ne m'en cache point. Mais à ce que je *voi*,
Chacun n'est pas ici criminel comme moi. (I, 412, *Théb.* 241.)
Où tendez-vous plus haut ? Je frémis quand je *voi*
Les abîmes profonds qui s'offrent devant moi. (III, 518, *Esth.* 890.)

Voyez II, 80, *Andr.* 803; II, 104, *Andr.* 1271; II, 108, *Andr.* 1375; II, 161, *Plaid.* 234; II, 279, *Brit.* 514; II, 286, *Brit.* 690; III, 182, *Iph.* 608, III, 228, *Iph.* 1515; III, 341, *Phèd.* 640; III, 360, *Phèd.* 987; III, 522, *Esth.* 947.

Mes yeux sont éblouis du jour que je *revoi*,

INTRODUCTION GRAMMATICALE. CVII

Et mes genoux tremblants se dérobent sous moi. (III, 313, *Phèd.* 155.)
Portez à votre père un cœur où j'*entrevoi*
Moins de respect pour lui que de haine pour moi.
        (III, 231, *Iph* 1599; voyez II, 123, *Andr.* 1627.)
Je vous donne un conseil qu'à peine je *reçoi.*
Du coup qui vous attend vous mourrez moins que moi. (III, 213, *Iph.* 1243.)
Vous feriez bien ; et moi, je fais ce que je *doi* :
Votre exemple n'est pas une règle pour moi. (III, 36, *Mithr.* 321.)
 Voyez II, 74, *Andr.* 688 ; II, 96, *Andr.* 1095 ; II, 300, *Brit.* 938 ; II, 525, *Baj.* 1028.

On le trompe longtemps. Mais enfin je te *croi,*
Ou plutôt je fais vœu de ne croire que toi. (II, 271, *Brit.* 341.)

Voyez II, 519, *Baj.* 867 ; III, 330, *Phèd* 399.

Oui, croyez.... —Je *croy* tout. Je vous *crois* invincible. (I, 573, *Alex.* 1073.)

 Ainsi que l'a fort bien remarqué M. Mesnard, si, dans cet exemple qui nous offre les deux formes, l'une des deux paraissait alors une licence de versification, c'était la seconde (voyez la note à l'endroit cité, et le *Lexique de Corneille*, p. LXII et LXIII). On trouvera dans les fac-simile de notre *Album* les formes *je croy*, *je voy*, *je sçay*, aussi bien en prose qu'en vers.

 Dans les vers suivants, c'est un impératif de la seconde conjugaison qui est de même écrit sans *s* :

Fais donner le signal, cours, ordonne et *revien*
Me délivrer bientôt d'un fâcheux entretien. (III, 338, *Phèd.* 579.)

 Pour la première personne du présent de l'indicatif, nous remarquerons encore que, lorsqu'elle est suivie du sujet *je*, les anciennes éditions remplacent, dans les verbes de la première conjugaison, *e* par *ai* ou *ay*. Ainsi : *veillai-je*, *veillay-je* (III, 187, *Iph.* 729 ; III, 335, *Phèd.* 511) ; *imposai-je*, *imposay-je* (II, 536, *Baj.* 1230).

 Pour quelques emplois de formes passées d'usage : *s'assit*, *s'assisent*, au sens de *s'assoit*, *s'assoient*; *die* pour *dise* ; *vequit* pour *vecut* ; *je vas*, usité concurremment avec *je vais*, voyez, au *Lexique*, ASSEOIR, DIRE, VIVRE, ALLER.

 Pour les futurs et conditionnels *envoyerai* ou *envoierai*, *renvoyerai*, *envoyerois*, voyez ENVOYER, RENVOYER, et ajoutez aux endroits indiqués : VI, 84, *Rem. sur l'Odyss.*; VI, 421, 429, 451, 485 et 516, *Lettres*; VII, 8, 138, 139, 159 et 161, *Lettres*.

 Pour PLIER et PLOYER, sans différence de signification, voyez ces deux verbes.

 Les manuscrits autographes nous donnent *recouvré* pour *recouvert* (VI, 59, *Lettres*); *faisions* et *faisiez*, pour *fassions*, *fassiez* (V, 570 et 582, *Trad.*; voyez les notes qui se rapportent à ces formes).

 Comme verbes simples que nous remplaçons d'ordinaire aujourd'hui par des composés, voyez APETISSER, SEOIR.

 Pour *s'en fuir*, en deux mots, voyez, au *Lexique*, EN, p. 181, et le dernier exemple de FUIR, S'EN FUIR, p. 240.

 Comme composé d'*entre*, nous n'avons à signaler au *Lexique* que ENTRE-POUSSÉ.
 Comme composés réduplicatifs, voyez : RACCOUTUMER (SE), RACQUITTER (SE), RAJUSTER, REBÉNIR, RECHAPPÉ, RECHASSER, RÉCRIRE, REDIRE, REFAIRE, REFRISER, REMARCHER, RENFLAMMER (SE), RENGAGER (SE), REPASSER, REPLONGER (SE), RESSOUVENIR, ROUVRIR.

VIII. — ADVERBE.

1° Mots exclusivement adverbes aujourd'hui, et qui, dans les premiers ouvrages de Racine, sont encore employés comme prépositions :

 Voyez dans le *Lexique* : DEDANS, DEHORS, DESSOUS, DESSUS ; et ajoutez aux exemples de *dessous* : IV, 52, *Poes. div.* 19 var.

2° Adjectifs employés adverbialement :

 Voyez au *Lexique* : BAS ; CHER ; CLAIR ; CLAIR-SEMÉ ; *filer* DOUX, *tout* DOUX ; *tout* FRANC, etc.

3° Adverbes employés substantivement :
Voyez Dedans, Dessous, Dessus, Devant, Jamais, Pourquoi, Trop, etc.

4° Emplois remarquables de divers adverbes :

Voyez au *Lexique* : Aussi, où nous mettrions *non plus* ; aussi bien ; Comme, au sens de *comment* ; Davantage *de, que* ; Plus, etc.

Aux exemples donnés à l'article Plus, on peut joindre celui-ci, de *plus de* :

Il va sur tant d'États couronner Bérénice,
Pour joindre à *plus de* noms le nom d'impératrice. (II, 382, *Bér.* 176.)

5° Omission, emploi, construction des négations :

Voyez au *Lexique* : Ne, Ni, Non, Pas, et ajoutez les exemples suivants :

Pour moi, il s'en faut bien que je *ne* sois aussi solitaire que vous. (VII, 59, *Lettres*.)

*Ces vers ne sont pas moins agréables au vainqueur qu'un fils légitime l'est à son père. (VI, 46, *Rem. sur Pind.*)

.... Si vous *ne* régnez, vous vous plaignez toujours. (II, 315, *Brit.* 1250.)
.... S'il *n'*aime son prince, il le doit respecter. (I, 425, *Théb.* 482.)

*Les bons ne boivent et mangent que pour vivre. (VI, 303, *Liv. ann.*)
Ulysse *ni* Calchas *n'*ont *point* encor parlé. (III, 224, *Iph.* 1475.)

*Il n'y avoit *point* « Seigneurs » en *aucun* endroit du traité de 1635. (V, 152, *Notes hist.*)

*Le prêtre fait une prière, avant laquelle il n'est *pas* permis à *aucun de* rien manger. (V, 535, *Trad.*)

*Étant venu à bout d'une chose qu'il n'espéroit *pas* pouvoir *jamais* faire. (VI, 79, *Rem. sur l'Odyss.*)

Esther, que craignez-vous? Suis-je *pas* votre frère ? (III, 505, *Esth.* 637.)

Il faut avoir l'esprit plus libre que je *ne* l'ai *pas* (VI, 485, *Lettres.*)

Il aime mieux avoir.... des moines dont il prétend disposer... que *non pas* des chanoines séculiers. (VI, 481, *Lettres.*)

*Pour *ne* leur paroître *pas* inférieurs. (V, 131, *Notes hist.*)

Peut-on, en le voyant, *ne* le connoître *pas*? (III, 521, *Esth.* 938.)

Son second crime.... fut de passer pour *n'*approuver *pas* la doctrine. (IV, 412, *P. R.*)

Voyez ci-dessus, pour la construction, p. lxxxviii, *d*).

6° Exemples de quelques constructions d'adverbes :

Commencez donc, Seigneur, à ne m'en parler *plus*. (II, 73, *Andr.* 664.)
Tâchez de n'aimer *plus*.... (I, 423, *T éb.* var.)
Sans *plus* les fatiguer d'inutiles prières. (III, 395, *Phèd.* 1614.)
Il se flatta qu'en la *bien* établissant, il accommoderoit.... toutes choses. (IV, 545, *P. R.*)

*Il le prend *bien* d'un plus haut ton (VI, 200, *Livres ann.*)
*Parler *bien* des Dieux. (VI, 212, *Livres ann.*)
Ce jour *presque* éclaira vos propres funérailles. (II, 379, *Bér.* 112.)
*Homère, qui a *tant* évité de belles descriptions à faire....
(VI, 322, *Livres ann.*)

Voyez ci-après, IX, 2° *Prépositions employées adverbialement*.

IX. — Préposition.

1° Adverbes employés comme prépositions :
Voyez ci-dessus, VIII, p. cvii.

2° Prépositions employées adverbialement :
Voyez au *Lexique* : Après (p. 36); Autour (p. 53); Avant (p. 54); Contre (p. 110).

INTRODUCTION GRAMMATICALE.

3° Ellipse ou pléonasme des prépositions :

Voyez ci-après, aux articles ELLIPSE, et PLÉONASME, p. CXXII et CXXIII, 3°.

Quant à la richesse de sens des prépositions et aux nombreux rapports qu'elles expriment, ce sont choses qui concernent plutôt le dictionnaire que la grammaire. A ce sujet, on peut voir particulièrement, dans le *Lexique*, les articles À, DE, EN, PAR, PARMI, POUR, SUR, etc.

X. — CONJONCTION.

Pour les emplois remarquables de certaines conjonctions, voyez le *Lexique*, par exemple au mot COMME, et tout particulièrement à l'article QUE.
De l'exemple de tmèse donné à P ISQUE : « *Puis donc qu'on nous permet*, etc. », rapprochez les tmèses suivantes de *parce que* :

* *Parce*, disent-ils, *que* le vin est un poison. (V, 551, *Trad.*)
* *Parce*, dit-il, étranger, *que* vous paroissez. (VI, 76, *Rem. sur l'Od.*)

On peut voir ci-après, p. 595, une addition relative à la page 393, et nous apprenant que l'Académie blâmait comme inutile et irrégulière la conjonction *et* dans le vers :

Croyez-moi, plus j'y pense, *et* moins je puis douter. (III, 608, *Ath.* 57.)

Pour cet autre passage :

Et se croit quelque enfant rejeté par sa mère,
A qui j'ai par pitié daigné servir de père (III, 617, *Ath.* 183 et 184),

l'Académie remarque, au contraire, que, pour éviter l'équivoque, il faudrait *et* devant *à qui;* mais, vu la parfaite clarté du sens, elle veut bien excuser cette omission.

XI. — ACCORD.

I. ACCORD DE L'ADJECTIF.

Genre et nombre.

1° Adjectif qualifiant plusieurs noms et ne s'accordant en nombre et en genre, ou en l'un des deux, qu'avec un de ces noms, celui dont il est le plus proche :

Un ordre et un habit *particulier*. (IV, 405, *P. R.*)
Elle... demande quel pain et quel vin on leur a *donné?* (IV, 285, *Imag.*)
Je lui ai trouvé l'esprit et le jugement extrêmement *formé*. (VII, 295, *Lettres*.)
Une paix et une douceur *étonnante*. (IV, 516, *P. R.*)
Une force et une dignité toute *édifiante*. (IV, 558, *P. R.*)
Une douceur et une tranquillité d'esprit *merveilleuse*. (VII, 295, *Lettr.*)
C'est une douceur et une égalité d'esprit *merveilleuse*. (VII, 300, *Lettr.*)
*Joie et tristesse *attachée* à la vie (VI, 213, *Livres ann.*)
* Une sédition et une guerre civile s'étant *allumée*. (V, 589, *Trad.*)
Jamais on ne vit une déroute et un fracas si *épouvantable*. (V, 270, *Camp. de Louis XIV.*)
Une véhémence et un éclat que les jésuites ne lui ont jamais *pardonné*. (IV, 429, *P. R.*)
Sobres, chastes et purs, l'œil et l'âme *attentive*. (IV, 114, *Poés. div.* 7.)
Armez-vous d'un courage et d'une foi *nouvelle*. (III, 675, *Ath.* 1269.)

Quelques académiciens ont blâmé cet accord, mais « les autres ont répondu que l'usage autorise la manière dont Racine s'est exprimé, et surtout en poésie. »

Même témérité, périls, craintes *communes*. (II, 487, *Baj.* 161.)
*.... Combien de *maux et* quelles *misères* nous avons ici *endurées*. (V, 596, *Trad.*)

*En des vœux et en des prières qu'ils ont *reçues* de leurs ancêtres. (V, 534, *Trad.*)

.... Les six autres avoient le visage et les mains *toutes brûlées* du feu qui, etc. (VII, 58, *Lettres.*)

Quelquefois pourtant, Racine suit, même de premier jet, nos règles ordinaires d'accord :

*Le panégyrique et l'histoire sont *éloignés* comme le ciel l'est de la terre. (VI, 320, *Livres ann.*)

Dans la phrase suivante, c'est un nom, pluriel par le sens, qui est laissé au singulier :

*La bonne et la mauvaise *monnoie*. (VI, 321, *Livres ann.*)

Voyez au bas de la page, d'autres exemples à l'article de l'accord du verbe, ayant plusieurs sujets.

2° Emploi de l'adjectif *autre* au masculin, ou plutôt au neutre, bien qu'il s'agisse d'une femme :

Ton cœur, impatient de revoir ta Troyenne,
Ne souffre qu'à regret qu'*un autre* t'entretienne.
     (II, 109, *Andr.* 1378; voyez la note 2.)

Monsieur, vous me prenez pour *un autre* sans doute. (II, 172, *Plaid.* 335 var.)

Dans l'exemple suivant, *autre* a aussi une sorte de valeur neutre : « quel *autre*, soit homme, soit femme ? »

.... Pensez-vous, Madame, qu'en ces lieux
Seule pour vous connoître Octavie ait des yeux ?
— Et *quel autre*, Seigneur, voulez-vous que j'implore ? (II, 280, *Brit.* 535.)

Voyez le *Lexique de Corneille, Introduction grammaticale*, p. LXVI-LXVIII.

3° *Quelque*, accordé comme un adjectif dans des cas où nous le considérons comme un adverbe, ayant le sens d'*environ* :

Voyez au *Lexique*, où se trouve également un exemple de *quelques.... que* dans un tour où il faut écrire adverbialement *quelque.... que*.

4° *Tout*, s'accordant, comme adjectif, dans les constructions où nous le considérons comme adverbe et le laissons invariable.

On verra au *Lexique*, p. 526 et 527, que *tout* se rapportant à des féminins prend toujours l'accord, et que se rapportant à des masculins pluriels, tantôt il le prend et tantôt ne le prend pas.

Dans ce passage autographe :

*Que votre conscience soit toute chaste et *tout* pure (V, 580, *Trad.* note 1),

est-ce par inadvertance que Racine a mis *tout* pour *toute* ?

II. ACCORD DU VERBE.

A. *Nombre.*

1° Verbe précédé ou suivi de plusieurs sujets, soit singuliers, soit pluriels, et demeurant au singulier comme ne s'accordant qu'avec l'un d'eux, celui dont il est le plus proche :

Appelez-vous régner lui céder ma couronne,
Quand le sang et le peuple à la fois me la *donne* ? (I, 403, *Théb.* var.)
Tout ce qu'a de cruel l'injustice et la force. (II, 305, *Brit.* 1047.)
La joie et le plaisir de tous les conviés
Attend pour éclater que vous vous embrassiez. (II, 330, *Brit.* 1566.)
Le dernier adieu qu'elle dit à Titus, et l'effort qu'elle se fait pour s'en séparer, n'*est* pas le moins tragique de la pièce. (II, 366, *Bér.* préf.)

La grandeur des Romains, la pourpre des Césars
N'a point, vous le savez, attiré mes regards. (II, 443, *Bér.* 1478.)
Tout ce qu'*a* de plus noir et la haine et l'amour. (I, 449, *Théb.* 930 var.)
J'espérois que du moins mon trouble et ma douleur
Lui *feroit* pressentir notre commun malheur. (II, 395, *Bér.* 478.)
L'occasion, le Ciel *pourra* vous les dicter. (II, 515, *Baj.* 788.)
Quel *est* ce sombre accueil, et ce discours glacé
Qui *semble* révoquer, etc.? (II, 525, *Baj.* 1035 et 1036.)
.... L'ordre, l'esclave, et le Visir me *presse*. (II, 536, *Baj.* 1234.)
Que ma foi, mon amour, mon honneur y *consente?* (III, 218, *Iph.* 1345.)
Vivez donc. Que l'amour, le devoir vous *excite*. (III, 318, *Phèd.* 209.)
Mon repos, mon bonheur *sembloit* être affermi. (III, 323, *Phèd.* 271.)
Le ciel, tout l'univers *est* plein de mes aïeux. (III, 376, *Phèd.* 1276.)
Une lenteur et une infortune qui les *exposoit* à la risée de toute l'Europe. (V, 261, *Camp. de Louis XIV.*)
*L'eau et l'humidité *est* ce qui est le plus nécessaire aux animaux vivants et inanimés. (VI, 9, *Rem. sur Pind.*)
*Le temps et la destinée *a comblé* leurs vertus de richesses et de bonheur. (VI, 17, *Rem. sur Pind.*)
*Le bonheur et la joie présente *doit* faire oublier tous ces malheurs. (VI, 17, *Rem. sur Pind.*)
*L'envie et l'insolence *attaque* la gloire de Théron, et *excite* de méchants hommes. (VI, 22, *Rem. sur Pind.*)
*La peste et l'outrage fait à Chrysès *est récité*. (VI, 197, *Livres ann.*)
*C'est cette pudeur et cette crainte qui la *sauve* de la haine des Troyens. (VI, 198, *Livres ann.*)
*L'honneur et la honte le *regarde*. (VI, 200, *Livres ann.*)
*La douceur de son esprit, et sa conversation à table *passe* le miel. (VI, 214, *Livres ann.*)
*Comédie et tragédie *est* du même génie. (VI, 272, *Livres ann.*)
*La crainte et la pudeur les *retiendra*. (VI, 277, *Livres ann.*)
*La hardiesse et confiance *est* le commencement de la victoire. (VI, 293, *Livres ann.*)
Votre mère et toute la petite famille vous *fait* ses compliments. (VII, 270, *Lettre de* 1698.)
.... Périsse le jour et la main meurtrière Qui, etc. (III, 90, *Mithr.* 1507.)
Ce héros qu'*armera* l'amour et la raison. (III, 156, *Iph.* 99.)
« Reine, sors, a-t-il dit, de ce lieu redoutable,
D'où te *bannit* ton sexe et ton impiété. » (III, 629, *Ath.* 405.)

Quelques académiciens ont critiqué ce singulier, mais on a répondu qu'il pouvait s'employer en vers quand les sujets viennent après.

Qu'avez-vous, Prince? D'où *vient* ce désordre et cette émotion qui vous *reste?* (IV, 11, *Plan d'Iph. en Taur.*)
    Port où, dans le sein de la paix,
    Règne la Grâce et l'Innocence. (IV, 22, *Poés. div.* 4.)
Ils étoient prêts à y déférer avec tout le respect et toute la soumission que *demandoit* Sa Majesté et la souveraine autorité du Saint-Siége. (IV, 541, *P. R.*)
.... Des avis que lui *avoit donnés* M. Arnauld et M. Nicole. (IV, 602, *P. R.*)
*Voilà quel *étoit* l'usage et le droit commun.... des pairies, des duchés et des comtés pendant trois siècles. (V, 389, *Factums.*)
*Que *dira* ton père et le mien? (VI, 242, *Livres ann.*)
    Le don des langues, les miracles,
    La science *aura* son déclin. (IV, 150, *Poés. div.* 57.)
D'où *vient* ce sombre accueil et ces regards fâcheux? (I, 452, *Théb.* 986.)

Que *présage* à mes yeux cette tristesse obscure,
Et ces sombres regards errants à l'aventure? (II, 273, *Brit.* 379.)
Il vient. Quel nouveau trouble *excite* en mes esprits
Le sang du père, ô Ciel! et les larmes du fils! (III, 96, *Mithr.* 1645.)
Quelle *étoit* en secret ma honte et mes chagrins! (III, 470, *Esth* 82.)
Cette partie du temple intérieur où *étoit* le chandelier d'or, l'autel des parfums, et les tables des pains de proposition. (III, 592, *Ath.* préf.)
« *Étoient*, dit l'Académie, seroit plus exact. »
*Voyez.... Henricus I de Feedro, p. 269, où *est* l'origine et les mœurs des Cosaques. (V, 141, *Notes hist.*)
*.... Où *est* la métairie et les beaux jardins. (VI, 119, *Rem. sur l'Odyss.*)

Voici de semblables accords après des sujets accompagnés de *ni* :
Quoi? sans que ni serment ni devoir vous *retienne*. (II, 106, *Andr.* 1317.)
Ni crainte ni respect ne m'en *peut* détacher. (III, 216, *Iph.* 1311.)
Je reçus et je vois le jour que je respire,
Sans que mère ni père *ait* daigné me sourire. (III, 173, *Iph.* 426.)

D'autres fois, avec *ni*, nous avons le pluriel :
Ni serment ni devoir ne l'*avoient* engagé. (I, 576, *Alex.* 1147.)
L'absence ni le temps, je vous le jure encore,
Ne vous *peuvent* ravir ce cœur qui vous adore. (II, 399, *Bér.* 588.)
*Ni roi ni pâtre ne *manquent* jamais de lait, ni de fromage, ni de chair. (VI, 85, *Rem. sur l'Odyss.*)

Singulier avec *l'un ni l'autre*; pluriel avec *l'un et l'autre* :
.... L'un ni l'autre enfin n'*étoit* point nécessaire. (II, 523, *Baj.* 981.)
L'un ni l'autre ne *veut* s'embrasser le premier. (I, 452, *Théb.* 990.)
.... L'un et l'autre camp, les voyant retirés,
Ont quitté le combat, et se *sont séparés*. (I, 436, *Théb.* 658.)
L'un et l'autre consul vous *avoient* prévenue. (II, 262, *Brit.* 136.)
L'un et l'autre *ont* promis Atalide à ma foi. (II, 488, *Baj.* 176.)
De pauvres familles.... subsistoient des charités que l'une et l'autre maison leur *faisoient*. (IV, 426, *P. R.*)

Dans les exemples suivants, c'est à la fois le verbe et le participe ou l'adjectif qui s'accordent avec un seul des noms auxquels ils se rapportent :
Le monde, l'univers, tout, la nature entière
Étoit ensevelie au fond de la matière. (II, 213, *Plaid.* 804.)
.... Éphèse, et l'Ionie
A son heureux empire *étoit* alors *unie*. (III, 33, *Mithr.* 252.)
.... Le fer, le bandeau, la flamme *est toute prête*. (III, 196, *Iph.* 905.)
*Le bruit et la confusion *étoit* lors si grande. (V, 564, *Trad.*)
*Les ordures de la mer dont son corps et sa tête *étoit couverte*. (VI, 117, *Rem. sur l'Odyss.*)

2° Verbe placé entre un sujet singulier et un attribut pluriel, et s'accordant avec le dernier :
*Le partage de l'homme *sont* les douleurs et les maux. (VI, 309, *L. ann.*)
Voyez ci-après, p. CXIII, fin de 3°, et 5°.

3° Verbe au singulier après *ce* accompagné d'un sujet pluriel :
Ce n'*est* pas les Troyens, c'est Hector qu'on poursuit. (II, 51, *Andr.* 224.)
*Il aimeroit mieux que ce *fût* eux qui mangeassent tout chez lui. (VI, 68, *Rem. sur l'Odyss.*)
*C'*étoit* des jeunes gens. (VI, 68, *Rem. sur l'Odyss.*)
*Si c'*étoit* des marchands. (VI, 148, *Rem. sur l'Odyss.*)
*C'*est* vos actions qui parlent en moi. (VI, 227, *Livres ann.*)

INTRODUCTION GRAMMATICALE.

Dans ce tour, Racine emploie aussi le pluriel :

*C'étoient des déclamateurs. (VI, 274, *Livres ann.*)
*C'étoient des hommes qui jouoient. (VI, 277, *Livres ann.*)

Dans la phrase suivante, il a mis successivement le pluriel et le singulier :

*Le commentaire dit que ces trois ce *sont* Teucer, Agamemnon et Ménélas; mais je crois que c'*est* Teucer, Eurysace et Tecmesse. (VI, 245, *Livres ann.*)

4° Accord du verbe, ou d'un participe, ou des deux, avec le partitif *un* suivi d'un complément pluriel :

M. de Chasteauvillain.... *est* un des hommes de l'armée le plus *estimé*. (VII, 17, *Lettres.*)

L'une des plus saintes communautés qui *fût* dans l'Église. (IV, 527, *P. R.*)

Un des plus grands abus qui se *soit* jamais *glissé* dans l'Église. (IV, 482, *P R.*)

*Un des hommes qui *étoit* le plus attaché à Socrate. (V, 454, *Trad.*)

Une des choses qui *rendoit* cette maison plus recommandable, et qui peut-être aussi lui *a attiré* plus de jalousie, c'est, etc. (IV, 427, *P. R.*)

5° Accords divers avec les mots collectifs :

Témoin cette troupe de prophètes qui *vinrent* au-devant de Saül avec des harpes. (III, 603, *Ath.* préf.)

La plupart *sont* larrons. (VI, 493, *Lettre*.)

La plupart du monde n'en *ayant entendu* parler (de cette tragédie) que sous le nom d'Athalie, je n'ai pas jugé à propos de la *leur* présenter sous un autre titre. (III, 593, *Ath.* préf.)

Leur a paru inexact à l'Académie, « *la plupart du monde* (qu'elle a trouvé d'ailleurs un peu suranné) exigeant, dit-elle, le singulier. »

*Le commun des philosophes *enseigne*, etc. (VI, 284, *Livres ann.*)

Ce déluge d'Allemands *se répandit* de tous côtés dans la Haute Alsace, *résolus* d'y prendre les quartiers d'hiver. (V, 263, *Camp. de Louis XIV.*)

*Grand nombre de chevaliers *vouloient*, etc. (V, 151, *Notes hist.*)

Un si grand nombre de victoires *devoient*, etc. (V 252, *Camp. de L. XIV.*)

*La guerre engendre beaucoup de maux, entre lesquels *sont* le grand nombre d'historiens. (VI, 320, *Livres ann.*)

Tout ce grand nombre d'incidents *a* toujours *été* le refuge des poëtes qui, etc. (II, 367, *Bér.* préf.)

*Une douzaine de vaisseaux..., dont plus de la moitié.... *tomboient* par pièces. (V, 74, *Notes hist.*)

Jugez combien ce coup frappe tous les esprits :

La moitié s'*épouvante* et *sort* avec des cris (II, 333, *Brit.* 1634.)

.... Un reste des siens, *entourés* dans leur fuite,...

A nous vendre leur mort *semblent* se préparer. (I, 567, *Alex.* 949 et 951.)

...Les autels

Que lui *dresse* en tremblant le reste des mortels. (I, 531, *Alex.* 160.)

Un partie des princes *sont revenus* de l'armée. (VII, 129, *Lettres.*)

Ils se pressent, ils se poussent; une partie tombe dans le fossé, l'autre se retire. (V, 276, *Camp. de Louis XIV.*)

La plus grande partie des Religieuses ayant été *transférée* et *renfermée*.... (IV, 616, *P R.*)

Tout ce qu'il y avoit de prêtres et de lévites *se retirèrent* auprès d'eux, et leur *demeurèrent* toujours attachés. (III, 591, *Ath.* préf.)

Tout ce qu'il y avoit là de gens qui étoient venus avec l'Archevêque ne *pouvoient* eux-mêmes retenir leurs larmes. (IV, 552, *P. R.*)

Tout ce qui reste encor de fidèles Hébreux
Lui *viendront* aujourd'hui renouveler leurs vœux. (III, 621, *Ath.* 270.)
.... Tout ce qu'il dit *sont* autant d'impostures. (II, 188, *Plaid.* 535.)
Je ne crois pas que j'eusse besoin de cet exemple d'Euripide pour justifier le peu de liberté que j'ai *prise*. (II, 39, *Andr.* 2ᵉ préf.)
Quoiqu'il.... y ait eu peu d'auteurs que le Ciel ait *regardé* aussi favorablement que lui. (V, 354.)
Je sais que tant d'amour n'en peut être *effacée*. (II, 428, *Bér.* 1191.)

B. *Personne.*

Un procès que ni moi ni mes juges n'*ont* jamais bien entendu. (II, 142, *Plaid.* au lect. var.)
Cette irrégularité d'accord n'est que dans la première édition (1669); elle a été ainsi corrigée dans les suivantes :
Un procès que ni mes juges ni moi n'*avons* jamais bien entendu.
Voyez au *Lexique*, p. 431, 6°, des verbes à la troisième personne, après des pronoms relatifs ayant des antécédents de la première ou de la seconde.

III. Accords diversement remarquables, soit d'adjectifs ou de participes, soit de verbes.

C'est leur être *cruels* que de les respecter. (I, 466, *Théb.* 1197.)
Quand *on* demande de semblables conseils c'est qu'on est déjà *déterminée*. (VII, 271, *Lettres.*)
.... Qui ne se seroit comme moi *déclarée*? (II, 63, *Andr.* 461.)
- Ce petit homme qui va toujours *nus* pieds. (V, 454, *Trad.*)
Temoin trois procureurs.... (II, 212, *Plaid.* 786.)
* Trois ou quatre mille Allemands, qui *fut* tout ce qu'il put obtenir (V, 144, *Notes hist.*)
Un jeune enfant couvert d'une robe éclatante,
Tels qu'on voit des Hébreux les prêtres revêtus. (III, 634, *Ath.* 509.)
L'Académie a blâmé cet accord; voyez la note 1 de la page citée; et ci-dessus, p. LI.
A chaque chose d'un peu *bon* que l'on nous sert sur la table. (VII, 254, *Lettres.*)
Dans ces deux dernières phrases, les adjectifs sont régulièrement au masculin pris dans le sens neutre. Dans les deux suivantes, il y a probablement simple inadvertance :
Ne manquez pas de vous trouver.... chez lui, sur *le* huit heures et demie. (VII, 161, *Lettres.*)
* La providence des Dieux, de qui *dépend* toutes choses. (VI, 63, *Rem. sur l'Odyss.*)
Une armée de François *animée* par la présence de *leur* roi. (V, 254, *Camp. de Louis XIV*; voyez la note 3.)
Dans ce passage encore, pour lequel nous n'avons pas de manuscrit autographe, et dont deux éditions du dix-huitième siècle ont modifié le texte, les deux nombres, *animée* et *leur*, pourraient bien venir d'un défaut d'attention; comme aussi le pluriel que les lettres autographes joignent, en deux endroits, à des *vous* qui semblent être de simple politesse : voyez VI, 377, note 1, et 475, note 2.
Nous noterons encore ces vers, où le verbe, sans être précédé d'*il*, s'accorde avec la proposition dont il est suivi et qui joue le rôle d'un sujet singulier :
Ces jours passés.... s'*émut* en question
Quand à Paris commença la méthode
De ces sifflets qui sont tant à la mode. (IV, 184, *Poés. div.* 2-4.)
Racine écrit sans apostrophe l'ancienne forme féminine *grand* :
Votre petit frère.... couchera dans votre *grand* chambre. (VII, 231, *Lettres.*)
Nous sommes gens à qui il ne faut pas *grand* chose pour faire bonne chère. (VI, 521, *Lettres;* voyez V, 158 et 166, *Notes hist.*)

INTRODUCTION GRAMMATICALE.

Parfois il donne le signe du pluriel à *cent* là où notre règle est de le laisser invariable. Ainsi l'autographe de son *Testament*, dont le fac-simile est dans notre *Album*, porte :

Le dixième octobre mille six *cens* quatre vingt dix huit. (VII, 357.)

Nous ne relevons pas le *Messieurs* de Petit Jean parlant à un homme et à une femme (II, 167, *Plaid.* 284); il peut croire ou feint de croire qu'il y a plusieurs hommes.

Voyez au *Lexique*, DEMI, p. 139; LEUR, p. 300; et pour l'accord des participes, ci-dessus, p. C et CI, CIII-CV ; pour les accords avec l'idée, ci-après, XV, SYLLEPSE ; pour la concordance des temps, ci-dessus, p. XCVII et XCVIII.

XII. — RÉGIME.

a) Même verbe ayant des régimes de nature différente ; construction analogue après un nom ou un comparatif :

* Il faut.... qu'on n'ait pour but dans le style que la netteté, et de représenter les choses telles qu'elles sont. (V, 497, *Trad.*)
Vous-même de vos soins craignez la récompense,
Et que dans votre sein ce serpent élevé
Ne vous punisse un jour de l'avoir conservé. (II, 48, *Andr.* 166-168.)
Ni elle, ni beaucoup d'autres ne pouvoient souffrir cette liaison, ni que, etc. (IV, 604, *P. R.*)
Les jésuites virent avec douleur cette soumission universelle, et que dans deux mois.... il n'y auroit plus de janséniste dans le Royaume. (IV, 522, *P. R.*)
Je leur ai déclaré.... les sentiments d'Aristote sur le héros de la tragédie; et que bien loin d'être parfait, il faut toujours qu'il ait quelque imperfection. (II, 243, *Brit.* 1re préf.)
Bérénice, Seigneur, ne vaut point tant d'alarmes,
Ni que par votre amour l'univers malheureux,
Dans le temps que Titus attire tous ses vœux
Et que de vos vertus il goûte les prémices,
Se voie en un moment enlever ses délices. (II, 443, *Bér.* 1484-1488.)
L'auriez-vous cru, Madame, et qu'un si prompt retour
Fit à tant de fureur succéder tant d'amour? (II, 525, *Baj.* 1019 et 1020.)
(Cette reine) Aux dépens de vos jours vous veut être fidèle,
Et que sans balancer vous mouriez, etc. (I, 589, *Alex.* 1414 et 1415.)
Il falloit entre vous mettre un plus grand espace,
Et que le Ciel vous mit, pour finir vos discords,
L'un parmi les vivants, l'autre parmi les morts.
(I, 469 et 470, *Théb.* 1254 et 1255.)
La Mère Angélique, qui sentit son cœur se déchirer.... et que sa fermeté commençoit à s'ébranler.... (IV, 508, *P. R.*)
Elle prétend avoir tout de bon renoncé au monde ; et que si on ne reçoit personne à Port-Royal, elle s'ira réfugier aux Carmélites. (VII, 210, *Lettres.*)
Vous voulez que ce Dieu vous comble de bienfaits
Et ne l'aimer jamais? (III, 626, *Ath.* 369 et 370.)
Ah! savez-vous le crime, et qui vous a trahie ? (III, 236, *Iph.* 1674.)
Il voit combien l'amant l'emporte sur le frère,
Et qu'auprès de l'amour dont je ressens l'ardeur,
La plus forte amitié n'est au plus que tiédeur. (I, 419, *Théb.* var.)
Tu sais combien je hais leurs fêtes criminelles,
Et que je mets au rang des profanations
Leur table, leurs festins et leurs libations.
(III, 483 et 384, *Esth.* 274 et 275.)

Je sais combien il est attentif aux choses de la religion, et qu'il s'en fait une affaire capitale (VII, 221, *Lettres*.)
Je vois de quel succès leur fureur fut suivie,
Et que dans les tourments ils laissèrent la vie. (III, 498, *Esth.* 533 et 534.)
Venez, Seigneur, venez : il est temps de paraître,
Et que tout le Serrail reconnoisse son maître. (II, 524, *Baj.* 1013 et 1014.)
J'espérai de verser mon sang après mes larmes,
Ou qu'au moins, jusqu'à vous porté par mille exploits,
Mon nom pourroit parler, au défaut de ma voix. (II, 384, *Bér.* 212-214.)
* Turenne n'osa souffler, de peur de dégoûter le Roi de lui, et qu'on ne fît point la guerre. (V, 78, *Notes hist.*)
* Combien il sert d'avoir de bons capitaines et que la discipline militaire *soit* bien réglée. (VI, 295, *Livres ann.*)
* Elle conseille à Telemachus.... de leur dire hardiment.... et qu'il dise.... (VI, 63, *Rem. sur l'Odyss.*)
On ne parle plus de deuil, ni que la reine d'Espagne soit en péril. (VII, 23, *Lettres*.)
.... Sous peine de désobéissance et d'encourir son indignation. (IV, 505, *P. R.*)
Je m'assure qu'il vaut mieux avoir occupé l'impertinente éloquence..., que si l'on avoit mis.... (II, 142, *Plaid.* au lect.)
* Ils estiment les louanges comme de l'argent, et que plus ils en donnent, moins ils en ont. (VI, 304, *Livres ann.*)

b) Exemples de régimes diversement remarquables :

Je trouve qu'il n'y a rien de si doux au monde que le repos de la conscience et de regarder Dieu comme un père. (VII, 260, *Lettres*.)
Hé bien ! je l'avoûrai, que ma juste colère
Aime la guerre.... (I, 535, *Alex.* 233 et 234.)

Voyez ci-après, p. 297, un autre exemple de cette construction, accompagné de nombreux renvois.

Je trouve leur intention fort bonne de vouloir, etc. (II, 35, *Andr.* épître.)
Le prince d'Orange exigea.... de chasser ce docteur. (IV, 480, *P. R.*)
Ne se promettant pas moins que de faire une irruption en France. (V, 316, *Siége de Namur*.)
* Les états firent grand bruit, ne menaçant pas moins que d'exterminer le roi de Portugal. (V, 158, *Notes hist.*)
Je puis vous assurer que ces Messieurs ne demanderont pas mieux qu'à l'y laisser. (VII, 173, *Lettres*.)
Entre Sénèque et vous disputez-vous la gloire
A qui m'effacera plutôt de sa mémoire? (II, 262, *Brit.* 147 et 148.)
* Citoyen de deux villes, de Syracuses, et dans l'Arcadie. (VI, 29, *Rem. sur Pind.*)
* Il les dévora..., mangeant tout jusqu'aux intestins, les chairs et la moelle. (VI, 149, *Rem. sur l'Odyss.*)
Sa haine (*la haine du peuple*) ou son amour, sont-ce les premiers droits
Qui font monter au trône ou descendre les rois? (I, 425, *Théb.* 478.)
* Cette cérémonie consistoit à répandre quelque goutte de vin, et puis après d'en boire un peu. (VI, 61, *Rem. sur l'Odyss.*)
* Les vers lyriques accompagnent, ou répondent à la flûte. (VI, 46, *Rem. sur Pind.*)

Les quatre et surtout les trois derniers exemples sont des tours incorrects, donnant un même et commun régime à des mots qui veulent des régimes différents.

On peut voir dans le *Lexique*, aux divers articles de prépositions, particulièrement

INTRODUCTION GRAMMATICALE.

à De et À, et à des mots tels que Fournir (de), Prêt (de), etc., un bon nombre de régimes s'écartant de l'usage actuel.

XIII. — Ellipse.

1° Ellipses d'articles définis, indéfinis, partitifs :
Voyez ci-dessus, I, Article, p. LXXII, 2°; et III, Adjectif, p. LXXX et LXXXI, 7°.

2° Ellipse d'un substantif :

a) Ellipse d'un substantif précédemment exprimé :
* Ne point considérer son intérêt particulier pour le public (*pour l'intérêt public*). (VI, 293, *Livres ann.*)
Privée des secours spirituels et des temporels. (IV, 516, *P. R.*)
* Ceux qui cherchent d'autre amitié que la fraternelle. (VI, 316, *L. ann.*)
* Contre ceux qui appellent les autres leurs frères, et n'aiment point leurs véritables. (VI, 316, *Livres ann.*)
.... En un mot comme en cent. (II, 191, *Plaid.* 557.)
* Il en va de même de notre langue que de la latine. (VI, 103, *Rem. sur l'Odyss.*)
* Quarante-sept jours, dont il n'y a que cinq de combats, neuf de peste, onze pendant que les Dieux sont en Éthiopie. (VI, 195, *L. ann.*)
* Le Chœur est de Bacchantes (c'est-à dire, *est un chœur de Bacchantes*, ou *est composé de Bacchantes*). (VI, 257, *Livres ann.*; voyez ibidem, VI, 220, 225, 238, 248, 255.)
Dans les exemples suivants, il y a ellipse soit d'un nom, soit du démonstratif *celui, celle, ceux,* qui pourrait en tenir la place :
(Prenons) Vous, la place d'Hélène, et moi, d'Agamemnon.
(II, 99, *Andr.* 1160.)
Le pompeux appareil qui suit ici vos pas
N'est point d'un malheureux qui cherche le trépas. (II, 42, *Andr.* 24.
Voyez si mes regards sont d'un juge sévère,
S'ils sont d'un ennemi qui cherche à vous déplaire.
(II, 88, *Andr.* 953 et 954.)
.... Bientôt, reprenant un visage sévère,
Tel que d'un empereur qui consulte sa mère. (II, 331, *Brit.* 1596.)
.... J ai d'autres soins que de vous affliger. (II, 302, *Brit.* 986.)
* La querelle d'Achille et d'Agamemnon et leur réconciliation est une idée des querelles des grands, et celle-ci (*des querelles*) des particuliers, qui sont bien plus faciles à terminer (VI, 138, *Rem. sur l'Odyss.*)
.... J'espère qu'enfin le Ciel, las de tes crimes,
Ajoutera ta perte à (*celle de*) tant d'autres victimes. (II, 337, *Brit.* 1688.)
* On étudie son goût en toutes sortes de professions, poëtes, peintres, musiciens, magistrats. (VI, 284, *Livres ann.*)
On pourrait pour compléter cette dernière phrase suppléer *en celles de*, devant l'apposition *poëtes, peintres,* etc.
Dans ses notes sur Vaugelas (VI, 357), Racine relève le passage suivant : « Le fils de Roxane ou de Barsine, » et met en note : « Il n'a point répété : *le fils.* »

b) Ellipse d'un substantif non exprimé, mais facile à suppléer :
Voyez ci-dessus, p. LXXVII, 4°, *a*), *Adjectifs pris substantivement.*
* Peu qui sachent reprendre comme il faut. (VI, 307, *Livres ann.*)
Le pauvre Boyer mourut avant-hier, âgé de quatre-vingt-trois ou quatre (*ans*). (VII, 263, *Lettres.*)
Je suis fort serviteur.... de la petite Nanon,
Car je crois que c'est là le nom

Dont on nomma votre seconde (*fille*). (VI, 473, *Lettres*.)
*Diogène se mit à montrer.... un morceau de *salé*. (V, 526, *Trad.*)
De poisson salé ou de viande salée, de salaison; en grec τάριχον.
Virgile, dans le second (*livre*) de l'Énéide. (II, 35, *Andr.* 1ʳᵉ préf.)
Voyez IV, 608, *P. R.*, dernières lignes.
Cette fille.... sut réduire.... les esprits qui étoient demeurés les plus rebelles, rangea les anciennes (*Religieuses*) sous le même joug. (IV, 399, *P. R.*)
* Ce fut lui qui arrêta dix ou douze (*membres*) des états, du nombre desquels étoit le père de d'Wit. (V, 97, *Notes hist.*)
(Le soleil) Eut peur de se voir inutile
Et qu'un autre que lui n'éclairât l'univers. (IV, 61, *Poés. div.* 160.)
Un autre soleil, un autre astre.
Donnant des mémoires contre elles, et leur reprochant, entre autres, certaines dévotions qui étoient très-innocentes. (IV, 561, *P. R.*)
Entre autres choses. — Même ellipse dans l'exemple suivant :
*Tout ce qui appartient à la sagesse; entre autres, la vérité. (VI, 279, *Livres ann.*)

3° Ellipse d'un adjectif :

* Elle est timide comme sont les femmes. (VI, 210, *Livres ann.*)
Voyez au *Lexique*, p. 297, fin, d'autres exemples de l'omission, soit d'un adjectif précédemment exprimé, soit du pronom neutre *le* qui d'ordinaire en tient la place.
Elle n'a vu couler de larmes que les siennes. (II, 276, *Brit.* 448.)
C'est-à-dire, d'autres larmes que les siennes.
Sans parents, sans amis, sans espoir que sur moi,
Je puis perdre son fils.... (II, 74, *Andr.* 687.)
C'est-à-dire, sans autre espoir, sans aucun autre espoir que sur moi.

4° Ellipse d'un pronom.

a) D'un pronom personnel sujet.

Parmi les ellipses dont les exemples suivent, il en est qui sont demeurées fort usitées. La plupart sont à noter ou pour la distance d'un verbe à l'autre, ou pour le passage soit du sens affirmatif au sens négatif et réciproquement, soit d'un verbe ordinaire à un verbe réfléchi, soit d'un temps à un autre, soit du tour relatif au tour direct; ou bien encore parce que le premier sujet suit son verbe tandis que le sujet omis aurait dû précéder le sien.

Je sors et vais me joindre à la troupe fidèle. (III, 616, *Ath.* 163.)
* Cet auteur assure qu'Homère étoit égyptien, et le prouve. (VI, 89, *Rem. sur l'Odyss.*)
L'abbé de Saint-Cyran fit d'abord ce qu'il put pour le guérir de ses défiances; et même, voyant qu'il s'aigrissoit de plus en plus, cessa d'aller au monastère. (IV, 411, *P. R.*)
M. de Luxembourg étoit, dit-on, quelque chose de plus qu'humain, volant partout, et même s'opiniâtra à continuer les attaques..., menoit en personne les bataillons.... à la charge. (VII, 108 et 109, *Lettres.*)
N'avez-vous jamais vu donner la question?
— Non; et ne le verrai, que je crois, de ma vie. (II, 217, *Plaid.* 849.)
.... Je suis reine, et n'ai point d'héritier.
(III, 644, *Ath.* 693; voyez III, 608, *Ath.* 64; etc.)
Je connois Bérénice, et ne sais que trop bien, etc. (II, 397, *Bér.* 529.)
* Je vous admire tout de même, et n'ose pas m'approcher de vos genoux. (VI, 115, *Rem. sur l'Odyss.*)
Je ne veux point douter de votre obéissance,
Et crois que maintenant Bajazet ne vit plus. (II, 534, *Baj.* 1188.)

INTRODUCTION GRAMMATICALE.

Jugez-en, puisqu'ainsi je vous ose parler,
Et m'emporte au delà de cette modestie.... (III, 83, *Mithr.* 1362 et 1363.)
    Déjà marchoit devant les étendards
      Bellone les cheveux épars,
    Et se flattoit d'éterniser les guerres
    Que sa fureur souffloit de toutes parts. (IV, 86, *Poés. div.* 30.)
Elle met dans ma main sa fortune, ses jours ;
Et se fiant enfin à ma reconnoissance,
D'un hymen infaillible a formé l'espérance. (II, 523, *Baj.* 990.)
  * Chavigny fut averti par Senneterre que Mazarin le jouoit, et pour se venger chercha à précipiter, etc. (V, 88 et 89, *Notes hist.*)
  * Je le recueillis ici, et l'ai nourri avec grand soin, et l'ai aimé. (VI, 100, *Rem. sur l'Odyss.*)
    ....J'ignore tout le reste
Et venois vous conter ce désordre funeste. (III, 629, *Ath.* 420.)
  Quelques académiciens ont blâmé l'omission du pronom devant le second verbe, à cause du changement de temps (leur critique pourrait s'étendre aux trois exemples précédents) ; d'autres l'ont excusée, et fait remarquer qu'en poésie elle donne de la vivacité.
    *.... Ce qu'il fit, et passa pour cela derrière l'armée. (V, 99, *N. hist.*)
« Soyez reine, » dit-il, et dès ce moment même
De sa main sur mon front posa son diadème.... (III, 470, *Esth.* 76.)
    .... Vous-même, inquiet, étonné,
Plus que Britannicus paroissez consterné. (II, 273, *Brit.* 378.)
Souvent le pronom personnel accompagné de *même* se répète devant le verbe.
Avec quels yeux cruels sa rigueur obstinée
Vous laissoit à ses pieds peu s'en faut prosternée ! (III, 348, *Phèd.* 778.)
Ne connoitrois-tu point quelque honnête faussaire
Qui servit ses amis, en le payant, s'entend ? (II, 155, *Plaid.* 149.)
    N'a pas longtemps sourdirent grands débats. (IV, 181, *Poés. div.* 3.)
Pour « il s'en faut peu, il s'entend, il n'y a pas longtemps ; » c'est *il* au sens neutre qui est sous-entendu. Voyez au *Lexique*, p. 263, IL, ILS, omis.
    L'on voit ce temple spacieux....
    Leur demander un humble hommage,
    Et semble aller au firmament, etc. (IV, 26, *Poés. div.* 45.)
L'ellipse est remarquable devant un mode personnel précédé d'un infinitif.
Les vers suivants nous offrent des ellipses archaïques usitées dans le récit familier :
    A sa Judith, Boyer, par aventure,
    Étoit assis près d'un riche caissier ;
    Bien aise étoit ; car le bon financier
    S'attendrissoit et pleuroit sans mesure
    « Bon gré vous sais, lui dit le vieux rimeur :
    Le beau vous touche, et n'êtes pas d'humeur
    A vous saisir pour une baliverne. » (IV, 190, *Poés. div* 3, 5 et 6.)
Nous n'avons pas à tenir compte de ces ellipses abréviatives, soit de sujets, soit de régimes, que nous trouvons fréquemment dans les annotations, comme :
  * Guerre entre gens de même religion combien doit être humaine. (VI, 278, *Livres ann.*)
  * Il faut rendre (*les gens*) meilleurs en (*les*) rendant semblables. (VI, 290, *Livres ann.*)

b) D'un pronom régime :

Songez-vous que je tiens les portes du Palais,
Que je puis vous l'ouvrir ou fermer pour jamais? (II, 503, *Baj.* 508.)
  Elle rappeloit ensuite toutes les calomnies dont on l'avoit déchirée et ses Religieuses. (IV, 513, *P. R.*)

L'usage voudrait aujourd'hui une reprise du premier régime d *avoit déchirée :* « elle et ses Religieuses. »

Voyez au *Lexique,* p. 297 et 298, plusieurs exemples de l'omission du pronom *le,* employé comme régime au sens masculin ou neutre.

c) Ellipse, devant l'infinitif, du pronom personnel qui entre dans la formation d'un verbe réfléchi :

Voyez ci-dessus, p. LXXXVIII et LXXXIX, 3°.

d) Ellipse d'un pronom démonstratif :

Vous êtes sans doute devenu impatient, qui est une qualité inséparable des poëtes aussi bien que des amoureux. (VI, 393, *Lettres.*)

Qui pour *ce qui.* — Voyez au *Lexique,* p. 431, 5°, QUE, QUI, pour *ce que, ce qui.* Pour l'ellipse de *celui, celle, ceux,* voyez ci-dessus, p. CXVII, 2°, et ci-après au *Lexique,* p. 430, 4°.

5° Ellipse d'un verbe.

a) Verbe exprimé avec un premier sujet ou un premier régime, et sous-entendu avec les autres :

Je me porte bien, Dieu merci, et toute la famille. (VII, 245, *Lettres.*)
Sa réponse est dictée, et même son silence. (II, 261, *Brit.* 120.)
Le cœur est pour Pyrrhus et les vœux pour Oreste. (II, 67, *Andr.* 538.)
Il faudroit ou que l'un des deux frères fût amoureux, ou tous les deux ensemble. (I. 395, *Théb.* préf.)
*Le Destin vouloit que ces jeux fussent immortels, et avec lui le Temps. (VI, 45, *Rem. sur Pind.*)
*Les Parques se treuvèrent, et le Temps. (VI, 45, *Rem. sur Pind.*)
Les deux camps aussitôt s'abandonnent en proie,
Le nôtre à la douleur, et les Grecs à la joie. (I, 474, *Théb.* 1353 et 1354.)
.... Un mouvement si beau
Me le feroit chercher jusque dans le tombeau,
Perdre tous mes États, etc. (I, 557, *Alex.* 715-717.)
J'aime, je prise en lui....
Les vertus de son père, et non point les foiblesses. (III, 332, *Phèd.* 442.)
Que je la quitte ou non, ne vous tourmentez pas. (I, 409, *Théb.* 185.)
*Les uns la tiennent d'Homère, les autres non. (VI, 206, *Livres ann.*)
Un héros dont la gloire accompagne les pas,
Qui peut tout sur mon cœur et rien sur mes États. (I, 546, *Alex.* 504.)
*Elle avoit rendu Périclès excellent orateur, et beaucoup d'autres. (VI, 275, *Livres ann.*)
Je connois l'assassin. — Et qui, Madame? — Vous. (II, 335, *Brit.* 1650.)
Sa haine ou son amour, sont-ce les premiers droits
Qui font monter au trône ou descendre les rois? (I, 425, *Théb.* 478.)

C'est-à-dire, « ou en font descendre. » Nous avons déjà cité ce tour pour l'irrégularité du régime, ci-dessus, p. CXVI, *b*).

*Ce prince lui dit et aux autres ministres. (V, 125, *Notes hist.*)
*Gildhas commandoit les troupes allemandes, et le chevalier de Gremonville les françoises. (V, 136, *Notes hist.*)
Ils la traitent en reine, et nous comme ennemis. (II, 121, *Andr.* 1588.)
* Tromper ses alliés est un crime, et ses ennemis une grande vertu. (VI, 298, *Livres ann.*)

Parfois le verbe sous-entendu serait différent de nombre ou de personne : voyez ci-dessus, ACCORD DU VERBE, p. CXI, fin et CXII, et p. CXIV.

Dans le passage suivant, l'ellipse a lieu au second vers avec le sujet à la fois et le régime :

.... Les rois dans le ciel ont un juge sévère,

INTRODUCTION GRAMMATICALE.   CXXI

L'innocence un vengeur, et l'orphelin un père. (III, 705, *Ath.* 1815.)

Racine a noté ce passage de Vaugelas (VI, 357) : « Si vous cherchez un roi comme Alexandre, c'est ce que vous ne trouverez jamais ; si le plus proche à succéder, etc. » Il fait remarquer et approuve l'ellipse en ces termes : « Il ne répète point : *vous cherchez*, et cela est mieux. »

b) Quelques omissions remarquables des verbes avoir *et* être :

Tout cela fondé sur une opinion qui n'étoit reçue que parmi les Égyptiens. (II, 39, *Andr.* 2ᵉ préf.)
Ordonné qu'il sera fait rapport à la cour
Du foin que peut manger une poule en un jour. (II, 160, *Plaid.* 217.)
Je le plains : d'autant plus qu'auteur de son ennui,
Le coup qui l'a perdu n'est parti que de lui. (II, 82, *Andr.* 835 et 836.)
C'est-à-dire, qu'étant lui-même auteur de son ennui.
    Mais, hélas ! à qui je m'adresse ? (IV, 202, *Poés. div.* 44, app.)
A qui est-ce que je m'adresse ?
    * Schomberg eut ordre d'aller se jeter dans Corbie avec quatre cents chevaux, chacun un fantassin en croupe. (V, 99, *Notes hist.*)
Quatorze appointements, trente exploits, six instances....
Arrêt enfin.... (II, 161, *Plaid.* 229 ; voyez *ibid.*, vers 207, 761 et 762.)
C'est-à-dire, il y a eu quatorze appointements, etc.

c) Ellipse de l'auxiliaire ; auxiliaire commun à plusieurs participes :

Nul ne leur a plus fait acheter la victoire,
Ni de jours malheureux plus rempli leur histoire. (III, 97, *Mithr.* 1660.)
(Dieu) L'a tiré par leur main de l'oubli du tombeau,
Et de David éteint rallumé le flambeau. (III, 621, *Ath.* 282.)
L'exactitude, dit l'Académie, demande *a rallumé*. »
    * Candie fut assiégée et la tranchée ouverte le 2ᵉ mai 1648. (V, 136, *Notes hist.*)

d) Ellipse et remplacement par le *du participe passé d'un verbe exprimé précédemment à la voix active :*

Le Pape.... jugea à propos de le supprimer (*le Chapelet secret*) ; et il le fut en effet. (IV, 408, *P. R.*)
    * L'ayant fait fouetter et tourmenter au double de ce que les voleurs ont accoutumé de l'être. (V, 594, *Trad.*)

6º Ellipse des mots indéclinables : adverbes, prépositions, conjonctions.

a) Ellipse de ne :

Est-ce point que vous vous imaginez que, etc. (VI, 380, *Lettres.*)
Tous les beaux esprits du monde devroient-ils pas faire une solennelle députation au Roi pour demander sa grâce ? Les Muses elles-mêmes devroient-elles pas se rendre visibles afin de solliciter pour lui ? (VI, 428, *Lettres.*)
Voyez, au *Lexique*, Nᴇ, p. 336 et 337 ; Pᴀs, p. 374.

b) Ellipse d'un adverbe antécédent, soit seul, soit régi par une préposition :

Vous vous lassez de vivre où vous ne régnez pas. (II, 379, *Bér.* 118.)
Un roi.... qui ait commencé sa carrière par où les plus grands princes ont tâché d'achever la leur. (I, 514, *Alex.* épitre.)

c) *Ellipse d'une préposition.*

Prépositions exprimées devant un premier régime et omises devant les suivants :

* Il n'y avoit qu'à ne point craindre les Turcs et aller à eux. (V, 147, *Notes hist.*)

* Mangeant tout jusqu'aux intestins, les chairs et la moelle des os. (VI, 149, *Rem. sur l'Odyss.*)

Qui pourroit exprimer par quels faits incroyables,
Quels coups, accompagnés de regards effroyables... (III, 94, *Mithr.* 1592.)

* Le peuple cependant est en repos et réjouissances. (VI, 141, *Rem. sur l'Odyss.*)

En ce grand et ce long espace. (IV, 203, *Poés. div.* 14.)

* Je mourrai en embrassant mon fils, et le pleurant tout mon saoul. (VI, 210, *Livres ann.*)

* La Reine le regardoit en pleurant, et embrassant un jeune fils qu'elle avoit. (V, 147, *Notes hist.*)

Par quel prix, quel encens, ô Ciel ! puis-je jamais
Récompenser Achille, et payer tes bienfaits? (III, 241, *Iph.* 1795.)

Avec quelle ardeur, quelle vigilance ses enfants, ses frères, ses neveux, tout ce qui lui appartient s'empresse-t-il à le soulager ! (IV, 355, *Disc. acad.*)

Digne emploi d'un ministre, ennemi des flatteurs,
Choisi pour mettre un frein à ses jeunes ardeurs,
De les flatter lui-même, et nourrir dans son âme, etc. (II, 294, *Brit.* 819.)

Pour ne pas pleurer seule et mourir sans vengeance. (III, 189, *Iph.* 766.)

Dans ce dernier exemple, il y a ellipse à la fois d'une préposition et d'une négation.

Racine, dans ses Remarques sur Vaugelas (VI, 357), relève le passage suivant : « Un courage incomparable, non-seulement à l'égard des rois, mais de ceux même qui n'ont excellé qu'en cela; » et il fait remarquer l'ellipse du commencement de la locution prépositive : « Il n'a point, dit-il, répété *à l'égard.* » (VI, 357.)

d) *Subjonctif sans* que :

Les Dieux daignent surtout prendre soin de vos jours !
(III, 179, *Mithr.* 571.)

... Qui voudra mordre y morde. (II, 206, *Plaid.* 716.)

.... Enfin, vaille que vaille,
J'aurois sur le marché fort bien fourni la paille. (II, 146, *Plaid.* 19.)

7° *Ellipses diverses.*

Des ellipses que nous allons citer, la plupart n'ont rien qui soit propre à Racine et caractérise sa manière ou son temps. Elles montrent simplement comment il met en usage les moyens ordinaires de donner au style de la rapidité, de la vivacité.

C'est tantôt l'omission du second terme de comparaison :

Britannicus, Madame, eut des desseins secrets
Qui vous auroient coûté de plus justes regrets. (II, 335, *Brit.* 1662.)
Que ceux que vous éprouvez maintenant.

Ce dessein s'est conduit avec plus de mystère. (II, 333, *Brit.* 1619.)
Que vous ne supposez.

Si de sang et de morts le Ciel est affamé,
Jamais de plus de sang ses autels n'ont fumé. (III, 231, *Iph.* 1604.)
Qu'ils ne vont le faire.

Monsieur, il vous va dire autant de faussetés. (II, 193, *Plaid.* 570.)
Autant de faussetés que de paroles.

... Pouvez-vous croire
Que je sois moins que vous jalouse de ma gloire ? (II, 514, *Baj.* 770.)
Moins jalouse de ma gloire que vous n'êtes jaloux de la vôtre.

INTRODUCTION GRAMMATICALE.

Tantôt c'est l'omission d'un nom qui compléterait l'idée, mais n'est pas nécessaire pour la clarté :

.... Vous avez entendu sa fortune. (III, 642, *Ath.* 659

Sa fortune, « pour *le récit de sa fortune,* a paru à quelques-uns une expression hasardée ; d'autres l'ont jugée bonne en poésie. » (*Sentiments de l'Académie.*)

Il n'est que trop instruit de mon cœur et du vôtre. (II, 303, *Brit.* 1016.)
De l'état, des sentiments de mon cœur.
Dans la confusion que nous venons d'entendre. (III, 88, *Mithr.* 1467.)
Dans la confusion du rapport que nous venons d'entendre.
.... Je vous nommerois, Madame, un autre nom,
Si j'en savois quelque autre au-dessus de Néron. (II, 281, *Brit.* 574.)
Au-dessus du nom de Néron.
*Celui-ci qui chante d'une voix égale aux Dieux. (VI, 141, *Rem. sur l'Odyss.*)
Égale à la voix des Dieux.
*Noisy, maison de l'archevêque. (V, 85, *Notes hist.*)
Le château de Noisy.

Tantôt encore c'est l'omission d'un verbe, d'un participe, devant leur complément, ou au contraire d'un complément du verbe :

Ta main a commencé par le sang de ton frère. (II, 336, *Brit.* 1675.)
Par verser le sang de ton frère.
De quel front soutenir ce fâcheux entretien ? (II, 277, *Brit.* 489.)
De quel front pourrai-je soutenir ?
Obtenez un arrêt comme il faut que je dorme. (II, 153, *Plaid.* 116.)
Un arrêt ordonnant, prescrivant comme.
Quoi ? — Je te l'ai prédit ; mais tu n'as pas voulu. (III, 352, *Phèd.* 835.)
Tu n'as pas voulu me croire, te laisser persuader.
.... Fais tout ce que j'ai dit. (II, 380, *Bér.* 134.)
Tout ce que je t'ai dit de faire.
.... Que veut ce discours ? (I, 472, *Théb.* 1299.)
Que veut dire ce discours ?
Les Dieux.... font les faveurs qu'il leur plaît. (VI, 64, *Rem. sur l'Od.*)
Qu'il leur plaît de faire.
Dissimulons encor, comme j'ai commencé. (III, 72, *Mithr.* 1126.)
Commencé à dissimuler.

L'ellipse est fréquente aussi dans les interrogations indirectes :

*Sans se mettre en peine si ce mieux est possible. (VI, 278, *L. ann.*)
*Sans se mettre en peine s'il y en peut avoir un pareil. (VI, 278, *Livres ann.*)
En peine de voir, de savoir si.
Il est bien en peine.... qui peut vous avoir adressé à M. Bourdier. (VI, 569, *Lettres.*)
Entre Sénèque et vous disputez-vous la gloire
A qui m'effacera plutôt de sa mémoire ? (II, 262, *Brit.* 149.)
*Fous.... qui se battent à qui conduira le vaisseau. (VI, 284, *L. ann.*)
.... (Je) ne le verrai, que je crois, de ma vie. (II, 217, *Plaid.* 849.)
A ce que je crois, *ou* chose que je crois.
.... Ce que j'ai pu comprendre,
Ce prince a cru, etc. (III, 45, *Mithr.* 504 et 505.)
Nous dirions plutôt maintenant : « A ce que j'ai pu comprendre. »

Notez encore les ellipses suivantes :

Des desseins étouffés aussitôt que naissants. (II, 316, *Brit.* 1266.
Une personne.... aussi aimable.... qu'il falloit représenter Iphigénie. (III, 140, *Iph.* préf.)

Venez donc, puisqu'enfin vous ne sauriez élire
  Un plus charmant séjour
Que d'être près d'un roi.... (IV, 78, *Poés. div.* 106 et 107.)
  * Je ne sais si ce n'est pas.... faire.... tort à la religion, de dire, etc. (V, 166, *Notes hist.*)
Deux fils infortunés qui ne s'accordent pas.
— Vous, Seigneur! Quoi? l'ardeur de régner en sa place
Rend déjà Xipharès ennemi de Pharnace? (III, 24, *Mithr.* 15.)
  Elle avoit remis au Roi l'abbaye de Saint-Cyr, dont elle étoit pourvue, pour venir vivre simple Religieuse dans le couvent de sa sœur. (IV, 396 et 397, *P. R.*)
  C'est une apposition très-correcte; le tour plus ordinaire serait : « en *ou* comme simple religieuse. »
  ... Comme vous savez, malgré ma diligence,
Un long chemin sépare et le camp et Bysance. (II, 482, *Baj.* 25 et 26.)
Un chemin qui a été long, malgré la diligence avec laquelle je l'ai parcouru.
D'autres temps, d'autres soins.... (III, 56, *Mithr.* 773.)
  Nous terminons par des exemples qui nous offrent des ellipses plus hardies, et, la plupart, plus complexes :
Hélas ! on ne craint point qu'il venge un jour son père;
On craint qu'il n'essuyât les larmes de sa mère. (II, 54, *Andr.* 277.)
  L'imparfait du subjonctif s'explique par l'ellipse de *s'il vivoit*, qui donne à la phrase le sens conditionnel : « S'il vivoit, on craint (*équivalent à* on craindrait) qu'il n'essuyât les larmes de sa mère » Ce tour, fort diversement jugé par les grammairiens, a donné lieu à une dissertation spéciale intitulée : *Justification de ce vers de Racine : « On craint qu'il n'essuyât les larmes de sa mère. »* Lille, Vanackere fils (s. d.), in-8°.
Si ta haine m'envie un supplice si doux,
Ou si d'un sang trop vil ta main seroit trempée,
Au défaut de ton bras prête-moi ton épée. (III, 344, *Phèd.* 709.)
  Ici encore il y a une ellipse hardie, mais fort claire; le sens suggère aisément ce qui est à suppléer, et justifie le conditionnel *seroit* : « si tu juges que d'un sang trop vil ta main seroit trempée. »
Je t'aimois inconstant, qu'aurois-je fait fidèle? (II, 108, *Andr.* 1365.)
Étant fidèle, si tu avais été fidèle.
Nous le verrions encor nous partager ses soins. (II, 120, *Andr.* 1559.)
Pour compléter l'idée, il faut tirer de ce qui précède l'idée de *sans cela*.
  J'y trouvai (*dans Aristophane*) quantité de plaisanteries qui me tentèrent d'en faire part au public; mais c'étoit en les mettant dans la bouche des Italiens (II, 140, *Plaid.* au lect.)
C'était en les mettant, etc., que je voulais en faire part au public.
Chacun devoit bénir le bonheur de son règne. —
Heureux ou malheureux, il suffit qu'on me craigne. (II, 305, *Brit.* 1056.)
C'est-à-dire, « que mon règne soit heureux ou malheureux. »
  Ou je ne *pourrai*, ou je vous affranchirai. (IV, 12, *Plan d'Iph. en Taur.*)
  * Ne point résister à ce que tout le monde a ordonné, quoique injuste. (VI, 296, *Livres ann.*)
Le sens est : « quoique ce soit injuste; » mais la tournure est un latinisme dans lequel *quoique injuste* est bien le complément d'*a ordonné*.
Voyez au *Lexique* les tours elliptiques : AVANT QUE (dernier exemple, p. 54); DEVANT QUE; FAIRE, facilitant, comme substitut, l'omission d'un verbe, p. 217; NON QUE, p. 343; NE.... QUE, p. 425, 4°; QUE, après un nom de temps, de lieu, d'état, etc., p. 423 (3°) — 425 ; CE N'EST PAS QUE, avec l'indicatif, au sens de *cependant* (p. 207), tour à compléter au moyen d'une addition, comme : « ce n'est pas que je ne puisse *ou* ne doive dire que, etc. »
Voyez aussi plus haut, p. CVI, à la fin de l'article *Participe passé*, des emplois absolus et autres de ce participe, dont plusieurs sont de nature elliptique.

INTRODUCTION GRAMMATICALE. CXXV

XIV. — Pléonasme.

1° Double sujet ou double régime :

Josabet.... étant arrivée..., elle trouva, etc. (III, 594, *Ath.* préf.)
La Mère Angélique se trouvant déchargée..., elle se résolut. (IV, 396, *P. R.*)
Dieu voyant les Religieuses infectées de l'hérésie..., il avoit opéré ce miracle. (IV, 472, *P. R.*)
Le Roi.... ayant assemblé ses armées..., il en fit.... la revue générale. (V, 318, *Siége de Namur.*)
Ce général trouvant la flotte..., il l'attaque. (V, 265, *Camp. de L. XIV.*)
Ces soldats.... appelèrent quelques autres de leurs camarades, qui étant aussitôt montés, ils chargèrent avec de grands cris. (V, 345, *Siége de Namur.*)

Dans les exemples qui précèdent, le participe a son sujet, et le mode personnel le sien.

Autrefois la France..., autant qu'elle étoit heureuse et redoutable dans la guerre, autant passoit-elle pour être infortunée dans les accommodements. (IV, 364, *Disc. acad.*)
Pareils à ces torrents qui ne durent qu'un jour,
Plus leur cours est borné, plus ils font de ravage. (I, 411, *Théb.* 218 var.)

Voyez, à la page indiquée, la note 2 relative à cette variante.

Les exemples suivants, où la reprise du sujet ou du régime par un pronom est amenée par l'inversion, ou bien sert à fortifier ou animer l'expression, n'ont, la plupart, rien qui s'écarte de l'usage actuel :

Combien Euripide a-t-il été plus hardi...! (II, 38, *Andr.* 2ᵉ préf.)
* Le sens est qu'autant qu'Hiéron est heureux d'être vainqueur..., autant Pindare se croit-il heureux de converser avec des héros comme lui. (VI, 16, *Rem. sur Pind.*)
Patrocle et moi, Seigneur, nous irons vous venger. (III, 164, *Iph.* 268.)
.... Dieu lui seul est éternel. (III, 649, *Ath.* 759.)
.... César, digne seul de vous plaire,
En doit être lui seul l'heureux dépositaire. (II, 281, *Brit.* 580.)
... Ne pourrai-je au moins, en de si grands malheurs,
M'entretenir moi seule avecque mes douleurs? (I, 568, *Alex.* 960.)
J'essairai tour à tour la force et la douceur;
Ou moi-même avec moi conduisant votre sœur,
J'irai semer partout ma crainte et ses alarmes. (I, 299, *Brit.* 922 et 923.)
.... Quel indigne emploi moi-même m'imposé-je! (II, 536, *Baj.* 1230.)
Pourquoi me forcez-vous vous-même à vous trahir? (II, 88, *Andr* 955.)
Une jeune fille d'Uzès s'empoisonna hier elle-même (VI, 473, *Lettr.*)
Un des fils de Soliman, qui se tua lui-même. (II, 478, *Baj.* 2ᵉ préf.)
Les mortifications qu'ils se sont imposées à eux-mêmes. (IV, 273, *Imag.*)
Quand deux frères armés vont s'égorger entre eux. (I, 409, *Théb.* 197.)

Daus ce vers, *entre eux* répète l'idée de réciprocité déjà rendue par *se*.

Ce bandeau, dont il faut que je paroisse ornée...,
Seule et dans le secret je le foule à mes pieds. (III, 484, *Esth.* 280.)
Comme ce vint le moment où, etc. (VII, 296, *Lettres.*)
.... Il viendra me demander peut-être
Un grand homme sec, là, qui me sert de témoin. (II, 157, *Plaid.* 172.)
.... Je l'avoûrai, que ma juste colère,
Aime la guerre.... (I, 535, *Alex.* 233.)

Voyez, au *Lexique*, Ce faisant pléonasme, p. 78 et 79; Il représentant devant le verbe le sujet qui le suit, p. 263; Le résumant une proposition complétive, p 297.

2° Pronoms au datif ne servant qu'à animer le discours •

Il *vous* eût arrêté le carrosse d'un prince;
Il *vous* l'eût pris lui-même.... (II, 156, *Plaid.* 155 et 156.)
Prends-*moi* dans mon clapier trois lapins de garenne. (II, 157, *Plaid.* 168.)

3° Pléonasmes avec *en, y, où, dont*, une double préposition, etc.

Quatre grands fossés dont il y en avoit deux. (V, 275, *Camp. de Louis XIV.*)
* En Égypte, chacun y est fort habile médecin. (VI, 89, *Livres ann.*)
* Du côté de l'Angleterre, où il prenoit des mesures pour y rétablir....
(V, 315, *Notes hist.*)
C'est là où il a bâti, etc. (VI, 470, *Lettres.*)
C'est là où sont mes plus grandes affaires. (VI, 502, *Lettres.*)
Le talent où il excelloit le plus, c'étoit dans la conduite des âmes.
(IV, 474, *P. R.*)
La dernière (*procession*) où elle assista, ce fut à celle que l'on fit, etc.
(IV, 509, *P. R.*)
* C'est à lui à qui Junon fait une si belle harangue. (VI, 153, *Rem. sur l'Odyss.*)

Les deux pléonasmes qui suivent sont des inadvertances :

* Un vieillard.... dont l'un de ses enfants avoit suivi Ulysse. (VI, 66, *Rem. sur l'Odyss.*)
Le beau blé, qui ne valoit que quinze livres, en vaut vingt et une livres la salmée. (VI, 481, *Lettres.*)

Voyez ci-après, EN, p. 180; Où, p 359; OUTRE, p. 360; PAS, POINT, dans des tours où il nous parait surabondant, p. 373; QUE.... QUI, 8°, p. 431-432; RIEN, p. 467.

4° Rédondances diverses, bonnes ou mauvaises.

De ces exemples, les deux premiers sont poétiques; dans plusieurs des suivants il y a de ces négligences comme nous en tolérons encore beaucoup aujourd'hui; l'avant-dernier est une plaisanterie de fort bon comique; le dernier une simple inadvertance.

De Joas conservé l'*étonnante merveille*. (III, 697, *Ath.* 1688.)
Dans maint exemple du dix-septième siècle, *étonner* a une grande force de sens, et ici il ne répète pas, mais relève l'idée exprimée par *merveille*.

.... Je vous *nommerois*, Madame, un autre *nom*. (II, 281, *Brit.* 573.)
Régnez et triomphez, et *joignez à la fois*
La gloire des héros à la pourpre des rois. (I, 462, *Théb.* 1141.)
Joignez, unissez tous vos douleurs à la mienne. (I, 466, *Théb.* 1196.)
Voyez au *Lexique*, p. 188, *unir* ENSEMBLE.

.... *Ne* dois-je imputer *qu'*à votre *seul* devoir
L'heureux empressement qui vous porte à me voir? (II, 64, *Andr.* 479.)
Des crimes dont je *n'*ai *que* le *seul* repentir. (II, 295, *Brit.* 838.)
Le Roi.... *n'*attaqua d'abord *que* la ville *seule*. (V, 326, *Siége de Nam.*)
Je *ne* crains *seulement que* les tables de la cour. (VII, 292, *Lettres.*)
* Lui *monte en haut*. (VI, 71, *Rem sur l'Odyss.*)
Non, vous n'espérez plus de nous *revoir encor*. (II, 57, *Andr.* 335.)
* Psaumis a *rebâti de nouveau* sa ville. (VI, 25, *Rem. sur Pind.*)
Lorsque le roi d'Argos l'a choisi pour *son* gendre (I, 405, *Théb.* 103.)
Les deux tours : *pour son gendre* ou *pour gendre* sont réguliers.

Notre père, par qui nous fûmes engendrés. (II, 215, *Plaid.* 823.)
* Elle dit : « Je vous ai déjà vu, » *dit-elle*, etc. (V, 108, *Notes hist.*)

Nous accompagnons les quatre passages qui suivent des critiques, peu fondées, ce nous semble, que l'Académie en a faites :

Il *affecte* pour vous une *fausse* douceur. (III, 608, *Ath.* 45.)

« Quelques-uns ont condamné, dit l'Académie, *fausse douceur*, joint avec *affecter*. » *Fausse* n'est point nécessaire; mais le pléonasme n'est pas, à notre avis, plus choquant que s'il disait : « il feint d'avoir une douceur qu'il n'a pas. »

Elle (*cette tragédie*) a pour sujet Joas reconnu et mis sur le trône, et j'aurois dû dans les règles l'intituler *Joas*. Mais la plupart du monde n'en ayant entendu parler que sous le nom d'*Athalie*, je n'ai pas jugé à propos de la leur présenter sous un autre titre, puisque *d'ailleurs* Athalie y joue un personnage si considérable, et que c'est sa mort qui termine la pièce. (III, 593, *Ath.* préf.)

« *D'ailleurs* est inutile » — Pourquoi? L'auteur va ajouter deux raisons à la première qu'il a donnée.

Cependant je rends grâce au *zèle officieux*
Qui sur tous mes périls vous fait ouvrir les yeux. (III, 609, *Ath.* 65.)

« Plusieurs ont trouvé que l'épithète d'*officieux* affoiblissoit le terme de *zèle*. » — Elle le détermine plutôt. Il y a des zèles de nature très-diverse. C'est un zèle prompt à rendre de bons offices.

Chères sœurs n'entendez-vous pas
Des cruels Tyriens la *trompette qui sonne?* (III, 687, *Ath.* 1504.)

« *Sonne* est superflu : on ne l'entendroit pas si elle ne sonnoit. » — L'*entendre qui sonne*, c'est l'entendre sonner, et il n'y a rien là de rédondant.

Nous pourrions encore renvoyer au *Lexique*, soit pour les rédondances expressives, comme ENTENDRE *de ses oreilles* (p. 189); soit pour certains emplois de mots qui ne paraissent surabondants que par comparaison avec l'usage actuel, comme *A cette fois* (p. 6), *le 30 d'octobre* (p. 130), *soixante* ET *cinq millions* (p. 200). Voyez aussi *Aimer mieux....* PLUTÔT *que* (p. 393).

XV. — Syllepse.

1° Accord en nombre avec l'idée exprimée :

Le peuple cependant, que ce spectacle étonne,
Vole de toutes parts....
Ils la mènent au temple, etc. (II, 339, *Brit.* 1739-1743.)
* *Le peuple* appellera les magistrats ses protecteurs, et les magistrats appelleront *le peuple leurs nourriciers*. (VI, 277, *Livres ann.*)
Le reste pour son Dieu montre un oubli fatal...,
Et blasphème le nom qu'ont invoqué *leurs* pères. (III, 606, *Ath.* 20.)
Un jour, il m'en souvient, *le sénat* équitable
Vous pressoit de souscrire à la mort d'un coupable;
Vous résistiez, Seigneur, à leur sévérité. (II, 320, *Brit.* 1369.)
... (Veux-tu) Que *Rome*, effaçant tant de titres d'honneur,
Me laisse pour tous noms celui d'empoisonneur?
Ils mettront ma vengeance au rang des parricides. (II, 324, *Brit.* 1431.)
Entre *le pauvre* et vous, vous prendrez Dieu pour juge,
Vous souvenant, mon fils, que caché sous ce lin,
Comme *eux* vous fûtes pauvre, et comme *eux* orphelin.
(III, 682, *Ath.* 1408.)

Au sujet de ce pluriel *eux* après le singulier *le pauvre*, au sens collectif, nous lisons dans les *Sentiments de l'Académie* : « Cette faute apparente se justifie par la syllepse, qui se rapporte à l'idée plus qu'au mot qui l'exprime. »

La cavalerie ennemie.... a de bonne heure abandonné *leur* infanterie. (VII, 115, *Lettres.*)
Je savois que *le Port-Royal* n'avoit pas accoutumé de répondre à tout le monde. *Ils* se vantoient assez souvent, etc. (IV, 271, *P. R.*)
* *Nestor...* coupe *du poil* dessus la tête de la génisse, et puis *les* jette dans le feu. (VI, 82, *Rem. sur l'Odyss.*)

* Il n'y a point de bon *poëte* que *ceux* qui le sont naturellement. (V I, 21, *Rem. sur Pind.*)

Si dans tout l'univers *quelque roi* libre encore,
Parthe, Scythe ou Sarmate aime sa liberté,
Voilà *nos alliés*, marchons de ce côté. (III, 35 *Mithr.* 308-310.)

* Ce nuage miraculeux se dissipe, et *tout le monde* est effrayé de voir un homme devant *eux*. (VI, 124, *Rem. sur l'Odyss.*)

Voyez d'autres exemples de *ils, les, leur*. après les mots *peuple* (IV, 517, l. 17-19 et l. 28-30, *P. R.*; V, 265, l. 12-15, *Camp. de Louis XIV*); *sénat* (II, 438, *Ber.* 1376-1378); *reste* (V, 343, l. 16, *Siège de Nam.*); *compagnie* (V, 155, l. 13 et 14, *Notes hist.*); *Rome* (II, 402, *Bér.* 639-642); *le Portugal* (V, 161, l. 6 et 7, *Notes hist.*).

Voyez aussi plus haut, p. CXIII et CXIV, *Accord du verbe avec des noms collectifs*, et, p. CXIV, *Accords diversement remarquables*.

Son bon sens joint à une piété et à une charité extraordinaires *imprimoient* un tel respect, etc. (IV, 474, *P. R.*)

Comme s'il y avait : « son bon sens et sa piété, etc. »; et dans l'exemple suivant :

.... Toutes ces nouveautés dangereuses que la cabale des moines et de quelques particuliers, liés d'intérêt avec eux..., *avoient*.... introduites dans les écoles (IV, 536, *P. R.*),

« la cabale des moines et celle de quelques particuliers. »

2° Accord en genre avec l'idée :

Ce n'est pas que quelques *personnes* ne m'aient reproché, etc. *Ils* ont cru, etc. (II, 368, *Bér.* préf.)

* On ne choisit que des *personnes* sages et bien *élevées*, et en qui l'on voit un véritable et parfait amour pour la vertu la plus sublime, afin qu'*ils* puissent, etc. (V, 550, *Trad.*)

Des *personnes* fort raisonnables.... nous ont embrassés..., quand elles ont su que, etc. Je ne dois jamais manquer de reconnoissance pour la bonne volonté qu'*ils* m'ont témoignée. (VII, 281, *Lettres*.)

Voyez au *Lexique*, p. 383, PERSONNE avec le masculin.

De *certaines gens* se sont *efforcés* de la décrier. Il n'y a point de cabale qu'*ils* n'aient faite. (II, 242, *Brit.* 1re préf.)

* Tout ce qu'il y *avoit* là *de gens* qui étoient venus avec l'Archevêque ne *pouvoient eux-mêmes* retenir leurs larmes. (IV, 552, *P. R.*)

Il y a dans cette phrase syllepse à la fois de genre et de nombre. — Voyez le 1er exemple de GENS, p. 245.

* Misérable état des *troupes* espagnoles : *ils* se sont rendus faute de pain. (V, 109, *Notes hist.*)

Ne devriez-vous pas être dans le temple pour remercier la Déesse de ces deux *victimes* qu'elle nous a *envoyés*? (IV, 12, *Plan d'Iph. en Taur.*; voyez la note 1.)

* Le Cyclope fit sortir tout son troupeau le matin ; *les brebis* étoient chargées de lait, crioient ; et lui les manioit *tous* sur le dos. (VI, 152, *Rem. sur l'Odyss.*)

C'est-à-dire, tous les animaux dont le troupeau se composait.

* A cela *cette âme farouche* ne répondit rien, et *il* jeta les mains sur deux de ses compagnons (des compagnons d'Ulysse). (VI, 149, *Rem. sur l'Odyss.*)

Quand on demande de semblables conseils, c'est qu'*on* est déjà *déterminée*. (VII, 271, *Lettres* : voyez la note.)

On a les deux genres, selon qu'il s'agit d'un homme ou d'une femme.

3° Pronoms se rapportant à des noms de personnes qu'on a dans la pensée, et qui n'ont pas été exprimés.

Voyez p. 263, à l'article IL; et de plus IV, 605, l. 24, *P. R.*; V, 282, l. 16, *Camp. de Louis XIV*.

INTRODUCTION GRAMMATICALE. CXXIX

4° Syllepses dans l'accord des temps :
Voyez ci-dessus, p. xcvii et xcviii, *Concordance des temps*; et p. cxxii-cxxiv, *Ellipses diverses*.

XVI. — Construction.

A. Inversion.

Parmi les fréquentes inversions soit du sujet, soit des compléments, nous prenons un petit nombre d'exemples, dont la plupart paraîtront tout simples, aussi légitimes aujourd'hui qu'autrefois; il en est peu dans Racine qui arrêtent et frappent un lecteur d'à présent.

1° *Inversion du sujet :*
Ces yeux que n'ont émus ni soupirs ni terreur. (II, 326, *Brit.* 1497.)
Les témoins sont fort chers, et n'en a pas qui veut. (II, 206, *Plaid.* 718.)
.... Veille qui voudra.... (II, 148, *Plaid.* 46.)
Pour moi, dût l'Empereur punir ma hardiesse.... (II, 334, *Brit.* 1643.)
.... Périsse le jour et la main meurtrière
Qui jadis sur mon front t'attacha la première ! (III, 90, *Mithr.* 1507.)
Seigneur, fais de ta grâce à notre âme abattue
    Goûter les fruits heureux ;
Et que puissent nos pleurs de la chair corrompue
    Éteindre en nous les feux ! (IV, 130, *Poés. div.* 11.)
    Beaux déserts qu'à l'envi des cieux,
    De ses trésors plus précieux
A comblés la nature. (IV, 22, *Poés. div.* 7.)
Déjà marchoit devant les étendards
    Bellone les cheveux épars,
Et se flattoit d'éterniser les guerres. (IV, 86, *Poés. div.* 28 et 29.)
Sur qui sera d'abord sa vengeance exercée ? (II, 545, *Baj.* 1446.)
L'impie Achab détruit, et de son sang trempé
Le champ que par le meurtre il avoit usurpé. (III, 613, *Ath.* 113.)

L'Académie blâme ce tour, et trouve que l'inversion donne lieu à une équivoque. Les mots « de son sang trempé, » qui se rapportent à *champ*, semblent d'abord, dit-elle, se rapporter à *Achab.*

Dans l'exemple suivant, le sujet précède le verbe dans un tour où d'ordinaire il le suit :
    Mais, hélas ! à qui je m'adresse ? (IV, 202, *Poés. div.* 1ᵉʳ app.)

2° *Inversion du complément direct ou d'une partie du complément direct :*
... Si quelque bonheur nos armes accompagne.... (I, 402, *Théb.* 68.)
.. (Quelques soldats) S'étant querellés les uns avec les autres,
Ont insensiblement tout le corps ébranlé (I, 438, *Théb.* 705.)
    .... Grand bien vous fasse ! (II, 158, *Plaid.* 180.)
Je vois mes honneurs croitre et tomber mon crédit. (II, 260, *Brit.* 90.)
    .... Lassé de voir tant répandre de sang. (I, 424, *Théb.* 453 var.)

Telle est la construction de ce vers dans l'édition originale (1664) ; dans les suivantes il y a : « répandre tant de sang. »
Assez elle a fourni de lauriers à sa gloire. (IV, 57, *Poés. div.* 87.)
    .... Cette jeune Ériphile
Que lui-même captive amena de Lesbos. (III, 158, *Iph.* 155.)
Et foible le tenoit renversé sur son sein. (III, 620, *Ath.* 250.)

L'Académie dit que « le sens n'est pas net. Il semble d'abord que *foible* se rapporte à la nourrice, et les vers suivants le feroient rapporter à l'enfant.

3° *Inversion du complément indirect ou circonstanciel, soit d'un nom, soit d'un adjectif, soit d'un verbe :*

.... De tous vos plaisirs flatteurs respectueux. (II, 314, *Brit.* 1206.)
Je sais de ce palais tous les détours obscurs. (II, 80, *Andr.* 791.)
.... Si d'Osmin je compte les journées. (II, 490, *Baj.* 222.)
Déjà, sur un vaisseau dans le port préparé
Chargeant de mon débris les reliques plus chères. (II, 519, *Baj.* 873.)
Que tout leur camp nombreux soit devant tes soldats
Comme d'enfants une troupe inutile. (III, 525, *Esth.* 1013.)
Quoi? du sang de son frère il n'a point eu d'horreur? (II, 333, *Brit.* 1618.)
De mille autres secrets j'aurois compte à vous rendre. (III, 303, *Brit.* 1019)
David d'un fils rebelle évita la poursuite. (III, 664, *Ath.* 1064.)
Régnez, et de ce rang soutenez mieux la gloire. (I, 575, *Alex.* 1138.)
.... De Troie oubliant la querelle. (III, 208, *Iph.* 1137.)
.... De tant de morts réveillant la douleur. (II, 95, *Andr.* 1079.)
.... Soit que cet enfant devant elle amené....
Eût d'un songe effrayant diminué l'alarme. (III, 655, *Ath.* 883.)
(Un débris) Qui de mes ennemis retarde la poursuite. (II, 543, *Baj.* 1402.)
Ce fils, que de sa flamme il me laissa pour gage. (II, 91, *Andr.* 1017.)
.... Puissent nos pleurs de la chair corrompue
Éteindre en nous les feux! (IV, 130, *Poés. div.* 11 et 12.)
Moi-même des objets j'ai vu le plus funeste. (II, 559, *Baj.* 1697.)
De l'armée en vos mains exiger le serment. (II, 312, *Brit.* 1186.)

On voit que, dans ces exemples, le complément marqué par *de* précède, tantôt médiatement et tantôt immédiatement, le nom qui le régit.

Mon cœur de son désordre alloit-il vous instruire? (II, 302, *Brit.* 1000.)
Jamais de plus de sang ses autels n'ont fumé. (III, 231, *Iph.* 1604.)
Ta fureur, s'irritant soi-même dans son cours,
D'un sang toujours nouveau marquera tous tes jours.
(II, 337, *Brit.* 1686.)
Et de sang et de morts vos campagnes jonchées. (I, 544, *Alex.* 454.)
(Ses pieds) Que de ses bras pressants elle tenoit liés. (II, 338, *Brit.* 1730.)
Ni prières ni pleurs ne m'ont de rien servi. (I, 399, *Théb.* 21.)
.... N'ayant plus au trône un fâcheux concurrent. (I, 405, *Théb.* 121.)
Redoublez au Seigneur votre ardente prière. (III, 688, *Ath.* 1511.)

« Comme les mots *au Seigneur* ne peuvent être régis ici que par *prière*, plusieurs, dit l'Académie, ont trouvé l'inversion trop forte. »

Est-il donc à vos cœurs, est-il si difficile
Et si pénible de l'aimer? (III, 625, *Ath.* 365.)

Cette inversion suspensive a été blâmée par la plupart des académiciens, excusée par quelques-uns.

.... Mon âme, au tombeau descendue. (I, 569, *Alex.* 993.)
Je suis à cette loi comme une autre soumise. (III, 479, *Esth.* 202.)
Que le peuple à moi seul soit forcé d'obéir. (I, 461, *Théb.* 1129.)
Lorsque la troisième heure aux prières rappelle. (III, 615, *Ath.* 155.)
.... Ses yeux cruels, à pleurer condamnés. (I, 78, *Andr.* 763.)
Il presse, il fait partir tous ceux dont mon malheur
Pourroit à la révolte exciter la douleur. (III, 75, *Mithr.* 1194.)
Au tombeau qu'à ta cendre ont élevé mes soins. (II, 88, *Andr.* 944.)
Tantôt à son aspect je l'ai vu s'émouvoir. (III, 693, *Ath.* 1618.)
Je sais qu'ils se sont fait une superbe loi
De ne point à l'hymen assujettir leur foi. (II, 493, *Baj.* 292.)
Enfin au dieu nouveau qu'elle avoit introduit,
Par les mains d'Athalie un temple fut construit. (III, 658, *Ath.* 945.)

L'inversion ne pourrait être admise, si nous en croyons l'Académie, que si *Athalie* était le sujet de la proposition.

Les troupes d'Axiane, à me suivre engagées,
Attendent le combat, sous mes drapeaux rangées. (I, 550, *Alex.* 601.)
Rassurez vos États par sa chute ébranlés. (I, 575, *Alex.* 1140.)
Hélas! si cette paix dont vous vous repaissez
Couvroit contre vos jours quelques piéges dressés! (II, 329, *Brit.* 1542.)
Qu'il soit comme le fruit en naissant arraché,
Ou qu'un souffle ennemi dans sa fleur a séché. (III, 622, *Ath.* 286.)
   Avant les siècles tu règnes. (IV, 160, *Poés. div.* 38.)
 L'on peut dire qu'après Dieu elle avoit mis en lui toute l'espérance de son salut. (IV, 510, *P. R.*)
 * Cycnus.... tuoit tous les passants, et de leurs têtes vouloit bâtir un temple. (VI, 44, *Rem. sur Pind.*)

B. Propositions absolues; accords hardis et libres constructions de gérondifs, participes, adjectifs, noms, pronoms et infinitifs; appositions :

Voyez ci-dessus l'article *Participes*, p. ci *b*)-cIII, et p. cvi *b*); et l'*Étude sur le style de Racine*, p. xxxvIII et note 2.

Songez-vous qu'*en naissant* mes bras vous ont reçue? (III, 319, *Phèd.* 234.)
Quoi? l'horreur de souscrire à cet ordre inhumain
N'a pas, *en le traçant*, arrêté votre main? (III, 214, *Iph.* 1256.)
Mes soins, en apparence épargnant ses douleurs,
De son fils, *en mourant*, lui cachèrent les pleurs. (II, 312, *Brit.* 1182.)

C'est-à-dire « du fils de Claude, lorsque Claude mourut. »

Ne connoîtrois-tu point quelque honnête faussaire
Qui servît ses amis, *en le payant*, s'entend? (II, 155, *Plaid.* 149.)
Peut-être, *en le voyant*, votre amour plus timide
Ne prendra pas toujours sa colère pour guide. (II, 59, *Andr.* 381.)
Je veux qu'*en se voyant* leurs vives fureurs se déploient. (I, 446, *Théb.* 888.)
Je m'aperçois qu'*en parlant* (que quand je parle) de modestie..., tout le monde songe ici avec douleur à l'autre perte que nous avons faite....
(IV, 362, *Disc. acad.*)
 En lui laissant mon fils, c'est l'estimer assez. (II, 96, *Andr.* 1112.)
Ah! que *perdant*, Madame, un témoin si fidèle,
La main qui vous l'ôta vous doit sembler cruelle! (III, 174, *Iph.* 453.)
 Le mot de « misérables ».... m'a paru avoir de la force *en le mettant*.... dans la bouche des réprouvés. (VII, 127, *Lettres.*)
 * Pallas lui en donna *en dormant* une bride. (VI, 52, *Rem. sur Pind.*)

Donna à Bellérophon, pendant qu'il dormait.

 * Il a peur des bêtes farouches qui pourroient le surprendre *en dormant*. (VI, 108, *Rem. sur l'Odyss.*)
 * Cette reconnoissance est merveilleusement pathétique et bien amenée de parole en parole, *en se répondant* tous deux.... (VI, 231, *Livres ann.*)
 Ils entrent dans un ouvrage couronné, etc., et *passant* au fil de l'épée huit cents hommes..., le reste des ennemis, se voyant attaqué..., ne songe plus qu'à se sauver. (V, 275, *Camp. de Louis XIV.*)
 * *M'étant* ensuite *jeté* par terre, ils me prirent. (V, 586, *Trad.*)
 Toutes ces troupes avoient ordre de lui obéir. On ne doutoit pas qu'*étant pourvues* de toutes les choses nécessaires..., une garnison si nombreuse ne se signalât, etc. (V, 326, *Siége de Nam.*)
 La maison du Roi a fait des choses incroyables, n'ayant jamais chargé les ennemis qu'à coups d'épée et *étant* (et les ennemis étant) toujours plus de trois contre un. (VII, 21, *Lettres.*)
 Il séjourna quelque temps dans ce dernier camp, ou pour donner le

temps à toutes ses forces de le joindre, ou *n'osant* s'engager trop avant. (V, 330, *Siége de Nam.*)

..... Le succès *animant* leur fureur,
Jusque sur leur autel votre injuste marâtre
Veut offrir à Baal un encens idolâtre. (III, 616, *Ath.* 170.)

Elle ne faisoit autre chose jour et nuit que lever les mains au ciel, ne lui *restant* plus aucune espérance de secours de la part des hommes (IV, 466, *P. R.*)

Il fut donc arrêté que.... on chercheroit les voies les plus propres pour extirper entièrement cette hérésie ; et *n'y en ayant point* de plus courte que, etc. (IV, 544, *P. R.*)

C'est encore le livre que presque toutes les personnes de piété portent à l'église, *n'y en ayant* point dont il se soit fait tant d'éditions. (IV, 450, *P. R.*)

L'auteur faisoit judicieusement d'avertir qu'il étoit catholique, *n'y ayant personne* qui.... ne l'eût pris pour un protestant. (IV, 472, *P. R.*)

Mais *s'agissant* dans cet endroit
D'écrire seulement un trait.... (IV, 234, *Poés. div.* 254, 2ᵈ app.)

La rivière du Doubs *devenue* extrêmement grosse et rapide, il fit de si grandes pluies que, etc. (V, 257, *Camp. de Louis XIV.*)

Tel est le texte de la 1ʳᵉ édition (1730) ; les suivantes ont corrigé le participe absolu : voyez la note 7 de la page indiquée.

Ordonné qu'il sera fait rapport à la cour, etc.
Le tout joint au procès enfin, et *toute chose*
Demeurant en état, on appointe la cause. (II, 160, *Plaid.* 217, 219 et 220.)
Voilà comme, *occupé de mon nouvel amour,*
Mes yeux, sans se fermer, ont attendu le jour. (II, 274, *Brit.* 405.)
Pourquoi, de cette gloire *exclus* jusqu'à ce jour,
M'avez-vous, sans pitié, relégué dans ma cour ? (II, 280, *Brit.* 545.)
Ne me demande point sur quel espoir *fondée*
De ce fatal amour je me vis possédée. (III, 175, *Iph.* 481.)
Songez de quelle ardeur dans Éphèse *adorée,*
Aux filles de cent rois je vous ai préférée. (III, 80, *Mithr.* 1295.)
Huit ans déjà passés, une impie étrangère
Du sceptre de David usurpe tous les droits. (III, 609, *Ath.* 72.)

Au sujet des mots *huit ans déjà passés,* « cette expression, dit l'Académie, n'est pas exacte. Cependant le sens est clair, le tour est vif, et peut-être préférable à la construction régulière. »

Un fils audacieux insulte à ma ruine,...
Aime la Reine enfin, lui plaît, et me ravit
Un cœur que son devoir à moi seul asservit.
Heureux pourtant, *heureux* que dans cette disgrâce
Je ne puisse accuser que la main de Pharnace. (III, 49, *Mithr.* 611.)
Captive, toujours triste, importune à moi-même,
Pouvez-vous souhaiter qu'Andromaque vous aime ? (II, 55, *Andr.* 301.)
Plus je vous parle, et plus, *trop foible que je suis,*
Je cherche à prolonger le péril que je fuis. (III, 55, *Mithr.* 741.)
.... (Sa nourrice) devant les bourreaux s'étoit jetée en vain,
Et *foible* le tenoit renversé sur son sein. (III, 620, *Ath.* 250.)

Voyez ci-dessus, p. cxxII, 2°.

.... *Seul* de tous les Grecs, ne m'est-il pas permis
D'ordonner d'un captif que le sort m'a soumis ? (II, 49, *Andr.* 183.)
Il estime qu'elle avoit plus d'esprit même que M. Arnauld, *très-exacte* à ses devoirs, *très-sainte,* etc. (IV, 606, *P. R.*)
Rechercher une Grecque, *amant* d'une Troyenne ? (II, 106, *Andr.* 1318.)
On dit que, *ravisseur* d'une amante nouvelle

Les flots ont englouti cet époux infidèle. (III, 329, *Iph.* 381.)
Quoi? déjà de Titus *épouse* en espérance,
Ce rang entre elle et vous met-il tant de distance? (II, 374, *Bér.* 15.)
.... (*Il*) veut que l'univers ne soit qu'une prison,
Et que, *maître* absolu de tous tant que nous sommes,
Ses esclaves en nombre égalent tous les hommes. (I, 547, *Alex.* 533.)
Je le plains : d'autant plus qu'*auteur de son ennui*,
Le coup qui l'a perdu n'est parti que de lui. (II, 82, *Andr.* 835.)
Auteur de tous mes maux, crois-tu qu'il les ignore? (II, 87, *Andr.* 926.)
    M. de Cordemoy.... possédoit au souverain degré toutes les parties d'un véritable académicien : *sage, exact, laborieux*. (IV, 362. *Disc. acad.*)
    Il (*Corneille*) en avoit d'autres (qualités), qui bien que moins éclatantes aux yeux du public, ne sont peut-être pas moins dignes de nos louanges, je veux dire, *homme* de probité, de piété, bon *père* de famille, bon *parent*, bon ami. (IV, 361, *Disc. acad.*)
    Au sujet de ce passage de Vaugelas : « Perdiccas se tiendroit auprès du Roi, *lieutenant général* », Racine a fait cette remarque (VI, 358) : « Il n'a point dit : *avec la qualité* ou *le titre.* »
(Elle) Se baigne impunément dans le sang de nos rois,
Des enfants de son fils *détestable homicide*,
Et même contre Dieu lève son bras perfide. (III, 609, *Ath.* 75.)
Digne emploi d'un ministre, ennemi des flatteurs,
Choisi pour mettre un frein à ses jeunes ardeurs,
De les flatter lui-même.... (II, 294, *Brit.* 817.)
Témoin trois procureurs.... (II, 212, *Plaid.* 786.)
Mes soldats presque nus, dans l'ombre intimidés,
Les rangs de toutes parts mal pris et mal gardés,
Le désordre partout redoublant les alarmes,
Nous-mêmes contre nous tournant nos propres armes,
Les cris, que les rochers renvoyoient plus affreux,
Enfin toute l'horreur d'un combat ténébreux.
Que pouvoit la valeur dans ce trouble funeste? (III, 43, *Mithr.* 441 447.)
    Je l'ai trouvée renversée sur son lit, *la tête* qui lui traînoit à terre, *le visage* tout bleu. (VII, 229, *Lettres.*)
    Le même attaqua, lui quatrième..., une chaloupe pleine de Mores. (V, 104, *Notes hist.*)
.... Quand *moi seul* enfin il faudroit l'assiéger,
Patrocle et moi, Seigneur, nous irons vous venger. (III, 164, *Iph.* 267.)
Certes plus je médite, et moins je me figure
Que vous m'osiez compter pour votre créature,
Vous dont j'ai pu laisser vieillir l'ambition
Dans les honneurs obscurs de quelque légion,
Et *moi*, qui sur le trône ai suivi mes ancêtres. (II, 262, *Brit.* 153, 155.)
Pour moi, *loi.. de contraindre* un si juste courroux,
Il me soulagera peut-être autant que vous. (II, 105, *Andr.* 1303.)
.... *Soit frayeur* encore, ou *pour me caresser*,
De ses bras innocents je me sentis presser. (III, 620, *Ath.* 253.)
    « Ces deux vers, dit l'Académie, sont beaux et touchants, quoique le premier ne soit pas exactement construit avec le second. »
    M. de Luxembourg.... envoya dans notre écurie un des plus commodes chevaux de la sienne, *pour m'en servir* pendant la campagne. (VII, 37, *Lettres.*)
Je suis à cette loi comme une autre soumise,
Et *sans le prévenir*, il faut, *pour lui parler*,
Qu'il me cherche, ou du moins qu'il me fasse appeler. (III, 479, *Esth.* 203.)
    Il (*Euripide*) suppose qu'Hélène n'a jamais mis le pied dans Troie, et

LEXIQUE DE RACINE.

qu'après l'embrasement de cette v lle, Ménélas trouve sa femme en Égypte.... *Tout cela fondé* sur une opinion qui, etc. (II, 39, *Andr* 2º préf.)
Il me dit que, *tout autant de difficultés que nous aurions*, il nous écouteroit avec plaisir. (VI, 597, *Lettres.*)
Je ne sais; mais, Seigneur, *ce que je puis vous dire*,
Je l'ai vu quelquefois s'arracher de ces lieux.... (II, 275, *Brit.* 436.)
Seigneur, jusqu'à ce jour, *ce que j'ai pu comprendre*,
Ce prince a cru pouvoir, etc. (III, 45, *Mithr.* 504.)
Et *ce qui lui donnoit* tant de part dans mes vœux,
Il étoit vertueux, Olympe, et malheureux. (I, 470, *Théb.* 1267.)
Mais, *ce qu'il n'eût point fait*, la Grèce avec douleur
Vous voit du sang troyen relever le malheur. (II, 48, *Andr.* 151.)

C. Anacoluthes; constructions interrompues, autrement continuées que commencées :

Seigneur, par ce conseil prudent et rigoureux,
C'est acheter la paix du sang d'un malheureux. (II, 70, *Andr.* 615)
.... Trouvez-vous quelques charmes
A voir couler des pleurs que font verser vos armes?
Ou si vous m'enviez, en l'état où je suis,
La triste liberté de pleurer mes ennuis? (I, 570, *Alex* 1005-1008.)
.... Peut-être qu'adouci
Il songe à terminer une guerre si lente,
Et son ambition n'est plus si violente. (I, 442, *Théb.* 790-792.)

* Comme ceux qui sortent de quelque grande obscurité ne peuvent tout d'un coup supporter l'éclat de la lumière du soleil, mais il faut qu'ils s'y accoutument peu à peu en regardant quelque lueur bâtarde et sombre : ainsi, etc. (VI, 304, *Livres ann.*)

* Il dit que les heures appartiennent à Jupiter, ou parce qu'il est le maître du temps, ou bien il entend par là, etc. (VI, 23, *Rem. sur Pind.*)

* C'est une herbe que Mercure arrache de la terre et en montre la nature à Ulysse. (VI, 160, *Rem. sur l'Odyss.*)

* Ce qu'il chante fort bien, et loue principalement Ulysse. (VI, 140, *Rem. sur l'Odyss.*)

* La sagesse est une orpheline dont quelque malheureux esclave s'empare, et l'épouse par violence. (VI, 285, *Livres ann.*)

* Les Cosaques, à qui la paix étoit insupportable, et surtout au peuple de Russie. (V, 140, *Notes hist.*)

Tous deux feront gémir les peuples tour à tour :
Pareils à ces torrents qui ne durent qu'un jour,
Plus leur cours est borné, plus ils font de ravage,
Et d'horribles dégâts signalent leur passage. (I, 411, *Théb.* 217-220.)
Avez-vous pu penser qu'au sang d'Agamemnon
Achille préférât une fille sans nom,
Qui de tout son destin ce qu'elle a pu comprendre
C'est qu'elle sort d'un sang qu'il brûle de répandre?
(III, 185 et 186, *Iph.* 709 et 710.)

.... Ces soldats.... appelèrent quelques autres de leurs camarades, qui étant aussitôt montés, ils chargèrent avec de grands cris les assiégés. (V, 344 et 345, *Siége de Nam.*)

Il n'y en eut qu'un seul qui ayant osé désobéir et passer devant lui, il le porta par terre de deux coups de sa pertuisane. (VII, 48, *Lettres.*)
Mais (je t'expose ici mon âme toute nue)
Sitôt que mon malheur me ramène à sa vue,
Soit que je n'ose encor démentir le pouvoir
De ces yeux où j'ai lu si longtemps mon devoir;

INTRODUCTION GRAMMATICALE. cxxxv

Soit qu'à tant de bienfaits ma mémoire fidèle
Lui soumette en secret tout ce que je tiens d'elle,
Mais enfin mes efforts ne me servent de rien. (II, 278, *Brit.* 499-505.)
   Votre règne que le Ciel a voulu qu'il fût un règne de merveilles.
(V, 362, *Harangue de Colbert;* voyez la note 2.)
   *Un jeune garçon qu'on lui disoit qui avoit un beau naturel. (V, 530, *Trad.*)
   *Thucydide n'écrit qu'une seule guerre..., qu'il seroit à souhaiter qui.... n'eût jamais été. (V, 500, *Trad.*)
Voyez d'autres exemples au *Lexique,* p. 431 et 432, 8°

D. Quelques exemples de constructions diversement remarquables, soit encore usitées, soit passées d'usage :

.... Je crois que tout mon bien entier
Ne me suffiroit pas pour gagner un portier. (II, 158, *Plaid.* 185.)
   Il veut toujours se plaindre, et ne mériter rien. (II, 102, *Andr.* 1236.)
   .... Il suit bien d'autres maximes
Que ces princes peu magnanimes. (IV, 68, *Poés. div.* 45.)
Et voulez-vous sitôt que j'abandonne un frère? (I, 416, *Théb.* 311.)
   *Il n'y a rien de plus insupportable que quand on nous reproche un bienfait. (VI, 306, *Livres ann.*)
   *De vous rendre ici mot à mot tous les discours que l'on prononça, c'est ce que vous ne devez pas attendre de moi (V, 462, *Trad.*)
Mais quelque noble ardeur dont ils puissent brûler. (III, 619, *Ath.* 214.)
   « Plusieurs ont prétendu que la construction régulière seroit : Mais de quelque noble ardeur qu'ils puissent brûler. » (*Sentiments de l'Académie.*)

Ah! s'il l'étoit assez (magnanime) pour nous laisser du moins
Au tombeau qu'à ta cendre ont élevé mes soins,
Et que finissant là sa haine et nos misères,
Il ne séparât point des dépouilles si chères! (II, 88, *Andr.* 945 et 946.)
   La diction encore plus vicieuse que l'action, et dont les pointes.... faisoient le principal ornement. (IV, 358, *Disc. acad.*)
Au sujet de cette phrase de Vaugelas : « Cela étoit pardonnable à un jeune prince, et qui faisoit de si grandes choses », Racine fait la remarque suivante (VI, 357) : « Il n'a point dit : *à un prince jeune, et qui....* »
Voyez au *Lexique,* p. 430, 2°.
   A peine il eut les yeux fermés, que les jésuites se débordèrent, etc. (IV, 417, *P. R.*)
Du fruit de tant de soins à peine jouissant
En avez-vous six mois paru reconnoissant,
Que lassé, etc. (II, 313, *Brit.* 1199.)
A peine suis-je encore arrivé dans l'Épire,
Vous voulez par mes mains renverser un empire.
                                       (II, 101, *Andr.* 1205 et 1206.)
   A peine l'Empereur a vu venir son frère,
Il se lève, etc. (II, 333, *Brit.* 1620.)
Dans les deux premiers de ces quatre exemples d'*à peine*, la seconde proposition est liée à la première par *que;* dans les deux autres, auxquels on peut joindre le dernier de l'article PEINE (p. 378), elle est simplement juxtaposée.
Nous avons un exemple analogue de juxtaposition fort usitée, dans le tour suivant :
Je n'ai fait que passer, il n'étoit déjà plus. (III, 537, *Esth.* 1213.)
   Voyez ci-dessus, *Construction des pronoms personnels,* p. LXXXIII et suivantes; PLÉONASME, p. cxxv et cxxvi; et au *Lexique,* QUI, QUE, séparés de leur antécédent, p. 430, 3°; DONT, p. 161, 4° exemple.
   Nous n'avons pas à mentionner les discours inachevés, les réticences comme on en peut voir II, 110, *Andr.* 1391; III, 698, *Ath.* 1713; etc.

ORTHOGRAPHE.

Nous avons, à la Bibliothèque nationale, les manuscrits autographes, non pas seulement des *Lettres de Racine*, mais encore d'un bon nombre de ses autres écrits en prose, et par conséquent nous pouvons nous faire une idée sûre et complète de son orthographe. Nous emprunterons de préférence nos exemples aux fac-simile contenus dans notre *Album*, en les indiquant, entre parenthèses, par les chiffres qui marquent l'ordre où ils y sont placés.

Racine ne s'est pas fait, comme Corneille l'a tenté à un certain moment[1], une orthographe à lui. Il suivait en général le commun et dominant usage du temps où il écrivait : de là, si l'on compare ses divers manuscrits, certaines différences, tenant aux dates auxquelles ils appartiennent.

Les faits les plus ordinaires et les plus saillants sont :

1° *U* avec la valeur de *v* au cœur des mots, et au contraire *v* représentant *u* en tête des mot que nous commençons par cette voyelle. Ainsi : *friuoles, diuin, souuenir* (1), etc.; *vn; vnivers* (1), etc. Cependant notre auteur ne suit pas constamment le premier de ces deux usages, *u* pour *v*; nous avons dans nos fac-simile *envoyez, frivole, s'envole* (4), *merveilleuse* (6), *vnivers* (1), etc. — Pour distinguer l'*u* voyelle de l'*u* consonne ou *v*, au cœur des mots, il le marque assez souvent d'un tréma, *inconnües* (VI, 413, *Lettres*), *vües* (ibid.), *nües* (ibid.), *lieües* (VII, 422), *orgüeil* (1), *desauoüer* (2), *loüanges* (1 et 3), *cüeillir* (VI, 414, *Lettres*). Parfois il met le tréma sur la voyelle qui suit l'*u* : *jouïssez* (4), *ruë* (VII, 422), *impréveuë* (4), *receuë* (7), *veuë* (3 et 6).

On ne trouvera pas dans nos fac-simile de Racine, non plus que dans ceux que nous donnons de le Maistre et d'Arnauld, le double emploi analogue de la lettre *i*, à la fois comme voyelle et comme consonne. Ils distinguent comme nous l'*i* du *j*; ce n'était pas encore là l'usage universel, comme on peut le voir au n° 5, dans l'autographe de Mme Racine, qui écrit constamment *ie* pour *je*.

2° L'emploi fréquent de l'*y* au lieu de l'*i*, soit formant à lui seul un son, à la fin d'un mot, comme : *amy* (6; au pluriel, dans la même lettre, *amis*), *cy, ecy* (4), *icy* (1, 4 et 6), *voicy* (4), *mercy* (6), *jeudy* (2 et 6), etc.; — il écrit par *i* aussi et *ainsi* (3, 4 et 6); — soit appartenant à une diphthongue où il est final ou suivi d'un *e*, le plus souvent final aussi, comme : *j'ay* (2, 6 et 7), *j'arriuay* (6), *je croiray* (2), *je diray* (6), *je seray* (4), *je remeneray* (VII, 139, *Lettres*), *pourray* je (1), etc.; *foy* (1), *loy* (4), *roy* (4 et 5), *moy* (6 et 7), *toy* (1 et 4), *quoy* (2, 5, 6 et 7), etc.; *luy* (6), *autruy* (1), *aujourd'huy* (1); *ouy* (1), etc.; *vraye* (4); *yuroye*, pour *ivraie* (VI, 305, *Livres ann.*); *joye* (6), *pluye* (VI, 412, *Lettres*); *enfuyes* (VII, 106, *Lettres*); *gayeté* (6, et VII, 242, *Lettres*); etc.

3° La terminaison en *ez* du pluriel des noms, adjectifs et participes que nous finissons en *és* : *clartez* (1); *difficultez* (4); *veritez* (6); *infortunez* (4); *damnez* (4); *detrompez* (4); *donnez* (6); *envoyez* (4); *reprouuez* (6).

4° L'insertion de l'*s*, ordinairement, mais pas toujours, étymologique, dans un grand nombre de mots, et dans certaines désinences verbales, où nous la supprimons ou la remplaçons par un accent : *accoustumer* (4); *aisnée* (6); *ajoustée* (2); *apresdisnée* (6); *archeuesque* (6); *chrestien* (1); *connoistra* (6); *costé* (6); *coustume* (6); *depesche* (5); *empescher* (6); *entraisner* (4); *esclaivera* (1); *escrire* (6); *escriture* (4); *esprouué* (3); *estrange* (2); *estat* (5 et 6); *estre, estois, estoit, estions, estoient, este* (1, 2, 4, 6 et 7); *fasché* (6); *interest* (1); *meschans* (1); *monstrer* (2); *nostre* (1); *vostre* (4); *response* (4); *taschez* (4); *tesmoigné* (6; ailleurs, à la même page, *tésmoigné*, avec l'accent et l'*s* simultanément, par inadvertance sans doute); *mesme* (2, 4 et 6; dans le n° 1, il a écrit *méme*, le faisant rimer avec *suprême*, également marqué de l'accent aigu); *prest* (VII, 259, *Lettres*); *plaist* (1 et 5); *plust* (6); *eust* (5); *fust* (6); *embrassast* (6); *vinst* (VI, 401, *Lettres*); *paroist* (6); *parestre* (VI, 425, *Lettres*; ailleurs *paroître*); *prescriuistes* (2); etc.

---

1. Voyez dans le tome I, p. 4-12, du *Corneille* de M. Marty-Laveaux, l'avis *Au lecteur* de l'édition in-folio du *Théâtre*, de 1663

INTRODUCTION GRAMMATICALE. CXXXVII

Remarques diverses

Les traces étymologiques autres que l'insertion d's deviennent chez Racine plus rares que chez ses prédécesseurs et plusieurs de ses contemporains. Il écrit *sçay*, *sçait*, *sçavez* (1, 4 et 6), *sçaurois* (VI, 415), *sceû* (VII, 244), *estomach* (VI, 573), *beaufaicts* (VI, 291), *septier* (VII, 29), que l'Académie au reste autorise encore; *records*, pour *recors* (VI, 442, note 6; voyez le *Dictionnaire de M. Littré*). — Dans les éditions des *Plaideurs* publiées de son vivant, nous avons *obmettre* (vers 793).

Si, dans certains mots, son orthographe, celle de son temps, est plus riche en lettres que la nôtre, il en est d'autres où elle en a moins et simplifie. Ainsi, pour commencer par un des exemples les plus connus : *conte*, *conter*, au sens de *compte*, *compter* (6; V, 78; VI, 382; VII, 10, 21, 220, 224, 251, 299, etc.); ailleurs pourtant il écrit, comme nous, rendre *compte* (6; VII, 299); une fois même il met *compter* au sens de notre *conter* (VI, 575, note 5); *pié* (VII, 42 et 54), *piez* (7), pour *pied*, *pieds*; *promtitude* (4); *flâmes* (1), pour *flammes*, rimant avec *infames* (sic); *rejallir*, pour *rejaillir* (voyez le *Lexique*); « *fan* d'une lionne », pour *faon* (VI, 242); *Alleman*, pour *Allemand* (VII, 228).

Au pluriel des mots en *ant*, *ent*, il ôte le *t*; c'était l'usage le plus ordinaire. *enfans* (1, 3, 6), *meschans* (1), *triomphans* (4), *torrens* (1), *huit cens liures* (7), etc. Il supprime de même le *d* dans *je prens* (2), *j'entens* (VI, 414), *je répons* (VI, 422), etc.

Il insère *e* devant *u* au participe de *voir* : *reveu* (VI, 382, *Lettres*), *imprevue* (4); dans le substantif *la veuë* (2, 3, 6); dans *beuvant* (VII, 307, *Lettres*); en place de cédille pour adoucir le *c*, dans *conceue* (VII, 208, *Lettres*); *receû* (3; ailleurs *reçu*, VII, 124, *Lettres*), *sceû* (VII, 244), etc. — Nous avons une insertion d'*e* non conforme à l'étymologie dans *pseaumes* (VII, 121).

Dans les manuscrits autographes de Racine, aussi bien que dans les impressions anciennes, l'*i* est d'ordinaire omis aux deux premières personnes plurielles de l'imparfait de l'indicatif et du présent du subjonctif, qui par là ressemblent aux mêmes personnes du présent de l'indicatif :

Tout cela ne m'a pas empêché de songer toujours autant à vous que je faisois, lorsque nous nous *voyons* tous les jours. (VI, 412, *Lettres*.)

Mais que si vous *voyez* ceint du bandeau mortel
Votre fils Télémaque.... (III, 166, *Iph*. 323.)
Lorsque dans son vaisseau, prisonnière timide,
Vous *voyez* devant vous ce vainqueur homicide,
Le dirai-je? vos yeux, de larmes moins trempés,
A pleurer vos malheurs étoient moins occupés. (III, 172, *Iph*. 406.)
Mille sceptres nouveaux s'offrent à votre épée,
Sans que d'un sang si cher nous la *voyons* trempée. (I, 462, *Théb*. 1148.)
Hippolyte est heureux qu'aux dépens de vos jours
Vous-même en expirant *appuyez* ses discours. (III, 355, *Phèd*. 876.)
Sans que vous les *appuiez*. (VI, 380, *Lettres*.)
Je ne doute point que vous ne vous *justifiez*. (IV, 286, *Imag*.)
Je prétends que vous me *payez* en raisons. (VI, 485, *Lettres de* 1662.)
Venez, Prince, venez. Je veux bien que vous-même
Pour la dernière fois vous *voyez* si je l'aime. (II, 434, *Bér*. 1292.)

Voyez encore tome II, p. 408, note 3; tome IV, p. 66 et note 1; tome VI, p. 461 et note 4.

Il coupe certains de nos mots composés : *puis que* (2), *quoy que* (2, 5, 6, 7); il en réunit parfois d'autres plus étroitement que nous ne faisons par le trait d'union. *dixhuit* (VII, 211), *quattrevingtdix huit* (7), *auanthier* (6), *apresdemain* (4), *apresdisnée* (6), *à vauderoute* (VII, 60); il conserve, dans les composés, des lettres que nous supprimons : *nuspiez* (voyez Nu dans le *Lexique*), *tousjours* (1, 2, 3 et 4), *fauxbour* (IV, 202), *la Toussaints* (VII, 290); il en supprime d'autres que nous gardons : *avancoureur* (III, 622, *Ath*. 294, note 2), *souprieur* (VI, 481, note 6), *remuménage* (VII, 246), *beauperes* (p. 160 du *Plutarque* de 1574 annoté par Racine), *esce*, pour *est-ce* (VI, 67; VII, 221); voyez encore DEMI, au *Lexique*. Enfin il y a quelques exemples de composition de mots que nous laissons entièrement détachés : *piednus* (VI, 419, note 10), *beaufaicts* (VI, 291). Nous y pouvons joindre *plutôt*, au sens où nous disons *plus tôt* : « le plutôt que je pourrai » (VII, 168).

Dans les mots venant du grec, il s'est permis parfois la suppression de l'*h*, soit initiale, soit finale, soit après *t* : *armonie, armonies* (V, 498; VI, 11); *orison* (IV, 61, note 1); *lut*, pour *luth* (VI, 133); *catarre* (VII, 234, 237). — Il ajoute, au contraire, une *h* au mot hébreu *sabbath* (III, 591, *Ath.* préf.). — Il conserve régulièrement, ce que ne font pas tous ses contemporains, l'*y* substitut de l'*v* : *cymbale, mystere* (1), etc.

On se piquait beaucoup moins autrefois qu'aujourd'hui de conséquence parfaite et de constante régularité dans l'écriture. Nous ne nous arrêterons pas à signaler certains faits uniques, d'autres qui paraissent contradictoires, inconséquents, mais dont plusieurs, nous l'avons déjà dit, peuvent s'expliquer par la différence des temps auxquels les manuscrits appartiennent. Dans quelques mots nous trouvons, substitution alors assez commune, *a* pour *e* : *vangea* (VII, 50), *dantelle* (VII, 164); des doublements de consonnes, fréquents aussi à cette époque, comme *souhaitte* (2), *suitte* (2), *boette* (6), *quatre vingt* (7), *fidelle* (3), *chicanne, chicanneur* (II, 160, note 2), sans parler d'*appercevoir* (VI, 414), que beaucoup encore maintenant inclinent à écrire par deux *p*; ailleurs, au contraire, une consonne au lieu de deux : ainsi le mot *consone* lui-même (VI, 359 et 360); *tranquilement* (4), mais dans un autre endroit *tranquillité* (6); les deux formes *remerciment* (3) et *remerciement* (VII, 21, 78 et 91); *ss* pour *c* ou *ç*, *sausses* (VI, 415, note 5), *massons* (VI, 538, note 4); *t* pour *d*, *réchaut* (VI, 414), *moucharts* (VI, 316, note 2); *t* pour *c*, *pretieusement* (3); *s* pour *t*, *intension* (VII, 103); *i* pour *y*, avec le son de double *i*, *pais* (4); les anciennes formes *galand* (VI, 423), *cueilliere*, pour *cuillère, cuiller* (V, 515), *terrein*, encore autorisé par l'Académie (VII, 55). Tous ces mots sont tirés des manuscrits mêmes; nous pourrions, d'après les anciennes impressions, en ajouter d'autres qui reproduisent probablement aussi l'orthographe de l'auteur, comme *bailler*, pour *bâiller* (Plaid. vers 45); *cartaut*, pour *quartaut* (*ibid.*, vers 567 et 590); *avenir*, pour *advenir* (Mithr., vers 105); etc.

Nous ne reviendrons pas ici sur les faits d'orthographe déjà mentionnés soit dans cette *Introduction grammaticale*, soit au *Lexique*; il nous suffira d'y renvoyer. Plusieurs de ces faits intéressent autant la grammaire que l'orthographe proprement dite. Voyez ACCROIRE, AIRAIN, ALLAIGRE, APPAS, ASSEOIR, AVECQUE (pour l'usage en prose, V, 511, note 3), BRÈVETÉ, COUTUMACE, DIRE (p. 155), DINÉ, ÉCLOGUE, EN (p. 181, 3°, second et troisième exemples), ENGROSSIR, ENVOYER (p. 194; pour les formes anciennes du futur et du conditionnel présent, ajoutez VI, 421, 429, 451, 485, 516; VII, 138 et 139, 161, 197), ÉRÉSIPÈLE, EXCLUS (p. 209; ajoutez *Brit.* vers 866), FOND (ajoutez au 6ᵉ exemple VII, 303), FORCE, FUSELIER, GAGNER, GRAND, HÉ! HÉ BIEN! HÉ QUOI? IVRAIE, JOUAILLIER, JUSQUE, JUSQUES, LEUR (p. 300), MÊME et MÊMES (p. 318), MERVEILLE, PEINER (SE), QUELQUE (p. 428; ajoutez VII, 110, note 20), SENS (avant-dernier exemple, *sens froid* pour *sang-froid*), SOUL, SAOUL, TOUT (p. 526 et 527; ajoutez VII, 104), TROUVER, TREUVER. — Voyez en outre, ci-dessus, *Formes verbales*, p. CVI et CVII; et ci-après, PRONONCIATION, p. CXLI.

Noms propres. Nous avons parlé ci-dessus, p. LXXVIII et LXXIX, des manières d'écrire les noms propres anciens. Voici quelques noms propres modernes, relevés dans la *Table alphabétique*, placée à la fin du tome VII, et pour plusieurs desquels l'orthographe de Racine paraît indiquer une prononciation différente de la nôtre; on remarquera aussi de quelle façon il francise certains noms étrangers : *Adeleide, Anghien, Bouquenon* (la ville de « Saar-Bockenheim »), *Brasiliens* (Brésiliens), *Campen* (Kempen), *Chamesté* et *Chamellay* (Champmeslé), *Chanlay* (Chamlay), *Chantail* (Chantal), *Circasses* (Circassiens), *Fleuru* (Fleurus), *Hailbron* (Heilbronn), *Hedin* (Hesdin), *Ipres* (Ypres), *Kimper* (Quimper), *Malgue* (Malaga), *Mamelus* (Mameluks), *Maslipatan* (Masulipatam), *Mastrich* (Maestricht), *Nervinde* (Neervinden), *Norlingue* et *Nortlingue* (Nordlingen), *Ouchie* (Aulchy), *Palavicin* (Pallavicino), le cardinal *du Perrone* (du Perron), *P/orzem* et *P/orzeim* (Pforzheim), *Ponteau de Mer, Puységu* (Puységur), *Rain* (Rhain), *Saint-Jean-de-Laune* (Saint-Jean-de-Losne), *Sigur* (Ségur), *Sknne* et *Skink* (le fort de Schenck), *Sobieschi* (Sobieski), *Souffren* (Suffren), *Tholus* (Tol-Huis), *Udicour* et *Hudicour* (Heudicour), *Valaquie*, les montagnes de *Vauge* (Vosges), *Vandosme, Vesel, Veser, Virtemberg, Vorcester, Xaintes* (Saintes), etc. — Il ne se pique point d'une bien régulière uniformité, écrit d'ordinaire *Cavoye*, mais aussi *Cavoys* (VII, 13), *de Lorges* et *de Lorge*, dans une même page (VII, 60, 61, 67), *du Tertre* et *du Tartre* (VII, 23 et 116), *la Chappelle* et *la Chapelle* (VII, 52 et 97), *Gramont* et *Gramond* (VII, 104, 279, etc.).

Accents et signes divers. L'accentuation de Racine est fort irrégulière. Le plus souvent il omet l'accent aigu et l'accent grave; il écrit *penitence, sterile, misericorde* (7), *esperons* (4), *pere* (7), *mere* (6 et 7), *apres* (6), *tres* (6 et 7), *poussiere, lumiere, mysteres, tenebres* (1); *Phedre* (4), *Agnes* (6), etc., etc. Nous le voyons pourtant aussi

INTRODUCTION GRAMMATICALE. CXXXIX

employer, en maint endroit, l'un ou l'autre de ces accents, surtout l'aigu, d'abord d'une manière à peu près constante sur les finales é, ée (qu'il paraît écrire souvent eé), puis assez fréquemment dans la première syllabe des mots : *verité* et *vérité* (1), *pieté* (6 et 7), *passée, aisnée* (6), *héritage, ecarte, enigmes, céleste, déclin, éleue, eternellement* (1), etc. Dans la même lettre (6), il met deux fois *ceremonie*, une fois *cerémonie*. Il écrit *chére* (6), ailleurs *chere* (3 et 6); *voilà* (4), avec l'accent grave; tour à tour, au sens adverbial, *là* (4) et *la* (6), *où* (4) et *ou* (6); dans une même phrase, *a* et *à*, au sens de préposition : « On court *a* la gloire, *à* l'honneur » (4).

Il marque de l'accent aigu bon nombre de mots que nous marquons soit de l'accent grave : *dixieme* (7), *fiévre* (VI, 412, Lettres), *sainte Géneuiéve* (VI, 413, Lettres); et d'autres, mais plus rarement, que nous marquons de l'accent circonflexe : *extréme* (3 et 6), *supréme* (1), et dans le même autographe, pour rimer avec ce dernier mot, *méme* (au lieu de son orthographe habituelle, *mesme*). Il a mis aussi l'accent aigu sur *boette*, pour *boîte* (6). — Trois fois, dans une même lettre (voyez VI, 457, note 6), il a écrit *démoiselle* avec un accent aigu, ce qui semble indiquer une prononciation différente de la nôtre.

Il ne fait guère usage de l'accent circonflexe que pour l'*u* de certains participes passés de la 3ᵉ et de la 4ᵉ conjugaison : *pû* (4), *plû*, de *pleuvoir* (VI, 413), *déchûs* (4); *vû* (VI, 412) et *veûs* (7), *eû* (6, et VI, 412), *receû* (3), *sceû* (VII, 244), *crû* (4), *lû* (VI, 389), *émû* (VII, 230). Conservant d'ordinaire l'*s* étymologique, il n'a point à employer l'accent circonflexe dans la plupart des mots où nous nous en servons comme d'un signe de contraction; il écrit (voyez p. CXXXVI), *empescher, estre, entraisner*, etc. Il se passe à la fois et d'accent et de toute marque soit de quantité, soit de contraction, dans *abimes* (1), *brulant* (1), *age* (6), *s'opiniatra* (VII, 108), *infames* (1); cependant il écrit *flâmes*, au lieu de *flammes*, pour rimer avec ce dernier mot. — Nous l'avons vu tout à l'heure remplacer le circonflexe par l'aigu dans *supréme*, etc.

Parmi nos autres signes, il emploie souvent la cédille, mais parfois aussi l'omet; il écrit *aujourdhui* sans apostrophe; il lui arrive d'en mettre une à *d'auantage* (3); il l'a aussi employée devant le *W* initial hollandais et anglais : « la faction *d'Wit*, le père de *d'Wit*, l'île *d'Wigt*. » (V, 72, 97 et 98. *Notes hist.*) — Nous avons vu (p. CXXXVI) l'usage principal qu'il faisait du tréma; il s'en sert aussi avec d'autres voyelles qu'*u* : *obeïssant* (3), *poëtes* (2). Il ne connait pour ainsi dire pas le trait d'union, et écrit *pourray je* (1), *dit elle* (6), *eux mesmes* (4), *tres sincere, tres chere* (6), *apres demain* (4), *apres disnée* (6), *c'est a dire* (4), *le Port Royal, Saint Esprit* (7), etc. Nous avons vu (p. CXXXVII) que pour maint composé, au lieu de réunir les parties par le trait d'union, il les mettait en un seul mot : *dixhuit*, etc.

De sa ponctuation, nous dirons seulement que dans nos divers fac-simile nous n'avons pas un seul exemple des deux points (l'occasion d'en mettre ne manquait pourtant pas au n° 4) ; à peine un point et virgule (au n° 2) ; et que dans les lettres écrites en ce temps de sa jeunesse il prodigue les points. Dans notre fac-simile n° 2, on en verra en mainte place où nous nous contenterions d'une séparation moins tranchée, même d'une simple virgule. Il lui est arrivé aussi, dans cette même lettre, d'omettre le point et de ne marquer que par la majuscule le passage à une autre phrase.

Abréviations. Il ne fait pas grand usage d'abréviations. Cependant il lui arrive d'écrire *cõe* pour *comme* (VI, 382); *v̄re* pour *vostre* ou *votre* (2); *q;* (*q* et point et virgule) pour *que* (2); *l'ambʳ* et *l'ambas*ʳ pour *l'ambassadeur* (5); *sepbre* et *septre* pour *septembre* (VII, 20 et 280); *octre* pour *octobre* (4); *noure* pour *novembre* (6, et VII, 295 et 301); 10. 9ʳᵉ pour 10ᵉ *novembre* (VII, 299) ; 10. J. pour 10ᵉ *juin* (VII, 45). Pour *Monsieur, Madame, Mademoiselle*, il met Mʳ, Made, Madelle.

Inaduertances. Nous relevons, comme simples curiosités, quelques fautes, disons mieux, quelques inadvertances propres à consoler les distraits : « le chapeau enfoncé jusqu'aux *cieux* » (VII, 270); dans la même phrase, *roy* pour *rien; palais* pour *palet* (VI, 132); « l'heure *qu'i lest* » (VII, 91); *aujourdhi* (VII, 30), *dechiffer* (VII, 91); « (Dieux,) vous estes *faché* » (VI, 100); « vous trouuiez estrange que la fin *fut* une suite » (2); etc. Il faut probablement ranger aussi dans les inadvertances *fairoit* pour *feroit* (VII, 101), *Sainte Genuieue* (VII, 262, note 6); et peut-être « *s'en* dessus dessous » (VII, 16, note 4; mais voyez, sur les diverses manières dont s'est écrite cette locution, le *Dictionnaire* de M. Littré, à l'article SENS, 2).

Nous ne parlons pas des mots plaisamment défigurés dans *les Plaideurs* : *dépotique, démocrite, Lâbiboniens, Serpans, Nacédoniens, Lorrains* (vers 681-684).

LEXIQUE DE RACINE.

En résumé, on voit que Racine, dans son orthographe, n'a pour ainsi dire rien qui lui soit propre et personnel. Il suit la coutume, moins sévère, moins uniforme de son temps qu'au nôtre, adopte les modifications qui peu à peu s'introduisent et ne s'obstine point dans les habitudes de sa jeunesse. Deux remarques de lui sur l'orthographe (VI, 360) nous le montrent inclinant aux rajeunissements qui ont prévalu : « Je ne voudrois, dit-il, qu'un *g* à *exagerer*. — Je mettrois toujours *abreger* avec un *h* simple. »

Les remarques qui précèdent se rapportent surtout aux manuscrits des œuvres et des lettres de sa maturité. Nous ne nous arrêterons pas à signaler en détail les différences que présentent ses autographes plus anciens, ceux, par exemple, de ses exercices de traduction : des *Esséniens*, de la *Vie de Diogène*, etc. Nous nous bornerons à indiquer quelques particularités. Dans les premiers feuillets des écrits que nous venons de nommer, il y a entière absence de ponctuation; les commencements de phrases ne sont marqués que par les majuscules (quelques parties du fac-simile n° 2 nous ont déjà fourni l'occasion d'une remarque semblable). L'apostrophe manque souvent aussi : *senfuir*, *davoir*, etc. — Ce n'est pas seulement le *v* qui ordinairement, dans l'intérieur des mots, est écrit *u*; parfois aussi le *j* y devient *i* : ainsi *suiet*, *touiours* (ailleurs *tousjours*); par suite, pour nous faire bien distinguer l'*i* voyelle de l'*i* consonne, nous le trouvons, soit lui-même, soit la voyelle qui le suit, surmonté d'un tréma : *monnoïe* (ailleurs *monnoie*), *vië*. — L'*i* tient fréquemment la place de notre *y*, avec valeur de double *i* : *aiant*, *voiant*, *prevoiant*. — Nous rencontrons des lettres étymologiques auxquelles il a renoncé plus tard, comme *faict*, *effect*, *acheptent*, etc.; des doublements de consonnes, comme *estroitte*, *estroittement*, *ensuitte*, etc.; et aussi, tout au contraire, des retranchements, comme *frape*, *fraper*, *raport*, *raporte*; *s* pour *x* : *ausquels* pour *auxquels*; quelques accents circonflexes, dont il s'est ensuite déshabitué : *assûrê*, *brûlant*; de plus nombreuses abréviations : *pr*, signifiant *pour*; *entierem^t*; le point et virgule substitué aux lettres finales : *q;* (déjà noté) et *quelq;*, pour *que*, *quelque*; le tilde remplaçant fréquemment les nasales : non pas seulement *cõe*, déjà relevé plus haut, mais *lauẽt*, *nettoyẽt*, pour *lavent*, *nettoyent*. Dans les annotations écrites par Racine sur le Plutarque de Bâle de 1574, reproduites dans notre tome VI, p. 302-317, cette manière d'abréger abonde aussi : *autoñe*, *coñencent doiuẽt*, etc., etc.

PRONONCIATION.

Voyez au *Lexique* les mots suivants, dont l'orthographe, chez Racine, indique une prononciation différente de la nôtre : AMBROSIE, AMNESTIE, ARSENAC, AVEINE, COUTUMACE, DÉMISSOIRE, ÉCLOGUE, ENGROSSIR, FUSELIER, JOUAILLIER, MECREDI (ajoutez VI, 513, note 1), NAVIGER, RUSTRE (écrit *ruste*), VOYAGEUX. — Voyez aussi, p. 197, les deux formes ÉRÉSIPÈLE et ÉRYSIPÈLE ; et ci-dessus *Cueilliere*, p. CXXXVIII; et *Démoiselle*, avec accent aigu, p. CXXXIX.

Remarques diverses.

Doit-on conclure des rimes que les *s* finales de *fils* et d'*ours* ne se prononçaient pas dans les passages de *Phèdre* et d'*Athalie* cités ci-après (p. CXLIII, RIME *c*) ?

La rime avec *Monsieur* porte à croire que *crieur* se prononçait *crieux* au vers 550 des *Plaideurs* ; comparez *Voyageux*, que nous avons cité plus haut, comme donné au *Lexique*.

Nous trouvons aspirée d'ordinaire, mais une fois muette, l'*h* initiale du mot *Hongrie*, dans les autographes; celle du mot *Hollande*, aspirée aussi le plus souvent, une fois muette dans une ancienne édition : « la reine d'*Hongrie* » (VII, 280, *Lettres*) ; « Nouvelles *de Hongrie* » (VI, 598, *Lettres*); la *Hongrie* (V, 145, *Notes hist.*; V, 286, *Camp. de Louis XIV*). Pour *Hollande*, voyez ce mot au *Lexique*.

Racine a écrit avec élision « *l'onzième* juin » (V, 160, *Notes hist.*); deux fois sans élision *si il* (VI, 309, *Livres ann.*; VI, 508, *Lettres*).

Voyez ce qui a été dit des noms propres, ci-dessus, p. LXXVIII et LXXIX, et CXXXVIII.

LEXIQUE DE RACINE.

VERSIFICATION.

Nous aurons bien peu d'exceptions et de licences à relever ; car Racine, on le sait, est pour la versification un de nos meilleurs et plus purs modèles. Il va sans dire que nous ne rangeons pas dans les œuvres et ne mentionnons que pour mémoire ses billets à son cousin Antoine Vitart, qui ne sont que des jeux d'écolier, où l'on trouve *lieu* comptant pour deux syllabes, des rimes comme *philosophe* et *accroche*, *montrent* et *montent*, *fauxbour* et *Harcour*, etc.

RIME.

a) Diphthongues.

Dans divers endroits, les éditions publiées du vivant de Racine écrivent par *ai*, à la rime, les infinitifs dont la forme ordinaire était en *oître* (*oistre*). Ainsi :

....Pour faire *connaître*
Qu'il a tort en effet de me nommer un traitre. (I, 407, *Théb.* 159.)
....Je venois peut-être
Pour me chercher moi-même, et pour me *reconnaître*. (II, 439, *Bér.* 1384.)
Quel plaisir d'élever un enfant qu'on voit *craître*,
Non plus comme un esclave élevé pour son maître. (II, 95, *Andr.* 1069.)

Dans les vers suivants, *croître* rime avec *connoître*, sans modification d'orthographe :

Mais dans mon désespoir je cherche à les *accroître*.
Madame, par pitié, faites-le-moi *connoître*. (III, 52, *Mithr.* 663 et 664.)

Les premières éditions d'*Andromaque* (1668 et 1673) nous offrent le changement d'*ois* en *ais* à une première personne :

....Lassé de ses trompeurs attraits,
Au lieu de l'enlever, Seigneur, je la *fuirais*. (II, 78, *Andr.* 752 var.)

Cette leçon a été plus tard ainsi corrigée :

Au lieu de l'enlever, fuyez-la pour jamais.

La rime et la prononciation sont à noter dans cet autre passage ·

Ma colère revient, et je me *reconnois :*
Immolons, en partant, trois ingrats à la *fois* (III, 83, *Mithr.* 1385 et 1386)

et dans ces vers, au sujet desquels on peut voir la note à l'endroit cité ·

Tenez, voilà le cas qu'on fait de votre *exploit*.
— Comment? c'est un exploit que ma fille *lisoit?* ..
Va, je t'achèterai le Praticien *françois*.
Mais, diantre ! il ne faut pas déchirer les *exploits*. (II, 174 et 175, *Plaid.* 365-370.)

Voyez au *Lexique* ENDROIT, dernier exemple.

b) Infinitifs. Rimes dites normandes :

Voyez le *Lexique de Corneille*, tome I, p. XCIV.

Son frère plus que lui commence à me *toucher :*
Devenant malheureux, il m'est devenu *cher* (I, 470, *Théb.* 1271 et 1272.)

Voyez II, 440 et 441, *Bér.* 1425 et 1426; II, 508, *Baj.* 627 et 628; III, 359, *Phèd.* 971 et 972; III, 382, *Phèd.* 1375 et 1376.

Malgré tout son orgueil, ce monarque si *fier*
A son trône, à son lit daigna l'*associer*. (II, 501, *Baj.* 467 et 468.)

Voyez III, 60, *Mithr.* 833 et 834; III, 86, *Mithr.* 1425 et 1426.

c) Rimes diverses :

....Le triste *Antiochus*
Se compte le premier au nombre des *vaincus*. (II, 383, *Bér.* 197 et 198.)

INTRODUCTION GRAMMATICALE.   CXLIII

....D'horreur encor tous mes sens sont *saisis*.
Épouse de Joad, est-ce là votre *fils?* (III, 639, *Ath.* 621 et 622.)

Voyez III, 391, *Phèd.* 1547 et 1548; III, 397, *Phèd.* 1647 et 1648.

Je craindrois moins pour lui les lions et les *ours*....
Mais pourquoi de Jéhu refuser le *secours?* (III, 664, *Ath.* 1065.)

Nous n'avons pas à noter comme licences les premières personnes en *oi* et en *ai* (*oy, ay*) des troisième et quatrième conjugaisons, comme *voi, doi, croi, reçoi*. C'étaient là les terminaisons régulières : voyez ce qui en est dit ci-dessus, p. CVI et CVII, aux *Formes verbales*, et en même temps du présent j'*averti*, je *tien*, et de l'impératif *revien*.

Est-ce Racine ou son imprimeur qui a écrit en *é* le passé défini rimant avec un participe passé?

Vaincu, chargé de fers, de regrets *consumé*,
Brûlé de plus de feux que je n'en *allumé*. (II, 56, *Andr.* 320.)

Voyez II, 100, *Andr.* 1192, et les notes relatives à ces deux passages.

L'Académie a blâmé comme négligées les deux rimes suivantes :

Je viens ici chargé d'un ordre de la *Reine*.
— Leurs enfants ont déjà leur audace *hautaine* (III, 655, *Ath.* 859 et 860);
Pontife de Baal, excusez ma *foiblesse*.
J'entre : le peuple fuit, le sacrifice *cesse* (III, 635, *Ath.* 531 et 532) ;

et comme vicieuse cette rime d'une brève avec une longue :

.... S'il n'est opprimé, tôt ou tard il *opprime*.
Ainsi de piége en piége, et d'abîme en *abîme*.... (III, 681, *Ath.* 1397 et 1398).

Elle a laissé passer celle-ci :

(Qui sait) Si Dieu, le séparant d'une odieuse *race*,
En faveur de David voudra lui faire *grâce?* (III, 619, *Ath.* 239 et 240.)

Si elle avait étendu ses remarques au reste du théâtre, elle aurait peut-être noté encore une rime comme celle-ci :

....Ni la mort, ni vous-*même*
Ne me ferez jamais prononcer que je l'*aime* (II, 531, *Baj.* 1142 et 1143);

mais non, peut-être, vu l'orthographe du temps, les deux suivantes :

....Si ma perte *certaine*,
Si ma mort toute prête enfin ne le *rameine* (II, 418, *Bér.* 975 et 976; voyez
II, 395, *Bér.* 487 et 488; III, 627, *Ath.* 379 et 380);
Il me tarde déjà que vous ne l'*occupiez* :
La couronne est à vous. — Je la mets à vos *piés* (I, 478, *Théb.* 1408);

ni, dans le libre et plaisant plaidoyer de l'Intimé :

Tout ce que les mortels ont de plus redoutable....
Semble s'être assemblé contre nous par *hasar :*
Je veux dire la brigue et l'éloquence. Car
D'un côté.... (II, 207, *Plaid.* 729).

L'Académie relève, comme formant « une consonnance qu'il falloit éviter », ces trois hémistiches consécutifs terminés en *ant* :

Qui sait si cet *enfant*, par leur crime entraîné,
Avec eux en *naissant* ne fut pas condamné?
Si Dieu le *séparant* d'une odieuse race.... (III, 619, *Ath.* 237-239.)

On a souvent remarqué que le premier vers du cinquième acte d'*Athalie* rimait avec le vers antépénultième de l'acte IV. « Racine a cru pouvoir en user ainsi, dit encore l'Académie, parce que le Chœur lie les deux actes ensemble, et que Salomith, qui termine le quatrième acte, commence le cinquième. »

Voyez ci-dessus, p. LXXVI, plusieurs exemples du nombre pluriel employé au lieu du singulier, en vue de la rime.

Voyez aussi dans *les Plaideurs partie* rimant avec *partie* (vers 779 et 780), et *pièces* avec *pièces* (vers 787 et 788).

CÉSURE.

Voici trois exemples de césures qui ne paraissent remarquables que parce qu'ils se rencontrent dans la versification si sévère de Racine :

Si toutefois on peut l'être (*être seule*) avec tant d'ennuis (I, 431, *Théb.* 590);
Tandis que je me vais préparer à marcher (III, 623, *Ath.* 309);
Il faut que vous soyez instruit, même avant tous (III, 675, *Ath.* 1267).

Les deux derniers de ces trois exemples sont critiqués par l'Académie française dans ses *Sentiments sur Athalie*. « Il a semblé à quelques-uns, dit-elle au sujet du vers 309, que l'hémistiche n'est pas assez marqué dans ce vers, d'autant que le régime *me* précède le verbe *préparer;* » et elle ajoute, sur le vers 1267 : « On a trouvé l'hémistiche négligé, à cause du repos après *instruit*. »

ÉLISION ET HIATUS.

Les deux exemples suivants de l'élision de l'*e* muet du pronom *le* se trouvent l'un dans la comédie des *Plaideurs*, l'autre dans la première édition de *la Thébaïde;* le tour a été modifié dans cette tragédie dès la seconde :

Condamnez-*le* à l'amende, ou s'il le casse, au fouet (II, 196, *Plaid.* 614);
Attendez-le plutôt, et voyez-*le* en ces lieux (I, 443, *Théb.* 810 var.).

Dans les éditions postérieures :

Attendez-le plutôt, voyez-le dans ces lieux.

Dans *la Thébaïde* encore, Racine a fait une élision devant le nom de Jocaste écrit par un *i* (voyez ci-dessus, p. LXXIX) :

Polynice, Étéocle, Iocaste, Antigone. (I, 483, vers 1509.)

Dans *Phèdre*, le besoin d'élision lui a fait écrire *Athène*, pour *Athènes :*

Au tumulte pompeux d'*Athène* et de la cour. (III, 307, vers 32.)

Dans *la Thébaïde* et dans *les Plaideurs* nous avons deux hiatus avec *oui;* celui des *Plaideurs* à un changement d'interlocuteur :

Croyez-vous la fléchir? — *Oui, oui*, mon cher Attale (I, 479, *Théb.* 1421);
On la conseille. — Oh! — *Oui*, de me faire lier (II, 168, *Plaid.* 290).

Nous n'avons pas à noter l'élision d'un *e* muet final devant *hé*. Au temps de Racine on ne faisait pas de différence dans les vers entre *eh* et *hé*, quoique le *Dictionnaire de l'Académie* (1694) nous dise que dans *hé* « l'h s'aspire. »

Mardochée? Hé! peut-il approcher de ces lieux? (III, 471, *Esth.* 93.)

LEXIQUE

DE LA

LANGUE DE RACINE.

A

À, préposition.

1° À, où nous mettons plutôt *pour* :

a) Devant un substantif ou un pronom :
Vil spectacle *aux* humains des foiblesses d'amour.
  (II, 440, *Bér.* 1406; voyez III, 479, *Esth.* 214; III, 671, *Ath.* 1191.)
  Quelle douleur *aux* Espagnols de perdre tout un grand pays! (V, 292, *Camp. de Louis XIV.*)
  *Il n'y a point de plus grande gloire *à* un homme.... (VI, 131, *Rem. sur l'Odyss.*)
Il me demande un fils pour époux *à* sa fille. (III, 61, *Mithr.* 852.)
Quelle foiblesse *à* moi d'en croire un furieux! (III, 68, *Mithr.* 1017.)
  Elle fut occasion de scandale *aux* uns et d'édification *aux* autres. (IV, 391, *P. R.*)
Que Porus est heureux! Le moindre éloignement
A votre impatience est un cruel tourment. (I, 557, *Alex.* 712.)
.... Sa mort *au* vainqueur est un piége funeste. (I, 476, *Théb.* 1374.)
  * Satisfaction *aux* descendants. (VI, 314, *Livres ann.*)
Les peuples et les rois, devenus mes sujets,
Étoient seuls *à* mes vœux d'assez dignes objets. (I, 564, *Alex.* 888.)
Que ma fille *à* ses yeux soit un sujet d'ennui. (III, 223, *Iph.* 1459.)
Ma présence *à* vos yeux n'est déjà que trop rude. (I, 576, *Alex.* 1157.)
  .. La pompe de ces lieux,
Je le vois bien, Arsace, est nouvelle *à* tes yeux. (II, 373, *Bér.* 2.)
O spectacle! O triomphe admirable *à* mes yeux! (III, 466, *Esth.* 25.)
Il suffit que ma main l'ait une fois touchée (*son épée*),
Je l'ai rendue horrible *à* ses yeux inhumains. (III, 347, *Phèd.* 751.)
  ... Le fleuve *aux* Dieux mêmes terrible. (III, 371, *Phèd.* 1158.)

Phénice ne vient point? Moments trop rigoureux,
Que vous paroissez lents *à* mes rapides vœux! (II, 417, *Bér.* 954.)
Ah! que ce temps est long *à* mon impatience! (III, 495, *Esth.* 465.)
.... C'est *à* ma douleur un spectacle assez doux
De le voir partager cette gloire avec vous (I, 572, *Alex.* 1059.)
Ils regrettent le temps, *à* leur grand cœur si doux,
Lorsque assurés de vaincre, ils combattoient sous vous. (II, 483, *Baj.* 47.)
Mon courroux *aux* vaincus ne fut que trop sévère. (II, 50, *Andr.* 213.)
Sans que ta mort encor, honteuse *à* ma mémoire,
De mes nobles travaux vienne souiller la gloire. (III, 365, *Phèd.* 1057.)
    Leur douleur est publique *à* toute la terre. (IV, 367, *Disc. acad.*)
    * Qu'y a-t-il de plus vraisemblable *à* Iphigénie, que de vouloir faire tenir une lettre dans son pays? (V, 488, *Trad.*)
Dites-lui qu'Axiane est une beauté fière,
Telle *à* tous les mortels qu'elle est *à* votre frère. (I, 529, *Alex.* 98.)
....Tout se prépare *au* conseil qui s'assemble. (I, 540, *Alex.* 346.)
Il fait que tout prospère *aux* âmes innocentes. (III, 469, *Esth.* 68.)
    *Réserver sa vengeance *à* une autre occasion. (VI, 352, *Livres ann.*)
Ce n'est point que son bras, disputant la victoire,
N'en ait *aux* ennemis ensanglanté la gloire. (I, 558, *Alex.* 742.)
A ma confusion, Néron veut faire voir
Qu'Agrippine promet par delà son pouvoir. (II, 267, *Brit.* 249.)
    * (*Il*) ne dit point *à* quelle cause Pindare dit cela. (VI, 32, *Rem. sur Pind.*)
Non, il le faut ici confesser *à* sa gloire. (II, 331, *Brit.* 1599.)
    *Cornélie. Ses pleurs *à* Pompée. (VI, 299, *Livres ann.*)

Voyez VI, 118, note 2.

b) Devant un verbe à l'infinitif:

Dans mon transport vif et sincère,
Quels seront mes soins *à* te plaire,
Et mon ardeur *à* l'épurer (*mon cœur*)! (IV, 141, *Poés. div.* 49 et 50.)
Tous deux *à* me tromper sont-ils d'intelligence?
    (II, 527, *Baj.* 1066; voyez III, 81, *Mithr.* 1333.)
Il n'attend qu'un prétexte *à* l'éloigner de lui.
    (II, 69, *Andr.* 596; voyez II, 267, *Brit.* 266.)
    Sa régularité *à* réciter tous les jours l'office. (V, 11, *Épitaphes*.)
Mais *à* me tourmenter ma crainte est trop subtile. (III, 497, *Esth.* 521.)
    Qu'*à* te chercher notre cœur empressé
T'offre ses premiers vœux.... (IV, 108, *Poés. div.* 6.)
Nanette.... a été reçue.... *à* faire profession. (VII, 276, *Lettres.*)
Madame, *à* vous servir je vais tout disposer. (III, 205, *Iph.* 1079.)
Iphigénie en vain s'offre *à* me protéger. (III, 176, *Iph.* 503.)
A me chercher lui-même attendroit-il si tard?
(II, 521, *Baj.* 936; voyez VI, 542, *Lettres*; VII, 8, 94 et 179, *Lettres.*)
    *Les autres, plus modérés, furent d'avis de remettre à un autre temps *à* prendre leur résolution. (V, 151 et 152, *Notes hist.*)
Je diffère pourtant toujours *à* me purger. (VII, 282, *Lettres.*)
Elle passe ses jours, Paulin, sans rien prétendre
Que quelque heure *à* me voir, et le reste *à* m'attendre. (II, 397, *Bér.* 536.)
    .... Je viens tremblante, *à* ne vous point mentir.
    (III, 374, *Phèd.* 1215; voyez II, 495, *Baj.* 343.)
    ....*A* ne vous rien cacher. (III, 606, *Ath.* 21.)
A dire le vrai. (IV, 359, *Disc. acad.*)
*Une chanson *à* danser. (VI, 54, *Rem. sur Pind.*)

c) *A ce que*, dans le sens de *pour que :*
Il écrivit à tous les archevêques et évêques de France *à ce qu*'ils eussent à s'y conformer. (IV, 504, *P. R.*; voyez IV, 597, *P. R.*)

d) *A moins de*, dans le sens de *pour moins de :* voyez Moins.

2° À, devant un verbe à l'infinitif, après des mots que nous construisons d'ordinaire avec *de :*
C'est à vous *à* choisir, vous êtes encor maître. (II, 319, *Brit.* 1339.)
Voyez I, 422, *Théb.* 423; II, 115, *Andr.* 1485; II, 281, *Brit.* 565; II, 411, *Bér.* 834; III, 661, *Ath.* 1002; IV, 486 et 554, *P. R.*
Racine emploie aussi *de* dans ce tour :
C'est à vous *de* passer du côté de l'Empire. (II, 282, *Brit.* 588.)
J'oubliois *à* vous prier d'adresser mes lettres à M. Symil. (VI, 420, *Lettres;* voyez VII, 267, *Lettres.*)
(Quels cœurs) Ne s'empresseront pas *à* suivre notre exemple?
(III, 679, *Ath.* 1353; voyez II, 284, *Brit.* 654; IV, 69, *Poés. div.* 82.)
Je m'excite contre elle, et tâche *à* la braver.
(II, 278, *Brit.* 498; voyez I, 425, *Théb.* 489.)
Ne haïssant pas *à* se faire de fête. (IV, 607, *P. R.*)
Ils avoient.... donné occasion *à* lui inspirer ces sentiments.(IV,501,*P.R.*)
Le Ciel s'est fait, sans doute, une joie inhumaine
A rassembler sur moi tous les traits de sa haine. (III, 175, *Iph.* 486.)
* Le proconsul essaya.... *à* lui faire abjurer la foi. (V, 565, *Trad.*)
(Ils) ne demanderont pas mieux qu'*à* l'y laisser. (VII, 173, *Lettres.*)

3° À, marquant des rapports analogues à ceux de *vers, dans, en, sur, chez, près de :*
Je méditois ma fuite *aux* terres étrangères. (II, 519, *Bér.* 874.)
* Fuir d'un excès *à* un autre. (VI, 311, *Livres ann.*)
C'est *à* Rome, mes fils, que je prétends marcher. (III, 57, *Mithr.* 786.)
(Tandis) que vous marchiez *au* camp. (II, 313, *Brit.* 1187.)
C'est ce qui l'arrachant du sein de ses États,
Au trône de Cyrus lui fit porter ses pas. (I, 550, *Alex.* 588.)
*Agamemnon revint *à* son pays. (VI, 91, *Rem. sur l'Odyss.*)
.... Lui-même *à* la mort il s'est précipité. (I, 439, *Théb.* 713.)
Cesse de m'arrêter. Va, retourne *à* ma mère. (III, 227, *Iph.* 1493.)
* Celles (*les extrémités*) *auxquelles* nous penchons. (VI, 287, *Livres ann.*)
Redoublez *au* Seigneur votre ardente prière. (III, 688, *Ath.* 1511.)
Je vois voler partout les cœurs *à* mon passage.
(II, 320, *Brit.* 1364; voyez V, 263 et 264, *Camp. de Louis XIV.*)
Je souhaite que vous ayez une aussi belle récolte *à* vos deux fermes, que nous avons en ce pays-ci. (VI, 479, *Lettres;* voyez VI, 417, *Lettres.*)
Faire entrer une reine *au* lit de nos Césars. (II, 393, *Bér.* 410.)
Quel Dieu, sensible aux vœux de l'univers,
A replongé la Discorde *aux* enfers? (IV, 86, *Poés. div.* 25.)
.... Soudain il me l'ôte, et l'engage *aux* combats. (I, 437, *Théb.* 686.)
.... *Au* combat qui pour toi se prépare,
C'est peu d'être constant, il faut être barbare. (II, 419, *Bér.* 991.)
... Je connus bientôt qu'elle avoit entrepris
De l'arrêter *au* piége où son cœur étoit pris. (I, 538, *Alex.* 296.)
Mettons le sceptre *aux* mains dignes de le porter. (III, 346, *Phèd.* 736.)
....Pour nous laisser du moins
Au tombeau qu'à ta cendre ont élevé mes soins. (II, 88, *Andr.* 944.)
Trempa-t-elle *aux* complots de ses frères perfides? (III, 308, *Phèd.* 54.)
(Je) rentre *au* trouble affreux dont à peine je sors. (III, 235, *Iph.* 1672.)

(Ce courroux) Ne s'obstinera point *au* refus d'un empire. (I, 561, *Alex.* 806.)
Dieu laissa-t-il jamais ses enfants *au* besoin? (III, 641, *Ath.* 646.)
Dois-je croire qu'*au* rang où Titus la destine
Elle m'écoute mieux que dans la Palestine? (II, 375, *Bér.* 27.)
.... Gardant *au* cœur d'infidèles amours. (III, 80, *Mithr.* 1286.)
* Il met tout l'embellissement d'Énée *aux* cheveux, *au* teint du visage et à l'éclat des yeux. (VI, 117, *Rem. sur l'Odyss.*)
*La confiance qu'on avoit *aux* Dieux. (VI, 70, *Rem. sur l'Odyss.*)
Je le sais bien, Seigneur : aussi tout mon espoir
N'est plus qu'*au* coup mortel que je vais recevoir. (III, 228, *Iph.* 1532.)
* Ces faux prophètes espéroient encore *au* Seigneur. (V, 213, *Not. relig.*)
J'attaque sur son trône une reine orgueilleuse...;
Mais ma force est *au* Dieu dont l'intérêt me guide. (III, 679, *Ath.* 1341.)
On dit qu'*à* ce dessein Ménecée est sorti.
(I, 431, *Théb.* 582 ; voyez III, 317, *Phèd.* 195.)
L'on sait ce que veut dire un janséniste *au* langage des jésuites. (IV, 484, *P. R.*)
* Ces paroles... ne tombèrent pas *à* terre. (V, 91, *Notes hist.*)
* Il plante son épée *à* terre. (VI, 241, *Livres ann.*)
*Elle monte *à* son chariot (VI, 118, *Rem. sur l'Odyss.*)
Vous montâtes *au* trône; il n'en fut point jaloux. (I, 404, *Théb.* 89.)

Voyez I, 412, *Théb.* 238; I, 425, *Théb.* 480; I, 462, *Théb.* 1152; I, 479, *Théb.* 1424; II, 391, *Bér.* 369.

*Vainqueur *aux* poings. (VI, 131, *Rem. sur l'Odyss.*)
Les Psaumes latins de Vatable..., qui sont *à* la tablette où je mets d'ordinaire mon diurnal. (VII, 121, *Lettres.*)
*.... Qui font de grands ravages *aux* côtes d'Angleterre. (V, 197, *Not. hist.*)
Combien de rois, brisés *à* ce funeste écueil.... (I, 533, *Alex.* 203.)
Moi-même le cherchant *aux* climats étrangers.
(II, 522, *Baj.* 952; voyez I, 432, *Théb.* 602.)
* Cela se voit partout dans l'histoire, soit *aux* asiles, soit *aux* temples, soit *aux* palais. (VI, 108, *Rem. sur l'Odyss.*)
Ces poissons *au* dos argentés. (IV, 31, *Poés. div.* 43.)
(Cela) fit naître l'envie *à* quelques-uns de mes amis de voir sur notre théâtre un échantillon d'Aristophane. (II, 141, *Plaid.* au lect.)
....Enfin *à* l'autel il est allé tomber. (II, 117, *Andr.* 1520.)
* Tu me la donneras brûlante (*ma chemise*) *à* la canicule. (V, 125, *Notes hist.*)
Ainsi les choses demeurèrent *au* même état où elles se trouvoient. (IV, 497, *P. R.*; voyez VII, 200, *Lettres.*)
*A même temps que j'eus signé.... (IV, 227, *Poés. div.* 21.)
Au même temps.... il s'en fit un carnage horrible. (V, 251, *Camp. de Louis XIV*; voyez V, 285, *ibid.*; VI, 309, *Livres ann.*)

Ces dernières locutions passaient alors pour plus correctes que celles que nous y substituerions aujourd'hui : « *A même temps*, dit Chifflet, est mieux dit que *en même temps*. » (*Essai d'une parfaite grammaire*, 1668, p. 126.)

4° À, suivi d'un verbe à l'infinitif, dans un sens analogue à celui du gérondif en *do* des Latins :

....Je perdois ma gloire *à* demeurer ici. (I, 402, *Théb.* 58.)
Allons nous délasser *à* voir d'autres procès. (II, 219, *Plaid.* 884.)
Que croira-t-on de vous, *à* voir ce que vous faites?
(II, 76, *Andr.* 718, voyez VII, 17, *Lettres.*)
Il faut être plus retenu *à* vous parler de vous-même. (II, 364, *Bér* épître; voyez IV, 502, *P. R.*)

Je tremble *à* vous nommer l'ennemi qui m'opprime. (III, 28, *Mithr.*139.)
La Reine, *à* vous ouïr, n'a des yeux que pour vous. (I, 534, *Alex.* 227.)

5° À, avec un infinitif précédé du verbe *se laisser* ou *laisser :*
Je me laissai conduire *à* cet aimable guide.
    (III, 176, *Iph.* 501; voyez I, 571, *Alex.* 1024; VII, 34, *Lettres.*)
Je me suis laissé entraîner *au* texte. (VII, 127, *Lettres.*)
A quel affreux dessein vous laissez-vous tenter? (III, 317, *Phèd.* 195.)
  M. de Gondy, qui s'étoit d'abord laissé surprendre *à* ses ennemis, lui avoit interdit la chaire. (IV, 474, *P. R.*)
Il n'est pas croyable néanmoins combien de gens se laissèrent éblouir *à* ce faux argument. (IV, 494, *P. R.*)
Je m'étudie maintenant.... à ne me laisser pas emporter *à* toute sorte d'objets. (VI, 458, *Lettres.*)
Laisse *aux* pleurs d'une épouse attendrir sa victoire. (III, 195, *Iph.* 874.)
  Voyez III, 328, *Phèd.* 363; III, 649, *Ath.* 755; VI, 243, *Livres ann.*

Ces tours s'expliquent aisément : *à* dépend de *laisser*. En changeant le rapport des mots et subordonnant la préposition à l'infinitif complément de *laisser*, comme nous faisons d'ordinaire aujourd'hui, le sens veut *par*, au lieu d'*à*. — De même *à* équivaut à *par* dans l'exemple suivant, après un infinitif précédé de *faire :*

  Faites toucher votre œil malade *à* la sainte épine. (IV, 467, *P. R.*; voyez IV, 517.)
Comparez certains emplois du datif après le passif en latin.

6° Emplois divers, soit encore usités soit passés d'usage :

  * Ce festin est *à* son honneur. (VI, 76, *Rem. sur l'Odyss.*; voyez V, 571, *Trad.*)
Au cas que vous n'ayez point votre argent.... (VII, 7, *Lettres.*)
.... L'honneur de mourir *à* vos yeux. (II, 287, *Brit.* 702.)
  Voyez I, 580, *Alex.* 1256; I, 586, *Alex.* 1364; I, 591, *Alex.* 1464; II, 45, *Andr.* 100; II, 61, *Andr.* 423; II, 89, *Andr.* 976; II, 101, *Andr.* 1209; II, 123, *Andr.* 1633, III, 156, *Iphig.* 101; III, 502, *Esth.* 604.
Malheureuse ! Comment paraîtrai-je *à* sa vue? (III, 41, *Mithr.* 392.)
Je le vis, je rougis, je pâlis *à* sa vue.
    (III, 323, *Phèd.* 273; voyez V, 100, *Notes hist.*)
  Ce général trouvant la flotte espagnole *à* la vue de Messine, il l'attaque. (V, 265, *Camp. de Louis XIV*; voyez V, 296, *ibid.*)
Muet *à* mes soupirs, tranquille *à* mes alarmes.
    (II, 111, *Andr.* 1401 ; voyez II, 98, *Andr.* 1139.)
  * Les amis sont aveugles *aux* défauts de leurs amis. (VI, 308, *L. ann.*)
  * Ses vers se font bien entendre *aux* savants. (VI, 21, *Rem. sur Pind.*)
  * Former le corps *aux* enfants. (VI, 302, *Livres ann.*)
.... Je gagne ma cause. *A* cela que fait-on? (II, 160, *Plaid.* 213.)
Que devins-je *au* récit du crime de ma mère?
    (III, 26, *Mithr.* 67; voyez III, 498, *Esth.* 531.)
Que diras-tu, mon père, *à* ce spectacle horrible? (III, 377, *Phèd.* 1285.)
On ne voit point le peuple *à* mon nom s'alarmer. (II, 320, *Brit.* 1361.)
(Le peuple) s'attendrit *à* ses pleurs.... (II, 339, *Brit.* 1741.)
Seigneur, si vous parlez, ce n'est qu'*à* sa prière. (II, 411, *Bér.* 840.)
J'entrevois vos mépris, et juge *à* vos discours
Combien j'achèterois vos superbes secours. (III, 221, *Iph.* 1407.)
....Ne devroit-on pas *à* des signes certains
Reconnoître le cœur des perfides humains? (III, 363, *Phèd.* 1039.)
Thésée *à* tes fureurs connoîtra tes bontés. (III, 366, *Phèd.* 1076.)
    .... *Au* fils d'Égée

Sous les lois de l'hymen je m'étois engagée.
(III, 323, *Phèd.* 269 et 270; voyez VII, 277, *Lettres*.)
* Les Mérovingiens ont été aussi cruels à leurs parents que le sont les Othomans. (V, 84, *Notes hist.*)
.... *A* moi-même barbare. (I, 566, *Alex.* 925.)
Son attention *aux* nécessités du prochain, sa charité pour toutes les sœurs, et surtout son attention *à* Dieu. (V, 11, *Épitaphes*.)
* Ils sont déjà morts *à* cette vie.... mortelle. (V, 542, *Trad.*)
Quand même à vos bontés je craindrois quelque obstacle. (II, 331, *Brit.* 1580.)
Et peut-être son cœur fera la différence
Des froideurs de Titus *à* ma persévérance. (II, 409, *Bér.* 792.)
*Il commence par une.... comparaison.... d'une coupe pleine de vin *à* un poëme. (VI, 30, *Rem. sur Pind.*; voyez VI, 306 et 309, *Livres ann.*)
Je n'ai percé qu'*à* peine une foule inconnue.
(III, 182, *Iph.* 610; voyez II, 376, *Bér.* 52.)
Alors ils se retirèrent *à* grande hâte. (V, 260, *Camp. de Louis XIV*.)
Tout le peuple assemblé nous poursuit *à* main forte. (II, 121, *Andr.* 1586.)
* Vaincre l'ennemi *à* force ouverte. (VI, 294, *Livres ann.*)
* Avocats qui crient *à* pleine tête. (VI, 294, *Livres ann.*)
Poussez votre ennemi *à* toute rigueur. (IV, 288, *Imag.*)
Il hait *à* cœur ouvert, ou cesse de haïr. (II, 327, *Brit.* 1518.)
Le peuple ne met guère de différence entre ce qui est.... *à* mille ans de lui, et ce qui en est *à* mille lieues. (II, 477, *Baj.* 2ᵉ préf.)
A quelques jours de là.... (V, 285, *Camp. de Louis XIV*.)
*Que ce soit *à* l'avenir une marque de leur amitié. (VI, 63, *R. sur l'Odyss.*)
Aux jours que vous n'allez point au collége. (VII, 114, *Lettres*.)
*Le lendemain, *à* soleil couchant. (VI, 83, *Rem. sur l'Odyss.*)
J'avois commencé à vous écrire hier *au* soir à Saint-Quentin. (VII, 28, *Lettres;* voyez VII, 139, 151 et 170, *Lettres*.)
Comparez les derniers exemples de 3°, p. 4. — Devant le mot *matin*, *au* est quelquefois supprimé : ainsi VII, 170, *Lettres*; mais d'ordinaire il est exprimé : voyez VI, 87 et 145, *Rem. sur l'Odyss.*

Je souhaite.... que cet accord se fasse *au* plus tôt. (VI, 495, *Lettres*.)
(*Il*) dit.... qu'ils tenoient *à* ce coup les François. (VII, 110, *Lettres*.)
La frayeur les emporte, et sourds *à* cette voix,
Ils ne connoissent plus ni le frein ni la voix. (III, 390, *Phèd.* 1535.)
A chaque fois qu'il en prend (*du quinquina*), il sent la vie descendre dans son estomac. (VI, 590, *Lettres*.)
.... Du linge *à* dentelle. (VII, 164, *Lettres*.)
*Parce qu'elle (*Hélène*) vient *à* la négligence, il la compare à Diane. (VI, 85, *Rem. sur l'Odyss.*)
Monsieur le Duc étoit lieutenant général de jour, et y fit *à* la Condé, c'est tout dire. (VII, 51, *Lettres*.)
*Chanter dans le chariot des Muses, c'est-à-dire *au* style des Muses. (VI, 42, *Rem. sur Pind.*)
Le plus grand nombre fut, *à* l'ordinaire, de l'avis du président. (IV, 498, *P. R.*)
J'en suis sorti *à* mon ordinaire. (VI, 596, *Lettres;* voyez IV, 553, *P.R.*; VI, 436, *Lettres;* VII, 31, *Lettres*.)
* L'ayant fait fouetter et tourmenter *au* double de ce que les voleurs ont accoutumé de l'être. (V, 594, *Trad.*)
* Chacun les paye *à* proportion de ses biens. (V, 133, *Notes hist.*)
Monsieur, je ne veux point être liée. — *A* l'autre!
(II, 166, *Plaid.* 271 ; voyez II, 186, *Plaid.* 509.)
....Une très-petite brèche, *à* passer deux hommes. (VII, 55, *Lettres*.)
Arrêt enfin. Je perds ma cause avec dépens

Estimés environ cinq *à* six mille francs.
(II, 161, *Plaid.* 230; voyez II, 162, *Plaid.* 236; VII, 123, *Lettres.*)
*(*Il*) lui dit qu'il aille deviner *à* ses enfants. (VI, 70, *Rem. sur l'Odyss.*)
A tout ce qu'elle a dit je signe aveuglément. (II, 185, *Plaid.* 498.)
* Ne fléchir *aux* prières injustes. (VI, 296, *Livres ann.*)
Vous les représentez (*ses vertus*) *au* naïf. (VI, 441, *Lettres.*)
Laisser *à* douter, voyez Laisser.
Laisser, *Offrir*, construits avec un double *à* : voyez Laisser, Offrir.

Le premier vers de l'exemple suivant offre, non un emploi, mais une omission d'*à* qui s'écarte de l'usage actuel :
Seigneur, jusqu'à ce jour, ce que j'ai pu comprendre,
Ce prince a cru pouvoir, après votre trépas,
Compter cette province au rang de ses Etats. (III, 45, *Mithr.* 506.)

Pour les locutions adverbiales, prépositives ou conjonctives, dans lesquelles entre la préposition *à*, voyez au mot principal de ces locutions; et à leur rang dans ce *Lexique*, les divers noms, adjectifs, verbes ou adverbes qui se construisent avec la préposition *à*; par exemple :
1° Coeur *à*, homme *à*, part *à*, pente *à*, etc.; bon *à*, civil *à*, considérable *à*, ingrat *à*, rebelle *à*, retenu *à*, etc.; aboyer *à*, amuser (S') *à*, changer *à*, élever *à*, insister *à*, insulter *à*, nourrir *à*, partager *à*, réserver *à*, satisfaire *à*, tenter *à*, etc., etc.
2° cause (à) que, défaut (au) de, devant (au) de, jamais (au grand), lieu (au) que, naturel (au), titre (à) de, travers (au) de, etc.

Voyez aussi, dans l'*Introduction grammaticale*, ce qui concerne l'emploi du datif des pronoms.

ABAISSEMENT, au figuré :
Ce triste *abaissement* convient à ma fortune.
(III, 198, *Iph.* 930; voyez II, 71, *Andr.* var. 2.)

ABAISSER, s'abaisser, au figuré :
.... Je ferois quelque difficulté
D'*abaisser* jusque-là (*jusqu'à l'amour*) votre sévérité. (II, 798, *Brit.* 293.)
Cette fierté si haute *est* enfin *abaissée*. (I, 589, *Alex.* 1409.)
Est-il juste, après tout, qu'un conquérant *s'abaisse*
Sous la servile loi de garder sa promesse? (II, 106, *Andr.* 1313.)

ABANDONNER, s'abandonner à, s'abandonner en proie à :
.... Quand le Ciel s'apprête à nous l'*abandonner*,
J'attendrai qu'un tyran daigne nous pardonner? (I, 531, *Alex.* 147.)
Par moi seule, éloigné de l'hymen d'Octavie,
Le frère de Junie *abandonna* la vie.
(II, 258, *Brit.* 64; voyez I, 468, *Théb.* 1220; I, 476, *Théb.* 1378.)
Lorsque j'ai de mes sens *abandonné* l'empire. (III, 348, *Phèd.* 761.)
.... Son âme étonnée
De tout ce grand pouvoir se vit *abandonnée*. (I, 532, *Alex.* 174.)
Voyez I, 436, *Théb.* 653; I, 531, *Alex.* 149; I, 557, *Alex.* 719; II, 60, *Andr.* 398; II, 109, *Andr.* 1385; II, 339, *Brit.* 1761; IV, 271, *Imag.*
Dieux! ne puis-je à ma joie *abandonner* mon âme?
(II, 82, *Andr.* 857; voyez I, 556, *Alex.* 706.)
.... La voile flottoit aux vents *abandonnée*. (III, 349, *Phèd.* 798.)
A vos sages conseils, Seigneur, je m'*abandonne*. (III, 617, *Ath.* 188.)
Voyez II, 75, *Andr.* 705; II, 101, *Andr.* 1220; II, 106, *Andr.* 1312; II, 255, *Brit.* 1; II, 279, *Brit.* 513.
Souffre qu'*à* mes transports je m'*abandonne en proie*. (I, 480, *Théb.* 1454.)
Les deux camps aussitôt *s'abandonnent en proie*,
Le nôtre *à* la douleur, et les Grecs *à* la joie (I, 474, *Théb.* 1353 et 1354.)

ABATIS de bois, V, 325, *Siége de Namur*.

ABATTEMENT, au pluriel :

Ces mêmes chaleurs m'ont souvent jeté dans de fort grands *abattements*. (VII, 266, *Lettres*.)

ABATTRE, au propre et au figuré :

Chacun se disputoit la gloire de l'*abattre(Pyrrhus)*. (II, 117, *Andr.* 1517.)
Sa vue a ranimé mes esprits *abattus*. (III, 634, *Ath.* 510.)
Abattre la fierté de quelqu'un, voyez Fierté.
Voyez I, 552. *Alex.* 625; I, 558, *Andr.* 740; I, 559, *Alex.* 778; I, 563, *Alex.* 868; I, 574, *Alex.* 1111; II, 107, *Andr.* 1333.

ABHORRER :

.... L'amour du pays nous cache une autre flamme.
Je la sais; mais, Créon, j'en *abhorre* le cours. (I, 414, *Théb.* 281.)
Voyez II, 42, *Andr.* 36; II, 123, *Andr.* 1630.

ABÎME, au figuré :

Comme un *abîme* en attire un autre.... (IV, 585, *P. R.*)
Ce trône fut toujours un dangereux *abîme*. (I, 462, *Théb.* 1155.)
Dans quel *abîme* affreux vous me précipitez ! (III, 54, *Mithr.* 714.)

ABOLIR :

De leur blasphème et de leurs crimes
J'*abolirai* le souvenir. (IV, 143, *Poés. div.* 100.)
Ses honneurs *abolis*, son palais déserté.
(II, 284, *Brit.* 646; voyez III, 703, *Ath.* 1789.)

ABONDANCE de cœur, épanchement :

J'y ai parlé assurément de l'*abondance* de mon cœur.(VII, 217, *Lettres*.)

ABORD, approche, arrivée :

Déjà de leur *abord* la nouvelle est semée. (III, 168, *Iph.* 349.)
Louis Racine se demande si l'on peut dire *abord*, pour *arrivée*. Ce mot était fort usité dans ce sens quand son père s'en servait. Voyez notre *Lexique de Corneille*.
Le prince d'Orange, étant donc arrivé, crut à son *abord* que tout alloit changer de face. (V, 261, *Camp. de Louis XIV*; voyez II, 104, *Andr.* 1276.)
Abord d'un lieu, pour *approche* d'un lieu : voyez I, 590, *Alex.* 1436.

D'abord, dès l'abord, aussitôt :

Qui *d'abord* accabloit ses ennemis surpris. (III, 655, *Ath.* 873.)
Voyez I, 432, *Théb.* 596; II, 44, *Andr.* 59; II, 141, *Plaid.* au lect.; II, 338, *Brit.* 1728.

D'abord que, dès que :

D'abord que sur sa tête il reçoit la couronne,
Un roi sort à l'instant de sa propre personne. (I, 404, *Théb.* var. 2.)
**D'abord qu*'ils furent entrés, elle les fit asseoir. (VI, 158, *Rem. sur l'Odyss.*; voyez VI, 75, 140, *ibid.*)

ABORDER activement et neutralement :

Dans les bras de la mort il le va regarder,
Si toutefois encore il ose l'*aborder*. (I, 586, *Alex.* 1368.)
Ces pauvres filles n'*abordoient* qu'en tremblant une maison qu'elles venoient, pour ainsi dire, affamer. (IV, 397, *P. R.*)
Un flot continuel de peuple qui *abordoit* dans cette église.... (IV, 470, *P. R.*)
* *Étant abordés* au Brésil.... (V, 154, *Notes hist.*)

* On dit que Dardanus.... *étoit abordé* au pied du mont Ida. (VI, 208, *Livres ann.*)

ABOUCHER AVEC :
Il m'a aussi *abouché avec* M. d'Espagne. (VI, 551, *Lettres.*)

ABOYER λ :
Quand avons-nous manqué d'*aboyer au* larron? (II, 211, *Plaid.* 785.)

ABOYEUR, au propre :
  Là l'on voit la biche légère,
Loin du sanguinaire *aboyeur.* (IV, 29, *Poés. div.* 42.)

ABRÉGER :
  .... Ma main, à moi seule funeste,
D'une infidèle vie *abrégera* le reste. (II, 96, *Andr.* 1094.)

ABREUVÉ, au propre et au figuré :
Toutes les parties voisines étoient tellement *abreuvées* et altérées par la fluxion.... (IV, 465, *P. R.*)
Me nourrissant de fiel, de larmes *abreuvée.* (III, 375, *Phèd.* 1245.)

ABRI (A L') DE, en sûreté sous ou derrière, en sûreté contre :
Ses soldats, à ses pieds, étendus et mourants,
Le mettoient *à l'abri de* leurs corps expirants. (I, 590, *Alex.* 1432.)
A l'abri de ce trône attendez mon retour. (III, 509, *Esth.* 712.)
Rien ne met *à l'abri de* cet ordre fatal. (III, 479, *Esth.* 199.)

ABRICOT, IV, 40, *Poés. div.* 23.

ABSENCE :
(J'attendois) Que cette même bouche, après mille serments,
M'ordonnât elle-même une *absence* éternelle.
  (II, 424, *Bér.* 1108 ; voyez II, 292, *Brit.* 788; II, 330, *Brit.* 1564.)

ABSENT DE :
De ce même rivage *absent* depuis un mois.
  (III, 187, *Iph.* 739 ; voyez II, 284, *Brit.* 641.)

ABSOLU SUR :
....Mes yeux *sur* votre âme étoient plus *absolus.* (II, 81, *Andr.* 815.)
La Harpe semble croire que cette locution a été introduite dans notre langue par Racine. Nous ne la trouvons qu'une fois dans ses *OEuvres*, et nous l'avons notée cinq fois dans celles de Corneille. Voyez notre *Lexique* de cet auteur.

ABSORBER, au figuré, éteindre :
* Je veux donc *absorber* cette dette. (VI, 44, *Rem. sur Pind.*)

ABUS (Appeler comme d'), IV, 443 et 555, *P. R.*

ABUSER DE :
J'*abuse*, cher ami, *de* ton trop d'amitié. (II, 80, *Andr.* 795.)

ABUSER, tromper :
C'est pleurer trop longtemps une mort qui t'*abuse.*
  (III, 466, *Esth.* 15 ; voyez III, 326, *Phèd.* 321; III, 395, *Phèd.* 1599.)

ACCABLER, au propre et au figuré :
* Neuf hommes.... ont été *accablés* de la terre qui s'est éboulée. (V, 126, *Notes hist.*)
Sous tant de morts, sous Troie il falloit l'*accabler.* (II, 50, *Andr.* 208.)
Il (*le Ciel*) n'interromt ses coups que pour les redoubler,

Et retire son bras pour me mieux *accabler*. (I, 437, *Théb.* 690.)
Il (*Néron*) vous *accablera* vous-même à votre tour. (II, 337, *Brit.* 1701.)
....Quelque péril qui me puisse *accabler*. (II, 305, *Brit.* 1061.)
Assez et trop longtemps mon amitié t'*accable*. (II, 79, *Andr.* 781.)
....J'allois, *accablé* de cet assassin t.
Pleurer Britannicus, César et tout l'État. (II, 334, *Brit.* 1645.)
Fuyons, tous deux, fuyons un spectacle funeste
Qui de notre constance *accableroit* le reste. (II, 407, *Bér.* 748.)
Votre sœur.... nous *accable* tous les jours de lettres. (VII, 171, *Lettres.*)
Le sénat m'a parlé; mais mon âme *accablée*
Écoutoit sans entendre.... (II, 438, *Bér.* 1376.)
.... L'amour dans leurs cœurs, interrompu, troublé,
Sous le faix des lauriers *est* bientôt *accablé*. (I, 541, *Alex.* 368.)
Voyez I, 432, *Théb.* 596; I, 477, *Théb.* 1394; I, 573, *Alex.* 1079; II, 43, *Andr.* 38; II, 338, *Brit.* 1721; II, 377, *Bér.* 68.

S'ACCABLER DE :
Ne vous *accablez* point d'inutiles douleurs. (I, 575, *Alex.* 1135.)

ACCEPTER :
.... Puis-je espérer encore
Que vous *accepterez* un cœur qui vous adore? (II, 55, *Andr.* 294.)
J'*accepte* ton dessein, et l'*accepte* avec joie. (I, 457, *Théb.* 1072.)

ACCEPTER, faire acception de :
*Dieu n'*accepte* point les personnes. (VI, 258, *Livres ann.*)

ACCÈS, abord, au propre et au figuré :
.... Depuis quand, Seigneur, entre-t-on dans ces lieux,
Dont l'*accès* étoit même interdit à nos yeux? (II, 481, *Baj.* 4.)
Tes discours trouveront plus d'*accès* que les miens. (III, 350, *Phèd.* 808.)

ACCESSIBLE à, se rapportant à un nom de personne :
Il se rend *accessible* à tous les janissaires. (II, 482, *Baj.* 38.)

ACCOMMODEMENT :
Mon père, il faut trouver quelque *accommodement*. (II, 196, *Plaid.* 602.)

ACCOMMODER, emplois divers :
Elle (*ma femme*) a bien de la peine à en trouver une (*une nourrice*), à Paris, qui l'*accommode*. (VI, 540, *Lettres.*)
*Ils apportent tout en commun pour en *accommoder* ceux qui peuvent en avoir besoin. (V, 558, *Trad.*)
*Nestor commande à ses enfants d'*accommoder* un chariot pour Télémachus. (VI, 82, *Rem. sur l'Odyss.*)
M. de Cavoye a la bonté de vouloir visiter mon nouvel appartement, pour voir comme on l'*a accommodé*. (VII, 161, *Lettres.*)
*On compose les chansons, et puis on y *accommode* le luth. (VI, 16, *Rem. sur Pind.*)
*Des médecins.... *accommodent* les mêmes drogues à des maux semblables. (VI, 303, *Livres ann.*)
*Il n'y a point d'arbitre entre nous pour nous *accommoder*. (VI, 182, *Livres ann.*)

S'ACCOMMODER, s'accorder, faire la paix :
*Le Roi, de son côté, craint que le roi de Danemarc.... ne s'*accommode*. (V, 115, *Notes hist.*)

S'ACCOMMODER À, se conformer à :
A ses moindres desirs il sait *s'accommoder*.
(II, 275, *Brit.* 433; voyez II, 531, *Baj.* 1147.)
* *S'accommoder* au fond du cœur de ses auditeurs. (VI, 331, *Livres ann.*)
Il eût bien voulu qu'elles *se fussent* un peu *accommodées au* temps. (IV, 548. *P R.*)

ACCOMPAGNER, ACCOMPAGNER DE :
De votre auguste père *accompagnez* les pas. (III, 622, *Ath.* 292.)
De mon heureux rival j'*accompagnai* les armes. (II, 384, *Bér.* 211.)
* Il (*Pindare*) *accompagne* cette ode *d'*une autre petite. (VI, 43, *Rem. sur Pind.*)
* Elle (*Électra*) fait les effusions et exhorte le chœur à les *accompagner de* gémissements. (VI, 221, *Livres ann.*)
* Appareil terrible *dont* il *accompagne* Achille. (VI, 206, *Livres ann.*)

ACCOMPLIR :
Vous pouvez dès cette heure *accomplir* vos souhaits.
(I, 407, *Théb.* 157; voyez I, 408, *Théb* 173.)
L'oracle *est accompli*, le ciel est satisfait. (I, 434, *Théb.* 618.)
Les temps *sont accomplis*, Princesse : il faut parler. (III, 616, *Ath.* 165.)

ACCORD, D'ACCORD :
* Il (*Priam*) doute s'il traitera *d'accord* avec Achille. (VI, 209, *Livres ann.*)
.... Vous saurez d'abord
Qu'il ne tient plus qu'à vous, et que tout est *d'accord*. (II, 218, *Plaid.* 856.)
La plupart des connoisseurs demeurent *d'accord* que c'est ce même Britannicus. (II, 250, *Brit.* 2ᵉ préf.)

ACCORDER, concilier :
Accorder tant de gloire avec tant de jeunesse. (I, 561, *Alex.* 814.)
.... Je saurai peut-être *accorder* quelque jour
Les soins de ma grandeur et ceux de mon amour. (II, 52, *Andr.* 244.)

ACCORDER, octroyer, concéder :
La demande *est accordée*. (V, 285, *Camp. de Louis XIV.*)
Tous vos desirs, Esther, vous *seront accordés*. (III, 526, *Esth.* 1023.)
* Le haut du pavé *accordé* aux femmes. (VI, 292, *Livres ann.*)
Loin de leur *accorder* ce fils de sa maîtresse.
(II, 47, *Andr.* 137; voyez II, 78, *Andr.* 749.)

ACCORDÉ, fiancé :
Hermione, fille d'Hélène, *accordée* avec Pyrrhus. (II, 40, *Andr.* acteurs; voyez III, 23, *Mithr.* acteurs.)

S'ACCORDER, se mettre d'accord, être d'accord :
Deux fils infortunés qui ne *s'accordent* pas.
(III, 24, *Mithr.* 14; voyez II, 123, *Andr.* 1624.)
Que l'éclat de vos lis *s'accorde* bien aux siens! (IV, 61, note 3, *Poés. div.*)
Si sa bouche *s'accorde* avec la voix publique. (II, 380, *Brit.* 128.)

ACCOURIR, au figuré :
La mer *accourt* en mugissant. (IV, 140, *Poés. div.* 34.)

ACCOUTUMANCE :
* Sachant que l'*accoutumance* que l'on y prend (*dans les lieux où l'on est né*) a.... un charme auquel il est très-difficile de résister. (V, 543, *Trad.*)

ACCOUTUMÉ (Avoir) de :
Elle (*la Thébaïde*).... sera assurée d'un Protecteur que le nombre des ennemis n'a pas *accoutumé* d'ébranler. (I, 390, *Théb.* épître.)
Nos enfants *ont accoutumé d*'être fort délicats quand les dents leur viennent. (VII, 4, *Lettres;* voyez IV, 271 et 336, *Imag.*; IV, 352, *Disc. acad.*; V, 336, *Siége de Nam.*; V, 507, et 594, *Trad.*)

ACCROCHER, attaquer :
* Il est maître, il est philosophe :
Malheur à celui qui l'*accroche!* (IV, 202, *Poés. de la pr. jeun.* 49)

ACCROIRE (S'en faire) :
Humilier un homme qui *s'en fait accroire.* (VI, 450, *Lettres*, 1662.)
L'autographe donne *à croire* en deux mots, contrairement à l'observation de Vaugelas, qui dit dans sa *Remarque* sur *Accroire :* « On l'écrit ainsi avec deux *c,* et en un seul mot, et non pas *à croire,* ni *acroire.* » — Voyez le *Lexique de Malherbe,* p. 15.

ACCROISSEMENT, au propre et au figuré :
* Le blé, l'orge et le vin auxquels la pluie donne de l'*accroissement.* (VI, 144, *Rem. sur l'Odyss.*)
* Naissance et *accroissement* de la tragédie. (VI, 289, *Livres ann.*)

ACCROÎTRE, s'accroître :
Recueilli dans leurs ports, *accru* de leurs soldats,
Nous verrons notre camp grossir à chaque pas. (III, 58, *Mithr.* 801.)
Mes ans *se sont accrus;* mes honneurs sont détruits. (III, 69, *Mithr.* 1042.)

ACCUEIL, dans un sens favorable ou défavorable :
D'un favorable *accueil* honorons son passage. (I, 533, *Alex.* 194.)
D'où vient ce sombre *accueil* et ces regards fâcheux? (I, 452, *Théb.* 986.)
Vous ne me dites rien? Quel *accueil!* Quelle glace!
(II, 287, *Brit.* 707; voyez II, 484, *Baj.* 86.)

ACCUSER, avec un nom de chose pour complément :
Elle étoit à l'autel, et peut-être, en son cœur,
Du fatal sacrifice *accusoit* la lenteur (III, 239, *Iph.* 1764.)
Madame, pardonnez. J'avoue, en rougissant,
Que j'*accusois* à tort un discours innocent. (III, 342, *Phèd.* 668.)
Par des ambassadeurs *accuser* ma paresse. (III, 59, *Mithr.* 808.)

Accuser, avec un nom de chose pour sujet :
Quel trouble! Quel torrent de mots injurieux
Accusoit à la fois les hommes et les Dieux! (III, 203, *Iph.* 1040.)

Accuser, indiquer, déceler, révéler :
Voyons qui son amour *accusera* des deux. (III, 68, *Mithr.* 1029.)
....Son silence même, *accusant* sa noblesse. (III, 163, *Iph.* 241.)

S'accuser de :
Votre cœur *s'accusoit de* trop de cruauté. (II, 321, *Brit.* 1370.)

ACHARNÉ à :
....Des soldats *acharnés au* meurtre. (V, 277, *Camp. de Louis XIV.*)

ACHEMINEMENT à :
Toutes ces conquêtes.... n'ont été.... qu'un *acheminement aux* grandes choses qu'il (*le Roi*) fit l'année suivante. (V, 274, *Camp. de Louis XIV.*)

ACHEMINER (S') à, vers :
Il n'a point fait de conquêtes qu'il n'ait méditées longtemps..., et *où* il ne *se soit acheminé* comme par degrés. (V, 300, *Camp. de Louis XIV.*)

Depuis ce coup fatal, le pouvoir d'Agrippine
Vers sa chute, à grands pas, chaque jour *s'achemine*.
>(II, 261, *Brit.* 112; voyez la note 1 de la page 261.)

ACHETER, au figuré; ACHETER DE, PAR, À :
Nul ne leur a plus fait *acheter* la victoire.
>(III, 97, *Mithr.* 1659; voyez I, 533, *Alex.* 199.)

Il *acheta* cher la gloire de les avoir délivrés. (V, 285, *Camp. de Louis XIV.*)

C'est *acheter* la paix *du* sang d'un malheureux.
>(II, 70, *Andr.* 616; voyez III, 166, *Iph.* 318; IV, 158, *Poés. div.* 17.)

D'un peu de complaisance est-ce trop l'*acheter*? (III, 660, *Ath.* 986.)

Il *a par* trop de sang *acheté* leur colère.
>(II, 51, *Andr.* 226; voyez VI, 297, *Livres ann.*)

Non, je ne prétends point, cher Arbate, à ce prix,
D'un malheureux empire *acheter* le débris. (III, 24, *Mithr.* 17 et 18.)

ACHETEUR :
...Un trop grand *acheteur* de livres. (VII, 267, *Lettres.*)

ACHEVER, au propre et au figuré :
Il fait *achever* une.... maison qu'il a commencée. (VI, 417, *Lettres.*)
Achevons son bonheur pour établir le mien.
>(I, 567, *Alex.* 956; voyez IV, 69, *Poés. div.* 84.)

. Jusqu'au bout *achevant* ma carrière. (I, 594, *Alex.* 1516.)
Il lui perce le cœur; et son âme ravie,
En *achevant* ce coup, abandonne la vie. (I, 476, *Théb.* 1378.)
Rigoureuse Fortune, *achève* ton courroux. (I, 472, *Théb.* 1307.)
Le dessein en est pris, je le veux *achever*. (II, 76, *Andr.* 715.)
Achevez votre hymen.... (II, 108, *Andr.* 1371.)
Voyez I, 537, *Alex.* 272; III, 61, *Mithr.* 859; III, 78, *Mithr.* 1250.
Hécube près d'Ulysse *acheva* sa misère. (II, 49, *Andr.* 189.)
Au-dessus de leur gloire un naufrage élevé
Que Rome et quarante ans *ont* à peine *achevé* (III, 48, *Mithr.* 570.)
Allez : laissez aux Grecs *achever* leur ouvrage. (III, 234, *Iph.* 1649.)
Achevez-la (*la paix*)... : mon fils l'a commencée. (I, 441, *Théb.* 768.)
....Sur son temple *achevant* ma vengeance. (III, 659, *Ath.* 959)
Voyez I, 515, *Alex.* épître; III, 606, *Ath.* 23.
Qu'il *achève*, Madame, et qu'il fasse périr
Un ministre importun, qui ne le peut souffrir. (II, 338, *Brit.* 1713.)
Ma honte *est* confirmée, et son crime *achevé*. (II, 101, *Andr.* 1216.)
De mes inimitiés le cours *est achevé*. (II, 51, *Andr.* 219.)
De semblables projets veulent *être achevés*. (III, 57, *Mithr.* 790.)

Les grammairiens du dix-huitième siècle ont blâmé plusieurs des compléments (ou sujets au passif) donnés par Racine au verbe *achever;* mais ces locutions se justifient et par elles-mêmes et par l'exemple de Corneille : voyez notre *Lexique* de cet auteur.

ACHEVER, donner le coup mortel à :
Deux mousquetaires blessés s'étoient tenus couchés parmi ces morts de peur d'*être achevés*. (VII, 17, *Lettres.*)

ACHEVER, familièrement, au figuré, dans un sens analogue :
Pour m'*achever*, je suis tout le jour étourdi d'une infinité de cigales. (VI, 479, *Lettres;* voyez VII, 186, *Lettres.*)

S'ACHEVER, au sens passif :
...Elle (*la trêve*) a commencé; faut-il qu'elle *s'achève*? (I, 428, *Théb.* 548.)
....Leur hymen me servira de loi.

S'il *s'achève*, il suffit : tout est fini pour moi. (III, 177, *Iph.* 524.)

ACIER, glaive, poignard :
J'ai senti tout à coup un homicide *acier*. (III, 634, *Ath.* 513.)

ACQUÉRIR :
* C'est un malheur d'*acquérir* ce que nous desirons, si cela est injuste. (VI, 303, *Livres ann.*)
* Les victoires qu'il a *acquises*. (VI, 34, *Livres ann.*)

ACQUIESCEMENT :
.... Un entier *acquiescement* sur le droit. (IV, 549, *P. R.*)

ACQUITTER, s'ACQUITTER, au figuré :
.... Je ne prétends pas qu'un impuissant courroux
Dégage ma parole et m'*acquitte* envers vous. (II, 269, *Brit.* 302.)
Il t'a livré Porus. Que feras-tu jamais
Qui te puisse *acquitter* d'un seul de ses bienfaits? (I, 589, *Alex*, 1424.
.... N'ai-je pris sur moi le soin de tout l'État
Que pour *m'en acquitter* par un assassinat? (II, 100, *Andr.* 1184.)
.... *M'acquitter* vers vous de mes respects profonds. (II, 520, *Baj.* 899.)

ÂCRETÉ, au propre :
Quelques *âcretés* vers la luette. (VI, 572, *Lettres.*)

ACTE :
On dressoit chez un notaire l'*acte* de cette donation. (IV, 425, *P.R.*)
Voyez IV, 558 et 562, *P. R.*

ACTIF : Voix ACTIVE, voyez VOIX.

ACTION, sens divers :
Cette *action* (*le renvoi de Bérénice par Titus*) est très-fameuse dans l'histoire. (II, 365, *Bér.* préf. ; voyez III, 593 et 598, *Ath.* préf.)
Elles dressèrent..., le lendemain de l'enlèvement de leurs mères, un procès-verbal.... de tout ce qui s'étoit passé dans cette *action*. (IV, 556, *P. R.*)
* On leur tua beaucoup de monde en cette *action*. (V, 328, *Siége de Nam.*)
* Diogène rouloit son tonneau pour être en *action* comme les autres (VI, 320, *Livres ann.*)
Les choses qui ne se peuvent passer en *action* (*au sens dramatique*). (II, 246, *Brit.* 1re préf. ; voyez I, 394, *Théb.* préf. ; III, 601, *Ath.* préf.)
L'Académie.... applaudissoit à vos célèbres *actions* (*en Sorbonne*). (IV, 353, *Disc. acad.* et note 1.)

ADIEU, ADIEUX :
* *Adieu* d'Hector et d'Andromaque. (VI, 203, *Livres ann.*)
Qu'il n'ait en expirant que ses cris pour *adieux*. (II, 540, *Baj.* 1320.)
Burrhus, avez-vous vu quels regards furieux
Néron en me quittant m'a laissés pour *adieux*? (II, 337, *Brit.* 1698.)
Laisser pour adieux, employé par Corneille dans *le Cid*, a été supprimé par lui à cause de la critique que l'Académie en avait faite. Voyez notre *Lexique de Corneille*
Voyez encore II, 216, *Plaid.* 835 ; II, 381, *Bér.* 158.
* *Adieu* la piété, si Agamemnon n'est pas vengé. (VI, 225, *Livres ann.*)

ADIOUSIAS, mot patois, *adieu*, VI, 416, *Lettres*
Ce mot, qui dans les patois méridionaux signifie littéralement : *à Dieu sois!* termine une lettre de Racine, de 1661, datée d'Uzès.

ADMETTRE :
L'hymen chez les Romains n'*admet* qu'une Romaine. (II, 387, *Bér.* 295.)
ADMIRABLE à :
O spectacle! O triomphe *admirable à* mes yeux! (III, 466, *Esth.* 25.)
ADMIRATION :
L'attention.... vive, l'*admiration* toujours tendue. (IV. 368, *Disc. acad.*)
Une personne.... qui est lui-même l'*admiration* de tout le monde. (I, 390, *Théb.* épitre.)
ADMIRER, considérer avec étonnement, s'étonner (de ou que) :
Mais n'*admirez*-vous pas cette bonne comtesse? (II, 170, *Plaid.* 307.)
Mais *admire* avec moi le sort dont la poursuite
Me fait courir alors au piége que j'évite. (II. 44, *Andr.* 66.)
Voyez I, 444, *Théb.* 823; II, 97, *Andr.* 1130; III, 240, *Iph.* 1767; VI, 111, *Rem. sur l'Odyss.*
La cour de Rome ne pouvoit surtout se lasser d'*admirer* qu'après tout l'éclat.... on en vint à, etc. (IV, 567, *P. R.*)
Admirer si, voyez SI.
ADORABLE :
.... *Adorable* Axiane. (I, 553, *Alex.* 665.)
.... Cette paix *adorable*. (IV, 86, *Poés. div.* 23.)
ADORATEUR, TRICE, substantivement et adjectivement :
* C'est ainsi que les deux bandes de ces sages *adorateurs* et *adoratrices* du vrai Dieu s'unissent ensemble. (V, 553, *Trad.*)
.... En vain l'on prétend, chez des peuples si braves,
Au lieu d'*adorateurs* se faire des esclaves.
(I, 545, *Alex.* 482; voyez III, 606, *Ath.* 15.)
Volage *adorateur* de mille objets divers. (III, 341; *Phèd.* 636.)
Les flots toujours nouveaux d'un peuple *adorateur*. (II, 376, *Bér.* 53.)
ADORER, au figuré :
Qu'il aille avec sa sœur *adorer* Alexandre. (I, 536, *Alex.* 262.)
.... Voir toute la terre *adorer* votre amant. (I, 594, *Alex.* 1528.)
Ils *adorent* la main qui les tient enchaînés. (II, 324, *Brit.* 1446.)
Déjà de ma faveur on *adore* le bruit. (II, 331, *Brit.* 1605.)
Je l'aimai, je l'*adore*.... (I, 577, *Alex.* 1179.)
Voyez I, 480, *Théb.* 1449; I, 536 et 558, *Alex.* 269 et 767; III, 368, *Phèd.* 1125.
ADOUCIR ; s'ADOUCIR, au sens passif :
Si tant de soins ne *sont adoucis* par vos charmes. (II, 282, *Brit.* 591.)
   Même au milieu de ta vengeance,
   Combien de fois ton indulgence
   M'en a-t-elle *adouci* les traits! (IV, 142, *Poés. div.* 80.)
.... Peut-être qu'*adouci*
Il songe à terminer une guerre si lente. (I, 442, *Théb.* 790.)
.... Son courroux *seroit-il adouci?* (I, 479, *Théb.* 1420.)
On lui avoit pourtant écrit de Paris qu'on avoit avis que les affaires *s'adoucissoient*. (IV, 507, *P. R.*)
ADRESSANT TE :
.... Une enveloppe *adressante* à M. Symil. (VI, 421, *Lettres ;* voyez V, 518, *Trad.*)
ADRESSE, au pluriel :
Vous savez sa coutume, et sous quelles tendresses

Sa haine sait cacher ses trompeuses *adresses*. (III, 39, *Mithr.* 372.)
Voyez III, 379, *Phèd.* 1321; IV, 525, *P. R.*; VI, 142, *Rem. sur l'Odyss.*

ADRESSER, s'ADRESSER À :
Mais n'admirez-vous pas cette bonne comtesse
Qu'avec tant de bonheur la fortune m'*adresse?* (II, 170, *Plaid.* 308.)
Voyez II, 100, *Andr.* 1190; II, 293, *Brit.* 808; IV, 54, *Poés. div.* 56 var.
Je vois qu'en m'écoutant vos yeux au Ciel *s'adressent*. (III, 507, *Esth.* 682.)
Par une main cruelle, hélas! j'ai vu percer
Le seul (*cœur*) où mes regards prétendoient *s'adresser*. (II, 83, *Andr.* 864.)

ADROIT DE, POUR:
* Ils n'étoient *adroits* que *de* la main et *pour* les exercices du corps.
(VI, 109, *Rem. sur l'Odyss.*; voyez VI, 131, *ibid.*)

ADULTÈRE, adjectivement et substantivement :
Pour rendre à d'autres dieux un honneur *adultère*. (III, 483, *Esth.* 258.)
Faut-il que sur le front d'un profane *adultère*
Brille de la vertu le sacré caractère? (III, 363, *Phèd.* 1037.)
Aucun ne s'est jamais avisé d'appeler Jupiter ni Vénus incestes ou *adultères*. (VI, 382, *Lettres.*)

ADVENIR, voyez AVENIR.

ADVERSE PARTIE, II, 188, *Plaid.* 531.

AFFABLE :
Lui, parmi ces transports, *affable* et sans orgueil,
A l'un tendoit la main, flattoit l'autre de l'œil.
(III, 689, *Ath.* 1525; voyez IV, 149, *Poés. div.* 34.)
La courte note de Louis Racine au sujet du mot *affable*, reproduite dans la présente édition, a donné à penser à Aimé-Martin (*Dictionnaire critique*, à la suite de l'édition de 1844) que cette expression était, pour ainsi dire, de la création de Racine. Elle est, au contraire, fort ancienne. M. Littré en cite dans son *Dictionnaire* un exemple tiré des traductions de Nicole Oresme, et qui, par conséquent, remonte au quatorzième siècle, et il n'en est pas de cette expression comme de beaucoup d'autres, qui après avoir été employées par cet ancien traducteur, sont demeurées dans l'oubli, car elle se trouve en 1539 dans le *Dictionnaire françois-latin* de Robert Estienne, et, dès le commencement du dix-septième siècle, dans les dictionnaires de Cotgrave et de Nicot, et dans celui de Richelet avec cette note : « Ce mot est un peu vieux. » Il déplaisait à cause de cela à Patru; mais en 1687, le P. Bouhours, après avoir, dans la *Suite des Remarques nouvelles*, montré par des exemples que les meilleurs écrivains, et Racine en particulier, s'étaient servis d'*affable*, terminait en disant : « Il ne faut pas après cela s'arrêter au dégoût ou à l'antipathie de M. Patru. »

AFFAIRE, sens et emplois divers :
* Ce seroit brouiller toutes ses *affaires*. (VI, 133, *Rem. sur l'Odyss.*)
Votre mère, qui a vu la lettre que votre sœur vous écrit, dit qu'elle vous y parle des *affaires* de votre conscience. (VII, 265, *Lettres.*)
* La France, dont il ruina les *affaires*. (V, 149, *Not. hist.*; voyez II, 242, *Brit.* 1re préf.; III, 457, *Esth.* préf.)
* On ménageoit les gens d'*affaires*. (VI, 335, *Livres ann.*)
Des lettres.... d'*affaires*. (VII, 257, *Lettres.*)
Instruire une *affaire* · voyez INSTRUIRE.
Il avoit *affaire* à des spectateurs assez difficiles.
(II, 142, *Plaid.*, au lect.; voyez IV, 336, *Imag.*)
Ce n'est pas à présent une petite *affaire* pour moi que de vous écrire. (VI, 431, *Lettres.*)
Le médecin que je vous dis l'entreprit, et.... le tira d'*affaire* en trois semaines. (VI, 563, *Lettres.*)

J'approuve fort qu'on fasse son possible pour sortir d'*affaire* avec le fils de M. Regnaud. (VII, 168, *Lettres*.)

M. Hessin, excepté quelque petit reste de foiblesse, est entièrement hors d'*affaire*. (VI, 595, *Lettres;* voyez VII, 257, *Lettres*.)

* Quand il avoit *affaire* (*besoin*) d'argent. (V, 519, *Trad.*)

.... Ah! Monsieur, si feu mon pauvre père
Étoit encor vivant, c'étoit bien votre *affaire*. (II, 155, *Plaid.* 152.)

AFFAMER :

*Messine *fut* bientôt *affamée*. (V, 264, *Camp. de L. XIV*; voy. *ib.*, 253.)

Ces pauvres filles n'abordoient qu'en tremblant une maison qu'elles venoient pour ainsi dire *affamer*. (IV, 397, *P. R.*)

* Rien n'est plus impudent qu'un ventre *affamé*. (VI, 125, *Rem. sur l'Odyss.*; voyez IV, 158, *Poés. div.* 20; VI, 475, *Lettres*.)

Si de sang et de morts le ciel *est affamé*. (III, 231, *Iph.* 1603.)

Ce cœur nourri de sang, et de guerre *affamé*. (III, 43, *Mithr.* 458.)

AFFECTATION, au pluriel :

Ces hélas de poche, ces mesdemoiselles mes règles, et quantité d'autres basses *affectations*. (II, 370, *Bér.* préf.)

AFFECTER, activement et passivement :

.... *Affectant* l'honneur de céder le dernier. (I, 452, *Théb.* 989.)

D'une mère facile *affectez* l'indulgence. (II, 267, *Brit.* 272.)

Il *affecte* un repos dont il ne peut jouir. (II, 482, *Baj.* 33.)

J'*affectois* à tes yeux une fausse fierté. (II, 505, *Baj.* 555.)

Mais que sert d'*affecter* un superbe discours? (III, 311, *Phèd.* 127.)

J'*affectai* les chagrins d'une injuste marâtre. (III, 325, *Phèd.* 294.)

Je n'*ai* point du silence *affecté* le mystère. (II, 63, *Andr.* 457.)

* .... Cette qualité (*de savoir chanter et jouer du luth*), *qui étoit*.... *affectée des grands hommes*. (VI, 129, *Rem. sur l'Odyss.*)

AFFECTER DE, se piquer de :

Au fond de leur palais leur majesté terrible
Affecte à leurs sujets *de* se rendre invisible. (III, 478, *Esth.* 194.)

AFFECTÉ :

* Point d'élégance ni de fleurs *affectées*. (VI, 330, *Livres ann.*)

AFFECTUEUX :

Des pensées *affectueuses* sur le mystère de l'Eucharistie. (IV, 407, *P.R.*)

« Ce mot est fort bon, dit Bouhours dans la *Suite des Remarques nouvelles*, et se dit surtout en matière de piété, pour marquer ce qui vient du cœur. »

AFFERMIR, s'AFFERMIR, au figuré :

.... Mes rigueurs ne font qu'*affermir* ton amour. (I, 577, *Alex.* 1163.)

Ce même Bajazet, sur le trône *affermi*,
Méconnoîtra peut-être un inutile ami. (II, 488, *Baj.* 191.)

Mon repos, mon bonheur sembloit *être affermi*. (III, 323, *Phèd.* 271.)

Ce n'est donc point, Ismène, un bruit mal *affermi?* (III, 329, *Phèd.* 375.)

Les Dieux m'ont secourue, et mon cœur *affermi*
N'a rien dit, ou du moins n'a parlé qu'à demi. (III, 41, *Mithr.* 409.)

.... Dans vos chagrins sans raison *affermi*. (II, 66, *Andr.* var.)

.... J'admire en vous ce cœur infatigable
Qui semble *s'affermir* sous le faix qui l'accable. (III, 61, *Mithr.* 868.)

Son orgueil en tombant semble *s'être affermi*. (I, 587, *Alex.* 1383.)

AFFLIGER, accabler, chagriner :

.... Sa rigueur, vous le voyez, Madame,

Ne m'accable pas moins qu'elle *afflige* votre âme. (I, 477, *Théb.* 1394.)
Ah Dieux! dans quel moment son injuste rigueur
De ce cruel soupçon vient *affliger* mon cœur! (II, 436, *Bér.* 1338.)
J'*ai* tantôt, sans respect, *affligé* sa misère. (III, 194, *Iph.* 862.)
En perdant vos deux fils...—Oui, leur perte m'*afflige*. (I, 480, *Théb.* 1437.)
Vous m'aimez dès longtemps. Une égale tendresse
Pour vous, depuis longtemps, m'*afflige* et m'intéresse. (III, 52, *Mithr.* 680.)
Ménélas, sans le croire, en paroît *affligé*. (II, 44, *Andr.* 79.)

AFFLIGER, mortifier :
    Catherine, malgré ses continuelles infirmités, *affligeoit* son corps par des austérités continuelles. (V, 10, *Épitaphes*.)

AFFLUENCE :
Dans ses extraits de Vaugelas, Racine souligne ce mot dans l'exemple : « l'*affluence* des ruisseaux. » (VI, 354.)

AFFOIBLIR, s'AFFOIBLIR :
....Je sens *affoiblir* ma force et mes esprits. (III, 99, *Mithr.* 1693.)
Nos peuples *affoiblis* s'en souviennent encor. (II, 48, *Andr.* 156.)
Quoi? déjà votre foi *s'affoiblit* et s'étonne? (III, 617, *Ath.* 187.)

AFFOIBLISSEMENT, au figuré :
    De toutes les afflictions..., il n'y en eut point qu'elles (*les Religieuses*) ressentirent plus vivement que celle de l'*affoiblissement* de six ou sept de leurs sœurs, qui s'étant.... laissé gagner, etc. (IV, 584, *P. R.*)

AFFRANCHIR DE, s'AFFRANCHIR DE, au figuré :
On *affranchit* Néron de la foi conjugale. (II 294, *Brit.* 816.)
Tu voudrais t'*affranchir du* joug de mes bienfaits. (II, 336, *Brit.* 1678.)

AFFREUX :
Par quel *affreux* serment faut-il vous rassurer? (III, 369, *Phèd.* 1132.)
O douleur! ô supplice *affreux* à la pensée! (III, 517, *Esth.* 844.)

AFFRONT :
Je renvoie Hermione, et je mets sur son front,
Au lieu de ma couronne, un éternel *affront*. (II, 89, *Andr.* 964.)
Je ne veux pas si loin porter de tels *affronts*. (II, 99, *Andr.* 1164.)
    .... Dévorer un *affront*. (III, 516, *Esth.* 838.)

AFFRONTER :
....D'un roi redoutable *affronter* la présence. (III, 484, *Esth.* 286.)
    ....De la mort *affronter* la présence. (II, 512, *Baj.* 694.)
Quand j'irois, pour vous plaire, *affronter* le trépas.
              (I, 578, *Alex.* 1187; voyez II, 396, *Bér.* 501.)
    ....*Affronter* des travaux infinis. (III, 61, *Mithr.* 873.)

AGACE, pie, VI, 492, *Lettres*.

ÂGE :
Tout l'*âge* et le malheur que je traîne avec moi. (III, 69, *Mithr.* 1038.)
....Déjà son esprit a devancé son *âge*. (III, 616, *Ath.* 176.)
.... C'est le bel *âge* Pour plaider. (II, 163, *Plaid.* 256.)
    (*Ils*) Passeront leur *âge* en ces lieux. (IV, 159, *Poés. div.* 112.)
 * Les gens d'*âge* doivent respecter les jeunes gens. (VI, 282, *Liv. ann.*)

AGENT, agent diplomatique, V, 134, *Notes historiques*

AGIR :
Laissez *agir* mes soins sur l'esprit de Taxile.
               (I, 539, *Alex.* 338; voyez I, 414, *Théb.* 279.)

La foi qui n'*agit* point, est-ce une foi sincère? (III, 609, *Ath.* 71.)
* Esprit *agissant*. (VI, 338, *Livres ann.*)

EN AGIR :
Petite critique sur un mot de votre dernière lettre. « Il *en a agi* avec toute la politesse du monde; » il faut dire : *il en a usé*. On ne dit point : *il en a bien agi*, et c'est une mauvaise façon de parler. (VII, 282, *Lettres*.)
Le P. Bouhours avait fait la même observation, presque dans les mêmes termes, vingt-trois ans auparavant, dans ses *Remarques nouvelles sur la langue françoise*.

S'AGIR DE :
Il ne *s'agit* point *de* Molossus. (II, 38, *Andr.* 2ᵉ préf.)
.... Il ne *s'agit* plus *de* vivre, il faut régner. (II, 423, *Bér.* 1102.)
Il *s'y agissoit* (dans cette action) non-seulement *de* conserver le sceptre dans la maison de David, mais encore *de*, etc. (III, 598, *Ath.* préf.)
Comme s'il *se fût agi de* détruire quelque maison diffamée par les plus grands désordres. (IV, 555, *P. R.*)

AGITÉ, AGITÉ DE :
Ai-je pu rassurer mes esprits *agités?* (II, 331, *Brit.* 1578.)
Dans le doute mortel *dont* je suis *agité*. (III, 305, *Phèd.* 3.)
Du triste état des Juifs nuit et jour *agité*. (III, 468, *Esth.* 49.)
De soins plus importants je l'ai crue *agitée*. (II, 49, *Andr.* 174.)

AGONIE :
Bientôt après, elle entra dans l'*agonie*. (IV, 517, *P. R.*)

AGRÉABLE, AGRÉABLE À :
.... Leurs richesses *agréables* (des fruitiers). (IV, 27, *Poés. div.* 84.)
.... Leurs écailles *agréables* (des poissons). (IV, 31, *Poés. div.* 44.)
Racine a un peu abusé de cette épithète dans ses poésies de jeunesse, d'où sont tirés ces deux exemples. — Voyez encore IV, 33, *Poés. div.* 12; IV, 48, *Poés. div.* 34; et ci-après aux mots : COMMERCE, FRANGE, MÉANDRE, MÉLANGE.
* (*Un*) roi doit se rendre *agréable à* ses sujets. (VI, 295, *Livres ann.*)

AGRÉABLEMENT :
Il y avoit apparence que cela seroit *agréablement* reçu à Rome. (IV, 541, *P. R.*)
* .... Afin que par les questions qu'ils (*les vieillards*) font à Hélène, le lecteur apprenne *agréablement* qui sont les principaux des Grecs (VI, 198, *Livres ann.*; voyez VI, 273 et 275, *Livres ann.*)

AGRÉER, bien accueillir, goûter :
* La Nymphe n'*agréoit* pas son retour. (VI, 101, *Rem. sur l'Odyss.*)

AGRÉMENT, AGRÉMENTS :
* Il donne de l'*agrément* à ses vers. (VI, 53, *Rem. sur Pind.*)
Les *agréments* de son esprit. (V, 9, *Épitaphes.*)
Votre sœur..., très-aise d'avoir été admise à la profession par toute la communauté, avec des *agréments* incroyables. (VII, 277, *Lettres*.)

AGRESSEUR :
M. Arnauld n'étoit point l'*agresseur* dans cette dispute. (IV, 430, *P. R.*)

AGUERRIR :
Il avoit *aguerri* ses troupes dès longtemps par de continuels exercices. V, 300, *Camp. de Louis XIV*.)

AIDER :
Elle.... fut l'ange visible dont Dieu se servit pour *aider* à cette prin-

cesse à trouver la voie étroite du salut. (V, 10, *Épitaphes;* voyez VI, 220, *Livres ann.*)

*Ulysse s'offre à Teucer de lui *aider* à enterrer Ajax. (VI, 245. *L. ann.*)

Les curés de Rouen écrivirent aussitôt à ceux de Paris, pour les prier de les *aider* de leurs lumières et de leur crédit. (IV, 485, *P. R.*)

AÏEUL : voyez AYEUL.

AIGLE, des deux genres, au propre :

* Elle s'en va, pareille à *un aigle,* c'est-à-dire terrible comme *une aigle....* Les latins traduisent *ossifraga :* c'est une espèce d'*aigle* qui est carnassier et qui brise les os. (VI, 81, *Rem. sur l'Odyss.*)

Ménage dit dans ses *Observations* (1672) : « Dans le propre, il est mâle et femelle. »

AIGLE, au figuré, féminin :
Vous avez vu cent fois nos soldats en courroux
Porter en murmurant leurs *aigles* devant vous,
Honteux de rabaisser par cet indigne usage
Les héros dont encore *elles* portent l'image. (II, 315, *Brit.* 1246 et 1248.)

AIGRE, au propre et au figuré :

*Comparaison des abeilles, qui tirent le meilleur miel des fleurs les plus *aigres.* (VI, 303, *Livres ann.*)

Tout ce que la passion peut inspirer de plus violent et de plus *aigre*. (V, 255, *Camp. de Louis XIV.*)

AIGRIR, au figuré :
Ces vertus dont l'éclat *aigrit* mon désespoir.
(I, 574, *Alex.* 1108; voyez II, 435, *Bér.* 1305.)

.... La nuit jointe à la solitude
Vient de son désespoir *aigrir* l'inquiétude. (II, 339, *Brit.* 1760.)

Il *aigrit* leur courroux, il fléchit sa rigueur. (I, 479, *Théb.* 1431.)

J'ai vu Burrhus, Sénèque *aigrissant* vos soupçons.
(II, 313, *Brit.* 1201; voyez II, 268, *Brit.* 282.)

Ceux.... dont ma gloire *aigrit* l'ambition. (III, 158, *Iph.* 139.)

Seigneur, trop d'amertume *aigriroit* vos reproches. (III, 204, *Iph.* 1062.)

Sa présence *aigriroit* ses charmes (*de la paix*) les plus doux.
(I, 450, *Théb.* 957 var.)

Sa misère l'*aigrit*.... (II, 72, *Andr.* 649; voyez II, 271, *Brit.* 357.)

Éphestion, *aigri* seulement contre moi.
(I, 550, *Alex.* 599; voyez III, 356, *Phèd.* 899.)

AIGUIÈRE, VI, 59, *Rem. sur l'Odyssée.*

AIGUILLON, au figuré :

* Il laisse un *aiguillon* à ses auditeurs. (VI, 341, *Livres ann.*)

AIGUISER :

.... Le fer qu'ils *aiguisent* contre elle. (III, 208, *Iph.* 1138.)

AILE, au propre et au figuré :

(*Les Piérides devenues pies*) Battant les *ailes* de rage. (VI, 492, *Lettres.*)

(Dieu) Qui voles sur l'*aile* des vents. (III, 487, *Esth.* 355.)

* Arrêter les *ailes* de ses soupirs. (VI, 225, *Livres ann.*)

Sous l'*aile* du Seigneur dans le temple élevé. (III, 616, *Ath.* 174.)

Voyez III, 531, *Esth.* 1113.

AILÉ, au propre et au figuré :

.... Son dos n'étant point *ailé.* (VI, 490, *Lettres.*)

* Plus vite qu'un.... navire *ailé.* (VI, 39, *Rem. sur Pind.*)

AILLEURS, D AILLEURS :
  Nous nous reverrons *ailleurs*, où il ne sera plus au pouvoir des hommes de nous séparer. (IV, 509, *P. R.*)
  .... Il doit porter *ailleurs* ses vœux et son espoir. (II, 285, *Brit.* 674.)
      .... Son âme *ailleurs* éprise. (II, 67, *Andr.* 549.)
  Père injuste, cruel, mais *d'ailleurs* malheureux! (III, 54, *Mithr.* 718.)
  Une princesse qui a *d'ailleurs* des sentiments si nobles. (III, 300, *Phèd.* préf.)

AIMABLE, en parlant soit des personnes, soit des choses :
Il vous aime, Madame? Et ce héros *aimable*.... (III, 41, *Mithr.* 403.)
Voyez III, 388, *Phèd.* 1493; III, 678, *Ath.* 1309; III, 687, *Ath.* 1494.
      .... Vos yeux, ces *aimables* tyrans. (I, 564, *Alex.* 895.)
  .... (Je) quitte le séjour de l'*aimable* Trézène. (III, 305, *Phèd.* 2.,
  Quoi? vous me refusez votre *aimable* présence? (I, 416, *Théb.* 307.)
Voyez III, 681, *Ath.* 1399.

AIMER :
    .... (Moi dont l'ardeur) n'*aime* en lui (*en Titus*) que lui-même
                                                    (II, 381, *Bér.* 160.)
  Ah! je l'*ai* trop *aimé* pour ne le point haïr. (II, 61, *Andr.* 416.)
  Antoine, qui l'*aima* jusqu'à l'idolâtrie. (II, 392, *Bér.* 391.)

AIMER DE, devant un infinitif :
  *Je n'*aime* pas *de* pleurer. (VI, 87, *Rem. sur l'Odyss.*)

AIMÉ, substantivement :
  *Si l'amant et l'*aimé* s'aiment tous deux à ces conditions. (V, 472, *Trad.*)

AINSI :
  Puisque *ainsi* est.... (V, 460, *Trad.*)

AINSI, employé en tête d'un vœu :
Ainsi puisse sous toi trembler la terre entière !
Ainsi puisse à jamais contre tes ennemis
Le bruit de ta valeur te servir de barrière ! (III, 525, *Esth.* 1006 et 1007.)

AINSI QUE :
Ainsi que par César on jure par sa mère.
  (II, 264, *Brit.* 192; voyez IV, 31, *Poés. div.* 23; IV, 26, *Poés. div.* 48.)

AIR, emplois divers :
Polynice frappé pousse un cri dans les *airs*.
                    (I, 476, *Theb.* 1379; voyez IV, 148, *Poés. div.* 12.)
    L'*air* gémit : voyez GÉMIR.
La terre s'en émeut, l'*air* en est infecté. (III, 390, *Phèd.* 1523.)
Que veut-il? De quel front cet ennemi de Dieu
Vient-il infecter l'*air* qu'on respire en ce lieu? (III, 662, *Ath.* 1026.)
    *Personne n'ose aller à l'*air*. (VI, 10, *Rem. sur Pind.*)
  Il doit mener à Auteuil sa fille, qui est sortie de religion, pour lui faire prendre l'*air*. (VI, 572, *Lettres.*)
  Cela n'empêche pas qu'elles (*les Muses*) n'en sortent (*de Paris*).... pour prendre l'*air* de la campagne. (VI, 491, *Lettres*; voyez VII, 264, *Lettres.*)
  .... Que sert de pousser des soupirs superflus,
  Qui se perdent en l'*air*?... (I, 569, *Alex.* 992.)
  .... D'une cause en l'*air* il le faut bien leurrer. (II, 201, *Plaid.* 662.)

Air, apparence, et, par extension, manières, ton :
Il m'a paru un grand *air* de vérité dans tout ce qu'il m'a dit. (VI, 552, *Lettres*.)
Cette expédition a bien de l'*air* de celle qu'on fit pour secourir Philisbourg. (VI, 599, *Lettres*.)
Chavigny ne vouloit point changer d'*air* avec le Cardinal, ce qui lui déplaisoit. (VI, 343, *Livres ann*.)
Je prends des *airs* de maître. (V, 451, *Lettres*.)

AIRAIN, au propre et au figuré :
.... Gravant en *airain* ses frêles avantages. (III, 56, *Mithr*. 767.)
Mais l'*airain* menaçant frémit de toutes parts. (III, 683, *Ath*. 1423)
Les cieux par lui fermés et devenus d'*airain*. (III, 613, *Ath*. 122.)
.... Un cœur d'*airain*. (III, 518, *Esth*. 868.)
Racine a écrit *erain*, dans ses *Remarques sur l'Odyssée*, VI, 84.

AIRE, où l'on bat le blé, VI, 479, *Lettres*.

AIS :
* Tous les *ais* de ce vaisseau se dissipent. (VI, 106, *Rem. sur l'Odyss*.)

AISE :
.... Je ne me sens pas d'*aise*. (II, 164, *Plaid*. 268.)

À L'AISE, librement, facilement :
(Que) Son grand cœur respire *à son aise*. (IV, 69, *Poés. div*. 96.)

À L'AISE, dans l'aisance, quant à la fortune :
Quelques coups de bâton, et je suis *à mon aise*. (II, 179, *Plaid*. 427.)

AISÉ, facile, commode :
.... Du plaisir la pente trop *aisée*. (II, 396, *Bér*. 508.)
* Ce n'est pas.... une chose *aisée* de garder l'équité. (VI, 36, *Rem. sur Pind*.; voyez I, 420, *Théb*. 384.)

AISÉ, qui a de l'aisance, de la facilité :
Je voudrois que vous eussiez pu entendre de quelle manière *aisée*.... il m'a bien voulu raconter, etc. (VII, 56, *Lettres*; voy. VI, 284, *Livres ann*.)

AISÉ, substantivement, qui est dans l'aisance :
* On veut contraindre les *aisés* de prêter de l'argent au Roi. (VI, 343, *Livres ann*.)

AJOUTER, AJOUTER À :
Alexandre lui rendit tous ses États, et en *ajouta* beaucoup d'autres. (I, 521, *Alex*. 2ᵉ préf.)
.... Le Ciel, las de tes crimes,
Ajoutera ta perte *à* tant d'autres victimes. (II, 337, *Brit*. 1688.)
Triomphant et chargé des titres souverains
Qu'*ajoute* encore *aux* rois l'amitié des Romains. (II, 379, *Bérén*. 122.)

AJUSTER, au propre, VI, 150, *Rem. sur l'Odyss*.

ALARME, ALARMES :
.... Soit que cet enfant devant elle amené....
Eût d'un songe effrayant diminué l'*alarme*. (III, 655, *Ath*. 883.)
Muet à mes soupirs, tranquille à mes *alarmes*. (II, 111, *Andr*. 1401.)
Voyez II, 280, *Brit*. 543; II, 282, *Brit*. 592; II, 293, *Brit*. 791.
Seigneur, jusqu'à ce jour l'univers en *alarmes*
Me forçoit d'admirer le bonheur de vos armes. (I, 594, *Alex*. 1529.)
... Ton cœur en *alarmes*. (II, 97, *Andr*. 1125.)

ALARMER, s'alarmer :
.... Ma victoire en doit *être alarmée*. (I, 593, *Alex*. 1497.)
On ne voit point le peuple à mon nom *s'alarmer*. (II, 320, *Brit*. 1361)

ALENTOUR :
Quand je parle de Paris, j'y comprends tout le beau pays *d'alentour*. (VI, 491, *Lettres*.)

ALEXANDRE, employé comme nom commun :
Les *Alexandres* de notre siècle. (I, 516, *Alex*. 1re préf.)

ALIÉNER, aliéner de :
Il appréhende.... *d'aliéner* tous les esprits. (VI, 480, *Lettres*.)
* Le moindre doute auroit suffi pour irriter toutes les villes impériales, et pour les *aliéner* entièrement *de* la France. (V, 93, *Notes hist.*)

ALIMENT :
(*Ce pain*) Sert aux anges *d'aliment*. (IV, 158, *Poés. div.* 22.)

ALLAIGRE :
Pour s'échapper de nous, Dieu sait s'il est *allaigre*. (II, 148, *Plaid*. 43.)
« On doit écrire *alègre*, dit Louis Racine. » C'est là en effet la forme choisie par Richelet dans son *Dictionnaire*, mais elle était loin d'être généralement adoptée : Cotgrave donne *alaigre, alaigrement, alaigresse, alaigreté*; Nicot écrit de même ces mots, mais il omet *alaigresse*; Furetière et l'Académie de 1694 ne mettent la diphthongue *ai* que dans les formes où la voyelle suivante est un *e* muet; ainsi : *alaigre, alaigrement, alègresse*. On voit que l'orthographe suivie par Racine (*ai* pour *è*) était, de son temps, la plus habituelle.

ALLÉE, avenue d'arbres, IV, 28, *Poés. div.* 11.

ALLÉGORIQUEMENT :
* Il dit *allégoriquement* qu'il est bon dans une tempête d'avoir deux ancres pour assurer un vaisseau. (VI, 29, *Rem. sur Pind.*)

ALLÈGRE, voyez Allaigre.

ALLÉGUER :
Quelle est cette rigueur tant de fois *alléguée?* (II, 66, *Andr*. 521.)

ALLER.

Je vais, je vas :
Racine, même dans ses premiers ouvrages, a presque toujours préféré *je vais* à *je vas* : voyez I, 408, *Theb*. 172 Il y a cependant deux passages où l'on lit *je vas*, dans le premier jusqu'à l'édition de 1677, dans le second jusqu'à celle de 1680, qui donnent *je vais* (III, 67, *Mithr*. 1006; III, 361, *Phèd*. 1004). En outre, on trouve dans une lettre datée de 1661 :
Je *vas* au cabaret. (VI, 385.)

Je fus, pour *j'allai* :
Ce n'est que dans ses lettres et dans les notes prises pour son usage particulier, que Racine a ainsi employé le passé défini du verbe *être*, pour celui du verbe *aller* :
Tancret y *fut*, qui le trouva tout habillé. (VI, 574, *Lettres*, 1687.)
Voyez VI, 393 et 424 (note 8), *Lettres*, 1661; VI, 155, *Rem. sur l'Odyss*.
Dans Vaugelas, il a souligné, en deux endroits, *furent* au sens *d'allèrent* (VI, 356).

J'ai été, pour *je suis allé* :
Elle *avoit....* *été* à confesse à Saint-André. (VII, 229, *Lettres*.)
J'ai été pour lui tâter le pouls. (*Ibidem*.)

Aller, emplois divers, au propre et au figuré :
Eh bien! Narcisse, *allons*. Mais que vois-je? C'est elle. (II, 300, *Brit*. 955.)

Il résolut d'*aller* à eux. (V, 247, *Camp. de L. XIV;* voyez *ib.*, 251, l. 8.)
Vous n'*allez* plus qu'à pas comptés. (VI, 483, *Lettres*.)
Il faut *aller* mon chemin. (VII, 161, *Lettres*.)
Les médecins jugeant qu'elle ne pouvoit plus *aller* guère loin.... (IV, 516, *P. R.*)
.... Que Rome *allât* en décadence. (VI, 490, *Lettres*.)
Des vers, sans quoi ils croient que l'amour ne sauroit *aller*. (VI, 469, *Lettr.*)
.... Il me reste un fils. Vous saurez quelque jour
Madame, pour un fils jusqu'où *va* notre amour.
(II, 83, *Andr.* 868; voyez III, 38, *Mithr.* 354.)
.... Je reconnois ce soin,
Et ne souhaite pas que vous *alliez* plus loin. (II, 322, *Brit.* 1398.)
Hé! cela ne *va* pas si vite que ta tête. (II, 155, *Plaid.* 140.)
Cela *iroit* à l'infini. (VI, 414, *Lettres*.)
*L'amitié *va* de compagnie, et non par troupe. (VI, 308, *Livres ann.*)
Croyez que ma reconnoissance *ira* de pair avec mon ressentiment. (VI, 385, *Lettres*.)
Les livres de l'Odyssée *vont* toujours de plus beau en plus beau. (VI, 83, *Rem. sur l'Odyss.*)
Ses paroles sont pleines de droit sens et *vont* au fait. (VI, 597, *Lettres*.)
*Turenne *va* toujours au bien. (VI, 344, *Livres ann.*)
*Ces épanchements de la royauté qui *vont* à récompenser la vertu. (V, 390, *Factums*.)
Le Roi.... me demanda à son dîner comment *alloit* votre extinction de voix. (VI, 561, *Lettres*.)
Les choses *vont* autrement dans l'Ionie. (V, 468, *Trad.*)
.... Un plaideur dont l'affaire *alloit* mal. (II, 147, *Plaid.* 37.)
Voyez II, 179, *Plaid.* 426; II, 185, *Plaid.* 496.

ALLER, suivi d'un infinitif :
Ils *iront* bien sans nous consulter les oracles. (I, 416, *Théb.* 316.)
Va vaincre en sûreté le reste de la terre. (I, 592, *Alex.* 1490.)
Nous n'*allons* point de fleurs parfumer son chemin. (I, 549, *Alex.* 575.)
Vous veniez de mon front observer la pâleur,
Pour *aller* dans ses bras rire de ma douleur. (II, 107, *Andr.* 1328.)
Si quelqu'un l'entend mieux, je l'*irai* dire à Rome. (IV, 179, *Poés. div.* 4.)
Aller chercher, *aller* querir : voyez CHERCHER, QUERIR.

ALLER, employé comme une sorte d'auxiliaire, le plus ordinairement pour marquer le futur :
Vient-il? — N'en doutez point, Madame, il *va* venir. (II, 418, *Bér.* 966.)
Roxane? — Et ce qui *va* bien plus vous étonner,
Orcan lui-même, Orcan vient de l'assassiner. (II, 537, *Baj.* 1657.)
Si vous *allez* commettre une action si noire. (II, 321, *Brit.* 1376.)
Combien de fois, hélas! puisqu'il faut vous le dire,
Mon cœur de son désordre *alloit*-il vous instruire? (II, 302, *Brit.* 1000.)

LAISSER ALLER, laisser partir, lâcher, ne point retenir :
*Humières.... ne voulut pas *laisser aller* la brigade de la Valette. (V, 80, *Notes hist.*)
Ma partie en mon pré *laisse aller* sa volaille. (II, 160, *Plaid.* 216.)
Voyez V, 593, *Trad.*
*Il plie les deux genoux et *laisse aller* ses mains robustes. (VI, 108, *Rem. sur l'Odyss.*)

SE LAISSER ALLER, s'abandonner; SE LAISSER ALLER à :
*Alors cette femme *se laissa aller*. (VI, 79, *Rem. sur l'Odyss.*)

*Les femmes *se laissent aller aux* présents. (VI, 134, *Rem. sur l'Odyss.*)
Je ne saurois trop vous recommander de ne *vous* point *laisser aller à* la tentation de faire des vers françois. (VII, 85, *Lettres.*)

S'EN ALLER, partir ; FAIRE EN ALLER, faire partir :
*Voyant mon fils qui *s'en est allé*. (VI, 95, *Rem. sur l'Odyss.*)
*La peau de ses mains *s'en va* en lambeaux. (VI, 107, *Rem. sur l'Odyss.*)
*Il feint de *s'en* vouloir *aller*. (VI, 228, *Livres ann.*)
*Il *s'y en alla*. (VI, 146, *Rem. sur l'Odyss.*)
(*Ils*) *s'en allèrent* après.... ce saint vieillard. (V, 563, *Trad.*)
S'en aller en fumée, *s'en aller* en ruine : voyez FUMÉE, RUINE.
* Ulysse se lave et *fait en aller* toute l'écume et toutes les ordures de la mer. (VI, 117, *Rem. sur l'Odyss.*)

S'EN ALLER, suivi d'un infinitif :
Je m'en vais t'étonner.... (III, 24, *Mithr.* 32.)
.... Ce triomphe heureux qui *s'en va* devenir
L'éternel entretien des siècles à venir. (III, 171, *Iph.* 387.)
Un cruel (comment puis-je autrement l'appeler ?)
Par la main de Calchas *s'en va* vous immoler. (III, 202, *Iph.* 1024.)
Olympe, va-t'en voir ce funeste spectacle. (I, 431, *Théb.* 579.)

IL EN VA DE MÊME, IL N'EN VA PAS DE MÊME DE :
* *Il en va de même* de notre langue que *de* la latine. (VI, 310, *Rem sur l'Odyss.*)
Il n'en alla pas de même de l'armée navale de France. (V, 264, *Camp. de Louis XIV* : voyez VI, 46, *Rem. sur Pind.*)

IL Y VA DE, IL Y ALLOIT DE :
Et que sais-je ? *Il y va*, Seigneur, *de* votre vie. (II, 328, *Brit.* 1536.)
Si je le hais, Cléone ? *Il y va de* ma gloire,
Après tant de bontés dont il perd la mémoire. (II, 61, *Andr.* 413.)
Il y alloit de son honneur de n'avoir pas le démenti. (IV, 549, *P. R.*)
Voyez II, 61, *Andr.* 413 ; II, 414, *Bér.* 908 ; II, 526, *Baj.* 1045 ; II, 556, *Baj.* 1646 ; III, 54, *Mithr.* 727 ; VI, 399, *Lettres.*

ALLEU (FRANC-), VI, 348, *Livres annotés.*

ALLIER (S'), S'ALLIER À :
En *m'alliant* chez lui n'aurai-je rien porté ? (I, 460, *Théb.* 1113.)
.... Le sang de César ne *se doit allier*
Qu'à ceux à qui César le veut bien confier. (II, 266, *Brit.* 241 et 242.)

ALLIÉ, substantivement :
Les ministres des Hauts *Alliés* s'assemblent. (IV, 366, *Disc. acad.*)

ALLUMER, S'ALLUMER, au figuré :
Brûlé de plus de feux que je n'en *allumai*. (II, 56, *Andr.* 320.)
Voyez I, 552, *Alex.* 642 ; II, 67, *Andr.* 553 ; II, 320, *Brit.* 1351 ; III, 89, *Mithr.* 1490 ; III, 343, *Phèd.* 680.
Ma flamme par Hector *fut* jadis *allumée*. (II, 83, *Andr.* 865.)
.... (*Ils*) n'*ont* point à nos yeux
Allumé le flambeau d'un hymen odieux.
(II, 392, *Bér.* 401 et 402 ; voyez III, 151, *Iph.* 24.)
Il *allume* pour moi deux passions contraires. (I, 479, *Théb.* 1429.)
Votre amour contre nous *allume* trop de haine. (II, 57, *Andr.* 341.)
.... Vous avez vu quelle ardente colère
Allumoit de ce roi le visage sévère. (III, 510, *Esth.* 718.)
La guerre *s'allumoit*.... (I, 445, *Théb.* 863.)

ALLUMETTE, VI, 414, *Lettres.*

ALTÉRER, s'altérer, au figuré :
Il y a bien de la différence entre détruire le principal fondement d'une fable, et en *altérer* quelques incidents. (II, 39, *Andr.* 2ᵉ préf.)
.... Nos seuls ennemis, *altérant* sa bonté,
Abusoient contre nous de sa facilité. (II, 331, *Brit.* 1601.)
* La vertu,... au lieu de fructifier, *s'altère.* (VI, 285, *Livres ann.*)

Altéré, altéré de, au figuré :
Ravisseurs *altérés :* voyez Ravisseur.
Du sang de l'innocence est-il donc *altéré ?* (III, 214, *Iph.* 1268.)

ALTERNATIF :
Contrôleur *alternatif.* (VI, 529, *Lettres.*)

*ALTESSE, V, 152, *Notes historiques.*

ALTIER, ère, au figuré :
Je vois les *altières* futaies. (IV, 27, *Poés. div.* 71.)

AMANT, amante :
Contre un *amant* qui plaît pourquoi tant de fierté? (II, 63, *Andr.* 455.)
Voyez Aimé, et I, 552, *Alex.* 646; II, 47, *Andr.* 142; II, 60, *Andr.* 403; II, 106, *Andr.* 1318; II, 115, *Andr.* 1482; II, 218, *Plaid.* 857; II, 276, *Brit.* 452; II, 287, *Brit.* 701; II, 300, *Brit.* 954; II, 374, *Bér.* 13; II, 375, *Bér.* 30; II, 376, *Bér.* 49 et 57; II, 386, *Bér.* 262; II, 387, *Bér.* 306.
Cruelle ambition....
Qu'en d'étranges malheurs tu plonges tes *amants!* (I, 467, *Théb.* var. 2.)
Ah! falloit-il en croire une *amante* insensée? (II, 119, *Andr.* 1545.)
Voyez II, 109, *Andr.* 1388; II, 254, *Brit.* acteurs; II, 289, *Brit.* 752; II, 382, *Bér.* 168; III, 397, *Phèd.* 1654.

AMAS, au figuré :
.... Tout ce vain *amas* de superstitions. (III, 631, *Ath.* 453.)

AMASSER, au propre et au figuré :
* *Ayant amassé* là toute son armée.... (VI, 45, *Rem. sur Pind.*)
* Pallas.... *amasse* des gens. (VI, 72, *Rem. sur l'Odyss.*)
(Ces annales) Où les faits de son règne, avec soin *amassés,*
Par de fidèles mains chaque jour sont tracés. (III, 491, *Esth.* 395.)

AMASSER (S') :
* Des brigands.... *s'amassoient* sur les frontières. (V, 140, *Notes hist.*)

AMATEUR :
Profanes *amateurs* de spectacles frivoles. (III, 464, *Esth.* prol. 67.)
* Ils sont.... *amateurs* de l'union et de la paix. (V, 535, *Trad.*)

AMAZONE :
.... Une mère *amazone.* (III, 308, *Phèd.* 69.)

AMBROSIE :
* (*Elle*) leur boucha les narines d'*ambrosie.* (VI, 90, *Rem. sur l'Odyss.*)
Voyez VI, 101, *Rem. sur l'Odyss.*; et notre *Lexique de Corneille.*

ÂME, considérée comme animant ou ayant animé le corps :
Il lui perce le cœur, et son *âme* ravie,
En achevant ce coup, abandonne la vie. (I, 476, *Théb.* 1377.)
.... Mon *âme,* au tombeau descendue. (I, 569, *Alex.* 993.)

Oui, tu retiens, Amour, mon *âme* fugitive.
(I, 468, *Théb.* 1223; voyez III, 505, *Esth.* 642.)
Que leur contez-vous là? Peut-être ils rendent l'*âme*.
(II, 194, *Plaid.* 584; voyez V, 11, *Épitaphes*; V, 538, *Trad.*)
Mon corps sera plutôt séparé de mon *âme*,
Que je souffre jamais.... (III, 233, *Iph.* 1637.)
Venez, et recevez l'*âme* de Mithridate. (III, 99, *Mithr.* 1696.)
Qu'à ce monstre à l'instant l'*âme* soit arrachée. (III, 534, *Esth.* 1172.)
Il le voit, il l'attend, et son *âme* irritée
Pour quelque grand dessein semble s'être arrêtée. (I, 475, *Théb.* 1369.)
Des chicaneurs viendront nous manger jusqu'à l'*âme*. (II, 163, *Plaid.* 251.)

ÂME, au figuré, ce qui anime :
J'étois de ce grand corps l'*âme* toute-puissante. (II, 260, *Brit.* 96.)

ÂME, équivalant à *cœur* :
Mais que veut ce soldat? Son *âme* est toute émue!
(I, 429, *Théb.* 563; voyez I, 436, *Théb.* 659.)
....Je verrai mon *âme* en secret déchirée. (III, 54, *Mithr.* 731.)
Votre *âme*, en m'écoutant, paroit toute interdite. (III, 491, *Esth.* 410.)
Mais la mort fuit encor sa grande *âme* trompée. (III, 95, *Mithr.* 1604.)
Il faut ici montrer la grandeur de votre *âme*. (II, 414, *Bér.* 904.)
Mon *âme* loin de vous languira solitaire. (I, 583, *Alex.* 1309.)
... Cette *âme* que rien n'étonne. (II, 364, *Bér.* épitre.)
....Je ne sais, mais je me sens enfin
L'*âme* et le dos six fois plus durs que ce matin. (II, 171, *Plaid.* 318.)
.... Vous avez, Monsieur, l'*âme* trop bonne. (II, 177, *Plaid.* 318.)
Mon *âme* souhaitoit de vous voir en ce lieu. (III, 75, *Mithr.* 1181.)
Oui, du lâche Créon. Cette *âme* intéressée
Nous ravit tout le fruit du sang de Ménecée. (I, 438, *Théb.* 695.)
.... Une autre fois je t'ouvrirai mon *âme*. (II, 53, *Andr.* 257.)
(Une dame).... qui vous honore, et de toute son *âme*
Voudroit que vous vinssiez, etc. (II, 176, *Plaid.* 384.)
J'avois par mille soins su prévenir son *âme*. (II, 553, *Baj.* 1582.)
Âme accablée, étonnée, tranquille, etc. : voyez ACCABLER, ÉTONNER, etc.
D'un éclat si honteux je rougirois dans l'*âme*. (I, 461, *Théb.* 1124.)
Voyez I, 473, *Théb.* 1325; VI, 124, *Rem. sur l'Odyss.*

ÂME, personne :
Qu'on ne laisse monter aucune *âme* là-haut. (II, 157, *Plaid.* 166.)

AMENDE, dans une locution proverbiale :
Hé quoi donc? les battus, ma foi, paîront l'*amende!* (II, 177, *Plaid.* 396.)

AMENER, au propre et au figuré :
*Ne m'*amènerez*-vous pas ici quelque homme libre? (VI, 244, *L. ann.*)
Voilà donc le triomphe où j'étois *amenée*? (III, 185, *Iph.* 693.)
.... Je pourrai peut-être *amener* votre cœur
De l'amour de la gloire à l'amour du vainqueur. (I, 553, *Alex.* 655.)

AMENER, introduire, citer :
Tantôt il *amène* un jésuite bonhomme, tantôt un jésuite méchant.
(IV, 333, *Imag.*)
Lorsqu'il parle de Josué, et qu'il *amène* là l'Écriture sainte. (VI, 454, *Lettres.*)

AMENÉ SANS SCANDALE, substantivement, terme de procédure :
Tout doux. Un *amené sans scandale* suffit.
(II, 198, *Plaid.* 626; voyez la note à l'endroit cité.)

AMENUISER, amincir :

*Il en coupa la longueur d'une toise, qu'il donna à ses compagnons, pour l'*amenuiser* par le bout. (VI, 150, *Rem. sur l'Odyss.*)

AMERTUME, au propre et au figuré :

Je les mis dans ma bouche (*des olives*).... Dieu me préserve de sentir jamais une *amertume* pareille à celle que je sentis ! (VI, 415, *Lettres.*)
(Je souhaitois).... qu'étant loin de moi, quelque ombre d'*amertume*
Vous fît trouver les jours plus longs que de coutume. (I, 417, *Théb.* 343.)
Dieu.... jeta une *amertume* salutaire sur ses vaines occupations. (V, 10, *Épitaphes.*)
Un cœur toujours nourri d'*amertume* et de pleurs. (III, 331, *Phèd.* 419.)

AMEUBLEMENT, en parlant de la parure des fleurs :

Tout le pompeux *ameublement*
Dont vous a parés la nature. (IV, 41, *Poés. div.* 53.)

AMI, au figuré, en parlant d'une chose qu'on aime :

Votre bon *ami* le quinquina. (VI, 588, *Lettres.*)

AMI, adjectivement :

*Sa table *amie*.... Il appelle la table *amie*, parce qu'on n'y appelle que des amis, ou bien, etc. (VI, 11, *Rem. sur Pind.*)

AMITIÉ, entre enfants et parents :

Et moi, reine sans cœur, fille sans *amitié*. (III, 646, *Ath.* 717.)
Voyez I, 406, *Théb.* 134; I, 474, *Théb.* 1342; I, 458, *Théb.* 1095 var.; II, 317, *Brit.* 1298; II, 318, *Brit.* 1308.

AMITIÉ, entre frères et sœurs :

Il est vrai, je l'aimois d'une *amitié* sincère.
(I, 470, *Théb.* 1265 ; voyez I, 426, *Théb.* 505.)

AMITIÉ, entre amant et amante :

Souffrent-ils sans courroux mon ardente *amitié* ? (I, 416, *Théb.* 321.)
Voyez I, 537, *Alex.* 282; I, 559, *Alex.* 769; I, 569, *Alex.* 994; I, 575, *Alex.* 1125; II, 86, *Andr.* 903; II, 301, *Brit.* 971; VI, 457, *Lettres.* — Dans la plupart de ces exemples auxquels nous renvoyons, le mot *amitié* est un adoucissement, dans la bouche d'une amante, du mot *amour*.

AMITIÉ, union, alliance :

Ma funeste *amitié* pèse à tous mes amis. (III, 57, *Mithr.* 782.)

*__AMNESTIE__, amnistie, oubli, pardon, VI, 296, *Livres ann.*

AMORTISSEMENT, au pluriel, IV, 622, *P. R.*

AMOUR, au féminin, tant au singulier qu'au pluriel.

.... L'*amour* la plus tendre et la plus malheureuse (II, 444, *Bér.* 1503.)
Je sais que tant d'*amour* n'en peut être effacée. (II, 428, *Bér.* 1191.)
.... Soudain, renonçant à l'*amour* maternelle. (III, 387, *Phèd.* 1473.)
Voyez II, 63, *Andr.* 462; II, 258, *Brit.* 51; II, 496, *Baj.* 357; II, 538, *Baj.* 1290; II, 553, *Baj.* 1587; III, 69, *Mithr.* 1055; III, 157, *Iph.* 117; III, 177, *Iph.* 528 et 538; III, 214, *Iph.* 1276; III, 234, *Iph.* 1640 ; III, 384, *Phèd.* 1422; III, 625, *Ath.* 346.

Cette Esther, l'innocence et la sagesse même,
Que je croyois du Ciel les plus chères *amours*. (III, 527, *Esth.* 1038.)
Je redoutai du Roi les cruelles *amours*.
(III, 26, *Mithr.* 86 ; voyez II, 381, *Bér.* 150; III, 375, *Phèd.* 1251.)

On voit que Racine a souvent employé ce genre vers lequel Vaugelas inclinait; néanmoins les exemples du masculin sont encore plus nombreux :

Quelle marque, grands Dieux! d'un *amour* déplorable!
(III, 53, *Mithr.* 711; voyez III, 73, *Mithr.* 1138 et *passim*.)
Voyez Brûler, Soupirer, Incurable, etc.

Faire l'amour :
Ils *(les oiseaux)....* font *l'amour* en liberté. (VI, 436, *Lettres*, 1662.)
Voyez II, 171, *Plaid.* 324; VI, 62, *Rem. sur l'Odyss.*
Ah! lâche, *fais l'amour*, et renonce à l'Empire. (II, 420, *Bér.* 1024.)

Les amours de quelqu'un, l'objet de sa passion :
Impatient surtout de revoir *ses amours*. (II, 279, *Brit.* 517.)

Amour, sans article :
Enfin tout ce qu'*Amour* a de nœuds plus puissants. (II, 397, *Bér.* 541.)
Voyez II, 440, *Bér.* 1406; et le *Lexique de Corneille*.

AMOUREUX, euse, au propre et au figuré :
*Elle sera *amoureuse* si elle le regarde. (VI, 199, *Livres ann.*)
Alexandre *amoureux* de sa gloire. (I, 560, *Alex.* 737.)
Des évêques trop *amoureux* de leur formule de foi. (IV, 523, *P. R.;*
voyez VI, 454, *Lettres.*)

AMPLE :
Écrire une seconde *(lettre)* beaucoup plus *ample*. (IV, 461, *P. R.*)

AMPOULE, au figuré :
* Il appeloit.... les couronnes qu'on leur donnoit *(aux orateurs)* des *ampoules* de gloire. (V, 517, *Trad.*)

AMUSEMENT, divertissement, distraction :
On examina d'abord mon *amusement* comme on auroit fait une tragédie. (II, 141, *Plaid.* au lect.)
(Ces exploits) Ne sont d'Achille oisif que les *amusements.*
(III, 159, *Iph.* 168.)
Foibles *amusements* d'une douleur si grande! (II, 397, *Bér.* 528.)
Faire tout son *amusement* de : voyez Faire.

AMUSER (S') à :
Sans *s'amuser* à se couvrir et à se loger. (V, 276, *Camp. de Louis XIV.*)
* Un homme sage ne doit point *s'amuser* à un homme qui n'est pas dans son bon sens. (VI, 250, *Livres ann.*)
*Ceux qui *s'amusent* à des singes ou à des chiens. (VI, 293, *Livres ann.*)

AN :
Je sais en lui des *ans* respecter l'avantage. (III, 24, *Mithr.* 19.)
....De vos premiers *ans* l'heureuse expérience. (II, 320, *Brit.* 1355.)
Je puis choisir, dit-on, ou beaucoup d'*ans* sans gloire....
(III, 163, *Iph.* 249.)

ANATHÈME :
Alexandre VII.... frappa d'*anathème* quarante-cinq propositions. (IV, 490, *P. R.*)
.... En proie à l'*anathème*. (IV, 143, *Poés. div.* 101.)

ANCIEN, enne :
Une religieuse *ancienne* lui fit embrasser sa mère. (VII, 296, *Lettres.*)
*Obéir aux plus *anciens*. (VI, 295, *Livres ann.*)

ANCRE, au propre et au figuré :
Leur flot'e étoit à l'*ancre* devant Palerme. (V, 270, *Camp. de Louis XIV.*)
L'*ancre* de vos bontés nous rassure d'ailleurs. (II, 208, *Plaid.* 738.)

ANÉANTIR :
(*Il*) Voudroit *anéantir* le Dieu qu'il a quitté. (III, 607, *Ath*. 42.)
ANÉANTISSEMENT, dans le langage mystique :
Elle reçut le viatique avec tant de marques de paix, de ferveur et d'*anéantissement*. (IV, 516, *P. R.*)
Un jargon d'*anéantissement :* voyez JARGON.
ANÉMONE, VI, 446, *Lettres*.
ANGE, au figuré :
C'est là que mille *anges* mortels....
Gémissent aux pieds des autels. (IV, 26, *Poés. div.* 58.)
Vous pouvez compter que c'est un *ange*. (VII, 300, *Lettres*.)
ANGLETERRE, étoffe anglaise :
De bonne flanelle, vraie *angleterre*. (VII, 302, *Lettres*.)
ANIMAL :
*Ce qui est le plus nécessaire aux *animaux* vivants et inanimés. (VI, 9, *Rem. sur Pind.*)
ANIMER, au figuré :
Il commande au soleil d'*animer* la nature. (III, 624, *Ath*. 328.)
Voilà, depuis un an, le seul soin qui m'*anime*.
(II, 65, *Andr.* 501 ; voyez I, 444, *Théb.* 827.)
Mon père.... Ah ! quel courroux *animoit* ses regards ! (III, 629, *Ath.* 402.)
Que faites-vous, Madame ? et quel mortel ennui
Contre tout votre sang vous *anime* aujourd'hui ? (III, 321, *Phèd.* 256.)
(Athalie) Au carnage *animoit* ses barbares soldats.
(III, 620, *Ath.* 245 ; voyez I, 555, *Alex.* 690.)
Leur exemple t'*anime* à te percer le flanc. (I, 467, *Théb.* 1210.)
On vous voit de colère et de haine *animée*. (II, 315, *Brit.* 1255.)
Animé d'un regard, je puis tout entreprendre. (II, 56, *Andr.* 329.)
Voyez I, 424, *Théb.* 462 ; II, 435, *Bér.* 1317 ; IV, 26, *Poés. div.* 53.
ANIMOSITÉ :
Ils m'assurèrent que ces Messieurs n'en garderoient pas la moindre *animosité* contre moi. (IV, 272, *Imag.*)
Voyez IV, 487, *P. R.*; V, 274, *Camp. de Louis XIV.*
ANNÉE (voyez AN) :
Vous-même, consultez vos premières *années*. (II, 281, *Brit.* 583.)
On suppute les temps par les *années* des empereurs. (II, 244, *Brit.* 1re préf.)
Je vous souhaite aussi une bonne *année*. (VII, 9, *Lettres.*)
ANTICHAMBRE (PILIER D'), II, 152, *Plaid.* 96.
ANTICIPER, activement :
*Ils n'ont fait en cela qu'*anticiper* le soin que M. de Luxembourg auroit pris avec plaisir. (V, 385, *Factums.*)
ANTIPAPE, au figuré :
M. Singlin n'est plus considéré que comme un *antipape*. (VI, 408, *Lettr.*)
ANTIQUE :
Où sont, Dieu de Jacob, tes *antiques* bontés ? (III, 686, *Ath.* 1472, 1476, 1501.)
De l'*antique* Jacob jeune postérité. (III, 472, *Esth.* 114.)
APAISER, S'APAISER :
.... Thèbes me verra, pour *apaiser* son sort,

Et descendre du trône, et courir à la mort. (I, 439, *Théb.* 741.)
Vous devez, ce me semble, *apaiser* votre haine. (I, 448, *Théb.* 912.)
J'ai mendié la mort chez des peuples cruels
Qui n'*apaisoient* leurs dieux que du sang des mortels. (II, 64, *Andr.* 492.)
Je ne sais si mon cœur s'*apaisera* jamais. (I, 448, *Théb.* 913.)

APERCEVOIR, suivi d'un verbe à l'infinitif :
... J'*aperçois* venir sa mortelle ennemie.
(III, 394, *Phèd.* 1593; voyez II, 158, *Plaid.* 187.)
De là j'*aperçois* les prairies....
Étaler leurs pompes fleuries. (IV, 25, *Poés. div.* 11.)

APETISSER (S') :
Son œil s'*étoit* considérablement *apetissé*. (IV, 465, *P. R.*)

APLANIR LE CHEMIN DU CRIME : voyez CHEMIN.

APOLOGIE :
Je m'engagerai moins encore à faire une exacte *apologie* de tous les endroits qu'on a voulu combattre dans ma pièce. (I, 516, *Alex.* 1ʳᵉ préf.

APOPLEXIE (ATTAQUE D'), IV, 552, *P. R.*

APOSTILLE, VI, 478, *Lettres*.

APÔTRE (BON), locution proverbiale :
Tout Picard que j'étois, j'étois un *bon apôtre*. (II, 145, *Plaid.* 7.)

APPAREIL, apprêt, préparatifs, disposition :
Les vaisseaux sont tout prêts. J'ai moi-même ordonné
La suite et l'*appareil* qui vous est destiné. (III, 65, *Mithr.* 954.)
D'un *appareil* d'hymen couvrant ce sacrifice. (III, 201, *Iph.* 977.)
Nous voyant avancer dans ce saint *appareil*. (III, 679, *Ath.* 1352.)
Il veut traiter son évêque avec grand *appareil*. (VI, 470, *Lettres*.)
A qui destinez-vous l'*appareil* qui vous suit?
(II, 124, *Andr.* 1639; voyez II, 42, *Andr.* 23.)
....Le fer, le bandeau, la flamme est toute prête ;
Dût tout cet *appareil* retomber sur ma tête,
Il faut parler.... (III, 197, *Iph.* 906.)
Belle, sans ornements, dans le simple *appareil*
D'une beauté qu'on vient d'arracher au sommeil. (II, 274, *Brit.* 389.)

APPAREMMENT, selon les apparences, à n'en point douter :
Les Athéniens savoient *apparemment* ce que c'étoit que le sel attique,
(II, 142, *Plaid.* au lect.)
Voyez IV, 273, *Imag.*; V, 172, *Notes hist.*; V, 279, *Camp. de Louis XIV*; VI, 538, 550, 574 et 576, *Lettres*; VII, 44, 61, 265 et 293, *Lettres*.

APPARENCE, vraisemblance, convenance ou possibilité fondées sur la vraisemblance :
Il y a de l'*apparence* qu'il disoit vrai. (IV, 496, *P. R.*)
Quelle *apparence* encore de dénouer ma tragédie par le secours d'une déesse et d'une machine? (III, 140, *Iph.* préf.)
Mais quelle *apparence* de donner les mains à une passion qui le déshonore? (IV, 14, *Plan d'Iphig. en Taur.*)
Voyez I, 395, *Théb.* préf.; II, 239, *Brit.* épître; IV, 10, *Plan d'Iph. en Taur.*; V, 365, *Disc. acad.*; VI, 264 et 352, *Livres ann.*)

APPARENT, notable, considérable :
* Les plus *apparents* des Phéaques. (VI, 124, *Rem. sur l'Odyss.*)

APPARENT, vraisemblable, spécieux :
Jamais prévention n'a été fondée sur des raisons plus *apparentes* que celle du Roi contre tout ce qui s'appelle jansénisme. (IV, 500, *P. R.*)

APPARITION, arrivée inattendue :
Ce fut pour moi une *apparition* agréable de voir entrer M. de Bonac dans mon cabinet. (VII, 258, *Lettres.*)

APPAROÎTRE, avec l'auxiliaire *être* :
Elle m'*est apparue* avec trop d'avantage.
(II, 274, *Brit.* 408; voyez IV, 561, *P. R.*)

APPARTEMENT, employé dans des sujets antiques et orientaux :
Madame, retournez dans votre *appartement.* (II, 255, *Brit.* 5.)
Voyez II, 274, *Brit.* 398; II, 306, *Brit.* 1080; II, 321, *Brit.* 1390; II, 326, *Brit.* 1482; II, 372, *Bér.* acteurs; II, 374, *Bér.* 7; II, 389, *Bér.* 329; II, 418, *Bér.* 982; II, 430, *Bér.* 1233 et 1244; II, 436, *Bér.* 1321; III, 205, *Iph.* 1080; III, 509, *Esth.* 704; et le *Lexique de Corneille.*

Dans votre *appartement*, j'ai retenu ses pas.
(II, 528, *Baj.* 1108; voyez II, 519, *Baj.* 879.)

APPARTENIR :
....Les Italiens, à qui je les avois destinées (*les plaisanteries prises dans les Guêpes d'Aristophane*) comme une chose qui leur *appartenoit* de plein droit. (II, 140, *Plaid.* au lect.)

APPARTENIR À QUELQU'UN, lui être uni par la parenté ou l'amitié :
Monsieur l'Intendant.... est au désespoir de n'avoir pas seulement su que M. Rivière m'*appartient* le moins du monde. (VI, 528, *Lettres.*)

APPAS, au sens d'*appât* et d'*appas*, au singulier et au pluriel :
Je reconnois l'*appas* dont ils m'avoient séduite. (II, 537, *Baj.* 1270.)
(Ces piéges) Que le démon couvre de mille *appas.* (IV, 123, *Poés. div.* 20.)
Les spectacles, les dons, invincibles *appas*,
Vous attiroient les cœurs du peuple et des soldats. (II, 312, *Brit.* 1169.)
....Le crime tout seul a pour vous des *appas.* (I, 405, *Théb.* 114.
....Cette ardeur que j'ai pour ses *appas*,
Bérénice en mon sein l'a jadis allumée. (II, 396, *Bér.* 502.)
Qu'il est doux d'adorer tant de divins *appas!* (I, 417, *Théb.* 329.)
Voyez I, 422, *Théb.* var.; I, 552, *Alex.* 643; I, 563, *Alex.* 856; III, 52, *Mithr.* 681; IV, 26, *Poés. div.* 40; et le *Lexique de Corneille.*

APPEL, dans le sens judiciaire :
Vous serez, au contraire, un juge sans *appel.* (II, 196, *Plaid.* 609.)

APPELER, demander, réclamer, attirer :
Enfin, las d'*appeler* un sommeil qui le fuit. (III, 491, *Esth.* 392.)
Il sembloit à lui seul *appeler* tous les coups. (II, 384, *Bér.* 222.)
Quoi ? vous à qui Néron doit le jour qu'il respire,
Qui l'*avez appelé* de si loin à l'Empire? (II, 256, *Brit.* 16.)
Jésus se fait entendre à l'âme qui sommeille,
Et l'*appelle* à la vie, où son jour nous conduit. (IV, 114, *Poés. div.* 4.)
Dieu l'*ayant appelée* à lui dans une fort grande jeunesse. (IV, 422, *P.*)
Voyez II, 80, *Andr.* 790; II, 289, *Brit.* 757; II, 333, *Brit.* 1625.

APPELÉ (comme par vocation) :
Vous êtes *appelé* à ce style. (IV, 289, *Imag.*)

APPELER, nommer :
*....*Appelant* figue une figue. (V, 496, *Trad.*)

* Ce qu'Homère *appelle* ici du mot de caverne. (VI, 96, *Rem. sur l'Odyss.*)
* Ils *appellent* un avare comme un prodigue. (VI, 306, *Livres ann.*)
APPELER (DE.... À), au propre et au figuré :
Nous sommes renvoyés hors de cour. J'*en appelle*. (II, 160, *Plaid.* 208.)
Voyez II, 218 et 219, *Plaid.* 868-870; et ci-dessus, ABUS.
Qu'il me soit permis d'*appeler de* toutes les subtilités de leur esprit *au* cœur de V. A. R. (II, 31, *Andr.* épitre.)
APPESANTI, au propre et au figuré; S'APPESANTIR :
Il souleroit encor sa main *appesantie*. (III, 95, *Mithr.* 1608.)
.... Votre main sur eux *appesantie*. (III, 530, *Esth.* 1109.)
Chargés d'un feu secret, vos yeux *s'appesantissent*. (III, 312, *Phèd.* 134.)
APPÉTIT :
Leur effet naturel (*des eaux*) est d'ouvrir l'*appétit*. (VI, 585, *Lettres*.)
APPLAUDIR, activement, approuver, féliciter ; APPLAUDIR À :
Je vois que votre cœur m'*applaudit* en secret. (II, 384, *Bér.* 225.)
(Ce sénat) Qui vient vous *applaudir* de votre cruauté. (II, 436, *Bér.* 1329.)
Le peuple avec transport l'arrête et l'environne,
Applaudissant aux noms que le sénat lui donne. (II, 433, *Bér.* 1272.)
Voyez IV, 353, *Disc. acad.*; VI, 138, *Rem. sur l'Odyss.*

S'APPLAUDIR :
Je *me suis applaudi* quand je me suis connu. (III, 308, *Phèd.* 72.)
Qui d'entre nous ne *s'applaudissoit* pas en lui-même,... d'avoir pour confrère un homme de ce mérite ? (IV, 357, *Disc. acad.*)

APPLAUDISSEMENT, au propre et au figuré :
* Tout le temple retentissoit d'*applaudissement*. (VI, 46, *Rem. sur Pind.*; comparez à cet emploi du singulier le latin *plausus*.)
Ce livre fut reçu avec un *applaudissement* incroyable. (IV, 415, *P. R.*)
Je connois mal Junie, ou de tels sentiments
Ne mériteront pas ses *applaudissements*. (II, 305, *Brit.* 1058.)
Les *applaudissements* qu'on donna au mandement des grands vicaires de Paris. (IV, 521, *P. R.*)

APPLICATION (au travail) :
Ils ont été charmés et effrayés de la description que vous.... faites du grand travail et de l'*application* continuelle de Monsieur l'Ambassadeur. (VII, 256, *Lettres*.)

APPLIQUER À, S'APPLIQUER À :
* Après l'avoir *appliqué aux* plus cruelles tortures. (V, 589, *Trad.*)
Quoi donc ? à me gêner *appliquant* mes esprits,
J'irai faire à mes yeux éclater ses mépris ? (II, 536, *Baj.* 1231.)
Appliqué sans relâche *au* soin de me punir. (II, 123, *Andr.* 1615.)
*Les Phéaques ne *s'appliquent* point à l'arc ni *au* carquois ; mais seulement *aux* voiles et *aux* rames. (VI, 118, *Rem. sur l'Odyss.*)
Achille seul, Achille *à* son amour *s'applique*? (III, 160, *Iph.* 189.)

S'APPLIQUER QUELQUE CHOSE :
(*Il*) *S'est appliqué* des Dieux la réponse fatale. (I, 439, *Théb.* 712.)

APPOINTEMENT, en terme de Palais, II, 161, *Plaid.* 227.
APPOINTER, en terme de Palais :
...On *appointe* la cause. (II, 161, *Plaid.* 220.)

APPORTER, au figuré :
.... Dissimulez. Votre rivale en pleurs
Vient à vos pieds, sans doute, *apporter* ses douleurs. (II, 82, *Andr.* 856.)
.... Si mon retour t'*apporte* quelque joie. (II, 432, *Bér.* 1260.)
Voyez IV, 355, *Disc. acad.*; V, 174 et 195, *Notes hist.*

APPOSER :
*Un jour qu'il soupoit dans un temple, voyant des pains qu'on y avoit *apposés*..., il les alla prendre et les jeta dehors. (V, 530, *Trad.*)

APPRÉHENDER, APPRÉHENDER DE, QUE :
J'*appréhende* furieusement sa longueur. (VI, 417, *Lettres.*)
Elle *appréhendoit* de lui faire du mal. (IV, 468, *P. R.*)
J'*appréhende que* vous ne soyez un trop grand acheteur de livres (VII, 267, *Lettres;* voyez II, 142, *Plaid.* au lect.)

APPRENDRE :
J'*appris* avec plaisir le bruit de sa vaillance. (I, 571, *Alex* 1034.)
Quoi? même vos regards *ont appris* à se taire?
(II, 288, *Brit.* 736; voy. II, 60, *Andr.* 400.)
*Plusieurs ont voulu acquérir de la gloire par des qualités qu'ils *avoient apprises* ou empruntées de l'art. (VI, 42, *Rem. sur Pind.*)

APPRENTISSAGE (FAIRE L') DE :
(Ce héros) Pour elle *de* la crainte *a fait l'apprentissage*. (III, 206, *Iph.* 1101.)
Ainsi je *fis d'*aimer l'heureux *apprentissage*. (IV, 47, *Poés. div.* 25.)
Voyez II, 488, *Baj.*, 178 ; II, 543, *Baj.* 1390.

APPRÊTER ; s'APPRÊTER POUR, À ; s'APPRÊTER, dans le sens passif :
Ah! c'en est trop. Voyons ce que le sort m'*apprête*. (I, 581, *Alex.* 1265.)
Un poison que votre ordre avoit fait *apprêter*. (II, 322, *Brit.* 1406.)
Un prédicateur d'importance
Apprêté pour nous sermonner. (IV, 231, *Poés. div.* 148.)
Allez : pour ce grand jour il faut que je m'*apprête*. (III, 615, *Ath.* 159.)
A combien de chagrins il faut que je m'*apprête!* (II, 276, *Brit.* 459.)
Quand la foudre s'allume et *s'apprête* à partir (I, 526, *Alex.* 27.)
Je l'ai vu vers le temple, où son hymen *s'apprête*.
(II, 113, *Andr.* 1433 ; voyez II, 385, *Bér.* 251.)

APPRIVOISÉ :
Ce tigre, que jamais je n'abordai sans crainte,
Soumis, *apprivoisé*, reconnoit un vainqueur. (III, 374, *Phèd.* 1223.)

APPROCHANT, ANTE :
*Des vices *approchants* de celui qu'on lui impute. (VI, 331, *Livres ann.*)
J'en avois toujours quelque idée assez tendre et assez *approchante* d'une inclination. (VI, 457, *Lettres*, 1662.)

APPROCHE, APPROCHES :
Qu'ils entrent. Cette *approche* excite mon courroux. (I, 451, *Théb.* 969.)
.... De son cœur le trop juste reproche
Lui fait peut-être, hélas! éviter cette *approche?* (II, 522, *Baj.* 938.)
.... Le peuple étonné regardoit, comme moi,
L'*approche* d'un combat qui le glaçoit d'effroi (I, 435, *Théb.* 630.)
De ce triste entretien détournons les *approches*. (III, 204, *Iph.* 1061.)
.... De ma mort respectant les *approches*. (III, 325, *Phèd.* 313.)

APPROCHES, terme militaire :
Les *approches* étant faites. (V, 292, *Camp de Louis XIV.*)

APPROCHER quelqu'un de quelque chose ; s'approcher de :
Je vous avois promis que l'effort de mon bras
M'approcheroit bientôt *de* vos divins appas. (I, 563, *Alex.* 856.)
 *Le véritable (*amour*) nous *approche des* Dieux. (VI, 269, *Livres ann.*)
Tout ce qui l'empêchoit de *s'approcher de* vous. (I, 541, *Alex.* 380.)

Approcher de près de :
Le frère rarement laisse jouir ses frères
De l'honneur dangereux d'être sortis d'un sang
Qui les *a de* trop *près approchés de* son rang. (II, 485, *Baj.* 108.)
Voyez IV, 368, *Disc. acad.*; V, 269, *Camp. de Louis XIV.*
 Cette espèce de pléonasme était fort usitée au seizième siècle et au dix-septième :
Approche toy plus *près de moy, accede ad me propius.* (Cordier, *de Corrupti sermonis emendatione*, ch. xxxix, p. 242, § 19.) — Ils campèrent donc à Gueldres sans *s'approcher* plus *près de* l'ennemi. (Perrot d'Ablancourt, trad. de Tacite, *Hist.* liv. IV, iv.)

APPROUVER, s'approuver :
Chacun semble des yeux *approuver* mon courroux.
 (II, 287, *Brit.* 721; voyez II, 543, *Baj.* 1397; III, 75, *Mithr.* 1178.)
J'aime. Ne pense pas qu'au moment que je t'aime,
Innocente à mes yeux, je *m'approuve* moi-même. (III, 343, *Phèd.* 674.)

APPUI, au figuré :
Un roi sage, ainsi Dieu l'a prononcé lui-même,
Sur la richesse et l'or ne met point son *appui*. (III, 676, *Ath.* 1279.)
En *l'appui* de ton Dieu tu t'étois reposé. (III, 698, *Ath.* 1709.)
Pallas n'emporte pas tout *l'appui* d'Agrippine. (II, 295, *Brit.* 835.)
De quel front ose-t-il prendre sous son *appui*
Des peuples qui n'ont point d'autre ennemi que lui? (I, 547, *Alex.* 515.)
Sous quel *appui* tantôt mon cœur s'est-il jeté? (III, 52, *Mithr.* 669.)
Voyez II, 82, *Andr.* 843; II, 339, *Brit.* 1742; III, 696, *Ath.* 1666.

APPUYER; appuyer de, par, sur, au figuré :
Elle n'*est* en ces lieux que trop bien *appuyée*. (II, 110, *Andr.* 1389.)
C'est que vous *appuyez* vous-même son courroux. (II, 292, *Brit.* 773.)
 *Conter les choses peu vraisemblables sans les *appuyer*. (VI, 322, *L. ann.*)
.... Son trouble, *appuyant* la foi de vos discours. (III, 534, *Esth.* 1170.)
Appuyé de Sénèque et *du* tribun Burrhus. (II, 295, *Brit.* 846.)
Il m'a *appuyé* cela *de* quelques raisonnements. (VI, 562, *Lettres.*)
Après mille serments *appuyés de* mes larmes. (II, 394, *Bér.* 440.)
.... *Par* de beaux exploits *appuyant* sa rigueur. (I, 528, *Alex.* 79.)
 La vieillesse et l'enfance
En vain *sur* leur foiblesse *appuyoient* leur défense. (II, 50, *Andr.* 210.)
Voyez I, 445, *Théb.* 851; I, 561, *Alex.* 819; I, 585, *Alex.* 1347; I, 595, *Alex.* 1536; III, 45, *Mithr.* 508.

S'appuyer sur, s'appuyer de :
Sur qui, dans son malheur, voulez-vous qu'il *s'appuie?* (III, 327, *Phèd.* 345.)
.... (*Joad*) *d*'oracles menteurs *s'appuie* et s'autorise. (III, 656, *Ath.* 892.)
Cependant, cher Osmin, pour *s'appuyer de* moi,
L'un et l'autre ont promis Atalide à ma foi. (II, 488, *Baj.* 175.)

ÂPRE :
.... Cet *âpre* courroux, quoi qu'elle en puisse dire,
Ne s'obstinera point au refus d'un empire. (I, 560, *Alex.* 804.)

APRÈS, préposition :
Antigone, demeurant un peu *après* sa mère. (I, 415, *Théb.* mise en scène.)

.... Je ne dois la vie, en ce commun effroi,
Qu'au bruit de mon trépas que je laisse *après* moi. (III, 43, *Mithr.* 450.)
Je ne crains que le nom que je laisse *après* moi. (III, 353, *Phèd.* 860.)
La victoire, Créon, n'est pas toujours si belle :
La honte et les remords vont souvent *après* elle. (I, 409, *Théb.* 196.)
Il faut courir, Olympe, *après* ces inhumains.
(I, 399, *Théb.* 17; voyez II, 74, *Andr.* 684; II, 104, *Andr.* 1273.)
Qu'on se mette *après* lui. Courez tous.... (II, 197, *Plaid.* 625.)
*Ainsi ses persécuteurs.... s'en allèrent armés et à cheval *après* ce saint vieillard, comme des archers *après* quelque insigne voleur. (V, 563, *Trad.*)
Charmant, jeune, traînant tous les cœurs *après* soi. (III, 341, *Phèd.* 639.)
Emportant *après* lui tous les cœurs des soldats. (II, 486, *Baj.* 120.)
Voyez I, 540, *Alex.* 363; II, 107 et 124, *Andr.* 1329 et 1636; IV, 53, *Poés. div.* 26.
Tandis que l'ennemi, par ma fuite trompé,
Tenoit *après* son char un vain peuple occupé. (III, 56, *Mithr.* 766.)
Attacher la victoire *après* quelqu'un, survivre *après*, soupirer *après* : voyez ATTACHER, SURVIVRE, SOUPIRER.
Enfin de votre empire *après* vous le premier. (III, 503, *Esth.* 607.)
On peut dire qu'*après* Dieu elle avoit mis en lui toute l'espérance de son salut. (IV, 510, *P. R.*)
J'ai oublié de vous recommander.... de ne faire jamais attendre *après* vous. (VII, 141, *Lettres.*)
Attendez-vous encore *après* l'aveu d'un frère? (I, 540, *Alex.* 354.)
Votre mère est en bonne santé, Dieu merci, quoiqu'elle ait pris bien de la peine *après* moi pendant ma maladie (VII, 291, *Lettres.*)
Il nous veut tous juger les uns *après* les autres. (II, 147, *Plaid.* 31.)
Allez. *Après* cela direz-vous que je l'aime? (II, 68, *Andr.* 565.)
Voyez II, 105, *Andr.* 1301; II, 413, *Bér.* 887.
.... Peut-être, *après* tout, notre frayeur est vaine. (I, 423, *Théb.* 447.)
Voyez I, 575, *Alex.* 1126; I, 579, *Alex.* 1229; II, 58, *Andr.* 375; II, 106, *Andr.* 1313; II, 427, *Bér.* 1172; II, 526, *Baj.* 1053; VI, 443, *Lettres.*

APRÈS, adverbialement :
Elles allèrent.... baiser la relique, les religieuses professes les premières, ensuite les novices, et les pensionnaires *après*. (IV, 467, *P. R.*)
Après, dans votre camp j'attendrai votre sort. (I, 553, *Alex.* 660.)
J'attends Éphestion, et le combat *après*. (I, 539, *Alex.* 344.)
Voyez I, 432, *Théb.* 612; V, 291, *Camp. de Louis XIV*; V, 596, *Trad.*; VI, 59, *Rem. sur l'Odyss.*; VI, 275, l. 5, *Livres ann.*

ÊTRE APRÈS À, avec un infinitif :
Pendant qu'on *étoit après à* me saigner. (VII, 236-237, *Lettres.*)

APRÈS-DÎNÉE :
Dès l'*après-dînée* du jour dont nous parlons, il fit ôter le voile aux novices. (IV, 560, *P. R.*; voyez VI, 393 et 572, *Lettres*; VII, 279, *ibid.*)

APY, ache :
*L'*apy* étoit la couronne des jeux Isthmiques. (VI, 217, *Livres ann.*)

AQUILON, vent du nord :
D'un souffle l'*Aquilon* écarte les nuages. (III, 524, *Esth.* 985.)

ARBITRE, ARBITRE DE, au masculin et au féminin :
Je vous fais notre *arbitre*, et vous nous jugerez. (II, 317, *Brit.* 1302.)
Enfin *de* ma grandeur je veux être l'*arbitre*. (I, 461, *Théb.* 1131.)
Voyez I, 426, *Théb.* 498; I, 562, *Alex.* 841; I, 587, *Alex.* 1386; I, 588, *Alex.* 1406; II, 118, *Andr.* 1541; III, 221, *Iph.* 1409.

ARM]   DE RACINE.   37

La cour vous regarde comme l'*arbitre de* tout ce qui se fait d'agréable. (II, 32, *Andr.* épître.)
Il vous fait *de* mon sort *arbitre* souveraine. (II, 326, *Brit.* 1488.)
Maîtresse du sérail, *arbitre de* ta vie.
(II, 550, *Baj.* 1529 ; voyez II, 486, *Baj.* 130.)

ARBORER :
Ils *arborèrent* l'étendard de France. (V, 265, *Camp. de Louis XIV.*)

ARBRE :
.... Les cerfs, ces *arbres* vivants. (IV, 29, *Poés. div.* 48.)
Les ruines d'un *arbre*, au figuré : voyez RUINE.

ARCHER, officier de justice ou de police, IV, 512, *P. R.*

ARDENT, au propre et au figuré ; ARDENT À, POUR :
Dans des ruisseaux de sang Troie *ardente* plongée. (II, 107, *Andr.* 1337.)
....(*Le*) feu toujours *ardent* qui brûle pour nos dieux. (II,339, *Brit.*1746.)
Achille trop *ardent* l'a peut-être offensé. (III, 227, *Iph.* 1508.)
Souffrent-ils sans courroux mon *ardente* amitié? (I, 416, *Théb.* 321.)
Ardente elle veilloit au soin de mon amour. (II, 535, *Baj.* 1212.)
Mes respects pour le Roi sont *ardents* et sincères. (I, 412, *Théb.* 236.)
Elle m'a vu toujours *ardent à* vous louer. (II, 441, *Bér.* 1438.)
Je ne suis pas *ardent pour* les bénéfices. (VI, 478, *Lettres.*)

ARDEUR, au singulier et au pluriel :
Hé quoi ? vous me jurez une éternelle *ardeur*,
Et vous me la jurez avec cette froideur? (II, 399, *Bér.* 589.)
Ce n'est plus une *ardeur* dans mes veines cachée. (III, 325, *Phèd.* 305.)
.... Tu me verras d'une constante *ardeur*
Haïr mes ennemis et chérir ma grandeur. (I, 444, *Théb.* 841.)
Oui, sans doute, une *ardeur* si haute et si constante
Vous promet dans l'histoire une place éclatante. (I, 536, *Alex.* 249.)
Que n'avez-vous pour moi cette *ardeur* empressée? (I, 538, *Alex.* 305.)
Voyez I, 555, *Alex.* 681 et 688; I, 564, *Alex.* 877; II, 45, *Andr.* 93; II, 95, *Andr.* 1081.
Tant de soins, tant de pleurs, tant d'*ardeurs* inquiètes. (II, 56, *Andr.* 321.)
.... Il sait mes *ardeurs* insensées. (III, 348, *Phèd.* 765.)
Digne emploi d'un ministre, ennemi des flatteurs,
Choisi pour mettre un frein à ses jeunes *ardeurs*. (II, 294, *Brit.* 818.)
Le trône fit toujours mes *ardeurs* les plus chères. (I, 444, *Théb.* 843.)
Ardeurs empoisonnées : voyez EMPOISONNER.

ARGENT, au figuré :
Cent flots d'*argent* liquide (*c'est-à-dire d'eau*). (IV, 24, *Poés. div.* 57.)

ARGENT, monnaie :
Ajoute cela. — Bon : c'est de l'*argent* comptant. (II, 179, *Plaid.* 421.)
Point d'*argent*, point de Suisse, et ma porte étoit close.
(II, 146, *Plaid.* 15; voyez la note 5.)

ARGENTÉ :
Ces poissons au dos *argentés*. (IV, 31, *Poés. div.* 43.)
Tribut *argenté* : voyez TRIBUT.

ARMADILLE, petite flotte espagnole, V, 120, *Notes historiques.*

ARME, au propre et au figuré :
Que vos yeux le verront terrible sous les *armes*,
S'il les reprend jamais ! (IV, 75, *Poés. div.* 59.)

Reine de tous les cœurs, elle met tout en *armes*. (I, 528, *Alex.* 69.)
Afin qu'à mon réveil je visse tout en *armes*.
 (I, 437, *Théb.* 680; voyez V, 277, *Camp. de Louis XIV*.)
.... Mes *armes* encor vous tiennent assiégés. (III, 700, *Ath.* 1742.)
De mon heureux rival j'accompagnai les *armes*. (II, 384, *Bér.* 211.)
Jules, qui le premier la soumit (*soumit Rome*) à ses *armes*. (II, 392, *Bér.* 387.)
Mettre les *armes* à la main : voyez Mettre.
Oui, c'est vous dont l'amour, naissant avec leurs charmes (*de ses yeux*),
Leur apprit le premier le pouvoir de leurs *armes*. (II, 66, *Andr.* 534.)
Je ne fais contre moi que vous donner des *armes*. (II, 88, *Andr.* 950.)
Voyez II, 292, *Brit.* 774; II, 325, *Brit.* 1458; II, 505, *Baj.* 552.
Vous pouvez, sans rougir du pouvoir de vos charmes,
Forcer ce grand guerrier à vous rendre les *armes*.
 (I, 527, *Alex.* 58; voyez IV, 47, *Poés. div.* 3.)
Vous fiez-vous encore à de si foibles *armes*? (III, 228, *Iph.* 1529.)
Nous t'implorons, Seigneur; tes bontés sont nos *armes*.
 (IV, 108, *Poés. div.* 13.)

ARMÉE, au propre et au figuré :
 .... Le Dieu des *armées*. (III, 466, *Esth.* 20.)
*Pluie, *armée* de l'affreuse nue. (VI, 214, *Livres ann.*)

ARMER, armer contre, armer de, au propre et au figuré :
Allez *contre* un rebelle *armer* toute la Grèce. (II, 67, *Andr.* 562.)
Vous *armez contre* Troie une puissance vaine. (III, 153, *Iph.* 57.)
(*Il*) Voit sans cesse Amurat *armé contre* sa vie. (II, 485, *Baj.* 114.)
Voudroit-elle obéir à ce prince inhumain,
Qui vient d'*armer contre* elle et le fer et la faim?
 (I, 404, *Théb.* 98; voyez II, 338, *Brit.* 1708.)
Les beaux yeux d'Axiane, ennemis de la paix,
Contre votre Alexandre *arment* tous leurs attraits. (I, 528, *Alex.* 68.)
J'*arme* votre valeur *contre* vos ennemis (II, 499, *Baj.* 428.)
(Ce ministre) Qui d'un zèle trompeur à vos yeux revêtu,
Contre notre innocence *arma* votre vertu. (III, 530, *Esth.* 1095.)
Il *arme* en ma faveur et la haine et l'amour. (I, 479, *Théb.* 1428.)
(Aman) *A* pour ce coup funeste *armé* tout son crédit. (III, 477, *Esth.* 171.)
 Jamais plus illustre querelle
De vos aïeux n'*arma* le zèle. (III, 685, *Ath.* 1465.)
J'inventai des couleurs; j'*armai* la calomnie. (III, 496, *Esth.* 493.)
... Sans *armer* mes yeux *d'*un moment de rigueur. (II, 63, *Andr.* 459.)
Il faut *d'*un noble orgueil *armer* votre courage. (III, 183, *Iph.* 638.)
Quand je verrai ces yeux *armés de* tous leurs charmes. (II, 419, *Bér.* 995.)

S'ARMER, s'armer contre, s'armer de, au propre et au figuré :
Va, que pour le départ tout *s'arme* en diligence. (III, 338, *Phèd.* 578.)
Je n'accepte la main qu'elle m'a présentée
Que pour *m'armer contre* elle.... (III, 176, *Iph.* 507.)
J'ai pris soin de *m'armer contre* tous les poisons (III, 85, *Mithr.* 1414.)
Si *de* tous ses efforts mon cœur a dû *s'armer*. (III, 71, *Mithr.* 1102.)
Ah, Dieux ! Lorsqu'à mes vœux l'ingrat inexorable
*S'armoit d'*un œil si fier, *d'*un front si redoutable,
Je pensois qu'à l'amour son cœur toujours fermé
Fût contre tout mon sexe également *armé*. (III, 374, *Phèd.* 1206 et 1208.)
*Armez-vous d'*un courage et *d'*une foi nouvelle. (III, 675, *Ath.* 1269.)
(Le Roi) *S'armera contre* nous *de* nos moindres discours.
 (III, 38, *Mithr.* 370; voyez I, 445, *Théb.* 861.)

ARRACHER, au propre et au figuré; ARRACHER DE, S'ARRACHER DE :
Les dépouilles des Juifs, par vos mains *arrachées*. (II, 405, *Bér.* 692.)
.... (Achille) m'*arracha* d'un coup ma naissance et ton père.
(III, 175, *Iph.* 474.)
Entrons. C'est un secret qu'il leur faut *arracher*. (III, 188, *Iph.* 755.)
....Des soldats, de moments en moments,
Vont *arracher* pour lui les applaudissements. (II, 325, *Brit.* 1478.)
Voyez I, 545, *Alex.* 484; II, 105, *Andr.* 1298.
Arracher l'âme, *arracher* au sommeil : voyez ÂME, SOMMEIL.
Quoi? depuis si longtemps la reine Bérénice
Vous *arrache*, Seigneur, *du* sein de vos États.
(II, 378, *Bér.* 81; voyez I, 550, *Alex.* 587.)
Tu vois, pour m'*arracher du* cœur de ses soldats,
Qu'il va chercher sans moi les siéges, les combats. (II, 484, *Baj.* 87.)
La plus sainte des lois, ah! c'est de vous sauver,
Et d'*arracher*, Seigneur, *d'*une mort manifeste,
Le sang des Ottomans dont vous faites le reste. (II, 507, *Baj.* 593.)
Dès vos plus jeunes ans, mes soins et mes tendresses
N'*ont arraché de* vous que de feintes caresses. (II, 316, *Brit.* 1272.)
Je l'ai vu quelquefois *s'arracher de* ces lieux. (II, 275, *Brit.* 437.)

ARRENTER, bailler à rente, VI, 478, *Lettres*.

ARRÊT, jugement, au propre, II, 161 et 162, *Plaid.* 228 et 243.
Au figuré :
....Vous prononcerez un *arrêt* si cruel?
(II, 54, *Andr.* 275; voyez II, 285, *Brit.* 668 et 675.)
Le sort, dont les *arrêts* furent alors suivis. (II, 49, *Andr.* 187.)
* C'a été un *arrêt* des Dieux que ce pays fût tout environné de la mer (VI, 36, *Rem. sur Pind.*)
Voyez II, 285, *Brit.* 668 et 675.

ARRÊTER, retenir, faire et retenir prisonnier :
...Je t'*arrête* trop. Retire-toi, Narcisse. (II, 278, *Brit.* 511.)
Voyez III, 207, *Iph.* 1128; III, 177, *Iph.* 535.
Depuis trois ans dans Rome elle *arrête* vos pas. (II, 378, *Bér.* 82.)
(Il) fait couler des pleurs, qu'aussitôt il *arrête*.
(II, 46, *Andr.* 114; voyez II, 329, *Brit.* 1555.)
Hermione, Seigneur, *arrêtera* vos coups. (II, 52, *Andr.* 239.)
J'*arrêtai* de sa mort la nouvelle trop prompte. (II, 312, *Brit.* 1184.)
Comme si les beaux nœuds où vous me tenez pris
Ne devoient *arrêter* que de foibles esprits? (I, 565, *Alex.* 904.)
Il voit à chaque pas *arrêter* ses conquêtes. (I, 549, *Alex* 577.)
Que dis-je? En ce moment, le dernier qui nous reste,
Je me sens *arrêter* par un plaisir funeste. (III, 55, *Mithr.* 740.)
Dans son camp jusqu'ici Polynice *arrêté*,
Pour combattre à mes yeux ne s'est point présenté. (I, 401, *Théb.* 49.)
* *Arrêter* les ailes de ses soupirs. (VI, 225, *Livres ann.*)
Voyez I, 473, *Théb.* 1328; I, 537, *Alex.* 268; I, 538, *Alex.* 296; I, 556, *Alex.* 704; II, 107, *Andr.* 1351; II, 121, *Andr.* 1595; II, 301, *Brit.* 960; III, 209, *Iph.* 1162.
* Le Roi vouloit l'*arrêter* (*Foucquet*) dans Vaux; mais la Reine dit : « Voulez-vous l'*arrêter*, etc.? » (V, 81, *Notes hist.*; voyez IV, 416, *P. R.*)
Je vois Pallas banni, votre frère *arrêté*. (II, 314, *Brit.* 1217.)
(Son bras) dans les murs d'Omphis m'*arrêta* prisonnière. (I, 542, *Alex.* 398.)

ARRÊTER, fixer :
Pensez-vous qu'oubliant ma fortune passée,
Sur ma seule grandeur j'*arrête* ma pensée? (II, 404, *Bér.* 680.)
ARRÊTER, dans le sens de *s'arrêter* :
Arrêtons un moment.... (II, 373, *Bér.* 1 ; voyez II, 307, *Brit.* 1093.)
S'ARRÊTER, s'ARRÊTER À :
      Son âme irritée
Pour quelque grand dessein semble *s'être arrêtée*. (I, 475, *Théb.* 1370.)
Ne *vous arrêtez* point *à* ses froideurs passées. (II, 553, *Baj.* 1606.)
Ses transports dès longtemps commencent d'éclater.
A d'inutiles cris puissent-ils *s'arrêter!* (II, 291, *Brit.* 766.)
Je ne *m'arrêtai* point à ce bruit téméraire. (III, 44, *Mithr.* 487.)
Voyez I, 580, *Alex.* 1247 ; II, 105, *Andr.* 1293 ; II, 291, *Brit.* 766.

ARRIÈRE-BAN, IV, 231, *Poés. div.* 160.
Une variante, qui ajoute une autre syllabe au vers, donne la forme *arrier-ban*.

ARRIÈRE-GARDE, V, 267, *Camp. de Louis XIV*.

ARRIVER :
....Qu'il *arrive* en un jour une multitude de choses qui pourroient a peine *arriver* en plusieurs semaines. (II, 367, *Bér.* préf.)
*On espéroit qu'il *arriveroit* des inconvénients. (VI, 349, *Livres ann.*)

ARRIVER DE, au figuré :
Il *est arrivé de* cette pièce ce qui *arrivera* toujours *des* ouvrages qui auront quelque bonté. (II, 250, *Brit.* 2ᵉ préf.)
.... Quoi qu'il *en arrive*. (I, 402, *Théb.* 63.)

ARROSER, au propre et au figuré :
Si mon sang ne l'*arrose* (n'*arrose* ce champ).... (III, 229, *Iph.* 1543.)
De larmes tous les jours ses yeux *sont arrosés*. (III, 194, *Iph.* 859.)
*Elle (*la tragédie*) *arrose* les passions, au lieu qu'il les faudroit dessécher (VI, 281, *Livres ann.*)

*ARSENAC, VI, 350, *Livres annotés*.
Vaugelas constate l'emploi simultané d'*arcenal* et d'*arcenac* (*sic*) ; mais il nous apprend que le premier était déjà le plus usité en 1647, date de ses *Remarques*.

ART :
    ....L'*art* des plus riches cités
    A-t-il la moindre image
De vos naturelles beautés? (IV, 22, *Poés. div.* 18.)
Absente de la cour, je n'ai pas dû penser,
Seigneur, qu'en l'*art* de feindre il fallût m'exercer.(II, 284, *Brit.* 642.)
Je sais l'*art* de punir un rival téméraire. (II, 305, *Brit.* 1060.)
*S'ils étoient poëtes par *art*.... (VI, 275, *Livres ann.*)
*Vous expliquez Homère par enthousiasme et non par *art*. (VI, 275, *Livres ann.*)

BEAUX-ARTS : voyez BEAU.

ARTIFICE :
      ....Si ta justice
De deux jeunes amants veut punir l'*artifice*. (II, 498, *Baj.* 418.)
Un grand roi descend-il jusqu'à cet *artifice*? (III, 73, *Mithr.* 1148.)
De leur vaine éloquence employant l'*artifice*. (III, 188, *Iph.* 750.)
Tu l'aimes? Ciel! Mais non, l'*artifice* est grossier. (III, 369, *Phèd.* 1127.)
....Je sais rejeter un frivole *artifice*. (III, 373, *Phèd.* 1189.)

.. Mathan, dépouillant l'*artifice*. (III, 660, *Ath*. 987; voyez III, *Esth*. 449.)
*Artifice d'Homère dans sa description des enfers. (VI, 303, *Livres ann*.)
Voyez I, 572, *Alex*. 1058; II, 51, *Andr*. 221; II, 104, *Andr*. 1277; II, 201, *Plaid*.
50; II, 278, *Brit*. 512; II, 299, *Brit*. 932; VI, 235, 242, 246 et 306, *Livres ann*.

ARTILLERIE (Parc d'), V, 324, *Siége de Namur*.

ASILE, au figuré :
Elle n'a que vous seul. Vous êtes en ces lieux
Son père, son époux, son *asile*, ses Dieux. (III, 199, *Iph*. 940.)

ASPECT :
.... Le farouche *aspect* de ses fiers ravisseurs. (II, 274, *Brit*. 393.)
Je le vis : son *aspect* n'avoit rien de farouche. (III, 176, *Iph*. 497.)
(Phèdre) De son époux trahi fuit l'*aspect* redoutable. (III, 355, *Phèd*. 874.)
(Mon père) De l'idolâtre impur fuit l'*aspect* criminel. (III, 654, *Ath*. 854.)
Il faisoit ce jour-là un vent fort impétueux, qui, agitant les eaux du
Rhin, en rendoit l'*aspect*.... plus terrible. (V, 247, *Camp. de Louis XIV*.)
.... Fais à son *aspect* que tout genou fléchisse. (III, 503, *Esth*. 622.)
Loin de s'épouvanter à l'*aspect* de sa gloire. (I, 526, *Alex*. 21.)
Sera-t-il moins terrible, et le vaincront-ils mieux
Dans le sein de sa ville, à l'*aspect* de ses dieux? (III, 62, *Mithr*. 890.)

ASPIRER à :
.... Toujours son cœur *aspire au* diadème. (I, 449, *Théb*. 944.)
Que Troie en cet état *aspire à* se venger. (II, 50, *Andr*. 204.)
On dit que tes desirs n'*aspirent* qu'à me plaire. (I, 576, *Alex*. 1162.)
Étrange ambition qui n'*aspire qu'au* crime. (I, 452, *Théb*. 991.)
Ce champ si glorieux *où* vous *aspirez* tous. (III, 229, *Iph*. 1543.)

ASSASSIN :
Le seul nom d'*assassin* l'épouvante et l'arrête. (II, 114, *Andr*. 1470.)

ASSASSINER, au figuré, chagriner, accabler d'un mortel chagrin :
Ah ! c'est m'*assassiner* que me sauver la vie. (I, 482, *Théb*. 1494.)
Un fils audacieux insulte à ma ruine,
Traverse mes desseins, m'outrage, m'*assassine*. (III, 49, *Mithr*. 608.)

ASSAUT, au propre et au figuré :
Qu'une des plus fortes villes de Flandres ait ainsi été emportée d'*assaut*. (V, 277, *Camp. de Louis XIV*; voyez V, 296, *ibid*.)
Chaque *assaut* à mon cœur livroit mille combats. (I, 418, *Théb*. 353.)
Quels *assauts*, quels combats j'ai tantôt soutenus !
(III, 41, *Mithr*. 413; voyez III, 207, *Iph*. 1120.)

ASSEMBLAGE :
De tant d'objets divers le bizarre *assemblage*. (III, 634, *Ath*. 515.)

ASSEMBLÉE, auditoire d'un tribunal :
Mais qu'en dit l'*assemblée*?... (II, 211, *Plaid*. 768; voy. II, 202, *Plaid*. 668.)

Assemblées de l'Académie :
Bien que depuis un an.... nous eussions perdu.... l'espérance de le revoir jamais (*M. de Corneille*) dans nos *assemblées*. (IV, 357, *Disc. acad*.)

ASSEMBLER, s'assembler :
Quelle importune main, en formant tous ces nœuds,
A pris soin sur mon front d'*assembler* mes cheveux? (III, 314, *Phèd*. 160.)
.... Je vois quels malheurs j'*assemble* sur ma tête. (III, 82, *Mithr*. 1360.)
.... L'Hydaspe *assemblant* ses provinces. (I, 546, *Alex*. 505.)

J'*assemble* tout ce que le siècle présent et les siècles passés nous peuvent fournir de plus grand. (I, 513, *Alex.* épître.)
.... Une loi trop sévère
Va séparer deux cœurs qu'*assembloit* leur misère. (II, 269, *Brit.* 296.)
Tout le peuple *assemblé* nous poursuit à main forte. (II, 121, *Andr.* 1586.)
.... L'époux dont je vous entretiens
Peut sans honte *assembler* vos aïeux et les siens. (II, 281, *Brit.* 570.)
Ici je les vois (*les poissons*) *s'assembler*,
Se mêler et se démêler. (IV, 32, *Poés. div.* 45.)
La haine, le mépris, contre moi tout *s'assemble*. (II, 87, *Andr.* 921.)
Voyez II, 207, *Plaid.* 729.

ASSEOIR, s'asseoir, faire asseoir :
*Le prince de Turenne.... *fut assis* devant Alexandre VIII. (V, 122, *Notes hist.*)
Il le fait *asseoir* dans.... un beau siége.... (VI, 124, *Rem. sur l'Odyss.*)
Racine a souligné dans le *Quinte-Curce* de Vaugelas, comme dignes de remarque, les mots : (Alexandre) *assit* (au prétérit) *son camp*. (VI, 355, *Livres ann.*)

Formes vieillies du présent de l'indicatif :
* Il *s'assit*, et se déshabille. (VI, 65, *Rem. sur l'Odyss.*)
Voyez III, 313, ligne 9, *Phèd.* mise en scène; VI, 101 et 103, *Rem. sur l'Odyss.*
*Le jour du sabbat, ils viennent tous ensemble..., et *s'assisent*, selon leur âge. (V, 546, *Trad.*; voyez V, 556, ligne 23, *Trad.*)
Ailleurs, et même dans un des écrits où il a dit *s'assit* (au présent), Racine se sert aussi de la forme *s'assoit* : voyez VI, 81, *Rem. sur l'Odyssée*. Du reste, le correct Perrot d'Ablancourt n'hésitait pas à écrire *assis-toi* dans sa traduction des *Dialogues de Lucien* (*Dialogues de Caron et de Mercure, de Ménippe et d'Éaque*). Vaugelas, dans sa remarque sur *asseoir*, ne parle pas du présent indicatif *assit* et *assisent*, mais il constate, en blâmant plusieurs des formes employées de son temps, d'autres incertitudes et irrégularités de l'usage. Il fait observer aussi que l'imparfait n'est guère usité. Racine s'en est servi sous sa forme actuelle : *s'asseyoit* (VI, 424, *Lettres*, 1661)

ASSERVIR, au figuré :
Un cœur que son devoir à moi seul *asservit*. (III, 49, *Mithr.* 610.)
Tous mes ressentiments lui *seroient asservis*. (II, 91, *Andr.* 1011.)
....Votre âme, à l'amour en esclave *asservie*. (II, 42, *Andr.* 29.)
Mon Hermione encor le tient-elle *asservi*? (II, 45, *Andr.* 103.)
Aricie à ses lois tient mes vœux *asservis*. (III, 368, *Phèd.* 1123.)

ASSEZ, assez de :
....Ah! Seigneur, vous entendiez *assez*
Des soupirs qui craignoient de se voir repoussés. (II, 86, *Andr.* 911.)
*Je ne sais si ces narrations si longues sont *assez* dignes de la tragédie. (VI, 249, *Livres ann.*)
Assez d'autres viendront lui conter son malheur. (II, 411, *Bér.* 842.)
Narcisse, c'est *assez*; je reconnois ce soin.
(II, 322, *Brit.* 1397; voyez II, 316, *Brit.* 1282.)
C'est bien *assez* pour moi *de* l'opprobre éternel
D'avoir pu mettre au jour un fils si criminel. (III, 365, *Phèd.* 1055.)
....C'est *assez* pour moi que je me sois soumis.
(II, 105, *Andr.* 1287; voyez II, 120, *Andr.* 1563.)
J'ai des forces *assez* pour tenir la campagne. (I, 402, *Théb.* 67.)
*Si je fais de grands desseins, j'ai de la force *assez* pour les mettre en exécution. (VI, 25, *Rem. sur Pind.*)

ASSIDU, assidu à (suivi d'un infinitif) :
....Ces soupçons, ces plaintes *assidues*. (II, 314, *Brit.* 1227.)
A prier avec vous jour et nuit *assidus*. (III, 481, *Esth.* 240.)

Être assidu à quelqu'un :
Mon oncle est au lit, et je *lui suis* fort *assidu*. (VI, 477, *Lettres*, 1662.)

ASSIÉGER, au propre et au figuré :
*Les *assiégeants* alloient devenir les *assiégés*.(V,261, *Camp.de Louis XIV*.)
Du palais, cependant, il *assiége* la porte. (III, 493, *Esth.* 433.)
Adieu. J'*assiégerai* Néron de toutes parts. (II, 299, *Brit.* 925.)
Mathan d'ailleurs, Mathan, ce prêtre sacrilége,
Plus méchant qu'Athalie, à toute heure l'*assiége*. (III, 607, *Ath.* 36.)
Je viole en un jour les droits des souverains,...
Ceux même des autels où ma fureur l'*assiége*. (II, 121, *Andr.* 1573.)
Nous nous voyons sans cesse *assiégés* de témoins. (III, 169, *Iph.* 367.)

ASSIETTE, situation, disposition :
On me parle de paix? et le camp de Taxile
Garde dans ce désordre une *assiette* tranquille? (I, 556, *Alex.* 702.)

ASSIGNER, dans le sens judiciaire, II, 174, *Plaid.* 356.
Voyez II, 170, *Plaid.* 311; IV, 557, *P. R.*

ASSISTANT, ante, substantivement :
Ils avoient pour eux l'*assistant* du Général (*de Citeaux*). (IV, 391, *P.R.*)
*La Justice, laquelle est comme l'*assistante* et la conseillère de Jupiter l'hospitalier. (VI, 36, *Rem. sur Pind.*)

ASSISTER, prêter assistance, secourir :
On mettoit toujours à part une portion de cette aumône pour en *assister* de pauvres familles. (IV, 424, *P. R.*)
Il fallut que les Religieuses *assistassent* de leurs charités quelques-uns de ses plus proches parents. (IV, 475, *P. R.*; voyez VII, 166, *Lettres*.)
Je.... vous prie toujours de m'*assister* de vos prières. (VII, 299, *Lettres*.)
(*Le*) curé d'Auteuil, qui l'*assista* à la mort. (VII, 264, *Lettres*.)

Assisté, accompagné, aidé :
Devant quatre témoins *assistés* d'un notaire. (II, 177, *Plaid.* 404.)

ASSOCIER à, dans :
(Ce monarque) *A* son trône, à son lit daigna l'*associer*.(II,501,*Baj.* 468.)
Non, non, *à* mes tourments je veux l'*associer*. (II, 78, *Andr.* 760.)
Avec quelles marques d'estime la plus fameuse Faculté de l'univers vous a-t-elle.... *associé dans* son corps! (IV, 352, *Disc. acad.*)

ASSOUPISSEMENT, au figuré :
De nos cœurs endurcis romps l'*assoupissement*. (IV, 114, *Poés. div.* 14.)

ASSOUVI, rassasié :
De tant de flots de sang non encore *assouvie*. (III, 691, *Ath.* 1571.)
....Le courroux du sort vouloit être *assouvi*. (I, 399, *Theb.* 22.)

ASSOUVISSEMENT :
*Ils abhorrent l'*assouvissement* comme l'ennemi et le destructeur du corps et de l'âme. (V, 547, *Trad.*)

ASSUJETTI à :
*Dans nos poëmes,... on ne parle non plus de manger que si les héros étoient des dieux qui ne fussent pas *assujettis à* la nourriture. (VI, 126, *Rem. sur l'Odyss.*)

ASSURANCE :
Non, non, vous jouissez d'une pleine *assurance*. (I, 556, *Alex.* var.)

Puis-je sur ton récit fonder quelque *assurance?* (II, 299, *Brit.* 928.)
*....Cette affaire d'importance
Est dans une telle *assurance*
Qu'il ne reste plus qu'à signer. (IV, 232, *Poés. div.* 196.)
*Aurois-je l'*assurance* de mentir? (VI, 186, *Livres ann.*)
Racine, dans ses extraits de Vaugelas, a souligné comme mot à remarquer, *assurance*, au sens de *hardiesse* (VI, 536).

ASSURER, rendre sûr, certain, fortifier, affermir :
*Il dit allégoriquement qu'il est bon dans une tempête d'avoir deux ancres pour *assurer* un vaisseau. (VI, 29, *Rem. sur Pind.*)
S'il en *assure* une (*une place*), il en expose vingt autres. (V, 290, *Camp. de Louis XIV.*)
Vous seul, jusques ici contraire à vos desirs,
N'osez par un divorce *assurer* vos plaisirs. (II, 277, *Brit.* 482.)
....Pour *assurer* ses projets inhumains. (III, 691, *Ath.* 1565.)
Il (*Pharnace*) courut de ses feux entretenir la Reine,
Et s'offrir d'*assurer* par un hymen prochain
Le bandeau qu'elle avoit reçu de votre main. (III, 45, *Mithr.* 493.)
C'est acheter la paix du sang d'un malheureux.
— Oui. Mais je veux, Seigneur, l'*assurer* davantage. (II, 70, *Andr.* 617.)
Le grand nom de Pompée *assure* sa conquête. (III, 57, *Mithr.* 784.)
Allons donc *assurer* cette foi mutuelle. (III, 47, *Mithr.* 543.)
Pour *assurer* mon jugement. (VI, 381, *Lettres.*)
Voyez II, 48, *Andr.* 170; II, 301, *Brit.* 965; II, 378, *Bér.* 83; II, 382, *Bér.* 177.

ASSURER, garantir, mettre en sûreté, rassurer :
Un plein calme en ces lieux *assure* votre tête. (I, 555, *Alex.* 694.)
.... Mes soins ont *assuré* sa vie.
(I, 586, *Alex.* 1369; voyez III, 504, *Esth.* 627.)
Demain, dès cette nuit, je prendrai des mesures
Pour *assurer* le Temple et venger ses injures. (III, 694, *Ath.* 1640.)
En les perdant j'ai cru vous *assurer* vous-même.
(III, 533, *Esth.* 1145; voyez III, 230, *Iph.* 1572.)
O bonté qui m'*assure* autant qu'elle m'honore !
(III, 507, *Esth.* 685; voyez III, 639, *Ath.* 619; IV, 54, *Poés. div.* 50.)

ASSURER DE; ASSURER QUE :
Je crois, depuis cinq ans jusqu'à ce dernier jour,
Vous avoir *assuré d'*un véritable amour. (II, 443, *Bér.* 1490.)
Voyez II, 271, *Brit.* 343; II, 523, *Baj.* 966.
Grâces aux Dieux, Seigneur, Junie entre vos mains
Vous *assure* aujourd'hui *du* reste des Romains. (II, 273, *Brit.* 374.)
*Il commanda au Cardinal d'*assurer* les Portugais *de* toute sorte de secours. (V, 162, *Notes hist.*)
....Vous pouvez l'*assurer qu'*un sergent
Lui doit porter pour moi tout ce qu'elle demande. (II, 177, *Plaid.* 394.)
Voyez IV, 227, *Poés. div.* 14.

ASSURER À :
Je vais donc, puisqu'il faut que je me sacrifie,
Assurer à Pyrrhus le reste de ma vie. (II, 96, *Andr.* 1090.)
Vainement *à* son fils j'*assurois* mon secours. (II, 72, *Andr.* 651.)

S'ASSURER DE, se rendre sûr de, recevoir l'assurance de :
Moi-même j'ai voulu m'*assurer de* sa foi. (II, 492, *Baj.* 279.)
Madame, *assurez-vous de* mon obéissance. (III, 29, *Mithr.* 163.)

S'ASSURER CONTRE, prendre ses sûretés contre :
Contre mon ennemi laisse-moi *m'assurer.* (II, 61, *Andr.* 419.)
(Le Parlement) la félicita (*la Sorbonne*) de *s'être assurée contre* toutes ces nouveautés dangereuses. (IV, 536, *P. R.*)

S'ASSURER SUR, S'ASSURER DE.... SUR, S'ASSURER EN :
Ainsi, *sur* l'avenir n'osant *vous assurer,*
Vous croyez que sans vous Néron va s'égarer. (II, 265, *Brit.* 222.)
Voyez I, 537, *Alex.* 273; I, 552, *Alex.* 628; II, 84, *Andr.* 879; II, 266, *Brit.* 246; II, 535, *Baj.* 1210; III, 38, *Mithr.* 355; III, 213, *Iph.* 1237; III, 384, *Phèd.* 1423; III, 618, *Ath.* 201; VI, 231 et 261, *Livres ann.*
Sur des gages trompeurs *s'assurer de* sa foi.
(II, 536, *Baj.* 1228; voyez II, 84, *Andr.* 879.)
Ils ne *s'assurent* point *en* leurs propres mérites,
Mais *en* ton nom sur eux invoqué tant de fois,
En tes serments jurés au plus saint de leurs rois,
En ce temple où tu fais ta demeure sacrée. (III, 667, *Ath.* 1124-1127.)

S'ASSURER À :
.... Je *m'assure* encore *aux* bontés de ton frère. (II, 504, *Baj.* 533.)
Les grammairiens ont reproché ce tour à Racine : voyez le *Lexique de Corneille.*

S'ASSURER QUE, se persuader, avoir la certitude, la confiance que :
Je *m'assure qu'*il vaut mieux avoir occupé l'impertinente éloquence de deux orateurs autour d'un chien accusé, que si l'on avoit mis sur la sellette un véritable criminel. (II, 142, *Plaid.* au lect.)
Vous l'allez voir paroître ; et j'ose *m'assurer*
Que vous-même avec moi vous allez le pleurer.
(III, 92, *Mithr.* 1549 et 1550.)
Voyez II, 185, *Plaid.* 495 ; III, 92, *Mithr.* 1549 et 1550; III, 143, *Iph.* préf.; V, 355, *Épître ;* VI, 102, *Rem. sur l'Odyss.;* VII, 50 et 259, *Lettres.*

ASSURÉ, certain, sûr ; exempt de crainte, d'inquiétude :
Tout ce que j'ai prédit n'est que trop *assuré.* (II, 256, *Brit.* 9.)
Voyez IV, 227, *Poés. div.* 14.
Vos yeux ne sont que trop *assurés* de lui plaire. (II, 98, *Andr.* 1146.)
Cours ; et partons du moins *assurés* de sa vie. (II, 416, *Bér.* 952.)
J'étois comme *assuré* de l'avoir ici parmi mes livres. (VII, 62, *Lettres.*)
Tenir *assuré* : voyez TENIR.
Ce choix aux ennemis ôtera tout ombrage,
Et sa vertu suffit pour les rendre *assurés.* (I, 408, *Théb.* 181.)

MAL ASSURÉ :
Des volontés de Rome alors *mal assuré,*
Néron de sa grandeur n'étoit point enivré. (II, 260, *Brit.* 97.)
Que vois-je? Quel discours? Ma fille, vous pleurez,
Et baissez devant moi vos yeux *mal assurés.* (III, 210, *Iph.* 1172.)
Voyez II, 321, *Brit.* 1380; II, 339, *Brit.* 1757.

ASTRE :
Des *astres* ennemis j'en crains moins le courroux. (III, 507, *Esth.* 676.)
... Il voit l'*astre* qui vous éclaire. (III, 500, *Esth.* 557.)
Tant que l'*astre* des temps éclairera le monde. (IV, 113, *Poés. div.* 19.)

ATHLÈTE, au figuré :
* Ces généreux *athlètes* de Jésus-Christ. (V, 569, *Trad.*)

ATOURS :
L'autre, pour se parer de superbes *atours,*
Des plus adroites mains empruntoit le secours. (III, 469, *Esth.* 61.)

ATTACHE, attachement :
D'ailleurs pour cet enfant leur *attache* est visible. (III, 656, *Ath.* 908.)
* *Attache* excessive à quelque chose. (VI, 316, *Livres ann.*)
* *Attache* à un seul poëte. (VI, 274, *Livres ann.*)

ATTACHER, ATTACHER À, etc., au propre et au figuré :
Qu'il mette sur son front le sacré diadème;
Je ne veux que l'honneur de l'*attacher* moi-même. (III, 350, *Phèd.* 802.)
   Dès le soir, les mineurs furent *attachés* en plusieurs endroits. (V, 344, *Siége de Namur;* voyez V, 280, *Camp. de Louis XIV.*)
   Ses violentes maladies, qui l'*attachèrent* au lit. (V, 10, *Épitaphes.*)
Pour *attacher* des jours tranquilles, fortunés,
Aux périls dont les jours étoient environnés. (II, 539, *Baj.* 1303 et 1304.)
Rome *à* ce nom, si noble et si saint autrefois,
Attacha pour jamais une haine puissante. (II, 392, *Bér.* 383 et 384.)
Quel mépris la cruelle *attache* à ses refus! (II, 84, *Andr.* 887.)
Un oracle effrayant m'*attache* à mon erreur. (III, 173, *Iph.* 428.)
.... *A* mon triste sort, vous le savez, Seigneur,
Une mère, un amant *attachoient* leur bonheur. (III, 212, *Iph.* 1211 et 1212.)
.... Plaignant les malheurs *attachés* à l'Empire. (II, 321, *Brit.* 1371.)
.... Qui tient la fortune *attachée à* ses lois. (I, 525, *Alex.* 4.)
C'est Vénus toute entière à sa proie *attachée*. (III, 325, *Phèd.* 306.)
   Au milieu de tant d'....occupations, où le zèle de votre prince et le bien public vous tiennent continuellement *attaché*.... (II, 363, *Bér.* épître.)
Voyez I, 553, *Alex.* 654; I, 558, *Alex.* 743; I, 568, *Alex.* 962.
.... Combien ils sont *attachés à* soutenir leurs méchants auteurs. (IV, 483, *P. R.*)
Je n'attendois pas moins de cet amour de gloire
Qui partout après vous *attacha* la victoire. (II, 396, *Bér.* 492.)
Attaché près de moi par un zèle sincère. (III, 308, *Phèd.* 73.)
Partout de l'univers j'*attacherois* les yeux. (III, 48, *Mithr.* 566.)
Vous que l'amitié seule *attache* sur ses pas. (II, 407, *Bér.* 757.)
Lorsqu'il passoit les jours *attaché* sur ma vue. (II, 381, *Bér.* 156.)
Voyez II, 276, *Brit.* 453; II, 419, *Bér.* 996.

S'ATTACHER À, s'appliquer à, se confier à :
A vous faire périr sa cruauté *s'attache*. (III, 677, *Ath.* 1301.)
Non, non : c'est *à* Dieu seul qu'il *nous* faut *attacher*. (III, 665, *Ath.* 1093.)

ATTAQUE, au propre et au figuré :
* Un boyau.... qui a été l'*attaque* de la droite, qu'on a appelée l'*attaque* de Navarre. (V, 109, *Notes hist.*)
Faisons de notre haine une commune *attaque*. (II, 68, *Andr.* 569.)
Vous soutenez en paix une si rude *attaque*. (II, 97, *Andr.* 1133.)
   Faire l'*attaque*, une *attaque* : voyez FAIRE.
   Attaque d'apoplexie. (IV, 552, *P. R.*)

ATTAQUER, S'ATTAQUER À, au figuré :
Cherchons pour l'*attaquer* quelque endroit plus sensible.
          (III, 349, *Phèd.* 794; voyez I, 401, *Théb.* 42.)
Votre sœur.... en *est* souvent *attaquée (de la migraine)*. (VII, 257, *Lettres.*)
Il *s'attaque* même *aux* endroits les plus éclatants. (II, 249, *Brit.* 1re préf.)
Voyez IV, 490, *P. R.*

ATTEINDRE, au propre et au figuré :
Lequel Hiérome....
Auroit atteint, frappé, moi sergent, à la joue. (II, 179, *Plaid.* 419.)

Je sais de quels remords son courage *est atteint*. (II, 114, *Andr.* 1475.)
(Le supplice) Tôt ou tard *atteint* les pécheurs. (IV, 141, *Poés. div.* 52.)
.... Dans la frayeur dont vous étiez *atteinte*. (II, 287, *Brit.* 703.)
De l'amour du pays montrant son âme *atteinte*. (I, 435, *Théb.* 635.)

ATTEINTE, au figuré :
J'ai pu toucher son cœur d'une *atteinte* légère. (I, 541, *Alex.* 370.)
De cet amas d'honneurs la douceur passagère
Fait sur mon cœur à peine une *atteinte* légère. (III, 494, *Esth.* 458.)
.... Portant à mon cœur des *atteintes* plus rudes. (II, 277, *Brit.* 487.)
D'abord il a tenté les *atteintes* mortelles
Des poisons.... (III, 93, *Mithr.* 1571.)
Peut-être espérez-vous que ma douceur lassée
Donnera quelque *atteinte* à sa gloire passée. (I, 574, *Alex.* 1098.)
  On ne vouloit point donner *atteinte* à la grâce efficace. (IV, 561, *P. R.*)

ATTENANT : voyez ENTENANT.

ATTENDRE, emplois divers :
Qu'*attendez*-vous, Seigneur? la princesse n'est plus. (I, 481, *Théb.* 1463.)
Voyez II, 47, *Andr.* 135; II, 73, *Andr.* 660: II, 104, *Andr.* 1275.
J'*attendrois* son salut de la main d'Alexandre? (I, 586, *Alex.* 1373.)
Je n'*attendois* pas moins de cet amour de gloire. (II, 396, *Bér.* 491.)
Attendois-tu, Cléone, un courroux si modeste? (II, 81, *Andr.* 833.)
Voyez I, 559, *Alex.* 773; I, 564, *Alex.* 879; I, 573, *Alex.* 1086; II, 79, *Andr.* 784; II, 88, *Andr.* 939; II, 143, *Plaid.* au lect.; II, 193, *Plaid.* 636; II, 279, *Brit.* 518; II, 379, *Ber.* 115; II, 405, *Ber.* 693.
Attendez-vous encore après l'aveu d'un frère? (I, 540, *Alex.* 354.)
Rome ne l'*attend* point pour son impératrice. (II, 391, *Bér.* 372.)
Voyez II, 378, *Bér.* 84; II, 386, *Bér.* 268.
Il me semble déjà que ces murs, que ces voûtes
Vont prendre la parole, et prêts à m'accuser,
Attendent mon époux pour le désabuser. (III, 353, *Phèd.* 856.)
  ....Mon rival t'*attend* pour éclater. (II, 289, *Brit.* 753.)
.... N'*attendez* pas que l'on puisse aujourd'hui
Vous répondre d'un cœur si peu maître de lui. (II, 46, *Andr.* 119.)
Voyez II, 45, *Andr.* 95; II, 72, *Andr.* 655.
Tous n'*attendent* qu'un chef contre la tyrannie (III, 58, *Mithr.* 804.)
  Nous n'*attendions* que le moment qu'elle alloit étouffer. (VII, 230, *Lettres*.)
Du reste des humains je vivois séparée,
Et de mes tristes jours n'*attendois* que la fin. (III, 466, *Esth.* 13.)
  ....Hélas! d'un prince malheureux
Que pouvez-vous, Seigneur, *attendre* que des vœux? (II, 405, *Bér.* 86.)
Où sont ces heureux jours que je faisois *attendre*? (II, 421, *Bér.* 1032.)
....*Attendu*.... à l'empire du monde. (II, 384, *Bér.* 220.)
Un exploit si extraordinaire, et si peu *attendu*. (V, 246, *Camp. de L. XIV.*)
Ils *attendoient* à la prochaine campagne de se venger de tous les affronts qu'ils avoient reçus. (V, 266, *Camp. de Louis XIV.*)
.... (La paix) va rompre le piége où vous les *attendez*. (I, 411, *Théb.* 226.)
Il ne faut plus qu'un pas. Mais c'est où je l'*attends*. (II, 494, *Baj.* 316.)
Ah! c'est où je t'*attends*.... (III, 65, *Mithr.* 969.)
Voyez II, 434, *Bér.* 1294; III, 60, *Mithr.* 838.
  Attendre à, devant un infinitif : voyez ci-dessus *A*, 1° *b*), p. 2.

S'ATTENDRE À, S'ATTENDRE DE, S'ATTENDRE QUE :
Madame, à d'autres pleurs vous devez *vous attendre*. (II, 440, *Bér.* 1419.)

Tu ne t'*attendois* pas sans doute à ce discours. (III, 25, *Mithr.* 37.)
....Narcisse, à qui dois-je m'*attendre*? (II, 288, *Brit.* 743; voy. la note 2.)
Mes transports aujourd'hui *s'attendoient d'*éclater. (II, 406, *Bér.* 713.)
Voyez I, 405, *Théb.* 108; V, 267, *Camp. de Louis XIV*; VI, 504 et 505, *Lettres*: VII, 305, *Lettres*.
Je connois votre cœur : vous devez *vous attendre*
Que je le vais frapper par l'endroit le plus tendre. (II, 413, *Bér.* 891 et 892.)
Voyez II, 439, *Bér.* 1391; IV, 436, et 486, *P. R.*

ATTENDRIR, S'ATTENDRIR :
Il *attendrit* la sœur, il endurcit les frères. (I, 479, *Théb.* 1430.)
Quelle vive douleur *attendrit* mes adieux? (III, 31, *Mithr.* 202.)
Pour *attendrir* mon cœur, on a recours aux larmes. (III, 200, *Iph.* 954.)
Laisse aux pleurs d'une épouse *attendrir* sa victoire. (III, 195, *Iph.* 874.)
Peut-être a-t-il un cœur facile à *s'attendrir*. (II, 374, *Phèd.* 1211.)
(Le peuple) *S'attendrit* à ses pleurs.... (II, 339, *Brit.* 1741.)

ATTENTAT :
Vous les verriez toujours former quelque *attentat*. (I, 410, *Théb.* 213.)
De grâce, apprenez-moi, Seigneur, mes *attentats*. (II, 280, *Brit.* 538.)
Voyez II, 332, *Brit.* 1616; II, 338, *Brit.* 1705.

ATTENTE :
Son courage, Madame, a passé mon *attente*. (I, 571, *Alex.* 1037.)
L'événement n'a point démenti mon *attente*. (III, 89, *Mithr.* 1475.)
L'Europe étoit dans l'*attente* de ce qui alloit arriver. (V, 245, *Camp. de Louis XIV*.)
Cet enfant de David, votre espoir, votre *attente*. (III, 647, *Ath.* 735.)

ATTENTER SUR, ATTENTER JUSQU'À :
(On craint) Que sa douleur.... n'*attente* sur ses jours. (II, 339, *Brit.* 1762.)
De quel droit *sur* vous-même osez-vous *attenter*? (III, 317, *Phèd.* 196.)
Vous *attentez* enfin *jusqu'à* ma liberté. (II, 314, *Brit.* 1218.)

ATTENTIF, IVE :
Des coursiers *attentifs* le crin s'est hérissé. (III, 389, *Phèd.* 1512.)
Prêtez-moi l'un et l'autre une oreille *attentive*. (III, 632, *Ath.* 464.)
Sobres, chastes et purs, l'œil et l'âme *attentive*. (IV, 114, *Poés. div.* 7.)

ATTENTION :
Le lecteur, qui cherchoit des faits, ne trouvant que des paroles, sent mourir à chaque pas son *attention*. (IV, 367, *Disc. acad.*)
Son *attention* à Dieu. (V, 11, *Épitaphes*.)

ATTESTER, prendre à témoin :
....Messieurs. Je vous *atteste*. (II, 211, *Plaid.* 775.)
J'en *atteste* les Dieux, je le jure à sa mère. (II, 117, *Andr.* 1510.)
N'en doutez point, Madame, et j'*atteste* les Dieux
Que toujours Bérénice est présente à mes yeux. (II, 399, *Bér.* 585.)
Des dieux les plus sacrés j'*attesterai* le nom. (III, 383, *Phèd.* 1403.)
Il n'*atteste* jamais que leurs noms odieux. (III, 510, *Esth.* 738.)
Attestez, s'il le faut, les puissances célestes
Contre un sang malheureux, etc. (III, 30, *Mithr.* 172.)
J'en *atteste* du Ciel la puissance suprême. (III, 533, *Esth.* 1144.)
....*Attestant* les mânes de sa mère. (II, 553, *Baj.* 1598.)
(Agrippine) Qui m'amène Octavie, et d'un œil enflammé
Atteste les saints droits d'un nœud qu'elle a formé. (II, 277, *Brit* 486)

ATTIQUE (SEL), II, 142, *Plaid.* au lecteur.

ATTIRER, s'attirer :
Athènes l'*attiroit*, il n'a pu s'en cacher. (III, 349, *Phèd.* 796.)
N'*attirez* point sur vous des périls superflus. (III, 81, *Mithr.* 1317.)
Voyez II, 117, *Andr.* 1513; II, 312, *Brit.* 1170; III, 660, *Ath.* 970.
*Il *s'est attiré* tout cela, en dépit.... du destin. (VI, 57, *Rem. sur l'Odyss.*)

Attirant, ante :
Elle (*Mme de Longueville*) étoit quelquefois jalouse de Mlle de Vertus, qui étoit plus égale, et plus *attirante*. (IV, 605, *P. R.*)

ATTISER, au figuré :
Loin que par mes discours je l'*attise* moi-même (*votre emportement*).
(III, 202, *Iph.* 1009.)

ATTOUCHEMENT :
* Pyrrhus avoit un pouce, au pied droit, dont l'*attouchement* guérissoit les malades de rate. (VI, 338, *Livres ann.*)

ATTRAIT, ce qui attire, ce qui charme :
De ces lieux l'éclat et les *attraits*. (IV, 88, *Poés. div.* 67.)
... Si le diadème a pour vous tant d'*attraits*. (I, 406, *Théb.* 145.)

Attraits d'une femme :
Viens voir tous ses *attraits*, Phœnix, humiliés. (II, 74, *Andr.* 679.)
Voyez II, 78, *Andr.* 751; III, 470, *Esth.* 70.
Détestant ses rigueurs, rabaissant ses *attraits*. (II, 44, *Andr.* 55.)

ATTRAPER, atteindre, saisir; ATTRAPER, tromper :
Jamais comédie n'a mieux *attrapé* son but. (II, 143, *Plaid.* au lect.)
Quantité d'endroits où vous n'*avez* pas *attrapé* le sens. (VII, 71, *Lettres.*)
Je vois bien que vous voulez *attraper* ce genre d'écrire. (IV, 288, *Imag.*; voyez VII, 256, *Lettres.*)
J'y ai été *attrapé* moi-même. (VI, 414, *Lettres.*)

ATTRITION, IV, 412, *P. R.*

AUBE :
.... Du temple déjà l'*aube* blanchit le faîte. (III, 616, *Ath.* 160.)

AUCUN, au pluriel, avec un mot négatif :
... *Aucuns* monstres par moi domptés jusqu'aujourd'hui
Ne m'ont acquis le droit de faillir comme lui. (III, 310, *Phèd.* 99.)
Je n'ai pas eu le courage de vous mander *aucunes* nouvelles. (VII, 41, *Lettres;* voyez le *Lexique de Corneille.*)

AUDACE :
Voilà ses yeux, sa bouche, et déjà son *audace*. (II, 72, *Andr.* 653.)
Une autre cependant a fléchi son *audace*. (III, 374, *Phèd.* 1209.)
Heureuse *audace* : voyez Heureux.

AUDACIEUX, substantivement :
Il renverse l'*audacieux*. (III, 487, *Esth.* 348 ; voyez III, 478, *Esth.* 195.)
Ces *audacieux* (en parlant d'êtres inanimés). (IV, 27, *Poés. div.* 76.)

AUDIENCE, au sens judiciaire :
Mais où dormirez-vous, mon père? — A l'*audience*. (II, 151, *Plaid.* 76.)
Que fait-il là? — Madame, il y donne *audience*. (II, 188, *Plaid.* 527.)
.... Oui, pour vous seuls l'*audience* se donne. (II, 216, *Plaid.* 834.)
Vous pourrez tous les jours tenir deux *audiences*. (II, 196, *Plaid.* 611.)

Voyez II, 152, *Plaid.* 104; II, 154, *Plaid.* 131; II, 160, *Plaid.* 209; II, 190, *Plaid.* 544; II, 195, *Plaid.* 596; II, 201, *Plaid.* 655; II, 219, *Plaid.* 877.

AUGMENTATION :
Nous prenons des *augmentations* de gages. (VII, 7, *Lettr.*; voy. la note 5.)

AUGMENTER :
* Un bienfait est agréable quand il n'*est* point *augmenté* par des paroles. (VI, 306, *Livres ann.*)

AUGURE :
*Tous les ciseaux ne font point *augure*. (VI, 70, *Rem. sur l'Odyss.*)
Mon cœur même en conçut un malheureux *augure*. (II, 260, *Brit.* 107.)

AUGURER DE :
Hélas! — *De* ce soupir que faut-il que j'*augure?* (III, 165, *Iph.* 281.)

AUGUSTE :
*De tous les Dieux l'Amour est.... le plus *auguste*. (V, 466, *Trad.*)
De votre *auguste* père accompagnez les pas. (III, 622, *Ath.* 298.)
.... Sa présence *auguste* appuyant ses projets. (I, 561, *Alex.* 819.)
Sa confidence *auguste* a mis entre mes mains
Des secrets d'où dépend le destin des humains. (II, 331, *Brit.* 1597.)
Il imagina qu'il falloit attirer la vénération du peuple par un habit qui eût quelque chose d'*auguste* et de magnifique. (IV, 405, *P. R.*)

AUJOURD'HUI : voyez JUSQUE, JUSQUES.

AUNE, pour rendre le mot grec ὄργυια, VI, 157, *Rem. sur l'Odyss.*

AUPRÈS DE, emplois divers :
Tout *auprès de* son juge il s'est venu loger. (II, 155, *Plaid.* 133.)
Dites, dites plutôt, cœur ingrat et farouche,
Qu'*auprès du* diadème, il n'est rien qui vous touche. (I, 405, *Théb.* 112.)
Voyez II, 409, *Bér.* 794.
....Le sang d'un héros, *auprès des* Immortels,
Vaut seul plus que celui de mille criminels. (I, 437, *Théb.* 673.)

AURORE :
Du zèle qui pour toi l'enflamme et le dévore
La chaleur se répand du couchant à l'*aurore*. (III, 462, *Esth.* 24.)
Voyez IV, 87, *Poés. div.* 50.
C'est vous-même, Seigneur! Quel important besoin
Vous a fait devancer l'*aurore* de si loin? (III, 149, *Iph.* 4.)

AUSPICE, au singulier et au pluriel :
Pour achever ce jour sous de meilleurs *auspices*. (II, 333, *Brit.* 1623.)
Que vous marchiez au camp conduit sous mes *auspices* (II, 313, *Brit.* 1187.)
Jamais hymen formé sous le plus noir *auspice*
De l'hymen que je crains n'égala le supplice. (III, 29, *Mithr.* 155.)

« Quand ce mot est au figuré, dit Louis Racine, comme *sous vos auspices*, pour *sous votre protection*, il n'a point de singulier. Il en a un, quand il est comme ici au propre, pour *augurium*. » Jean Racine ne regardait probablement pas, ou du moins n'a pas regardé toujours cette distinction comme bien rigoureuse, car il a écrit :

(Ce bras) Ne cessera, sous ton *auspice*,
De triompher et de punir. (IV, 143, *Poés. div.* 96.)

AUSSI, adverbe et conjonction :
....D'*aussi* loin qu'il me vit. (II, 260, *Brit.* 105.)
Je vous accuse *aussi* bien moins que la fortune. (II, 81, *Andr.* 829.)

Mais *aussi* je ne puis croire que le public me sache mauvais gré de.... (II, 368, *Bér.* préf.)

AUSSI BIEN QUE; TOUT DE MÊME QUE.... AUSSI :
Mais nous verrons bientôt si la fière Antigone
Aussi bien que mon cœur dédaignera le trône.
(I, 443, *Théb.* 820; voyez I, 430, *Théb.* 574; I, 423, *Théb.* var.)
* *Tout de même qu*'un homme riche, prenant à la main une coupe pleine de vin, la porte à son gendre..., *aussi* je porte maintenant un nectar tout pur. (VI, 30, *Rem. sur Pind.*; voyez V, 472, *Trad.*)

AUSSI, dans une phrase négative où nous mettrions *non plus* :
Comme ce changement n'est pas fort considérable, je ne pense pas *aussi* qu'il soit nécessaire de le marquer au lecteur. (II, 473, *Baj.* 1ʳᵉ préf.)
.... Des propositions.... condamnables, et qui, comme elles n'étoient d'aucun auteur, n'étoient *aussi* soutenues de personne. (IV, 445, *P. R.*) Voyez IV, 10, *Plan d'Iph. en Tauride*; IV, 498, *P. R.*; IV, 587, *P. R.* var.

AUSSI BIEN, d'ailleurs :
Qu'il périsse! *Aussi bien* il ne vit plus pour nous. (II, 111, *Andr.* 1408.)
Voyez I, 391, *Théb.* épître; I, 414, *Théb.* 285; I, 423, *Théb.* 443; I, 458, *Théb.* 1095; I, 477, *Theb.* 1399; I, 569, *Alex.* 997; I, 592, *Alex.* 1491; II, 51, *Andr.* 233; II, 250, *Brit.* 2ᵉ préf.; II, 314, *Brit.* 1227; II, 364, *Bér.* épître; IV, 279, 288 et 327, *Imag.*; V, 453, *Trad.*; VI, 14, *Rem. sur Pind.*; VII, 292, *Lettres.*

AUSSITÔT, AUSSITÔT QUE :
Aussitôt, sans l'attendre et sans être attendue,
Je reviens le chercher.... (II, 388, *Bér.* 323.)
S'il me flatte *aussitôt* de quelque espoir de paix. (I, 437, *Théb.* 681.)
....Sa noire fureur (*de la haine*)
Aussitôt que la vie entra dans notre cœur. (I, 448, *Théb.* 918.)

AUSTÈRE :
Je conçois vos douleurs. Mais un devoir *austère*
Quand mon père a parlé, m'ordonne de me taire. (II, 84, *Andr.* 881.)

AUTANT QUE; AUTANT DE; AUTANT QUE.... AUTANT; AUTANT.... COMME :
Votre douleur est libre *autant que* légitime. (I, 570, *Alex.* 1009.)
Voyez I, 423, *Théb.* var.; I, 472, *Théb.* 1294; V, 518, *Trad.*
Passons chez Octavie, et donnons-lui le reste
D'un jour *autant* heureux *que* je l'ai cru funeste. (II, 332, *Brit.* 1608.)
**C'est autant que* si Mercure disoit qu'il n'a bu ni mangé. (VI, 99, *Rem. sur l'Odyss.*)
Comme il a de l'honneur *autant que* de courage. (I, 408, *Théb.* 179.)
Monsieur, il vous va dire *autant de* faussetés.
(II, 193, *Plaid.* 570; voyez VI, 257, *Livres ann.*)
Autant que de David la race est respectée,
Autant de Jézabel la fille est détestée. (III, 621, *Ath.* 271 et 272.)
Voyez II, 242, *Brit.* 1ʳᵉ préf.; III, 27, *Mithr.* 99 et 101; III, 658, *Ath.* 939; IV, 50, *Poés. div.* 44 et 45; IV, 364, *Disc. acad.*; V, 363, *Disc. de Colb.*; VI, 123, *Rem. sur l'Odyss.*
Autant l'hiver *comme* l'été. (VI, 436, *Lettres.*)

D'AUTANT QUE, D'AUTANT PLUS QUE :
.... *D'autant que* les Religieuses.... veulent continuer l'observation de leurs vœux. (IV, 596, *P. R.*)
Comme vous je me perds *d'autant plus que* j'y pense. II, 402, *Bér.* 628.)
Non, Seigneur : je vous hais *d'autant plus qu*'on vous aime,

D'autant plus qu'il me faut vous admirer moi-même,
Que l'univers entier m'en impose la loi,
Et que personne enfin ne vous hait avec moi. (I, 574-575, *Alex.* 1121-24.)
Voyez II, 261, *Brit.* 123; II, 275, *Brit.* 443.

AUTEL :
Venez, et qu'à l'*autel* ma promesse accomplie
Par des nœuds éternels l'un à l'autre nous lie. (III, 79, *Mithr.* 1275.)
   *Qu'elles (*les veuves*) se représentent sans cesse qu'elles sont les *autels* vivants de Dieu. (V, 579, *Trad.*)

AUTEM, conjonction latine, *mais*, II, 210, *Plaid.* 758.
Ce mot, mis par Racine dans le plaidoyer de Petitjean, avait été introduit par le barreau et l'école dans le langage familier.

AUTEUR :
Prêt d'imposer silence à ce bruit imposteur,
Achille en veut connoître et confondre l'*auteur*. (III, 190, *Iph.* 776.)
C'est de tous nos malheurs l'*auteur* pernicieux. (I, 471, *Théb.* 1275.)
De ligues, de complots pernicieux *auteur*. (III, 698, *Ath.* 1706.)
   Ces nymphes sont de gros rochers, *auteurs* de mainte sépulture. (VI, 413, *Lettres;* voyez VI, 304, *Livres ann.*)
.... Au nom des dieux *auteurs* de notre race. (III, 191, *Iph.* 809.)
Vous offensez les Dieux, *auteurs* de votre vie. (III, 317, *Phèd.* 197.)
Noble et brillant *auteur* d'une triste famille. (III, 314, *Phèd.* 169.)

AUTHENTIQUE, certain, irrécusable :
Çà, mon père, il faut faire un exemple *authentique*. (II, 198, *Plaid.* 627.)
   Il.... rendoit un témoignage *authentique* et de l'intégrité de leur foi et de la pureté de leurs mœurs. (IV, 436, *P. R.*)

AUTORISER, donner une occasion, un motif, un prétexte à :
.... Mon ambition *autorise* la leur. (I, 445, *Théb.* 850.)
Que sa fureur au moins *autorise* la mienne. (I, 449, *Théb.* 940.)
Elle l'aime; un empire *autorise* ses pleurs. (II, 521, *Baj.* 920.)

Autoriser, donner de l'autorité, du crédit à :
.... De votre trépas *autorisant* le bruit. (III, 44, *Mithr.* 485.)
Il a *autorisé* et réformé les lois. (V, 362, *Disc. de Colb.*)

Autoriser de.... à; s'autoriser de, s'autoriser dans :
Il nous a déployé l'ordre dont Amurat
Autorise ce monstre à ce double attentat. (II, 558, *Baj.* 1687 et 1688.)
.... (Joad) d'oracles menteurs s'appuie et s'*autorise*. (III, 656, *Ath.* 892.)
Pour s'*autoriser dans* ce dessein. (IV, 413, *P. R.*)

Autorisé à :
(Les chefs des janissaires) Se crurent à sa perte assez *autorisés*
Par le fatal hymen que vous me proposez. (II, 502, *Baj.* 491.)

AUTORITÉ, avis faisant loi, influence :
Oui; mais l'*autorité* du Péripatétique
Prouveroit que le bien et le mal.... — Je prétends
Qu'Aristote n'a point d'*autorité* céans. (II, 209, *Plaid.* 748 et 750.)
   On m'a dit qu'il faudroit lui faire parler encore par des gens qui eussent plus d'*autorité* sur son esprit. (VII, 131, *Lettres.*)

AUTOUR DE :
La cour *autour de* vous ou s'écarte ou s'empresse. (II, 309, *Brit.* 1112.)

*La poésie est occupée *autour du* général, et l'histoire ne regarde que le détail. (V, 479, *Trad.*; voyez II, 142, *Plaid.* au lect.)

AUTOUR, adverbialement :
*Force sauce *autour*. (VI, 139, *Rem. sur l'Odyss.*)

AUTRE, emplois divers :
D'*autres* temps, d'*autres* soins.... (III, 56, *Mithr.* 773.)
On fit une suspension pour retirer les morts de part et d'*autres* (sic). (VII, 17, *Lettres.*)
Faites voir à l'Asie un *autre* Mithridate. (III, 61, *Mithr.* 860.)
Je le répète encor : c'est un *autre* moi-même.
(III, 70, *Mithr.* 1067; voyez II, 386, *Bér.* 272.)
.... Croyez-moi, l'amour est une *autre* science. (II, 293, *Brit.* 796.)
*Cela s'entend de la poésie plus que de pas une *autre* science. (VI, 21, *Rem. sur Pind.*)
Leur reprochant, entre *autres*, certaines dévotions. (IV, 561, *P. R.*).
Monsieur, je ne veux point être liée. — A l'*autre!*
(II, 166, *Plaid.* 271; voyez II, 186, *Plaid.* 509.)
On apprend à hurler, dit l'*autre*, avec les loups. (II, 145. *Plaid.* 6.)
Une *autre* fois : voyez Fois
Un *autre*, pour *une autre* : voyez l'*Introduction* du *Lexique*, à l'article Accord.
L'un et l'*autre*, l'un ni l'*autre* : voyez Un (l') :

AUTREFOIS :
Ces deux siéges, si difficiles *autrefois*, entrepris en même temps, étonnèrent tout le monde. (V, 278, *Camp. de Louis XIV.*)

AUTRUI :
*Ceux qui mangent plus chez *autrui* que chez eux. (VI, 310, *Livres ann.*)

AUVENT :
Il n'importe que l'on compare dans un écrit les fêtes retranchées avec les *auvents* retranchés. (IV, 275, *Imag.*; voyez la note 2.)

AVANCE (Par) :
L'ingrat, d'un faux respect colorant son injure,
Se leva *par avance*.... (II, 260, *Brit.* 109.)
Voyez I, 414, *Théb.* 283; II, 424, *Bér.* 1119; II, 528, *Baj.* 1106; III, 186, *Iph.* 719; III, 371, *Phèd.* 1162; VII, 256, *Lettres.*

AVANCEMENT, progrès :
Les grandes choses que le Roi a faites pour l'*avancement* de la religion catholique. (IV, 500, *P. R.*)
*Son *avancement* dans la vertu. (VI, 307, *Livres ann.*)

AVANCER, activement, sens divers ; s'avancer :
Les François *avançoient* leurs travaux. (V, 275, *Camp. de Louis XIV.*)
(Chacun) Découvrit mon dessein, déjà trop *avancé*. (II, 311, *Brit.* 1150.)
Tout est étrangement *avancé* en ce pays. (VI, 469, *Lettres*, il s'agit des produits de la terre.)
Je veux même *avancer* l'heure déterminée. (III, 665, *Ath.* 1096.)
Ils n'ont, pour *avancer* cette mort où je cours,
Qu'à me dire une fois ce qu'ils m'ont dit toujours. (II, 64, *Andr.* 499.)
Vous *avancez* leur perte, en approuvant leurs crimes. (I, 471, *Théb.* 1290.)
Je sais que j'ai moi seule *avancé* leur ruine. (II, 258, *Brit.* 60.)
J'*avance* des malheurs que je puis reculer. (II, 420, *Bér.* 1006.
.... Par cette entrevue on n'*avancera* rien. (I, 448, *Théb.* 906.)

Quand vous saurez parler de comédies et de romans, vous n'en serez guère plus *avancé* pour le monde. (VII, 132, *Lettres*.)

J'ai pris soin de ne rien *avancer* qui ne fût conforme à l'histoire des Turcs. (II, 474, *Baj.* 1re préf.)

Une doctrine tant de fois *avancée* par leurs adversaires. (IV, 546, *P. R.*

J'espère que vous voudrez bien prendre la peine d'*avancer* pour nous les mois qu'il faudra à la nourrice. (VII, 73, *Lettres*.)

Vous serez cent fois plus heureux et plus en état de *vous avancer* que vous ne l'auriez été. (VII, 281, *Lettres*.)

Aujourd'hui qu'il peut tout, que votre hymen *s'avance*. (II, 375, *Bér.* 43.)

AVANCER, neutralement :

(*Ménecée*) Au milieu des deux camps *est avancé* sans crainte.
(I, 435, *Théb.* 636, var. 1664.)

Dès la seconde édition, Racine a substitué *s'est avancé* à *est avancé*.

AVANT, adverbialement :

N'allons point plus *avant*. Demeurons, chère OEnone.
(III, 313, *Phèd.* 153 ; voyez II, 240, *Brit.* épître.)

Le sang et la fureur m'emportent trop *avant*. (III, 94, *Mithr.* 1601.)

Moi je l'excuserois? Ah, vos bontés, Madame,
Ont gravé trop *avant* ses crimes dans mon âme. (II, 100, *Andr.* 1178.)

Quoique plongé fort *avant* dans les affaires du siècle. (IV, 411, *P. R.*)

Vous êtes bien *avant* dans ses belles chaines. (VI, 400, *Lettres*.)

AVANT QUE DE, AVANT QUE :

Ne verrez-vous point Phèdre *avant que de* partir? (III, 312, *Phèd.* 139.)

Voyez II, 321, *Brit.* 1377; II, 423, *Bér.* 1094; VII, 78 et 129, *Lettres*.

....*Avant que* partir, je me ferai justice. (III, 66, *Mithr.* 987.)

Voyez I, 455, *Théb.* 1046; III, 77, *Mithr.* 1225; V, 72, *Notes hist.*; VI, 296, *Livres ann.*; et le *Lexique de Corneille*.

AVANT QUE, dans le sens de *plus vite, plus facilement :*

....Leurs cœurs, infectés de ce fatal poison,
S'ouvrirent à la haine *avant qu*'à la raison. (I, 400, *Théb.* var. 3.)

Cette tournure vieillie ne se trouve que dans la première pièce de Racine, qui a pris soin d'ailleurs de l'y corriger en 1675. D'Urfé s'en est servi : « J'espère qu'ils (*les Dieux*) vous conserveront, ou que pour le moins ils me prendront *avant que vous*. » (L'*Astrée*, 1re partie, liv. VII, tome I, p. 451, édition de 1633.)

AVANTAGE, AVANTAGES :

Je sais en lui des ans respecter l'*avantage*. (III, 24, *Mithr.* 19.)

Aimez, et possédez l'*avantage* charmant
De voir toute la terre adorer votre amant. (I, 594, *Alex.* 1527.)

....Bientôt le combat tourne à son *avantage*. (I, 474, *Théb.* 1350.)

Voyez I, 542, *Alex.* 418; V, 463, *Trad.*

....Gravant en airain ses frêles *avantages*. (III, 56, *Mithr.* 767.)

Notre ennemi, Seigneur, cherche ses *avantages*. (I, 530, *Alex.* 134.)

AVANTAGEUX :

*Ils treuvèrent la maison de Circé.... dans un lieu assez éminent, ou bien dans un lieu *avantageux*. (VI, 158, *Rem. sur l'Odyss.*)

Il y a ici une demoiselle.... d'une taille fort *avantageuse*. (VI, 457, *Lettr.*)

AVANT CHEMIN, V, 327, *Siége de Namur*.

AVANT-COUREUR :

L'astre *avant-coureur* de l'aurore. (IV, 124, *Poés. div.* 9.)

....Cet esprit d'imprudence et d'erreur,

De la chute des rois funeste *avant-coureur*. (III, 622, *Ath.* 294.)

AVANT-FOSSÉ, V, 327, *Siége de Namur*.

AVARE, au figuré :
Mais le trône est un bien dont le Ciel est *avare*. (I, 480, *Théb.* 1445.)
Trop *avare* d'un sang reçu d'une déesse. (III, 163, *Iph.* 253.)
Ils m'ont fermé leur temple; et ces peuples barbares
De mon sang prodigué sont devenus *avares*. (II, 64, *Andr.* 494.)

AVEC :
....Paulin, qu'on vous laisse *avec* moi. (II, 390, *Bér.* 338.)
Avec tout l'univers j'honorois vos vertus. (II, 386, *Bér.* 269.)
*Un poil avalé *avec* du lait. (VI, 339, *Livres ann.*)
*Les Ides étoient fêtées *avec* le premier jour qui les suivoit. (VI, 312, *Livres ann.*)
*Des arbres si hauts qu'on ne les sauroit passer *avec* une flèche. (VI, 338, *Livres ann.*)
*Il.... parla.... *avec* des paroles fort caressantes. (VI, 157, *R. sur l'Odyss.*)
Seigneur, vous savez trop *avec* quel artifice
Un faux Astyanax fut offert au supplice.
(II, 51, *Andr.* 221; voyez II, 287, *Brit.* 697.)
*Ragotski.... leur tue quelque six mille hommes, *avec* bon nombre d'officiers prisonniers. (V, 144, *Notes hist.*)
Hélas ! ils se voyoient *avec* pleine licence. (III, 375, *Phèd.* 1237.)
Je suis surpris sans doute, et c'est *avec* justice. (II, 377, *Bér.* 79.)
La moitié s'épouvante et sort *avec* des cris. (II, 333, *Brit.* 1634.)
Enfin, *avec* des yeux qui découvroient son âme,
L'une a tendu la main pour gage de sa flamme. (II, 519, *Baj.* 885.)
.... Se faire de fête surtout *avec* les grands seigneurs. (IV, 607, *P. R.*)
(Rome) N'admet *avec* son sang aucun sang étranger. (II, 391, *Bér.* 378.)
....Pour vos intérêts tout me sera facile
Quand je les verrai joints *avec* ceux de Taxile. (I, 576, *Alex.* 1154.)
Accorder tant de gloire *avec* tant de jeunesse. (I, 561, *Alex.* 814.)
Hermione.... accordée *avec* Pyrrhus. (II, 40, *Andr.* acteurs.)
.... Les mêmes serments *avec* moi t'ont lié. (II, 109, *Andr.* 1384.)
Bérénice n'ayant pas ici *avec* Titus les derniers engagements que Didon avoit *avec* Énée.... (II, 366, *Bér.* préf.)
.... Si dans son devoir votre cœur affermi
Vouloit ne point s'entendre *avec* son ennemi. (II, 292, *Brit.* 782.)
*Chavigny ne vouloit point changer d'air *avec* le Cardinal. (VI, 343, *Livres ann.*)
Peut-être *avec* le temps j'oserai davantage. (II, 502, *Baj.* 494.
Elle a traduit le discours d'Alcibiade...; elle l'a rectifié, je l'avoue, par un choix d'expressions fines et délicates..., mais *avec* tout cela, je crois que le mieux est de le supprimer. (V, 452, *Lettre à Despréaux.*)
Incompatible *avec* : voyez INCOMPATIBLE.

AVECQUE :
Racine a employé cinq fois cette forme vieillie dans *la Thébaïde*, mais ne l'y a gardée que jusqu'à l'édition de 1687, inclusivement. Dans *Alexandre*, il s'en est servi une seule fois, mais l'y a toujours laissée. Louis Racine suppose que le vers « lui est échappé; » et d'Olivet paraît être du même avis : voyez au tome I, p. 568, note 1.
.... Pourquoi donc sortir *avecque* votre armée? (I, 402, *Théb.* var.)
Si.... on peut l'être (*être seule*) *avecque* tant d'ennuis. (I, 431, *Théb.* var.)
....Déjà nous l'étions (*ennemis*) *avecque* violence. (I, 449, *Théb.* 920 var.)
La paix est trop cruelle *avecque* Polynice. (I, 450, *Théb.* 956 var.)
.... La guerre, Seigneur, nous plaît *avecque* vous. (I, 450, *Théb.* 958 var.)

M'entretenir moi seule *avecque* mes douleurs. (I, 568, *Alex.* 960.)

AVEINE, VI, 92, *Rem. sur l'Odyssée.*
Cette orthographe et la prononciation qu'elle représente étaient alors fort en usage.

AVENIR (L'), la postérité :
.... Qu'un tombeau superbe instruise *l'avenir*
Et de votre douleur et de mon souvenir. (I, 595, *Alex.* 1547.)
Oublions-les, Madame, et qu'à tout *l'avenir*
Un silence éternel cache ce souvenir. (III, 320, *Phèd.* 251.)

AVENIR, advenir, arriver :
....Quelques malheurs qu'il en puisse *avenir*. (III, 27, *Mithr.* 105.)
Voyez le *Lexique de Corneille*.

AVENUE, chemin, entrée :
*.... Garder les *avenues* de la Russie. (V, 140, *Notes hist.*)

AVÉRÉ :
Le crime est *avéré* : lui-même il le confesse. (II, 215, *Plaid.* 830.)

AVERTIN :
Perrault, philosophe mutin,...
Et coiffé de son *avertin*. (IV, 246, *Poés. div.* 25 ; voyez la note 4.)
D'Urfé, dans *l'Astrée*, explique ainsi les causes de cette maladie : « Votre chère Florette (*une brebis*) sera bientôt guérie, et son mal ne procède point de sortilége, mais plutôt de l'ardeur du soleil, qui lui ayant offensé le cerveau, lui donne ce mal que nous nommons *avertin*. » (*L'Astrée*, 2ᵉ partie, livre I, tome II, p. 30.)

AVERTIR DE, AVERTIR QUE :
Qu'est-ce qu'on vous écrit ? daignez m'*en avertir*. (III, 153, *Iph.* 39.)
....N'*avertissez* point la cour *de* vous quitter.
(II, 267, *Brit.* 274 ; voyez VI, 225, *Livres ann.*)
La Reine d'un regard a daigné m'*avertir*
Qu'à votre empressement elle alloit consentir. (II, 377, *Bér.* 65 et 66.)

AVEU :
Quel fruit me reviendra d'un *aveu* téméraire ? (II, 375, *Bér.* 31.)
Monsieur, sans votre *aveu*, l'on me fait prisonnier. (II, 188, *Plaid.* 525.)

AVEUGLE, au figuré :
J'étois *aveugle* alors : mes yeux se sont ouverts. (II, 86, *Andr.* 908.)
Il (*Dieu*) ne recherche point, *aveugle* en sa colère.... (III, 621, *Ath.* 267.)
Au milieu des transports d'une *aveugle* jeunesse. (II, 329, *Brit.* 1559.)
*Les amis sont *aveugles* aux défauts de leurs amis. (VI, 308, *Livres ann.*)
A mon *aveugle* amour tout sera légitime. (III, 232, *Iph.* 1605.)
Sombre nuit, *aveugles* ténèbres. (IV, 116, *Poés. div.* 1.)
Je me livre en *aveugle* au destin qui m'entraîne.
(II, 45, *Andr.* 98 ; voyez I, 559, *Alex.* 777 ; II, 268, *Brit.* 288.)

AVEUGLEMENT, au figuré :
Tel est de mon amour l'*aveuglement* funeste. (II, 64, *Andr.* 481.)

AVEUGLÉMENT :
Vous les verriez toujours l'un à l'autre contraire
Détruire *aveuglément* ce qu'auroit fait un frère. (I, 410, *Théb.* var.)

AVEUGLER, au propre et au figuré :
*Il avoit *aveuglé* Polyphème. (VI, 103 et 104, *Rem. sur l'Odyss.*)
Votre amour vous *aveugle* en faveur de l'ingrat. (III, 385, *Phèd.* 1440.)
Ami, peux-tu penser que d'un zèle frivole

Je me laisse *aveugler* pour une vaine idole? (III, 657, *Ath.* 920.)
.... D'un zèle fatal tout le camp *aveuglé.* (III, 233, *Iph.* 1624.)
Comme il *est aveuglé* du culte de ses dieux! (III, 510, *Esth.* 737.)
AVIDE DE :
....La flamme à la main, et *de* meurtres *avide.*
(III, 184, *Iph.* 677; voyez I, 405, *Théb.* 115.)
AVIDEMENT :
L'amour *avidement* croit tout ce qui le flatte. (III, 68, *Mith.* 1027.)
AVILIR, corrompre :
.... Tous auroient brigué l'honneur de l'*avilir.* (II, 264, *Brit.* 189.)
AVIS :
On avoit *avis* que les affaires s'adoucissoient. (IV, 507, *P. R.*)
Je vous ouvre peut-être un *avis* salutaire. (II, 664, *Ath.* 1067.)
AVISER (S') DE, S'AVISER QUE :
Point de critique *dont* ils ne *se soient avisés* (II, 242, *Brit.* 1re préf.; voyez IV, 457, *P. R.*)
Une doctrine que toute leur école *s'étoit avisée d*'embrasser. (IV, 442, *P.R.*)
Lorsque ce bref arriva, on *s'avisa* tout à coup *qu*'il seroit inutile. (IV, 586, *P. R.* var.)
AVOIR, emplois divers :
Aricie *a* son cœur! Aricie *a* sa foi! (III, 373, *Phèd.* 1204.)
Elle n'*a* que vous seul.... (III, 199, *Iph.* 939.)
....Un crasseux qui n'*a* que sa chicane. (II, 166, *Plaid.* 279.)
Je vous félicite du beau temps que nous *avons* ici, car je crois que vous l'*avez* aussi à Auteuil. (VII, 129, *Lettres.*)
Le trône pour vous deux *avoit* trop peu de place. (I, 469, *Théb.* 1253.)
*Jéchonias *eut* (*pour fils*) Assir; Assir *eut* Salathiel. (V, 207, *Not. rel.*)
Hé! qui jamais du Ciel *eut* des regards plus doux? (III, 492, *Esth.* 415.)
Il est vrai, vous *avez* toute chose prospère. (I, 479, *Théb.* 1433.)
Que de sacs! il en *a* jusques aux jarretières. (II, 151, *Plaid.* 72.)
Petit fripon, vous *aurez* sur la joue. (VI, 401, *Lettres.*)
Les poëtes *ont* cela des hypocrites, qu'ils défendent toujours ce qu'ils font. (VI, 373, *Lettres.*)
Tout ce qu'*a* de cruel l'injustice et la force. (II, 305, *Brit.* 1047.)
Ma douleur pour se taire *a* trop de violence. (III, 52, *Mithr.* 675.)
....Nos plaintes peut-être *ont* trop de violence. (III, 349, *Phèd.* 786.)
Le plus affreux péril n'*a* rien dont je pâlisse. (III, 238, *Iph.* 1717.)
Je le vis; son aspect n'*avoit* rien de farouche. (III, 176, *Iph.* 497.)
Je n'*ai* que trop de pente à punir son audace. (II, 323, *Brit.* 1424.)
Voyez II, 171, *Plaid.* 320 et 326; II, 285, *Brit.* 681; II, 335, *Brit.* 1661; II, 337, *Brit.* 1699; II, 366, lignes 1 et 2, *Bér.* préf.; IV, 61, *Poés. div.* 155; V, 290, ligne 2, *Camp. de Louis XIV*, VI, 306, ligne 6, *Livres ann*

AVOIR À :
.... Seigneur, la nature *a* beaucoup *à* pleurer. (I, 479. *Théb.* 1436.)
Qu'*ai-je à* me plaindre! (III, 219, *Iph.* 1381.)
Hé quoi? n'*avez*-vous rien, Madame, *à* me répondre? (III, 48, *Mithr.* 579.)
Crois-tu qu'un juge n'*ait* qu'*à* faire bonne chère? (II, 152, *Plaid.* 84.)
Vous n'*avez* qu'*à* marcher de vertus en vertus. (II, 319, *Brit.* 1342.)

Avoir accoutumé, *avoir* beau, *avoir* à cœur, *avoir* le cœur à, *avoir* son cours, *avoir* le démenti, *avoir* du dessous, *avoir* de l'esprit, *avoir* des nouvelles de, *avoir* les yeux sur, n'*avoir* des yeux que pour, *avoir* ses raisons, *avoir* le vent de, voyez ACCOUTUMÉ, BEAU, COEUR, COURS, etc.

Avoir le diable au corps, voyez Diable ; *n'avoir* que faire, voyez Faire, *n'avoir* de goût qu'à, voyez Goût ; *n'avoir* qu'une pensée, voyez Penser ; *avoir* de quoi, voyez Quoi ; *n'avoir* que le temps de, voyez Temps ; *avoir* en tête, voyez Tête.

Avoir, avec un complément direct sans article :
Voyez Affaire, Avis, Besoin, Compte, Contentement, Copie, Dessein, Droit, Impatience, Lieu, Matière, Moyen, Nom, Nouvelle, Pardon, Part, Peine, Permission, Raison, Recours, Regret, Temps, etc.

Y avoir : voyez Y.

Avoir, employé comme auxiliaire :
Voyez Demeurer, Entrer, Sortir, etc., et, à l'*Introduction* du *Lexique*, Verbes Auxiliaires.

AVORTÉ :
Elle rend pour jamais vos desseins *avortés*. (I, 411, *Théb.* 226 var.)

AVORTON :
  Tous ces petits *avortons* (*ces poëtes*)
  Jasent comme leurs maîtresses (*les Piérides changées en pies*).
            (VI, 493, *Lettres*.)

AVOUER, emplois divers :
Pour rendre sa puissance et la vôtre odieuses,
J'*avoûrai* les rumeurs les plus injurieuses. (II, 295, *Brit.* 852.)
Son trouble *avouoit*-il son infidélité? (II, 113, *Andr.* 1447.)
(*Elle voudroit*) Que devant des témoins vous lui fissiez l'honneur
De l'*avouer* pour sage, et point extravagante. (II, 177, *Plaid.* 391.)
....Qui sait si sensible aux vertus de la Reine,
Rome ne voudra point l'*avouer* pour Romaine? (II, 420, *Bér.* 1008.)
Vous suivrez un époux *avoué* par (*votre père*) lui-même.
            (III, 231, *Iph.* 1578.)
  Ce confesseur.... *fut avoué* par le curé. (IV, 461, *P. R.*)
Je t'*avoûrai* de tout ; je n'espère qu'en toi. (III, 350, *Phèd.* 811.)
  Quelque ouvrage *avoué* de lui. (IV, 461, *P. R.*)
Voyez I, 565, *Alex.* 900 ; II, 178, *Plaid.* 405 ; II, 282, *Brit.* 598 ; II, 288, *Brit.* 725.

AY ! interjection :
Quelle chute ! mon père ! — *Ay !* Monsieur. Comme il dort !
            (II, 214, *Plaid.* 811.)

AYEUL :
*Il contera cette nouvelle à Callimachus, un autre de ses *ayeuls*. (VI, 38, *Rem. sur Pind.*)

Aimé Martin a substitué *ayeux* à *ayeuls* par respect pour la règle qui veut qu'*ayeuls* ne se dise que pour désigner précisément le grand-père paternel et le grand-père maternel ; mais cette règle n'existait pas encore au dix-septième siècle. « Au pluriel, dit l'Académie (1694), il (*le mot ayeuls*) se prend pour tous les ancêtres : *Suivre les traces de ses ayeuls*. Les poëtes ne prononcent pas l'*l*, et le font rimer avec *Dieux*, *glorieux*. » Les exemples suivants de Perrot d'Ablancourt, exact, on le sait, jusqu'au purisme, confirment la règle : « Il comptoit Auguste et Pompée entre ses *ayeuls*. » (*Annales de Tacite*, liv. II, III.) — « Les paroles et les actions fameuses de ses *ayeuls*. » (*Ibid.*, liv. II, XVI.) — « La magnificence de ses *ayeuls*. » (*Ibid.*, liv. III, XXVI.)

AZUR :
  .... En l'*azur* lumineux. (IV, 26, *Poés. div.* 48.)
  Ici l'or et l'*azur* des cieux
  Font de leur éclat précieux
  Comme un riche mélange. (IV, 32, *Poés. div.* 65.)

B

BACHA, pacha, V, 136, *Notes historiques*.

BADINERIE :
J'appréhende.... que des personnes un peu sérieuses ne traitent de *badineries*.... les extravagances du juge. (II, 142, *Plaid.* au lect.)

BAGATELIER :
Il n'y auroit point d'empêchement qui privât les quolibetiers du bénéfice du jubilé : ce que je puis dire des *bagateliers*, si toutes les bagatelles étoient aussi belles que les vôtres. (VI, 400, *Lettres*, 1661.)

BAGATELLE. Voyez BAGATELIER.

BAIGNÉ DE :
Ses yeux, *baignés de* pleurs, demandoient à vous voir.
(II, 442, *Bér.* 1450 ; voyez II, 381, *Bér.* 152.)

BAIGNER (SE) DANS :
Dans l'infidèle sang *baignez-vous* sans horreur. (III, 680, *Ath.* 1360.)
Voyez I, 472, *Théb.* 1313 ; I, 475, *Théb.* 1359 ; II, 50, *Andr.* 216 ; II, 319, *Brit.* 1329 ; III, 609, *Ath.* 74.

BAIL, BAUX, II, 161, *Plaid.* 225.

BAISEMAIN, compliment :
Faites.... mes *baisemains* à ma cousine sa sœur.
(VI, 434, *Lettres*, 1662 ; voyez VII, 23, *Lettres*, 1692.)

BAISER, verbe :
*Agamemnon.... *baisa* la terre natale. (VI, 91, *Rem. sur l'Odyss.*)
Je *baise* les mains de tout mon cœur à M. l'Avocat. (VI, 429, *Lettres*, 1661 ; voyez VII, 36, *Lettres*, 1692.)
 (L'hirondelle) Rasant les flots clairs et polis,
 Y vient, avec cent petits cris,
 Baiser son image naissante. (IV, 31, *Poés. div.* 34.)

BAISSER :
.... (Vous) *baissez* devant moi vos yeux mal assurés. (III, 210, *Iph.* 1172.)
Tête *baissée* : voyez TÊTE.

BAL :
*J'ai cinq frères qui sont bien aises quand ils vont au *bal* d'avoir des habits honnêtes. (VI, 112, *Rem. sur l'Odyss.*)
Ils donnoient le *bal* sur les remparts. (V, 275, *Camp. de Louis XIV.*)
Courir le *bal* la nuit, et le jour les brelans. (II, 152, *Plaid.* 86.)

BALANCE, BALANCES, sens allégorique et figuré :
Misérable, le Dieu vengeur de l'innocence,
Tout prêt à te juger, tient déjà sa *balance*. (III, 533, *Esth.* 1157.)
....Le Ciel, qui pour moi fit pencher la *balance*. (III, 470, *Esth.* 72.)
Que Rome avec ses lois mette dans la *balance*
Tant de pleurs, tant d'amour, tant de persévérance. (II, 420, *Bér.* 1011.)
Enfin votre rigueur emporta la *balance*. (II, 383, *Bér.* 903.)
.... Thémis, qui préside aux *balances* d'Astrée. (IV, 74, *Poés. div.* 23.)
Voyez II, 259, *Brit.* 68 ; III, 222, *Iph.* 1430.

En balance :
Entre Taxile et lui votre cœur *en balance.* (I, 575, *Alex.* 1129.)
    La victoire fut plus de deux heures *en balance.* (V, 280, *Camp. de Louis XIV.*)

BALANCER, équivaloir à ; mettre en balance, en suspens :
Les bienfaits dans un cœur *balancent*-ils l'amour? (II, 527, *Baj.* 1088.)
Il devoit.... *balancer* mon estime. (I. 556, *Alex.* var.)
Bérénice a longtemps *balancé* la victoire. (II, 394, *Bér.* 451.)
.... (Mithridate) Qui dans l'Orient *balançant* la fortune,
Vengeoit de tous les rois la querelle commune. (III, 23, *Mithr.* 11.)
Qui de Rome toujours *balançant* le destin.... (III, 43, *Mithr.* 437.)
    Tandis qu'ils consultent et que les choses *sont balancées*.... (V, 294, *Camp. de Louis XIV;* voyez la note 5.)

Balancer, hésiter :
... Contre les Romains votre ressentiment
Doit-il pour éclater *balancer* un moment? (III, 35, *Mithr.* 294.)
Tandis qu'à me répondre ici vous *balancez*.... (III, 693, *Ath.* 1630.)

BALCON :
    (*Les Muses*) Gagnèrent toutes au plus vite
    Jusques au faîte du *balcon*
    D'où l'on découvroit l'Hélicon. (VI, 489, *Lettres.*)

BALISTE, au masculin :
    *.... Ces puissants *balistes*. (IV, 201, *Poés. de la jeun.* 41.)

BALIVERNE :
    Le beau vous touche, et n'êtes pas d'humeur
    A vous saisir pour une *baliverne.* (IV, 190, *Poés. div.* 7.)

BAN (Mettre au) de, V, 50, *Médailles.*
Voyez Arrière-Ban.

BANDEAU, qui couvre les yeux :
Mais toujours sur mes yeux ma facile bonté
A remis le *bandeau* que j'avois écarté. (III, 185, *Iph.* 688.)
Voyez III, 239, *Iph.* 1735; III, 696, *Ath.* 1670.

Bandeau, le bandeau royal :
Bandeau, que mille fois j'ai trempé de mes pleurs.
                (III, 90, *Mithr.* 1502; voyez III, 45, *Mithr.* 494.)

BANDER l'esprit :
    * Ne travailler à des choses qui *bandent l'esprit*, après les repas. (VI, 310, *Livres ann.*)

BANNIR :
Lorsque de sa présence il semble me *bannir*. (II, 268, *Brit.* 277.)
....Seigneur, *bannissez*-le loin d'elle. (II, 279, *Brit.* 520.)
Bannissez ces soupçons qui troubloient notre joie. (III, 190, *Iph.* 777.)
.... Quoique *banni* du rang de mes aïeux. (II, 326, *Brit.* 1489.)
La fuite d'une cour que sa chute *a bannie*. (II, 284, *Brit.* 647.)

BANNISSEMENT :
De son *bannissement* prenez sur vous l'offense. (II, 285, *Brit.* 671.)
Mon règne ne sera qu'un long *bannissement.* (II, 407, *Bér.* 754.)

BANQUEROUTE (Faire) à :
    Un nommé Martin, qui *leur a fait banqueroute.* (IV, 608, *F. R.*)

BANQUEROUTIER, VI, 528, *Lettres*.

BAPTISTÈRE (Extrait), VI, 418, *Lettres*.

BARBARE, adjectivement et substantivement :
Hé quoi? vous croyez donc qu'à moi-même *barbare*,
J'abandonne en ces lieux une beauté si rare? (I, 566, *Alex.* 925.)
Vous voulez vous en faire un mérite *barbare*. (III, 215, *Iph.* 1294.)
Voyez I, 474, *Théb.* 1345; I, 545, *Alex.* 473; III, 476, *Esth.* 162; VI, 303, *Livres ann.*
Songez qu'une *barbare* en son sein l'a formé.
— Quoique Scythe et *barbare*, elle a pourtant aimé.
(III, 349, *Phèd.* 787 et 788; voyez V, 469, *Trad.*)
Chère Antigone, allez, courez à ce *barbare*. (I, 430, *Théb.* 575.)
.... Non, je suis un *barbare*. (II, 428, *Bér.* 1112.)

BARBARIE :
Non, je crois tout facile à votre *barbarie*.
(II, 427, *Bér.* 1175; voyez I, 547, *Alex.* 521.)

*BARBU, V, 109, *Notes historiques*.

BARRICADER, se barricader :
Qu'on *barricade* tout, afin qu'il ait plus chaud. (II, 153, *Plaid.* 113.)
(*Ils*) descendent dans la rue, *s'y barricadent*. (V, 276, *Camp. de Louis XIV*.)

BARRIÈRE, obstacle, rempart :
Des murs de ce palais ouvrez-lui la *barrière*. (II, 490, *Baj.* 238.)
Ai-je donc élevé si haut votre fortune
Pour mettre une *barrière* entre mon fils et moi? (II, 262, *Brit.* 145.)
Faut-il que tant d'États, de déserts, de rivières
Soient entre nous et lui d'impuissantes *barrières*? (I, 547, *Alex.* 526.)
Il s'étoit fait de morts une noble *barrière*. (III, 94, *Mithr.* 1596.)

BAS, basse, infime, abject :
*Gens de la plus *basse* fortune. (VI, 185, *Livres ann.*)
L'exemple d'une aveugle et *basse* obéissance. (II, 483, *Baj.* 62.)
D'autres *basses* affectations. (II, 370, *Bér.* préface.)
Il lui étoit échappé.... beaucoup de paroles très-*basses*. (IV, 558, *P. R.*)

Bas, adverbialement, emplois divers ; en bas :
Créon, à son exemple, a jeté *bas* les armes. (I, 436, *Théb.* 655.)
Vous voyez qu'Étéocle a mis les armes *bas*. (I, 428, *Théb.* 549.)
.... Vous boitez tout *bas*.... (II, 195, *Plaid.* 594.)
Josabet, tout *bas* (*en parlant de la voix*). (III, 640, *Ath.* mise en scène.)
Commencez donc. — Messieurs.... — Oh! prenez-le plus *bas*.
(II, 202, *Plaid.* 669.)
(*Elles*) S'alloient précipiter *en bas* (*du balcon*). (VI, 489, *Lettres*.)

BASSA, V, 135 et 143, *Notes historiques*; voyez Bacha.

BASSESSE, au figuré :
Bassesse des biens corporels. (VI, 302, *Livr. ann.*)

BASTION, terme de fortification, V, 107, *Notes historiques*.

BATAILLE (Donner), V, 267, *Camp. de Louis XIV*.

BATAILLON :
Un autre *bataillon* s'est avancé vers nous. (III, 94, *Mithr.* 1597.)
J'ai vu ses *bataillons* rompus et renversés. (I, 558, *Alex.* 747.)

BÂTARD, ARDE, au figuré :
* Quelque lueur *bâtarde* et sombre. (VI, 304, *Livres ann.*)

BÂTIMENT, construction :
*Il ne verra pas la fin de ses *bâtiments*. (VI, 183, *Livres ann.*)
*Tout le *bâtiment* de ce vaisseau est décrit par le menu. (VI, 103, *Rem. sur l'Odyss.*)

BATTERIE, au propre et au figuré .
Des jetées..., avec des forts et des *batteries*. (V, 52, *Médailles.*)
Ils dressèrent contre leurs adversaires une autre *batterie*. (IV, 441, *P. R.*)

BATTRE, emplois divers :
Le Roi, après avoir fait *battre* par le canon les premiers dehors, ordonne qu'on fasse l'attaque. (V, 275, *Camp. de Louis XIV.*)
Battre le pavé; *battre* la chamade : voyez PAVÉ, CHAMADE.
Battant les ailes; tambour *battant* : voyez AILE, TAMBOUR.
Hé quoi donc? les *battus*, ma foi, pairont l'amende! (II, 177, *Plaid.* 396.)
Le moyen d'avoir les oreilles *battues* de tant de méchantes choses, et d'être obligé de dire qu'elles sont bonnes? (VI, 469, *Lettres.*)
Les bataillons furent.... menés *battant*, l'épée dans les reins, jusques à leurs retranchements. (V, 332, *Siège de Nam.*)

BEAU, BELLE :
.... Voyant qu'en effet ce *beau* soin vous anime. (I, 444, *Théb.* 827.)
... Par de *beaux* exploits appuyant sa rigueur. (I, 528, *Alex.* 79.)
Ne m'expliquer ses vœux que par mille *beaux* faits. (I, 577, *Alex.* 1171.)
Par une *belle* chute il faut me signaler. (II, 543, *Baj.* 1400.)
Nous nous cherchions l'un l'autre. Une fierté si *belle*
Alloit entre nous deux finir notre querelle. (I, 566, *Alex.* 941.)
Conduisez ou suivez une fureur si *belle*. (II, 101, *Andr.* 1229.)
Racine dans sa *Thébaïde* prodigue cette épithète : voyez aux vers 1468, 1472, 1480 var., 1481, etc.
* Les Hollandois se laissent endormir par leurs *belles* paroles. (V, 157, *Notes hist.*)
* *Beaux* mots pour décrire une femme implacable. (VI, 255, *Liv. ann.*)
* Raisons *belles* contre ceux qui se louent. (VI, 314, *Livres ann.*)
Bel âge, beau feu, beau lien, beaux esprits : voyez AGE, FEU, LIEN.
Je m'imagine même être au *beau* milieu du Parnasse. (VI, 487, *Lettres.*)
Mais le premier, Monsieur, c'est le *beau*. — C'est le laid.
(II, 211, *Plaid.* 766 ; *le beau, le laid*, sont pris au sens neutre.)
Mais vous devez songer que Monsieur Chicanneau
De son bien en procès consume le plus *beau*. (II, 154, *Plaid.* 130.)
J'ai peur que.... je ne puisse achever cette lettre que dans huit jours, auquel temps peut-être le ciel se sera remis au *beau*. (VI, 437, *Lettres.*)

BEAUX-ARTS, V, 302, *Camp. de Louis XIV.*

BELLES-LETTRES, VII, 243, *Lettres.*

BEAU, ironiquement :
Depuis ce *bel* arrêt, le pauvre homme a beau faire. (II, 147, *Plaid.* 39.)
Le *beau* plaisir d'aller, tout mourant de sommeil,
A la porte d'un juge attendre son réveil! (II, 200, *Plaid.* 1669 var.)
Voyez le *beau* sabbat qu'ils font à notre porte. (II, 167, *Plaid.* 283.)

AVOIR BEAU, FAIRE BEAU, avec des infinitifs :
Ses vœux, depuis quatre ans *ont beau* l'importuner. (II, 277, *Brit.* 470.)
Depuis ce bel arrêt, le pauvre homme *a beau* faire,

Son fils ne souffre plus qu'on lui parle d'affaire. (II, 147, *Plaid.* 39.)
Voyez II, 86, *Andr.* 897; II, 150, *Plaid.* 67; II, 529, *Baj* 119; IV, 67, *Poés. div.* 16; VI, 190, *Livres ann.*
Qu'il *fera beau* chanter tant d'illustres merveilles! (IV, 76, *Poés. div.* 65.)

BEAU-PÈRE :
.... J'ai su depuis peu que le Roi son *beau-père*....
(I, 442, *Théb.* 796 ; voyez I, 461, *Théb.* 1119.)

BEAUCOUP, avec un participe passé employé adjectivement :
Le caractère en paroît *beaucoup* négligé. (VII, 85, *Lettres.*)

BEAUTÉ, emplois divers, au singulier et au pluriel :
La *beauté* de son esprit. (IV, 459, *P. R.*)
Sois toujours en *beautés* une aurore naissante. (IV, 204, *Poés. div.* 11.)
.... J'entends de tous côtés
Publier vos vertus, Seigneur, et ses *beautés*. (II, 390, *Bér.* 346.)
Il la vit; mais au lieu d'offrir à ses *beautés*
Un hymen, et des vœux dignes d'être écoutés.... (III, 25, *Mithr.* 49.)
.... Charmés des *beautés*
De ces plaines fécondes. (IV, 34, *Poés. div.* 28.)
.... Cette jeune *beauté*
Garde en vain un secret que trahit sa fierté. (III, 162, *Iph.* 239.)
Parmi tant de *beautés* qui briguèrent son choix. (II, 310, *Brit.* 1125.)

BÊCHER :
Il a été deux ans entiers à *bêcher* le jardin. (IV, 287, *Imag.*)

BÉLIER, machine de guerre :
Le *bélier* impuissant les menaçoit en vain. (II, 379, *Bér.* 109.)

BÉNÉFICE, terme ecclésiastique, V, 417, l. 13 et dern., *Lettres.*

BÉNÉFICIER, substantif, terme ecclésiastique :
Ce seroit profaner une maison de *bénéficier* comme celle où je suis, que de, etc. (VI, 416, *Lettres;* voyez VI, 475, *Lettres.*)

BÉNIR :
Dans cette phrase de Vaugelas : « Les Dieux *béniront* cette maison *d'une* postérité, » Racine a souligné *bénir* et *d'une*. (VI, 357, *Livres ann.*)
Le pain *bénit*. (VII, 269, *Lettres.*)

BESOCHE, sorte de hoyau, V, 536, *Trad.* (voyez la note 2).

BESOIN, au singulier et au pluriel :
La Providence n'abandonna point la Mère Angélique dans ce *besoin*. (IV, 401, *P. R.*)
Dieu laissa-t-il jamais ses enfants au *besoin*? (III, 641, *Ath.* 646.)
*Pour s'en servir dans le *besoin* de la guerre. (V, 140, *Notes hist.*)
.... Vous faire quitter, en de si grands *besoins*,
Vous le Pont, vous Colchos, confiés à vos soins. (III, 42, *Mithr.* 425.)

AVOIR BESOIN DE, BON BESOIN DE :
Ai-je *besoin du* sang des boucs et des génisses? (III, 610, *Ath.* 88.)
Prends soin d'elle : ma haine *a besoin de* sa vie. (II, 540, *Baj.* 1322.)
Quoi? vous faut-il garder? — J'en aurois bon *besoin*. (II, 154, *Plaid.* 122.)

BÊTE, au propre et au figuré :
*La cruauté des voleurs et des *bêtes* farouches. (V, 595, *Trad.*)

Notre ami Drolichon, qui n'est pas une *bête*. (II, 160, *Plaid.* 211.)
Voyez II, 192, *Plaid.* 563; VI, 110, *Rem. sur l'Odyss.*

BEURRE :
Il faudroit se résoudre à fondre comme du *beurre*, n'étoit un petit vent frais. (VI, 479, *Lettres*.)

BIAIS, au figuré :
Je ne sais quel *biais* ils ont imaginé. (II, 162, *Plaid.* 241; voy. IV, 544, *P. R.*)

BIAISER, au figuré :
.... Les Religieuses de Port-Royal, persuadées qu'il ne falloit point *biaiser* avec Dieu. (IV, 547, *P. R.*; voyez IV, 529, *P. R.*)

BIEN, substantif, sens divers :
Il me voulut reprocher que j'avois mangé tout son *bien*. (VI, 512, *Lettres;* voyez VI, 67, *Rem. sur l'Odyss.*)
* Si elle vous veut.... du *bien*. (VI, 119, *Rem. sur l'Odyss.*)
Buvez à ma santé.... — Grand *bien* vous fasse! (II, 158, *Plaid.* 180.)
Il n'y en a pas eu qui se soit voulu tourner au *bien*. (VI, 540, *Lettres*.)
* Turenne va toujours *au bien*. (VI, 344, *Livres ann.*)
* Savoir si ce choix est du *bien* ou de ce qui paroit *bien*. (VI, 288, *Livres ann.*)
On nous dit mille *biens* d'elle. (VII, 9, *Lettr.*; voy. VII, 65 et 300, *ibid.*)

BIEN, adverbe, emplois divers :
* Dieu se plaît à *bien* faire aux hommes. (VI, 306, *Livres ann.*)
* Promesse de *bien* vivre (*de vivre en paix*) avec eux. (V, 156, *N. hist.*)
Fanchon est assez *bien* et ne se ressent plus de son accident. (VII, 234, *Lettres*.)
* Ce songe de Clytemnestre vient *bien* au sujet. (VI, 226, *Livres ann.*)
Ma foi, sur l'avenir *bien* fou qui se fira. (II, 145, *Plaid.* 1.)
Bien loin d'être parfait. (II, 243, *Brit.* 1re préf.)
* Les vers qui ont été inventés à Thèbes *bien* du temps après. (VI, 46, *Rem. sur Pind.*)
L'art et les précautions de M. de Vauban ne sont pas inutiles pour épargner *bien* de braves gens. (VII, 56, *Lettres*.)
On en tua *bien* quatre ou cinq cents. (VII, 49, *Lettres*.)
En lui cédant des droits que nous reprendrons *bien*. (I, 533, *Alex.* 195.)
.... Que peut craindre, hélas! un amant sans espoir
Qui peut *bien* se résoudre à ne le jamais voir? (II, 376, *Bér.* 50.)
* Cela ne seroit ni terrible ni digne de compassion, mais *bien* cela seroit détestable. (V, 481, *Trad.*)
Aussi *bien*, hé *bien*, *bien* disantes, falloir *bien*, vouloir *bien* : voyez Aussi, Hé, Dire, Falloir, Vouloir.

BIENFAIT :
* Ceux qui reçoivent un *bienfait* sont cause de la louange de ceux qui le leur ont fait. (VI, 297, *Livres ann.*)
Le *joug* des bienfaits : voyez Joug.

BIENHEUREUX :
Nous verrons, quand les Dieux m'auront fait votre roi,
Si ce fils *bienheureux* l'emportera sur moi. (I, 443, *Théb.* 822.)
Pharnace, allez, soyez ce *bienheureux* époux. (III, 61, *Mithr.* 854.)
.... Quoi? je serois ce *bienheureux* coupable? (III, 52, *Mithr.* 671.)

BIENSÉANCE, convenance :
On crut d'abord que désespérant de sauver Maëstricht, il vouloit con-

tre-balancer sa perte par la prise d'une ville non moins forte, et beaucoup plus à sa *bienséance*. (V, 271, *Camp. de Louis XIV*.)
Voyez V, 283, *Camp. de Louis XIV*; VI, 478, *Lettres*.

BIENTÔT, avec un verbe au présent :
.... Je sens que *bientôt* ma douceur est à bout. (III, 637, *Ath.* 598.)

BIENVENU DE :
*Je suis *bienvenu de* tout le monde. (VI, 142, *Rem. sur l'Odyss.*)

BIGARRURE, tache :
Je trouvai sur son visage de certaines *bigarrures*, comme si elle eût relevé de maladie. (VI, 458, *Lettres*.)

BILE :
Le P. Brisacier.... n'en eut pas plus tôt avis que sa *bile* se réchauffa. (IV, 485, *P. R.*)

BILLET :
.... Rends-lui ce *billet* que je viens de tracer. (III, 157, *Iph.* 132.)
Je l'allai voir avec un autre de notre troupe.... pour avoir un *billet* de sortie pour notre bateau. (VI, 424, *Lettres*.)

BIZARRE :
Vous l'accusez, Seigneur, de ce destin *bizarre*. (II, 77, *Andr.* 734.)
De tant d'objets divers le *bizarre* assemblage. (III, 634, *Ath.* 515.)

BLÂMER :
Ces cœurs qui, dans un camp, d'un vain loisir déçus,
Comptent en murmurant les coups qu'ils ont reçus,
Revivront pour me suivre, et *blâmant* leurs murmures,
Brigueront à mes yeux de nouvelles blessures. (I, 585, *Alex.* 1345.)

BLANC SIGNÉ, blanc seing :
Je veux bien faire un *blanc signé*.
(IV, 229, *Poés. div.* 80; voyez la note 1.)

BLANCHIR, activement et neutralement :
.... Du temple déjà l'aube *blanchit* le faîte. (III, 616, *Ath.* 160.)
.... Le jour s'approche et l'Olympe *blanchit*. (IV, 117, *Poés. div.* 2.)
Voyez tout l'Hellespont *blanchissant* sous nos rames. (III, 170, *Iph.* 381.)
La rive au loin gémit, *blanchissante* d'écume. (III, 240, *Iph.* 1781.)

BLASPHÈME, au pluriel, injures :
Et *blasphèmes*, toujours l'ornement des procès. (II, 170, *Plaid.* 314.)

BLASPHÉMER, activement :
Un Dieu que votre bouche enseigne à *blasphémer*.
(III, 661, *Ath.* 1014; voyez V, 365, *Trad.*)

BLESSER, au figuré :
Tout autre objet le *blesse*.... (II, 69, *Andr.* 595.)
....Aucun objet ne *blesse* ici ses yeux. (II, 266, *Brit.* 237.)
.... Sans *blesser* nos regards. (II, 393, *Bér.* 409.)
Phèdre ici vous chagrine, et *blesse* votre vue. (III, 307, *Phèd.* 38.)
Parle; et sans espérer que je *blesse* ma gloire,
Voyons comment tu sais user de la victoire. (I, 593, *Alex.* 1493.)
Voyez II, 298, *Brit.* 908; IV, 227, *Poés. div.* 19; V, 390, *Factums*.

BLESSÉ, touché, épris :
Ah! d'un si bel objet quand une âme est *blessée*. (I, 417, *Théb.* 327.)

.... D'un soin si commun votre âme est peu *blessée*. (I, 538, *Alex.* 306.)

BLESSURE, au figuré :
Je sais que vos regards vont rouvrir mes *blessures*. (II, 64, *Andr.* 485.)
Ma *blessure* trop vive aussitôt a saigné. (III, 325, *Phèd.* 304.)

BLOND :
.... Leurs fruits *blonds* et verdissants. (IV, 42, *Poés. div.* 63.)
Javelles *blondes* : voyez JAVELLE.

BLOQUER, terme de guerre, V, 253, *Camp. de Louis XIV.*

BOIRE, au propre et au figuré :
Je commande à des maçons.... qui.... me demandent de quoi *boire* quand ils ont fait leur ouvrage. (VI, 385, *Lettres.*)
.... D'enfants à sa table une riante troupe
Semble *boire* avec lui la joie à pleine coupe. (III, 513, *Esth.* 789.)
Le fer moissonna tout, et la terre humectée
But à regret le sang des neveux d'Érechthée. (III, 331, *Phèd.* 426.)
J'ai tremblé pour vous de toutes ces santés qu'il vous a fallu *boire*. (VII, 275, *Letres;* voyez VII, 213, *ibid.*)

BOIS, morceau de bois.
Pour un fragile *bois*, que malgré mon secours
Les vers sur son autel consument tous les jours. (III, 657, *Ath.* 921.)

BOÎTE :
.... La *boîte* au poivre.... (II, 186, *Plaid.* 513.)
Il dit un peu après que cette *boîte* fermoit son antre. (VI, 147, *Rem. sur l'Odyss.*; voyez la note 4 de la page indiquée.)

BOITER :
.... Vous *boitez* tout bas.... (II, 195, *Plaid.* 594.)

BON, BONNE :
Une mère qui m'a été si *bonne*. (VI, 499, *Lettres.*)
* Ithaque.... n'est *bonne* qu'aux chèvres. (VI, 92, *Rem. sur l'Odyss.*)
* Il est *bon* à Agésias d'être citoyen. (VI, 29, *Rem. sur Pind.*)
.... Voilà comme on fait les *bonnes* maisons. (II, 153, *Plaid.* 109.)
Quelque serment qu'elles aient fait de ne s'éloigner jamais des *bonnes* villes, etc. (VI, 491, *Lettres.*)
.... N'admirez-vous pas cette *bonne* comtesse? (II, 170, *Plaid.* 307.)
L'attaque.... dura trois *bons* quarts d'heure. (VII, 16, *Lettres.*)
* La vérité n'est pas toujours *bonne* à dire. (VI, 217, *Livres ann.*)
.... Si *bon* vous semble. (II, 176, *Plaid.* 375.)
Bon apôtre, *bon* besoin, *bon* Dieu, *bonne* enfant, *bon* françois, à la *bonne* heure, *bon* homme, à *bon* marché, de *bon* matin : voyez APÔTRE, etc

TOUT DE BON :
Les alliés s'avançoient *tout de bon*. (V, 330, *Siége de Nam.*)
Voyez VI, 478, *Lettres;* VII, 30, 140, 210, *ibid.*

BON! BON CELA! exclamations :
Quelque sergent zélé? — *Bon!* l'on en trouve tant. (II, 155, *Plaid.* 150.)
N'avez-vous pas reçu de l'huissier que voilà
Certain papier tantôt? — Oui, Monsieur.— *Bon cela!* (II, 183, *Plaid.* 474.)

BONDISSANT :
De rage et de douleur le monstre *bondissant*. (III, 390, *Phèd.* 1531.)
Ces eaux *bondissantes*. (IV, 88, *Poés. div.* 69.)

BONHEUR :
Chacun devoit bénir le *bonheur* de son règne. (II, 305, *Brit.* 1055.)
Achevons son *bonheur* pour établir le mien. (I, 567, *Alex.* 956.)
.... Un *bonheur* sans mélange. III, 152, *Iph.* 34.)

BONJOUR (Donner le), VI, 521, *Lettres*; VII, 28, *Lettres*.

BONNEMENT :
Je crois fort *bonnement* qu'il n'a eu que ce qu'il a fait. (VI, 450, *Lettres*.)
.... J'ai tout *bonnement* couru dans les offices. (II, 186, *Plaid.* 512.)

BONSOIR (Donner le), VII, 79, *Lettres*.

BONTÉ, au singulier et au pluriel :
Votre *bonté*, Madame, avec tranquillité
Pouvoit se reposer sur ma fidélité. (II, 314, *Brit.* 1225.)
Voyez II, 178, *Plaid.* 414; II, 296, *Brit.* 869.
Il faut.... qu'ils (*les personnages tragiques*) aient une *bonté* médiocre, c'est-à-dire une vertu capable de foiblesse. (II, 36, *Andr.* 1re préf.)
Il est arrivé de cette pièce ce qui arrivera toujours des ouvrages qui auront quelque *bonté*. (II, 250, *Brit.* 2e préf.)
Vous lui pourrez bientôt prodiguer vos *bontés*. (II, 95, *Andr.* 1067.)
Voyez II, 61, *Andr.* 414; II, 102, *Andr.* 1239; II, 108, *Andr.* 1360; II, 208, *Plaid.* 738; II, 304, *Brit.* 1026; II, 378, *Bér.* 90 : II, 389, *Bér.* 333.

BORD, au propre (sens de rivage), et au figuré :
C'est vous que nous cherchions sur ce funeste *bord*. (III, 198, *Iph.* 935.)
.... Quand l'Hydaspe, assemblant ses provinces,
Au secours de ses *bords* fit voler tous ses princes. (I, 546, *Alex.* 506.)
Épire, c'est assez qu'Hermione rendue
Perde à jamais tes *bords* et ton prince de vue. (II, 69, *Andr.* 602.)
Jusques au *bord* du crime ils conduisent nos pas. (I, 432, *Théb.* 609.)

BORDURE :
.... Les murs, comme orgueilleux
D'une inimitable *bordure* (*de fruits*). (IV, 41, *Poés. div.* 34.)

BORNE, au figuré :
Ne donne point de *borne* à ma reconnoissance. (III, 502, *Esth.* 589.)
De l'austère pudeur les *bornes* sont passées. (III, 348, *Phèd.* 766.)

BORNER, au figuré :
Quelle fureur les *borne* (*vos jours*) au milieu de leur course?
(III, 316, *Phèd.* 189 ; voyez I, 541, *Alex.* 395.)
.... L'arrêt des destinées
Par qui vous allez voir vos misères *bornées*. (I, 435, *Théb.* 644.)
Quoi? votre ambition seroit-elle *bornée*
A régner tour à tour l'espace d'une année? (I, 462, *Théb.* 1143.)
D'un esprit fort variable et fort *borné*. (IV, 405, *P. R.*)
La mort seule *bornant* ses travaux éclatants.... (III, 333, *Phèd.* 467.)

BOTTE :
A deux *bottes* de foin le dégât estimé. (II, 160, *Plaid.* 206.)

BOUC :
Ai-je besoin du sang des *boucs* et des génisses? (III, 610, *Ath.* 88.)

BOUCHE :
Votre *bouche*, dit-il, est pleine d'impostures.(III, 373, *Phèd.* 1186.)

Ah! l'on s'efforce en vain de me fermer la *bouche*. (II, 294, *Brit.* 832.)
Approuvez le respect qui me ferme la *bouche*. (III, 367, *Phèd.* 1090.)
* N'osant pas seulement ouvrir la *bouche*. (VI, 37, *Rem. sur Pind.*)
Voici comme ce Dieu vous répond par ma *bouche*. (III, 610, *Ath.* 84.)
Daigne mettre, grand Dieu, ta sagesse en sa *bouche*. (III, 640, *Ath.* 632.)
Le mot de misérables, que j'ai employé dans Phèdre, à qui je l'ai mis dans la *bouche*. (VII, 127, *Lettres*.)
Tous ces chefs-d'œuvre.... qui vivront à jamais dans la *bouche* des hommes. (IV, 359, *Disc. acad.*)
.... Qui déclaroient de *bouche*.... que, etc. (IV, 569, *P. R.*)
Que la *bouche* et le cœur sont peu d'intelligence! (II, 328, *Brit.* 1524.)
Je veux par votre *bouche* entendre tous les cœurs. (II, 391, *Bér.* 358.)
Si sa *bouche* s'accorde avec la voix publique. (II, 380, *Bér.* 128.)
* Combien de gens ayant travaillé toute leur vie pour parvenir à quelque fortune, à une charge, etc., meurent dans le moment qu'ils espèrent en jouir, ayant encore le morceau dans la *bouche!* (V, 202, *Notes relig.*)

BOUCHER, verbe :
* Inothée leur *boucha* les narines d'ambrosie. (VI, 90, *Rem. sur l'Odyss.*)

BOUCHERIE, au propre et au figuré :
Il avoit visité la *boucherie* de Châlons. (VI, 550, *Lettres*.)
Les habitants de Strasbourg, touchés du péril des Allemands, qu'ils voyoient exposés à la *boucherie*, etc. (V, 285, *Camp. de Louis XIV*.)

BOUFFI :
Le visage tout bleu et tout *bouffi*. (VII, 229, *Lettres*.)

BOUGER, activement :
* Vingt-deux chariots à quatre roues ne l'auroient jamais pu *bouger* de là. (VI, 147, *Rem. sur l'Odyss.*)

BOUGIE, VII, 201, *Lettres*.

BOUILLON :
* On lui apporta un *bouillon*. (V, 110, *Notes hist.*)

BOUILLONS, ondes que forme un liquide agité :
.... Sur le dos de la plaine liquide
S'élève à gros *bouillons* une montagne humide. (III, 389, *Phèd.* 1514.)

BOULEVARD :
Cambray et Saint-Omer étoient les deux plus forts *boulevards* que les Espagnols eussent en Flandres. (V, 277, *Camp. de Louis XIV*.)

BOURBEUX, au figuré :
.... Nous courons follement
Chercher des sources *bourbeuses*. (IV, 160, *Poés. div.* 58.)

BOURREAU :
(Je crois te voir) de ton sang devenir le *bourreau*. (III, 377, *Phèd.* 1288.)

BOURSE, argent, fortune, dot :
On a la fille, soit : on n'aura pas la *bourse*. (II, 219, *Plaid.* 874.)

BOUT :
Par quelle loi faut-il qu'aux deux *bouts* de la terre
Vous cherchiez la vertu pour lui faire la guerre? (I, 570, *Alex.* 1017.)
.... Je sens que bientôt ma douceur est à *bout*. (III, 637, *Ath.* 598.)
Poussons à *bout* l'ingrat, et tentons la fortune. (II, 536, *Baj.* 1238.)

.... Jusqu'au *bout* que ne m'écoute-t-elle? (II, 168, *Plaid.* 291.)
.... Vous devez, Madame, espérer jusqu'au *bout.* (I, 431, *Théb.* 585.)
Suivons jusques au *bout* ses ordres favorables. (II, 290, *Brit.* 759.)
Non, non, jusques au *bout* vous devez le chercher. (III, 173, *Iph.* 431.)
Des plus cruels malheurs le trépas vient à *bout.* (I, 470, *Théb.* var.)
* Venir à *bout* de son mari. (VI, 202, *Livres ann.*)
A chaque *bout* de champ : voyez Champ.
Au *bout* du compte : voyez Compte.

BOUTIQUE :
* Il (*Vulcain*) vint dans sa *boutique*. (VI, 134, *Rem. sur l'Odyss.*)

BOUTONNÉ, couvert de boutons :
Il a le visage vermeil et *boutonné*. (VI, 590, *Lettres*.)

BOYAU, terme de fortification, V, 109, *Notes hist.*; voyez V, 341, *Siége de Namur*.

BRANCHAGES, IV, 41, *Poés. div.* 47.

BRANCHE, terme de fortification, V, 327, 328 et 329, *Siége de Namur*.

BRANDEBOURGS, soldats de l'électeur de Brandebourg :
* Des *Brandebourgs* qui le vouloient tuer. (V, 113, *Notes hist.*)

BRANLE, au figuré :
Les importantes négociations qui sous son règne ont donné le *branle* à toute l'Europe. (IV, 364, *Disc. acad.*)
La Sicile étoit en *branle* de suivre Messine. (V, 273, *Camp. de L. XIV*.)
Racine a souligné *en branle* dans cette phrase de Vaugelas : « Ils furent *en branle* de regagner la ville (VI, 357, *Livres ann.*). »

BRANLEMENT :
Un *branlement* de tête et des grimaces affectées. (I, 517, *Alex.* 1re préf.)

BRAS, au propre et au figuré :
.... Du fils de Créon l'héroïque trépas
De tous les combattants a retenu le *bras*. (I, 438, *Théb.* 710.)
Après tout ce qu'a fait la valeur de son *bras*. (I, 413, *Théb.* 257.)
Dieu, dont le *bras* vengeur, pour un temps suspendu,
Sur cette race impie est toujours étendu. (II, 619, *Ath.* 233.)
.... Voyant de son *bras* voler partout l'effroi. (I, 571, *Alex.* 1031.)
Esclave, elle reçoit son maître dans ses *bras*. (II, 493, *Baj.* 296.)
Daignez m'ouvrir vos *bras* pour la dernière fois. (III, 235, *Iph.* 1664.)
Argos nous tend les *bras*, et Sparte nous appelle. (III, 382, *Phèd.* 1366.)
.... Je suis, dit-on, un orphelin,
Entre les *bras* de Dieu jeté dès ma naissance. (III, 640, *Ath.* 635.)
Dans les *bras* de la mort il le va regarder. (I, 586, *Alex.* 1367.)
Jamais la France ne se vit tout à la fois tant d'ennemis sur les *bras*. (V, 256, *Camp. de Louis XIV*; voyez IV, 544, *P. R.*)
« Monsieur de l'etit Jean, » ah! gros comme le *bras!* (II, 146, *Plaid.* 10.)
Voyez I, 543, *Alex.* 424; I, 544, *Alex.* 462; II, 107, *Andr.* 1335; II, 112, *Andr.* 1412; II, 310, *Brit.* 1130; II, 331, *Brit.* 1590.
Laver ses *bras* dans le sang; sentir la pesanteur du *bras* de; signaler son bras : voyez Laver, Sentir, Signaler.
Je vois les tilleuls et les chênes,
Ces géants de cent *bras* armés. (IV, 31, *Poés. div.* 22.)
.... Grands *bras* ondoyants. (IV, 27, *Poés. div.* 73.)

Bras d'un poulpe :
*Quand un poulpe est retiré de sa coquille, une infinité de petites pierres s'attachent à ses bras. (VI, 107, *Rem. sur l'Odyss.*)

BRAVADE :
Point de *bravades* qu'ils ne fissent. (V, 275, *Camp. de Louis XIV.*)

BRAVE :
*Vous êtes *brave* et à table et à la bataille. (VI, 200, *Livres ann.*)
Les ennemis se défendirent en fort *braves* gens. (VII, 16, *Lettres.*)
*Du Mets, *brave* homme, mais chaud et emporté. (V, 117, *Notes hist.*; voyez V, 80, *ibid.*)

BRAVEMENT :
Je vis vers la fin le nom de M. Nicole, et je sautai *bravement* ou, pour mieux dire, lâchement par-dessus. (VI, 608, *Lettres.*)

BRAVER :
C'est donc vous qui tantôt *braviez* notre officier ? (II, 182, *Plaid.* 461.)
Retournons-y. Je veux la *braver* à sa vue. (II, 74, *Andr.* 677.)
Vous triomphez, cruelle, et *bravez* ma douleur. (III, 186, *Iph.* 711.)
.... Tous les Grecs, *bravés* en leur ambassadeur. (II, 117, *Andr.* 1503.)

BRÈCHE :
Sortir de sa citadelle par la *brèche*. (V, 281, *Camp. de Louis XIV.*)

BREF (du Pape), V, 177, *Notes historiques.*

BRELANS (Courir les), II, 152, *Plaid.* 86.

*BRÉSIL (Bois de), V, 155, *Notes hist.*; voyez la note 1.

*BRÈVETÉ, brièveté, VI, 330, *Livres ann.*; voyez la note 2.

BRIDE, au propre et au figuré :
Ils fuient à toute *bride*. (V, 247, *Camp. de Louis XIV.*)
Par la *bride* guidât son superbe coursier. (III, 503, *Esth.* 608.)
Une des raisons qui m'a fait aller *bride* en main. (VII, 279, *Lettres.*)
*(Le comte de Coigny) devoit tenir en *bride* la garnison de Charleroy. (V, 322, *Siége de Nam.*; voyez V, 361, *Disc. de Colb.*)

BRIGUE :
Chacune avoit sa *brigue* et de puissants suffrages. (III, 469, *Esth.* 59.)
.... Pour toute *brigue* et pour tout artifice. (III, 469, *Esth.* 63.)
Le prince d'Orange.... fait sa *brigue* auprès des grands et auprès du peuple. (V, 288, *Camp. de Louis XIV.*)
Fermons l'œil aux présents, et l'oreille à la *brigue*. (II, 199, *Plaid.* 640.)
(*Ils*) Réveilleront leur *brigue* et leur prétention. (III, 158, *Iph.* 140.)

BRIGUER :
.... (*L'Inde*) en ma faveur iroit *briguer* son choix.
(I, 566, *Alex.* 932; voyez II, 310, *Brit.* 1125.)
.... De tous les Grecs je *brigue* le suffrage. (II, 45, *Andr.* 89.)
Un vieux poëte.... qui venoit *briguer* des voix contre lui (*Térence*). (II, 248, *Brit.* 1re préf.)
.... D'un prince étranger que je *brigue* la place ? (I, 460, *Théb.* 1116.)
Briguer l'honneur de.... (II, 264, *Brit.* 189.)
.... (*Elles*) *briguèrent* le sceptre offert à la beauté. (III, 468, *Esth.* 42.)
Parmi tant de beautés qui *briguent* leur tendresse. (II, 493, *Baj.* 293.)
.... Qu'un cœur accablé de tant de déplaisirs

De son persécuteur *ait brigué* les soupirs. (II, 62, *Andr.* 452.)
Ces cœurs....
Brigueront à mes yeux de nouvelles blessures. (I, 585, *Alex.* 1346.)

BRILLER :
Triste, levant au ciel ses yeux mouillés de larmes,
Qui *brilloient* au travers des flambeaux et des armes. (II, 273, *Brit.* 388.)
Regardant de plus près l'éclat dont vous *brillez*. (II, 276, *Brit.* 450.)
Le sang de mes aïeux qui *brille* dans Junie. (II, 266, *Brit.* 228.)

BRIOCHE :
Votre mère.... a rendu le pain bénit. Si vous n'étiez pas si loin, elle vous auroit envoyé de la *brioche*. (VII, 269, *Lettres*.)

BRISER, SE BRISER :
Déjà grondoient les horribles tonnerres
Par qui *sont brisés* les remparts. (IV, 86, *Poés. div.* 27.)
Combien de rois, *brisés* à ce funeste écueil! (I, 533, *Alex.* 204.)
Ils viennent *se briser* contre le même écueil. (III, 463, *Esth.* prol. 46.)

BROCARD, V, 387, *Factums*.

BROCHE :
Enfin, pour se chauffer, venir tourner ma *broche!* (II, 152, *Plaid.* 100.)

BROQUETTES, CLOUS À BROQUETTE, VI, 414, *Lettres;* voy. note 4.

BROUHAHA, murmure approbateur, applaudissement :
En vain Baron attend le *brouhaha*. (IV, 241, *Poés. div.* 12.)

BROUILLARD :
Se retirer.... à la faveur d'un *brouillard*. (V, 260, *Camp. de Louis XIV*.)
La vapeur des *brouillards* ne voile point les cieux. (VI, 436, *Lettres*.)

BROUILLER, barbouiller, gâter, déranger :
J'ai plus *brouillé* de papier à dire de méchantes choses, que vous n'en aviez employé à écrire les plus belles choses du monde. (VI, 443, *Lett.*)
* Ce seroit *brouiller* toutes ses affaires. (VI, 133, *Rem. sur l'Odyss.*)
.... On dit que son timbre est *brouillé*. (II, 147, *Plaid.* 30.)

BROUILLER, désunir :
Plus on les veut *brouiller*, plus on va les unir. (II, 47, *Andr.* 139.)
Les voilà déjà *brouillés*. (V, 293, *Camp. de Louis XIV*.)

BROUILLON :
Qu'est-ce qui t'en revient, faussaire abominable,
Brouillon, voleur?... (II, 168, *Plaid.* 296.)

BRU :
C'est en votre faveur, ma *bru*, ce que j'en fais. (II, 219, *Plaid.* 883.)

BRUIRE :
Pareille à ces coups de tonnerre
Qui ne font que *bruire* et passer. (IV, 67, *Poés. div.* 9.)

BRUIT :
* Tambours de grand *bruit*. (VI, 258, *Livres ann.*)
* Les états firent grand *bruit*, ne menaçant pas moins que d'exterminer le roi de Portugal. (V, 158, *Notes hist.*)

BRUIT, nouvelle, renommée :
Va donc voir si le *bruit* de ce nouvel orage

Aura de nos amis excité le courage. (II, 271, *Brit.* 347.)
.... Le *bruit* en ira bientôt à ses oreilles. (II, 485, *Baj.* 94.)
Croyez-moi, hâtons-nous d'en prévenir le *bruit*. (II, 490, *Baj.* 228.)
.... Que le *bruit* à Rome en vienne jusqu'à moi. (III, 61, *Mithr.* 862.)
Examinons ce *bruit*, remontons à sa source. (III, 346, *Phèd.* 733.)
Au premier *bruit* que le Roi étoit devant Namur.... (V, 330, *Siège de Nam.*)
* Le *bruit* de la cour, ce jour-là, étoit qu'on retournoit à Paris. (V, 107, *Notes hist.*)
Le *bruit* de sa marche les étonna. (V, 245, *Camp. de Louis XIV.*)
Déjà de ma faveur on adore le *bruit*. (II, 331, *Brit.* 1605.)
.... (Le) *bruit* de mon trépas que je laisse après moi.
                  (III, 43, *Mithr.* 450; voyez III, 44, *Mithr.* 485.)
Je ne m'arrêtai point à ce *bruit* téméraire. (III, 44, *Mithr.* 487.)
Il mourut. Mille *bruits* en courent à ma honte.
                  (II, 312, *Brit.* 1183; voyez V, 290, *Camp. de Louis XIV.*)
C'est ce que j'ai compris de mille *bruits* confus. (I, 469, *Théb.* 1244.)
.... Un *bruit* sourd veut que le Roi respire. (III, 345, *Phèd.* 729.)
Songez-y : vos refus pourroient me confirmer
Un *bruit* sourd que déjà l'on commence à semer. (III, 661, *Ath.* 998.)
Vous avez cru des *bruits* que j'ai semés moi-même. (III, 42, *Mithr.* 428.)
Bruit imposteur, *bruit* mal affermi : voyez Imposteur, Affermir.
Hercule respirant sur le *bruit* de vos coups. (III, 358, *Phèd.* 943.)
Ils ont à soutenir le *bruit* de leurs exploits. (II, 483, *Baj.* 56.)
.... De votre grand nom diminuer le *bruit*. (III, 64, *Mithr.* 922.)
.... Mon choix, que flattoit le *bruit* de sa noblesse. (III, 183, *Iph.* 641.)
.... Même, en le voyant, le *bruit* de sa fierté
A redoublé pour lui ma curiosité.
Sa présence à ce *bruit* n'a point paru répondre. (III, 331, *Phèd.* 407 et 409.)
Le *bruit* de nos trésors les a tous attirés. (III, 57, *Mithr.* 778.)
Vous entendiez les *bruits* qu'excitoit ma foiblesse. (II, 315, *Brit.* 1240.)
Voyez I, 546, *Alex.* 500; I, 568, *Alex.* 967; I, 571, *Alex.* 1024 et 1034; I, 580, *Alex.* 1251; I, 582, *Alex.* 1275; II, 386, *Bér.* 282; III, 378, *Phèd.* 1305.

*BRÛLEMENT, destruction par le feu d'un arrêt, d'un livre, VI, 278, *Livres annotés*.

BRÛLER, au propre et au figuré :
(*Les Grecs*) Dans leurs vaisseaux *brûlants* ont cherché leur asile.
                            (II, 82, *Andr.* 842.)
Entrant à la lueur de nos palais *brûlants*. (II, 90, *Andr.* 1000.)
La foudre, quand il veut, tombe aux climats gelés,
.... Sur les bords par le soleil *brûlés*. (IV, 87, *Poés. div.* 52.)
Dans leurs climats *brûlants* les Africains domptés. (II, 502, *Baj.* 479.)
Brûler dans des flammes obscures : voyez Flamme.
Brûler ses livres : voyez Livres.
On dit qu'il a longtemps *brûlé* pour la princesse. (II, 52, *Andr.* 250.)
Voyez I, 575, *Alex.* 1134; I, 577, *Alex.* 1185.
Mon époux est vivant, et moi je *brûle* encore! (III, 376, *Phèd.* 1266.)
Brûlé de plus de feux que je n'en allumai. (II, 56, *Andr.* 320.)
Brûlant d'amour et de colère. (III, 190, *Iph.* 774; voyez III, 187, *Iph.* 737.)
D'un geste menaçant, d'un œil *brûlant* de rage. (I, 473, *Théb.* 1321.)
Ah! si vous l'aviez vu, *brûlant* d'impatience. (I, 541, *Alex.* 373.)
Nos chefs et nos soldats, *brûlants* d'impatience. (I, 530, *Alex.* 125.)
.... Je vois que déjà vous *brûlez* de me suivre. (III, 680, *Ath.* 1369.)
Achille.... vous *brûlez* que je ne sois partie. (III, 184, *Iph.* 673.)

BRÛLOT :
Les vaisseaux..., embrasés par les *brûlots*, sautent en l'air. (V, 270, *Camp. de Louis XIV.*)
BUFFET :
* La *credenza*, c'est-à-dire.... le *buffet*. (V, 168, *Notes hist.*)
*BUGLOSE, plante, VI, 88, *Rem. sur l'Odyssée.*
* BULLES (du Pape), V, 176, *Notes historiques.*
BURLESQUE, substantivement :
*Cette façon de parler, qui semble n'être propre qu'au *burlesque*. (VI, 125 et 126, *Rem. sur l'Odyss.*)
BUT :
.... Mon intérêt seul est le *but* où tu cours. (III, 501, *Esth.* 584.)
Jamais comédie n'a mieux attrapé son *but*. (II, 143, *Plaid.* au lect.)
BUTIN, au propre et au figuré :
*Partager ... les grands *butins* qu'il faisoit en France. (V, 139, *N. hist.*)
L'autre (*oiseau*) console, en trémoussant,
Sa famille dolente
De quelque *butin* ravissant. (IV, 29, *Poés. div.* 40.)
BUTOR, au figuré, rustre, animal, II, 205, *Plaid.* 702.
BUTTE (EN) À :
.... Toujours *en butte* à de nouveaux dangers. (III, 173, *Iph.* 423.)
BUVETIER, celui qui, au Palais, tient la buvette, II, 151, *Plaid.* 75; II, 153, *Plaid.* 107.

C

ÇÀ, OR ÇÀ, interjection :
Çà, mon père, il faut faire un exemple authentique. (II, 198, *Plaid.* 627.)
Voyez II, 185, *Plaid.* 497; II, 187, *Plaid.* 518; II, 201, *Plaid.* 666.
.... Or *çà*, verbalisons.... (II, 176, *Plaid.* 373.)
ÇÀ (EN), en arrière, auparavant :
Voici le fait. Depuis quinze ou vingt ans *en çà*.... (II, 160, *Plaid.* 201.)
CABALE, brigue, parti :
Qui pourroit cependant t'exprimer les *cabales*
Que formoit en ces lieux ce peuple de rivales ? (III, 469, *Esth.* 55.)
Voyez IV, 453 et 482, *P. R.*
La Religieuse ancienne qui étoit de leur *cabale*. (IV, 394, *P. R.*)
Un homme de *cabale*. (VII, 216, *Lettres.*)
CABALER :
*(Il) commença à *cabaler* parmi les Cosaques. (V, 140, *Notes hist.*)
CABARET :
Je vas au *cabaret*. (VI, 385, *Lettres*, 1661.)
CABINET, lieu de retraite pour méditer, travailler, etc. :
La scène est à Rome, dans un *cabinet* qui est entre l'appartement de Titus et celui de Bérénice. (II, 372, *Bér.* acteurs.)
Souvent ce *cabinet* superbe et solitaire

Des secrets de Titus est le dépositaire. (II, 373, *Bér.* 3; voy. V, 110, *N. hist.*)
Le Roi cependant.... avoit résolu dans son *cabinet* qu'il n'y eût plus de guerre. (IV, 366, *Disc. acad.*; voyez IV, 367, *ibid.*)
Quelques personnes.... ont voulu avoir dans leur *cabinet* un abrégé en tableaux des plus grandes actions de ce prince. (V, 304, *Camp. de L. XIV.*)
On les voit (*les oiseaux*) suspendre ces nids,
Ces *cabinets* si bien bâtis. (IV, 28, *Poés. div.* 33.)

*CABRI, chevreau, V, 147, *Rem. sur l'Odyssée*.

CACHER, SE CACHER :
.... De Jérusalem l'herbe *cache* les murs.
(III, 470, *Esth.* 85; voyez II, 385, *Bér.* 232.)
J'ignore jusqu'aux lieux qui le peuvent *cacher*. (III, 305, *Phèd.* 7.)
Prétendez-vous longtemps me *cacher* l'Empereur?
(II, 262, *Brit.* 142; voyez II, 46, *Andr.* 113.)
Cache-moi bien plutôt : je n'ai que trop parlé. (III, 347, *Phèd.* 740.)
Je leur ai commandé de *cacher* mon injure. (II, 108, *Andr.* 1361.)
T'*ai*-je jamais *caché* mon cœur et mes desirs? (II, 43, *Andr.* 39.)
.... Le sort, dont la secrète envie
N'a pu *cacher* le cours d'une si belle vie.... (I, 584, *Alex.* 1334.)
Ce n'est plus une ardeur dans mes veines *cachée*. (III, 325, *Phèd.* 305.)
Madame, qu'avez-vous? Et quel mal si *caché*...? (I, 401, *Théb.* var.)
Jamais capitaine n'a été plus *caché* dans ses desseins. (V, 299, *Camp. de Louis XIV.*)
Trop sûre que ses yeux ne pouvoient *se cacher*. (II, 300, *Brit.* 949.)
Voyez II, 497, *Baj.* 391; III, 178, *Iph.* 552.
Je ne dois désormais songer qu'à *me cacher*. (III, 357, *Phèd.* 920.)
Dis-moi plutôt : dis-moi que je m'*aille cacher*. (III, 40, *Mithr.* 390.)
.... Quoi, Seigneur? croira-t-on
Qu'elle ait pu si longtemps *se cacher* à Néron? (II, 274, *Brit.* 410.)
C'est ici quelquefois qu'il *se cache* à sa cour. (II, 373, *Bér.* 5.)
On trompe Iphigénie; on *se cache* d'Achille. (III, 189, *Iph.* 762.)
* Télémachus.... *se cache* de son manteau. (VI, 85, *Rem. sur l'Odyss.*)
Je ne m'en *cache* point : l'ingrat m'avoit su plaire.
(II, 100, *Andr.* 1193; voyez I, 539, *Alex.* 323.)

CADENCE :
·* On chantoit, et il semble que l'on jouât à la *cadence*. (VI, 112, *Rem. sur l'Odyss.*)

CAEN, dans une locution proverbiale :
Mais fripon le plus franc qui soit de *Caen* à Rome. (II, 178, *Plaid.* 412.)

CÆTERA (Et) :
Comtesse de Pimbesche, Orbesche, *et cætera*. (II, 177, *Plaid.* 401.)

CAISSIER, homme de finance :
A sa Judith, Boyer, par aventure,
Étoit assis, près d'un riche *caissier;*
Bien aise étoit; car le bon financier
S'attendrissoit et pleuroit sans mesure. (IV, 189, *Poés. div.* 2.)

*CAJOLER, VI, 115, *Rem. sur l'Odyssée*.

CALEPIN :
N'êtes-vous pas fort plaisant avec vos cinq langues? Vous voudriez....
que mes lettres fussent des *Calepins*. (VI, 483, *Lettres*; voyez la note 2.)

CALME, substantif :
Par moi Jérusalem goûte un *calme* profond. (III, 632, *Ath.* 473.)

Un plein *calme* en ces lieux assure votre tête. (I, 555, *Alex.* 694.)
On flatte ma douleur d'un *calme* injurieux. (I, 556, *Alex.* 703.)
Faire le *calme* et la tempête : voyez Faire.

CALOMNIE :
J'inventai des couleurs; j'armai la *calomnie*. (III, 496, *Esth.* 493.)

CAMISOLE, vêtement d'homme, VII, 302, *Lettres*.

CAMPAGNES, au propre :
*Apostrophe aux *campagnes* de Troie. (VI, 238, *Livres ann.*)

Campagne, terme militaire :
Enfin il se met en *campagne*. (V, 289, *Camp. de Louis XIV*.)
J'ai des forces assez pour tenir la *campagne*. (I, 402, *Théb.* 67.)

CAMPER (Se), terme militaire, V, 245, *Camp. de Louis XIV*.

CANAL :
Ayant reçu par les traces du sang et par le *canal* de la succession la propriété du duché.... (V, 385, *Factums*.)
Racine a souligné le mot *canal* dans cette phrase de Vaugelas : « Ce fleuve n'est pas si renommé pour la grandeur de son *canal* que, etc. » (VI, 354, *Livres ann.*)

CANEVAS, au figuré, fond, plan :
M. de Sacy faisoit le *canevas*. (IV, 602, *P. R.*)
Voilà, Monsieur, le *canevas* de ce que je vous supplie de vouloir dire pour moi à Mme de ***. (V, 452, *Lettre à Despréaux*.)

CANONISER :
On *canonisera* bientôt M. de Sacy. (VI, 410, *Lettres*.)

CANTIQUE :
Dans la profonde nuit nous t'offrons ce *cantique*. (IV, 121, *Poés. div.* 3.)

CAPABLE de :
Mon fils, je sais *de* quoi votre frère est *capable*. (III, 67, *Mithr.* 1000.)
Je n'aurois jamais cru être *capable d'*une si grande solitude. (VI, 438, *Lettres*.)
.... Une vertu *capable de* foiblesse (II, 36, *Andr.* 1re préf.)
.... Voilà les soupçons *dont* vous êtes *capable*. (II, 335, *Brit.* 1651.)
Très-*capable d'*exciter la compassion. (II, 243, *Brit.* 1re préf.)

CAPE (Sous) :
* Je pleure *sous cape*. (VI, 220, *Livres ann.*; traduction de Δακρύω δ'ὑφ' εἱμάτων.)

CAPITAINE :
* Cabral, *capitaine* du roi de Portugal. (V, 154, *Notes hist.*)

CAPITULATION (Faire sa), au propre, V, 248, *Camp. de L. XIV*.

CAPITULER, au propre, V, 281, *Camp. de Louis XIV*.

CAPRICE :
Le temps presse : courez. Il ne faut qu'un *caprice*. (II, 339, *Brit.* 1763.)
Voyez II, 324, *Brit.* 1432; II, 378, *Bér.* 99.

CAPTIEUX, euse :
La déclaration.... fut jugée *captieuse*. (IV, 543, *P. R.*)

CAPTIF, captive, substantif et adjectif, au propre et au figuré :
.... Je suis son *captif*, je ne suis pas son roi. (I, 405, *Théb.* 110.)

Pour fléchir sa *captive*, ou pour l'épouvanter. (II, 46, *Andr.* 112.)
Il faut vaincre, et j'y cours, bien moins pour éviter
Le titre de *captif* que pour le mériter. (I, 552, *Alex.* 648.)
Des *captifs* comme lui brisent bientôt leur chaîne. (I, 541, *Alex.* 365.)
Moi qui, contre l'amour fièrement révolté,
Aux fers de ses *captifs* ai longtemps insulté. (III, 336, *Phèd.* 532.)
Enchaîner un *captif* de ses fers étonné. (III, 332, *Phèd.* 451.)
Oui, vous y traînerez la victoire *captive*.
(I, 565, *Alex.* 913 ; voyez I, 402, *Théb.* 64.)

CAPTIVER, rendre captif, au propre et au figuré :
.... Déjà son amour, lassé de ma rigueur,
Captive ma personne au défaut de mon cœur. (I, 555, *Alex.* 684.)
.... Je suis ta prisonnière :
Tu veux peut-être encor *captiver* mes desirs. (I, 579, *Alex.* 1211.)
Quoi? déjà votre amour souffre qu'on le *captive?* (II, 287, *Brit.* 716.)
Digne de vos beaux yeux trop longtemps *captivés*. (II, 282, *Brit.* 601.)

CAR :
Car enfin, ma princesse, il faut nous séparer. (II, 422, *Bér.* 1061.)
Cette locution *car enfin*, très-affectionnée des précieuses (voyez le *Lexique de Corneille*, tome I, p. 152), se rencontre souvent dans les *OEuvres* de Racine (voyez II, 67, *Andr.* 549; II, 419, *Bér.* 991; II, 420, *Bér.* 1001; II, 485, *Baj.* 115; II, 497, *Baj.* 391; II, 503, *Baj.* 525; III, 28, *Mithr.* 133; IV, 10, *Plan d'Iph. en Taur.*).

CARACTÈRE d'écriture ; CARACTÈRE, au sens moral :
Vous avez écrit fort vite les deux lettres que j'ai reçues de vous, car le *caractère* en paroît beaucoup négligé. (VII, 85, *Lettres.*)
Cet enjouement n'est point du tout votre *caractère*. (IV, 288, *Imag.*)

CARDEUR :
Le compère *cardeur* et le menuisier gaillard. (VI, 424, *Lettres.*)

CARÊME :
Faire rompre *carême*. (VII, 221, *Lettres.*)
Voyez cet autre avec sa face de *carême* ! (II, 205, *Plaid.* 704.)

CARESSE, au pluriel, figurément :
Ah! si vous aviez vu par combien de *caresses*
Il m'a renouvelé la foi de ses promesses ! (II, 331, *Brit.* 1587.)
Voyez II, 483, *Baj.* 45.
A force de *caresses* et de bonne nourriture, son lait est assez revenu. (VII, 72, *Lettres.*)

CARESSER, au propre et au figuré :
Son maître, c' aque jour *caressé* dans mes bras. (II, 310, *Brit.* 1130.)
Il.... se promenoit à grands pas, *caressant* hors de propos les unes, rudoyant les autres sans sujet. (IV, 553, *P. R.*)
Bajazet aujourd'hui m'honore et me *caresse*. (II, 488, *Baj.* 189.)
Voyez II, 309, *Brit.* 1111 ; IV, 68, *Poés. div.* 41.

CARESSANT, adjectivement :
Le Roi même y est fort libre (*à Marly*) et fort *caressant*. (VI, 596, *Lettres.*)
*Paroles fort *caressantes*. (VI, 157, *Rem. sur l'Odyss.*)

CARNAGE :
Il s'en fit un *carnage* horrible. (V, 251, *Camp. de Louis XIV*; voyez V, 296, *ibid.*)
Du *carnage* avec lui je réglai la journée. (III, 497, *Esth.* 510.)
Animer au *carnage*, voyez ANIMER ; échauffer le *carnage*, voyez ÉCHAUFFER.

CAROLUS, monnaie de compte, VI, 482, *Lettres;* voyez la note 9.

CARREAU, pavé :

* Ils.... la traînèrent.... sur un pavé de pierres inégales et escarpées;... elle étoit toute écorchée.... par les pointes de ces *carreaux.* (V, 588, *Trad.*)

....Compter en grondant les *carreaux* de sa cour. (II, 200, *Plaid.* var.)

CARREAU, coussin :

* Une de ses femmes.... lui apporte un siége; l'autre.... met un *carreau* dessus. (VI, 85, *Rem. sur l'Odyss.*)

CARRIÈRE, au propre et au figuré :

Vous les eussiez vus tous, retournant en arrière,
Laisser entre eux et nous une large *carrière.* (III, 94, *Mithr.* 1584.)
Il excelle à conduire un char dans la *carrière.* (II, 325, *Brit.* 1472.)
.... C'est à vous de courir
Dans le champ glorieux que j'ai su vous ouvrir.
Vous n'entreprenez point une injuste *carrière.* (II, 500, *Baj.* 440.)
Vous.... avez couru.... une même *carrière* avec lui. (IV, 358, *Disc. acad.*)
Vaincu par lui, j'entrai dans une autre *carrière.* (III, 657, *Ath.* 931.)
....Jusqu'au bout achevant ma *carrière.* (I, 594, *Alex.* 1517.)
.... La *carrière* de la bienheureuse paix. (IV, 154, *Poés. div.* 39.)

Voyez comment Racine défend cette expression, tome VII, p. 128, *Lettres.*

CARROSSE, IV, 508, *P. R.*

*CARROSSÉE, charge d'un carrosse, IV, 590, *Notes sur P. R.*

CARTAUT de vin, II, 192, *Plaid.* 567; voyez II, 195, *ibid.* 590.

CARTE de visite : voyez Visite.

CAS (En) de, IV, 234, *Poés. div.* 235.

CASAQUE :

*La *casaque* que la princesse lui avoit fait donner. (VI, 117, *Rem. sur l'Odyss.*)

CASCADE, VI, 491, *Lettres.*

CASSER aux gages, voyez Gages.

CASTOR, chapeau de poil de castor :

Deux chapeaux..., un *castor* fin et un demi-*castor.* (VII, 196, *Lettres.*)

CATARRE suffoquant, VII, 234, *Lettres* (voyez la note 4).

CATASTROPHE, en terme d'art dramatique :

La *catastrophe* de ma pièce est peut-être un peu trop sanglante. (I, 394, *Théb.* préf.)

Voyez II, 35, *Andr.* 1re préf.; II, 370, *Bér.* préf.; et ci-après, Protase.

CATON, employé comme nom commun

.... Devant ce *Caton* de basse Normandie. (II 208, *Plaid.* 740.)

CAUSE :

Plût aux Dieux.... que votre amant fidèle
Pût avoir de leur haine une *cause* nouvelle ! (I, 423, *Théb.* var.)

* Les prospérités sont *cause* des adversités à ceux qui n'en savent pas user. (VI, 308, *Liv. ann.*)

* (*Il*) ne dit point à quelle *cause* Pindare dit cela. (VI, 32, *Rem. sur Pind.*)

À CAUSE QUE :

*Il appelle l'eau le plus excellent de tous les éléments,... *à cause que* d'elle se forment les autres. (VI, 9, *Rem. sur Pind.*)

Voyez IV, 451 et 568, *P. R.*; V, 513, *Trad.*; VI, 14, 17, 28, 29, 31, 48 et 52, *Rem. sur Pind.*; VI, 60, 68, 123, 130, 135, 137, 146, 153 et 155, *Rem. sur l'Odyss.*; VI, 196, 204, 205, 207, 212 et 271, *Livres ann.*; VII, 200, *Lettres*.

CAVÉ, creusé :

*De grandes pierres *cavées* exprès. (VI, 118, *Rem. sur l'Odyss.*)

CAUSER :

(*Je crains*) Qu'insensible à l'ardeur que vous *aurez causée*,
Votre âme ne dédaigne une conquête aisée. (I, 564, *Alex.* 877.)

CE, CET, CETTE :

Enfin, *ce* même jour, je fais rompre la trêve. (I, 445, *Théb.* 867.)
Ce jour même, des jours le plus infortuné. (II, 553, *Baj.* 1599.)
Cette nuit je vous sers, *cette* nuit je l'attaque.
— Mais cependant *ce* jour il épouse Andromaque.
(II, 101, *Andr.* 1213 et 1214.
Ces jours ont vu mes yeux baignés de quelques larmes. (II, 381, *Bér.* 152.)
Deux sœurs ne firent autre chose tout *ce* soir. (IV, 517, *P. R.*)
Ce carnaval. (VI, 437, *Lettres.*) *Ce* carême. (VII, 231, *Lettres.*)
Ces divers noms accompagnés de *ce*, marquent le temps où l'on est, qui dure encore.

.... Son âme étonnée
De tout *ce* grand pouvoir se vit abandonnée. (I, 532, *Alex.* 174.)
Vous, Seigneur, importun? vous, *cet* ami fidèle...?
Vous, *cet* Antiochus, son amant autrefois? (II, 374, *Bér.* 11 et 13.)
Je reviens le chercher, et, dans *cette* entrevue,
Dire, etc. (II, 388, *Bér.* 324.)
Il peut me conquérir à *ce* prix sans danger.
(II, 115, *Andr.* 1483 ; voyez I, 110, *Andr.* 1391.)

CE, au sens neutre, *cela :*

**Ç*'a été un arrêt des Dieux que *ce* pays fût tout environné de la mer. (VI, 36, *Rem. sur Pind.*)

Voyez V, 210, *Notes relig.*; VI, 32, *Rem. sur Pind.*; VII, 61, *Lettres*.

Quand *ce* vint au fait et au prendre. (VII, 262, *Lettres.*)
Quoique partout, *ce* semble, accablé sous le nombre. (I, 572, *Alex.* 1065.)
Étant à *ce* porté par esprit de chicane. (II, 177, *Plaid.* 399.)
.... De *ce* non content. (II, 179, *Plaid.* 422.)
.... *Ce* néanmoins.... (II, 208, *Plaid.* 737.)

Dans ces trois derniers exemples, Racine affecte l'emploi des archaïsmes conservés dans le langage judiciaire.

CE, au sens neutre, en apposition; CE, faisant pléonasme :

.... *Ce* qui lui donnoit tant de part dans mes vœux,
Il étoit vertueux, Olympe, et malheureux. (I, 470, *Théb.* 1267.)
.... Toute votre peine,
C'est de voir que la paix rend votre attente vaine. (I, 411, *Théb.* 224.)
.... Tous ces beaux exploits qui le font admirer,
C'est ce qui me le fait justement abhorrer. (I, 413, *Théb.* 262.)
Sa haine ou son amour, sont-*ce* les premiers droits
Qui font monter au trône ou descendre les rois? (I, 425, *Théb.* 477.)
Celles.... qui s'accommodoient le moins de ces distinctions, *c*'étoit les Religieuses de Port-Royal. (IV, 546.)

*(Il) dit que ces trois *ce* sont Teucer, Agamemnon et Ménélas; mais je crois que *c*'est Teucer, Eurysace et Tecmesse. (VI, 245, *Livres ann.*)

* Le talent où il excelloit le plus, *c*'étoit dans la conduite des âmes. (IV, 474, *P. R.*)
Toute la liberté que j'ai prise, *ç*'a été d'adoucir un peu la férocité de Pyrrhus. (II, 34, *Andr.* 1re préf. ; voyez VI, 383, *Lettres*.)

C'EST À DIRE : voyez DIRE.

CE.... DE, CE.... QUE DE :
Passant même jusqu'à *cet* excès *de* vouloir insinuer des choses très-injurieuses. (IV, 435, *P. R.*)
Il en vint jusqu'à *cet* excès d'impudence.... *que d*'accuser ces Religieuses. (IV, 434, *P. R.* ; voyez IV, 475, *ibid.*)

CE QUE, en parlant d'une personne :
Il peut, Seigneur, il peut, dans ce désordre extrême,
Épouser *ce qu*'il hait, et punir *ce qu*'il aime. (II, 46, *Andr.* 122.)

CE, omis devant *que*, voyez QUE.

CÉANS :
Si son clerc vient *céans*, fais-lui goûter mon vin.
(II, 157, *Plaid.* 170 ; voyez II, 209, *Plaid.* 750.)

CÉDER, CÉDER À :
Tout *cède* autour de vous : c'est à vous de vous rendre.
(I, 563, *Alex.* 861 ; voyez II, 385, *Bér.* 247.)
Voici Britannicus : je *lui cède* ma place.
(II, 268, *Brit.* 283 ; voyez II, 315, *Brit.* 1237.)
Il semble *me céder* la gloire de vous plaire. (II, 326, *Brit.* 1492.)
Je me rends, je *vous cède* une pleine victoire. (I, 594, *Alex.* 1533.)
Jules *céda* lui-même *au* torrent qui m'entraîne. (II, 406, *Bér.* 731.)
Voyez III, 233, *Iph.* 1628.
Je sais que ce haut rang n'a rien de glorieux
Qui ne *cède à* l'honneur de l'offrir à vos yeux. (I, 478, *Théb.* 1412.)
.... Puisqu'il faut *céder*, *cédons à* notre gloire. (II, 407, *Bér.* 736.)
Je suivois mon devoir, et vous *cédiez au* vôtre. (II, 108, *Andr.* 1354.)
.... Souvenez-vous que je *cède à* vos lois. (II, 383, *Bér.* 185.)
* Amis qui *cèdent* facilement *aux* mauvais desseins. (VI, 306, *Livres ann.*)

CÉDULE ÉVOCATOIRE, V, 392, *Factums*.

CEINDRE :
Je vous *ceins* du bandeau préparé pour sa tête. (II, 89, *Andr.* 966.)
Je *ceignis* la tiare, et marchai son égal. (III, 659, *Ath.* 954.)

CELA.
* Il est bien temps de *cela*. (V, 110, *Notes hist.*)
.... Et lui, pendant *cela*,
Est disparu.... (II, 186, *Plaid.* 513.)
N'avez-vous pas reçu de l'huissier que voilà
Certain papier tantôt ? — Oui, Monsieur. — Bon *cela !* (II, 183, *Plaid.* 474.)

CÉLADON, employé comme nom commun, II, 35, *Andr.* 1re préf.

CELER, cacher :
....Je ne le *cèle* pas. (III, 26, *Mithr.* 82 ; voyez III, 239, *Iph.* 1753.)
Je crois voir l'intérêt que vous voulez *celer*. (III, 34, *Mithr.* 289.)
Il faut absolument qu'il se fasse *celer*. (II, 159, *Plaid.* 193.)

CÉLESTE :
Est-ce un crime qu'aimer une beauté *céleste?* (I, 422, *Théb.* 432.)
CELUI-LÀ :
Oh! pourquoi *celui-là* m'a-t-il interrompu? (II, 203, *Plaid.* 686.)
CENDRE :
Sans lui déjà nos murs seroient réduits en *cendre.* (I, 529, *Alex.* 89.)
Brûlez le Capitole et mettez Rome en *cendre.* (III, 64, *Mithr.* 924.)
Sa *cendre* exige encor que vous brûliez pour elle. (I, 575, *Alex.* 1134.)
CENSEUR :
....Depuis quelques jours, tout ce que je desire
Trouve en vous un *censeur* prêt à me contredire.
(II, 307, *Brit.* 1096 ; voyez VI, 493, *Lettres.*)
CENSIVE, VI, 347, *Livres annotés.*
CENT (En un mot comme en), II, 191, *Plaid.* 557.
CEPENDANT, pendant ce temps-là :
Viens, suis-moi. La Sultane en ce lieu se doit rendre.
Je pourrai *cependant* te parler et t'entendre. (II, 481, *Baj.* 2.)
Voyez I, 407, *Théb.* 148; I, 408, *Théb.* 173 ; I, 517 et 518, *Alex.* 1re préf.; I, 586, *Alex.* 1365 ; II, 52, *Andr.* 245; II, 68, *Andr.* 570; II, 101, *Andr.* 1214 ; II, 262, *Brit.* 139 ; II, 271, *Brit.* 355; II, 339, *Brit.* 1739; II, 377, *Bér.* 69; II, 388, *Bér.* 318; II, 482, *Baj.* 29 ; II, 545, *Baj.* 1449; III, 50, *Mithr.* 625; III, 54, *Mithr.* 720; III, 236, *Iph.* 1693; III, 519, *Esth.* 902; III, 638, *Ath.* 615; IV, 565, *P. R.* ; VI, 57, 58, 139 et 142, *Rem. sur l'Odyss.*; VI, 393, *Lettres*; VII, 265, *Lettres.*

CEPENDANT, marquant une opposition, mais tout en conservant plus ou moins de son sens temporel :
Je verrois *cependant* en invoquer un autre? (III, 644, *Ath.* 683.)
Cependant je partois.... (II, 81, *Andr.* 823.)
CERCLE (Tenir) :
La lune, au visage changeant,
Paroît sur un trône d'argent,
Tenant cercle avec les étoiles. (VI, 436, *Lettres,* 1662.)
CERCUEIL :
Rhodes, des Ottomans ce redoutable écueil,
De tous ses défenseurs devenu le *cercueil.* (II, 501, *Baj.* 476.)
Il tremble encore, et le *cercueil*
Lui paroit presque inévitable. (IV, 67, *Poés. div.* 29.)
CÉRÉMONIE, familièrement, préparatifs, soins :
L'on m'a appris depuis qu'il falloit bien des.... *cérémonies* pour rendre les olives douces. (VI, 415, *Lettres,* 1661.)
CERTAIN, sens divers :
Non, non, je l'ai juré, ma vengeance est *certaine.* (II, 74, *Andr.* 693.)
Vous pleurâtes ma mort, hélas! trop peu *certaine.* (II, 384, *Bér.* 216.)
*Homère étant errant comme il étoit, et n'ayant point de pays *certain.* (VI, 59, *Rem. sur l'Odyss.*)
Au travers d'un mien pré *certain* ânon passa. (II, 160, *Plaid.* 202.)
Certain cartaut de vin.... (II, 192, *Plaid.* 567.)
CERTES, 1, 561, *Alex.* 817 ; II, 262, *Brit.* 151.
A l'occasion des passages indiqués, L. Racine remarque que *certes,* « quoique vieux, est beau en vers quand il est placé à propos. » Ce mot, qui ne nous semble plus vieux

aujourd'hui, a été souligné deux fois par notre auteur dans Vaugelas, comme archaïsme probablement (VI, 355 et 357).

CERVEAU (Rhume dans le), VII, 236, *Lettres.*

CÉSAR, employé comme nom commun, au sens d'*empereur :*

....(Rome) à ses *Césars,* fidèle, obéissante. (II, 392, *Bér.* 384.)

Voyez au tome II, *Brit.* vers 625, 878, 1622, 1636, 1646, 1669, 1718, 1721, 1747, 1753; et *Bér.* vers 260.

CESSER :

Cessez : repentez-vous de vos vœux homicides. (III, 385, *Phèd.* 1434.)
....Du Dieu d'Israël les fêtes *sont cessées*. (III, 470, *Esth.* 88.)

CHACUN, un chacun :

Elles allèrent *chacune* en leur rang, baiser la relique. (IV, 467, *P. R.*)
Voyez V, 554, l. 3, *Trad.*; VII, 49, l. 8, *Lettres.*

Un *chacun* bâille, et s'endort, ou s'en va. (IV, 241, *Poés. div.* append.)

CHAGRIN :

On sait de mes *chagrins* l'inflexible rigueur.
  (III, 368, *Phèd.* 1111 ; voyez la note 2.)
Le public m'a été trop favorable pour m'embarrasser du *chagrin* particulier de deux ou trois personnes qui voudroient qu'on réformât tous les héros de l'antiquité. (II, 35, *Andr.* 1re préf.)

CHAGRINER :

Phèdre ici vous *chagrine*, et blesse votre vue. (III, 307, *Phèd.* 38.)

CHAÎNE, au figuré :

Du sang qui vous unit je sais l'étroite *chaîne*. (II, 52, *Andr.* 246.)
....Quand de la nature on a brisé les *chaînes*. (I, 446, *Théb.* 880.)
Oui, Madame, je vais, dans l'ardeur qui m'entraîne,
Victorieux ou mort, mériter votre *chaîne*. (I, 552, *Alex.* 650.)
Je sais de quels serments je romps pour vous les *chaînes*. (II, 89, *Andr.* 961.)
Traîner de mers en mers ma *chaîne* et mes ennuis. (II, 43, *Andr.* 44.)
Voyez I, 405, *Théb.* 107; I, 546, *Alex.* 496; II, 43, *Andr.* 44; IV, 41, *Poés. div.* 37.

CHAIR, dans le langage religieux :

Si la *chair* et le sang, se troublant aujourd'hui,
Ont trop de part aux pleurs que je répands pour lui. (III, 621, *Ath.* 261.)

CHAIRE, siége :

* Il fait renverser les couronnes et la *chaire* de Tirésias. (VI, 259, *Liv. ann.*)

CHALEUR, au propre et au figuré :

Il tombe sur son lit sans *chaleur* et sans vie. (II, 333, *Brit.* 1632.)
Voy. I, 555, *Alex.* 690; I, 558, *Alex.* 746; II, 243, *Brit.* 1re préf.; III, 325, *Phèd.* 315.
....Brûlant d'une noble *chaleur*.
  (I, 535, *Alex.* 235; voyez III, 161, *Iph.* 211.)
D'un coupable transport écoutant la *chaleur*. (III, 231, *Iph.* 1587.)
Rappeler un reste de *chaleur* : voyez Rappeler.

CHAMADE (Battre la) :

Ils *battirent* tout à coup la *chamade* et demandèrent à capituler. (V, 329, *Siége de Nam.*; voyez VII, 56, *Lettres.*)

CHAMBRE :

La scène est à Rome, dans une *chambre* du palais de Néron. (II, 254, *Brit.* acteurs.)

Mes sœurs, j'entends du bruit dans la *chambre* prochaine.
(III, 515, *Esth.* 824.)
Voyez I, 451, *Théb.* 968; I, 481, *Théb.* 1465.
Fille de *chambre*. (VI, 448, *Lettres*, 1662.)
Pot de *chambre*. (VI, 414, *Lettres*.)

CHAMP, CHAMPS, emplois divers, au propre et au figuré :
.... Votre sang englouti
A fait fumer le *champ* dont il étoit sorti. (III, 335, *Phèd.* 504.)
Aux *champs* Thessaliens osèrent-ils descendre ?
(III, 219, *Iph.* 1378; voyez II, 105, *Andr.* 1283; III, 161, *Iph.* 195.)
On voit en même *champ* vos drapeaux et les nôtres. (I, 541, *Alex.* 381.)
Vous n'êtes pas ici dans un *champ* inhumain. (I, 454, *Théb.* 1021.)
Il devoit dans un *champ*, plein d'une noble envie,
Lui disputer mon cœur et le soin de ma vie. (I, 556, *Alex.* var.)
Ce *champ* si glorieux où vous aspirez tous,
Si mon sang ne l'arrose, est stérile pour vous. (III, 229, *Iph.* 1543.
Le P. Annat 'le répétoit (*un argument*) à chaque bout de *champ*. (IV, 494, *P. R.*; voyez IV, 231, *Poés. div.* 165.)

CHAMP, carrière :
Je vous fermois le *champ* où vous voulez courir. (III, 219, *Iph.* 1367.)
Voyez II, 500, *Baj.* 440.
Il en est temps encor. Pourquoi, par quel caprice,
Laissez-vous le *champ* libre à votre accusatrice ?
(III, 381, *Phèd.* 1338; voyez II, 301, *Brit.* 966.)
Le *champ* vous est ouvert. — On me fait violence. (II, 188, *Plaid.* 528.)

CHAMPÊTRE, qui croît, qui vit dans la campagne :
* C'est une herbe de jardin, et qui n'est pas *champêtre*. (VI, 97, *Rem. sur l'Odyss.*)
....Le chevreuil, *champêtre* et doux. (IV, 29, *Poés. div.* 45.)
*Elle étoit environnée de loups *champêtres*. (VI, 158, *Rem. sur l'Odyss.*)

CHANCELER, au propre et au figuré :
Sous tes pas la terre entr'ouverte
Voit *chanceler* ses fondements. (IV, 140, *Poés. div.* 24.)
.... Hé quoi? votre haine *chancelle*? (II, 99, *Andr.* 1173.)
....Je sens *chanceler* ma cruelle constance. (II, 398, *Bér.* 548.)
J'ai trouvé son courroux *chancelant*, incertain. (III, 656, *Ath.* 885.)

CHANGEMENT :
Les rois sont sujets à de grands *changements*. (IV, 10, *Plan d'Iph. en Taur.*)

CHANGER, SE CHANGER :
.... Tous mes efforts ne sauroient vous *changer*. (I, 464, *Théb.* 1181.)
Cet archevêque *étoit* fort *changé* sur le sujet de son formulaire. (IV, 531, *P. R.*)
* L'esprit des Dieux ne *se change* pas si aisément. (VI, 77, *Rem. sur l'Odyss.*)

CHANGER À, changer contre, changer pour :
Peut-être avant la nuit l'heureuse Bérénice
Change le nom de reine *au* nom d'impératrice. (II, 376, *Bér.* 60)
Voyez le *Lexique de Corneille*, tome I, p. 11, À *après* Changer.
Changer de couleur, de face, de visage : voyez COULEUR, FACE, VISAGE.

CHANGEUR :
*Le lecteur est rigoureux comme un *changeur* qui examine la bonne et la mauvaise monnoie. (VI, 321, *Livres ann.*; voyez V, 505, *Trad.*)

CHANOINIE, bénéfice de chanoine, VI, 465, *Lettres.*

CHANSON :
* Une *chanson* à danser. (VI, 54, *Rem. sur Pind.*)
* Troie, que les Dieux ont voulu ruiner, afin qu'elle serve de *chanson* aux siècles futurs. (VI, 141, *Rem. sur l'Odyss.*)
* ... Faire éclater par mes *chansons* illustres. (VI, 39, *Rem. sur Pind.*)

Chanson, bagatelle (comme exclamation) :
Ce n'est pas un exploit. — *Chanson!* — C'est une lettre. (II, 172, *Plaid.* 340.)

CHANT :
.... Réciter des *chants* qu'il (*Néron*) veut qu'on idolâtre. (II, 325, *Brit.* 1476.)
Ses *chants* (*les chants composés par Moreau*) ont fait un des plus grands agréments de la pièce. (III, 458, *Esth.* préf.)

CHANTER, célébrer :
Tous *chantent* de David le fils ressuscité. (III, 702, *Ath* 1765.)

Chanter, familièrement, dire, signifier :
Voyons ce qu'elle *chante*. Hon.... Sixième janvier. (II, 177, *Plaid.* 397.)

* Chanter pouille à, V, 105, *Notes historiques.*

CHANTRE, chanteur :
*Le divin *chantre* Démodocus. (VI, 128, *Rem. sur l'Odyss.*)
.... Les petits oiseaux,
Ces *chantres* si doux et si beaux ! (IV, 28, *Poés. div.* 23.)
Un *chantre* de Notre-Dame. (VI, 563, *Lettres.*)

CHAOS, au figuré :
Un désordre, un *chaos*, une cohue énorme. (II, 213, *Plaid.* 808.)
.... Un *chaos* délicieux. (IV, 30, *Poés. div.* 13.)
Dans ce *chaos* du poëme dramatique. (IV, 358, *Disc. acad.*)
* Il y a un *chaos* entre lui et nous. (VI, 187, *Livres ann.*)

CHAPITRE, division d'un livre et, par suite, matière, sujet :
Pardonnez si je vous mets..... sur ce *chapitre*. (VII, 260, *Lettres.*)

Chapitre, assemblée conventuelle :
M. Arnauld le plus souvent n'avoit nulle voix en *chapitre*. (IV, 606 *P. R.*; la locution est prise ici dans un sens figuré, proverbial.)

CHAPON de rente, dû comme redevance, II, 200, *Plaid.* var.

CHAR, au propre et au figuré :
Il étoit sur son *char*.... (III, 388, *Phèd.* 1499.)
Moi-même à votre *char* je me suis enchaînée. (III, 185, *Iph.* 694.)

CHARGE :
* La *charge* de général. (V, 183, *Notes hist.*)

Être à charge à, être importun, insupportable à :
*M. Mansard prétend qu'il y a trois ans qu'il *étoit à charge au* Roi pour les bâtiments. (V, 110, *Notes hist.*)

CHARGER de, sens divers :
.... *De* Romains le rivage *est chargé*. (III, 87, *Mithr.* 1449.)

Tous ces mille vaisseaux.... *chargés* de vingt rois. (III, 151, *Iph.* 27.)
Chargé de mille cœurs conquis par mes bienfaits. (II, 397, *Bér.* 518.)
Il vit *chargé de* gloire. accablé de douleurs. (III, 93, *Mithr.* 1558.)
Triomphant et *chargé des* titres souverains. (II, 379, *Bér.* 121.)
... Tout fiers des lauriers *dont* il les *a chargés.* (I, 543, *Alex* 435.)
Les substitutions *dont* ces terres *sont chargées.* (V, 390, *Factums.*)
*Heureux.... celui qui vous épousera, en vous *chargeant d'*une dot immense! (VI, 115, *Rem. sur l'Odyss.*)
Des ordres importants *dont* je t'avois *chargé.* (II, 377, *Bér.* 70.)
*Les Grecs étoient *chargés de* vin. (VI, 77, *Rem. sur l'Odyss.*)
La Reine, en ce moment, sensible à vos bontés,
Charge le ciel *de* vœux pour vos prospérités. (II, 389, *Bér.* 334.)
*Chargés d'*un feu secret, vos yeux s'appesantissent. (III, 312, *Phèd.* 134.)
.... *Chargé,* malgré moi, *du* nom de son époux. (II, 508, *Baj.* 632.)
Chargé du crime affreux dont vous me soupçonnez. (III, 370, *Phèd.* 1143.)
*Chargé d'*ennuis, *de* soins : voyez ENNUI, SOIN.
Action simple, *chargée* de peu de matière. (II, 246, *Brit.* 1re préf.)
Une tragédie qui étoit si peu *chargée d'*intrigues. (II, 368, *Bér.* préf.)

CHARGER DE, accuser de :
Vous le craignez. Osez l'accuser la première
Du crime *dont* il peut vous *charger* aujourd'hui. (III, 355, *Phèd.* 887.)
*Siri *charge* Fra Polo *de* n'avoir pas été bon catholique. (V, 164, *Notes hist.*)

CHARGER, absolument, terme militaire, exécuter une charge :
On eut l'impudence d'avancer que M. de Gondrin, archevêque de Sens, *avoit chargé,* l'épée à la main. (IV, 503, *P. R.*; voyez V, 142, *Notes hist.*)

SE CHARGER DE :
Va, dis-je, et sans vouloir *te charger d'*autres soins.... (II, 374, *Bér.* 17.)
Quoi? votre amour *se veut charger d'*une furie? (II, 78, *Andr.* 753.)
Je ne m'étois *chargé* dans cette occasion
Que d'excuser César d'une seule action. (II, 263, *Brit.* 169 et 170.)

CHARIOT, VI, 118, *Rem. sur l'Odyssée.*

CHARITABLEMENT :
*Elle me traita plus *charitablement* que je n'eusse attendu d'une jeune personne. (VI, 127, *Rem. sur l'Odyss.* dans un récit d'Ulysse.)

CHARITÉ :
.... N'étoit un petit vent frais qui a la *charité* de souffler de temps en temps. (VI, 479, *Lettres,* 1662.)
*Jupiter enleva Protogénée, femme de Locrus, et lui fit un enfant, de peur que Locrus ne mourût sans enfant. Cette *charité* de Jupiter est fort plaisante. (VI, 40, *Rem. sur Pind.*)
*Faire des *charités.* (V, 107, *Notes hist.*)

CHARLATAN :
Ce M. Morin.... est sans doute le plus habile médecin qui soit dans Paris, et le moins *charlatan.* (VI, 573 et 574, *Lettres.*)

CHARMANT, ANTE :
On sait qu'elle est *charmante....* (II, 391, *Bér.* 373.)
Un espoir si *charmant* me seroit-il permis?
(II, 53, *Andr.* 259; voyez II, 317, *Brit.* 1306.)
Avantage *charmant* : voyez AVANTAGE.

CHARME, enchantement, moyen de charmer, de consoler :

Ils s'aiment ! par quel *charme* ont-ils trompé mes yeux ?
(III, 375, *Phèd.* 1231.)
Quel *charme*, malgré vous, vers elle vous attire ? (II, 74, *Andr.* 673.)
Voyez II, 42, *Andr.* 31 ; III, 377, *Phèd.* 1298.
Hermione à Pyrrhus prodiguoit tous ses *charmes*.
(II, 43, *Andr.* 50 ; voyez la note 3.)
Que sais-je ? A ma douleur je chercherai des *charmes*. (II, 512, *Baj.* 705.)

CHARMES, attraits, beautés :

Mais, Seigneur, cet éclat, ces victoires, ces *charmes*,
Me troublent bien souvent par de justes alarmes. (I, 564, *Alex.* 873.)
Je plaignis Bajazet ; je lui vantai ses *charmes*. (II, 486, *Baj.* 138.)
La Harpe, oubliant l'exemple tiré d'*Alexandre*, ou n'en tenant pas compte, dit au sujet de ce dernier vers : « Ailleurs qu'au sérail, le poëte n'eût pas parlé des *charmes* d'un homme. » — Voyez APPAS dans le *Lexique de Corneille*.

Quoi ? dans mon désespoir trouvez-vous tant de *charmes* ?
(II, 437, *Bér.* 1347.)
La princesse et le trône ont pour moi tant de *charmes*. (I, 480, *Théb.* 1461.)
Voyez I, 403, *Théb.* 72 ; I, 407, *Théb.* 155 ; I, 426, *Théb.* 499 ; III, 485, *Esth.* 303.

CHARMER :

...Quand votre vertu ne m'auroit point *charmé*. (I, 574, *Alex.* 1099.)
Romps ce fatal sommeil par qui l'âme *charmée*
Dort en repos sur le bord des enfers. (IV, 115, *Poés. div.* 3.)
Maitre, n'en doutez point, d'un cœur déjà *charmé*,
Commandez qu'on vous aime, et vous serez aimé. (II, 276, *Brit.* 457.)
Voyez I, 439, *Théb.* 729 ; I, 573, *Alex.* 1085 ; II, 292, *Brit.* 789 ; IV, 207, *Poés. div.* 1.

CHARROI, IV, 512, *P. R.*

CHASSER :

Qu'ils soient comme la poudre et la paille légère,
Que le vent *chasse* devant lui. (III, 488, *Esth.* 368.)
Que rappelant leur haine au lieu de la *chasser*,
Ils s'étouffent, Attale, en voulant s'embrasser. (I, 446, *Théb.* 889.)
(Le Roi) La *chassa* de son trône, ainsi que de son lit. (III, 467, *Esth.* 34.)

CHASTE :

Ah ! le voici. Grands Dieux ! à ce *chaste* maintien
Quel œil ne seroit pas trompé comme le mien ? (III, 363, *Phèd.* 1035 var.)
Ce texte est, à ce qu'il paraît, celui de la première représentation. Ce mot, qui avait excité quelques railleries, a été remplacé par *noble* dès la première édition. Voyez la note 2 de la page indiquée.

CHAT, dans une locution proverbiale :

Vous m'allez jeter le *chat* aux jambes. (VI, 456, *Lettres*, 1662.)
C'est-à-dire vous allez chercher à m'embarrasser.

CHATOUILLER, au figuré :

* Baluze remarque que son Mécénas (*Marca*).... fit un mensonge de dessein formé pour *chatouiller* les oreilles du Pape. (V, 176, *Notes hist.*)
Ces noms de roi des rois et de chef de la Grèce,
Chatouilloient de mon cœur l'orgueilleuse foiblesse. (III, 155, *Iph.* 82.)
Ronsard a employé plusieurs fois l'expression *chatouiller le cœur* :
Les Amours voloient avec elle
Chatouillans les cœurs doucement.
(*Odes*, I, 1, tome II, p. 25, édition de M. Blanchemain.)

Le cœur de cette jeune bande
Chatouillé d'un noble desir. (Odes, I, xi, tome II, p. 70.)
Voyez aussi le *Lexique de Corneille.*

CHAUD, au propre :
Le soufflet sur ma joue est encore tout *chaud.* (II, 181, *Plaid.* 450.)

CHEF (De son), de son propre mouvement :
Vous pouvez compter qu'elle l'a fait *de son chef.* (VII, 265, *Lettres.*)
Voyez VI, 197, *Livres ann.*

CHEF-D'OEUVRE, IV, 359, 360, *Disc. acad.* ; V, 303, *Camp. de Louis XIV.*
Ce mot est au pluriel dans ces trois passages; dans les deux premiers il y a *chef d'œuvres,* dans le dernier *chefs d'œuvre.*

CHEMIN, au propre et au figuré :
J'en rends grâces au Ciel, qui m'arrêtant sans cesse
Sembloit m'avoir fermé le *chemin* de la Grèce. (II, 41, *Andr.* 10.)
Lève-toi, m'a-t-il dit; prends ton *chemin* vers Suze. (III, 466, *Esth.* 16.)
Quel *chemin* a-t-il pris? la porte ou la fenêtre? (II, 186, *Plaid.* 508.)
....Bientôt elle a pris des *chemins* écartés. (II, 338, *Brit.* 1725.)
Cependant le Roi rebrousse *chemin.* (V, 290, *Camp. de Louis XIV.*)
Le *chemin* est tracé, rien ne vous retient plus. (II, 319, *Brit.* 1341.)
....Calmez vos transports. Par un *chemin* plus doux,
Vous lui pourrez plutôt ramener son époux. (II, 294, *Brit.* 829.)
Vengeons-nous..., mais par d'autres *chemins.* (II, 100, *Andr.* 1179.)
....Je vois le *chemin* par où j'en puis sortir. (II, 439, *Bér.* 1390.)
On saura les *chemins* par où je l'ai conduit. (II, 295, *Brit.* 850.)
(*Xipharès*) S'étoit fait vers son père un *chemin* glorieux.
(III, 96, *Mithr.* 1626.)
Quel *chemin* jusqu'à lui peut conduire mes coups? (II, 101, *Andr.* 1204.)
La Hollande lui.... ouvrit le *chemin* à des actions dont la mémoire ne sauroit jamais périr parmi les hommes. (V, 243, *Camp. de Louis XIV.*)
Le *chemin* est encore ouvert au repentir. (II, 504, *Baj.* 540.)
Daignez m'ouvrir au trône un *chemin* légitime. (II, 505, *Baj.* 565.)
Soutiendrai-je ces yeux dont la douce langueur
Sait si bien découvrir les *chemins* de mon cœur? (II, 419, *Bér.* 994.)
Aricie a trouvé le *chemin* de son cœur. (III, 374, *Phèd.* 1224.)
.. . (*Ils*) leur osent du crime aplanir le *chemin.* (III, 379, *Phèd.* 1324.)
*Ils ont si souvent passé sur moi qu'ils en ont fait un *chemin* frayé. (VI, 184, *Livres ann.*)
*En *chemin* faisant. (VI, 348, *Livres ann.*)

CHEMISE, dans une locution proverbiale :
J'y vendrai ma *chemise;* et je veux rien ou tout. (II, 163, *Plaid.* 258.)

CHÊNE, IV, 31, *Poés. div.* 21.

CHENU :
*Il appelle la mer *chenue,* ou parce que c'est le premier et le plus ancien des éléments, ou à cause que, etc. (VI, 14, *Rem. sur Pind.*)

CHER, précieux, aimé, à quoi l'on tient beaucoup :
Soit que le temps trop *cher* la pressât de se rendre. (II, 523, *Baj.* 985.)
....Il faut se hâter; chaque heure nous est *chère.* (I, 415, *Théb.* 295.)
Voyez III, 72, *Mithr.* 1114; III, 478, *Esth.* 186; III, 693, *Ath.* 1629.
Le trône fit toujours mes ardeurs les plus *chères.* (I, 444, *Théb.* 843.)
La plus soudaine mort me sera la plus *chère.* (II, 338, *Brit.* 1716.)

J'ignore le destin d'une tête si *chère*. (III, 305, *Phèd.* 6.)

CHER, adverbialement :
Mais, hélas! combien *cher* me vend-il cette joie! (I, 437, *Théb.* 684.)
Acheter, coûter, payer *cher* : voyez ACHETER, etc.

CHERCHER :

Que les biens nous *cherchent* en foule. (IV, 69, *Poés. div.* 88.)
L'entretien des amants *cherche* la solitude. (I, 576, *Alex.* 1158.)
Qu'une âme qui te *cherche* et veut être innocente
    Trouve d'obstacle à ses desseins! (III, 651, *Ath.* 791.)
....Le Sultan, surpris d'une trop longue absence,
En *cherchera* bientôt la cause et la vengeance. (II, 484, *Baj.* 82.)
Ne *cherchez* plus en lui ce prince magnanime. (I, 426, *Théb.* 511.)
  Chercher la clarté : voyez CLARTÉ ; *chercher* des yeux : voyez OEIL.
  * Henry Ier.... envoya *chercher* femme en Moscovie. (V, 191, *Notes hist.*)
  * *Chercher* sa vie. (V, 192, *Notes hist.*)
Vous *cherchez* chaque jour à douter de ses feux? (I, 541, *Alex.* 388.)
Voyez I, 474, *Théb.* 1336 ; I, 530, *Alex.* 134 ; I, 535, *Alex.* 239 ; I, 557, *Alex.* 719 ; I, 570, *Alex.* 1018, 1021 et 1022 ; II, 51, *Andr.* 230 ; II, 77, *Andr.* 724 ; II, 108, *Andr.* 1358 ; II, 122, *Andr.* 1602 ; II, 288, *Brit.* 730 ; II, 381, *Bér.* 162 ; II, 388, *Bér.* 324 ; III, 65, *Mithr.* 968 ; III, 181, *Iph.* 600.

ALLER CHERCHER, VENIR CHERCHER, FAIRE CHERCHER :
....Dans quels lieux.... l'*allez-vous* donc *chercher*? (III, 305, *Phèd.* 8.)
Que ma main dans mon cœur ne vous *aille chercher*,
Pour y laver ma honte, et vous en arracher. (III, 54, *Mithr.* 737.)
Épargnez mes malheurs, et daignez empêcher
Que je ne trouve encor ceux que je *vais chercher*. (III, 46, *Mithr.* 526.)
Voyez I, 443. *Théb.* 809 ; III, 347, *Phèd.* 748 ; IV, 409, *P. R.*
Quel mortel insolent *vient chercher* le trépas? (III, 504, *Esth.* 632.)
....Un mouvement si beau
Me le *feroit chercher* jusque dans le tombeau.
              (I, 557, *Alex.* 716 ; voyez *ibid.* 714.)
L'amour me *fait* ici *chercher* une inhumaine. (II, 42, *Andr.* 26.)
Peut-être elle fuyoit pour se *faire chercher*. (II, 300, *Brit.* 950.)

SE CHERCHER :
Nous *nous cherchions* l'un l'autre. (I, 566, *Alex.* 941.)
Maintenant je *me cherche* et ne me trouve plus. (III, 336, *Phèd.* 548.)
Voyez II, 439, *Bér.* 1384 ; III, 472, *Esth.* 108.
Il cherche en tout ta volonté suprême,
    Et ne *se cherche* jamais. (III, 673, *Ath.* 1233.)

CHÈRE :
Crois-tu qu'un juge n'ait qu'à faire bonne *chère*? (II, 152, *Plaid.* 84.)

CHÈREMENT (voyez CHER, adverbialement) :
....Combien *chèrement* me vend-il cette joie! (I, 437, *Théb.* var. 3.)

CHÉRIR :
Haïr mes ennemis et *chérir* ma grandeur. (I, 444, *Théb.* 842.)

CHÉRUBIN, III, 692, *Ath.* 1594.

CHEVAL, comme terme d'injure, II, 205, *Plaid.* 701.

Chevaux, cavaliers :
  * Le Roi avoit.... près de cent mille *chevaux*. (V, 115, *Notes hist.*)

CHEVALIER du guet : voyez Guet.

CHEVAU-LÉGER, chevau-légers, VII, 63, *Lettres*.

CHEVET (du lit), V, 562, *Trad.*; V, 162, *Notes hist.*; VI, 575, *Lettres*.

CHEVEU :
Changez en *cheveux* noirs votre perruque blonde. (II, 170, *Plaid.* 303.)
*Cela est bien tiré par les *cheveux*. (VI, 259, *Livres ann.*)
Chaque mot sur mon front fait dresser mes *cheveux*. (III, 376, *Phèd.* 1268.)

CHEVREUIL, IV, 29, *Poés. div.* 45.

CHEZ :
En m'alliant *chez* lui n'aurai-je rien porté? (I, 460, *Théb.* 1113.)

CHIAOUX, V, 135, *Notes historiques*.

CHICANE :
Ce fou qui réduit tout au pied de la *chicane*. (II, 201, *Plaid.* 664.)
Voyez II, 142, *Plaid.* au lect.; II, 166. *Plaid.* 279.
Vous n'aurez point à craindre.... tous ces longs détails de *chicanes* ennuyeuses. (IV, 367, *Disc. acad.*)

CHICANER :
Il ne faut point s'amuser à *chicaner* les poëtes. (II, 40, *Andr.* 2ᵉ préf.)

CHICANEUR, II, 160, 163 et 168, *Plaid.* 214, 251 et 293.

CHIEN :
Dans son sang inhumain les *chiens* désaltérés. (III, 612, *Ath.* 117.)
Des lambeaux pleins de sang, et des membres affreux
Que des *chiens* dévorants se disputoient entre eux. (III, 633, *Ath.* 506.)
Chien, comme terme d'injure, II, 205, *Plaid.* 702.

CHIMÈRE :
La nature pour lui n'est plus qu'une *chimère*. (I, 427, *Théb.* 515.)
Je ne me repais point de pareilles *chimères*.
(I, 412, *Théb.* 235; voyez I, 462, *Théb.* 1151.)

CHOIR, V, 513, l. 23, *Trad.*

CHOISIR :
Ronsard.... a *choisi* ce même Astyanax pour le héros de sa *Franciade*. (II, 38, *Andr.* 2ᵉ préf.)
(Moi qui) *Aurois choisi* son cœur, et cherché sa vertu. (II, 381, *Bér.* 162.)
A qui *choisiriez*-vous, mon fils, de ressembler? (III, 676, *Ath.* 1284.)
Vous savez son dessein : *choisissez* aujourd'hui
Si vous voulez tout perdre ou tenir tout de lui. (I, 545, *Alex.* 471.)

CHOIX :
En vain Britannicus s'assure sur mon *choix*. (II, 266, *Brit.* 246.)
Voyez I, 566, *Alex.* 932; II, 314, *Brit.* 1212.

CHOQUER, au propre et au figuré :
*Des armées qui se vont *choquer*. (V, 497, *Trad.*)
Une robe toujours m'*avoit choqué* la vue. (II, 184, *Plaid.* 487.)
La vraisemblance est *choquée* en ta pièce. (IV, 177, *Poés. div.* 1.)
Il y *choque* ouvertement la créance commune de toute la Grèce. (II, 38, *Andr.* 2ᵉ préf.; voyez IV, 202, *Poés. div.* 57.)

CHOSE, emplois divers :

A chaque *chose* d'un peu bon que l'on nous sert sur la table. (VII, 254, *Lettres*.)

J'ai quelques petites *choses* à vous envoyer. (VI, 514, *Lettres*.)

*La *chose* fut exécutée par vingt mousquetaires. (V, 104, *Notes hist*)

La maison du Roi a fait des *choses* incroyables. (VII, 21, *Lettres*.)

Tandis que ces *choses* se passoient dans le Pays-Bas. (V, 262, *Camp. de Louis XIV*; voyez II, 367, *Bér.* préf.)

* Prier ses ennemis est une *chose* barbare. (VI, 303, *Livres ann.*)

La présence et la réputation de ce prince achevèrent de rétablir toutes *choses*. (V, 268, *Camp. de Louis XIV*.)

Il est vrai, vous avez toute *chose* prospère. (I, 479, *Théb.* 1433.)

La fortune promet toute *chose* aux Thébains. (I, 409, *Théb.* 193.)

....Pour toi je ferai toute *chose*. (II, 217, *Plaid.* 486; voy. II, 161, *Plaid.* 219.)

On les peut découvrir par les *choses* passées. (I, 453, *Théb.* 1004.)

(*Dès qu'elle*) l'eut entendu parler des *choses* de Dieu. (IV, 409, *P. R.*)

Je ne pensois guère que la *chose* dût être aussi publique. (III, 455, *Esth.* préf.)

Il me faut suer sang et eau pour faire quelque *chose* qui mérite de vous l'adresser. (VI, 431, *Lettres;* voyez II, 242, *Brit.* 1re préf.)

Je n'en voudrois pour *chose* au monde, si cela étoit. (VII, 4, *Lettres;* voyez VII, 259, *ibid.*)

Sur toutes *choses*. (IV, 468, *P. R.*)

Avant toutes *choses*. (IV, 485, *P. R.*)

Nous sommes gens à qui il ne faut pas grand *chose* pour faire bonne chère. (VI, 521, *Lettres;* voyez V, 158 et 166, *Notes hist.*)

CHRÉTIEN, ENNE, adjectivement, IV, 149, *Poés. div.* 27; VI, 574, *Lettres*.

CHRÉTIENTÉ, IV, 366, *Disc. acad.*

CHRIST :

Que ni lui ni son *Christ* ne règnent plus sur nous. (III, 686, *Ath.* 1485.)

Que *Christ* soit notre pain céleste. (IV, 110, *Poés. div.* 21.)

CHUTE, au figuré :

Qu'une *chute* si belle élève sa vertu. (I, 571, *Alex.* 1043.)

Voyez I, 575, *Alex.* 1140; II, 284, *Brit.* 647.

CI :

Entre *ci* et un an. (VII, 156, *Lettres;* voyez VII, 136, *Lettres*.)

CIEL, CIEUX, sens divers :

Levant au *ciel* et le cœur et les mains. (IV, 116, *Poés. div.* 10.)

Ces pauvres filles.... perçoient le *ciel* de leurs cris. (IV, 508, *P. R.*)

Partager avec toi la lumière des *cieux*. (I, 464, *Théb.* 1178.)

Les *cieux* par lui fermés et devenus d'airain. (III, 613, *Ath.* 122.)

....(Une ardente prière) pénètre les *cieux*. (IV, 114, *Poés. div.* 12.)

Oui, je consens qu'au *ciel* on élève Alexandre. (I, 531, *Alex.* 157.)

J'ai remué *ciel* et terre pour vos intérêts. (VII, 172, *Lettres*.)

La voici. — Juste *ciel!* où va-t-il s'exposer? (II, 524, *Baj.* 1011.)

....Le *Ciel* s'apprête à nous l'abandonner (*ce tyran*). (I, 531, *Alex.* 147.)

....Que vois-je? Ah! c'est lui que le *Ciel* nous renvoie. (II, 161, *Plaid.* 560.)

Je commence à voir clair dans cet avis des *Cieux*. (III, 638, *Ath.* 610.)

* *Ciel* du lit. (VI, 134. *Rem. sur l'Odyss.*)

CILICE, III, 475, *Esth.* 159; VII, 50, *Lettres*.

CIMENTÉ :
.... (Ces palais) qui sont comme *cimentés*
Du sang des peuples misérables. (IV, 23, *Poés. div.* 33.)

*CIRCASSES (Les), les Circassiens, V, 134, *Notes historiques.*

CIRCONVALLATION, V, 109 et 246; VI, 551.

CIRCUIT :
Cette ville.... qui prétendoit égaler Paris même par la grandeur de son *circuit.* (V, 292, *Camp. de Louis XIV.*)

CITER, sens divers :
Adieu, Monsieur. Ne me *citez* point. (VII, 57, *Lettres.*)
C'est-à-dire, si vous redites ceci, ne me nommez point comme votre autorité.
*Les maréchaux furent sur le point de le *citer* (de lui enjoindre d'assister à leurs assemblées), mais n'osèrent. (V, 121, *Notes hist.*)

CITERNE, au figuré :
....Nous courons follement
Chercher des sources bourbeuses
Ou des *citernes* trompeuses
D'où l'eau fuit à tout moment. (IV, 160, *Poés. div.* 59.)

CITOYENS, concitoyens :
*Sylla étant méchant rendit ses *citoyens* bons, et Lysandre rendit ses *citoyens* pires que lui. (VI, 296, *Livres ann.*; voyez VI, 34, *Rem. sur Pind.*)

CIVIL :
*Il ne sait s'il est parmi des barbares et des insolents, ou des hommes *civils* aux étrangers. (VI, 113, *Rem. sur l'Odyss.*)

REQUÊTE CIVILE : voyez REQUÊTE.

CIVIL, substantivement, terme judiciaire :
... Juge du *civil* comme du criminel. (II, 196, *Plaid.* 610.)

CIVILEMENT :
*Ulysse lui répond fort *civilement.* (VI, 139, *Rem. sur l'Odyss.*)

CLAIR :
.. D'une voix *claire.* (II, 177, *Plaid.* 403.)

CLAIR, substantivement :
*Ces jeux se célébroient au *clair* de la lune. (VI, 45, *Rem. sur Pind.*)

CLAIR, adverbialement :
Je commence à voir *clair* dans cet avis des Cieux. (III, 638, *Ath.* 610.)

CLAIR-SEMÉ :
Maintenant elles *(les lettres)* sont plus *clair-semées,* et c'est beaucoup d'en recevoir une en deux mois. (VI, 426, *Lettres.*)

CLAIRVOYANT, ANTE :
*Il est bien raisonnable que ceux qui ont déjà acquis des richesses que l'on peut dire être *clairvoyantes,* laissent des richesses aveugles à ceux qui sont aveugles eux-mêmes. (V, 543, *Trad.*)
Les richesses clairvoyantes sont la jouissance anticipée de la vie bienheureuse; les richesses aveugles, les biens temporels.

CLANDESTIN :
Un hymen *clandestin* mit ce prince en son lit. (III, 215, *Iph.* 1284.)
CLAPIER, réduit où l'on élève des lapins, II, 157, *Plaid.* 168.
CLAQUER (FAIRE) SON FOUET, expression proverbiale :
....Je *faisois claquer mon fouet* tout comme un autre. (II, 145, *Plaid.* 8.)
CLARTÉ, au propre et au figuré :
Enfin mes tristes yeux cherchèrent la *clarté*. (III, 175, *Iph.* 491.)
(Un rang) Dont je n'ai pu de loin soutenir la *clarté*. (II, 283, *Brit.* 617.)
Venez, derrière un voile, écoutant leurs discours,
De vos propres *clartés* me prêter le secours. (III, 509, *Esth.* 708.)
Voyez IV, 151, *Poés. div.* 61; IV, 200, *Poés. div.* 15.
CLEF :
On apportoit au Roi.... les *clefs* des places. (V, 246, *Camp. de L. XIV*)
CLEPSYDRE, horloge de sable, IV, 462, *P. R.*
CLERC (PAS DE), proverbialement :
Je pourrois bien faire quelque *pas de clerc*. (VI, 471, *Lettres.*)
CLIMAT :
Qu'espérez-vous combattre en des *climats* si rudes ? (I, 584, *Alex.* 1329.
Dans leurs *climats* brûlants les Africains domptés. (II, 502, *Baj.* 479.)
La foudre, quand il (*le Roi*) veut, tombe aux *climats* gelés.
(IV, 87, *Poés. div.* 51; voyez II, 522, *Baj.* 952.)
CLOÎTRE, IV, 26, *Poés. div.* 51.
CLOS ET COUVERT, immobile et muet :
* N'osant pas seulement ouvrir la bouche, mais se tenant *clos et couverts* (VI, 37, *Rem. sur Pind.*)
CLÔTURE, fermeture :
Une méchante *clôture* de terre. (IV, 390, *P. R.*)
CLÔTURE, au sens monastique, IV, 389 et 512, *P. R.*
COADJUTRICE, titre monastique, IV, 403, *P. R.*
COCHE, COCHER :
J'ai payé six francs au *coche* pour la nourrice et pour l'enfant. Si le *cocher* a eu bien soin d'eux..., je vous prie, etc. (VII, 73, *Lettres.*)
COCHON, VI, p. 159, l. 12, 17, 19, 24, 25, et p. 160, l. 2, *Rem. sur l'Odyssée.*
CŒUR, au propre ; CŒUR, au figuré, âme, vie, courage, et en général siége des passions et des sentiments :
Me montrer votre *cœur* fumant sur un autel. (III, 201, *Iph.* 976.)
.... Le venin parvenu
Dans ce *cœur* expirant jette un froid inconnu. (III, 396, *Phèd.* 1640.)
Je percerai le *cœur* que je n'ai pu toucher.
(II, 102, *Andr.* 1244 ; voyez III, 29, *Mithr.* 161; III, 77, *Mithr.* 1226.)
Voilà mon *cœur*. C'est là que ta main doit frapper.
Impatient déjà d'expier son offense,
Au devant de ton bras je le sens qui s'avance. (III, 344, *Phèd.* 704.)
Madame, elle ne marque aucun reste de vie
Que par de longs soupirs et des gémissements,
Qu'il semble que son *cœur* va suivre à tous moments. (II, 537, *Baj.* 1256.

Je viens, le *cœur* percé de vos pleurs et des siens. (II, 434, *Bér.* 1289.)
Des forces si prodigieuses enfloient le *cœur* des confédérés. (V, 323, *Siége de Nam.*)
Le *cœur* plein d'un courroux qu'il cachoit à vos yeux. (II, 275, *Brit.* 438.)
Le *cœur* gros de soupirs, qu'il n'a point écoutés.
(III, 353, *Phèd.* 843; voyez le *Lexique de Corneille*, tome I, p. 181.)
Ils se plaignent qu'au lieu d'éprouver leur grand *cœur*,
L'oisiveté d'un camp consume leur vigueur.
Laisserons-nous languir tant d'illustres courages?
(I, 530, *Alex.* 131; voyez II, 300, *Brit.* 943.)
Sans doute à nos malheurs ton *cœur* n'a pu survivre. (I, 568, *Alex.* 965.)
On voit bien que cela lui relève bien le *cœur*. (VI, 462, *Lettres*.)
Surtout j'admire en vous ce *cœur* infatigable. (III, 61, *Mithr.* 867.)
Un jeune prince..., qui a beaucoup de *cœur*. (II, 243, *Brit.* 1re préf.)
*Donner *cœur* au peuple. (V, 90, *Notes hist.*)
Et moi, reine sans *cœur*, fille sans amitié. (III, 646, *Ath.* 717.)
Mon *cœur* pour le chercher voloit loin devant moi. (III, 182, *Iph.* 607.)
Un *cœur* déjà glacé par le froid des années. (III, 85, *Mithr.* 1420.)
Un *cœur* toujours nourri d'amertume et de pleurs. (III, 331, *Phèd.* 419.)
Et moi, le *cœur* tremblant, et l'âme toute émue. (I, 436, *Théb.* 659.)
Elle-même a choisi cet endroit écarté,
Où nos *cœurs* à nos yeux parlent en liberté. (II, 489, *Baj.* 208.)
Que mon *cœur*, cher Ismène, écoute avidement
Un discours qui peut-être a peu de fondement. (III, 331, *Phèd.* 415.)
Mon *cœur* vous répondoit tous vos mêmes discours. (III, 53, *Mithr.* 690.)
Mais mon *cœur* trop pressé m'arrache ce discours,
Et te parle une fois pour se taire toujours. (III, 175, *Iph.* 479.)
Seigneur, que peut dire un *cœur* triste, abattu? (I, 595, *Alex.* 1539.)
Pour attendrir mon *cœur* on a recours aux larmes? (III, 200, *Iph.* 954.)
Tu vois combien son *cœur*, prêt à le protéger,
A retenu mon bras trop prompt à la venger. (II, 544, *Baj.* 1407.)
Plût aux Dieux que mon *cœur* fût innocent, comme elles (*mes mains*)!
(III, 319, *Phèd.* 222.)
Je connois votre *cœur* : vous devez vous attendre
Que je le vais frapper par l'endroit le plus tendre. (II, 413, *Bér.* 891.)
Il n'est que trop instruit de mon *cœur* et du vôtre. (II, 303, *Brit.* 1016.)
.... Vos *cœurs* rougiroient des foiblesses du mien. (I, 536, *Alex.* 256.)
Grands Dieux, me deviez-vous laisser un *cœur* de père?
(III, 217, *Iph.* 1322.)
Rassurons-nous, mon *cœur*, je puis encor lui plaire. (II, 403, *Bér.* 664.)
Par mes ambassadeurs mon *cœur* vous fut promis. (II, 105, *Andr.* 1288.)
Voyez I, 583, *Alex.* 1305; II, 107, *Andr.* 1347; II, 112, *Andr.* 1423; II, 303, *Brit.* 1018; II, 337, *Brit.* 1693; II, 375, *Ber.* 21; II, 383, *Ber.* 193; II, 384, *Bér.* 225.

Quand un *cœur* jusqu'à vous élève sa pensée. (I, 417, *Théb.* 328.)
.... Goûter, tout sanglant, le plaisir et la gloire
Que donne aux jeunes *cœurs* la première victoire. (II, 486, *Baj.* 122.)
Dois-je irriter les *cœurs* au lieu de les gagner? (II, 502, *Baj.* 484.)
Voyez I, 538, *Alex.* 307; I, 585, *Alex.* 1343; II, 320, *Brit.* 1364; III, 62, *Mithr.* 883; III, 329, *Phèd.* 372.

Cœur d'airain, *cœur* de fer, déchirement de *cœur*, repli du *cœur*, rudesse du *cœur*, secret des *cœurs*, *cœur* affermi, *cœur* qui se resserre, *cœur* endurci, *cœur* préoccupé, ébranler le *cœur*, posséder le *cœur* de, à *cœur* joie, à la joie de son *cœur*, *cœur* ouvert, ouverture de *cœur*, de gaieté de *cœur* : voyez Airain, Fer, Déchirement, etc.

Cœur affamé de guerre : voyez Affamé; avoir quelque empire sur le *cœur* de : voyez EMPIRE; essayer des regards sur le *cœur* de : voyez ES-SAYER; tenir le *cœur* des rois entre ses mains : voyez TENIR; emporter, trainer les *cœurs* après soi : voyez EMPORTER, TRAINER; lever le *cœur* au ciel : voyez CIEL; trouver le chemin du *cœur* de : voyez CHEMIN.

CŒUR, terme d'affection :
Adieu, mon cher *cœur*. (VII, 31, *Lettres*.)

AVOIR LE CŒUR À, AVOIR À CŒUR DE :
C'est dommage : il *avoit le cœur* trop *au* métier. (II, 146, *Plaid.* 21.)
J'*avois à cœur de* lui obéir. (V, 451, *Lettre à Despréaux*.)
Les jésuites n'*eurent* rien plus *à cœur* que *de* lui faire ruiner la maison de Port-Royal. (IV, 504, *P. R.*; voyez IV, 409, *P. R.*)

PRENDRE À CŒUR, TENIR À CŒUR, TENIR AU CŒUR :
J'avois peur
Que mon père ne *prît* l'affaire trop *à cœur*. (II, 184, *Plaid.* 478.)
Pardonnez si je vous mets quelquefois sur ce chapitre : vous savez combien il me *tient à cœur*. (VII, 260, *Lettres*.)
Diantre ! l'amour vous *tient au cœur* de bon matin.
(II, 154, *Plaid*, 126 ; voyez VII, 179, *Lettres*.)

DANS LE CŒUR, DANS (SON) CŒUR, EN (SON) CŒUR :
Pharnace, dès longtemps tout Romain *dans le cœur*. (III, 24, *Mithr.* 25.)
Voyez IV, 448, *P. R.*; VI, 227, *Livres ann.*
Roxane *dans son cœur* peut-être vous pardonne. (II, 515, *Baj.* 777.)
Voyez II, 114, *Andr.* 1471.
Elle étoit à l'autel, et peut-être *en son cœur*
Du fatal sacrifice accusoit la lenteur. (III, 239, *Iph.* 1763.)
Voy. I, 468, *Théb.* 12257; I, 546, *Alex.* 495; I, 572, *Alex.* 1055; II, 73, *Andr.* 670.

DE, DU.... CŒUR :
Nos enfants vous remercient *de* tout leur *cœur* des étrennes que vous leur avez envoyées. (VII, 8, *Lettres;* voyez VII, 170, *ibid.*)
*Mener Ulysse au bain afin qu'il en soupe *de* meilleur *cœur*. (VI, 138, *Rem. sur l'Odyss.*)
Je ferai tout cela *du* meilleur *cœur* du monde. (VI, 410, *Lettres*.)
Tu lui parles *du cœur*, tu la cherches des yeux. (II, 109, *Andr.* 1379.)
Je fuis de leurs respects l'inutile longueur,
Pour chercher un ami qui me parle *du cœur*. (II, 380, *Bér.* 138.)
* Les Romains parlent *du cœur,* et les Grecs des lèvres. (VI, 293, *L.ann.*)

AVOIR MAL AU CŒUR DE :

.... Tout le corps moliniste,
Qui sans doute *a* plus *mal au cœur*
De ma qualité de pricur
Que de celle de janséniste. (IV, 229, *Poés. div.* 85 et 86.)

PAR CŒUR, de mémoire :
Je vous l'avois même dit *par cœur*. (VI, 404, *Lettres*.)

COHORTE :
N'y reste-t-il que vous et vos saintes *cohortes*? (III, 666, *Ath.* 1100.)

COHUE :
Un désordre, un chaos, une *cohue* énorme. (II, 213, *Plaid.* 808.)

COI, adverbialement :
*Pallas.... bouche le chemin des autres vents, et les fait demeurer *coi*. (VI, 106, *Rem. sur l'Odyss.*)

COIFFE, terme de boucherie :
*On couvroit les cuisses de la *coiffe*, c'est-à-dire de la peau qui couvre les intestins, *omentum*. (VI, 82, *Rem. sur l'Odyss.*)

COIN :
... Cachée en un *coin* de ce vaste édifice. (III, 688, *Ath.* 1520.)
Cet esprit de discorde et de défiance qui souffloit la guerre aux quatre *coins* de l'Europe. (IV, 365, *Disc. acad.*)
Racine a souligné *coins* dans cette phrase de Vaugelas : « Il y avoit là des ambassadeurs de tous les *coins* du monde » (VI, 356, *Livres ann.*).

COLÈRE, substantif :
Tout mort qu'il est, Madame, il garde sa *colère*. (I, 476, *Théb.* 1381.)
Décharger son âpre *colère*. (IV, 38, *Poés. div.* 54.)
Voyez I, 558, *Alex.* 733; II, 62, *Andr.* 445; II, 275, *Brit.* 444.
... Seigneur, s'il le faut, si le Ciel en *colère*
Réserve à d'autres yeux la gloire de vous plaire. (II, 108, *Andr.* 1369.)
Voyez I, 437, *Théb.* 687; II, 90, *Andr.* 989; II, 303, *Brit.* 1011.
Les flots de la *colère*, brûlant de *colère* : voyez FLOT, BRÛLANT.

COLÈRE, adjectif :
*Vieillard *colère*. (VI, 242, *Livres ann.*; voyez VI, 315, *ibid.*)

COLIN-MAILLARD (JOUER À), V, 148, *Notes historiques*.

COLIQUE NÉPHRÉTIQUE, VI, 571, *Lettres*.

COLLATEUR (d'un bénéfice), VI, 476, *Lettres*.

COLLATION (d'un bénéfice), VI, 465, *Lettres*.

COLLETER (SE) :
Quelques-uns d'entre eux (*des ennemis*) *se colletèrent* même avec quelques-uns de nos officiers. (VII, 16, *Lettres*.)

COLOMBE, au figuré :
C'est lui qui rassembla ces *colombes* timides. (III, 461, *Esth.* prol. 11.)

COLONNE, au figuré, soutien :
*Le refuge et comme la *colonne* de tous les étrangers. (VI, 36, *Rem. sur Pind.*)
.... Du plus ferme empire ébranlant les *colonnes*. (I, 550, *Alex.* 589.)

COLORER, au figuré :
.... Par là de son fiel *colorant* la noirceur. (III, 608, *Ath.* 46.)
Voyez II, 260, *Brit.* 108; II, 502, *Baj.* 490.

COMBAT :
Chaque assaut à mon cœur livroit mille *combats*. (I, 418, *Théb.* 353.)
Où sont-ils ces *combats* que vous avez rendus? (III, 214, *Iph.* 1259.)
Il a fallu bien des *combats* pour la faire résoudre à porter des habits fort simples et fort modestes. (VII, 232, *Lettres*.)
Le vainqueur doit rougir en ce *combat* honteux. (I, 453, *Théb.* 993.)
.... Toute l'horreur d'un *combat* ténébreux. (III, 43, *Mithr.* 446.)

COMBATTRE, au figuré :
Faire une exacte apologie de tous les endroits qu'on a voulu *combattre*. (I, 516, *Alex.* 1re préf.)

* *Combattre* les lettres de 1661 et de 1676 de nullité. (V, 387, *Factums*.)
.... De mille remords son esprit *combattu*,
Croit tantôt son amour et tantôt sa vertu.
(II, 114, *Andr.* 1463 ; voyez III, 356, *Phèd.* 907 ; V, 9, *Épitaphes*.)

COMBIEN :
Ne vous souvient-il plus, sans compter tout le reste,
Combien je me plaignis de ce devoir funeste? (III, 30, *Mithr.* 200.)
.... *Combien* cher me vend-il cette joie ! (I, 437, *Théb.* 684.)
* C'étoit une chose étrange *combien* il étoit grand. (VI, 146, *Rem. sur l'Odyss.*)
Combien Euripide a-t-il été plus hardi dans sa tragédie d'Hélène! (II, 38, *Andr.* 2ᵉ préf.)
Je songe avec respect de *combien* je suis née
Au-dessous des grandeurs d'un si noble hyménée. (III, 81, *Mithr.* 1327.)
Il n'est pas croyable, il est incroyable *combien* : voyez CROYABLE, INCROYABLE.

COMBLE, au figuré :
Vous pourriez ajouter ce *comble* à mon malheur? (III, 231, *Iphig.* 1588.)
.... Pour *comble* de gloire et de magnificence.
(III, 502, *Esth.* 605 ; voyez III, 659, *Ath.* 955.)
Que fait Pyrrhus? — Il est au *comble* de ses vœux. (II, 113, *Andr.* 1431.)
Elle sera au *comble* de sa joie (VII, 259, *Lettres*.)
.... Pour *comble* d'ennui. (II, 111, *Andr.* 1403.)

COMBLER, au figuré :
Mes crimes désormais *ont comblé* la mesure. (III, 376, *Phèd.* 1269.)
Voyez III, 662, *Ath.* 1035.
.... *Comblé* d'heur et de jours. (IV, 70, *Poés. div.* 99.)
D'un opprobre éternel retourneront *comblés*. (III, 162, *Iph.* 228.)

COMÉDIE, pièce de théâtre en général :
Où en seriez-vous, Messieurs, si l'on découvroit que je n'ai point fait de *comédies?* (IV, 328, *Imag.*; voyez la note 1.)

COMÉDIE, lieu où l'on joue la comédie :
Se divertir à la *comédie*. (II, 370, *Bér.* préf.)
....J'étois un franc portier de *comédie*. (II, 146, *Plaid.* 12 ; voy. note 3.)

COMMANDEMENT :
(*Ils*) N'attendent pour partir que vos *commandements*. (II, 377, *Bér.* 74.)

COMMANDER :
Quelques grenadiers.... *ayant été commandés* pour reconnoître la brèche. (V, 343, *Siége de Nam.*; voyez V, 325, *ibid.*)
Voilà ce qu'un époux m'a *commandé* lui-même. (II, 96, *Andr.* 1098.)
Commandez à vos yeux de garder le secret.
(II, 76, *Andr.* 720 ; voyez II, 97, *Andr.* 1126.)
Sur cent peuples nouveaux Bérénice *commande*. (II, 397, *Bér.* 527.)
Un fort dont la ville *étoit commandée*.
(V, 50, *Méd.*; voyez V, 105 et 107, *Notes hist.*)

COMMANDERIE, COMMANDEUR (de Malte), V, 151, *Notes hist.*

COMME, emplois divers :
.... Aller me montrer à ce fier élément
Comme vainqueur du monde et *comme* votre amant. (I, 584, *Alex.* 1324.)

Vous nous direz que saint Hierosme a loué Rufin *comme* le plus savant homme de son siècle.... (IV, 286, *Imag.*)
Ils la traitent en reine, et nous *comme* ennemis. (II, 121, *An.Ir.* 1588.)
Oui, *comme* ses exploits nous admirons vos coups. (II, 48, *Andr.* 147.)
Voulant faire *passer* trois ou quatre prêtres.... *comme* un parti de factieux. (IV, 452, *P. R.*)
Les nouveaux grands vicaires que le chapitre avoit nommés *comme* pendant la vacance, s'empressant, etc. (IV, 531, *P. R.*)
* Ne point souffrir d'injustice dans ses amis, *comme* dans les autres. (VI, 296, *Livres ann.*)
* Il faut quelquefois couper la narration, *comme* quand elle est odieuse. (VI, 330, *Livres ann.*)
* Elle ne nomme point son mari..., *comme* étant amoureuse de Paris. (VI, 198, *Livres ann.*)
* Il s'adresse à Électra, *comme* y ayant plus d'intérêt. (VI, 233, *L. ann.*)
* Quelques Anglois.... s'offrirent de lui donner les clefs..., *comme* en effet ils les lui mirent entre les mains. (V, 103, *Notes hist.*)
J'espère que Votre Majesté ne condamnera pas cette seconde hardiesse, *comme* elle n'a pas désapprouvé la première. (I, 513, *Alex.* épître.)
Il semble que Jésus-Christ ait eu ce verset en vue, en les appelant ses frères, *comme* tout ce qui précède dans ce même psaume a été une prédiction de ses souffrances. (V, 204, *Not. relig.*)
* Ils rendent toujours grâces à Dieu, *comme* à celui qui leur fournit leur nourriture. (V, 535, *Trad.*; voyez V, 50, l. 16, *Méd.*)
Il n'y a point d'homme si timide qui ne devint alors *comme* le plus brave. (V, 464, *Trad.*)
* C'est *comme* une obligation plus forte d'assister un étranger. (VI, 116, *Rem. sur Pind.*)
Voyez II, 338, *Brit.* 1723; IV, 469, l. 19, *P. R.*; V, 105, l. 7, *Notes hist.*; VI, 77, l. 3, 79, l. 4, et 160, l. 9, *Rem. sur Pind.*
Je ne suis pas rendu. Mais vous, *comme* je voi,
Vous plaidez. (II, 161, *Plaid.* 234.)
Particularité.... qu'elle a sue, *comme* je crois, de Monsieur le curé de Saint-Sulpice. (VII, 244, *Lettres.*)
.... Présente ta requête
Comme tu veux dormir.... (II, 149, *Plaid.* 57; voyez 153, *Plaid.* 116.)
Ses yeux, *comme* effrayés, n'osoient se détourner. (III, 629, *Ath.* 413.)
Voyez IV, 36, *Poes. div.* 68; V, 253, l. 3, *Camp. de Louis XIV*; VI, 374, l. 6, *Lett.*

COMME.... AUSSI; AUSSI BIEN.... COMME :

Propositions.... qui, *comme* elles n'étoient d'aucun auteur, n'étoient *aussi* soutenues de personne. (IV, 445, *P. R.*)
* Qu'il voie *aussi bien* ce qui se passe dans le parti des ennemis *comme* dans l'autre parti. (V, 498, *Trad.*)

COMME, comment.

.... J'aime à voir *comme* vous l'instruisez. (III, 644, *Ath.* 690.)
.... Est-ce là *comme* on juge? (II, 161, *Plaid.* 231; voyez I, 454, *Théb.* 1018.)
* *Comme* il faut décrire une bataille. (VI, 322, *Livres ann.*)
Voilà *comme* je crus étouffer ma tendresse. (II, 44, *Andr.* 57.)
Vous savez *comme* je ne renie point mes parents, et *comme* je tâche à les soulager. (VII, 165, *Lettres.*)
Voyez II, 274, *Brit.* 405; III, 378, *Phèd.* 1309; III, 610, *Ath.* 84.

COMME, lorsque, au moment où; COMME, vu que, parce que :

Comme je prenois mon livre pour aller à vêpres. (VII, 229, *Lettres.*)

* On se met sous leur conduite, *comme* ils ont une apparence de sagesse. (VI, 286, *Livres ann.*)
Voyez IV, 401, l. 13, *P. R.*; V, 147, l. 3, *Notes hist.*; VII, 296, l. 4, *Lettres*.

Comme, lorsque, suivi de l'imparfait du subjonctif :
Comme Antisthène *levât* un bâton pour le frapper s'il ne se retiroit : « Frappe, » lui dit Diogène, en lui présentant la tête. (V, 506, *Trad.*)
Voyez la note 3 de la page indiquée; et V, p. 517, 520, 521, 524, 526, 527, 529, 530 et 531, *Trad.*

Appeler *comme* d'abus, voyez Abus; Autant *comme*, voyez Autant; *Comme* il faut, voyez Falloir; *Comme* tu peux penser, voyez Penser.

COMMENCER, commencer à, commencer de :
Le Ciel promet la paix au sang de Ménecée;
Achevez-la, Seigneur : mon fils l'*a commencée*. (I, 441, *Théb.* 768.)
Commencez donc, mes fils, cette union si chère. (I, 452, *Théb.* 979.)
.... *Commencez* par moi votre horrible dessein. (I, 457, *Théb.* 1078.)
Ciel! que lui vais-je dire, et par où *commencer?* (III, 320, *Phèd.* 247.)
Il *commence*, il est vrai, par où finit Auguste. (II, 257, *Brit.* 32.)
.... Lorsque le jour ne *commence* qu'à luire. (III, 490, *Esth.* 373.)
Voyez II, 339, *Brit.* 1750; II, 502, *Baj.* 495 et 496; III, 305, *Phèd.* 4.
Ses transports dès longtemps *commencent* d'éclater. (II, 291, *Brit.* 765.)
Ils *commençoient* d'être enveloppés. (V, 340, *S. de Nam.*; voy. V, 127, *N. h.*)
Puisque j'*ai commencé de* rompre le silence. (III, 335, *Phèd.* 526.)
Racine regarde comme mal fondée une critique de Tallemant, qui veut qu'on ne dise pas : « Il en *commença* les fonctions, » mais : « *Il commença à* en faire les fonctions. » (VI, 571, *Lettres*.)

COMMERCE, au propre, au pluriel :
Elle.... s'opposa aux *commerces* des François dans les Indes. (V, 244, *Camp. de Louis XIV*.)

Commerce, au figuré :
Que vois-je autour de moi, que des amis vendus
Qui sont de tous mes pas les témoins assidus,
Qui choisis par Néron pour ce *commerce* infâme,
Trafiquent avec lui des secrets de mon âme? (II, 270, *Brit.* 331.)
* Les sacrifices sont un *commerce* entre Dieu et les hommes. (VI, 269, *Livres ann.*)
Nous avons si peu de *commerce* avec les princes.... qui vivent dans le Serrail.... (II, 477, *Baj.* 2ᵉ préf.; voyez IV, 327, *Imag.*; IV, 574, *P. R.*)
De séditieux *commerces* avec les ennemis de l'État. (V, 361, *Disc. de l'abbé Colbert*.)
Ce même homme, d'un *commerce* si agréable.... (VII, 11, *Lettres*.)
Le *commerce* des lettres. (VII, 221, *Lettres*.)

COMMETTRE, confier; exposer, mettre en danger :
.... Le sort d'Andromaque *est commis* à ta foi. (II, 97, *Andr.* 1128.)
(*Les mains*) A qui Rome *a commis* l'empire des humains.
(II, 281, *Brit.* 582.)
Défendre jusqu'au bout leurs jours qu'ils m'*ont commis*.
(II, 560, *Baj.* 1712.)
Voyez II, 560, *Baj.* 1712; III, 461, *Esth.* prol. 10; III, 631, *Ath.* 443; III, 647, *Ath.* 738; III, 694, *Ath.* 1650.
.... A d'autres périls je crains de le *commettre*. (II, 531, *Baj.* 1161.)
Aux affronts d'un refus craignant de vous *commettre*. (III, 183, *Iph.* 629.)
C'est un trésor trop cher pour oser le *commettre*. (III, 356, *Phèd.* 905.)

D'après la Harpe *commettre ses jours à quelqu'un* est une impropriété de termes; suivant Aimé Martin, qui cherche à excuser cette locution, « Racine n'est pas le premier qui l'ait employée dans ce sens, mais il est le premier qui l'ait fait entrer dans la poésie. » (*Dictionnaire critique des locutions.... introduites dans la langue françoise par J. Racine.*) On peut voir dans l'article COMMETTRE, au *Lexique de Corneille*, combien la critique est peu juste et la remarque inexacte.

COMMISSAIRE, II, 170, 181 et 200, *Plaid.* 300, 443 et 644.

COMMISSION, fonction temporaire, emploi de commis :
* Quelques-uns d'entre eux n'osèrent accepter la *commission* de plénipotentiaires. (V, 151, *Notes hist.*)
On distribue des *commissions* pour lever des troupes. (V, 293, *Camp de Louis XIV*.)
* Deux *amiraux*, qui ne l'étoient que par *commission*. (V, 197, *Notes hist.*)
De peur que cela ne détournât les gens d'acheter les *commissions*. (V. I, 156, *Lettres*.)

COMMODE, facile :
M. de Luxembourg.... envoya dans notre écurie un des plus *commodes* chevaux de la sienne. (VII, 36, *Lettres*.)

COMMODITÉ, facilité :
* Ainsi Égisthe eut la *commodité* de tuer Agamemnon. (VI, 79, *Rem. sur l'Odyss.*)
Je crois que vous ferez aussi bien d'attendre quelque bonne *commodité* pour lui écrire. (VII, 243, *Lettres*.)

COMMUN, adjectivement et substantivement :
Il hait autant que moi nos *communs* ennemis. (III, 44, *Mithr.* 466.)
.... Rome le louoit d'une *commune* voix. (II, 288, *Brit.* 726.)
Voyez I, 575, *Alex.* 1127; II, 339, *Brit.* 1742.
.... Votre ambition qui tend à leur fortune
Vous donne pour tous deux une haine *commune*. (I, 412, *Théb.* 232.)
Il (*Euripide*) y choque ouvertement (*dans la tragédie d'Hélène*) la créance *commune* de toute la Grèce. (II, 38, *Andr.* 2ᵉ préf.)
* La cause *commune* de tout le sexe. (VI, 255, *Livres ann.*)
....En ce *commun* effroi. (III, 43, *Mithr.* 449.)
N'en doutez point, sa mort me doit être *commune*. (I, 458, *Théb.* 1087.)
Essuyer l'inconstance au Parthe si *commune*. (III, 62, *Mithr.* 896.)
Le changement, Madame, est *commun* à la cour. (II, 331, *Brit.* 1581.)
Je ne murmure point qu'une amitié *commune*
Se range du parti que flatte la fortune. (II, 301, *Brit.* 971.)
* Il ne ressembloit pas à un homme qui mange du pain, c'est-à-dire à un homme *commun*. (VI, 146, *Rem. sur l'Odyss.*)
L'amour a d'autres yeux que le *commun* des hommes. (I, 414, *Théb.* 275.)
Je le dois, en effet, distinguer du *commun*. (I, 412, *Théb.* 253.)

COMMUNICATION, terme de fortification, V, 327, *Siége de Nam.*

COMMUNIQUER À :
* Commence une hymne..., et moi je la *communiquerai aux* lyres et *aux* discours des autres. (VI, 215, *Livres ann.*)

COMPAGNIE :
* Il (*Télémachus*) n'ose pas faire longtemps attendre sa *compagnie* (*ses compagnons*) qui l'attend à Pyle. (VI, 93, *Rem. sur l'Odyss.*)
* *Compagnie* de Vénus (*divinités qui d'ordinaire l'accompagnent*). (VI, 326, *Livres ann.*)

*L'amitié va de *compagnie* et non par troupe. (VI, 308, *Livres ann.*; voyez VI, 258, *ibid.*)

FAUSSER COMPAGNIE, s'enfuir :
.... Bon ! le voilà qui fausse *compagnie*. (II, 190, *Plaid.* 543.)

COMPAGNIE, corps littéraire ou savant .
Cet esprit de douceur.... si nécessaire pour entretenir l'union dans les *Compagnies*. (IV, 361, *Disc acad.*)

COMPAGNIE, terme militaire, V, 96, *Notes historiques*.

COMPAGNON :

Vous trouverez cent rois *compagnons* de vos fers. (I, 529, *Alex.* 111.)

COMPARAISON À :

* *Comparaison* du flatteur *au* singe. (VI, 306, *Livres ann.*)
Voyez VI, 307, 309 et 315, *Livres ann.*

COMPAROÎTRE :

Les filles de l'Égypte à Suse *comparurent* (III, 467, *Esth.* 40.)
Elle ne pouvoit penser sans frayeur au moment terrible où elle *comparoîtroit* devant lui (*devant Dieu*). (IV, 514, *P. R.*)
Si je leur donne temps, ils pourront *comparestre*.
Çà, pour nous élargir, sautons par la fenestre. (II, 149, *Plaid.* 63.)
Comparestre, pour rimer plus exactement avec *fenestre*.

COMPASSION :

Ouf! Je me sens déjà pris de *compassion*. (II, 215, *Plaid.* 827.)

COMPÂTIR À :

Je sens qu'*à* sa douleur je pourrois *compâtir*. (II, 416, *Bér.* 945.)

COMPÂTIR AVEC, sympathiser, s'accorder avec :
.... L'évêque de Langres, presque toujours en différend avec l'archevêque de Sens, qui ne pouvoit *compâtir avec* lui. (IV, 406, *P. R.*)

COMPÂTISSANT :

Cette charité si *compâtissante*. (V, 10, *Épitaphes*.)

COMPENDIEUSEMENT, en abrégé :

Je vais, sans rien obmettre, et sans prévariquer,
Compendieusement énoncer, expliquer.
(II, 212, *Plaid* 794; voyez la note 2.)
Cet adverbe ne se trouve dans aucun dictionnaire ancien, à notre connaissance, et nous ne l'avons rencontré dans aucun auteur antérieur à Racine; mais l'adjectif *compendieux*, d'où il est tiré, est assez fréquent. On peut joindre aux exemples cités par M. Littré dans son *Dictionnaire* le passage suivant de Rabelais, qui a peut-être suggéré à Racine cet emploi du mot : « Avez-vous entendu comme il est résolu, sommaire et *compendieux* en ses réponses? » (Liv. V, ch. XXVIII.)

COMPENSATION :

Qu'on mette en *compensation*
Ce que nous avons fait avant cette action. (II, 211, *Plaid.* 781.)

COMPÈRE :

Le *compère* cardeur et le menuisier gaillard. (VI, 424, *Lettres.*)
Savez-vous que j'étois un *compère* autrefois ? (II, 217. *Plaid.* 843.)

COMPÈRE, celui qui tient un enfant sur les fonts avec quelqu'un, VI, 519, *Lettres*.

COMPLAIRE :
C'est donc votre réponse? et sans plus me *complaire*,
Vous refusez l'honneur que je voulois vous faire. (III, 82, *Mithr.* 1355.)

COMPLAISANCE :
Tu ne gardes pour moi respect ni *complaisance*. (II, 195, *Plaid.* 599.)
Ciel! avec quel respect et quelle *complaisance*
Tous les cœurs en secret l'assuroient de leur foi! (II, 388, *Bér.* 312.)
J'attends du moins, j'attends de votre *complaisance*
Que désormais partout vous fuirez ma présence. (III, 53, *Mithr.* 703.)
Mes soldats dont je veux tenter la *complaisance*. (III, 50, *Mithr.* 623.)

COMPLAISANT à :
Les Dieux, *à* vos desirs toujours si *complaisants*. (III, 151, *Iph.* 15.)
* Ils.... ne trouvent raisonnables que ceux qui sont *complaisants à* leurs passions. (VI, 284, *Livres ann.*)

COMPLICE :
Croyez (à la vertu je dois cette justice)
Que je vous trahis seule, et n'ai point de *complice*. (III, 83, *Mithr.* 1376.)

COMPLOT :
Je vous l'avois promis ; et quoique mon courage
Se fit de ce *complot* une funeste image, etc. (II, 116, *Andr.* 1498.)

COMPOSER, sens divers :
... Ceux qui de la cour ont un plus long usage,
Sur les yeux de César *composent* leur visage. (II, 333, *Brit.* 1636.)
* Hector veut *composer* avec Achille pour le corps de celui qui sera tué. (VI, 210, *Livres ann.*)
Une proposition *composée* des propres termes de saint Chrysostome. (IV, 462, *P. R.*)

COMPOSITION, capitulation, V, 281, *Camp. de Louis XIV*.

COMPRENDRE :
J'ai toujours *compris* que la tragédie, étant l'imitation d'une action complète, où plusieurs personnes concourent, cette action n'est point finie que l'on ne sache en quelle situation elle laisse ces mêmes personnes. (II, 246, *Brit.* 2ᵉ préf.)

COMPROMIS (Être en), être en question, en danger :
.... Elle (*la vie*) pouvoit *être en compromis*. (VI, 588, *Lettres.*)

COMPTE, au figuré, emplois divers :
.... Dans toute la Grèce il n'est point de familles
Qui ne demandent *compte* à ce malheureux fils
D'un père ou d'un époux qu'Hector leur a ravis. (II, 48, *Andr.* 159.)
Ce n'est plus votre fils, c'est le maître du monde
J'en dois *compte*, Madame, à l'empire romain. (II, 264, *Brit.* 181.)
Il me faut de leurs cœurs rendre un *compte* fidèle. (III, 44, *Mithr.* 480.)
Voyez II, 394, *Bér.* 458; II, 421, *Bér* 1031; III, 217, *Iph.* 1335.
De mille autres secrets j'aurois *compte* à vous rendre. (II, 303, *Brit.* 1019.
J'ai donné à la nourrice trois écus neufs, et je lui ai dit de se bien nourrir sur le chemin et de vous tenir *compte* du reste. (VII, 73, *Lettres*.)
D'un vain songe peut-être elle fait trop de *compte*. (III, 660, *Ath.* 980.)
* Ne faire *compte* des médisants. (VI, 296, *Livres ann.*)
* Si vous faites jeter Ajax, faites votre *compte* qu'il faudra que vous nous jetiez tous trois avec lui. (VI, 245, *Livres ann.*)

Je mettrai sur mon *compte* toutes les complaisances que vous aurez pour lui. (VII, 266, *Lettre*..)
* Ils étoient bien loin de leur *compte*. (VI, 94, *Rem. sur l'Odyss*.)
Oui? Je suis donc un sot, un voleur, à son *compte* ? (II, 174, *Plaid*. 352.)
S'engager dans des procès, et au bout du *compte* demeurer moine, sans titre et sans liberté. (VI, 475, *Lettres*.)

COMPTER :
Sais-tu quel est Pyrrhus? T'es-tu fait raconter
Le nombre des exploits.... Mais qui les peut *compter*? (II, 82, *Andr*. 852.)
Tu *comptes* les moments que tu perds avec moi. (II, 108, *Andr*. 1376.)
Comptez depuis quel temps votre hymen se prépare. (II, 82, *Andr* 837.)
.... Pour vos ennemis *compter* tous vos sujets. (II, 320, *Brit*. 1354.)
Comptez-vous vos soldats pour autant de héros? (III, 62, *Mithr*. 882.)
Pour quelque chose, Esther, vous *comptez* votre vie ! (III, 479, *Esth*. 206.)
Et *comptez*-vous pour rien Dieu qui combat pour nous? (III, 619, *Ath*. 226.)
Certes plus je médite, et moins je me figure
Que vous m'osiez *compter* pour votre créature. (II, 262, *Brit*. 152.)
Je ne le *compte* plus parmi mes ennemis. (II, 323, *Brit*. 1413)
Silanus, sur qui Claude avoit jeté les yeux,
Et qui *comptoit* Auguste au rang de ses aïeux.
(II, 258, *Brit*. 66; voyez III, 27, *Mithr*. 116.)
(*Rome*) Du règne de Néron *compte* sa liberté. (II, 264, *Brit*. 202.)
Vous pouvez *compter* qu'elle l'a fait de son chef. (VII, 265, *Lettres*.)
L'on *compte* pour un présage funeste de ce que (sic) nous manquons de victimes. (IV, 10, *Plan d'Iph. en Taur*.)
Là l'on voit les grasses génisses,
Se promenant à pas *comptés*. (IV, 36, *Poés. div*. 12.)
Vous n'allez plus qu'à pas *comptés*. (VI, 483, *Lettres*.)

SE COMPTER :
.... Le triste Antiochus
Se compta le premier au nombre des vaincus. (II, 383, *Bér*. 198.)
... Je *me comptois* trop tôt au rang des malheureux. (II, 403, *Bér*. 665.)

COMPULSOIRE, terme de pratique, II, 161, *Plaid*. 223.

CONCERT de musique :
Sans doute leur *concert* va commencer la fête. (III, 521, *Esth*. 932.)

DE CONCERT :
Travailler *de concert*. (IV, 548, *P. R*.)

CONCERTER, préparer, composer, convenir de :
Il n'avoit pas songé le moins du monde à *concerter* ses paroles et "..s actions.... (IV, 578, *P. R*. var.)
Cela fut fait comme il l'*avoit concerté*. (VII, 49, *Lettres*.)

CONCERTER, faire de la musique ensemble :
Là, pour joindre aux chants des oiseaux
Leur musique éclatante,
Ils *concertent* sur les rameaux. (IV, 29, *Poés. div*. 60.)

CONCEVABLE :
Ce n'est pas une chose *concevable* que la fidélité qu'il a gardée à ses alliés. (V, 301, *Camp. de Louis XIV*.)

CONCEVOIR, emplois divers :
J'*ai conçu* pour mon crime une juste terreur. (III, 325, *Phèd*. 307.)

Je *conçois* vos bontés par ses remerciments. (II, 304, *Brit.* 1026.)
J'avois dans ses projets *conçu* plus de grandeur. (II, 49, *Andr.* 176.)
Comment faire? J'entends que votre cœur soupire,
Et j'ai *conçu* l'adieu qu'elle vient de vous dire. (III, 37, *Mithr.* 340.)
Hélas ! à peine encor je *conçois* ce miracle ! (II, 331, *Brit.* 1579.)
Mon cœur même en *conçut* un malheureux augure. (II, 260, *Brit.* 107.)
* On n'*a* jamais *conçu* l'état des places du Pays-Bas. (V, 81, *Notes hist.*)
.... Ma foi ! je n'y *conçois* plus rien. (II, 214, *Plaid.* 816.)
J'ai mes raisons, Narcisse ; et tu peux *concevoir*
Que je lui vendrai cher le plaisir de la voir. (II, 279, *Brit.* 521.)
Du moins par vos froideurs faites-lui *concevoir*
Qu'il doit porter ailleurs ses vœux et son espoir. (II, 285, *Brit.* 673.)
L'Archevêque.... *conçut* bien qu'il ne lui étoit pas permis de demeurer plus longtemps dans le silence. (IV, 565, *P. R.*)

CONCIERGE, celui qui a la garde d'une maison :
Votre *concierge*, voyant que les chambres demeuroient vides, en a meublé quelqu'une et l'a louée. (VII, 59, *Lettres*.)

CONCIERGERIE, prison (à Paris), VI, 428, *Lettres.*

CONCLURE :
.... C'est un grand hasard s'il *conclut* votre affaire. (II, 155, *Plaid.* 135.)
* Il faut toujours *conclure* l'argument. (VI, 331, *Livres ann.*)
(Vous) *Avez conclu* vous-même et hâté leur voyage. (III, 187, *Iph.* 738.)

CONCLUSION :
Belle *conclusion*, et digne de l'exorde ! (II, 206, *Plaid.* 715.)

CONCOURIR :
.... Une action complète, où plusieurs personnes *concourent*. (II, 246, *Brit.* 1re préf.)

CONDAMNER, CONDAMNER À, CONDAMNER DE :
L'Empire, votre cœur, tout *condamne* Octavie. (II, 277, *Brit* 475.)
.... J'ai mon dessein, et je veux qu'il *condamne*
Ce fou qui réduit tout au pied de la chicane. (II, 201, *Plaid.* 663.)
Vous ne *condamnerez* pas la liberté que je prends. (II, 363, *Bér.* épît.)
.... (*Il*) sera *condamné* tantôt sur son écrit. (II, 185, *Plaid.* 501.)
Voyez II, 277, *Brit.* 469 ; II, 310, *Brit.* 1123 ; II, 314, *Brit.* 1233.
Je ne vois que malheurs qui *condamnent* les Dieux. (II, 79, *Andr.* 776.)
Hélas ! s'il *condamnoit* mes soupirs *à* se taire. (I, 583, *Alex.* 1310.)
Peu s'en faut que mon cœur, penchant de son côté,
Ne me *condamne* encor *de* trop de cruauté. (III, 83, *Mithr.* 1382.)
* Un homme *est* déjà *condamné de* mensonge..., lorsque, etc. (V, 535, *Trad.*)

CONDENSÉ, au propre, VI, 9, *Rem. sur Pindare.*

CONDUCTRICE :
* Leur illustre *conductrice*, la généreuse Ammonarie.... (V, 593, *Trad.*)

CONDUIRE ; SE CONDUIRE, passivement :
De quel autre côté *conduiriez*-vous vos pas ? (I, 555, *Alex.* 692.)
Que ma crédule main *conduise* le couteau. (III, 201, *Iph.* 979.)
Quel chemin jusqu'à lui peut *conduire* mes coups ?
(II, 101, *Andr.* 1204 ; voyez I, 542, *Alex.* 414 ; III, 232, *Iph.* 1612.)
Conduisez ou suivez une fureur si belle. (II, 101, *Andr.* 1229.)
Ai-je mis dans sa main le timon de l'État

Pour le *conduire* au gré du peuple et du sénat? (II, 258, *Andr*. 46.)
Si vous n'avez appris à vous laisser *conduire*,
Vous êtes jeune encore, et l'on peut vous instruire. (II, 304, *Brit*. 1043.)
N'eût-il pas jusqu'au bout *conduit* son artifice? (II, 527, *Baj*. 1078.)
Le Sultan envoya un ordre pour le faire mourir. Ce qui *fut conduit* et exécuté à peu près de la manière que je le représente. (II, 476, *Baj*. 2ᵉ préf.)
.... Ce même Néron, que la vertu *conduit*,
Fait enlever Junie au milieu de la nuit? (II, 258, *Brit*. 53.)
Dès que la Mère Angélique.... eut connu par quel chemin sûr il *conduisoit* les âmes.... (IV, 409, *P. R*.; voyez *ibid*. l. 21 et 22, et l. dern.)
*L'âme *est conduite* de Dieu. (VI, 318, *Livres ann*.)
Voy. I, 471, *Théb*. 1287; II, 96, *Andr*. 1114; II, 200, *Plaid*. 643; II, 493, *Baj*. 312.
Je l'*ai conduit* de l'œil jusque dans la demi-lune. (VII, 18, *Lettres*.)
Ce dessein *s'est conduit* avec plus de mystère. (II, 333, *Brit*. 1619.)

CONDUITE :
Pourquoi de sa *conduite* éloigner les flatteurs? (II, 264, *Brit*. 185.)
*Mazarin se fait surintendant de la *conduite* du Roi. (VI, 344, *L. ann*.)
Allez. De votre sort laissez-moi la *conduite*. (II, 103, *Andr*. 1253.)
Voyez I, 562, *Alex*. 831; II, 409, *Bér*. 788; V, 243, *Camp de Louis XIV*.
.... De Dieu sur Joas admirant la *conduite*. (III, 701, *Ath*. 1760.)
Votre Altesse Royale avoit daigné prendre soin de la *conduite* de ma tragédie. (II, 31, *Andr*. épître.)

CONFESSE (à) :
Elle avoit.... été *à confesse*. (VII, 229, *Lettres*.)

CONFESSER, avouer :
Non, il le faut ici *confesser* à sa gloire. (II, 331, *Brit*. 1599.)
Voyez I, 521, *Alex*. 2ᵉ préf.; I, 561, *Alex*. 813; I, 583, *Alex*. 1290; II, 215, *Plaid*. 830; II, 295, *Brit*. 853; II, 367, *Bér*. préf.; II, 393, *Bér*. 421; II, 424, *Bér*. 1124; III, 82, *Mithr*. 1345; III, 368, *Phèd*. 1121.

CONFIANCE (Avoir) à :
*Ayons plus de *confiance* l'un à l'autre. (VI, 162, *Rem. sur l'Odyss*. voyez VI, 70, *ibid*.)

CONFIDEMMENT :
(*Il*) lui demanda *confidemment* ce qu'il pensoit de, etc. (VII, 135, *Lett*.)

CONFIDENCE :
Sa *confidence* auguste a mis entre mes mains
Des secrets, etc. (II, 331, *Brit*. 1597; voyez II, 263, *Brit*. 167.
*Il entra dans la *confidence* du prince. (V, 97, *Notes hist*.)

CONFIDENT, substantivement et adjectivement :
.... Mon amour devint le *confident* du vôtre. (II, 385, *Bér*. 244.)
Paulin, *confident* de Titus. (II, 372, *Bér*. acteurs.)
Cléone, *confidente* d'Hermione. (II, 40, *Andr*. acteurs.)
Voyez aux tomes I, II et III, les listes des acteurs des diverses pièces, sauf *Alexandre* et *les Plaideurs*.
.... Un geste *confident* de notre intelligence. (II, 302, *Brit*. 992.)

CONFIER à, en ; se confier à, en :
.... Je l'ai vue enfin *me confier* ses larmes. (II, 47, *Andr*. 129.)
Voy. II, 266, *Brit*. 242; II, 288, *Brit*. 731; II, 322, *Brit*. 1396; III, 67, *Mithr*. 1004.
... Si vous voulez qu'*en* quelque autre contrée
Nous allions *confier* votre tête sacrée. (II, 560, *Baj*. 1714.)

Il te sied bien d'*avoir en* de si jeunes mains,
Chargé d'ans et d'honneurs, *confié* tes desseins.
(II, 543, *Baj.* 1379 et 1380; voyez II, 281, *Brit.* 578; III, 26, *Mithr.* 66; III, 215, *Iph.* 1291.)
Se *confiant* à la bonté de la place (*de Namur*). (V, 323, *Siége de Nam.*; voyez V, 325, *ibid.*)
* *Se confier en* quelqu'un. (V, 122, *Notes hist.*)

CONFINER AVEC :
* Les Épizéphyriens.... *confinoient avec* l'Italie. (VI, 43, *Rem. sur Pind.*)

SE CONFINER :
Au bout de l'univers, va, cours *te confiner*. (II, 421, *Bér.* 1025.)

CONFIRMER :
Ma honte *est confirmée*, et son crime achevé. (II, 101, *Andr.* 1216.
N'*étant* pas tout à fait bien *confirmé* dans cette science. (VI, 471, *Lettres.*)
Voyez I, 434, *Théb* var.; III, 241, *Iph.* 1794.

CONFONDRE, sens divers ; SE CONFONDRE :
.... Que tout l'univers apprenne avec terreur
A ne *confondre* plus mon fils et l'Empereur. (II, 267, *Brit.* 254.)
.... Soit raison, destin, soit que ma haine en lui
Confonde les Romains dont il cherche l'appui. (III, 29, *Mithr.* 154.)
Tous ces yeux qu'on voyoit venir de toutes parts
Confondre sur lui seul leurs avides regards. (II, 388, *Bér.* 310.)
Voyez II, 50, *Andr.* 212 ; II, 51, *Andr.* 231 ; II, 296, *Brit.* 862 ; III, 29, *Mithr.* 154.
Confonds dans ses conseils une reine cruelle. (III, 622, *Ath.* 291.)
Voyez II, 335, *Brit.* 1655 ; II, 394, *Bér.* 450 ; II, 528, *Baj.* 1109 ; III, 48, *Mithr.* 580 ; III, 483, *Esth.* 272 ; III, 528, *Esth.* 1044.
Diable, conclus; ou bien que le Ciel te *confonde!* (II, 213, *Plaid.* 799.)
Pallas obéira, Seigneur. — Et de quel œil
Ma mère a-t-elle vu *confondre* son orgueil? (II, 291, *Brit.* 762.)
Implacable Vénus, suis-je assez *confondue?* (III, 351, *Phèd.* 814.)
Vous détournez les yeux, et semblez *vous confondre.* (II, 400, *Bér.* 596.)
Dès vos premiers regards je l'ai vu *se confondre.* (III, 331, *Phèd.* 410.)

CONFORME À :
Conforme à son aïeul, à son père semblable.... (III, 703, *Ath.* 1787.)
(*Junie*) S'est fait une vertu *conforme* à son malheur.
(II, 283, *Brit.* 614 ; voyez III, 485, *Esth.* 312.)
Tout va bien. *A* mes vœux le succès est *conforme.* (II, 185, *Plaid.* 499.)

CONFORMITÉ AVEC :
Cet affranchi avoit une *conformité* merveilleuse *avec* les vices du prince. (II, 243 et 251, *Brit.* 1re et 2e préf.)

CONFUS :
Son cœur entre l'amour et le dépit *confus.* (II, 77, *Andr.* 743.)
Voyez I, 540, *Alex.* 355.
De mes lâches bontés mon courage *est confus.* (II, 102, *Andr.* 1239.)

CONFUSION :
Dans la *confusion* que nous venons d'entendre,
Les yeux peuvent-ils pas aisément se méprendre? (III, 88, *Mithr.* 1467.)

CONGÉDIER :
Le cruel! de quel œil il m'*a congédiée!* (II, 111, *Andr.* 1397.)
Je voulois sur-le-champ *congédier* l'armée. (III, 154, *Iph.* 70.)

CONJURE contre :
Contre le fils d'Hector tous les Grecs *conjurés*.
(II, 47, *Andr.* 136; voyez III, 63, *Mithr.* 914.)

CONNOISSANCE :
Il ne lui restoit plus qu'un rayon de *connoissance*. (IV, 361, *Disc. ac.*)
Je suis ravi que vous ayez fait une si belle *connoissance* avec lui. (VI, 468, *Lettres.*)

CONNOÎTRE, emplois divers; CONNOÎTRE QUE; SE CONNOÎTRE :
Ne *connoissez-vous* pas la voix de votre époux? (III, 505, *Esth.* 643.)
.... Ici mon pouvoir ne *connoît* point le sien. (III, 27, *Mithr.* 113.)
Le fer ne *connoîtra* ni le sexe ni l'âge. (III, 477, *Esth.* 178.)
*La lance, qui est le prix des jeux d'Argos, le *connoît* bien. Cette expression est belle et hardie. (VI, 34, *Rem. sur Pind.*)
Peut-on, en le voyant, ne le *connoître* pas? (III, 521, *Esth.* 938.)
Mais ne *connois*-je pas le perfide Pharnace? (III, 68, *Mithr.* 1016.)
Je ne le *connois* plus que pour votre assassin.
(III, 202, *Iph.* 1000; voyez II, 38, *Andr.* 2ᵉ préf.)
.... Qui t'auroit *connu* déguisé de la sorte? (II, 173, *Plaid.* 347.)
Je ne vous *connois* plus : vous n'êtes plus vous-même.(II,76, *Andr.*710.)
Voyez III, 394, *Phèd.* 1581; III, 655, *Ath.* 870; VI, 119, *Rem. sur l'Odyss.*
Seigneur, de mes efforts je *connois* l'impuissance. (III, 171, *Iph.* 389.)
Le feu de ses regards, sa haute majesté
Font *connoître* Alexandre.... (I, 561, *Alex.* 817.)
.... Si jeune encor, *se connoît*-il lui-même? (II, 275, *Brit.* 428.)
Enfin je *me connois*, il y va de ma vie. (III, 54, *Mithr.* 727.)
D'un si noble destin je *me connois* indigne. (I, 478, *Théb.* 1413.)
Voyez I, 421, *Théb* 403; I, 427, *Theb.* 523; I, 539, *Alex.* 321; II, 38, *Andr.*, 2ᵉ préf.; II, 280 *Brit.*, 534; II, 312, *Brit.* 1175; II, 324, *Brit.* 1437; III, 394, *Phèd.* 1581; V, 51, *Méd.*
.... Je *connus* bientôt qu'elle avoit entrepris
De l'arrêter au piége où son cœur étoit pris.
(I, 538, *Alex.* 295; voyez II, 395, *Bér.* 463.)
Dès que la Mère Angélique.... eut *connu* par quel chemin sûr il conduisoit les âmes.... (IV, 409, *P. R.*)
Il parle d'Évadné, qui fut *connue* par Apollon. (VI, 27, *Rem. sur Pind.*)
Les dictionnaires n'indiquent cet emploi que comme biblique.

Souvent, pour mieux rimer aux yeux, les éditions imprimées du vivant de Racine ont écrit *connaistre*. Voyez le *Lexique de Corneille*.
J'irai plus loin encore; et pour faire *connaistre*
Qu'il a tort en effet de me nommer un traistre.... (I, 407, *Théb.* 159.)
Voyez I, 531, *Alex.*, 165; I, 548, *Alex.* 554; II, 71, *Andr.* 626; II, 313, *Brit.* 1200; III, 173, *Iph.* 430.

CONQUÉRANT, substantivement :
Mener en *conquérant* sa nouvelle conquête. (II, 113, *Andr.* 1434.)

CONQUÉRIR :
Il peut me *conquérir* à ce prix sans danger. (II, 115, *Andr.* 1483.)
Chargé de mille cœurs *conquis* par mes bienfaits. (II, 397, *Bér.* 518.)

CONQUÊTE :
Hé bien! mes soins vous ont rendu votre *conquête*. (II, 80, *Andr.* 805.)
Voyez II, 102, *Andr.* 1242; II, 113, *Andr.* 1434; II, 378, *Bér.* 83.

CONSACRER :
Je l'ai vue à genoux *consacrer* ses fureurs. (II, 391, *Bér.* 354.)

(*Les lévites*) *Consacrèrent* leurs mains dans le sang des perfides.
(III, 680, *Ath.* 1366.)
Voyez II, 421, *Bér.* 1028; III, 60, *Mithr.* 842

CONSCIENCE (FAIRE) DE :
Je ferois *conscience de* séparer deux jansénistes. (IV, 327, *Imag.*)

CONSE, pour *consul*, terme provençal, VI, 424, *Lettres*, 1661.)

CONSEIL, délibération, résolution :
Ah! de tant de *conseils* événement sinistre! (II, 542, *Baj.* 1377.)
O Dieux! en ce malheur quel *conseil* dois-je prendre? (II, 293, *Brit.* 804.)
Ce *conseil* va tout perdre. — Il va tout conserver.
Et par ce seul *conseil* Thèbes se peut sauver. (I, 409, *Théb.* 189 et 190.)
Voyez I, 514, *Alex.* épître; II, 70, *Andr.* 615.

CONSEILLER, activement, régimes divers :
* Il *conseilla* l'emprisonnement de Broussel. (V, 89, *Notes hist.*)
On la *conseille*. — Oh! — Oui, de me faire lier. (II, 168, *Plaid.* 290.)

CONSENTIR; CONSENTIR À, DE; CONSENTIR QUE :
Je vous réponds de vous : *consentez* seulement. (II, 283, *Brit.* 622.)
Vous pouvez, sans rougir, *consentir à* sa flamme. (II, 281, *Brit.* 571.)
Voyez II, 321, *Brit.* 1378; II, 377, *Bér.* 66; III, 176, *Iph.* 515; III, 373, *Phèd.* 1200.
César lui-même ici *consent de* vous entendre. (II, 309, *Brit.* 1100.)
Voyez II, 107, *Andr.* 1344; II, 280, *Brit.* 551; II, 443, *Bér.* 1496; II, 478, *Baj.* 2ᵉ préf. var.; III, 61, *Mithr.* 850; V, 152, *Notes hist.*
Je fais ce que tu veux. Je *consens qu'*il me voie. (II, 60, *Andr.* 385.)
Voyez I, 531, *Alex.*, 157; II, 304, *Brit.* 1032; III, 167, *Iph.* 330; III, 190, *Iph.* 778; III, 395, *Phèd.* 1599; VI, 246, *Livres ann.*

CONSÉQUENCE (DE) :
Cela est un peu *de conséquence*. (VI, 512, *Lettres.*)
Cela seroit *de* grande *conséquence*. (VII, 4, *Lettres.*)
Un homme *de conséquence*. (VI, 35, *Rem. sur Pind.*; VI, 215, *Livres ann.*; VII, 202, *Lettres*; voyez VI, 115, *Rem. sur l'Odyss.*)

CONSERVER :
Ce conseil va tout perdre. — Il va tout *conserver*. (I, 409, *Théb.* 189.)
De Joas *conservé* l'étonnante merveille. (III, 697, *Ath.* 1688.)
Je *conserve* aux Romains une haine immortelle. (III, 24, *Mithr.* 28.)
Voyez I, 591, *Alex.* 1467; II, 48, *Andr.* 168; II, 57, *Andr.* 336; II, 94, *Andr.* 1052.

CONSIDÉRABLE :
Un ouvrage qui n'a peut-être rien de *considérable* que l'honneur de vous avoir plu. (I, 389, *Théb.* épître.)
Elle songea à se rendre *considérable* à M. Chamillard. (IV, 561, *P. R.*)

CONSIDÉRER :
Ne *considérez* point que je suis votre mère. (I, 457, *Théb.* 1079.)
* Ne point *considérer* son intérêt particulier *pour* le public. (VI, 293, *Livres ann.*)
Voyez IV, 280, *Imag.*

CONSISTOIRE, au figuré, VI, 408, *Lettres.*

CONSOLATEUR, en parlant du Messie, III, 602, *Ath.* préface.

CONSOLATION, soulagement :
... Contribuer à sa *consolation* dans les moments où il est accablé de travail. (VII, 266, *Lettres.*)

CONSOLER; CONSOLER DE; SE CONSOLER DANS, QUE :
Est-ce ainsi que vos yeux *consolent* ma disgrâce? (II, 287, *Brit.* 708.)
.... *Consolez*-moi *de* quelque heure de paix.
(I, 406, *Théb.* 146; voyez IV, 29, *Poés. div.* 38 et 40.)
.... Le trône aisément vous *console* d'Hémon. (I, 477, *Théb.* 1396.)
* *Se consoler* de ses pertes *dans* ce qu'on n'a pas perdu. (VI, 316, *L. ann.*)
J'ai fait plus : je *me suis* quelquefois *consolée*
Qu'ici, plutôt qu'ailleurs, le sort m'eût exilée. (II, 87 et 88, *Andr.* 933 et 934.)

CONSOMMER (voyez CONSUMER) :
Content d'avoir vu *consommer* ce grand ouvrage. (V, 13, *Épitaphes.*)
Consommer sa pénitence. (V, 10, *Épitaphes.*)
Officier d'une expérience *consommée*. (V, 253, *Camp. de Louis XIV.*)
Tandis qu'ils *consommoient* leurs armées autour de Maëstricht.... (V, 271, *Camp. de Louis XIV.*)
.... (Que) Ton feu divin, dans nos cœurs répandu,
Consomme pour jamais leurs passions impures. (IV, 119, *Poés. div.* 7.)
On se serviroit plutôt aujourd'hui de *consumer* dans ces deux derniers exemples.
Voyez ce mot, et le *Lexique de Corneille*, à CONSOMMER.

CONSPIRER AVEC, À, POUR; CONSPIRER activement :
Avec mes volontés ton sentiment *conspire*. (III, 503, *Esth.* 614.)
Voyez I, 428, *Théb.* 534; V, 257, *Camp. de Louis XIV.*
Tout ce que vous voyez *conspire à* vos desirs. (II, 284, *Brit.* 649.)
Voyez III, 56, *Mithr.* 757 ; IV, 70, *Poés. div.* 101.
Tout m'afflige et me nuit, et *conspire à* me nuire. (III, 314, *Phèd.* 161.)
Voyez I, 552, *Alex.* 638; V, 150, *Notes hist.*
Tu t'en souviens encor, tout *conspiroit pour* lui. (II, 63, *Andr.* 464.)
Qu'un peuple tout entier, tant de fois triomphant,
N'eût daigné *conspirer* que la mort d'un enfant. (II, 49, *Andr.* 180.)

CONSTAMMENT :
On peut dire *constamment* des jésuites que ce défaut est plus commun parmi eux, etc. (IV, 439, *P. R.*)

CONSTANCE :
Ses yeux indifférents ont déjà la *constance*
D'un tyran dans le crime endurci dès l'enfance. (II, 338, *Brit.* 1711.)
Plus je sens chanceler ma cruelle *constance*. (II, 398, *Bér.* 548.)
Rien ne peut ébranler leur *constance* farouche. (I, 465, *Théb.* 1192.)
Voyez II, 395, *Bér.* 483; IV, 67, *Poés. div.* 33; IV, 509, *P. R.*; VI, 331, *Liv. ann.*

CONSTANT, CONSTANT À; IL EST CONSTANT QUE :
D'un inutile amour trop *constante* victime. (II, 385, *Bér.* 255.)
Voyez I, 536, *Alex.* 249; II, 185, *Plaid.* 495.
La victoire, *à* me suivre autrefois si *constante*. (I, 571, *Alex.* 1038.)
Il est constant que.... je me trouve infiniment mieux. (VI, 574, *Lettr.*)

CONSTELLATION, VI, 412, *Lettres.*

CONSTERNER :
La prise de cette place acheva de *consterner* les ennemis. (V, 287, *Camp. de Louis XIV.*)
(Vous-même) Plus que Britannicus paroissez *consterné*. (II, 273, *Brit.* 378.)
D'un lâche désespoir ma vertu *consternée*.... (II, 513, *Baj.* 734.)

CONSTITUTION :
* La *constitution* (*de la tragédie*) est plus difficile que l'exécution. (VI, 290, *Livres ann.*)

CONSTRUIRE, au figuré :
Un homme qui ne pense rien et qui ne sait pas même *construire* ce qu'il pense.... (II, 369, *Bér.* préf.)

CONSULTER, activement, sens divers ; CONSULTER, délibérer :
Vous-même, *consultez* vos premières années. (II, 281, *Brit.* 583.)
.... Pour troubler un hymen odieux,
Consultons des fureurs qu'autorisent les Dieux. (III, 208, *Iph.* 1144.)
Voyez II, 75, *Andr.* 701; II, 292, *Brit.* 783; II, 549, *Baj.* 1499; III, 162, *Iph.* 220.
L'aumônier de Monsieur d'Usez l'a *consultée* à Paris (a consulté l'affaire, au sujet de l'affaire. (VI, 476, *Lettres*, 1662.)
Madame, *consultez.* (II, 560, *Baj.* 1715; voyez la note 1.)
Après *avoir* longtemps *consulté* avec le gouvernement des Pays-Bas laquelle place seroit le plus à leur bienséance. (V, 282, *Camp. de Louis XIV.*)
Sans *consulter* enfin si je me perds moi-même. (II, 494. *Baj.* 322.)
Voyez V, 294, *Camp. de Louis XIV;* VI, 209, *Livres ann.*

CONSUMER, SE CONSUMER (voyez CONSOMMER):
Pensez-vous y traîner les restes d'une armée
Vingt fois renouvelée et vingt fois *consumée?* (I, 585, *Alex.* 1338.)
... Ce moment si cher, Madame, *est consumé*
A louer l'ennemi dont je suis opprimé? (II, 288, *Brit.* 733.)
* Pourquoi *consumer* une vieillesse inconnue, dans les ténèbres? (VI, 14, *Rem. sur Pind.*)
Je lui laissai sans fruit *consumer* sa tendresse. (II, 312, *Brit.* 1179.)
Voyez I, 530, *Alex.* 132; II, 56, *Andr.* 319; II, 154, *Plaid.* 130; III, 160, *Iph.* 186.
En efforts impuissants leur maître *se consume.* (III, 390. *Phèd.* 1537.)
* Les plus beaux de ses jours *se consumoient* à soupirer pour son retour. (VI, 101, *Rem. sur l'Odyss.*)

CONTE :
Vous prendrez tout cela pour des *contes.* (VI, 375, *Lettres.*)

CONTEMPLATIF, IVE, V, 541, *Trad.*

CONTENT, satisfait, ne voulant rien de plus :
.... D'un œil *content* je te vois dans Byzance
(II, 481, *Baj.* 10; voyez II, 181, *Plaid.* 454; III, 211, *Iph.* 1179.)
N'êtes-vous pas *contents* de la mort de mon père? (I, 421, *Théb.* 399.)
(J'ai voulu) Rendre Oreste *content;* mais enfin je vois bien
Qu'il veut toujours se plaindre, et ne mériter rien. (II, 102, *Andr.* 123.)
.... Les Dieux, de mes larmes *contents* (III, 225, *Iph.* 1479.)
De ce juste devoir sa piété *contente*
A fait place, Seigneur, au soin de son amante. (II, 382. *Bér.* 167.)
Seigneur, rassurez-vous. Vos vœux seront *contents.*
(III, 186, *Iph.* 727; voyez IV, 42, *Poés. div.* 70.)
* On prétend qu'il est mort mal *content.* (V, 110, *Notes hist.*)
Voyez I, 573, *Alex.* 1085; II, 73, *Andr.* 665; II, 94, *Andr.* 1056; II, 185. *Plaid.* 496; II, 275, *Brit.* 442; II, 330, *Brit* 1569; II, 388, *Ber.* 325, VI, 308, *L. ann*,

CONTENTEMENT, au singulier et au pluriel :
Vivre sans plaider, est-ce *contentement?* (II, 163, *Plaid.* 250.)
En un mot, il eut *contentement.* (VI. 572, *Lettres.*)
Tout ce que, pour jouir de leurs *contentements,*
L'amour fait inventer aux vulgaires amants. (III, 54, *Mithr.* 725.)

CONTENTER, SE CONTENTER :
Perfides, *contentez* votre soif sanguinaire. (III, 235, *Iph.* 1669.)
Voyez I, 403, *Théb.* 78; I, 538, *Alex.* 313; II, 423, *Bér.* 1103.
* Si, avant la guerre de Flandres, on eût donné au Roi Cambray ou même Bergue, il *se seroit* peut-être *contenté*. (V, 82, *Notes hist.*)

CONTENTIEUX, EUSE, V, 574, *Trad.*

CONTER :
Vous n'en sauriez, Seigneur, retracer la mémoire,
Ni *conter* vos malheurs, sans *conter* mon histoire. (III, 53, *Mithr.* 688.)
(Nos lévites) Ont *conté* (*au peuple*) son enfance au glaive dérobée,
Et la fille d'Achab dans le piége tombée. (III, 701, *Ath.* 1751.)
(Je) venois vous *conter* ce désordre funeste. (III, 629, *Ath.* 420.)
Hélas ! avec plaisir je me faisois *conter*
Tous les noms des pays que vous allez dompter. (III, 212, *Iph.* 1199.)
Ariane aux rochers *contant* ses injustices. (III, 309, *Phèd.* 89.)
(Je le verrai) *conter* votre honte à qui voudra l'ouïr. (III, 355, *Phèd.* 880.)
Voyez II, 194, *Plaid.* 584; II, 385, *Ber.* 257; II, 411, *Bér.* 842; II, 520, *Baj.* 898; III, 193, *Iph.* 835; VI, 131, *Rem. sur l'Odyss.*; VI, 322, *Livres ann.*
Conter fleurettes. (VI, 484, *Lettres.*)

CONTEXTE, IV, 456, *P. R.*; V, 478, *Trad.*

CONTINU, FIÈVRE CONTINUE, VI, 610, *Lettres*; VII, 272, *ibid.*

CONTINUEL, ELLE :
* Des parterres ornés de fleurs *continuelles*. (VI, 123, *Rem. sur l'Odyss.*)

CONTINUITÉ :
J'ai.... essayé d'imiter des anciens cette *continuité* d'action qui fait que leur théâtre ne demeure jamais vide. (III, 601, *Ath.* préf.)

CONTRAINDRE; CONTRAINDRE DE ; SE CONTRAINDRE :
Contraindrez-vous César jusque dans ses amours ? (II, 297, *Brit.* 878.)
Voyez I, 477, *Théb.* 1398; I, 579, *Alex.* 1213; II, 105, *Andr.* 1303.
* Hélène.... est *contrainte de* lui prêcher son devoir. (VI, 201, *Liv. ann.*)
.... Leur fureur ne pouvoit *se contraindre*. (I, 469, *Théb.* 1249.)

CONTRAINTE (TENIR EN) :
.... Quelle nouvelle crainte
Tient parmi mes transports votre joie *en contrainte*? (II, 326, *Brit.* 1500.)

CONTRAIRE, CONTRAIRE À :
.... Les destins *contraires*. (I, 472, *Théb.* 1297.)
Vous seul, jusques ici, *contraire à* vos desirs. (II, 277, *Brit.* 481.)
J'ai songé, comme vous, qu'à la Grèce, à mon père,
A moi-même en un mot je devenois *contraire*. (II, 70, *Andr.* 609 et 610.)
Voyez II, 67, *Andr.* 541; II, 200, *Plaid.* 651; II, 288, *Brit.* 735; II, 319, *Brit.* 1335; VI, 287, *Livres ann.*

TOUT AU CONTRAIRE DE :
Tout au contraire des autres discours. (V, 455, *Trad.*; voyez II, 39, *Andr.* 2ᵉ préf.)

CONTRARIÉTÉ :
L'assemblée ne se mit pas fort en peine d'accorder ces *contrariétés*. (IV, 496, *P. R.*; voyez II, 39, *Andr.* 2ᵉ préf. ; V, 471, *Trad.*)
Plainte d'un chrétien, sur les *contrariétés* qu'il éprouve au dedans de lui-même. (IV, 156, *Poés. div.* titre.)

CONTRE, préposition; CONTRE, adverbialement :
Qui donc opposez-vous *contre* ses satellites?
(III, 618, *Ath.* 207; voy.note 2 de la page indiquée, et I, 552, *Alex.* 636.)
*Autrement Hercule auroit-il pu résister tout seul *contre* trois dieux,
contre le trident de Neptune, l'arc d'Apollon...? (VI, 39, *Rem. sur Pind.*)
Contre un peuple en fureur vous exposerez-vous? (III, 234, *Iph.* 1643)
*Envieux l'un *contre* l'autre. (VI, 27, *Rem. sur Pind.*)
Elle.... songea.... à revenir *contre* la donation qu'elle avoit faite. (IV, 425, *P. R.*; voyez IV, 605, *P. R.*)
Voyez II. 66, *Andr.* 518; II, 278, *Brit.* 498; III, 660, *Ath.*, 972; VI, 233, 236, 297 et 307, *Livres ann.*)
*Neptune pousse *contre* un flot violent. (VI, 106, *Rem. sur l'Odyss.*)
*Le logis de mon père est tout *contre*. (VI, 120, *Rem. sur l'Odyss.*)

CONTRE-BALANCER, V, 271, *Camp. de Louis XIV.*

CONTREDIRE À; SE CONTREDIRE :
Les Dieux ont prononcé. Loin de *leur contredire*,
C'est à vous de passer du côté de l'Empire. (II, 282, *Brit.* 587.)
La Harpe suppose que Racine a employé ce latinisme « pour différencier la poésie de la prose. » Il ignore qu'au dix-septième siècle ce tour était aussi fréquent en prose qu'en vers : « Je n'avois pas la hardiesse de *contredire à* des gens qui font tant les vénérables. » (Perrot d'Ablancourt, *Lucien, Icaroménipe*, tome II, p. 296, éd. de 1688.)
« Sabinus, bien loin de *lui contredire*, confirme ce qu'il avoit dit. » (Perrot d'Ablancourt, *Tacite, Annales*, liv. IV, XXXI.)
(*Ils*) se contredisoient assez souvent l'un l'autre. (IV, 548, *P. R.*)

CONTREDIT, substantivement, terme de Palais, II, 161, *Plaid.* 223.

CONTRE-GARDE, terme de fortification, V, 344, *Siége de Nam.*

CONTRE-MINE, V, 551, *Lettres.*

CONTRESCARPE, V, 272, *Camp. de Louis XIV*; VII, 42, *Lettres.*

CONTRE-TEMPS :
Il est des *contre-temps* qu'il faut qu'un sage essuie. (III, 516, *Esth.* 841.)
Voyez VI, 496, *Lettres.* — Bouhours, en 1671, place *contre-temps* dans les « termes assez nouveaux. » (*Entretiens d'Ariste et d'Eugène*, édition in-4°, p. 84.) Le mot se trouve déjà dans le Dictionnaire français-anglais de Cotgrave en 1611

CONTREVALLATION, V, 246, *Camp. de Louis XIV*,

CONTRIBUER, neutralement et activement :
Elle faisoit *contribuer* toute la Picardie. (V, 278, *Camp. de Louis XIV.*)
M. de Bagnols.... ayant *contribué* jusqu'à une somme de près de quatre cent mille francs pour secourir les pauvres. (IV, 452, *P. R.*)
Nous sommes tous rivaux dans la passion de *contribuer* quelque chose à la gloire d'un si grand prince. (IV, 356, *Disc. acad.*; voyez la note 3.)

CONTRÔLEUR, VI, 529, *Lettres.*

CONTUMACE, terme de Palais, II, 180 et 181, *Plaid.* 439 et 455.
L'édition originale (1669) donne, aux deux endroits, *coutumace*. On lit dans le Dictionnaire de Richelet (1680) : « CONTUMACE, *coutumace*, s. f. Quelques-uns disent *coutumace*, mais mal. »

CONTUSION, VII, 51, *Lettres.*

CONVAINCRE :
*Il (*Socrate*) le *convainc* agréablement. (VI, 275, *Livres ann.*)
.... Observez ses regards, ses discours,
Tout ce qui *convaincra* leurs perfides amours. (II, 535, *Baj.* 1208.)

Je puis *convaincre* enfin sa haine d'impuissance. (III, 659, *Ath.* 960.)

CONVENABLE à ·
Vous jugez bien que j'aurois eu du moins autant de joie que vous que la chose eût pu *vous* être *convenable*. (VII, 156, *Lettres*.)
Cette bassesse m'a paru plus *convenable à* une nourrice. (III, 300, *Phèd.*, préf.)
On n'a point entendu d'airs.... plus *convenables aux* paroles. (III, 458, *Esth.* préf.; voyez IV, 467 et 558, *P. R.*; VI, 507, *Lettres*.)

CONVENIR à, DANS, SUR :
Ces festons dans vos mains, et ces fleurs sur vos têtes
Autrefois *convenoient à* nos pompeuses fêtes. (III, 623, *Ath.* 304.)
Voyez I, 425, *Theb.* 484; VI, 331, *Livres ann.*
M. de Marca et le P. Annat *convenoient dans* le dessein de faire déclarer hérétiques les défenseurs de Jansénius; mais ils ne *convenoient* pas *dans* la manière de tourner la chose. (IV, 493, *P. R.*)
Tout le monde *convenant sur* la doctrine.... (IV, 539, *P. R.*)

CONVERSATION, VI, 16, *Rem. sur Pindare*.

CONVERSER :
*Heureux de *converser* avec des héros comme lui. (VI, 16, *Rem. sur Pind.*)

CONVIER à, inviter à :
A ce cruel combat tous deux je vous *convie*. (I, 464, *Théb.* 1180.)
A le sauver enfin c'est moi qui vous *convie*. (II, 88, *Andr.* 957.)

COPIE :
J'en ai sur moi *copie*. (II, 176, *Plaid.* 378.)

COPIER DE, D'APRÈS :
*Toute cette relation *est copiée de* la Gazette. (VI, 344, *Livres ann.*)
J'*avois copié* mes personnages *d'après* le plus grand peintre de l'antiquité. (II, 250, *Brit.* 2ᵉ préf.)

COQUETIER, marchand d'œufs, VI, 577, *Lettres*.

CORNE (Ouvrage à), terme de fortification, V, 113, *Notes hist.*, VII, 15, *Lettres*.

CORPS, au figuré; CORPS, proverbialement :
(*Il*) Voulut de ce grand *corps* (*des janissaires*) retrancher la moitié.
(II, 483, *Baj.* 40.)
J'étois de ce grand *corps* (*du sénat*) l'âme toute-puissante. (II, 260, *Brit.* 96.)
Des membres retranchés du *corps* de l'Église (V, 597, *Trad.*)
Tous les *corps*.... du Royaume. (IV, 431, *P. R.*)
(*Ils*) les poursuivent jusqu'au *corps* de la place. (V, 276, *Camp. de L. XIV.*)
Une suite ou un *corps* d'histoire. (V, 498, *Trad.*)
.... Il a le diable au *corps*. (II, 191, *Plaid.* 561.)
Racine a souligné *corps à corps* dans cette phrase de Vaugelas · « On se battoit *corps à corps* » (VI, 355, *Livres ann.*).

CORRIGER :
J'ai su de mon destin *corriger* l'injustice. (III, 494, *Esth.* 450.)

CORRUPTEUR :
Falloit-il dans l'exil chercher des *corrupteurs*? (II, 264, *Brit.* 186.)

CORRUPTION, au pluriel :
*Remédier à des *corruptions* envieillies. (VI, 295, *Livres ann.*)

CORYPHÉE, au propre, III, 601, *Ath.* préface.

CÔTÉ :

C'est à vous de passer du *côté* de l'Empire. (II, 282, *Brit.* 588.)

D'autre *côté*, les Espagnols.... songèrent aussi à se déclarer. (V, 254, *Camp. de Louis XIV.*)

CÔTOYER, VII, 79, *Lettres.*

COU, dans des locutions figurées et proverbiales :

Mes amis.... m'ont dit que c'étoit vous rompre le *cou*, et empêcher peut-être votre fortune, que de vous marier si jeune. (VII, 278, *Lettres.*)

Il s'est enfoncé jusqu'au *cou* dans le combat de Saint-Antoine. (VI, 609, *Lettres.*)

COUCHANT, adjectif et substantif :

*Réconciliation avant le soleil *couchant*. (VI, 317, *Livres ann.*)

Son bras est craint du *couchant* à l'aurore. (IV, 87, *Poés. div.* 50.)

COUCHE :

Quittez, dit-il, la *couche* oisive
Où vous ensevelit une molle langueur. (IV, 114, *Poés. div.* 5.)

D'aucun gage, Narcisse, ils n'honorent sa *couche*. (II, 277, *Brit.* 472.)

*Elle se croit offensée dans les droits de sa *couche*. (VI, 256, *L. ann.*)

Ici je les vois (*les poissons*) s'assembler....
Dans leur *couche* profonde. (IV, 32, *Poés. div.* 47.)

COUCHER :

Il y *seroit couché* sans manger et sans boire.
(II, 146, *Plaid.* 24; voyez la note 6.)

Voyez VI, 33, *Rem. sur Pind.*

COUCHETTE, V, 586, *Trad.*

COUDRE, au figuré :

*Quand on a fait provision de bons mémoires, alors il faut les *coudre*, et faire comme une suite ou un corps d'histoire. (V, 498, *Trad.*)

COULER :

L'Inde et l'Hydaspe entiers *couleront* sous vos lois. (I, 576, *Alex.* 1152.)

*Tout ce qu'il a lui *coule* des mains. (VI, 270, *Livres ann.*)

Vos jours toujours sereins *coulent* dans les plaisirs. (II, 284, *Brit.* 650.)

*La terre *coule* de vin, de lait, de miel. (VI, 258, *Livres ann.*)

Voyez II, 320, *Brit.* 1358; III, 325, *Phèd.* 298.

COULEUR, au propre et au figuré :

*Le blé.... *couleur* de pomme. (VI, 122, *Rem. sur l'Odyss.*)

Je me meurs. — Dieux puissants ! quelle étrange pâleur
De son teint tout à coup efface la *couleur* ? (III, 505, *Esth.* 636.)

Néron l'a vu mourir sans changer de *couleur*. (II, 338, *Brit.* 1710.)

Voyez III, 384, *Phèd.* 1414; III, 698, *Ath.* 1701.

....Interdit, sans *couleur*. (III, 345, *Phèd.* 716; voyez III, 394, *Phèd.* 1579.

Prêtant à leurs fureurs des *couleurs* favorables. (III, 658, *Ath.* 943.)

....De fausses *couleurs* se déguiser le front.
(III, 516, *Esth.* 839; voyez II, 548, *Baj.* 1483.)

J'inventai des *couleurs* ; j'armai la calomnie. (III, 496, *Esth.* 493.)

COUP, au propre et au figuré :

Il (*ce gabion*) rompit le *coup* d'une balle de mousquet. (VII, 48, *Lettr.*)

Cette ode avoit été taillée comme à *coups* de marteau. (VI, 453, *Lettr.*)

Ils perdirent plus de quatre cents hommes, la plupart tués de *coups* de main. (V, 333, *Siége de Nam.*)
Ne doutez point, Seigneur, que ce *coup* ne la frappe. (II, 291, *Brit.* 763.)
Le *coup* qu'on m'a prédit va tomber sur ma tête;
Il vous accablera vous-même à votre tour. (II, 337, *Brit.* 1700.)
Gardez qu'avant le *coup* votre dessein n'éclate. (II, 80, *Andr.* 801.)
Britannicus est mort, je reconnois les *coups*. (II, 335, *Brit.* 1649.)
Hercule, respirant sur le bruit de vos *coups*. (III, 358, *Phèd.* 943.)
Vous seule avez poussé les *coups*.... (II, 118, *Andr.* 1533.)
Je n'aurois pas, Seigneur, reçu ce *coup* cruel, etc. (II, 423, *Bér.* 1081.)
.... (Fortune,) voici le dernier de tes *coups*. (I, 472, *Théb.* 1308.)
Narcisse a fait le *coup*, vous l'avez ordonné. (II, 335, *Brit.* 1658.)
Qui m'arracha d'un *coup* ma naissance et ton père. (III, 175, *Iph.* 474.)
* Il demande à mourir tout d'un *coup*. (VI, 181, *Livres ann.*)
Vous m'offrez tout d'un *coup* la place d'Octavie. (II, 282, *Brit.* 608.)
*Le poëte le fait parler tout d'un *coup*. (VI, 200, *L. ann.*; voy. VI, 304, *ib.*)
Mettons encore un *coup* toute la Grèce en flamme. (II, 99, *Andr.* 1158.)
Madame, encore un *coup*, c'est à vous de choisir. (II, 505, *Baj.* 564.)
* J'ai senti tout à *coup* un homicide acier. (III, 634, *Ath.* 513.)
Racine a souligné dans Vaugelas la locution « à tous *coups* » (VI, 355).
Voyez II, 48, *Andr.* 147; II, 52, *Andr.* 239; II, 105, *Andr.* 1297; II, 107, *Andr* 1340; II, 112, *Andr.* 1418; II, 119, *Andr.* 1551; II, 170, *Plaid.* 299; II, 179, *Plaid.* 420; II, 267, *Brit.* 256; II, 303, *Brit.* 1017; II, 324, *Brit.* 1455; II, 325, *Brit.* 1464; II, 327, *Brit.* 1511; II, 329, *Brit.* 1545; II, 398, *Bér.* 550; II, 413, *Bér.* 884; II, 420, *Bér.* 1010; II, 428, *Bér.* 1205; III, 505, *Esth.* 636; VII, 31, *Lettres*.
Coup rude, *coup* de foudre, achever un *coup*, conduire des *coups*, se parer d'un *coup*, percé de *coups*: voyez RUDE, FOUDRE, ACHEVER, etc.

COUPABLE, COUPABLE DE :
O Ciel! Quoi? je serois ce bienheureux *coupable*? (III, 52, *Mithr.* 671.)
.... (Moi) de vos malheurs innocente ou *coupable*. (III, 348, *Phèd.* 773.)

COUPE, au figuré :
Ils boiront dans la *coupe* affreuse, inépuisable,
Que tu présenteras au jour de ta fureur
    A toute la race coupable. (III, 653, *Ath.* 839.)
Boire.... la joie à pleine *coupe*. (III, 513, *Esth.* 789.)

COUPER, au figuré :
* Il compare nos espérances aux navires qui *coupent* des apparences trompeuses comme des flots. (VI, 49, *Rem. sur Pind.*)
... Si la voix ne m'eût été *coupée*. (III, 373, *Phèd.* 1201.)
Ses pleurs précipités *ont coupé* mes discours. (II, 523, *Baj.* 987.)
* En lui *coupant* les vivres et les fourrages. (V, 118, *Notes hist.*)

COUPLE :
    .... De ce *couple* perfide (*il s'agit de deux assassins*)
J'avois presque oublié l'attentat parricide. (III, 498, *Esth.* 529.)

COUPURE, au sens chirurgical :
* Ils s'enfuient après avoir reçu la *coupure* du médecin, sans attendre qu'il l'ait reliée. (VI, 305, *Livres ann.*)

COUR, sens divers :
Nous sommes renvoyés hors de *cour*. J'en appelle.
    (II, 160, *Plaid.* 208; voyez II, 150, *Plaid.* 65.)
Dans sa *cour*, dans son cœur, dis-moi ce qui se passe.
    (II, 45, *Andr.* 102; voyez II, 280, *Brit.* 546.)

.... Que les matières de Palais ne pouvoient pas être un sujet de divertissement pour des gens de *cour*. (II, 141, *Plaid.* au lect.)
* Coligni écrivoit en *cour* tous les jeudis. (V, 81, *Notes hist.*)
.... Sans m'abaisser à lui faire la *cour*. (I, 460, *Théb.* 1117.)
Voyez II, 170, *Plaid.* 305; VII, 271, *Lettres.*
Cette peste de *cour* (*Narcisse*). (II, 252, *Brit.* 2e préf.)

COURAGE, cœur en général, force de cœur :
Un si noble trépas frappe trop mon *courage*. (I, 422, *Théb.* 416.)
.... Quel *courage* endurci
Soutiendroit les assauts qu'on lui prépare ici ? (III, 207, *Iph.* 1119.)
Quels *courages* Vénus n'a-t-elle pas domptés ? (III, 311, *Phèd.* 123.)
Vos yeux ont su dompter ce rebelle *courage*. (III, 384, *Phèd.* 1417.)
Je sais de quels remords son *courage* est atteint. (II, 114, *Andr.* 1475.)
De mes lâches bontés mon *courage* est confus. (II, 102, *Andr.* 1239.)
Vous inspirez la crainte aux plus fermes *courages*. (I, 564, *Alex.* 870.)
A quoi s'arrête ici ce *courage* inconstant ? (I, 580, *Alex.* 1247.)
Un moment a changé ce *courage* inflexible. (III, 510, *Esth.* 723.)
La honte suit de près les *courages* timides. (I, 534, *Alex.* 222.)
Il faut d'un noble orgueil armer votre *courage*. (III, 183, *Iph.* 638.)
Détrompez son erreur, fléchissez son *courage*. (III, 328, *Phèd.* 357.)
.... Tandis que la guerre occupoit son *courage*. (III, 33, *Mithr.* 259.)
Le nom d'amant peut-être offense son *courage*. (III, 331, *Phèd.* 413.)
Le sang de Jupiter doit enfler leur *courage*. (III, 353, *Phèd.* 862.)
J'oppose à ses raisons un *courage* inutile. (II, 325, *Brit.* 1459.)
Cette seule ambition peut désormais flatter son *courage*. (V, 293, *Camp. de Louis XIV.*)
Voyez I, 431, *Théb.* 583; I, 530, *Alex.* 133; I, 533, *Alex.* 213; I, 542, *Alex.* 415; II, 116, *Andr.* 1497; II, 396, *Bér.* 495; II, 510, *Baj.* 655; III, 332, *Phèd.* 449.

COURANT, substantivement :
Je vous écris au *courant* de ma plume. (VII, 37, *Lettres.*)

COURANTE, sorte de danse, VII, 37, *Lettres.*

COURBER, SE COURBER :
(L'on voit les poulains) Dessous leurs pas précipités
Faire à peine *courber* les herbes. (IV, 37, *Poés. div.* 24.)
.... Nous l'avons vue,
Un poignard à la main, sur Pyrrhus *se courber*. (II, 123, *Andr.* 1611.)

COUREUR :
Aussitôt que les premiers *coureurs* de l'armée françoise parurent, les ennemis levèrent le siége. (V, 272, *Camp. de Louis XIV.*)

COURIR, emplois divers; s'EN COURIR :
.... J'ai *couru* chez la Reine,
Dans son appartement ce prince avoit paru;
Il en étoit sorti lorsque j'y *suis couru*. (II, 389, *Bér.* 328, 330.)
Voyez I, 469, *Théb.* 1236; II, 116, *Andr.* 1499; II, 186, *Plaid.* 512; III, 362, *Phèd.* 1019.
Vous allez à l'autel, et moi, j'y *cours*, Madame. (III, 231, *Iph.* 1602.)
.... *Courez* à ce barbare. (I, 430, *Théb.* 575.)
Quoique Hémon vous fût cher, vous *courez* au trépas. (I, 482, *Théb.* 1483.)
Ah! Madame ; ah ! Seigneur, *courez* vers l'Empereur. (II, 338, *Brit.* 1717.)
Mon cœur *court* après elle, et cherche à l'apaiser. (II, 74, *Andr.* 684.)
.... Mais, Porus, ne crois pas
Qu'on me puisse empêcher de *courir* sur tes pas. (I, 568, *Alex.* 964.)

.... *Courir* dans l'abîme.... (I, 576, *Alex.* 1148.)
Il vous faudra, Seigneur, *courir* de crime en crime. (II, 319, *Brit.* 1344.)
Commencez maintenant. C'est à vous de *courir*
Dans le champ glorieux que j'ai su vous ouvrir. (II, 500, *Baj* 439.)
Je *cours* tout le Serrail.... (II, 556, *Baj.* 1657.)

La guerre civile, s'étant allumée en France, et les soldats des deux partis *courant* et ravageant la campagne.... (IV, 422, *P. R.*)
J'ai *couru* les deux mers que sépare Corinthe. (III, 305, *Phèd.* 10.)
Courir le bal la nuit, et le jour les brelans. (II, 152, *Plaid.* 86.)
Il s'assuroit sur ses belles qualités, qui le faisoient *courir* de tout le monde. Je veux bien qu'on vous *coure* comme lui, mais il ne faut pas lasser les gens en les laissant *courir* tout seuls. (VI, 399, *Lettres.*)
Ces *Heures* depuis ce temps-là n'en *ont* pas *été* moins *courues* de tout le monde. (IV, 450, *P. R.*)
Achille va combattre, et triomphe en *courant*. (III, 157, *Iph.* 108.)
On fit *courir* sous son nom cet écrit. (IV, 407, *P. R.*)
Peut-être il te souvient qu'un récit peu fidèle
De la mort d'Amurat fit *courir* la nouvelle. (II, 486, *Baj.* 146.)
.... Quels périls vous peut faire *courir*
Une femme mourante et qui cherche à mourir ? (III, 307, *Phèd.* 43.)
Avant qu'une fièvre importune
Nous fit *courir* même fortune. (VI, 412, *Lettres.*)
Ma vie et mon amour tous deux *courent* hasard. (III, 37, *Mithr.* 337.)
Voyez I, 399, *Théb.* 17; I, 540, *Alex.* 359; I, 560, *Alex.* 791; II, 64, *Andr.* 489; II, 104, *Andr.* 1269; V, 142, *Notes hist.*

* Les deux autres *s'en coururent* de toute leur force vers leur vaisseau. (VI, 156, *Rem. sur l'Odyss.*)
Courir deux lièvres à la fois; *courir* le grand galop; *courir* une même carrière; bruits qui *courent* : voyez Lièvre, Galop, Carrière.
Racine a souligné dans Vaugelas la locution *courre fortune* (VI, 357).

COURONNE, au figuré :

Je les vois (*les poissons*).... peindre en ce cristal
Mille *couronnes* passagères. (IV, 32, *Poés. div.* 54.)

COURONNER, se couronner :

Pour *couronner* ma tête et ma flamme en ce jour. (I, 479, *Théb.* 1427.)
Il va sur tant d'États *couronner* Bérénice. (II, 382, *Bér.* 175.)
.... C'est un criminel qu'a *couronné* son crime. (I, 470, *Théb.* 1270.)
* Ils *couronnoient* de vin des coupes, c'est-à-dire qu'ils les emplissoient. (VI, 60, *Rem. sur l'Odyss.*)
Et Pâris, *couronnant* son insolente flamme,
Retiendra sans péril la sœur de votre femme ! (III, 162, *Iph.* 229.)
.... *Couronnez* vos feux d'une palme si belle. (I, 562, *Alex.* 846.)
Où sont ces deux amants ? pour *couronner* ma joie
Dans leur sang, dans le mien il faut que je me noie. (II, 123, *Andr.* 1621.)
Quoi ? de mes ennemis *couronnant* l'insolence,
J'irois attendre ailleurs une lente vengeance ? (II, 99, *Andr.* 1165.)
.... Esclave *couronnée*. (III, 33, *Mithr.* 255.)
Voilà par quels exploits il sut *se couronner*.
(II, 91, *Andr.* 1007; voyez I, 462, *Théb.* 1139.)

Couronné (Ouvrage), terme de fortification, V, 275, *Camp. de Louis XIV*.

COURRE, voyez Courir, fin.

COURROUX :

.... Son âme en *courroux* s'enfuit dans les enfers. (I, 476, *Théb.* 1380.)
.... Des Dieux le *courroux* embrasé. (I, 477, *Théb.* 1391.)
Tu sais de quel *courroux* mon cœur alors épris.... (II, 43, *Andr.* 51.)
Rigoureuse Fortune, achève ton *courroux*. (I, 472, *Théb.* 1307.)
Voyez I, 547, *Alex.* 523; III, 609, *Ath.* 69.

COURS, au figuré, emplois divers :

... Dans le *cours* d'une même journée. (II, 282, *Brit.* 604.)
S'il faut qu'à tous moments je tremble pour vos jours,
Si vous ne me jurez d'en respecter le *cours*. (II, 440, *Bér.* 1418.)
Qu'ai-je donc fait, grands Dieux ? Quel *cours* infortuné
A ma funeste vie aviez-vous destiné? (II, 434, *Bér.* 1297.)
.... Lorsque ce matin j'en écoutois le *cours* (*de vos malheurs*).
(III, 53, *Mithr.* 689.)
De mes prospérités interrompre le *cours*. (III, 633, *Ath.* 486.)
De ses premiers sanglots laissez passer le *cours*. (II, 410, *Bér.* 822.)
L'ardeur de se venger flatte encor ses desirs,
Et retarde le *cours* de ses derniers soupirs. (I, 476, *Théb.* 1372.)
Faut-il, Abner, faut-il vous rappeler les *cours*
Des prodiges fameux accomplis en nos jours? (III, 611, *Ath.* 109.)
Quoi? Seigneur, se peut-il que d'un *cours* si rapide
La victoire vous ait ramené dans l'Aulide ? (III, 159, *Iph.* 161.)
De son nouvel empire examiner le *cours*. (II, 385, *Bér.* 250.)
Je sentis que ma haine alloit finir son *cours*. (II, 45, *Andr.* 87.)
Hé quoi ? votre courroux n'a-t-il pas eu son *cours* ? (II, 56, *Andr.* 311.)
Toujours de ma fureur interrompre le *cours*. (II, 43, *Andr.* 47.)
De mes inimitiés le *cours* est achevé. (II, 51, *Andr.* 219.)
J'ai cru que votre amour alloit finir son *cours*. (II, 443, *Bér.* 1481.)
... L'amour du pays nous cache une autre flamme.
Je la sais; mais, Créon, j'en abhorre le *cours*. (I, 414, *Théb.* 281.)
Voyez I, 416, *Théb.* 323; I, 435, *Théb.* 641; I, 448, *Théb.* 909; I, 449, *Théb.* 939;
I, 450, *Théb.* 953; I, 474, *Theb.* 1331; I, 527, *Alex.* 48; I, 541, *Alex.* 378 et 395;
II, 269, *Brit.* 310; II, 316, *Brit.* 1274; II, 324, *Brit.* 1447; II, 337, *Brit.* 1685;
II, 378, *Bér.* 88; II, 386, *Bér.* 265; III, 154, *Iph.* 72 ; IV, 36, *Poés. div.* 8.

COURSE, au propre et au figuré :

La Reine, dont ma *course* a devancé les pas. (III, 167, *Iph.* 339.)
Sa voix seule arrêta la *course* de mes eaux. (IV, 61, *Poés. div.* 168.)
.... Qui peut dans sa *course* arrêter ce torrent ? (III, 157, *Iph.* 107.)
Quelle fureur les borne (*vos jours*) au milieu de leur *course*?
(III, 316, *Phèd.* 189.)
...Si quelque chagrin en interrompt la *course* (*des plaisirs*).
(II, 284, *Brit.* 652)
Ensanglantez la fin d'une *course* si belle. (I, 588, *Alex.* 1398.)

COURSIER :

Sur un de vos *coursiers* pompeusement orné (III, 502, *Esth.* 603.)
Ses superbes *coursiers*.... (III, 389, *Phèd.* 1503.)

COURTINE, terme de fortification, V, 344, *Siége de Namur*.

COUTEAU :

Ma sœur, on voit encor la marque du *couteau*. (III, 688, *Ath.* 1518.)
(Qu') On lui fasse en mon sein enfoncer le *couteau*. (III, 703, *Ath.* 1782
Les glaives, les *couteaux* sont déjà préparés. (III, 476, *Esth.* 168.)
... Perfide *couteau*.... (III, 678, *Ath.* 1316.)
.... Sacré *couteau*.... (III, 240, *Iph.* 1776.)

(*Ma fille*) Tend la gorge aux *couteaux* par son père apprêtés.
(III, 236, *Iph.* 1695.)

COÛTER, coûter à, en coûter à :
Tous les premiers forfaits *coûtent* quelques efforts. (I, 447, *Théb.* 901.)
Chacun de tes rubans *me coûte* une sentence. (II, 153, *Plaid.* 88.)
Sans compter les chagrins que *leur ont* peut-être *coûtés* les applaudissements que, etc. (I, 517, *Alex.* 1re préf.)
J'ai vu le temps que les lettres ne *vous coûtoient* pas si cher. (VI, 514, *Lettr.*)
Après tous les ennuis que ce jour *m'a coûtés*. (II, 330, *Brit.* 1577.)
Qu'un moment de repos me va *coûter* de pleurs ! (I, 397, *Théb.* 2.)
Songiez-vous aux douleurs que vous *m'alliez coûter* ? (II, 287, *Brit.* 706.)
Britannicus, Madame, eut des desseins secrets
Qui *vous auroient coûté* de plus justes regrets. (II, 335, *Brit.* 1662.)
Que de soins *m'eût coûtés* cette tête charmante ! (III, 342, *Phèd.* 657.)
Il *lui en a coûté* de l'argent pour la mettre en cet état (*sa maison*). (VI, 417, *Lettres.*)
Il *m'en coûteroit* trop s'il *m'en coûtoit* deux fils. (I, 446, *Théb.* 874.)
Crois qu'il *m'en a coûté*, pour vaincre tant d'amour,
Des combats dont mon cœur saignera plus d'un jour. (II, 394, *Bér.* 453.)
.... Sans qu'il *m'en ait coûté* une seule de ces sales équivoques.... qui *coûtent*.... si peu à la plupart de nos écrivains. (II, 143, *Plaid.* au lect.)

COUTUMACE : voyez Contumace.

COUTUME :
.... Trouver les jours plus longs que de *coutume*. (I, 417, *Théb.* 344.)
* Ce qu'il a de *coutume* de faire. (VI, 188, *Livres ann.*)

COUTUMIER, ère :
La fraîcheur *coutumière*. (IV, 31, *Poés. div.* 19 ; voyez le *Lex. de Corneille*.)

COUVENT, IV, 528, *P. R.* ; VII, 266, *Lettres*.

COUVERCLE (de carquois, d'étui), VI, 148, *Rem. sur l'Odyssée*.

COUVRIR, se couvrir, couvert, erte, au propre et au figuré :
* La peau qui *couvre* les intestins. (VI, 82, *Rem. sur l'Odyss.*)
Le ciel *s'est* heureusement *couvert*. (VI, 469, *Lettres.*)
Le Rhin, de tous les autres côtés, *couvroit* leur pays. (V, 245, *Camp. de Louis XIV* ; voyez V, 144, *Notes hist.*)
* *Couvrir* son dessein. (VI, 72, *Rem. sur l'Odyss.*)
Hélas ! si cette paix dont vous vous repaissez
Couvroit contre vos jours quelques piéges dressés ! (II, 329, *Brit.* 1542.
D'un voile d'amitié j'ai *couvert* mon amour. (II, 375, *Bér.* 26.)
Couvrant d'un zèle faux votre ressentiment. (III, 637, *Ath.* 577.)
Sans s'amuser à *se couvrir* et à se loger. (V, 276, *Camp. de Louis XIV* ; voyez V, 105, *Notes hist.*)
Messieurs.... — *Couvrez-vous*. — Oh ! Mes.... — *Couvrez-vous*, vous dis-je.
(II, 202, *Plaid.* 671.)
Un jeune enfant *couvert* d'une robe éclatante. (III, 634, *Ath.* 508.)
(*Ils*) M'ont sauvé jusqu'ici de mille écueils *couverts*. (II, 271, *Brit.* 346.)
Votre empire n'est plein que d'ennemis *couverts*.
(I, 546, *Alex.* 492 ; voyez III, 75, *Mithr.* 1185.)
Un religieux qu'on dit être un janséniste *couvert*. (VI, 481, *Lettres.*)
Quoi ? vous le soupçonnez d'une haine *couverte* ? (II, 327, *Brit.* 1507.)
Clos et *couvert* ; feux mal *couverts* : voyez Clos, Feu

À couvert de :
.. Se mettre.... *à couvert de* la foudre. (I, 576, *Alex.* 1146.

*COYON, poltron, V, 91, *Notes historiques*.

CRACHEMENT DE SANG, VII, 57, *Lettres*.

CRAINDRE, SE CRAINDRE :
Craignez-vous ? Mais, Seigneur, vous ne la *craignez* pas.
(II, 278, *Brit.* 493.)
Andromaque.... *craint* pour la vie de Molossus. (II, 38, *Andr.* 2ᵉ préf.)
Craignez-vous que mes yeux versent trop peu de larmes ?
(II, 437, *Bér.* 1348.)
Il *craint* la Grèce, il *craint* l'univers en courroux ;
Mais il *se craint*, dit-il, soi-même plus que tous.
(II, 114, *Andr.* 1467 et 1468.)

CRAINTE :
.... J'ai toujours été nourri par feu mon père
Dans la *crainte* de Dieu, Monsieur, et des sergents. (II, 180, *Plaid.* 437.)
*Livres obscurs par *crainte*. (VI, 313, *Livres ann.*)

CRAINTIF, IVE :
Je cours, et je ne vois que des troupes *craintives*
D'esclaves effrayés, de femmes fugitives. (II, 556, *Baj.* 1661.)

CRAPULE :
*L'ivrognerie et la *crapule* gâtent l'esprit. (VI, 159, *Rem. sur l'Odyss.*)

CRASSEUX, substantivement :
.... Un *crasseux*, qui n'a que sa chicane. (II, 166, *Plaid.* 279.)

CRAYON, esquisse, IV, 42, *Poés. div.* 72.

CRÉANCE :
(*Ils*) travailloient.... à établir la *créance* du fait. (IV, 454, *P. R.*)
Il (*Euripide dans* Hélène) y choque.... la *créance* commune de toute la Grèce. (II, 38, *Andr.* 2ᵉ préf.; voyez III, 140, *Iph.* préf.; IV, 471, *P. R.*)
Seigneur, à vos soupçons donnez moins de *créance*. (II, 298, *Brit.* 915.)
« CROYANCE signifie aussi, dit le *Dictionnaire de l'Académie* (1694), la confiance qu'on a en quelqu'un : j'avois *croyance* en lui, mais je n'en ai plus. Les peuples, les troupes avoient *croyance* en lui. En ce sens quelques-uns écrivent et prononcent *créance*. »

CRÉATURE :
Certes, plus je médite, et moins je me figure
Que vous m'osiez compter pour votre *créature*. (II, 262, *Brit.* 152.)

CRÉDIT (À), au figuré :
Ce seroit le perdre *à crédit* (*le temps*), que m'amuser à vous faire le détail de tous leurs jeux (*des amours vulgaires*). (VI, 402, *Lettres*, 1661.)

CRÉDULE :
Déjà mon cœur *crédule*, oubliant son courroux.... (I, 587, *Alex.* 1395.)
Que ma *crédule* main conduise le couteau. (III, 201, *Iph.* 978.)

CRÉDULITÉ :
Pardonne, cher Hector, à ma *crédulité*. (II, 88, *Andr.* 940.)

CREUX (DE NOTRE), de notre fonds (voyez CRU) :
Sortons de cette matière, qui elle-même est trop solide, et mêlons-y un peu *de notre creux*. (VI, 398, *Lettres*, 1661.)

CREVER DE :
Nanette *crève de* graisse. (VI, 539, *Lettres*.)

CRI, plainte :
D'une mère en fureur épargne-moi les *cris*. (III, 158, *Iphig.* 147.)
Voyez II, 294, *Brit.* 831 ; II, 315, *Brit.* 1238 ; II, 316, *Brit.* 1265 ; III, 216, *Iph.* 1318 ; III, 355, *Phèd.* 891 ; III, 382, *Phèd.* 1367 ; IV, 508, *P. R.*

CRIER, au propre et au figuré :
* Ils *crièrent* contre cette mauvaise foi. (V, 156, *Notes hist.*)
Quelle plaintive voix *crie* au fond de mon cœur ? (III, 386, *Phèd.* 1456.)
Le sang de vos rois *crie*, et n'est point écouté. (III, 610, *Ath.* 89.)
Respectez votre sang, j'ose vous en prier.
Sauvez-moi de l'horreur de l'entendre *crier*. (III, 372, *Phèd.* 1172.)

CRIEUR, crieuse :
C'est bien fait de fermer la porte à ce *crieur*. (II, 190, *Plaid.* 550.)
Une *crieuse !* — Hé, paix ! — Un chicaneur ! — Holà ! (II, 168, *Plaid.* 293.)

CRIME :
* Quand on fait quelque *crime*. (VI, 314, *Livres ann.*)
(Les Dieux) Qui d'un bruit si terrible épouvantent les *crimes*.
   (III, 378, *Phèd.* 1306 ; voyez II, 283, *Brit.* 632 ; II, 385, *Bér.* 256.)
Crime achevé ; endurci dans le *crime* ; le chemin du *crime* ; laver son *crime* : voyez Achever, Endurci, Chemin, Laver.

CRIMINEL, elle :
(Mon père) De l'idolâtre impur fuit l'aspect *criminel*. (III, 654, *Ath.* 854.)
Devient-elle en un jour *criminelle* d'État ? (II, 266, *Brit.* 230.)
Pris en flagrant délit. Affaire *criminelle*. (II, 181, *Plaid.* 451.)
.... Juge du civil comme du *criminel*. (II, 196, *Plaid.* 610.)
Heureux *criminel*; mains *criminelles* : voyez Heureux, Main.

CRISTAL, en parlant de l'eau :
   Une ceinture de *cristal*. (IV, 35, *Poés. div.* 40.)
Une prison de *cristal*. (VI, 436, *Lettres.*)

CROASSER, au propre, VI, 21, *Rem. sur Pind.*; VI, 493, *Lettres.*

CROIRE, en croire :
...Je soutiendrois mal ce que je ne *crois* pas. (II, 104, *Andr.* 1280.)
.... Vous *croyez* trop tôt ce que vous souhaitez. (I, 557, *Alex.* 728.)
Je fus sourde à la brigue et *crus* la renommée. (II, 312, *Brit.* 1163.)
Vous *avez cru* des bruits que j'ai semés moi-même. (III, 42, *Mithr.* 428.)
* (Il) ne *croyoit* pas l'immortalité de l'âme. (V, 166, *Notes hist.*)
.... De mille remords son esprit combattu
Croit tantôt son amour et tantôt sa vertu. (II, 114, *Andr.* 1464.)
Non, ou vous me *croirez*, ou bien, etc. (II, 321, *Brit.* 1373.)
.... Serez-vous le seul que vous n'oserez *croire*? (II, 324, *Brit.* 1436.)
Tu peux *croire*, dit Iphigénie, si c'est là un sentiment digne de la fille d'Agamemnon. (IV, 9, *Plan d'Iph. en Taur.*)
.... Je vous *en croirai* sur un simple soupir. (II, 400, *Bér.* 594.)
Je m'en fie à Burrhus ; j'*en crois* même son maître. (II, 327, *Brit.* 1516.)
Adieu. Si ses conseils et mes vœux *en sont crus*. (I, 579, *Alex.* 1219.)
Voyez I, 557, *Alex.* 713 ; III, 68, *Mithr.* 1017 et 1021 ; III, 154, *Iph.* 69.
.... *(Je)* ne le verrai, que je *crois*, de ma vie. (II, 217, *Plaid.* 849.)
S'en faire à *croire* : voyez Accroire.

CROÎTRE, neutralement et activement ; crû, ue :
Je vois mes honneurs *croître*, et tomber mon crédit. (II, 260, *Brit.* 90.)
Voyez I, 571, *Alex.* 1042 ; I, 579, *Alex.* 1216 ; II, 61, *Andr.* 418 ; IV, 354, *Disc. acad.*

Quel plaisir d'élever un enfant qu'on voit *craître*,
Non plus comme un esclave élevé pour son maître! (II, 95, *Andr.* 1069.)
Croître est ici imprimé *craître* (*craistre*), conformément à la prononciation du temps; voyez la note 1 et le *Lexique de Corneille*.
Que ce nouvel honneur va *croître* son audace! (III, 522, *Esth.* 946.)
Voyez II, 521, *Baj.* 925; III, 207, *Iph.* 1111.
On dit qu'elle est fort jolie de sa personne, et qu'elle *est* même beaucoup *crue*. (VII, 251, *Lettres*.)

CROIX, au figuré, calamités, persécutions :
Bravant les *croix* les plus infâmes. (IV, 149, *Poés. div.* 28.)

CROUPISSANT, ante :
*Eaux *croupissantes*. (VI, 313, *Livres ann.*)

CROYABLE :
Il n'est pas *croyable* néanmoins combien de gens se laissèrent éblouir à ce faux argument. (IV, 494, *P. R.*; voyez V, 47, *Méd.*; V, 302, *Camp de Louis XIV*.)

CRU, figurément, fonds (voyez CREUX) :
Coras lui dit : « La pièce est de mon *cru*. » (IV, 181, *Poés. div.* 5.)

CRUAUTÉ, au singulier et au pluriel :
Oui, je bénis, Seigneur, l'heureuse *cruauté*. (II, 71, *Andr.* 643.)
Me faudra-t-il combattre encor vos *cruautés* ?
(II, 55, *Andr.* 292; voyez II, 65, *Andr* 507.)

CRUCIFIX, V, 255, *Camp. de Louis XIV*.

CRUEL, CRUEL à; CRUEL, ELLE, substantivement :
La victoire et la nuit, plus *cruelles* que nous. (II, 50, *Andr.* 211.)
De ces *cruels* amis trompez tous les obstacles. (I, 483, *Théb.* 1497.)
Durant le triste cours d'une absence *cruelle*. (I, 416, *Théb.* 323.)
La bataille sans doute alloit être *cruelle*. (I, 438, *Théb.* 707.)
Non, vous ne verrez point cette fête *cruelle*. (II, 512, *Baj.* 709.)
Ne l'entendez-vous pas, cette *cruelle* joie? (II, 435, *Bér.* 1315.)
(*Elle*) Trouveroit dans l'absence une peine *cruelle*. (I, 417, *Théb.* 340.)
Je lui dois tout, Paulin. Récompense *cruelle* ! (II, 397, *Bér.* 519.)
Je craignois que le Ciel, par un *cruel* secours,
Ne vous offrît la mort que vous cherchiez toujours. (II, 42, *Andr.* 19.)
.... Ton nom paroîtra, dans la race future,
Aux plus *cruels* tyrans une *cruelle* injure. (II, 337, *Brit.* 1692.)
.... Pour remonter au trône paternel,
On le força de prendre un chemin si *cruel*. (I, 419, *Théb.* 378.)
* *Cruels* à leurs parents. (V, 84, *Notes hist.*)
Les Dieux depuis un temps *me* sont *cruels* et sourds. (III, 179, *Iph.* 572)
Voyez I, 445, *Théb.* 860; I, 466, *Théb.* 1197; I, 472, *Théb.* 1294; III, 88, *Mithr* 1455; III, 223, *Iph.* 1450.
Je ne t'ai point aimé, *cruel*? Qu'ai-je donc fait? (II, 108, *Andr.* 1356.)
.... Hé bien ! va donc disposer la *cruelle*
A revoir un amant qui ne vient que pour elle. (II, 47, *Andr.* 141.)
Cruelles amours; feu *cruel*; *cruelle* industrie; yeux *cruels* : voy. AMOUR, etc.

CUIR :
Messine fut bientôt affamée; ses malheureux habitants étoient déjà réduits à manger des *cuirs*. (V, 265, *Camp. de Louis XIV*.)

CUISSON, douleur d'un mal qui cuit :
(*Il*) sent toujours les mêmes *cuissons* au fondement. (VII, 233, *Lettres.*)
CULTIVER, au figuré :
De son fatal hymen, je *cultivois* les fruits. (III, 325, *Phèd.* 300.)
Il est temps de montrer cette ardeur et ce zèle
Qu'au fond de votre cœur mes soins *ont cultivés*. (III, 675, *Ath.* 1271.)
Vous *cultivez* déjà leur haine et leur fureur. (III, 646, *Ath.* 705.)
Il aimoit, il *cultivoit* nos exercices. (IV, 361, *Disc. acad.*)
CURIEUX DE :
Vous êtes *curieux de* nouvelles. (VII, 112, *Lettres.*)
CUVER, activement :
Tandis que Monsieur dort et *cuve* vos bouteilles. (II, 200, *Plaid.* var. 1.)
CYCLOPE, sans article :
* La personne de *Cyclope*. (VI, 148, *Rem. sur l'Odyss.*)
CYMBALE, IV, 148, *Poés. div*, 11.

D

DA : voyez OUI-DA.
DAIGNER :
Vos pleurs pour Xipharès *auroient daigné* couler? (III, 52, *Mithr.* 673.)
Voyez I, 404, *Théb.* 87; II, 98, *Andr.* 1140; II, 261, *Brit.* 117; II, 277, *Brit.* 466; II, 280, *Brit.* 554.
DANGER :
* Afin qu'on le remène chez lui sans aucun *danger*. (VI, 125, *Rem. sur l'Odyss.*)
* Sans qu'il leur arrive jamais (*aux navires*) aucun *danger*. (VI, 141, *Rem. sur l'Odyss.*)
.... Où courez-vous? c'est vous mettre en *danger*. (II, 195, *Plaid.* 593.)
Les plus belles scènes sont en *danger* d'ennuyer. (III, 18, *Mithr.* préf.)
DANGEREUX :
Mon père paya cher ce *dangereux* honneur. (III, 33, *Mithr.* 262.)
* Ambition *dangereuse* à ceux qui commandent. (VI, 295, *Livres ann.*)
DANS :
1° DANS, construit avec des mots marquant mouvement pour entrer, pour introduire :
Depuis que le sommeil n'est entré *dans* vos yeux. (III, 316, *Phèd.* 192.)
*Quand ils viennent *dans* les grandes affaires, ils sont neufs. (VI, 321, *Livres ann.*)
.... Courir *dans* l'abîme où Porus s'est plongé. (I, 576, *Alex.* 1148.)
(La Reine) T'a placé *dans* le rang que tu tiens près de moi.
(III, 157, *Iph.* 128.)
Je dois beaucoup au hasard de m'avoir mis *dans* une place où, etc. (IV, 351, *Disc. acad.*; voyez IV, 560, *P. R.*; V, 217, *Not. relig.*)
(Elle passe) *Dans* un rang qui l'expose aux yeux de tout le monde.
(II, 283, *Brit.* 616.)
On peut *dans* son devoir ramener le parjure. (II, 298, *Brit.* 904.
Rome ne porte point ses regards curieux

Jusque *dans* des secrets que je cache à ses yeux. (II, 305, *Brit.* 1050.)
Il jette un œil pénétrant jusque *dans* les moindres besoins de l'État (IV, 355, *Disc. acad.*)
Dans quel emportement la douleur vous engage ! (II, 296, *Brit.* 872.)
*Il vit sa ville réduite *dans* un abîme de misères. (VI, 45, *Rem. sur Pind.*)
Venez-vous m'enlever *dans* l'éternelle nuit ? (II, 124, *Andr.* 1640.)
.... Vos bontés à leur tour
Dans les cœurs les plus durs inspireront l'amour. (I, 564, *Alex.* 872.)
L'assemblée.... résolut de supplier le Roi de la faire enregistrer (*la constitution d'Alexandre VII*) *dans* son parlement. (IV, 497, *P. R.*)
Avec quelles marques d'estime la plus fameuse Faculté de l'univers.... vous a-t-elle associé *dans* son corps ! (IV, 352, *Disc. acad.*)
*Hélène brodoit *dans* un voile les combats des Grecs et des Troyens. (VI, 198, *Livres ann.*)
* Ne se mêler *dans* les affaires. (VI, 312, *Livres ann.*)

2° DANS, construit avec des mots qui ne marquent pas mouvement; DANS, formant un complément plus ou moins détaché :

.... Assis *dans* le sénat. (II, 293, *Brit.* 793.)
Esther, disois-je, Esther *dans* la pourpre est assise. (III, 470, *Esth.* 83.)
*(*Il*) le fait asseoir *dans* un beau siège. (VI, 124, *Rem. sur l'Odyss.*)
.... Couché sans honneur *dans* une foule obscure. (III, 35, *Mithr.* 304.)
Il est *dans* le sénat, par son ordre assemblé. (II, 382, *Bér.* 170.)
Ils n'eurent pas le temps de.... fermer les portes qui étoient *dans* leur chemin. (V, 276, *Camp. de Louis XIV.*)
(*Les copies*) furent aussitôt *dans* les mains de tout le monde. (IV, 579, *P. R.* var.)
La vengeance est *dans* son cœur,
Et la pitié *dans* sa bouche. (III, 523 et 524, *Esth.* 979 et 980.)
Parlez. Ne suis-je plus *dans* votre souvenir ? (II, 288, *Brit.* 741.)
Les Religieuses y étoient *dans* de continuelles prières. (IV, 466, *P. R.*)
L'Europe étoit *dans* l'attente de ce qui alloit arriver. (V, 245, *Camp. de Louis XIV.*)
Les autres théologiens qui étoient *dans* la même cause. (IV, 538, *P.R.*)
Il avoit été.... *dans* l'opinion qu'on devoit, etc. (IV, 520, *P.R.*)
* La dispensation de ces grands offices..... est *dans* la personne du Prince. (V, 390, *Factums.*)
Les propositions du Roi sont *dans* la justice. (V, 294, *Camp. de Louis XIV.*)
*Hercule lui a laissé *dans* des tablettes ses dernières volontés. (VI, 248, *Livres ann.*)
.... Ton nom paroîtra, *dans* la race future,
Aux plus cruels tyrans une cruelle injure. (II, 337, *Brit.* 1691.)
Je l'ai vu *dans* leurs mains quelque temps se débattre. (II, 117, *Andr.* 1518.)
Contraindrez-vous César jusque *dans* ses amours ? (II, 297, *Brit.* 878.)
.... Sa reconnoissance
Ne peut-elle éclater que *dans* sa dépendance ? (II, 264, *Brit.* 196.)
J'avois *dans* ses projets conçu plus de grandeur. (II, 49, *Andr.* 176.)
Le Ciel *dans* tous leurs pleurs ne m'entend point nommer.
(II, 320, *Brit.* 1362.)
Ce qu'ils avoient perdu *dans* la guerre. (V, 298, *Camp. de Louis XIV.*)
Il.... réduisoit les ennemis à venir l'attaquer *dans* son front. (V, 338, *Siége de Nam.*)
Des applaudissements qu'il recevoit *dans* le public. (IV, 361, *Disc. acad.*)
.... *Dans* quels yeux satisfaits
Ai-je déjà goûté le fruit de mes bienfaits ? (II, 421, *Bér.* 1033.)
Dans le sein l'un de l'autre ils cherchent un passage. (I, 473, *Théb.* 1322.)

Il tendoit.... des piéges à la plupart de ces filles *dans* les questions qu'il leur faisoit. (IV, 518, *P. R.*)
Entretenir Titus *dans* un autre lui-même. (II, 386, *Bér.* 272.)
* Se consoler de ses pertes *dans* ce qu'on n'a pas perdu. (VI, 316, *Livres ann.*)
Dans ses égarements mon cœur opiniâtre.... (II, 300, *Brit.* 939.)
Dans la bataille et *dans* la victoire Alexandre est en effet plus grand que Porus. (I, 522, *Alex.* 2ᵉ préf.)
*Difformes *dans* l'âme. (VI, 309, *Livres ann.*)
.... Ah! toute sa conduite
Marque *dans* son devoir une âme trop instruite. (II, 256, *Brit.* 24.)
* Ignorance *dans* la géographie. (VI, 321, *Livres ann.*)
Cette bonté paternelle *dans* tous les besoins de l'Église. (V, 359, *Harangue de Colbert.*)
Voilà, *dans* ses transports, le seul soin qui lui reste. (II, 113, *Andr.* 1457.)
Peins-toi *dans* ces horreurs Andromaque éperdue. (II, 91, *Andr.* 1005.)
Ah! *dans* ce souvenir, inquiète, troublée,
Je ne me sentois pas assez dissimulée. (II, 303, *Brit.* 1007.)
Je souhaitai son lit *dans* la seule pensée De, etc. (II, 310, *Brit.* 1127.)
Adieu. — *Dans* quel dessein vient-elle de sortir? (II, 428, *Bér.* 1197.)
Ce n'est rien *dans* le fond.... (II, 160, *Plaid.* 200.)
* *Dans* moi-même j'ai bien souffert. (IV, 230, *Poés. div.* 138, 2ᵉ app.)
Enfin il est entré sans savoir *dans* son cœur
S'il en devoit sortir coupable ou spectateur. (II, 114, *Andr.* 1471.)
.... Déjà *dans* leur cœur les Scythes mutinés
Vont sortir de la chaine où vous les destinez. (I, 546, *Alex.* 495.)
Voyez ci-après, 4°.

3° DANS, devant des noms de pays ou de villes, avec ou sans mouvement :
En ce calme trompeur j'arrivai *dans* la Grèce. (II, 44, *Andr.* 58.)
Le dessein.... de passer *dans* l'Italie. (III, 16, *Mithr.* préf.)
Si son cœur *dans* l'Asie eût montré quelque effroi. (I, 531, *Alex.* 163.)
* On ne craint point les tremblements de terre *dans* la France. (VI, 311, *Livres ann.*)
* Les premiers hommes naquirent *dans* Athènes. (VI, 276, *Livres ann.*)
Voyez I, 524, *Alex.* acteurs; II, 49, *Andr.* 190; II, 375, *Bér.* 28; II, 481, *Baj.* 10; VI, 317, l. 9, et 347, l. 7, *Livres ann.*

4° DANS, emplois divers :
Créon, vous êtes père, et *dans* ces ennemis
Peut-être songez-vous que vous avez un fils. (I, 412, *Théb.* 249.)
Je fais entrer Junie *dans* les Vestales. (II, 248 et 253, *Brit.* 1ʳᵉ et 2ᵉ préf.)
Il a fait plus pour elle, Osmin : il a voulu
Qu'elle eût, *dans* son absence, un pouvoir absolu. (II, 485, *Baj.* 104.)
* Les vrais amis n'imitent que les vertus *dans* leurs amis. (VI, 306, *Livres ann.*)
*Combien sert la douceur *dans* les princes. (VI, 295, *Livres ann.*)
* Homère a pratiqué encore cela *dans* quelques autres vieillards, comme *dans* Phénix. (VI, 77, *Rem. sur l'Odyss.*)
La Thébaïde qui est *dans* Sénèque. (I, 394, *Théb.* préf.)
Nous n'avons rien de plus touchant *dans* tous les poëtes. (II, 365, *Bér.* préf.)
Porus n'a point de part *dans* tout cet entretien.
(I, 534, *Alex.* 215; voyez I, 470, *Théb.* 1267.)
M. l'Avocat, *dans* la maladie ou *dans* la santé duquel je m'intéresse sensiblement.... (VI, 453, *Lettres.*)

Les uns vouloient qu'on ne prît point d'intérêt *dans* l'affaire. (IV, 444, *P. R.*; voyez II, 284, *Brit.* 656; V, 93, *Not. hist.*)

DANSER (Maître à), VII, 264, *Lettres.*

DATE (En) :

Les provisions de mon oncle sont onze ou douze jours *en date* devant celles que sa partie a eues en cour de Rome. (VI, 476, *Lettres.*)

DAVANTAGE ; davantage de, que :

* Le bien qui nous plaît *davantage* (*le plus*). (V, 15, *Rem. sur Pind.*)
Je ne vous ferai pas *davantage* de reproches. (VI, 483, *Lettres.*)
.... Quoi qu'il vous promette, il fera *davantage*
 Qu'il ne vous a promis. (IV, 77, *Poés. div.* 103 et 104; voy. note 4.)
* Ne souhaitez rien *davantage* que la gloire.... (VI, 15, *Rem. sur Pind.*)

DE, préposition (voyez Dont) :

1° De, marquant le point de départ, l'origine, au sens local :

* Prends ton luth dorien *du* clou où il est attaché. (VI, 11, *Rem. sur Pind.*)
.... Vois comme *du* lit, sans attendre l'aurore,
 Le repentir nous traîne à tes autels. (IV, 115, *Poés. div.* 7.)
Seigneur, tant d'animaux par toi *des* eaux fécondes
 Sont produits à ton choix. (IV, 133, *Poés. div.* 1.)
.... La reine Bérénice
Vous arrache, Seigneur, *du* sein de vos États. (II, 378, *Bér.* 81.)
* Ajax s'étoit vanté d'échapper *de* la mer. (VI, 91, *Rem. sur l'Odyss.*)
Vos ennemis déchus *de* leur vaine espérance.
     (II, 273, *Brit.* 375; voyez VI, 181, *Livres ann.*)
* Les conjectures se prennent ou *de* la cause, ou *de* la personne, ou *de* l'action même. (VI, 331, *Livres ann.*)
* Les.... sujets de mécontentement qu'il eut *de* M. de Turenne. (V, 102, *Notes hist.*)
Une tragédie dont le sujet est pris *d'*Euripide. (III, 299, *Phèd.* préf.)
.... Néron, *d'*aussi loin qu'il me vit, Laissa, etc. (II, 260, *Brit.* 105.)
* Ajax crie *de* dedans sa tente. (VI, 238, *Livres ann.*)
* Le grand silence qui règne au dedans de leurs maisons.... donne de l'étonnement.... à ceux qui sont *de* dehors. (V, 535, *Trad.*)
Celle (*l'attaque*) qui étoit *de* delà la Meuse. (V, 326, *Siége de Nam.*)
Voyez ci-dessus, p. 93, De, du.... coeur.

2° De, marquant, devant des noms ou des adverbes de temps, point de départ, durée, etc. :

* Il n'avoit pas mangé *de* longtemps. (VI, 118, *Rem. sur l'Odyss.*)
Je ne crois pas voir M. Arnaud *de* longtemps. (VI, 498, *Lettres.*)
(*Rome*) *Du* règne de Néron compte sa liberté. (II, 264, *Brit.* 202.)
Du jour que j'arrachai cet enfant à la mort.... (III, 617, *Ath.* 189.)
Je ne connois Néron et la cour que *d'*un jour. (II, 328, *Brit.* 1521.)
* L'usage.... qui règle l'ordre des séances des pairs *du* temps de l'érection des pairies. (V, 385, *Factums.*)
* Ils percent *de* nuit la maison, à l'endroit qu'ils ont marqué *de* jour. (VI, 189, *Livres ann.*)
* *Du* matin, Ménélaüs se lève. (VI, 89, *Rem. sur l'Odyss.*)
Je ne veux *de* trois mois rentrer dans la maison. (II, 151, *Plaid.* 73.)
Voyez VI, 476, 572 et 596, *Lettres*; VII, 36 et 85, *Lettres.*
On me défend, Monsieur, de plaider *de* ma vie. (II, 162, *Plaid.* 244.)
Je ne l'ai point encore embrassé *d'*aujourd'hui. (II, 53, *Andr.* 264.)
Voyez VI, 484, *Lettres.*

Si je fusse arrivé plus tard *d*'une journée. (III, 201, *Iph.* 982.)
* Hommes *d*'un jour, c'est-à-dire qui ne durez qu'un jour. (VI, 215, *Livres ann.*)

3° DE, marquant des rapports analogues à ceux de *par*, *avec*, sens de cause, d'instrument, de moyen :
La rive au loin gémit, blanchissante *d*'écume. (III, 240, *Iph.* 1781.)
Je ne me noie plus *d*'eau comme je faisois. (VI, 562, *Lettres.*)
De ses bras innocents je me sentis presser. (III, 620, *Ath.* 254.)
*Elle le fait servir à table *de* viandes telles qu'en mangent les hommes. (VI, 101, *Rem. sur l'Odyss.*)
Dans Rome les autels fumoient *de* sacrifices. (II, 313, *Brit.* 1188.)
J'ai mendié la mort chez des peuples cruels
Qui n'apaisoient leurs dieux que *du* sang des mortels. (II, 64, *Andr.* 492.)
D'un cours impétueux traverser vos provinces. (I, 541, *Alex.* 378.)
....J'irois l'abuser *d*'une fausse promesse? (II, 514, *Baj.* 753.)
L'habitude de vous laisser tenter *de* tout ce que, etc. (VII, 267, *Lettres.*)
Vous reconnoîtrez bien *de* là que j'ai lu la lettre. (VI, 398, *Lettres.*)
Je fus reçu *de* mon oncle avec toute sorte d'amitié. (VI, 416, *Lettres.*)
O Ciel, si notre amour est condamné *de* toi. (II, 498. *Baj.* 419.)
....Si vos respects sont rejetés *d*'un père. (III, 181, *Iph.* 589.)
J'ai su tromper les yeux *de* qui j'étois gardé. (III, 359, *Phèd.* 968.)
Il m'a appuyé cela *de* quelques raisonnements. (VI, 562, *Lettres.*)
Les peuples, prévenus *de* ce nom favorable. (II, 490, *Baj.* 241.)
Turenne.... est emporté *d*'un coup de canon.(V, 267, *Camp. de L. XIV.*)
*Il se sentoit pris *de* la chaleur du soleil. (VI, 157, *Rem. sur l'Odyss.*)
D'un soin cruel ma joie est ici combattue. (III, 178, *Iph.* 557.)
* Point d'autorité.... qui ne soit établie *de* Dieu. (V, 536, *Trad.*)
....Toujours enchaîné *de* ma gloire passée. (II, 319, *Brit.* 1332.)
D'un lâche désespoir ma vertu consternée. (II, 513, *Baj.* 734.)
.... Vaincu *du* pouvoir de vos charmes. (I, 542, *Alex.* 409.)
Ces cœurs.... *d*'un vain loisir déçus. (I, 585, *Alex.* 1343.)
D'un mot ou *d*'un regard je puis le secourir. (II, 497, *Baj.* 399.)
* Inothée leur boucha les narines *d*'ambroisie (VI, 90, *Rem. sur l'Odyss.*)
*(*Il*) le jeta *de* son trident contre un rocher. (VI, 91, *Rem. sur l'Odyss.*)
* Se prendre *des* mains à ce rocher. (VI, 107, *Rem. sur l'Odyss.*)
* Telemachus... se cache *de* son manteau. (VI, 85, *Rem. sur l'Odyss.*)
... *D*'un même poignard les unissant tous deux,
Les percer l'un et l'autre, et moi-même après eux. (II, 536, *Baj.* 1247.)
(*Il*) fait tomber *d*'un coup mon chapeau dans la boue. (II, 179, *Plaid.* 420.)
Qu'aux larmes, au travail, le peuple est condamné,
Et *d*'un sceptre de fer veut être gouverné. (III, 681, *Ath.* 1396.)
Tous les jours je l'invoque; et *d*'un soin paternel
Il me nourrit *des* dons offerts sur son autel. (III, 642, *Ath.* 649 et 650.)
Voyez III, 192, *Iph.* 819.
D'un cœur moins agité j'attendrois mon destin. (II, 299, *Brit.* 934.)
Ce n'est pas seulement *du* cœur que vous jugez de la bonté d'un ouvrage. (II, 31, *Andr.* épitre; voyez ci-dessus, p. 93.
....(*Agrippine*) *d*'un œil enflammé
Atteste les saints droits d'un nœud qu'elle a formé.
(II, 277, *Brit.* 485 ; voyez OEIL.)
En achevant ces mots, *d*'une démarche fière
Il s'approche du Roi couché sur la poussière. (I, 475, *Théb.* 1365.)
De quelle ardeur j'irois reconnoître mon roi ! (III, 614, *Ath.* 146.)
...*De* quel front cet ennemi de Dieu
Vient-il infecter l'air qu'on respire en ce lieu? (III, 662, *Ath.* 1025.)

De quel autre nom pourrois-je éblouir les yeux de mes lecteurs? (II, 30, *Andr.* épître.)

.... *D'*une cause en l'air il le faut bien leurrer. (II, 201, *Plaid.* 662.)

(Un roi) Qui *d'*un ordre constant gouvernant ses provinces....
(I, 410, *Théb.* 207.

(Mille anges mortels) *D'*une éternelle plainte
Gémissent aux pieds des autels. (IV, 26, *Poés. div.* 59.)

Là, *d'*une admirable structure,
On les voit (*les oiseaux*) suspendre ces nids. (IV, 28, *Poés. div.* 31.)

* Menelaüs ne vouloit plus vivre, *d'*affliction. (VI, 91, *Rem. sur l'Odyss.*)

A-t-on jamais plaidé *d'*une telle méthode? (II, 211, *Plaid.* 767.)

Ajax.... se tue *de* regret. (II, 366, *Bér.* préf.)

* Je combattrois *de* paroles contre les Dieux. (VI, 208, *Livres ann.*)

(*Il*) traita *d'*un grand mépris une pareille question. (IV, 607, *P. R.*)

Faisons *de* notre haine une commune attaque. (II, 68, *Andr.* 569.)

Elle lui répondit *d'*un fort grand sens froid. (IV, 515, *P. R.*)

* Un mensonge *de* dessein formé. (V, 176, *Notes hist.*)

N'est-ce point que chacun *d'*une âme irrésolue,
Pour saluer son frère, attend qu'il le salue? (I, 452, *Théb.* 987.)

Je ne me sens pas *d'*aise. (II, 164, *Plaid.* 268.)

Voyez I, 398, *Théb.* 12; I, 406, *Théb.* 146; I, 412, *Théb.* 251; I, 415, *Théb.* 293; I, 437, *Théb.* 672; I, 444, *Théb.* 841; I, 472, *Théb.* 1311; I, 532, *Alex.* 175; I, 544, *Alex.* 461; I, 549, *Alex.* 571; I, 550, *Alex.* 594; I, 555, *Alex.* 690; I, 568, *Alex.* 961; I, 583, *Alex.* 1289; I, 590, *Alex.* 1435 et 1444; II, 88, *Andr.* 938; II, 112, *Andr.* 412; II, 147, *Plaid.* 35; II, 179, *Plaid.* 424; II, 273, *Brit.* 385; II, 277, *Brit.* 485; II, 338, *Brit.* 1729 et 1730; II, 377, *Bér.* 65; II, 539, *Baj.* 1309; II, 541, *Baj.* 1343; III, 37, *Mithr.* 333; III, 59, *Mithr.* 824; III, 80, *Mithr.* 1295; III, 159, *Iph.* 161; III, 239, *Iph.* 1765; III, 320, *Phèd.* 253; III, 593, *Ath.* préf. l. pén.; III, 611, *Ath.* 102; IV, 26, *Poés. div.* 41; IV, 27, *ib.* 78; IV, 29, *ib.* 40; IV, 126, *ib.* 9; IV, 390, l. 14 et 15, *P. R.*; V, 114, l. 9, *Notes hist.*; V, 126, l. 4, *ib.*; V, 244, l. 16, *Camp. de Louis XIV*; V, 276, l. 7, *ib.*; V, 287, l. 12, *ib.*; V, 333, l. 15 et 16, *Siége de Nam.*; IV, 44, l. 21, *Rem. sur Pind.*; VI, 57, l. 3, *Rem. sur l'Odyss.*; VI, 99, l. 5, *ib.*; VI, 143, l. 30, *ib.*; VI, 216, l. 25, *L. ann.*; VI, 291, l. 28, *ib.*; VI, 308, l. 2, *ib.*; VI, 318, l. 1, *ib*,

4° DE, sur, touchant, au sujet de :

On sème *de* sa mort d'incroyables discours. (III, 329, *Phèd.* 380.)

* Ce sont là les choses que Denys écrit *de* lui-même. (V, 586, *Trad.*)

(*Ils*) triomphèrent fort *de* cette ordonnance. (IV, 545, *P. R.*)

Je pleure, hélas! *de* ce pauvre Holoferne. (IV, 190, *Poés. div.* 9.)

5° DE, du nombre de, parmi, faisant partie de; DE, DES, partitif :

...Lui seul *de* tant de rois. (III, 462, *Esth.* prol. 29.)

Huit cents hommes, *de* deux mille. (V, 275, *Camp. de Louis XIV.*)

Il.... m'assura qu'il étoit fort *de* vos amis. (VII, 75, *Lettres.*)

Il marche *des* premiers.... (I, 398, *Théb.* 12.)

Quoi? ce jour tout entier n'est-il pas *de* la trêve? (I, 428, *Théb.* 547.)

* Elle coupe *de* ses cheveux pour les envoyer au tombeau. (VI, 226, *Livres ann.*)

J'ai peur qu'ils ne veuillent pas prendre *de* mon argent. (VII, 64, *Lettr.*)

* Rien ne lie si bien l'amitié que d'avoir enduré *de* la misère ensemble. (VI, 76, *Rem. sur l'Odyss.*)

Je voudrois que vous pussiez relire *de* votre Cicéron. (VII, 114, *Lettres.*)

Cette expédition a bien *de* l'air de celle qu'on fit pour secourir Philisbourg. (VI, 599, *Lettres*; voyez VII, 199, *Lettres.*)

Je ne prends point *de* parti entre M. des Marets et vous. (IV, 277, *Imag.*)

On ne fit point *de* scrupule de s'y réjouir. (II, 141, *Plaid.* au lect.)

Elle n'a vu couler *de* larmes que les siennes. (II, 276, *Brit.* 448.)

Sans avoir en aimant *d'*objet que son amour. (II, 397, *Bér.* 533.)

.... Sans connoître ici *de* lois que son courage. (III, 45, *Mithr.* 507.)
* Ils composent.... plusieurs hymnes,... y faisant entrer *de* toutes sortes de cadences, etc. (V, 545, *Trad.*)
* Afin que les Portugais n'eussent plus *d*'ennemis que les Espagnols. (V, 151, *Notes hist.*)
* Ces gens n'estiment *d*'heureux que ceux qui sont riches. (V, 510, *Trad.*)
Ils y réformoient ce qui leur sembloit *de* trop modéré. (IV, 531, *P.R.*)
* Peut-on rien appeler *de* grand, lorsqu'il est de si peu de durée? (VI, 281, *Livres ann.*)
De certaines gens se sont efforcés de, etc. (II, 242, *Brit.* 2e préf.)
Les précautions de M. de Vauban ne sont pas inutiles pour épargner bien *de* braves gens qui s'iroient faire tuer mal à propos. (VII, 56, *Lettres.*)
Voyez ci-après, 7° c), 4e et 5e exemples.
Je ne vous ferai point *des* reproches frivoles. (II, 548, *Baj.* 1469.)
N'accuse point le Ciel qui le laisse outrager,
Et *des* indignes fils qui n'osent le venger. (III, 35, *Mithr.* 306; voy. note 2.)
Madame, je n'ai point *des* sentiments si bas. (III, 339, *Phèd.* 595.)

6° DE, où nous employons plutôt *à* :
* Il excita Kmielnischi *de* faire révolter les Cosaques. (V, 139, *Notes hist.*)
Mlle Vitart étoit disposée *d*'aller à la Ferté. (VI, 464, *Lettres.*)
* (Il) s'engage *de* louer celles (*les victoires*) qu'ils remporteront encore. (VI, 53, *Rem. sur Pind.*; voyez I, 442, *Théb.* var.)
.... Je consens *d*'oublier le passé. (II, 107, *Andr.* 1344; voy. CONSENTIR.)
* Quelques Anglois.... s'offrirent *de* lui donner les clefs. (V, 103, *Notes hist.*; VI, 245, *Livres ann.*)
Voyez COMMENCER, PLAIRE (SE), PLAISIR, PROFITER, SERVIR ; et ci-après, 7° a), 13e et 14e exemples; 7° b), 5e exemple; et 8°, 4e exemple.

7° DE, liant leurs régimes à des noms, des adjectifs, des adverbes, des verbes.

a) Noms :
Dans l'horreur *d*'un cachot par son ordre enfermé. (III, 691, *Ath.* 1569.)
Chacun devoit bénir le bonheur *de* son règne. (II, 305, *Brit.* 1055.)
Par moi seule éloigné de l'hymen *d*'Octavie....
    (II, 258, *Brit.* 63; voyez II, 323, *Brit.* 1410 ; II, 335, *Brit.* 1663.)
* Le bruit *de* la cour.... étoit que.... (V, 107, *Notes hist.*)
* Maux *de* la mauvaise honte. (VI, 316, *Livres ann.*)
* (Ce) prologue n'a point l'air *de* prologue. (VI, 321, *Livres ann.*)
* Sévérité que l'on a pour les fautes *d*'esprit. (VI, 332, *Livres ann.*)
* .... Ne croyez pas qu'il vous donne
    A dessein *de* vous demander. (IV, 207, *Poés. div.* 6, app.)
Il me fait *de* l'autel refuser le passage. (III, 204, *Iph.* 1050.)
* Corrections *des* flatteurs (*faites par les flatteurs*). (VI, 306, *Livres ann.*)
Sept bataillons *de* tranchée. (V, 333, *Siége de Nam.*)
* Nuit *du* quinzième jour. (VI, 204, *Livres ann.*; voyez ibid. l. 33.)
* La cause commune *de* tout le sexe. (VI, 255, *L. ann.*; voy. VI, 256.)
* La facilité *de* s'exprimer. (VI, 321, *Livres ann.*)
* Différence *de* l'ami et du flatteur. (VI, 306, *L. ann.*; voy. 320, 333, *ib.*)
* La nomination *de* toutes les charges. (V, 78, *Notes hist.*)
Foin *de* moi! (II, 181, *Plaid.* 452.)
En branle *de* : voyez BRANLE.
* Tambours *de* grand bruit. (VI, 258, *Livres ann.*)
    Je viens à vous, arbres fertiles,
    Poiriers *de* pompe et *de* plaisirs. (IV, 41, *Poés. div.* 42.)
* Ils avoient.... beaucoup de vin *de* réserve. (VI, 145, *Rem. sur l'Odyss.*)
Esprit *d*'imprudence, *de* discorde, *de* douceur, etc. · voyez ESPRIT.

*Bel artifice *d'*instruire le spectateur sans éclaircir l'acteur. (VI, 235, *Livres ann.*)

Je trouve leur intention bonne, *de* vouloir, etc. (II, 35, *Andr.* 1re préf.)
Qui n'admireroit un changement si rare, *De* voir, etc.? (I, 444, *Théb.* 824 var.)
* Il y a quelque honte à lui *de* ne se point mettre en peine de son père. (VI, 247, *Livres ann.*)
* C'est là le caractère qu'Homère donne à Nestor, *de* parler beaucoup. (VI, 77, *Rem. sur l'Odyss.*; voyez II, 294, *Brit.* 819.)
La délicatesse est grande *de* ne pas vouloir qu'elle dise.... qu'elle passe chez Octavie. (II, 245, *Brit.* 1re préf.)
Le prince d'Orange fit encore.... des démonstrations *de* vouloir décider du sort de Namur par une bataille. (V, 337, *Siége de Nam.*)

Racine a souligné *de* et son complément dans la phrase suivante de Vaugelas : « Tant la peur est une passion insensée, *de* craindre même, etc. » (VI, 355).

* C'étoient des hommes qui jouoient les personnages *des* femmes. (VI, 277, *Livres ann.*)
* Nouvelle question si cette forme *du* gouvernement est possible. (VI, 278, *Livres ann.*)
* Homère a voulu donner des exemples *de* toutes les actions civiles dans l'Odyssée, comme *de* militaires dans l'Iliade. (VI, 138, *Rem. sur l'Odyss.*)

Dans les huit exemples suivants, *de* est au sens passif; le second nom est l'objet de ce qu'exprime le premier :

Dis-lui que *de* mon fils l'amour est assez fort.... (II, 92, *Andr.* 1039.)
Les blasphèmes et les railleries *de* ce qu'il y a de plus saint éclatoient avec audace. (V, 363, *Harangue de Colbert*.)
* Raillerie agréable *des* oraisons funèbres. (VI, 275, *Livres ann.*)
Le zèle *de* votre prince.... et le bien public vous tiennent continuellement attaché. (II, 363, *Bér.* épître.)
Prédiction *des* successeurs d'Énée. (VI, 208, *Livres ann.*)
.... La terreur *de* ses armes. (I, 542, *Alex.* 410.)
La vengeance d'Hélène emporta mon courage. (II, 107, *Andr.* 1342.)
Prêt à faire sur vous éclater la vengeance
*D'*un geste confident de notre intelligence. (II, 302, *Brit.* 992.)
Voyez II, 382, *Bér.* 168; IV, 397, l. 2, *P. R.*; VI, 51, l. 26, *Rem. sur Pind.*

b) Adjectifs :

...Murs vides *de* citoyens. (III, 229, *Iph.* 1555; voy. III, 60, *Mithr.* 828.)
Hélas! *de* vos malheurs innocente ou coupable,
De quoi pour vous sauver n'étois-je point capable? (III, 348, *Phèd.* 773-4.)
(Sa main) *de* mes bienfaits lâchement *libérale.* (II, 536, *Baj.* 1241.)
Sublime en ses écrits, doux et simple *de* cœur. (IV, 192, *Poés. div.* 1.)
.... Prêt *d'*éclater. (III, 189, *Iph.* 760; III, 608, *Ath.* 58.)
Voyez III, 190, *Iph.* 775; IV, 461, *P. R.*
Sa régularité à réciter tous les jours l'office aux mêmes heures *de* la communauté. (V, 11, *Épitaphes*; voyez V, 96, l. 1, *Notes hist.*)

c) Adverbes, négations :

* La douleur trouve assez *de* sujet pour pleurer. (VI, 309, *Livres ann.*)
Le château, qui ne fait pas plus *de* peur à M. de Vauban que la ville. (VII, 44, *Lettres.*)
Les gages dus dès lors *de* l'ordonnance. (IV, 596, *P. R.*)
Je n'ai point *d'*égard à l'inégalité de vos humeurs. (IV, 327, *Imag.*)
Il n'y avoit *d'*hérésie ni sorte d'impiété dont ils ne s'efforçassent de les faire croire coupables. (IV, 451, *P. R.*)

d) Verbes et périphrases verbales (voyez ci-dessus, 3° et 6°) :

Voyez ACHETER, AIMER, ALLER (p. 25, IL Y VA DE), APPELER, APPLAU-

DIR, Arriver, Assurer, Assurer (S'), Attendre, Attendre (S'), Avouer, Combattre, Commencer, Condamner, Consentir, Couler, Décider, Délibérer, Dépendre, Desirer, Douter, Echapper, Effacer, Emprunter, Engager (S'), Enrager, Entremettre (S'), Entretenir, Espérer, Etre, Forcer, Fournir, Importer, Ingérer (S'), Interroger, Juger, Mêler, Mettre, Obliger, Obligé, Ordonner, Payer, Présager, Profiter, Racheter, Ranger, Relacher, Reposer (Se), Résoudre, Résoudre (Se), Respirer, Rester, Servir, Souhaiter, Taire (Se), Témoignage (Porter), Vouloir (du mal), etc.

8° De, donnant à un infinitif une valeur analogue à celle du gérondif en *do* des latins :

.... Qui avoient cru se déshonorer *de* rire à Paris. (II, 141, *Plaid.* au lect.)
Il se fait violence *de* maltraiter son fils. (IV, 13, *Plan d'Iph. en Taur.*)
Je pourrois vous dire qu'on vous fait beaucoup d'honneur *de* vous répondre. (IV, 327, *Imag.*)
*Que gaigne un homme.... *de* différer sa mort? (VI, 233, *Livres ann.*)

9° Si.... que de; ce.... de ou que de :

A Dieu ne plaise, Seigneur, que vous soyez jamais *si* malheureux *que de* savoir ces choses-là mieux que moi ! (II, 368, *Bér.* préf.)
Passant même jusqu'à *cet* excès *de* vouloir insinuer des choses très-injurieuses. (IV, 435, *P. R.*)
.... Jusqu'à *cet* excès de fureur *que de* lui reprocher, etc. (IV, 475, *P. R.*; voyez IV, 434, *P R.*)

10° De ce que :

* Je pleure *de ce que* cet enfant n'est pas, etc. (V, 147, *Notes hist.*)
* On lui reprochoit une fois *de ce qu'*il mangeoit en plein marché. (V, 526, *Trad.*)
Cette île, où l'on compte pour un présage funeste *de ce que* nous manquons de victimes pour cette fête. (IV, 10, *Plan d'Iph. en Taur.*)

11° De, devant un infinitif sujet, avec ou sans *ce* (voyez ci-après, 14°); de, devant un infinitif complément direct :

*D'*attester qu'on croit ce qu'on ne croit pas, est un crime horrible. (IV, 525, *P. R.*)
*C'est une marque d'un esprit bien né *de* n'être point si timide. (VI, 114, *Rem. sur l'Odyss.*)
... *De* couler sous votre empire,
C'est plus que *de* régner sur l'empire des mers.
(IV, 52, *Poës. div.* 19 et 20.)
De vous rendre ici mot à mot tous les discours que l'on prononça, c'est ce que vous ne devez pas attendre de moi. (V, 462, *Trad.*)
.... *De* faire fléchir un courage inflexible,
De porter la douleur dans une âme insensible,
*D'*enchaîner un captif de ses fers étonné,...
C'est là ce que je veux, c'est là ce qui m'irrite. (III, 332, *Phèd.* 449-453.)
* Ce n'est pas.... une chose aisée *de* garder l'équité et la mesure. (VI, 36, *Rem. sur Pind.*; voyez VI, 37, l. 6, *ibid.*)
.... Est-ce aimer votre frère
Que *de* lui faire ici cette injuste prière ?
(I, 428, *Théb.* 528; voyez *ibid.* 525; et ci-après, 13°.)
C'est à lui *de* parler....
(III, 640, *Ath.* 627; voyez II, 218, *Plaid.* 867; II, 282, *Brit.* 588.)
L'ordre logique est : « Ce, ceci, à savoir *de* parler, est à lui. »
Hélas ! et qu'ai-je fait que *de* vous trop aimer ? (II, 436, *Bér.* 1318.)

*Lucullus aime mieux sauver un Romain que *de* vaincre tous ses ennemis. (VI, 293, *Livres ann.*; voyez *ibid.* 1. 5.)

Racine a souligné *de* dans cet exemple de Vaugelas : « Voici ce que sa fortune lui avoit apporté, *de* s'égaler aux Dieux » (VI, 357).

12° DE, emplois divers :

On dit qu'elle est fort jolie *de* sa personne. (VII, 251, *Lettres*.)
*Que je vous aime *de* cette humeur! (V, 459, *Trad*.)
*Les arcs étoient faits *de* corne. (VI, 205, *Livres ann*.)
Un peu portée à l'intrigue et ne haïssant pas à se faire *de* fête. (IV, 507, *P.R*.)
*Ils n'ont point besoin d'autres bourreaux que *d*'eux-mêmes. (VI, 314, *Livres ann*.)
D'autres temps, *d*'autres soins.... (III, 56, *Mithr*. 773.)
*Il fait ce qu'il a *de* coutume de faire. (VI, 188, *Livres ann*.)
*La fin.... est ce qui.... a *de* coutume d'être après une autre chose. (V, 479, *Trad*.)
C'étoit trop peu pour moi *d*'une telle victime.
(III, 495, *Esth*. 469; voyez I, 405, *Théb*. 117; III, 483, *Esth*. 260.)
Ah! Madame, pour moi j'ai trop vécu *d*'un jour. (II, 337, *Brit*. 1702.)
Je ne mens pas *d*'un mot.... (II, 200, *Plaid*. 645.)
Qu'étoit-ce toutefois *de* ce grand appareil ? (IV, 62, *Poés. div*. 175.)
*Il n'y eut que deux verres *de* cassés. (V, 114, *Notes hist*.)
Il n'y a pas eu.... aucun coup *de* tiré de leur part. (VII, 61, *Lettres*.)
Le bâtiment ne faisoit que *d*'être achevé. (IV, 420, *P. R*.; voyez VI, 135, *Rem. sur l'Odyss*.; VI, 608, *Lettres*.)
*Faire plutôt de belles actions que *de* louer celles de ses ancêtres. (VI, 293, *Livres ann*.; voyez ci-après, 13°.)
*Comparaison *d*'un tableau. (VI, 290, *Livres ann*.)
Outre cela ils causent *des* mieux. (VI, 419, *Lettres*, 1661.)
(*La Hollande*) traitoit *d*'égale avec l'Angleterre. (V, 244, *Camp. de L. XIV*.)
*Au mois de janvier *de* 1654. (V, 160, *Notes hist*.)
Le 30 *d*'octobre de l'an MDCLXXXV. (V, 12, *Épitaphes*.)

Souvent aussi le *de* est omis devant le nom du mois : « Cette action se passa le onzième octobre 1672 » (V, 55, *Méd*.).

*Monsieur *de* Meaux (*l'évêque de Meaux*). (V, 207, *Notes relig*.)
« Monsieur *de* Petit Jean, » ah! gros comme le bras. (II, 146, *Plaid*. 10.)
*La surintendance générale du commerce et de la navigation *de* France. (VI, 345, *Livres ann*.)
*Le duc de Guise prétendoit être amiral *de* Levant. (V, 77, *Notes hist*.)
On y célébroit la mémoire de la publication de la loi sur le mont *de* Sinaï. (III, 599, *Ath*. préf.; voyez III, 624, *Ath*. 332.)
La porte *de* Saint-Nicolas. (V, 328 et 329, *Siége de Nam*.)
D'abord, *d*'accord, *d*'assaut, *d*'autant, avant que *de*, tout *de* bon, *de* combien, *de* compagnie, *de* concert, *de* conséquence, *de* gaieté de cœur, *de* garde, *de* haut en bas, *d*'intelligence, *de* pair, *de* par, *de* ce pas, *de* près, *de* rien, à travers *de* : voyez ABORD, ACCORD,... AVANT, BON,... GAIETÉ,... HAUT, etc.

13° DE, exprimé une fois, puis sous-entendu :

Défense *d*'enseigner, lire et soutenir dans les écoles, etc. (IV, 535, *P.R*.)
*Ulysse ne souhaite autre chose que *de* voir seulement la fumée de son pays, et puis mourir. (VI, 58, *Rem. sur l'Odyss*.)
.... Il ne tient qu'à vous, si l'honneur vous anime,
De nous donner la paix sans le secours d'un crime,
Et de votre courroux triomphant aujourd'hui,

Contenter votre frère, et régner avec lui. (I, 403, *Théb.* 76-78.)
Est-ce m'aimer, cruel, autant que je vous aime,
Que d'être inexorable à mes tristes soupirs,
Et m'exposer encore à tant de déplaisirs?
              (I, 427, *Théb.* 525 et 526; voyez *ibid.* 528 et 529.)
Digne emploi d'un ministre, ennemi des flatteurs,
Choisi pour mettre un frein à ses jeunes ardeurs,
De les flatter lui-même, et nourrir dans son âme
Le mépris de sa mère et l'oubli de sa femme! (II, 294, *Brit.* 819.)

14° DE, omis où d'ordinaire nous l'exprimons :
Est-ce un crime qu'aimer une beauté céleste? (I, 422, *Théb.* 432.)
Ah! c'est m'assassiner que me sauver la vie. (I, 482, *Théb.* 1494.)
Ce que c'est qu'à propos toucher la passion! (II, 215, *Plaid.* 828.)
.... C'est pousser trop loin ses droits injurieux
Qu'y joindre le tourment que je souffre en ces lieux. (III, 195, *Iph.* 880.)
Peut-on faire au vainqueur une injure plus noire,
Que lui laisser gagner une telle victoire? (I, 409, *Théb.* 200.)
  * Distribuer aux soldats plutôt que se réserver. (VI, 293, *Livres ann.*; voyez ci-dessus, 11°.)
  * Il n'y a personne exempt de douleur. (VI, 248, *Livres ann.*)
  * N'avoir autre but dans ses amitiés et inimitiés que le bien public. (VI, 295, *Livres ann.*)
(*Ils*) ne firent pas un pas plus qu'on ne leur avoit commandé. (VII, 48, *Lettres;* voyez III, 189, *Plaid.* 587.)
Ne vous informez point ce que je deviendrai. (II, 512, *Baj.* 703.)

DÉBARRASSER (Se) DE :
Ils avoient peine à s'imaginer qu'un prince jeune,... au milieu des.... délices, qui sembloient le chercher en foule, pût *s'en débarrasser* si aisément, pour aller loin de son royaume, etc. (V, 245, *Camp. de Louis XIV.*)

DÉBATTRE (Se) :
Je l'ai vu dans leurs mains.... *se débattre.* (II, 117, *Andr.* 1518.)

DÉBAUCHE :
  * Vous êtes d'avis de ne point pousser la *débauche;*... je vous remontre le danger qu'il y a de s'enivrer. (V, 460, *Trad.*)
Qu'un homme fût dans la *débauche.* (IV, 284, *Imag.*)

DÉBAUCHER :
Je me suis laissé *débaucher* par M. Félix pour aller demain avec le Roi à Maintenon. (VI, 561, *Lettres;* voyez V, 114, *Notes hist.*; VI, 388, *Lettres.*)

DÉBITER, vendre :
Ils (*les jésuites*) le *débitèrent* (*un livre*) publiquement dans leur collége. (IV, 488, *P. R.*; voyez IV, 273, *Imag.*; IV, 484, *P. R.*)

* DÉBOÎTEMENTS de membres, V, 538, *Trad.*

DÉBORDER (Se) :
Ils savent que sur eux prêt à *se déborder,*
Ce torrent, s'il m'entraîne, ira tout inonder. (III, 59, *Mithr.* 809.)
  Les jésuites *se débordèrent* en une infinité de nouvelles invectives contre sa mémoire. (IV, 417, *P. R.*)

DEBOUT :
Ils vivent cependant, et leur temple est *debout.* (III, 637, *Ath.* 597.)

DÉBRIS, au singulier et au pluriel :
Quel *débris* parle ici de votre résistance? (III, 214, *Iph.* 1261.)

Ne souffrons pas que Phèdre, assemblant nos *débris*,
Du trône paternel nous chasse l'un et l'autre. (III, 382, *Phèd.* 1368.)
Voyez I, 533, *Alex.* 191 ; II, 280, *Brit.* 556 ; II, 395, *Bér.* 470 ; II, 519, *Baj.* 873 ; II, 543, *Baj.* 1401 ; III, 24, *Mithr.* 18 ; III, 162, *Iph.* 236 ; III, 214, *Iph.* 1261 ; III, 463, *Esth.* prol. 48 ; III, 659, *Ath.* 961.

DÉBROUILLER :
Ta sagesse, grand Dieu,... *Débrouilla* le chaos. (IV, 130, *Poés. div.* 2.)

DEÇÀ, AU DEÇÀ, opposé à *delà, au delà* :
Delà j'aperçois les prairies,....
Deçà je vois les pampres verts. (IV, 25, *Poés. div.* 11 et 15.)
* Elles s'enfuirent toutes, qui *deçà*, qui *delà*. (VI, 113, *Rem. sur l'Odyss.*)
Au deçà du Rhin. (V, 267, *Camp. de Louis XIV*; voyez la note 9.)
Il a trouvé des hauteurs *au deçà* et *au delà* de la Meuse. (VII, 42, *Lettr.*)

DÉCADENCE (ALLER EN) :
.... Lorsqu'il plut au Destin
Que Rome *allât en décadence*. (VI, 490, *Lettres.*)

DÉCAMPER, terme militaire, V, 336, *Siége de Namur.*

DÉCELER, découvrir, trahir :
Percer le traître cœur qui m'a pu *déceler*. (III, 77, *Mithr.* 1226.)
Voyez III, 511, *Esth.* 751 ; VI, 381, *Lettres.*

DÉCEVOIR :
Perdez-moi, Dieux cruels, ou vous *serez déçus*. (I, 483, *Théb.* 1500.)
Madame, je vois bien que vous *êtes déçue*. (II, 412, *Bér.* 851.)
Ai-je pu résister au charme *décevant* ? (III, 335, *Phèd.* 523.)
Ces cœurs.... d'un vain loisir *déçus*. (I, 585, *Alex.* 1343.)

DÉCHAÎNE, au figuré :
La maison de Monsieur étoit *déchaînée* contre lui. (VI, 575, *Lettres.*)

DÉCHAÎNEMENT, au figuré :
(*Il*) n'ignoroit pas tout ce *déchaînement* des jésuites. (IV, 454, *P. R.*)

DÉCHARGER, au figuré ; SE DÉCHARGER DANS :
Décharger son âpre colère. (IV, 38, *Poés. div.* 54.)
* Une rivière.... qui *se décharge* dans la Sègre. (VI, 344, *Livres ann.*

DÉCHIREMENT, au figuré :
Déchirement, déchirements de cœur. (IV, 509 et 560, *P. R.*)

DÉCHIRER, au propre et au figuré :
.... De son corps hideux les membres *déchirés*. (III, 612, *Ath.* 118.)
De mon fils *déchiré* fuir la sanglante image. (III, 395, *Phèd.* 1606.)
Dites, parlez. — Hélas ! que vous me *déchirez !* (II, 425, *Bér.* 1153.)
Mille soupçons affreux viennent me *déchirer*. (III, 73, *Mithr.* 1130.)
Quoi ? de quelques remords *êtes-vous déchirée ?* (III, 318, *Phèd.* 218.)
.... Je verrai mon âme en secret *déchirée*. (III, 54, *Mithr.* 731.)

DÉCHU DE :
Vos ennemis *déchus* de leur vaine espérance.
(II, 273, *Brit.* 375 ; voyez VI, 181, *Livres ann.*)

DÉCIDER ; DÉCIDER DE, SUR :
On ne pouvoit nier sans hérésie un fait que le Pape *avoit décidé*. (IV, 493, *P. R.*)

(*Le jour*) Qui *décida du* sort d'un long siége douteux. (II, 379, *Bér.* 106.)
Du Troyen ou *de* moi faites-le *décider*. (II, 69, *Andr.* 586.)
Je conseille à ces Messieurs de ne plus *décider* si légèrement *sur* les ouvrages des anciens. (III, 147, *Iph.* préf.)

DÉCLAMATION, pièce d'éloquence, VI, 527, *Lettres*.

DÉCLAMER contre :
Ces sortes de gens *déclamèrent contre* les Religieuses de Port-Royal (IV, 391, *P. R.*)

DECLARATOIRE (Absolution), IV, 452, *P. R.*

DÉCLARER, se déclarer :
Son testament, où il *déclare* à Dieu le fond de son cœur. (IV, 480, *P. R.*)
Je leur *déclarerai* l'héritier de leurs maîtres. (III, 617, *Ath.* 180.)
Pour tous mes ennemis je *déclare* les siens. (II, 117, *Andr.* 1511.)
Je leur *ai déclaré*.... les sentiments d'Aristote. (II, 243, *Brit.* 1re préf.)
Notre ennemi cruel devant vous *se déclare*. (III, 530, *Esth.* 1092.)
Je sentis contre moi mon cœur *se déclarer*. (III, 176, *Iph.* 499.)
Voyez II, 63, *Andr.* 461; II, 82, *Andr.* 838; II, 251, *Brit.* 2e préf.; II, 375, *Bér.* 30; II, 383, *Bér.* 206; II, 386, *Bér.* 262; V, 194, *Not. hist.*; VI, 234 et 235, *L. ann.*

DÉCLIN, au figuré :
Que leur persévérance ignore le *déclin*. (IV, 111, *Poés. div.* 28.)
.... Claudius penchoit vers son *déclin*. (II, 312, *Brit.* 1173.)

DÉCLINER, au figuré, baisser, diminuer :
.... A son tour, leur puissance *décline*. (II, 331, *Brit.* 1603.)

Décliner son nom, V, 494, *Trad.*

DÉCOLORER (Se) :
Sous le pâle horizon l'ombre *se décolore*. (IV, 124, *Poés. div.* 11.)

DÉCONCERTER :
Les ruses du nouveau Protée *furent déconcertées* par, etc. (V, 48, *Méd.*)
Tu dis, et ta voix *déconcerte*
L'ordre éternel des éléments. (IV, 140, *Poés. div.* 21.)

DÉCOULER de :
Un sang digne des rois *dont* il *est découlé*. (I, 434, *Théb.* 621.)

DÉCOUPER :
* *Ayant été découpés* avec des rasoirs. (V, 592, *Trad.*)

DÉCOUSU, au figuré :
* Il faut que la narration ne soit point *décousue*. (V, 499, *Trad.*)

DÉCOUVERTE, exploration :
* Il alla faire la *découverte* de l'île. (VI, 156, *Rem. sur l'Odyss.*)

DÉCOUVRIR, se découvrir, sens divers :
* (*La courtisane*) Lyonne *n'a* jamais *découvert* parmi les tortures Armodius et Aristogiton. (VI. 339, *Livres ann.*)
De ses retranchements il *découvre* les vôtres. (I, 541, *Alex.* 382.)
.... Sans *nous découvrir*,
Allons loin de ses yeux l'oublier, ou mourir. (II, 375, *Bér.* 33.)
.... Les siècles obscurs devant moi *se découvrent*. (III, 667, *Ath.* 1132.)

DÉCRÉTER, terme de pratique, II, 210, *Plaid.* 760.

DÉCRI (des monnaies), VII, 203, *Lettres*.

Décri, au figuré :
* Le *décri* de la dévotion vient des faux dévots. (VI, 280, *Livres ann.*)

DÉCRIER :
Autant.... je me suis efforcé de la rendre bonne (*ma tragédie*), autant de certaines gens se sont efforcés de la *décrier*. (II, 242, *Brit.* 1re préf.)
Ils prirent.... soin de lui *décrier* les Religieuses. (IV, 454, *P. R.*)

DÉDAIGNER :
(Hermione) Semble de son amant *dédaigner* l'inconstance.(II, 46, *Andr.* 126.)
Rome, contre les rois de tout temps soulevée,
Dédaigne une beauté dans la pourpre élevée. (II, 406, *Bér.* 724.)
(Ce cœur) N'*a* point d'un chaste amour *dédaigné* de brûler.
(III, 368, *Phèd.* 1120; voyez *ibid.* 1118.)
Vous n'*avez* point du sang *dédaigné* les foiblesses. (III, 212, *Iph.* 1198.)

DÉDAIGNEUX (Œil) : voyez Œil.

DÉDAIN, au pluriel :
Je vois que mon silence irrite vos *dédains*. (II, 294, *Brit.* 833.)

DEDANS, adverbe ; DEDANS, préposition :
Il tomba sur une garde de dragons qui étoient hors de la place, et entra *dedans* pêle-mêle avec les fuyards. (V, 96, *Notes hist.*)
Un coup de canon qui eût donné *dedans* (*dans ces gabions*).... (VII, 47, *Lettres.*)
Là *dedans*. (VI, 149, *Rem. sur l'Odyss.*)
Ils répandent *dedans* les airs Mille beautés nouvelles. (IV, 35, *Poés.div.*56.)
J'en voyois et dehors et *dedans* nos murailles. (I, 418, *Théb.* 352.)
Voyez I, 432, *Théb.* 606 var. ; I, 438, *Théb.* var.; IV, 23, *Poés. div.* 30; IV, 31, *ibid.* 26; IV, 32, *ibid.* 56 ; IV, 42, *ibid.* 65 et 76.

DE DEDANS :
* Ajax crie *de dedans* sa tente. (VI, 238, *Livres ann.*)

DEDANS, substantivement :
Il s'applique.... à régler le *dedans* de son royaume. (IV, 366, *Disc. acad.*)

DÉDIER, consacrer :
M. de Gondy bénit leur église,... et la *dédia*.... sous le nom du Saint-Sacrement. (IV, 420, *P. R.*)
* Hercule.... *dédia* un temple à Jupiter. (VI, 45, *Rem. sur Pind.*)
Dans ces jours solennels à l'orgueil *dédiés*. (III, 484, *Esth.* 279.)

DÉDUIRE, retrancher, IV, 619, *P. R.*

DÉFAILLIR :
J'ai senti *défaillir* ma force et mes esprits. (II, 545, *Baj.* 1439.)
Toi-même rappelant ma force *défaillante*. (III, 348, *Phèd.* 769.)

DÉFAIRE DE :
Cela leur sert surtout à les *défaire de* quantité de mauvaises prononciations. (III, 454, *Esth.* préf.)

DÉFAITE, au figuré :
.... Qui sait si l'ingrate, en sa longue retraite,
N'a point de l'Empereur médité la *défaite?* (II, 300, *Brit.* 948.)

DÉFAUT :
Tous les *défauts* qu'une violente ambition entraîne. (IV, 475, *P. R.*)

AU DÉFAUT DE :
Au défaut de ton bras prête-moi ton épée. (III, 344, *Phèd.* 710.)
Voyez I, 555, *Alex.* 684 ; II, 384, *Bér.* 214.

En défaut, métaphore tirée de la chasse :
Voilà mes guichetiers *en défaut*, Dieu merci. (II, 149, *Plaid.* 62.,

DÉFECTION :
Elles furent.... étonnées de la *défection* de la sœur Flavie. (IV, 560, *P.R.*)

DÉFENDEUR, terme de pratique, II, 199, *Plaid.* 642.

DÉFENDRE, se défendre de :
Aux plus hardis guerriers (*il*) en *défendoit* l'abord.
(I, 590, *Alex.* 1436 ; voyez II, 121, *Andr.* 1585.)
* La fortune ordinaire de mon père me *defendoit* de craindre pour lui. (VI, 248, *Livres ann.*)
Prince, *de* ce devoir je ne puis *me défendre.* (II, 431, *Bér.* 1252.)
Voyez I, 563, *Alex.* 862 ; II, 101, *Andr.* 1211 ; VI, 308, *Livres ann.*

DÉFENSE (Être en) :
La mort d'un ennemi qui n'*est* plus *en défense.* (I, 594, *Alex.* 1514.)

Arrêt de défense, terme de pratique, II, 161, *Plaid.* 228.

DÉFENSIF, défensive : voyez Ligue.

Défensive, substantivement :
Se tenir sur la *défensive.* (V, 257, *Camp. de Louis XIV.*)

DÉFÉRENCE, déférences :
Elles eussent signé par *déférence* pour leur archevêque. (IV, 548, *P. R.*
Esprit de *déférence.* (IV, 361, *Disc. acad.*)
Tant d'honneurs, disoient-ils, et tant de *déférences.* (II, 314, *Brit.* 1231.)

DÉFÉRER, accorder, conférer :
Quelques titres nouveaux que Rome lui *défère.* (II, 259, *Brit.* 79.)

Déférer à, obéir à, se conformer à :
Ces prélats demeurèrent fermes dans la résolution qu'ils avoient prise de ne point *déférer aux* décisions de l'Assemblée. (IV, 524, *P. R.*)

DÉFIANCE :
Mon père ne vit plus. Ma juste *défiance*
Présageoit les raisons de sa trop longue absence. (III, 333, *Phèd.* 465.)
Esprit de discorde et de *défiance.* (IV, 365, *Disc. acad.*)

DÉFIGURER :
Quelques efforts que l'on eût faits pour lui *défigurer* (*au Roi*) mon héros. (I, 513, *Alex.* épitre.)
Je ne l'*ai* si *défiguré* (*un sonnet*) que pour le rendre plus beau. (VI, 373, *Lettres.*)

DÉFILÉ, V, 142, *Notes hist.* ; V, 297, *Camp. de Louis XIV.*

DÉFRICHER, au propre, VI, 417, *Lettres ;* au figuré, V, 509, *Trad.*

DÉFUNT, défunte :
De ta *défunte* mère est-ce là la leçon ? (II, 152, *Plaid.* 102.)

DÉGAGER ; se dégager de :
.... Prince, je viens *dégager* ma promesse. (II, 434, *Bér.* 1287.)
.... *Dégagez* la foi de vos oracles.
(III, 229, *Iph.* 1550 ; voyez I, 563, *Alex.* 860.)
Dégagez-vous des soins dont vous êtes chargé. (II, 65, *Andr.* 511.)

DÉGÂT, dégâts :
A deux bottes de foin le *dégât* (*est*) estimé. (II, 160, *Plaid.* 206.)
.... D'horribles *dégâts* signalent leur passage. (I, 411, *Théb.* 220.)

DÉGÉNÉRER de :
*Si je suis méchante, je ne *dégénère* point *de* vous. (VI, 227, *Livr. ann.*)

DÉGOURDIR (Se) :
Dégourdis-toi. Courage! allons, qu'on s'évertue. (II, 204, *Plaid.* 696.)

DÉGOÛT, au singulier et au pluriel :
J'ai lu.... vos lettres.... quelquefois avec *dégoût.* (IV, 277, *Imag.*)
Je m'étonne.... que des modernes aient témoigné.... tant de *dégoût* pour ce grand poëte (*Euripide*). (III, 143, *Iph.* préf.)
Quelques critiques qui prétendent assujettir le goût du public aux *dégoûts* d'un esprit malade. (I, 517, *Alex.* 1re préf.)
On me donne trop de *dégoûts;* je ne veux plus songer à bâtir. (V, 110, *Notes hist.*; voyez IV, 455, *P. R.*; VII, 45, *Lettres.*)

DÉGOUTTER, tomber *ou* laisser tomber goutte à goutte :
* On voyoit *dégoutter* la teinture où l'on mouilloit ces voiles.(VI,122, *Rem. sur l'Odyss.*)
Les rochers en sont teints ; les ronces *dégouttantes*
Portent de ses cheveux les dépouilles sanglantes. (III, 392, *Phèd.* 1557.)
* Tout *dégouttant* de l'eau de la pluie. (V, 517, *Trad.*)

DÉGRADER de :
(*Ils*) le *dégradoient de* sa qualité de docteur de la grâce. (IV, 448, *P. R.*)

DEGRÉ, au propre et au figuré :
Ils trouvent un petit *degré* pratiqué dans l'épaisseur d'un mur : ce *degré* conduisoit sur le rempart. (V, 276, *Camp. de Louis XIV.*)
Cela s'étoit passé sur le petit *degré* de Versailles. (VII, 245, *Lettres.*)
Ainsi que la vertu, le crime a ses *degrés*. (III, 367, *Phèd.* 1096.)
Voyez II, 310, *Brit.* 1122; III, 516, *Esth.* 843.

DÉGUISEMENT :
Prêt à voir le succès de son *déguisement.* (II, 527, *Baj.* 1079.)
Puis-je, laissant la feinte et les *déguisements*,
Vous découvrir ici mes secrets sentiments ? (III, 32, *Mithr.* 245.)

DÉGUISER, au propre et au figuré; se déguiser :
.... Qui t'auroit connu *déguisé* de la sorte? (II, 173, *Plaid.* 347.)
Seigneur, je ne vous puis *déguiser* mon erreur. (II, 279, *Brit.* 529.)
Seigneur, je ne vous puis *déguiser* ma surprise. (III, 61, *Mithr.* 863.)
Il *se déguise* en vain : je lis sur son visage. (II, 257, *Brit.* 35.)
Ce n'est point avec toi que mon cœur *se déguise.* (II, 95, *Andr.* 1074.)

DÉHANCHÉ, VI, 506, *Lettres.*

DEHORS, dehors de, préposition :
J'en voyois et *dehors* et dedans nos murailles. (I, 418, *Théb.* 352.)
Tant que j'en suis *dehors* (*du trône*). (I, 456, *Théb.* var.; voy. VI, 433, *Lettr.*)

De dehors :
Tous les prélats *de dehors* furent mandés. (IV, 498, *P. R.*)

Dehors, substantivement, au singulier et au pluriel :
La cour du *dehors.* (IV, 423, *P. R.*; voyez II, 242, *Brit.* 1re préf.)

Valenciennes.... étoit défendue par un grand nombre de *dehors*. (V, 275, *Camp. de Louis XIV.*)
On résolut de la faire (*l'attaque*). mais seulement aux *dehors* de l'ouvrage neuf. (V, 340, *Siége de Nam.*)
Voyez V, 52, *Méd.*; V, 254, *Camp. de Louis XIV*; VII, 42 et 43, *Lettres.*

DÉISME, IV, 437, *P. R.*

DELÀ (voyez DEÇÀ) ; PAR DELÀ :
Fusses-tu *par delà* les colonnes d'Alcide.... (III, 369, *Phèd.* 1141.)
Agrippine promet *par delà* son pouvoir. (II, 267, *Brit.* 250.)

DÉLAISSER :
O Dieux, en ce péril m'*auriez-vous délaissée*? (III, 73, *Mithr.* 1136.)

DÉLASSER (SE) À :
Allons *nous délasser* à voir d'autres procès. (II, 219, *Plaid.* 884.)

DÉLATEUR, II, 265, *Brit.* 210.

DÉLECTABLE :
 Cent labyrinthes *délectables*. (IV, 34, *Poés. div.* 34.)
 .... Ce pain si *délectable*. (IV, 159, *Poés. div.* 25.)

DÉLIBÉRER DE :
*On *délibère des* moyens et non pas *de* la fin. (VI, 288, *Livres ann.*)
*On avoit fort *délibéré*.... *de* mettre la couronne sur la tête.... du prince Thomas. (V, 90, *Notes hist.*)

DÉLICATESSE, au singulier et au pluriel :
Si le pays de soi avoit un peu plus de *délicatesse*..., on le prendroit pour un vrai pays de Cythère. (VI, 415, *Lettres.*)
 Délicatesse de conscience. (IV, 524, *P. R.*)
La *délicatesse* est grande de ne pas vouloir qu'elle dise.... qu'elle passe chez Octavie. (II, 245, *Brit.* 1re préf.)
*Notre langue ne souffriroit pas qu'on fît des églogues de vachers ; mais ces *délicatesses* sont de véritables foiblesses. (VI, 163, *Rem. sur l'Odyss.*)

DÉLICES :
De Rome, pour un temps, Caïus fut les *délices*;...
Les *délices* de Rome en devinrent l'horreur. (II, 257, *Brit.* 40 et 42.)
Qu'innocents à tes yeux, ils fondent leurs *délices*
 Sur tes seules bontés. (IV, 131, *Poés. div.* 15.)
Voyez II, 443, *Bér.* 1488; IV, 36, *Poés. div.* 14.

DÉLIÉ, au figuré :
On y est fin et *délié* plus qu'en aucun lieu du monde. (VI, 419, *Lettres.*)

DÉLIT (FLAGRANT), II, 181, *Plaid.* 451; VI, 136, *Rem. sur l'Odyssée.*

DÉLOGER :
Mon père, si matin qui vous fait *déloger*? (II, 150, *Plaid.* 69.)
Délogez souvent, changez de nom. (IV, 329, *Imag.*)

DÉLUGE, au propre et au figuré :
Avocat, ah! passons au *Déluge*... (II, 213, *Plaid.* 801.)
Ce *déluge* d'Allemands se répandit de tous côtés. (V, 263, *Camp. de Louis XIV.*)

DEMAIN AU MATIN, AU SOIR : voyez MATIN, SOIR.

DEMANDER, emplois divers :
Faut-il que mes soupirs vous *demandent* sa vie ? (II, 88, *Andr.* 958.)
A qui *demanderai*-je un crime que j'ignore ? (II, 280, *Brit.* 536.)
* Ce n'est pas au médecin à écouter les plaintes quand la plaie *demande* le fer. (VI, 239, *Livres ann.*)
Mes vaisseaux qu'à partir il faut tenir tout prêts,
Mes soldats dont je veux tenter la complaisance,
Dans ce même moment *demandent* ma présence. (III, 50, *Mithr.* 624.)
Ses yeux, toujours tournés vers votre appartement,
Semblent vous *demander* de moment en moment. (II, 430, *Bér.* 124.)
En voyez-vous un seul qui.... le croyant déjà maître de l'univers,
Aille, esclave empressé, lui *demander* des fers ? (I, 526, *Alex.* 20.)
C'étoit tout ce que *demandoit* le P. Annat. (IV, 543, *P. R.*)
.... Ce discours *demande* un autre temps. (III, 37, *Mithr.* 341.)
Elle *demande* si c'est qu'elle est affligée. (IV, 9, *Plan d'Iph. en Taur.*)
Elles *demandèrent* à relever un institut qui, etc. (IV, 419, *P. R.*)
Demander compte, quartier, raison : voyez Compte, Quartier, Raison.

DEMANDEUR, terme de pratique, II, 199, *Plaid.* 641.

DÉMARCHE, au propre et au figuré :
.... D'une *démarche* fière, Il s'approche du Roi.... (I, 475, *Théb.* 1365.)
La *démarche* d'un roi qui court à la victoire. (I, 551, *Alex.* 622.)
.... (*Qu'un guide*) conduise vers vous ma *démarche* timide.
(III, 383, *Phèd.* 1410.)
Il passa le bois des Cinq-Étoiles.... Cette *démarche* auroit pu donner de l'inquiétude à un général moins vigilant. (V, 339, *Siége de Nam.*)
Jamais un mouvement de colère ne lui a fait faire une fausse *démarche*. (V, 301, *Camp. de Louis XIV*.)
Il y a longtemps que l'Académie a les yeux sur vous ; aucune de vos *démarches* ne lui a été inconnue. (IV, 351, *Disc. acad.*)

DÉMARIER (Se) :
* Il (*Guise*) épousoit pour *se démarier* aussitôt après. (VI, 347, *Livres ann.*)

DÉMÊLÉ, substantivement :
.... (*Ils ont*) fait un grand combat d'un simple *démêlé*. (I, 438, *Théb.* 706.)

DÉMÊLER (Se) :
Ici je les vois (*les poissons*) s'assembler,
Se mêler et *se démêler*. (IV, 32, *Poés. div.* 46.)

DÉMENER (Se) :
Le P. Camin.... *se démena* fort pour empêcher l'Université de cette ville de les recevoir. (IV, 536, *P. R.*)

DÉMENTI :
Il y alloit de son honneur de n'avoir pas le *démenti*. (IV, 549, *P. R.*)

DÉMENTIR, se démentir :
.... Mon cœur *démentoit* ma bouche à tous moments. (II, 119, *Andr.* 1548
Aidez-le bien plutôt à *démentir* ses yeux. (I, 529, *Alex.* 96.)
Qu'il *démente* en un jour tout le cours de sa vie. (III, 63, *Mithr.* 908.)
Vous ne *démentez* point une race funeste. (III, 213, *Iph.* 1249.)
(Un roi) Qui ne se souvient plus qu'Achille étoit son père,
Qui *dément* ses exploits et les rend superflus. (II, 90, *Andr.* 991.)
Soit que je n'ose encor *démentir* le pouvoir
De ces yeux où j'ai lu si longtemps mon devoir. (II, 278, *Brit.* 501.)

Trop parfaite union par le sort *démentie*. (III, 53, *Mithr.* 692.)
Titus n'a point pour moi paru *se démentir*. (II, 378, *Bér.* 97.)
DÉMESURÉ :
   Toutes les passions y sont *démesurées*. (VI, 468, *Lettres*.)
DEMEURE :
   .... La *demeure* des cieux. (IV, 59, *Poés. div.* 120.)
   DEMEURER, avec et sans complément ; DEMEURER, avec les auxiliaires *être* et *avoir :*
   .... Je perdois ma gloire à *demeurer* ici. (I, 402, *Théb.* 58.)
   A qui doit *demeurer* cette noble conquête? (I, 581, *Alex.* 1266.)
   * Les cent mille francs.... lui *demeureront*. (V, 115, *Notes hist.* ; voyez V, 168, *ibid.*)
   Demeurer dans le silence. (IV, 565, *P. R.*)
   (Toute chose) *Demeurant* en état. (II, 161, *Plaid.* 220.)
   Les connoisseurs *demeurent* d'accord que, etc. (II, 250, *Brit.* 2ᵉ préf.)
   Près de quatre mille hommes *demeurèrent* sur la place. (V, 297, *Camp. de Louis XIV.*)
   ... Je pars. — *Demeurez.* — Ingrat, que je *demeure*! (II, 435, *Bér.* 1312.)
   Néanmoins je ne *demeurai* pas. (VI, 458, *Lettres*.)
Voyez II, 47, *Andr.* 131; II, 154, *Plaid.* 120; II, 317, *Brit.* 1291; II, 497, *Baj.* 402; IV, 552, *P. R.*; VI, 77 et 78, *Rem. sur l'Odyss.*
   .... Son livre *étant demeuré* chez leur libraire. (IV, 439, *P. R.*)
   Les critiques se sont évanouies ; la pièce *est demeurée*. (II, 250, *Brit.* 2ᵉ préf.)
   (Ma langue) Dans ma bouche vingt fois a *demeuré* glacée. (II, 395, *Bér.* 476.)
Voyez V, 123 et 126, *Notes hist.*; V, 337, *Siége de Nam.*; VI, 252, *Livres ann.*
DEMI (À), à moitié :
   (Mon cœur) N'a rien dit, ou du moins n'a parlé qu'*à demi*.
                                    (III, 41, *Mithr.* 410.)
Voyez I, 446, *Théb.* 886; I, 458, *Théb.* 1089; II, 318, *Brit.* 1317.
DEMI, invariable et variable devant des substantifs :
   Nous reproduisons exactement les variétés d'orthographe des manuscrits originaux : *i* et *y*; non-accord et accord ; puis, ce qui n'est pas toujours facile à distinguer, coupe en deux mots et réunion en un seul (une fois avec trait d'union).
   Le *demi* bain. (VI, 588, *Lettres*.) Un *demy*-auteur. (VI, 456, *Lettres*.)
   Deux chapeaux..., un castor fin et un *demy* castor. (VII, 196, *Lettres*.)
   * La *demi* pique. (V, 133, *Notes hist.*) Une *demi* portée. (VII, 47, *Lettr.*)
   * Des *demi*lunes. (V, 78, *Notes hist.*; ailleurs, le plus souvent, « demi lune » paraît écrit en deux mots.)
   Demie lieue. (VI, 417, *Lettres*, où l'on a imprimé à tort *demi-lieue*.)
   Il n'avoit plus qu'une *demie* heure de temps. (VI, 443, *Lettres*.)
   Elles parlent de la malade comme d'une *demie* sainte. (IV, 591, *P. R.*)
DÉMISSION (DONNER SA), IV, 400, *P. R.*
DÉMISSOIRE, substantivement, VI, 417, *Lettres* (voyez la note 4).
DEMOISELLE, IV, 472, *P. R.*; V, 9, *Épitaphes*.
DÉMON, bon ou mauvais génie :
   Quels *démons*, quels serpents traine-t-elle après soi? (II, 124, *Andr.* 1636.)
   * Quelque bon *démon* vous inspirera le reste. (VI, 75, *Rem. sur l'Odyss.*)
   Que faisoit votre amant? Quel *démon* envieux
   M'a refusé l'honneur de mourir à vos yeux? (II, 287, *Brit.* 701.)
   Tison de la discorde, et fatale furie,

Que le *démon* de Rome a formée et nourrie. (III, 89, *Mithr.* 1492.)
(*Des*)moissonneurs.... qui travaillent comme des *démons*. (VI, 479, *Lettr.*)

DÉMONSTRATION, sens divers :

Ils en rapportent quantité de preuves dont quelques-unes me paroissent des *démonstrations*. (III, 456, *Esth.* préf.)
*De tout ce qu'il dit, je ne vois pas qu'on puisse tirer aucune *démonstration* contre la pureté de la foi de F. Polo. (V, 164, *Notes hist.*)
Le prince d'Orange fit encore.... des *démonstrations* de vouloir décider du sort de Namur par une bataille. (V, 337, *Siége de Nam.*)

DÉMONTER :

Les nouvelles batteries *démontèrent*.... le canon des assiégés. (V, 335, *Siége de Nam.*)

DÉNATURÉ :

Princes *dénaturés*, vous voilà satisfaits. (I, 469, *Théb.* 1251.)

DÉNIER :

Pour obtenir les vents que le Ciel vous *dénie*.... (III, 154, *Iph.* 61.)
* Elle le presse, il *dénie*. (VI, 250, *Livres ann.*)
Possédant une amour qui me fut *déniée*. (III, 69, *Mithr.* 1055.)

DENIER (LE) VINGT, VII, 4, *Lettres*.

DÉNOUER, au figuré :

.... (Rome) me fait *dénouer*....
Un hymen que le Ciel ne veut point avouer. (II, 282, *Brit.* 597.)
Quelle apparence.... de *dénouer* ma tragédie par le secours d'une déesse ? (III, 140, *Iph.* préf.)

DENT :

Les chevaux ayant pris le frein aux *dents*.... (VII, 294, *Lettres.*)
Il a trouvé.... les ennemis retranchés jusqu'aux *dents*. (VI, 599, *Lettr.*)

DÉNUÉ DE :

* *Dénué de* vertu et d'honneur. (VI, 14, *Rem. sur Pind.*)

DÉPART :

Le *départ* de cet acteur interrompit mon dessein. (II, 140, *Plaid.* au lect.)

DÉPARTIR À :

* Il avoit douze vaisseaux, et il *départit* neuf chevreuils *à* chacun. (VI, 145, *Rem. sur l'Odyss.*)

DÉPÊCHER, se hâter :

.... *Dépêchez*, donnez votre requête. (II, 188, *Plaid.* 524.)

DÉPEINDRE :

Quand tu me *dépeignois* ce héros intrépide. (III, 308, *Phèd.* 77)
Voyez II, 35, *Andr.* 1re préf.

DÉPENDANCE :

... Sa reconnoissance
Ne peut-elle éclater que dans sa *dépendance*? (II, 264, *Brit.* 196.)

DÉPENDRE DE :

L'abbaye de Port-Royal.... *avoit* longtemps *dépendu* immédiatement de lui (*de l'évêque de Paris*). (IV, 403, *P. R.*)
.... Je n'ai donc vaincu que pour *dépendre* d'elle? (II, 52, *Andr.* 238.)
De toi *dépend* ma joie et ma félicité. (II, 505, *Baj.* 556.)

.... *De* vos seules mains ce cœur voudroit *dépendre*. (II, 423, *Bér* 1072.)
Tout *dépend du* secret et *de* la diligence. (III, 224, *Iph.* 1474.)
Mon bonheur *dépendoit de* l'avoir pour époux. (III, 72, *Mithr.* 1110.)
Bajazet est aimable. Il vit que son salut
Dépendoit de lui plaire, et bientôt il lui plut. (II, 487, *Baj.* 156.)
Nos cœurs n'étoient point faits *dépendants* l'un *de* l'autre.
(II, 107, *Andr.* 1353.)

DÉPENS (Aux) de, aux frais de :
*Les états (de *Hollande*) entreprirent.... de la soutenir (*cette guerre*)....
aux dépens du public. (V, 158, *Notes hist.*)

Dépens, terme de Palais, II, 161, *Plaid.* 229.

DÉPENSE :
*Celle qui a soin de la *dépense* sert toutes sortes de pains et de fruits sur la table. (VI, 59, *Rem. sur l'Odyss.*)

DÉPÉRIR :
On s'aperçut bientôt que sa santé *dépérissoit* à vue d'œil. (IV, 509, *P. R.*)

DÉPIT :
.... Enflammé de *dépit*. (III, 467, *Esth.* 33.)

DÉPLAIRE :
.... Ne vous *déplaise*,
Quelques coups de bâton, et je suis à mon aise. (II, 179, *Plaid.* 427.)

DÉPLAISANT :
* Autant est-il *déplaisant* à un homme qui a fait de belles choses de mourir sans être honoré de louanges. (VI, 46, *Rem. sur Pind.*)

DÉPLAISIR :
Parmi les *déplaisirs* où son âme se noie.... (II, 45, *Andr.* 81.)
Voyez I, 427, *Théb.* 526; I, 594, *Alex.* 1512; II, 62, *Andr.* 451; II, 385, *Bér.* 245; III, 622, *Ath.* 302.

DÉPLORABLE, en parlant des choses ou des personnes :
*Polyphème lui tient un discours tout à fait beau et *déplorable*. (VI, 152, *Rem. sur l'Odyss.*)
Amour *déplorable*. (III, 53, *Mithr.* 711; III, 73, *Mithr.* 1138, etc.)
Va, laisse-moi le soin de mon sort *déplorable*. (III, 379, *Phèd.* 1318.)
O désespoir! ô crime! ô *déplorable* race ! (III, 322, *Phèd.* 266.)
Puisque Vénus le veut, de ce sang *déplorable*
Je péris la dernière et la plus misérable. (III, 321, *Phèd.* 257.)
Vous voyez devant vous un prince *déplorable*. (III, 336, *Phèd.* 529.)
Voyez II, 43, *Andr.* 46; III, 362, *Phèd.* 1014; III, 614, *Ath.* 149.

DÉPLORER, en parlant des personnes :
Infortunés tous deux, dignes qu'on vous *déplore* ! (I, 470, *Théb.* 1257.)

DÉPLOYER, se déployer :
Il nous a *déployé* l'ordre dont Amurat
Autorise ce monstre à ce double attentat. (II, 558, *Baj.* 1687.)
Tambour battant et enseignes *déployées*. (V, 254, *Camp. de Louis XIV.*)
Je veux qu'en se voyant leurs fureurs *se déploient*. (I, 446, *Théb.* 888.)

DÉPOSER, priver d'une dignité :
Je puis faire les rois, je puis les *déposer*. (II, 406, *Bér.* 721.)

Déposer, témoigner :
Déposer d'un fait. (IV, 525. *P. R.*)

Avec quelle conscience pourrai-je *déposer* à la postérité que ce grand prince n'admettoit point les faux rapports? (VII, 217, *Lettres.*)
Pourquoi contre vous-même allez-vous *déposer?* (III, 354, *Phèd.* 372.)

DÉPOSITAIRE :

Faisons de ce trésor Jéhu *dépositaire*. (III, 664, *Ath.* 1068.)
De l'espoir des Troyens seule *dépositaire*. (II, 96, *Andr.* 1105.)
Elle est de mes serments seule *dépositaire*. (III, 220, *Iph.* 1394.)
N'est-il de son pouvoir que le *dépositaire?* (II, 315, *Brit.* 1235.)
(Ce cabinet) des secrets de Titus est le *dépositaire*. (II, 373, *Bér.* 4.)
Voyez II, 281, *Brit.* 580.

DÉPOSTER DE, terme militaire, V, 331, *Siége de Namur*,

DÉPOUILLE, DÉPOUILLES :

Tout l'Empire n'est plus la *dépouille* d'un maître. (II, 265, *Brit.* 204.)
Voyez II, 327, *Brit.* 1490; III, 529, *Esth.* 1067.

.... Les ronces dégouttantes
Portent de ses cheveux les *dépouilles* sanglantes. (III, 393, *Phèd.* 1558.)
.... Des *dépouilles* (cendres) si chères. (II, 88, *Andr.* 946.)

DÉPOUILLEMENT :

* Dénués de tout bien, plutôt par un *dépouillement* volontaire que par une indigence forcée. (V, 555, *Trad.*)

DÉPOUILLER :

.... Je veux bien cesser d'être son ennemi.
J'en *dépouille*, Madame, et la haine et le titre. (I, 587, *Alex.* 1385.)
Avez-vous dépouillé cette haine si vive? (III, 632, *Ath.* 463.)
J'admirois si Mathan, *dépouillant* l'artifice....
            (III, 660, *Ath.* 987; voyez III, 494, *Esth.* 449.)
.... Cet aveu *dépouillé* d'artifice. (II, 105, *Andr.* 1309.)
Hé bien! *dépouille* enfin cette douceur contrainte. (I, 579, *Alex.* 1213.)
.... D'un respect forcé ne *dépouille* les restes. (III, 606, *Ath.* 24.)
Il *dépouilla* sa splendeur. (IV, 160, *Poés. div.* 47.)
* *Dépouiller* les fruits de l'année. (VI, 278, *Livres ann.*)
La plaine d'Élide étant *dépouillée* d'arbres. (VI, 23, *Rem. sur Pind.*)

DEPUIS, DEPUIS QUE :

Ce sont ces mêmes articles que les docteurs de Louvain ont encore, *depuis* quelques années, présentés au Pape. (IV, 539, *P. R.*)
.... *Depuis* quinze ou vingt ans en çà,
Au travers d'un mien pré certain ânon passa. (II, 160, *Plaid.* 201.)
Depuis votre lettre écrite. (VI, 398, *Lettres.*)
Depuis vous avoir adressé la lettre que j'écrivois à, etc. (VI, 494, *Lettr.*)
Il (*saint Jérôme*) traita.... Rufin comme le plus ignorant homme de son siècle, *depuis qu*'il se fut jeté dans le parti d'Origène. (IV, 286, *Imag.*)
La bienheureuse Mère de Chantail vécut encore vingt ans *depuis qu*'elle eut connu la Mère Angélique. (IV, 396, *P. R.*)

DÉRÉGLÉ :

.... D'un roi la valeur *déréglée*. (I, 562, *Alex* 838.)

DÉRISION :

.... Tout le peuple même avec *dérision*,
Observant la rougeur qui couvroit mon visage,
De ma chute certaine en tiroit le présage. (III, 517, *Esth.* 851.)

DERNIER, ère :

Je suis toujours des *derniers* à savoir les nouvelles. (VI, 452, *Lettres*.)
Elle m'a déclaré sa volonté *dernière*. (II, 518, *Baj.* 846.)
.... Ne voir en lui que le *dernier* des hommes. (III, 183, *Iph.* 646.)
Voyez VII, 218, *Lettres*.
 * Le conseil de Vienne.... faisoit les *derniers* efforts pour apaiser le Visir. (V, 143, *Notes hist.*)
 * C'est la *dernière* méchanceté que de vouloir paroître vertueux, ne l'étant pas. (VI, 305, *Livres ann.*)
Bérénice n'ayant pas ici avec Titus les *derniers* engagements que Didon avoit avec Énée.... (II, 366, *Bér.* préf.)
Vous fûtes spectateur de cette nuit *dernière*. (II, 382, *Bér.* 164.)
Je jurois qu'il voyoit sa *dernière* journée. (II, 525, *Baj.* 1022.)
 * Il vaut mieux dire à un homme qu'il est un grand homme que de lui dire qu'il est un dieu ; car le *dernier* passe pour une pure flatterie. (VI, 115, *Rem. sur l'Odyss.*)

DÉROBER, dérober à ; se dérober :

Jamais on ne m'a vu *dérober* la victoire. (I, 572, *Alex.* 1062.)
Elle trouva moyen de *dérober* du milieu des morts le petit Joas. (III, 594, *Ath.* préf.)
Quoi ? pour vous confier la douleur qui m'accable,
A peine je *dérobe* un moment favorable. (II, 288, *Brit.* 732.)
Faut-il que je *dérobe* avec mille détours
Un bonheur que vos yeux m'accordoient tous les jours ?
 (II, 287, *Brit.* 697.)
Madame, c'est à vous de prendre une victime
Que les Scythes *auroient dérobée* à vos coups. (II, 65, *Andr.* 503.)
Chacun à ce fardeau veut *dérober* sa tête. (III, 57, *Mithr.* 783.)
Ce sont autant de qualités qu'il a tâché de *vous dérober*. (V, 354, ép.)
.... Mes genoux tremblants *se dérobent* sous moi. (III, 313, *Phèd.* 156.)
Elle *se déroboit* même à sa renommée. (II, 274, *Brit.* 416.)
Me puis-je avec honneur *dérober* avec vous ? (III, 383, *Phèd.* 1380.)

DÉROUTE (Mettre en), V, 297, *Camp. de Louis XIV*.

DERRIÈRE, substantivement :

Un coup de pied dans le *derrière*. (VII, 244, *Lettres*.)

DÈS, depuis ; dès lors de, dès que :

Dès longtemps. (III, 606, *Ath.* 27 et 29 ; voyez II, 291, *Brit.* 765.)
 * Agathon remporta le prix *dès* sa première tragédie. (VI, 268, *L. ann.*)
 * Ils pillent l'orphelin *dès* la mamelle. (VI, 188, *Livres ann.*)
Les gages dus *dès lors de* l'ordonnance. (IV, 596, *P. R.*)
Il lui a conservé jusqu'à la mort cette estime qu'il avoit conçue p lui *dès qu'*ils étoient ensemble sur les bancs. (IV, 475 et 476, *P. R.*)
Quoi ? ce jour tout entier n'est-il pas de la trêve ?
*Dès qu'*elle a commencé, faut-il qu'elle s'achève ? (I, 428, *Théb.* 548.)

DÉSABUSER de :

De ton espoir frivole es-tu *désabusé* ? (III, 698, *Ath.* 1710.)
.... De son vain courroux trop tard *désabusé*. (I, 558, *Alex.* 751.)

DÉSAPPRENDRE :

Je le *désapprends* tous les jours (*le françois*). (VI, 427, *Lettres*.)

DÉSARMER, au figuré :

Qu'un si grand changement vous *désarme* et vous touche. (I, 441, *Théb.* 779.)

Sans doute ce chagrin qui vient de m'alarmer
N'est qu'un léger soupçon facile à *désarmer*. (II, 402, *Bér.* 654.)
Rarement l'amitié *désarme* sa colère. (III, 37, *Mithr.* 347.)
Quelle nuit ? Quel réveil ! Vos pleurs, votre présence
N'*ont* point de ces cruels *désarmé* l'insolence ? (II, 287, *Brit.* 700.)
Hercule à *désarmer* coûtoit moins qu'Hippolyte.
(III, 332, *Phèd.* 454; voyez I, 527, *Alex.* 60.)
Vous attaquez, Madame, un vainqueur *désarmé*. (I, 574, *Alex.* 1100.)
.... Vos yeux, à la fin *désarmés*. (II, 98, *Andr.* 1151.)

DÉSAVOUER :

Monsieur, je ne suis pas pour vous *désavouer*. (II, 178, *Plaid.* 413.)
La Reine, qui m'entend, peut me *désavouer*. (II, 441, *Bér.* 1437.)
.... Xipharès n'a point trahi son père.
Vous vous pressez en vain de le *désavouer*. (III, 49, *Mithr.* 597.)

DESCENDRE, DESCENDRE À :

Sa haine ou son amour, sont-ce les premiers droits
Qui font monter au trône ou *descendre* les rois ? (I, 425, *Théb.* 478.)
·Vérité, que j'implore, achève de *descendre*. (III, 533, *Esth.* 1141.)
Je suis le dernier sang de vos rois *descendu*. (I, 436, *Théb.* 645.)
.... Ce sacré soleil, dont je *suis descendue* ? (III, 376, *Phèd.* 1274.)
Peut-être dans nos ports nous le verrons *descendre* ? (II, 48, *Andr.* 162.)
Jamais vaisseaux partis des rives du Scamandre
Aux champs thessaliens osèrent-ils *descendre* ? (III, 219, *Iph.* 1378.)
Racine a souligné *descendent du* dans cette phrase de Vaugelas : « Ruisseaux qui *descendent du* pied des montagnes » (VI, 354).
* Vices *descendent* jusqu'à la postérité. (VI, 314, *Livres ann.*)
A de moindres objets son cœur ne peut *descendre*. (I, 550, *Alex.* 586.)
Sa facile bonté, sur son front répandue,
Jusqu'aux moindres secrets est d'abord *descendue*. (II, 331, *Brit.* 1592.)
Un grand roi *descend*-il jusqu'à cet artifice ? (III, 73, *Mithr.* 1148.)
* Le courrier..., alla *descendre* chez M. le Tellier. (V, 145, *Notes hist.*)

DESÇU (AU) DE, à l'insu de :

* Celui-là se trompe qui croit faire quelque chose *au desçu des* Dieux. (VI, 13, *Rem. sur Pind.*)

DÉSENNUYER :

Ces ouvrages.... n'étoient bons que pour *désennuyer* l'esprit. (IV, 334, *Imag.*)

DÉSERT, ERTE :

Dans l'Orient *désert* quel devint mon ennui ! (II, 385, *Bér.* 234.)
Voyez II, 50, *Andr.* 202 ; II, 84, *Andr.* 878 ; VI, 10, *Rem. sur Pind.*
* Cette île.... est *déserte* d'hommes. (VI, 144, *Rem. sur l'Odyss.*)

DÉSERT, abandonné, en parlant d'une personne :

Sur le simple bruit qui courut que l'affaire étoit conclue, il se voit déjà *désert*. (VI, 480, *Lettres.*)

DÉSERT, substantif :

Malgré.... l'amour qu'elle avoit pour son *désert*. (IV, 507, *P. R.*)
Les *déserts*, autrefois peuplés de sénateurs. (II, 265, *Brit.* 209.)
Beaux *déserts*.... (IV, 22, *Poés. div.* 5.)
... Riches *déserts*. (IV, 27, *Poés. div.* 88.)

DÉSERTÉ :

Ses honneurs abolis, son palais *déserté*. (II, 284, *Brit.* 646.)

DÉSERTEUR, au propre ; DÉSERTEUR DE, au figuré :
La place étoit pleine de *déserteurs*. (V, 261, *Camp. de Louis XIV*.)
Mathan, *de* nos autels infâme *déserteur*. (III, 607, *Ath.* 37.)
Déserteur de leur loi, j'approuvai l'entreprise. (III, 659, *Ath.* 951.)

DÉSESPÉRER, actif et neutre ; SE DÉSESPÉRER :
Désarmez les vaincus sans les *désespérer*. (I, 567, *Alex.* 952.)
Ne *désespérez* point une amante en furie. (II, 504, *Baj.* 541.)
  Ces orgueilleux ennemis.... ne *désespéroient* pas de se racquitter de leurs pertes. (V, 266, *Camp. de Louis XIV*.)
Il combattoit en homme *désespéré*. (V, 297, *Camp. de Louis XIV*.)
La paix dès ce moment n'est plus *désespérée*. (I, 441, *Théb.* 775.)
(*Des*) *désespérés* qui ne cherchent qu'à périr. (I, 518, *Alex.* 1re préf.)
.... Les obstacles que quelques *désespérés* vouloient apporter à ce grand ouvrage. (IV, 355, *Disc. acad.*)
.... Mon père est un homme à *se désespérer*. (II, 201, *Plaid.* 661.)

DÉSESPOIR :
Par un beau *désespoir* me secourir moi-même. (II, 509, *Baj.* 634.)
Un fils à tous ses vœux avec amour soumis,
L'éternel *désespoir* de tous ses ennemis. (III, 463, *Esth.* prol. 54.)

DÉSHÉRITER :
Vous qui *déshéritant* le fils de Claudius,
Avez nommé César l'heureux Domitius. (II, 256, *Brit.* 17.)

DÉSHONNEUR (TENIR À) : voyez TENIR.

DÉSHONORER (SE) :
  Ceux qui avoient cru *se déshonorer* de rire à Paris, furent peut-être obligés de rire à Versailles pour se faire honneur. (II, 141, *Plaid.* au lect.)

DESIR :
(*Elle*) N'eut plus d'autres *desirs* que celui de sa vue. (II, 486, *Baj.* 142.)
Que vous connoissez mal les violents *desirs*
D'un amour qui vers vous porte tous mes soupirs ! (I, 565, *Alex.* 883.)
Voyez II, 86, *Andr.* 909 ; II, 273, *Brit.* 385 ; II, 280, *Brit.* 554 ; II, 301, *Brit.* 965 ; II, 539, *Baj.* 1309.

DESIRER :
(*Elle*) *avoit désiré* avec une extrême ardeur d'entrer à Port-Royal. (IV, 560, *P. R.* ; voyez VI, 89, *Rem. sur l'Odyss.* ; VI, 246, *Livres ann.*)
Si je reviens si craint et si peu *désiré*,
O Ciel, de ma prison pourquoi m'as-tu tiré ? (III, 359, *Phèd.* 955.)

DÉSISTER, neutralement ; SE DÉSISTER DE :
Ils avoient déjà fait l'an passé porter parole qu'on les remboursât des frais, et qu'ils *désisteroient*. (VI, 476, *Lettres*.)
  *Il tâcha, au commencement, de manger de la viande crue ; mais n'en pouvant venir à bout, il *s'en désista*. (V, 513, *Trad.*)

DÉSOBÉISSANT, ANTE :
....Une sentence par laquelle il les déclaroit *désobéissantes*. (IV, 563, *P. R.*)

DÉSOLATION :
.... Après la *désolation* de son pays. (II, 38, *Andr.* 2e préf.)
Avec quelle fermeté héroïque elle soutint cette *désolation* de sa maison ! (II, 507, *P. R.*)

DÉSOLER, dépeupler, ravager :
Voulez-vous sans pitié *désoler* cette terre? (I, 455, *Théb.* 1040.)
Voyez III, 632, *Ath.* 476.
Du Danube asservi les rives *désolées*. (II, 501, *Baj.* 477.)

DÉSOLER, affliger :
Quoi? toujours de ce Juif l'image vous *désole* ? (III, 520, *Esth.* 912.)
.... Redonnant le calme à vos sens *désolés*. (I, 575, *Alex.* 1139.)

DÉSORDRE :
Combien de fois, hélas! puisqu'il faut vous le dire,
Mon cœur de son *désordre* alloit-il vous instruire? (II, 302, *Brit.* 1000.)
Voyez I, 543, *Alex.* 429; II, 46, *Andr.* 121; II, 261, *Brit.* 124; II, 433, *Bér.* 1268; III, 51, *Mithr.* 639.

DESSÉCHER, au figuré :
* Elle (*la tragédie*) arrose les passions, au lieu qu'il les faudroit *dessécher*. (VI, 281, *Livres ann.*)

DESSEIN, projet :
Dans ce *dessein*, vous-même, il faut me soutenir. (III, 53, *Mithr.* 701.)
Il avoit *dessein* sur cette place. (V, 292, *Camp. de Louis XIV.*)
* Si je fais de grands *desseins*, j'ai de la force assez pour les mettre en exécution. (VI, 25, *Rem. sur Pind.*)
Le départ de cet acteur interrompit mon *dessein*. (II, 141, *Plaid.* au lect.)
Veillé-je? Puis-je croire un semblable *dessein*? (III, 335, *Phèd.* 511.)
Je médite un *dessein* digne de mon courage. (III, 42, *Mithr.* 432.)
Quel funeste *dessein* Roxane vient de prendre! (II, 495, *Baj.* 338.)
Le *dessein* en est pris, je le veux achever. (II, 76, *Andr.* 715.)
Voyez III, 82, *Mithr.* 1361; III, 305, *Phèd.* 1.
Vous embrassez de bons *desseins*. (VII, 248, *Lettres.*)
.... Pourquoi donc en faire éclater le *dessein* ? (II, 75, *Andr.* 700.)
Errante et sans *dessein* je cours dans ce palais.
(II, 111, *Andr.* 1395; voyez II, 339, *Brit.* 1757.)
Je n'avois autre *dessein* que de, etc. (II, 241, *Brit.* épître.)
* C'est à *dessein* de se tuer. (VI, 224, *L. ann.*; voy. IV, 207, *Poés. div.* 6.s
Voyez II, 323, *Brit.* 1407; II, 335, *Brit.* 1661; III, 337, *Phèd.* 572; V, 175, *Note hist.*; V, 341, *Siége de Nam.*; VI, 331, *Livres ann.*
Accepter un *dessein*, commencer un *dessein*, succomber sous un *dessein*, traverser les *desseins* : voyez ACCEPTER, COMMENCER, SUCCOMBER, TRAVERSER.

DESSILLER :
Mes yeux *sont dessillés*.... (III, 535, *Esth.* 1178; voyez II, 276, *Brit.* 449.)

DESSOUS, préposition :
Plus d'États, plus de rois. Ses sacriléges mains
Dessous un même joug rangent tous les humains. (I, 547, *Alex.* 536.)
Voyez IV, 27, *Poés. div.* 73; IV, 27, *ibid.* 4; IV, 37, *ibid.* 23.

DESSOUS, substantivement :
*Turenne eut bien du *dessous*. (V, 80, *Notes hist.*)
Voyez VI, 142, *Rem. sur l'Odyss.*

SENS DESSUS DESSOUS : voyez DESSUS.

DESSUS, préposition :
Jamais *dessus* le trône on ne vit plus d'un maître. (I, 464, *Théb.* 1171.)
Est-ce *dessus* des morts que vous voulez régner? (I, 455, *Théb.* 1042 var.)
Dessus ces javelles fertiles

Et *dessus* cet or tout mouvant. (IV, 25, *Poés. div.* 21 et 22.)
Voyez IV, 25, *Poés. div.* 30; IV, 26, *ib.* 43; IV, 29, *ib.* 46; IV, 40, *ib.* 16; VI, 20, *Rem. sur Pind.*; VI, 82 et 105, *Rem. sur l'Odyss.*; VI, 407, *Lettre de* 1661.

PAR-DESSUS :

* L'or éclate.... *par-dessus* les richesses. (VI, 9, *Rem. sur Pind.*; voyez VI, 278, *Livres ann.*)

DE DESSUS :

*Bellérophon.... tomba *de dessus* le cheval Pégase. (VI, 52. *Rem. sur Pind.*)
*Feu qu'on découvre *de dessus* la mer. (VI, 207, *Livres ann.*)

LÀ-DESSUS :

*On lui apporta un bouillon *là-dessus*, et il le refusa. (V, 110, *N. hist.*)

DESSUS, substantivement :

Dieu a voulu que vous ayez écrit un *dessus* de lettre. (VI, 460, *Lettres,* 1662.)
Votre frère l'emporte, et Phèdre a le *dessus*. (III, 345, *Phèd.* 724.)

SENS DESSUS DESSOUS :

Nos bombes tomboient.... sur ces demi-lunes, et sembloient les renverser *sens dessus dessous*. (VII, 16, *Lettres*; voyez la note 4.)

DESTIN, DESTINS :

J'ignore le *destin* d'une tête si chère. (III, 305, *Phèd.* 6.)
Il fait le *destin* de toute la terre. (IV, 368, *Disc. acad.*)
.... Un heureux *destin* le conduit en ces lieux. (II, 69, *Andr.* 603.)
Maître de ses *destins*, vous l'êtes de son cœur. (I, 561, *Alex.* 807.)
Voyez II, 59, *Andr.* 383; II, 67, *Andr.* 539; II, 311, *Brit.* 1157; II, 482, *Baj.* 15.
Qui de Rome toujours balançant le *destin*.... (III, 43, *Mithr.* 437.)

DESTINÉE :

J'aurois fini cent fois ma triste *destinée*. (I, 417, *Théb.* 332.)
.... Sa noire *destinée*. (III, 239, *Iph.* 1757.)
(*Le jour*) Qui doit avec César unir ma *destinée*. (II, 385, *Bér.* 260.)
Je crus que sa *destinée* (de Britannicus) seroit.... moins heureuse que celle de mes autres tragédies. (II, 250, *Brit.* 2ᵉ préf.)
O Ciel, ô saintes *destinées*
Qui prenez soin de ses jours fleurissants. (IV, 89, *Poés. div.* 79 var.)

DESTINER, SE DESTINER :

.... Au rang où Titus la *destine*.
(II, 375, *Bér.* 27; voyez I, 546, *Alex.* 496; III, 33, *Mithr.* 256.)
.... Quel cours infortuné
A ma funeste vie *aviez*-vous *destiné* ? (II, 434, *Bér.* 1298.)
Donnez-moi tous les noms *destinés* aux parjures. (II, 105, *Andr.* 1305.)
* Nous ne mourrons pas.... jusqu'à ce que le jour *destiné* arrive. (VI, 157, *Rem. sur l'Odyss.*)
Voyez II, 140, *Plaid.* préf.; II, 281, *Brit.* 584; II, 534, *Baj.* 1203; III, 194, *Iph.* 852.
(Ce prince) A qui.... en secret je m'étois *destinée*. (II, 112, *Andr.* 1425.)
La maison *destinée* pour cet institut. (IV, 406, *P. R.*; voyez III, 53, *Mithr.* 694; V, 317 et 319, *Siège de Nam.*)

DESTITUER, DESTITUER DE :

*Le visir *destitua* les princes de Valachie, etc. (V, 143, *Notes hist.*)
Il (l') avoit *destitué de* tout emploi dans le diocèse. (IV, 473, *P. R.*)
L'Empereur, *destitué du* secours des Hollandois. (V, 298, *Camp. de Louis XIV*; voyez IV, 393, *P. R.*; V, 266, *Camp. de Louis XIV.*)

DESTRUCTEUR :
Ce *destructeur* fatal des tristes Lesbiens. (III, 175, *Iph.* 471.)

DESTRUCTION :
Une des principales raisons qui animèrent les jésuites à la *destruction* de Port-Royal. (IV, 441, *P. R.*)

DÉSUNION :
La *désunion* se met parmi les chefs. (V, 248, *Camp. de Louis XIV.*)

DÉSUNIR :
Tant d'États, tant de mers qui vont nous *désunir*. (I, 565, *Alex.* 915.)

DÉTACHEMENT, terme militaire :
* On résolut dès lors de pousser de ce côté-là ; et le *détachement* de Monseigneur fut résolu. (V, 116, *Notes hist.*)
Il fit un grand *détachement* de son armée pour, etc. (V, 279, *Camp. de Louis XIV*; voyez V, 259, *ibid.*; V, 331, *Siége de Nam.*; VII, 94, *Lettres*.)

DÉTACHER, terme militaire :
* Schomberg *fut détaché* avec six cents chevaux. (V, 100, *Notes hist.*)

Se détacher :
Quand l'Angleterre, qui s'étoit liée avec lui, *se détache* tout à coup de ses intérêts, il ne s'emporte ni en plaintes, etc. (V, 301, *Camp. de L. XIV.*)

DÉTAIL :
Toutes ces règles sont d'un long *détail*. (II, 368, *Bér.* préf.)

DÉTERMINER, se déterminer :
Achille menaçant *détermine* mon cœur. (III, 222, *Iph.* 1431.)
.... A me venger fixe et *déterminée*. (II, 525, *Baj.* 1021.)
Je veux même avancer l'heure *déterminée*. (III, 665, *Ath.* 1096.)
Ce n'est point par leur choix que je *me détermine*. (II, 281, *Brit.* 564.)

DÉTESTABLE :
Nous voici donc, hélas! à ce jour *détestable*. (I, 399, *Théb.* 19.)
Venez et terminez mes *détestables* jours. (I, 483, *Théb.* 1496.)
Moi seule j'ai tissu le lien malheureux
Dont tu viens d'éprouver les *détestables* nœuds. (II, 560, *Baj.* 1732.)
Lisez, lisez l'arrêt *détestable*, cruel. (III, 476, *Esth.* 163.)
La *détestable* Œnone a conduit tout le reste. (III, 396, *Phèd.* 1626.)
.... De David l'héritier *détestable*. (III, 703, *Ath.* 1788.)
Des enfants de son fils *détestable* homicide. (III, 609, *Ath.* 75.)

DÉTESTATION :
(Cette) invention.... fut rejetée avec *détestation* par tout le concile. (IV, 462, *P. R.*)

DÉTESTER :
Œnone? On me *déteste*, on ne t'écoute pas. (III, 351, *Phèd.* 824.)
.... Je suis venu, *détestant* la lumière. (III, 394, *Phèd.* 1589.)
Dans une île *détestée* de tout le monde. (IV, 10, *Plan d'Iph. en Taur.*)

DÉTOUR, au propre et au figuré :
Je sais de ce palais tous les *détours* obscurs. (II, 80, *Andr.* 791.)
Le Roi, toujours fertile en dangereux *détours*. (III, 38, *Mithr.* 369.)
Voyez II, 68, *Andr.* 579; II, 287, *Brit.* 697; II, 316, *Brit.* 1269; II, 544, *Baj.* 142.

DÉTOURNER :
Détourne, Roi puissant, *détourne* tes oreilles
  De tout conseil barbare et mensonger. (III, 524, *Esth.* 999.)
  .... Pour *détourner* ses yeux de sa misère. (II, 266, *Brit.* 247.)
*Détourner les Turcs d'attaquer les terres de l'Église. (V,134, *Notes hist.*)
N'a-t-il point *détourné* ses yeux vers le palais? (II, 113, *Andr.* 1444.)
Hé bien! aimez Porus sans *détourner* sa perte. (I, 588, *Alex.* 1401.)
Pourquoi *détournois*-tu mon funeste dessein? (III, 347, *Phèd.* 747.)
Ma mère en ce devoir craint d'*être détournée*. (III, 654, *Ath.* 856.)
Voyez III, 204, *Iph.* 1061; V, 458, *Trad.*

DÉTROIT, district, VI, 475, *Lettre de* 1662 (voyez la note 3).

DÉTROMPER :
Détrompez son erreur, fléchissez son courage. (III, 328, *Phèd.* 357.)
.... Que de ces grandeurs comme une autre occupée,
Vous m'en ayez paru si longtemps *détrompée*. (II, 301, *Brit.* 976.)

DÉTRUIRE, se détruire :
Il s'éleva quantité de critiques qui sembloient la devoir *détruire* (*la tragédie de* Britannicus). (II, 250, *Brit.* 2ᵉ préf.)
.... Si je le défends, des soins si généreux
Retombent sur mon frère et *détruisent* ses vœux. (I, 583, *Alex.* 1300.)
Je ne le cherchois pas afin de le *détruire*. (I, 570, *Alex.* 1022.)
Non, vous ne le cherchiez qu'afin de le *détruire*. (I, 587, *Alex.* 1393.)
Montrer aux nations Mithridate *détruit*. (III, 64, *Mithr.* 921.)
L'impie Achab *détruit*. (III, 612, *Ath.* 113; voyez III, 702, *Ath.* 1773.)
La Harpe et d'autres paraissent regarder Racine comme ayant le premier fait cet emploi de *détruit;* il est ancien dans notre langue : voyez le *Lexique de Corneille*.
.... C'est moi seul aussi qui pouvois *me détruire*. (II, 423, *Bér.* 1087.)
Comme on voit tous ses vœux l'un l'autre *se détruire!* (III,314,*Phèd.*162.)
Tous ses projets sembloient l'un l'autre *se détruire*. (III, 656, *Ath.* 887.)
Il y a bien de la différence entre *détruire* le principal fondement d'une fable, et en altérer quelques incidents. (II, 39, *Andr.* préf.)
.... Crains que l'avenir *détruisant* le passé,
Il ne finisse ainsi qu'Auguste a commencé. (II, 257, *Brit.* 33.)

DETTE :
* On lui doit une *dette*. (VI, 81, *Rem. sur l'Odyss.*)
*Absorber une *dette*. (VI, 44, *Rem. sur Pind.*)

DEUIL :
Votre *deuil* est fini, rien n'arrête vos pas. (II, 399, *Bér.* 565.)
Il vous faut faire habiller de *deuil*. (VI, 501, *Lettres.*)

DEUX (Tous) :
Adieu : nous ne faisons *tous deux* que nous gêner. (I, 477, *Théb.* 1403.)
Voyez I, 400, *Théb.* 32; I, 414, *Théb.* 289 et 290; I, 448, *Théb.* 904; I, 451, *Théb.* 972 et 974; I, 452, *Théb.* 981; I, 455, *Théb.* 1031; I, 470, *Théb.* 1257; I, 473, *Théb.* 1324.

DEUXIÈME :
Le *deuxième* jour de septembre. (IV, 495, *P. R.*)
Voyez V, 195, *Notes hist.*; V, 327 et 328, *Siége de Nam.*

DEVANCER :
Sans murmure, à l'autel vous l'alliez *devancer*. (III, 74, *Mithr.* 1150.)
  Je sais que sa gloire *devance*
    Le cours ordinaire du temps. (IV, 6,67 *Poés. div.* 1.)
C'est vous-même, Seigneur! Quel important besoin

Vous a fait *devancer* l'aurore de si loin? (III, 149, *Iph.* 4.)
Ce matin j'ai voulu *devancer* la lumière. (III, 493, *Esth.* 437.)
Aman à votre porte *a devancé* le jour.
(III, 501, *Esth.* 576; voyez III, 638, *Ath.* 605.)
.... Déjà son esprit *a devancé* son âge. (III, 616, *Ath.* 176.)
(*Les*) événements qui *devancèrent* cette grande action.(III,593,*Ath.* préf.)

DEVANT :
Qu'ils soient comme la poudre et la paille légère
Que le vent chasse *devant* lui. (III, 488, *Esth.* 368.)
Rien n'est sûr *devant* lui : ce qu'il trouve, il l'emporte. (II, 197, *Plaid.* 623.)
* De bonnes œuvres *devant* Dieu et *devant* les hommes. (V, 580, *Trad.*)
.... Les larmes du juste implorant son appui
Sont précieuses *devant* lui. (III, 524, *Esth.* 998.)
Que peuvent *devant* vous tous les foibles humains? (III, 224, *Iph.* 1464.)
Voyez II, 336, *Brit.* 1682; III, 182, *Iph.* 607.
Devant ses yeux cruels une autre a trouvé grâce. (III, 374, *Phèd.* 1210.)
*A la retraite de *devant* Dôle. (V, 95, *Notes hist.*)

Devant, avant, en avant ; devant, auparavant ; de devant ; devant ue, avant que :
Elle (*Votre Majesté*) me permettra de lui dire que *devant* Elle, on n'a point vu de roi qui, etc. (I, 514, *Alex.* épitre.)
Voyez IV, 204, *Poés. div.* 5; IV, 397, *P. R.*; V, 107, *Notes hist.*; V, 486, *Trad.*; VI, 72, 80 et 86, *Rem. sur l'Odyss.*; VI, 196, *Livres ann.*; VI, 469 et 476, *Lettres de 1661 et 1662.*
* Il a couru *devant* pour, etc. (VI, 249, *Livres ann.*)
* Comme il a dit *devant*, etc. (VI, 99, *Rem. sur l'Odyss.*; voy. VI, 76, *ibid.*)
.... Une ombre qui vous laisse
Plus affamés que *devant*. (IV, 158, *Poés. div.* 20.)
* Ils se sentiront encore la tête pesante du jour *de devant*. (V, 460, *Trad.*; voyez IV, 285, *Imag.*)
....*Devant* que votre âme,
Prévenant mon espoir, m'eût déclaré sa flamme. (II, 549, *Baj.* 1493.)
....*Devant* qu'il expire. (II, 112, *Andr.* 1429; voy. VI, 272, *Livres ann.*)
Voyez II, 201, *Plaid.* 653; V, 90, *Notes hist.*; VI, 61 et 104, *Rem. sur l'Odyss.*; VI, 272, *Livres ann.*; VI, 423, *Lettres,* 1661.
* S'instruire bien du devoir d'une charge *devant que* de la prendre. (VI, 296, *Livres ann.*)
....*Devant que* mourir.... (II, 427, *Bér.* 1188.)
* Soldat *devant* qu'être capitaine. (VI, 297, *Livres ann.*; voyez VI, 119 *Rem. sur l'Odyss.*)

Devant, substantivement :
Il avoit pris tous les *devants* qu'il falloit auprès des gens qui auroient pu lui faire de la peine. (VI, 571, *Lettres.*)

Au-devant de :
Prends cette lettre, cours *au-devant de* la Reine. (III, 157, *Iph.* 129.)
Voyez II, 286, *Brit.* 691; VI, 190, *Livres ann.*
.... On se jette en foule *au-devant de* mes pas. (III, 235, *Iph.* 1668.)

DÉVELOPPER, au figuré :
Une foule d'intrigues difficiles à *développer*. (IV, 367, *Disc. acad.*)
Il faut *développer* ce mystère à vos yeux. (II, 299, *Brit.* 930.)
Pour en *développer* l'embarras incertain (*du Labyrinthe*),
Ma sœur du fil fatal eût armé votre main. (III, 341, *Phèd.* 651.)

(*Il*) Sut de leur noir complot *développer* le fil. (III, 498, *Esth*. 536.)
DEVENIR :
Tant que Porus vivra, que faut-il qu'il *devienne?* (I, 583, *Alex*. 1301.)
.... Que *deviendrez*-vous, si dès cette journée
Je célèbre à vos yeux ce funeste hyménée? (II, 512, *Baj*. 701.)
Quel *devins*-je au récit du crime de ma mère! (III. 26, *Mithr*. 67.)
(Rome) Attend que *deviendra* le destin de la Reine. (II, 390, *Bér*. 340.)
Cet honneur, si grand par lui-même, me *devient*, je l'avoue, encore plus considérable quand, etc. (IV, 351, *Disc. acad*.)

DEVERS, du côté de, vers ; PAR DEVERS, par-devant :
Il n'avoit point plu du tout *devers* Lyon. (VI, 413, *Lettres*, 1661.)
* Il envoya *devers* lui un grand cerf. (VI, 156, *Rem. sur l'Odyss*.)
Voyez VI, 54, *Rem. sur Pind*.; VI, 96 et 143, *Rem. sur l'Odyss*.
*Charles de Blois se pourvoit *par devers* Philippe. (V, 197, *Notes hist*.)

*DEVINERESSE, VI, 335, *Livres annotés*.

DEVOIR, verbe (voyez DETTE); DEVOIR À; SE DEVOIR À :
Il *doit* avant ce coup affermir son empire. (II, 267, *Brit*. 256.)
Voyez II, 264, *Brit*. 195; III, 160, *Iph*. 180.
Je *dois* même un exemple *au* reste de la terre :
Je *dois* venger sur lui tous les maux de la guerre.
(I, 583, *Alex*. 1285 et 1286.)
Vous *devez* d'autres soins *à* Rome, *à* votre gloire. (II, 400, *Bér*. 604.)
J'en *dois* compte, Madame, à l'empire romain. (II, 264, *Brit*. 181.)
(Choix) Digne de l'univers *à* qui vous *vous devez*. (II, 282, *Brit*. 602.)
Sa mort vous laisse un fils *à* qui vous *vous devez*. (III, 327, *Phèd*. 343.)
Voyez I, 590, *Alex*. 1440; II, 58, *Andr*. 358; II, 277, *Brit*. 478 ; II, 409, *Bér*. 806.

DEVOIR, substantivement :
Je suivois mon *devoir*, et vous cédiez au vôtre. (II, 108, *Andr*. 1354.)
.... A ton *devoir* rendu. (II, 108, *Andr*. 1363.)
.... Si l'ingrat rentroit dans son *devoir*. (II, 62, *Andr*. 436.)
.... Les dons achevant d'ébranler leur *devoir* (*des gardes*).
(II, 487, *Baj*. 151.)
Voyez II, 64, *Andr*. 479; II, 66, *Andr*. 527; II, 382, *Bér*. 167.
.... Mes *devoirs* redoublent vos mépris. (I, 414, *Théb*. 285 var.)
Rendons-lui des *devoirs* qui ne nous coûtent rien. I, 533, *Alex*. 196.)

DÉVORER, au figuré :
Dans son avide orgueil je sais qu'il nous *dévore*. (I, 547, *Alex*. 537.)
.... Je lui porte enfin mon cœur à *dévorer*. (II, 124, *Andr*. 1644.)
(*Le repentir*) Va seconder l'ardeur du feu qui les *dévore*.
(I, 578, *Alex*. 1197.)
Quel transport me saisit? Quel chagrin me *dévore?* (II, 111, *Andr*. 1394.)
Rien ne peut-il charmer l'ennui qui vous *dévore?* (II, 400, *Bér*. 599.)
Toujours verser des pleurs qu'il faut que je *dévore?* (II, 375, *Bér*. 36.)
.... *Dévorer* un affront. (III, 516, *Esth*. 838.)

DÉVOT, adjectivement :
Les plaidoyers de ce dernier sont, sans comparaison, plus *dévots* que les romans du premier. (IV, 335, *Imag*.)

DÉVOTION, au figuré :
Il s'en tirera aisément par le quinquina, auquel il a, comme vous savez, grande *dévotion*. (VII, 276, *Lettres*.)

FAIRE SES DÉVOTIONS, communier, VI, 574, *Lettres;* VII, 50 et 74, *ibid.*
DÉVOUER (SE) À :
Prince, je *me dévoue à* ces dieux immortels. (II, 339, *Brit.* 1737.
DEXTÉRITÉ, adresse :
....Je les charmois par ma *dextérité,*
Dérobant à leurs yeux la triste vérité. (III, 658, *Ath.* 941.)
Est-ce par la *dextérité* de nos ministres? (IV, 365, *Disc. acad.*)
DIABLE, DIABLESSE :
....Il a le *diable* au corps. (II, 191, *Plaid.* 561.)
La jeune Eudoxe est une bonne enfant,
La vieille Eudoxe une franche *diablesse.* (IV, 241, *Poés. div.* 2.)
....Que *diable !*... (II, 173, *Plaid.* 343.)
DIABOLIQUE, mauvais, difficile :
Le chemin est plus *diabolique* mille fois que celui des diables à Nevers. (VI, 422, *Lettres*, 1661.)
DIADÈME :
....Vous osez, Créon, m'offrir le *diadème!* (I, 478, *Théb.* 1410.)
....C'est là que fuyant l'orgueil du *diadème.* (III, 472, *Esth.* 107.)
Voyez I, 406, *Théb.* 145; I, 442, *Théb.* 804 et 805; I, 444, *Théb.* 840; I, 457, *Théb.* 1075; I, 459, *Théb.* 1108; I, 546, *Alex.* 493; I, 562, *Alex.* 842.
DIAMANT, au figuré :
Tant que la nuit de *diamants*
Sèmera l'hémisphère. (IV, 23, *Poés. div.* 46.)
DIANTRE, II, 154, *Plaid.* 126; II, 175, *Plaid.* 370.
DICTER, indiquer, prescrire :
Sa réponse *est dictée,* et même son silence. (II, 261, *Brit.* 120.)
Sans doute la douleur vous *dicte* ce langage. (II, 288, *Brit.* 728.)
Quoi? vous repentez-vous des généreux discours
Que vous *dictoit* le soin de conserver ses jours? (II, 517, *Baj.* 816.)
....Faisons qu'à ses fils il ne puisse *dicter*
Que les conditions qu'ils voudront accepter. (III, 38, *Mithr.* 361.)
Va, ne perds point de temps. Ce que tu m'*as dicté,*
Je veux de point en point qu'il soit exécuté. (III, 503, *Esth.* 615.)
Vous-même *avez dicté* tout ce triste appareil. (III, 517. *Esth.* 863.)
DICTION :
L'élégance de sa *diction* (*de Térence*). (II, 367, *Bér.* préf.)
DIÈTE, régime :
Il a même assez bon visage, quoique la *diète* très-exacte qu'il observe depuis cinq mois l'ait assez maigri. (VII, 233, *Lettres.*)
DIÈTE, assemblée :
La *diète* d'Allemagne. (IV, 366, *Disc. acad.*; voyez V, 143, *Not. hist.*
DIEU, DIEUX :
Le reste est entre les mains du bon *Dieu.* (VII, 75, *Lettres.*)
....Le *dieu* des armées. (III, 466, *Esth.* 20)
*Bon *Dieu,* exclamation assez étrange en traduisant Quinte Curce. (VI, 357, *note sur Vaugelas.*)
La mort est le seul *dieu* que j'osois implorer.(III, 375, *Phèd.* 1243.)
Permettez que mon cœur, en voyant vos beaux yeux,

De l'état de son sort interroge ses *dieux*. (I, 416, *Théb.* 318.)
DIFFÉRENCE :
  * *Différence* de l'ami et du flatteur. (VI, 306, *Livres ann.*; voyez VI, 320 et 333, *ibid.*)
  (*Mon cœur*) D'un esclave et d'un roi faisoit la *différence*. (I, 577, *Alex.* 1178.)
    * Elle (*Andromaque*) étoit possédée par Hector, à la *différence* d'Hélène, dont Paris dépend. (VI, 202, *Livres ann.*)
DIFFÉREND :
  Qu'un si grand *différend* se termine sans nous. (I, 581, *Alex.* 1268.)
DIFFÉRER, activement ; DIFFÉRER À :
  Cela *différera*.... l'entière conclusion de leur accommodement. (VI, 465, *Lettres.*)
Ne *differez* point tant *à* lui rendre l'hommage
Que vos cœurs, malgré vous, rendent à son courage. (I, 544, *Alex.* 465.)
.... Phèdre *différoit à* le faire punir. (III, 361, *Phèd.* 1012.)
DIFFICILE :
  * Ulysse ferme le couvercle, et y fait un nœud *difficile*. (VI, 139, *Rem. sur l'Odyss.*)
  Peut-être trop d'amour me rend trop *difficile*. (II, 492, *Baj.* 281.)
DIFFICULTÉ :
  On me pouvoit faire une *difficulté* qu'on ne m'a point faite. (II, 248, *Brit.* 1re préf.)
    .... Je ferois quelque *difficulté*
D'abaisser jusque-là votre sévérité. (II, 293, *Brit.* 797.)
  Saint Grégoire de Nazianze n'a pas fait de *difficulté* de mettre la Passion de Notre-Seigneur en tragédie. (IV, 281, *Imag.*; voyez IV, 360, *Disc. acad.*)
DIGÉRER, au figuré :
  M. de Launoy.... n'avoit pu *digérer*.... de voir toutes les libertés.... renversées. (IV, 498, *P. R.*)
Voyez IV, 502, *P. R.*; V, 86, *Not. hist.*; V, 335, *Siége de Nam.*; VI, 12, *R. sur Pind.*
DIGNE DE :
Ce choix *digne des* soins d'un prince qui vous aime,
Digne de vos beaux yeux trop longtemps captivés,
Digne de l'univers à qui vous vous devez. (II, 282, *Brit.* 600-602.)
Jamais femme ne fut plus *digne de* pitié,
Et moins *digne*, Seigneur, *de* votre inimitié. (III, 339, *Phèd.* 607 et 608.)
Je vous crois *digne*, ingrat, *de* m'arracher la vie. (II, 427, *Bér.* 1176.)
Voyez VI, 250, l. 11 et l. 20, *Livres ann.*
DIGNEMENT :
Que n'avez-vous, Seigneur, *dignement* combattu ? (I, 572, *Alex.* 1051.)
DILIGEMMENT :
  Qu'il fasse les choses le plus *diligemment* qu'il pourra. (VII, 207, *Lettr.*)
DILIGENCE :
Prince, que tardez-vous ? Partez en *diligence*.
  (II, 330, *Brit.* 1563 ; voyez II, 201, *Plaid.* 656).
Tout dépend du secret et de la *diligence*. (III, 224, *Iph.* 1474.)
  La plupart du monde ne se soucie point de l'intention ni de la *diligence* des auteurs. (II, 141, *Plaid.* au lect.)
Ah ! quittez d'un censeur la triste *diligence*. (II, 267, *Brit.* 271.)

DIMINUER :
*Ce cardinal (*Mazarin*) avoit l'artifice de trouver toujours quelque défaut aux plus belles actions des généraux,... pour *diminuer* leurs services, et délivrer le Roi de la nécessité de les récompenser. (V, 92, *Not. hist.*)
.... De votre grand nom *diminuer* le bruit. (III, 64, *Mithr*. 922.)

*DÎNÉ, V, 107, *Notes hist.*; DÎNER, verbe, V, 114, *ibid.*

DIRE, emplois divers :
.... Je le crois, Seigneur, puisque vous me le *dites*. (II, 502, *Baj*. 502.)
Vous ne répondez point. — Que veux-tu que je *dise*? (II, 379, *Bér*. 124.)
Que vous *dirai*-je enfin? Maître de leur suffrage,
Peut-être avec le temps j'oserai davantage. (II, 502, *Baj*. 493.)
Ce cœur, après huit jours, n'a-t-il rien à me *dire*? (II, 399, *Bér*. 580.)
De la Reine et de moi que *dit* la voix publique? (II, 390, *Bér*. 344.)
Allons, Rome en *dira* ce qu'elle en voudra *dire*. (II, 429, *Bér*. 1116.)
Seigneur, que faites-vous, et que *dira* la Grèce? (II, 55, *Andr*. 297.)
Qu'en *dites*-vous, Seigneur? Que faut-il que j'en pense? (III, 217, *Iph*. 1333.)
Qu'en *dis*-tu? N'est-ce pas cette même Agrippine
Que mon père épousa jadis pour ma ruine? (II, 269, *Brit*. 307.)
Princes, quelques raisons que vous me puissiez *dire*. (III, 42, *Mithr*. 423.)
.... On m'a *dit* la fureur de mes frères. (I, 400, *Théb*. 36.)
Monsieur, père Cordon vous *dira* mon affaire. (II, 189, *Plaid*. 539.)
Des deux provinces que je viens de *dire*. (IV, 453, *P.R.*)
Trois chirurgiens qui avoient fait la consultation que j'ai *dite*. (IV 469, *P.R.*)
Le médecin que je vous *dis* l'entreprit. (VI, 563, *Lettres*.)
Ces quarante escadrons que je vous *ai dit* (*sic*). (VII, 60, *Lettres*.)
*Ne blâmer personne que de ce qu'il *a dit* par écrit. (VI, 313, *L. ann.*)
.... Le dernier adieu qu'elle *dit* à Titus. (II, 366, *Bér*. préf.)
Dire messe. (IV, 592, *P.R.*)
. Ce poison vous *dit* la volonté du Roi. (III, 90, *Mithr*. 1514.)
Allez. Après cela *direz*-vous que je l'aime? (II, 68, *Andr*. 565.)
Quel plaisir de penser et de *dire* en vous-même :
« Partout, en ce moment, on me bénit, on m'aime! » (II, 320, *Brit*. 1359.)
Qu'ai-je fait? Que veut-il? Et que *dit* ce silence? (II, 402, *Bér*. 627.)
Tu *dis*, et ta voix déconcerte
L'ordre éternel des éléments. (IV, 140, *Poés. div.* 21.)
Avez-vous *dit*, Madame? — Oui. (II, 164, *Plaid*. 265.)
Disant qu'il la voudroit faire passer pour folle :
Je *dis* folle à lier. (II, 170, *Plaid*. 313.)
(*Corneille étoit*) de tous tant que nous sommes le plus modeste à....
prononcer, je *dis* même sur des matières de poésie. (IV, 362, *Disc. acad.*)
Je ne *dis* pas que vous ne lisiez quelquefois des choses qui puissent vous divertir l'esprit. (VII, *Lettres*, 132.)
Il *soit dit* que sur l'heure il se transportera Au logis, etc. (II, 177, *Plaid*. 402.)
Quoi, Seigneur? — Je ne sais, Paulin, ce que je *dis*. (II, 429, *Bér*. 1217.)
J'avois copié mes personnages d'après le plus grand peintre de l'antiquité, je veux *dire* d'après Tacite. (II, 250, *Brit*. 2ᵉ préf.)
Monsieur le Duc.... y fit à la Condé, c'est tout *dire*. (VII, 51, *Lettres*.)
.... Créqui de ce rang (*d'ambassadeur*) connoît bien la splendeur :
Si quelqu'un l'entend mieux, je l'irai *dire* à Rome. (IV, 179, *Poés. div.* 4.)
L'on *diroit* même que les cieux
Posent sur ces audacieux
Leur pesante machine. (IV, 27, *Poés. div.* 75.)
.... L'on *diroit* qu'encore il menace son frère. (I, 477, *Théb*. 1382.)

DIS] DE RACINE. 155

.... Ne *diroit*-on pas....
Qu'elle est ici captive, et que vous y régnez? (II, 57, *Andr.* 350.)

Que je die, pour *que je dise*, a été employé à cinq reprises par Racine ; la dernière fois en 1674, dans ce passage d'*Iphigénie*, qui a été modifié en 1697 :

.... Vous auriez vu, sans que je vous le *die*, etc. (III, 203, *Iph.* 1041.)

Voyez la note 1 de la page indiquée; et I, 439, *Théb.* 731; II, 160, *Plaid.* 200; II, 438, *Bér.* 1371; II, 512, *Baj.* 718; voyez aussi le *Lexique de Corneille.*

EN DIRE :

.... Mon cœur, soulevant mille secrets témoins,
M'*en dira* d'autant plus que vous m'*en direz* moins. (II, 105, *Andr.* 1308.)
Mon cœur s'*en est* plus *dit* que vous ne m'*en direz*. (II, 292, *Brit.* 777.)

IL Y A À DIRE, il s'en faut ; TROUVER À DIRE, sentir l'absence de :

Je crois qu'*il y a* bien *à dire* que mes sentiments ne soient les vôtres. (VI, 403, *Lettres*, 1661.)

Je vous *trouve* fort *à dire*, et dans mon travail et dans mes plaisirs. (VI, 597, *Lettres*, 1687.)

C'EST À DIRE :

C'est la Thébaïde. *C'est à dire* le sujet le plus tragique de l'antiquité. (I, 394, *Théb.* préf. ; voyez la note 4.)

Ce sens plus fort, plus détaché, de la locution *c'est à dire*, qui vient ici après un point, est bien marqué aussi dans cette phrase de Scudéry, où elle est précédée de la conjonction *et* : « Il faut se souvenir que Fernand étoit le premier roi de Castille, et c'est à dire roi de deux ou trois petites provinces. » (*Observations sur le Cid*, tome XII, p. 453 de notre édition de Corneille, où l'on a eu tort d'imprimer *c'est-à-dire*, avec des traits d'union.)

DISANT, ANTE ; SOI-DISANT :

(Ces filles étoient) Coquettes et bien *disantes*. (VI, 492, *Lettres*, 1662.)
.... Sa fille, au moins *soi-disant* telle. (II, 181, *Plaid.* 452.)

LEDIT, DUDIT, en un mot, II, 178, 179 et 211, *Plaid.* 405, 425 et 781.

DIRECTE, terme de féodalité, V, 390, *Factums.*

DISCERNER :

Discerner le vrai au travers du ridicule. (II, 142, *Plaid.* au lect.)
Discernez-vous si mal le crime et l'innocence? (III, 385, *Phèd.* 1430.)
On verra l'innocent *discerné* du coupable. (III, 504, *Esth.* 629.)

DISCONTINUER :

Notre canon tiroit sans *discontinuer*. (VII, 16, *Lettres*; voyez VI, 15, *Rem. sur Pind.*)

DISCORD :

....Pour finir vos *discords*. (I, 470, *Théb.* 1255.)
Les *Discords* après vous se voyoient enchaînés. (IV, 62, *Poés. div.* var.)

DISCORDER :

* Deux hommes sages *discordent* rarement quand il s'agit du bien public. (VI, 77, *Rem. sur l'Odyss.*)

DISCOURS :

J'ai voulu devant elle en ouvrir le *discours*. (II, 395, *Bér.* 474.)
*Commence une hymne,... et moi, je la communiquerai aux lyres, aux *discours* des autres. (VI, 215, *Livres ann.*)

Voyez II, 204, *Plaid.* 691; II, 311, *Brit.* 1146; II, 315, *Brit.* 1249; II, 385, *Bér.* 149; II, 535, *Baj.* 1207.

Éluder le *discours* de ; se perdre en *discours;* semer des *discours:* voyez
Éluder, Perdre, Semer.

DISCRET, ète :
Cette sincérité sans doute est peu *discrète.* (II, 284, *Brit.* 639.)

DISCRÉTION (Se rendre à), V, 246, *Camp. de Louis XIV.*

DISCUTER :
Vous n'aurez point.... à *discuter* avec des fatigues incroyables une foule d'intrigues difficiles à développer. (IV, 367, *Disc. acad.*)

DISGRÂCE :
.... De Britannicus la *disgrâce* future
Des amis de son père excita le murmure. (II, 311, *Brit.* 1152
Quoi? nous aurons d'un père entendu la *disgrâce,*
Et.... mettrons notre honneur et son sang en oubli? (III, 35, *Mithr.* 295.)
.... De quelque *disgrâce* enfin que vous pleuriez,
Quels pleurs par un amant ne sont point essuyés? (III, 181, *Iph.* 591.)
.... Sa *disgrâce* mortelle (*sa mort*). (I, 472, *Théb.* 1293.)
Les ennemis trouvoient encore des raisons pour excuser leurs *disgrâces.* (V, 281, *Camp. de Louis XIV.*)
Voyez I, 559, *Alex.* 765 ; II, 252, *Brit.* 2ᵉ préf. ; II, 287, *Brit.* 708; V, 271 et 287, *Camp. de Louis XIV.*

DISGRACIÉ :
Je croyois être tout à fait *disgracié* auprès de vous. (VI, 460, *Lettres.*)

DISPAROÎTRE, disparaître :
.... Sans doute elle attend le moment favorable
Pour *disparoître* aux yeux d'une cour qui l'accable. (II, 377, *Bér.* 68.)
... Lui. pendant cela, *Est disparu.* (II, 186, *Plaid.* 514.)
A mes yeux étonnés leur troupe *est disparue.* (II, 545, *Baj.* 1441.)
La foi de tous les cœurs *est* pour moi *disparue?* (III, 67, *Mithr.* 1012.)
Détruisons ses honneurs (*les honneurs du Capitole*), et faisons *disparaistre*
La honte de cent rois, et la mienne peut-estre. (III, 60, *Mithr.* 839.)
Telle est bien ici l'orthographe, conforme du reste à la prononciation du temps.

DISPENSER, répartir :
Il (*Dieu*) leur *dispense* avec mesure
Et la chaleur des jours et la fraîcheur des nuits. (III, 624, *Ath.* 325.)

Dispenser de, accorder la dispense de :
Il pouvoit la *dispenser de* l'âge prescrit..., comme il *a dispensé de* l'âge pour le consulat tant de grands hommes. (II, 249 et 254, *Brit.* 1ʳᵉ et 2ᵉ préf. ; voyez II, 369, *Bér.* préf. ; III, 334, *Phèd.* 484.)

DISPOSER, sens divers; disposer à, de ; se disposer :
Madame, je m'en vais *disposer* mon armée. (I, 551, *Alex.* 617.)
Créon, la Reine ici commande en mon absence ;
Disposez tout le monde *à* son obéissance. (I, 408, *Théb.* 176.)
Ciel, *dispose à* la paix le cœur de Polynice. (I, 415, *Théb.* 300.)
Il vient. — Hé bien ! va donc *disposer* la cruelle
A revoir un amant qui ne vient que pour elle.
(II, 47, *Andr.* 141 et 142; voyez I, 561, *Alex.* 827.)
Mlle Vitart *étoit disposée d'*aller à la Ferté. (VI, 464, *Lettres.*)
Que le Ciel à son gré *de* ma perte *dispose.* (I, 423, *Théb.* 439.)
Va : j'attends ton retour pour *disposer de* moi. (III, 350, *Phèd.* 812.)
Voyez II, 43, *Andr.* 41 ; II, 49, *Andr.* 192.

Quel spectacle pour elle aujourd'hui *se dispose!* (II, 75, *Andr.* 697.)

DISPOSITION, la faculté de disposer de :
* Avoir en sa main la *disposition* des grâces. (V, 85, *Notes hist.*)

DISPUTE :
Les écrits qui s'étoient faits sur cette *dispute*. (IV, 534, *P. R.*)
Un peu avant sa mort, M. Pascal eut quelque *dispute* avec M. Arnauld sur le sujet des Constitutions. (IV, 532, *P. R.*)
Voyez IV, 441, 442, 444, 445, 449, 454, 514 et 533, *P. R.*; V, 113 et 198, *Notes hist.*; VI, 233 et 274, *Livres ann.*

DISPUTER, neutralement et activement :
Non-seulement on *disputa*, mais on se querella. (VI, 572, *Lettres.*)
Je *disputai* longtemps, je fis parler mes yeux. (II, 383, *Bér.* 201.)
Ah! vous deviez du moins plus longtemps *disputer*. (II, 301, *Brit.* 970.)
Vous seule pour Pyrrhus *disputez* aujourd'hui. (II, 67, *Andr.* 547.)
(Vos bontés) *Ont* assez *disputé* contre la destinée. (II, 511, *Baj.* 678.)
* *Disputer* à la course. (VI, 133, *Rem. sur l'Odyss.*)
On *a disputé* chez les anciens si la fortune n'avoit point eu plus de part que la vertu dans les conquêtes d'Alexandre. (I, 514, *Alex.* épître.)
Voyez II, 424, *Bér.* 1104; IV, 480, *P. R.*; VI, 181, 233 et 317, *Livres ann.*

.... Par combien de malheurs
Ne lui voudrois-je point *disputer* de tels pleurs! (III, 207, *Iph.* 1104.)
.... Qui toutes *disputant* un si grand intérêt. (III, 469, *Esth.* 57.)
Ne lui *disputez* plus mes vœux infortunés. (II, 306, *Brit.* 1077.)
*(*Ajax*) ne veut point que ses armes *soient disputées*. (VI, 239, *Livres ann.*)
Voyez I, 402, *Théb.* 52; I, 550, *Alex.* 591; II, 310, *Brit.* 1124; V, 196, *Notes hist.*

L'affaire étoit incontestable, et on ne *l'a disputée* que sur ce que, dans la copie..., on avoit mis simplement *testibus nominatis*. (VI, 476, *Lettres.*)
On les verroit plutôt par de nobles projets
Se *disputer* tous deux l'amour de leurs sujets. (I, 411, *Théb.* 222.)
Entre Sénèque et vous *disputez*-vous la gloire
A qui m'effacera plutôt de sa mémoire? (II, 262, *Brit.* 147.)

DISQUISITION :
Vos *Disquisitions*, vos Dissertations. (IV, 288, *Imag.*)

DISSEMBLABLE à :
Quoique si *dissemblable à* mon premier (*sonnet*), j'aurois pourtant de la peine à le désavouer. (VI, 374, *Lettres.*)

DISSIMULATION :
* La *dissimulation* que la crainte nous fait prendre. (VI, 295, *Livres ann.*)

DISSIMULER :
Ceux qui voient le mieux nos défauts sont ceux qui les *dissimulent* le plus volontiers. (II, 249, *Brit.* 1re préf.)

DISSIPATION :
Cette horrible *dissipation* où l'on ne peut éviter d'être à la cour. (VII, 292, *Lettres*; voyez VII, 186, *Lettres.*)

DISSIPER, sens divers; SE DISSIPER :
Dissipe l'ombre épaisse où les plonge le vice. (IV, 114, *Poés. div.* 15.)
Il pense voir en pleurs *dissiper* cet orage. (II, 112, *Andr.* 1410; voy. note 1.)
Elle voit *dissiper* sa jeunesse en regrets. (II, 155, *Plaid.* 145.)
* Tous les ais de ce vaisseau *se dissipent*. (VI, 106, *Rem. sur l'Odyss.*)

Il ne faut pas voltiger de lecture en lecture : ce qui ne serviroit qu'à vous *dissiper* l'esprit. (VII, 71, *Lettres* ; voyez VII, 85, *Lettres*.)
Vous aimez le travail,... vous ne *vous dissipez* point. (VII, 259, *Lettr.*)
Je voudrois bien qu'il n'eût pas l'esprit autant *dissipé* qu'il l'a par l'envie démesurée qu'il témoigne de voir des opéra, etc. (VII, 125, *Lettres*.)

DISTANCE :
Vous régnez. Vous savez combien votre naissance
Entre l'Empire et vous avoit mis de *distance*. (II, 310, *Brit.* 1120.)

DISTANT DE :
* Le Brésil, *distant de* la Guinée environ 450 lieues. (V, 154, *Notes hist.*)

DISTINGUER :
Qu'ils confondent leur haine, et ne *distinguent* plus
Le sang qui les fit vaincre et celui des vaincus. (II, 51, *Andr.* 231.)
Sans *distinguer* entre eux qui je hais ou qui j'aime. (III, 84, *Mithr.* 1391.)

DISTRACTION, au propre :
Le Roi.... ordonna qu'on fit la *distraction* des revenus qu'elles (*les deux maisons*) avoient possédés en commun. (IV, 618, *Mém. pour P. R.*)
* Le roi de Portugal.... a fait une *distraction* de cinq ou six mille chevaux. (V, 161, *Notes hist.*)

DISTRAIRE, SE DISTRAIRE :
Les Dieux de ce dessein puissent-ils le *distraire* ! (II, 323, *Brit.* 1407.)
César les voit partir sans oser les *distraire*. (II, 339, *Brit.* 1747.)
.... De son amitié j'ai voulu vous *distraire*. (II, 318, *Brit.* 1308.)
De son image en vain j'ai voulu *me distraire*. (II, 274, *Brit.* 400.)
Je ne m'étonne plus qu'interdit et *distrait*
Votre père ait paru nous revoir à regret. (III, 182, *Iph.* 627.)
Que vous dirai-je enfin ? Je fuis des yeux *distraits*
Qui me voyant toujours, ne me voyoient jamais. (II, 386, *Bér.* 277.)

DISTRIBUER :
J'approuve la manière dont vous *distribuez* votre temps et vos études. (VII, 114, *Lettres*.)

DIT, terme juridique, II, 161, *Plaid.* 223.

DIVERSIFIER :
* *Diversifier* les arguments. (VI, 331, *Livres ann.* ; voyez VI, 198, *ibid.*)

DIVERSION :
Une puissante *diversion* du côté de l'Angleterre. (V, 315, *Siége de Nam.*)

DIVERTIR ; SE DIVERTIR DE :
Je ne dis pas que vous ne lisiez quelquefois des choses qui puissent vous *divertir* l'esprit. (VII, *Lettres*, 132.)
Tous ces Normands vouloient *se divertir de* nous. (II, 145, *Plaid.* 5.)

DIVIN, INE :
.... Ah ! *divine* Princesse. (I, 553, *Alex.* 669 ; II, 66, *Andr.* 529.)
Qu'il est doux d'adorer tant de *divins* appas ! (I, 417, *Théb.* 329.)

DIVISÉ DE :
Du reste des humains ils semblent *divisés*. (III, 496, *Esth.* 500.)

DIVULGUER :
.... Des Dieux *divulguer* la menace. (III, 207, *Iph.* 1130.)

DOCILE ; DOCILE À :
Tel qu'un ruisseau *docile*

Obéit à la main qui détourne son cours. (III, 510, *Esth.* 729.)
Rendre *docile au* frein un coursier indompté. (III, 311, *Phèd.* 132.)
Rends notre corps *docile à* ta divine loi. (IV, 110, *Poés. div.* 18.)
DOCTE :
  Épuiser les plus *doctes* veilles. (IV, 22, *Poés. div.* 14.)
DOCTRINE, science :
  Quantité de personnes célèbres par leur piété et par leur *doctrine.* (III, 303, *Phèd.* préf. ; voyez IV, 464, *P. R.*)
DOIGT :
A souffler dans leurs *doigts* dans ma cour occupés. (II, 152, *Plaid.* 98.)
* (*Ils*) ont mis l'Espagne à deux *doigts* de sa perte. (V, 134, *Not. hist.*)
DOLENT, ente :
    L'autre (*oiseau*) console en trémoussant,
      Sa famille *dolente.* (IV, 29, *Poés. div.* 39.)
  (Isabelle) Invisible et *dolente*, est en prison chez elle. (II, 155, *Plaid.* 144.)
DOMESTIQUE, attaché à la maison, adjectif et substantif :
Jugez sévèrement ce voleur *domestique.* (II, 198, *Plaid.* 628.)
  * Ses vertus *domestiques.* (VI, 23, *Rem. sur Pind.*; voy. V, 385, *Factums.*)
  Arcas, *domestique* de Mithridate. (III, 22, *Mithr.* acteurs.)
  Arcas, Eurybate, *domestiques* d'Agamemnon. (III, 148, *Iph.* acteurs.)
J'ai découvert au Roi les sanglantes pratiques
Que formoient contre lui deux ingrats *domestiques.*(III, 471, *Esth.* 100.)
  Les secrets du Cardinal étoient souvent trahis et révélés aux ennemis par des *domestiques* infidèles et intéressés. (V, 92, *Notes hist.*)
DOMINATION, domaine :
  * A Fernambouc et aux autres places de la *domination* des Hollandois. (V, 156, *Notes hist.*)
DOMMAGE :
Au travers d'un mien pré certain ânon passa,
S'y vautra, non sans faire un notable *dommage.* (II, 160, *Plaid.* 203.)
DOMPTER :
(*Il*) Préparoit moins de gloire aux yeux qui l'*ont dompté.*
              (III, 332, *Phèd.* 456.)
Est-ce quelque mépris qu'on ne puisse *dompter?* (III, 70, *Mithr.* 1066.)
DON :
Les spectacles, les *dons*, invincibles appas,
Vous attiroient les cœurs du peuple et des soldats. (II, 312, *Brit.* 1169.)
    Le *don* des langues, les miracles.... (IV, 150, *Poés. div.* 56.)
DONC :
....Tôt *donc*, Frappez : j'ai quatre enfants à nourrir. (II, 180, *Plaid.* 429.)
Voyez II, 173, *Plaid.* 349.
DONNER, sens divers; SE DONNER ; S'EN DONNER :
Vous seule me restez : souffrez que je vous *donne.*
        (III, 98, *Mithr.*1672 ; voyez I, 583, *Alex.* 1312 et 1313.)
Passons chez Octavie, et *donnons*-lui le reste
D'un jour autant heureux que je l'ai cru funeste. (II, 332, *Brit.* 1607.)
      .... Je *donne* aux veilles, aux alarmes,
Des jours toujours à plaindre et toujours enviés. (II, 282, *Brit.* 592.)
Combien à vos malheurs ai-je *donné* de larmes! (II. 42, *Andr.* 14.)

.... L'horreur que ce méchant me *donne*. (I, 464, *Théb.* 1175.)
L'approbation d'une personne qui sait *donner* aux choses un si juste prix. (I, 390, *Théb.* épître.)
Peut-être espérez-vous que ma douceur lassée
Donnera quelque atteinte à sa gloire passée. (I, 574, *Alex.* 1098.)
Si je leur *donne* temps, ils pourront comparoître. (II, 149, *Plaid.* 63.)
* Envoyer une armée pour *donner* cœur au peuple. (V, 90, *Notes hist.*)
* *Donner* ordre au dîner. (VI, 82, *Rem. sur l'Odyss.*)
*Lorsqu'on a *donné* les voix dans le jugement des armes d'Achille. (VI, 245, *Livres ann.*)
.... Dépêchez, *donnez* votre requête. (II, 188, *Plaid.* 524.)
Persécuter ses sœurs, dont elle se rendit l'accusatrice, *donnant* des mémoires contre elles. (IV, 561, *P. R.*)
Le Parlement *donna* un second arrêt. (IV, 535, *P. R.*, l. 18; voyez II, 162, *Plaid.* 242; IV, 503. *P. R.*; IV, 535, l. 10, *P. R.*)
On n'a pas osé démentir le jugement que vous *avez donné*. (I, 390, *Théb.* épître.)
.... Sa mort me doit être commune.
Il faut en *donner* deux, ou n'en *donner* pas une. (I, 458, *Théb.* 1088.)
* *Donner* les quartiers (*terme militaire*). (V, 109, *Notes hist.*)
* (*Ils*) ne *donnèrent* jamais l'Excellence aux ambassadeurs. (V, 152, *Notes hist.*)
C'est là qu'ils font ce qu'on n'a jamais lu que dans les romans et dans les histoires *données* à plaisir. (V, 276, *Camp. de Louis XIV.*)
Je les ai rendus (*mes personnages*) tels que les anciens poëtes nous les ont *donnés*. (II, 34, *Andr.* 1re préf.)
* Le poëte lui *donne* des paroles forcées. (VI, 240, *Livres ann.*)
* Une servante *donne* à laver avec une aiguière. (VI, 59, *Rem. sur l'Odyss.*)
*Donnez-moi d'être plus chaste que ma mère, et d'avoir les mains plus saintes que les siennes. (VI, 221, *Livres ann.*)
La flotte.... a *donné* tout droit dans l'embuscade. (VII, 103, *Lettres.*)
Donner des armes, audience, le bal, bataille, le bonjour, le bonsoir, le branle, force à, le jour, les mains, sa parole, la question, dans le panneau, un successeur : voyez ARMES, AUDIENCE, etc. ; *donner* du nez en terre : voyez NEZ ; ne pas *donner* un sou à : voyez SOU.
Voulez-vous que son cœur, incertain et confus,
Ne *se donne* jamais sans craindre vos refus? (I, 540, *Alex.* 356.)
Ma fille aînée *s'est donné* l'honneur de vous écrire. (VII, 298, *Lettres*; voyez VI, 431, *Lettres.*)
Se donner de garde ; *se donner* du mouvement ; *se donner* en spectacle : voyez GARDE, MOUVEMENT, SPECTACLE.
Ma foi, pour cette nuit il faut que je *m'en donne*. (II, 148, *Plaid.* 47.)
DONT, de qui, duquel, de quoi, d'où, par qui, etc. :
.... C'est moi *dont* l'ardeur leur a servi d'exemple.
(II, 118, *Andr.* 1529; voyez I, 552, *Alex.* 643.)
.... Jour détestable
Dont la seule frayeur me rendoit misérable. (I, 399, *Théb.* 20.)
.... C'est cette vertu, si nouvelle à la cour,
Dont la persévérance irrite mon amour. (II, 274, *Brit.* 418.)
Voyez II, 160, *Plaid.* 204; IV, 399, l. dern., *P. R.*; V, 286, l. 16, *Camp. de Louis XIV.*
Ménélas trouve sa femme en Égypte, *dont* elle n'étoit point partie. (II, 39, *Andr.* 2e préf.)
Rentre dans le néant *dont* je t'ai fait sortir. (II, 503, *Baj.* 524.)

Deux Pères de l'Église *dont* sa seconde proposition étoit tirée. (IV, 464, *P. R.*)

Les garçons de M. Poche m'ont piqué mon petit cheval en deux endroits..., *dont* je suis fort en colère contre eux. (VII, 29, *Lettres.*)

Ces morts, cette Lesbos, ces cendres, cette flamme,
Sont les traits *dont* l'amour l'a gravé dans votre âme. (III, 185, *Iph.* 682.)

Le Roi y campa, peu de jours après, dans ses fortifications, *dont* le seul récit jeta l'épouvante. (V, 247, *Camp. de Louis XIV*)

.... Louer l'ennemi *dont* je suis opprimé. (II, 288, *Brit.* 734.)

J'ai vu ce même enfant *dont* je suis menacée. (III, 635, *Ath.* 535.)

L'estime mutuelle *dont* ils étoient liés. (IV, 533, *P. R.*)

Je nourris dans son cœur la semence féconde
Des vertus *dont* il doit sanctifier le monde. (III, 461, *Esth.* prol. 8.)

.... Du même poignard *dont* est morte la Reine. (I, 481, *Théb.* 1466.)

Voyez I, 532. *Alex.* 178; II, 31, l. 1, *Andr.* épître; II, 77, *Andr.* 730; II, 418, *Bér.* 970; II, 558, *Baj.* 1687; III, 336, *Phed.* 540; IV, 10, l. 4, *Plan d'Iph. en Taur.*; IV, 30, *Poés. div.* 9; IV, 120, *ibid.* 3; V, 9, l. avant-dern., *Épitaphes*; V, 50, l. 22, *Méd.*; V, 92, l. 10, *Notes hist.*; V, 95, l. 3, *ibid.*; V, 313, l. 17, *Siége de Nam.*; VI, 243, l. 4, *Livres ann.*

.... Cette persévérance
Dont le sort s'attachoit à les persécuter. (II, 440, *Bér.* 1413.)

... L'ardeur *dont* tu sais que je l'ai recherchée. (III, 65, *Mithr.* 975.)

La sagesse *dont* il sait instruire ses ministres. (V, 360, *Harangue de Colbert.*)

Les Religieuses lui parloient avec tout le sens froid et la gravité *dont* un archevêque auroit dû parler. (IV, 579, *P. R.* var.)

DORMIR, au propre et au figuré :

.... Tout *dort*, et l'armée, et les vents, et Neptune. (III, 150, *Iph.* 9.)

* Les vents *dorment*. (VI, 206, *Livres ann.*)

DORTOIR, IV, 402, *P. R.*

DOS, au propre et au figuré :

.... Je me sens enfin
L'âme et le *dos* six fois plus durs que ce matin. (II, 171, *Plaid.* 318)

.... Sur le *dos* de la plaine liquide
S'élève à gros bouillons une montagne humide. (III, 389, *Phèd.* 1513.)

*DOUAIRE, VI, 136, *Rem. sur l'Odyssée.*

DOUBLE :

Au *double* de : voyez A, p. 6, l. 50.

Fièvre *double*-tierce. (VI, 589, *Lettres.*)

DOUCEMENT :

Informez-vous tout *doucement* de cela, et sans en faire de bruit. (VI, 520, *Lettres.*)

DOUCEUR :

Cent fois je me suis fait une *douceur* extrême
D'entretenir Titus dans un autre lui-même. (II, 386, *Bér.* 271.)

Quel surcroît de vengeance et de *douceur* nouvelle
De le montrer bientôt pâle et mort devant elle ! (II, 540, *Baj.* 1325.)

Cet esprit de *douceur*. (III, 510, *Esth.* 726 et 728.)

.... De ses yeux les timides *douceurs*. (II, 274, *Brit.* 394.)

Souffrez que sa *douceur* vous oblige à garder
Un trône que Porus devoit moins hasarder. (I, 559, *Alex.* 775.)

Voyez I, 573, *Alex.* 1093.

DOULEUR, douleurs :
On ne pouvoit lui toucher ce côté de la tête sans lui faire beaucoup de *douleur*. (IV, 465, *P. R.*)
.... Me rassurer, en flattant ma *douleur*. (III, 48, *Mithr.* 577.)
Bérénice d'un mot flatteroit mes *douleurs ?* (II, 409, *Bér.* 801.)
Voyez I, 415, *Théb.* 302; II, 338, *Brit.* 1709; III, 387, *Phèd.* 1471.

Douleur étudiée; nourrir sa *douleur*, réveiller la *douleur :* voyez Étudier, Nourrir, Réveiller.

DOULOUREUX :
.... Cris *douloureux*. (I, 434, *Théb.* 625.)

DOUTE :
Dans le *doute* mortel dont je suis agité. (III, 305, *Phèd.* 3.)
Tous vos *doutes*, mon fils, bientôt s'éclairciront. (III, 674, *Ath.* 1251.)

Sans doute, assurément, probablement :
Je suis surpris *sans doute*, et c'est avec justice. (II, 377, *Bér.* 79.)
(Cette sage retenue) est *sans doute* une vertu rare en un siècle où l'on fait vanité des moindres choses. (II, 241, *Brit.* épître.)
*Il appelle la jeunesse couronnée d'or, ou à cause *sans doute* que c'est le plus bel âge de la vie, ou à cause que, etc. (VI, 28, *Rem. sur Pind.*)

DOUTER, hésiter; douter si; douter où :
Pourriez-vous un moment *douter* de l'accepter? (III, 660, *Ath.* 985.)
Qu'elle-même (*la victoire*), attachée à ses faits éclatants,
Entre Alexandre et lui n'*ait douté* quelque temps.
(I, 558, *Alex.* 744; voyez I, 580, *Alex.* 1236.)
(Vos esclaves) *Doutent si* le Visir vous sert ou vous trahit.
(II, 555, *Baj.* 1632; voy. II, 239, *Brit.* épître; V, 299, *Camp. de L. XIV.*)
Que les Romains, pressés de l'un à l'autre bout,
Doutent où vous serez, et vous trouvent partout. (III, 64, *Mithr.* 934.)

DOUTEUX, euse, sens divers :
Sa mort étoit *douteuse*, elle devient certaine. (I, 586, *Alex.* 1354.)
(*Le jour*) Qui décida du sort d'un long siége *douteux*. (II, 379, *Bér.* 106)
.... Mon cœur, *douteux* en apparence. (I, 577, *Alex.* 1177.)

DOUX, au propre et au figuré; doux, adverbialement :
Rendre les olives *douces*. (VI, 415, *Lettres.*)
* *Doux* à ses amis, terrible à ses ennemis. (VI, 217, *Livres ann.*)
Du *doux* pays de nos aïeux
Serons-nous toujours exilées? (III, 474 et 475, *Esth.* 144 et 153.)
.... M'arrachant du *doux* sein de la Grèce. (III, 91, *Mithr.* 1527.)
J'y consens, porte-lui cette *douce* nouvelle. (II, 279, *Brit.* 519.)
Votre règne en sera plus puissant et plus *doux*. (I, 406, *Théb.* 138.)
N'est-ce point à vos yeux un spectacle assez *doux*
Que la veuve d'Hector pleurante à vos genoux? (II, 83, *Andr.* 859.)
Chercher des criminels à qui le crime est *doux*. (I, 432, *Théb.* 614.)
Seigneur, de mes malheurs ce sont là les plus *doux*. (III, 28, *Mithr.* 138.)
Voyez II, 294, *Brit.* 829; II, 321, *Brit.* 1399.
Il fallut donc qu'il filât *doux*. (VI, 401, *Lettres.*)
Tout *doux :* un amené sans scandale suffit. (II, 198, *Plaid.* 626.)

DOUZAINE (Par) :
Il est vrai que du Mans il en vient *par douzaine*. (II, 206, *Plaid.* 724.)

DRAPEAU :
(Porus) Rassemble ses soldats autour de son *drapeau*. (I, 578, *Alex.* 1192.)

(Les troupes d'Axiane) sous mes *drapeaux* rangées. (I, 550, *Alex*. 602.)
Voyez I, 541, *Alex*. 381; III, 59, *Mithr*. 825.

DRESSER, sens divers :
 * Il avoit.... *dressé* des temples aux Dieux. (VI, 109, *Rem. sur l'Odyss*.)
Chaque mot sur mon front fait *dresser* mes cheveux. (III, 376, *Phèd* 1268.)
 *Ayant dressé une grande place. (VI, 45, *Rem sur Pind*.)
 * Il appelle Pan, qui *dresse* les danses des Dieux. (VI, 240, *Liv. ann*.)
 C'est cette Mère Agnès qui *a* depuis *dressé* les Constitutions de Port-Royal. (IV, 397, *P. R*.)
 Je *dressai* à peu près mon plan sur les Phéniciennes d'Euripide. (I, 94, *Théb*. préf.)
 Les curés de Paris *dressèrent* d'abord deux requêtes. (IV, 488, *P. R*.)
 (*M. Bort*) avoit été *dressé* par Monsieur l'Ambassadeur. (VII, 294, *Lettres*.)
 Dresser un acte, *dresser* une batterie : voyez ACTE, BATTERIE.

DROIT, adjectif :
 M. Singlin, homme.... merveilleux pour le *droit* sens. (IV, 603, *P. R*.

DROIT, substantif :
Sur eux, sur leurs captifs, ai-je étendu mes *droits*? (II, 49, *Andr*. 191.)
.... C'est pousser trop loin ses *droits* injurieux (*les droits de la guerre*).
                                             (III, 195, *Iph*. 879.)
C'est un rang où Porus n'a plus *droit* de prétendre. (I, 582, *Alex*. 1281.)
Est-ce là faire *droit*? Est-ce là comme on juge? (II, 161, *Plaid*. 231.)
Voyez II, 120, *Andr*. 1571; II, 188, *Plaid*. 534 et 535.

À DROIT :
 Soit à *droit*, soit à tort. (IV, 461, *P. R*.)

DROITURE :
        Tu récompenses ma *droiture*. (IV, 141, *Poés. div*. 43.)

*DUCHÉ, au féminin, V, 75, 195 et 196, *Notes historiques*.

DUNE, V, 52, *Médailles*.

DUPLICITÉ :
 Cette *duplicité* d'actions avoit pu nuire à sa pièce. (I, 394, *Théb*. préf.)

DUR, au propre et au figuré :
                 .... Je me sens enfin
L'âme et le dos six fois plus *durs* que ce matin. (II, 171, *Plaid*. 318.)
.... Il m'est désormais trop *dur* de reculer. (II, 543, *Baj*. 1399.)

DURANT, DURANT QUE :
               .... *Durant* vos adieux. (II, 330, *Brit*. 1573.)
 * *Durant* cela. (VI, 85, *Rem. sur l'Odyss*.; voyez VI, 56 et 107, *ibid*.;
VI, 226 et 310, *Livres ann*.)
 * *Durant* qu'on traitoit la paix. (V, 103, *Notes hist*.)

DURER :
 Entre Taxile et lui votre cœur en balance
Tant qu'*ont duré* ses jours a gardé le silence. (I, 575, *Alex*. 1130.)
Un moment loin de vous me *duroit* une année. (I, 417, *Théb*. 331.)
Rappelez un espoir qui ne vous *dura* guère.
                        (III, 52, *Mithr*. 683; voyez VI, 186, *Livres ann*.)
 *Ménélaüs dit qu'ils n'eussent pu *durer*, à cause de la puanteur de ces peaux. (VI, 90, *Rem. sur l'Odyss*.)

DYSSENTERIE, VII, 116, *Lettres*.

E

EAU, au propre et au figuré :
Prendre les *eaux*. (VI, 392, *Lettres*.)
D'autres se sont guéris avec de la simple *eau* de poulet. (VI, 586, *Lettres*.)
Sans que le front du laboureur
  A leur course rapide (*à la course des flots*)
Joigne les *eaux* de sa sueur. (IV, 24, *Poés. div.* 60.)
Je suois sang et *eau* pour voir si, etc. (II, 204, *Plaid.* 689.)
* Des avantages qu'ils espéroient pêcher en *eau* trouble. (V, 87, *N. hist.*)
Que l'*eau* d'une foi vive abreuve notre cœur. (IV, 110, *Poés. div.* 22.)

ÉBLOUIR, ÉBLOUIR DE, au figuré :
Mes promesses aux uns *éblouirent* les yeux. (II, 311, *Brit.* 1153.)
Inventez des raisons qui puissent l'*éblouir*. (III, 54, *Mithr.* 722.)
Veulent-ils m'*éblouir* par une feinte vaine? (III, 386, *Phèd.* 1453.)
... De quelque faveur que sa main t'*éblouisse*. (I, 560, *Alex.* 801.)
.... M'*éblouissant de* tes riches trésors. (III, 702, *Ath.* 1778.)
Voyez II, 30 et 31, *Andr.* épitre; III, 38, *Mithr.* 365.

ÉBOULÉ :
La demi-lune est presque *éboulée*. (VII, 18, *Lettres*; voy. IV, 390, *P. R.*)

ÉBRANLEMENT, au propre :
L'*ébranlement* du carrosse m'a beaucoup incommodé. (VII, 299, *Lettr.*)

ÉBRANLER, S'ÉBRANLER, au figuré :
(*Dieu*,) si tu les soutiens, qui peut les *ébranler*? (III, 667, *Ath.* 1121.)
Peuple ingrat, quoi? toujours les plus grandes merveilles
Sans *ébranler* ton cœur frapperont tes oreilles? (III, 611, *Ath.* 108.)
... Les dons achevant d'*ébranler* leur devoir.... (II, 487, *Baj.* 151.)
Le sang à ces objets facile à *s'ébranler*.... (III, 207, *Iph.* 1123.)

ÉCARTER, S'ÉCARTER :
Depuis le jour fatal que la fureur des eaux
Presque aux yeux de l'Épire *écarta* nos vaisseaux. (II, 42, *Anur.* 12.)
Malgré ce même exil qui va les *écarter*,
Ils font mille serments de ne se point quitter. (III, 376, *Phèd.* 1255.)
C'en est trop : de tous deux il faut que je l'*écarte*. (II, 272, *Brit.* 367.)
Voyez II, 260, *Brit.* 110; II, 311, *Brit.* 1134; III, 64, *Mithr.* 936.
Mais bientôt elle a pris des chemins *écartés*. (II, 338, *Brit.* 1725.)
Préparez-vous, Madame, à voir de tous côtés
Voler vers vous les cœurs par Thésée *écartés*. (III, 329, *Phèd.* 372.)
La cour autour de vous ou *s'écarte*, ou s'empresse. (II, 309, *Brit.* 1112.)

ÉCHANGE :
Je les vois, par un doux *échange*,
 Ici mûris, et là naissants,
 De leurs fruits blonds et verdissants
Faire un agréable mélange. (IV, 42, *Poés. div.* 61.)

ÉCHANTILLON :
Un *échantillon* d'Aristophane. (II, 141, *Plaid.* au lect.)

ÉCHAPPER, S'ÉCHAPPER :
* Schomberg *échappa*, alla faire ses levées. (V, 99, *Notes hist.*)
* Il *échappa* quelques copies des deux relations. (IV, 577, *P. R.* var.)

* Cheval.... qui *échappe* de l'écurie. (VI, 203, *Livres ann.*)
* Ajax.... s'étoit vanté d'*échapper* de la mer. (VI, 91, *Rem. sur l'Odyss.*)
Le seul nom de Junie *échappe* de sa bouche. (II, 339, *Brit.* 1756.)
Vous n'*êtes* pas encore *échappé* de sa rage. (III, 677, *Ath.* 1298.)
Il me semble qu'il lui *échappe* assez de cruautés pour empêcher que personne ne le méconnoisse. (II, 243, *Brit.* 1ʳᵉ préf.)
De peur qu'en le voyant, quelque trouble indiscret
Ne fasse avec mes pleurs *échapper* mon secret. (III, 617, *Ath.* 194.)
* Moi-même ayant laissé *échapper* quelque chose du récit qu'il m'en a fait.... (V, 462, *Trad.*)
Ne doutez point, Seigneur, que ce coup ne la frappe,
Qu'en reproches bientôt sa douleur ne *s'échappe*. (II, 291, *Brit.* 764.)
Ah! qu'un seul des soupirs que mon cœur vous envoie,
S'il *s'échappoit* vers elle, y porteroit de joie! (II, 57, *Andr.* 354.)
Pour *s'échapper* de nous, Dieu sait s'il est allaigre. (II, 148, *Plaid.* 43.)
.... Sa perte sera l'infaillible salaire
D'un geste ou d'un soupir *échappé* pour lui plaire. (II, 285, *Brit.* 684.)
Comment à tant de coups seroit-il *échappé*? (III, 89, *Mithr.* 1486.)
L'affreuse vérité me *seroit échappée*. (III, 373, *Phèd.* 1202.)

Voyez I, 569, *Alex.* 980 ; II, 54, *Andr.* 268 ; II, 248, *Brit.* 1ʳᵉ préf.; III, 331, *Phèd.* 422; III, 372, *Phèd.* 1176; III, 666, *Ath.* 1105 ; III, 677, *Ath.* 1298; IV, 558, *P. R.*; V, 595, *Trad.*; VII, 268, *Lettres*.

ÉCHARPE :
L'un avoit le bras en *écharpe*; l'autre la mâchoire à demi emportée, avec la tête bandée d'une *écharpe* noire. (VII, 58, *Lettres*.)

ÉCHAUFFER, S'ÉCHAUFFER :
* Ne cherchez point d'astre plus *échauffant* ni plus brillant que le soleil. (VI, 10, *Rem. sur Pind.* ; voyez VI, 216, *Livres ann.*)
....(J'avois peur) qu'il ne *s'échauffât* le sang à sa lecture.(II,184,*Plaid.*479)
Est-ce l'esprit divin qui s'empare de moi?
C'est lui-même. Il m'*échauffe*. Il parle.... (III, 667, *Ath.* 1131.)
Je l'ai *échauffé* de tout mon possible.... (VII, 75, *Lettres.*)
.... De sang tout couvert *échauffant* le carnage. (II, 90, *Andr.* 1002.)
Je ne me suis pas trouvé assez *échauffé* pour lui faire cette proposition. (VI, 387, *Lettres.*)
(Mon âme) *S'échauffoit* au récit de ses nobles exploits. (III, 308, *Phèd.* 76.)
Les disputes *s'échauffent*. (V, 293, *Camp. de Louis XIV*.)

ÉCHELLE, au propre, II, 379, *Bér.* 110.

ÉCHEVIN, VI, 424, *Lettres*.

ÉCHIGNER :
Je ne veux pas que vous alliez vous faire *échigner* mal à propos sur la contrescarpe. (VII, 49, *Lettres*.)

ÉCHINE, au figuré :
L'on diroit même que les cieux ...
Prêtent leur forte *échine*
A ces grands trônes du soleil. (IV, 27, *Poés. div.* 79.)

ÉCHOIR :
*Les quatre années *sont échues*, où les jeux se doivent célébrer. (VI, 214, *Livres ann.*)

ÉCHOUER (S') :
Les uns *se sont échoués* à la côte de Lagos.... (VII, 104, *Lettres*.)

ÉCLAIR, au figuré :
Des *éclairs* de ses yeux l'œil étoit ébloui.
(III, 510, *Esth.* 719; voyez III, 505, *Esth.* 652.)

ÉCLAIRCIR, s'éclaircir, emplois divers :
Le ciel tout à fait *éclairci*. (IV, 67, *Poés. div.* 17.)
* Minerve.... *éclaircit* le sujet. (VI, 237, *Livres ann.*)
La fatigue d'*éclaircir* les difficultés. (II, 368, *Bér.* préf.)
N'*éclaircirez*-vous point ce front chargé d'ennuis ?
(III, 179, *Iph.* 567; voyez III, 516, *Esth.* 832.)
Éclaircis promptement ma triste inquiétude. (I, 431, *Théb.* 587.)
Éclaircissez le trouble où vous voyez mon âme.
(II, 413, *Bér.* 879; voyez II, 288, *Brit.* 740.)
(*Le Roi,*) qui de mes secrets ne peut *être éclairci*. (III, 51, *Mithr.* 649.)
....De mon erreur, hélas! trop *éclairci*. (III, 397, *Phèd.* 1647.)
Voyez II, 427, *Bér.* 1177; II, 505, *Baj.* 563; III, 45, *Mithr.* 502; III, 183, *Iph.* 655; III. 386, *Phèd.* 1459.
* Bel artifice d'instruire le spectateur sans *éclaircir* l'acteur. (VI, 235, *Livres ann.*)
* Tirésie le laisse sans l'*éclaircir*. (V, 235, *Livres ann.*)
*(*Il*) s'étoit rendu indigne qu'on l'*éclaircît* davantage. (VI, 203, *Not. relig.*)
....Ma juste jalousie
Par vos propres discours *est* trop bien *éclaircie*. (III, 48, *Mithr.* 588.)
Mon cœur plus à loisir vous *éclaircira* mieux. (II, 303, *Brit.* 1018.)
Voyez II, 310, *Brit.* 1118; II, 441, *Bér.* 1443; II, 474, *Baj.* 1re préf.; II, 514, *Baj.* 749; III, 381, *Phèd.* 1339; III, 628, *Ath.* 383.
.... Il faut maintenant m'*éclaircir*
Si dans sa perfidie elle a su réussir. (II, 535, *Baj.* 1219.)
Daignez avec César *vous éclaircir* du moins. (II, 261, *Brit.* 117.)
....Attendons que son sort *s'éclaircisse*. (III, 55, *Mithr.* 752.)

ÉCLAIRCISSEMENT :
Vous craindrez-vous sans cesse, et vos embrassements
Ne se passeront-ils qu'en *éclaircissements*? (II, 267, *Brit.* 270.)

ÉCLAIRER, au propre et au figuré :
Ce jour presque *éclaira* vos propres funérailles. (II, 379, *Bér.* 112.)
(La journée) Qui devoit *éclairer* notre illustre hyménée. (III, 212, *Iph.* 1214.)
Voyez I, 572, *Alex.* 1068.
.... J'étouffe en mon cœur la raison qui m'*éclaire*. (II, 120, *Andr.* 1569.)
Dieu l'ayant.... *éclairée* de fort bonne heure.... (IV, 396, *P. R.*)

ÉCLAIRER, surveiller, épier :
Ceux mêmes dont les yeux les devoient *éclairer*....
(II, 487, *Baj.* 163; voyez le *Lexique de Corneille*.)

ÉCLAT, au propre et au figuré :
* L'*éclat* de la lumière du soleil. (VI, 304, *Livres ann.*)
(Deux puissantes armées,) D'une égale chaleur au combat animées,
De leur fureur partout font voler les *éclats*. (I, 555, *Alex.* 691.)
D'un *éclat* si honteux je rougirois dans l'âme. (I, 461, *Théb.* 1124.)
De votre ton vous-même adoucissez l'*éclat*. (II, 208, *Plaid.* 734.)
D'un amour qui s'éteint c'est le dernier *éclat*. (II, 75, *Andr.* 704.)
Associez un frère à cet honneur suprême :
Ce n'est qu'un vain *éclat* qu'il recevra de vous. (I, 406, *Théb.* 137.)
....Elle avoit encor cet *éclat* emprunté
Dont elle eut soin de peindre et d'orner son visage. (III, 633, *Ath.* 494.)

.... Quoique d'un autre œil l'*éclat* victorieux
Eût déjà prévenu le pouvoir de vos yeux. (II, 105, *Andr.* 1291.)
.... Ce jeune *éclat* qu'on remarque en ses traits. (I, 561, *Alex.* 811.)
... L'amoureux Titus, devenant son époux,
Lui prépare un *éclat* qui rejaillit sur vous. (II, 378, *Bér.* 86.)
Voyez I, 423, *Théb.* var.; I, 550, *Alex.* 603; I, 553, *Alex.* 653; II, 58, *Andr.* 561; II, 87, *Andr.* 913; VI, 263, *Livres ann.*
Cette vertueuse fille avoit fait beaucoup d'*éclat* dans le monde par la beauté de son esprit. (IV, 459, *P. R.*; voyez IV, 465 et 483, *P. R.*)
Après l'*éclat* et les pas que j'ai faits.... (II, 439, *Bér.* 1397.)

ÉCLATER, FAIRE ÉCLATER, emplois divers :
....Sur eux quelque orage est tout prêt d'*éclater*. (III, 189, *Iph.* 760.)
.... Ma joie à vos yeux n'ose-t-elle *éclater*? (III, 177, *Iph.* 536.)
Pour la veuve d'Hector ses feux *ont éclaté*.
  (II, 46, *Andr.* 108; voyez II, 81, *Andr.* 811.)
....Les feux mal couverts n'en *éclatent* que mieux. (II, 68, *Andr.* 576.)
Nous n'en verrons pas moins *éclater* ses merveilles. (III, 480, *Esth.* 234.)
Dis-lui par quels exploits leurs noms *ont éclaté*. (II, 97, *Andr.* 1115.)
Gardez qu'avant le coup votre dessein n'*éclate*. (II, 80, *Andr.* 801.)
Il faut que mon secret *éclate* à votre vue. (III, 56, *Mithr.* 756.)
En reproches honteux j'*éclate* contre vous.
  (I, 574, *Alex.* 1096; voy. II, 44, *Andr.* 68; V, 295, *Camp. de Louis XIV.*)
(Néron) Laissa sur son visage *éclater* son dépit. (II, 260, *Brit.* 106)
.... Mon rival t'attend pour *éclater*.
  (II, 289, *Brit.* 753; voyez V, 255, *Camp. de Louis XIV.*)
L'or *éclate* en ses vêtements.
  (III, 512, *Esth.* 781; voyez VI, 9, *Rem. sur Pind.*)
* L'or *éclate* autant par-dessus les richesses, qu'un feu allumé *éclate* au milieu de la nuit. (VI, 9 et 10, *Rem. sur Pind.*)
Faisons en soupirant *éclater* notre zèle. (I, 595, *Alex.* 1546.)
Il *a fait* à son tour *éclater* sa bonté. (I, 561, *Alex.* 824.)
*Ai-*je *fait* pour ce prince *éclater* tant d'estime? (I, 537, *Alex.* 286.)
Pour mieux *faire éclater* sa joie et son amour. (III, 470, *Esth.* 77.)
.... Pourquoi donc en *faire éclater* le dessein ? (II, 75, *Andr.* 700.)
(Dieu) Va de son bras puissant *faire éclater* l'appui. (III, 466, *Esth.* 21)
Souffrez quelques froideurs sans les *faire éclater*. (II, 267, *Brit.* 273.)
Il sait, quand il lui plaît, *faire éclater* sa gloire. (III, 613, *Ath.* 127.)
Ai-je attendu si tard pour le *faire éclater* (cet amour)? (III, 203, *Iph.* 1032.)
* Pour l'honneur de cette ville, et pour la *faire éclater* par mes chansons illustres, je veux, etc. (VI, 39, *Rem. sur Pind.*)
* Peu de gens *ont fait éclater* leur vie et leurs actions. (VI, 44 et 45, *Rem. sur Pind.*)

ÉCLATANT, ANTE :
Un jeune enfant couvert d'une robe *éclatante*. (III, 634, *Ath.* 508.)
Toutes les femmes y sont *éclatantes*. (VI, 416, *Lettres.*)
.... *Éclatants* succès.... (III, 632, *Ath.* 471.)
          ....Malheurs *éclatants*. (II, 543, *Baj.* 1392.)
Il (*l'ignorant*) s'attaque même aux endroits les plus *éclatants*. (II, 249, *Brit.* 1re préf.)
Voyez I, 536, *Alex.* 250; I, 558, *Alex.* 743; II, 250, *Brit.* 2e préf.

*ÉCLOGUE, VI, 16, *Rem. sur Pind.*: VI, 163, *Rem. sur l'Odyssée.*

ÉCLORE, au figuré :
  (Ta parole) Fit *éclore* l'univers. (IV, 159, *Poés. div.* 32.)

ÉCLUSE :
Il lâche les *écluses* de l'Océan. (V, 249, *Camp. de Louis XIV.*)
ÉCOLE, au propre et au figuré :
Les jésuites, intéressés à soutenir leur confrère sur une doctrine que toute leur *école* s'étoit avisée d'embrasser.... (IV, 442, *P. R.*)
C'étoit (*la Hollande*) une *école* où se formoient les soldats et les capitaines. (V, 244, *Camp. de Louis XIV.*)
ÉCONOMIE, sens divers :
Il faut que nous vivions un peu d'*économie*. (VII, 204, *Lettres*.)
L'*économie* de la pièce. (II, 240, *Brit.* épitre ; voyez III, 142, *Iph.* préf.)
Quelle *économie* dans les sujets ! (IV, 359, *Disc. acad.*)
ÉCOT, société de gens qui mangent ensemble :
Il (*Boileau*) est heureux.... dans son hôtellerie d'Auteuil. Je l'appelle ainsi, parce qu'il n'y a point de jour où il n'y ait quelque nouvel *écot*, et souvent deux ou trois qui ne se connoissent pas. (VII, 263, *Lettres*.)
ÉCOULER (S') :
Laissez à ce torrent le temps de *s'écouler*. (II, 416, *Bér.* 942.)
Le bonheur des méchants comme un torrent *s'écoule*. (III, 644, *Ath.* 688.)
* Le sang que la terre a bu est un vengeur qui ne *s'écoule* point. (VI, 220, *Livres ann.*)
ÉCOUTER :
(Mon âme) *Écoutoit* sans entendre.... (II, 438, *Bér.* 1377.)
Cieux, *écoutez* ma voix ; terre, prête l'oreille. (III, 668, *Ath.* 1139.)
J'*écoute* avec transport cette grande entreprise. (III, 61, *Mithr.* 864.)
Je vous laisse *écouter* et plaindre sa disgrâce. (II, 268, *Brit.* 284.)
(*Il*) Vous a parlé d'amour, et.... vous l'*écoutez*. (III, 48, *Mithr.* 590.)
Quel amour *ai-je* enfin sans colère *écouté*? (III, 52, *Mithr.* 670.)
Écoutez-vous, Madame, une foule insensée? (II, 436, *Bér.* 1319.)
J'*écoute* trop peut-être une imprudente audace. (II, 513, *Baj.* 737.)
.... Quand la gloire parle, il n'*écoute* plus rien.
— J'*écoute* comme vous ce que l'honneur m'inspire.
(I, 534, *Alex.* 216 et 217.)
Polynice endurci n'*écoute* que ses droits. (I, 438, *Théb.* 693.)
D'un coupable transport *écoutant* la chaleur. (III, 231, *Iph.* 1587.)
Dois-je encore espérer qu'un peuple révolté,
Quand le Ciel est injuste, *écoute* l'équité ? (I, 424, *Théb.* 458.)
Le sang de vos rois crie, et n'*est* point *écouté*. (III, 610, *Ath.* 89.)
ÉCRIER (S') :
* Tout le monde *s'écria* qu'il y avoit trop loin. (V, 107, *Notes hist.*)
* Le Chœur entend Tecmesse qui *s'écrie*. (VI, 242, *Livres ann.*)
* Elle parle en *s'écriant* dans la douleur. (VI, 254, *Livres ann.*)
ÉCRIRE, au propre et au figuré :
Il signe un bon contrat *écrit* en bonne forme,
Et sera condamné tantôt sur son *écrit*. (II, 185, *Plaid.* 500.)
Mon malheur n'*est*-il pas *écrit* sur son visage? (II, 535, *Baj.* 1222.)
ÉCRIVAIN :
Que l'ignorance.... traite les habiles *écrivains* de gens inutiles dans le États. (IV, 360, *Disc. acad.*)
ÉCROULEMENT :
.... L'*écroulement* du monde. (IV, 23, *Poés. div.* 44.)

ÉCUEIL, au propre et au figuré :
L'horrible sommet de l'*écueil*. (IV, 67, *Poés. div.* 27.)
Combien de rois brisés à ce funeste *écueil!*
(I, 533, *Alex.* 203 ; voyez III, 463, *Esth.* 46, prol.)
Le fatal *écueil* où la fortune des François venoit.... échouer. (V, 275, *Camp. de Louis XIV.*)

ÉCUELLE (de terre), VI, 372, *Lettres.*

ÉDIFICATION, IV, 391 et 523, *P. R.*

ÉDIFICE, au figuré :
(Lui seul) De la religion soutient tout l'*édifice*. (III, 462, *Esth.* 40, prol.)

ÉDIFIER :
Je fus même fort *édifié* que M. Rose voulût bien mettre Dieu devant le Roi. (VI, 598, *Lettres.*)
Votre mère *est* très-*édifiée* d'elle (de votre sœur). (VII, 232, *Lettres.*)
Votre mère *est* très-*édifiée* de la modestie de votre habit. (VII, 258, *Lettres.*)

EFFACER, au propre et au figuré :
* On *effaça* toutes les couleuvres.... des ornements. (V, 104, *N. hist.*)
Tant d'États, tant de mers qui vont nous désunir
M'*effaceront* bientôt de votre souvenir. (I, 565, *Alex.* 916.)
Quels crimes par ce sang ne *seront effacés?* (I, 436, *Théb.* 670.)
Je vois de votre cœur Octavie *effacée.* (II, 314, *Brit.* 1215.)
Voyez I, 426, *Théb.* 508 ; II, 63, *Andr.* 467 ; II, 323, *Brit.* 1429.

EFFAROUCHER, s'EFFAROUCHER :
.... Je n'ai plus un cœur que le crime *effarouche.* (I, 447, *Théb.* 900.)
Je connois sa vertu prompte à *s'effaroucher.* (II, 497, *Baj.* 392.)
Soit vertu, soit amour, mon cœur *s'en effarouche.* (II, 411, *Bér.* 835.)

EFFECTIF :
Un aussi bon ami que vous, si généreux et si *effectif.* (VII, 40, *Lettres.*)

EFFET ; EN EFFET :
Sans reculer plus loin l'*effet* de ma parole. (III, 57, *Mithr.* 795.)
Hélas! de quel *effet* tes discours sont suivis! (II, 90, *Andr.* 979.)
Quels *effets* voulez-vous de sa reconnoissance? (II, 259, *Brit.* 87.)
Jusqu'ici les *effets* secondent sa promesse. (III, 74, *Mithr.* 1152.)
Ce n'est pas que je souhaite le moins du monde qu'on en vienne à de si tristes *effets.* (VI, 468, *Lettres.*)
Reine longtemps de nom, mais *en effet* captive. (III, 28, *Mithr.* 136.)
Voyez I, 407, *Théb.* 160 ; I, 442, *Théb.* 800 ; I, 456, *Théb.* 1055 ; I, 522, *Alex.* 2ᵉ préf. ; I, 569, *Alex.* 987 ; III, 164, *Iph.* 270.

EFFETS, hardes :
(*Ils*) transportoient dans le château.... leurs meilleurs *effets.* (V, 329, *Siége de Nam.*)

EFFICACE (GRÂCE), IV, 449, *P. R.*

EFFORT, EFFORTS :
Je vous avois promis que l'*effort* de mon bras
M'approcheroit bientôt de vos divins appas. (I, 563, *Alex.* 855.)
.... (On l'a vu) briser en passant sous l'*effort* de ses coups
Tout ce qui l'empêchoit de s'approcher de vous. (I, 541, *Alex.* 379)
.... L'Orient accablé

Ne peut plus soutenir leur *effort* redoublé. (III, 56, *Mithr.* 774.)
... (*Vous croyez*) qu'en moi la haine est un *effort* d'amour.
(II, 68, *Andr.* 580.)
.... (*Il*) peut d'un généreux *effort* Aimer son ennemi. (I, 444, *Théb.* 833.)
Le Prince fait quelque *effort* pour obtenir de son père la vie de ces deux Grecs. (IV, 12, *Plan d'Iph. en Taur.*)
Vivez, et faites-vous un *effort* généreux. (II, 443, *Bér.* 1498.)
L'*effort* qu'elle se fait pour s'en séparer (*de Titus*). (II, 366, *Bér.* préf.)
Malgré tous les *efforts* que je pourrois me faire,
Je verrois ses douleurs, je ne pourrois me taire. (III, 41, *Mithr.* 415.)
Tous les premiers forfaits coûtent quelques *efforts*. (I, 447, *Théb.* 901.)
Le fer ne produit point de si puissants *efforts*. (II, 333, *Brit.* 1630.)
Voyez I, 406, *Théb.* 141; I, 423, *Théb.* var.; I, 441, *Théb.* 773; I, 568, *Alex.* 967; II, 278, *Brit.* 505.

EFFRAYER DE :
De merveilles sans nombre *effrayer* les humains. (III, 611, *Ath.* 102.)

EFFROI :
.... Le peuple étonné regardoit, comme moi,
L'approche d'un combat qui le glaçoit d'*effroi*. (I, 435, *Théb.* 630.)
Le grand nom de Pompée assure sa conquête :
C'est l'*effroi* de l'Asie.... (III, 57, *Mithr.* 785.)
.... Voyant de son bras voler partout l'*effroi*. (I, 571, *Alex.* 1031.)

EFFRONTÉ :
Étouffe dans son sang ses desirs *effrontés*. (III, 366, *Phèd.* 1075.)

EFFRONTERIE :
.... Il faut payer d'*effronterie*. (II, 178, *Plaid.* 408.)

EFFROYABLE :
Je le vois comme un monstre *effroyable* à mes yeux. (III, 355, *Phèd.* 884.)
Je frémissois, Doris, et d'un vainqueur sauvage
Craignois de rencontrer l'*effroyable* visage. (III, 176, *Iph.* 494.)
Ce songe et ce rapport, tout me semble *effroyable*. (III, 635, *Ath.* 544.)
Un *effroyable* cri.... (III, 389, *Phèd.* 1507.)

EFFUSION, au propre :
Ma main de cette coupe épanche les prémices,
Dit-il; Dieux, que j'appelle à cette *effusion*,
Venez, etc. (II, 333, *Brit.* 1625; voyez VI, 221, *Livres ann.*)

ÉGAL, ALE, adjectivement et substantivement :
Suivre d'un pas *égal* mes fortunes diverses. (II, 380, *Bér.* 144.)
Voyez III, 479, *Esth* 200; IV, 155, *Poés. div.* 57; IV, 605, *P. R.*
Je ceignis la tiare, et marchai son *égal*. (III, 659, *Ath.* 954.)
(*La Hollande*) traitoit d'*égale* avec l'Angleterre. (V, 244, *Camp. de L. XIV.*)
*Mlle de Bouillon.... vouloit.... marcher d'*égale* avec les maisons souveraines. (V, 86, *Notes hist.*)

ÉGALEMENT :
Cette trêve est *également* l'ouvrage de la valeur et de la prudence du Roi. (V, 59, *Médailles.*)

ÉGALER :
Ses esclaves en nombre *égalent* tous les hommes. (I, 547, *Alex.* 534.)
* Pepin *égala* son fils bâtard, Charles Martel, avec ses autres enfants. (V, 84, *Notes hist.*)

ÉGARD :
*Qu'ils s'abstiennent de toute colère, de tout *égard* aux différentes conditions des personnes, et de tout jugement injuste. (V, 580, *Trad.*)
L'Abbé devint à leur *égard*.... un hérésiarque. (IV, 416, *P. R.*)
*On avoit encore plus d'*égard* à eux. (VI, 61, *Rem. sur l'Odyss.*)

ÉGAREMENT, au propre et au figuré :
Arcas s'est vu trompé par notre *égarement*. (III, 183, *Iph.* 631.)
C'est elle aussi dont Dieu s'est servi pour me tirer de l'*égarement* et des misères où j'ai été engagé pendant quinze années. (VII, 218, *Lettres*.)
Dans quels *égarements* l'amour jeta ma mère ! (III, 320, *Phèd.* 250.)
Dans ses *égarements* mon cœur opiniâtre. (II, 300, *Brit.* 939.)

ÉGARER, s'ÉGARER :
Tu me voyois tantôt inquiet, *égaré*. (II, 415, *Bér.* 925.)
Vous croyez que sans vous Néron va *s'égarer*. (II, 265, *Brit.* 222.)
Je ne *m'égare* point dans ces vastes desirs. (III, 526, *Esth.* 1026.)

ÉGLOGUE, voyez ÉCLOGUE.

ÉGORGER, s'ÉGORGER :
    Non, non, il ne souffrira pas
    Qu'on *égorge* ainsi l'innocence. (III, 487, *Esth.* 352.)
N'en doutons plus, Olympe, ils *se* vont *égorger*. (I, 398, *Théb.* 14.)

EH, EH BIEN, EH QUOI : voyez HÉ, HÉ BIEN, HÉ QUOI.

ÉLANCER :
    .... Jusques au ciel mille cris *élancés*. (III, 352, *Phèd.* 831.)

ÉLARGIR (S') :
Çà, pour *nous élargir*, sautons par la fenêtre. (II, 150, *Plaid.* 64.)

ÉLECTIF, IVE :
(*Cette abbesse*) étoit *élective*. (IV, 615, *P. R.* ; voyez IV, 402, *P. R.*)

ÉLÉGANCE :
L'*élégance* de sa diction (*de la diction de Térence*). (II, 367, *Bér.* préf.)

ÉLÉMENT, ÉLÉMENTS :
Si près de l'Océan, que faut-il davantage
Que d'aller me montrer à ce fier *élément* ? (I, 584, *Alex.* 1323.)
Venoit-il renverser l'ordre des *éléments*? (III, 624, *Ath.* 340.)

ÉLÉVATION, au figuré :
L'*élévation* de votre esprit. (IV, 355, *Disc. acad.*)

ÉLEVER, s'ÉLEVER, au figuré :
Quand un cœur jusqu'à vous *élève* sa pensée. (I, 417, *Théb.* 328.)
.... Le peuple *élevant* vos vertus jusqu'aux nues. (II, 429, *Bér.* 1223.)
Une chute si belle *élève* sa vertu. (I, 571, *Alex.* 1043.)
J'ai vu sur ma ruine *élever* l'injustice. (II, 302, *Brit.* 979.)
On ne se contentoit pas de les *élever* à la piété. (IV, 427, *P. R.* ; voyez NOURRIR.)
Un trouble *s'éleva* dans mon âme éperdue. (III, 323, *Phèd.* 274.)
Tout semble *s'élever* contre mon injustice. (III, 395, *Phèd.* 1609.)
Il n'avoit pas naturellement le pouls fort *élevé*. (VI, 575, *Lettres*.)
(Cette reine) *Élevée* au-dessus de son sexe timide. (III, 655, *Ath.* 872.)
    .... Un naufrage *élevé*,
Que Rome et quarante ans ont à peine achevé. (III, 48, *Mithr.* 569.)
Voyez I, 406, *Théb.* 127 ; I, 483, *Théb.* 1510; I, 531, *Alex.* 157.

ÉLIRE, choisir :
Venez donc, puisqu'enfin vous ne sauriez *élire*
    Un plus charmant séjour. (IV, 78, *Poés. div.* 105.)

ÉLITE :
L'*élite* de leurs troupes étoit là. (V, 257, *Camp. de Louis XIV.*)

ÉLOIGNEMENT :
Je prévois la rigueur d'un long *éloignement*. (III, 178, *Iph.* 559.)

ÉLOIGNER DE, S'ÉLOIGNER DE :
Je vous laisse à regret *éloigner de* ma vue. (II, 328, *Brit.* 1540.)
Éloigné de ses yeux, j'ordonne, je menace. (II, 278, *Brit.* 496.)
Par moi seule *éloigné de* l'hymen d'Octavie,
Le frère de Junie abandonna la vie. (II, 258, *Brit.* 63.)
  Je *suis* bien *éloigné de* croire que toutes ces choses se rencontrent dans mon ouvrage. (II, 368, *Bér.* préf.; voyez II, 35, *Andr.* 1re préf.)
.... Mon cœur *de* moi-même est prêt à *s'éloigner*. (II, 423, *Bér.* 1101.)

ÉLUDER :
  Il chercha tous les moyens d'*éluder* l'exécution (*du traité*). (V, 47, *Méd.*)
.... Par combien de détours
L'insensible *a* longtemps *éludé* mes discours! (III, 347, *Phèd.* 744.)

ÉMAIL, au figuré :
    ....L'*émail* de tes champs. (IV, 23, *Poés. div.* 45.)
Le tendre *émail* de la fougère. (IV, 29, *Poés. div.* 44.)
....Vif *émail* de la verdure. (IV, 33, *Poés. div.* 14.)

ÉMAILLÉ, au figuré :
    ....Plaines *émaillées*. (IV, 35, *Poés. div.* 64.)
    ....Troupes (*de petits oiseaux*) *émaillées*. (IV, 28, *Poés. div.* 24)

ÉMANCIPER (S') :
La jeunesse doit toujours se laisser conduire, et tâcher de ne point *s'émanciper*. (VI, 372, *Lettres.*)

EMBARQUÉ DANS, au figuré :
.... *Dans* un fol amour ma jeunesse *embarquée*. (III, 310, *Phèd.* 113.)

EMBARRAS :
Il me laisse, l'ingrat ! cet *embarras* funeste. (II, 112, *Andr.* 1417.)
Pour en développer l'*embarras* incertain (*l'embarras du Labyrinthe*).
                                                          (III, 341, *Phèd.* 651.)
L'*embarras* irritant de ne s'oser parler. (II, 487, *Baj.* 160.)
Des *embarras* du trône effet inévitable! (III, 499, *Esth.* 542.)
    Votre mère.... craint de vous donner de l'*embarras*. (VII, 243, *Lettr.*)
    Votre mère.... craint de vous faire de l'*embarras*. (VII, 249, *Lettres.*)
    Quelque déclaration qui auroit pu faire de l'*embarras*. (IV, 455, *P. R.*)

EMBARRASSER, S'EMBARRASSER :
  L'Empereur n'étoit guère en état de faire exécuter ce décret, *étant* lui-même assez *embarrassé* à se défendre contre le Turc. (V, 50, *Méd.*)
  Le public m'a été trop favorable pour *m'embarrasser* du chagrin particulier de deux ou trois personnes. (II, 35, *Andr.* 1re préf.)
  Toutes ces règles sont d'un long détail, dont je ne leur conseille pas de *s'embarrasser*. (II, 368, *Bér.* préf.)

EMBÉGUINÉ; EMBÉGUINÉ DE :
....Les traitant (*les Religieuses*) de folles, d'*embéguinées*. (IV, 391, *P. R.*)

*D'*un crêpe noir Hécube *embéguinée*. (IV, 240, *Poés. div.* 1.)
EMBOURSER :
S'il se donnoit en tout vingt coups de nerfs de bœuf,
Mon père pour sa part en *emboursoit* dix-neuf. (II, 156, *Plaid.* 158.)
Expression empruntée de Rabelais : voyez la note 2 de la page indiquée.
EMBRASEMENT :
L'*embrasement* de cette ville (*de Troie*). (II, 39, *Andr.* 2ᵉ préf.)
(Un roi qui) A des *embrasements* ne borne point sa gloire.
(III, 195, *Iph.* 873 ; voyez I, 513, *Alex.* épitre.)
EMBRASER, au propre et au figuré :
Tel qu'on a vu son père *embraser* nos vaisseaux. (II, 48, *Andr.* 163.)
Du tonnerre vengeur (*il*) s'en va tout *embraser*. (III, 463, *Esth.* prol. 57.)
.... Des feux qui vous *embrasent*. (III, 662, *Ath.* 1023.)
Embrasez par nos mains le couchant et l'aurore. (III, 64, *Mithr.* 931.)
(Troupe) Que déjà le Seigneur *embrase* de son zèle. (III, 622, *Ath.* 300.)
Toujours de son amour votre âme *est embrasée*. (III, 341, *Phèd.* 633.)
.... L'ardeur dont je *suis embrasée*. (III, 353, *Phèd.* 846.)
....Courroux *embrasé*. (I, 477, *Théb.* 1391.)
....Soupirs *embrasés*. (I, 527, *Alex.* 51.)

EMBRASSEMENT :
Par quels *embrassements* il vient de m'arrêter ! (II, 331, *Brit.* 1589)
J'allois voir le succès de ses *embrassements*. (II, 72, *Andr.* 647.)
Voyez II, 267, *Brit.* 269 ; II, 317, *Brit.* 1305 ; II, 326, *Brit.* 1486.

EMBRASSER, s'EMBRASSER, au propre et au figuré :
Par le salut des Juifs, par ces pieds que j'*embrasse*. (III, 534, *Esth.* 1164.)
L'un ni l'autre ne veut *s'embrasser* le premier. (I, 452, *Théb.* 990.)
Voyez II, 326, *Brit.* 1482 ; II, 330, *Brit.* 1566 et 1570.
Les uns avec transport *embrassent* le rivage. (III, 86, *Mithr.* 1428.)
(*Les*) travaux qu'il fallut faire pour l'*embrasser* (*la place*). (V, 334, *Siége de Nam.*)
* *Embrasser* la vie dont on est capable. (VI, 316, *Livres ann.*)
Plusieurs maisons non-seulement admirèrent cette réforme, mais résolurent même de l'*embrasser*. (IV, 391, *P. R.*)
.... De l'Asie *embrassant* la conquête. (III, 218, *Iph.* 1361.)
* Urbain II prêche la croisade..., et elle *est embrassée*. (V, 193, *Notes hist.*)
Régner, et de l'État *embrasser* la conduite. (III, 347, *Phèd.* 758.)
.... De ton peuple *embrasser* l'intérêt. (III, 484, *Esth.* 284.)
Les Hollandois.... *embrassèrent* avec joie la trêve. (V, 58, *Méd.*)
Embrasser des desseins, l'occasion, la querelle de : voyez DESSEIN, etc.

ÉMERAUDE, au figuré :
....L'*émeraude* des rameaux. (IV, 32, *Poés. div* 68.)

ÉMÉTIQUE, adjectivement :
* Le vin *émétique*. (VI. 310, *Livres ann.*)

ÉMINENT, au propre et au figure :
* Lieu assez *éminent*. (VI, 158, *Rem. sur l'Odyss.*)
* Les plus *éminents* en sainteté. (V, 543, *Trad.*)
Un seigneur *éminent* en richesse, en puissance. (III, 502, *Esth.* 606.)

ÉMOUVOIR, s'ÉMOUVOIR :
Ces yeux que n'*ont émus* ni soupirs, ni terreur. (II, 326, *Brit.* 1497.)

.... Que veut ce soldat? Son âme *est* toute *émue!* (I, 429, *Théb.* 563.)
Sans doute à cet objet sa rage *s'est émue.* (II, 122, *Andr.* 1609.)
 Ces jours passés, chez un vieil histrion,
 Grand chroniqueur, *s'émut* en question
 Quand à Paris commença la méthode
 De ces sifflets qui sont tant à la mode. (IV, 184, *Poés. div.* 2.)
Le ciel avec horreur voit ce monstre sauvage ;
La terre *s'en émeut,* l'air en est infecté ;
Le flot qui l'apporta recule épouvanté. (III, 389, *Phèd.* 1523.)
 Bartas avait déjà employé cette expression dans le second Jour de sa Ire *Semaine :*
 L'Océan bout de peur....
 La terre *s'en émeut.* (Édit. de Genève, 1632, p. 48.)

EMPAQUETER, VI, 372, *Lettres ;* VII, 121, *Lettres.*

EMPÊCHEMENTS :
 *Empêchements du corps. (VI, 309, *Livres ann.* ; voyez VI, 307, *ibid.*)

EMPÊCHER, embarrasser, mettre obstacle à ; EMPÊCHER QUE....
NE ; S'EMPÊCHER DE :
 Je *suis* bien *empêché.* La vérité me presse. (II, 215, *Plaid.* 829.)
 *Tous les commentateurs *sont* fort *empêchés* de dire le sens de ces deux derniers vers. (VI, 42, *Rem. sur Pind.*)
 Ceux qui prétendoient lui en *empêcher* le passage *(du Rhin).* (V, 267, *Camp. de Louis XIV.*)
 Il lui échappe assez de cruautés pour *empêcher que* personne *ne* le méconnoisse. (II, 243, *Brit.* 1re préf.)
 Je n'ai point prétendu *empêcher qu'*on *ne* parlât contre mes ouvrages. (II, 248, *Brit.* 1re préf.; voyez III, 46, *Mithr.* 525 ; V, 112, *Notes hist.*)
 Le perfide ! Il n'a pu *s'empêcher de* pâlir. (III, 362, *Phèd.* 1023.)
 Les Religieuses avoient plus d'un moyen pour *s'empêcher* en justice de lui rien rendre. (IV, 425, *P. R.*)

EMPESTÉ, au figuré :
 Vous, malheureux, assis dans la chaire *empestée.* (III, 661, *Ath.* 1016.)

EMPHASISTE :
 L'*emphasiste* Brébeuf. (VI, 425, *Lettres.*)

EMPIRE :
 Du sultan Amurat je reconnois l'*empire.* (II, 506, *Baj.* 570.)
 ....De votre sort je vous laisse l'*empire.* (I, 562, *Alex.* 830.)
 Je sais que de mes vœux on lui promit l'*empire.* (II, 57, *Andr.* 345.)
 .... Sur son cœur il auroit quelque *empire?* (II, 275, *Brit.* 435.)
 Regarde dans mes mains l'*empire* et la victoire. (I, 475, *Théb.* 1361.)
 .... Le sang reprendra son *empire* ordinaire. (I, 443, *Théb.* 808.)
 Lorsque j'ai de mes sens abandonné l'*empire.* (III, 348, *Phèd.* 761.)
 Ah ! si sous votre *empire* on ne m'épargne pas.... (II, 315, *Brit.* 1261.)
 (Les mains) A qui Rome a commis l'*empire* des humains. (II, 281, *Brit.* 582.)
 Je renonce à la Grèce, à Sparte, à son *empire.* (II, 120, *Andr.* 1562.)
 Elle arrêta la paix toute prête à descendre
  Dans l'*empire* françois. (IV, 74, *Poés. div.* 36.)
 L'Empereur, il est vrai, ne vient plus chaque jour
 Mettre à vos pieds l'*Empire,* et grossir votre cour. (II, 264, *Brit.* 194.)
 C'est à vous de passer du côté de l'*Empire.* (II, 282, *Brit.* 588.)
 .... L'*empire* de Neptune *(la mer).* (IV, 67, *Poés. div.* 21.)
Voyez I, 404, *Théb.* 91 ; I, 406, *Théb.* 131 ; I, 410, *Théb.* 216 ; I, 419, *Théb.* 371 ;
I, 440, *Théb.* 764 ; I, 445, *Théb.* 848 ; I, 449, *Théb.* 935 ; I, 456, *Théb.* 1048 ; I,

EMP]   DE RACINE.   175

464, *Théb.* 1168; I, 483, *Théb.* 1501; I, 533, *Alex.* 199; I, 534, *Alex.* 218; I, 546, *Alex.* 492; I, 549, *Alex.* 580; I, 562, *Alex.* 839; I, 594, *Alex.* 1522; II, 101, *Andr.* 1206; II, 277, *Brit.* 478; II, 284, *Brit.* 644; II, 301, *Brit.* 973; II, 313, *Brit.* 1192; II, 321, *Brit.* 1371; II, 365, *Bér.* préf.; II, 375, *Bér.* 39; II, 384, *Bér.* 220; II, 388, *Bér.* 321.

EMPLÂTRE, au féminin :
Une *emplâtre* qui me défigure. (VII, 34, *Lettre de* 1692.)

En 1672, Ménage disait dans ses *Observations sur la langue françoise* (p. 127) : « Nicod l'a fait (*emplâtre*) masculin, et c'est de ce genre qu'il étoit de son temps. Il est aujourd'hui féminin. On dit pourtant encore dans le figuré, en parlant d'un homme : *C'est un bon emplastre.* » En 1680, Richelet, et en 1694, l'Académie, font aussi ce mot féminin; mais il est masculin en 1690, dans Furetière, qui remarque seulement que « chez les médecins le peuple le fait féminin. »

EMPLIR :
Il *emplit* de sang trois serviettes. (IV, 578, *P. R.* var.)

EMPLOI :
.... (Je suis venu) m'acquitter, Seigneur, du malheureux *emploi*
Dont son cœur expirant s'est reposé sur moi. (III, 394, *Phèd.* 1591.)
Les pauvres femmes du voisinage sont saignées et traitées par des sœurs dressées à cet *emploi*. (IV, 426, *P. R.*)
Le Roi, à qui ses grands *emplois* ne laissoient pas le temps de lire. (IV, 501, *P. R.*)

EMPLOYER à; EMPLOYER POUR, S'EMPLOYER POUR :
Il (*Sophocle*) *emploie* autant de vers à représenter la fureur d'Hémon... que j'en ai *employé aux* imprécations d'Agrippine. (II, 246, *Brit.* 1re préf.)
Peut-on les *employer* (*ces armes*) pour un plus noble usage?
(III, 671, *Ath.* 1185.)
Je n'aime pas à manquer de parole quand j'ai promis de *m'employer pour* quelqu'un. (VI, 502, *Lettres*; voyez VII, 265, *Lettres.*)

EMPOISONNER, au figuré :
Pallas de ses conseils *empoisonne* ma mère. (II, 272, *Brit.* 363.)
Ainsi donc jusqu'au bout tu veux m'*empoisonner*. (III, 378, *Phèd.* 1308.)
(*Ces princes*) Qu'un honteux loisir *empoisonne*. (IV, 68, *Poés. div.* 48.)
J'ai dû craindre du Roi les dons *empoisonnés*. (III, 78, *Mithr.* 1241.)
Ne pas laisser remplir d'ardeurs *empoisonnées*
Un cœur déjà glacé par le froid des années. (III, 85, *Mithr.* 1419.)

EMPOISONNEUR, au figuré, substantivement et adjectivement :
Vous voilà vous-mêmes au rang des *empoisonneurs*. (IV, 282, *Imag.*)
Loin du trône nourri, de ce fatal honneur,
Hélas! vous ignorez le charme *empoisonneur* (III, 681, *Ath.* 1388.)

EMPORTEMENT, EMPORTEMENTS :
Dans quel *emportement* la douleur vous engage! (II, 296, *Brit.* 872.)
Heureux *emportement!* — Hélas, rien ne les touche.
(I, 465, *Théb.* 1191, var.)
De votre ambition vaincre l'*emportement*. (I, 439, *Théb.* 718.)
De mes *emportements* elle n'est point complice. (II, 551, *Baj.* 1553.)
Je n'ai trouvé que pleurs mêlés d'*emportements*. (II, 72, *Andr.* 648.)

EMPORTER, S'EMPORTER, emplois divers; EMPORTÉ :
Ces troupes.... s'emparèrent.... d'un fort..., et se préparoient à *emporter* la ville même. (V, 50, *Méd.*; voyez ASSAUT.)
La jeunesse et la fortune l'*emportent* (*Alexandre*) victorieux jusqu'au fond des Indes. (I, 514, *Alex.* épitre.)

Je veux bien te céder cette illustre conquête ;
Mais il faut que ton bras l'*emporte* avec ma tête. (I, 590, *Alex*. 1450.)
Pallas n'*emporte* pas tout l'appui d'Agrippine. (II, 295, *Brit*. 835.)
Le Roi, qui m'attendoit au sein de ses États,
Vit *emporter* ailleurs ses desseins et ses pas. (III, 33, *Mithr*. 258.)
Emportant après lui tous les cœurs des soldats. (II, 486, *Baj*. 120.)
Enfin votre rigueur *emporta* la balance. (II, 383, *Bér*. 203.)
La vengeance d'Hélène *emporta* mon courage. (II, 107, *Andr*. 1342.)
 * Prouver, plaire, *emporter*. (VI, 333, *Livres ann*.)
Il ne s'*emporte* ni en plaintes ni en reproches. (V, 301, *Camp. de Louis XIV*.)
Je m'étudie.... à ne me laisser pas *emporter* à toute sorte d'objets. (VI, 458, *Lettres* ; voyez II, 241, *Brit*. épître.)
.... Un père à ce point doit-il être *emporté* ? (I, 413, *Théb*. 269.)

EMPOURPRÉ : voyez Neige.

EMPREINT, einte :
 (Les) monnoies où la croix étoit *empreinte*. (V, 150, *Notes hist*.)

EMPRESSEMENT, empressements :
A votre *empressement* elle alloit consentir. (II, 377, *Bér*. 66.)
Prévenez de Calchas l'*empressement* sévère. (III, 225, *Iph*. 1482.)
Seigneur, où courez-vous ? et quels *empressements*
Vous dérobent sitôt à nos embrassements ? (III, 177, *Iph*. 531.)
L'ingrat est-il touché de mes *empressements* ? (II, 504, *Baj*. 527.)
Je ne mérite plus ces doux *empressements*. (III, 357, *Phèd*. 916.)

EMPRESSER (S') à, pour ; empressé :
En vain à mon secours votre amitié s'*empresse*. (I, 474, *Théb*. 1342.)
(Tout l'univers) S'*empresse* à l'effacer de votre souvenir.
(II, 284, *Brit*. 654.)
Pour votre amitié seule Alexandre s'*empresse*. (I, 526, *Alex*. 26.)
Narcisse plus hardi s'*empresse* pour lui plaire. (II, 339, *Brit*. 1748.)
Que n'avez-vous pour moi cette ardeur *empressée* ?
(I, 538, *Alex*. 305 ; voyez II, 407, *Bér*. 739)
Déjà ses flots entrepoussés
Roulent cent monceaux *empressés*. (IV, 33, *Poés. div*. 76.)

*EMPRISONNEMENT, VI, 350, *Livres annotés*.

EMPRISONNER, I, 556, *Alex*. 708 ; II, 322, *Brit*. 1402.

EMPRUNT :
 *Nous tenons la vie et les biens comme par *emprunt*. (VI, 309, *L. ann*.)

EMPRUNTER ; emprunter de :
Un pouvoir *emprunté*. (II, 324, *Brit*. 1445 ; voyez II, 107, *Brit*. 1331 ; III, 633, *Ath*. 494.)
Emprunter le langage, les yeux de : voyez Langage, OEil.
Il se vit.... obligé à en *emprunter* (de l'argent) de ses amis. (IV, 482, *P. R*.)
C'est la seule chose que j'*emprunte* de cet auteur. (II, 38, *Andr*. 2ᵉ préf)
Cette foule de rois, ces consuls, ce sénat.
Qui tous de mon amant *empruntoient* leur éclat. (II, 387, *Bér*. 306.)
 *Qualités.... *empruntées* de l'art. (VI, 42, *Rem. sur Pind*.)

MPYRÉE :
 *Minerve s'en retourne au ciel *empyrée*. (VI, 110, *Rem. sur l'Odyss*.)

EN, préposition.

1° EN, dans, soit sans, soit avec mouvement :
Vous êtes *en* des lieux tout pleins de sa puissance. (II, 287, *Brit.* 712.)
* Il est *en* un pauvre état. (VI, 116, *Rem. sur l'Odyss.*)
.... Toute chose
Demeurant *en* état, on appointe la cause. (II, 161, *Plaid.* 220.)
On voit *en* même champ vos drapeaux et les nôtres. (I, 541, *Alex.* 381.
.... Je vois la mort peinte *en* vos yeux. (II, 439, *Bér.* 1385.)
Je me trouve *en* un mauvais pas. (IV, 228, *Poés. div.* 55.)
Il élève *en* sa cour l'ennemi de la Grèce. (II, 44, *Andr.* 70.)
.... Cachée *en* un coin de ce vaste édifice. (III, 688, *Ath.* 1520.)
Né ministre du Dieu qu'*en* ce temple on adore.... (III, 657, *Ath.* 923.)
* Nous le regardons *en* un miroir. (VI, 304, *Livres ann.*)
Ces enfants qu'*en* son sein elle n'a point portés. (III, 670, *Ath.* 1165.)
Recherchez-en la source *en* ce malheureux flanc. (I, 458, *Théb.* 1082.)
J'ai vu, le fer *en* main, Étéocle lui-même. (I, 398, *Théb.* 11.)
C'est Hector qui produit ce miracle *en* votre âme. (II, 94, *Andr.* 1050.)
Cette offense *en* son cœur sera longtemps nouvelle.
(II, 322, *Brit.* 1403 ; voyez COEUR, p. 93.)
.... Je n'ai pas dû penser,
Seigneur, qu'*en* l'art de feindre il fallût m'exercer. (II, 284, *Brit.* 642.)
.... La seule équité règne *en* tous mes avis. (III, 636, *Ath.* 553.)
.... Que la vérité brille *en* tous nos discours. (IV, 120, *Poés. div.* 8.)
Pharnace, *en* ses desseins toujours impétueux. (III, 27, *Mithr.* 93.)
Il y a sujet d'enrager *en* de semblables malentendus. (VI, 414, *Lettr.*)
* Ne regarder ses intérêts *en* une chose publique. (VI, 298, *Livr. ann.*)
* Ne s'embarrasser *en* de petites choses. (VI, 310, *Livres ann.*)
.... Que faire *en* ce doute funeste? (II, 529, *Baj.* 1117.)
.... *En* de telles alarmes. (I, 398, *Théb.* 4.)
* Constance *en* la perte des siens. (VI, 309, *Livres ann.*)
* Il faut condamner sans remise
Jansénius *en* son vrai sens. (IV, 230, *Poés. div.* 105, 2ᵈ app.)
* Callimachus a eu la même pensée *en* ces vers. (VI, 18, *Rem. sur Pind.*)
* *En* notre langue. (VI, 163, *Rem. sur l'Odyss.*)
* *En* toutes sortes de professions. (VI, 284, *Livres ann.*)
C'étoit *en* un temps où, etc. (II, 281, *Brit.* 585.)
Une des plus belles (actions) que ce prince ait faites *en* sa vie. (I, 521, *Alex.* 2ᵉ préf.)
* Il vaut mieux être vertueux *en* sa vieillesse qu'*en* sa jeunesse. (VI, 293, *Livres ann.* ; voyez VI, 204, *ibid.*)
* On reconnoît son amour *en* l'absence de ce qu'on aime. (VI, 307, *Livres ann.*)
.... Qui sait si l'ingrate, *en* sa longue retraite,
N'a point de l'Empereur médité la défaite? (II, 300, *Brit.* 947.)
* Pauvreté marque de bonté *en* un prince. (VI, 299, *Livres ann.*)
.... Tous les Grecs bravés *en* leur ambassadeur. (II, 117, *Andr.* 1503.)
Quel plaisir de penser et de dire *en* vous-même :
Partout, en ce moment, on me bénit, on m'aime! (II, 320, *Brit.* 1359.
.... Pesez *en* vous-même ce choix.... (II, 282, *Brit.* 599.)
(Mon cœur) Ne vous souhaitoit rien qu'il n'éprouvât *en* lui.
(I, 417, *Théb.* 346.
(L'héritier) D'un empire et d'un nom qui va renaître *en* lui.
(III, 70, *Mithr.* 1070.)
Je me suis beaucoup réjoui *en* Jésus-Christ. (V, 578, *Trad.*)
* Au cas qu'on le voye engagé *en* guerre. (V, 115, *Notes hist.*)

(Jérusalem) Avec joie *en* son sang la regarde *plongée*. (III, 704, *Ath.* 1812.)
* (*Il*) monte *en* haut, *en* une chambre où, etc. (VI, 71, *Rem. sur l'Odyss.*)
* Afin qu'il fît part de la bonne nouvelle *en* son pays. (V, 163, *N. hist.*)
En quelle extrémité, Seigneur, suis-je réduite? (III, 71, *Mithr.* 1096.)
Voyez, ci-après, 2°, 1ᵉʳ exemple.
Daigne mettre, grand Dieu, ta sagesse *en* sa bouche. (III, 640, *Ath.* 632.)
En quel trouble mortel son intérêt nous jette! (II, 83, *Andr.* 870.)
En quels excès peut-être elle va se répandre! (II, 293, *Brit.* 803.)
Il ne s'emporte ni *en* plaintes ni *en* reproches. (V, 301, *Camp. de L. XIV.*)
Toutes ses souffrances se terminèrent *en* une espèce de léthargie.
(IV, 517, *P. R.*)
    Les ruisseaux clairs et murmurants
    Ne grossissent point *en* torrents. (VI, 436, *Lettres.*)
* (*Ceux*) qui entroient *en* adolescence. (VI, 133, *Rem. sur l'Odyss.*)
Un destin plus heureux vous conduit *en* Épire. (II, 42, *Andr.* 22.)
J'écrivis *en* Argos, pour hâter ce voyage. (III, 155, *Iph.* 94.)
Voyez la note de la page indiquée, et le *Lexique de Corneille*, tome I, p. 154.
Dans cette expression de Vaugelas : « *En* Alexandrie, » Racine a souligné *en* (VI, 358).
Voyez I, 431, *Théb.* 589; I, 471, *Théb.* 1281; I, 568, *Alex.* 959; II, 49, *Andr.*
188; II, 97, *Andr.* 1123; II, 160, *Plaid.* 218; II, 213, *Plaid.* 796; II, 246, l. 4,
Brit. 1ʳᵉ préf.; II, 264, *Brit.* 182; II, 268, *Brit.* 290 et 292; II, 302, *Brit.* 985; II,
368, l. 13, *Bér.* préf.; II, 497, *Baj.* 415; II, 545, *Baj.* 1436; III, 381, *Phèd.* 1329;
III, 387, *Phèd.* 1470; III, 470, *Esth.* 69; III, 608, *Ath.* 60; III, 621, *Ath.* 267;
III, 655, *Ath.* 861; III, 659, *Ath.* 957; III, 685, *Ath.* 1453; III, 703, *Ath.* 1782;
IV, 26, *Poés. div.* 48 et 50; IV, 436, l. 1, *P. R.*; IV, 485, l. 1, *P. R.*; IV, 571,
l. 4 et l. 11, *P. R.*; V, 116, l. 12, *Notes hist.*; V, 152, l. 18 et l. 22, *Notes hist.*;
VI, 91, l. 11, *em. sur l'Odyss.*; VI, 109, l. 2, *Rem. sur l'Odyss.*; VI 306, l. anté-
pénult., *Livres ann.*; VI, 314, l. 22, *Livres ann.*; VI, 316, l. 18, *Livres ann.*; VI,
319, l. 1, *Livres ann.*

2° EN, avec des compléments divers, devant plusieurs desquels nous employons de préférence *à*, *avec*, *de*, etc. :
En quelque extrémité que vous m'ayez réduit. (II, 439, *Bér.* 1393.)
Voyez, ci-dessus, 1°, 4ᵉ exemple de la page 178. — Dans Vaugelas, à la locution :
« réduire *en* son obéissance, » Racine a souligné *en* (VI, 356).
    .... Une secrette voie
Jusqu'*en* votre vaisseau conduira votre proie. (II, 80, *Andr.* 794.)
La place et les trésors confiés *en* ses mains.
    (III, 26, *Mithr.* 66; voyez II, 281, *Brit.* 578.)
Vous seule *en* mes soupirs êtes intéressée. (I, 422, *Théb.* 435.)
* Un autre s'enquéroit.... *en* quel âge il se falloit marier. (V, 524, *Trad.*)
(Les autres) Vont boire *en* ces fontaines. (IV, 36, *Poés. div.* 9.)
Puisant la vérité jusqu'*en* sa origine. (IV, 192, *Poés. div.* 2.)
* C'est toujours quelque chose qui s'en va, et quelque autre chose qui revient *en* sa place. (VI, 271, *Livres ann.*; voyez III, 638, *Ath.* 607;
V, 186, *Notes hist.*)
* Cantiques composés *en* la louange de Dieu. (V, 553, *Trad.*)
.... Doit-il être enfin plus facile *en* un autre
De répandre son sang, qu'*en* vous d'aimer le vôtre?
    (I, 439, *Théb.* 727 et 728.)
M. Arnauld.... n'avoit nulle voix *en* chapitre. (IV, 606, *P. R.*)
.... Que tardez-vous? Partez *en* diligence.
    (II, 330, *Brit.* 1563; voyez II, 201, *Plaid.* 656.)
Attendre *en* patience. (VII, 146, *Lettres.*)
Une foule de peuple, qui venoit bien moins *en* intention de prier....
que de, etc. (IV, 517, *P. R.*)

En ce calme trompeur j'arrivai dans la Grèce. (II, 44, *Andr.* 58.)
Voilà votre chemin. Sortons *en* sûreté. (II, 122, *Andr.* 1596.)
* *En* de si beaux habits, et en si belle assemblée. (VI, 275, *Livres ann.*)
Des prodiges fameux accomplis *en* nos jours. (III, 612, *Ath.* 110.)
* Étant *en* mauvaise humeur contre lui. (V, 91, *Notes hist.*)
Ils ne le pouvoient *en* aucune sorte.... (IV, 574, *P. R.* var.)
En combien de façons avez-vous conté l'histoire du pape Honorius ? (IV, 287, *Imag.*)
On seroit surpris de voir.... *en* combien de manières leur charité les rend ingénieuses. (IV, 426, *P. R.*)
Tombe *en* cuivre,... à l'entrée du chœur. (IV, 388, *P. R.*)
Ma mère *en* ce devoir craint d'être détournée. (III, 654, *Ath.* 856.)
Qu'il (*le peuple*) lui vienne *en* ses mains renouveler sa foi.
(III, 704, *Ath.* 1802.)
* Sénèque a traduit.... *en* ces mots (VI, 107, *Rem. sur l'Odyss.*)
* On aime mieux paroître vaincu *en* fortune qu'*en* vertu. (VI, 315, *Livres ann.*; voyez VI, 295, *ibid.*)
.... Quel temps fut jamais si fertile *en* miracles ? (III, 611, *Ath.* 104.)
Les Hollandois qu'il prenoit *en* sa protection. (V, 255, *Camp. de L. XIV.*)
Amis, partageons-nous. Qu'Ismaël *en* sa garde
Prenne tout le côté que l'Orient regarde. (III, 684, *Ath.* 1445.)
S'assurer *en* · voyez Assurer (S'), p. 45.
.... (*Là*) règne *en* un trône de lis
La virginité sainte. (IV, 26, *Poés. div.* 56.)
Ils la traitent *en* reine, et nous comme ennemis. (II, 121, *Andr.* 1588.)
* L'on n'en verra aucun entre eux qui se mêle de travailler, ni *en* dards, ni *en* javelots, etc. (V, 555, *Trad.*)
La garnison étoit de neuf mille deux cent quatre-vingts hommes, *en* dix-sept régiments d'infanterie. (V, 326, *Siége de Nam.*)
* Héliodore dit la même chose *en* un sacrifice de cent bœufs. (VI, 82, *Rem. sur l'Odyss.*)

3° En, locutions diverses :

C'est *en* votre faveur, ma bru, ce que j'en fais. (II, 219, *Plaid.* 883.)
En vain à mon secours votre amitié s'empresse. (I, 474, *Théb.* 1342.)
Vous n'aurez point, pour les mettre *en* jour, à discuter, etc. (IV, 367, *Disc. acad.*; voyez III, 16, *Mithr.* préf.)
* L'Arioste.... est *en* son genre un caractère. (VI, 103, *Rem. sur l'Odyss.*)
Je ne m'étois pas formé l'idée d'un bon homme *en* la personne de Néron. (II, 242, *Brit.* 1re préf.)
Les batteries.... continuoient.... à battre *en* ruine la branche du demi-bastion. (V, 328, *Siége de Nam.*)
Ce que vous avez dit se fait de point *en* point. (II, 218, *Plaid.* 863.)
En l'air, *en* airain, *en* armes, *en* aveugle, *en* branle, *en* butte, *en* çà, *en* colère, *en* compensation, *en* compromis, *en* défaut, *en* défense, *en* effet, *en* esprit, *en* exécution, *en* flamme, *en* furie, *en* haleine, *en* idée, *en* larmes, *en* nage, *en* peine, *en* peinture, *en* pleurs, *en* pouvoir de, *en* semaine, *en* suite de, etc. : voyez Air, Airain, etc.

4° En, formant un gérondif :

* *En* chemin faisant. (VI, 348, *Livres ann.*)
Le Ciel, *en* le perdant, s'en est vengé sur vous. (I, 472, *Théb.* 1295.)
Dans le premier des deux exemples suivants, *en* est une fois exprimé, une fois omis; dans le second, il est entièrement omis :
* La Reine le regardoit *en* pleurant, et embrassant un jeune fils qu'elle avoit. (V, 147, *Notes hist.*)

Dieux ! si devenant grand souvent on devient pire. (I, 455, *Théb.* 1047.)

EN, pronom relatif.

1° EN, de lui, d'elle, etc., se rapportant soit à un nom de chose, soit à un nom de personne :

Ma sœur, quelle voix nous appelle ?
— J'*en* reconnois les agréables sons. (III, 473, *Esth.* 116.)
L'Inde se reposoit dans une paix profonde ;
Et si quelques voisins *en* troubloient les douceurs, etc. (I, 547, *Alex.* 519.)
Il *en* triompheroit (*de cette mort*).... (I, 594, *Alex.* 1515.)
En vain de ce présent ils m'auroient honoré,
Si votre cœur devoit *en* être séparé. (II, 282, *Brit.* 590.)
Enfin il est entré sans savoir dans son cœur
S'il *en* devoit sortir coupable ou spectateur. (II, 114, *Andr.* 1472.)
Après avoir gouverné pendant vingt-deux ans ce célèbre monastère..., elle *en* donna sa démission au Roi. (IV, 400, *P. R.*)
.... L'hymen de Junie *en* est-il le lien (*de vos cœurs*) ?
(II, 323, *Brit.* 1410.)
Les vaisseaux... sautent en l'air..., et retombant sur la ville, *en* écrasent ou brûlent une partie des maisons. (V, 270, *Camp. de Louis XIV*.)
Il y a bien des beaux esprits qui sont sujets à faire des lettres à quelque prix que ce soit.... Je ne prétends pas *en* être pour cela du nombre. (VI, 390, *Lettres*.)
Le dernier adieu qu'elle dit à Titus, et l'effort qu'elle se fait pour s'*en* séparer.... (II, 366, *Bér.* préf., ;) voyez III, 183, *Iph.* 651.
Quoi ? vous *en* attendez (*de Pyrrhus*) quelque injure nouvelle ?
(II, 61, *Andr.* 422.)
J'*en* dois compte (*de votre fils*).... à l'empire romain. (II, 264, *Brit.* 181.)
Répondez-m'*en* (*de ma mère*)...; ou sur votre refus,
D'autres me répondront et d'elle et de Burrhus. (II, 308, *Brit.* 1097.)
Silanus, qui l'aimoit (*Octavie*), s'*en* vit abandonné. (II, 311, *Brit.* 1141.)
.... Je veux bien cesser d'être son ennemi.
J'*en* dépouille, Madame, et la haine et le titre. (I, 587, *Alex.* 1385.)
J'ai voulu par des mers *en* être séparée (*de vous*). (III, 339, *Phèd.* 602.)
Voyez I, 538, *Alex.* 293; II, 387, *Bér.* 290; III, 188, *Iph.* 744; III, 467, *Esth.* 38.
Dans les deux exemples suivants *en* fait une sorte de pléonasme.

Ils disent que d'une vieille coquette.... j'*en* ai fait.... une jeune fille très-sage. (II, 244, *Brit.* 1re préf.)
.... De tous les maux qui sont tombés sur vous,
Vous n'*en* sentez aucun.... (I, 470, *Théb.* 1260.)
Pour les exemples qui suivent, voyez ci-dessus, p 124-130, les rapports divers exprimés par *de*.

Un sujet.... ne peut se révolter en conscience contre son légitime prince...., quand même il *en* seroit injustement opprimé. (IV, 476, *P.R.*)
... S'étant d'un poignard en un moment saisie,
Elle *en* a terminé ses malheurs et sa vie. (I, 471, *Théb.* 1282.)
Cet illustre trépas ne peut-il vous calmer,
Puisque même mes fils s'*en* laissent désarmer? (I, 436, *Théb.* 666.)
*Elle lui donne les mêmes avis que Cyrené *en* donne (*au sujet de Protée*) à son fils Aristée. (VI, 90, *Rem. sur l'Odyss.*)
En a une valeur partitive dans ces trois dernières phrases :
*Telemachus lui répond, et avec assurance, car Pallas lui *en* inspiroit. (VI, 76, *Rem. sur l'Odyss.*)
Soit pour demander conseil, soit pour *en* donner. (IV, 509, *P. R.*)
Dix-huit ans. — Elle *en* a quelque peu davantage. (II, 182, *Plaid.* 464.)

2° En, de cela, par cela, etc., avec rapport à un verbe, à une proposition, à une idée précédente (voyez ci-après, 3°) :
* J'ai péché.... j'*en* porte la peine. (VI, 184, *Livres ann.*)
* Penser bien, sans *en* pouvoir rendre raison. (VI, 270, *Livres ann*)
Le Roi a toujours la goutte, et *en* est au lit. (VII, 179, *Lettres.*)
Je vous haïrois trop. — Vous m'*en* aimeriez plus. (II, 67, *Andr.* 540.)
* Ils.... se mettent tous à pleurer; toute la maison *en* retentit. (VI, 163, *Rem. sur l'Odyss.*)
Il mourut. Mille bruits *en* courent à ma honte. (II, 312, *Brit.* 1183.)
* Ils furent fort surpris de le revoir, et lui *en* demandoient la cause. (VI, 155, *Rem. sur l'Odyss.*)
* Contre Jansénius je signe sur-le-champ ;
Tout mon bénéfice *en* dépend. (IV, 226, *Poés. div.* 6, 2ᵈ app.)
* Ardeur d'Achille en voyant les armes de Vulcain. Les autres *en* tremblent. (VI, 207, *Livres ann.*)
Que dis-je? sur ce trône assis auprès de vous,
Des astres ennemis j'*en* crains moins le courroux. (III, 507, *Esth.* 676.)
J'ai cru devoir expliquer ici ces particularités, afin que ceux à qui l'histoire de l'Ancien Testament ne sera pas assez présente n'*en* soient point arrêtés en lisant cette tragédie. (III, 593, *Ath.* préf.)
Sa puissance.... par vous.... ne peut être affoiblie;
Et, s'il m'écoute encor, Madame, sa bonté
Vous *en* fera bientôt perdre la volonté. (II, 296, *Brit.* 870.)
* Elle avoit écrit à Mme de Vendôme qu'elle étoit grosse. Celle-ci *en* montra la lettre à l'ambassadeur de Savoie. (V, 163, *Notes hist.*)
* Il lui demande des nouvelles de son père et l'*en* conjure par son père même, s'il en a jamais reçu quelque service à la guerre de Troie. (VI, 76, *Rem. sur l'Odyss.*)
Voyez I, 537, *Alex.* 273; I, 574, *Alex.* 1117; II, 87, *Andr.* 920; IV, 517, l 23, *P. R.*; V, 94, l. 5, et 105, l. 6, *Notes hist.*; VI, 287, l. 22, *Livres ann.*

3° En, locutions diverses :
....Je m'*en* vais chercher du repos aux enfers. (I, 483, *Théb.* 1516.)
Les ennemis s'*en* sont fuis à vau-de-route. (VII, 60, *Lettres.*)
Le prince d'Orange, qui avoit toujours assuré les alliés que nous ne mettrions cette année à la mer que pour nous *en* fuir. (VII, 104, *Lettres.*)
En fuir est bien écrit ici en deux mots; mais, deux pages plus loin (VII, 106), il y a *enfuies*, en un seul.
Aussi vous vous *en* acquittez assez bien. (IV, 330, *Imag.*)
.... Quoi qu'il *en* arrive. (I, 402, *Théb.* 63.)
S'il *en* devoit coûter le sceptre à Polynice.
(I, 428, *Théb.* 536; voyez V, 275, *Camp. de Louis XIV.*)
.... Si je m'*en* croyois.... (II, 323, *Brit.* 1425.)
Ma foi, pour cette nuit il faut que je m'*en* donne. (II, 148, *Plaid.* 47.)
La peine de prouver ce qui *en* étoit. (IV, 274 *Imag.*)
Ces politiques.... ne savent plus où ils *en* sont lorsqu'ils voient, etc. (V, 298, *Camp. de Louis XIV.*)
C'est en votre faveur, ma bru, ce que j'*en* fais. (II, 219, *Plaid.* 883.)
.... *En* sont-ils aux mains ?... (I, 398, *Théb.* 7.)
Je m'*en* fie aux transports qu'elle m'a fait paraître,
Je m'*en* fie à Burrhus; j'*en* crois même son maître. (II, 327, *Brit.* 1516.)
Elle (*la Reine*) ne s'*en* fia ni aux lettres que plusieurs personnes de piété lui en écrivoient, ni au bruit public. (IV, 470, *P. R.*)
Soit qu'instruit des complots qui menaçoient sa vie,
Sur ma fidélité César s'*en* soit remis. (II, 336, *Brit.* 1669.)
Est-ce sur un rival qu'il s'*en* faut reposer? (II, 73, *Andr.* 668.)
Quelques-uns ne purent même s'*en* taire à des Religieuses. (IV, 553, *P. R.*)

C'est ainsi que Sophocle *en* use presque partout. (II, 246, *Brit.* 1ʳᵉ préf.)
.... Seigneur, que dit-il ? — Il *en* fait trop paraître.
Cet esclave déjà m'ose vanter son maître. (I, 537, *Alex.* 265.)
Ah ! c'*en* est trop enfin : tu seras satisfait.
Holà ! gardes, qu'on vienne... (II, 505, *Baj.* 567.)
Ah ! n'*en* voilà que trop ! (II, 303, *Brit.* 1020.)
Voyez APPELER, COURIR, CROIRE, DIRE, RETOURNER, REVENIR, etc.

ENCAPUCHONNÉ, VI, 419, *Lettres.*

ENCAVÉ, enfermé dans une cave, II, 194, *Plaid.* 576.

ENCENS, au propre et au figuré :
.... Offrir à Baal un *encens* idolâtre. (III, 616, *Ath.* 172.)
Ton *encens* à ses yeux est un *encens* souillé. (III, 669, *Ath.* 1147.)
Ils refusent l'*encens* qu'on leur veut arracher. (I, 545, *Alex.* 484.)
Retirons-nous d'un camp où, l'*encens* à la main,
Le fidèle Taxile attend son souverain. (I, 536, *Alex.* 263.)

ENCENSER :
(Du dieu d'Athalie) Chacun court *encenser* l'autel. (III, 649, *Ath.* 757.)

ENCENSOIR, au figuré, grande prêtrise :
.... J'osai contre lui disputer l'*encensoir*. (III, 657, *Ath.* 929.)

ENCHAÎNEMENT, au figuré :
Par quels secrets ressorts, par quel *enchaînement*
Le Ciel a-t-il conduit ce grand événement ? (III, 466, *Esth.* 29.)

ENCHAÎNER, s'ENCHAÎNER, au propre et au figuré :
Enchaîner un captif de ses fers étonné. (III, 332, *Phèd.* 451.)
Moi-même à votre char je me suis *enchaînée*. (III, 185, *Iph.* 694.)
(Qu') A d'éternels ennuis je me voie *enchaînée*. (III, 51, *Mith.* 644.)
Ces vents, depuis trois mois, *enchaînés* sur nos têtes. (III, 151, *Iph.* 30.)
Tandis que le sommeil, réparant la nature,
Tient *enchaînés* le travail et le bruit. (IV, 108, *Poés. div.* 2.)
.... Toujours *enchaîné* de ma gloire passée. (II, 319, *Brit.* 1332.)
.... Ses vertus, l'une à l'autre *enchaînées*. (II, 265, *Brit.* 219.)
Mille prospérités l'une à l'autre *enchaînées*. (II, 442, *Bér.* 1464.)

ENCHANTÉ :
.... Par les yeux seuls lâchement *enchantée*. (III, 332, *Phèd.* 437.)
(*Leurs beautés*) Rendent nos yeux comme *enchantés*. (IV, 24, *Poés. div.* 70.)

ENCHANTEMENT :
Je ne comprends pas par quel *enchantement* vous auriez pu ne les pas rencontrer. (VII, 195, *Lettres*; voyez V, 463, *Trad.*)

ENCHANTEUR, ERESSE, adjectivement :
.... Des lâches flatteurs la voix *enchanteresse*. (III, 681, *Ath.* 1390.)

ENCHÉRIR ; ENCHÉRIR SUR :
Le blé est *enchéri*. (VI, 481, *Lettres*.)
On *enchérit* encore *sur* les résolutions des dernières assemblées. (IV, 499, *P. R.*; voyez IV, 437 et 568, *P. R.*)

ENCLIN à :
.... (Le) penchant où leur cœur est *enclin*. (III, 379, *Phèd.* 1323.)

ENCOR, ENCORE, emplois divers; ENCORE QUE :
De ses braves aïeux (*il*) écoutoit les batailles,

Et les siennes *encor*. (IV, 76, *Poés. div.* 76 ; voyez IV, 75, *ibid*. 51.)
Plus j'ai cherché, Madame, et plus je cherche *encor*
En quelles mains je dois confier ce trésor. (II, 281, *Brit*. 577.)
....Quoi donc? Oreste *encore*,
Oreste me trahit?... (II, 114, *Andr* 1461.)
A peine suis-je *encore* arrivé dans l'Épire. (II, 101, *Andr*. 1205.)
Et toutefois à peine étoient-ils *encore* sous la contrescarpe, qu'aussitôt, etc. (V, 272, *Camp. de Louis XIV*.)
Moins malheureux pourtant que je ne suis *encore*. (I, 470, *Théb*. 1258.)
....Les Dieux, contre moi dès longtemps indignés,
A mon oreille *encor* les avoient épargnés. (III, 185, *Iph*. 704.)
Encore s'est-il trouvé des gens qui se sont plaints qu'il s'emportât contre Andromaque. (II, 35, *Andr*. 1re préf.)
Encor si quelquefois un peu moins assidu
Je passe le moment où je suis attendu. (II, 397, *Bér*. 537.)
Mais *encore*, à quel prix croyez-vous qu'Alexandre
Mette l'indigne paix dont il veut vous surprendre? (I, 532, *Alex*. 177.)
Et dans quel temps *encor*? (II, 416, *Bér*. 937.)

Racine a souligné *et encore* dans cette phrase de Vaugelas : « L'eau y est fort rare, *et encore* les habitants la cachent. » (VI, 358.)

Voyez I, 414, *Théb*. 284 ; I, 427, *Théb*. 522 ; I, 482, *Théb*. 1482 ; II, 57, *Andr*. 335 ; II, 91, *Andr*. 1015 ; II, 205, *Plaid*. 701 ; II, 327, *Brit*. 1457 ; II. 387, *Bér*. 308 ; III, 186, *Iph*. 728.

Mettons *encore* un coup toute la Grèce en flamme. (II, 99, *Andr*. 1158.)
Voyez II, 112, *Andr*. 1418 ; II, 170, *Plaid*. 299 ; II, 303, *Brit*. 1017 ; II, 324, *Brit*. 1455.
Je le chéris toujours, *encore* qu'il m'oublie. (I, 419, *Théb*. 371 var.)
Encore que les principaux....fussent fort réservés à parler.(IV, 502, *P. R.*)

ENCOURAGER, donner du cœur a :
Un ennemi si noble a su m'*encourager*. (I, 571, *Alex*. 1035.)
Tout l'État périssant n'a pu t'*encourager*! (I, 559, *Alex*. 760.)

ENDETTER (S'), VI, 474, *Lettres*.

ENDORMIR, au propre et au figuré ; s'ENDORMIR :
J'*endormirai* Monsieur tout aussi bien qu'un autre. (II, 198, *Plaid*. 635.)
* (*Ils*) se laissent *endormir* par leurs belles paroles. (V, 157, *Notes hist*.)
(Notre âme) Sur sa fausse vertu téméraire *s'endort*. (IV, 117, *Poés. div*. 14.)
Elle *s'endormit* du sommeil des justes. (IV, 517, *P. R.*)
Dans un calme profond Darius *endormi*. (I, 532, *Alex*. 171.)
....Réveiller cent rois dans leurs fers *endormis*. (I, 592, *Alex*. 1488.)
Il vient surprendre ici leur valeur *endormie*. (I, 580, *Alex*. 1253.)

ENDROIT, emplois divers :
Il chanta plusieurs *endroits* de cet opéra.
(VII, 253, *Lettres*; voyez I, 394, *Théb*. préf.)
Cherchons pour l'attaquer quelque *endroit* plus sensible.
(III, 349, *Plaid*. 794.)
*Il (*le dieu Amour*) est admirable par beaucoup d'*endroits*. (V, 462, *Trad*.)
....Je vais frapper (*votre cœur*) par l'*endroit* le plus tendre.
(II, 413, *Bér*. 892.)
Dans l'exemple suivant, *endroit*, rimant avec *trait*, se prononçait *endret*.
*.... S'agissant dans cet *endroit*
D'écrire seulement un trait. (IV, 234, *Poés. div.* 254, 2d app.)

ENDURCIR, au figuré :
Il attendrit la sœur, il *endurcit* les frères. (I, 479, *Théb*. 1430.)

De nos cœurs *endurcis* romps l'assoupissement. (IV, 114, *Poés. div.* 14.)
Hippolyte, *endurci* par de sauvages lois. (III, 349, *Phèd.* 783.)
... Ce peuple *endurci*.... (I, 425, *Théb.* 474.)
.... Dans le crime *endurci* dès l'enfance. (II, 338, *Brit.* 1712.)

ENDURER, ENDURER QUE :
Combien de travaux j'*endure!* (I, 521, *Alex.* 2ᵉ préf.)
*Au milieu des supplices et des tortures, au milieu des feux et des déboîtements de membres que l'on leur faisoit *endurer*.... (V, 538, *Trad.*)
La terre avec horreur dès longtemps les *endure*. (III, 521, *Esth.* 928.)
Vous qui sans désespoir ne pouviez *endurer*
Que Pyrrhus d'un regard la voulût honorer. (II, 97, *Andr.* 1135 et 1136.)

ENFANCE, au propre et au figuré :
.... Son *enfance* au glaive dérobée. (III, 701, *Ath.* 1751.)
(*Il*) Traîne, exempt de péril, une éternelle *enfance*. (II, 485, *Baj.* 110.)
Dans une longue *enfance* ils l'auroient fait vieillir. (II, 264, *Brit.* 190.)
Dans cette *enfance*, ou, pour mieux dire, dans ce chaos du poëme dramatique. (IV, 358, *Disc. acad.*)

ENFANT, au propre et au figuré, au masculin et au féminin :
*Jupiter enleva Protogénée, femme de Locrus, et lui fit un *enfant*, de peur que Locrus ne mourût sans *enfant*. (VI, 40, *Rem. sur Pind.*)
Approchez, mes *enfants* (*mes fils*).... (III, 56, *Mithr.* 755.)
Une soumission d'*enfant* pour tout ce que l'Eglise croit et ordonne. (VII, 217, *Lettres*.)
Si les jésuites avoient été des *enfants* de paix. (IV, 447, *P. R.*)
Les traitant d'*enfants* de Bélial. (IV, 524, *P.R.*)
Enfants d'iniquité. (IV, 496, *P. R.*)
*La jeune Eudoxe est une bonne *enfant*. (IV, 241, *Poés. div.* 1, 2ᵈ app.)
Adieu. Mais, s'il vous plaît, quel est cet *enfant*-là ?
— C'est ma fille, Monsieur. (II, 216, *Plaid.* 835 ; voyez la note 3.)

ENFANTIN :
Venez faire parler vos esprits *enfantins*. (II, 215, *Plaid.* 820.)

ENFER, sans article :
Hé bien ! filles d'*Enfer*, vos mains sont-elles prêtes? (II, 124, *Andr.* 1637.)

ENFERMER, au propre et au figuré :
Mais Taxile m'*enferme*. (I, 586, *Alex.* 1365.)
J'ai trouvé ce billet *enfermé* dans son sein. (II, 537, *Baj.* 1260.)
Venez en d'autres lieux *enfermer* vos regrets. (II, 497, *Baj.* 415.)
Fidèle à sa douleur, et dans l'ombre *enfermée*. (II, 274, *Brit.* 415.)
Son cœur n'*enferme* point une malice noire. (II, 331, *Brit.* 1600.)

ENFIN :
Vous savez qu'Alexandre en fit sa prisonnière,
Et qu'*enfin* cette sœur retourna vers son frère. (I, 539, *Alex.* 294.)
Que faut-il faire *enfin*, Madame? — M'imiter. (I, 478, *Alex.* 1416.)
Et doit-il être *enfin* plus facile en un autre
De répandre son sang qu'en vous d'aimer le vôtre? (I, 439, *Théb.* 727.)
Je ne crains pas *enfin* que Pyrrhus la retienne. (II, 69, *Andr.* 593.)
.... Je lui porte *enfin* mon cœur à dévorer. (II, 124, *Andr.* 1644.)
.... Une mère *enfin* ne peut pas se trahir. (I, 412, *Théb.* 246.)
Ou si le crime *enfin* vous plaît tant à chacun,
Barbares, rougissez de n'en commettre qu'un. (I, 458, *Théb.* 1093.)
Qu'il meure, puisqu'*enfin* il a dû le prévoir. (II, 112, *Andr.* 1419.)

ENG] DE RACINE. 185

Et puisqu'*enfin* mon cœur ne sauroit se trahir. (I, 449, *Théb.* 941.)
Mais *enfin*, mes efforts ne me servent de rien. (II, 278, *Brit.* 505.)
Ce traitement, Madame, a droit de vous surprendre ;
Mais *enfin* c'est ainsi que se venge Alexandre. (I, 594, *Alex.* 1510.)
Car *enfin* : voyez Car.

ENFLAMMER (S'), enflammé :
Que la guerre *s'enflamme* et jamais ne finisse. (I, 450, *Théb.* 955.)
Tout mon sang de colère et de honte *s'enflamme*. (III, 532, *Esth.* 1137.)
Ces flambeaux, ce bûcher, cette nuit *enflammée*. (II, 387, *Bér.* 303.)
.... Ce courroux *enflammé*. (II, 78, *Andr.* 747.)
.... *Enflammé* de dépit. (III, 467, *Esth.* 33.)
.... D'un œil *enflammé*. (II, 277, *Brit.* 485.)

ENFLER, activement et neutralement, au propre et au figuré :
Du sang de nos sujets faire *enfler* nos rivières. (I, 531, *Alex.* 146.)
Les trois quarts de vos biens sont déjà dépensés
A faire *enfler* des sacs l'un sur l'autre entassés. (II, 200, *Plaid.* 650.)
Le sang de Jupiter doit *enfler* leur courage.
  (III, 353, *Phèd.* 862 ; voyez V, 268, *Camp. de Louis XIV*.)
(Ces) forces.... *enfloient* le cœur des confédérés. (V, 323, *Siége de Nam.*)
.... Un prince *enflé* de tant d'audace. (I, 533, *Alex.* 201.)
Les jambes lui *enflèrent*. (IV, 515, *P. R.*)

ENFONCER, s'enfoncer, enfoncé :
(Qu') On lui fasse en mon sein *enfoncer* le couteau. (III, 703, *Ath.* 1782.)
Il *s'est enfoncé* jusqu'au cou dans le combat de Saint-Antoine. (VI, 609, *Lettres*.)
.... Dans son sein votre bras *enfoncé*
Cherche un reste de sang.... (II, 107, *Andr.* 1335.)
Les bâtiments étoient extrêmement bas et *enfoncés*. (IV, 401, *P. R.*)

ENFREINDRE :
Si quelque transgresseur *enfreint* cette promesse. (III, 681, *Ath.* 1377.)

Enfuir (S') : voyez ci-dessus, p. 181, En, pronom, 3°, 2d et 3e ex.
.... Son âme en courroux *s'enfuit* dans les enfers. (I, 476, *Théb.* 1380.)

ENGAGEMENT :
Bérénice n'ayant pas ici avec Titus les derniers *engagements* que Didon avoit avec Énée.... (II, 366, *Bér.* préf.)

ENGAGER, s'engager :
  .... Son grand courage
Qui dans mille travaux l'*engage*. (IV, 70, *Poés. div.* 106.)
Qu'un orgueil téméraire en d'affreux précipices
N'*engage* point leurs pas. (IV, 134, *Poés. div.* 16.)
* *Engagé* en guerre. (V, 115, *Notes hist.*)
Favorisez les soins où son amour l'*engage*. (I, 542, *Alex.* 417.)
... Soudain il me l'ôte (*mon fils*), et l'*engage* aux combats.
  (I, 437, *Théb.* 686.)
A des soins plus pressants la Grèce vous *engage*. (II, 65, *Andr.* 506.)
  Que de raisons, quelle douceur extrême
D'*engager* à ce Dieu son amour et sa foi ! (III, 625, *Ath.* 350.)
Nous fûmes sans amour *engagés* l'un à l'autre. (II, 105, *Andr.* 1286.)
Les troupes d'Axiane, à me suivre *engagées*. (I, 550, *Alex.* 601.)
Rien ne vous *engageoit* à m'aimer en effet. (II, 108, *Andr.* 1355.)
Mon âme, malgré vous, à vous plaindre *engagée*. (I, 574, *Alex.* 1101.)
Si sous mes lois, Amour, tu pouvois l'*engager* ! (II, 62, *Andr.* 439.)

Voyez I, 546, *Alex.* 507 et 508; I, 569, *Alex.* 987; II, 96, *Andr.* 1092 et 1110; II, 285, *Brit.* 666; II, 296, *Brit.* 872; II, 311, *Brit.* 1157; III, 371, *Phèd.* 1163; IV, 12, *Plan d'Iph. en Taur.*

.... Quelques amis *engagés* à se taire. (II, 543, *Baj.* 1386.)
L'Allemagne *est engagée* dans une guerre. (V, 295, *Camp. de Louis XIV.*)
Ne craignez pas, Monseigneur, que je *m'engage* plus avant. (II, 240. *Brit.* épître; voyez V, 467, *Trad.*)
.... Sais-tu l'entreprise où *s'engage* ta flamme? (I, 577, *Alex.* 1165.)
.... A peine au fils d'Égée
Sous les lois de l'hymen je *m'étois engagée*. (III, 323, *Phèd.* 270)
Sur les pas des tyrans veux-tu que je *m'engage?* (II, 323, *Brit.* 1428.)
Les esprits de cette ville.... *s'engagent* plus fortement dans leurs inclinations qu'en aucun autre pays du monde. (VI, 468, *Lettres.*)
Je *m'engagerai* moins encore à faire une exacte apologie. (I, 516, *Alex.* 1re préf.)
Je *m'étois engagé* l'autre jour de vous écrire une lettre raisonnable. (VI, 439, *Lettres;* voyez I, 442, *Théb.* 788 var. ; VI, 53, *Rem. sur Pind.*)

ENGLOUTIR :
Assez dans ses sillons votre sang *englouti*
A fait fumer le champ dont il étoit sorti. (III, 335, *Phèd.* 503.)

ENGROSSIR :
*Phéacie..., que Neptune *engrossit.* (VI, 109, *Rem. sur l'Odyss.*, note 1.)
* Apollon.... l'*avoit engrossie.* (VI, 28, *Rem. sur Pind.*, note 2.)
Nicot et Cotgrave ne donnent pas d'autre forme qu'*engrossir.*

ÉNIGME :
Nos clartés ici-bas ne sont qu'*énigmes* sombres. (IV, 151, *Poés. div.* 61.)

ENIVRER, s'ENIVRER, au figuré :
Néron de sa grandeur n'*étoit* point *enivré.* (II, 260, *Brit.* 98.)
Ces insensés qui du monde,
Seigneur, vivent *enivrés.* (IV, 152, *Poés. div.* 14.)
Rends-lui compte du sang dont tu t'es *enivrée.* (III, 700, *Ath.* 1736.)
S'enivrer en marchant du plaisir de la voir. (II, 113, *Andr.* 1436.)

ENLÈVEMENT :
.... Allons subitement
Lui demander raison de cet *enlèvement.* (II, 261, *Brit.* 126.)

ENLEVER, au propre et au figuré :
Dont la sanglante main m'*enleva* prisonnière. (III, 175, *Iph.* 473.)
Au lieu de l'*enlever*, fuyez-la pour jamais. (II, 78, *Andr.* 752.)
.... Junie, *enlevée* à la cour. (II, 314, *Brit.* 1213.)
Une certaine élévation.... qui *enlève.* (IV, 359, *Disc. acad.*)

ENNEMI, IE, adjectivement et substantivement :
....Je ne vois partout que des yeux *ennemis.* (III, 188, *Iph.* 748.)
Assez dans les forêts mon oisive jeunesse
Sur de vils *ennemis* a montré son adresse. (III, 358, *Phèd.* 934.)
Quel caprice vous rend *ennemi* de vous-même? (II, 378, *Bér.* 99.
Ennemi couvert. (III, 75, *Mithr.* 1185.)

ENNUI, ENNUIS, souvent au sens de violent chagrin :
*Je me meurs d'*ennui* quand je vous entends, vous autres riches, parler de vos intérêts et de vos affaires. (V, 455, *Trad.*)
Qu'elle m'épargneroit de contrainte et d'*ennui!* (II, 53, *Andr.* 256.)
.... Pour comble d'*ennui.* (II, 111, *Andr.* 1403.)

....Au fort de mon *ennui*. (I, 577, *Alex.* 1183.)
....Auteur de son *ennui*. (II, 82, *Andr* 835.)
Narcisse veut en vain affecter quelque *ennui*. (II, 334, *Brit.* 1641.)
Pour accabler César d'un éternel *ennui*. (II, 338, *Brit* 1721.)
Réparer tout l'*ennui* que je vous ai causé. (III, 238, *Iph.* 1728.)
Que faites-vous, Madame? et quel mortel *ennui*
Contre tout votre sang vous anime aujourd'hui? (III, 321, *Phèd.* 255.)
Rien ne peut-il charmer l'*ennui* qui vous dévore? (II, 400, *Bér.* 599.)
Britannicus est seul. Quelque *ennui* qui le presse,
Il ne voit dans son sort que moi qui s'intéresse. (II, 284, *Brit.* 655.)
.... Votre bouche encor muette à tant d'*ennui*
N'a pas daigné s'ouvrir pour se plaindre de lui! (II, 98, *Andr.* 1139.)
Que ma fille à ses yeux soit un sujet d'*ennui*. (III, 223, *Iph.* 1459.)
Dans l'Orient désert quel devint mon *ennui*! (II, 385, *Bér.* 234.)
....Mon cœur chargé d'*ennui*. (I. 417, *Théb.* 345.)
....Front chargé d'*ennuis*. (III, 179, *Iph.* 567.)
Va : je veux être seule en l'état où je suis,
Si toutefois on peut l'être avec tant d'*ennuis*!
— Dureront-ils toujours, ces *ennuis* si funestes?
(I, 431 et 432, *Théb.* 590 et 591.)
....Secrets *ennuis*. (III, 492, *Esth.* 411.)
Sa mort avancera la fin de mes *ennuis*. (II, 58, *Andr.* 376.)
Dans les craintes, dans les *ennuis*,
En ses bontés mon âme se confie. (III, 512, *Esth.* 773.)
.... De temps en temps j'irrite ses *ennuis*. (II, 278, *Brit.* 509.)
(Qu') A d'éternels *ennuis* je me voie enchaînée. (III, 51, *Mithr.* 644.)

Voyez I, 595, *Alex.* 1544; II, 43, *Andr.* 44; II, 60, *Andr.* 396; II, 61, *Andr.* 427; II, 66, *Andr.* 524; II, 82, *Andr.* 835; II, 330, *Brit.* 1577; II, 339, *Brit.* 1741; II, 497, *Baj.* 410; II, 517, *Baj* 835; III, 30, *Mithr.* 175; III, 31, *Mithr.* 209; III, 74, *Mithr.* 1173; III, 155, *Iph.* 84; III, 367, *Phèd.* 1091; III, 470, *Esth.* 89.

ENNUYER, s'ennuyer :
C'est à mon gré un métier assez *ennuyant*. (VI, 504, *Lettres*.)
* Il alloit fort vite opprimer ses ennemis, mais il *s'ennuyoit* bientôt aussi. (VI, 343, *Livres ann.*)

ENNUYEUX à :
Un si long entretien vous seroit *ennuyeux*. (I, 539, *Alex.* 319.)

ÉNONCER :
Les grandes vérités de l'Écriture et la manière sublime dont elles y sont *énoncées*.... (III, 455, *Esth.* préf.)

ENORGUEILLI de :
Les Espagnols.... *enorgueillis* de la prise de Narden. (V, 255, *Camp. de Louis XIV*.)

ÉNORME :
Un désordre, un chaos, une cohue *énorme*. (II, 213, *Plaid.* 808.)

ENQUÉRIR (S') à :
Je m'en suis *enquis* à M. l'Avocat. (VI, 399, *Lettres*.)

ENQUÊTE, terme judiciaire, II, 161, *Plaid.* 223.

ENRAGER, enrager de :
Jugez s'il y a sujet d'*enrager* en de semblables malentendus. (VI. 414, *Lettres*; voyez VI, 93, *Rem. sur l'Odyss.*)

J'*enrageois de* voir qu'une si belle amitié se fût ainsi évanouie. (VI, 426, *Lettres.*)

Il me parle toujours du bénéfice de mon oncle, et il *enrage de* l'avoir. (VI, 479, *Lettres.*)

*Une fille depuis longtemps *enragée* contre sa mère. (VI, 233, *L. ann.*)

ENRHUMÉ, II, 148, *Plaid.* 50.

ENRICHIR DE :
....(Des) Romains que la guerre *enrichit de* nos pertes. (III, 57, *Mithr.* 776.)

ENROUER (S'), au propre; s'ENROUER À, au figuré :
.... L'Intimé.... s'*enroue.* (II, 212, *Plaid.* 790.)
Vous qui *vous êtes enroué* tant de fois *à* le louer (*le quinquina*). (VI, 599, *Lettres.*)

ENSABOTÉ, VI, 419, *Lettres.*

ENSANGLANTER :
Que le dernier du sang royal
Par son trépas *ensanglante* vos terres. (I, 420, *Théb.* 396.)
Ensanglantant l'autel qu'il tenoit embrassé ! (II, 90, *Andr.* 996.)
Ce n'est point que son bras, disputant la victoire,
N'en ait aux ennemis *ensanglanté* la gloire. (I, 558, *Alex.* 742.)
.... Je ne réponds pas que ma main à vos yeux
N'*ensanglante* à la fin nos funestes adieux. (II, 440, *Bér.* 1422.)

ENSEIGNE :
Tambour battant et *enseignes* déployées. (V, 254, *Camp. de Louis XIV.*)
À BONNES ENSEIGNES, avec de bonnes et sûres indications :
Il n'y a pas trop de sûreté de se mettre sur le Rhône qu'*à bonnes enseignes.* (VI, 413, *Lettres.*)

ENSEIGNER :
* *Enseigner* un cours de philosophie. (V, 121, *Notes hist*)
*Les pères *enseignoient* eux-mêmes leurs enfants. (VI, 312, *Liv. ann.*)
Les Grecs et les Persans vous *enseignent* un maitre. (I, 529. *Alex.* 110.)

ENSEMBLE :
Les ennemis n'avoient pas une troupe *ensemble*.... Il ne resteroit pas un homme *ensemble* aux ennemis. (VII, 106, *Lettres.*)
En voici les morceaux que je vais mettre *ensemble.* (II, 176, *Plaid.* 376.)
Mettre *ensemble* jusqu'à six-vingt mille hommes. (V, 314, *S de Nam.*)
Unir *ensemble* toutes leurs forces. (V, 330, *Siège de Namur.*)

Vaugelas, dans ses *Remarques*, défend cette expression critiquée comme un pléonasme par quelques-uns de ses contemporains Voyez le *Lexique de Corneille.*

ENSEVELIR, au propre et au figuré :
Il est mort : savons-nous s'il est *enseveli ?* (III, 35, *Mithr.* 298.)
Reste de tant de rois sous Troie *ensevelis.* (II, 44, *Andr.* 72.)
Il veut avec leur sœur *ensevelir* leur nom. (III, 310, *Phèd.* 108.)
Quittez, dit-il, la couche oisive
Où vous *ensevelit* une molle langueur. (IV, 114, *Poés. div.* 6.)
.... Dans la foule *ensevelir* nos coups. (I, 566, *Alex.* 944.)
Traitre, tu prétendois qu'en un lâche silence
Phèdre *enseveliroit* ta brutale insolence. (III, 366, *Phèd.* 1082.)
Les avez-vous reçus (*ces trésors*) pour les *ensevelir?* (II, 280, *Brit.* 542.)
.... *Enseveli* sous l'herbe. (III, 656, *Ath.* 903.)
Dans un lâche sommeil.... *enseveli.* (III, 207, *Iphig.* 1107.)

Dans un sombre chagrin.... *ensevelie*. (III, 608, *Ath.* 52.)
Surtout je redoutois cette mélancolie
Où j'ai vu si longtemps votre âme *ensevelie*. (II, 42, *Andr.* 18.)
.... Qu'une indolence ingrate
Ne tienne point nos cœurs *ensevelis*. (IV, 122, *Poés. div.* 14.)

ENSORCELER :
Il faut absolument qu'on m'ait *ensorcelé*. (II, 182, *Plaid.* 457.)

ENSUITE, à la suite :
*Diogène, sans dire mot, écrivit ceci *ensuite*. (V, 522, *Trad.*)

EN SUITE : voyez SUITE.

ENTASSÉ :
.... (Ces fruits) l'un près de l'autre *entassés*. (IV, 41, *Poés. div.* 36.)
Victoires *entassées* les unes sur les autres. (V, 252, *Camp. de Louis XIV*.)

ENTENANT DE, tout auprès de :
*Entenant de cette grotte étoit bâtie une espèce de grande salle. (VI, 145, *Rem. sur l'Odyss.* ; voyez la note 4.)

ENTENDRE, sens divers; ENTENDRE À; FAIRE ENTENDRE; S'ENTENDRE :
Des choses qu'elles *avoient entendues* de leurs oreilles. (IV, 559, *P. R.*)
I prévoit mes desseins, il *entend* mes discours. (II, 270, *Brit.* 334.)
Il y a quantité de personnes à la cour qui se souviennent de les lui *avoir entendu* conter (*ces particularités*). (II, 473, *Baj.* 1re préf.)
Ne l'*entendez*-vous pas, cette cruelle joie? (II, 435, *Bér.* 1315.)
.... Vous avez *entendu* sa fortune. (III, 642, *Ath.* 659.)
.... Nous *aurons* d'un père *entendu* la disgrâce. (III, 35, *Mithr.* 295.)
Je vous *entends* (*comprends*)....
  (II, 266, *Brit.* 245 ; voyez II, 154, *Plaid.* 125, et III, 48, *Mithr.* 586.)
J'*entendrai* des regards que vous croirez muets. (II, 285, *Brit.* 682.)
Il parle de protase comme s'il *entendoit* ce mot. (II, 369, *Bér.* préf.)
*Croyez que je n'*entends* rien dans les prédictions. (VI, 235, *Liv. ann.*)
Vous m'*entendez* assez si vous voulez m'*entendre*.
  (III, 184, *Iph.* 662 ; voyez III, 47, *Mithr.* 539.)
.... Je vais.... — Ah! cruel, tu m'*as* trop *entendue*. (III, 343, *Phèd.* 670.)
*Il y en a qui *entendent* ce mot de Χάρις pour la Fortune. (VI, 31, *Rem. sur Pind.*)
*Je crois qu'il *entend* (*veut dire*) la perfection. (VI, 43, *Rem. sur Pind.*)
*Il s'*entend* (*se désigne*) lui-même. (VI, 51, *Rem. sur Pind.*)
N'est-ce pas elle que l'auteur *entend* (*qu'il a en vue*) lorsqu'il parle d'une personne qu'il admire sans la connoître? (IV, 283, *Imag.*)
Ah! n'en voilà que trop : c'est trop me *faire entendre*,
Madame, mon bonheur, mon crime, vos bontés.
  (II, 303, *Brit.* 1020 ; voyez I, 545, *Alex.* 469; III, 66, *Mithr.* 996.)
Le nom seul de Néron *faisoit entendre* quelque chose de plus que cruel. (II, 242, *Brit.* 1re préf.)
J'obéis. N'est-ce pas assez *faire entendre?* (III, 48, *Mithr.* 584.)
Vous résistez en vain, et j'*entends* votre fuite. (III, 71, *Mithr.* 1095.)
Que dirai-je, Madame? et comment dois-je *entendre*
Cet ordre, ce discours que je ne puis comprendre? (III, 50, *Mithr.* 635.)
Elle n'*entend* ni pleurs, ni conseil, ni raison. (II, 429, *Bér.* 1229.)
Dieux impuissants, dieux sourds, tous ceux qui vous implorent
Ne seront jamais *entendus* (III, 512, *Esth.* 768.)
*Monsieur le Prince *entend* bien mieux les siéges que M. de Turenne. (VI, 80, *Notes hist.*)

Si quelqu'un l'*entend* mieux, je l'irai dire à Rome. (IV, 179, *Poés. div.* 4.)
A quoi les Turcs ne voulurent point *entendre*. (V, 135, *Notes hist.*)
Achille n'*entend* à aucune composition. (VI, 210, *Livres ann.*)
 * Schomberg proposa la chose au roi d'Angleterre, qui n'*y* voulut point *entendre*. (V, 103, *Notes hist.*)
Monsieur l'Abbé fait l'*entendu*. (VI, 461, *Lettres.*)
Ne connoîtrois-tu point quelque honnête faussaire
Qui servît ses amis, en le payant, *s'entend* ? (II, 155, *Plaid.* 149.)
Voyez I, 545, *Alex.* 469; II, 67, *Andr.* 546; II, 86, *Andr.* 911; II, 142, *Plaid.* au lect.; II, 172, *Plaid.* 332; II, 202, *Plaid.* 668; II, 206, *Plaid.* 716; II, 269, *Brit.* 303; II, 318, *Brit.* 1328; II, 378, *Bér.* 89; II, 390, *Bér.* 345; III, 36, *Mithr.* 320; V, 101, *Notes hist.*; V, 387, *Factums*; VI, 220, *Livres ann.*
Vois-tu dans ses discours qu'ils *s'entendent* tous deux ? (II, 537, *Baj.* 1252.)
.... Si dans son devoir votre cœur affermi
Vouloit ne point *s'entendre* avec son ennemi. (II, 292, *Brit.* 782.)
Voyez CONFUSION, FORTUNE, RAILLERIE, ÉCOUTER, PARLER.

ENTÊTÉ DE ; ENTÊTÉ QUE :
Entêté de sa prétendue inséparabilité du fait et du droit. (IV, 522, *P. R.*)
La Mère Angélique de Saint-Jean étoit *entêtée* aussi *qu'*elles ne devoient signer en aucune sorte. (IV, 605, *P. R.*)

ENTHOUSIASME :
 * Vous expliquez Homère par *enthousiasme* et non part art. (VI, 275, *Livres ann.*)

ENTHOUSIASMÉ :
 * J'étois *enthousiasmé* sur votre bonne foi. (VI, 273, *Livres ann.*)

ENTIER, ÈRE :
.... J'avois sur son cœur une *entière* puissance. (I, 418, *Théb.* 368.)
O Dieux, que vous a fait ce sang infortuné,
Et pourquoi tout *entier* l'avez-vous condamné ? (I, 421, *Théb.* 398.)
Ne laisser aucun nom, et mourir tout *entier*. (III, 163, *Iph.* 256; voy. TOUT.)
.... Aujourd'hui, je crois que tout mon bien *entier*
Ne me suffiroit pas pour gagner un portier. (II, 158, *Plaid.* 185.)
Vous êtes assez *entière* (*opiniâtre, absolue*) pour ne les pas croire (*mes excuses*). (VI, 375, *Lettres.*)

ENTOUR (À L') DE :
 * C'est vous.... qui êtes des chiens, de rôder comme vous faites à *l'entour* de moi. (V, 528, *Trad.*; voyez VI, 120, *Rem. sur l'Odyss.*)

ENTRAILLES, au figuré :
Mille objets de douleurs déchiroient mes *entrailles*. (I, 418, *Théb.* 351.)
Mes *entrailles* pour toi se troublent par avance. (III, 371, *Phed.* 1162.)
Voyez IV, 508, *P. R.*
.... Vous qui lui devez des *entrailles* de père. (III, 637, *Ath.* 575.)

ENTRAÎNER, au propre et au figuré :
Je les ai pour vous seule *entraînés* dans le temple. (II, 118, *Andr.* 1530.)
L'un par l'autre *entraînés* nous courons à l'autel. (II, 105, *Andr.* 1299.)
.... Quelque desir qui m'*entraîne* auprès d'elle. (III, 44, *Mithr.* 479.)
(Mes pas) Que vers vous à toute heure *entraînent* vos appas.
(II, 424, *Bér.* 1134.)
(Voyez) Les peuples asservis, et les rois enchaînés,
Et prévenez les maux qui les ont *entraînés*. (I, 525, *Alex.* 8.)
Roi barbare, faut-il que mon crime l'*entraîne* ? (II, 92, *Andr.* 1029.)

Seigneur, tant de prudence *entraîne* trop de soin. (II, 50, *Andr.* 195.)

ENTRE, préposition :

Vous, que l'Orient compte *entre* ses plus grands rois. (II, 374, *Bér.* 14.)

.... S'il te faut chercher, ce n'est qu'*entre* les morts. (I, 568, *Alex.* 968.)

* *Entre* le peu de troupes qu'il y avoit à Saint-Guilain, il y avoit un régiment irlandois. (V, 101, *Notes hist.*; voyez V, 155, *Notes hist.*; V, 204, *Notes relig.*; V, 253, *Camp. de Louis XIV*.)

Le pays d'*entre* Sambre et Meuse. (V, 339, *Siége de Namur*.)

.... J'ose ici vous le dire *entre* nous. (II, 314, *Brit.* 1229.)

Je réponds d'une paix jurée *entre* mes mains. (II, 331, *Brit.* 1585.)

Il tombe *entre* les mains des Gardes. (I, 483, *Théb.* mise en scène.)

Je ne prends point de parti *entre* M. des Marets et vous. (IV, 277, *Imag.*)

.... Une fierté si belle

Alloit *entre* nous deux finir notre querelle. (I, 566, *Alex.* 942.)

Ses yeux s'opposeront *entre* son père et vous. (II, 52, *Andr.* 240.)

Son cœur, *entre* l'amour et le dépit confus. (II, 77, *Andr.* 743.)

Dans cette expression de Vaugelas : « l'espace *d'entre-deux*, » Racine a souligné *d'entre-deux* (VI, 357).

ENTRÉE :

Comment m'offriez-vous l'*entrée* et la couronne
D'un pays, etc.? (III, 34, *Mithr.* 279.)

On lui préparoit des *entrées* et des triomphes. (V, 250, *Camp. de Louis XIV*.)

S'il faut que de ce cœur vous lui fermiez l'*entrée*. (I, 541, *Alex.* 386.)

* L'*entrée* aux charges. (V, 128, *Notes hist.*)

* *Entrée* du festin contée agréablement. (V, 457, note 1, *Trad.*)

* Ces poëtes qui font de grandes promesses à l'*entrée* de leur ouvrage. (VI, 56, *Rem. sur l'Odyss.*)

ENTREMETTRE (S') :

Elles.... le prièrent de *s'entremettre* pour elles auprès du Pape. (IV, 419, *P. R.*)

* *S'entremettre* d'accommodement. (V, 158, *Notes hist.*)

ENTREMISE :

Qui croiroit en effet qu'une telle entreprise
Du fils d'Agamemnon méritât l'*entremise* ? (II, 49, *Andr.* 178.)

ENTRE-POUSSÉ :

.... Ses flots *entre-poussés*. (IV, 32, *Poés. div.* 75.)

ENTREPRENDRE, emplois divers :

Une nourrice.... n'*entreprend* cette fausse accusation que pour sauver la vie et l'honneur de sa maitresse. (III, 300, *Phèd.* préf.)

* Son dessein sur Amsterdam, qui *fut entrepris* de concert avec la France. (V, 97, *Notes hist.*)

J'*entrepris* le bonheur de mille malheureux. (II, 396, *Bér.* 514.)

Vous n'*entreprenez* point une injuste carrière (II, 500, *Baj.* 441.)

Voyez I, 526, *Alex.* 17; I, 595, *Alex.* 1537; II, 104, *Andr.* 1274; II, 324, *Brit.* 1455.

Le médecin que je vous dis l'*entreprit* (ce malade). (VI, 563, *Lettres*.)

Sur cela il *entreprenoit* (*attaquoit*) tout le monde. (IV, 480, *P. R.*)

On ne peut sur ses jours sans moi rien *entreprendre*. (II, 529, *Baj.* 1113.)

ENTREPRISE :

Déserteur de leur loi, j'approuvai l'*entreprise*. (III, 659, *Ath.* 951.)

Rien ne peut-il, Seigneur, changer votre *entreprise?* (II, 379, *Bér.* 123.)
J'écoute avec transport cette grande *entreprise.* (III, 61, *Mithr.* 864.)
.... Sais-tu l'*entreprise* où s'engage ta flamme? (I, 577, *Alex.* 1165.)
Leurs *entreprises* contre le livre de la Fréquente communion. (IV, 441, *P. R.*)
Voyez I, 613, *Alex.* épître; II, 49, *Andr.* 177; II, 306, *Brit.* 1079; IV, 461, *P. R.*

ENTRER :
Arsace, *entrerons-nous* ? — Seigneur, j'ai vu la Reine. (II, 376, *Bér* 51.)
Je la fais *entrer* dans les Vestales. (II, 248 et 253, *Brit.* 1re et 2º préf.)
Faire *entrer* une reine au lit de nos Césars. (II, 393, *Bér.* 410.)
Une autre tragédie, où l'on *entroit* dans des intérêts tout nouveaux. (I, 393, *Théb.* préf.)
Depuis que le sommeil n'*est entré* dans vos yeux. (III, 316, *Ph. J.* 192.)
Jamais les grands biens.... n'*ont entré* dans les motifs.... (IV, 425, *P. R.*)
*Ulysse.... *entre* la salle. (VI, 124, *Rem. sur l'Odyss.*)
M. Mesnard, avec raison, je crois, n'a vu ici qu'une inadvertance de Racine, et ajoute *dans* entre crochets.

Entrer dans l'agonie, *entrer* dedans, *entrer* en lice, *entrer* dans les yeux : voyez AGONIE, DANS, LICE, OEIL.

ENTRE-TEMPS :
*Dans l'*entre-temps* les Religieuses avoient muré leur porte de clôture. (IV, 594, *P. R.*)

ENTRETÈNEMENT.
Racine a souligné ce mot dans cette phrase de Vaugelas : « Ces sommes immenses..., destinées pour l'*entretènement* de cette effroyable multitude. » (VI, 356.)

ENTRETENIR, sens divers :
Des princes mes neveux j'*entretiens* la fureur. (I, 445, *Théb.* 849.)
D'une guerre si longue *entretenir* le reste. (II, 48, *Andr.* 154.)
Vos yeux toujours sereins coulent dans les plaisirs....
Tout l'univers soigneux de les *entretenir* (les plaisirs). (II, 284, *Brit.* 653.)
Les *entretenir* dans cette erreur. (V, 288, *Camp. de Louis XIV.*)
Je me tiens.... fort honoré d'*entretenir* quelque commerce avec ceux qui, etc. (IV, 327, *Imag.*)
*Il *entretenoit* commerce avec des Huguenots. (V, 165, *Notes hist.*)
J'*entretins* la Sultane.... (II, 486, *Baj.* 135.)
Vous aurez tout moyen de vous *entretenir*. (II, 170, *Plaid.* 302.)
Il courut de ses feux *entretenir* la Reine. (III, 45, *Mithr.* 492.)
Voyez II, 109, *Andr.* 1378; II, 281, *Brit.* 569; II, 309, *Brit.* 1102; II, 329, *Brit.* 1560.

ENTRETIEN, conversation, discours :
De quel front soutenir ce fâcheux *entretien* ? (II, 277, *Brit.* 489.)
*Laissez l'*entretien* aux hommes. (VI, 64, *Rem. sur l'Odyss.*)
Vous fîtes l'*entretien* de plus de la moitié du dîner. (VI, 561, *Lettres.*)
.... Si j'en crois, Seigneur, l'*entretien* de la cour. (II, 376, *Bér.* 58.)
N'avons-nous d'*entretien* que celui de ses pleurs ? (II, 82, *Andr.* 848.)
Voyez II, 271, *Brit.* 354; II, 409, *Bér.* 789; III, 204, *Iph.* 1061.

ENTREVOIR :
J'*entrevois* vos mépris.... (III, 221, *Iph.* 1407.)
Voyez II, 525, *Baj.* 1025; III, 231, *Iph.* 1599.
Tu m'as fait *entrevoir* que je pouvois l'aimer. (III, 348, *Phèd.* 772.)
Voyez III, 602, *Ath.* préf.
Leurs captifs dans ce trouble osèrent s'*entrevoir*. (II, 487, *Baj.* 152.)

ENTR'OUVRIR, s'entr'ouvrir :
Des mers pour eux il *entr'ouvrit* les eaux. (III, 625, *Ath.* 356.)
Le ciel brille d'éclairs, *s'entr'ouvre*.... (III, 240, *Iph.* 1783.)
ENVELOPPE, terme de fortification, V, 334, *Siége de Namur.*
ENVELOPPER, au figuré :
Nous gémirions en secret sur un triomphe qui, avec la défaite des ennemis de l'Église, *envelopperoit* la perte de nos frères. (V, 362, *Harangue de Colbert.*)
Le Roi d'un noir chagrin paroit *enveloppé.* (III, 490, *Esth.* 383.)
.... Sa valeur trompée
Des maux que j'ai prévus se voit *enveloppée.* (I, 558, *Alex.* 738.)
.... Des yeux tant occupés
Et d'autres soins *enveloppés.* (IV, 201, *Poés. div.* 32.)
ENVENIMER, au figuré :
Des deux princes d'ailleurs la haine est trop puissante....
Moi-même je saurai si bien l'*envenimer.* (I, 446, *Théb.* 877.)
.... Haine *envenimée.* (III, 530, *Esth.* 1104.)
Un protestant très-*envenimé* contre l'Église. (IV, 472, *P. R.*)
ENVERS :
*Amour de Plutarque *envers* son frère. (VI, 317, *Livres ann.*; voyez VI, 311 et 341, *ibid.*)
* Reconnoissance d'Electra *envers* lui. (VI, 232, *Livres ann.*)
* L'autorité des papes *envers* les conciles généraux. (V, 175, *Notes hist.*)
Aucune trahison ne le souille *envers* vous. (I, 576, *Alex.* 1144.)
.... Je ne prétends pas qu'un impuissant courroux
Dégage ma parole et m'acquitte *envers* vous. (II, 269, *Brit.* 302.)
ENVI (A L'), À L'ENVI DE :
.... Tandis qu'*à l'envi* leur amour se déploie. (III, 172, *Iph.* 397.)
Beaux déserts qu'*à l'envi des* cieux,
De ses trésors plus précieux
A comblés la nature. (IV, 22, *Poés. div.* 5.)
ENVIE, le plus souvent au sens de désir :
.... De tous les Grecs satisfaites l'*envie.* (II, 48, *Andr.* 169.)
L'aumônier.... a grande *envie* sur ce bénéfice. (VI, 478, *Lettres.*)
* Je mourois d'*envie* d'entendre ce qui s'étoit dit, etc. (V, 453, *Trad.*)
Venez, je vous en veux faire passer l'*envie.* (II, 217, *Plaid.* 850.)
Hé bien! Seigneur, allez : contentez votre *envie.* (I, 538, *Alex.* 313.)
Mourons donc.... — Ah! Seigneur, quelle cruelle *envie!*
(I, 482, *Théb.* 1493.)
* La ville d'Amsterdam.... avoit le plus conspiré à faire un traité séparé avec l'Espagne, dans l'*envie* d'attirer à elle tout le commerce. (V, 150, *Notes hist.*)
Ne vois-je pas le Scythe et le Perse abattus....
.... Disputer enfin par une aveugle *envie*
A vos propres sujets le soin de votre vie? (I, 574, *Alex.* 1113.)
Voyez I, 572, *Alex.* 1045; I, 586, *Alex.* 1370; II, 318, *Brit.* 1323; II, 330, *Brit.* 1567; II, 528, *Buj.* 1093.
ENVIEILLI :
Des pécheurs *envieillis* dans le crime. (IV, 429 et 430, *P. R.*)
Voyez VI, 295. *Livres ann.*
ENVIER :
Allons. N'*envions* plus son indigne conquête. (II, 62, *Andr.* 434.)

Pourquoi m'*enviez*-vous l'air que vous respirez? (II, 424, *Bér.* 1129.)
Soit que son cœur, jaloux d'une austère fierté,
Enviât à nos yeux sa naissante beauté. (II. 274, *Brit.* 414.)
* Son but n'est pas de tirer de la gloire de sa subtilité et de sa science, mais seulement d'examiner la vérité, et lorsqu'il l'a trouvée, de ne la point *envier* à ceux qui, etc. (V, 551, *Trad.*)
Voyez I, 570, *Alex.* 1007; II, 83, *Andr.* 862.

ENVIEUX :
Que faisoit votre amant? Quel démon *envieux*
M'a refusé l'honneur de mourir à vos yeux? (II, 287, *Brit.* 701.)

ENVIRONNER :
La foudre l'*environne* aussi bien que le crime. (I, 462, *Théb.* 1156.)

ENVISAGER :
.... Plus je vous *envisage*
Et moins je me remets, Monsieur, votre visage. (II, 176. *Plaid.* 379.)
Tous deux dans votre frère *envisagez* vos traits. (I, 452, *Théb.* 981.)
Soit que je vous regarde ou que je l'*envisage*,
Partout du désespoir je rencontre l'image. (II, 442, *Bér.* 1471.)
Voyez VI, 458, *Lettres.*
Vous voyez, c'est lui seul que la cour *envisage*. (II, 309, *Brit.* 1107.)
Je brûle de me voir au rang de mes aïeux,
Et je l'*envisageai* dès que j'ouvris les yeux. (I, 444, *Théb.* 846.)
Lorsque j'*envisageai* le moment redoutable. (II, 438, *Bér.* 1364.)
Vous les accusez (*les jésuites*) de n'*envisager* dans les personnes que la haine ou l'amour qu'on avoit pour leur compagnie. (IV, 384, *Imag.*)

ENVOYER, au propre et au figuré :
Il.... l'*envoya* prisonnier.... dans son château. (V, 72, *Notes hist.*)
Les autres.... furent d'avis d'*envoyer* au Pape. (IV, 445, *P. R.*)
* Les libations que sa mère *envoie* à son père. (VI, 220, *Livres ann.*)
.... Un seul des soupirs que mon cœur vous *envoie*. (II, 57, *Andr.* 353.)
Racine, dans plusieurs passages, a écrit au futur *envoyera* (VII, 5 et 297, *Lettres*); ailleurs *envoierai* (VII, 300, *ibid.*); au conditionnel *envoyeroit* (IV, 436, *P. R.*; V, 90 et 161, *Notes hist.*).

ÉPANCHEMENT :
* Il n'y a point de loi qui puisse retenir ces *épanchements* de la royauté qui vont à récompenser la vertu. (V, 390, *Factums.*)

ÉPANCHER, s'ÉPANCHER :
Ma main de cette coupe *épanche* les prémices. (II, 333, *Brit.* 1624.)
.... Un sang pur par mes mains *épanché*. (III, 648, *Ath.* 749.)
.... Lorsqu'avec mon cœur ma main peut s'*épancher*,
Vous fuyez mes bienfaits tout prêts à vous chercher? (II, 404, *Bér.* 677.)
Il s'*épanchoit* en fils, qui vient en liberté
Dans le sein de sa mère oublier sa fierté. (II, 331, *Brit.* 1593.)

ÉPANDRE (S'), ÉPANDU :
Racine a souligné s'*épandre*, en deux endroits de Vaugelas, qui applique ce verbe à des fleuves (VI, 354).
Leur front entr'ouvert et fendu
Fait rougir la verdure
D'un sang pêle-mêle *épandu*. (IV, 38, *Poés. div.* 50.)

ÉPARGNER, s'ÉPARGNER :
Le peuple aime les rois qui savent l'*épargner* (I, 534, *Alex.* 223.)

Le silence de Phèdre *épargnoit* le coupable ?
— Phèdre *épargnoit* plutôt un père déplorable.
(III, 362, *Phèd.* 1013 et 1014.)
Monstre, qu'*a* trop longtemps *épargné* le tonnerre. (III, 364, *Phèd.* 1045.)
Non, ou vous me croirez, ou bien de ce malheur
Ma mort m'*épargnera* la vue et la douleur. (II, 321, *Brit.* 1374.)
Il devroit *épargner* la patience de son maitre. (I, 518, *Alex.* 1re préf.)
Épargnez mes malheurs. (III, 46, *Mithr.* 525.)
Que ne m'*épargniez*-vous une tache si noire? (I, 527, *Alex.* 46.)
Mes soins, en apparence *épargnant* ses douleurs. (II, 312, *Brit.* 1181.)
... Les Dieux, contre moi dès longtemps indignés,
A mon oreille encor les *avoient épargnés (ces noms)*. (III, 185, *Iph.* 704.)
Tel est votre devoir, je l'avoue; et le mien
Est de vous *épargner* un si triste entretien. (II, 81, *Andr.* 832.)
D'une mère en fureur *épargne*-moi les cris. (III, 158, *Iph.* 147.)
Une société de gens qui.... ne s'*épargnoient* guère les uns les autres sur leurs défauts. (VII, 267, *Lettres*.)

ÉPARS :

.... L'Hydaspe, malgré tant d'escadrons *épars*,
Voit enfin sur ses bords flotter nos étendards. (I, 544, *Alex.* 451.)

ÉPAULE :

Haussant les *épaules* sans rien répliquer. (IV, 515, *P. R.*)
Vos lettres me donnent courage et m'aident à pousser le temps par l'*épaule*, comme on dit en ce pays. (VI, 496, *Lettres.*)
La locution n'était pas particulière à Uzès, d'où Racine écrit ces mots. On lit dans le Dictionnaire de Cotgrave (1611) : *Pousser le temps à l'epaule*, et à la page 557 du *Mascurat* de Naudé, qui était Parisien : « Ce grand Prince, tout informé qu'il étoit de la malversation de ses financiers,... se résolut de dissimuler, de les souffrir encore quelque temps,... et de *pousser* ainsi *le temps*, comme l'on dit, *avec l'epaule.* »

ÉPERDU, UE :

Vous voyez devant vous une reine *éperdue*. (II, 413, *Bér.* 872.)
Des portes du palais elle sort *éperdue*. (II, 338, *Brit.* 1727.)
Un trouble s'éleva dans mon âme *éperdue*. (III, 323, *Phèd.* 274.)
Voyez II, 77, *Andr.* 729 ; III, 505, *Esth.* 634.
(Le vainqueur) A mes yeux *éperdus* a montré Xipharès.
(III, 95, *Mithr.* 1618 ; voyez I, 427, *Théb.* var.)

ÉPICES, terme de palais :

Il me redemandoit sans cesse ses *épices*;
Et j'ai tout bonnement couru dans les offices
Chercher la boîte au poivre.... (II, 186, *Plaid.* 511.)

ÉPIER :

Je ne sais pas du moins *épier* ses discours. (II, 306, *Brit.* 1066.)
Je viens pour *épier* le moment favorable. (III, 497, *Esth.* 517.)
* F. Polo.... se croyoit *épié*. (V, 166, *Notes hist.*)

ÉPIGRAMME, masculin (voyez le *Lexique de Corneille*) :

* Un ancien *épigramme*. (VI, 73, *Rem. sur l'Odyss.*)

ÉPINEUX, au figuré :

Une occupation si sèche et si *épineuse*. (IV, 356, *Disc. acad.*)

ÉPISODE :

* L'*épisode* est toute cette partie de la tragédie qui est entre deux cantiques du chœur. (V, 480, *Trad.*)

ÉPITAPHE, masculin (voyez le *Lexique de Corneille*) :
J'avois vu l'*épitaphe* de la bella Monbazon..., et je vous l'avois même dit par cœur. (VI, 403, *Lettres;* voyez la note 5 de la page 404.)

ÉPITHÈTE, masculin :
* Cet *épithète* n'est donné à Achille qu'en cet endroit. (VI, 206, *L. ann.*)
* (Ce discours) est fleuri, plein d'*épithètes* élevés. (VI, 270, *L. ann.*)

ÉPLORÉ :
Au bruit de votre mort justement *éplorée*. (III, 466, *Esth.* 11.)

ÉPOUSER, au figuré :
Dois-je *épouser* ses droits contre un père irrité? (III, 310, *Phèd.* 111.)
(Une ingrate) Dont j'*épouse* la rage.... (II, 121, *Andr.* 1577.)

ÉPOUVANTABLE :
Elle a vomi une quantité *épouvantable* d'eaux. (VII, 230, *Lettres.*)
Je vous écris tout ceci avec une rapidité *épouvantable*. (VII, 77, *Lettres*

ÉPOUVANTE :
Les ennemis prennent l'*épouvante*. (V, 258, *Camp. de Louis XIV.*)
Semer.... la plainte et non pas l'*épouvante*. (II, 270, *Brit.* 316.)

ÉPOUVANTER, s'ÉPOUVANTER :
(Les Dieux) Qui d'un bruit si terrible *épouvantent* les crimes.
(III, 378, *Phèd.* 1305.)
.... *Épouvanter* l'audace
De quiconque vous peut disputer votre place. (III, 215, *Iph.* 1297.)
Le flot qui l'apporta recule *épouvanté*. (III, 390, *Phèd.* 1524.)
La moitié s'*épouvante* et sort avec des cris. (II, 333, *Brit.* 1634.)
Il vole vers Junie; et sans s'*épouvanter*,
D'une profane main commence à l'arrêter. (II, 339, *Brit.* 1749.)

ÉPOUX, ÉPOUSE :
.... Déjà de Titus *épouse* en espérance. (II, 374, *Bér.* 15.)
Veillant sans cesse à tous les besoins de cette *Épouse* de J. C. (*l'Église*)
(V, 10, *Épitaphes.*)

ÉPREUVE :
J'ai fait de mon courage une *épreuve* dernière. (II, 442, *Bér.* 1455.)

ÉPRIS DE :
Il fut *épris de* sa rare piété et *de* ses grandes lumières. (IV, 409, *P. R.*)
Tu sais *de* quel courroux mon cœur alors *épris*.... (II, 43, *Andr.* 51.)

ÉPROUVER, sens divers; s'ÉPROUVER :
Éprouvez ce que peut un bras toujours vainqueur. (I, 450, *Théb.* 950.)
.... Seigneur, pourquoi voulez-vous m'*éprouver?* (III, 70, *Mithr.* 1074.)
Voyez III, 157, *Iph.* 123.
.... C'est assez *éprouver* ma foiblesse. (III, 50, *Mithr.* 631.)
Éprouvez seulement son ardente amitié. (III, 506, *Esth.* 659.)
Ils se plaignent qu'au lieu d'*éprouver* leur grand cœur,
L'oisiveté d'un camp consume leur vigueur. (I, 530, *Alex.* 131.)
(Le lien) Dont tu viens d'*éprouver* les détestables nœuds. (II, 561, *Baj.* 1732.)
Éprouver contre lui ma foible autorité. (II, 267, *Brit.* 258.)
Qu'il *éprouve*, grand Dieu, ta fureur vengeresse. (III, 681, *Ath.* 1378.)
Contre vous, contre moi, vainement je m'*éprouve* (III, 336, *Phèd.* 541.)
* Achille s'*éprouve* dans ses armes. (VI, 208, *Livres ann.*)
Voyez I, 587, *Alex.* 1379.

ÉPUISER, s'épuiser, au figuré :
De Claude en même temps *épuisant* les richesses,
Ma main, sous votre nom, répandoit ses largesses. (II, 312, *Brit.* 1167.)
Tant d'horreurs n'*avoient* point *épuisé* son courroux. (II, 302, *Brit.* 981.)
(Ces ennuis) N'*épuiseront*-ils point les vengeances célestes?
(I, 432, *Théb.* 592.)
Je conjure les Dieux d'*épuiser* tous les coups
Qui pourroient menacer une si belle vie,
Sur ces jours malheureux que je vous sacrifie. (II, 442, *Bér.* 1466.)
Je suis la plus coupable : *épuise* tout sur moi. (II, 498, *Baj.* 420.)
.... Ne m'exposez point aux plus vives douleurs
Qui jamais d'une amante *épuisèrent* les pleurs. (II, 512, *Baj.* 700.)
Épuiser les plus doctes veilles. (IV, 22, *Poés. div.* 14.)
Il est vrai que des Dieux le courroux embrasé
Pour nous faire périr semble *s'être épuisé*. (I, 477, *Théb.* 1392.)
Les peuples.... *épuisés* d'argent et de forces. (V, 294, *Camp. de L.XIV.*)

ÉQUIPAGE :
* Il étoit en *équipage* de chasseur. (VI, 66, *Rem. sur l'Odyss.*)
.... Vous ne dites rien de tout mon *équipage?*
Ai-je bien d'un sergent le port et le visage? (II, 170, *Plaid.* 315.)

ÉQUITABLE :
Un jour, il m'en souvient, le sénat *équitable*
Vous pressoit de souscrire à la mort d'un coupable. (II, 320, *Brit.* 1368)

ÉQUITÉ :
De votre cœur, Abner, je connois l'*équité*. (III, 696, *Ath.* 1662.)
D'un voile d'*équité* couvrir mon injustice. (II, 104, *Andr.* 1278.)
Ce soleil d'*équité* qui n'est jamais terni. (II, 208, *Plaid.* 741.)

ÉQUIVOQUE, masculin et féminin :
Sans qu'il m'en ait coûté une seule de ces sales *équivoques*. (II, 143, *Plaid.* au lect.; *un seul* dans les éditions de 1669-1687.)

ÉRÉSIPÈLE, féminin :
Une petite *érysipèle* ou *érésipèle* sur le ventre. (VII, 236, *Lettres*.)
A cause de cette espèce de petite *érésipèle* que j'ai. (VII, 241, *Lettres*.)
Richelet (1680), Furetière (1690), l'*Académie* (1694-1740), Trévoux (1704) écrivent *érésipèle* ou *érésipelle*, et font le mot féminin. A partir de 1762, l'Académie le fait masculin, et donne les deux formes *érysipèle* et *érésipèle*, en paraissant préférer d'abord, et avec raison, la première, plus conforme à l'étymologie grecque; puis de nouveau, en 1835, la seconde.

ÉRIGER en :
.... Bientôt *en* oracle on *érigea* ma voix. (III, 657, *Ath.* 934.)

ERRER, au propre et au figuré :
(Faut-il) Qu'*errant* dans le palais sans suite et sans escorte,
La mère de César veille seule à sa porte? (II, 255, *Brit.* 3.)
.... Rappelant ma force défaillante,
Et mon âme déjà sur mes lèvres *errante*. (III, 348, *Phèd.* 770.)
Convaincu que le Pape ne peut jamais *errer* sur quelque matière que ce soit... (IV, 548, *P. R.*)
Je demanderois volontiers.... en quoi j'*ai erré*. (IV, 274, *Imag.*)

ERREUR :
Princesse, c'est à vous à me tirer d'*erreur*. (III, 661, *Ath.* 1002.)

Voyez II, 79, *Andr.* 779; II, 279, *Brit.* 529; II, 295, *Brit.* 841; III, 369, *Phèd* 1131.

Esprit d'*erreur*; détromper l'*erreur* de; entretenir dans une *erreur*: voyez ESPRIT, DÉTROMPER, ENTRETENIR.

ERRONÉ :

Sentiments *erronés*. (VI, 403, *Lettres*.)

ÉRYSIPÈLE : voyez ÉRÉSIPÈLE.

ESCADRON, au propre et au figuré :

.... L'Hydaspe, malgré tant d'*escadrons* épars,
Voit enfin sur ses bords flotter nos étendards. (I, 544, *Alex.* 451.)
    C'est là qu'en *escadrons* divers
    Ils (*les oiseaux*) répandent dedans les airs
      Mille beautés nouvelles. (IV, 35, *Poés. div* 55.)

ESCLAVE :

    .... *Esclave* couronnée. (III, 33, *Mithr.* 255.)
.... De mon devoir *esclave* infortunée. (III, 51, *Mithr.* 643.)

ESCRIMER, neutralement :

*A qui *escrimeroit* et à qui lutteroit le mieux. (V, 509, *Trad.*)

ESPALIER :

    .... (*Les fruitiers*) rangés en *espaliers*. (IV, 27, *Poés. div.* 82.)

ESPÈCES, pièces de monnaie :

Votre mère est.... fort affligée que vous ayez tant perdu sur les *espèces*. (VII, 220, *Lettres*.)

ESPÉRANCE, attente, en bonne ou mauvaise part :

Bajazet, prince de grande *espérance*. (II, 475, *Baj.* 2ᵉ préf.)
.... Déjà de Titus épouse en *espérance*. (II, 374, *Bér.* 15.)
Son succès (*de la Thébaïde*) auroit passé mes *espérances*. (I, 390, *Théb.* épître.)
Grâce aux Dieux ! Mon malheur passe mon *espérance*.
                        (II, 123, *Andr.* 1613.)

ESPÉRER, ESPÉRER DE :

Espérons de Neptune une prompte justice. (III, 373, *Phèd.* 1190.)
Qu'une femme fût dans le désordre, qu'un homme fût dans la débauche, s'ils se disoient de vos amis, vous *espériez* toujours de leur salut. (IV, 286, *Imag.*)
Voyez I, 426, *Théb.* 507; I, 437, *Théb.* 691; I, 559, *Alex.* 772.
*Ces faux prophètes *espéroient* encore au Seigneur. (V, 213, *Notes rel.*)
*On *espéroit* en quelques négociations. (V, 116, *Notes hist.*)
Par mes justes soupirs j'*espère* l'émouvoir. (I, 407, *Théb.* 153.)
Que sais-je? j'*espérois de* mourir à vos yeux ? (II, 423, *Bér.* 1093.)
J'*espérai de* verser mon sang après mes larmes,
Ou qu'au moins, etc. (II, 384, *Bér.* 212.)
Voyez I, 405, *Théb.* 104; II, 57, *Andr.* 335; IV, 85, *Poés. div.* 13; IV, 402, *P. R.* VI, 433, *Lettres*.

ESPOIR :

Un *espoir* si charmant. (I, 577, *Alex.* 1168, et II, 53, *Andr.* 259.)
L'honneur de notre sang, l'*espoir* de nos provinces. (I, 435, *Théb.* 632.)
Prospérez, cher *espoir* d'une nation sainte. (III, 473, *Esth.* 125.)
O mon fils ! cher *espoir* que je me suis ravi ! (III, 394, *Phèd.* 1571.)
Peut-être elle n'attend qu'un *espoir* incertain. (II, 515, *Baj.* 783.)

Je vois que pour un traître un fol *espoir* vous flatte. (III, 81, *Mithr.* 1311.)
.... Tout mon *espoir*
N'est plus qu'au coup mortel que je vais recevoir. (III, 228, *Iph.* 1531.)

ESPRIT, intelligence, opinion, disposition, caractère, intentions; ESPRITS, âme, sens; ESPRITS, esprits vitaux :

.... Déjà son *esprit* a devancé son âge. (III, 616, *Ath.* 176.)
Un enfant de cet âge qui a de l'*esprit* et de la mémoire. (III, 595, *Ath.* préf.)
Venez faire parler vos *esprits* enfantins. (II, 215, *Plaid.* 820.)
Ces longs détails de chicanes ennuyeuses, qui sèchent l'*esprit* de l'écrivain. (IV, 367, *Disc. acad.*)
Il (*l'ignorant*) s'attaque même aux endroits les plus éclatants, pour faire croire qu'il a de l'*esprit*. (II, 249, *Brit.* 1re préf.)
Elle avoit plus d'*esprit* même que M. Arnauld. (IV, 606, *P. R.*)
* Cet homme, qui avoit beaucoup d'*esprit*, conspira avec ceux de sa nation pour, etc. (V, 156, *Notes hist.*; voyez II, 253, *Brit.* 2e préf.)
D'un *esprit* fort variable et fort borné. (IV, 405, *P. R.*)
Jean du Vergier de Hauranne.... avoit fait admirer la pénétration de son *esprit*. (IV, 408, *P. R.*; voyez II, 240, *Brit.* épitre.)
* Il s'en faut prendre aux Dieux, qui font les faveurs qu'il leur plait aux hommes d'*esprit*, en les inspirant. (VI, 64, *Rem. sur l'Odyss.*)
Que la Conciergerie est un méchant poste pour un bel *esprit!* (VI, 428, *Lettres.*)
Il y a bien des beaux *esprits* qui sont sujets à faire des lettres à quelque prix que ce soit. (VI, 390, *Lettres.*)
Des *esprits* sublimes, passant de bien loin les bornes communes. (IV, 360, *Disc. acad.*)
Pourquoi voulez-vous que ces ouvrages d'*esprit* soient une occupation peu honorable devant les hommes? (IV, 278, *Imagin.*)
Allez, belle Junie, et d'un *esprit* content
Hâtez-vous d'embrasser ma sœur qui vous attend. (II, 330, *Brit.* 1569.)
Jugez combien ce coup frappe tous les *esprits*. (II, 333, *Brit.* 1633.)
Voyez I, 565, *Alex.* 904.
Je suppose.... qu'il voit en *esprit* le funeste changement de Joas. (III, 601, *Ath.* préf.)
Mandez-moi comment je suis dans l'*esprit* de mon grand-père. (VI, 410, *Lettres*; voyez VI, 316, *Livres ann.*)
De vous et de Joad je reconnois l'*esprit*. (III, 645, *Ath.* 702.)
L'*esprit* du siècle en avoit entièrement banni (*du monastère*) la régularité. (IV, 389, *P. R.*)
.... Cet *esprit* d'imprudence et d'erreur. (III, 622, *Ath.* 293.)
Cet *esprit* de discorde et de défiance. (IV, 365, *Disc. acad.*)
Cet *esprit* de douceur. (III, 510, *Esth.* 726 et 728; voyez IV, 361, *Disc. acad.*)
* La cédule évocatoire a été obtenue par un *esprit* d'incident. (V, 392, *Factums.*)
....A me gêner appliquant mes *esprits*,
J'irai faire à mes yeux éclater ses mépris? (II, 537, *Baj.* 1231.)
.... Un secret remords agite mes *esprits*. (III, 339, *Phèd.* 591.)
Sa vue a ranimé mes *esprits* abattus. (III, 634, *Ath.* 510.)
Qu'un mot va rassurer mes timides *esprits!* (II, 399, *Bér.* 581.)
.... Je sens affoiblir ma force et mes *esprits*. (III, 99, *Mithr.* 1693.)
Retenir mes *esprits* prompts à m'abandonner. (II, 561, *Baj.* 1735.)
Voyez II, 97, *Andr.* 1132; II, 268, *Brit.* 293; II, 331, *Brit.* 1578; III, 328, 1 éd. 366.

ESSAI :
Tout ce que j'ai souffert, mes craintes, mes transports...,
N'étoit qu'un foible *essai* du tourment que j'endure. (III, 375, *Phèd.* 1230.)

ESSAIM, au figuré :
Ciel! quel nombreux *essaim* d'innocentes beautés ! (III, 473, *Esth.* 122.)

ESSAYER, s'essayer :
Vous voulez *essayer* ce bandeau sur mon front? (III, 674, *Ath.* 1252.)
Qu'ils viennent *essayer* leur main mal assurée. (II, 321, *Brit.* 1380.)
(Il n'est point de Romaine) Qui dès qu'à ses regards elle ose se fier,
Sur le cœur de César ne les vienne *essayer*. (II, 275, *Brit.* 422.)
.... D'un chaste amour pourquoi vous effrayer?
S'il a quelque douceur, n'osez-vous l'*essayer* ? (III, 311, *Phèd.* 120.)
Essayez dès ce jour l'effet de mes promesses. (III, 645, *Ath.* 696.)
J'*essaîrai* tour à tour la force et la douceur. (II, 299, *Brit.* 921.)
Il s'*essaîra* sur vous à combattre contre eux. (II, 49, *Andr.* 172.)

ESSENCE, substance :
Auteur de toute chose, *essence* en trois unique. (IV, 121, *Poés. div.* 21.)

ESSENTIEL, elle :
En leur montrant les choses *essentielles* et nécessaires, on ne néglige pas de leur apprendre celles qui peuvent servir à leur polir l'esprit. (III, 454, *Esth.* préf.)

ESSIEU :
L'*essieu* crie et se rompt.... (III, 390, *Phèd.* 1542.)

ESSOR :
Son âme prenant l'*essor*. (IV, 152, *Poés. div.* 7; voyez IV, 142, *ibid.* 89.)

ESSUYER, au propre et au figuré :
Ses larmes n'auront plus de main qui les *essuie*. (III, 327, *Phèd.* 346.)
Pendant que j'*essuie* de longues marches. (VII, 37, *Lettres*.)
Il faut me résoudre à les *essuyer* (*des plaisanteries*). (VII, 198, *Lettres*.)
L'exemple du Roi, qui.... *essuyoit* toutes les fatigues. (V, 258, *Camp. de Louis XIV*.)
Voyez Contre-temps, Inconstance, Rebuffades.

ESTIME :
Ce cœur qui me promet tant d'*estime* en ce jour. (I, 553, *Alex.* 671.)
Va chercher des amis dont l'*estime* funeste
Honore l'adultère, applaudisse à l'inceste. (III, 370, *Phèd*, 1145.)

ESTIMER ; estimer que :
.... Rome alors *estimoit* leurs vertus.
(II, 312, *Brit.* 1166; voyez I, 531, *Alex.* 161 ; II, 96, *Andr.* 1112.)
Ces sortes de gens qui.... n'*estiment* d'heureux que ceux qui sont riches. (V, 510, *Trad.*)
Il *estime qu'*elle avoit plus d'esprit que M. Arnauld. (IV, 606, *P. R.*)

ESTOMAC :
L'*estomach* (*sic*) n'y est pas encore accoutumé (*aux eaux*). (VI, 573, *Lettr.*)

ET, emplois divers :
*Soixante *et* cinq millions. (V, 115, *Notes hist.*)
*Un homme.... n'auroit rien trouvé à reprocher aux uns *et* aux autres. (VI, 200, *Livres ann.*)
Je saurai profiter de cette intelligence

Pour ne pas pleurer seule *et* mourir sans vengeance. (III, 189, *Iph.* 766.)
.... Je saurai peut-être accorder quelque jour
Les soins de ma grandeur *et* ceux de mon amour. (II, 52, *Andr.* 244.)
   * La tragédie peut être sans mœurs *et* non pas sans action. (VI, 290, *Livres ann.*)
Il n'en faut plus douter, *et* nous sommes trahis. (I, 552, *Alex.* 623.)
Monsieur, où courez-vous? C'est vous mettre en danger,
Et vous boitez tout bas.... (II, 195, *Plaid.* 594; voyez I, 559, *Alex.* 777.)
Il la faut accuser si je manque de foi ;
Et je suis son captif, je ne suis pas son roi. (I, 405, *Théb.* 110.)
Laissez, pour recevoir et pour donner ses lois,
Votre fils Ménecée, *et* j'en ai fait le choix. (I, 408, *Théb.* 178.)
N'alléguez point des droits que je veux oublier ;
Et ce n'est pas à vous à le justifier. (II, 100, *Andr.* 1176.)
   Elle rappeloit ensuite toutes les calomnies dont on l'avoit déchirée *et* ses Religieuses. (IV, 513, *P. R.*)
   La morale relâchée de quantité de casuistes, *et* dont les jésuites faisoient le plus grand nombre. (IV, 482, *P. R.*)
   Il se hâte donc de conclure, *et* sans s'arrêter aux vaines protestations de ses alliés. (V, 299, *Camp. de Louis XIV.*)
   Il n'a point fallu détourner la Meuse, comme vous m'écrivez qu'on le disoit à Paris, *et* ce qui seroit une étrange entreprise. (VII, 41, *Lettres.*)
Les Dieux savent trop bien connoître l'innocence....
— *Et* ce n'est pas pour moi que je crains leur vengeance. (I, 421, *Théb.* 404.)
Et voilà donc l'hymen où j'étois destinée ! (III, 198, *Iph.* 925.)
   Voyez I, 568, *Alex.* 975; I, 573, *Alex.* 1077; II, 52, *Andr.* 238; II, 277, *Brit.* 483; II, 280, *Brit.* 535; II, 283, *Brit.* 611; II, 300, *Brit.* 943; II, 304, *Brit.* 1035; II, 329, *Brit.* 1548; II, 335, *Brit.* 1650; II, 382, *Bér.* 178; II, 386, *Bér.* 273; II, 434, *Bér.* 1301; II, 514, *Baj.* 753; II, 560, *Baj.* 1733; III, 207, *Iph.* 1103; III, 361, *Phèd.* 1012; III, 374, *Phèd.* 1213.

ET.... ET :
Misérable ! *et* je vis ? *et* je soutiens la vue
De ce sacré soleil dont je suis descendue. (III, 376, *Phèd.* 1273.)
   Voyez I, 417, *Théb.* 335 et 337 ; I, 418, *Théb.* 352; I, 422, *Théb.* 428: I, 423, *Théb.* 440; I, 439, *Théb.* 742; I, 475, *Théb.* 1360; I, 542, *Alex.* 401 et 403; I, 575, *Alex.* 1138 et 1139; II, 111, *Andr.* 1403; II, 213, *Plaid.* 805; II, 252, l. 1 et 2, *Brit.* 2ᵉ préf.; II, 482, *Baj.* 26; II, 514, *Baj.* 760; III, 89, *Mithr.* 1493; III, 314, *Phèd.* 161; V, 334, l. 11, *Siége de Nam.*

ÉTABLIR :
Achevons son bonheur pour *établir* le mien. (I, 567, *Alex.* 956.)
Non, vous *avez* trop bien *établi* ma disgrâce. (II, 298, *Brit.* 911.)
   Votre sœur, qu'il faut maintenant songer à *établir*. (VII, 251, *Lettres;* voyez VII, 271, *Lettres.*)

ÉTABLISSEMENT :
   * Un homme dans le dessein.... d'obtenir une charge, ou de se faire quelque autre *établissement*. (V, 470, *Trad.*; voyez V, 387 et 389, *Factums.*)

ÉTALER :
Le spectacle pompeux que ces bords vous *étalent*. (III, 151, *Iphig.* 26.)
.... J'*étale* à ses yeux les pleurs de mon rival. (II, 416, *Bér.* 938.)
Jusque-là je vous laisse *étaler* votre zèle. (III, 161, *Iphig.* 197.)
Voyez I, 528, *Alex.* 84.

ÉTAT, sens divers :
   * Si Ulysse revenoit au logis au terrible *état* où elle (*Pallas*) l'a vu quelquefois.... (VI, 62, *Rem. sur l'Odyss.*)

.... En l'*état* où son orgueil l'a mis. (I, 427, *Théb* 517.)
Permettez que mon cœur, en voyant vos beaux yeux,
De l'*état* de son sort interroge ses dieux. (I, 416, *Théb.* 318.
(Toute chose) Demeurant en *état*, on appointe la cause. (II, 161, *Plaid.* 220.)
.... Les rendre capables de servir Dieu dans les différents *états* où il lui plaira de les appeler. (III, 454, *Esth.* préf.)
Je sais l'*état* qu'on y fait de moi. (VI, 384, *Lettres.*)
Ils font plus d'*état* d'une mort belle et glorieuse que de l'immortalité même. (V, 538, *Trad.*)
.... Il se reposoit sur moi de tout l'*État*. (II, 260, *Brit.* 93.,
L'*État* des Juifs a toujours été en dépérissant. (V, 206, *suj. relig.*)
Qu'on l'immole à ma haine, et non pas à l'*État*. (II, 104, *Andr.* 1268.)
.... (Il faut donc) te forcer toi-même à sauver tes *États*. (I, 559, *Alex.* 756.)
Je n'ai donc traversé tant de mers, tant d'*États*.... (II, 112, *Andr.* 1427.)
Voyez I, 528, *Alex.* 61; I, 559, *Alex.* 760; II, 100, *Andr.* 1183; II, 293, *Brit.* 794; II, 334, *Brit.* 1646; II, 338, *Brit.* 1706.
Voyez CRIMINEL, TIMON.

ÉTEINDRE, S'ÉTEINDRE, au figuré :
    Lorsque les destins trop sévères
    Éteignirent ce beau soleil (*Henri IV*). (IV, 68, *Poés. div.* 57.)
Ses jours infortunés *ont éteint* leur flambeau. (I, 471, *Théb.* 1279.)
(Sa main) *Éteignoit* de ses yeux l'innocente lumière
    (III, 362, *Phèd.* 1018.)
.... Vous-même, cruelle, *éteignez* vos beaux yeux. (I, 482, *Théb.* 1480.)
Les larmes de la Reine *ont éteint* cet espoir. (II, 442, *Bér.* 1449.)
Athalie.... entreprit d'*éteindre* la race de David. (III, 594, *Ath.* préf.)
Qui vit presque en naissant *éteindre* sa famille. (II, 283, *Brit.* 612.)
Supprimer et *éteindre* un monastère. (IV, 505, *P. R.*)
Il *éteint* cet amour, source de tant de haine. (II, 326, *Brit.* 1487.)
.... Les soins de la guerre *auroient*-ils en un jour
Éteint dans tous les cœurs la tendresse et l'amour?
    (III, 182, *Iph.* 615 et 616.)
La gloire des méchants en un moment *s'éteint*. (III, 514, *Esth.* 818.)
Dans des ruisseaux de sang elle (*leur fureur*) vouloit *s'éteindre*.
    (I, 469, *Théb.* 1250.)
Voyez FEU, MAISON, FLAMBEAU.

ÉTENDARD, ÉTENDARDS :
Ils arborèrent l'*étendard* de France. (V, 265, *Camp. de Louis XIV.*)
(L'Hydaspe) Voit enfin sur ses bords flotter nos *étendards*.
    (I, 544, *Alex.* 452.)
.... Sous vos *étendards* j'ai déjà su ranger
Un peuple obéissant et prompt à vous venger. (III, 677, *Ath.* 1303.)
.... Nous vîmes la Victoire Suivre ses *étendards*. (IV, 74, *Poés. div.* 30.)

ÉTENDRE, au propre et au figuré; S'ÉTENDRE :
Là de la Palestine il *étend* la frontière. (II, 382, *Bér.* 171.)
    .... Si le sort moins sévère
Eût voulu de sa vie *étendre* les liens. (II, 394, *Bér.* 433.)
Vos fers trop *étendus* se relâchent d'eux-mêmes. (I, 546, *Alex.* 494.)
Que sur lui sa captive *étende* son pouvoir. (II, 62, *Andr.* 435.)
Sur eux, sur leurs captifs ai-je *étendu* mes droits? (II, 49, *Andr.* 191.)
.... Vos soins *s'étendroient* jusqu'à lui? (I, 586, *Alex.* 1371.)

ÉTENDUE, au figuré :
    .... Je veux la braver à sa vue,

Et donner à ma haine une libre *étendue*. (II, 74, *Andr.* 678.)
ÉTERNEL, ELLE :
Venez-vous m'enlever dans l'*éternelle* nuit ? (II, 124, *Andr.* 1640.)
.... Cette nuit cruelle
Qui fut pour tout un peuple une nuit *éternelle*. (II, 90, *Andr.* 998.)
Un désordre *éternel* règne dans son esprit. (III, 312, *Phèd.* 147.)
(*Il*) Traîne, exempt de péril, une *éternelle* enfance. (II, 485, *Baj.* 110.)
.... Ce triomphe indiscret
Seroit bientôt suivi d'un *éternel* regret. (II, 323, *Brit.* 1426.)
Claude..., lassé de ma plainte *éternelle*. (II, 311, *Brit.* 1155.)
Je pressai son exil, et mes cris *éternels*
L'arrachèrent du sein et des bras paternels. (III, 325, *Phèd.* 295.)
ÉTERNISER :
... (Bellone) se flattoit d'*éterniser* les guerres. (IV, 86, *Poés. div.* 30.)
TERNITÉ :
* Tout plein de l'*éternité*, peut-il compter pour quelque chose la vie résente ? (VI, 284, *Livres ann.*)
ÉTINCELER, au figuré :
Ainsi du Dieu vivant la colère *étincelle*.... (III, 506, *Esth.* 653.)
Figure-toi Pyrrhus, les yeux *étincelants*. (II, 90, *Andr.* 999.)
Mathan près d'Athalie *étincelant* de rage. (III, 694, *Ath.* 1631.)
ÉTOILÉ :
Grand Dieu, qui fais briller sur la voûte *étoilée*
Ton trône glorieux. (IV, 131, *Poés. div.* 1.)
(*Allées d'arbres*) Droites, penchantes, *étoilées*. (IV, 28, *Poés. div.* 14.)
ÉTONNEMENT :
D'un juste *étonnement* je demeure frappé. (III, 533, *Esth.* 1142.)
Voyez II, 274, *Brit.* 397 ; II, 333, *Brit.* 1638.
ÉTONNER, S'ÉTONNER :
La mort ne vous *étonne*-t-elle point? (IV, 515, *P. R.*)
De vos sens *étonnés* quel désordre s'empare ? (III, 663, *Ath.* 1043.)
Observons Bajazet ; *étonnons* Atalide. (II, 529, *Baj.* 1121.)
Mon Génie *étonné* tremble devant le sien. (II, 278, *Brit.* 506.)
.... Tout ce qui peut *étonner* un coupable. (II, 207, *Plaid.* 727.)
Cette âme que rien n'*étonne*, que rien ne fatigue. (II, 364, *Bér.* épitre.)
Un si noble dessein *étonne* ton courage. (I, 578, *Alex.* 1202.)
Il me fuit. Ma douleur *étonne* son audace. (III, 204, *Iph.* 1053.)
....Mon âme *étonnée*. (II, 439, *Bér.* 1395 ; voyez I, 532, *Alex.* 173.)
....Mes sens *étonnés*. (II, 173, *Plaid.* 345.)
Voyez II, 270, *Brit.* 321 ; II, 273, *Brit.* 377; II, 282, *Brit.* 603; II, 304, *Brit.* 1034; II, 313, *Brit.* 1193; II, 339, *Brit.* 1739; II, 414, *Bér.* 905 ; II, 527, *Baj.* 1069; II, 547, *Baj.* 1463; IV, 393, *P. R.*
Bajazet vit encor : pourquoi *nous étonner ?* (II, 543, *Baj.* 1403.)
Le comte de Lorges et le marquis de Vaubrun.... ne *s'étonnèrent* point. (V, 267, *Camp. de Louis XIV*.)
Quoi? déjà votre foi s'affoiblit et *s'étonne?* (III, 617, *Ath.* 187.)
(Babylone) Voyoit sans *s'étonner* notre armée autour d'elle.
(II, 482, *Baj.* 18.)
Je ne m'*étonne* plus de cet ordre cruel. (III, 198, *Iph.* 923.)
Je ne m'*étonne* plus qu'interdit et distrait
Votre père ait paru nous revoir à regret. (III, 182, *Iph.* 627.)

Tu ne *t'étonnes* pas si mes fils sont perfides,
S'ils sont tous deux méchants, et s'ils sont parricides....
Et tu *t'étonnerois* s'ils étoient vertueux. (I, 400, *Théb.* 31 et 34.)

ÉTOUFFER, s'étouffer, au propre et au figuré :
Ils (*ces coups imprévus*) m'ôtent la parole et m'*étouffent* la voix.
(III, 366, *Phèd.* 1080.)
Étouffe dans mon sang ces semences de guerre. (I, 592, *Alex.* 1489.)
....J'*étouffe* en mon cœur la raison qui m'éclaire. (II, 120, *Andr.* 1569.)
.... *Étouffant* tout sentiment humain. (III, 217, *Iph.* 1327.)
Quel feu mal *étouffé* dans mon cœur se réveille? (III, 373, *Phèd.* 1194.)
Ils *s'étouffent*, Attale, en voulant s'embrasser. (I, 446, *Théb.* 890.)

ÉTRANGE :
Un bruit assez *étrange* est venu jusqu'à moi. (III, 217, *Iph.* 1323.)
Quelques lettres qui font un *étrange* bruit. (VI, 379, *Lettres.*)
Tu verrois du Seigneur les mystères *étranges*. (IV, 251, *Poés. div.* 4.)
O Dieux! puis-je savoir de quelle *étrange* sorte
Ses jours infortunés ont éteint leur flambeau? (I, 471, *Théb.* 1278.)
* Il n'y a rien d'*étrange* si ce qui est mortel meurt. (VI, 309, *L. ann.*)

ÉTRANGEMENT :
Le prince Charles, *étrangement* alarmé. (V, 286, *Camp. de Louis XIV*.)
La nouvelle.... m'a d'abord surpris *étrangement*. (VI, 446, *Lettres.*)

ÉTRANGER, ère :
Quel séjour *étranger* et pour vous et pour moi! (II, 328, *Brit.* 1526.)
Que ferois-je au milieu d'une cour *étrangère*? (II, 316, *Brit.* 1264.)
Êtes-vous à ce point parmi nous *étrangère*? (III, 631, *Ath.* 448.)
Songez que je vous parle une langue *étrangère*. (III, 336, *Phèd.* 558.)

ÉTRANGLER :
Si j'en connois pas un, je veux *être étranglé*. (II, 182, *Plaid.* 458.)

ÊTRE, verbe attributif, exister, se trouver, etc.; être, verbe substantif, liant le sujet à l'attribut :
Je n'ai fait que passer, il n'*étoit* déjà plus. (III, 537, *Esth.* 1213.)
Voyez I, 481, *Théb.* 1463; II, 484, *Baj.* 79; III, 483, *Esth.* 272; III, 652, *Ath.* 826.
.... Les foibles mortels, vains jouets du trépas,
Sont tous devant ses yeux comme s'ils n'*étoient* pas.
(III, 480, *Esth.* 228; voyez II, 503, *Baj.* 512.)
Cet heureux temps n'*est* plus....
(III, 307, *Phèd.* 34; voyez III, 69, *Mithr.* 1041.)
Vous-même où *seriez-vous*.... Si, etc.? (III, 311, *Phèd.* 124.)
Le sens commun y *est* rare (*dans ce pays*) et la fidélité n'y *est* point du tout. (VI, 447, *Lettres.*)
... La gloire n'*est* point où les rois ne *sont* pas. (I, 413, *Théb.* 266.)
.... Fripon le plus franc qui *soit* de Caen à Rome. (II, 179, *Plaid.* 412.)
(Ces feuilles) Où *sont* avec tant de clartés
Les immortelles vérités. (IV, 200, *Poés. div.* 15.)
Ma fête qui *sera* demain. (VII, 255, *Lettres.*)
Dis-lui par quels exploits leurs noms ont éclaté,
Plutôt ce qu'ils ont fait que ce qu'ils *ont été*. (II, 97, *Andr.* 1116.)
Touchez là. Vos pareils *sont* gens que je révère. (II, 180, *Plaid.* 435.)
A peine seulement savez-vous s'il *est* jour. (II, 170, *Plaid.* 306.)
* Toutes ces harangues sont tirées de l'Histoire des dernières guerres civiles, où elles *sont* mieux qu'ici. (VI, 348, *Livres ann.*)

Être l'affaire de : voyez AFFAIRE, dernier exemple.
Suis-je, sans le savoir, la fable de l'armée?
(III, 188, *Iph.* 754 ; voyez II, 79, *Andr.* 770.)
.... Tout son corps n'*est* bientôt qu'une plaie. (III, 391, *Phèd.* 1550.)
Ma tragédie n'*est* pas moins la disgrâce d'Agrippine que la mort de Britannicus. (II, 252, *Brit.* 2e préf.)

ÊTRE, devant des prépositions : ÊTRE DE, À, POUR, DANS, etc. :
  * Le casque *est* d'or, et la cuirasse *de* méchants haillons. (VI, 321, *Livres ann.*)
  * Le bain qui *étoit* de l'eau du fleuve. (VI, 112, *Rem. sur l'Odyss.*)
.... Mardochée *est*-il aussi *de* ce festin? (III, 520, *Esth.* 910.)
La cour *sera* toujours *du* parti de vos vœux. (II, 390, *Bér.* 350.)
Quoi? ce jour tout entier n'*est*-il pas *de* la trêve ? (I, 428, *Théb.* 547.)
Il *est du* sang d'Hector, mais il en est le reste. (II, 97, *Andr.* 1122.)
Voyez si mes regards *sont* d'un juge sévère,
S'ils *sont* d'un ennemi qui cherche à vous déplaire. (II, 88, *Andr.* 953 et 954.)
Le pompeux appareil qui suit ici vos pas
N'*est* point d'un malheureux qui cherche le trépas. (II, 42, *Andr.* 24.)
  * Le Chœur *est de* Bacchantes. (VI, 257, *Livres ann.*; voyez VI, 248, 255 et 261, *ibid.*)
  * Comédie et tragédie *est du* même génie. (VI, 272, *Livres ann.*)
Il *est de* la civilité d'aller au-devant d'eux. (VI, 399, *Lettres.*)
  * Il n'*est* pas possible qu'il *soit* injuste et *de* fâcheuse société. (VI, 284, *Livres ann.*)
  * Savoir si ce choix *est du* bien ou *de* ce qui paroit bien. (VI, 288, *Livres ann.*)
  * La délibération *est des* choses qu'il faut faire. (VI, 288, *Livres ann.*)
Nous *sommes de* telle nature que, etc. (I, 522, *Alex.* 2e préf.)
Notre siècle n'*a* pas *été de* plus mauvaise humeur que le sien. (II, 142, *Plaid.* au lect.)
Ces règles *sont* d'un long détail. (II, 368, *Bér.* pr£f.)
L'affaire qu'ils lui proposoient *etant* d'une grande discussion,... (IV, 487, *P. R.*)
Ces matières n'*étoient* pas *de* la portée de tout le monde. (IV, 408, *P. R.*)
.... Non tes conseils ne *sont* plus *de* saison. (II, 77, *Andr.* 711.)
  * Je lui promis en récompense que je *serois du* lendemain, qui est aujourd'hui. (V, 456, *Trad.*)
Il ne tient plus qu'à vous, et.... tout *est* d'accord. (II, 218, *Plaid.* 856.)
  * L'ignorance *est de* croire tout savoir et *de* ne vouloir rien apprendre (VI, 270, *Livres ann.*)
  * L'amour *est de* vouloir toujours être bien. (VI, 271, *Livres ann.*)
Ces politiques.... ne savent plus où ils *en sont*. (V, 298, *Camp. de L. XIV.*)
.... *En sont*-ils *aux* mains ? (I, 398, *Théb.* 7.)
Que dis-je? Votre vie, Esther, *est*-elle *à* vous?
N'*est*-elle pas *au* sang dont vous êtes issue?
N'*est*-elle pas *à* Dieu dont vous l'avez reçue ? (III, 479, *Esth.* 208-210.)
  * Je *suis au* dieu Apollon, et non pas *à* vous. (VI, 235, *Livres ann.*)
Seigneur, continuez, la victoire *est à* vous. (II, 428, *Bér.* 1206.)
Vous voulez *être à* vous, j'en ai donné ma foi,
Et vous ne dépendrez ni de lui ni de moi. (III. 30, *Mithr.* 181.)
Il *est* encore plus *à* ses amis, et plus aimable à la tête de sa formidable armée, qu'il n'est à Paris et à Versailles. (VII, 37, *Lettres.*)
M. de Chasteauvillain.... *étoit à* tout. (VII, 17, *Lettres.*)
La signature de ce second formulaire *fut* même *à* quelques-unes qui avoient signé une occasion de, etc. (IV, 573, *P. R.* var.)

C'*est* une grande négligence *à* vous de ne l'avoir pas prié de, etc. (VII, 177, *Lettres.*)
Tout *me sera* Pyrrhus, fût-ce Oreste lui-même. (II, 115, *Andr.* 1490.)
Voyez I, 428, *Théb.* 535; I, 539, *Alex.* 319; II, 338, *Brit.* 1716.
Que Porus est heureux! Le moindre éloignement
A votre impatience *est* un cruel tourment. (I, 557, *Alex.* 712.)
.... Ma force *est au* Dieu dont l'intérêt me guide. (III, 679. *Ath.* 1341.)
....Tout mon espoir
N'*est* plus qu'*au* coup mortel que je vais recevoir. (III, 228, *Iph.* 1532.)
Quelques coups de bâton, et je *suis à* mon aise. (II, 179, *Plaid.* 428.)
Il *étoit à* propos d'outrer un peu les personnages. (II, 142, *Plaid.* au lect.)
Monsieur, je ne *suis* pas *pour* vous désavouer. (II, 178, *Plaid.* 413.)
Ce docteur et les autres théologiens qui *étoient dans* la même cause. (IV, 538, *P. R.*)
La simplicité qui *est dans* la plupart des sujets de Plaute. (II, 367, *Bér.* préf.)
L'inimitié qui *étoit entre* Porus et Taxile. (I, 521, *Alex.* 2ᵉ préf.)
Ils ont cru qu'une tragédie qui étoit si peu chargée d'intrigues ne pouvoit *être selon* les règles du théâtre. (II, 368, *Bér.* préf.)
*Le quartier du Roi *étoit depuis* le petit Escaut jusqu'au grand Escaut. (V, 109, *Notes hist.*)
*La tragédie peut *être sans* mœurs et non pas *sans* action. (VI, 290, *Livres ann.*)
*La tragédie peut *être sans* acteurs. (VI, 290, *Livres ann.*)
*Ennuyé d'*être sans* rien faire, il alla en Hollande, où le prince Henri-Federic lui donna une compagnie de cavalerie. (V, 96, *Notes hist.*)
Être dans l'attente, *dans* les bonnes grâces, *de* jour, *de* tranchée, *en* branle de, *en* compromis, *en* inquiétude, *en* la main de, *en* peine de, *en* semaine, *à* la nomination de, etc. : voyez ATTENTE, GRACE, etc.

ÊTRE, idiotismes et tours divers :
Il *fut* des Juifs, il *fut* une insolente race. (III, 495, *Esth.* 477.)
Racine a souligné *il n'est* dans cette phrase de Vaugelas : « *Il n'est* point de mer qui excite plus d'orages. » (VI, 357.)
C'*est* à lui de parler. (III, 640, *Ath.* 627.)
Voyez II, 96, *Andr.* 1100; II, 218, *Brit.* 867; II, 270, *Brit.* 337; II, 282, *Brit.* 588; II, 324, *Brit.* 1434; III. 661, *Ath.* 1013.
* C'*est* aux Athéniens à lui fournir la matière, soit d'or, soit d'ivoire, et à lui de la tailler. (VI, 322, *Livres ann.*)
Allons ; c'*est* à moi seule à me rendre justice. (II, 115, *Andr.* 1485.)
.... Ce n'*est* pas à vous à le justifier. (II, 100, *Andr.* 1176.)
Voyez II, 281, *Brit.* 565 ; et ci-dessus, A, p. 3, 2°.
*C'*étoit* à qui le gronderoit et lui diroit les injures. (V, 125, *Notes hist.*)
Je serois bien fâché que ce *fût* à refaire. (II, 174, *Plaid.* 355.)
.... C'*est* assez pour moi que je me sois soumis.
(II, 105, *Andr.* 1287 ; voyez II, 120, *Andr.* 1563.)
Versez le sang d'un frère ; et si c'*est* peu du sien,
Je vous invite encore à répandre le mien. (I, 405, *Théb.* 117.)
Ah ! c'en *est* trop enfin : tu seras satisfait. (II, 505, *Baj.* 567.)
C'*est* ici une autre Junie. (II, 253, *Brit.* 2ᵉ préf.)
Ce *fut*.... pendant plusieurs jours un flot continuel de peuple qui, etc. (IV, 469, *P. R.*)
Aussi bien ce n'*est* point que l'amour vous retienne. (I, 458, *Théb.* 1095.)
Si le titre ne vous plaît, changez-le : ce n'*est* pas qu'il m'a paru le plus convenable. (VI. 455, *Lettres.*)

* Ce n'*est* pas qu'il y admet encore, etc. (VI, 60, *Rem. sur l'Odyss.*)
Ce n'*est* pas que quelques personnes ne m'aient reproché cette même simplicité. (II, 368, *Bér.* préf.)
* Il n'*est* pas que M. le Maistre n'ait fait des préfaces. (IV, 335, *Imag.*)
.... N'*est*-ce point que sa malignité
Punit sur eux l'appui que je leur ai prêté? (II, 258, *Brit.* 57.)
Que veut-il? *Est*-ce haine, *est*-ce amour qui l'inspire? (II, 258, *Brit.* 55.)
Qu'*étoit*-ce toutefois de ce grand appareil? (IV, 62, *Poés. div.* 175.)
Ce qui *est* de plus considérable dans ces ouvrages. (VI, 374, *Lettres.*)
(*Il*) ne savoit pas seulement ce que c'*étoit* du jansénisme. (VI, 481, *Lettres.*)
.... Vous me donnez un conseil salutaire,
Et devant qu'il *soit* peu je veux en profiter. (II, 201, *Plaid.* 653.)
N'*étoit* la confiance que j'ai en vous. (VI, 466, *Lettres;* voy. VI, 479, *ib.*)
N'*étoit* que de son cœur le trop juste reproche
Lui fait peut-être, hélas! éviter cette approche?
(II, 522, *Baj.* 937; voyez V, 550, *Trad.*; VI, 422, *Lettres.*)
Plus je vous parle, et plus, trop foible que je *suis*,
Je cherche à prolonger le péril que je fuis. (III, 55, *Mithr.* 741.)
Elle demande si c'*est* qu'elle est affligée de ce que la fête de Diane se passera sans qu'on lui immole aucun étranger. (IV, 9, *Plan d'Iph. en Taur.*)
Voyez ci-dessus, p. 23, à l'article ALLER; et l'*Introduction grammaticale*, à l'article VERBE, *Auxiliaires;* et à l'article ACCORD, *Nombre*.

ÊTRE, substantivement :
* Leur *être* n'est rien que sous le nom glorieux du Roi. (V, 390, *Factums.*)

ÉTRÉCIR (S') :
Le vieux château.... va toujours en *s'étrécissant*. (VII, 57, *Lettres.*)

ÉTRENNES :
.... Compare prix pour prix
Les *étrennes* d'un juge à celles d'un marquis.
(II, 152, *Plaid.* 94; voyez VII, 8, *Lettres.*)

ÉTRILLE, IV, 20, *Poés. div.* 18 (voyez la note 2).

ÉTROIT :
Joug *étroit*. (III, 657, *Ath.* 926.)

ÉTROITEMENT :
Ces deux Religieuses furent renfermées très-*étroitement* par ordre de la cour. (IV, 400, *P. R.*)

ÉTUDIÉ :
Sans pitié, sans douleur, au moins *étudiée*. (II, 111, *Andr.* 1398.)

ÉTUI, VI, 148, *Rem. sur l'Odyssée*.

ÉVANGILE, VI, 383, *Lettres*.

ÉVANOUIR, S'ÉVANOUIR, sens physique et sens moral :
* Elle.... fit l'*évanouie*, et se fit reporter sur son lit. (V, 163, *Notes hist.*)
Tout leur génie et tout leur savoir *se fussent évanouis*. (IV, 439, *P. R.*)

ÉVEILLÉ :
Votre petit neveu est fort joli et bien *éveillé*.
(VII, 169, *Lettres;* voyez VII, 262, *Lettres.*)

ÉVÉNEMENT :
La bataille sans doute alloit être cruelle,

Et son *événement* vidoit notre querelle. (I, 438, *Théb.* 708.)
Ah! de tant de conseils *événement* sinistre! (II, 542, *Baj.* 1377.)
De leur hymen fatal troublons l'*événement*. (II, 115, *Andr.* 1487.)
L'*événement* n'a point démenti mon attente. (III, 89, *Mithr.* 1475.)
 Le fil des *événements*. (IV, 367, *Disc. acad.*)
Voyez VI, 332, *Livres ann.*

ÉVERTUER (S') :
Dégourdis-toi. Courage! allons, qu'on *s'évertue*. (II, 204, *Plaid.* 696.)

ÉVITER, s'ÉVITER :
Évite un malheureux, abandonne un coupable. (II, 79, *Andr.* 782.)
 .... J'*évite*, mais trop tard,
Ces cruels entretiens où je n'ai point de part. (II, 387, *Bér.* 273.)
 M. Nicole avoit devant lui saint Chrysostome et Bèze, ce dernier afin de l'*éviter*. (IV, 602, *P. R.*)
 .... De la gloire *évitant* le sentier. (III, 163, *Iph.* 255.)
 * La mort ne *s'évite* point. (VI, 326, *Livres ann.*)

* ÉVOCATION, terme de Palais, V, 392, *Factums*.

* ÉVOCATOIRE (Cédule), terme de Palais, V, 392, *Factums*.

ÉVOQUER :
Évoquer toute cette affaire au Conseil. (IV, 557, *P. R.*)
Voyez V, 392, l. 16 et 20, *Factums*.

EXACT :
 M. Nicole (prit soin de l'impression) du second (volume), qui est beaucoup plus *exact*. (IV, 600, *P. R.*)
 La diète très-*exacte* qu'il observe depuis cinq mois. (VII, 233, *Lettr.*)
 Je m'engagerai moins encore à faire une *exacte* apologie de tous les endroits qu'on a voulu combattre dans ma pièce. (I, 516, *Alex.* 1re préf.)
 Dans une *exacte* et sainte austérité. (IV, 196, *Poés. div.* 2.)

EXACTITUDE :
Messieurs, quand je regarde avec *exactitude*
L'inconstance du monde et sa vicissitude. (II, 203, *Plaid.* 675.)

EXAGÉRER, absolument :
 *Les Hébreux mettent le nom de Dieu quand ils veulent *exagérer*. (VI, 187, *Livres ann.*)

EXAMINER, s'EXAMINER :
On *examina* d'abord mon amusement comme on auroit fait une tragédie. (II, 141, *Plaid.* au lect.)
Je n'*examine* point ma joie ou mon ennui. (II, 517, *Baj.* 835.)
 .... J'ai voulu quelques jours
De son nouvel empire *examiner* le cours. (II, 385, *Bér.* 250.)
Mon cœur, je le vois bien, trop prompt à se gêner,
Devoit mieux vous connoître et mieux *s'examiner*. (II, 107, *Andr.* 1348.)

EXAUCER :
Les vents nous auroient-ils *exaucés* cette nuit? (III, 150, *Iph.* 8.)
 .... Si nos desirs sont *exaucés* des Cieux. (I, 415, *Théb.* 293.)

EXCÉDER :
 .... Quoique ma joie *excède* mes souhaits. (IV, 53, *Poés. div* 38.)
Vous m'*excédez*.... (II, 167, *Plaid.* 282.)

EXCELLEMMENT :
 *Ainsi chantoit-il *excellemment*. (VI, 140, *Rem. sur l'Odyss.*)
EXCELLENT :
 Cet *excellent* génie (*Corneille*). (IV, 361, *Disc. acad.*)
EXCELLENCE (Par) :
 * Il falloit qu'il fût beau *par excellence*. (VI, 268, *Livres ann.*)
EXCELLER :
 * Les uns *excellent* en une chose, les autres en une autre ; mais les rois *excellent* souverainement aux choses où les autres n'*excellent* que médiocrement. (VI, 15, *Rem. sur Pind.*)
EXCEPTÉ que, IV, 585, *P. R.*

EXCÈS, sens divers :
 Ni cet *excès* d'honneur, ni cette indignité. (II, 282, *Brit.* 610.)
 Tant d'honneurs dont l'*excès* a surpris le sénat. (II, 397, *Bér.* 525.)
 Va rougir aux enfers de l'*excès* de ma gloire. (I, 475, *Théb.* 1362.)
  .... Le timide nocher
  Qu'un *excès* de bonne fortune
  A sauvé d'un affreux rocher. (IV, 67, *Poés. div.* 23.)
 * Les scélérats et les justes sont rares ; mais ceux qui sont entre ces deux *excès* sont fort communs. (VI, 268, *Livres ann.*)
  .... Pour d'autres *excès*
 Et blasphèmes, toujours l'ornement des procès. (II, 170, *Plaid.* 313.)

EXCESSIF, ive :
 Les sommes *excessives* qu'il tiroit des Anglois. (V, 314, *Siége de Nam.*)

EXCITER ; exciter à, de ; s'exciter :
 J'*excite* le soldat ; tout le camp se soulève. (I, 445, *Théb.* 868.)
 Je vais les *exciter* par un dernier effort. (I, 553, *Alex.* 659.)
  .... En *excitant* vos larmes. (II, 88, *Andr.* 949.)
 Vous entendiez les bruits qu'*excitoit* ma foiblesse. (II, 315, *Brit.* 1240.)
  .... A vous parer vous *excitiez* nos mains. (III, 314, *Phèd.* 164.)
 *Il *excita* en secret Kmielnischi *de* faire révolter les Cosaques. (V, 139, *Notes hist.*)
 * De grands troubles *excités* vers l'an 1600. (V, 128, *Notes hist.*)
 Par mes ordres trompeurs tout le peuple *excité*. (II, 313, *Brit.* 1189.)
  .... *Excité* d'un desir curieux. (II, 273, *Brit.* 385.)
 Voyez II, 365 et 366, *Bér.* préf.
 Je m'*excite* contre elle et tâche à la braver. (II, 278, *Brit.* 498.)

EXCLUS, use :
  .... De cette gloire *exclus* jusqu'à ce jour. (II, 280, *Brit.* 545.)
 Pourquoi de ce conseil moi seule suis-je *excluse ?* (II, 521, *Baj.* 934.)
 Voyez V, 389, *Factums.* Garnier a dit de même :
  Excluse de la mer que nos vaisseaux tenoient. (*Porcie*, acte IV, 71.)
 Bajazet fut joué, suivant toute apparence, le 5 janvier 1672. Nous lisons dans les *Observations de Monsieur Menage sur la langue françoise*, dont l'Achevé d'imprimer est du 7 avril suivant : « chapitre cxxix. *S'il faut dire* exclue *ou* excluse. — Comme on dit *recluse* et *incluse*, il semble qu'il faudroit dire aussi *excluse*. Néanmoins on dit *exclue*. L'usage le veut ainsi. » C'est la forme *exclue* qui a prévalu ; mais, dans ses deux premières éditions (1694 et 1718), l'*Académie* ne donne qu'*exclus, use* ; dans celle de 1740, *exclus, ue*, ou *use* ; dans celles de 1762 et de l'an VII, elle laisse le choix entre *exclu, ue*, et *exclus, use* ; en 1835, elle n'admet plus qu'*exclu, ue*, et cite l'autre forme comme passée d'usage.

EXCOMMUNICATION :
Sentence qui défend de psalmodier ni de former un chœur, sous *excommunication*. (IV, 592, *P. R.*)

EXCUSER, s'excuser :
Jusques au bord du crime ils (*les Dieux*) conduisent nos pas;
Ils nous le font commettre, et ne l'*excusent* pas ! (I, 432, *Théb.* 610.)
Les ennemis trouvoient encore des raisons pour *excuser* leurs disgrâces. (V, 281, *Camp. de Louis XIV;* voyez VI, 296 et 332, *Livres ann.*)
*Elle cherche de mauvaises raisons pour *s'excuser* à elle-même. (VI, 227, *Livres ann.*)
.... Sur qui, malheureuse, oses-tu *t'excuser ?* (III, 89, *Mithr.* 1482.)

EXÉCUTER, s'exécuter :
Une mort que leurs bras n'ont fait qu'*exécuter*. (II, 118, *Andr.* 1532.)
Vient-il d'*exécuter* son noble parricide ? (I, 433, *Théb.* 616.)
Neptune, par le fleuve aux Dieux mêmes terrible,
M'a donné sa parole et va l'*exécuter*.
    (III, 371, *Phèd.* 1159; voyez VII, 146, *Lettres*.)
Je vois bien que la paix ne peut *s'exécuter*. (I, 424, *Théb.* 450.)

EXÉCUTION :
*Si je fais de grands desseins, j'ai de la force assez pour les mettre en *exécution*. (VI, 25, *Rem. sur Pind.*)
Mon chicaneur s'oppose à l'*exécution*. (II, 160, *Plaid.* 214.)

EXEMPLE :
Çà, mon père, il faut faire un *exemple* authentique. (II, 198, *Plaid.* 627.)
J'étois né pour servir d'*exemple* à ta colère. (II, 123, *Andr.* 1618.)
Nous rendons ce qu'on doit aux illustres *exemples*. (I, 545, *Alex.* 477.)
.... Dieu, par sa voix même appuyant notre *exemple*.... (III, 621, *Ath.* 275.)
Exemple infortuné d'une longue constance. (II, 375, *Bér.* 44.)

EXEMPT de :
  Tu vis mon cœur *exempt de* crimes.
    (IV, 141, *Poés. div.* 46 ; voyez Exemption)

EXEMPTER de (voyez Exemption) :
Exemptez sa valeur d'un si triste avantage. (I, 542, *Alex.* 418.)

EXEMPTION :
Je n'épargnerai ni mes pas ni mes soins pour vous *exempter* (*des passages de gens de guerre*) tout autant que je pourrai.... Il y a des villes où le médecin est toujours *exempt*.... Peut-être je pourrois vous faire donner cette *exemption*. (VI, 519 et 520, *Lettres*.)

EXERCER, s'exercer :
Hé ! laissez-les entre eux *exercer* leur courroux. (II, 543, *Baj.* 1383.)
Dieu.... a permis qu'elle (*la maison de Port-Royal*) fût *exercée* par les plus grandes tribulations qui *aient* jamais *exercé* aucune maison religieuse. (IV, 428, *P. R.*)
Exercez le talent, et jugez parmi nous. (II, 196, *Plaid.* 606.)
    .... Je n'ai pas dû penser,
Seigneur, qu'en l'art de feindre il fallût *m'exercer*. (II, 284, *Brit.* 642.)
.... Que vos yeux sur moi *se sont* bien *exercés !* (II, 56, *Andr.* 315.)

EXERCICE :
* Iolas, son maitre d'*exercice*. (VI, 44, *Rem. sur Pind.*)
Vous êtes.... à Versailles, pour y faire vos *exercices*. (VII, 141, *Lettres*.)

Il aimoit, il cultivoit nos *exercices*. (IV, 361, *Disc. acad.*)
* On traite sur un même pied l'amour, la philosophie et tous les *exercices* d'un honnête homme. (V, 469, *Trad.*)

EXHALAISON :
* Les *exhalaisons* de la mer et de la terre. (VI, 204, *Livres ann.*)

EXHALER, s'exhaler :
* Son gosier *exhaloit* le vin. (VI, 151, *Rem. sur l'Odyss.*)
Un reste de chaleur tout prêt à *s'exhaler*. (III, 325, *Phèd.* 316.)

EXIGER :
Le prince d'Orange *exigea* de tous ses alliés.... de chasser ce docteur. (IV, 480, *P. R.*)

EXIL :
Vous sûtes m'imposer l'*exil* ou le silence. (II, 383, *Bér.* 204.)

EXILÉ de :
.... Déjà *de* votre âme *exilée* en secret. (II, 437, *Bér.* 1353.)

EXODE (voyez Épisode) :
* L'*exode*, toute cette partie de la tragédie après laquelle le chœur ne chante plus. (V, 480, *Trad.*)

EXPÉRIENCE :
Il vint chercher la guerre au sortir de l'enfance,
Et même en fit sous moi la noble *expérience*. (II, 486, *Baj.* 118.)

EXPÉRIMENTER :
* Bien *expérimenter* ceux qu'on veut prendre pour amis. (VI, 305, *Livres ann.*)

EXPERT, substantivement :
Je fais saisir l'ânon. Un *expert* est nommé. (II, 160, *Plaid.* 205.)

EXPIER :
.... Ce n'est pas assez *expier* vos amours. (II, 436, *Bér.* 1333.)
Voyez II, 295, *Brit.* 841; II, 314, *Brit.* 1221; VI, 234, *Livres ann.*

EXPIRER, au propre et au figuré :
Elle *expire*, Seigneur! — D'une action si noire
Que ne peut avec elle *expirer* la mémoire! (III, 397, *Phèd.* 1645 et 1646.)
Hector tomba sous lui, Troie *expira* sous vous. (II, 48, *Andr.* 148.)
Des déserts que le ciel refuse d'éclairer,
Où la nature semble elle-même *expirer*. (I, 584, *Alex.* 1332.)
Je sentis le reproche *expirer* dans ma bouche. (III, 176, *Iph.* 498.)
Voyez II, 51, *Andr.* 227.
(*Il*) Voit mourir ses deux fils par son ordre *expirants*. (II, 427, *Bér.* 1166.)
Aux pieds de sa famille *expirante* à sa vue. (II, 107, *Andr.* 1334.)
Déjà jusqu'à mon cœur le venin parvenu
Dans ce cœur *expirant* jette un froid inconnu. (III, 396, *Phèd.* 1640.)
Que veut Asaph? — Seigneur, le traître *est expiré!* (III, 536, *Esth.* 1190.)
Qu'il lui rende.... A ce mot ce héros *expiré*
N'a laissé dans mes bras qu'un corps défiguré. (III, 394, *Phèd.* 1567.)
Voyez le *Lexique de Corneille.*

EXPLIQUER, s'expliquer :
Fidèle confident du beau feu de mon maître,

Souffrez que je l'*explique* aux yeux qui l'ont fait naître.
(I, 540, *Alex.* 350.)
Voyez II, 338, *Brit.* 1709; II, 373, *Bér.* 6 ; II, 387, *Bér.* 292.
Je la laisse *expliquer* sur tout ce qui me touche. (II, 306, *Brit.* 1067.)
Me prêter votre voix pour *m'expliquer* à lui. (II, 494, *Baj.* 328.)
.... Puisque mes soupirs *s'expliquoient* vainement. (I, 553, *Alex.* 651.)

EXPLOIT, acte d'huissier :
Ses rides sur son front gravoient tous ses *exploits*. (II, 156, *Plaid.* 154.)
Voyez la note 1 ; et II, 161, *Plaid.* 227; II, 171, *Plaid.* 329.

EXPOSER :
.... Je t'*expose* ici mon âme toute nue. (II, 278, *Brit.* 499.)
Hé! Messieurs, tour à tour *exposons* notre droit. (II, 188, *Plaid.* 534.)

EXPRÈS, esse :
Quoique l'Écriture ne dise pas en termes *exprès*, etc. (III, 601, *Ath.* préf.)
.... *Expresse* loi. (III, 339, *Phèd.* 603.)

EXPRIMER :
*La harangue.... où *sont exprimés* tous les droits.... du roi de Pologne. (V, 141, *Notes hist.*)
C'est elle (*Agrippine*) que je me suis surtout efforcé de bien *exprimer*. (II, 252, *Brit.* 2ᵉ préf.)

EXTÉRIEUREMENT :
* Plus nous nous rabaissons *extérieurement*, plus on nous élève en effet. (VI, 312, *Livres ann.*)

EXTERMINATEUR :
L'ange *exterminateur* est debout avec nous. (III, 698, *Ath.* 1698.)

EXTERMINER, chasser, faire périr :
Du milieu de mon peuple *exterminez* les crimes. (III, 611, *Ath.* 91.)
On doit de tous les Juifs *exterminer* la race. (III, 476, *Esth.* 166.)
.... Ne pouvez-vous pas d'un mot l'*exterminer*? (III, 497, *Esth.* 515.)

EXTERNE :
* Ne voulant être loué des biens *externes*, mais des intérieurs. (VI, 315, *Livres ann.*)

EXTINCTION de voix, VI, 561, *Lettres.*

EXTIRPER l'hérésie, IV, 494, *P. R.*

EXTRAIT baptistère, VI, 418, *Lettres.*

EXTRAORDINAIRE, substantivement, courrier extraordinaire :
Je me sers aujourd'hui de l'*extraordinaire*, qui part les vendredis. (VI, 422, *Lettres.*)

EXTRÊME :
Une *extrême* justice est souvent une injure. (I, 455, *Théb.* 1036.)
Il venoit accabler, dans son malheur *extrême*,
Un roi que respectoit la victoire elle-même. (I, 591, *Alex.* 1473.)
Le duc, dont cette *extrême* diligence avoit rompu toutes les mesures. (V, 48, *Méd.*)

EXTRÊMEMENT :
La fable, qui fournit *extrêmement* à la poésie. (III, 302, *Phèd.* préf.)

EXTRÉMITÉ :
Quelle est de mes malheurs l'*extrémité* mortelle? (I, 468, *Théb.* 1213.)
En quelle *extrémité* me jetez-vous tous deux ! (II, 442, *Bér.* 1470.)
Elle est malade à l'*extrémité*. (VI, 499, *Lettres*.)
Voyez V, 392, *Factums;* VI, 295, *Livres ann.*; VI, 585, *Lettres*.

F

FABLE :
Suis-je, sans le savoir, la *fable* de l'armée?
(III, 188, *Iph.* 754; voyez II, 79, *Andr.* 770.)
Fable (au sens dramatique). (II, 39, *Andr.* 2º préf.)

FACE, au propre et au figuré :
Pyrrhus m'a reconnu. Mais sans changer de *face*,
Il sembloit que ma vue excitât son audace. (II, 116, *Andr.* 1501.)
Voyez cet autre avec sa *face* de carême ! (II, 205, *Plaid.* 704.)
Répandus sur la terre, ils en couvroient la *face*. (III, 495, *Esth.* 478.)
    Ayant donné à des filles le saint habit à la *face* de l'Église. (IV, 505, *P. R.*)
    Ces deux dernières conquêtes changèrent toute la *face* des affaires.
(V, 292, *Camp. de Louis XIV.*)
Ma fortune va prendre une *face* nouvelle.
(II, 41, *Andr.* 2; voyez II, 409, *Bér.* 808; III, 327, *Phèd.* 341.)
Vous les verriez toujours former quelque attentat,
Et changer tous les ans la *face* de l'État. (I, 410, *Théb.* 214.)

FÂCHER, personnellement et impersonnellement :
Hélas ! ils approuvoient ce qui *fâchoit* les Dieux. (I, 423, *Théb.* var.)
J'espère qu'Alexandre, amoureux de sa gloire,
Et *fâché* que ton crime ait souillé sa victoire,
S'en lavera bientôt.... (I, 560, *Alex.* 798.)
Il te *fâche* en ces lieux d'abandonner ta proie. (III, 65, *Mithr.* 972.)
    Cette tournure impersonnelle était fort usitée au dix-septième siècle, même en prose :
« Il me *fâche* de voir tant souffrir.... pour si peu de chose, etc. » (Perrot d'Ablancourt, traduction de *Lucien, dialogue d'Anacharsis et Solon*, tome II, p. 345.)

FÂCHEUX, EUSE :
D'où vient ce sombre accueil et ces regards *fâcheux?* (I, 452, *Théb.* 986.)
De quel front soutenir ce *fâcheux* entretien? (II, 277, *Brit.* 489.)
    Il s'étoit engagé dans une affaire assez *fâcheuse*. (IV, 549, *P. R.*)
.... N'ayant plus au trône un *fâcheux* concurrent. (I, 405, *Théb.* 121.)
    * Il n'est pas possible qu'il soit injuste et de *fâcheuse* société. (VI, 284, *Livres ann.*)
Voyez V, 245, *Camp. de Louis XIV*; VI, 304, *Livres ann.*

FACILE; FACILE À :
Sa *facile* bonté sur son front répandue. (II, 331, *Brit.* 1591.)
.... La victoire, à ses vœux trop *facile*. (I, 542, *Alex.* 413.)
Peut-être a-t-il un cœur *facile à* s'attendrir.
(III, 374, *Phèd.* 1211; voyez II, 540, *Baj.* 1323.)

FACILITÉ :
.... Nos seuls ennemis, altérant sa bonté,
Abusoient contre nous de sa *facilité*. (II, 331, *Brit.* 1602.)

FAÇON, sens divers :
    * Monsieur l'archevêque de Reims répondit à l'évêque d'Autun, qui lui

montroit un beau buffet d'argent en lui disant qu'il étoit pour les pauvres : « Vous pouviez leur en épargner la *façon.* » (V, 172, *Notes hist.*)

.... C'est un contrat en fort bonne *façon*. (II, 219, *Plaid.* 871.)

*On peut traiter les fleuves d'une et d'autre *façon*. (VI, 107, *Rem. sur l'Odyss.*)

Racine a souligné *façon* dans cette phrase de Vaugelas : « Les Égyptiens qui avoient charge de l'embaumer à leur *façon* » (VI, 358).

*Virgile.... raconte.... de la *façon* que (*de quelle façon*) Mercure part du ciel. (VI, 96, *Rem. sur l'Odyss.*)

Je ne vous pardonnerai point si vous faites la moindre *façon* pour nous. (VI, 521, *Lettres.*)

*Les dames ne faisoient pas tant de *façons* qu'elles en font à présent. (VI, 86, *Rem. sur l'Odyss.*)

FAÇONNER (Se) à :
Au joug depuis longtemps ils *se sont façonnés*. (II, 324, *Brit.* 1441.)

FACTION :
Une *faction* contre le Roi. (IV, 477, *P. R.*)

FAILLIR, manquer à son devoir :
Aucuns monstres par moi domptés jusqu'aujourd'hui
Ne m'ont acquis le droit de *faillir* comme lui. (III, 310, *Phèd.* 100.)

FAIM :
Le peuple, à qui la *faim* se faisoit déjà craindre. (I, 402, *Théb.* 59.)

.... (*Il*) vient d'armer contre elle (*Thèbes*) et le fer et la *faim*.
(I, 404, *Théb.* 98.)

FAINÉANT :
Ils.... deviennent de fort grands *fainéants*. (VI, 540, *Lettres.*)

FAIRE, régissant, avec des sens divers, un substantif, un pronom ou un adjectif :
Enfin je me dérobe à la joie importune
De tant d'amis nouveaux que me *fait* la fortune. (II, 380, *Bér.* 136.)

Le trône *fit* toujours mes ardeurs les plus chères. (I, 444, *Théb.* 843.)

Le Roi.... ordonne qu'on *fasse* l'attaque. (V, 275, *Camp. de Louis XIV.*)

*Tous les oiseaux ne *font* point augure. (VI, 70, *Rem. sur l'Odyss.*)

Buvez à ma santé.... — Grand bien vous *fasse!* (II, 158, *Plaid.* 180.)

*Ceux qui reçoivent un bienfait sont cause de la louange de ceux qui le leur *ont fait*. (VI, 297, *Livres ann.*)

Tout coup *fait* sa blessure. (IV, 37, *Poés. div.* 47.)

.... (Je) *fais*, comme il me plaît, le calme et la tempête.
(III, 533, *Esth.* 1149.)

Toutes les brigues des jésuites.... ne purent empêcher que la Faculté ne *fît* une censure. (IV, 489, *P. R.*)

*Grand nombre de charités que le Roi *faisoit* en chemin. (V, 107, *Notes hist.*)

*En chemin *faisant*. (VI, 348, *Livres ann.*)

*Nestor raconte un combat qu'il *a fait* en sa jeunesse. (VI, 204, *L. ann.*)

On tira.... une ligne parallèle pour *faire* la communication de toutes les attaques. (V, 327, *Siège de Nam.*)

*Je ne sais s'il voudroit *faire* aucune comparaison avec les enfants de ces grands hommes. (V, 355, *Épître à Mme de Montespan.*)

*On *fait* en Portugal des comtes pour la vie. (V, 163, *Notes hist.*)

Ce que j'apprends de vous *fait* la plus grande consolation que je puisse avoir. (VII, 228, *Lettres.*)

L'un des trois chirurgiens qui *avoient fait* la consultation que j'ai dite. (IV, 469, *P. R.*)
J'ignore de quel crime on a pu me noircir :
De tous ceux que j'*ai faits* je vais vous éclaircir.
(II, 310. *Brit.* 1118 ; voyez VI, 314, *Livres ann.*)
Il n'appartient point aux évêques de *faire* des décisions sur la doctrine. (IV, 446, *P. R.* ; voyez V, 386, *Factums*.)
Le pape Innocent XI.... *fit* un décret. (IV, 491, *P. R.*)
Un ouvrage couronné qui *faisoit* la plus forte défense de la place. (V, 275, *Camp. de Louis XIV.*)
* Moi-même auprès de lui je *ferois* ma demeure. (IV, 78, *Poés. div.* 109.)
La prise de la ville ayant mis le Roi en état de *faire* des détachements de son armée. (V, 331, *Siége de Nam.*)
* Le roi de Portugal.... *a fait* une distraction de cinq ou six mille chevaux. (V, 161, *Notes hist.*)
Un vilain clou qui m'*a fait* de fort grandes douleurs. (VII, 33, *Lettres.*)
On ne pouvoit lui toucher ce côté de la tête sans lui *faire* beaucoup de douleur. (IV, 465, *P. R.*)
Ce projet.... *fait* l'effet qu'il s'étoit imaginé. (V, 294, *Camp. de L. XIV.*)
Il ne se souvient plus des engagements qu'il *avoit faits* avec le Roi. (V, 255, *Camp. de Louis XIV.*)
* Ne reprendre des fautes qu'on *fait* contre nous. (VI, 307, *L. ann.*)
* Les Dieux *font* les faveurs qu'il leur plait. (VI, 64, *Rem. sur l'Odyss.*)
* Égisthe, lui *ayant fait* un festin, le tua. (VI, 91, *Rem. sur l'Odyss.*)
(*Le*) feu épouvantable que *faisoit* son infanterie. (V, 251, *Camp. de Louis XIV.*)
Buvez, mangez, dormez, et *faisons* feu qui dure. (II, 147, *Plaid.* 28.)
On ne lui trouva pas de quoi *faire* les frais pour l'enterrer. (IV, 475, *P. R.*)
* Discours qui.... ne *font* point de fruit. (VI, 296, *Livres ann.*)
* Ces gens-là qui *font* tant d'insolences. (VI, 62, *Rem. sur l'Odyss.*)
* C'est là qu'on *fait* des jeux. (VI, 33, *Rem. sur Pind.*)
Un roi victorieux nous *a fait* ce loisir. (IV, 86 et 87, *Poés. div.* 35, 37 et 49.)
.... Voilà comme on *fait* les bonnes maisons....
(II, 153, *Plaid.* 109 ; voyez VI, 62, *Rem. sur l'Odyss.*)
Je souffre tous les maux que j'*ai faits* devant Troie.
(II, 56, *Andr.* 318 ; voyez I, 483, *Théb.* 1508.)
* Le cardinal de Richelieu ne prétendoit pas que le mariage du duc d'Anghien lui *eût fait* plus d'honneur que de merveille. (VI, 343, *L. ann.*)
Quantité de casuistes, et dont les jésuites *faisoient* le plus grand nombre. (IV, 482, *P. R.*)
Hé ! Seigneur, ce soupçon vous *fait*-il tant d'outrage ? (II, 335, *Brit.* 1660.)
Doutez-vous d'une paix dont je *fais* mon ouvrage ? (II, 330, *Brit.* 1576.)
J'y trouvai quantité de plaisanteries qui me tentèrent d'en *faire* part au public. (II, 140, *Plaid.* au lect.)
Sa vie et sa mort (*de Mithridate*) *font* une partie considérable de l'histoire romaine. (III, 16, *Mithr.* préf.)
Il suffit que tout s'y ressente de cette tristesse majestueuse qui *fait* tout le plaisir de la tragédie. (II, 366, *Bér.* préf.)
....Monsieur ici présent
M'*a* d'un fort grand soufflet *fait* un petit présent. (II, 181, *Plaid.* 446.)
Ordonné qu'il *sera fait* rapport à la cour. (II, 160, *Plaid.* 217.)
* Il (*Ulysse*) entra dans Troie, où il *fit* grand ravage. (VI, 89, *Rem. sur l'Odyss.*)
Mes malheurs *font* encor toute ma renommée. (II, 502, *Baj.* 482.)
Le sang des Ottomans dont vous *faites* le reste. (II, 507, *Baj.* 594.)

Tout courageux qu'il est, sans doute il ne souhaite
Que de *faire* en effet une honnête retraite. (I, 442, *Théb.* 800.)
* Les scrupules qu'on peut *faire*. (V, 386, *Factums*.)
On ne *fit* point de scrupule de s'y réjouir. (II, 141, *Plaid.* au lect.)
On *avoit fait* de grandes difficultés.... de contribuer aux mauvais traitements qu'on leur vouloit *faire*. (IV, 571, *P. R.*; voyez IV, 485, *P. R.*)
Ce prince étoit l'objet qui *faisoit* tous vos soins. (I, 470, *Théb.* 1263.)
....Dieu *fera* toujours le premier de vos soins. (III, 682, *Ath.* 1404.)
La gloire *fit* toujours vos transports les plus doux. (I, 564, *Alex.* 880.)
* Les passions ne *font* point l'action involontaire. (VI, 288, *Liv. ann.*)
.... Vous vous excusez de m'*avoir fait* heureux ? (III, 78, *Mithr.* 1246.)
* *Ayant été faits* participants de la puissance qu'il a de juger les hommes. (V, 596, *Trad.*)
Quand je *fais* tout pour lui, s'il ne *fait* tout pour moi. (II, 494, *Baj.* 320.)
Hélas ! pour me tromper je *fais* ce que je puis. (II, 415, *Bér.* 918.)
Bérénice me plut. Que ne *fait* point un cœur
Pour plaire à ce qu'il aime et gagner son vainqueur ? (II, 396, *Bér.* 509.)
Je ne t'ai point aimé, cruel ? qu'*ai-je donc fait*? (II, 108, *Andr.* 1356.)
Je t'aimois inconstant, qu'*aurois-je fait* fidèle ? (II, 108, *Andr.* 1365.)
....Je gagne ma cause. A cela que *fait*-on ? (II, 160, *Plaid.* 213.)
* Détachez leurs chevaux, et faites-les venir, afin qu'ils soupent : ce qu'on *fait*. (VI, 84, *Rem. sur l'Odyss.*).
Ô Dieux, que vous *a fait* ce sang infortuné ? (I, 421, *Théb.* 397.)
Et que m'*a fait* à moi cette Troie où je cours ? (III, 219, *Iph.* 1372.)
Je n'y *fais* plus rien (*à mon mal de gorge*). (VI, 572, *Lettres.*)
Quoi ? vous n'en *faites* rien ? (I, 453, *Théb.* 997.)
Faire l'amour, l'apprentissage, une atteinte, banqueroute, sa brigue, bonne chère, compte, conscience de, la ou sa cour, le destin de, ses dévotions, difficulté, droit, de l'éclat, un éclat, de l'embarras, un enfant, l'entretien, épreuve, état de, un exemple, foi, fonds sur, des frais, les funérailles, gloire, grâce, habitude, honneur, honte, justice, la loi, nargue, l'office, son office, ombrage, ombre, l'orgueil, un pas, des pas, de la peine, un personnage, une pièce, le pied de grue, pitié, place, le poil, profession, rage, réponse, résolution, le reste, un beau sabbat, schisme, sentinelle, des serments, tête, vanité : voyez Amour, Apprentissage, Atteinte, etc.

Faire quelqu'un ou quelque chose de :
....Vous doutez encor qu'elle *en fasse* un amant.... (I, 529, *Alex.* 92.)
On dit que M. Rivière *en fait* tout son amusement. (VII, 9, *Lettres.*)
Faisons de sa ruine une juste conquête. (II, 100, *Andr.* 1181.)
Pour le vin, on ne saura du tout qu'*en faire*. (VI, 482, *Lettres.*)
Faisons de notre haine une commune attaque. (II, 68, *Andr.* 569.)
(Ces augustes lieux) Qui semblent *faire* autant de dieux
De leurs maîtres superbes. (IV, 23, *Poés. div.* 36 et 37.)
Prennent-ils donc plaisir à faire des coupables,
Afin *d'en faire* après d'illustres misérables ? (I, 432, *Théb.* 612.)
Déplorable Sion, qu'*as-tu fait de* ta gloire ? (III, 474, *Esth.* 132.)
Il dit fort posément ce *dont* on n'a que *faire*. (II, 210, *Plaid.* 764.)

Faire, absolument, agir, finir ; faire, avec un adverbe :
* Les sujets peuvent parler et les rois *faire*. (VI, 295, *Livres ann.*)
Monsieur le Duc étoit lieutenant général de jour, et y *fit* à la Condé, c'est tout dire. (VII, 51, *Lettres.*)
La Chesnaye *a* aussi fort bien *fait*. (VII, 17, *Lettres.*)
Toutefois qu'il *soit fait* comme vous souhaitez. (III, 508, *Esth* 700.)
Laisser *faire* à : voyez Laisser.

Je n'*aurois* jamais *fait* si je m'arrêtois aux subtilités de quelques critiques. (I, 517, *Alex.* 1re préf.)

.... J'*aurai fait* en une petite heure. (II, 190, *Plaid.* 548.)

* Ils attendoient qu'elle *eût fait*. (VI, 69, *Rem. sur l'Odyss.*)

.... Tu *fais* bien, et j'approuve tes soins. (I, 589, *Alex.* 1419.)

* Il n'importe en quel lieu on *fasse* bien. (VI, 293, *Livres ann.*)

Il faut prendre parti : l'on m'attend. *Faisons* mieux :
Sur tout ce que j'ai vu fermons plutôt les yeux. (II, 536, *Baj.* 1235.)

Ils me feront plaisir : je les mets à pis *faire*. (II, 175, *Plaid.* 372.)

L'auteur *faisoit* judicieusement d'avertir qu'il étoit catholique. (IV, 472, *P. R.*)

* Je signe donc résolûment
Et je crois *faire* justement. (IV, 233, *Poés. div.* 224, 2d app.)

FAIRE, avec un infinitif ; FAIRE QUE :
Prince, je me dévoue à ces dieux immortels
Dont ta vertu t'*a fait* partager les autels. (II, 339, *Brit.* 1738.)

Fais-nous *faire* toujours ce qui plaît à tes yeux. (IV, 110, *Poés. div.* 16.)

Voilà sans doute de quoi *faire* récrier tous ces Messieurs. (II, 247, *Brit.* 1re préf.)

.... Le palais de Flore
Se *fait* voir vraiment en ces lieux. (IV, 33, *Poés. div.* 10.)

* Vos livres ne se *font* plus lire comme ils faisoient. (IV, 287, *Trad.*)

* M. de Turenne avoit écrit à la cour pour *faire que* M. de Lillebonne commandât. (V, 102, *Notes hist.*)

Cela ne *fait* pas *que* le reste ne soit véritable. (IV, 336, *Imag.*)

* Ici Homère *fait que* Pallas vient à la rencontre d'Ulysse. (VI, 120, *Rem. sur l'Odyss.*)

Faire arrêter, claquer, courber, courir, dresser, enfler, entendre, entrevoir, fléchir, frémir, fumer, jouer, lire, luire, monter, mourir, ouvrir, parler, paroître, passer, pressentir, retentir, revivre, rougir, sentir, sonner, sucer, taire, tenir, tomber, toucher, venir, vieillir, voler : voyez ARRÊTER, CLAQUER, COURBER, etc.

FAIRE, remplaçant un verbe précédemment exprimé :
Si la vertu vous touche autant que *fait* le crime. (I, 436, *Théb.* 668.)

Quelque brave qu'il fût, le bruit de sa valeur
M'inquiétoit bien moins que ne *fait* son malheur. (I, 582, *Alex.* 1276.)

Mon oncle Sconin lui avoit mandé que je partirois plus tard que je n'*ai fait*. (VI, 416, *Lettres.*)

Il ne s'est jamais porté si bien qu'il *fait*. (VII, 290, *Lettres.*)

Il faut que j'aime M. Vigan autant que je *fais*, etc. (VII, 33, *Lettres.*)

Les Religieuses s'étoient comportées et avoient parlé avec toute la dignité qu'un archevêque pourroit *faire*. (IV, 578, *P. R.*)

* Ne.... *faire* parade de la subtilité de son esprit, comme un chirurgien ne doit *faire* de la légèreté de sa main. (VI, 307, *Livres ann.*)

* Elle mourra bien plus légèrement qu'elle ne *fait*. (VI, 352, *Liv. ann.*)

.... On examina mon amusement comme on *auroit fait* une tragédie. (II, 141, *Plaid.* au lect.)

* Ulysse commence le récit de ses voyages, comme Énée *fait* à Didon. (VI, 141, *Rem. sur l'Odyss.*)

Voyez, même page, le 5e exemple de l'article précédent.

FAIRE, impersonnellement :
Il *fit* de si grandes pluies que, etc. (V, 257, *Camp. de Louis XIV.*)

A cause des grandes pluies qu'il *a fait*.... (VII, 177, *Lettres.*)

S'il *fait* aussi beau temps à la Haye qu'il *fait* ici. (VII, 255, *Lettres.*)

Qu'il *fera* beau chanter tant d'illustres merveilles! (IV, 76, *Poés. div.* 65.)

FAIRE, emplois divers, idiotismes :

Vous ne *faites* qu'un cœur et qu'une âme avec nous. (II, 405, *Bér.* 698.)
C'est ta première cause, et l'on te la *fera*. (II, 198, *Plaid.* 637.)
* Après on lui dit que son lit *est fait*. (VI, 128, *Rem. sur l'Odyss.*)
Il falloit être sage avec lui, ou du moins le *faire*. (VI, 424, *Lettres.*)
Tu *fais* le gentilhomme.... (II, 152, *Plaid.* 90.)
* Elle (*Hélène*) *fait* l'honnête femme. (VI, 89, *Rem. sur l'Odyss.*)
* Elle.... *fit* l'évanouie, et se fit reporter sur son lit. (V, 163, *Notes hist.*)
Monsieur, encore un coup, je ne puis pas tout *faire :*
Puisque je *fais* l'huissier, *faites* le commissaire. (II, 170, *Plaid.* 299 et 300.)
Monsieur l'abbé *fait* l'entendu. (VI, 461, *Lettres.*)
La Piété *fait* le prologue. (III, 460, *Esth.*; voyez la note 4.)
Ses yeux *sont* déjà *faits* à l'usage des larmes. (II, 275, *Brit.* 432.)
* Prends garde, lui *fit-il* (*lui dit-il*), que les parfums de ta tête ne te mettent en mauvaise odeur. (V, 531, *Trad.*)
Dans un âge où Alexandre ne *faisoit* encore que pleurer pour les victoires de son père. (I, 514, *Alex.* épître.)
Je ne *fais* encore qu'arriver. (VI, 433, *Lettres.*)
Le bâtiment ne *faisoit* que d'être achevé. (IV, 420, *P. R.*; voyez VI, 135, *Rem. sur l'Odyss.*; VI, 608, *Lettres.*)
Ils ne *font* tous deux que tousser. (VII, 234, *Lettres.*)
Nous n'avons plus que *faire* de demander aux savants si nous travaillons selon les règles. (II, 32, *Andr.* épître.)
Vous n'avez que *faire* de rendre ma lettre. (VII, 176, *Lettres.*)
C'*étoit fait*, mon bonheur surpassoit mon attente. (II, 531, *Baj.* 1153.)
* C'*est fait* de moi. (VI, 182, *Livres ann.*)
Nous sommes tous perdus, et *c'est fait* d'Israël. (III, 476, *Esth.* 164.)
S'il m'échappoit un mot, *c'est fait* de votre vie. (II, 504, *Baj.* 542.)
C'*étoit fait* de leur nombreuse armée sans que le comte de Souches plaça des troupes. (V, 259, *Camp. de Louis XIV.*)
Tu vois que c'en *est fait*. Ils se vont épouser. (II, 520, *Baj.* 904.)
En *est-ce fait*, Arcas?... (III, 90, *Mithr.* 1511.)
J'y suis courue en vain : c'en *étoit* déjà *fait*. (I, 469, *Théb.* 1236.)
Hé bien! en *est-ce fait*? L'un ou l'autre perfide
Vient-il d'exécuter son noble parricide? (I, 433, *Théb.* 615.)
C'*est* bien *fait* de fermer la porte à ce crieur. (II, 190, *Plaid.* 550.)
Depuis ce bel arrêt, le pauvre homme a beau *faire*,
Son fils ne souffre plus qu'on lui parle d'affaire. (II, 147, *Plaid.* 39.)
Si j'ai quelque chose à vous recommander..., c'est de *faire* tout de votre mieux pour vous rendre agréable à, etc. (VII, 266, *Lettres.*)
Faire son possible, *faire* semblant : voyez POSSIBLE, SEMBLANT.

SE FAIRE (*se* régime direct et *se* régime indirect) :

Un des côtés du salon où *se fait* le festin. (III, 516, *Esth.*)
* L'air *se fait* d'une eau subtilisée, la terre d'une eau condensée, et le feu, *se faisant* de l'air devenu plus subtil, tire aussi par conséquent son origine de l'eau. (VI, 9, *Rem. sur Pind.*)
* Tout *se fit* par les prêtres et par les lévites. (V, 207, *Notes relig.*)
* L'action *se fait* pour d'autres choses. (VI, 288, *Livres ann.*)
* Ces hypocrites.... qui se soûloient au sacrifice jusqu'à *se faire* malades. (V, 510, *Trad.*)
* Malheur nouveau avant que de *s'être fait* au premier. (VI, 254, *L. ann.*)
Nous avons ici près un gentilhomme d'Avignon qui *se fait* fort d'être parent de M. de Luynes. (VI, 437, *Lettres.*)

....Ne haïssant pas à *se faire* de fête, surtout avec les grands seigneurs. (IV, 607, *P. R.*)
Elle *se fait* un Dieu de ce prince charmant. (I, 529, *Alex.* 91.)
(*Junie*) *S'est fait* une vertu conforme à son malheur. (II, 283, *Brit.* 614.)
.... *Se faire* un front qui ne rougit jamais. (III, 353, *Phèd.* 852.)
*Dans le dessein.... d'obtenir une charge, ou de *se faire* quelque autre établissement.... (V, 470, *Trad.*)
La paresse que j'avois depuis si longtemps à *me faire* des remèdes. (VII, 236, *Lettres.*)
Au travers des périls un grand cœur *se fait* jour. (II, 79, *Andr.* 787.)
Se faire un chemin, une douceur de, un effort, des efforts, honneur, une image, une joie, justice, un mérite de, un plaisir, (un) scrupule : voyez Chemin, Douceur, etc.

Fait, participe :
Vous savez comme elle est reconnoissante, et comme elle a le cœur *fait*. (VII, 259, *Lettres.*)
....Henry est venu ici, *fait* comme un misérable. (VII, 165, *Lettres.*)

FAISEUR :
Faiseurs de roman. (IV, 334, *Imag.*)

FAIT, substantif :
Ne m'expliquer ses vœux que par mille beaux *faits*. (I, 577, *Alex.* 1171.)
Par des *faits* glorieux tu te vas signaler. (II, 336, *Brit.* 1673.)
D'abord ce jeune éclat qu'on remarque en ses traits
M'a semblé démentir le nombre de ses *faits*. (I, 561, *Alex.* 812.)
Voyez I, 478, *Théb.* 1415; I, 558, *Alex.* 743; I, 565, *Alex.* 905.
Je suois sang et eau pour voir si du Japon
Il viendroit à bon port au *fait* de son chapon. (II, 204, *Plaid.* 690.)
Ses paroles sont pleines de droit sens et vont au *fait*. (VI, 597, *Lettr.*)
Quand c'est venu au *fait* et au prendre. (VII, 278, *Lettres.*)
Quand ce vint au *fait* et au prendre. (VII, 262, *Lettres.*)

FAÎTE :
Quand verrai-je, ô Sion ! relever tes remparts,
Et de tes tours les magnifiques *faîtes*? (III, 475, *Esth.* 147.)

FAIX, au figuré :
C'est sur moi qu'est tombé tout le *faix* de vos armes. (I, 591, *Alex.* 1458.)
Malgré le *faix* des ans et du sort qui m'opprime (III, 44, *Mithr.* 459.)
(Ce cœur) Qui semble s'affermir sous le *faix* qui l'accable.
(III, 61, *Mithr.* 868.)
.... L'amour dans leurs cœurs, interrompu, troublé,
Sous le *faix* des lauriers est bientôt accablé. (I, 541, *Alex.* 368.)

FALLOIR, (il) faut, il faut que, tours divers, idiotismes :
Hé bien ! *il faut* partir.... (II, 301, *Brit.* 969; voyez II, 382, *Bér.* 181.)
Ce discours me surprend, *il le faut* avouer. (II, 288, *Brit.* 729.)
Il faut la voir, Paulin, et rompre le silence. (II, 395, *Bér.* 484.)
Le temps presse : courez. *Il ne faut* qu'un caprice,
Il se perdroit, Madame.... (II, 339, *Brit.* 1763.)
Il vous *faudra*, Seigneur, courir de crime en crime. (II, 319, *Brit.* 1344.)
Il ne *faut* qu'avoir lu Tacite pour savoir que, etc. (II, 242, *Brit.* 1re préf.)
Ce n'est pas tout, ma fille, *il faut* de la sagesse. (II, 216, *Plaid.* 841.)
Il faut bien qu'il succombe.... (I, 586, *Alex.* 1361.)

Dans huit jours, dans un mois, n'importe, *il faut qu*'il passe.
(II, 416, *Bér.* 943.)
Mais moi-même, Seigneur, que *faut-il que* je croie? (II, 408, *Bér.* 779.)
Si vous chantez cela comme *il faut*. (VI, 140, *Rem. sur l'Odyss.*)
....Comme *il faut* enfin fais parler mes douleurs. (I, 415, *Théb.* 302.)
Il s'en *faut* beaucoup *qu*'il fût si à plaindre que moi. (VI, 428, *Lettres.*)
Peu s'en *faut que* Mathan ne m'ait nommé son père. (III, 663, *Ath.* 1048.)
(*Il*) Vous laissoit à ses pieds peu s'en *faut* prosternée! (III, 348, *Phèd.* 778.)

FALSIFIER la monnoie, V, 505, *Trad.*

FAMEUX, euse, en bonne ou en mauvaise part :
Mes personnages sont si *fameux* dans l'antiquité. (II, 34, *Andr.* 1re préf.)
Cette action est très-*fameuse* dans l'histoire. (II, 365, *Bér.* préf.)
* Un certain homme.... autrefois fort *fameux* pour être un méchant athlète. (V, 528, *Trad.*)

FAMILIARISER (Se), avec un complément direct :
Il faudroit.... que vous eussiez pu *vous familiariser* ces lettres. (VII, 256, *Lettres.*)

FAMILIER :
* Ne se rendre trop *familier* aux tyrans. (VI, 296, *Livres ann.*)
Racine a souligné *familiers* dans ces deux passages de Vaugelas : « Ayant fait entrer ses *familiers*, » et « faisant approcher ses *familiers* » (VI, 354 et 356).

FAMILLE :
Du vieux père d'Hector la valeur abattue
Aux pieds de sa *famille* expirante à sa vue. (II, 107, *Andr.* 1334.)
Prêt d'unir avec moi sa haine et sa *famille*. (III, 61, *Mithr.* 851.)

FAN, faon, VI, 242, *Livres annotés.*

FANGE :
....Je n'ai plus trouvé qu'un horrible mélange
D'os et de chair meurtris, et trainés dans la *fange*. (III, 633, *Ath.* 504.)

FANTAISIE
Défiez-vous sur toutes choses d'une certaine *fantaisie*, qui vous porte toujours à satisfaire votre propre volonté. (VII, 197, *Lettres.*)
Il ne faut point croire que cette règle ne soit fondée que sur la *fantaisie* de ceux qui l'ont faite. (II, 367, *Bér.* préf.)

FANTÔME :
Vous avez fait connoître dans les écoles Aristote même, dont on n'y voit souvent que le *fantôme*. (IV, 352, *Disc. acad.*)

FAON : voyez Fan.

FARCI :
Ceux.... qui avoient l'estomac *farci* de quinquina. (VI, 599, *Lettres.*)

FARCIN, maladie des chevaux, VI, 572, *Lettres.*

FARDEAU :
.... D'injustes *fardeaux* (*il*) n'accable point ses frères. (III, 676, *Ath.* 1282.)
.... De la terre inutile *fardeau*. (III, 163, *Iphig.* 252.)
Le crime d'une mère est un pesant *fardeau*. (III, 353, *Phèd.* 864.)
Chacun à ce *fardeau* veut dérober sa tête. (III, 57, *Mithr.* 783.)
Voyez IV, 29, *Poés. div.* 36.

FARDER, au figuré :
Je répondrai, Madame, avec la liberté
D'un soldat qui sait mal *farder* la vérité. (II, 263, *Brit.* 174.)

FAROUCHE, adjectivement et substantivement :
Ne le soumettez pas à ce prince *farouche*. (I, 450, *Théb.* 690.)
Les menaces, les cris le rendront plus *farouche*. (II, 294, *Brit.* 831.)
Elle est toujours fort *farouche* pour le monde. (VII, 237, *Lettres*.)
.... Cœur ingrat et *farouche*. (I, 405, *Théb.* 111.)
Rien ne peut ébranler leur constance *farouche*. (I, 465, *Théb.* 1192.)
Quittez, mon fils, quittez cette haine *farouche*. (I, 441, *Théb.* 780.)
D'un cœur qui s'offre à vous quel *farouche* entretien !
(III, 336, *Phèd.* 555.)
Il rentre, chacun fuit son silence *farouche*. (II, 339, *Brit.* 1755.)
* La mer est le plus *farouche* de tous les éléments. (VI, 137, *Rem. sur l'Odyss.*)
Aspect *farouche*, bêtes *farouches*, œil *farouche* : voyez ASPECT, BÊTE, OEIL.
Ne m'accusez pas pour cela d'être un *farouche* et un insensible. (VI, 445, *Lettres*.)

FATAL, déterminé par le destin ; FATAL, funeste :
.... Des Dieux la réponse *fatale*. (I, 439, *Théb.* 712.)
Connoissez mieux du Ciel la vengeance *fatale*. (I, 437, *Théb.* 675.)
Déployez en son nom cet étendard *fatal*. (II, 490, *Baj.* 239.)
.... Entretenue en son erreur *fatale*. (II, 497, *Baj.* 413.)
Voyez la note 4 de la page 490 et la note 2 de la page 497.
Prince, l'heure *fatale* est enfin arrivée
Qu'à votre liberté le ciel a réservée. (II, 499, *Baj.* 421.)
.... D'Ilion la *fatale* journée. (III, 221, *Iph.* 1406.)
Ma sœur du fil *fatal* eût armé votre main. (III, 341, *Phèd.* 652.)
Fatale ambition, aveuglement funeste ! (I, 477, *Théb.* 1385.)
Il a pour tout le sexe une haine *fatale*. (III, 349, *Phèd.* 789.)
Sans lui donner encor le déplaisir *fatal*
D'apprendre ce mépris par son propre rival. (II, 411, *Bér.* 845.)
S'il vivoit, son amour au mien seroit *fatal*. (I, 480, *Théb.* 1451.)
Fatal écueil, *fatal* hymen, *fatal* sommeil : voyez ÉCUEIL, etc.
Voyez I, 420, *Théb.* 394; I, 471, *Théb.* 1287; I, 476, *Théb.* 1375; II, 375, *Bér.* 42; II, 527, *Baj.* 1073; III, 312, *Phèd.* 144.

FATIGUE :
L'exemple du Roi, qui.... essuyoit toutes les *fatigues*. (V, 258, *Camp. de Louis XIV*.)
Qu'ils se reposent sur nous de la *fatigue* d'éclaircir les difficultés. (II, 368, *Bér.* préf.)

FATIGUER, activement et neutralement :
Il commanda au maréchal de Créqui de les *fatiguer* (*les Impériaux*) le plus qu'il pourroit. (V, 282, *Camp. de Louis XIV*.)
(La rame) *Fatigua* vainement une mer immobile. (III, 153, *Iph.* 50.)
Cette âme que rien n'étonne, que rien ne *fatigue*. (II, 364, *Bér.* épitre.)
Je me souviens toujours que je vous dois l'Empire;
Et sans vous *fatiguer* du soin de le redire,
Votre bonté, etc. (II, 314, *Brit.* 1224.)
... Vos bras tant de fois de meurtres *fatigués*. (I, 549, *Alex.* 560.)
Plus elles (*les troupes*) *fatiguoient*, plus il sembloit qu'elles redoublassent de vigueur. (V, 343, *Siège de Nam.*)

FAUCHER les prés, IV, 287, *Imag.*

FAUSSAIRE, II, 155, *Plaid.* 148; II, 168, *Plaid.* 295.

FAUSSER :
....Bon! le voilà qui *fausse* compagnie. (II, 190, *Plaid.* 543.)

FAUSSET (En) :
D'un ton finissant *en fausset*. (II, 207, *Plaid.*)

FAUTE, manquement, tort ; FAUTE, manque, perte :
* Ce n'est pas sa *faute* si vous pleurez. (VI, 64, *Rem. sur l'Odyss.*)
* On craignoit que le duc d'Orléans ne se rendît maître de la personne de Monsieur, s'il venoit *faute* du Roi. (VI, 348, *Livres ann.*)

FAUX, FAUSSE; EN FAUX :
Il affecte pour vous une *fausse* douceur. (III, 608, *Ath.* 45.)
Faux honneur, *fausse* lueur : voyez HONNEUR, LUEUR.
J'obtiens lettres royaux, et je m'inscris *en faux*. (II, 161, *Plaid.* 226.)

FAVEUR, FAVEURS; EN FAVEUR DE :
Refusez la *faveur* qui vous étoit offerte. (I, 588, *Alex.* 1402.)
Déjà de ma *faveur* on adore le bruit. (II, 331, *Brit.* 1605.)
Trop heureux si bientôt la *faveur* d'un divorce
Me soulageoit d'un joug qu'on m'imposa par force! (II, 277, *Brit.* 467.)
* Les Dieux.... font les *faveurs* qu'il leur plaît. (VI, 64, *Rem. sur l'Od.*)
La guerre a ses *faveurs*, ainsi que ses disgrâces. (III, 56, *Mithr.* 763.)
....Je m'en vais pleurer leurs *faveurs* meurtrières. (III, 395, *Phèd.* 1613.)
En faveur de Titus vous pardonnez le reste. (II, 384, *Bér.* 228.)
Voyez II, 219, *Plaid.* 883 ; II, 386, *Bér.* 264 ; II, 390, *Bér.* 336.

FAVORABLE :
De David à ses yeux le nom est *favorable*.
   (III, 664, *Ath.* 1072 ; voyez II, 490, *Baj.* 241.)
Suivons jusques au bout ses ordres *favorables*. (II, 290, *Brit.* 759.)

FAVORABLEMENT :
* Il les prie d'assister *favorablement* à cette chanson. (VI, 53, *Rem. sur Pind.*)

FAVORISER :
Le comte de Coigny.... devoit.... *favoriser* les convois de Maubeuge. (V, 322, *Siége de Nam.*)
Un plein repos *favorise* vos vœux. (IV, 85, *Poés. div.* 1.)
....Dieux, que j'appelle à cette effusion,
Venez *favoriser* notre réunion. (II, 333, *Brit.* 1626.)
Favorisez les soins où son amour l'engage. (I, 542, *Alex.* 417.)
C'est trop *favoriser* un tyran qui m'outrage. (I, 428, *Théb.* 531.)
.... (Le peuple et les soldats) réveillant leur tendresse première,
Favorisoient en vous Germanicus mon père (II, 312, *Brit.* 1172.)
Ce lieu le *favorise* (*Britannicus*), et je vous y retiens
Pour lui faciliter de si doux entretiens. (II, 304, *Brit.* 1029.)

FEINDRE; FEINDRE QUE ; SE FEINDRE :
Feignons; et de son cœur, d'un vain espoir flatté,
Par un mensonge adroit tirons la vérité. (III, 68, *Mithr.* 1033.)
....Il *feignoit* peut-être : il falloit tout nier. (III, 73, *Mithr.* 1134.)
Le Roi, pour vous tromper, *feignoit* cet hyménée. (III, 198, *Iph.* 926.)
Il lui *feint qu'*en un lieu que vous seul connoissez,

FER] DE RACINE. 223

Vous cachez des trésors par David amassés. (III, 608, *Ath.* 49.)
D'autres *ont feint que* Diane.... l'avoit enlevée. (III, 139, *Iph.* préf.)
Tu *te feins* criminel pour te justifier. (III, 369, *Phèd.* 1128.)
FEINTE :
Veulent-ils m'éblouir par une *feinte* vaine? (III, 386, *Phèd.* 1453.)
Voyez Déguisement, et Éblouir.
FEMELLE :
*Cette exclusion des *femelles* n'est pas absolue, mais a lieu seulement en cas de concurrence des mâles. (V, 387, *Factums*; voyez V, 388, *ibid.*)
FEMME :
Elle flotte, elle hésite; en un mot, elle est *femme*. (III, 655, *Ath.* 876.)
* Elle (*Hélène*) fait l'honnête *femme*. (VI, 89, *Rem. sur l'Odyss.*)
(*Paris*) Retiendra sans péril la sœur de votre *femme!* (III, 162, *Iph.* 230.)
FER, emplois divers ; FERS, chaînes :
Bientôt ces cœurs de *fer* se verront adoucis. (I, 441, *Théb.* 777.)
J'ai reconnu le *fer*, instrument de sa rage,
Ce *fer* dont je l'armai pour un plus noble usage.
(III, 361, *Phèd.* 1009 et 1010.)
....Du Roi le *fer* trop rigoureux....
Le renverse à ses pieds.... (I, 474, *Théb.* 1335.)
....D'un *fer* imprévu vous tomberiez frappée. (III, 201, *Iph.* 985.)
J'ai vu déjà le *fer* briller de toutes parts....
J'ai vu, le *fer* en main, Étéocle lui-même. (I, 398, *Théb.* 9 et 11.)
(*Il*) vient d'armer contre elle et le *fer* et la faim. (I, 404, *Théb.* 98.)
Voyez I, 476, *Théb.* 1376; I, 531, *Alex.* 143; I, 545, *Alex.* 470; I, 550, *Alex.* 595; III, 681, *Ath.* 1375.
* Quand la plaie demande le *fer*. (VI, 239, *Livres ann.*)
Son fils seul avec moi, réservé pour les *fers*. (II, 87, *Andr.* 931.)
Pouvez-vous consentir à rentrer dans ses *fers?* (II, 42, *Andr.* 32.)
Vos *fers* trop étendus se relâchent d'eux-mêmes. (I, 546, *Alex.* 494.)
Portez loin de mes yeux vos soupirs et vos *fers*. (II, 443, *Bér.* 1501.)
Elle rougit des *fers* qu'on apporte en ces lieux,
Et n'y sauroit souffrir de tyrans que ses yeux. (I, 528, *Alex.* 71.)
.... Trop content de mes *fers*. (II, 439, *Bér.* 1401.)
.... Esclave empressé, lui demander des *fers*. (I, 526, *Alex.* 20.)
FERME, adjectif ; FERME, adverbialement :
J'avois de fort bonnes lunettes, que je ne pouvois presque tenir *fermes*. (VII, 17, *Lettres.*)
* Les Portugais.... les attendent de pied *ferme*. (V, 159, *Notes hist.*)
Donne-nous un *ferme* courage. (IV, 110, *Poés. div.* 13.)
* *Ferme* à se ressouvenir. (VI, 332, *Livres ann.*)
Il tient *ferme* pourtant, et ne perd point courage. (I, 474, *Théb.* 1333.)
FERMER, SE FERMER :
.... A nos vaisseaux la mer toujours *fermée*. (III, 160, *Iph.* 185.)
Vous *fermez* pour jamais ces beaux yeux que j'adore. (I, 482, *Théb.* 1481.)
.... Le sommeil les *ferme* (*les yeux*) en de telles alarmes?
Puisse plutôt la mort les *fermer* pour jamais. (I, 398, *Théb.* 4 et 5.)
C'est à toi de me *fermer* les yeux. (II, 96, *Andr.* 1100; voy. III, 319, *Phèd.* 223.)
Dès que ma triste main eut fermé sa paupière. (II, 394, *Bér.* 460.)
Fermons l'œil aux présents, et l'oreille à la brigue. (II, 199, *Plaid.* 640.)
.... A tant d'attraits, Amour, *ferme* ses yeux ! (II, 69, *Andr.* 604.
Je vous *fermois* le champ où vous voulez courir. (III, 219, *Iph.* 1367.)

Le trône, sans l'amour, me seroit donc *fermé?* (I, 461, *Théb.* 1125.)
.... Son courage
Tombe sur tant de morts qui *ferment* son passage. (I, 586, *Alex.* 1362.)
A peine il eut les yeux *fermés*. (IV, 417, *P. R.*)
Les cieux par lui *fermés* et devenus d'airain,
Et la terre trois ans sans pluie et sans rosée. (III, 613, *Ath.* 122.)
 Fermer la bouche, le chemin, le passage, la porte au nez · voyez
Bouche, Chemin, Passage, Nez.
Mes yeux, sans *se fermer*, ont attendu le jour. (II, 274, *Brit.* 406.)

FERMETÉ :
Dès longtemps elle hait cette *fermeté* rare. (III, 606, *Ath.* 27.)

FÉROCITÉ, cruauté ; FÉROCITÉ, fierté :
 Il garde au milieu de son amour la *férocité* de la nation. (II, 478, *Baj.* 2ᵉ préf. var.; voyez la note **.)
Cette *férocité* que tu croyois fléchir
De tes foibles liens est prête à s'affranchir. (II, 293, *Brit.* 801.)

FERTILE, au propre ; FERTILE EN, au figuré :
 ....Javelles *fertiles*. (IV, 25, *Poés. div.* 21.)
Et quel temps fut jamais si *fertile en* miracles?
  (III, 611, *Ath.* 104; voyez II, 50, *Andr.* 198; II, 264, *Brit.* 187.)
Le Roi, toujours *fertile en* dangereux détours. (III, 38, *Mithr.* 369.)

FÉRU DE, frappé, atteint de :
 Le cœur *féru de* nouvelles amours. (IV, 240, *Poés. div.* 6, 2ᵈ app.)

FERVEUR :
Heureux qui pour Sion d'une sainte *ferveur*
  Sentira son âme embrasée! (III, 670, *Ath.* 1171.)

FESSE :
 * Un grand quartier de *fesse* de porc. (VI, 139, *Rem. sur l'Odyss.*)

FESTIN :
 Un *festin* à quatre services. (VI, 471, *Lettres.*)
 * Son maître.... lui ayant fait un *festin*.... (VI, 91, *Rem. sur l'Odyss.*)

FESTONS, guirlandes :
De *festons* odieux ma fille couronnée.
  (III, 236, *Iph.* 1694; voyez II, 436, *Bér.* 1324 ; III, 623, *Ath.* 303

FESTOYER :
 * *Festoyer* cet étranger. (VI, 128, *Rem. sur l'Odyss.*)

FÊTE :
Que de fous ! Je ne fus jamais à telle *fête*. (II, 195, *Plaid.* 592.)
 Bonne femme, bonne amie, mais un peu portée à l'intrigue, et ne haïssant pas à se faire de *fête*. (IV, 607, *P. R.*)

FEU, FEUX, au propre et au figuré :
 * Mettre de l'eau sur le *feu*. (VI, 138, *Rem. sur l'Odyss.*)
 Feu de joie. (VI, 423, *Lettres.*)
Buvez, mangez, dormez, et faisons *feu* qui dure. (II, 147, *Plaid.* 28.)
 Jamais ville.... ne fit.... un *feu* plus cruel et plus terrible. (V, 254, *Camp. de Louis XIV*; voyez VII, 16, *Lettres.*)
Aux *feux* inanimés dont se parent les cieux
  Il rend de profanes hommages. (III, 510, *Esth.* 739.)

Il n'est pas extraordinaire de voir un jeune homme.... mettre le *feu* par toute la terre. (I, 514, *Alex.* épître.)
Ces drogues lui ont mis le *feu* dans la vessie. (VII, 201, *Lettres.*)
Le *feu* de ses regards, sa haute majesté. (I, 561, *Alex.* 815.)
Quand je suis tout de *feu*, d'où vous vient cette glace?
(III, 382, *Phèd.* 1374.)
L'amour n'est pas un *feu* qu'on renferme en une âme :
Tout nous trahit, la voix, le silence, les yeux ;
Et les *feux* mal couverts n'en éclatent que mieux. (II, 68, *Andr.* 574 et 576.)
Quel *feu* mal étouffé dans mon cœur se réveille? (III, 373, *Phèd.* 1194.)
Chargés d'un *feu* secret, vos yeux s'appesantissent.
(III, 312, *Phèd.* 134.)
Fidèle confident du beau *feu* de mon maître. (I, 540, *Alex.* 349.)
....*Feu* criminel.... (III, 362, *Phèd.* 1016.)
Pour la veuve d'Hector ses *feux* ont éclaté. (II, 46, *Andr.* 108.)
De mes *feux* mal éteints je reconnus la trace. (II, 45, *Andr.* 86.)
....*Feux* redoublés.... (II, 45, *Andr.* 95 ; voyez II, 307, *Brit.* 1085.)
Brûlé de plus de *feux* que je n'en allumai. (II, 56, *Andr.* 320.)
Voyez II, 67, *Andr.* 553 ; II, 320, *Brit.* 1351 ; III, 89, *Mithr.* 1490 ; III, 343, *Phèd.* 680.
.... Ce grand conquérant l'assuroit de ses *feux*. (I, 565, *Alex.* 924.)
.... Couronnez vos *feux* d'une palme si belle. (I, 562, *Alex.* 846.)
Le beau *feu* que la gloire allume dans votre âme. (I, 552, *Alex.* 642.)
Toute pleine du *feu* de tant de saints prophètes. (III, 478, *Esth.* 189.)
Répands sur nous le *feu* de ta grâce invincible. (IV, 112, *Poés. div.* 5.)

FEUILLÉE :
.... Épaisses *feuillées*. (IV, 28, *Poés. div.* 21.)

FI :
Ma robe vous fait honte : un fils de juge ! Ah, *fi !* (II, 152, *Plaid.* 89.)

FICHER :
* Ils le *fichèrent* (*le levier*) dans son œil. (VI, 151. *Rem. sur l'Odyss.*)
* Il avoit les yeux *fichés* contre terre. (VI, 67, *Rem. sur l'Odyss.*)

FIDÈLE ; FIDÈLE À :
Sa mémoire est *fidèle*.... (III, 645, *Ath.* 701 ; voyez II, 278, *Brit.* 503.)
J'aime : l'on vous a fait un *fidèle* récit. (III, 66, *Mithr.* 993.)
Il attend de mes soins ce *fidèle* secours. (II, 279, *Brit.* 518.)
Je pars, *fidèle* encor quand je n'espère plus. (II, 376, *Bér.* 46.)
Que m'importe, après tout, que Néron plus *fidèle*
D'une longue vertu laisse un jour le modèle ? (II, 257, *Brit.* 43.)
.... Dieu trouvé *fidèle* en toutes ses menaces. (III, 612, *Ath.* 112.)
.... (Rome) à ses Césars *fidèle*, obéissante. (II, 392, *Bér.* 384.)
Fidèle à sa douleur, et dans l'ombre enfermée. (II, 274, *Brit.* 415.)
.... *Fidèle à* sa haine. (II, 486, *Baj.* 129.)

FIDÉLITÉ, sens divers :
Votre bonté, Madame, avec tranquillité,
Pouvoit se reposer sur ma *fidélité*. (II, 314, *Brit.* 1226.)
.... Que je le plains ! Tant de *fidélité*,
Madame, méritoit plus de prospérité. (II, 386, *Brit.* 285.)
La jalousie des ennemis de M. Arnauld l'emporta et sur la *fidélité* du ministre et sur l'intérêt du Roi même. (IV, 481. *P. R.*)
La *fidélité* des citations de M. Pascal. (IV, 488, *P. R.*)

FIEF, VII, 73, *Lettres.*

FIEL, au figuré :
Me nourrissant de *fiel*, de larmes abreuvée. (III, 375, *Phèd.* 1245.)
.... Par là de son *fiel* colorant la noirceur. (III, 608, *Ath.* 46.)

FIER, ère, altier, superbe ; fier, cruel, féroce :
Le plus *fier* des mortels, et le plus amoureux. (II, 113, *Andr.* 1432.)
Cette *fière* princesse a percé son beau sein. (I, 481, *Théb.* 1468.)
Son visage, où la mort a répandu ses traits,
Demeure plus terrible et plus *fier* que jamais. (I, 477, *Théb.* 1384.)
La *fière* ambition qui règne dans leur cœur. (I, 455, *Théb.* var.)
.... *Fiers* hennissements (*des poulains*). (IV, 37, *Poés. div.* 28.)
Polynice, tout *fier* du succès de son crime. (I, 474, *Théb.* 1357.)
S'il fuit, ne doutez point que *fiers* de sa disgrâce,
A la haine bientôt ils ne joignent l'audace. (II, 483, *Baj.* 65.)
Quelque haine qu'on ait contre un *fier* ennemi.
(I, 446, *Théb.* 885 ; voyez I, 405, *Théb.* 102 ; I, 539, *Alex.* 335.)
D'un *fier* usurpateur ministre violente. (I, 424, *Théb.* 460.)
.... Le farouche aspect de ses *fiers* ravisseurs. (II, 274, *Brit.* 393.)
Là cette chaleur violente....
Se fait voir moins *fière* et plus lente. (IV, 30, *Poés. div.* 64.)

FIER (Se) à, s'en fier à ; se fier sur :
.... A ses regards elle ose *se fier*. (II, 275, *Brit.* 421.)
Je m'en *fie* aux transports qu'elle m'a fait paroître. (II, 327, *Brit.* 1515.)
*Se.... *fier* sur l'amitié de son fils. (VI, 352, *Livres ann.*)
.... Sur mon innocence à peine je me *fie*. (II, 282, *Brit.* 607.)
Ma foi, sur l'avenir bien fou qui *se fira*. (II, 145, *Plaid.* 1.)

FIERTÉ :
.... Une *fierté* si belle
Alloit entre nous deux finir notre querelle. (I, 566, *Alex.* 941.)
Ses malheurs n'avoient point abattu sa *fierté*. (III, 633, *Ath.* 493.)
La *fierté* des Nérons, qu'il puisa dans mon flanc. (II, 257, *Brit.* 38.)
Il s'épanchoit en fils, qui vient en liberté
Dans le sein de sa mère oublier sa *fierté*. (II, 331, *Brit.* 1594.)
Voyez I, 552, *Alex.* 645 ; I, 561, *Alex.* 823 ; II, 113, *Andr.* 1448.

FIÈVRE :
Une grosse *fièvre* continue avec des redoublements. (VII, 272, *Lettres.*)
Il (*Louvois*) a encore de la *fièvre*. Elle étoit d'abord comme continue...;
elle n'est présentement qu'intermittente. (VI, 609, *Lettres.*)
Tous deux ont la *fièvre* double-tierce. (VI, 589, *Lettres.*)
*Les Abdérites prirent une *fièvre* chaude. (VI, 320, *Livres ann.*)

FIGURE, forme extérieure ; figure, tour :
*Ils prirent tous la *figure* de cochon, la tête, la voix, le corps et le poil.
(VI, 159, l. 13, *Rem. sur l'Odyss.* ; voyez *ibid.*, l. 25 et 26.)
.... (Monstres) qui ne conservant que la *figure* d'homme,
Foulèrent à leurs pieds toutes les lois de Rome. (II, 392, *Bér.* 399.)
* On voyoit toute la *figure* de son corps. (VI, 210, *Livres ann.*)
*Homère, dans cette description des Grecs, diversifie la *figure :* tantôt
Priam parle, tantôt Anténor, etc. (VI, 198, *Livres ann.*)

FIGURER, se figurer :
Ce Dieu, maître absolu de la terre et des cieux,
N'est point tel que l'erreur le *figure* à vos yeux. (III, 528, *Esth.* 1051.)
* Ce qui le *figura* (*J. C.*) en la personne de David. (V, 202, *Notes rel.*)
Figure-toi Pyrrhus, les yeux étincelants. (II, 90, *Andr.* 999.)

Il faut que j'aime enfin. — Vous *vous* le *figurez*. (II, 292, *Brit.* 778.)
Certes, plus je médite, et moins je *me figure*
Que vous m'osiez compter pour votre créature. (II, 262, *Brit.* 151.)

FIL, emplois divers :
* Un très-beau *fil* de perles. (V, 168, *Notes hist.* ; voyez la note 4 ; et VI, 169, *ibid.*)
Passant au *fil* de l'épée huit cents hommes. (V, 275, *Camp. de Louis XIV*.)
(*Il*) Sut de leur noir complot développer le *fil*. (III, 498, *Esth.* 536.)
Le *fil* des événements. (IV, 367, *Disc. acad.*)
Le *fil* de notre narration. (IV, 482, *P. R.*)

FILER doux, VI, 401, *Lettres*.

FILET :
Son âme ne tenoit plus qu'à un *filet*. (VI, 463, *Lettres*.)

FILLE :
* Monastère de *filles*. (VI, 319, *Livres ann.*)
On l'ouvrit.... et jamais *fille* ne fut plus *fille*. (VI, 473, *Lettres*.)
Fille de chambre, *filles* d'enfer : voyez CHAMBRE, ENFER.

FIN :
Il a mis cette nuit quelque *fin* à mes larmes. (I, 437, *Théb.* 679.)

FINESSE :
On y épuisa.... toutes les *finesses* du métier. (V, 254, *Camp. de L. XIV*.)

FINIR :
L'Intimé, d'un ton *finissant* en fausset. (II, 207, *Plaid.* mise en scène.)
* Il vaut mieux *finir* au plus tôt ses pleurs. (VI, 309, *Livres ann.*)
Madame, *finissons* et mon trouble et le vôtre. (II, 524, *Baj.* 1005.)
....*Finissant* là sa haine et nos misères. (II, 88, *Andr.* 945.)
J'aurois *fini* cent fois ma triste destinée.
       (I, 417, *Théb.* 332 ; voyez I, 467, *Théb.* 1206.)
Il faut *finir* des Juifs le honteux esclavage. (III, 679, *Ath.* 1334.)
Je sentis que ma haine alloit *finir* son cours.
       (II, 45, *Andr.* 87 ; voyez II, 443, *Bér.* 1481.)

FIRMAMENT, IV, 128, *Poés. div.* 4.

FISTULE :
Une *fistule* lacrymale. (IV, 465, *P. R.*)

FIXE :
....A me venger *fixe* et déterminée. (II, 525, *Baj.* 1021.)

FIXER :
....On dit qu'elle seule *a fixé* son amour. (II, 485, *Baj.* 100.)
Ce combat doit, dit-on, *fixer* nos destinées. (II, 490, *Baj.* 221.)
.... Ces respects, ces applaudissements....
Fixent dans son devoir ses vœux irrésolus. (II, 433, *Bér.* 1277.)

FLAGRANT délit, II, 181, *Plaid.* 451.

FLAMBEAU :
Le clair *flambeau* des jours. (IV, 132, *Poés. div.* 6.)
....L'unique *flambeau* (*le soleil*). (IV, 42, *Poés. div.* 75.)
.... De vos jours prêts à se consumer
Le *flambeau* dure encore et peut se rallumer.
 (III, 318, *Phèd.* 216 ; voyez I, 468, *Théb.* 1228 ; I, 471, *Théb.* 1279.)

.... (*Dieu a*) de David éteint rallumé le *flambeau*. (III, 621, *Ath.* 282.)
(Ils n'ont point) Allumé le *flambeau* d'un hymen odieux.
(II, 392, *Bér.* 402.)

FLAMME, au propre et au figuré :
.... La *flamme* à la main....
(II, 48, *Andr.* 164 ; III, 60, *Mithr.* 841 ; III, 184, *Iph.* 677.)
Mettons encore un coup toute la Grèce en *flamme*. (II, 99, *Andr.* 1158.)
Je vois la *flamme* et sa rougeur
    Dessus la neige éclose
Embellir même la blancheur. (IV, 40, *Poés. div.* 18.)
Votre *flamme* devient une *flamme* ordinaire. (III, 327, *Phèd.* 350.)
    ....*Flamme* innocente. (I 415, *Théb.* 303.)
    ....*Flamme* offensée. (III, 50, *Mithr.* 619.)
    ....*Flamme* servile. (II, 71, *Andr.* 629.)
    ....*Flammes* téméraires. (III, 331, *Phèd.* 429.)
Brûler.... dans des *flammes* obscures. (II, 406, *Bér.* 728.)
    .... Une *flamme* si noire. (III, 325, *Phèd.* 310.)
Ma *flamme* par Hector fut jadis allumée. (II, 83, *Andr.* 865.)
    ....Jusqu'à vous j'osai porter ma *flamme*. (I, 422, *Théb.* 438 var.)
J'écoute avec plaisir le récit de sa *flamme*. (I, 541. *Alex.* 394.)
Tu vis naître ma *flamme* et mes premiers soupirs. (II, 43, *Andr.* 40.)
Que sa *flamme* attendroit si tard pour éclater. (II, 81, *Andr.* 811.)
Vous pouvez sans rougir consentir à sa *flamme*. (II, 281, *Brit.* 571.)

FLANC, emplois divers :
Leur exemple t'anime à te percer le *flanc*.
(I, 467, *Théb.* 1210 ; voyez I, 474, *Théb.* 1351.)
Ce fils qu'une Amazone a porté dans son *flanc*.
(III, 317, *Phèd.* 204 ; voyez I, 458, *Théb.* 1082 ; IV, 123, *Poés. div.* 4.)
La fierté des Nérons qu'il puisa dans mon *flanc*. (II, 257, *Brit.* 38.)
En vain tous les mortels s'épuiseroient le *flanc* (verseraient tout leur sang).
(I, 437, *Théb.* var.)
Des victimes vous-même interrogez le *flanc*. (III, 161, *Iph.* 200.)
Je cherchois dans leurs *flancs* (*des victimes*) ma raison égarée.
(III, 324, *Phèd.* 282.)
Le reste des ennemis, se voyant attaqué par le front et par les *flancs*, ne songe plus qu'à se sauver. (V, 275, *Camp. de Louis XIV*.)

FLATTER, emplois divers ; FLATTER DE ; SE FLATTER DE, QUE :
Le Roi de temps en temps la presse entre ses bras (*Josabeth*),
La *flatte*.... (III, 690, *Ath.* 1554.)
Lui (*Joas*), parmi ces transports, affable et sans orgueil,
A l'un tendoit la main, *flattoit* l'autre de l'œil. (III, 689, *Ath.* 1526.)
Je ne vous *flatte* point, je me plaignois de vous. (II, 318, *Brit.* 1310.)
*Ne *flatter* les malades. (VI, 299, *Livres ann.*)
Le vent qui nous *flattoit* nous laissa dans le port. (III, 153, *Iph.* 48.)
....Quelque espoir *flattoit* mes déplaisirs.
(II, 385, *Bér.* 245 ; voyez III, 99, *Mithr.* 1695.)
Tu veux donc que je *flatte* une ardeur insensée. (II, 387, *Bér.* 291.)
Un si noble trépas *flatte* trop mon courage. (I, 422, *Théb.* 416.)
Dans cet embrassement, dont la douceur me *flatte*,
Venez, et recevez l'âme de Mithridate. (III, 99, *Mithr.* 1695.)
...*Flattant* leurs souhaits. (III, 86, *Mithr.* 1433 ; voyez I, 475, *Théb.* 1371.)
....De tant de biens qui pouvoient nous *flatter*. (II, 83, *Andr.* 871.)
....(*Il*) me hait d'autant plus que mon amour le *flatte*. (II, 74, *Andr.* 686.)
Non, non ; je le connois, mon désespoir le *flatte*. (II, 77, *Andr.* 737.)

*De quoi. viens-tu *flatter* mon esprit désolé?
               (III, 347, *Phèd.* 739; voyez III, 502, *Esth.* 599.)
Ne m'a-t-on point *flatté* d'une fausse espérance? (II, 98, *Andr.* 1149.)
J'*ai flatté* son amour d'un hymen qu'il espère. (II, 266, *Brit.* 248.)
On *flatte* ma douleur d'un calme injurieux. (I, 556, *Alex.* 703.)
Non que *de* sa conquête il paroisse *flatté*. (II, 46, *Andr.* 107.)
Voyez II, 73, *Andr.* 658; II, 268, *Brit.* 282; II, 280, *Brit.* 550; II, 301, *Brit.* 972; II, 409, *Bér.* 801; II, 419, *Bér.* 983; II, 483, *Baj.* 50; II, 387, *Phèd.* 1471.
....Sans me *flatter*.... (II, 543, *Baj.* 1393.)
   Sans le *flatter*. (VII, 256, *Lettres*.)
Mais pourquoi *me flatter* de ces vaines pensées? (III, 614, *Ath.* 148.)
Non, *de* quelque douceur que *se flatte* votre âme,
Vous n'êtes qu'un tyran.... (I, 573, *Alex.* 1093.)
.... Vous pouvez justement *vous flatter*
D'une mort que leurs bras n'ont fait qu'exécuter.
               (II, 118, *Andr.* 1531 et 1532.)
Voyez II, 47, *Andr.* 144; II, 283, *Brit.* 628; II, 314, *Brit.* 1212.
Je triomphe; et pourtant je *me flatte* d'abord
Que la seule vengeance excite ce transport. (II, 45, *Andr.* 83 et 84.)
....Le traître *se flatte*, avec quelque justice,
Que vous n'avez vaincu que par son artifice. (I, 572, *Alex.* 1057 et 1058.)

FLATTEUR, EUSE, adjectif; FLATTEUR, substantivement :
Par tes conseils *flatteurs* tu m'as su ranimer. (III, 348, *Phèd.* 771.)
De votre changement la *flatteuse* apparence
M'avoit rendu tantôt quelque foible espérance. (II, 442, *Bér.* 1447.)
Othon, Sénécion, jeunes voluptueux,
Et de tous vos plaisirs *flatteurs* respectueux. (II, 313, *Brit.* 1206.)

FLÈCHE, au figuré :
       Ses propres *flèches* l'ont percé. (III, 537, *Esth.* 1207.)

FLÉCHIR, activement et neutralement, emplois divers :
(Hippolyte) Jamais à tes autels n'*a fléchi* les genoux. (III, 351, *Phèd.* 820.)
.... Fais à son aspect que tout genou *fléchisse*. (III, 503, *Esth.* 622.)
Lorsque tout l'univers *fléchit* à vos genoux. (II, 423, *Bér.* 1085.)
L'Orient presque entier va *fléchir* sous sa loi. (II, 390, *Bér.* 337.)
* Ne *fléchir* aux prières injustes. (VI, 296, *Livres ann.*)
.... Faire *fléchir* un courage inflexible. (III, 332, *Phèd.* 449.)
Je courois pour *fléchir* Hémon et Polynice. (I, 434, *Théb.* 623.)
Une autre cependant *a fléchi* son audace. (III, 374, *Phèd.* 1209.)
         ....*Fléchissez* son courage. (III, 328, *Phèd.* 357.)
Cette férocité que tu croyois *fléchir*. (II, 293, *Brit.* 801.)
Je *fléchis* mon orgueil, j'allai prier Pallas. (II, 310, *Brit.* 1129.)
Il aigrit leur courroux, il *fléchit* sa rigueur. (I, 479, *Théb.* 1431.)

FLÉTRI :
Des fers de Claudius Félix encor *flétri*. (II, 392, *Bér.* 405.)

FLEUR, au propre et au figuré :
Je leur semai de *fleurs* le bord des précipices. (III, 657, *Ath.* 936.)
       ....Ces vivantes *fleurs*,
         Les papillons. (IV, 35, *Poés. div.* 52.)
         Dieu lui-même le compose (*ce pain*)
De la *fleur* de son froment. (IV, 159, *Poés. div.* 24.)
Jeunes et tendres *fleurs*, par le sort agitées,
Sous un ciel étranger comme moi transplantées. (III, 472, *Esth.* 103.)
Qu'il soit comme le fruit en naissant arraché

Où qu'un souffle ennemi dans sa *fleur* a séché. (III, 622, *Ath.* 286.)
J'ai perdu, dans la *fleur* de leur jeune saison,
Six frères, quel espoir d'une illustre maison! (III, 331, *Phèd.* 423.)
....Votre vie, ailleurs et longue et fortunée,
Devant Troie en sa *fleur* doit être moissonnée. (III, 162, *Iph.* 226.)
De cette *fleur* si tendre et sitôt moissonnée
Tout Juda, comme vous, plaignant la destinée....(III, 678, *Ath.* 1313.)
*Point d'élégance ni de *fleurs* affectées. (VI, 330, *Livres ann.*)

FLEURETTE :

Ne sont-ce pas des livres à conter *fleurettes*. (VI, 484, *Lettres* ; voyez VI, 333, *Livres ann.*)

FLEURIR :

O ciel, ô saintes destinées,
Qui prenez soin de ses jours *fleurissans*.
    (IV, 89, *Poés. div.* 79 var.; voyez FLORISSANT.)

FLEUVE :

....(*Ce prince*) de *fleuves* de sang inonde sa province. (I, 455, *Théb.* 1044.)

FLOCON :

Là les brebis sur des buissons
Font pendre cent petits *flocons*
De leur neige luisante. (IV, 36, *Poés. div.* 16.)

FLORISSANT (voyez FLEURIR) :

....Ses jours *florissants*. (IV, 88, *Poés. div.* 79.)
....Le peuple *florissant*. (III, 513, *Esth.* 790.)
....Son trône *florissant*. (III, 62, *Mithr.* 877.)

FLOT, FLOTS, au figuré :

Il plut à grands *flots*. (VI, 488, *Lettres.*)
Un *flot* continuel de peuple. (IV, 470, *P. R.*)
Ces *flots* tumultueux (*de peuple*) s'ouvriront.... (III, 228, *Iph.* 1520.)
Les *flots* toujours nouveaux d'un peuple adorateur. (II, 376, *Bér.* 53.)
....De sa colère attirer tous les *flots*. (III, 660, *Ath.* 970.)

FLOTTER, au propre et au figuré :

Sa main sur ses chevaux laissoit *flotter* les rênes. (III, 389, *Phèd.* 1502.)
Nos couronnes, d'abord devenant ses conquêtes,
Tant que nous régnerions *flotteroient* sur nos têtes. (I, 533, *Alex.* 206.)
....Le trouble où *flottent* mes esprits. (III, 216, *Iph.* 1319.)
Le Roi, vous le voyez, *flotte* encore interdit. (III, 533, *Esth.* 1147.)
Elle *flotte*, elle hésite; en un mot, elle est femme. (III, 655, *Ath.* 876.)
Entre l'impatience et la crainte *flottant*. (II, 275, *Brit.* 441.)
....D'un visir la fortune *flottante*. (II, 543, *Baj.* 1381.)
Richesse *flottante* : voyez RICHESSE.

FLUXION :

La *fluxion* étoit tombée sur les parties nobles. (IV, 471, *P. R.*)
Fluxion sur la gorge. (VII, 77, *Lettres.*)
Fluxion sur la poitrine. (VII, 209, *Lettres.*)

FOI, emplois divers :

....Garder sa *foi*. (II, 96, *Andr.* 1107; voyez I, 438, *Théb.* 701.)
Créon et les Thébains.... violent leur *foi*. (I, 430, *Théb.* 566.)
Avec combien de joie on y trahit sa *foi!* (II, 328, *Brit.* 1525.)
Qu'au prix de tout leur sang ils signalent leur *foi*. (I, 556, *Alex.* 699.)

FOI] DE RACINE. 231

Il la faut accuser si je manque de *foi*. (I, 405, *Théb*. 109.)
Il m'a renouvelé la *foi* de ses promesses! (II, 331, *Brit*. 1588.)
....On a promis ma *foi*.
Lui ravirai-je un bien qu'il ne tient pas de moi? (II, 81, *Andr*. 819.)
Va lui jurer la *foi* que tu m'avois jurée. (II, 109, *Andr*. 1381.)
....Pour lui conserver une *foi* toujours pure. (II, 339, *Brit*. 1736.)
....Le sort d'Andromaque est commis à ta *foi*. (II, 97, *Andr*. 1128.)
César nomme les chefs sur la *foi* des soldats. (II, 265, *Brit*. 206.)
Ne l'osez-vous laisser un moment sur sa *foi*?
(II, 262, *Brit*. 146; voyez II, 269, *Brit*. 305; III, 396, *Phèd*. 1620.)
....Sur la *foi* d'un songe. (III, 636, *Ath*. 559.)
Sur la *foi* de ses pleurs ses esclaves tremblèrent. (II, 487, *Baj*. 149.)
La *foi* d'un ennemi doit être un peu suspecte. (I, 550, *Alex*. 610.)
La *foi* dans tous les cœurs n'est pas encore éteinte. (II, 287, *Brit*. 720.)

Voyez II, 62, *Andr*. 437; II, 63, *Andr*. 462; II, 92, *Andr*. 1043; II, 95, *Andr*. 1075; II, 106, *Andr*. 1324; II, 270, *Brit*. 326; II, 279, *Brit*. 513; II, 295, *Brit*. 843; II, 324, *Brit*. 1457; II, 388, *Bér*. 313; II, 488, *Baj*. 193; II, 524, *Baj*. 1007; III, 157, *Iph*. 127; III, 704, *Ath*. 1802.

Dans les champs phrygiens les effets feront *foi*
Qui la chérit le plus, ou d'Ulysse ou de moi. (III, 161, *Iph*. 195.)

Quelques-uns.... osoient avancer qu'on devoit croire de *foi* intérieure et divine, les faits décidés par les papes...; les plus sensés se contentoient de dire qu'à la vérité on devoit une *foi* à ces décisions, mais une *foi* simplement humaine. (IV, 545, *P. R.*)
....Invariable et fondé sur la *foi*. (III, 462, *Esth*. 37, prol.)

FOIBLE :

Une santé fort *foible*. (IV, 507, *P. R.*)
Penses-tu que j'imite une *foible* Persane? (I, 560, *Alex*. 789.)
(*Ces nœuds*) Ne devoient arrêter que de *foibles* esprits. (I, 565, *Alex*. 904.)
....Mes *foibles* attraits.... (I, 540, *Alex*. 362.)
Sont-ce de ses bienfaits de *foibles* récompenses? (II, 314, *Brit*. 1232.)
A peine un *foible* jour vous éclaire et me guide. (III, 149, *Iph*. 5.)

FOIBLESSE, au propre et au figuré :

Des *foiblesses* de jambes. (VI, 600, *Lettres*.)
* Elle.... tombe en *foiblesse*, et s'afflige pitoyablement. (VI, 94, *Rem. sur l'Odyss*.)
Si vous sentiez pour moi quelque heureuse *foiblesse*. (I, 553, *Alex*. 670.)
....De mon cœur l'orgueilleuse *foiblesse*. (III, 155, *Iph*. 82.)
J'aime, je prise en lui de plus nobles richesses,
Les vertus de son père, et non point les *foiblesses*. (III, 332, *Phèd*. 442.)
Vous n'avez point du sang dédaigné les *foiblesses*. (III, 212, *Iph*. 1198.)
....Ne punis que moi de toutes mes *foiblesses*. (III, 621, *Ath*. 264.)

FOIN (BOTTE DE), II, 160, *Plaid*. 206.

FOIN DE :
Foin de moi!... (II, 181, *Plaid*. 452.)

FOIS; UNE FOIS; À LA FOIS :
Est-ce toi, chère Élise? O jour trois *fois* heureux! (III, 465, *Esth*. 1.)
Je vous l'ai dit cent *fois*.... (II, 381, *Bér*. 160.)
Seigneur.... — Une autre *fois* je t'ouvrirai mon âme. (II, 53, *Andr*. 257.)
Il faut bien *une fois* justifier sa haine. (II, 74, *Andr*. 694.)
Je soupçonnois d'erreur tout le camp *à la fois*. (III, 186, *Iph*. 724.)
Régnez et triomphez, et joignez *à la fois*

La gloire des héros à la pourpre des rois. (I, 462, *Théb.* 1141.)
La frayeur les emporte (*les chevaux*) ; et sourds à cette fois,
Ils ne connoissent plus ni le frein ni la voix. (III, 390, *Phèd.* 1535.)

FOL : voyez Fou.

FOMENTER :

Sa mauvaise humeur *étoit* encore *fomentée* par une certaine dame, sa pénitente. (IV, 410, *P. R.*)

FONCTIONS :

*Distinguons bien les *fonctions* de ces deux Amours. (V, 466, *Trad.*)
Voyez ci-dessus, p. 97, la fin de l'article COMMENCER.

FOND, emplois divers :

Ne devois-tu pas lire au *fond* de ma pensée? (II, 119, *Andr.* 1546.)
Le jour n'est pas plus pur que le *fond* de mon cœur. (III, 368, *Phèd.* 1112.)
Dans le *fond* de ton cœur je sais que tu me hais. (II, 336, *Brit.* 1677.)
Non, vous me haïssez, et dans le *fond* de l'âme
Vous craignez de devoir quelque chose à ma flamme. (II, 87, *Andr.* 917.)
Ce n'est rien dans le *fond*.... (II, 160, *Plaid.* 200.)
Quoi qu'il en soit, je vous excuse dans le *fonds*. (VI, 399, *Lettres*; *fonds* est ainsi écrit avec *s* dans l'autographe.)
Il fut résolu d'y ouvrir trois tranchées, qui se rejoindroient ensuite par des lignes parallèles : ... la troisième, par un grand *fond* qui aboutissoit à la place du côté de la porte de fer. (V, 326, *Siége de Nam.*)

FONDATION :

La *fondation* n'étoit que pour douze religieuses. (IV, 388, *P. R.*)

FONDEMENT, sens divers :

*Les *fondements* de la maison de Sémélé brûloient encore. (VI, 257, *Livres ann.*)
De notre céleste édifice
La foi vive est le *fondement*. (IV, 151, *Poés. div.* 69.)
Le principal *fondement* d'une fable. (II, 39, *Andr.* 2ᵉ préf.)
*Le *fondement* du salut étoit en lui. (VI, 184, *Livres ann.*)
Un honnête homme ne doit faire le métier de poëte que quand il a fait un bon *fondement* pour toute sa vie. (VI, 405, *Lettres.*)
Cuissons au *fondement*. (VII, 233, *Lettres.*)

FONDER, au figuré :

(*Il*) *Fondoit* sur trente États son trône florissant. (III, 62, *Mithr.* 877.)
Qu'innocents à tes yeux, ils *fondent* leurs délices
Sur tes seules bontés. (IV, 131, *Poés. div.* 15.)
Ne me demande point sur quel espoir *fondée*
De ce fatal amour je me vis possédée. (III, 175, *Iph.* 481.)
Lui (*le Roi*) seul, invariable et *fondé* sur la foi,
Ne cherche, ne regarde, et n'écoute que toi. (III, 462, *Esth.* prol. 37.)
Puis-je sur ton récit *fonder* quelque assurance ? (II, 299, *Brit.* 928.)
C'est en partie sur la peinture qu'il en a faite que j'*ai fondé* un caractère, que, etc. (III, 19, *Mithr.* préf.)
*Il soutient *être* bien *fondé* de prendre son rang de l'année 1581 que la pairie a été créée. (V, 384, *Factums.*)

FONDRE :

Ils *fondent* sur ces escadrons. (V, 247, *Camp. de Louis XIV.*)
Fondre comme du beurre : voyez BEURRE.

FONDS, sens divers :

Ils firent bâtir pour cela un petit château dans le voisinage et sur le *fonds* même de Port-Royal des Champs. (IV, 422, *P. R.*)

Leur fondatrice.... mourut avant que d'avoir pu laisser aucun *fonds* pour leur subsistance. (IV, 418, *P. R.*)

Un grand *fonds* d'esprit. (VII, 233, *Lettres*.)

Je fais un grand *fonds* sur les instructions qu'il m'a promis de me donner. (VII, 303, *Lettres*.)

FORAIN :

* Les marchands *forains*. (V, 111, *Notes hist*.)

FORCE :

C'est lui, Seigneur, c'est lui dont la coupable audace
Veut, la *force* à la main, m'attacher à son sort. (III, 29, *Mithr.* 145.)
Seconde mes soupirs, donne *force* à mes pleurs. (I, 415, *Théb.* 301.)

Tout le reste de leurs critiques est à peu près de la *force* de celles-ci. (III, 147, *Iph*. préf.)

Racine a souligné *force* dans cette expression de Vaugelas : « Il est *force* que.... » (VI, 355).

FORCE, quantité de, beaucoup de ; À FORCE DE :

Je connois *force* huissiers. (II, 176, *Plaid.* 381.)
* *Force* sauce autour. (VI, 139, *Rem. sur l'Odyss.*)
* *Forces* arbres secs. (VI, 102, *Rem. sur l'Odyss.*; voyez la note 1.)
* *Forces* fromages. (VI, 147, *Rem. sur l'Odyss.*)
Forces caresses. (VI, 419, *Lettres*.)
Forces questions. (VI, 561, *Lettres*.)

Dans ces quatre derniers passages, les autographes de Racine portent bien, comme nous avons écrit, *forces*, au pluriel.

*Ils ne tourmentent ni la terre ni la mer *à force de* bras. (VI, 213, *Livres ann.*)

Dans ce passage de Vaugelas : « Faisant allumer *force* flambeaux, » Racine a souligné *force* (VI, 355).

FORCER ; FORCER À, FORCER DE ; SE FORCER :

Je ne *force* personne.... (I, 407, *Théb.* 165.)
Il n'est rempart ni citadelle
Que je ne *force* en ton saint nom. (IV, 142, *Poés. div.* 70.)
....Quand son bras *força* notre frontière. (I, 542, *Alex.* 397.)
Le temple *est*-il *forcé ?*... (III, 690, *Ath.* 1560.)
Sans espoir de secours, tout prêt d'*être forcé*. (III, 93, *Mithr.* 1566.)
....Par d'heureux exploits *forçant* la destinée. (III, 220, *Iph.* 1405.)
Voyez à quoi l'on s'expose quand on *force* son naturel. (IV, 328, *Imag.*)
Forcez votre paresse. (VII, 37, *Lettres*.)
Qu'attendez-vous ? *Forcez* ce silence obstiné. (II, 85, *Andr.* 895 var.)
C'est en vain que *forçant* ses soupçons ordinaires,
Il se rend accessible à tous les janissaires. (II, 482, *Baj.* 37.)
....Respect *forcé*.... (III, 606, *Ath.* 24.)
Ne m'importune plus de tes raisons *forcées*. (II, 503, *Baj.* 521.)
* Le poëte lui donne des paroles *forcées*. (VI, 240, *Livres ann.*)
* Le plaisir ne rend point une action *forcée*. (VI, 287, *Livres ann.*)
(Si) *A* quelque amour encore (*il*) avoit pu vous *forcer*.(III, 49, *Mithr*.601.)
Le repentir du crime *où* tu les *as forcés*. (I, 578, *Alex.* 1196.)
(*Il*) *força* le Jourdain *de* rebrousser son cours. (III, 690, *Ath.* 1546.)

Voyez I, 419, *Théb.* 378; I, 456, *Théb.* 1051; I, 537, *Alex.* 271; I, 594, *Alex* 1531; II, 62, *Andr.* 443; II, 66, *Andr.* 535; II, 108, *Andr.* 1372.
.... Néron commence à ne *se* plus *forcer.* (II, 305, *Brit.* 1053.)
.... Je vous crois, et je ne puis penser
Qu'à feindre si longtemps vous puissiez *vous forcer.*(III, 71, *Mithr.*1098.)

FORFAIT :
Hé bien! ma chère Olympe, as-tu vu ce *forfait?* (I, 468, *Théb.* 1235.)
Je l'avois conjuré d'empêcher ce *forfait.* (I, 469, *Théb.* 1247.)

FORFANTERIES :
Les *forfanteries* de leurs avocats. (II, 142, *Plaid.* au lect.)

FORMALISER (SE) :
Vous ne laisserez pas de *vous formaliser* beaucoup de ce que ma réponse ne vient que huit ou dix jours après votre lettre. (VI, 443, *Lettres.*)

FORME, emplois divers :
Hippolyte étendu, sans *forme,* et sans couleur. (III, 394, *Phèd.* 1579.)
*Quelquefois ils (*les Dieux*) se déguisent en *forme* de voyageurs.(VI,125, *Rem. sur l'Odyss.*)
Quoi? l'on me mènera coucher sans autre *forme?* (II, 153, *Plaid.* 115.)
*Ne faire mourir sans *forme* de procès. (VI, 299, *Livres ann.*)

FORMER :
(*Elle*) Atteste les saints droits d'un nœud qu'elle *a formé.*(II,277,*Brit.*486.)
J'ai découvert au Roi les sanglantes pratiques
Que *formoient* contre lui deux ingrats domestiques. (III, 471, *Esth.*100.)
Vous les verriez toujours *former* quelque attentat. (I, 410, *Théb.* 213.)
Avant que dans son cœur cette amour *fût formée.* (II, 496, *Baj.* 357.)
Ta haine a pris plaisir à *former* ma misère. (II, 123, *Andr.* 1617.)
.... Nos cœurs, se *formant* mille soins superflus.... (I, 541, *Alex.* 391.)
.... Votre âme empressée
Forme d'un doux hymen l'agréable pensée. (III, 35, *Mithr.* 300.)
Je ne m'étois pas *formé* l'idée d'un bon homme en la personne de Néron. (II, 242, *Brit.* 1ʳᵉ préf.)
.... Un notable dommage
Dont je *formai* ma plainte au juge du village. (II, 160, *Plaid.* 204.)

FORMIDABLE :
Il en a fait (*de Dunkerque*) la plus *formidable* de ses places. (V, 53, *Méd.*)
.... Un temple sacré, *formidable* aux parjures. (III, 383, *Phèd.* 1394.)
Moïse à Pharaon parut moins *formidable.* (III, 629, *Ath.* 403.)

FORMULAIRE :
Un *formulaire* ou profession de foi. (IV, 492, *P. R.*)

FORT, TE, adjectif; FORT, substantivement; FORT, adverbe :
*Des yeux *forts,* reluisants et perçants. (VI, 73, *Rem. sur l'Odyss.*)
*Jouissant d'une *forte* santé. (VI, 26, *Rem. sur Pind.*)
*La flotte de Hollande, *forte* de trente-deux vaisseaux. (V, 159, *N. hist.*)
*Socrate et Agathon étoient *forts* sur l'amour. (VI, 269, *Livres ann.*)
(*Il*) se fait *fort* d'être parent de M. de Luynes. (VI, 437, *Lettres.*)
A main *forte :* voyez MAIN.
Dans le plus *fort* des hivers. (VI, 436, *Lettres.*)
Au *fort* de mon ennui. (I, 577, *Alex.* 1183.)
Dans ce passage de Vaugelas : « Il se jette *au fort de la mêlée,* » Racine a souligné les cinq derniers mots (VI, 355).
Ayant.... l'esprit *fort* foible. (IV, 410, *P. R.*; voyez VI, 417, *Lettres.*)

FORT, substantif :
Là, comme dans un *fort*, son audace enfermée
Se soutenoit encor contre toute une armée. (I, 590, *Alex.* 1433.)
Phœnix même en répond, qui l'a conduit exprès
Dans un *fort* éloigné du temple et du palais. (II, 113, *Andr.* 1456.)

FORTEMENT :
* Parler *fortement*, quand la douceur est méprisée. (VI, 296, *L. ann.*)

FORTIFIER :
Avec Britannicus contre moi réunie,
Vous le *fortifiez* du parti de Junie. (II 315, *Brit.* 1252.)

FORTUNE, sort, situation bonne ou mauvaise :
Il n'est point de *fortune* à mon bonheur égale. (I, 479, *Théb.* 1422.)
A mon fils Xipharès je dois cette *fortune*. (III, 97, *Mithr.* 1667.)
Vous sortez? — Vous avez entendu sa *fortune*. (III, 642, *Ath.* 659.)
Pardonnez à l'éclat d'une illustre *fortune*. (II. 87, *Andr.* 913.)
Ai-je donc élevé si haut votre *fortune*? (II, 262, *Brit.* 144.)
Il sembloit que la *fortune* de la France dût se borner là pour cette année. (V, 272, *Camp. de Louis XIV*.)
Balancer la *fortune* : voyez BALANCER.
Suivre d'un pas égal mes *fortunes* diverses. (II, 380, *Bér.* 144.)
* La vertu est indifférente à toutes *fortunes*. (VI, 309, *Livres ann.*)
Dans ce passage de Vaugelas : « A la fleur de son âge et *de sa fortune*, » Racine a souligné les trois derniers mots (VI, 356).
Voyez I, 412, *Théb.* 231; II, 62, *Andr.* 441; II, 203, *Plaid.* 679; II, 286, *Brit.* 689; II, 378, *Bér.* 87; VI, 248, *Livres ann.*

FORTUNÉ :
.... Dans ce jour *fortuné*. (I, 479, *Théb.* 1423.)

FOU, FOL, FOLLE :
Ma foi, sur l'avenir bien *fou* qui se fira. (II, 145, *Plaid.* 1.)
Je vois que pour un traître un *fol* espoir vous flatte.(III, 81, *Mithr.* 1311.)
Je dis *folle* à lier. (II, 170, *Plaid.* 313.)

FOUDRE, au figuré, féminin et masculin :
Maître de ses États, il a pu se résoudre
A se mettre avec eux à couvert de la *foudre*. (I, 576, *Alex.* 1146.)
La *foudre* l'environne aussi bien que le crime (I, 462, *Théb.* 1156.)
Un coup de *foudre* est tout ce que je veux de vous. (I, 483, *Théb.*1504.)
.... La *foudre* en tombant lui fit ouvrir les yeux. (I, 532, *Alex.* 176.)
Quel coup de *foudre*, ô Ciel! et quel funeste avis! (III, 373, *Phèd.* 1195.)
Voyez II, 252, *Brit.* 2ᵉ préf.; V, 291, *Camp. de Louis XIV*.
La valeur d'Alexandre à peine étoit connue;
Ce *foudre* étoit encore enfermé dans la nue. (I, 532, *Alex.* 170.)

FOUDROYANT, TE, au figuré :
Une censure *foudroyante*. (IV, 436, *P. R.*; voyez IV, 522, 568, *P. R.*)

FOUDROYER, au figuré :
Quelquefois son canon les *foudroyoit* jusque dans leurs tentes. (V, 284, *Camp. de Louis XIV*; voyez IV, 366, *Disc. acad.*; VII, 47, *Lettres.*)
Quelques-uns.... *foudroyèrent* à l'envi et l'Apologie et la méchante morale des casuistes. (IV, 489, *P. R.*)

FOUET (FAIRE CLAQUER SON), II, 145, *Plaid.* 8.

FOUGUE :
Leur *fougue* impétueuse enfin se ralentit. (III, 392, *Phèd.* 1552.)

FOULE ; EN FOULE :
....Un gros de soldats, se jetant entre nous,
Nous a fait dans la *foule* ensevelir nos coups. (I, 566, *Alex.* 944.)
Il.... vint lui-même grossir la *foule* de ses auditeurs. (IV, 474, *P. R.*)
Quelle *foule* d'États je mettois à vos pieds! (III, 80, *Mithr.* 1298.)
Nous nous sommes *en foule* opposés à leur rage. (I, 591, *Alex.* 1453.)
Les plaisirs près de moi vous chercheront *en foule*. (III, 644, *Ath.* 687.)
Voyez IV, 134, *Poés. div.* 7.

FOULER :
*Fouler le peuple. (V, 84, *Notes hist.*)

FOUR :
L'air est à peu près aussi chaud qu'un *four* allumé. (VI, 479, *Lettres.*)

FOURBE, substantif :
Ta *fourbe* à cet enfant, traître, sera funeste. (III, 699, *Ath.* 1728.)

FOURCHE :
*La *fourche* des deux doigts. (V, 169, *Notes hist.*)

FOURNEAU :
On résolut de ne faire jouer qu'à la dernière extrémité les *fourneaux*. (V, 344, *Siège de Nam.*)

FOURNIR À ; FOURNIR DE :
    C'est lui de qui le puissant bras,
      Fit toutes ces merveilles
Qui nous *fournissent* tant d'appas. (IV, 26, *Poés. div.* 40.)
Si on ne fait pas la paix, ils déclarent qu'ils ne *fourniront* plus *aux* frais de la guerre. (V, 294, *Camp. de Louis XIV.*)
Nous comptions quelquefois. On me donnoit le soin
De *fournir* la maison *de* chandelle et *de* foin. (II, 146, *Plaid.* 18.)
J'écris sur nouveaux frais. Je produis, je *fournis*
De dits, de contredits, enquêtes, compulsoires.(II, 161, *Plaid.* 222 et 223.)
Il falloit qu'un héros, de qui la terre entière
    Admire les exploits,
Leur offrît un asile, et *fournît de* matière
    A leurs divines voix. (IV, 72, *Poés. div.* 7; voyez la note 1.)

FOURRAGE, VII, 66, *Lettres*.

FOURRER :
*Ulysse eut envie de lui *fourrer* son épée dans le cœur..., c'est-à-dire de la *fourrer* jusqu'aux gardes dans un si grand corps. (VI, 149, *Rem. sur l'Odyss.*)
Parbleu! je l'ai *fourré* dans notre salle basse. (II, 191, *Plaid.* 556.)
M. Nicole a fait les trois volumes de la *Perpétuité*, hormis un chapitre .... qu'y *fourra* M. Arnauld. (IV, 601, *P. R.*)

FOYER :
Qu'ils tremblent à leur tour pour leurs propres *foyers*.
    (III, 60, *Mithr.* 834.)

FRACAS :
Jamais on ne vit une déroute et un *fracas* si épouvantable. (V, 270, *Camp. de Louis XIV.*)

FRAGILE :
   Prions aussi l'auguste Père....
Qu'il soutienne d'en haut ses *fragiles* enfants. (IV, 110, *Poés. div.* 12.)
Daigne, ô divin Sauveur que notre voix implore,
   Prendre pitié des *fragiles* mortels. (IV, 115, *Poés. div.* 6.)
Fragile bois : voyez Bois.

FRAÎCHEMENT, sens temporel :
   L'Angleterre..., dont elle avoit tout *fraîchement* brûlé les vaisseaux. (V, 244, *Camp. de Louis XIV.*)

FRAIS, substantif pluriel :
   On ne trouva pas de quoi faire les *frais* pour l'enterrer. (IV, 475, *P. R.*)
J'écris sur nouveaux *frais*.... (II, 161, *Plaid.* 222.)

FRAIS, FRAÎCHE DE :
   *Nous discourûmes de ces choses le long du chemin.... J'en ai encore la mémoire *fraîche*. (V, 455, *Trad.*)

FRAISE, collerette, et, figurément, bordure :
   Ces deux villes, situées sur les frontières de la France, lui servoient comme de *fraise*. (V, 278, *Camp. de Louis XIV.*)

FRANC, vrai, adjectif; FRANC, adverbialement :
Ma foi, j'étois un *franc* portier de comédie. (II, 146, *Plaid.* 12.)
.... Fripon le plus *franc* qui soit de Caen à Rome. (II, 178, *Plaid.* 412.)
Tout *franc*, vous vous levez tous les jours trop matin. (II, 147, *Plaid.* 26.)
*Je signerai tout *franc* dans le sens qu'on ordonne.
                            (IV, 227, *Poés. div.* 31, 2ᵈ app.)

FRANCHISE, liberté :
Je vis sans déplaisir ma *franchise* asservie. (IV, 47, *Poés. div.* 9.)

FRANÇOIS, langue française :
   N'ayant qu'une petite teinture du bon *françois*. (VI, 428, *Lettres*.)

FRANGE, IV, 32, *Poés. div.* 69.

FRAPPER ; FRAPPER DE ; SE FRAPPER :
Déjà le jour plus grand nous *frappe* et nous éclaire. (III, 159, *Iph.* 158.)
Ne doutez point, Seigneur, que ce coup ne la *frappe*. (II, 291, *Brit.* 763.)
Joas, laissé pour mort, *frappa* soudain ma vue. (III, 620, *Ath.* 247.)
   Frapper les airs, l'oreille : voyez AIR, OREILLE.
Ce jour, ce triste jour *frappe* encor ma mémoire. (II, 260, *Brit.* 99.)
Quelque songe effrayant cette nuit l'a *frappé*. (III, 490, *Esth.* 384.)
Veillez : je suis tout proche, et *frappe* à votre cœur. (IV, 114, *Poés. div.* 8.)
   Frapper d'anathème : voyez ANATHÈME.
César, de tant d'objets en même temps *frappé*.... (II, 339, *Brit.* 1753.)
De mes foibles attraits le Roi parut *frappé*. (III, 470, *Esth.* 70.)
*D'*un juste étonnement je demeure *frappé*. (III, 533, *Esth.* 1142.)
   .... *Frappé d*'une crainte si basse. (I, 525, *Alex.* 9.)
Il se tait, et *se frappe* en achevant ces mots. (I, 436, *Théb.* 649.)

FRAYEUR :
Tu peux voir sans *frayeur* les crimes de mes fils. (I, 400, *Théb.* 29.)
Nous voici donc, hélas! à ce jour détestable
Dont la seule *frayeur* me rendoit misérable! (I, 399, *Théb.* 20.)

FRÉGATE :
   *Ulysse tombe loin de sa *frégate*. (VI, 105, *Rem. sur l'Odyss.*)

FREIN, au propre et au figuré :
Les chevaux ayant pris le *frein* aux dents.... (VII, 294, *Lettres*.)
Ils ne connoissent plus ni le *frein* ni la voix. (III, 390, *Phèd*. 1536.)
Quel *frein* pourroit d'un peuple arrêter la licence ? (III, 213, *Iph*. 1238.)
Celui qui met un *frein* à la fureur des flots. (III, 608, *Ath*. 61.)
Que Joad mette un *frein* à son zèle sauvage. (III, 637, *Ath*. 599.)
(Un ministre) Choisi pour mettre un *frein* à ses jeunes ardeurs.
(II, 294, *Brit*. 818.)
Le peuple suit le *frein* de la religion. (II, 490, *Baj*. 236.)

FRÊLE :
Les papillons dont les couleurs
Sont si *frêles* et si superbes. (IV, 35, *Poés. div.* 54.)
.... Gravant en airain ses *frêles* avantages. (III, 56, *Mithr*. 767.)

FRÉMIR ; FRÉMIR DE :
....Vous *frémissez*, Madame. (II, 91, *Andr*. 1013.)
La discorde en fureur *frémit* de toutes parts. (III, 462, *Esth*. prol. 33.)
Son nom seul fait *frémir* nos veuves et nos filles. (II, 48, *Andr*. 157.)
Vous qu'on voyoit *frémir* au seul nom d'Andromaque. (II, 97, *Andr*. 1134.)
Ce mot m'a fait *frémir du* péril de ma reine. (III, 76, *Mithr*. 1199.)
Je vois que sa vertu *frémit de* leur fureur. (II, 321, *Brit*. 1382.)
.... D'où vient que mon cœur *frémit d'*un saint effroi ? (III, 667, *Ath*. 1129.)
Tu *frémiras d'*horreur si je romps le silence. (III, 319, *Phèd*. 238.)

FRÉMISSEMENT, sens physique et sens moral :
Les vents agitent l'air d'heureux *frémissements*. (III, 240, *Iph*. 1779.)
Je me trouble moi-même, et sans *frémissement*
Je ne puis voir sa peine et son saisissement. (III, 506, *Esth*. 655.)
Je n'ai pour tout accueil que des *frémissements*. (III, 359, *Phèd*. 975.)

FRÉQUENT :
*Ce vers.... est *fréquent*. (VI, 83, *Rem. sur l'Odyss*.)

FRÈRE, au propre et au figuré :
N'imputez qu'à vous seul la mort du Roi mon *frère*. (I, 471, *Théb*. 1285.)
Esther, que craignez-vous ? Suis-je pas votre *frère ?* (III, 505, *Esth* 637.)

FRET :
*Le droit de cinquante francs par tonneau, autrement appelé droit de *fret*, est un droit que tout vaisseau étranger paye au sortir des ports de France. (V, 153, *Notes hist*.)

FRIANDISE :
Empêcher de manger des *friandises*. (VI, 575, *Lettres*.)

FRIPON :
.... Vous êtes un fripon. (II, 178, *Plaid*. 410 ; voyez *ibid*. 412.)
.... Petit *fripon*, vous aurez sur la joue. (VI, 401, *Lettres*.)
*Catulle appelle cela *ebrios ocellos*, et nous disons quelquefois des yeux *fripons*. (VI, 73, *Rem. sur l'Odyss*.)

FRIPPÉ :
Vous trouverez.... votre livre un peu *frippé*. (VI, 558, *Lettres*.)

FRISSONNEMENT :
Une espèce de *frissonnement* mêlé de compassion. (IV, 467, *P. R.*)

FRISSONNER DE :
D'une secrète horreur je me sens *frissonner*. (III, 181, *Iph*. 580.)

FRIVOLE :
.... Vous l'interrompez par un discours *frivole*. (II, 205, *Plaid.* 691.)
Esclave d'une lâche et *frivole* pitié. (III, 646, *Ath.* 718.)

FROID, substantivement :
Déjà jusqu'à mon cœur le venin parvenu
Dans ce cœur expirant jette un *froid* inconnu. (III, 396, *Phèd.* 1640.)
Un cœur déjà glacé par le *froid* des années. (III, 85, *Mithr.* 1420.)
   Je le regardai avec un *froid* qui montroit bien la rage où j'étois. (VI, 425, *Lettres.*)
   Elle lui répondit d'un fort grand sens *froid*. (IV, 515, *P. R.*; voyez VI, 250, *Livres ann.*)

FROIDEUR, FROIDEURS :
....Je bénis déjà cette heureuse *froideur*
Qui de notre amitié va rallumer l'ardeur. (II, 317, *Brit.* 1297.)
Je vois de tes *froideurs* le principe odieux. (III, 368, *Phèd.* 1115.)
   Voyez II, 267, *Brit.* 273; II, 285, *Brit.* 673; II, 415, *Bér.* 931; II, 553, *Baj.* 1606; III, 330, *Phèd.* 405.

FRONT, au propre et au figuré :
Pareil au cèdre, il (*l'impie*) cachoit dans les cieux
   Son *front* audacieux. (III, 537, *Esth.* 1210.)
Seigneur, je n'ai jamais contemplé qu'avec crainte
L'auguste majesté sur votre *front* empreinte.
Jugez combien ce *front* irrité contre moi
Dans mon âme troublée a dû jeter d'effroi. (III, 505, *Esth.* 646 et 647.)
Chaque mot sur mon *front* fait dresser mes cheveux. (III, 376, *Phèd.* 1268.)
Sa facile bonté, sur son *front* répandue. (II, 331, *Brit.* 1591.)
   ....Ce *front* satisfait
Dit assez à mes yeux que Porus est défait. (I, 557, *Alex.* 731.)
N'éclaircirez-vous point ce *front* chargé d'ennuis ? (III, 179, *Iph.* 567.)
De mon *front* effrayé je craignois la pâleur. (II, 303, *Brit.* 1009.)
De quel *front* soutenir ce fâcheux entretien ? (II, 277, *Brit.* 489.)
   Voyez I, 547, *Alex.* 515; III, 69, *Mithr.* 1049; III, 155, *Iph.* 77; III, 352, *Phèd.* 842.
   .... Se faire un *front* qui ne rougit jamais. (III, 353, *Phèd.* 852.)

FROTTER :
   *Ces servantes... apportent de l'huile pour le *frotter*. (VI, 117, *Rem. sur l'Odyss.*)
   *Junon *frotte* Diane (*la frappe légèrement*). (VI, 209, *Livres ann.*)

FRUCTIFIER, au figuré :
   *La vertu..., au lieu de *fructifier*, s'altère. (VI, 285, *Livres ann.*)

FRUIT, au propre et au figuré :
Qu'il soit comme le *fruit* en naissant arraché. (III, 622, *Ath.* 285.)
De leurs champs.... portant les nouveaux *fruits*. (III, 606, *Ath.* 10.)
Il a cru vos conseils; sa mort en est le *fruit*. (I, 471, *Théb.* 1288.)
De mon aveugle amour seroient-ce là les *fruits*? (II, 527, *Baj.* 1071.)
Seigneur, fais de ta grâce à notre âme abattue
   Goûter les *fruits* heureux. (IV, 130, *Poés. div.* 10.)
De son fatal hymen je cultivois les *fruits*. (III, 325, *Phèd.* 300.)
Voici le temps, Seigneur, où vous devez attendre
Le *fruit* de tant de sang qu'ils vous ont vu répandre. (II, 379, *Brit.* 116.)
....Que le *fruit* du crime en précède la peine. (II, 79, *Andr.* 778.)
Quel *fruit* me reviendra d'un aveu téméraire? (II, 375, *Bér.* 31.)

Je lui laissai sans *fruit* consumer sa tendresse. (II, 312, *Brit.* 1179.)
*Discours qui.... ne font point de *fruit*. (VI, 296, *Livres ann.*)
Voyez I, 438, *Théb.* 696; II, 49, *Andr.* 192; II, 77, *Andr.* 728; II, 79, *Andr.* 784; II, 119, *Andr.* 1555; III, 610, *Ath.* 87.

FRUITIER, arbre fruitier, IV, 27, *Poés. div.* 81.

FRUSTRÉ DE :
.... Qui sait ce qu'aux Grecs, *frustrés* de leur victime,
Peut permettre un courroux qu'ils croiront légitime? (III, 165, *Iph.* 293.)

FUGITIF, IVE :
Je cours, et je ne vois que des troupes craintives
D'esclaves effrayés, de femmes *fugitives*.
     (II, 556, *Baj.* 1662; voyez IV, 66, *Poés. div.* 1.)
Oui, tu retiens, Amour, mon âme *fugitive*. (I, 468, *Théb.* 1223.)

FUIR; FUIR DE; S'EN FUIR :
Au seul son de sa voix, la mer *fuit*.... (III, 480, *Esth.* 225.)
Cette paix que je cherche et qui me *fuit* toujours. (III, 630, *Ath.* 438.)
Il rentre : chacun *fuit* son silence farouche. (II, 339, *Brit.* 1755.)
.... D'une égale ardeur ils *fuyoient de* ces lieux. (I, 472, *Théb.* 1311.)
Fuyez, Hémon, *fuyez de* la fille d'Œdipe. (I, 423, *Théb.* var.)
*Fuir d'un excès à un autre. (VI, 311, *Livres ann.*)
Voyez II, 64, *Andr.* 496; II, 386, *Bér.* 273; VI, 287, note 2, *Livres ann.*
*Elle *fuit* extrêmement *de* s'abaisser. (VI, 103, *Rem. sur l'Odyss.*)
*Si Mars *s'en* étoit une fois *fui*. (VI, 137, *Rem. sur l'Odyss.*; voyez EN, pronom, p. 181.)

FUITE, au sens propre; FUITE, échappatoire :
Ma *fuite* arrêtera vos discordes fatales. (II, 306, *Brit.* 1075.)
Vous résistez en vain, et j'entends votre *fuite*. (III, 71, *Mithr.* 1095.)

FUMÉE, au propre et au figuré :
Ces torrents de *fumée*, et ce bruit dans les airs. (III, 624, *Ath.* 338.)
  Ces beaux projets.... s'en allèrent en *fumée*. (V, 261, *Camp. de L. XIV.*)
Elle voit dissiper sa jeunesse en regrets,
Mon amour en *fumée*, et son bien en procès. (II, 155, *Plaid.* 146.)

FUMER ; FUMER DE :
.... Au pied des autels que je faisois *fumer*. (III, 324, *Phèd.* 287.)
Dans Rome les autels *fumoient de* sacrifices. (II, 313, *Brit.* 1188.)
Jamais *de* plus de sang ses autels n'ont *fumé*. (III, 231, *Iph.* 1604.)
Tous les temples ouverts *fument* en votre nom. (II, 429, *Bér.* 1222.)
  .... Au pied des murs *fumants* de Troie. (II, 49, *Andr.* 186.)
Elle approche : elle voit l'herbe rouge et *fumante*. (III, 394, *Phèd.* 1577.)
.... La triste Italie encor toute *fumante*
Des feux qu'a rallumés sa liberté mourante. (III, 59, *Mithr.* 815 et 816.)
Me montrer votre cœur *fumant* sur un autel. (III, 201, *Iph.* 976.)

* FUMIER, VI, 150, *Rem. sur l'Odyssée.*

FUNÉRAILLES :
....Hector privé de *funérailles*. (II, 90. *Andr.* 993 ; voyez II, 379, *Bér.* 112.)
  (Les étoiles) Comme torches funèbres
   Font les *funérailles* du jour. (IV, 42, *Poés. div.* 80.)

FUNESTE ; FUNESTE À :
Ils n'ont point d'ennemi plus *funeste* que vous. (I, 551, *Alex.* 616.)

Moi-même des objets j'ai vu le plus *funeste*. (II, 559, *Baj.* 1697.)
Courroux *funeste*. (II, 323, *Brit.* 1419.) — Récit *funeste*.(II, 384, *Bér.* 227.)
.... *Funeste* nouvelle. (I, 468, *Théb.* 1234.)
* L'état *funeste* de la ville. (VI, 234, *Livres an*v.)
.... Ces ennuis si *funestes*. (I, 432, *Théb.* 591.)
.... Aussitôt ma main, à moi seule *funeste*,
D'une infidèle vie abrégera le reste. (II, 96, *Andr.* 1093.)
Quittez, Seigneur, quittez ce *funeste* langage. (II, 65, *Andr.* 505.)
La douleur qui se tait n'en est que plus *funeste*. (II, 81, *Andr.* 834.)
Combien je me plaignis de ce devoir *funeste*. (III, 30, *Mithr.* 199.)
  Funeste amitié, *funestes* appas, *funeste* aveuglement, estime *funeste*, *funeste* spectacle : voyez Amitié, Appas, etc.

FUREUR, fureurs :
Avant que sa *fureur* ravageât tout le monde. (I, 547, *Alex.* 517.)
.... Deux puissantes armées....
De leur *fureur* partout font voler les éclats. (I, 555, *Alex.* 691.)
Quelle *fureur* saisit votre esprit et le sien? (II, 507, *Baj.* 587.)
.... Mathan, par ce bruit qui flatte sa *fureur*.... (III, 661, *Ath.* 1001.)
J'ai craint une *fureur* à vous-même fatale. (III, 374, *Phèd.* 1217.)
....Sa feinte bonté se tournant en *fureur*,
Les délices de Rome en devinrent l'horreur. (II, 257, *Brit.* 41.)
Qu'à la *fureur* du glaive on le livre avec elle. (III, 703, *Ath.* 1796.)
Athalie en *fureur* demande Éliacin. (III, 663, *Ath.* 1045.)
De ce prince admirant l'héroïque *fureur*. (I, 436, *Théb.* 661.)
La *fureur* de mes feux. (III, 375, *Phèd.* 1228; voy. III, 396, *ibid.* 1627.)
Sers ma *fureur*, OEnone, et non point ma raison. (III, 349, *Phèd.* 792.)
Expier la *fureur* d'un vœu que je déteste. (III, 397, *Phèd.* 1650.)
Voy. II, 321, *Brit.* 1382; II, 337, *Brit.* 1704; II, 384, *Bér.* 218; III, 646, *Ath.* 709.
Mes *fureurs* au dehors ont osé se répandre. (III, 347, *Phèd.* 741.)
Consultons des *fureurs* qu'autorisent les Dieux. (III, 208, *Iph.* 1144.)
  Le cours de la *fureur*; répandre ses *fureurs*; tranquille *fureur* : voyez Cours, Répandre, Tranquille.

FURIE, fureur violente; furie, femme méchante et emportée :
....Par quelle barbarie
A-t-on de votre maitre excité la *furie*? (I, 547, *Alex.* 522.)
Madame, il va bientôt revenir en *furie*. (II, 92, *Andr.* 1042.)
....Amurat en *furie*. (II, 492, *Baj.* 265.)
Quoi ? Votre amour se veut charger d'une *furie*? (II, 78, *Andr.* 753.)

FURIEUSEMENT :
Je crains *furieusement* le chagrin où vous met votre maladie. (VI, 378, *Lettres*; voyez VI, 417 et 497, *Lettres*.)

FURIEUX, adjectif; furieux, substantivement :
Sors, traître. N'attends pas qu'un père *furieux*
Te fasse avec opprobre arracher de ces lieux. (III, 370, *Phèd.* 1155.)
....Regards *furieux*. (II, 337, *Brit.* 1697.)
Je vois ces jeunes *furieux*
Qui semblent menacer les cieux. (IV, 37, *Poés. div.* 25.)

FUSELIER, fusilier, V, 109, *Notes historiques*; VII, 43, *Lettres*.
  Richelet dit dans son *Dictionnaire* (1680) : « L'auteur de la *Relation des campagnes de Rocroi et de Fribourg* (Henri de Bessé), qui est un écrivain exact et élégant, a toujours écrit *fusiliers*, mais on croit qu'en cela on ne le doit point imiter. L'usage, plus fort que la raison dans notre langue, veut qu'on dise *fuselier*. » Voyez aussi les *Observations de M. Ménage sur la langue françoise*, chapitre LXXXIII.

FUTAIE :

Je vois les altières *futaies*. (IV, 27, *Poés. div.* 71.)

FUYARD :

* Il entra dedans (*dans la place*) pêle-mêle avec les *fuyards*. (V, 96, *Notes hist.*; voyez V, 276, *Camp. de Louis XIV*.)

G

GABION, VII, 43 et 48, *Lettres*.

GAGE, sens et emplois divers :

Essayez, en prenant notre amitié pour *gage*. (I, 546, *Alex.* 497.)
D'une éternelle paix Hermione est le *gage*. (II, 70, *Andr.* 618.)
Un *gage* trop certain des malheurs de l'État. (II, 338, *Brit.* 1706.)
....De mon amitié mon silence est un *gage*. (II, 386, *Bér.* 263.)
  * Les poëmes.... sont un *gage* fidèle des grandes vertus. (VI, 47, *Rem. sur Pind.*)
D'aucun *gage*, Narcisse, ils n'honorent sa couche. (II, 277, *Brit.* 472.)
Je croyois que.... vous nous aviez cassés aux *gages*. (VI, 426, *Lettres*.)

GAGNER, emplois divers :

....Je perds beaucoup moins que je ne crois *gagner*. (I, 480, *Théb.* 1440.)
Si par un parricide il la falloit *gagner* (*la couronne*). (I, 403, *Théb.* 73.)
Si la vertu se perd quand on *gagne* l'empire. (I, 456, *Théb.* 1048.)
Détruire cet empire afin de le *gagner*. (I, 455, *Théb.* 1041.)
J'ai su que Polynice *a gagné* la victoire. (I, 472, *Théb.* 1302.)
Songeons plutôt, songeons à *gagner* sa tendresse. (III, 84, *Mithr.* 1399.)
Six écus en *gagnoient* une demi-douzaine (*de procès*);
Mais aujourd'hui, je crois que tout mon bien entier
Ne me suffiroit pas pour *gagner* un portier. (II, 158, *Plaid.* 184 et 186.)
.... On peut bien le vaincre, et non pas le *gagner*. (I, 449, *Théb.* 946.)
.... C'est lui seul enfin que vous devez *gagner*. (I, 587, *Alex.* 1388.)
....Hermione *gagnée*
Pour jamais de sa vue alloit être éloignée. (II, 77, *Andr.* 741.)
Gagner la petite vérole. (VII, 257, *Lettres*.)
Gagner les cœurs, son vainqueur : voyez COEUR, VAINQUEUR.

GAGNER est écrit *gaigner* en divers endroits des autographes de Racine (VI, 233, 235, 297, 330, *Livres annotés*; VI, 379, *Lettres*). Cette orthographe est constamment suivie dans l'édition originale de *la Thébaïde* (1664).

GAIETÉ (DE) DE CŒUR :

Quelque héros ivre, qui se voudroit faire haïr de sa maîtresse *de gaieté de cœur*. (II, 247, *Brit.* 1re préf.; voyez VI, 352, *Livres ann.*)

GAILLARD, ARDE :

C'est une belle chose de voir le compère cardeur et le menuisier *gaillard* avec la robe rouge. (VI, 424, *Lettres*.)
Je me réjouis que Mlle Manon soit si *gaillarde*. (VI, 466, *Lettres*.)
  * Naturel *gaillard* de Cicéron. (VI, 294, *Livres ann.*)
Il n'y a pas un curé ni un maître d'école qui ne m'ait fait le compliment *gaillard*. (VI, 419, *Lettres*.)

GAÎMENT :

Çà, ne signez-vous pas, Monsieur ? — Oui-da, *gaiment*. (II, 185, *Plaid.* 497.)

GALANT, ante, adjectif ; galant, substantivement :

*Cette harangue est une des plus belles pièces d'Homère et des plus galantes. (VI, 114, *Rem. sur l'Odyss.*)
Ce n'est pas assez de souffrir en *galant* homme les petites plaisanteries. (VII, 266, *Lettres.*)
Voyez V, 456, *Trad.*; VI, 132, *Rem. sur l'Odyss.*; VII, 233, *Lettres.*
.... Battre le pavé comme un tas de *galants*. (II, 152, *Plaid.* 85.)

GALIMATIAS :

J'ai bien peur que les comédiens n'aiment.... que le *galimatias*, pourvu qu'il vienne d'un grand auteur. (VI, 377, *Lettres*; voyez VI, 448, *ibid.*)

GALOP, au propre et au figuré :

Je ne manquois pas tous les soirs de prendre le *galop* devant les autres, pour aller retenir mon lit. (VI, 413, *Lettres.*)
(*Il*) court le grand *galop* quand il est à son fait. (II, 210, *Plaid.* 765.)

GARANT :

Vous me rendez *garant* du reste de sa vie. (II, 263, *Brit.* 172.)
De ce titre odieux mes droits me sont *garants*. (I, 425, *Théb.* 485.)
Il est mort ; et j'en ai pour *garants* trop certains
Son courage et son nom trop suspects aux Romains.
(III, 89, *Mithr.* 1477.)

GARANTIR de :

Votre nom peut encor plus que toute une armée.
Je m'en dois *garantir*.... (I, 593, *Alex.* 1499.)
*Garantis-moi *du* blâme. (VI, 44, *Rem. sur Pind.*)

GARÇON, adolescent, VI, 42, *Rem. sur Pind.*

GARDE, sens et emplois divers :

Prends *garde* que jamais l'astre qui nous éclaire
Ne te voie en ces lieux mettre un pied téméraire. (III, 365, *Phéd.* 1061.)
*Le poëte doit.... prendre *garde*.... de ne rien faire qui choque, etc. (V, 486, *Trad.*)
....L'Intimé, prends-y *garde*. (II, 194, *Plaid.* 579; voy. VI, 245, *L. ann.*)
*Si on ne se donne de *garde* des vices. (VI, 304, *Livres ann.*)
Il exhortoit les fidèles à se bien donner de *garde* d'aller invoquer Dieu dans l'église de Port-Royal. (IV, 472, *P. R.*; voyez VI, 416, *Lettr.*)
Sa paisible valeur me sert ici de *garde*. (I, 556, *Alex.* 710.)
*Il tomba sur une *garde* de dragons. (V, 96, *Notes hist.*)
Il n'y eut jamais de *garde* (*-malade*) si vigilante. (VII, 291, *Lettres.*)

GARDE, gardes d'une épée :

Épée sanglante jusqu'à la *garde*. (VII, 22, *Lettres.*)
* Ulysse eut envie.... de la fourrer (*son épée*) jusqu'aux *gardes* dans un si grand corps. (VI, 149, *Rem. sur l'Odyss.*)

GARDE-FOU :

Faites donc mettre au moins des *garde-fous* là-haut. (II, 153, *Plaid.* 114.)

GARDER ; garder de ; se garder (de) ; garder que :

....C'est le prix que vous *gardoit* l'ingrate. (II, 72, *Andr.* 657.)
....S'il vous *garde* encore un reste de courroux. (II, 442, *Bér.* 1465.)
J'ignore quel succès le sort *garde* à mes armes. (II, 91, *Andr.* 1022.)
Tu ne *gardes* pour moi respect ni complaisance. (II, 195, *Plaid.* 599.)
.... L'amour la plus tendre et la plus malheureuse
Dont il (*l'univers*) puisse *garder* l'histoire douloureuse. (II, 444, *Bér.* 1504.)

Maintiendrai-je des lois que je ne puis *garder?* (II, 425, *Bér.* 1146.)
*La poésie *garde* toujours le vraisemblable. (VI, 303, *Livres ann.*)
Permettez que veillant au soin de votre tête,
A cet heureux amant l'on *garde* sa conquête. (I, 556, *Alex.* 722.)
Madame, vous voulez vous *garder* à Pharnace. (III, 70, *Mithr.* 1080.)
Voyez I, 559, *Alex.* 763; II, 106, *Andr.* 1314; II, 110, *Andr.* 1392; II, 154, *Plaid.* 122; II, 284, *Brit.* 661; III, 479, *Esth.* 212; V, 387, *Factums*.
Ah! princesse, *gardez* d'en profaner la gloire (*de ce bandeau*).
(III, 674, *Ath.* 1253.)
Voyez II, 109, *Andr.* 1387; II, 504, *Baj.* 539; II, 524, *Baj.* 1012.
Des roses que sa main *gardera* de vieillir. (IV, 63, *Poés. div.* 186.)
*Un lion songe, dans une foule de gens, pour *se garder* d'être enfermé. (VI, 94, *Rem. sur l'Odyss.*)
Gardez qu'avant le coup votre dessein n'éclate.
(II, 80, *Andr.* 801; voyez III, 224, *Iph.* 1476.)
Garder sa foi, un jeûne, le lit, un auguste silence: voyez Foi, Jeûne, etc.

GARDE-ROBE :
Regarde dans ma chambre et dans ma *garde-robe*
Les portraits des Dandins : tous ont porté la robe. (II, 152, *Plaid.* 91.)

GARENNE :
Prends-moi dans mon clapier trois lapins de *garenne*. (II, 157, *Plaid.* 168.)

GARGARISER (Se) :
Vous gargariser la gorge avec de l'eau. (V, 474, *Trad.*)

GARNIR de :
*Homère... les *garnit* toujours (*les héros*) *de* vivres. (VI, 126, *Rem. sur l'Odyss.*)

GAZETIER :
* Tout cèla est trop long et sent le *gazetier*. (VI, 344, *Livres ann.*)
Je n'ose pas usurper sur le *gazetier* l'honneur de vous en faire le récit. (VI, 505, *Lettres.*)

GAZOUILLEMENT :
....Leurs doux *gazouillements* (*des ruisseaux*). (IV, 34, *Poés. div.* 18.)

GÉANT :
Je vois les tilleuls et les chênes,
Ces *géants* de cent bras armés. (IV, 31, *Poés. div.* 22.)

GELÉ :
La foudre, quand il (*le Roi*) veut, tombe aux climats *gelés*.
(IV, 87, *Poés. div.* 51.)

GÉMIR :
Presse, pleure, *gémis*; plains-lui Phèdre mourante. (III, 350, *Phèd.* 809.)
Alexandre le sait, Taxile en a *gémi*. (I, 592, *Alex.* 1480.)
Un peuple sans vigueur et presque inanimé,
Qui *gémissoit* sous l'or dont il étoit armé. (I, 549, *Alex.* 564.)
On se menace, on court, l'air *gémit*, le fer brille. (III, 237, *Iph.* 1705.)

GÉMISSEMENT :
En ai-je pu tirer (*de Pyrrhus*) un seul *gémissement* ? (II, 111, *Andr.* 1400.)

GENDRE :
Le Parthe vous recherche et vous demande un *gendre*. (III, 62, *Mithr.* 891.)

GÊNE, torture :
Sont-ils d'accord tous deux pour me mettre à la *gêne*? (III, 386, *Phèd.* 1454.)

GÊNER, tourmenter, chagriner, embarrasser ; SE GÊNER :
Et le puis-je, Madame? Ah! que vous me *gênez!* (II, 57, *Andr.* 343.)
Britannicus le *gêne*, Albine ; et chaque jour
Je sens que je deviens importune à mon tour. (II, 256, *Brit.* 13.)
.... Lassé d'un respect qui vous *gênoit* peut-être,
Vous avez affecté de ne me plus connoitre. (II, 313, *Brit.* 1199.)
N'allons point les *gêner* d'un soin embarrassant. (III, 636, *Ath.* 569.)
Adieu : nous ne faisons tous deux que *nous gêner*. (I, 477, *Théb.* 1403.)
Mon cœur.... trop prompt à *se gêner*. (II, 107, *Andr.* 1347.)
Quoi? ne vous plairez-vous qu'à *vous gêner* sans cesse? (II, 410, *Bér.* 815.)
....A *me gêner* appliquant mes esprits. (II, 536, *Baj.* 1231.)

GÉNÉRAL, substantivement :
La fille du *général* de la Grèce. (IV, 11, *Plan d'Iph. en Taur.*)
Général (d'un ordre religieux). (IV, 391, *P. R.*)

GÉNÉRALISSIME, V, 251, *Camp. de Louis XIV*.

GÉNÉREUX :
*Le *généreux* Bellérophon. (VI, 52, *Rem. sur Pind.*)
*Être *généreux* contre les hommes et contre la fortune. (VI, 297, *L. ann.*)
Que peut-on refuser à ces *généreux* coups? (II, 107, *Andr.* 1340.)

GÉNIE, naturel, talent, esprit :
Enfin, Burrhus, Néron découvre son *génie*. (II, 293, *Brit.* 800.)
Mon *génie* étonné tremble devant le sien. (II, 278, *Brit.* 506.)
Il n'y a point de *génie* un peu élevé au-dessus des autres.... que le Roi, par ses largesses, n'ait excité à travailler. (V, 303, *Camp. de L. XIV.*)
Il a honoré de ses bienfaits cet excellent *génie*. (IV, 361, *Disc. acad.*)
Bien qu'il n'eût pas la même étendue de *génie* et de science que M. Arnauld.... (IV, 474, *P. R.*)
Tout le monde sait que (*M. Arnauld*).... étoit un *génie* admirable pour les lettres. (IV, 478, *P. R.*)
L'inclination et le *génie* prodigieux qu'il (*Pascal*) avoit pour les mathématiques. (IV, 460, *P. R.*)
M. le duc de Luynes.... avoit un très-beau *génie* pour la traduction IV, 459, *P. R.*)
*Comédie et tragédie est du même *génie*. (VI, 272, *Livres ann.*)

GENOU, GENOUX :
Sauvez Aman, qui tremble à vos sacrés *genoux*. (III, 534, *Esth.* 1167.)
....Fais à son aspect que tout *genou* fléchisse. (III, 503, *Esth.* 622.)
Jamais à tes autels (*il*) n'a fléchi les *genoux*. (III, 351, *Phèd.* 820.)

GENS :
Quelles *gens* trouverez-vous au monde plus sages et plus estimés que ceux-là? (VII, 144, *Lettres.*)
Toutes ces sortes de *gens* déclamèrent.... contre les Religieuses de Port-Royal. (IV, 391, *P. R.*)
Nous sommes *gens* à qui il ne faut pas grand'chose pour faire bonne chère. (VI, 521, *Lettres.*)
Je sais que vous faites la guerre en honnêtes *gens*. (VII, 51, *Lettres.*)
Les ennemis se défendirent en fort braves *gens*. (VII, 16, *Lettres.*)
C'est le vice de la plupart des *gens* de communauté de croire que, etc. (IV, 438, *P. R.*)

Ils perdirent... plusieurs officiers et plusieurs *gens* de distinction. (V, 333, *Siége de Nam.*)
*Les Nymphes lui suscitent des chevreuils pour le dîner de ses *gens*. (VI, 145, *Rem. sur l'Odyss.*)
Gens de cour, de lettres, de robe : voyez COUR, LETTRES, ROBE.

GENTILHOMME :
Tu fais le *gentilhomme*.... (II, 152, *Plaid.* 90.)

GERBE, au propre, VI, 479, *Lettres*.

GÉSIR :
Icy *gist* Madelaine de Lamoignon. (V, 13, *Épitaphes*.)

GLACE, au figuré, sens physique et sens moral :
....Sa *glace* liquide (*d'un étang*). (IV, 30, *Poés. div.* 9.)
Quand je suis tout de feu, d'où vous vient cette *glace?*
(III, 382, *Phèd.* 1374.)
Vous ne me dites rien? Quel accueil! quelle *glace!* (II, 287, *Brit.* 707.)

GLACER, SE GLACER, au figuré :
...Un reste de sang que l'âge *avoit glacé*.
(II, 107, *Andr.* 1336; voyez III, 85, *Mithr.* 1420.)
... Je suis seul encor. Les amis de mon père
Sont autant d'inconnus que *glace* ma misère. (II, 270, *Brit.* 324.)
Quoi? la peur *a glacé* mes indignes soldats? (III, 700, *Ath.* 1737.)
.... Je brûle en vain pour une âme *glacée?* (I, 577, *Alex.* 1185.)
Trouverai-je l'amant *glacé* comme le père? (III, 182, *Iph.* 614.)
....Un silence *glacé*. (II, 438, *Bér.* 1378.)
Juste ciel! tout mon sang dans mes veines *se glace*.
(III, 322, *Phèd.* 265; voyez III, 154, *Iph.* 64.)
.... Sa langue en sa bouche à l'instant *s'est glacée*. (III, 629, *Ath.* 411.)

GLACIS, terme de fortification, VI, 343, *Livres annotés*.

GLADIATEUR :
Spartacus, un esclave, un vil *gladiateur*. (III, 59, *Mithr.* 822.)

GLAIVE :
Qu'à la fureur du *glaive* on le livre avec elle. (III, 703, *Ath.* 1796.)
Quel est ce *glaive*.... qui marche devant eux?
(III, 674, *Ath.* 1240; voyez *ibid.* 1246 et 1248.)

GLISSER (SE) :
J'ai couru vers le temple, où nos Grecs dispersés
Se sont jusqu'à l'autel dans la foule *glissés*. (II, 116, *Andr.* 1500.)
....L'espoir, malgré moi, *s'est glissé* dans mon cœur. (III, 348, *Phèd.* 768.)

GLOIRE; FAIRE GLOIRE DE :
Venez dans mon palais, vous y verrez ma *gloire*. (III, 643, *Ath.* 679.)
Pourquoi de cette *gloire* exclus jusqu'à ce jour,
M'avez-vous, sans pitié, relégué dans ma cour? (II, 280, *Brit.* 545.)
Dis-leur ce que tu vois; et de toute ma *gloire*,
Phœdime, conte-leur la malheureuse histoire. (III, 91, *Mithr.* 1531.)
Loin de s'épouvanter à l'aspect de sa *gloire*. (I, 526, *Alex.* 21.)
....Dans le cours de ma *gloire* passée. (II, 324, *Brit.* 1447.)
.... De la *gloire* évitant le sentier. (III, 163, *Iph.* 255.)
.... Je perdois ma *gloire* à demeurer ici. (I, 402, *Théb.* 58.)
Ma *gloire* inexorable à toute heure me suit. (II, 439, *Bér.* 1394.)
Non, il le faut ici confesser à sa *gloire*. (II, 331, *Brit.* 1599.)

Vous ne dédaignez pas cette *gloire* obscure que les gens de lettres s'étoient réservée. (II, 31, *Andr.* épitre.)
  *La *gloire* de ses pieds, c'est-à-dire sa vitesse. (VI, 49, *Rem. sur Pind.*)
Vous n'empêcherez pas que ma *gloire* offensée
N'en punisse aussitôt la coupable pensée. (III, 54, *Mithr.* 735.)
Peut-on de nos malheurs leur dérober l'histoire?
Tout l'univers les sait; vous-même *en faites gloire*. (III, 646, *Ath.* 708.)
  Ces personnes à qui je *ferai* toujours *gloire de* plaire. (II, 369, *Bér.* préf.)
  *C'est une espèce de fureur de *faire gloire de* cette impiété. (VI, 40, *Rem. sur Pind.*)
Voyez I, 439, *Théb.* 734; III, 179, *Iph.* 564.

GLORIEUX, EUSE :

Par des faits *glorieux* tu te vas signaler. (II, 336, *Brit.* 1673.)
  La garnison se croit trop *glorieuse* de pouvoir sortir tambour battant et enseignes déployées. (V, 254, *Camp. de Louis XIV.*)

GLORIFIER (SE) DE :

Le même siècle qui *se glorifie* aujourd'hui *d*'avoir produit Auguste, ne *se glorifie* guère moins *d*'avoir produit Horace et Virgile. (IV, 360, *Disc. acad.*)

GORGE :

De festons odieux ma fille couronnée
Tend la *gorge* aux couteaux par son père apprêtés. (III, 236, *Iph.* 1695.)

GOÛT ; AVOIR DU GOÛT POUR, À :

Quelques critiques, qui prétendent assujettir le *goût* du public aux dégoûts d'un esprit malade. (I, 517, *Alex.* 1ʳᵉ préf.)
  Je ne représente point à ces critiques le *goût* de l'antiquité. Je vois bien qu'ils le connoissent médiocrement. (I, 519, *Alex.* 1ʳᵉ préf.)
  Elle *avoit* plus *de goût pour* la Mère du Fargis. (IV, 606, *P. R.*)
Je n'*ai de goût qu'aux* pleurs que tu me vois répandre. (III, 484, *Esth.* 282.)
Voyez le *Lexique de Corneille*

GOÛTER, au figuré :

Goûtez tout le plaisir d'une grandeur nouvelle. (I, 477, *Théb.* 1402.)
Par moi Jérusalem *goûte* un calme profond. (III, 632, *Ath.* 473.)
  (*Elle*) *goûtoit* une paix profonde. (V, 10, *Épitaphes.*)

GOUVERNER, SE GOUVERNER :

  .... Jamais sans ses avis (*sans les avis de Pallas*)
Claude, qu'il *gouvernoit*, n'eût adopté mon fils. (II, 294, *Brit.* 814.)
.... Laissant à mes soins *gouverner* votre zèle,
Pour paroitre attendre que ma voix vous appelle. (III, 697, *Ath.* 1691.)
  Gouverner un vaisseau. (VI, 79, *Rem. sur l'Odyss.*)
  *Des personnes qui sont capables de *se gouverner*. (V, 467, *Trad.*)

GOUVERNEUR :

(J'eus soin de vous nommer) Des *gouverneurs* que Rome honoroit de sa voix.
          (II, 312, *Brit.* 1162; voyez II, 243, 251, 252 et 254, *Brit.*)
  Phœnix, *gouverneur* d'Achille. (II, 40, *Andr.* acteurs.)

GOUTTE :

Si du sang de nos rois quelque *goutte* échappée.... (III, 614, *Ath.* 144.)

GOUTTIÈRE, II, 187, *Plaid.* 515.

GRÂCE, GRÂCES, sens divers :
Devant ses yeux cruels une autre a trouvé *grâce*.
(III, 374, *Phèd*. 1210 ; voyez II, 507, *Baj*. 604.)
Elle croit m'affliger : sa haine me fait *grâce*. (II, 415, *Bér*. 924.)
Hé bien ! il faut le perdre, et prévenir sa *grâce*. (II, 100, *Andr*. 1201.)
Voyez III, 480, *Esth*. 237.
* (*Il*) étoit fort dans ses bonnes *grâces*. (V, 102, *Notes hist*.)
* J'ai perdu ses bonnes *grâces*. (VI, 241, *Livres ann*.)
.... De vos soins j'irai vous rendre *grâces*.
(II, 330, *Brit*. 1572 ; voyez II, 41, *Andr*. 8.)
Grâce aux Dieux ! mon malheur passe mon espérance. (II, 123, *Andr*. 1613.)
* Action de *grâce* (*sic*) aux Muses. (VI, 327, *Livres ann*.)
Grâce efficace. (IV, 449, *P. R.*)

GRACIEUSEMENT :
Le Roi.... lui rendit *gracieusement* ses États. (V, 47, *Méd*.)

GRACIEUX :
.... Cet étang *gracieux*. (IV, 30, *Poés. div*. 2.)

GRAISSE :
Nanette crève de *graisse*. (VI, 539, *Lettres*.)

GRAISSER, dans des locutions proverbiales :
On n'entroit point chez nous sans *graisser* le marteau. (II, 146, *Plaid*. 14.)
Il disoit qu'un plaideur dont l'affaire alloit mal
Avoit *graissé* la patte à ce pauvre animal. (II, 147, *Plaid*. 38.)

GRAMMATICAL, ALE :
Une justesse *grammaticale* qui va jusqu'à l'affectation. (IV, 440, *P. R.*)

GRAND, au masculin et au féminin :
Je vous prie très-humblement de m'acquitter d'un *grand* merci envers Monsieur le prieur de la Ferté. (VI, 463, *Lettres*; voyez VI, 431, *Lettres*.)
Un *grand* peuple les suit.... (II, 430, *Bér*. 1244.)
Jamais, au *grand* jamais, elle ne me quitta. (II, 152, *Plaid*. 105.)
(*Il*) couchera dans votre *grand* chambre avec sa mie. (VII, 231, *Lettr*.)
*(*Ils*) se mirent à boire et faire *grand* chère. (VI, 142, *Rem. sur l'Odyss*.)
Grand chose. (VI, 521, *Lettres*; V, 158 et 166, *Notes hist*.)
D'ordinaire Racine écrit, avec raison, sans apostrophe, *grand* employé ainsi au féminin. Cependant il lui est arrivé, par exception, de mettre l'apostrophe : ainsi à grand'chère (VI, 145). — Il a souligné dans Vaugelas *si grand peur ;* et *grand'* (*sic*), dans la locution : « on eut *grand'* peine, » à propos de laquelle il ajoute : « Ab[ancourt] dit aussi à *grande* peine » (VI, 356).

GRANDEMENT :
* *Grandement* irrité. (VI, 119, *Rem. sur l'Odyss*.)

GRANDEUR :
.... Tant de *grandeurs* ne nous touchent plus guère. (II, 57, *Andr*. 333.)
.... Loin des *grandeurs* dont il est revêtu. (II, 381, *Bér*. 161.)
J'entends chanter de Dieu les *grandeurs* infinies. (III, 643, *Ath*. 675.)
Il faut ici montrer la *grandeur* de votre âme. (II, 414, *Bér*. 904.)
Dans un quartier comme celui-ci, où il n'y a que des gueux, c'est *grandeur* que d'aller au cabaret. (VI, 385, *Lettres*.)

GRAVER, au propre et au figuré :
....*Gravant* en airain ses frêles avantages. (III, 56, *Mithr*. 767.)
Ses rides sur son front *gravoient* tous ses exploits. (II, 156, *Plaid*. 154.)
Oui, Madame, je veux que ma reconnoissance

GRO] DE RACINE. 249

Désormais dans les cœurs *grave* votre puissance. (II, 317, *Brit.* 1296.)
Ces morts, cette Lesbos, ces cendres, cette flamme,
Sont les traits dont l'amour l'*a gravé* dans votre âme. (III,185, *Iph.* 682.)
Moi je l'excuserois? Ah! vos bontés, Madame,
Ont *gravé* trop avant ses crimes dans mon âme. (II, 100, *Andr.* 1178.)

GRAVITÉ :
.... Autant d'incidents dignes de la *gravité* de Scaramouche. (II, 140, *Plaid.* au lect.)

GRÉ ; AU GRÉ DE :
*Les Dieux lui ont su bon *gré* d'avoir sacrifié sa vie. (V, 465, *Trad.*)
.... Dois-je préférer, *au gré de* vos souhaits,
Le soin de votre amour à celui de la paix? (I, 416, *Théb.* 313.)
   .... *Au gré de* votre impatience. (I, 550, *Alex.* 597.)
.... Oreste *à son gré* m'impute ses douleurs. (II, 82, *Andr.* 847.)
Le sang *à votre gré* coule trop lentement. (III, 637, *Ath.* 578.)

GRECS ; GRÈCE :
Sur l'emploi de ces deux mots dans *la Thebaïde*, voyez I, 435, note 3.

GRENETIER (CHARGE DE), VI, 529, *Lettres*.

GRENIER À SEL, VI, 533, *Lettres*.

GRIEF :
Griefs et faits nouveaux, baux et procès-verbaux. (II, 161, *Plaid.* 225.)

GRIMACER :
   * D'un crêpe noir Hécube embéguinée
   Lamente, pleure, et *grimace* toujours. (IV, 240, *Poés. div.* 2^d app.)

GRIMPER :
Ils *grimpent* sur le roc en se donnant la main les uns aux autres. (V, 258, *Camp. de Louis XIV* ; voyez V, 332, *Siége de Nam.*)

GRONDER :
Pour les faire lever c'est en vain que je *gronde*. (II, 159, *Plaid.* 191.)
Voyez V, 125, l. 13, 18 et 19, *Notes hist.*

GROS, GROSSE, sens divers ; GROS DE :
Vous voyez qu'avec une si *grosse* famille on n'est pas sans embarras. (VII, 272, *Lettres*.)
   * Elle avoit écrit.... qu'elle étoit *grosse*. (V, 163, *Notes hist.*)
Le cœur *gros* de soupirs, qu'il n'a point écoutés. (III, 353, *Phèd.* 843.)
Voyez BOUILLON, BRAS, FIÈVRE, MAÇONNNERIE.

GROS, substantivement; EN GROS :
Le *gros* de l'assemblée fut de l'avis du premier ministre. (IV, 455, *P. R.*)
Tout ce qui s'écartoit du *gros* de l'armée. (V, 284, *Camp. de L. XIV.*)
.... Un *gros* de soldats, se jetant entre nous. (I, 566, *Alex.* 943.)
Le paysage *en gros*. (IV, 24, *Poés. div.* titre.)

GROSEILLE :
Manger.... des *groseilles* de Hollande. (VII, 254, *Lettres.*)

GROSSIÈRETÉ :
La *grossièreté* des idées. (V, 452, *Lettre à Despréaux*.)

GROSSIR, activement et neutralement :
L'Empereur, il est vrai, ne vient plus chaque jour
Mettre à vos pieds l'Empire, et *grossir* votre cour. (II, 264, *Brit.* 194.)

Il.... vint.... *grossir* la foule de ses auditeurs. (IV, 474, *P. R.*)
Nous verrons notre camp *grossir* à chaque pas. (III, 58, *Mithr.* 802.)

GRUE, dans une locution proverbiale :
Est-ce qu'il faut toujours faire le pied de *grue ?* (II, 148, *Plaid.* 52.)

GUÈRE :
Les médecins jugeant qu'elle ne pouvoit plus aller *guère* loin.... (IV, 516, *P. R.*)

GUÉRET :
....Prodigues *guérets*. (IV, 25, *Poés. div.* 18.)

GUERINETS, secte d'illuminés, IV, 399, *P. R.*

GUERRE, au propre et au figuré :
* La *guerre* du Turc. (V, 169, *Notes hist.*)
(Son cœur) N'a semblé respirer que *guerre* et que vengeance.
(III, 45, *Mithr.* 500.)
Ce cœur nourri de sang et de *guerre* affamé. (III, 43, *Mithr.* 458.)
Quelle *guerre* intestine avons-nous allumée ? (III, 530, *Esth.* 1105.)
Elle.... est fort railleuse : de quoi je lui fais souvent la *guerre*. (VII, 262, *Lettres;* voyez VI, 596, *Lettres*.)

GUERRIER, adjectivement :
* Yeux *guerriers* et courageux. (VI, 43, *Rem. sur Pind.*)

GUET (Chevalier du) :
Il (*l'Archevêque*) revint.... accompagné.... du *chevalier du guet*. (IV, 551, *P. R.*; voyez la note 1.)

GUEULE :
Est-ce qu'il faut toujours.... l'entendre crier?
Quelle *gueule !*... (II, 148, *Plaid.* 54 ; voyez la note 6.)
....(*Le monstre*) Leur présente une *gueule* enflammée.
(III, 390, *Phèd.* 1533.)

GUEUSERIE :
(*Qu'il*) Vienne ici nous faire rougir de sa *gueuserie*. (VII, 166, *Lettres*.)

GUEUX :
Un quartier comme celui-ci, où il n'y a que des *gueux*.(VI, 385, *Lettr.*)
*(*Ulysse*) déguisé en *gueux*. (VI, 89, *Rem. sur l'Odyss.*)

GUIDE, au figuré :
...Prenez-vous, Seigneur, leurs caprices pour *guides ?*(II, 324, *Brit.* 1432.)

GUIDER, voyez Bride.

GYMNOSOPHISTES, V, 554, *Trad.*

H

HABILLEMENT :
* Il (*Télémaque*) reprend ses *habillements*. (VI, 82, *Rem. sur l'Odyss.*)

HABIT, au propre et au figuré :
Elle réforma tout ce qu'il y avoit de mondain et de sensuel dans ses *habits*. (IV, 390, *P. R.*)
.... Éliacin.... le servoit en long *habit* de lin. (III, 628, *Ath.* 390.)

L'évêque persista à vouloir un ordre et un *habit* particulier. (IV, 405, *P. R.*)
Quatre de ces filles prirent l'*habit* le lendemain. (IV, 504, *P. R.*)
.... Vous (*arbres*) qui des riches *habits*
    De vos tremblants feuillages, etc. (IV, 41, *Poés. div.* 48.)

HABITÉ de :
    *Cette ile n'étoit *habitée* que de Calypso. (VI, 99, *Rem. sur l'Odyss.*)

HABITUDE :
Elle (*la maison de M. Champion*) est un peu loin de toutes vos *habitudes*. (VII, 147, *Lettres*.)
J'avois autrefois quelque *habitude* avec les gens dont vous parlez. (IV, 481, *P. R.*)
* L'ambassadeur ne se soucia pas trop de faire *habitude* avec lui. (V, 166, *Notes hist.*)
Ah! Narcisse, tu sais si de la servitude
Je prétends faire encore une longue *habitude*. (II, 270, *Brit.* 320.)

HABITUER (S'), s'établir, se fixer (voyez le *Lexique de Corneille*) :
    *Ergotélès.... s'étoit venu *habituer* à Himère. (VI, 49, *Rem. sur Pind.*)

HAINE :
Prends soin d'elle : ma *haine* a besoin de sa vie. (II, 540, *Baj.* 1322.)
.... Que reproche aux Juifs sa *haine* envenimée? (III, 530, *Esth.* 1104.)
            .... Votre âme prévenue
.... croit qu'en moi la *haine* est un effort d'amour. (II, 68, *Andr.* 580.)
            .... Cet effort magnanime
Qui vous fait mettre enfin votre *haine* au tombeau. (I, 444, *Théb.* 829.)
Quelque *haine* qu'on ait pour un fier ennemi. (I, 446, *Théb.* 885, var.)
Dans les éditions postérieures à 1676, Racine a substitué *contre* à *pour*.
Combien je vais sur moi faire éclater de *haines*! (II, 89, *Andr.* 962.)
Prêt d'unir avec moi sa *haine* et sa famille. (III, 61, *Mithr.* 851.)
J'ai pris la vie en *haine*, et ma flamme en horreur. (III, 325, *Phèd.* 308.)

HAÏR :
Dans le fond de ton cœur je sais que tu me *hais*. (II, 336, *Brit.* 1677.)
Il *hait* à cœur ouvert, ou cesse de *haïr*. (II, 327, *Brit.* 1518.)
    .... *Haïr* la vie et courir à la mort?
            (I, 439, *Théb.* 726 ; voyez *ibid.* 733.)
Vaincu deux fois, *haï* de ma belle princesse. (I, 583, *Alex.* 1289.)
Ne *haïssant* pas à se faire de fête, surtout avec les grands seigneurs. (IV, 607, *P. R.*)

HALEINE, au propre et au figuré :
    *L'on parle..., comme l'on dit, sans reprendre *haleine*. (V, 551, *Trad.*)
            .... Je suis tout hors d'*haleine*. (II, 173, *Plaid.* 344.)
Je croyois même que tout le monde étoit en *haleine* chez vous pour savoir ce qui en arriveroit. (VI, 450, *Lettres*.)
Leur sang même infecté de sa funeste *haleine* (de l'*haleine* de l'ambition).
            (I, 455, *Théb.* var.)

HANTER, neutralement :
    *(*On*) lui reprochoit qu'il *hantoit* dans des lieux infâmes. (V, 530, *Trad.*)

HARANGUER :
    *Lorsqu'il se leva.... pour *haranguer*. (VI, 67, l. 21, *Rem. sur l'Odyss.*; voyez *ibid.*, l. 8.)

HARDES :
Les *hardes* les plus nécessaires pour Fanchon. (VII, 297, *Lettres;* voyez IV, 394, *P. R.*)
Les troupes.... qui dans ce moment-là portoient leurs tentes et leurs autres *hardes* sur leurs épaules. (V, 331, *Siège de Nam.*)

HARDI, IE; HARDI À :
Quoi ? le traître sur vous porte ses mains *hardies?* (III, 534, *Esth.* 1168.)
.... (Je) ne suis point de ces femmes *hardies*
Qui goûtent dans le crime une tranquille paix. (III, 353, *Phèd.* 850.)
.... Un traître, qui n'est *hardi* qu'à m'offenser. (III, 49, *Mithr.* 602.)
Ils n'en furent pas moins *hardis à* publier qu'il étoit mort sans vouloir recevoir ses sacrements. (IV, 418, *P. R.*)

HARMONIE :
*Des trois *harmonies*, dorienne, phrygienne et lydienne, la dorienne ou la dorique étoit la plus grave. (VI, 11, *Rem. sur Pind.*)
    Rois, chassez la calomnie.
  Ses criminels attentats
  Des plus paisibles États
Troublent l'heureuse *harmonie*. (III, 523, *Esth.* 972.)

HARPIE :
Celles-ci, comme *harpies*, Pillent les livres entiers. (VI, 493, *Lettres.*

HASARD :
.... Bientôt les deux camps, aux pieds de son rempart,
Devoient de la bataille éprouver le *hasard*. (II, 490, *Baj.* 220.)
.... Il n'ose plus s'exposer aux *hasards*. (I, 536, *Alex.* 259.)
Vous le verrez voler, plus vite que la foudre,
Au milieu des *hasards*. (IV, 75, *Poés. div.* 62.)
Ma vie et mon amour courent tous deux courent *hasard*. (III, 37, *Mithr.* 337.)
  Les uns se tenoient debout, au *hasard* de ce qui en pourroit arriver. (VII, 56, *Lettres;* voyez VII, 197, *Lettres.*)

Racine, dans *les Plaideurs* (II, 207, vers 729), a écrit *hasar* sans *d*, pour le faire rimer plus exactement avec *car*.

HASARDER, SE HASARDER :
Un trône que Porus devoit moins *hasarder*. (I, 559, *Alex.* 776.)
Pour ne pas l'exposer, lui-même il *se hasarde*. (II, 94, *Andr.* 1062.)
Voyez I, 556, *Alex.* 709; IV, 207, *Poés. div.* 4.

HÂTE :
Ils se retirèrent à grande *hâte*. (V, 260, *Camp. de Louis XIV.*)

HÂTER, SE HÂTER :
Que l'on coure avertir et *hâter* la princesse. (I, 398, *Théb.* 15.)
Le fils d'Agamemnon vient *hâter* son supplice. (II, 54, *Andr.* 274.)
.... *Hâtant* son voyage. (III, 74, *Mithr.* 1155; voyez III, 388, *Phèd.* 1496.)
Allons, Madame, allons : une raison secrète
Me fait quitter ces lieux et *hâter* ma retraite. (III, 79, *Mithr.* 1272.)
.... C'est moi qui....
Ai hâté les moments les plus doux de sa vie. (II, 535, *Baj.* 1218.)
Hâtez-vous d'embrasser ma sœur, qui vous attend. (II, 330, *Brit.* 1570.)

HAUSSER LES ÉPAULES, IV, 515, *P. R.*

HAUT, TE ; HAUT, substantivement; HAUT, adverbialement :
*Des arbres si *hauts* qu'on ne les sauroit passer avec une flèche. (VI, 338, *Livres ann.*)

* Sa femme, aussi *haute* qu'une montagne. (VI, 155, *Rem. sur l'Odyss.*)
* Il (*Horace*) n'ose chanter des choses *hautes*. (VI, 325, *Livres ann.*)
Le feu de ses regards, sa *haute* majesté. (I, 561, *Alex.* 816.)
Cette fierté si *haute* est enfin abaissée. (I, 589, *Alex.* 1409.)
.... Une ardeur si *haute* et si constante. (I, 536, *Alex.* 249.)
* Une grâce tout à fait *haute*. (VI, 66, *Rem. sur l'Odyss.*)
Les *hauts* lieux. (III, 591, *Ath.* préf.)
* Le *haut* du pavé accordé aux femmes. (VI, 292, *Livres ann.*)
* Servien haïssoit Brun, et le traitoit de *haut* en bas.(VI, 346, *Livres ann.*)
* (*Il*) Monte en *haut*, en une chambre où, etc. (VI, 71, *Rem. sur l'Odyss.*)
Ce n'est pas qu'une fille soit peu de chose ; mais M. Sellyer parloit bien plus *haut* que cela. (VI, 450, *Lettres.*)
Il fit sonner fort *haut* dans tous ces avis la volonté du Roi. (IV, 498, *P.R.*)
Qu'on ne laisse monter aucune âme là-*haut*. (II, 157, *Plaid.* 166.)

HAUTAIN, AINE :
    Ils (*les jeunes poulains*) semblent menacer les cieux
        D'une tête *hautaine*. (IV, 37, *Poés. div.* 27.)
Ces conseils ne plairont qu'à des âmes *hautaines*. (I, 534, *Alex.* 225.)

HAUTEMENT :
    .... Ledit Hiérome avoûra *hautement* Que, etc. (II, 178, *Plaid.* 405.)
...(*Vous*) qui si *hautement* osez nous défier. (II, 182, *Plaid.* 462.)

HAUTEUR, sens physique et sens moral :
    A la *hauteur* de Malgue. (VII, 104, *Lettres.*)
    * Bien des courtisans se résolurent dès lors de le prendre de *hauteur* avec le Cardinal. (V, 91, *Notes hist.*)

HÉ ! II, 168, *Plaid.* 293 ; III, 377, *Phèd.* 1295, et *passim*.

HÉ BIEN ! II, 154, *Plaid.* 119 ; II, 306, *Brit.* 1069, et *passim*.

HÉ QUOI ? II, 56, *Andr.* 311 ; II, 112, *Andr.* 1421, et *passim*.

HÉLAS :
Pour la dernière fois, adieu, Seigneur. — *Hélas !* (II, 444, *Bér.* 1506.)
Depuis quand plaidez-vous ? — Il ne m'en souvient pas ;
Depuis trente ans, au plus. — Ce n'est pas trop. — *Hélas !*
                                        (II, 163, *Plaid.* 254.)
Croit-il réjouir beaucoup les honnêtes gens par ces « *hélas* de poche, » ces « Mesdemoiselles mes règles ? » (II, 370, *Bér.* préf.)

HÉMISPHÈRE :
L'aurore luit sur l'*hémisphère*. (IV, 111, *Poés. div.* 29 ; voy. IV, 23, *ibid.* 47.)

HÉMORRAGIE :
Un saignement de nez, ou plutôt une espèce d'*hémorragie*. (IV, 559, *P.R.*)

HENNISSEMENT :
    .... Fiers *hennissements* (*des poulains*). (IV, 37, *Poés. div.* 28.)

HÉRAUT, au figuré :
Malheureux, j'ai servi de *héraut* à sa gloire. (III, 517, *Esth.* 849.)

HERBE :
    .... Leur temple enseveli sous l'*herbe*. (III, 656, *Ath.* 903.)

HÉRÉSIARQUE :
    L'abbé devint à leur égard, non-seulement un hérétique, mais un *hérésiarque* abominable. (IV, 416, *P. R.*)

HÉRISSER (SE) :
Ses cheveux *se hérissoient* au seul nom de Port-Royal. (IV, 506, *P. R.*)

HÉRITAGE :
Oui, mon Dieu, quand mes mains de tout mon *héritage*
  Aux pauvres feroient le partage.... (IV, 149, *Poés. div.* 25.)
S'immoler pour son nom (*de Dieu*) et pour son *héritage*,
D'un enfant d'Israël voilà le vrai partage. (III, 479, *Esth.* 217.)

HÉRITER, activement :
  * Il *avoit hérité* ces sentiments de son père. (V, 71, *Notes hist.*; voyez V, 86, *ibid.*)

HÉRITIER, ÈRE :
L'*héritier* présomptif de la couronne. (V, 288, *Camp. de Louis XIV.*)
Conserve l'*héritier* de tes saintes promesses. (III, 621, *Ath.* 263.)
  La terre est *héritière*
   De tous ceux (*des astres*) qu'a chassés le jour. (IV, 39, *Poés. div.* 9.)
Voyez II, 283, *Brit.* 632.

HÉROÏQUE :
Une *héroïque* ardeur brilloit sur son visage. (I, 431, *Théb.* 584.)
.... De ce même front l'*héroïque* fierté. (I, 561, *Alex.* 815.)
.... Du fils de Créon l'*héroïque* trépas. (I, 438, *Théb.* 709.)

HÉROS :
C'est lui qui est le *héros* de ma tragédie. (II, 475, *Baj.* 2ᵉ préf.)

HEUR :
.... Comblé d'*heur* et de jours. (IV, 70, *Poés. div.* 99.)

HEURE :
Bon! cela fait toujours passer une *heure* ou deux. (II, 217, *Plaid.* 852.)
Au moins consolez-moi de quelque *heure* de paix. (I, 406, *Théb.* 146.)
Elle passe ses jours, Paulin, sans rien prétendre
Que quelque *heure* à me voir, et le reste à m'attendre. (II, 397, *Bér.* 536.)
.... Si vous me vengez, vengez-moi dans une *heure*. (II, 99, *Andr.* 1170.)
(*Il*) venoit briguer des voix contre lui (*Térence*) jusqu'aux *heures* où l'on représentoit ses comédies. (II, 248, *Brit.* 1ʳᵉ préf.)
On vit l'*heure* que l'armée et le général se mettoient en chemin. (V, 285, *Camp. de Louis XIV.*)
Il soit dit que sur l'*heure* il se transportera
Au logis de la dame.... (II, 177, *Plaid.* 402.)
L'Abbesse s'enfuit de bonne *heure* par une porte du jardin. (IV, 394, *P. R.*; voyez V, 277, *Camp. de Louis XIV.*)
Je ne dormirai point. — Hé bien, à la bonne *heure!* (II, 154, *Plaid.* 119.)

TOUT À L'HEURE :
Je vous ai commandé de partir *tout à l'heure;*
Mais après ce moment.... Prince, vous m'entendez. (III, 65, *Mithr.* 964.)
Allons le voir : je veux lui parler *tout à l'heure*. (II, 414, *Bér.* 912.)
C'en est fait. Vous voulez que je parte demain ;
Et moi, j'ai résolu de partir *tout à l'heure*. (II, 435, *Bér.* 1311.)
  Elles y vinrent *tout à l'heure*.
      (VI, 488, *Lettres;* voyez le *Lexique de Corneille.*)

HEUREUSEMENT :
Plût au Ciel que sa main, *heureusement* cruelle,
Eût fait sur moi l'essai de sa fureur nouvelle! (II, 337, *Brit.* 1703.)

HEUREUX, euse :

....Pour nous rendre *heureux*, perdons les misérables. (II, 290, *Brit.* 760.)
Il est *heureux* comme un roi dans sa solitude. (VII, 263, *Lettres.*)
Cinq mille hommes d'infanterie.... qui furent trop *heureux* de se rendre à discrétion. (V, 277, *Camp. de Louis XIV.*)
Quel *heureux* criminel en peut être la cause? (III, 51, *Mithr.* 656.)
Tout reconnut mon père, et ses *heureux* vaisseaux
N'eurent plus d'ennemis que les vents et les eaux. (III, 26, *Mithr.* 77.)
    ....*Heureuse* audace. (II, 48, *Andr.* 149.)
Heureux dans mes malheurs d'en avoir pu sans crime
Conter toute l'histoire aux yeux qui les ont faits. (II, 385, *Bér.* 256.)
Heureuse si mes pleurs vous peuvent attendrir. (III, 198, *Iph.* 931.)
Heureux pourtant, *heureux* que dans cette disgrâce
Je ne puis accuser que la main de Pharnace. (III, 49, *Mithr.* 611.)
 * Son empire (*l'empire de l'amour*) est plus *heureux* que celui de la nécessité. (VI, 270, *Livres ann.*)
Voyez Cruauté, Foiblesse, Larcin, Persécuteur, Prémices, Succès.

HIER :

Hier au soir. (VII, 28, *Lettres.*)

HIÉRARCHIE :

Elle (*la Mère Angélique*) avoit toujours eu au fond de son cœur un fort grand amour pour la *hiérarchie* ecclésiastique. (IV, 403, *P. R.*)

HISTOIRE :

Vous n'en sauriez, Seigneur, retracer la mémoire,
Ni conter vos malheurs, sans conter mon *histoire*. (III, 53, *Mithr.* 688.)
  ....Servons tous trois d'exemple à l'univers.
De l'amour la plus tendre et la plus malheureuse
Dont il puisse garder l'*histoire* douloureuse. (II, 444, *Bér.* 1504.)
Pouvons-nous mettre sur la scène une *histoire* que vous ne possédiez aussi bien que nous? (II, 31, *Andr.* épitre.)

HOIR :

 * *Hoirs* mâles et femelles. (V, 388, *Factums.*)

HIVER (Quartier d'), V, 282, *Camp. de Louis XIV.*

HOLÀ :

....*Holà!* quelqu'un n'a-t-il point vu mon maître?
      (II, 186, *Plaid.* 507; voyez II, 505, *Baj.* 568.)

HOLLANDE :

Plusieurs places d'*Hollande*. (V, 259, *Camp. de Louis XIV*, édit. de 1730.)
Les éditions de 1749 et de 1784 portent : *de Hollande.*
Un bouclier aux armes de *Hollande*. (V, 56, *Méd.*)
Groseilles de *Hollande*. (VII, 254, *Lettres.*)

HOLOCAUSTE :

....En *holocauste* aujourd'hui présenté,
....comme autrefois la fille de Jephté. (III, 675, *Ath.* 1259.)
Voyez V, 567, *Trad.*

HOMICIDE, adjectivement et substantivement :

Qui défendra son sang contre un père *homicide*. (III, 222, *Iph.* 1438.)
Sur le point d'attaquer une reine *homicide*. (III, 620, *Ath.* 259.)
  Rois, prenez soin de l'absent
  Contre sa langue *homicide*. (III, 523, *Esth.* 976.)

Les glaives meurtriers, les lances *homicides*. (III, 671, *Ath.* 1193.)
.... Un *homicide* acier. (III, 634, *Ath.* 513.)
Des enfants de son fils détestable *homicide*. (III, 609, *Ath.* 75.)
Des prophètes divins malheureuse *homicide*. (III, 668, *Ath.* 1145.)
Il résiste au superbe et punit l'*homicide*. (III, 643, *Ath.* 668.)
De nos malheureux rois l'*homicide* implacable. (III, 693, *Ath.* 1616.)
De leurs plus chers parents saintement *homicides*. (III, 680, *Ath.* 1365.)

HOMME :
Je ne le représente pas (*Néron*).... comme un *homme* vertueux, car il ne l'a jamais été. (II, 251, *Brit.* 2ᵉ préf.)
* Il les représente pour les plus ingénieux *hommes* du monde. (VI, 109, *Rem. sur l'Odyss.*)
Il (*Titus*) parut devant vous dans tout l'éclat d'un *homme*
Qui porte entre ses mains la vengeance de Rome. (II, 383, *Bér.* 195.)
Voici le jour de l'*homme;* mais le jour de Dieu viendra. (IV, 515, *P. R.*)
Ils voudroient que M. Rivière pût faire en sorte que la veuve le prît pour *homme*. (VII, 172, *Lettres;* voyez la note 5.)
.... Mon père est un *homme* à se désespérer. (II, 201, *Plaid.* 661.)
* Cela sent bien son *homme* qui demeure le plus qu'il peut près de sa maîtresse. (VI, 201, *Livres ann.*)
Faire mourir le vieil *homme*. (IV, 333, *Imag.*)
Les parents de M. Pascal.... allèrent trouver ce bon *homme* (*le curé de Saint-Étienne*). (IV, 534, *P. R.*)
J'avoue que je ne m'étois pas formé l'idée d'un bon *homme* en la personne de Néron. (II, 242, *Brit.* 1ʳᵉ préf. ; voyez IV, 544 et 548, *P. R.*)
Un très-*homme* de bien. (IV, 577, *P. R.*)
Brave *homme*, honnête *homme ; homme* de pied ; *homme* de lettres : voyez Brave, Honnête, Pied, Lettre.

HON ! interjection, II, 156 et 177, *Plaid.* 161 et 397 :

HONGRIE :
(*Il*) lui donna (*de l'eau*) de la reine d'*Hongrie*. (VII, 280, *Lettres.*)

HONNÊTE, emplois divers :
Ils.... veulent dire qu'il (*Néron*) étoit *honnête* homme dans ses premières années. (II, 242, *Brit.* 1ʳᵉ préf.)
J'ai choisi Burrhus pour opposer un *honnête* homme à cette peste de cour. (II, 252, *Brit.* 2ᵉ préf.)
* Elle (*Hélène*) fait l'*honnête* femme. (VI, 89, *Rem. sur l'Odyss.*)
(*Il*) est ici en réputation d'être un des plus aimables et des plus *honnêtes* hommes du monde. Tous ceux qui l'ont vu en Danemarc, ou à la Haye, sont revenus charmés de sa politesse et de son esprit. (VII, 208, *Lettres.*)
Se mettre en état de vivre en *honnête* homme. (VII, 125, *Lettres.*)
Vous autres Espagnols, je sais que vous faites la guerre en *honnêtes* gens, et je la veux faire avec vous de même. (VII, 51, *Lettres.*)
* Comme il (*Ulysse chez Homère*) parle aux *honnêtes* gens.... Comme il parle à la populace. (VI, 197, *Livres ann.*)
* Sa poésie (*de Pindare*) est pour les *honnêtes* gens, mais elle a besoin d'interprète pour le vulgaire. (VI, 213, *Livres ann.*)
On traite sur un même pied l'amour, la philosophie et tous les exercices dignes d'un *honnête* homme. (V, 469, *Trad.;* voyez VI, 132, *Rem. sur l'Odyss.*)
Croit-il réjouir beaucoup les *honnêtes* gens par ces hélas de poche ? (II, 370, *Bér.* préf.)
* Ne se marier qu'à des personnes très-*honnêtes*. (VI, 302, *Livres ann.*)
Voyez I, 519, *Alex.* 1ʳᵉ préf. ; V, 173, *Notes hist.* ; V, 454, *Trad.* ; V, 464, *Trad.*

*.... Les pays.... où il est *honnête* de rendre amour pour amour. (V, 469, l. 14, *Tra l.*; voyez *ibid.*, l. 19-20 et 26.)
Moi, payer? En soufflets.—Vous êtes trop *honnête*. (II,178, *Plaid.* 415.)
* J'ai cinq frères, qui sont bien aises quand ils vont au bal d'avoir des habits *honnêtes*. (VI, 112, *Rem. sur l'Odyss.*)
Tout courageux qu'il est, sans doute il ne souhaite
Que de faire en effet une *honnête* retraite. (I, 442, *Théb.* 800.)
Ne connoitrois-tu point quelque *honnête* faussaire? (II, 155, *Plaid.* 148.)

HONNÊTEMENT :

* Créon lui montre *honnêtement* qu'il est plus heureux d'être son beau-frère que d'être roi. (VI, 236, *Livres ann.*)
Je n'en vivrois, Monsieur, que trop *honnêtement*. (II, 162, *Plaid.* 249.)
*.... Pour faire en sorte qu'Ulysse, qui étoit tout nu, eût quelques habits, et parût *honnêtement* devant Alcinoüs. (VI, 110, *Rem. sur l'Odyss.*)

HONNÊTETÉ, HONNÈTETÉS :

J'ai écrit à M. l'abbé Boileau pour le prier d'y prêcher (*à cette cérémonie*), et il a eu l'*honnêteté* de vouloir bien partir exprès de Versailles en poste pour me donner cette satisfaction. (VII, 186, *Lettres*.)
Je suis très-obligé au P. Bouhours de toutes les *honnêtetés* qu'il vous a prié de me faire de sa part. (VII, 157, *Lettres;* voyez V, 112, *Notes hist.*; VI, 518, *Lettres;* VII, 56, *Lettres*.)

HONNEUR, HONNEURS :

.... (Ulysse) me représenta l'*honneur* et la patrie. (III, 154, *Iph.* 74.)
L'*honneur* de notre sang, l'espoir de nos provinces. (I, 435, *Théb.* 632.)
Ah! tu seras un jour l'*honneur* de ta famille. (II, 175, *Plaid.* 367.)
.... Quel démon envieux
M'a refusé l'*honneur* de mourir à vos yeux? (II, 287, *Brit.* 702.)
Le faux *honneur* de la Société l'a emporté encore en cette occasion. (IV, 491, *P. R.*)
Il me faut sans *honneur* retourner sur mes pas. (III, 184, *Iph.* 659.)
Dois-je oublier Hector privé de funérailles,
Et traîné sans *honneur* autour de nos murailles? (II, 90, *Andr.* 994.)
.... Couché sans *honneur* dans une foule obscure. (III, 35, *Mithr.* 304.)
* Je l'ai haï, tant que j'ai pu le haïr avec *honneur*. (VI, 245, *Livres ann.*)
.... Tous auroient brigué l'*honneur* de l'avilir. (II, 264, *Brit.* 189.)
Il respecte en Pyrrhus l'*honneur* du diadème. (II, 114, *Andr.* 1465.)
Vous, dont j'ai pu laisser vieillir l'ambition
Dans les *honneurs* obscurs de quelque légion. (II, 262, *Brit.* 154.)
* Le souverain degré d'*honneur*. (VI, 15, *Rem. sur Pind.*)
.... Rome, effaçant tant de titres d'*honneur*,
Me laisse pour tous noms celui d'empoisonneur. (II, 323, *Brit.* 1429.)
Ses *honneurs* (*de Britannicus*) abolis, son palais déserté (II, 284, *Brit.* 646.)
Partez : à vos *honneurs* j'apporte trop d'obstacles. (III, 229, *Iph.* 1549.)
Détruisons ses *honneurs* (*de Rome*), et faisons disparaître
La honte de cent rois, et la mienne peut-être. (III, 60. *Mithr.* 839.)
* Ce festin est à son *honneur*. (VI, 76, *Rem. sur l'Odyss.*)
.... Je sais bien à quoi l'*honneur* m'oblige. (II, 202, *Plaid.* 672.)
Elle.... fit tant d'honneurs à cette religieuse que.... (IV, 572, *P. R.*)
Pour votre habit, je suis fâché qu'il soit fait, et l'on vous envoie une veste qui auroit pu vous faire *honneur*. (VII, 268, *Lettres*.)
Obligés de rire à Versailles pour se faire *honneur*. (II, 141, *Plaid.* au lect.)
Voyez II, 275, *Brit.* 424 ; II, 379, *Bér.* 119 ; V, 390, *Factums*.
Honneur adultère ; y aller de l'*honneur ;* se donner l'*honneur* de ; procurer l'*honneur* de : voyez ADULTÈRE, ALLER, DONNER (Se), PROCURER.

HONORABLE :
*La vertu plus *honorable* que les dignités et les triomphes. (VI, 295, *Livres ann.*)
Il m'est sans doute très-*honorable* de me voir à la tête de cette célèbre Compagnie. (IV, 351, *Disc. acad.*)
Souffrez, si quelque monstre a pu vous échapper,
Que j'apporte à vos pieds sa dépouille *honorable*. (III, 358, *Phèd.* 949.)

HONORER ; HONORER DE, S'HONORER DE :
Avec tout l'univers j'*honorois* vos vertus. (II, 386, *Bér.* 269.)
D'un si grand défenseur *honorez* vos États. (II, 545, *Alex.* 468.)
Des gouverneurs que Rome *honoroit* de sa voix. (II, 312, *Brit.* 1162.)
D'aucun gage.... ils (*les Dieux*) n'*honorent* sa couche. (II, 277, *Brit.* 472.)
Une tragédie qui *a été honorée de* tant de larmes. (II, 368, *Bér.* préf.)
.... *Honorés d'*un don si précieux.
(I, 480, *Théb.* 1447 ; voyez II, 282, *Brit.* 589.)
Voir encore un rival *honoré de* vos pleurs. III, 51, *Mithr.* 661.)
(Ses yeux) Verront autour de vous les rois sans diadème...,
Attachés sur vos yeux, *s'honorer d'*un regard. (II, 276, *Brit.* 453.)

HONTE ; FAIRE HONTE :
Il mourut. Mille bruits en courent à ma *honte*. (II, 312, *Brit.* 1183.)
*Vous me reprochez la *honte* de ma naissance. (VI, 245, *Liv. ann.*)
*Il y a quelque *honte* à lui de ne se point mettre en peine de son père. (VI, 247, *Livres ann.*)
Ah! Seigneur, songez-vous que toute autre alliance
Fera *honte* aux Césars, auteurs de ma naissance?
(II, 281, *Brit.* 568 ; voyez. II, 152, *Plaid.* 89 ; II, 283, *Brit.* 631.)
Pleurer sa *honte* ; tourner à la *honte* : voyez PLEURER, TOURNER.

HONTEUSEMENT :
Le vicomte de Turenne.... l'obligea (*l'électeur de Brandebourg*) à demander *honteusement* la paix, que l'année suivante il rompit plus *honteusement* encore. (V, 252, *Camp. de Louis XIV.*)

HONTEUX, EUSE, sens divers :
*Pallas dit à Telemachus qu'il ne doit point être *honteux*, mais demander librement.... des nouvelles de son père. (VI, 74, *Rem. sur l'Odyss.*)
.... Tous mes Grecs *honteux* de mes bontés. (II, 108, *Andr.* 1360.)
Honteuse du dessein d'un amant furieux. (III, 362, *Phèd.* 1015.)
Sans que ta mort encor, *honteuse* à ma mémoire,
De mes nobles travaux vienne souiller la gloire. (III, 365, *Phèd.* 1057.)

HORIZON :
Sous le pâle *horizon* l'ombre se décolore. (IV, 124, *Poés. div.* 11.)

HORMIS :
*Bêtes mieux pourvues de tout que l'homme, *hormis* de la raison. (VI, 308, *Livres ann.*)
Hormis le diadème, il ne demande rien. (I, 442, *Théb.* 805.)

HORREUR, HORREURS :
.... Du sang de son frère il n'a point eu d'*horreur*? (II, 333, *Brit.* 1618)
.... Avec *horreur* je m'en veux séparer. (II, 61, *Andr.* 420.)
J'entends même les cris des barbares soldats,
Et d'*horreur* j'en frissonne. (III, 687, *Ath.* 1506.)
Tu frémiras d'*horreur* si je romps le silence. (III, 319, *Phèd.* 238.)
.... De joie et d'*horreur* pénétrée. (III, 466, *Esth.* 23.)

Saisi d'*horreur*, de joie et de ravissement. (III, 238, *Iph.* 1732.)
Que vois-je? Quelle *horreur* dans ces lieux répandue
Fait fuir devant mes yeux ma famille éperdue? (III, 358, *Phèd.* 953.)
    Dans l'*horreur* qui nous environne,
N'entends-tu que la voix de nos iniquités? (III, 686, *Ath.* 1473.)
Le ciel brille d'éclairs, s'entr'ouvre, et parmi nous
Jette une sainte *horreur* qui nous rassure tous. (III, 240, *Iph.* 1784.)
    Cette espèce de sainte *horreur* qu'il eut toute sa vie pour les sublimes fonctions de l'épiscopat. (IV, 412, *P. R.*)
.... Toute l'*horreur* d'un combat ténébreux. (III, 43, *Mithr.* 446.)
C'étoit pendant l'*horreur* d'une profonde nuit. (III, 633, *Ath.* 490.)
Dans l'*horreur* d'un cachot par son ordre enfermé. (III, 691, *Ath.* 1569.)
Du pillage du temple épargnez moi l'*horreur*. (III, 695, *Ath.* 1658.)
Il te manquoit encor ces perfides amours
Pour être le supplice et l'*horreur* de mes jours. (III, 66, *Mithr.* 982.)
.... Que me direz-vous qui ne cède, grands Dieux!
A l'*horreur* de vous voir expirer à mes yeux? (III, 319, *Phèd.* 240.)
Les délices de Rome en devinrent l'*horreur*. (II, 257, *Brit.* 42.)
    ....L'*horreur* du nom romain. (III, 59, *Mithr.* 814.)
J'ai pris la vie en haine, et ma flamme en *horreur*. (III, 325, *Phèd.* 308.)
David m'est en *horreur*.... (III, 647, *Ath.* 729.)
Voyez III, 477, *Esth.* 174; III, 702, *Ath.* 1766.
Je ne vois que des pleurs, et je n'entends parler
Que de trouble, d'*horreurs*, de sang prêt à couler. (II, 442, *Bér.* 1474.)
.... Tu vas ouïr le comble des *horreurs*. (III, 321, *Phèd.* 260.)
Voyez II, 302, *Brit.* 981; III, 370, *Phèd.* 1152; III, 491, *Esth.* 391; III, 539, *Esth.* 1097; III, 634, *Ath.* 523; III, 662, *Ath.* 1035.
Moi, nourri dans la guerre aux *horreurs* du carnage. (III, 637, *Ath.* 572.)
Le fer a de sa vie expié les *horreurs*. (III, 704, *Ath.* 1809.)
    Toutes les illusions et toutes les *horreurs* que l'Église a condamnées de nos jours dans Molinos. (IV, 399, *P. R.*)

HORRIBLE, au sens propre; HORRIBLE, excessif :
Pour l'*horrible* combat, ma sœur, l'ordre est donné. (III, 688, *Ath.* 1513.)
Il suffit que ma main l'ait une fois touchée (*son épée*),
Je l'ai rendue *horrible* à ses yeux inhumains.
            (III, 347, *Phèd.* 751; voyez IV, 434, *P. R.*)
    * Les *horribles* dépenses qu'il falloit faire. (V, 74, *Notes hist.*)

HORRIBLEMENT, excessivement :
Je l'en ai *horriblement* persécuté. (VI, 502, *Lettres.*)

HORS, HORS DE :
    * (*Elle*) alloit puiser de l'eau à une fontaine *hors* la ville. (VI, 155, *Rem. sur l'Odyss.*)
Que dis-je? En ce moment mon cœur, *hors* de lui-même,
S'oublie, et se souvient seulement qu'il vous aime.
        (II, 425, *Bér.* 1135; voyez III, 300, *Phèd.* préf.; IV, 469, *P. R.*)
* Ne faire rien *hors* de son temps. (VI, 298, *Livres ann.*)
* Ce qui paroissoit *hors* d'espérance. (VI, 52, *Rem. sur Pind.*)
Hors d'affaire, de cour, d'haleine : voyez AFFAIRE, COUR, HALEINE.

HOSPITALITÉ :
    * Mes domestiques étoient.... fatigués de mon *hospitalité*. (VI, 192, *Livres ann.*)
    * Les Dieux prennent quelquefois la figure des voyageux (*sic*) pour éprouver l'*hospitalité* de ceux qui les servent. (VI, 125, *Rem. sur l'Odyss.*

HÔTELLERIE :
*On diroit que les temples fussent autant d'*hôtelleries* pour les Dieux. (VI, 99, *Rem. sur l'Odyss.*)

HOUX, IV, 29, *Poés. div.* 46.

HUGUENOT, ote •
Il y avoit trois *huguenots*, un Anglois, deux Italiens. (VI, 412, *Lettres*.)
Elle est *huguenote*. (VI, 469, *Lettres*.)

HUILE :
Mais c'est assez vous parler d'*huile*, et vous me pourrez reprocher.... que mes ouvrages sentent trop l'*huile*. (VI, 415, *Lettres*.)

HUIT :
J'espère partir.... de dimanche en *huit* jours. (VII, 142, *Lettres*.)

HUITAINE :
Pour en faire leur rapport dans *huitaine*. (IV, 456, *P. R.*)

HUMAIN, aine :
*Le peuple étoit fort *humain* aux étrangers. (VI, 35, *Rem. sur Pind.*)
Ah ! ne voyez-vous pas que les Dieux plus *humains*
Ont eux-mêmes rompu ce bandeau dans vos mains ? (III, 88, *Mithr.* 1457.)
Foi *humaine* (au sens théologique) : voyez la fin de l'article Foi.

Les humains :
(*Les mains*) A qui Rome a commis l'empire *des humains*. (II, 281, *Brit.* 582.)
Voyez I, 422, *Théb.* 414 ; II, 440, *Bér.* 1406 ; III, 611, *Ath.* 102.

HUMAINEMENT :
.... Pour parler plus *humainement* (car ce langage sent un peu trop le poëte). (VI, 405, *Lettres*.)

HUMBLE, substantivement :
Il prend l'*humble* sous sa défense.
(III, 487, *Esth.* 349 ; voyez III, 528, *Esth.* 1053 ; IV, 141, *Poés. div.* 62.)

HUMECTÉ :
Le fer moissonna tout ; et la terre *humectée*
But à regret le sang des neveux d'Érechthée. (III, 331, *Phèd.* 425.)
Ceux-là (*ces animaux*) sont *humectés* des flots que la mer roule ;
Ceux-ci de l'eau des cieux. (IV, 133, *Poés. div.* 5.)

HUMEUR, humeurs, au figuré :
Des fiers Domitius l'*humeur* triste et sauvage. (II, 257, *Brit.* 36.)
Je connois Polynice et son *humeur* altière. (I, 448, *Théb.* 907.)
Je sais que Polynice est une *humeur* altière. (*Ibid.* var. de 1664.)
Vous tenez un peu trop de l'*humeur* de ce gentilhomme. (VI, 399, *Lettr.*)
* Égalité d'*humeurs*. (VI, 310, *Livres ann.*)
Je n'ai point d'égard à l'inégalité de vos *humeurs*. (IV, 327, *Imag.*)
Notre siècle n'a pas été de plus mauvaise *humeur* que le sien (*celui d'Aristophane*). (II, 142, *Plaid. au lect.*)
* Son frère étant en mauvaise *humeur* contre lui.... (V, 91, *Notes hist.*)
.... Quelle *humeur* est la vôtre ? (II, 166, *Plaid.* 272.)
Tenir de l'*humeur* de : voyez Tenir.

HUMIDE :
Un lieu fort *humide*. (IV, 401, *P. R.*)
L'œil *humide* de pleurs.... (III, 353, *Phèd.* 844.)
Miroir *humide*, montagne *humide* : voyez Miroir, Montagne.

HUMILIER (S') :
Aux pieds de l'Éternel je viens m'*humilier*. (III, 472, *Esth.* 109.)
HUPÉ, au figuré :
Combien en as-tu vu, je dis des plus *hupés*,
A souffler dans leurs doigts dans ma cour occupés? (II, 152, *Plaid.* 97.)
HURLEMENT :
Des enfants de Lévi la troupe consternée
En poussa vers le ciel des *hurlements* affreux. (III, 659, *Ath.* 949.)
HURLER :
On apprend à *hurler*, dit l'autre, avec les loups. (II, 145, *Plaid.* 6.)
HYDRE, au masculin :
   Surmonter cet *hydre*. (V, 361. *Harangue de Colbert.*)
HYDROPISIE, IV, 515, *P. R.*
HYMEN :
Achevez votre *hymen*, j'y consens.... (II, 108, *Andr.* 1371.)
Par moi seule, éloigné de l'*hymen* d'Octavie.... (II, 258, *Brit.* 63.)
L'*hymen* chez les Romains n'admet qu'une Romaine. (II, 387, *Bér.* 295.)
Tibère, que l'*hymen* plaça dans sa famille (*dans la famille d'Auguste*).
                                                (II, 277, *Brit.* 479.)
De leur *hymen* fatal troublons l'événement. (II, 115, *Andr.* 1487.)
Fais-lui valoir l'*hymen* où je me suis rangée. (II, 96, *Andr.* 1109)
Rome.... me fait dénouer
Un *hymen* que le Ciel ne veut point avouer. (II, 282, *Brit.* 598.)
  Voyez II, 45, *Andr.* 80; II, 46, *Andr.* 124; II, 78, *Andr.* 755; II, 89, *Andr.* 965;
II, 113, *Andr.* 1433; II, 267, *Brit.* 248; II, 276, *Brit.* 464; II, 323, *Brit.* 1410;
II, 375, *Bér.* 43; II, 380, *Bér.* 127 et 131; II, 381, *Bér.* 150.
HYMÉNÉE :
Avant qu'on eût conclu ce fatal *hyménée*. (II, 112, *Andr.* 1426.)
Voyez II, 310, *Brit.* 1124.
HYMNE, masculin :
   * Composer un *hymne*. (VI, 44, *Rem. sur Pind.*)
HYSOPE :
   * Ils se réduisent à manger.... un peu d'*hysope*. (V, 547, *Trad.*)

I

IAMBE :
   * Vers *iambe*. (VI, 289, *Livres ann.*)
  ICELUI, ICELLE, dans le langage juridique, II, 212 et 213, *Plaid.*
786 et 796.
  ICI :
Ici gist Madelaine de Lamoignon. (V, 13, *Épitaphes.*)
C'est *ici* une autre Junie. (II, 253, *Brit.* 2ᵉ préf.)
Je l'ai toujours regardé comme un monstre; mais c'est *ici* un monstre
naissant. (II, 242, *Brit.* 1ʳᵉ préf.; voyez II, 251, *Brit.* 2ᵉ préf.)
Çà, qu'êtes-vous *ici?* — Ce sont les avocats. (II, 201, *Plaid.* 666.)
Madame, jusqu'*ici* c'est trop tôt m'accuser. (II, 294, *Brit.* 821.)

Tel que vous me voyez, Monsieur *ici* présent
M'a d'un fort grand soufflet fait un petit présent. (II, 181, *Plaid*. 445.)

IDÉE, sens et emplois divers :
Ne me rappelez point une trop chère *idée*. (II, 437, *Bér*. 1351.)
.... De ce souvenir mon âme possédée
A deux fois en dormant revu la même *idée*. (III, 634, *Ath*. 520.)
 * Cette vie (*de Périclès*) est une *idée* admirable d'un bon gouverneur (VI, 293, *Livres ann*.)
Exposer, à vos yeux, l'*idée* universelle
De ma cause, et des faits, renfermés en icelle. (II, 213, *Plaid*. 795.)
 *Les autres petits-maîtres.... l'écoutèrent fort volontiers, se remplissant déjà l'esprit d'*idées*, l'un se flattant de se faire duc de Calabre, l'autre prince de Tarente. (V, 91, *Notes hist*.)
Il triomphoit en *idée*. (V, 282, *Camp. de Louis XIV*.)
Aujourd'hui je ne vous vois qu'en *idée*..., et je ne saurois empêcher qu'il n'y ait cent cinquante lieues entre vous et votre *idée*. (VI, 431, *Lettr*.)
Ce songe, Hydaspe, est donc sorti de son *idée* ? (III, 491, *Esth*. 405.)
Du plaisir de régner une âme possédée
De tout le temps passé détourne son *idée*. (I, 447, *Théb*. 896.)
Je sais que, dans l'*idée* du Roi, un janséniste est tout ensemble un homme de cabale et un homme rebelle à l'Église. (VII, 216, *Lettres*.)

IDOLÂTRE ; IDOLÂTRE DE, au propre et au figuré :
.... Offrir à Baal un encens *idolâtre*. (III, 616, *Ath*. 172.)
Je ne prends point pour juge une cour *idolâtre*. (II, 391, *Bér*. 355.)
Pour bannir l'ennemi dont j'étois *idolâtre*. (III, 325, *Phèd*. 293.)

IDOLÂTRER, au figuré :
J'aime, que dis-je aimer? j'*idolâtre* Junie. (II, 273, *Brit*. 384.)
.... Des chants qu'il (*Néron*) veut qu'on *idolâtre*. (II, 325, *Brit*. 1476.)

IDOLÂTRIE, au figuré :
Antoine, qui l'aima jusqu'à l'*idolâtrie*. (II, 392, *Bér*. 391.)

IDOLE, au sens propre, féminin :
Ami, peux-tu penser que d'un zèle frivole
Je me laisse aveugler pour une vaine *idole* ?
(III, 657, *Ath*. 920; voyez III, 512, *Esth*. 760.)

IDOLE, fantôme, masculin et féminin :
 *Pallas lui envoie l'*idole* d'Iphthime, son amie, pour la consoler. Cet *idole* lui dit de ne point craindre.... L'*idole* lui dit qu'elle se rassure...; mais elle ne lui dit pas si son mari vit encore. (VI, 94 et 95, *Rem. sur l'Odyss*.; voyez le *Lexique de Corneille*.)

IGNOMINIE :
Seule dans son palais, la modeste Junie
Regarde leurs honneurs comme une *ignominie*. (II, 275, *Brit*. 424.)

IGNORANCE :
 * *Ignorance* dans la géographie. (VI, 321, *Livres ann*.)
.... Dans l'*ignorance* il le falloit instruire. (II, 264, *Brit*. 183.)

IGNORANT, ANTE :
Lisez cette pièce *ignorante*,
Dont la phrase si peu coulante, etc. (IV, 200, *Poés. div*. 1, app.)

IGNORER :
J'*ignore* le destin d'une tête si chère;

J'*ignore* jusqu'aux lieux qui le peuvent cacher. (III, 305, *Phèd.* 6 et 7.)
.... Je ne prétends plus *ignorer* ni souffrir
Le ministre insolent. ... (II, 272, *Brit.* 361 ; voyez II, 375, *Bér.* 35.)
Hé quoi? souffrir toujours un tourment qu'elle *ignore* ? (II, 375, *Bér.* 35.)
.... Leur amour ne peut *être ignorée.* (II, 258, *Brit.* 51.)
(Octavie,) Inutile à la cour, en *étoit ignorée.* (II, 297, *Brit.* 884.)

IL, LUI, ILS, EUX (voyez LE) :
Ce n'est pas un bonheur, s'*il* ne fait des jaloux. (I, 480, *Théb.* 1444.)
J'ai un assez bon nombre de parents à aider de temps en temps : ce qui me force à être réservé sur ce que je donne, afin de ne manquer à aucun d'eux quand *il* aura recours à moi. (VII, 165, *Lettres.*)
Quand deux frères armés vont s'égorger entre *eux.* (I, 409, *Théb.* 197.)
Je vois bien que ces bons solitaires.... ne souffrent volontiers que les mortifications qu'ils se sont imposées à *eux-*mêmes. (IV, 273, *Imag.*)
Il est donc vrai, Madame? et selon ce discours,
L'hymen va succéder à vos longues amours? (II, 381, *Bér.* 149.)
A-t-on jamais plaidé d'une telle méthode?
Mais qu'en dit l'assemblée ? — *Il* est fort à la mode. (II, 211, *Plaid.* 768.)
Voyez V, 152, l. 18, *Notes hist.*

IL, LUI, LE, ILS, se rapportant à une personne dont le nom n'a pas été exprimé (voyez l'*Introduction grammaticale*, SYLLEPSE) :
Je fais ce que tu veux. Je consens qu'*il* (Oreste) me voie :
Je *lui* veux bien encore accorder cette joie....
Mais si je m'en croyois, je ne *le* verrois pas. (II, 60, *Andr.* 385-388.)
Ils sont sortis, Olympe? Ah ! mortelles douleurs! (I, 397, *Théb.* 1.)
Voyez II, 111, *Andr.* 1397; II, 200, *Plaid.* 643.

IL, faisant double emploi avec le sujet de la phrase, exprimé après lui :
Il n'y travaillera que trop bien, l'infidèle !
(II, 61, *Andr.* 421; voyez II, 112, *Andr.* 1417.)

IL, surabondant :
Le Roi ayant ainsi conquis presque toute la Hollande, *il* pouvoit, etc. (V, 250, *Camp. de Louis XIV.*)
Ce général trouvant la flotte espagnole à la vue de Messine, *il* l'attaque et la met en fuite. (V, 265, *Camp. de Louis XIV.*)

IL, ILS, omis :
* A quoi les Turcs ne voulurent point entendre, mais au lieu de cela offroient à la France, etc. (V, 135, *Notes hist.*; voyez V, 267, l. 12.)
Dans huit jours, dans un mois, n'importe....
(II, 416, *Bér.* 943; voyez II, 100, *Andr.* 1195.)
Et semble qu'en ce beau séjour
La terre est héritière
De tous ceux qu'a chassés le jour. (IV, 39, *Poés. div.* 8.)

ILLÉGITIME :
Elle est engagée par sa destinée, et par la colère des Dieux, dans une passion *illégitime.* (III, 299, *Phèd.* préf.)

ILLUMINÉ, substantivement :
La secte de ces *illuminés* de Roye. (IV, 399, *P. R.*)

ILLUSTRE :
.... Un *illustre* Mécène. (IV, 77, *Poés. div.* 99.)
Fille véritablement *illustre* (IV, 517, *P. R.*)
Six frères, quel espoir d'une *illustre* maison ! (III, 331, *Phèd.* 424.)

C'est votre *illustre* mère à qui je veux parler. (III, 655, *Ath.* 858.)
....*Illustres* batailles. (IV, 69, *Poés. div.* 76.)
....*Illustre* carrière. (I, 572, *Alex.* 1050.)
Chansons *illustres*. (VI, 39, *Rem. sur Pind.*)
....*Illustre* colère.
(I, 528 et 556, *Alex.* 73, et var. après 710 ,
....*Illustre* conquête. (I, 590, *Alex.* 1449.)
....*Illustre* effort.... (I, 406, *Théb.* 141.)
....*Illustres* exploits.... (I, 462, *Théb.* 1139.)
....*Illustres* faits.... (I, 478, *Théb.* 1415.)
....Jour *illustre* et douloureux. (II, 379, *Bér.* 105.)
....*Illustre* hyménée. (III, 212, *Iph.* 1214.)
....*Illustres* merveilles. (IV, 76, *Poés. div.* 65.)
....*Illustre* trépas.... (I, 436, *Théb.* 665.)
....*Illustre* vertu.... (I, 439, *Théb.* 729.)
Nous rendons ce qu'on doit aux *illustres* exemples. (I, 545, *Alex.* 477.)
Laisserons-nous languir tant d'*illustres* courages? (I, 530, *Alex.* 133.)
Afin d'en faire après d'*illustres* misérables. (I, 432, *Théb.* 612.)

IMAGE :
* Belle *image* d'un homme en colère. (VI, 236, *Livres ann.*)
L'art des plus riches cités
A-t-il la moindre *image*
De vos naturelles beautés? (IV, 22, *Poés. div.* 19.)
Cette vivante *image* en qui vous vous plaisez. (III, 71, *Mithr.* 1106.)
De cette affreuse guerre il abhorre l'*image*. (I, 419, *Théb.* 375.)
Partout du désespoir je rencontre l'*image*. (II, 442, *Bér.* 1472.)
.... Je m'en fais peut-être une trop belle *image*. (II, 274, *Brit.* 407.)
Je me fais de sa peine une *image* charmante. (II, 289, *Brit.* 751.)
....Pourquoi vous en faire une *image* si noire? (II, 507, *Baj.* 597.)
Je vous l'avois promis ; et quoique mon courage
Se fît de ce complot une funeste *image*.... (II, 116, *Andr.* 1497.)

IMAGINER (S') :
Quel est-il cet amant? Qui dois-je soupçonner?
— Avez-vous tant de peine à *vous l'imaginer*? (III, 52, *Mithr.* 666.)

IMBÉCILE :
L'*imbécile* Ibrahim, sans craindre sa naissance,
Traîne, exempt de péril, une éternelle enfance. (II, 485, *Baj.* 109.)

IMITER ; IMITER DE :
* Les vrais amis n'*imitent* que les vertus dans leurs amis; les flatteurs *imitent* les vices. (VI, 306, *Livres ann.*)
* Folie des courtisans qui *imitent* les défauts corporels. (VI, 306, *Livres ann.*; voyez VI, 303, *ibid.*)
J'ai.... essayé d'*imiter des* anciens cette continuité d'action. (III, 601, *Ath.* préf.)

IMMÉDIATEMENT, sans intermédiaire, directement :
L'abbaye de Port-Royal.... avoit longtemps dépendu *immédiatement* de lui. (IV, 403, *P. R.*)

IMMENSE :
....Qu'on loue à jamais ton *immense* bonté. (IV, 126, *Poés. div.* 20.)

IMMOLATION, au propre :
* L'*immolation* des bêtes et des victimes. (V, 554, *Trad.*)

IMMOLER ; IMMOLER À, au figuré :
Dans le sein de Priam n'a-t-on pu l'*immoler*? (II, 50, *Andr.* 207.)

Vos ennemis par moi vont *vous être immolés*. (II, 103, *Andr.* 1251.)
Immoler Troie *aux* Grecs, *au* fils d'Hector la Grèce. (II, 106, *Andr.* 1322.)
Voyez II, 101, *Andr.* 1212; II, 104, *Andr.* 1268.

IMMORTEL, elle; les Immortels :
.... Amour *immortel*. (II, 105, *Andr.* 1300.)
.... Haine *immortelle*. (I, 579, *Alex.* 1226.)
.... Nœuds *immortels*. (II, 96, *Andr.* 1092.)
.... Serments *immortels*. (III, 373, *Phèd.* 1192.)
Voyez II, 411, *Bér.* 848; II, 423, *Bér.* 1082; III, 24, *Mithr.* 28; IV, 413, *Poés. div.* 11.
.... Le sang d'un héros, auprès *des Immortels,*
Vaut seul plus que celui de mille criminels. (I, 437, *Théb.* 673.)

IMMUABLE :
Ainsi sont séparés les jours des nuits prochaines
      Par d'*immuables* lois. (IV, 132, *Poés. div.* 10.)

IMPATIEMMENT :
Néron.... porta *impatiemment* la mort de Narcisse. (II, 243, *Brit.* 1re préf.; voyez II, 251, *Brit.* 2e préf.)

IMPATIENCE :
Entre l'*impatience* et la crainte flottant. (II, 275, *Brit.* 441.)
Dans un temps plus heureux, ma juste *impatience*
Vous feroit repentir de votre déliance. (II, 302, *Brit.* 983.)
Il avoit *impatience* de servir de seconde partie à M. Pascal. (IV, 273, *Imag.*)

IMPATIENT :
.... Ne craignez-vous point l'*impatient* Achille? (III, 156, *Iph.* 97.)

IMPECCABLE :
Je trouve leur intention fort bonne de vouloir qu'on ne mette sur la scène que des hommes *impeccables*. (II, 35, *Andr.* 1re préf.)

IMPÉNITENT, ente :
Elles parlent de la malade comme d'une demie sainte, quoique *impénitente*. (IV, 591, *P. R.*)

IMPERCEPTIBLE :
*Il y a des prologues qui sont *imperceptibles*, et qui sont pourtant de véritables prologues. (V, 495, *Trad.*)

IMPÉRIEUX :
Ces mots *impérieux* n'ont point trouvé d'obstacle. (I, 435, *Théb.* 639.)

IMPERTINENCE, fausseté, fausse application :
On a bien vu dans la suite l'*impertinence* de ces calomnies. (IV, 478, *P. R.*)

IMPERTINENT, ente, sens divers :
Monsieur....— L'*impertinent!* Sans lui j'étois dehors. (II, 192, *Plaid.* 562.)
Je m'assure qu'il vaut mieux avoir occupé l'*impertinente* éloquence de deux orateurs autour d'un chien accusé. (II, 142, *Plaid.* au lect.)
* *Impertinente* version (de Sophocle). (VI, 289, *Livres ann.*)
* Historien *impertinent* qui commençoit son histoire en mettant son nom. (VI, 321, *Livres ann.*)
* Description *impertinente* des armes du général. (VI, 321, *Livres ann.*)

IMPÉTRER, obtenir :
Afin qu'en tout cas, s'il vient quelque chapelle, il la puisse *impétrer*. (VI, 475, *Lettres*.)

IMPÉTUEUX :
Pharnace, en ses desseins toujours *impétueux*. (III, 27, *Mithr.* 93.)

IMPÉTUOSITÉ :
Les François fondent sur les ennemis avec leur *impétuosité* ordinaire. (V, 297, *Camp. de Louis XIV.*)

IMPITOYABLE :
Aussi barbare époux qu'*impitoyable* père. (III, 216, *Iph.* 1313.)

IMPLACABLE :
Implacable ennemi.... (III, 62, *Mithr.* 881; III, 308, *Phèd.* 59.)
Et ne connois-tu pas l'*implacable* Agrippine? (II, 277, *Brit.* 483.)
.... L'*implacable* Athalie. (III, 620, *Ath.* 244.)
Implacable Vénus, suis-je assez confondue? (III, 351, *Phèd.* 814.)

IMPORTANT, ANTE :
* Dans une nécessité si *importante*. (VI, 248, *Livres ann.*)

IMPORTER À; IMPORTER À.... DE; N'IMPORTE :
Allez : cet ordre *importe* au salut de l'Empire. (II, 272, *Brit.* 371.)
.... Que m'*importe*, hélas! *de* ces vains ornements? (II, 418, *Bér.* 973.)
Soit qu'ainsi l'ordonnât mon amour ou mon père,
N'*importe*.... (II, 100, *Andr.* 1195.)
Dans huit jours, dans un mois, n'*importe*.... (II, 416, *Bér.* 943.)

IMPORTUN, UNE :
Je sens que je deviens *importune* à mon tour. (II, 256, *Brit.* 14.)
Il épargne à ma mort leur présence *importune*. (III, 97, *Mithr.* 1668.)
Laissons de leur amour la recherche *importune*. (II, 536, *Baj.* 1237.)
Ne le verrai-je plus qu'à titre d'*importune?* (II, 262, *Brit.* 143.)
....Plaignez ma grandeur *importune*. (II, 406, *Bér.* 719.)

IMPORTUNER; IMPORTUNER DE; S'IMPORTUNER DE :
Savantes filles de mémoire,
Je ne vous *importune* pas Pour, etc. (IV, 205, *Poés div.* 2.)
.... Quitte un entretien dont le cours m'*importune*. (II, 378, *Bér.* 88.)
Importuner les yeux de quelqu'un : voyez OEIL.
Ne lui disputez plus mes vœux infortunés :
Souffrez que les Dieux seuls *en soient importunés*. (II, 306, *Brit.* 1078.)
De quel soin votre amour va-t-il *s'importuner ?* (II, 399, *Bér.* 573.)

IMPORTUNITÉ :
Que d'*importunités!* — Quoi donc? Qui vous arrête? (II, 276, *Brit.* 460.)

IMPOSER À, sens divers :
.... Pensez-vous que ma voix
Ait fait un empereur pour m'en *imposer* trois? (II, 263, *Brit.* 158.)
.... L'univers entier m'en *impose* la loi. (I, 575, *Alex.* 1123.)
La force de vos armes ne *leur a* pas tant *imposé* que celle de vos vertus. (I, 513, *Alex.* épître.)

IMPOSITIONS :
* Les *impositions* sur le peuple ont été excessives.... pendant ces deux races. (V, 84, *Notes hist.*)

IMPOSSIBLE; L'IMPOSSIBLE, substantivement :
Il n'est pas *impossible* que la jeunesse et la fortune l'emportent victorieux jusqu'au fond des Indes. (I, 514, *Alex.* épître.)
Je n'examinois rien, j'espérois l'*impossible*. (II, 423, *Bér.* 1092.)

Dieu vous ordonne-t-il de tenter *l'impossible?* (III, 693, *Ath.* 1607.)

IMPOSTEUR, substantivement et adjectivement :
Ces festons, où nos noms, enlacés l'un dans l'autre,
A mes tristes regards viennent partout s'offrir,
Sont autant d'*imposteurs* que je ne puis souffrir. (II, 436, *Bér.* 1326.)
Prêt d'imposer silence à ce bruit *imposteur*. (III, 190, *Iph.* 775.)

IMPRENABLE :
Cette forteresse *imprenable* fut prise, etc. (V, 258, *Camp. de L. XIV.*)

IMPRESSION, au figuré :
Que par l'*impression* du vice qui nous flatte
Tes feux sacrés n'y soient point affoiblis. (IV, 122, *Poés. div.* 15.)
Des paroles extrêmement molles et efféminées, capables de faire des *impressions* dangereuses. (III, 455, *Esth.* préf.)

IMPRÉVU :
.... D'un fer *imprévu* vous tomberiez frappée. (III, 201, *Iph.* 985.)

IMPRIMER :
Son choix à votre nom n'*imprime* point de taches. (I, 526, *Alex.* 41.)
Le Ciel a sur son front *imprimé* sa noblesse. (III, 194, *Iph.* 858.)
*Ce sentiment est d'autant plus beau qu'il *est imprimé* dans les cœurs par la nature même. (VI, 107, *Rem. sur l'Odyss.*)
Son bon sens, joint à une piété et à une charité extraordinaires, *imprimoient* un tel respect, etc. (IV, 474, *P. R.*)

IMPUDIQUE :
Phèdre seule charmoit tes *impudiques* yeux. (III, 368, *Phèd.* 1116.)

IMPUISSANT À :
Je crois qu'à mon exemple *impuissant à* trahir,
Il hait à cœur ouvert, ou cesse de haïr. (II, 327, *Brit.* 1517.)

IMPULSION, au figuré :
*Amplifier la force de l'*impulsion* et du raisonnement. (VI, 331, l. 29, *Livres ann.*; voyez *ibid.*, l. 28.)

IMPUNÉMENT :
On ne fait point *impunément* une fausse démarche en présence d'un tel capitaine. (V, 259, *Camp. de Louis XIV.*)
Néron *impunément* ne sera pas jaloux. (II, 275, *Brit.* 445.)
Achille aura pour elle *impunément* pâli? (III, 207, *Iph.* 1108.)
Pensez-vous être saint et juste *impunément?* (III, 606, *Ath.* 26.)

IMPUNI :
.... Pharnace *impuni*.... (III, 98, *Mithr.* 1689.)

IMPUR :
.... D'*impurs* assassins. (III, 692, *Ath.* 1593.)

IMPUTER À; IMPUTER, absolument :
.... N'*impute* qu'à toi ton lâche parricide. (II, 118, *Andr.* 1534.)
A qui dois-je *imputer* cette fuite soudaine? (III, 177, *Iph.* 533.)
Voyez I, 427, *Théb.* 519; I, 572, *Alex.* 1063; II, 274, *Brit.* 412; II, 294, *Brit.* 823; II, 301, *Brit.* 969; III, 51, *Mithr.* 646; III, 483, *Esth.* 262.
*Il faut *imputer* cela *à* l'affection. (VI, 111, *Rem. sur l'Odyss.*)
*Il ne veut pas souffrir que son père *lui impute*.... le moindre reproche d'incivilité. (VI, 127, *Rem. sur l'Odyss.*)

Ils *imputoient* à cabale les actions les plus saintes. (IV, 452, *P. R.*)
*Les amants *imputent* tous leurs services ; les autres n'ont rien à *imputer*. (VI, 272, *Livres ann.*)

INACCESSIBLE ; INACCESSIBLE À :
Roc *inaccessible.* (V, 257, *Camp. de Louis XIV.*)
.... Ce soleil *inaccessible.* (IV, 151, *Poés. div.* 64.)
Il oppose à l'amour un cœur *inaccessible.* (III, 349, *Phèd.* 793.)
*Médée est *inaccessible à* tous ses domestiques dans son chagrin. (VI, 255, *Livres ann.*)

INANIMÉ :
Un peuple sans vigueur et presque *inanimé.* (I, 549, *Alex.* 563.)
Aux feux *inanimés* dont se parent les cieux
Il rend de profanes hommages. (III, 510, *Esth.* 739.)

INCARNAT :
Cent sillons d'or et d'*incarnat.* (IV, 41, *Poés. div.* 40.)
L'*incarnat* de la rose. (IV, 40, *Poés. div.* 17.)

INCERTAIN, AINE ; INCERTAIN DE :
Doutez jusqu'à sa mort d'un courroux *incertain.* (II, 100, *Andr.* 1199.)
....Toujours foible et d'un cœur *incertain.* (II, 112, *Andr.* 1411.)
Pour en développer l'embarras *incertain* (*du Labyrinthe*),
Ma sœur du fil fatal eût armé votre main. (III, 341, *Phèd.* 651.)
Rome *de* votre sort est encore *incertaine.* (II, 438, *Bér.* 1379.)
.... De mes desseins Rome encore *incertaine.* (II, 390, *Bér.* 339.)
Du choix d'un successeur Athènes *incertaine.* (III, 334, *Phèd.* 485.)
Infortuné, proscrit, *incertain de* régner. (II, 502, *Baj.* 483.)

INCESTE, en parlant des personnes :
Aucun ne s'est jamais avisé d'appeler Jupiter ni Vénus *incestes* ou adultères. (VI, 382, *Lettres.*)

INCESTUEUX, adjectivement et substantivement :
Lit *incestueux.* (II, 311, *Brit.* 1134.)
.... Ils sont sortis d'un sang *incestueux.*
(I, 400, *Théb.* 33 ; voyez I, 449, *Théb.* 921.)
Un perfide assassin, un lâche *incestueux.* (III, 367, *Phèd.* 1100.)

INCIDENT, au sens judiciaire ; INCIDENTS, au sens dramatique :
Autre *incident :* tandis qu'au procès on travaille,
Ma partie en mon pré laisse aller sa volaille. (II, 160, *Plaid.* 215.)
Il y a bien de la différence entre détruire le principal fondement d'une fable, et en altérer quelques *incidents.* (II, 39, *Andr.* 2ᵉ préf.)
Voyez I, 519, *Alex.* 1ʳᵉ préf. ; II, 140, *Plaid.* au lect.

INCIVILEMENT :
*Euryalus lui dit *incivilement* qu'il n'a point l'apparence d'un galant homme. (VI, 131, *Rem. sur l'Odyss.*)

INCLÉMENCE :
.... Pour fléchir l'*inclémence* des Dieux. (III, 160, *Iphig.* 187.)

INCLINATION, sens physique et sens moral :
*Inclination de tête. (V, 552, *Trad.*)
Quelque idée assez tendre et assez approchante d'une *inclination.* (VI, 457, *Lettres.*)
Les esprits de cette ville.... s'engagent plus fortement dans leurs *inclinations* qu'en aucun autre pays du monde. (VI, 468, *Lettres.*)

Narcisse l'entretenoit dans ses mauvaises *inclinations*. (II, 252, *Brit.* 2ᵉ préf.)
Je n'aurois pas grande *inclination* de faire séjour en ce pays-ci. (VI, 479, *Lettres*.)
Mon *inclination* ne me porteroit pas à le prendre pour modèle. (II, 141, *Plaid.* au lect.)

INCOMMODE :
.... Avocat *incommode*,
Que ne lui laissez-vous finir sa période ? (II, 203, *Plaid.* 687.)

INCOMMODER ; s'INCOMMODER ; INCOMMODÉ :
Maëstricht étoit la place qui *incommodoit* le plus les Hollandois. (V, 271, *Camp. de Louis XIV*.)
* On résolut de ne point *s'incommoder*, et de ne boire que pour son plaisir. (V, 460, *Trad.*)
J'ai été un peu *incommodé* ces jours passés. (VII, 213, *Lettres*.)
Donnez quatre ou cinq pistoles.... à cette des Fossés, que vous dites fort âgée et fort *incommodée* avec son mari. (VI, 533, *Lettres*.)
Étant fort *incommodées* dans la maison où elles étoient, sans aucune espérance de s'y pouvoir agrandir, elles se retirèrent en 1638 à Port-Royal. (IV, 418, *P. R.*)

INCOMMODITÉS :
Malgré les rigueurs et les *incommodités* de la saison. (V, 263, *Camp. de Louis XIV*.)

INCOMPATIBLE AVEC :
L'Empire *incompatible avec* votre hyménée. (II, 439, *Bér.* 1396.)

INCOMPÉTENCE :
On leur prouva leur *incompétence*. (IV, 531, *P. R.*)

INCONSIDÉRÉMENT :
* Il en but *inconsidérément*. (VI, 151, *Rem. sur l'Odyss.*)

INCONSOLABLE :
Deux pertes considérables.... dont elle (*l'Académie*) seroit *inconsolable*. (IV, 357, *Disc. acad.*)
La pénitence tardive
Des *inconsolables* morts. (IV, 155, *Poés. div.* 54.)

INCONSTANCE :
Essuyer l'*inconstance* au Parthe si commune. (III, 62, *Mithr.* 896.)
Mes yeux sans se troubler ont vu son *inconstance*. (I, 552, *Alex.* 629.)
Voyez II, 46, *Andr.* 126; II, 203, *Plaid.* 676.

INCONSTANT :
A quoi s'arrête ici ce courage *inconstant*? (I, 580, *Alex.* 1247.)

INCONTESTABLE :
L'affaire étoit *incontestable*. (VI, 476, *Lettre de 1662*.)
On pourrait croire que ce mot, dont M. Littré ne donne que des exemples tirés de Voltaire et de Marivaux, et que Bouhours regardait comme un terme assez nouveau en 1671, dans ses *Entretiens d'Ariste et d'Eugène* (p. 84 de l'édition in-4°), venait d'être créé au moment où Racine s'en est servi. Il n'en est rien toutefois, car on le trouve dans le *Dictionnaire* français-anglais de Cotgrave, dès 1611.

INCONTINENCE :
* Se.... garantir de l'*incontinence* des femmes. (V, 533, *Trad.*)

INCONVÉNIENTS :
* On espéroit qu'il arriveroit des *inconvénients*. (VI, 349, *Livres ann.*)

INCORRUPTIBLE :
*Je te donnerai, dit-elle, un beau siége d'or qui sera *incorruptible*. (VI, 86, *Rem. sur l'Odyss.* ; voyez VI, 98 et 146, *ibid.*)

INCORRUPTION :
*Entrer, par l'*incorruption* de votre Esprit saint, dans la résurrection. (V, 567, *Trad.*)

INCRÉDULITÉ :
Je voudrois vaincre enfin mon *incrédulité*. (II, 300, *Brit.* 941.)

INCRÉÉ :
Règne, ô Père éternel, Fils, Sagesse *incréée*. (IV, 129, *Poés. div.* 17.)

INCROYABLE :
Des difficultés *incroyables*. (V, 258, *Camp. de Louis XIV.*)
Il est *incroyable* combien ses souffrances augmentèrent dans les trois dernières semaines de sa maladie. (IV, 516, *P. R.*; voyez V, 52, *Méd.*)

INCURABLE :
D'un *incurable* amour remèdes impuissants ! (III, 324, *Phèd.* 283.)

INDE (L'), l'Indus :
L'*Inde* et l'Hydaspe entiers couleront sous vos lois. (I, 576, *Alex.* 1152.)
L'*Inde* se reposoit dans une paix profonde ;
Et si quelques voisins en troubloient les douceurs,
Il portoit dans son sein d'assez bons défenseurs. (I, 547, *Alex.* 518.)
Voyez I, 570, *Alex.* 1013.

INDÉVOT :
Le plus grand déplaisir qui puisse m'arriver au monde, c'est s'il me revenoit que vous êtes un *indévot*. (VII, 141, *Lettres.*)

INDIFFÉRENCE :
Quelque pressentiment de son *indifférence*
Vous fait-il loin de Rome éviter sa présence ? (II, 378, *Bér.* 95.)

INDIFFÉRENT À :
* La vertu est *indifférente à* toutes fortunes. (VI, 309, *Livres ann.*)

INDIGNE ; INDIGNE DE, INDIGNE QUE :
Ai-je mérité seul son *indigne* pitié ? (I, 526, *Alex.* 31.)
Tout est tranquille.... — Et c'est cette tranquillité
Dont je ne puis souffrir l'*indigne* sûreté. (I, 556, *Alex.* 696.)
Voyez I, 546, *Alex.* 510; I, 575, *Alex.* 1095; II, 315, *Brit.* 1247.
 Indigne soupir, *indigne* victoire : voyez SOUPIR, VICTOIRE.
Indigne également *de* vivre et *de* mourir. (II, 485, *Baj.* 111.)
Mais, Madame, après tout, me croyez-vous *indigne*
De laisser un exemple à la postérité ? (II, 427, *Bér.* 1172 et 1173.)
.... Trop *indigne* aussi *d*'être fils de Créon. (I, 435, *Théb.* 634.)
.... (*Les*) vertus d'Octavie, *indignes* de ce prix. (II, 292, *Brit.* 785.)
*Pilate s'étoit rendu *indigne qu*'on l'éclaircît davantage. (V, 203, l. 10, *Notes rel.*; voyez *ibid.*, l. 11.)

INDIGNÉ :
.... Les Dieux, contre moi dès longtemps *indignés*. (III, 185, *Iph.* 703.)

INDIGNITÉ :

J'ose dire pourtant que je n'ai mérité
Ni cet excès d'honneur, ni cette *indignité*. (II, 282, *Brit.* 610.)
   Elle étoit si pénétrée de la sainteté infinie de Dieu, et de sa propre *indignité*, qu'elle ne pouvoit penser sans frayeur au moment où elle comparoitroit devant lui. (IV, 514, *P. R.*)

INDISCRET, ÈTE :

.... Si je m'en croyois, ce triomphe *indiscret*
Seroit bientôt suivi d'un éternel regret. (II, 323, *Brit.* 1425.)
      .... Pour venger je ne sais quels prophètes,
Dont elle (*Jézabel*) avoit puni les fureurs *indiscrètes*. (III, 646, *Ath.* 716.)
De peur qu'en le voyant, quelque trouble *indiscret*
Ne fasse avec mes pleurs échapper mon secret. (III, 617, *Ath.* 193.)

INDISCRÉTION :

Leurs ennemis, dit Tacite, les accusèrent tous deux (*Junie et son frère*) d'inceste, quoiqu'ils ne fussent coupables que d'un peu d'*indiscrétion*. (II, 245 et 253, *Brit* 1re et 2e préf.)

INDISPENSABLEMENT :

Il (*M. Arnauld*) fut obligé *indispensablement* de le rompre (*le silence*) par une occasion assez extraordinaire. (IV, 460, *P. R.*)

INDOLENCE :

Que notre corps soit pur; qu'une *indolence* ingrate
   Ne tienne point nos cœurs ensevelis. (IV, 122, *Poés. div.* 13.)

INDOMPTABLE :

   (*Le torrent*) .... redoublant en fureur
      Son *indomptable* course. (IV, 38, *Poés. div.* 59.)

INDOMPTÉ :

   .... Du Parthe et du Scythe *indompté*. (III, 468, *Esth.* 41.)

INDULGENT, ENTE À :

Rome *lui* sera-t-elle *indulgente* ou sévère? (II, 391, *Bér.* 368.)

INDUSTRIE, sens divers :

   Au lieu de tous ces ouvrages frivoles, où l'*industrie* de la plupart des autres Religieuses s'occupe pour amuser la curiosité des personnes du siècle, on seroit surpris de voir avec quelle *industrie* les Religieuses.... savent rassembler jusqu'aux plus petites rognures d'étoffes. (IV, 426, *P. R.*)
J'ai su, par une longue et pénible *industrie*,
Des plus mortels venins prévenir la furie. (III, 85, *Mithr.* 1415.)
.... Bientôt rappelant sa cruelle *industrie*,
Il (*Ulysse*) me représenta l'honneur et la patrie. (III, 154, *Iphig.* 73.)

INÉBRANLABLE :

   *Hector, la colonne *inébranlable* de Troie. (VI, 21, *Rem. sur Pind.*)

INEFFABLE :

      Source *ineffable* de lumière. (IV, 109, *Poés. div.* 1.)
      (*O Dieu,*) Pendant que le pauvre à ta table
Goûtera de ta paix la douceur *ineffable*. (III, 653, *Ath.* 838.)

INÉPUISABLE :

Vos jours toujours sereins coulent dans les plaisirs ;
L'Empire en est pour vous l'*inépuisable* source. (II, 284, *Brit.* 651.)
   Coupe *inépuisable* : voyez COUPE.

INÉVITABLE :
   Tant de dépenses *inévitables*. (IV, 625, *P. R.*)
      Il tremble encore, et le cercueil
      Lui paroît presque *inévitable*. (IV, 67, *Poés. div.* 30)

INEXORABLE; INEXORABLE À :
Pensez-vous qu'Hermione, à Sparte *inexorable*,
Vous prépare en Épire un sort plus favorable? (II, 42, *Andr.* 33.)
Mithridate revient, peut-être *inexorable*. (III, 37, *Mithr.* 343.)
L'*inexorable* Aman est réduit à prier. (III, 534, *Esth.* 1163.)
Ma gloire *inexorable* à toute heure me suit. (II, 439, *Ber.* 1394.)
Est-ce m'aimer, cruel, autant que je vous aime,
Que d'être *inexorable* à mes tristes soupirs? (I, 427, *Théb.* 525.)
Aux foiblesses d'autrui loin d'être *inexorable*.... (IV, 150, *Poés. div.* 49.)

INEXORABLEMENT :
   Presser *inexorablement*. (VI, 396, *Lettres.*)

INFAILLIBLE, sens divers :
Sa perte est *infaillible*, et peut-être la mienne. (I, 583, *Alex.* 1302.)
      .... Certes son visage
Porte de sa grandeur l'*infaillible* présage. (I, 561, *Alex.* 818.)
Calchas, par tous les Grecs consulté chaque jour,
Leur a prédit des vents l'*infaillible* retour. (III, 165, *Iph.* 288.)
.... Sa perte sera l'*infaillible* salaire
D'un geste ou d'un soupir échappé pour lui plaire. (II, 285, *Brit.* 683.)
Le Pape, selon la doctrine de France, n'est *infaillible* qu'à la tête d'un concile. (IV, 446, *P. R.*; voyez IV, 493, *P. R.*)
J'écris à M. Piolin, et je l'assure que sa dette lui est *infaillible*. (VI, 464, *Lettres.*)
.... Je tiens pour très-*infaillible* Que, etc. (IV, 230, *Poés. div.* 116, 2ᵈ app.)

INFÂME, adjectivement et substantivement :
   Bravant les croix les plus *infâmes*. (IV, 149, *Poés. div.* 28.)
En feriez-vous au trône un sacrifice *infâme (de la vertu)*? (I, 460, *Théb.* var. après 1110.)
      .... Depuis le jour *infâme*
Où de mon propre fils je me trouvai la femme. (I, 432, *Théb.* 599.)
Ennemis du repos qui perdit ces *infâmes*. (I, 549, *Alex.* 581.)

INFAMIE :
   *L'*infamie* des pères nuit aux enfants. (VI, 302, *Livres ann.*)

INFANTE, au figuré :
   Je souhaite que tout le monde se porte bien chez vous, que vos deux *infantes* vous ressemblent. (VI, 432, *Lettres*; voyez VI, 420, *Lettres.*)

INFATIGABLE :
   Infatigable dans le travail. (V, 302, *Camp. de Louis XIV.*)
Surtout j'admire en vous ce cœur *infatigable*. (III, 61, *Mithr.* 867.)

INFECTER :
.... De quel front cet ennemi de Dieu
Vient-il *infecter* l'air qu'on respire en ce lieu? (III, 662, *Ath.* 1026.)
La terre s'en émeut, l'air en *est infecté*. (III, 390, *Phèd.* 1523.)
Jusqu'à quand souffre-t-on que ce peuple respire,
Et d'un culte profane *infecte* votre empire? (III, 496, *Esth.* 498.)
Voilà comme *infectant* cette simple jeunesse,
Vous employez tous deux le calme où je vous laisse. (III, 646, *Ath.* 703.)

.... Leurs cœurs *infectés* de ce fatal poison. (I, 400, *Théb.* var.)

INFERNAL, ALE :
Où me cacher? Fuyons dans la nuit *infernale*. (III, 376, *Phèd.* 1277.)
Ces objets dangereux que la ruse *infernale*
　　Dans un vain songe offre à nos sens trompés. (IV,122, *Poés. div.*11.)

INFIDÈLE, adjectivement et substantivement :
Qui peut vous avoir fait ce récit *infidèle?* (II, 523, *Baj.* 977.)
D'une *infidèle* cour ennemi dès l'enfance. (II, 300, *Brit.* 944.)
Son *infidèle* sang rejaillit sur Junie. (II, 339, *Brit.* 1752.)
.... Il jouira peu de vos pleurs *infidèles*. (III, 49, *Mithr.* 592.)
Pyrrhus rend à l'autel son *infidèle* vie. (II, 115, *Andr.* 1494.)
Voyez I, 438, *Théb.* 699; II, 80, *Andr.* 810; II, 96, *Andr.* 1094.
L'*infidèle* s'est vu partout envelopper. (II, 117, *Andr.* 1515.)

INFIDÉLITÉ :
J'ai vu Burrhus, Sénèque, aigrissant vos soupçons,
De l'*infidélité* vous tracer des leçons. (II, 313, *Brit.* 1202.)
　　　　.... Nos Grecs irrités
Ont lavé dans son sang ses *infidélités*. (II, 116, *Andr.* 1496.)
Voyez II, 108, *Andr.* 1359.

INFINI, IE :
　　.... Tes châtiments paroissent *infinis*. (I, 432, *Théb.* 597.)
Cela iroit à l'*infini*. (VI, 414, *Lettres*.)
Racine a souligné *infinie* dans ce passage de Vaugelas : « Une étendue de pays *infinie* » (VI, 555).

INFIRMERIE :
Le couvent ne fut bientôt plus qu'une *infirmerie*. (IV, 401, *P. R.*)

INFIRMITÉ, sens physique et sens moral :
*De l'*infirmité* humaine. (VI, 338, *Livres ann.*)
Malgré ses grandes *infirmités*.... (IV, 507, *P. R.*)
*Ceux qui, durant la persécution, étoient tombés par *infirmité*. (V, 597, *Trad.*)

INFLEXIBLE :
Roxane en sa fureur paroissoit *inflexible*. (II, 516, *Baj.* 809.)
Oui, mon frère, il n'est pas comme vous *inflexible*. (I, 429, *Théb.* 551.)
　　　　.... Ce cœur *inflexible*. (I, 563, *Alex.* 865.)
　　　　.... La rigueur *inflexible*. (IV, 77, *Poés. div.* 87.)
Courage, rudesse *inflexible* : voyez COURAGE, RUDESSE.

INFORMER; INFORMER DE; S'INFORMER ; S'INFORMER DE, SI :
Vous feindrez d'*informer* sur toute cette affaire. (II, 171, *Plaid.* 323.)
(*Calchas*) Qui *des* secrets des Dieux *fut* toujours *informé*. (III, 174,*Iph.*456.)
Ne *vous informez* point ce que je deviendrai. (II, 512, *Baj.* 703.)
　　　　.... *Informez-vous de* moi. (II, 176, *Plaid.* 381.)
Le Ciel *de* nos raisons ne sait point *s'informer*. (III, 310, *Phèd.* 115.)
Je m'*informai s'*ils se plaignoient qu'elle les eût ennuyés. (II, 368, *Bér.* préf.)
　　　　.... Il *s'informe* pas
Si l'on souhaite ailleurs sa vie ou son trépas. (II, 112, *Andr.*1415 et 1416.)

INFORTUNE :
Cette ville, que les Hollandois assiégeoient depuis trois mois avec une

lenteur et une *infortune* qui les exposoit à la risée de toute l'Europe. (V, 261, *Camp. de Louis XIV*.)

INFORTUNÉ :
.... De mon devoir esclave *infortunée*. (III, 51, *Mithr.* 643.)
Vous verrez mettre au rang des jours *infortunés*
Ceux où jadis la sœur et le frère sont nés. (II, 324, *Brit.* 1453.)
Exemple *infortuné* d'une longue constance. (II, 375, *Bér.* 44.)
Qu'ils viennent préparer ces nœuds *infortunés*
Par qui de ses pareils les jours sont terminés. (II, 538, *Baj.* 1279.)
Quels charmes ont pour vous des yeux *infortunés* ? (II, 55, *Andr.* 303.)
Toutes ces critiques sont le partage de quatre ou cinq petits auteurs *infortunés*. (II, 371, *Bér.* préf.)

INFRUCTUEUX, EUSE :
.... Un crime *infructueux*. (II, 509, *Baj.* 640.)
Cette parenté ne lui a pas été *infructueuse* en cette occasion. (VII, 245, *Lettres*.)

INGÉNIEUR :
M. de Vauban.... m'a donné un *ingénieur* qui m'a mené partout. (VI, 551, *Lettres*; voyez VII, 54, *Lettres*.)

INGÉNIEUX :
Andromaque trompa l'*ingénieux* Ulysse. (II, 44, *Andr.* 74.)
* Il les représente pour les plus *ingénieux* hommes. (VI, 109, *Rem. sur l'Odyss.*)

INGÉNION :
*Plusieurs *ingénions* ou manufactures de sucre. (V, 156, *Notes hist.*)
Voyez la note 2 de la page indiquée.

INGÉNUITÉ :
Cet âge est innocent. Son *ingénuité*
N'altère point encor la simple vérité. (III, 640, *Ath.* 629.)

INGÉRER (S') DE :
*Un jeune homme ne doit pas *s'ingérer de* parler. (VI, 75, *Rem. sur l'Od.*)
Elle étoit bien éloignée d'approuver que des évêques *s'ingérassent* des professions de foi. (IV, 523, *P. R.*)

INGRAT, ATE, adjectivement et substantivement :
Je vous entends, Seigneur : ces mêmes dignités
Ont rendu Bérénice *ingrate* à vos bontés. (II, 378, *Bér.* 90.)
.... Une indolence *ingrate*. (IV, 122, *Poés. div.* 13.)
.... C'est le prix que vous gardoit l'*ingrate*. (II, 72, *Andr.* 657.)

INGRATITUDE, au pluriel :
(*Agrippine*) Me fait un long récit de mes *ingratitudes*. (II, 277, *Brit.* 488.)

INHUMAIN, AINE, adjectivement et substantivement :
Il faut finir ainsi cette guerre *inhumaine*. (I, 457, *Théb.* 1063.)
Vous n'êtes pas ici dans un champ *inhumain*. (I, 454, *Théb.* 1021.)
Vous m'avez vendu cher vos secours *inhumains*. (II, 545, *Baj.* 1443.)
Dans son sang *inhumain* les chiens désaltérés. (III, 612, *Ath.* 117.)
Mourez donc, et gardez un silence *inhumain*. (III, 319, *Phèd.* 227.)
Il l'aime; mais enfin cette veuve *inhumaine*
N'a payé jusqu'ici son amour que de haine. (II, 46, *Andr.* 109.)
* Courage *inhumain* des Romains. (VI, 297, *Livres ann.*)
Il faut courir, Olympe, après ces *inhumains*.
(I, 399, *Théb.* 17; voyez I, 435, *Théb.* 638; I, 466, *Théb.* 1202.)

Il faut que je me jette aux pieds de l'*inhumaine*.
(I, 580, *Alex*. 1238; voyez II, 42, *Andr*. 26; IV, 205, *Poés. div*. 9, app.)

INIMITIÉ :
La douceur de sa voix, son enfance, sa grâce,
Font insensiblement à mon *inimitié*
Succéder.... Je serois sensible à la pitié? (III, 642, *Ath*. 653.)
Voyez II, 66, *Andr*. 520; II, 482, *Baj*. 39.
De mes *inimitiés* le cours est achevé. (II, 51, *Andr*. 219.)

INIQUITÉ :
Il traitoit d'enfants d'*iniquité* tous ceux qui osoient dire que ces propositions n'avoient point été extraites de Jansénius. (IV, 496, *P. R.*)
N'entends-tu que la voix de nos *iniquités*? (III, 686, *Ath*. 1474.)

INITIER :
(*Il*) Se fait *initier* à ses honteux mystères (*aux mystères de Baal*).
(III, 606, *Ath*. 19.)

INJURE :
Injures de l'air. (V, 347, *Siége de Nam*.)
Une extrême justice est souvent une *injure*. (I, 455, *Théb*. 1036.)
(*Dieu*) De son temple détruit vengea sur eux l'*injure*. (III, 529, *Esth*. 1068.)
.... Je charge un amant du soin de mon *injure*. (II, 115, *Andr*. 1482.)
.... Comme vous je ressens vos *injures*. (II, 269, *Brit*. 299.)
Souffrirai-je à la fois ta gloire et tes *injures*? (III, 188, *Iph*. 758.)

INJURIER :
Folle! Vous avez tort. Pourquoi l'*injurier*? (II, 168, *Plaid*. 289.)

INJURIEUX, EUSE; INJURIEUX À :
.... C'est pousser trop loin ses droits *injurieux*. (III, 195, *Iph*. 879.)
.... Un peuple *injurieux*. (II, 435, *Bér*. 1313.)
J'oublie en sa faveur un discours qui m'outrage ;
Je n'en ai point troublé le cours *injurieux*. (II, 386, *Bér*. 265.)
* Une chose qui *leur* est *injurieuse* (*aux Dieux*). (VI, 40, *Rem. sur Pind*.)
Certains termes.... très-*injurieux* à l'épiscopat. (IV, 496, *P. R.*)

INJUSTE :
Hé! repoussez, Madame, une *injuste* terreur. (III, 377, *Phèd*. 1295.)
Ils sauront récuser l'*injuste* stratagème
D'un témoin irrité qui s'accuse lui-même. (II, 295, *Brit*. 855.)

INJUSTEMENT :
Il n'a jamais lu Sophocle, qu'il loue très-*injustement* d'une grande multiplicité d'incidents. (II, 370, *Bér*. préf.)

INJUSTICE :
J'ai su de mon destin corriger l'*injustice*. (III, 494, *Esth*. 450.)
D'un voile d'équité couvrir mon *injustice*. (II, 104, *Andr*. 1278.)
J'ai vu sur ma ruine élever l'*injustice*. (II, 302, *Brit*. 979.)
De Joad contre moi je sais les *injustices*. (III, 660, *Ath*. 972.)

INNOCENCE :
Ah! de vos premiers ans l'heureuse expérience
Vous fait-elle, Seigneur, haïr votre *innocence*? (II, 320, *Brit*. 1356.)
Mon *innocence* enfin commence à me peser. (II, 79, *Andr*. 772.)
Contre son *innocence* on veut me prévenir. (II, 414, *Bér*. 909.)
Il faut à votre fils rendre son *innocence*. (III, 395, *Phèd*. 1618.)

Je rends grâces au Ciel que votre indifférence
De mes heureux soupirs m'apprenne l'*innocence*. (II, 107, *Andr.* 1346.)
Mes jours moins agités couloient dans l'*innocence*. (III, 325, *Phèd,* 298.)
  Au siècle d'*innocence*. (IV, 28, *Poés. div.* 9.)

INNOCENT, ENTE, adjectivement et substantivement :
  * Ne tuer les bêtes *innocentes*. (VI. 312, *Livres ann.*)
  Ces pauvres filles.... qui, comme d'*innocents* agneaux, perçoient le ciel de leurs cris. (IV, 508, *P. R.*)
  De petits remèdes *innocents* (VI, 586, *Lettres.*)
  Plût aux Dieux que mon cœur fût *innocent* comme elles (*comme mes mains*) !
  (III, 319, *Phèd.* 222.)
Thraséas au sénat, Corbulon dans l'armée,
Sont encore *innocents*, malgré leur renommée. (II, 265, *Brit.* 208.)
Un exil *innocent* vaut mieux qu'une couronne (I, 460, *Théb.* 1111. *var.*)
  .... De vos malheurs *innocente* ou coupable. (III, 348, *Phèd.* 773.)
Pour Trasimond, c'est un pauvre *innocent*. (IV, 242, *Poés. div.* 5, 2ᵈ app.)

INONDATION, au propre et au figuré :
  Il entra dans l'*inondation* l'épée à la main. (V, 55, *Méd.*)
  Pour sauver son pays de l'*inondation* des François, (*il*) ne sait point d'autre expédient que de le noyer dans les eaux de la mer. (V, 249, *Camp. de Louis XIV* ; voyez V, 257, *ibid.*)

INONDER, au figuré :
Thèbes avec raison craint le règne d'un prince
Qui de fleuves de sang *inonde* sa province. (I, 455, *Théb.* 1044.)
  Elle n'oublia rien de tout ce qui pouvoit attirer sur elle l'orage qui la vint *inonder*. (V, 244, *Camp. de Louis XIV.*)
Le peuple saint en foule *inondoit* les portiques. (III, 605, *Ath.* 8.)
A-t-il de votre Grèce *inondé* les frontières ? (I, 573, *Alex.* 1081.)
(*Ils*) Désertent leur pays pour *inonder* le nôtre. (III, 57, *Mithr.* 780.)
  Voyez DÉBORDER (SE).

INOUÏ, ÏE :
Qu'il fera beau chanter tant d'illustres merveilles
       Et de faits *inouïs* ! (IV, 76, *Poés. div.* 66.)
  .... Maux *inouïs*. (IV, 68, *Poés. div.* 37.)
  .... Ah sentence ! ah rigueur *inouïe* ! (III, 228, *Iph.* 1513.)
  .... Le prix est sans doute *inouï*. (III, 504, *Esth.* 623.)
  .... (*Tramer*) une perfidie *inouïe* à la cour. (II, 300, *Brit.* 946.)

INQUIET, ÈTE :
Dissimulez : calmez ce transport *inquiet*. (II, 76, *Andr.* 719.)
Tant de soins, tant de pleurs, tant d'ardeurs *inquiètes*.... (II, 56, *Andr.* 321.)
.... (*Elle*) couroit vers le temple, *inquiète*, égarée. (II, 122, *Andr.* 1606.)

INQUIÉTER S'INQUIÉTER ; INQUIÉTÉ :
  On n'a pas même osé depuis les *inquiéter*. (VII, 16, *Lettres.*)
Je fuis Titus, je fuis ce nom qui m'*inquiète*. (II, 386, *Bér.* 275.)
  .... De quoi, Seigneur, *vous inquiétez*-vous ? (II, 276, *Brit.* 446.)
La Grèce en ma faveur est trop *inquiétée*. (I, 49, *Andr.* 173.)
       .... Mon âme *inquiétée*. (I, 542, *Alex.* 421.)
  Je suis si peu *inquiété* du temps que j'ai employé pour ce dessein, que je n'y aurois pas plaint encore quinze autres jours. (VI, 406, *Lettres.*)

INQUIÉTUDE :
  .... Ne contraignez point ma triste *inquiétude*. (I, 477, *Théb.* 1398.)

Dans quelle *inquiétude*, Esther, vous me jetez! (III, 508, *Esth.* 699.)
De la Reine, Paulin, flattez l'*inquiétude*. (II, 419, *Bér* 983.)
.... L'on craint, si la nuit jointe à la solitude
Vient de son désespoir aigrir l'*inquiétude*. (II, 339, *Brit.* 1760.)
Quand je ne serai plus en *inquiétude* de votre mal, je vous écrirai des nouvelles du siège de Namur. (VII, 39, *Lettres*; voyez VI, 574, *Lettres*.)

INSATIABLE :
 .... Voyant pour l'or sa soif *insatiable*. (III, 608, *Ath.* 48.)

INSCRIRE (S') EN FAUX, II, 161, *Plaid.* 226.

INSENSÉ :
Écoutez-vous, Madame, une foule *insensée*? (II, 436, *Bér.* 1319.)
Je ne me flatte point d'une gloire *insensée*. (II, 283, *Brit.* 628.)

INSENSIBLE, substantivement :
 Ne m'accusez pas d'être un farouche et un *insensible*. (VI, 445, *Lettr.*)

INSENSIBLEMENT :
 .... Je me laisse emporter *insensiblement* à la tentation de parler de vous. (II, 241, *Brit.* épitre.)

INSÉPARABILITÉ :
 L'*inséparabilité* du fait et du droit. (IV, 544, *P. R.*; voyez IV, 522, *P.R.*)

INSÉPARABLE :
 Sois notre *inséparable* guide. (IV, 124, *Poés. div.* 13.)

INSÉRER :
 J'y *ai inséré* (dans la tragédie de Mithridate) tout ce qui pouvoit mettre en jour les mœurs et les sentiments de ce prince. (III, 16, *Mithr.* préf.)

INSIGNE :
 .... Si l'on peut prétendre à cette gloire *insigne*. (I, 478, *Théb.* 1414.)
Hélas! d'où nous viendra cette *insigne* faveur? (III, 670, *Ath.* 1175.)

INSIPIDE :
 .... Toute ma grandeur me devient *insipide*. (III, 495, *Esth.* 461.)

INSISTER À :
 *La province de Hollande *insistoit à* ne point rompre avec le Portugal. (V, 160, *Notes hist.*)

INSOLENCE :
 .... Vous croyez qu'après une telle *insolence*
Mon amitié, Seigneur, seroit sa récompense?
 (I, 537, *Alex.* 281; voyez II, 538, *Baj.* 1295.)
 *Ces gens-là qui font tant d'*insolences* chez lui. (VI, 62, *Rem. sur l'Odyss.*)
Déjà, de l'*insolence* heureux persécuteur,
Vous aviez des deux mers assuré les rivages. (III, 358, *Phèd.* 940.)

INSOLENT, ENTE, adjectivement et substantivement :
 .... Quelques Grecs d'un *insolent* courage
M'ayant osé d'abord disputer le passage.... (I, 401, *Théb.* 51 var.)
 .... L'*insolente* maladie
Qui l'avoit osé menacer. (IV, 66, *Poés. div.* 6.)
 *Il ne sait s'il est parmi des barbares et des *insolents*. (VI, 113, *Rem. sur l'Odyss.*)

INSOUTENABLE :
Il n'y en eut jamais de moins régulière ni de plus *insoutenable* (*procédure*). (IV, 555, *P. R.*)
Bouhours, en 1671, dans ses *Entretiens d'Ariste et d'Eugène* (p. 84 de l'édition in-4°), place ce mot parmi les termes assez nouveaux; effectivement, il ne paraît pas dans les dictionnaires avant celui de Richelet, publié en 1680.

INSPIRER ; INSPIRER À, INSPIRER DANS :
Le voici : vous verrez si c'est moi qui l'*inspire*. (II, 334, *Brit.* 1647.)
Surtout depuis deux ans ce noble soin m'*inspire*. (I, 445, *Théb.* 847.)
Ta sœur vient t'*inspirer* ce qu'il faut que tu fasses. (I, 579, *Alex.* 1218.)
Le Ciel m'*inspirera* quel parti je dois prendre. (III, 78, *Mithr.* 1263.)
Vous *inspirez au* Roi vos conseils dangereux. (I, 412, *Théb.* 233.)
J'ai bien des grâces à rendre à Dieu d'*avoir inspiré à* vos sœurs tant de ferveur pour son service. (VII, 171, *Lettres*.)
Vous *inspirez* la crainte *aux* plus fermes courages ;
Et quand vous le voudrez, vos bontés à leur tour
Dans les cœurs les plus durs *inspireront* l'amour. (I, 564, *Alex.* 870 et 872.)
*Lui *inspirant dans* l'âme de la hardiesse et du courage. (VI, 63, *Rem. sur l'Odyss*.)

INSTANCE, sens divers :
Ce fut alors que les Religieuses de ce monastère renouvelèrent leurs *instances*. (IV, 419, *P. R.*)
Quatorze appointements, trente exploits, six *instances*. (II, 161, *Plaid.* 227.)
Juger.... en première *instance*. (IV, 458, *P. R.*)

INSTANT, ANTE :
A l'*instante* prière des.... Suédois. (V, 301, *Camp. de Louis XIV*.)

INSTINCT :
Dans le temple des Juifs un *instinct* m'a poussée. (III, 634, *Ath.* 527.)

INSTITUT, ordre religieux, IV, 404, 405, 419, etc., *P. R.*

INSTITUTION :
* *Institution* de la république d'Athènes. (VI, 292, *Livres ann*.)

INSTRUIRE DE, DANS, À, QUE, COMBIEN :
Puisqu'il le veut, entrons : il m'*en instruira* mieux. (II, 262, *Brit.* 133.)
.... Qu'un tombeau superbe *instruise* l'avenir
Et *de* votre douleur et *de* mon souvenir. (I, 595, *Alex.* 1347 et 1348.)
Il n'*est* que trop *instruit de* mon cœur et *du* vôtre. (II, 303, *Brit.* 1016.)
Il *instruira* mon fils *dans* l'art de commander. (III, 350, *Phèd.* 804.)
.... *Dans* l'ignorance il le falloit *instruire*. (II, 264, *Brit.* 183.)
.... Toute sa conduite
Marque *dans* son devoir une âme trop *instruite*. (II, 256, *Brit.* 24.)
.... On ne m'a pas *instruite à* les entendre. (III, 185, *Iph.* 702.)
Je l'*instruirai* moi-même *à* venger les Troyens. (II, 56, *Andr.* 327.)
Vous la verrez, Seigneur : Bérénice *est instruite*
Que vous voulez ici la voir seule et sans suite. (II, 377, *Bér.* 63 et 64.)
Je puis l'*instruire* au moins *combien* sa confidence
Entre un sujet et lui doit laisser de distance. (II, 263, *Brit.* 167.)

INSTRUIRE, au sens judiciaire :
.... Voilà bien *instruire* une affaire ! (II, 210, *Plaid.* 763.)

INSTRUMENT :
D'un infâme trépas l'*instrument* exécrable.
(III, 532, *Esth.* 1132 ; voyez III, 497, *Esth.* 524.)

INSULTER; INSULTER À :
Cela a donné occasion à votre mère.... de m'*insulter* sur la paresse que j'avois depuis si longtemps à me faire des remèdes. (VII, 236, *Lettres*.)
* *Insulter aux* malheureux. (VI, 243, l. 36, *Livres ann.*; voyez *ibid.*, l. 20.)
Nos superbes vainqueurs *insultant à* nos larmes. (III, 483, *Esth.* 261.)
Moi qui contre l'amour fièrement révolté,
Aux fers de ses captifs ai longtemps *insulté*. (III, 336, *Phèd.* 532.)
Voyez III, 49, *Mithr.* 607; III, 160, *Iph.* 190; III, 186, *ibid.* 716; III, 517, *Esth.* 850; VI, 152, *Rem. sur l'Odyss.*; VI, 228 et 294, *Livres ann.*

INSUPPORTABLE :
Le temps se rendit *insupportable*. (V, 257, *Camp. de Louis XIV.*)

INTÉGRITÉ :
L'*intégrité* de leur foi. (IV, 436, *P. R.*)

INTELLIGENCE DE ; INTELLIGENCE, accord
.... Moi, qui dès l'enfance élevé dans son sein,
De tous ses mouvements ai trop d'*intelligence*.... (III, 75, *Mithr.* 1191.)
Notre salut dépend de notre *intelligence*. (II, 298, *Brit.* 916.)
.... Irrité de notre *intelligence*. (II, 329, *Brit.* 1543.)
.... Je vous ai crus tous deux d'*intelligence*. (II, 318, *Brit.* 1311.)
....Toujours avec vous son cœur d'*intelligence*.... (III, 45, *Mithr.* 499.)
Que la bouche et le cœur sont peu d'*intelligence!* (II, 328, *Brit.* 1524.)
Tous les fléaux, d'*intelligence*,
S'unissent pour leur châtiment. (IV, 140, *Poés. div.* 36.)
*Je souhaite que les Dieux vous donnent.... un mari, une famille et une bonne *intelligence;* car il n'y a rien de plus beau que quand une femme et un mari sont d'accord. (VI, 116, *Rem. sur l'Odyss.*)
Je me repose sur eux de la défense d'une pièce qu'ils attaquent en si mauvaise *intelligence*. (I, 520, *Alex.* 1ʳᵉ préf.)
Voyez II, 302, *Brit.* 992; III, 189, *Iph.* 765; III, 241, *Iph.* 1793.

INTELLIGIBLE :
J'avois commencé dès Lyon à ne plus guère entendre le langage du pays, et à n'être plus *intelligible* moi-même. (VI, 414, *Lettres*.)

INTENTION :
Je trouve leur *intention* fort bonne de vouloir qu'on ne mette sur la scène que des hommes impeccables. (II, 35, *Andr.* 1ʳᵉ préf.)
S'ils suivoient en cela la véritable *intention* de la tragédie.
(III, 303, *Phèd.* préf.)

INTENTIONNÉ :
Le Roi étoit prévenu que les jansénistes n'étoient point bien *intentionnés* pour sa personne. (IV, 501, *P. R.* ; voyez VII, 75, *Lettres*.)

INTERDIRE DE :
Les Dieux de ce haut rang te vouloient *interdire*. (I, 464, *Théb.* 1167.)

INTERDIT, ITE :
Sitôt que.... je l'envisageai, je pensai demeurer *interdit*. (VI, 458, *Lettr.*)
Le Roi, vous le voyez, flotte encore *interdit*. (III, 533, *Esth.* 1147.)
Je vous vois sans épée, *interdit*, sans couleur? (III, 345, *Phèd.* 716.)
Vous changez de couleur et semblez *interdite*. (III, 384, *Phèd.* 1414.)
Ne m'offrirez-vous plus qu'un visage *interdit?* (II, 400, *Bér.* 597.)
Tout le camp *interdit* trembloit pour Bajazet. (II, 484, *Baj.* 72.)
Plus mon cœur *interdit* se faisoit de reproches. (II, 550, *Baj.* 1518.)

Un tel excès d'horreur rend mon âme *interdite*.
(III, 366, *Phèd.* 1078; voyez III, 491, *Esth.* 410.)

INTERDIT, substantif :
On craint à Paris qu'il ne vienne quelque chose de plus fort, comme par exemple, un *interdit*. (VI, 380, *Lettres.*)

INTÉRESSER, s'intéresser à, pour, dans, en ; intéressé :
J'*intéressai* sa gloire; il trembla pour sa vie. (III, 496, *Esth.* 494.)
*Tout l'univers est ébranlé et *s'intéresse*. (VI, 208, *Livres ann.*)
L'ardeur qui *l'intéresse* à votre sûreté. (I, 555, *Alex.* 688.)
En vain vous prétendez, obstinée à mourir,
Intéresser ma gloire à vous laisser périr. (III, 230, *Iph.* 1568.)
Afin qu'à mon amour Taxile *s'intéresse*. (I, 567, *Alex.* 954.)
Vous m'aimez dès longtemps; une égale tendresse
Pour vous depuis longtemps m'afflige et m'*intéresse*. (III, 52, *Mithr.* 680.)
Mon amitié pour lui n'*est* point *intéressée*. (I, 566, *Alex.* 933.)
Mon cœur, mon lâche cœur *s'intéresse pour* lui. (II, 111, *Andr.* 1404.)
Si j'ai à vous blâmer..., c'est.... d'*intéresser dans* le démêlé que vous avez avec des Marets cent autres personnes. (IV, 278, *Imag.*)
Dans vos secrets discours étois-je *intéressée ?* (II, 399, *Bér.* 583.)
Sans m'*intéresser* davantage *dans* le parti des comédies ni des tragédies. (IV, 272, *Imag.*)
Il ne voit *dans* son sort que moi qui *s'intéresse*. (II, 284, *Brit.* 656.)
Vous-même *en* leur réponse *êtes intéressée*. (III, 509, *Esth.* 706.)
Vous seule *en* mes soupirs *êtes intéressée*. (I, 422, *Théb.* 435.)
Les grâces, les honneurs, par moi seule versés,
M'attiroient des mortels les vœux *intéressés*.
(II, 297, *Brit.* 886 ; voyez III, 185, *Iph.* 695.)
Ma gloire *intéressée* emporte la balance. (III, 222, *Iph.* 1430.)
Voyez II, 298, *Brit.* 905 ; II, 329, *Brit.* 1548; II, 374, *Ber.* 18; III, 52, *Mithr.* 680; IV, 140, *Poés. div.* 35; VI, 197, *Livres ann.*

INTÉRÊT, intérêts :
Il voit sans *intérêt* leur grandeur terrassée. (III, 611, *Ath.* 99.)
Est-ce mon *intérêt* qui le rend criminel ? (II, 54. *Andr.* 276.)
En quel trouble mortel son *intérêt* nous jette. (II, 83, *Andr.* 870.)
Une autre tragédie, où l'on entroit dans des *intérêts* tout nouveaux. (I, 393, *Théb.* préf.)
Quelle apparence de leur donner d'autres *intérêts* que ceux de cette fameuse haine qui les occupoit tout entiers? (I, 395, *Théb.* préf.)
Quelques-uns ont pris l'*intérêt* de Narcisse. (II, 243, *Brit.* 1re préf.)
Qui doit prendre à vos jours plus d'*intérêt* que moi? (III, 200, *Iph.* 955.)
Unissez vos chagrins; liez vos *intérêts*. (II, 270, *Brit.* 313.)

INTÉRIEUR, eure :
*En ne voulant être loué des biens externes, mais des *intérieurs*. (VI, 315, *Livres ann.*)
La Mère des Anges et la Mère Angélique n'étoient point assez *intérieures* au gré de ces Pères. (IV, 399, *P. R.*)
Foi *intérieure*, solitude *intérieure* : voyez Foi, Solitude.

INTERLOCUTOIRE, terme de pratique, II, 161, *Plaid.* 224.

INTERMITTENTE (Fièvre), VI, 610, *Lettres.*

INTERPOSITEUR, intermédiaire :
Interpositeurs entre la France et l'Espagne. (VI, 345, *Livres ann.*; voyez VI, 346, *ibid.*)

INTERPRÈTE :
J'ai voulu que des cœurs vous fussiez l'*interprète*. (II, 391, *Bér.* 364.)
.... Toujours de mon cœur ma bouche est l'*interprète*. (II, 284, *Brit.* 640.)
Bientôt de mon malheur *interprète* sévère,
Votre bouche à la mienne ordonna de se taire. (II, 383, *Bér.* 199.)

INTERROGATION :
* Des *interrogations* hors de saison. (VI, 120, *Rem. sur l'Odyss.*)

INTERROGER; INTERROGER DE :
Des victimes vous-même *interrogez* le flanc. (III, 161, *Iph.* 200.)
.... Qui *de* son destin, qu'elle ne connoît pas,
Vient, dit-elle, en Aulide *interroger* Calchas. (III, 168, *Iph.* 347 et 348.)
Permettez que mon cœur, en voyant vos beaux yeux,
De l'état de son sort *interroge* ses dieux. (I, 416, *Théb.* 318.)

INTERROMPRE :
Le départ de cet acteur *interrompit* mon dessein. (II, 140, *Plaid.* au lect.)
Ne vous offensez pas si mon zèle indiscret
De votre solitude *interrompt* le secret. (II, 398, *Bér.* 558.)
Toujours de ma fureur *interrompre* le cours. (II, 43, *Andr.* 47.)
Ce règne *interrompu* de deux rois différents. (I, 410, *Théb.* 209.)

INTERVALLE :
Toujours à ma douleur il met quelque *intervalle*. (I, 437, *Théb.* 676.)

INTESTIN, INE :
Dans les flancs de ma mère une guerre *intestine*
De nos divisions lui marqua l'origine. (I, 449, *Théb.* 923.)

INTIMIDER, S'INTIMIDER :
Ni cet asile même où je la fais garder,
Ni mon juste courroux n'ont pu t'*intimider*. (III, 66, *Mithr.* 978.)
Non, non, rassurons-nous : trop d'amour m'*intimide*. (II, 527, *Baj.* 1081.)
A l'aspect du péril si ma foi *s'intimide*. (III, 620, *Ath.* 260.)

INTRAITABLE :
* Ces esprits fiers et *intraitables*. (VI, 20, *Rem. sur Pind.*)

INTRÉPIDE :
Ce n'est plus cette reine éclairée, *intrépide*. (III, 655, *Ath.* 871.)
Une mère m'attend, une mère *intrépide*. (III, 222, *Iph.* 1437.)
Intrépide dans le péril. (V, 302, *Camp. de Louis XIV.*)

INTRODUIRE :
Enfin au Dieu nouveau qu'elle avoit *introduit*,
Par les mains d'Athalie un temple fut construit. (III, 658, *Ath.* 945.)
* Il (*Sophocle*) *introduit* dans Électra une femme affligée. (VI, 225, *Livres ann.*)

INTRUSION, IV, 592, *P. R.*

INUTILE; INUTILE À :
D'un *inutile* amour trop constante victime. (II, 385, *Bér.* 255.)
Inutiles périls ! quelle étoit mon erreur !
La valeur de Titus surpassoit ma fureur. (II, 384, *Bér.* 217.)
Je fuis de leurs respects l'*inutile* longueur. (II, 380, *Bér.* 137.)
Les droits de mes aïeux, que Rome a consacrés,
Étoient même sans moi d'*inutiles* degrés. (II, 310, *Brit.* 1122.)

Il fallut s'arrêter, et la rame *inutile*
Fatigua vainement une mer immobile. (III, 153, *Iph.* 49.)
Depuis quand pense-t-on qu'*inutile* à moi-même
Je me laisse ravir une épouse que j'aime? (III, 220, *Iph.* 1389.)

INVARIABLE :
Lui seul, *invariable* et fondé sur la foi,
Ne cherche, ne regarde et n'écoute que toi. (III, 462, *Esth.* prol. 37.)

INVECTIVER contre :
* D'autres *invectivent contre* le chef des ennemis. (V, 494, *Trad.*)

INVENTER ; inventer de :
Inventez des raisons qui puissent l'éblouir. (III, 54, *Mithr.* 722.)
J'*inventai* des couleurs ; j'armai la calomnie. (III, 496, *Esth.* 493.)
  * Les Suédois *ont inventé de* faire la guerre en hiver. (VI, 344, *Livr. ann.*)

INVENTEUR :
.... Si de tant de maux le funeste *inventeur*
De quelque ombre de bien pouvoit être l'auteur. (III, 660, *Ath.* 989.)

INVENTION :
Il y en a qui pensent que cette simplicité est une marque de peu d'*invention*. Ils ne songent pas qu'au contraire toute l'*invention* consiste à faire quelque chose de rien. (II, 367, *Bér.* préf.)
  * (Orphée) usa d'adresse, et chercha l'*invention* de descendre vivant aux enfers. (V, 465, *Trad.*)

INVESTIR, terme militaire :
(*Ils*) l'*avoient investie* (*cette ville*) sans savoir eux-mêmes qu'ils l'*investissoient*. (V, 291, *Camp. de Louis XIV* ; voyez V, 47, *Méd.*)

INVINCIBLE ; invincible à :
  .... Force *invincible*. (IV, 143, *Poés. div.* 93.)
  .... Grâce *invincible*. (IV, 112, *Poés. div.* 5.)
Les spectacles, les dons, *invincibles* appas,
Vous attiroient les cœurs du peuple et des soldats. (II, 312, *Brit.* 1169.)
Non, je ne prétends pas que ce cœur inflexible
Garde seul contre vous le titre d'*invincible*. (I, 563, *Alex.* 866.)
Je voulois qu'à mes vœux rien ne fût *invincible*. (II, 423, *Bér.* 1091.)
  .... (Bajazet) à tant d'attraits n'étoit pas *invincible*. (II, 553, *Baj.* 1594.)

INVIOLABLE à :
* Une loi *inviolable à* tous ceux qui embrassent leur genre de vie. (V, 533, *Trad.*)
* Ceux qui ont gardé leur âme toujours *inviolable à* l'injustice. (VI, 20, *Rem. sur Pind.*)

INVIOLABLEMENT :
* Cela s'observoit *inviolablement* au commencement des festins. (VI, 61, *Rem. sur l'Odyss.*)

INVISIBLE :
On ne voit point sa fille ; et la pauvre Isabelle,
Invisible et dolente, est en prison chez elle. (II, 155, *Plaid.* 144.)
  ....(*Agrippine*) derrière un voile, *invisible* et présente. (II, 260, *Brit.* 95.)

INVITER ; inviter à :
  Chacun peut boire en cette onde,
  Elle *invite* tout le monde. (IV, 160, *Poés. div.* 56.)

.... Ses bienfaits, dans toutes ses provinces,
Invitèrent le peuple *aux* noces de leurs princes. (III, 470, *Esth.* 80.)
Versez le sang d'un frère; et si c'est peu du sien,
Je vous *invite* encore à répandre le mien. (I, 405, *Théb.* 118.)
Un exemple si beau vous *invite* à le suivre. (I, 439, *Théb.* 719.)
Suivez les doux transports où l'amour vous *invite*. (II, 409, *Bér.* 787.)

INVOLONTAIRE :
.... O Dieux, un crime *involontaire*
Devoit-il attirer toute votre colère? (I, 432, *Théb.* 603.)

INVOQUER :
* Il.... *invoque* Neptune qu'il tourmente Ulysse. (VI, 152, *Rem. sur l'Od.*)
.... Ton nom, sur eux *invoqué* tant de fois. (III, 667, *Ath.* 1125.)

INVULNÉRABLE; INVULNÉRABLE À :
* Quoique Homère.... ne le croie *invulnérable* (*Achille*) en aucune partie de son corps. (II, 39, *Andr.* 2ᵉ préf.)
* Socrate étoit aussi *invulnérable aux* richesses qu'Ajax *au* fer. (VI, 272, *Livres ann.*)

IRRÉPARABLE :
Pour réparer des ans l'*irréparable* outrage. (III, 633, *Ath.* 496.)

IRRÉPRÉHENSIBLE :
* Que les diacres se rendent toujours *irrépréhensibles* en présence de sa justice (*de la justice de Dieu*). (V, 580, *Trad.*)

IRRÉSOLU :
Qui fait changer ainsi ses vœux *irrésolus*? (III, 655, *Ath.* 869.)

IRRÉSOLUTION :
Cela même est cause de toutes les *irrésolutions* où elle est sur l'état qu'elle doit embrasser. (VII, 261, *Lettres.*)

IRRITER :
Les remèdes ne faisant qu'*irriter* le mal. (IV, 466, *P. R.*)
C'est là ce que je veux, c'est là ce qui m'*irrite*. (III, 332, *Phèd.* 453.)
Dois-je *irriter* les cœurs au lieu de les gagner? (II, 502, *Baj.* 484.)
.... Ce front *irrité* contre moi. (III, 505, *Esth.* 647.)
.... Contre moi sa vaillance *irritée*
Avec trop de chaleur s'étoit précipitée. (I, 558, *Alex.* 746.)
Tous ces présents, Albine, *irritent* mon dépit. (II, 260, *Brit.* 89.)
.... *Irritant* vos douleurs. (III, 172, *Iph.* 399.)
Quel orgueil! — Je ne fais que l'*irriter* encor. (II, 86, *Andr.* 899.)
Pourquoi veux-tu, cruelle, *irriter* mes ennuis? (II, 61, *Andr.* 427.)
Je vois que mon silence *irrite* vos dédains. (II, 294, *Brit.* 833.)
Leur haine ne fera qu'*irriter* sa tendresse. (II, 47, *Andr.* 138.)
.... Mon cœur, prévenu d'une crainte importune,
Croit même, en espérant, *irriter* la fortune. (II, 433, *Bér.* 1284.)
N'allez point dans ses bras *irriter* la Victoire.
(I, 544, *Alex.* 462 ; voyez IV, 87, *Poés. div.* 41.)
L'embarras *irritant* de ne s'oser parler. (II, 487, *Baj.* 160.)
Voyez I, 475, *Théb.* 1369; II, 278, *Brit.* 509; II, 307, *Brit.* 1083.

ISSU :
Du sang de Jupiter *issu* de tous côtés. (III, 151, *Iph.* 19.)
.... Du sang de ses rois il est beau d'être *issu*. (I, 422, *Théb.* 417.)

ITEM, adverbe latin, II, 181, *Plaid.* 448.

IVOIRE :

*Ivoire taché de pourpre. (VI, 200, Livres ann.)

*IVRAIE, VI, 305, Livres annotés.

Racine, dans ce passage, écrit *yvroye*.

IVRE DE, au figuré :

.... Cette reine, *ivre d'*un fol orgueil. (III, 697, *Ath.* 1681.)
Ivres de ton esprit, sobres pour tout le reste. (IV, 111, *Poés. div.* 23.)

IVRESSE, au figuré :

De l'absolu pouvoir vous ignorez l'*ivresse*. (III, 681, *Ath.* 1389.)

J

JALON :

Des espèces de *jalons*, vis-à-vis desquels chaque corps devoit attaquer et se loger. (VII, 49, *Lettres*.)

JALOUSIE :

Toutes les Religieuses.... furent touchées d'une sainte *jalousie* de ce qu'on fondoit pour cela un nouvel ordre. (IV, 404, *P. R.*)
Il fut instruit.... des *jalousies* de la Sultane. (II, 476, *Baj.* 2ᵉ préf.)

JALOUX, OUSE ; JALOUX DE :

Rome vous voit, Madame, avec des yeux *jaloux*. (II, 387, *Bér.* 293.)
*Une *jalouse* qui veut apprendre son malheur. (VI, 250, *Livres ann.*)
.... La fortune *jalouse*
N'a pas en votre absence épargné votre épouse. (III, 357, *Phèd.* 917.)
N'es-tu plus le Dieu *jaloux*? (III, 686, *Ath.* 1470.)
.... *D'*un si beau trépas je suis même *jaloux*. (I, 439, *Théb.* 730.)
De l'honneur des Hébreux autrefois si *jaloux*. (III, 611, *Ath.* 98.)
.... Mon cœur, *de* votre honneur *jaloux*. (III, 212, *Iph.* 1207.)
Soit que son cœur *jaloux d'*une austère fierté
Enviât à nos yeux sa naissante beauté. (II, 274, *Brit.* 413.)

JAMAIS :

Si moi-même *jamais* je fus chère à vos yeux. (II, 413, *Bér.* 878.)
Au lieu de l'enlever, fuyez-la pour *jamais*. (II, 78, *Andr.* 752.)
Elle rend pour *jamais* vos destins avortés. (I, 411, *Théb.* 226 var.)
Je n'écoute plus rien ; et pour *jamais* adieu.
— Pour *jamais*! Ah! Seigneur....
(II, 424, *Bér.* 1110 et 1111 ; voy. I, 407, *Théb.* 150 ; II, 413, *Bér.* 886.)
Jamais, au grand *jamais*, elle ne me quitta. (II, 152, *Plaid.* 105.)

JAMBE :

Jeter le chat aux *jambes* : voyez CHAT.

JANISSAIRES, II, 475, *Baj.* 2ᵉ préf. ; II, 482, *Baj.* 29 ; II, 502, *Baj.* 489.

*JANSÉNIENS, jansénistes, IV, 203, *Poés. div.* 24, app.

JARGON :

Un *jargon*.... d'anéantissement, et de parfaite nudité. (IV, 399, *P. R.*)

JARRETIÈRES :

Que de sacs! il en a jusques aux *jarretières*. (II, 151, *Plaid.* 72.)

JAUGER :
*On *jauge* le vaisseau et on voit combien de tonneaux il peut contenir. (V, 153, *Notes hist.*)

JAUNISSANT, ante :
Tout son corps est couvert d'écailles *jaunissantes*. (III, 389, *Phèd.* 1518.)

JAVELLES :
.... (Les) *javelles* blondes (*des guérets*). (IV, 25, *Poés div.* 19.)
.... Ces *javelles* fertiles. (IV, 25, *Poés. div.* 21.)

JE, moi, me, nous :
Vous revoyez un frère, après deux ans d'absence...;
Et *moi*, par un bonheur où je n'osois penser,
L'un et l'autre à la fois je vous puis embrasser. (I, 452, *Théb.* 977.)
.... Dussiez-vous encor *m'*être aussi rigoureuse. (I, 482, *Théb.* 1485.)
Qu'on hait un ennemi quand il est près de *nous!* (I, 451, *Théb.* 970.)
Eh quoi? si parmi *nous* on a fait quelque offense,
Le Ciel doit-il sur vous en prendre la vengeance? (I, 422, *Théb.* 419.)
Tu veux servir : va, sers, et *me* laisse en repos. (I, 578, *Alex.* 1204.)
Cesse, cesse, et *m'*épargne un importun discours. (III, 369, *Phèd.* 1135.)
.... Vous *me* deviez fermer la porte au nez. (II. 173, *Plaid.* 346.)
Voyez l'*Introduction grammaticale*, à l'article Pronoms, *Construction*.

Je, sujet, omis devant un second verbe :
Je ne veux point douter de votre obéissance,
Et crois que maintenant Bajazet ne vit plus. (II, 534, *Baj.* 1188.)
Voyez l'*Introduction grammaticale*, à l'article Ellipse.

Nous, pour je :
.... De l'amour ignorons-*nous* l'empire?...
Qu'importe qu'il *nous* doive et le sceptre et le jour?
(II, 527, *Baj.* 1085 et 1087.)
Savez-vous que j'étois un compère autrefois?
On a parlé de *nous*.... (II, 217, *Plaid.* 844.)
Qu'un si grand différend se termine sans *nous*. (I, 581, *Alex.* 1268.)
Non, ne révoquons point l'arrêt de mon courroux :
Qu'il périsse ! Aussi bien il ne vit plus pour *nous*. (II, 111, *Andr.* 1408.)

JETÉE :
On a fait.... des *jetées* de pierre qui s'avancent fort loin dans la mer.
(V, 52, *Méd.*)

JETER ; se jeter ; jeter bas :
Il.... y *jeta* (dans *Marsal*) une garnison nombreuse. (V, 47, *Méd.*)
*Il *jeta* au sort. (VI, 150, *Rem. sur l'Odyss.*)
Jeter le chat aux jambes : voyez Chat.
Du dieu que j'ai quitté l'importune mémoire
Jette encore en mon âme un reste de terreur. (III, 659, *Ath.* 957.)
Silanus, sur qui Claude *avoit jeté* les yeux. (II, 258, *Brit.* 65.)
Tandis qu'il *jette* un œil pénétrant jusques dans les moindres besoins de l'État.... (IV, 355, *Disc. acad.*)
.... Laissez-moi nous laver l'un et l'autre
Du crime que sa vie *a jeté* sur la nôtre. (II, 541, *Baj.* 1358.)
Il faut *jeter* l'amour sur un des seconds personnages. (I, 395, *Théb.* préf.)
En quel trouble mortel son intérêt nous *jette!* (II, 83, *Andr.* 870.)
Dans quelle inquiétude, Esther, vous me *jetez!* (III, 508, *Esth.* 699.)
Dans quels égarements l'amour *jeta* ma mère! (III, 320, *Phèd.* 250.)

Les premières propositions en *furent jetées* par le P. Ferrier. (IV, 538, *P. R.*)

Jetez-vous souvent sur les injures. (IV, 289, *Imag.*)

Sous quel appui tantôt mon cœur *s'est-il jeté?* (III, 52, *Mithr.* 669.)

Créon, à son exemple, *a jeté bas* les armes. (I, 436, *Théb.* 655.)

JEU, JEUX :

Des plus fermes États la chute épouvantable,
Quand il (*Dieu*) veut n'est qu'un *jeu* de sa main redoutable.
(III, 528, *Esth.* 1057.)

Roi cruel! ce sont là les *jeux* où tu te plais. (III, 517, *Esth.* 854.)

Il mettoit trop la Bible en *jeu* dans ses poésies. (VI, 454, *Lettres.*)

JEUNE :

* Quatre *jeunes* hommes. (VI, 37, *Rem. sur Pind.*)

Jeune personne (en parlant d'un homme) : voyez PERSONNE.

.... Le plaisir et la gloire
Que donne aux *jeunes* cœurs la première victoire. (II, 486, *Baj.* 122.)

*J'ai perdu dans la fleur de leur *jeune* saison
Six frères.... (III, 331, *Phèd.* 423.)

Digne emploi d'un ministre ennemi des flatteurs,
Choisi pour mettre un frein à ses *jeunes* ardeurs. (II, 294, *Brit.* 818.)

....Ce *jeune* éclat qu'on remarque en ses traits. (I, 561, *Alex.* 811.)

JEÛNE :

....(Que les Juifs) pendant ces trois jours gardent un *jeûne* austère.
(III, 481, *Esth.* 242.)

JEUNESSE, jeune fille :

Je suis tout réjoui de voir cette *jeunesse*. (II, 217, *Plaid.* 842.)

JOAILLIER : voyez JOUAILLIER.

JOIE :

Enfants, ma seule *joie* en mes longs déplaisirs. (III, 622, *Ath.* 302.)

Qu'il étale à mes yeux sa parricide *joie*. (III, 89, *Mithr.* 1495.)

Allez donc, et portez cette *joie* à mon frère. (II, 317, *Brit.* 1303.)

.... Boire.... la *joie* à pleine coupe. (III, 513, *Esth.* 789.)

Feu de *joie*. (VI, 423, *Lettres.*)

Je me faisois une *joie* de ce que la fortune n'avoit amené aucun Grec pour cette journée. (IV, 9, *Plan d'Iph. en Taur.*)

Je serai à la *joie* de mon cœur quand je verrai que vous prenez plaisir à vous instruire. (VII, 205, *Lettres*; voyez VII, 234, *Lettres.*)

*Il pleura à cœur *joie*. (VI, 92, *Rem. sur l'Odyss.*)

JOINDRE, réunir; JOINDRE, atteindre :

Roxane, malgré vous, nous *joindra* l'un et l'autre. (II, 514, *Baj.* 765.)

*Joindre ensemble les hommes généreux. (VI, 297, *Livres ann.*)

.... Pour vos intérêts tout me sera facile
Quand je les verrai *joints* avec ceux de Taxile. (I, 576, *Alex.* 1154.)

Voyez III, 195, *Iph.* 880; VI, 213, 309 et 316, *Livres ann.*

Dans l'ardeur du combat je l'ai vu, je *l'ai joint*. (I, 566, *Alex.* 939.)

Voyez I, 591, *Alex.* 1455; V, 250, *Camp. de Louis XIV*

JOLI :

Votre petit neveu est fort *joli* et bien éveillé. (VII, 169, *Lettres*; voyez VII, 157, *ibid.*)

JONCHER :

.... De sang et de morts vos campagnes *jonchées*. (I, 544, *Alex.* 454.)

*JOUAILLIER, V, 77, *Notes historiques*.

JOUER, SE JOUER sens divers :
Qu'est-ce qui se passe dans les comédies? On y *joue* un valet fourbe, un bourgeois avare. (IV, 333, *Imag*.)
* Les chants que nous *jouons* souvent autour de sa table amie. (VI, 10, *Rem. sur Pind.*)
Agrippine ne s'est présentée à ma vue....
Que pour faire *jouer* ce ressort odieux. (II, 307, *Brit.* 1089.)
* Il me siéroit mal de *me jouer* et de combattre contre vous autres. (VI, 131, *Rem. sur l'Odyss.*)
Ils *se jouoient* tous deux de ma crédulité. (II, 538, *Baj.* 1296.)
Voyez VII, 27, *Lettres*.

JOUET, au figuré :
J'étois donc le *jouet*.... Ciel, daigne m'éclairer. (III, 532, *Esth.* 1138.)
Ce n'est plus le *jouet* d'une flamme servile. (II, 71, *Andr.* 629.)
....Le triste *jouet* d'un sort impitoyable. (III, 331, *Phèd.* 418.)
....Les foibles mortels, vains *jouets* du trépas. (III, 480, *Esth.* 227.)

JOUG, au figuré :
Assez d'autres États, devenus vos conquêtes,
De leurs rois, sous le *joug*, ont vu ployer les têtes. (I, 545, *Alex.* 486.)
Que le Seigneur est bon! que son *joug* est aimable! (III, 540, *Esth.* 1265.)
.... (Le) *joug* étroit (*de Dieu*).... (III, 657, *Ath.* 926.)
....Sous ton divin *joug* range nos volontés. (IV, 117, *Poés. div.* 12.)
Quand sous un *joug* honteux à peine je respire. (III, 348, *Phèd.* 762.)
Libre du *joug* superbe où je suis attaché. (III, 150, *Iph.* 11.)
.... Prête à subir un *joug* qui vous opprime. (III, 47, *Mithr.* 551.)
Il commence à vouloir secouer le *joug*. (II, 251, *Brit.* 2ᵉ préf.)
Tu voudras t'affranchir du *joug* de mes bienfaits. (II, 336, *Brit.* 1678.)
Au *joug* depuis longtemps ils se sont façonnés. (II, 324, *Brit.* 1441.)

JOUIR DE :
Néron *jouit de* tout. (II, 258, *Brit.* 67.)
Quand nos États vengés *jouiront de* mes soins,
L'ingrate *de* mes pleurs *jouira*-t-elle moins? (II, 79, *Andr.* 767 et 768.)

JOUR, journée, lumière, existence, vie :
Il n'y avoit point de *jour* qu'elle ne reçût des lettres. (IV, 509, *P. R.*)
Du *jour* que sur mon front on mit ce diadème. (III, 81, *Mithr.* 1331.)
.... Je saurai peut-être accorder quelque *jour*
Les soins de ma grandeur et ceux de mon amour. (II, 52, *Andr.* 243.)
....Ce *jour* effroyable arrive dans dix *jours*. (III, 478, *Esth.* 180.)
Pour un fragile bois, que malgré mon secours
Les vers sur son autel consument tous les *jours*. (III, 657, *Ath.* 922.)
Mais cependant ce *jour* j'épouse Andromaque. (II, 101, *Andr.* 1214.)
.... J'ai moi-même en un *jour*
Sacrifié mon sang, ma haine, et mon amour. (II, 97, *Andr.* 1123.)
Je ne connois Néron et la cour que d'un *jour*. (II, 328, *Brit.* 1521.)
Ah! Madame, pour moi j'ai vécu trop d'un *jour*. (II, 337, *Brit.* 1702.)
*Ils percent de nuit la maison, à l'endroit qu'ils ont marqué de *jour* (VI, 189, *Livres ann.*)
Dès les premiers *jours* de son empire. (II, 365, *Bér.* préf.)
Votre mère a résolu d'y aller.... au premier *jour*. (VII, 272, *Lettres*.)
J'espère partir.. . de dimanche en huit *jours*. (VII, 142, *Lettres*.)
Cela ne se trouve pas du *jour* au lendemain. (VII, 271, *Lettres*.)

Tous les *jours* se levoient clairs et sereins pour eux. (III, 375, *Phèd.* 1240.)
Le *jour* fatal est pris pour tant d'assassinats. (III, 477, *Esth.* 176.)
Voici le *jour* de l'homme; mais le *jour* de Dieu viendra. (IV, 515 et 516, *P. R.*)
Tremble : son *jour* approche, et ton règne est passé. (III, 533, *Esth.* 1159.)
Cet évêque de deux *jours*. (VII, 238, *Lettres*.)
Mais ce n'est point, Arbate, un secret de deux *jours*. (III, 25, *Mithr.* 38.)
Le prince de Soubize, lieutenant général de *jour*. (V, 332, *Siège de Nam.*; voyez VII, 51, *Lettres*.)
Il étoit de *jour* lorsque Monsieur le Prince attaqua les lignes. (V, 100, *Notes hist.*; voyez V, 79, *ibid.*; V, 329, *Siège de Nam.*)
.... Le *jour* a partout éclairé mes combats. (I, 572, *Alex.* 1068.)
Demain, quand le soleil rallumera le *jour*. (III, 481, *Esth.* 244.)

Voyez deux exemples à l'article Flambeau.

A peine un foible *jour* vous éclaire et me guide. (III, 149, *Iph.* 5.)
Toutefois il nous reste encore assez de *jour*. (II, 416, *Bér.* 949.)
(Verbe,) *Jour* éternel de la terre et des cieux. (IV, 112, *Poés. div.* 2.)
Au travers des périls un grand cœur se fait *jour*. (II, 79, *Andr.* 787.)
Mettre la vérité dans tout son *jour*. (IV, 484, *P. R.*)
Mettre en *jour* les mœurs et les sentiments de ce prince. (III, 16, *Mithr.* préf.; voyez IV, 367, *Disc. acad.*)
Cet ennemi sans nous ne verroit pas le *jour*. (I, 458, *Théb.* 1085.)
Peut-être votre époux voit encore le *jour*. (III, 340, *Phèd.* 619.)
C'est ici que tous deux vous reçûtes le *jour*. (I, 454, *Théb.* 1025.)
Je reçus et je vois le *jour* que je respire,
Sans que mère ni père ait daigné me sourire. (III, 173, *Iph.* 425.)
Quoi? vous à qui Néron doit le *jour* qu'il respire? (II, 256, *Brit.* 15.)
Ai-je pu mettre au *jour* un enfant si coupable? (III, 371, *Phèd.* 1166.)
Le plus grand des forfaits vous a donné le *jour*. (I, 465, *Théb.* 1185.)
Son fils peut me ravir le *jour* que je lui laisse. (II, 49, *Andr.* 194.)
Ma main de Claude même aura tranché les *jours*. (II, 335, *Brit.* 1654.)
J'ai vu trancher les *jours* de ma famille entière. (II, 87, *Andr.* 929.)
.... Son amante en furie....
Avoit au nœud fatal abandonné ses *jours*. (II, 559, *Baj.* 1696.)
Faut-il sacrifier le repos de vos *jours*? (II, 297, *Brit.* 877.)
Vous voilà de mes *jours* maintenant responsable. (II, 440, *Bér.* 1424.)
Elle passe ses *jours*, Paulin, sans rien prétendre. (II, 397, *Bér.* 535.)

JOURNÉE :

Je jurois qu'il voyoit sa dernière *journée*. (II, 525, *Baj.* 1022.)
Assez d'autres....
Trouveront d'Ilion la fatale *journée*. (III, 221, *Iph.* 1406.)
* Il étoit sans ville, sans maison, sans pays, gueux, vagabond, et vivant à la *journée*. (V, 515, *Trad.*)
(Il) s'avança à grandes *journées*. (V, 268, *Camp. de Louis XIV.*)

JUDICIEL, judiciaire :

* Fin du genre *judiciel*, démonstratif et délibératif. (VI, 331, *Livres ann.*)

JUDICIEUX :

Judicieux dans toutes ses entreprises. (V, 302, *Camp. de Louis XIV.*)

JUGE :

Qu'elle soit seulement *juge* de nos combats. (I, 402, *Théb.* 66.)
Je ne prends point pour *juge* un peuple téméraire. (II, 632, *Ath.* 468.)
Dois-je prendre pour *juge* une troupe insolente? (I, 424, *Théb.*)

JUGEMENT, sens divers :
Il la tient pour sensée et de bon *jugement*. (II, 178, *Plaid.* 406.)
*Le *jugement* des armes d'Achille. (VI, 245, *Livres ann.*)

JUGER ; JUGER DE, JUGER QUE, JUGER COMBIEN :
Après cela, *jugez :* perdez une rebelle. (III, 83, *Mithr.* 1371.)
Voyez II, 218, *Plaid.* 859; II, 317, *Brit.* 1302.
Puisque je l'*ai jugé* (ai jugé cela), je n'en reviendrai point.
(II, 218, *Plaid.* 864.)
Juge de mes douleurs.... (III, 25, *Mithr.* 57.)
Il *juge* encor *de* moi par mes bontés passées. (II, 112, *Andr.* 1413.)
Seigneur, ne *jugez* pas *de* son cœur par le vôtre. (II, 327, *Brit.* 1519.)
*Vénus étoit au milieu de la carrière, qui *jugeoit du* combat. (VI, 251, *Livres ann.*)
.... Des fureurs du Roi que puis-je enfin *juger?* (III, 51, *Mithr.* 654.)
.... Nous, qui d'un autre œil *jugeons des* conquérants. (I, 549, *Alex.* 571.)
Vous *jugez* bien *que* je ne négligerai point ces occasions lorsqu'elles arriveront. (VII, 265, *Lettres.*)
Il vient, Madame, il vient; et vous pouvez *juger*
Que bientôt à vos pieds il alloit se ranger. (II, 98, *Andr.* 1143 et 1144.)
Jugez combien ce coup frappe tous les esprits. (II, 333, *Brit.* 1633.)

JUREMENT :
*Elle.... jure.... par le Styx, qui est.... le plus grand et le plus terrible *jurement* des Dieux. (VI, 101, *Rem. sur l'Odyss.*)
*Ils ne jurent point afin qu'on les croie, estimant que les *jurements* sont encore pires que les parjures. (V, 535, *Trad.*)

JURER :
Un grand homme sec, là, qui me sert de témoin,
Et qui *jure* pour moi lorsque j'en ai besoin. (II, 157, *Plaid.* 174.)
*Qu'il la fasse *jurer* auparavant le grand serment des Dieux, qu'elle ne lui fera point de mal. (VI, 161, *Rem. sur l'Odyss.*)
Ainsi que par César, on *jure* par sa mère. (II, 264, *Brit.* 192.)
L'on n'entre point, Madame, je vous *jure.* (II, 190, *Plaid.* 551.)
Va lui *jurer* la foi que tu m'*avois jurée.* (II, 109, *Andr.* 1381.)
Vos serments m'*ont* tantôt *juré* tant d'amitié. (II, 86, *Andr.* 903.)
.... Si du fils d'Hector la perte étoit *jurée*. (II, 50, *Andr.* 205.)

JURIDICTION :
Reconnoître la *juridiction* de l'évêque. (IV, 414, *P. R.*)
*Il avoit été fait visiteur général de la Catalogne, avec une *juridiction* sur les troupes. (V, 175, *Notes hist.*)
Voyez IV, 403, l. 16 et l. 19, *P. R.*; IV, 595, *ibid.*

JUSQUE, JUSQUES; JUSQUE-LÀ QUE :
.... Que le bruit à Rome en vienne *jusqu*'à moi. (III, 61, *Mithr.* 862.)
Je passois *jusqu*'aux lieux où l'on garde mon fils. (II, 53, *Andr.* 260.)
Feu M. de Bagnols.... ayant contribué *jusqu*'à une somme de près de quatre cent mille francs pour secourir les pauvres. (IV, 452, *P. R.*)
Vous attentez enfin *jusqu*'à ma liberté. (II, 314, *Brit.* 1218.)
Il n'y eut pas *jusqu*'aux mousquetaires qui ne firent pas un pas plus qu'on ne leur avoit commandé. (VII, 48, *Lettres.*)
Il n'y eut pas *jusqu*'aux ecclésiastiques qui entrèrent pour l'enterrer, qui ne purent s'empêcher.... de lui baiser les mains. (IV, 517 et 518, *P. R.*)
.... *Jusqu*'aujourd'hui....
(III, 639, *Ath.* 625; voyez III, 310, *Phèd.* 99; V, 596, *Trad.*

Madame, *jusqu'*ici c'est trop tôt m'accuser. (II, 294, *Brit.* 821.)
.... *Jusques* aujourd'hui. (II, 496, *Baj.* 387.)
Je sais bien que.... *jusques* ici la force de vos armes ne leur a pas tant imposé que celle de vos vertus. (I, 513, *Alex.* épître.)
Rentrons, et qu'un sang pur, par mes mains épanché,
Lave *jusques* au marbre où ses pas ont touché. (III, 648, *Ath.* 750.)
Que répondrois-je à ces critiques qui condamnent *jusques* au titre de ma tragédie? (I, 517, *Alex.* 1re préf.)
J'ai poussé la vertu *jusques* à la rudesse. (III, 368, *Phèd.* 1110.)
J'en dois perdre plutôt *jusques* au souvenir. (II, 387, *Bér.* 290.)
L'Archevêque en avoit fait enlever *jusques* au nombre de dix-huit. (IV, 571, *P. R.*)
Non, non, *jusques* au bout vous devez le chercher. (III, 173, *Iph.* 431.)
Suivons *jusques* au bout ses ordres favorables. (II, 290, *Brit.* 759.)
Voyez I, 417, *Théb.* 333; II, 105, *Andr.* 1295; II, 151, *Plaid.* 72; II, 277, *Brit.* 481; II, 315, *Brit.* 1257; II, 375, *Bér.* 25; II, 404, *Bér.* 669; II, 421, *Bér.* 1029; II, 496, *Baj.* 387; III, 32, *Mithr.* 224; III, 474, *Esth.* 136.
Il vécut toujours dans une pauvreté évangélique, *jusque-là* qu'après sa mort on ne lui trouva pas de quoi faire les frais pour l'enterrer. (IV, 474, *P. R.*; voyez I, 521, *Alex.* 2e préf.; IV, 439, 449, 476 et 584, *P. R.*; V, 538, 544, 569 et 590, *Trad.*)

JUSTE; LES JUSTES :
Je crois que vous me serez plus *juste*. (VI, 406, *Lettres*.)
Fais qu'au *juste* héritier le sceptre soit remis. (III, 622, *Ath.* 289.)
J'ai conçu pour mon crime une *juste* terreur. (III, 325, *Phèd.* 307.)
.... Ma *juste* impatience
Vous accusoit déjà de quelque négligence. (II, 380, *Bér.* 139.)
Britannicus, Madame, eut des desseins secrets
Qui vous auroient coûté de plus *justes* regrets. (II, 335, *Brit.* 1662.)
A nos amis communs portons nos *justes* cris. (III, 382, *Phèd.* 1367.)
Par mes *justes* soupirs j'espère l'émouvoir. (I, 407, *Théb.* 153.)
Vous avez l'un et l'autre une *juste* ennemie. (III, 328, *Phèd.* 361.)
Faisons de sa ruine une *juste* conquête. (II, 100, *Andr.* 1181.)
.... Si dans cette journée
Il ne m'attache à lui par un *juste* hyménée. (II, 494, *Baj.* 318.)
De ce *juste* devoir sa piété contente
A fait place, Seigneur, au soin de son amante. (II, 382, *Bér.* 167.)
La voici. — *Juste* Ciel! où va-t-il s'exposer? (II, 524, *Baj.* 1011.)
Elle s'endormit du sommeil *des justes*. (IV, 517, *P. R.*)

JUSTEMENT, avec justice; JUSTEMENT, précisément :
.... Vous pouvez *justement* vous flatter
D'une mort que leurs bras n'ont fait qu'exécuter. (II, 118, *Andr.* 1531.)
Possède *justement* son injuste opulence. (III, 535, *Esth.* 1181.)
Vous les placez *justement* après David... : ce n'est pas assez. (IV, 330, *Imag.*)

JUSTESSE :
Une *justesse* grammaticale qui va jusqu'à l'affectation. (IV, 440, *P. R.*)

JUSTICE, sens divers :
Je suis surpris sans doute, et c'est avec *justice*. (II, 377, *Bér.* 79.)
Les propositions du Roi sont dans la *justice*. (V, 294, *Camp. de L. XIV*.)
.... C'est à moi seule à me rendre *justice*. (II, 115, *Andr.* 1485.)
Je m'en souviens Hémon, et je vous fais *justice*. (I, 418, *Théb.* 363.)
Quand je me fais *justice*, il faut qu'on se la fasse. (III, 69, *Mithr.* 1052.)

.... Je veux bien te faire encor cette *justice*. (II, 539, *Baj.* var.)
Je me fais trop de *justice* pour avoir osé me flatter de cette espérance.
(I, 516, *Alex.* 1re préf.)
Voyez I, 412, *Théb.* 252; II, 201, *Plaid.* 659; II, 340; *Brit.* 1764; III, 66, *Mithr.* 987; III, 69, *Mithr.* 1035.
* En quel temps il (*Alcibiade*) a étudié la *justice* (*la jurisprudence*). (VI, 273, *Livres ann.*)
.... Cela va bien : la *justice* est contente.
(II, 185, *Plaid.* 496 ; voyez II, 184, *Plaid.* 491.)
JUSTIFIER ; JUSTIFIER QUE :
Toi, *justifie*, ô Ciel, la foi de tes oracles. (I, 483, *Théb.* 1498.)
* Il *justifie* la chasteté des Bacchantes. (VI, 259, *Livres ann.*)
Les autres.... appréhendèrent assez mal à propos, comme la suite l'*a justifié*, que, etc. (IV, 465, *P. R.*)
Voyez II, 74, *Andr.* 694; II, 264, *Brit.* 199; II, 301, *Brit.* 962; II, 500, *Baj.* 450; VI, 315, *Livres ann.*
Commandez : laissez-nous, de votre nom suivis,
Justifier partout que nous sommes vos fils. (III, 64, *Mithr.* 930.)

L

LÀ ; LÀ-HAUT ; LÀ-BAS ; LÀ-DESSUS, sur ce nombre, aussitôt après :
.... Paix ! paix ! que l'on se taise *là*. (II, 186, *Plaid.* 514.)
.... Si vous m'en croyez, vous les laisserez *là* (*ces gens*). (II, 200, *Plaid*, 646.)
* Ulysse s'en réjouit, étant bien aise d'avoir *là* treuvé un homme qui lui fût favorable. (VI, 132, *Rem. sur l'Odyss.*)
Un grand homme sec, *là*, qui me sert de témoin. (II, 157, *Plaid.* 173.)
Touchez *là :* vos pareils sont gens que je révère. (II, 180, *Plaid.* 435.)
Ah ! mes fils, est-ce *là* comme on parle de paix ? (I, 454, *Théb.* 1018.)
Voyez II, 95, *Andr.* 1081 ; II, 161, *Plaid.* 231; et le *Lexique de Corneille*.
* Il (*Mazarin*) ne donna pas un sou au courrier qui apporta la nouvelle de la paix de Munster, et ne lui paya pas même son voyage, *là* où l'Empereur donna un riche présent à celui qui la lui apporta. (V, 92, *N. hist.*)
* La seconde chose que doit faire un historien, c'est de bien considérer *là* où il commence et *là* où il finit. (V, 500, *Trad.*)
Qu'on ne laisse monter aucune âme *là-haut*. (II, 157, *Plaid.* 166.)
* Voilà ce qu'Ajax vous dit pour la dernière fois. Le reste, je le dirai *là-bas* (*aux Enfers*). (VI, 242, *Livres ann.*)
Comptez qu'à la rigueur il n'y avoit pas *là-dessus* trois mille hommes à rabattre. (VII, 34, *Lettres.*)
* On lui apporta un bouillon *là-dessus*. (V, 110, *Notes hist.*)
Là-dessus, Monsieur l'Archevêque lui raconta les vues que vous aviez eues. (VII, 135, *Lettres.*)
Jusque-*là* : voyez JUSQUE.

LABYRINTHE, au propre et au figuré :
C'est moi, Prince, c'est moi dont l'utile secours
Vous eût du *Labyrinthe* enseigné les détours. (III, 342, *Phèd.* 656.)
Là ces méandres agréables.... Font....
Cent *labyrinthes* délectables. (IV, 34, *Poés. div.* 34.)

LACÉRER ; SE LACÉRER :
....*Lacérer* ledit présent procès-verbal. (II, 179, *Plaid.* 425.)
*Lorsqu'il (*Ulysse*) *se lacéra* lui-même, et que, déguisé en gueux..., il entra dans Troie. (VI, 89, *Rem. sur l'Odyss.*)

LÂCHE :
Un traître en nous quittant....
Nous affoiblit bien moins qu'un *lâche* défenseur. (I, 552, *Alex.* 632.)
Cette sombre froideur ne m'en dit pourtant rien,
Lâche.... (I, 551, *Alex.* 621.)
Dois-je prendre pour juge une troupe insolente....
Qui sert mon ennemi par un *lâche* intérêt ? (I, 424, *Théb.* 461.)

LÂCHER :
Il *lâche* les écluses de l'Océan. (V, 249, *Camp. de Louis XIV.*)
....L'avare Achéron ne *lâche* point sa proie. (III, 340, *Phèd.* 626.)
Ah ! vous ne deviez pas *lâcher* cette parole. (II, 167, *Plaid.* 287.)
*Une parole *lâchée* ne se peut plus rappeler. (VI, 58, *Rem. sur l'Odyss.*)
Ayant lâché quelques mots de ce différend au curé de Saint-Étienne. (IV, 605, *P. R.*)

LÂCHETÉ :
Votre empire et le mien seroient trop achetés,
S'ils coûtoient à Porus les moindres *lâchetés*. (I, 533, *Alex.* 200.)
Voyez la note 2 de la page indiquée.

LACRYMALE (Fistule), IV, 465, *P. R.*

LAID (Le), neutralement :
.. Le premier, Monsieur, c'est le beau. — C'est *le laid*.
(II, 211, *Plaid.* 766.)

LAISSER ; SE LAISSER ; NE LAISSER PAS DE, QUE DE :
.... Paulin, qu'on vous *laisse* avec moi. (II, 390, *Bér.* 338.)
Sans doute : c'est le prix que vous gardoit l'ingrate.
Mais *laissez*-la, Seigneur.... (II, 72, *Andr.* 658.)
    Le Verbe, image du Père,
    Laissa son trône éternel,
    Et d'une mortelle mère
Voulut naître homme et mortel. (IV, 160, *Poés. div.* 42.)
Il me *laisse*, l'ingrat, cet embarras funeste. (II, 112, *Andr.* 1417.)
.... Que Néron, plus fidèle,
D'une longue vertu *laisse* un jour le modèle. (II, 287, *Brit.* 44.)
Nous lui *laissons* un maître ; il le doit ménager. (II, 97, *Andr.* 1120.)
.... Que Rome, effaçant tant de titres d'honneur,
Me *laisse* pour tous noms celui d'empoisonneur. (II, 323, *Brit.* 1430.)
.... Cette prompte retraite
Me *laisse*, je l'avoue, une douleur secrète. (II, 387, *Bér.* 288.)
Il ne me *laissoit* plus que de tristes adieux. (II, 381, *Bér.* 158.)
*Il *laisse* un aiguillon à ses auditeurs. (VI, 341, *Livres ann.*)
Laisse-moi des périls dont j'attends tout le fruit. (II, 79, *Andr.* 784.)
Je souhaitai son lit, dans la seule pensée
De vous *laisser* au trône où je serois placée (II, 310, *Brit.* 1128.)
Ah ! s'il l'étoit assez (*assez magnanime*) pour nous *laisser* du moins
Au tombeau qu'à ta cendre ont élevé mes soins ! (II, 88, *Andr.* 943.)
Des reines et des rois vaincus par sa valeur
Ont *laissé* par ses soins adoucir leur malheur. (I, 560, *Alex.* 784.)
C'est trop *laisser* la Reine à sa douleur mortelle. (III, 362, *Phèd.* 1033.)

.... Elle s'est offensée
Que Titus à ses pleurs l'*ait* si longtemps *laissée*. (II, 432, *Bér.* 1264.)
Laissez les pleurs, Esther, à ces jeunes enfants.
(III, 478, *Esth.* 184 ; voyez II, 336, *Brit.* 1670.)
.... Une autre Iphigénie
Sur ce bord immolée y doit *laisser* la vie. (III, 239, *Iph.* 1750.)
Je l'épargnois toujours. Sa vigueur affoiblie
Bientôt en mon pouvoir *auroit laissé* sa vie. (I, 590, *Alex.* 1438.)
Je veux *laisser* de vous jusqu'à votre mémoire. (III, 71, *Mithr.* 1092.)
Joas, *laissé* pour mort, frappa soudain ma vue. (III, 620, *Ath.* 247.)
Je ne force personne ; et j'engage ma foi
De *laisser* aux Thébains à se choisir un roi. (I, 407, *Théb.* 166.)
....*Laissant* faire au sort, courons où la valeur
Nous promet un destin aussi grand que le leur. (III, 164, *Iph.* 263.)
*Le Roi.... signe une paix qui *laisse* à douter s'il a plus glorieusement
fait la guerre, ou s'il l'a terminée avec plus d'éclat. (V, 299, *Notes hist.*)
A quel affreux dessein *vous laissez*-vous tenter ? (III, 317, *Phèd.* 195.)
Je *me laissai* conduire à cet aimable guide. (III, 176, *Iph.* 501.)
Que Porus, dans un camp *se laissant* arrêter,
Refusât le combat qu'il vient de présenter ? (I, 552, *Alex.* 639.)
....Je *me laisse* emporter insensiblement à la tentation de parler de
vous. (II, 241, *Brit.* épitre.)
J'espère qu'étant dépouillée des ornements du théâtre, vous *ne laisserez pas* de la regarder encore favorablement. (I, 390, *Théb.* épitre.)

Voyez II, 142, *Plaid.* au lect.; II, 367, *Bér.* préf.; III, 299, *Phèd.* préf.; III, 457, *Esth.* préf.; III, 592, *Ath.* préf.; IV, 426, 443 et 454, *P. R.*; V, 250 et 256, *Camp. de Louis XIV*; V, 334, *Siège de Nam.*; VI, 132, *Rem. sur l'Odyss.*; VII, 16, 56 et 275, *Lettres*.

Ces bruits pourtant, quoique si absurdes, *ne laissoient pas* d'être écoutés. (IV, 453, *P. R.*)

Voyez ADIEU, ALLER, APRÈS, CHAMP, DÉGUISEMENT, ÉCLATER, LÀ, MYSTÈRE, PLACE, MERCI, TRANQUILLE.

LAIT :
*Les vases.... qui servoient à traire le *lait* étoient tout prêts. (VI, 147, *Rem. sur l'Odyss.*)
M. Dodart approuve beaucoup votre *lait* d'ânesse. (VI, 550, *Lettres*.)
...La haine des rois avec le *lait* sucée. (II, 420, *Bér.* 1015.)

LAMBEAU, LAMBEAUX :
Je l'ai trouvé couvert d'une affreuse poussière,
Revêtu de *lambeaux*, tout pâle.... (III, 493, *Esth.* 439.)
Des *lambeaux* pleins de sang, et des membres affreux
Que des chiens dévorants se disputoient entre eux. (III, 633, *Ath.* 505.)

LAMBRISSER :
On *lambrissa* les greniers pour y pratiquer des cellules. (IV, 402, *P. R.*)

LAMENTATION :
*La *lamentation*, κόμμος, ce chant lugubre du chœur et des acteurs ensemble. (V, 480, *Trad.*)

LAMENTER, neutralement :
D'un crêpe noir Hécube embéguinée
Lamente, pleure, et grimace toujours. (IV, 240, *Poés. div.* 2ᵈ app.)

LAMPE :
L'Écriture dit expressément que Dieu n'extermina pas toute la famille

de Joram, voulant conserver à David la *lampe* qu'il lui avoit promise. Or cette *lampe*, qu'étoit-ce autre chose que la lumière qui devoit être un jour révélée aux nations? (III, 599, *Ath.* préf.)

LANCER (Se) :
Dans la profonde mer OEnone *s'est lancée*. (III, 386, *Phèd.* 1466.)

LANGAGE :
Mais de tout l'univers quel sera le *langage*? (II, 323, *Brit.* 1427.)
.... Qui peut vous tenir ce *langage* ?
(II, 335, *Brit.* 1659; voyez III, 151, *Iph.* 13.)
D'Achille, qui l'aimoit, j'empruntai le *langage*. (III, 155, *Iph.* 93.)
Vous n'aurez point pour moi de *langages* secrets. (II, 285, *Brit.* 681.)
L'on sait ce que veut dire un janséniste au *langage* des jésuites. (IV, 484, *P. R.*)

LANGUE, sens divers :
Songez que je vous parle une *langue* étrangère. (III, 336, *Phèd.* 558.)
Une *langue* de terre. (V, 328, *Siége de Nam.*)

LANGUEUR, LANGUEURS :
Quittez, dit-il, la couche oisive
Où vous ensevelit une molle *langueur*. (IV, 114, *Poés. div.* 6.)
.... Tes yeux aux miens découvrant ta *langueur*,
Me demandoient quel rang tu tenois dans mon cœur. (I, 568, *Alex.* 971.)
Seigneur, qu'ainsi les eaux de ta grâce féconde
Réparent nos *langueurs*. (IV, 129, *Poés. div.* 10.)
Ses yeux.... pleins de *langueur*. (III, 331, *Phèd.* 412.)
Je crains que satisfait d'avoir conquis un cœur,
Vous ne l'abandonniez à sa triste *langueur*. (I, 564, *Alex.* 876.)

LANGUIR; LANGUISSANT :
Oui, Prince, je *languis*, je brûle pour Thésée. (III, 341, *Phèd.* 634.)
Mon âme loin de vous *languira* solitaire. (I, 583, *Alex.* 1309.)
Ne faites point *languir* une si juste envie. (II, 330, *Brit.* 1567.)
Ne laissez point *languir* l'ardeur qui vous travaille. (I, 580, *Alex.* 1246.)
Laisserons-nous *languir* tant d'illustres courages ? (I, 530, *Alex.* 133.)
Nous partirons.... pour la profession de ma chère fille Nanette, que je ne veux pas faire *languir* davantage. (VII, 293, *Lettres.*)
Échauffant par mes pleurs ses soins trop *languissants*. (II, 531, *Baj.* 1159.)

LAPIN DE GARENNE, II, 157, *Plaid.* 168.

LARCIN :
Vous l'avez pu donner (*votre âme*) sans me faire un *larcin*.
(II, 81, *Andr.* 828.)
.... Votre heureux *larcin* ne se peut plus celer. (III, 616, *Ath.* 166.)

LARGEMENT :
Pommes sur lui volèrent *largement*. (IV, 185, *Poés. div.* 11.)

LARGESSES :
Il n'y a point de génie.... que le Roi, par ses *largesses*, n'ait excité à travailler. (V, 303, *Camp. de Louis XIV.*)
Ma main sous votre nom répandoit ses *largesses*. (II, 312, *Brit.* 1168.)

LARMES :
Muet, chargé de soins, et les *larmes* aux yeux. (II, 381, *Bér.* 157.)
Du haut de nos remparts j'ai vu descendre en *larmes*

Le peuple, qui couroit et qui crioit aux armes. (I, 469, *Théb.* 1237.)
Thèbes, qui croit vous perdre, est déjà toute en *larmes*.
(I, 408, *Théb.* 168; voyez I, 480, *Théb.* 1462.)
Mes spectateurs ont été émus des mêmes choses qui ont mis autrefois en *larmes* le plus savant peuple de Grèce. (III, 143, *Iph.* préf.)
Voyez Verser.

LARRON, larronnesse :
.... La plupart sont *larrons*
Comme elles sont *larronnesses*. (VI, 493, *Lettres*.)

LAS de :
Las de votre grandeur et *de* sa servitude. (II, 275, *Brit.* 440.)
Las de se faire aimer, il veut se faire craindre. (II, 256, *Brit.* 12.)

LASSER ; lasser de ; se lasser de :
.... Si mes malheurs ont *lassé* ta justice. (I, 415, *Théb.* 299.)
J'ai cent fois, dans le cours de ma gloire passée,
Tenté leur patience et ne l'*ai* point *lassée*. (II, 324, *Brit.* 1448.)
Tout *lassé* que j'étois.... (III, 96, *Mithr.* 1635.)
Celle-ci (*cette revue*) m'a paru ... plus *lassante* que celle de la Pucelle (*de Chapelain*). (VII, 35, *Lettres*.)
.... Pourquoi vous *lasser* d'une plainte importune?
(II, 80, *Andr.* 830; voyez II, 311, *Brit.* 1155.)
.... *Lassé de* ses trompeurs attraits. (II, 78, *Andr.* 751.)
.... *Lassé de* vivre. (II, 384, *Bér.* 223; voyez VI, 203, *Livres ann.*)
.... *Lassé de* voir répandre tant de sang. (I, 424, *Théb.* 453.)
Vous *vous lassez de* vivre où vous ne régnez pas. (II, 379, *Bér.* 118.)
Vous *lassez-vous* déjà d'avoir posé les armes? (I, 426, *Théb.* 500.)

LAURIER, lauriers :
Qu'un superbe *laurier* soit votre diadème. (I, 462, *Théb.* 1140.)
De mes propres *lauriers* mes amis couronnés. (I, 563, *Alex.* 852.)
.... Tout fiers des *lauriers* dont il les a chargés. (I, 543, *Alex.* 435.)
(*Ils*) Se promettent déjà des moissons de *lauriers*. (I, 530, *Alex.* 128.)
.... L'amour dans leurs cœurs, interrompu, troublé,
Sous le faix des *lauriers* est bientôt accablé. (I, 541, *Alex*, 368.)
Voyez I, 542, *Alex.* 416; I, 544, *Alex.* 455; I, 571, *Alex.* 1040.

LAVAGE :
J'ai renoncé à tout ce *lavage* d'eaux qu'on m'avoit ordonnées. (VI, 574, *Lettres*.)

LAVER, au propre et au figuré ; laver de ; se laver de :
Rentrons, et qu'un sang pur, par mes mains épanché,
Lave jusques au marbre où ses pas ont touché. (III, 648, *Ath.* 750.)
* Ils *lavent* (*se lavent*) les mains et soupent. (VI, 88, *Rem. sur l'Odyss.*)
Il a été deux ans entiers.... à *laver* les vaisselles. (IV, 287, *Imag.*)
.... Jusqu'au pied des murs que la mer vient *laver*. (II, 560, *Baj.* 1719.)
.... *Laver* dans le sang vos bras ensanglantés. (II, 319, *Brit.* 1346.)
(*Les Grecs*) Ont *lavé* dans son sang ses infidélités. (II, 116, *Andr.* 1496.)
Dans le sang ennemi tu peux *laver* ton crime. (I, 578, *Alex.* 1190.)
Tout mon sang doit *laver* une tache si noire. (III, 64, *Mithr.* 943.)
La plus saine partie des docteurs saisit cette occasion de *laver* la Faculté *du* reproche qu'on lui faisoit. (IV, 536, *P. R.*)
.... Laissez-moi *nous laver* l'un et l'autre
Du crime que sa vie a jeté sur la nôtre. (II, 541, *Baj.* 1357 et 1358.)
.... (*Alexandre*) fâché que ton crime ait souillé sa victoire,

S'en *lavera* bientôt par ton propre trépas. (I, 560, *Alex.* 799.)

LE, LA, LES, article (voyez l'*Introduction grammaticale*) :

A Monsieur Racine *le* fils. (VII, 164, *Lettres.*)

Monsieur le Duc étoit lieutenant général de jour, et y fit à *la* Condé. (VII, 51, *Lettres.*)

Sur *le* huit heures et demie. (VII, 161, *Lettres;* voyez la note 2.)

*A un autre valet de chambre, qui, en hiver, apporta *la* chemise toute froide, il (*le Roi*) dit, etc (V, 125, *Notes hist.*)

Les ennemis, alarmés de *la* marche, sont dans une agitation continuelle. (V, 289, *Camp. de Louis XIV.*)

Ils sont *les* seuls infaillibles. (IV, 274, *Imag.*)

Quoiqu'à dire *le* vrai, j'aie peine à comprendre que, etc. (IV, 329, *Imag.*)

....(Elle) m'offre ou son hymen ou *la* mort infaillible.(II,513, *Baj.* 721.)

* C'étoit à qui le gronderoit et lui diroit *les* injures. (V, 125, *Notes hist.*)

*Qu'ils meurent par les mains qui leur seront *les* plus chères. (VI, 241, *Livres ann.*)

Chargeant de mon débris *les* reliques plus chères.
(II, 519, *Baj.* 873; voyez II, 508, *Baj.* 623.)

*Elle.... fit *l'*évanouie. (V, 163, *Notes hist.*)

*Vous êtes brave et à table et à *la* bataille. (VI, 200, *Livres ann.*)

Le Port-Royal. (IV, 271, *Imag.*, et passim, *P. R.*)

**Le* Plessy Praslin est fait maréchal. (VI, 344, *Livres ann.*)

LE, LA, LES, pronom (voyez IL, LUI, LEUR).

1° Rapport à un nom sans article (interdit par Vaugelas, règle 359) :

Quand je me fais justice, il faut qu'on se *la* fasse.
(III, 69, *Mithr.* 1052; voyez la note 1 de la page indiquée.)

*La cervelle couloit par terre et *la* rendoit humide. (VI, 149, *Rem. sur l'Odyss.*)

2° Emploi du pronom par pléonasme, et pour faciliter des inversions :

Je *l*'attends, cette mort, et je l'attends sans plainte. (I, 421, *Théb.* 407.)

Voyez plus haut, p. 263, *Il, elle.* IL, faisant double emploi avec le sujet de la phrase.

.... Sans vous, ce serment que l'amour a dicté,
Libres de cet amour, *l*'aurions-nous respecté? (III, 166, *Iph.* 308.)

Ce que j'ai commencé, je ne *l*'achève pas?
(III, 191, *Iph.* 796; voyez I, 457, *Théb.* 1070.)

3° LA, tenant la place d'un participe ou d'un adjectif féminin :

Monsieur, je ne veux point être liée. — A l'autre!
— Je ne *la* serai point.... (II, 166, *Plaid.* 272.)

Cette Mère étoit fort simple et fort humble, et je ne *la* suis pas. (IV, 515, *P.R.*)

Voyez le *Lexique de Corneille.*

4° LE, employé neutralement, et se rapportant souvent à la pensée même plutôt qu'à tel ou tel mot :

L'abbesse d'alors, qui étoit cette même Marie des Anges qui *l*'avoit été de Maubuisson (IV, 466, *P. R.*)

On pourrait à la rigueur ranger cet exemple avec les derniers que nous venons de donner, et considérer *l'* comme tenant la place de *la*.

Sitôt qu'il hait un roi, doit-on cesser de *l*'être? (I, 425, *Théb.* 476.)

*Les poëtes ne *le* sont que par enthousiasme. (VI, 275, *Livres ann.*)

*Deux amiraux, qui ne *l*'étoient que par commission. (V, 197, *N. hist.*)

.... Comme ses sujets il vous mène au combat.
Ah! si ce nom vous plait, si vous cherchez à *l*'être. (I, 529, *Alex.* 109.)

*Les plénipotentiaires, dans le traité de 1644, ne vouloient point mettre « les Seigneurs états généraux. » Mais voyant qu'il en faudroit venir à une rupture, ils consentirent de *le* mettre en deux endroits. (V, 152, *Notes hist.*)

*Le panégyrique et l'histoire sont éloignés comme le ciel *l*'est de la terre. (VI, 320, *Livres ann.*)

* C'est bien assez qu'elle se fasse mourir de gaieté de cœur, sans y être forcée, comme elle *l*'est dans l'histoire avec bien plus de vraisemblance. (VI, 352, *Livres ann.*)

Qu'il meure, puisqu'enfin il a dû *le* prévoir,
Et puisqu'il m'a forcée enfin à *le* vouloir. (II, 112, *Andr.* 1419 et 1420.)

Comme il *le* dit, Arbate, il veut *l*'exécuter. (III, 27, *Mithr.* 97.)

OEnone, qui *l*'eût cru? j'avois une rivale.
(III, 374, *Phèd.* 1218; voyez II, 104, *Andr.* 1272.)

L'auriez-vous cru, Madame, et qu'un si prompt retour
Fit à tant de fureur succéder tant d'amour? (II, 525, *Baj.* 1019.)

.... Ce n'est point là, pour me *le* faire croire,
La démarche d'un roi qui court à la victoire. (I, 551, *Alex.* 621.)

*Le Destin vouloit que ces jeux fussent immortels, et avec lui le Temps, qui *l*'a appris ensuite aux siècles suivants. (VI, 45, *Rem. sur Pind.*)

*Quand on vient de nous faire le poil, nous *le* regardons en un miroir. (VI, 304, *Livres ann.*)

Déjà sûr de mon cœur, à sa flamme promis,
Il s'estimoit heureux : vous me *l*'aviez permis. (III, 212, *Iph.* 1216.)

Commencez donc. — Messieurs.... — Oh! prenez-*le* plus bas.
(II, 202, *Plaid.* 669.)

Si quelqu'un *l*'entend mieux, je *l*'irai dire à Rome. (IV, 179, *Poés. div.* 4.)

*Bien des courtisans se résolurent dès lors de *le* prendre de hauteur avec le Cardinal. (V, 91, *Notes hist.*)

Dans les deux exemples suivants et dans les passages auxquels nous renvoyons à la suite du premier des deux, le neutre *le* représente par pléonasme et résume devant le verbe toute une proposition complétive jointe à ce verbe par *que* ou par *comme*

Qui *l*'eût dit, qu'un rivage à mes vœux si funeste
Présenteroit d'abord Pylade aux yeux d'Oreste? (II, 41, *Andr.* 5.)

Voyez I, 417, *Théb.* 339; I, 535, *Alex.* 233; I, 537, *Alex.* 288; I, 586, *Alex* 1375; II, 64, *Andr.* 477; II, 67, *Andr.* 550; II, 71, *Andr.* var.; II, 80, *Andr.* 810; II, 89, *Andr.* 977; II, 411, *Bér.* 837; II, 441, *Bér.* 1441; III, 67, *Mithr.* 999.

.... Tu *l*'as vu, comme elle m'a traité. (II, 72, *Andr.* 644.)

Le, pris au sens neutre, est souvent omis dans des tours où d'ordinaire nous l'employons aujourd'hui.

Il m'étoit cher alors comme il est aujourd'hui. (I, 418, *Théb.* 365.)

*Il falloit que l'origine de Rome fût aussi étrange que sa puissance a été depuis. (VI, 292, *Livres ann.*)

Il veut que je vous voie, et vous ne voulez pas. (I, 429, *Théb.* 550.)

*Comme on voit par ce vers. (VI, 60, l. 15, *Rem. sur l'Odyss.*; voyez *ibid.*, l. avant-dern.)

*Comme il est aisé de reconnoître. (VI, 83, *Rem. sur l'Odyss.*)

*Se tirer d'affaire dès qu'ils pourroient. (VI, 345, *Livres ann.*)

Pour empêcher, autant qu'elles pourroient, la ruine de leur monastère. (IV, 555, *P. R.*)

Il ne fut pas difficile à ce prélat, comme on peut penser. (IV, 557, *P. R.*)

L'Archevêque sentoit bien.... que sa foi humaine n'étoit pas aussi claire qu'il s'étoit imaginé. (IV, 566, *P. R.*)

Le Pape envoya le Formulaire tel qu'on lui demandoit. (IV, 567, *P. R.*)

Dans ce dernier exemple, il y a omission du pronom masculin tenant la place d'un nom.

5° Accord du pronom avec des noms propres ou communs non exprimés (voyez IL, p. 263) :
Ah! *le* voici (*Hippolyte*).... (III, 363, *Phèd.* 1035.)
Il faut que je *l'*enlève (*Hermione*).... (II, 76, *Andr.* 714.)
Ne *les* contraignons point (*Clytemnestre et Iphigénie*).... (III, 172, *Iph.* 395.)
Hélas! je cherche en vain ; rien ne s'offre à ma vue.
Malheureuse! Comment puis-je *l'*avoir perdue? (II, 545, *Baj.* 1430.)
Le mot *lettre*, qu'Atalide a dans la pensée, n'est exprimé que trois vers plus bas.
Le prince Charles.... se vient camper fort près de l'armée de France....
Le Roi.... commanda au maréchal de Créqui de *les* fatiguer le plus qu'il pourroit. (V, 282, *Camp. de Louis XIV.*)

6° LE, élidé :
Attendez-*le* plutôt, et voyez-*le* en ces lieux. (I, 443, *Théb.* 810, var. de 1664.)

7° Construction de LE, LA, LES :
Le vers suivant nous offre à la fois les deux tours :
Plus on *les* veut brouiller, plus on va *les* unir. (II, 47, *Andr.* 139.)
Nous nous bornons ici à cet exemple. Nous avons réuni dans l'*Introduction grammaticale* ce qui concerne la construction des pronoms personnels.

8° LE, exprimé devant un premier verbe, et omis devant le suivant :
Songez-vous que je tiens les portes du palais,
Que je puis vous *l'*ouvrir ou fermer pour jamais? (II, 503, *Baj.* 508.)

LEÇON :
De ta défunte mère est-ce là la *leçon*? (II, 152, *Plaid.* 102.)
....(Burrhus,) vous vous signalez par d'illustres *leçons!* (II, 294, *Brit.* 810.)
J'ai vu Burrhus, Sénèque, aigrissant vos soupçons,
De l'infidélité vous tracer des *leçons*. (II, 313, *Brit.* 1202.)

LECTURE :
Vous étudiez sous un régent qui a lui-même beaucoup de *lecture*. (VII, 111, *Lettres.*)

LÉGER, ÈRE :
Pouvez-vous refuser cette grâce *légère*
Aux larmes d'une sœur, aux soupirs d'une mère? (I, 428, *Théb.* 543.)
.... Atteinte *légère*. (III, 494, *Esth.* 458.)

LÉGÈREMENT :
*Ceux qui écrivent au long de petites choses, et passent les grandes *légèrement*. (VI, 321, *Livres ann.*)
*Elle mourra bien plus *légèrement* qu'elle ne fait. (VI, 352, *Livres ann.*)

LÉGITIME, adjectif; LÉGITIME, substantivement :
Ce nom ne convient pas aux *légitimes* princes. (I, 425, *Théb.* 484.)
A mon aveugle amour tout sera *légitime*. (III, 232, *Iph.* 1605.)
* Faire la guerre aux ennemis *légitimes*. (VI, 293, *Livres ann.*)
*Les morts ont aussi leur *légitime*, c'est-à-dire la gloire qui les suit après leur mort. (VI, 38, *Rem. sur Pind.*)

LENDEMAIN :
Cela ne se trouve pas du jour au *lendemain*. (VII, 271, *Lettres.*)

LENT, LENTE :
Il songe à terminer une guerre si *lente*. (I, 442, *Théb.* 791.)
Là cette chaleur violente....
Se fait voir moins fière et plus *lente*. (IV, 30, *Poés. div,* 64.)

LEQUEL, laquelle, lesquels, etc., sens conjonctif et interrogatif :
Il y trouve un chapon, *lequel* a bonne mine. (II, 210, *Plaid.* 756.)
* L'enfant d'Évadné et d'Apollon, *lequel* devoit être un grand prophète. (VI, 28, *Rem. sur Pind.*)
*.... Attendant que cet homme m'y vînt trouver, *lequel* cependant parcouroit tout le pays. (V, 585, *Trad.*)
* Les traitants étoient ceux qui avançoient leur argent au Roi, pour *lequel* on leur abandonnoit les tailles. (VI, 349, *Livres ann.*)
*.... Doué de beauté et de jeunesse, *laquelle* a rendu Ganymède immortel. (VI, 47, *Rem. sur Pind.*)
* Jupiter.... accompagne les suppliants, *lesquels* sont en vénération. (VI, 124, *Rem. sur l'Odyss.*)
Il n'y avoit que ceux de cette famille (*d'Aaron*), *lesquels* pussent exercer la sacrificature. (III, 591 et 592, *Ath.* préf.)
* Il raconta la chose à ceux qui y étoient assemblés,... *lesquels* s'étant levés à l'heure même..., se mirent à courir de toute leur force. (V, 586, *Trad.*)
Après avoir.... consulté avec le gouverneur des Pays-Bas *laquelle* place seroit le plus à leur bienséance.... (V, 283, *Camp. de Louis XIV*.)
Voyez II, 179, *Plaid.* 418 ; IV, 444, *P. R.* ; VI, 33, *Rem. sur Pind.* ; VI, 152 et 156, *Rem. sur l'Odyss.*, VI, 190 et 194, *Livres ann.*

LÉSION, au sens moral :
La *lésion* qu'elles souffroient dans un partage si inégal. (IV, 621, *P. R.*)

LESSIVE :
L'on m'a appris depuis qu'il falloit bien des *lessives* et des cérémonies pour rendre les olives douces. (VI, 415, *Lettres.*)

LÉTHARGIE, IV, 517, *P. R.*

LETTRE, lettres, sens divers :
Vous connoissez, Madame, et la *lettre* et le sein.
— Du cruel Amurat je reconnois la main. (II, 533, *Baj.* 1183.)
Du prince votre amant j'ai reconnu la *lettre*. (II, 537, *Baj.* 1261.)
J'ai rendu votre *lettre*, et j'ai pris sa réponse. (II, 530, *Baj.* 1133.)
Voyez VII, 8, *Lettres* ; VII, 176, *Lettres*.
Trois fois elle a rompu sa *lettre* commencée. (III, 387, *Phèd.* 1478.)
Voyez IV, 200, *Poés. div.* 6.
On leur apprenoit les saintes *lettres*.... dès la mamelle. (III, 595, *Ath.* préf.)
.... *Lettres* royaux.... (II, 161, *Plaid.* 226.)
Ma pension d'homme de *lettres*. (VII, 193, *Lettres*.)
Cette gloire obscure que les gens de *lettres* s'étoient réservée. (II, 31, *Andr.* épitre ; voyez IV, 351, *Disc. acad.* ; IV, 439, *P. R.* ; VII, 24, *Lettres*.)

LEUR, pronom personnel, à eux, à elles :
C'est *leur* être cruels que de les respecter. (I, 466, *Théb.* 1197.)
* Pallas.... va appeler tout le monde..., et *leur* inspire de bons sentiments. (VI, 128, *Rem. sur l'Odyss.*)
Voyez l'*Introduction grammaticale*, Syllepse.
* Louer ceux qu'on reprend et *leur* faire souvenir de leurs vertus passées. (VI, 307, *Livres ann.* ; voyez Souvenir.)
Un serment solennel par avance les lie
A ce fils de David qu'on *leur* doit révéler. (III, 618, *Ath.* 213.)
Tout ce qui regarde votre illustre maison ne *leur* sauroit plus être ni inconnu ni indifférent (*aux gens de lettres*). (IV, 352, *Disc. acad.*)

Voyez l'*Introduction grammaticale*, à l'article Pronoms, *Construction*.

LEUR, leurs, pronom possessif (voyez Son, sa, ses) :

*Une des...., raisons qui déterminèrent les États à faire *leur* paix avec l'Espagne. (V, 159, *Notes hist.*)

.... Puisque *leur* discorde est l'objet de vos vœux. (I, 445, *Théb.* 857.)

.... Jamais leurs cœurs (*les cœurs des deux princes*) ne s'accordèrent
La soif de se baigner dans le sang de *leur* frère [mieux.
Faisoit ce que jamais le sang n'avoit pu faire :
Par l'excès de leur haine ils sembloient réunis. (I, 472, *Théb.* 1313.)

Ce n'est pas leur coutume de laisser rien imprimer pour eux qu'ils n'y mettent quelque chose du *leur*. (IV, 276, *Imag.*)

Dans les traductions de sa jeunesse et dans les annotations de livres, Racine laisse le plus souvent le possessif *leur* invariable, au pluriel, lui gardant, en quelque sorte, sa valeur primitive et étymologique de génitif (*illorum, illarum*).

*Ils ne daignoient pas même flatter *leur* bourreaux. (V, 538, *Trad.*)

*Rois, par *leur* infidélités, donnent mauvais exemple à leur sujets. (VI, 294, *Livres ann.*)

Voyez V, 542, 554 et 557, *Trad.*; VI, 210, 294, 1 dern., 298, 302, 304, 307, 308, 312 et 313, *Livres ann.*; et, aux pages indiquées, les notes qui relèvent cette particularité d'orthographe.

LEURRER de :

.... D'une cause en l'air il le faut bien *leurrer*. (II, 201, *Plaid.* 662.)

LEVER, sens divers; se lever :

M. Pascal *leva* l'embarras. (IV, 604, *P. R.*)

.... *Levant* au ciel et le cœur et les mains. (IV, 116, *Poés. div.* 10.)
Tous les jours *se levoient* clairs et sereins pour eux. (III, 375, *Phèd.* 1240.)

Lever le masque, le siége : voyez Masque, Siége.

LÉVITE :

*Les *lévites*.... avoient soin, entre autres choses, du chant, de la préparation des victimes, et de la garde du temple. Ce nom de *lévite* ne laisse pas d'être donné quelquefois indifféremment à tous ceux de la tribu. (III, 592, *Ath.* préf.)

LÈVRES :

*Les Romains parlent du cœur, et les Grecs des *lèvres*. (VI, 293, *L. ann.*)

LIBATION :

*Répandant les *libations* que sa mère envoie à son père. (VI, 220, *Livres ann.*)

LIBELLE :

Pour le *libelle* que l'on a fait contre moi, je crois que les lecteurs me dispenseront volontiers d'y répondre. (II, 369, *Bér.* préf.)

LIBÉRAL de :

.... (Sa main) *de* mes bienfaits lâchement *libérale*. (II, 536, *Baj.* 1241.)

LIBÉRALITÉ :

Il lui envoya encore des marques de sa *libéralité*. (IV, 361, *Disc. acad.*)
Voyez IV, 402, *P. R.*

LIBÉRATEUR :

Ah! s'ils ont pu choisir pour leur *libérateur*
Spartacus, un esclave, un vil gladiateur.... (III, 59, *Mithr.* 821.)
Est-ce un *libérateur* que le Ciel vous prépare? (III, 661, *Ath.* 996.)

LIBERTÉ, LIBERTÉS :
.... Elle met tout en armes
Pour cette *liberté* que détruisent ses charmes. (I, 528, *Alex.* 70.)
Mettons en *liberté* ma tristesse et leur joie. (III, 172, *Iph.* 398.)
Venge nos *libertés*, qui respirent encore. (I, 578, *Alex.* 1198.)
Vos *libertés* enfin retomberoient sur vous. (I, 414, *Théb.* 278.)
Vous direz peut-être que vous en avez retranché (*des comédies de Térence*) quelques *libertés*. (IV, 282, *Imag.*)

LIBERTINAGE :
Elle fut.... désapprouvée par un fort grand nombre de moines..., qui regardoient la bonne chère, l'oisiveté, la mollesse et, en un mot, le *libertinage*, comme d'anciennes coutumes de l'ordre. (IV, 391, *P. R.*)

LIBRE, LIBRE DE :
Seigneur, le temple est *libre* et n'a plus d'ennemis. (III, 701, *Ath.* 1745.)
J'ai si mal dormi la nuit dernière que je n'ai pas la tête bien *libre*. (VII, 242, *Lettres*.)
Votre douleur est *libre* autant que légitime. (I, 570, *Alex.* 1009.)
*Il n'y avoit point de rue par où il nous fût *libre* de passer. (V, 389, *Trad.*)
Libre des soins cruels où j'allois m'engager. (II, 538, *Baj.* 1275.)

LICE, au figuré :
Vous.... entrez maintenant en *lice* contre des Marets. (IV, 288, *Imag.*)

LICENCE :
Hélas! ils se voyoient avec pleine *licence*. (III, 375, *Phèd.* 1237.)

LIEN, LIENS, au propre et au figuré :
Faire un affreux *lien* d'un sacré diadème. (III, 88, *Mithr.* 1456.)
Les nœuds de tes cheveux devinrent mes *liens*. (IV, 47, *Poés. div.* 16.)
Moi seule, j'ai tissu le *lien* malheureux
Dont tu viens d'éprouver les détestables nœuds. (II, 560, *Baj.* 1731.)
Quel étrange captif pour un si beau *lien*! (III, 336, *Phèd.* 556.)
A des *liens* si doux tous deux je vous condamne. (I, 593, *Alex.* 1506.)
.... Ce *lien* du sang qui nous joignoit tous deux. (II, 311, *Brit.* 1133.)
Nous rompons ses *liens* (*du sommeil*).... (IV, 108, *Poés. div.* 3.)
(Si le sort) Eût voulu de sa vie étendre les *liens*. (II, 394, *Bér.* 433.)
Voyez I, 541, *Alex.* 371; II, 293, *Brit.* 802; II, 297, *Brit.* 881; II, 323, *Brit.* 1410.

LIER, au propre et au figuré; SE LIER, au figuré :
.... *Liez*-moi....
— Monsieur, je ne veux point *être liée*.
(II, 165, *Plaid.* 270 et 271; voyez II, 166 et 168, *Plaid.*, 275, 277 et 290; II, 177, *Plaid.* 398.)
Ma foi, juge et plaideurs, il faudroit tout *lier*. (II, 169, *Plaid.* 298.)
Comment? *lier* les mains aux gens de votre sorte! (II, 162, *Plaid.* 247.)
Je dis folle à *lier*.... (II, 170, *Plaid.* 313.)
.... Mouillant de ses pleurs le marbre de ses pieds,
Que de ses bras pressants elle tenoit *liés*. (II, 338, *Brit.* 1730.)
Unissez vos chagrins: *liez* vos intérêts. (II, 270, *Brit.* 313.)
Vous *aviez lié* quelque amitié avec une demoiselle d'Angélique. (VI, 457, *Lettres*.)
.... Les mêmes serments avec moi t'ont *lié*. (II, 109, *Andr.* 1384.)
La querelle des Grecs à la sienne *est liée*.
(II, 110, *Andr.* 1390; voyez III, 618, *Ath.* 212.)
Par les mêmes serments Britannicus *se lie*. (II, 333, *Brit.* 1627.)

L'Angleterre, qui *s'étoit liée* avec lui. (V, 301, *Camp. de Louis XIV.*)
*Les tyrans n'aiment point à voir.... qu'il *se lie* dans leurs États des amitiés violentes. (V, 469, *Trad.*)

LIEU, LIEUX, emplois et tours divers :

.... Pour ce combat choisissons quelque *lieu*. (I, 465, *Théb.* 1193.)
Dans un *lieu* séparé de profanes témoins. (III, 472, *Esth.* 105.)
Les temples et les *lieux* publics ne pouvoient plus les contenir (*les prisonniers*). (V, 250, *Camp. de Louis XIV.*)
» Tout l'édifice s'appeloit en général le *lieu* saint. (III, 592, *Ath.* préf.)
Ces autres autels qu'on élevoit à Dieu sur des montagnes, appelés par cette raison dans l'Écriture les hauts *lieux*. (III, 591, *Ath.* préf.)
Il s'en souviendra en temps et *lieu*. (VII, 260, *Lettres.*)
La pitié dans son âme aura peut-être *lieu*. (I, 407, *Théb.* 149.)
Sans qu'il ait aucun *lieu* de me croire jaloux. (II, 285, *Brit.* 670.)
Peut-être il voudra bien lui tenir *lieu* de père. (III, 350, *Phèd.* 805.)
J'ai cru que mes serments me tiendroient *lieu* d'amour.
(II, 105, *Andr.* 1296.)
.... Vous me tenez *lieu* d'empire, de couronne. (III, 98, *Mithr.* 1671.)
Un bienfait reproché tint toujours *lieu* d'offense. (III, 221, *Iph.* 1413.)
Leurs gages vous tiendront *lieu* de nantissement. (II, 196, *Plaid.* 617.)
Voici ce qui a donné *lieu* à croire le contraire. (IV, 533, *P. R.*)
Au *lieu* que de Porus vous êtes la victime,
Vous serez.... (I, 530, *Alex.* 117.)
* Au *lieu* que le récit d'Énée ne tient que deux livres, celui d'Ulysse en tient quatre. (VI, 141, *Rem. sur l'Odyss.*; voyez IV, 624, *P. R.*)

LIÈVRE :
Oh dame! on ne court pas deux *lièvres* à la fois. (II, 204, *Plaid.* 698.)

LIGNE, sens divers :

Il (*Louis XIV*) trace six *lignes*, et les envoie à son ambassadeur à la Haye. (IV, 366, *Disc. acad.*)
*Il commandoit la seconde *ligne* de l'aile gauche. (V, 101, *Notes hist.*)
* Ils passèrent la *ligne* (*équinoxiale*). (V, 154, *Notes hist.*)

LIGUE :
Signer un traité de *ligue* offensive et défensive. (V, 295, *Camp. de Louis XIV.*)

LIN :
....En long habit de *lin*. (III, 628, *Ath.* 390.)

LION, au figuré :
....Ce fier *lion* (*Assuérus*).... (III, 484, *Esth.* 288.)

LIQUIDE :
Argent, plaine, tapis *liquide* : voyez ARGENT, PLAINE, TAPIS.

LIRE, au propre et au figuré :
* Vos livres ne se font plus *lire* comme ils faisoient. (IV, 287, *Trad*)
On *lit* dans ses regards sa fureur et sa rage. (III, 521, *Esth.* 940.)
Ah! dans ses yeux confus je *lis* ses perfidies. (III, 534, *Esth.* 1169.)
.... Je n'ose encor démentir le pouvoir
De ces yeux, où j'*ai lu* si longtemps mon devoir. (II, 278, *Brit.* 502.
Ne devois-tu pas *lire* au fond de ma pensée? (II, 119, *Andr.* 1546.)
Nos chefs et nos soldats, brûlants d'impatience,
Font *lire* sur leur front une mâle assurance. (I, 530, *Alex.* 126.)
Voyez I, 578, *Alex.* 1195; II, 279, *Brit.* 528; III, 75, *Mithr.* 1192

LIT, au propre et au figuré :
Il tombe sur son *lit* sans chaleur et sans vie. (II, 333, *Brit.* 1632.)
Voyez II, 333, *Brit.* 1637.
Il n'a pas même gardé le *lit*. (VII, 257, *Lettres*.)
.... Ce lien du sang qui nous joignoit tous deux
Écartoit Claudius d'un *lit* incestueux....
Le sénat fut séduit : une loi moins sévère
Mit Claude dans mon *lit*, et Rome à mes genoux.
(II, 311, *Brit.* 1134 et 1137.)
Je souhaitai son *lit*... (II, 310, *Brit.* 1127; voyez III, 215, *Iph.* 1284.)
Ses gardes, son palais, son *lit* m'étoient soumis. (II, 312, *Brit.* 1178.)
Je vois de votre cœur Octavie effacée,
Prête à sortir du *lit* où je l'avois placée. (II, 314, *Brit.* 1216.)
(Ce monarque) A son trône, à son *lit* daigna l'associer. (II, 501, *Baj.* 468.)
Lorsque le Roi, contre elle enflammé de dépit,
La chassa de son trône, ainsi que de son *lit*. (III, 467, *Esth.* 34.)
.... Le tombeau, Seigneur, est moins triste pour moi
Que le *lit* d'un époux qui m'a fait cet outrage. (III, 82, *Mithr.* 1351.)
Ai-je dû mettre au jour l'opprobre de son *lit?* (III, 381, *Phèd.* 1340.)
*Il a succédé à son empire et à son *lit*. (VI, 234, *Livres ann.*)
Je les vois (*les poissons*), en troupes légères,
S'élancer de leur *lit* natal.(IV, 32, *Poés. div.*52; voy. IV, 34, *ibid.* 38)

LIVRE :
....J'y brûlerai mes *livres*. (II, 162, *Plaid.* 235.)

LIVRER À; SE LIVRER À :
Ceux à qui je voulois qu'on *livrât* sa conduite. (II, 311, *Brit.* 1160.)
....Le choix des Dieux, contraire à mes amours,
Livroit à l'univers le reste de mes jours. (II, 395, *Bér.* 466.)
Je sais l'inquiétude où ce dessein vous *livre*. (I, 528, *Alex.* 65.)
Chaque assaut à mon cœur *livroit* mille combats. (I, 418, *Théb.* 353.)
Il s'est *livré* lui-même aux rigueurs de son sort. (I, 590, *Alex.* 1428.)
Il faut à sa fureur que je me *livre* en proie. (I, 406, *Théb.* 128.)

LOCATAIRE, VII, 66, *Lettres*.

LODS (LES DROITS DE) ET VENTES, VII, 4, *Lettres*.

LOGEMENT, LOGEMENTS, terme militaire, V, 334 et 341, *Siége de Namur*.

LOGER; SE LOGER, terme militaire :
*L'Allemagne, par la paix de Munster, *a logé* deux puissances formidables à ses deux extrémités. (V, 130, *Notes hist.*)
Sans s'amuser à se couvrir et à *se loger*. (V, 276, *Camp. de Louis XIV.*)

LOGIS :
*Ulysse.... admire les grands *logis* de ces héros. (VI, 121, *Rem. sur l'Od.*)
*Moi.... qui suis le maître du *logis*. (VI, 64, *Notes sur l'Odyss.*; voyez V, 112, *Notes hist.*)

LOI, LOIS, au propre et au figuré :
J'ai.... défendu, par une expresse *loi*,
Qu'on osât prononcer votre nom devant moi. (III, 339, *Phèd.* 603.)
.... Une *loi* trop sévère
Va séparer deux cœurs qu'assembloit leur misère. (II, 269, *Brit.* 295.)
Est-il juste, après tout, qu'un conquérant s'abaisse
Sous la servile *loi* de garder sa promesse? (II, 106, *Andr.* 1314.)

Cette ville si renommée, qui faisoit autrefois la *loi* à ses princes. (V, 292, *Camp. de Louis XIV.*)
Moi régner! moi ranger un État sous ma *loi!* (III, 348, *Phèd.* 759.)
(Hermione a vu) Cet amant.... revenir sous ses *lois*. (II, 46, *Andr.* 116.)
.... J'attends vos *lois* ici. (I, 478, *Théb.* 1419.)
(Est-il vrai qu')Oreste.... obéisse à vos *lois*? (II, 98, *Andr.* 1148.)
Au moins souvenez-vous que je cède à vos *lois*. (II, 383, *Bér.* 185.)
(Ils) Sont venus à genoux lui demander des *lois*. (I, 549, *Alex.* 568.)
Jusques aux bords du Gange allez donner vos *lois*. (I, 593, *Alex.* 1508.)
.... (Jules) fit taire les *lois* dans le bruit des alarmes. (II, 392, *Bér.* 388.)

Voyez I, 531, *Alex.* 151; I, 565, *Alex.* 907; I, 566, *Alex.* 931; I, 570, *Alex.* 1017; I, 576, *Alex.* 1152; I, 594, *Alex.* 1535; II, 62, *Andr.* 439; II, 88, *Andr.* 936; II, 259, *Brit.* 69; II, 390, *Bér.* 337; II, 502, *Baj.* 480.

LOIN; LOIN DE, BIEN LOIN DE :
Ils étoient déjà *loin* avant que je sortisse. (I, 434, *Théb.* 624.)
Roxane n'est pas *loin*; laissez agir ma foi. (II, 524, *Baj.* 1007.)
Mais moi, qui vois plus *loin*.... (II, 543, *Baj.* 1389.)
Mon cœur pour le chercher voloit *loin* devant moi. (III, 182, *Iph.* 607.)
Vous poussez un peu *loin* vos vœux précipités. (I, 557, *Alex.* 727.)
 Les médecins jugeant qu'elle ne pouvoit plus aller guère *loin*.... (IV, 516, *P. R.*)
Narcisse, c'est assez, je reconnois ce soin,
Et ne souhaite pas que vous alliez plus *loin*. (II, 322, *Brit.* 1398.)
Bajazet vit encor : pourquoi nous étonner?
Acomat de plus *loin* a su le ramener. (II, 543, *Baj.* 1404.)
Il aspiroit plus *loin* qu'à l'hymen de Junie. (II, 335, *Brit.* 1663.)
Je n'ai donc traversé tant de mers, tant d'États,
Que pour venir si *loin* préparer son trépas? (II, 112, *Andr.* 1428.)
(Quel besoin) Vous a fait devancer l'aurore de si *loin*? (III, 149, *Iph.* 4.)
Je ne sais point prévoir les malheurs de si *loin*. (II, 49, *Andr.* 196.)
*Vous parlez de *loin* (*d'un temps éloigné*). (V, 454, *Trad.*)
*Le meilleur de bien *loin*, c'est lorsqu'un homme commet quelque action horrible sans savoir ce qu'il fait. (V, 484, *Trad.*)
.... Seigneur, bannissez-le *loin* d'elle. (II, 279, *Brit.* 520.)
Par quel trouble me vois-je emporté *loin de* moi? (III, 336, *Phèd.* 536.)
Allons *loin de* ses yeux l'oublier ou mourir. (II, 375, *Bér.* 34.)
Craint qu'il ne soit encor bien *loin de* votre cœur. (I, 541, *Alex.* 384.)
Combien tout ce qu'on dit est *loin de* ce qu'on pense! (II, 328, *Brit.* 1523.)
*Ce peuple étoit *loin des* peuples ingénieux. (VI, 109, *Rem. sur l'Od.*)
.... Croyez-vous que *loin de* le penser,
Ma bouche seulement eût pu le prononcer? (II, 523, *Baj.* 979.)
 Bien loin d'être parfait, il faut toujours qu'il (*le héros de la tragédie*) ait quelque imperfection. (II, 243, *Brit.* 1re préf.)

LOISIR; À LOISIR :
Vous ne dédaignez pas.... de descendre jusqu'à nous, pour nous demander compte de notre *loisir*. (II, 363, *Bér.* épître.)
*Après l'avoir admirée tout son *loisir*. (VI, 97, *Rem. sur l'Odyss.*)
Vous pourrez *à loisir* reconnoître mes soins. (I, 562, *Alex.* 844.)
Que malgré la pitié dont je me sens saisir,
Dans le sang d'un enfant je me baigne *à loisir*? (II, 50, *Andr.* 216.)

L'ON : voyez ON.

LONG, adjectif; LE LONG DE; AU LONG ·
D'où vient qu'en m'écoutant, vos yeux, vos tristes yeux

Avec de *longs* regards se tournent vers les cieux? (II, 327, *Brit.* 1502.)
L'hymen va succéder à vos *longues* amours. (II, 381, *Bér.* 150.)
   Elle se traîna, comme elle put, *le long des* cloitres. (IV, 510, *P. R.*)
   Vous verrez si je ne vous en manderai pas *au long* tout ce que j'en pourrai dire. (VI, 485, *Lettres.*)
   * Ceux qui écrivent *au long* de petites choses. (VI, 321, *Livres ann.*)
   Je ne le puis pas faire néanmoins fort *au long.* (VI, 468, *Lettres.*)

LONGUEUR :
Je fuis de leurs respects l'inutile *longueur*. (II, 380, *Bér.* 137.)
Phénice ne vient point? Ah! que cette *longueur*
D'un présage funeste épouvante mon cœur! (II, 417, *Bér.* 957.)
   Vous avez peur de tirer une lettre en *longueur*. (VI, 456, *Lettres.*)
   * Innocent X.... apportoit bien des *longueurs* aux bulles. (V, 174, *Notes hist.*)

LORD (LE) :
   Le *lord* Portland. (V, 318, *Siége de Nam.*)

LORS, DÈS LORS ; LORSQUE :
   Je suis un peu plus éloigné de vous que je ne l'étois *lors*. (VI, 431. *Lettres.*)
   * Le bruit et la confusion étoit *lors* si grande.... (V, 564, *Trad.*)
   * Ce fut *lors* qu'ils commencèrent tous à serrer les dents de dépit. (V, 594, *Trad.*)
Ce fut *lors* que voyant ton mérite adorable,
Je sentis tous mes sens t'adorer tour à tour. (IV, 47, *Poés. div.* 21.)
   * Il décrit la joie qu'ils eurent pour *lors*. (VI, 163, *Rem. sur l'Odyss.*)
   Les gages dus *dès lors* de l'ordonnance de 1666. (IV, 596, *P. R.*)
   Un fait qu'il avance, *lorsqu'*il dit que, etc. (IV, 275, *Imag.*)
Vous fûtes spectateur de cette nuit dernière,
Lorsque, pour seconder ses soins religieux,
Le sénat a placé son père entre les Dieux. (II, 382, *Bér.* 165.)
Il n'avoit plus pour moi cette ardeur assidue,
*Lorsqu'*il passoit les jours attaché sur ma vue. (II, 381, *Bér.* 156.)
Ils regrettent le temps, à leur grand cœur si doux,
Lorsque assurés de vaincre ils combattoient sous vous. (II, 483, *Baj.* 48.)
   .... Ton ardeur redoublée
Sembloit prévoir les maux dont je suis accablée,
Lorsque tes yeux, aux miens découvrant ta langueur,
Me demandoient quel rang tu tenois dans mon cœur,
Que sans t'inquiéter du succès de tes armes,
Le soin de ton amour te causoit tant d'alarmes. (I. 568, *Alex.* 971, 973.)

LOUAGE :
   * L'âme paye bien son *louage* au corps. (VI, 310, note 2, *Livres ann.*)

LOUANGE :
   * *Louange* de l'aristocratie. (VI, 276, *Livres ann.*)
   La *louange* de leurs livres leur est une chose trop précieuse. (IV, 276, *Imag.*)
   * Grande *louange* de la beauté d'Hélène par les vieillards troyens. (VI, 198, *Livres ann.*)
   * Il lui étale les *louanges* de son père. (VI, 200, *Livres ann.*)

LOUP :
On apprend à hurler, dit l'autre, avec les *loups*. (II, 145, *Plaid.* 6.)

Il faut être régulier avec les réguliers, comme j'ai été *loup* avec vous et avec les autres *loups* vos compères. (VI, 416, *Lettres*.)

LUETTE :
Mon mal de gorge est beaucoup diminué... : il me reste de temps en temps quelques âcretés vers la *luette*. (VI, 572, *Lettres*.)

LUEUR, au propre et au figuré :
*La *lueur* d'une épée. (VI, 256, *Livres ann*.)
Une intelligence qu'aucune fausse *lueur* ne sauroit tromper. (II, 31, *Andr*. épître.)

LUI, jouant le rôle soit de cas direct, soit de cas indirect :
Lui qui me fut si cher, et qui m'a pu trahir! (II, 61, *Andr*. 415.)
*Le même attaqua, *lui* quatrième..., une chaloupe pleine de Mores. (V, 104, *Notes hist*.)
Le prince d'Orange.... coucha le soir, *lui* huitième, chez un curé, près de Loo. (VII, 106, *Lettres*.)
Vous *lui* pourrez bientôt prodiguer vos bontés. (II, 95, *Andr*. 1067.)
Parle : n'ai-je rien dit qui *lui* puisse déplaire? (II, 402, *Bér*. 636.)
Tâchez dans ce dessein de l'affermir vous-même,
Et *lui* promettez tout, hormis le diadème. (I, 442, *Théb*. 804.)
Pour la construction de *lui*, voyez l'*Introduction grammaticale*, à l'article PRONOMS.

LUIRE, au propre et au figuré :
L'aurore *luit* sur l'hémisphère :
Que Jésus dans nos cœurs daigne *luire* aujourd'hui.
(IV, 111, *Poés. div*. 29 et 30.)
Quelle étrange valeur, qui ne cherchant qu'à nuire,
Embrase tout, sitôt qu'elle commence à *luire!* (I, 547, *Alex*. 530.)
Je vois les pavis rougissants
Étaler les rayons *luisants*
De leur belle neige empourprée. (IV, 40, *Poés. div*. 13.)
Là les brebis sur des buissons
Font pendre cent petits flocons
De leur neige *luisante*. (IV, 36, *Poés. div*. 17.)
Dans un nuage épais le Seigneur enfermé
Fit *luire* aux yeux mortels un rayon de sa gloire. (III, 624, *Ath*. 336.)

LUMIÈRE, au propre et au figuré; **LUMIÈRES,** au figuré :
Vous vouliez vous montrer et revoir la *lumière :*
Vous la voyez, Madame; et prête à vous cacher,
Vous haïssez le jour que vous veniez chercher? (III, 314, *Phèd*. 166.)
....Le Roi touche à son heure dernière,
Madame, et ne voit plus qu'un reste de *lumière*. (III, 92, *Mithr*. 1552.)
Partager avec toi la *lumière* des cieux. (I, 464, *Théb*. 1178.)
Ce matin j'ai voulu devancer la *lumière*. (III, 493, *Esth*. 437.)
(Sa main) Éteignoit de ses yeux l'innocente *lumière*. (III, 362, *Phèd*.1018.)
....La *lumière* à ses yeux est ravie ;
Il tombe sur son lit sans chaleur et sans vie. (II, 333, *Brit*. 1631.)
Je demeurai longtemps sans *lumière* et sans vie. (III, 175, *Iph*. 490.)
Quoiqu'il vous reste à peine une foible *lumière*,
Mon âme chez les morts descendra la première. (III, 319, *Phèd*. 229.)
Instruite que Joas voit encor la *lumière*. (III, 679, *Ath*. 1330.)
.... Je suis venu, détestant la *lumière*,
Vous dire d'un héros la volonté dernière. (III, 394, *Phèd*. 1589.)
Ce sang, en leur donnant la *lumière* céleste,

Leur donna pour le crime une pente funeste. (I, 400, *Théb.* var.)
Les peuples à l'envi marchent à ta *lumière*. (III, 670, *Ath.* 1170.)
Plus il me feroit honte, et mettroit en *lumière*
Le crime d'en avoir dépouillé l'héritière. (II, 283, *Brit.* 631.)
Son trépas à mes pleurs offre assez de matières,
Sans que j'aille chercher d'odieuses *lumières*. (III, 395, *Phèd.* 1602.)
On n'a point vu de roi qui, à l'âge d'Alexandre,... ait répandu sa *lumière* jusqu'au bout du monde. (I, 514, *Alex.* épître.)
La *lumière* des cieux ; devancer la *lumière*; éteindre la *lumière* de ses yeux : voyez Ciel, Devancer, Éteindre.
Vous m'aviez prêté quelques-unes de vos *lumières*. (II, 31, *Andr.* épître.)
* Les petites *lumières* des païens. (VI, 304, *Livres ann.*)

LUNETTE, terme de fortification, V, 328, *Siége de Namur*.

*LUTH, VI, 133, *Rem. sur l'Odyssée*.

LUTTER, au figuré :
(Vous seul) Pouvez encor *lutter* contre les destinées. (III, 62, *Mithr.* 880.)
Votre illustre frère, après *avoir* quelque temps.... *lutté*, si j'ose ainsi dire, contre le mauvais goût de son siècle ... (IV, 358, *Disc. acad.*)

M

MACHINE, au propre et au figuré :
    L'on diroit... que les cieux
    Posent sur ces audacieux
      Leur pesante *machine*. (IV, 27, *Poés. div.* 77.)
La proposition que M. l'Avocat vous fit hier d'aller aux *machines*. VI, 388, *Lettres;* voyez la note 2.)
Ces Pères.... remuèrent toute sorte de *machines* pour faire condamner le livre de la Fréquente communion. (IV, 432, *P. R.*; voyez V, 295, *Camp. de Louis XIV*.)

MAÇON, au propre, VI, 385, *Lettres*.

MAÇONNERIE :
Ses dehors (*les dehors de Dunkerque*), qui n'étoient partout que de terre, sont maintenant de grosse *maçonnerie*. (V, 52, *Méd.*)

MADAME, au vocatif, dans des sujets antiques, II, 53, *Andr.* 258 etc., et dans les autres tragédies *passim;* voyez ci-après, Mademoiselle.

Madame, en parlant à sa mère, II, 335, *Brit.* 1650, 1653, etc.

MADEMOISELLE, II, 171 et 172, *Plaid.* 328, 333, 334.
Racine appelle sa sœur *Madame*, dans les suscriptions de ses lettres, avant son mariage avec Ant. Rivière; *Mademoiselle* après : voyez VI, 376, etc.; VI, 539, etc.; et comparez le vers 460 des *Plaideurs*, rapproché du vers 465.

MAGASIN (de munitions), V, 290, *Camp. de Louis XIV*.

MAGNANIME :
... Hémon est *magnanime*. (I, 469, *Theb.* 1245 ; voyez I, 558, *Alex.* 766.)
Malgré lui-même enfin je l'ai cru *magnanime*. (II, 88, *Andr.* 941.)

MAGNIFICENCE :
Une *magnificence* d'expression proportionnée aux maitres du monde. (IV, 359, *Disc. acad.*)

MAGNIFIQUE :
 (Quel dieu) Plus *magnifique* en ses bienfaits ? (IV, 142, *Poés. div.* 77.)
 Du temple, orné partout de festons *magnifiques*.... (III, 605, *Ath.* 7.)

MAIGRIR, activement, VII, 233, *Lettres*.

MAIN, MAINS, emplois divers :
 Le manteau sur le nez, ou la *main* dans la poche. (II, 152, *Plaid.* 99.)
 *(*Ils*) ne labourent point de leurs *mains*. (VI, 143, *Rem. sur l'Odyss.*)
 Je l'ai vu dans leurs *mains* quelque temps se débattre. (II, 117, *Andr.* 1518.)
 Je parerai d'un bras les coups de l'autre *main*. (II, 112, *Andr.* 1412.)
 César prend le premier une coupe à la *main*. (II, 333, *Brit.* 1622.)
 ....(*Elle*) me tend une *main* prompte à me soulager....
 Je n'accepte la *main* qu'elle m'a présentée
 Que pour m'armer contre elle.... (III, 176, *Iph.* 504 et 506.)
 La victoire menoit les François par la *main*. (V, 265, *Camp. de L. XIV.*)
 Tantôt à vous parer vous excitiez mes *mains*. (III, 314, *Phèd.* 164.)
 Ses larmes n'auront plus de *main* qui les essuie. (III, 327, *Phèd.* 346.)
 La plume tombe des *mains* à tout le conseil. (V, 298, *Camp. de L. XIV.*)
 Elle met dans ma *main* sa fortune, ses jours. (II, 523, *Baj.* 988.)
 Sa liberté, ses jours seront en votre *main*. (II, 492, *Baj.* 264.)
 (Je cherche) En quelles *mains* je dois confier ce trésor. (II, 281, *Brit.* 578.)
 Sa confidence auguste a mis entre mes *mains*
 Des secrets d'où dépend le destin des humains. (II, 331, *Brit.* 1597.)
 Qu'il lui vienne en ses *mains* renouveler sa foi. (III, 704, *Ath.* 1802.)
 Il me tira du sein de mon obscurité;
 Et sur mes foibles *mains* fondant leur délivrance,
 Il me fit d'un empire accepter l'espérance. (III, 469, *Esth.* 51.)
 ....Notre gloire est dans nos propres *mains*. (III, 164, *Iph.* 260.)
 Le cœur des rois est ainsi dans ta *main*. (III, 510, *Esth.* 734.)
 Dieu tient le cœur des rois entre ses *mains* puissantes. (III, 469, *Esth.* 67.)
 Le reste est entre les *mains* du bon Dieu. (VII, 75, *Lettres*.)
 .... Quand sa *main* semble me secourir,
 C'est alors qu'il s'apprête à me faire périr. (I, 437, *Théb.* 677.)
 Je verrai sans regret tomber entre ses *mains*
 Tout ce que lui promet l'amitié des Romains. (III, 24, *Mithr.* 21.)
 Voyez I, 483, *Théb.* jeu de scène.
 C'étoit encore Monsieur le Duc qui étoit lieutenant général de jour et voici la troisième affaire qui passe par ses *mains*. (VII, 56, *Lettres*.)
 Elle eût du buvetier emporté les serviettes,
 Plutôt que de rentrer au logis les *mains* nettes. (II, 153, *Plaid.* 108.)
 J'ai vu, le fer en *main*, Étéocle lui-même. (I, 398, *Théb.* 11.)
 Que ma crédule *main* conduise le couteau. (III, 201, *Iph.* 979.)
 Madame : il ne mourra que de la *main* d'Oreste. (II, 103, *Andr.* 1250.)
 Vous dépendez ici d'une *main* violente. (III, 76, *Mithr.* 1203.)
 Grâces au Ciel, mes *mains* ne sont point criminelles. (III, 318, *Phèd.* 221.)
 ....Le traître sur vous porte ses *mains* hardies?
  (III, 534, *Esth.* 1168; voyez II, 314, *Brit.* 1219.)
 ....Mes sanglantes *mains* sur moi-même tournées. (II, 102, *Andr.* 1245.)
 .... En sont-ils aux *mains* ? (I, 398, *Théb.* 7.)
 Tes frères sont aux *mains*.... (I, 467, *Théb.* 1208 ; voyez I, 430, *Théb.* 564.)
 Comment? lier les *mains* aux gens de votre sorte! (II, 162, *Plaid.* 247.)
 ....C'est trop respecter l'ouvrage de mes *mains*. (II, 294, *Brit.* 834.)
 Soyez, mon fils, soyez l'ouvrage de vos *mains* (I, 461, *Théb.* 1138.)
 Elle (*la paix*) sera, Créon, l'ouvrage de vos *mains*. (I, 443, *Théb.* 814.)
 Phèdre n'y donne les *mains* que parce qu'elle est dans une agitation

d'esprit qui la met hors d'elle-même. (III, 300, *Phèd.* pref.; voyez IV, 14, *Plan d'Iph. en Taur.*)

*Socrate, le plus sage des philosophes, ne dédaignoit pas de mettre la *main* aux tragédies d'Euripide. (III, 303, *Phèd.* préf.)

....Plût aux Dieux qu'à son sort inhumain
Moi-même j'eusse pu ne point prêter la *main!* (III, 96, *Mithr.* 1642.)

Quatre cents hommes, la plupart tués de coups de *main*. (V, 333, *Siège de Nam.*)

Bride en *main*, la flamme à la *main*, la force à la *main*, *mains* parricides, baiser les *mains*, laver les *mains* : voyez BRIDE, FLAMME, etc.; lever les *mains* au ciel : voyez CIEL ;. mettre les armes à la *main* : voyez METTRE ; s'ôter le pain des *mains* : voyez PAIN.

MAIN, écriture :
Du cruel Amurat je reconnois la *main*. (II, 533, *Baj.* 1184.)

MAIN FORTE :
....*Main forte!* l'on me tue! (II, 150, *Plaid.* 67; voy. II, 197, *Plaid.* 624.)
Le prévôt de l'Isle fut envoyé avec *main-forte*. (IV, 394, *P. R.*; voyez VI, 243, *Livres ann.*)
Tout le peuple assemblé nous poursuit à *main forte*. (II, 121, *Andr.* 1586.)
Racine a souligné les mots *main à main* et *avec les deux mains*, dans ces deux phrases de Vaugelas : « Ils combattoient *main à main*, » et « Ce petit enfant se mit à s'embrasser *avec les deux mains* » (VI, 355 et 356, *Livres ann.*).

MAINTENANT :
L'œil morne *maintenant*, et la tête baissée. (III, 389, *Phèd.* 1505.)

MAINTIEN, III, 363, *Phèd.* 1035.

MAIS :
Narcisse a fait le coup, vous l'avez ordonné.
— Madame, *mais* qui peut vous tenir ce langage? (II, 335, *Brit.* 1659.)
Mais enfin mes efforts ne me servent de rien. (II, 278, *Brit.* 505.)
....On me fuit. Quel crime ai-je commis?
Mais je ne vois partout que des yeux ennemis. (III, 188, *Iph.* 748.)
J'ai voulu prévenir la perte de ces princes ;
Mais, s'ils avoient suivi mes conseils et mes vœux,
Je les aurois sauvés ou combattus tous deux. (I, 573, *Alex.* 1071.)

MAISON :
Sa fille Iphigénie qu'il (*Agamemnon*) a.... laissée à Mycène, dans sa *maison*. (III, 140, *Iph.* préf.)
*Homme de fort bonne *maison*. (V, 138, *Notes hist.*)
Six frères, quel espoir d'une illustre *maison!* (III, 331, *Phèd.* 424.)
(Dieu) Voudroit que de David la *maison* fût éteinte. (III, 684, *Ath.* 1437.)
....Voilà comme on fait les bonnes *maisons*.... (II, 153, *Plaid.* 109.)

MAÎTRE, ESSE :
N'êtes-vous pas, Seigneur, votre *maître* et le sien? (II, 278, *Brit.* 490.)
....Rome veut un *maître*, et non une *maîtresse*. (II, 315, *Brit.* 1239.)
....Demain vous serez *maître*. (II, 108, *Andr.* 1374; voy. II, 319, *Brit.* 1339.)
....Deux surveillants, ses *maîtres* (*les maîtres de Néron*) et les miens
(II, 261, *Brit.* 121; voyez II, 325, *Brit.* 1466.)
Bientôt ils vous diront que les plus saintes lois,
Maîtresses du vil peuple, obéissent aux rois. (III, 681, *Ath.* 1392.)
Je vous l'avois prédit, qu'en dépit de la Grèce,
De votre sort encor vous seriez la *maîtresse*. (II, 89, *Andr.* 978.)
Que sais-je? De moi-même étois-je alors le *maître?* (II, 77, *Andr.* 725.)

Ainsi n'attendez pas que l'on puisse aujourd'hui
Vous répondre d'un cœur si peu *maître* de lui. (II, 46, *Andr.* 120.)
Votre trouble à Mathan n'a-t-il point trop parlé?
J'ai fait ce que j'ai pu pour m'en rendre *maîtresse*. (III, 663, *Ath.* 1051.)
De ses derniers soupirs je me rendis *maîtresse*. (II, 312, *Brit.* 1180.)
Vous, *maître* Petit Jean, serez le demandeur;
Vous, *maître* l'Intimé, soyez le défendeur.
(II, 199, *Plaid.* 641 et 642; voyez II, 212, *Plaid.* 789.)
Mais de quoi s'agit-il? suis-je pas fils de *maître*?
(II, 156, *Plaid.* 159: voyez la note 3.)
*Hymnes *maîtresses* des instruments. (VI, 213, *Livres ann.*)
Parmi tant de beautés qui briguent leur tendresse,
Ils daignent quelquefois choisir une *maîtresse*. (II, 493, *Baj.* 294.)
Voyez I, 559, *Alex.* 759 et 764; II, 35, *Andr.* 1ʳᵉ préf.; II, 47, *Andr.* 137; II, 297, *Brit.* 888.
Maître à danser. (VII, 264, *Lettres.*)
*Iolas, son *maître* d'exercice. (VI, 44, *Rem. sur Pind.*)

MAJESTÉ :
....(Un rang) dont une autre.... remplit la *majesté*. (II, 283, *Brit.* 618.)

MAJESTUEUX :
M. Binet.... me paroît fort *majestueux* : je ne sais si c'est par indifférence ou par timidité. (VII, 263, *Lettres.*)

MAJEURE, terme de logique, IV, 201, *Poés. div.* 37, app.

MAL, MAUX, substantif, sens physique et sens moral :
Votre petit frère est guéri de son *mal* de ventre. (VII, 234, *Lettres.*)
....Du *mal* qu'ils ont fait ont-ils quelque pitié? (I, 416, *Théb.* 322.)
....Pardonne à des *maux* dont toi seul as pitié. (II, 80, *Andr.* 796.)
Notre générosité ne nous tournera point à *mal*. (VII, 72, *Lettres.*)

MAL, adverbe :
Selon que vous étiez contents ou *mal* satisfaits de lui. (IV, 284, *Imag.*; voyez V, 99, *Notes hist.*)
* On prétend qu'il est mort *mal* content. (V, 110, *Notes hist.*)
Ailleurs Racine a écrit *malcontent*, en un seul mot :
Vous n'avez pas laissé de faire des *malcontents*. (VI, 390, *Lettres.*)
Quand il seroit venu ici au lieu de moi, je ne lui en aurois pas voulu *mal* pour cela. (VI, 434, *Lettres.*)

MALADE :
*Les *malades* de rate. (VI, 338, *Livres ann.*

MALADIE :
*Il prit, au commencement, un bâton par nécessité, à cause qu'il relevoit de *maladie*. (V, 507, *Trad.*)
....Sans argent l'honneur n'est qu'une *maladie*. (II, 146, *Plaid.* 11.)

MALCONTENT, voyez ci-dessus, MAL, adverbe.

MALENTENDU :
Jugez s'il y a sujet d'enrager en de semblables *malentendus*. (VI, 414, *Lettres.*)

MALGRÉ :
Titus.... la renvoya de Rome (*Bérénice*), *malgré* lui et *malgré* elle. (II, 365, *Bér.* préf.)

MALHEUR :
Quelqu'un de mes *malheurs* se répandroit sur eux. (III, 176, *Iph.* 520.)
Heureux dans mes *malheurs*.... (II, 385, *Bér.* 256.)
....Du sang troyen relever le *malheur*. (II, 48, *Andr.* 152.)
Seigneur, de mes *malheurs* ce sont là les plus doux. (III, 28, *Mithr.*138.)
(Toi qui) M'aidois à soupirer les *malheurs* de Sion. (III, 465, *Esth.* 6).
....Quels *malheurs* dans ce billet tracés! (III, 152, *Iph.* 35.)
Voyez II, 269, *Brit.* 298 ; II, 409, *Bér.* 802.

MALHEUREUX, EUSE, adjectivement et substantivement :
Si de votre ennemi vous recherchez le sang,
Recherchez-en la source en ce *malheureux* flanc. (I, 458, *Théb.* 1082.)
.... Un sang *malheureux*, né pour vous tourmenter. (III. 30, *Mithr.* 173.)
Tous deux ils préviendront tes desseins *malheureux*. (I, 414, *Théb.* 290.)
Ne vous sentez-vous pas, Seigneur, bien *malheureux*
D'être venu si loin rompre de si beaux nœuds? (I, 573, *Alex.* 1091.)
Mon cœur, jaloux du sort de ces grands *malheureux*. (I, 463, *Théb.*1161.)
Hélas! que de raisons contre une *malheureuse!* (II, 521, *Baj.* 922.)

MALHONNÊTE :
(*Je l'ai fait*) sans qu'il m'en ait coûté une seule de ces sales équivoques et de ces *malhonnêtes* plaisanteries. (II, 143, *Plaid.* au lect.)

MALICE :
Son cœur n'enferme point une *malice* noire. (II, 331, *Brit.* 1600.)
Aux *malices* du sort enfin dérobez-vous. (III, 519, *Esth.* 898.)
* Ils publièrent cette déclaration par *malice*. (VI, 349, *Livres ann.*)

MALIGNITÉ :
....N'est-ce point que sa *malignité* (*la malignité de Néron*)
Punit sur eux l'appui que je leur ai prêté? (II, 258, *Brit.* 57.)

MALTRAITER :
Le Roi témoigne à son confident qu'il se fait violence de *maltraiter* son fils. (IV, 13, *Plan d'Iph. en Taur.*; voyez IV, 12, *ibid.*; V, 139, *N. hist.*)

MAMELLE :
Joas encore à la *mamelle*. (III, 594, *Ath.* préf.)
Pour me servir de l'expression de saint Paul, dès la *mamelle*. (III, 595, *Ath.* préf.)

* MAMELUS, mameluks, V, 134, *Notes historiques*

MANCHE, masculin :
* Une hache à *manche* d'olivier. (VI, 102, *Rem. sur l'Odyss.*)

MANCHE, féminin :
Un des gentilshommes de la *manche*. (VII, 247, *Lettres.*)

MANCHON, VI, 375, *Lettres*.

MANDER :
Je vous ai déjà *mandé* mon adresse. (VI, 409, *Lettres*.)
....Vous ne dites point ce que vous *mande* un père. (II, 61, *Andr.* 405.)

MÂNES :
....Attestant les *mânes* de sa mère. (II, 553, *Baj.* 1598.)
Louis Racine dit que ce mot ne convient point dans la bouche des Mahométans.

MANGER, au propre et au figuré :
Ils trouvèrent un bon dejeuner..., qu'ils *mangèrent* de fort bon cœur,

bénissant Dieu, qui ne leur avoit pas fait *manger* leur pain blanc le premier. (IV, 285 et 286, *Imag.*; voyez VI, 471, *Lettres.*)
*Vous les voudriez *manger* tout vifs. (VI, 199, *Livres ann.*)
Manger le bien de quelqu'un. (VI, 67, *Rem. sur l'Odyss.*)
Des chicaneurs viendront nous *manger* jusqu'à l'âme. (II, 163, *Plaid.* 251.)

MANIABLE, au figuré :
Les particuliers sont plus *maniables* qu'une communauté. (VI, 481, *Lettres.*)

MANIE :
Ah! que me dites-vous ? Quelle étrange *manie*
Vous peut faire envier le sort d'Iphigénie ? (III, 206, *Iph.* 1085.)

MANIER :
*Lui (*Polyphème*) les *manioit* tous (*les béliers*) sur le dos. (VI, 152, *Rem. sur l'Odyss.*)

MANIÈRE :
*Les anciens avoient deux *manières* de se couper les cheveux. (VI, 219, *Livres ann.*)
*De la *manière* qu'ils sont ici dépeints. (VI, 110, *Rem. sur l'Odyss.*)
En cette *manière* de lettre. (IV, 200, *Poés. div.* 6.)
* Les avares, et toute autre semblable *manière* de gens. (V, 508, *Trad.*)
On a pris aujourd'hui deux *manières* de paysans. (VII, 18, *Lettres.*)

MANIFESTE :
D'un oracle cruel suite trop *manifeste*. (I, 477, *Théb.* 1386.)

MANNE :
Pour la petite, si vous lui pouvez trouver une *manne* ou un berceau, nous vous serons obligés. (VI, 521, *Lettres.*)

MANQUEMENT :
Le Roi, justement indigné de ce *manquement* de parole.... (V, 47, *Méd.*; voyez V, 149, *Notes hist.*)

MANQUER, activement et neutralement, emplois divers :
Elle ne *manquoit* pas une seule audience. (II, 152, *Plaid.* 104.)
.... Désespéré d'avoir *manqué* son crime. (II, 557, *Baj.* 1669.)
Il te *manquoit* encor ces perfides amours
Pour être le supplice et l'horreur de mes jours. (III, 66, *Mithr.* 981.)
Il étoit.... persuadé que ce prince ne pouvoit *manquer* dans la conduite de ses entreprises. (IV, 480, *P. R.*)
* On *manqua* aussi de payer à la princesse d'Orange quelques sommes promises à son mari. (V, 149, *Notes hist.*)
Le terrain venant à *manquer* sous les pieds de leurs chevaux, ils les font nager. (V, 247, *Camp. de Louis XIV.*)

MANTEAU, au propre et au figuré :
Le *manteau* sur le nez, ou la main dans la poche. (II, 152, *Plaid.* 99.)
L'or et la pourpre (*est*) leur *manteau* (*de ces fruits*). (IV, 42, *Poés. div.* 60.)

MARÂTRE :
J'affectai les chagrins d'une injuste *marâtre*.
(III, 325, *Phèd.* 294; voyez III, 616, *Ath.* 171.)

MARAUD :
* *Marauds* de grande route. (VI, 334, *Livres ann.*, note 4.)

MARAUDERIE :
Je vous fais part de cette *marauderie*. (VI, 425, *Lettres*.)

MARBRE :
.... Qu'un sang pur, par mes mains épanché,
Lave jusques au *marbre* où ses pieds ont touché. (III, 648, *Ath.* 750.)

MARBRÉ :
Elle (*l'Apologie des Pères*) est reliée en veau *marbré*. (VI, 372, *Lettr*.)

MARCHAND, acheteur :
Je doute que ceux qui y logent (*dans votre maison*) soient bien propres à vous trouver des *marchands*. (VII, 66, *Lettres*.)

MARCHÉ, À BON MARCHÉ, au propre et au figuré :
J'aurois sur le *marché* fort bien fourni la paille. (II, 146, *Plaid.* 20.)
Vous ne l'avez point pressé de vendre son blé lorsqu'il étoit *à bon marché*. (VII, 29, *Lettres*.)
J'aurai de quoi boire à votre santé *à bon marché*. (VI, 482, *Lettres*.)
Non, *à si bon marché* l'on ne bat point les gens. (II, 180, *Plaid.* 438.)
Remercier Dieu d'en être échappé *à si bon marché*. (VII, 268, *Lettres*.)

MARCHEPIED :
*Hélène s'assoit sur son siége, où il y avoit aussi un *marchepied* ; car Homère décrit toujours tous les siéges avec un *marchepied*, quand c'étoient des siéges honorables. (VI, 86, *Rem. sur l'Odyss.*)

MARCHER :
Allons, Seigneur, *marchons* sur les pas d'Hermion
 (II, 85, *Andr.* 894 ; voyez II, 201, *Plaid.* 665 ; III, 39, *Mithr.* 373.)
Sur des pas différents vous *marchez* l'un et l'autre. (II, 327, *Brit.* 1520.)
Tandis que je me vais préparer à *marcher*.(III, 623, *Ath.* 309.)
Je ceignis la tiare, et *marchai* son égal. (III, 659, *Ath.* 954.)
*La duchesse de Bouillon vouloit toujours *marcher* d'égale avec les maisons souveraines. (V, 86, *Notes hist.*)
Nos plus riches trésors *marcheront* devant nous. (III, 519, *Esth.* 899.)
Quel est ce glaive enfin qui *marche* devant eux ? (III, 674, *Ath.* 1240.)
Vous *marchez* sans compter les forces d'Alexandre. (I, 552, *Alex.* 634.)
*Apprenons premièrement à *marcher* dans les commandements du Seigneur ; et après cela, instruisez vos femmes à *marcher* aussi dans la foi qui leur a été donnée de Dieu, dans la charité et la pureté. (V, 579, *Trad.*)
Dans l'histoire du Roi, tout vit, tout *marche*, tout est en action. (IV, 367, *Disc. acad.*)
*.... Au style des Muses, qui *marche* comme dans un char roulant, au lieu que la prose *marche* à pied. (VI, 42, *Rem. sur Pind.*)
*Parasite *marche* par les dents. (VI, 306, *Livres ann.*)

MARÉCAGE :
Un pays de *marécage*. (V, 291, *Camp. de Louis XIV.*)

MARGE, au propre, VI, 419, *Lettres*.

MARI :
*Je crains bien qu'Hercule ne soit à la vérité mon époux, mais qu'il ne soit le *mari* de l'autre,... son petit *mari*. (VI, 252, *Livres ann.*)

MARIAGE :
*Le *mariage* avec la princesse Élisabeth. (V, 95, *Notes hist.*)

MARIER, SE MARIER :
C'est à vous de juger. — *Mariez* au plus tôt. (II, 218, *Plaid.* 859.)
* (*Il*) *se maria* à sa cousine. (V, 96, *Notes hist.*; voyez VI, 302, *L. ann.*)

MARMOTTER :
Il *marmotte* toujours certaines patenôtres. (II, 147, *Plaid.* 32.)

*****MARNE** (Tirer de la), V, 126, *Notes historiques.*

MARQUE :
....De ton poignard connois du moins ces *marques.*
        (III, 699, *Ath.* 1720; voyez III, 688, *Ath.* 1518.)
En vain de la faveur du plus grand des monarques
Tout révère à genoux les glorieuses *marques.* (III, 492, *Esth.* 426.)
....Alexandre... ne vous tend point de chaines :
Il laisse à votre front ces *marques* souveraines. (I, 529, *Alex.* 114.)
    Cette simplicité est une *marque* de peu d'invention. (II, 367, *Bér.* préf.)
*Fille qui parle librement à des hommes, mauvaise *marque.* (VI, 308, *Livres ann.*)
    Il donna d'abord toutes les *marques* d'un homme qui vouloit passer cette rivière. (V, 335, *Siége de Nam.*; voyez II, 253, *Brit.* 2ᵉ préf.)

MARQUER :
Je lui *marque* le cœur où sa main doit frapper. (III, 73, *Mithr.* 1146.)
Votre projet... nous *marque* un grand courage. (I, 548, *Alex.* 549.)
    ....Toute sa conduite
Marque dans son devoir une âme trop instruite. (II, 256, *Brit.* 24.)
Dans les flancs de ma mère une guerre intestine
De nos divisions lui *marqua* l'origine. (I, 449, *Théb.* 924.)
Madame, elle ne *marque* aucun reste de vie
Que par de longs soupirs et des gémissements. (II, 537, *Baj.* 1254.)
    Je ne pense pas.... qu'il soit nécessaire de le *marquer* (*ce changement*) au lecteur. (II, 473, *Baj.* 1ʳᵉ préf.)
    Les juges de l'Aréopage n'auroient pas peut-être trouvé bon qu'il *eût marqué* au naturel leur avidité de gagner. (II, 142, *Plaid.* au lect.)
    Hermione, dont la jalousie et les emportements *sont* assez *marqués* dans l'Andromaque d'Euripide. (II, 34, *Andr.* 1ʳᵉ préf.)
Ta fureur, s'irritant soi-même dans son cours,
D'un sang toujours nouveau *marquera* tous tes jours. (II, 337, *Brit.* 1686.)
.... (Silanus) *marqua* de son sang ce jour infortuné. (II, 311, *Brit.* 1142.)
Ne tient-il qu'à *marquer* de cette ignominie
Le sang de mes aïeux, qui brille dans Junie? (II, 266, *Brit.* 227.)
....Si dans le combat le destin plus puissant
Marque de quelque affront son empire naissant.... (II, 483, *Baj.* 64.)
    Je lui avois fait présenter.... un mémoire.... dans lequel je lui *marquois* que, etc. (VII, 154, *Lettres.*)
    Elle (*la maison de Boileau à Fontainebleau*) n'a été *marquée* pour personne (*comme devant servir de logement*). (VII, 59, *Lettres.*)
    *L'OEdipe colonéen de Sophocle en *marque* jusqu'à dix-huit cent soixante (*jusqu'à 1860 vers*). (VI, 351, *Livres ann.*)

MARQUETÉ :
.... Ces nageurs *marquetés* (*il s'agit de poissons*). (IV, 31, *Poés. div.* 42.)

MARRI :
C'est de quoi je suis fort *marri.* (VI, 379, *Lettres;* voyez VI, 156, *Rem. sur l'Odyss.*; VI, 382, *Lettres.*)

'Il seroit bien *marri* qu'un homme comme lui fût roi d'Ithaque. (VI. 65, *Rem. sur l'Odyss.*)

MARS :
  *Avoir combattu comme un *Mars* (VI, 140, *Rem. sur l'Odyss.*)

MARTEAU :
  Cette ode avoit été taillée comme à coups de *marteau*. (VI, 453, *Lettres.*)
  On n'entroit point chez nous sans graisser le *marteau*. (II, 146, *Plaid.* 14.)

MARTYRE :
  *Glorieux sont tous les *martyres* qu'on souffre selon la volonté particulière de Dieu. (V, 560, *Trad.*)

MASCULINITÉ, terme de droit féodal, V, 388 et 389, *Factums.*

MASQUE :
  Les Anglois achèvent de lever le *masque*. (V, 295, *Camp. de Louis XIV.*)

MATIÈRE, sens divers :
Grand Dieu, qui vis les cieux se former sans *matière*. (IV, 128, *Poés. div.* 1.)
  Sa compagne.... trouva son œil gauche tout aussi sain que l'autre, sans tumeur, sans *matière*, et même sans cicatrice. (IV, 468, *P. R.*)
  *C'est aux Athéniens à lui fournir la *matière*, soit d'or, soit d'ivoire, et à lui de la tailler. (VI, 322, *Livres ann.*)
Tant de puissances réunies pour l'accabler n'eussent fait que fournir partout de la *matière* à ses conquêtes. (V, 312, *Siége de Nam.*)
Fournir assez de *matière* pour tout un chant. (II, 365, *Bér.* préf.)
Une action simple, chargée de peu de *matière*. (II, 246, *Brit.* 1re préf.; voyez II, 366, *Bér.* préf.)
Si, avec peu d'incidents et peu de *matière*, j'ai été assez heureux pour faire une pièce. (I, 519, *Alex.* 1re préf.)
Tout vous sera chez vous *matière* de sentences. (II, 196, *Plaid.* 612.)
.... C'est pour mon courage une illustre *matière*. (I, 548, *Alex.* 541.)
Il aura bientôt *matière* à des types (*de médailles*) plus magnifiques. (VII, 37, *Lettres.*)
Son trépas à mes pleurs offre assez de *matières*. (III, 395, *Phèd.* 1601.)
  Quelques autres s'imaginèrent... que les *matières* de Palais ne pouvoient pas être un sujet de divertissement. (II, 141, *Plaid.* au lect.)

MATIN :
  La pauvre Fanchon s'étoit beaucoup plaint (*sic*) de maux de tête tout le *matin*. (VII, 229, *Lettres.*)
Diantre! l'amour vous tient au cœur de bon *matin*. (II, 154, *Plaid.* 126.)
  *Demain au *matin*. (VI, 87, 125, 145, *Rem. sur l'Odyss.*)
  Lundi *matin*, mercredi *matin*. (VII, 170, 175, *Lettres*; voyez ci-dessus, A, 6°, p. 6.)
  *Du *matin*, Menelaüs se lève. (VI, 89, *Rem. sur l'Odyss.*)

MAUVAIS, AISE :
  *Cette île, qui de soi n'est point *mauvaise*. (VI, 144, *Rem. sur l'Odyss.*)
  Mauvaises opinions d'un savant. (VI, 259, *Livres ann.*)
  *Il croit qu'elle (*Calypso*) lui prépare quelque autre *mauvais* tour. (VI, 101, *Rem. sur l'Odyss.*)
  Je puis dire que notre siècle n'a pas été de plus *mauvaise* humeur que le sien (*celui d'Aristophane*). (II, 142, *Plaid.* au lect.)

MAXIME :
  (Voyons) S'il voudra désormais suivre d'autres *maximes*.
    (II, 340, *Brit.* 1767; voyez II, 319, *Brit.* 1343; IV, 68, *Poés. div.* 45.)

ME : voyez ci-dessus, JE, p. 285.

MÉANDRE, détour, replis :
....Ces *méandres* agréables. (IV, 34, *Poés. div.* 31.)

MÉCHANT, ANTE, sens physique et sens moral :
Tu ne t'étonnes pas si mes fils sont perfides,
S'ils sont tous deux *méchants*, et s'ils sont parricides. (I, 400, *Théb.* 32.)
Il ne m'a pas été permis de le représenter aussi *méchant* qu'il a été depuis. (II, 251, *Brit.* 2ᵉ préf.)
Méchant, c'est bien à vous d'oser ainsi nommer
Un Dieu que votre bouche enseigne à blasphémer.
(III, 661, *Ath.* 1013 ; voyez I, 414, *Théb.* 289 ; I, 464, *Théb.* 1175.)
Les Juifs n'attendent rien d'un *méchant* tel que toi. (III, 533, *Esth.* 1155.)
Celui qui met un frein à la fureur des flots
Sait aussi des *méchants* arrêter les complots. (III, 608, *Ath.* 62.)
Voyez II, 176, *Plaid.* 377 ; III, 370, *Phèd.* 1148 ; III, 536, *Esth.* 1197.
Une *méchante* clôture de terre. (IV, 390, *P. R.*)
Le monde est devenu, sans mentir, bien *méchant*. (II, 158, *Plaid.* 182.)
*On souffre plus facilement un *méchant* avocat qu'un *méchant* comédien. (VI, 332, *Livres ann.*)
Ils sont attachés à soutenir leurs *méchants* auteurs. (IV, 483, *P. R.*)
Voyez IV, 456, *P. R.* ; VI, 333, *Livres ann.*
Les mêmes *méchantes* maximes. (IV, 491, *P. R.* ; voyez la note 3.)
Plus de trente archevêques.... foudroyèrent.... la *méchante* morale des casuistes. (IV, 489, *P. R.* ; voyez IV, 490, *P. R.* ; VI, 348, *Livres ann.*)

MÉCONNOÎTRE :
Le nouvel empereur vous a-t-il *méconnu*? (II, 378, *Bér.* 94.)
Il *méconnoît* sa sœur, il méprise sa mère. (I, 427, *Théb.* 516.)
Fier de son nouveau rang, m'ose-t-il *méconnoître*? (III, 192, *Iph.* 821.)
Il lui échappe assez de cruautés pour empêcher que personne ne le *méconnoisse*. (II, 243, *Brit.* 1ʳᵉ préf.)
Je l'ai tellement changé hier au soir (*mon sonnet*) que vous le *méconnoîtrez*. (VI, 373, *Lettres.*)

MECREDI, pour *mercredi*, VI, 589, *Lettres* ; VII, 163, 175, 177, 214, *Lettres*.

MÉDECINE :
Vos deux petites sœurs prenoient hier *médecine*. (VII, 236, *Lettres.*)

MÉDIATEUR :
On ne doute point qu'il ne quitte le personnage de *médiateur* pour prendre celui d'ennemi. (V, 288, *Camp. de Louis XIV.*)

MÉDIOCRE :
Ces deux grandes armées, séparées seulement par un *médiocre* ruisseau.... (V, 337, *Siège de Nam.*)
Elle n'apporteroit qu'une dot assez *médiocre*. (IV, 460, *P. R.*)
....Si ce péril étant passé, elles lui en avoient rendu (*à Dieu*) de *médiocres* actions de grâces. (III, 458, *Esth.* préf.)
Cette passion.... ne peut produire que de *médiocres* effets. (I, 395, *Théb.* préf.)
*Louanges de la vie *médiocre*. (VI, 255, *Livres ann.*)
Il faut.... qu'ils (*les personnages de la tragédie*) aient une bonté *médiocre*. (II, 36, *Andr.* 1ʳᵉ préf.)

MÉDITER :

Certes, plus je *médite*, et moins je me figure
Que vous m'osiez compter pour votre créature. (II, 262, *Brit.* 151.)
Je *médite* un dessein digne de mon courage. (III, 42, *Mithr.* 432.)
.... Qui sait si l'ingrate, en sa longue retraite,
N'a point de l'Empereur *médité* la défaite ? (II, 300, *Brit.* 947.)

MÉLANCOLIE :

Surtout je redoutois cette *mélancolie*. (II, 42, *Andr.* 17.)
.... Enfin, succombant à ma *mélancolie*,
Mon désespoir tourna mes pas vers l'Italie. (II, 385, *Bér.* 239.)

MÉLANCOLIQUE :

Lieu solitaire et conforme à son humeur sombre et *mélancolique* (*du prince d'Orange*). (V, 316, *Siége de Nam.*)

MÉLANGE :

(Je vois ces arbres) De leurs fruits blonds et verdissants
Faire un agréable *mélange*. (IV, 42, *Poés. div.* 64.)
.... Un bonheur sans *mélange*. (III, 152, *Iph.* 34.)

MÊLER, SE MÊLER :

Sans doute on ne veut pas que *mêlant* nos douleurs,
Nous nous aidions l'un l'autre à porter nos malheurs. (II, 269, *Brit.* 297.)
Une espèce de frissonnement *mêlé* de compassion. (IV, 467, *P. R.*)
* Les prospérités *sont* toujours *mêlées* de quelque adversité. (VI, 297, *Livres ann.*)
Pour moi, qui ne pourrois y *mêler* que des pleurs. (II, 385, *Bér.* 254.)
.... L'on dit que suivi d'un gros d'amis fidèles,
On l'a vu *se mêler* au milieu des rebelles. (III, 86, *Mithr.* 1440.)
Il trouvera (*ces affectations*) condamnées dans tous les bons auteurs, s'il *se mêle* jamais de les lire. (II, 370, *Bér.* préf.)

MEMBRE, au figuré :

* Des *membres* retranchés du corps de l'Église. (V, 597, *Trad.*)

MÊME, adjectif, au sens soit d'*idem*, soit d'*ipse* ; MÊME, adverbe :

Tu verras que sa rage est encore la *même*. (I, 449, *Théb.* 943.)
J'ose dire que cette *même* modestie.... vous est commune avec lui. (II, 240, *Brit.* épitre.)
Vous revoyez un frère, après deux ans d'absence,
Dans ce *même* palais où vous prites naissance. (I, 452, *Théb.* 976.)
Il a eu soin de les faire imprimer en *même* caractère que les dix-huit Lettres provinciales. (IV, 273, *Imag.*)
* La *même* année du siége de Dôle. (V, 96, *Notes hist.*)
Aux *mêmes* heures de la communauté. (V, 11, *Épitaphes.*)
Racine a souligné *même* dans cette phrase de Vaugelas : « Ils ne faisoient pas *même* jugement que lui » (VI, 354, *Livres ann.*).
.... N'est-ce pas cette *même* Agrippine ?
(II, 269, *Brit.* 307 ; voyez II, 250, *Brit.* 2ᵉ préf.)
.... En ce *même* moment.
(II, 524, *Baj.* 1003 ; voyez I, 407, *Théb.* 151 ; I, 445, *Théb.* 867.)
Je vous entends, Seigneur : ces *mêmes* dignités
Ont rendu Bérénice ingrate à vos bontés. (II, 378, *Bér.* 89.)
Ce n'est pas que quelques personnes ne m'aient reproché cette *même* simplicité que j'avois recherchée. (II, 368, *Bér.* préf.)
Athalie étouffa l'enfant *même* au berceau. (III, 614, *Ath.* 141.)
... Si vous prenez soin de votre gloire *même*,

Associez un frère à cet honneur suprême. (I, 406, *Théb.* 135.)
* Un frère riche et puissant vaut mieux que les richesses et la puissance *mêmes*. (VI, 317, *Livres ann.*)
* Ceux qui aiment le beau *même*, le bon et le juste sont φιλόσοφοι. (VI, 279, *Livres ann.*)
Plusieurs dames *mêmes* de la ville firent demander.... la permission d'en sortir. (V, 325, *Siége de Nam.*)
Même le nom d'Esther est sorti de sa bouche. (III, 491, *Esth.* 390.)
Même elle avoit encor cet éclat emprunté. (III, 633, *Ath.* 494.)
Que dis-je? la vertu semble *même* renaître. (II, 265, *Brit.* 203.)
.... Depuis quand, Seigneur, entre-t-on dans ces lieux,
Dont l'accès étoit *même* interdit à nos yeux? (II, 481, *Baj.* 4.)
.... Je veux que ma mort te soit *même* inutile. (II, 336, *Brit.* 1679.)
Il y en a qui ont pris *même* le parti de Néron. (II, 242, *Brit.* 1re préf.)
Porus y viendra *même* avec tout l'univers. (I, 529, *Alex.* 112.)
Ils l'attaqueront *même* au sein de la victoire. (I, 526, *Alex.* 22.)
* Le poëte lui donne des paroles forcées : Τί μή, pour marquer *même* la violence qu'il se fait en dissimulant. (VI, 240, *Livres ann.*)
Il ne paroît point qu'aucun d'eux ait exigé la souscription (*du Formulaire*), non pas *même* l'archevêque de Toulouse, qu'on en regardoit comme l'inventeur. (IV, 497, *P. R.*)
Voyez comme il flatte l'Académie dans le temps *même* qu'il persécute la Sorbonne. (IV, 278, *Imag.*)
* Les consolations ne servent de rien dans le *même* temps que les malheurs viennent. (VI, 309, *Livres ann.*)
         * A *même* temps que j'eus signé. (IV, 227, *Poés. div.* 21, 2d app.)
On verra par les exemples suivants que Racine se donne grande liberté pour écrire *même* ou *mêmes*. Voyez le *Lexique de Corneille*.
Leur dieu *même*, ennemi de tous les autres dieux. (III, 496, *Esth.* 496.)
Un éclat qui le rend respectable aux Dieux *même*. (III, 507, *Esth.* 678.)
Les Dieux *même*, les Dieux, de l'Olympe habitants. (III, 378, *Phèd.* 1304.)
         .... Plusieurs des Dieux *même*. (IV, 73, *Poés. div.* 17.)
Va; mais nous-*même*, allons, précipitons nos pas. (II, 539, *Baj.* 1315.)
Une partie de ce livre est employée.... à justifier les jésuites *mêmes* (IV, 479, *P. R.*)
* La colère des Dieux *mêmes*. (VI, 68 et 78, *Rem. sur l'Odyss.*)
Les Grecs *mêmes* sont las de servir sa colère. (I, 442, *Théb.* 795.)
Ces murs *mêmes*, Seigneur, peuvent avoir des yeux. (II, 287, *Brit.* 713.)
.... Le fleuve aux Dieux *mêmes* terrible. (III, 371, *Phèd.* 1158.)
.... La fortune et la victoire *mêmes*. (III, 69, *Mithr.* 1039.)
Mêmes tu leur promis, etc. (III, 483, *Esth.* 253; voyez la note 1.)

DE MÊME, TOUT DE MÊME (voyez AUSSI, p. 51) :

Les poëtes.... défendent toujours ce qu'ils font, mais.... leur conscience ne les laisse jamais en repos. J'en étois *de même*. (VI, 373, *Lettres.*)
* *Tout de même* j'ai cinq frères qui sont bien aises quand ils vont au bal d'avoir des habits honnêtes. (VI, 112, *Rem. sur l'Odyss.*)
* C'est en vain que Calypso, grande déesse, et Circé, *tout de même*, m'ont voulu retenir dans leurs grottes. (VI, 142, *Rem. sur l'Odyss.*)
* Vous êtes fâchés *tout de même* que j'aie auprès de moi, etc. (VI, 100, *Rem. sur l'Odyss.*)

À MÊME :

* Vous.... avez été autrefois.... en Sicile pour manger de bons morceaux; maintenant que vous êtes *à même*, vous n'en mangez point? (V, 508, *Trad.*)

LUI-MÊME, ELLE-MÊME :
 ....Voici le Roi *lui-même*. (1, 401, *Théb.* 43; voy. 1, 425, *Théb.* 487.)
 * Il faut qu'un historien soit *lui-même* capable d'agir. (VI, 322, *L. ann.*)
 * Un homme qui tâche à s'encourager *lui-même*. (VI, 209, *Livres ann.*)
Mais enfin qu'ai-je fait, en ce malheur extrême,
Que ne m'ait ordonné ma princesse *elle-même?* (I, 418, *Théb.* 356.)
 Une jeune fille d'Usez s'empoisonna hier *elle-même*. (VI, 473, *Lettres*)
 * Il se retira de *lui-même*. (V, 506, *Trad.*)
 On le laissa tomber de *lui-même*. (I, 517, *Alex.* 1re préf.)

MÉMOIRE, sens divers :
Sa *mémoire* est fidèle. . (III, 645, *Ath.* 701.)
....A tant de bienfaits ma *mémoire* fidèle. (II, 278, *Brit.* 503.)
 ....Je pensai que la guerre et la gloire
De soins plus importants rempliroient ma *mémoire*. (II, 44, *Andr.* 62.)
....Qu'à jamais mon nom vive dans leur *mémoire*. (III, 535, *Esth.* 1189.)
Heureux si j'avois pu ravir à la *mémoire*
Cette indigne moitié d'une si belle histoire. (III, 310, *Phèd.* 93.)
 * J'en ai encore la *mémoire* fraiche. (V, 455, *Trad.*)
La résolution où je vois de vous en rafraichir souvent la *mémoire*. (VII, 111, *Lettres.*)
....Sur quoi jugez-vous que j'en perds la *mémoire?* (III, 342, *Phèd.* 665.)
De vos propres desirs perdrez-vous la *mémoire?* (II, 324, *Brit.* 1435.)
 Que de son nom, que de sa gloire
Il ne reste plus de *mémoire*. (III, 686, *Ath.* 1484)
Tu n'es plus que poussière; et de cette grandeur
Il ne nous reste plus que la triste *mémoire*. (III, 474, *Esth.* 135.)
Du sang dont vous sortez rappelez la *mémoire*.
 (II, 283, *Brit.* 623; voyez II, 292, *Brit.* 784; II, 402, *Bér.* 632.)
Vous n'en sauriez, Seigneur, retracer la *mémoire*. (III, 52, *Mithr.* 687.)
Je veux laisser de vous jusqu'à votre *mémoire*. (III, 71, *Mithr.* 1092)
Sauvons de cet affront mon nom et sa *mémoire*. (II, 407, *Bér.* 735.)
....Quoique l'Orient soit plein de sa *mémoire*. (II, 409, *Bér.* 795.)
....Peu de jours suivis d'une longue *mémoire*. (III, 163, *Iph.* 250.)

MENACER :
 * Ne *menaçant* pas moins que d'exterminer, etc. (V, 158, *Notes hist.*)
(Les Dieux,) Le bras déjà levé, *menaçoient* mes refus. (III, 155, *Iph.* 88.)

MÉNAGE :
 * Ayez soin de votre *ménage* (dit Télémaque à sa mère). (VI, 64, *Rem. sur l'Odyss.*)
 * Homère a voulu décrire le *ménage* des champs. (VI, 148, *Rem. sur l'Odyss.*)
 On ne parle en cette ville que.... du grand *ménage* de Colbert. (VI, 452, *Lettres.*)

MÉNAGER, ÈRE :
 * Caton *ménager*. (VI, 293, *Livres ann.*)
Je vous prie d'être le meilleur *ménager* que vous pourrez. (VII, 212, *Lettres.*)
 Dieu merci, voici une de vos lettres. Que vous en êtes devenu grand *ménager!* (VI, 426, *Lettres;* voyez VI, 482, *Lettres.*)
 * Ici on voit Hélène paroître.... avec majesté, quoiqu'il (Homère) la décrive en *ménagère*. (VI, 85, *Rem. sur l'Odyss.*)

MÉNAGER, verbe :
Ménageons les moments que ce transport nous laisse. (II, 124, *Andr.* 1646.)

Ménageons les moments de cette heureuse absence. (II, 287, *Brit.* 711.)
Son adroite vertu *ménage* son crédit. (II, 325, *Brit.* 1462.)

MENDIER :

Mendier de nouveaux secours. (V, 288, *Camp. de Louis XIV.*)
Moi, j'irois à ses pieds *mendier* un asile? (I, 587, *Alex.* 1389.)
Parmi tant de beautés qui briguèrent son choix,
Qui de ses affranchis *mendièrent* les voix.... (II, 310, *Brit.* 1126.)
J'ai *mendié* la mort chez des peuples cruels. (II, 64, *Andr.* 491.)

MENER :

Le Roi *menoit* avec lui une partie de son artillerie. (V, 320, *S. de Nam.*)
* Jean.... *mène* Charles de Blois pour le mettre en possession. (V, 198, *Notes hist.*)
Mener par la main. (V, 265, *Camp. de Louis XIV.*)
Elle est charmée de la vie qu'elle *mène* dans ce monastère. (VII, 166, *Lettres;* voyez VII, 52, *Lettres.*)

MENTALE (RESTRICTION), IV, 525, *P. R.*

MENTION :

Euphorion..., poëte très-connu parmi les anciens, et dont Virgile et Quintilien font une *mention* honorable. (III, 141, *Iph.* préf.)

MENTIR :

Je ne *mens* pas d'un mot.... (II, 200, *Plaid.* 645.)
Mentir à Dieu et à l'Église. (IV, 547, *P. R.*)
.... A ne vous point *mentir*. (III, 374, *Phèd.* 1215.)

MENU, adjectivement et substantivement :

*Le *menu* peuple. (VI, 295, *Livres ann.*)
*Décrire des guerres.... par le *menu*. (VI, 298, *Livres ann.*; voyez VI, 103, *Rem. sur l'Odyss.*)

MENUISIER, VI, 385, *Lettres.*

MÉPRENDRE (SE) :

Mais le plus habile homme enfin peut *se méprendre*. (II, 180, *Plaid.* 432.)
.... Nous allons apprendre
Qui de nous deux, Madame, aura pu *se méprendre*. (I, 557, *Alex.* 730.)
Les yeux peuvent-ils pas aisément *se méprendre?* (III, 88, *Mithr.* 1468.)

MÉPRIS :

Elle pleure en secret le *mépris* de ses charmes. (II, 47, *Andr.* 130.)
Jugez-vous que ma vue inspire des *mépris?* (II, 67, *Andr.* 552.)
Le fils me répondra des *mépris* de la mère. (II, 58, *Andr.* 370.)
(L'ingrate) Apprend.... à son tour à souffrir des *mépris*.
(II, 60, *Andr.* 400.)
Néron n'est pas encor tranquille possesseur
De l'ingrate qu'il aime au *mépris* de ma sœur. (II, 298, *Brit.* 902.)

MÉPRISER :

(Mon fils) Se jette au milieu d'eux, et *méprise* pour vous
Leurs ordres absolus, qui nous arrêtoient tous. (I, 473, *Théb.* 1327.)

MER :

J'ai couru les deux *mers* que sépare Corinthe. (III, 305, *Phèd.* 10.)

MERCI; À LA MERCI DE :

Je vous prie très-humblement de m'acquitter d'un grand *merci* envers Monsieur le prieur de la Ferté. (VI, 463, *Lettres;* voyez VI, 431, *Lettres.*)

(Antiochus) Me laisse *à la merci* d'une foule inconnue. (II. 381, *Bér*. 148.)
Il erre *à la merci de* sa propre inconstance. (III, 514, *Esth*. 799.)

MERCREDI : voyez MECREDI.

MÉRIDIENNE :
*Dormir la *méridienne*. (VI, 90, *Rem. sur l'Odyss*.)

MÉRITE :
.... Loin de repousser le coup qu'on vous prépare,
Vous voulez vous en faire un *mérite* barbare. (III, 215, *Iph*. 1294.)

MÉRITER :
Déserteur de leur loi, j'approuvai l'entreprise,
Et par là de Baal *méritai* la prêtrise. (III, 659, *Ath*. 952.)
.... Je vois bien
Qu'il veut toujours se plaindre, et ne *mériter* rien. (II, 102, *Andr*. 1236.
.... Le sang et les larmes
Ne me suffisoient pas pour *mériter* ses vœux. (II, 396, *Bér*. 513.)

MERVEILLE ; À MERVEILLES :
De Joas conservé l'étonnante *merveille*. (III, 697, *Ath*. 1688.)
*Le cardinal de Richelieu ne prétendoit pas que le mariage du duc d'Anghien lui eût fait plus d'honneur que de *merveille*. (VI, 343, *Livres ann*.)
Racine a souligné dans Vaugelas les mots : *C'est merveille comme* (VI, 354, *Livres ann*.).
Il a déjà fait *merveilles*. (VII, 75, *Lettres*.)
Le Roi se porte *à merveilles*. (VII, 61, *Lettres ;* voyez VII, 31, *Lettres*.)
Vos deux lettres sont *à merveilles*. (VII, 27, *Lettres*.)

MERVEILLEUSEMENT :
M. Vitart m'a *merveilleusement* oublié. (VI, 449, *Lettres*.)

MERVEILLEUX, EUSE :
Cette *merveilleuse* fille. (IV, 395, *P. R*.)
Elle lui avoit toujours trouvé un grand fonds d'esprit et une politesse *merveilleuse*. (VII, 233, *Lettres*.)
(Corneille) accorda heureusement le vraisemblable et le *merveilleux*. (IV, 358, *Disc. acad*.)

MÉSINTELLIGENCE :
De petites choses qui pourroient avoir causé cette *mésintelligence*. (VI, 495, *Lettres*.)

MESSE :
Dire *messe*. (IV, 592, *P. R*.)

MESSÉANT, ANTE :
*Il n'est point *messéant* à un grand homme de savoir faire les plus petites choses. (VI, 103, *Rem. sur l'Odyss*.)
*Mœurs *messéantes* et qui ne conviennent pas au personnage. (V, 485, *Trad*.)

MESTRE DE CAMP, V, 320, *Siége de Namur*.

MESURE, sens divers :
De *mesure* et de poids je changeois à leur gré. (III, 658, *Ath*. 938.)
Mes crimes désormais ont comblé la *mesure*. (III, 376, *Phèd*. 1269.)
Vous savez pour Joad mes égards, mes *mesures*. (III, 635, *Ath*. 551.)
Il ne garda plus aucunes *mesures*. (IV, 550, *P. R*.)
J'y perds toutes mes *mesures*. (VI, 414, *Lettres*.)
Il ne s'est point trompé dans ses *mesures*. (V, 300, *Camp. de L. XIV*.)

Demain, dès cette nuit, je prendrai des *mesures*. (III, 694, *Ath.* 1639.)
Le Duc, dont cette extrême diligence avoit rompu toutes les *mesures*....
(V, 48, *Méd.*; voyez VII, 10, *Lettres*.)
En 1671, Bouhours, dans ses *Entretiens d'Ariste et d'Eugène* (édition in-4°, p. 88), regarde ces emplois figurés du mot *mesure* comme assez nouveaux.
A *mesure* que la foi prenoit le dessus, à *mesure* aussi la nature tomboit dans l'accablement. (IV, 509, *P. R.*)

MESURER :
Mesurez vos malheurs aux forces d'Atalide. (II, 512, *Baj.* 698.)

MÉTAIRIE, VI, 469, *Lettres*.

MÉTHODE :
Quand à Paris commença la *méthode*
De ces sifflets qui sont tant à la mode. (IV, 184, *Poés. div.* 3.)
A-t-on jamais plaidé d'une telle *méthode*? (II, 211, *Plaid.* 767.)

MÉTIER :
Je me chargerois volontiers de mettre celui-ci (*cet enfant*) en *métier*.
(VI, 540, *Lettres;* voyez quatre, cinq et six lignes plus haut, à la page indiquée.)
Tu porterois au père un faux exploit? — Hon! hon!
Tu rendrois à la fille un billet? — Pourquoi non?
Je suis des deux *métiers*.... (II, 156, *Plaid.* 163.)
Laissez là cet habit, quittez ce vil *métier*. (III, 645, *Ath.* 694.)
*Les poëtes ne sont bons qu'à leur *métier*. (VI, 327, *Livres ann.*)
C'est dommage : il avoit le cœur trop au *métier*. (II, 146, *Plaid.* 21.)
.... Je lui vais servir un plat de mon *métier*. (II, 174, *Plaid.* 354.)

METTRE, emplois divers; SE METTRE :
*Le cuisinier *met* après les viandes..., et *met* en même temps des coupes d'or auprès de chacun. (VI, 59, *Rem. sur l'Odyss.*)
Le prince d'Orange n'eut que le temps de *mettre* des canaux entre lui et les François. (V, 55, *Méd.*)
En voici les morceaux que je vais *mettre* ensemble. (II, 176, *Plaid.* 376.)
Mettre ensemble jusqu'à six-vingt mille hommes. (V, 314, *Siége de Nam.*)
....Le vaisseau qui le *mit* sur nos bords. (III, 341, *Phèd.* 648.)
.... Jamais un plus hardi dessein
Ne *mit* à des vaincus les armes à la main. (III, 61, *Mithr.* 866.)
Si ma fille une fois *met* le pied dans l'Aulide,
Elle est morte.... (III, 158, *Iph.* 134.)
Le sang nous *met* au trône, et non pas son caprice (*le caprice du peuple*).
(I, 425, *Théb.* 480.)
*Le Roi le *mit* de son conseil de conscience. (V, 177, *Notes hist.*)
Il.... *mit*.... dans les charges toutes celles (*des Religieuses*) qui avoient commencé à se laisser gagner. (IV, 560, *P. R.*)
....Cet effort magnanime
Qui vous fait *mettre* enfin votre haine au tombeau. (I, 444, *Théb.* 829.)
La mort seule entre vous pouvoit *mettre* la paix. (I, 469, *Théb.* 1252.)
Il falloit entre vous *mettre* un plus grand espace,
Et que le Ciel vous *mît*, pour finir vos discords,
L'un parmi les vivants, l'autre parmi les morts.
(I, 469 et 470, *Théb.* 1254 et 1255.)
L'exploit, Mademoiselle, *est mis* sous votre nom. (II, 172, *Plaid.* 334.)
Mettez qu'il interrompt. — Hé! je n'y pensois pas. (II, 183, *Plaid.* 469.)
* Les Hébreux *mettent* le nom de Dieu quand ils veulent exagérer.
(VI, 187, *Livres ann.*)

*Il *met* tout l'embellissement (*d'Énée*) aux cheveux, au teint du visage et à l'éclat des yeux. (VI, 117, *Rem. sur l'Odyss.*)
Choisi pour *mettre* un frein à ses jeunes ardeurs. (II, 294, *Brit.* 818.)
Il n'est pas extraordinaire de voir un jeune homme gagner des batailles, de le voir *mettre* le feu par toute la terre. (I, 514, *Alex.* épître.)
J'y ai inséré tout ce qui pouvoit *mettre* en jour les mœurs et les sentiments de ce prince. (III, 16, *Mithr.* préf.)
Je voulus les sonder pour voir si je les pourrois *mettre* à quelque usage. (IV, 481, *P. R.*)
Brûlez le Capitole, et *mettez* Rome en cendre. (III, 64, *Mithr.* 924.)
Nous *mettrons* notre honneur et son sang en oubli? (III, 35, *Mithr.* 297.)
....(*Elle*) auroit *mis* au rang de ses bienfaits
L'heureuse liberté de ne le voir jamais. (II, 266, *Brit.* 233.)
Au moins, dites-leur bien que je ne les crains guère;
Ils me feront plaisir : je les *mets* à pis faire. (II, 175, *Plaid.* 372.)
L'ingrate, qui *mettoit* son cœur à si haut prix. (II, 60, *Andr.* 399.)
....À quel prix croyez-vous qu'Alexandre
Mette l'indigne paix dont il veut vous surprendre? (I, 532, *Alex.* 178.)
Voyez AFFRONT, APPUI, BALANCE, BAN, BARRIÈRE, BOUCHE, COMPENSATION, DÉROUTE, EXÉCUTION, FEU, FLAMME, JEU, JOUR, LARMES, LIBERTÉ, LUMIÈRE, MAIN, MÉTIER, OEUVRE, PIED, POINT, POSTURE, POUDRE, POUVOIR, PRIX, RANG, TRAIN.
Ayant appris que la maladie *se mettoit* parmi eux. (V, 262, *Camp. de Louis XIV*.)
La division *se mit* parmi les généraux. (V, 261, *Camp. de Louis XIV*; voyez V, 264, *Camp. de Louis XIV*.)
Qu'on *se mette* après lui : courez tous.... (II, 197, *Plaid.* 625.)
Parbleu! je *me* veux *mettre* aussi de la partie. (II, 188, *Plaid.* 532.)
Monsieur, où courez-vous? c'est *vous mettre* en danger. (II, 195, *Plaid.* 593.)
Enfin il *se met* en campagne (V, 289, *Camp. de Louis XIV*.)
Se mettre à nage : voyez NAGE.
Racine a souligné *se mit* dans cette phrase de Vaugelas : « La cavalerie des Perses *se mit* à charger furieusement l'aile gauche » (VI, 355, *Livres ann.*).

MEUBLE :
* Une coupe, qui est le plus beau *meuble* de son logis. (VI, 93, *Rem. sur l'Odyss.*)

MEURTRIER, ÈRE, adjectivement :
....De Jézabel la fille *meurtrière*. (III, 679, *Ath.* 1329.)
Les glaives *meurtriers*, les lances homicides. (III, 6-1, *Ath.* 1193.)
Pour défendre vos jours de leurs lois *meurtrières*. (III, 212, *Iph.* 1225.)
Le dur essai de sa *meurtrière* éloquence. (VI, 392, *Lettres.*)
Je hais jusques au soin dont m'honorent les Dieux,
Et je m'en vais pleurer leurs faveurs *meurtrières*. (III, 395, *Phèd.* 1613.)

MEURTRI, au sens ancien de tué, massacré :
Allez, sacrés vengeurs de vos princes *meurtris*. (III, 703, *Ath.* 1793.)

MI- :
Nous irions la querir vers la *mi*-septembre. (VII, 5, *Lettres.*)

MICHE :
Cette *miche* dont Énée ferma la triple gueule de Cerbère. (VI, 391, *Lettr.*)

MIDI :
....Qu'en le bénissant notre aurore dernière
Se perde en un *midi* sans soir et sans matin. (IV, 127, *Poés. div.* 12.)

MIE, bonne d'un enfant :
Votre petit frère.... couchera dans votre grand chambre avec sa *mie*. (VII, 231, *Lettres*.)

MIEN, en style de palais :
Au travers d'un *mien* pré certain ânon passa. (II, 160, *Plaid.* 202.)
.... (Sa fille) A mis un *mien* papier en morceaux. (II, 181, *Plaid.* 453.)

MIEUX :
Il faut prendre parti : l'on m'attend. Faisons *mieux* :
Sur tout ce que j'ai vu fermons plutôt les yeux. (II, 536, *Baj.* 1235.)
Si j'ai quelque chose à vous recommander.... c'est de faire tout de votre *mieux* pour vous rendre agréable à Monsieur l'Ambassadeur (VII. 266, *Lettres*.)
Ils causent des *mieux*. (VI, 419, *Lettres*, 1661.)

MIGNON, ONNE, substantivement :
.... Je salue aussi ce beau petit *mignon*
Qui va bientôt venir au monde. (VI, 474, *Lettres*.)
La belle *mignonne* de quatorze ans. (VI, 393, *Lettres*.)

MILICE, V, 133, *Notes historiques*.

MILIEU :
*Les rois ne doivent trop s'éloigner du *milieu* de leur royaume (VI, 298, *Livres ann*.)
Je m'imagine.... être au beau *milieu* du Parnasse. (VI, 487, *Lettres*.)

MILLE :
De *mille* coups mortels son audace est punie. (II, 339, *Brit.* 1751.)

MINE :
C'étoit un prince de bonne *mine*. (II, 476, *Baj.* 2ᵉ préf.)
Il y trouve un chapon, lequel a bonne *mine*. (II, 210, *Plaid.* 756.)

MINEURE, terme de logique, IV, 201, *Poés. div.* 37, app.

MINISTÈRE :
Ce lévite à Baal prête son *ministère*. (III, 607, *Ath.* 40.)
Deux enfants à l'autel prêtoient leur *ministère*. (III, 635, *Ath.* 547.)

MINISTRE, des deux genres :
Ministre (absolument). (II, 272, *Brit.* 362; II, 338, *Brit.* 1714.)
Ministres du Seigneur.... (III, 639, *Ath.* 618.)
Vous, *ministre* de paix dans les temps de colère. (III, 637, *Ath.* 576.)
Louis le Grand.... le choisit pour être un des principaux *ministres* de ses volontés. (V, 12, *Épitaphes*.)
Des vengeances des rois *ministre* rigoureux. (III, 637, *Ath.* 573.)
Ministres du festin, de grâce, dites-nous,
Quels mets à ce cruel, quel vin préparez-vous? (III, 522, *Esth.* 950.)
Depuis six mois entiers j'ai cru que nuit et jour
Ardente elle veilloit au soin de mon amour;
Et c'est moi qui du sien *ministre* trop fidèle,
Semble depuis six mois ne veiller que pour elle. (II, 535, *Baj.* 1213.)
Dois-je prendre pour juge une troupe insolente,
D'un fier usurpateur *ministre* violente? (I, 424, *Théb.* 460.)

MINOT, sorte de mesure, VI, 482, *Lettres*.

MIRACLE :
Hélas! à peine encor je conçois ce *miracle*. (II, 331, *Brit.* 1579.)

C'est Hector qui produit ce *miracle* en votre âme. (II, 94, *Andr.* 1050.)
Madame, espérons tout de ce dernier *miracle*. (I, 437, *Théb.* 691.)
Est-il possible, ô Dieux, qu'après ce grand *miracle*,
Le repos des Thébains trouve encor quelque obstacle? (I, 436, *Théb.* 663.)
....Aller visiter des lieux
Où l'on ne voit que des *miracles*. (IV, 39, *Poés. div.* 74.)

MIRER :
Je vois les tilleuls et les chênes...
Y mirer *(dans l'étang)* leurs têtes hautaines. (IV, 31, *Poés. div.* 24.)

MIROIR, au figuré :
....*Miroir* humide. (IV, 30, *Poés. div.* 7.)

MISÉRABLE, adjectivement et substantivement :
(Ce jour) Dont la seule frayeur me rendoit *misérable*. (I, 399, *Théb.* 20.)
Prennent-ils donc plaisir à faire des coupables,
Afin d'en faire après d'illustres *misérables*? (I, 432, *Théb.* 612.)
....Pour nous rendre heureux, perdons les *misérables*. (II, 290, *Brit.* 760.)
Misérable! et je vis? et je soutiens la vue
De ce sacré soleil dont je suis descendue? (III, 376, *Phèd.* 1273.)
Misérables que nous sommes,
Où s'égaroient nos esprits?
Infortunés m'étoit venu le premier; mais le mot de *misérables*, que j'ai employé dans Phèdre, à qui je l'ai mis dans la bouche, et que l'on a trouvé assez bien, m'a paru avoir de la force en le mettant aussi dans la bouche des réprouvés, qui s'humilient et se condamnent eux-mêmes. (VII, 127, *Lettres*.)

MISÈRE, MISÈRES :
....(Les Troyens) lassés de dix ans de *misère*. (II, 84, *Andr.* 873.)
Sa *misère* l'aigrit.... (II, 72, *Andr.* 649.)
Mille raisons alors consoloient ma *misère*. (II, 423, *Bér.* 1075.)
J'ai tantôt, sans respect, affligé sa *misère*. (III, 194, *Iph.* 862.)
Ta haine a pris plaisir à former ma *misère*. (II, 123, *Andr.* 1617.)
Hécube près d'Ulysse acheva sa *misère*. (II, 49, *Andr.* 189.)
Il ne m'en restoit plus *(de procès)* que quatre ou cinq petits :
....Ah! Monsieur, la *misère!* (II, 162, *Plaid.* 240.)
De Troie en ce pays réveillons les *misères*. (II, 99, *Andr.* 1161.)
Voyez I, 400, *Théb.* 35; I, 419, *Théb.* 379; II, 55, *Andr.* 305; II, 58, *Andr.* 377; II, 88, *Andr.* 945; II, 215, *Plaid.* 821; II, 266, *Brit.* 247; II, 269, *Brit.* 296; II, 270, *Brit.* 324; II, 329, *Brit.* 1552.

MISERERE :
Quand ils *(les moissonneurs)* sont hors d'haleine, ils se jettent à terre au soleil même, dorment un *miserere*, et se relèvent aussitôt. (VI, 479, *Lettres*; voyez la note 3.)
M. de Saint-Laurent est mort d'une colique de *miserere*. (VI, 574, *Lettr.*)

MISÉRICORDE :
....Sa *miséricorde* à la fin s'est lassée. (III, 611, *Ath.* 100.)

MISSIONNAIRE, VI, 497, *Lettres*.

MITRE :
C'est peu que, le front ceint d'une *mitre* étrangère,
Ce lévite à Baal prête son ministère. (III, 607, *Ath.* 40.)

MOBILE, adjectif :
Je vois aussi leurs grands rameaux

Si bien tracer dedans les eaux
Leur *mobile* peinture. (IV, 31, *Poés. div.* 27.)

MOBILE, substantivement :

(*Le*) prince d'Orange, qui en est comme le chef (*de la Ligue*) et le premier *mobile*. (V, 313, *Siége de Nam.*)

MODE :

Si c'étoit la *mode* de brûler les morts, comme parmi les Romains. (VII, 264, *Lettres*.)
Une ample relation, qu'il avoit composée à sa *mode*. (IV, 494, *P. R.*)

MODÈLE :

Que m'importe, après tout, que Néron plus fidèle
D'une longue vertu laisse un jour le *modèle*? (II, 257, *Brit.* 44.)
J'étois né pour servir d'exemple à ta colère,
Pour être du malheur un *modèle* accompli. (II, 123, *Andr.* 1619.)

MODÉRATEUR :

*Ils sont de très-justes *modérateurs* de leur colère. (V, 535, *Trad*.)

MODÉRATION :

La *modération* n'est qu'une vertu ordinaire. (II, 240, *Brit.* épître.)

MODÉRER :

Votre mère *a modéré* la somme. (VII, 265, *Lettres*.)
Modérez des bontés dont l'excès m'embarrasse. (III, 333, *Phèd.* 481.)

MODERNE :

Je ne conseillerois pas à un auteur de prendre pour sujet d'une tragédie une action aussi *moderne* que celle-ci. (II, 476, *Baj.* 2ᵉ préf.)

MODESTE :

(*Ils*) font retomber le théâtre dans la turpitude d'où quelques auteurs plus *modestes* l'avoient tiré. (II, 143, *Plaid.* au lect.)
Qu'il ait de ses aïeux un souvenir *modeste*. (II, 97, *Andr.* 1121.)
N'ai-je pas vu partout la victoire *modeste*
Perdre avec vous l'orgueil qui la rend si funeste? (I, 574, *Alex.* 1110.)
Attendois-tu, Cléone, un courroux si *modeste*? (II, 81, *Andr.* 833.)

MODESTIE :

Votre mère est édifiée de la *modestie* de votre habit. (VII, 258, *Lettres*.)

MOEURS :

Aussi n'ai-je pas pensé qu'il me fût permis de rien changer à leurs *mœurs* (*aux mœurs de mes personnages*). (II, 34, *Andr.* 1ʳᵉ préf.)
Les partisans de Térence.... l'élèvent avec raison au-dessus de tous les poëtes comiques, pour l'élégance de sa diction et pour la vraisemblance de ses *mœurs*. (II, 367, *Bér.* préf.)
(*Dieu*,) C'est sur nos *mœurs* que tu mesures
Tes châtiments et tes faveurs. (IV, 141, *Poés. div.* 59.)

MOINDRE :

C'est le *moindre* secret qu'il pouvoit vous apprendre. (III, 66, *Mithr.* 995.)
....Nous l'avons vu même à ses cruels soupçons
Sacrifier deux fils pour de *moindres* raisons. (III, 38, *Mithr.* 350.)
Ils s'animent l'un l'autre, et nos *moindres* guerriers
Se promettent déjà des moissons de lauriers. (I, 530, *Alex.* 127.)
*Ils ne reprennent que les *moindres* défauts. (VI, 306, *Livres ann.*)

MOINS, AU MOINS, À MOINS, À MOINS DE OU QUE DE :
Je n'attendois pas *moins* de cet amour de gloire. (II, 396, *Bér.* 491.)
Moins vous l'aimez, et plus tâchez de lui complaire. (III, 76, *Mithr.* 1211.)
Sans vous détourner le *moins* du monde. (VI, 418, *Lettres.*)
Soixante mille hommes qui ne se promettoient pas *moins* que de conquérir la Picardie et la Champagne. (V, 259, *Camp. de Louis XIV.*)
*Les états firent grand bruit, ne menaçant pas *moins* que d'exterminer le roi de Portugal. (V, 158, *Notes hist.*)
La doctrine.... ne tendoit pas *moins* qu'à autoriser les plus grands crimes. (IV, 489, *P. R.*)
Au moins si j'avois pu préparer son visage! (II, 497, *Baj.* 397.)
Au moins, dites-leur bien que je ne les crains guère. (II, 175, *Plaid.* 371.)
*Vous pouvez périr encore *à moins*. (VI, 339, *Livres ann.*)
S'ils veulent vendre,... et qu'on ait la ferme *à moins de* vingt mille francs. (VII, 4, *Lettres.*)
 .... *A moins que* d'être insensible,
Pouvoit-on n'être point troublé? (IV, 67, *Poés. div.* 31.)
A moins que d'être huissier, sergent ou procureur,
On ne voit point sa fille.... (II, 155, *Plaid.* 142.)

MOIS, salaire d'un mois :
J'espère que vous voudrez bien prendre la peine d'avancer pour nous les *mois* qu'il faudra à la nourrice. (VII, 73, *Lettres.*)

MOISSON, au propre et au figuré :
La *moisson* est déjà fort avancée. (VI, 479, *Lettres.*)
Ces *moissons* de lauriers, ces honneurs, ces conquêtes.
          (III, 230, *Iph.* 1569; voyez I, 530, *Alex.* 128.)
Songez, Seigneur, songez à ces *moissons* de gloire. (III, 229, *Iph.* 1541.)

MOISSONNER, au figuré :
Le fer *moissonna* tout; et la terre humectée
But à regret le sang des neveux d'Érechthée. (III, 331, *Phèd.* 425.)

MOISSONNEUR :
Un tas de *moissonneurs* rôtis du soleil. (VI, 479, *Lettres.*)

MOITIÉ :
Vos soldats, dont la vue excite la pitié,
D'eux-mêmes en cent lieux ont laissé la *moitié*. (I, 585, *Alex.* 1340.)
Je ne veux point, Créon, le haïr à *moitié*. (I, 449, *Théb.* 937.)

MOL, MOLLE :
* Ce roi fort *mol* et voluptueux. (V, 193, *Notes hist.*)
*Pays *mol*. (VI, 311, *Livres ann.*)
La *molle* oisiveté des enfants des sultans. (II, 486, *Baj.* 116.)
          .... *Molle* langueur. (IV, 114, *Poés. div.* 6.)

MOLINISTE, adjectivement :
.... Ce que vous dites de la vertu *moliniste*. (VI, 550, *Lettres.*)

MOLLESSE :
          .... De Joad l'inflexible rudesse
De leur superbe oreille offensoit la *mollesse*. (III, 658, *Ath.* 940.)

MOMENT; DU MOMENT QUE :
Ne perdez pas un *moment* de temps. (VI, 587, *Lettres.*)
.... S'étant d'un poignard en un *moment* saisie,
Elle en a terminé ses malheurs et sa vie. (I, 471, *Théb.* 1281.)

Vous deviez à mon sort unir tous ses *moments*. (III, 218, *Iph.* 1355.)
Les plus belles scènes sont en danger d'ennuyer *du moment qu*'on les peut séparer de l'action. (III, 18, *Mithr.* préf.)
Du moment que des esprits sublimes.... s'immortalisent par des chefs-d'œuvre. (IV, 360, *Disc. acad.*)
Au *moment* que, dans le *moment* que : voyez Que, 3°.

MON, MA, MES :

Sacrés murs, que n'a pu conserver *mon* Hector. (II, 57, *Andr.* 336.)
Ah! *mon* prince! — Il expire?... (II, 332, *Brit.* 1613.)
Mais je vois que mes pleurs touchent *mon* empereur. (II, 321, *Brit.* 1381.)
Ma princesse, avez-vous daigné me souhaiter?
(II, 287, *Brit.* 705; voyez II, 328, *Brit.* 1533.)
Oui, *mon* Dieu, quand mes mains de tout mon héritage
Aux pauvres feroient le partage. (IV, 149, *Poés. div.* 25.)
....Malgré tous *mes* Grecs, honteux de mes bontés. (II, 108, *Andr.* 1360.)
(*Le nom*) dont *mes* spectateurs ont été si heureusement éblouis. (II, 31, *Andr.* épître.)
Dieux! ne puis-je à *ma* joie abandonner mon âme? (II, 82, *Andr.* 857.)
Mon chicaneur s'oppose à l'exécution. (II, 160, *Plaid.* 214.)
Parbleu, c'est *ma* comtesse.... (II, 177, *Plaid.* 392.)

MONARCHIE :

*Thésée.... quitte la *monarchie*. (VI, 292, *Livres ann.*)
Aspirer à la *monarchie* universelle. (V, 255, *Camp. de L. XIV.*)

MONDE, sens et emplois divers :

Ces plaideurs songent-ils que vous soyez au *monde*? (II, 170, *Plaid.* 304.)
Le *monde* est devenu sans mentir bien méchant. (II, 158, *Plaid.* 182.)
La nouveauté de cet institut donna beaucoup occasion au *monde* de parler. (IV, 406, *P. R.*; voyez IV, 468, *ibid.*)
Ce n'est pas que j'attende un grand honneur d'avoir assez longtemps réjoui le *monde*. (II, 143, *Plaid.* au lect.)
Il faut que tous les jours j'éveille tout mon *monde*. (II, 159, *Plaid.* 192.)
Cruelle ambition, dont la noire malice
Conduit tant de *monde* au trépas. (I, 467, *Théb.* var.)
La plupart du *monde* ne se soucie point de l'intention. (II, 141, *Plaid.* au lect.; voyez III, 593, *Ath.* préf.)
On y est (*à Uzès*) fin et délié plus qu'en aucun lieu du *monde*. Pour les jours, ils y sont les plus beaux du *monde*. (VI, 419, *Lettres.*)
Toutes les femmes y sont éclatantes, et s'y ajustent d'une façon qui leur est la plus naturelle du *monde*. (VI, 416, *Lettres.*)
Sans vous détourner le moins du *monde*. (VI, 418, *Lettres.*)

MONITOIRE, VI, 408, *Lettres*.

MONSEIGNEUR :

*Le détachement de *Monseigneur* (*du Dauphin*) fut résolu. (V, 116, *N. hist.*)
Monseigneur (en parlant aux ducs de Saint-Aignan, de Chevreuse, à Colbert). (I, 389, *Théb.*; II, 239, *Brit.*; II, 363, *Bér.* épitres.)
C'est à *Monseigneur* l'Archevêque à juger si.... (IV, 625, *P. R.*; voyez V, 400-407, *Rép. de l'arch. de Paris, passim.*)

Racine avait écrit dans un *brouillon* : « C'est à *Monseigneur* de Paris.... »

Dans le compte qu'il rendit à *Messeigneurs* (*les prélats de l'assemblée du clergé*) d'un entretien qu'il avoit eu avec Innocent X. (IV, 496, *P. R.*)
Au Roi et à *Nosseigneurs* de son conseil. (V, 391, au titre, *Factums.*)

MONSIEUR :
Monsieur de Bade. (V, 118, *Notes hist.*)
Monsieur de Savoye. (V, 119, *Notes hist.*)
M. le duc de Luxembourg et *Messieurs* les ducs et pairs. (V, 384, *Factums.*)
Monsieur l'Archevêque. (IV, 555 et 557, P. R.)
Monsieur l'évêque de Lodève. (IV. 496, P. R.; voyez V, 167, *Notes hist.*)
Messieurs de Malte. (V, 104, *Notes hist.*)
Messieurs de Port-Royal. (IV, 476 et *passim*, P. R.)
La tourière lui répond qu'on leur a donné du pain blanc et du vin des *Messieurs*. (IV, 285, *Imag.*)
Le diable....mit dans la tête de quelqu'un de vos *Messieurs*. (IV. 284, *Imag.*)
Elles sont toujours occupées *(les Muses)* auprès de vous autres *Messieurs* de Paris. (VI, 487, *Lettres.*)
Voilà, mon cher *Monsieur*, où la chose en est. (VII, 75, *Lettres.*)
J'ai trop d'obligation à Euripide pour.... laisser échapper l'occasion de le réconcilier avec ces *Messieurs (les critiques)*. (III, 143, *Iph.* préf.; voyez II, 247, *Brit.* 1re préf.; III, 144 et 147, *ibid.*)
Tous les plus gros *monsieurs* me parloient chapeau bas.
(II, 146, *Plaid.* 9; voyez la note 1.)

MONSTRE, au propre et au figuré :
....(L'onde vomit) un *monstre* furieux. (III. 389, *Phèd.* 1516.)
La veuve de Thésée ose aimer Hippolyte?
Crois-moi, ce *monstre* affreux ne doit point t'échapper. (III, 344, *Phèd.* 703.)
Sors donc de devant moi, *monstre* d'impiété. (III, 662, *Ath.* 1034.)

MONSTRE, action monstrueuse :
.....Ces *monstres*, hélas ! ne t'épouvantent guères. (I, 399, *Théb.* 27.)

MONTAGNE, au propre et au figuré :
Que me sert que ma foi transporte les *montagnes*? (IV, 148, *Poés. div.* 19.)
Cependant sur le dos de la plaine liquide
S'élève à gros bouillons une *montagne* humide. (III, 389, *Phèd.* 1514.)

MONTER, neutralement et activement; SE MONTER :
... Je *suis montée* au haut de la muraille. (I, 434, *Théb.* 628.)
* *Monter* en haut. (VI, 71, *Rem. sur l'Odyss.*)
Prêts à vous recevoir, mes vaisseaux vous attendent,
Et du pied de l'autel vous y pouvez *monter*. (III, 32, *Mithr.* 241.)
*Les héros d'Homère n'ont jamais vu l'Océan, ni même les Romains devant César, qui y *monta* le premier. (VI, 80, *Rem. sur l'Odyss.*)
Ah ! Madame, régnez, et *montez* sur le trône. (I, 478, *Théb.* 1405.)
....Le cri de son peuple *est monté* jusqu'à lui. (III, 466, *Esth.* 22.)
Puissent jusques au ciel vos soupirs innocents
Monter comme l'odeur d'un agréable encens ! (III, 473, *Esth.* 127.)
Le perfide ! A quel point son insolence *monte*! (I, 415, *Théb.* 291.)
*Kmielniski.... *étoit monté* à la charge de capitaine. (V, 140, *Notes hist.*)
Ces mots ont fait *monter* la rougeur sur son front. (III, 656, *Ath.* 893.)
Les revenus des deux monastères *montoient* alors à vingt-neuf mille cinq cents livres. (IV, 619, P. R.; voyez le dernier exemple.)
*Le maréchal de Gramont..., qui *monta* la tranchée à la tête des gardes. (V, 79, *Notes hist.*)
*Afin qu'on ne voie point Pallas, qui *monte* son vaisseau en mer, et l'équipe. (VI, 72, *Rem. sur l'Odyss.*)
Vous me ferez plaisir de me mander ce qui en est et à quoi le tout *se monte*. (VII, 148, *Lettres.*)

MONTRE :
Montécuculi.... sembla n'être entré en Alsace que pour y faire une *montre* inutile de son armée. (V, 268, *Camp. de Louis XIV*.)

MONTRER, se montrer :
Montrez en sa faveur des sentiments plus doux. (I, 539, *Alex*. 339.)
....Le vainqueur vers nous s'avançant de plus près,
A mes yeux éperdus *a montré* Xipharès. (III, 95, *Mithr*. 1618.)
Il *montre* aux plus hardis à braver le danger. (I, 398, *Théb*. 13.)
*Créon lui *montre* honnêtement qu'il est plus heureux d'être son beau-frère que d'être roi. (VI, 236, *Livres ann*.)
*Si on abuse de la rhétorique, il ne faut pas s'en prendre à ceux qui la *montrent*. (VI, 274, *Livres ann*.)
Je suis toujours étonné qu'on vous *montre* en rhétorique les fables de Phèdre. (VII, 63, *Lettres*.)
De quel front oserois-je *me montrer*, pour ainsi dire, aux yeux de ces grands hommes de l'antiquité? (II, 247, *Brit*. 1re préf.)

MONTURE :
Qui veut voyager loin ménage sa *monture*. (II, 147, *Plaid*. 27.)

MONUMENT :
De cette noble ardeur éternels *monuments*.
(II, 396, *Bér*. 494 ; voyez III, 159, *Iph*. 167.)

MOQUER, se moquer :
La douleur qu'ils eurent de se voir *moqués* et abandonnés de tout le monde. (IV, 483, *P. R*.)
Moquez-vous de tout le reste. (IV, 512, *P. R*.)

MORCEAU :
*Ayant encore le *morceau* dans la bouche (V, 202, *Notes rel*.; voyez Bouche.)

MORDRE :
On l'entend bien toujours. Qui voudra *mordre* y morde. (II, 206, *Plaid*.716.)
J'ai fait *mordre* la poudre à ces audacieux. (I, 402, *Théb*. 53.)

MORE, adjectivement et substantivement :
De son courroux vengeur, sur le rivage *more*
La terre fume encore. (IV, 87, *Poés. div*. 53.)
Je serois traité de Turc à *More* par les réformés. (VI, 475, *Lettres*.)

MORFONDRE (Se) :
Je crains de *me morfondre* sur le chemin. (VII, 305, *Lettres*.)
.... Vous *vous morfondez* là. (II, 153, *Plaid*. 110.)

MORIGÉNÉ :
* Un jeune garçon qu'on lui disoit qui avoit un beau naturel et qu étoit bien *morigéné*. (V, 530, *Trad*.)

MORNE :
.... *Morne* et plein de douleur. (IV, 39, *Poés. div*. 68.
L'œil *morne*.... et la tête baissée. (III, 389, *Phèd*. 1505.)

MORS :
Ils rougissent le *mors* d'une sanglante écume. (III, 390, *Phèd*. 1538.)

MORT, morte :
Les Religieuses.... étoient plus *mortes* que vives. (IV, 559, *P. R*.)

* Ils sont déjà *morts* à cette vie.... mortelle. (V, 542, *Trad.*)

MORT, substantif :

(*Taxile*) Pour prix de votre *mort* demandera mon cœur. (I, 538, *Alex.* 312.)
Vous portâtes la *mort* jusque sur leurs murailles. (II, 379, *Bér.* 111.)
Vous voyez devant vous une reine éperdue,
Qui, la *mort* dans le sein, vous demande deux mots. (II, 413, *Bér.* 873.)

MORTEL, ELLE, adjectivement et substantivement :

Parlez : de vos desirs le succès est certain,
Si ce succès dépend d'une *mortelle* main. (III, 507, *Esth.* 684.)
....Anges *mortels*. (IV, 26, *Poës. div.* 58.)
Les grâces, les honneurs, par moi seule versés,
M'attiroient des *mortels* les vœux intéressés.
(II, 297, *Brit.* 886 ; voyez I, 548, *Alex.* 543.)
* *Mortelle*, vous pensez des choses *mortelles*. (VI, 251, *Livres ann.*)

MORTEL, ELLE, funeste :

Jamais jour n'a paru si *mortel* à la Grèce. (III, 239, *Iph.* 1733.)
Plus qu'à mes ennemis la guerre m'est *mortelle*. (I, 445, *Théb.* 859.)
Dans le doute *mortel* dont je suis agité. (III, 305, *Phèd.* 3.)
Un *mortel* désespoir sur son visage est peint. (III, 386, *Phèd.* 1463.)
....*Mortel* ennui. (III, 321, *Phèd.* 255.)
Ils sont sortis, Olympe ? Ah ! *mortelles* douleurs ! (I, 397, *Théb.* 1.)
Vous le voyez, Créon, sa disgrâce *mortelle*
Vous est funeste autant qu'elle nous est cruelle. (I, 472, *Théb.* 1293.)
Quelle est de mes malheurs l'extrémité *mortelle* ? (I, 468, *Théb.* 1213.)

MORTELLEMENT :

Elle s'en est.... *mortellement* frappée (*du poignard*). (I, 481, *Théb.* 1469.)

MORTIFICATION, sens divers :

Ils leur reprochoient souvent de ne connoître d'autre perfection que celle qui s'acquiert par la *mortification* des sens. (IV, 399, *P. R.*)
Votre belle humeur tient à peu de chose : la moindre *mortification* la suspendra. (IV, 331, *Imag.*)
Ce fut une très-sensible *mortification* pour Monsieur l'Archevêque. (IV, 557, *P. R.*)

MORTIFIER, sens divers :

Il.... embrassa une vie très-austère et très-*mortifiée*. (IV, 460, *P. R.*)
Ils furent fort *mortifiés*, lorsqu'au bout de six mois ils virent leur livre condamné. (IV, 490, *P. R.*)

En 1671, Bouhours range cette expression, prise au figuré, parmi les termes qu'on emploie depuis quelques années. (*Entretiens d'Ariste et d'Eugène*, édition in-4°, p. 98.)

MOT :

Ils me font dire aussi des *mots* longs d'une toise,
De grands *mots* qui tiendroient d'ici jusqu'à Pontoise.
(II, 205, *Plaid.* 707 et 708.)
....Arrêtez, Néron : j'ai deux *mots* à vous dire. (II, 335, *Brit.* 1648.)
Vous voyez devant vous une reine éperdue,
Qui, la mort dans le sein, vous demande deux *mots*. (II, 413, *Bér.* 873.)
En un *mot*, c'est assez éprouver ma foiblesse. (III, 50, *Mithr.* 631.)
....En un *mot* comme en cent,
On ne voit point mon père.... (II, 191, *Plaid.* 557.)
Nous ne trouvions point là le *mot* pour rire. (VI, 393, *Lettres*.)

*Si Agamemnon est pris au *mot*, c'est que le succès ne répond pas toujours à nos intentions. (VI, 197, *Livres ann.*)
*Sénèque a traduit.... en ces *mots*. (VI, 107, *Rem. sur l'Odyss.*)
*Virgile a traduit cette fable *mots* pour *mots*. (VI, 90, *Rem. sur l'Odyss.*)
*Rendre.... *mot* à *mot* tous les discours que l'on prononça. (V, 462, *Trad.*)

*MOUCHARTS (*sic*), VI, 316, *Livres ann.*

MOUILLÉ :
Triste, levant au ciel ses yeux *mouillés* de larmes. (II, 273, *Brit.* 387.)

MOURIR, SE MOURIR (voyez le *Lexique de Corneille*) :
....Il ne *mourra* que de la main d'Oreste. (II, 103, *Andr.* 1250.)
*Ne faire *mourir* sans forme de procès. (VI, 299, *Livres ann.*)
Je *meurs* pour Isabelle. — Hé bien! épousez-la. (II, 155, *Plaid.* 138.)
Me demander.... si je la crois (*la comédie*) propre à faire *mourir* le vieil homme. (IV, 333, *Imag.*)
Ne laisser aucun nom et *mourir* tout entier. (III, 163, *Iph.* 256.)
Le lecteur sent *mourir* à chaque pas son attention. (IV, 367, *Disc. acad.*)
....Tout *mourant* de sommeil. (II, 200, *Plaid.* 651 var.)
*Je *mourois* d'envie d'entendre ce qui s'étoit dit. (V, 453, *Trad.*)
Monsieur, peut-on entrer? — Non, Monsieur, ou je *meure!*
(II, 190, *Plaid.* 547.)
Je sens que je *me meurs* : approchez-vous, mon fils.
(III, 99, *Mithr.* 1694; voyez III, 348, *Phèd.* 763.)
*Je *me meurs* d'ennui quand, etc. (V, 455, *Trad.*)

MOUSQUET :
Portant le *mousquet*. (VI, 406, *Lettres.*)
Le *mousquet* sur l'épaule. (IV, 551, *P. R.*)
*Blessé d'un coup de *mousquet*. (V, 159, *Notes hist.*)

MOUTON, au figuré :
*Peuples *moutons*. (VI, 293, *Livres ann.*)

MOUVANCE, terme de droit féodal, V, 390, *Factums.*

MOUVANT :
Là les cerfs, ces arbres vivants,
De leurs bandes hautaines
Font cent autres grands bois *mouvants*. (IV, 29, *Poés. div.* 50.)
.... Cet or tout *mouvant* (*le blé*). (IV, 25, *Poés. div.* 22.)

MOUVANT DE, terme de droit féodal, V, 388, *Factums.*

MOUVEMENT :
Ajoutez à tous ces déchirements de cœur le *mouvement* continuel qu'il falloit qu'elle se donnât. (IV, 509, *P. R.*)
....Un *mouvement* si beau
Me le feroit chercher jusque dans le tombeau. (I, 557, *Alex.* 715.)

MOYEN :
Il ne se passoit rien à la Ferté que je ne susse par votre *moyen*. (VI, 433, *Lettres.*)
*Agir par le *moyen* du mari. (VI, 310, *Livres ann.*)
Vous aurez tout *moyen* de vous entretenir. (II, 170, *Plaid.* 302.)

MUET, ETTE :
Vous demeurez *muette*.... (III, 48, *Mithr.* 581.)

Muet à mes soupirs, tranquille à mes alarmes. (II, 111, *Andr.* 1401.)
.... Votre bouche encor *muette* à tant d'ennui
N'a pas daigné s'ouvrir pour se plaindre de lui. (II, 98, *Andr.* 1139.
*Homère est le premier qui a introduit des personnages *muets*. (VI, 199, *Livres ann.*)

MUGIR, au propre et au figuré :
  La mer accourt en *mugissant*. (IV, 140, *Poés. div.* 34.)
  .... Leur *mugissante* voix (*des taureaux*)....
  Fait trembler les monts et les bois. (IV, 37, *Poés. div.* 38.)

MUGISSEMENT, au figuré :
....La mer leur répond par ses *mugissements*. (III, 240, *Iph.* 1780.)

MULTITUDE :
  Quelle vraisemblance.... qu'il arrive en un jour une *multitude* de choses qui pourroient à peine arriver en plusieurs semaines? (II, 367, *Bér.* préf.)

MUNI, IE :
  Munie de tous les sacrements des mourants. (V, 11, *Épitaphes*.)

MUR :
Ces *murs* mêmes, Seigneur, peuvent avoir des yeux.
     (II, 287, *Brit.* 713; voyez IV, 41, *Poés. div.* 33.)

MURMURANT :
  Les ruisseaux clairs et *murmurants*. (VI, 436, *Lettres*.)

MURMURE :
.... De Britannicus la disgrâce future
Des amis de son père excita le *murmure*. (II, 311, *Brit.* 1152.)
.... Vos mépris excitant mes *murmures*,
Je vous ai demandé raison de tant d'injures. (II, 314, *Brit.* 1207.)

MURMURER QUE :
Je ne *murmure* point *qu'*une amitié commune
Se range du parti que flatte la fortune. (II, 301, *Brit.* 971.)

MUTIN :
Les *mutins* n'oseroient soutenir ma présence. (III, 86, *Mithr.* 1444.)

MUTINÉ :
....Déjà dans leur cœur les Scythes *mutinés*
Vont sortir de la chaine où vous nous destinez. (I, 546, *Alex.* 495.)
Contre un joug qui lui plait vainement *mutiné*. (III, 332, *Phèd.* 452.)

MYRRHE, VI, 586, *Lettres*.

MYSTÈRE :
    ....Je sais que cet ami sincère
Du secret de nos cœurs connoit tout le *mystère*. (II, 399, *Bér.* 564.)
Seigneur, de ce départ quel est donc le *mystère?* (II, 383, *Bér.* 184.)
Saluez-le. — Comment ? — Quel est donc ce *mystère?* (II, 218, *Plaid.* 862.)
Ce dessein s'est conduit avec plus de *mystère*. (II, 333, *Brit.* 1619.)
    .... Ce n'est pas en ces lieux
Qu'il faut développer ce *mystère* à vos yeux. (II, 299, *Brit.* 930.)
Déjà de sa naissance et de votre dessein
On commence, Seigneur, à percer le *mystère*. (III, 663, *Ath.* 1047.)
De la grâce il perça les *mystères* obscurs. (IV, 192, *Poés. div.* 5.)

Que sert à mon esprit de percer les abimes
Des *mystères* les plus sublimes? (IV, 148, *Poés. div.* 14.)
Ho! vous voulez juger? — Laissons là le *mystère*. (II, 154, *Plaid.* 124.)
Mais ne nous flattons point, et laissons le *mystère*. (II, 283, *Brit.* 635.)

MYSTIQUE, substantivement :
Certaines expressions abstraites et relevées, telles que sont à peu près celles des *mystiques*. (IV, 408, *P. R.*)

N

NAGE (En); à NAGE
*Elle lui dit de se mettre *en nage* jusqu'au port des Phéaques.... Il se met *à nage*. (VI, 106, *Rem. sur l'Odyss.*)

NAGER, au propre et au figuré :
Le terrain venant à manquer sous les pieds de leurs chevaux, ils les font *nager*. (V, 247, *Camp. de Louis XIV*.)
Le bûcher, par mes mains détruit et renversé,
Dans le sang des bourreaux *nagera* dispersé. (III, 232, *Iph.* 1608.)
*On voyoit *nager* le lait clair sur tous les vases. (VI, 147, *Rem. sur l'Odyss.*)
Son cœur *nage* dans la mollesse. (III, 513, *Esth.* 785.)

NAGEUR :
.... Ces *nageurs* marquetés (*il s'agit de poissons*). (IV, 31, *Poés. div.* 42.)

NAÏF (Au)
Vous les représentez (*mes vertus*) au naïf. (VI, 441, *Lettres.*)

NAISSANCE, au propre et au figuré :
Dans ce même palais où vous prites *naissance*.
(I, 452, *Théb.* 976; voyez I, 454, *Théb.* 1023.)
La *naissance*, le progrès et la fin de la maladie. (IV, 470, *P. R.*)
La scène retentit encore des acclamations qu'excitèrent à leur *naissance* le Cid, Horace, Cinna, Pompée. (IV, 359, *Disc. acad.*)
Son empire a des temps précédé la *naissance*. (III, 623, *Ath.* 313.)

NAÎTRE; NAISSANT, ANTE, au propre et au figuré :
Fleurs, *naissez* sous ses pas. (IV, 88, *Poés. div.* 77; voyez I, 549, *Alex.* 582.)
* Il faut.... que vous *soyez nés* de quelques princes. (VI, 84, *Rem. sur l'Odyss.*; voyez VI, 162, *ibid.*)
Néron, s'ils en sont crus, n'est point *né* pour l'Empire. (II, 325, *Brit.* 1468.)
D'où *naît* dans ses conseils cette confusion? (III, 655, *Ath.* 862.)
Des desseins étouffés aussitôt que *naissants*. (II, 316, *Brit.* 1266.)
Mon Dieu, qu'une vertu *naissante*
Parmi tant de périls marche à pas incertains! (III, 651, *Ath.* 788.)
C'est ici un monstre *naissant*. (II, 242 et 251, *Brit.* 1re et 2e préf.)
.... Enfin Néron *naissant*
A toutes les vertus d'Auguste vieillissant. (II, 257, *Brit.* 29.)
Naissant était fréquemment employé dans le sens de *jeune* par les écrivains précieux : « Les dames aiment la jeunesse, et vous êtes *naissant*. » (René Bary, *l'Esprit de cour ou les conversations galantes*, XLIXe conversation, p. 311.)

NAÏVEMENT :
Si j'avois reçu quelque blessure en ce pays, je vous la découvrirois *naïvement*. (VI, 457, *Lettres.*)

NANTISSEMENT :
Leurs gages vous tiendront lieu de *nantissement*. (II, 196, *Plaid.* 617.)
NARGUE (Faire) à :
Ulysse vient, *fait nargue à* l'hyménée. (IV, 240, *Poés. div.* 5.)
NARRATEUR :
*Il (*l'historien*) n'est pas poëte, il est *narrateur*. (V, 496, *Trad.*)
NARRATION : voyez Fil.
NATAL :
.... Lit *natal*. (IV, 32, *Poés. div.* 52.)
NATURALISTE :
*D'autres disent que.... (Tantale) étoit un *naturaliste* qui voulut découvrir la nature du soleil. (VI, 13, *Rem. sur Pind.*)
NATURE, emplois divers :
*La vertu.... prend la *nature* du terroir où elle est tombée. (VI, 285, *Livres ann.*)
Dans tous ces combats de la foi et de la *nature*, à mesure que la foi prenoit le dessus, à mesure aussi la *nature* tomboit dans l'accablement. (IV, 509, *P. R.*)
...Seigneur, la *nature* a beaucoup à pleurer. (I, 479, *Théb.* 1436.)
La *nature* pour lui n'est plus qu'une chimère :
Il méconnoît sa sœur, il méprise sa mère. (I, 427, *Théb.* 515.)
Écoutez un peu mieux la voix de la *nature*.
(I, 413, *Théb.* 267; voyez I, 455, *Théb.* 1032.)
.... Sa bonté s'étend sur toute la *nature*. (III, 642, *Ath.* 648.)
D'un perfide ennemi j'ai purgé la *nature*. (III, 359, *Phèd.* 969.)
NATUREL, elle, adjectif :
.... L'art des plus riches cités
A-t-il la moindre image
De vos *naturelles* beautés? (IV, 22, *Poés. div.* 20.)
Toutes les femmes.... s'y ajustent d'une façon qui leur est la plus *naturelle* du monde. (VI, 416, *Lettres.*)
La foiblesse aux humains n'est que trop *naturelle*. (III, 378, *Phèd.* 1301.)
Le comte de Zuylestain, oncle *naturel* de ce prince. (V, 55, *Méd.*)
Foi simplement humaine et *naturelle*, fondée sur la vraisemblance. (IV, 545, *P. R.*)

Naturel, substantivement :
*Chacun a choisi le genre de poésie qui convenoit à son *naturel*. (VI, 289, *Livres ann.*)
*Un maître renvoyoit ses écoliers quand il ne leur trouvoit point de *naturel*. (VI, 332, *Livres ann.*)
Les juges de l'Aréopage n'auroient pas peut-être trouvé bon qu'il eût marqué au *naturel* leur avidité de gagner. (II, 142, *Plaid.* au lect.)
*Inconstance des *naturels*. (VI, 316, *Livres ann.*)
NAUFRAGE, au figuré :
.... Que ferois-je en ce commun *naufrage?* (I, 423, *Théb.* 443.)
Tout vaincu que je suis, et voisin du *naufrage*. (III, 42, *Mithr.* 431.)
(*Moi*) Qui des foibles mortels déplorant les *naufrages*,
Pensois toujours du bord contempler les orages. (III, 336, *Phèd.* 533.
.... Un *naufrage* élevé
Que Rome et quarante ans ont à peine achevé. (III, 48, *Mithr.* 569.)

NAVIGATION, au figuré :
*Mon esprit, dans quelle *navigation* étrangère t'engages-tu? (VI, 215, *Livres ann.*)

*NAVIGER, VI, 20, *Rem. sur Pind.* (voyez la note 2).
Trouvant ce mot ainsi écrit dans Vaugelas, Racine met en note : « et Ablanc[ourt] aussi » (VI, 357).

NAVIRE, féminin :
*Les Cyclopes n'ont point de *navires* peintes. (VI. 144, *Rem. sur l'Odyss.*; voyez VI, 140 et 141, *ibid.*)

NE :

NE, après *brûler, craindre, douter, empêcher, il me tarde*, etc. :
.... Vous brûlez que je *ne* sois partie. (III, 184, *Iph.* 673.)
On craignoit que l'ulcère *ne* s'étendit sur tout le visage. (IV, 466, *P.R.*)
*La peur que les parlements.... avoient qu'elle (*la paulette*) *ne* fût supprimée. (V, 88, *Notes hist.*)
De peur que la poste *ne* soit partie. (VII, 77, *Lettres.*)
Doutez-vous en effet qu'Axiane *ne* l'aime? (I, 528, *Alex.* 82.)
Croyez-moi, plus j'y pense, et moins je puis douter
Que sur vous son courroux *ne* soit prêt d'éclater. (III, 608, *Ath.* 58.)
La pluie presque continuelle empêche qu'on *ne* se promène. (VII, 184, *Lettres.*)
Le temps.... n'a pas empêché que leur mémoire *ne* vint jusqu'à nous. (IV, 280, *Imag.*)
Voyez II, 243, l. 3, *Brit.* 1re préf.; II, 248, l. 5, *Brit.* 1re préf.; III, 46, *Mithr.* 526; V, 72, l. 17, et 112, l. dern., *Notes hist.*; VII, 43, l. 5, *Lettres.*
Gardez qu'avant le coup votre dessein n'éclate. (II, 80, *Andr.* 801.)
Il me tarde déjà que vous *ne* l'occupiez. (I, 478, *Théb.* 1407.)
Il lui tarde beaucoup qu'elle *ne* soit à Melun. (VII, 262, *Lettres.*)
N'étant pas impossible que Jansénius n'eût pris un sens pour l'autre. (IV, 603, *P.R.*)
Racine a souligné *ne* dans ce passage de Vaugelas : « Et s'il ne tient qu'à cela que les affaires *ne* s'accommodent » (VI, 357, *Livres ann.*).
Je crois qu'il y a bien à dire (*qu'il s'en faut beaucoup*) que mes sentiments *ne* soient les vôtres. (VI, 403, *Lettres*, 1661.)
Je ne dis pas que vous *ne* lisiez quelquefois des choses qui puissent vous divertir l'esprit. (VII, 132, *Lettres.*)
Il n'est pas que M. le Maistre n'ait fait des préfaces. (IV, 335, *Imag.*)
Ce n'est pas que quelques personnes *ne* m'aient reproché cette même simplicité. (II, 368, *Bér.* préf.)

Même tour sans *ne* :
*Ce n'est pas qu'il y admet encore d'autres valets. (VI, 60, *Rem. sur l'Odyss.*; voyez ci-dessus, p. 206 et 207.)

NE, omis devant *pas, point*, dans des tours interrogatifs :
Esther, que craignez-vous? Suis-je pas votre frère? (III, 505, *Esth.* 637.)
Qui? moi, Madame? — Oui, toi. Voudrois-tu point encore
Me nier un mépris que tu crois que j'ignore? (II, 548, *Baj.* 1481.)
Voyez I, 537 et 538, *Alex.* 289 et 291; II, 159, *Plaid.* 189; II, 535, *Baj.* 1223; III, 28, *Mithr.* 125; III, 88, *Mithr.* 1468; IV, 22, *Poés. div.* 13; IV, 33, *Poés. div.* 8; VI, 428, *Lettres.*

NE, pour *ne pas*, sans interrogation :
*Ce *ne* fut l'édit de l'Empereur qui alluma la persécution. (V, 587, *Trad.*)

*Ne se moquer quand on reprend, ni faire parade de la subtilité de son esprit, comme un chirurgien *ne* doit faire de la légèreté de sa main. (VI, 307, *Livres ann.*; voyez VI, 292 et suiv., *ibid.*, *passim.*)

.... Si vous *ne* régnez, vous vous plaignez toujours. (II, 315, *Brit.* 1250.)

* Les maréchaux furent sur le point de le citer, mais n'osèrent. (V, 121, *Notes hist.*)

Il *n*'importe que l'on compare, etc. (IV, 275, *Imag.*)

* Il *ne* sait non plus s'il a ouï la voix des nymphes. (VI, 113, *Rem. sur l'Odyss.*)

(*Ils*) *n*'avoient presque d'autre occupation que de, etc. (IV, 426, *P. R.*)

Il *n*'y avoit d'hérésie ni sorte d'impiété dont, etc. (IV, 451, *P. R.*)

NE exprimé et NE omis après le *que* qui suit des comparatifs :

(*Il*) avoit mandé que je partirois plus tard que je *n*'ai fait. (VI, 416, *L.*)

.... Je perds beaucoup moins que je *ne* crois gagner. (I, 480, *Théb.* 1440.)

Moins malheureux pourtant que je *ne* suis encore. (I, 470, *Théb.* 1258.)

Il n'y eut pas jusqu'aux mousquetaires qui ne firent pas un pas plus qu'on *ne* leur avoit commandé. (VII, 48, *Lettres.*)

(*Sa rigueur*) Ne m'accable pas moins qu'elle afflige votre âme.
(I, 477, *Théb.* 1394.)

Jamais père ne fut plus heureux que vous l'êtes. (III, 168, *Iph.* 358.)

*Brave homme, mais pas plus capable qu'il est aujourd'hui. (V, 80, *N. h.*)

Voyez II, 57, *Andr.* 331; IV, 593, l. av.-dern., *P. R.*; VI, 449, l. 6, 529, l. 23, et 542, l. 12, *Lettres;* VII, 27, l. 14, 39-40, 152, l. 6, et 231, l. 21, *Lettres.*

NE exprimé et NE omis avec *rien :*

* Le poëte doit.... prendre garde.... de *ne* rien faire qui choque les sens qui jugent de la poésie. (V, 486, *Trad.*)

Vous *ne* comptez pour rien les pleurs de Bérénice.
— Je les compte pour rien? Ah Ciel!... (II, 425, *Bér.* 1147 et 1148.)

*Etant à *rien* faire. (VI, 310, *Livres ann.*)

....Je veux *rien* ou tout. (II, 163, *Plaid.* 258; voy. IV, 115, *Poés. div.* 21.)

NE PLUS; NE.... QUE :

Oui, mes vœux ont trop loin poussé leur violence
Pour *ne plus* s'arrêter que dans l'indifférence. (II, 58, *Andr.* 366.)

*Les hommes *n*'ont point d'autres bons sentiments *que* ceux que Dieu leur donne. (VI, 317, *Livres ann.*)

.... Il *ne* mourra *que* de la main d'Oreste. (II, 103, *Brit.* 1250.)

Votre empire *n*'est plein *que* d'ennemis couverts. (I, 546, *Alex.* 492.)

Je *n*'en vivrois, Monsieur, *que* trop honnêtement. (II, 162, *Plaid.* 249.)

NÉ : voyez NAÎTRE.

NÉANMOINS :

.... Ce *néanmoins*, Messieurs. (II, 208, *Plaid.* 737.)

NÉANT :

Il voit comme un *néant* tout l'univers ensemble. (III, 480, *Esth.* 226.)

Dieu.....jeta une amertume salutaire sur ses vaines occupations, et permit que rebutée de leur mauvais succès elle en connût mieux le *néant.* (V, 10, *Épitaphes.*)

Rentre dans le *néant* dont je t'ai fait sortir. (II, 503, *Baj.* 524.)

*Il paroissoit un homme de *néant.* (VI, 118, *Rem. sur l'Odyss.*)

NÉCESSAIRE; NÉCESSAIRE À :

En leur montrant les choses essentielles et *nécessaires*, on ne néglige pas de leur apprendre celles qui, etc. (III, 454, *Esth.* préf.)

.... Je me suis fait un plaisir *nécessaire*
De la voir chaque jour, de l'aimer, de lui plaire. (II, 393, *Bér.* 423.)

Songe à combien de rois tu deviens *nécessaire*. (II, 96, *Andr*. 1106.)

NÉCESSAIREMENT :
De quoi se plaignent-ils, si toutes mes scènes.... sont liées *nécessairement* les unes avec les autres? (I, 519, *Alex*. 1re préf.)

NÉCESSITÉ; de nécessité :
*Il faut secourir la *nécessité* des pauvres. (VI, 292, *Livres ann.*)
Son attention aux *nécessités* du prochain. (V, 11, *Épitaphes*.)
Un des plus grands soins de la Mère Angélique, dans les urgentes *nécessités* où la maison se trouvoit quelquefois, c'étoit de dérober la connoissance de ces *nécessités*.... (IV, 426, *P. R.*)
*Ce peu de *nécessité* rend froide une action très-belle. (VI, 263, *L. ann.*)
*Il faut *de nécessité* aller voir. (VI, 157, *Rem. sur l'Odyss.*)
Ce qui peut arriver à un homme endormi qui se sert d'un réchaud dans ses *nécessités* de nuit. (VI, 414, *Lettres*.)

NECTAR, au propre, IV, 73, *Poés. div.* 19.

NÉGLIGENCE :
....Ma juste impatience
Vous accusoit déjà de quelque *négligence*. (II, 380, *Bér.* 140.)
Belle, sans ornements, dans le simple appareil
D'une beauté qu'on vient d'arracher au sommeil.
Que veux-tu? je ne sais si cette *négligence*,
Les ombres, les flambeaux....
Relevoient de ses yeux les timides douceurs. (II, 274, *Brit.* 391.)
*Parce qu'elle (*Hélène*) vient à la *négligence*, il la compare à Diane. (VI, 85, *Rem. sur l'Odyss.*)

NÉGLIGER :
....N'*as*-tu rien *négligé*
Des ordres importants dont je t'avois chargé? (II, 377, *Bér.* 69.)
...Gardez de *négliger*
Une amante en fureur qui cherche à se venger. (II, 109, *Andr*. 1387.)
....(Ménélas) se plaint d'un hymen si longtemps *négligé*. (II, 45, *Andr*. 80.)

NÉGOCIATION :
La voie de la *négociation*. (IV, 364, *Disc. acad.*)

NÉGOCIER, faire négoce :
*Tous les chrétiens d'Europe.... y ont *négocié* (*dans le Levant*) sous la bannière de France. (V, 135, *Notes hist.*)

NEIGE, au figuré :
    Là les brebis sur des buissons
    Font pendre cent petits flocons
      De leur *neige* luisante. (IV, 36, *Poés. div.* 16.)
    Je vois les pavis rougissants
    Étaler les rayons luisants
      De leur belle *neige* empourprée. (IV, 40, *Poés. div.* 14.)

NÉPHRÉTIQUE, adjectivement et substantivement :
(*Il*) a été emporté d'un seul accès de colique *néphrétique*. (VI, 571, *Lettres*.)
(*Il*) est mort d'une colique de *miserere*, et non point d'un accès de *néphrétique*. (VI, 574, *Lettres*.)

NERF, au propre et au figuré :
S'il se donnoit en tout vingt coups de *nerfs* de bœuf,
Mon père, pour sa part, en emboursoit dix-neuf. (II, 156, *Plaid.* 157.)

*L'argent *nerfs* (*sic*) de la guerre. (VI, 295, *Livres ann.*)

NET, NETTE :
Un valet manque-t-il de rendre un verre *net?* (II, 196, *Plaid.* 613.)
Elle eût du buvetier emporté les serviettes,
Plutôt que de rentrer au logis les mains *nettes*. (II, 153, *Plaid.* 108.)

NETTOYER :
Et toi, Neptune, et toi, si jadis mon courage
D'infâmes assassins *nettoya* ton rivage. (III, 365, *Phèd.* 1066.)

NEUF, adjectif :
*Quand ils viennent aux grandes affaires, ils y sont *neufs*. (V, 494, *Trad.*; voyez VI, 321, *Livres ann.*)

*NEUTRALITÉ, V, 114, *Notes historiques*.

NEUTRE :
*Le Chœur feint d'être *neutre*. (VI, 227, *Livres ann.*)
Le duc de Bavière et le duc d'Hanover.... demeurèrent *neutres*. (V, 256, *Camp. de Louis XIV*.)

NEVEU, descendant ; NEVEUX, postérité :
.... Tous les *neveux* (*de votre David*). (III, 647, *Ath.* 721.)
Le seul de tes *neveux* qui te pût ressembler. (II, 339, *Brit.* 1734.)
Votre règne aux *neveux* doit servir de modèle. (III, 502, *Esth.* 597.)

NEZ :
Je crois que le *nez* a saigné au prince d'Orange. (VII, 19, *Lettres*.)
Le manteau sur le *nez*, ou la main dans la poche. (II, 152, *Plaid.* 99.)
.... Vous me deviez fermer la porte au *nez*. (II, 173, *Plaid.* 346.)
*Ces poëtes qui font de grandes promesses à l'entrée de leur ouvrage et qui donnent après cela du *nez* en terre. (VI, 56, *Rem. sur l'Odyss.*)

NI, tours divers ; NI.... NI :
L'absence *ni* le temps, je vous le jure encore,
Ne vous peuvent ravir ce cœur qui vous adore. (II, 399, *Bér.* 587.)
*Ne se soucier des calomnies *ni* des menaces. (VI, 294, *Livres ann.*)
Il ne faudra cesser de régner *ni* de vivre. (I, 439, *Théb.* 720.)
*Ne se moquer quand on reprend, *ni* faire parade de la subtilité de son esprit.... (VI, 307, *Livres ann.*)
*Dans le chapitre suivant, *ni* dans aucun évangéliste, elle n'est point nommée. (V, 204, *Notes relig.*)
.... Sans faire gémir *ni* Thèbes *ni* la Grèce. (I, 456, *Théb.* 1059.)
.... Sans être *ni* doux *ni* cruel à demi. (I, 458, *Théb.* 1089.)
Mais l'un *ni* l'autre enfin n'étoit point nécessaire. (II, 523, *Baj.* 981.)
Ni l'archevêque ne vouloit entièrement s'expliquer là-dessus, *ni* les défenseurs de Jansénius entièrement l'entendre. (IV, 546, *P. R.*)
*Les gens plus âgés *ni* ne s'opposent à ces railleries, *ni* ne querellent ceux qui le font. (V, 471, *Trad.*)
Ni Corneille, *ni* Gomberville n'étoient point responsables. (IV, 282, *Imag.*)
Ni les éclairs *ni* le tonnerre
N'obéissent point à vos dieux. (III, 487, *Esth.* 346.)
Ce monastère s'est vu hors d'état d'entretenir *ni* médecin *ni* chirurgien (IV, 426, *P. R.*)
Je serois bien fâché que ce fût à refaire,
Ni qu'elle m'envoyât assigner la première. (II, 174, *Plaid.* 356.)
Un médecin.... m'a dit.... que je ne guérirois jamais tant que je boirois *ni* eau *ni* tisane. (VI, 562, *Lettres*.)

Dans les trois derniers exemples, *ni* n'est pas précédé d'un mot négatif; mais l'idée implique négation.

Racine a souligné *ni* dans les deux passages suivants de Vaugelas : « La fortune plus puissante que la raison *ni* la bonne conduite; » et : « *Ni* pour tout cela il n'y eut point d'émeute » (VI, 355 et 356).

NIAISERIE :

J'ai un extrême chagrin que vous fassiez tant de cas de toutes ces *niaiseries* (*les comédies et les romans*). (VII, 131, *Lettres*.)

NICHER :

* Là *nichoient* des oiseaux à grandes ailes. (VI, 97, *Rem. sur l'Odyss.*)

NIÈCE :

(*Claude*) Prit insensiblement dans les yeux de sa *nièce*
L'amour où je voulois amener sa tendresse. (II, 310, *Brit.* 1131.)

NIER :

Je ne vous *nirai* point, Seigneur, que ses soupirs
M'ont daigné quelquefois expliquer ses desirs. (II, 280, *Brit.* 553.)

NOBLE :

Un ennemi si *noble* a su m'encourager. (I, 571, *Alex.* 1035.)
La refuserez-vous, cette *noble* victime? (I, 436, *Théb.* 667.)
Quels triomphes suivront de si *nobles* succès! (III, 159, *Iph.* 164.)
.... Brûlant d'une *noble* chaleur. (I, 535, *Alex.* 235; voy. III, 161, *Iph.* 211.
.... Son *noble* parricide. (I, 433, *Théb.* 616.)
La fluxion étoit tombée sur les parties *nobles*. (IV, 471, *P. R.*)

NOBLESSE :

.... Mon choix, que flattoit le bruit de sa *noblesse* (*d'Achille*),
Vous donnoit avec joie au fils d'une déesse. (III, 183, *Iph.* 641.)

NOCES :

* Si Ulysse revenoit au logis..., il leur feroit (*aux prétendants*) d'étranges *noces*. (VI, 62, *Rem. sur l'Odyss.*)

NOCHER :

Tel sur l'empire de Neptune
Paroît le timide *nocher*. (IV, 67, *Poés. div.* 22; voy. VI, 413, *Lettr.*)

NŒUD, au propre et au figuré :

(*Son amante*) Avoit au *nœud* fatal abandonné ses jours. (II, 559, *Baj.* 1696.)
Moi seule, j'ai tissu le lien malheureux
Dont tu viens d'éprouver les détestables *nœuds*. (II, 560, *Baj.* 1732.)
Qu'ils viennent préparer ces *nœuds* infortunés
Par qui de ses pareils les jours sont terminés. (II, 538, *Baj.* 1279.)
....Le forçant de rompre un *nœud* si solennel.
(II, 62, *Andr.* 443; voyez II, 106, *Andr.* 1311.)
La mort seule, la mort pourra rompre les *nœuds*
Dont mes bras nous vont joindre et lier toutes deux. (III, 233, *Iph.* 1635.)
....Les *nœuds* que j'ai rompus
Se rejoindront bientôt.... (II, 553, *Baj.* 1607; voyez I, 573, *Alex.* 1092.)
Loin de vous séparer, je prétends aujourd'hui
Par des *nœuds* éternels vous unir avec lui. (II, 554, *Baj.* 1624.)
(*Elle*)Atteste les saints droits d'un *nœud* qu'elle a formé. (II, 277, *Brit.* 486.)
....Des *nœuds* plus puissants me retiennent le bras. (III, 157, *Iph.* 111.)
Comme si les beaux *nœuds* où vous me tenez pris
Ne devoient arrêter que de foibles esprits. (I, 565, *Alex.* 903.)
De l'amour qui vous joint vous avez d'autres *nœuds*;

Vos yeux me reverront dans Oreste mon frère. (III, 235, *Iph.* 1660.)
Exauce, Père saint, notre ardente prière ;
 Verbe, son fils ; Esprit, leur *nœud* divin. (IV, 109, *Poés. div.* 18.)

NOIR, NOIRE, au figuré :
Que ne m'épargniez-vous une tache si *noire* ? (I, 527, *Alex.* 46.)
....Une action si *noire*. (II, 321, *Brit.* 1376 ; voy. I, 403, *Théb.* 72 var.)
....De si *noirs* forfaits.... (I, 399, *Théb.* 25 ; voy. I, 398, *Théb.* 6.)
....Ses *noires* amours. (III, 361, *Phèd.* 1007.)
....Sa *noire* destinée. (III, 239, *Iph.* 1757.)
...Une flamme si *noire*. (III, 325, *Phèd.* 310.)
....*Noire* fureur. (I, 401, *Théb.* 41.)
Voyez I, 435, *Théb.* 641 ; I, 448, *Théb.* 917 ; I, 474, *Théb.* 1346.
Peut-on faire au vainqueur une injure plus *noire* ? (I, 409, *Théb.* 199.)
....Commençant par moi sa *noire* trahison,
Taxile de son camp me fait une prison? (I, 555, *Alex.* 679.)
....Hymen formé sous le plus *noir* auspice. (III, 29, *Mithr.* 155.)
D'un *noir* pressentiment malgré moi prévenue. (II, 328, *Brit.* 1539.)
Son cœur n'enferme point une malice *noire*.
   (II, 331, *Brit.* 1600 ; voyez I, 467, *Théb.* var.)
....Certes, le trait est *noir*. (II, 162, *Plaid.* 245.)
Tout ce qu'ont de plus *noir* et la haine et l'amour. (I, 449, *Théb.* 930.)

NOIRCEUR, au figuré :
....Par là de son fiel colorant la *noirceur*. (III, 608, *Ath.* 46.)
Dans toute leur *noirceur* retracez-moi ses crimes. (III, 373, *Phèd.* 1182.)
D'un empoisonnement vous craignez la *noirceur* ? (II, 324, *Brit.* 1449.)

NOIRCIR, au figuré :
  ....Pourquoi ta bouche impie
A-t-elle, en l'accusant, osé *noircir* sa vie? (III, 379, *Phèd.* 1314.)
J'ignore de quel crime on a pu me *noircir*. (II, 310, *Brit.* 1117.)
Un exil innocent vaut mieux qu'une couronne
Que le crime *noircit*.... (I, 460, *Théb.* var.)
 Leurs ennemis prirent occasion de les *noircir* dans l'esprit du cardinal Mazarin. (IV, 478, *P. R.*)
Moi, que j'ose opprimer et *noircir* l'innocence? (III, 355, *Phèd.* 893.)
Je ne me *noircis* point pour le justifier. (II, 553, *Baj.* 1588.)

NOM :
Comment vous nommez-vous? — J'ai *nom* Éliacin. (III, 640, *Ath.* 633.)
Il ne répond encor qu'au *nom* d'Éliacin. (III, 617, *Ath.* 182.)
  ....Mes cris douloureux
Vainement par leur *nom* les rappeloient tous deux. (I, 434, *Théb.* 626.)
  ....Une fille sans *nom*. (III, 185, *Iph.* 708.)
  ....Suivi d'un *nom* si glorieux. (III, 48, *Mithr.* 565.)
Sous un *nom* emprunté.... (III, 239, *Iph.* 1757.)
  ....L'horreur du *nom* romain. (III, 59, *Mithr.* 814.)
Tu ne l'ignores pas : toujours la Renommée
Avec le même éclat n'a pas semé mon *nom*. (II, 396, *Bér.* 505.)
Ne laisser aucun *nom*, et mourir tout entier. (III, 163, *Iph.* 256.)
Je ne crains que le *nom* que je laisse après moi. (III, 353, *Phèd.* 860.)
  ....Rome, effaçant tant de titres d'honneur,
Me laisse pour tous *noms* celui d'empoisonneur. (II, 323, *Brit.* 1430.)
Mon cœur plein de son *nom*.... (I, 561, *Alex.* 813.)
Je sais que le sénat, tout plein de votre *nom*,
D'une commune voix confirmera ce don. (II, 407, *Bér.* 765.)

Mon *nom* pourroit parler au défaut de ma voix. (II, 384, *Bér.* 214.)
Pour plaire à votre épouse, il vous faudroit peut-être
Prodiguer les doux *noms* de parjure et de traître. (II, 106, *Andr.* 1326.)
Donnez-moi tous les *noms* destinés aux parjures. (II, 105, *Andr.* 1305.)
....Que ses yeux cruels, à pleurer condamnés,
Me rendent tous les *noms* que je leur ai donnés. (II, 78, *Andr.* 764.)
Vous me donnez des *noms* qui doivent me surprendre.(III,185,*Iph.*701.)
Item, un coup de pied; plus les *noms* qu'il me donne.(II,181,*Plaid.*448.)
Reine longtemps de *nom*, mais en effet captive.
   (III, 28, *Mithr.* 136; voyez VI, 295, *Livres ann.*)
(*Néron*) N'ose-t-il être Auguste et César que de *nom*? (II, 264, *Brit.* 198.)
(*Dieu*,) Donne à ton *nom* la victoire. (III, 488 et 489, *Esth.* 360 et 370.)
   ....Au *nom* des Dieux, Madame,
Éclaircissez le trouble où vous jetez mon âme. (II, 288, *Brit.* 739.)

NOMBRE :

Tout ce grand *nombre* d'incidents a toujours été le refuge des poëtes. (II, 367, *Bér.* préf.)
*Ce fut lui qui arrêta dix ou douze des états, du *nombre* desquels étoit le père de d'Wit. (V, 97, *Notes hist.*)
*Il leur tue quelque six mille hommes, avec bon *nombre* d'officiers prisonniers. (V, 144, *Notes hist.*)
Seigneur, j'irai remplir le *nombre* des vestales. (II, 306, *Brit.* 1076.)
De sa suite avec vous qu'elle règle le *nombre*. (III, 695, *Ath.* 1660.)

NOMBREUX :

Que tout leur camp *nombreux* soit devant tes soldats
   Comme d'enfants une troupe inutile. (III, 525, *Esth.* 1012.)

NOMINATION :

Le premier bénéfice qui viendra à vaquer....est à sa *nomination*. (VI, 418, *Lettres;* voyez VI, 347, *Livres ann.*)
Le Roi rentre en sa *nomination*..., pour les considérations énoncées dans sa Déclaration. (IV, 596, *P. R.*)

NOMMER :

Vous qui déshéritant le fils de Claudius,
Avez nommé César l'heureux Domitius. (II, 256, *Brit.* 18.)
Je vous *nommai* son gendre, et vous donnai sa fille. (II, 311, *Brit.* 1140.)
Peut-être il se souvient qu'en un temps plus heureux
Son père me *nomma* pour l'objet de ses vœux. (II, 280, *Brit.* 558.)

NOMPAREIL :

Un orgueil *nompareil*. (IV, 27, *Poés. div.* 78.)

NON, NON PAS, NON POINT, NON PAS MÊME, NON PLUS :

Non, je ne puis assez admirer ce silence. (II, 97, *Andr.* 1130.)

Ce mot *non*, prononcé par le personnage à son entrée en scène, ne répond point à une question précédente, mais fortifie seulement la négation qui suit. Voyez OUI.

   ....Ah! douleur *non* encore éprouvée! (III, 374, *Phèd.* 1225.)
*Ne se soucier si on est écouté de beaucoup de monde ou *non*. (VI, 308, *Livres ann.*)
Ils sont fort ignorants. —*Non pas*, Monsieur, *non pas*.(II,198,*Plaid.*634.)
*On excuse dans les autres arts, mais *non pas* l'orateur.(VI,332,*L. ann.*)
*La tragédie peut être sans mœurs, et *non pas* sans action. (VI, 290, *Livres ann.*)
*L'espérance est bien plus capable de retenir les hommes dans le devoir que *non pas* la reconnoissance. (V, 89, *Notes hist.*)

*Telemachus.... souhaiteroit d'être plutôt le fils de quelque homme riche.... que *non pas* d'Ulysse. (VI, 62, *Rem. sur l'Odyss.*)

*Il est fait cardinal, — *non point* à la nomination de Pologne, mais du propre mouvement du Pape. (VI, 347, *Livres ann.*)

Une amitié qu'aucun intérêt, *non pas même* aucune émulation pour la gloire n'a pu altérer. (IV, 361, *Disc. acad.*; voy. IV, 430, 434, 497, *P. R.*)

*On ne parle *non plus* de manger que si les héros étoient des dieux. (VI, 126, *Rem. sur l'Odyss.*)

.... Il ne dort *non plus* que votre père. (II, 174, *Plaid.* 360.)

Je ne me suis senti *non plus* fatigué que si du quartier de Sainte-Geneviève j'avois été à celui de la rue Galande. (VI, 413, *Lettres.*)

NON QUE :

Non que pour Octavie un reste de tendresse
M'attache à son hymen et plaigne sa jeunesse. (II, 276, *Brit.* 463.)
Non que si jusque-là j'avois pu vous complaire,
Je n'eusse pris plaisir, Madame, à vous céder, etc. (II, 315, *Brit.* 1236)

NON-SEULEMENT :

Je tiens.... que *non-seulement* ce n'est point une tragédie de Sénèque, mais que c'est plutôt l'ouvrage d'un déclamateur. (I, 394, *Théb.* préf.)

NONE, heure canoniale, IV, 553, l. 12 et l. 16, *P. R.*

NOTABLE :

.... Faire un *notable* dommage. (II, 160, *Plaid.* 203.)

NOTRE, NOS ; LE NÔTRE :

Il ne tiendra qu'à lui de suspendre *nos* armes (*de lui et de moi*).
(I, 407, *Théb.* 156.)
L'heureux Britannicus verra-t-il sans alarmes
Croître, loin de *nos* yeux (*de nous tous, autres que vous et lui*), son amour
[et vos charmes ? (II, 280, *Brit.* 544.)
Pour moi, je ne sais rien ; n'attendez rien du *nôtre* (*de ce qui vient de moi*).
(II, 198, *Plaid.* 636).

NOURRICIER :

*Le peuple appellera les magistrats ses protecteurs, et les magistrats appelleront le peuple leurs *nourriciers*. (VI, 277, *Livres ann.*)

NOURRIR, au propre et au figuré (voyez ÉLEVER) :

J'ai vu, Seigneur, j'ai vu votre malheureux fils
Traîné par les chevaux que sa main *a nourris*. (III, 391, *Phèd.* 1548.)

* Des fleurs dorées, tant celles qui viennent dessus les arbres que celles que l'eau *nourrit*. (VI, 20, *Rem. sur Pind.*)

Un roi que Dieu lui-même *a nourri* dans son temple. (III, 679, *Ath.* 1354.)

.... Attend-elle en ce jour
Que je lui laisse un fils pour *nourrir* son amour ? (II, 72, *Andr.* 656.)
C'est ma mère, et je veux ignorer ses caprices ;
Mais je ne prétends plus ignorer ni souffrir
Le ministre insolent qui les ose *nourrir*. (II, 272, *Brit.* 362.)
Digne emploi d'un ministre, ennemi des flatteurs,
Choisi pour mettre un frein à ses jeunes ardeurs,
De les flatter lui-même, et *nourrir* dans son âme
Le mépris de sa mère et l'oubli de sa femme ! (II, 294, *Brit.* 819.)

.... Dans l'obscurité *nourrissant* sa douleur. (II, 283, *Brit.* 613.)

.... C'est ce qui redouble et *nourrit* ma fureur. (III, 659, *Ath.* 958.)

Ce reste d'espérance qui *nourrissoit* leur orgueil. (V, 253, *Camp. de Louis XIV.*)

Pourquoi *nourrissez*-vous le venin qui vous tue? (II, 261, *Brit.* 116.)
....(Ne pense pas) que du fol amour qui trouble ma raison
Ma lâche complaisance *ait nourri* le poison. (III, 343, *Phèd.* 676.)
Nourri dans les forêts, il en a la rudesse. (III, 349, *Phèd.* 782.)
Vous, *nourri* dans les camps du saint roi Josaphat. (III, 609, *Ath.* 78.)
Ma jeunesse, *nourrie* à la cour de Néron. (II, 396, *Bér.* 506.)
Nourri dans le Serrail, j'en connois les détours. (II, 544, *Baj.* 1424.)
Ce palais est tout plein.... — Oui, d'esclaves obscurs,
Nourris loin de la guerre, à l'ombre de ses murs. (II, 544, *Baj.* 1416.)
Moi, *nourri* dans la guerre aux horreurs du carnage. (III, 637, *Ath.* 572.)
Loin du trône *nourri*, de ce fatal honneur,
Hélas! vous ignorez le charme empoisonneur. (III, 681, *Ath.* 1387.)
Nourri dans ta maison, en l'amour de ta loi. (III, 620, *Ath.* 257.)
....J'ai toujours *été nourri* par feu mon père
Dans la crainte de Dieu, Monsieur, et des sergents. (II, 180, *Plaid.* 436.)
Vous, *nourri* dans la fourbe et dans la trahison. (III, 661, *Ath.* 1018.)
*Homère fait paroître tous les enfants de Nestor fort bien *nourris*, pour montrer qu'un père sage instruit bien ses enfants. (VI, 75, *Rem. sur l'Odyss.*)

NOURRITURE, au sens propre ; NOURRITURE, éducation :
La *nourriture* lui étoit devenue un supplice. (IV, 516, *P. R.*)
*Nourriture de ces quatre grands hommes. (VI, 295, *Livres ann.*)

NOUS : voyez JE.

NOUVEAU, NOUVEL, ELLE ; NOUVEAU VENU :
Cette offense en son cœur sera longtemps *nouvelle*. (II, 322, *Brit.* 1403.)
....Cette vertu si *nouvelle* à la cour. (II, 274, *Brit.* 417.)
Hélas! de quelle horreur ses timides esprits
A ce *nouveau* spectacle auront été surpris? (II, 269, *Brit.* 294.)
Les flots toujours *nouveaux* d'un peuple adorateur. (II, 376, *Bér.* 53.)
Ta fureur s'irritant soi-même dans son cours,
D'un sang toujours *nouveau* marquera tous tes jours. (II, 337, *Brit.* 1686)
Par des faits tout *nouveaux* je m'en vais vous apprendre
Tout ce que peut l'amour sur le cœur d'Alexandre. (I, 565, *Alex.* 905.)
Cette nuit un soleil est descendu des cieux,
Dont le *nouvel* éclat efface ta lumière. (IV, 204, *Poés. div.* 8.)
....La pompe de ces lieux,
Je le vois bien, Arsace, est *nouvelle* à tes yeux. (II, 373, *Bér.* 2.)
Voyez II, 319, *Brit.* 1349; II, 337, *Brit.* 1704.
Les inconvénients qui arrivent aux *nouveaux venus* en ce pays. (VI, 414, *Lettres*; voyez IV, 439, *P. R.*)

TOUT DE NOUVEAU :
Les Espagnols.... avoient *tout de nouveau* fait fortifier leurs places. (V, 257, *Camp. de Louis XIV;* voyez IV, 544 et 551, *P. R.*; V, 128, *N. hist.*)

NOUVEAUTÉ :
Je m'informerai.... s'il y a quelque *nouveauté* sur vos charges. (VII, 4, *Lettres.*)
Je ne connois ni ne fréquente aucun homme qui soit suspect de la moindre *nouveauté*. (VII, 219, *Lettres.*)

NOUVELLE :
....Voici du combat la funeste *nouvelle*. (I, 468, *Théb.* 1234.)
Quand je n'en aurois pas la *nouvelle* sanglante,
Il est mort... (III, 89, *Mithr.* 1476.)

Le Roi a eu *nouvelle* aujourd'hui que le baron de Serclas.... avoit passé la Meuse. (VII, 52, *Lettres;* voyez VII, 3o, *Lettres.*)
* Le Roi, dès qu'il eut *nouvelle* du siége levé. (V, 148, *Notes hist.*)
* Le Roi, approchant de Valenciennes, reçut *nouvelle* que Gand étoit investi. (V, 108, *Notes hist.*)
On eut *nouvelles* qu'enfin les alliés s'avançoient. (V, 33o, *Siége de Nam.;* voyez VII, 121, *Lettres.*)
* Le Roi reçoit *nouvelles* de la prise de Zutphen. (V, 183, *Notes hist.*)
Il sortit brusquement, en leur faisant entendre qu'elles auroient bientôt de ses *nouvelles.* (IV, 55o, *P. R.*)

NOUVELLISTE :
C'est une plaisante chose que les provinces. Tout le monde y est *nouvelliste* dès le berceau. (VII, 143, *Lettres.*)

NOVATRICE :
Toutes ces sortes de gens déclamèrent.... contre les Religieuses..., les traitant de folles, d'embéguinées, de *novatrices.* (IV, 391, *P. R.*)

NOVICIAT, VI, 458, *Lettres.*

NOYER, SE NOYER, au propre et au figuré :
(*Le prince d'Orange,*) pour sauver son pays de l'inondation des François, ne sait point d'autre expédient que de le *noyer* dans les eaux de la mer. (V, 249, *Camp. de Louis XIV.*)
* Quoiqu'il (*Ulysse*) *fût noyé* d'eau, il n'oublia pas sa frégate. (VI, 105, *Rem. sur l'Odyss.*)
Je ne *me noie* plus d'eau comme je faisois. (VI, 562, *Lettres.*)
Noyons-la (*Rome*) dans son sang justement répandu. (III, 60, *Mithr.* 837.)
Que les peuples entiers dans le sang *soient noyés.* (III, 495, *Esth.* 475.)
Dans leur sang, dans le mien, il faut que je *me noie.*(II,123,*Andr.*1622.)
Tandis que dans les pleurs moi seule je *me noie.* (II, 435, *Bér.* 1316.)
Je n'osois dans mes pleurs *me noyer* à loisir. (III, 375, *Phèd.* 1247.)
Parmi les déplaisirs où son âme *se noie.* (II, 45, *Andr.* 81.)
....Mes yeux de pleurs toujours *noyés.* (II, 99, *Andr.* 1155.)

NU, NUE, au propre et au figuré :
* Ce petit homme qui va toujours *nus pieds..* (V, 454, *Trad.*)
* Socrate toujours *nus pieds.* (VI, 272, *Livres ann.*)
Elle y alla *nus pieds*, comme toutes les religieuses. (IV, 509 et 510,*P.R.*)
Il y a ainsi *nus*, avec accord, dans les autographes de Racine, et les deux mots sont réunis en un seul : *nuspiez.*
....Je t'expose ici mon âme toute *nue.* (II, 278, *Brit.* 499.)

NUAGE, au figuré :
* La terre qui retomba en un *nuage* de poussière. (V, 114, *Notes hist.*)
Déjà de traits en l'air s'élevoit un *nuage.* (III, 239, *Iph.* 1741.)
* Un *nuage* d'infanterie. (VI, 200, *Livres ann.*)
Ah! que je crains, mes sœurs, les funestes *nuages*
    Qui de ce prince obscurcissent les yeux !
        (III, 510, *Esth.* 735; voyez II, 330, *Brit.* 1575.)
Puis-je vous demander quel funeste *nuage,*
Seigneur, a pu troubler votre auguste visage? (III, 364, *Phèd.* 1041.)
....N'attendez pas que le *nuage* crève. (III, 638, *Ath.* 604.)

NUDITÉ, terme de spiritualité :
Sous un jargon de pur amour, d'anéantissement, et de parfaite *nudité.* (IV, 399, *P. R.*)

NUE :

Ce foudre étoit encor enfermé dans la *nue*. (I, 532, *Alex.* 170.)
.... Tous les matins un vent officieux
En écarte (*écarte des cieux*) toutes les *nues*. (VI, 436, *Lettres.*)

NUIT, au propre et au figuré :

*Ils percent de *nuit* la maison à l'endroit qu'ils ont marqué de jour (VI, 189, *Livres ann.*)
....Pouvez-vous, Seigneur, souhaiter qu'une fille....
Qui, dans l'obscurité nourrissant sa douleur,
S'est fait une vertu conforme à son malheur,
Passe subitement de cette *nuit* profonde
Dans un rang qui l'expose aux yeux de tout le monde ? (II, 283, *Brit.* 615.)
Dans la *nuit* du tombeau je la vois qui m'attend.
     (I, 468, *Théb.* 1217 ; voyez I, 481, *Théb.* 1478.)
Venez-vous m'enlever dans l'éternelle *nuit*? (II, 124, *Andr.* 1640.)
Où me cacher? Fuyons dans la *nuit* infernale. (III, 376, *Phèd.* 1277.)

O

OBÉIR :

.... Ces portes, Seigneur, n'*obéissent* qu'à moi. (III, 490, *Esth.* 376.)
Vous *êtes obéi*.... (II, 289, *Brit.* 745.)

OBÉISSANCE :

.... La Reine ici commande en mon absence ;
Disposez tout le monde à son *obéissance*. (I, 408, *Théb.* 176.)

OBJECTION :

La plus importante *objection* que l'on me fasse, c'est que, etc. (I, 519, *Alex.* 1re préf.)

OBJET, emplois divers :

.... Dans son sang, hélas! elle est soudain tombée.
Jugez à cet *objet* ce que j'ai dû sentir. (I, 481, *Théb.* 1471.)
.... Aucun *objet* ne blesse ici ses yeux. (II, 266, *Brit.* 237.
César, de tant d'*objets* en même temps frappé,
Le laisse entre les mains qui l'ont enveloppé. (II, 339, *Brit.* 1753.)
Moi-même des *objets* j'ai vu le plus funeste. (II, 559, *Baj.* 1697.)
A de moindres *objets* son cœur ne peut descendre. (I, 550, *Alex.* 586.)
Voyez I, 436, *Théb.* 1660; I, 529, *Alex.* 95; II, 122, *Andr.* 1609.
.... Que l'heureux séjour d'une immortelle gloire
 Soit l'*objet* seul de leurs cœurs détrompés. (IV, 119, *Poés. div.* 16.)
Ce prince étoit l'*objet* qui faisoit tous vos soins. (I, 470, *Théb.* 1263.)
Tu crois donc que la paix est l'*objet* de mes soins ? (I, 444, *Théb.* 825.)
Oreste, si longtemps l'*objet* de leur courroux (*du courroux des Dieux*).
     (II, 66, *Andr.* 532.)
Sur des *objets* de joie on arrête mes yeux! (I, 556, *Alex.* 704.)
Mille *objets* de douleur déchiroient mes entrailles. (I, 418, *Théb.* 351.)
.... Rome, unique *objet* d'un désespoir si beau,
Du fils de Mithridate est le digne tombeau. (III, 64, *Mithr.* 945.)
Son père me nomma pour l'*objet* de ses vœux. (II, 280, *Brit.* 558.)
Les peuples et les rois, devenus mes sujets,
Étoient seuls à mes vœux d'assez dignes *objets*. (I, 564, *Alex.* 888.)
Ah! d'un si bel *objet* quand une âme est blessée.... (I, 417, *Théb.* 327.)

Dans ses nombreux États il fallut donc chercher
Quelque nouvel *objet* qui l'en pût détacher (*de Vasthi*).
(III, 467, *Esth.* 38; voyez III, 499, *Esth.* 544.)
Volage adorateur de mille *objets* divers. (III, 341, *Phèd.* 636.)

OBLIGATION :
* Je n'ai point d'*obligation* aux Dieux. (VI, 239, *Livres ann.*)

OBLIGEANT :
Je suis son serviteur. —Vous êtes *obligeant*, Monsieur. (II, 177, *Plaid.* 393.)

OBLIGÉ à; obligé à.... de :
MM. l'Avocat, d'Aigreville..., etc., se tiennent.... fort *obligés à* votre souvenir. (VI, 391, *Lettres.*)
*Ma femme est bien *obligée à* ma sœur *des* peines qu'elle prend. (VII, 4, *Lettres;* voyez VII, 204, *Lettres.*)
Ils *lui* étoient trop *obligés de* les avoir délivrés de ces maudits protestants. (VII, 57, *Lettres.*)

OBLIGER de; être obligé à :
*On l'*obligea d'*écrire à la Reine mère. (IV, 513, *P. R.*; voyez V, 139, *Notes hist.*)
Tous les ecclésiastiques *y étoient obligés* par la privation de leurs bénéfices. (IV, 568, *P. R.*)

OBSCUR, ure :
.... Les siècles *obscurs* devant moi se découvrent. (III, 667, *Ath.* 1132.)
.... Couché sans honneur dans une foule *obscure*. (III, 35, *Mithr.* 304.)
Vous ne dédaignez pas cette gloire *obscure* que les gens de lettres s'étoient réservée. (II, 31, *Andr.* épître.)
Vous dont j'ai pu laisser vieillir l'ambition
Dans les honneurs *obscurs* de quelque légion. (II, 262, *Brit.* 154.)
Mon cœur, libre d'ailleurs, sans craindre les murmures,
Peut brûler à son choix dans des flammes *obscures*. (II, 406, *Bér.* 728.)
Que présage à mes yeux cette tristesse *obscure ?* (II, 273, *Brit.* 379.)

OBSCURCIR :
Quelques pleurs répandus *ont obscurci* vos yeux. (II, 330, *Brit.* 1574.)

OBSCURÉMENT :
*Tirésie lui prédit *obscurément* tous ses malheurs. (VI, 235, *Livres ann.*)

OBSCURITÉ :
En quelque *obscurité* que le sort l'eût fait naître. (II, 388, *Bér.* 315.)
.... Dans l'*obscurité* nourrissant sa douleur. (II, 283, *Brit.* 613.)
Voyez II, 395, *Bér.* 481.

OBSERVATION :
L'autre armée.... devoit tenir la campagne et observer les ennemis, qui à cause de cela l'ont depuis appelée l'armée d'*observation*. (V, 319, *Siége de Nam.*)

OBSERVER (voyez Observation) :
.... *Observez* ses regards, ses discours. (II, 535, *Baj.* 1207.)

OBSTACLE :
Madame, à mon bonheur c'est chercher trop d'*obstacles*. (I, 416, *Théb.* 315.)
Mille *obstacles* divers m'ont.... traversé. (II, 482, *Baj.* 27.)
De ces cruels amis trompez tous les *obstacles*. (I, 483, *Théb.* 1497.)
Non, non, il les verra triompher sans *obstacle*. (II, 114, *Andr.* 1473.)

OBSTINER (S') à; OBSTINÉ :

Je voulus m'*obstiner* à vous être fidèle. (II, 105, *Andr.* 1294.)
.... Cet âpre courroux, quoi qu'elle en puisse dire,
Ne s'*obstinera* point au refus d'un empire. (I, 561, *Alex.* 806.)
Seule à me retenir vainement *obstinée*. (III, 234, *Iph.* 1645.)
.... *Obstinée* à me suivre. (III, 88, *Mithr.* 1459.)
Nous avons l'un et l'autre une haine *obstinée*. (I, 448, *Théb.* 915.)
Qu'attendez-vous ? Rompez ce silence *obstiné*. (II, 85, *Andr.* 895.)

OBTENIR :

Il a montré son ordre, et n'*a* rien *obtenu*. (II, 484, *Baj.* 76.)
*La sagesse est difficile à *obtenir*. (VI, 43, *Rem. sur Pind.*)

OCCASION :

L'*occasion* est belle, il la faut embrasser. (III, 382, *Phèd.* 1371.)
Il sut le peu d'hommes qu'il y avoit dans Woërden, et se servant de cette *occasion*, alla mettre le siége devant cette ville. (V, 251, *Camp. de Louis XIV.*)
Ils avoient.... donné *occasion* à lui inspirer ces sentiments. (IV, 501, *P. R.*)
*Pallas prend *occasion* de plaindre Ulysse. (VI. 58, *Rem. sur l'Odyss.*)
J'ai pris *occasion* de faire entrevoir la venue de ce consolateur. (III, 602, *Ath.* préf.)

OCCUPATION :

Vous savez combien j'ai détesté avec vous les sacrifices de cette île : je me réjouissois de ce que vous seriez aujourd'hui dispensée de cette funeste *occupation*. (IV, 11, *Plan d'Iphig. en Taur.*)

OCCUPER, sens divers :

.... De la même source.... sortis en foule
  (*Les animaux*) *Occupent* divers lieux. (IV, 134, *Poés. div.* 8.)
(*Il*) Tenoit après son char un vain peuple *occupé*. (III, 56, *Mithr.* 766.)
Je m'assure qu'il vaut mieux *avoir occupé* l'impertinente éloquence de deux orateurs autour d'un chien accusé. (II, 142, *Plaid.* au lect.)
*Quand le vin *eut* un peu *occupé* son esprit. (VI, 151, *Rem. sur l'Od.*)
La secrète tristesse dont je *suis occupée*. (IV, 10, *Plan d'Iphig. en Taur.*)
.... Les chagrins qu'il me cause
M'*occuperont* assez tout le temps qu'il repose. (II, 255, *Brit.* 8.)
.... Ce cœur que la gloire *occupe* seulement. (I, 553, *Alex.* 652.)
Bérénice m'*occupe* et m'afflige sans cesse. (II, 434, *Bér.* 1288.)
.... Votre seul péril *occupoit* tous mes soins. (II, 523, *Baj.* 960.)
Parlez. Nous sommes seuls : notre ennemi trompé,
Tandis que je vous parle, *est* ailleurs *occupé*. (II, 287, *Brit.* 710.)
.... A l'arrêter sa mère *est occupée*. (II, 301, *Brit.* 960.)
Voyez II, 153, *Plaid.* 98; III, 172, *Iph.* 408.
Le dirai-je ? Vos yeux, de larmes moins trempés,
A pleurer vos malheurs *étoient* moins *occupés*. (III, 172, *Iph.* 408.)
.... *Occupé* de mon nouvel amour. (II, 274, *Brit.* 405.)

OCTROYER à :

Quel est ce grand secours que son bras *nous octroie* ? (I, 547, *Alex.* 514.)

OCULISTE, IV, 466, *P. R.*

ODEUR, au figuré :

Il n'y avoit point de maison religieuse qui fût en meilleure *odeur* que Port-Royal. (IV, 424, *P. R.*)
Cet évêque mort en *odeur* de sainteté. (IV, 526, *P. R.*)

ODIEUX :
De festons *odieux* ma fille couronnée. (III, 236, *Iph.* 1694.)
.... Pour faire jouer ce ressort *odieux*. (II, 307, *Brit.* 1089.)

ODORANT, ANTE :
Ces fleurs *odorantes*. (IV, 88, *Poés. div.* 68.)

ODORIFÉRANT :
* Bois *odoriférant*. (VI, 98, *Rem. sur l'Odyss.*)

OEIL, YEUX :
Mes *yeux* ne voyoient plus, je ne pouvois parler. (III, 323, *Phèd.* 275.)
Vous fermez pour jamais ces beaux *yeux* que j'adore. (I, 482, *Théb.* 1481.)
Ils ont, pour s'affranchir, les *yeux* toujours ouverts. (I, 546, *Alex.* 491.)
Les ombres par trois fois ont obscurci les cieux
Depuis que le sommeil n'est entré dans vos *yeux*. (III, 316, *Phèd.* 192.)
.... Je vois la mort peinte en vos *yeux*. (II, 489, *Bér.* 1385.)
.... Le vainqueur, vers nous s'avançant de plus près,
A mes *yeux* éperdus a montré Xipharès. (III, 95, *Mithr.* 1618.)
Un songe, un foible enfant que votre *œil* prévenu
Peut-être sans raison croit avoir reconnu. (III, 637, *Ath.* 581.)
Partout de l'univers j'attacherois les *yeux*. (III, 48, *Mithr.* 566.)
Tous ces *yeux* qu'on voyoit venir de toutes parts
Confondre sur lui seul leurs avides regards. (II, 388, *Bér.* 309.)
Apaisant par sa mort et la terre et les cieux,
De mes peuple vengés (*qu'*) il repaisse les *yeux*. (III, 534, *Esth.* 1175.)
Elle a fait expirer un esclave à mes *yeux*. (II, 322, *Brit.* 1394.)
Refuser un empire, et pleurer à mes *yeux*. (II, 329, *Brit.* 1554.)
Aimer une captive, et l'aimer à vos *yeux*. (II, 61, *Andr.* 423.)
Ses remords ont paru, même aux *yeux* de Narcisse. (II, 328, *Brit.* 1532.)
Demain elle entendra ce peuple furieux
Me venir demander son départ à ses *yeux*. (II, 407, *Bér.* 734.)
J'ai fait gloire à ses *yeux* de ma félicité. (III, 179, *Iph.* 564.)
Vaincus plus d'une fois aux *yeux* de la patrie. (III, 62, *Mithr.* 887.)
Heureux dans mes malheurs d'en avoir pu sans crime
Conter toute l'histoire aux *yeux* qui les ont faits. (II, 385, *Bér.* 257.)
    De quel front oserois-je me montrer.... aux *yeux* de ces grands hommes? (II, 247, *Brit.* 1re préf.)
.... Sans doute elle attend le moment favorable
Pour disparoître aux *yeux* d'une cour qui l'accable. (II, 377, *Bér.* 68.)
Depuis le jour fatal que la fureur des eaux
Presque aux *yeux* de l'Épire écarta nos vaisseaux. (II, 42, *Andr.* 12.)
Je sais que ce haut rang n'a rien de glorieux
Qui ne cède à l'honneur de l'offrir à vos *yeux*. (I, 478, *Théb.* 1412.)
Elle veut qu'à ses *yeux* j'explique ma pensée. (II, 407, *Bér.* 740.)
Qu'est-il besoin, Nabal, qu'à tes *yeux* je rappelle
De Joad et de moi la fameuse querelle ? (III, 657, *Ath.* 927.)
Silanus, sur qui Claude avoit jeté les *yeux*. (II, 258, *Brit.* 65.)
Ce Solyman jeta les *yeux* sur Roxelane. (II, 501, *Baj.* 466.)
La Reine alors, sur lui jetant un *œil* farouche. (III, 629, *Ath.* 407.)
.... Jeter (*sur ce fils*) un *œil* profane, incestueux. (III, 396, *Phèd.*1624.)
Jette les *yeux* sur nos besoins divers. (IV, 115, *Poés. div.* 22.)
Elle vous plaint, vous voit avec des *yeux* de sœur. (III, 173, *Iph.* 411.)
    .... (*Agrippine*) D'un *œil* enflammé
Atteste les saints droits d'un nœud qu'elle a formé. (II, 277, *Brit.* 485.)
    .... D'un *œil* content je te vois dans Bysance. (II, 481, *Baj.* 10.)

.... Qui sait de quel œil ils prendront cette injure? (II, 425, *Bér.* 1139.)
Pallas obéira, Seigneur. — Et de quel œil
Ma mère a-t-elle vu confondre son orgueil? (II, 291, *Brit.* 761.)
Mais dis-moi de quel œil Hermione peut voir
Son hymen différé, ses charmes sans pouvoir? (II, 46, *Andr.* 123.)
Moi-même de quel œil dois-je ici l'aborder? (III, 44, *Mithr.* 478.)
Le cruel! de quel œil il m'a congédiée! (II, 111, *Andr.* 1397.)
.... Tu sais bien aussi de quel œil dédaigneux
Je regardois ce soin d'un vainqueur soupçonneux. (III, 331, *Phèd.* 431.)
Verrez-vous d'un même œil le crime et l'innocence? (III, 30, *Mithr.* 187.)
Ma fille, je vous vois toujours des mêmes yeux. (III, 178, *Iph.* 555.)
Regardez d'un autre œil une excusable erreur. (III, 377, *Phèd.* 1296.)
.... Nous, qui d'un autre œil jugeons les conquérants. (I, 549, *Alex.* 571.)
   L'Angleterre même.... commença à regarder d'un œil de pitié les Hollandois vaincus et détruits. (V, 256, *Camp. de Louis XIV*.)
(Cyrus) Regarda notre peuple avec des yeux de paix.
                              (III, 529, *Esth.* 1071.)
Je plaignis Bajazet ; je lui vantai ses charmes,
Qui par un soin jaloux dans l'ombre retenus,
Si voisins de ses yeux, leur étoient inconnus. (II, 486, *Baj.* 140.)
Éloigné de ses yeux, j'ordonne, je menace. (II, 278, *Brit.* 496.)
Allons loin de ses yeux l'oublier, ou mourir. (II, 375, *Bér.* 34.)
.... N'accusez que lui, ou malgré mes adieux
De ma présence encor j'importune vos yeux. (II, 412, *Bér.* 854.)
Tu lui parles du cœur, tu la cherches des yeux. (II, 109, *Andr.* 1379.)
Pour mieux voir, cher Paulin, et pour entendre mieux,
Je vous ai demandé des oreilles, des yeux. (II, 391, *Bér.* 362.)
A l'un (il) tendoit la main, flattoit l'autre de l'œil. (III, 689, *Ath.* 1526.)
Venez dans tous les cœurs faire parler vos yeux. (II, 68, *Andr.* 568.)
Il suffit de tes yeux pour t'en persuader,
Si tes yeux un moment pouvoient me regarder. (III, 343, *Phèd.* 691 et 692.)
Soit que je n'ose encor démentir le pouvoir
De ces yeux où j'ai lu si longtemps mon devoir. (II, 278, *Brit.* 502.)
Mon désespoir, mes yeux de pleurs toujours noyés. (II, 99, *Andr.* 1155.)
Ses yeux, baignés de pleurs, demandoient à vous voir. (II, 442, *Bér.* 1450.)
Ses yeux, qui vainement vouloient vous éviter,
Déjà pleins de langueur, ne pouvoient vous quitter. (III, 331, *Phèd.* 411.)
Je disputai longtemps, je fis parler mes yeux. (II, 383, *Bér.* 201.)
Commandez à vos yeux de garder le secret. (II, 76, *Andr.* 720.)
Ne sauroit-il rien voir qu'il n'emprunte vos yeux? (II, 263, *Brit.* 161.)
Enfin je viens à vous, et je me vois réduit
A chercher dans vos yeux une mort qui me fuit. (II, 64, *Andr.* 496.)
Croirai-je que vos yeux, à la fin désarmés,
Veulent...? (II, 98, *Andr.* 1151.)
.... Quoique d'un autre œil l'éclat victorieux
Eût déjà prévenu le pouvoir de vos yeux. (II, 105, *Andr.* 1291 et 1292.)
Elle rougit des fers qu'on apporte en ces lieux,
Et n'y sauroit souffrir de tyrans que ses yeux. (I, 528, *Alex.* 72.)
Vos yeux assez longtemps ont régné sur son âme. (II, 84, *Andr.* 885.)
Je prétends qu'à mon tour l'inhumaine me craigne,
Et que ses yeux cruels, à pleurer condamnés,
Me rendent tous les noms que je leur ai donnés. (II, 78, *Andr.* 763.)
Devant ses yeux cruels une autre a trouvé grâce. (III, 374, *Phèd.* 1210.)
         .... Vos beaux yeux....
.... du mal qu'ils ont fait ont-ils quelque pitié? (I, 416, *Théb.* 317.)
Ses yeux indifférents ont déjà la constance

D'un tyran dans le crime endurci dès l'enfance. (II, 338, *Brit.* 1711.)
Quand pour te faire un peuple agréable à tes *yeux*,
Il plut à ton amour de choisir nos aïeux. (III, 482, *Esth.* 251.)
Qu'Octavie à vos *yeux* ne fasse point d'ombrage. (II, 282, *Brit.* 595.)
Juste juge des cœurs, notre ardeur assidue
 Demande ici tes *yeux* et ta faveur. (IV, 118, *Poés. div.* 4.)
J'ai su tromper les *yeux* de qui j'étois gardé. (III, 359, *Phèd.* 968.)
Ainsi donc vous fuyez un amant odieux,
Et vous-même, cruelle, éteignez vos beaux *yeux*! (I, 482, *Théb.* 1480.)
 Il y a longtemps que l'Académie a les *yeux* sur vous. (IV, 351, *Disc. ac.*)
O vous, sur ces enfants si chers, si précieux,
Ministres du Seigneur, ayez toujours les *yeux*. (III, 639, *Ath.* 618.)
La Reine, à vous ouïr, n'a des *yeux* que pour vous. (I, 534, *Alex.* 227.)
L'amour a d'autres *yeux* que le commun des hommes. (I, 414, *Théb.* 275.)
J'ai des *yeux* : leur bonheur n'est pas encor tranquille. (III, 189, *Iph.* 761.)
Auras-tu donc toujours des *yeux* pour ne point voir? (III, 611, *Ath.* 106.)
Ces murs mêmes, Seigneur, peuvent avoir des *yeux*. (II, 287, *Brit.* 713.)
Je l'ai conduit de l'*œil* jusque dans la demi-lune. (VII, 18, *Lettres.*)
Relisez ma lettre,... et cela vous sautera aux *yeux*. (VI, 457, *Lettres.*)
 .... Tais-toi, sur les *yeux* de ta tête. (II, 187, *Plaid.* 523.)
Des choses qu'elles avoient vues de leurs *yeux*. (IV, 559, *P. R.*)
 L'*œil* du monde voit à regret
 Qu'il ne peut percer le secret
  De ces lieux pleins de charmes. (IV, 30, *Poés. div.* 65.)
 Voyez ABSOLU, BAISSER, CHARGER, DESSILLÉ, DÉTOURNER, ÉBLOUIR, ÉCLAIR, FERMER, GRÂCE, HUMIDE, INFORTUNÉ, MORNE, OUVRIR, etc.

ŒUVRE (METTRE EN) :
L'on ne manquera point de vous *mettre en œuvre* dans les occasions. (VII, 248, *Lettres.*)

OFFENSE :
De son bannissement prenez sur vous l'*offense*. (II, 285, *Brit.* 671.)

OFFENSER, au propre et au figuré :
Ne vous souvenez plus qu'il vous *ait offensée*. (II, 309, *Brit.* 1104.)
Pour attaquer des rois qui ne l'*offensoient* pas. (I, 531, *Alex.* 144.)
 * Il étoit ordonné.... que les protestants ne troubleroient et n'*offenseroient* en aucune sorte les catholiques. (V, 127, *Notes hist.*)
 .... Son cœur *offensé*
Prétendoit tôt ou tard rappeler le passé. (II, 335, *Brit.* 1665.)
 .... Ses ennemis *offensés* de sa gloire.
   (IV, 87, *Poés. div.* 38 ; voyez II, 288, *Brit.* 723.)
Tant de raisonnements *offensent* ma colère. (II, 102, *Andr.* 1233.)
Je dois une victime à ma gloire *offensée*.
 (I, 589, *Alex.* 1410; voyez II, 100, *Andr.* 1189 ; III, 183, *Iph.* 633.)
  ... Ma flamme *offensée*. (III, 50, *Mithr.* 619.)
 .... Je craignois bien plus d'*offenser* vos appas
Que le courroux des Dieux, que je n'*offensois* pas. (I, 422 et 423, *Théb.*var.)
Je vois le grand astre du jour...,
 .... sans *offenser* de ses feux
 La fraîcheur coutumière,
Dorer son cristal lumineux (*le cristal de l'étang*). (IV, 31, *Poés. div.* 18.)

OFFENSEUR (voyez le *Lexique de Corneille*) :
Plus l'*offenseur* m'est cher, plus je ressens l'injure. (I, 413, *Théb.* 268.)

OFFENSIF, IVE : voyez LIGUE.

OFFICE, fonction, devoir, service :
*Chacun fait son *office* : l'un tient la coignée, l'autre le vase, etc. (VI, 82, *Rem. sur l'Odyss.*)
Tant d'autres malheureux dont j'ai causé les maux
Font déjà dans mon cœur l'*office* des bourreaux. (I, 483, *Théb.* 1512.)
Surtout que le sang parle et fasse son *office*. (I, 452, *Théb.* 983.)
Rendre de mauvais *offices* auprès du premier ministre. (IV, 412, *P. R.*)

OFFICES, lieu où l'on prépare, où l'on garde les choses nécessaires pour le service de la table, II, 186, *Plaid.* 512.

OFFICIER, ÈRE, de justice, de couvent :
C'est donc vous qui tantôt braviez notre *officier*? (II, 182, *Plaid.* 461.)
Cette troupe d'archers et d'*officiers* séculiers. (IV, 555, *P. R.*)
Il destitua toutes les *officières* qui avoient été nommées par l'abbesse. (IV, 560, *P. R.*)

OFFICIEUX :
Tous les matins un vent *officieux*
En écarte (*écarte des cieux*) toutes les nues (VI, 436, *Lettres*.)
.... Zèle *officieux*. (III, 609, *Ath.* 65.)
(Locuste) A redoublé pour moi ses soins *officieux*. (II, 322, *Brit.* 1393.)
.... *Officieux* rideaux (*formés par des arbres*). (IV, 36, *Poés. div.* 70.

OFFRANDE, au propre et au figuré :
Aller les premiers à l'*offrande*. (VI, 424, *Lettres*.)
Leurs parents.... les lui avoient autrefois recommandées (*ces filles*) pour en faire des *offrandes* dignes d'être consacrées à Dieu dans son monastère. (IV, 508, *P. R.*)

OFFRE, féminin et masculin :
L'horreur et le mépris que cette *offre* m'inspire. (II, 551, *Baj.* 1550.)
.... Ce n'est plus, Madame, une *offre* à dédaigner. (II, 89, *Andr.* 967.)
Les premières éditions, jusqu'à celle de 1689 inclusivement, portent *un offre*. Dans le passage suivant, *offre* est demeuré au masculin dans toutes les éditions :
L'*offre* de mon hymen l'eût-il tant effrayé? (II, 528, *Baj.* 1092.)

OFFRIR; OFFRIR À; S'OFFRIR À, DE :
Je vais l'*offrir* (*Joas*) au Dieu par qui règnent les rois. (III, 617, *Ath.* 178.)
.... Qu'attendez-vous? Il vous *offre* sa tête. (II, 101, *Andr.* 1217.)
Je craignois que le Ciel, par un cruel secours,
Ne vous *offrît* la mort que vous cherchiez toujours. (II, 42, *Andr.* 20.)
Un faux Astyanax *fut offert* au supplice. (II, 51, *Andr.* 222.)
.... Tu meurs, si je n'arrête
Le fer que le cruel tient levé sur ta tête :
Je l'en puis détourner, et je t'y vais *offrir*? (II, 92, *Andr.* 1035.)
Ne m'*offrirez*-vous plus qu'un visage interdit? (II, 400, *Bér.* 597.)
Rome, ce ciel, ce jour que tu reçus de moi,
Partout, à tout moment, m'*offriront* devant toi. (II, 336, *Brit.* 1682.)
Je vous *offre* à commettre un double parricide. (I, 405, *Théb.* 116.)
.... Je m'*offre* à vous venger. (II, 541, *Baj.* 1356.)
Puisqu'il *s'offre* à vous voir, croyez qu'il veut la paix. (I, 442, *Théb.* 801.)
Quelques Anglois de Dunquerque *s'offrirent de* lui donner les clefs. (V, 103, *Notes hist.*)
*Ulysse *s'offre* à Teucer *de* lui aider à enterrer Ajax. (VI, 245, *L. ann.*)

OISEAU :
L'*oiseau* vigilant (*le coq*) nous réveille. (IV, 113, *Poés. div.* 1.)

OISIF, ive :
   Quittez, dit-il, la couche *oisive*
Où vous ensevelit une molle langueur. (IV, 114, *Poés. div.* 5.)
Cette *oisive* vertu, vous en contentez-vous ? (III, 609, *Ath.* 70.)

OISIVETÉ :
Je commence à rougir de mon *oisiveté*. (III, 305, *Phèd.* 4.)

OMBRAGE, ombrages, au figuré :
Qu'Octavie à vos yeux ne fasse point d'*ombrage*. (II, 282, *Brit.* 595.)
Un visir aux sultans fait toujours quelque *ombrage*. (II, 488, *Baj.* 185.)
Ce choix aux ennemis ôtera tout *ombrage*. (I, 408, *Théb.* 180.)
Toute autre auroit pour moi pris les mêmes *ombrages*. (III, 339, *Phèd.* 613.)
Vivez, solennisez vos fêtes sans *ombrage*. (III, 660, *Ath.* 975.)

OMBRE, ombres, sens et emplois divers :
Fidèle à sa douleur, et dans l'*ombre* enfermée. (II, 274, *Brit.* 415.)
Dissipe l'*ombre* épaisse où les plonge le vice. (IV, 114, *Poés. div.* 15.)
   Ainsi l'on vit l'aimable Samuel
   Croître à l'*ombre* du tabernacle. (III, 649, *Ath.* 765.)
Ils conjuroient ce Dieu de veiller sur vos jours,...
De mettre votre trône à l'*ombre* de ses ailes. (III, 531, *Esth.* 1113.)
Astre dont le soleil n'est que l'*ombre* grossière. (IV, 109, *Poés. div.* 23.)
Depuis ce coup fatal, le pouvoir d'Agrippine
Vers sa chute, à grands pas, chaque jour s'achemine.
L'*ombre* seule m'en reste.... (II, 261, *Brit.* 113.)
.... Des premiers temps nous retracer quelque *ombre*. (III, 606, *Ath.* 16.)
.... (Je souhaitois) qu'étant loin de moi, quelque *ombre* d'amertume
Vous fît trouver les jours plus longs que de coutume. (I, 417, *Théb.* 343.)
Vous devez à ses pleurs quelque *ombre* de pitié. (III, 337, *Phèd.* 568.)
Du chagrin le plus noir elle écarte les *ombres*. (III, 507, *Esth.* 673.)

OMBRE, ombrage, inquiétude :
Des prêtres, des enfants lui feroient-ils quelque *ombre* ? (III, 695, *Ath.* 1659.)

ON, l'on :
On la conseille.... (II, 168, *Plaid.* 290.)
Holà ! gardes, qu'*on* vienne.... (II, 505, *Baj.* 568.)
Jeunes filles, allez : qu'*on* dise à Josabet
Que Mathan veut ici lui parler en secret. (III, 654, *Ath.* 845.)
Dégourdis-toi. Courage ! allons, qu'*on* s'évertue. (II, 204, *Plaid.* 696.)
   .... Taisez-vous, vous dit-*on*. (II, 192, *Plaid.* 565.)
Vous, Narcisse, approchez ; et vous, qu'*on* se retire. (II, 272, *Brit.* 372.)
Il la ruinera si l'*on* le laisse faire. (II, 155, *Plaid.* 147.)
Que dis-je ? l'*on* m'évite, et déjà délaissée.... (II, 297, *Brit.* 891.)
Je vois que l'*on* m'écoute avec moins de regret. (II, 384, *Bér.* 226.)
Voyez I, 539, *Alex.* 342 ; II, 96, *Andr.* 1108 ; II, 146, *Plaid.* 23.

ONCQUES :
   * *Oncques* ne fut plus lugubre journée. (IV, 240, *Poés. div.* 4, 2^d app.)

ONDOYER, au figuré :
   Je vois de ces pompeux sillons
      La richesse flottante
   Ondoyer dessus ces vallons. (IV, 25, *Poés. div.* 30.)

ONÉREUX, euse :
   Une guerre qui lui est si *onéreuse*. (V, 295, *Camp. de Louis XIV.*)

ONZIÈME :
Cette action se passa le *onzième* octobre 1672. (V, 55, *Méd.*)
*La trêve de dix ans expirant l'*onzième* juin 1651. (V, 160, *Notes hist.*)
On voit que Racine tantôt élide l'article devant ce mot, et tantôt ne l'élide pas.

OPÉRA, au pluriel :
Il l'empêchoit le plus qu'il pouvoit d'aller aux comédies et aux *opéra*. (VI, 575, *Lettres;* voyez VII, 125 et 141, *Lettres*.)

OPÉRATEUR (voyez le *Lexique de Corneille*) :
On l'avoit fait voir à tout ce qu'il y avoit d'oculistes, de chirurgiens, et même d'*opérateurs* plus fameux. (IV, 466, *P. R.*)

OPÉRER sur :
Je le vois bien, Monsieur, le vin muscat *opère*
Aussi bien *sur* le fils que *sur* l'esprit du père. (II, 195, *Plaid.* 587 et 588.)

OPINIÂTRE, substantivement :
*Ne faire compte des médisants et des *opiniâtres*. (VI, 296, *Liv. ann.*)

OPINIÂTRER (S') à, contre :
Le gouverneur.... ne voulut point perdre ses troupes en *s'opiniâtrant* à défendre plus longtemps la ville. (V, 279, *Camp. de Louis XIV.*)
Il faut *vous opiniâtrer contre* le penchant que vous avez. (VII, 248, *Lettr.*)

OPINIÂTRETÉ :
Triomphant.... des injures de l'air et de l'*opiniâtreté*, pour ainsi dire, des éléments. (V, 347, *Siège de Nam.*)

OPINION :
Il avoit été.... au commencement dans l'*opinion* qu'on devoit aux Constitutions une soumission pleine et entière. (IV, 520, *P. R.*)
*Je n'ai pu m'empêcher de concevoir quelque *opinion* de ma tragédie. (I, 516, *Alex.* 1re préf.)
*Peu d'*opinion* de sa valeur (*de la valeur de Paris*). (VI, 199, *Liv. ann.*)

OPPOSER, s'opposer :
Ils vous *opposeront* de vastes solitudes. (I, 584, *Alex.* 1330.)
A vos persécuteurs *opposons* cet asile. (III, 228, *Iph.* 1525.)
J'ai choisi Burrhus pour *opposer* un honnête homme à cette peste de cour. (II, 252, *Brit.* 2e préf.)
Contre tant d'ennemis vous n'*opposez* que vous. (I, 552, *Alex.* 636.)
(Ses soupirs) Se font jour au travers de deux camps *opposés*.
(I, 527, *Alex.* 52.)
Ses yeux *s'opposeront* entre son père et vous. (II, 52, *Andr.* 240.)
Il *s'opposeroit* même si je donnois davantage. (VII, 266, *Lettres*.)

OPPOSITION :
Les Hollandois, malgré les *oppositions* du prince d'Orange, embrassèrent avec joie la trêve. (V, 58, *Méd.*)

OPPRESSÉ :
Il entendra gémir une mère *oppressée*. (III, 205, *Iph.* 1069.)

OPPRIMER :
.... L'ennemi dont je *suis opprimé?* (II, 288, *Brit.* 734.)
.... *Opprimés* de ce poids odieux. (III, 353, *Phèd.* 867.)
.... Qu'éloigné du malheur qui m'*opprime*,
Votre cœur aisément se montre magnanime! (III, 166, *Iph.* 321.)

Loin de la secourir, mon amitié l'*opprime*. (III, 224, *Iph.* 1465.)
Aux yeux de tout son peuple il faut que je l'*opprime !* (II,101, *Andr.* 1209.)
OPPROBRE :
.... Pour vous venger tant de rois assemblés
D'un *opprobre* éternel retourneront comblés. ·III, 162, *Iph.* 228.)
.... Venger l'*opprobre* d'Israël. (III, 666, *Ath.* 1113.)
OR, substantif, au figuré :
.... Cet *or* tout mouvant (*les champs de blé*). (IV, 25, *Poés. div.* 22.)
OR, particule, IV, 185,*Poés. div.* 12 ; OR çà, II, 176, *Plaid.* 373.
ORACLE :
Cet *oracle* est plus sûr que celui de Calchas.(III, 205, *Iph.* 1084.)
ORAGE, au figuré :
.... L'*orage* se déclare. (III, 663, *Ath.* 1044.)
(*Il*) M'envoya dans ces lieux éloignés de l'*orage.* (III, 33, *Mithr.* 260.)
De mille coups mortels il détourne l'*orage.* (I, 474, *Théb.* 1334.)
Tout cela avoit fait juger que l'*orage* tomberoit.... du côté de l'Allemagne. (V, 289, *Camp. de Louis XIV ;* voyez V, 317, *Siége de Nam.*)
*Jupiter préparoit aux Grecs un grand *orage* de malheurs. (VI, 77, *Rem. sur l'Odyss.*)

Voyez I, 543, *Alex.* 442 ; I, 548, *Alex.* 550 ; II, 271, *Brit.* 347 ; II, 307, *Brit.* 083 ; III, 227, *Iph.* 1496.

ORDINAIRE, substantivement :
Quoique son amitié surpasse l'*ordinaire.* (I, 419, *Théb.* var.)
Je n'écris point à Monsieur l'Ambassadeur par cet *ordinaire.* (VII, 210, *Lettres ;* voyez VI, 422, *Lettres.*)
Tous vos confrères les *ordinaires* (*les gentilshommes ordinaires*) du Roi me demandent souvent de vos nouvelles. (VII, 263, *Lettres.*)
La juridiction de l'*ordinaire* (*de l'évêque diocésain*). (IV, 403, *P. R.*)
Le plus grand nombre fut, à l'*ordinaire*, de l'avis du président. (IV, 498 et 499, *P. R.*)
ORDONNANCE, sens divers :
*Personne ne va parmi eux à l'encontre de cette *ordonnance.* (V,468, *Trad. ;* voyez V, 469, *ibid.*)
On m'a donné pour vous une *ordonnance* (*un ordre de paiement*) de voyage. (VII, 199, *Lettres ;* voyez VII, 75, *ibid.*)
ORDONNER, ORDONNER DE, sens et emplois divers :
*L'amour *ordonne* les saisons. (VI, 269, *Livres ann.*)
*Le temps *ordonné* de la milice. (VI, 312, *Livres ann.*)
Quelle autre *ordonnera* cette pompe sacrée ? (III, 191, *Iph.* 801.)
Ordonne son triomphe, et marche devant lui. (III, 503, *Esth.* 620.)
Le Roi.... s'étoit saisi des villes voisines, et y *avoit ordonné* de grands magasins. (V, 274, *Camp. de Louis XIV ;* voyez V, 107, *Notes hist.*)
.... Ne m'*avez*-vous pas
Vous-même, ici, tantôt, *ordonné* son trépas ? (II, 118, *Andr.* 1543 et1544.)
Ma gloire, mon amour, vous *ordonnent* de vivre. (III, 230, *Iph.* 1573.)
Ordonné qu'il sera fait rapport à la cour. (II, 160, *Plaid.* 217.)
Va, ne le quitte point ; et qu'il se garde bien
D'*ordonner de* son sort, sans être instruit du mien. III, 79, *Mithr.* 1270.)
*Nous ne vivons pas pour *ordonner de* la vie et *de* la mort. (VI, 309, *Livres ann.*)
.... Seul de tous les Grecs ne m'est-il pas permis

D'*ordonner d'*un captif que le sort m'a soumis? (II, 49, *Andr.* 184.)
Voyez I, 539, *Alex.* 322; II, 42, *Andr.* 27.

ORDRE, sens divers :
Venoit-il renverser l'*ordre* des éléments?
(III, 624, *Ath.* 340; voyez IV, 140, *Poés. div.* 22.)
.... Que tout rentre ici dans l'*ordre* accoutumé. (II, 506, *Baj.* 572.)
.... (Un roi) d'un *ordre* constant gouvernant ses provinces.
(I, 410, *Théb.* 207; voyez *ibid.* 211.)
.... Mon *ordre* au palais assembloit le sénat.
(II, 260, *Brit.* 94; voyez I, 420, *Théb.* 394.)
.... N'as-tu rien négligé
Des *ordres* importants dont je t'avois chargé? (II, 377, *Bér.* 70.)
*Guillaume.... laisse.... sa duché à Aliénor..., avec *ordre* qu'elle épouseroit le jeune roi Louis. (V, 195, *Notes hist.*)
*Je donnerai *ordre* à votre retour. (VI, 128, *Rem. sur l'Odyss.*; voyez VI, 82, *ibid.*)

ORE1LLE :
Viens, reconnois la voix qui frappe ton *oreille.* (III, 149, *Iph.* 2.)
J'approchai par degrés de l'*oreille* des rois. (III, 657, *Ath.* 933.)
Ciel! verra-t-on toujours par de cruels esprits
Des princes les plus doux l'*oreille* environnée? (III, 529, *Esth.* 1084.)
.... De Joad l'inflexible rudesse
De leur superbe *oreille* offensoit la mollesse. (III, 658, *Ath.* 940.)
Prêtez-moi l'un et l'autre une *oreille* attentive. (III, 632, *Ath.* 464.)
Est-ce à vous de prêter l'*oreille* à leurs discours? (II, 324, *Brit.* 1434.)
.... Sans prêter l'*oreille* à la voix des flatteurs. (II, 391, *Bér.* 357.)
Cieux, écoutez ma voix; terre, prête l'*oreille*. (III, 668, *Ath.* 1139.)
.... Quelle nouvelle a frappé mon *oreille?* (III, 373, *Phèd.* 1193.)
Ton nom semble offenser ses superbes *oreilles.* (III, 351, *Phèd.* 821.)
Voyez Battre, Détourner, Entendre, Épargner, Posséder.

OREILLER, II, 148, *Plaid.* 46.

*ORFÉVRE, chargé de dorer les cornes de la victime, VI, 82, *Rem. sur l'Odyssée*.

ORGUEIL :
Elle fait tout l'*orgueil* d'une superbe mère. (III, 173, *Iph.* 422.)
.... Fuyant l'*orgueil* du diadème. (III, 472, *Esth.* 107.)
.... (*Junie,*) qui sans *orgueil* jusqu'alors élevée,
N'auroit point vu Néron, s'il ne l'eût enlevée. (II, 266, *Brit.* 231.)
N'ai-je pas vu partout la victoire modeste
Perdre avec vous l'*orgueil* qui la rend si funeste? (I, 574, *Alex.* 1110.)

ORGUEILLEUX, euse, adjectivement et substantivement :
.... Faite *orgueilleux.* (IV, 28, *Poés. div.* 16.)
.... De mon cœur l'*orgueilleuse* foiblesse. (III, 155, *Iph.* 82.)
L'*orgueilleuse* m'attend encore à ses genoux. (II, 73, *Andr.* 660.)

ORIGINAL, ale :
*Si.... on entend par la loi salique cette loi *originale* du royaume qui s'est conservée en la mémoire de nos pères. (V, 388, *Factums*.)

ORNEMENT :
.... Que m'importe, hélas! de ces vains *ornements?* (II, 418, *Bér.* 973.)
.... Pour d'autres excès
Et blasphèmes. toujours l'*ornement* des procès. (II, 170, *Plaid.* 314.)

ORPHELINE :
Elle se résolut d'aller trouver sa chère communauté de Port-Royal. Elle ne l'avoit pas laissée néanmoins *orpheline*, l'ayant mise, en partant, sous la conduite de la Mère Agnès. (IV, 396, *P. R.*)

OS :
Vous n'avez tantôt plus que la peau sur les *os*. (II, 151, *Plaid.* 82.)

OSER :
Pour vous porter au trône où vous n'*osiez* prétendre. (III, 80, *Mithr.* 1292.)
Quand on l'*ose* immoler (*la vertu*), on la connoît bien peu.
(I, 460, *Théb.* var.)
J'ai même défendu, par une expresse loi,
Qu'on *osât* prononcer votre nom devant moi. (III, 339, *Phèd.* 604.)
Isabelle l'aura (*la lettre*), j'*ose* vous le promettre. (II, 171, *Plaid.* 320.)
Racine a souligné *si osé* dans ce passage de Vaugelas : « Personne ne fut *si osé* de s'émanciper en la moindre chose » (VI, 356).

OTAGE :
Voulez-vous demeurer pour *otage* en ces lieux? (II, 68, *Andr.* 567.)

ÔTER, s'ôter :
Leur effet naturel (*des eaux*) est d'ouvrir l'appétit, bien loin de l'*ôter*. (VI, 585, *Lettres*.)
Pour la dernière fois, *ôte-toi* de ma vue. (III, 370, *Phèd.* 1154.)
Elles.... se sont *ôté* le pain des mains pour en fournir à ceux qui en manquoient. (IV, 427, *P. R.*)

OTHOMAN, Ottoman :
*Les *Othomans*. (V, 84, *Notes hist.*)
Atalide, fille du sang *ottoman*. (II, 480, *Baj.* acteurs; voyez la note 1.)

OU ; ou.... ou ; soit.... ou ; soit que.... ou (que) :
J'essairai tour à tour la force et la douceur;
Ou moi-même, avec moi conduisant votre sœur,
J'irai semer partout ma crainte et ses alarmes. (II, 299, *Brit.* 922.)
.... Peut-on entrer? — Non, Monsieur, *ou* je meure! (II, 190, *Plaid.* 547.)
Les moindres choses vous deviennent considérables, pour peu qu'elles puissent servir *ou* à sa gloire *ou* à son plaisir. (II, 363, *Brit.* épître.)
Voyez V, 552, l. 6 et 7, *Trad.*
*Celui qui chante auprès d'eux, *soit* le maître de musique *ou* quelque autre. (V, 489, *Trad.*)
*Soit qu'*ainsi l'ordonnât mon amour *ou* mon père. (II, 100, *Andr.* 1194.)
*Soit qu'*on dise vrai, *ou* que ses malheurs aient fait croire cela de lui. (II, 253, *Brit.* 2ᵉ préf.)
Voyez V, 153, l. 3 et 4, *Notes hist.*; V, 552, l. 20 et 21, *Trad.*

OÙ, dans lequel, dans lesquels, auquel, à laquelle, etc.; où, rapports divers :
Ces prépositions.... n'étoient point dans le livre de cet évêque, *où* ils s'offroient même d'en faire voir de toutes contraires. (IV, 526, *P. R.*)
Je vous conduis au temple *où* son hymen s'apprête. (II, 89, *Andr.* 965.)
Le danger que Porus lui fit courir dans la bataille lui parut le plus grand *où* il se fût jamais trouvé. (I, 521, *Alex.* 2ᵉ préf.)
Portez à votre père un cœur *où* j'entrevoi
Moins de respect pour lui que de haine pour moi. (III, 231, *Iph.* 1599.)
.... Ta pitié rompit le piége
Où leurs complots m'avoient surpris. (IV, 140, *Poés. div.* 20.)

Elle citoit.... de prétendues révélations, *où* elle assuroit que l'évêque d'Ypres lui étoit apparu. (IV, 561, *P. R.*)

*Henri IIIe.... ôta aux cardinaux la possession *où* ils étoient de précéder les princes du sang. (V, 167, *Notes hist.*)

(Ce jour) *Où* Néron fut lui-même ébloui de sa gloire. (II, 260, *Brit.*100.)

Voici le temps, Seigneur, *où* vous devez attendre
Le fruit de tant de sang qu'ils vous ont vu répandre. (II, 379, *Bér.* 115.)

Parmi les déplaisirs *où* son âme se noie. (II, 45, *Andr.* 81.)

Voyez I, 393, *Théb.*, l. 12, préf.; I, 440, *Théb.* 749; I, 538, *Alex.* 296; I, 566, *Alex.* 928; I, 570, *Alex.* 1007; I, 574, *Alex.* 1102; I, 577, *Alex.* 1165; II, 42, *Andr.* 18; II, 62, *Andr.* 454; II, 87, *Andr.* 927; II, 285, *Brit.* 666; IV, 431, l. 12, *P. R.*; V, 315, l. 24, *Siége de Nam.*

Le seul (*cœur*) *où* mes regards prétendoient s'adresser. (II, 83, *Andr.* 864.)

Voilà donc le triomphe *où* j'étois amenée. (III, 185, *Iph.* 693.)

Ce champ si glorieux *où* vous aspirez tous. (III, 229, *Iph.* 1543.)

.... Ah! c'est *où* je t'attends. (III, 65, *Mithr.* 969.)

La tragédie étant l'imitation d'une action complète, *où* plusieurs personnes concourent. (II, 246, *Brit.* 1re préf.)

Jouissons des plaisirs
Où le beau temps nous convie. (IV, 207, *Poés. div.* 11.)

*La gloire *où* vous êtes élevé. (VI, 16, *Rem. sur Pind.*)

.... L'hymen *où* j'étois destinée. (III, 33, *Mithr.* 256.)

Ces politiques.... ne savent plus *où* ils en sont. (V, 298, *C de L. XIV.*)

Je sais pourquoi tu fuis l'hymen *où* je t'envoie. (III, 65, *Mithr.* 971.)

La voici. — Juste Ciel! *où* va-t-il s'exposer? (II, 524, *Baj.* 1011.)

*Il y a des actions *où* l'on ne doit jamais être forcé. (VI, 287, *L. ann.*)

.... Par un bonheur *où* je n'osois penser. (I, 452, *Théb.* 977.)

.... L'unique faveur.... *où* je prétends. (I, 428, *Théb.* 537.)

.... *Où* ma douleur doit-elle recourir? (I, 468, *Théb.* 1214.)

*Absurdité *où* il réduit Alcibiade. (VI, 274, *Livres ann.*)

Ah! destins ennemis, *où* me réduisez-vous? (II, 559, *Baj.* 1704.)

Quinze.... vaisseaux, qui avoient été obligés de se faire échouer, et *où* ils avoient mis le feu. (V, 336, *Siége de Nam.*)

Voyez I, 411, *Théb.* 225; I, 436, *Théb.* 648; I, 440, *Théb.* 763; I, 452, *Théb.* 977; I, 456, *Théb.* 1053; I, 528, *Alex.* 65; I, 542, *Alex.* 417; I, 546, *Alex.* 496; I, 578, *Alex.* 1196; I, 582, *Alex.* 1281; II, 55, *Andr.* 289; II, 65, *Andr.* 499; II, 96, *Andr.* 1109; II, 270, *Brit.* 322; II, 306, *Brit.* 1064; II, 363, l. 16, *Bér.* épître; II, 375, *Bér.* 27; II, 386, *Bér.* 274; II, 409, *Bér.* 787; II, 281, *Brit.* 575; II, 413, *Bér.* 890; II, 423, *Bér.* 1099; II, 432, *Bér.* 1258; II, 434, *Bér.* 1294; II, 438, *Bér.* 1374; II, 502, *Baj.* 500; II, 503, *Baj.* 504; II, 524, *Baj.* 1011; II, 538, *Baj.* 1275; III, 82, *Mithr.* 1340 et 1347; III, 150, *Iph.* 11; III, 198, *Iph.* 925; III, 200, *Iph.* 958; III, 213, *Iph.* 1230; III, 227, *Iph.* 1497; III, 351, *Phèd.* 813; III, 376, *Phèd.* 1267; III, 379, *Phèd.* 1323; III, 382, *Phèd.* 1357; III, 484, *Esth.* 277; III, 517, *Esth.* 854; III, 535, *Esth.* 1182; IV, 10, l. 18, *Plan d'Iph. en Taur.*; IV, 391, l. 11, *P. R.*; IV, 401, l. 14, *P. R.*; IV, 425, l. 22, *P. R.*; IV, 426, l. 5, *P. R.*; IV, 506, l. 4, *P. R.*; V, 470, l. 10, *Trad.*; VI, 42, l. av.-dern., *Rem. sur Pind.*; VI, 458, l. 12, *Lettres*; VII, 248, l. 20, *Lettres.*

Je souhaitai son lit, dans la seule pensée
De vous laisser au trône *où* je serois placée. (II, 310, *Brit.*1128.)

*Un papier *où* étoit écrit.... (V, 171, *Notes hist.*)

Je lui marque le cœur *où* sa main doit frapper. (III, 73, *Mithr.* 1146.)

Nous nous reverrons ailleurs, *où* il ne sera plus au pouvoir des hommes de nous séparer. (IV, 509, *P. R.*)

Je fais entrer Junie dans les Vestales, *où*.... on ne recevoit personne au-dessous de six ans. (II, 248, *Brit.* 1re préf.)

.... Il ne reste que moi
Où l'on découvre encor les vestiges d'un roi. (I, 548, *Alex.* 540.)

*Ma mère assise près du feu, contre un pilier, *où* elle file des laines. (VI, 119, *Rem. sur l'Odyss.*)
*Elle s'en va avec ses femmes, *où* elle pleure. (VI, 65, *Rem. sur l'Od.*)

Où, là où :
Je cours *où* ma présence est encor nécessaire. (II, 560, *Baj.* 1718.)
Laissez courir Porus *où* son malheur l'entraine. (I, 543, *Alex.* 438.)
Il régneroit encore *où* règne un autre maître. (I, 532, *Alex.* 166.)
Voyez I, 445, *Théb.* 844; II, 379, *Bér.* 118.

Par où :
De ce trouble fatal *par où* dois-je sortir? (III, 85, *Mithr.* 1421.)
.... *Par où* commencer?... (II, 395, *Bér.* 473.)
Sans l'offre de ton cœur, *par où* peux-tu me plaire? (II, 550, *Baj.* 1526.)
Je sais tous les chemins *par où* je dois passer. (III, 57, *Mith.* 793.)
Un exemple *par où* on pourra juger de tout le reste. (IV, 452, *P. R.*)
Il faisoit.... un grand nombre de raisonnements..., *par où* il ôtoit à la véritable religion l'une de ses plus grandes preuves. (IV, 472, *P.R.*)
On n'a point vu de roi.... qui ait commencé sa carrière *par où* les plus grands princes ont tâché d'achever la leur. (I, 514, *Alex.* épître.)

Où, avec pléonasme :
*C'est là *où* aborda Ulysse. (VI, 144, *Rem. sur l'Odyss.*)
La dernière (*procession*) *où* elle assista, ce fut à celle que l'on fit pour les sept novices. (IV, 509, *P. R.*)
Il n'y avoit guère que dans le diocèse de Paris *où* l'on fût inquiété pour le Formulaire. (IV, 566, *P. R.*)
Ce fut surtout à Rome *où* ces Pères se signalèrent. (IV, 431, *P. R.*)

OUBLI :
(Dieu) L'a tiré par leur main de l'*oubli* du tombeau. (III, 621, *Ath.* 281.)
Nous mettrons notre honneur et son sang en *oubli?* (III, 35, *Mithr.* 297.)

OUBLIER :
Si leur haine, de Troie *oubliant* la querelle,
Tournoit contre eux le fer qu'ils aiguisent contre elle. (III, 208, *Iph.* 1137.)
Il s'épanchoit en fils, qui vient en liberté
Dans le sein de sa mère *oublier* sa fierté
     (II, 331, *Brit.* 1394; voyez I, 561, *Alex.* 823.)
*J'ai bien *oublié* de n'avoir pas mis un casque. (V, 517, *Trad.*)
J'*oubliois* à vous prier de, etc. (VI, 420, *Lettres;* voyez VII, 267, *ibid.*)

OUI, placé en tête d'une pièce ou d'un acte (voyez Non) :
Oui, tandis que nos rois délibèrent ensemble. (I, 540, *Alex.* 345.)
Oui, puisque je retrouve un ami si fidèle. (II, 41, *Andr.* 1.)
Oui, c'est Agamemnon, c'est ton roi qui t'éveille. (III, 149, *Iph.* 1.)
Oui, Seigneur, nous partions.... (III, 190, *Iph.* 767.)
Oui, je viens dans son temple adorer l'Éternel. (III, 605, *Ath.* 1.)

Oui, oui :
Oui, oui, cette vertu sera récompensée. (I, 437, *Théb.* 671.)
Croyez-vous la fléchir? — *Oui, oui*, mon cher Attale. (I, 479, *Théb.* 1421.)

Oui bien :
Je n'ai point encore vu M. Fagon..., *oui bien* M. Daquin. (VI, 569, *Lettr.*)

Oui-da :
Çà ne signez-vous pas...? — *Oui-da*, gaîment. (II, 185, *Plaid.* 497.)
Voyez II, 180, *Plaid.* 429; II, 208, *Plaid.* 735; II, 219, *Plaid.* 878.

OUÏ-DIRE, substantivement (voyez Ouïa, fin) :

.... Je le sais par *oui-dire*. (IV, 228, *Poés. div.* 48, 2ᵈ app.)

*Il avance le premier fait sur un simple *ouï-dire*. (V, 165, *Notes hist.*)

OUÏR :

Nous *avons oui* des coups de tonnerre. (VI, 469, *Lettres.*)

.... Tu vas *ouïr* le comble des horreurs. (III, 321, *Phèd.* 260.)

Je veux l'*ouïr* : mon choix s'arrête à ce témoin. (III, 68, *Mithr.* 1026.)

Quoi, Seigneur? sans l'*ouïr*? une mère? — Arrêtez. (II, 307, *Brit.* 1093.)

.... Conter votre honte à qui voudra l'*ouïr*. (III, 355, *Phèd.* 880.)

.... N'*as*-tu pas encore *oui* la renommée
T'annoncer ton devoir jusque dans ton armée? (II, 420, *Bér.* 1019.)

Ses rois, à vous *ouïr*, m'ont paré d'un vain titre.
(III, 221, *Iph.* 1410; voyez I, 534, *Alex.* 227.)

Le sénat chaque jour, et le peuple, irrités
De s'*ouïr* par ma voix dicter vos volontés.... (II, 315, *Brit.* 1242.)

.... Se faisant *ouïr* des Grecs et des Thébains. (I, 435, *Théb.* 637.)

*A ce que j'*ai ouï* dire. (VI, 78, *Rem. sur l'Odyss.*; voyez VII, 168, *Lettres.*)

OURSE, constellation, Nord :

Vous, le côté de l'*ourse;* et vous, de l'occident. (III, 684, *Ath.* 1447.)

OUTRAGE :

Hé! Seigneur, ce soupçon vous fait-il tant d'*outrage*?
(II, 335, *Brit.* 1660.)

.... Mon front, dépouillé d'un si noble avantage,
Du temps, qui l'a flétri, laisse voir tout l'*outrage*. (III, 69, *Mithr.* 1044.)

Souffrez que de vos pleurs je répare l'*outrage*. (II, 418, *Bér.* 971.)

OUTRAGER :

J'oublie en sa faveur un discours qui m'*outrage*. (II, 386, *Bér.* 264.)

OUTRE, préposition et adverbe :

*Les instructions et les exemples des autres font souvent parvenir au comble de la gloire, pourvu qu'on soit *outre* cela secouru de Dieu. (VI, 44, *Rem. sur Pind.*)

Outre un soufflet, Monsieur, que j'ai reçu plus qu'eux.
(II, 189, *Plaid.* 537.)

*Je ne passe donc point plus *outre*. (VI, 23, *Rem. sur Pind.*)

Outre plus, le susdit seroit venu, de rage,
Pour lacérer ledit présent procès-verbal. (II, 179, *Plaid.* 424.)

OUTRER; OUTRÉ DE :

Il étoit à propos d'*outrer* un peu les personnages. (II, 142, *Plaid.* au lect.)

Elle sortit du couvent, *outrée* de dépit. (IV, 425, *P. R.*)

OUVERTEMENT :

*Homère ne dit jamais expressément qu'Oreste ait tué sa mère;... mais il le dit *ouvertement* ici. (VI, 80, *Rem. sur l'Odyss.*)

*Je n'ai jamais vu les Dieux aimer si *ouvertement* un homme. (VI, 78, *Rem. sur l'Odyss.*)

OUVERTURE, exposition d'une pièce de théâtre; OUVERTURE, au figuré :

*Ces trois *ouvertures*, quoique un peu semblables, ne laissent pas d'avoir une très-agréable diversité. (VI, 246, *Livres ann.*)

Je lui ai tant témoigné jusqu'ici de soumission et d'*ouverture* de cœur. (VI, 495, *Lettres*.)

OUVRAGE, emplois divers :
J'ai commencé, je vais poursuivre mon *ouvrage*. (II, 296, *Brit.* 871.)
Pour un si grand *ouvrage* est-ce assez de leur zèle? (III, 619, *Ath.* 216.)
Ce grand *ouvrage* (*la révocation de l'édit de Nantes*). (V, 13, *Épitaphes*.)
Puisse-t-il (*le Ciel*) rétablir l'amitié dans leur cœur,
Et conserver l'amour dans celui de la sœur!
— Hélas! ne doutez point que ce dernier *ouvrage*
Ne lui soit plus aisé que de calmer leur rage. (I, 419, *Théb.* 383.)
Renverser en un jour l'*ouvrage* d'une année.
(III, 56, *Mithr.* 772; voyez I, 448, *Théb.* 916.)
.... Un si grand changement
Peut-il être, Seigneur, l'*ouvrage* d'un moment?
— Cet *ouvrage*, Madame, est un coup d'Agrippine.
(II, 327, *Brit.* 1510 et 1511.)
Quoi! ma grandeur seroit l'*ouvrage* d'une femme? (I, 461, *Théb.* 1123.)
.... C'est trop respecter l'*ouvrage* de vos mains. (II, 294, *Brit.* 834.)
Qu'il règne donc ce fils, ton soin et ton *ouvrage*. (III, 702, *Ath.* 1780.)
Les Indiens domptés sont vos moindres *ouvrages*. (I, 564, *Alex.* 869.)
Doutez-vous d'une paix dont je fais mon *ouvrage*? (II, 330, *Brit.* 1576.)
Voyez II, 309, *Brit.* 1108; II, 488, *Baj.* 186; III, 166, *Iph.* 314; III, 234, *Iph.* 1649; IV, 567, *P. R.*
Je suis bien éloigné de croire que toutes ces choses se rencontrent dans mon *ouvrage*. (II, 368, *Bér.* préf.)
Tandis qu'ils travaillent à remplir les places et les édifices publics d'excellents *ouvrages* où ses actions sont représentées. (V, 303, *Camp. de Louis XIV*.)
Ouvrages d'esprit : voyez ESPRIT.

OUVRAGE À CORNE, terme de fortification, V, 113, *Notes hist.*; VII, 15, *Lettres*.

OUVRIR, S'OUVRIR, au propre et au figuré :
Les portes, les chemins lui sont encore *ouverts*. (III, 664, *Ath.* 1057.)
La mort au désespoir *ouvre* plus d'une voie. (III, 89, *Mithr.* 1496.)
Que fait-il là? — Madame, il y donne audience
Le champ vous *est ouvert*. (II, 188, *Plaid.* 528; voyez III, 219, *Iph.* 1368.)
C'est vous dont la rigueur m'*ouvrit* ce précipice. (I, 432, *Théb.* 607.)
.... (Cruelle ambition,) qui feignant d'*ouvrir* le trône sous nos pas,
Ne nous *ouvres* qu'un précipice. (I, 467, *Théb.* var.)
On l'*ouvrit* toute entière, et jamais fille ne fut plus fille. (VI, 473, *Lettres*.)
En lui *ouvrant* les dents par force. (VII, 230, *Lettres*.)
Leur effet naturel (*des eaux*) est d'*ouvrir* l'appéti. (VI, 585, *Lettres*.)
Vos yeux seuls et les miens *sont ouverts* dans l'Aulide. (III, 150, *Iph.* 6.)
Vous *ouvrirez* de fort grands yeux quand vous verrez pour la première fois, etc. (VII, 267, *Lettres*.)
.... Des yeux toujours *ouverts* aux larmes.
(II, 62, *Andr.* 449; voyez I, 397, *Théb.* 3.)
Ils ont, pour s'affranchir, les yeux toujours *ouverts*. (I, 546, *Alex.* 491.)
Ouvrez vos yeux : songez qu'Oreste est devant vous. (II, 66, *Andr.* 531.)
Rome sera pour nous.... Titus, *ouvre* les yeux! (II, 420, *Bér.* 1013.)
Thésée *ouvre* vos yeux en voulant les fermer. (III, 310, *Phèd.* 116.)
— Oui, vous m'*ouvrez* les yeux. (III, 638, *Ath.* 609.)
Cependant je rends grâce au zèle officieux

Qui sur tous mes périls vous fait *ouvrir* les yeux. (III, 609, *Ath.* 66.)
Tes yeux, sur ma conduite incessamment *ouverts*. (II, 271, *Brit.* 345.)
    Ouvrons donc l'œil à sa lumière. (IV, 114, *Poés. div.* 9.)
.... Puisque ce héros veut que *j'ouvre* mon âme. (I, 541, *Alex.* 393.)
.... Entrer dans un cœur de toutes parts *ouvert*. (III, 332, *Phèd.* 448.)
Mon cœur vous *fut ouvert* tant qu'a vécu mon père. (II, 404, *Bér.* 675.)
Il hait à cœur *ouvert*, ou cesse de haïr. (II, 327, *Brit.* 1518.)
Je vous *ouvre* peut-être un avis salutaire. (III, 664, *Ath.* 1067.)
.... Un jour mon trépas, source de votre gloire,
Ouvrira le récit d'une si belle histoire. (III, 229, *Iph.* 1562.)
    .... Vingt fois depuis huit jours
J'ai voulu devant elle en *ouvrir* le discours. (II, 395, *Bér.* 474.)
La requête civile *est ouverte* pour moi. (II, 161, *Plaid.* 233.)
Elle-même, Seigneur, *s'est ouvert* le tombeau. (I, 471, *Théb.* 1280.)
Je veux *m'ouvrir* le trône, ou jamais n'y paroître.
            (I, 461, *Théb.* 1127; voyez I, 479, *Théb.* 1432.)

P

PACIFIER :
    L'unique moyen de *pacifier* l'Église. (IV, 523, *P. R.*)
PACIFIQUE :
    Vous êtes trop *pacifiques* tous deux. (VI, 496, *Lettres*.)
    Que Dieu jette sur vous des regards *pacifiques*. (III, 473, *Esth.* 128.)
PACTE :
    Rompez, rompez tout *pacte* avec l'impiété. (III, 611, *Ath.* 90.)
PAGE, masculin, I, 396, *Théb.* acteurs.
PAILLASSE :
    (*Elle*) ne coucha plus que sur une simple *paillasse*. (IV, 390, *P. R.*)
PAILLE :
Qu'ils soient comme la poudre et la *paille* légère
    Que le vent chasse devant lui. (III, 488, *Esth.* 367.)
PAÎMENT :
    Tiens, voilà ton *paîment*. — Un soufflet! Écrivons. (II, 179, *Plaid.* 417.)
PAIN :
    (*Dieu*) Les nourrit au désert d'un *pain* délicieux. (III, 625, *Ath.* 352.)
    Les tables des *pains* de proposition. (III, 592, *Ath.* préf.)
    Votre mère.... a rendu le *pain* bénit. (VII, 269, *Lettres*.)
    Que Christ soit notre *pain* céleste. (IV, 110, *Poés. div.* 21.)
    Elles.... se sont ôté le *pain* des mains pour en fournir à ceux qui en manquoient. (IV, 427, *P. R.*)
    Manger son *pain* blanc le premier. (IV. 286, *Imag.*)
PAIR, DE PAIR :
    *(*Les Hollandois*).... vouloient qu'on les traitât *de pair* avec Venise. (V, 152, *Notes hist.*)
    *Il n'alloit pas *de pair* avec Pegneranda, comme lui avec Longueville. (VI, 346, *Livres ann.*)
PAISIBLE :
    *Homme qui a des sentiments *paisibles*. (VI, 214, *Livres ann.*)

Sa *paisible* valeur me sert ici de garde. (I, 556, *Alex.* 710.)

PAÎTRE, activement :
Les geais *paissent* la terre. (VI, 216, *Livres ann.*)

PAIX; EN PAIX :
(*Elle*) goûtoit une *paix* profonde. (V, 10, *Épitaphes.*)
Le Ciel promet la *paix* au sang de Ménecée ;
Achevez-la, Seigneur : mon fils l'a commencée. (I, 441, *Théb.* 767.)
Je vois bien que la *paix* ne peut s'exécuter. (I, 424, *Théb.* 450.)
Vous soutenez *en paix* une si rude attaque. (II, 97, *Andr.* 1133.)
*Grands capitaines sont méprisés *en paix.* (VI, 314, *Livres ann.*)
Enfant de *paix;* ministre de *paix; paix* sanguinaire : voyez ENFANT, MINISTRE, SANGUINAIRE.

PALAIS, lieu où se rend la justice, jurisprudence et pratique :
Les matières de *Palais* ne pouvoient pas être un sujet de divertissement. (II, 141, *Plaid.* au lect.)

PÂLE :
Il dompta les mutins, reste *pâle* et sanglant
Des flammes de la faim, des fureurs intestines. (II, 384, *Bér.* 230.)
Minos juge aux enfers tous les *pâles* humains. (III, 377, *Phèd.* 1280.)
.... *Pâle* horizon. (IV, 124, *Poés. div.*)

PALET, VI, 132, *Rem. sur l'Odyssée.*
Dans ce passage Racine a écrit *palais.*

PÂLEUR :
Vous veniez de mon front observer la *pâleur.* (II, 106, *Andr.* 1327.)
De mon front effrayé, je craignois la *pâleur.* (II, 303, *Brit.* 1009.)

PÂLIR :
A-t-il *pâl.* pour moi?... (III, 347, *Phèd.* 749.)
Achille *aura* pour elle impunément *pâli?* (III, 207, *Iph.* 1108.)
La Judée en *pâlit* (*de la venue de Titus*).... (II, 383, *Bér.* 197.)
.... Ces astres précieux,
   Pâlissant sur la terre,
Semblent retourner dans les cieux. (IV, 43, *Poés. div.* 89.)

PALISSADE :
Tantôt Vincennes les reçoit à l'ombre de ses *palissades.* (VI, 491, *Lettres.*)

PALLIATIF :
Quelque charlatan, qui, avec un *palliatif*, avoit suspendu le mal. (IV, 469, *P. R.*)

PALLIER :
Pallier le mensonge. (IV, 525, *P. R.*)

PALME :
.... Couronnez vos feux d'une *palme* si belle. (I, 563, *Alex.* 846.)

PALPITER :
(*Un prêtre*) Dans son cœur *palpitant* consultera les Dieux !
(III, 216, *Iph.* 1304.)

PÂMÉ :
Aux pieds de son amant elle tombe *pâmée.* (III, 394, *Phèd.* 1586.)

PANNEAU :
....(Cette bonne comtesse) donnant dans le *panneau.* (II, 170, *Plaid.* 309.)

PANSER, II, 195, *Plaid.* 595.

PANTELANT :
Leurs gosiers secs et *pantelants.* (IV, 37, *Poés. div.* 43.)

PAPA :
* Nausicaa.... l'appelle (*appelle son père*) son *papa.* (VI, 111, *Rem. sur l'Odyss.*)

PAPIER, au sens de *papiers* :
Elles (les Religieuses) confièrent deux ou trois coffres de *papier* (*sic*) à M. Arnauld, lorsqu'elles furent dispersées. (IV, 608, *P. R.*)

PÂQUES :
Monsieur le Prince va faire toutes ses *Pâques* chez lui. (VI, 473, *Lettres.*)

PAR ; DE PAR ; PAR DELÀ ; PAR-DESSUS ; PAR DEVERS :
Par vous auroit péri le monstre de la Crète. (III, 341, *Phèd.* 649.)
Il espéroit *par* lui de voir Thèbes en cendre. (I, 405, *Théb.* 104.)
Elle s'attend *par* moi de voir finir ses peines. (I, 405, *Théb.* 108.)
Les deux frères *par* moi devinrent ennemis. (I, 445, *Théb.* 865.)
Par moi seule, éloigné de l'hymen d'Octavie.... (II, 258, *Brit.* 63.)
* De grands faits d'armes en Espagne contre les Mores *par* les François. (V, 194, *Notes hist.*)
* Grande louange de la beauté d'Hélène *par* les vieillards. (VI, 198, *Livres ann.*)
* On n'y juge point *par* amis. (VI, 19, *Rem. sur Pind.*)
La Meuse s'étant enflée tout à coup *par* les grandes pluies. (V, 329, *Siège de Nam.*)
* Elle l'excite *par* les louanges de son père. (VI, 71, *Rem. sur l'Odyss.*)
.... Le traître se flatte avec quelque justice
Que vous n'avez vaincu que *par* son artifice. (I, 572, *Alex.* 1058.)
.... Vous avez montré, *par* une heureuse audace,
Que le fils seul d'Achille a pu remplir sa place. (II, 48, *Andr.* 149.)
Je craignois que le ciel, *par* un cruel secours,
Ne vous offrît la mort que vous cherchiez toujours. (II, 42, *Andr.* 19.)
En lui ouvrant les dents *par* force. (VII, 230, *Lettres.*)
* Livres obscurs *par* crainte. (VI, 313, *Livres ann.*)
* Acheter les prospérités *par* l'argent. (VI, 297, *Livres ann.*)
Je ne viens point ici, *par* de jalouses larmes,
Vous envier un cœur qui se rend à vos charmes. (II, 83, *Andr.* 861.)
Par quel charme, oubliant tant de tourments soufferts,
Pouvez-vous consentir à rentrer dans ses fers? (II, 42, *Andr.* 31.)
.... *Par* quelle erreur veux-tu toujours sur toi
Détourner un courroux qui ne cherche que moi? (II, 79, *Andr.* 779.)
Que je suis malheureuse! et *par* quelle infortune
Faut-il que tous mes soins me rendent importune? (II, 315, *Brit.* 1275.)
.... Disputer..., *par* une aveugle envie,
A vos propres sujets le soin de votre vie. (I, 574, *Alex.* 1113.)
Tous les ecclésiastiques y étoient obligés *par* la privation de leurs bénéfices, et les évêques *par* la saisie de leur temporel. (IV, 568, *P. R.*)
* On se rebuteroit bientôt *par* les difficultés (V, 74, *Notes hist.*)
Comme la querelle pouvoit aller loin *par* l'opiniâtreté du Pape, etc. (IV, 534, *P. R.*)
Vous vous êtes hâté de finir la guerre.... Ne sait-on pas que ce n'a été que *par* l'empressement que vous aviez de donner tous vos soins au progrès de la religion? (V, 361, *Har. de l'abbé Colbert.*)

Je conçois vos bontés *par* ses remerciments. (II, 304, *Brit.* 1026.)

Je l'ai trouvée très-propre pour le théâtre, *par* la violence des passions. (II, 365, *Bér.* préf.)

Plaute a un grand avantage sur lui *par* la simplicité qui est.... dans la plupart des sujets de Plaute. (II, 367, *Bér.* préf.)

* Il (*l'Amour*) est admirable *par* beaucoup d'endroits. (V, 462, *Trad.*)
Il faut qu'entre eux et lui je tienne la balance,
Afin que quelque jour, *par* une même loi,
Britannicus la tienne entre mon fils et moi. (II, 259, *Brit.* 69.)

* Je vais compter *par* l'éternité. (V, 173, *Notes hist.*)

* Parasite marche *par* les dents. (VI, 306, *Livres ann.*)
Par le salut des Juifs, *par* ces pieds que j'embrasse,
Par ce sage vieillard, l'honneur de votre race,
Daignez d'un roi terrible apaiser le courroux.
(III, 534, *Esth.* 1164 et 1165.)
Neptune, *par* le fleuve aux Dieux mêmes terrible,
M'a donné sa parole, et va l'exécuter. (III, 371, *Phèd.* 1158.)
Prince, *par* ces genoux, dit-elle, que j'embrasse,
Protége en ce moment le reste de ta race.
(II, 339, *Brit.* 1731; voyez III, 320, *Phèd.* 244.
Surtout, si vous m'aimez, *par* cet amour de mère,
Ne reprochez jamais mon trépas à mon père. (III, 234, *Iph.* 1653.)

Je sacrifierai volontiers quelque chose *par* mois pour le tirer de la nécessité. Je vous recommande toujours la pauvre Marguerite, à qui je veux continuer de donner *par* mois comme j'ai toujours fait. (VII, 166, *Lettres.*)

(*Elles*) se promenoient *par* la campagne. (VI, 488, *Lettres.*)

.... *Par* toute la France. (IV, 69, *Poés. div.* 85.)

.... *Par* tout l'univers.... (III, 100, *Mithr.* 1698.)

Mettre le feu *par* toute la terre. (I, 514, *Alex.* épître.)

* Les hommes oublient les biens qu'ils ont reçus *par* le passé, et ne goûtent bien que ceux qui leur viennent de jour en jour. (VI, 14, *Rem. sur Pind.*)

Par avance; *par* douzaine; commencer *par*; jurer *par*: voyez AVANCE, DOUZAINE, COMMENCER, JURER.

.... Marchez *de par* le Roi. (II, 185, *Plaid.* 506.)

.... *Par delà* les colonnes d'Alcide. (III, 369, *Phèd.* 1141.)

.... *Par delà* son pouvoir. (II, 267, *Brit.* 250.)

* Aristodème passa *par-dessus* quelques autres dont il avoit oublié les discours. (V, 466, *Trad.*)

* Aussi les Dieux l'ont-ils honoré *par-dessus* tous les autres hommes. (V, 465, *Trad.*; voyez VI, 32, *Rem. sur Pind.*)

.... J'ai *par-dessus* vous le crime de ma mère. (III, 38, *Mithr.* 364.)

* L'or éclate autant *par-dessus* les richesses qu'un feu allumé éclate au milieu de la nuit. (VI, 9, *Rem. sur Pind.*)

* Charles de Blois se pourvoit *par devers* Philippes comme seigneur souverain. (V, 197, *Notes hist.*)

PARADOXE :

Il avançoit malicieusement quelque *paradoxe* qu'il savoit bien qu'on ne lui laisseroit point passer. (VI, 572, *Lettres.*)

PARAÎTRE : voyez PAROÎTRE.

PARC :

* Les *parcs* d'artillerie et de munitions. (V, 324, *Siége de Nam.*)

PARDON :
.... Puisque votre orgueil ose lui disputer
La gloire du *pardon* qu'il vous fait présenter. (I, 550, *Alex.* 592.)

PARDONNER ; PARDONNER À :
En faveur de Titus, vous *pardonnez* le reste. (II, 384, *Bér.* 228.)
 Je prie.... le lecteur de me *pardonner* cette petite préface. (II, 248, *Brit.* 1re préf.)
.... *Pardonnez* à leur impatience. (II, 117, *Andr.* 1525.)
Ah! l'Intimé, *pardonne* à mes sens étonnés. (II, 173, *Plaid.* 345.)
.... *Pardonne* à des maux dont toi seul as pitié. (II, 80, *Andr.* 796.)

PAREIL, substantivement ; LA PAREILLE :
Touchez là. Vos *pareils* sont gens que je révère.
 (II, 180, *Plaid.* 435 ; voyez II, 172, *Plaid.* 338.)
 Nous tâcherons de rendre *la pareille* à ma nièce. (VII, 9, *Lettres;* voyez VII, 269, *Lettres.*)

PARENTAGE :
 Un cousin, abusant d'un fâcheux *parentage*, est venu malheureusement me voir. (VI, 608, *Lettres;* voyez la note.)

PARENTHÈSE, V, 93, *Notes historiques.*

PARER, expression métaphorique tirée de l'escrime :
Je *parerai* d'un bras les coups de l'autre main. (II, 112, *Andr.* 1412.)
.... Malgré nos malheurs, je me tiens trop heureux
D'avoir *paré* le coup qui vous perdoit tous deux. (III, 96, *Mithr.* 1638.)
Rien ne m'a pu *parer* contre ses derniers coups. (II, 511, *Ba.* 667.)
De ce coup imprévu, songeons à nous *parer*. (III, 694, *Ath.* 1637.)

PARER, orner ; SE PARER :
En vain de vos bienfaits Mardochée *est paré*. (III, 532, *Esth.* 1130.)
Du zèle de ma loi que sert de *vous parer?* (III, 610, *Ath.* 85.)
.... Sans *me parer* d'une innocence vaine. (III, 66, *Mithr.* 991.)
Sans *vous parer* pour lui d'une foi qui m'est due. (III, 81, *Mithr.* 1319.)

PARESSE :
Le barbare à l'autel se plaint de sa *paresse*. (III, 209, *Iphig.* 1150.)
 Forcez votre *paresse*. (VII, 37, *Lettres.*)

PARESSEUX, EUSE :
 Je reçois assez souvent des nouvelles de Paris ; il n'y a que vous qui êtes une *paresseuse*. (VI, 433, *Lettres.*)
 Ces mêmes princes qu'on avoit vus si tardifs et si *paresseux* à secourir l'Empire.... (V, 256, *Camp. de Louis XIV.*)

PARFAIT :
Ton triomphe est *parfait;* tous tes traits ont porté. (III, 351, *Phèd.* 816.)

PARJURE, substantif :
... Tous mes pas vers vous sont autant de *parjures*. (II, 64, *Andr.* 486.)

PARLEMENT, entretien, conférence :
 * *Parlement* de Cassius et de Brute. (VI, 296, *Livres ann.*)

PARLER ; FAIRE PARLER ; ENTENDRE PARLER DE :
A vous, Monsieur? — A moi, *parlant* à ma personne. (II, 181, *Plaid.* 447.)
Peut-être je devrois, plus humble en ma misère,
Me souvenir du moins que je *parle* à son frère. (III, 29, *Mithr.* 152.)

Bajazet va se perdre. Ah! si, comme autrefois,
Ma rivale eût voulu lui *parler* par ma voix! (II, 477, *Baj.* 396.)
Mon nom pourroit *parler*, au défaut de ma voix. (II, 384, *Bér* 214.)
Dieu *parle*, et d'un mortel vous craignez le courroux! (III. 479, *Esth.* 207.)
Surtout que le sang *parle* et fasse son office. (I, 452, *Théb.* 983.)
Votre trouble à Mathan n'a-t-il point trop *parlé*? (III, 663, *Ath.* 1050.)
L'honneur *parle*, il suffit : ce sont là nos oracles. (III, 164, *Iph.* 258.)
.... Quand la gloire *parle*, il n'écoute plus rien. (I, 534, *Alex.* 216.)
Tout lui *parle*, Madame, en faveur d'Agrippine....
—Mais tout, s'il est ingrat, lui *parle* contre moi. (II, 256, *Brit.* 22.)
Tout *parlera* pour vous, le dépit, la vengeance. (II, 410, *Ber.* 823.)
Du choix d'un successeur, Athènes incertaine,
Parle de vous, me nomme, et le fils de la Reine. (III, 334, *Phèd.* 486.)
On *parle* aussi d'Hémon.... (I, 469, *Théb.* 1241.)
Est-ce donc votre cœur qui vient de nous *parler*? (III, 165, *Iph.* 284.)
Je fuis de leurs respects l'inutile longueur
Pour chercher un ami qui me *parle* du cœur. (II, 380, *Bér.* 138.)
Quel débris *parle* ici de votre résistance? (III, 214, *Iph.* 1261.)
Pourquoi faut-il au moins que, pour me consoler,
L'ingrat ne *parle* pas comme on le *fait parler*? (II, 492, *Baj.* 276.)
Je disputai longtemps, je *fis parler* mes yeux. (II, 383, *Bér.* 201.)
Elle *aura* devant lui fait *parler* ses douleurs.
(II, 521, *Baj.* 919; voyez I, 415, *Théb.* 302.)
Je devrois *faire* ici *parler* la vérité. (III, 367, *Phèd.* 1088.)
Elles devoient éviter.... de *faire parler* le monde. (IV, 468, *P. R.*)
La nouveauté de cet institut donna beaucoup occasion au monde de *parler*. (IV, 406, *P. R.*)
Je n'entends pas *parler* de M. Poignant. (VI, 467, *Lettres*.)
(*Il*) Entend *parler* d'amour pour la première fois. (III, 349, *Phèd.* 784.)
.... Ne *parlons* que de joie. (II, 219, *Plaid.* 881.)
Hé bien! n'en *parlons* plus. Obéissez, cruelle.
(III, 231, *Iph.* 1597; voyez III, 71, *Mithr.* 1083.)
Il n'étoit *parlé* que des grands préparatifs. (V, 253, *Camp. de Louis XIV*.)
* Le trop *parler* est un mal incurable. (VI, 317, *Livres ann.*)
Parler haut; ne *parler* qu'à demi : voyez Haut, Demi.

PARLEUR :
La réputation d'être un *parleur*. (VII, 140, *Lettres*.)
* Son fils (*le fils de Tydée*) est moins brave et plus beau *parleur*....
* Diomède se tait, parce que.... on l'appelle *parleur*. (VI, 200, *L. ann.*)

PARMI :
.... Me sera-t-il permis
De ne vous point compter *parmi* mes ennemis? (II, 55, *Andr.* 296.)
Lorsque je vois, *parmi* tant d'hommes différents,
Pas une étoile fixe, et tant d'astres errants. (II, 293, *Plaid.* 677.)
.... Que le Ciel vous mît, pour finir vos discords,
L'un *parmi* les vivants, l'autre *parmi* les morts. (I, 470, *Théb.* 1256.)
.... *Parmi* tant d'honneurs, vous êtes homme enfin (III, 151, *Iph.* 32.)
.... *Parmi* tant de sujets de crainte. (III, 202, *Iph.* 1021.)
*Lyonne.... n'a jamais découvert *parmi* les tortures Armodius et Aristogiton. (VI, 339, *Livres ann.*)
Parmi les déplaisirs où son âme se noie. (II, 45, *Andr.* 81.)
.... *Parmi* ces périls où je cours pour vous plaire,
Me refuserez-vous un regard moins sévère? (II, 55, *Andr.* 289.)
Penses-tu seulement que *parmi* ses malheurs....
L'ingrate me permit de lui donner des larmes? (II, 409, *Bér.* 802.)

... *Parmi* ce plaisir, quel chagrin me dévore! (II, 287, *Brit.* 695.)
.... *Parmi* le débris, le ravage et les morts. (III, 659, *Ath.* 961.)
* (*Les*) femmes assistoient aux assemblées *parmi* les Gaulois. (VI, 311, *Livres ann.*)
Malheureux! mais toujours la patrie et la gloire
Ont, *parmi* les Romains, remporté la victoire. (II, 427, *Bér.* 1168.)
Hé quoi? si *parmi* nous on a fait quelque offense,
Le Ciel doit-il sur vous en prendre la vengeance? (I, 422, *Théb.* 419.)
Exercez le talent, et jugez *parmi* nous. (II, 196, *Plaid.* 606.)
* Il n'y a que *parmi* les amants que l'on sait mourir l'un pour l'autre. (V, 464, *Trad.*)
* *Parmi* une foule de gens. (VI, 284, *Livres ann.*)

PAROCHIAL, ALE :
* Les églises *parochiales*. (V, 127, *Notes hist.*)

PAROÎTRE, PARAÎTRE :
Andromaque *paroît*. — Me cherchiez-vous, Madame? (II, 53, *Andr.* 258.)
Quoi? Porus n'est point mort? Porus vient de *paroître*? (I, 580, *Alex.* 1249.)
Dans son appartement ce prince *avoit paru*. (II, 389, *Bér.* 329.)
Votre amour ne peut-il *paroître* qu'au sénat? (II, 399, *Bér.* 570.)
Je crains même que cette lettre
Ne soit trop longue pour *paroître*
Devant des yeux tant occupés. (IV, 201, *Poés. div.* 30, app.)
.... Ton nom *paroîtra*, dans la race future,
Aux plus cruels tyrans une cruelle injure. (II, 337, *Brit.* 1691.)
Ses remords *ont paru* même aux yeux de Narcisse. (II, 328, *Brit.* 1532.)
Leur sang est celui qui *paroît* à vos yeux. (I, 402, *Théb.* 54.)
On n'a point vu de roi qui, à l'âge d'Alexandre, ait fait *paroître* la conduite d'Auguste. (I, 514, *Alex.* épître.)
Il *paroît* bien qu'il n'a jamais lu Sophocle. (II, 370, *Bér.* préf.)
Il *parut*, dit Tacite, par sa frayeur et par sa consternation, qu'elle étoit aussi innocente de cette mort qu'Octavie. (II, 252, *Brit.* 2ᵉ préf.)
Ne *paroît*-il pas par l'Évangile qu'il (*Joad*) a pu prophétiser en qualité de souverain pontife? (III, 601, *Ath.* préf.)
Il me *paroît* par votre lettre que vous portez un peu d'envie à Mlle de la Chapelle. (VII, 131, *Lettres.*)
Voyez IV, 456 et 472, *P. R.*; V, 93, *Not. hist.*
(*La Reine*) le chargea de lui rendre un compte fidèle de tout ce qui lui *paroîtroit* de ce miracle. (IV, 470, *P. R.*)
Lui-même, d'aussi loin qu'il nous a vus *paraître* :
« Adorez, a-t-il dit, l'ordre de votre maître. » (II, 558, *Baj.* 1681.)
Trompons qui nous trahit; et, pour connoître un traitre,
Il n'est point de moyens.... Mais je le vois *paraître*. (III, 68, *Mithr.* 1032.)
Voyez I, 461, *Théb.* 1127; I, 537, *Alex.* 265; I, 555, *Alex.* 681; II, 286, *Brit.* 692; II, 327, *Brit.* 1515; II, 524, *Baj.* 1013.
Non, je ne vous crois point. Mais quoi qu'il en puisse être,
Pour jamais à mes yeux gardez-vous de *paraître*.
(II, 415, *Bér.* 916; voyez II, 416, *Bér.* 939.)

Dans les trois derniers exemples et dans les renvois marqués à la suite du second et du troisième, le verbe est écrit *paraître* (*paraistre*), à cause de la rime, et conformément à la prononciation. On pourrait s'attendre à la même orthographe dans le cinquième exemple de cet article, où la rime est *lettre*.

Avec le temps aussi vous pourrez me connoître,
Mais quels sont ces transports qu'ils vous ont fait *paroître*?
(II, 519, *Baj.* 861.)

Voyez I, 570, *Alex.* 1013; I, 580, *Alex.* 1249; I, 585, *Alex* 1342; II, 515, *Baj.* 789.

Nous n'avons pas besoin de dire que dans cet exemple et dans les renvois marqués à la suite, *paroître* et, à la rime, *connoître* ou *reconnoître*, se prononçaient, quoique écrits par *oi*, comme s'il y avait *ai*. Voyez le dernier exemple de CONNOÎTRE.

PAROLE :

* Tant de gens.... ne détournent pas seulement de *paroles* tous ces jeunes gens de leur dessein. (VI, 70, *Rem. sur l'Odyss.*)
* (*Ils*) se laissent endormir par leurs belles *paroles*. (V, 157, *Notes hist.*)
* *Paroles* équivoques qu'il tient au Chœur. (VI, 240, *Livres ann.*)
* Le poëte lui donne des *paroles* forcées. (VI, 240, *Livres ann.*)
Ils avoient déjà fait l'an passé porter *parole* qu'on les remboursât des frais, et qu'ils désisteroient. (VI, 476, *Lettres.*)
Il me semble déjà que ces murs, que ces voûtes
Vont prendre la *parole*.... (III, 353, *Phèd.* 855.)
Sans reculer plus loin l'effet de ma *parole*. (III, 57, *Mithr.* 795.)
Neptune, par le fleuve aux Dieux mêmes terrible,
M'a donné sa *parole*, et va l'exécuter. (III, 371, *Phèd.* 1159.)
Il faut attendre en patience que ces Messieurs puissent exécuter la *parole* qu'ils m'ont donnée. (VII, 146, *Lettres.*)
Je n'aime pas à manquer de *parole*. (VI, 502, *Lettres.*)
Parlez donc, avocat. — J'ai perdu la *parole*. (II, 204, *Plaid.* 692.)
Belles *paroles* : voyez BEAU ; effet d'une *parole* : voyez EFFET.

PARRICIDE, substantivement, au sens soit de meurtre soit de meurtrier d'un très-proche parent :

Je vous offre à commettre un double *parricide* :
Versez le sang d'un frère ; et, si c'est peu du sien,
Je vous invite encore à répandre le mien. (I, 405, *Théb.* 116.)
Voyez I, 403, *Théb.* 73 ; I, 433, *Théb.* 616.
Ils mettront ma vengeance au rang des *parricides*. (II, 324, *Brit.* 1431.)
.... N'impute qu'à toi ton lâche *parricide*. (II, 118, *Andr.* 1534.)
Serai-je *parricide*, afin d'être bon père ? (I, 440, *Théb.* 760.)
Je deviens *parricide*, assassin, sacrilége. (II, 121, *Andr.* 1574.)
Tu ne t'étonnes pas, si mes fils sont perfides,
S'ils sont tous deux méchants, et s'ils sont *parricides*. (I, 400, *Théb.* 32.)

PARRICIDE, adjectivement :

Parricide bras. (I, 400, *Théb.* 38.) — *Parricides* mains. (I, 466, *Théb.* 1201.)
.... Conseils *parricides*. (II, 321, *Brit.* 1384.)
.... Il poursuit son dessein *parricide*. (II, 534, *Baj.* 1194.)
Qu'il étale à mes yeux sa *parricide* joie. (III, 89, *Mithr.* 1495.)

PART, sens et emplois divers :

Sembloit-il seulement qu'il eût *part* à mes larmes ? (II, 111, *Andr.* 1402.)
Vengez-vous ; mais songez que j'ai *part* à son crime. (I, 592, *Alex.* 1478.)
Pharnace auroit-il *part* à ce désordre extrême ? (III, 51, *Mithr.* 639.)
Si la chair et le sang, se troublant aujourd'hui,
Ont trop de *part* aux pleurs que je répands pour lui. (III, 621, *Ath.* 262.)
L'amour a peu de *part* à ses justes soupçons. (III, 74, *Mithr.* 1165.)
L'amour, qui a d'ordinaire tant de *part* dans les tragédies, n'en a presque point ici. (I, 395, *Théb.* préf.)
Porus n'a point de *part* dans tout cet entretien. (I, 534, *Alex.* 215.)
Ces cruels entretiens où je n'ai point de *part*. (II, 386, *Ber.* 274.)
.... Ce qui lui donnoit tant de *part* dans mes vœux. (I, 470, *Théb.* 1267.)
.... La justice et le sang
Lui donnent, comme à vous, sa *part* à ce haut rang. (I, 403, *Théb.* 82.)

Il m'est trop avantageux que l'on sache que vous prenez *part* à tous mes ouvrages, et que vous m'avez procuré l'honneur de lire celui-ci devant un homme dont toutes les heures sont précieuses. (II, 240, *Brit.* épître.)
Quelle *part* la fortune peut-elle prétendre aux actions d'un roi qui, etc. ? (I, 514, *Alex.* épître.)
J'ai pris cette occasion de vous exciter à faire de votre *part* tout ce qui peut faciliter les vues que mes amis pourront avoir pour vous. (VII, 249, *Lettres*.)
*Les pauvres viennent de la *part* de Jupiter. (VI, 116, *Rem. sur l'Odyss.*)
L'épouvante et l'horreur règnent de toutes *parts*.
(I, 408, *Théb.* 169; voyez I, 398, *Théb.* 9.)
On fit une suspension pour retirer les morts de *part* et d'autres (*sic*). (VII, 17, *Lettres*.)

PARTAGE :
D'un enfant d'Israël voilà le vrai *partage*. (III, 479, *Esth.* 218.)
Que votre bras tout seul fasse votre *partage*. (I, 461, *Théb.* 1136.)
Le diadème est-il le *partage* du crime? (I, 459, *Théb.* 1108.)
.... Je vais, le cœur trop plein de votre image,
Attendre, en vous aimant, la mort pour mon *partage*. (II, 386, *Bér.* 280.)
Tout lui riroit, Pylade; et moi, pour mon *partage*,
Je n'emporterois donc qu'une inutile rage? (II, 78, *Andr.*)
Toutes ces critiques sont le *partage* de quatre ou cinq petits auteurs infortunés. (II, 371, *Bér.* préf.)

PARTAGER :
Sur le moindre discours qu'on pourra vous redire,
Serez-vous toujours prête à *partager* l'Empire? (II, 267, *Brit.* 268.)
.... Qui sait si depuis
Je n'ai point en secret *partagé* vos ennuis. (II, 66, *Andr.* 524.)
.... Quoique seul pour elle, Achille furieux
Épouvantoit l'armée, et *partageoit* les Dieux. (III, 239, *Iph.* 1740.)
.... Une famille féconde
A qui, comblé d'heur et de jours,
Il puisse *partager* le monde. (IV, 70, *Poés. div.* 96.)
Nous le verrions encor nous *partager* ses soins. (III, 120, *Andr.* 1559.)
.... Je me dévoue à ces dieux immortels,
Dont ta vertu t'a fait *partager* les autels. (II, 339, *Brit.* 1738.)
.... Mille desseins *partagent* mes esprits. (III, 69, *Mithr.* 1045.)

PARTERRE :
*Des *parterres* ornés de fleurs continuelles. (VI, 123, *Rem. sur l'Odyss.*)

PARTI, sens et emplois divers :
Il faut prendre *parti*.... (II, 536, *Baj.* 1235.)
Ah! la voici, Seigneur : prenez votre *parti*. (II, 411, *Bér.* 849.)
*Tous les *partis* que le duc de Bouillon et Turenne, son frère, prirent contre la cour. (V, 86, *Notes hist.*)
.... Ranger tous les cœurs du *parti* de ses larmes. (II, 299, *Brit.* 924.)
.... C'est le bon *parti*.... (II, 152, *Plaid.* 92.)
La cour sera toujours du *parti* de vos vœux. (II, 390, *Bér.* 350.)
La présidente Barantin.... a été pillée par un *parti* de Charleroy. (VII, 54, *Lettres*.)

PARTICIPANT :
*On exaltoit.... le bonheur de Callisthène, d'être *participant*, comme il étoit, de toute la magnificence d'Alexandre. (V, 519, *Trad.*)
*(Les martyrs) ayant été faits *participants* de la puissance qu'il (*Jésus-Christ*) a de juger les hommes. (V, 596, *Trad.*)

PARTICULARISER :
.... Sans lui *particulariser* de quoi il s'agissoit. (IV, 533, *P. R.*)

PARTICULARITÉ :
Il fut instruit de toutes les *particularités* de la mort de Bajazet. (II, 473, *Baj.* 1re préf.)
Vous m'en avez mandé des *particularités* trop assurées. (VI, 467, *Lettr.*)

PARTICULIER, adjectivement et substantivement :
Le public m'a été trop favorable pour m'embarrasser du chagrin *particulier* de deux ou trois personnes. (II, 35, *Andr.* 1re préf.)
Néron est ici dans son *particulier* et dans sa famille. (II, 242, *Brit.* 1re préf. ; voyez IV, 368, *Disc. acad.*)

PARTICULIÈREMENT :
Je vous les nomme tous deux, parce que vous les connoissez *particulièrement*. (VII, 17, *Lettres*.)

PARTIE, sens et emplois divers :
La plus grande *partie* des religieuses ayant été transférée.... dans le Port-Royal des Champs. (IV, 616, *P. R.*)
Une *partie* des princes sont revenus de l'armée. (VII, 129, *Lettres*.)
Je crus que je pourrois rencontrer toutes ces *parties* dans mon sujet. (II, 366, *Bér.* préf.)
Il passoit.... les jours et les nuits, *partie* dans la prière, et *partie* à composer des ouvrages qui pussent être utiles à l'Église. (IV, 409, *P. R.*)
Cette somme fut aussitôt employée, *partie* en charités, *partie* à acquitter des dettes. (IV, 425, *P. R.*)
La perte des assiégés monta à quelque trois cents hommes, *partie* tués dans les dehors, *partie* accablés par les bombes dans l'ouvrage même. (V, 344, *Siége de Nam.*)
La fluxion étoit tombée sur les *parties* nobles. (IV, 471, *P. R.*)
Où trouvera-t-on un poëte qui ait possédé.... tant d'excellentes *parties* : l'art, la force, le jugement, l'esprit ? (IV, 359, *Disc. acad.*)
M. de Cordemoy.... possédoit.... toutes les *parties* d'un véritable académicien. (IV, 362, *Disc. acad.*)
Vous voyez devant vous mon adverse *partie*. (II, 188, *Plaid.* 531.)
Ma *partie* est puissante, et j'ai lieu de tout craindre. (II, 159, *Plaid.* 195.)
.... Quand il seroit vrai que Citron, ma *partie*,
Auroit mangé, Messieurs, le tout ou bien *partie*
Dudit chapon.... (II, 211, *Plaid.* 779 et 780.)
Voyez II, 160, *Plaid.* 216; II, 211, *Plaid.* 770.
Leurs députés demandèrent inutilement d'être entendus en présence de leurs *parties*. (IV, 446, *P. R.*)
.... De ma mort enfin le prenant à *partie*. (II, 553, *Baj.* 1601.)

PARTIR :
.... Je *pars*, cher Théramène. (III, 306, *Phèd.* 1.)
Quand la foudre s'allume et s'apprête à *partir*. (I, 526, *Alex.* 27.)
Le coup qui l'a perdu n'*est parti* que de lui. (II, 82, *Andr.* 836.)
.... Mon cœur en ces lieux
Reçut le premier trait qui *partit* de vos yeux. (II, 383, *Bér.* 190.)
* Quand le discours *part* d'un esprit profond. (VI, 216, *Livres ann.*)
* La poésie.... *part* d'un beau génie. (VI, 216, *Livres ann.*)
Tout cela *part* d'un cœur toujours maître de soi. (II, 106, *Andr.* 1323.)
.... Ta confusion ne *part* que de ta rage. (III, 66, *Mithr.* 984.)
Je *partis* pour l'hymen où j'étois destinée. (III, 33, *Mithr.* 256.)

*PARTISAN, fermier des deniers publics (dans l'ancienne Rome), VI, 335, *Livres annotés*.

PARVIS :
.... Dans un des *parvis* aux hommes réservé,
Cette femme superbe entre le front levé. (III, 629, *Ath.* 397.)
De ses *parvis* sacrés j'ai deux fois fait le tour.
(III, 666, *Ath.* 1101; voyez III, 701, *Ath.* 1749.)

PAS, substantif :
Adieu : je vais trouver Roxane de ce *pas*. (II, 514, *Baj.* 759.)
.... Courons de ce *pas*
Arrêter, s'il se peut, leur parricide bras. (I, 400, *Théb.* 37.)
Votre douleur redouble et croît à chaque *pas*. (III, 173, *Iph.* 416.)
Nous verrons notre camp grossir à chaque *pas*. (III, 58, *Mithr.* 802.)
Poursuis : tu n'as pas fait ce *pas* pour reculer. (II, 336, *Brit.* 1674.)
Il ne faut plus qu'un *pas*; mais c'est où je l'attends. (II, 494, *Baj.* 316.)
Suivre d'un *pas* égal mes fortunes diverses. (II, 380, *Bér.* 144.)
Je ne fais point de *pas* qui ne tende à l'empire. (I, 445, *Théb.* 848.)
Je n'ai pas laissé de faire bien des *pas* pour vous depuis ce temps-là. (VII, 172, *Lettres*.)
.... Après l'éclat et les *pas* que j'ai faits. (II, 439, *Bér.* 1397.)
De votre auguste père accompagnez les *pas*. (III, 622, *Ath.* 298.)
L'illustre Josabet porte vers vous ses *pas*.
(III, 616, *Ath.* 162 ; voyez II, 433, *Bér.* 1285.)
Vous savez quel sujet conduit ici leurs *pas*. (III, 187, *Iph.* 735.)
Depuis trois ans dans Rome elle arrête vos *pas*. (II, 378, *Bér.* 82.)
.... Dédaignant les *pas* des autres souverains. (I, 461, *Théb.* 1137.)
.... Le seul Taxile en détourne ses *pas*. (I, 543, *Alex.* 440.)
.... Vous courez au trépas
Bien plus pour m'éviter que pour suivre ses *pas*. (I, 482, *Théb.* 1484.)
.... Des chemins écartés,
Où mes yeux ont suivi ses *pas* précipités. (II, 338, *Brit.* 1726.)
.... J'ai cru que mon âme alloit suivre ses *pas*. (I, 481, *Théb.* 1476.)
.... On se jette en foule au-devant de mes *pas*. (III, 235, *Iph.* 1668.)
Vous que l'amitié seule attache sur ses *pas*. (II, 407, *Bér.* 757.)
.... Sur ses *pas* j'irai revoir son père. (II, 59, *Andr.* 378.)
.... Chercher la gloire et la mort sur ses *pas*. (II, 378, *Bér.* 102.)
Sur des *pas* différents vous marchez l'un et l'autre. (II, 327, *Brit.* 1520.)
Il me faut sans honneur retourner sur mes *pas*.
(III, 184, *Iph.* 659 ; voyez II, 531, *Baj.* 1155.)
Peut-être on vous fera revenir sur vos *pas*.
(II, 510, *Baj.* 664 ; voyez III, 351, *Phèd.* 823.)
Retournons sur ses *pas*.... (II, 402, *Bér.* 647.)
Sur les *pas* des tyrans veux-tu que je m'engage ? (II, 323, *Brit.* 1428.)
Voyez I, 556, *Alex.* 698; I, 568, *Alex.* 964 ; II, 59, *Andr.* 378 ; II, 85, *Andr.* 894; II, 170, *Plaid.* 301; II, 171, *Plaid.* 322; II, 201, *Plaid.* 665.
.... L'amour précipitant ses *pas*,
Il ne cherchoit que vous en courant aux combats. (I, 541, *Alex.* 375.)
Me feront-ils souffrir tant de cruels trépas,
Sans jamais au tombeau précipiter mes *pas* ? (I, 432, *Théb.* 594.)
Contre un fier ennemi précipitez vos *pas*. (I, 539, *Alex.* 335.)
Fuis, dis-je ; et sans retour précipitant tes *pas*,
De ton horrible aspect purge tous mes États. (III, 365, *Phèd.* 1063.)
Loin de ces lieux cruels précipitez ses *pas*. (III, 224, *Iph.* 1471.)
Oui, Madame, vers vous j'ai rappelé ses *pas*. (II, 442, *Bér.* 1461.)
Pas de clerc ; à *pas* comptés : voyez CLERC, COMPTER.

PAS, POINT, adverbes de négation, tours et idiotismes divers :

Il n'est *pas* que M. le Maistre n'ait fait des préfaces. (IV, 335, *Imag.*)
Ce n'est *pas* que quelques personnes ne m'aient reproché cette même simplicité. (II, 368, *Bér.* préf.)
*Ce n'est *pas* qu'il y admet encore d'autres valets. (VI, 60, *R. sur l'Od.*)
.... Ce n'est *point* que l'amour vous retienne. (I, 458, *Théb.* 1095.)
Si le titre ne vous plaît, changez-le : ce n'est *pas* qu'il m'a paru le plus convenable. (VI, 455, *Lettres.*)
.... (*Il*) ne reviendra *pas* que le sceptre à la main. (I, 441, *Théb.* 786 var.)

PAS, POINT, dans des tours où il nous paraît surabondant :

Il n'y a *pas* eu, à proprement parler, aucun coup de tiré de leur part. (VII, 61, *Lettres.*)
Je ne me suis *point* encore produit nulle part. (VI, 447, *Lettres.*)
On ne veut *pas* rien faire ici qui vous déplaise. (II, 183, *Plaid.* 472.)
Je vous conseille de ne témoigner aucune curiosité là-dessus, afin qu'on ne puisse *pas* vous nommer en rien. (VII, 282, *Lettres;* voyez V, 131, l. 14, *Notes hist.*)
.... Qui d'entre nous ne s'applaudissoit *pas* en lui-même, et ne ressentoit *pas* un secret plaisir d'avoir pour confrère un homme de ce mérite? (IV, 357 et 358, *Disc. acad.*)
Je voudrois qu'il m'en fît coûter plus souvent qu'il ne fait *pas*. (VI, 482, *Lettres.*)
On est plus curieux que je ne croyois *pas*. (VI, 472, *Lettres;* voyez VI, 485, *Lettres.*)
Ni les éclairs ni le tonnerre
N'obéissent *point* à vos dieux. (III, 487, *Esth.* 347.)
Son intention n'avoit *point* été de toucher ni à la personne ni à la mémoire de Jansénius. (IV, 496, *P. R.*)
* Moi, ni tout autre qui me ressemble, ne sommes *point* capables de suivre que de bien loin la sagesse de l'illustre.... Paul. (V, 578, *Trad.*)
* Ils ne recevoient *point* les étrangers chez eux que pour les renvoyer en leur pays. (VI, 109, *Rem. sur l'Odyss.*)
* Il n'y a *point* de bon poëte que ceux qui le sont naturellement. (VI, 21, *Rem. sur Pind.*)

NON PAS; NE.... PAS UN; PAS UN; PAS, pour *ne pas* :

* L'architecte du Phare songeoit à l'avenir, et *non pas* à son siècle (VI, 322, *Livres ann.*)
* La tragédie peut être sans mœurs, et *non pas* sans action. (VI, 290, *Livres ann.*)
* On délibère des moyens et *non pas* de la fin. (VI, 288, *Livres ann.*)
* Elles sont plus contraires l'une à l'autre que *non pas* au milieu. (VI, 287, *Livres ann.*)
Telemachus.... souhaiteroit d'être plutôt le fils de quelque homme riche.... que *non pas* d'Ulysse. (VI, 62, *Rem. sur l'Odyss.*)
N'en doutez point, sa mort me doit être commune :
Il faut en donner deux, ou n'en donner *pas une*. (I, 458, *Théb.* 1088.)
Il faut de part et d'autre avoir un avocat;
Nous n'en avons *pas un*.... (II, 198, *Plaid.* 631.)
Si j'en connois *pas un*, je veux être étranglé. (II, 182, *Plaid.* 458.)
.... C'est pour le haïr encor plus que *pas un*. (I, 412, *Théb.* 254.)
* Cela s'entend de la poésie plus que de *pas une* autre science. (VI, 21, *Rem. sur Pind.*)
* (*Ulysse*) croit être plus vaillant que *pas un* homme de son temps. (VI, 133, *Rem. sur l'Odyss.*)

Madame, on n'entre plus. — Hé bien! l'ai-je *pas* dit? (II, 159, *Plaid.* 189.)
Mais de quoi s'agit-il? Suis-je *pas* fils de maître? (II, 156, *Phèd.* 159.)
Lorsque je vois, parmi tant d'hommes différents,
Pas une étoile fixe, et tant d'astres errants. (II, 203, *Plaid.* 677.)

Pas, omis après *ne :* voyez Ne.

PASSABLE :
Faire une lettre un peu *passable.* (VI, 431, *Lettres.*)

PASSAGE :
Dans les *passages* de gens de guerre. (VI, 519, *Lettres.*)
Dans le sein l'un de l'autre ils cherchent un *passage.* (I, 473, *Théb.* 1322.)
.... Le respect et la crainte
Ferment autour de moi le *passage* à la plainte. (II, 391, *Bér.* 360.)
Il me fait de l'autel refuser le *passage.* (III, 204, *Iph.* 1050.)
Le Ciel protége Troie; et par trop de présages
Son courroux nous défend d'en chercher les *passages.* (III, 162, *Iph.* 218.)
Tous mes moments ne sont qu'un éternel *passage*
De la crainte à l'espoir, de l'espoir à la rage. (II, 434, *Bér.* 1299.)

PASSAGER, ère :
De nos ans *passagers* le nombre est incertain. (III, 652, *Ath.* 824.)
De cet amas d'honneurs la douceur *passagère.* (III, 494, *Esth.* 457.)

PASSE-PORT, V, 285, *Camp. de Louis XIV.*

PASSER, neutralement et activement; se passer :
Les ennemis.... vont porter la nouvelle.... que le Roi *étoit passé.* (V, 247, *Camp. de Louis XIV.*)
Je n'ai fait que *passer,* il n'étoit déjà plus. (III, 537, *Esth.* 1213.)
Trop heureux d'avoir pu, par un récit fidèle,
De leur paix en *passant* vous conter la nouvelle. (II, 520, *Baj.* 898.)
Elle a feint de *passer* chez la triste Octavie. (II, 338, *Brit.* 1724.)
Voyez II, 245, *Brit.* 1re préf.; II, 332, *Brit.* 1607.
J'ai *passé* dans l'Épire, où j'étois reléguée. (II, 66, *Andr.* 522.)
C'est à vous de *passer* du côté de l'Empire. (II, 282, *Brit.* 588.)
Je *passois* jusqu'aux lieux où l'on garde mon fils. (II, 53, *Andr.* 260.)
Votre voix redoutable *a passé* jusqu'à moi. (III, 372, *Phèd.* 1168.)
Aussi bien mes chagrins *passeroient* jusqu'à vous. (I, 477, *Théb.* 1399.)
Ne souffre point que ta gloire
Passe à des dieux étrangers. (III, 488, *Esth.* 362.)
Aux plus affreux excès son inconstance *passe.* (III, 518, *Esth.* 888.)
* Le Sund, détroit qui *passe* entre la Selande et la Scanie. (V, 189, l. 13, *Notes hist.*; voyez *ibid.*, l. 16.)
Voici la troisième affaire qui *passe* par ses mains. (VII, 56, *Lettres.*)
Venez, je vous en veux faire *passer* l'envie. (II, 217, *Plaid.* 850.)
C'est quelque chose. Encor *passe* quand on raisonne. (II, 196, *Plaid.* 615.)
Leurs habits les ont fait *passer* pour Grecs. (IV, 12, *Plan d'Iph. en Taur.*)
.... Il la voudroit faire *passer* pour folle. (II, 170, *Plaid.* 312.)
Voulant faire *passer* trois ou quatre prêtres.... comme un parti de factieux. (IV, 452, *P. R.*)
* Il parle de ce qui *passoit* entre les Dieux au sujet d'Ulysse. (VI, 57, *Rem. sur l'Odyss.*; voyez plus loin *se passer.*)
* Homère jette cette entrée d'Hector dans la ville, et tout ce qui *passe* pour délasser son lecteur, etc. (VI, 201, *Livres ann.*)
.... Il n'a pu sortir de ce triste séjour,

Et repasser les bords qu'on *passe* sans retour. (III, 330, *Phèd.* 388.)
* Il y a dans l'Inde des arbres si hauts qu'on ne les sauroit *passer* avec une flèche. (VI, 338, *Livres ann.*)
* *Passez*-le (mon père), et allez embrasser les genoux de ma mère. (VI, 119, *Rem. sur l'Odyss.*)
* Contre ceux qui écrivent au long de petites choses, et *passent* les grandes légèrement. (VI, 321, *Livres ann.*)
Le crime de la sœur *passe* celui des frères. (III, 376, *Phèd.* 1262.)
Grâce aux Dieux! mon malheur *passe* mon espérance. (II, 123, *Andr.* 1613.)
De l'austère pudeur les bornes *sont passées*. (III, 348, *Phèd.* 766.)
* La douceur de son esprit.... *passe* le miel. (VI, 214, *Livres ann.*)
Voyez I, 571, *Alex.* 1037; II, 427, *Bér.* 1170; III, 629, *Ath.* 399.
* M. de Choiseul dit : « Cela me *passe*. » (V, 118, *Notes hist.*)
Leurs armées n'*ont* guère *passé* cinquante mille hommes. (VII, 34, *Lettr.*)
Elle *passe* ses jours, Paulin, sans rien prétendre. (II, 397, *Bér.* 535.)
* Il.... ne *passe* point une jeunesse insolente. (VI, 214, *Livres ann.*)
Ces jours *passés*. (VII, 256, *Lettres.*)
On les peut découvrir par les choses *passées*. (I, 453, *Théb.* 1004.)
Bon! cela fait toujours *passer* une heure ou deux. (II, 217, *Plaid.* 852.)
* Je ne doute pas.... que l'avis d'Ériximaque ne *passe* ici tout d'une voix. (V, 461, *Trad.*)
Dans sa cour, dans son cœur, dis-moi ce qui *se passe*.
    (II, 45, *Andr.* 102; voyez III, 90, *Mithr.* 1512; III, 691, *Ath.* 1576.)
Vous craindrez-vous sans cesse, et vos embrassements
Ne *se passeront*-ils qu'en éclaircissements? (II, 267, *Brit.* 270.)
* Comment *s'est passée* la mort d'Agamemnon. (VI, 79, *Rem. sur l'Od.*)
Une des règles du théâtre est de ne mettre en récit que les choses qui ne *se* peuvent *passer* en action. (II, 246, *Brit.* 1re préf.)

PASSE-TEMPS :
Vous vous imaginez bien quels peuvent être les *passe-temps* d'une troupe d'enfants. (VI, 402, *Lettres.*)
Hé quoi? vous n'avez point de *passe-temps* plus doux? (III, 643, *Ath.* 677.)

PASSE-VOLANT :
* Le Roi reconnut dans le régiment de Hautefeuille un *passe-volant* qui étoit valet de chambre de M. de Hautefeuille. (V, 124, *Notes hist.*; voyez la note 5.)

PASSIF, VOIX PASSIVE : voyez VOIX.

PASSION :
Ce que c'est qu'à propos toucher la *passion*! (II, 215, *Plaid.* 828.)
J'ai cru que ce tour marquoit mieux la *passion*. (VII, 128, *Lettres.*)
Il signala sa piété envers son Dieu, sa *passion* pour la gloire de son roi. (V, 12, *Épitaphes.*)
* M. de Lauzun avoit eu une extrême *passion* d'avoir le régiment des gardes. (V, 105, *Notes hist.*)
Nous sommes tous rivaux dans la *passion* de contribuer quelque chose à la gloire d'un si grand prince. (IV, 356, *Disc. acad.*)
Ces Pères, dans la *passion* de rendre hérétiques leurs adversaires, se rendoient eux-mêmes coupables, etc. (IV, 529, *P. R.*)

PATENÔTRE, au figuré :
Il marmotte toujours certaines *patenôtres*. (II, 147, *Plaid.* 32.)

PATERNEL :
* Espérez tout, principalement avec un ami *paternel* comme moi. (VI, 71, *Rem. sur l'Odyss.*)

PATIENCE :
J'ai cent fois, dans le cours de ma gloire passée,
Tenté leur *patience*, et ne l'ai point lassée. (II, 324, *Brit.* 1448.)
Il devroit épargner la *patience* de son maître. (I, 518, *Alex.* 1re préf.)
Patience! je vais protester comme il faut. (II, 195, *Plaid.* 589.)

PÂTIR :
Notre cavalerie.... commençoit à *pâtir* beaucoup. (VII, 115, *Lettres.*)

PATRIE :
Ah! que de la *patrie* il soit, s'il veut, le père. (II, 258, *Brit.* 47.

PATRON :
Un vaisseau tout neuf et bien couvert, que nous avions retenu exprès avec le meilleur *patron* du pays. (VI, 413, *Lettres.*)

PATTE (Graisser la) : voyez Graisser.

PÂTURE :
Aux petits des oiseaux il donne leur *pâture*. (III, 641, *Ath.* 647).
A ses monstres lui-même a servi de *pâture*. (III, 359, *Phèd.* 970.)

PAULETTE :
Un banqueroutier qui n'a payé ni prêt ni *paulette*. (VI, 528, *Lettres;* voyez VII, 9, *Lettres* et la note 4.)

PAUPIÈRE :
Dès que ma triste main eut fermé sa *paupière*. (II, 394, *Bér.* 460.)

PAUSE :
J'ai fait une assez longue *pause* en cet endroit. (VI, 436, *Lettres.*)

PAUVRE, adjectivement et substantivement :
Créqui prétend qu'Oreste est un *pauvre* homme. (IV, 179, *Poés. div.* 1.)
Après avoir laissé ce qui lui restoit de bien aux *pauvres*, et vécu en *pauvre* elle-même.... (V, 11, *Epitaphes.*)

PAVÉ :
* Le haut du *pavé* accordé aux femmes. (VI, 292, *Livres ann.*)
.... Battre le *pavé* comme un tas de galants. (II, 152, *Plaid.* 85.)
Ce pauvre paralytique.... étoit, sans vous, sur le *pavé*. (VI, 574, *Lettres.*)

PAVI, sorte de pêche :
Je vois les *pavis* rougissants. (IV, 40, *Poés. div.* 12; voy. la note 1.)

PAYEMENT, voyez Paîment.

PAYER ; payer de ; payer de :
Hé quoi donc? les battus, ma foi, *paîront* l'amende! (II, 177, *Plaid.* 396.)
.... *Payer* à Dieu ce que vous lui devez. (III, 676, *Ath.* 1272.)
C'est à nous à *payer* pour les crimes des nôtres. (I, 422, *Théb.* 423.)
Vous aurez la bonté de me le bien *payer*.
— Moi, *payer*? En soufflets. — Vous êtes trop honnête :
Vous me le *paîrez* bien.... (II, 178, *Plaid.* 414-416.)
Puisse le juste Ciel dignement te *payer!* (III, 379, *Phèd.* 1319.)
* Il avoit promis à Agésidamus de faire une ode pour lui et l'avoit oublié. Il lui en veut *payer* l'usure, et c'est pourquoi il accompagne cette ode d'une autre petite. (VI, 43, *Rem. sur Pind.*)
Babylone *paya* nos pleurs avec usure. (III, 529, *Esth.* 1069.)

Fais-lui *payer* bien cher un bonheur qu'il ignore. (II, 289, *Brit* 756.)
Lorsqu'un heureux hymen, joignant nos destinées.
Peut *payer* en un jour les vœux de cinq années. (II, 394, *Bér.* 444.)
   * Une pension.... dont il *fut payé* toute sa vie. (V, 95, *Notes hist.*)
   * Il punissoit leurs infidélités en ne les *payant* point *de* leurs gages. (V, 92, *Notes hist.*)
Les Dieux *sont* trop *payés du* sang de Ménecée. (I, 437, *Théb.* 672.)
   .... Leur funeste bonté
Ne me sauroit *payer de* ce qu'ils m'ont ôté. (III, 395, *Phèd.* 1616.)
Et ce sont ces plaisirs et ces pleurs que j'envie,
Que tout autre que lui me *païroit de* sa vie. (II, 284, *Brit.* 660.)
   .... Ce n'est pas la première injustice
Dont la Grèce d'Achille *a payé* le service. (II, 51, *Andr.* 234.)
   .... Cette veuve inhumaine
N'*a payé* jusqu'ici son amour que *de* haine. (II, 46, *Andr.* 110.)
   .... Il faut *payer* d'effronterie. (II, 178, *Plaid.* 408.)
Ne me *payez* pas d'exclamations. (VI, 485, *Lettres.*)
Il a bien fallu *me payer*, malgré moi, *de* ces raisons. (VII, 259, *Lettres ;* voyez VII, 244, *Lettres.*)

PAYS, patrie :
.... L'amour du *pays* nous cache une autre flamme. (I, 414, *Théb.* 280.)

PAYS-BAS (Le), V, 81, *Notes hist.* ; V, 262, *Camp. de Louis XIV.*

PEAU :
Vous n'avez tantôt plus que la *peau* sur les os. (II, 151, *Plaid.* 82.)

PECHÉ, au sens profane, dans une note sur Horace :
   * Contre l'égalité des *péchés*. (VI, 328, *Livres ann.*)

PÊCHER :
   * Des avantages qu'ils espéroient *pêcher* en eau trouble. (V, 87, *Notes hist.*)

PEIGNER, IV, 468, *P. R.*

PEINDRE, au propre et au figuré :
Même elle avoit encor cet éclat emprunté
Dont elle eut soin de *peindre* et d'orner son visage. (III, 633, *Ath.* 495.)
Le soleil *peint* le ciel de rayons éclatants. (IV, 120, *Poés. div.* 2.)
Vos yeux d'un nouveau jour *peignirent* l'horizon. (IV, 61, *Poés. div.* 56.)
   Là mille autres petits oiseaux
   Peignent encore dans les eaux
      Leur éclatant plumage. (IV, 31, *Poés. div.* 36.)
.... (Dieu, qui) d'une blancheur vive à la pourpre mêlée
   Peins le centre des cieux. (IV, 131, *Poés. div.* 4.)
Je les *peignis* puissants, riches, séditieux. (III, 496, *Esth.* 495.)
Pourquoi lui *peignez*-vous cet objet odieux? (I, 529, *Alex.* 95.)
   * Le poëte a besoin de tous les Dieux pour *peindre* son Agamemnon. (VI, 320, *Livres ann.*)
Qu'ai-je trouvé? Je vois la mort *peinte* en vos yeux. (II, 439, *Bér.* 1385.)
Peins-toi dans ces horreurs Andromaque éperdue. (II, 91, *Andr.* 1005.)

PEINE, emplois divers; SANS PEINE ; À PEINE :
   .... J'entendois tout, et plaignois votre *peine*. (III, 648, *Ath.* 740.)
L'un, jaloux de sa foi, va chez les ennemis
Chercher, avec la mort, la *peine* toute prête (II, 426, *Bér.* 1163.)
Je me fais de sa *peine* une image charmante. (II, 289, *Brit.* 751.)
.... Pour rendre ma *peine* et mes plaisirs plus grands. (II, 103, *Andr.* 1263.)

.... Toujours mes soupirs vous rediront ma *peine*. (I, 482, *Théb.* 1490.)
Elle s'attend par moi de voir finir ses *peines*. (I, 405, *Théb.* 108.)
.... Moi, qui pour vous pris toujours tant de *peines*.
(I, 454, *Théb.* 1028.)
Cela ne valoit pas la *peine* de la faire revenir. (II, 245, *Brit.* 1re préf.)
Toute leur *peine* étoit de résister à l'orgueil et à la férocité d'Agrippine. (II, 252, *Brit.* 2e préf.)
.... Avouez, Créon, que toute votre *peine*
C'est de voir que la paix rend votre attente vaine. (I, 411, *Théb.* 223.)
Quelle *peine* elles eurent de signer le 1er mandement! (IV, 575, *P. R.*)
Ils avoient *peine* à s'imaginer que.... (V, 245, *Camp. de Louis XIV.*)
Ce prélat.... ne se pressoit pas de leur faire de la *peine*. (IV, 563, *P. R.*; voyez VI, 571, *Lettres*.)
* L'étude ne lui fait point de *peine*. (VI, 284, *Livres ann.*)
Les jésuites n'étoient pas moins en *peine* que les évêques de savoir qui étoit cet inconnu. (IV, 415, *P. R.*)
Je ne suis pas en *peine* si on vous rendra vos novices...; mais je suis en *veine* si l'esprit de la retraite.... se conservera parmi vous. (IV, 512, *P. R.*)
Je suis ravi que ma cousine soit mariée; je voudrois que vous fussiez à la *peine* de l'être. (VI, 375, *Lettres*.)
Seigneur, rien ne vous presse, et vous pouvez *sans peine*
Laisser agir encor la princesse et la Reine. (I, 429, *Théb.* 555.)
.... Elle tombe, et ne vit plus qu'*à peine*. (II, 535, *Baj.* 1205.)
Je n'ai percé qu'*à peine* une foule inconnue.
(III, 182, *Iph.* 610; voyez II, 376, *Bér.* 52.)
Quoi? pour vous confier la douleur qui m'accable,
A peine je dérobe un moment favorable.... (II, 288, *Brit.* 732.)
A peine son sang coule et fait rougir la terre,
Les Dieux font sur l'autel entendre le tonnerre. (III, 240, *Iph.* 1777.)

PEINER (SE) :

* Les chasseurs, qui se travaillent et *se peinent*. (VI, 144, *Rem. sur l'Odyss.*)

L'autographe porte : *penent*, sans *i*.

PEINTURE; EN PEINTURE :

Il donne aux fleurs leur aimable *peinture*. (III, 624, *Ath.* 323.)
    Je vois.... leurs grands rameaux
    .... tracer dedans les eaux
    Leur mobile *peinture*. (IV, 31, *Poés. div.* 27.)
.... Quelle assez vive *peinture*
Suffit pour tracer dignement, etc.? (IV, 41, *Poés. div.* 51.)
....Je ne veux point être un juge *en peinture*. (II, 196, *Plaid.* 608.)

PÊLE-MÊLE :

Un sang *pêle-mêle* épandu. (IV, 38, *Poés. div.* 50.)
Les François.... passent *pêle-mêle* avec les fuyards. (V, 276, *Camp. de Louis XIV;* voyez V, 96, *Notes hist.)*

PÈLERIN, dans un sujet païen :

*Il a un sépulcre tout environné de la multitude des *pèlerins*. (VI, 14, *Rem. sur Pind.*)

PENCHANT, substantivement :

.... Quel que soit vers vous le *penchant* qui m'attire.
(III, 53, *Mithr.* 695.)
Tous ceux qui comme toi, par de lâches adresses,

Les poussent (*les princes*) au *penchant* où leur cœur est enclin.
(III, 379, *Phèd.* 1323.)
Ils suivoient sans remords leur *penchant* amoureux.
(III, 375, *Phèd.* 1239.)
La Sultane a suivi son *penchant* ordinaire. (II, 523, *Baj.* 982.)

PENCHER; PENCHER À, VERS, DU CÔTÉ DE :
.... Cent longues allées
Droites, *penchantes*, étoilées. (IV, 28, *Poés. div.* 14.)
.... Le monde *penchant* n'a plus que cet appui. (I, 548, *Alex.* 551.)
Vois-je l'État *penchant* au bord du précipice? (II, 420, *Bér.* 1003.)
Cependant sur son lit il demeure *penché*. (II, 333, *Brit.* 1637.)
* (*Les extrémités*) auxquelles nous *penchons* le plus. (VI, 287, *Livres ann.*)
.... Claudius *penchoit vers* son déclin. (II, 312, *Brit.* 1173.)
C'est toi dont l'ambassade, à tous les deux fatale,
L'a fait pour son malheur *pencher vers* ma rivale. (II, 120, *Andr.* 1558.)
.... Si je *penche* enfin *du côté de* ma gloire. (II, 394, *Bér.* 452.)

PENDANT, préposition :
.... Lui, *pendant* cela, Est disparu.... (II, 186, *Plaid.* 513.)
* *Pendant* avril,... *pendant* mai. (V, 185, *Notes hist.*)
* Les impositions sur le peuple ont été excessives.... *pendant* ces deux races. (V, 84, *Notes hist.*)

PENDRE :
* Cette pierre qui *est pendue* sur lui. (VI, 12, *Rem. sur Pind.*)

PÉNÉTRATION :
Que ne dirois-je point.... de cette *pénétration* à laquelle rien n'échappe?
(II, 363 et 364, *Bér.* épître.)
Vous fûtes témoin avec quelle *pénétration* d'esprit il jugea de l'économie de la pièce. (II, 240, *Brit.* épître.)
Jean du Vergier de Hauranne.... avoit fait admirer la *pénétration* de son esprit. (IV, 408, *P. R.*)

PÉNÉTRER, activement :
.... *Pénétrer* des morts la profonde demeure. (III, 330, *Phèd.* 390.)
Pleurons et gémissons : une ardente prière
Écarte le sommeil, et *pénètre* les cieux. (IV, 114, *Poés. div.* 12.)
Vous savez mon secret, j'*ai pénétré* le vôtre. (III, 38, *Mithr.* 368.)
De ton amour et de ta crainte
Ce cœur à jamais *pénétré*. (IV, 141, *Poés. div.* 52.)

PÉNIBLE :
Je rends dans les tourments une *pénible* vie. (III, 377, *Phèd.* 1294.)
Pour exciter Néron par la gloire *pénible*
De vaincre une fierté jusqu'alors invincible. (II, 300, *Brit.* 951.)
Un trône est plus *pénible* à quitter que la vie. (I, 439, *Théb.* 732.)

PÉNITENCE, VII, 128, *Lettres*.
Racine, dans ce passage, marque des emplois bibliques et poétiques de ce mot.

PENSÉE :
.... Ils n'ont tous qu'une même *pensée*. (II, 325, *Brit.* 1463.)
Il me vient en *pensée* de vous envoyer deux lettres. (VII, 106, *Lettr.*)
Dans vos secrets discours étois-je intéressée,
Seigneur? Étois-je au moins présente à la *pensée*? (II, 399, *Bér.* 584.)
Titus n'a point encore expliqué sa *pensée*. (II, 387, *Bér.* 292.)
Tout autre auroit voulu condamner ma *pensée*. (I, 457, *Théb.* 1067.)

Je souhaitai son lit, dans la seule *pensée*
De vous laisser au trône où je serois placée. (II, 310, *Brit.* 1127.)

PENSER, emplois divers :

Mais de lui-même ici que faut-il que je *pense*? (III, 181, *Iph.* 597.)
 * Plusieurs sont longs qui *pensent* être courts. (VI, 330, *Livres ann.*)
Que répondrois-je à un homme qui ne *pense* rien ? (II, 369, *Bér.* préf.)
Comme elle vit des religieuses qui pleuroient : « Quoi? dit-elle, mes filles, je *pense* qu'on pleure ici. » (IV, 508, *P. R.*)
.... Surpris, comme tu peux *penser*. (III, 154, *Iph.* 63.)
Tu crois donc que la paix est l'objet de mes soins?
— Oui, je le crois, Seigneur, quand j'y *pensois* le moins.
(I, 444, *Théb.* 826.)
 * Ils *pensèrent* mourir de peur à l'effroyable ton de sa voix. (VI, 148, *Rem. sur l'Odyss.*; voyez V, 80 et 143, *Notes hist.*; VI, 350, *Livr. ann.*)
Nous avons bien *pensé* ne vous pas envoyer notre enfant. (VII, 72, *Livres ann.*)

Penser, substantivement :

Je tremble au seul *penser* du coup qui le menace. (II, 111, *Andr.* 1405.)

PENSIF :

Il suivoit tout *pensif* le chemin de Mycènes. (III, 389, *Phèd.* 1501.)

PENSIONNAIRE (de Hollande) :

Le *Pensionnaire* est assassiné. (V, 249, *Camp. de Louis XIV*.)

PENTE, au figuré :

Ce sang, en leur donnant la lumière céleste,
Leur donna pour le crime une *pente* funeste. (I, 400, *Théb.* var.)
Je n'ai que trop de *pente* à punir son audace. (II, 323, *Brit.* 1424.)
.... Du plaisir la *pente* trop aisée. (II, 396, *Bér.* 508.)

PÉNULTIÈME :

(*Ces stances*) sont les dernières ou au moins les *pénultièmes*. (VI, 378, *Lettr.*)

PERCER, activement et neutralement :

.... Joas *percé* de coups. (III, 619, *Ath.* 225; voyez II, 123, *Andr.* 1631.)
Le soleil *perce* l'ombre obscure. (IV, 117, *Poés. div.* 5.)
Je n'ai *percé* qu'à peine une foule inconnue.
(III, 182, *Iph.* 610; voyez II, 376, *Bér.* 52.)
Percer le ciel de cris; *percer* le cœur; *percer* le mystère de : voyez Ciel, Cœur, Mystère.
Les enfants sont sujets à ces sortes d'accidents quand les dents leur *percent*. (VII, 9, *Lettres.*)
La petite Nanette a été bien tourmentée de deux grosses dents qui lui sont *percées*. (VI, 534, *Lettres.*)

PERCLUS :

 * Après l'avoir appliqué aux plus cruelles tortures, et l'avoir rendu *perclus* de tous ses membres.... (V, 589, *Trad.*)

PERDITION :

 * L'homme, qui n'est que mort et que *perdition*. (VI, 191, *Livres ann.*)

PERDRE, se perdre :

.... Je *perds* beaucoup moins que je ne crois gagner. (I, 480, *Théb.* 440.)
Dis-moi ce que je gagne, et non ce que je *perds*. (I, 480, *Théb.* 1456.)
Sans *perdre* ici le temps à me persuader. (III, 78, *Mithr.* 1262.)

Sans *perdre* tant d'efforts sur ce cœur endurci. (II, 547, *Baj.* 1467.)
.... Je *perdois* ma gloire à demeurer ici. (I, 402, *Théb.* 58.)
Quelque haine qu'on ait contre un fier ennemi,
Quand il est loin de nous on la *perd* à demi. (I, 446, *Théb.* 886.)
J'en dois *perdre* plutôt jusques au souvenir. (II, 387, *Bér.* 290.)
.... Ma vengeance *est perdue*
S'il ignore en mourant que c'est moi qui le tue. (II, 104, *Andr.* 1269.)
Le coup qui l'*a perdu* n'est parti que de lui. (II, 82, *Andr.* 836.)
Tu frappes et guéris ; tu *perds* et ressuscites. (III, 667, *Ath.* 1123.)
.... Quelle est mon erreur, et que de soins *perdus!* (II, 424, *Bér.* 1118.)
J'en eus la bouche toute *perdue.* (VI, 415, *Lettres.*)
Le lecteur.... *perd* de vue le fil des événements. (IV, 367, *Disc. acad.*)
Parlez donc, avocat. — J'*ai perdu* la parole. (II, 204, *Plaid.* 692.)
Voyez I, 472, *Théb.* 1295; I, 483, *Théb.* 1500 et 1510; II, 48, *Andr.* 171; II, 112, *Andr.* 1429; II, 324, *Brit.* 1435; II, 375, *Bér.* 37.
En vain pour nous sauver ce grand prince *se perd*. (I, 438, *Théb.* 697.)
Voyez I, 440, *Théb.* 762; II, 339, *Brit.* 1764.
J'ai voulu lui parler, et ma voix *s'est perdue*. (II, 274, *Brit.* 396.)
J'ai demandé Thésée aux peuples de ces bords
Où l'on voit l'Achéron *se perdre* chez les morts. (III, 306, *Phèd.* 12.)
.... Vos ressentiments *se perdront* en discours. (II, 270, *Brit.* 317.)
Comme vous je *me perds* d'autant plus que j'y pense. (II, 402, *Bér.* 628.)
Perdre la mémoire de ; *perdre* ses mesures; *perdre* le sentiment : voyez. MÉMOIRE, MESURES, SENTIMENT.

PÈRE :

Un *père*, en punissant, Madame, est toujours *père*. (III, 356, *Phèd.* 901.)
 * (*Ils*) sont amis de *père*. (VI, 61, *Rem. sur l'Odyss.*)
Ah ! que de la patrie il soit, s'il veut, le *père;*
Mais qu'il songe un peu plus qu'Agrippine est sa mère. (II, 258, *Brit.* 47.)

PERFECTION :

 * Un jardin n'est pas sitôt (*en si peu de temps*) dans sa *perfection*. (VI, 123, *Rem. sur l'Odyss.*)

PERFIDE, adjectivement et substantivement :

.... Pour moi, pour vous-même, également *perfide*. (II, 541, *Baj.* 1345.)
Ne croyez pas mes pleurs *perfides* à ce point. (I, 428, *Théb.* 533.)
.... L'un ou l'autre *perfide*. (I, 433, *Théb.* 615.)

PÉRICLITER :

Le P. Annat.... ne croyoit pas que la cause des jésuites pût *péricliter* en de si bonnes mains. (IV, 538, *P. R.*)

PÉRIL :

.... Quelque *péril* qui me puisse accabler. (II, 305, *Brit.* 1061.)
Quoi ? vous pouvez vous taire en ce *péril* extrême? (III, 381, *Phèd.* 1329.)
La guerre, les *périls* sont vos seules retraites. (III, 63, *Mithr.* 912.)
Croiront-ils mes *périls* et vos larmes sincères ? (II, 502, *Baj.* 486.)

PÉRIODE, sens divers :

C'est le dernier *période* de sa douleur. (VI, 230, *Livres ann.*)

A cette phrase de Vaugelas : « Elle a borné sa vie *au période* de sa gloire, » Racine a ajouté cette note : « Ablancourt met : *au comble* » (VI, 357).

Que ne lui laissez-vous finir sa *période ?* (II, 204, *Plaid.* 688.)

PÉRIPATÉTIQUE (LE), Aristote :

.... L'autorité du *Péripatétique*. (II, 209, *Plaid.* 748.)

PÉRIR :
*Vous pouvez *périr*..., et par la morsure d'un petit serpent, ou..
d'un grain de raisin sec. (VI, 339, *Livres ann.*)
Pourvu que ce grand cœur *périsse* noblement. (I, 538, *Alex.* 307.)
C'est alors qu'il s'apprête à me faire *périr*. (I, 437, *Théb.* 678.)
Il faut que tout *périsse*, ou que je sois heureux. (I, 580, *Alex.* 1244.)
Tout l'État *périssant* n'a pu t'encourager ! (I, 559, *Alex.* 760.)
.... *Périsse* le jour et la main meurtrière
Qui jadis sur mon front t'attacha la première ! (III, 90, *Mithr.* 1507.)
Dieu, qui ne vouloit pas qu'elle *pérît*, jeta une amertume salutaire sur ses vaines occupations. (V, 10, *Épitaphes*.)

PERLE, au figuré :
Déjà ses flots entre-poussés
Roulent cent monceaux empressés
De *perles* ondoyantes. (IV, 33, *Poés. div.* 77.)

PERMETTRE :
Si le temps le *permet* le moins du monde, je mènerai ma femme. (VI, 519, *Lettres.*)
S'il *permet* à son cœur un moment de repos. (III, 464, *Esth.* prol. 61.)
Je *permets* tout le reste à mon libre courroux. (III, 382, *Phèd.* 1356.)
Un espoir si charmant me *seroit*-il permis? (II, 53, *Andr.* 259.)
Sache si du péril ses beaux yeux sont remis,
Et si son entretien m'*est* encore *permis*. (II, 271, *Brit.* 354.)

PERMISSION :
*On ne mangeoit d'aucun fruit d'automne devant que d'en avoir *permission*. (VI, 312, *Livres ann.*)

PERNICIEUX :
De ligues, de complots *pernicieux* auteur.
(III, 698, *Ath.* 1706; voyez I, 471, *Théb.* 1275.)

PERPLEXITÉ :
Racine a souligné ce mot dans cette phrase de Vaugelas : « Ces lettres le mirent en une étrange *perplexité* » (VI, 354).

PERQUISITION :
Ces illuminés..., dont le cardinal de Richelieu fit faire une si exacte *perquisition*. (IV, 400, *P. R.*)

PERRUQUE :
Changez en cheveux noirs votre *perruque* blonde. (II, 170, *Plaid.* 303.)

PERS :
*Comme disoient nos vieux traducteurs, « Minerve aux yeux *pers* : » c'est entre le bleu et le vert. (VI, 72, *Rem. sur l'Odyss.*)

PERSÉCUTER :
Seigneur, mille malheurs *persécutent* sa vie. (II, 306, *Brit.* 1071.)
De combien de malheurs pour vous *persécutée*,
Vous ai-je pour un mot sacrifié mes pleurs ! (II, 400, *Bér.* 608.)
Je vous proteste que je l'en ai horriblement *persécuté*. (VI, 502, *Lettr.*)
Oui, les Grecs sur le fils *persécutent* le père. (II, 51, *Andr.* 225.)

PERSÉCUTEUR :
.... De toute vertu zélé *persécuteur*. (III, 607, *Ath.* 38.)
Déjà, de l'insolence heureux *persécuteur*,
Vous aviez des deux mers assuré les rivages. (III, 358, *Phèd.* 940.)

PERSÉVÉRANCE :

... C'est cette vertu, si nouvelle à la cour,
Dont la *persévérance* irrite mon amour. (II, 274, *Brit.* 418.)
Oui, je te loue, ô Ciel, de ta *persévérance*. (II, 123, *Andr.* 1614.)
.... Fuyez un courroux
Que ma *persévérance* allume contre vous. (II, 301, *Brit.* 958.)

PERSÉVÉRER :

Dans ses retardements si Pyrrhus *persévère*.... (II, 61, *Andr.* 406.)

* PERSIL, VI, 97, *Rem. sur l'Odyssée*

PERSONNAGE :

L'Archevêque lui-même.... faisoit en cette occasion un *personnage*....
peu honorable pour lui. (IV, 552, *P. R.*)
Il étoit à propos d'outrer un peu les *personnages*. (II, 142, *Plaid.* au lect.)
(*Corneille*,) *personnage* véritablement né pour la gloire de son pays.
(IV, 359, *Disc. acad.*)

PERSONNE :

D'abord que sur sa tête il reçoit la couronne,
Un roi sort à l'instant de sa propre *personne*. (I, 404, *Théb.* var.)
.... A moi, parlant à ma *personne*. (II, 181, *Plaid.* 447.)
Attacher de si près la gloire à ma *personne*. (I, 553, *Alex.* 654.)
Quelle apparence que j'eusse souillé la scène par le meurtre horrible
d'une *personne* aussi vertueuse ? (III, 140, *Iph.* préf.)
Des *personnes* m'ont reproché que je faisois ce prince plus grand
qu'Alexandre. (I, 521, *Alex.* 2ᵉ préf.)
Je ne m'étois pas formé l'idée d'un bon homme en la *personne* de
Néron. (II, 242, *Brit.* 1ʳᵉ préf.)
* Homère décrit.... l'histoire de Bellérophon.... en la *personne* de....
Glaucus. (VI, 52, *Rem. sur Pind.*)

Voyez VI, 20, *Rem. sur Pind.*; VI, 58, *Rem. sur l'Odyss.*

PERSONNE, suivi d'un masculin :

Quelques vers que j'avois faits alors tombèrent par hasard entre les
mains de quelques *personnes* d'esprit. *Ils* m'excitèrent à faire une tragédie.
(I, 393, *Théb.* préf.)

Voyez I, 390, *Théb.* épître; V, 469, 517, et 590, *Trad.*; VI, 304 et 307, *Livres ann.*; VI, 454, *Lettres.*

JEUNE PERSONNE, jeune homme :

* Quel plus grand avantage peut arriver à une *jeune personne* que
d'être aimé d'un homme vertueux ? (V, 463, *Trad.*)

PERSONNE, quelqu'un, qui que ce soit :

* Comment voulez-vous que *personne* vous vienne jamais voir ? (VI, 151, *Rem. sur l'Odyss.*)
* Il n'étoit permis aux prêtres de maudire *personne*. (VI, 318, *L. ann.*)
* Celui-ci peut enseigner beaucoup mieux que *personne*. (VI, 37, *Rem. sur l'Odyss.*)
* Se croyant plus habiles que *personne*. (VI, 284, *Livres ann.*)
* Ne blâmer *personne* que de ce qu'il a dit par écrit. (VI, 313, *L. ann.*)
* Il n'y a *personne* exempt de douleur. (VI, 248, *Livres ann.*)

Voyez VI, 84 et 87, *Rem. sur l'Odyss.*

PERSUADER ; PERSUADER À :

Souffrez que la raison enfin vous *persuade*. (II, 151, *Plaid.* 79.)
* Tirésias veut *persuader* Penthée d'honorer Bacchus. (VI, 259, *L. ann.*)

*Agamemnon vouloit *persuader aux* Grecs de demeurer, etc. Il ne leur *persuaderoit* jamais cela. (VI, 77, *Rem. sur l'Odyss.*)

PERTE :
J'ai voulu prévenir la *perte* de vos princes. (I, 573, *Alex.* 1070.)
Néron m'aimoit tantôt, il juroit votre *perte*. (II, 327, *Brit.* 1508.)
Que craint-on d'un enfant qui survit à sa *perte* ? (II, 84, *Andr.* 877.)
Il ne mérite point sa *perte*. (I, 519, *Alex.* 1re préf.)
.... Le Ciel, las de tes crimes,
Ajoutera ta *perte* à tant d'autres victimes. (II, 337, *Brit.* 1688.)
Voyez I, 471, *Théb.* 1283; I, 483, *Théb.* 1513; II, 50, *Andr.* 205.

PERTINEMMENT :
Il parle, ce me semble, assez *pertinemment*. (II, 197, *Plaid.* 618.)

PERTUISANE :
Il le porta par terre de deux coups de sa *pertuisane*. (VII, 48, *Lettr.*)

PESANTEUR :
Déjà plus d'un tyran, plus d'un monstre farouche
Avoit de votre bras senti la *pesanteur*. (III, 358, *Phèd.* 939.)

PESER, au figuré; PESER À, au propre et au figuré :
Songez-y donc, Madame, et *pesez* en vous-même
Ce choix digne des soins d'un prince qui vous aime. (II, 282, *Brit.* 599.)
Que ces vains ornements, que ces voiles *me pèsent!* (III, 313, *Phèd.* 158.)
Ma funeste amitié *pèse à* tous mes amis. (III, 57, *Mithr.* 782.)
Mon innocence enfin commence à *me peser*. (II, 79, *Andr.* 772.)

PESTE, au figuré; PESTE, comme interjection :
J'ai choisi Burrhus pour opposer un honnête homme à cette *peste de* cour. (II, 252, *Brit.* 2e préf.)
* Colère *peste* de l'amitié. (VI, 315, *Livres ann.*)
Hé! donne donc. — La *peste*.... — Oh! ne donnez donc pas.
(II, 173, *Plaid.* 349.)
Peste de l'avocat! — Ah! *peste* de toi-même! (II, 205, *Plaid.* 703.)

PESTER :
Je *peste* tous les jours contre vous. (VI, 502, *Lettres.*)

PETILLANT :
*(Vénus) Aux yeux *petillants*. (VI, 73, *Rem. sur l'Odyss.*)

PETIT, ITE, substantivement :
Aux *petits* des oiseaux il donne leur pâture. (III, 641, *Ath* 647.)
Je vous suis bien obligé du soin que vous voulez bien prendre de notre *petite*. (VII, 7, *Lettres*; voyez VII, 300, *Lettres.*)

PETIT-MAÎTRE :
* Le Cardinal avoit dessein d'envoyer à Naples Monsieur le Prince, afin de l'éloigner de France, avec tous les *petits-maîtres*. (V, 90, *Notes hist.*; voyez V, 91, *ibid.*)

PEU ; UN PEU :
Il leur faut donner (*aux pauvres*), pour *peu* que ce soit. (VI, 117, *Rem. sur l'Odyss.*)
Versez le sang d'un frère; et si c'est *peu* du sien,
Je vous invite encore à répandre le mien. (I, 405, *Théb.* 117.)
C'est *peu* de violer l'amitié, la nature,
C'est *peu* que de vouloir, sous un couteau mortel,
Me montrer votre cœur fumant sur un autel. (III, 201, *Iph.* 974 et 975.)

Vous pouvez, en cédant *un peu* de votre rang,
Faire plus qu'il n'a fait en versant tout son sang. (I, 439, *Théb.* 721.)
Sans qu'elle eût d'autres droits au rang d'impératrice
Qu'*un peu* d'attraits peut-être, et beaucoup d'artifice. (II, 501, *Baj.* 470.)
.... Devant qu'il soit *peu*.... (II, 201, *Plaid.* 653.)
Avec quels yeux cruels sa rigueur obstinée
Vous laissoit à ses pieds, *peu* s'en faut prosternée! (III, 348, *Phèd.* 778.)

PEUPLE :
Et pourquoi? pour entendre un *peuple* injurieux. (II, 435, *Bér.* 1313.)
Un grand *peuple* les suit, qui plein d'impatience
Dans votre appartement attend votre présence. (II, 430, *Bér.* 1243.)
 Le *peuple* ne met guère de différence entre ce qui est, si j'ose ainsi parler, à mille ans de lui, et ce qui en est à mille lieues. (II, 477, *Baj.* 2ᵉ préf.)
 * Un prince qui aime ses *peuples*. (VI, 234, *Livres ann.*)
Qui pourroit cependant t'exprimer les cabales
Que formoit en ces lieux ce *peuple* de rivales? (III, 469, *Esth.* 56.)
 La maîtresse des pensionnaires.... s'étoit tenue debout auprès de la grille pour voir passer tout ce petit *peuple*. (IV, 467, *P. R.*)

PEUPLÉ DE :
Les déserts, autrefois *peuplés de* sénateurs. (II, 265, *Brit.* 209.)

PEUR :
 Plusieurs religieuses..., sur la seule *peur* d'être obligées de.... signer, tombèrent malades. (IV, 526, *P. R.*)

PEUT-ÊTRE; PEUT-ÊTRE QUE :
Peut-être à mon destin, Seigneur, j'obéirai. (II, 512, *Baj.* 704.)
Ho! Monsieur, j'entrerai. — *Peut-être*. — J'en suis sûre.
(II, 190, *Plaid.* 352.)
Voyez II, 492, *Baj.* 265 et 281; II, 510, *Baj.* 664.
 .... *Peut-être qu*'adouci
Il songe à terminer une guerre si lente. (I, 442, *Théb.* 790.)

PHILOSOPHE, adjectivement :
 .... Quel temps peut être de reste
Dans une *philosophe* teste? (IV, 201, *Poés. div.* 33, app.)
 Notre siècle.... n'est pas si *philosophe* que celui de Platon. (V, 451, *Lettre à Despréaux.*)

* PHILTRE, VI, 310, *Livres annotés.*

PHRASE :
 Lisez cette pièce ignorante,
Dont la *phrase* si peu coulante, etc. (IV, 200, *Poés. div.* 2.)

PICHET, sorte de mesure, VI, 482 et 497, *Lettres* (d'Uzès).

PIÈCE, sens et emplois divers :
 Il fond sur leur arrière-garde et la taille en *pièces*. (V, 259, *Comp. d Louis XIV*; voyez V, 285, *ibid.*)
 .... Trois procureurs, dont icelui Citron
A déchiré la robe. On en verra les *pièces*.
Pour nous justifier, voulez-vous d'autres *pièces*? (II, 212, *Plaid.* 787 et 788.)
 * Un homme qui a huit cents *pièces* de revenus. (V, 133, *Notes hist.*)
 Je vois bien qu'elle est tout à fait inquiétée de la *pièce* qu'on vous a faite à mon sujet. (VI, 477, *Lettres.*)

PIED, pieds :

Il (*Euripide*) suppose qu'Hélène n'a jamais mis le *pied* dans Troie. (II, 39, *Andr.* 2⁰ préf.; voyez V, 454, *Trad.*; VII, 224, *Lettres*.)
Prends garde que jamais l'astre qui nous éclaire
Ne te voie en ces lieux mettre un *pied* téméraire. (III, 365, *Phèd.* 1062.)
* Les Portugais.... les attendent de *pied* ferme. (V, 159, *Notes hist.*)
On peut aller à *pied* sec tout autour de la ville. (VI, 414, *Lettres*.)
Un grand nombre de dehors, qu'il falloit forcer *pied* à *pied*. (V, 275, *Camp. de Louis XIV*.)
Cet auteur ayant suivi *pied* à *pied* saint Augustin. (IV, 603, *P. R.*)
* Quatre cent cinquante mille hommes de *pied*. (V, 115, *Notes hist.*)
De rage et de douleur le monstre bondissant
Vient aux *pieds* des chevaux tomber en mugissant. (III, 390, *Phèd.* 1532.)
(*Ils*) Laisseront Thèbes libre, ou mourront à mes *pieds*. (I, 402, *Théb.* 70.)
Je puis mettre à ses *pieds* ma douleur ou ma joie. (II, 304, *Brit.* 1031.)
L'Empereur, il est vrai, ne vient plus chaque jour
Mettre à vos *pieds* l'Empire, et grossir votre cour.
(II, 264, *Brit.* 193; voyez I, 539, *Alex.* 330.)
* Phylo le met donc (*ce vase*) au *pied* (*sic*) de sa maîtresse. (VI, 86, *Rem. sur l'Odyss.*)
Même au *pied* des autels que je faisois fumer.
(III, 324, *Phèd.* 287; voyez III, 373, *Phèd.* 1191.)
Il fit même des protestations dans Vienne, aux *pieds* des autels. (V, 255, *Camp. de Louis XIV*.)
Je rends ce que je dois à l'éclat des vertus
Qui tiennent sous vos *pieds* cent peuples abattus. (I, 563, *Alex.* 868.)
Ce fou qui réduit tout au *pied* de la chicane. (II, 201, *Plaid.* 664.)
  Ah! qu'il fait beau
De te voir, dans cette posture,
Faire à Louis le *pied* de veau!
(IV, 247, *Poés. div.* 35, 2ᵈ app.; voyez la note 3.)
Des villageois *piednus* (*sic*) ou ensabotés. (VI, 419, *Lettres*.)
Voyez Grue, Nu, Poulpe.

PIÉGE :

Lâche Abner, dans quel *piége* as-tu conduit mes pas!
(III, 700, *Ath.* 1738.)
.... (*La paix*) va rompre le *piége* où vous les attendez (*mes fils*).
(I, 411, *Théb.* 226.)

PIERROT :

Tous méprisent fort les soldats des gardes, qu'ils appellent des *Pierrots*. (VII, 15, *Lettres*; voyez la note 3.)

PILIER :

Qu'est-ce qu'un gentilhomme? Un *pilier* d'antichambre.
(II, 152, *Plaid.* 96.)

PILLAGE :

Trèves se croit déjà voir au *pillage*. (V, 290, *Camp. de Louis XIV*.)

PIQUE :

Une *pique* de gens de lettres. (IV, 439, *P. R.*)

PIQUÉ :

L'évêque de Cominges fut fort *piqué* du mépris que le Pape lui avoit témoigné. (IV, 542, *P. R.*)
* *Piqué* au vif de cette perte. (V, 96, *Notes hist.*)

PIRATE :
Errant de mers en mers, et moins roi que *pirate*. (III, 47, *Mithr*. 563.)
PIRE, PIS :
.... Devenant grand souvent on devient *pire*. (I, 455, *Théb*. 1047.)
C'est encore bien *pis* en ce pays. (VI, 414, *Lettres*.)
Ils me feront plaisir : je les mets à *pis* faire. (II, 175, *Plaid*, 372.)
PISSER, II, 215, *Plaid*. 826; V, 520 et 526, *Trad*.
PITIÉ :
.... Du mal qu'ils ont fait ont-ils quelque *pitié* ? (I, 416, *Théb*. 322.)
Il ne faut qu'une lettre pitoyable de D. Cosme pour faire *pitié* à mon oncle. (VI, 463, *Lettres*; voyez V, 288, *Camp. de Louis XIV*.)
Non, non, je ne sais point vendre mon amitié,
Caresser un tyran, et régner par *pitié*. (I, 560, *Alex*. 788.)
Regarder d'un œil de *pitié*; toucher de *pitié* : voyez OEIL, TOUCHER.
PITOYABLE :
*On n'a jamais conçu l'état des places du Pays-Bas aussi *pitoyable* qu'il étoit. (V, 81, *Notes hist*.)
Voyez PITIÉ, 2[d] exemple.
PITOYABLEMENT :
*Elle.... s'afflige *pitoyablement*. (VI, 94, *Rem. sur l'Odyss*.)
* PLACARD, affiche, V, 512, *Trad*.
PLACE, emplois divers :
Près de quatre mille hommes demeurèrent sur la *place*. (V, 297, *Camp. de Louis XIV*.)
Si Roxane l'ordonne, il faut quitter la *place*. (II, 544, *Baj*. 1414.)
.... N'ont-ils point tous deux, en mourant sur la *place*,
Confirmé par leur sang la céleste menace ? (I, 434, *Théb*. var.)
Le trône pour vous deux avoit trop peu de *place*. (I, 469, *Théb*. 1253.)
Oui, sans doute, une ardeur si haute et si constante
Vous promet dans l'histoire une *place* éclatante. (I, 536, *Alex*. 250.)
Peux-tu le demander dans la *place* où je suis? (III, 492, *Esth*. 412.)
.... Je ne prétends pas que sa coupable audace
Une seconde fois lui promette ma *place*. (II, 318, *Brit*. 1320.)
Corneille tiendra sa *place* parmi toutes ces merveilles. (IV, 360, *D. acad*.)
Tu sais qu'injustement tu remplis cette *place* (I, 454, *Théb*. 1011.)
.... Vous avez montré, par une heureuse audace,
Que le fils seul d'Achille a pu remplir sa *place*. (II, 48, *Andr*. 150.)
Mon cœur se met sans peine en la *place* du vôtre. (III, 170, *Iph*. 370.)
.... L'ardeur de régner en sa *place*. (III, 24, *Mithr*. 14.)
.. . (*Il*) s'offrit en sa *place*. (III, 27, *Mithr*. 96.)
.... Qui sait si Joad ne veut point en leur *place*
Substituer l'enfant dont le Ciel vous menace? (III, 638, *Ath*. 607.)
Si la foi dans son cœur retrouvoit quelque *place*! (II, 62, *Andr*. 437.)
Vous me ferez un extrême plaisir de lui demander pour moi quelque *place* dans son amitié (VII, 204, *Lettres*.)
Mes soins à vos soupçons ne laissent point de *place*. (II, 331, *Brit*. 1584.)
.... Le calme en son cœur ne trouve point de *place*. (III, 514, *Esth*. 815.)
Il ne pouvoit se tenir en *place*. (IV, 553, *P. R.*; voyez VI, 401, *Lettres*.)
Mon respect a fait *place* aux transports de la Reine. (III, 177, *Iph*. 534.)
De ce juste devoir sa piété contente

A fait *place*, Seigneur, au soin de son amante. (II, 382, *Bér.* 168.)

PLACER :
Je souhaitai son lit (*le lit de Claude*), dans la seule pensée
De vous laisser au trône où je *serois placée*. (II, 310, *Brit.* 1128.)
Tibère, que l'hymen *plaça* dans sa famille (*dans la famille d'Auguste*).
(II, 277, *Brit.* 479.)
.... Sa disgrâce et ton crime
Ont *placé* dans mon cœur ce héros magnanime. (I, 559, *Alex.* 766.)

PLACET, tabouret :
J'ai fait mettre un petit *placet* dans le carrosse, afin que Henry revienne avec vous. (VII, 139, *Lettres ;* voyez la note 3.)

PLAID :
.... Mon homme est aux *plaids*. (II, 148, *Plaid.* 42 ; voy. II, 146, *Plaid.* 22.)

PLAIDER, activement :
Qui ne *plaide*-t-il point?... (II, 154, *Plaid.* 131.)
.... C'est un grand hasard s'il conclut votre affaire
Sans *plaider* le curé, le gendre et le notaire. (II, 155, *Plaid.* 136.)

PLAIE, au propre et au figuré :
.... Tout son corps n'est bientôt qu'une *plaie*. (III, 391, *Phèd.* 1550.)
M. Arnauld.... se contentoit de gémir en secret des *plaies* que cette malheureuse querelle faisoit à l'épiscopat. (IV, 458, *P. R.*)

PLAINDRE, sens divers ; SE PLAINDRE DE ; SE PLAINDRE QUE :
Je vous laisse écouter et *plaindre* sa disgrâce. (II, 268, *Brit.* 284.)
Si d'une mère en pleurs vous *plaignez* les ennuis.
(III, 211, *Iph.* 1187 ; voyez II, 339, *Brit.* 1741.)
* Elles *ploignent* l'inquiétude continuelle de Déjanire. (VI, 248, *L. ann.*)
Cher ami, si mon père, un jour désabusé,
Plaint le malheur d'un fils faussement accusé.... (III, 393, *Phèd.* 1564.)
.... J'entendois tout, et *plaignois* votre peine. (III, 648, *Ath.* 740.)
.... *Plaignant* les malheurs attachés à l'Empire. (II, 321, *Brit.* 1371.)
Plaignez votre malheur, sans vouloir l'augmenter. (III, 51, *Mithr.* 658.)
Je révoque des lois dont j'ai *plaint* la rigueur. (III, 333, *Phèd.* 475.)
.... *Plaignant* à la fois son trouble et vos alarmes,
J'ai servi, malgré moi, d'interprète à ses larmes. (III, 362, *Phèd.* 1021.)
Elle est votre captive ; et ses fers, que je *plains*,
Quand vous l'ordonnerez, tomberont de ses mains. (III, 194, *Iph.* 867.)
Non que pour Octavie un reste de tendresse
M'attache à son hymen et *plaigne* sa jeunesse (II, 276, *Brit.* 464.)
Presse, pleure, gémis ; *plains*-lui Phèdre mourante. (III, 350, *Phèd.* 809.)
Dans les éditions antérieures à 1697 : « peins-lui. »
J'irai, n'en doutez point, le montrer à l'armée,
Plaindre aux yeux des soldats son enfance opprimée. (II, 295, *Brit.* 840.)
Je me consolerai si ce fils que je *plains*
Assure par sa mort le repos des Thébains. (I, 441, *Théb.* 765.)
....Vous me *plaignez* votre aimable présence. (I, 416, *Théb*, 307 var.)
Des jours toujours à *plaindre* et toujours enviés. (II, 282, *Brit.* 593.)
Je suis si peu inquiétée du temps que j'ai employé pour ce dessein, que je n'y aurois pas *plaint* encore quinze autres jours. (VI, 406, *Lettres.*)
De quoi *vous plaignez-vous*, Madame? On vous révère. (II, 264, *Brit.* 191.)
Je puis *me plaindre* à vous du sang que j'ai versé. (II, 107, *Andr.* 1343.)
On *se plaint* qu'oubliant son sang et sa promesse,
Il élève en sa cour l'ennemi de la Grèce. (II, 44, *Andr.* 69.)

Encore s'est-il trouvé des gens qui *se* sont *plaints* qu'il s'emportât contre Andromaque. (II, 35, *Andr.* Ire préf.)
Voyez I, 515, *Alex.* épître ; I, 530, *Alex.* 131 ; II, 368, *Bér.* préf. ; V, 115, *N. hist.*

PLAINE, au propre et au figuré :
.... Quelle ardeur soudaine
Vous a fait tout à coup descendre dans la *plaine* ? (I, 402, *Théb.* 56.)
.... Mes sujets, mourant dans une *plaine*,
Sur les pas de Porus combattent pour leur Reine. (I, 556, *Alex* 697.)
Cependant sur le dos de la *plaine* liquide
S'élève à gros bouillons une montagne humide. (III, 389, *Phèd.* 1513.)

PLAINTE, emplois divers :
Claude.... lassé de ma *plainte* éternelle. (II, 311, *Brit.* 1155.)
(On vous verra) Semer ici la *plainte*, et non pas l'épouvante.
(II, 270, *Brit.* 316.)
Voyez II, 287, *Brit.* 704 , II, 312, *Brit.* 1176.
*Ce n'est pas au médecin à écouter les *plaintes* quand la plaie demande le fer. (VI, 239, *Livres ann.*)
.... Non sans faire un notable dommage,
Dont je formai ma *plainte* au juge du village. (II, 160, *Plaid.* 204.)

PLAIRE ; SE PLAIRE À, EN, DE :
Mon fils, son règne *plaît*. — Mais il m'est odieux. (I, 463, *Théb.* 1165.)
Contre un ingrat qui *plaît* recourir à la fuite. (III, 347, *Phèd.* 757.)
Je me perdrois, Madame, et ne vous *plairois* pas. (I, 578, *Alex.* 1188.)
Il semble me céder la gloire de vous *plaire*. (II, 326, *Brit.* 1492.)
Je crus que je pourrois rencontrer toutes ces parties dans mon sujet ; mais ce qui m'en *plut* davantage, c'est que je le trouvai extrêmement simple. (II, 366, *Bér.* préf.)
*Maintenant je suis esclave, puisqu'il *a plu* aux Dieux, et surtout à votre valeur. (VI, 238, *Livres ann.*)
*Que *plût* aux Dieux que je le pusse voir ! (VI, 238, *Livres ann.*)
*Jeune seigneur qui *se plaît à* la poésie. (VI, 341, *Livres ann.*)
*Diane.... *se plaît aux* flèches. (VI, 112, *Rem. sur l'Odyss.*)
Cette vivante image *en* qui vous *vous plaisez*. (III, 71, *Mithr.* 1106.)
Quoique je *me plaise* beaucoup *de* causer avec vous, je ne le puis pas faire néanmoins fort au long. (VI, 468, *Lettres.*)
Relevez, relevez les superbes portiques
Du temple où notre Dieu *se plaît d*'être adoré. (III, 540, *Esth.* 1256.)

PLAISAMMENT, d'une manière agréable, qui plaît :
Elle (*la moisson*) se fait fort *plaisamment* ici au prix de la coutume de France. (VI, 479, *Lettres.*)

PLAISIR :
Il n'y a point de *plaisir* d'écrire à des gens qui sont encore dans les remèdes. (VI, 429, l. 20, *Lettres;* voyez *ibid.*, l. 12.)
Prennent-ils donc *plaisir* à faire des coupables ? (I, 432, *Théb.* 611.)
Ta haine a pris *plaisir* à former ma misère. (II, 123, *Andr.* 1617.)
Un prince que la fortune a pris, ce semble, *plaisir* d'élever au plus haut degré de gloire où puissent monter les hommes. (V, 299, *C. de L. XIV.*)
.... Je me suis fait un *plaisir* nécessaire
De la voir chaque jour, de l'aimer, de lui plaire. (II, 393, *Bér.* 423.)
Je me fais un grand *plaisir* de vous embrasser bientôt. (VII, 95, *Lettres;* voyez VII, 301, *Lettres.*)
Je sais que votre cœur se fait quelques *plaisirs*
De me prouver sa foi dans ses derniers soupirs. (II, 512, *Baj.* 695.)

C'est moi qui si longtemps le *plaisir* de vos yeux,
Vous ai fait de ce nom remercier les Dieux. (III, 211, *Iph.* 1195.)
Goûte-t-il des *plaisirs* tranquilles et parfaits? (II, 113, *Andr.* 1443.)
Quels sont donc vos *plaisirs*?... (III, 643, *Ath.* 673; voy. III, 644, *Ath.* 687.)
Vous seul, jusques ici contraire à vos desirs,
N'osez par un divorce assurer vos *plaisirs*. (II, 277, *Brit.* 482.)
    Cette tristesse majestueuse qui fait tout le *plaisir* de la tragédie. (II, 366, *Bér.* préf.)
    .... Du *plaisir* la pente trop aisée. (II, 396, *Bér.* 508.)
    C'est là qu'ils font ce qu'on n'a jamais lu que dans les romans et dans les histoires données à *plaisir*. (V, 276, *Camp. de Louis XIV.*)
    .... L'on diroit que le saphir
De deux portes brillantes
Ferme ces vrais lieux de *plaisir*. (IV, 28, *Poés. div.* 20.)
    Poiriers de *plaisir* : voyez POIRIER.

PLANCHE :

Ils firent graver une *planche* d'almanach, où l'on voyoit Jansénius, etc. (IV, 448, *P. R.*)

PLANTE :

*Telle ai-je vu une jeune *plante* de laurier qui croissoit auprès de l'autel d'Apollon à Délos. (VI, 115, *Rem. sur l'Odyss.*)

PLANTER :

Vous trouverez ce prince à l'ombre des trophées
    Qu'il viendra de *planter*. (IV, 76, *Poés. div.* 72.)

PLAQUÉ :

Les autres avoient creusé de petites niches dans des retranchements..., et s'y tenoient *plaqués* tout le jour. (VII, 57, *Lettres.*)

PLAT, substantif :

.... Je lui vais servir un *plat* de mon métier. (II, 174, *Plaid.* 354.)

PLEIN, EINE; PLEIN DE, TOUT PLEIN DE; À PLEIN :

Un *plein* repos favorise vos vœux. (IV, 85, *Poés. div.* 1.)
Un *plein* calme en ces lieux assure votre tête. (I, 555, *Alex.* 694.)
Je me rends, je vous cède une *pleine* victoire. (I, 594, *Alex.* 1533.)
    *Avocats qui crient à *pleine* tête. (VI, 294, *Livres ann.*)
    On ne voit à la cour que des gens qui ont le ventre *plein de* quinquina. (VI, 589, *Lettres.*)
    *Des hommes *pleins de* Bacchus. (VI, 258, *Livres ann.*)
Ses yeux..... *pleins de* langueur.... (III, 331, *Phèd.* 412.)
Mon cœur, *plein de* son nom.... (I, 561, *Alex.* 813.)
    *Je ne suis pas si *plein du* théâtre que je ne sache que, etc. (VI, 269, *Livres ann.*)
Elle est dans un palais *tout plein* de ses aïeux. (II, 266, *Brit.* 238.)
Je sais que le sénat, *tout plein de* votre nom,
D'une commune voix confirmera ce don. (II, 407, *Bér.* 765.)
Il m'a de vos bontés longtemps entretenue :
Il en étoit *tout plein* quand je l'ai rencontré. (II, 526, *Baj.* 1051.)
Tes yeux ne sont-ils pas *tous pleins de* sa grandeur? (II, 387, *Bér.* 302.)
Toute pleine du feu de tant de saints prophètes,
Allez, osez au Roi déclarer qui vous êtes. (III, 478, *Esth.* 189.)
    Tout plein de l'éternité, peut-il compter pour quelque chose la vie présente ? (VI, 284, *Livres ann.*)
Voyez II, 287, *Brit.* 712; II, 329, *Brit.* 1549.

* Il voit *à plein* le centre de la terre. (VI, 190, *Livres ann.*)
De leur théâtre on auroit entendu tout *à plein* les orgues. (VI, 577, *Lettres*, 1687.)

PLEINEMENT :
Êtes-vous *pleinement* content de votre gloire? (II, 436, *Bér.* 1331.)

PLÉNIPOTENTIAIRE, VII, 195, *Lettres;* V, 151, *Notes hist.*

PLÉNITUDE :
* Que Dieu.... répande sur vous avec *plénitude* sa miséricorde. (V, 559, *Trad.*)

PLEURER; PLEURER, activement; PLEURER DE :
Je veux qu'à mon départ toute l'Épire *pleure*. (II, 99, *Andr.* 1169.)
Tel qui rit vendredi, dimanche *pleurera*. (II, 145, *Plaid.* 2.)
Nos lévites *pleuroient* de joie et de tendresse. (III, 688, *Ath.* 1523.)
* Il *pleura* à cœur joie. (VI, 92, *Rem. sur l'Odyss.*)
N'est-ce point à vos yeux un spectacle assez doux
Que la veuve d'Hector *pleurante* à vos genoux? (II, 83, *Andr.* 860.)
Pleurante après son char vous voulez qu'on me voie. (II, 107, *Andr.* 1329.)
Madame, je l'avoue; et les destins contraires
Me font *pleurer* deux fils, si vous *pleurez* deux frères. (I, 472, *Théb.* 1298.)
(J'allois) *Pleurer* Britannicus, César, et tout l'État. (II, 334, *Brit.* 1646.)
(Titus) Cesse enfin de *pleurer* Vespasien son père. (II, 376, *Bér.* 56.)
Ils *pleurent* en secret leurs rois sans diadèmes. (I, 546, *Alex.* 493.)
D'une cour qui le fuit *pleurant* l'ingratitude. (II, 275, *Brit.* 439.)
Mais ne me pressez point : en l'état où je suis,
Je ne puis que me taire. et *pleurer* mes ennuis. (I, 595, *Alex.* 1544.)
Ma fille dans Argos couroit *pleurer* sa honte. (III, 190, *Iph.* 769.)
Elle *pleure* en secret le mépris de ses charmes. (II, 47, *Andr.* 130.)
Vos ennemis, déchus de leur vaine espérance,
Sont allés chez Pallas *pleurer* leur impuissance. (II, 273, *Brit.* 376.)
Je *pleure*, hélas! de ce pauvre Holoferne. (IV, 190, *Poés. div.* 9.)
Alexandre ne faisoit encore que *pleurer* pour les victoires de son père. (I, 514, *Alex.* épitre.)

PLEURS :
.... Il jouira peu de vos *pleurs* infidèles. (III, 49, *Mithr.* 592.)
.... D'une mère en *pleurs* vous plaignez les ennuis.
(III, 211, *Iph.* 1187; voyez II, 82, *Andr.* 855.)
Tandis que dans les *pleurs* moi seule je me noie. (II, 435, *Bér.* 1316.)
Je la revois bientôt de *pleurs* toute trempée. (II, 397, *Bér.* 539.)
* Il vaut mieux finir au plus tôt ses *pleurs*. (VI, 309, *Livres ann.*)
Les *pleurs* que l'Aurore a versés. (IV, 35, *Poés. div.* 60.)

PLEUVOIR :
* Job, sur lequel Dieu a fait *pleuvoir* sa colère. (VI, 185, *Livres ann.*)

PLIER, activement et neutralement, au propre et au figuré (voyez PLOYER) :
* Elle fouette ses mulets, qui courent et *plient* les jambes adroitement. (VI, 119, *Rem. sur l'Odyss.*)
Il faut pourtant *plier*. (VI, 497, *Lettres.*)

PLOMB :
Comment en un *plomb* vil l'or pur s'est-il changé? (III, 668, *Ath.* 1142.)

PLOMBÉ, IV, 563, *P. R.*; IV, 586, *P. R.* var.

PLONGEON, genre d'oiseau, VI, 96, *Rem. sur l'Odyssée* :

PLONGER, se plonger :
Dans des ruisseaux de sang Troie ardente *plongée*. (II, 107, *Andr.* 1337.)
(Jérusalem) Avec joie en son sang la regarde *plongée*. (III, 704, *Ath.* 1812.)
.... Les chagrins où son âme *est plongée*. (II, 62, *Andr.* 454.)
.... L'abîme où Porus *s'est plongé*. (I, 576, *Alex.* 1148.)
Dans le sang d'un enfant voulez-vous qu'on *se plonge*? (III, 636, *Ath.* 560.)
De tous ces vains plaisirs où leur âme *se plonge*. (III, 653, *Ath.* 833.)
Ah! dans quels soins.... allez-vous *vous plonger*? (II, 497, *Baj.* 407.)

PLOYER (voyez **Plier**) :
Assez d'autres États, devenus vos conquêtes,
De leurs rois, sous le joug, ont vu *ployer* les têtes. (I, 545, *Alex.* 486.)
C'est lui qui, devant moi refusant de *ployer*,
Les a livrés au bras qui les va foudroyer. (III, 495, *Esth.* 467.)

PLUME :
L'Espagne.... se vante.... de regagner souvent par un trait de *plume*
ce qu'elle avoit perdu en plusieurs campagnes. (IV, 364, *Disc. acad.*)
La *plume* tombe des mains à tout le conseil. (V, 298, *C. de Louis XIV*.)

PLUPART (La) :
La *plupart* du monde ne se soucie point de l'intention ni de la diligence des auteurs. (II, 141, *Plaid* au lect.; voyez III, 593, *Ath.* préf.)

*****PLURALITÉ**, VI, 308, *Livres annotés*.

PLUS; de plus; au plus; non plus; plus.... plus; plus.... et plus :
*Les hommes n'aiment rien *plus* qu'une nouvelle chanson. (VI, 64, *Rem. sur l'Odyss.*)
*Théopompe semble *plus* un accusateur qu'un historien. (VI, 222, *Livres ann.*)
Il (*Louis XIV*) a lui seul *plus* fait bâtir de somptueux édifices que tous les rois qui l'ont précédé. (V, 302, *Camp. de Louis XIV*.)
*Ne vouloir *plus* être en l'esprit de son père que ses frères. (VI, 316, *Livres ann.*)
Ils croyoient devoir au Roi quelque chose *plus* que la vie. (V, 265, *Camp. de Louis XIV*.)
On le fait vivre, lui et Narcisse, deux ans *plus* qu'ils n'ont vécu. (II, 243, *Brit.* 1re préf.)
Outre un soufflet, Monsieur, que j'ai reçu *plus* qu'eux. (II, 189, *Plaid.* 537.)
Qu'attendez-vous, Seigneur? La princesse n'est *plus*. (I, 481, *Théb.* 1463.)
Oui, mes vœux ont poussé trop loin leur violence
Pour ne *plus* s'arrêter que dans l'indifférence. (II, 58, *Andr.* 366.)
Item, un coup de pied; *plus*, les noms qu'il me donne.
(II, 181, *Plaid.* 448; voyez II, 181, *Plaid.* 452.)
Outre *plus*, le susdit seroit venu, etc. (II, 179, *Plaid.* 424.)
J'avoue que je lui dois un bon nombre des endroits qui ont été les *plus* approuvés. (III, 142, *Iph.* préf.)
Chargeant de mon débris les reliques *plus* chères,
Je méditois ma fuite aux terres étrangères. (II, 519, *Baj.* 873.)
Du peuple byzantin ceux qui *plus* respectés
Par leur exemple seul règlent ses volontés. (II, 508, *Baj.* 623; voy. la note 1.)
On l'avoit fait voir à tout ce qu'il y avoit.... d'opérateurs *plus* fameux. (IV, 466, *P. R.*; voyez la note 1.)
Voyons donc qui des deux aura *plus* de courage. (I, 453, *Théb.* 995.)

* Un vieillard nommé Égyptius..., et *de plus* dont l'un de ses enfants avoit suivi Ulysse. (VI, 66, *Rem. sur l'Odyss.*)
La plus forte amitié n'est *au plus* que tiédeur. (I, 419, *Théb.* var.)
.... Il ne dort *non plus* que votre père. (II, 174, *Plaid.* 360.)
Elles n'ont point encore interrompu (l'office du chœur), *non plus* que les veilles devant le saint sacrement. (IV, 624, *P. R.*; voyez Non.)
Pareils à ces torrents qui ne durent qu'un jour,
Plus leur cours est borné, *plus* ils font de ravage. (I, 411, *Théb.* 219.)
* Rome devient *plus* forte, *plus* elle est attaquée. (VI, 327, *Livres ann.*)
Plus j'ai cherché, Madame, et *plus* je cherche encor
En quelles mains je dois confier ce trésor,
Plus je vois que César, etc. (II, 281, *Brit.* 577 et 579.)
Plus il approche, *et plus* il me semble odieux. (I, 449, *Théb.* 933.)
Voyez Moins.

PLUSIEURS :
* Il faut servir *plusieurs*, si on veut se servir de *plusieurs*. (VI, 308, *Livres ann.*)
Un jugement qui, ce semble, ne devroit être le fruit que de l'expérience de *plusieurs* années.... (II, 241, *Brit.* épître.)

PLUTÔT :
J'en dois perdre *plutôt* jusques au souvenir. (II, 387, *Bér.* 290.)
Entre Sénèque et vous disputez-vous la gloire
A qui m'effacera *plutôt* de sa mémoire ? II, 262, *Brit.* 148.)
* Ils aimeront mieux s'exposer à tous les périls *plutôt* que de consentir à cette infamie. (VI, 197, *Livres ann.*)
Prolongez nos malheurs, augmentez-les toujours,
Plutôt qu'un si grand crime en arrête le cours. (I, 403, *Théb.* 78 var.)

POCHE :
.... La main dans la *poche*. (II, 152, *Plaid.* 99.)
Croit-il réjouir beaucoup les honnêtes gens par ces « hélas de *poche* » ? (II, 370, *Bér.* préf.)

POËME .
Aristote a bien voulu donner des règles du *poëme* dramatique. (III 303, *Phèd.* préf.)

POÉSIES :
* Tous les arts sont *poésies*. (VI, 271, *Livres ann.*)

POIDS, au figuré :
Muette, et succombant sous le *poids* des alarmes. (III, 690, *Ath.* 1551.)

POIGNÉE :
Racine a souligné *poignée* dans cette phrase de Vaugelas : « Cette *poignée* de gens les alloit chassant devant soi » (VI, 355).

POIL :
* Ils prirent tous la figure de cochon, la tête, la voix, le corps et le *poil*. (VI, 159, *Rem. sur l'Odyss.*, voyez VI, 162, *ibid.*)
* Un jeune homme à qui le *poil* ne fait que de naître (VI, 160, *Rem. sur l'Odyss.*)
Entre les deux partis Calchas s'est avancé,
L'œil farouche, l'air sombre, et le *poil* hérissé. (III, 239, *Iph.* 1744.)
* Comme on lui faisoit le *poil*, il s'en alla, la barbe à demi faite. (V, 512, *Trad.*; voyez VI, 304, *Livres ann.*)

POING :
* Laodamas est vainqueur aux *poings*. (VI, 131, *Rem. sur l'Odyss.*)

POINT, substantif, emplois divers :
Jurant qu'à si haut *point* elle mettroit sa gloire. (IV, 74, *Poés. div.* 31.)
.... Ce que tu m'as dicté,
Je veux de *point* en *point* qu'il soit exécuté. (III, 503, *Esth.* 616.)
Ce que vous avez dit se fait de *point* en *point*. (II, 218, *Plaid.* 863.)
Sur le *point* d'attaquer une reine homicide. (III, 620, *Ath.* 259.)

POINT, adverbe négatif : voyez Pas.

POINTE, au propre et au figuré emplois divers :
Déjà de ses vaisseaux la *pointe* étoit tournée. (III, 349, *Phèd.* 797.)
Il vit.... Bajazet, à qui on permettoit de se promener quelquefois à la *pointe* du Serrail. (II, 476, *Baj.* 2ᵉ préf.)
Il (*un astre*) échauffe déjà dans sa *pointe* première. (IV, 204, *Poés. div.* 4.)
J'en ai changé la *pointe* (*la pointe d'un sonnet*). (VI, 374, *Lettres*.)
*Le vizir, poursuivant sa *pointe*, attaque, etc. (V, 144, *Notes hist.*)

POIRIER :
Je viens à vous, arbres fertiles,
Poiriers de pompe et de plaisirs. (IV, 41, *Poés. div.* 42.)

POIS VERTS, VI, 451, *Lettres* :

POISON, au propre et au figuré :
Des *poisons* que lui-même a crus les plus fidèles. (III, 93, *Mithr.* 1572.)
D'un regard enchanteur connoit-il le *poison*? (II, 275, *Brit.* 429.)
Que l'on pût sitôt vaincre un *poison* si charmant? (II, 71, *Andr.* var.)

POIVRE, II, 186, *Plaid.* 513.

POLICE, bon ordre, bonne administration :
*Il dit que la *police* y règne (*à Corinthe*). (VI, 50, *Rem. sur Pind.*)

POLIDE :
La ville (*Nîmes*) est assurément aussi belle et aussi *polide*, comme on dit ici, qu'il y en ait dans le royaume. (VI, 422, *Lettres*.)
Racine francise ici le mot provençal *poulida*, féminin de *poulit*, poli, agréable, joli.

POLITESSE :
Un homme qui auroit quelque teinture de *politesse*. (IV, 579, *P. R.* var.)
Un grand fonds d'esprit et une *politesse* merveilleuse. (VII, 233, *Lettr.*)
Les jésuites s'en prenoient à une certaine *politesse* de langage, qu'ils leur ont reprochée longtemps (*aux écrivains de Port-Royal*).... Ils ont fait depuis une étude particulière de cette même *politesse*. (IV, 440, *P. R.*)

POLITIQUE, adjectif, employé substantivement :
Ceux qui font les *politiques* en ces sortes d'affaires disent que les particuliers sont plus maniables qu'une communauté. (VI, 481, *Lettres*; voyez V, 298, *Camp. de Louis XIV*.)

POLITIQUEMENT :
*Les anciens faisoient parler *politiquement*, et les modernes rhétoriquement. (VI, 290, *Livres ann.*)

POMME :
Pommes sur lui volèrent largement. (IV, 185, *Poés. div.* 11.)

POMPE, emplois divers :
.... De ce jour la *pompe* solennelle. (III, 616, *Ath.* 164.)
Quel autre ordonnera cette *pompe* sacrée? (III, 191, *Iph.* 801.)

.... La *pompe* de ces lieux,
Je le vois bien, Arsace, est nouvelle à tes yeux (II, 373, *Bér.* 1.)
Le fruit de tant de soins, la *pompe* des Césars,
Tout deviendra le prix d'un seul de ses regards. (II, 297, *Brit.* 889.)
  Je viens à vous, arbres fertiles,
  Poiriers de *pompe* et de plaisirs. (IV, 41, *Poés. div.* 42.)
 Racine a souligné *de pompe* dans cette phrase de Vaugelas : « Tout cela n'étoit que paroles jetées en l'air avec plus *de pompe* que de vérité » (VI, 354).

POMPEUSEMENT :
   .... *Pompeusement* parée. (III, 633, *Ath.* 492.)
Sur un de vos coursiers *pompeusement* orné. (III, 502, *Esth.* 603.)

POMPEUX :
Le *pompeux* appareil qui suit ici vos pas. (II, 42, *Andr.* 23.)

PONCTUELLEMENT :
 Dire *ponctuellement* la messe tous les jours. (IV, 436, *P. R.*)

PONTOISE, dans une locution proverbiale :
De grands mots qui tiendroient d'ici jusqu'à *Pontoise*. (II, 205, *Plaid.* 708.)

POPULACE :
La raison n'agit point sur une *populace*.
   (I, 424, *Théb.* 463 ; voyez VI, 197, *Livres ann.*)

POPULAIRE :
 * L'Amour de la Vénus *populaire* inspire des passions basses et *populaires*. (V, 467, *Trad.*; voyez V, 466, *Trad.*)

PORCHER :
 * Notre langue.... ne souffriroit pas qu'on.... parlât du *porcher* d'Ulysse. (VI, 163, *Rem. sur l'Odyss.*)

PORT, sens divers :
Je suois sang et eau, pour voir si du Japon
Il viendroit à bon *port* au fait de son chapon. (II, 204, *Plaid.* 690.)
 Il lui en coûtera un *port* de lettre de ce retardement. (VI, 482, *Lettr.*)
Je vois d'Okosias et le *port* et le geste. (III, 702, *Ath.* 1771.)
Ai-je bien d'un sergent le *port* et le visage ? (II, 170, *Plaid.* 316.)

PORTE :
... Ces *portes*, Seigneur, n'obéissent qu'à moi. (III, 490, *Esth.* 376.)
Pour elles, à sa *porte* élevant ce palais,
Il leur y fit trouver l'innocence et la paix. (III, 461, *Esth.* 13, prologue.)
 (*Corneille,*) pour me servir de ses propres termes, laissoit ses lauriers à la *porte* de l'Académie. (IV, 361, *Disc. acad.*; voyez notre édition de *Corneille*, tome I, p. LXI, note 1.)
   .... Fermer la *porte* au nez. (II, 173, *Plaid.* 146.)

PORTÉE :
Ces matières n'étoient pas de la *portée* de tout le monde. (IV, 408, *P. R.*)

PORTEMANTEAU :
 * Il.... donne ses habits à Euryclée, qui les.... pend à un *portemanteau* tout près de son lit. (VI, 66, *Rem. sur l'Odyss.*)

PORTER, emplois divers ; PORTER VERS, À ; SE PORTER À :
Je ne veux pas si loin *porter* de tels affronts. (II, 99, *Andr.* 1164.)
Portez loin de mes yeux vos soupirs et vos fers. (II, 443, *Bér.* 1501.)
Ne *portez* pas plus loin votre injuste victoire. (III, 231, *Iph.* 1593.)

.... Nous *portons* la peine de leurs crimes. (III, 486, *Esth.* 335.)

**La seconde ou la quatrième race *porte* quelquefois les péchés de ses pères. (VI, 314, *Livres ann.*)

On *porte* ses remords avec le diadème. (I, 446, *Théb.* 892.)

Néron, dit Tacite, *porta* impatiemment la mort de Narcisse. (II, 243, *Brit.* 1re préf.; voyez V, 254, *Camp. de Louis XIV.*)

Sans doute on ne veut pas que, mêlant nos douleurs,
Nous nous aidions l'un l'autre à *porter* nos malheurs. (II, 269, *Brit.* 298.)

De l'aurore au couchant (*il*) *portoit* son espérance. (III, 61, *Mithr.* 876.)

(Son visage) *Porte* de sa grandeur l'infaillible présage. (I, 561, *Alex.* 818.)

.... Sans chercher ailleurs des titres empruntés,
Ne vous suffit-il pas de ceux que vous *portez*? (II, 107, *Andr.* 1332.)

Vous savez que les droits qu'elle *porte* avec elle
Peuvent de son époux faire un prince rebelle. (II, 266, *Brit.* 239.)

**Cette île.... qui *porteroit* de chaque chose en sa saison. (VI, 144, *Rem. sur l'Odyss.*)

Ces enfants qu'en son sein elle (*Jérusalem*) n'a point *portés*.
 (III, 670, *Ath.* 1165; voyez I, 547, *Alex.* 520.)

.... D'un bras qui *portoit* la terreur et la mort (I, 590, *Alex.* 1435.)

Vous *portâtes* la mort jusque sur leurs murailles. (II, 379, *Bér.* 111.)

Mon rival *porte* ailleurs son cœur et sa couronne. (II, 44, *Andr.* 78.)

Il doit *porter* ailleurs ses vœux et son espoir. (II, 285, *Brit.* 674.)

Ah! qu'un seul des soupirs que mon cœur vous envoie,
S'il s'échappoit vers elle, y *porteroit* de joie.
 (II, 57, *Andr.* 354; voyez I, 559, *Alex.* 757.)

Il le *porta* par terre de deux coups de sa pertuisane. (VII, 48, *Lettres.*)

Tout ce qui lui déplaît, il le *porte* par terre. (I, 450, *Théb.* var.)

Que vous connoissez mal les violents desirs
D'un amour qui *vers* vous *porte* tous mes soupirs! (I, 564, *Alex.* 884.)

Étant à ce *porté* par esprit de chicane. (II, 177, *Plaid.* 399.)

A nos amis communs *portons* nos justes cris. (III, 382, *Phèd.* 1367.)

Allez donc, et *portez* cette joie à mon frère. (II, 317, *Brit.* 1303.)

*Porter son fils et Rhodogune *à* prendre le reste (*du poison*). (VI, 352, *Livres ann.*)

**Quand elles *se portent* au mal. (VI, 284, *Livres ann.*)

Porter des atteintes à; *porter* ses mains sur; *porter* le mousquet; *porter* ses pas; *porter* la robe: voyez ATTEINTE, MAIN, MOUSQUET, PAS, ROBE.

PORTIER :

Ma foi, j'étois un franc *portier* de comédie. (II, 146, *Plaid.* 12; voy. la note 3.)

PORTRAIT :

Mes yeux, contemplons de plus près
Les inimitables *portraits*
De ce miroir humide. (IV, 30, *Poés. div.* 6; voy. IV, 33, *ibid.* 80.)

POSÉMENT :

Votre laquais attend, et il est cause que je ne lis pas plus *posément* votre lettre. (VI, 509, *Lettres.*)

Il dit fort *posément* ce dont on n'a que faire. (II, 210, *Plaid.* 764.)

POSER :

Vous lassez-vous déjà d'avoir *posé* les armes? (I, 426, *Théb.* 500.)

Tous ont résolu de ne point *poser* les armes. (IV, 366, *Disc. acad.*)

.... *Poser* le fer.... (III, 681, *Ath.* 1375.)

POSSÉDER; POSSÉDÉ DE :

Il faut *posséder* parfaitement l'histoire de ces temps-là. (VII, 71, *Lettr.*)

Ne *possédez*-vous pas son oreille et son cœur? (III, 520, *Esth.* 915.)
Aimez, et *possédez* l'avantage charmant
De voir toute la terre adorer votre amant. (I, 594, *Alex.* 1527.)
.... Cet amour, Seigneur, qui vous *possède*. (II, 292, *Brit.* 775.)
De ce fatal amour je me vis *possédée*. (III, 175, *Iph.* 482.)
.... *Possédé* de ma douleur extrême. (III, 65, *Mithr.* 1611.)
Du plaisir de régner une âme *possédée*. (I, 446, *Théb.* 895.)
.... De ce souvenir mon âme *possédée*
A deux fois en dormant revu la même idée. (III, 634, *Ath.* 519.)
D'une si douce erreur si longtemps *possédée*. (II, 504, *Baj.* 549.)
* Il est *possédé* d'un dieu. (V, 465, *Trad.*)

POSSESSEUR :
Néron n'est pas encor tranquille *possesseur*
De l'ingrate qu'il aime au mépris de ma sœur. (II, 298, *Brit.* 901.)

POSSESSION :
* Henri IIIᵉ.... ôta aux cardinaux la *possession* où ils étoient de précéder les princes du sang. (V, 167, *Notes hist.*)

POSSIBLE, adjectif; POSSIBLE, substantivement :
Il me témoigne toutes les tendresses *possibles*. (VI, 418, *Lettres*.)
Je n'ai jamais vu en vérité une si bonne mère, ni si digne que vous fassiez votre *possible* pour reconnoître son amitié. (VII, 255, *Lettres*.)
Voyez V, 87, *Notes hist.*; V, 597, *Trad.*; VI, 373 et 374, *Lettres*; VII, 65, 134, 168 et 260, *Lettres*.)
Je l'ai échauffé de tout mon *possible*. (VII, 75, *Lettres*.)

POSTE, masculin :
Que la Conciergerie est un méchant *poste* pour un bel esprit! (VI, 428, *Lettres*.)

POSTE, féminin :
De peur que la *poste* ne soit partie. (VII, 77, *Lettres*.)

POSTULANTE :
La Mère Angélique entra.... avec trois de ses Religieuses et quatre *postulantes* dans la maison destinée pour cet institut. (IV, 406, *P. R.*)

POSTURE, au figuré :
Je sais.... en quelle *posture* je suis près des uns et des autres. (VI, 384, *Lettres*.)
Souvenez-vous de me mettre en bonne *posture* dans l'esprit de mon oncle d'Ouchie. (VI, 498, *Lettres*.)
Vous me mettez sans doute en meilleure *posture* que je ne suis dans les esprits de ce pays-là. (VI, 467, *Lettres*.)

POT :
Le meilleur (*vin*).... se vend deux carolus le *pot*, mesure de Saint-Denys. (VI, 482, *Lettres*.)
.... Hé! faut-il tant tourner autour du *pot*? (II, 205, *Plaid.* 706.)
Pot de chambre. (VI, 414, *Lettres*.)

POTÉITÉ :
* Un jour, Platon discouroit de ses idées, assurant qu'une table avoit sa tabléité, et un pot sa *potéité* : « Pour moi, reprit Diogène, je vois bien un pot et une table; mais je ne vois ni *potéité*, ni tabléité. — C'est, lui répliqua Platon, que tu as des yeux pour voir la table et les pots;

mais tu n'as pas assez d'esprit pour concevoir la tabléité et la potéité. »
(V, 524, *Trad.*)

POTENTAT :
>Peux-tu signaler ta puissance
Avec plus de magnificence
Qu'en protégeant les *potentats?* (IV, 144, *Poés. div.* 120.)

POUCE :
>*Pyrrhus avoit un *pouce*, au pied droit, dont l'attouchement guérissoit les malades de rate. (VI, 338, *Livres ann.*)

POUDRE, poussière, au propre et au figuré :
>Qu'ils soient comme la *poudre* et la paille légère
Que le vent chasse devant lui. (III, 488, *Esth.* 367.)
J'ai fait mordre la *poudre* à ces audacieux. (I, 402, *Théb.* 53.)
Il parle, et dans la *poudre* il les fait tous rentrer. (III, 480, *Esth.* 224.)
Faire ouvrir les cités, ou renverser en *poudre*
>>Leurs superbes remparts (IV, 75, *Poés. div.* 63.)
J'ai cru vous voir tout prêt à me réduire en *poudre*. (III, 505, *Esth.* 650.)
Un excellent livre qui mettoit en *poudre* toutes les réponses des Jésuites. (IV, 415, *P. R.*)

*POUILLE (Chanter), V, 105, *Notes historiques*.

POULAILLER :
>Le *poulailler* de Pontoise
Me doit remener demain.
>>(IV, 243, *Poés. div.* 4, 2ᵈ app.; voyez la note 2.)

POULET, sens divers :
>D'autres se sont guéris avec de la simple eau de *poulet* (VI, 586, *Lettr.*)
Le père aura l'exploit, la fille le *poulet*. (II, 171, *Plaid* 326.)

POULPE :
>*Quand un *poulpe* est retiré de sa coquille, une infinité de petites pierres s'attachent à ses bras. C'est un poisson.... qui a plusieurs pieds. (VI, 107, *Rem. sur l'Odyss.*)

POULS :
>Tancret ne lui trouva point de *pouls;*... il n'avoit pas naturellement le *pouls* fort élevé. (VI, 574 et 575, *Lettres*.)

POUR :
>Il vous parla *pour* moi.... (II, 483, *Bér.* 192.)
Fille d'OEdipe, il faut que je meure *pour* lui. (I, 421, *Théb.* 406.)
Que dit-on des soupirs que je pousse *pour* elle? (II, 390, *Bér.* 347.)
Auguste, votre aïeul, soupiroit *pour* Livie. (II, 277, *Brit.* 476.)
Pour qui coule le sang que je viens de répandre? (II, 120, *Andr.* 1566.)
Pour qui sont ces serpents qui sifflent sur vos têtes? (II, 125, *Andr.* 1638.)
Avez-vous pu, cruels, l'immoler aujourd'hui,
Sans que tout votre sang se soulevât *pour* lui? (II, 118, *Andr.* 1540.)
C'est *pour* vous qu'on l'a vu, vainqueur de tant de princes,
D'un cours impétueux traverser vos provinces. (I, 541, *Alex.* 377.)
Tandis que des soldats, de moments en moments,
Vont arracher *pour* lui les applaudissements. (II, 325, *Brit.* 1478.)
Il laissa *pour* son fils échapper quelque plainte. (II, 312, *Brit.* 1176.)
Je vois que *pour* un traître un fol espoir vous flatte. (III, 81, *Mithr.* 1311.)
>>.... Le bruit de sa fierté
A redoublé *pour* lui ma curiosité. (III, 331, *Phèd.* 408.)

La requête civile est ouverte *pour* moi. (II, 161, *Plaid.* 233.)
Vous seule pour Pyrrhus disputez aujourd'hui. (II, 67, *Andr.* 547.)
Pour votre amitié seule Alexandre s'empresse. (I, 526, *Alex.* 26.)
.... Vous, cet ami fidèle
Qu'un soin si généreux intéresse *pour* elle. (II, 374, *Bér.* 12.)
La moitié du sénat s'intéresse *pour* nous. (II, 298, *Brit.* 905.)
Mon cœur, mon lâche cœur s'intéresse *pour* lui. (II, 111, *Andr.* 1404.)
Pour fruit de tant d'amour, j'aurai le triste emploi
De recueillir des pleurs qui ne sont pas *pour* moi. (II, 410, *Bér.* 814.)
La maison destinée *pour* cet institut. (IV, 406, *P. R.*)
Ah! par quel soin cruel le Ciel avoit-il joint
Deux cœurs que l'un *pour* l'autre il ne destinoit point? (III, 53, *Mithr.* 694.)
Une flotte.... destinée *pour* appuyer le.... débarquement des troupes.
(V, 317, *Siége de Nam.*)
L'armée destinée *pour* faire le siège. (V, 319, *Siége de Nam.*)
Je vous réponds, *pour* lui, de son obéissance. (II, 321, *Brit.* 1388.)
* Quelque homme libre qui parle *pour* vous (*à votre place*). (VI, 244, *Livres ann.*)
Je n'aurois pas du moins à cette aveugle rage
Rendu meurtre *pour* meurtre, outrage *pour* outrage? (III, 647, *Ath.* 720.)
.... Compare, prix *pour* prix,
Les étrennes d'un juge à celles d'un marquis. (II, 152, *Plaid.* 93.)
.... *Pour* qui venez-vous? — *Pour* une brave dame. (II, 176, *Plaid.* 383.)
.... Cette reine, assurant sa conquête,
Vous attend *pour* témoin de cette illustre fête. (II, 378, *Bér.* 84.)
La plupart.... ne la connoissent guère que *pour* la veuve d'Hector et *pour* la mère d'Astyanax. (II, 38, *Andr.* 2ᵉ préf.)
.... Je le reconnois *pour* le roi des Troyens. (II, 117, *Andr.* 1512.)
* L'élection de Sobieski *pour* roi. (V, 145, *Notes hist.*)
Il la tient *pour* sensée et de bon jugement. (II, 178, *Plaid.* 406.)
Voulez-vous demeurer *pour* otage en ces lieux? (II, 68, *Andr.* 567.)
Pour tous mes ennemis je déclare les siens. (II, 117, *Andr.* 1511.)
Certes, plus je médite, et moins je me figure
Que vous m'osiez compter *pour* votre créature. (II, 262, *Brit.* 152.)
Son père me nomma *pour* l'objet de ses vœux. (II, 280, *Brit.* 558.)
M. de Puiségu est nommé *pour* un des gentilshommes de la manche.
(VII, 247, *Lettres.*)
* Il les représente *pour* les plus ingénieux hommes. (VI, 109, *R. sur l'Od.*)
* Il y en a qui entendent ce mot de Χάρις *pour* la Fortune. (VI, 31, *Rem. sur Pind.*)
Je suis *pour* ce dessein prête à leur accorder
Toutes les sûretés qu'ils pourront demander. (I, 415, *Théb.* 297.)
* *Pour* quelque prétexte que ce fût. (V, 548, *Trad.*)
Il se passa près de dix-huit mois pendant lesquels on ne pressa point *pour* la signature. (IV, 534, *P. R.*)
Pour mon hymen Achille a changé de pensée? (III, 184, *Iph.* 558.)
* Hector veut composer avec Achille *pour* le corps de celui qui sera tué. (VI, 210, *Livres ann.*)
* Ne céder *pour* les injures. (VI, 299, *Livres ann.*)
Alexandre ne faisoit encore que pleurer *pour* les victoires de son père. (I, 514, *Alex.* épître.)
' Il se retira de lui-même, *pour* la crainte qu'il avoit. (V, 506, *Trad.*)
* Cet enfant fut un homme extraordinaire *pour* sa beauté et *pour* ses actions. (VI, 41, *Rem. sur Pind.*)
* Ils demandent conseil à ceux qui se vantent *pour* leur esprit. (VI, 306, *Livres ann.*)

* Il a dispensé de l'âge *pour* le consulat tant de grands hommes. (II, 249 et 254, *Brit.* 1re et 2e préf.)

* La démission du cardinal de Retz *pour* l'archevêché de Paris. (V, 177, *Notes hist.*)

* Un petit dard propre *pour* un enfant. (VI, 215, *Livres ann.*)

* Je l'ai trouvée (*cette action*) très-propre *pour* le théâtre. (II, 365, *Bér.* préf.)

Les moyens les plus propres *pour* obliger les fidèles. (IV, 542, *P. R.*)

Les voies les plus propres *pour* extirper cette hérésie. (II, 543, *P. R.*)

Propres à travailler de concert *pour* persuader la signature. (IV, 548, *P. R.* var.)

* L'on voit la plupart des philosophes.... inutiles *pour* le monde. (VI, 284, *Livres ann.*)

Peut-on les employer *pour* un plus noble usage? (III, 670, *Ath.* 1185.)

Andromaque, dans Euripide, craint *pour* la vie de Molossus. (II, 38, *Andr.* 2e préf.)

J'ai conçu *pour* mon crime une juste terreur. (III, 325, *Phèd.* 307.)

* Thésée fuit Athènes *pour* le meurtre des Pallantides. (VI, 256, *Livres ann.*)

Les partisans de Térence.... l'élèvent.... au-dessus de tous les poëtes comiques, *pour* l'élégance de sa diction et *pour* la vraisemblance de ses mœurs. (II, 367, *Bér.* préf.)

Pour toute ambition, *pour* vertu singulière,
Il excelle à conduire un char dans la carrière. (II, 325, *Brit.* 1471.)

Je voudrois pouvoir vous le témoigner bien autrement que je ne le fais, et ne vous pas envoyer *pour* si peu de chose. (VI, 511, *Lettres.*)

Quand on écrit de si loin, il ne faut pas écrire *pour* une page. (VI, 433, *Lettres.*)

La cour de Claudius, en esclaves fertile,
Pour deux que l'on cherchoit, en eût présenté mille. (II, 264, *Brit.* 188.)

.... C'est assez *pour* moi,
Traître, qu'elle ait produit un monstre comme toi. (II, 120, *Andr.* 1563.)

... Le susdit seroit venu de rage,
Pour lacérer ledit présent procès-verbal. (II, 179, *Plaid.* 425.)

Pressez, demandez tout, *pour* ne rien obtenir. (II, 47, *Andr.* 140.)

Quelque soin que j'aie pris *pour* travailler cette tragédie. (II, 242, *Brit.* 1re préf.)

Mais, Madame, Néron suffit *pour* se conduire. (II, 265, *Brit.* 215.)

.... Mon rival t'attend *pour* éclater. (II, 289, *Brit.* 753.)

Poursuis: tu n'as pas fait ce pas *pour* reculer. (II, 336, *Brit.* 1674.)

Il semble ne s'être approché de si près que *pour* être spectateur des réjouissances que fit l'armée du Roi *pour* la prise de cette place (V, 269, *Camp. de Louis XIV.*)

* Comment n'envoyez-vous point Hyllus *pour* chercher son père? (VI, 247, *Livres ann.*)

Monsieur, je ne suis pas *pour* vous désavouer. (II, 178, *Plaid.* 413.)

* Faut-il s'enfuir *pour* voir (*parce qu'on voit*) un homme? (VI, 116, *Rem. sur l'Odyss.*)

Pour dormir dans la rue on n'offense personne. (II, 148, *Plaid.* 48.)

Pensez-vous que ma haine en soit moins violente,
Pour voir baiser partout la main qui me tourmente? (I, 574, *Alex.* 1118.)

Il aime mieux, ce me semble, ne voir jamais une pièce, *pour* belle qu'elle soit, que de la voir une seconde fois. (VI, 381, *Lettres.*)

Je n'en sais rien *pour* le présent. (VI, 431, *Lettres.*)

* On fait en Portugal des comtes *pour* la vie. (V, 163, *Notes hist.*)

* On lui demandoit une fois en quel lieu de la Grèce il avoit vu des hommes qui fussent honnêtes gens : « *Pour* d'hommes, répliqua-t-il, je n'en vis jamais. » (V, 509, *Trad.*)

Laissé *pour* mort ; né *pour*; *pour* peu que ce soit ; réservé *pour*; *pour* voir ; zélé *pour*, etc. : voyez Laisser, Naître, Peu, Réservé, Voir, Zélé, etc.

POURPARLER :
Il entra même sur cela en quelque *pourparler*. (IV, 544, *P. R.*)

POURPOINT :
* Il les laissoit aller dans les rues, le plus souvent sans *pourpoint* et sans souliers. (V, 511, *Trad.*)

POURPRE :
Esther, disois-je, Esther dans la *pourpre* est assise. (III, 470, *Esth.* 83.)

POURQUOI :
* Il rend raison *pourquoi* il connoît tout dans l'armée. (VI, 260, *Livres ann.*; voyez VI, 225, *Livres ann.*)

* La raison *pourquoi* le Cardinal différoit tant à accorder les grâces qu'il avoit promises, c'est que.... (V, 89, l. 5. *Notes hist.*; voyez *ibid.*, l. 13; VI, 75, *Rem. sur l'Odyss.*; VI, 225, 226, 238, 248, 254, 260, 261, *Livres ann.*; VI, 426, *Lettres.*)

Y a-t-il un duc et pair qui puisse se plaindre *pourquoi* le Roi a fait une pairie féminine plutôt que masculine ? (V, 391, *Factums.*)
Pourquoi donc les chagrins où son âme est plongée ?
Contre un amant qui plait *pourquoi* tant de fierté ?
(II, 62 et 63, *Andr.* 454 et 455.)
Vous voulez donc, lui dis-je, en savoir le *pourquoi*?
(IV, 235, *Poés. div.* 276, 2ᵈ app.)

POURSUITE :
David d'un fils rebelle évita la *poursuite*. (III, 664, *Ath.* 1064.)
.... Admire avec moi le sort dont la *poursuite*
Me fait courir alors au piége que j'évite. (II, 44, *Andr.* 65.)
Voyez I, 558, *Alex.* 750 ; II, 200, *Plaid.* 651 ; II, 543, *Baj.* 1402.

POURSUIVRE, emplois divers :
.... *Poursuis*, Néron, avec de tels ministres.
Par des faits glorieux tu te vas signaler.
Poursuis : tu n'as pas fait ce pas pour reculer. (II, 336, *Brit.* 1672 et 1674.)
Ce n'est pas les Troyens, c'est Hector qu'on *poursuit*. (II, 51, *Andr.* 224.)
Je tremble que sur lui votre juste colère
Ne *poursuive* bientôt une odieuse mère. (III, 339, *Phèd.* 594.)
Elle *poursuit* sur nous la vengeance d'Hector. (II, 121, *Andr.* 1592 var.)
Aussi bien, ce n'est point que l'amour vous retienne
Si vous sauvez ma vie en *poursuivant* la sienne. (I, 458, *Théb.* 1096.)
Son visage odieux m'afflige et me *poursuit*. (III, 493, *Esth.* 435.)
Lasse enfin des horreurs dont j'étois poursuivie. (III, 634, *Ath.* 523.)
J'ai commencé, je vais *poursuivre* mon ouvrage. (II, 296, *Brit.* 871.)
Il *poursuit* seulement ses amoureux projets. (II, 113, *Andr.* 1452.)
Poursuivez, s'il le faut, un courroux légitime. (II, 551, *Baj.* 1558.)
* Le vizir, *poursuivant* sa pointe, attaque et prend Jenò. (V, 144, *Notes hist.*)
Pendant qu'à l'audience on *poursuit* un arrêt. (II, 160, *Plaid.* 209.)
.... Vraiment, vous leur pouvez apprendre
Que si l'on nous *poursuit*, nous saurons nous défendre. (II, 174, *Plaid.* 364.)
Voyez I, 568, *Alex.* 961 ; II, 51, *Andr.* 218 ; II, 261, *Brit.* 123.

POURTANT :
Je triomphe; et *pourtant* je me flatte d'abord
Que la seule vengeance excite ce transport. (II, 45, *Andr.* 83.)

POURVOIR :
* Calypso lui dit.... qu'elle le *pourvoira* de tout ce qu'il lui faut. (VI, 101, *Rem. sur l'Odyss.*)

POURVOYEUR :
Le *pourvoyeur* de Port-Royal. (IV, 425, *P. R.*)

POURVU que :
Pourvu que par ma mort tout le peuple irrité
Ne vous ravisse pas ce qui m'a tant coûté. (II, 316, *Brit.* 1285.)

POUSSER, emplois divers :
Vous me *poussez*. — Bonhomme, allez garder vos foins.
—Vous m'excédez.... (II, 167, *Plaid.* 281.)
En vain vous prétendez les *pousser* l'un et l'autre. (II, 200, *Plaid.* 647.)
.... Chacun enfin, d'un même esprit *poussé*. (III, 685, *Ath.* 1451.)
....(*Il*) m'a dit d'une voix qu'il *poussoit* avec peine. (III,96, *Mithr.*1631.)
(Ceux qui) Les *poussent* (*les princes*) au penchant où leur cœur est enclin.
(III, 379, *Phèd.* 1323.)
Vous seule *avez poussé* les coups.... (II, 118, *Andr.* 1533.)
Oui, mes vœux *ont* trop loin *poussé* ma violence. (II, 58, *Andr.* 365.)
Voyez I, 557, *Alex.* 727; II, 35, *Andr.* 1ʳᵉ préf.; III, 195, *Iph.* 879.
Que dit-on des soupirs que je *pousse* pour elle?
(II, 390, *Bér.* 347; voyez II, 574, *Baj.* 748.)
.... De soldats une foule charmée....
Pousse au ciel mille vœux pour sa félicité.
(III, 168, *Iph.* 352 ; voyez I, 579, *Alex.* 1225.)
Honteux *d'avoir poussé* tant de vœux superflus. (II, 42, *Andr.* 35.)
* Comment l'accusateur doit *pousser* les conjectures de l'impulsion et du raisonnement. (VI, 331, *Livres ann.*)
J'ai *poussé* la vertu jusques à la rudesse. (III, 368, *Phèd.* 1110.)
Je n'ai point *poussé* Bérénice jusqu'à se tuer. (II, 365, *Bér.* préf.)
(Hippolyte) *Pousse* au monstre.... (III, 390, *Phèd.* 1529.)
Pousser à bout; *pousser* la débauche; *pousser* le temps par l'épaule : voyez Bout, Débauche, Épaule.

POUSSIÈRE, sens divers :
Il s'approche du Roi couché sur la *poussière*. (I, 475, *Théb.* 1366.)
.... Mon époux sanglant traîné sur la *poussière*. (II, 87, *Andr.* 930.)
* Nuage de *poussière*. (V, 114, *Notes hist.*)
Souvent dans la *poussière* il (*Alexandre*) leur cherche des rois.
(I, 533, *Alex.* 212.)
.... Que ranimant la *poussière*,
Elle (*la foi*) rende aux morts la lumière. (IV, 149, *Poés. div.* 22.)

POUVOIR, verbe :
Mais, que *puis*-je, Seigneur? On a promis ma foi. (II, 81, *Andr.* 819.)
.... Que ne *peut* un fils?... (II, 87, *Andr.* 932.)
Que ne *peut* l'amitié conduite par l'amour? (II, 79, *Andr.* 788.)
Aujourd'hui qu'il *peut* tout.... (II, 375, *Bér.* 43.)
*Trois corps séparés *peuvent* plus que trois corps joints.(VI, 316, *L.ann*)
Vous aurez tout pouvoir, ou je ne *pourrai* rien. (I, 562, *Alex.* 832.)
Vous *pouvez* sur Pyrrhus ce que j'ai pu sur lui. (II, 84, *Andr.* 876.)
Je plaiderai, Monsieur, ou bien je ne *pourrai*. (II, 166, *Plaid.* 74.)

Ou je ne *pourrai*, ou je vous affranchirai bientôt de la malheureuse dignité qui vous engage à ces sacrifices. (IV, 12, *Plan d'Iph. en Taur.*)
Ne *puis*-je rien pour moi quand je *puis* tout pour lui? (I, 563, *Alex.* 848.)
....(Il) *peut* tout sur mon cœur, et rien sur mes États. (I, 546, *Alex.* 504.)
Voyez I, 450, *Théb.* 949; I, 565, *Alex.* 906.
Ordonnez de mes jours; disposez de mon âme.
La gloire y *peut* beaucoup, je ne m'en cache pas;
Mais que n'y *peuvent* point tant de divins appas? (I, 539, *Alex.* 323 et 324.)
*Robert voulut aussi soumettre l'Angleterre, et ne *put*. (V, 193, *N. hist.*)
On se logea comme on *put* dans cette nouvelle maison. (IV, 401, *P. R.*)
Au lieu de s'offenser, elle *pourra* me plaindre. (II, 376, *Bér.* 47.)
Ces murs mêmes, Seigneur, *peuvent* avoir des yeux. (II, 287, *Brit.* 713.)
Qui de nous deux, Madame, *aura pu* se méprendre? (I, 557, *Alex.* 730.)
Je n'en ai employé (*de la langue de la chicane*) que quelques mots barbares que je *puis* avoir appris, etc. (II, 142, *Plaid.* au lect.)
J'ignore jusqu'aux lieux qui le *peuvent* cacher. (III, 305, *Phèd.* 7.)
Il veut par cet affront qu'elle (*Rome*) soit détrompée....
Il le *peut*. Toutefois j'ose encor lui dire, etc. (II, 267, *Brit.* 255.)
.... Que *peut* craindre, hélas! un amant sans espoir
Qui *peut* bien se résoudre à ne la jamais voir? (II, 376, *Bér.* 49 et 50.)
Puissé-je demeurer sans voix!
(III, 474, *Esth.* 138; voyez VI, 16, *Rem. sur Pind.*)
Dans l'exemple du tome VI, Racine a écrit *puissay*-je. Voyez le *Lexique de Corneille*, tome I, p. LXXXVII.
Ne *pouvoir* s'empêcher de; comme tu *peux* penser; ne *pouvoir* suffire à : voyez EMPÊCHER, PENSER, SUFFIRE.

POUVOIR, substantivement :
Moi-même, revêtu d'un *pouvoir* emprunté. (II, 324, *Brit.* 1445.)
Je mets sous son *pouvoir* et le fils et la mère. (III, 350, *Phèd.* 806.)
.... Êtes-vous en *pouvoir* de mari? (II, 182, *Plaid.* 465.)
Que sur lui sa captive étende son *pouvoir*. (II, 62, *Andr.* 435.)
Son hymen différé, ses charmes sans *pouvoir*. (II, 46, *Andr.* 124.)
.... Sa vigueur affoiblie
Bientôt en mon *pouvoir* auroit laissé sa vie. (I, 590, *Alex.* 1438.)

PRATIQUE, PRATIQUES, sens divers :
Il (*Charles I*er).... recommença ses anciennes *pratiques* avec les ennemis de la France. (V, 47, *Méd.*)
* Faire des *pratiques* parmi ceux de sa nation. (V, 156, *Notes hist.*)
J'ai découvert au Roi les sanglantes *pratiques*
Que formoient contre lui deux ingrats domestiques. (III, 471, *Esth.* 99.)
* Il avoit quelque *pratique* pour se faire roi de Sicile. (V, 90, *N. hist.*)
Elle se retira dans cette maison, dont elle embrassa toutes les *pratiques*. (V, 10, *Épitaphes.*)
Elle ne manquera pas de *pratique*. (VI, 442, *Lettres*; voyez la note 5.)

PRATIQUER :
*Contre ceux qui s'amusent à considérer l'éloquence dans les discours, et qui ne les *pratiquent* point. (VI, 307, *Livres ann.*)
Ils trouvent un petit degré *pratiqué* dans l'épaisseur d'un mur. (V, 276, *Camp. de Louis XIV.*)

PRÉAMBULE, IV, 527, *P. R.*

PRÉBENDE, IV, 233, *Poés. div.* 232, 2ᵈ app.

PRÉCÉDER :
Méritons leur courroux, justifions leur haine,

Et que le fruit du crime en *précède* la peine. (II, 79, *Andr.* 778.)

PRÊCHE :

M. le prince de Conty.... lui a donné charge d'examiner tous les *prêches* qui seroient depuis l'édit de Nantes, afin qu'on les démolit. (VI, 472, *Lettres.*)

PRÉCIEUX, euse :

O vous, sur ces enfants si chers, si *précieux*,
Ministres du Seigneur, ayez toujours les yeux. (III, 639, *Ath.* 617.)
Mais, Madame, arrêtez ces *précieuses* larmes. (II, 329, *Brit.* 1555.)
.... Les larmes du juste implorant son appui (*l'appui de Dieu*)
Sont *précieuses* devant lui. (III, 524, *Esth.* 998.)

PRÉCIPICE, au figuré :

Ta main m'enlève au *précipice*
Que les méchants m'avoient creusé. (IV, 142, *Poés. div.* 83.)
C'est vous dont la rigueur m'ouvrit ce *précipice*. (I, 432, *Théb.* 607.)
Je leur semai de fleurs le bord des *précipices*. (III, 657, *Ath.* 936.)

PRÉCIPITER ; se précipiter ; précipité :

Contre un fier ennemi *précipitez* vos pas. (I, 539, *Alex.* 335.)
Vous sauriez que l'amour *précipitant* ses pas,
Il ne cherchoit que vous en courant aux combats. (I, 541, *Alex.* 375.)
Voyez I, 432, *Théb.* 594.
.... (Agrippine) a de ses derniers jours,
Trop lents pour ses desseins, *précipité* le cours. (II, 269, *Brit.* 309 et 310.)
Ne *précipite* point tes funestes bienfaits. (III, 389, *Phèd.* 1483.)
.... Du trône, où le sang l'a dû faire monter,
Britannicus par moi s'est vu *précipiter*. (II, 258, *Brit.* 62.)
.... La seule fureur *précipitant* leurs bras. (I, 473, *Théb.* 1323.)
(Qu'aucun) Ne sorte avant le temps, et ne *se précipite*. (III, 685, *Ath.* 1450.)
.... A la mort il *s'est précipité*. (I, 439, *Théb.* 713 ; voy. I, 572, *Alex.* 1048.)
.... Contre moi sa vaillance irritée
Avec trop de chaleur *s'étoit précipitée*. (I, 558, *Alex.* 746.)
.... Elle a pris des chemins écartés,
Où mes yeux ont suivi ses pas *précipités*. (II, 338, *Brit.* 1726.)
* Mort *précipitée*. (VI, 341, *Livres ann.*)
Toutefois vos transports sont trop *précipités*. (III, 186, *Iph.* 715.)
Vous poussez un peu loin vos vœux *précipités*. (I, 557, *Alex.* 727.)
Ce zèle *précipité* n'eut aucune suite. (IV, 531, *P. R.*)

PRÉDESTINATION, IV, 449, *P. R.*

PRÉFÉRER (Se) à :

L'a-t-on jamais vu (*Corneille*) *se préférer* à aucun de ses confrères ? (IV, 361, *Disc. acad.*)

PRÉFIX :

Dans cette expression de Vaugelas : « Au jour *préfix*, » Racine a souligné *préfix* (VI, 354).

PRÉLIMINAIRES :

La diète d'Allemagne.... n'en étoit encore qu'aux *préliminaires*. (IV, 366, *Disc. acad.*)

PRÉMICES, au propre et au figuré :

On y offroit aussi à Dieu (*à la Pentecôte*) les premiers pains de la nou-

velle moisson, ce qui faisoit qu'on la nommoit encore la fête des *prémices*. (III, 600, *Ath.* préf.)
De leurs champs dans leurs mains portant les nouveaux fruits,
Au Dieu de l'univers (*ils*) consacroient ces *prémices*. (III, 606, *Ath.* 11.)
Ma main de cette coupe épanche les *prémices*. (II, 333, *Brit.* 1624.)
Déjà couloit le sang, *prémices* du carnage. (III, 239, *Iph.* 1742.)
(Rome) Fait des vœux pour Titus, et par des sacrifices
De son règne naissant célèbre les *prémices*. (II, 388, *Bér.* 320.)
Toujours la tyrannie a d'heureuses *prémices*. (II, 257, *Brit.* 39.)

PREMIER, ère :

Il a repris pour vous sa tendresse *première*. (II, 382, *Bér.* 163.)
Mais le *premier*, Monsieur, c'est le beau. (II, 211, *Plaid.* 766.)
Vous qui êtes des *premiers* instruit des choses. (VI, 453. *Lettres.*)
Votre mère a résolu d'y aller elle-même au *premier* jour. (VII, 272, *Lettr.*)
* L'ivrognerie et la crapule gâtent l'esprit tout le *premier*. (VI, 159, *Rem. sur l'Odyss.*)
* C'est comme une obligation plus forte d'assister un étranger qui s'est adressé à nous tous les *premiers*. (VI, 116, *Rem. sur l'Odyss.*)

PRENDRE, activement et neutralement ; se prendre :

Il vous eût arrêté le carrosse d'un prince ;
Il vous l'*eût pris* lui-même.... (II, 156, *Plaid.* 156.)
* *Prends* ton luth.... du clou où il est attaché. (VI, 11, *Rem. sur Pind.*)
.... Les beaux nœuds où vous me tenez *pris*. (I, 565, *Alex.* 903.)
Madame, c'est à vous de *prendre* une victime
Que les Scythes auroient dérobée à vos coups. (II, 65, *Andr.* 502.)
Songez-y ; je vous laisse, et je viendrai vous *prendre*
Pour vous mener au temple, où ce fils doit m'attendre. (II, 89, *Andr.* 973.)
Il quitta son premier camp pour en venir *prendre* un autre. (V, 331, *Siége de Nam.*)
* Le Roi disoit que si le Cardinal se fût fait Turc, des Noyers *auroit* aussitôt *pris* le turban. (VI, 343, *Livres ann.*)
* Bien examiner ceux qu'on *prend* pour amis. (VI, 308, *Livres ann.*)
Ne rougis point de *prendre* une voix suppliante. (III, 350, *Phèd.* 810.)
(*Il*) *Prit* insensiblement dans les yeux de sa nièce
L'amour où je voulois amener sa tendresse. (II, 310, *Brit.* 1131.)
.... Le feu criminel qu'il *a pris* dans ses yeux. (III, 362, *Phèd.* 1016.)
O Dieux, en ce malheur quel conseil dois-je *prendre?* (II, 293, *Brit.* 804.)
C'est à lui que je suis redevable de cette histoire, et même du dessein que j'*ai pris* d'en faire une tragédie. (II, 473, *Baj.* 1ʳᵉ préf. ; voyez Dessein ; et VI, 252, *Livres ann.*)
Le jour fatal *est pris* pour tant d'assassinats. (III, 477, *Esth.* 176.)
* La dissimulation que la crainte nous fait *prendre*. (VI, 295, *L. ann.*)
* Les Abdérites *prirent* une fièvre chaude. (VI, 320, *Livres ann.*)
Tous les noms odieux que j'*ai pris* pour lui plaire. (II, 121, *Andr.* 1582.)
Hé ! de grâce, *prenez* des sentiments plus doux. (I, 576, *Alex.* 1143.)
* Déjanire sort, et *prend* le temps que Lichas parle en secret aux captives. (VI, 251, *Livres ann.*; voyez V, 136, *Notes hist.*)
J'*ai pris* la vie en haine, et ma flamme en horreur. (III, 325, *Phèd.* 308.)
.... N'ai-je *pris* sur moi le soin de tout l'État
Que pour m'en acquitter par un assassinat? (II, 100, *Andr.* 1183.)
De son bannissement *prenez* sur vous l'offense. (II, 285, *Brit.* 671.)
Le Ciel doit-il sur vous en *prendre* la vengeance? (I, 422, *Théb.* 420.)
Il m'étoit cher alors comme il est aujourd'hui,
Et je *prenois* pour moi ce qu'on faisoit pour lui. (I, 418, *Théb.* 366.)

Oui, vous *prenez* la chose ainsi qu'il la faut *prendre*. (II, 164, *Plaid*. 264.)
.... Oh! *prenez*-le plus bas :
Si vous soufflez si haut, l'on ne m'entendra pas. (II, 202, *Plaid*. 669.)
*Bien des courtisans se résolurent.... de le *prendre* de hauteur avec le Cardinal. (V, 91, *Notes hist*.)
(*Ils*) *prenoient* Dieu et les Évangiles à témoins de la sincérité de leur souscription. (IV, 568, *P. R*.)
Un orage épouvantable les *prit* comme elles étoient sur la chaussée. (VII, 279, *Lettres*.)
*Tout ceci *est pris* mot à mot d'un petit traité. (VI, 343, *Livres ann*.)
*Il se sentoit *pris* de la chaleur du soleil. (VI, 157, *Rem. sur l'Odyss*.)
Ouf! je me sens déjà *pris* de compassion. (II, 215, *Plaid*. 827.)
*Agamemnon *est pris* au mot. (VI, 197, *Livres ann*.)
*Il fit *prendre* avec la présure la moitié de son lait. (VI, 148, *Rem. sur l'Odyss*.)
Il lui *prit* un saignement de nez. (IV, 559, *P. R*.)
Il *prit* à la sœur de M. Pascal une fièvre dont elle mourut. (IV, 527, *P.R*.)
*Jalousie qui *prend* à OEdipe. (VI, 235, *Livres ann*.)
*Il en *prit* mal à Ulysse de n'avoir pas pu continuer. (VI, 154, *Rem. sur l'Odyss*.)
Se prendre des mains à ce rocher. (VI, 107, *Rem. sur l'Odyss*.)
*Les conjectures *se prennent* ou de la cause ou de la personne ou de l'action même. (VI, 331, *Livres ann*.)
On ne sait à qui *se prendre*. (VI, 447, *Lettres*.)
*Grecs qui *se veulent prendre* à lui de la fureur d'Ajax. (VI, 240, *L. ann*.)
C'est à vous, c'est à moi qu'il faut que je *m'en prenne*. (I, 579, *Alex*. 1230.)
Les jésuites, au lieu d'attribuer cet heureux succès des livres de leurs adversaires à la bonté de la cause qu'ils soutenoient..., *s'en prenoient* à une certaine politesse de langage. (IV, 440, *P. R*.)
*Tous les Dieux *se prirent* à rire. (VI, 136, *Rem. sur l'Odyss*.)
Quand c'est venu au fait et au *prendre*. (VII, 278, *Lettres*.)
Prendre l'air, son chemin, un chemin, les eaux, l'épouvante, l'essor, une face nouvelle, le frein aux dents, le galop, garde, l'habit, l'intérêt de, médecine, occasion, des ombrages, la parole, part, parti, son parti, un parti, plaisir, la querelle de, soin, sujet, des sûretés, la tonsure : voyez AIR, CHEMIN,... FACE, FREIN, etc.
Prendre à cœur, à partie, pour guides, pour juge, sous son appui: voyez CŒUR, PARTIE, GUIDE, JUGE, APPUI.

PRÉOCCUPÉ :
Tu ne remportois pas une grande victoire,
Perfide, en abusant ce cœur *préoccupé*. (II, 539, *Baj*. 1299.)
Quoi? pour un fils ingrat toujours *préoccupée*,
Vous croiriez.... (III, 80, *Mithr*. 1283.)
Rome de ma faveur est trop *préoccupée*. (II, 267, *Brit*. 251.)
*Il avoit.... été *préoccupé* contre le Chapelet secret, à cause des différends qu'il avoit causés. (IV, 408, *P. R*.)

PRÉPARER ; SE PRÉPARER :
Tu sais avec quelle répugnance j'*ai préparé* les misérables que l'on a sacrifiés depuis que je préside à ces cruelles cérémonies. (IV, 9, *Plan d'Iph. en Taur*.)
Je n'ai donc traversé tant de mers, tant d'États,
Que pour venir si loin *préparer* son trépas? (II, 112, *Andr*. 1428.)
Au moins si j'avois pu *préparer* son visage! (II, 497, *Baj*. 397.)
Je pourrois remplir toute mon action avec les seules scènes que Dieu lui-même.... *a préparées*. (III, 455, *Esth*. préf.)

J'ai su lui *préparer* des craintes et des veilles. (II, 484, *Baj.* 93.)
Pensez-vous qu'Hermione, à Sparte inexorable,
Vous *prépare* en Épire un sort plus favorable? (II, 42, *Andr.* 34.)
(Titus) Lui *prépare* un éclat qui rejaillit sur vous. (II, 378, *Bér.* 86.)
Préparez-vous plutôt à lui tendre les bras. (II, 309, *Brit.* 1105.)

PRÈS ; DE PRÈS ; PRÈS DE (voyez PRÊT) :
A cela *près*, il me semble qu'il lui échappe assez de cruautés pour empêcher que personne ne le méconnoisse. (II, 243, *Brit.* 1re préf. ; voyez II, 366, *Bér.* préf.)
C'est tout un, puisque la chose est faite, aux signatures *près*. (VI, 465, *Lettres*.)
Le Roi qui les suivoit de *près*. (V, 276, *Camp. de Louis XIV.*)
Ils ne pensoient pas que la punition dût suivre de si *près* l'offense. (V, 245, *Camp. de Louis XIV.*)
Ce qui nous touche de plus *près*, c'est qu'il (*Corneille*) étoit encore un très-bon académicien. (IV, 361, *Disc. acad.*)
Je m'en vais, par l'éclat qu'une victoire donne,
Attacher de si *près* la gloire à ma personne.... (I, 553, *Alex.* 654.)
Hécube *près* d'Ulysse acheva sa misère. (II, 49, *Andr.* 189.)
Tout le reste, assemblé *près de* mon étendard,
Vous offre de ses rangs l'invincible rempart. (III, 228, *Iph.* 1523.)
.... *Près de* cet Auguste un illustre Mécène
Vous promet son appui. (IV, 77, *Poés. div.* 99.)
Près de leurs passions rien ne me fut sacré. (III, 658, *Ath.* 937.)
Pour vous régler sur eux que sont-ils *près de* vous? (III, 502, *Esth.* 596.)
    Du monde, *près de* se dissoudre,
    Le chaos en proie à la foudre
N'est plus qu'un vaste embrasement. (IV, 140, *Poés. div.* 38.)

PRÉSAGER :
Que *présage*, Mathan, ce prodige incroyable? (III, 635, *Ath.* 543.)
Aujourd'hui que le Ciel semble me *présager*
Un honneur qu'avec vous je prétends partager. (II, 381, *Bér.* 145.)
Mon père ne vit plus : ma juste défiance
Présageoit les raisons de sa trop longue absence. (III, 333, *Phèd.* 466.)
(Agamemnon) Pour détourner ses yeux des meurtres qu'il *présage*,
Ou pour cacher ses pleurs, s'est voilé le visage. (III, 237, *Iph.* 1709.)
Voilà ce que mon cœur se *présage* de toi. (II, 337, *Brit.* 1693.)

PRÉSENCE :
Ce port majestueux, cette douce *présence*. (II, 388, *Bér.* 311.)
.... Sa *présence* auguste appuyant ses projets. (I, 561, *Alex.* 819.)
Quelque pressentiment de son indifférence (*de l'indifférence de Titus*)
Vous fait-il loin de Rome éviter sa *présence*? (II, 378, *Bér.* 96.)
Hé! depuis quand, Seigneur, craignez-vous la *présence*
De ces paisibles lieux, si chers à votre enfance? (III, 306, *Phèd.* 29.)

PRÉSENT, ENTE ; PRÉSENT À :
Tel que vous me voyez, Monsieur ici *présent*
M'a d'un fort grand soufflet fait un petit présent. (II, 181, *Plaid.* 445.)
.... Derrière un voile, invisible et *présente*. (II, 260, *Brit.* 95.)
Outre plus, le susdit seroit venu, de rage,
Pour lacérer ledit *présent* procès-verbal. (II, 176, *Plaid.* 425.)
Germanicus son père est *présent* à leurs yeux. (II, 292, *Brit.* 770.)
.... Étois-je au moins *présente à* la pensée?
—....Toujours Bérénice est *présente à* mes yeux. (II, 399, *Bér.* 584 et 586.)

Ceux à qui l'histoire de l'Ancien Testament ne sera pas assez *présente*. (III, 593, *Ath.* préf.)

PRÉSENT, substantif :

.... Monsieur ici présent
M'a d'un fort grand soufflet fait un petit *présent*. (II, 181, *Plaid*, 446.
En vain de ce *présent* (*de l'Empire*) ils (*les Dieux*) m'auroient honoré,
Si votre cœur devoit en être séparé. (II, 282, *Brit.* 589.)

PRÉSENTER ; présenter à :

La cour de Claudius, en esclaves fertile,
Pour deux que l'on cherchoit en eût *présenté* mille. (II, 264, *Brit.* 188.)
(Que Porus) Refusât le combat qu'il vient de *présenter*. (I, 552, *Alex.* 640.)
.... *Présente* ta requête
Comme tu veux dormir.... (II, 149, *Plaid.* 56.)
Les beautés de la Perse, à mes yeux *présentées*,
Aussi bien que ses rois ont paru surmontées. (I, 564, *Alex.* 889.)
Il *présente* la paix à des rois aveuglés.
(I, 542, *Alex.* 411 ; voyez I, 531, *Alex.* 139; I, 536, *Alex.* 248.)
.... Votre orgueil ose lui disputer
La gloire du pardon qu'il *vous* fait *présenter*. (I, 550, *Alex.* 592.)

PRÉSIDER à :

Celui qui *présidoit* à l'assemblée de 1660 étoit M. de Harlay. (IV, 498, *P. R.*)
Je vois deux surveillants, ses maîtres et les miens,
Présider l'un ou l'autre à tous nos entretiens. (II, 261, *Brit.* 122.)
.... Thémis qui *préside aux* balances d'Astrée. (IV, 74, *Poés. div.* 23.)

PRÉSOMPTIF (Héritier) :

L'*héritier présomptif* de la couronne. (V, 288, *Camp. de Louis XIV.*)

PRESQUE :

Ce jour *presque* éclaira vos propres funérailles. (II, 379, *Bér.* 112.)
*Sa divinité (*la divinité de Bacchus*).... est niée par Penthée..., et *presque* par tous les Thébains. (VI, 257, *Livres ann.*)
*Achille ne daigne pas *presque* frapper Énée. (VI, 208, *Livres ann.*)
Il n'y a *presque* pas un trait éclatant dans ma tragédie dont il (*Tacite*) ne m'ait donné l'idée. (II, 250, *Brit.* 2ᵉ préf.)

PRESSANT, ante, au figuré : voyez Presser

PRESSE :

Du peuple épouvanté j'ai traversé la *presse*.
(II, 117, *Andr.* 1521 ; voyez II, 334, *Brit.* 1644.)

PRESSENTIMENT :

D'où vous vient aujourd'hui ce noir *pressentiment*?
(III, 606, *Ath.* 25 ; voyez II, 328, *Brit.* 1539.)
Quelque *pressentiment* de son indifférence (*de l'indifférence de Titus*)
Vous fait-il loin de Rome éviter sa présence ? (II, 378, *Bér.* 95.)

PRESSENTIR :

*Le Cardinal avoit fait *pressentir* si Turenne voudroit se faire catholique. (V, 87, *Notes h st.*)
Il le fit *pressentir* sur l'évêché de Bayonne. (IV, 412, *P. R.*)

PRESSER, activement et neutralement, au propre et au figuré ;
SE PRESSER ; PRESSANT :

De ses bras innocents je me sentis *presser*. (III, 620, *Ath.* 254.)

.... Me voyant *presser* d'un bras ensanglanté,
Je frémissois.... (III, 176, *Iph.* 492.)
Pressez : demandez tout pour ne rien obtenir. (II, 47, *Andr.* 140.)
Il se passa près de dix-huit mois pendant lesquels on ne *pressa* point pour la signature. (IV, 534, *P. R.*)
.... Ne me *pressez* point : en l'état où je suis,
Je ne puis que me taire, et pleurer mes ennuis. (I, 595, *Alex.* 1543.)
Je vais moi-même encore au pied de ses autels
Le *presser* d'accomplir ses serments immortels. (III, 373, *Phèd.* 1192.)
Il la viendra *presser* de reprendre son cœur. (II, 47, *Andr.* 128.)
.... Vous *êtes pressé* de rendre la justice. (II, 196, *Plaid.* 604.)
Quoi ? Prince, vous partiez? Quelle raison subite
Presse votre départ, ou plutôt votre fuite? (II, 404, *Bér.* 668.)
J'y cours; je vais *presser* un entretien si doux. (II, 321, *Brit.* 1389.)
N'*avois*-je tant *pressé* cette fatale vue, etc. ? (I, 454, *Théb.* 1016.)
Mais non : l'amour d'un frère et son honneur blessé
Sont les moindres des soins dont vous *êtes pressé*. (III, 215, *Iph.* 1288.)
Mathan, près d'Athalie étincelant de rage,
Demande le signal et *presse* le carnage. (III, 694, *Ath.* 1632.)
 Elle *pressa* pour être reçue professe. (IV, 425, *P. R.*)
.... Dans l'ardeur qui me *presse*. (II, 45, *Andr.* 93.)
Je lis dans vos regards la douleur qui vous *presse*.
(III, 199, *Iph.* 941 ; voyez III, 522, *Esth.* 955)
Calmez, Reine, calmez la frayeur qui vous *presse*. (III, 506, *Esth.* 657.)
Je ne condamne plus la fureur qui vous *presse*. (I, 465, *Théb.* 1187.)
.... Quelque ennui qui le *presse*. (II, 284, *Brit.* 655.)
Je suis bien empêché : la vérité me *presse*. (II, 215, *Plaid.* 829.)
....D'un autre soi-même on y *seroit pressé(sur le trône)*. (I, 464,*Théb.*1174.)
....Le péril dont son frère *est pressé*.(II, 491,*Baj.*247; voy.II,507,*Baj.*600.)
 .... Déjà, *pressé* de son devoir,
Arbate loin du bord l'est allé recevoir. (III, 37, *Mithr.* 333.)
Le péril des Juifs *presse*, et veut un prompt secours.
(III, 536, *Esth.* 1195 ; voyez III, 663, *Ath.* 1052.)
Le temps *presse* : courez. (II, 339, *Brit.* 1763; voyez III, 32,*Mithr.* 244.)
 ....Amis, le temps nous *presse*. (II, 124, *Andr.* 1645.)
 Les François, quoique beaucoup inférieurs en nombre, *pressoient* de combattre. (V, 282, *Camp. de Louis XIV.*)
 La place *étoit* fort *pressée*, et il n'y avoit pas de temps à perdre pour la secourir. (V, 55, *Méd.*)
 * Ragotski fut obligé d'abandonner Cracovie, *pressé* par les Polonois. (V, 142, *Notes hist.*)
 * Les Portugais s'étoient bien gardés de *presser* les Espagnols avec toutes leurs forces. (V, 162, *Notes hist.*)
 *Que le sens, à la vérité, *soit pressé*, c'est-à-dire que ce ne soient point des paroles vagues. (V, 497, *Trad.*)
Non, ne l'en croyons point; et sans trop *nous presser*,
Voyons, examinons.... (III, 68, *Mithr.* 1021.)
Va, fais dire à Mathan qu'il vienne, qu'il *se presse*. (III, 630, *Ath.* 436.)
(Le peuple) Vole de toutes parts, *se presse*, l'environne. (II,339,*Brit.*1740.)
Pourquoi *vous pressez*-vous de répondre pour lui? (III, 640, *Ath.* 626.)
.... Mouillant de ses pleurs le marbre de ses pieds (*de la statue d'Auguste*),
Que de ses bras *pressants* elle tenoit liés. (II, 338, *Brit.* 1730.)
N'est-ce pas vous enfin de qui la voix *pressante*
Nous a tous appelés aux campagnes du Xante? (III, 165, *Iph.* 297.)
Le péril est *pressant* plus que vous ne pensez. (III. 37, *Mithr.* 345.)
A des soins plus *pressants* la Grèce vous engage. (II, 65, *Andr.* 506.)

PRÉSURE :
*Il fit prendre avec la *présure* la moitié de son lait. (VI, 148, *Rem. sur l'Odyss.*)

PRÊT ; PRÊT À ; PRÊT DE :
Me voilà *prêt*, Seigneur : avant que de partir,
Faites percer ce cœur, qui n'y peut consentir. (II, 321, *Brit.* 1377.)
Vous n'avez qu'à parler : c'est une affaire *prête*. (II, 155, *Plaid.* 139.)
Sur mes vaisseaux tout *prêts* je viens vous retrouver. (II, 560, *Baj.* 1720.)
Si ma mort toute *prête* enfin ne le ramène. (II, 418, *Bér.* 976.)
Prêt à suivre partout le déplorable Oreste. (II, 43, *Andr.* 46.)
Je croyois ma vertu moins *prête à* succomber. (II, 438, *Bér.* 1373.)
Regarde quel orage est tout *prêt* à tomber. (III, 227, *Iph.* 1496.)
Regrettant un hymen tout *prêt* à s'achever. (II, 78, *Andr.* 755.)
Voyez I, 415, *Théb.* 297; I, 473, *Théb.* 1316; I, 474, *Théb.* 1337; I, 476, *Théb.* 1373; I, 481, *Théb.* 1472; I, 526, *Alex.* 24; I, 545, *Alex.* 470; I, 579, *Alex.* 1215; I, 580, *Alex.* 1258; I, 584, *Alex.* 1321; II, 47, *Andr.* 131 ; II, 65, *Andr.* 515; II, 74, *Andr.* 683; II, 98, *Andr.* 1145; II, 111, *Andr.* 1406; II, 267, *Brit.* 268; II, 293, *Brit.* 802; II, 314, *Brit.* 1216; II, 319, *Brit.* 1348; II, 404, *Bér.* 678; II, 406, *Bér.* 709; II, 423, *Bér.* 1101; II, 430, *Bér.* 1246; II, 442, *Bér.* 1474; II, 490, *Baj.* 232; II, 511, *Baj.* 692; II, 514, *Baj.* 772; II, 539, *Baj.* 1311; II, 544, *Baj.* 1407; II, 549, *Baj.* 1491; III, 32, *Mithr.* 240; III, 48, *Mithr.* 582; III, 69, *Mithr.* 1046; III, 193, *Iph.* 839; III, 318, *Phèd.* 215; III, 325, *Phèd.* 316; III, 353, *Phèd.* 855; III, 505, *Esth.* 650; III, 518, *Esth.* 887; III, 520, *Esth.* 923; III, 531, *Esth.* 1119; III, 533, *Esth.* 1157; III, 537, *Esth.* 1203; III, 634, *Ath.* 522; III, 641, *Ath.* 642; IV, 67, *Poés. div.* 14; IV, 74, *Poés. div.* 35; IV, 140, *Poés. div.* 33; VI, 507, *Lettres.*

Elles étoient toutes *prêtes* de signer. (IV, 563, *P. R.*)

Il n'y avoit point trouvé les cinq Propositions, étant *prêt* du reste *de* les condamner. (IV, 461, *P. R.*)

Cela se passa dans le temps que l'orage dont j'ai parlé étoit tout *prêt d'éclater* contre le monastère de Port-Royal. (IV, 466, *P. R.*)

.... Sur eux quelque orage est tout *prêt d'éclater*. (III, 189, *Iph.* 760.)
Je me sens *prêt*, s'il veut, *de* lui donner ma vie. (III, 676, *Ath.* 1274.)
Voyez I, 540, *Alex.* 359; I, 569, *Alex.* 978 ; II, 439, *Bér.* 1400; II, 508, *Baj.* 625; II, 513, *Baj.* 728; II, 526, *Baj.* 1054; III, 51, *Mithr.* 653; III, 61, *Mithr.* 851; III, 93, *Mithr.* 1566; III, 166, *Iph.* 316; III, 170, *Iph.* 372; III, 190, *Iph* 775; III, 387, *Phèd.* 1482; III, 608, *Ath.* 58; III, 617, *Ath.* 186; III, 661, *Ath.* 1011; V, 483 et 594, *Trad.*; et le *Lexique de Corneille.*

PRÉTENDRE, activement ; PRÉTENDRE QUE ; PRÉTENDRE À :
Sans vous demander rien, sans oser rien *prétendre*. (III, 31, *Mithr.* 212.)
Elle passe ses jours, Paulin, sans rien *prétendre*. (II, 397, *Bér.* 535.)
Que *prétendez*-vous donc ?...
  (II, 263, *Brit.* 157; voyez I, 402, *Théb.* 55; II, 315, *Brit.* 1259.)
.... Je ne *prétends* que la mort d'un parjure. (II, 115, *Andr.* 1481.)
.... Sans *prétendre* une plus haute gloire. (III, 25, *Mithr.* 51.)
*Il *prétend* de grandes sommes de Monsieur l'électeur Palatin pour cette administration. (V, 95, *Not. hist.*)
Accordez-lui ce prix qu'il en *a prétendu*. (I, 441, *Théb.* 769.)
.... Le jeune Agrippa, de son sang descendu,
Se vit exclus du rang vainement *prétendu*. (II, 296, *Brit.* 866.)
Le seul (*cœur*) où mes regards *prétendoient* s'adresser. (II, 83, *Andr.* 864.)
Tu *prétends* faire ici de moi ce qui te plait. (II, 195, *Plaid.* 598.)
En vain vous *prétendez* les pousser l'un et l'autre. (II, 200, *Plaid.* 647.)
Je n'*ai* point *prétendu* empêcher, etc. Je l'*aurois prétendu* inutilement. (II, 248, *Brit.* 1re préf.)
Prétendez-vous longtemps me cacher l'Empereur ? (II, 263, *Brit.* 142.)

.... Il a su me toucher,
Seigneur; et je n'ai point *prétendu* m'en cacher. (II, 284, *Brit.* 638.)
La Grèce le demande, et je ne *prétends* pas
Mettre toujours ma gloire à sauver des ingrats. (II, 58, *Andr.* 371.)
.... Son cœur offensé
Prétendoit tôt ou tard rappeler le passé. (II, 336, *Brit.* 1666.)
.... Je ne *prétends* plus ignorer ni souffrir
Le ministre insolent qui les ose nourrir. (II, 272, *Brit.* 361.)
Voyez I, 529, *Alex.* 104; II, 86, *Andr.* 901.
Je *prétends* qu'à mon tour l'inhumaine me craigne. (II, 78, *Andr.* 762.)
.... A qui *prétend*-on *que* je le sacrifie? (II, 49, *Andr.* 181.)
Non, je ne *prétends* pas *que* ce cœur inflexible
Garde seul contre vous le titre d'invincible. (I, 563, *Alex.* 865.)
.... Je ne *prétends* pas qu'un impuissant courroux
Dégage ma parole et m'acquitte envers vous. (II, 269, *Brit.* 301.)
.... Eussiez-vous pu *prétendre*
Qu'un jour Claude à son fils dût préférer son gendre?
(II, 311, *Brit.* 1143 et 1144.)
Mon fils, songez à vous : gardez-vous de *prétendre*
Que de tant d'ennemis vous puissiez vous défendre?
(III, 98, *Mithr.* 1679 et 1680.)
Demain, sans différer, je *prétends* que l'Aurore
Découvre mes vaisseaux déjà loin du Bosphore. (III, 61, *Mithr.* 855.)
Traître, tu *prétendois* qu'en un lâche silence
Phèdre enseveliroit ta brutale insolence. (III, 366, *Phèd.* 1081.)
Avez-vous *prétendu* qu'ils se tairoient toujours? (II, 324, *Brit.* 1433.)
Voyez II, 194, *Plaid.* 577 et 578; II, 318, *Brit.* 1319; III, 156, *Iph.* 98.
L'un et l'autre à la Reine ont-ils osé *prétendre*? (III, 44, *Mithr.* 476.)
A de moindres faveurs des malheureux *prétendent*. (II, 57, *Andr.* 337.)
J'obéis, sans *prétendre* à l'honneur de l'instruire. (II, 265, *Brit.* 216.)
.... Recevez la paix *où* vous n'osiez *prétendre*. (I, 437, *Théb.* 648.)

PRÊTER :
(Soleil,) A de si noirs forfaits *prêtes*-tu tes rayons? (I, 399, *Théb.* 25.)
(Mon cœur) Lui *prête* des raisons, l'excuse, l'idolâtre. (II, 300, *Brit.* 940.)
Voyez II, 258, *Brit.* 58; II, 540, *Baj.* 1328; III, 96, *Mithr.* 1642; V, 254, *Camp. de Louis XIV.*
Prêter son ministère; *prêter* l'oreille; *prêter* sa voix : voyez Ministère, Oreille, Voix.

PRÉTEXTE ; prétexte à :
.... Pourquoi vous ôter un *prétexte* si beau? (I, 591, *Alex.* 1475.)
Il n'attend qu'un *prétexte* à l'éloigner de lui. (II, 66, *Andr.* 596.)

PRÉTEXTER, couvrir d'un prétexte :
* C'est pour *prétexter* sa sortie avec une épée. (VI, 240, *Livres ann.*)

PRÊTRE :
Hé quoi, Mathan? D'un *prêtre* est-ce là le langage? (III, 637, *Ath.* 571.)

PRÊTRISE :
.... Par là de Baal (*je*) méritai la *prêtrise*. (III, 659, *Ath.* 952.)

PRÉVALOIR :
Sur mes justes remords tes pleurs *ont prévalu*. (III, 352, *Phèd.* 836.)
Les égards qu'on avoit pour les jésuites *prévalurent* sur cette horreur. (IV, 486, *P. R.*)

PRÉVARIQUER :
Je vais, sans rien obmettre, et sans *prévariquer*,
Compendieusement énoncer, etc. (II, 212, *Plaid.* 793.)

PRÉVENIR, sens divers :
Je viens, j'arrive enfin sans qu'il m'*ait prévenue*. (III, 182, *Iph.* 609.)
Pour bien faire, il faudroit que vous le *prévinssiez*. (II, 61, *Andr.* 411.)
Prévenons Alexandre, et marchons contre lui. (I, 534, *Alex.* 220.)
Madame, mes refus *ont prévenu* vos larmes. (II, 54, *Andr.* 281.)
.... *Prévenez* les maux qui les ont entraînés. (I, 525, *Alex.* 8.)
.... Sans le *prévenir*, il faut, pour lui parler,
Qu'il me cherche, ou du moins qu'il me fasse appeler.
(III, 479, *Esth.* 203.)
* Il est plus louable de *prévenir* sa colère que de l'apaiser. (VI, 303, *Livres ann.*)
Voyez I, 471, *Théb.* 1283; I, 589, *Alex.* 1425; II, 51, *Andr.* 229; II, 94, *Andr.* 1061; II, 105, *Andr.* 1292.
.... Ne s'offre-t-il rien à votre souvenir
Qui contre vous, Madame, ait pu le *prévenir?* (II, 402, *Bér.* 630.)
Misérable! il s'en va lui *prévenir* l'esprit. (II, 194, *Plaid.* 581.)
Je *prévins* donc contre eux l'esprit d'Assuérus. (III, 496, *Esth.* 492.
J'avois par mille soins su *prévenir* son âme. (II, 553, *Baj.* 1582.)
Il *étoit*.... *prévenu* de beaucoup d'estime pour le grand mérite de leurs adversaires. (IV, 454, *P. R.*)
Les peuples, *prévenus* de ce nom favorable. (II, 490, *Baj.* 241.)
Quoi donc? de sa grandeur déjà trop *prévenu*,
Le nouvel empereur vous a-t-il méconnu? (II, 378, *Bér.* 93.)
.... Tant de grandeurs dont j'*étois prévenue*. (III, 174, *Iph.* 450.)
Vos peuples, *prévenus* de l'espoir qui vous flatte. (I, 544, *Alex.* 449.)
.... Si de ce soupçon votre âme *est prévenue*,
Pourquoi nourrissez-vous le venin qui vous tue? (II, 261, *Brit.* 115.)
D'un noir pressentiment malgré moi *prévenue*. (II, 328, *Brit.* 1539.)
.... OEil *prévenu*. (III, 637, *Ath.* 581.)
On ne pouvoit guère choisir de gens plus *prévenus* contre les jansénistes. (IV, 506, *P. R.*)
La cour de Rome,... *prévenue* qu'il n'appartient point aux évêques de faire des décisions sur la doctrine.... (IV, 50, *P. R.*)
Le Roi *étoit prévenu* que les jansénistes n'étoient point bien intentionnés pour sa personne. (IV, 501, *P. R.*)

PRÉVENTION :
Grâce aux *préventions* de son esprit jaloux. (II, 327, *Brit.* 1513.)

PRÉVOIR :
Je ne sais point *prévoir* les malheurs de si loin. (II, 50, *Andr.* 196.)
Seigneur, j'ai tout *prévu* pour une mort si juste. (II, 322, *Brit.* 1391.)

PRIER; PRIER QUE :
* Seriez-vous d'humeur à venir aussi, quoique vous ne soyez point *prié?*... Un galant homme peut aller souper chez un galant homme sans en *être prié*. (V, 456, *Trad.*)
*Il *pria* Monsieur le Cardinal *que*, quand il recevroit de lui des lettres secrètes, il ne les gardât point. (V, 122, *Notes hist.*; voyez V, 570, *Trad.*)

PRINCE, PRINCESSE :
* Les *princes* de l'armée (*des Grecs devant Troie*). (VI, 197, *Livres ann.*)
Ah! mon *prince!* — Il expire?.. (II, 332, *Brit.* 1613.)

Tant d'importantes occupations, où le zèle de votre *prince* et le bien
public vous tiennent continuellement attaché. (II, 363, *Bér.* épitre.)
* Médée prie les Corinthiennes de garder le silence, si elle forme
quelques desseins contre la vie de leur roi et de leur *princesse.* (VI, 256,
Livres ann.)
L'idée que nous avons maintenant de cette *princesse* (*d'Andromaque*).
(II, 38, *Andr.* 2º préf.)
Ma *princesse*, avez-vous daigné me souhaiter? (II, 287, *Brit.* 705.)
.... Vous pleurez! Ah! ma chère *princesse!* (II, 329, *Brit.* 1547.)
Vaincu deux fois, haï de ma belle *princesse....* (I, 583, *Alex.* 1289.)
Voyez I, 418, *Théb.* 356; I, 474, *Théb.* 1341; II, 45, *Andr.* 94; II, 64, *Andr.*
478; II, 66, *Andr.* 529; II, 117, *Andr.* 1522; II, 328, *Brit.* 1533; II, 329, *Brit.*
1560; et *passim*.

PRINCIPALEMENT :

* Le mari doit agir *principalement.* (VI, 310, *Livres ann.*)

PRINCIPE :

Dieu qui, tout éclatant de ta propre lumière,
    Règnes au ciel sans *principe* et sans fin. (IV, 113, *Poés. div.* 16.)

PRISE :

I' eut plusieurs *prises* avec les plus illustres députés. (IV, 498, *P. R.*)

PRISER :

(Plusieurs des Dieux) *Prisent* moins le nectar que le plaisir extrême
    D'être auprès de Louis. (IV, 73, *Poés. div.* 19.)

PRISON :

Si troublant tous les Grecs, et vengeant ma *prison*,
Je pouvois contre Achille armer Agamemnon. (III, 208, *Iph.* 1135.)
Quelle étrange valeur...,
Qui veut que l'univers ne soit qu'une *prison!* (I, 547, *Alex.* 532.)
    Une *prison* de cristal. (VI, 430, *Lettres.*)

PRISONNIER, ÈRE :

Un roi.... qui arrêta Thésée *prisonnier.* (III, 302, *Phèd.* préf.)
.... (Quand son bras) m'arrêta *prisonnière.* (I, 542, *Alex.* 398.)
Tandis que ce héros me tint sa *prisonnière.* (I, 541, *Alex.* 369.)

PRIVER (SE) DE :

Il falloit bien souvent me *priver de* mes larmes. (III, 375, *Phèd.* 1250.)

PRIVILÉGE :

(Les Dieux,) Vengeant de leurs autels le sanglant *privilége*,
Me venoient reprocher ma pitié sacrilége. (III, 155, *Iph.* 85.)

PRIX :

Si vous donnez les *prix* comme vous punissez. (I, 436, *Théb.* 669.)
....Compare *prix* pour *prix*
Les étrennes d'un juge à celles d'un marquis. (II, 152, *Plaid.* 93.)
Rapportez-lui le *prix* de sa rébellion. (II, 68, *Andr.* 563.)
Le sénat m'a parlé; mais mon âme accablée
Écoutoit sans entendre, et ne leur a laissé,
Pour *prix* de leurs transports, qu'un silence glacé. (II, 438, *Bér.* 1378.)
.... La mort est le *prix* de tout audacieux
Qui sans être appelé se présente à leurs yeux. (III, 478, *Esth.* 195.)
.... C'est le *prix* que vous gardoit l'ingrate. (II, 72, *Andr.* 657.)
Si vous daigniez, Seigneur, rappeler la mémoire
Des vertus d'Octavie, indignes de ce *prix*. (II, 292, *Brit.* 785.)

.... Mon amour pour vous est bien d'un autre *prix*. (I, 419, *Théb.* var.)
L'ingrate, qui mettoit son cœur à si haut *prix*. (II, 60, *Andr.* 399.)
J'ai mis même à ce *prix* mon amitié secrète. (II, 391, *Bér.* 363.)
Voyez II, 100, *Andr.* 1191; II, 110, *Andr.* 1391; II, 115, *Andr.* 1483.

Ils veulent être poëtes, à quelque *prix* que ce soit. (VI, 469, *Lettres;* voyez VI, 390, *Lettres*.)

* Ceux (*les poëtes*) qui ne le sont que par étude sont comme des corbeaux qui croassent méchamment au *prix* du divin oiseau de Jupiter (VI, 21, *Rem. sur Pind.*)

PROBABILITÉ :
Un livre contre la *probabilité*. (IV, 491, *P. R.*)

PROCÉDÉ :
Ce *procédé* n'est point du tout soutenable. (VI, 399, *Lettres*.)

PROCÉDER :
* Les Capétiens y *procédèrent* avec plus de précaution. (V, 84, *Notes hist.*)

PROCÉDURE :
Les Religieuses.... se crurent.... obligées.... d'appeler comme d'abus de toute la *procédure* de Monsieur l'Archevêque. (IV, 555, *P. R.*)

PROCÈS, II, 160 et 161, *Plaid.* 215 et 219.
* Ne faire mourir sans forme de *procès*. (VI, 299, *Livres ann.*)

PROCÈS-VERBAL, II, 161, *Plaid.* 225; IV, 556, *P. R.*

PROCHAIN, AINE :
....J'entends du bruit dans la chambre *prochaine*. (III, 515, *Esth.* 824.)
Voy. I, 451, *Théb.* 968; I, 481, *Théb.* 1465; II, 430, *Bér.* 1247; II, 535, *Baj.* 1206.
Furieuse, elle vole, et sur l'autel *prochain*
Prend le sacré couteau, le plonge dans son sein. (III, 240, *Iph.* 1775.)
De son appartement cette porte est *prochaine*. (II, 374, *Bér.* 7.)
Ces pauvres dames.... se présentèrent à la garde *prochaine*. (V, 325, *Siége de Nam.*)
Ainsi sont séparés les jours des nuits *prochaines*
    Par d'immuables lois. (IV, 132, *Poés. div.* 9.)
Les flots toujours nouveaux d'un peuple adorateur,
Qu'attire sur ses pas sa *prochaine* grandeur. (II, 376, *Bér.* 54.)

PROCHE :
Il m'a mené à une de ses métairies *proche* d'ici. (VI, 469, *Lettres*.)
* Un grand corps de Turcs *proche* d'Arad. (V, 144, *Notes hist.*; voyez VI, 344, *Livres ann.*)
Veillez : je suis tout *proche*, et frappe à votre cœur. (IV, 114, *Poés. div.* 8.)

PROCURATION :
Elles signèrent ensuite une *procuration* pour obtenir en leur nom un relief d'appel. (IV, 556, *P. R.*)

PROCURER :
Vous m'*avez procuré* l'honneur de lire celui-ci (*cet ouvrage*) devant un homme dont toutes les heures sont précieuses. (II, 240, *Brit.* épitre.)
La Mère Angélique *procura*.... à M. Arnauld, son père,... la connoissance de ce saint prélat. (IV, 395, *P. R.*)
Il pourroit avoir eu une pensée qui l'obligeoit de *procurer* ce mariage. (VI, 442, *Lettres*.)

PROCUREUR :
A moins que d'être huissier, sergent ou *procureur*,
On ne voit point sa fille.... (II, 155, *Plaid*. 142; voy. II, 157, *Plaid*. 169.)

PRODIGIEUSEMENT :
* Un homme *prodigieusement* grand. (VI, 146, *Rem. sur l'Odyss*.)

PRODIGIEUX, euse :
C'est un grand amphithéâtre, un peu en ovale, tout bâti de *prodigieuses* pierres. (VI, 424, *Lettres*.)

PRODIGUE, au figuré :
....*Prodigues* guérets. (VI, 25, *Poés. div.* 18.)

PRODIGUER ; prodiguer à :
Pour plaire à votre épouse, il vous faudroit peut-être
Prodiguer les doux noms de parjure et de traître. (II, 106, *Andr*. 1326.)
C'est à vous de choisir des confidents discrets,
Seigneur, et de ne pas *prodiguer* vos secrets. (II, 270, *Brit*. 338.)
Hermione à Pyrrhus *prodiguoit* tous ses charmes. (II, 43, *Andr*. 50.)
....Venir *prodiguer* sa voix sur un théâtre. (II, 325, *Brit*. 1475.)

PRODUCTION, terme de pratique, II, 161, *Plaid*. 228.

PRODUIRE, sens divers; se produire :
* Hérode n'avoit rien tant à cœur que de le *produire* (Polycarpe) dans l'amphithéâtre. (V, 563, *Trad*.)
J'écris sur nouveaux frais. Je *produis*, je fournis
De dits, de contredits, enquêtes, compulsoires.
(II, 161, *Plaid*. 223 ; voyez V, 392, *Factums*.)
Quand ma pièce ne m'auroit *produit* que cet avantage. (I, 390, *Théb* épître.)
Seigneur, tant d'animaux par toi des eaux fécondes
Sont *produits* à ton choix. (IV, 133, *Poés. div.* 2.)
Je ne *me suis* point encore *produit* nulle part. (VI, 447, *Lettres*.)

PROFANE, adjectivement et substantivement :
Il vole vers Junie, et sans s'épouvanter,
D'une *profane* main commence à l'arrêter. (II, 339, *Brit*. 1750.)
Le jour n'est pas plus pur que le fond de mon cœur.
Et l'on veut qu'Hippolyte, épris d'un feu *profane*.... (III, 368, *Phèd*. 1113.)
....D'un culte *profane* (ce peuple) infecte votre empire. (III, 496, *Esth*. 498.)
Quel *profane* en ce lieu s'ose avancer vers nous? (III, 475, *Esth*. 155.)

PROFANER :
... Ce fer malheureux *profaneroit* ses mains. (III, 347, *Phèd*. 752.)

PROFÈS, esse :
Elle pressa pour être reçue *professe*. (IV, 425, *P. R.*)
Maison *professe*. (IV, 436, *P. R.*)

PROFESSION :
* L'entrée est défendue à tous ceux qui ne sont pas de leur *profession* (de la *profession* des Esséniens). (V, 534, *Trad*.)
Elle (*Angélique Arnauld*) fit *profession* à neuf ans. (IV, 389, *P. R.*)
Voyez IV, 397, *P. R.*; VII, 276, *Lettres*.
Il ne vous rend point justice. Pour moi, qui fais *profession* de vous la rendre, etc. (IV, 327, *Imag*.)

PROFITER :
Hector en *profita* (de l'injustice des Grecs envers Achille)...; et quelque jour

Son fils en pourroit bien *profiter* à son tour. (II, 52, *Andr.* 235 et 236.)
De quoi m'*ont profité* mes inutiles soins? (III, 343, *Phèd.* 687.)

PROFOND, ONDE, au figuré :
Par moi Jérusalem goûte un calme *profond*. (III, 632, *Ath.* 473.)
 (*Elle*) goûtoit une paix *profonde*. (V, 10, *Épitaphes*.)
  Gloire à toi, Trinité *profonde*.
    (IV, 111, *Poés. div.* 33 ; voyez IV, 115, 118, 121, 125, 128, *ibid.*)
      .... *Profonde* Trinité. (IV, 126, *Poés. div.* 18.)

PROGRÈS :
Tout le *progrès* qu'Achille avoit fait dans votre âme? (III, 203, *Iph.* 1030.)

PROIE :
Montre-toi digne enfin d'une si belle *proie*. (I, 457, *Théb.* 1071.)
Voyez II, 50, *Andr.* 217 ; II, 69, *Andr.* 598.
Grand Dieu, voici ton heure, on t'amène ta *proie*. (III, 696, *Ath.* 1668.)
  Voyez ABANDONNER, ATTACHER, LIVRER.

PROJET :
De semblables *projets* veulent être achevés. (III, 57, *Mithr.* 790.)

PROLOGUE :
 *Le *prologue* est toute cette partie de la tragédie qui précède l'entrée du Chœur. (V, 480, *Trad.*)

PROMETTRE À :
J'ai *promis à* Burrhus, il a fallu me rendre. (II, 324, *Brit.* 1456.)
Est-ce là cette ardeur tant *promise à* sa cendre? (II, 95, *Andr.* 1081.,
La nation entière *est promise aux* vautours. (III, 495, *Esth.* 464.)
Oui, sans doute, une ardeur si haute et si constante
Vous promet dans l'histoire une place éclatante. (I, 536, *Alex.* 250.)
Le Ciel sembla *promettre* une fin à ma peine. (II, 384, *Bér.* 215.)
Je m'en souviens, Seigneur, vous *me l'avez promis*,
Qu'Alexandre vainqueur n'avoit plus d'ennemis. (I, 586, *Alex.* 1375.)

PROMPT ; PROMPT À :
J'arrêtai sa mort à la nouvelle trop *prompte*. (II, 312, *Brit.* 1184.)
Le conseil le plus *prompt* est le plus salutaire. (II, 490, *Baj.* 230.)
Leur *prompte* servitude (*la servitude des Romains*) a fatigué Tibère.
                    (II, 324, *Brit.* 1444.)
Tenez : une autre fois ne soyez pas si *prompte*. (II, 173, *Plaid.* 351.)
Vous me verriez plus *prompte* affronter mille morts. (III, 355, *Phèd.* 896.)
      .... Trop *prompt à* me troubler. (II, 420, *Bér.* 1005.)
Tu lui donnes un fils *prompt à* le seconder. (III, 463, *Esth.* prol. 49.)

PRÔNER :
Il *prônoit* fort la sœur Gertrude. (IV, 607, *P. R.*)

PRONONCER ; PRONONCER QUE :
J'ai *prononcé* sa grâce, et je crois sa promesse. (II, 525, *Baj.* 1026.)
 .... Ah! Reine, et qui l'auroit pensé,
Que ce mot dût jamais vous *être prononcé*? (II, 411, *Bér.* 838.)
Vous ne leur *prononcez* mon nom qu'avec horreur. (III, 646, *Ath.* 706.)
Vous-même à Josabet *prononcez* cet arrêt. (III, 656, *Ath.* 897.)
Voyez II, 285, *Brit.* 675.
Puis-je leur *prononcer* cet ordre sanguinaire? (III, 222, *Iph.* 1434.)
L'armée à haute voix se déclare contre elle,
Et *prononce* à Calchas sa sentence mortelle. (III, 240, *Iph.* 1770.)

.... (Je) ne me pique point du scrupule insensé
De bénir mon trépas quand ils l'*ont prononcé*. (II, 489, *Baj.* 200.)
.... Croyez-vous que loin de le penser,
Ma bouche seulement eût pu le *prononcer* ? (II, 523, *Baj.* 980.)
Hé bien donc! *prononcez :* que voulez-vous qu'on fasse? (II, 316, *Brit.* 1287.)
Faites-le *prononcer*.... (II, 84, *Andr.* 886.)
Vous commencez, Madame, à *prononcer* pour lui? (I, 575, *Alex.* 1132.)
Être un peu plus réservé à *prononcer* contre plusieurs personnes innocentes. (IV, 271, *Imag.* préf.)
.... Ni la mort, ni vous-même
Ne me ferez jamais *prononcer* que je l'aime. (II, 531, *Baj.* 1143.)
Voyez II, 537, *Baj.* 1267; II, 539, *Baj.* 1306.

PRONONCIATION :
J'ai bien peur que vous ne trouviez sur le papier bien des fautes que ma *prononciation* vous avoit déguisées. (VI, 527, *Lettres*.)

PROPHÈTE; PROPHÉTESSE :
Toute pleine du feu de tant de saints *prophètes*. (III, 478, *Esth.* 189.)
* La *prophétesse* Marie. (V, 553, *Trad*.)

PROPHÉTISER :
Il (*Joad*) a pu *prophétiser* en qualité de souverain pontife. (III, 601, *Ath.* préf.)

PROPICE :
(*Dieu*,) Toujours *propice* aux âmes pures. (IV, 141, *Poés. div.* 58.)

PROPORTION (À) DE; À PROPORTIONS :
Les charges furent partagées *à proportion des* revenus. (IV, 620, *P. R.* voyez V, 133, *Notes hist.*)
* Minerve répand autour de lui (*d'Ulysse*) une nouvelle beauté, et le fait paroître plus grand et plus gros *à proportions*. (VI, 117, *R. sur l'Od.*)

PROPORTIONNÉ À :
Une lecture plus *proportionnée* à des gens moins avancés. (VII, 63, *Lettres*.)

PROPOS (À) :
Tous ces embrassements ne sont guère *à propos*. (I, 453, *Théb.* 1001.)
Il étoit *à propos* d'outrer un peu les personnages. (II, 142, *Plaid.* au lect.)

PROPOSER, SE PROPOSER :
Toutes les difficultés que je lui *ai proposées*. (II, 474, *Baj.* 1re préf.)
Voilà les véritables spectateurs que nous devons *nous proposer*. (II, 248, *Brit.* 1re préf.)

PROPOSITION (PAINS DE), III, 592, *Ath.* préface.

PROPRE, sens divers; PROPRE À, POUR :
* Ulysse entra dans le port, qui étoit fort *propre* et fort paisible. (VI, 155, *Rem. sur l'Odyss.*)
* Une collation fort *propre*. (V, 168, *Notes hist.*)
* Je rencontrai Socrate..., qui sortoit du bain, et qui étoit chaussé plus proprement qu'à son ordinaire. Je lui demandai où il alloit si *propre* et si beau. (V, 456, *Trad*.)
L'Académie.... cherche les sujets qui *lui* sont *propres*. Et qui pouvoit *lui* être plus *propre* que vous? (IV, 353, *Disc. acad.*)

* Ils (*les lieux communs*) ne sont pas *propres à* toutes les causes ni à tous les orateurs. (VI, 332, *Livres ann.*)
Des plaines ouvertes et *propres à* faire mouvoir sa cavalerie. (V, 338, *Siége de Nam.*)
Il ne pouvoit guère choisir deux hommes moins *propres à* travailler de concert dans cette affaire. (IV, 548, *P. R.*)
* Un petit dard *propre pour* un enfant. (VI, 215, *Livres ann.*)
Cette action est très-fameuse dans l'histoire ; et je l'ai trouvée très-*propre pour* le théâtre. (II, 365, *Bér.* préf.)
Les voies les plus *propres pour* extirper entièrement cette hérésie. (IV, 543, *P. R.*; voyez IV, 542, *ibid.*)
*Homme *propre pour* mettre le peuple de son côté. (VI, 346, *L. ann.*)

PROPREMENT :
* Socrate.... chaussé plus *proprement* qu'à son ordinaire. (V, 456, *Trad.*)

PROSPÈRE :
Il est vrai, vous avez toute chose *prospère*. (I, 479, *Théb.* 1433.)

PROSPÉRER :
* Pendant que les armes du Roi *prospéroient* ainsi en Allemagne.... (V, 73, *Notes hist.*)
Il (*Dieu*) fait que tout *prospère* aux âmes innocentes. (III, 469, *Esth.* 68)

PROSPÉRITÉ, PROSPÉRITÉS :
.... Tant de fidélité,
Madame, méritoit plus de *prospérité*. (II, 386, *Bér.* 286.)
(La Reine) Charge le Ciel de vœux pour vos *prospérités*. (II, 389, *Bér.* 334.)
De mes *prospérités* interrompre le cours. (III, 633, *Ath.* 486.)

PROSTITUÉE :
Vénus est une *prostituée*. (VI, 382, *Lettres.*)

PROSTITUTION, VI, 383, *Lettres.*

PROTASE :
Il parle de *protase* comme s'il entendoit ce mot, et veut que cette première des quatre parties de la tragédie soit toujours la plus proche de la dernière, qui est la catastrophe. (II, 369, *Bér.* préf.)

PROTECTEUR :
* Dans cette extrémité, l'Archevêque eut recours au Roi, comme au *protecteur* des traités de Westphalie. (V, 50, *Méd.*)

PROTESTER, PROTESTER QUE :
.... Je vais *protester* comme il faut. (II, 195, *Plaid.* 589.)
(Sa fille) A mis un mien papier en morceaux, *protestant*
Qu'on lui feroit plaisir, et que, etc. (II, 181, *Plaid.* 453 et 454.)

PROUVER :
.... La fierté d'un sang que je ne puis *prouver*. (III, 174, *Iph.* 452.)
Qu'ils viennent donc sur moi *prouver* leur zèle impie. (III, 233, *Iph.* 1633.)
.... C'est à toi de *prouver*
Si ce que tu ravis tu le sais conserver. (I, 457, *Théb.* 1070.)

PROVINCE :
Thèbes avec raison craint le règne d'un prince
Qui de fleuves de sang inonde sa *province*. (I, 455, *Théb.* 1044.)
Je t'ai cherché moi-même au fond de tes *provinces*. (II, 108, *Andr.* 1358.)
L'honneur de notre sang, l'espoir de nos *provinces*. (I, 435, *Théb.* 632.)

... L'Hydaspe, assemblant ses *provinces*,
Au secours de ses bords fit voler tous ses princes. (I, 546, *Alex* 505.)
Voyez I, 525, *Alex*. 14; I, 541, *Alex*. 378.
Elles (*les Muses*) firent serment que jamais en *province*
    Elles ne feroient leur séjour. (VI, 490, *Lettres*.)

PROVINCIAL, substantivement :
  De pauvres *provinciaux* comme nous. (VI, 427, *Lettres*.)

PROVISION :
Les *provisions* de mon oncle sont onze ou douze jours en date devant celles que sa partie a eues en cour de Rome. (VI, 476, *Lettres*.)
Hé! par *provision*, mon père, couchez-vous. (II, 153, *Plaid*. 117.)

PUBLIC, IQUE; PUBLIC, substantivement :
De la Reine et de moi que dit la voix *publique* ? (II, 390, *Bér*. 344.)
  Les temples et les lieux *publics*. (V, 250, *Camp. de Louis XIV*.)
  Leur douleur est *publique* à toute la terre. (IV, 367, *Disc. acad*.)
L'intérêt du *public* agit peu sur son âme. (I, 414, *Théb*. 279.)
* Brun réussissoit mieux auprès du *public*. (VI, 346, *Livres ann*.)

PUBLIER ; PUBLIER QUE :
    .... J'entends de tous côtés
Publier vos vertus, Seigneur, et ses beautés. (II, 390, *Bér*. 346.)
(Le sénat et le peuple) *Publioient qu*'en mourant Claude avec sa puissance
M'avoit encor laissé sa simple obéissance. (II, 315, *Brit*. 1243.)

PUCELLE :
  Vous ne serons donc plus *pucelles*. (VI, 489, *Lettres*.)

PUDEUR :
J'imite sa *pudeur*, et fuis votre présence. (III, 385, *Phèd*. 1449.)
    .... Je l'avoue avec quelque *pudeur*. (III, 155, *Iph*. 79.)
Quelle aimable *pudeur* sur leur visage est peinte! (III, 473, *Esth*. 124.)
Cette noble *pudeur* coloroit son visage. (III, 341, *Phèd*. 642.)
    .... Une *pudeur* secrète. (II, 301, *Brit*. 967.)
* *Pudeur* de ceux qui s'enivrent pour contenter ceux qui les traitent. (VI, 309, *Livres ann*.)

PUÉRIL :
  Beaucoup de paroles.... très-*pueriles*. (IV, 558, *P. R.*)

PUIS :
Je n'écris pas à mon cousin, car on m'a mandé qu'il étoit à la campagne; et *puis* c'est lui écrire que de vous écrire. (VI, 432, *Lettres*.)

PUISER, au figuré :
La fierté des Nérons qu'il *puisa* dans mon flanc. (II, 257, *Brit*. 38.)
Puisant la vérité jusqu'en son origine. (IV, 192, *Poés. div*. 2.)

PUISQUE ; PUIS.... QUE :
*Souvenez-vous de moi..., *puisque* je vous ai sauvé la vie. (VI, 139, *Rem. sur l'Odyss*.)
    .... *Puis* donc *qu*'on nous permet de prendre
Haleine, et *que* l'on nous défend de nous étendre.
                     (II, 212, *Plaid*. 791 et 792.)

PUISSANCE :
Je vous cherchois, Seigneur : un peu de violence
M'a fait de vos raisons combattre la *puissance*. (II, 70, *Andr*. 606.)

Vous armez contre Troie une *puissance* vaine. (III, 152, *Iph.* 57.)
Leur aspect sur vos cœurs n'a-t-il point de *puissance*? (I, 454, *Théb.* 1024.)
.... Sur lui l'honneur n'eut jamais de *puissance*. (I, 424, *Théb.* 467.)
Le brave Hippomédon s'efforce, en votre absence,
De soutenir leur choc de toute sa *puissance*. (I, 430, *Théb.* 568.)
.... Il me renvoie; et quelque autre *puissance*
Lui fait du fils d'Hector embrasser la défense. (II, 65, *Andr.* 513.)
* Priez pour les rois, les *puissances* et les princes. (V, 582, *Trad.*)

PUISSANT, ANTE, sens physique et sens moral :

* Il descendit vers son vaisseau, le traînant (*un cerf*) sur ses épaules....
car c'étoit, dit-il, une fort *puissante* bête. (VI, 157, *Rem. sur l'Odyss.*)
* Il lui donne un remède *puissant* pour rendre inutiles les breuvages
de Circé. (VI, 160, *Rem. sur l'Odyss.*)
* Ce vin-là étoit si *puissant* qu'on y mettoit vingt mesures d'eau sur
une de vin. (VI, 146, *Rem. sur l'Odyss.*)
Haute et *puissante* dame Yolande Cudasne. (II, 177, *Plaid.* 400.)
.... Il apprend aujourd'hui
Que vous êtes au moins aussi *puissant* que lui. (I, 442, *Théb.* 794.)
Le fer ne produit point de si *puissants* efforts. (II, 333, *Brit.* 1630.)
Je l'attirois ici par des vœux si *puissants*
Que je portois envie au bonheur des Persans. (I, 535, *Alex.* 243.)
Des deux princes d'ailleurs la haine est trop *puissante*. (I, 446, *Théb.* 875.)
Rome à ce nom si noble et si saint autrefois
Attacha pour jamais une haine *puissante*. (II, 392, *Brit.* 383.)
C'est vous, je m'en souviens, dont les *puissants* appas
Excitoient tous nos rois.... (I, 552, *Alex.* 643.)
J'étois de ce grand corps l'âme toute-*puissante*. (II, 260, *Brit.* 96.)

PUNIR :

.... C'est assez nous *punir*. (II, 56, *Andr.* 323.)
De vos propres bontés il vous *auroit punie*. (II, 335, *Brit.* 1664.)
Je dois venger sur lui tous les maux de la guerre,
Le *punir* des malheurs qu'il a pu prévenir,
Et de m'avoir forcé moi-même à le *punir*. (I, 583, *Alex.* 1288.)
Le Ciel *punit* sur vous et sur votre famille
Et les crimes du père et l'amour de la fille. (I, 422, *Théb.* 427.)
.... N'est-ce point que sa malignité
Punit sur eux l'appui que je leur ai prêté? (II, 258, *Brit.* 58.)
Par quel charme secret laissé-je retenir
Ce courroux si sévère et si prompt à *punir*? (III, 81, *Mithr.* 1314.)

PUR, au propre et au figuré; PUR DE; PUR, substantivement :

* Prenant une robe *pure*. (VI, 94, *Rem. sur l'Odyss.*)
.... Pour lui conserver une foi toujours *pure*. (II, 339, *Brit.* 1736.)
.... Tu fuis les procès? C'est méchanceté *pure*. (II, 184, *Plaid.* 480.)
.... De tout péché rends-nous *purs* à tes yeux. (IV, 108, *Poés. div.* 14.)
Payer sa folle amour du plus *pur* de mon sang ! (III, 214, *Iph.* 1276.)

PURGATION, au figuré :

* De la *purgation* des passions. (VI, 289, *Livres nn.*; voyez PURGER,
l'avant-dernier exemple.)

PURGER; PURGER DE; SE PURGER QUE, terme de pratique :

D'un perfide ennemi j'*ai purgé* la nature. (III, 359, *Phèd.* 969)
De ton horrible aspect *purge* tous mes États. (III, 365, *Phèd* 1064.)
Reste impur des brigands dont j'*ai purgé* la terre. (III, 364, *Phèd.* 1046.)
* Une représentation vive, qui, excitant la pitié et la terreur, *purge* et

tempère ces sortes de passions. [*C'est-à-dire qu'en émouvant ces passions, elle leur ôte ce qu'elles ont d'excessif et de vicieux, et les ramène à un état modéré et conforme à la raison.*] (V, 477, *Trad.*)

En obligeant ceux qui obtiennent de semblables érections à *se purger* par serment *que* leurs terres ne sont sujettes à aucune substitution. (V, 390, *Factums.*)

PUTAIN :

*Lyonne, *putain*, n'a jamais découvert parmi les tortures Armodius et Aristogiton. (VI, 339, *Livres ann.*; voyez la note 1.)

Q

QUALIFIER ; QUALIFIER DE :

*La plupart des beautés de l'antiquité *ont été* ainsi *qualifiées*. (VI, 74, *Rem. sur l'Odyss.*)

Les censeurs mêmes de M. Arnauld.... n'*avoient qualifié* que *de* téméraire la proposition de ce docteur. (IV, 493, *P. R.*)

QUALITÉ :

*Il pourroit laisser en Sicile.... son frère..., avec la *qualité* de viceroi. (V, 90, *Notes hist.*)

On sait que si vous avez une parfaite connoissance des belles choses, vous n'entreprenez pas les grandes avec un courage moins élevé, et que vous avez réuni en vous ces deux excellentes *qualités*. (I, 390, *Théb.* épit.)

*Plusieurs ont voulu acquérir de la gloire par des *qualités* qu'ils avoient apprises ou empruntées de l'art. (VI, 42, *Rem. sur Pind.*)

QUAND :

Depuis *quand* croyez-vous que ma grandeur me touche ?
(II, 399, *Bér.* 575.)
Jusques à *quand*, Madame, attendrez-vous mon père ? (III, 32, *Mithr.* 224.)
O mont de Sinaï, conserve la mémoire
De ce jour à jamais auguste et renommé,
Quand, sur ton sommet enflammé, etc. (III, 624, *Ath.* 334.)
Ces jours passés, chez un vieil histrion,
Grand chroniqueur, s'émut en question
Quand à Paris commença la méthode
De ces sifflets qui sont tant à la mode. (IV, 184, *Poés. div.* 3.)
*Il n'y a rien de plus beau que *quand* une femme et un mari sont d'accord. (VI, 116, *Rem. sur l'Odyss.*)
Tu crois donc que la paix est l'objet de mes soins?
— Oui, je le crois, Seigneur, *quand* j'y pensois le moins.
(I, 444, *Théb.* 826)

QUANTITÉ :

Il y a *quantité* de personnes à la cour qui se souviennent, etc. (II, 473, *Baj.* 1re préf.)

La morale relâchée de *quantité* de casuistes. (IV, 482, *P. R.*)

Quantité d'officiers eurent ordre de marcher vers Thionville. (V, 107, *Notes hist.*)

*Un maître qui vivroit dans un désert avec *quantité* de ses esclaves. (VI, 280, *livres ann.*)

Mithridate, roi de Pont et de *quantité* d'autres royaumes. (III, 23, *Mithr.* acteurs.)

On a rasé *quantité* de dunes fort élevées. (V, 52, *Médailles*.)

(L'*Antigone* de Rotrou) étoit remplie de *quantité* de beaux endroits. (I, 394, *Théb*. préf.)

Cela leur sert.... à les défaire de *quantité* de mauvaises prononciations. (III, 454, *Esth*. préf.)

Ils en rapportent *quantité* de preuves. (III, 456, *Esth*. préf.)

QUARTAUT de vin : voyez Cartaut.

QUARTIER :

Dans un *quartier* comme celui-ci (*au château de Chevreuse*), où il n'y a que des gueux. (VI, 385, *Lettres*.)

* Le *quartier* du Roi étoit depuis le petit Escaut jusqu'au grand Escaut. (V, 109, *Notes hist*.)

Prendre ses *quartiers* d'hiver. (V, 282, *Camp. de Louis XIV*.)

* Il (*le Roi*) dîna, et alla donner des *quartiers*. (V, 109, *Notes hist*.)

Quartiers de fourrages. (VII, 66, *Lettres*.)

L'Espagnol lui demanda *quartier*.... Le grenadier.... ne voulut point faire de *quartier*, et tua son Espagnol. (VII, 49, *Lettres*; voyez V, 113, *Notes hist*.)

* Il demanda *quartier* au comte de Gramont, qui l'accabloit de plaisanteries. (V, 80, *Notes hist*.)

QUE, pronom relatif : voyez Qui, que, quoi, relatif, p. 429.

QUE, interrogatif ou exclamatif : voyez Qui, que, interrogatif ou exclamatif, p. 432.

QUE, conjonction :

1° Que, liant des verbes, des participes ou des noms à la proposition qui leur sert de régime :

Tous les gens de bien s'attendoient *que* le P. Brisacier seroit désavoué par sa Compagnie. (IV, 436, *P. R.*; II, 413, *Bér*. 891 et 892; II, 439, *Bér*. 1391; IV, 486, *P. R.*)

Je fais ce que tu veux : je consens *qu'*il me voie. (II, 60, *Andr*. 385.)

Voyez les autres exemples auxquels nous renvoyons à la fin de l'article Consentir, p. 106.

.... Je me suis quelquefois consolée
*Qu'*ici plutôt *qu'*ailleurs le sort m'eût exilée;
*Qu'*heureux dans son malheur, le fils de tant de rois, etc.
(II, 88, *Andr*. 934 et 935.)

* Telemachus leur dit *qu'*ils se taisent. (VI, 65, *Rem. sur l'Odyss*.)

* Calypso lui dit *qu'*il ne pleure plus. (VI, 101, *Rem. sur l'Odyss*.)

La Mère Angélique.... étoit entêtée aussi *qu'*elles ne devoient signer en aucune sorte. (IV, 605, *P. R.*)

.... Je me flatte d'abord
Que la seule vengeance excite ce transport. (II, 45, *Andr*. 84.)

Gardez *qu'*avant le coup votre dessein n'éclate. (II, 80, *Andr*. 801.)

Je rends grâces au Ciel *que* votre indifférence
De mes heureux soupirs m'apprenne l'innocence. (II, 107, *Andr*. 1345.)

.... Bérénice est instruite
Que vous voulez ici la voir seule et sans suite. (II, 377, *Bér*. 64.)

* Il invoque Neptune *qu'*il tourmente Ulysse. (VI, 152, *Rem. sur l'Od*.)

Je ne murmure point *qu'*une amitié commune
Se range du parti que flatte la fortune. (II, 301, *Brit*. 971.)

On se plaint *qu'*oubliant son sang et sa promesse,
Il élève en sa cour l'ennemi de la Grèce. (II, 44, *Andr*. 69.)

*Le roi de Danemarc se plaint *que* c'est l'abandonner. (V, 115, *N. hist.*)
Je m'informai s'ils se plaignoient *qu*'elle (*la tragédie de Bérénice*) les eût ennuyés. (II, 368, *Bér.* préf.)
Avez-vous prétendu *qu*'ils se tairoient toujours ? (II, 324, *Brit.* 1433)
*M. Mansard prétend qu'il y a trois ans *qu*'il étoit à charge au Roi (V, 110, *Notes hist.*)
Le Roi étoit prévenu *que* les jansénistes n'étoient point bien intentionnés. (IV, 501, *P. R.*)
Il fit semblant *qu*'il ne l'avoit pas reçue (*cette requête*). (IV, 564, *P. R.*)
* Que tardez-vous donc, me dit Glaucon, *que* vous ne me fassiez ce récit ? (V, 455, *Trad.*; voyez Tarder.)
.... Nos ennemis
Se vantent *que* Taxile est à moitié soumis. (I, 551, *Alex.* 608.)
La plupart des connoisseurs demeurent d'accord *que* c'est ce même Britannicus. (II, 250, *Brit.* 2ᵉ préf.)
*Après avoir réfuté la fable *que* Pélops avoit été mis en pièces.... (VI, 12, *Rem. sur Pind.*)
*Quelle apparence *que* Xuthus ne soit pas du festin ? (VI, 264, *L. ann.*)
J'ai vu *que* les procès ne donnoient point de peine. (II, 158, *Plaid.* 183.)
On peut aussi, dans ce dernier exemple, considérer le tour comme elliptique : « J'ai vu le temps que, le temps où.... » Voyez ci-après, 3°.
La phrase suivante est remarquable par le changement de tournure :
Vous-même de vos soins craignez la récompense,
Et *que* dans votre sein ce serpent élevé
Ne vous punisse un jour de l'avoir conservé. (II, 48, *Andr.* 167.)

2° Que, explicatif, précédé d'un démonstratif; non que :
Il en vint jusqu'à cet excès d'impudence et de folie, *que* d'accuser ces religieuses. (IV, 434, *P. R.*)
Dans les trois exemples suivants, le *de* n'est pas précédé de *que* :
Passant.... jusqu'à cet excès, de vouloir insinuer.... (IV, 435, *P. R.*)
*C'est une chose digne d'un grand capitaine.... de passer sa vieillesse dans les études. (VI, 293, *Livres ann.*)
* Ce n'est pas une chose digne d'un homme d'honneur de se ressouvenir des injures. (VI, 294, *Livres ann.*)
.... C'est assez pour moi *que* je me sois soumis. (II, 105, *Andr.* 1287.)
Si la Thébaïde a reçu quelques applaudissements, c'est sans doute *qu*'on n'a pas osé démentir, etc. (I, 390, *Théb.* épitre.)
C'est-à-dire *que* Titus, qui aimoit passionnément Bérénice..., la renvoya de Rome. (II, 365, *Bér.* préf.)
Il.... écrivit à tous les archevêques et évêques de France à ce *qu*'ils eussent à s'y conformer. (IV, 504, *P. R.*)
Ce n'est pas *que* quelques personnes ne m'aient reproché cette même simplicité. (II, 368, *Bér.* préf.)
.... N'est-ce point *que* sa malignité
Punit sur eux l'appui *que* je leur ai prêté ? (II, 258, *Brit.* 57.)
Non que si jusque-là j'avois pu vous complaire,
Je n'eusse pris plaisir, Madame, à vous céder.... (II, 315, *Brit.* 1236.)
Non que pour Octavie un reste de tendresse
M'attache à son hymen et plaigne sa jeunesse. (II, 276, *Brit.* 463.)

3° Que, après des noms de lieu, de temps, d'état, etc., après la plupart desquels nous emploierions aujourd'hui *où*, *dont*, ou un relatif précédé d'une préposition; que, après *même*, exprimé ou sous-entendu :
Valenciennes, du côté *que* le Roi la fit attaquer, étoit défendue par un grand nombre de dehors. (V, 275, *Camp. de Louis XIV.*)

Non, non, le temps n'est plus *que* Néron, jeune encore,
Me renvoyoit les vœux d'une cour qui l'adore. (II, 260, *Brit.* 91.)
Voyez II, 255, *Brit.* 8; II, 390, *Bér.* 343; II, 416, *Bér.* 938; II, 423, *Bér.* 1082; II, 443, *Bér.* 1486; II, 513, *Baj.* 745; III, 35, *Mithr.* 299; III, 172, *Iph.* 403; IV, 462 et 466, *P. R.*; V, 136, *Notes hist.*; V, 265, 295, 300 et 302, *Camp. de Louis XIV*; V, 336, *Siége de Nam.*; V, 385, *Factums*; V, 549, *Trad.*; VI, 431, *Lettres*; VII, 244, *Lettres*.

Le Roi, ayant supputé le temps *que* ses ordres pouvoient être exécutés.... (V, 291, *Camp. de Louis XIV*.)

Nous n'attendions que le moment *qu'*elle alloit étouffer. (VII, 230, *Lettr.*)

Je ne perdrai pas un seul des moments *que* je pourrai le voir et l'entretenir. (VII, 302, *Lettres*.)

Au moment *que* je parle.... (III, 376, *Phèd.* 1253.)

Voyez I, 564, *Alex.* 881; III, 139, *Iph.* préf.; IV, 506, *P. R.*; VII, 255, *Lettres*.

Dans le moment *que*.... (IV, 11 et 13, *Plan d'Iph. en Taur.*; V, 202, *Notes relig.*)

.... Dans l'instant fatal *que* ce frère inhumain, etc. (I, 476, *Théb.* 1375.)

Du moment *que*.... (IV, 360, *Disc. acad.*)

Du jour *que* je le vis.... (II, 402, *Bér.* 633.)

Du jour *que* j'arrachai cet enfant à la mort,
Je remis en vos mains tout le soin de son sort. (III, 617, *Ath.* 189.)

Depuis le jour fatal *que* la fureur des eaux
Presque aux yeux de l'Épire écarta nos vaisseaux. (II, 42, *Andr.* 11.)

Moi qui mourrois le jour *qu'*on voudroit m'interdire
De vous.... (II, 401, *Bér.* 615.)

*Les Portugais étant convenus du jour *qu'*ils devoient faire éclater leur conspiration. (V, 157, *Notes hist.*)

Voyez II, 91, *Andr.* 1018; III, 491, *Esth.* 403; III, 594, *Ath.* préf.; IV, 463 et 532, *P. R.*; V, 453, *Trad.*; VII, 139, *Lettres*.

La veille *qu'*il doit partir.... (IV, 366, *Disc. acad.*)

Approchez, mes enfants : enfin l'heure est venue
*Qu'*il faut que mon secret éclate à votre vue. (III, 56, *Mithr.* 756.)

L'heure étant venue *qu'*il falloit qu'elles sortissent. (IV, 508, *P. R.*)

J'en rougis à l'heure *que* je vous parle. (VI, 438, *Lettres*.)

On vit l'heure *que* l'armée et le général se mettoient en chemin. (V, 285, *Camp. de Louis XIV*.)

Il s'enferma dans une chambre jusqu'à trois heures après midi, *que* Monsieur de Chartres.... déclara où il étoit. (VI, 574, *Lettres*.)

Prendre son rang de l'année 1581 *que* la pairie a été créée. (V, 384, *Factums*.)

*Il n'y avoit rien (*de temps*) *qu'*un homme s'y étoit pendu (*à ce figuier*). (V, 528, *Trad.*)

Dans les deux exemples suivants, le *que* a aussi un sens temporel, et remplace *lorsque*:

Lorsque tes yeux, aux miens découvrant ta langueur,
Me demandoient quel rang tu tenois dans mon cœur,
Que sans t'inquiéter du succès de tes armes,
Le soin de ton amour te causoit tant d'alarmes. (I, 568, *Alex.* 973.)

Du fruit de soins à peine jouissant
En avez-vous six mois paru reconnoissant,
Que lassé d'un respect, qui vous gênoit peut-être,
Vous avez affecté de ne me plus connoître (II, 313, *Brit.* 1199.)

Il est donc Juif? O ciel! Sur le point *que* la vie
Par mes propres sujets m'alloit être ravie, etc. (III, 500, *Esth.* 569.)

*M. Colbert disoit qu'au commencement *que* le Roi prit connoissance de ses affaires, etc. (V, 125, *Notes hist.*)

L'Église nous interdit la comédie, en l'état *qu'*elle est. (IV, 334, *Imag.*)

* Au cas *que* la chose pût réussir. (V, 135, *Notes hist.*; voyez V, 114 et 115, *ibid.*)

Les Heures de Port-Royal y furent alors censurées (*à Rome*), à cause *que* l'Office de la Vierge y étoit traduit en françois. (IV, 451, *P. R.*; voyez IV, 568, *ibid.*)

Enrhumé au point *que* je le suis. (V, 452, *Lettre à Despréaux.*)

Il les traita avec la même hauteur *que* les jésuites traitent ordinairement leurs adversaires. (IV, 490, *P. R.*)

Cette nuée se dissipa avec la même vitesse *qu'*elle s'étoit amassée. (V, 252, *Camp. de Louis XIV.*)

Je vous parle avec la même franchise *que* nous nous parlions dans votre cabinet. (VI, 454, *Lettres.*)

Avec la même ardeur *qu'*elle voulut jadis
Perdre en vous le dernier des enfants de son fils. (III, 677, *Ath.* 1299.)

Me voyoit-il de l'œil *qu'*il me voit aujourd'hui? (II, 63, *Andr.* 463.)

Les Religieuses s'étoient comportées et avoient parlé avec toute la dignité *qu'*un archevêque pourroit faire. (IV, 578, *P. R.*)

4° NE.... QUE, seulement; QUE, si ce n'est, autre que, autrement que, plus que, etc. :

Votre empire *n'*est plein *que* d'ennemis couverts. (I, 546, *Alex.* 492.)

Oui, mes vœux ont trop loin poussé leur violence
Pour *ne* plus s'arrêter *que* dans l'indifférence. (II, 58, *Andr.* 366.)

Je *n'*en vivrois, Monsieur, *que* trop honnêtement. (II, 162, *Plaid.* 249.)

* Des voleurs, qui *n'*étoient venus *que* pour piller et *que* pour faire quelque butin. (V, 586, *Trad.*)

*Ne tuer aucun citoyen romain *qu'*en bataille rangée. (VI, 299, *L. ann.*)

*Ne blâmer personne *que* de ce qu'il a dit par écrit. (VI, 313, *L. ann.*)

* Ils *ne* recevoient point les étrangers chez eux *que* pour les renvoyer en leur pays. (VI, 109, *Rem. sur l'Odyss.*)

Dans l'exemple suivant *ne* est omis, par suite de la suppression du verbe :

*Agésilas roi *que* de nom. (VI, 296, *Livres ann.*)

Que vois-je autour de moi, *que* des amis vendus? (II, 270, *Brit.* 329.)

Voyez I, 441, *Théb.* 786 var.; I, 528, *Alex.* 72; II, 397, *Bér.* 533; II, 405, *Bér.* 686; II, 509, *Baj.* 640.

Un travail sans relâche,... point d'ambition *que* pour les emplois les plus vils. (IV, 424, *P. R.*)

Il paroit bien.... qu'il n'a.... jamais rien lu de la Poétique, *que* dans quelques préfaces de tragédies. (II, 370, *Bér.* préf.)

A qui s'en rapportera-t-on, *qu'*à un roi dont la gloire est répandue aussi loin que celle de ce conquérant? (I, 513, *Alex.* épître.)

*Qu'une chose n'arrive point après l'autre *que* par nécessité. (V, 485, *Trad.*)

Hélas! et qu'ai-je fait *que* de vous trop aimer? (II, 436, *Bér.* 1318.)

Il n'y a pas trop de sûreté de se mettre sur le Rhône *qu'*à bonnes enseignes. (VI, 413, *Lettres*)

.... Je ne croirai point....
.... qu'elle ait consenti d'aimer et d'être aimée,
Sans que j'en sois instruit *que* par la renommée. (II, 280, *Brit.* 552.)

* Afin que les Portugais n'eussent plus d'ennemis *que* les Espagnols. (V, 151, *Notes hist.*)

*Il n'y a point de bon poëte *que* ceux qui le sont naturellement. (VI, 21, *Rem. sur Pind.*)

Sans parents, sans amis, sans espoir *que* sur moi. (II, 74, *Andr.* 687.)

Ils n'avoient d'eau *que* celle d'un petit trou. (VII, 57, *Lettres.*)

*Vauban, deux jours après, l'attaqua dans les formes, et s'en rendit maître, sans y perdre *que* trois hommes. (V, 117, *Notes hist.*)

5° QUE.... NE, sans que, à moins que, etc. :
Ne sauroit-il rien voir *qu*'il *n*'emprunte vos yeux ? (II, 263, *Brit.* 161.)
Tous mes acteurs ne viennent point sur le théâtre, *que* l'on *ne* sache la raison qui les y fait venir. (I, 519, *Alex.* 1re préf.)
Cette action *n*'est point finie *que* l'on *ne* sache en quelle situation elle laisse ces mêmes personnes. (II, 246, *Brit.* 1re préf.)
Ils ne faisoient point.... d'attaque.... *qu*'ils *ne* fussent repoussés. (V, 261, *Camp. de Louis XIV.*)
*Qu'a fait Ajax *que* je *n*'en aie fait autant que lui ? (VI, 244, *Livres ann.*)
Mon importune ardeur ne s'est point ralentie,
Qu'arrachant, malgré lui, des gages de sa foi,
Je *ne* sois parvenue à le perdre avec moi. (II, 553, *Baj.* 1603 et 1604.)
*Nul Israélite ne pouvoit être roi *qu*'il *ne* fût de la maison de David. (V, 205, *Notes relig.*)
Je ne sais qui m'arrête et retient mon courroux,
Que par un prompt avis de tout ce qui se passe,
Je *ne* coure des Dieux divulguer la menace. (III, 207, *Iph.* 1129 et 1130.)

6° QUE, tours et emplois divers :
....Avant *que* de partir,
Faites percer ce cœur, qui n'y peut consentir. (II, 321, *Brit.* 1377.)
....Je le poursuivrai d'autant plus *qu*'il m'évite. (II, 261, *Brit.* 123.)
Autant *que* tu hais l'injustice,
Autant la vérité te plaît. (IV, 150, *Poés. div.* 44.)
Autant *que* de Joad l'inflexible rudesse
De leur superbe oreille offensoit la mollesse,
Autant je les charmois par ma dextérité. (III, 658, *Ath.* 939.)
Autant *qu*'elle étoit heureuse.... dans la guerre, autant passoit-elle pour être infortunée dans les accommodements. (IV, 364, *Disc. acad.*; voyez V, 363, *Harangue de Colbert.*)
A Dieu ne plaise, Seigneur, que vous soyez jamais si malheureux *que* de savoir ces choses-là mieux que moi ! (II, 368, *Bér.* préf.)
Et qui suis-je, *que* tu daignes
Jusqu'à moi te rabaisser ? (IV, 160, *Poés. div.* 39.)
Ce n'est rien dans le fond. — Monsieur *que* je vous die. (II, 160, *Plaid.* 200.)
*Que plût aux Dieux que je le pusse voir ! (VI, 238, *Livres ann.*)
....*Que* puisse bientôt le Ciel, qui nous arrête,
Ouvrir un champ plus noble à ce cœur excité
Par le prix glorieux dont vous l'avez flatté ! (III, 159, *Iph.* 170.)
Dans le tour optatif qui suit, le *que* est omis, contrairement à l'usage actuel :
Les Dieux daignent surtout prendre soin de vos jours ! (III, 179, *Iph.* 571.)
.... Moi, *que* je vous haïsse !
Que je puisse jamais oublier Bérénice ! (II, 436, *Bér.* 1335 et 1336.)
S'il est jamais assez heureux *que* de vous entendre parler de temps en temps. (VII, 66, *Lettres.*)
Le plus austère janséniste auroit cru trahir la vérité *que* de n'en pas rire. (IV, 333, *Imag.*)
Il auroit cru trahir son illustre colère,
Que d'attendre un moment le secours de mon frère. (I, 556, *Alex.* var.)
Le cardinal de Retz ne pouvoit.... faire à ces filles un meilleur présent *que* de leur donner un supérieur de ce mérite. (IV, 475, *P. R.*)

7° Que, pour *que de* :
Mais c'est pousser trop loin ses droits injurieux
Qu'y joindre le tourment que je souffre en ces lieux. (III, 195, *Iph.* 880.)
8° Que si :
 * *Que si* quelqu'un veut convaincre ces faux philosophes.... (VI, 285, *Livres ann.*)
 * Soyez le bienvenu, si vous venez pour souper ; *que si* c'est pour affaire, je vous prie, remettons les affaires à un autre jour. (V, 457, *Trad.*)
Que si elles continuent à vous faire mal (*les eaux*), vous savez ce que tout le monde vous dit en partant. (VI, 573, *Lettres.*)

QUEL, QUELLE, exclamatif; QUEL, QUELLE, interrogatif direct et indirect : voyez Que, qui, interrogatif et exclamatif, ci-après, p. 432.
Quelle fut sa réponse ! et *quel* devins-je Arcas ! (III, 153, *Iph.* 55.)
Quel devins-je au récit du crime de ma mère ! (III, 26, *Mithr.* 67.)
Dans l'Orient désert *quel* devint mon ennui ! (II, 385, *Bér.* 234.)
Six frères, *quel* espoir d'une illustre maison ! (III, 331, *Phèd.* 424.)
Quel il m'a vu jadis, et *quel* il me retrouve ! (III, 360, *Phèd.* 994.)
 * *Quel* étoit Pélops, votre aïeul ? n'étoit-il pas Phrygien ? (VI, 245, *Livres ann.*)
 * *Quelle* consolation nous reste ici ? (VI, 244, *Livres ann.*)
Je sais *quel* est Pyrrhus : violent, mais sincère. (II, 95, *Andr.* 1085.)
 * Il faut regarder *quel* est un prince, et non *quels* ont été ses pères. (VI, 296, *Livres ann.*)
.... Du moins attendez *quel* sera mon destin. (III, 78, *Mithr.* 1266.)
Ne vous souvient-il plus, Seigneur, *quel* fut Hector ? (II, 48, *Andr.* 155.)
Le Ciel m'inspirera *quel* parti je dois prendre. (III, 79, *Mithr.* 1263.)
Vous fûtes témoin avec *quelle* pénétration d'esprit il jugea l'économie de la pièce. (II, 240, *Brit.* épître.)
Un je ne sais *quel* trouble empoisonne ma joie. (III, 497, *Esth.* 513.)

QUELQUE; QUELQU'UN, QUELQU'UNE ; QUELQUE CHOSE :
Elle passe ses jours, Paulin, sans rien prétendre
Que *quelque* heure à me voir, et le reste à m'attendre. (II, 397, *Bér.* 536.)
.... Je saurai peut-être accorder *quelque* jour
Les soins de ma grandeur et ceux de mon amour. (II, 52, *Andr.* 243.)
Les assiégés avoient encore *quelque* infanterie. (V, 325, *Siége de Nam.*)
 * Il eut *quelque* rencontre auprès d'Ancre. (V, 99, *Notes hist.*)
Il a mis cette nuit *quelque* fin à mes larmes. (I, 437, *Théb.* 679.)
 * Répandre *quelque* goutte de vin. (VI, 61, *Rem. sur l'Odyss.*)
 * Ceux qui sortent de *quelque* grande obscurité. (VI, 304, *Livres ann.*)
Ces jours ont vu mes yeux baignés de *quelques* larmes. (II, 381, *Bér.* 152.)
 * Qu'est-ce que *quelqu'un* ? C'est à dire un homme de conséquence. (VI, 215, *Livres ann.*)
Holà ! *quelqu'un*.... (III, 501, *Esth.* 574.)
Votre concierge, voyant que les chambres demeuroient vides, en a meublé *quelqu'une*, et l'a louée. (VII, 59, *Lettres.*)
 * *Quelques-uns* lui conseilloient de faire chercher un valet qu'il avoit. (V, 525, *Trad.*)
Le nom seul de Néron faisoit entendre *quelque chose* de plus que cruel. (II, 242, *Brit.* 1re préf.)

QUELQUE.... QUE, QUELQUE.... QUI, QUELQUE.... DONT :
Si cela est, *quelques* ennemis *qu'*elle puisse avoir, je n'appréhende rien pour elle. (I, 390, *Théb.* épître.)
Quelques titres nouveaux *que* Rome lui défère,
Néron n'en reçoit point qu'il ne donne à sa mère. (II, 259, *Brit.* 79.)

.... *Quelques* malheurs *qu*'il en puisse avenir,
Ce n'est que par ma mort qu'on la peut obtenir. (III, 27, *Mithr.* 165.)
Princes, *quelques* raisons *que* vous me puissiez dire.... (III, 42, *Mithr.* 423.)
Quelque vertueux *qu*'ils fussent. (IV, 286, *Imag.*)
Dans ce dernier passage, l'édition originale porte *quelques*.
Avec *quelques* couleurs *qu*'on ait peint ma fierté. (III, 335, *Phèd.* 519.)
Quelques grands principes *qu*'on eût à Port-Royal. (IV, 501, *P. R.*)
Quelques prix glorieux *qui* me soient proposés,
Quels lauriers me plairont de son sang arrosés? (III, 223, *Iph.* 1447.)
Quelque peine pourtant *qui* soit due à mon crime.
N'ordonnez pas vous-même une mort légitime. (II, 554, *Baj.* 1609.)
.... *Quelque* noble ardeur *dont* ils puissent brûler. (III, 619, *Ath.* 214.)
Quelque juste fureur *dont* je sois animée,
Je ne puis point à Rome opposer une armée. (III, 34, *Mithr.* 267.)

QUELQUE, devant un nom de nombre :

*Quelques cinq semaines avant sa mort. (IV, 515, *P. R.*)

Quelques est écrit de même, avec une *s*, selon la coutume ancienne, dans la plupart des passages où les manuscrits autographes nous offrent le mot pris dans ce sens : voyez IV, 608, *P. R.*; V, 132 et 133, *Notes hist.*; VI, 563, *Lettres*; VII, 22 et 104, *Lettres*. Dans le *Siége de Namur*, l'édition de 1692 donne aussi partout *quelques* (voyez V, 332, 344 et 347); elle n'a *quelque* qu'une seule fois (V, 333). Les premières éditions (1669-1687) ont également *quelques* dans cet endroit des *Plaideurs* :

.... Quel âge avez-vous? Vous avez bon visage.
— Hé! *quelques* soixante ans.... (II, 163, *Plaid.* 256.)

Le seul passage autographe où nous trouvions *quelque* sans *s* est celui-ci :

*Quelque six mille hommes. (V, 144, *Notes hist.*)

QUERELLE :

La *querelle* des Grecs à la sienne est liée. (II, 110, *Andr.* 1390.)
.... De Troie oubliant la *querelle*. (III, 208, *Iph.* 1137.)
Ses yeux pour leur *querelle*, en dix ans de combats,
Virent périr vingt rois qu'ils ne connoissoient pas? (II, 115, *Andr.* 1479.)
Voilà donc quels vengeurs s'arment pour ta *querelle!*
(III, 667, *Ath.* 1119; voyez III, 462, *Esth.* 30.)
Jamais plus illustre *querelle*
De vos aïeux n'arma le zèle. (III, 685, *Ath.* 1464.)
A moins que votre cœur, animé d'un beau zèle,
De vos nouveaux amis n'embrasse la *querelle*. (I, 550, *Alex.* 606.)
Si quelque audacieux embrasse sa *querelle*.... (III, 703, *Ath.* 1795.)
De puissants défenseurs prendront notre *querelle*.
(III, 382, *Phèd.* 1365; voyez II, 319, *Brit.* 1348.)
Peuvent-ils de leur roi venger seuls la *querelle?*
(III, 619, *Ath.* 215; voyez III, 24, *Mithr.* 12.)
La bataille sans doute alloit être cruelle,
Et son événement videroit notre *querelle*. (I, 438, *Théb.* 708.)
Venons maintenant à la *querelle* qu'il eut avec les jésuites. (IV, 414, *P. R.*)

QUERELLER, SE QUERELLER :

.... Moi? souffrir qu'on me *querelle?* (II, 168, *Plaid.* 292.)
.... Vous, qui de l'Asie embrassant la conquête,
Querellez tous les jours le Ciel qui vous arrête. (III, 218, *Iph.* 1362.)
Surpris, je l'avoûrai, de leur fureur commune,
Querellant les amants, l'amour et la fortune,
J'étois de ce palais sorti désespéré. (II, 519, *Baj.* 870.)
Non-seulement on disputa, mais on *se querella*. (VI, 572, *Lettres*.)

QUERIR :
* Nestor commande à ses enfants d'aller, les uns *querir* une génisse à la campagne, les autres *querir* les compagnons de Telemachus, les autres *querir* l'orfévre. (VI, 82, *Rem. sur l'Odyss.*)
Nous irions la *querir* (*ma fille Fanchon*) vers la mi-septembre. (VII, 5, *Lettres*; voyez IV, 509, *P. R.*; VII, 72, *Lettres*.)

QUESTION, sens divers :
* Il a remué cette *question*. (V, 597, *Trad.*)
N'avez-vous jamais vu donner la *question* ? (II, 217, *Plaid.* 848.)
Ces jours passés, chez un vieil histrion,
Grand chroniqueur, s'émut en *question*
Quand à Paris commença la méthode
De ces sifflets qui sont tant à la mode. (IV, 184, *Poés. div.* 2.)

QUEUE, au figuré :
M. le prince de Conty est à trois lieues de cette ville.... On dit qu'il n'y a que des missionnaires et des archers à sa *queue*. (VI, 497, *Lettres*.)

QUI, QUE, QUOI, pronoms relatifs :
1° QUI, régi par une préposition, et se rapportant soit à un nom de personne, soit à un nom de chose :
.. Un héros, de *qui* la terre entière
Admire les exploits. (IV, 72, *Poés div.* 5.)
C'est lui de *qui* le puissant bras
Fit toutes ces merveilles. (IV, 26, *Poés. div.* 38.)
Grande Reine, de *qui* les charmes
S'assujettissent tous les cœurs. (IV, 51, *Poés. div.* 1.)
C'est vous, je m'en souviens, dont les puissants appas
Excitoient tous nos rois, les traînoient aux combats,
Et de *qui* la fierté, etc. (I, 552, *Alex.* 645.)
Et de *qui* la valeur.... (II, 378, *Bér.* 103.)
(Claude) Éloigna de son fils tous ceux de *qui* le zèle....
Pouvoit du trône encor lui rouvrir le chemin. (II, 311, *Brit.* 1156.)
C'est votre illustre mère à *qui* je veux parler. (III, 655, *Ath.* 858.)
Chercher des criminels à *qui* le crime est doux. (I, 432, *Théb.* 614.)
C'est votre roi, c'est Dieu pour *qui* vous combattez. (III, 686, *Ath.* 1467.)
Quoi? vous allez combattre un roi dont la puissance
Semble forcer le Ciel à prendre sa défense,
Sous *qui* toute l'Asie a vu tomber ses rois? (I, 525, *Alex.* 3.)
Je vois les altières futaies
De *qui* les arbres verdoyants.... (IV, 27, *Poés. div.* 72.)
(Je t'amène) Une paix de *qui* les douceurs....
Feront couler tes destinées. (IV, 55, *Poés. div.* 62.)
Une espèce d'idole, à *qui* ils se croient permis de sacrifier tout (IV, 439, *P. R.*)
.... (Il) ne peut dignement vous confier qu'aux mains
A *qui* Rome a commis l'empire des humains. (II, 281, *Brit.* 582.)
* Les victoires olympiques sont celles à *qui* les louanges doivent être moins enviées. (VI, 47, *Rem. sur Pind.*)
Dans les cruelles mains par *qui* je fus ravie. (III, 175, *Iph.* 489.)
Déjà grondoient les horribles tonnerres
Par *qui* sont brisés les remparts. (IV, 86, *Poés. div.* 27.)
Romps ce fatal sommeil par *qui* l'âme charmée
Dort en repos sur le bord des enfers. (IV, 115, *Poés. div.* 3.)
Apprenez, a-t-il dit, l'arrêt des destinées,

430   LEXIQUE DE LA LANGUE   [QUI

Par *qui* vous allez voir vos misères bornées. (I, 435, *Théb.* 644.)
C'est elle (*la nature*) par *qui* leurs beautés....
Rendent nos yeux comme enchantés. (IV, 24, *Poés. div.* 68.)
Il aimeroit la paix pour *qui* mon cœur soupire. (I, 419, *Théb.* 372.)
Un sang sur *qui* la Grèce aujourd'hui se repose. (II, 65, *Andr.* var.)

2° Qui, placé à la suite d'un qualificatif, et jouant avec son verbe le rôle d'un participe :

Ce héros dans mes bras est tombé tout sanglant,
Foible, et *qui* s'irritoit contre un trépas si lent. (III, 95, *Mithr.* 1606.)
Très-dévot d'ailleurs, et *qui* avoit fort étudié les casuistes. (IV, 506, *P. R.*)
Fort ami de la paix, et *qui* eût bien voulu, en contentant les jésuites, ne point s'attirer les défenseurs de Jansénius sur les bras. (IV, 544, *P. R.*)
Accablée d'infirmités, et *qui* avoit eu tout nouvellement trois attaques d'apoplexie. (IV, 552, *P. R.*)
Très-sainte, mais naturellement un peu scientifique, et *qui* n'aimoit pas à être contredite. (IV, 606, *P. R.*)
*Les Allemands ne vouloient point l'introduire (*le titre d'Excellence*), comme étranger, et *qui* sonnoit mal en leur langue. (V, 131, *Notes hist.*)
*Avares, glorieux, impatients, et *qui* par leurs fréquentes révoltes ont mis la monarchie d'Espagne à deux doigts de sa perte. (V, 134, *Notes hist.*)
*C'étoit un homme sans foi, sans religion, sans conscience, et *qui* ne croyoit pas à l'immortalité de l'âme. (V, 166, *Notes hist.*)

3° Qui, que, séparés de leur antécédent :

Le jour de Dieu viendra, *qui* découvrira bien des choses. (IV, 516, *P. R.*)
.... Le chemin est court *qui* mène jusqu'à lui. (III, 664, *Ath.* 1070.)
Phœnix même en répond, *qui* l'a conduit exprès
Dans un fort éloigné du temple et du palais. (II, 113, *Andr.* 1455.)
* Voyant un jour Platon à un festin magnifique, *qui* ne mangeoit que des olives. (V, 508, *Trad.*)
.... Un roi l'attendoit au bout de l'univers,
Par *qui* le monde entier a vu briser ses fers. (I, 548, *Alex.* 548.)
Mon père va venir, *qui* pourra vous entendre. (II, 172, *Plaid.* 332.)
Il faut que sur le trône un roi soit élevé,
Qui se souvienne un jour qu'au rang de ses ancêtres
Dieu l'a fait remonter par la main de ses prêtres. (III, 621, *Ath.* 279.)
Mettre des héros sur le théâtre, *qui* auroient été connus de la plupart des spectateurs. (II, 477, *Baj.* 2ᵉ préf.)
.... D'abord une esclave à mes yeux s'est offerte,
Qui m'a conduit sans bruit dans un appartement. (II, 519, *Baj.* 879.)
* Il en rend la raison en même temps, *qui* est de le tuer où son père est mort. (VI, 233, *Livres ann.*)
* Il n'y a rien de plus beau sur le théâtre que de voir Electra pleurer son frère mort en sa présence, *qui* en étant lui-même attendri, est obligé de se découvrir. (VI, 230, *Livres ann.*)
Une fille en sortit, *que* sa mère a celée. (III, 239, *Iph.* 1753.)
Il n'est pas croyable combien de différents traités il avoit faits avec la France, *qu*'il avoit tous également violés. (V, 47, *Méd.*)

4° Qui, que, avec ellipse de l'antécédent :

Voici *qui* vous dira les volontés des Cieux. (III, 675, *Ath.* 1263.)
Je veux devoir le sceptre à *qui* je dois le jour. (I, 461, *Théb.* 1118.)
Qui veut voyager loin ménage sa monture. (II, 147, *Plaid.* 27.)
Les témoins sont fort chers, et n'en a pas *qui* veut. (II, 206, *Plaid.* 718.)
On l'entend bien toujours : *qui* voudra mordre y morde.
                                                  (II, 206, *Plaid.* 716.)

Mais veille *qui* voudra, voici mon oreiller. (II, 148, *Plaid.* 46.)
.... *Qui* peut immoler sa haine à sa patrie
Lui pourroit bien aussi sacrifier sa vie.
— Ah! sans doute, *qui* peut d'un généreux effort
Aimer son ennemi peut bien aimer la mort. (I, 444, *Théb.* 831 et 833.)

5° Qui, que, ce qui, ce que :
*Elle.... jure.... par le Styx, *qui* est.... le plus grand et le plus terrible jurement des Dieux. (VI, 101, *Rem. sur l'Odyss.*)
.... Je ne sais *qu'*est devenu son fils. (II, 186, *Plaid.* 509.)
Hé bien! de mes desseins Rome encore incertaine
Attend *que* deviendra le destin de la Reine. (II, 390, *Bér.* 340.)
Il dit fort posément ce dont on n'a *que* faire. (II, 210, *Plaid.* 764.)
Voyez ci-dessus, p. 218 : « Nous n'avons, vous n'avez *que* faire de.... »
.... Enfin, vaille *que* vaille,
J'aurois sur le marché fort bien fourni la paille. (II, 146, *Plaid.* 19.)
....(Je) ne le verrai, *que* je crois, de ma vie. (II, 217, *Plaid.* 849.)
Dans ce vers, *que*, pour *ce que*, se remplaceroit, d'après l'usage le plus ordinaire aujourd'hui, par *à ce que*.
*Les Turcs.... se font mahométans, *qui* étoit la religion des Persans. (V, 193, *Notes hist.*)
*Trois ou quatre mille Allemands, *qui* fut tout ce qu'il put obtenir de l'Empereur. (V, 144, *Notes hist.*)
Dans les deux derniers exemples, *qui* (pour *ce qui*) est pris au sens neutre. Voyez, ci-après, Quoi.

6° Accord du verbe avec le relatif; verbe à la troisième personne avec un antécédent de la première ou de la seconde :
Je ne vois plus que vous *qui* la puisse défendre. (III, 196, *Iph.* 902.)
Il ne voit dans son sort que moi *qui* s'intéresse. (II, 284, *Brit.* 656.)
Est-ce moi *qui* vous met les armes à la main? (I, 454, *Theb.* 1022.)
.... Lorsque sur le trône il s'est voulu placer,
C'est elle, et non pas moi, *qui* l'en a su chasser. (I, 404, *Théb.* 94.)
Dans ce dernier vers, même à ne voir que l'usage présent, l'accord de *qui* est plus naturel avec *elle* qu'avec *moi*.
Dans l'exemple suivant :
C'est toi *qui* me flattant d'une vengeance aisée,
M'as vingt fois en un jour à moi-même opposée (III, 702, *Ath.* 1776),
les deux premières éditions (1691 et 1692) ont la troisième personne *m'a*. (Voyez le *Lexique de Corneille*, tome II, p. 257 et 258.)

7° Qui, avec le conditionnel, équivalant à *si quelqu'un, si l'on*, avec l'imparfait :
Ils l'écoutent tout seul; et *qui* suivroit leurs pas
Les trouveroit peut-être assemblés chez Pallas. (II, 272, *Brit.* 365.)
Qui auroit considéré l'endroit où elle tomba, il y auroit vu naître des roses. (VI, 446, *Lettres.*)

8° Que.... qui, employés l'un comme régime d'un premier verbe et l'autre comme sujet d'un second :
C'est en partie sur la peinture qu'il (*Plutarque*) en a faite (*de Bionime*) que j'ai fondé un caractère *que* je puis dire *qui* n'a point déplu. (III, 19, *Mithr.* préf.)
Elle exhortoit ses religieuses à se préparer par beaucoup de prières aux tribulations *qu'*elle prévoyoit *qui* leur devoient arriver. (IV, 507, *P. R.*)
Cinq propositions.... *qu'*on doutoit *qui* s'y trouvassent. (IV, 486, *P. R.*)

Les termes mêmes de la bulle, *qu'*on ne pouvoit nier.... *qui* ne rapportassent ces propositions. (IV, 456, *P. R.*)

En comparant à ces exemples les deux suivants, on pourrait par analogie, dans ces derniers, regarder les deux *que* comme des relatifs; mais le second y joue plutôt, très-régulièrement, le rôle de conjonction :

Voici celle de mes tragédies *que* je puis dire *que* j'ai le plus travaillée. (II, 250, *Brit.* 2ᵉ préf.)

Vous croyez lui devoir des remerciements pour l'honneur *que* vous dites *qu'*elle vous a fait. (IV, 351, *Disc. acad.*)

9° Qui, que, emplois divers :
Il s'épanchoit en fils *qui* vient en liberté
Dans le sein de sa mère oublier sa fierté. (II, 331, *Brit.* 1593.)
Mon amour inquiet déjà se l'imagine
Qui m'amène Octavie, et d'un œil enflammé
Atteste les saints droits d'un nœud qu'elle a formé. (II, 277, *Brit.* 485.)

Bénissant Dieu, *qui* ne leur avoit pas fait manger leur pain blanc le premier. (IV, 286, *Imag.*)
Tu prétends faire ici de moi ce *qui* te plaît. (II, 195, *Plaid.* 598.)
.... Homme, ou *qui* que tu sois. (II, 213, *Plaid.* 798.)
*Elles s'enfuirent toutes, *qui* deçà, *qui* delà. (VI, 113, *Rem. sur l'Odyss.*)
.... Une fille sans nom,
Qui de tout son destin ce qu'elle a pu comprendre,
C'est qu'elle sort d'un sang qu'il brûle de répandre. (III, 185, *Iph.* 709.)

Quoi, relatif et interrogatif; quoi que :
J'y cours. Voilà de *quoi* j'ai voulu vous instruire. (II, 442, *Bér.* 1460.)
Ah ! Madame, est-ce là de *quoi* me satisfaire ? (III, 47, *Mithr.* 555.)
Non, non, la perfidie a de *quoi* vous tenter. (II, 106, *Andr.* 1315.)
(Ils) me demandent de *quoi* boire. (VI, 385, *Lettres.*)
Nous ignorons tout de même à *quoi* en est le bénéfice d'Anjou. (VI, 463, *Lettres.*)
La principale chose à *quoi* je me suis attaché, ç'a été de ne rien changer, etc. (II, 473, *Baj.* 1ʳᵉ préf.)
Une des premières choses à *quoi* S. M. se crut obligée. (IV, 503, *P. R.*)
Les charges à *quoi* elles sont tenues. (IV, 623, *P. R.*)
Il n'y a point d'invectives à *quoi* ils ne s'emportassent. (IV, 483, *P. R.*)
Racine a souligné *à quoi faire* dans cette phrase de Vaugelas : « *A quoi faire* (pour *quoi faire, à quoi bon*) en venir aux armes? » (VI, 357.)
Voilà les principales choses en *quoi* je me suis un peu éloigné de l'économie et de la fable d'Euripide. (III, 142, *Iph.* préf.)
....(Voilà) sur *quoi* j'ai voulu tous deux vous consulter.
(III, 635, *Ath.* 542.)
*Voilà les principales raisons sur *quoi* cet impudent jésuite traite les bénédictins d'hérétiques. (V, 220, *Notes relig.*)
Sur *quoi* je vous ferai souvenir d'une petite histoire. (IV, 284, *Imag.*)
Mais *quoi* que je craignisse, il faut que je le die,
Je n'en avois prévu que la moindre partie. (II, 438, *Bér.* 1371.)
Quoi que son insolence ait osé publier. (III, 632, *Ath.* 469.)

Que, qui, interrogatif direct et indirect ; que, exclamatif :
*Qu'*espérez-vous combattre en des climats si rudes? (I, 584, *Alex.* 1329.)
Que me sert de ce cœur l'inutile retour ? (II, 437, *Bér.* 1349.)
Que vous semble?... (II, 534, *Baj.* 1194; voyez III, 509, *Esth.* 713.)
Que tarde Xipharès? et d'où vient qu'il diffère? (III, 73, *Mithr.* 1131.)
Voyez I, 533, *Alex.* 193; I, 569, *Alex.* 991; II, 414, *Bér.* 900; II, 493, *Baj.* 307; II, 509, *Baj.* 639; III, 486, *Esth.* 333.

Que tardons-nous?... (II, 388, *Bér.* 321.)
Voyez II, 330, *Brit.* 1563 ; II, 410, *Bér.* 830.
Que ne fuyois-je alors?... (II, 385, *Bér.* 249.)
Il étoit temps encor : *que* ne me quittiez-vous? (II, 423, *Bér.* 1074.)
Après ce coup, Narcisse, à *qui* dois-je m'attendre? (II, 288, *Brit.* 743.)
Dans les deux exemples suivants, *qui* est neutre, au sens de *qu'est-ce qui?*
Contre un si juste choix *qui* peut vous révolter? (III, 70, *Mithr.* 1065.)
Je ne sais *qui* m'arrête et retient mon courroux. (III, 207, *Iph.* 1128.)
  Les jésuites n'étoient pas moins en peine.... de savoir *qui* étoit cet inconnu. (IV, 415, *P. R.*)
Dans les champs phrygiens les effets feront foi
Qui la chérit le plus, ou d'Ulysse ou de moi. (III, 161, *Iph.* 196.)
Sans distinguer entre eux *qui* je hais ou *qui* j'aime. (III, 84, *Mithr.* 1391.)
* *Que* le lecteur apprenne.... *qui* sont les principaux des Grecs. (VI, 198, *Livres ann.*)
* Pour voir *qui* sont les habitants. (VI, 145, *Rem. sur l'Odyss.*)
Entre Sénèque et vous disputez-vous la gloire
A *qui* m'effacera plutôt de sa mémoire. (II, 262, *Brit.* 148.)
*Oh! *que* je crains bien qu'on ne m'ait envoyé trop tard! (VI, 240, *Livres ann.*)
  .... *Que* diable! on a bien de la peine
A se faire écouter.... (II, 173, *Plaid.* 343.)

QUINQUINA, VI, 588, *Lettres* :

QUITTER, sens divers :
Me *quitter*, me reprendre.... (II, 106, *Andr.* 1319.)
  .... Je pars, cher Théramène,
Et *quitte* le séjour de l'aimable Trézène. (III, 305, *Phèd.* 2.)
.... Pour vous avertir j'ai *quitté* les remparts. (I, 398, *Théb.* 10.)
.... L'un et l'autre camp les voyant retirés,
Ont *quitté* le combat, et se sont séparés. (I, 436, *Théb.* 658.)
Voilà ce qu'un grand roi veut bien vous faire entendre,
Prêt à *quitter* le fer, et prêt à le reprendre. (I, 545, *Alex.* 470.)
.... Savez-vous pour moi tout ce que vous *quittez*? (II, 303, *Brit.* 1022.)
Un traître, en nous *quittant* pour complaire à sa sœur,
Nous affoiblit bien moins qu'un lâche défenseur. (I, 552, *Alex.* 631.)
Souffrez quelques froideurs sans les faire éclater,
Et n'avertissez point la cour de vous *quitter*. (II, 267, *Brit.* 274.)
Ses bras, dans nos adieux, ne pouvoient me *quitter*. (II, 331, *Brit.* 1590.)
Arsace, laisse-la jouir de sa fortune,
Et *quitte* un entretien dont le cours m'importune. (II, 378, *Bér.* 88.)
Quittez, Seigneur, *quittez* ce funeste langage. (II, 65, *Andr.* 505.)
*Il dit que le renard ne *quitte* point sa finesse. (VI, 48, *Rem. sur Pind.*)
Viens-je vous demander que vous *quittiez* l'empire? (II, 375, *Bér.* 39.)
J'aurois même regret qu'il me *quittât* l'empire. (I, 449, *Théb.* 935.)
Ne perdez point le temps que vous laisse leur fuite
A rendre à mon tombeau des soins dont je vous *quitte*.
(III, 98, *Mithr.* 1684.)

QUOI : voyez QUI, QUE, QUOI.

QUOIQUE, avec l'indicatif :
*Je vous écris.... afin que vous connoissiez combien de maux et quelles misères nous avons ici endurées, *quoique* ceux qui y ont eu plus de part que moi peuvent aussi les connoitre plus parfaitement. (V, 596, *Trad.*)

QUOLIBET :
  C'est un *quolibet* que je déguise. Il seroit pourtant à souhaiter que tous

les *quolibets* fussent aussi beaux que celui-là. (VI, 400, *Lettres;* voyez VI, 468, *ibid.*)

QUOLIBETIER :
Je le regardai avec un froid qui montroit bien la rage où j'étois de voir un si grand *quolibetier* impuni. (VI, 425, *Lettres;* voyez VI, 400 et 424, *ibid.*)

R

RABAISSER, se rabaisser, au figuré :
Que sais-je? J'ai peut-être avec trop de chaleur
Rabaissé ses présents, ou blâmé sa douleur? (II, 402, *Bér.* 637 et 638.,
(*Ils*) essayèrent en vain.... de *rabaisser* un mérite qu'ils ne pouvoient égaler. (IV, 359, *Disc. acad.*)
Que l'ignorance *rabaisse* tant qu'elle voudra l'éloquence. (IV, 360, *Disc. acad.*)
Le Roi *rabaissa* bientôt cet orgueil. (V, 268, *Camp. de Louis XIV;* voyez VI, 315, *Livres ann.*)
Détestant ses rigueurs, *rabaissant* ses attraits. (II, 44, *Andr.* 55.)
.... Qui suis-je que tu daignes
Jusqu'à moi *te rabaisser?* (IV, 160, *Poés. div.* 40.)
Voyez VI, 292 et 312, *Livres ann.*
La bonté qu'il (*M. Despréaux*) a de *se rabaisser* à s'entretenir avec vous. (VII, 71, *Lettres.*)

RABATTRE :
Il n'y avoit pas là-dessus trois mille hommes à *rabattre*. (VII, 34, *Lettr.*)

RABROUER :
*Bien que ce philosophe le *rabrouât* fort rudement. (V, 506, *Trad.*)

RACCOUTUMER (Se) :
Votre sœur commence à *se raccoutumer* avec nous. (VII, 232, *Lettres.*)

RACE, famille, postérité, génération :
Ce prince, le dernier de la *race* royale. (I, 439, *Théb.* 711.)
.... Ton nom paroîtra, dans la *race* future,
Aux plus cruels tyrans une cruelle injure. (II, 337, *Brit.* 1691.)
Étends tes soins jusqu'à ma *race*. (IV, 144, *Poés. div.* 115.)
Aman, l'impie Aman, *race* d'Amalécite. (III, 476, *Esth.* 170.)
*La seconde ou la quatrième *race* porte quelquefois les péchés de ses pères. (VI, 314, *Livres ann.*)
*On fait en Portugal des comtes pour la vie, quelquefois pour deux *races*. (V, 163, *Notes hist.*)

RACHETER, se racheter, au figuré :
Laissez à Ménélas *racheter* d'un tel prix
Sa coupable moitié, dont il est trop épris. (III, 214, *Iph.* 1271.)
Doux espoir des mortels *rachetés* par ton sang. (IV, 123, *Poés. div.* 2.)
.... Ce roi *racheté* du tombeau. (III, 688, *Ath.* 1517.)
Ses prêtres toutefois, mais il faut se hâter,
A deux conditions peuvent *se racheter*. (III, 691, *Ath.* 1582.)

RACQUITTER (Se) DE :
Ces orgueilleux ennemis.... ne désespéroient pas de *se racquitter de* leurs pertes. (V, 266, *Camp. de Louis XIV.*)

RADIEUX :

Radieux est un peu trop antique pour un homme tout frais sorti du Parnasse, j'aurois tâché de mettre *impérieux* ou quelque autre mot. (VI, 394, *Lettres*.)

RAFFERMI :

.... Par l'un de vous deux mon sceptre *raffermi*. (I, 559, *Alex.* 779.)

RAFFINER, activement et neutralement :

J'espère que l'air du pays me va *raffiner* de moitié. (VI, 419, *Lettres*.)
* Contre les gens qui *raffinent* sur les fables. (VI, 272, *Livres ann.*)
Mais peut-être qu'ils *raffinent* sur son histoire (*sur l'histoire de Néron*). (II, 242, *Brit.* 1re préf.)

RAFRAÎCHIR :

Vous en *rafraîchir* souvent la mémoire. (VII, 111, *Lettres*.)

RAFRAÎCHISSEMENT :

M. de Luxembourg, au lieu de les faire transporter en cet état (*des officiers ennemis blessés*),... leur a fait offrir toute sorte de *rafraîchissements*. (VII, 110, *Lettres*.)

RAGE :

D'un geste menaçant, d'un œil brûlant de *rage*. (I, 473, *Théb.* 1321.)
Soupirer à ses pieds moins d'amour que de *rage*. (II, 46, *Andr.* 118.)
(On dit qu'à Paris) Ces fausses Muses font *rage*. (VI, 493, *Lettres*.)

RAILLER DE :

Ne *raillons* point ici *de* la magistrature. (II, 196, *Plaid.* 607.)

RAILLERIE (Entendre), IV, 271, *Imag.*; VII, 266, *Lettre*

RAISON, sens et emplois divers :

Quoi? j'étouffe en mon cœur la *raison* qui m'éclaire. (II, 120, *Andr.* 1569.)
Quelle étrange valeur....
Qui n'a que son orgueil pour règle et pour *raison!* (I, 547, *Alex.* 531.)
Souffrez que la *raison* enfin vous persuade. (II, 151, *Plaid.* 79.)
Inventez des *raisons* qui puissent l'éblouir. (III, 54, *Mithr.* 722.)
J'oppose à ses *raisons* un courage inutile. (II, 325, *Brit.* 1459.)
(Mon cœur) Lui prête des *raisons*, l'excuse, l'idolâtre. (II, 300, *Brit.* 940.)
                    Votre âme prévenue....
Toujours dans mes *raisons* cherche quelque détour. (II, 68, *Andr.* 579.)
Plus de *raisons*: il faut ou la perdre ou périr. (III, 226, *Iph.* 1491.)
Sa colère s'échauffant à mesure qu'on lui alléguoit des *raisons*. (IV, 550, *P. R.*)
Première rédaction : « qu'on lui vouloit dire des *raisons*. » Voyez DIRE, p. 154.
On lui refusa même de venir en personne dire ses *raisons*. (IV, 462, *P. R.*)
J'ai mes *raisons* ... (II, 279, *Brit.* 521 ; voyez III, 191, *Iph.* 811.)
Je vois qu'on m'a surpris; mais j'en aurai *raison*. (II, 219, *Plaid.* 872.)
Je vous ai demandé *raison* de tant d'injures. (II, 314, *Brit.* 1208.)
Voyez III, 201, *Iph.* 988; III, 209, *Iph.* 1151.
Le Roi ressentit vivement cette offense, et résolut d'en tirer *raison*. (IV, 534, *P. R.*)
Comme s'il vouloit tirer *raison* de lui des paroles qu'il lui avoit dites. (VII, 270, *Lettres*.)
Le P. Annat.... obtint qu'ils fussent mandés au Louvre, pour rendre *raison* de leur conduite. (IV, 488, *P. R.*)
Cette petite préface, que j'ai faite pour lui rendre *raison* (*au lecteur*) de ma tragédie. (II, 248, *Brit.* 1re préf.)

* Elle rend *raison* pourquoi elle vient pleurer. (VI, 225, *Livres ann.*; voyez VI, 260, *ibid.*)

RAISONNABLE :
Je lui dois (*à Euripide*) ce que j'ai peut-être mis de plus *raisonnable* sur le théâtre. (III, 299, *Phèd.* préf.)

RAISONNABLE, d'une certaine étendue :
Je m'étois engagé l'autre jour de vous écrire une lettre *raisonnable*. (VI, 439, *Lettres.*)

RAISONNEMENTS :
Tant de *raisonnements* offensent ma colère. (II, 102, *Andr.* 1233.)

RAISONNER, neutralement et activement :
C'est quelque chose : encor passe quand on *raisonne*. (II, 196, *Plaid.* 615.)
J'avois eu dessein de faire.... des remarques sur les endroits qui me paroîtroient en avoir besoin ; mais comme il falloit les *raisonner*..., j'ai cru que, etc. (V, 451, *Lettre à Despréaux.*)

RAJUSTER :
M. de Cavoye a la bonté de vouloir visiter mon nouvel appartement, pour prier M. le Fèvre d'y *rajuster* ce qu'on aura mal fait. (VII, 161, *Lettres.*)

RALLIER DE :
Mais un reste des siens, *ralliés de* leur fuite. (I, 567, *Alex.* 949 var.)

RALLUMER, au propre et au figuré :
Demain, quand le soleil *rallumera* le jour. (III, 481, *Esth.* 244.)
Rallumer le flambeau : voyez FLAMBEAU, p. 227 et 228.

RAMAS :
Un *ramas* d'étrangers.... (III, 695, *Ath.* 1657.)

RAMASSER :
On trouva moyen de *ramasser* cette grosse somme. (IV, 425, *P. R.*)

RAME :
Il fallut s'arrêter, et la *rame* inutile
Fatigua vainement une mer immobile. (III, 153, *Iph.* 49.)
Voyez tout l'Hellespont blanchissant sous nos *rames*. (III, 170, *Iph.* 381.)

RAMENER, au propre et au figuré (voyez REMENER) :
Hé bien ! *ramène*-t-on ce prince téméraire ? (I, 566, *Alex.* 945.)
Si ma mort toute prête enfin ne le *ramène*. (II, 418, *Bér.* 976.)
Dans les anciennes éditions, *rameine*.
Acomat de plus loin a su le *ramener*. (II, 543, *Baj.* 1404.)
Le Bosphore m'a vu, par de nouveaux apprêts,
Ramener la terreur du fond de ses marais. (III, 56, *Mithr.* 770.)
Heureux si ses vertus, l'une à l'autre enchaînées,
Ramènent tous les ans ses premières années ! (II, 265, *Brit.* 220.)
Vivons, si vers la vie on peut me *ramener*. (III, 328, *Phèd.* 364.)
* Elle lui *ramène* devant les yeux les malheurs de sa maison. (VI, 202, *Livres ann.*)
On peut dans son devoir *ramener* le parjure. (II, 298, *Brit.* 904.)

RANG, sens et emplois divers :
J'ai vu le triste Hémon abandonner son *rang*. (I, 436, *Théb.* 653.)
Je sais ce que de moi le *rang* de père exige. (I, 480, *Théb.* 1438.)

.... Je ne puis gagner dans son perfide cœur
D'autre *rang* que celui de son persécuteur. (II, 74, *Andr.* 692.)
.... Quoique banni du *rang* de mes aïeux. (II, 326, *Brit.* 1489.)
.... Le jeune Agrippa, de son sang descendu.
Se vit exclus du *rang* vainement prétendu. (II, 296, *Brit.* 866.)
C'est un *rang* où Porus n'a plus droit de prétendre. (I, 582, *Alex.* 1281.)
.... Plus ce *rang* sur moi répandroit de splendeur,
Plus il me feroit honte.... (II, 283, *Brit* 630.)
.... Tes yeux aux miens découvrant ta langueur,
Me demandoient quel *rang* tu tenois dans mon cœur. (I, 568, *Alex.* 972.)
Dois-je croire qu'au *rang* où Titus la destine
Elle m'écoute mieux que dans la Palestine? (II, 375, *Bér.* 27.)
....Tiendrai-je mon *rang* de sa seule bonté? (I, 460, *Théb.* 1114.)
Vous pouvez, en cédant un peu de votre *rang*,
Faire plus qu'il n'a fait en versant tout son sang. (I, 439, *Théb.* 721.)
.... Ce même pays, qui demandoit son sang,
Demande que je règne, et m'attache à mon *rang*. (I, 439, *Théb.* 738.)
Dites que de mon *rang* l'injuste usurpateur
Ma su ravir encor l'amitié de ma sœur. (I, 427, *Théb.* 521.)
A peine en sa mémoire ai-je encor quelque *rang*. (I, 426, *Théb.* 509.)
Je me comptois trop tôt au *rang* des malheureux. (II, 403, *Bér.* 665.)
Qu'ils mettent ce malheur au *rang* des plus sinistres. (II, 336, *Brit.* 1671.)
Ils mettront ma vengeance au *rang* des parricides. (II, 324, *Brit.* 1431.)
....Mettre au *rang* des jours infortunés. (II, 324, *Brit.* 1453.)
.... Donnez-nous le temps de chercher quelque voie
Qui puisse vous remettre au *rang* de vos aïeux. (I, 428, *Théb.* 541.)
Voyez I, 526, *Alex.* 44; I, 544, *Alex.* 446; II, 266, *Brit.* 233.

Hé! Monsieur, contentez-vous de donner des *rangs* dans le monde.
(IV, 279, *Imag.*)

RANGER, SE RANGER :

Autour du fils d'Hector il *a rangé* sa garde. (II, 113, *Andr.* 1453.)
Autour du fils d'Hector il les fait tous *ranger*. (II, 101, *Andr.* 1219.)
....(Les troupes d'Axiane) Sous mes drapeaux *rangées*. (I, 550, *Alex.* 602.)
Allez, Seigneur : *rangez* l'univers sous vos lois. (I, 594, *Alex.* 1535.)
.... Ses sacrilèges mains
Dessous un même joug *rangent* tous les humains. (I, 547, *Alex.* 536.)
J'ai pour elle cent fois rendu grâces aux Dieux....
D'*avoir rangé* sous lui (*sous mon père*) l'Orient et l'armée. (II, 393, *Bér.* 428.)
.... Sous ton joug divin *range* nos volontés. (IV, 117, *Poés. div.* 12.)
.... *Ranger* tous les cœurs du parti de ses larmes. (II, 299, *Brit.* 924.)
Voyez III, 88, *Mithr.* 1470.

.... Bientôt à vos pieds il alloit *se ranger*. (II, 98, *Andr.* 1144.)
Fais-lui valoir l'hymen où je *me suis rangée*. (II, 96, *Andr.* 1109.)
Souffrez que je vous quitte et *me range* auprès d'elle.
(III, 362, *Phèd.* 1034 ; voyez VI, 41, *Rem. sur Pind.*)
Je *me suis rangé* à la raison, et y ai aussi *rangé* mon sonnet. (VI, 374, *Lettres.*)
.... Une amitié commune
Se range du parti que flatte la fortune. (II, 301, *Brit.* 972.)

RANIMER, au propre et au figuré :

.... *Ranimant* la poussière. (IV, 149, *Poés. div.* 22.)
Par tes conseils flatteurs tu m'as su *ranimer*. (III, 348, *Phèd.* 771.)
Porus, à cette voix *ranimant* son courroux. (I, 590, *Alex.* 1443.)

RAPIDE :
Que vous paroissez lents à mes *rapides* vœux! (II, 417, *Bér.* 954.)

RAPPELER, sens et emplois divers :
.... A peine le Ciel *eut rappelé* mon père. (II, 394, *Bér.* 459.)
.... Sans me *rappeler* des ombres des enfers. (I, 480, *Théb.* 1455.)
Du tombeau, quand tu veux, tu sais nous *rappeler*. (III, 667, *Ath.* 1122.)
.... A mes yeux en vain je les *rappelle* tous (*les rois de Perse*).
(III, 502, *Esth.* 595.)
.... Que tes vains secours cessent de *rappeler*
Un reste de chaleur tout prêt à s'exhaler. (III, 325, *Phèd.* 315.)
Quelle voix salutaire ordonne que je vive,
Et *rappelle* en mon sein mon âme fugitive ? (III, 505, *Esth.* 642.)
Rappelez bien plutôt ce cœur, qui tant de fois
M'a fait de mon devoir reconnoître la voix. (II, 422, *Bér.* 1049.)
Enfin j'*ai* ce matin *rappelé* ma constance. (II, 395, *Bér.* 483.)
Croyez qu'il m'a fallu, dans ce moment cruel,
Pour garder jusqu'au bout un silence perfide,
Rappeler tout l'amour que j'ai pour Atalide. (II, 524, *Baj.* 998.)
Ne me *rappelez* point une trop chère idée. (II, 437, *Bér.* 1351.)
Rappelez un espoir qui ne vous dura guère. (III, 52, *Mithr.* 683.)
Vous osez à mes yeux *rappeler* le passé. (III, 81, *Mithr.* 1309.)
Voyez II, 336, *Brit.* 1666; III, 343, *Phèd.* 683.
.... (*Elle*) *Rappelle* en son cœur les moments bienheureux
Où ce grand conquérant l'assuroit de ses feux. (I, 565, *Alex.* 923.)
*Rappellerai-*je encor le souvenir affreux
Du jour qui dans les fers nous jeta toutes deux ? (III, 175, *Iph.* 487.)
.... *Rappelez* votre vertu passée. (III, 351, *Phèd.* 826.)
(Je veux) Que *rappelant* leur haine, au lieu de la chasser,
Ils s'étouffent, Attale, en voulant s'embrasser. (I, 446, *Théb.* 889.)
Je connois mes fureurs, je les *rappelle* toutes. (III, 353, *Phèd.* 853.)
O saint temple ! — O David ! — Dieu de Sion, *rappelle*,
Rappelle en sa faveur tes antiques bontés. (III, 669, *Ath.* 1157 et 1158.)

Rappeler son industrie, la mémoire, les pas de : voyez INDUSTRIE, MÉMOIRE, PAS.

RAPPORT (FAIRE) à, II, 160, *Plaid.* 217.

RAPPORTER, emplois divers :
Rapportez-lui le prix de sa rébellion. (II, 68, *Andr.* 563.)
Tu me *rapporterois* un cœur qui m'étoit dû. (II, 108, *Andr.* 1364.)
.... De ses vœux troublés lui *rapportant* l'hommage. (II, 46, *Andr.* 117.)
Je me contenterai de *rapporter* ici quelques-uns de ses passages (*des passages de Tacite*). (II, 251, *Brit.* 2ᵉ préf.)
* C'est une espèce d'aigle...; car Pline en *rapporte* de six espèces. (VI, 81, *Rem. sur l'Odyss.*)

RAPT :
Les emprisonnements, le *rapt* et le divorce. (II, 305, *Brit.* 1048.)

RAQUETTE :
* Elles jouent à la balle ; c'est comme aujourd'hui à la *raquette*. (VI, 112, *Rem. sur l'Odyss.*)

RARE :
.... Un changement si *rare*. (I, 444, *Théb.* 823.)
.... Une beauté si *rare*. (I, 566, *Alex.* 926.)
.... Fermeté *rare*. (III, 606, *Ath.* 27.)

RARETÉ :
C'est assez vous parler de Nimes et de ses *raretés*. (VI, 424, *Lettres*.)

RASE CAMPAGNE :
Racine a souligné dans Vaugelas le mot *rase*, dans la locution « en rase campagne » (VI, 358).

RASER :
On *a rasé* quantité de dunes. (V, 52, *Méd.*)
.... L'hirondelle voltigeante,
Rasant les flots clairs et polis. (IV, 31, *Poés. div.* 32.)

RASSASIER (SE) DE, au figuré :
Que dis-je ? Quand mon âme, à soi-même rendue,
Vient *se rassasier* d'une si chère vue. (III, 359, *Phèd.* 974.)

RASSEMBLER :
.... Trahirai-je ces princes
Que *rassemble* le soin d'affranchir nos provinces ? (I, 525, *Alex.* 14.)
Je reconnois la main qui les *a rassemblés* (*Britannicus et Junie*).
(II, 307, *Brit.* 1086.)

RASSURER, RASSURER CONTRE :
Ai-je pu *rassurer* mes esprits agités ? (II, 331, *Brit.* 1578.)
Je vous entends, grands Dieux : vous voulez *rassurer*
Ce cœur que vous voyez tout prêt à s'égarer ? (II, 430, *Bér.* 1245.)
Hélas ! s'il étoit vrai.... Mais non, *a* cent fois
Rassuré mon amour *contre* leurs dures lois. (II, 402, *Bér.* 641 et 642.)
.... De me *rassurer*, en flattant ma douleur,
Contre la défiance attachée au malheur. (III, 48, *Mithr.* 577 et 578.)

RATE :
* Les malades de *rate*. (VI, 338, *Livres ann.*)

RATIFICATION, V, 297, *Camp. de Louis XIV.*

RATURE :
Vous vous fâcherez peut-être de voir tant de *ratures*. (VI, 389, *Lettres ;* voyez VII, 234, *Lettres*.)

RAVAGE :
Rien ne peut de leur temple empêcher le *ravage*. (III, 656, *Brit.* 899.)
* Il entra dans Troie, où il fit grand *ravage*. (VI, 89, *Rem. sur l'Odyss.*)

RAVALER :
Quoi ? tu ne vois donc pas jusqu'où l'on me *ravale* ? (II, 297, *Brit.* 879.)

RAVIR, au propre et au figuré ; SE RAVIR ; RAVI :
.... Les cruelles mains par qui je *fus ravie*. (III, 175, *Iph.* 489.)
.... La lumière à ses yeux *est ravie*. (II, 333, *Brit.* 1631.)
.... Pour *ravir* son enfance au supplice. (II, 44, *Andr.* 73.)
Quoi qu'on fasse, lui seul en *ravit* tout l'éclat (*l'éclat de l'armée*).
(I, 529, *Alex.* 107.)
Heureux si j'avois pu *ravir* à la mémoire
Cette indigne moitié d'une si belle histoire. (III, 310, *Phèd.* 93.)
Voyez II, 45, *Andr.* 94 ; II, 48, *Andr.* 160 ; II, 316, *Brit.* 1286.
Vous savez de ces lieux comme elle *s'est ravie*. (II, 338, *Brit.* 1723.)
Il lui perce le cœur ; et son âme *ravie*,
En achevant ce coup, abandonne la vie. (I, 476, *Théb.* 1377.)
.... *Ravi* d'une si belle vue. (II, 274, *Brit.* 395.)

L'autre (*oiseau*) console, en trémoussant,
    Sa famille dolente
De quelque butin *ravissant*. (IV, 29, *Poés. div*. 40.)

RAVISSEUR :
Il parloit d'ennemi, de *ravisseur* farouche. (III, 491, *Esth*. 389.)
Des biens des nations *ravisseurs* altérés. (III, 57, *Mithr*. 777.)
Expliquez-nous pourquoi, devenu *ravisseur*,
Néron de Silanus fait enlever la sœur. (II, 266, *Brit*. 225.)
On dit que, *ravisseur* d'une amante nouvelle,
Les flots ont englouti cet époux infidèle ! (III, 329, *Phèd*. 381.)
Oreste *ravisseur !* — Et qu'importe, Pylade ? (II, 78, *Andr*. 766.)

RAYON, au figuré :
Je vois les pavis (*sorte de pêches*) rougissants
    Étaler les *rayons* luisants
De leur belle neige empourprée. (IV, 40, *Poés. div*. 13.)
Lorsqu'il ne lui restoit plus qu'un *rayon* de connoissance.... (IV, 361, *Disc. acad*.)

REBATTRE, au figuré :
Ne voyez-vous point qu'elle (*cette lettre*) *rebat* cent fois la même chose ? (IV, 331, *Imag*.)

REBELLE à :
Andromaque elle-même, à Pyrrhus si *rebelle*. (II, 121, *Andr*. 1589.)
Attaque un ennemi qui *te* soit plus *rebelle*. (III, 351, *Phèd*. 818.)
Cette reine, elle seule *à* mes bontés *rebelle*. (I, 589, *Alex*. 1413.)
.... Votre âme *à* ses vœux ne sera pas *rebelle ?* (II, 80, *Andr*. 809.)
Rebelle à tous nos soins, sourde à tous nos discours. (III, 316, *Phèd*. 187.)

Rebelle, substantivement : voyez le premier exemple de l'article suivant.

RÉBELLION :
Allez contre un rebelle armer toute la Grèce ;
Rapportez-lui le prix de sa *rébellion*. (II, 68, *Andr*. 563.)
Lequel..., après plusieurs *rébellions*,
Auroit atteint, frappé moi sergent, à la joue. (II, 179, *Plaid*. 418.)

REBÉNIR :
M. Vialart, évêque de Châlons.... *rebénit* l'église. (IV, 422, *P. R.*)

REBROUSSER :
....(*L'arche*) força le Jourdain de *rebrousser* son cours. (III, 690, *Ath*. 1546.)
Cependant le Roi *rebrousse* chemin. (V, 290, *Camp. de Louis XIV*.)
« Ce mot, dit Aimé-Martin dans son *Dictionnaire critique*, n'existait pas sous Henri IV ; on le cherche en vain dans Nicot. » Il s'y trouve cependant, mais avec la forme *rebourser*. Il est d'ailleurs fort ancien.

REBUFFADE :
Toutes les *rebuffades* qu'il lui a fallu essuyer. (VI, 575, *Lettres*.)

REBUT :
..... *Rebut* de la fortune. (III, 62, *Mithr*. 895.)
... *Rebut* de la nature entière. (III, 375, *Phèd*. 1241.)
.... Le *rebut* des humains. (III, 528, *Esth*. 1046.)

REBUTÉ :
L'œil humide de pleurs, par l'ingrat *rebutés*. (III, 353, *Phèd*. 844.)

La terreur se met dans leurs esprits, déjà *rebutés* par la rigueur de la saison. (V, 252, *Camp. de Louis XIV.*)

RECACHETER :
Je conjure M. l'abbé Renaudot.... de bien *recacheter* et cette lettre et mes mémoires. (VII, 110, *Lettres*.)

RÉCEPTION :
Les différentes *réceptions* qu'ils (*les rois des Indes*) firent à ses envoyés *aux envoyés d'Alexandre*). (I, 521, *Alex.* 2ᵉ préf.)
La première *réception* qu'il (*le comédien la Roque*) a faite à la pièce. (VI, 377, *Lettres*.)

RECEVOIR :
Avec mon amitié *recevez* Axiane. (I, 593, *Alex.* 1505.)
Que la guerre s'enflamme et jamais ne finisse,
S'il faut avec la paix *recevoir* Polynice. (I, 450, *Théb.* 956.)
« Ne donne point un cœur qu'on ne peut *recevoir*. »
Ne l'avez-vous *reçu*, cruel, que pour le rendre ? (II, 422, *Bér.* 1070 et 71.)
Quel fruit *recevront*-ils de leurs vaines amours ? (III, 375, *Phèd.* 1251.)
Je vous donne un conseil qu'à peine je *reçoi*. (III, 213, *Iph.* 1243.)
Venez, et *recevez* l'âme de Mithridate. (III, 99, *Mithr.* 1696.)
Madame, il vous souvient que mon cœur en ces lieux
Reçut le premier trait qui partit de vos yeux. (II, 383, *Bér.* 190.)
* Le Roi.... *reçut* nouvelle que Gand étoit investi. (V, 108, *N. hist.*)
* Ils s'enfuient après avoir *reçu* la coupure du médecin. (VI, 305, *Livres ann.*)
* La médisance est mieux *reçue* contre les grands. (VI, 238, *Livr. ann.*)
Cette liberté ne pouvoit pas *être* mal *reçue*. (II, 38, *Andr.* 2ᵉ préf.)

RÉCHAPPÉ :
* Vous eu verriez bien d'autres (*des offrandes*), reprit Diogène, si tous ceux qui n'en sont pas *réchappés* (*du naufrage*) avoient accompli les leurs (*leurs vœux*). (V, 527, *Trad.*)

RECHASSER :
Ils.... se tenoient sûrs de *rechasser* le Roi jusque dans le cœur de son royaume. (V, 323, *Siége de Nam.*)

RÉCHAUD, VI, 414, *Lettres*.

RÉCHAUFFER, SE RÉCHAUFFER, au figuré :
Il veut que d'un festin la pompe et l'allégresse
.... *réchauffent* l'ardeur de nos embrassements. (II, 326, *Brit.* 1486.)
Le P. Brisacier.... n'en eut pas plus tôt avis que sa bile *se réchauffa*. (IV, 485, *P. R.*)

RECHERCHER, emplois divers :
(*Achille*) *Recherche* votre fille....
(III, 151, *Iph.* 23 ; voyez II, 106, *Andr.* 1318.)
.... L'ardeur dont tu sais que je *l'ai recherchée*. (III, 63, *Mithr.* 975.)
Si de votre ennemi vous *recherchez* le sang,
Recherchez-en la source en ce malheureux flanc. (I, 458, *Phèd.* 1081 et 1082.)
Il *a* trop *recherché* la haine d'Alexandre. (I, 582, *Alex.* 1282.)
Cette même simplicité que j'avois *recherchée*.... (II, 368, *Bér.* préf.)
* J'irois *rechercher* la connoissance de toutes ces choses. (VI, 272 *Livres ann.*)
Il ne *recherche* point, aveugle en sa colère,
Sur le fils qui le craint l'impiété du père. (III, 621, *Ath.* 267.)

RÉCIT :

Puis-je sur ton *récit* fonder quelque assurance? (II, 299, *Brit.* 928.)
J'écoute avec plaisir le *récit* de sa flamme. (I, 541, *Alex.* 394.)
Je vous conjure de m'envoyer vos ordres pour un dernier *récit*. (VII, 6, *Lettres;* voyez la note 1 de la page 5.)
Ce miracle, dont on faisoit tant de *récit*. (IV, 470, *P. R.*; voyez VII, 254, *Lettres*.)

RÉCITER :

* Quand je lui *eus récité* mon discours. (V, 124, *Notes hist.*)
* L'outrage fait à Chrysès *est récité* comme une chose qui s'est passée devant l'action. (VI, 196, *Livres ann.*)
* J'ai quelquefois interrogé Socrate sur des choses que cet Aristodème m'*avoit récitées*. (V, 455, *Trad.*)
Elle se mit aussitôt à *réciter* le *Te Deum*. (IV, 507, *P. R.*)
Elles portent toutes un chapelet, et le *récitent* très-souvent. (IV, 435, *P. R.*)
Il excelle à conduire un char dans la carrière...,
A *réciter* des chants, qu'il veut qu'on idolâtre. (II, 325, *Brit.* 1476.)
* Il.... dit qu'il faut aller s'exercer aux jeux, afin que l'étranger puisse *réciter* à ses amis combien les Phéaques sont excellents à la lutte. (VI, 131, *Rem. sur l'Odyss.*)
Je sais de ses froideurs tout ce que l'on *récite*. (III, 330, *Phèd.* 405.)

RÉCOLTE, VI, 479, *Lettres.*

RÉCOMPENSE :

Vous-même de vos soins craignez la *récompense*. (II, 48, *Andr.* 166.)
* Je lui promis en *récompense* que je serois du lendemain. (V, 456, *Trad.*; voyez IV, 525, *P. R.*)

RÉCONCILIER :

Ce seroit peut-être un moyen de *réconcilier* la tragédie avec quantité de personnes. (III, 303, *Phèd.* préf.)

RECONNOISSANCE, au sens dramatique :

Sophocle fait mourir Jocaste aussitôt après la *reconnoissance* d'OEdipe. (II, 39, *Andr.* 2ᵉ préf.; voyez II, 366, *Bér.* préf.)

RECONNOÎTRE, SE RECONNOÎTRE :

* Thésée *est reconnu* de son père. (VI, 291, *Livres ann.*)
Votre trouble ou le mien nous feroient *reconnoître*. (II, 515, *Baj.* 790.)
Il (*le Roi*) a toujours *reconnu* lui-même les places qu'il a voulu attaquer. (V, 301 et 302, *Camp. de Louis XIV*.)
.... Je ne veux qu'aller
Reconnoître la place où je dois l'immoler. (II, 101, *Andr.* 1212.)
Britannicus est mort, je *reconnois* les coups. (II, 335, *Brit.* 1649.)
* Les livres de l'Odyssée vont toujours de plus beau en plus beau, comme il est aisé de *reconnoître*. (VI, 83, *Rem. sur l'Odyss.*)
* Les états déclarèrent qu'ils ne *reconnoissoient* point le grand maître, et par conséquent qu'ils ne *reconnoissoient* point Souvray pour ambassadeur. (V, 151, *Notes hist.*)
Aussi bien n'attends pas qu'un cœur comme le mien
Reconnoisse un vainqueur, et te demande rien. (I, 592, *Alex.* 1492.)
.... Je le *reconnois* pour le roi des Troyens. (II, 117, *Andr.* 1512.)
Que dis-je? il *reconnoît* sa dernière injustice. (II, 328, *Brit.* 1531.)
Narcisse, c'est assez; je *reconnois* ce soin.
(II, 322, *Brit.* 1397; voyez II, 103, *Andr.* 1252.)

Dans l'espoir d'élever Bérénice à l'Empire,
De *reconnoître* un jour son amour et sa foi. (II, 394, *Bér.* 437.)
Mon amour m'entrainoit, et je venois peut-être
Pour me chercher moi-même et pour *me reconnaître*. (II, 439, *Bér.* 1384.)
Dans ce dernier vers, il y a *reconnaistre*, par un *a*, dans toutes les éditions.

RECOURIR :
.... Où ma douleur doit-elle *recourir* ? (I, 468, *Théb.* 1214.)

RECOURS ; AVOIR RECOURS À :
Seul *recours* d'un ingrat qui se voit confondu. (II, 314, *Brit.* 1209.)
Pour attendrir mon cœur on *a recours aux* larmes? (III, 200, *Iph.* 954.)
Toujours les scélérats *ont recours au* parjure. (III, 369, *Phèd.* 1134.)

RECOUVREMENT :
Je n'ai pas moins pris de part à la paix de votre famille que Monsieur le surintendant en prendroit au *recouvrement* de la bonne volonté du Roi. (VI, 449, *Lettres.*)

RECOUVRER :
Recouvrer la parole. (VI, 596, *Lettres.*)
Je ne puis donc.... — Tu peux *recouvrer* mon estime. (I, 578, *Alex.* 1189.)

RÉCRIER (FAIRE) ; SE RÉCRIER QUE :
Voilà sans doute de quoi *faire récrier* tous ces Messieurs. (II, 247, *Brit.* 2ᵉ préf.)
Les docteurs *se récrièrent que* ce n'étoit point la coutume de la Faculté d'examiner des propositions vagues. (IV, 443, *P. R.*; voyez IV, 540, *P. R*)

RÉCRIRE :
Je lui *récris* aujourd'hui. (VI, 485, *Lettres.*)

RECRU :
Racine a souligné *recrus* dans ce passage de Vaugelas : « Tout *recrus* et harassés » (VI, 355).

RECRUES (FAIRE DES) : voyez RECRUTER.

RECRUTER :
Certains termes qui ne valent rien, comme celui de *recruter*, dont vous vous servez, au lieu de quoi il faut dire : *faire des recrues*. (VII, 20, *Lettres.*)

RECTIFIER :
Rectifier les mœurs d'un personnage. (II, 245, *Brit.* 1ʳᵉ préf.)

RECUEILLIR :
.... *Recueillir* des pleurs qui ne sont pas pour moi. (II, 410, *Bér.* 814.)
* Ses ancêtres, dont il faut que je *recueille* la mémoire. (VI, 37, *Rem. sur Pind.*)
La Religieuse parfaite (*ouvrage attribué à la Mère Agnès*) a été recueillie par la sœur Euphémie. (IV, 600, *P. R.*)

RECULER :
Poursuis : tu n'as pas fait ce pas pour *reculer*. (II, 336, *Brit.* 1674.)
Ah! Paulin. — Quoi? déjà vous semblez *reculer*? (II, 398, *Bér.* 554.)
J'ai reculé vos pleurs autant que je l'ai pu. (II, 511, *Baj.* 672.)
Sans *reculer* plus loin l'effet de ma parole. (III, 57, *Mithr.* 795.)
Quel pays *reculé* le cache à mes bienfaits? (III, 500, *Esth.* 559.)

RÉCUSER :
Ils sauront *récuser* l'injuste stratagème
D'un témoin irrité qui s'accuse lui-même. (II, 295, *Brit.* 855.)
Récuser (terme judiciaire). (II, 206, *Plaid.* 722 et 723.)

REDAN, terme de fortification, VII, 55, *Lettres.*

REDDITION :
La *reddition* du château de Namur suivra de près celle de la ville. (VII, 46, *Lettres.*)

REDEVABLE À :
Il est.... juste que les sciences et les arts s'emploient à éterniser la mémoire d'un prince *à* qui ils sont *redevables.* (V, 303, *Camp. de Louis XIV.*)
.... Bérénice, *à* vos soins *redevable.*
(II, 405, *Bér.* 695; voyez II, 559, *Baj.* 1711.)
C'est *à* lui que je suis *redevable* de cette histoire. (II, 473, *Baj.* 1re préf.)

REDEVOIR :
Je crois vous *redevoir* beaucoup d'argent. (VII, 148, *Lettres.*)

REDIRE :
.... Je l'ai dit, et veux bien le *redire.* (III, 526, *Esth.* 1024.)
.... *Redites* votre affaire. (II, 192, *Plaid.* 568.)
Obéissez : c'est trop vous le faire *redire.*
(III, 65, *Mithr.* 960; voyez II, 420, *Bér.* 1023.)
Sur le moindre discours qu'on pourra vous *redire.* (II, 267, *Brit.* 267.)
*Il n'y a qu'elle qui puisse savoir et *redire* l'intention d'Ajax. (VI, 237, *Livres ann.*)
Ce prince, dont mon cœur se faisoit autrefois,
Avec tant de plaisir *redire* les exploits. (II, 112, *Andr.* 1424.)
Il déclara aux Religieuses qu'il ne trouvoit à *redire* en elles que le refus qu'elles faisoient de signer le Formulaire. (IV, 547, *P. R.*)

REDONNER À, SE REDONNER À :
.... *Redonnant* le calme *à* vos sens désolés,
Rassurez vos États, par sa chute ébranlés. (I, 575, *Alex.* 1139.)
Vous redonner à vos amis. (VI, 587, *Lettres.*)
Cet amant *se redonne aux* soins de son amour. (II, 376, *Bér.* 57.)

REDOUBLEMENT :
Une grosse fièvre continue, avec des *redoublements.* (VII, 272, *Lettres.*)

REDOUBLER ; REDOUBLÉ :
Arbres épais, *redoublez* vos ombrages. (IV, 88, *Poés. div.* 76.)
.... La fameuse Locuste
A redoublé pour moi ses soins officieux. (II, 322, *Brit.* 1393.)
Si j'en crois ses serments *redoublés* mille fois. (II, 382, *Bér.* 174.)
(L'Orient) Ne peut plus soutenir leur effort *redoublé.* (III, 56, *Mithr.* 774.)
.... En me quittant, ton ardeur *redoublée*
Sembloit prévoir les maux dont je suis accablée. (I, 568, *Alex.* 969.)
....: Leurs feux sont *redoublés.* (II, 307, *Brit.* 1085; voyez II, 45, *Andr.* 95.)

REDOUTABLE :
Tantôt à cette reine il vous peint *redoutable.* (III, 608, *Ath.* 47.)
Je reconnus Vénus et ses feux *redoutables.* (III, 323, *Phèd.* 277.)

REDOUTE, VI, 551, *Lettres.*

RÉDUCTION :
* Le Grand Seigneur ne songeoit rien moins qu'à la *réduction* des Cosaques. (V, 138, *Notes hist.*)
La nécessité où il s'étoit vu d'employer à la *réduction* de l'Irlande la meilleure partie de ses forces. (V, 313, *Siège de Nam.*)

RÉDUIRE À, EN ; SE RÉDUIRE À :
Il les *réduisit au* silence. (IV, 484, *P. R.*)
Voilà bien des enfants *réduits à* l'hôpital. (II, 215, *Plaid.* 832.)
Ce fou qui *réduit* tout *au* pied de la chicane. (II, 201, *Plaid.* 664.)
En quelle extrémité, Seigneur, *suis*-je *réduite?* (III, 71, *Mithr.* 1096.)
Réduire en cendre, *en* poudre : voyez CENDRE, POUDRE.
Ils *se réduisirent à* leur proposer de signer avec certaines expressions générales. (IV, 548, *P. R.*)

REFAIRE (À) :
Je serois bien fâché que ce fût *à refaire.* (II, 174, *Plaid.* 355.)

RÉFECTOIRE, IV, 285, *Imag.* ; V, 534 et 557, *Trad.*

RÉFORMATION :
* Cléomène rétablit la *réformation* de Lycurgue. (VI, 295, *Livres ann.*)

RÉFORME :
Monsieur notre évêque ne se découvre encore à personne sur le beau projet de *réforme* qu'il a fait faire à Paris. (VI, 480, *Lettres.*)

RÉFORMER :
Deux ou trois personnes qui voudroient qu'on *réformât* tous les héros de l'antiquité. (II, 35, *Andr.* 1ʳᵉ préf.)
Ils y *réformoient (dans le nouveau mandement)* tout ce qui leur sembloit de trop modéré dans les précédents. (IV, 531, *P. R.*)

LES RÉFORMÉS, VI, 475, *Lettres.*

REFRISER :
.... Comme on voit l'onde en repos
Souvent *refriser* de ses flots
La surface inconstante. (IV, 25, *Poés. div.* 26.)

REFROIDIR, au figuré :
Cela commença un peu à le *refroidir* pour l'abbé de Saint-Cyran. (IV, 410, *P. R.*)

REFROIDISSEMENT, au figuré :
Je suis fort alarmé de votre *refroidissement* avec Monsieur l'Abbé. (VI, 495, *Lettres.*)

REFUGE :
.... Il me reste un *refuge.* (II, 161, *Plaid.* 232.)
Ce Dieu, depuis longtemps votre unique *refuge.* (III, 647, *Ath.* 732.)
Ce grand nombre d'incidents a toujours été le *refuge* des poëtes qui ne sentoient dans leur génie ni assez d'abondance ni assez de force pour, etc. (II, 367, *Bér.* préf.)
...Cet âpre courroux, quoi qu'elle en puisse dire,
Ne s'obstinera point au *refus* d'un empire. (I, 561, *Alex.* 806.)
Voulez-vous que son cœur, incertain et confus,
Ne se donne jamais sans craindre vos *refus?* (I, 540, *Alex.* 356.)
Les Dieux,) Le bras.... levé, menaçoient mes *refus* (III, 155, *Iph.* 88.)

REFUSER :

La *refuserez*-vous, cette noble victime? (I, 436, *Théb.* 667.)
* Comment il faut *refuser* les demandes injustes. (VI, 316, *Livres ann.*)

REGAGNER :

Sur quel espoir croit-il que je me sois rendue,
Et qu'il *ait regagné* mon amitié perdue? (II, 526, *Baj.* 1038.)
Des cœurs comme le sien, vous le savez assez,
Ne se *regagnent* plus quand ils sont offensés. (II, 538, *Baj.* 1292.)
J'ai trouvé assez de difficultés qui m'ont arrêté, et d'autres sur lesquelles il seroit aisé de vous *regagner*. (VI, 508, *Lettres*.)
Pour venir de ces lieux enlever ma princesse,
Et *regagner* le port.... (II, 117, *Andr.* 1523.)

REGARD, REGARDS :

Porus d'aucun *regard* ne fut favorisé. (I, 575, *Alex.* 1128.)
.... Ces sombres *regards* errants à l'aventure. (II, 273, *Brit.* 380.)
(Il n'est point de Romaine) Qui dès qu'à ses *regards* elle ose se fier,
Sur le cœur de César ne les vienne essayer. (II, 275, *Brit.* 421.)
S'honorer d'un *regard*, lire dans les *regards* de : voyez HONORER (S'), LIRE.

REGARDER, sens et emplois divers :

* Ne *regarder* en monastère de filles. (VI, 319, *Livres ann.*)
Regardez d'un autre œil une excusable erreur. (III, 377, *Phèd.* 1296.)
.... De quel œil dédaigneux Je *regardois*.... (III, 331, *Phèd.* 432.)
Les Dieux, après six mois, enfin m'*ont regardé*. (III, 359, *Phèd.* 967.)
Du perfide Bessus *regarde* le supplice. (I, 560, *Alex.* 802.)
Ne me *regardez* point vaincu, persécuté :
Revoyez-moi vainqueur, et partout redouté. (III, 80, *Mithr.* 1293.)
Je ne *regardai* plus mon rival dans mon père. (III, 26, *Mithr.* 68.)
C'est ce trouble fatal qui vous ferme les yeux,
Qui ne *regarde* en moi qu'un tyran odieux. (I, 574, *Alex.* 1104.)
* *Regarder* plus le sens que les paroles. (VI, 304, *Livres ann.*)
.... Je *regarde* enfin
Quel fut le sort de Troie, et quel est son destin. (II, 50, *Andr.* 199.)
Ceux des ennemis qui *regardoient* le demi-bastion de la droite.... (V, 345, *Siége de Nam.*)
.... Le côté que l'orient *regarde*. (III, 684, *Ath.* 1446.)
Cet honneur vous *regarde*, et j'ai fait choix de vous. (III, 61, *Mithr.* 853.)
L'outrage me *regarde*.... (III, 200, *Iph.* 957.)
Autour du fils d'Hector il a rangé sa garde,
Et croit que c'est lui seul que le péril *regarde*. (II, 113, *Andr.* 1454.)
Voyez I, 421, *Théb.* 401; III, 618, *Ath.* 204; IV, 461 et 462, *P. R.*

RÉGENT :

Les *régents* et les maîtres d'école. (IV, 499, *P. R.*)

REGISTRE :

Je ne prétends pas avoir place
Dans les *registres* du Parnasse. (VI, 489, *Lettres.*)

RÈGLE :

La *règle* de Saint-Benoît. (IV, 389, *P. R.*)
N'avoir pas ri dans les *règles*. (II, 141, *Plaid.* au lect.)

RÉGLER; RÉGLER SUR :

L'amour ne *règle* pas le sort d'une princesse. (II, 81, *Andr.* 821.)

Du repos? Ah! *sur* toi tu veux *régler* ton père. (II, 152, *Plaid.* 83.)
Sur Titus et *sur* moi *réglez* votre conduite. (II, 443, *Bér.* 1499.)
.... *Sur* l'un de ces rois s'il falloit vous *régler*. (III, 676, *Ath.* 1283.)
N'importe; mais enfin *réglez*-vous là-*dessus*. (II, 100, *Andr.* 1195.)

RÈGNE :

(Le peuple) Apprit en même temps votre *règne* et sa mort.
(II, 313, *Brit.* 1194.)
Tant de précaution affoiblit votre *règne*. (II, 324, *Brit.* 1439.)
Votre *règne* en sera plus puissant et plus doux. (I, 409, *Théb.* 138.)
 * Rendre son *règne* doux et agréable. (VI, 311, *Livres ann.*)
  Vivre comme un silencieux
  Dans le *règne* des curieux. (IV, 203, *Poés. div.* 36, app.)

RÉGNER :

Moi *régner!* Moi ranger un État sous ma loi,
Quand ma foible raison ne *règne* plus sur moi! (III, 348, *Phèd.* 759 et 760.)
.... Si vous ne *régnez*, vous vous plaignez toujours. (II, 315, *Brit.* 1250.)
 (Corneille,) après *avoir*.... pour ainsi dire *régné* sur la scène.... (IV, 361, *Disc. acad.*)

REGORGER :

.... (On verra) dans ce palais même....
Le sang de vos sujets *regorger* jusqu'à vous. (III, 530, *Esth.* 1103.)

REGRET; DE REGRET, À REGRET :

  .... Ce triomphe indiscret
Seroit bientôt suivi d'un éternel *regret*. (II, 323, *Brit.* 1426.)
Britannicus, Madame, eut des desseins secrets
Qui vous auroient coûté de plus justes *regrets*. (II, 335, *Brit.* 1662.)
Venez en d'autres lieux enfermer vos *regrets*. (II, 469, *Baj.* 415.)
J'aurois même *regret* qu'il me quittât l'empire. (I, 449, *Théb.* 935.)
Il n'aura point de *regret* au port que lui pourront coûter vos lettres. (VII, 243, *Lettres.*)
 Ajax qui se tue *de regret*. (II, 366, *Bér.* préf.)
  .... *A regret* je reçois vos adieux. (II, 386, *Bér.* 266.)
  .... Dis-lui qu'importun *à regret*,
J'ose lui demander un entretien secret. (II, 374, *Bér.* 9.)

RÉGULARITÉ :

L'esprit du siècle en avoit entièrement banni (*de ce monastère*) la *régularité*. (IV, 389, *P. R.*; voyez IV, 553, *P. R.*; VII, 149, *Lettres.*)
 Sa *régularité* à réciter tous les jours l'office. (V, 11, *Épitaphes.*)
 La *régularité* de Ménandre et de Térence. (II, 141, *Plaid.* au lect.)

REHAUSSER, au propre et au figuré :

M. Vialart.... rebénit l'église, qui *avoit été rehaussée* de plus de six pieds. (IV, 422, *P. R.*)
Cette pourpre, cet or, que *rehaussoit* sa gloire. (II, 387, *Bér.* 307.)
Dès longtemps elle hait cette fermeté rare
Qui *rehausse* en Joad l'éclat de la tiare. (III, 606, *Ath.* 28.)

REINE, au figuré :

* Il appelle les chansons *reines* des instruments, parce qu'on compose les chansons, et puis on y accommode le luth. (VI, 16, *Rem. sur Pind.*)

RÉITÉRER :

  .... Et de ce non content,
Auroit avec le pied *réitéré*.... (II, 179, *Plaid.* 423.)

REJAILLIR, REJALLIR :
*La gloire du disciple *rejallit* sur le maître. (VI, 37, *Rem. sur Pind.*)
Faut-il que sur mon front sa honte *rejallisse?* (III, 193, *Iph.* 826.)
Voyez II, 378, *Brit.* 86; III, 170, *Iph.* 380.
L'orthographe du mot est *rejallir*, tant dans les manuscrits de Racine que dans les anciennes éditions de ses œuvres.

REJETON :
D'une tige coupable il craint un *rejeton*. (III, 310, *Phèd.* 107.)
Venez, cher *rejeton* d'une vaillante race. (III, 685, *Ath.* 1457.)

REJOINDRE :
.... Déjà son courroux (*le courroux de la Fortune*) semble s'être adouci
Depuis qu'elle a pris soin de nous *rejoindre* ici. (II, 41, *Andr.* 4.)

RÉJOUIR :
Nous nous faisons par avance un grand plaisir de la *réjouir* (*ma nièce*) avec nos enfants. (VII, 9, *Lettres*.)

RELÂCHEMENT :
Ce monastère.... étoit tombé dans un grand *relâchement*. (IV, 389, *P. R.*)

RELÂCHER; SE RELÂCHER; RELÂCHÉ :
Cependant je partois, et vous avez pu voir
Combien je *relâchois* pour vous de mon devoir. (II, 81, *Andr.* 823.)
Vos fers trop étendus *se relâchent* d'eux-mêmes. (I, 546, *Alex.* 494.)
* Ceux qui étant bien ardents d'abord, *se relâchent* ensuite. (VI, 307, *Livres ann.*)
Allons, mon cher Monsieur, cela ne va pas mal;
Ne *vous relâchez* point.... (II, 179, *Plaid.* 427.)
La morale *relâchée* de quantité de casuistes. (IV, 482, *P. R.*)

RELÉGUER :
Pourquoi, de cette gloire exclus jusqu'à ce jour,
M'*avez-*vous, sans pitié, *relégué* dans ma cour? (II, 280, *Brit.* 546.)
J'ai passé dans l'Épire, où j'*étois reléguée*. (II, 66, *Andr.* 522.)

RELEVER, activement et neutralement; RELEVÉ :
.... Vous ne comparez votre exil et ma gloire
Que pour mieux *relever* votre injuste victoire. (III, 186, *Iph.* 714.)
Après tant d'ennemis qu'on vous vit *relever*,
Perdez le seul enfin que vous deviez sauver. (I, 588, *Alex.* 1400.)
.... Du sang troyen *relever* le malheur. (II, 48, *Andr.* 152.)
On voit bien que cela lui *relève* bien le cœur. (VI, 462, *Lettres*.)
La tranchée ne *fut* plus *relevée* que par quatre bataillons. (V, 341, *Siége de Nam.*; voyez V, 332, *ibid.*)
* Il *relevoit* de maladie. (V, 507, *Trad.*)
Son application continuelle aux choses les plus *relevées*. (IV, 532, *P. R.*)
Certaines expressions abstraites et *relevées*. (IV, 408, *P. R.*)

RELIEF, action de relever :
Un *relief* d'appel comme d'abus. (IV, 556, *P. R.*)

RELIER, au propre :
*Ils s'enfuient après avoir reçu la coupure du médecin, sans attendre qu'il l'*ait reliée*. (VI, 305, *Livres ann.*)

RELIGIEUX, adjectivement :
.... Pour seconder ses soins *religieux* (*les soins de Titus*),

Le sénat a placé son père entre les Dieux. (II, 382, *Bér.* 165.)

RELIGION, ordre religieux ; LA RELIGION, la religion réformée :
Sa fille est sortie de *religion*. (VI, 572, *Lettres*.)
Un officier de cette ville qui est de *la religion*. (VI, 471, *Lettres*.)

RELIQUES, restes :
Chargeant (*sur un vaisseau*) de mon débris les *reliques* plus chères,
Je méditois ma fuite aux terres étrangères. (II, 519, *Baj.* 873 ; voy. note 2.)
Ils s'arrêtent, non loin de ces tombeaux antiques
Où des rois ses aïeux sont les froides *reliques*. (III, 392, *Phèd.* 1554.)

RELUISANT, ANTE :
* De belles pierres blanches et *reluisantes*. (VI, 81, *Rem. sur l' Odyss*.)

REMARCHER :
Il fit *remarcher* à Willemstat.... une partie des régiments. (V, 318, *Siége de Nam.*)

REMARQUER ; REMARQUER QUE :
Ce qui est échappé aux spectateurs pourra *être remarqué* par les lecteurs. (II, 248, *Brit.* 2ᵉ préf.)
Je sais qu'il n'a point dû lui faire *remarquer*
La joie et les transports qu'on vient de m'expliquer. (II, 521, *Baj.* 931.)
.... Pouvez-vous expliquer
Ce chagrin qu'en sortant il m'a fait *remarquer* ? (II, 526, *Baj.* 1048.)
.... *Remarque* avec adresse
Avec quel soin Néron fait garder la princesse. (II, 271, *Brit.* 351.)
Un ancien commentateur de Sophocle *remarque* fort bien qu'il ne faut point, etc. (II, 39, *Andr.* 2ᵉ préf.)

REMÈDE :
La paresse que j'avois... à me faire des *remèdes*. (VII, 236, *Lettres*.)

REMÉDIER À :
* *Remédier aux* commencements des maladies. (VI, 314, *Livres ann.*)
* Ces milices ne peuvent.... demeurer armées.... pour *remédier aux* invasions ou *aux* rébellions. (V, 133, *Notes hist.*)

REMENER (voyez RAMENER) :
Jusque dans l'Orient je veux qu'il la *remène*.
(II, 395, *Bér.* 487 ; voyez II, 306, *Brit.* 1080.)
Dans les anciennes éditions : *remeine*.
.... Petit Jean, *remenez* votre maître. (II, 153, *Plaid.* 111.)
Voyez II, 185, *Plaid.* 504 ; V, 519, *Trad.* ; VI, 128, *Rem. sur l'Odyssée*.

REMERCIER, ironiquement :
Un sergent s'est chargé de la *remercier*. (II, 174, *Plaid.* 353.)

REMETTRE, sens divers ; SE REMETTRE ; SE REMETTRE SUR ; S'EN REMETTRE À, SUR :
Elle *avoit remis* au Roi l'abbaye de Saint-Cyr. (IV, 396, *P. R.*)
Je vous abuserois si j'osois vous promettre
Qu'entre vos mains, Seigneur, il voulût la *remettre*. (II, 46, *Andr.* 106.)
.... Donnez-nous le temps de chercher quelque voie
Qui puisse vous *remettre* au rang de vos aïeux. (I, 428, *Théb.* 541.)
* Il lui *remet* devant les yeux ce qu'Ajax a fait pour les Grecs. (VI, 245, *Livres ann.*)
* La dispute *est remise* au jugement des pairs. (V, 198, *Notes hist.*)

*(*Ils*) furent d'avis de *remettre* à un autre temps à prendre leur résolution. (V, 151, *Notes hist.*; voyez V, 115, *ibid.*)
Sache si du péril ses beaux yeux *sont remis* (II, 271, *Brit.* 353.)
* Ces discours *furent remis* sur le tapis. (V, 116, *Notes hist.*)
Si j'en juge mal..., *remettez* cela sur la barbarie de ce pays. (VI, 454, *Lettres.*)
.... Plus je vous envisage,
Et moins je me *remets*, Monsieur, votre visage. (II, 176, *Plaid.* 380.)
Remettez-vous, Madame, et rentrez en vous-même. (II, 418, *Bér.* 968.)
Peut-être le ciel *se sera remis* au beau. (VI, 437, *Lettres.*)
Je *me remets sur* eux de toute ma vengeance. (II, 428, *Bér.* 1196.)
.... Je *m'en remettrois au* destin des combats. (II, 99, *Andr.* 1167.)
Sur d'autres que sur moi si je dois *m'en remettre*. (II, 103, *Andr.* 1258.)
(Soit que) *Sur* ma fidélité César *s'en soit remis*. (II, 336, *Brit.* 1669.)

REMISE, terme militaire :
Favoriser les réparations les plus pressantes de la place et les *remises* d'artillerie, de munitions et de vivres qu'il y falloit jeter (*dans Namur*) (V, 346, *Siége de Nam.*)

REMONTER :
(Un roi) Qui voit jusqu'à Cyrus *remonter* ses aïeux. (III, 60, *Mithr.* 826.)
Examinons ce bruit, *remontons* à sa source. (III, 346, *Phèd.* 733.)

REMPLIR; SE REMPLIR :
Il *remplit* de sang jusqu'à trois serviettes. (IV, 584, *P. R.* var.)
La pièce.... *étoit remplie* de quantité de beaux endroits. (I, 394, *Théb.* préf.)
* Lieux communs.... Les *remplir* d'éloquence. (VI, 332, *Livres ann.*)
Tu sais qu'injustement tu *remplis* cette place. (I, 454, *Théb.* 1011.)
.... Le fils seul d'Achille a pu *remplir* sa place. (II, 48, *Andr.* 150.)
Remplissez l'univers sans sortir du Bosphore. (III, 64, *Mithr.* 932.)
Seigneur, j'irai *remplir* le nombre des Vestales. (II, 307, *Brit.* 1076.)
.... Je pensai que la guerre et la gloire
De soins plus importants *rempliroient* ma mémoire. (II, 44, *Andr.* 62.)
Dans un rang....
Dont je n'ai pu de loin soutenir la clarté,
Et dont un autre enfin *remplit* la majesté. (II, 283, *Brit.* 618.)
Hé bien ! je meurs content, et mon sort *est rempli*. (II, 123, *Andr.* 1620.)
* On regarde la beauté des vases, quand on *s'est rempli* de ce qui y étoit. (VI, 304, *Livres ann.*)

REMPORTER :
.... *Remporter* une gloire parfaite. (I, 572, *Alex.* 1053.)

REMUE-MÉNAGE :
La querelle de Monsieur de Cambray est cause de tout ce *remuménage*. (VII, 246, *Lettres.*)
Ce mot est écrit ainsi dans l'autographe.

REMUER, activement et neutralement, sens divers; SE REMUER :
L'enfant.... tette beaucoup.... Elle (*la nourrice*) n'est pas fort habile à le *remuer*. (VII, 72, *Lettres.*)
* Ils font.... scrupule d'y *remuer* le moindre instrument. (V, 538, *Trad.*)
Il n'y a point.... de machine qu'il ne *remue*. (V, 295, *Siége de Nam.*; voyez IV, 432, *P. R.*)
* Il *a remué* cette question. (V, 597, *Trad.*)
J'*ai remué* ciel et terre pour vos intérêts. (VII, 172, *Lettres.*)

* Les petits-maîtres, et quantité d'autres gens capables de *remuer*. (V, 90, *Notes hist.*)
*Il faut que celui qui reçoit la balle *se remue* selon celui qui la jette. (VI, 305, *Livres ann.*)
Tout s'agite, tout *se remue*. (IV, 366, *Disc. acad.*)

RENCONTRE :
Croyez-moi, montrez-vous, venez à sa *rencontre*. (III, 40, *Mithr.* 387.)
La conduite qu'ils devoient tenir en cette *rencontre*. (IV, 521, *P. R.*)

RENCONTRER ; SE RENCONTRER :
Je voulus en cueillir quelques-unes (*des olives*) au premier olivier que je *rencontrai*. (VI, 414, *Lettres*)
.... Quoi ? Pyrrhus, je te *rencontre* encore? (II, 123, *Andr.* 1629.)
Où dit-on que le sort vous a fait *rencontrer*? (III, 641, *Ath.* 641.)
Que vois-je ? Vous craignez de *rencontrer* mes yeux ? (II, 288, *Brit.* 737.)
Je crus que je pourrois *rencontrer* toutes ces parties dans mon sujet. (II, 366, *Bér.* préf.)
.... Tu vas *rencontrer* la peine qui t'est due. (II, 552, *Baj.* 1566.)
Je suis bien éloigné de croire que toutes ces choses *se rencontrent* dans mon ouvrage. (II, 368, *Bér.* préf.)
Racine a souligné dans Vaugelas les mots « Il *se rencontroit* (que) » (VI, 354).

RENDRE, emplois divers ; SE RENDRE :
Rendons-lui les tourments qu'elle me fait souffrir. (II, 62, *Andr.* 447.)
.... (Je prétends) que ses yeux cruels, à pleurer condamnés,
Me *rendent* tous les noms que je leur ai donnés. (II, 78, *Andr.* 764.)
* Ces sortes de manquements de parole que les rois font à des particuliers leur *sont* quelquefois *rendus* avec de grosses usures. (V, 149, *N. hist.*)
Il faut à votre fils *rendre* son innocence. (III, 395, *Phèd.* 1618.)
* La fleur de la virginité ne *se rend* point. (VI, 220, *Livres ann.*)
.... Je veux à mon tour mériter les tributs
Que je me sens forcé de *rendre* à ses vertus. (I, 531, *Alex.* 156.)
.... (Je sais qu'Abner) *rend* à la fois
Ce qu'il doit à son Dieu, ce qu'il doit à ses rois. (III, 631, *Ath.* 457.)
Voyez II, 96, *Andr.* 1095.
J'ai cru que tôt ou tard, à ton devoir *rendu*,
Tu me rapporterois un cœur qui m'étoit dû. (II, 108, *Andr.* 1363.)
Ah ! je vous reconnois ; et ce juste courroux,
Ainsi qu'à tous les Grecs, Seigneur, vous *rend* à nous. (II, 71, *Andr.* 628)
Seigneur, vous me verrez, à moi-même *rendue*,
Percer ce triste cœur qu'on veut tyranniser. (III, 29, *Mithr.* 160.)
.... Mon âme, à soi-même *rendue*. (III, 359, *Phèd.* 974.)
Je les *ai rendus* (*mes personnages*) tels que les anciens poëtes nous les ont donnés. (II, 34, *Andr.* 1ʳᵉ préf.)
Les témoignages qu'il vous *rend* sont bien sincères. (VII, 259, *Lettres*.)
La requête civile est ouverte pour moi,
Je ne *suis* pas *rendu*.... (II, 161, *Plaid.* 234.)
Il vint hier de Bruxelles un *rendu*.... On demanda au *rendu* ce qu'on disoit à Bruxelles. (VII, 36, *Lettres*; voyez VII, 51, *Lettres*.)
Je vous *rends* dans trois mois au pied du Capitole. (III, 57, *Mithr.* 796.)
Racine a souligné *rendirent* dans cette phrase de Vaugelas : « Des paysans lui montrèrent le chemin, et le *rendirent* le quatrième jour devant la ville » (VI, 356).
Rendre l'âme, les armes, un billet, des combats, compte, des devoirs, grâces, justice, une lettre, de mauvais offices, le pain bénit, la pareille, raison, l'usage du sentiment, un service, des soins, la vie : voyez ÂME, ARME, ... OFFICE, PAIN, ... SENTIMENT, etc.

Elle *rend* pour jamais vos desseins avortés. (I, 411, *Théb.* 226 var.
  Cinq ou six autres.... se vinrent *rendre* les compagnons de leur pénitence. (IV, 421, *P. R.*)
  Rendre assuré, content, enchanté, heureux, interdit, net, perclus, vain : voyez Assuré (p. 45), Content, Enchanté, etc.
  Un de nos soldats s'étant allé *rendre* aux ennemis. (VII, 51, *Lettres.*)
  Je *me rends*; je vous cède une pleine victoire. (I, 594, *Alex.* 1533.)
  J'ai promis à Burrhus, il a fallu *me rendre*. (II, 324, *Brit.* 1456.)
  Bajazet doit périr, dit-elle, ou l'épouser:
  S'il *se rend*, que deviens-je en ce malheur extrême?
  Et s'il ne *se rend* pas, que devient-il lui-même?(II, 495, *Baj.* 341 et 342.)
  Je *me rendis*, Arcas, et vaincu par Ulysse,
  De ma fille, en pleurant, j'ordonnai le supplice. (III, 155, *Iphig.* 89.)
  Depuis quel temps, pourquoi, comment t'es-tu *rendu*? (III, 44, *Mithr.* 482.)
  Voyez I, 536, *Alex.* 261; I, 552, *Alex.* 645; I, 563, *Alex.* 861.
  Thèbes à cet arrêt n'a point voulu *se rendre*. (I, 404, *Théb.* 92.)
  Thèbes sous son pouvoir n'a point voulu *se rendre*. (*Ibid.* var.)
  Toute autre *se seroit rendue* à leurs discours. (II, 315, *Brit.* 1249.)
  Je ne *me rendis* pas à la première proposition qu'ils m'en firent. (II, 141, *Plaid.* au lect.)
  .... Puisque ouvertement il tient pour l'injustice,
  Et que des criminels il *se rend* le complice.... (I, 424, *Théb.* 456.)
  Elle (*la France*) *s'est rendue* si savante dans la marine.... (V, 302, *Camp. de Louis XIV.*)
  .... Les poëtes *se sont rendus* si communs. (VI, 492, *Lettres.*)
  Ses sœurs, dont elle *se rendit* l'accusatrice. (IV, 561, *P. R.*)
  Madame.... — Voyez-vous? il *se rend* familier. (II, 166, *Plaid.* 78.)
  Se rendre maîtresse de; *se rendre* à discrétion : voyez Maître, Discrétion. — *Se rendre* accessible, considérable, insupportable, terrible, visible : voyez Accessible, etc.

RENFERMER :
  La plus grande partie des Religieuses *ayant été* transférée et *renfermée* dans le Port-Royal des Champs. (IV, 616, *P. R.*; voyez VI, 136, *Rem. sur l'Odyss.*)
  Les glaives *renfermés* ne verront plus le jour. (IV, 58, *Poés. div.* 108.)
  Exposer à vos yeux l'idée universelle
  De ma cause, et des faits *renfermés* en icelle. (II, 213, *Plaid.* 796.)
  J'aurois su *renfermer* un souvenir si tendre. (III, 212, *Iph.* 1210.)
  Je craignois mon amour vainement *renfermé*. (II, 303, *Brit.* 1013.)
  L'amour n'est pas un feu qu'on *renferme* en une âme. (II, 68, *Andr.* 574.)

RENFLAMMER (Se) :
  *L'amour de Paris *se renflamme*. (VI, 199, *Livres ann.*)

RENFORCER :
  *Un fer chaud qu'un forgeron baigne dans l'eau pour le *renforcer*. (VI, 151, *Rem. sur l'Odyss.*)
  Il fit un grand détachement de son armée pour *renforcer* celle de ce prince. (V, 279, *Camp. de Louis XIV.*)

RENGAGER (Se) à :
  (Allons) *Nous rengager* à lui par de nouveaux serments.
                    (III, 704, *Ath.* 1806.)

RENGAINER :
  Je ne goûtois point.... toutes les épées tirées : ainsi il a fallu les faire *rengainer*. (VI, 503, *Lettres.*)

RENIER :
Vous savez comme je ne renie point mes parents. (VII, 165, Lettres.)
RENOMMÉE :
Elle se déroboit même à sa renommée. (II, 274, Brit. 416.)
RENOMMER :
* Folie des princes qui aiment mieux se faire renommer par leur puissance que par leur vertu. (VI, 293, Livres ann.)
RENONCER à :
Je renonce à la Grèce, à Sparte, à son empire. (II, 120, Andr. 1562.)
Bérénice.... n'est pas obligée.... de renoncer à la vie. (II, 366, Bér. préf.)
Aux promesses du Ciel pourquoi renoncez-vous? (III, 614, Ath. 137.)
RENOUEMENT, réconciliation, VI, 327, Livres annotés.
RENOUVELER :
Il se crut obligé de la renouveler (la ville de Dunkerque) presque toute entière. (V, 52, Méd.)
Ne renouvelez point vos discordes passées. (I, 454, Théb. 1020.)
Tout ce qui reste encor de fidèles Hébreux
Lui viendront aujourd'hui renouveler leurs vœux. (III, 621, Ath. 270.)
Qu'il lui vienne en ses mains renouveler sa foi. (III, 704, Ath. 1802.)
Les obstacles sembloient renouveler ma flamme. (II, 423, Bér. 1095.)
.... Permettez que je vous renouvelle
Le souvenir du prix qu'on promit à mon zèle. (II, 518, Baj. 853.)
J'ose dire qu'il (le dernier adieu de Bérénice) renouvelle assez bien dans le cœur des spectateurs l'émotion que le reste y avoit pu exciter. (II, 366, Bér. préf.)
.... Sa douleur renouvelle sa rage. (I, 474, Théb. 1349.)
Les religieuses de ce monastère renouvelèrent leurs instances. (IV, 419, P. R.)
RENTE (Chapon de), II, 200, Plaid. var.
RENTRER :
Il rentre : chacun fuit son silence farouche. (II, 339, Brit. 1755.)
Dans quel péril encore est-il prêt de rentrer! (III, 617, Ath. 186.)
.... (Je) rentre au trouble affreux dont à peine je sors.
(III, 235, Iph. 1672.)
Remettez-vous, Madame, et rentrez en vous-même. (II, 418, Bér. 968.)
Rentrer dans son devoir, dans le néant, dans l'ordre : voyez Devoir, Néant, Ordre.
RENVERSER :
Dois-je oublier son père à mes pieds renversé? (II, 90, Andr. 995.)
J'ai vu ses bataillons rompus et renversés. (I, 559, Alex. 747.)
Venoit-il renverser l'ordre des éléments? (III, 624, Ath. 340.)
RENVOYER :
Titus.... la renvoya de Rome (Bérénice), malgré lui et malgré elle. (II, 365, Bér. préf.)
Les refus de Pyrrhus m'ont assez dégagé,
Madame : il me renvoie.... (II, 65, Andr. 513.)
Le seul Agamemnon, refusant la victoire...,
Ne commande les Grecs que pour les renvoyer? (III, 166, Iph. 320.)
Nous sommes renvoyés hors de cour.... (II, 160, Plaid. 208.)
Les cris que les rochers renvoyoient plus affreux. (III, 43, Mithr. 445.)

Non, non, le temps n'est plus que Néron, jeune encore,
Me *renvoyoit* les vœux d'une cour qui l'adore. (II, 260, *Brit.* 92.)
* Il me *renvoyera* innocent. (VI, 188, *Livres ann.*)

REPAÎTRE, au propre et au figuré ; SE REPAÎTRE DE :
(Par quelle erreur) Achetez-vous si souvent,
Non un pain qui vous *repoisse*,
Mais une ombre, etc. ? (IV, 158, *Poés. div.* 18.)
(Que) De mes peuples vengés il *repaisse* les yeux. (III, 534, *Esth.* 1175.)
Mais Taxile m'enferme; et cependant le traître
Du sang de ce héros est allé *se repaître*. (I, 586, *Alex.* 1366.)
.... Cette paix dont vous vous *repaissez*. (II, 329, *Brit.* 1541.)
Je ne me *repais* point de pareilles chimères. (I, 412, *Théb.* 235.)

RÉPANDRE ; SE RÉPANDRE :
* Electra.... *répandant* les libations que sa mère envoie à son père. (VI, 220, *Livres ann.*)
Sa facile bonté, sur son front *répandue*. (II, 331, *Brit.* 1591.)
Son visage, où la mort a *répandu* ses traits. (I, 477, *Théb.* 1383.)
(Vous) Avez dans tout le camp *répandu* vos fureurs. (III, 218, *Iph.* 1364.)
Les biens que j'ai conquis *répandus* sur leurs têtes
Font voir que je soupire après d'autres conquêtes. (I, 563, *Alex.* 853.)
J'ai vu, n'en doutez point, ses larmes *se répandre*. (III, 202, *Iph* 1017.)
On vit de toutes parts mes bontés *se répandre*. (II, 396, *Bér.* 515.)
Ma main avec plaisir apprit à *se répandre*. (*Ibid.* var.)
Mes fureurs au dehors ont osé *se répandre*. (III, 347, *Phèd.* 741.)
En quels excès peut-être elle va *se répandre* (*la férocité de Néron*)!
(II, 293, *Brit.* 803.)

RÉPARATION :
Je n'ai point de *réparation* à lui faire. (II, 242, *Brit.* préf. ; voyez II, 177, *Plaid.* 386 et 387.)
Je dois *réparation* à la mémoire de la Chameslé. (VII, 264, *Lettres.*)

RÉPARER :
Tandis que le sommeil, *réparant* la nature.... (IV, 107, *Poés. div* 1.)
Souffrez que de vos pleurs je *répare* l'outrage. (II, 418, *Bér.* 971,
Pour *réparer* des ans l'irréparable outrage. (III, 633, *Ath.* 496.)
Oui, c'est moi.... qui viens....
Réparer tout l'ennui que je vous ai causé. (III, 238, *Iph.* 1728.)
* Il (*Paris*) redouble d'amour pour *réparer* son peu de valeur. (VI, 199, *Livres ann.*)

REPASSER :
.... Dussent-ils encore, en *repassant* les eaux,
Demander votre fils avec mille vaisseaux. (II, 54, *Andr.* 283.)
* Je les *repasse* continuellement dans mon esprit (*les discours de saint Polycarpe*). (V, 577, *Trad.*)

REPENTIR (SE) DE ; FAIRE REPENTIR DE :
Dans un temps plus heureux ma juste impatience
Vous *feroit repentir de* votre défiance. (II, 302, *Brit.* 984.)
Je craindrois de m'exposer.... à vous *faire repentir de* l'attention favorable dont vous m'avez honoré. (II, 364, *Bér.* épitre.)
Peut-on *se repentir d*'un si grand avantage ? (I, 422, *Théb.* 415.)

REPLI, sens physique et sens moral :
C'est là qu'en paisibles *replis*,
Dans les beaux vases de leurs lits,

Ils (*les ruisseaux*) arrosent les herbes. (IV, 33, *Poés. div.* 15.)
Vous auriez pénétré inutilement tous les *replis* du cœur d'un poëte. (IV, 328, *Imag.*)

REPLONGER (SE) DANS, au figuré :
M. Arnauld.... *s'alla replonger dans* son désert. (IV, 473, *P. R.*)

RÉPONDRE, sens divers; RÉPONDRE À, DE, QUE :
Mon cœur vous *répondoit* tous vos mêmes discours. (III, 53, *Mithr.* 690.)
Les Jésuites.... avoient empêché toutes les requêtes d'*être répondues*. (IV, 483, *P. R.*)
* Comme.... un valet de chambre.... lui laissa tomber sur le pied de la cire toute brûlante, le Roi *répondit* froidement : « Tu aurois aussi bien fait de la laisser tomber à terre. » (V, 125, *Notes hist.*)
* Qui *répond*, paye. (VI, 311, *Livres ann.*)
Le Parlement donna un second arrêt plus sévère que le premier contre le *répondant* et contre le président. (IV, 535, *P. R.*; voyez IV, 449, *P. R.*)
Il faut qu'à sa vertu mon estime *réponde*. (II, 384, *Bér.* 219.)
J'avoue que le succès ne *répondit* pas d'abord *à* mes espérances. (II, 250, *Brit.* 2ᵉ préf.)
.... Des coups du destin je ne puis pas *répondre*. (II, 335, *Brit.* 1656.)
Le fils me *repondra des* mépris de la mère. (II, 58, *Andr.* 370.)
.... N'attendez pas que l'on puisse aujourd'hui
Vous *répondre d'*un cœur si peu maître de lui. (II, 46, *Andr.* 120.)
Voyez II, 264, *Brit.* 179 ; II, 283, *Brit.* 622 ; II, 308, *Brit.* 1097 et 1098.
.... Je ne *réponds* pas *que* ma main à vos yeux
N'ensanglante à la fin nos funestes adieux. (II, 440, *Bér.* 1421.)
.... Je *repondrois* bien
Que leur cœur, cher Hémon, est plus dur que le mien.
(I, 420, *Théb.* 385 et 386.)
Répondre au nom de, pour tous, voyez : NOM, TOUT.

RÉPONSE (FAIRE), VII, 232, *Lettres*.

REPORTER :
Si je quittois ce pays, je *reporterois* mon cœur aussi sain et aussi entier que je l'ai apporté. (VI, 457, *Lettres*.)
M. de Sacy faisoit le canevas (*du Nouveau Testament de Mons*), et ne le *reportoit* presque jamais tel qu'il l'avoit fait ; mais il avoit lui-même la principale part aux changements. (IV, 602, *P. R.*)

REPOS :
.... Je m'en vais chercher du *repos* aux enfers. (I, 483, *Théb.* 1516.)
Ennemis du *repos* qui perdit ces infâmes. (I, 549, *Alex.* 581.)
.... C'est trop oublier mon *repos* pour le vôtre. (I, 580, *Alex.* 1242.)
Tu veux servir : va, sers, et me laisse en *repos*. (I, 578, *Alex.* 1204.)
* Mourir pour le *repos* de son royaume. (VI, 299, *Livres ann.*)
Un secret si fatal au *repos* de tes jours. (I, 568, *Alex.* 975.)
Voyez I, 453, *Théb.* 1002 ; I, 540, *Alex.* 352 ; I, 567, *Alex.* 955.

REPOSER (SE) DANS, EN, SUR ; SE REPOSER DE.... SUR :
L'Inde *se reposoit dans* une paix profonde. (I, 547, *Alex.* 518.)
En l'appui de ton Dieu tu *t'étois reposé*. (III, 698, *Ath.* 1709.)
Votre bonté, Madame, avec tranquillité
Pouvoit *se reposer sur* ma fidélité. (II, 314, *Brit.* 1226; voy. II, 65, *Andr.* var.)
.... Il *se reposoit sur* moi *de* tout l'État. (II, 260, *Brit.* 93.)
Est-ce *sur* un rival qu'il *s'en faut reposer*? (II, 73, *Andr.* 668.)
Ah! sans doute on *s'en peut reposer sur* ma foi. (III, 200, *Iph.* 956.)

Qu'ils *se reposent sur* nous *de* la fatigue d'éclaircir les difficultés. (II, 360, *Bér.* préf.)
Voyez II, 42, *Andr.* 30; II, 95, *Andr.* 1084; II, 96, *Andr.* 1087; II, 293, *Brit.* 795.

REPOUSSER :

.... Seigneur, vous entendiez assez
Des soupirs qui craignoient de se voir *repoussés*. (II, 86, *Andr.* 912.)

RÉPRÉHENSIONS :

* Être entièrement exempt d'intérêt particulier dans les *répréhensions*. (VI, 307, *Livres ann.*)

REPRENDRE, sens divers :

Me quitter, me *reprendre*.... (II, 106, *Andr.* 1319.)
Il *a repris* pour vous sa tendresse première. (II, 382, *Bér.* 163.)
Sauvons-le : nos efforts deviendroient impuissants
S'il *reprenoit* ici sa rage avec ses sens. (II, 124, *Andr.* 1648.)
Pour *reprendre* le fil de notre narration. (IV, 482, *P. R.*)
Reprendre haleine; *reprendre* un visage sévère : voyez HALEINE, VISAGE.
* Il est inutile de *reprendre* son prochain, si on ne se donne de garde des vices qu'on *reprend* en lui. (VI, 304, *L. ann.*; voy. VI, 306 et 341, *ibid.*)
Reprendre (terme judiciaire). (V, 384, l. 6 et 7, et 14, *Factums.*)

REPRÉSENTER, sens divers :

Vous y *représentez* (*en ces lieux*) tous les Grecs et son père.
(II, 70, *Andr.* 621.)
Il emploie autant de vers à *représenter* la fureur d'Hémon.... que j'en ai employé aux imprécations d'Agrippine, etc. (II, 246, *Brit.* 1re préf.; voyez II, 476, *Baj.* 2e préf.)
Avec quelque succès que l'on ait *représenté* mon Alexandre.... (I, 516, *Alex.* 1re préf.)

REPROCHE :

Quand pourrai-je à vos pieds expier ce *reproche?* (II, 303, *Brit.* 1023.)
En *reproches* honteux j'éclate contre vous. (I, 574, *Andr.* 1096.)
Nous en avons pourtant (*des témoins*), et qui sont sans *reproche*.
(II, 206, *Plaid.* 719.)

REPROCHER ; REPROCHER QUE, DE CE QUE :

N'entendrons-nous jamais que des cris de victoire
Qui de mes ennemis me *reprochent* la gloire? (I, 568, *Alex.* 958.)
Je tremble qu'un discours, hélas! trop véritable,
Un jour ne leur *reproche* une mère coupable. (III, 353, *Phèd.* 866.)
Ce père, ces Romains que vous me *reprochez*. (III, 36, *Mithr.* 317.)
* Elle *reproche* à sa sœur *qu'*elle est dans l'abondance. (VI, 226, *Livres ann.*; voyez VI, 244 et 245, *ibid.*)
Me *reprochant... qu'*il m'avoit couronné. (I, 402, *Théb.* 61.)
Des personnes m'ont *reproché que* je faisois ce prince plus grand qu'Alexandre. (I, 521, *Alex.* 2e préf.)
* On lui *reprochoit* une fois *de ce qu'*il mangeoit.... (V, 526, *Trad.*)

RÉPROUVER :

Mon père la *réprouve* (*Aricie*).... (III, 310, *Phèd.* 105.)

REPTILE :

Sion, repaire affreux de *reptiles* impurs. (III, 470, *Esth.* 86.)

RÉPUBLIQUE :

* La *République* (*de Pologne*) n'approuva point cette guerre, et le Roi

RÉPUDIER, au propre et au figuré :
Que tardez-vous, Seigneur, à la *répudier?* (II, 277, *Brit.* 474.)
Rome, aussi bien que moi, vous donne son suffrage,
Répudie Octavie.... (II, 282, *Brit.* 597.)
Elle *a répudié* son époux et son père,
Pour rendre à d'autres dieux un honneur adultère. (III, 483, *Esth.* 257.)

RÉPUTATION :
Sire, votre *réputation* n'en est pas moins éclatante. (I, 513, *Alex.* épitre.)
Une ville de cette *réputation*. (V, 253, *Camp. de Louis XIV.*)
Ils allèrent remplir tout Paris de la *réputation* de ce miracle. (IV, 469, *P. R.*)

REQUÊTE :
La *requête* civile est ouverte pour moi. (II, 161, *Plaid.* 233.)
(*Il*) Obtient pour quelque argent un arrêt sur *requête*.
(II, 160, *Plaid.* 212.)
....Présente ta *requête*
Comme tu veux dormir.... (II, 146, *Plaid.* 56; voyez II, 188, *Plaid.* 524.)

RÉSERVE :
* Ils avoient encore beaucoup de vin de *réserve*. (VI, 145, *Rem. sur l'Odyss.*)
On la craint sans *réserve*.... (I, 417, *Théb.* var.)

RÉSERVER; SE RÉSERVER, avec *se*, régime direct ou indirect; RÉ-SERVÉ :
Tiens, tiens, voilà le coup que je *t'ai réservé*. (II, 123, *Andr.* 1632.)
Tous ceux qui dans le cœur me *réservent* leur foi. (II, 270, *Brit.* 326.)
Réservons cet enfant pour un temps plus heureux. (III, 664, *Ath.* 1053.)
Son fils seul avec moi, *réservé* pour les fers. (II, 87, *Andr.* 931.)
Voyez III, 366, *Phèd.* 1072; III, 479, *Esth.* 216.
Je *me réserverai* pour le voyage de Fontainebleau. (VII, 265, *Lettres.*)
A de nouveaux malheurs *te* veux-tu *réserver?* (I, 467, *Théb.* 1207.)
A quel nouveau tourment je *me suis réservée!* (III, 375, *Phèd.* 1226.)
Qu'ils *se réservent* le plaisir de pleurer et d'être attendris. (II, 368, *Bér.* préf.; voyez II, 301, *Brit.* 961.)
Cette gloire obscure que les gens de lettres *s'étoient réservée*. (II, 31, *Andr.* épitre.)
Mon dessein étoit seulement d'avertir l'auteur des Imaginaires d'être un peu plus *réservé* à prononcer contre plusieurs personnes innocentes. (IV, 271, *Imag.*)

RÉSIDENCE :
Ce grand amour pour la *résidence* (*épiscopale*).... le faisoit dès lors traiter de janséniste. (IV, 520, *P. R.*)

RÉSIDER :
.... Nous avions cinquante-deux prélats
Qui ne *résidoient* pas. (IV, 187, *Poés. div.* 9.)
Songez qu'en cet enfant tout Israël *réside*. (III, 679, *Ath.* 1342.)

RÉSIGNATION :
Il me pressa.... pour recevoir son bénéfice par *résignation*. (VI, 475, *Lettres.*)

RÉSIGNER :
Il voudroit treuver un bénéficier séculier qui voulût de son bénéfice à condition de me *résigner* celui qu'il auroit. (VI, 475, *Lettres*.)

RÉSIPISCENCE :
Il les exhortoit.... à revenir à *résipiscence*. (IV, 524, *P. R.*)

RÉSISTER à :
Pour peu que nous *résistions à* ses sentiments, il nous traite de présomptueux. (II, 249, *Brit.* 1re préf.)
Toute leur peine étoit de *résister à* l'orgueil et *à* la férocité d'Agrippine. (II, 252, *Brit.* 2e préf.)

RÉSOLU à, DE (voyez RÉSOUDRE) :
Contente, et *résolue à* l'hymen de mon père. (III, 31, *Mithr.* 207.)
Nous étions avec vous *résolus de* périr. (III, 648, *Ath.* 742.)
Résolu d'accomplir ce cruel sacrifice.... (II, 395, *Bér.* 471.)
Plusieurs officiers *résolus de* se défendre jusqu'aux dernières extrémités. (V, 257, *Camp. de Louis XIV*.)
Voyez II, 482, *Baj.* 24; IV, 288, *Imag.*; IV, 485, *P. R.*; V, 139, *Notes hist.*; VI, 475, *Lettres*.

RÉSOLUTION :
Je n'ai pas eu la *résolution* d'achever. (V, 451, *Lettre à Despréaux*.)
Je fais toujours *résolution* de vous écrire. (VII, 245, *Lettres*.)
Il vit leur *résolution* à ne rien changer. (IV, 550, *P. R.*)

RÉSOUDRE ; RÉSOUDRE DE ; SE RÉSOUDRE À, DE :
Allons. — Où donc, Madame? et que *résolvez-*vous? (II, 93, *Andr.* 1047.)
Je l'*ai* bien *résolu*.... (II, 164, *Plaid.* 263.)
Il *résout* de tenter.... la fortune. (V, 297, *Camp. de Louis XIV*.)
A quoi te *résous–tu*, princesse infortunée ? (I, 467, *Théb.* 1203.)
Pourrois-je *me résoudre à* vivre davantage ? (I, 423, *Théb.* 444.)
Maître de ses États, il a pu *se résoudre*
A se mettre avec eux à couvert de la foudre. (I, 576, *Alex.* 1145 et 1146.)
Je ne puis *me résoudre à* finir cette préface sans rendre, etc. (III, 458, *Esth*. préf.)
Il *se résout* donc *de* donner la paix à l'Europe. (V, 293, *Camp. de Louis XIV*.)
Il faut partir, Seigneur : sortons de ce palais,
Ou bien *résolvons-nous de* n'en sortir jamais. (II, 121, *Andr.* 1584.)
Voyez IV, 272, *Imag.*; IV, 396 et 495, *P. R.*

RESPECT, RESPECTS :
Je tremble qu'Athalie, à ne vous rien cacher,...
.... D'un *respect* forcé ne dépouille les restes. (III, 606, *Ath.* 24.)
C'est l'unique *respect* que j'exige de vous. (III, 382, *Phèd.* 1355.)
Aussi bien mes *respects* redoublent vos mépris. (I, 414, *Théb.* 285.)
Mes *respects* pour le Roi sont ardents et sincères. (I, 412, *Théb.* 236.)

RESPECTABLE à :
Un éclat qui le rend *respectable aux* Dieux même. (III, 507, *Esth.* 678.)

RESPECTER :
Il ne marchera point contre un roi qu'il *respecte*. (I, 551, *Alex.* 609.)
.... Gardes, qu'on les retienne....
C'est leur être cruels que de les *respecter*. (I, 466, *Théb.* 1197.)
Jadis Priam soumis *fut respecté* d'Achille. (II, 88, *Andr.* 938.)

RESPIRER, emplois divers, neutralement et activement; RESPIRER DE :
... Tant que je *respire*, il ne peut être à toi. (I, 454, *Théb.* 1010.)
Que dis-je? Il n'est point mort, puisqu'il *respire* en vous.
(III, 340, *Phèd.* 627.)
.... Vous ne *respirez* qu'autant que je vous aime. (II, 503, *Baj.* 510.)
Jusqu'à quand souffre-t-on que ce peuple *respire*? (III, 496, *Esth.* 497.)
Venge nos libertés, qui *respirent* encore. (I, 578, *Alex.* 1198.)
Quel air *respires*-tu? (II, 420, *Bér.* 1014.)
.... Vous, à qui Néron doit le jour qu'il *respire*.
(II, 256, *Brit.* 15; voyez III, 173, *Iph.* 425.,
(Si) Je ne vais quelquefois *respirer* à vos pieds. (II, 282, *Brit.* 594.)
Oui, je *respire*, Arsace, et tu me rends la vie. (II, 410, *Bér.* 828.)
Voyez III, 43, *Mithr.* 511 ; III, 74, *Mithr.* 1174; III, 325, *Phèd.* 297.
Hercule, *respirant* sur le bruit de vos coups,
Déjà de son travail se reposoit sur vous. (III, 358, *Phèd.* 943.)
Donnez-moi seulement le temps de *respirer*.
(III, 694, *Ath.* 1638; voyez II, 408, *Bér.* 774.)
Vous voyez qu'avec une si grosse famille.... on n'a pas trop le temps de *respirer*. (VII, 272, *Lettres*.)
Nos bombes ne les laissoient pas *respirer*. (VII, 56, *Lettres*.)
Comme il ne *respiroit* qu'une retraite prompte! (III, 347, *Phèd.* 745.)
Je *respire* à la fois l'inceste et l'imposture. (III, 376, *Phèd.* 1270.)
Tout *respire* en Esther l'innocence et la paix. (III, 507, *Esth.* 672.)
.... Toujours avec vous son cœur d'intelligence
N'a semblé *respirer* que guerre et que vengeance.
(III, 45, *Mithr.* 500; voyez III, 690, *Ath.* 1540.)
La fille le veut bien; son amant le *respire*. (II, 218, *Plaid.* 857.)
Rome, à trois affranchis si longtemps asservie,
A peine *respirant* du joug qu'elle a porté. (II, 264, *Brit.* 201.)

RESPONSABLE DE :
Des froideurs de Titus je serai *responsable*? (II, 415, *Bér.* 931.)
Vous voilà *de* mes jours maintenant *responsable*. (II, 440, *Bér.* 1424.)

RESSEMBLANCE :
* La *ressemblance* des mœurs produit l'amitié. (VI, 305, *Livres ann.*)

RESSEMBLER (SE) :
Pour bien faire, Néron n'a qu'à *se ressembler*. (II, 265, *Brit.* 218.)

RESSENTIMENT :
Quelque *ressentiment* de son mal. (VII, 211, *Lettres.*)
Le *ressentiment* qu'elle a de toutes les bontés qu'il a pour vous. (VII, 259, *Lettres.*)
Est-il juste, Seigneur, que seule en ce moment
Je demeure sans voix et sans *ressentiment*? (II, 399, *Bér.* 562.)
Tous mes *ressentiments* lui seroient asservis. (II, 91, *Andr.* 1011.)

RESSENTIR; SE RESSENTIR DE :
Il *ressent* mes douleurs beaucoup plus que moi-même. (III, 186, *Iph.* 718.)
Je *ressens* tous les maux que je puis *ressentir*. (II, 439, *Bér.* 1389.)
Ressentez donc aussi cette félicité. (III, 516, *Esth.* 835.)
Cette vive douleur, dont je suis la victime,
Ressent la mort de l'un, et de l'autre le crime. (I, 470, *Théb.* var.)
Le fils de Claudius commence à *ressentir*
Des crimes dont je n'ai que le seul repentir. (II, 295, *Brit.* 837.)
De ce peuple déjà j'*ai ressenti* l'audace. (I, 424, *Théb.* 464.)

Tout y *ressent* la guerre, et non point l'hyménée. (III, 190, *Iph.* 786.)
    Votre sœur.... a une fort grande migraine. La pauvre fille.... n'est pas dix jours de suite sans *s'en ressentir.* (VII, 257, *Lettres.*)
    Il suffit que.... tout s'y *ressente* (*dans une tragédie*) *de* cette tristesse majestueuse.... (II, 366, *Bér.* préf.)

RESSERRER, au propre et au figuré ; SE RESSERRER :
Ils ont vu de nouveau *resserrer* leur frontière. (IV, 87, *Poés. div.* 44.)
    Vous jugez bien que cela nous *resserre* beaucoup dans nos affaires. (VII, 204, *Lettres.*)
    ....Mon cœur de crainte et d'horreur *se resserre.* (III, 521, *Esth.* 935.)

RESSORT, au figuré :
Par quels secrets *ressorts*, par quel enchaînement
Le Ciel a-t-il conduit ce grand événement ? (III, 466, *Esth.* 29.)
    Tant de grands événements, dont les motifs et les principaux *ressorts* ont été si souvent confiés à votre fidélité, à votre sagesse. (IV, 364, *Disc. acad.*)
    Il faut que par d'autres *ressorts*
Jules achève ces merveilles. (IV, 56, *Poés. div.* var.)
De nos desseins souvent il rompt tous les *ressorts.*
              (III, 497, *Esth.* 520 ; voyez III, 169, *Iph.* 362.)
Je sais par quels *ressorts* on le pousse, on l'arrête. (III, 533, *Esth.* 1148.)
    .... Pour faire jouer ce *ressort* odieux. (II, 307, *Brit.* 1089.)
Pour vous perdre il n'est point de *ressorts* qu'ils n'invente.
                                     (III. 607, *Ath.* 43.)
Ce vers se trouvait dans les premières éditions sous cette forme :
Pour vous perdre il n'est point de *ressorts* qu'il ne joue.
    Pouvons-nous faire jouer une intrigue dont vous ne pénétriez tous les *ressorts ?* (II, 31, *Andr.* épitre.)
    Les *ressorts* de sa politique. (IV, 476, *P. R.*)

RESSOURCE :
Le reste est un malheur qui n'est point sans *ressource.* (II, 294, *Brit.* 827.)

RESSOUVENIR, verbe et substantif :
    *Il la fait *ressouvenir* de la mort de son père. (VI, 231, *Livres ann.*. voyez VI, 200 et 294, *Livres ann.* ; VII, 111, *Lettres.*)
    *Il commence cette ode par un *ressouvenir.* (VI, 43, *Rem. sur Pind.*)
Que faites-vous, Madame ? et quel *ressouvenir*...? (III, 40, *Mithr.* 377.)

RESSUSCITER :
Tu frappes et guéris ; tu perds et *ressuscites.* (III, 667, *Ath.* 1123.)

RESTE, RESTES ; AU RESTE :
    *Il (*un pouce de Pyrrhus*) ne put être brûlé avec le *reste* de son corps (VI, 338, *Livres ann.*)
    ....Dans son sein votre bras enfoncé
Cherche un *reste* de sang que l'âge avoit glacé. (II, 107, *Andr.* 1336.)
On traîne, on va donner en spectacle funeste
De son corps tout sanglant le misérable *reste.* (III, 536, *Esth.* 1193.)
Depuis qu'à mon amour cessant d'être contraire,
Il semble me céder la gloire de vous plaire,
Mon cœur, je l'avoûrai, lui pardonne en secret,
Et lui laisse le *reste* avec moins de regret. (II, 326, *Brit.* 1494.)
Il est du sang d'Hector, mais il en est le *reste*;
Et pour ce *reste* enfin j'ai moi-même en un jour
Sacrifié mon sang, ma haine et mon amour. (II, 97, *Andr.* 1122 et 1123.)

Du fidèle David c'est le précieux *reste*. (III, 620, *Ath.* 256.)
Il dompta les mutins, *reste* pâle et sanglant
Des flammes, de la faim, des fureurs intestines. (II, 384, *Bér.* 230.)
.... Il vous garde encore un *reste* de courroux. (II, 442, *Bér.* 1465.)
Aucun *reste* d'espoir ne peut flatter ma peine. (I, 586, *Alex.* 1353.)
Le croirai-je, Seigneur, qu'un *reste* de tendresse
Vous fasse ici chercher une triste princesse?
(II, 64, *Andr.* 477; voyez II, 276, *Brit.* 463.)
.... (Le Roi) ne voit plus qu'un *reste* de lumière. (III, 92, *Mithr.* 1552.)
As-tu donc de Jacob abandonné les *restes*? (III, 478, *Esth.* 182.)
....Un mot eût fait le *reste*. (II, 78, *Andr.* 746; voy. II, 551, *Baj.* 1546.)
Au reste servant de transition brusque sans rapport à ce qui précède :
 *Ce mot.... est fort expressif pour décrire l'Enfer.... *Au reste*, il y avoit deux Orchomènes. (VI, 55, *Rem. sur Pind.*; voyez III, 302, *Phèd.* préf.; VI, 414, *Lettres*.)

RESTER; IL RESTE DE :
D'où vient ce désordre et cette émotion qui vous *reste*? (IV, 11, *Plan d'Iph. en Taur.*)
Madame, il me *restoit* d'être oublié de vous. (II, 302, *Brit.* 982.)
Il ne lui *restoit* plus (à Germanicus), pour dernière misère,
Que d'être chanté par Pradon. (IV, 188, *Poés. div.* 5 et 6.)

RESTRICTION :
On leur avoit inspiré une extrême horreur pour toutes ces *restrictions* mentales. (IV, 525, *P. R.*)

RÉTABLIR :
 *Joïada entreprit de *rétablir* Joas à la huitième année. (V, 206, *Notes relig.*)

RETARDEMENT :
Il lui en coûtera un port de lettre de ce *retardement*. (VI, 482, *Lettres*; voyez VI, 443, *Lettres*.)
Surpris, n'en doutez point, de mon *retardement*,
Lui-même il me viendra chercher dans un moment. (III, 204, *Iph.* 1067.)
Tous vos *retardements* sont pour moi des refus. (II, 99, *Andr.* 1171.)
Voyez II, 61, *Andr.* 406; II, 540, *Baj.* 1331; III, 32, *Mithr.* 226.

RETARDER :
... Quels soins désormais peuvent me *retarder*? (III, 358, *Phèd.* 932.)
Pensez-vous, quand Pyrrhus vous l'auroit accordée,
Qu'un prétexte tout prêt ne l'*eût* pas *retardée*? (II, 78, *Andr.* 750.)

RETENIR; RETENU, RETENU À :
Après cela, Seigneur, je ne vous *retiens* plus. (II, 52, *Andr.* 247.)
Burrhus, dans ce palais je veux qu'on la *retienne*. (II, 307, *Brit.* 1091)
... Burrhus à sa porte ose me *retenir*. (II, 268, *Brit.* 278.)
Voyez I, 530, *Alex.* 135; II, 546, *Baj.* 1456.
Loin de me *retenir* par des conseils jaloux,
Elle me conjuroit de me donner à vous. (II, 551, *Baj.* 1555.)
Je lui aurois abandonné l'autre (*lettre*) bientôt après, si quelques considérations ne m'avoient obligé de la *retenir*. (IV, 271, *Imag.*)
Je l'*aurois retenu*. — Qui? moi? le *retenir*?
J'en dois perdre plutôt jusques au souvenir. (II, 387, *Bér.* 289.)
Par quel charme secret laissé-je *retenir*
Ce courroux si sévère et si prompt à punir? (III, 81, *Mithr.* 1313.)
....Je devois *retenir* ma foiblesse :

Tu vas en triompher.... (II, 505, *Baj.* 553.)
Quelle pitié *retient* mes sentiments timides? (III, 84, *Mithr.* 1407.)
Comment lui rendre un cœur que vous me *retenez*? (II, 57, *Andr.* 344.)
* Femmes ne sauroient *retenir* un secret. (VI, 296, *Livres ann.*)
Dire tout ce qu'aux cœurs l'un de l'autre contents
Inspirent des transports *retenus* si longtemps. (II, 388, *Bér.* 326.)
Non, non, dans leurs discours ils sont plus *retenus*. (II, 324, *Brit.* 1438.)
    Je la représente plus *retenue* qu'elle n'étoit. (II, 245, *Brit.* 1re préf.)
    Il faut être plus *retenu* à vous parler de vous-même. (II, 364, *Bér.* épître.)
    Il faut être.... très-*retenu* à prononcer sur les ouvrages de ces grands hommes. (III, 147, *Iph.* préf.)

RETENTIR DE :
Tandis qu'autour de moi votre cour assemblée
Retentit des bienfaits dont vous m'avez comblée. (II, 399, *Bér.* 560.)
.... Pourquoi? Pour entendre un peuple injurieux
Qui fait *de* mon malheur *retentir* tous ces lieux? (II, 435, *Bér.* 1314.)

RETENUE :
Quoi? ta rage à mes yeux perd toute *retenue*? (III, 370, *Phèd.* 1153.)
    Cette sage *retenue* que tout le monde admire en vous. (II, 241, *Brit.* épît.)
Lorsqu'on se sent pressé d'une main inconnue,
On la craint sans réserve, on hait sans *retenue*. (I, 417, *Théb.* var.)

RETIRER; SE RETIRER; RETIRÉ :
Il présente la paix à des rois aveuglés,
Et *retire* la main qui les eût accablés. (I, 542, *Alex.* 412.)
Quel plaisir de venger moi-même mon injure,
De *retirer* mon bras teint du sang du parjure. (II, 103, *Andr.* 1262.)
    * Il parle d'Æpitus..., qui *retira* chez lui Évadné. (VI, 28, *Rem. sur Pind.*; voyez IV, 461, *P. R.*)
* Le duc Jean le *retire* près de lui, et le traite comme son héritier présomptif. (V, 197, *Notes hist.*)
.... Savez-vous quel serpent inhumain
Iphigénie *avoit retiré* dans son sein? (III, 236, *Iph.* 1676.)
Retirons-nous, sortons.... (II, 375, *Bér* 33.)
Le voici : vers mon cœur tout mon sang *se retire*. (III, 338, *Phèd.* 581.)
Dieu même, disent-ils, *s'est retiré* de nous. (III, 611, *Ath.* 97.)
* Le visir.... (*l'accusa*) d'avoir osé.... *se retirer* de l'obéissance qu'il devoit à la Porte. (V, 143, *Notes hist.*)
.... L'un et l'autre camp, les voyant *retirés*,
Ont quitté le combat, et se sont séparés. (I, 436, *Théb.* 657.)
    Un ordre de Religieux plus *retirés* et encore plus austères que les chartreux. (IV, 405, *P. R.*)

RETOMBER SUR :
Tout ce que je lui dois va *retomber* sur elle. (II, 397, *Bér.* 520.)
Dût tout cet appareil *retomber sur* ma tête,
Il faut parler.... (III, 197, *Iph.* 906.)
Mais si je le défends, des soins si généreux
Retombent sur mon frère, et détruisent ses vœux. (I, 583, *Alex.* 1300.)
Vos libertés enfin *retomberoient sur* vous. (I, 414, *Théb.* 278.)

RETOUR, SENS DIVERS ; SANS RETOUR :
Mon *retour* va bientôt dissiper vos alarmes. (II, 329, *Brit.* 1556.)
L'auriez-vous cru, Madame, et qu'un si prompt *retour*
Fît à tant de fureur succéder tant d'amour? (II, 525, *Baj.* 1019.)

Plusieurs montagnes et plusieurs vallées, avec une infinité de tours et *retours*. (VII, 55, *Lettres*.)
Mes amis.... m'ont dit que c'étoit vous rompre le cou.... que de vous marier si jeune, en vous donnant un établissement si médiocre, quoiqu'il y ait des espérances de *retour* dans vingt ans. (VII, 278, *Lettres*.)
Tout a fui, tous se sont séparés *sans retour*. (III, 666, *Ath.* 1102.)
Est-ce que *sans retour* ta pitié l'abandonne? (III, 687, *Ath.* 1500.)
Amant avec transport, mais jaloux *sans retour*. (III, 38, *Mithr.* 353.)
Voyez III, 365, *Phèd.* 1063; III, 478, *Esth.* 188.

RETOURNER ; RETOURNER À, DANS, CHEZ, DE; S'EN RETOURNER :
Amurat, qui s'approche et *retourne* vainqueur. (II, 541, *Baj.* 1352.)
Il me faut sans honneur *retourner* sur mes pas. (III, 184, *Iph.* 659.)
Retournez, retournez à la fille d'Hélène. (II, 57, *Andr.* 342.)
Cesse de m'arrêter : va, *retourne à* ma mère. (III, 227, *Iph.* 1493.)
Rome, depuis deux ans par ses soins gouvernée,
Au temps de ses consuls croit *être retournée*. (II, 256, *Brit.* 28.)
*Il revient à Théron, dont la race a été heureuse, et puis après malheureuse, et ensuite *est retournée à* son premier bonheur. (VI, 18, *R. sur Pind.*)
Les louanges qu'on donne au vaincu *retournent à* la gloire du vainqueur. (I, 518, *Alex.* 1re préf.)
Voyez de vos vaisseaux les poupes couronnées
Dans cette même Aulide avec vous *retournées*. (III, 170, *Iph.* 386.)
J'ai *retourné* aujourd'hui *chez* lui. (VII, 155, *Lettres*.)
* Une autre fois qu'il *retournoit des* jeux olympiques. (V, 527, *Trad.*)
Je *m'en retournerai* seule et désespérée ! (III, 216, *Iph.* 1306.)
Voyez III, 161, *Iph.* 212; IV, 594, *P. R.*; V, 160, *Notes hist.*

RETRACER :
Tout *retrace* à mes yeux les charmes que j'évite. (III, 336, *Phèd.* 545.)
Vous n'en sauriez, Seigneur, *retracer* la mémoire. (III, 52, *Mithr.* 687.)

RETRAITE :
Titus, après huit jours d'une *retraite* austère,
Cesse enfin de pleurer Vespasien son père. (II, 376, *Bér.* 55.)
.... Cette prompte *retraite*
Me laisse, je l'avoue, une douleur secrète. (II, 387, *Bér.* 287.)
Comme il ne respiroit qu'une *retraite* prompte! (III, 347, *Phèd.* 745.)
La guerre, les périls sont vos seules *retraites*. (III, 63, *Mithr.* 912.)

RETRANCHEMENT, RETRANCHEMENTS :
*Le Plessis attaque le *retranchement* des Espagnols. (VI, 348, *L. ann.*)
De ses *retranchements* il découvre les vôtres. (I, 541, *Alex.* 382.)

RETRANCHER, sens divers; SE RETRANCHER SUR :
* Cette ordonnance n'a été faite que pour *retrancher* la multiplicité de ces dignités. (V, 389, *Factums*.)
... Dieu rejeta sa race (*la race du fils de Cyrus*),
Le *retrancha* lui-même, et vous mit en sa place. (III, 526, *Esth.* 1077.)
Retranchez de nos ans
Pour ajouter à ses années. (IV, 89, *Poés. div.* 80.)
Il a trouvé.... les ennemis *retranchés* jusqu'aux dents. (VI, 599, *Lettr.*)
Retranchez-vous donc *sur* le sérieux. (IV, 289, *Imag.*)

RETROUVER ; SE RETROUVER :
Madame, je m'en vais *retrouver* mon armée. (I, 408, *Théb.* 172.)
Pour savoir nos destins j'irai vous *retrouver*. (II, 59, *Andr.* 383.)
Si la foi dans son cœur *retrouvoit* quelque place! (II, 62, *Andr.* 437.)

.... Phèdre au Labyrinthe avec vous descendue
Se seroit avec vous *retrouvée*, ou perdue. (III, 342, *Phèd.* 662.)

RÉUNION :
Venez favoriser notre *réunion*. (II, 333, *Brit.* 1626.)

RÉUNIR :
Espérons que le Ciel, touché de nos misères,
Achèvera bientôt de *réunir* les frères.
(I, 419, *Théb.* 380 ; voyez I, 454, *Théb.* 1029.)
L'Empereur vous croit-il du parti de Junie ?
Avec Britannicus vous croit-il *réunie* ? (II, 267, *Brit.* 264.)

RÉUSSIR :
Tout vous *a réussi?* Que Dieu voie, et nous juge. (III, 647, *Ath.* 731.)

REVANCHER (SE) :
*Pour *se revancher*, il fit un grand placard, où il mit en écrit, etc. (V, 512, *Trad.*)

RÉVEILLER, SE RÉVEILLER, au figuré :
....(Le peuple et les soldats) *Réveillant* leur tendresse première,
Favorisoient en vous Germanicus mon père. (II, 312, *Brit.* 1171.)
Ses périls tous les jours *réveillent* sa tendresse. (II, 488, *Baj.* 190.)
Ceux même dont ma gloire aigrit l'ambition
Réveilleront leur brigue et leur prétention. (III, 158, *Iph.* 140.)
De Troie en ce pays *réveillons* les misères. (II, 99, *Andr.* 1161.)
.... De tant de morts *réveillant* la douleur. (II, 95, *Andr.* 1079.)
Pécheurs, disparoissez : le Seigneur *se réveille*. (III, 668, *Ath.* 1141.)
Tout rit aux premiers traits du jour qui *se réveille*. (IV, 127, *P. div.* 3.)
Quel feu mal étouffé dans mon cœur *se réveille?* (III, 373, *Phèd.* 1194.)

RÉVÉLATIONS :
Elle citoit.... de prétendues *révélations*. (IV, 561, *P. R.*)

RÉVÉLER :
Il n'est point de secrets que le temps ne *révèle*. (II, 322, *Brit.* 1404.)
.... Ce fils de David qu'on leur doit *révéler*. (III, 618, *Ath.* 213.)

REVENIR, sens et emplois divers :
Il voit aller et *revenir* de toutes parts les armées françoises. (V, 290, *Camp. de Louis XIV.*)
Il alloit voir Junie, et *revenoit* content. (II, 275, *Brit.* 442.)
*Agamemnon *revint* à son pays. (VI, 91, *Rem. sur l'Odyss.*)
Peut-être on vous fera *revenir* sur vos pas. (II, 510, *Baj.* 664.)
Encore un coup, vivez, et *revenez* à vous. (III, 505, *Esth.* 644.)
Il les exhortoit.... à *revenir* à résipiscence. (IV, 524, *P. R.*)
Hermione elle-même a vu plus de cent fois
Cet amant irrité *revenir* sous ses lois. (II, 46, *Andr.* 116.)
Monime, qu'en tes mains mon père avoit laissée,
Avec tous ses attraits *revint* en ma pensée. (III, 26, *Mithr.* 84.)
Quel fruit me *reviendra* d'un aveu téméraire ?
(II, 375, *Bér.* 31 ; voyez III, 610, *Ath.* 87.)
Qu'est-ce qui t'en *revient*, faussaire abominable? (II, 168, *Plaid.* 295.)
La petite Nanette a été bien tourmentée de deux grosses dents... ;
mais il me semble qu'elle commence à *revenir*. (VI, 534, *Lettres.*)
Je ne crois pas qu'il (*le blé*) y *revienne* de longtemps (*au même prix*).
(VI, 534, *Lettres.*)

Le plus grand déplaisir qui puisse m'arriver au monde, c'est s'il me *revenoit* que vous êtes un indévot. (VII, 141, *Lettres*.)
Pour *revenir* à l'attaque, elle se fit avec un ordre merveilleux. (VII, 48, *Lettres*.)
Puisque je l'ai jugé, je n'en *reviendrai* point. (II, 218, *Plaid.* 864.)
Elle.... songea aussitôt à *revenir* contre la donation qu'elle avoit faite. (IV, 425, *P. R.*)
Voyez VII, 155, 249 et 303, *Lettres.*

REVENANT À, convenant à :
Voyez où je pourrois trouver quelque chose de *revenant* à Mlle Lucrèce. (VI, 484, *Lettres*.)

RÊVER À :
Allons à ce dessein *rêver* ailleurs.... (II, 156, *Plaid.* 164.)

RÉVERBÉRATION :
Racine a souligné ce mot dans ce passage de Vaugelas : « La *réverbération* du cri dans les vallons » (VI, 355).

RÉVÉRER :
Croyez que je la *révère* infiniment (*Mlle Lucrèce*). (VI, 470, *Lettres*.)

REVERS (DE) :
Trois batteries.... qui tirent continuellement sur de pauvres gens qui sont vus d'en haut et *de revers*. (VII, 42, *Lettres*.)

REVÊTIR, SE REVÊTIR, au propre et au figuré :
Revêtu de lambeaux.... (III, 493, *Esth.* 439.)
O Dieux ! est-il si doux de porter la couronne?
Et pour le seul plaisir d'en être *revêtu*,
Peut-on se dépouiller de toute sa vertu? (I, 460, *Théb.* var.)
Moi-même, *revêtu* d'un pouvoir emprunté. (II, 324, *Brit.* 1445.)
.... La solide gloire
Des honneurs dont César prétend vous *revêtir*. (II, 283, *Brit.* 625.)
.... Loin des grandeurs dont il *est revêtu*. (II, 381, *Bér.* 161.)
... D'un zèle trompeur à vos yeux *revêtu*. (III, 530, *Esth.* 1094.)
Il est incroyable.... combien de bastions on *a revêtus*. (V, 52, *Méd.*)
Revêtons-nous d'habillements
Conformes à l'horrible fête
Que l'impie Aman nous apprête. (III, 485, *Esth.* 311.)

REVIVRE :
* Les larmes ne font point *revivre* les morts. (VI, 225, *Livres ann.*)
... En vous Ménélas voit *revivre* son frère. (II, 70, *Andr.* 622.)
Si ces Grecs vos aïeux *revivoient* dans votre âme. (III, 48, *Mithr.* 572.)
(*Ces cœurs*) *Revivront* pour me suivre.... (I, 585, *Alex.* 1345.)
Mes pleurs feront toujours *revivre* sa mémoire. (I, 577, *Alex.* 1182.)

RÉVOCATION :
La *révocation* de l'édit de Nantes. (V, 12, *Épitaphes*.)

REVOIR :
De quel temps de sa vie a-t-il choisi l'histoire?
— Il *revoit* tous ces temps si remplis de sa gloire. (III, 491, *Esth.* 402.)
.... Nous nous *reverrons*. Adieu. Je sors contente. (III, 647, *Ath.* 736.)
Voyez II, 279, *Brit.* 517; II, 397, *Bér.* 539.
.... De ce souvenir mon âme possédée
A deux fois en dormant *revu* la même idée. (III, 634, *Ath.* 520.)

(*Britannicus*) est maintenant celle des miennes (*de mes pièces*) que la cour et le public *revoient* le plus volontiers. (II, 250, *Brit*, 2ᵉ préf.)

REVOLER, au figuré :
.... Je verrai mon âme, en secret déchirée,
Revoler vers le bien dont elle est séparée. (III, 54, *Mithr.* 732.)

RÉVOLTER ; RÉVOLTER CONTRE :
C'est lui (*le Destin*) qui m'a ravi l'amitié de mon père,
Qui le fit mon rival, qui *révolta* ma mère. (III, 76, *Mithr.* 1220.)
Contre un si juste choix qui peut vous *révolter*? (III, 70, *Mithr.* 1065)
Troie, Hector *contre* vous *révoltent*-ils son âme? (II, 58, *Andr.* 357.)
L'autre (*homme*), à tes volontés rebelle,
Me *révolte contre* ta loi. (IV, 156, *Poés. div.* 6.)

RÉVOLUTION :
Ils (*les ennemis de la France*) se flattoient tous les ans de quelque *révolution* en leur faveur. (V, 313, *Siège de Nam.*)

RÉVOQUER :
J'avois *révoqué* l'ordre où l'on me fit souscrire. (III, 213, *Iph.* 1230.)
Je ne *révoque* rien de ce que j'ai promis. (II, 298, *Brit.* 918.)
Par mes ambassadeurs mon cœur vous fut promis;
Loin de les *révoquer*, je voulus y souscrire. (II, 105, *Andr.* 1289.)

REVUE :
Vous avez peut-être trouvé dans les poëmes épiques les *revues* d'armées fort longues. (VII, 35, *Lettres*.)
* On en fait des *revues* (*des milices d'Angleterre*) quatre fois l'an. (V, 133, *Notes hist.*)

RHÉTORIQUEMENT :
* Les anciens faisoient parler politiquement, et les modernes *rhétoriquement*. (VI, 290, *Livres ann.*)

RHUME :
Un fort grand *rhume* dans le cerveau. (VII, 236, *Lettres*.)

RICHARD :
Lors le *richard*, en larmoyant, lui dit.... (IV, 190, *Poés. div.* 8.)

RICHE, au propre et au figuré :
*Quand on voit un homme *riche* en peu de temps.... (VI, 215, *L. ann.*)
Je suis devenu *riche* de bons mémoires. (VI, 597, *Lettres*.)
.... Cent longues allées
D'arbres toujours *riches* et verts. (IV, 28, *Poés. div.* 12.)
.... *Riches* déserts. (IV, 27, *Poés. div.* 88.)

RICHESSE, au figuré :
J'aime, je prise en lui de plus nobles *richesses*. (III, 332, *Phèd.* 441.)
Je vois de ces pompeux sillons
La *richesse* flottante
Ondoyer dessus ces vallons. (IV, 25, *Poés. div.* 29.)

RIDEAU, au figuré :
.... Officieux *rideaux* (*formés par des arbres*). (IV, 36, *Poés. div.* 70.)

RIEN, quelque chose, nulle chose; emplois divers, avec et sans négation (voyez ci-dessus, NE, p. 337) :
Aussi bien n'attends pas qu'un cœur comme le mien

Reconnoisse un vainqueur, et te demande *rien*. (I, 592, *Alex* 1492.)
Hé! Monsieur, qui vous dit qu'on vous demande *rien*?
(II, 219, *Plaid.* 875.)
Elle passe ses jours, Paulin, sans *rien* prétendre
Que quelque heure à me voir, et le reste à m'attendre. (II, 397, *Bér.* 535.)
* Ennuyé d'être sans *rien* faire. (V, 96, *Notes hist.*)
Lui seul est Dieu, Madame, et le vôtre n'est *rien*. (III, 644, *Ath.* 686.)
* Il ne sert de *rien* de fermer toutes les autres portes. (VI, 303, *L. ann.*)
Ni prières ni pleurs ne m'ont de *rien* servi. (I, 399, *Théb.* 21.)
* Quelques couchettes, qui n'étoient couvertes de *rien*. (V, 586, *Trad.*)
M. Morin (*le médecin*), que je viens de voir, m'a assuré que ce (*mal*) ne seroit *rien*. (VII, 298, *Lettres.*)
Je ne voyois en toi *rien* qui ne fût aimable;
Je ne sentois en moi *rien* qui ne fût amour. (IV, 47, *Poés. div.* 23 et 24.)
Je verrai Bajazet. Je ne puis dire *rien*
Sans savoir si son cœur s'accorde avec le mien. (II, 491, *Baj.* 255.)

Dans l'exemple suivant il y a, d'après l'usage qui a prévalu, pléonasme de *pas*; dans les quatre qui viennent après, *rien* est employé comme négatif à lui seul :

On ne veut pas *rien* faire ici qui vous déplaise. (II, 183, *Plaid.* 472.)
Un héros dont la gloire accompagne les pas,
Qui peut tout sur mon cœur, et *rien* sur mes États. (I, 546, *Alex.* 504.)
J'y vendrai ma chemise; et je veux *rien* ou tout. (II, 163, *Plaid.* 258.)
Grand Dieu, par qui de *rien* toute chose est formée.
(IV, 115, *Poés. div.* 21.)
* Ne feindre de lire..., étant à *rien* faire. (VI, 310, *Livres ann.*)
* Des gens qui ne lui étoient de *rien*. (VI, 184, *Livres ann.*)
* Le Grand Seigneur ne songeoit *rien* moins qu'à la réduction des Cosaques. (V, 138, *Notes hist.*)
.... En moins de *rien*.... (IV, 233, *Poés. div.* 218, 2ᵈ app.)
* Il n'y avoit *rien* (*de temps*) qu'un homme s'y étoit pendu. (V, 528, *Trad.*)

RIGOUREUX, euse :

.... Du Roi le fer trop *rigoureux*....
Le renverse à ses pieds prêt à rendre la vie. (I, 474, *Théb.* 1335.)
Vous trahissez.... vos enfants malheureux,
Que vous précipitez sous un joug *rigoureux*. (III, 317, *Phèd.* 200.)
Rigoureuse Fortune, achève ton courroux. (I, 472, *Théb.* 1307.)
.... Dussiez-vous encor m'être aussi *rigoureuse*. (I, 482, *Théb.* 1485.)

RIGUEUR, rigueurs :

Enfin votre *rigueur* emporta la balance. (II, 383, *Bér.* 203.)
Quelle est cette *rigueur* tant de fois alléguée? (II, 66, *Andr.* 521.)
.... Rendre un fils à sa mère,
De cent peuples pour lui combattre la *rigueur*. (II, 56, *Andr.* 307.)
Je prévois la *rigueur* d'un long éloignement. (III, 178, *Iph.* 559.)
Tu sais de nos sultans les *rigueurs* ordinaires. (II, 485, *Baj.* 105.)
Le Roi.... pouvoit traiter les habitants avec les dernières *rigueurs*. (V, 277, *Camp. de Louis XIV.*)

RIRE, au propre et au figuré; rire, substantivement; se rire de :

Tel qui *rit* vendredi, dimanche pleurera. (II, 145, *Plaid.* 2.)
N'avoir pas *ri* dans les règles. (II, 141, *Plaid.* au lect.)
Nous ne trouvions point là le mot pour *rire*. (VI, 393, *Lettres.*)
Tout vous *rit*: la fortune obéit à vos vœux. (II, 273, *Brit.* 381.)
Voyez II, 78, *Andr.* 757; III, 172, *Iph.* 409.

L'occasion te *rit*.... (I, 578, *Alex.* 1191.)
Tout *rit* aux premiers traits du jour qui se réveille. (IV, 127, *Poés. div.* 3.)
* C'est un *rire* agréable que de *rire* de ses ennemis. (VI, 237, *L. ann.*)
Le perfide triomphe, et *se rit de* ma rage. (II, 111, *Andr.* 1409.)
Voyez II, 434, *Bér.* 1302; V, 550, *Trad.*

RIS, personnifiés :
    Plaisirs, Jeux, Grâces, *Ris*, Amours. (IV, 66, *Poés. div.* 2.)

RISÉE :
D'un peuple qui me hait soutenir la *risée?* (II, 427, *Bér.* 1180.)

RIVAGE :
Voyage infortuné! *Rivage* malheureux! (III, 322, *Phèd.* 267.)

ROBE :
    ....Tous (*les Dandins*) ont porté la *robe*. (II, 152, *Plaid.* 92.)
    ....Gens de *robe*.... (II, 184, *Plaid.* 486; voy. II, 187, *Plaid.* 517.)

ROGNURE :
Les Religieuses de Port-Royal savent rassembler jusqu'aux plus petites *rognures* d'étoffes. (IV, 426, *P. R.*)

ROI :
    .... Marchez de par le *Roi*. (II, 185, *Plaid.* 506.)
Il est heureux comme un *roi* dans sa solitude. (VII, 263, *Lettres.*)

ROMANS :
C'est là qu'ils font ce qu'on n'a jamais lu que dans les *romans*. (V, 276, *Camp. de Louis XIV*.)

ROME, dans des locutions proverbiales :
.... Fripon le plus franc qui soit de Caen à *Rome*. (II, 178, *Plaid.* 412.)
Si quelqu'un l'entend mieux, je l'irai dire à *Rome*. (IV, 179, *Poés. div.* 4.)

ROMPRE, au propre et au figuré :
*Les autres.... *rompent* les portes de la ville à coups de haches. (V, 276, *Camp. de Louis XIV*.)
* *Rompre* tous les empêchements. (VI, 307, *Livres ann.*)
Trois fois elle *a rompu* sa lettre commencée. (III, 387, *Phèd.* 1478.)
J'ai vu ses bataillons *rompus* et renversés. (I, 558, *Alex.* 747.)
.... Les traits éclatants qu'il (*le Soleil*) lance dans les airs,
Rompant le voile épais qui couvroit la nature,
Redonnent la couleur et l'âme à l'univers. (IV, 117, *Poés. div.* 7.)
On se bat; et voilà qu'un fils désespéré
Meurt, et *rompt* un combat que j'ai tant préparé. (I, 445, *Théb.* 870.)
Elle pensa hier *rompre* en visière à un neveu de Mme le Challeux. (VII, 237, *Lettres.*)
Rompre l'assoupissement, carême, les chaînes, le cou, le coup, les liens, les mesures, un pacte, le piége, les ressorts, le silence, le sommeil, la tête, les trames : voyez Assoupissement, Carême, etc.

ROND, bassin circulaire :
    Nous ne voyons point ces beaux *ronds*,
    Ces jets où l'onde, par ses bonds,
    Charme les yeux et les oreilles. (IV, 23, *Poés. div.* 52.)

RONDEMENT, au figuré :
* Il vaut mieux aller plus *rondement*, sans tant de finesse. (VI, 197, *Livres ann.*)

RONGER, au propre et au figuré :
(*On voit des troupeaux*) *Ronger* les trésors des prairies. (IV, 36. *Poés. div.* 4.)
Un songe (me devrois-je inquiéter d'un songe?)
Entretient dans mon cœur un chagrin qui le *ronge*. (III, 633, *Ath.* 488.)

ROSEAU, au figuré :
Sur quel *roseau* fragile a-t-il mis son appui? (III, 494, *Esth.* 444.)

ROSÉE, au figuré :
Cieux, répandez votre *rosée*. (III, 670, *Ath.* 1173.)

RÔTIR :
Un tas de moissonneurs *rôtis* du soleil. (VI, 479, *Lettres*, 1662.)

ROUGEOLE, VI, 550, *Lettres*.

ROUGEUR :
Ces mots ont fait monter la *rougeur* sur son front. (III, 656, *Ath.* 893.)

ROUGIR, au propre et au figuré :
Ce sang qui tant de fois a fait *rougir* la terre.
(I, 453, *Théb.* 1008; voyez IV, 38, *Poés. div.* 49.)
Combien nos fronts pour elle *ont-ils rougi* de fois! (III, 215, *Iph.* 1280.)
.... Se faire un front qui ne *rougit* jamais. (III, 353, *Phèd.* 852.)
Je commence à *rougir* de mon oisiveté. (III, 305, *Phèd.* 4.)
Daignez ne point ici *rougir* de ma présence. (III, 191, *Iph.* 813.)
Va *rougir* aux enfers de l'excès de ma gloire. (I, 475, *Théb.* 1362.)
Pensez-vous qu'après tout ses mânes en *rougissent*? (II, 90, *Andr.* 986.)
.... Vos cœurs *rougiroient* des foiblesses du mien. (I, 536, *Alex.* 256.)
D'un éclat si honteux je *rougirois* dans l'âme. (I, 461, *Théb.* 1124.)

ROULER, au propre, activement et neutralement ; ROULER SUR, au figuré :
Je vois le grand astre du jour
Rouler dans ce flottant séjour
Le char de la lumière. (IV, 31, *Poés. div.* 16.)
Il y en avoit deux (*fossés*).... où elle (*la rivière d'Escaut*) *rouloit* avec beaucoup de rapidité. (V, 275, *Camp. de Louis XIV.*)
* La vie *roule sur* la joie et *sur* l'affliction. (VI, 248, *Livres ann*.)
* C'étoit *sur* lui que *rouloit* alors la principale conduite des affaires des états. (V, 71, *Notes hist.*)

ROUTE, au figuré :
O Dieu, par quelle *route* inconnue aux mortels
Ta sagesse conduit ses desseins éternels! (III, 536, *Esth.* 1198.)

ROUVRIR :
.... Ceux de qui le zèle....
Pouvoit du trône encor lui *rouvrir* le chemin. (II, 311, *Brit.* 1158.)

RUBAN :
Chacun de tes *rubans* me coûte une sentence. (II, 152, *Plaid.* 88.)

RUDE :
Qu'espérez-vous combattre en des climats si *rudes*? (I, 584, *Alex.* 1329.)
Si la saison n'étoit pas si *rude*. (VI, 540, *Lettres*.)
* Il décrit la situation d'Ithaque : elle est *rude*, dit-il. (VI, 142, *Rem. sur l'Odyss.*)

Il est un peu *rude* qu'un homme qui s'est mis en cet état par ses débauches.... vienne ici nous faire rougir. (VII, 165, *Lettres.*)
La plus *rude* de toutes les épreuves..., ce fut l'éloignement de M. Singlin. (IV, 510, *P. R.*)
.... Ah! qu'il m'explique un silence si *rude*. (II, 402, *Bér.* 643.)
* Être *rude* aux méchants. (VI, 306, *Livres ann.*)
Ce coup sans doute est *rude :* il doit vous étonner.
(II, 414, *Bér.* 905 ; voyez IV, 357, *Disc. acad.*)
Ma présence à vos yeux n'est déjà que trop *rude*.
(I, 576, *Alex.* 1157, voyez II, 60, *Andr.* 394.)
Rude attaque, *rude* atteinte : voyez ATTAQUE, ATTEINTE.

RUDESSE, RUDESSES :

* Elle est rude (*Ithaque*)...; mais elle est bonne pour élever des enfants.... C'est peut-être à cause de cette *rudesse* même. (VI, 142, *Rem. sur l'Odyss.*)
Nourri dans les forêts, il en a la *rudesse*. (III, 349, *Phèd.* 782.)
J'ai poussé la vertu jusques à la *rudesse*. (III, 368, *Phèd.* 1110.)
.... De Joad l'inflexible *rudesse*. (III, 658, *Ath.* 939.)
Du cœur d'Assuérus adoucir la *rudesse*. (III, 522, *Esth.* 957.)
* Un jour le Roi pensa dire des *rudesses* là-dessus à ce comte. (V, 80, *Notes hist.*)

RUDOYER :

Il.... se promenoit à grands pas, caressant hors de propos les unes, *rudoyant* les autres sans sujet. (IV, 553, *P. R.*)

RUE :

* Dans la *rue* ténébreuse, c'est-à-dire dans la sombre demeure des morts. (VI, 39, *Rem. sur Pind.*)

RUER :

* Voyant un jeune garçon qui *ruoit* des pierres à une potence. (V, 519, *Trad.*)

RUINE, au propre et au figuré :

Le Ciel même peut-il réparer les *ruines*
De cet arbre séché jusque dans ses racines? (III, 614, *Ath.* 140.)
* Ulysse, qui lui a laissé une maison qui s'en va en *ruine*.... (VI, 62, *Rem. sur l'Odyss.*)
Les batteries.... continuoient.... à battre en *ruine* la branche du demi-bastion. (V, 328, *Siége de Nam.*)
Le Ciel m'en laisse assez (*d'appui*) pour venger ma *ruine*.
(II, 295, *Brit.* 836.)
J'ai vu sur ma *ruine* élever l'injustice. (II, 302, *Brit.* 979.)
.... Cette même Agrippine,
Que mon père épousa jadis pour ma *ruine*. (II, 269, *Brit.* 308.)
Voyez II, 100, *Andr.* 1181; II, 258, *Brit.* 60; II, 268, *Brit.* 276; II, 318, *Brit.* 1315.

RUINER :

Les seules garnisons d'Ypres et de Gand sont capables de *ruiner* leurs armées. (V, 293, *Camp. de Louis XIV.*)
Deux grandes armées *ruinées*. (V, 287, *Camp. de Louis XIV.*)

RUSE :

Ces objets dangereux que la *ruse* infernale
Dans un vain songe offre à nos sens trompés. (IV, 122, *Poés. div* 11.)

RUSTRE :
* O Dieu ! dit-il, Neptune, que vous êtes *ruste* et grossier ! Aussi l'on voit qu'il n'y a rien de plus *ruste* que ces sortes de gens. (VI, 137, *Rem. sur l'Odyss.*)
Ce sont tous de francs *rustes*. (VI, 477, *Lettres*, 1662.)

Dans ces deux passages Racine a écrit ainsi *ruste* sans *r*, conformément à la prononciation du temps.

S

SABBATH, SABBAT, au propre ; SABBAT, tapage :
D'un jour de *sabbath* à l'autre. (III, 591, *Ath.* préf.)
Le *sabbat* est pour eux une fête toute sainte. (V, 547, *Trad.*)
Voyez le beau *sabbat* qu'ils font à notre porte. (II, 167, *Plaid.* 283.)

SAC, où l'on mettait les pièces de procès :
Que de *sacs* ! il en a jusques aux jarretières....
— De *sacs* et de procès j'ai fait provision. (II, 151, *Plaid.* 72 et 74.)

Voyez II, 145, *Plaid.* mise en scène; II, 195, *Plaid.* 601; II, 200, *Plaid.* 650.

SACRÉ ; SACRÉ À :
* Phèdre l'a vu (*Hippolyte*) à Athènes, aux *sacrés* mystères. (VI, 256, *Livres ann.*)
Sacrés murs, que n'a pu conserver mon Hector. (II, 57, *Andr.* 336.)
.... Le *sacré* couteau.... (III, 240, *Iph.* 1776.)
.... Vous voulez qu'en quelque autre contrée
Nous allions confier votre tête *sacrée*. (II, 560, *Baj.* 1714.)
Les intérêts des Juifs déjà me sont *sacrés*. (III, 533, *Esth.* 1150.)
* Un bois *sacré* à Apollon. (VI, 146, *Rem. sur l'Odyss.*)
.... Ces lieux
Sacrés aux charmes du silence ? (IV, 37, *Poés. div.* 34.

SACREMENTS (MUNI DES), V, 11, *Épitaphes.*

SACRIFICATURE :
Il n'y avoit que ceux de cette famille lesquels pussent exercer la *sacrificature*. (III, 592, *Ath.* préf.)

SACRIFIER, au propre et au figuré ; SACRIFIER À ; SE SACRIFIER À :
Je devrois sur l'autel, où ta main *sacrifie*,
Te.... (III, 698, *Ath.* 1712.)
Que d'amis, de devoirs j'allois sacrifier ! (II, 71, *Andr.* 639.)
.... A qui prétend-on que je le *sacrifie* ? (II, 46, *Andr.* 181.)
Ces yeux que n'ont émus ni soupirs ni terreur,
Qui *m'ont sacrifié* l'Empire et l'Empereur ?
(II, 326, *Br't.* 1498 ; voyez la note 1.)
De combien de malheurs pour vous persécutée,
Vous ai-je pour un mot *sacrifié* mes pleurs ! (II, 400, *Bér.* 609.)
Cher Hémon, c'est à toi que je *me sacrifie*. (I, 481, *Théb.* 1473.)

SACRILÈGE, adjectif :
.... D'Achab la fille *sacrilège*. (III, 691, *Ath.* 1564.)

SAGESSE :
.... O *Sagesse* éternelle ! (III, 667, *Ath.* 1120.)
*C'est une mauvaise *sagesse* de mal parler. (VI, 40, *Rem. sur Pind.*)

SAIGNEMENT :
Il lui prit un *saignement* de nez. (IV, 559, *P. R.*)

SAIGNER; SAIGNER DE :
Ma blessure trop vive aussitôt *a saigné*. (III, 325, *Phèd.* 304.)
Le nez *a saigné* au prince d'Orange. (VII, 19, *Lettres*.)
Des combats *dont* mon cœur *saignera* plus d'un jour. (II, 394, *Bér.* 454.)

SAINT, SAINTE, adjectivement et substantivement :
Votre nom est dans Rome aussi *saint* que le sien. (II, 259, *Brit.* 82.)
 Tout l'édifice s'appeloit en général le lieu *saint*. (III, 592, *Ath.* préf.)
Sainte horreur : voyez HORREUR.

LE SAINT, le Messie :
Le saint que tu promets et que nous attendons. (III, 483, *Esth.* 268.)

LE SAINT DES SAINTS :
 Cette partie étoit.... distinguée *du Saint des Saints*, où étoit l'arche. (III, 592, *Ath.* préf.)

SAINTEMENT :
(*Ces lévites*) De leurs plus chers parents *saintement* homicides.
(III, 680, *Ath.* 1365.)

SAINTETÉ (ODEUR DE) : voyez ODEUR.

SAISIR, au propre et au figuré; SAISIR, SAISI DE; SE SAISIR :
Je fais *saisir* l'ânon. Un expert est nommé. (II, 160, *Plaid.* 205.)
Va voir si la douleur ne l'*a* point trop *saisie*. (II, 416, *Bér.* 951.)
 .... La pitié *dont* je me sens *saisir*. (II, 50, *Andr.* 215.)
 .... *Saisi* d'un indigne courroux. (I, 573, *Alex.* 1095.)
Voilà l'ambition dont mon âme *est saisie*. (III, 60, *Mithr.* 843.)
J'avois tantôt rempli d'amertume et de fiel
Son cœur, déjà *saisi des* menaces du Ciel. (III, 655, *Ath.* 878.)
 Le beau vous touche, et n'êtes pas d'humeur
A *vous saisir* pour une baliverne. (IV, 190, *Poés div.* 7.)

SAISISSEMENT, au figuré :
Vois-je pas, au travers de son *saisissement*,
Un cœur, dans ses douleurs, content de son amant? (II, 535, *Baj.* 1223.)

SAISON, au propre et au figuré :
 Si la *saison* n'étoit pas si rude. (VI, 540, *Lettres*.)
 La *saison* sembloit conspirer avec eux. (V, 257, *Camp. de Louis XIV*.)
J'ai perdu dans la fleur de leur jeune *saison*,
Six frères.... (III, 331, *Phèd.* 423.)
 .... Tous tes conseils ne sont plus de *saison*.
(III, 349, *Phèd.* 791 ; voyez II, 76, *Andr.* 711.)

SALAIRE :
 Prêt à servir toujours sans espoir de *salaire*. (II, 98, *Andr.* 1145.)
Voilà tous mes forfaits : en voici le *salaire*. (II, 313, *Brit.* 1196.)
 .... Sa perte sera l'infaillible *salaire*
D'un geste ou d'un soupir échappé pour lui plaire. (II, 285, *Brit.* 683.)
 ....L'ingrate, en fuyant, me laisse pour *salaire*
Tous les noms odieux que j'ai pris pour lui plaire. (II, 121, *Andr.* 1581.)

SALE, au propre et au figuré :
 Il a fait fort *sale* à Paris tous ces jours passés. (VI, 499, *Lettres*.)
 Je me sais quelque gré de l'avoir fait (*d'avoir réjoui le monde*) sans

qu'il m'en ait coûté une seule de ces *sales* équivoques. (II, 143, *Plaid.* au lect.)

SALLE :
La scène est à Thèbes, dans une *salle* du palais royal. (I, 396, *Théb.* cteurs; voyez II, 40, *Andr.* acteurs.)

SALMÉE :
Le beau blé, qui ne valoit que quinze livres, en vaut vingt et une la *salmée*. On l'appelle ainsi, et cette mesure contient environ dix minots ou un peu plus. (VI, 481, *Lettres* d'Uzès; voyez la note 7.)

SALON :
Le théâtre représente.... un des côtés du *salon* où se fait le festin. (III, 516, *Esth.* mise en scène.)
C'est donc ici d'Esther le superbe jardin,
Et ce *salon* pompeux est le lieu du festin. (III, 516, *Esth.* 827.)

SALOPE, adjectivement :
* Il (*Diogène*) les menoit ainsi avec soi (*ces enfants*) tout *salopes*. (V, 511, note 3, *Trad.*)

SALUER :
N'est-ce point que chacun, d'une âme irrésolue,
Pour *saluer* son frère attend qu'il le *salue* ? (I, 452, *Théb.* 988.)

SALUT :
   Je t'aimerai, bonté suprême,
   Mon défenseur et mon *salut*. (IV, 139, *Poés. div.* 2.)
Madame, il ne voit rien : son *salut* et sa gloire
Semblent être avec vous sortis de sa mémoire. (II, 113, *Andr.* 1449.)

SALUTAIRE :
Quelle voix *salutaire* ordonne que je vive? (III, 505, *Esth.* 641.)
.... Pour ne point perdre un temps si *salutaire*,
Je cours où ma présence est encor nécessaire. (II, 560, *Baj.* 1717.)
Dieu.... jeta une amertume *salutaire* sur ses vaines occupations. (V, 10, *Épitaphes.*)

SANCTIFIER :
Je nourris dans son cœur la semence féconde
Des vertus dont il doit *sanctifier* le monde. (III, 461, *Esth.* prol. 8.)

SANG, sens et emplois divers :
Crachement de *sang*. (VII, 57, *Lettres.*)
Tous les marais des environs furent teints du *sang* des malheureux Hollandois. (V, 251, *Camp. de Louis XIV.*)
Il a vu contre nous les méchants s'assembler,
   Et notre *sang* prêt à couler. (III, 537, *Esth.* 1203.)
Dans son *sang* inhumain les chiens désaltérés. (III, 612, *Ath.* 117.)
J'ai vu le triste Hémon abandonner son rang,
Pour venir embrasser ce frère tout en *sang*. (I, 436, *Théb.* 654.)
   .... J'avois peur
Que mon père ne prît l'affaire trop à cœur,
Et qu'il ne s'échauffât le *sang* à sa lecture. (II, 184, *Plaid.* 479.)
Je suois *sang* et eau, pour voir si du Japon
Il viendroit à bon port au fait de son chapon.
           (II, 204, *Plaid.* 689 ; voyez VI, 431, *Lettres.*)
   .... Cette âme intéressée
Nous ravit tout le fruit du *sang* de Ménécée. (I, 438, *Théb.* 696.)

Ta main a commencé par le *sang* de ton frère. (II, 336, *Brit.* 1675.)
Avez-vous pu, cruels, l'immoler aujourd'hui,
Sans que tout votre *sang* se soulevât pour lui ? (II, 118, *Andr.* 1540.)
Répandre notre *sang* pour attaquer le leur. (I, 401, *Théb.* 42.)
La soif de se baigner dans le *sang* de leur frère
Faisoit ce que jamais le *sang* n'avoit su faire. (I, 472, *Théb.* 1313 et 1314.)
.... Doit-il être enfin plus facile en un autre
De répandre son *sang*, qu'en vous d'aimer le vôtre ? (I, 439, *Théb.* 728.)
.... Respectant le coup par vous-même ordonné,
Vous rendre tout le *sang* que vous m'avez donné. (III, 211, *Iph.* 1184.)
Que le *sang* (*ma naissance*) me couronne.... (I, 461, *Théb.* 1133.)
Tout mon *sang* me conduit au rang de mes aïeux. (I, 445, *Théb.* 845 var.)
Leur *sang* même, infecté de sa funeste haleine,
Ou ne leur parle plus, ou leur parle de haine. (I, 455, *Théb.* var.)
Le *sang* de Jupiter doit enfler leur courage;
Mais quelque juste orgueil qu'inspire un *sang* si beau,
Le crime d'une mère est un pesant fardeau.
          (III, 353, *Phèd.* 862 et 863 ; voyez III, 318, *Phèd.* 212.)
Phèdre est d'un *sang*, Seigneur, vous le savez trop bien,
De toutes ces horreurs plus rempli que le mien. (III, 370, *Phèd.* 1151.)
          .... La Grèce avec douleur
Vous voit du *sang* troyen relever le malheur. (II, 48, *Andr.* 152.)
Joas les touchera pas sa noble pudeur,
Où semble de son *sang* reluire la splendeur. (III, 621, *Ath.* 274.)
Attestez, s'il le faut, les puissances célestes
Contre un *sang* malheureux, né pour vous tourmenter. (III, 30, *Mithr.* 173.)
Triste et fatal effet d'un *sang* incestueux ! (I, 449, *Théb.* 921.)
Un autre *sang* d'Hélène, une autre Iphigénie. (III, 239, *Iph.* 1749.)
Je suis le dernier *sang* de vos rois descendu. (I, 436, *Théb.* 645.)
Je suis le dernier *sang* du malheureux Laïus. (I, 483, *Théb.* 1499.)
Surtout que le *sang* parle et fasse son office. (I, 452, *Théb.* 983.)
Le *sang* à ces objets facile à s'ébranler. (III, 207, *Iph.* 1123.)
Tu défendras ton bien. Viens, mon *sang*, viens, ma fille. (II, 175, *Pl.* 368.)
Voyez I, 421, *Théb.* 400; I, 425, *Théb.* 480 et 481; I, 460, *Théb.* 1112.

    La chair et le *sang*; fleuves de *sang*; les foiblesses du *sang*; issu du *sang* de; laver dans le *sang*; noyé dans le *sang*; *sang* qui crie; *sang* qui se glace; verser son *sang* : voyez Chair, Fleuve, etc.

SANG-FROID : voyez Sens (*froid*).

SANGLANT, ante :
Je n'attends pas de vous de ces *sanglants* exploits. (II, 405, *Bér.* 693.)
J'ai reçu de ma mort la nouvelle *sanglante*. (III, 203, *Iph.* 1034.)

SANGLOT :
De ses premiers *sanglots* laissez passer le cours. (II, 410, *Bér.* 822.)

SANGUINAIRE :
Au *sanguinaire* Aman nous sommes tous livrés. (III, 476, *Esth.* 167.)
.... De Jézabel la fille *sanguinaire*. (III, 608, *Ath.* 59.)
Je ne crois pas que les beaux yeux qui vous ont blessé soient si *san-guinaires*. (VI, 395, *Lettres.*)
N'en attendez jamais qu'une paix *sanguinaire*. (III, 63, *Mithr.* 916.)
Perfides, contentez votre soif *sanguinaire*. (III, 235, *Iph.* 1669.)

SANS ; sans que ; sans doute :
Je veux t'entretenir un moment *sans* témoin. (II, 154, *Plaid.* 121.)
Un moment *sans* témoins cherchons à respirer. (III, 532, *Esth.* 1139.)

SAT] DE RACINE. 475

.... Ces colombes timides,
Éparses en cent lieux, *sans* secours et *sans* guides. (III, 461, *Esth.* prol. 12.)
Dis-lui qu'en sa faveur on me trompe moi-même,
Qu'il la voit *sans* mon ordre.... (II, 279, *Brit.* 525.)
.... (Des peuples) qu'on verroit encor, *sans* l'appui de son fils,
Redemander Hélène aux Troyens impunis. (II, 82, *Andr.* 843.)
.... Andromaque *sans* vous
N'auroit jamais d'un maître embrassé les genoux. (II, 87, *Andr.* 915.)
Les droits de mes aïeux, que Rome a consacrés,
Étoient même, *sans* moi, d'inutiles degrés. (II, 310, *Brit.* 1122.)
.... Il ne seroit pas juste
Qu'on disposât *sans* lui (*Néron*) de la nièce d'Auguste.(II, 266,*Brit.* 244.)
Nos deux pères *sans* nous formèrent ces liens. (II, 105, *Andr.* 1284.)
.... On ne donne pas une fille *sans* elle. (II, 218, *Plaid.* 865.)
Sans couleur, *sans* honneur, *sans* mélange, *sans* retour : voyez Couleur, Honneur, etc.
.... *Sans* être ni doux ni cruel à demi. (I, 458, *Théb.* 1089.)
....Pour vous, *sans* juger, la vie est un supplice. (II, 196, *Plaid.* 603.)
... *Sans* faire gémir ni Thèbes ni la Grèce. (I, 456, *Théb.* 1059.)
Et même en ce moment, *sans* qu'il m'en ait parlé,
Il est dans le sénat, par son ordre assemblé. (II, 382, *Bér.* 169.)
C'étoit fait de leur nombreuse armée *sans que* le comte de Souches
plaça (*si le comte n'avait placé*) des troupes. (V, 260, *Camp. de Louis XIV*.)
C'est *sans doute* une vertu rare. (II, 241, *Brit.* épître.)
Je suis surpris, *sans doute*, et c'est avec justice. (II, 377, *Brit.* 79.)

SANTÉ, avec *boire* :
Buvez à ma *santé*, Monsieur.... (II, 158, *Plaid.* 130.)
J'ai tremblé pour vous de toutes ces *santés* qu'il vous a fallu boire.
(VII, 275, *Lettres*; voyez VII, 213, *Lettres*.)

SAOUL : voyez Soûl.

SAPE, terme militaire, V, 342, *Siége de Namur*.

SAPHIR :
.... L'on diroit que le *saphir*
De deux portes brillantes
Ferme ces vrais lieux de plaisir. (IV, 28, *Poés. div.* 18.)

SATELLITE :
Qui donc opposez-vous contre ses *satellites*? (III, 618, *Ath.* 207.)

SATISFACTION :
* Les états de l'Empire s'opposoient à la *satisfaction* de la France.
(VI, 344, *Livres ann.*)

SATISFAIRE ; satisfaire à ; satisfait :
Enfin, de tous les Grecs *satisfaites* l'envie. (II, 48, *Andr.* 169.)
On veut sur vos soupçons que je vous *satisfasse*. (II, 310, *Brit.* 1116.)
A la justice donc vous voulez *satisfaire*? (II, 184, *Plaid.* 491.)
Déjà, pour *satisfaire à* votre juste crainte,
J'ai couru les deux mers que sépare Corinthe. (III, 305, *Phèd.* 9.)
.... Ce front *satisfait*
Dit assez à mes yeux que Porus est défait. (I, 557, *Alex.* 731.)
Je crains que *satisfait* d'avoir conquis un cœur,
Vous ne l'abandonniez toute à sa triste langueur. (I, 564, *Alex.* 875.)
On vous a vus de tout temps louer et blâmer le même homme, selon que vous étiez contents ou mal *satisfaits* de lui. (IV, 284, *Imag.*)

SATURITÉ, satiété :
*Ce n'est pas l'Insolence qui est mère de la *Saturité*, mais la *Saturité* qui est mère de l'Insolence. (VI, 50, *Rem. sur Pind.*)

SAUCE, écrit *sausse*, VI, 415, *Lettre* de 1661, voyez la note 5.

SAULE, IV, 35, *Poés. div.* 62.

SAUTER :
Les vaisseaux foudroyés par le canon.... *sautent* en l'air. (V, 270, *Camp. de Louis XIV.*)
Cela vous *sautera* aux yeux. (VI, 457, *Lettres.*)

SAUVAGE, adjectif et substantif :
.... (J'irai) vous faire dresser des autels en des lieux
Où leurs *sauvages* mains en refusent aux Dieux. (I, 565, *Alex.* 912.)
Que sert de l'irriter par un orgueil *sauvage* ? (I, 533, *Alex.* 193.)
Son père est un *sauvage* à qui je ferois peur. (II, 155, *Plaid.* 141.)

SAUVEGARDE :
Cette *sauvegarde* que j'avois promis de faire obtenir par votre moyen. (VI, 502, *Lettres.*)

SAUVER; SE SAUVER, sens divers :
L'Épire *sauvera* ce que Troie a *sauvé*. (II, 51, *Andr.* 220.)
Tes frères sont aux mains, rien ne les peut *sauver*. (I, 467, *Théb.* 1208.)
Nos vieilles chroniques *sauvent* la vie à ce jeune prince. (II, 38, *Andr* 2ᵈ préf.)
(Je te vis) Prêt à suivre partout le déplorable Oreste...,
.... de moi-même enfin me *sauver* tous les jours. (II, 43, *Andr.* 48.)
Voyez I, 458, *Théb.* 109 et 1096 ; I, 466, *Théb.* 1202 ; II, 87, *Andr.* 920.
Percé de tant de coups, comment t'es-tu *sauvé*? (II, 123, *Andr.* 1631.)
Je ne te retiens plus, *sauve-toi* de ces lieux. (II, 109, *Andr.* 1380.)
J'ai bien des grâces à rendre à Dieu d'avoir inspiré à vos sœurs.... un si grand desir de *se sauver*. (VII, 171, *Lettres.*

SAVETIÈRE, VI, 415, *Lettres.*)

SAVOIR, sens et emplois divers :
Je voudrois, disiez-vous, ne *savoir* pas écrire. (II, 321, *Brit.* 1372.)
Je ne *sais* point prévoir les malheurs de si loin (II, 50, *Andr.* 196.)
Je ne *sais* pas du moins épier ses discours. (II, 306, *Brit.* 1066.)
Vous *sûtes* m'imposer l'exil ou le silence. (II, 383, *Bér.* 204.)
Le Ciel de nos raisons ne *sait* point s'informer. (III, 310, *Phèd.* 115.)
A peine seulement *savez*-vous s'il est jour. (II, 170, *Plaid.* 306.)
Ces politiques.... ne *savent* plus où ils en sont. (V, 298, *Camp. de Louis XIV.*)
Elle *sait* son pouvoir; vous *savez* son courage. (II, 292, *Brit.* 771.)
*Elle.... *savoit* la divinité de son fils. (V, 204, *Notes relig.*)
Du sang qui vous unit je *sais* l'étroite chaîne. (II, 52, *Andr.* 246.)
*Moi qui fais profession de ne *savoir* que l'amour. (V, 461, *Trad.*)
Ma fille, avez-vous *su* l'excès de nos misères? (I, 400, *Théb.* 35.)
.... L'amour du pays nous cache une autre flamme,
Je la *sais*.... (I, 414, *Théb.* 281.)
M. de Puiségu est nommé pour un des gentilshommes de la manche ; je ne *sais* pas encore l'autre (VII, 247, *Lettres.*)
Je *sais* de ce palais tous les détours obscurs. (II, 80, *Andr.* 791.)
Voyez II, 59, *Andr.* 383; II, 187, *Plaid.* 520; II, 321, *Brit.* 1387; III, 664, *Ath.* 1059.

Soit qu'elle eût même en lui vu je ne *sais* quel charme. (III, 656, *Ath.* 884.)
Voyez I, 549, *Alex.* 569; III, 507, *Esth.* 669.
Un je ne *sais* quel trouble empoisonne ma joie.
(III, 497, *Esth.* 513; voyez V, 587, *Trad.*)
Après ce qu'il a fait, que *sauroit*-il donc faire? (II, 61, *Andr.* 425.)
Je ne me *saurois* empêcher.... de vous dire un mot des beautés de cette province. (VI, 415, *Lettres.*)
J'oubliai ma colère, et ne *sus* que pleurer. (III, 176, *Iph.* 500.)
Suffira-t-il contre eux de vos ministres saints,
Qui levant au Seigneur leurs innocentes mains,
Ne *savent* que gémir et prier pour nos crimes? (III, 619, *Ath.* 223.)
Je suis le seul objet qu'il ne *sauroit* souffrir. (III, 374, *Phèd.* 1212.)
.... Lorsque sur le trône il s'est voulu placer,
C'est elle, et non pas moi, qui l'en *a su* chasser. (I, 404, *Théb.* 94.)
La soif de se baigner dans le sang de leur frère
Faisoit ce que jamais le sang n'*avoit su* faire. (I, 472, *Théb.* 1314.)
Vous ferez beaucoup plus que sa mort n'*a su* faire. (I, 439, *Théb.* 724.)
Voyez I, 446, *Théb.* 882; III, 395, *Phèd.* 1616; VI, 338, *Livres ann.*

Racine a souligné *eût su* dans ce passage de Vaugelas : « Le plus salutaire conseil qu'on lui *eût su* donner » (VI, 354).

Pour le vin, on ne *saura* du tout qu'en faire. (VI, 482, *Lettres.*)
*Je ne *sache* qu'un seul entre eux qui, étant tombé entre les mains des infidèles, a renié le Seigneur. (V, 588, *Trad.*)
.... Qui *sait* si Joad ne veut point en leur place
Substituer l'enfant dont le Ciel vous menace? (III, 638, *Ath.* 607.)
Hélas! qui peut *savoir* le destin qui m'amène? (II, 42, *Andr.* 25.)
Le premier, c'est à *savoir* Osman. (II, 475, *Baj.* 2ᵉ préf.)
*Le cheval.... menoit son maître à la victoire, *savoir* Hiéron. (VI, 11, *Rem. sur Pind.*)
Vous ne *sauriez* combien je me plais dans cette espèce de retraite. (VII, 241, *Lettres.*)

M. Mesnard a cru devoir ajouter le mot *croire* après *sauriez*, et cette correction est assurément vraisemblable; toutefois la phrase pourrait peut-être aussi s'expliquer sans cette addition.

La Mère du Fargis.... *savoit* beaucoup mieux vivre. (IV, 606, *P. R.*)

SCANDALE :

Elle fut occasion de *scandale* aux uns, et d'édification aux autres. (IV, 391, *P. R.*)
Un amené sans *scandale* : voyez AMENER.

SCANDALISER; SE SCANDALISER :

Son frère *est* assez *scandalisé* de cette conduite. (VI, 477, *Lettres.*)
Les autres *se sont scandalisés* que j'eusse choisi un homme aussi jeune que Britannicus pour le héros d'une tragédie. (II, 243, *Brit.* 1ʳᵉ préf.)

SCAPULAIRE :

Elles changèrent seulement leur *scapulaire* noir en un *scapulaire* blanc. (IV, 419, *P. R.*)

SCEAU, au propre et au figuré :

.... Le Roi, dès l'heure même,
Mit dans ma main le *sceau* de son pouvoir suprême. (III, 497, *Esth.* 506.)
Sous le *sceau* du secret.... (III, 692, *Ath.* 1586.)
.... Songez sous quel *sceau* je vous l'ai révélé. (III, 382, *Phèd.* 1347.)

SCELLER :
Après qu'il (*le Tellier*) eut *scellé* la révocation de l'édit de Nantes. (V, 12, *Épitaphes*.)
(*L'occasion*) D'aller du sang troyen *sceller* notre union. (III, 194, *Iph.* 848.)

SCEPTRE :
Mille *sceptres* nouveaux s'offrent à votre épée. (I, 462, *Théb.* 1147.)

SCHISME :
Tout le consistoire a fait *schisme* à la création de ce nouveau pape. (VI, 408, *Lettres*.)

SCIENCE :
.... Cette défiance
Est toujours d'un grand cœur la dernière *science*. (II, 271, *Brit.* 340.)

SCIENTIFIQUE :
(*La Mère Angélique*,) très-exacte à ses devoirs, très-sainte, mais naturellement un peu *scientifique*. (IV, 606, *P. R.*)

SCRUPULE ; FAIRE SCRUPULE :
.... Un *scrupule* timide. (II, 510, *Baj.* 657.)
Le Roi et toute la cour savent le *scrupule* que je me *fais* d'y aller. (VII, 141, *Lettres*.)
* Tant les apôtres.... ont fait scrupule d'avoir le moindre commerce.... avec les hérésiarques. (V, 573, *Trad.*)
On ne *fit* point de *scrupule* de s'y réjouir. (II, 141, *Plaid.* au lect.)
Voyez IV, 485, *P. R.*; V, 538, *Trad.*

SE, SOI, SOI-MÊME :
* Elles *se* déchiroient leurs robes. (VI, 220, *Livres ann.*)
L'un ni l'autre (*des deux frères*) ne veut *s'*embrasser le premier. (I, 452, *Théb.* 990.)
.... La vertu *se* perd quand on gagne l'empire. (I, 456, *Théb.* 1048.)
Quels démons, quels serpents traine-t-elle après *soi*? (II, 124, *Andr.* 1636.)
Tout cela part d'un cœur toujours maître de *soi*. (II, 106, *Andr.* 1323.)
Racine a souligné *devant soi* dans ce passage de Vaugelas : « Cette poignée de gens les alloit chassant *devant soi* » (VI, 355).
* Ils cultiveroient cette île, qui de *soi* n'est point mauvaise. (VI, 144, *Rem. sur l'Odyss.*)
Si le pays de *soi* avoit un peu plus de délicatesse. (VI, 415, *Lettres*, 1661.)
.... Sa fille, au moins *soi*-disant telle. (II, 181, *Plaid.* 452.)
.... Il se craint, dit-il, *soi-même* plus que tous. (II, 114, *Andr.* 1468.)
.... Mon âme, à *soi-même* rendue. (III, 359, *Phèd.* 973.)
Ta fureur, s'irritant *soi-même* dans son cours. (II, 337, *Brit.* 1685.)
Ce dictionnaire qui de *soi-même* semble une occupation si sèche. (IV, 356, *Disc acad.*)
Jamais dessus un trône on ne vit plus d'un maître...;
Et d'un autre *soi-même* on y seroit pressé. (I, 464, *Théb.* 1174.)

SÉANT, ANTE (À) :
Il avoit fait et dit plusieurs choses très-peu *séantes*.... à un homme de son caractère. (IV, 579, *P. R.* var.)
Il descendit jusqu'aux injures les plus basses et les moins *séantes* à un archevêque. (IV, 550, *P. R.*)
* Il est mieux *séant* qu'un tiers dise qui il est. (VI, 87, *Rem. sur l'Od.*)

SÉANT, substantif :
Il se mit sur son *séant*. (VI, 575, *Lettres*.)

SEC :
On peut aller à pied *sec* tout autour de la ville. (VI, 414, *Lettres*.)

SÉCHER, activement et neutralement, au propre et au figuré :
* Il *sèche* les fleuves, et découvre aux yeux le pays qui étoit inondé. (VI, 191, *Livres ann.*)
Cette inquiétude *sèche* toutes les pensées de vers. (VI, 466, *Lettres*.)
Ces longs détails de chicanes ennuyeuses, qui *sèchent* l'esprit de l'écrivain. (IV, 367, *Disc. acad.*)
* Les eaux qui *séchant* ne reviennent plus. (VI, 182, *Livres ann.*)
* Il (*l'homme*) *séchera*. (VI, 183, *Livres ann.*)
J'ai langui, j'ai *séché*, dans les feux, dans les larmes. (III, 343, *Phèd.* 690.)

SECOND, ONDE :
Seconde préface. (I, 521 ; voyez II, 37 ; II, 250.)
Virgile dans le *second* de l'Énéide. (II, 35, *Andr.* 1re préf.)
Voici une *seconde* entreprise qui n'est pas moins hardie que la première. (I, 513, *Alex.* épître.)
Tous les premiers forfaits coûtent quelques efforts,
Mais, Attale, on commet les *seconds* sans remords. (I, 447, *Théb.* 902)
Qu'ils cherchent dans l'Épire une *seconde* Troie.
    (II, 51, *Andr.* 230, voyez II, 68, *Andr.* 564.)
Il faut jeter l'amour sur un des *seconds* personnages. (I, 395, *Théb.* préf.)

SECONDER :
Quoi? Madame, est-ce ainsi que vous me *secondez*? (III, 228, *Iph.* 1527.)
Seconde mes soupirs, donne force à mes pleurs. (I, 415, *Théb.* 301.)
N'*eût*-il pas sans regret *secondé* mon envie?
    (II, 528, *Baj.* 1093 ; voyez II, 497, *Baj.* 405.)
Jusqu'ici les effets *secondent* sa promesse. (III, 74, *Mithr.* 1152.)
Si l'heureux Amurat, *secondant* leur grand cœur,
Aux champs de Babylone est déclaré vainqueur. (II, 483, *Baj.* 59.)
Voyez I, 406, *Théb.* 125 ; II, 382, *Bér.* 165 ; III, 73, *Mithr.* 1132.

SECOUER :
Il (*Néron*) commence à vouloir *secouer* le joug. (II, 251, *Brit.* 2e préf.)

SECOURABLE :
.... Main puissante et *secourable*. (IV, 86, *Poés. div.* 22.)
Il faut qu'à tous moments, tremblante et *secourable*,
Je donne à ses discours un sens plus favorable. (II, 497, *Baj.* 393.)

SECOURIR :
D'un mot ou d'un regard je puis le *secourir*. (II, 497, *Baj.* 399.)
* Il faut *secourir* la nécessité des pauvres. (VI, 292, *Livres ann.*)
.... Je viens *secourir* leur mémoire troublée. (II, 202, *Plaid.* 667.)

SECOURS :
Il attend de mes soins ce fidèle *secours*. (II, 279, *Brit.* 518.)
.... Il ne tient qu'à vous, si l'honneur vous anime,
De nous donner la paix sans le *secours* d'un crime. (I, 403, *Théb.* 76.)

SECRET, adjectif :
Britannicus, Madame, eut des desseins *secrets*. (II, 335, *Brit.* 1661)
.... Le traité *secret* qui vous lie aux Romains. (III, 34, *Mithr.* 281.)
Chargés d'un feu *secret*, vos yeux s'appesantissent. (III, 312, *Phèd.* 134.)

SECRET, substantivement (voyez SCEAU) :
Ce *secret* au dehors est-il aussi semé ?
— Ce *secret* dans le temple est encor renfermé.
(III, 689, *Ath.* 1529 et 1530.)
Il faut que mon *secret* éclate à votre vue. (III, 56, *Mithr.* 756.)
* Retenir un *secret*. (VI, 296, *Livres ann.*)
* Les flatteurs découvrent leur *secret* afin d'avoir ceux des autres. (VI. 306, *Livres ann.*)
Rome ne porte point ses regards curieux
Jusque dans des *secrets* que je cache à ses yeux. (II, 305, *Brit.* 1050.)
... Ce sont des *secrets* entre César et vous. (II, 259, *Brit.* 78.)
.... Si mon zèle indiscret
De votre solitude interrompt le *secret*. (II, 368, *Bér.* 558.)
Sais-tu par quels *secrets* on peut toucher mon âme ? (I, 577, *Alex.* 1166.)
Dans le *secret* des cœurs, Osmin, n'as-tu rien lu ? (II, 482, *Baj.* 31.)
Ce long deuil que Titus imposoit à sa cour
Avoit même en *secret* suspendu son amour. (II, 381, *Bér.* 154.)

SECRÉTAIRE :
Les juges de l'Aréopage n'auroient pas peut-être trouvé bon qu'il (*Aristophane*) eût marqué au naturel.... les bons tours de leurs *secrétaires*. (II, 142, *Plaid.* au lect.)

SÉCULIER, ÈRE, adjectif; SÉCULIÈRE, substantivement :
Cette troupe d'archers et d'officiers *séculiers*. (IV, 555, *P. R.*)
Un bénéficier *séculier*. (VI, 475, *Lettres*.)
Il (*le Pape*) permettoit aussi aux Religieuses de donner retraite à des *séculières*. (IV, 388, *P. R.*)

SÉDUCTEUR :
.... Te voilà, *séducteur*. (III, 698, *Ath.* 1705.)

SÉDUIRE; SE SÉDUIRE :
Qu'une âme généreuse est facile à *séduire*! (I, 587, *Alex.* 1394.)
Ah! si dans l'ignorance il le falloit instruire,
N'avoit-on que Sénèque et moi pour le *séduire*? (II, 264, *Brit.* 184.)
Il *séduit* chaque jour Britannicus mon frère. (II, 272, *Brit.* 364.)
Que dis-je? Votre camp, *séduit* par cette ingrate,
Prêt à suivre Porus, en murmures éclate. (I, 580, *Alex.* 1257.)
Tout m'est suspect : je crains que tout ne *soit séduit*. (II, 328, *Brit.* 1537.)
Femmes, gardes, visir, pour lui j'ai tout *séduit*. (II, 493, *Baj.* 311.)
Le sénat *fut séduit*.... (II, 311, *Brit.* 1136.)
Où sont ces beaux succès qui vous *avoient séduit*? (I, 589, *Alex.* 1408.)
Tu le savois : pourquoi me laissois-tu *séduire*? (III, 375, *Phèd.* 1233.)
.... Ses yeux ne l'*ont-ils point séduite*? (II, 558, *Baj.* 1674.)
Cher Pylade, crois-moi, ta pitié te *séduit*. (II, 79, *Andr.* 783.)
Cédons-la : vains efforts, qui ne font que m'instruire
Des foiblesses d'un cœur qui cherche à *se séduire*! (III, 84, *Mithr.* 1404.)

SEIGNEUR :
Un musicien disoit à Philippe, roi de Macédoine :... « A Dieu ne plaise, *Seigneur*, que vous soyez jamais si malheureux que de savoir ces choses-là mieux que moi! » (II, 368, *Bér.* préf.; voyez toutes les tragédies, *passim*.)

SEIGNEURIE :
Le Bon : c'est donc le nom de votre *Seigneurie*? (II, 178, *Plaid.* 407.)

SEIN, sens et emplois divers, au propre et au figuré :
Cette fière princesse a percé son beau *sein*. (I, 481, *Théb.* 1468.)
Voyez I, 543, *Alex.* 414; II, 107, *Andr.* 1335; II, 537, *Baj.* 1259 et 1260.
Dans le *sein* l'un de l'autre ils cherchent un passage. (I, 473, *Théb.* 1322.)
Dans quel *sein* vertueux avez-vous pris naissance? (III, 525, *Esth.* 1020.)
.... Moi, qui dès l'enfance élevé dans son *sein*. (III, 75, *Mithr.* 1190.)
Voyez II, 48, *Andr.* 167; II, 496, *Baj.* 361.
Versant dans son *sein* ses plus secrètes pensées. (IV, 396, *P. R.*)
.... Cet horrible dessein
Ne fut jamais, Seigneur, conçu dans votre *sein*. (II, 318, *Brit.* 1326.)
Dans le *sein* de Priam n'a-t-on pu l'immoler? (II, 50, *Andr.* 207.)
(Antoine) Oublia dans son *sein* (*dans le sein de Cléopâtre*) sa gloire et sa
[patrie. (II, 392, *Bér.* 392.)
.... M'arrachant du doux *sein* de la Grèce. (III, 91, *Mithr.* 1527.)
Dans le *sein* de sa ville.... (III, 62, *Mithr.* 890.)
.... Au *sein* de ses États. (III, 33, *Mithr.* 257.)
Voyez I, 547, *Alex.* 520; I, 550, *Alex.* 587; II, 578, *Bér.* 81.
Il me tira du *sein* de mon obscurité. (III, 469, *Esth.* 50.)

SEING :
De son auguste *seing* reconnoissez les traits. (II, 558, *Baj.* 1683.)
Vous connoissez, Madame, et la lettre et le *sein* (sic).
— Du cruel Amurat je reconnois la main. (II, 533, *Baj.* 1183.)

SÉJOUR, sens divers :
Je me rendrois suspect par un plus long *séjour*. (II, 329, *Brit.* 1557.)
Je n'aurois pas grande inclination de faire *séjour* en ce pays-ci. (VI, 479, *Lettres.*)
.... Le *séjour* de l'aimable Trézène. (III, 305, *Phèd.* 2.)
    Le soleil vit-il dans son tour
    Quelque si superbe *séjour*
    Qui ne vous rende hommage? (IV, 22, *Poés. div.* 16.)

SEL, au propre et au figuré :
Grenier à *sel*. (VI, 533, *Lettres.*)
Les Athéniens savoient apparemment ce que c'étoit que le *sel* attique. (II, 142, *Plaid.* au lect.)

SELLETTE (METTRE SUR LA) :
Si l'on *avoit mis sur la sellette* un véritable criminel. (II, 142, *Plaid.* au lect.)

SELON; SELON QUE :
Il est donc vrai, Madame? et *selon* ce discours,
L'hymen va succéder à vos longues amours? (II, 381, *Bér.* 149.)
Une tragédie.... si peu chargée d'intrigues ne pouvoit être *selon* les règles du théâtre. (II, 368, *Bér.* préf.)
* Il faut que celui qui reçoit la balle se remue *selon* celui qui la jette. (VI, 305, *Livres ann.*)
* Le bonheur et le malheur viennent à chacun *selon que* Dieu les distribue. (VI, 116, *Rem. sur l'Odyss.*)

SEMAINE :
Ceux qui étoient en *semaine* avoient.... leur logement dans les portiques. (III, 592, *Ath.* préf.)

SEMAINIER :
*Aussitôt que le signal leur a été donné (*aux Esséniens*) par quelqu'un

des *semainiers* (car c'est ainsi qu'ils appellent ceux qui ont la charge du réfectoire), ils se tiennent chacun debout. (V, 548, *Trad.*)

SEMBLANT (FAIRE) :
Il *fait semblant* de mettre ses troupes en quartier d'hiver. (V, 285, *Camp. de Louis XIV;* voyez V, 289, *Camp. de Louis XIV;* VI, 197, *Livres ann.;* VI, 456, *Lettres.*)

Il (*l'Archevêque*) *fit semblant* qu'il ne l'avoit pas reçue (*cette requête*). (IV, 564, *P. R.*)

SEMBLER :
Que vous *semble?*... (II, 534, *Baj.* 1194; voyez III, 509, *Esth.* 713.)
.... Si bon vous *semble*. (II, 176, *Plaid.* 375.)

SEMENCE, au figuré :
Étouffe dans mon sang des *semences* de guerre. (I, 592, *Alex.* 1489.)
Il (*Néron*) a en lui les *semences* de tous ces crimes. (II, 251, *Brit.* 2ᵉ préf.)

SEMER, au figuré :
Je leur *semai* de fleurs le bord des précipices.
(III, 657, *Ath.* 936; voyez III, 524, *Esth.* 982.)
Tant que la nuit de diamants *Sèmera* l'hémisphère. (IV, 23, *Poés. div.* 27.)
Déjà de vos adieux la nouvelle *est semée*.
(II, 429, *Bér.* 1220; voyez III, 93, *Mithr.* 1559.)
On *sème* de sa mort d'incroyables discours. (III, 329, *Phèd.* 380.)
Un bruit sourd que déjà l'on commence à *semer* (III, 661, *Ath.* 998.)
.... Toujours la Renommée
Avec le même éclat n'a pas *semé* mon nom. (II, 396, *Bér.* 505.)
Ce secret au dehors est-il aussi *semé?* (III, 689, *Ath.* 1529.)
J'irai *semer* partout ma crainte et ses alarmes. (II, 299, *Brit.* 923.)
Tandis qu'on vous verra d'une voix suppliante
Semer ici la plainte, et non pas l'épouvante. (II, 270, *Brit.* 316.)

SENS, emplois divers :
C'est lui : d'horreur encor tous mes *sens* sont saisis. (III, 639, *Ath.* 621.)
A vos *sens* agités venez rendre la paix. (III, 630, *Ath.* 434.)
De vos *sens* étonnés quel désordre s'empare ?
(III, 663, *Ath.* 1043; voyez II, 173, *Plaid.* 345.)
Ne souviendroit-il plus à mes *sens* égarés
De l'obstacle éternel qui nous a séparés? (III, 310, *Phèd.* 103.)
Lorsque j'ai de mes *sens* abandonné l'empire. (III, 348, *Phèd.* 761.)
Voyez I, 575, *Alex.* 1139; II, 44, *Bér.* 63.
Il fit également admirer en lui le grand *sens*, l'équité. (V, 12, *Épitaphes.*)
M. Singlin, homme.... merveilleux pour le droit *sens* et le bon esprit. (IV, 603, *P. R.*)
Elle lui répondit d'un fort grand *sens* froid. (IV, 515, *P. R.*)
Voyez IV, 579 et 584, *P. R. var.;* VI, 250, *Livres ann.*
.... Ceux qui osoient dire que ces propositions n'avoient point été extraites de Jansénius, ni condamnées au *sens* de cet évêque. (IV, 496, *P. R.*)

SENS DESSUS DESSOUS, voyez DESSUS.

SENSIBILITÉ :
La *sensibilité* qu'il a pour ses amis. (VII, 274, *Lettres.*)

SENSIBLE, sens divers ; SENSIBLE À :
.... Nos malheurs trouvent des cœurs *sensibles*. (II, 297, *Brit.* 896.)
Hippolyte est *sensible*, et ne sent rien pour moi ! (III, 373, *Phèd.* 1203.)

Cherchons pour l'attaquer quelque endroit plus *sensible*.
(III, 349, *Phèd.* 794.)
J'aurois une joie *sensible* de voir la maison de campagne dont vous faites tant de récit. (VII, 254, *Lettres.*)
Il reçut hier une nouvelle qui *lui* est bien plus *sensible* que cette affaire. (VI, 406, *Lettres.*)
La Reine, en ce moment, *sensible* à vos bontés.... (II, 389, *Bér.* 333.)
A de nouveaux exploits mon cœur devint *sensible*. (I, 571, *Alex.* 1026.)

SENSUEL :
Elle réforma tout ce qu'il y avoit de mondain et de *sensuel* dans ses habits. (IV, 390, *P. R.*)

SENTENCE, au sens judiciaire, II, 152 et 160, *Plaid.* 88 et 207.

SENTIER, au figuré :
.... De la gloire évitant le *sentier*. (III, 163, *Iph.* 255.)
.... Loin du *sentier* des vices. (IV, 131, *Poés. div.* 13.)

SENTIMENT, SENTIMENTS, sens et emplois divers :
Il perd le *sentiment*.... (II, 124, *Andr.* 1645.)
Mes pleurs du *sentiment* lui rendirent l'usage. (III, 620, *Ath.* 252.)
Hé! de grâce, prenez des *sentiments* plus doux. (I, 576, *Alex.* 1143.)
Quelle pitié retient mes *sentiments* timides? (III, 84, *Mithr.* 1407.)
Pour peu que nous résistions à ses *sentiments*, il nous traite de présomptueux. (II, 249, *Brit.* 1re préf.)
Je leur ai déclaré.... les *sentiments* d'Aristote sur le héros de la tragédie. (II, 243, *Brit.* 1re préf.)
La Faculté dressa la fameuse Déclaration de ses *sentiments*. (IV, 536, *P. R.*; voyez V, 211, *Notes relig.*)

SENTINELLE (FAIRE) :
* Le Soleil *avoit fait sentinelle* pour lui. (VI, 135, *Rem. sur l'Odyss.*)

SENTIR, emplois divers ; SE SENTIR :
Déjà plus d'un tyran, plus d'un monstre farouche
Avoit de votre bras *senti* la pesanteur. (III, 358, *Phèd.* 939.)
* La mort afflige ceux qui ne la *sentent* point. (VI, 309, *Livres ann.*)
Tout notre sang doit-il *sentir* votre colère?
(I, 421, *Théb.* 400; voyez I, 404, *Théb.* 96.)
.... En vain je vous presse, et mes propres forfaits
Me font déjà *sentir* tous les maux que j'ai faits. (I, 483, *Théb.* 1508.)
Non, Princes, ce n'est point au bout de l'univers
Que Rome fait *sentir* tout le poids de ses fers. (III, 59, *Mithr.* 818.)
Jugez à cet objet ce que j'ai dû *sentir*. (I, 481, *Théb.* 1471.)
Hippolyte est sensible, et ne *sent* rien pour moi! (III, 373, *Phèd.* 1203.)
Si vous *sentiez* pour moi quelque heureuse foiblesse. (I, 553, *Alex.* 670.)
(Vous vouliez) Qu'il *sentît* en mourant qu'il expiroit pour vous.
(II, 118, *Andr.* 1528; voyez I, 551, *Alex.* 615.)
* Cela *sent* bien son homme qui demeure le plus qu'il peut près de sa maîtresse. (VI, 201, *Livres ann.*)
Ne vous *sentez-vous* pas, Seigneur, bien malheureux? (I, 573, *Alex.* 1091.)
Je *me sens* arrêter par un plaisir funeste. (III, 55, *Mithr.* 740.)
Ah! que vous m'obligez! Je ne *me sens* pas d'aise. (II, 164, *Plaid.* 268.)

SEOIR (voyez SÉANT, substantivement) :
* Ne se voulant pas *seoir* sur des siéges. (VI, 94, *Rem. sur l'Odyss.*)
* Ils les font *seoir* (*les étrangers*) à la même table qu'eux. (V, 535, *Trad.*; voyez VI, 401, *Lettres.*)

SÉPARÉMENT :

On sait.... que si vous avez une parfaite connoissance des belles choses, vous n'entreprenez pas les grandes avec un courage moins élevé, et que vous avez réuni en vous ces deux excellentes qualités, qui ont fait *séparément* tant de grands hommes. (I, 391, *Théb.* épître.)

Cette lettre fut portée *séparément* par un jésuite. (IV, 444, *P. R.*)

SÉPARER ; SE SÉPARER ; SÉPARÉ :

J'ai couru les deux mers que *sépare* Corinthe. (III, 305, *Phèd.* 10.)
Du reste des mortels ce haut rang nous *sépare.* (I, 480, *Théb.* 1446.)
.... Quant à cet amour qui nous *a séparés*,
Je vous fais notre arbitre, et vous nous jugerez. (II, 317, *Brit.* 1301.)
En vain de ce présent ils m'auroient honoré
Si votre cœur devoit en *être séparé*. (II, 282, *Brit.* 590.)
Le vent, en *séparant* la flotte de France, leur avoit en quelque sorte livré quinze de ses vaisseaux. (V, 335, *Siège de Nam.*)
Les autres (*Religieuses*) *furent séparées* en différents monastères. (IV, 571, *P. R.*)
Quoi? je ne serai plus *séparé* de vos charmes? (II, 326, *Brit.* 1495.)
.... L'un et l'autre camp, les voyant retirés,
Ont quitté le combat et *se sont séparés.* (I, 436, *Théb.* 658.)
Il se voit pour jamais *séparé* de Junie. (II, 338, *Brit.* 1719.)
Les Religieuses des Champs demeurèrent *séparées* des sacrements. (IV, 565, *P. R.*)
Dans un lieu *séparé* de profanes témoins. (III, 472, *Esth.* 105.)

SÉPULTURE :

* Il fit un banquet pour la *sépulture* de sa mère. (VI, 80, *Rem. sur l'Od.*)
Ces nymphes sont de gros rochers,
Auteurs de mainte *sépulture*. (VI, 413, *Lettres.*)

SÉRAIL : voyez SERRAIL.

SEREIN, au figuré :

Vos jours, toujours *sereins*, coulent dans les plaisirs. (II, 284, *Brit.* 650.)

SÉRÉNADE :

Une *sérénade* rustique. (IV, 42, *Poés. div.* 84.)

SERGENT :

Oui, vous êtes *sergent*, Monsieur, et très-*sergent*.
Touchez là. Vos pareils sont gens que je révère ;
Et j'ai toujours été nourri par feu mon père
Dans la crainte de Dieu, Monsieur, et des *sergents*.
(II, 180, *Plaid.* 434 et 437; voyez *Plaid.* passim.)

SÉRIEUSEMENT :

Dès qu'on m'eut dit qu'il prenoit l'affaire *sérieusement*. (IV, 271, *Imag.*)

SÉRIEUX (LE), substantivement :

L'enjouement de M. Pascal a plus servi à votre parti que tout *le sérieux* de M. Arnauld. (IV, 288, *P. R.*)

SERMENT :

Ne fait-il des *serments* que pour les violer? (III, 231, *Iph.* 1580.)

SERRAIL :

... Que le *Serrail* soit désormais fermé.
(II, 506, *Baj.* 571 ; voyez II, 544, *Baj.* 1424.)

SERRÉ :
Elles étoient fort *serrées* dans ce monastère. (IV, 401, *P. R.*)

SERVANTE :
Parbleu! c'est ma comtesse. — Elle est votre *servante*. (II, 177, *Plaid.* 392.)

SERVICE, SERVICES, sens divers :
.... Le Roi m'appelle à son *service*. (I, 414, *Théb.* 287 var.)
* Ces épanchements de la royauté qui vont à récompenser la vertu et le *service* des sujets. (V, 390, *Factums*.)
Aussi bien ce n'est pas la première injustice
Dont la Grèce d'Achille a payé le *service*. (II, 51, *Andr.* 234.)
Auroit-elle (*Hermione*) oublié vos *services* passés? (II, 58, *Andr.* 356.)
Il crut lui-même rendre un grand *service* à Dieu, en consentant que cette abbaye fût élective. (IV, 402, *P. R.*)
Mon oncle Racine ne manquera pas.... de faire tout ce qu'il faudra pour le *service* de ma mère. (VI, 501, *Lettres*.)
J'ai appris ce qu'il faut donner au premier, au second et au troisième *service*.... Nous prétendons faire un festin à quatre *services*. (VI, 471, *Lettr.*)

SERVILE :
Est-il juste après tout qu'un conquérant s'abaisse
Sous la *servile* loi de garder sa promesse? (II, 106, *Andr.* 1314.)
.... *Serviles* mains. (III, 71, *Mithr.* 1090.)
.... Impiété *servile*. (III, 493, *Esth.* 430.)
.... Un *servile* hymen.... (II, 507, *Baj.* 602.)
Ce n'est plus le jouet d'une flamme *servile*. (II, 71, *Andr.* 629.)

SERVIR, neutralement et activement, sens divers; SE SERVIR; SERVIR À, DE :
Tu veux *servir* : va, *sers*, et me laisse en repos. (I, 578, *Alex.* 1204.)
Voyez II, 87, *Andr.* 932; II, 88, *Andr.* 936.
Prêt à *servir* toujours sans espoir de salaire. (II, 98, *Andr.* 1145.)
Madame, c'en est fait, et vous *êtes servie*. (II, 115, *Andr.* 1493.)
.... Et quand je l'*ai servie*,
Elle me redemande et son sang et sa vie! (II, 121, *Andr.* 1577.)
Voyez II, 101, *Andr.* 1213; II, 107, *Andr.* 1352; II, 156, *Plaid.* 160; VI, 306, *Livres ann.*
Sers ma fureur, OEnone, et non point ma raison.
(III, 349, *Phèd.* 792; voyez II, 101, *Andr.* 1203.)
* Il faut *servir* plusieurs, si on veut *se servir* de plusieurs. (VI, 308, *Livres ann.*)
Les instances réitérées de l'Évêque lui paroissant comme un ordre de Dieu de *se servir* de ces filles, il s'y résolut. (IV, 409, *P. R.*)
Que *sert* de l'irriter par un orgueil sauvage?
(I, 533, *Alex.* 193; voyez I, 574, *Alex.* 1115.)
.... Qu'*aura servi* ce zèle impétueux,
Qu'*à* charger vos amis d'un crime infructueux? (II, 509, *Baj.* 639 et 640.)
Un grand homme sec, là, qui me *sert de* témoin. (II, 157, *Plaid.* 173.)
* Pradelle *servoit* aussi *de* lieutenant général. (V, 80, *Notes hist.*)
C'est cette espèce de procession qui pourroit *servir de* sujet à un assez beau tableau. (VII, 308, *Lettres*)
Ni prières ni pleurs ne m'*ont de* rien *servi*. (I, 399, *Théb.* 21.)
Voyez I, 574, *Alex.* 1115; II, 278, *Brit.* 505; II, 511, *Baj.* 669.
.....Je lui vais *servir* un plat de mon métier. (II, 174, *Plaid.* 354.)

SERVITEUR :
Je suis son *serviteur*.... (II, 177, *Plaid.* 393.)

Il nous le fait garder jour et nuit, et de près :
Autrement *serviteur*, et mon homme est aux plaids.
(II, 148, *Plaid.* 42 ; voyez II, 180, *Plaid.* 439.)
SERVITUDE :
Las de votre grandeur et de sa *servitude*. (II, 275, *Brit.* 440.)
Leur prompte *servitude* (*des Romains*) a fatigué Tibère. (II, 324, *Brit.* 1444.)
SEUIL :
.... Dès que cette reine, ivre d'un fol orgueil,
De la porte du temple aura passé le *seuil*. (III, 697, *Ath.* 1682.)
SEUL :
Britannicus est *seul*. Quelque ennui qui le presse,
Il ne voit dans son sort que moi qui s'intéresse. (II, 284, *Brit.* 655.)
  Les marais.... sembloient être *seuls* capables de la défendre (*la place de Saint-Ghislain*). (V, 287, *Camp. de Louis XIV*.)
.... La *seule* fureur précipitant leurs bras. (I, 473, *Théb.* 1323.)
.... La *seule* vengeance excite ce transport. (II, 45, *Andr.* 84.)
Sa *seule* inimitié peut me faire trembler. (II, 348, *Brit.* 1062.)
  * L'odeur *seule* d'une lampe éteinte fait avorter. (VI, 339, *Livres ann.*)
Un héros sur qui *seul* j'ai pu tourner les yeux. (I, 573, *Alex.* 1080.)
.... Le fils *seul* d'Achille a pu remplir sa place. (II, 48, *Andr.* 150.)
Laissez les pleurs, Madame, à vos *seuls* ennemis. (II, 336, *Brit.* 1670.)
.... Que l'heureux séjour d'une immortelle gloire
  Soit l'objet *seul* de leurs cœurs détrompés. (IV, 119, *Poés. div.* 16.)
Voyez I, 399, *Théb.* 20 ; I, 405, *Théb.* 106 ; I, 439, *Théb.* 715 ; II, 523, *Baj.* 960.
  * Ne vivre toujours d'une *seule* façon. (VI, 310, *Livres ann.*)
  * Ce qui n'étoit jamais arrivé à un homme *seul* (*à un seul et même homme*). (VI, 51, *Rem. sur Pind.*)
.... Le crime tout *seul* a pour vous des appas. (I, 405, *Théb.* 114.)
  * Athalie voulut qu'il ne restât pas un *seul* de la maison de David
(V, 207, *Not. relig.*)
SEULEMENT :
.... Mes soupirs s'expliquoient vainement
A ce cœur que la gloire occupe *seulement*. (I, 553, *Alex.* 652.)
Je dors en te contant la chose *seulement*. (II, 149, *Plaid.* 58.)
  On le laisse tomber (*cet ouvrage*) de lui-même, sans daigner *seulement* contribuer à sa chute. (I, 517, *Andr.* 1re préf.)
SÉVÈRE ; SÉVÈRE À :
Il feint de s'apaiser, et devient plus *sévère*.
            (I, 437, *Théb.* 688 ; voyez VI, 238, *Livres ann.*)
Bientôt, de mon malheur interprète *sévère*,
Votre bouche à la mienne ordonna de se taire. (II, 383, *Bér.* 199.)
Voyez II, 285, *Brit.* 675 ; III, 217, *Iph.* 1321.
Prévenez de Calchas l'empressement *sévère*. (III, 225, *Iph.* 1482.)
.... La plus prompte mort, dans ce moment *sévère*,
Devient de leur amour la marque la plus chère. (II, 538, *Baj.* 1294.)
Mon courroux *aux* vaincus ne fut que trop *sévère*. (II, 50, *Andr.* 213.)
Rome *lui* sera-t-elle indulgente ou *sévère?* (II, 391, *Bér.* 368.)
.... *Sévère aux* méchants, et des bons le refuge. (III, 682, *Ath.* 1405.)
  Elle voulut me gagner afin que je ne *lui* fusse pas si *sévère*. (VI, 693, *Lettres.*)
SÉVÉRITÉ :
.... Je ferois quelque difficulté
D'abaisser jusque-là votre *sévérité*. (II, 293, *Brit.* 798.)

SEXE :
Il a pour tout le *sexe* une haine fatale. (III, 349, *Phèd.* 789.)

SI, conjonction, emplois et tours divers :
Mais, Madame, pourquoi? — *Si* tu venois d'entendre
Quel funeste dessein Roxane vient de prendre! (II, 495, *Baj.* 337.)
Bajazet va se perdre. Ah! *si*, comme autrefois,
Ma rivale eût voulu lui parler par ma voix! (II, 497, *Baj.* 395.)
Dieux! *si* devenant grand souvent on devient pire,
Si la vertu se perd quand on gagne l'empire,
Lorsque vous régnerez, que serez-vous, hélas!
Si vous êtes cruel quand vous ne régnez pas?
(I, 455 et 456, *Théb.* 1047, 1048 et 1050.)
Et toi, Neptune, et toi, *si* jadis mon courage
D'infâmes assassins nettoya ton rivage,
Souviens-toi que pour prix de mes efforts heureux,
Tu promis d'exaucer le premier de mes vœux. (III, 365, *Phèd.* 1065.)
*S'il dit ici qu'ils se fioient aux Dieux immortels, c'est à dire (*cela veut dire*) à la nature et à la bonté du territoire. (VI, 144, *Rem. sur l'Od.*)
* Personne ne sait *si* il doit vivre encore demain. (VI, 309, *Liv. ann.*)
Je m'informai *s*'ils se plaignoient qu'elle (*la pièce*) les eût ennuyés. (II, 368, *Bér.* préf.)
.... Il faut maintenant m'éclaircir
Si dans sa perfidie elle a su réussir. (II, 535, *Baj.* 1220.)
.... Choisissez aujourd'hui
Si vous voulez tout perdre ou tenir tout de lui. (I, 545, *Alex.* 472.)
.... C'est à toi de prouver
Si ce que tu ravis tu le sais conserver. (I, 457, *Théb.* 1070.)
* Le Cardinal avoit fait pressentir *si* Turenne voudroit se faire catholique. (V, 87, *Notes hist.*)
* Telemachus songe *s*'il lui parlera de son père. (VI, 85, *Rem. sur l'Od.*)
J'admirois *si* Mathan, dépouillant l'artifice,
Avoit pu de son cœur surmonter l'injustice. (III, 660, *Ath.* 987.)
Tu ne t'étonnes pas *si* mes fils sont perfides,
S'ils sont tous deux méchants, et *s*'ils sont parricides...,
Et tu t'étonnerois *s*'ils étoient vertueux. (I, 400, *Théb.* 31, 32 et 34.)
* Il n'y a rien d'étrange *si* ce qui est mortel meurt. (VI, 309, *Liv. ann.*)
* Ne se soucier *si* on est écouté. (VI, 308, *Livres ann.*)
Si je vous avois demandé la permission..., je doute *si* je l'aurois obtenue. (II, 239, *Brit.* épitre.)
Je ne suis pas en peine *si* on vous rendra vos novices...; mais je suis en peine *si* l'esprit de la retraite.... se conservera parmi vous. (IV, 512, *P. R.*)
.... Trouvez-vous quelques charmes
A voir couler des pleurs que font verser vos armes?
Ou *si* vous m'enviez, en l'état où je suis,
La triste liberté de pleurer mes ennuis? (I. 570, *Alex.* 1007.)

SI, adverbe, aussi, tellement; si.... QUE DE; si.... QUE, quelque.... que; SI POURTANT; ET SI :
.... Quel temps fut jamais *si* fertile en miracles? (III, 611, *Ath.* 104.)
Hélas! fus-je jamais *si* cruel que vous l'êtes? (II, 56, *Andr.* 322.)
*Comme s'ils avoient besoin de louanges *si* excessives. (VI, 305, *Livres ann.*)
*Ne les décacheter *si* tôt (*les lettres*). (VI, 316, *Liv. ann.*; voyez SITÔT.)
Elles furent *si* hautaines

    Que de disputer le prix Aux Muses.... (VI, 492, *Lettres.*)
Voyez II, 368, *Bér.* épître; VI, 236, *Livres ann.*
 * *Si* fort *qu*'il soit. (VI, 131, *Rem. sur l'Odyss.*)
 * *Si* loin *que* vous en soyez. (VI, 119, *Rem. sur l'Odyss.*)
    .... Hé bien donc, *si pourtant*
Sur toute cette affaire il faut que je le voie.
    (II, 191, *Plaid.* 558; voyez II, 159, *Plaid.* 197 et note 1.)
  *Vous voyez, lui dit-il, j'ai été au festin, *et si* (*et pourtant*) je n'en suis pas empiré pour cela. (V, 527, *Trad.*)

SIÈCLE, sens divers :
 Je veux qu'on dise un jour aux *siècles* effrayés, etc. (III, 495, *Esth.* 476.)
    Au *siècle* d'innocence. (IV, 28, *Poés. div.* 9.)
 Lève-toi dans nos cœurs, chaste et bienheureux jour....
 Du *siècle* ténébreux perce l'obscure nuit. (IV, 124, *Poés. div.* 14.)
 La curiosité des personnes du *siècle.* (IV, 426, *P. R.*)
 Les flatteries des gens du *siècle.* (V, 9, *Épitaphes.*)
 Dieu a permis qu'elle soit restée dans le *siècle.* (IV, 506, *P. R.*)
 L'esprit du *siècle.* (IV, 389, *P. R.*)

SIED (Il) :
Mais *siéroit-il*, Abner, à des cœurs généreux
De livrer au supplice un enfant malheureux? (III, 692, *Ath.* 1597.)

SIÉGE, sens divers :
 Les ennemis levèrent le *siége.* (V, 272, *Camp. de Louis XIV.*)
 Le *siége* (de Kimper) n'a pas été vacant bien longtemps. (VI, 407, *Lettres.*)

SIEUR :
 Le *sieur* de Vauban. (V, 320, l. 6, *Siége de Nam.*; voyez *ibid.*, l. 2 et 15; p. 321, l. 8 et 13, etc.)

SIFFLER :
Pour qui sont ces serpents qui *sifflent* sur vos têtes? (II, 124, *Andr.* 1638.)

SIFFLET :
  .... Quand *sifflets* prirent commencement. (IV, 185, *Poés. div.* 12.)

SIGNALER :
Ils *signalent* leur crime en *signalant* leur bras. (I, 413, *Théb.* 265.)
Au prix de tout sang ils *signalent* leur foi. (I, 556, *Alex.* 699.)
.... Un même combat *signalant* l'un et l'autre. (I, 583, *Alex.* 1297.)

SIGNER à :
A tout ce qu'elle a dit je *signe* aveuglément. (II, 185, *Plaid.* 498.)

SIGNEUSE :
L'Archevêque.... donne pouvoir aux *signeuses* au nombre de huit. (IV, 595, *P. R.*; voyez IV, 592, *ibid.*)

SIGNIFIER (un exploit), terme de pratique, II, 171, *Plaid.* 330.

SILENCE :
  Astres vivants, chœurs glorieux,
  Qui faites voir de nouveaux cieux
  Dans ces demeures de *silence.* (IV, 26, *Poés. div.* 64.)
Qu'attendez-vous? rompez ce *silence* obstiné. (II. 85, *Andr.* 895.)
J'oserai devant lui rompre ce grand *silence.* (III, 508, *Esth.* 697.)
Tout gardoit devant eux un auguste *silence.* (II, 519, *Baj.* 881.)

Prêt d'imposer *silence* à ce bruit imposteur. (III, 190, *Iph.* 775.)
Qu'ai-je fait? Que veut-il? Et que dit ce *silence*? (II, 402, *Bér.* 627.)
Il les réduisit au *silence*. (IV, 484, *P. R.*)
Ensevelir dans le *silence* : voyez ENSEVELIR.
Il rentre : chacun fuit son *silence* farouche. (II, 339, *Brit.* 1755.)

SILENCIEUX, substantivement :
 Vivre comme un *silencieux*
 Dans le règne des curieux. (IV, 203, *Poés. div.* 35, app.)

SILLON :
Assez dans ses *sillons* votre sang englouti
A fait fumer le champ dont il étoit sorti. (III, 335, *Phèd.* 503.)

SIMPLE :
 .... Claude avec sa puissance
M'avoit encor laissé sa *simple* obéissance. (II, 315, *Brit.* 1244.)

SIMULACRE, fantôme :
 *Simulacre d'Hélène. (VI, 265, *Livres ann.*)

SINA, SINAÏ :
(La journée) Où sur le mont *Sina* la loi nous fut donnée.
         (III, 605, *Ath.* 4.)
O mont de *Sinaï*, conserve la mémoire, etc.
    (III, 624, *Ath.* 332; voyez III, 599, *Ath.* préf.)

SINCÈRE :
.... N'espérez de moi que de *sincères* vœux. (I, 559, *Alex.* 772.)
 *Je ne sais si ces narrations si longues sont assez dignes de la tragédie, quand elles ne sont pas *sincères*. (VI, 249, *Livres ann.*

SINGULIER, ÈRE :
 Il étoit d'une piété *singulière*. (VII, 50, *Lettres.*)
Pour toute ambition, pour vertu *singulière*,
Il excelle à conduire un char dans la carrière. (II, 325, *Brit.* 1471.)

SINGULIÈREMENT :
 *Il y a.... une parenthèse qui comprend l'exception des évêchés et États, *singulièrement* exceptés dans le traité. (V, 93, *Notes hist.*)

SINISTRE :
Qu'ils mettent ce malheur au rang des plus *sinistres*. (II, 336, *Brit.* 1671.)
Hé bien! que nous fait-elle annoncer de *sinistre*? (III, 662, *Ath.* 1031.)

SITÔT QUE :
Est-ce au peuple, Madame, à se choisir un maître?
Sitôt qu'il hait un roi, doit-on cesser de l'être? (I, 425, *Théb.* 476.)

SIX-VINGT, cent vingt :
Six-vingt productions.... (II, 161, *Plaid.* 228.)
Les anciennes éditions ont ainsi *six-vingt*, sans *s*.
 Six-vingt mille hommes. (V, 314, *Siége de Nam.*; voyez V, 332, *ibid.*; VII, 34, *Lettres.*)

SOBRE :
Ivres de ton esprit, *sobres* pour tout le reste. (IV, 111, *Poés. div.* 23.)

SOCIABLE :
 *Je suis confiné dans un pays qui a quelque chose de moins *sociable* que le Pont-Euxin. (VI, 447, *Lettres.*)

SOCIÉTÉ :

.... Surtout (*Dieu*) défendit à leur postérité
Avec tout autre dieu toute *société*. (III, 631, *Ath.* 446.)
*Il n'est pas possible qu'il soit injuste et de fâcheuse *société*. (VI, 284, *Livres ann.*)

SOI : voyez SE.

SOIF, au propre et au figuré .

Je bois à ma *soif*. (VI, 563, *Lettres*.)
Perfides, contentez votre *soif* sanguinaire. (III, 235, *Iph.* 1669.)
La *soif* de se baigner dans le sang de leur frère. (I, 472, *Brit.* 1313.)
.... La *soif* de commander. (III, 657, *Ath.* 925.)

SOIGNEUX, EUSE DE :

.... *Soigneux de* me cacher. (III, 56, *Mithr.* 761.)
Contre tous les poisons *soigneux de* me défendre. (III, 94, *Mithr.* 1575.
(*La cour*,) A ses maîtres toujours trop *soigneuse de* plaire. (II, 390, *Bér.* 352.
Un rival dès longtemps *soigneux de* me déplaire.
(III, 46, *Mithr.* 516 ; voyez II, 284, *Brit.* 653.)
Ce même amour, *soigneux de* votre renommée. (III, 164, *Iph.* 273.)

SOIN, SOINS :

.... Jusques ici sa fuite ou son trépas
Dérobe ce captif au *soin* de vos soldats. (I, 567, *Alex.* 948.)
Cette.... simplicité que j'avois recherchée avec tant de *soin*. (II, 368, *Bér.* préf.)
.... Voyant qu'en effet ce beau *soin* vous anime. (I, 444, *Théb.* 827.)
Voyez I, 412, *Théb.* 239; II, 65, *Andr.* 501.
.... Depuis deux ans ce noble *soin* m'inspire. (I, 445, *Théb.* 847.)
.... Le *soin* qui vous travaille. (I, 557, *Alex.* 713; voy. I, 589, *Alex.* 1425.)
Vous verrai-je accablé du *soin* de nos provinces? (I, 538, *Alex.* 301.)
N'allons point le gêner d'un *soin* embarrassant. (III, 636, *Ath.* 569.)
.... Sans vous fatiguer du *soin* de le redire. (II, 314, *Brit.* 1224.)
.... D'un *soin* si commun votre âme est peu blessée. (I, 538, *Alex.* 306.)
.... De quel *soin*, Seigneur, vous allez-vous troubler!
(II, 416, *Bér.* 941 ; voyez II, 408, *Bér.* 786.)
Qu'un *soin* bien différent me trouble et me dévore ! (III, 340, *Phèd.* 617.)
D'un *soin* cruel ma joie est ici combattue. (III, 178, *Iph.* 557.)
(Vous) Qu'un *soin* si généreux intéresse pour elle. (II, 374, *Bér.* 12.)
.... Veillant au *soin* de votre tête. (I, 557, *Alex.* 721.)
Je hais jusques au *soin* dont m'honorent les Dieux. (III, 395, *Phèd.* 1612.)
Seigneur, tant de prudence entraîne trop de *soin*. (II, 50, *Andr.* 195.)
.... Dieu veut qu'on espère en son *soin* paternel. (III, 621, *Ath.* 266.)
.... D'un *soin* paternel
Il (*Dieu*) me nourrit des dons offerts sur son autel. (III, 642, *Ath.* 649.)
Qu'il règne donc ce fils, ton *soin* et ton ouvrage. (III, 702, *Ath.* 1780.)
.... Je charge un amant du *soin* de mon injure. (II, 115, *Andr.* 1482.)
.... J'abandonnerois avec bien moins de peine
Le *soin* de mon salut que celui de ma haine. (I, 444, *Théb.* var.)
.... On me donnoit le *soin*
De fournir la maison de chandelle et de foin. (II, 146, *Plaid.* 17.)
Appliqué sans relâche au *soin* de me punir. (II, 123, *Andr.* 1615.)
*Sophocle a un *soin* merveilleux d'établir d'abord le lieu de la scène. (VI, 246, *Livres ann.*)
Avez-vous eu le *soin* de voir mon secrétaire? (II, 187, *Plaid.* 519.)
J'aurai *soin* de ma mort, prenez *soin* de sa vie. (II, 554, *Baj.* 1618.)

C'est prendre trop de *soin*:.... (II, 323, *Brit.* 1412.)
Voulez-vous malgré lui prendre *soin* de sa vie? (II, 101, *Andr.* 1221.)
Votre Altesse Royale avoit daigné prendre *soin* de la conduite de ma tragédie. (II, 31, *Andr.* épître.)
Cependant ai-je pris quelque *soin* de lui plaire? (II, 57, *Andr.* 349.)
.... N'ai-je pris sur moi le *soin* de tout l'État
Que pour m'en acquitter par un assassinat? (II, 100, *Andr.* 1183.)
Quelque *soin* que j'aie pris pour travailler cette tragédie.... (II, 242, *Brit.* 1re préf.)
Voyez I, 416. *Théb.* 314: I, 525, *Alex.* 14; I, 531, *Alex.* 150; I, 538, *Alex.* 314; I, 568, *Alex.* 974; I, 572, *Alex.* 1046; II, 42, *Andr.* 30; II, 94, *Andr.* 1060; II, 95, *Andr.* 1080; II, 113, *Andr.* 1457; II, 303, *Brit.* 1012; II, 322, *Brit.* 1397; II, 382, *Bér.* 168; II, 534, *Baj.* 1191; IV, 519, *P. R.*
Je vois, malgré vos *soins*, vos pleurs prêts à couler. (III, 48, *Mithr.* 582.)
.... Quelle est mon erreur, et que de *soins* perdus! (II, 424, *Bér.* 1118.)
.... Ce fils, l'objet de tant de *soins*.
(II, 87, *Andr.* 919; voyez I, 444, *Théb.* 825.)
Ce prince étoit l'objet qui faisoit tous vos *soins*. (I, 470, *Théb.* 1263.)
Seigneur, voilà des *soins* dignes du fils d'Achille. (II, 56, *Andr.* 310.)
Vous devez d'autres *soins* à Rome, à votre gloire. (II, 400, *Bér.* 604.)
.... Dieu fera toujours le premier de vos *soins*. (III, 682, *Ath.* 1404.)
Que de *soins* m'eût coûtés cette tête charmante! (III, 342, *Phèd.* 657.)
Quand on est sur le trône, on a bien d'autres *soins*. (I, 446, *Théb.* 893.)
De *soins* plus importants je l'ai crue agitée.
(II, 49, *Andr.* 174; voyez I, 575, *Alex.* 1136.)
.... Nos cœurs, se formant mille *soins* superflus. (I, 541, *Alex.* 391.)
Laissez agir mes *soins* sur l'esprit de Taxile. (I, 539, *Alex.* 338.)
Quand nos États vengés jouiront de mes *soins*. (II, 79, *Andr.* 767.)
Nous le verrions encor nous partager ses *soins*. (II, 120, *Andr.* 1559.)
Muet, chargé de *soins*, et les larmes aux yeux. (II, 381, *Bér.* 157.)
Voyez II, 65, *Andr.* 506; II, 374, *Bér.* 17.
Ah! dans quels *soins*, Madame, allez-vous vous plonger? (II, 497, *Baj.* 407.)
.... Votre seul péril occupoit tous mes soins. (II, 523, *Baj.* 960.)
Ne vous figurez point que.... ma vertu consternée
Craigne les *soins* d'un trône où je pourrois monter. (II, 513, *Baj.* 735.)
.... La fameuse Locuste
A redoublé pour moi ses *soins* officieux. (II, 322, *Brit.* 1393.)
.... Pour seconder ses *soins* religieux,
Le sénat a placé son père entre les Dieux. (II, 382, *Bér.* 165.)
J'ai, comme Bajazet, mon chagrin et mes *soins*. (II, 527, *Baj.* 1063.)
Ne perdez point le temps que vous laisse leur fuite
A rendre à mon tombeau des *soins* dont je vous quitte.
(III, 98, *Mithr.* 1684.)
Vous connoissez les *soins* qu'il me rend tous les jours. (I, 527, *Alex.* 47.)
Favorisez les *soins* où son amour l'engage. (I, 542, *Alex.* 417.)
Échauffant par mes pleurs ses *soins* trop languissants. (II, 531, *Baj.* 1159.)
Cet amant se redonne aux *soins* de son amour. (II, 376, *Bér.* 57.)
Seigneur, j'ai d'autres *soins* que de vous affliger. (II, 302, *Brit.* 986.)
Quels seront mes *soins* à te plaire? (IV, 141, *Poés. div.* 49.)
Voyez I, 526, *Alex.* 36; I, 529, *Alex.* 100; I, 533, *Alex.* 213; I, 538, *Alex.* 299; I, 549, *Alex.* 579; I, 555, *Alex.* 685; I, 560, *Alex.* 784; I, 562, *Alex.* 844; I, 572, *Alex.* 1063; I, 574, *Alex.* 1119; I, 579, *Alex.* 1233; I, 583, *Alex.* 1299; I, 586, *Alex.* 1369 et 1371; I, 589, *Alex.* 1419; II, 44, *An Ir.* 62; II, 48, *Andr.* 166; II, 52, *Andr.* 244; II, 56, *Andr.* 321; II, 65, *Andr.* 506; II, 80, *Andr.* 805; II, 84, *Andr.* 879; II, 88, *Andr.* 944; II, 103, *Andr.* 1252; II, 268, *Brit.* 285; II, 277, *Brit.* 465; II, 279, *Brit.* 518; II, 282, *Brit.* 591 et 600; II, 293, *Brit.* 805; II, 297, *Brit.* 889; II, 299, *Brit.* 913; II, 313, *Brit.* 1197; II, 316, *Brit.* 1276; II,

330, *Brit.* 1572; II, 331, *Brit.* 1584; II, 378, *Bér.* 103; II, 380, *Bér.* 141; II, 405, *Bér.* 695; II, 442, *Bér.* 1462; II, 526, *Baj.* 1056; II, 548, *Baj.* 1471; II, 550, *Baj.* 1517; III, 37, *Mithr.* 342; III, 343, *Phèd.* 687; III, 347, *Phèd.* 756; III, 697, *Ath.* 1691; IV, 158, *Poés. div.* 14.

SOIR (voyez MATIN) :
Demain au *soir*. (VI, 573, *Lettres*.)
Dimanche au *soir*. (VII, 170, *Lettres*.)

SOIT ; SOIT.... SOIT ; SOIT.... OU :
Je m'acquitte assez bien de mon petit emploi.
— *Soit*. Pour qui venez-vous?... (II, 176, *Plaid.* 383.)
 Je viens à vous, arbres fertiles...,
 Soit vous qui, etc.,
 Soit vous qui, etc. (IV, 41, *Poés. div.* 45 et 48.)
* Tout amour est fort puissant *soit* en bien *ou* en mal. (VI, 269, *L. ann.*)
On dit qu'il (*Britannicus*) avoit beaucoup d'esprit, *soit* qu'on dise vrai, *ou* que ses malheurs aient fait croire cela de lui. (II, 253, *Brit.* 2ᵉ préf.)
Ne touchant que la foi *soit* humaine *ou* divine.
           (IV, 229, *Poés. div.* 79, 2ᵈ app.)
Soit qu'ainsi l'ordonnât mon amour *ou* mon père. (II, 100, *Andr.* 1194.)
Soit qu'elles se trompassent *ou* non.... (IV, 526, *P. R.*)
Voyez V, 153, *Notes hist.*; V, 472, 498 et 552, *Trad.*; VI, 322, *Livres ann.*

SOLEIL, au propre et au figuré :
* Temps de la tragédie et du poëme épique. Tour d'un *soleil*. (VI, 289, *Livres ann.*)
O Christ, ô *soleil* de justice. (IV, 114, *Poés. div.* 13.)
Ce *soleil* d'équité qui n'est jamais terni. (II, 208, *Plaid.* 741.)
 ....Ce petit *soleil*,
Ce doux abricot sans pareil. (IV, 40, *Poés div.* 22.)
Cette nuit un *soleil* est descendu des cieux. (IV, 204, *Poés. div.* 7.)
 Lorsque les destins trop sévères
 Éteignirent ce beau *soleil*,
 Henri.... (IV, 68, *Poés. div.* 57.)

SOLENNEL, ELLE :
 .... De ce jour la pompe *solennelle*. (III, 616, *Ath.* 164.)

SOLENNISER :
Vivez, *solennisez* vos fêtes sans ombrage. (III, 660, *Ath.* 975.)

SOLIDE, au figuré :
Si j'ai fait quelque chose de *solide* et qui mérite quelque louange, la plupart des connoisseurs demeurent d'accord que c'est ce même Britannicus. (II, 250, *Brit.* 2ᵉ préf.)
Préférant à la guerre un *solide* repos. (I, 442, *Théb.* 797.)
 .... La *solide* gloire
Des honneurs dont César prétend vous revêtir. (II, 283, *Brit.* 624.)

SOLITAIRE, adjectivement :
Mon âme loin de vous languira *solitaire*. (I, 583, *Alex.* 1309.)
   .... C'est là que *solitaire*,
De son image en vain j'ai voulu me distraire. (II, 274, *Brit.* 399.)
Je vous supplie d'être le plus *solitaire* que vous pourrez. (IV, 512, *P R.*)
 .... Ce cabinet superbe et *solitaire*. (II, 373, *Brit.* 3.)

SOLITUDE :
.... Vous dois-je laisser en cette *solitude*? (I, 431, *Théb.* 588.)

Ils vous opposeront de vastes *solitudes*. (I, 584, *Alex*. 1330.)
Une paix profonde et une *solitude* intérieure. (V, 10, *Épitaphes*.)

SOLLICITATION :
Ce ne sont point les *sollicitations* qui ouvrent les portes de l'Académie. (IV, 353, *Disc. acad.*)

SOLLICITER :
.... Je vous prie au moins de bien *solliciter*. (II, 201, *Plaid*. 654.)

SOMBRE, au propre et au figuré :
   Leurs feuillages si *sombres*. (IV, 27, *Poés. div*. 4.)
D'où vient ce *sombre* accueil et ces regards fâcheux? (I, 452, *Théb*. 986.)
Cette *sombre* froideur ne m'en dit pourtant rien. (I, 551, *Alex*. 620.)
Leur *sombre* inimitié ne fuit point mon visage. (II, 320, *Brit*. 1363.)

SOMMATION, terme judiciaire, II, 177, *Plaid*. 385.

SOMME, sommeil :
Certes, je n'ai jamais dormi d'un si bon *somme*. (II, 214, *Plaid*. 814.)

SOMMEIL :
   ....Tout mourant de *sommeil*. (II, 200, *Plaid*. var.)
Une beauté qu'on vient d'arracher au *sommeil*. (II, 274, *Brit*. 390.)
Romps ce fatal *sommeil* par qui l'âme charmée
  Dort en repos sur le bord des enfers. (IV, 115, *Poés. div*. 3.)
.... Néron s'abandonne au *sommeil*. (II, 255, *Brit*. 1.)
Sommeil qui entre dans les yeux; s'endormir du *sommeil* des justes : voyez OEIL, ENDORMIR.

SOMMEILLER, au figuré :
Ne dis plus, ô Jacob, que ton Seigneur *sommeille*. (III, 668, *Ath*. 1140.)
Jésus se fait entendre à l'âme qui *sommeille*. (IV, 114, *Poés. div*. 3.)

SOMPTUEUX :
De *somptueux* édifices. (V, 302, *Camp. de Louis XIV*.)

SON, SA, SES, LEUR :
Il suspend aujourd'hui la terreur de *ses* armes. (I, 642, *Alex*. 410.)
Je vous conduis au temple où *son* hymen (*l'hymen d'Hermione*) s'apprête.
  (II, 89, *Andr*. 965 ; voyez II, 276, *Brit*. 464.)
.... *Son* entretien (*l'entretien de Junie*) m'est encore permis.
  (II, 271, *Brit*. 354.)
Créon, la Reine ici commande en mon absence;
Disposez tout le monde à *son* obéissance. (I, 408, *Théb*. 176.)
...*Son* événement (*l'événement de la bataille*) vidoit notre querelle.
  (I, 438, *Théb*. 708.)
Plus il approche, et plus il allume *ses* feux (*les feux de ma haine*).
  (I, 449, *Théb*. 933.)
Elle sera au comble de *sa* joie. (VII, 259, *Lettres*, 1698.)
*Il semble pourtant qu'il adresse *sa* parole à Electra. (VI, 226, *L. ann*.)
*Elle (*Rodogune*) aura lieu de supposer qu'elle mourra avant qu'ils aient le temps de boire le reste de *son* poison. (VI, 352, *Livres ann*.)
.... Le peuple, alarmé du trépas de son roi,
Sur le haut de *ses* tours témoigne son effroi. (I, 474, *Théb*. 1356.)
*Le Cardinal le prit (*Colbert*) pour *son* intendant. (V, 122, *N. hist*.)
*Mazarin.... lui faisoit bassement *sa* cour. (V, 88, *Notes hist*.)
Il étoit mort sans vouloir recevoir *ses* sacrements. (IV, 418, *P. R*.)
OEdipe, en achevant *sa* triste destinée,

Ordonna que chacun régneroit *son* année. (I, 403, *Théb.* 84.)

....Esther, Seigneur, eut un Juif pour *son* père. (III, 527, *Esth.* 1033.)

*Cela sent bien *son* homme qui demeure le plus qu'il peut près de sa maitresse. (VI, 201, *Livres ann.*)

Ses yeux pour *leur* querelle, en dix ans de combats,
Virent périr vingt rois qu'ils ne connoissoient pas (II, 115, *Andr.* 1479.)

....Déjà dans *leur* cœur les Scythes mutinés
Vont sortir de la chaîne où vous nous destinez. (I, 546, *Alex.* 495.)

Des peuples qui....
Dans leurs vaisseaux brûlants ont cherché *leur* asile. (II, 82, *Andr.* 842.)

Voyez ci-dessus, p. 300.

SON, substantif :

*La lyre à plusieurs *sons*, la flûte et la cadence des vers. (VI, 213, *Livres ann.*)

SONDER, au figuré :

Je voulus les *sonder*. (IV, 481, *P. R.*)

SONGE :

Tout ce qui s'est passé n'est qu'un *songe* pour moi. (I, 480, *Théb.* 1459.)

SONGER :

Je *songe* quelle étoit autrefois cette ville. (II, 50, *Andr.* 197.)

Songez bien dans quel rang vous êtes élevée. (III, 213, *Iph.* 1242.)

Qu'il *songe* qui des deux il veut rendre ou garder. (II, 69, *Andr.* 588.)

Examinez ma vie, et *songez* qui je suis. (III, 367, *Phèd.* 1092.)

....Je ne puis *songer*
Que Troie en cet état aspire à se venger. (II, 50, *Andr.* 203.)

Ils ne *songent* pas qu'au contraire toute l'invention consiste à faire quelque chose de rien. (II, 367, *Bér.* préf.)

Quand je lus les Guêpes d'Aristophane, je ne *songeois* guère que j'en dusse faire les Plaideurs. (II, 140, *Plaid.* au lect.)

*Telemachus *songe* s'il lui parlera de son père. (VI, 85, *Rem. sur l'Od.*)

*Le Grand Seigneur ne *songeoit* rien moins qu'à la réduction des Cosaques. (V, 138, *Notes hist.*)

SONNER :

Il.... fit *sonner* fort haut dans tous ces avis la volonté du Roi. (IV, 498, *P. R.*)

SORT :

Il ne voit dans son *sort* que moi qui s'intéresse. (II, 284, *Brit.* 656.)

On vit Claude ; et le peuple, étonné de son *sort*,
Apprit en même temps votre règne et sa mort. (II, 313, *Brit.* 1193.)

....Thèbes me verra, pour apaiser son *sort*,
Et descendre du trône et courir à la mort. (I, 439, *Théb.* 741.)

Il se souvient du jour illustre et douloureux
Qui décida du *sort* d'un long siége douteux. (II, 379, *Bér.* 106.)

Arrêts du *sort*, faix du *sort*, jeter au *sort* : voyez ARRÊT, FAIX, JETER

SORTE :

....Puis-je savoir de quelle étrange *sorte*
Ses jours infortunés ont éteint leur flambeau ? (I, 471, *Théb.* 1278.)

SORTIE :

....Votre *sortie* (de Thèbes) a mis tout en alarmes. (I, 408, *Théb.* 167.)

Peut-être en ce moment je serois dans Ostie,
S'il ne m'eût de sa cour défendu la *sortie*. (II, 412, *Bér.* 856.)

SORTIR :
Gardes, qu'OEnone *sorte*, et vienne seule ici. (III, 386, *Phèd.* 1460.)
Les lévites armés *sortent* de tous côtés sur la scène. (III, 699, *Ath.* mise en scène.)
Voyez I, 434, *Théb.* 624 ; II, 375, *Bér.* 33 ; II, 389, *Bér.* 335.
Ils (*les Thébains*) *sont sortis* (*ont fait une sortie*)....
(I, 397, *Théb.* 1 ; voyez I, 430, *Théb.* 570.)
On dit qu'à ce dessein Ménecée *est sorti*. (I, 431, *Théb.* 582.)
* Un autre, qui n'*avoit* jamais *sorti* de Corinthe. (VI, 321, *Livres ann.*)
* M. Pignatelli.... n'étoit guère mieux instruit des affaires de ce pays-là que s'il n'*eût* jamais *sorti* de Rome. (V, 169, *Notes hist.*)
Il faut *sortir* du trône et couronner mon frère. (I, 406, *Théb.* 124.)
Sors donc de devant moi, monstre d'impiété. (III, 662, *Ath.* 1034.)
Pour *sortir* des tourments dont mon âme est la proie,
Il est, vous le savez, une plus noble voie. (II, 440, *Bér.* 1407.)
De ce trouble fatal par où dois-je *sortir*? (III, 85, *Mithr.* 1421.)
...Sa belle âme.... toute prête à *sortir*. (I, 481, *Théb.* 1472.)
Thésée, avec Hélène uni secrètement,
Fit succéder l'hymen à son enlèvement :
Une fille en *sortit*, que sa mère a celée. (III, 239, *Iph.* 1753.)
.... (Le courroux céleste) fera regretter aux princes des Thébains
De n'*être* pas *sortis* du dernier des humains. (I, 422, *Théb.* 414.)
Du sang dont vous *sortez* rappelez la mémoire. (II, 283, *Brit.* 623.)
A ceux de qui tu *sors* puisses-tu ressembler! (IV, 204, *Poés. div.* 12.)
Au *sortir* de table. (IV, 456, *P. R.*)
.... Au *sortir* de l'enfance. (II, 486, *Baj.* 117.)
Sortir d'affaire, du lit, du tombeau, de la vie : voyez AFFAIRE, LIT, etc.

SOT, substantivement :
* Le *sot* de la ville vint à une lieue de Valenciennes au-devant du Roi. (V, 108, *Notes hist.*; voyez la note 1.)

SOTTISE :
Les Athéniens savoient apparemment ce que c'étoit que le sel attique ; et ils étoient bien sûrs, quand ils avoient ri d'une chose, qu'ils n'avoient pas ri d'une *sottise*. (II, 142, *Plaid.* au lect.)

SOU :
* Elle (*l'armée*) fut quatre mois entiers sans recevoir un *sou*. (V, 133, *Notes hist.*)
* Il (*Mazarin*) ne donna pas un *sou* au courrier qui apporta la nouvelle de la paix de Munster. (V, 92, *Notes hist.*)

SOUCHET :
* *Souchet* ou jonc (*cyperus*). (VI, 92, *Rem. sur l'Odyss.*)

SOUCIER (SE) :
La plupart du monde ne *se soucie* point de l'intention ni de la diligence des auteurs. (II, 141, *Plaid.* au lect.)
* Ne *se soucier* si on est écouté. (VI, 308, *Livres ann.*)

SOUDAIN, AINE :
La plus *soudaine* mort me sera la plus chère. (II, 338, *Brit.* 1716.)

SOUFFLE :
Je vois aussi l'air et le vent
Promener leurs *souffles* tranquilles. (IV, 25, *Poés. div.* 24.)

SOUFFLER, au propre et au figuré :
Combien en as-tu vu, je dis des plus huppés,
A *souffler* dans leurs doigts dans ma cour occupés? (II, 152, *Plaid.* 98.)
Si vous *soufflez* si haut, l'on ne m'entendra pas. (II, 202, *Plaid.* 670.)
Dans le fond de la Thrace un barbare enfanté
Est venu dans ces lieux *souffler* la cruauté. (III, 529, *Esth.* 1087.)
* Turenne n'osa *souffler*, de peur de dégoûter le Roi de lui. (V, 78, *Notes hist.*)

SOUFFLET :
Le *soufflet* sur ma joue est encore tout chaud. (II, 181, *Plaid.* 450.)

SOUFFRIR ; SOUFFRIR QUE ; SOUFFRIR DE :
* *Souffrir* quand on est injustement repris. (VI, 305, *Livres ann.*)
Je suis le seul objet qu'il ne sauroit *souffrir*. (III, 374, *Phèd.* 1212.)
Aux bords que j'habitois je n'ai pu vous *souffrir*. (III, 339, *Phèd.* 600.)
Un ministre importun, qui ne le peut *souffrir*. (II, 338, *Brit.* 1714.)
* Le flatteur ne peut *souffrir* les vrais amis. (VI, 306, *Livres ann.*)
* Peu *souffrent* bien la pauvreté. (VI, 293, *Livres ann.*)
.... Mille fois le jour je *souffrois* le trépas. (I, 418, *Théb.* 354.)
* Belle leçon pour nous faire *souffrir* toutes les négligences de nos domestiques. (V, 202, *Notes relig.*)
* Elle *souffre* avec chagrin les plaintes d'Electra. (VI, 227, *Livres ann.*)
(L'ingrate) Apprend donc à son tour à *souffrir* des mépris ?
(II, 60, *Andr.* 400.)
Croyez qu'il faut aimer autant que je vous aime,
Pour avoir pu *souffrir* tous les noms odieux
Dont votre amour le vient d'outrager à mes yeux. (III, 202, *Iph.* 1011.)
Il avoit auprès de lui deux théologiens, qui ne purent jamais *souffrir que*, dans l'extrême besoin où il étoit, il prît de l'argent. (IV, 482, *P. R.*)
.... *Souffrez que* je respire.
(II, 193, *Plaid.* 572 ; voyez II, 194, *Plaid.* 586.)
* Ceux qui ne peuvent *souffrir* d'être repris. (VI, 305, *Livres ann.*)

SOUHAIT :
Il m'a fait par Arcas expliquer ses *souhaits*. (III, 227, *Iph.* 1511.)
.... Ne suffit-il pas, Seigneur, à vos *souhaits*
Que le bonheur public soit un de vos bienfaits ? (II, 319, *Brit.* 1337.)

SOUHAITER ; SOUHAITER DE ; SOUHAITER QUE :
Narcisse, il doit plutôt *souhaiter* sa colère. (II, 275, *Brit.* 444.)
Ce grand nom de vainqueur n'est plus ce qu'il *souhaite*.
(I, 565, *Alex.* 897.)
.... Il ne s'informe pas
Si l'on *souhaite* ailleurs sa vie ou son trépas. (II, 112, *Andr.* 1416.)
* Il *souhaite* une grande éloquence. (VI, 41, *Rem. sur Pind.*)
Ma princesse, avez-vous daigné me *souhaiter* ? (II, 287, *Brit.* 705.)
Souhaiter une bonne année : voyez ANNÉE.
* L'enfant prodigue *souhaitoit*.... pouvoir se rassasier de gland. (V, 202, *Notes relig.*)
La Mère Angélique.... *souhaitoit* aussi ardemment *d'*être soumise à l'autorité épiscopale que les autres abbesses desirent d'en être soustraites. (IV, 403, *P. R.*)
* Ulysse ne *souhaite* autre chose que *de* voir seulement la fumée de son pays et puis mourir. (VI, 58, *Rem. sur l'Odyss.*)
.... Je reconnois ce soin,
Et ne *souhaite pas que* vous alliez plus loin. (II, 322, *Brit.* 1398.)

SOUILLÉ; SOUILLÉ DE :
Ton encens à ses yeux est un encens *souillé*. (III, 669, *Ath.* 1147.)
Il ne vient point ici, *souillé du* sang des princes. (I, 544, *Alex.* 457.)

SOUILLONNÉ :
Ayez soin, je vous prie, que la lettre ne soit point *souillonnée*. (VI, 485, *Lettres*, 1662.)

SOÛL, SAOUL, rassasié :
* Quand je suis *saoul*, je suis ardent comme un chien de Molosse. (V, 525, *Trad.*)
* Je mourrai en embrassant mon fils et le pleurant tout mon *saoul*. (VI, 210, *Livres ann.*)
Racine a ainsi écrit *saoul* dans ces deux phrases.

SOULAGER; SOULAGER DE :
Âme de mes conseils, et qui seul tant de fois
Du sceptre dans ma main as *soulagé* le poids. (III, 501, *Esth.* 580.)
Soulagez une mère, et consolez Créon. (I, 441, *Théb.* 781.)
Sénèque, dont les soins me devroient *soulager*. (II, 293, *Brit.* 805.)
Trop heureux si bientôt la faveur d'un divorce
Me *soulageoit d'*un joug qu'on m'imposa par force! (II, 277, *Brit.* 468.)

SOÛLER DE; SE SOÛLER DE :
* Après que je *fus soûlé de* pleurer. (VI, 91, *Rem. sur l'Odyss.*)
* On *se soûle* bientôt *de* ce plaisir-là. (VI, 92, *Rem. sur l'Odyss.*)

SOULÈVEMENT :
Jamais ouvrage n'a excité un si grand *soulèvement* dans l'Église. (IV, 488, *P. R.*)

SOULEVER; SE SOULEVER :
....Mon cœur, *soulevant* mille secrets témoins,
M'en dira d'autant plus que vous m'en direz moins.
(II, 105, *Andr.* 1307.)
Rome, contre les rois de tout temps *soulevée*,
Dédaigne une beauté dans la pourpre élevée. (II, 406, *Bér.* 723.)
Avez-vous pu, cruels, l'immoler aujourd'hui,
Sans que tout votre sang *se soulevât* pour lui? (II, 118, *Andr.* 1540.)

SOUMETTRE à, sens divers; SOUMIS :
.... Un captif que le sort *m'a soumis*. (II, 49, *Andr.* 184.)
Jules, qui le premier la *soumit* (Rome) à ses armes. (II, 392, *Bér.* 387.)
Ses gardes, son palais, son lit *m'étoient soumis*. (II, 312, *Brit.* 1178.)
O Dieux! *à* quels tourments mon cœur s'est vu *soumis!* (I, 417, *Théb.* 349.)
Soit qu'à tant de bienfaits ma mémoire fidèle
Lui *soumette* en secret tout ce que je tiens d'elle. (II, 278, *Brit.* 504.)
Jadis Priam *soumis* fut respecté d'Achille. (II, 88, *Andr.* 938.)
Oui, voyez-la, Seigneur, et par des vœux *soumis*
Protestez-lui.... (II, 75, *Andr.* 707.)

SOUMISSIONS :
Éphestion, aigri seulement contre moi,
De vos *soumissions* rendra compte à son roi. (I, 550, *Alex.* 600.)

SOUPÇON :
J'ai vu Burrhus, Sénèque, aigrissant vos *soupçons*,
De l'infidélité vous tracer des leçons. (II, 313, *Brit.* 1201.)
La douleur est injuste, et toutes les raisons

Qui ne la flattent point aigrissent ses *soupçons*. (II, 268, *Brit.* 282.)
C'est en vain que forçant ses *soupçons* ordinaires, etc. (II, 482, *Baj.* 37.)
SOUPÇONNER :
....De cet accueil que dois-je *soupçonner?* (III, 181, *Iph.* 579.)
SOUPIR :
*Lorsqu'ils rendoient les derniers *soupirs*. (V, 537, *Trad.*)
Tu vis naître ma flamme et mes premiers *soupirs*. (II, 43, *Andr.* 40.)
.... Quelque indigne *soupir*. (III, 55, *Mithr.* 730.)
Par mes justes *soupirs* j'espère l'émouvoir. (I, 407, *Théb.* 153.)
.... Ah! Seigneur, vous entendiez assez
Des *soupirs* qui craignoient de se voir repoussés. (II, 86, *Andr.* 912.)
Portez loin de mes yeux vos *soupirs* et vos fers. (II, 443, *Bér.* 1501.)
Seconde mes *soupirs*, donne force à mes pleurs. (I, 415, *Théb.* 301.)
Vous voulez que ma fuite assure vos desirs,
Que je laisse un champ libre à vos nouveaux *soupirs*. (II, 301, *Brit.* 966.)
Rome, Vespasien traversoient vos *soupirs*. (II, 385, *Bér.* 246.)
Vous seule en mes *soupirs* êtes intéressée. (I, 422, *Théb.* 435.)
....De Taxile appuyons les *soupirs*. (I, 585, *Alex.* 1347.)
Voyez I, 482, *Théb.* 1490; I, 553, *Alex.* 651, 664 et 673; II, 390, *Bér.* 347.
SOUPIRER :
J'y cours en *soupirant*, et sa garde me suit. (III, 392, *Phèd.* 1555.)
Soupirer à ses pieds moins d'amour que de rage. (II, 46, *Andr.* 118.)
Mon fils, qui de douleur en *soupiroit* dans l'âme. (I, 473. *Théb.* 1325.)
(Toi qui) M'aidois à *soupirer* les malheurs de Sion. (III, 465, *Esth.* 6.)
Auguste, votre aïeul, *soupiroit* pour Livie. (II, 277, *Brit.* 476.)
.... *Soupirer* pour l'Empire. (II, 443, *Bér.* 1476.)
Il aimeroit la paix, pour qui mon cœur *soupire*. (I, 419, *Théb.* 372.)
.... Je *soupire* après d'autres conquêtes.
(I, 563, *Alex.* 854; voyez III, 602, *Ath.* préf.)
Voyez I, 419, *Théb.* 376; I, 540, *Alex.* 364; I, 564, *Alex.* 881; I, 595, *Alex.* 1546.
SOURCE, au propre et au figuré :
Je les vois (*les ruisseaux*)....
Trainer en cercles tortueux
Leurs *sources* vagabondes. (IV, 34, *Poés. div.* 27.)
Qui changera mes yeux en deux *sources* de larmes? (III, 669, *Ath.* 1155.)
.... De vos pleurs que la *source* tarisse. (III, 697, *Ath.* 1680.)
Des larmes d'Octavie on peut tarir la *source*. (II, 294, *Brit.* 828.)
Examinons ce bruit, remontons à sa *source*. (III, 346, *Phèd.* 733.)
SOURCILLEUX, au figuré :
Ils ont vu ce roc *sourcilleux*.
(IV, 87, *Poés. div.* 45; voyez IV, 28, *Poés. div.* 15.)
SOURD, sens divers :
Rebelle à tous nos soins, *sourde* à tous nos discours. (III, 316, *Phèd.* 187.)
.... *Sourd* à Calchas.... (III, 229, *Iph.* 1546.)
Les Dieux depuis un temps me sont cruels et *sourds*. (III, 179, *Iph.* 572.)
Ah! si pour vous son âme est *sourde* à la pitié. (I, 426, *Théb.* 506.)
.... Un bruit *sourd* veut que le Roi respire. (III, 345, *Phèd.* 729.
SOURDRE :
N'a pas longtemps *sourdirent* grands débats. (IV, 181, *Poés. div.* 3.)
SOURIRE à :
Sans que mère ni père ait daigné *me sourire*. (III, 173, *Iph.* 426.)

SOUS, préposition :

Sous le pâle horizon l'ombre se décolore. (IV, 124, *Poés. div.* 11.)
Sous quel astre cruel avez-vous mis au jour
Le malheureux objet d'une si tendre amour? (III, 234, *Iph.* 1639.)
Est-il juste, après tout, qu'un conquérant s'abaisse
Sous la servile loi de garder sa promesse? (II, 106, *Andr.* 1314.)
Sous quel appui tantôt mon cœur s'est-il jeté? (III, 52, *Mithr.* 669.)
* Les ouvriers qui travailloient *sous* lui. (V, 505, *Trad.*)
   La Religieuse parfaite a été recueillie par la sœur Euphémie, *sous* la Mère Agnès, lorsque celle-ci étoit maîtresse des novices. (IV, 601, *P. R.*)
Moi régner! Moi ranger un État *sous* ma loi! (III, 348, *Phèd.* 759.)
Sous tant de morts, *sous* Troie il falloit l'accabler. (II, 50, *Andr.* 208.)
Reste de tant de rois *sous* Troie enseveli. (II, 44, *Andr.* 72.)
Hector tomba *sous* lui, Troie expira *sous* vous. (II, 48, *Andr.* 148.)
(Un roi) *Sous* qui toute l'Asie a vu tomber ses rois. (I, 525, *Alex.* 3.)
   .... Cédant *sous* le nombre. (II, 559, *Baj.* 1701.)
Il faut combattre, vaincre, ou périr *sous* les armes. (I. 577, *Alex.* 1174.)
L'exploit, Mademoiselle, est mis *sous* votre nom. (II, 172, *Plaid.* 334.)
Sous un nom emprunté sa noire destinée
Et ses propres fureurs ici l'ont amenée. (III, 239, *Iph.* 1757.)
Ils (*les flatteurs*) vous feront enfin haïr la vérité,
Vous peindront la vertu *sous* une affreuse image. (III, 682, *Ath.* 1401.)

SOUSCRIPTION, signature :

   Les autres ne consentirent à signer qu'après avoir mis à la tête de leurs *souscriptions* deux ou trois lignes. (IV, 527, *P. R.*)
Voyez IV, 234, *Poés. div.*, 235, 2ᵈ app.; IV, 492, 497, 520, 528, 564, 566, 567, 568 et 569, *P. R.*

SOUSCRIRE, signer; SOUSCRIRE À :

   .... En moins de rien nous *fûmes* tous *souscrits*.
                              (IV, 233, *Poés. div.* 218, 2ᵈ app.)
Il se hâte.... de *souscrire* la paix. (V, 299, *Camp. de Louis XIV.*)
Il ordonnoit.... à tous doyens, etc., de *souscrire* dans un mois le Formulaire. (IV, 545, *P. R.*)
Voyez IV, 457 et 568, *P. R.*
...., Vous-même à la paix *souscririez* le premier. (II, 323, *Brit.* 1421.)
Faites-le prononcer : j'y *souscrirai*, Madame. (II, 84, *Andr.* 886.)
Voyez I, 404, *Théb.* 87; I, 537, *Alex.* 284; II, 320, *Brit.* 1368.
J'avois révoqué l'ordre où l'on me fit *souscrire*.
                              (III, 213, *Iph.* 1230; voyez II, 281, *Brit.* 575.)
Voyez II, 105, *Andr.* 1289; II, 119, *Andr.* 1549.

SOUS-DIACONAT, IV, 569, *P. R.*

SOUS-PRÉCEPTEUR, VI, 575, *Lettres.*

SOUTENABLE :

   Ce procédé n'est point du tout *soutenable*. (VI, 399, *Lettres.*)

SOUTENIR :

Je l'attends : juste Ciel, *soutenez* ma foiblesse! (I, 399, *Théb.* 16.)
Que la gloire du moins *soutienne* nos douleurs. (II, 422, *Bér.* 1058.)
   J'avois travaillé sur des modèles qui m'*avoient* extrêmement *soutenu* dans la peinture que je voulois faire. (II, 250, *Brit.* 2ᵉ préf.)
   Une action simple, *soutenue* de la violence des passions. (II, 367, *Bér.* préf.)
Tout ce peuple captif, qui tremble au nom d'un maître,

Soutient mal un pouvoir qui ne fait que de naître. (I, 546, *Alex.* 490.)
Les ennemis ne *soutinrent* point et n'attendirent pas même nos gens. (VII, 49, *Lettres.*)
Soutiendront-ils ailleurs un vainqueur en furie? (III, 62, *Mithr.* 888.)
Les mutins n'oseroient *soutenir* ma présence. (III, 86, *Mithr.* 1444.)
Je n'ai pu *soutenir* tes larmes, tes combats. (III, 325, *Phèd.* 311.)
Il ne *soutiendra* point la fureur qui m'anime. (III, 199, *Iph.* 945.)
Hélas! sans frissonner, quel cœur audacieux
Soutiendroit les éclairs qui partoient de vos yeux? (III, 505, *Esth.* 652.)
Soutiendrai-je ces yeux, dont la douce langueur
Sait si bien découvrir les chemins de mon cœur? (II, 419, *Bér.* 993.
Misérable! et je vis? et je *soutiens* la vue
De ce sacré soleil dont je suis descendue? (III, 376, *Phèd.* 1273.)
(Un rang) Dont je n'ai pu de loin *soutenir* la clarté. (II, 283, *Brit.* 617.)
De quel front *soutenir* ce fâcheux entretien? (II, 277, *Brit.* 489.)
Le peu d'empressement des Religieuses à.... *soutenir* la conversation. (IV, 424, *P. R.*)
Soutenir vos rigueurs par d'autres cruautés. (II, 319, *Brit.* 1345.)
Ils ont à *soutenir* le bruit de leurs exploits. (II, 483, *Baj.* 56.)
(Mon bras) Doit *soutenir* mon nom et le vôtre à la fois. (I, 565, *Alex.* 908.)
Allez ; et *soutenant* l'honneur de vos aïeux,
Dans cet embrassement recevez mes adieux. (III, 65, *Mithr.* 957.)
A-t-il jusqu'à la fin *soutenu* sa fierté? (II, 113, *Andr.* 1448.)
Soutenir des assauts, une attaque, l'effort : voyez Assaut, Attaque, Effort.

SOUVENIR, impersonnellement ; se souvenir :
Mon père, *il* m'en *souvient*, m'assura de ton zèle. (II, 271, *Brit.* 344.)
Voyez II, 320, *Brit.* 1367; II, 163, *Plaid.* 253.
De vos nobles projets, Seigneur, qu'*il* vous *souvienne*. (II, 398, *Bér.* 555.)
Ne *souviendroit-il* plus à mes sens égarés
De l'obstacle éternel qui nous a séparés? (III, 310, *Phèd.* 103.)
Peut-être *il* te *souvient* qu'un récit peu fidèle
De la mort d'Amurat fit courir la nouvelle. (II, 486, *Baj.* 145.)
Vous *souvient-il*, mon fils, quelles étroites lois
Doit s'imposer un roi digne du diadème? (III, 676, *Ath.* 1276.)
Ne vous *souvient-'l* plus, sans compter tout le reste,
Combien je me plaignis de ce devoir funeste?
 (III, 30, *Mithr.* 199 ; voyez III, 80, *Mithr.* 1289.)
Ne vous *souvient-il* plus, Seigneur, quel fut Hector ?
Nos peuples affoiblis *s'en souviennent* encor. (II, 48, *Andr.* 155 et 156.)
.... *Souvenez-vous* qu'Alexandre lui-même
S'intéresse au bonheur d'un prince qui vous aime.
 (I, 576, *Alex.* 1149 ; voyez II, 97, *Andr.* 1127.)
Je les prie de *se souvenir* que ce n'est pas à moi de changer les règles. (II, 35, *Andr.* 1re préf.)
L'on doit *se souvenir* qu'il (*Aristophane*) avoit affaire à des spectateurs assez difficiles. (II, 142, *Plaid.* au lect.)
* Qu'ils *se souviennent* qu'ils se réconcilieront quelque jour. (VI, 278, *Livres ann.*)
Je vous ferai *souvenir* d'une petite histoire. (IV, 284, *Imag.*)
.... S'il faut qu'il éclate (*cet orage*), au moins *souvenez-vous*
De le faire tomber sur d'autres que sur nous. (I, 543, *Alex.* 443.)
* Louer ceux qu'on reprend et leur faire *souvenir* de leurs vertus passées. (VI, 307, *Livres ann.*)

Souvenir, substantivement, sens divers :
.... Où m'emporte un *souvenir* charmant ? (II, 388, *Bér.* 317.)
.... Le *souvenir* de mon obéissance
Pourroit en ma faveur parler en mon absence. (I, 417, *Théb.* 335.)
Ah! dans ce *souvenir*, inquiète, troublée,
Je ne me sentois pas assez dissimulée. (II. 303, *Brit.* 1007.)
.... Qu'un tombeau superbe instruise l'avenir
Et de votre douleur et de mon *souvenir* (I, 595, *Alex.* 1548.)
.... Ne suis-je plus dans votre *souvenir* ? (II, 288, *Brit.* 741.)

SOUVERAIN, AINE :
Sur lui, sur tout son peuple il vous rend *souveraine*. (II, 94, *Andr.* 1057.)

SPACIEUX, EUSE :
*On nettoie la place, et on la fait *spacieuse*. (VI, 133, *Rem. sur l'Odyss.*)

SPECTACLE :
Non, non, il les verra triompher sans obstacle :
Il se gardera bien de troubler ce *spectacle*. (II, 114, *Andr.* 1474.)
Que cette paix, Seigneur, et ces embrassements
Vont offrir à mes yeux des *spectacles* charmants! (II, 317, *Brit.* 1306.)
Il expire à ces mots : ce barbare *spectacle*
A leur noire fureur n'apporte point d'obstacle. (I, 474, *Théb.* 1345.)
Olympe, va-t'en voir ce funeste *spectacle*. (I, 431, *Théb.* 579.)
Songez-y bien : ce Dieu ne vous a pas choisie
Pour être un vain *spectacle* aux peuples de l'Asie. (III, 479, *Esth.* 214.)
Vil *spectacle* aux humains des foiblesses d'amour. (II, 440, *Bér.* 1406.)
... Se donner lui-même en *spectacle* aux Romains. (II, 325, *Brit.* 1474.)
On traîne, on va donner en *spectacle* funeste
De son corps tout sanglant le misérable reste. (III, 536, *Esth.* 1192.)

SPECTATEUR :
.... Il est entré sans savoir dans son cœur
S'il en devoit sortir coupable ou *spectateur*. (II, 114, *Andr.* 1472.)
Vous fûtes *spectateur* de cette nuit dernière. (II. 382, *Bér.* 164.)
Le prince d'Orange, las de n'être que le *spectateur* des victoires de ses ennemis. (V, 271, *Camp. de Louis XIV*.)

SPÉCULATIONS :
Malgré l'inclination et le génie prodigieux qu'il (*Pascal*) avoit pour les mathématiques, il s'étoit dégoûté de ses *spéculations*. (IV, 460, *P. R.*)

SPHINX, féminin :
* Le Chœur s'amuse mal à propos à parler de la *Sphinx*. (VI, 263, *Livres ann.*)

SPIRITUALITÉ :
Si des Marets avoit revu ses romans..., il y auroit peut-être mis de la *spiritualité*. (IV, 335, *Imag.*)

SPIRITUEL, ELLE :
* La vie *spirituelle* et contemplative. (V, 541, *Trad.*)

SPLENDEUR :
Lieux pleins de charmes et d'attraits,...
Quelle assez brillante couleur
Peut tracer la peinture
De votre adorable *splendeur* ? (IV, 22, *Poés. div.* 10)
Dans quel palais superbe et plein de ma grandeur

Puis-je jamais paroître avec plus de *splendeur?* (III, 191, *Iph.* 808.)
Joas les touchera par sa noble pudeur,
Où semble de son sang reluire la *splendeur.* (III, 621, *Ath.* 274.)
.... Plus ce rang sur moi répandroit de *splendeur,*
Plus il me feroit honte.... (II, 283, *Brit.* 630.)
La *splendeur* de son sort doit hâter sa ruine. (III, 636, *Ath.* 564.)

SPLENDIDEMENT :
Il traita *splendidement* Monsieur d'Usez la semaine passée. (VI, 474, *Lettres.*)

STABILITÉ :
Que la foi dans nos cœurs gravée
D'un rocher immobile ait la *stabilité.* (IV, 125, *Poés. div.* 18.)

STABLE :
Dieu pourra vous montrer par d'importants bienfaits
Que sa parole est *stable* et ne trompe jamais. (III, 615, *Ath.* 158.)

STATUE :
Te voilà sur tes pieds droit comme une *statue.* (II, 204, *Plaid.* 695.)

STÉRILE, au figuré :
Ce champ si glorieux.... est *stérile* pour vous. (III, 229, *Iph.* 1543.)
La plus importante objection que l'on me fasse, c'est que mon sujet est trop simple et trop *stérile.* (I, 519, *Alex.* 1re préf.)

STIPULER QUE :
On *avoit stipulé,* avant toutes choses, *qu'*on ne parleroit point de cet article. (IV, 540, *P. R.*)

STRATAGÈME :
Orcan, qui méditoit ce cruel *stratagème....* (II, 558, *Baj.* 1677.)

STRUCTURE :
Là, d'une admirable *structure,*
On les voit (*les oiseaux*) suspendre ces nids. (IV, 28, *Poés. div.* 31.)

STUPIDE :
Un prince *stupide,* qui ne lui donnoit point d'ombrage. (II, 476, *Baj.* 2e préf.)

STYLE :
* Chanter.... au *style* des Muses. (VI, 42, *Rem. sur Pind.*)

SUBITEMENT :
.... Allons *subitement*
Lui demander raison de cet enlèvement. (II, 261, *Brit.* 125.)

SUBLIME :
.... Rappelant votre vertu *sublime.* (III, 235, *Iph.* 1665.)
Des esprits *sublimes,* passant de bien loin les bornes communes. (IV, 360, *Disc. acad.*)

SUBLIMITÉ :
La *sublimité* de vos pensées. (IV, 355, *Disc. acad.*)

SUBSISTANCE :
La duchesse de Longueville.... mourut avant que d'avoir pu laisser aucun fonds pour leur *subsistance* (*des Religieuses*). (IV, 418, *P. R.*)

SUBSISTER
Quelque argent pour *subsister*. (IV, 478, *P. R.*)
Je ne *subsiste* que par vous auprès de Mlle Lucrèce. (VI, 399, *Lettres.*)

SUBSTANCE :
Elles ont donné, pour ainsi dire, de leur propre *substance*. (IV, 427, *P. R.*)

SUBSTITUER :
* Elle lui donnoit et *substituoit* son droit. (V, 75, *Notes hist.*)
* Acace Bachiani.... *fut substitué* à la place de Ragotski. (V, 144, *Notes hist.*; voyez VII, 123, *Lettres.*)
.... Qui sait si Joad ne veut point en leur place
Substituer l'enfant dont le Ciel vous menace?
(III, 638, *Ath.* 608; voyez VII, 307, *Lettres.*)

SUBTIL :
* Le feu, se faisant de l'air devenu plus *subtil*. (VI, 9, *Rem. sur Pind.*)

SUBTILISÉ :
* L'air se fait d'une eau *subtilisée*. (VI, 9, *Rem. sur Pind.*)

SUBTILITÉ :
Qu'il me soit permis d'appeler de toutes les *subtilités* de leur esprit au cœur de Votre Altesse Royale. (II, 31, *Andr.* épitre.)

SUCCÉDER à, sens divers :
N'en doutez point, Seigneur, tout *succède à* vos vœux. (II, 409, *Bér.* 797.)
Tout *succède*, Madame, *à* mon empressement. (III, 193, *Iph.* 831.)
L'hymen va *succéder à* vos longues amours. (II, 381, *Bér.* 150.)
* Qu'il *succédât* à toutes les dignités de son père. (V, 72, *Notes hist.*)

SUCCÈS :
Voilà donc le *succès* qu'aura votre ambassade! (II, 78, *Andr.* 765.)
Tout va bien : à mes vœux le *succès* est conforme. (II, 185, *Plaid.* 499.)
Le *succès* ne répondit pas d'abord à mes espérances. (II, 250, *Brit.* 2ᵉ pr.)
.... Le *succès* animant leur fureur. (III, 616, *Ath.* 170.)
.... Ce *succès*, Madame, est encore incertain. (II, 521, *Baj.* 923.)
Le *succès* fit voir combien la Mère Angélique avoit de discernement. (IV, 398, *P. R.*)
Où sont ces beaux *succès* qui vous avoient séduit? (I, 589, *Alex.* 1408.)
Quel *succès* attend-on d'un amour si fidèle? (II, 390, *Bér.* 348.)
.... Sans m'inquiéter du *succès* de vos feux. (I, 580, *Alex.* 1243.)
Le *succès* du combat réglera leur conduite. (II, 483, *Baj.* 53.)
Le duc d'Orléans.... eut soin de faire savoir aux assiégés le *succès* de la bataille. (V, 280, *Camp. de Louis XIV.*)
.... Sans t'inquiéter du *succès* de tes armes. (I, 568, *Alex.* 973.)
J'ignore quel *succès* le sort garde à mes armes. (II, 91, *Andr.* 1022.)
Polynice, tout fier du *succès* de son crime. (I, 474, *Théb.* 1357.)
Je vois de quel *succès* leur fureur fut suivie. (III, 498, *Esth.* 533.)
.... De leur entrevue attendre le *succès*. (II, 497, *Baj.* 416.)
J'allois voir le *succès* de ses embrassements. (II, 72, *Andr.* 647.)
Daignez-vous avancer le *succès* de mes vœux? (III, 160, *Iph.* 175.)
Je ne suis point étonné que ce caractère ait eu un *succès* si heureux du temps d'Euripide. (III, 299, *Phèd.* préf.)
Voyez IV, 440, *P. R.*; V, 266, *Camp. de Louis XIV.*
Quels triomphes suivront de si nobles *succès*! (III, 156, *Iph.* 164.)
.... D'un plein *succès* vos vœux seroient suivis. (III, 83, *Mithr.* 1377.)

Le mauvais *succès* de ces calomnies n'empêcha pas d'autres jésuites de les répéter. (IV, 436, *P. R.*)
Voyez IV, 434, *P. R.*; V, 10, *Épitaphes.*

SUCCESSEUR :
Cours, et donne à Porus un digne *successeur*. (I, 578, *Alex.* 1200.)
Quoi? je lui donnerois Pyrrhus pour *successeur*? (II, 90, *Andr.* 984.)
Ces vengeurs trouveront de nouveaux défenseurs,
Qui, même après leur mort, auront des *successeurs*. (II, 319, *Brit.* 1350.)

SUCCINCT :
Ce bref étoit *succinct*. (IV, 457, *P. R.*)

SUCCOMBER à, sous :
.... *Succombant à* ma mélancolie,
Mon désespoir tourna mes pas vers l'Italie. (II, 385, *Bér.* 239.)
.... *Sous* ce grand dessein dussiez-vous *succomber*. (I, 536, *Alex.* 251.)

SUCER :
.... Vois-tu cette Juive fidèle,
Dont tu sais bien qu'alors il *suçoit* la mamelle? (III, 699, *Ath.* 1724.)
.... (Achille) qui, si l'on nous fait un fidèle discours,
Suça même le sang des lions et des ours. (III, 206, *Iph.* 1100.)
C'est peu qu'avec son lait une mère amazone
M'ait fait *sucer* encor cet orgueil qui t'étonne. (III, 308, *Phèd.* 70.)
.... La haine des Rois, avec le lait *sucée*. (II, 420, *Bér.* 1015.)

SUER SANG ET EAU, II, 204, *Plaid.* 689.

SUEUR :
.... Les eaux de sa *sueur*. (IV, 24, *Poés. div.* 60.)
*La *sueur* de la myrrhe. (VI, 264, *Livres ann.*)

SUFFIRE, SUFFIRE à, sens divers; SUFFISANT, ANTE :
Mais, Madame, Néron *suffit* pour se conduire. (II, 265, *Brit.* 215.)
Il *suffit*, j'ai parlé, tout a changé de face. (II, 331, *Brit.* 1583.)
Voyez II, 298, *Brit.* 917; II, 317, *Brit.* 1299; II, 377, *Bér.* 69.
Bâton levé, soufflet, coup de pied. Ah! — De grâce
Rendez-les-moi plutôt. — *Suffit* qu'ils soient reçus. (II, 180, *Plaid.* 441.)
Il *suffit* aujourd'hui de son sang ou du mien. (I, 456, *Théb.* 1061.)
Ne *vous suffit*-il pas que je l'ai condamné?
Ne *vous suffit*-il pas que, etc.? (II, 100, *Andr.* 1188 et 1189.)
Les prêtres ne pouvoient *suffire aux* sacrifices. (III, 606, *Ath.* 12.)
*Envie est seule *suffisante* de perdre les plus savants. (VI, 313, *L. ann.*)

SUFFISANCE, capacité :
*L'auteur.... a défendu avec autant de *suffisance* que de solidité les droits de la couronne. (V, 388, *Factums.*)

SUFFOQUANT (CATARRHE), VII, 234, *Lettres.*

SUFFRAGE :
A ces mots, qui du peuple attiroient le *suffrage*.... (II, 117, *Andr.* 1513.)
N'étoit-il pas plus noble, et plus digne de vous
De joindre à ce devoir votre propre *suffrage*? (III, 48, *Mithr.* 575.)
Chacune avoit sa brigue et de puissants *suffrages*. (III, 469, *Esth.* 59.)

SUGGÉRER à :
Quels timides conseils m'osez-vous *suggérer*? (III, 665, *Ath.* 1077.)

SUISSE :
Il m'avoit fait venir d'Amiens pour être *suisse*. (II, 145, *Plaid.* 4.)
Point d'argent, point de *suisse*, et ma porte étoit close. (II, 146, *Plaid.* 15.)

SUITE ; EN SUITE DE ; TOUT DE SUITE :
J'ai été un peu incommodé.... mais cela n'a pas eu de *suite*. (VII, 213, *Lettres*.)
D'un oracle cruel *suite* trop manifeste ! (I, 477, *Théb.* 1386.)
Nos peuples, qu'on a vus triomphants à sa *suite*. (I, 543, *Alex.* 433.)
.... Je choisis moi-même dans ma *suite*
Ceux à qui je voulois qu'on livrât sa conduite. (II, 311, *Brit.* 1159.)
* *En suite des* jeux, tout le temple retentissoit d'applaudissement. (VI, 46. *Rem. sur Pind*.)
* *En suite de* quoi. (V, 534, *Trad*.)
C'est ce qui m'a donné lieu de faire prédire *tout de suite* à Joad et la destruction du temple et la ruine de Jérusalem. (III, 602, *Ath*. préf.)
Voyez IV, 589 et 596, *P. R*.; VI, 221, *Livres ann*. ; VII, 154, *Lettres*.

SUIVRE, au propre et au figuré :
Je vais la voir, l'aigrir, la *suivre*, et s'il se peut,
M'engager sous son nom plus loin qu'elle ne veut. (II, 271, *Brit.* 357.)
Son malheureux rival ne sembloit que le *suivre*. (II, 384, *Bér.* 224.)
Tel qu'on a vu son père embraser nos vaisseaux,
Et la flamme à la main, les *suivre* sur les eaux. (II, 48, *Andr.* 164.)
A qui destinez-vous l'appareil qui vous *suit* ? (II, 124, *Andr.* 1639.)
J'ai senti son beau corps tout froid entre mes bras,
Et j'ai cru que mon âme alloit *suivre* ses pas. (I, 481, *Théb.* 1475.)
.... (Plût aux Dieux) que mon désespoir....
Eût suivi de plus près le trépas de ma mère. (I, 477, *Théb.* 1390.)
Je ne mourrai pas seule, et quelqu'un me *suivra*. (II, 115, *Andr.* 1492.)
Voyez II, 96, *Andr.* 1102; II, 332, *Brit.* 1615.
.... Des gémissements
Qu'il semble que son cœur va *suivre* à tous moments. (II, 537, *Baj.* 1256.)
J'aime Britannicus : je lui fus destinée
Quand l'Empire devoit *suivre* son hyménée. (II, 284, *Brit.* 644.)
.... Tous ces noms que *suit* le respect et la crainte. (II, 399, *Bér.* 572.)
La honte *suit* de près les courages timides. (I, 534, *Alex.* 222.)
La honte *suit* toujours le parti des rebelles. (I, 413, *Théb.* 263.)
*Envie qui *suit* les belles actions. (VI, 214, *Livres ann*.)
* L'utilité est le principal but de l'histoire ; le plaisir la *suit* comme la beauté *suit* la santé. (VI, 321, *Livres ann*.)
Tu m'apportois, cruel, le malheur qui te *suit*.
            (II, 119, *Andr.* 1556; voyez II, 328, *Brit.* 1538.)
Tes remords te *suivront* comme autant de furies. (II, 337, *Brit.* 1683.)
Les Dieux qui m'inspiroient, et que j'ai mal *suivis*,
M'ont fait taire trois fois par de secrets avis. (III, 77, *Mithr.* 1237.)
.... Comme vous, ma sœur, j'ai mon amour à *suivre*. (I, 528, *Alex.* 66.)
Vous *suivez* votre haine, et non pas votre amour. (I, 535, *Alex.* 232.)
Conduisez ou *suivez* une fureur si belle. (II, 101, *Andr.* 1229.)
(Claude) Éloigna de son fils tous ceux de qui le zèle,
Engagé dès longtemps à *suivre* son destin, etc. (II, 311, *Brit.* 1157.)
Lui que j'ai vu toujours constant dans mes traverses,
Suivre d'un pas égal mes fortunes diverses. (II, 380, *Bér.* 144.)
* Femme *suit* les vices du mari. (VI, 310, *Livres ann*.)
De ces tyrans si chers *suivez* l'arrêt fatal. (I, 528, *Alex.* 75.)
Partez, Prince, et *suivez* vos généreux desseins. (III, 337, *Phèd.* 572.)

S'il voudra désormais *suivre* d'autres maximes. (II, 340, *Brit.* 1767.)
  *Une foule de gens qui *suivent* des opinions toutes contraires à la sagesse. (VI, 284, *Livres ann.*)
Le peuple *suit* le frein de la religion. (II, 490, *Baj.* 236.)
  *La Baye de tous les Saints *suivit* la révolution de Portugal : les Castillans en furent chassés. (V, 155, *Notes hist.*)
  .... *Suivi* d'un nom si glorieux. (III, 48, *Mithr.* 565.)
Ma gloire inexorable à toute heure me *suit*. (II, 439, *Bér.* 1394.)
  La trentième représentation *a été* aussi *suivie* que la première. (II, 368, *Bér.* préf.)
  Il n'y a guère de tragédie où l'histoire *soit* plus fidèlement *suivie* que dans celle-ci. (I, 521, *Alex.* 2ᵉ préf.)
  Suivre d'un pas égal ; *suivre* son devoir ; *suivre* son penchant : voyez PAS, DEVOIR, PENCHANT.

SUJET, ETTE À :
  *Femme doit être *sujette* à son mari. (VI, 310, *Livres ann.*)
Il est votre empereur : vous êtes, comme nous,
Sujette à ce pouvoir qu'il a reçu de vous. (II, 309, *Brit.* 1110.)
  *La plaine.... étoit *sujette aux* violentes ardeurs du soleil, (VI, 23, *Rem. sur Pind.*)
  *L'esprit est *sujet à* aimer autant qu'à penser. (VI, 292, *Livres ann.*)
La gloire d'un refus *sujet au* repentir. (II, 283, *Brit.* 626.)
Votre sœur aînée est toujours un peu *sujette à* ses migraines. (VII, 242, *Lettres.*)
  .... Vos chantres fameux
Étoient les plus *sujets aux* coups de la tempête. (IV, 77, *Poés. div.* 91.)

SUJET, substantivement, sens divers :
Ses yeux comme son bras font partout des *sujets*. (I, 561, *Alex.* 820.)
Là tu verras d'Esther la pompe et les honneurs,
Et sur le trône assis le *sujet* de tes pleurs. (III, 466, *Esth.* 18.)
  .... Beau *sujet* de mes feux (*en parlant à une amante*) !
           (I, 482, *Théb.* 1480 var.)
  .... Je sais quel *sujet* vous le rend odieux. (I, 414, *Théb.* 274.)
  M. Pascal eut quelque dispute avec M. Arnauld sur le *sujet* des Constitutions. (IV, 532, *P. R.* ; voyez IV, 531, *ibid.*)
Ce n'est pas sans *sujet* que, etc. (II, 30, *Andr.* épître.)
  *Pour avoir plus de *sujet* de le quereller. (VI, 235, *Livres ann.*)
  *Jupiter prend *sujet* de parler de la mort d'Égisthe. (VI, 57, *R. sur l'Od.*)

SULTANE :
  .... Il a voulu que l'heureuse Roxane,
Avant qu'elle eût un fils, prît le nom de *sultane*. (II, 485, *Baj.* 102.)
La *sultane* sa mère.... (II, 553, *Baj.* 1583.)

SUPERBE, adjectivement et substantivement :
  .... Ce *superbe* Hippolyte. (III, 308, *Phèd.* 58 ; voy. III, 331, *Phèd.* 406.)
       .... Le *superbe* Pallas. (II, 278, *Brit.* 494.)
       ... La *superbe* Athalie. (III, 608, *Ath.* 51.)
Avez-vous entendu cette *superbe* reine ? (III, 648, *Ath.* 739.)
Cette femme *superbe* entre, le front levé. (III, 629, *Ath.* 398.)
  *Je ne veux pas passer dans votre esprit pour une femme *superbe*. On trouve *superbes* et ceux qui se cachent, et ceux qui se montrent. (VI, 255, *Livres ann.*)
Elle fait tout l'orgueil d'une *superbe* mère. (III, 173, *Iph.* 422.)
Ah ! de tous les mortels connois le plus *superbe*. (III, 656, *Ath.* 904.)

(Dieu) Mit des *superbes* rois la dépouille en sa main. (III, 529, *Esth.* 1067.)
Nos *superbes* vainqueurs, insultant à nos larmes. (III, 483, *Esth.* 261.)
Athènes me montra mon *superbe* ennemi. (III, 323, *Phèd.* 272.)
   L'homme *superbe* est renversé. (III, 537, *Esth.* 1206.)
Cette âme si *superbe* est enfin dépendante. (III, 336, *Phèd.* 538.)
Une *superbe* loi semble me rejeter.
               (III, 334, *Phèd.* 488 ; voyez II, 493, *Baj.* 291.)
.... Que sert d'affecter un *superbe* discours? (III, 311, *Phèd.* 127.)
(Je juge) Combien j'achèterois vos *superbes* discours.
               (III, 221, *Iph.* 1408 ; voyez I, 415, *Théb.* 292.)
.... Qu'un tombeau *superbe* instruise l'avenir
Et de votre douleur et de mon souvenir. (I, 595, *Alex.* 1547.)
Qu'un *superbe* laurier soit votre diadème. (I, 462, *Théb.* 1140.)
.... Quel palais *superbe* et plein de ma grandeur? (III, 191, *Iph.* 807.)
C'est donc ici d'Esther le *superbe* jardin. (III, 516, *Esth.* 826.)
Je songe quelle étoit autrefois cette ville
Si *superbe* en remparts, en héros si fertile. (II, 50, *Andr.* 198.)
   Cabinet *superbe*; *superbe* coursier; joug *superbe*; *superbe* oreille :
voyez CABINET, COURSIER, etc.
Il résiste au *superbe* et punit l'homicide. (III, 643, *Ath.* 668.)
Pouvez-vous d'un *superbe* oublier les mépris? (III, 348, *Phèd.* 776.)

SUPERFLU :
.... Laissons, cher Osmin, les discours *superflus*. (II, 481, *Baj.* 8.)
Elle n'est plus, Olympe? — Ah! regrets *superflus!* (I, 481, *Théb.* 1464.)
Après cinq ans d'amour et d'espoir *superflus*,
Je pars fidèle encor quand je n'espère plus. (II, 376, *Bér.* 45.)
(Un roi) Qui dément ses exploits et les rend *superflus*. (II, 90, *Andr.* 991.)

SUPERFLUITÉ :
   * Vue des *superfluités* excite à la volupté. (VI, 297, *Livres ann.*)

SUPPLÉER À :
   En attendant qu'il pût lui-même *suppléer aux* besoins de votre maison. (VII, 149, *Lettres.*)

SUPPLICE, au propre et au figuré :
J'apprends que pour ravir son enfance au *supplice*
Andromaque trompa l'ingénieux Ulysse. (II, 44, *Andr.* 73.)
.... Pour vous ce malheur est un moindre *supplice*. (I, 470, *Théb.* 1261.)
.... Pour vous, sans juger, la vie est un *supplice*. (II, 196, *Plaid.* 603.)

SUPPORT :
           .... Ils n'ont plus de *support*. (III, 84, *Mithr.* 1389.)
Que craint-on d'un enfant sans *support* et sans père? (III, 630, *Ath.* 428.)

SUPPOSER :
   *Les grands crimes *supposent* une âme hardie. (VI, 280, *Livres ann.*)

SUPPRIMER :
       .... Je *supprime* un secret qui vous touche. (III, 367, *Phèd.* 1089.)

SUPPUTATION :
   Vous les aimerez bien autant (*ces détails*) qu'une *supputation* exacte du nom des bataillons. (VII, 50, *Lettres.*)

SUPPUTER :
   L'on *suppute* les temps par les années des empereurs. (II, 244, *Brit.* 1re préf.)

SUPRÊME :

Voilà de ces grands Dieux la *suprême* justice ! (I, 432, *Théb.* 608.)
Que Porus de son sort soit l'arbitre *suprême*. (I, 588, *Alex.* 1406.)
Ce fut pour ma famille une *suprême* loi. (III, 33, *Mithr.* 254.)

SUR, préposition :

On fit courir sous son nom cet écrit, qui avoit été trouvé *sur* elle. (IV, 407, *P. R.*)
Sur tous mes frères morts se faisant un passage. (II, 60, *Andr.* 1001.)
Elle a trouvé Pyrrhus porté *sur* des soldats. (II, 122, *Andr.* 1607.)
Dès que je le pourrai, je reviens *sur* vos traces. (II, 330, *Brit.* 1571.)
Retournons *sur* ses pas.... (II, 402, *Bér.* 647.)
Vous que l'amitié seule attache *sur* ses pas. (II, 407, *Bér.* 757.)
Voyez I, 568, *Alex.* 964 ; II, 59, *Andr.* 378 ; II, 201, *Plaid.* 665.
.... Mes yeux *sur* votre âme étoient plus absolus. (II, 81, *Andr.* 815.)
Il va *sur* tant d'États couronner Bérénice. (II, 382, *Bér.* 175.)
(L'on craint) Que sa douleur bientôt n'attente *sur* ses jours.
(II, 339, *Brit.* 1762.)
La garnison de la ville étant sortie *sur* eux. (V, 251, *C. de Louis XIV.*)
*Faire des courses *sur* les Turcs. (V, 140, *Notes hist.*)
Qu'ils viennent donc *sur* moi prouver leur zèle impie. (III, 233, *Iph.* 1633.)
Le Ciel doit-il *sur* vous en prendre la vengeance ? (I, 422, *Théb.* 420.)
Le Ciel punit *sur* vous et *sur* votre famille
Et les crimes du père et l'amour de la fille. (I, 422, *Théb.* 427.)
Il s'essaira *sur* vous à combattre contre eux. (II, 49, *Andr.* 172.)
Oui, les Grecs *sur* le fils persécutent le père. (II, 51, *Andr.* 225.)
Et c'est *sur* tous ces rois sa justice sévère
Que je crains pour le fils de mon malheureux frère. (III, 619, *Ath.* 235.)
On restitueroit aux Suédois ce qui avoit été pris *sur* eux. (V, 301, *Camp. de Louis XIV.*)
Quels vœux, en l'immolant, formerai-je *sur* elle ? (III, 223, *Iph.* 1446.)
.... Ton nom *sur* eux invoqué tant de fois. (III, 667, *Ath.* 1125.)
*Prière d'Hector *sur* son fils. (VI, 203, *Livres ann.*)
Je le connoissois trop pour m'assurer *sur* lui. (I, 552, *Alex.* 628.)
Est-ce *sur* un rival qu'il s'en faut reposer ? (II, 73, *Andr.* 668.)
Je me remets *sur* eux de toute ma vengeance. (II, 428, *Bér.* 1196.)
Ma foi, *sur* l'avenir bien fou qui se fira. (II, 145, *Plaid.* 1.)
Voyez I, 537, *Alex.* 274 ; II, 282, *Brit.* 607 ; II, 293, *Brit.* 795 ; II, 336, *Brit.* 1669 ; II, 368, *Bér.* préf. ; VI, 352, *Livres ann.*
Sans parents, sans amis, sans espoir que *sur* moi. (II, 74, *Andr.* 687.)
Ne l'osez-vous laisser un moment *sur* sa foi ?
(II, 262, *Brit.* 146 ; voyez II, 497, *Baj.* 403.)
César nomme les chefs *sur* la foi des soldats. (II, 265, *Brit.* 206.)
Vous feindrez d'informer *sur* toute cette affaire. (II, 171, *Plaid.* 323.)
.... (Il) sera condamné tantôt *sur* son écrit. (II, 185, *Plaid.* 501.)
.... Un arrêt *sur* requête. (II, 160, *Plaid.* 212.)
Elles lui écrivirent lettre *sur* lettre. (IV, 564, *P. R.*)
.... Toujours guerre *sur* guerre. (I, 584, *Alex.* 1325.)
J'aurois *sur* le marché fort bien fourni la paille. (II, 146, *Plaid.* 20.)
.... Tais-toi, *sur* les yeux de ta tête. (II, 187, *Plaid.* 523.)
Défiez-vous *sur* toutes choses d'une certaine fantaisie.... (VII, 197, *Lettres.*)
C'est ce que les premiers poëtes tragiques avoient en vue *sur* toute chose. (III, 303, *Phèd.* préf.)
*Il aimoit Troie *sur* toutes les villes du monde. (VI, 199, *Livres ann.*)
.... *Sur* le nom de son ambassadeur.

J'avois dans ses projets conçu plus de grandeur. (II, 49, *Andr.* 175.)
Mesure tes conseils *sur* ma vaste puissance. (III, 502, *Esth.* 590)
....*Sur* quoi jugez-vous que j'en perds la mémoire? (III. 342, *Phèd.* 665.)
Sur quel frivole espoir penses-tu qu'il me plaigne? (III, 330, *Phèd.* 401.)
.... Je vous en croirai *sur* un simple soupir? (II, 400, *Bér.* 594.)
Hercule respirant *sur* le bruit de vos coups. (III, 358, *Phèd.* 943.)
    Plusieurs Religieuses..., *sur* la seule peur d'être obligées de.... signer, tombèrent malades. (IV, 526, *P. R.*)
    .... *Sur* votre refus,
D'autres me répondront et d'elle et de Burrhus. (II, 308, *Brit.* 1097.)
    *On hait des hommes *sur* leur physionomie. (VI, 255, *Livres ann.*)
    Il (*Louis XIV*) l'avoit entreprise (*cette expédition*) *sur* ses seules lumières. (V, 347, *Siége de Nam.*)
    Sur ce qu'on lui écrivit qu'il étoit à propos qu'elle vînt. (IV, 507, *P. R.*)
On veut *sur* vos soupçons que je vous satisfasse. (II, 310, *Brit.* 1116.)
Être indifférent *sur* ce qui le regarde. (VII, 170, *Lettres.*)
    Les jésuites ne se bornoient pas à décrier leurs adversaires *sur* la seule doctrine de la grâce. (IV, 451, *P. R.*)
    *Le Chœur.... exprime sa joie *sur* le changement d'Ajax.
                                        (VI, 240, *Livres ann.*)
*Ils disoient ce qu'ils pensoient de beau *sur* les poëtes. (VI, 274, *L. ann.*)
Peut-être qu'ils raffinent *sur* son histoire. (II, 242, *Brit.* 1re préf.)
*J'étois enthousiasmé *sur* votre bonne foi. (VI, 273, *Livres ann.*)
J'avois travaillé *sur* des modèles qui m'avoient extrêmement soutenu. (II, 250, *Brit.* 2e préf.)
    On me peut faire bien d'autres critiques, *sur* lesquelles je n'aurois d'autre parti à prendre que celui d'en profiter à l'avenir. (II, 249, *Brit.* 1re préf.)
J'écris *sur* nouveaux frais.... (II, 161, *Plaid.* 222.)
    Sur la fin de février. (V, 186, *Notes hist.*; voyez V, 159, *ibid.*)
    Sur le commencement du printemps. (V, 245, *Camp. de Louis XIV.*)
    Sur les trois heures. (VII, 229, *Lettres.*)
    *L'empereur Philippe étoit *sur* la troisième année de son empire. (V, 584, *Trad.*)
    Sur le bruit de; *sur* la foi de; *sur* l'heure; *sur* le trône, etc. : voyez BRUIT, FOI, etc.
    Avoir envie *sur*; s'endormir *sur*; s'engager *sur*; épuiser *sur*; s'essayer *sur*; luire *sur*; persécuter *sur*; poursuivre *sur*; prendre *sur*; rechercher *sur*; régler *sur*; souverain *sur* : voyez ENVIE, ENDORMIR (S'), etc.

SÛR :

Rien n'est *sûr* devant lui.... (II, 197, *Plaid.* 623.)

SURCROÎT :

Quel *surcroît* de vengeance et de douceur nouvelle
De le montrer bientôt pâle et mort devant elle! (II, 540, *Baj.* 1325.)
    Pour *surcroît* de malheur. (V, 9, *Épitaphes.*)

SÛRETÉ :

Voilà votre chemin, sortons en *sûreté*. (II, 122, *Andr.* 1596.)
    Tous les ordres nécessaires pour la *sûreté* d'une si importante conquête. (V, 346, *Siége de Nam.*)
Pour *sûreté* de sa parole. (V, 47, *Méd.*)
    Toutes les *sûretés* qu'il faut pour sa personne. (I, 443, *Théb.* 812.)
    *Saint Louis.... prit des *sûretés* pour le commerce avec le soudan d'Égypte. (V, 134, *Notes hist.*)
Voyez I, 415, *Théb.* 298.

SURINTENDANT, au figuré :
*Le cardinal Mazarin se fait *surintendant* de la conduite et gouvernement du Roi. (VI, 344, *Livres ann.*)

SURMONTER, vaincre :
Respectez ma vertu, qui vous a *surmontés*. (II, 517, *Baj.* 820.)
Surmonter ses passions. (VI, 298, *Livres ann.*; voy. VI, 216 et 302, *ibid.*)
.... (Hercule,) Vaincu plus souvent, et plus tôt *surmonté*,
Préparoit moins de gloire aux yeux qui l'ont dompté. (III, 332, *Phèd.* 455.)
Les beautés de la Perse.... ont paru *surmontées*. (I, 564, *Alex.* 890.)

SURNUMÉRAIRE :
M. de Barbezieux s'étant mis en tête de ne point prendre de *surnuméraires* dans le bureau de M. du Fresnoy. (VII, 222, *Lettres.*)

SURPRENDRE, sens divers :
*Le nonce du Pape.... ayant *surpris* des lettres de F. Polo.... (V, 165, *Notes hist.*)
Tout le sujet est Ulysse qui vient pour *surprendre* les flèches d'Hercule. (II, 366, *Bér.* préf.)
Je vois qu'on m'a *surpris*, mais j'en aurai raison. (II, 219, *Plaid.* 872.)
.... Ta pitié rompit le piége
Où leurs complots m'*avoient surpris*. (IV, 140, *Poés. div.* 20.)
On peut des plus grands rois *surprendre* la justice. (III, 538, *Esth.* 1214.)
Une autre de César a *surpris* la tendresse. (II, 297, *Brit.* 887.)
M. de Gondy.... s'étoit d'abord laissé *surprendre* à ses ennemis. (IV, 474, *P. R.*)
Hélas ! de quelle horreur ses timides esprits
A ce nouveau spectacle *auront été surpris!* (II, 269, *Brit.* 294.)
.... A quel prix croyez-vous qu'Alexandre
Mette l'indigne paix dont il veut vous *surprendre?* (I, 532, *Alex.* 178.)

SURTOUT, substantif :
Je ne vous écris qu'un mot..., pour vous prier.... de ne me point envoyer d'argent pour le *surtout* de M. Rivière. (VI, 532, *Lettres.*)

SURTOUT, adverbe :
Surtout Éliacin paroissoit l'étonner. (III, 629, *Ath.* 414.)
Surtout je redoutois cette mélancolie. (II, 42, *Andr.* 17.)
Madame, le secret m'est *surtout* ordonné. (II, 556, *Baj.* 1644.)

SURVEILLANT :
Je vois deux *surveillants*, ses maîtres (*les maîtres de Néron*) et les miens,
Présider l'un ou l'autre à tous nos entretiens. (II, 261, *Brit.* 121.)

SURVIVANCE :
On donne à M. le comte d'Ayen les *survivances* des gouvernements de Berry et de Roussillon. (VII, 225, *Lettres.*)

SURVIVRE :
Que craint-on d'un enfant qui *survit* à sa perte? (II, 84, *Andr.* 877.)
.... Je n'y pourrai *survivre*. (II, 333, *Brit.* 1616.)
Cette haine, Seigneur, reste de sa fierté,
Survit dans tous les cœurs après la liberté. (II, 392, *Bér.* 386.)

SUSCITER :
*Les Nymphes lui *suscitent* des chevreuils pour le dîner de ses gens. (VI, 145, *Rem. sur l'Odyss.*)
.... (Le Destin) Vient de *susciter*, dans ce moment affreux,

Un secret ennemi pour nous trahir tous deux. (III, 76, *Mithr.* 1221.)
Toutes les traverses qu'on lui *suscitoit*. (IV, 400, *P. R.*)

SUSDIT, ITE :
.... La *susdite* éloquence,
Et le *susdit* crédit.... (II, 208, *Plaid.* 736 et 737.)
Outre plus, le *susdit* seroit venu, etc. (II, 179, *Plaid.* 424.)

SUSPECT ; SUSPECT À :
Je me rendrois *suspect* par un plus long séjour. (II, 329, *Brit.* 1557.)
Tout m'est *suspect* : je crains que tout ne soit séduit. (II, 328, *Brit.* 1537.)
Il est mort ; et j'en ai pour garants trop certains
Son courage et son nom, trop *suspects aux* Romains. (III, 89, *Mithr.* 1478.)
Une reine est *suspecte à* l'empire romain. (II, 414, *Bér.* 901.)

SUSPENDRE :
Il ne tiendra qu'à lui de *suspendre* nos armes. (I, 407, *Théb.* 156.)
Il *suspend* aujourd'hui la terreur de ses armes. (I, 542, *Alex.* 410.)
Votre absence en ces lieux *suspend* toute la joie. (III, 520, *Esth.* 908.)
Mes filles, c'est assez : *suspendez* vos cantiques. (III, 627, *Ath.* 375.)
Suspendez ou cachez l'ennui qui vous dévore. (II, 497, *Baj.* 410.)
Dès qu'un léger sommeil *suspendoit* mes ennuis. (III, 155, *Iph.* 84.)
Ce long deuil que Titus imposoit à la cour
Avoit même en secret *suspendu* son amour. (II, 381, *Bér.* 154.)
Je la verrois, sans vous, par mes soins défendue,
Entre Porus et moi demeurer *suspendue*. (I, 580, *Alex.* 1234.)

SUSPENS, adjectivement :
Ils.... déclaroient *suspens* et interdits *ipso facto* tous les ecclésiastiques qui dans quinze jours n'auroient pas signé leur ordonnance. (IV, 531, *P.R.*)

SUSPENSION :
Ils demandoient tous les jours des *suspensions* d'armes. (V, 261, *Camp. de Louis XIV.*)
*Suspension entre la France, Suède et Danemarck et Brandebourg (V, 185, *Notes hist.*)

SYLLABE :
Toutes les *syllabes* nous paroissent précieuses, parce que nous les regardons comme autant d'instruments qui doivent servir à la gloire de notre auguste protecteur. (IV, 356, *Disc. acad.*)

SYMPATHIE :
Inutile, ou plutôt funeste *sympathie !* (III, 53, *Mithr.* 691.)

SYNCOPE :
Des *syncopes* et des convulsions violentes. (IV, 514, *P. R.*)

SYNDIC, SYNDICAT :
Par cet arrêt le *syndic* fut suspendu pour six mois des fonctions de son *syndicat*. (IV, 535, *P. R.*)

T

TA, sorte d'interjection :
Ta, ta, ta, ta. Voilà bien instruire une affaire ! (II, 210, *Plaid.* 763.)

TABLE :
Je ne crains seulement que les *tables* (*les repas*) de la cour. (VII, 292, *Lettres.*)

Pendant que le pauvre à ta *table*
Goûtera de ta paix la douceur ineffable. (III, 653, *Ath.* 837.)
* Ils le trouvèrent à *table*. (VI, 154, *Rem. sur l'Odyss.*)
Les *tables* des pains de proposition. (III, 592, *Ath.* préf.)

TABLEAUX :
Quelques personnes.... ont voulu avoir dans leur cabinet un abrégé en *tableaux* des plus grandes actions de ce prince (*de Louis XIV*). (V, 304, *Camp. de Louis XIV*.)

TABLÉITÉ : voyez POTÉITÉ

TABOURET :
On mettra un *tabouret* dans le carrosse. (VII, 162, *Lettres*.)

TACHE :
Que ne m'épargniez-vous une tache si *noire*? (I, 527, *Alex.* 46.)
Imprimer, laver une *tache* : voyez IMPRIMER, LAVER.

TACHER :
Ah! mon fils, de quel sang *êtes*-vous là *taché*? (I, 401, *Théb.* 46 var.)
Ah! mon fils, de quel sang revenez-vous *taché*? (I, 401, *Théb.* 46 var.)

TÂCHER DE ; TÂCHER À :
J'ai *tâché de* représenter en Porus un ennemi digne d'Alexandre. (I, 521, *Alex.* 2ᵉ préf.)
* Le flatteur ne *tâche* qu'à plaire. (VI, 306, *Livres ann.*; voyez VI, 209, *ibid.*)
Je m'excite contre elle, et *tâche à* la braver. (II, 278, *Brit.* 498.)
.... C'est un tyran qu'on aime,
Qui par cent lâchetés *tâche à* se maintenir. (I, 425, *Théb.* 489.)

TAILLES, impôts :
* Les traitants étoient ceux qui avançoient leur argent au Roi, pour lequel on leur abandonnoit les *tailles*. (VI, 349, *Livres ann.*)
Il a déjà par avance déchargé ses peuples de six millions de *tailles*. (V, 295, *Camp. de Louis XIV*.)

TAILLER :
* C'est aux Athéniens à lui fournir (*à l'historien*) la matière, soit d'or, soit d'ivoire, et à lui de la *tailler*. (VI, 322, *Livres ann.*)
Il (*Condé*) fond sur leur arrière-garde et la *taille* en pièces. (V, 259, *Camp. de Louis XIV*; voyez V, 285, *ibid.*)

TAIRE ; SE TAIRE :
.... (*César*) fit *taire* les lois dans le bruit des alarmes.
(II, 392, *Bér.* 388; voyez II, 502, *Baj.* 480.)
.... Je *me suis tu* cinq ans,
Madame, et vais encor *me taire* plus longtemps. (II, 384, *Bér.* 209 et 210.)
.... Vous verrez les rois tomber à vos genoux,
Et la terre en tremblant *se taire* devant vous. (I, 565, *Alex.* 920.)
Quoi? même vos regards ont appris à *se taire*? (II, 288, *Brit.* 736.)
.... Je l'aime, et ne veux plus *m'en taire*. (III, 25, *Mithr.* 35.)
Quelle apparence qu'un homme qui ne travaille que pour la gloire *se puisse taire* d'une protection aussi glorieuse que la vôtre? (II, 240, *Brit.* épitre.)

TALENT :
Exercez le *talent*, et jugez parmi nous. (II, 196, *Plaid.* 606.)

TALON :
Je lui ai dit.... qu'il falloit.... qu'elle me vît toujours à ses *talons* pour la presser inexorablement de s'acquitter envers vous. (VI, 396, *Lettres*.)

TAMBOUR :
Sortir *tambour* battant et enseignes déployées. (V, 254, *Camp. de Louis XIV*.)

TANDIS QUE, pendant que, tant que, aussi longtemps que :
.... Pour ravir son enfance (*l'enfance d'Astyanax*) au supplice,
Andromaque trompa l'ingénieux Ulysse,
Tandis qu'un autre enfant, arraché de ses bras,
Sous le nom de son fils fut conduit au trépas. (II, 44, *Andr.* 75.)
* Aimer *tandis* qu'on est jeune. (VI, 328, *Livres ann.*)
Tandis qu'ils étoient maîtres d'une ville de cette réputation, ils ne pouvoient se croire absolument vaincus. (V, 253, *Camp. de Louis XIV*.)
Tandis que Dieu sera Dieu, j'espérerai en lui. (IV, 509, *P. R.*)
Tandis que ce héros me tint sa prisonnière. (I, 541, *Alex.* 369.)
.... Toute ma grandeur me devient insipide,
Tandis que le soleil éclaire ce perfide. (III, 495, *Esth.* 462.)
Tandis qu'on vous verra d'une voix suppliante.... (II, 270, *Brit.* 315.)
Tandis que vous vivrez, le sort, qui toujours change,
Ne vous a point promis un bonheur sans mélange. (III, 151, *Iph.* 33.)
Voyez IV, 476, *P. R.*; VI, 62, 139 et 157, *Rem. sur l'Odyss.*

TANT ; TANT QUE ; TANT.... QUE :
.... Un combat que j'ai *tant* préparé. (I, 445, *Théb.* 870.)
.... Des yeux *tant* occupés. (IV, 201, *Poés. div.* 31, app.)
Tous, *tant que* nous sommes. (IV, 367, *Disc. acad.*)
Seize *tant* archevêques *qu'*évêques. (IV, 430, *P. R.*)
Huit ou neuf cents *tant* morts *que* blessés. (VII, 21, *Lettres.*)
* Deux mille *tant* soldats *que* forçats. (V, 136, *Notes hist.*)
.... Quelques soldats, *tant* d'Argos *que* des nôtres. (I, 438, *Théb.* 703.)
Voyez IV, 551, *P. R.*; VI, 90, *Rem. sur l'Odyss.*
Tant y a *qu'*il n'est rien que votre chien ne prenne. (II, 206, *Plaid.* 711.)

TANTÔT, sens passé et sens futur :
J'ai *tantôt*, sans respect, affligé sa misère. (III, 194, *Iph.* 862.)
Voyez II, 86, *Andr.* 903; II, 327, *Brit.* 1508; II, 415, *Bér.* 925; II, 428, *Bér.* 1202; II, 507, *Baj.* 586; II, 521, *Baj.* 909; II, 525, *Baj.* 1021; III, 41, *Mithr.* 413; III, 52, *Mithr.* 667 et 669; III, 655, *Ath.* 877.
.... (Il) sera condamné *tantôt* sur son écrit. (II, 185, *Plaid.* 501.)
Demandons *tantôt* à la Déesse.... qu'elle donne à mon fils des sentiments plus dignes de lui. (IV, 14, *Plan d'Iph. en Taur.*)
Me voici donc *tantôt* au comble de mes vœux.
(I, 451, *Théb.* 973 ; voyez VI, 417, 427, 460 et 505, *Lettres.*)
Comment peut-on se divertir,... lorsque tout le monde a *tantôt* signé ? (IV, 332, *Imag.*)
Vous n'avez *tantôt* plus que la peau sur les os. (II, 151, *Plaid.* 82.)

TAPIS, au figuré :
.... Vous (*arbres*) qui des riches habits
De vos tremblants feuillages
Faites de si vastes *tapis*. (IV, 41, *Poés. div.* 50.)
.... Ce beau *tapis* liquide. (IV, 32, *Poés. div.* 61.)
* Ces discours furent remis sur le *tapis*. (V, 116, *Notes hist.*)

TARD :
Il est *tard* de vouloir s'opposer au vainqueur. (II, 533, *Baj.* 1179.)
.... Quel étoit pour vous ce sanglant hyménée,
Si je fusse arrivé plus *tard* d'une journée ? (III, 201, *Iph.* 982.)

TARDER À; IL TARDE QUE.... NE :
Que ton retour *tardoit à* mon impatience ! (II, 481, *Baj.* 9.)
Que *tardez*-vous, Seigneur, *à* la répudier ? (II, 277, *Brit.* 474.)
    Il lui *tarde* beaucoup *qu*'elle *ne* soit à Melun. (VII, 262, *Lettres.*)
Il me *tarde* déjà *que* vous *ne* l'occupiez. (I, 478, *Théb.* 1407.)
Il te *tarde* déjà *qu*'échappé de mes mains
Tu *ne* coures me perdre, et me vendre aux Romains.
                                    (III, 66, *Mithr.* 985 et 986.)

TARDIF :
    Ces mêmes princes.... si *tardifs* et si paresseux à secourir l'Empire.
(V, 256, *Camp. de Louis XIV.*)

TARIR, au figuré :
Ne vous attendez point que las de tant d'alarmes,
Par un heureux hymen je *tarisse* vos larmes. (II, 439, *Bér.* 1392.)
Des larmes d'Octavie on peut *tarir* la source. (II, 294, *Brit.* 828.)
    Ils (*les Jésuites*) eurent.... peur.... que le Port-Royal ne leur enlevât
l'éducation de la jeunesse, c'est-à-dire ne *tarît* leur crédit dans sa
source. (IV, 440, *P. R.*)
    .... De vos pleurs que la source *tarisse*. (III, 697, *Ath.* 1680.)

*****TARTE, V, 525, *Trad.*

TAS, au figuré :
.... Battre le pavé comme un *tas* de galants. (II, 152, *Plaid.* 85.)
    Un *tas* de moissonneurs rôtis du soleil. (VI, 479, *Lettres.*)

TÂTER, TÂTER DE, au figuré :
    * Le Cardinal envoya l'abbé Bentivoglio en Flandres, à l'armée de
Monsieur le Prince..., pour le *tâter*. (V, 90, *Notes hist.*)
    Tâter des eaux de Bourbon. (VI, 596, *Lettres.*)

TE, TOI (voyez ci-après, TU) :
Par des faits glorieux tu *te* vas signaler. (II, 336, *Brit.* 1673.)
Voyez à l'*Introduction grammaticale*, PRONOMS, *construction.*
    * Je ne t'épargnerai, ni *toi* ni les tiens. (VI, 149, *Rem. sur l'Odyss*)

TÈ, sorte d'interjection, en parlant aux chiens :
    * Je crois que de ce mot de τῆ, qui signifie *prends*, vient le même mot
que nous disons aux chiens. (VI, 150, *Rem. sur l'Odyss.*)

TE DEUM :
    * Il a déjà vu chanter en France des *Te Deum* pour la prise de plus de
cent villes. (V, 355, *Épître à Mme de Montespan.*)

TEINDRE, au figuré :
    Tous les marais des environs *furent teints* du sang des malheureux
Hollandois. (V, 251, *Camp. de Louis XIV.*)

TEINT, substantif :
La pâleur de la mort est déjà sur son *teint*. (III, 386, *Phèd.* 1464.)

TEINTURE, au figuré :
    N'ayant qu'une petite *teinture* du bon françois. (VI, 428, *Lettres.*)

Un homme qui auroit quelque *teinture* de politesse. (IV, 579, *P. R.* var.)

TEL, TELLE; TEL.... QUE; TEL QUE.... TEL :

.... Sa fille, au moins soi-disant *telle*. (II, 181, *Plaid.* 452.)
Tel qui rit vendredi, dimanche pleurera. (II, 145, *Plaid.* 2.)
Nous sommes de *telle* nature, *qu'*il n'y a rien.... qui se fasse tant admirer. (I, 522, *Alex.* 2ᵉ préf.)
* Donnez-les pour *telles qu'*elles sont. (V, 499, *Trad.*)
Un jeune enfant couvert d'une robe éclatante,
*Tels qu'*on voit des Hébreux les prêtres revêtus. (III, 634, *Ath.* 509.)
.... Axiane est une beauté fière,
Telle à tous les mortels *qu'*elle est à votre frère. (I, 529, *Alex.* 98.)
Peut-être dans nos ports nous le verrons descendre,
*Tel qu'*on a vu son père embraser nos vaisseaux. (II, 48, *Andr.* 163.)
Tel que vous me voyez, Monsieur ici présent
M'a d'un fort grand soufflet fait un petit présent. (II, 181, *Plaid.* 445.)
.... Bientôt, reprenant le visage sévère,
Tel que d'un empereur qui consulte sa mère. (II, 331, *Brit.* 1596.)
Tels que seront pour eux vos arrêts tout-puissants,
Ils (*mes soupirs*) seront criminels ou seront innocents. (I, 422, *Théb* 437.)
* Ne négliger ses fautes, et ne les croire petites, *telles qu'*elles soient. (VI, 308, *Livres ann.*)
Tel que l'astre du jour écarte les ténèbres...,
Telle tu chasses d'un coup d'œil
L'Envie.... (IV, 149, *Poés. div.* 37.)

TELLEMENT QUE :

Il (*le Roi*) trouva aussi que.... on avoit chargé à Mons des munitions de guerre et de bouche plus de six mille chariots tirés des pays conquis : *tellement qu'*il se vit en état de se mettre en marche deux jours après cette revue. (V, 319, *Siège de Nam.*)

TÉMÉRAIRE :

Je ne prends point pour juge un peuple *téméraire*. (III, 632, *Ath.* 468.)
Je ne m'arrêtai point à ce bruit *téméraire*. (III, 44, *Mithr.* 487.)
Prends garde que jamais l'astre qui nous éclaire
Ne te voie en ces lieux mettre un pied *téméraire*. (III, 365, *Phèd.* 1062.)

TÉMOIGNAGE :

Veut-on que nous portions *témoignage* d'un livre que nous n'entendons point? (IV, 527, *P. R.*)

TÉMOIGNER :

Là, l'on voit les grasses génisses....
Témoigner leurs chastes délices. (IV, 36, *Poés. div.* 14.)
Je n'avois autre dessein que de vous *témoigner* avec combien de respect je suis, etc. (II, 241, *Brit.* épître.)

TÉMOIN ; TÉMOIN QUE ; À TÉMOIN :

Vos yeux n'ont pas assez éprouvé ma constance?
Je suis donc un *témoin* de leur peu de puissance? (II, 67 *Andr.* 558.)
Que vois-je autour de moi, que des amis vendus
Qui sont de tous mes pas les *témoins* assidus? (II, 270, *Brit.* 330.)
Qu'on appelle la Reine.... Mon choix s'arrête à ce *témoin*.
(III, 68, *Mithr.* 1026.)
.... Je n'en veux pour *témoins* que vos plaintes....
Songez combien de fois vous m'avez reproché

Un silence *témoin* de mon trouble caché.
(II, 549 et 550, *Baj.* 1513 et 1516)
Ces lieux, de mon amour si longtemps les *témoins* (II, 436, *Bér* 1322.)
Témoin cette troupe de prophètes , et *témoin* Élisée lui-même. (III, 603, *Ath.* préf.)
Témoin (sic) trois procureurs.... (II, 212, *Plaid.* 786.)
* *Témoin* une lettre qu'un certain.... lui écrivoit de Rome. (V, 90, *Notes hist.*)
Vous fûtes *témoin* avec quelle pénétration d'esprit il (*Colbert*) jugea de l'économie de la pièce. (II, 240, *Brit.* épitre.)
* Dieu m'est *témoin que* je les prenois d'abord pour des voleurs. (V, 586, *Trad.*)
Ceux qui signoient prenoient Dieu et les Évangiles *à témoins* de la sincérité de leur souscription. (IV, 568, P. R.)

TEMPÉRAMENT :
Ils épuisoient leur esprit à chercher des *tempéraments*. (IV. 527, P. R.)
Elles avoient.... une peine infinie à entrer dans les condescendances et les *tempéraments* que ces théologiens croyoient permis. (IV, 575, P. R.)

TEMPÉRER :
* Ils.... savent *tempérer* leurs ressentiments. (V, 535, *Trad.*)

TEMPÊTE, au figuré :
Malgré cette *tempête* de canon. (VII, 16, *Lettres.*)
Où pourriez-vous ailleurs éviter la *tempête?* (I, 555, *Alex.* 693.)
.... (*Je*) fais, comme il me plait, le calme et la *tempête*.
(III, 533, *Esth.* 1149.)

TEMPÊTER, au figuré :
Messieurs, allez plus loin *tempêter* de la sorte. (II, 167, *Plaid.* 284.)

TEMPLE, au propre et au figuré :
Vous adorez des Dieux qui nous doivent leurs *temples*. (I, 545, *Alex.* 478.)
Les *temples* et les lieux publics ne pouvoient plus les contenir (*les prisonniers*). (V, 250, *Camp. de Louis XIV.*)
Je vois ce cloître vénérable,
Ces beaux lieux du Ciel bien-aimés,
Qui de cent *temples* animés
Cachent la richesse adorable. (IV, 26, *Poés. div.* 53.)

TEMPOREL, substantivement :
Les uns prenoient connoissance du *temporel* de cette abbaye. (IV, 421, P. R.)

TEMPS, sens et emplois divers :
.... Ce *temps*-là n'est plus.... (III, 69, *Mithr.* 1041.)
Dans un *temps* plus heureux ma juste impatience
Vous feroit repentir de votre défiance. (II, 302, *Brit.* 983.)
.... Ce discours demande un autre *temps*. (III, 37, *Mithr.* 341.)
Voici le *temps*, Seigneur, où vous devez attendre
Le fruit de tant de sang qu'ils vous ont vu répandre. (II, 379, *Bér.* 115.)
Quel *temps* pour un hymen qu'une fuite si prompte!
(III, 69, *Mithr.* 1048.)
Voici un *temps* assez vif, et où il peut arriver à toute heure des nouvelles importantes. (VII, 174, *Lettres.*)
Voyez comme il flatte l'Académie, dans le *temps* même qu'il persécute la Sorbonne. (IV, 278, *Imag.*)

* Les consolations ne servent de rien au même *temps* que les malheurs viennent. (VI, 309, *Livres ann.*; voyez ci-dessus, Que, p. 424.)
* A même *temps* que j'eus signé. (IV, 227, *Poés. div.* 21, 2^d app.)

On crut même un *temps* que les affaires alloient changer de face. (IV, 534, *P. R.*)

Les Dieux depuis un *temps* me sont cruels et sourds. (III, 179, *Iph.* 572.)

* Bien du *temps* après. (VI, 46, *Rem. sur Pind.*)

Il y avoit déjà du *temps* qu'elle exhortoit ses Religieuses. (IV, 507, *P. R.*)

* Raison pourquoi on ne la vengea point dans le *temps*. (VI, 234, *Livres ann.*)

Peut-être avec le *temps* j'oserai davantage. (II, 502, *Baj.* 494.)

* Ne reprendre qu'à *temps*. (VI, 307, *Livres ann.*)

Le prince d'Orange n'eut que le *temps* de mettre des canaux entre lui et les François. (V, 55, *Méd.*)

.... Juge s'il est *temps*, ami, que je repose. (III, 153, *Iph.* 42.)

Madame, je vois bien qu'il est *temps* de me taire. (II, 268, *Brit.* 279.)

* Rapporter des histoires de son vieux *temps*. (VI, 77, *Rem. sur l'Odyss.*)

* Ces gens-là ont bon *temps*, parce qu'ils se divertissent aux dépens d'autrui. (VI, 61, *Rem. sur l'Odyss.*)

L'histoire de ces *temps*-là. (VII, 71, *Lettres*; voyez VII, 256, *Lettres*.)

Que les *temps* sont changés! (III, 605, *Ath.* 5; voyez III, 178, *Iph.* 556.)

L'on suppute les *temps* par les années des empereurs. (II, 244, *Brit.* 1re préf.)

* Pour les morts imprévues et avant les *temps*. (VI, 309, *Livres ann.*)

L'astre des *temps*, laisser le *temps* de respirer, un moment de *temps*, perdre le *temps* à, pousser le *temps* par l'épaule, si le *temps* le permet, venir dans son *temps* : voyez Astre, Respirer, Moment, Perdre, Épaule, Permettre, Venir.

TENDRE, au propre et au figuré; tendre à :

Tendre au fer de Calchas une tête innocente. (III, 211, *Iph.* 1182.)

Tendre les bras, la gorge : voyez Bras, Gorge.

.... Alexandre enfin ne vous *tend* point de chaines. (I, 529, *Alex.* 113.)

Il ne m'a pas été possible d'obtenir de lui que je fisse *tendre* un lit dans votre maison. (VII, 59, *Lettres.*)

L'attention est toujours vive, l'admiration toujours *tendue*. (IV, 368, *Disc. acad.*)

Qu'elle assure à mes fils le trône où vous *tendez*. (I, 411, *Théb.* 225.)

Où *tendoit* ce discours, qui m'a glacé d'effroi? (III, 360, *Phèd.* 988.)

Je ne fais point de pas qui ne *tende* à l'empire. (I, 445, *Théb.* 848.)

Pourvu que nos conseils ne *tendent* qu'à sa gloire. (II, 265, *Brit.* 212.)

.... Votre ambition, qui *tend* à leur fortune. (I, 412, *Théb.* 231.)

(*Des*) propositions..., qui *tendoient* au renversement entier de la morale de Jésus-Christ. (IV, 486, *P. R.*)

(*Des*) maximes abominables, qui *tendoient à* ruiner toute la morale de Jésus Christ. (IV, 483, *P. R.*)

TENDRE, adjectif :

.... Dès la plus *tendre* enfance.
(I, 418, *Théb.* 367; voyez I, 448, *Théb.* 919.)

Voyant des deux côtés ses plus *tendres* amis. (I, 417, *Théb.* 350.)

Allons leur faire voir ce qu'ils ont de plus *tendre*;

Voyons si contre nous ils pourront se défendre. (I, 401, *Théb.* 39.)

TENDREMENT :
* Ils (*les Thébains*) le supplient *tendrement* (*OEdipe*) de les sauver. (VI, 234, *Livres ann.*)

TENDRESSE, TENDRESSES :
.... Elle eut pour ce prince une extrême *tendresse*. (I, 480, *Théb.* 1450.)
.... Ma *tendresse* cachée. (III, 44, *Mithr.* 468.)
Il a repris pour vous sa *tendresse* première. (II, 382, *Bér.* 163.)
Leur haine ne fera qu'irriter sa *tendresse*. (II, 47, *Andr.* 138.)
Je lui laissai sans fruit consumer sa *tendresse*. (II, 312, *Brit.* 1179.)
L'amour où je voulois amener sa *tendresse*. (II, 310, *Brit.* 1132.)
.... (Les soldats,) réveillant leur *tendresse* première,
Favorisoient en vous Germanicus mon père. (II, 312, *Brit.* 1171.)
Pleurer de *tendresse*, un reste de *tendresse* : voyez PLEURER, RESTE.
Je reconnois l'effet des *tendresses* d'Achille. (III, 226, *Iph.* 1489.)
....Tous les Dieux enfin, témoins de mes *tendresses*. (III, 383, *Phèd.* 1405.)

TÉNÉBREUX :
.... Toute l'horreur d'un combat *ténébreux*. (III, 43, *Mithr.* 446.)
Rue *ténébreuse*; siècle *ténébreux* : voyez RUE, SIÈCLE.

TENIR, au propre et au figuré, activement et neutralement, sens et emplois divers :
Songez-vous que je *tiens* les portes du palais ? (II, 503, *Baj.* 507.)
Le troisième (*quartier*).... *tenoit* le pays d'entre Sambre et Meuse. (V, 323, *Siége de Nam.*)
Tandis que ce héros me *tint* sa prisonnière. (I, 541, *Alex.* 369.)
Nous tâcherons de rendre la pareille à ma nièce quand nous la *tiendrons*. (VII, 9, *Lettres.*)
Dieu *tient* le cœur des rois entre ses mains puissantes. (III, 469, *Esth.* 67.)
*On refusa de *tenir* de lui les terres qui seroient conquises. (V, 194, *Notes hist.*)
Je rends ce que je dois à l'éclat des vertus
Qui *tiennent* sous vos pieds cent peuples abattus. (I, 563, *Alex.* 868.)
Il épouse, dit-il, Hermione demain ;
Il veut, pour m'honorer, la *tenir* de ma main. (II, 77, *Andr.* 732.)
Écoutez moins ce bruit qui vous *tient* alarmée. (I, 551, *Alex.* 618.)
(Hermione) *Tient* encore le peuple autour d'elle arrêté. (II, 121, *Andr.* 1595.)
Ils me font dire aussi des mots longs d'une toise,
De grands mots qui *tiendroient* d'ici jusqu'à Pontoise. (II, 205, *Plaid.* 708.)
.... Mais lisez. — Vous ne m'y *tenez* pas. (II, 172, *Plaid.* 341.)
* Faire *tenir* une lettre. (V, 488, *Trad.*; voyez VI, 409, *Lettres.*)
Jamais dessus le trône on ne vit plus d'un maître ;
Il n'en peut *tenir* deux, quelque grand qu'il puisse être. (I, 464, *Théb.* 1172.)
.... Ce n'est point que l'amitié vous *tienne* (*vous retienne*).
(I, 458, *Théb.* 1095 var.)
* Au lieu que le récit d'Énée ne *tient* que deux livres, celui d'Ulysse en *tient* quatre. (VI, 141, *Rem. sur l'Odyss.*)
Que vous *tenez* bien votre gravité espagnole ! (VI, 483, *Lettres.*)
Il faut qu'entre eux et lui je *tienne* la balance,
Afin que quelque jour, par une même loi,
Britannicus la *tienne* entre mon fils et moi. (II, 259, *Brit.* 68 et 70.)
* Chemin qu'il faut *tenir* en amour. (VI, 271, *Livres ann.*)
Lorsque tes yeux aux miens découvrant ta langueur,
Me demandoient quel rang tu *tenois* dans mon cœur. (I, 568, *Alex.* 972.)
* Le discours qu'il a *tenu* de ces diverses fortunes. (VI, 20, *R. sur Pind.*)
* Paroles équivoques qu'il *tient* au Chœur. (VI, 240, *Livres ann.*)

Ne soyez pas si paresseux; car je crois que c'est là ce qui vous *tient*.
(VI, 456, *Lettres*.)
C'est *tenir* des enfants (*sur les fonts*) bien jeune. (VI, 540, *Lettres*.)
Puisque Créon la veut (*la paix*), je la *tiens* assurée. (I, 441, *Théb.* 776.)
Rome *tient* maintenant sa victoire assurée! (III, 89, *Mithr.* 1480.)
.... Je *tiendrois* mes coups bien plus sûrs que les siens. (II, 103, *Andr.* 1260.)
Je vous *tiens* le plus heureux homme du monde. (VII, 255, *Lettres*.)
.... Malgré nos malheurs, je me *tiens* trop heureux
D'avoir paré le coup qui vous perdoit tous deux. (III, 96, *Mithr.* 1637.)
MM. l'Avocat, d'Aigreville, etc., se *tiennent*, à ce qu'on m'a dit, fort obligés à votre souvenir. (VI, 391, *Lettres*.)
Plusieurs savants.... *tiennent* que ce roi est le même que.... Darius.
(III, 456, *Esth.* préf.)
Il la *tient* pour sensée et de bon jugement. (II, 178, *Plaid.* 406.)
....Je *tiens* pour très-infaillible, etc. (IV, 230, *Poés. div.* 116, 2ᵈ app.)
Je *tiens*.... que non-seulement ce n'est point une tragédie de Sénèque, mais que c'est plutôt l'ouvrage d'un déclamateur. (I, 394, *Théb.* préf.)
Il ne *tiendra* pas cette qualité à déshonneur. (VI, 442, *Lettres*.)
La place ne pouvoit plus *tenir* que cinq ou six jours. (VII, 18, *Lettres*; voyez V, 254, *Camp. de Louis XIV*.)
Ne *tient*-il qu'à jeter tant de rois dans les fers? (I, 573, *Alex.* 1075.)
Ne *tient*-il qu'à marquer de cette ignominie
Le sang de mes aïeux, qui brille dans Junie? (II, 266, *Brit.* 227.)
.... Puisque ouvertement il *tient* pour l'injustice. (I, 424, *Théb.* 455.)
Les Suédois, qui étoient les seuls qui *tenoient* pour elle. (V, 266, *Camp. de Louis XIV*.)
....Je vous dis qu'elle *tient* de son père. (II, 184, *Plaid.* 484.)
* (*L'aurore*,) lorsqu'elle *tient* encore de la nuit.... (VI, 204, *Livres ann.*)
Vous *tenez* un peu trop de l'humeur de ce gentilhomme.... (VI, 399, *Lettres*.)
Il ne *tient* pas à M. de Bonac que vous ne passiez ici pour un fort habile homme. (VII, 228, *Lettres*.)
.... Il ne *tient* qu'à vous, si l'honneur vous anime,
De nous donner la paix sans le secours d'un crime. (I, 403, *Théb.* 75.)
Il ne *tiendra* qu'à lui de suspendre nos armes. (I, 407, *Théb.* 156.)
.... Vous saurez d'abord
Qu'il ne *tient* plus qu'à vous, et que tout est d'accord. (II, 218, *Pl.* 856.)
* Il ne *tiendra* pas à moi que l'Amour n'ait son éloge comme les autres. (V, 461, *Trad*.)
* Il s'en faut *tenir* à la religion de ses pères. (VI, 258, *Livres ann.*)
Tenir cercle; *tenir* à cœur, au cœur; *tenir* compte de; *tenir* en contrainte; *tenir* enchaîné; *tenir* ferme; *tenir* un langage; *tenir* lieu; *tenir* sa place; se *tenir* en place : voyez Cercle, Cœur, Compte, Contrainte, etc.

TENTATIF :

Je me gardai bien.... de leur lire (*à MM. de Valincour et Despréaux*) l'étrange mot de *tentatif*, que vous avez appris de quelque Hollandois (VII, 243, *Lettres*.)

TENTER, sens divers :

D'abord il *a tenté* les atteintes mortelles
Des poisons.... (III, 93, *Mithr.* 1571.)
Non, non, la perfidie a de quoi vous *tenter*. (II, 106, *Andr.* 1315.)
Mes soldats dont je veux *tenter* la complaisance. (III, 50, *Mithr.* 623.)
Tu sais par quels efforts il *tenta* sa vertu. (III, 25, *Mithr.* 53.)

A quel affreux dessein vous laissez-vous *tenter?* (III, 317, *Phèd.* 195.)
J'y trouvai (*dans les* Guêpes *d'Aristophane*) quantité de plaisanteries qui me *tentèrent* d'en faire part au public. (II, 140, *Plaid.* au lect.)
Tenter l'impossible; *tenter* la patience : voyez IMPOSSIBLE, PATIENCE.

TERME, sens divers :
La Reine touche presque à son *terme* fatal. (III, 312, *Phèd.* 144.)
*Virgile.... raconte, aux mêmes *termes* qu'Homère, de la façon que Mercure part du ciel. (VI, 96, *Rem. sur l'Odyss.*)

TERMINER :
Quoi? Junie elle-même *a terminé* sa vie? (II, 338, *Brit.* 1720.)
.... S'étant d'un poignard en un moment saisie,
Elle en *a terminé* ses malheurs et sa vie. (I, 471, *Théb.* 1282.)
Toutes ses souffrances se *terminèrent* en une espèce de léthargie. (IV 517, *P. R.*)

TERRASSER, au figuré :
En voyez-vous un seul qui sans rien entreprendre
Se laisse *terrasser* au seul nom d'Alexandre? (I, 526, *Alex.* 18.)
Il voit sans intérêt leur grandeur *terrassée*. (III, 611, *Ath.* 99.)
.... Toute son audace a paru *terrassée*. (III, 629, *Ath.* 412.

TERRE, TERRES :
* Il plante son épée à *terre*. (VI, 241, *Livres ann.*)
* Ces paroles.... ne tombèrent pas à *terre*. (V, 91, *Notes hist.*)
Tout ce qui lui déplaît, il le porte par *terre*. (I, 450, *Théb.* var.)
(Il faut) Que le dernier du sang royal
Par son trépas ensanglante vos *terres*.
(I, 420, *Théb.* 396 ; voyez I, 531, *Alex.* 142.)
La face de la *terre;* donner du nez en *terre;* remuer ciel et *terre:* voyez FACE, NEZ, CIEL.

TERREUR :
J'ai conçu pour mon crime une juste *terreur*. (III, 325, *Phèd.* 307.)
Il suspend aujourd'hui la *terreur* de ses armes. (I, 542, *Alex.* 410.)
Le Parthe, des Romains comme moi la *terreur*. (III, 61, *Mithr.* 849.)

TERRIBLE À :
Ce héros, si *terrible au* reste des humains. (III, 206, *Iph.* 1096.)
Par là je me rendis *terrible à* mon rival. (III, 659, *Ath.* 953.)

TERROIR :
* La vertu..., au lieu de fructifier s'altère, et prend la nature du *terroir* où elle est tombée. (VI, 285, *Livres ann.*)
* S'accommoder au *terroir*. (VI, 323, *Livres ann.*)

TERTRE :
Deçà je vois les pampres verts
Enrichir cent *tertres* divers. (IV, 25, *Poés. div.* 16.)

TÊTE, emplois divers :
Quoi? pour réponse aux Grecs porterai-je sa *tête?* (II, 100, *Andr.* 1182.)
Le coup qu'on m'a prédit va tomber sur ma *tête*. (II, 337, *Brit.* 1700.)
De son fils qu'il lui cache il menace la *tête*.
(II, 46, *Andr.* 113 ; voyez I, 544, *Alex.* 445.)
Chacun à ce fardeau veut dérober sa *tête*. (III, 57, *Mithr.* 783.)
*Ragotski.... lui avoit pensé faire perdre la *tête* (*la lui faire couper*). (V, 143, *Notes hist.*)

....Il faut que ton bras l'emporte avec ma *tête* (*ma vie*). (I, 590, *Alex.* 1450.)
.... Qu'attendez-vous? Il vous offre sa *tête*. (II, 101, *Andr.* 1217.)
Un plein calme en ces lieux assure votre *tête*. (I, 555, *Alex.* 694.)
Permettez que veillant au soin de votre *tête*,
A cet heureux amant l'on garde sa conquête. (I, 557, *Alex.* 721.)
Un seul rocher ici lui coûte plus de *têtes*,
Plus de soins, plus d'assauts et presque plus de temps
Que n'en coûte à son bras l'empire des Persans. (I, 549, *Alex.* 578.)
J'ignore le destin d'une *tête* si chère. (III, 305, *Phèd.* 6; voy. I, 556. *Alex.* 706.)
Que de soins m'eût coûtés cette *tête* charmante! (III, 342, *Phèd.* 657.)
Tu m'oses présenter une *tête* ennemie. (III, 364, *Phèd.* 1049.)
Que sert de se flatter? On sait qu'à votre *tête*
Les Dieux ont d'Ilion attaché la conquête. (III, 162, *Iph.* 221.)
Hé! cela ne va pas si vite que ta *tête*. (II, 155, *Plaid.* 140.)
 *Avocats qui crient à pleine *tête*. (VI, 294, *Livres ann.*)
.... Oh! tu me romps la *tête*.
(II, 179, *Plaid.* 416; voyez II, 192, *P. aid.* 564; II, 195, *Plaid.* 591.)
.... Quand une femme en *tête* a sa folie. (II, 166, *Plaid.* 77.)
Mme Félix s'y oppose *tête* baissée. (VII, 263, *Lettres.*)
.... Tais-toi, sur les yeux de ta *tête*. (II, 187, *Plaid.* 523.)
N'y ayant en *tête* que (*n'ayant affaire qu'à*) de pauvres Religieuses.
(IV, 579, *P. R.* var.)
Il (*Turenne*) faisoit *tête* lui seul aux armées de l'Empereur. (V, 262, *Camp. de Louis XIV*; voyez V, 288, *Camp. de Louis XIV*; VII, 95, *Lettr.*)

TETER :
L'enfant est de grande vie et *tette* beaucoup. (VII, 72, *Lettres.*)

THÉÂTRE, au figuré :
Je ne prends point pour juge une cour idolâtre,
Paulin: je me propose un plus noble *théâtre*. (II, 391, *Bér.* 356.)

THÈME :
Un homme qui compose fait souvent son *thème* en plusieurs façons.
(VII, 126, *Lettres.*)

TIARE :
Je ceignis la *tiare*, et marchai son égal. (III, 659, *Ath.* 954.)
Dès longtemps elle hait cette fermeté rare
Qui rehausse en Joad l'éclat de la *tiare*. (III, 606, *Ath.* 28.)

TIERS (Un) :
*Il est mieux séant qu'*un tiers* dise qui il est. (VI, 87, *Rem. sur l'Od.*)

TIGE, au figuré :
Chère et dernière fleur d'une *tige* si belle. (III, 687, *Ath.* 1491.)

TILLEUL, IV, 31, *Poés. div.* 21.

TIMBALE :
On leur a pris deux pièces de canon, deux paires de *timbales* et neuf étendards. (VII, 60, *Lettres.*)

TIMBRE, au figuré :
.... On dit que son *timbre* est brouillé. (II, 147, *Plaid.* 30.)

TIMIDE :
.... Après tant d'exploits, ce *timide* vainqueur
Craint qu'il ne soit encor bien loin de votre cœur. (I, 541, *Alex.* 383.)
Quelle pitié retient mes sentiments *timides*? (III, 84, *Mithr.* 1407.)

Peut-être, en le voyant, votre amour plus *timide*
Ne prendra pas toujours sa colère pour guide. (II, 59, *Andr.* 381.)
Sais-je pas que sans moi sa *timide* valeur
Succomberoit bientôt aux ruses de sa sœur? (I, 538, *Alex.* 291.)
   Timides douceurs; *timides* esprits; scrupule *timide* : voyez Douceur, Esprit, Scrupule.

TIMON, au figuré :
Ai-je mis dans sa main le *timon* de l'État
Pour le conduire au gré du peuple et du sénat? (II, 258, *Brit.* 45.)

TIRER, au propre et au figuré, sens et emplois divers ; s'en tirer :
Notre père, qui nous.... — *Tirez, tirez, tirez.*
— Notre père, Messieurs.... — *Tirez* donc. Quels vacarmes!
                                  (II, 215, *Plaid.* 824 et 825.)
Terme dont on se servait pour chasser un chien : voyez la note à l'endroit cité.
   * *Tirer* le lait. (VI, 147, *Rem. sur l'Odyss.*)
Il me mandoit... qu'il valoit mieux qu'il *tirât* son argent, et qu'il laissât le bénéfice. (VI, 476, *Lettres.*)
Feignons, et de son cœur, d'un vain espoir flatté,
Par un mensonge adroit *tirons* la vérité. (III, 68, *Mithr.* 1034.)
   * Le plus grand bien que César *tiroit* de sa victoire étoit, etc. (VI, 298, *Livres ann.*)
   * Cela *est* bien *tiré* par les cheveux. (VI, 259, *Livres ann.*)
   Tirer raison; *tirer* d'erreur; *tirer* en longueur : voyez Raison, Erreur, Longueur.
   Les Ragusains sont les premiers qui *s'en sont tirés.* (V, 135, *Notes hist.*)

TISON, au figuré :
Tison de la discorde, et fatale furie. (III, 89, *Mithr.* 1491.)

TISSU, participe :
Moi seule j'*ai tissu* le lien malheureux
Dont tu viens d'éprouver les détestables nœuds. (II, 560, *Baj.* 1731.)

Tissu, substantivement :
    .... Fatal *tissu*, malheureux diadème. (III, 89, *Mithr.* 1500.)

TITRE, emplois divers :
   * Il fut coadjuteur, sous le *titre* de Naziance. (V, 172, *Notes hist.*)
J'en dépouille.... et la haine et le *titre* (d'ennemi). (I, 587, *Alex.* 1385.)
Non, je ne prétends pas que ce cœur inflexible
Garde seul contre vous le *titre* d'invincible. (I, 563, *Alex.* 866.)
Voyez II, 107, *Andr.* 1331; II, 379, *Bér.* 121.
Ne le verrai-je plus qu'à *titre* d'importune? (II, 262, *Brit.* 143.)
Pourquoi l'assassiner? Qu'a-t-il fait? A quel *titre?* (II, 118, *Andr.* 1542.)
Sous ce *titre* funeste il se vit immoler. (III, 33, *Mithr.* 265.)

TITULAIRE :
Je pourrois être le seul *titulaire;* mais nous serons bien quatre bénéficiers. (VI, 459, *Lettres.*)

TOISE :
Ils me font dire aussi des mots longs d'une *toise*. (II, 205, *Plaid.* 707.)

TOIT à cochon :
   * Elle (*Circé*) les frappa d'une baguette, et les renferma dans un *toit à cochon*. (VI, 159, *Rem. sur l'Odyss.*)

TOMBE :
Tombe en cuivre élevée de deux pieds. (IV, 388, *P. R.*)

TOMBEAU, au propre et au figuré :
.... Rome, unique objet d'un désespoir si beau,
Du fils de Mithridate est le digne *tombeau*. (III, 64, *Mithr.* 946.)
Les morts, après huit ans, sortent-ils du *tombeau*? (III, 614, *Ath.* 142.)
Elle-même, Seigneur, s'est ouvert le *tombeau*. (I, 471, *Théb.* 1280.)
Il ne vient point ici....
Sur le *tombeau* des rois élever sa grandeur. (I, 544, *Alex.* 460.)
(Dieu) L'a tiré par leur main de l'oubli du *tombeau*. (III, 621, *Ath.* 281.)
.... Mon âme, au *tombeau* descendue. (I, 569, *Alex.* 993.)
J'admire à tous moments cet effort magnanime
Qui vous fait mettre enfin votre haine au *tombeau*. (I, 444, *Théb.* 829.)

TOMBER, au propre et au figuré :
Il *tombe* entre les mains des gardes. (I, 483, *Théb.* mise en scène.)
Le coup qu'on m'a prédit va *tomber* sur ma tête. (II, 337, *Brit.* 1700.)
Tous vos regards sur moi ne *tombent* qu'avec peine. (III, 178, *Iph.* 553.)
Le sort, dont les arrêts furent alors suivis,
Fit *tomber* en mes mains Andromaque et son fils.
(II, 49, *Andr.* 188; voyez I, 411, *Théb.* 228.)
Regarde quel orage est tout prêt à *tomber*. (III, 227, *Iph.* 1496..
.... Souvenez-vous
De le faire *tomber* (*cet orage*) sur d'autres que sur nous. (I, 543, *Alex.* 444.)
(Un roi) Sous qui toute l'Asie a vu *tomber* ses rois. (I, 525, *Alex.* 3.)
La fureur où il (*Ajax*) étoit tombé. (II, 366, *Bér.* préf.)
Tomber à terre; *tomber* des mains, entre les mains : voyez TERRE,
MAIN.

TONNEAU :
* Le droit de cinquante francs par *tonneau*, autrement appelé droit de fret. (V, 153, *Notes hist.*)

TONNER, au figuré :
De la Sagesse immortelle
La voix *tonne*, et nous instruit. (IV, 158, *Poés. div.* 12.)

TONNERRE, au propre et au figuré :
Quand je devrois au ciel rencontrer le *tonnerre*. (I, 463, *Théb.* 1159.)
Déjà grondoient les horribles *tonnerres*,
Par qui sont brisés les remparts. (IV, 86, *Poés. div.* 26.)

TONSURE (PRENDRE LA), VI, 417, *Lettres*.

TONSURER :
Me faire *tonsurer*. (VI, 475, *Lettres*.)
* Il n'étoit que *tonsuré*. (V, 175, *Notes hist.*)

TORCHE :
.... Les étoiles à leur tour,
Comme *torches* funèbres,
Font les funérailles du jour. (IV, 42, *Poés. div.* 79.)

TORRENT, au figuré, sens physique et sens moral :
Ces *torrents* de fumée.... (III, 624, *Ath.* 338.)
Laissez à ce *torrent* le temps de s'écouler. (II, 416, *Bér.* 942.)
Tout reçoit le joug, tout cède à la rapidité du *torrent*. (V, 248, *Camp. de Louis XIV*; voyez II, 406, *Bér.* 731; III, 233, *Iph.* 1628.)

Quel trouble! Quel *torrent* de mots injurieux! (III, 203, *Iph.* 1039.)

TORTUEUX :
Sa croupe se recourbe en replis *tortueux*. (III, 389, *Phèd.* 1520.)
(*Je vois les ruisseaux*) Traîner en cercles *tortueux*
Leurs sources vagabondes. (IV, 34, *Poés. div.* 26.)

TÔT :
Oui-da : je verrai bien s'il est sergent.— *Tôt* donc. (II, 180, *Plaid.* 429.)
.... Hé! *tôt*, rappelez-la. (II, 216, *Plaid.* 836.)
Il auroit plus *tôt* fait de dire tout vingt fois,
Que de l'abréger une.... (II, 213, *Plaid.* 797.)

TOUCHANT, préposition :
* Belles paroles de Dion *touchant* la clémence. (VI, 296, *Livres ann.*)
* On aime à semer de faux bruits *touchant* les hommes sages. (VI, 311, *Livres ann.*)
Voyez VI, 275 et 294, *Livres ann.*

TOUCHER, au propre et au figuré :
Faites *toucher* votre œil malade à la sainte épine. (IV, 467, *P. R.*)
* *Toucher* le luth. (VI, 129, *Rem. sur l'Odyss.*; voyez VI, 61, *ibid.*)
Touchez là : vos pareils sont gens que je révère. (II, 180, *Plaid.* 435.)
Bajazet *touche* presque au trône des sultans. (II, 494, *Baj.* 315.)
Vous n'aviez pas encore atteint l'âge où je *touche*. (III, 358, *Phèd.* 937.)
Peut-être nous *touchons* à notre heure dernière. (III, 686, *Ath.* 1512.)
Voyez III, 92, *Mithr.* 1551; III, 312, *Phèd.* 144.
Je percerai le cœur que je n'ai pu *toucher*. (II, 102, *Andr.* 1244.)
Ce qui nous *touche* de plus près, c'est qu'il (*Corneille*) étoit encore un très-bon académicien. (IV, 361, *Disc. acad.*)
Je crois qu'il ne sera pas hors de propos.... de *toucher* quelques-unes des principales circonstances de sa mort. (IV, 507, *P. R.*)
Il n'y a que le vraisemblable qui *touche* dans la tragédie. (II, 367, *Bér.* préf.)
Son frère plus que lui commence à me *toucher*;
Devenant malheureux, il m'est devenu cher. (I, 470, *Théb.* 1271.)
La sœur vous *touche* ici beaucoup moins que le frère;
Et pour Britannicus.... — Il a su me *toucher*. (II, 284, *Brit.* 636 et 637.)
Tout ce que je vous dis vous *touche* foiblement. (II, 524, *Baj.* 1004.)
Les charmes d'un empire ont paru le *toucher*. (III, 449, *Phèd.* 795.)
....Tant de grandeurs ne nous *touchent* plus guère. (II, 57, *Andr.* 333.)
Croyez-moi, quelque éclat qui les puisse *toucher*,
Ils refusent l'encens qu'on leur veut arracher. (I, 545, *Alex.* 483.)
.... Le remords n'est pas ce qui me *touche*. (I, 447, *Théb.* 899.)
Non, non, vos intérêts me *touchent* davantage. (I, 428, *Théb.* 532.)
.... Si tant de malheurs vous *touchent* de pitié. (I, 406, *Théb.* 133.)
D'aucun étonnement il ne paroit *touché*. (II, 333, *Brit.* 1638.)
Je vous aime; et mon cœur, *touché* de vos soupirs,
Voudroit par mille morts venger vos déplaisirs. (I, 594, *Alex.* 1511.)
Ce que c'est qu'à propos *toucher* la passion! (II, 215, *Plaid.* 828.)
Dieux! ne pourrai-je au moins *toucher* votre pitié? (II, 86, *Andr.* 904.)
Je crains Dieu, dites-vous, sa vérité me *touche*. (III, 610, *Ath.* 83.)
Dieu.... se servit pour la *toucher* d'une voie assez extraordinaire. (IV, 389, *P. R.*)
Les Religieuses de Port-Royal, *touchées* de la même dévotion. (IV, 467, *P. R.*)

TOUJOURS :
Ta fureur, s'irritant soi-même dans son cours,
D'un sang *toujours* nouveau marquera tous tes jours. (II, 337. *Brit.* 1686.)

TOUR, au propre et au figuré :
*Temps de la tragédie.... *Tour* d'un soleil. (VI, 289, *Livres ann.*)
Deux *tours* de plume. (VII, 205. *Lettres*; voyez la note 8.)
* Il croit qu'elle lui prépare quelque autre mauvais *tour*. (VI, 101, *Rem. sur l'Odyss.*)
Mais j'ai cru qu'à mon *tour* tu me connoissois mieux. (II, 95, *Andr.* 1076.)

TOURMENTER, au figuré :
Pensez-vous que ma haine en soit moins violente,
Pour voir baiser partout la main qui me *tourmente*? (I, 574, *Alex.* 1118.)
.... Ne me cherche-t-il que pour me *tourmenter*? (I, 542, *Alex.* 408.)
Par de nouveaux soupçons, va, cours le *tourmenter*. (II, 289, *Brit.* 754.)
.... Un sang malheureux, né pour vous *tourmenter*. (III, 30, *Mithr.* 173.)
Cessez de *tourmenter* une âme infortunée. (III, 70, *Mithr.* 1075.)
.... Vous cherchez, Prince, à vous *tourmenter*. (III, 51, *Mithr.* 657.)
Que je la quitte ou non, ne vous *tourmentez* pas. (I, 409, *Théb.* 185.)
.... *Tourmenté* de ses propres desseins,
Il est peut-être à plaindre autant que je vous plains. (II, 77, *Andr.* 735.)

TOURNER, activement et neutralement, au propre et au figuré, sens physique et sens moral :
Ayez la bonté [de voir] si son berceau *est* bien *tourné*. (VII, 72, *Lettres.*)
.... Mes sanglantes mains, sur moi-même *tournées*. (II, 102, *Andr.* 1245.)
Tournez votre douleur contre ses ennemis (*contre les ennemis de la Grèce*). (III, 229, *Iph.* 1552.)
L'archevêque de Paris ne fut pas peu embarrassé sur la manière dont il *tourneroit* le sien (*son mandement*). (IV, 570, *P. R.*)
Le gouverneur des Pays-Bas ne sait plus de quel côté *tourner*. (V, 290, *Camp. de Louis XIV.*)
Ses superbes discours *tourneront* à sa honte. (I, 414, *Théb.* 292.)
J'espère que notre générosité ne nous *tournera* point à mal. (VII, 72, *Lettres.*)
Tourner la broche; *tourner* autour du pot; *tourner* à l'avantage de; *tourner* au bien : voyez BROCHE, POT, AVANTAGE, BIEN.

TOURRIÈRE, IV, 591, *P. R.*

TOUT, TOUTE; TOUS, adjectif; TOUT, adverbialement; locutions diverses :
*Oreste explique *tout* le sujet qui le fait venir. (VI, 224, *Livres ann.*)
Tout l'empire n'est plus la dépouille d'un maître. (II, 265, *Brit.* 204.)
Ah! fils ingrat. Tu vas me répondre pour *tous*. (III, 72, *Mithr.* 1118.)
Tous ces mille vaisseaux, qui chargés de vingt rois,
N'attendent que les vents pour partir sous vos lois. (III, 151, *Iph.* 27.)
Tout ce grand nombre d'incidents a toujours été le refuge des poëtes qui, etc. (II, 367, *Bér.* préf.)
Tous les premiers forfaits coûtent quelques efforts. (I, 447, *Théb.* 9.,
Pour *tous* mes ennemis je déclare les siens. (II, 117, *Andr.* 1511.)
.... Pour toi je ferai *toute* chose. (II, 217, *Plaid.* 846.)
Le *tout* joint au procès enfin, et *toute* chose
Demeurant en état.... (II, 161, *Plaid.* 219.)
Néron jouit de *tout*.... (II, 258, *Brit.* 67.)

Aujourd'hui qu'il peut *tout*.... (II, 375, *Bér*. 43.)
Tout m'est suspect : je crains que *tout* ne soit séduit. (II, 329, *Brit*. 1537.)
J'y vendrai ma chemise; et je veux rien ou *tout*. (II, 163, *Plaid*. 258.)
   * Ne *tout* prendre ce qui est sur la table. (VI, 312, *Livres ann*.)
Aussi prompte que *tout*, nous vîmes la Victoire
   Suivre ses étendards. (IV, 74, *Poés. div*. 29.)
.... Que Rome, effaçant tant de titres d'honneur,
Me laisse pour *tous* noms celui d'empoisonneur. (II, 323, *Brit*. 1430.)
   * Durant *tous* les quatre premiers livres. (VI, 56, *Rem. sur l'Odyss*.)
Racine a souligné les deux derniers mots dans ce passage de Vaugelas : « Philippe après l'avoir *toute lue* » (VI, 354).
   Tout cela.... occupa presque *toutes* les deux séances. (IV, 495, *P. R*.)
S'ils sont *tous* deux méchants, et s'ils sont parricides. (I, 400, *Théb*. 32.)
.... Ce lien du sang qui nous joignoit *tous* deux
Écartoit Claudius d'un lit incestueux. (II, 311, *Brit*. 1133.)
   Duquesne.... eut *toutes* les deux fois de l'avantage. (V, 269, *Camp. de Louis XIV*.)
   * Un très-beau buffet *tout* aux armes d'Olympia. (V, 168, *Notes hist*.)
La liberté de l'Inde est *toute* entre ses mains. (I, 529, *Alex*. 88.)
   .... Elle est *toute* en larmes. (I, 480, *Théb*. 1462.)
   .... Ismène, *toute* en pleurs. (III, 394, *Phèd*. 1587.)
Il n'y aura qu'à les faire signer (*les procurations*), *toutes* telles qu'elles sont. (VII, 207, *Lettres*.)
   * Il s'étoit adressé à elle *toute* la première. (VI, 127, *Rem. sur l'Odyss*.)
Ils ont *toute* une autre manière d'écrire que les faiseurs de romans; ils ont *toute* une autre adresse pour embellir la vérité. (IV, 334, *Imag*.)
C'est *tout* un. (VI, 465, *Lettres*.)
Tout franc, vous vous levez *tous* les jours trop matin. (II, 147, *Plaid*. 26.)
   * Son fils aîné fut tué *tout* roide dans la tranchée. (V, 100, *Notes hist*.)
.... Vous boitez *tout* bas.... (II, 195, *Plaid*. 594.)
   * Il m'avoit montré sept villes *tout* d'une vue. (V, 108, *Notes hist*.)
   * Les protestants.... s'emparèrent *tout* de nouveau de l'église. (V, 128, *Notes hist*.)
J'en reviens encore *tout* présentement. (VI, 417, *Lettres*.)
.... Dessus cet or *tout* mouvant (*un champ de blé*). (IV, 25, *Poés. div*. 22.)
   * Si les bêtes manquoient à l'homme, il deviendroit *tout* sauvage. (VI, 308, *Livres ann*.)
Ne laisser aucun nom, et mourir *tout* entier. (III, 163, *Iph*. 256.)
   Dans les exemples suivants, où *tout* (*toute, tous*), pouvant se remplacer pour le sens par *tout à fait*, se trouve devant des adjectifs ou des participes féminins commençant par des voyelles, ou devant des adjectifs ou des participes masculins pluriels, nous reproduisons exactement l'orthographe soit des manuscrits autographes de Racine, soit des éditions anciennes :
C'est Vénus *toute* entière à sa proie attachée. (III, 325, *Phèd*. 306.)
Voyez I, 448, *Théb*. 908 ; I, 594, *Alex*. 1518; II, 411, *Bér* 839; II, 442, *Bér*. 1456; II, 495, *Baj*. 347; III, 373, *Phèd*. 1196; III, 496, *Esth*. 489; III, 657, *Ath*. 932; V, 267, *Camp. de Louis XIV*; V, 545 et 547, *Trad*.
   * Cette ode est *toute* admirable. (VI, 326, *Livres ann*.)
Une force et une dignité *toute* édifiante. (IV, 558, *P. R*.)
   * D'une humeur gaie et *toute* amoureuse. (VI, 73, *Rem. sur l'Odyss*.)
   * *Toute* écorchée. (V, 588, *Trad*.)
.... Que veut ce soldat? Son âme est *toute* émue. (I, 429, *Théb*. 553.)
Voyez I, 436, *Théb*. 659; II, 554, *Baj*. 1626.
   On la remit dans le carrosse *toute* trempée et *toute* effrayée. (VII, 279, *Lettres*.)
Votre âme, en m'écoutant, paroit *toute* interdite. (III, 491, *Esth*. 410.)

Des régiments *tous* entiers. (V, 264, *Camp. de Louis XIV.*)
Tes yeux ne sont-ils pas *tous* pleins de sa grandeur?
(II, 387, *Bér.* 302; voyez VII, 43, *Lettres.*)
Ses yeux étoient *tous* renversés dans sa tête. (VII, 229, *Lettres.*)
Pharnace, en ce moment, et ma flamme offensée
Ne peuvent pas *tous* seuls occuper ma pensée.
(III, 50, *Mithr.* 619; voyez IV, 327, *Imag.*)
.... *Tout* fiers des lauriers dont il les a chargés. (I, 543, *Alex.* 435.)
* Cette fameuse haine.... les occupoit *tout* entiers. (I, 395, *Théb.* préf.)
Nos vaisseaux sont *tout* prêts, et le vent nous appelle. (II, 80, *Andr.* 790.)
Voyez II, 319, *Brit.* 1348, et ci-dessus, p. 410, PRÊT.
Vous êtes en des lieux *tout* pleins de sa puissance. (II, 287, *Brit.* 712.)
Des faits *tout* nouveaux. (I, 565, *Alex.* 905; voyez I, 393, *Théb.* préf.)
Nos vaisseaux *tout* chargés des dépouilles de Troie. (II, 63, *Andr.* 466.)
Deux petits temples *tout* environnés de colonnes. (VII, 308, *Lettres.*)
* *Tout* pleurants. (VI, 154, *Rem. sur l'Odyss.*)

On voit que, chez Racine, *tout* se rapportant à des féminins prend toujours l'accord, et que se rapportant à des masculins pluriels tantôt il le prend et tantôt ne le prend pas. Comparez le *Lexique de Corneille.* — Dans l'exemple :

« *Tous* rangés en bataille » (I, 398, *Théb.* 8),

tous se prête à deux sens. — Dans la phrase qui suit :

* Que votre conscience soit *toute* chaste et *tout* pure (V, 580, *Trad.*),
c'est sans doute par inadvertance que Racine a écrit *tout*, pour *toute*.

Tout vaincu que j'étois, tu vois ce que j'ai fait. (I, 592, *Alex.* 1484.)
Tout mort qu'il est, Madame, il garde sa colère. (I, 476, *Théb.* 1381.)
* *Tout* grand et puissant qu'il étoit. (V, 131, *Notes hist.*)
Tout rebelle qu'il est, et *tout* mon rival même (I, 446, *Théb.* 872.)
Pour le vin, on ne saura du *tout* qu'en faire. (VI, 482, *Lettres.*)
Turenne.... se présenta *tout* d'un coup à eux. (V, 263, *Camp. de Louis XIV.*)
M. Nicole avoit devant lui saint Chrysostome et Bèze, ce dernier afin de l'éviter : ce qu'on a fait *tout* le plus qu'on a pu. (IV, 602, *P. R.*)
Elle prétendoit *tout* de même avoir de temps en temps des révélations. (IV, 584, *P. R.*)
* *Tout* de même qu'un homme riche.... porte...; aussi je porte, etc. (VI, 30, *Rem sur Pind.*; voyez MÊME.)
Tout un; *tout* puissant; à *toute* bride; *tout* à l'heure; *tout* de bon; *tout* de nouveau; après *tout :* voyez UN, PUISSANT, BRIDE, HEURE, BON, NOUVEAU, APRÈS.

TRACE, emplois divers :
Dès que je le pourrai, je reviens sur vos *traces*. (II, 330, *Brit.* 1571.)
Quelles *traces* de sang vois-je sur vos habits? (I, 401, *Théb.* 46.)
De mes feux mal éteints je reconnus la *trace*. (II, 45, *Andr.* 86.)
Henry (*d'Albert*),... ayant reçu par les *traces* du sang et par le canal de la succession la propriété du duché, a pu légitimement, etc. (V, 385, *Factums.*)

TRACER :
Le chemin est *tracé*, rien ne vous retient plus. (II, 319, *Brit.* 1341.)
.... Quels malheurs dans ce billet *tracés*
Vous arrachent, Seigneur, les pleurs que vous versez? (III, 152, *Iph.* 35.)
Quelle assez brillante couleur
Peut *tracer* la peinture
De votre adorable splendeur?
(IV, 22, *Poés. div.* 9; voyez IV, 31, *ibid.* 26.)

.... Quelle assez vive peinture
Suffit pour *tracer* dignement
Tout le pompeux ameublement, etc. ? (IV, 41, *Poés. div.* 52.)
J'ai vu Burrhus, Sénèque, aigrissant vos soupçons,
De l'infidélité vous *tracer* des leçons. (II, 313, *Brit.* 1202.)
.... Il est des vertus que je lui puis *tracer*. (II, 263, *Brit.* 166.)

TRADUIRE :
Je *traduis* Aristophane. (II, 142, *Plaid.* au lect.)

TRAFIQUER, au propre et au figuré :
*Quelque marchand qui ne sait que *trafiquer* sur mer. (VI, 132, *Rem. sur l'Odyss.*)
(Des amis vendus) *Trafiquent* avec lui des secrets de mon âme.
(II, 270, *Brit.* 332.)

TRAGIQUE :
Quittez, au nom des Dieux, ces *tragiques* pensées. (I, 454, *Théb.* 1019.)

TRAGIQUEMENT :
Il prend la chose fort *tragiquement*. (VII, 294, *Lettres.*)

TRAHIR ; SE TRAHIR :
Tout nous *trahit*, la voix, le silence, les yeux. (II, 68, *Andr.* 575.)
Ils ne *trahiront* point l'honneur de tant d'années. (II, 483, *Baj.* 57.)
Ils *ont*, je le vois bien, *trahi* votre vengeance. (II, 18, *Andr.* 1526.)
Voyez I, 539, *Alex.* 332 ; I, 579, *Alex.* 1231 ; II, 88, *Andr.* 955.
Quand même jusque-là je pourrois *me trahir*. (II, 285, *Brit.* 677.)
Voyez I, 412, *Théb.* 246 ; I, 449, *Théb.* 941.

TRAIN, au figuré :
Elles (*les eaux*) auront mis votre poitrine en bon *train*. (VI, 600, *Lettr.*)
Cela me mettoit en *train*. (VI, 431, *Lettres.*)
*Tout d'un *train*. (V, 530, *Trad.*)

TRAÎNER, au propre et au figuré :
Petit Jean, *traînant* un gros sac de procès. (II, 145, *Plaid.* mise en sc.)
.... *Traîné* sans honneur autour de nos murailles. (II, 90, *Andr.* 994.)
*Le baudrier d'Ajax dont Hector *a été traîné*. (VI, 243, *Livres ann.*)
Voyez II, 268, *Brit.* 292 ; III, 234, *Iph.* 1646.
C'est vous, je m'en souviens, dont les puissants appas
Excitoient tous nos rois, les *traînoient* aux combats. (I, 552, *Alex.* 644.)
Le repentir nous *traîne* à tes autels. (IV, 115, *Poés. div.* 8.)
Quels démons, quels serpents *traîne*-t-elle après soi ? (II, 124, *Andr.* 1636.)
.... *Traînant* après lui la victoire et l'effroi.
(I, 540, *Alex.* 363 ; voyez III, 341, *Phèd.* 639.)
Tout l'âge et le malheur que je *traîne* avec moi. (III, 59, *Mithr.* 1038.)
Quelle foule de maux l'amour *traîne* à sa suite ! (II, 71, *Andr.* 638.)
(Je vois les ruisseaux) *Traîner* en cercles tortueux
Leurs sources vagabondes. (IV, 34, *Poés. div.* 26.)
Son indomptable course (*la course du torrent*)
Traîne le ravage et l'horreur. (IV, 38, *Poés. div.* 60.)
Toujours son amitié *traîne* (*entraîne*) un long esclavage. (I, 532, *Alex.* 182.)
Au sort qui me *traînoit* il fallut consentir. (III, 176, *Iph.* 515.)
Tu vis mon désespoir ; et tu m'as vu depuis
Traîner de mers en mers ma chaîne et mes ennuis. (II, 43, *Andr.* 44.)
C'est *traîner* trop longtemps ma vie et mon supplice. (II, 76, *Andr.* 713.)
(Il) *Traîne*, exempt de péril, une éternelle enfance. (II, 485, *Baj.* 110.)
Une longue suite de négociations *traînées*. (IV, 365, *Disc. acad.*)

TRAÎNEUR

*Moratores aut palantes : c'est ce que nous appelons *traineurs*. (VI. 334, *Livres ann.*)

TRAIT, sens et emplois divers :

Madame, il vous souvient que mon cœur en ces lieux
Reçut le premier *trait* qui partit de vos yeux. (II, 383, *Bér.* 190.)
Ton triomphe est parfait ; tous tes *traits* ont porté. (III, 351, *Phèd.*)
Portant partout le *trait* dont je suis déchiré. (III, 336, *Phèd.* 540.)
.... Mardochée, assis aux portes du palais,
Dans ce cœur malheureux enfonce mille *traits*. (III, 495, *Esth.* 460.)
  Même au milieu de ta vengeance
  Combien de fois ton indulgence
  M'en a-t-elle adouci les *traits*. (IV, 142, *Poés. div.* 80.)
Tout rit aux premiers *traits* du jour qui se réveille. (IV, 127, *P. div.* 3.)
  .... Ah! le *trait* est touchant. (II, 176, *Plaid.* 378.)
  .... Certes le *trait* est noir. (II, 162, *Plaid.* 245.)
L'Espagne.... se vante.... de regagner souvent par un *trait* de plume ce qu'elle avoit perdu en plusieurs campagnes. (IV, 364, *Disc. acad.*)
De son auguste seing reconnoissez les *traits*. (II, 558, *Baj.* 1683.)
Son visage, où la mort a répandu ses *traits*. (I, 477, *Théb.* 1383.)
*Le cardinal de Richelieu avoit des *traits* de folie. (V, 82, *Not. hist.*)

TRAITABLE :

*Les Circasses et Mamelus étoient bien plus *traitables* et moins injustes que les *Turcs*. (V, 134, *Notes hist.*)

TRAITÉ :

.... Le *traité* secret qui vous lie aux Romains. (III, 34, *Mithr.* 281.)
.... Une mort sanglante est l'unique *traité*
Qui reste entre l'esclave et le maître irrité. (II, 543, *Baj.* 1396.)

TRAITEMENT :

.... Je garde à ce prince un *traitement* plus doux. (II, 284, *Brit.* 661.)

TRAITER, sens divers :

Polynice, est-ce ainsi que l'on *traite* une mère? (I, 459, *Théb.* 1099.)
Le Syrien me *traite* et de reine et de sœur. (III, 632, *Ath.* 477.)
Dès longtemps votre amour pour la religion
Est *traité* de révolte et de sédition. (III, 606, *Ath.* 30.)
*Servien haïssoit Brun, et le *traitoit* de haut en bas. (VI, 346, *L. ann.*)
Nous nous préparons à *traiter* Monsieur d'Usez. (VI, 470, *Lettres.*)
*Afin que nous *traitions*.... cet étranger. (VI, 125, *Rem. sur l'Odyss.*)
Traiter les pauvres malades. (IV, 426, *P. R.*)
Il voulut au moins donner de l'argent aux Espagnols, afin de faire *traiter* ces deux mousquetaires (*blessés*). (VII, 17, *Lettres.*)
Quelques incidents.... changent presque de face dans toutes les mains qui les *traitent*. (II, 39, *Andr.* 2ᵉ préf.)
*Il *traite* fort au long l'origine de la paulette. (V, 88, *Notes hist.*)
*Il *traite* aussi de l'origine des parlements. (V, 88, *Notes hist.*)
Il n'avoit pas cru devoir être beaucoup sur ses gardes en *traitant* avec de pauvres Religieuses. (IV, 557, *P. R.*)
Traiter d'égal, de pair ; être *traité* de Turc à More : voyez EGAL, PAIR, TURC.

TRAÎTRE, substantivement et adjectivement :

Je renonce à la Grèce,... et c'est assez pour moi,
Traître, qu'elle ait produit un monstre comme toi. (II, 120, *Andr.* 1564.)

Ce *traître* a sa patrie, à sa maîtresse, à moi. (I, 590, *Alex.* 1447.)
Heureux si je pouvois, avant que m'immoler,
Percer le *traître* cœur qui m'a pu déceler! (III, 77, *Mithr.* 1226.)

TRAME, au figuré :
.... Rompre des méchants les *trames* criminelles. (III, 350, *Esth.* 1112.)

TRAMER, au figuré :
.... Qui croira qu'un cœur si grand en apparence....
Trame une perfidie inouïe à la cour? (II, 300, *Brit.* 946.)

TRANCHÉE, sens divers :
Vous les verriez plantés jusque sur vos *tranchées*.
      (I, 544, *Alex.* 453 ; voyez V, 272, *Camp. de Louis XIV.*)
*Crèvecœur rendu après deux jours de *tranchée*. (V, 184, *Notes hist.*)
Les gardes suisses..., qui étoient de *tranchée*. (V, 328, *Siége de Nam.*)

TRANCHER, au figuré :
.... Le fer est moins prompt, pour *trancher* une vie,
Que le nouveau poison que sa main me confie. (II, *Brit.* 1395.)
J'ai vu *trancher* les jours de ma famille entière. (II, 87, *Andr.* 929.)
Voyez II, 335, *Brit.* 1654 ; II, 492, *Baj.* 266.
.... Pour *trancher* d'inutiles discours. (III, 229, *Iph.* 1535.)

TRANQUILLE :
      .... Le camp de Taxile
Garde dans ce désordre une assiette *tranquille*. (I, 556, *Alex.* 702.)
Tout ce spectacle enfin, pompe digne d'Achille,
Pour attirer vos yeux n'est point assez *tranquille*. (III, 191, *Iph.* 790.)
Ne crois pas qu'en mourant je te laisse *tranquille*. (II 337, *Brit.* 1680.)
Ménagez-les, Seigneur, et d'une âme *tranquille*
Laissez agir mes soins sur l'esprit de Taxile. (I, 539, *Alex.* 337.)
Lui-même, fatigué d'un long siége inutile,
Sembloit vouloir laisser Babylone *tranquille*. (II, 482, *Baj.* 22.)
Muet à mes soupirs, *tranquille* à mes alarmes,
Sembloit-il seulement qu'il eût part à mes larmes? (II, 111, *Andr.* 1401.)
Ma *tranquille* fureur n'a plus qu'à se venger. (II, 538, *Baj.* 1276.)
Goûte-t-il des plaisirs *tranquilles* et parfaits? (II, 113, *Andr.* 1443.)

TRANQUILLITÉ :
Je la voudrois haïr avec *tranquillité*.
      (II, 300, *Brit.* 942 ; voyez II, 314, *Brit.* 1225.)

TRANSACTION :
*Cette *transaction* fut encore prolongée. (V, 128, *Notes hist.*)

TRANSFÉRER :
Quand je vois les États des Babiboniens
Transférés des Serpans aux Nacédoniens. (II, 203, *Plaid.* 682.)

TRANSGRESSEUR :
Si quelque *transgresseur* enfreint cette promesse. (III, 681, *Ath.* 1377.)

TRANSIR :
Je sentis tout mon corps et *transir* et brûler (III, 323, *Phèd.* 276.)

TRANSMETTRE :
Par ces grands Ottomans dont je suis descendue,
Et qui tous avec moi vous parlent à genoux
Pour le plus pur du sang qu'ils *ont transmis* en nous. (II, 553, *Baj.* 1592.)

TRANSPLANTÉ :
Jeunes et tendres fleurs, par le sort agitées,
Sous un ciel étranger comme moi *transplantées*. (III, 472, *Esth.* 104.)

TRANSPORT, au propre et au figuré :
Rapports d'experts, *transports*, trois interlocutoires. (II, 161, *Plaid.* 224.)
Je pris tous mes *transports* pour des *transports* de haine. (II, 44, *Andr.* 54.)
La gloire fit toujours vos *transports* les plus doux. (I, 564, *Alex.* 880.)
D'un coupable *transport* écoutant la chaleur. (III, 231, *Iph.* 1587.)
Voyez II, 45, *Andr.* 84; II, 65, *Andr.* 509; II, 332, *Brit.* 1614; II, 340, *Brit.* 1765.

TRANSPORTER, au propre et au figuré ; SE TRANSPORTER, au propre :
Que me sert que ma foi *transporte* les montagnes ? (IV, 148, *P. div.* 19.)
  Il y a eu telle de ces communautés à qui on *transporta* tout à coup une somme de vingt mille francs. (IV, 425, *P. R.*)
De l'amour du pays noblement *transporté*. (I, 439, *Théb.* 714.)
Il soit dit que sur l'heure il *se transportera*
Au logis de la dame.... (II, 177, *Plaid.* 402.)

TRAVAIL, TRAVAUX :
Hercule, respirant sur le bruit de vos coups,
Déjà de son *travail* se reposoit sur vous. (III, 358, *Phèd.* 944.)
  Le Roi, pour ne point accabler ses troupes de trop de *travail*, n'attaqua d'abord que la ville seule. (V, 326, *Siége de Nam.*)
  * Il se trouvera dans le *travail* au milieu de l'abondance. (VI, 185, *Livres ann.*)
La mort seule, bornant ses *travaux* éclatants (*les travaux de Thésée*),
Pouvoit à l'univers le cacher si longtemps. (III, 333, *Phèd.* 467.)
  O Athéniens, combien de *travaux* j'endure pour me faire louer de vous ! (I, 521, *Alex.* 2ᵉ préf.)

TRAVAILLER, neutralement et activement ; SE TRAVAILLER :
  .... Tandis qu'au procès on *travaille*. (II, 160, *Plaid.* 215.)
  Quelque soin que j'aie pris pour *travailler* cette tragédie. (II, 242, *Brit.* 1ʳᵉ préf. ; voyez II, 250, *Brit.* 2ᵉ préf.)
  (*Des*) moissonneurs.... qui *travaillent* comme des démons. (VI, 479, *Lettres.*)
  Vous savez en quel état se trouvoit la scène françoise lorsqu'il (*Corneille*) commença à *travailler*. (IV, 358, *Disc. acad.*)
Il n'y *travaillera* que trop bien, l'infidèle ! (II, 61, *Andr.* 421.)
  .... Le soin qui vous *travaille*.
              (I, 557, *Alex.* 713; voyez I, 589, *Alex.* 1425.)
Ne laissez point languir l'ardeur qui vous *travaille*. (I, 580, *Alex.* 1246.)

TRAVERS (À) ; À TRAVERS DE ; AU TRAVERS DE :
  .... Écoute : *à travers* ma colère,
Je veux bien distinguer Xipharès de son frère. (III, 44, *Mithr.* 463.)
A travers des rochers la peur les précipite. (III, 390, *Phèd.* 1541.)
*Au travers d'*un mien pré certain ânon passa. (II, 160, *Plaid.* 202.)
Au travers des périls un grand cœur se fait jour. (II, 79, *Andr.* 787.)
Voyez II, 113, *Andr.* 1437; II, 142, *Plaid.* au lect.; II, 273, *Brit.* 388; II, 391, *Bér.* 365; II, 535, *Baj.* 1223; V, 109, *Notes hist.*; V, 251, *Camp. de Louis XIV.*

TRAVERSE :
  ... Après tant de *traverses*. (III, 34, *Mithr.* 287; voyez II, 380, *Bér.* 143.)
  Malgré toutes les *traverses* qu'on lui suscitoit. (IV, 400, *P. R.*)

TRAVERSER, au figuré :
Un fils audacieux insulte à ma ruine,
Traverse mes desseins.... (III, 49, *Mithr.* 608.)
Son rival ne peut plus *traverser* ses desirs. (I, 585, *Alex.* 1348.)
Rome, Vespasien *traversoient* vos soupirs. (II, 385, *Bér.* 246.)
Traverser son bonheur, que je ne puis souffrir. (III, 176, *Iph.* 508.)
    (*Si la Fortune*) Eût *traversé* notre repos. (IV, 69, *Poés. div.* 67.)
    La pauvre enfant.... a été bien *traversée* dans le dessein qu'elle a. (VII, 224, *Lettres*.)
.... Toujours Xipharès revient vous *traverser*? (III, 41, *Mithr.* 397.)
Mille obstacles divers m'*ont* même *traversé*. (II, 482, *Baj.* 27.)
.... Si la mort bientôt ne me vient *traverser*. (III, 57, *Mithr.* 794.)

TRÉBUCHER :
        .... Ces augustes lieux,
    Qui semblent faire autant de dieux
        De leurs maîtres superbes,
    Un jour *trébuchant* avec eux,
        Ne seront sur les herbes
    Que de grands sépulcres affreux. (IV, 23, *Poés. div.* 38.)

TREMBLER, au propre et au figuré :
Il est vrai que le vent en fait beaucoup (*de bruit*), et même jusqu'à faire *trembler* la maison. (VI, 386, *Lettres.*)
    .... Voûtes *tremblantes* (*des allées*). (IV, 28, *Poés. div.* 17.)
.... Vous, l'un des soutiens de ce *tremblant* État. (III, 609, *Ath.* 77.)
.... Tu rends le fils à sa *tremblante* mère. (IV, 85, *Poés. div.* 12.)

TREMBLOTANT, ante :
    La feuille *tremblotante*. (IV, 29, *Poés. div.* 57 ; voyez la note 1.)

TRÉMOUSSER ; SE TRÉMOUSSER :
    L'autre (*oiseau*) console, en *trémoussant*,
        Sa famille dolente
    De quelque butin ravissant. (IV, 29, *Poés. div.* 38.)
    M. du Tartre *se trémousse* à son ordinaire. (VII, 31, *Lettres.*)

TREMPER, activement et neutralement :
Bandeau, que mille fois j'ai *trempé* de mes pleurs. (III, 90, *Mithr.* 1502.)
Le dirai-je ? Vos yeux, de larmes moins *trempés*,
A pleurer vos malheurs étoient moins occupés. (III, 172, *Iph.* 407.)
Je la revois bientôt de pleurs toute *trempée*. (II, 397, *Bér.* 539.)
*Ne point boire trop frais, ni de vin que fort *trempé*. (VI, 549, *Lettres;* voyez VI, 310, *Livres ann.*)
Vos mains n'*ont* point *trempé* dans le sang innocent. (III, 318, *Phèd.* 220.)
*La Haye avoit des ordres exprès de ne point *tremper* dans une paix si honteuse. (V, 137, *Notes hist.*)
Trempa-t-elle aux complots de ses frères perfides ? (III, 308, *Phèd.* 54.)

TRÉPAS :
            ... Ta bouche cruelle
Vient si tranquillement m'annoncer le *trépas*. (II, 108, *Andr.* 1367.)
Mourons : de tant d'horreurs qu'un *trépas* me délivre. (III, 353, *Phèd.* 857.)
.... Mille fois le jour je souffrois le *trépas*. (I, 418, *Théb.* 354.)
Me feront-ils souffrir tant de cruels *trépas* ? (I, 432, *Théb.* 593.)

TRÉPIGNER :
    Ses pieds se mirent à *trépigner* contre le plancher. (VI, 575, *Lettres.*)

TRÈS :

*Une philosophie.... *très*-excellente. (V, 545, *Trad.*)
Oui, vous êtes sergent, Monsieur, et *très*-sergent. (II, 180, *Plaid.* 434.)
L'autre est un *très* homme de bien. (VII, 136, *Lettres;* voy. IV, 577, *P. R.*)
Cette lettre vint *très* à propos pour eux. (IV, 461, *P. R.*)

TRÉSOR, au figuré :

Ces *trésors* dont le Ciel voulut vous embellir. (II, 280, *Brit.* 541.)

TRESSAILLIR :

*Cette parole la fait *tressaillir*. (VI, 99, *Rem. sur l'Odyss.*)

TREUVER : voyez TROUVER.

TRÊVE, au figuré :

Il (*le Ciel*) a mis cette nuit quelque *trêve* à mes larmes.
(I, 347, *Théb.* 679 var.)

TRIBULATION :

Elle exhortoit ses Religieuses à se préparer.... aux *tribulations*. (IV, 507, *P. R.*)

TRIBUT, au propre et au figuré :

Pendant que le Roi étendoit ses conquêtes au delà du Rhin, une ville ennemie levoit des *tributs* dans son royaume. (V, 278, *Camp. de Louis XIV;* voyez V, 135, *Notes hist.*)
 Grand Dieu, d'un cœur plein de toi-même
 Daigne accepter l'humble *tribut*. (IV, 139, *Poés. div.* 3.)
.... Peut-être sans colère
Alliez-vous de mon cœur recevoir le *tribut*. (II, 383, *Bér.* 193.)
.... Je veux à mon tour mériter les *tributs*
Que je me sens forcé de rendre à ses vertus. (I, 531, *Alex.* 155.)
 Je les vois (*les ruisseaux*), au haut des montagnes,
 Venir.... Offrir leur *tribut* argenté. (IV, 34, *Poés. div.* 23.)

TRIBUTAIRE :

*Les Turcs disoient que le duc d'Anjou ne voudroit jamais être leur *tributaire*. (V, 135, *Notes hist.*)
Rendez de mon pouvoir Athènes *tributaire*. (III, 337, *Phèd.* 573.)

TRIENNAL, ALE :

Une même abbesse, laquelle étoit élective et *triennale*. (IV, 615, *P. R.*)

TRINITÉ :

Gloire à toi, *Trinité* profonde ! (IV, 115, *Poés. div.* 17.)

TRIOMPHE, au figuré :

... Si je m'en croyois, ce *triomphe* indiscret
Seroit bientôt suivi d'un éternel regret. (II, 323, *Brit.* 1425.)

TRIOMPHER, TRIOMPHER DE, au propre et au figuré :

Non, non, il les verra *triompher* sans obstacle.
(II, 114, *Andr.* 1473; voyez II, 112, *Andr.* 1415.)
Déjà le prince Charles de Lorraine.... *triomphoit* en idée *des* plus fortes places de la Lorraine. (V, 282, *Camp. de Louis XIV.*)
(Voyons) Qui voudra le premier *triompher de* sa rage. (I, 453, *Théb.* 996.)
.... Je devois retenir ma foiblesse :
Tu vas *en triompher*.... (II, 505, *Baj.* 553 ; voyez I, 594, *Alex.* 1515.)

TRISTE :

.... Le *triste* Hémon.... (I, 436, *Théb.* 653.)

....La *triste* Octavie. (II, 259 et 338, *Brit.* 83 et 1724.)
..Le *triste* Antiochus. (II, 383, *Bér.* 197.)
....Une *triste* princesse. (II, 64, *Andr.* 478.)
....Ce *triste* cœur qu'on veut tyranniser. (III, 29, *Mithr.* 161.)
C'étoit des *tristes* Juifs l'espérance dernière. (III, 694, *Ath.* 1651.)
Je vous redemandois à vos *tristes* États. (II, 385, *Bér.* 237.)
.... Ce *triste* jour.... (II, 260, *Brit.* 99.)
.... Ma *triste* amitié.... (II, 42, *Andr.* 16.)
.... Ma *triste* inquiétude. (I, 431 et 477, *Théb.* 587 et 1398.)
J'espère que bientôt la *triste* renommée
Vous fera confesser que vous étiez aimée. (II, 424, *Bér.* 1123.)
Durant le *triste* cours d'une absence cruelle. (I, 416, *Théb.* 323.)
Voyez I, 553, *Alex.* 664; I, 564, *Alex.* 876; II, 338, *Brit.* 1705; III, 26, *Mithr.* 89.

TRISTESSE :
....Trop aimable princesse !
Hélas ! — En sa faveur d'où naît cette *tristesse*? (II, 390, *Bér.* 336.)
Que présage à mes yeux cette *tristesse* obscure? (II, 273, *Brit.* 379.)

TROMPER, SE TROMPER :
De ces cruels amis *trompez* tous les obstacles. (I, 483, *Théb.* 1497.)
*Tromper le sort. (VI, 245, *Livres ann.*)
....Sa valeur *trompée*
Des maux que j'ai prévus se voit enveloppée. (I, 558, *Alex.* 737.)
.... Vous-mêmes, *trompés* d'un vain espoir de gloire,
N'allez point dans ses bras irriter la Victoire. (I, 544, *Alex.* 461.)
Vous me *trompiez*, Seigneur. — Je *me trompois* moi-même.
(II, 42, *Andr.* 37.)
Je *me trompe*, ou vos vœux par Esther secondés
Obtiendront plus encor que vous ne demandez. (III, 520, *Esth.* 918.)

TROMPETTE, masculin :
Il leur envoie un *trompette*. (V, 294, *Camp. de Louis XIV*; voyez V, 325, *Siège de Nam.*)

TROMPEUR, EUSE, adjectivement :
Les plus belles olives du monde, mais bien *trompeuses* pourtant. (VI, 414, *Lettres.*)
.... Lassé de ses *trompeurs* attraits...,
Au lieu de l'enlever, fuyez-la pour jamais. (II, 78, *Andr.* 751.)

TRÔNE, au propre et au figuré :
Dans le temple déjà le *trône* est élevé. (II, 101, *Andr.* 1215.)
**Mon père, qui est auprès d'elle dans son *trône*. (VI, 119, *R. sur l'Od.*)
... Sur le *trône* assis.... (III, 48, *Mithr.* 568 ; voyez I, 446, *Théb.* 893.)
Jamais dessus le *trône* on ne vit plus d'un maître. (I, 464, *Théb.* 1171.)
.... Régnez, et montez sur le *trône*. (I, 478, *Théb.* 1405.)
Vous montâtes au trône; il n'en fut point jaloux. (I, 404, *Théb.* 89.)
Voyez I, 419, *Théb.* 377; I, 483, *Théb.* 1510.
Que le peuple à son gré nous craigne ou nous chérisse,
Le sang nous met au *trône*, et non pas son caprice. (I, 425, *Théb.* 480.)
Voyez I, 445, *Théb.* 852 et 854; I, 449, *Théb.* 925 var.; I, 462, *Théb.* 1152; I, 550, *Alex.* 588; I, 479, *Théb.* 1424.
Je veux m'ouvrir le *trône*, ou jamais n'y paroître. (I, 461, *Théb.* 1127.)
..... (Le Ciel) m'ouvre en même temps et leur *trône* et son cœur.
(I, 479, *Théb.* 1432 ; voyez I, 467, *Théb.* var.)
Le *trône*, sans l'amour, me seroit donc fermé? (I, 461, *Théb.* 1125.)

Il faut sortir du *trône*.... (I, 406, *Théb.* 124; voyez I, 454 *Théb.* 1013.)
Tant que j'en suis dehors (*du trône*), je ne suis plus à moi. (I, 456, *Théb.* var.)
.... Descendre du *trône*, et courir à la mort. (I, 439, *Théb.* 742.)
D'un *trône* qui m'est dû faut-il que l'on me chasse ? (I. 460, *Théb.* 1115.)
Ce *trône* fut toujours un dangereux abime. (I, 462, *Théb.* 1155.)
(Ce monarque) A son *trône*, à son lit daigna l'associer. (II, 501, *Baj.* 468.)
  * Promesse de l'éternité du *trône* en faveur de Salomon. (V, 207, *N. relig.*)
    Au *trône* de la vengeance
    Appelés en jugement.... (IV, 155, *Poés. div.* 46.)

TROP, emplois et tours divers :

C'est *trop* gémir tout seul ; je suis las qu'on me plaigne. (II, 78, *Andr.* 761.)
.... Je t'arrête *trop* : retire-toi, Narcisse. (II, 278, *Brit.* 511.)
Je le connoissois *trop* pour m'assurer sur lui. (I 552, *Alex.* 628.)
Les Dieux savent *trop* bien connoître l'innocence. (I, 421, *Théb.* 403.)
    Cinq mille hommes.... qui furent *trop* heureux de se rendre à discrétion. (V, 277, *Camp. de Louis XIV.*)
Ménecée..., digne frère d'Hémon,
Et *trop* indigne aussi d'être fils de Créon. (I, 435, *Théb.* 634.)
Rendons-lui les honneurs qu'il a *trop* mérités. (III, 397, *Phèd.* 1651.)
.... *Trop* sûre à la fin qu'il est devant ses yeux. (III, 394, *Phèd.* 1583.)
Je n'en vivrois, Monsieur, que *trop* honnêtement. (II, 162, *Plaid.* 249.)
C'est déjà *trop* pour moi que de vous écouter. (III, 231, *Iph.* 1592.)
Ah ! c'en est *trop* enfin : tu seras satisfait. (II, 505, *Baj.* 567.)
Ah ! Madame, pour moi j'ai vécu *trop* d'un jour. (II, 337, *Brit.* 1702.)
J'abuse, cher ami, de ton *trop* d'amitié. (II, 80, *Andr.* 795.)
    Voyez I, 469, *Théb.* 1246; I, 533, *Alex.* 199; I, 580, *Alex.* 1250; II, 51, *Andr.* 221; II, 60, *Andr.* 402; II, 107, *Andr.* 1341; II, 256, *Brit.* 24; II, 262, *Brit.* 141; II, 300, *Brit.* 949; II, 331, *Brit.* 1586; II, 384, *Bér.* 227; II, 395, *Bér.* 482; III, 397, *Phèd.* 1647.

TROUBLE, adjectif :

  * Pêcher en eau *trouble*. (V, 87, *Notes hist.*)

TROUBLE, substantif :

Cette prophétie sert beaucoup à augmenter le *trouble* dans la pièce. (III, 603, *Ath.* préf.)
Puis-je savoir quel *trouble* a formé ce nuage ? (II, 330, *Brit.* 1575.)
Madame, finissons et mon *trouble* et le vôtre. (II, 524, *Baj.* 1005.)
De ce *trouble* fatal par où dois-je sortir ? (III, 85, *Mithr.* 1421.)
    Voyez II, 71, *Andr.* 637; II, 302, *Brit.* 997; III, 663, *Ath.* 1050.

TROUBLER, au figuré, emplois divers :

.... Que surtout Aman n'ose point me *troubler*. (III, 528, *Esth.* 1043.)
.... De quel soin, Seigneur, vous allez-vous *troubler* ? (II, 416, *Bér.* 941.)
J'oublie en sa faveur un discours qui m'outrage ;
Je n'en ai point *troublé* le cours injurieux. (II, 386, *Bér.* 265.)
Quand l'Océan *troublé* vous verra sur son onde
Achever quelque jour la conquête du monde. (I, 564, *Alex.* 917.)
.... L'amour dans leurs cœurs, interrompu, *troublé*. (I, 541, *Alex.* 367.)
Vous pensez que des yeux toujours ouverts aux larmes
Se plaisent à *troubler* le pouvoir de vos charmes. (II, 62, *Andr.* 450.)
.... Je viens secourir leur mémoire *troublée*. (II, 202, *Plaid.* 667.)
    Voyez I, 550, *Alex.* 598; I, 579, *Alex.* 1222; II, 44, *Andr.* 56 et 60; II, 45, *Andr.* 96; II, 376, *Bér.* 61.

.... De ses vœux *troublés* lui rapportant l'hommage. (II, 46, *Andr.* 117.)

TROUPE :
Dois-je prendre pour juge une *troupe* insolente ? (I, 424, *Théb.* 459.)
C'est là que notre troupe affligée, inquiète,...
Imite le grand Paul.... (IV, 116, *Poes. div.* 9.)
 *L'amitié va de compagnie, et non par *troupe*. (VI, 308, *Livres ann.*)

TROUPEAU :
Misérable *troupeau* qu'a dispersé la crainte. (III, 666, *Ath.* 1103.)
L'ennemi nous regarde, en son aveugle rage,
Comme de vils *troupeaux* réservés au carnage. (III, 685, *Ath.* 1454.)

TROUVER ; TROUVER QUE ; SE TROUVER :
Elle *a trouvé* Pyrrhus porté sur des soldats. (II, 122, *Andr.* 1607.)
Ainsi la Grèce en vous *trouve* un enfant rebelle ? (II, 52, *Andr.* 237.)
Devant ses yeux cruels une autre *a trouvé* grâce.
           (III, 374, *Phèd.* 1210 ; voyez II, 507, *Baj.* 604.)
Elle se résolut d'aller *trouver* sa chère communauté. (IV, 396, *P. R.*)
(Assez d'autres) *Trouveront* d'Ilion la fatale journée. (III, 221, *Iph.* 1406.)
J'*ai trouvé que* cet extrait tiendroit presque autant de place que la tragédie. (II, 250, *Brit.* 2ᵉ préf.)
      .... Depuis le jour infâme
Où de mon propre fils je *me trouvai* la femme. (I, 432, *Théb.* 600.)
Les lapins.... *se sont trouvés* excellents. (VI, 541, *Lettres.*)
La chose *se trouve* vraie. (V, 291, *Camp. de Louis XIV.*)
Encore *s'est-il trouvé* des gens qui se sont plaints. (II, 35, *Andr.* 1ʳᵉ préf.)
   Racine a souligné *se trouva* dans ce passage de Vaugelas : « L'argent monnoyé *se trouva* monter à, etc. » (VI, 356).

TREUVER :
Voyez I, 450, *Théb.* 951 var. ; I, 477, *Théb.* 1400 var. ; VI, 45 et 53, *Rem. sur Pind.*; VI, 58, 71, 75, 81, 90, 97, 98, 100, 108, 111, 118, 119(l. 1, 4 et 12), 132, 155, 158, 161 et 163, *Rem. sur l'Odyss.*; VI, 401 et 410, *Lettres* de 1661 ; VII, 173, *Lettre* de 1697.
   On voit que de toutes les pièces de Racine, il n'y a que *la Thébaïde* où nous trouvions ce verbe écrit avec la diphthongue *eu*, et encore n'est-ce que dans la première édition (1664). Dans les *Remarques sur Pindare* et sur *l'Odyssée*, il se rencontre concurremment écrit avec *eu* ou avec *ou* : à la page 121, par exemple, on lit à la ligne 11 *treuverez;* à la ligne 18, *trouverez*. Nous n'avons pas besoin de dire que dans les *Lettres* l'orthographe de plus en plus ordinaire est *ou*: on s'étonne de voir encore une fois, par exception, paraître *eu* dans une lettre de 1697.
   Les passages auxquels nous renvoyons pour le radical *treuv* offrent, pour tous les modes, sauf, par hasard, l'impératif, des exemples de tous les temps simples : infinitif, participe présent et passé, présent indicatif et subjonctif, imparfait des deux modes également, passé défini, futur, conditionnel.

TU, TOI, TE, VOUS :
Je devrois sur l'autel, où ta main sacrifie,
Te.... Mais du prix qu'on m'offre il faut me contenter.
                                 (III, 698, *Ath.* 1713.)
 * Un valet de chambre qui tenoit la bougie lui laissa tomber sur le pied (*au Roi*) de la cire toute brûlante ; le Roi répondit froidement : « *Tu* aurois aussi bien fait de la laisser tomber à terre. » (V, 125, *Notes hist.*)
Oui, mon fils, c'est *vous* seul sur qui je me repose. (III, 50, *Mithr.* 615.)
Vous, que l'on cherche Aman..... (III, 508, *Esth.* 701.)
Je ne *vous* connois plus : *vous* n'êtes plus *vous*-même. (II, 76, *Andr.* 710.)
   Dans ses *Lettres*, Racine dit constamment *vous* à sa femme, à son fils, à sa sœur, à tous ses amis. Dans la tragédie, le *tu*, on le sait, ne vient que dans la colère, dans la passion violente. Ainsi Mithridate, après avoir dit à son fils Pharnace :

Je *vous* ai commandé de partir tout à l'heure (III, 65, *Mithr.* 964),
éclate cinq vers plus loin et lui crie :
.... Ah ! c'est où je *t*'attends. (III, 65, *Mithr.* 969.)
De même Thésée, après avoir dit à Hippolyte :
Vous, mon fils, me quitter.... (III, 358, *Phèd.* 927) ?
?interpelle ainsi avec fureur, dans une scène suivante :
Perfide, oses-*tu* bien *te* montrer devant moi ? (III, 364, *Phèd.* 1044.)
Même changement dans les interpellations d'Hermione à Oreste :
.... Tais-*toi*, perfide,
Et n'impute qu'à *toi* ton lâche parricide (II, 118, *Andr.* 1533 et 1036);
on en peut rapprocher celle de Joad à Mathan :
.... Sors donc de devant moi....
Dieu s'apprête à *te* joindre à la race parjure. (III, 662, *Ath.* 1036) ;
et, dans un tout autre ton, celle de la Comtesse à Chicanneau :
.... Que *t*'importe cela ?
Qu'est-ce qui *t*'en revient, faussaire abominable ? (II, 168, *Pl.* 294 et 295.,
Dans le langage bourgeois de la comédie, Dandin tutoie Isabelle :
Dis-nous : à qui veux-*tu* faire perdre la cause ?
.... Pour *toi* je ferai toute chose. (II, 217, *Plaid.* 845 et 846.)
En s'adressant soit à un dieu, soit à Dieu (dans la tragédie ou dans les hymnes)
c'est aussi le *tu* que Racine emploie :
Et *toi*, Neptune, et *toi*, si jadis mon courage, etc. (III, 365, *Phèd.* 1065.)
Grand Dieu, si *tu* prévois, etc. (III, 622, *Ath.* 283.)
Gloire à *toi*, Trinité profonde ! (IV, 121, *Poés. div.* 17.)
Cependant, dans son langage d'enfant, moins solennel, Joas dit :
Mon Dieu, punissez-moi si je *vous* abandonne. (III, 682, *Ath.* 1410.)
Pour la construction de *te*, *vous*, voyez l'*Introduction grammaticale*, à l'article
Pronoms. *Construction.*

TUER, au figuré ; se tuer, au propre :
Pourquoi nourrissez-vous le venin qui vous *tue* ? (II, 261, *Brit.* 116.)
.... Votre âme prévenue
Répand sur mes discours le venin qui la *tue*. (II, 68, *Andr.* 578.)
Un des fils de Soliman, qui *se tua* lui-même. (II, 478, *Baj.* 2ᵉ préf.)
Il est vrai que je n'ai point poussé Bérénice jusqu'à *se tuer* comme Didon. (II, 365, *Bér.* préf.)
Montrez en *vous tuant* comme vous êtes frères. (I, 465, *Théb.* 1184.)

TUMULTUAIREMENT :
* Ceux qui volent font les choses plus *tumultuairement*. (V, 204, *N. relig.*)

TUMULTUEUX :
Ces flots *tumultueux* (de peuple) s'ouvriront.... (III, 228, *Iph.* 1520.)
De soins *tumultueux* un prince environné.... (III, 499, *Esth.* 543.)

TURBAN :
*Le Roi disoit que si le Cardinal se fût fait Turc, des Noyers auroit aussitôt pris le *turban*. (VI, 343, *Livres ann.*)

TURC, dans une locution proverbiale :
Je serois traité de *Turc* à More par les réformés. (VI, 475, *Lettres.*)

TURPITUDE :
Ces malhonnêtes plaisanteries qui font retomber le théâtre dans la *turpitude* d'où quelques auteurs plus modestes l'avoient tiré. (II, 143, *Plaid.* au lect.)

TUTELLE :
Vous verrons-nous toujours trembler sous sa *tutelle?* (II, 278, *Brit.* 491.)
Il vouloit, disoit-il, sortir de leur *tutelle.* (II, 483, *Baj.* 42.)

TYPE :
Je voudrois simplement mettre pour *type* (*dans la médaille*) la croix même de Saint-Louis, et à la légende : *Ordo militaris,* etc. (VII, 77, *Lettres;* voyez VII, 37, *Lettres.*)

TYRAN, au propre et au figuré :
La haine des sujets ne fait pas les *tyrans.* (I, 425, *Théb.* 486.)
.... Son orgueil le rend, par un effet contraire,
Esclave de son peuple, et *tyran* de son frère. (I, 425, *Théb.* 492.)
.... Vos yeux, ces aimables *tyrans.*
    (I, 564, *Alex.* 895 ; voyez I, 528, *Alex.* 72.)

TYRANNIE :
Toujours la *tyrannie* a d'heureuses prémices. (II, 257, *Brit.* 39.)

TYRANNIQUE :
*Ne se rendre trop populaire ni trop *tyrannique.* (VI, 292, *Livres ann.*)
    .... Un *tyrannique* époux. (III, 78, *Mithr.* 1258.)

TYRANNISER :
    .... Ce triste cœur, qu'on veut *tyranniser.* (III, 29, *Mithr.* 161.)
Faut-il que désormais, renonçant à vous plaire,
Je ne prétende plus qu'à vous *tyranniser?* (III, 47, *Mithr.* 557.)
Axiane et Porus *tyrannisent* son âme. (I, 543, *Alex.* 426.)

U

ULTRAMONTAIN :
Tout ce qu'on appelle en France les opinions des *ultramontains.* (IV, 534, *P. R.*)

UN, article; **UN,** adjectivement et substantivement; **UN À UN;** (**L')UN ET (L')AUTRE ; L'UN NI L'AUTRE :**
Il a tort.... de me nommer *un* traître. (I, 407, *Théb.* 160.)
* Ulysse vient faire l'action d'*un* honnête homme. (VI, 245, *Liv. ann.*)
* Avec *un* bon nombre de régiments. (V, 100, *Notes hist.*)
* La terre qui retomba en *un* nuage de poussière. (V, 114, *Notes hist.*)
Mais vous ne dites point ce que vous mande *un* père. (II, 61, *Andr.* 405.)
Quittez, mon fils, quittez cette haine farouche ;
Soulagez *une* mère.... (I, 441, *Théb.* 781.)
* (*Il*) loue principalement Ulysse d'avoir combattu comme *un* Mars. (VI, 140, *Rem. sur l'Odyss.*)
Plus de soixante mille hommes, partis de différents endroits, étoient arrivés à *une* même heure devant cette grande ville. (V, 291, *Camp. de Louis XIV.*)
Il faut bien *une* fois justifier sa haine. (II, 74, *Andr.* 694.)
(Lequel) Auroit atteint, frappé, moi sergent, à la joue,
Et fait tomber d'*un* coup mon chapeau dans la boue. (II, 179, *Plaid.* 420.)
Les Dieux depuis *un* temps me sont cruels et sourds. (III, 179, *Iph.* 572.)
.... Pour ce reste (*du sang d'Hector*).... j'ai moi-même en *un* jour
Sacrifié mon sang, ma haine et mon amour. (II, 97, *Andr.* 1123.)
Un chacun bâille, et s'endort, ou s'en va. (IV, 241, *Poés. div.* 14, 2ᵈ app.)

* *Un* qui n'avoit jamais sorti de Corinthe commençoit ainsi son histoire. (V, 496, *Trad.*)

Que ce que vous ferez, dit Horace, soit toujours simple et ne soit qu'*un*. (II, 366, *Bér.* préf.)

C'est tout *un*, puisque la chose est faite, aux signatures près. (VI, 465, *Lettres*.)

Si j'en connois pas *un*, je veux être étranglé.
(II, 182, *Plaid.* 458; voyez P*as*.)

Ils montent *un* à *un*. (V, 276, *Camp. de Louis XIV*.)

L'un et l'autre à la Reine ont-ils osé prétendre ? (III, 44, *Mithr.* 476.)

.... *L'un et l'autre* camp les voyant retirés,
Ont quitté le combat et se sont séparés. (I, 436, *Théb.* 657.)

Voyez II, 262, *Brit.* 136; II, 488, *Baj.* 176. — Dans ces deux exemples auxquels nous renvoyons, le verbe est aussi au pluriel.

.... L'on s'est peu battu d'*un* et d'*autre* côté. (I, 401, *Théb.* 50 var.)

L'un ni l'autre jamais n'ose lever les yeux. (III, 354, *Phèd.* 868.)

L'un ni l'autre ne veut s'embrasser le premier. (I, 452, *Théb.* 990.)

UNIFORME :
Combien de rois.... nous a-t-il représentés,... toujours *uniformes* avec eux-mêmes ! (IV, 359, *Disc. acad.*)

UNION :
Commencez donc, mes fils, cette *union* si chère. (I, 452, *Théb.* 979.)

UNIQUE :
.... L'*unique* flambeau (*le soleil*). (IV, 42, *Poés. div.* 75.)

UNIR ; s'unir; unir à, avec; unir ensemble :
.... D'un même poignard les *unissant* tous deux. (II, 536, *Baj.* 1247.)

Par un double divorce ils *s'unirent* tous deux. (II, 277, *Brit.* 477.)

Joignez, *unissez* tous vos douleurs à la mienne. (I, 466, *Théb.* 1196.)

Vous deviez à mon sort *unir* tous ses moments. (III, 218, *Iph.* 1355.)

Prêt d'*unir avec* moi sa haine et sa famille. (III, 61, *Mithr.* 851.)

Unir ensemble toutes leurs forces. (V, 330, *Siége de Nam.*)

UNIVERS :
Avec tout l'*univers* j'honorois vos vertus. (II, 386, *Brit.* 269.)

UNIVERSEL, elle :
Aspirer à la monarchie *universelle*. (V, 255, *Camp. de Louis XIV*.)

Exposer à vos yeux l'idée *universelle*
De ma cause, et des faits renfermés en icelle. (II, 213, *Plaid.* 795.)

UNIVERSELLEMENT :
Je baise très-humblement les mains à Mlle Vitart, à vos deux mignonnes, et *universellement* à toute la famille. (VI, 482, *Lettres*.)

URBANITÉ :
* Apprendre l'*urbanité*. C'est le sel. (VI, 333, *Livres ann.*)

URGENT :
Racine a souligné *urgente* dans ce passage de Vaugelas : « Une *urgente* nécessité » (VI, 357).

USAGE :
* Les protestants.... défendirent absolument l'*usage* de la religion catholique. (V, 128, *Notes hist.*)

Ses yeux sont déjà faits à l'*usage* des larmes. (II, 275, *Brit.* 432.)

Vous avez vu cent fois nos soldats en courroux
Porter en murmurant leurs aigles devant vous,
Honteux de rabaisser par cet indigne *usage*
Les héros dont encore elles portent l'image. (II, 315, *Brit.* 1247.)
Je voulus les sonder pour voir si je les pourrois mettre à quelque *usage*. (IV, 481, *P. R.*)

USER DE; EN USER :

* Les prospérités sont cause des adversités à ceux qui n'*en* savent pas *user*. (VI, 308, *Livres ann.*)
Madame, il étoit temps que j'*en usasse* ainsi. (I, 402, *Théb.* 57.)
C'est ainsi que Sophocle *en use* presque partout. (II, 246, *Brit.* 1re préf.)

USURE, au figuré :

* Ces sortes de manquements de parole que les rois font à des particuliers leur sont quelquefois rendus avec de grosses *usures*. (V, 149, *Notes hist.*)
Babylone paya nos pleurs avec *usure*. (III, 529, *Esth.* 1069.)
* Il avoit promis à Agésidamus de faire une ode pour lui, et l'avoit oublié. Il lui en veut payer l'*usure*. (VI, 43, *Rem. sur Pind.*)

USURPATEUR :

.... De mon rang l'injuste *usurpateur*. (I, 427, *Théb.* 521.)

UTILITÉ :

* Se sacrifier à l'*utilité* de son pays. (VI, 311, *Livres ann.*)

V

VACARME, au pluriel :

.... Quels *vacarmes!* (II, 215, *Plaid.* 825.)

VACATION, terme de pratique :

Et mes *vacations*, qui les paira? Personne? (II, 196, *Plaid.* 616.)

VACHE :

* Ces mots de veaux et de *vaches* ne sont point choquants dans le grec, comme ils le sont en notre langue, qui ne veut presque rien souffrir, et qui ne souffriroit pas qu'on fît des éclogues de vachers, comme Théocrite. (VI, 163, *Rem. sur l'Odyss.*)

VACHER : voyez VACHE.

VAGABOND :

.... L'Arabe *vagabond*. (III, 632, *Ath.* 474.)

VAIN, VAINE; EN VAIN :

.... La paix rend votre attente *vaine*. (I, 411, *Théb.* 224.)
Cette *vaine* frayeur sera bientôt calmée. (I, 408, *Théb.* 171.)
En vain à mon secours votre amitié s'empresse. (I, 474, *Théb.* 1342.)

VAINCRE :

Le vainqueur de Créon peut bien *vaincre* mes fils. (I, 441, *Théb.* 778.)
Rien ne vous a pu *vaincre*, et votre dureté
Auroit dû dans son cours arrêter ma bonté. (II, 316, *Brit.* 1273.)
Ravis d'*être vaincus* dans leur propre science. (II, 313, *Brit.* 1203.)
On répond de son cœur; et je *vaincrai* le mien. (II, 323, *Brit.* 1409.)
Claude vous adopta, *vaincu* par ses discours. (II, 311, *Brit.* 1146.)

La fille de Pallante a *vaincu* votre fils. (III, 368, *Phèd.* 1124.)
.... *Vaincu* du pouvoir de vos charmes. (I, 542, *Alex.* 409.)
Quoi ? déjà votre amour, des obstacles *vaincu*.... (II, 541, *Baj.* 1343.)
J'ai *vaincu* ses mépris.... (II, 316, *Brit.* 1280.)
Je voudrois *vaincre* enfin mon incrédulité. (II, 300, *Brit.* 941.)
.... Qui l'auroit pensé....
Que l'on pût sitôt *vaincre* un poison si charmant ? (II, 71, *Andr.* var.)

VAINQUEUR :
Qui peut de son *vainqueur* mieux parler que l'ingrate ?
(III, 68, *Mithr.* 1028.)
Porus bornoit ses vœux à conquérir un cœur
Qui peut-être aujourd'hui l'eût nommé son *vainqueur*.
(I, 573, *Alex.* 1088.)
.... N'attends pas qu'un cœur comme le mien
Reconnoisse un *vainqueur*.... (I, 592, *Alex.* 1492.)
.... Son chaste amour, *vainqueur* de vos mépris. (II, 292, *Brit.* 786.)
Aurois-je pour *vainqueur* dû choisir Aricie? (III, 310, *Phèd.* 102.)
Bérénice me plut : que ne fait point un cœur
Pour plaire à ce qu'il aime, et gagner son *vainqueur?* (II, 396, *Bér.* 510.)

VAISSEAU, vase :
* Un *vaisseau* de vin noir.... Douze *vaisseaux* d'un vin doux et sans mélange. (VI, 146, *Rem. sur l'Odyss.*)
* Sa puissance (*la puissance du Roi*) en cela est semblable à celle de Dieu, qui a.... les hommes entre ses mains, comme l'argile est entre celles du potier. Il a le pouvoir de faire des *vaisseaux* d'un honneur éclatant, et d'autres d'un usage commun. (V, 390, *Factums.*)

VAISSELLE, au pluriel :
* L'autre dresse des tables d'argent, et les couvre de *vaisselles* d'or. (VI, 162, *Rem. sur l'Odyss.*)
Il (*M. le Maistre*) a été deux ans entiers à bêcher le jardin, à faucher les prés, à laver les *vaisselles*. (IV, 287, *Imag.*)

VALET, dans un passage traduit du *Livre de Job* :
* Je prie mon *valet*. (VI, 184, *Livres ann.*)

VALEUR :
Après tout ce qu'a fait la *valeur* de son bras. (I, 413, *Théb.* 257.)

VALOIR ; VALOIR QUE :
Bérénice, Seigneur, ne *vaut* point tant d'alarmes. (II, 443, *Bér.* 1484.)
.... Enfin, *vaille que vaille*,
J'aurois sur le marché fort bien fourni la paille (II, 146, *Plaid.* 19.)
Cela ne *valoit* pas la peine de la faire revenir. (II, 245, *Brit.* 1re préf.)
L'innocence *vaut* bien *que* l'on parle pour elle. (I, 413, *Théb.* 272.)
.... Grands Dieux, une telle victime
Vaut bien *que* confirmant vos rigoureuses lois,
Vous me la demandiez une seconde fois. (III, 224, *Iph.* 1467.)

VANITÉ :
Oui, ma juste fureur, et j'en fais *vanité*,
A vengé mes parents sur ma postérité. (III, 646, *Ath.* 710.)
Que lui sert maintenant (*à l'Espagne*) cette adroite politique dont elle faisoit tant de *vanité* ? (IV, 364, *Disc. acad.*)

VANTER ; SE VANTER QUE :
Quelquefois il vous plaint, souvent même il vous *vante*. (III, 607, *Ath.* 44.)

.... Nos ennemis
Se vantent que Taxile est à moitié soumis. (I, 551, *Alex.* 608.)

VAPEUR, vapeurs, sens divers :
La *vapeur* des brouillards ne voile point les cieux. (VI, 436, *Lettres.*)
Il prétend que toutes ses *vapeurs* lui sont revenues plus fortes que jamais. (VII, 294, *Lettres.*)

VAQUER :
Le premier bénéfice qui viendra à *vaquer*. (VI, 418, *Lettres;* voyez VI, 475, *Lettres.*)

VARIABLE :
D'un esprit fort *variable* et fort borné. (IV, 405, *P. R.*)

VASE, au figuré :
C'est là qu'en paisibles replis,
Dans les beaux *vases* de leurs lits,
Ils (*les ruisseaux*) arrosent les herbes. (IV, 33, *Poés. div.* 16.)

VASTE :
Ils vous opposeront de *vastes* solitudes. (I, 584, *Alex.* 1330.)
.... Un *vaste* embrasement. (IV, 140, *Poés. div.* 40.)
.... Cachée en un coin de ce *vaste* édifice. (III, 688, *Ath.* 1520.)
Voyez le *Lexique de Corneille.*

VAU-DE-ROUTE (À) :
Les ennemis.... s'en sont fuis *à vau-de-route*. (VII, 60, *Lettres.*)

VAUTRER (Se) :
Au travers d'un mien pré certain ânon passa,
S'y *vautra*, non sans faire un notable dommage. (II, 160, *Plaid.* 203.)

VAYVODE :
*La principauté de Transylvanie,... qui étoit gouvernée par un *vayvode* qu'y mettoient les rois de Hongrie. (V, 130, *Notes hist.*)

VEAU :
*Il décrit la joie qu'ils eurent pour lors, et la compare à la joie que de jeunes *veaux* ont de revoir leurs mères.... Cette comparaison est fort délicatement exprimée, car ces mots de *veaux* et de vaches ne sont point choquants dans le grec. (VI, 163, *Rem. sur l'Odyss.*)

VÉHÉMENCE :
Quelle noblesse, quelle économie dans les sujets (*des tragédies de Corneille*)! Quelle *véhémence* dans les passions! (IV, 359, *Disc. acad.*)

VEILLE, au pluriel :
....Je donne aux *veilles*, aux alarmes
Des jours toujours à plaindre et toujours enviés. (II, 282, *Brit.* 592.)
Vos sujets devront consacrer toutes leurs *veilles* au récit de tant de grandes actions. (I, 515, *Alex.* épître.)

VEILLER, au propre et au figuré ; veiller à, pour :
Veillé-je? Puis-je croire un semblable dessein? (III, 335, *Phèd.* 511.)
La mère de César *veille* seule à sa porte? (II, 254, *Brit.* 4.)
Veille auprès de Pyrrhus; fais-lui garder sa foi. (II, 96, *Andr.* 1107.)
Depuis six mois entiers j'ai cru que nuit et jour
Ardente elle *veilloit au* soin de mon amour;
Et c'est moi qui du sien ministre trop fidèle,
Semble depuis six mois ne *veiller que pour* elle. (II, 535, *Baj.* 1212 et 1214.)

VENDANGÉ :

*Une vigne, qu'il trouve déjà *vendangée* V, 214, *Notes relig.*)

VENDRE, au propre et au figuré ; VENDRE CHER, CHÈREMENT :

J'y *vendrai* ma chemise ; et je veux rien ou tout. (II, 163, *Plaid.* 258.)
.... Narcisse, on me *vend* tous les jours. (II, 270, *Brit.* 333.)
Il te tarde déjà qu'échappé de mes mains,
Tu ne coures me perdre, et me *vendre* aux Romains. (III, 66, *Mithr.* 986.)
.... *Vendez* aux Romains le sang de votre père (III, 71, *Mithr.* 1088.)
Cette foule de chefs, d'esclaves, de muets,
.... Dont à ma faveur les âmes asservies
M'*ont vendu* dès longtemps leur silence et leurs vies. (II, 500, *Baj.* 438.)
S'ils se taisent, Madame, et me *vendent* leurs lois,
A quoi m'exposez-vous?... (II, 425, *Bér.* 1142.)
.... Un reste des siens....
A nous *vendre* leur mort semblent se préparer. (I, 567, *Alex.* 951.)
Mais, hélas ! combien *cher* me *vend*-il cette joie ! (I, 437, *Théb.* 684.)
Qu'ils m'*ont vendu* bien *cher* les pleurs qu'ils ont versés ! (II. 56, *Andr.* 316.)
.... Je lui *vendrai cher* le plaisir de la voir. (II, 279, *Brit.* 522.)
Vous m'avez *vendu cher* vos secours inhumains. (II, 545, *Baj.* 1443.)
Je les ai trouvés à la porte du temple, qui *vendoient chèrement* leur vie.
(IV, 12, *Plan d'Iph. en Taur.*)

VÉNÉRATION :

Homère et Virgile nous sont encore en *vénération*, comme ils l'ont été dans Athènes et dans Rome. (IV, 280, *Imag.*)

VENGEANCE, VENGEANCES :

Prêt à faire sur vous éclater la *vengeance*
D'un geste confident de notre intelligence. (II, 302, *Brit.* 991.)
La *vengeance* d'Hélène emporta mon courage. (II, 107, *Andr.* 1342.)
.... Sur son temple achevant ma *vengeance*. (III, 659, *Ath.* 959.)
Le Ciel doit-il sur vous en prendre la *vengeance*? (I, 422, *Théb.* 420.)
(Son frère) N'a semblé respirer que guerre et que *vengeance*.
(III, 45, *Mithr.* 500.)
N'épuiseront-ils point les *vengeances* célestes? (I, 432, *Théb.* 592.)

VENGER :

Pallas n'emporte pas tout l'appui d'Agrippine :
Le Ciel m'en laisse assez pour *venger* ma ruine. (II, 295, *Brit.* 836.)
Peuvent-ils de leur roi *venger* seuls la querelle?
(III, 619, *Ath.* 215 ; voyez III, 24, *Mithr.* 12.)
Que d'encens brûleroit....
Si.... *vengeant* ma prison,
Je pouvois contre Achille armer Agamemnon ! (III, 208, *Iph.* 1135.)
(Le Ciel) Voulut de nos parents *venger* ainsi l'inceste.
(I, 449, *Théb.* 928 var.)

VENGEUR :

Voilà donc quels *vengeurs* s'arment pour ta querelle ! (III, 667, *Ath.* 1119.)

VENIN, au figuré :

Pourquoi nourrissez-vous le *venin* qui vous tue?
(II, 261, *Brit.* 116 ; voyez II, 68, *Andr.* 578.)
Cachant, sous l'apparence d'une soumission en paroles, tout le *venin* de l'hérésie. (IV, 543, *P. R.*)
Les uns croyoient voir dans cette doctrine tout le *venin* des cinq Propositions. (IV, 494, *P. R.*)

VENIR, emplois et tours divers :
L'argent ne nous *vient* pas si vite que l'on pense. (II, 152, *Plaid.* 87.)
Je prévois que tes coups *viendront* jusqu'à ta mère. (II, 336, *Brit.* 1676.)
Mon mal *vient* de plus loin.... (III, 323, *Phèd.* 269.)
Madame, ce combat n'*est* point *venu* de moi. (I, 438, *Théb.* 702.)
* La ville d'Oponte, qui *venoit* d'une fille de Jupiter. (VI, 40, *Rem. sur Pind.*)
* Des petites fautes on *vient* aux grandes. (VI, 296, *Livres ann.*)
Je prends donc la parole, et je *viens* à ma cause. (II, 208, *Plaid.* 744.)
* Il fait *venir* là l'histoire des filles de Cadmus. (VI, 17, *Rem. sur Pind.*)
.... Que le bruit à Rome en *vienne* jusqu'à moi. (III, 61, *Mithr.* 862.)
Du moins son changement ne *vient* pas jusqu'à nous. (II, 259, *Brit.* 77.)
Racine a souligné *venu à ce point* dans ce passage de Vaugelas : « Ce malheureux prince en étoit *venu à ce point* que, etc. » (VI, 356).

Vous trouverez cent rois compagnons de vos fers,
Porus y *viendra* même avec tout l'univers. (I, 529, *Alex.* 112.)
.... Vous ne savez pas, Madame, où je *viendrai*. (II, 166, *Plaid.* 273.)
* Pour *venir* à Ulysse. (VI, 90, *Rem. sur l'Odyss.*)
* Cela *vient* bien à de certaines gens qui veulent débaucher des femmes (VI, 90, *Rem. sur l'Odyss.*)
* Quand ils *viennent* dans les grandes affaires, ils sont neufs comme un valet que son maitre a fait son héritier. (VI, 321, *Livres ann.*)
.... Pour qui *venez-vous* ? — Pour une brave dame. (II, 176, *Plaid.* 383.)
Outre plus, le susdit *seroit venu*, de rage,
Pour lacérer ledit présent procès-verbal. (II, 179, *Plaid.* 424.)
Je n'ai donc traversé tant de mers, tant d'États,
Que pour *venir* si loin préparer son trépas? (II, 112, *Andr.* 1428.)
Qu'on ne nous *vienne* plus vanter un bien si doux. (I, 450, *Théb.* 957.)
Quand ce *vint* au fait et au prendre. (VII, 262, *Lettres;* voyez 6, 278, *ibid.*)
* S'il *venoit* faute du Roi (*si le Roi venoit à manquer*). (VI, 348, *L. ann.*)
Est-ce tout ? Il *viendra* me demander peut-être
Un grand homme sec, là, qui me sert de témoin. (II, 157, *Plaid* 172.)
Orcan lui-même, Orcan *vient* de l'assassiner. (II, 557, *Baj.* 1668.)
Que vois-je? Est-ce Hermione? Et que *viens*-je d'entendre?
(II, 120, *Andr.* 1565.)
* Celles (*les fleurs*) qui *viennent* dessus les arbres. (VI, 20, *Rem. sur Pind.*)
L'éternel entretien des siècles à *venir*. (III, 171, *Iph.* 388.)
Cela *viendra* dans son temps. (VI, 477, *Lettres.*)
L'année qui *vient*. (VII, 262, *Lettres.*)
La semaine qui *vient*. (VII, 176, *Lettres;* voyez VII, 236, *Lettres.*)
Mardi qui *vient*. (VII, 292, *Lettres.*)
Il résolut.... d'en *venir* à tout ce que l'autorité peut avoir de plus terrible. (IV, 549, *P. R.*)
(Elle) en *vint* jusqu'à se rendre leur dénonciatrice. (IV, 585, *P. R.*)
* Elle s'en *vient* à Ithaque. (VI, 58, *Rem. sur Pind.*)
Venir à bon port; *venir* à bout de ; *venir* bien ; *venir* en pensée; *veni* à la rencontre : voyez PORT, BOUT, BIEN, PENSER, RENCONTRE

BIEN VENU :
* Voyant ses amis bien riches et *bien venus* dans la cour. (VI, 307 *Livres ann.*)

VENT, au propre et au figuré :
(Dieu,) Qui voles sur l'aile des *vents*. (III, 487, *Esth.* 355.)

Serclaës, qui en eut le *vent* (*de cette manœuvre du Roi*), retourna fort vite, etc. (V, 337, *Siége de Nam.*)

La chose ne se put faire si secrètement qu'il n'en vint quelque *vent* aux oreilles des jésuites. (IV, 453, *P. R.*)

VENTRE :

* *Ventre* affamé. (VI, 125, *Rem. sur l'Odyss.*)

Gens qui ont le *ventre* plein. (VI, 589, *Lettres.*)

VENUE :

.... J'attends sa *venue*. (I, 449, *Théb.* 931; voy. I, 442, *Théb.* 788.)

La *venue* de ce consolateur. (III, 602, *Ath.* préf.)

VER :

* Les *vers* les mangent (*les morts*) en très-peu de temps. (VI, 189, *Livres ann.*)

* Un *ver* de terre. (VI, 189, *Livres ann.*)

.... Un fragile bois, que, malgré mon secours,
Les *vers* sur son autel consument tous les jours. (III, 657, *Ath.* 922.)

VERBALISER :

.... Or çà, *Verbalisons*. (II, 176, *Plaid.* 374.)

VERBE, au sens chrétien :

Verbe égal au Très-Haut, notre unique espérance. (IV, 112, *Poés. div.* 1.)

VERBIAGE :

Voilà bien du *verbiage*. (VII, 37, *Lettres.*)

VERDISSANT :

.... Leurs fruits blonds et *verdissants*. (IV, 42, *Poés. div.* 63.)

VÉRIFIER, justifier :

* Ulysse découvre exprès sa cicatrice, pour se faire reconnoitre et pour *vérifier* son discours. (V, 487, *Trad.*)

VÉRITABLE :

Madame, il faut vous faire un aveu *véritable*. (II, 438, *Bér.* 1363.)

* Des fables.... trompent.... plus que de *véritables* discours. (VI, 11, *Rem. sur Pind.*)

Quoique le sujet de cette tragédie ne soit encore dans aucune histoire imprimée, il est pourtant très-*véritable*. (II, 473, *Baj.* 1re préf.)

Voyez VI, 250 et 376, *Livres ann.*

* Contre ceux qui appellent les autres leurs frères, et n'aiment point leurs *véritables*. (VI, 316, *Livres ann.*)

VÉRITABLEMENT :

* Une âme ne peut être *véritablement* gaie si, etc. (VI, 309, *Livr. ann.*)

VÉRITÉ, vérités :

Mettre la *vérité* dans tout son jour. (IV, 484, *P. R.*)

Par un mensonge adroit tirons la *vérité*. (III, 68, *Mithr.* 1034.)

* La *vérité* n'est pas toujours bonne à dire. (VI, 217, *Livres ann.*)

Un soldat qui sait mal farder la *vérité*. (II, 263, *Brit.* 174.)

Une société de gens qui se disoient assez volontiers leurs *vérités*. (VII, 267, *Lettres.*)

VERS, préposition, emplois divers :

.... Courez *vers* votre armée. (I, 539, *Alex.* 318.)

N'a-t-il point détourné ses yeux *vers* le palais? (II, 113, *Andr.* 1444.)

.... Enfin cette sœur retourna *vers* son frère. (I, 538, *Alex.* 294.)
C'est toi dont l'ambassade, à tous les deux fatale,
L'a fait pour son malheur pencher *vers* ma rivale. (II, 120, *Andr.* 1558.)
Ah ! qu'un seul des soupirs que mon cœur vous envoie,
S'il s'échappoit *vers* elle, y porteroit de joie ! (II, 57, *Andr.* 354.)
Les Romains *vers* l'Euphrate ont attaqué mon père. (III, 23, *Mithr.* 3.)
.... M'acquitter *vers* vous de mes respects profonds. (II, 520, *Baj.* 899.)

VERSER :
Ne cesserons-nous point, après tant de malheurs,
Vous, de *verser* du sang, moi, de *verser* des pleurs ? (I, 426, *Théb.* 502.)
 .... Toi seule *verses* des larmes,
 Tous les autres *versent* du sang. (I, 468, *Théb.* 1211 et 1212.)
J'espérai de *verser* mon sang après mes larmes. (II, 384, *Bér.* 212.)
Puisse le Ciel *verser* sur toutes vos années
Mille prospérités l'une à l'autre enchaînées ! (II, 442, *Bér.* 1463.)
Les grâces, les honneurs par moi seule *versés*. (II, 297, *Brit.* 885.)
Trop de sang innocent se *verse* tous les jours. (I, 456, *Théb.* 1057.)
 Versant dans son sein ses plus secrètes pensées. (IV, 396, *P. R.*)

VERSION, traduction, IV, 496, *P. R.*

VERTU :
J'adorerois un dieu sans force et sans *vertu ?* (III, 512, *Esth.* 764.)
Il les a trouvés tous (*les poisons*) sans force et sans *vertu*.
(III, 93, *Mithr.* 1573.)
Cette oisive *vertu*, vous en contentez-vous ? (III, 609, *Ath.* 70.)
Je rends ce que je dois à l'éclat des *vertus*
Qui tiennent sous vos pieds cent peuples abattus. (I, 563, *Alex.* 867.)
Une chute si belle élève sa *vertu*. (I, 571, *Alex.* 1043.)
.... (Ma main,) Sauvant ma *vertu*, rendra ce que je doi
A Pyrrhus, à mon fils, à mon époux, à moi. (II, 96, *Andr.* 1095.)
Je croyois ma *vertu* moins prête à succomber. (II, 438, *Bér.* 1373.)
Pour toute ambition, pour *vertu* singulière,
Il excelle à conduire un char dans la carrière. (II, 325, *Brit.* 1471.)
 Vices du style. — Vertus (du style). (VI, 322, *Livres ann.*)
Voyez I, 515, *Alex.* épître ; I, 531, *Alex.* 156 ; I, 545, *Alex.* 474 ; I, 558, *Alex.* 739 ; I, 570, *Alex.* 1014 ; I, 572, *Alex.* 1052 ; II, 339, *Brit.* 1738 ; II, 384, *Bér.* 219 ; II, 499, *Baj.* 430.

VERTUEUSEMENT :
 *On ne sauroit vivre heureusement si on ne vit *vertueusement*. (VI, 313, *Livres ann.*)

VERTUEUX :
Je ne le représente pas (*Néron*).... comme un homme *vertueux*. (II, 251, *Brit.* 2ᵉ préf.)
Dans quel sein *vertueux* avez-vous pris naissance ? (III, 525, *Esth.* 1020.)

VESTIGE, au figuré :
 .... Il ne reste que moi
Où l'on découvre encor les *vestiges* d'un Roi. (I, 548, *Alex.* 540.)

VÊTURE :
Sept de ces postulantes.... que la communauté avoit admises à la *Vêture*. (IV, 504, *P. R.*)

VIANDE, nourriture en général, au propre et au figuré :
 *L'ambrosie n'étoit pas une *viande* dont les hommes pussent manger. (VI, 101, *Rem. sur l'Odyss.*)

* Elle leur donne donc des glands à manger, et autres telles *viandes*. (VI, 160, *Rem. sur l'Odyss.*)
* Leur table est pure de toutes *viandes* qui aient eu vie. (V, 551, *Trad.*)
* Se nourrir l'âme des *viandes* spirituelles de la sagesse. (V, 547, *Trad.*)

VIATIQUE :
On fut obligé de lui apporter trois fois le saint *viatique*. (IV, 510, *P. R.*)

VICE :
C'est le *vice* de la plupart des gens de communauté de croire qu'ils ne peuvent faire de mal en défendant l'honneur de leur corps. (IV, 438-439, *P. R.*)

VICISSITUDE :
L'inconstance du monde et sa *vicissitude*. (II, 203, *Plaid.* 676.)

VICTIME :
Le prêtre deviendra la première *victime*. (III, 232, *Iph.* 1606.)

VICTOIRE :
J'ai su que Polynice a gagné la *victoire*. (I, 472, *Théb.* 1302.)
(*Il crut qu'*) Elle lui céderoit une indigne *victoire*. (III, 25, *Mithr.* 52.)
* La plus belle *victoire* est celle de se conformer aux lois de son pays. (VI, 282, *Livres ann.*)
Un roi que respectoit la *Victoire* elle-même. (I, 591, *Alex.* 1474.)

VICTORIEUX :
.... D'un autre œil l'éclat *victorieux*. (II, 105, *Andr.* 1291.)

VIDE DE :
(*Rome*) *Vide de* légions qui la puissent défendre. (III, 60, *Mithr.* 828.)
.... Murs *vides de* citoyens. (III, 229, *Iph.* 1555.)

VIDER :
.... (*L'*) événement *vidoit* notre querelle. (I, 438, *Théb.* 708.)

VIE :
.... Laissez-moi nous laver l'un et l'autre
Du crime que sa *vie* a jeté sur la nôtre. (II, 541, *Baj.* 1358.)
Mourrai-je tant de fois sans sortir de la *vie*? (III, 235, *Iph.* 1673.)
Barbare, qu'as-tu fait? Avec quelle furie
As-tu tranché le cours d'une si belle *vie*? (II, 118, *Andr.* 1538.)
Prêt à rendre la *vie*, il en cache le reste. (I, 476, *Théb.* 1373.)
Pyrrhus rend à l'autel son infidèle *vie*. (II, 115, *Andr.* 1494.)
Je rends dans les tourments une pénible *vie*. (III, 377, *Phèd.* 1294.)
Faut-il que mes soupirs vous demandent sa *vie*? (II, 88, *Andr.* 958.)
* Des comtes pour la *vie*. (V, 163, *Notes hist.*)
* On combat en cette *vie*, et dans l'autre on est récompensé. (VI, 314, *Livres ann.*)
* Hugues.... persécuté.... fut obligé de chercher sa *vie*. (V, 192, *Notes hist.*)
L'enfant est de grande *vie* et tette beaucoup. (VII, 72, *Lettres.*)
* Embrasser la *vie* dont on est capable. (VI, 316, *Livres ann.*)
Abandonner, laisser la *vie*; s'en aller de la *vie*; mener une *vie*; vendre sa *vie* : voyez ABANDONNER, LAISSER, ALLER, MENER, VENDRE.

VIEIL, VIEUX, au propre et au figuré :
* Le gouverneur, *vieil* et barbu. (V, 109, *Notes hist.*)
* Le *vieil* Wit. (V, 72, *Notes hist.*)

Faire mourir le *vieil* homme. (IV, 333, *Imag.*)
*Rapporter des histoires de son *vieux* temps. (VI, 77, *Rem. sur l'Odyss.*)

VIEILLIR :
Dans une longue enfance ils l'auroient fait *vieillir*. (II, 264, *Brit.* 190.)
  Empêchez que son grand courage,
  Qui dans mille travaux l'engage,
  Ne le fasse trop tôt *vieillir*. (IV, 70, *Poés. div.* 107.)
Vous dont j'ai pu laisser *vieillir* l'ambition
Dans les honneurs obscurs de quelque légion. (II, 262, *Brit.* 153.)
.... *Vieilli* sous trois sultans. (II, 543, *Baj.* 1391.)
   .... Néron naissant
A toutes les vertus d'Auguste *vieillissant*. (II, 257, *Brit.* 30.)

VIEUX : voyez Vieil.

VIF, au propre et au figuré :
  De notre céleste édifice
  La foi *vive* est le fondement. (IV, 151, *Poés. div.* 69.)
  Blessure *vive*; piqué au *vif*; plus mort que *vif*; temps *vif* : voyez
Blessure, Piqué, Mort, Temps.

VIL, au propre et au figuré :
Assez dans les forêts mon oisive jeunesse
Sur de *vils* ennemis a montré son adresse. (III, 358, *Phèd.* 934.)

VILAIN, sens divers :
Ce sentiment leur a paru fort *vilain*. (III, 145, *Iph.* préf.)
*Riche *vilain*. (VI, 328, *Livres ann.*)

***VILEBREQUIN**, VI, 102, *Rem. sur l'Odyssée.*

VILLE (Bonne), voyez Bon.

VINGT, pour un grand nombre indéterminé :
.... Par où commencer ? *Vingt* fois depuis huit jours
J'ai voulu devant elle en ouvrir le discours ;
Et dès le premier mot ma langue embarrassée
Dans ma bouche *vingt* fois a demeuré glacée.
(II, 395, *Bér.* 473 et 476; voy. II, 213, *Plaid.* 797; V, 290, *Camp. de L. XIV.*)

VIOLEMENT :
Violement de la clôture. (IV, 591, *P. R.*)

VIOLENCE :
Ma douleur pour se taire a trop de *violence*. (III, 52, *Mithr.* 675.)
Oui, mes vœux ont trop loin poussé leur *violence*. (II, 58, *Andr.* 365.)
 Je l'ai trouvée *(cette action)* très-propre pour le théâtre, par la *violence* des passions qu'elle y pouvoit exciter. (II, 365, *Bér.* préf.)
 Le Roi témoigne à son confident qu'il se fait *violence* de maltraiter son fils. (IV, 13, *Plan d'Iph. en Taur.*)

VIOLENT, ente :
.... Son ambition n'est plus si *violente*. (I, 442, *Théb.* 792.)
   .... Une troupe insolente
D'un fier usurpateur ministre *violente*. (I, 424, *Théb.* 460.)

VIOLER, au propre et au figuré :
Hippolyte est accusé.... d'avoir.... *violé* sa belle-mère (III, 300, *Phèd.* préf.)
Ne fait-il des serments que pour les *violer* ? (III, 231, *Esth.* 1580.)

VISAGE :
Nous nous aimions.... Seigneur, vous changez de *visage*.
(III, 72, *Mithr.* 1112.)
Voyez II, 279. *Brit.* 527; II, 382, *Bér.* 180; III, 207, *Iph.* 1102; et le *Lexique de Corneille*.
.... Bientôt, reprenant un *visage* sévère. (II, 331, *Brit.* 1595.)
Leur sombre inimitié ne fuit point mon *visage*. (II, 320, *Brit.* 1363.)

VISIBLE :
.... Ce soleil inaccessible,
Comme à ses yeux je suis *visible*,
Se rendra *visible* à mes yeux. (IV, 151, *Poés. div.* 65 et 66.)
Les Muses elles-mêmes devroient-elles pas se rendre *visibles* afin de solliciter pour lui ? (VI, 428, *Lettres.*)
Elle fut l'ange *visible* dont Dieu se servit. (V, 10, *Épitaphes.*)

VISIÈRE (En) :
Elle pensa hier rompre *en visière* à un neveu de Mme le Challeux. (VII, 237, *Lettres.*)

VISION :
Le sirop d'*érisimum* n'est point assurément une *vision*. (VI, 573, *Lettr.*)
C'est-à-dire, ce n'est point sans fondement que je vous parle de la vertu de ce remède.

VISIR, II, 483, *Baj.* 52.

VISITE d'un monastère :
Revenons.... à la *visite* : elle dura près de deux mois... Il leur rendit justice, et signa.... la carte de *visite*. (IV, 518, *P. R.*)

VISITEUR :
Visiteurs de l'Ordre. (IV, 399, *P. R.*)

VITE, adjectivement et adverbialement :
* Son chariot, qui étoit le plus *vite* du monde. (VI, 13, *Rem. sur Pind.*)
Vous le verrez voler, plus *vite* que la foudre.
(IV, 75, *Poés. div.* 61; voyez VI, 39, *Rem. sur Pind.*)
* Il alloit fort *vite* opprimer ses nnemis, mais il s'ennuyoit bientôt aussi. (VI, 343, *Livres ann.*)
.... *Vite*, que l'on y vole. (II, 194, *Plaid.* 576.)
Au plus *vite*. (VI, 489, *Lettres.*)

VITESSE :
* La gloire de ses pieds, c'est-à-dire sa *vitesse*. (VI, 49, *Rem. sur Pind.*)
* Mes mains et mon corps répondent encore à la *vitesse* de mon esprit. (VI, 25, *Rem. sur Pind.*)

VITRIER, VI, 385, *Lettres.*

VIVRE, au propre et au figuré; VIVRE, substantivement :
Vous vous lassez de *vivre* où vous ne régnez pas. (II, 379, *Bér.* 118.)
Qu'il périsse ! Aussi bien il ne *vit* plus pour nous. (II, 111, *Andr.* 1408.)
Ce fameux conquérant, ce vaillant Sésostris,
Qui jadis en Égypte, au gré des destinées,
Véquit de si longues années,
N'*a vécu* qu'un jour à Paris. (IV, 191, *Poés. div.* 3 et 4.)
Au plaisir de vous voir mon âme accoutumée
Ne *vit* plus que pour vous. (II, 422, *Bér.* 1065.)
.... C'en est fait, Madame, et j'*ai vécu*. (III, 98, *Mithr.* 1678.)

Il faut que nous *vivions* un peu d'économie. (VII, 204, *Lettres.*)
Tous ces chefs-d'œuvre.... qui *vivront* à jamais dans la bouche des hommes. (IV, 359, *Disc. acad.*)
Si l'espoir de régner et de *vivre* en mon cœur
Peut de son infortune adoucir la rigueur. (II, 407, *Bér.* 749.)
Croyez que vos bontés *vivent* dans sa mémoire. (II, 492, *Baj.* 273.)
Dût après le trépas *vivre* votre courroux. (I, 482, *Théb.* 1487.)
Quoi? tu crois, cher Osmin, que ma gloire passée
Flatte encor leur valeur et *vit* dans leur pensée? (II, 483, *Baj.* 50.)
    La Mère du Fargis, qui savoit beaucoup mieux *vivre*. (IV, 606, *P. R.*)
    .... Les cerfs, ces arbres *vivants*. (IV, 29, *Poés. div.* 48.)
    .... Ces *vivantes* fleurs,
Les papillons.... (IV, 35, *Poés. div.* 52.)
Ce fils victorieux que vous favorisez,
Cette *vivante* image en qui vous vous plaisez. (III, 71, *Mithr.* 1106.)
    *Leur *vivre*, leurs coutumes et leurs constitutions. (V, 539, *Trad.*)

VIVRES :
    Il leur coupoit les *vivres* et arrêtoit leurs convois. (V, 284, *Camp. de Louis XIV.*)

VOCATION :
    (*L'évêque d'Alet écrivit à M. de Saint-Cyran pour lui demander un rituel.*)
M. de Saint-Cyran prit cette lettre pour une *vocation*, et fit le livre. (IV, 602, *P. R.*)

VŒU :
Qui fait changer ainsi ses *vœux* irrésolus? (III, 655, *Ath.* 869.)
Ne lui disputez plus mes *vœux* infortunés. (II, 306, *Brit.* 1077.)
(*Elle a vu cet amant,*) De ses *vœux* troublés lui rapportant l'hommage,
Soupirer à ses pieds moins d'amour que de rage. (II, 46, *Andr.* 117.)
Je sais que de mes *vœux* on lui promit l'empire. (II, 57, *Andr.* 345.)
La cour sera toujours du parti de vos *vœux*. (II, 390, *Bér.* 350.)
.... Un heureux hymen, joignant nos destinées,
Peut payer en un jour les *vœux* de cinq années. (II, 394, *Brit.* 444.)
Voyez I, 559, *Alex.* 772; II, 58, *Andr.* 365; II, 304, *Brit.* 1041.
    Porter ailleurs ses *vœux;* pousser des *vœux* : voyez PORTER, POUSSER.

VOI, interjection :
J'irois trouver mon juge, et lui dirois.... — Oui. — *Voi.*
                    (II, 164, *Plaid.* 269; voyez la note 2.)

VOICI (voyez VOILÀ) :
Voici le temps enfin qu'il faut que je m'explique. (II, 390, *Bér.* 343.)

VOIE, au propre et au figuré :
.... Cette nuit, sans peine, une secrète *voie*
Jusqu'en votre vaisseau conduira votre proie. (II, 80, *Andr.* 793.)
.... Donnez-nous le temps de chercher quelque *voie*
Qui puisse vous remettre au rang de vos aïeux. (I, 428, *Théb.* 540.)
    La *voie* étroite du salut. (V, 10, *Épitaphes.*)
La mort au désespoir ouvre plus d'une *voie*. (III, 89, *Mithr.* 1496.)
.... Au secours toute *voie* est fermée. (III, 684, *Ath.* 1426.)
Roxane a pris sans doute une plus douce *voie*. (II, 516, *Baj.* 801.)
    Dieu.... se servit, pour la toucher, d'une *voie* assez extraordinaire.
(IV, 389, *P. R.*)

VOILÀ :
Voilà votre chemin, sortons en sûreté. (II, 122, *Andr.* 1596.)

Me *voilà* prêt, Seigneur : avant que de partir,
Faites percer ce cœur qui n'y peut consentir. (II, 321, *Brit.* 1377.)
N'avez-vous pas reçu de l'huissier que *voilà*
Certain papier tantôt ?... (II, 183, *Plaid.* 473; voyez II, 218, *Plaid.* 861.)
   Voilà, en peu de vers, tout le sujet de cette tragédie. *Voilà* le lieu de la scène, l'action qui s'y passe.... (II, 34 et 37, *Andr.* 1re et 2e préf.)
Ta, ta, ta, ta. *Voilà* bien instruire une affaire ! (II, 210, *Plaid.* 763.)
Ah ! n'en *voilà* que trop : c'est trop me faire entendre, etc.
(II, 303, *Brit.* 1020.)
  C'est le sincère aveu que je voulois vous faire :
Voilà tous mes forfaits. En voici le salaire. (II, 313, *Brit.* 1196.)

VOILE, masculin, au propre et au figuré :
Laissez moi relever ces *voiles* détachés. (II, 418, *Bér.* 969.)
Que ces vains ornements, que ces *voiles* me pèsent ! (III, 313, *Phèd.* 158.)
.... Derrière un *voile*, invisible et présente,
J'étois de ce grand corps l'âme toute-puissante. (II, 260, *Brit.* 95.)
Un *voile* d'amitié vous trompa l'un et l'autre. (II, 385, *Bér.* 243.)
D'un *voile* d'amitié j'ai couvert mon amour. (II, 375, *Bér.* 26.)

VOILE, féminin :
Si vous voulez partir, la *voile* est préparée. (III, 345, *Phèd.* 721.)
Voyez, V, 568, *Trad.*, un exemple de *voile* au masculin dans ce sens.

VOIR, emplois et tours divers ; SE VOIR :
    .... Je fuis des yeux distraits,
Qui me *voyant* toujours, ne me *voyoient* jamais. (II, 386, *Bér.* 278.)
Permettez que mon cœur, en *voyant* vos beaux yeux,
De l'état de son sort interroge ses dieux. (I, 416, *Théb.* 317.)
S'il préparoit ses coups, tandis que je vous *vois* ! (II, 329, *Brit.* 1545.)
    ....J'ai *vu* la Reine ;
Mais pour me faire *voir*, je n'ai percé qu'à peine
Les flots toujours nouveaux d'un peuple adorateur. (II, 376, *Bér.* 51.)
Vit-il encore ? — Il *voit* l'astre qui vous éclaire. (III, 500, *Esth.* 557.)
Vous *verriez* un tas de moissonneurs. (VI, 479, *Lettres.*)
Tu peux *voir* sans frayeur les crimes de mes fils. (I, 400, *Théb.* 29.)
Sans que je pusse *voir* son funeste dessein. (I, 481, *Théb.* 1467.)
  Vous avez fait connoître dans les écoles Aristote même, dont on n'y *voit* souvent que le fantôme. (IV, 352, *Imag.*)
Allons nous délasser à *voir* d'autres procès. (II, 219, *Plaid.* 884.)
    .... Tu *vois* le pouvoir de mes yeux. (II, 85, *Andr.* 892.)
Je commence à *voir* clair dans cet avis des cieux. (III, 638, *Ath.* 610.)
De quel œil *voyez*-vous ce prince audacieux ?
— Je le *vois* comme un monstre effroyable à mes yeux.
(III, 355, *Phèd.* 883 et 884.)
Darius en mourant l'*auroit*-il *vu* son roi ? (I, 531, *Alex.* 164.)
Mon cœur, qui le *voyoit* maître de l'univers. (I, 542, *Alex.* 399.)
Ces jours ont *vu* mes yeux baignés de quelques larmes. (II, 381, *Bér.* 152.)
  Je *vois* que Térence même semble n'avoir fait des prologues que pour se justifier. (II, 248, *Brit.* 1re préf.)
Ah ! si vous *aviez vu* par combien de caresses
Il m'a renouvelé la foi de ses promesses ! (II, 331, *Brit.* 1587.)
    .... À ce que je *voi*. (I, 412, *Théb.* 241.)
Que *vois*-je ? Est-ce Hermione ? Et que viens-je d'entendre ?
(II, 120, *Andr.* 1565.)
Attendez. — Non, *vois*-tu ? je le nierois en vain. (II, 521, *Baj.* 924.)
Vois-tu ? je ne veux point être un juge en peinture. (II, 196, *Plaid.* 608.)

Ho! Monsieur, j'entrerai. — Peut-être. — J'en suis sûre.
— Par la fenêtre donc.— Par la porte.— Il faut *voir*. (II, 191, *Plaid.* 553.)
Voyons comme tu sais user de la victoire. (I, 593, *Alex.* 1494.)
* Elle veut envoyer avertir Laërte, afin qu'il *voie* ce qu'il y a à faire.
(VI, 94, *Rem. sur l'Odyss.*)
Oui-da : je *verrai* bien s'il est sergent.... (II, 180, *Plaid.* 429.)
Je suois sang et eau, pour *voir* si du Japon
Il viendroit à bon port au fait de son chapon. (II, 204, *Plaid.* 689.)
.... Je l'*ai vue* enfin me confier ses larmes. (II, 47, *Andr.* 129.)
.... D'aussi loin qu'il nous a *vus* paroître. (II, 558, *Baj.* 1681.)
J'ai *vu* que les procès ne donnoient point de peine. (II, 158, *Plaid.* 183.)
Voyez VI, 426 et 433, *Lettres*.
     Faites des vers un peu pour *voir*. (VI, 485, *Lettres.*)
          .... Le palais de Flore
     Se fait *voir* vraiment en ces lieux. (IV, 33, *Poés. div.* 10.)
Sous ce titre funeste il *se vit* immoler. (III, 33, *Mithr.* 265.)
De mille affreux soldats Junie environnée
S'est vue en ce palais indignement traînée. (II, 268, *Brit.* 292.)
Je *me suis vu*, Madame, enseigner ce chemin
Et par plus d'un héros et par plus d'un Romain. (II, 440, *Bér.* 1409.)
Votre père et les rois qui vous ont devancés,
Sitôt qu'ils y montoient (*sur le trône*), *s'en sont vus* renversés.
     (I, 463, *Théb.* 1158 ; voyez l'*Introd. gramm.*, à l'art. *Participe passé*.)
     Voir avec les yeux de sœur; *voir* des mêmes yeux; *voir* le jour; *voir*
sa dernière *journée; voir* la lumière; ne *voir* qu'un reste de lumière : voyez
Œil, Jour, Journée, Lumière.

VOISINAGE :
     * (*Il*) habitoit loin du *voisinage* des autres, car il étoit fort méchant.
(VI, 146, *Rem. sur l'Odyss.*)

VOIX, au propre et au figuré, emplois divers :
Viens, reconnois la *voix* qui frappe ton oreille. (III, 149, *Iph.* 2.)
C'est moi qui prête ici ma *voix* au malheureux. (III, 637, *Ath.* 574.)
De la Reine et de moi que dit la *voix* publique? (II, 390, *Bér.* 344.)
Si sa bouche s'accorde avec la *voix* publique. (II, 380, *Bér.* 128.)
Si la commune *voix* ne m'a point abusé. (I, 575, *Alex.* 1127.)
(Le peuple) D'une commune *voix* la prend sous son appui.
                              (II, 339, *Brit.* 1742.)
Écoutez un peu mieux la *voix* de la nature.
                    (I, 413, *Théb.* 267; voyez I, 455, *Théb.* 1032.)
.... S'il m'étoit permis d'écouter aujourd'hui
La *voix* de ses malheurs qui me parle pour lui. (I, 583, *Alex.* 1292.)
Ce n'est donc pas, Seigneur, le sang amalécite
Dont la *voix* à les perdre en secret vous excite? (III, 495, *Esth.* 482.)
L'exemple de Porus, puisqu'il faut qu'on t'y porte,
Dis-moi, n'étoit-ce pas une *voix* assez forte? (I, 559, *Alex.* 758.)
Vous savez si jamais ma *voix* lui fut contraire. (II, 318, *Brit.* 1307.)
          .... Pensez-vous que ma *voix*
Ait fait un empereur pour m'en imposer trois? (II, 263, *Brit.* 157.)
     .... Tant de beautés qui briguèrent son choix,
Qui de ses affranchis mendièrent les *voix*. (II, 310, *Brit.* 1126.)
Des gouverneurs que Rome honoroit de sa *voix*. (II, 312, *Brit.* 1162.)
     (Il) les privoit des sacrements et de toute *voix* active et passive dans
les élections. (IV, 563, *P. R.*)
Ses chefs ont pris les *voix* de toutes ses tribus. (III, 345, *Phèd.* 723.)

Un vieux poëte.... qui venoit briguer des *voix* contre lui (*contre Térence*). (II, 248, *Brit.* 1re préf.)
   * Lorsqu'on a donné les *voix* dans le jugement des armes d'Achille. (VI, 245, *Livres ann.*)
   Extinction de *voix*. (VI, 561, *Lettres*.)
   Couper la *voix*; n'avoir nulle *voix* en chapitre ; ériger la *voix* de quelqu'un en oracle ; parler par la *voix* de quelqu'un ; passer tout d'une *voix* ; la *voix* de nos iniquités : voyez COUPER, CHAPITRE, ÉRIGER, PARLER, PASSER, INIQUITÉ.

VOLAGE :
Volage adorateur de mille objets divers. (III, 341, *Phèd.* 636.)

VOLAILLE :
Ma partie en mon pré laisse aller sa *volaille*. (II, 160, *Plaid.* 216.)

VOLER, neutre, au figuré ; FAIRE VOLER :
Il *vole* vers Junie.... (II, 339, *Brit.* 1749.)
Vous le verrez *voler*, plus vite que la foudre. (IV, 75, *Poés. div.* 61.)
   .... Vite, que l'on y *vole* :
Courez à leur secours.... (II, 194, *Plaid.* 576 ; voyez II, 339, *Brit.*1740.)
Ce n'est qu'autour de lui que *vole* la Victoire. (I, 528, *Alex.* 86.)
Le temps *vole*.... (III, 478, *Esth.* 187.)
   .... Qu'un même combat signalant l'un et l'autre,
Son nom *volât* partout à la suite du vôtre. (I, 583, *Alex.* 1298.)
Mon cœur pour le chercher *voloit* loin devant moi. (III, 182, *Iph.* 607.)
Voyez I, 557, *Alex.* 724 ; II, 320, *Brit.* 1364 ; III, 329, *Phèd.* 372.
   .... *Faire voler* un char sur le rivage. (III, 311, *Phèd.* 130.)
   .... Deux puissantes armées....
De leur fureur partout *font voler* les éclats. (I, 555, *Alex.* 691.)
   .... L'Hydaspe, assemblant ses provinces,
Au secours de ses bords *fit voler* tous ses princes. (I, 546, *Alex.* 506.)
   * En *faire voler* la nouvelle (*de la victoire*) plus vite qu'un cheval léger, ou qu'un navire ailé. (VI, 39, *Rem. sur Pind.*)

VOLER, actif :
C'est un titre qu'en vain il prétend me *voler*. (III, 231, *Iph.* 1579.)

VOLONTIERS :
Pour le libelle que l'on a fait contre moi, je crois que les lecteurs me dispenseront *volontiers* d'y répondre. (II, 369, *Bér.* préf.)

VOLTE :
   * Il (*Bellérophon*).... lui faisoit faire la *volte* (*au cheval ailé*). (VI, 52, *Rem. sur Pind.*)

VOLTIGER, au figuré :
Il ne faut pas *voltiger* de lecture en lecture. (VII, 71, *Lettres;* voyez VII, 267, *Lettres*.)

VOLUPTUEUX, substantivement :
Othon, Sénécion, jeunes *voluptueux*. (II, 313, *Brit.* 1205.)

VOTRE vos :
Approchez-vous, Néron, et prenez *votre* place. (II, 310, *Brit.* 1115.)
Un prince qui jadis témoin de *vos* combats
Vous vit chercher la gloire et la mort sur ses pas. (II, 378, *Bér.* 101.)
   .... Oui, ma sœur, j'ai vu *votre* Alexandre. (I, 561, *Alex.* 810.)
Voici *votre* Mathan, je vous laisse avec lui. (III, 631, *Ath.* 450.)

....(Les neveux) de *votre* David.... (III, 647, *Ath.* 721.)
* *Votre* homme ne vous a rien dit de certain. (V, 454, *Trad.*)
VOUER À :
(J'avoue) Que je vous ai promis la foi que je *lui voue*. (II, 105, *Andr.* 1282.)
VOULOIR, emplois divers :
Que *veut*-on ?... (II, 528, *Baj.* 1096.)
Ainsi le *veut* son fils, que les Grecs vous ravissent. (II, 90, *Andr.* 985.)
Va, dis-je, et sans *vouloir* te charger d'autres soins,
Vois si je puis bientôt lui parler sans témoins. (II, 374, *Bér.* 17.)
Il *veut* tout ce qu'il fait; et s'il m'épouse, il m'aime. (II, 82, *Andr.* 846.)
    Je *veux* et n'accomplis jamais.
    Je *veux*, mais, ô misère extrême !
    Je ne fais pas le bien que j'aime,
    Et je fais le mal que je hais. (IV, 157, *Poés. div.* 15 et 16.)
Il vit : je ne *veux* pas en savoir davantage.
— Quoi ? — Je te l'ai prédit ; mais tu n'*as* pas *voulu*.
    (III, 352, *Phèd.* 834 et 835.)
Allons, Rome en dira ce qu'elle en *voudra* dire. (II, 429, *Bér.* 1216.)
(Il) m'a semblé très-capable d'exciter la compassion. Je n'en *veux* pas davantage. (II, 243, *Brit.* 1re préf.)
Il *veut* que je vous voie, et vous ne *voulez* pas. (I, 429, *Théb.* 550.)
Vous ne répondez point. — Que *veux*-tu que je dise ? (II, 379, *Bér.* 124.)
Je *voudrois* seulement qu'on vous l'eût fait connoître,
Et que la renommée *eût voulu*, par pitié,
De ses exploits au moins vous conter la moitié. (I, 548, *Alex.* 554 et 555.)
Le péril des Juifs presse, et *veut* un prompt secours. (III, 536, *Esth.* 1195.)
Aux larmes, au travail, le peuple est condamné,
Et d'un sceptre de fer *veut* être gouverné. (III, 681, *Ath.* 1396.)
    ....Pour être approuvés,
De semblables projets *veulent* être achevés. (III, 57, *Mithr.* 790.)
....Le courroux du sort *vouloit* être assouvi. (I, 399, *Théb.* 22.)
* La colère est une tyrannie qui *veut* être détruite par elle-même. (VI, 315, *Livres ann.*)
Si j'en connois pas un, je *veux* être étranglé. (II, 182, *Plaid.* 458.)
....Un bruit sourd *veut* que le Roi respire. (III, 345, *Phèd.* 729.)
    ....Dieux ! que *veut* ce discours ? (I, 472, *Théb.* 1299.)
Vous *voulez* bien que je vous fasse une petite critique. (VII, 282, *Lettres;* voyez VII, 144, 248 et 272, *Lettres*.)
Venez, Prince, venez : je *veux* bien que vous-même
Pour la dernière fois vous voyez si je l'aime. (II, 434, *Bér.* 1291.)
Seigneur, je vous *veux* bien confier mes alarmes. (II, 381, *Bér.* 151.)
Je *veux* bien l'avouer.... (III, 498, *Esth.* 529 ; voyez III, 637, *Ath.* 593.)
....Je l'ai dit, et *veux* bien le redire. (III, 526, *Esth.* 1024.)
Aristote *a* bien *voulu* donner des règles du poëme dramatique. (III, 303, *Phèd.* préf.)
    ....*Voulant* bien rompre un nœud si solennel. (II, 106, *Andr.* 1311.)
* Que si elle vous *veut* du bien.... (VI, 122, *Rem. sur l'Odyss.*)
* Je serois une folle si je *voulois* du mal à mon époux.... d'une chose si peu volontaire. (VI, 250, *Livres ann.*)
J'ai eu peur que vous.... ne m'en *voulussiez* mal. (VI, 496, *Lettres*.)
VOUS : voyez Tu.
VOÛTE :
    Leurs *voûtes* tremblantes (*des arbres*). (IV, 28, *Poés. div.* 17.)
    ...La *voûte* étoilée. (IV, 131, *Poés. div.* 1.)

VOYAGEUX, voyageur :
*Les Dieux prennent quelquefois la figure des *voyageux*. (VI 125, *Rem. sur l'Odyss.*; voyez la note 1.)

VRAI, adjectivement et substantivement :
*La première qualité d'un philosophe, c'est d'être *vrai*. (IV,280, *L. ann.*)
Le *vrai* est apparemment que le Roi a pris goût à sa conquête. (VI, 550, *Lettres.*)
A dire le *vrai*. (IV, 359, *Disc. acad.*)
Je vous demandois votre sentiment au *vrai*. (VI, 456, *Lettres.*)

VRAISEMBLABLE, adjectivement et substantivement :
Il y a quelquefois des choses vraies qui ne sont pas *vraisemblables* aux yeux des hommes. (V, 250, *Camp. de Louis XIV*.)
Le *vraisemblable* et le merveilleux. (IV, 358, *Disc. acad.*)
*La poésie garde toujours le *vraisemblable*. (VI, 303, *Livres ann.*)

VU QUE :
*Tel étoit le respect que les païens portoient aux Dieux, *vu qu*'ils n'eussent pas voulu assister un homme qui paroissoit ennemi des Dieux. (VI, 155, *Rem. sur l'Odyss.*)

VUE, au propre et au figuré, sens divers :
Phèdre ici vous chagrine, et blesse votre *vue*. (III, 307, *Phèd.* 38.)
Joas, laissé pour mort, frappa soudain ma *vue*. (III, 620, *Ath.* 247.)
Que tardez-vous? Allez vous montrer à sa *vue*. (II, 430. *Bér.* 1236.)
Sitôt que mon malheur me ramène à sa *vue*.... (II, 278, *Brit.* 500.)
Le duc de Luxembourg.... arriva à la *vue* des retranchements. (V, 56, *Méd.*; voyez À, 6°, p. 5.)
.... Ravi d'une si belle *vue*,
J'ai voulu lui parler, et ma voix s'est perdue. (II, 274, *Brit.* 395.)
Il n'avoit plus pour moi cette ardeur assidue,
Lorsqu'il passoit les jours attaché sur ma *vue*. (II, 381, *Bér.* 156.)
*A une lieue de Valenciennes, il m'avoit montré sept villes tout d'une *vue*, qui sont maintenant à lui. (V, 108, *Notes hist.*)
N'avois-je tant pressé cette fatale *vue* (entrevue),
Que pour les désunir encor plus que jamais? (II, 454, *Théb.* 1016.)
Je ne serai point du tout surpris quand il faudra que nous prenions d'autres *vues* pour elle. (VII, 249, *Lettres.*)
Sa première *vue* pour ces filles étoit qu'elles fussent extrêmement pauvres. (IV, 405, *P. R.*)
Il étoit persuadé que c'étoit moi qui vous avois inspiré cette *vue*. (VII, 135, *Lettres.*)

VULGAIRE, adjectivement et substantivement :
Mais ces monstres, hélas! ne t'épouvantent guères :
La race de Laïus les a rendus *vulgaires*. (I, 400, *Théb.* 28.)
Le nom de père, Attale, est un titre *vulgaire*. (I, 480, *Théb.* 1441.)
Les Amours qu'on nomme *vulgaires*. (VI, 402, *Lettres.*)
Dans le *vulgaire* obscur si le sort l'a placé.... (III, 636, *Ath.* 565.)

Y

Y, emplois et tours divers (voyez à l'*Introduction grammaticale*) :
*On regarde la beauté des vases, quand on s'est rempli de ce qui *y* étoit. (VI, 304, *Livres ann.*)
Que ne répondez-vous à l'amour du Prince? — Et que me serviroit de m'*y* attacher? (IV, 11, *Plan d'Iph. en Taur.*)

*Ne rien dire sans *y* avoir bien pensé. (VI, 302, *Livres ann.*)
Quand je l'aurois voulu, falloit-il *y* souscrire ? (II, 119, *Andr.* 1549.)
Voyez II, 84, *Andr.* 886; II, 105, *Andr.* 1289.

*Les héros d'Homère n'ont jamais vu l'Océan, ni même les Romains devant César, qui *y* monta le premier. (VI, 80, *Livres ann.*)
Ah ! qu'un seul des soupirs que mon cœur vous envoie,
S'il s'échappoit vers elle, *y* porteroit de joie ! (II, 57, *Andr.* 354.)
Je doute que les larmes d'Andromaque eussent fait sur l'esprit de mes spectateurs l'impression qu'elles *y* ont faite, si, etc. (II, 38, *Andr.* 2ᵉ préf.)
*Les sciences.... *y* fleurissent (*chez les Corinthiens*). (VI, 51, *Rem. sur Pind.*; voyez VI, 76, l. 3, *Rem. sur l'Odyss.*)
Voyez I, 521, note 2, *Alex.* 2ᵉ préf.; I, 540, *Alex.* 359; I, 582, *Alex.* 1283; II, 44, *Andr.* 61; II, 51, *Andr.* 229; II, 61, *Andr.* 421; II, 64, *Andr.* 484; II, 68, *Andr.* 566; II, 74, *Andr.* 677; II, 119, *Andr.* 1552; II, 321, *Brit.* 1378; II, 442, *Bér.* 1460; II, 515, *Baj.* 791; III, 65, *Mithr.* 962.

*En Égypte, chacun *y* est fort habile médecin. (VI, 89, *Livres ann.*)
La déroute fut générale, et il *y* demeura de leur côté plus de six mille hommes. (V, 280, *Camp. de Louis XIV.*)
*(*Ils*) *y* procédèrent avec plus de précaution. (V, 84, *Notes hist.*)
J'*y* vendrai ma chemise ; et je veux rien ou tout. (II, 163, *Plaid.* 258.)
Songez-*y* donc, Madame, et pesez, etc. (II, 282, *Brit.* 599.)
*(*Il*) n'*y* voulut point entendre. (V, 103, *Notes hist.*)
Ce n'est pas un exploit. — Chanson ! — C'est une lettre.
—Encor moins. — Mais lisez. —Vous ne m'*y* tenez pas. (II, 172, *Pl.* 341.)
Cette lettre vint très à propos pour eux, et ils prétendirent qu'il *y* avoit deux propositions erronées. (IV, 461, *P. R.*)
Tout ce qu'il *y* avoit d'oculistes. (IV, 466, *P. R.*)
*Il *y* a quelque honte à lui de ne se point mettre en peine de son père. (VI, 247, *Livres ann.*)
N'*y* ayant personne qui, à la seule inspection de ce titre..., ne l'eût pris pour un protestant. (IV, 472, *P. R.*)
Il *y* a à dire : voyez Dire, p. 155.
Tant *y* a qu'il n'est rien que votre chien ne prenne ;...
Que la première fois que je l'*y* trouverai,
Son procès est tout fait, et je l'assommerai. (II, 206, *Plaid.* 711 et 713.)
Racine a souligné *il n'y* dans ce passage de Vaugelas : « Il n'*y* eut pas grand'peine à faire approuver un avis si raisonnable » (VI, 354).
....Il *y* va, Seigneur, de votre vie. (II, 328, *Brit.* 1536; voy. II, 61, *Andr.* 413.)
* Le commencement est ce.... après quoi il *y* a ou il *y* doit avoir d'autres choses. (V, 479, *Trad.*)

Z

ZÈLE :
.... Je rends grâce au *zèle* officieux
Qui sur tous mes périls vous fait ouvrir les yeux. (III, 609, *Ath.* 65.)
Faisons en soupirant éclater notre *zèle*. (I, 595, *Alex.* 1546.)
Au milieu de tant d'occupations, où le *zèle* de votre prince.... et le bien public vous tiennent continuellement attaché. (II, 363, *Bér.* épît.)

ZÉLÉ :
Quelques personnes *zélées* plus particulièrement pour la gloire. (V, 304, *Camp. de Louis XIV.*)
.... (Mathan) De toute vertu *zélé* persécuteur. (III, 607, *Ath.* 38.)

ZESTE, interjection, II, 178, *Plaid.* 405 (voyez la note 1).

ADDITIONS ET CORRECTIONS

ADDITIONS ET CORRECTIONS.

AVERTISSEMENT.

Depuis l'impression de notre tome VII, où se trouvent déjà des *Additions et corrections*, de la page 427 à la page 447, on nous en a signalé quelques nouvelles qu'il nous est permis encore de donner à nos lecteurs. Nous devons les plus nombreuses et les plus importantes à une copie manuscrite de quelques-uns des écrits de Racine, qui nous a été communiquée avec beaucoup d'obligeance par M. Gazier, professeur au Lycée de Montpellier. Très-dévoué aux études littéraires, M. Gazier a non-seulement à revendiquer le mérite d'avoir reconnu la grande valeur du manuscrit que d'heureuses circonstances avaient mis sous ses yeux, mais il nous a apporté tout fait avec une exactitude très-consciencieuse, le travail long et minutieux de comparaison entre ce manuscrit et le texte de notre édition. C'est donc véritablement à lui qu'appartient ce travail, et nous n'avons eu autre chose à faire que de nous assurer, comme c'était notre devoir d'éditeur, que rien n'avait échappé à son attention aussi patiente qu'éclairée. Ce contrôle, que nos habitudes scrupuleuses et la nécessité où nous sommes de répondre de tout dans notre édition nous faisaient seules désirer, il nous l'a rendu possible en mettant le manuscrit à notre disposition. Nous avons donc tout examiné, tout revu, mais nous n'avons eu qu'à constater le soin parfait que M. Gazier avait apporté dans toutes les notes recueillies par lui. A la copie qu'il avait prise de quelques pièces intéressantes données par le manuscrit, ainsi que des variantes de l'*Histoire de Port-Royal* et de la *Correspondance* de Racine, il avait joint des observations étendues aussi bien sur les titres qu'a le manuscrit à notre confiance, que sur chacun des écrits qu'il contient. L'espace restreint dont nous pouvons disposer ne nous permet pas de les donner telles qu'il les avait habilement rédigées; mais, dans ce que nous allons dire, nous en avons fait notre profit, en lui laissant, comme il est juste, tout l'honneur.

Le manuscrit tiré d'une bibliothèque particulière qu'il n'est pas nécessaire, qu'en tout cas il ne nous est pas permis de nommer, est un in-folio d'environ huit cents pages. Il paraît avoir appartenu autrefois à Mlle de Téméricourt, ancienne élève de Port-Royal, après elle à l'abbé d'Étemare, son cousin, puis à M. le Roy de Saint-Charles, acolyte d'Utrecht, celui-là même dont nous avons eu à citer des copies qui se trouvent à la Bibliothèque de Troyes[1]. La table des matières, qui est écrite sur le premier feuillet

---

1. Voyez au tome VII, p. 442.

du manuscrit, et qui a été dressée en 1790, est de la main de M. le Roy de Saint-Charles. La voici :

Ce volume contient :

Prière (de J. Racine) en vers latins pour Port-Royal.

L'Histoire de Port-Royal de Jean Racine (les deux parties).

Règlement sur les études.

Petit mémoire (de 1697) par J. Racine pour les Religieuses de P. R.

Épitaphe de Mlle de Vertus, par le même.

Diverses particularités concernant P. R., recueillies par J. Racine.

Mémoire de M. Arnauld sur P. R. (1694).

Lettres du même à J. Racine, etc.

Lettres du P. Quesnel, de M. Nicole, de la M. Racine, de J. Racine, de Mr le Maître.

Mémoire de la M. Angélique de Saint-Jean sur l'histoire de P. R., de 1679.

Abrégé de la vie de 5 ou 6 anciennes Religieuses (de Maubuisson).

Quelques particularités sur la vie de J. Racine.

Lettres de J. Racine et de Boileau.

Remarques de J. Racine sur la traduction de Quinte-Curce par Vaugelas Autres sur Tite-Live, etc.

Au bas de la page, M. le Roy de Saint-Charles a écrit : « Quelques-unes de ces pièces ne sont point imprimées (1790) ; d'autres le sont défectueusement. » Il y a une omission considérable dans sa table des matières. Outre la *Correspondance* de Racine et de Boileau qui y est mentionnée, on trouve dans le manuscrit, sous le titre de *Lettres diverses*, des copies de lettres de Racine à son fils, d'une lettre du même à la Fontaine, enfin de lettres qu'il écrivait dans sa jeunesse à l'abbé le Vasseur, à M. et à Mlle Vitart.

Il y a deux écritures très-différentes dans le manuscrit. Un des deux copistes paraît peu attentif et assez ignorant ; l'autre est évidemment instruit. Ce dernier a corrigé, dans le volume, ce qui n'est pas de sa main, et a transcrit lui-même, avec un grand soin, les deux parties de l'*Histoire de Port-Royal* et toute la *Correspondance*. Quelques notes qu'il a écrites en tête ou à la marge de ses copies avaient fait penser à M. Gazier qu'il n'était autre que le fils aîné de Racine. En tête des *Diverses particularités concernant Port-Royal*, on lit : « Recueillies par mon père de ses conversations avec M. Nicole. » Et les copies des lettres portent en différents endroits des avertissements tels que ceux-ci : « Lettres que mon père m'a écrites. — Les lettres suivantes m'ont été écrites depuis mon retour de Hollande dans différents petits voyages que je fis à Versailles. — Le reste (*de la lettre*) est de ma mère. » Ces notes sont de la même écriture que les copies. Nous avons comparé cette écriture avec celle de Jean-Baptiste Racine, telle que le lecteur pourra la voir dans le fac-simile d'une de ses lettres publié dans notre *Album*; la différence est telle que, même au premier coup d'œil, il est impossible de ne pas reconnaître ici et là une tout autre main. Il nous paraît donc que le manuscrit a été copié sur une première copie faite par Jean-Baptiste Racine, dont on a pris soin de transcrire scrupuleusement les petites annotations. Cela doit sans doute ôter quelque prix au manuscrit, mais en lui laissant une grande autorité. Tout atteste le soin minutieux dont il a été l'objet, et ce sont très-probablement les papiers du fils même de Racine qu'il reproduit avec exactitude

L'existence de la plupart des lettres autographes de Racine à la Bibliothèque nationale (que dans les précédents volumes il nous a fallu désigner sous le nom de *Bibliothèque impériale*) ne nous a pas permis de tirer un grand parti des copies des lettres. Nous n'avons eu à en faire usage que pour les annotations de Jean-Baptiste Racine qu'elles contiennent et pour le texte seulement des quelques lettres qui manquent dans les manuscrits donnés à la Bibliothèque du Roi par Louis Racine Pour celles-ci, les copies sont précieuses ; car après la collation que nous avons pris soin de faire, celles de ces copies que nous pouvions comparer avec les autographes s'étant trouvées d'une fidélité parfaite, il faut regarder, où les autographes manquent, la même fidélité comme plus que vraisemblable.

Ce qui a été pour nous d'un intérêt beaucoup plus grand encore, c'est la copie de la première partie de l'*Histoire de Port-Royal*, c'est-à-dire de la partie dont les fils de Racine disaient n'avoir pu rien retrouver dans les papiers de leur père[1]. On pouvait avoir des doutes sur l'exactitude du texte de cette première partie, nous l'avons dit[2] dans notre *Notice* sur l'*Histoire de Port-Royal*. Il était difficile en effet de savoir jusqu'à quel point ce texte avait été respecté dans l'impression : d'autant plus que bien souvent alors on croyait, quand on livrait un ouvrage posthume au public, devoir y introduire quelques corrections, en faire un peu la toilette, rajeunissant çà et là le style, effaçant de prétendues négligences. Une ancienne copie retrouvée, qui fait autorité presque à l'égal du manuscrit autographe, a donc un grand prix. Celle dont nous parlons est due à quelqu'une de ces personnes « amies de la vérité » (on sait le sens de l'expression) entre les mains desquelles « la Providence, comme le dit l'*Avertissement* de l'édition de 1742, avait fait tomber ce précieux dépôt[3] » du manuscrit original.

Nous devons dire que, tout en différant assez de l'imprimé pour avoir une autorité très-distincte, cette copie cependant en confirme généralement la fidèle exactitude, à ce point même que les nouvelles leçons qu'elle offre n'ont, à bien peu d'exceptions près, rien d'important; mais si elles n'ont pu servir à améliorer sensiblement notre texte, elles lui donnent du moins, par ce fait d'une conformité presque entière, une authenticité qui jusquelà lui manquait, et l'on comprend combien il est toujours désirable, quand on a affaire à un écrit de Racine, d'être assuré qu'on en possède le vrai texte jusque dans les moindres détails de la rédaction. D'où viennent les légères différences entre la copie des *amis de la vérité* et l'imprimé, et où faut-il penser que se trouvent les meilleures leçons, mettant à part les inadvertances évidentes qui se rencontrent tantôt ici, tantôt là, et qu'alternativement chacun des deux textes permet de corriger dans l'autre ?

On pourrait hésiter. Le travail d'un simple copiste qui, se proposant seulement de conserver un ouvrage, ne s'amuse pas d'ordinaire à en modifier en quoi que ce soit la forme, inspire sans doute une confiance particulière. D'un autre côté, après comparaison des deux textes, il ne nous semble pas que ceux qui ont fait imprimer le livre, se soient permis cette fois des remaniements dans le style de l'écrivain. Tout au moins, n'en ont-ils fait que de très-légers. Ce qui paraît probable, c'est que l'auteur avait plus d'une fois écrit ou fait transcrire son *Abrégé*. Après lui, les co-

---

1. Voyez au tome IV, p. 377. — 2. *Ibidem*, p. 376.
3. *Ibidem*, p. 372.

pies, longtemps tenues secrètes, ont pu devenir plus nombreuses. Les éditeurs de 1767 disent avoir fait usage de celle qui était tombée entre les mains de l'abbé Racine. Peut-être notre copiste a-t-il eu à sa disposition quelque chose de mieux, le manuscrit que Racine mourant avait remis à M. Dodart, et que celui-ci confia plus tard à un de ses amis. Si l'on en était assuré, le texte que ce copiste nous a donné serait le texte définitif : car là devait être le travail mis au net.

Voilà pour la *Première partie*, dont on trouvera ci-après les variantes. Devions-nous dans la même copie manuscrite recueillir également celles de la *Seconde partie*, qui a été donnée par nous d'après le manuscrit autographe de la Bibliothèque nationale? Un tel soin ne pouvait nous paraître superflu, dès qu'il nous semblait possible que la copie eût été faite sur les papiers de Dodart. Il faut dire d'ailleurs qu'avant d'avoir vu cette copie, qui s'accorde presque entièrement avec le manuscrit autographe, et permet d'en accepter le texte comme définitif, on ne savait pas bien s'il était autre chose qu'un essai, une espèce de brouillon. Ce doute ne semble plus possible, les variantes tirées de la copie communiquée par M. Gazier se réduisant à fort peu de chose. On remarquera qu'elles sont moins nombreuses encore que pour la *Première partie*. L'accord toutefois de la copie avec notre manuscrit autographe n'est point tel que nous puissions admettre qu'elle ait été prise sur ce manuscrit. Non-seulement elle donne souvent les mêmes petites variantes que l'imprimé de 1767, mais, à notre page 552 (tome IV), elle en offre, comme cet imprimé, une considérable Il s'agit de deux ou trois lignes qui manquent dans le manuscrit autographe. D'un autre côté, il est également impossible que le copiste ait eu sous les yeux le manuscrit sur lequel a été fait l'imprimé de 1767. En effet, à notre page 547, note 3, nous avons signalé dans le manuscrit autographe une lacune que l'imprimé remplit; la copie manuscrite la laisse subsister. Tout indique cependant que les éditeurs de 1767 n'y ont point cette fois suppléé par une interpolation, comme celle que nous croirions pouvoir leur attribuer dans un autre passage qui est à nos pages 561 et 562, et qui manque aussi bien dans la copie manuscrite que dans l'autographe. Il s'ensuit de là clairement, ce nous semble, que, pour cette *Seconde partie*, outre le manuscrit de la Bibliothèque nationale, il a existé deux autres copies authentiques, dont l'une a été reproduite par les éditeurs de 1767, l'autre par le copiste dont M. Gazier a retrouvé le travail. Il y a donc là trois sources différentes, dont aucune n'est à dédaigner ; et pour cette raison on ne nous reprochera pas, comme superflues, les quelques variantes que nous avons recueillies. Les trois textes sont rarement en désaccord, et la plupart du temps dans ce qui pourra paraître des vétilles. Celui que nous avons donné dans notre édition n'en inspire que plus de confiance, non-seulement comme authentique (il l'est incontestablement, étant de la main de Racine et de Boileau), mais comme ne laissant probablement pas à désirer un travail plus arrêté, revu et achevé, que les auteurs auraient plus tard substitué au premier.

Outre les deux parties de l'*Histoire de Port-Royal* et les *Lettres*, la table du manuscrit (voyez ci-dessus, p. 560) mentionne plusieurs autres pièces. Il y en a qui ne sont pas de Racine, et ne le concernent pas, ou ne le concernent que fort peu. Ce sont : le *Règlement sur les études* (dans les écoles de Port-Royal) ; — le *Mémoire de M. Arnauld sur Port-Royal* (1694), qui se trouve imprimé dans les œuvres de ce docteur (Paris-Lauzanne, 1783, tome III, p. 708)[1]; — le *Mémoire de la Mère Angélique de Saint-Jean sur l'histoire de Port-Royal*, de 1679, à la marge duquel on a écrit : « Ces *Mémoires* étoient communiqués à M. Racine par les Religieuses de Port-Royal pour travailler à leur histoire »; — l'*Abrégé de la vie de cinq ou six anciennes Religieuses de Maubuisson.*

Les autres pièces indiquées dans la table, qui nous regardent particulièrement, sont :

1º La *Prière* (de J. Racine) *en vers latins pour Port-Royal.* — Elle est dans notre *Premier appendice aux poésies diverses*, sous le nº IX, et avec le titre *Ad Christum* (tome IV, p. 208). A l'exception de quelques vers omis dans cette copie, le texte du manuscrit, qui intitule cette petite pièce : *Pro Portus Regii salute votum*, étant exactement conforme au nôtre, nous n'avons pas à nous en occuper.

2º Le *Petit Mémoire* (de 1697) *par J. Racine pour les Religieuses de P. R.* — C'est le *Mémoire* inséré dans notre édition au tome IV, p. 615. Le texte donné par le manuscrit est celui que nous avions déjà trouvé dans la copie de la Bibliothèque de Troyes, entièrement conforme à l'autographe du Louvre. Comme dans la copie de Troyes, il est précédé dans le manuscrit d'une note que nous avons reproduite à la page 612 de notre tome IV.

3º L'*Épitaphe de Mlle de Vertus* (voyez à notre tome V, p. 9). — Le texte du manuscrit est conforme à celui de la Bibliothèque de Troyes, dont nous avons signalé les variantes insignifiantes et rendues inutiles d'ailleurs par l'existence de l'autographe.

4º Les *Diverses particularités concernant P. R. recueillies par J. Racine* (voyez à notre tome IV, p. 600-608). — Le texte du manuscrit est conforme à celui de la copie de Troyes, dont nous avons parlé à la page 599 du même tome.

5º *Lettres de M. Arnauld à J. Racine*, etc. *Lettres du P. Quesnel, de M. Nicole, de la Mère Racine, de J. Racine, de M. le Maistre.* — Aucune de ces lettres n'est nouvelle pour nous. Ce sont celles qu'on trouve dans notre édition, sous les numéros suivants : 53 (tome VI, p. 530); 98 (tome VII, p. 40); 120 (tome VII, p. 100); 1, 2, 3 et 4 des *Lettres de divers à divers* (tome VII, p. 313, 315 et 317); 86 (tome VII, p. 11); 42 (tome VI, p. 509, et tome VII, p. 442, aux *Additions et corrections*); 191 (tome VII,

---

1. Dans le manuscrit, une note de Jean-Baptiste Racine (cela seul peut nous intéresser) précède la copie du *Mémoire*. La voici : « Le *Mémoire* suivant est de M. Arnauld, qui l'envoya à mon père pour le communiquer à M. de Pomponne, qui avoit fait pressentir M. Arnauld sur son retour en France, et lui avoit fait faire quelques propositions d'accommodement à ce sujet; il est écrit de la main de mon père, qui donna l'original à M. de Pomponne et fut bien aise d'en garder une copie. Comme cela a quelque rapport aux affaires de P. R., j'ai cru qu'on ne seroit pas fâché de le voir ici. Cela arriva en 1694. M. Arnauld étoit entré le 6 février de cette année dans sa 83e année. M. Arnauld fit réponse à M. de Pomponne et adressa sa lettre à mon père, qui la lui rendit accompagnée du *Mémoire* qui suit. » Avant la transcription du *Mémoire*, on trouve encore ces deux lignes : « J'ai cru devoir joindre à la lettre quelques considérations, afin que votre ami soit instruit de ce qu'il auroit à répondre si on lui parloit de certaines choses qui n'y sont que touchées. » Qui parle ainsi? Est-ce Racine lui-même? Cela n'est pas expliqué.

p. 295); 1 (tome VI, p. 371). Il y a en outre la lettre d'Arnauld que L. Racine a donnée dans ses *Mémoires* (à la page 321 de notre tome I).

Pour ces lettres, nous n'avons qu'à répéter ce que nous avons dit plus haut au sujet de la *Correspondance* de Boileau et de Racine, et des *Lettres* de Racine soit à ses amis de jeunesse, soit à son fils aîné. Nous n'avons eu à recueillir que les annotations de Jean-Baptiste Racine, et les variantes des lettres dont les autographes nous manquaient, et dont nous n'avions pas non plus trouvé les copies dans les papiers de Troyes, toujours conformes à notre manuscrit.

6° *Quelques particularités sur la vie de Jean Racine.* — C'est une courte note de Jean-Baptiste Racine, qui sert d'avant-propos aux lettres écrites d'Uzès par son père. Nous donnons ci-après cette note en son lieu.

7° *Remarques de Jean Racine sur la traduction de Quinte-Curce par Vaugelas. Autres sur Tite-Live, etc.* — Nous avons donné, d'après l'autographe, les remarques sur la traduction de Quinte-Curce, dont le manuscrit de M. Gazier ne nous offre qu'une copie quelquefois fautive. En tête de cette copie, on a transcrit cette note du fils aîné de Racine : « Légères remarques de mon père sur la traduction de Quinte-Curce de M. de Vaugelas. » Nous aurons seulement à recueillir quelques phrases que Racine avait extraites de la *Retraite des dix mille*, de Xénophon, traduite par d'Ablancourt, des *Satires* d'Horace, des *Lettres* de Cicéron à Atticus, des IX° et XLI° livres de Tite-Live.

Avec le manuscrit in-folio qui contient toutes les pièces que nous venons d'énumérer, M. Gazier a trouvé, dans la bibliothèque où on le conserve, trois pièces détachées qui ne sont pas sans intérêt pour nous :

1° Une lettre de Claude Lancelot à Nicolas Vitart, cousin de Racine;

2° Les vers qui attestent la présence de Racine au service funèbre d'Antoine Arnauld, et qui étaient ceux que nous aurions dû citer à la page 133 de notre tome I, note 1;

3° Une courte notice nécrologique sur Jean Racine, extraite d'un *Obituaire* de Port-Royal.

Les diverses *Additions* que nous devons aux communications de M. Gazier vont être successivement données à la place qui est assignée à chacune d'elles par l'ordre des différentes parties de notre édition auxquelles elles peuvent être rapportées. Nous y mêlerons, suivant les exigences du même ordre, les autres *additions* ou *corrections*, peu nombreuses pour nos sept premiers volumes, que nous n'avons pas tirées de la même source Entre les unes et les autres il n'y a pas de confusion possible.

TOME I.

Page 133 (*Notice biographique*), note 1. Il est vraisemblable que *la petite pièce du temps* dont il est parlé dans cette note n'est pas celle que nous avons désignée, mais la suivante, qui a été découverte par M. Gazier Elle a été imprimée en 1694, le 5° novembre, sur une feuille volante in-4°, qui a pour titre : *Recueil des plus belles pièces qui ont été composées en prose et en vers.... à la gloire de M. Arnauld.* Elle s'y trouve à la suite d'un madrigal composé pour être mis sous l'estampe de M. Arnauld[1]. La voici, avec son titre :

AUTRE MADRIGAL SUR CE QUE M. RACINE FUT LE SEUL HOMME DE PARIS ET DE LA COUR QUI ASSISTA AU SERVICE QUI FUT FAIT A PORT-ROYAL DES CHAMPS POUR M. ARNAULD.

    Au service d'Arnauld tout Paris fut prié.
      Aucun n'y fut, par politique,
   Comme si le défunt étoit un hérétique.
      Racine, qui fut convié,
      Assista seul à ce service.
    Lecteur, n'en soyez pas surpris :
     C'est le seul de nos beaux esprits,
  Qui connoît le mérite et qui lui rend justice

Page 195 (*Pièces justificatives*). A la suite des épitaphes de Racine, que nous avons données, la pièce suivante doit trouver place. Elle nous a été communiquée par M. Gazier, et se trouve dans un *Obituaire* (manuscrit) *de l'abbaye de Notre-Dame de Port-Royal des Champs*, de *l'Institut du Saint-Sacrement* :

    Vingt et unième jour d'avril.
           xj Kal.

... Ce même jour mil-six-cent-quatre-vingt-dix-neuf mourut à Paris Jean Racine, trésorier de France, secrétaire du Roi et gentilhomme ordinaire de sa Chambre. Il avoit été élevé céans avec d'autres personnes qui y étudioient les sciences, et ayant été obligé d'en sortir, il suivit quelque temps les voies du siècle ; mais Dieu lui fit enfin la grâce de renouveler dans son esprit la lumière des vérités qui s'y étoient obscurcies, et de réveiller dans son cœur les sentiments de la piété. Il a eu beaucoup d'affection pour ce monastère ; et il nous a donné des marques de son zèle, ayant employé son crédit pour nous protéger. Son corps a été apporté ici et enterré dans le cimetière de dehors, comme il l'avoit ordonné. Il nous a laissé huit cents livres par son testament.

Pages 321 et 322. Le texte de la lettre d'Arnauld qui est cité à ces pages des *Mémoires* de Louis Racine peut être corrigé d'après la copie que donne de cette même lettre le manuscrit communiqué par M. Gazier. Louis Racine altérait toutes les lettres qu'il citait, tandis qu'on peut compter sur l'exactitude du manuscrit, où il n'y a du moins que quelques inadvertances du copiste. Voici les *variantes* que le manuscrit nous offre :

Page 321, ligne 25, « plus judicieux apologiste ». La copie manuscrite

---

1. « Composé, à ce qu'on croit, est-il dit dans le *Recueil*, par M. Despréaux. » Quelque douteuse que soit cette attribution, on pourra être curieux de connaître ce madrigal, et on nous pardonnera de le citer :

    Savoir à fond toute la loi,
   Éclaircir la morale et soutenir la foi,
     Renverser Calvin et Pélage,
    Remettre au jour toute l'antiquité,
  Être humble dans la gloire et calme dans l'orage,
  Ne parler et n'agir que pour la vérité,
  C'est ce qu'a fait Celui dont vous voyez l'image.

a *judiciaire*, au lieu de *judicieux*; mais ce ne peut être, ce nous semble, qu'une mauvaise lecture du copiste.

Page 322, ligne 1, « que je vous supplie ». *Var.* « que je supplie notre ami ».

Ibidem, lignes 5 et 6, « que je lui remarque ». *Var.* « que je lui marque »
Ibidem, ligne 7, « qui n'y fût pas ». *Var.* « qu'il n'y fût pas ».
Ibidem, ligne 9, « dans sa dixième épître ». *Var.* « dans la dixième épître ».
Ibidem, ligne 14, « Ce que je souhaiterois qui ». *Var.* « Ce que je souhaiterois donc qui ».
Ibidem, ligne 21, « que la vérité qui plaise ». *Var.* « que la vérité qui plaît ».
Ibidem, ligne 28, « les poëtes ont accoutumé ». *Var.* « les poëtes ont de coutume ».
Ibidem, lignes 31 et 32, « pour médecin habile ». *Var.* « pour un médecin habile ».

Page 467, note 2, « à cinq stances. Nous n'en avons plus que trois », *lisez :* « à trois stances, et c'est aujourd'hui le nombre de ces stances ». Voyez au tome VI, p. 507, la note 4, où nous avions déjà fait cette correction.

TOME II.

Page 358, ligne 31, « du devoir à la passion », *lisez :* « de la passion au devoir ».

TOME III.

Page 33, note 1. Nous avons cru pouvoir signaler une négligence, une distraction de Racine, qui n'aurait pas pris garde à la ressemblance trop grande des vers 245 et 246 de *Mithridate* avec les vers 285 et 286. Quand on se risque à censurer Racine, on se trompe presque toujours. La similitude presque entière des deux passages paraît, à y regarder de plus près, cherchée avec intention. Pharnace répète avec ironie les paroles de Monime. On trouverait de semblables répétitions ironiques dans Corneille. Voyez aussi dans le *Misanthrope* les vers 33-36 de la scène IV de l'acte II, comparés aux vers 81-84 de la même scène.

Page 137, lignes 6-10. En cet endroit de la *Notice sur Iphigénie* nous avons parlé de la difficulté qu'aurait trouvée Talma à se rendre maître du rôle d'Achille, et nous avons dit que le succès de Lafond dans ce rôle « fut, ce semble, supérieur » à celui du grand tragédien. Un des hommes les plus distingués parmi ceux qui, de notre temps, ont, par la connaissance approfondie et l'heureuse pratique de leur art, comme par le goût et l'instruction littéraire, perpétué les bonnes traditions sur notre scène, M. François Regnier, professeur au Conservatoire et ex-sociétaire au Théâtre-Français, bien autrement compétent que nous dans ces questions d'histoire du théâtre, et qui peut d'ailleurs parler, comme témoin (témoin fort jeune alors, il est vrai), de Talma et de Lafond, et des représentations d'*Iphigénie* où ils ont paru, a vivement protesté contre ce qu'il juge une grande erreur; et nous croyons nécessaire de rectifier d'après lui notre assertion, parce que nous ne doutons pas qu'il n'ait raison contre nous. Il pense que cette erreur, depuis longtemps accréditée, a son origine dans les articles de Geoffroy, toujours acharné contre Talma. Il se peut; et si nous produisions d'autres témoignages que celui du trop partial critique, on aurait à nous répondre qu'ils ne sont que des échos de la malveillance de Geoffroy. Il n'y a sans doute pas autre chose à dire de celui que nous avons rencontré dans une petite note de M. A. Boullée qui, par malechance, se trouve au bas d'un article de M. Regnier lui-même sur Talma, et y a été jointe à son insu, dans la *Biographie universelle* (édition Desplaces). Parlant de ce rôle d'Achille et de celui de Coucy dans *Gabrielle de Vergy*, etc., M. Boullée dit : « Ces derniers rôles, par leur caractère ouvert et chevaleresque, convenaient moins au genre de son talent (*du talent de Talma*). » C'est ce que nous avions cru. M. Regnier nous détrompe, en nous avertissant de plusieurs autres jugements qu'il n'accepte pas davantage dans la susdite note. Il se souvient de ces représentations d'*Iphigénie*, qui étaient pour Talma de vrais triomphes, et de l'incontestable supériorité qu'il y eut sur Lafond. La différence dans leur interprétation du rôle d'Achille « était, nous écrit-il, la différence qu'il y a entre le pompeux et le vrai. » Samson, juge si fin, « ne gardait pas le sang-froid, nous dit-il encore, quand on admettait devant lui la plus légère comparaison entre les deux acteurs dans ce rôle. » Lafond, instruit et spirituel, doué de qualités brillantes, ne put jamais se corriger de quelques défauts, un accent gascon assez prononcé, l'emphase de la voix et du geste, avec laquelle une certaine bonhomie bourgeoise venait tout à coup faire un désagréable contraste. Il ne fut pas exempt de ces défauts dans le rôle d'Achille. Talma, qui y avait toujours été sans égal, ne le lui abandonna que trop longtemps. M. Regnier a fidèlement gardé dans sa mémoire l'effet prodigieux de son interprétation, particulièrement dans ces passages :

> Qui que ce soit, parlez, et ne le craignez pas (v. 908);
> — Cet oracle est plus sûr que celui de Calchas (v. 1084);
> — Et si dans les horreurs de ce désordre extrême
> Votre père frappé tombe et périt lui-même,
> Alors.... (v. 1609-1611),

et dans le « Contre qui? » du vers 903, qu'il prononçait tout autrement que Lafond.

Talma, disions-nous, avait trop longtemps cessé de jouer ce rôle, ce qui avait permis aux injustices de Geoffroy de faire leur chemin dans l'opinion publique, lorsque enfin il le reprit, déjà avancé dans sa carrière, et y excita l'admiration. M. Regnier l'entendit alors; c'était en 1824, le 26 novembre et le 15 décembre. Il a bien des témoignages à citer à l'appui du jugement qu'il porta à ce moment, et qu'il maintient, de l'incomparable supériorité de son jeu : entre autres celui de Lemercier, qui dans la *Revue encyclopédique* (juillet 1827) compte le rôle d'Achille parmi ceux auxquels Talma fit « reprendre leur véritable figure antique. »

Page 526, note 3. Nous avons dit dans cette note que Montchrestien, de même que Racine, et que du Ryer, n'avait fait faire à Esther l'aveu de son origine, qu'au moment où elle implore Assuérus pour qu'il épargne les Juifs; et nous avons cité de lui quelques vers, dont voici le dernier :

> A tous deux nous donna le nom et l'origine.

M. Lenient, professeur à la faculté des lettres, nous a fait observer que dans une édition de 1604, ce vers se lit ainsi :

> Nous donne, et tu le sais, le nom et l'origine

Cette variante est digne d'être notée, parce qu'elle prouve qu'à un certain moment du moins, Montchrestien, contrairement à ce que nous avions dit, a voulu supposer qu'Assuérus savait depuis longtemps à quelle nation appartenait Esther. Il y aurait, si l'on suivait cette édition de 1604, des changements considérables à faire à nos diverses citations de l'*Aman*. Mais nous ne regrettons pas de nous être servi d'une édition plus ancienne des tragédies de Montchrestien. Nous avons dit à la note 4 de la page 447 quelle est cette édition, publiée à Rouen chez Jean Petit. Elle est sans date ; mais généralement on la croit la première, et de l'année 1601 On y trouve deux extraits des priviléges du Roi, l'un daté de Paris, 12 décembre 1600, l'autre daté de Rouen, 9 janvier 1601. Si toutefois la date du volume reste incertaine, nous avons vu du moins une autre édition publiée de même à Rouen, chez Jean Petit, 1603, et qui est tellement semblable que le titre seul paraîtrait avoir été changé. Quant à l'édition de 1604, où l'auteur a fait tant de changements, elle a été publiée à Rouen, chez Jean Osmont. Il est assez remarquable que dans une édition de 1627 (Rouen, chez Pierre de la Motte) que nous avons vue aussi, on est revenu à la leçon :

> A tous deux nous donna le nom et l'origine.

Page 544, ligne 33, « Si tu ne peux au moins détourner ce méchef? » *lisez :* « Si tu ne peux au loin détourner ce méchef? »

Page 594. Remplacez la note 1 par celle-ci : « Anno autem septimo .... Joiada.... produxit filium Regis et posuit super eum diadema. » (*Livre* IV *des Rois*, XI, 4 et 12; et *livre* II des *Paralipomènes*, XXIII, 1.) »

Page 597, ligne 4 des notes, « deinte », *lisez :* « deinde ».

Page 598, note 1, *ajoutez :* « Arnauld d'Andilly dans sa traduction de Josèphe, dont la 1re édition est de 1667-68, rend Ἰώδαος par *Joad*. »

TOME IV.

Page 22, vers 7, « a comblé », *lisez :* « a comblés ». — Nous corrigeons ici ce défaut d'accord, parce que dans nos éditions nous appliquons généralement aux participes la règle actuelle ; mais au temps de Racine, dans un tour comme celui dont il s'agit :

> Beaux déserts qu'à l'envi des cieux
> De ses trésors plus précieux
> A comblé la nature,

il était plutôt d'usage de suivre la règle de Bouhours qui dit que le participe, lorsqu'on ajoute quelque chose après, redevient indéclinable, étant suffisamment soutenu par ce qui suit. » Voyez l'*Introduction grammaticale* du *Lexique*, à l'article *Participe passé*.

Page 89, note 2. Nous avons cité un vers latin, conservé par Tertullien,

ADDITIONS ET CORRECTIONS. (Tome IV.) 569

dont les vers 80 et 81 de l'*Idylle sur la paix* seraient une imitation. Nous aurions dû citer aussi, et de préférence, les vers 1749 et 1750 de *Cinna :*

Puisse le grand moteur des belles destinées,
Pour prolonger vos jours, retrancher nos années!

Page 138. Le manuscrit autographe de l'*Ode tirée du psaume* xvii, dont nous parlons à cette page, au commencement de la *Notice*, a été recouvré, depuis l'impression de notre tome IV, par la Bibliothèque nationale. Il s'y trouve aujourd'hui sous le n° 160 des *Acquisitions nouvelles françaises*. Nous l'avons comparé avec le texte que nous avions donné d'après Geoffroy, et nous n'avons eu à relever aucune différence.

Page 179, vers 4. Ce vers est de Corneille, dans *le Menteur*, acte V, scène v, vers 1658. Cette remarque, que nous devons à M. Ravenel, avait échappé aux précédents éditeurs comme à nous. L'ingénieuse application d'un vers très-connu donne bien plus de sel à l'épigramme.

Page 265, ligne 21. Nous devons noter ici que ce ne fut sans doute pas Boileau seul qui *fit honte* à Racine *de son ingratitude*, et qui l'engagea à ne pas publier sa seconde lettre polémique. Vitart dut vraisemblablement, après y avoir été invité par Claude Lancelot, insister auprès de son cousin pour qu'il ne poussât pas plus loin sa vengeance. La lettre attribuée à Lancelot, que nous allons mettre sous les yeux du lecteur, nous a été communiquée par M. Gazier, qui en a trouvé l'original dans la bibliothèque dont nous avons parlé ci-dessus. Elle n'est pas signée, et l'on avait d'abord écrit en tête de la première page : *Lettre de M. de Saci;* puis on a effacé le nom de Saci (l'erreur était évidente), pour y substituer celui de Lancelot; et cette dernière attribution est infiniment vraisemblable. Lancelot avait été le maître et était l'ami de Vitart. Il avait été aussi précepteur du jeune marquis de Luynes, devenu plus tard duc de Chevreuse, ce qui rend bien raison des dernières lignes de sa lettre. La lettre est fermée par un cachet rouge, dont il ne reste que la partie supérieure ; on y distingue une fleur avec une devise dont on lit fort bien quelques syllabes : « .... nistram. nec. ad. de.... », c'est-à-dire : « nec ad sinistram, nec ad dextram. » Il peut y avoir là un moyen sûr de vérifier l'exactitude de l'attribution de la lettre à Lancelot, si l'on a d'autres lettres autographes de lui, avec un cachet semblable : ce que nous regrettons de n'avoir pu savoir ; il n'y a, que l'on sache, aucune lettre de Lancelot à la Bibliothèque nationale. Ce qui est indubitable, c'est que la lettre émane de quelqu'un de Port-Royal, qui pouvait parler à Vitart avec autorité comme avec amitié, qui n'était alors ni à la Bastille, comme M. de Saci, ni en exil comme les autres Messieurs. Cela convient à Lancelot. Quoi qu'il en soit, voici la lettre. Elle donne des détails que l'on n'avait pas : entre autres celui-ci, que l'on avait à Port-Royal un billet écrit par Racine, dans lequel il se défendait d'être l'auteur de la lettre à Nicole ; et cet autre, qu'en 1667 on croyait encore que Racine avait l'intention d'entrer dans *les charges ecclésiastiques*.

A Monsieur
Monsieur Vitart, intendant de Monseigneur le Duc de Luynes,
proche les petits Jacobins,
à Paris,

[et en travers, à gauche :] « Si vous avez la lettre que vous m'avez promis de me faire voir, obligez-moi de me l'envoyer par ce porteur. »

†

Ce 8ᵉ mai 1667

Je n'ai point encore eu nouvelles de nos amis : ils sont maintenant un peu loin d'ici; et comme je ne puis me donner l'honneur de vous aller voir encore si tôt, j'ai cru vous devoir écrire ce mot, afin que vous ne vous imaginiez pas que je vous aie oublié. Depuis notre entrevue, j'ai reçu un livre de Flandre même, de la part de l'auteur, et comme il étoit venu tout relié, j'ai voulu aussitôt y voir le lieu dont vous m'aviez parlé. Je vous avoue, Monsieur, qu'il ne m'a pas paru si choquant que vous me l'aviez représenté. Il me semble qu'il faut être un peu délicat pour s'offenser si fort de si peu de chose, et de ce qu'on appelle jeune poëte un jeune homme qui s'est joué des personnes de mérite pour qui il devoit avoir conservé plus d'estime ; qui a inventé des contes faits à plaisir pour les rendre ridicules, et qui n'a point craint de les nommer par leur propre nom : au lieu qu'on n'a jamais rien fait d'approchant de tout cela pour ce qui le regarde. Je voudrois que vous eussiez pu vous donner le loisir de considérer vous-même ces différences : elles vous auroient sans doute paru [consi]dérables, et vous auroient pu porter à prendre un autre biais pour nous venir parler de cette affaire que de nous menacer de votre cousin comme de la plume qu'on a plus sujet de redouter. Si vous ne vous étiez adressé qu'à moi, je m'en étonnerois moins : vous savez que vous avez toujours eu liberté de me tout dire. Mais je vous avoue que j'ai été surpris d'apprendre que vous ayez encore tenu les mêmes discours, chez M. G..., à une personne à qui je n'en avois pas même rien voulu dire, ce qui marque que vous êtes un peu préoccupé là-dessus. Cela vous nuit plus que vous ne pensez dans le monde; permettez-moi, je vous supplie, de vous le dire, puisque je ne croirois pas être votre ami si je ne vous en donnois avis. Quelque admiration que vous ayez de M. R., il a des défauts qui ne sont pas à estimer, et l'on ne vous saura jamais gré de le soutenir dans une chose si insoutenable. Et en vérité, Monsieur, je ne sais si vous y avez bien pensé. S'il a tort, comme vous l'avouez vous-même, puisqu'il a nommé les personnes et qu'il a commencé le premier, où est la s[at]isfaction qu'il en a faite et qu'il est obligé de faire, non-seulement s'il veut mourir en chrétien, mais même s'il veut vivre en homme d'honneur? Vous savez qu'on n'a jamais d'estime dans le monde pour ceux qui déchirent des personnes à qui ils ont de l'obligation ; et cependant c'est ce qu'a fait M. R., et ce que vous nous représentez vous-même qu'il est encore résolu de faire. Quand on a répondu à sa lettre, on a tenu tout un autre procédé; on n'a point usé de fictions ni de mensonges, on a fait voir les défauts de la pièce sans rien marquer de la personne. On vous a même accordé ce que vous aviez demandé, de ne le point nommer, et on s'est contenté de la parole que vous aviez donnée, après un billet de sa main qu'on garde encore, qu'il n'en étoit pas l'auteur. Quoiqu'on fût assez assuré du contraire, on a bien voulu s'aveugler, et on prévoyoit néanmoins qu'il auroit la légèreté de s'en vanter lui-même dans la suite. Vous voyez que l'on ne s'est pas trompé, et qu'on le connoissoit bien. Ainsi l'auteur du recueil n'a pas pu ne point mettre les deux lettres qui lui servent de réponse, et, les mettant, il n'a pas pu n'en pas rendre raison dans sa préface. La suite de sa narration l'obligeoit nécessairement à dire ce qu'il a dit. Encore a-t-il épargné beaucoup votre cousin, puisque, après un aveu si public, il n'a pas même voulu le nommer. Et si lui, de son côté, fût toujours demeuré dans la négative, cela ne lui auroit pu faire aucune peine. Mais puisqu'il a assez peu d'honneur pour dire sans scrupule le *oui* et le *non* sur la même affaire, qu'il ne se plaigne que de lui, et qu'il prenne garde qu'en pensant si fort foudroyer les autres et faire sa fortune à leurs dépens, comme il s'en est vanté plus d'une fois, il ne se fasse plus de tort qu'il leur en sauroit faire. Le vrai honneur ne s'acquiert point par cette voie. Et d'ailleurs, si on se mettoit à faire l'anatomie des ouvrages où il se satisfait le plus lui-même, on y feroit voir des fautes de jugement qui assurément ne serviroient pas à relever cette vaine réputation dont il est si amoureux. C'est pourquoi, Monsieur, si vous aimez véritablement votre cousin, portez-le plutôt à demeurer dans le silence. C'est une affaire faite, dont apparemment on ne parlera plus, qu'autant qu'il en donnera sujet : qu'il s'en tienne là, s'il veut croire mon conseil. Ce n'est pas que je ne fusse très-aise d'y pouvoir faire quelque chose de plus pour l'amour de vous; mais j'apprends que c'est une impression dont on n'est pas maître, et dont l'imprimeur a déjà envoyé une partie de côtés et d'autres. M. R. aura toujours cette consolation, que dans les lieux éloignés, comme il n'est point nommé, on ne le connoitra pas, au lieu qu'on ne peut pas dire la même [chose] de sa lettre. Mais, en vérité, il faut avoir un peu de présomption pour s'en faire tant accroire. Il faut être même bien aveugle pour se repaître des vaines idées de faire fortune aux dépens de ses amis, car il s'en vante, et d'entrer dans les charges ecclésiastiques par des voies si abominables; et il faut avoir bien peu de conscience pour vouloir accorder Dieu et Bélial, et prétendre servir en même temps et l'Église et le théâtre. Je suis nonobstant tout cela tout à vous, et je souhaiterois que vous pussiez servir aussi véritablement M. R. en cette rencontre que j'aurois desir de vous servir vous-même dans toutes les autres, au péril même de ma vie.

Assurez, je vous supplie, Monseigneur et Monsieur de Ch[evreuse] de mes très-humbles respects.

Pages 387 et suivantes. Nous donnons ici les

VARIANTES DE L'ABRÉGÉ DE L'HISTOIRE DE PORT-ROYAL[1],

tirées du manuscrit dont nous devons la connaissance à M. Gazier (voyez ci-dessus, p. 559).

PREMIÈRE PARTIE. — Page 388, ligne 5, « ne possédoit pas ». *Var.* « ne possède pas ».

Ibidem, lignes 12 et 13, « qu'elles reconnoissent avec raison.... pour un de leurs fondateurs ». *Var.* « que c'est avec raison qu'elles reconnoissent.... pour leur fondateur ».

Ibidem, ligne 14, « comme, entre autres ». *Var.* « entre autres »; *comme* manque.

Page 389, ligne 4, « plus observée ». *Var.* « point observée ».

Ibidem, ligne 14, « elle étoit à peine ». *Var.* « elle entroit à peine ».

Page 390, ligne 19, « elle se contentoit ». *Var.* « elle se contenta ».

---

1. Une note du manuscrit prétend fixer à l'année 1667 la composition de cette *Histoire*.

Page 391, ligne 2, « le sont encore aujourd'hui ». *Var.* « le sont aujourd'hui ».

Ibidem, ligne 10, « et, en un mot ». *Var.* « en un mot », sans *et*.

Ibidem, ligne 13, « avec beaucoup d'emportements ». *Var.* « avec beaucoup d'emportement », au singulier.

Ibidem, ligne 21, « et ne se laissa point entraîner ». *Var.* « qui ne se laissa pas entraîner ».

Ibidem, lignes 23 et 24, « Mais on crut ». *Var.* « et l'on crut ».

Page 392, lignes 11 et 12, « une source de bénédictions ». *Var.* « une source de bénédiction », au singulier.

Page 393, lignes 6 et 7, « une escorte de plusieurs jeunes gentilshommes ». *Var.* « une escorte de jeunes gentilshommes ».

Ibidem, ligne 8, « lui en fut ouverte ». *Var.* « lui fut ouverte ».

Ibidem, ligne 10, « qui étoit un moine ». *Var.* « (c'étoit un moine....) ».

Ibidem, lige 15, « ces jeunes gens ». *Var.* « les jeunes gens ».

Ibidem, ligne 20, « et en traversa ». *Var.* « en traversa », sans *et*.

Page 394, ligne 12, « Ainsi la Mère Angélique demeura ». *Var.* « La Mère Angélique demeura donc ».

Page 395, ligne 3, « L'on voit ». *Var.* « et l'on voit ».

Ibidem, lignes 5 et 6, « De son côté, la Mère Angélique procura aussi ». *Var.* « La Mère Angélique aussi de son côté procura ».

Ibidem, ligne 7, « de ce saint prélat. Il fit ». *Var.* « de ce saint prélat, qui fit ».

Ibidem, ligne 9, « sœur de cette abbesse ». *Var.* « sœur de l'abbesse ».

Ibidem, lignes 9-12, « il alloit voir..., charmé de se trouver ». *Var.* « charmé de se trouver..., il alloit voir ».

Page 396, ligne 10, « fussent unies. » *Var.* « fussent toujours unies ».

Ibidem, lignes 16, « d'aller trouver ». *Var.* « d'aller retrouver ».

Ibidem, ligne 17, « néanmoins orpheline ». *Var.* « néanmoins entièrement orpheline ».

Ibidem, ligne 23, « pour venir vivre ». *Var.* « pour vivre ».

Page 397, ligne 4, « qui furent approuvées ». *Var.* « approuvées »; *qui furent* manque.

Ibidem, ligne 5, « On a aussi ». *Var.* « L'on a aussi ».

Ibidem, lignes 10 et 11, « et la conjurèrent de ». *Var.* « et la conjurèrent avec beaucoup de larmes de ».

Ibidem, ligne 13, « Le nombre en étoit ». *Var.* « Le nombre étoit ».

Ibidem, ligne 23, « s'étoit aussi communiquée ». *Var.* « s'étoit communiquée ».

Page 398, ligne 13, « une grande douceur ». *Var.* « une très-grande douceur ».

Ibidem, ligne 14, « mais elles doutoient ». *Var.* « mais ils doutoient ».

Page 399, lignes 2 et 3, « sous le même joug ». *Var.* « sous les mêmes lois ».

Ibidem, ligne 22, « de ces illuminés ». *Var.* « des illuminés ».

Page 400, ligne 16, « elle n'eût appris à désobéir ». *Var.* « elle n'eût désappris à obéir ».

Ibidem, ligne 17, « s'étant ». *Var.* « s'étoit ».

Page 401, ligne 4, « y devinrent ». *Var.* « y devenoient ».

Page 402, ligne 9, « enregistrées ». *Var.* « registrées ».

ADDITIONS ET CORRECTIONS. (Tome IV.) 573

Page 402, lignes 10 et 11, « Elle ne fut pas vraisemblablement en état ». *Var.* « Elle ne fut pas en état vraisemblablement ».

Ibidem, ligne 21, « à y établir ». *Var.* « à y rétablir ».

Page 403, ligne 7, « pas moins considérable ». *Var.* « guère moins considérable ».

Ibidem, ligne 17, « Elle avoit donc fait ». *Var.* « Elle avoit fait ».

Ibidem, lignes 18 et 19, « remit en effet cette abbaye ». *Var.* « remit en 1627 cette abbaye »; *en effet* manque. Quant à la date : « *en* 1627 », qui est ici dans le texte, les éditions de 1742 et de 1767 la donnent également, mais en note. Pour la manière de placer les dates, il y a presque partout cette différence entre le manuscrit et les deux imprimés. Comme elle est sans importance, nous n'avons pas cru devoir la signaler partout où elle se rencontre.

Page 405, ligne 4, « aux autres pratiques ». *Var.* « aux pratiques ».

Ibidem, ligne 11, « d'un esprit fort variable et fort borné. » *Var.* « d'un esprit variable et très-borné. »

Page 406, ligne 9, « qui est de la paroisse de.... ». *Var.* « de la paroisse de.... »; *qui est* manque.

Page 407, ligne 14, « elle en avoit simplement ». *Var.* « elle en avoit seulement ».

Ibidem, ligne 19, « Cette Mère étant morte ». *Var.* « et cette Mère étant morte ».

Ibidem, ligne 20, « cet écrit ». *Var.* « un écrit ».

Page 408, ligne 4, « ces docteurs ». *Var.* « et ces docteurs ».

Ibidem, ligne 5, « de certaines expressions ». *Var.* « certaines expressions », sans *de*.

Ibidem, ligne 8, « l'approuvèrent au contraire avec éloge ». *Var.* « l'approuvèrent avec éloge ».

Ibidem, ligne 13, « de la portée ». *Var.* « à la portée ».

Ibidem, ligne 17, « abbé de Saint-Cyran ». *Var.* « de Saint-Cyran »; *abbé* manque.

Ibidem, ligne 20, « et avoit même ». *Var.* « Il avoit même ».

Ibidem, ligne 22, « il avoit pris lui-même la plume ». *Var.* « il avoit pris la plume ».

Ibidem, ligne 24, « Il n'avoit point mis ». *Var.* « Il n'avoit pas mis »

Page 409, ligne 7, « que personne au monde ne pouvoit ». *Var.* « que personne ne pouvoit ».

Ibidem, ligne 18, « l'eut entendu parler ». *Var.* « eut entendu parler M. de Saint-Cyran ».

Ibidem, ligne 28, « Sa science n'étoit que celle des saints Pères. » Cette phrase n'est pas dans le manuscrit.

Page 410, lignes 1 et 2, « d'autre chemin pour les mener à Dieu ». *Var.* « pour les mener à Dieu d'autre chemin ».

Ibidem, ligne 10, « il le pressa au moins de vouloir ». *Var.* « il le pressa de vouloir au moins ».

Page 411, ligne 2, « L'abbé de Saint-Cyran ». *Var.* « M. de Saint-Cyran ».

Ibidem, ligne 4, « qu'il s'aigrissoit de plus en plus, cessa ». *Var.* « que ce prélat s'aigrissoit de plus en plus, il cessa ».

Ibidem, lignes 7 et 8, « à se dégoûter même de son institut, et non content » *Var.* « à se dégoûter de son institut. Non content ».

Page 411, ligne 9, « de cet abbé ». *Var.* « de l'abbé ».

Ibidem, ligne 12, « Ce ne fut pas là ». *Var.* « Ce ne fut point là ».

Ibidem, ligne 15, « Quoique plongé ». *Var.* « et quoique plongé ».

Ibidem, ligne 17, « et ne vouloit point que ses Religieuses ». *Var.* « et ne vouloit pas que ces Religieuses ».

Page 412, ligne 1, « Il en conçut contre l'abbé ». *Var.* « Il conçut contre l'abbé ».

Ibidem, lignes 4 et 5, « qu'il ne fut pas des moins ardents depuis ce temps-là ». *Var.* « que depuis ce temps-là il ne fut pas des moins ardents ».

Ibidem, lignes 10 et 11, « que tous ceux qui le connoissoient ne pouvoient lui refuser ». *Var.* « que ne pouvoient lui refuser tous ceux qui le connoissoient ».

Ibidem, ligne 16, « pour les sublimes fonctions ». *Var.* « pour les fonctions sublimes ».

Ibidem, ligne 18, « que ce ministre ». *Var.* « que le Cardinal ».

Ibidem, ligne 23, « dans le sacrement. » *Var.* « dans le sacrement de Pénitence. »

Ibidem, ligne 28, « se piquoit encore plus d'être ». *Var.* « se piquoit d'être encore plus ».

Page 413, ligne 3, « ce fut aussi, à ce qu'on prétend, pour le même sujet ». *Var.* « ce fut aussi pour le même sujet, à ce que l'on prétend ».

Ibidem, ligne 10, « avec la princesse de Lorraine ». *Var.* « avec la princesse Marguerite de Lorraine ».

Ibidem, ligne 16, « P. Condren ». *Var.* « Père de Gondren ». — Plus haut aussi *Gondren*, au lieu de *Condren*.

Ibidem, même ligne, « et jusqu'au P. Vincent ». *Var.* « et le P. Vincent ».

Page 414, ligne 11, « d'archevêques et d'évêques ». *Var.* « d'archevêques et évêques ».

Ibidem, ligne 16, « et les évêques ». *Var.* « et tous les évêques ».

Page 416, ligne 1, « contre ce prélat si illustre ». *Var.* « contre cet illustre prélat ».

Ibidem, ligne 5, « mais un hérésiarque ». C'est par inadvertance que ces trois mots indispensables ont été omis dans le manuscrit.

Ibidem, ligne 11, « Il fit aussi saisir ». *Var.* « et fit aussi saisir ».

Ibidem, ligne 16, « tous ses papiers ». Par inadvertance encore le manuscrit a « tous *ces* papiers ».

Ibidem, ligne 18, « que l'on avoit ». *Var.* « qu'on avoit ».

Ibidem, lignes 19 et 20, « cinq ans après, c'est-à-dire à la mort ». *Var* « cinq ans après, à la mort ».

Page 417, lignes 2-4, « Jean de Verth, qui, avec d'autres officiers étrangers, étoit aussi alors prisonnier au bois de Vincennes ». *Var.* « Jean de Verth, alors prisonnier au bois de Vincennes, avec d'autres officiers étrangers ».

Ibidem, ligne 5, « car le cardinal de Richelieu ayant ». *Var.* « car le Cardinal ayant ».

Ibidem, ligne 9, « il dit publiquement ». *Var.* « il dit tout publiquement ».

Ibidem, lignes 14 et 15, « d'un fort grand nombre ». *Var.* « d'un grand nombre ».

Ibidem, ligne 17, « donne la plus haute et la plus parfaite idée ». *Var.* « donne la plus parfaite idée ».

ADDITIONS ET CORRECTIONS. (Tome IV.)

Page 417, ligne 19, « le 11 octobre 1643 ». Cette date n'est pas dans le manuscrit.

Ibidem, ligne 22, « A peine il eut ». *Var.* « A peine eut-il ».

Page 418, lignes 2 et 3, « ses sacrements ». *Var.* « les sacrements ».

Page 419, ligne 3, « qui étoit abandonné ». *Var.* « qui avoit été abandonné ».

Ibidem, ligne 17, « ne quittèrent pas ». *Var.* « ne quittèrent point ».

Ibidem, ligne 19, « où il y avoit une croix ». *Var.* « où étoit une croix ».

Page 420[1], ligne 5, « L'année ». *Var.* « et l'année ».

Ibidem, ligne 18, « qui avoit été jusqu'alors ». *Var.* « qui jusqu'alors avoit été ».

Page 421, ligne 5, « se vinrent rendre ». *Var.* « vinrent se rendre ».

Ibidem, lignes 12 et 13, « et rehaussant ceux qui..., rendirent ». *Var.* « et rehaussèrent ceux qui...; ils rendirent ».

Ibidem, lignes 13 et 14, « beaucoup plus saine ». *Var.* « plus saine »; *beaucoup* manque.

Ibidem, ligne 16, « à y suivre ». *Var.* « à suivre ».

Page 422, ligne 4, « plus de six pieds ». *Var.* « plus de dix pieds ».

Ibidem, même ligne, » le sacrement de Confirmation ». *Var.* « le sacrement de la Confirmation ».

Ibidem, lignes 21 et 22, « réfugier tous les jours, et y étoient ». *Var.* « réfugier, et y étoient ».

Page 423, ligne 3, « retirer de temps en temps pour ». *Var.* « retirer pour ».

Ibidem, lignes 9 et 10, « qu'on voit encore vis-à-vis de la porte ». *Var.* « que l'on voit encore vis-à-vis la porte ».

Page 424, ligne 6, « inspiroit de la piété ». *Var.* « inspiroit la piété ».

Ibidem, ligne 8, « et en même temps la propreté ». *Var.* « et la propreté ».

Ibidem, ligne 14, « Mais combien les personnes ». *Var.* « Combien les personnes ».

Ibidem, ligne 15, « l'intérieur de ce monastère ». *Var.* « l'intérieur du monastère ».

Ibidem, lignes 17 et 18, « pour la pauvreté et pour la mortification ». *Var.* « pour la pauvreté et la mortification ».

Ibidem, ligne 28, « pendant deux ans. Si ». *Var.* « pendant deux ans; et si ».

Page 425, lignes 1 et 2. Dans le manuscrit on a omis, par une erreur évidente, les mots suivants : « religieuses. Il y a eu telle de ces communautés ».

Ibidem, ligne 2, « tout à coup une somme de vingt mille francs ». *Var.* « tout d'un coup une somme de vingt mille livres ».

Ibidem, lignes 22 et 23, « où l'on s'exposeroit ». *Var.* « où l'on s'exposoit ».

Page 426, ligne 4, « Un des plus grands soins ». *Var.* « Un des grands soins ».

Ibidem, ligne 6, « c'étoit de dérober ». *Var.* « étoit de dérober ».

Ibidem, lignes 24 et 25, « une adresse et une charité incroyables ». *Var.* « une adresse et une charité incroyable ».

---

1. A la note 1 de la même page 420, une faute s'est glissée. Au lieu d'*archevêché de Toul*, lisez : *évêché de Toul*.

Page 428, lignes 8 et 9, « mais la porter encore à un plus haut degré ». *Var.* « mais la porter même au plus haut degré ».

Ibidem, ligne 19, « et n'ayant pu l'empêcher, elle tint ». *Var.* « et n'ayant pu l'empêcher, tint ».

Ibidem, ligne 22, « rappeler ici ». *Var.* « ici rappeler ».

Page 429, ligne 2, « d'une famille d'Auvergne ». *Var.* « d'une ancienne famille d'Auvergne ».

Ibidem, ligne 12, « de huguenots ». *Var.* « d'huguenots ».

Ibidem, ligne 16, « N'étant encore que bachelier ». *Var.* « Dès qu'il n'étoit encore que bachelier ».

Ibidem, lignes 17 et 18, « que leurs auteurs ». *Var.* « que leurs docteurs ».

Ibidem, ligne 24, « en approchant ». *Var.* « en s'approchant ».

Page 431, ligne 7, « Il s'emporta ». *Var.* « et s'emporta ».

Page 432, lignes 1 et 2, « et remuèrent ». *Var.* « et ils remuèrent ».

Ibidem, ligne 7, « qu'un. Ils songèrent ». *Var.* « qu'un; et songèrent ».

Ibidem, ligne 13, « avec une autorité égale ». *Var.* « avec autorité égale ».

Page 433, ligne 4, « n'avoient eu aucune ». *Var.* « n'avoient aucune ».

Page 434, lignes 28 et 29, « les appelant *asacramentaires*, des vierges folles ». *Var.* « les appelant des *asacramentaires*, des vierges folles ».

Page 435, ligne 1, « même jusqu'à cet excès ». *Var.* « même à cet excès ».

Ibidem, lignes 3 et 4, « de toutes ces exécrables calomnies ». *Var.* « de ces exécrables calomnies ».

Ibidem, ligne 13, « tous les samedis ». *Var.* « toutes les semaines ».

Page 436, ligne 20, « recteur de leur collége de Rouen ». *Var.* « recteur de leur collége de Blois, ensuite recteur de leur collége de Rouen ». Le manuscrit a raison ici évidemment; dans l'imprimé il y a eu des mots omis.

Ibidem, ligne 28, « plus loin ». *Var.* « plus avant ».

Page 437, lignes 7 et 8, « du prétendu complot formé, en 1621 ». *Var.* « d'un prétendu complot formé, en l'année 1621 ».

Ibidem, ligne 22, « de si effroyables impostures ». *Var.* « de si étranges impostures ».

Page 438, ligne 1, « Saints. Non-seulement ». *Var.* Saints; et non-seulement ».

Ibidem, ligne 20, « et qu'on leur voit ». *Var.* « et qu'on les voit ».

Page 440, ligne 12, « jusqu'à ». *Var.* « jusques à ».

Ibidem, ligne 14, « pendant quelque temps ». *Var.* « durant quelque temps ».

Page 442, ligne 15, « par son testament ». *Var.* « dans son testament ».

Ibidem, ligne 18, « Ainsi, quand même ». *Var.* « et ainsi, quand même ».

Ibidem, ligne 19, « en droit pour cela ». *Var.* « pour cela en droit ».

Page 443, ligne 5, « le progrès. M. Cornet ». *Var.* « le progrès; et M. Cornet ».

Page 444, ligne 3, « sur ces mêmes propositions ». *Var.* « sur ces mêmes cinq propositions ».

Ibidem, ligne 16, « lesquels trouveroient ». *Var.* « qui trouveroient ».

Page 445, ligne 13, « doctrine. Ils les chargèrent ». *Var.* « doctrine; et les chargèrent ».

Ibidem, lignes 24 et 25, « des parties. Ils ne dissimuloient ». *Var.* « des

ADDITIONS ET CORRECTIONS. (Tome IV.)

parties; et ils lui citoient là-dessus l'exemple de la fameuse congrégation *de Auxiliis*. Ils ne dissimuloient ».

Page 445, ligne 26, « avoit dû être ». *Var.* « auroit dû être ».

Page 446, ligne 8, « ils demandèrent ». *Var.* « ils pressèrent ».

Ibidem, ligne 17, « dit-il ». *Var.* « leur dit-il ».

Page 447, ligne 19, « et glorifient ». *Var.* « et glorifions ».

Ibidem, ligne 25, « Mais il parut bien, par le soin que les jésuites prirent ». *Var.* « Mais il paroît bien dans le soin qu'ils prirent ».

Page 448, lignes 20 et 21, « du moins le P. Adam, et plusieurs autres de leurs auteurs ». *Var.* « du moins plusieurs de leurs auteurs ». Le manuscrit porte en note, à la marge : « Le P. Adam et autres ».

Ibidem, ligne 22, « le dégradoient de sa qualité ». *Var.* « le dégradèrent de la qualité ».

Page 449, ligne 2, « (à Caen) ». Ces mots ne sont pas dans le manuscrit

Ibidem, ligne 8, « une horrible impiété ». Ici il y a dans le manuscrit les mots *à Caen*, en note, à la marge.

Ibidem, ligne 19, « Ils regardoient ». *Var.* « et ils regardoient ».

Page 450, ligne 6, « que c'étoient ». *Var.* « que c'étoit ».

Ibidem, ligne 13, « n'avoit pas permis ». *Var.* « n'avoient pas permis ».

Page 451, lignes 9 et 10, « Il n'y avoit d'hérésie, ni sorte d'impiété ». *Var.* « Il n'y avoit hérésie ni sorte d'impiété »; la leçon du manuscrit est seule bonne.

Page 452, ligne 9, « en un misérable libelle ». *Var.* « dans un misérable libelle ».

Ibidem, ligne 10, « il y a près d'un an ». *Var.* « il n'y a pas un an »

Ibidem, ligne 21, « jusqu'à une somme ». *Var.* « jusques à une somme ».

Page 453, lignes 10 et 11, « si atroce ». *Var.* « aussi atroce ».

Page 454, ligne 6, « Ils prirent surtout soin ». *Var.* « Ils prirent soin surtout ».

Ibidem, ligne 24, « n'avoit pas été d'abord ». *Var.* « n'avoit pas d'abord été ».

Page 455, ligne 9, « qui pouvoit plus gagner ». *Var.* « qui pouvoit le plus gagner ».

Ibidem, ligne 10, « que sa Constitution ». *Var.* « que la Constitution ».

Page 457, ligne 9, « un plus sensible plaisir ». *Var.* « de plus sensible plaisir ».

Ibidem, lignes 10 et 11, « par un bref daté du 27 septembre 1654, et adressé à ». *Var.* « par un bref adressé à ». En note, à la marge : « 29 septembre 1654 »

Ibidem, lignes 12 et 13, « étoit succinct ». *Var.* « étoit fort succinct ».

Ibidem, ligne 27, « Il est assez étrange ». *Var.* « et il est assez étrange ».

Page 458, ligne 14, « dans ces assemblées ». *Var.* « dans ces deux assemblées ».

Page 460, lignes 12 et 13, « de ses spéculations ». *Var.* « de ces spéculations »

Ibidem, ligne 31, « à l'autel. Le sujet ». *Var.* « à l'autel ; et le sujet ».

Page 461, ligne 11, « bruit. Il se crut ». *Var.* « bruit ; et il se crut ».

Ibidem, ligne 13, « la pureté de sa foi ». *Var.* « et la pureté de sa foi ».

Page 462, ligne 6, « Ces propositions ». *Var.* « Ces deux propositions ».

Page 464, ligne 2, « dont sa seconde proposition ». *Var.* « dont la seconde proposition ».

Ibidem, ligne 11, « casser ces petits ». *Var.* « casser tous ces petits. »

Page 465, ligne 11, « une jeune pensionnaire ». *Var.* « une pensionnaire ».

Page 466, ligne 3, « dans une chambre avec ». *Var.* « dans une chambre solitaire avec ».

Page 468, ligne 4, « dans leur chambre. Elle n'y fut pas ». *Var.* « dans leur chambre, et elle dans la sienne. Elle n'y fut pas ».

Ibidem, ligne 15, « dans les autres temps, que d'ailleurs ». *Var.* « dans les autres temps, et que d'ailleurs ».

Ibidem, ligne 21, « lui faire du mal ». *Var.* « lui faire mal ».

Page 469, ligne 1, « il y avoit des sœurs ». *Var.* « il y avoit encore des sœurs ».

Ibidem, lignes 11 et 12, « fut étonné ». *Var.* « fut fort étonné ».

Ibidem, ligne 13, « fait venir quelque charlatan ». *Var.* « fait venir peut-être quelque charlatan ».

Ibidem, ligne 16, « plusieurs fois l'œil ». *Var.* « plusieurs fois le coin de l'œil ».

Ibidem, ligne 21, « Cressé. Les ayant ». *Var.* « Cressé; et les ayant ».

Ibidem, ligne 24, « si parfaite, ils allèrent ». *Var.* « si parfaite, allèrent ».

Page 470, ligne 9, « depuis si longtemps ». *Var.* « depuis longtemps ».

Ibidem, lignes 13 et 14, « Elle ne s'en fia ni ». *Var.* « Elle ne s'en fia pas ni ».

Ibidem, lignes 29 et 30, « information. Après ». *Var.* « information ; et après ».

Page 471, ligne 3, « docteurs de Sorbonne, ils donnèrent ». *Var.* docteurs de Sorbonne, donnèrent ».

Ibidem, ligne 10, « dans l'église ». *Var.* « dans cette église ».

Page 472, ligne 1, « M. Félix eut ordre ». *Var.* « M. Félix eut de nouveaux ordres ».

Ibidem, ligne 10, « d'avertir ». *Var.* « d'attester ».

Ibidem, lignes 27 et 28, « de leurs âmes » *Var.* « de leur âme ».

Page 474, ligne 15, « une docilité d'enfant ». *Var.* « une docilité d'enfants ».

Page 475, ligne 14, « qu'il avoit hérité de toute ». *Var.* « qu'il avoit hérité pour elles de toute ».

Ibidem, ligne 26, « et il lui a conservé jusqu'à ». *Var.* « et lui a conservé jusques à ».

Ibidem, ligne 27, « dès ». *Var.* « dès le temps ».

Page 476, ligne 7, « qu'il étoit » *Var.* « qu'il fut ».

Ibidem, ligne 9, « qu'il ne s'amusoit guère alors à ». *Var.* « qu'il ne s'amusoit guère alors de ».

Page 477, ligne 3, « à ce prince ». *Var.* « au prince ».

Ibidem, ligne 6, « eu peut-être ». *Var.* « peut-être eu ».

Page 478, ligne 24, « à former ni à conduire ». *Var.* « à former et à conduire ».

Ibidem, ligne 30, « et aux puissances ; que ». *Var.* « et aux puissances légitimes ; que ».

Page 479, ligne 8, « à peine y fut-il arrivé ». *Var.* « à peine il y fut arrivé ».

ADDITIONS ET CORRECTIONS. (Tome IV.)

Page 480, ligne 6, « la France lui étant fermée ». *Var.* « La France lui étoit fermée ».

Ibidem, ligne 15, « étant sujet à tomber dans ». *Var.* « étant tombé dans ».

Page 482, lignes 1 et 2, « je ne vis jamais de gens ». *Var.* « je ne vis jamais des gens ».

Ibidem, ligne 12, « pas leur témoignage ». *Var.* « point leur témoignage ».

Page 483, ligne 1, « maximes abominables, qui tendoient ». *Var.* « maximes abominables, et qui tendoient ».

Page 484, ligne 2, « à ses quinze ». *Var.* « à ces quinze ».

Page 486, ligne 27, « les Pères du concile de Nicée ». *Var.* « les Pères au concile de Nicée ».

Ibidem, ligne 28, « les propositions d'Arius ». *Var.* « les propositions impies d'Arius ».

Page 487, lignes 20 et 21, « qu'ils ont eu le crédit de ». *Var.* « qu'ils ont eu le secret de ».

Page 488, lignes 7 et 8, « leurs auteurs. C'est ce qui leur fit ». *Var.* « leurs auteurs; et c'est ce qui fit ».

Ibidem, ligne 9, « ami du P. Annat ». *Var.* « ami intime du P. Annat ».

Page 489, ligne 9, « le duel, l'adultère ». *Var.* « l'adultère, le duel ».

Page 490, lignes 5 et 6, « dont on les vouloit accuser ». *Var.* « dont il les vouloit accuser ».

Ibidem, ligne 12, « au bout de six mois ». *Var* « au bout de deux mois ».

Ibidem, ligne 20, « d'un P. Moya ». *Var.* « du P. Moya ».

Page 491, ligne 2, « en l'année 1668, fit ». *Var.* « en l'année 1668, a fait ». — L'erreur de 1668, au lieu de 1679, est aussi bien dans le manuscrit que dans les imprimés de 1742 et de 1767.

Ibidem, ligne 3, « soixante-cinq ». *Var.* « soixante et cinq ».

Ibidem, ligne 5, « auront ». *Var.* « auroient ».

Ibidem, ligne 11, « dans ses écoles une morale plus conforme et à ». *Var.* « dans ses écrits une morale plus conforme à ».

Page 492, ligne 17, « de 1655 ». Cette date erronée se trouve aussi dans le manuscrit.

Page 493, ligne 8, « M. de Marca et le P. Annat ». *Var.* « Lui et le P. Annat ».

Ibidem, ligne 25, « contre sa personne ». *Var.* « contre la personne ».

Page 495, ligne 4, « qu'à écouter et à signer ». *Var.* « qu'à écouter et signer ».

Ibidem, ligne 29, « ce scrupule. Quelques jours ». *Var.* « ce scrupule; et quelques jours ».

Page 496, ligne 8, « Il est évident ». *Var.* « Il est constant ».

Page 497, ligne 6, « qu'on n'y présentât ». *Var.* « qu'on y présentât », sans la négation.

Ibidem, ligne 26, « pour exécuter ». *Var.* « pour faire exécuter ».

Page 498, ligne 13, « de voir renversés ». *Var.* « de voir renverser ».

Page 499, ligne 6, « les Religieuses ». *Var.* « les Religieux ».

Seconde partie. — Page 500, ligne 24, « n'eussent ». *Var.* « n'aient ».

Page 501, lignes 26 et 27, « qu'ils avoient eu, ainsi que nous avons dit, avec ». *Var.* « qu'ils avoient eu avec ».

Page 502, ligne 21, « Tout ce qui s'approchoit » *Var.* « Tout ce qui approchoit ».

Page 502, ligne 28, « ont fait ». *Var.* « avoient fait ».

Page 505, ligne 22, « jusqu'à nouvel ordre ». *Var.* « jusques à nouvel ordre ».

Page 509, ligne 6, « et je ne perdrai point ». *Var.* « et ne perdrai point ».

Page 510, ligne 1, « comme toutes les Religieuses ». *Var.* « comme toutes les autres Religieuses ».

Page 511, ligne 13, « encore mieux ». *Var.* « mieux encore ».

Page 513, lignes 17 et 18, « sur son monastère ». *Var.* « sur elle et sur son monastère ». Voyez notre note 3, à cette page 513.

Ibidem, ligne 24, « dont il avoit [flétri] ». Le mot *flétri*, omis dans le manuscrit autographe, se trouve dans la copie manuscrite, comme dans l'imprimé de 1767.

Page 514, ligne 8, « de *la Fréquente communion* même, à cause ». *Var.* « de *la Fréquente communion*, à cause ».

Ibidem, lignes 29 et 30, « gagna pourtant enfin le dessus ». *Var.* « gagna enfin le dessus ».

Page 516, ligne 28, « de paix, de ferveur ». *Var.* « de paix, de fermeté ».

Page 517, ligne 2, « qu'à se bien représenter ». *Var.* « qu'à se représenter ».

Ibidem, ligne 9, « de soixante et dix ans ». *Var.* « de soixante-dix ans ».

Page 519, ligne 15, « reconnues très-pures ». *Var.* « reconnues pour très-pures ».

Page 520, ligne 4, « des entreprises de l'assemblée du clergé ». *Var.* « des entreprises du clergé »; mais il y a là une omission du copiste.

Ibidem, lignes 16 et 17, « néanmoins au commencement dans l'opinion » *Var.* « néanmoins dans l'opinion ».

Page 522, ligne 3, « il n'y auroit plus ». *Var.* « il n'y avoit plus »

Ibidem, ligne 15, « fit un long discours ». *Var.* « fit un grand discours ».

Page 523, ligne 18, « de la cour de Rome ». *Var.* « de l'église de Rome ».

Ibidem, ligne 23, « pour ne pas appuyer ». *Var.* « pour ne pas approuver ».

Page 525, ligne 9, « imprimé fortement ». *Var.* « fortement imprimé ».

Page 526, ligne 4, « au nombre ». *Var.* « du nombre ».

Ibidem, ligne 30, « à la sœur de M. Pascal ». Ce que l'édition de 1767 a ajouté après ces mots (voyez à la note 3 de cette même page) manque dans la copie manuscrite, aussi bien que dans l'autographe.

Page 527, lignes 26 et 27, « monastères de Port-Royal de Paris et des Champs ». *Var.* « monastères de Paris et des Champs ».

Page 528, lignes 3 et 4, « témoignage de la pureté de notre foi ». *Var.* « témoignage de notre foi ».

Page 530, ligne 6, « en écrivoit ». *Var.* « en écrivit ».

Page 531, ligne 7, « comme nous avons vu ». *Var.* « comme nous l'avons vu ».

Page 533, lignes 12 et 13, « que du reste ». *Var.* « qu'au reste ».

Page 534, ligne 12, « élevoit si haut en France ». *Var.* « élevoit en France ».

Page 535, ligne 5, « et détruiroient ». *Var.* « et détruisoient ».

Page 540, ligne 12, « un écrit signé des ». *Var.* « un écrit signé par les ».

ADDITIONS ET CORRECTIONS. (Tome IV.)

Page 541, lignes 6 et 7, « et toute la soumission ». *Var* « et la soumission ».

Page 542, ligne 7, « du Formulaire ». *Var.* « de Formulaire ».

Page 543, ligne 14, « mais ne voulant rien ». *Var.* « mais ne voulut rien ».

Page 544, ligne 3, « poursuivroit tout de nouveau ». *Var.* « poursuivroit de nouveau ».

Ibidem, ligne 15, « que des matières ecclésiastiques ». *Var.* « que des affaires ecclésiastiques ».

Page 545, ligne 18, « il n'exigeoit point ». *Var.* « il n'exigeoit pas ».

Page 547, ligne 5, « et n'avoit rien oublié ». Après ces mots il y a dans la copie manuscrite la même lacune que nous avons signalée dans l'autographe (voyez à la note 3 de cette page 547).

Page 550, ligne 13, « il sortit brusquement, en leur faisant entendre ». Le membre de phrase qui est dans l'imprimé de 1767, et qui manque ici (voyez à la note 8 de la même page), se trouve dans la copie manuscrite. Mais il faut remarquer qu'il se lit aussi sous les ratures dans le manuscrit autographe, comme il est dit dans cette note.

Pages 550 et 551, « du chevalier du guet ». *Var.* « du guet », sans les mots *du chevalier*.

Page 551, ligne 17, « couvent ». *Var.* « monastère ».

Page 552, ligne 4, « au cou de leurs Mères. Elles ». Avant *Elles* il y a dans la copie manuscrite les deux ou trois lignes que nous avons données à la note 2 de la même page, comme ajoutées par l'imprimé de 1767.

Page 555, ligne 3, « Mais il fit ». *Var.* « Mais il leur fit ».

Ibidem, ligne 20, « sans parler de tout le scandale ». *Var.* « sans parler du scandale ».

Page 556, lignes 2 et 3, « sans avoir fait aucun ». *Var.* « sans aucun ».

Ibidem, ligne 6, « de n'avoir point ». *Var.* « de n'avoir pas ».

Page 559, ligne 10, « que toute cette affaire ». *Var.* « que cette affaire ».

Page 561, ligne 1, « donner atteinte ». *Var.* « donner d'atteinte ».

Ibidem, ligne 25, « [Dans le moment...] ». Tout ce passage entre crochets voyez à la note 3 de la même page), qui n'est donné que par l'imprimé de 1767, manque dans la copie manuscrite aussi bien que dans l'autographe. Il pourrait bien être une interpolation des éditeurs de 1767.

Page 563, ligne 3, « étoit assez indifférent ». *Var.* « étoit indifférent ».

Page 564, ligne 16, « qu'il ne l'avoit pas reçue ». *Var.* « qu'il ne l'avoit point reçue ».

Page 566, ligne 2, « aussi claire ». *Var.* « si claire ».

Page 569, lignes 7 et 8, « qui déclaroient ». *Var.* « qui déclarèrent »

Page 571, ligne 8, « à la Visitation ». *Var.* « dans le couvent de la Visitation ».

Page 572, ligne 13, « de la même sorte ». La *seconde partie* de cette Histoire s'arrête là dans la copie manuscrite, aussi bien que dans le manuscrit autographe.

TOME VI.

Page 189, ligne 25, « vers, » lisez : « ver ».

Page 328. A la suite des notes de Racine sur Horace, le manuscrit communiqué par M. Gazier nous permet d'ajouter celle-ci [1] :

« Solimon, fameux usurier et méchant poëte, mettoit dans tous ses contrats qu'on seroit obligé de lui entendre déclamer ses vers. *Note* sur ce vers [*le vers* 89] d'Horace, *sat.* 3, liv. I :

Porrecto jugulo historias, captivus ut, audit.

C'est au sujet de Druson, autre usurier, à qui on se pressoit de payer les arrérages, de peur d'être forcé à lui entendre réciter son histoire. »

Page 333. Nous tirons du même manuscrit les notes suivantes de Racine sur Cicéron, qui sont à joindre à celles que nous avons données :

Cicer. ad Att. L. VII, ep. 1. — Toute cette lettre est merveilleuse. Il y parle de son embarras entre César et Pompée.

« Quam non est facilis virtus ! quam vero difficilis ejus diuturna simulatio ! » — Je crois qu'en cet endroit il entend parler de la valeur; car c'est à propos de ses expéditions militaires contre les Parthes, dont il est le premier à se moquer avec son ami.

Ep. 2. — « Invaletudo tua valde me conturbat. »

« Filiola tua te delectari lætor, et probari tibi φυσικὴν esse τὴν πρὸς τὰ τέκνα. Etenim si hæc non est, nulla potest homini esse ab homine naturæ adjunctio. »

Il dit que « Cæcilius malus autor latinitatis est ; Terentii autem fabellæ propter elegantiam sermonis putabantur a C. Lælio scribi [2]. »

Il s'accuse d'avoir écrit mal à propos *Piræa*; « quod homo romanus *Piræa* scripserim, non *Piræum*, sic enim omnes nostri locuti sunt. »

Parti de César. *Ep.* 3. « Causam solum hæc causa non habet, cæteris rebus abundat. »

La septième est encore merveilleuse, et il y dépeint très-bien l'état des affaires. « Ut bos armenta, sic ego bonos viros, aut eos quicunque dicuntur boni, sequar, etiamsi ruent. »

Ep. 8. « Tu soles conglutinare amicitias testimoniis tuis. » Belle idée d'Atticus, qui avoit soin de rendre de bons offices à tout le monde, et qui vouloit l'union et la paix partout.

Il dit que ce qui le fâche, c'est que, s'il veut être de l'avis de Pompée, il faut donc qu'il rende à César l'argent qu'il lui a prêté : « Est enim ἄμορφον ἀντιπολιτευομένου χρεωφειλέτην esse.... » Rien n'est plus vilain que d'être d'un parti quand on est créancier de l'autre.

Il dit dans la 3ᵉ lettre : Si j'opine courageusement pour le bien de la République, je m'attends que Tartessius viendra m'aborder à la sortie du

---

1. En tête des notes de Racine recueillies par son fils aîné, celui-ci avait écrit ces mots reproduits par le copiste du manuscrit : « Remarques ou Extraits faits par mon père, à mesure qu'il lisoit. »

2. Cette citation et la suivante ne sont pas dans la lettre 2, mais dans la lettre 3 du livre VII.

sénat : « Jube sodes nummos curare. » Par ce Tartessius il entend Balbus, qui étoit de Cadix, et qui faisoit les affaires de César.

L. VIII, ep. 11. Voyez l'idée d'un sage administrateur de la République. Puis celle de deux mauvais ministres. « Dominatio quæsita ab utroque est. Non id actum, beata et honesta civitas ut esset. »

L. VII, ep. 25. Il dit de Pompée : « Malas causas semper obtinuit, in optima concidit. »

L. VIII, ep. 9. Tout le monde parle le même langage : « Signa conturbantur, quibus voluntas a simulatione distingui possit. »

Il dit de César : « Hoc τέρας horribili vigilantia, celeritate, diligentia est. »

Page 335. Le manuscrit autographe de la Bibliothèque nationale ne nous a conservé que de bien courts extraits de Tite-Live, que Racine avait faits en lisant cet historien. Voici encore trois petites notes sur l'histoire du même auteur, que nous fournit la copie manuscrite communiquée par M. Gazier :

Tite-Live, décade V, l. I[1]. — « Sed externorum inter se bella quo quæque modo gesta sunt persequi non operæ est, satis superque oneris sustinenti res a populo Romano gestas describere[2]. »

Voyez dans le livre II[3] une idée du prince d'Orange en la personne de Persée.

Doctrine des équivoques. T. Liv., décade I, l. IX, p. 601[4]. « Hæc ludibria religionum non pudere in lucem proferre! et vix pueris dignas ambages senes ac consulares fallendæ fidei exquirere! »

Page 358. A la suite des extraits du Quinte-Curce de Vaugelas, que la copie manuscrite de M. Gazier donne conformes au texte du manuscrit autographe, cette même copie place quelques phrases qu'avec la même intention de faire une étude sur la langue française, Racine avait tirées du livre intitulé *La retraite des dix-mille de Xénophon.... de la traduction de Nicolas Perrot, sieur d'Ablancourt*. L'édition dont il s'est servi est celle de M.DC.XLVIII, 1 vol. in-8º, chez la veuve Jean Camusat et Pierre le Petit.

« Et quel âge attends-je pour me signaler ? » *Retraite des dix-mille*, p. 123.

« Puisqu'ils ont violé leur parole, nous sommes quittes de la nôtre, » p. 124.

« Fausser sa foi, » p. 132.

Page 371. Le manuscrit de M. Gazier a une copie de cette lettre 1, à la marge de laquelle se trouvent quelques notes venant de J. B. Racine; celle-

---

1. Voyez dans l'édition Lemaire, au livre XLI, chap. xxv; et dans l'édition elzévirienne de Heinisius (1634, 3 vol. in-12), au tome III, p. 494 (livre XLI semblablement). Nous citons cette dernière édition, parce qu'il paraît bien que c'est celle dont Racine s'est servi; elle est du moins la seule où nous ayons pu trouver à la page 601, à laquelle Racine renvoie, le passage qui est ci-après pour lui l'objet d'un curieux rapprochement. Au commencement du texte de Tite-Live, dans le tome I de cette édition, on lit : *Decadis primæ liber primus*. Mais la division par décades n'est pas continuée dans les tomes suivants. On peut donc s'étonner que Racine l'ait suivie, s'il n'avait pas en même temps une autre édition sous les yeux.

2. Il est probable que Racine a noté ce passage parce qu'il se proposait de suivre l'exemple de Tite-Live dans son histoire du règne de Louis XIV, où il entendait donner peu de place à tout ce qui n'intéressait pas directement la France

3. Livre XLII des deux éditions citées plus haut.

4. Dans l'édition Lemaire, livre IX, chap. xi

ci d'abord : « M. le Maistre avoit pris mon père en amitié, et lui ayant reconnu de bonnes inclinations, il voulut prendre soin lui-même de son éducation et de ses études, et le faisoit coucher dans sa chambre ; il ne l'appeloit que *mon fils*, et le regardoit comme tel. Le petit garçon ne le nommoit non plus que son *papa :* il avoit perdu son père extrêmement jeune. Sa mère, après la mort de son mari, se retira à Port-Royal de Paris, auprès de sa belle-sœur, qui y étoit religieuse et y est enterrée ; elle s'appeloit[1].... On envoya le petit Racine à Port-Royal-des-Champs pour y étudier avec les jeunes enfants qu'on y élevoit. J'ai ouï dire à mon père que M. le Maistre avoit une tendresse toute particulière pour lui, et qu'il mouroit d'envie de le mettre dans sa profession et d'en faire un avocat. »

Page 371, ligne 2 des notes, « d'Antoine Arnauld », *lisez :* « d'Antoine le Maistre ».

Voici encore deux petites notes de J. B. Racine sur la lettre 1. Nous désignerons désormais par ces initiales entre parenthèses : (C. M.), la *copie manuscrite* dont nous tirons les variantes et les notes.

Page 372, ligne 5, « au château * ». — « * De Vaumurier, où étoient les classes. » (C. M.)

Ibidem, ligne 14, « nous fera revenir * ». — « * Il veut parler sans doute de la première dispersion qu'on fit en....[2] de tous les solitaires qui s'étoient retirés à P. R., et qui fut le signal de toutes les persécutions qui ont depuis éclaté contre cette maison. » (C. M.)

Page 373. La lettre 2 de notre édition est la première des lettres écrites par Racine à ses amis de jeunesse. C'est donc à cette page 373 qu'il eût convenu de donner en note le petit *Avant-propos* suivant écrit par Jean-Baptiste Racine, si nous l'avions connu plus tôt ; mais nous ne l'avons trouvé que dans le manuscrit cemmuniqué par M. Gazier. Quoique les faits qui y sont rapportés soient déjà connus, on aimera à comparer à quelques pages des *Mémoires* de Louis Racine cet *Avant-propos* que son frère vouloit mettre en tête du premier recueil des lettres de Racine, dans l'édition qu'il préparait, comme on va le voir, des œuvres du poëte.

[Avant-propos.]

Quand mon Père[3] eut achevé ses études à Port-Royal, il vint faire sa philosophie à Paris et la fit au collége d'Harcourt. On songea après cela à le mettre dans l'état ecclésiastique ; et comme il avoit un oncle fort âgé à Uzès, qui y possédoit un bénéfice assez considérable, étant outre cela prévôt de la cathédrale, on l'envoya passer quelque temps auprès de lui dans la vue d'engager le bonhomme à lui résigner un bénéfice. Cet oncle s'appeloit le P. Sconin ; il étoit religieux de Sainte-Geneviève, et avoit été général de l'ordre ; et comme c'étoit un homme fort austère et naturellement remuant, on craignoit qu'il ne voulût faire des changements dans l'ordre ; et pour se défaire honnêtement de lui, quand le temps de son généralat fut expiré, on l'envoya bien loin, et on lui donna le bénéfice dont je parle. Il commença par faire étudier son neveu en théologie, lui

---

1. Le nom est resté en blanc.
2. L'annotateur a laissé en blanc la date, qui est 1756.
3. C'est M[r] son fils aîné qui parle. (*Note écrite à la marge dans le manuscrit*)

fit lire saint Thomas, et ne songea en un mot qu'à le mettre en état de lui succéder. Ces études parurent un peu sèches à mon Père, qui avoit porté dans ce pays-là le goût infini que la nature lui avoit donné dès le berceau pour les belles-lettres. On peut aisément juger du dégoût que devoit avoir un jeune poëte naissant pour tout ce qui s'appelle scholastique : aussi s'ennuya-t-il bientôt d'un métier pour lequel il ne sentoit aucune vocation. Il y passa tout son temps à lire les poëtes tant anciens que modernes, et il commença même la tragédie de Théagène et de Chariclée, dont il avoit fait quelques actes, mais dont je n'ai jamais trouvé le moindre vestige. Il avoit eu dès son enfance une passion extraordinaire pour ce roman, dont il admiroit le style poétique et fleuri, et l'artifice merveilleux de la fable. Ses maîtres le lui arrachèrent des mains plus d'une fois à P. R.; mais il chargeoit aussitôt le commissionnaire de la maison, quand il alloit à Paris, de lui rapporter un Héliodore. On le lui enlevoit encore quelque temps après. Enfin, pour se garantir du larcin, on dit qu'il prit le parti de l'apprendre par cœur, et se mit par là à l'abri des voleurs. Je n'ai pas de peine à croire ce dernier fait, quelque incroyable qu'il paroisse d'abord, car il avoit une mémoire étonnante, et il récitoit quelquefois en grec des scènes entières de Sophocle et d'Euripide qu'il avoit apprises dans sa jeunesse. Pendant le séjour qu'il fit en Languedoc, il entretenoit commerce avec ses amis de Paris, et surtout avec un petit abbé le Vasseur, qu'on appeloit le prieur d'Auchy, garçon d'esprit, mais qui n'avoit guère plus de vocation que lui pour l'état ecclésiastique. J'ai trouvé un jour dans les papiers de l'abbé du Pin, cousin de mon père, plusieurs de ces lettres, dont il me fit présent fort généreusement. Ce sont celles que je donne ici au public. On les trouvera peut-être peu intéressantes, et peut-être un peu trop badines ; mais je crois qu'on y trouvera en même temps de l'esprit et du génie ; et ce sont elles même, en fait de sa prose, les avant-coureurs d'un style que je puis dire qui n'a pas déplu. (C. M.)

Page 384, ligne 6, « à Babylone* ». — « *Il y a apparence que M. Racine écrivit cette lettre de Chevreuse, où il étoit alors occupé à faire des réparations dans une maison qu'il avoit [*L'annotateur ne se trompe-t-il pas? la maison devoit être au duc de Luynes.*] dans cette petite ville, qui appartient à M. le duc de Chevreuse. Il y avoit des parents, entre autres une Mme Sellyer qui en avoit épousé le bailli. Il l'appelle par plaisanterie *Babylone*, pour marquer qu'il s'y ennuyoit autant que les Juifs dans leur captivité. » (C. M.)

Page 392, ligne 7, « J'écris à l'hôtel de Babylone* ». — « *L'hôtel de Chevreuse, où logeoit alors son cousin, M. Vitart, intendant de la maison de Luynes. » (C. M.)

Page 397, ligne 9, « étant creux comme je suis* ». — « *Il se moque de ce M. l'Avocat, qui avoit toujours le mot de *creux* à la bouche, et le mettoit à toutes sauces. » (C. M.)

Page 401, ligne 13, « vous aurez sur la joue* ». — « *Il n'y a point de rime à *joue*. Je ne sais s'il n'avoit pas mis : *sur la face.* » (C. M.)

Page 412, ligne 4, « prirent congé ». *Var.* « ont pris congé ». (C. M.)

Ibidem, lignes 5 et 6, « de songer toujours autant ». *Var.* « de songer autant ». (C. M.)

Page 414, ligne 21, « aux nouveaux venus en ce pays ». *Var.* « aux nouveaux en ce pays ». (C. M.)

Page 415, ligne 5, « et l'on m'a appris ». *Var.* « et on m'a appris ». (C. M.)
Ibidem, lignes 20 et 21, « et pour le nombre et pour ». *Var.* « pour le nombre et pour », sans le premier *et*. (C. M.)

Page 439, ligne 25, « Quoi qu'il en soit, cela veut dire ». C'est un vers, et nous aurions dû l'imprimer comme tel. Nous en sommes avertis par la copie manuscrite, qui l'a mis à la ligne de même que les vers suivants.

Page 454, ligne 21, « sur la pièce que je vous envoie * ». — « * Je ne sais de quelle pièce mon père veut ici parler; mais c'est apparemment quelque petit ouvrage qu'il avoit intitulé *les Bains de Vénus*, dont il est fait mention dans les lettres suivantes, et dont le voyage de son ami aux eaux de Bourbon lui avoit fait naître la pensée. » (C. M.)

Page 508, ligne 10, « à l'auteur des remarques * ». — « * *Nota.* Voici un passage bien considérable, puisqu'il est pour ainsi dire l'époque de l'étroite amitié qui a été entre M. Despréaux et mon père, et qui n'a fini qu'à leur mort. C'est de lui qu'il est ici parlé. Mon père ne le connoissoit pas encore, et l'abbé le Vasseur, leur ami commun, lui communiqua quelques critiques que M. Despréaux avoit faites sur son ode de la Seine. [*Louis Racine dit: sur son ode de la Renommée. Voyez notre note* 7, *à cette page* 508.] Mon père les trouva si judicieuses qu'il mourut d'envie d'en connoître l'auteur, ce qui ne lui fut pas bien difficile; et voilà quelle a été l'origine de cette amitié qui est devenue depuis si illustre et si fameuse, quoiqu'entre gens de même métier. » (C. M.)

Page 530, ligne 3, « J'ai à vous remercier, Monsieur, du *Discours* * ». — « * Il veut parler de son discours à l'Académie, que le Roi voulut entendre, et dit à mon père après qu'il lui eut récité : « Racine, je vous loue-« rois davantage, si vous ne m'aviez pas tant loué. » (C. M.)

Page 545, *lettre* 61. Elle commence la Correspondance de Boileau et de Racine. En tête de cette correspondance, J. B. Racine a écrit ce petit *Avant-propos* :

Les lettres suivantes sont de M. Despréaux et de mon père, et je crois que le public ne sera pas fâché de voir avec quelle politesse et quelle cordialité ces deux illustres amis vivoient ensemble. Tout étoit commun entre eux : amis, intérêts, pensées, ouvrages. Cette amitié, qui a duré près de quarante ans, ne s'est jamais démentie un seul moment, et je me souviens que mon père, quelques jours avant sa mort, m'ayant fait écrire à M. de Cavoye pour solliciter le paiement de sa pension et laisser par-là quelque argent comptant à sa famille, me dit de lui lire ma lettre, et ayant vu que je n'y avois point parlé de M. Despréaux, il me la fit recommencer, et m'ordonna d'y demander aussi celle de M. Despréaux, dont il étoit, me dit-il, ami à la vie et à la mort (ce furent ses termes), n'étant pas juste que deux amis qui avoient été unis toute leur vie cessassent de l'être dans ce dernier moment. Je me souviens encore qu'en lui disant le dernier adieu, il l'embrassa tendrement, autant que le peu de forces qu'il avoit le lui purent permettre, et qu'il lui dit qu'il étoit ravi de mourir devant lui et de laisser dans le monde un homme de son mérite.

M. Despréaux fut obligé d'aller prendre les eaux de Bourbon pour une extinction totale de voix qui lui étoit survenue tout à coup à la fin d'un gros rhume. Il fut sensiblement touché de ce malheur, et se regarda comme un homme entièrement inutile au monde. Mon père ne lui fut pas d'un petit secours dans cette affliction, et ne contribua pas peu par ses

ADDITIONS ET CORRECTIONS. (Tomes VI et VII.)

conseils à lui faire prendre son mal en patience, en l'assurant, comme cela arriva en effet, qu'il recouvreroit un beau jour tout à coup la voix, comme il l'avoit perdue. C'est le sujet des premières lettres qu'on va voir. (C. M.)

Page 558, note 1 de la *lettre* 65. La date est : *à Bourbon, ce 21 juillet* » dans la *copie manuscrite* qui a donné de cette lettre un texte entièrement conforme au nôtre. On y lit aussi, au lieu de la leçon suivie par M. Laverdet : « C'est demain que se doit commencer (p. 559, lignes 5 et 6). »

Page 583, note 9. La *copie manuscrite* écrit aussi *conjecturelle*, forme que donne le *Dictionnaire* de M. Littré, mais en l'attribuant seulement au dix-huitième siècle.

Page 605, la *copie manuscrite* donne pour la *lettre* 79, dont nous n'avons pas vu l'autographe, les variantes qui suivent :

Page 606, ligne 16, « d'enfant de son âge ». *Var.* « d'enfant à son âge ».

Page 607, ligne 14, « au cloitre où je suis. Tout ceci ». *Var.* « au cloitre. Tout ceci. » Il est possible que les mots *où je suis* soient une interpolation.

TOME VII.

Page 26, *lettre* 92. Le texte de cette lettre est, dans la *copie manuscrite*, entièrement conforme à celui de l'autographe appartenant à M. le marquis de Biencourt, que nous avons suivi dans cette édition. C'est une forte preuve en faveur de l'authenticité de cet autographe.

Page 64, note 5. Nous parlons dans cette note de deux manuscrits autographes. La *copie manuscrite* n'est d'accord qu'avec celui de la Bibliothèque nationale.

Page 74. A la note 1 de la *lettre* 110 nous avons parlé des deux autographes que nous avons vus de cette lettre. Le texte de la *copie manuscrite* est tout à fait conforme à celui du premier de ces autographes (appartenant à la Bibliothèque nationale), et ne s'accorde pas avec le texte du second.

Page 78, ligne 4, « le 30e mai. » Nous avons donné à la même page 78 une note sur cette date. Aujourd'hui nous croyons qu'elle peut bien n'avoir pas été écrite par Racine, mais avoir été ajoutée après coup par une autre main que la sienne. La *copie manuscrite* ne donne aucune date après les mots *au Quesnoi*, et d'ordinaire cependant on y trouve exactement transcrites les dates qui sont en tête des lettres originales.

Page 91, *lettre* 115, dont nous n'avons pas trouvé l'original. Voici les variantes de la *copie manuscrite* : — Ligne 11, « Paris, samedi 6 juin ». *Var.* « à Paris, 6e juin ».

Ibidem, ligne 11, « Je vous écrivis hier, Monsieur, avec ». *Var.* « Je vous écrivis hier avec ».

Page 92, ligne 12, « et je lui conseillerai ». *Var.* « et lui conseillerai ».

Page 96, ligne 2, « à Paris, 13e juin ». Voyez notre note sur cette date, qui, dans la *copie manuscrite*, est bien telle que nous l'avons donnée.

Page 120, ligne 16, « quelque ami qui lui fournisse », *lisez :* « quelque ami grec qui lui fournisse ». Le mot *grec*, qui nous avait échappé, est dans l'autographe. Nous en avons été averti par la *copie manuscrite*, où cette lettre a été transcrite très-exactement.

Page 122. La *copie manuscrite* confirme l'entière exactitude du texte de la *lettre* 127, tel que nous l'avons donné d'après Berriat-Saint-Prix.

Page 126. Pour la *lettre* 128 nous avons vu deux autographes, dont nous avons parlé à la note 1 de cette page 126. La *copie manuscrite* est entièrement conforme à l'autographe de la Bibliothèque nationale, non à l'autre.

Page 137. Nous avions encore, pour le texte de la *lettre* 132, deux autographes. La *copie manuscrite* n'est d'accord qu'avec celui de la Bibliothèque nationale.

Page 192. Le texte de la *lettre* 158, dont nous n'avons pu voir l'autographe, est conforme à celui que donne la *copie manuscrite*, si ce n'est que celle-ci, à la fin de la lettre, ajoute la signature *Racine*.

Page 275. La *lettre* 183, que nous n'avons pu donner que d'après l'édition de 1807, se trouve dans la *copie manuscrite*, où le texte est semblable à celui que nous avons suivi, si ce n'est que cette copie s'est trompée aux deux dates de la lettre, ayant mis à la première *septembre* au lieu d'*août*, ce qui est une impossibilité après le chiffre 31, et à la seconde (p. 276, ligne 7), *octobre* au lieu de *septembre*.

Page 283, ligne 5. La *copie manuscrite* date la *lettre* 186 du 7, et non, comme nous, du 3. Voyez notre note 1, à cette page 283.

Ibidem, ligne 16, « la colique de votre père* ». — « * Le reste est de ma mère, ainsi que le commencement de la lettre suivante (*notre lettre* 187), qui finit par ce peu de lignes écrites de la main de mon père : *J'embrasse de tout mon cœur*, etc. » (C. M.)

Page 286, ligne 3, « Je vous écris, mon cher fils, auprès de votre père* ». — « * Mon père étoit malade alors de la maladie qui, à la fin, l'a conduit au tombeau ; et comme il étoit au lit, ma mère m'écrivoit pour lui ; et il se contentoit d'ajouter quelques lignes de sa main aux lettres de ma mère, comme sont celles-ci, qui sont au bas de celle que ma mère m'écrivit le 13 octobre (*voyez notre lettre* 188) : *Je me porte beaucoup mieux*, etc. Ma mère m'avoit écrit, quelques mois auparavant, une lettre à la fin de laquelle sont ces mots de mon père : *Je n'ajoute qu'un mot à la lettre*, etc. (*voyez notre lettre* 169). » (C. M.)

Page 297, ligne 2, « M. le Noir* ». — « * Frère du même M. le Noir qui prenoit soin des affaires de P. R. et qui a été mis pour cela depuis à la Bastille ». (C. M.)

Page 298, ligne 7, « une dureté au côté* ». — « * Le commencement de l'abcès dont il est mort ». (C. M.)

Page 304, lignes 11-13, « Je vois bien qu'il faut prendre patience sur cela en attendant le beau temps ». *Var.* « Je vois bien que ce sont des vents que tout cela, et qu'il n'y a apparemment qu'à prendre patience en attendant le beau temps ». (C. M.) A l'exception de ce passage, où la *copie manuscrite* nous permet évidemment de rétablir le vrai texte, cette copie est tout à fait d'accord avec le texte de l'édition de 1807, qu'en l'absence de l'original, nous avions dû suivre pour cette *lettre* 194.

Page 315. Deux des lettres du P. Quesnel à M. Willard avaient autrefois été prises pour des lettres de Fénelon (voyez la note 1 de la *lettre* 3, à cette page 315). Notre *copie manuscrite*, tout à fait d'accord avec les copies de Troyes pour le texte de ces lettres, confirme en même temps l'attribution que celles-ci en ont faite à Quesnel. Du reste, il n'y a pas là, à proprement parler, deux autorités différentes, les copies de Troyes ayant

ADDITIONS ET CORRECTIONS. (Tomes VII et VIII.) 589

été certainement prises sur celles du manuscrit que nous a communiqué M. Gazier; et il faut se borner à dire que ce manuscrit, copié plus directement sur les papiers de J. B. Racine, rend plus certaine la fidélité des copies de Troyes.

Page 317, ligne 10. « de l'illustre ami* ». — « *M. Racine, qui venoit de faire une de ses filles Religieuse. » (C. M.)

Page 442, ligne 37, « de vous toucher sensiblement », *lisez :* « de vous toucher. Mais j'ai appris depuis peu de jours une nouvelle qui m'a touchée sensiblement. » Les mots, nécessaires au sens, que nous rétablissons ici, conformément au texte de la même lettre que nous avons donné aux pages 509-511 de notre tome VI, ont été omis dans la copie de Troyes, et le sont également dans notre *copie manuscrite*, sur laquelle a été faite cette copie de Troyes. Mais l'erreur du copiste n'est pas douteuse. Les mots *toucher* et *touchée*, qui se trouvent voisins l'un de l'autre, l'ont trompé, et lui ont fait passer une ligne. C'est M. Gazier qui nous en a averti, et certainement avec raison.

Page 475 (*Table alphabétique*), colonne 1, ligne 3 de l'article Claude, Claudius, après 256, 17, *ajoutez :* 258, 65.

Page 483, colonne 2, ligne 38. Après Tibère, *ajoutez* Titus.

Page 486, colonne 2, ligne 23, Lebreton, *lisez :* Lebrun.

Ibidem, ligne 30, après Théodoret, *ajoutez* Usher.

Page 496, colonne 1, lignes 15 et 16, *lisez :* « Marguerite de Valois, reine de Navarre ».

Page 511, colonne 2, ligne 26, *lisez :* « Marguerite de Valois, reine de Navarre ».

Page 536, colonne 1, après la ligne 34, *ajoutez :* « Rebuffe (Pierre), jurisconsulte français, II, 209, 752 ».

Page 540, après la ligne 14, *ajoutez :* « Rustique (*Rusticus Arulenus*), VI, 316 ».

TOME VIII (*Lexique*).

N. B. Une partie des additions suivantes au *Lexique* nous a été communiquée par M. Mesnard, qui a relu Racine pour composer l'*Étude* imprimée à la suite de notre *Préface* du tome VIII. La plupart des autres sont tirées des *Sentiments de l'Académie françoise sur Athalie*, rédigés entre 1730 et 1740, et publiés pour la première fois dans le tome V (p. 243-264) du *Racine* de 1807, dit de Laharpe. Nous sommes loin d'adopter toutes les critiques que nous reproduisons à la suite des exemples; mais il est curieux de noter les scrupules de grammaire, de purisme, on peut dire pour plusieurs, que fait naître, dans le second quart du dix-huitième siècle, la lecture du chef-d'œuvre de Racine. *M. L.*

Page 3, ligne 13, « VII, 267 », *lisez :* « VII, 92 et 267 ».

Ibidem, ligne 17, après « *Théb.* 489 », *ajoutez :* « VII, 165, *Lettres* ».

Ibidem, avant 3°, *ajoutez* cet exemple :

Je n'ai autre dessein que de contribuer à.... vous mettre en état *à* ne me point faire de déshonneur. (VII, 132, *Lettres*.)

Page 4, à la fin de la ligne 23, *ajoutez :* « III, 681, *Ath.* 1374 ».

Page 5, après la ligne 21, *ajoutez :* « C'est ce qui m'a donné lieu de faire prédire *à* Joad et la destruction du temple et la ruine de Jérusalem. (III, 602, *Ath.* préf.) »

« Il faut *par* », dit l'Académie.

ADDITIONS ET CORRECTIONS. (Tome VIII.)

Page 11, à la fin de la ligne 39, *ajoutez* : « Acquiescer, consentir ».

Ibidem, après la ligne 43, *ajoutez* : « Je *m'accorde* le plus aisément du monde à tout ce qu'il veut. (VI, 418, *Lettres*.) »

Page 35, à la fin de l'article Appui, *ajoutez* aux renvois : « III, 174 *Iph.* 462 ».

Page 37, à la fin de l'article Ardent, *ajoutez* : « * Bataille ardente. (VI, 200, *Livres ann.*) »

Page 42, à la fin de l'article Assez, *ajoutez* : « S'il est jamais *assez* heureux que de vous entendre..., je suis persuadé que.... cela lui fera le plus grand bien du monde. (VII, 66, *Lettres*.) »

Page 44, avant S'assurer de, *ajoutez* : S'assurer, se rassurer :

Princesse, *assurez-vous*, je les prends sous ma garde. (III, 639, *Ath.* 619.)

Selon l'Académie, on ne dit point *assurez-vous*, pour *rassurez-vous*

Page 47, après la ligne 4, *ajoutez* : « Dès qu'ils *avoient atteint* l'usage de la raison. (III, 595, *Ath.* préf.) »

Selon l'Académie, on ne dit pas « atteindre l'usage de la raison, » comme on dit « atteindre l'âge de raison. »

Page 48, ligne 4, après 505, *ajoutez* : 398 et 462

Ibidem, à la fin de la ligne 8, *ajoutez* : VI, 465, *Lettres*.

Page 49, après la ligne 2, *ajoutez* :

Vous aurez pu m'aimer? et cependant un autre
Possédera ce cœur dont j'*attirois* les vœux ? (III, 54, *Mithr.* 717.)

Page 52, placez le 3ᵉ exemple de l'article Autoriser après Autoriser, donner de l'autorité, du crédit à.

Page 56, après l'article Avertir, *ajoutez* : Averti, instruit, informé
.... Osmin.... Étoit mal *averti*. (II, 532, *Baj.* 1171.)

Page 63, à l'article Bénir, *ajoutez* comme 1ᵉʳ exemple ·
....(Je) ne me pique point du scrupule insensé
De *bénir* mon trépas quand ils l'ont prononcé. (II, 489, *Baj.* 200.)

Page 79, après la ligne 4, *ajoutez* : « Comme *ce* vint le moment où, etc. (VII, 296, *Lettres*.) »

Page 84, après l'avant-dernière ligne, *ajoutez* :

O divine, ô *charmante* loi ! (III, 625, *Ath.* 347 et 360.)

« *Charmante*, dit l'Académie, a paru foible, surtout après *divine*. »

Page 85, à la fin de l'article Charmer, *ajoutez* :

Un Dieu si bon ne peut-il vous *charmer*? (III, 625, *Ath.* 364.)

« Plusieurs, dit l'Académie, ont trouvé le mot *charmer* foible et impropre. »

Page 89, après la ligne 5, *ajoutez* : « voyez III, 455 et 457, *Esth.* préf. »

Page 99, à l'article Compagnon, *ajoutez* cet exemple :

Vous seul qu'aux grands desseins que mon cœur se propose
J'ai choisi dès longtemps pour digne *compagnon*. (III, 50, *Mithr.* 617.)

Page 100, après la dernière ligne, *ajoutez* :

D'un vain songe peut-être elle fait trop de *compte*. (III, 660, *Ath.* 980.)

« On a trouvé, dit l'Académie, que *faire compte* seroit familier aujourd'hui. »

Page 108, à la fin de l'article Content, *ajoutez* aux renvois : « III, 692 *Ath.* 1603 ».

Page 110, à l'article Contre, *ajoutez*, comme 5ᵉ exemple :

Roi, voilà vos vengeurs *contre* vos ennemis. (III, 678, *Ath.* 1307.)

ADDITIONS ET CORRECTIONS. (Tome VIII.) 591

Page 110, à l'article Contre-temps, *ajoutez* comme 2^d exemple : * *Beaux vers à contre-temps.* (VI, 265, *Livres ann.*)

Page 111, à la fin de l'article Corne (Ouvrage a), *ajoutez* : « Racine écrit tantôt *à corne*, au singulier (V, 113; VII, 47), tantôt *à cornes*, au pluriel (VII, 15, 49, 55) ».

Page 113, à la fin de la ligne 18, *ajoutez* : « voyez II, 515, *Baj.* 791 ».

Page 117, après le 9e exemple de l'article Couvrir, *ajoutez* :
« Venez du diadème à leurs yeux *vous couvrir*. (III, 685, *Ath.* 1459.)

Page 118, avant Crever de, *ajoutez* :
Crever :
Reine, n'attendez pas que le nuage *crève*. (III, 638, *Ath.* 604.)

Page 119, à l'article Crime, *ajoutez* comme 3e exemple :
Je viens mettre mon cœur et mon *crime* à vos pieds. (II, 552, *Baj.* 1576.)

Page 121, à l'article Daigner, ajoutez aux renvois : « III, 235, *Iph.* 1664; III, 358, *Phèd.* 929 ».

Ibidem, après l'article Daigner, *ajoutez* : Dame, sorte d'interjection :
Oh *dame!* on ne court pas deux lièvres à la fois. (II, 204, *Plaid.* 698.)

Page 127, à la fin de 6° *ajoutez* aux renvois Attendre (S') et Engager (S').

Page 130, ligne 19, « j'ai trop vécu d'un jour », *lisez* : « j'ai vécu trop d'un jour ».

Ibidem, après la ligne 41, *ajoutez* :
L'Académie juge qu'il falloit supprimer la préposition et dire « le mont Sinaï. »

Page 145, après le 2^d exemple de l'article Désespérer, *ajoutez* : « M. Vitart.... ne *désespère* rien (au même sens que *de rien*). (VI, 377, *Lettres*.) »

Page 146, à l'article Désordre, *ajoutez* aux renvois : « II, 514, *Baj.* 746 ».

Page 146, à l'article Dessein, après le 8e exemple, *ajoutez* aux renvois : « III, 16, *Mithr.* préf. ».

Page 147, à l'article Destin, *ajoutez* aux renvois qui suivent le 4e exemple : « III, 616, *Ath.* 177 ».

Page 151, à l'article Devenir, après le dernier exemple, *ajoutez* :
Que *deviendra* l'effet de ses prédictions? (III, 647, *Ath.* 733.)
L'Académie veut *quel sera*, au lieu de *que deviendra*.

Page 155, après la ligne 26, à l'article C'est a dire, *ajoutez* les exemples suivants :
* S'il dit ici qu'ils se fioient aux Dieux immortels, *c'est à dire* à la nature et à la bonté du territoire. (VI, 144, *Rem. sur l'Odyss.*)

* Qu'est-ce que quelqu'un ? *C'est à dire* un homme de conséquence. Qu'est-ce que personne ? *C'est à dire* un homme de rien. (VI, 215, *Livres ann.*)

Page 163, à la fin de l'article Durer, *ajoutez* : « Il ne durera (*cela ne tardera*) guère plus de quatre ou cinq jours. (VII, 112, *Lettres*.) »

Page 165, complétez ainsi l'exemple de l'article Échine :

L'on diroit même que les cieux
Posent sur ces audacieux (*ces arbres des altières futaies*)
   Leur pesante machine,
Et qu'eux, d'un orgueil nompareil,
   Prêtent leur forte *échine*
A ces grands trônes du soleil. (IV 27, *Poés. div.* 79.)

Page 166, à la ligne 16, *ajoutez* aux renvois : « VII, 167, *Lettres* ».

ADDITIONS ET CORRECTIONS. (Tome VIII.)

Page 171, à l'article S'ÉLEVER, après le 5ᵉ exemple, *ajoutez :*
Quelque monstre naissant dans ce temple *s'élève.* (III, 638, *Ath.* 603.)

Page 176, à l'article EMPRESSER (S'), après le 2ᵈ exemple, *ajoutez,* comme exemple de prose : « Les nouveaux grands vicaires..., *s'empressant à* lui faire leur cour, avoient publié un troisième mandement. (IV, 531, *P. R.*) »

Page 177, après la ligne 21, *ajoutez :*
Nourri dans ta maison, *en* l'amour de ta loi. (III, 620, *Ath.* 257.)
« Il faudroit *dans l'amour,* » dit l'Académie.

Page 184, à la fin de l'article ENFERMER, *ajoutez :*
Dans un nuage épais le Seigneur *enfermé.* (III, 624, *Ath.* 335.)
« Plusieurs, dit l'Académie, ont cru qu'*enfermé* ne peut se dire pour *enveloppé*

Page 187, à la fin de l'article ENNUYER, S'ENNUYER, *ajoutez :*
Profanes amateurs de spectacles frivoles,
Dont l'oreille *s'ennuie* au son de mes paroles. (III, 464, *Esth.* prol. 68.)

Page 197, après la dernière ligne, *ajoutez :*
Des ennemis de Dieu la coupable insolence....
Accuse trop longtemps ses promesses d'*erreur.* (III, 616, *Ath.* 169.)
« Plusieurs ont cru, dit l'Académie, qu'*erreur* n'est pas le terme propre pour signifier des promesses trompeuses. »

Page 201, ligne 17, après « IV, 513, *P. R.* », *ajoutez :* « voyez VII, 9, 107, 122, 157, 245, *Lettres* ».

Page 202, après l'exemple de la ligne 1, *ajoutez* celui-ci :
Je n'ai autre dessein que de contribuer à.... vous mettre en *état* a ne me point faire de déshonneur. (VII, 132, *Lettres.*)

Page 203, avant le dernier exemple de la page, *ajoutez :*
Cette fille si humble et si douce.... ne *s'étonna* point des persécutions de certains moines. (IV, 399, *P. R.*)

Page 207, ligne 2, *ajoutez :* « voyez VI, 442, *Lettres* ».

Page 212, à la fin de l'article EXTRÊME, *ajoutez :*
.... Quelle douceur *extrême!* (III, 625 et 626, *Ath.* 349, 361 et 373.)
Quelques académiciens ont jugé qu'on ne pouvait pas dire *extrême* après *quelle;* d'autres l'ont excusé.

Page 214, à l'article FAIRE, après le 9ᵉ exemple, *ajoutez :*
.... Ne t'a-t-on point dit.... par quel charme....
Bajazet a pu *faire* un si prompt changement? (II, 516, *Baj.* 808.)

Page 223, après la ligne 1, *ajoutez :*
« La plupart, dit l'Académie, ont prétendu que « feindre à quelqu'un » n'est pas françois. »

Page 223, après l'article FEMME, *ajoutez :*
FENÊTRES :
Jéhu.... fit jeter par les *fenêtres* Jézabel. (III, 593, *Ath.* préf.)
L'Académie blâme cette locution, comme étant du discours familier et presque proverbial.

Page 236, à la fin de l'article FOURNIR, « voyez la note 1 », *ajoutez :* « et VII, 308, *Lettres* ».

Page 252, à l'article HÂTER, après le 3ᵉ exemple, *ajoutez* aux renvois : « III, 187, *Iph.* 738 ».

Page 258, à l'article HONORER, après le 6ᵉ exemple, *ajoutez :*
J'aime en lui sa beauté, sa grâce tant vantée,

ADDITIONS ET CORRECTIONS. (Tome VIII.)

Présents *dont* la nature a voulu l'*honorer*. (III, 332, *Phèd* 439.)

Page 261, à l'article Hyménée, *ajoutez* aux renvois : « II, 494, *Baj.* 318 ».

Page 263, après la ligne 18, *ajoutez* :

Quiconque ne sait pas dévorer un affront,
Ni de fausses couleurs se déguiser le front,
Loin de l'aspect des rois qu'*il* s'écarte, qu'*il* fuie. (III, 516, *Esth.* 840.)

Elle en a autant.... à espérer après la mort de père et de mère; mais *ils* sont encore jeunes. (VII, 280, *Lettres*.)

Voyez ci-après, p. 296, Le, la, les, pronom, 1°.

Page 265, après l'article Immoler, *ajoutez* :

Immortaliser (S') :

Du moment que des esprits sublimes.... se distinguent, *s'immortalisent* par des chefs-d'œuvre.... (IV, 360, *Disc. acad.*)

Page 267, à l'article Impuni, *ajoutez* après l'exemple : « voyez II, 82, *Andr.* 844 ».

Page 269, à l'article Inconstance, après le 2ᵈ exemple, *ajoutez* :

Le bonheur de l'impie est toujours agité;
Il erre à la merci de sa propre *inconstance*. (III, 514, *Esth.* 799.)

Page 272, à l'article Infaillible, *ajoutez* à la fin du 1ᵉʳ exemple : « voyez II, 513, *Baj.* 721 ».

Page 278, à l'article Instruire, après le 8ᵉ exemple, *ajoutez* : « voyez III, 679, *Ath.* 1330 ».

Page 279, après le 7ᵉ exemple de l'article Intelligence, ajoutez celui-ci :

Tous deux d'*intelligence* à nous sacrifier. (III, 81, *Mithr.* 1333.)

Page 285, à l'article Jeter, après le 1ᵉʳ exemple, *ajoutez* :

.... Je suis, dit-on, un orphelin
Entre les bras de Dieu *jeté* dès ma naissance. (III, 640, *Ath.* 635.)

Page 287, à l'article Jouer, après le 2ᵈ exemple, *ajoutez* : « voyez ci-après, à l'article Ressort ».

Page 289, à la fin de l'article Jurer, *ajoutez* :

.... Tes serments *jurés* au plus saint de leurs rois. (III, 667, *Ath.* 1126.)

Page 296, à l'article Le, la, les, pronom, *ajoutez* aux exemples de 1° :

Nulle paix pour l'impie. Il *la* cherche, elle fuit. (III, 514, *Esth.* 814.)

* Un officier espagnol, à qui Beauregard avoit demandé quartier..., *le* lui donna. (V, 113, *Notes hist*.)

Page 297, à la fin de la ligne 15, après « 1272 », *ajoutez* : « II, 120, *Andr.* 1560; II, 121, *Andr.* 1575; II, 303, *Brit.* 1004 et 1005; VI, 23, l. 16, *Rem. sur Pind*. ».

Page 306, après le dernier exemple de l'article Lui, *ajoutez* :

Je *lui* fis refuser le trône à Polynice. (I, 445, *Théb.* 852.)

Page 308, après l'avant-dernière ligne, *ajoutez* :

Et la lumière est un don de ses *mains*. (III, 624, *Ath.* 329.)

« L'expression « un don de ses mains, » en parlant de la lumière, a paru à quelques-uns, dit l'Académie, une expression impropre. »

Page 316, à l'article Méconnoître, après le 3ᵉ exemple, *ajoutez* : « voyez II, 488, *Baj.* 192 ».

Page 318, après le 1ᵉʳ exemple de De même, *ajoutez* :

Il n'en étoit pas *de même* des enfants des Juifs, que de la plupart des nôtres. (III, 595, *Ath.* préf.)

Selon l'Académie, il serait mieux de dire : « Il n'en étoit pas des enfants des Juifs comme, etc. »

Page 323, après l'article MEURTRIER, *ajoutez :*
MEURTRIR :
.... Un horrible mélange
D'os et de chair *meurtris*.... (III, 633, *Ath.* 504.)
« Quelques-uns, dit l'Académie, ont cru qu'on ne pouvoit pas dire *des os meurtris*. »

Page 325, à la fin de l'article MISÉRABLE, *ajoutez :*
Les deux vers cités par Racine : « *Misérables* que nous sommes, etc., » sont tirés du 2ᵈ *Cantique spirituel*, IV, 153, vers 21 et 22.

Page 330, après l'article MOQUER, *ajoutez :*
MORALITÉ, maxime générale :
* Cette *moralité* est agréable, mais peu tragique. (VI, 255, *Livres ann.*; voyez *ibidem*, sept lignes plus bas.)

Page 336, à l'article NE, après le 2ᵈ exemple, *ajoutez :*
Voyez VII, 4, l. 14-16, *Lettres*, une phrase où *craindre* est suivi d'abord de *que sans ne*, puis de *que ne*, différence qui peut s'expliquer par une nuance de signification entre les deux compléments du verbe.

Page 337, après la ligne 7, *ajoutez :* « voyez ci-dessus, p. 577, l. 21-23, une leçon préférable : *Il n'y avoit hérésie*, etc. ».

Page 348, après le dernier exemple de l'article OCCASION, *ajoutez :*
Selon l'Académie, il serait mieux de dire : « J'en ai pris occasion. »
Ibidem, au même article, *ajoutez* comme 1ᵉʳ exemple :
.... Que veut Athalie en cette *occasion*? (III, 655, *Ath.* 861.)
« Le terme *occasion*, dit l'Académie, est impropre et foible. »
Ibidem, à l'article OCCUPER, après le 7ᵉ exemple, *ajoutez :*
.... Que de ces grandeurs comme une autre *occupée*,
Vous m'en ayez paru si longtemps détrompée. (II, 301, *Brit.* 975.)

Page 353, à la fin de l'article ON, *ajoutez* aux renvois : « II, 316 et 317, *Brit.* 1287-1289 ».

Page 354, à l'article OPPOSER, après le 3ᵉ exemple, *ajoutez :*
Opposer votre estime au destin qui m'outrage. (III, 48, *Mithr.* 576.)
Ibidem, au même article, à la suite du 4ᵉ exemple, *ajoutez :* « voyez III, 618, *Ath.* 207 ».
L'Académie a blâmé cet emploi de *contre* au lieu d'*à*.

Page 355, après la ligne 2, *ajoutez :* « voyez III, 89, *Mithr.* 1483 ».

Page 358, après la ligne 33, *ajoutez :*
Ces ouvrages frivoles, où l'industrie de la plupart des autres Religieuses s'*occupe*.... (IV, 426, *P. R.*)

Page 359, à la fin de l'article OUBLIER, *ajoutez :*
J'*oubliois* de vous dire qu'elle aime extrêmement la lecture. (VII, 297, *Lettres;* voyez la note 9.)

Page 360, à la fin de l'article OUTRAGER, *ajoutez :*
L'esclave craint le tyran qui l'*outrage*. (III, 626, *Ath.* 367.)
Outrager a paru foible à plusieurs académiciens, en parlant d'un tyran vis-à-vis son esclave.

Page 362, après la ligne 3, *ajoutez :*
Aux offres des Romains ma mère *ouvrit* les yeux. (III, 26, *Mithr.* 62.)

Page 366, à l'article PARESSEUX, *ajoutez*, comme 3ᵉ exemple :
Le jour me manque, et je suis *paresseux* d'allumer de la bougie. (VI, 201, *Lettres.*)

ADDITIONS ET CORRECTIONS. (Tome VIII.)

Page 368, après la ligne 4, *ajoutez :*
Parmi tout cela, une magnificence d'expression proportionnée aux maîtres du monde. (IV, 359, *Disc. acad.*)

Page 370, à l'article Partage, *ajoutez,* comme premier exemple :
Les rois de Juda.... avoient dans leur *partage* la ville et le temple de Jérusalem. (III, 591, *Ath.* préf.)

L'Académie blâme cet emploi de *partage,* parce que « le royaume de Salomon n'avoit point été partagé, dit-elle ; il avoit été divisé par la révolte de Jéroboam. »

Page 372, à la fin de la ligne 23, *ajoutez :* « III, 90, *Mithr.* 1510 ».

Page 377, à la fin de la ligne 1, *ajoutez :* « voyez II, 540, *Baj.* 1328 ».

Page 378, à la fin de l'article Peine, *ajoutez :*
A peine il (*cet arrêt*) venoit d'être rendu, qu'on eut avis d'une autre thèse. (IV, 535, *P. R.*)

Page 381, après l'article Péril, *ajoutez :*
Périlleux :
.... (Il) ne se laisse point séduire
A tous ses attraits *périlleux* (*aux attraits du faste*). (III, 649, *Ath.* 755.)

Selon l'Académie, « *périlleux* ne se dit que du danger physique, et non pas du danger moral. »

Page 383, à la fin de l'article Personnage, *ajoutez :*
Athalie y joue un *personnage* si considérable. (III, 593, *Ath.* préf.)

Il fallait, dit l'Académie, « joue un rôle » ou « est un personnage ».

Page 386, à l'article Pied, après le 11ᵉ exemple, *ajoutez* aux renvois : « II, 552, *Baj.* 1576 ».

Page 393, après la ligne 13, *ajoutez :*
Croyez-moi, *plus* j'y pense, et moins je puis douter, etc.
(III, 608, *Ath.* 57.

» On a observé, dit l'Académie, que, dans la régularité, il ne faut point de conjonction. On doit dire : « Plus j'y pense, moins je puis douter ».

Page 407, à l'article Près, après le 10ᵉ exemple, *ajoutez :*
« *Près de,* pour *en comparaison de,* dit l'Académie, n'a pas paru assez exact à quelques-uns. »

Page 409, à la fin de la ligne 17, *ajoutez :* « voyez III, 203, *Iph.* 1026 ».

Page 412, ligne 36, au lieu de « IV, 50 », *lisez :* « IV, 446 ».

Page 413, à la fin de l'article Principe, *ajoutez :*
Je vois de tes froideurs le *principe* odieux. (III, 368, *Phèd.* 1115.)

Ibidem, à l'article Priser, *ajoutez,* comme 2ᵈ exemple :
J'aime, je *prise* en lui de plus nobles richesses. (III, 332, *Phèd.* 441.)

Page 414, à l'article Prochain, après le dernier exemple, *ajoutez :* « voyez II, 515, *Baj.* 773 ».

Page 415, à la fin de l'article Prodigue, *ajoutez :*
.... *Prodigue....* du sang des misérables. (III, 658, *Ath.* 944.)

Page 419, à l'article Pudeur, après le 4ᵉ exemple, *ajoutez :* « voyez III, 621, *Ath.* 273 ».

Page 421, à l'article Quand, *ajoutez* après le 3ᵉ exemple : « voyez II, 260, *Brit.* 101 ».

Page 426, à l'article Que, 6°, *ajoutez* après le 10ᵉ exemple : « voyez IV, 130, *Poés. div.* 11 ».

Page 427, à l'article Quelque. quelqu'un, après le 2ᵈ exemple, *ajoutez :*
... (Il) se croit *quelque* enfant rejeté par sa mère. (III, 617, *Ath.* 183.)

Page 427, au même article, *ajoutez* comme 11ᵉ exemple :
Je ne mourrai pas seule, et *quelqu'un* me suivra. (II, 115, *Andr.* 1492.)
Page 428, à la fin de la ligne 19, *lisez* : « VII, 22, 104 et 110, *Lettres*. »
Page 432, après la ligne 2, *ajoutez* :
Voyez VII, 41, 119, 123 et 169, *Lettres*.
Ibidem, 9°, après le 5ᵉ exemple, *ajoutez* :
Qui que ce soit, parlez, et ne le craignez pas. (III, 197, *Iph.* 908.)
Page 433, après la ligne 10, *ajoutez* :
Il est bien en peine même *qui* peut vous avoir adressé à M. Bourdier. (VI, 569, *Lettres*.)
Page 437, à la fin de la ligne 27, *ajoutez* : « III, 681, *Ath.* 1380 ».
Page 452, à l'article Rendre, avant le dernier exemple, *ajoutez* :
Cinq ou six autres.... se vinrent *rendre* les compagnons de leur pénitence. (IV, 421, *P. R.*)
Page 456, ligne 4, *ajoutez* aux renvois : « II, 495, *Baj.* 348 ».
Page 460, après la ligne 26, *ajoutez* :
L'Académie blâme *il joue*, et trouve faible la correction *il invente*.
Ibidem, à l'article Sens, *ajoutez* aux renvois de l'avant-dernier exemple · « IV, 559, *P. R.* var. ».
Page 463, à la fin de l'article Retracer, *ajoutez* :
Deux fois mes tristes yeux se sont vu *retracer*
Ce même enfant toujours tout prêt à me percer. (III, 634, *Ath.* 521.)
« Mes yeux se sont vu retracer » a été blâmé par plusieurs académiciens et approuvé par quelques-uns.

Page 464, à la fin de l'article Révéler, *ajoutez* :
Il venoit *révéler* aux enfants des Hébreux
De ses préceptes saints la lumière immortelle. (III, 624, *Ath.* 343.)
.... Nous à qui tu *révèles*
Tes clartés immortelles. (III, 653, *Ath.* 830.)
Les expressions « révéler la lumière, révéler des clartés », ont paru irrégulières à quelques académiciens, belles à d'autres.

Page 467, après la ligne 24, *ajoutez* :
Je compte les miennes (*mes prières*) pour rien. (VII, 200, *Lettres*.)
Ibidem, à la fin de l'article Rigueur, *ajoutez* :
Ces docteurs, jugeant à la *rigueur* de certaines expressions .., le condamnèrent (*le Chapelet secret*). (IV, 408, *P. R.*)
Page 475, après la ligne 19, *ajoutez* :
Je suis à cette loi comme une autre soumise ;
Et *sans* le prévenir, il faut, pour lui parler,
Qu'il me cherche, ou du moins qu'il me fasse appeler. (III, 479, *Esth.* 203.)
Page 481, à la fin de l'article Sein, *ajoutez* :
.... Une reine éperdue,
Qui, la mort dans le *sein*, vous demande deux mots. (II, 413, *Bér.* 873.)
Page 482, au bas de la page, *ajoutez* : « voyez II, 63, *Andr.* 472 ».
Page 489, après la ligne 5, *ajoutez* :
Ma gloire me rappelle et m'entraîne à l'autel,
Où je vais vous jurer un *silence* éternel. (III, 53, *Mithr.* 698.)
Ibidem, à la fin de l'article Sincère, *ajoutez* :
Croiront-ils mes périls et vos larmes *sincères*? (II, 502, *Baj.* 486.)

ADDITIONS ET CORRECTIONS. (Tome VIII.)

Page 490, après la dernière ligne, *ajoutez :*
Les lévites.... avoient *soin*, entre autres choses, du chant, de la préparation des victimes et de la garde du temple. (III, 592, *Ath.* préf.)
L'Académie juge qu'on ne doit pas dire : « avoir soin du chant, » ni « de la garde du temple ».

Page 494, à l'article Sonner, *ajoutez*, comme 2^d exemple :
Chères sœurs, n'entendez-vous pas
Des cruels Tyriens la trompette qui *sonne?* (III, 687, *Ath.* 1504.)
L'Académie juge que *sonne* est superflu. On peut lui répondre que le tour équivaut « n'entendez-vous pas sonner ».

Ibidem, à la fin de l'article Songer, *ajoutez :*
J'ai *songé* que ces circonstances me fourniroien quelque variété pour les chants du chœur. (III, 600, *Ath.* préf.)
Selon l'Académie, il serait mieux de dire : « J'ai cru » ou « J'ai pensé ».

Ibidem, à l'article Sort, après le 4e exemple, *ajoutez :*
.... Par un *sort* que je ne conçois pas,
Votre douleur redouble.... (III, 173, *Iph.* 415.)
A d'illustres parents s'il doit son origine,
La splendeur de son *sort* doit hâter sa ruine;
Dans le vulgaire obscur si le *sort* l'a placé,
Qu'importe qu'au hasard un sang vil soit versé?
(III, 636, *Ath.* 564 et 565.)
« *Son sort* et *le sort* ont paru trop près l'un de l'autre, dit l'Académie, le premier étant pris pour *l'état* et le second pour *la destinée.* »

Page 499, après l'article Sous-précepteur, *ajoutez :*
Soustraire de :
La Mère Angélique.... souhaitoit aussi ardemment d'être soumise à l'autorité épiscopale, que les autres abbesses desirent d'*en être soustraites.* (IV, 403, *P. R.*)

Page 507, à la fin de l'article Supprimer, *ajoutez :*
Le Pape.... jugea à propos de le *supprimer (le Chapelet secret)* (IV, 408, *P. R.*)

Page 509, après la ligne 21, *ajoutez :*
J'ai fort approuvé votre conduite *sur* les ecclésiastiques dont je vous avois parlé. (VII, 240, *Lettres.*)

Page 510, à l'article Surmonter, après le 2^d exemple, *ajoutez :*
J'admirois si Mathan, dépouillant l'artifice,
Avoit pu de son cœur *surmonter* l'injustice. (III, 660, *Ath.* 988.)

Ibidem, à la fin de l'article Surprendre, *ajoutez :*
Ce qui lui est surtout particulier (*à P. Corneille*), une certaine force, une certaine élévation qui *surprend*, qui enlève.... (IV, 359, *Disc. acad.*)

Page 511, à l'article Suspendre, après le 3e exemple, *ajoutez :* « voyez III, 522, *Esth.* 955 ».

Page 512, à l'article Taire, *ajoutez* comme 1er exemple :
.... Un sort si digne de pitié,
Et dont mes pleurs encor vous *taisent* la moitié. (III, 195, *Iph.* 892.)

Page 513, à l'article Tomber, après le 6e exemple, *ajoutez :*
Hector *tomba* sous lui, Troie expira sous vous. (II, 48, *Andr.* 148.)

598 ADDITIONS ET CORRECTIONS. (Tome VIII.)

Page 525, à la fin de l'article Tour, *ajoutez :*
Deux infidèles rois *tour* à *tour* l'ont bravé. (III, 621, *Ath.* 277.)

Selon l'Académie, « *tour à tour* ne se dit que des choses qui reviennent plusieurs fois l'une après l'autre. »

Ibidem, à l'article Tourmenter, après le 5e exemple, *ajoutez :*
.... Plût à ce Dieu puissant
Qu'Athalie...
Crût calmer par ma mort le Ciel qui la *tourmente!* (III, 692, *Ath.* 1604.)

Page 527, après le 2^d exemple, *ajoutez :*
Deux bons vaisseaux de guerre.... *tous* neufs. (VII, 104, *Lettres.*)

Page 549, à la fin de l'article Visage, *ajoutez :*
.... Le Sultan reverra son *visage*. (II, 484, *Baj.* 77.)

Page 550, à l'article Voici, *ajoutez*, comme 2^d exemple :
Voici qui vous dira les volontés des Cieux. (III, 675, *Ath.* 1263.)

Page 553, avant l'article Volage, *ajoutez :*
Vol :
.... (Josabet) n'ayant de son *vol* que moi seul pour complice.
(III, 678, *Ath.* 1321.)

Vol a été blâmé par plusieurs académiciens, comme ne qualifiant pas bien, sans épithète, l'action généreuse de Josabet.

Ibidem, à l'article Votre, après le 4e exemple, *ajoutez :*

L'Académie juge que *votre* n'est pas assez respectueux dans la bouche d'un sujet parlant à sa reine.

Page 556, après la ligne 27, *ajoutez :*
Comme les rois de Juda.... avoient dans leur partage la ville et le temple de Jérusalem, tout ce qu'il *y* avoit de prêtres et de lévites se retirèrent auprès d'eux. (III, 591, *Ath.* préf.)

L'Académie a blâmé l'emploi de *y*, comme faisant une équivoque et pouvant être pris pour un adverbe de lieu relatif à Jérusalem. Elle oubliait que *il y avoit* équivaut à *il étoit*, et que *y* ne peut pas se détacher de la locution, ni par conséquent faire d'équivoque.

TABLEAUX DES REPRÉSENTATIONS
DE CORNEILLE ET DE RACINE

DEPUIS LOUIS XIV JUSQU'EN 1870

TABLEAUX DES REPRÉSENTATIONS

DE CORNEILLE ET DE RACINE

DEPUIS LOUIS XIV JUSQU'EN 1870.

Nous avons entrepris de relever, le plus complétement qu'il nous a été possible, les représentations de Corneille, de Racine et de Molière, données par la Comédie française. Nous publions ici la partie de ce travail qui se rapporte à Corneille et à Racine. Le tableau des représentations de Molière trouvera sa place dans le premier volume des *OEuvres de Molière*, qui doit paraître prochainement.

Nous croyons ce travail intéressant, et nous avons le droit de le dire, car l'idée ne nous appartient pas. Elle nous a été suggérée par un artiste éminent, maintenant professeur au Conservatoire, M. François Regnier, qui a bien voulu, ainsi que M. Manuel, chef du cabinet du ministre de l'instruction publique, nous faciliter l'accès des précieuses archives de la Comédie française : nous les prions de recevoir l'expression de notre reconnaissance.

Nous devons aussi nos remercîments à M. Perrin, administrateur du Théâtre français, qui s'est empressé de nous ouvrir ce trésor de documents, trop rarement consultés peut-être, et à l'archiviste, M. Guillard, qui nous a aidé de ses conseils et de son érudition spéciale, aussi inépuisable que son obligeance.

Nous croyons enfin pouvoir nous féliciter d'avoir eu affaire à des éditeurs qui savent se résigner à des retards et à des sacrifices de tout genre, quand ils y reconnaissent un moyen d'apporter une utile amélioration à l'œuvre qu'ils ont entreprise.

Nos lecteurs s'expliqueront combien ce travail a dû prendre de temps, quand nous leur dirons qu'il nous a fallu parcourir environ deux cents registres in-folio. Ces registres sont fort bien tenus depuis la seconde partie du règne de Louis XV, et surtout après la Révolution; mais on ne peut en dire autant de tous les registres antérieurs. Quelques-uns, en bien petit nombre il est vrai, présentent des difficultés qui tiennent soit à la mauvaise écriture, soit à des omissions, soit à des indications trop abrégées et quelquefois évidemment fautives. On comprend que ceux qui tenaient ces registres entendaient dresser un simple livre de comptes, et ne songeaient nullement à en faire un monument historique. Mais parfois l'insuffisance des indications, fort insignifiante pour l'usage auquel étaient destinés ces registres, nous a causé plus d'un embarras. C'est ainsi qu'en voyant relatées, de 1718 à 1729, de nombreuses représentations d'*Œdipe*, on ne sait pas toujours s'il s'agit de l'*Œdipe* de Corneille, de celui de Voltaire, ou même de celui de Lamothe Houdard, joués tous les trois pendant cette période. Nous n'avons pu nous fixer à cet égard qu'en consultant d'autres documents, et notamment le *Mercure de France*. Sur ce point particulier, nous ne croyons pas nous être trompé. Quant aux autres erreurs qui ont pu nous échapper dans une supputation si compliquée et si longue, nous ne les croyons pas de nature à altérer sensiblement pour chaque époque le résultat général; et c'est l'essentiel en pareil cas.

Tout ce travail n'aboutit qu'à quelques colonnes de chiffres ; mais si nous sommes fort loin de nous faire un mérite de l'avoir entrepris et mené à fin, nous croyons pouvoir en signaler l'importance : ces chiffres ont du moins une signification précise, et qui ne saurait être indifférente, au double point de vue de la littérature et de l'histoire.

Sans prétendre joindre à ces tableaux un commentaire, que le lecteur fera bien lui-même, nous ne saurions nous dispenser pourtant de les faire précéder de quelques explications.

I

REPRÉSENTATIONS A LA VILLE.

Les registres conservés aux archives de la Comédie française présentent un ensemble à peu près complet des représentations données depuis le mois d'avril 1659 jusqu'à nos jours. Le document le plus important pour les premières années est le registre du comédien la Grange[1]. Seulement il ne faut pas oublier que ce registre ne commence qu'avec le mois d'avril 1659, époque où la Grange entra dans la troupe, et que par conséquent, pour les cinq premiers mois du théâtre de Molière, les renseignements précis nous font défaut; que de plus ce registre, ceux des comédiens Hubert et la Thorillière[2], aussi bien que les registres de la Comédie postérieurs à la mort de Molière, jusqu'en 1680, ne relatent que les représentations données par sa troupe, et qu'ainsi Corneille et Racine, dont presque toutes

---

1. M. Édouard Thierry en prépare depuis longtemps la publication, et doit la faire précéder d'une introduction, que nul n'est capable d'écrire avec une érudition plus sûre, avec un goût plus éclairé.

2. Conservés également dans les archives du Théâtre français.

les pièces ont été jouées au théâtre du Marais ou à l'Hôtel de Bourgogne, figurent à peine dans les registres de la troupe de Molière : le premier, seulement pour deux de ses dernières pièces ; le second, pour ses deux premières, *la Thébaïde* et *Alexandre*.

On sait qu'au moment où Molière vint s'établir à Paris, dans les derniers mois de 1658, deux troupes de comédiens français étaient depuis longtemps en possession de la faveur publique : c'était le théâtre de l'Hôtel de Bourgogne, *les grands comédiens*, comme on disait alors, et le théâtre du Marais, où plusieurs pièces de Corneille furent représentées dans leur nouveauté.

Les trois troupes subsistèrent séparément jusqu'à la mort de Molière, en 1673[1]. A cette date, quelques-uns de ses anciens camarades passèrent à l'Hôtel de Bourgogne ; le plus grand nombre se réunit aux comédiens du Marais, et s'installa, rue Mazarine, à l'Hôtel Guénégaud ; il n'y eut plus que deux troupes jusqu'en 1680 : l'Hôtel de Bourgogne et l'Hôtel Guénégaud.

Ce fut seulement à partir du dimanche 25 août 1680, que, par un ordre du Roi, contre-signé Colbert, ces deux théâtres réunis ne formèrent plus enfin qu'une seule troupe, ayant le privilége exclusif (à Paris) de représenter les chefs-d'œuvre de notre scène. Le Théâtre français conserva ce privilége jusqu'en 1791.

Nous n'avons les registres ni de l'Hôtel de Bourgogne, ni du théâtre du Marais. On comprend donc que pour presque toutes les pièces de Corneille et de Racine, à l'époque où elles furent jouées le plus souvent, c'est-à-dire dans leur nouveauté, les renseignements les plus curieux nous manquent. La dernière pièce de Corneille, *Suréna*, est de 1674 ; la dernière de Racine, *Phèdre*, est de 1677 (nous ne parlons pas, bien entendu, d'*Esther* et d'*Athalie*, qui n'étaient pas destinées au théâtre, et qui ne furent représentées en public que sous Louis XV). On voit qu'à la date où les registres de la Comédie française, enfin constituée, commencent à nous donner des détails précis et complets sur les représentations de nos deux grands tragiques, les pièces de Corneille et de Racine avaient, depuis longtemps, épuisé ce genre de succès exceptionnel qui dépend de la nouveauté.

Ainsi, pour les deux cent douze années que l'on compte depuis l'établissement de Molière à Paris jusqu'en 1870, époque où s'arrête notre travail, nous n'avons d'à peu près complet que le relevé des représentations de Molière ; la période la plus intéressante pour Corneille et pour Racine nous manque absolument. On pourrait bien glaner çà et là quelques renseignements, soit dans les gazettes rimées de Loret et de Robinet, soit dans le *Mercure galant* ; mais de Visé ne commence ce journal qu'en 1672 ; il n'y donne guère (et

---

1. Il y en eut même pendant quelque temps une quatrième, *les Comédiens de Mademoiselle*.

encore c'est seulement d'abord par exception) que les représentations à la cour, et de plus, après avoir publié six petits volumes, il ne fait reparaître son *Mercure* qu'en 1677[1]. Ces renseignements épars ne sauraient former un ensemble, et d'ailleurs ils ont trouvé leur place dans les notices que MM. Marty-Laveaux et Paul Mesnard ont mises en tête de chaque pièce de Corneille et de Racine.

Depuis 1680, les registres de la Comédie ne présentent que deux lacunes.

La première se rapporte au règne de Louis XV : le registre qui contient l'année théâtrale 1739-1740 manque; et malgré les obligeantes recherches de M. Guillard, malgré celles de M. Jules Bonassies, qui s'occupe en ce moment d'un important travail aux archives de la Comédie française, il nous a été impossible de le retrouver. On conçoit, du reste, que cette lacune d'un peu plus de onze mois n'ait pas une grande importance dans un règne de soixante années.

Une seconde lacune, plus considérable, se rapporte aux années de la Révolution. L'Assemblée constituante, par la loi du 11 janvier 1791, avait établi la liberté des théâtres. Le répertoire classique put être joué sur toutes les scènes, et les théâtres, devenus très-nombreux, se hâtèrent de profiter de l'autorisation accordée. On a remarqué depuis longtemps[2] que, pendant les années les plus orageuses de la Révolution, le goût du public pour les représentations théâtrales, aussi bien que le caractère des pièces représentées, se ressentait beaucoup moins qu'on ne le supposerait des terribles préoccupations du moment. Pour ce qui concerne particulièrement les pièces de nos trois grands poëtes, il suffit de jeter les yeux sur la dernière page du *Moniteur* ou *Gazette nationale* pour voir sur combien de scènes certaines pièces du répertoire classique étaient alors données. Le relevé, en supposant qu'on pût le faire, des pièces de Corneille, de Racine et de Molière, jouées alors par les anciens comédiens ordinaires du Roi, ne donnerait donc qu'une idée très-imparfaite des représentations de ces pièces pour toute cette période. Mais ce n'est pas tout : le Théâtre français, dépouillé de son privilége par la loi de 1791, était en outre divisé par les passions politiques, qui régnaient là comme ailleurs, et ces dissidences amenèrent une scission entre les comédiens. Les uns restèrent à l'Odéon, sous le nom de *Théâtre de la Nation* : ce théâtre fut fermé le 3 septembre 1793, à la suite des représentations tumultueuses d'une pièce de François de Neufchâteau, *Paméla*. Les autres comédiens, et ce n'étaient pas les moins éminents, Talma, Monvel, Dugazon, Grandmesnil, Mmes Vestris et

1. Le *Mercure* de 1677, tome I, p. 10, constate cette interruption.
2. Cette remarque a été faite notamment par Scribe, dans son discours de réception à l'Académie française.

Desgarcins, avaient été fonder rue de Richelieu, dans le local actuel de la Comédie française, le théâtre qui s'intitula depuis *Théâtre de la République*. On a les registres du *Théâtre de la Nation* jusqu'à sa suppression vers la fin de 1793, et ce sont les représentations marquées sur ces registres que nous avons recueillies et dont on trouvera plus loin le tableau. Quant au *Théâtre de la République*, puisque c'est là que devaient se réunir plus tard, au temps du Directoire, les anciens acteurs de la Comédie française, il semblerait naturel que ses registres y eussent été conservés : on ne les a pas retrouvés. Nous avions pensé d'abord à y suppléer à l'aide des journaux du temps : nous avons dû y renoncer. Le plus complet de tous, la *Gazette nationale* ou *Moniteur*, ne donne pas toujours l'indication des spectacles, ou la donne d'une façon incomplète. Nous nous sommes donc borné aux documents officiels, c'est-à-dire à ce que nous fournissaient les registres de la Comédie française. A partir du 31 mai 1799, époque de la réunion des acteurs dispersés de l'ancien théâtre et de la reconstitution de la Comédie française sous le Directoire, les registres se suivent sans interruption jusqu'à nos jours.

Enfin nous ferons observer que nous n'avons recueilli que les représentations données sur la scène même de la Comédie française, sans relever celles que les comédiens français ont données à plusieurs époques, et souvent d'une façon régulière, sur d'autres scènes. C'est ainsi qu'au commencement du règne de Louis XV ils vont jouer toutes les semaines sur la scène de l'Opéra; que, sous le Consulat, ils donnent souvent des représentations sur le théâtre de Versailles; et que depuis il leur est arrivé de jouer à la fois et rue de Richelieu et à l'Odéon. Cette remarque est importante pour le relevé des représentations données pendant une certaine période du règne de Louis-Philippe : le Théâtre français jouant alors au Palais-Royal et à l'Odéon, il y a eu, notamment à l'époque des débuts de Mlle Rachel, plus de représentations de Corneille et de Racine que nous n'en avons mentionné. Mais la liste de ces représentations au théâtre de l'Odéon ne se trouve point dans les registres conservés aux archives du Théâtre français; et comme de plus ces *visites*, pour nous servir d'une expression usitée au dix-septième siècle, ces visites des comédiens français sur une autre scène que la leur, ont eu lieu souvent en d'autres temps, sans qu'il soit possible d'en donner la liste exacte, il a bien fallu nous fixer une limite, et nous borner aux représentations données par eux sur leur propre scène.

Quant aux divisions que nous avons adoptées dans le tableau ci-joint, elles correspondent aux régimes différents que la France a traversés depuis 1680. Ils sont sans doute de bien inégale longueur, et c'est ce dont il importe de tenir compte. S'il nous est permis de donner ici l'impression que nous a laissée la lecture de ces deux cents registres, nous avouerons que, quelque intérêt qu'on puisse se promettre de la comparaison du chiffre des représentations avec les événements contemporains, les influences politiques y ont eu la moindre part; que depuis Louis XIV ce chiffre ne varie pas très-sensiblement[1]; que les changements dans le goût du public, le succès prolongé de quelques pièces nouvelles, et aussi le mérite extraordinaire de quelques acteurs, ont beaucoup plus influé sur le chiffre des représentations de nos grands poètes que toute autre cause; et qu'aussi on risquerait parfois de se tromper fort en expliquant un retour de faveur pour telle ou telle pièce par une raison politique, qui, pour être la plus vraisemblable, n'en serait peut-être pas plus vraie. On en jugera par l'exemple suivant : on s'étonne de voir, immédiatement avant et après 1789, *Athalie*, pièce monarchique et religieuse, atteindre un chiffre de représentations relativement assez notable, et attirer une grande affluence[2]. Au premier abord, on n'aperçoit pas trop quelle espèce d'à-propos pouvait avoir alors *Athalie*, à moins d'y voir une protestation d'une partie du public contre les passions révolutionnaires du temps; et c'est en effet ce qui semble la supposition la plus raisonnable. On se tromperait : nous avons à ce sujet un rapport de l'inspecteur de police chargé de la surveillance du Théâtre français; il est daté du 16 août 1787[3]; il nous apprend que les passions du temps avaient trouvé le secret de faire d'*Athalie* un sujet d'allusions hostiles contre la cour. Quand Racine écrivait en 1691 sa tragédie pour Louis XIV et Mme de Maintenon, il ne soupçonnait guère l'usage étrange que cent ans après on pourrait faire de sa pièce.

Outre ces divisions générales correspondant aux divers gouvernements de notre pays depuis 1680, nous avons cru devoir établir une subdivision particulière pour le règne de Louis XIV : c'est l'é-

---

1. Nous n'avons remarqué qu'une époque vraiment néfaste pour nos deux grands tragiques, une année où l'on ne représenta qu'une fois une tragédie de Corneille (*Polyeucte*), et une fois aussi une tragédie de Racine (*Britannicus*) : c'est l'année 1857.
2. Voici quelques recettes d'*Athalie* en 1791 :

17 juin 1791, *Athalie*..................... 5614 ₶ 15 ˢ.
[21 — Relâche pour l'évasion du Roi (*sic*).]
28 — *Athalie*..................... 3799 ₶ 11 ˢ.
5 juillet — *Athalie*..................... 5047 ₶ 15 ˢ.

Ce sont là des recettes très-considérables pour le temps.
3. On trouvera ce rapport inséré *in extenso* dans les *Mémoires de Condorcet*, tome I, p. 231. L'inspecteur y mentionne les vers applaudis et l'intention trop évidente des applaudissements. La tirade de Joad (acte II, scène IV), sur les « lâches flatteurs », est interrompue à chaque vers par les applaudissements; et au sujet du dernier vers :

Hélas ! ils ont des rois égaré le plus sage !

l'inspecteur ajoute : « Explosion générale de battements de mains dans toute la salle. » Encore y a-t-il là quelque chose de bienveillant pour le Roi; mais d'autres allusions sont cruelles, et elles s'adressent à la Reine : il y en a même pour le clergé.

poque où se fixe le répertoire classique de nos grands poëtes, et il importait d'y insister. Cette subdivision permet de suivre les modifications du goût public à l'égard de Corneille et de Racine à cette époque. Une première période va de 1680 à 1700; une seconde s'étend de 1700 jusqu'à la mort de Louis XIV. Un simple coup d'œil jeté sur les deux colonnes du tableau qui correspondent à ces deux périodes, justifiera cette subdivision : on verra s'opérer alors, entre les pièces de Corneille surtout, une sorte de triage, qui élimine les moins remarquables et fixe au répertoire les vrais chefs-d'œuvre, d'une façon à peu près définitive. Ce fait d'histoire littéraire nous a paru important à constater.

Il nous reste enfin à dire quelques mots des représentations de Corneille et de Racine données par la troupe de Molière à la ville, soit avant 1673, soit après cette date, jusqu'à l'époque où commence notre tableau.

Les seules pièces de Corneille jouées par la troupe de Molière dans leur nouveauté sont *Attila* et *Tite et Bérénice*. *Attila* est joué 24 fois, *Tite et Bérénice* 20 fois, l'une et l'autre pièce du vivant de Molière; elles ne sont pas reprises par sa troupe après sa mort. Les pièces de Racine jouées par la même troupe sont : *la Thébaïde*, jouée 20 fois; *Alexandre*, 9 fois.

En outre, quelques autres pièces de Corneille sont représentées sur le même théâtre, mais assez rarement, soit avant, soit après 1673 (ce sont principalement *Sertorius*, *Rodogune*, *Héraclius*, *le Menteur*, et à partir de 1673, *Pulchérie*), jusqu'au moment où Mlle de Champmeslé, quittant l'Hôtel de Bourgogne pour entrer dans la troupe rivale[1], apporte avec elle le répertoire de Racine aux anciens camarades de Molière réunis aux comédiens du Marais ; ce répertoire, ainsi que celui de Corneille, est joué assez souvent depuis 1678 jusqu'à la réunion.

Enfin les deux troupes, en se réunissant, confondent leurs deux répertoires[2]. La Grange, en mentionnant la réunion, fait remarquer que les grands auteurs de l'Hôtel de Bourgogne, « MM. de Corneille, Racine et Quinault, ont disposé leurs pièces de théâtre afin que les acteurs et actrices n'eussent point de disputes pour les rôles »

---

[1]. L'entrée régulière, officielle, de cette actrice n'eut lieu qu'au mois d'avril 1679; mais quelques représentations de Racine, antérieures à cette date, feraient croire qu'elle y jouait déjà depuis quelques mois.

[2]. Ce n'est point qu'il fût interdit à une troupe de jouer le répertoire de l'autre Nous voyons même, dans le *Mercure galant* (septembre 1677), un fait assez curieux, et qui, si nous ne nous trompons, n'a pas été remarqué : c'est que (après la mort de Molière, il est vrai) l'Hôtel de Bourgogne, qui avait été son ennemi acharné, jouait ses pièces. La seule règle observée, en général, c'était de ne pas jouer les pièces d'un autre théâtre tant qu'elles n'étaient pas imprimées. Mais il est clair que l'Hôtel de Bourgogne, passant pour jouer mieux la tragédie, eut à peu près exclusivement l'avantage de jouer Corneille et Racine.

TABLEAUX DES REPRÉSENTATIONS

CORNEILLE. — Représentations a la ville.

NOMS DES PIÈCES	Louis XIV		Louis XV	Louis XVI	Révolution
	1680 à 1700	1700 à 1715	1715 à 1774	1774 à 1789	1789 à 1793
Mélite.					
Clitandre.					
La Veuve.					
La Galerie du Palais.					
La Suivante.					
La Place Royale.					
Médée			6[1]		
L'Illusion comique.					
Le Cid	102	117	177	49	17
Horace	72	51	121	19	3
Cinna	93	46	92	43	7
Polyeucte	48	47	122	14	2
La Mort de Pompée	47	33	50	3	
Le Menteur	83	86	161	28	8
La Suite du Menteur					
Rodogune	78	55	135	34	9
Théodore.					
Héraclius	48	12	137	18	5
Andromède	45				
Don Sanche	10	4	31		
Nicomède	91	47	48	10	
Pertharite.					
OEdipe	56	14	21[2]		
La Toison d'or	34				
Sertorius	44	2	24	7	
Sophonisbe	2[3]				
Othon	29	1			
Agésilas	3				
Attila	12				
Tite et Bérénice.					
Pulchérie.					
Suréna	4				
Total	901	515	1125	225	51

1. Sur ces six représentations de *Médée*, trois (en 1763) sont indiquées comme étant celles de la pièce de Corneille; pour les trois autres (en 1766), on ne dit pas s'il s'agit de la *Médée* de Corneille ou de celle de Longepierre.
2. L'*OEdipe* de Voltaire avait été représenté en 1718; celui de Corneille est encore représenté quatre fois en 1720, et quatre fois en 1729. Pour ces quatre dernières représentations, rien n'indique sur les registres qu'il s'agisse de la pièce de Corneille; mais le *Mercure de France* de 1729 le dit positivement.
3. C'est probablement la *Sophonisbe* de Corneille; mais nous ne pouvons l'affirmer.

DE CORNEILLE ET DE RACINE.

CORNEILLE. — Représentations a la ville.

NOMS DES PIÈCES	Directoire, Consulat et 1er Empire 1799 à 1814	Restauration 1814 à 1830	Louis-Philippe 1830 à 1848	Seconde République 1848 à 1851	Second Empire 1851 à 1870
Mélite.					
Clitandre.					
La Veuve.					
La Galerie du Palais.					
La Suivante.					
La Place Royale.					
Médée					4[4]
L'Illusion comique.					12[5]
Le Cid	191	86	75	9	30
Horace	135	58	66	8	28
Cinna	130	57	110	8	36
Polyeucte	27	10	41	15	39
La Mort de Pompée	28	7			4
Le Menteur	74	30	51	5	54
La Suite du Menteur	7[6]				
Rodogune	67	18			15
Théodore.					
Héraclius	40	13			3
Andromède.					
Don Sanche			28[7]		
Nicomède	74	27	19		4
Pertharite.					
OEdipe.					
La Toison d'or.					
Sertorius	13				
Sophonisbe.					
Othon.					
Agésilas.					
Attila.					
Tite et Bérénice.					
Pulchérie.					
Suréna.					
Total	786	306	390	45	229

4. C'étaient seulement quelques scènes, formant un seul acte.
5. 4 fois en 1861, en 3 actes; aux représentations postérieures à cette date, la pièce a été constamment réduite à 3 actes.
6. C'est la pièce de Corneille, mais remaniée par Andrieux « avec des changements et additions considérables; » elle est imprimée avec ces modifications dans les œuvres de ce dernier.
7. Réduit en 3 actes.

TABLEAUX DES REPRÉSENTATIONS

RACINE. — Représentations a la ville.

NOMS DES PIÈCES	Louis XIV 1680 à 1700	Louis XIV 1700 à 1715	Louis XV 1715 à 1774	Louis XVI 1774 à 1789	Révolution 1789 à 1793	Directoire, Consulat et 1er Empire 1799 à 1814	Restauration 1814 à 1830	Louis-Philippe 1830 à 1848	Seconde République 1848 à 1851	Second Empire 1851 à 1870
La Thébaïde.........	7	1	7	...	...	...	...	...	...	2[1]
Alexandre...........	22	3	...	...	...	...	...	...	...	1[2]
Andromaque.........	111	87	158	29	8	104	80	94	11	35
Les Plaideurs........	128	162	255	74	18	91	76	77	11	179
Britannicus.........	81	68	165	43	8	53	100	60	1	32
Bérénice............	51	21	44	9	6	2	...	5	...	...
Bajazet.............	64	26	122	22	11	57	11	52	4	14
Mithridate..........	91	71	162	22	...	52	3	42	6	23
Iphigénie...........	87	71	218	39	11	123	118	48	3	15
Phèdre..............	114	98	263	48	12	120	96	71	19	51
Esther..............	...	...	8	...	...	43	66	8	...	23
Athalie.............	...	...	142	38	16	53	64	26	2	57
Total........	756	608	1544	324	90	698	614	483	57	432

Depuis le 4 septembre 1870 jusqu'à ce jour, il y a eu 27 représentations de Corneille et 66 de Racine, savoir :

Médée (fragments).....	1	Andromaque.........	27
Le Cid.............	18	Les Plaideurs.......	11
Cinna.............	3	Britannicus.........	20
Le Menteur.........	5	Mithridate.........	1
		Phèdre............	1
		Esther............	3
		Athalie............	3

1. Deux actes seulement. — 2. Les trois premiers actes.

II

REPRÉSENTATIONS A LA COUR.

Nous ne savons pas toujours bien exactement à qui nous devons attribuer la plus grande part dans le choix définitif du répertoire de la cour à chaque époque.

Louis XIV, après avoir marqué un goût très-vif pour le théâtre pendant la première moitié de son règne (et c'est malheureusement celle sur laquelle les documents nous manquent le plus, excepté pour le théâtre de Molière), semble y devenir assez indifférent. Dangeau constate en maint endroit[1] que le Roi n'apparaît que bien rarement aux représentations données à la cour. Il est donc probable qu'il laissait le choix de ce répertoire spécial aux gentilshommes de la chambre et au contrôleur des menus-plaisirs, lesquels prenaient sans doute à ce sujet les ordres de la grande Dauphine; car les registres témoignent de l'intervention assez fréquente de cette princesse dans les affaires du Théâtre français.

Nous devons dire que, pour cette période, le choix des pièces fait honneur à ceux qui l'ont arrêté, quels qu'ils soient : les chefs-d'œuvre de notre scène sont représentés très-souvent à la cour; on y fait aussi une part équitable aux nouveautés ; et telle pièce, assez froidement accueillie à la ville, par exemple *Turcaret*, se relève à la cour et y trouve un accueil favorable. On ne peut guère signaler, pendant les dernières années du règne, qu'une espèce de partialité un peu exagérée pour certaines tragédies saintes, faites à l'imitation d'*Esther* et d'*Athalie* par d'assez médiocres écrivains ; ce sont ces tragédies que, dans son *Journal*, Dangeau désigne, sans y entendre malice, par ces mots bizarres : « des comédies de dévotion. »

Sous Louis XV, le choix est également satisfaisant; seulement, à une certaine date, ce sont les tragédies de du Belloy qui sont l'objet des préférences personnelles du monarque : les *tragédies de patriotisme* et d'enthousiasme monarchique ont remplacé alors les *comédies de dévotion*. Néanmoins les chefs-d'œuvre de nos grands maîtres sont très-régulièrement représentés : seulement, à la fin du règne, par égard sans doute pour la jeune Dauphine, récemment arrivée à Versailles, le répertoire se modifie un peu ; il y a même telle pièce de Molière dont on s'est cru obligé de changer le titre. Ainsi, les registres nous apprennent qu'on a joué à la cour une pièce de Molière, intitulée *les Fausses alarmes :* une note placée au-dessous de cette

[1] Son *Journal* commence en 1684.

indication officielle nous révèle que cette pièce inconnue était *le Cocu imaginaire*.

Sous Louis XVI, il semble qu'on fasse une part un peu plus grande à des nouveautés assez insignifiantes, sans toutefois que le chiffre des représentations de nos grands poëtes paraisse en souffrir sensiblement. Nous savons, par divers documents conservés aux archives du Théâtre français, que c'était la Reine qui fixait le choix du répertoire sur une liste proposée par la Comédie. Louis XVI intervenait pourtant quelquefois; mais il ne paraît pas qu'on tînt toujours assez de compte de ses désirs. Nous avons trouvé, en effet, à la date de 1782, cette note dans les cartons du Théâtre : « M. des Eulettes envoie à Messieurs les Semainiers de la Comédie française la note des pièces que la Reine a choisies pour les trois derniers mois de cette année. Il les prévient que le Roi, en choisissant *la Mort de César*, a dit qu'il l'avait déjà demandée trois ou quatre fois, et *qu'il espérait être plus heureux celle-ci*. » On est quelque peu surpris de l'insistance que mettait le monarque à faire représenter à la cour la tragédie la moins monarchique peut-être du répertoire; mais on s'étonne encore bien plus que les comédiens aient montré si peu d'empressement à répondre aux désirs du Roi, quand il était si facile de les satisfaire.

Enfin, sous le premier Empire, il semble que c'était Napoléon lui-même qui choisissait les pièces à représenter. M. de Bausset, préfet du palais impérial, dit : « Je choisissais le moment du déjeuner de l'Empereur pour lui présenter le répertoire des ouvrages qui pouvaient être représentés. Ordinairement il me le faisait lire à haute voix, et fixait son choix[1]. » On peut donc croire qu'ici le choix du répertoire reflète bien exactement la pensée, le goût personnel du souverain. On remarquera le chiffre des représentations de Corneille et de Racine, relativement assez élevé, si on les compare au règne précédent. Le règne de Louis XVI, jusqu'en 1789[2], comprend à peu près quinze années, comme celui de Napoléon : mais il y a sous Louis XVI 558 représentations à la cour ; il n'y en a que 209 sous Napoléon[3].

---

1. *Mémoires*, tome II, p. 184. Comme M. de Bausset parle dans ce passage du choix des ouvrages destinés à être représentés par la Comédie française à Dresde, en 1813, on peut croire que ces paroles ne s'appliquent qu'aux représentations de Dresde. Mais il est fort probable que, si Napoléon, au milieu d'événements si graves, trouvait le temps de s'occuper du choix du répertoire, il négligeait encore moins d'intervenir à cet égard à Paris, dans des circonstances ordinaires. Il n'était pas dans ses habitudes de laisser faire à d'autres ce qu'il pouvait faire lui-même. Le duc de Rovigo raconte que Fouché lui dit un jour : « L'Empereur, vous ne le connaissez pas : il voudrait pouvoir faire la cuisine de tout le monde. »

2. La dernière représentation à la cour au dix-huitième siècle est du 31 mars 1789. Elle se compose des *Précieuses* et du *Méchant*.

3. Cette infériorité dans le chiffre total des représentations s'explique par les continuelles absences de Napoléon. Nous n'avons pu retrouver la liste des représentations à Dresde en 1813; M. Eugène Laugier, qui a publié un volume intitulé *Documents historiques sur la Comédie française pendant le règne de Napoléon I*er*, 1853, n'a pas

Le chiffre des représentations de Corneille et de Racine aurait donc dû être sous Louis XVI beaucoup plus du double de celui auquel elles ont atteint sous Napoléon, si on tient compte du nombre total des représentations. Or il y a eu sous Louis XVI, à la cour, 47 représentations de Corneille et 42 de Racine; il y en a eu, sous le premier Empire, 32 de Corneille et 34 de Racine; et si l'on ajoute, comme il est juste, que Napoléon allait en outre au Théâtre français, ce que Louis XVI ne faisait pas [1], on voit que les représentations de Corneille et de Racine auxquelles l'Empereur a assisté sont presque aussi nombreuses que celles de la cour sous le règne précédent, malgré l'énorme écart que les deux périodes présentent dans le chiffre total des représentations.

C'est à l'égard de Molière que la comparaison n'est pas à l'avantage du premier Empire. Sans vouloir entrer ici dans des détails qui trouveront mieux leur place dans l'édition de Molière, nous devons dire que les pièces de notre grand comique représentées devant l'Empereur sont au nombre de quatre, de cinq si on veut y ajouter *le Festin de pierre* mis en vers et arrangé par Thomas Corneille : ce sont *le Misanthrope*, *Tartuffe*, *les Femmes savantes*, *l'Avare*, *le Festin de pierre* (représentés en tout 14 fois). Or il y avait eu sous Louis XVI environ cent représentations de Molière. Il ne faudrait pas attribuer ce chiffre minime des représentations de Molière devant Napoléon à une prédilection trop prononcée pour la tragédie, puisque les comédies représentées devant lui sont au nombre de 79, et les tragédies de 43 seulement; ni à un goût exclusif pour la haute comédie, puisque, sur ces 79 comédies représentées devant lui, il y en a qui sont de pures farces, comme *le Sourd ou l'Auberge pleine*, représenté deux fois. On peut simplement en conclure que Napoléon n'avait pas beaucoup plus de goût pour Molière que pour Voltaire.

retrouvé non plus l'indication de ces représentations, qui augmenteraient un peu le chiffre des pièces de Corneille et de Racine jouées devant Napoléon. Mais dans le total que nous donnons ici, sont comprises les représentations de la Comédie française à Mayence en 1804, à Weimar et à Erfurth en 1808 : en tout vingt et une représentations; on n'y joua que des tragédies : à Mayence, *Iphigénie*, *Phèdre*, *Cinna*, *Andromaque*, *Bajazet*; à Weimar, *la Mort de César*; à Erfurth, *Cinna*, *Andromaque*, *Mithridate*, *Iphigénie*, *Zaïre*, *Britannicus*, *OEdipe*, *Rhadamiste*, *Rodogune*, *Mahomet*, *le Cid*, *Bajazet*, *Horace*, *Manlius*, *Phèdre*.

1. Louis XIV, pendant les premières années, avant qu'il se fixe à Saint-Germain et ensuite à Versailles, va quelquefois au théâtre, à l'Hôtel de Bourgogne, au théâtre du Marais et à celui de Molière : plus tard il n'y va plus; ses successeurs jusqu'en 1789 n'y vont pas davantage (au moins au Théâtre français). La reine Marie-Antoinette assiste, mais très-rarement, à quelques représentations au Théâtre français, et notamment à la première représentation d'*Irène*, après le retour de Voltaire à Paris. Ce fait, constaté par les registres de la Comédie, l'a été également par Grimm dans sa correspondance secrète. *Le Mercure de France*, qui rend assez longuement compte de cette représentation, ne parle pas de la présence de la Reine. Avait-il reçu l'ordre de se taire au sujet de cette visite, que le triomphe de Voltaire rendait un peu compromettante?

614   TABLEAUX DES REPRÉSENTATIONS

Il nous reste enfin, avant de donner le tableau des représentations de Corneille et de Racine à la cour sous les divers règnes, à déclarer que pour les deux premiers, ceux de Louis XIV et de Louis XV, il est incomplet, et à expliquer au lecteur comment il nous a été impossible de le compléter.

Pour la première période, celle qui s'étend jusqu'à 1680, nous rappellerons ce que nous avons dit plus haut : c'est que nous n'avons pour cette époque que les registres de la troupe de Molière, et encore faudrait-il ajouter que la Grange indique plusieurs fois des voyages à la cour sans dire ce qu'on y a joué. Il mentionne cependant pour la cour deux représentations de *la Thébaïde*, deux d'*Attila*, une de *Nicomède*, trois de *Sertorius*.

A partir de 1680, les représentations à Versailles sont exactement mentionnées sur les registres; mais celles que l'on donne à Fontainebleau ne le sont pas toujours. Nous avons tâché d'y suppléer avec le *Journal de Dangeau* et *le Mercure galant :* nous croyons être à peu près complet pour cette période jusqu'à la fin du règne de Louis XIV[1].

Nous le sommes beaucoup moins pour le règne de Louis XV : les indications pour Fontainebleau manquent encore assez souvent, et nous n'avons pas toujours pu combler ces lacunes. Mais nous pensons que le chiffre total de 1139 représentations, que nous avons recueilli, et dans lequel nous comptons 271 représentations des pièces de Corneille et de Racine, est une base bien suffisante pour asseoir un jugement raisonné sur l'esprit du répertoire de la cour pendant cette période.

Pour le règne de Louis XVI et celui de Napoléon Ier, nous croyons être complet[2].

---

1. Nous ferons remarquer que dans les dernières années du règne les représentations à la cour deviennent moins nombreuses, et sont souvent interrompues par les deuils répétés qui viennent frapper la famille royale.

2. Sauf pour les représentations données à Dresde en 1813, comme nous l'avons expliqué précédemment.

CORNEILLE. — REPRÉSENTATIONS A LA COUR.

NOMS DES PIÈCES	Louis XIV		Louis XV	Louis XVI	PREMIER EMPIRE
	1680 à 1700	1700 à 1715			
Mélite.					
Clitandre.					
La Veuve.					
La Galerie du Palais.					
La Suivante.					
La Place Royale.					
Médée.					
L'Illusion comique.					
Le Cid............	11	12	13	6	5
Horace............	14	8	12	2	4
Cinna.............	15	12	22	9	5
Polyeucte..........	11	6	17	2	4
La Mort de Pompée..	6	3	6	3	3
Le Menteur........	6	7	15	6	2
La Suite du Menteur.					
Rodogune..........	12	9	14	6	3
Théodore.					
Héraclius.........	4		17	6	2
Andromède.					
Don Sanche........	2	1	4		
Nicomède.........	8	4	2	3	3
Pertharite.					
OEdipe...........	19	3	1[1]		
La Toison d'or.					
Sertorius.........	10	1	1	4	1
Sophonisbe.					
Othon............	6				
Agésilas.					
Attila............	3				
Tite et Bérénice.					
Pulchérie.					
Suréna...........		1			
Total.......	127	67	124	47	32

1. En 1729. Voyez *le Mercure de France* de cette année, p. 555.

RACINE. — Représentations a la cour.

NOMS DES PIÈCES	Louis XIV		Louis XV	Louis XVI	Premier Empire
	1680 à 1700	1700 à 1715			
La Thébaïde	1	1			
Alexandre	6	1			
Andromaque	14	9	17	4	7
Les Plaideurs	14	8	18	6	1
Britannicus	19	9	25	4	3
Bérénice	6	1	1	3	1
Bajazet	20	6	23	5	5
Mithridate	18	7	15	4	2
Iphigénie	7	8	16	4	6
Phèdre	18	12	22	9	4
Esther					2
Athalie			10	3	3
Total	123	62	147	42	34

Nous n'avons pas marqué dans ce tableau les représentations à la cour sous les divers régimes qui ont succédé au premier Empire; et la raison en est simple : c'est que l'usage régulier de ces représentations cesse complétement en 1814. Les princes de la maison de Bourbon viennent de temps en temps au théâtre, sans que leur présence y soit pourtant indiquée avec une précision suffisante pour que nous puissions dresser un tableau exact de ces visites. Sous le second Empire, elles sont mentionnées avec plus de solennité, mais, du reste, assez rares.

Quant aux représentations *à la cour* même, voici ce que nous avons relevé depuis 1814 : Sous la Restauration, quatorze représentations, aucune tragédie de Corneille et de Racine; deux pièces de Molière (*le Misanthrope* et *les Précieuses*); et enfin *les Plaideurs*; sous Louis-Philippe, onze représentations, parmi lesquelles *Horace*, *Athalie* avec les chœurs (deux fois); *le Misanthrope*, *le Mariage forcé*, *le Malade imaginaire* (deux fois); sous le second Empire, onze représentations de la Comédie française dans les résidences impériales. Rien de Corneille et de Racine, sauf une fois *les Plaideurs* à Compiègne, le 1er décembre 1855; rien de Molière.

Eugène DESPOIS.

28 février 1873.

TABLE DES MATIÈRES

CONTENUES DANS LE HUITIÈME VOLUME.

LEXIQUE DE LA LANGUE DE RACINE.

Préface. *De la langue de Racine*.	i
Étude sur le style de Racine.	xix
Introduction grammaticale.	lxxi
Orthographe.	cxxxvi
Prononciation.	cxli
Versification.	cxlii
Lexique.	1
Additions et corrections.	557
Tableaux des représentations de Corneille et de Racine depuis Louis XIV jusqu'en 1870.	599

FIN DE LA TABLE DES MATIÈRES.

CHARTRES. — IMPRIMERIE DURAND
Rue Fulbert, 9.

www.ingramcontent.com/pod-product-compliance
Lightning Source LLC
Chambersburg PA
CBHW070055020526
44112CB00034B/1259

THE GOSPEL ACCORDING TO

ST. JOHN,

WITH NOTES CRITICAL AND PRACTICAL.

BY THE REV. M. F. SADLER,

RECTOR OF HONITON; PREBENDARY OF WELLS; AUTHOR OF "CHURCH DOCTRINE
BIBLE TRUTH," "CHURCH TEACHER'S MANUAL," "NOTES CRITICAL
AND PRACTICAL ON ST. MATTHEW," ETC.

THIRD EDITION, REVISED.

WIPF & STOCK · Eugene, Oregon

Wipf and Stock Publishers
199 W 8th Ave, Suite 3
Eugene, OR 97401

The Gospel According to St. John
With Notes Critical and Practical
By Sadler, M. F.
ISBN 13: 978-1-62564-968-3
Publication date 5/18/2014
Previously published by G. Bell & Sons, 1888

INTRODUCTION.

LIFE OF ST. JOHN.

ST. JOHN, Apostle and Evangelist, "the disciple whom Jesus loved," was the son of Zebedee and Salome (compare Matth. xxvii. 56 with Mark xv. 40). Respecting Zebedee we know nothing whatsoever, except that he followed the occupation of a fisherman on the shores of the Sea of Galilee. He could not have been poor, for he had hired servants to assist him (Mark i. 20). He could not have been hostile to the Messianic claims of Jesus, as, apparently without a word of remonstrance, he suffered his sons to leave him with the hired labourers, and to follow the Lord as His constant companions.

Respecting Salome, we know more. Some have supposed, on the strength of a mere inference drawn from a very doubtful reading in John xix. 25 (see note), that she was the sister of the Virgin; in which case, St. John and the Lord would have been first cousins. But this is the merest conjecture. All that is said of her is to her honour. She appears to have had a very firm belief in Jesus as the Messiah and King of Israel; though, in common with all the disciples, she took a carnal view of His Kingdom, as appears by her request that her two sons might occupy the chief places of honour in it (Matth. xx. 20-24). She was one of the devoted and courageous women who stood by the Cross. And she was one of those who, on the morning of the Resurrection, went first to the Sepulchre (Mark xvi. 1).

Of the early youth of the Evangelist we are told nothing whatsoever. We first find him attached to the Baptist, as one of his disciples. All commentators seem to agree in the fact that he was one of the two disciples who, when John pointed to Jesus as the Lamb of God, immediately left the Baptist, and began to follow

Jesus. That he should have been not merely one of those who heard John, and were baptized by him, but that he should have been of the select few who became attached to him as his disciples, argues a deep religious feeling; and that he should have left John, and followed Jesus, apparently on the single word that Jesus was the Lamb of God, seems to indicate in him some sense of personal need of such a Saviour as the title "Lamb of God" implies.

Though not as yet permanently attached to the Lord as one of the twelve, he certainly accompanied Him in His earliest ministry, and was present at the miracle in Cana, and the first cleansing of the Temple, for the account of both these bears every mark of having been written by an eye-witness; and the same may be said of the Lord's interview with Nicodemus, for it is never so much as hinted that our Lord and the inquiring Pharisee were absolutely alone. He must have been one of the disciples who were with the Lord at Sychar. After this, he resumed his occupation of a fisherman, not from any want of belief or desire to draw back, but because he and the other disciples had no other means of getting their living, not having been yet called to live entirely with the Lord as Apostles.

When the Lord set him apart to the Apostleship, He gave to him, and to his brother James, the name of Boanerges, "sons of thunder." This seems, at first sight, not to be in harmony with that view of him which we gather from the few hints in the Scriptures respecting his character, and which all tradition confirms, as being loving, retiring, contemplative rather than active, and somewhat feminine in gentleness. And yet there are unmistakeable indications of another side of his character, as, for instance, his forbidding one to cast out devils in the Lord's Name, because he belonged not to the Apostolic company (Mark ix. 38); and, along with his brother, praying Jesus that they might call down fire from heaven upon the Samaritan village which would not receive the Lord (Luke ix. 54). "But even in these vehement utterances," as Luthardt says, "love to Jesus was the moving soul: his nature only decided the form." "How also," asks Godet, "are we to explain two features of character apparently so opposite? There exist profound receptive natures, which are accustomed to shut up their impressions within themselves, and this all the more that these impressions are keen and thrilling. But, if it happens that these persons once cease to be masters of themselves, their long-restrained emotions then burst

INTRODUCTION.

forth in sudden explosions, which fill the persons around them with amazement. Does not the character of John belong to this order?"

There must have been that in this Apostle which raised him, in the estimation of the Searcher of hearts, above the majority of his brethren, in that Jesus selected him, together with his brother and Simon Peter, from among the rest of the Apostles, to witness such events as the raising of Jairus's daughter, the Transfiguration, and the Agony. He was the only Apostle who stood by the Cross, and then had the unspeakable honour of receiving from the Lord the charge of His mother, so that he should be to her in His place as her son. The Saviour must have seen in him extraordinary worthiness thus to trust him.

In the closing scenes in the Gospel, and in the Acts of the Apostles he appears as very intimately associated with St. Peter. It is Peter who makes the sign to him to get the name of the betrayer (John xiii. 23, 24). He obtains for Peter admittance into the palace of the high priest (xviii. 16). He runs with Peter to the sepulchre (xx. 3). Peter asks the Lord respecting his destiny (xxi. 21). He goes up with Peter at the hour of prayer to the Temple (Acts iii. 1); and seems to have joined with him in the healing of the lame man (Acts iii. 11, 12). He was side by side with Peter before the council (Acts iv. 13); and he was sent in company with him to lay hands upon the Samaritan converts (Acts viii. 14). But in no one of these cases is he reported to have said a single word. All the speaking falls to the lot of St. Peter. The last notice of his sojourn in Jerusalem is in Gal. ii. 9, where, fourteen years after St. Paul's first visit, he, together with Cephas and James, perceiving the grace of God in Paul and Barnabas, gave to them the right hand of fellowship.

Respecting his further sojourn in Jerusalem, both Scripture and tradition are silent. In the Book of the Revelation, of which the date is uncertain, he appears as exercising Apostolic rule over the Churches of Asia Minor; for the Lord, through him, sends letters to the several angels or bishops of these Churches; and Patmos, the island to which he had been banished for a time, was about twenty miles from that coast, opposite Miletus.

The early Fathers are unanimous about this district being the scene of the labours of his last years, and exceedingly beautiful some of these notices are. Eusebius gives one, taken from a lost book of Clement of Alexandria, which gives an astonishing view of the love and earnestness of the Apostle as a pastor of souls:—

"Listen to a story which is no fiction, but a real history, handed down and carefully preserved, respecting the Apostle John. For, after the tyrant (Domitian) was dead, coming from the Isle of Patmos to Ephesus, he went also, when called, to the neighbouring regions of the Gentiles; in some to appoint bishops, in some to institute entire new Churches; in others to appoint to the ministry some one of those that were pointed out by the Holy Ghost. When he came, therefore, to one of those cities . . . . he turned to the bishop appointed, and seeing a youth of fine stature, graceful countenance, and ardent mind, he said, 'Him I commend to you with all earnestness in the presence of the Church, and of Christ.' The bishop having taken him and promised all . . . . he returned to Ephesus. The presbyter taking the youth home, ... educated, cherished, and restrained him, and at length baptized him. After this he relaxed his former care and watchfulness, as if he had now committed him to a perfect safeguard in the seal of the Lord. But certain idle, dissolute fellows, familiar with every kind of wickedness, unhappily attached themselves to him, thus prematurely freed from restraint. At first they led him on by expensive entertainments. Then going out at night to plunder, they take him with them . . . . At length, renouncing the salvation of God, he, having committed some great crime, since he was now ruined, expected to suffer equally with the rest. Taking, therefore, these same associates, and forming them into a band of robbers, he became their captain, surpassing them all in violence. Time elapsed, and on a certain occasion they sent for John. The Apostle, having set in order those other matters for which he came, said, 'Come, bishop, return me my deposit!' The bishop at first thought of a deposit of money . . . . but when John said, 'I demand the young man, and the soul of a brother,' the presbyter, groaning and also weeping, said, 'He is dead.' 'How and what death?' 'He is dead to God,' said he. 'He has turned out wicked and abandoned, and at last a robber.' The Apostle, hearing this, tore his garment, and beating his head with great lamentation said, 'I left a fine keeper of a brother's soul! But let a horse now be got ready, and some one to guide me on my way.' He rode as he was, away from the church, and coming to the country was taken prisoner by the outguard of the banditti. He neither attempted to flee, nor refused to be taken; but cried out: 'For this very purpose am I come; conduct me to your captain.' He, in the meantime, stood waiting, armed as he was. But, as he recognized John advancing towards him, overcome with shame, he turned about to flee. The Apostle, however, pursued him with all his might, forgetful of his age, and crying out, 'Why dost thou fly, my son, from me, thy father, thy defenceless, aged father? Have compassion on me, my son; fear not.

Thou still hast hope of life. I will intercede with Christ for thee. Should it be necessary I will cheerfully suffer death for thee, as Christ for us. I will give my life for thine. Stay; believe Christ hath sent me.' Hearing this he first stopped with downcast looks; then threw away his arms; then trembling, lamenting bitterly, and embracing the old man as he came up, attempted to plead for himself with his lamentations as much as he was able; as if baptized a second time with his own tears, and only concealing his right hand. But the Apostle pledging himself, and solemnly assuring him that he had found pardon for him in his prayers at the hands of Christ, praying on his bended knees, and kissing his right hand, as cleansed from all iniquity, conducted him back again to the Church. Then supplicating with frequent prayers, contending with constant fastings, and softening his mind with various consolatory declarations, he did not leave him, as it is said, until he had restored him to the Church" ("Eccles. Hist." iii. 23).

The occasion of the writing of his Gospel is thus described in Eusebius:—

"The three Gospels, previously written, having been distributed among all, and handed to him, they say that he admitted them, giving his testimony to their truth; but that there was only wanting in the narrative, the account of the things done by Christ, among the first of His deeds, and at the commencement of the Gospel. And this was the truth. For it is evident that the other three Evangelists only wrote the deeds of our Lord for one year after the imprisonment of John the Baptist, and intimated this in the very beginning of their history . . . . The Apostle (John) therefore in his Gospel gives the deeds of Jesus before the Baptist was cast into prison, but the other three Evangelists mention the circumstances after that event. One who attends to these circumstances can no longer entertain the opinion, that the Gospels are at variance with each other, as the Gospel of John comprehends the first events of Christ, but the others, the history that took place at the latter part of the time. It is probable, therefore, that for these reasons John has passed by in silence the genealogy of our Lord, because it was written by Matthew and Luke, but that he commenced with the doctrine of the Divinity, as a part reserved for him by the Divine Spirit, as if for a superior." (Euseb. iii. 24.)

It is evident that Eusebius here gives one reason, but not a sufficient one. If he had mentioned, in addition, that the Apostle intended also to supply the account of a ministry exercised at intervals in Jerusalem, and discourses and disputes with the Jews arising out of it, it would give a good account of the external form of the Gospel.

Tertullian speaks of St. John having, in will, suffered martyrdom at Rome when, by order of Domitian, he was plunged into boiling oil, but escaped unhurt (Tertullian, On Prescription, ch. xxxvi.). Irenæus gives an anecdote somewhat in accordance with that vehement side of his character, which would call down fire from heaven upon those in error:—

"There are also those who heard from him (Polycarp) that John the disciple of the Lord, going to bathe at Ephesus, and perceiving Cerinthus within, rushed out of the bath-house without bathing, exclaiming, 'Let us fly, lest even the bath-house fall down, because Cerinthus, the enemy of the truth, is within." (Iren. bk. iii., ch. iii., sec. 4.)

Eusebius (Bk. v. 18), in a notice of the Anti-Montanist writer, Apollonius, tells us that he relates that a dead man was raised by the Divine Power through the same John at Ephesus. Cassian has also preserved an anecdote worthy of remembrance:—

"It is related that the blessed Evangelist John was one day gently caressing a partridge, and that a young man returning from hunting, seeing him thus employed, asked him in amazement how so illustrious a man could give himself up to so trifling an occupation? 'What dost thou carry in thy hand?' replied John. 'A bow,' said the youth. 'Why is it not bent as usual?' 'Not to take from it, by bending it too often, the elasticity which it should possess at the moment when I shall shoot forth my arrow!' 'Do not be shocked then, young man, at that brief solace which we allow to our mind, which otherwise losing its spring could not assist us when necessity requires it.'" ("Cassian, Collat." xxiv. c. 2.)

Another somewhat obscure notice of him in a letter of Polycrates, Bp. of Ephesus, to Victor, Bp. of Rome, is preserved by Eusebius (iii. 31). "Moreover, John, that rested on the bosom of our Lord, who was a priest that bore the sacerdotal plate [$\tau\grave{o}$ $\pi\acute{e}\tau\alpha\lambda o\nu$] and martyr and teacher, he also rests at Ephesus."

Jerome relates also how, in extreme old age, when no longer able to walk, he was carried to the Christian assemblies, and there uttered over and over again the one word, "Little children, love one another." He was buried at Ephesus. I have given a tradition respecting his burial in a note on John xxi. 23.

INTRODUCTION.

AUTHENTICITY OF ST. JOHN'S GOSPEL.

The Catholic Church, as well as the various bodies of heretics and schismatics who have gone out from her, have, with the exception of one obscure and insignificant sect, received the Fourth Gospel as the work of the Apostle St. John, from the time of its publication to the end of the eighteenth century.

To enter somewhat into the significance of this we are to remember that, at various periods in the history of the Church, as, for instance, at the time of the Arian controversy in the fourth century, and at the time of the Reformation, men arose who denied, more or less explicitly, the true and proper Godhead of our Lord, of which Christian doctrine the Gospel of St. John seems to afford the most decisive proofs; and yet neither the followers of Arius in the fourth century, or of Socinus in the sixteenth, seem ever to have thought of questioning the Apostolic authorship of this Gospel, but contented themselves with explaining away the obvious meaning of some of its most prominent passages relating to our Lord's Person.

The authenticity of this Gospel was first seriously questioned at the end of the last century; and since that time a host of writers, mostly German Rationalists and English Socinians, have, on the most opposite and often mutually destructive grounds, denied it to be the work of St. John.

Let the reader remember that this means, that men, living eighteen hundred years after the publication of a certain text-book, question the testimony to its authorship of men who flourished within one hundred years after the publication of that book, and who were born within fifty years after the death of its author, and who had access to a considerable Christian literature, which existed between their day and that of the author of the book in question, which literature has since perished. These general statements we shall now make good.

By far the most important source of our knowledge of the early history of the Church is the "Ecclesiastical History" of Eusebius. Whatever his merits as an historian, there can be no doubt that he carefully investigated the history of the Canon of Scripture, and also the succession of ecclesiastical writers. His history is, in fact, to a great extent, a sketch of early Church literature. In dealing

INTRODUCTION.

with the history of the Canon, he particularly notices whether a large number of writers have quoted certain books of the New Testament, of whose acceptance by the whole Church doubts were entertained. We learn from him that the Church never received books as canonical, except upon sufficient evidence, and that evidence was the reception of each book by the whole Church from the earliest times. He gives an account of the publication of each of the Gospels—of Luke, bk. iii. ch. iv.; of Mark, in bk. ii. ch. xv.; of Matthew and John, in bk. iii. ch. xxiv. (this, so far as regards St. John, I have given in page ix. of this Introduction).

In giving a summary statement of the books of the New Testament, he begins it with, "Here, among the first, must be placed the Holy Quaternion of the Gospels. These are followed by the Book of the Acts," &c. (Bk. iii. 25.)

With respect to the Gospels, he knows but four as Canonical, and has never heard of any other as accepted by the Church. He mentions apocryphal and disputed books. Amongs the latter, he mentions the Gospel to the Hebrews; but he is wholly ignorant of doubt having ever been cast upon the authority of any of the four in any branch of the Catholic Church. Now, however Eusebius, like any other writer, may be liable to be mistaken, through carelessness or prejudice; yet, on all principles of common sense, each of these his statements respecting the authorship of the various Gospels, is worth all the adverse conjectures of modern "destructive" critics put together. For Eusebius lived above fifteen hundred years nearer to New Testament times than these critics, and had come to man's estate within two hundred years of the publication of the fourth Gospel. And, besides this, Eusebius was acquainted with a vast mass of ecclesiastical literature, which has altogether perished, and the greater part of which is only known to have existed through notices or extracts to be found in his book. For instance, in a few pages he gives accounts of writings which he had seen of Papias (iii. 39), Quadratus and Aristides (iv. 3), Hegesippus (iv. 8, 22), Tatian (iv. 16), Dionysius of Corinth (iv. 23), Pinytus (iv. 23), Philip and Modestus (iv. 25), Melito (iv. 26), Apollinaris (iv. 27), Bardesanes (iv. 30).

These are all names of writers who flourished in the first three-quarters of the second century, and I have only mentioned those whose writings Eusebius appears to have actually seen.

Between Eusebius and the close of the second century three

INTRODUCTION. xiii

writers of note flourished, Cyprian, martyred in old age, A.D. 257; Hippolytus, martyred about A.D. 240; and Origen, died about A.D. 250. Origen wrote a commentary on St. John in twenty-two books, two of which have come down to us. In an index now before me I find the references of St. Cyprian to St. John's Gospel are above 200. Hippolytus also continually refers to him in the most direct manner.

But I hasten from these to three authors in the last quarter of the second century, *i.e.*, within eighty years or so of the death of St. John, Irenæus, Tertullian, and Clement of Alexandria. All these were men of culture and extensive reading. All opponents of the authority of St. John's Gospel are obliged to allow that these men quote St. John's Gospel as part of the Word of God as distinctly, and as frequently, and as reverentially as any modern author which could be named.

But it may be well not to rely upon the mere assertion of this, but show it at some length by references, so that no shadow of a doubt may linger in any reader's mind upon the matter. Irenæus wrote his principal work "Against Heresies," in the reign of Commodus, *i.e.*, between A.D. 180 and 192. In his youth he was acquainted with Polycarp, who himself remembered St. John. Irenæus knows of but four Gospels, our present four. There is a remarkable passage of his writings in which he speaks of the Gospels as being *necessarily* but four:—

"It is not possible," he writes, "that the Gospels can be either more or fewer in number than they are. For since there are four zones of the world in which we live, and four principal winds . . . . it is fitting that the Church should have four pillars . . . . He Who was manifested to men has given us the Gospel under four aspects, but bound together by one Spirit." (Bk. iii., ch. xi., sec. 8.)

The wisdom of these analogies may be questioned, but no one could possibly have cited such things by way of type or comparison, if in his youth there had been only three Gospels, and one had suddenly come to light when he was in middle life, and had slowly won its way to a place in the Quaternion, as modern critics, who place the composition of St. John in the middle of the second century, ask us to believe.

The following are clear and distinct quotations from, or references to, St. John.

John i. 1. "In the beginning," &c.

Irenæus. "That Gospel, according to John, relates His original, effectual, and glorious generation from the Father, thus declaring: 'In the beginning was the Word, and the Word was with God, and the Word was God.'" (iii. ch. xi. sec. 8.)

John i. 10, 11. "He was in the world ... his own received him not."

Irenæus, iii. ch. xi. sec. 2. "John, however, does himself put this matter beyond all controversy on our part when he says: 'He was in the world, and the world was made by Him, and the world knew Him not. He came unto His own, and His own received Him not.'"

John i. 14. "The Word was made flesh," &c.

The references to, and reminiscences of this place are exceedingly numerous. I can only give one, Bk. iii. ch. xi. sec. 2: "The Gospel affirms plainly, that by the Word which was in the beginning with God, all things were made, which Word, he says, was made Flesh, and dwelt among us."

John i. 29. "Behold the Lamb of God, which taketh," &c.

Irenæus iii. ch. x. 2. "For this is the knowledge of salvation which was wanting to them, that of the Son of God, which John made known, saying, 'Behold the Lamb of God, which taketh away the sin of the world.'"

John i. 49. "Nathanael answered and saith unto him," &c.

Irenæus iii. ch. xi. sec. 6. "By whom also Nathanael, being taught, recognized Him, he to whom also the Lord bare witness that he was 'an Israelite indeed, in whom was no guile.' The Israelite recognized his King. . . . . Thou art the Son of God. Thou art the King of Israel . . "

John ii. The miracle of the turning of the water into wine.

Irenæus iii. xi. 5. "But that wine was better which the Word made from water, on the moment, and simply for the use of those who had been called to the marriage."

John iii. The words to Nicodemus, the looking by faith to the Son of Man lifted up, the declaration of the Lord respecting light coming into the world, &c., John iii. 3-21, are all quoted or alluded to by Irenæus.

John iv. 14. So Irenæus: "Since the Son of God is always one and the same, He giveth to those who believe on Him a well of water [springing up] to eternal life." (iv. ch. xxxvi. 4.)

There are nine or ten references in an index now before me to chap. v., four to chap. vi., two to chap. vii., nine to chap. viii., four to chap. ix., two to chap. xi. One of these to John xi. 54 is: "Then when He raised Lazarus from the dead, and plots were formed against Him by the Pharisees, He withdrew to a city called Ephraim, and from that place, as it is written, He came to Bethany six days before the Passover." (ii. ch. xxii. 3.)

We next come to Tertullian. He, as Irenæus, held only four Gospels, in enumerating which he puts John the first. "Of the Apostles, therefore, John and Matthew first instil faith into us; whilst of Apostolic men, Luke and Mark renew it afterwards." ("Against Marcion," iv. ch. ii., also ch. v.) Again, speaking of the full revelation of Divine Truth to the Apostles: "Was anything, moreover, hidden from John, the most beloved of the Lord, who leaned upon His breast, to whom alone the Lord pointed out beforehand Judas, that should betray Him, whom He commended unto Mary as a son in His own stead?" (On Prescription, ch. xxii.) I can only give a few references. "It is written, 'To them that believed on Him, gave He the power to be called sons of God.'" (On Prayer, ch. ii.) But it will suffice to refer to chapters xxi. to xxv. of his treatise against Praxeas, in which he shows by a minute analysis of St. John's Gospel, that the Father and the Son are constantly spoken of as distinct Persons.

"First of all, there comes at once to hand the preamble of John to his Gospel, which shows us what He previously was Who had to become flesh. 'In the beginning was the Word, and the Word was with God,' &c. . . . . His glory was beheld, the glory as of the only begotten of the Father . . . . He affirmed Himself that they were quite right in their convictions; for he answered Nathanael, 'Because I said I saw thee under the fig tree,' &c. When He entered the Temple He called it His Father's house. . . . . In His address to Nicodemus He says, 'God so loved the world,' &c. Moreover, when John was asked what he happened to know of Jesus, he said, 'The Father loveth the Son,' &c. . . . . Whom, indeed, did He reveal to the woman of Samaria? Was it not the Messias which is called Christ? . . . . He says, therefore, 'My meat is to do the will of Him that sent Me, and to finish His Work;' whilst to the Jews respecting the cure of the impotent man, he remarks, 'My Father worketh hitherto and I work.' 'My Father and I;' these are the Son's words: and it was on this very account that 'the Jews sought the more intently to kill Him, not only because He broke the Sabbath, but also because He said that God was His

Father, making Himself equal with God.'" All these are from one or two pages, so that no one can have the shadow of a doubt respecting Tertullian's view of St. John's Gospel.

We now turn to Clement of Alexandria, who became head of the Catechetical School of Alexandria in A.D. 190. He also knows of but four Gospels, for speaking of a saying ascribed to our Lord, he writes, "In the first place, then, in the four Gospels handed down amongst us, we have not this saying; but in that which is according to the Egyptians." (Miscellanies, iii. 13.)

Clement gives an account of the writing of the fourth Gospel as follows:—He says that those which contain the genealogies were written first, but that the Gospel of St. John was occasioned in the following manner:—" But John, last of all, perceiving that what had reference to the body in the Gospel of our Saviour was sufficiently detailed, and being encouraged by his familiar friends, and urged by the Spirit, he wrote a Spiritual Gospel" (Extracted by Eusebius from Hypotyposes, Eccles. Hist. vi. 14.). The following are a few references out of very many:—

John i. 1. "In the beginning was the Word," &c.

Clement, Exhortation to Heathen, chap. i. "Do not suppose the song of salvation to be new, as a vessel or a house is new, for . . . . 'In the beginning was the Word, and the Word was with God, and the Word was God.'"

John i. 17. "The law was given by Moses, but grace and truth came," &c.

Clement, Instructor, i. 7. "Wherefore it [the law] was only temporary; but eternal grace and truth were by Jesus Christ."

John i. 2, x. 11. Clement, Instructor, i. 11. "With authority of utterance, for He is God and Creator, for 'all things were made by Him, and without Him was not anything made;' and with benevolence, for He alone gave Himself a sacrifice for us, 'for the Good Shepherd giveth His Life for the sheep.'"

John i. 18. "No man hath seen God at any time," &c.

Clement, Miscellanies, v. 12. "And John the Apostle says: 'No man hath seen God at any time. The only begotten God [very old reading], who is in the bosom of the Father,'" &c.

John iii. 18. "He that believeth not, is condemned already," &c.

Clement, Miscell. iv. 26. "He that believeth not is, according to the utterance of the Saviour, condemned already."

Also, Miscell. vi. 11. "'I must decrease,' saith the prophet John."

INTRODUCTION. xvii

Miscell. i. 6. "As the Lord taught to worship in spirit." Instructor, i. 6. "I," says the Lord, "have meat to eat that ye know not of." Instructor, i. 6, "Further, the Word declares Himself to be the bread of heaven. 'For Moses,' He says, 'gave you not that bread from heaven, but my Father giveth you the true bread from heaven,' " &c.

Such are the testimonies of Irenæus, Tertullian, and Clement to the fact of there having been, within their memory, only four Gospels, and that one of these is that of St. John, exactly as we now possess it. These men were all men of letters, of extensive reading, and deep thought. They lived in the most opposite parts of the world—Tertullian in Africa, Irenæus in Gaul, Clement in Alexandria. They were all writing, or had written, about 190. They all witness distinctly to the fact that St. John's Gospel had been accepted by the Church, not only at the time they wrote, but always—from the first. Now let us consider, for what period could they speak on such a subject with certainty? Most assuredly for above a century. One of them, Irenæus, remembered well the teaching of Polycarp, who himself remembered, and spoke of having seen, St. John. If, at the end of the century, they were between sixty and seventy, or even younger, they could have conversed with Christians—aged men, of course—who were contemporary with St. John, or who were born within a few years after his death. Such men could, and do, vouch with absolute certainty for the fact that, during their whole life-time, and as far back as the memory of their immediate fathers extended, no Gospel purporting to be written by the Apostle St. John, and not really written by him, could have been palmed upon the Church as his: and not only palmed upon the Church, but appealed to as the standard of the Church on the matter of a doctrine of such supreme importance as the Divine Nature of her Head, and also read in her assemblies gathered together for the celebration of her highest worship.

Let the reader remember that the fourth Gospel was professedly received by the Church, not for its intrinsic merits, but for its presumed authenticity as the genuine work of an Apostle to whom was given the Spirit of God, to guide him into all the truth. Its statements of doctrine were received as being as much above mere human approval as above criticism, simply because they were Apostolic.

Let the reader try to imagine any book of the very highest authority received everywhere as authentic in the year 1883, and purporting to be written between 1780 and 1790, by the foremost man

b

of his day in the society or sect to which he belonged, but, in fact, not seeing the light till 1840 or so, and being, in reality, a forgery by some absolutely obscure and unknown man, using the name of the said celebrated man, who died before the end of the last century; the book so forged establishing itself, without a word of surprise, or opposition, or inquiry; and without a word of explanation as to why it had remained so long in the dark!

Surely, absurdity could scarcely go further; but no, we have it in our power to imagine it going much further. Let us suppose a book, actually written in 1780, received by the Church or society to which the author belonged, and of which he was then the virtual head, as a standard of appeal, commented on and read in public as one out of four most important books, and reckoned amongst these four because of its presumed authorship, but, by some revolutionary catastrophe, the vast mass of the literature available for tracing its use for the first one hundred years of its existence perishing, except a few scraps; and critics 1,800 years hence (in A.D. 3600), thrusting aside as worthless the testimony of learned and credible witnesses in 1883, taking no account of their reiterated appeals to it as a genuine work, always accepted by the Church as her standard, making nothing of the fact that, to all appearance, it had attained to the highest position, unchallenged and unquestioned, calmly laying down that the Church had not only been imposed upon by an unknown author, but that she was under the impression that, since the time of its publication, she had received the book, and read it in public as authoritative, whilst, in point of fact, she had done no such thing; but the whole body of the Church were blindly, and we must say wilfully, deceived on a matter which touched the very existence of their society, as a society founded for holding and disseminating the truth of God.

If anyone asserts this to be a caricature, I deny it; and I ask such a person to consider what is implied in the ignoring of such a witness as Irenæus. It assumes that Irenæus had himself lost all memory of what had occurred in his own lifetime, and that he took not the slightest interest in the truth of the history of the events of the society of which he was an office-bearer, so as to inquire of his older brethren or fathers of what had occurred within their memory. For the addition of another Gospel to the three, the completion of the Quaternion, was a thing of portentous importance, and could not have occurred unnoticed in a society which long hesitated about

INTRODUCTION. xix

the admission of Epistles, such as that of St. James and that to the Hebrews, into the number of their sacred books.

There is yet remaining to be examined another writer, Justin Martyr, living in the middle of the second century. It is, as is well known, the peculiarity of this author that, though quoting the four Gospels as the Memoirs of the Apostles, he never cites them by name. It is most certain that he knows and refers to the four, for he clearly distinguishes between the books as being written, not only by the Apostles, but " by those that followed them." And he writes thus, making this distinction, when he is speaking of our Lord's Bloody Sweat, of which we have the account, not in a Gospel written by an Apostle, but by the follower of an Apostle, *i.e.*, by St. Luke (Dial. ciii.).

The following are references more or less distinct to the fourth Gospel, in the order in which they appear in Justin :—

(1.) Apology, I. xxii. " In that we say that He made whole the paralytic and those born blind, we seem to say," &c. St. John, alone of the Evangelists, mentions the restoring of sight to one *born* blind (John ix. 32).

(2.) Apol. I. xxxii. "And the first Power, after God the Father and Lord of all, is the Word, who is also the Son; and of Him we will, in what follows, relate how He took flesh, and became Man." This is a free reproduction for the use of the heathen of John i. 1 and 14.

(3.) Apol. I. xxxiii. " For things which were incredible and impossible with men, these God predicted as about to come to pass, in order that, when they came to pass, there might be no unbelief, but faith," &c.—a clear reminiscence of John xiii. 19.

(4.) Apol. I. lxi. He thus describes baptism to the heathen : "Then they are brought by us where there is water, and are regenerated in the same manner in which we ourselves were regenerated. . . . . For Christ also said, ' Except ye be born again, ye shall not enter into the kingdom of heaven.' Now, that it is impossible for those who have once been born to enter into their mother's womb, is manifest to all." A clearer reference to John iii. 3-5 cannot be conceived.

(5.) Apol. I. lxvi. Speaking of the Eucharist, he writes : " In like manner as Jesus Christ our Saviour, having been made flesh by the Word of God, hath both flesh and blood for our salvation, so likewise have we been taught that the food which is blessed by the prayer of His Word . . . . is the flesh and blood of that Jesus

Who was made flesh." The three Synoptics, in speaking of the first Eucharistic element, report that the Lord said, "This is my body." Our Lord alone, in John vi., speaks of it as *flesh;* so that Justin here plainly has John vi. before him.

(6.) Apol. II. x. "For no one trusted in Socrates, so as to die for his doctrine, but in Christ, Who was partially known even by Socrates (for He was and is the Word Who is in every man) . . . . not only philosophers and scholars believed," &c. Justin would not have written this if he had not had in his mind John i. 9: "That was the true light which lighteth every man that cometh into the world."

(7.) Apol. II. xiii. "The Word Who is from the Unbegotten and Ineffable, since also He became man for our sakes"—a reminiscence of John i. 14.

(8.) Dialogue xvii. "Accordingly, you displayed great zeal in publishing throughout all the land bitter, and dark, and unjust things against the only blameless and righteous Light sent by God." In St. John only is our Lord called the "Light."

(9.) Dial. xxvii. "For, tell me, did God wish the priests to sin when they offer the sacrifices on the Sabbath? or those to sin who are circumcised, or do sacrifice on the Sabbaths, since He commands that on the eighth day, even though it happen on a Sabbath, those who are born shall always be circumcised?"—a clear reminiscence of John vii. 22, 23.

(10.) Dial. xxviii. "But though a man be a Scythian or a Persian, if he has the knowledge of God and of His Christ," &c. The knowledge of God and of Christ are only thus associated in John xvii. 3, "Know Thee, the only true God, and Jesus Christ."

(11.) Dial. xxxiv. "For Christ is King and Priest and God and Lord." The two Divine titles, God and Lord, are in the New Testament never together applied to Christ, except in John xx. 28; see also Dial. cxxviii. and cxxix., "The cause of His power, and of His being Lord and God."

(12.) Dial. lvi. "For I affirm that He has never at any time done anything which He Who made the world, above Whom there is no other God, has not wished Him both to do and to engage Himself with"—a clear reminiscence of that unity of will and action between the Father and the Son which pervades St. John; see, particularly, John iv. 34, vi. 38, xii. 49, xiv. 31.

Also Dial. lvi. "He announces to men, whatsoever the Maker of all things, above Whom there is no God, wishes to announce to them" ("I have declared unto them Thy word").

(13.) Dial. lxi. "Who is called by the Holy Spirit, now the glory of the Lord, now the Son, again Wisdom, again an Angel, then God, and then Lord and Logos." Our Lord is called by the Holy Spirit by the three last names only in St. John: God and Lord, John xx. 28; Logos, John i. 1.

(14.) Dial. lxi. "This God, begotten of the Father of all things, and Word, and Wisdom, and Power, and the Glory of the Begetter," &c. "God begotten" seems a clear reminiscence of the very old, if not original, reading, "God only begotten, Who is in the bosom of the Father," of John i. 18.

(15.) Dial. lxii. "But this Offspring, which was truly brought forth from the Father, was with the Father before all the creatures, and the Father communed with Him." So John i. 1, 2, and John xvii., throughout.

(16.) Dial. lxiv. "You remember from other words spoken by David . . . how that it is declared that He should come forth from the highest heavens, and again return to the same places." Justin would never have found this in David, unless he had first learnt it from John vi. 42, xiii. 3, xvi. 28.

(17.) Dial. lxix. "The spring of living water which gushed forth from God" (John iv.).

This is no more than a slight reminiscence; but the term "living water," whether applied to Christ or to the Spirit, is only used in St. John. But with this should be read—

(18.) Dial. cxiv. "We are happy to die for the Name of the good Rock, which causes living water to burst forth for the hearts of those who by Him have loved the Father of all, and which gives those who are willing to drink of the water of life."

(19.) Dial. lxxxviii. "Men supposed him [John the Baptist] to be Christ; but he cried unto them, 'I am not the Christ, but the voice of one crying'"—a clear quotation of John i. 20 and 23.

(20.) Dial. xciv. "God . . . caused the brazen serpent to be made by Moses in the wilderness . . . by this He proclaimed the mystery, by which He declared that He would break the power of the serpent which occasioned the transgression of Adam, and would bring to them that believe on Him by this sign—*i.e.*, Him Who was to be crucified, salvation from the fangs of the serpent," &c. John

iii. is the one only place in Scripture where the brazen serpent is said to be a type of Christ on the Cross.

(21.) Dial. c. "Being about to rise again from the dead on the third day after the crucifixion; and this He has obtained from the Father." There cannot be the slightest doubt that Justin here refers to John x. 18: "I have power to take it [My Life] again. This commandment have I received of my Father."

(22.) Dial. ci. "He [Christ] boasts not in accomplishing anything through His own will or might"—a reproduction of John v. 30: "I can of mine own self do nothing;" also vi. 38.

(23.) Dial. cxxvii. "Therefore neither Abraham, nor Isaac, nor Jacob, nor any other man saw the Father and ineffable Lord of all . . . but saw Him Who was, according to His will, His Son"—a clear amplification of John i. 18: "No man hath seen God," &c.

(24.) Dial. cxxxvi. "For He who knows not Him, knows not the will of God; and he who insults and hates Him, insults and hates Him that sent Him. And whosoever believes not on Him, believes not the declarations of the prophets, who preached and proclaimed Him to all"—a reproduction or amalgamation of several passages in St. John, as v. 46, xv. 21 and 23, and perhaps vii. 17.

(25.) Dial. cxxxvii. "Assent, therefore, and pour no ridicule on *the Son of God;* obey not the Pharisaic teachers, and scoff not at *the King of Israel.*" This parallelism in Justin is the reminiscence and exact counterpart of Nathanael's, in John i. 49.

In estimating the significance of these places in their bearing on the authenticity of St. John's Gospel, we must first remember that Justin was a contemporary of Irenæus. He suffered martyrdom about the year A.D. 165, only fifteen years before Irænæus wrote his book upon Heresies. The dates of the births of Tertullian and Clement of Alexandria are uncertain; but it is most probable that the former was approaching, and the latter had arrived at, man's estate before this date (165). It is impossible, then, to imagine that the Gospels, as a Quaternion, as four in number, should be unknown to Justin; whilst Irenæus, his contemporary, speaks of the four Gospels as being such a necessity "that they can be neither more nor less in number than they are."

It is difficult to understand how anyone can believe that a Gospel existing in 160, but not acknowledged to be St. John's composition (indeed, not believed to be his), should, in the year 180, be universally accepted as of Apostolic origin, much less that a Gospel, unknown to one of the first Christians of the day in 160, should, in 180, be believed, not only to have been the work of St. John, but to have always been received as his; for the three statements of Irenæus, Tertullian, and Clement, which I have given in pages xiii., xiv., and xv., all require that, so far as their memories, and the memories of those with whom they came in contact, could testify, four Gospels—no more and no less—had been received by the Church.

The Christian reader will probably be astonished to hear that all the seeming references to St. John's Gospel in Justin which I have just given are one after another denied to be such, and it is attempted to be shown that each one *may* be ascribed to some imaginary tradition, to some Apocryphal Gospel, to some ingenious piecing together of hints, and scraps, and disjointed sentences from the Synoptics, and the lost Gospel of the Hebrews, &c. Conjectures and suppositions are made to stand for facts, and the conclusion is that Justin need not have so much as seen in St. John's Gospel, and that if he saw it he did not acknowledge it to be St. John's writing; and it is asserted that the Theology and Christology of Justin is prior in development to that of the Gospel; so that the fourth Gospel MAY have been written and imposed on the Catholic Church as late as between 160 and 180, that is, in the lifetime of the father (Irenæus) who looked upon its existence as a necessity. Now, let the reader turn to Nos. 4, 5, 19, 20, 21, and 25 of the preceding list, and say whether it is reasonable to grope in the dark for the source of these sayings in unknown traditions or Apocryphal Gospels, when a Gospel well known to the contemporaries of the writer contains them. Justin Martyr's habit, be it remembered, being rather to reproduce freely the sense than to quote, simply because all his writings which have come down to us are for the use of those without the pale of the Church, and for such persons it is more intelligible to give the sense freely than to quote accurately. Such reproductions and reminiscences as those I have given are in one sense far more valuable than quotations, for they prove that the man who uses them has not merely read the Gospel in question, but has fed upon it and assimilated it. Indeed, the whole Christology of Justin is not that of the Synoptics, but of the fourth Gospel. I give two instances out of very many. " To the Father of all, Who is unbegotten, there is no name given. . . . And His Son, Who alone is properly called Son, the Word, Who was also with Him, and was begotten before the works, when at first He created and arranged all things, by Him, is called Christ in reference to His being anointed, and God's ordering all things through Him." (Apol. ii. ch, vi.) And again: "The first power after God the Father, and Lord of all, is the Word, Who is also the Son: and of Him we will, in what follows, relate how He took flesh and became Man." (Apol. i. 32.)

This witness of Justin carries us to the times of St. John himself, for every old man with whom Justin would converse about the Christian faith would be a contemporary of St. John. But it is useless to dwell further on this matter. Men who make nothing of the witness of Irenæus, and Clement of Alexandria, will naturally reject that of Justin, and they do.

With the exception of Justin Martyr, the remains of the writers between the time of Irenæus and the commencement of the second century are very scanty and fragmentary.

Theophilus of Antioch, about A.D. 180, was a contemporary of Irenæus. In his Epistle to Autolycus (ii. 22), there is a remarkable passage, in which, after asserting that the Lord God, Who walked in the garden of Eden, and talked with Adam, was the Son, he goes on to say, "The holy writings teach us, and all the Spirit-bearing (inspired) men, one of whom, John, says, "In the beginning was the Word, and the Word was with God,' showing that at first God was alone, and the Word in Him. Then he says 'the Word was God: All things come into existence through Him, and apart from Him not one thing came into existence.'"

Athenagoras also, five or six years earlier, and so also a contemporary of Irenæus, quotes St. John. "But the Son of God is the Logos of the Father in idea and in operation; for after the pattern of Him, and by Him, were all things made, and the Father and the Son being one." Plea (or Embassy) for the Christians, ch. x.

The Muratorian fragment about A.D. 173-180, also in the time of Irenæus, ascribes this Gospel to a "John of the disciples," "Joanna ex discipulis." In the Epistle of the Churches of Vienne and Lyons, given in full in Eusebius, bk. v. ch. i., there is a clear quotation from John xvi. 2.

Tatian, also, between Irenæus and Justin, distinctly quotes St. John. The reader will see these quotations with the indications of the knowledge of the fourth Gospel in the Epistle to Diognetus, in the Shepherd of Hermas, and in Papias, treated at length in Luthardt's "St. John the Author of the Fourth Gospel."

Lastly, Ignatius could not have derived such a passage as the following, except from the Gospel or the oral teaching of St. John: "I desire the bread of God .... which is the flesh of Jesus Christ, Who was of the seed of David, and I desire as a drink His Blood, which is love incorruptible, and eternal life." (Epistle to Romans.)

In conclusion, I would notice that no false Gospel pretending to be the work of St. John, could possibly have been imposed on the Church during the survival of his contemporaries, and they could not have become extinct till nearly the middle of the second century. If it had been composed as late as 140, there were multitudes living then who could have risen up and said, "We never heard the Apostle, on whose lips we hung, teach such things. We never heard him speak of the turning of water into wine, or of the discourse with Nicodemus, or of the woman at the well, or of the man at the pool of Bethesda, much less did we hear him teach the discourses which this forger has impudently fabricated." So that the publication of the Gospel, if a forgery, cannot be put before 140, to which period there extends back the personal memories of Irenæus, who certainly speaks as if St. John's Gospel had always been venerated in the Church.

Such is the external evidence. The reader must remember that no book written by any heathen author has one-fiftieth of the evidence for its authenticity which can be adduced in favour of St. John's Gospel.

The internal evidence is of the strongest. The Gospel must have been written by an eye-witness. No one who had not been present could have given such a graphic account of the call of the four disciples as we have in the first chapter. The whole of the second and third chapters bear all the marks of being from the pen of one who himself saw and heard what he there recounts. The seventh, eighth, ninth, and eleventh chapters witness to the same fact. But these unmistakable indications of the presence of the narrator at the scenes he describes culminate in the thirteenth. No man, except for a purpose, can possibly assert that the contents of that chapter were invented after the death of the last person who took part in the scenes there described.

Another, and to my mind, overwhelming reason why this Gospel is to be held to be the production (under the Holy Spirit) of the last surviving Apostle, is the manifest fact that it is so different from the Synoptics in the incidents which it records, and in the discourses which it attributes to our Lord. In the face of the pre-

THE PURPOSE FOR WHICH THIS GOSPEL WAS WRITTEN.

The next matter to be considered is the purpose of St. John (or rather of the Spirit Who inspired him), in writing this Gospel. He himself distinctly tells us what this was, in the last words of the Gospel itself (for chapter xxi. is an appendix by his own hand): "These are written that ye might believe that Jesus is the Christ, the Son of God, and that believing ye might have life through His Name." It is true that the signs mentioned in the preceding verse are rather the appearances after the Resurrection, but what is true of them, is equally true of the whole manifestation of Jesus throughout the book. The Gospel throughout, on the face of it, reveals this one purpose and no other. It commences with the Revelation of the Son of God in His pre-existing state, "In the beginning was the Word, and the Word was with God, and the Word was God," and it concludes with Jesus receiving the confession, "My Lord and My God," of the disciple the slowest to believe.

Every discourse and every incident bears more or less directly on His Nature as a Divine Nature, and His works as Divine works.

In the first chapter John witnesses to Him as One standing amongst men Whom they knew not (26), as having been before him, as One Whose shoe's latchet he was not worthy to unloose (27), as One Who baptized with the Holy Ghost (33). In the second chapter He appears as the Son of God cleansing His Father's house (16), as Himself raising up the temple of His body after it was destroyed (19), as knowing what was in man (25). In the third He speaks of Himself as having come down from Heaven, and yet being in Heaven (13), as the only Begotten Son of God, sent into the world to be the object of saving faith (16), as Light come into the world (19), as the Bridegroom or Husband of the Church of God (29), as receiving the Spirit without measure (34), as having received all things at the hand of God (35). In the fourth He declares Himself to be the Giver of the living water—that is, of the Spirit of God (10). In the fifth as One working co-ordinately with His Father, of Whom He is the Equal, though He does nothing without Him (18), as doing all that the Father does (19), as receiving honour equal to that of the Father (23), as at this present time raising the soul from the death of sin to the life of righteousness (25), and as at the last day calling all that are in the graves to come forth and receive just retribution at His hands (28, 29), and yet of His own self doing nothing, as seeking not His own will (30), or bearing witness to Himself, but as receiving witness from the Father (32), and from the Scriptures (39). In the sixth chapter as giving the Meat which endureth unto everlasting life (27), as being Himself the Bread of immortality (48), as making His very Flesh the means by which men are to receive from Him eternal life (51), as possessing that astonishing spiritual attribute of God, that men, no matter in what part of the world they may be, may be in Him and He in them, just as God can be in them and they in God (56). In the seventh chapter He again sets forth belief in Himself as the occasion of a man's receiving the Holy Ghost in such abundance that he shall be a fountain of life to those about him (38). In the eighth chapter He is the Light of the World (12), He gives the true freedom of spirit to those who continue in His word (31-36). He proceeds and comes from God (42), He says words which if a man keep he shall never see death (51), He is able to say respecting His own eternal existence, "Before Abraham was, I am" (58). In the ninth chapter we have Him calling upon one to believe in Him as the Son of God, and as such receiving his worship (35-38). In the tenth He appears as the Shepherd of the new and better Israel (11-14), He being to them and they to Him as Israel of old was to Jehovah; as knowing the Father as the Father knows Him (15), as having other sheep (16), as giving to His sheep eternal life (28), and as saying that He and His Father are One, and so drawing upon Himself the charge of blasphemy (30), and as repeating it in saying that the Father is in Him, and He in the Father (38). In the eleventh chapter He requires belief in Himself as the Resurrection and the Life, so that whosoever believeth in Him shall never die (25, 26). In the twelfth chapter He prophesies that if He be lifted up He will draw all men unto Himself (32), and the Evangelist witnesses of Him that it was His glory in His pre-existent state that Isaiah saw in the temple of God in the midst of the Seraphim (41). In the thirteenth, He into Whose hands the Father had committed all things, and Who came from God and went to Him again, humbled Himself to wash his disciples' feet, saying to them, "Ye call Me Master and Lord: and ye say well; for so I am" (3-13). In the fourteenth, He sets Himself forth side by side with God as the Object of faith (1), He speaks of His Oneness with the Father in such terms as "If ye had known Me, ye should have known my Father also" (7), "He that hath seen Me hath seen the Father" (9), He proclaims His Mediatorship in the terms, "If ye ask any thing in My Name, I will do it" (14), and He utters such a promise as, "Because I live, ye shall live also" (19), He engages that the Father shall send the Comforter in His [Christ's] Name (26), and in words which acknowledge the priority of the Father as being a Father, He says, "My Father is greater than I." In the fifteenth chapter the Lord declares that all good works pleasing to God are done by Christians through a vital and mysterious union with Himself of such a sort that the fittest way of describing it is as the union betwixt a branch of a vine and its parent stem (1-7). He speaks of men keeping His commandments and so abiding in His love (10), of having chosen His disciples and ordained them that they should bring forth fruit, and that their fruit should remain (16), and that He Himself would send the Holy Ghost from the Father to testify of Him (26). In the sixteenth chapter He again engages Himself to send the Comforter, Who will convince the world of sin because they do not believe in Him (7, 8), and will glorify Him by taking of what belongs to Him, and showing it to the souls of the disciples (14). In the seventeenth chapter He asks the Father to glorify Him with the glory which He had with Him before the world was (5); and in the twentieth chapter He gives to those whom He sent the power to remit and retain sins (23), and receives from one of them his confession of faith in Him in the words, "My Lord and my God," and approves of it as the faith due to Him (28, 29).

But the Apostle's design is not only that his readers should believe that Jesus is the Son of God, but is "the Christ, the Son of God." The Son of God is represented all through the Gospel as coming from the bosom of the Father to be the Christ, the Anointed Man Whom all the prophets had led the Jews to expect. He comes to be the Revealer of the Unseen God in an outward and visible form of Flesh and Blood. In this form He speaks the words of God, He does the works of God, He exhibits so perfectly the mind and character of God, that when men saw Him they saw God, when men heard Him they heard God, when men knew Him they knew God. The title Christ implies the human servant sent, set apart, anointed, to do the redeeming and reconciling work, but not as a mere servant, a Moses, a David, an Isaiah, but the Son in the form of a servant. Being the Christ, He is "of man." Being the Son of God, He is "of God." Thus He is set forth in this Gospel as perfectly human and perfectly Divine; but the human deified by the Divine, and the Divine known, and seen, and understood in the human.

But there is a further purpose, " that believing ye might have life through His Name." This Gospel is especially the Gospel of Life. It begins, " In Him was Life," and " To as many as received Him, to them gave He power to become the sons of God;" *i.e.*, by receiving a new life, a new birth of God. Then we have in it such declarations as, " He that believeth on the Son hath everlasting life." " The water that I shall give him shall be in him a well of water springing up into everlasting life." He remonstrates with the Jews in such words as, " Ye will not come unto Me that ye might have life." He says, " I am that Bread of Life." " The bread that I will give is my Flesh, which I will give for the life of the world." " Whoso eateth my Flesh and drinketh my Blood hath everlasting life." " He that followeth Me shall have the light of life." " I am come that they might have life." " I am the Resurrection and the Life," " Whoso liveth and believeth in Me shall never die." " I am the Way, the Truth, and the *Life*." " Because I live, ye shall live also."

Such is the purpose of the fourth Gospel, expressed by the Evangelist himself, and borne out by almost every page of his Gospel.

It is clear that such is the greatness of this revelation of the Person and Office of the Son of God, and of the life derived from Him to us, that this Gospel can have no other purpose, for this reason, that all must be immeasurably subordinate to this, so that any other design of the Evangelist can scarcely be named beside this.

Two other purposes, however, have been ascribed to the Evangelist, one by the earliest Fathers, another by late modern writers. (1.) That by the Fathers is that the Evangelist wrote his Gospel to refute certain heretics. Thus Irenæus: "John the disciple of Jesus preaches this faith, and seeks by the proclamation of the Gospel to remove that error which by Cerinthus has been disseminated among men, and a long time previously by those termed Nicolaitanes, who are an offset of that ' knowledge ' falsely so called, that he might confound them, and persuade men that there is but one God, Who made all things by His Word: and not, as they allege, that the Creator was One, but the Father of the Lord Another, and that the Son of the Creator was, forsooth, One, but the Christ from above Another, Who also continued impassible, descending upon Jesus the Son of the Creator, and flew back again to His Pleroma." (Bk. iii. xi. 1.)

This seems perfectly true if we hold steadily to the fact that John seeks to remove these and kindred errors by, as Irenæus says, "the preaching of the faith," and "the proclamation of the Gospel;" for this Gospel does not read like a polemical treatise, but meets error, which is always one-sided, by the proclamation of the full and perfect truth. All the deadly errors respecting our Blessed Lord seem to come from two sources—the attempts to lower His Divine Nature, which culminate in humanitarianism, which is, that He is a mere man; and the attempt to do away with His human nature. The latter is the ancient Docetic error, which would make our Lord's Body to be not a true Body, but a phantom. This Gospel, on the contrary, sets Him forth as very Man. "The Word was made flesh." When in the flesh He hungered and thirsted, and was weary, and wept tears of sympathy, and groaned in the spirit, and at last surrendered His Soul in death; and after death, when He rose from the dead in His spiritual Body, that Body, so far from being a phantom Body, could be felt and touched, and even receive food.

The former source of errors, that which would lower or destroy the Divine in our Lord, is throughout this Gospel met by such statements as "The Word was God," "He said that God was His own Father, making Himself equal with God," and St. Thomas's confession, "My Lord and my God."

But it is interesting to observe how, without alluding to it, this Gospel meets an absurd form of bygone heresy by the simple statement of the counter truth. One of the most widespread Gnostical errors, alluded to in the above passage of Irenæus, was that Jesus was not the Son of the God of the Old Testament, but in reality was of a different descent, and came to destroy His power. Now no one can read this Gospel without noticing how earnestly the Son of God asserts His subordination to His Father, how he does nothing except what He sees the Father do; how He judges nothing, and teaches nothing, except what His Father has given to Him to do and to teach (v. 19, 30); and, whilst very broadly asserting the difference in their personality (viii. 18), He yet proclaims His Unity with His Father in such terms as "I and my Father are One," "He that hath seen Me hath seen the Father." This He did for the sake of His countrymen, the Jews. If He claimed to Himself Divine attributes, which He did, He was bound to show that His claims to possess these attributes in no way interfered with the Unity of the Divine Nature, which it was the especial mission of the Jews to uphold. But in thus asserting His Oneness with the Father in will and in action, so as to remove all misapprehension from His countrymen, the Lord asserted what was absolutely incompatible with the insane dreams of Gnosticism, for He seemed to seek for occasion to proclaim His relation to the God of the Old Testament as His Son, His Very Son, Who partook of His Nature, and a Son Who was ever One with His Father in will, and came not to please or glorify Himself, but His Father. Let the reader notice how completely this refutes the idea that the Fourth Gospel was the product of the second century, when Gnosticism was at its height. If it had been written in the second century it would have met such forms of error directly, it would have stated them and exposed them on their own grounds, whereas throughout this Gospel the antidote to these errors is our Lord's repeated assertions that He does nothing and says nothing apart from His Father; these assertions being given by Him for a manifestly different purpose, viz., to remove misconceptions from the minds of His countrymen that in the smallest degree He set Himself forth as a separate and independent God.

2. A second purpose has, by many leading modern expositors, (particularly Godet) been ascribed to St. John in writing this Gospel, which is, to trace side by side the progress of belief and unbelief—of belief in the Apostles, of unbelief in the chosen people. I am constrained to say that I cannot see any such purpose. There does not seem any progress in the belief of the Apostles after St. Peter's confession early in the history in chap. vi.: "Lord, to whom shall we go? Thou hast the words of eternal life. And we believe, and are sure that Thou art that Christ, the Son of the living God" (or the Holy One of God). The Lord had made the greatest demand upon their faith that He ever had made, or ever did make, that His Flesh and Blood were to be received by men if they would enjoy eternal life. He had vouchsafed no explanation of this "hard saying." Many who were His disciples ceased to follow Him, but the twelve, or rather the eleven, showed not only faith, but implicit

faith. Nothing more is said of their faith till the end of the discourse on the way to Gethsemane, when they confess, "Now are we sure that Thou knowest all things, and needest not that any man should ask Thee, by this we believe that Thou camest forth from God." To which the Lord rejoins, "Do ye now [or ye do now] believe? Behold the hour cometh, yea is now come, that ye shall be scattered every man to his own, and shall leave Me alone" (xvi. 32). As if He said, "Ye believe, it is true, but your faith is miserably weak, for ye shall all forsake Me, and flee." Then the chapter on the Resurrection, and the appearances consequent upon it, are actually said to be written to show the triumph of faith in the Apostles. So that, literally, according to some, the manifestations of the Risen Person of the Eternal Son are subordinated to the manifestation of certain phases of internal consciousness in poor human beings. But is it possible to believe this when we consider that not one of the Apostles, except St. John, believed till he saw? "Then were the disciples glad when they *saw* the Lord," records no triumph of faith, of that faculty which is "the evidence of things not seen." Mary Magdalene, the very moment before He manifested Himself to her, believed that His Body had been removed by the gardener. The most unreserved confession of our Lord's Godhead was made by St. Thomas, but the Lord evidently considers it to be anything but triumphant when He says, "Because thou hast seen Me, thou hast believed; blessed are they that have not seen, and yet have believed." As I have noticed before (St. Matthew, p. 470), there is something exceedingly mysterious in the slowness of the Apostles to believe in the Resurrection. It was undoubtedly supernatural, "This saying was hid from them" (Luke xviii. 34). God apparently withheld His secret assistance, so that the Lord's repeated prophecies of His own Resurrection, and the sight of the resurrection of Lazarus, failed to work such faith in them as to lead them to expect His Resurrection, or to accept the first news of it from the women. We now, in this nineteenth century, discern the wisdom of God in this slowness to believe on the part of the Apostles. It is recorded to show that the Apostles, and even the women, were not weak, superstitious visionaries expecting to see something, and so seeing it—fancying that they beheld the Risen Lord, and then imagining their fancies to be realities.

Much less was this Gospel written to trace the growth of unbelief among the Jews. There may be an increase in the determination of the High Priests and rulers not to believe, but I do not see that there is any marked progress of unbelief from the fifth chapter to the end. There is a marked increase of envy and malignity, but not of unbelief. The rulers seem determined from the first, so that the only single one among them who ventures to come for instruction, can only come by night; the common people are uncertain, sometimes appearing to side with the Lord, sometimes questioning and wavering.

It seems futile to attempt to trace this unbelief during our Lord's Lifetime, when we know that after Pentecost the most determined of His foes might become the sincerest of His friends, so as even to suffer death for His sake. It is surprising how commentators fail to realize that in the case of One who put forth such superhuman claims as those which our Lord did, indifference showed a far worse moral nature than opposition. A sincere but prejudiced and ignorant Jew might be shocked at such words as, "Before Abraham was, I am," and " I and My Father are one," and take up stones to stone the supposed blasphemer, and even deny that any miracles could make such claims valid: and yet after Pentecost be converted to Christ. It was opposition to the witness of the Spirit and of the Church which finally sealed the doom of the nation.

RELATION OF ST. JOHN TO THE SYNOPTICS.

A few words in conclusion are required on the relation of this Gospel to the three Synoptical ones.

Though seemingly opposed to one another they are, in fact, not only not divergent, but complementary, the fourth Gospel supplying throughout the answer to most important questions which the Synoptical narratives suggest but do not solve.

1. And first, at the outset, the fourth Gospel answers a difficulty respecting the call of the Apostles themselves. From the Synoptic narratives we should gather that the four principal ones were called suddenly, without any previous preparation or discipline (Matth. iv. 18-19). From St. John we gather that these men had been previously so affected by the teaching of the Baptist that they had become his disciples, and were looking for the Messiah. And when John pointed Him out to them as the Lamb of God, then they left

John, and for a time followed Jesus, and when He called them to give up all and follow Him, they readily obeyed, so well had John prepared the way for Jesus in their hearts, so well had they profited by their short previous converse with the Lord, so deeply had such miracles as that of Cana wrought faith in them.

2. Then in this Gospel we have the reason for the Institution of the Sacraments of Baptism and of the Lord's Supper. In the Synoptics we have the Lord instituting two outward rites or signs, but no spiritual promise connected with them. In St. John we have set forth the inward and spiritual grace of each. Of Baptism, in that it is an entrance into the kingdom of God through a new Birth of water and of the Spirit; of the Holy Communion, in that it is the means whereby we eat the Flesh of the Son of Man, and drink His Blood in order that we may have His Life in us. In the Synoptics we have the Lord's Supper ordained in such astonishing terms as "Take eat, this is My Body. Drink ye all of it, for this is My Blood," and yet not a word of explanation as to why He should offer them His Body and Blood, and why they should receive such Things. The institution of such a rite in such terms assumes that some explanation had been given by way of preparing them, and in the discourse in the synagogue at Capernaum we have such explanation; so that the Lord instituted no mere outward typical rite, but one intended to convey Himself as the Bread of Life, which He had previously led them to expect through some reception of His Body and Blood.

3. The most obvious discrepancy between St. John and the Synoptics is that the latter seem to make the Lord begin and continue His ministry in Galilee till a very short time before His Crucifixion, and the Galilean ministry commenced after the Baptist was cast into prison; whereas St. John speaks of an earlier sojourn in Jerusalem before the imprisonment of John (see my note on Matth. iv. 12). Of this work we are not told much, the first cleansing of the Temple, and the discourse with Nicodemus being the principal incidents of the first part of it. We learn from John ii. 23, iii. 2, that this was a ministry of many miracles, and much teaching, and that many believed in His Name. It was renewed in the land of Judæa with the additional circumstance that the Lord baptized (iii. 22, iv. 1); and when the Lord had taken up His abode in Galilee, it was resumed at certain intervals at the feasts; as at a feast not named, probably Purim, in

John v., and at the feast of Tabernacles in chap. vii., and of the Dedication in ix. and x. (x. 22). Now the Synoptics make no express mention of all this; with them the Jerusalem ministry commences on Palm Sunday, five days only before the Crucifixion. But though they do not expressly mention it, it is absolutely required for the consistency of their narratives. For, in the first place, the narratives in the Synoptics give no reason for the extraordinary enmity with which our Lord was met by the chief priests and elders in Jerusalem. Their conduct betrays every mark of long-continued and deep-seated rancour which had been nursed for years. Thus they bring against Him the charge of destroying the Temple and building it in three days; now, not a syllable which could lead to such a charge had been uttered by Him in His Galilean ministry, but it was a plausible perversion of words which had been uttered by Him two years, at least, before, when He first cleansed the Temple. Again, why did the high priest at His first examination adjure Him by the Living God to tell them whether He was the Son of God? He had never openly proclaimed Himself the Son of God in the highest sense in Galilee or Peræa, but He had done so in the most open, and, to them, offensive way in the hearing of His enemies in Jerusalem (John v. 18, 23, x. 36). The four days' ministry before the Crucifixion, even though He denounced the hypocrisy of the Scribes and Pharisees (Matth. xx.), seems far too short a time to bring down upon Him such an extremity of wrath and hatred as culminated in His Crucifixion only three days afterwards on the Friday.

Again, when the Lord on His last entry into Jerusalem wept over it, St. Luke makes Him say, "If thou hadst known, even thou, at least in this thy day, the things which belong unto thy peace." Now this is totally incompatible with the supposition that He had never before ministered in Jerusalem, and was now about to do so for the first time. It is only consistent with many miracles and many appeals: and so in St. Matthew we have Him, the day after this, apostrophizing the devoted city in the words, "How often would I have gathered thy children together as a hen gathereth her chickens under her wings, and ye would not!" This "how often" is inexplicable except we take into account the first sojourn of John ii. and iii. and the revisiting at the times of feasts, and the miracles and discourses which occurred at these frequent revisitings.

Again, many things in the Galilean ministry require that He

should have both taught and contended at Jerusalem. Thus He sends the lepers He had cleansed to the priests, "to offer the gifts which Moses commanded *for a testimony unto them*." A prophet of Galilee unknown in Jerusalem to the priests there, was hardly likely to have sent the cleansed lepers for such a purpose; if, however, He had some time before this taught and healed under the shadow of the Temple, and the priests had rejected Him, such a thing was very probable.

Again, His frequent denunciations of the Scribes and Pharisees, in the matter of their false interpretations of the Law, and their hypocrisies, is more in accordance with the fact that He had witnessed these evil things in Jerusalem, which was their centre, rather than among the simpler and sincerer folk of Galilee. So that, as I said, if we would realize the consistency of the Synoptic narratives with themselves, we must assume an earlier Jerusalem ministry.

4. Again, St. John notices how the fame of the miracle of the raising of Lazarus accounts for the multitudes which met the Lord on His entry into Jerusalem; the Synoptics mention the vast multitudes, but give no reason for such a concourse.

5. Again, St. John accounts for the extraordinary wickedness of Judas, in that he had hardened himself by repeated acts of deadly sin wilfully committed under the eye of the Saviour.

6. And by St. John's narrative only can we account for the conduct of Pilate, who, when the Lord avowed Himself the King of the Jews, instead of inquiring further into the matter, said to the chief priests and people, "I find no fault in this Man," and would have released Him on the spot. From St. John we learn that he did inquire of Jesus the nature of His kingdom, and found it to be a spiritual kingdom, "not of this world," and so in no way likely to threaten the government of Cæsar.

But we have now, in the last place, to consider a far more important matter than any yet noticed, in which the fourth Gospel supplements the three Synoptics.

The Synoptics set forth the Son of Man, Christ Jesus, doing the works of God and claiming His attributes, but they do not assert distinctly His eternal existence, and His relation to the Father as His *only begotten* Son; they imply that He is the Son of God in the highest sense, but they do not assert it. A fourth Gospel was required to make all so clear that there can be no misunderstanding in the Christian mind respecting the relation of Jesus to the Father as His very and only Son. Take St. Matthew's Gospel. He Who is revealed in it is said to be "Emmanuel," "God with us." But in what sense? God had been *with* the children of Israel as their tutelary Deity. He was in their Temple, He walked among them, their chief city was the city of God, the city of the Great King. Does the name of Emmanuel, given to Jesus, imply that the Jehovah of the Jews would henceforth, after the birth of Christ, be still more effectually with them? The fourth Gospel supplies the answer: The Word, Who was with God, and was God, and was in the beginning with God, was now, "made flesh, and dwelt amongst us, and we beheld His glory, the glory as of the Only-begotten of the Father, full of grace and truth." So that God is henceforth with men, not potentially only, but personally, in the Person of His Son. Again, the Father is said at Christ's Baptism to have witnessed from heaven, "This is my beloved Son." In what sense? In the sense of being His only-begotten Son.

Again, in St. Matthew the Son, rather than the Father, is represented as being the Supreme Judge. Thus in Matthew vii. 23, and xxv. 31-46, He sets Himself forth as presiding on the judgment-seat at the last day, saying to those whom He rejects, "Depart from Me; I never knew you, all ye that work iniquity," and to those whom He accepts, "Come, ye blessed of My Father, inherit the kingdom prepared for you from the foundation of the world." To be the final Judge of all intelligences, is the especial prerogative of God. What is the explanation of this? St. John tells us that Jesus said, "The Father judgeth no man, but hath committed all judgment unto the Son." (v. 22.)

Again, the Christ of St. Matthew sets Himself forth as the object of supreme love (x. 37), as greater than the Temple (xii. 6), greater than the Sabbath (xii. 8), the object of the faith of the Gentiles (xii. 21), the Lord of Angels (xiii. 37, 41, 42). Why this? Because He said, as St. John tells us, "All men are to honour the Son even as they honour the Father." "All things that the Father hath are mine."

Again, He asks the Pharisees, "If David call Messiah Lord, how is He his Son?" St. John distinctly teaches us His pre-existence, and tells us that He said, "Before Abraham was, I am."

The last illustration I shall give is from the parable called "The Wicked Husbandmen." (Matthew xxi. 33.) God is there represented as sending His servants to receive of the fruits of the vineyard, and when the husbandmen had beaten one servant, and killed another, and rejected all; last of all, it is said, He sent His Son, saying, "They will reverence my Son." The Son here is distinguished from the servants, though amongst those servants were Moses, Samuel, David, Isaiah, Jeremiah, Daniel, and the Baptist. In what sense is the Son sent last to be distinguished from these former children of God? St. John's Gospel tells us throughout: they were all created sons, and so servants only, He was the only begotten, God was His own, His proper Father, and so He was "equal with God."

For explanation of terms in critical notes, I must refer the reader to my commentary on St. Matthew, Introduction, pp. 21-40, and for the history of the controversy respecting the authenticity of this Gospel, to Godet's Introduction, Book III., and to Luthardt's "St. John the Author of the Fourth Gospel," chap. ii. Luthardt in his volume gives a list of 500 works bearing on this subject, ranging from 1792 to 1875.

INTRODUCTION TO THE EXORDIUM.
(JOHN I. 1-14.)
ON THE TERM LOGOS, OR WORD, AND ITS APPLICATION TO THE SON OF GOD.

It is useless to inquire as to the origin of this idea in the mind of St. John. The term Meymera, translated "Word," is in many places applied to manifestations of the Divine Being in the ancient Chaldee paraphrases of the Old Testament, as if the unseen God was seen and conversed with through the medium of another Personal Being, emanating from, but closely connected with, Himself. Thus, according to the Hebrew text of Genesis iii. 8, Adam and Eve are said to have "heard the voice of the Lord God, walking in the garden in the cool of the day." In the Chaldee paraphrase of Onkelos, they are said to have "heard the voice of the Meymera (or Word) of the Lord God, walking in the garden." As these paraphrases were probably written about the time of Christ (some think before), St. John could scarcely fail to be acquainted with such interpretations.

Then, in the writings of Greek philosophers, known, perhaps, to himself, and certainly to those with whom he was in constant intercourse, the term Word was used to express a sort of mediating principle between the Divine Being and the universe. These two streams of speculative thought—viz., that from the Jewish paraphrases and that from the Gentile philosophy—seem to meet in the writings of the Alexandrian Jew, Philo. His works are full of references to the Logos; but it is well-night impossible to ascertain what his real opinions were. Sometimes he speaks of the Logos as an idea; sometimes as a person, even calling him "Archangel."

But we have really little to do with the origin of the term; for if we believe St. John to have been one of those who had the special guidance of the Spirit to lead him into all truth respecting these high things of God, then the term Logos is applied to the Son of God by God Himself; and it becomes us most reverently and humbly to inquire why it is so applied to Him. The reason may be stated thus.

In the exordium, two names or titles, each denoting His emanation from the Supreme God, are given to the Lord—the name "Onlybegotten Son," and the name "Word" or "Logos."

The word Son implies the (so to speak) natural relation of the Second Person to the First. He is to the Father all that is implied in the word "Son," and the Father is to Him all that is implied in the word "Father." Consequently, He is set forth as deriving Life from the Father (John v. 26, vi. 57); as doing all that the Father does (v. 19); as equal to the Father in nature, being His Very Son (v. 18); as loving, obeying, and manifesting the Father, and as being loved by the Father, and sharing glory with Him before the world was (xvii. 5, 24.)

But if we had only the word Son, to express the relationship between the First and Second Persons, there would be danger of our regarding this relationship from a merely human point of view, and judging of it by the earthly and temporal fatherhood and sonship, so as, for instance, to conceive of the Son as being begotten in time, as human sons are.

To render all such misconceptions impossible, the Spirit of God in this exordium teaches us that the Son is also the Word of the Father. Now, what is "Word" or "Logos"? It is not a part of speech, as we use the term. It has a far more extensive meaning. It is thought, embodied or expressed in language. It is that which is in our minds or spirits set forth in that medium of articulate sounds which God has given to us, in order that we may make our very selves known to our fellows. The most true and fitting words give us the most exact conception of the heart and soul of him whose words they are; and so the Son is called the Word, as being the setting-forth, or manifestation, of the hidden intellect, power, love and righteousness of God: so that His creatures may be able to apprehend Him Whom no man hath seen, or can see.

So that the Eternal Word is the perfect utterance, or showing forth, or manifestation of the unseen God.

By the use of this term, the Evangelist expresses, in a more spiritual and intellectual way, the idea "Image of the invisible God," of Colossians i.; or "Brightness of His glory" and "express Image of His Person," of Hebrews i. The term Word, then, as applied to the Son, is the highest which we know of for expressing the Divine relations between the First and Second Persons of the Godhead. It is the highest, because it is the least anthropomorphic. The employment of it most strongly impresses upon us the ineffably spiritual character of the eternal Generation. It also naturally carries us further back than the term "Son," for men have conceived of God as being without a Son; but we cannot imagine mind or intellect without power of forming a conception, and making that conception known out of itself. We cannot imagine this in such a Being as God is. The use of this expression thus teaches us that the existence of the Son as the Word or manifestation of the Father is as necessarily inherent in the Godhead as intellect and utterances are in us reasonable creatures.

But though the term Logos affords us this, it does not give us that view of the distinct Personality of the Eternal Son which is implied in His being a Son, and of the Divine Love between Him and His Father which is proper to Him as a Son. And so as the New Testament is written more especially to reveal to us that "God is love," we have everywhere throughout the Book the term Son applied to Christ; and the term Word—the more intellectual term—used five or, at the most, six times.

In accordance with this, the Church has naturally, one may say, adopted the term Son, as better showing forth that ineffable love between the First and Second Persons, which so enhances the love of the Father, in giving His Son for her, and the love of the Son in obeying His Father's will, and submitting to death on her account.

In her creeds, she has used the name of Son, and that only.

A COMMENTARY.

ST. JOHN.

CHAP. I.

IN the beginning ᵃ was the Word, and the Word

ᵃ Prov. viii. 22, 23, &c. Col. i. 17. 1 John. i. 1. Rev. i. 2. & xix. 13.

1. "In [the] beginning." No article before "beginning," as there is none before the corresponding Hebrew word, בְּרֵאשִׁית, in Gen. i. 1, or Prov. viii. 22, or in the Sept. rendering of either of these places. The addition of the article gives it more of the idea of a definite point of time, whereas without the article indefinite or limitless duration is rather denoted.

1. "In the beginning was the Word." "In the beginning," that is, before all time, in the fathomless depths of the past eternity: as the Church in her creed expresses it, "Begotten of His Father before all worlds." Before all the ages or æons, for that is the true rendering of these words of the Creed.

Neither in the Hebrew of Genesis i. nor in the Greek of this place is there any article before the word "beginning." It does not mean in *the* beginning, as indicating a particular beginning, a moment which can be defined: no, let us put back the origin of created things as far as we please, still the Word existed. It is not, then, to be understood as if on the first of the six days, when duration first began to be measured, the Word was. Rather let us hold that between God's first creative act and the work of the first day in dividing the light from the darkness, there were countless ages when "The earth was without form and void, and darkness upon the face of the deep," during which and before which the Word *was*.

was [b] with God, [c] and the Word was God.

[b] Prov. viii. 30.
ch. xvii. 5.
1 John i. 2.
[c] Phil. ii. 6.
1 John v. 7.

There is also a marked contrast between the wording of the book of Genesis and that of St. John's Gospel, which leads us up to the idea of the eternity of the Word. In "the beginning," as it is in the book of Genesis, God created. In "the beginning," as it is in St. John, the Word was. In "the beginning" in the one sacred writer God performed an act. In "the beginning" in the other an Intelligence was in existence; and that the Evangelist means to put the existence of this Intelligence as anterior to everything that can be called "beginning"—in fact, from everlasting, is certain from the things which here and elsewhere are said of Him Who was thus "in the beginning." For the relations of the Son to the Father are elsewhere described in terms which render it unimaginable that God should ever have been without Him. We might as well try to conceive of God without His highest attributes. St. John in writing this exordium had evidently as much in his mind the personification of the Divine Wisdom in the book of Proverbs as he had the account of creation, and in the eighth of Proverbs Wisdom is described as saying, "The Lord possessed me in the beginning of His way before His works of old. I was set up from everlasting, from the beginning, or ever the earth was. . . . . Then was I by Him, as one brought up with Him: and I was daily His delight, rejoicing always before Him."

Is it to be imagined that there ever was a time when God began to possess this Wisdom—that there ever was a time when Wisdom first *began* to be with Him, and that there ever was a time when God began daily to delight in this Wisdom? If the Son because He is the outcoming Word of God be the expression of His hidden Wisdom, can it be thought that the Divine Being has ever been without Him? As well might we suppose a perfect human being without intelligence or power of utterance. Now the Holy Spirit, in speaking of the Son of God as the "Word of God," as "with God," "in the bosom of God," as "God in Him and He in God," as "the brightness of His glory," as the "power" of God, and the "Wisdom of God," necessarily implies that He Who is all this, and of Whom all this can properly be said, is essential to the Divine perfection, so that to say these things of Him is to assert His co-eternity with the Father.

CHAP. I.] THE WORD PERSONAL. 3

2 ^d The same was in the beginning with God. ^d Gen. i. 1.

---

2. "The same." Literally, "this [Logos or Word] was," &c.

The Word was "with God." The preposition translated "with" has a remarkable meaning. It has not merely the same significancy as our preposition "with." It implies that the Word is, in a sense, out of, or apart from, God, and yet looking towards Him; "expressing as in 1 John i. 2, the existence of the Logos in God in respect of Intercourse." (Meyer.) Again, "the Greek word *pros* [προς] expresses proximity, but combining with it the idea of drawing near: it indicates an active relation—a felt and personal communion. The real translation would be 'The Word was in relation with God,' but it is best to preserve the old form, 'The word was with God.'" (Godet.) The simplest illustration of St. John's phrase is got from Genesis i. 26, where (with the utmost reverence be it said) the Two Persons of the Godhead look to One another, and the One says to the Other, "Let us make man in *our* image, after our likeness." It is to this intimate counsel in the depths of the Divine Being that this second proposition of the Apostle alludes, as the first referred to Gen. i. 1. May I supplement this with a reference to Prov. viii., "Then was I BY Him, as one brought up WITH Him, and I was daily His delight"? So that this "with" does not mean "in," just as wisdom, or love, or power may be "in" God, yet in no respect having distinct personality, but it carries with it distinctness of person from the Father, and yet communion with Him, such communion ineffable in its reality, and yet capable of being put into human language in such words as "I have learned of My Father," "I have known the Father," "I know the Father," "I love the Father."

Just, then, as the first clause, "In the beginning was the Word," teaches His eternal existence, so this second, "The Word was with God," teaches His separate personality: in speaking to God He marks His own individuality by using the personal pronoun, "I," "I have glorified Thee," "I have known thee," "Thou lovedst me," "Glorify thou Me;" and yet such close and ineffable union that He says, "I and the Father are one."

"The Word was God." In the former, *i.e.*, the second clause, the word "God" is used with the article. The Word was with *the* God—with Him Who, being unbegotten is originally and

e Ps. xxxiii. 6. ver. 10. Eph. iii. 9. Col. i. 16. Heb. i. 2. Rev. iv. 11.

3 ^e All things were made by him; and without

3. "Were made," *i.e.*, "came into being."
"By him;" rather, "through" Him. All things are "of the Father, through [the instrumentality of] the Son.

essentially God of Himself, "made of none, neither created nor begotten."

But in the third clause the term God is without the article, and so must be understood as if it meant "partaking fully of the nature of God." The two clauses can only be expressed to English-speaking people by a sort of paraphrase. The Word was with the one God and Father of all, and the Word, because He is the true and proper Son of the one God, was God, fully partaking of the nature of His Father, and so of the same order of being as He is.[1] In the second clause the Father, because He is the Person by Whom the Son is begotten, and of Whose substance the Son is, is called God absolutely, "*the* God," as gathering up into Himself the whole Divine Nature. In the third clause the Son, because He is begotten in all the fulness and perfection of that nature, is called "God." God was "the Word." The Nicene Creed reproduces this doctrine: "I believe in one God the Father . . . I believe in one Lord Jesus Christ, the only begotten Son of God, begotten of His Father before all worlds, God of [or out of] God."

The truth revealed in these four words, "The Word was God," is the highest thing which can be revealed to us respecting God. It is the most absolute dogma in the sense of authoritative utterance conceivable. The Church, in all her creeds, articles, standards, decrees of councils, has added nothing to it. In fact, nothing can go beyond it in the direction of the glory of the

---

[1] "The word Θεός, God, used as an attribute, simply expresses the notion of kind. It is an adjective which, while maintaining the personal distinction between God and the Logos, ascribes to the latter all the attributes of the Divine Essence, in opposition to every other essence which could have been assigned to Him either angelic or human." (Godet.) My friend the Rev. W. A. O'Conor of St. Jude's, Manchester, translates, "The Word was with the Deity, and the Word was Deity."

him was not any thing made that was made.

---

eternal Son. The dogmatic statements of the Church have rather modified it, but in such a good and right way that we can intelligently hold that "the Word was God," and yet believe perfectly the unity of the Divine Nature, in that we confess that the Son is not God unoriginate, of Himself, but "of the Father alone," God from God, "not made, nor created, but begotten."

The truths set forth in this verse—the being of the Word, the Eternity of the Word, the co-existence of the Word with God, and the participation by the Word in the one Divine Nature—are in another way the most blessed Revelation respecting God which man can receive, for it assures us that in the Divine Nature there is not one mere "self"—absolutely lonely, absolutely solitary, absolutely without communion or fellowship worthy of Himself; but that in the One Godhead there has ever been a relationship answering to one of the closest relationships amongst men: for there has ever been in the Godhead a Father and a Son, the Son loving the Father and the Father the Son. On this ground only can we understand or believe that "God is love"—that is, is eternally and essentially Love. If God only began to love when late in eternity He created beings upon whom He could set His Love, then He is not essentially Love, because He was an eternity without loving, having no one to love; but it is only sufficient to name such a thing to show that it could not be.

2. The Same (or this Word, Who was in the beginning, Who was with God, and Who was God), "was in the beginning with God." Is this a mere repetition of clause 2 of the first verse? I think not: it seems written to reassure us of the distinct personality of the Word. The clause, "The Word was with God," expresses distinct personality: for if one intelligence is said to be "with" another, the one must be personally distinct from the other. But since God is One, and the last clause had been "the Word was God," the reader might think that such an affirmation was a virtual denial of His proper Personality; so, to obviate this, the clause which asserts that Personality is reiterated, "the Same was in the beginning with God." If the Evangelist had been describing the Second Person as the Son of God, this reiterated statement would not have been needed, for all idea of sonship necessarily carries with it personal existence, distinct from a father. But not so with the term

f ch. v. 26.
1 John v. 11.
g ch. viii. 12.
& ix. 5. & xii.
35, 46.

4 ^f In him was life; and ^g the life was the light of men.

---

4. Many Fathers and modern expositors, as is noticed below, include the last two words of the third and the first clause of this verse in one sentence, "That which was made was life in Him." There are reasons against it which seem insuperable. Tischendorf reads as in Received Text; Westcott and Hort adopt the reading. Both these editors have notes of very great length upon the passage. The testimony of some of the oldest MSS. is unavailable, being without pointing.

"Word." It does not carry with it the idea of distinct individuality; particularly where the Word is said to be God; and so, in order that there may be no mistake about a matter of such supreme importance, the particular truth which is most likely to be lost sight of is repeated in the words, "The same was in the beginning with God."

3. "All things were made by Him, and without Him was not anything made that was made." The Greek word for "all things" being without the article, expresses not so much that He created "the whole," "the all," the Universe, as that He made all the things in that Universe. All things visible and invisible, one by one, as we say. "Every creature in the Universe was made by Him; the greater and the lesser; by Him were made things above, beneath; corporeal, incorporeal; by Him were they made. No form, no structure, no harmony of parts, no substance whatsoever that is capable of being weighed, or numbered, or measured, exists but by and from that Creator Word to Whom it is said, 'Thou hast ordered all things in number and measure and weight.'" It has been supposed by St. Augustine that St. John reiterates this truth in the latter clause of this verse, to meet certain very ancient errors of Gnostics, who blasphemously taught that the Word was one of many Œons, and that some of these were brought into existence before Him.

Notice how differently the Evangelist speaks of His existence, and that of the creatures. He *was*, whereas all others were *made* or came into existence. He was before all time, whereas all things came into existence in time.

4. "In Him was life; and the life was the light of men." We have to notice here a remarkable difference in the translation and consequent signification of these words. As the words, "In Him was life," stand in our version, they express the great truth which

5 And [h] the light shineth in darkness ; and the   [h] ch. iii. 19.

---

5. "Darkness." Properly, "*the* darkness."

He Himself set forth more than once in this Gospel, where He says, "I am the way, the truth, and the LIFE;" and "As the Father hath Life in Himself, so hath He given to the Son to have Life in Himself."

But this is not the meaning which almost all the Fathers before the time of Chrysostom, and a number of modern expositors give to the words. They take the last words of the third with the first clause of the fourth verse, "That which was made was Life in Him." So rendered, it means that creation has not life in itself, but it had, and yet has, life from the Word.

But notwithstanding the authority for taking the passage in this sense, there is a very strong objection indeed against it, namely, this, that it seems impossible to say of any creature whatsoever that it *is* life in the Word. It *has* life by being in Him, and He in it; but of no created being is it possible to say that it *is* life.

And besides this, the words "that which is made" of our verse 3 seem to include every created thing, and it cannot be said that *all* created things are life, even in the Word.

Some have got over this difficulty by the extraordinary philosophical assumption that the ideas of things being in Him (in His mind), before they are created in the outward Universe, are living: so that in Him are ideas of things which, whilst they are in Him are "living," but as soon as He has given to them outward shape and place, they are dead. The idea of the planet, or of the rock, or of the sea is alive whilst it is only idea in His mind, but dead when He outwardly creates it. But surely the Apostle cannot possibly mean this.[1] From these and other considerations it seems preferable, if we can possibly do so, to render the passage as in the Authorized, "In Him was Life."

---

[1] Meyer and Godet notice that there seems a grammatical difficulty in taking it thus. The two last words of verse 3 have a present meaning—that which is in existence—and this is incompatible with the "was" of "In Him was life," that which *is* now in being *was* Life in Him.

darkness comprehended it not.

"Comprehended it not." Some understand this as "overcame it not." See below.

The Life here must be taken in the most distinct sense. All life, from that of the lichen creeping on the dead rock to that of the Seraphim—all life was in Him, and derived from Him to the various creatures which He brought into being; but not to all in the same degree, but according to the capacities which He gave to each. That life which, in the lower order of creatures, shows itself in unconscious instincts for choosing some lower good, in man becomes the infinitely higher instinct for discerning and choosing what is morally and intellectually good—in fact, which enables him to apprehend God, and choose the highest good; and so, what was only "life" in lower forms became in him "light," moral and spiritual light. But how is it said that this life *was* the light, rather that *is* the light? Most probably this was said of man's original state of innocence.[1] Life being now corrupted at its source is not the perfect light it once was.

5. "And the light shineth in darkness." Here we have a clear intimation of the fall, and of its real nature as a darkening of the soul. As the light must be moral light, the light which shows God and His character, and leads to Him, so its opposite must be the darkness of moral evil, hiding God from the soul, and leading it away from Him.

By the "light shining in darkness" St. John seems to set forth that, notwithstanding the fall, the light of God's truth yet continued by God's grace to shine in the world; opposed, dimmed, obscured by the darkness, and yet never extinguished, always shining, always bearing witness to God.

"And the darkness comprehended it not." We must remember that the light and darkness are both personal. The light is not a

---

[1] "Nothing is as yet said of the working of the Logos after His Incarnation (xiv. 6), but (observe the "was," $ἦν$) that the Divine Truth in that primæval time came to man from the Logos as the source of life: life in Him was for mankind the actually communicating principle of the Divine Truth (Aletheia), in the possession of which they lived in that fair morning of Creation before, through sin, darkness had broken in upon them." (Meyer.)

6 ¶ ¹ There was a man sent from God, whose name *was* John.

¹ Mal. iii. 1.
Matt. iii. 1.
Luke iii. 2.
ver. 33.

6. "There was." Literally, "There came [into existence]"—the same word as in verse 2. It should be translated, "there came" or "there appeared."

mere abstract moral principle, though we call it moral light, but it is the Word enlightening human beings with God's truth; similarly the darkness is the same human race blinded by the power of darkness." "The god of this world, who blindeth the eyes." (2 Cor. iv. 4.)

What is meant, then, by "the darkness comprehending it not"? Chrysostom and several modern commentators after him understand it as meaning "the darkness overcame it not," so as to prevent its shining—the light, notwithstanding the opposition, still shineth. Others give an exactly contrary sense, understanding "comprehended it not" as meaning "received it not" so as to be turned from darkness to light by the reception.

Let the reader remember what we said about the light and the darkness being, in a manner, personal. In this case the thought is parallel to that in the words "men loved darkness rather than light, because their deeds are evil." In this mixed state of things there has ever been, and ever will be, a warfare between light and darkness. The coming of the Saviour did not extinguish this warfare. It rather intensified it, as He says: "For judgment I am come into the world, that they which see not might see, and that they which see might be made blind" (ix. 39). St. John seems to assign the present victory to the Light when he says, "The darkness is past, and the true light now shineth," but other words of his in the same Epistle teach us that in the very Christian Church itself the darkness may maintain its hold: "He that hateth his brother is in darkness, and walketh in darkness" (1 John ii. 11).

"The darkness comprehended it not." St. Augustine remarks on this, "Just as if you place a blind person in the sunshine, although the sun is present to him, yet he is absent from the sun; in the same way every foolish man, every unrighteous man, every ungodly man is blind in heart. Wisdom is present to him, but present with one blind, not present to his eyes; not because it is not present to him, but he is not present to it. What course, then, ought such an one to take? Let him cleanse the eyes of his heart that he may be able to see God."

6. "There was a man sent from God, whose name was John."

7 ᵏ The same came for a witness, to bear witness of the
ᵏ Acts xix. 4. Light, that all *men* through him might believe.

It is necessary to inquire why the Evangelist should here bring forward the testimony of the Baptist. Hitherto what he had been saying of the Word was, so to speak, superhistorical. Now he prepares to set forth the manifestation of the Word in history; and so he connects it with the mission of the forerunner. This may seem strange, seeing that when the Evangelist wrote men had long ceased to come to Christ through the testimony of the Baptist; but we are to remember that one dispensation ended and another began with the Baptist. "The law and the prophets were until John, since that time the kingdom of God is preached." The "Word made flesh" was not manifested for purposes of salvation till He was preached, and the Baptist first preached that He was manifested. The mission of John was the dawn of the new Day.

We are also to remember that the Evangelist would have a personal interest in the mission of the Baptist: for it was the Baptist who had directed him to Christ. He had heard the Baptist say, "Behold the Lamb of God," and from that time he had followed Jesus.[1]

7. "The same came for a witness, to bear witness of the light." The Word, when He became incarnate, needed that He should be borne

---

[1] Godet has a valuable remark: "Our Evangelist uses simply the name of John without adding the epithet 'Baptist,' which had become inseparable from the name, as appears from the Synoptics and even from the Jewish historian, Josephus. Is not Meyer right in concluding from this omission that the author of our Gospel must have known the forerunner otherwise than by tradition? But for that he would certainly have designated him by using the full title received in the Church. If, on the contrary, he knew him before the public voice applied to him the surname, it is quite natural that he should describe him briefly as he does here. Besides, Credner has remarked that as the title Baptist served in the Church to distinguish the forerunner from another John not less celebrated, the Evangelist, if he was that other John, must avoid employing the title (Baptist), lest he should indirectly draw attention to his own person."

8 He was not that Light, but *was sent* to bear witness of that Light.

witness to because He came in humiliation—in the flesh, and because His work was to be spiritual, having its power in the unseen and spiritual world rather than in that which is seen. And so there was one sent to bear witness to Him—to what He was and to what He was about to do. The Baptist witnessed that the dignity of His Nature was such that no one man whatsoever, no matter how favoured by God, and great amongst men, was worthy to render to Him the most menial service—that He was the Lamb of God, and so could atone for all sin—and that He alone baptized with the Holy Ghost.

He was sent thus to witness in order that " all men through him might believe." It was the desire of God that all men should be saved through belief in His Son, but the will of man must concur with and give its assent to, the will of God. God cannot treat men as if they were stocks and stones, to be moved about without any will of their own. God must respect that freedom of will, that power of choice, which He has made the characteristic of all intelligent creatures; and so it was that all men did not believe: they did not because they would not.

8. "He was not that light, but was sent to bear witness," &c. It seems strange that the Evangelist, after speaking of the Word as "with God," and as "God," and as the Light of men, should think it needful to say that the forerunner was "not that light;" but it may help to account for this if we remember what an effect his preaching produced. It seems to have occasioned a more widespread impression at the time than the preaching of Christ Himself. Christ witnesses of him that he was "more than a prophet"—a "burning and a shining light," and that the Jews were "willing for a season to rejoice in his light." It appears, too, from Acts xviii. 25 and xix. 3, that no inconsiderable number of the Jews dispersed among the Gentiles had believed on him, and yet had not passed on to accept perfectly Him to Whom he bare witness. Apollos was one of these.

All these considerations make it less strange that the Apostle should write "He was not that light, but was sent to bear witness of that light."

9. "That was the true light, which lighteth every man that cometh into the world." The meaning of this verse is considerably affected by its punctuation. It may be taken as meaning, "that

9 ¹*That* was the true Light, which lighteth every man that cometh into the world.

¹ ver. 4.
Is. xlix. 6.¹
1 John ii. 8.

9. Many expound this verse as if "cometh into the world" agrees with the true Light, "That was the true Light which, coming into the world, lighteth every man."

He was the true Light, which lighteth every man coming into the world," so, Chrysostom, Augustine, and many ancient commentators; or it may be taken, "He was the true light which, coming into the world, lighteth every man." The preponderance of modern authorities is much in favour of the second rendering, which is further supported by the fact that the phrase, "coming into the world" is frequently used in this Gospel, and invariably with reference to the coming of the Son of God.

But what is meant by the passage, taking it as "The light which coming into the world lighteth every man"? It seems to refer to some universal illumination of all men, and this previous to His manifestation in the Incarnation. The oldest reference to this verse is in Justin Martyr, and I believe that it gives the true meaning. "We have been taught," he writes (Apol. 1, ch. xlvi.), "that Christ is the firstborn of God, and we have declared above that He is the Word of Whom every race of men were partakers, and those who lived reasonably (or with the Logos, οἱ μετὰ λόγου βιώσαντες) are Christians, even though they have been thought Atheists, as among the Greeks, Socrates and Heraclitus, and men like them." Again, "No one trusted in Socrates, so as to die for his doctrine, but in Christ, Who was partially known even by Socrates, for He was, and is, the Word Who is in every man," &c. (Apol. 2, ch. x.)

This place, then, is an expansion of the former declaration, "the life was the light of men." It is also an expansion of the words of Wisdom in the Book of Proverbs, "My delights were with the sons of men." "The elements and types and seminal principles and constructive powers of the moral world, in ruins though it be, are to be referred to Him. He enlighteneth every man that cometh into this world. His are the dictates of the moral sense, and the retributive reproaches of conscience. The old saws of nations, the majestic precepts of philosophy, the luminous maxims of law, the oracles of individual wisdom, the traditionary rules of truth, justice, and religion, even though imbedded in the corruption, or alloyed

10 He was in the world, and ᵐ the world was made by him, and the world knew him not.

ᵐ ver. 3. Heb. i. 2. & xi. 3.

10. "*By* Him;" rather, "*through* Him," as in verse 3.

with the pride of the world, bespeak His original agency, and His long-suffering presence. Even where there is habitual rebellion against Him, or profound, far-spreading social depravity, still the under-current, or the heroic outburst of natural virtue, as well as the yearnings of the heart after what it has not, and its presentiment of its true remedies, are to be ascribed to the Author of all good." (Newman, on "University Education," p. 95.)

The "true" light here is not opposed to false light, but to derived or created light. The true light is the Divine Essential Light. Owing to the evil and ignorance in man, it may shine dimly and imperfectly; but nevertheless it shines from above, and is not the product of any natural forces or laws gradually developing themselves, but is a gleam from God Himself, by which He would lead men up to Himself, and by which He will judge them.

10. "He was in the world," *i.e.*, before He became incarnate, when, coming in the light of the law written in the heart and conscience, He enlightened in some degree every man.

"The world was made by Him, and the world knew Him not." If this refers to the manifestations of the Word before the Incarnation, it means that mankind universally did not recognize the Voice within them, witnessing to goodness and virtue and holiness, as the witness to the true God, the one supreme Good. (See Rom. i. 19-26.)

But in these verses the Evangelist passes almost imperceptibly from the pre-historical or super-historical revelation of the Word which lighteth every man, Heathen or Jew, to the historical Manifestation, through the appearance amongst men of the Word Incarnate. "He was in the world, and the world was made by Him" seems to refer principally to the Word as the Implanter and Sustainer of the moral sense. In this He was *in* the world from the first, rather than "coming into it" at some period of time; but in St. John's time, *i.e.*, in the fulness of time, when all was ready, when the Spirit of Prophecy had diffused an almost universal expectancy, and when the wickedness of men had reached such a pass that good men thought that if there was a Divine Providence there

14 THE WORD REJECTED. [St. John.

11 ⁿ He came unto his own, and his own received him not.

12 But º as many as received him, to them gave he ‖ power to become the sons of God, *even* to them that believe on his name:

ⁿ Luke xix. 14. Acts iii. 26 & xiii. 46.
º Is. lvi. 5. Rom. viii. 15. Gal. iii. 26. 2 Pet. i. 4. 1 John iii. 1.
‖ Or, *the right*, or, *privilege*.

---

11. "His own—His own," the first neuter, the second masculine. "He came unto His own possession, and His own people received Him not." (Alford.)
12. "Power;" rather, "right" or "privilege," as in margin.
"Sons of God;" rather "children."

must be a destruction of all, or a Redemption, then He CAME. He Who had been all along in the world invisibly, now came visibly.

11. "He came unto his own," *i.e.*, His own peculiar people, the children of Abraham, Isaac, and Jacob. Before coming down to the earth, the Logos had prepared for Himself a dwelling-place, which belonged to Him peculiarly, and which should have been, as it were, His door of entrance into the world. (Godet.)

"His own received him not." The God invoked by the nation appears in His own temple, and is crucified by His own worshippers. Jerusalem refused to be gathered; but a remnant received Him—a holy seed, to be the substance of a better and more spiritual Israel.

12. "As many as received him, to them gave he power to become the sons of God"—rather, gave them the right, the privilege. The expression is remarkable. It seems to teach that the power to become a son of God is one thing, and the actual becoming is another. The power to become a son or child comes from receiving Christ, or believing on His Name; but the actual becoming is, in the Christian dispensation, not an isolated privilege, but one belonging to the mystical body. "He that believeth and is baptized." "By one Spirit are we all baptized into one Body."

The word "sons" should rather be translated "children." Sons may be by adoption, whereas the word "children" implies transmission of nature. This is very important to remember, for the peculiar grace of the Christian covenant is partaking of the full human nature, body, soul, and spirit of the Son of God, the Second Adam.

"In his name." They that receive Him are, according to the latter clause of this verse, "they that believe on His name," His name as the only-begotten Son of God: not His work only, or His character, or even His love considered apart by itself, not His reve-

CHAP. I.]   THE WORD RECEIVED.   15

13 ᵖ Which were born, not of blood, nor of the will of the flesh, nor of the will of man, but of God.

p ch. iii. 5.
James i. 18.
1 Pet. i. 23.

---

13. "Born" or "begotten."
"Blood." Literally, "bloods," *ex sanguinibus*. (Vulg.)

lation of the Fatherhood of God, nor His witness to the good and the right; but His Name, as indicating that He is what His Name means, the Only-begotten of the Father; so that God, in giving Him, gave no mere servant, but the Son; sent no prophet, but His Son; spared no mere creature, but spared not His own Son.

Do all, then, who by hereditary custom receive the declarations of the Catholic Creed respecting His Sonship, receive Him? No; to receive Him is to apprehend Him, to plead His Name, to use Him, so to speak, for the purposes for which He is revealed as the Son of God, and sent into the world.

13. "Which were born, not of blood [bloods, *ex sanguinibus*], nor of the will of the flesh, nor of the will of man," &c. The term "bloods" has been variously explained. It has been supposed to refer to the duality of the sexes, or to the plurality of ancestors which each human being possesses. It has even been imagined to refer to the multiplicity of elements in the blood. I cannot, however, help thinking that races are meant. The Jewish race were, as Abraham's seed in a certain sense, children of God. The Regeneration was not to be as this. In Christ there was to be "neither Jew nor Greek, Barbarian, Scythian, bond, nor free." "Nor of the will of the flesh," *i.e.*, owing to low carnal desires. "Nor of the will of man," *i.e.*, of man desiring to beget children for the higher purpose of raising up a seed to God, as Abraham, Manoah, and Zechariah.

"Of God." Through the instrumentality of His word and promise, which word and promises are not only in the written word, or the spoken word, but in the Sacrament of Regeneration, to which God has annexed His promise, as much as to the reading or hearing of His word.

14. "And the Word was made flesh." The same word as that which is translated "was made" in verse 3 ("All things were made by Him"). And there is, no doubt, a certain parallelism suggested by the recurrence of the word. As all things came into existence by Him, so He Himself came into a new state of existence. From the time of

14 ^q And the Word ^r was made ^s flesh, and

^q Matt. i. 16. 20. Luke i. 31, 35. & ii. 7. 1 Tim. iii. 16.
^r Rom. i. 3. Gal. iv. 4.
^s Heb. ii. 11, 14, 16, 17.

14. "Was made." Properly, "became," as in verse 3.

His Incarnation He Who before was God only, became a creature, became man, so that as truly and perfectly as He is God, so truly and perfectly is He man. The Divine Nature did not cease to be what it was, nor was it in the least degree lowered in its essence or attributes. The mystery took place, "not by conversion of the Godhead into flesh, but by taking of the manhood into God:" and as the Divine nature was in no respects lessened or curtailed, so the human was not so raised or sublimated by the Divine dwelling in it as to be raised above the ordinary condition in which it exists in this world. It hungered, and thirsted, and was subject to pain and death.

14. "And the Word was made flesh." By flesh is meant the whole human nature which is here, as in many other places, described by its lowest part, and not by its highest. It is not said of Christ, the Second Adam, as it was of the first, that " He became a living soul," but that He was " made flesh," to mark the depth of His humiliation.

It is to be remembered that as the Godhead did not act in the place of a human soul, so neither did the Divine Nature extinguish or overwhelm by its Presence the human soul; but His soul and spirit remained perfect in their respective actings, for "in all things it behoved Him to be made like unto His brethren:" so that we " have not an high priest which could not be touched with the feeling of our infirmities, but One Who was in all points tempted like as we are, yet without sin."

This verse is the full and perfect expression, so far as it can be put into words, of the great Mystery of Godliness.

The mystery is overwhelmingly great, but it is a mystery of Love and Condescension. It is the link between the Creator and the creature—not with the perfect, but with the imperfect and fallen creature, for the Son of Man, though sinless Himself, became the Brother of sinful creatures. There is One in the Universe, once in the womb, once on the Cross, once in the grave, Who is now at the right Hand of God, Who has within Him the mind, the love, the will of God, and yet also the mind, the love, and the will of man.

dwelt among us, (and ᵗ we beheld his glory, the ᵗ Is. xl. 5. Matt. xvii. 2. ch. ii. 11. & xi. 40. 2 Pet. i. 17.

"Dwelt." Literally, "tabernacled."

The best setting forth of the Incarnation which I have seen is in these words: "That Eternal Mind which, till then, had thought and acted as God, began to think and act as a man, with all man's faculties, affections, and imperfections, sin excepted. Before He came on earth He had but the perfections of God; but, afterwards, He had also the virtues of a creature, such as faith, meekness, self-denial. Before He came on earth He could not be tempted of evil; but, afterwards, He had a man's heart, a man's tears, and a man's wants and infirmities. His Divine Nature, indeed, pervaded His Manhood, so that every deed and word of His in the flesh savoured of eternity and infinity; but, on the other hand, from the time He was born of the Virgin Mary, He had a natural fear of danger, a natural shrinking from pain, though ever subject to the ruling influence of that Holy and Eternal Essence which was within Him. For instance, we read on one occasion of His praying that the cup might pass from Him. . . . . Thus He possessed at once a double assemblage of attributes, divine and human. Still He was all-powerful, though in the form of a servant; still He was all-knowing, though partially ignorant; still incapable of temptation [so that He should fall], though exposed to it." (J. H. Newman.)

But the words of this passage, "The Word was made Flesh," are not merely the expression of a mystery, but an explanation of an extraordinary paradox—which is this, that throughout those Scriptures which we regard as the most perfect revelation of the Will and Mind of the unseen God, there is a twofold and opposite way of speaking of Him Who is the chief subject of the revelation. He is God, and yet God is His God. He is man, and yet "in the beginning with God." He is the first-born of every creature, and yet born late in the world's history. When He was not fifty years old He said "Before Abraham was, I am." He worked as a carpenter, and yet He had made the worlds. He knew not a certain day, in the proceedings of which He is to act the supreme part, and yet "as the Father knows Him, so He knows the Father." He is the Judge of quick and dead, and yet He refused to arbitrate between two brethren with the words, "Man, who made me a judge or a divider over you?" He upholds all things, and yet He was held in His mother's arms.

glory as of the only begotten of the Father,) [u] full of grace and truth.

[u] Col. i. 19. & ii. 3, 9.

These, and a vast number of other opposites, are ascribed to Him, and the reconciliation of them all is, that "the Word was made flesh." He was the Word, and so was with God and was God: and He was made flesh, so that He was born, and grew up, and hungered and thirsted, and was tempted, and was weary, and suffered, and died.

Lastly, if these words, "the Word was made flesh," be the very truth of God, then nothing plainly revealed in the rest of Scripture can be rejected simply because of its greatness or mysteriousness, or because it is miraculous, or from any other demands which it may make on our faith. A doctrine taught by man, no matter how good and holy, may be rightly rejected by us on the ground that it is no part of the Revelation, but nothing can be rejected simply on the ground of its mystery; for if we have accepted the truth that the Word was made flesh, we have accepted the greatest conceivable mystery.

"And dwelt [tabernacled] amongst us," *i.e.*, as one of ourselves. Men could ask of Him, "Is not this Jesus, whose father and mother we know?" For thirty years he was an inhabitant of a particular city, a member of a particular family, a citizen of a particular country. He had His relations, friends, neighbours, enemies, disciples; He went in and out amongst them. Men could watch Him so as to observe His conduct. In all these things He was "like unto His brethren."

"We beheld his glory, the glory as of the only begotten of the Father." *We beheld* His glory, "that, which was from the beginning, *which we have* heard, which we have *seen with our eyes, which we have looked upon*, and our hands have handled, of the Word of Life (for the Life *was manifested* and *we have seen it*, and bear witness and show unto you that Eternal Life which was with the Father *and was manifested unto us*.") (1 John i.)

What "glory" was this? Was it the glory which shone through His human frame on the Mount of Transfiguration? Not altogether: for that was, so to speak, an outward brightness, a physical, visible glory, such as that of the sun in the heavens. It was not full of grace and truth as was the glory of His divine Life. His real glory was in His holiness, His meekness and gentleness,

15 ¶ ʷ John bare witness of him, and cried, saying, This was he of whom I spake, ˣ He that cometh after

ʷ ver. 32. ch. iii. 32. & v. 33.
ˣ Matt. iii. 11. Mark i. 7. Luke iii. 16. ver. xxvii. 30. ch. iii. 31.

15. "This was He of whom I spake." So A., D., L., all later Uncials, all Cursives, &c., "This was he who spake [the words], He that cometh," &c. So ℵ, B., C.

"He that cometh," &c. *Qui post me venturus est, ante me factus est quia prior me erat* (Vulg.); "He that cometh after me taketh place before me: because He was before me." (Alford.)

His knowledge, and in the wisdom of His Divine utterances as well as in the power manifested in His mighty deeds of compassion.

"Glory as of [the] only begotten of [the] Father." The words in the Greek are without the article, and so the translation is said to be "glory as of an only begotten of a father," as of any father; but this is inadmissible. They must be necessarily understood as if with the article, for it was not as being an only son of *any* father, but the Only Begotten of *the* Father that His glory was manifest. The only son of a human father is not necessarily the image of his father, or a reflection of any feeble glory of any sort which such a father may possess; but in the Godhead alone the Son is the express image of the Father.

"Full of grace and truth." Meyer has a very suggestive remark on this. "The truth (aletheía) corresponds formally to the nature of the Logos as '*light*,' the grace (charis) which bestows everlasting life to His nature as '*Life*.'" Grace throughout Scripture signifies both the graciousness which bestows the favour, and the actual favour or gift bestowed. But in the Divine Being these must be inseparable, for God would not regard anyone with favour without bestowing upon him abundant proofs, outward or inward, of His favour."

"And truth." The Word is the truth ["I am . . . the truth"], and so He set forth in its fulness, as no prophet or messenger of God had done before Him, the truth of God.

15. "John bare witness of him, and cried, saying." The preaching of the Baptist was not mere instruction or solemn warning such as we account preaching to be. It was rather the loud crying or shouting of the herald proclaiming the near approach of the great One heralded. In all probability he cried with all his might for an hour together. "The kingdom of heaven is at hand; repent, repent,

me is preferred before me : ʸ for he was before me.

ʸ ch. viii. 58.
Col. i. 17.
ᶻ ch. iii. 34.
Ephes. i. 6, 7,
8. Col. i. 19.
& ii. 9, 10.

16 And of his ᶻ fulness have all we received,

---

16. "*And of his fulness.*" "And" read by A. and almost all later Uncials, E., F., G., H., K., M., S., U., &c., most Cursives, Vulg., Syriac (Cureton and Peshito). "Because" read by ℵ, B., C., D., L., one Cursive (33), and some old Latin MSS.

the kingdom of heaven is at hand." This may sound strange to us, but a single word of God's truth such as this proclaimed thus continuously by one whom all felt to be in earnest, would tell infinitely more than a thousand well-arranged discourses.

Verse 15 can scarcely be understood by us except by a paraphrase. 'He that cometh after me, being younger than I, and beginning His ministry after me, is made more honourable than I [perhaps put in front of me], because by His Divine pre-existence He was first with reference to me.' Literally, "He was my chief," only such a phrase, as we use it, does not sufficiently mark the difference. Some, however, understand the whole verse as simply referring to priority of time. The oldest Syriac (Cureton) renders "This is He of whom I said that 'He cometh after me and [yet] is before me,' because He is anterior to me." The difficulty about the former rendering is that if the Baptist was the herald of the Messiah he would naturally come before Him, and as naturally be inferior to Him.

16. "Of his fulness have all we received." These are evidently not the words of the Baptist, but of the Evangelist; the Baptist could hardly have said before the day of Pentecost, "Of his fulness have ALL we received."

"Of his fulness have all we received." This is to be inseparably joined with His manifestation in the flesh. The best exposition of it is in the words of St. Paul, in Coloss. ii., "In him dwelleth all the fulness of the Godhead bodily: and ye are complete [rather, filled full] in Him."

"And of his fulness." In examining into the meaning of this verse we are obliged to take notice of the difference of reading. Several of the oldest MSS., ℵ, B., C., D., read "because" of His fulness. In this case we are compelled to take verse 15 as absolutely out of connection with either what goes before or what comes after it, and consider the word "because" as closely following upon the

and grace for grace.

17 For ª the law was given by Moses, *but* ᵇ grace

ª Exod. xx. 1, &c. Deut. iv. 44. & v. 1. & xxxiii. 4.
ᵇ Rom. iii. 24. & v. 21. & vi. 14.

---

17. "*By* Moses . . . *by* Jesus Christ"—"*through* Moses . . . *through* Jesus Christ."

words "full of grace and truth" of verse 14, "the Word was made flesh, and dwelt among us . . . full of grace and truth . . . Because of His fulness have ALL we received." The fact of our receiving of His "fulness" shows Him to be "full" of grace.

If we read "and" there seems a better connection. Verse 15 does not seem so utterly out of place. The connection or mutual bearing of the three verses may be understood thus. The Incarnation of the Word and the fulness of grace and truth in Him is laid down in verse 14. His superiority to John, in whom the law and the prophets ended, is, in John's own confession, given in verse 15, and in verse 16 the "all we," *i.e.* Apostles and all Christians who believe on Him through our word, is contrasted with the single witness of John. John witnessed to His pre-existence and His greatness in comparison with his own. We can witness to much more. We can witness to Him as the fountain of grace to His whole mystical Body. "He is Himself the fountain and very root of all good . . . not retaining within Himself the riches of His good things, but overflowing with them unto all others, and after the overflowing remaining full, in nothing diminished by supplying others, but streaming ever forth and imparting to others a share of these blessings, He remains in sameness of perfection. . . . If you take a drop from the sea you have lessened the sea itself, though the diminution be imperceptible. But of that fountain we cannot say this; how much soever a man draw it continues undiminished." (Chrysostom.)

"Grace for grace." Literally, grace against, or instead of, or answering to, grace. The first grace seems to signify the inferior, or preparatory, or typical grace of the Old Covenant, which, though it was scarcely grace at all compared to that which God gives under the New, was wonderful grace compared to that given to the heathen Chrysostom brings out well this also :—" What grace, for what ? For the Old, the New. There was a faith, there is a faith ["from faith to faith"]. There was an adoption, there is an adoption ["to whom pertaineth the adoption"]. There was a glory, there is a

^c ch. viii.[32]. & xiv. 6.   and ^c truth came by Jesus Christ.

---

glory ["for if that which was done away was glorious, much more that which remaineth is glorious"]. There was a law, and there is a law ["for the law of the Spirit of Life hath made me free"]. There was a covenant, and there is a covenant ["I will make with you a new Covenant, not according to the Covenant which I made with your fathers"]. There was a sanctification, and there is a sanctification; there was a Baptism, and there is a Baptism; there was a sacrifice, and there is a Sacrifice; there was a temple, and there is a temple ... and so, too, there was a grace, and there is a grace."

17. "For the law was given by Moses, grace and truth came [were] by Jesus Christ." We have here the Law and the Gospel, the Law and Christ contrasted. It will be necessary to see as to the opposition between these two, wherein it lies. For there was undoubtedly that which could be called "grace" under the law, just as there is a law, and that far stricter and more exacting than the Old Law, under Christ.

The law—not only the law of Moses, but any mere law—being simply a command, can give no power. The power to obey any law of God (*i.e.*, of course, any moral or spiritual law) is Life from God. But the Law cannot give life. As St. Paul says—and what he says is the key to all else which he writes on this all-important matter—"If a law had been given which could have given life, verily righteousness should have been by the law." (Gal. iii. 21.)

If God desires that we fallen creatures should obey His will, He must give something more than the mere command; the weakness of the flesh requires more [Rom. viii. 3], and so He gave His Son, that He, Body, Soul, and Spirit should be our Life—our Life as the Second Adam, to counteract and annul the death we received from the first. This Life is the "grace" which came by Jesus Christ, and with it came the "truth"—the whole truth of God, so far as human beings can receive it—the truth of God's Nature as Father, Son, and Spirit, the truth of God's dealings, the truth respecting God's purposes, that goodness and truth shall ultimately reign in and through Christ; and if there be any truth of God which is capable of raising us up to Him by our apprehension of it, this comes by Jesus Christ.

This grace is not outward. It is not the exhibition of a character,

18 ᵈNo man hath seen God at any time; ᵉthe

ᵈ Exod. xxxiii.
20. Deut. iv.
12. Matt. xi.
27. Luke x.
22. ch. vi. 46.
1 Tim. i. 17. &
vi. 16. 1 John
iv. 12, 20.
ᵉ ver. 14. ch.
iii. 16, 18.
1 John iv. 9.

18. "At any time." Same meaning as in John vi. 35. *Deum nemo vidit unquam* (Vulg.); Syriac the same. The words cannot mean "never yet."

no matter how meek and gentle, no matter how engaging and attractive. It is the Life of the God-man coming within us. The grace we require is nothing short of this. No *exhibition* of goodness will reach the need of our case. We need the *communication* of a new principle of life.

18. "No one [not no man, but no one] hath seen God at any time." Does this "no one" refer to man only, or to all created beings? Do the angels in heaven see God? Here, of course, the question is of outward vision with the eye, or means of vision of the outward frame, not of the spiritual or mental apprehension; for of this the Lord said, " Blessed are the pure in heart, for they shall see God." The essential God, the Father Himself, Who is the fountain of Deity, no one hath seen or can see. All the appearances of God have been condescensions to the weakness of the creature, who requires something to assure him that the God Who is in and above all things can localize Himself, as it were, and manifest His presence, or face [as it is called], and so make Himself known to them and converse with them. It is needful that God should do this, or intelligences would think Him to be only a thought, an idea, an abstraction, but whether to angels or to men, all revelations of God must be condescensions to the essential limitations of the creature. Surely it is as true of all finite creatures as of man. " Not that any one hath seen the Father, save He that is of God, He hath seen the Father." (John vi. 46.)

Chrysostom recites a number of instances in which men were said to see God, the last of which is that of the Patriarch Jacob, who took his name from this very thing, being called Israel, for Israel is one that sees God, and then proceeds to say: "How then saith John, 'No man hath seen God at any time'? It is to declare that all these are instances of His condescension, not the vision of the Essence itself unveiled. For had they seen the very nature, they would not have beheld it under different forms, since that is simple, without form or parts or bounding lines. It sits not, nor

only begotten Son, which is in the bosom of the Father, he hath declared *him*.

"The only begotten Son." So A., the later Uncials, all the Cursives except 33, and the Old Latin. The very important alteration, "God only begotten" [*God* without article], is read by the MSS. containing what is called the Neutral text, B., ℵ, and L., also C. (a very mixed text), and the Peshito, in this instance against the Cureton Syriac. Very probably it is alluded to by so old a writer as Justin Martyr. See excursus at the end of this Gospel.

---

stands, nor walks: these things belong all to bodies ... Since His Son was about to appear in very flesh, He prepared them from old time to behold the substance of God, as far as it was possible for them to see it; but what God really is, not only have not the prophets seen, but not even angels or archangels;" and he concludes with a very remarkable inference from 1 Tim. iii. 16: "Besides, Paul shows that He is invisible, not only to men, but also to the powers above, for after saying He was manifested in the flesh, he adds, 'was seen of angels,' as if the mystery of Godliness in the Incarnation made the Divine Being visible to angelic natures."

"The only begotten Son." The reader is doubtless aware of the extraordinary difference of reading here, "God only begotten, Who is," &c. This is the reading of that small but important group of manuscripts which contain, wholly or partially, the so-called Neutral Text. This reading (I speak with great hesitation and fear as to such a text) seems on the whole to have been rejected by the Church, though from the intense desire which has always existed in the Church to magnify the Person of the Lord Jesus, she would have had the strongest feeling in its favour, as giving her another direct assertion of His Godhead. It is not in the Greek text as finally received in the third or fourth centuries, nor in the Vulgate. It is in the later (Peshito) though not in the earliest Syriac, which is to me the strongest testimony in its favour.

The whole passage seems to require "only begotten *Son*": for having laid down the invisibility of the Divine Essence, and yet declaring that one Person in that Essence became visible, we should think that the Evangelist would name Him, not by the word "God," which denoted invisibility, but rather by that of "Son," which is associated with visibility.[1]

---

[1] Professor Westcott notices that by the omission of the article before Θεόν, "thought is turned to the Divine Nature rather than

19 ¶ And this is ᶠthe record of John, when the Jews sent priests and Levites from Jerusalem to ask him, ᵗ ch. v. 33. Who art thou?

---

19. "Sent." So ℵ, L., most later Uncials, &c. "Sent to him," B., C., 33, 249, Old Latin, Vulg., Syriac, &c.

"In the bosom of the Father." This is not to be taken as if it meant reclining on His bosom, but as being in the Father—knowing Him as the Father knows the Son.

"He hath declared Him." Here is the proper, and, if we may so say, the natural office and function of the Word, to declare, *i.e.*, to set forth, to make known Him Whose Word He is. As this exordium begins with the Being, and Eternity, and Power, and Godhead of the Word, so here it sets forth His special function.

And what has He declared respecting Him? One thing, we can answer, that could not have been known without Himself—that God is naturally and essentially a Father. "The truth brought into the world by the Son does not consist of a collection of new metaphysical ideas about God, but rather of the revelation of His Father-character. To make this revelation, it was sufficient for Jesus to reveal Himself as the Son; for to prove Himself Son is to teach the world what it never would have suspected, that God is essentially a Father. And if He is Father in His inmost essence, and in virtue of an eternal relation, how could His relations to His creatures fail to have also a paternal character? Such is the new explanation which the Son has given of the Divine Being, and which He alone as the Son could give. It is the initiation of the earth into the deepest secret of heaven: God is from all eternity *Father*, that is to say, *Love*. Outside of this Divine Revelation, contained in the life and sayings of Jesus, every idea which man forms of God is imperfect or imaginary, an idea, and, up to a certain point an idol, according to St. John's own expression, 'Little children, keep yourselves from idols.'" (Godet.)

19. The exordium or preface is now finished, and the Evangelist begins the historical part of his Gospel.

He commences it, as St. Mark does, with the preaching and baptism of John, because that was the beginning of the manifesta-

---

to the Divine Person." The Divine Nature cannot be seen, but the Divine Person of the Son, owing to His Incarnation, can.

20 And ᵍ he confessed, and denied not; but confessed, I am not the Christ.

ᵍ Luke iii. 15.
ch. iii. 28. Acts xiii. 25.

---

tion of Christ to Israel. From the baptism of John the kingdom of God was preached. With John the old state of things passed away. "The Law and the Prophets were until John."

"When the Jews sent priests and Levites," &c. The "Jews" here means the nation through their national council, the Sanhedrim. None, surely, would be able to send a deputation of priests except some person or some assembly in which the chief ecclesiastical authority resided.

Commentator upon commentator speaks disparagingly of this mission of the Jews, as prompted by exclusiveness, bigotry, hostile feeling, &c. But, surely, if there was then existing any ecclesiastical authority whatsoever as distinguished from the Roman rule, it was the plain duty of those who exercised it, when such a person as the Baptist appeared and so moved the religious world of the day, to ask him plainly who he was. If they had not done so their indifference would have been as wicked as their rejection of his message.

"Who art thou?" This can only mean, What message or what commission hast thou from God? It cannot have been a mere personal question, because they must have known perfectly that he was the son of one of the heads of the courses of priests. And by his answer, "I am not the Christ," he showed that he understood that the question was put with reference to his claims as one "sent of God."

20. "He confessed, and denied not; but confessed." It may seem strange to us who look at the Christ in the light of the three creeds of the Church that it should be thought not improper to say of the Baptist, "He confessed, and denied not; but confessed, I am not the Christ;" but we are to remember that there was not only at that time an universal expectation of the coming of some great one, but that all men were "musing in their hearts of John, whether he were the Christ or not." There might have been in the breast of one so favoured by God and highly accounted of by man, a temptation of Satan to exalt himself above his measure, which though he instantly, and perhaps with horror, put from him, yet the thought so presented itself to him that the Evangelist took notice of the victory in the words, "He confessed, and denied not; but con-

21 And they asked him, What then? Art thou ʰ Elias? And he saith, I am not. Art thou ¹ ‖ that prophet? And he answered, No.

22 Then said they unto him, Who art thou? that we may give an answer to them that sent us. What sayest thou of thyself?

23 ᵏ He said, I *am* the voice of one crying in the wilderness, Make straight the way of the Lord, as ˡ said the prophet Esaias.

ʰ Mal. iv. 5. Matt. xvii. 10.
ⁱ Deut. xviii. 15, 18.
‖ Or, *a prophet?*
ᵏ Matt. iii. 3. Mark i. 3. Luke iii. 4. ch. iii. 28.
ˡ Is. xl. 3.

---

23. "*The* voice;" rather, "*a* voice."

fessed, I am not the Christ," meaning, of course, not "I am not the Word, the Only Begotten, the true Light," but "I am not the Hope of Israel, I am not the Messenger of the Covenant, I am not the coming Man."

21. "And they asked him, What then? Art thou Elias? And he saith, I am not." But did not Christ say of him, "This is Elias which was for to come," and "Elias is come already"? Yes, but it was one thing for Him Who knew all things to witness respecting John, that as he came in the spirit and power of Elias, so he was the person intended by the prophet, and another thing for himself to witness to it. In all humility, looking back at the miracles of Elias, John thought that he was not his antitype, but Christ knew that he was.

"Art thou that prophet?" *That* prophet seems to refer to the one foretold by God, "I will raise them up a prophet from among their brethren, like unto thee" (Deut. xviii. 18). It seems that the Jews did not universally understand this prophecy of the Messiah.

22. "Who art thou? that we may give an answer to them that sent us." John appears to have put off from himself all claim to be any great one foretold in prophecy, but he was still conscious that he had been sent to prepare the way for Christ as one close at hand, and so out of the many prophetic intimations he chose one, which beyond all the rest sinks the messenger in his message, "I am not Elias; I am not that prophet like to Moses. I am simply a ' voice.' "

"The voice of one crying in the wilderness." He could not say less of himself consistently with his faithfulness to Him that had sent him, and he said this.

24 And they which were sent were of the Pharisees.

25 And they asked him, and said unto him, Why baptizest thou then, if thou be not that Christ, nor Elias, neither that prophet?

^m Matt. iii. 11.
ⁿ Mal. iii. 1.

26 John answered them, saying, ^m I baptize with water: ⁿ but there standeth one among you, whom ye know not;

---

24. Some (omitting Gr. article) render, "And they were sent from the Pharisees." But this is impossible, for the Pharisees as a mere sect could have no power to send Priests and Levites.
25. "*That* Christ . . . *that* prophet." Literally, "*The* Christ . . . *the* prophet."
26. "But" omitted by ℵ, B., L., C.; retained in A., later Uncials, Cursives, Vulg., Peshito.

24. "They which were sent were of the Pharisees." Why is this remark thrown in, as it were, by the way? It has been supposed by some that the deputation is expressly described as being "of the Pharisees," to explain how it was that the persons composing it busied themselves about some outward rite, as baptism, but this seems very far fetched. The rite being administered to those who were already by circumcision a holy nation, must have meant something, especially as administered by so holy a man as John; and they had a right to ask—indeed, they were bound to ask—what was its significance?

The fact that those sent were Pharisees seems mentioned to show that the strictest sect of religionists of the day were employed to make the inquiry. If the chief priests, who were of the sect of the Sadducees, had had the sole power in the selection of those sent, they would have commissioned men of their own way of thinking, *i.e.* virtual unbelievers. If the secular authorities had made the inquiry, the persons sent would probably have been Herodians or Secularists.

25. "Why baptizest thou then, if thou be not that Christ?" &c. This question seems to show that they took certain Messianic prophecies (such as Ezekiel xxxvi. 25) quite literally, and expected that the Messiah (or those who were to prepare the way for Him) when He came would baptize with water. It seems to have been the usual custom to purify proselytes by ablution, but that the children of Abraham required a baptism of any sort would need explanation on the part of him who administered it.

27 ᵒ He it is, who coming after me is preferred before me, whose shoe's latchet I am not worthy to unloose.   ᵒ ver. 15, 30. Acts xix. 4.

---

27. "He it is, who coming after me is preferred before me." So A., most Uncials and Cursives, Old Latin, also Vulgate and Peshito, &c.; but ℵ, B., C., L. (the MSS. of the Neutral Text), a few Cursives, and Cureton Syriac, read simply, "who cometh after me," omitting "this is he," and "is preferred before me."

26. "John answered them, saying, I baptize with water," &c. What is the connection? They had asked why he baptized. John's answer does not apparently give the reason. He simply affirms, "I baptize with water." Why did he baptize at all? It could only be to prepare men to receive more willingly and humbly the baptism of Him Whose herald he was. It would have been absurd to prepare the way for a system in which sacraments had a very subordinate part by administering a sacrament or quasi-sacrament, which was the most striking feature in the mission of him who prepared the way for the new state of things.

"I baptize with water." In these words the Baptist very distinctly sets forth that his own baptism was typical, not sacramental. It was in water only, and so we read that those who had only received John's baptism had to be baptized with that of Christ (Acts xix. 3-5). Whereas the Lord's baptism, whether by Himself, or by the hands of His ministers, was in water and the Spirit, the water being the outward visible sign of an inward spiritual grace.

"There standeth one among you, whom ye know not . . . worthy to unloose." It is to be remarked that St. John, after setting forth that his baptism was only in water, does not proceed to say respecting that of Jesus that it was in the Holy Ghost, though afterwards (verse 33) he asserts this as having heard it from God Himself: but he proceeds to set forth the infinite greatness of Him Whose way he was sent to prepare. "There standeth one among you whom ye know not . . . Whose shoe's latchet I am not worthy to unloose." As the Christ was, so would be His Baptism. He was One Whom no one knew but the Father. His dignity was such that the most honourable of the servants of God would not be worthy to perform to Him the most menial office. His baptism cannot be merely in water. It must be far greater in its grace than that of any servant of God who had gone before Him. He received the Holy Ghost in all His fulness, that He might baptize men in Him.

28 These things were done ᵖin Bethabara beyond Jordan, where John was baptizing.

29 ¶ The next day John seeth Jesus coming unto him, and saith, Behold ᑫ the Lamb of God, ʳ which ‖ taketh away the sin of the world.

p Judg. vii. 24. ch. x. 40.
q Ex. xii. 3. Is. liii. 7. ver. 36. Acts viii. 32. 1 Pet. i. 19. Rev. v. 6, &c.
r Is. liii. 11. 1 Cor. xv. 3. Gal. i. 4. Heb. i. 3. & ii. 17. & ix. 28. 1 Pet. ii. 24. & iii. 18. 1 John ii. 2. & iii. 5. & iv. 10. Rev. i. 5.
‖ Or, *beareth*.

28. "Bethabara." A very general consent of MSS., versions, and Fathers, reads "Bethany."

It is clear also that His baptism must be external as well as internal. It must be an outward sign as well as an inward grace. A mere outward baptism, such as that of John, could not prepare men to receive an internal operation of the Spirit accompanied with no outward sign.

28. "These things were done in Bethabara beyond Jordan." The reader is doubtless aware that almost all ancient authorities are in favour of reading "Bethany beyond Jordan." And yet there seems to have been no such place. No place of the name is mentioned either in the Old Testament or in the New, nor could Origen, who was on the spot, and made inquiries about it, find that any place near the Jordan was called by that name. It seems well nigh impossible that all memory of a place so honoured should have so utterly perished in 200 years' time. It is quite possible, however, that the name may refer to a district rather than a place, *i.e.*, to the ancient Bashan, in Roman times called Batanea, the name of Bethany actually lingering yet in Ard-el-Bathanyah, about fifty miles to the east of the Lake of Tiberias, and about the same distance from Nazareth as the place usually considered as the locality where John was baptizing.

29. "The next day John seeth Jesus coming unto him, and saith," &c. This second coming of Jesus to John, after His Baptism, took place, in all probability, immediately after His temptation. By the Temptation, the Lord was shown to be perfectly sinless, and so was fitted to be that which John pointed Him out as being, "the Lamb of God, which taketh away the sin of the world."

29. "Behold the Lamb of God, which," &c. It has been asked, In what sense must the Jews have understood these words? But we

30 ᵃThis is he of whom I said, After me cometh a man which is preferred before me: for he was before me.   ᵃ ver. xv. 27.

---

have not to consider in what way the Jews in their then state of ignorance and unbelief would take them, but in what sense did the Holy Spirit mean them and us to understand them. For many things were said, even to the disciples, which they could not understand at the time, but which nevertheless sank into their hearts, and sprang up, and bare fruit long afterwards.

The Baptist here, or, rather, the Spirit by Whose inspiration he spoke, joins together a Lamb and the taking away of sin. Beyond all question, then, he must allude to a sacrificial Lamb, not a Lamb as gentle only, or innocent, or without spot merely; but one offered in Sacrifice. The next question is, what Sacrificial Lamb would have presented itself to the mind of the Jew? The Lamb had no place in the most striking of all strictly expiatory sacrifices, those on the great Day of Atonement. There were also the Lambs which were offered in the daily worship; but there was one Lamb indissolubly connected with the redemption of Israel, a Sacrificial Lamb, too, which would instantly present itself—nay, we were about to write, would exclusively present itself to the mind of an Israelite— the Paschal Lamb. This was the oldest Jewish Sacrifice. It was ordained before the giving of the Law. It was the national sin-offering, for its blood must be sprinkled (and the sprinkling of blood betokened atonement) on the lintel of every door; and then, as a peace-offering, be partaken of by every Israelite, in token of continued reconciliation.

Beyond all doubt, when a Jew thought of a Lamb associated with sacrifice, the Passover Lamb must first rise up before him. He might think of the daily Sacrifice, or of the Sufferer of Isaiah liii. compared to a Lamb; but his principal thought would be of the Paschal Lamb. He might at once repel the idea, as incapable of being associated with a human being, just as afterwards he energetically repelled the kindred idea of a Man giving His fellow-men His Flesh to eat; but if he submitted himself to the teaching of God, he would learn in due time that, of the man to whom John pointed, it could be said, "Christ our Passover is sacrificed for us."

"Which taketh away the sin of the world"—taketh it away in

31 And I knew him not: but that he should be made manifest to Israel, ᵗ therefore am I come baptizing with water.

ᵗ Mal. iii. 1.
Matt. iii. 6.
Luke i. 17, 76. 77. & iii. 3, 4.

---

31. "With." Literally, "in water."

the sense of atoning for it; taketh it away in the sense of doing away with its power.

"Now He Who of old was dimly pictured the very Lamb, the spotless Sacrifice, is led to the slaughter for all, that He might drive away the sin of the world . . . . that He might be the beginning of all good to the nature of man, Deliverance from the imparted corruption, Bestower of Eternal Life, Foundation of our reconciliation to God, Beginning of Godliness and Righteousness, Way to the kingdom of heaven. For one Lamb died for all, saving the whole flock on earth to God the Father, One for all that He might subject all to God." (Cyril.)

30. "This is He of whom I said . . . . I knew him not." Can this mean, I have not known him personally, though He was a near relation? ["Thy cousin or kinswoman, Elizabeth," Luke i. 35.] It may have been so, for John was from his early youth in the deserts of Judea, and Jesus dwelt in Nazareth. And yet the beautiful representations of the Holy Family of Nazareth, and John, the early and only companion of the Child, need not have been the dreams of painters, for "I knew him not" seems perfectly reconcilable with a full personal knowledge as a man, and yet ignorance of His Divine Mission. The Baptist may have known him as a holy child and a youth of promise, so mighty in the Scriptures that He could hold His own against the doctors in the temple, and, realizing His extreme grace and goodness, may have even said, "I have need to be baptized of Thee," and yet he may have not till now known Him as the Christ, the Lamb of God. That knowledge was reserved for the day when he saw the Sign which God had promised—the Spirit descending and abiding,—marking out One Whom he had long known as wise and holy, but now recognized as the Christ, the Son of God.

"Therefore am I come baptizing with water." It would seem from this that the recognition of Christ by John at His Baptism, through the sign which God had promised, was the principal reason for John's baptizing. And it seems not unlikely that it should be

CHAP. I.]   THE SPIRIT DESCENDING.   33

32 ᵘAnd John bare record, saying, I saw the Spirit descending from heaven like a dove, and it abode upon him.   ᵘ Matt. iii. 16. Mark i. 10. Luke iii. 22. ch. v. 32.

33 And I knew him not: but he that sent me to baptize with water, the same said unto me, Upon whom thou shalt see the Spirit descending, and remaining on him, ˣ the same is he which baptizeth with the Holy Ghost.   ˣ Matt. iii. 11. Acts i. 5. & ii. 4. & x. 44. & xix. 6.

---

32. "Like a dove." Properly, "as a dove." So most MSS.

so to those who thoroughly believe that Jesus was the Eternal Son and Word. For what was the baptism of all the rest compared to His, as a mark of submission to God? Jesus then condescended to be reckoned amongst sinners, and to receive in obedience to God's dispensation that which was designed for the cleansing of sinners; but through this the Baptist knew Him, and was able to point Him out as the Lamb of God, the Baptizer with the Holy Ghost, and to attach to Him His first disciples and apostles.

32. "I saw the Spirit descending." The truth and reality of the narrative requires that the appearance of the Spirit should be what we call objective, at least with reference to John. It was not a vision or cerebration. The appearance of the hovering Dove was the outward visible sign that Jesus was there and then anointed with the Holy Ghost to be the Prophet, Priest, and King of His people.

"It abode upon him .... remaining on Him." It was not a temporary inspiration, as with the prophets, to whom the Spirit of God came, and then left them when the purpose for which He inspired them was fulfilled. It was a permanent abiding in the human nature of the Lord. Then was fulfilled the words of the Prophet, "There shall come a Rod out of the stem of Jesse .... and the Spirit of the Lord shall *rest* upon Him" (Isaiah xi.), and those other words claimed by Jesus as said respecting Himself, "The Spirit of the Lord is *upon* me, because he hath anointed me to preach the Gospel to the poor." (Luke iv. 18.)

33, 34. "The same is He which baptizeth with the Holy Ghost. And I saw, and bare record that this is the Son of God." In what sense Son of God? We answer, in the sense in which One must be Who is able to baptize with the Holy Ghost: not by a delegated power,

D

34 And I saw, and bare record that this is the Son of God.

35 ¶ Again the next day after John stood, and two of his disciples;

36 And looking upon Jesus as he walked, he saith, ʸ Behold the Lamb of God!

ʸ ver. 29.

---

but by His own; not as a Servant, but as "the Son in His own house." Who can give one Person of the Trinity except Another? If the Lord in His own right, and by His own power, gave the Holy Spirit, then that Almighty and Divine Spirit Who is equal to Him in nature is subordinate to Him in the economy of grace.

This is the first acknowledgment of Jesus as the Son, and it is the root and foundation of all after confessions of His Sonship.

35-42. "Again the next day after John stood, and two of his disciples," &c. If in any narrative of Holy Scripture we have all the signs of the testimony being that of an eye-witness, and an observant eye-witness, it is in these verses. Notice, first, the indications of time. It was the next day. It was about the tenth hour. He *first* findeth. Then the notices of the deportment of both the Baptist and Jesus. John was standing: he was *looking* upon Jesus, as He *walked*. The two heard Him speak. Jesus turned. They accosted Him as "Rabbi," which word St. John, then writing in Ephesus, thinks it needful to explain. They came, saw, abode, &c. They both went to seek their brother. One finds his brother *first*, then Jesus *beheld* him as if He looked into His inmost soul.

Every incident, no matter how apparently trifling, seems to have made an indelible impression, for the "other" of the two, the one besides Andrew, was beyond all doubt the Evangelist himself. It was the great day of His life, this day of His introduction to Jesus; from this his new life dated. From henceforth he is a different man; for on this day he heard, he saw with his eyes, he looked upon, perhaps his hands handled Him Whom afterwards he proclaimed and worshipped as the "Word of Life."

He saith, "Behold the Lamb of God . . and the two disciples heard him speak, and they followed Jesus." Chrysostom remarks well that when John spake of the greatness of Jesus, he caught no one, no one began to follow Jesus; but when he began to speak of the dispensation of mercy and forgiveness in the words, "Be-

37 And the two disciples heard him speak, and they followed Jesus.

38 Then Jesus turned, and saw them following, and saith unto them, What seek ye? They said unto him, Rabbi, (which is to say, being interpreted, Master,) where || dwellest thou?

|| Or, *abidest*.

---

hold the Lamb of God," then the disciples followed Him, and he goes on to say, in golden words indeed: "We may remark this, not only in the instance of the disciples, but that the many are not so much attracted when some great and sublime thing is said concerning God, as when some act of graciousness and loving-kindness, something pertaining to the salvation of the hearers, is spoken of. They heard that He taketh away the sin of the world, and straightway they ran to Him. For, said they, it is not possible to wash away the charges that lie against us, why do we delay? Here is One Who will deliver us without labour of ours. Is it not extreme folly to put off accepting the gift?"

It is a very noticeable fact indeed that His first followers were won to Jesus by the proclamation of His Atoning Sacrifice.

37. " And the two disciples heard him speak, and they followed Jesus." Perhaps they had heard him before when he said the same words, now at this second hearing they heard him effectually, for they followed Jesus. They were the noblest fruits of the Baptist's mission. By winning them to Jesus, he had won those who in God's election were to be the princes of the kingdom of heaven.

In thus hearing the Baptist and at once following Jesus, they remind us of the words of that prayer of Christ, " Thine they were, and Thou gavest them Me."

38. " Jesus turned, and saw them following, and saith unto them, What seek ye?" This was a trial question. Perhaps the manner of the question and the tone of voice would try them still more; but their answer was that they desired to know Him and abide with Him; and they were accepted—" Come and see."

" Rabbi, where dwellest thou?" The salutation of " Rabbi" seems to show that they accepted Him as a teacher, and desired to sit at His feet, and this at once; so they asked Him, Where abidest Thou? that we may without delay come to Thee and learn of Thee.

39. " They abode with him that day, for it was about the tenth hour." The word " for " is probably spurious: they did not abide

WE HAVE FOUND THE CHRIST. [ST. JOHN.

39 He saith unto them, Come and see. They came and saw where he dwelt, and abode with him that day: for it was ‖ about the tenth hour.

‖ That was two hours before night.

40 One of the two which heard John *speak,* and followed him, was ᶻ Andrew, Simon Peter's brother.

ᶻ Matt. iv. 18.

41 He first findeth his own brother Simon, and saith unto him, We have found the Messias, which is, being interpreted, ‖ the Christ.

‖ Or, the Anointed.

---

39. "For" omitted by ℵ, A., B., C., L., and most authorities.

because of the lateness of the day, for most commentators think that St. John here and elsewhere begins the reckoning of the hours of the day with midnight, consequently the time would be our ten o'clock. If so, they continued a long day with Him, because they were entranced with what He taught them.

40, 41. "One of the two which heard John speak, and followed him, was Andrew, Simon Peter's brother." "He first findeth," or he findeth first, as if both the disciples had their brothers there, and desired that they should partake of their happiness; but Andrew found *first* his brother Simon.

"And saith unto him, We have found the Messias."

How did they know Him? Not through John's testimony only, but because of their own prolonged interview. From the power and grace with which He spake they were convinced that no prophet, no teacher or Rabbi, no messenger of God, could approach to Him in point of wisdom. It is very important to notice what it was which convinced them. It was no miracle; though one afterwards established their faith. It must have been the grace with which He spake, the new light He threw on Scripture, the way in which His words met and satisfied the deepest yearnings of their spirits.

"We have found the Messias." Such an expression shows that they had been seeking Him. They were of those who were "looking for the Consolation of Israel." For this word "we have found" is the expression of a soul which travails for His presence, and looks for His coming from above, and is overjoyed when the looked-for thing has happened, and hastens to impart to others the good tidings.

42 And he brought him to Jesus. And when Jesus beheld him, he said, Thou art Simon the son of Jona: [a] thou shalt be called Cephas, which is by interpretation, || A stone.

[a] Matt. xvi. 18.
|| Or, *Peter*.

43 ¶ The day following Jesus would go forth into Galilee, and findeth Philip, and saith unto him, Follow me.

---

42. "Jona." So A., later Uncials, nearly all Cursives, some old Latin (c, q), Vulg. and Syriacs; but ℵ, B., L., 33, some old Latin (a, b, f, ff[2], l), Vulg. (Cod. Amiat.), Copt., Æth., read "John."

43. "Would go forth." "Willed" or "was minded" to go forth.

That Andrew should come to his brother Simon with such words implies that he also had been earnestly looking for the expected Messiah.

42. "When Jesus beheld him, he said." "Beheld," that is, looked earnestly on him, which on the part of One Who searches the hearts, meant "looked him through and through." "Thou art Simon the son of Jona," or John (as the Vatican and that class of MSS. read). The Lord then did a thing which on some very solemn crisis in a man's life God Himself did. He changed the name which Simon had received at his circumcision, or added another to it indicative of what He, the Searcher of hearts, saw to be his true character. "Thou shalt be called Cephas, which is, by interpretation, Peter, *i.e.*, a stone." Christ was the rock, and Simon now became a living stone of that rock. (See note on Matt. xvi. 18.)

The reader need scarcely be reminded of the relation of this first calling of the leading disciple to the account in St. Matthew iv. 19-23. Here Simon, Andrew, John, and probably James are called to faith and discipleship, there they are called to the ministry. "Follow me, and I will make you fishers of men." Afterwards they are selected to be Apostles. (Matthew x. 1, 2.) The account in St. Matthew requires to be supplemented and explained by this in St. John, for from St. Matthew's account we learn nothing of any previous knowledge which the Apostles had of Jesus to fit them for the office. From St. John's account we gather that they had been earnest disciples of the Baptist, and were looking for the Messiah, Whose near approaching Advent he preached so earnestly that the moment he pointed out Jesus as the Lamb of God they followed Him.

43. "The day following Jesus would go forth," should be trans-

PHILIP AND NATHANAEL. [St. John.

b ch. xii. 21.
c ch. xxi. 2.
d Gen. iii. 15.
& xlix. 10.
Deut. xviii. 18.
See on Luke xxiv. 27.
e Is. iv. 2. & vii. 14. & ix. 6. & liii. 2. Mic. v. 2. Zech. vi. 12. & ix. 9.
See more on Luke xxiv. 27.
f Matt. ii. 23.
Luke ii. 4.

44 Now ^b Philip was of Bethsaida, the city of Andrew and Peter.

45 Philip findeth ^c Nathanael, and saith unto him, We have found him, of whom ^d Moses in the law, and the ^e prophets, did write, Jesus ^f of Nazareth, the son of Joseph.

---

lated "willed to go forth," or "was minded to go forth." "And findeth Philip, and saith unto him, Follow me." Notice here that the Lord allowed the other three disciples to seek Him. With this man Philip He makes the first advance by inviting him to follow Him. The Lord saw each man's most secret heart, whether, being too forward, he required warning of the cost, or too backward, he required to be summoned or encouraged. (See Matth. viii. 19-22.)

44. "Bethsaida." This is Bethsaida, on the western bank of the lake. There was another, Bethsaida Julias, at the north end. It is supposed to be mentioned to show that all the first-called disciples were Galileans. This was, perhaps, more needful in the case of Philip, as his name is a Gentile name.

45. "Philip findeth Nathanael." There can be little doubt but that Nathanael is the same person as Bartholomew: Nathanael being his usual, or as we should say, his Christian name; Bartholomew, *i.e.*, son of Tolmai, his patronymic. In this Gospel (xxi. 2) he is classed with Apostles as distinguished from "other of our Lord's disciples." The circumstances of his call, so early and so mixed up with the call of undoubted Apostles, lead to the same conclusion. And this becomes a certainty when we compare these notices in this Gospel with the lists in the Synoptics, in each of which Bartholomew is associated with Philip, who is here the means of his being brought to Jesus.

"We have found him, of whom Moses in the law, and the prophets, did write." "Moses in the law," particularly in Deut. xviii. 18 ("I will raise up unto them a prophet," &c.), also Gen. iii. 15, (the seed of the woman bruising the serpent's head), and Gen. xlix. 10, (He to Whom is to be the gathering of the people.) And we should

46 And Nathanael said unto him, ᵍCan there any good thing come out of Nazareth? Philip saith unto him, Come and see.

47 Jesus saw Nathanael coming to him, and saith of him, Behold ʰ an Israelite indeed, in whom is no guile!

g ch. vii. 41. 42, 52.

h Ps. xxxii. 2. & lxxiii. 1. ch. viii. 39. Rom. ii. 28, 29. & ix. 6.

suppose that the teaching of the Baptist had led them to consider this prophet as the antitype of the Lamb of the Passover, and of the Lamb brought to the slaughter, of Isaiah.

It is noticeable how the peculiarities of mind of different commentators lead them to draw directly opposite conclusions from very simple words. Milligan writes: "There is an advance in fulness on the confession of verse 41, and the special character of the advance is important, it helps to explain the words of the following verses." Whereas Godet, quoting with approval Luthardt, writes: "Luthardt finally points out the dull and complicated form of Philip's profession, those long considerations, that Messianic certificate in full form, which contrasts with the lively and unembarrassed style of Andrew's profession" (ver. 41). But surely it seems right to give reasons from God's word for the recognition of such an One as the Messiah. The words of the Evangelist seems clearly to indicate an advance.

"Jesus of Nazareth, the son of Joseph. And Nathanael said unto him, Can there any good thing come out of Nazareth?" That Nazareth was, for some reason unknown to us, held to be a peculiarly contemptible place, is evident from the inscription on the Cross, "Jesus of Nazareth, the King of the Jews." Perhaps also the words of the lost prophecy, "He shall be called a Nazarene," were spoken as foretelling that He would be held in contempt on account of his supposed birthplace.

47. "Jesus saw Nathanael ... in whom is no guile." Our Lord means by this that Nathanael was an honest-minded man, who would allow no secondary considerations to hide the truth from his mind; who, when he saw any clear indication of God's will and guiding hand, would not shrink from following it, no matter where it led him. This was perfectly consistent with his having prejudices, as when he asked, "Can any good thing come out of Nazareth?" but his honesty of purpose made him instantly dismiss all such

48 Nathanael saith unto him, Whence knowest thou me? Jesus answered and said unto him, Before that Philip called thee, when thou wast under the fig tree, I saw thee.

49 Nathanael answered and saith unto him, Rabbi, ⁱ thou art the Son of God; thou art ᵏ the King of Israel.

ⁱ Matt. xiv. 33.
ᵏ Matt. xxi. 5. & xxvii. 11, 42. ch. xviii. 37. & xix. 3.

---

prejudices in the face of a single proof of the Lord's supernatural knowledge.

48. "Before that Philip called thee, when thou wast under the fig-tree, I saw thee." What Nathanael was doing under the fig-tree it is futile now to conjecture. Some have supposed that he retired there for prayer; some that he was reading the Scriptures, and meditating upon what he read, and they even go so far as to surmise that the place of Scripture was probably the account of Jacob's ladder, because of our Lord's promise that "he should see heaven open and the angels of God ascending and descending on the Son of man." Whatever be the truth of the matter, it is clear that Nathanael instantly perceived that if our Lord knew what had happened under the fig-tree He knew all things; just as the woman of Samaria, when our Lord told her some of the leading facts of her evil life, invited her neighbours to come and see Him with the words, "Come, see a man who told me all things whatsoever I did. Is not this the Christ?"

And so with Nathanael. Jesus was the Truth, and every one who was of the truth would infallibly hear and recognize His voice. Nathanael was "of the truth," and so he was ready to welcome a sign from God which a man of more guile would have questioned. His own guilelessness would prevent him saying in himself, "This Man knows this fact accidentally, or he has guessed it, or he has some secret information about it, and so I must see carefully what I do before I acknowledge him." He received at once what would have been to others very slender evidence, but which was to him, through his very honesty and truthfulness, a certain sign of the Messiahship of Jesus.

49. "Thou art the Son of God; thou art the King of Israel." Most commentators identify the Son of God with the Messiah, from the second Psalm, where the Lord's "anointed" and the "King set upon the holy hill of Zion," is afterwards addressed in the words, "Thou

GREATER THINGS THAN THESE. 41

50 Jesus answered and said unto him, Because I said unto thee, I saw thee under the fig tree, believest thou? thou shalt see greater things than these.

---

art My Son, this day have I begotten Thee." The confession of Nathanael, however, seems too warm and too unpremeditated to have been a deduction from passages of the Old Testament. "The word 'Son' of God expresses in the mouth of Nathanael the feelings, still very vague, it is true, but immediately resulting from what has just passed, of an exceptional relation between Jesus and God. But vague us this impression is, it is, nevertheless, rich and full, like everything which is matter of feeling, more even, perhaps, than if it were already reduced to a dogmatic formula. As Luthardt observes, 'Nathanael's faith will never possess more than it embraces at this moment,' the living person of Jesus. It will only be able to possess it more distinctly. The gold-seeker puts his hands on an ingot; when he has coined it, he has it better for use, but not more precious metal. The two titles complete one another. *Son of God* bears on the relation of Jesus to God; King of Israel on his relation to the chosen people. The second title is the logical consequence of the first. The person who is in so intimate a relation to God, can only be the King of Israel, the Messiah." (Godet.)

50. "Because I said unto thee, I saw thee under the fig tree, believest thou?" There seems to be in these words something of that marvel with which the Son of God regarded the faith of the centurion. (Matt. viii. 10.) Usually He had to rebuke men for unbelief. Now He praised this "Israelite indeed" for his faith, and promised that "to him that hath shall more be given." "Thou shalt see greater things than these."

What are these greater things?

51. "And he saith unto him, Verily, verily, I say unto you, hereafter shall ye see heaven opened, and the angels of God ascending and descending upon the Son of Man."

The Lord here, of course, refers to Jacob's vision, and it is supposed by some that this was suggested by the fact that they were then near to Bethel or Mahanaim.

There has been some difficulty made as to what is alluded to in the history of our Lord's sojourn on earth answering to Jacob's vision, for our Lord evidently refers to something occurring in the world

51 And he saith unto him, Verily, verily, I say unto you, ¹Hereafter ye shall see heaven open,

marginal refs: ¹ Gen. xxviii. 12. Matt. iv. 11. Luke ii. 9, 13. & xxii. 43. & xxiv. 4. Acts i. 10.

of time and sense, and not to a mere extension of such intercourse between God in heaven and man, as had been enjoyed by the prophets and all true servants of God in all times. There were several periods in our Lord's life in which angels visibly appeared. Two of these—the appearance to the shepherds, and the ministration after the temptation—were already past. One at the time of the Agony was very secret, seen probably only by Himself. The appearances at the sepulchre can scarcely be meant. Owing to the difficulty of interpreting the place of visible appearance of angels, it has come to pass that many modern commentators explain it of reconciliation with God. "We have simply a symbolical representation of the fact that through the Incarnation and Sufferings of Jesus heaven is opened, is brought into the closest and most constant fellowship with earth, so that the latter is itself transfigured with the glory of God's special abode."

But it may help us to a better understanding of this place to remember that, in the Vision of the Patriarch, the angels descended not on himself, but on the ladder. The Person of Christ, the Incarnate Word, Son of God and Son of Man, is the ladder, the channel of communication between the highest throne of God and the lowest place on earth where a saint of God can dwell. The Divine Nature of Jesus is in the Bosom of the Father; His human nature is present in the Church, and it is through this that we are far more interested in the ministrations of angelic beings than some of us like to acknowledge. It is to be remembered that the references to the unseen ministrations of angels, and also to their outward visible appearances are far more numerous in the New Testament than in the Old, considering the relative lengths of the two books; and, no doubt, numbers of visions and appearances (openings of heaven) occurred, of which all accounts are at present lost to us. There are a considerable number of references to angels in St. Paul's Epistles, which show us clearly that he considered the presence and ministrations of angels not a devout and poetical imagination, but a part of the actual Divine system of the Church. He believed that the suffering Apostles were a spectacle, not to men only, but to angels (1 Corinth. iv. 9), he charged St. Timothy to rule the Church impartially be-

and the angels of God ascending and descending upon the Son of man.

fore God, and the Lord Jesus Christ, *and the elect angels* (1 Tim. v. 21), (let the reader try to conceive any bishop now putting such a thing into his Charge, and he will be able to judge how faith in the nearness of the unseen has declined); he would have women wear a covering in Church "because of the angels." (1 Cor. xi. 10.) It is, with him, within the range of possibility that he should speak with the tongue of angels. (1 Cor. xiii.) It is part of the mystery of godliness that the Incarnate Lord should be "seen of angels." (1 Tim. iii. 16.) The Church in her present state is assumed to have come to an innumerable company of angels. (Hebrews xii. 21.)

Now all this is, of course, a far greater thing than any single vision of angels descending on Christ which Nathanael may have been privileged to see. It denotes a permanent difference between the relations of earth and heaven: not only its King, but all its inhabitants being brought infinitely nearer by the Incarnation, by the Word dwelling amongst us as the Son of Man.

"Son of Man." The highest meaning must be necessarily assigned to this phrase. He is the Son of Man, so that He should gather into Himself, and represent, and be sponsor for, all the race. It really involves that He is the Second Adam, the Second Man, the "Lord from heaven."

CHAP. II.

AND the third day there was a marriage in ^a Cana of Galilee; and the mother of Jesus was there:

^a See Josh. xix. 28.

1. "And the third day," *i.e.*, the third day after Jesus set out from the place Bethany, or Bethabara, where John had witnessed to Him. "There was a marriage:" literally a marriage feast, which lasted seven days.

"In Cana of Galilee;" never mentioned except as Cana of Galilee (so ch. iv. 46, xxi. 2), probably to distinguish it from the Cana or Kanah, which pertained to the tribe of Asher, near Zidon

44 THEY HAVE NO WINE. [ST. JOHN.

2 And both Jesus was called, and his disciples, to the marriage.

3 And when they wanted wine, the mother of Jesus saith unto him, They have no wine.

---

3. "When they wanted wine." Literally, "When wine failed;" *deficiente vino.* (Vulg.)

(Joshua xix. 28). Its name most probably lingers in Kana-el-Jelel, a village a few miles to the north of Nazareth.

"The mother of Jesus was there." It is to be remarked that St. John never mentions her by name, and designates her only by that which made her "highly favoured," "blessed among women," as the mother of Jesus. In his mention of her place near the cross, he speaks of her only as the Mother of Jesus, and notices by name the other Maries.

From the expression "she was there," *i.e.*, at or from the first, whereas Jesus and His disciples were "called," it has been conjectured, with some show of reason, that she was there by a sort of right, as the other relations of the bridegroom or bride. From the presence of Joseph, her husband, not being noticed on such an occasion, it is inferred with certainty that the holy saint had been called to his rest.

2. "And both Jesus was called, and his disciples, to the marriage." From the fact that the disciples were called apparently as the disciples of Jesus, we gather that He had begun already to be recognized amongst His friends as a prophet or great teacher, Who would gather disciples after Him, and that they or some of them would accompany Him whithersoever He went.

3. "And when they wanted wine, the mother of Jesus said unto him, They have no wine." Notice, again, how the Evangelist avoids naming her by her name.

"They have no wine." It is more difficult than appears at first sight to ascertain the intent of these words. Some German critics have supposed that they were a hint to our Lord to supply wine in the ordinary way by sending for it to those who sold it. I mention this to show to what lengths unbelievers will go in order to strip the account of everything Divine, and reduce it to a commonplace narrative such as we might find in a modern newspaper. Some have made a difficulty about the words, as suggesting a miracle, because hitherto our Lord had done no miracles. But we

4 Jesus saith unto her, ᵇ Woman, ᶜ what have I to do with thee? ᵈ mine hour is not yet come.

ᵇ ch. xix. 26.
ᶜ So 2 Sam. xvi. 10. & xix. 22.
ᵈ ch. vii. 6.

4. "Woman, what have I to do with thee?" Literally, "What to me and to thee?" The English Translation suggests an harshness absolutely foreign to the original.

are to remember that she who said, "They have no wine," was one who, apparently beyond all in that generation, "pondered" the sayings of her Divine Son, and "kept" them in her heart. (Luke ii. 51.) She would keep in her heart the memory of the angelic salutation, of her converse with Elisabeth, of the inspiration wherewith she poured forth the Magnificat, of the wisdom with which the Divine Child was filled, and the Grace of God which was upon Him; and now, having been told of the witness of John and of the spell which Jesus had exercised over the first-called disciples, and of the supernatural knowledge He had shown with reference to Nathanael, who, be it remembered, was "of Cana," we see that she would, whether she definitely expected a miracle or not, naturally and spontaneously turn to her Divine Son in this perplexity.

The answer of Jesus, "Woman, what have I to do with thee? mine hour is not yet come," has, it is to be remembered, nothing whatsoever of the harshness which in our translation it seems to carry.

In the first place, the term "woman" has nothing in it approaching to disrespect. On the contrary, it is more than once associated with great praise, "O woman, great is thy faith." (Matth. xv. 28.) It is the word used by our Lord respecting His mother in the words on the cross, by which He committed her to the care of St. John.[1]

"What have I to do with thee?" Literally, "what to me and to thee?" In the English the words, "What have I to with thee?" sound as harshly as possible, as if there was nothing in common between our Lord and His mother. Both in the Hebrew and the Greek, however, it signifies nothing more than a prohibition of

---

[1] The Greek word woman (γυναι) is used at times with the greatest respect. Thus, in Iliad, xxiv. 30, Priam says to Hecuba, Ὦ γύναι, οὐ μέν τοι τόδ' ἐφιεμένῃ ἀπιθήσω. Also *mulier*, applied to Livia, in Horace, Odes, iii. 14, 5, "Unico gaudens mulier marito."

5 His mother saith unto the servants, Whatsoever he saith unto you, do *it*.

---

interference; thus in 2 Sam. xvi. 10, they are a prohibition to the sons of Zeruiah not to interfere by punishing Shimei who was cursing David.

But though in the original there is no such harshness in the phrase as there is in our version, it is undoubtedly an admonition to the Blessed Virgin to keep within her proper province, and an intimation that all Divine action on His part, as in the performing of miracles, or in making known the Gospel, is to be in no respect subject to her control. It expresses the point of a new departure. The Son of God is henceforth no longer to be the member of a private family, deferring to the head of the household, but the Christ of God, doing all things, and choosing the hour for doing them, according to the secret announcements of the Will of His Father.

"Mine hour is not yet come." From the way in which these words are understood by the Virgin, they must have clearly meant that he intended to come in some way to the help of the bridegroom, and so that everything might be ready for furthering His Divine action, "His mother saith unto the servants, Whatsoever he saith unto you, do it." The significance of this is not perceived unless we remember that, humanly speaking, one of the conditions for the performance of this miracle, as our Lord willed it, was the implicit obedience of the servants. When, then, His mother said this to the servants, she must have expected some action on the part of our Lord, similar to what actually took place, or there must have been some further communication between them respecting what He was about to do. This is perfectly compatible with the intimation He had given to her respecting their new relative positions. As soon as she had wisely and meekly received and submitted to this, it was quite open to Him to intimate to her that something very great would come to pass, if there was no hesitation in obeying His orders. A very little consideration will serve to convince the reader that these three circumstances—the position of the Blessed Virgin at the feast, so that the servants should receive directions from her; the giving of this command even after the mild admonition she received: and the ready obedience of the servants, were part of the Divine ordering for the performance of the miracle.

6 And there were set there six waterpots of stone, ᵉ after the manner of the purifying of the Jews, con- ᵉ Mark vii. 3. taining two or three firkins apiece.

7 Jesus saith unto them, Fill the waterpots with water. And they filled them up to the brim.

8 And he saith unto them, Draw out now, and bear unto the governor of the feast. And they bare *it*.

---

8. "Governor." Not, as some think, an upper servant, but one of the guests chosen to preside.

6. "And there were set there six waterpots of stone, after the manner of the purifying of the Jews, containing two or three firkins apiece." These waterpots must have been placed in the court, otherwise the ruler of the feast would have seen the servants drawing the wine from them, and could not have been said to have been ignorant of where the wine came from.

"After the manner of the purifying of the Jews." If the feast was a considerable one, a great quantity of water must have been required; for we read, "The Pharisees and all the Jews except they wash their hands oft, eat not, holding the tradition of the elders." (Mark vii. 3.)

"Containing two or three firkins apiece."

Each firkin being between eight and nine gallons, the six must have held between 120 and 150 gallons.

7. "Jesus saith unto them, Fill the waterpots with water. And they filled them up to the brim." As in all probability this was towards the conclusion of the feast, the water would not have been wanted for purposes of purification. So we see here the reason why the Virgin gave the explicit order, "Whatsoever He saith unto you, do it." The servants might have wondered why, when no more purification was needed, they were required to draw, perhaps from some distance, 150 gallons of water, and pour them into the vessels set for purposes of ceremonial washing.

8. "And he saith unto them, Draw out now, and bear unto the governor of the feast. And they bare it. When the ruler of the feast had tasted the water which was made wine." Between the filling of the waterpots and the word to the servants to "draw out, and bear unto the governor," the miracle had taken place, and the water had become wine. There can be no doubt but that the whole

9 When the ruler of the feast had tasted ᶠthe

ᶠ ch. iv. 46.

contents of the six waterpots was changed into wine. If the water in one or two of them only had been changed, as some commentators hint, or if the water in the pots remained unchanged, and only became wine in the smaller vessels in which the servants conveyed it to the governor and the guests, then it is impossible to account for the mention of the large capacity of the vessels. The miracle in respect of the abundance produced resembles that of the feeding of the multitudes with the loaves and fishes, where, instead of the exact quantity required being nicely calculated, a far larger quantity of food was left in the shape of fragments than was originally operated upon. So here a very large surplus of good wine remained as a generous present for the bride and bridegroom.

In all His miracles the Lord wrought bountifully. There was a vast multitude of fishes enclosed in the net. He healed vast multitudes. The raging tempest was stilled at once into a great calm.

The objection that, by the production of so much wine, the Lord encouraged excess, seems not to deserve serious notice. In this miracle of grace the Lord acted as He does in the works of nature. An abundance is produced, which men may use or may abuse. It is part of their probation to use all God's gifts to His glory. The very gifts of the Spirit may be abused. (1 Cor. xiv.) The grace of God itself may be received in vain.[1]

---

[1] A singular account of this miracle is given in the "Speaker's Commentary." The servants, it is there said, are commanded first to fill the waterpots as if for purposes of purification, though we should suppose that when the wine ran short the feast would have been at its height, and the guests would have purified themselves at the beginning; then, when those vessels are filled, it is supposed that the servants are directed to go to the same well from which they drew the water to fill the six waterpots, and to bear direct from the well to the governor of the feast and the guests; in which case the water in the waterpots would have remained unchanged, and only the additional water drawn from the well, when these vessels were filled, would have become wine. But surely on such an hypothesis, the principal guarantee afforded by the Lord Himself for the good faith of the miracle, would be lost. Wine might have

water that was made wine, and knew not whence it was:

---

9. "Was made;" or, "that had become."

The miracle also was perfect as regards the quality of the wine, as appears from the remark of the Master of the Feast to the bridegroom, "Thou hast kept the good wine until now."

When "men have well drunk" does not necessarily mean that they have drunk to excess; though unquestionably it may be used in that sense.

Three matters connected with this miracle must be considered.

The first is, the mode in which our Lord brought the change about. The second, the intention He had in performing it at that time, and in that company. The third, its mystical or prophetical import.

(1.) How did the Lord bring the change about? This seems a presumptuous question, but it must be put and answered, and the answer, though it explains nothing of the mode of the Divine action, shows us clearly to what department of that action it belongs. The Lord must have wrought the change by His all-pervading, all-penetrating power as a Divine Spiritual Existence bringing His will to bear on every particle of the water so as to give it new qualities. If God has any power at all, not merely as God, but as a Spirit, He must have this. The real question is, Is there a God, and can He work at all? If He can work at all, the least of His workings must be infinitely above our comprehension. We can only conceive of the mode of working of creatures like ourselves, having hands and fingers moved by muscular action, which action depends upon the connection of the muscles with the brain by means of nerves. By such working we can operate only on the outside of things, whereas

---

been kept in any other vessels except these waterpots, which, holding water for purifying purposes, could never have been put to any other use. The only reason alleged for this new view of the matter is that the word "draw" is used for drawing water with a bucket out of a well; but, on turning to the lexicons, we find its primary meaning is to bale water, as out of a ship, which is most fitting to express the ladling of liquor out of a larger vessel into a smaller one. On this new view, the mention of the waterpots at all is irrelevant.

(but the servants which drew the water knew;) the governor of the feast called the bridegroom,

---

God has no such limitation to His action. He is not encumbered in carrying out His will, as we are, by the weakness and clumsiness and imperfection of human limbs; He brings His whole power to bear directly and instantaneously on whatsoever He desires to move, or to change, or to order in any way. So that the Saviour exercised this all-pervading power over every particle of the water in a way perfectly simple and direct.

It has been said that in turning this water into wine the Saviour only shortened a process which He is bringing to pass each year in every vineyard, where the moisture from the earth is transmuted by slow, insensible degrees into the juice of the grape, and then by the process of fermentation, equally natural, into generous wine. This is called the "natural" process, whereas such a miracle as this of Cana is supernatural; but before allowing this we must call attention to the way in which we use the word "natural." Natural is according to nature: but the nature of what? It is according to the nature of insensible things, such as stocks and stones, to be acted upon. It is according to the nature of the lower creatures to act only in the preservation of their existence. It is the nature of man to act according to reason and free will, and also according to the Divine Light. What is the action, the natural action, so to speak, of God? The action of an infinitely powerful Spirit must be under no limitations such as we are under. It must be instantaneous, direct, unimpeded, irresistible, reaching to the very essence of the thing it acts upon. It can be limited by no conditions of mere matter, except for our sakes, because God has Himself imposed these conditions. So that here we have, to speak most reverently, the natural action of God—of the Word, *i.e.* the action according to the limitless power of His all-pervading Spiritual Essence; whereas in the production of wine according to the course of nature, He has imposed conditions on His acting; such conditions being the presence of moisture, the presence of decayed but once living substance which can be sucked up with that moisture and be suitable nourishment, the faculty of fibrous roots for seeking and imbibing that nourishment which can produce wood, leaves, and grapes; the course of the seasons, the warmth of the sun, the descent of the rain, the minds and eyes of

10 And saith unto him, Every man at the beginning doth set forth good wine; and when men have well drunk, then that which is worse: *but* thou hast kept the good wine until now.

---

men to watch the process, and their hands to gather the grapes, press out the juice, and preserve it in fitting vessels.

So that in this miracle we have the manifestation of the glory of the Word somewhat as it is described in Hebrews iv.: "The Word of God is quick and powerful, and sharper than any two-edged sword, piercing even to the dividing asunder of soul and spirit and of the joints and marrow;" only in this latter place we have the searching power over the human subject, but in this miracle we have the same searching power acting upon the ultimate particles of matter, combining, perhaps re-arranging, accelerating processes, adding new qualities, such as sweetness and strength, and even mellowness, to what was weak, insipid, and worthless.

(2.) The next question is, The intention which our Lord had in performing it at that time and in that company.

It was apparently the first work of His ministry. It was done primarily to convince and attach more firmly His disciples to Himself. They had begun to believe in Him, and to follow Him without having seen a miracle done by Him. They looked upon Him, no doubt, as the great Teacher of Israel; but He was about to make far greater demands on their faith. He was about to set Himself before them and demand their faith as the Regenerator, the Creator of the New Creation, the Maker of all things anew, and so that they might accept Him and not start back when He set before them the deepest mysteries of the coming kingdom, He gave them, as it were, a foretaste of His power. He had not yet called them to forsake all and follow Him, but He would soon do so, and no doubt the experience of this marvel made them the more ready to follow at once when the further call came. This, no doubt, was the one great reason for His working this mighty work; and it was successful. "He manifested forth His glory, and His disciples believed on Him."

Certain other lessons are also taught us. The Church teaches us that herein He honoured marriage, that holy estate which "Christ adorned and beautified with His presence, and first miracle that He wrought in Cana of Galilee." And by His presence at this feast

11 This beginning of miracles did Jesus in Cana of Galilee, and manifested forth his glory; and his disciples believed on him.

g ch. i. 14.

---

11. "Miracles;" rather, "signs." *Initium signorum* (Vulg.); *hoc est signum primum* (Syriac).

Christ, Who was emphatically the Man of Sorrows, showed us how He sympathizes with the joys, the pure and holy joys, as well as with the sorrows of His brethren. In almost all other passages of His life He weeps with them that weep. Here, for once, He rejoices with them that rejoice, and even by His Divine power furthers their joy.

Olshausen mentions another reason, which I will give in his own words:—"The first disciples of Christ were all originally disciples of the Baptist. His manner of life—a rigid penitential austerity, and solitary abode in the desert—naturally appeared to them the only one that was right. What a contrast for them when the Messiah, to Whom the Baptist himself had pointed them, leads them first of all to a marriage! Whilst John dedicated them to a life of self-denial, Christ conducts them to enjoyment."

Now there is a shadow of truth about this, but the inference of the last sentence is utterly, miserably false. Christ, it is quite true, says of the Baptist, "He came neither eating nor drinking," and of Himself that "the Son of Man came eating and drinking." The Baptist lived in the desert, and Christ lived in towns, and went to feasts. But surely Christ dedicated His Apostles to a life of self-denial, when He said, "He that will come after Me must deny himself, and take up his cross, and follow Me;" when He said, "Provide neither gold, nor silver, nor brass in your purses;" when He said, "Ye shall weep and lament, but the world shall rejoice."

(3.) The third consideration respecting this miracle is its mystical, or, as we may say, prophetical element. Of this miracle it may truly be said, that it was not done for the sake of the bridegroom or of the guests, or even for the sake of the disciples, but for us, for the Church in all ages.

For in this sign we have the adumbration of that great change which is wrought in the Kingdom of God, the change of the weak and beggarly elements of Judaism, or of the Law, or of the Old

CHAP. II.] THE TEMPLE POLLUTED. 53

12 ¶ After this he went down to Capernaum, he, and his mother, and ʰ his brethren, and his disciples: and they continued there not many days.

ʰ Matt. xii. 46.

13 ¶ ⁱ And the Jews' passover was at hand, and Jesus went up to Jerusalem,

ⁱ Ex. xii. 14. Deut. xvi. 1, 16. ver. 23. ch. v. 1. & vi. 4. & xi. 55.

14 ᵏ And found in the temple those that sold oxen and sheep and doves, and the changers of money sitting:

ᵏ Matt. xxi. 12. Mark xi. 15. Luke xix. 45.

Testament, into the strong, sweet, generous, exhilarating wine of the Gospel. " Old things are passed away; behold, all things are become new." There is a new life, even the Life of the Word Incarnate, the Second Adam. There is a new birth into His mystical body—a new circumcision, that of the Spirit. There are new Scriptures, which set forth the all-perfect example and teaching of the Godman. There is a new Sacrifice, the all-sufficient Sacrifice of the Lamb of God, and a new and living way of setting forth and partaking of that Sacrifice, even the Eucharistic Memorial. There is a new priesthood, in which men ordained by the Spirit directly represent the one Eternal Priest. There is a new fellowship, in which all men are one in Christ. There is a new hope, even of the Second Coming, and the Resurrection of the Body in the likeness of His glorious Body. The Fathers are full of this mystical, yet most true meaning. St. Augustine carries it to excess when he makes the six waterpots to betoken long periods between the Creation and Christ, and shows how the prophecies or types of these Old Testament periods have new life and a new meaning given to them by our understanding them of Christ.

12. "After this he went down to Capernaum." He went down. Capernaum being nearer to the lake than Cana or Nazareth, His going there is a descent. This was not the dwelling in Capernaum alluded to in Matthew iv. 13, which took place after John was cast into prison, which must have been long after this temporary sojourn in that city.

13. "And the Jews' passover was at hand, and Jesus went up to Jerusalem." This was the first passover which He attended, as we may say, ministerially. There can be little doubt but that He Who thus honoured the Law and the Temple would have attended at every passover, though we may have no record of each attendance;

15 And when he had made a scourge of small cords, he drove them all out of the temple, and the sheep, and the oxen; and poured out the changers' money, and overthrew the tables;

---

inasmuch as the account of not one hundredth part of His life is preserved to us.

14, 16. " And found in the temple. . . Take these things hence; make not my Father's house an house of merchandise." This is the first cleansing of the Temple, and took place at the beginning of His ministry, as the second took place at the end of it. Is there any difference in their significance? Undoubtedly this first cleansing was an assertion of His authority as the Son of God, to vindicate the honour of the service of His own proper Father: for whereas in the second cleansing He simply quotes the words of a prophet of God as His authority ["It is written, My house shall be called," &c.], here He sets forth His own authority as the Son, "Make not my Father's house an house of merchandise." The claims which He asserts here are not only Messianic, but Divine. " The Lord, whom ye seek, shall suddenly come to his temple, even the messenger of the covenant, whom ye delight in : he shall come, saith the Lord of Hosts, but who may abide the day of his coming? and who shall stand when he appeareth? . . . and he shall sit as a refiner and purifier of silver," &c. (Mal. iii. 1-3.) In this His first public act, then, He honoured the service of God, and maintained the sacredness of the very building in which it was offered. But we shall lose much of the significance of this act if we forget the part of the Temple which He cleansed. It was not the Holy Place or Sanctuary, not the Court of the Priests, not even the Court of Israel, but the Court of the Gentiles, which the iniquitous rulers of the Temple considered as only half sacred, and so scrupled not to farm out its area for the sale of things required in sacrifice, and for the change of coin which, being defiled with the image of the Emperor, could not be lawfully put into the treasury. So here we have the first assertion of the equality of all men in Himself. The place where believing Gentiles worshipped, and by consequence the worship which they offered, was as precious in the sight of God as that of His chosen people. Here, then, we have the strongest vindication conceivable of the principle that all that is dedicated to God, all that has to do with His service, is holy, and to be separated from

16 And said unto them that sold doves, Take these things hence; make not ¹my Father's house an house of merchandise. ¹ Luke ii. 49.

---

all worldly profit, even though a religious intention may be pleaded, as here when the sheep and oxen were sold for sacrifice. It is evident by His conduct in the matter of the cleansing of the Temple, that our Lord would reprobate all letting of the area of a church in pews for the exclusive possession of the rich, all trafficking in livings, all bestowal of preferment in exchange for political support.[1]

This act of Christ was, of course, supernatural. The expulsion of a multitude of profane and greedy traffickers with their cattle, from a market-place in which they possessed places assigned to them by those who had legal possession of the whole area, by a single man armed with a whip of small cords, could take place by no mere human influence.

16. "Make not my Father's house an house of merchandise." These words are much less severe than those which He used at the last cleansing: "Ye have made it a den of thieves." Very likely in the interim the cheating and dishonesty which attended the unholy traffic had materially increased. It was only natural that it should.

17. "And his disciples remembered that it was written, 'The zeal of thine house hath eaten [or shall eat] me up.'" This is from Psalm lxix., which, among other things, that can be ascribed only

---

[1] Bishop Jeremy Taylor has some very apposite remarks, and one at least equally apposite illustration of them. "When religion is but the purpose at the second hand, it cannot hallow a lay design and make it fit to become a religious ministry, much less sanctify an unlawful action. . . . Micah was zealous when he made him an ephod and a teraphim, and meant to make himself an image for religion when he stole his mother's money; but there are colours of religion in which not only the world, but ourselves also, are deceived by a latent purpose, which we are willing to cover with a remote design of religion lest it should appear unhandsome in its own dressing . . . sinister acts of acquiring Church livings are not so soon condemned if the design be to prefer an able person. . . . This is profaning the temple with beasts brought for sacrifice," &c.

17 And his disciples remembered that it was written,
^m Ps. lxix. 9. ^m The zeal of thine house hath eaten me up.

18 ¶ Then answered the Jews and said unto him, ^n What sign shewest thou unto us, seeing that thou doest these things?

^n Matt. xii. 38.
ch. vi. 30.

---

17. "The zeal of thine house;" or, "my zeal for thine house" (Alford).
"Hath eaten;" perhaps, "shall eat." So ℵ, A., B., L., and most Uncials.
18. "Then;" rather, "therefore," *ergo*.

to the Messiah, contains, "They gave me gall to eat, and when I was thirsty they gave me vinegar to drink." The latter part of this verse here quoted by the Evangelist, is also cited by St. Paul in Rom. xv. 3. Even Christ pleased not Himself, but as it is written, "The reproaches of them that reproached thee fell on me." No more wretchedly untrue perversion of Scripture has ever gained currency among Christian people, than that which has been so pertinaciously asserted by certain leading so-called "Broad Church" writers, that our Lord's attitude to the Law and the Old Testament was one of indifference. On the contrary, two of the three occasions on which He manifested extreme anger, was when He saw the Temple, the one centre of the sacrificial worship, polluted. [The other was when they forbade little children to be brought to Him.]

Are we not all taught a lesson by this, eminently necessary at the present time? If we can preserve a lofty and supercilious equanimity when we see God's house profaned, His worship, especially the highest worship of His Church, neglected or accounted as an inferior thing, and, above all, the gift of His co-equal and co-eternal Son treated as an open question, can we have any such zeal for the honour of His Father as burnt within Him?

This place also teaches us that the Spirit of Christ is not altogether a mild, gentle, quiet Spirit, after the manner of that mildness and gentleness which is engendered, not by the love of God, but by the love of ease, by fear of the faces of men, by indifference to the value of the truths of the Gospel.

18. "Then answered the Jews and said unto him, What sign shewest thou unto us, seeing that thou doest these things?" What made them ask for a sign, seeing that the thing which He had done was itself a sign? If an unknown man, alone and unaided, could overawe, and even deprive of their gains, a large number of un-

19 Jesus answered and said unto them, °Destroy this temple, and in three days I will raise it up.

20 Then said the Jews, Forty and six years was this temple in building, and wilt thou rear it up in three days?

° Matt. xxvi. 61. & xxvii. 40. Mark xiv. 58. & xv. 29.

---

20. "Rear;" better, "raise." Keeping the same rendering of the same word, as in verse 19.

---

scrupulous and covetous men after the manner in which He had done, no other sign seems to have been needed. It was asking for a sign of a sign. But what they really meant was, "What proof dost Thou give that Thou exercisest such authority in the house of God (which is by His ordination under the chief priests) as to drive out those who sell victims for sacrifice by the express permission of those priests? What sign shewest Thou that Thou claimest to exercise an authority in the Temple above that of its governors?" Our Lord's answer was:—

19. "Destroy this temple, and in three days I will raise it up." This, if we carefully consider it, was about the only answer which He could give. The act of authority in driving out the traffickers from the sacred precincts was a plain intimation that in the Theocracy He was higher than the chief priest. To have given an ordinary sign, such as healing a diseased person, would have been insufficient. It might be a sign why they should listen to Him, but not a sign that He had authority and right to take the law into His own hands as He had done. The authority He assumed was that of the only Son of the God of the Temple. He acted as a Son over His own house. The crowning proof of this was His Resurrection. By the Resurrection from the dead He would be declared to be the Son of God with power. On two other occasions He held out to them this sign, and this sign only:—

(1) "When ye have lifted up the Son of Man, then [by the Resurrection] ye shall know that I am he, and that I do nothing of myself" [John viii. 28]: and (2) when the Pharisees desired a sign from heaven He said, "A wicked and adulterous generation seeketh after a sign, and there shall be no sign given it, but the sign of the prophet Jonah," *i.e.*, of His own Resurrection (Matth. xvi. 4).

The difficulty, of course, is, why did He tender this sign enigmatically, and not plainly? To which we answer: He may, by

21 But he spake ᵖ of the temple of his body.

22 When therefore he was risen from the dead, ᵈ his disciples remembered that he had said this unto them; and they believed the scripture, and the word which Jesus had said.

p Col. ii. 9.
Heb. viii. 2.
So 1 Cor. iii. 16. & vi. 19.
2 Cor. vi. 16.
q Luke xxiv. 8.

---

22. "Unto them" not in oldest MSS., ℵ, A., B., L., most Uncials, Vulg., and Peshito. He did not say the words to the disciples, but to the Jews.

some gesture, or by some word which has not been preserved, have plainly intimated to them, if they would have received the intimation, that He spake enigmatically or mysteriously; but they rejected such intimation, and perversely determined to take His words in the lowest and most literal sense that they could, as, in fact, they did on several other occasions—notably in those recorded in the third and sixth chapters of this Gospel. Throughout this Gospel our Lord speaks mysteriously—not parabolically, but mysteriously; and on no occasion did they reverently, or even seriously, endeavour to give Him credit for veiling some deep truth under such enigma. As it was, this saying sunk deep into the hearts of both enemies and friends. His enemies remembered it, and produced a perverted account of it at the trial before Caiaphas; His disciples, after His Resurrection, remembered it, and it confirmed their faith in Him, as witnessed to both by the Scripture, and by His own words.

21. "He spake of the temple of his body." His Body was the true temple of God. In It was the true and abiding Shechinah: the presence of the Word. "In Him dwelleth all the fulness of the Godhead bodily." In the rending of It upon the cross, the veil between God and man was rent, and now we have boldness to enter into the holiest through that Veil—viz., His Flesh. (Heb. x. 19.) And because His Body is the temple of God, so are ours. (1 Cor. iii. 16.)

22. "His disciples remembered that he had said this unto them." Christ was especially "manifested in remembrance." Passages in His life, and words on His lips, which at the time, in their state of half belief, seemed to the disciples obscure or common-place, started forth from the dark recesses of memory, and were transfigured, and shone out with a light which amazed them, that they had heard them, and had been so feebly affected by them.

23 ¶ Now when he was in Jerusalem at the passover, in the feast *day,* many believed in his name, when they saw the miracles which he did.

24 But Jesus did not commit himself unto them, because he knew all *men,*

---

23. "Feast day." "Day" should not be understood, as the feast lasted a week. "Miracles," "signs."

23. "Now when he was in Jerusalem at the passover, in the feast day, many believed in his name, when they saw the miracles [signs] which he did." It has been said that their faith was a false faith, because Jesus, Who saw their hearts, did not trust Himself to them. But we have no right to say this: for in the Scriptures, especially in this Gospel, every degree of faith is recognized as faith. If it exhibits its weakness and deficiency, it is not because the faith is deficient, *quâ* faith, but because the heart is shallow. Faith is the product of the Word of God, received into the heart. It may spring up, and afterwards wither, or be choked; but the springing up is real for the time, and it withers because it has no root, on account of the shallowness of the ground of the heart. Godet remarks: "This faith, in many, was not really of the essence of faith: it had for its object only the title (believed in His Name) of Christ." But, surely, when he wrote this he must have forgotten that those to whom He gave power to become the sons of God were those that "believe on His Name." (i. 12.) We shall have to notice continually throughout this Gospel this matter of *degrees* of faith: it is one of its most striking features that it exhibits men believing, and yet their belief coming short.

24. "Jesus did not commit himself." What does this mean? It cannot mean commit His person to them: for He was well aware that no man could lay hold on Him, because His hour was not yet come. It must mean, "did not speak to them, or teach them unreservedly." So Chrysostom: "He who dwells in men's hearts, and enters into their thoughts, took no heed of outward words; and knowing well that their warmth was but for a season, He placed not confidence in them as in perfect disciples, nor committed all His doctrine to them, as though they had already become firm believers."

25 And needed not that any should testify of man: for ʳ he knew what was in man.

*ᶜ 1 Sam. xvi. 7.
1 Chron. xxviii.
9. Matt. ix. 4.
Mark ii. 8. ch.
vi. 64. & xvi.
30. Acts i. 24.
Rev. ii. 23.*

25. "He knew;" rather, "He himself knew;" *ipse sciebat* (Vulg.).

His not committing Himself to them may be best understood by contrasting His conduct to them with that to His Apostles, to whom He says, "I have called you friends, for all things that I have heard of my Father, I have made known unto you." (xv. 15.)

CHAP. III.

THERE was a man of the Pharisees, named Nicodemus, a ruler of the Jews:

1. "There was a man of the Pharisees, named Nicodemus, a ruler of the Jews." Are we to connect this discourse with Nicodemus with the declaration in the last chapter, that "many believed in His Name when they saw the miracles which He did," and so have we here the example of one to whom, being more sincere than the greater part, the Lord so far "committed Himself" as to disclose to him one of the deepest mysteries of His kingdom? There may be some truth in this, but the exhibition of the development of mere subjective belief is very subordinate to the exhibition of those mysteries which have seemed to the Church to be the real burden of this Gospel. Jesus was continually revealing truths respecting Himself and His kingdom which could not be understood at that time, even by those who accepted Him as the Messiah. In fact, they were the last things which, owing to their mysteriousness, could be taught to the very Church itself, and so it was reserved to the Beloved Disciple, in extreme old age, after the Kingdom or Church of God had been established for nearly seventy years, to put on record certain discourses of Christ, the teaching of which had leavened the Apostles, and, through them, the Church, secretly

NICODEMUS.

2 ᵃ The same came to Jesus by night, and said unto him, Rabbi, we know that thou art a teacher come from God: for ᵇ no man can do these miracles that thou doest, except ᶜ God be with him.

3 Jesus answered and said unto him, Verily,

ᵃ ch. vii. 50.
& xix. 39.
ᵇ ch. ix. 16, 33.
Acts ii. 22.
ᶜ Acts x. 38.

---

2. "Miracles." Properly, "signs," σημεῖα; Vulg., *signa*.

and silently, long before the Holy Spirit guided the Evangelist to put them into writing. The Church for many years had been permeated with Baptismal and Eucharistic doctrine; for instance, St. Paul's leading doctrine is that the Church is the Body of Christ, and that Christians are now in Christ as they were by nature in Adam, and now at last St. John is led to give the root of it all in the words of Christ, recorded in the third, sixth, and fifteenth chapters of this Gospel.

Of Nicodemus nothing is known except what is told us in the three notices of him in this Gospel (iii. 1, vii. 50, xix. 39). A rich man of his name is mentioned in Jewish tradition as living in our Lord's time, and surviving the destruction of Jerusalem. He comes here before us as a believer in some Divine Mission of Jesus, but afraid to come to Him in the broad light of day. He expresses his faith in the words, "Rabbi, we know that thou art a teacher come from God: for no man can do these miracles that thou doest, except God be with him."

3. "Jesus answered and said unto him, Verily, verily, I say unto thee, Except a man be born again, he cannot see the kingdom of God." The answer of Christ is very abrupt. Whether there had been more words of inquiry on the part of Nicodemus, or whether our Lord read and answered his thoughts, we know not. In either case his thoughts, or his unrecorded words, must have been respecting "the kingdom of God." If Nicodemus came to our Lord as a God-sent prophet for instruction, it must have been to learn what he could not know from the Old Testament, or from the Jewish traditionary teaching. He could scarcely have come to Christ with some personal inquiry as to how he was to serve or please God, or to inherit eternal life, as the young ruler did (Matt. xix. 17), or he would have received some similar answer. He could only have come to inquire respecting the new Kingdom; and our Lord's answer, though more circumstantial, is, in effect, that which He

verily, I say unto thee, ^dExcept a man be born

<small>d ch. i. 13.
Gal. vi. 15.
Tit. iii. 5.
James i. 18.
1 Pet. i. 23.
1 John iii. 9.</small>

3. " Born again," or, " from above," but see below. Vulg., *denuo*.

gave when questioned by Pilate, "My kingdom is not of this world," "Now is my kingdom not from hence."

It will be needful to dwell more upon this, as it is the key to the understanding of the whole matter.

Did our Lord mean by the words, "Except a man be born again," followed, in the way of explanation, by "except a man be born of water and of the Spirit," to press upon Nicodemus, as a worldly, carnal man, the necessity of repentance or conversion, or of a new heart? It is impossible to suppose that He did, because, if so, why should He not express Himself plainly, so that Nicodemus could have at once had no doubt about the matter? Our Lord, at other times, called men to repentance and conversion in words respecting the meaning of which no one could have a moment's hesitation. Neither can we suppose that our Lord meant to bring to bear upon Nicodemus the necessity of deeper spiritual religion; for we have such heart religion, expressed in terms devoid of all mystery, in the Beatitudes, and our Lord speaks here enigmatically and mysteriously.

Again, He speaks of that of which He sets forth the necessity, as a "birth." Now, what is a birth? It is not a change of heart, or of character. It is the entrance into a new state of existence. Generation is coming out of non-existence into existence. Birth is also the entrance into a state of life as different as possible from that in the womb. A new birth would be into a new life requiring an outward state of things corresponding to that life, for the creature which is born possesses its own particular sort of life, and by birth enters into a state fitted for the sustentation and devolopment of that life. Again, this new birth is represented as universally necessary, "Except any one (τις) be born of water and of the Spirit." This is more than the calling of those who have sinned to repentance. It is not a necessity which follows upon some sinful course, but a necessity for all human nature.

Now all this leads us up to the doctrine of the Catholic Church in all its branches, respecting these words of our Lord, which is, that they set forth the new birth as an entrance into a new spiritual state corresponding to the old, or first birth into a state of sin and evil.

THE NEW BIRTH.

again, he cannot see the kingdom of God.

With this comparison or contrast, the Baptismal Service of the English Branch of the Catholic Church opens: "Forasmuch as all men are conceived and born in sin, and that our Saviour Christ saith 'none can enter into the kingdom of God except he be regenerate and born anew of water and of the Holy Ghost,' I beseech you to call upon God the Father, through our Lord Jesus Christ, that of His bounteous mercy He will grant to this child that thing which by nature he cannot have, that he may be baptized with water and the Holy Ghost, and received into Christ's holy Church, and be made a lively member of the same." All explanations of the words of Christ which I have seen, which were written before the sixteenth century, are substantially the same as this. It also expresses what all the Fathers of the Church, from Justin and Irenæus downwards, have said upon these words of Christ.

That the Church has seized upon the truth of our Lord's words is evident from the testimony of all the rest of the New Testament.

The great teacher of the Church, St. Paul, has no words throughout his Epistles exactly reproducing or quoting our Lord's words. In only one place does he describe the entrance into the Christian state as a birth, and that is in Titus iii. 5, "By His mercy He saved us by the font [or bath] of New Birth, and renewing of the Holy Ghost," but it cannot be supposed for a moment that an Apostle to whom God committed the writing of so much of the Christian scriptures, and the bringing of such multitudes of Gentiles into the kingdom of God, should have nothing in his writings corresponding to his Master's words.

Now the words of St. Paul respecting entrance into the Kingdom or Church of God, answering to these words of Christ, are: "So many of us as were baptized into Jesus Christ were baptized into His Death. Therefore we are buried with Him by Baptism into [His] death, that like as Christ was raised from the dead by the glory of the Father, even so we also should walk in newness of life." (Rom. vi. 3, 4.) Again, "Buried with him in Baptism, wherein also ye are risen [or were raised] with him through the faith of the operation of God, who hath raised him from the dead." (Col. ii. 12.) Again, "By one Spirit are we all baptized into one body." (1 Cor. xii. 13.) Again, "Christ also loved the Church, and gave himself for it, that he might sanctify and cleanse it with the washing of water by the

4 Nicodemus saith unto him, How can a man be born

Word." (Ephes. v. 26.) Again, "Ye are all the children of God by faith in Christ Jesus: for as many of you as have been baptized into Christ, have put on Christ." (Gal. iii. 26, 27.) Again, "By his mercy he saved us by the washing [bath or font] of regeneration and renewing of the Holy Ghost." (Titus iii. 5.)

The greatest Christian privilege in the eyes of this Apostle is to be "in Christ." In Christ mystically and spiritually, as we are in Adam naturally and carnally. The leading expression of St. Paul's practical teaching is being "in Christ." He urges men to have every Christian disposition, he would have men perform every Christian duty, as members of Christ.

Does then our Lord, when He says, "Except a man be born again of water and of the Spirit, he cannot enter into the kingdom of God," mean that every human being to whom His kingdom is preached must die to sin and be raised again to newness of life in holy Baptism, must by Baptism put on Christ, must by one Spirit be baptized into one body, must be cleansed with the washing of water by the Word, must be brought into Christ, and continue in Him, spiritually, as he is in, and continues in, Adam naturally? Yes, it must be so, if St. Paul is an inspired teacher who carries on the teaching of our Lord; for our Lord, by the words He uses, evidently describes the entrance into the state of things, the kingdom or Divine Fellowship which He came into the world to establish, and St. Paul, in the words *he* was led by the Spirit to use, describes the entrance into, and the continuance in the same state. There cannot be two Christian states or kingdoms, one described by our Lord, the other by His inspired servant. The servant must describe the same kingdom and the same entrance into it as the Master does.

Does our Lord then, by being "born again" "of water and of the Spirit," mean that a man must be baptized, and nothing more? No, He means that a man must enter into a new state of things, having throughout the closest relation to Himself and to His Spirit, but that this entrance is, for reasons known only to Himself, so connected with Baptism, that a baptized man must be held to have entered into it, and an unbaptized man, no matter how spiritual, must receive Baptism, or he cannot be accounted to be in it: and besides this, inasmuch as a man is born in order that he may live

when he is old? can he enter the second time into his

and grow up in the state into which he is born, our Lord must have in His mind, not a mere momentary entrance, but an abiding in the state into which the man has entered. We must take His words here in connection with His words in John xv. that He is the true Vine, His people are the branches who have to abide in Him; if they abide in Him they bear fruit; if they abide not in Him they are fruitless, and they are, or will be, cut off.

Our Lord's words, then, cannot be taken by themselves; much less can we measure their meaning by the knowledge or ignorance, faith or unbelief, which Nicodemus had, or is supposed to have had.

They were spoken at the very outset of our Lord's ministry, but like many others, perhaps like all His words, they were seeds which were deposited through the Apostles in the mind of the Church, and sprung up and were developed into the doctrine of the apostolic age, which doctrine was necessarily taught to every one baptized or grafted into the Church; but, apparently, not in our Lord's words as recorded in this chapter, but in kindred words, which preserved the original feature of our Lord's utterance in that they made water and the Spirit co-factors in the production of the New Birth.

The principle contained in them is this:—

The Son of God came amongst us, not as a spirit, but in the flesh. He came to renew a race which was in the flesh, and had received evil not spiritually, as from teaching, or from following an example, but through their flesh; through the human nature each one had received at his birth. He came to regenerate our whole nature and all that belongs to us. He came to redeem not only our souls, but our bodies also: He came to redeem our relationships, our society, our intercourse both with God and our fellow-creatures. He came amongst us not only as a Teacher, or as a propitiatory Sacrifice, or as a private Friend to each person who individually accepts Him, but as the Head of a new family or race—a mystical Head—an Adam.

To this end He instituted a new order of things which, though not of this world, was to be in it; a heavenly kingdom or fellowship, yet a kingdom existing upon earth, discernible amongst the things of time and sense. This new state of things is His Church. It is the Vine of which He is the stem, the Body of which He is the Head. But if it is to be one of such things it must be organized, it

mother's womb, and be born?

---

must be visible, and yet every branch or member of it must have a secret and vital union with the Stem or Head.

This new kingdom was on the day of Pentecost organized under Apostolic rule, so that its organization is a part of its essence. Men are admitted into this Church, not by a mere rite or ceremony, but by a Sacrament, which not merely *betokens* certain truths, but *incorporates* human beings into a supernatural kingdom, and they are continued in this fellowship by another Sacrament, which not merely teaches them, but feeds them with such Supernatural Nourishment that if they are faithful the Divine Head is in them and they in Him. To this mystical Body belongs the promise of the Spirit, Who is pledged to accompany the Sacraments, the preaching, the rule, the ordinations of its officers. All the members of this body, unless they have fallen away, or have been cut off, are in Christ; in a way corresponding to that in which they are naturally in Adam, so that no matter how some parts have declined, the whole has still a supernatural Root, a supernatural Head, and it has means by which each member is grafted into, or continued in, the holy fellowship. These its supernatural properties and functions are not to wear out with time, but by the exercise of faith are capable of perpetual renewal or revival.

Now it is clear that it is but fitting to call the entrance into this state of things a new birth, and it is clear also that in the bringing about of this birth there must be more than a mere human agency, there must be in each particular birth a Divine act of the Spirit, just as in the bringing of each particular human soul into this world, seeing that it is destined for the service of God here, and immortality hereafter, there must be a very special putting forth of God's will and power. If we look at things in their right light we must acknowledge that the lowest gift or grace of the mystical Body is from above, and like all the things of Christ is shown to us, and made over to us, by the Spirit.

It may be asked, then, What is the place of the water? We answer, it is that which the Church brings, and through her ministers applies in the name of the Trinity, and which the person baptized receives in token that he desires to enter into the heavenly kingdom; or which he receives because those who have the charge of him desire that he may be received into, and brought up under,

5 Jesus answered, Verily, verily, I say unto thee, ^e Except a man be born of water and *of* the Spirit, he ^e Mark xvi. 16. Acts ii. 38.

---

the grace and laws of the kingdom. Thus St. Augustine, in commenting on this passage, speaks of the first, or natural birth, as from Adam and Eve, the second from God and the Church; because the agent or minister of the Church performs the Church's part, examines as to the state of heart, puts the questions, receives the confession of repentance and faith, and applies the element in the name of the Trinity.

The realization of all this, the reader will see at a glance, depends upon our belief in the fact that Christ came, not only to atone for sin, but to set up a kingdom, a Church, which is His Body. If we in our hearts think that the Church is a human institution, or that the promise of Christ has failed, so that though originally Divine, it is human now; if we believe that its sacraments are merely decent edifying ceremonies, and that its ministry is the creature of needs or circumstances, and so on; then, of course, it seems a misuse of sacred words to call entrance into such a state a new birth, much less to call it a birth of the Spirit; but if we realize that, notwithstanding all declensions, deficiences, divisions, superstitions, and debasements in its present state, the Lord has yet left upon the earth a Divine institution, or society, or kingdom, having through its ministry and sacraments a constant hold on, and connection with, Himself; in short, if we believe what St. Paul wrote when he spoke of "the Head from which all the body by joints and bands having nourishment ministered and knit together, increaseth with the increase of God," if I say, we believe this, then we shall believe that a birth from above, a new birth of water and the Spirit, is the fitting word to describe the entrance into it.

And the converse is mournfully true, that if the Church is worldly and unspiritual, and untrue to her Divine origin, if she presents the appearance of a secular rather than of a Divine institution, then men cannot believe that there can be any need of a Divine Birth into her, and they will cast about for a meaning for these words of our Lord which virtually ignores His own reference to the outward element, and also for the words of His Apostles which evidently continue His own teaching respecting the place of Sacraments in His system.

Is, then, the new birth an entrance into a state only? No, it is

cannot enter into the kingdom of God.

the gift of a new life, because it is grafting a human being into the new Tree of human nature. A man by being born or grafted into the Church is joined to the Head, and begins to partake of a new life from Him. And so Regeneration has been well described as being "the correlative and opposite of original sin. As original sin is the transmission of a quality of evil, so regeneration is the infusion of a quality of good; as original sin is inherited without the personal act of us who are born of the flesh, so regeneration is bestowed without personal merit in us who are born of the Spirit."

Is there, then, no natural good in those who are not regenerate? Certainly there is, but God desires to change it into, or substitute for it, a higher good, even goodness from the Second Adam. This goodness is the highest that a human being can attain to: if it remains in any one it will expel all sin, according to the words of the Apostle, "Whosoever is born of God doth not commit sin; *for his seed remaineth in him*," and it will bear the fruit most pleasing of all to God, according to the words of our Lord in this same Gospel, "He that abideth in Me and I in him, the same bringeth forth much fruit." (John xv. 5.)

Regeneration, then, is at once the seed or beginning of a new life, and the entrance into a state of things designed by God (if faithfully used) to sustain and develop that new life.

It necessarily follows upon all that we have said, that Regeneration, or the new Birth of Water and the Spirit, is a new thing, the speciality of the New Covenant as contrasted with the Old. It could not be till the Lord from heaven had taken our flesh and blood, and had come amongst us as the Second Adam, and had risen again in a body capable of communicating to us the new life of the Second Adam. This is the reason why we have not the smallest hint of a new birth in the Old Testament. Repentance and spiritual religion and intercourse with God, are set forth so fully in the Book of Psalms that it is the Manual of Christians on these subjects; but Regeneration is not once mentioned. They, then, utterly mistake the case who think that in these words about the New Birth our Lord had in view the character of Nicodemus, as impenitent, or Pharisaical, or worldly. If instead of Nicodemus, Abraham himself had similarly come to the Lord, He would have set before him the same necessity.

For those who wish to see this great subject further treated,

> 6 That which is born of the flesh is flesh; and that which is born of the Spirit is spirit.

especially with reference to Infant Baptism, I have appended an excursus at the end of the commentary on this Gospel.

6. "That which is born of the flesh is flesh: and that which is born of the Spirit is spirit." This place is made more difficult by understanding the "flesh" here as the element of sin, as if the Lord meant, "That which is born of sinful flesh is sinful, and that which is born of the Spirit is holy." But such an explanation does not correspond to His words, which seem rather to teach that a being in some lower scale of existence cannot generate or reproduce that which is in a higher state. Flesh, even though sinless, can only generate flesh. The Jewish, or old state of things was "of the flesh," it was the natural and national fellowship of those who came from the loins of Abraham; but a new state of things was to supervene, which, like Him Who was its root, was to be from heaven. Just, then, as flesh and blood cannot inherit the kingdom of God, so that which is merely born of flesh and blood can neither enter into it or discern its mysteries. Something must supervene which is of a higher order than the flesh and its reproductive powers. This is the Spirit, and His reproduction of the New Adam in the children of the Church. If anything is thus generated it is of a higher order, it is spiritual, and can both discern mysteries and live a life which, under the Old Testament, was impossible.[1]

---

[1] The word Spirit in the subject denotes the Divine Spirit, and in the predicate the new man. Here again the substantive (Spirit) is employed in the predicate instead of the adjective (spiritual) to describe the new essence. The word Spirit embraces in the context not only the new principle of spiritual life, but also the spiritualized soul and body. The neuter τὸ γεγενημένον, *that which is born*, is substituted in both propositions for the masculine, "he who is born," to denote the nature of the product abstractedly from the individual, thus bringing more into relief the universality of the law. Hilgenfeld here finds the Gnostic distinction between two kinds of men. Meyer well answers, there is a distinction, not between two classes of men, but between two phases of the same individual life. (Godet.)

7 Marvel not that I said unto thee, Ye must be born ‖ again.

| Or, *from above.*

8 ᶠ The wind bloweth where it listeth, and thou hearest the sound thereof, but canst not tell whence it cometh, and whither it goeth: so is every one that is born of the Spirit.

f Eccles. xi. 5.
1 Cor. ii. 11.

9 Nicodemus answered and said unto him, ᵍ How can these things be?

g ch. vi. 52, 60.

---

7. "Again," or "from above," as in verse 3.

7. " Marvel not that I said unto thee, Ye must be born again." This seems directed to doubts working in the mind of Nicodemus, not to any further words expressing wonder.

8. "The wind bloweth where it listeth, and thou hearest the sound thereof, but canst not tell whence it cometh, and whither it goeth: so is every one that is born of the Spirit." This place seems difficult because we think we can always tell from what quarter and in what direction the wind bloweth. So Augustine translates the word "wind" by Spirit, meaning the Spirit of God, as if the Lord implied that every one that is born of the Spirit, is actuated by a secret will above the world, and moves with a mysterious freedom unknown to the world, as the Spirit does. But it can scarcely be said of the Holy Spirit that He bloweth, and that His "sound is heard." Again, it has been explained as if our Lord alluded, not to the violent rushing wind, but to a gentle gale sighing in a wood or forest, which springs up we know not where, rustles gently the leaves, and then as suddenly and imperceptibly dies away. Chrysostom seems to give the true idea when he remarks: "Here is the conclusion of the whole matter: if," saith he, "thou knowest not how to explain the motion nor the path of this wind which thou perceivest by hearing and touching, why art thou over-anxious about the working of the Divine Spirit, when thou understandest not that of the wind, though thou hearest its voice?" The expression "bloweth where it listeth " is also used to establish the power of the Comforter, for if none can hold the wind, but it moveth where it listeth, much less will the laws of nature, or limits of bodily generation, or anything of the like kind, be able to restrain the operations of the Spirit.

9. "Nicodemus answered and said unto him, How can these things

10 Jesus answered and said unto him, Art thou a master of Israel, and knowest not these things?

---

10. "A master." Literally, "the master;" but such a translation is inadmissible, as, according to the English use of the article, it would mean that he was the only teacher, or, at least, the chief teacher, which we have no reason to believe that he was.

be?" How can there be a kingdom, invisible in its origin and end, and yet making itself sensibly felt in the visible world of human society? Nicodemus, as a Jew, would only understand a visible and sensible kingdom of God like the Jewish Theocracy. He had yet to learn that there could be a kingdom of God free, and yet under the rule of God, invisible in its privileges and the inward grace of its Sacraments, and yet sensible, having, like the wind, at times an irresistible power; and each single member, like the kingdom itself, begotten invisibly of God, even though the Sacrament of begetting be an outward sign; free, and yet the servant of God; having (if he abides in it) a life hid with Christ in God, and having meat to eat that the world knows not of.

10. "Jesus saith unto him, Art thou a master [lit., the teacher] of Israel, and knoweth not these things?" Our Lord, it seems, does not so much blame his want of knowledge as his slowness of spiritual perception, his failing to recognize the truth which much in the Old Testament would have prepared him for. He could scarcely have been expected to recognize a new birth from his mere knowledge of the Old Testament, as such a thing is not once mentioned there; but when the need of that new birth was presented to him, probably in many more words than are here recorded, he should have been ready, if a sincere teacher of the people of God, to apprehend and welcome it. There was much in the Old Testament to lead a sincere inquirer to expect an altogether new and different state of things in the kingdom of the Messiah. There was the prophecy (Jerem. xxxi. 31, 34) that God would write His laws in men's hearts; that He would sprinkle clean water upon them and they should be clean (Ezek. xxxvi. 25); that He would make all things new (Isa. lxv. 17). The latter portion of the 22nd Psalm and of the 53rd of Isaiah, the 72nd Psalm, and many prophecies of Ezekiel and other prophets seem to set forth a state of things which would most fittingly be called a Regeneration. It may be also that Nicodemus, gathering from the Old Testament the transmission of sin through natural generation from Adam, ought, if he looked for a

11 ʰ Verily, verily, I say unto thee, We speak that we do know, and testify that we have seen; and ¹ ye receive not our witness.

12 If I have told you earthly things, and ye believe not, how shall ye believe, if I tell you *of* heavenly things?

ʰ Matt. xi. 27. ch. i. 18. & vii. 16. & viii. 28. & xii. 49. & xiv. 24.
i ver. 32.

---

thoroughly remedial dispensation, to have been ready to welcome a new birth unto righteousness in a new Head of mankind, according to an old Jewish proverb, "The mystery of Adam is the mystery of the Messiah."

11. "Verily, verily, I say unto thee, We speak that we do know, and testify that we have seen; and ye receive not our witness." The change from the "I," the first person singular, to the "we" is remarkable. Whom does the Lord associate with Himself as speaking that which *we* know? It has been explained of the disciples, but this is impossible, for long after this they could not believe that He would die as a sacrifice for sin. Their knowledge of the real nature of the Messianic kingdom, as appears from the request of James and John, was as low and rudimentary as that of Nicodemus. Some explain it of the Trinity, the witness of the Father and the Son through the Spirit. Taking into account such a place as John xv. 15, I cannot think that the Lord here alludes to any witness of man as co-ordinate with His own, with reference to the new birth into His kingdom. He assuredly here speaks from the Divine standpoint. We know, We have seen, We yet see all the secrets of this lower nature—heaven, earth, and hell are naked and open before us. We know all the needs of the nature we have assumed. We speak these things with the power and assurance of those who have seen what they disclose.¹

"Ye receive not our witness." Spoken of the Jews generally, akin to "How often would I have gathered thy children, and ye would not." "Ye will not come to me that ye might have life."

12. "If I have told you earthly things, and ye believe not," &c.

---

¹ Alford, apparently after Chrysostom, supposes that our Lord adopts a quasi-proverbial saying, "I am one of those who speak that they know," &c., somewhat akin to our saying, "Seeing is believing."

13 And ᵏ no man hath ascended up to heaven, but he that came down from heaven, *even* the Son of man which is in heaven.

ᵏ Prov. xxx. 4.
ch. vi. 33, 38,
51, 62. & xvi.
28. Acts ii. 34.
1 Cor. xv. 47.
Eph. iv. 9, 10.

---

13. "Which is in heaven." These very important words are omitted by the MSS. of the Neutral Text, and by those only; *i.e.* they are omitted by ℵ, B., L., and amongst Cursives by 33 only. The clause is contained in A., E., G., H., K., M., and others; in all Cursives except 33. Scrivener writes: "There is really no Patristic evidence to set up against it, for it matters nothing that Eusebius might have cited the words twice and did not; that Cyril of Alexandria, who alleges them once, passed them over once; that Origen also (in the Latin translation) neglected them once, inasmuch as he quotes them twice, once very expressly. Hippolytus is the prime witness in their favour, for he draws a theological inference from the passage, wherein he is followed in two places by Hilary and by Epiphanius." Amongst editors Tregelles retains them; Tischendorf, after rejecting, on better thoughts restored them to his text in his eighth edition; Westcott and Hort reject them.

The Lord had been speaking to Nicodemus of Regeneration, which, though of heavenly origin, has its subject and its sphere here on earth, and may be illustrated by the analogies of many earthly things, such as birth and the course of the wind; and so it is, comparatively, an earthly thing; whereas it is a part of the Lord's commission to reveal things purely heavenly, such as the oneness of Himself and the Father, Their co-working, Their mutual knowledge, the Spirit speaking of that which He hears, and such "things of God." No earthly analogy will help men to believe these things of highest heaven. They must be taken at the word of Him Who came down from heaven, Who is in heaven.

13. "No man hath ascended up to heaven." Godet remarks: "The general meaning of this profound saying is as follows : No one hath ascended to heaven so as to be able to tell you of it from what he has seen, except Him Who has come down from it to live with you as a man, and Who even here below remains there always."

But is this sufficient? Christ's revelation is not of heaven, *i.e.* of the angelic sphere, but it is rather of Him Who manifests His presence in heaven, and of His relations to His Son, and of the Spirit Who proceeds from Him. We must understand, then, by "no man hath ascended up to heaven," "no man hath been with God," "no man hath been in the bosom of the Father, but He that came down, not from some lower place in heaven, but out from God," He Who "came forth from the Father, and is come into the world."

"The Son of man which is in heaven." In this place He called

14 ¶ ¹And as Moses lifted up the serpent in the wilderness, even so ᵐ must the Son of man be lifted up:

¹ Num. xxi. 9.
ᵐ ch. viii. 28.
& xii. 32.

not the flesh " Son of man," but He now named, so to speak, His
entire Self from the inferior substance; indeed, this is His wont to
call His whole person often from His Divinity, and often from His
Humanity. (Chrysostom.)

"It may therefore be said that our Lord led two lives in parallel
lines, an earthly and a heavenly life. He lived continually in His
Father; this was His heavenly life. And while living thus in the
Father, He gave Himself unceasingly to men in a life which was
truly human." (Godet.)

The words "which is in heaven" are omitted by the Vatican
Codex and others of the Neutral Text, ℵ and L., but unless we assign
to the Neutral Text an overwhelming weight, counterbalancing all
other authorities, they must be retained. They are difficult words,
and so are much more likely to have been omitted than to have
been inserted. (See extract from Scrivener's Introduction in
"Critical Notes.")

14. "And as Moses lifted up the serpent . . . lifted up." These
words seem to come in very abruptly, and we cannot help thinking
that much which our Lord said has not been recorded. If, however, they follow upon verse 13, the connection may be somewhat
of this sort. He had asserted in verse 13 that He had come down
from heaven, and had implied that He would ascend up thither
again; but they must not think that He would bring about the new
birth and other things pertaining to salvation simply by His exaltation: He would rather accomplish salvation by utter humiliation.
Before He was lifted up to the throne of God, He must be "lifted
up" in shame and pain and weakness upon the cross; and the eye
of faith must behold Him as on the cross before it can effectually
behold Him in glory.

"Seest thou," says Chrysostom, "the cause of the Crucifixion, and
the salvation which is by it? Seest thou the relationship of the type
to the reality? there the Jews escaped death, but the temporal, here
believers the eternal; there the brazen serpent heals the bites of
serpents, here the crucified Jesus cured the wounds inflicted by the
spiritual dragon; there he who looked with his bodily eyes was
healed, here he who beholds with the eyes of the understanding puts

Chap. III.] WHOSOEVER BELIEVETH. 75

15 That whosoever believeth in him should not perish, but ⁿ have eternal life.

16 ¶ ^o For God so loved the world, that he

ⁿ ver. 36. ch. vi. 47.
^o Rom. v. 8. 1 John iv. 9.

---

15. "Should not perish, but" omitted by ℵ, B., L., seven or eight Cursives, Cureton Syriac, &c.; retained by A., most later Uncials, almost all Cursives, old Latin (mostly), Vulg., Peshito, &c.

off all his sins; there that which was hung was brass fashioned into the likeness of a serpent, here it was the Lord's Body [fashioned] by the Spirit; there a serpent bit and a serpent healed, here death destroyed and a Death saved."

15. "Whosoever believeth in him should not perish, but have eternal life." Whoso by an act of faith apprehends Him, and fixes the inward gaze of his soul upon Him, as the very Son of the Host High crucified for him, but crucified so that no man should continue in sin, but be delivered from its power—whoso looks to Him for deliverance from the sin itself as well as from its penalty, shall have everlasting life, life both of body and spirit—his whole man delivered from the consequences of sin, and made partaker of the Life of Him to Whom he looks. The serpent of brass was appointed to set forth the Divine Antitype. As the serpent was made in the likeness of the destroying thing, so Christ, when crucified, seemed one in whom sin culminated, and so was suffering its severest penalty. The serpent was lifted up to be seen by all Israelites, so Christ is now lifted up in the Church, in the preaching of the Gospel, and in the celebration of the Eucharist, that all may see Him with the eye of faith.

If anyone thinks that this and similar types savour somewhat of childishness, let him remember that the vast mass of mankind whose lives are consumed in working for daily bread, are in a state of mental childhood, and will always be so; and the Gospel is for such— for the simple and poor—and nothing so comes home to such as these and sets the truth before them so clearly, as do types and figures.

16. "For God so loved the world," &c. A doubt has been raised as to whether these words are the words of the Lord, or of the Evangelist reflecting upon what has been said in verse 15, and so carrying on the thought. They seem at first sight to be the words of Christ, but the speaker of them seems to regard the work of salvation as initiated by the Father and accomplished by the Son, more

gave his only begotten Son, that whosoever believeth in him should not perish, but have everlasting life.

---

from an external standpoint than is usual in the discourses of Christ. We should rather have expected Him to say, " My Father so loved," &c., " The Father sent Me into the world," &c. But no matter whose words they are, they belong to the highest sphere of inspiration. The Church has placed them amongst the " comfortable words " to prepare her children for the reception of the Eucharist.

The measure of the love of God is the sending of His Son in the way of the Incarnation, so that He should die upon the Cross in the Body which He had assumed. When He saith that He " gave " His only begotten Son, it is meant that He gave—not a servant, not an angel, not an archangel—but His very Son. If He be not, like any other true son, of the essence of His Father, then as St. Cyril writes, the wide-spread marvel of the love of God will at length come to nought, for He gave a creature, and not one truly His Son.

This is one of the chief household words of our religion. Let the reader notice how it utterly destroys the notion of a colourless, an undoctrinal, undogmatic Christianity; for in this simplest enunciation of the redeeming Love of God, we have four or five doctrines or dogmas, all, in their time, subjects of fierce controversy. We have the fact that in the unity of the Divine Nature there is a true and proper Father, and a true and proper Son. We have the fact that God gave this Son to take our nature, in order that in that nature He might die to atone for our sins. This is the Incarnation and the Atonement. We have the fact that He is apprehended by faith, and we are saved by faith, *i.e.* justification by faith, and that His Redempton is not of a few, but of the world—in other words, that Redemption is universal and not particular—of the world, not of the elect.

Every word in this verse has a world of meaning.

" God *gave* His Son." The word " gave " contains infinitely more than the idea of sending. It expresses entire surrender—the gift carried, if needs be, to the utmost limits of sacrifice, so that not only should the Sacrifice be offered in death, but that the Sacrificial Body should be partaken of, as the Lord says, " My Father giveth you the true bread from heaven," and as the Church says in a part of her Eucharistic office, " God gave His Son, *not only* to die

17 ᵖ For God sent not his Son into the world to condemn the world; but that the world through him might be saved.

18 ¶ ᑫ He that believeth on him is not condemned: but he that believeth not is condemned

ᵖ Luke ix. 56. ch. v. 45. & viii. 15. & xii. 47. 1 John iv. 14.

ᑫ ch. v. 24. & vi. 40, 47. & xx. 31.

---

18. The word "condemned" should be retained, and not changed into "judged," as in the Revision of 1881. See below.

for us, but also to be our spiritual food and sustenance in that Holy Sacrament."

Whosoever believeth—no matter what his past sin, no matter what the number of former falls, no matter how deep his former alienation—should not perish—should not perish for his sins, or in them.

"But have everlasting life." Have the Life of the Incarnate Son, Body, Soul, and Spirit, in his body, soul, and spirit, according to His words, "I am the Resurrection and the Life," and according to His other words, "Whoso eateth My Flesh and drinketh My Blood hath Eternal Life, and I will raise him up at the last day."

17. "God sent not his Son into the world to condemn the world," &c. When God sent perfect Holiness and Goodness into the world in the Person of His Son, it might have been thought that it was for its condemnation, by exhibiting the contrast between God's goodness and man's evil, and so showing them how unapproachable the goodness of God was: but so far from this, He sent His Son that His goodness might become theirs, and be infused into them, so that they might be "saved by His Life." (Rom. v. 10).

18. "He that believeth on him is not condemned," &c. This presupposes that the believer is brought into Christ and abides in Him. (John xv. 1-10.) The true belief in Christ is a belief which apprehends Him because it sees in Him the remedy for its most deep-seated moral evils. Belief in the Son of God is belief in Him, for the purposes for which God has given Him. It implies coming to Him (John vi. 35) for His Life, *i.e.* His power within us against sin and evil, and for righteousness and goodness. Such an one is not condemned; the atonement, the grace, the perpetual advocacy of Christ is his, even though, through the "frailty of his nature, he cannot always stand upright."

already, because he hath not believed in the name of the only begotten Son of God.

"He that believeth not is condemned already," &c. . . . "only begotten Son of God." This must be taken with the next verse, "This is the condemnation, that light is come into the world, and men loved darkness rather than light, because their deeds were evil."

Unbelief in Christ as the Remedy for Sin, the Light of the Conscience, and the Revealer of God, is its own condemnation, not its own judgment, but its own judgment against itself, *i.e.*, its condemnation. A doer of deeds of darkness prefers darkness to light (Job xxiv. 15); the darkness is his element; but this very fact is his condemnation, because it shows how unnatural the state of his heart and conduct is, and so unbelief in Christ, is, in this respect, worse than sin. It is the sinful heart so loving what is evil, that it rejects the Remedy for sin, so fearing a healthy and discerning conscience that it refuses to have it enlightened, so loving the things of sense that it refuses to entertain the highest thoughts of God: for these things, the Remedy for sin, the rectified conscience, the highest views of God, it gets in and through Christ.

And now it will be necessary to call attention to an alteration in the translation of these verses which is adopted by the Revisers of 1881, and by many modern commentators, which I cannot help regarding (and I shall give reasons) as most mischievous, and this is the substitution of the words "judge" and "judgment" for the words "condemn" and "condemnation," of the version of 1611. They have rendered it, "God sent not the Son into the world to judge the world, but that the world should be saved through Him. He that believeth on Him is not judged, he that believeth not is judged already," &c. "In the case of the believer," we read in the "Speaker's Commentary," "there is no judgment: his whole life is in Christ." But if the believer be in Christ, he is a branch of the true Vine, and so far from not being under judgment, he is under a higher and more searching one, for he is under the judging eye of the Husbandman of Whom it is said, "Every branch in Me that beareth not fruit He taketh away." Our Lord in the parable of the Pounds and of the Talents must contemplate believers, and, surely, it must be according to a judgment that one

19 And this is the condemnation, *r* that light is come into the world, and men loved darkness rather than light, because their deeds were evil. *r* ch. i. 4, 9, 10, 11. & viii. 12.

---

19. "That light;" rather, "The Light," the personal Light, the Lord Jesus. So also "the darkness."

man is given to rule over ten cities, another over five. St. Paul, in 1 Corinth. iii., in speaking of those who must certainly be accounted believers, for they build on the one foundation, gold, silver, precious stones, wood, hay, stubble, speaks of them as awaiting a very fiery judgment indeed. If the believer is not judged, he stands apart from the moral government of God, which is impossible. God can no more cease to be a man's Judge than He can cease to be his God. If any intelligent beings are not judged by God, it must be because God is absolutely indifferent to their actions as good or evil. It is not salvation and judgment which are opposed, but salvation and condemnation. He that believeth not, is not merely judged already, but he is condemned already, for the judgment at once results in condemnation. He is condemned already, and, on the other hand, the Judge exercises His office as much in acquitting or pardoning or rewarding, as He does in condemning or punishing. God is as much the Judge when He renders to "those who by patient continuance in well-doing seek for glory, honour, and immortality, eternal life," as when He renders "indignation and wrath, tribulation and anguish, upon every soul that doeth evil."

The word *krisis*, like our corresponding English word "judgment," sometimes means the act of judging, sometimes the issue of that judgment, in condemnation or even punishment. The context in this, as in every case, enables us to decide with certainty; and here both the 16th and 18th verses contain parallel assertions. In the 16th, perishing, which must be condemnation, is parallel to everlasting life; in the 18th, 'not being condemned' is parallel to the not merely 'being judged,' but being 'condemned already,' and in the 19th, the condemnation cannot be merely judgment, but must be judgment culminating in condemnation.

The universal judgment of God as affecting believers and unbelievers, just and unjust, saints and angels, is set forth so categorically, and so frequently and solemnly, that it behoves us to see that we give not the smallest encouragement to any man to imagine

20 For ᵃevery one that doeth evil hateth the light, neither cometh to the light, lest his deeds should be ‖ reproved.

ᵃ Job xxiv. 13, 17. Eph. v. 13.
‖ Or, *discovered*.

21 But he that doeth truth cometh to the light, that his deeds may be made manifest, that they are wrought in God.

---

that present faith, or present warm feelings, or present assurances, raise him above anxious care as to whether he shall stand in that day. The number of religious, or seemingly religious persons, who because they think they have been saved, scorn all mention or all thought of judgment, is enormous. The number of persons who because they have been converted or saved, or have believed, openly profess that they cannot commit sin—that what is sin in others is not sin in them—the number of such persons, I say, would, I doubt not, surprise the scholars who held up their hands for this uncalled-for and mischievous alteration.

20. "Every one that doeth evil hateth the light." Chrysostom notices that it is not every one that hath done evil in time past, but every one that *now* doeth evil; every one that continues wilfully in sin hateth the light, as it destroys all his false peace by revealing to him the sinfulness of that sin.

21. "He that doeth truth cometh to the light." The expression is to be noticed. It is not "he that doeth good," neither is it "he that believeth in the truth." It seems to mean that all real goodness and virtue is according to the highest truth, the truth of God's own Nature. He that doeth good, does that which makes manifest the goodness and righteousness of God. St. Augustine has a remarkable passage, showing that repentance and confession of sin is the first doing of truth. "What meaneth 'thou doest truth?' Thou dost not fondle thyself, not soothe, not flatter thyself . . . but thou comest to the light, that thy works may be made manifest that they be wrought in God. Because this very thing, namely, the displeasure thou hast at thy sin, thou wouldest not have at all, did not God shine into thee, and His Truth show thee thy sin."

The man cometh to the light that his deeds may be made manifest that they are wrought in God, not in himself, that all the glory of them is God's. Not that he is distinctly conscious of this intention: on the contrary, he comes to the light that his deeds

CHAP. III.]   JESUS AND THE BAPTIST.   81

22 ¶ After these things came Jesus and his disciples into the land of Judæa; and there he tarried with them, ᵗ and baptized.   ᵗ ch. iv. 2.

23 ¶ And John also was baptizing in Ænon near to ᵘ Salim, because there was much water there; ˣ and they came, and were baptized.   ᵘ 1 Sam. ix. 4.   ˣ Matt. iii. 5, 6.

24 For ʸ John was not yet cast into prison.   ʸ Matt. xiv. 3.

---

23. "Much water." Literally, "many waters."

may be thoroughly searched, so that anything of evil or imperfection in them may be done away; but not the less does God lead him to the truth, so that all may see that what he does is through a Higher Power working in him.

22. "After these things," *i.e.*, after the events recorded in John ii., the first cleansing of the temple, and the miracles He did which caused the visit of Nicodemus.

"Into the land of Judæa," *i.e.*, He left Jerusalem and began a preparatory work in the country parts.

"And baptized." The commentators, ancient and modern, are divided as to the nature of this Baptism. Some suppose that it was only a preparatory one, like that of the Baptist's, and the fact that Jesus afterwards in His Galilean ministry does not appear to have baptized, seems in accordance with such a view. Meyer thinks that this Baptism was with the Spirit, but still not the same as that after Pentecost. The Fathers seem also divided in opinion, Chrysostom and Tertullian considering that it was without the Spirit; Augustine and Cyril making no difference between this and the subsequent Christian Baptism.

23. "And John also was baptizing in Ænon near to Salim, because there was much water there." Ænon, in all probability a place in the south of Judah. Eusebius and Jerome place it in the Samaritan territory to the west of the Jordan, but this is very unlikely, seeing how the Jews were set against the Samaritans, so that they would frequently go from Jerusalem into Galilee, through Peræa, so as to avoid passing through the Samaritan portion of the Holy Land. In Joshua xv. 32, a place called Ain, signifying a spring, is named next to Shilhim, which latter place appears in the Septuagint as Salim.

24. "For John was not yet cast into prison." The reader will

G

25 ¶ Then there arose a question between *some* of John's disciples and the Jews about purifying.

26 And they came unto John, and said unto him, Rabbi, he that was with thee beyond Jordan, ᶻ to whom thou barest witness, behold, the same baptizeth, and all *men* come to him.

ᵃ ch. i. 7, 15, 27, 34.

27 John answered and said. ᵃ A man can ‖ receive nothing, except it be given him from heaven.

28 Ye yourselves bear me witness, that I said, ᵇ I am not the Christ, but ᶜ that I am sent before him.

ᵃ 1 Cor. iv. 7.
Heb. v. 4.
James i. 17.
‖ Or, *take unto himself.*
ᵇ ch. i. 20, 27.
ᶜ Mal. iii. 1.
Mark i. 2.
Luke i. 17.

---

25. "The Jews." Certain MSS,, ℵ, A., B., L., read, "a Jew," so Peshito; Vulg. as in Authorized.

remember how, according to Eusebius, the principal reason which induced St. John to write his Gospel was the deficiency of the three other Evangelists in their not recording the events in our Lord's ministry which occurred before the imprisonment of John. (Eus. "Eccles. Hist." b. iii., c. 24.)

25. "Then there arose a question . . . . . purifying." If this question was about purification, it must have been respecting the relative purifying efficacy of the two Baptisms—that of Jesus and that of John—seeing that the disciples of John appealed to him for an explanation as to how it was that he continued to baptize, whilst the man to whom he bare witness as about to baptize with the Holy Ghost, was baptizing also. The question must have been of this nature, or it could not have elicited John's answer, "A man can receive nothing, except it be given him from heaven." Of course he means by this, no commission from God to act for God; and he further means that no man acting for God can exceed his commission and intrude into any province which does not by God's ordination belong to him. And so he proceeds to say,

28. "Ye yourselves bear me witness, that I said, I am not the Christ, but that I am sent before him." Why should you be jealous for my honour? I told you from the first that I was only a forerunner—a voice crying in the wilderness. When I pointed out the Lamb of God to you, my real work, so far as it concerned you, was done.

CHAP. III.]   HE MUST INCREASE.   83

29 ^d He that hath the bride is the bridegroom: but ^e the friend of the bridegroom, which standeth and heareth him, rejoiceth greatly because of the bridegroom's voice: this my joy therefore is fulfilled.

d Matt. xxii. 2.
2 Cor. xi. 2.
Eph. v. 25, 27.
Rev. xxi. 9.
e Cant. v. 1.

30 He must increase, but I *must* decrease.

---

29. "He that hath the bride is the bridegroom .... this my joy therefore is fulfilled." Here the Baptist shows that though he was immeasurably inferior to Him Whose way he prepared, yet that even his place was one of extreme honour and blessedness. Among the Jews, the friend of the bridegroom asked the bride in marriage on behalf of the bridegroom, and acted as the means of communication between them during the time of the betrothal. According, then, as he loved and respected the bridegroom, he would rejoice when he heard the voice of the bridegroom welcoming the bride to her new home. Such was the office and the glory of John. By his preaching of repentance, and his baptism, he called the bride. He made ready a people prepared for the Lord. And now, having heard the voice of Jesus, and having directed to Him those who were to be the seed and nucleus of His Church, even His Apostles, his joy was fulfilled. He had borne his witness, he had done his work. And in the face of waning glory, and the multitudes flocking round the new Prophet, and it may be in the foresight of his own imprisonment and death, he rejoiced. How noble to be able to rejoice in his own depreciation and personal failure, provided the work of God prospered!

30. "He must increase, but I must decrease." My work is completed. From its very nature as a preparatory work, it must come to an end. His will go on for ever. This does not mean, "I must decrease by imprisonment and martyrdom," for the Incarnate Son had before Him an infinitely more bitter and appalling termination of His earthly Life than John had; but, "His is a permanent and ever-increasing work. He must reign till He hath put all enemies under His feet." I need scarcely say that these words represent the desire of every true servant of Christ—the desire that any personal credit which he may have had in bringing souls to Christ may be forgotten, so that "the Lord alone may be exalted."

31-36. The concluding verses of this chapter seem to be the

31 ᶠHe that cometh from above ᵍis above all: ʰhe that is of the earth is earthly, and speaketh of the earth: ⁱhe that cometh from heaven is above all.

f ver. 13. ch. viii. 23.
g Matt. xxviii. 18. ch. i. 15, 27. Rom. ix. 5.
h 1 Cor. xv. 47.
i ch. vi. 33.
1 Cor. xv. 47.
Eph. i. 21.
Phil. ii. 9.

---

31. ℵ, D., 1, 22, 118, and some old Latin (a, b, e, f, ff, l), Cur. Syriac, read, " He that cometh from heaven testifieth what he hath seen and heard," omitting " is above all ; " but A., B., L., Δ, Λ, later Uncials, almost all Cursives, old Latin (c, g, q), Vulg. Syriacs, read as in Rec. Text.

words of the Evangelist rather than of the Baptist. They belong to the highest development of doctrine respecting the Person of the Eternal Son. Words similar in thought and meaning *may* have been spoken on this occasion by the Baptist, but unquestionably the beloved Disciple must have developed them by his spiritual insight, and expressed them in that diction which among the Sacred writers is peculiar to himself.

31. "He that cometh from above is above all : he that is of the earth is earthly [of the earth], and speaketh of the earth : he that cometh from heaven [is above all, and] testifieth what he hath seen and heard." In these words, whether spoken by the Baptist or Evangelist, we have an infinite difference made between the Son of God and any human teacher whatsoever before His time. The very Baptist himself is, compared with Him, " of the earth," and " speaketh of the earth." What are the things of earth? Such things as the need of repentance, baptism for the remission of sins, belief in the Son of God ; in fact, all Christian principles and duties, which, though they are heavenly as to their sanctions, have yet their sphere of action upon earth. What are the things which " He that cometh from above testifieth of, because He hath seen and heard them ' there ' ? " The Eternal Fatherhood of God, in contrast with His later Fatherhood through creation ; the Eternal Sonship of the Son ; the Spirit that proceedeth from the Father; the mutual knowledge of the Father and the Son ; the co-working of the Father and the Son ; the perpetual Intercession; the many mansions; the places prepared for the saints. Let the reader think how little of these things is revealed by the old Prophets, no matter how sublime their utterances, no matter how vigorous their protest against evil. Compared to the teaching of the Son of God, that of the greatest and best of His servants is " of the earth."

32 And ᵏ what he hath seen and heard, that he testifieth; and no man receiveth his testimony.   ᵏ ver. 11. ch. viii. 26. & xv. 15.

But does this apply to Apostles such as Peter, Paul, and John? Not absolutely, perhaps, because He spake in them. But there seems to be, in the utterances of Christ, that to which even such servants as St. Paul cannot reach. We cannot imagine any Apostle setting forth the Beatitudes as Christ did, or dividing all hearers into four divisions, as in the Parable of the Sower. When He speaks of the rich man and Lazarus, or of the general Judgment in which He is to set the sheep on His right and the goats on His left, He speaks as if He saw it all, as if heaven and hell were naked and open before Him. When He speaks of the relations of the Father and Himself, it is as if He was, then and ever, in the bosom of God: "I know the Father;" "I love the Father;" "My Father worketh hitherto, and I work;" "Father, glorify Thou Me with Thine own self, with the glory which I had with Thee before the world was."

32. "No man receiveth His testimony." They who have in any real sense of the word "received the testimony" of Christ, as if He were "Very God of Very God," and so have submitted to every word of His, have always been an insignificant minority. It is with true faith as it is with godly living: "Narrow is the way, and few there be that find it." It was true of the time of His dwelling amongst us, as is shown by His remonstrance, "Ye will not come unto Me that ye may have life." It seems true now. There never was in any age of the Church so much talk about faith, so much glorification of it, and yet it may be that what *we* call faith an Apostle would call unbelief.

33. "He that hath received his testimony hath set to his seal that God is true." This follows from what has gone before. If Christ is from above, from the Father, then His witness to any heavenly thing is the same as that of God, and to receive Him is to receive God. And the converse is fearfully true, that not to receive Him is to reject God, to make Him a liar. Harsh though this may sound to some, all experience—especially the experience of these latter days —teaches us its truth. The only God of Whom the history of our race speaks to us as having entered into any relationship with us men is the God Who gave the Christian Revelation—in other words, "Who

33 He that hath received his testimony ¹hath set to his seal that God is true.

¹ Rom. iii. 4.
1 John v. 10.

sent His Son." The Revelation of Himself in the Person of His Son is the only evidence which is worthy of the name of evidence that God takes an interest in the character and actions of us His creatures. If there be an eternal and supreme Justice anywhere, we ought, as a race who do good or evil to one another, to be judged. If there be an eternal and supreme Mercy anywhere, then both as a race and as individuals, we need the exercise of such Mercy. The Revelation of God through Christ teaches us what we can only learn by a Revelation : that we are redeemed from the evil in which our race is involved ; and that, if we will, we may each of us be freed from its consequences ; but that, anyhow, we are certain to be judged, in another state of existence, for the deeds done in this present state, in which there is no impartial and universal justice exercised. If we reject this Revelation, which, after all, resolves itself into the personal witness of Christ, then we reject as untrue the one only thing which comes to human beings as a message from the unseen God, which thing, if they are moral and responsible beings, must be infinitely more important to them than any scientific knowledge or discovery whatsoever, because it has to do with the highest and noblest part of their nature, which no discoveries of natural science can touch. If, on the contrary, we accept the testimony of Christ, then we acknowledge that God is true; that God is true in having put into each one of us a true witness to Himself that He is, and that He is a supreme Governor on the side of right and against wrong; and that He is true in that He has not deceived His creatures by the yearnings after all that is good and holy which He has put into the hearts of the best of them. So that their surmises of deliverance from the evil of their race are not deceptive, but are fulfilled in Christ. Again, if we are the creatures of God, our highest conception of the Supreme Being must be the truest; and, if so, that view of Him which we get through the testimony of Christ must be the very truth : for with our present faculties we can imagine nothing higher. In the words of Christ, we have God set forth as a Spirit, as essentially a Father, as Infinite in all His attributes, as a Supreme Ruler, Redeemer, Sanctifier, and Judge.

These things answer to what is best and noblest within us ; and

Chap. III.]   THE FATHER LOVETH THE SON.   87

34 ᵐ For he whom God hath sent speaketh the words of God: for God giveth not the Spirit ⁿ by measure unto him.

ᵐ ch. vii. 16.
ⁿ ch. i. 16.

35 ° The Father loveth the Son, and hath given all things into his hand.

° Matt. xi. 27.
& xxviii. 18.
Luke x. 22.
ch. v. 20, 22.
& xiii. 3. &
xvii. 2. Heb.
ii. 8.

---

34. "God giveth not," &c. "God" omitted by ℵ, B., C., L., 1, 33, old Latin (b, e, f, l), retained by A., D., Γ, Δ, Λ, Π, all later Uncials, almost all Cursives, some old Latin (a, c, ff², g, q), Vulg. Syriacs, Copt. Æth.

nothing else—nothing that mere nature, or natural science, or human philosophy teaches us—does so answer.

All this is still more true of those, who, like John, believed in the Theocracy and its manifestations in the past history of the chosen people. For an Israelite to receive the testimony of Jesus was to set his seal to the truth of all to which Moses and the Prophets had witnessed.

34. "He whom God hath sent speaketh the words of God: for God giveth not the Spirit by measure [unto him]." The words "unto him" are not in the original, but they must be supplied. It cannot possibly be taken as a general truth that God giveth the Spirit in all His fulness to every man (to which only the words 'giveth not by measure' are applicable). On the contrary, as Augustine says, "We find that God doth give the Spirit by measure. Hear the Apostle saying, 'according to the measure of the gift of Christ.' To man He giveth by measure, to the only Son He giveth not by measure. How to men by measure? To one, indeed (the Apostle saith), is given by the Spirit the word of wisdom, to another the word of knowledge by the same Spirit," &c. (1 Corinth. xii. 8-10.)

The drift of the verse is something of this sort. All other teachers, even Apostles, speak the Word of God through a human medium, which necessarily affects their testimony. They have the Spirit only in measure. Their human nature, to which sin still cleaves, is incapable of receiving His fulness. Whereas the Human Nature of Christ is such that He receives the Holy Spirit in all His fulness, and so His words are in no degree affected by the weakness of the medium: they are the pure, untinctured words of God.

35. "The Father loveth the Son, and hath given all things into

p Hab. ii. 4.
ch. i. 12. & vi.
47. ver. 15, 16.
Rom. i. 17.
1 John v. 10.

36 ^p He that believeth on the Son hath everlasting life: and he that believeth not the

36. "He that believeth not." Properly, "He that obeyeth not"—the same word which, in an adjectival form, is used for disobedience to parents in Rom. i. 30, 2 Tim. iii. 2. The alteration of the word in the second clause shows that something more than mere "believing" is meant.

his hand." The Father loveth the Son, not only with the eternal love with which One Person in the Godhead loves another, but with the additional love (if it be lawful so to speak) with which the Father loves Him Who hath undertaken to mediate between Himself and His creatures. According to the Son's own words, "Therefore doth my Father love me, because I lay down my life that I might take it again." (John x. 17.) And because of this love, and that the Son may carry out to all its issues this mediating work, the Father hath put all things into His Hands. By this we establish the connection between this verse and the next.

36. "He that believeth on the Son hath everlasting life." Why? Because the Father in committing all things into His hands has committed into His hands all spiritual life, and all things that can lead to, or produce, or advance, or perfect spiritual and eternal life. The Father has given to the Son, as Mediator, the Spirit without measure, and with that Spirit all power in heaven and in earth. He has committed to Him the headship over the Church, the government of the world—even the keys of death and hell; and so, by consequence, He that believeth on Him hath everlasting life, because belief, if a true belief, and so followed out to its proper ends, unites to Christ, and makes this Christ to Whom all things are given the soul's own.

And the terrible alternative is true, " He that obeyeth not the Son shall not see life, but the wrath of God abideth [*i.e.*, remaineth, continueth] on him." The reader must understand that in the original, the ' believeth ' in the first clause is changed into ' obeyeth ' in the second: so that it is not mere barren faith which is in contemplation, but fruitful faith—faith which worketh by love. In whom there is not this faith, this purifying, loving, work-producing faith, on Him the wrath of God abideth : the Death and Resurrection of the Son of God is of no benefit to him. He continues in the original condemnation. He is by nature in a state of wrath, and he continues in it.

Son shall not see life; but the wrath of God abideth on him.

It is no use concealing from ourselves the fact that this terrible converse of Life and Salvation is everywhere presented to us in Scripture. There is the wheat and chaff of the Baptist's preaching, the wheat and tares of the Lord's parable, the foolish virgins, the unprofitable servant, the sheep and goats; there is the "indignation and wrath, the tribulation and anguish upon every soul of man that doeth evil;" there is the "Lord Jesus revealed in flaming fire, taking vengeance on them that know not God, and obey not the Gospel;" there is the wrath of the Lamb, and the Second Death. However we may hope that all this may be mitigated, or that God may make allowances for ignorance, or passion, or such things, it is clearly the extreme of folly to make any imagined mitigation or allowances the principal subject of contemplation, to the virtual exclusion of the terrible reality. What we have to do is to make it the business of our lives to have or to cultivate true faith in Christ, and to see that it works by love and good works in ourselves and others.

CHAP. IV.

WHEN therefore the Lord knew how the Pharisees had heard that Jesus made and ᵃbaptized more disciples than John,   ᵃ ch. iii. 22, 26

2 (Though Jesus himself baptized not, but his disciples,)

3 He left Judæa, and departed again into Galilee.

1. "When therefore the Lord knew . . . . more disciples than John." Another intimation that the Baptist had fulfilled his mission, and that the Lord was entering on His own work. ["He must increase, but I must decrease."]

2. "Though Jesus himself baptized not," &c. Though Jesus personally did not perform the rite, it was His act, no matter what its significance. This we gather also from iii. 22.

3. "He left Judæa, and departed again into Galilee." He knew

4 And he must needs go through Samaria.

5 Then cometh he to a city of Samaria, which is called Sychar, near to the parcel of ground ᵇ that Jacob gave to his son Joseph.

ᵇ Gen. xxxiii. 19. & xlviii. 22.
Josh. xxiv. 32.

---

that because the Pharisees had heard that He was more successful in winning the people, they would transfer their fear and hatred to Himself; and so He did in His own case what He had charged His disciples to do, when they were persecuted in one city to flee to another. He was to die for the world, but only when His time was come.

4. "He must needs go through Samaria." This notice seems to be inserted in the narrative, in order to show that in this journey through Samaria, and the conversion of a city in consequence of it, He did not act inconsistently with the charge He had given to His Apostles, "Into any city of the Samaritans enter ye not." (Matt. x. 5.) He took the journey through the alien territory naturally, because He desired to go by the direct route; and the incident which we have to consider occurs by the way, as it were, or as men would say, "accidentally." He did not go into the city, and perform miracles, and call upon the Samaritans to believe on Him. He seems to have avoided the suspicion of this by staying at the well without the city.

5. "A city of Samaria, called Sychar." It has been supposed that this was the ancient Sychem, corrupted into Sychar ["drunken" town, or "lying" town, town of falsehood, because of the false pretensions of its inhabitants to be a remnant of Ephraim, and to inherit traditions of worship reaching back to primitive times]. According to Dr. Thompson's account, however, it is impossible to suppose that Sychem should have been so far from the well as it actually is, as appears from the following extract: "If Nablus occupies the place of Sychem (and I suppose it does), it is one of the oldest cities in the world; nor is there anything improbable in this, for its natural advantages, great beauty, and abundant supply of water, mark out the site for a city. This latter fact, however, seems to prove that Shechem was not the Sychar mentioned in the fourth chapter of St. John. It is incredible that the 'woman of Samaria' should have gone two miles away from those delicious fountains to draw water out of an immensely deep well. If we

JACOB'S WELL.

6 Now Jacob's well was there. Jesus therefore, being wearied with *his* journey, sat thus on the well: *and* it was about the sixth hour.

---

6. "Well;" rather, spring or fountain; *fons Jacob* (Vulg.).
"Sat thus." See below.

admit the identity of the present well of Jacob with that mentioned by St. John, there can be but little doubt that Sychar was a small Samaritan town, not far from that spot; and there is a village north of it, now called Aschâr. This is so like St. John's Sychar that I feel inclined to adopt it."

"Near to the parcel of ground which Jacob gave to his son, Joseph." This is the plot alluded to in Gen. xxxiii. 19, in which Jacob is said to have bought the land of the children of Hamor; and in Joshua xxiv. we are told that there the children of Israel buried the bones of Joseph.

6. "Now Jacob's well was there." According to Maundrell, who visited it in 1697, the digging of it must have been a work of enormous labour. "It is dug in a firm rock, and contains about three yards in diameter, and thirty-five in depth, five of which we found full of water. The rock has since crumbled, or, in other ways, the well has been in part filled up, and a recent measurement gives a depth of seventy-five feet only, the spring at the bottom being choked." (Archbishop Trench.)

"Jesus therefore, being wearied with his journey." Here we have the first intimation in this Gospel of the Lord sharing in the sinless weaknesses of His creatures. "It is not without a meaning that Jesus is weary: not, surely, without a meaning that He is weary Who is the Power of God: not, surely, without a meaning that He is weary by Whom the weary are refreshed." Again: "The strength of Christ created thee, the weakness of Christ created thee anew. The strength of Christ wrought that what was not, should be; the weakness of Christ wrought that what was, should not perish. He made us by His strength, He sought us by His weakness." (Augustine.) Again: "The weariness of Christ, so soon to be the refreshment of one, should in due time be the refreshment of all: just as His poverty is our riches, His shame our honour, and His stripes our healing." (Trench.) His weakness is our salvation. "He was crucified through weakness." The Son of God, the power of God, took a nature that could feel weariness, that He might feel

7 There cometh a woman of Samaria to draw water: Jesus saith unto her, Give me to drink.

8 (For his disciples were gone away unto the city to buy meat.)

---

for the vast multitudes of His brethren, who have to toil hard and be weary.

"Sat thus." The word is difficult to render. It is left untranslated in both Vulgate and Syriac. The revisers of 1881 have rendered it in the margin, "Sat as He was." Perhaps it may mean, "sat wearied as He was."

7. "There cometh a woman of Samaria to draw water." Not, of course, of the city of Samaria, but of the country or tribe. Her name is mentioned in both the Greek and Roman Martyrologies as Photina, and she is said to have suffered in the reign of Nero.

"Jesus saith unto her, Give me to drink." This request for what was never refused to the weary traveller, was not merely asked by the Lord that His bodily wants might be supplied, but that He might open a way to her heart, and so have the opportunity of bringing before her what would not only make her a believer, but a missionary to bring others to share the same life-giving knowledge. In order to effect this, He humbles Himself, and puts Himself into the position of a suppliant, giving her the opportunity of conferring a favour, and a very great one, if we consider that His race and her's were hereditary enemies. As Stier well expresses it, "By this very means He has approximated to the human sympathies of this Samaritan woman. A request always appeals to the existing good will of the person requested: we despise not him whose services we ask."

Humanly speaking, the chances were that He would be rudely refused, as, in fact, He was on another occasion, when under similar circumstances He sought a night's rest in one of the villages of this alien race. (Luke xi. 51.) In this request of His, and in the discourse to which it was the prelude, there was a threefold testimony against the narrow-heartedness of His age and people, against that of the Jew who hated the Samaritan, of the Rabbi who would have thought scorn to hold this familiar intercourse with a woman (see v. 27), of the Pharisee who would have shrunk from this near contact with a sinner (Luke vii. 39: xv. 2; xix. 7). (Trench.)

8. "For his disciples were gone away," &c. No doubt a party of six or eight persons (we do not know how many were as yet attached

CHAP. IV.] THE GIFT OF GOD. 93

9 Then saith the woman of Samaria unto him, How is it that thou, being a Jew, askest drink of me, which am a woman of Samaria? for ^c the Jews have no dealings with the Samaritans.

10 Jesus answered and said unto her, If thou knewest the gift of God, and who it is that saith to thee,

c 2 Kings xvii. 24. Luke ix. 52, 53. Acts x. 28.

---

9. "For the Jews have no dealings with the Samaritans," omitted by אַ, D., and old Latin; omitted by Tischendorf; marked as doubtful by Westcott and Hort, but in B., C., L., and almost all other MSS.

---

to our Lord, so as to accompany Him whithersoever He went) would have had a small bucket and rope as part of their necessary travelling gear. Or, if not, owing to the depth of the well, they would bring back with them water as well as provisions. This remark is necessary to explain the reason for the request; and yet there can be no doubt that their absence, and with it the means of procuring water, was ordered, that Jesus might have opportunity for drawing out the faith of this outcast, which would have been impossible if many had been present.

9. "Then saith . . . How is that thou, being a Jew, askest," &c. This need not have been said churlishly in refusal of the Lord's request. It was the very natural expression of surprise that Jesus should have broken down the barrier of national enmity, and demeaned Himself to ask a favour of an alien.

"The Jews have no dealings with the Samaritans." This must be restricted to kindly intercourse, for the disciples had, at that very time, gone to the Samaritan city to buy food.

10. "Jesus answered . . . If thou knewest the gift of God, and who it is that saith to thee," &c. The gift of God is, of course, the Holy Spirit, but the Holy Spirit given by God to make men partakers of the nature and Redemption of Christ, and all things pertaining to it.

"Thou wouldst have asked of him, and he would have given thee living water."

Notice here how Christ speaks as God, giving, as God does, that supreme gift which is emphatically *the* gift of God, and giving to all that ask, to all that feel their need, and so believe in the Giver as to ask for the Gift. Stier has a remark respecting this gift which many commentators belonging to a more Catholic body would do well to

Give me to drink; thou wouldest have asked of him, and he would have given thee ᵈliving water.

ᵈ Is. xii. 3. & xliv. 3. Jer. ii. 13. Zech. xiii. 1. & xiv. 8.

ponder. "Expositors will never satisfactorily deal with it, while they refuse to admit the essential and natural *fulness of meaning* which this wonderful word [gift of God] suggests. It is, therefore, unwise and injudicious to say, as even some of the best of them do, that the Lord's own Person cannot be meant, because this is referred to afterwards in the words 'Who He is.'"

A question here arises which we shall have constantly to consider in the course of our exposition of this Gospel. How is it that the Lord so constantly assumes an authority and utters words of deeply mysterious import, which authority and which words it was morally impossible that those with whom He came in contact could acknowledge or understand? Consider for a moment the state of this woman's knowledge. To begin with, she belonged to a race which "knew not what they worshipped." Such terms as the "gift of God," and "living water" seem to have excited not the smallest suspicion that the Lord was speaking of spiritual things. How, again, could she know Who the Stranger was Who thus accosted her, and that as God He gave the Gift of God?

This is only one of many similar instances, recorded in this Gospel, of Jesus saying things which could only be understood in the fullest light of the Pentecostal day. There is not a chapter without some such instances. There are two sayings in this Gospel which, taken together, seem to be its key. One of these is, "There standeth one among you whom ye know not." Another, "These things understood not his disciples at the first." It is as if a man of very great knowledge and power was the companion of little children, and he says to them, now and then, things that can only be realized in mature life, and they look up and gaze and are perplexed and ask one another what he means. But the sayings are not lost. At the time they feel that he who thus speaks lives in another world besides theirs, and it does them good to believe this of him; for it is the beginning of faith to believe that there are worlds of a higher order than ours; and afterwards, perhaps after many years, the memory of the mysterious words or things returns, and with it the right understanding.

Now this Gospel appears to be written to bring out sayings and

CHAP. IV.] OUR FATHER JACOB. 95

11 The woman saith unto him, Sir, thou hast nothing to draw with, and the well is deep: from whence then hast thou that living water?

12 Art thou greater than our father Jacob, which gave us the well, and drank thereof himself, and his children, and his cattle?

13 Jesus answered and said unto her, Whosoever drinketh of this water shall thirst again:

14 But ᵉ whosoever drinketh of the water that   ᵉ ch. vi. 35, 58.

---

doings of Christ such as these, rather than to analyze the subjective developments of belief and unbelief in mere human beings.

11. " The woman saith unto him, Sir, thou hast nothing to draw with," &c. Commentators have seen a small glimmer of faith in that the woman now addresses the unknown stranger as Sir, Lord (Kurie), instead of " thou, a Jew; " but the word is of too common use as a title of mere respect to warrant such an inference. The Greeks, for instance, came to Philip with the words " Sir [Kurie] we would see Jesus." (John xii. 21.) The following words express the deepest ignorance, both of the gift of God, and of the dignity of Him Who had addressed her. As to the living water, she could conceive of none that could possibly be within the reach of the Stranger except the spring at the bottom of the well; and as to the Stranger Himself, we gather her opinion of Him from the question, " Art thou greater than our father Jacob, which gave us the well ? "

13. " Jesus answered and said unto her, Whosoever drinketh of this water shall thirst again." The Lord in speaking thus concerning " this water," only regards it as a symbol and similitude of every human satisfaction and every human need both in body and soul, else would the contrast, which the Lord continues to expand, fail of being all-comprehensive. All carnal pleasure such as this woman lived in, all that fleshly and unfruitful knowledge which so many men pursue, all delights and all enjoyments which this world may offer, can satisfy our thirst with a brief gratification alone, such as only in reality increases the thirst sickness which it professes to allay. (Stier.)

" Whosoever shall drink of the water that I shall give him ... everlasting life." These words anticipate those of John vi. 35, " I

I shall give him shall never thirst; but the water that I shall give him ᶠ shall be in him a well of water springing up into everlasting life.

15 ᵍ The woman saith unto him, Sir, give me this water, that I thirst not, neither come hither to draw.

ᶠ ch. vii. 38.

ᵍ See ch. vi. 34. & xvii. 2, 3. Rom. vi. 23. 1 John v. 20.

---

15. "Neither come hither;" perhaps, "neither come across [the fields] hither."

am the bread of life: he that cometh to me shall never hunger; and he that believeth on me shall never thirst," and other words also, in John vii. 38: "If any man thirst, let him come unto me and drink. He that believeth on me, as the scripture saith, out of his belly shall flow rivers of living water." They mean the gift of the Spirit first working in the soul true and living faith, and then the same Spirit crowning that faith with a real participation in the nature of the Second Man.

"Whosoever drinketh." Not merely, who drinks thereof a little, and then ceases, but a continual, earnest, full and thorough drinking, is signified. As Wesley says rightly, "provided he continues to drink thereof." (Stier.)

"Shall never thirst," *i.e.*, shall never thirst in vain. He will, in one sense, always thirst. "My soul is a-thirst for God, even for the living God;" but his thirst will never be unsatisfied. He will have within him at once the desire for God and the fruition of that desire. The gift is reproductive. The water of life wells up within him so as to satisfy his own soul and that of others. The characteristic of "living water" in a well or in a fountain is that, like a living thing, it springs up from its own depths clear and pure: not like the socage water, which drains from the surface into the pond or cistern. And so the living water of Life is not a thing, or an idea, or a principle, but a Living Person, the Lord, the Giver of Life, Who enters the soul or spirit in its depths, and abides within, and fills with good and holy thoughts the man who has received the unspeakable gift.

15. "The woman saith unto him, Sir, give me this water, that I thirst not, neither come hither to draw." This answer is also perfectly carnal. There is not a trace of any desire for the satisfaction of spiritual needs. All the benefit that she looked for was that she should not thirst, nor come toilsome walks in the noonday sun to draw; and

Chap. IV.] GO, CALL THY HUSBAND. 97

16 Jesus saith unto her, Go, call thy husband, and come hither.

17 The woman answered and said, I have no husband. Jesus said unto her, Thou hast well said, I have no husband:

18 For thou hast had five husbands; and he whom thou now hast is not thy husband: in that saidst thou truly.

---

yet, let the reader notice, there is an enormous advance on her former answer. That was, "Thou hast nothing to draw with;" now it is, "Give me this water." Jesus had done no miracle, but there was an indescribable authority about Him, an indescribable power about His words, which had produced faith in her towards Him. Very low faith, looking for a very poor and earthly advantage, but still faith that He could give her the living water, whatever that water was. It seems infinitely less than the grain of mustardseed, but it was recognized by the Saviour, and made by Him the means by which He further revealed Himself, and reached her soul and spirit so as to work salvation in her.

16. "Jesus saith unto her, Go, call thy husband." How, it is asked, does the Lord so abruptly break off and bid her bring her husband? There can be but one answer. She had asked ignorantly, but in some sort of sincerity for what Jesus had to bestow, *i.e.*, the living water. She knew not what she asked, and He took her at her word; but a change must pass over her before she could either thirst for it or taste it. She must be convinced of sin. The Physician of souls must work in her repentance unto life before He can give her the water of life. And so He takes the one and only way of doing this. He brings her sins before her; He shows her her past life: how unclean and unchaste it has been. She has had five husbands, and she is now living in fornication or adultery with one who is not her husband. She had, by implication, told a falsehood when she said " I have no husband," for she was then living with a man as if she were his wife, whilst she was not. It is surprising how one commentator after another makes excuses for her. One actually suggests that the five husbands might have all died, and left her a widow five times: another that she might have been *legally* put away from each one: but does not this take from *the* teaching of the narrative, which is, the Son of Man seeking and saving the lost? Notwithstanding her past deplorable life, He saw

19 The woman saith unto him, Sir, [h] I perceive that thou art a prophet.

20 Our fathers worshipped in [i] this mountain; and ye say, that in [k] Jerusalem is the place where men ought to worship.

[h] Luke vii. 16. & xxiv. 19. ch. vi. 14. & vii. 40.
[i] Judg. ix. 7.
[k] Deut. xxii. 5, 11. 1 Kings ix. 3. 2 Chron. vii. 12.

---

that in her on which His grace could lay hold. Bad though she was, she was not unreclaimable; He had power to snatch her as a brand from the burning, but this power must first be exerted in bringing her to repentance, and as a first step to conviction of sin.

19. "The woman saith unto him, Sir, I perceive that thou art a prophet. Our fathers worshipped in this mountain," &c. This may be taken in one of two ways. Either she was afraid of a further exposure of her past sinful life, and so wished to turn the conversation into another channel which yet had to do with religion, though with what was outward and ceremonial, and so would no further disturb her self-complacency; or, being convinced of the evil of her former life, she began for the first time to be really anxious how and where she was to approach God. Most modern commentators incline to the latter, and her subsequent conduct, especially the eagerness with which she invited her countrymen to learn of One Who had brought her past evil life so vividly before her, as well as the Lord speaking to her as if she was a sincere inquirer, shows plainly that she put the question in good faith, desiring to know the way to God.

20. "Our fathers worshipped in this mountain." As she was speaking to a Jew, we can scarcely think that by "our fathers" she meant the authors of the Samaritan schism, who, when they were excluded from taking part in the rebuilding of the Temple, erected a rival one on Mount Gerizim. She must rather have spoken as one led away by the false traditions which the Samaritan priests upheld, that it had been the seat of Paradise, the place where the ark rested, and where Abraham was on the point of offering up Isaac. No doubt, however, that Jacob worshipped there, as Shechem, the place where he sojourned, was at its foot.

"Ye say that in Jerusalem is the place where men ought to worship." This was not an open question. God had strictly enjoined that in one place only where He would "set His name,"

21 Jesus saith unto her, Woman, believe me, the hour cometh, [1] when ye shall neither in this mountain, nor yet at Jerusalem, worship the Father.

22 Ye worship [m] ye know not what: we know

[1] Mal. i. 11.
1 Tim. ii. 8.

[m] 2 Kings xvii. 29.

---

were his people to approach Him with sacrificial worship; and the Prophet-King David was directed to fix the spot which should be the centre of such worship.

21. "Jesus saith unto her, Woman, believe me, the hour cometh," &c. The exclamation of the Lord, "believe me," is unique. It implies a great and difficult truth declared, and great earnestness in declaring it. For the Lord was now, once for all, setting aside what had hitherto been a great principle in all human worship, that it should be local. The Jewish worship was strictly local, it was to be where God had set His Name and nowhere else. When the Samaritans set up their schism, instead of asserting any wider principle, they merely substituted Gerizim for Jerusalem. Each heathen deity had his particular fane where he could be best propitiated—Apollo at Delos, Minerva at Athens. Now the Lord declares the near fulfilment of the prediction of the last prophet, "From the rising of the sun even unto the going down of the same, my name shall be great among the Gentiles, and in every place incense shall be offered unto my name, and a pure offering." (Mal. i. 11.)

22. "Ye worship ye know not what: we know what we worship," &c. We should scarcely have expected the Lord to have said this. We should have expected Him to have acknowledged that the Samaritans worshipped the true God, and so knew Whom they worshipped, but approached Him in a spirit of disobedience, because not according to the express commands which He had given respecting the place and manner of His service. But He now declared that they even knew not *what* they worshipped. Was this because they only accepted the Pentateuch and rejected all later books, such as the Psalms and the Prophets? It is impossible to think so, because the full Revelation of God is in the books of Moses. He is there set forth as Creator of Heaven and Earth, as the God of Abraham, Isaac, and Jacob, as the Deliverer of Israel, the Giver of the Holy Moral Law, the Judge of all the earth, as incorporeal, as Almighty, as loving good men, as rewarding those who seek Him, and punishing those who rebel against Him. The Prophets add

what we worship: for ⁿsalvation is of the Jews.

ⁿ Is. ii. 3.
Luke xxiv. 47.
Rom. ix. 4, 5.

---

22. "Salvation." Properly with article, "the Salvation." See below.

nothing to this by way of foundation, they only build upon it. The Samaritans, so far as regards the rest of the Scriptures, were only in the position of the Israelites in the times before Samuel, before the other books of the Bible were written. These words of our Lord point to a deeper thing, which is that the true Revelation of God cannot be contained merely in a book, but is committed to a Church, the authorized expounder of the Book, the witness to the way in which it was interpreted from the first. The experience of the last three hundred years has taught us that those who profess to accept the Bible and ignore the Church as its interpreter, fall into Rationalism and Socinianism. The true conception of God is in the creeds of the Catholic Church, and sects apart from the Church who yet hold this conception, and, as we hope, worship God knowing what they worship, do so because of the tradition, and the literature, and the presence of the Catholic Church.

"We know what we worship." Not that every nominal Jew knew God, but that those who desired had the means of doing so in a system which possessed the covenants, the service, and the promises, particularly such a promise as that in Haggai, "My Spirit remaineth among you."

"We know." Notice the plural "we." On almost every other occasion He speaks as one apart from the Jews, because He has to reprove their apostasy from His Father, so that they could not be regarded as the true spiritual children of God; but now, when He is face to face with one of another race and religion, He asserts His identity with them, and makes Himself their representative, inasmuch as they were still the elect of God.

"Salvation is of the Jews." Salvation, rather *the* Salvation in the Person of Christ, and the Redemption wrought in and by it. How is this dependent upon "We know what we worship?" Somewhat in this way. God reserved to Himself a chosen seed, to whom He gave the Law, the Prophets, the Services, the Promises, not that these should constitute a permanent religious system, but that they might be a preparation for the coming Redeemer. Not merely was the Saviour born of a Holy Race, but the Jewish state of things was the ground in which His religion was to take root and spring

23 But the hour cometh, and now is, when the true worshippers shall worship the Father in °spirit ᴾ and ° Phil. iii. 3.
ᴾ ch. i. 17.

up; witness the fact that the first promulgators of Christianity were all Jews; Samaria, however individuals belonging to it might be brought over, could only produce a Simon Magus.

Because salvation was thus " of the Jews," therefore they knew what they worshipped; and not, *vice versâ*, because they knew what they worshipped, therefore salvation was of them. He who set them to minister salvation to the world, as a necessary condition of this gave them to know Himself, Whom they must first know before they could declare Him to others. (Trench.)

23. " The hour cometh, and now is." "This change is at your very doors." Compare with this John v. 25, where the Lord uses the same phrase as indicating that already, at that very time, the spiritually dead had begun to hear His voice and live, and the true worshippers—true, not merely as opposed to false or hypocritical, or even formal, but those who realize the nature of true worship and its Object—" shall worship the Father in spirit and in truth."

God the Father is the ultimate Object of all worship. "Through Him [Christ] we have access by one Spirit unto the Father." The Eucharistic Service, the special Christ-ordained service of the Church, is, so far as it is an act of worship, directed to the Father only, because it is the setting forth before Him of the one all-sufficient Sacrifice of His Son.

"In spirit and in truth." These words have, of necessity, two meanings—a lower and a higher one. First, with evident reference to what the Lord has just said, they mean that worship is henceforth not to be local, but in spirit. The human soul or spirit is now henceforth to be, if we may use the words, the place or sphere of worship: so that unless worship is offered there, it is not true worship. And if offered there, if it is the product of our spirits, it is "in truth," *i.e.*, true and sincere worship. The only true worship is that which is independent of outward place and circumstance. But we cannot be content with this exposition. The teaching of Christ through the Spirit in the Apostles, assures us that the Holy Spirit is given to us that, in and through Him, we may "pray in the Holy Ghost." He pervades our spirits, and shows us

in truth: for the Father seeketh such to worship him.

q 2 Cor. iii. 17. 24 ⁹God *is* a Spirit: and they that worship him must worship *him* in spirit and in truth.

---

our needs, and prompts and chastens each aspiration, and excites the desires, and gives warmth, and earnestness, and energy to our souls. Thus He helpeth our infirmities (Rom. viii. 26), and we pray in the Spirit (Jude 20). There can be no "truth" in worship, except prayer be according to *the* truth of the Gospel. The only true conception of the God Whom we worship is given to us through the Gospel. Through "the faith once delivered to the saints" we know the Nature, the Love, the Eternal Fatherhood of God, and His reconciliation of our race to Himself through the Redemption of Christ. For us to worship God in *the* truth, is to worship Him relying on the Atonement and perpetual Intercession of His Son.

"The Father seeketh such to worship him." Worship is converse with God. God has made His creatures capable of both knowing Him and holding converse with Him; and here His Son assures us that His Father is not indifferent to, but looks for, the loving, intelligent, free converse of us His children.

Is this converse, then, because it is "in spirit," to be altogether apart from forms, set times, places, buildings, altars? No. As to forms, Christ has taught us a form, and it requires a great gift of the Spirit—a deep sense both of sonship and of holiness—to fully enter into the spirit of this prayer. Common sense also teaches us that though we *can* pray at all times, yet that we *must* have also set times for prayer, as we have for all other serious businesses or occupations. If, too, we are not always to pray solitarily, but in fellowship, there must be places where we can meet our fellow Christians, and it is well that such places, if possible, be suited in their outward appointments to the solemnity and awfulness of prayer to such a being as God. And as to altars and the Eucharistic worship which is associated with them, they who have ever attempted to offer it spiritually, know well that there is no worship which requires such collectedness of spirit, such elevation of soul, such realization of the one all-sufficient Sacrifice, such faith in the intercession of the Great High Priest, such belief in the Unseen.

24. "God is [a] Spirit." There seems to be an advance here. God being the eternal, all-pervading existence, is not only above all time and place; but God is Spirit, *i.e.*, He is understanding, knowledge,

25 The woman saith unto him, I know that Messias cometh, which is called Christ: when he is come, ʳ he will tell us all things. ʳ ver. 29, 39.

26 Jesus saith unto her, ˢ I that speak unto thee am *he*. ˢ Matt. xxvi. 63, 64. Mark xiv. 61, 62. ch. ix. 37.

---

reason, will, love, and must be worshipped correspondingly, with the understanding, the knowledge, the reason, the will, the love of the creatures who can exercise these spiritual qualities because He has made them in His image after His likeness.

25. "The woman saith unto him, I know that Messias cometh, which is called Christ." The words "which is called Christ" are an explanation thrown in by the Evangelist writing for Gentiles living far from the centre of Jewish Messianic hopes.

"He will tell us all things." This is the only idea of the Messiah which the Samaritans, who rejected all the Old Testament except the Pentateuch, could have, for the only direct prophecy of the Messiah in the book of Moses is, that He should be one like unto Moses, and God would put His words in His mouth, and that He should speak unto the people all that God commanded. (Deut. xviii. 18.)

Defective though this view was, it had the advantage of being completely apart from all political considerations, and so the Samaritans were free from the principal stumbling-block which stood in the way of the worldly Jews in accepting Christ.

26. "I that speak unto thee am he." How wonderful the ways of Christ, that He should hide Himself from the teachers of religion, and the expounders of the written Word, and reveal Himself more fully to this fallen woman than He did to any, except His Apostles! And yet it was only fitting that it should be so, for, as Chrysostom says, "the woman was more fair-minded than the Jews; they did not inquire to learn, but always to mock at Him, for had they desired to learn, the teaching which was by His words, and by the Scriptures, and by His miracles, would have been sufficient. The woman, on the contrary, said what she said from an impartial judgment, and from a simple mind, as is plain from what she did afterwards; for she both heard and believed, and netted others also, and in every circumstance we may observe her carefulness and faith."

IS NOT THIS THE CHRIST? [St. John.

27 ¶ And upon this came his disciples, and marvelled that he talked with the woman: yet no man said, What seekest thou? or, Why talkest thou with her?

28 The woman then left her waterpot, and went her way into the city, and saith to the men,

ᵗ ver. 25. 29 Come, see a man, ᵗ which told me all things that ever I did: is not this the Christ?

30 Then they went out of the city, and came unto him.

---

27. " The woman." Without article, "a woman."
29. "Is not this the Christ?" More literally, "Can this be the Christ?" but see below.

27. "And upon this came his disciples, and marvelled that he talked," &c. Marvelled that He demeaned Himself to talk with a Samaritan outcast, marvelled, perhaps, that He set at nought the traditions of the elders, not to speak to a woman in public, much less instruct her about the law.

"Yet no man said, What seekest thou? or, Why talkest thou with her?" Still in their amazement they did not ask Him the reason, so well were they taught to keep the station of disciples, so much did they fear and reverence Him.

28. " The woman then left her waterpot, and went her way into the city, and saith," &c. So eager was she to communicate the knowledge of the wondrous stranger to others besides herself. How true to nature is this notice of the woman's eagerness! None but an eye-witness would have mentioned such a thing. No one would have invented it.

29. "Come, see a man, which told me all things." This is also most natural. The Lord had told her, almost in one sentence, the leading facts of her past sinful life, and conscious of His knowing all the rest, she exaggerated it as "All things whatsoever I did."

"Is not this the Christ?" The words literally rendered are, "Can this be the Christ?" and require a negative answer; but this is impossible. The woman evidently meant to suggest that He was the Christ. This is one of a considerable number of instances in which a rendering punctiliously grammatical makes nonsense.

30. "Then they went out of the city, and came [were coming unto him. In the mean while his disciples," &c. . . . "Hath any man

31 ¶ In the mean while his disciples prayed him, saying, Master, eat.

32 But he said unto them, I have meat to eat that ye know not of.

33 Therefore said the disciples one to another, Hath any man brought him *ought* to eat?

34 Jesus saith unto them, ᵘMy meat is to do the will of him that sent me, and to finish his work. ᵘ Job xxiii. 12. ch. vi. 38. & xvii. 4. & xix. 30.

35 Say not ye, There are yet four months, and *then* cometh

---

brought him ought to eat? Jesus saith unto them, My meat is to do the will of him that sent me," &c. This is one of those numerous passages which show how feebly the Apostles, before the day of Pentecost, apprehended the spiritual meaning of their Master's words. He told them to beware of the leaven of the Pharisees, and they could only think of the leaven of bread. They would not hear of His Death. They questioned what He could mean by His rising again. In recording these instances of their own slowness of heart they witness to the spirit of truthfulness which the Saviour had instilled into them, for they never hesitated to put down in their histories what was so disgraceful to themselves, and they also show how impossible it was that any one but Himself should have put forth that spiritual system which bears the name of their Master.

32. "I have meat to eat that ye know not of." 34. "My meat is to do the will of him that sent me," &c. The will of God is that men should be brought unto His Son. The work of God which, in His all-wise purposes, He puts into the hands of human labourers, is the actually bringing them unto His Son, and, as a preliminary condition, to faith in Him. When the Lord sees the beginnings of faith, He sees the work of God begun, and this sustains His Spirit, and as, at times, any elevation of spirit makes us forget all bodily wants, so much more with Him, He forgot His hunger in the satisfaction of His soul's most earnest desire.

35. "Say not ye, There are yet four months, and then cometh harvest? .... white already to harvest." Commentators are divided as to whether this first clause, "There are yet four months, and

THE FIELDS WHITE TO HARVEST. [St. John.

harvest? behold, I say unto you, Lift up your eyes, and look on the fields; *for they are white already to harvest.

x Matt. ix. 37. Luke x. 2.

36 ʸAnd he that reapeth receiveth wages, and

y Dan. xii. 3.

---

35. "Already" [ἤδη]. This word is the last in the verse, and is sometimes taken with the first clause of the next verse, "and" being omitted. Thus it reads, "Already he that reapeth receiveth wages," &c.

then cometh harvest," is a proverbial saying, to express the necessary length of time between seed time and harvest, *i.e.*, between the commencement and the completion of all human works; or whether it describes what was then before their eyes, that the broad, fertile wheat-fields in that rich valley would not be fit for the sickle for four months. (As the reaping began in April, this must have happened in the beginning or middle of December.) The spiritual lessons, however, are the same. The spiritual harvest is not under the same conditions of time as is the earthly one. Between the earthly sowing and reaping there must be an interval of some months. The spiritual or heavenly sowing and reaping may be simultaneous. The seed may fall into hearts where it may be long hidden, or it may at times far more quickly spring up and bear fruit. The jailer may be converted, and baptized, and become a rejoicing Christian in one night. The nation may be born in a day. The laws or conditions of the spiritual harvest which quicken or retard the springing up or ripening of the seed of the word are known only to God.

"I say unto you, Lift up your eyes, and look on the fields," &c. It is often said that this must have been suggested by the sight of the men of the city trooping out to see the Prophet who could reveal to anyone the whole of his past life; but there was scarcely time for this. May it not have a wider application? May not the Lord look to the ingathering speedily to come (*i.e.*, within two years' time) on the day of Pentecost, and the Gentiles crowding into the Church, and becoming obedient to the faith, just as when the Greeks (John xii. 20-24) desired to see Him, He saw in it a token of the Resurrection power of His Body?

Of course, the harvest here is not the final harvest at the end of the world, but the gathering of souls into the Church.

36. "He that reapeth receiveth wages, and gathereth fruit unto life eternal," &c. Some join the "already" of the last verse with

gathereth fruit unto life eternal: that both he that soweth and he that reapeth may rejoice together.

37 And herein is that saying true, One soweth, and another reapeth.

---

the first clause of this: "Already he that reapeth receiveth wages." Whether this rendering be right or not, it is a truth that "already," even now, the spiritual reaper receiveth wages.

What are these wages? They are not the reward at the Last Day, or of the future state; but a joy here—the joy of harvest: such as St. Paul experienced when he wrote to the Thessalonians, "Ye are our glory and joy." There can be no greater joy to a true servant of God than that God, through his instrumentality, either brings souls into the Church of Christ, or arouses them from the benumbing slumber of sin to see the spiritual realities of that Church or Kingdom of which they have long been nominal members, but of the glories of which they have been unconscious.

"Gathereth fruit unto life eternal." Gathereth souls to live for ever in the presence of God, "that both he that soweth and he that reapeth may rejoice together."

This rejoicing together is, of course, at the last—in the time of reward. The significance of the "that" [*that* both he that soweth and he that reapeth] depends on the eternal duration of the life to the gathering of whose fruit both the sower and reaper contribute. In the natural or temporal harvest, the sower and reaper need not rejoice together, because they may be separated, and the grain which they gather perishes in the using. Whereas the heavenly sowing, as well as the heavenly reaping, is of that which lasts for ever; and so, in the eternal world, all the servants of God, not only those who have reaped, but those who have sown in tears, in disappointment, and opposition, and seeming failure, will see clearly what share God has given to them in carrying out His purposes respecting each soul, and will equally rejoice with him who has actually gathered it.

37. "And herein is that saying true, One soweth, and another reapeth." How true is this saying now amongst us at this present time. One soweth, by early catechizing and instruction, by careful training of the babes in Christ, by watchfulness over them, and prayer for them. "And another reapeth." "Another" gives the final impression which, as it were, seals them for Christ, receives

38 I sent you to reap that whereon ye bestowed no labour: other men laboured, and ye are entered into their labours.

39 ¶ And many of the Samaritans of that city believed on him ᵃ for the saying of the woman, which testified, He told me all that ever I did.

ᵃ ver. 29.

40 So when the Samaritans were come unto him, they besought him that he would tarry with them: and he abode there two days.

---

them to communion, and, it may be, sets them their work in the Church; and yet how often do we find the "reaper" claiming all for himself, and accounting the previous preparation and early instruction as nothing, though, perhaps, performed with far more expenditure of care and labour and anxiety and even tears.

38. "I sent you to reap that whereon ye bestowed no labour ... entered into their labours." The application of this to the case of the Samaritans, to whom it seems to refer, is more difficult than is commonly supposed. For who are the "other men" who laboured? Some suppose them to be Christ Himself; some, the old Jewish prophets. All these had toiled, and the current belief in God, and the almost universal expectation of a Messiah, was the result.

But Christ, as far as we know, had never preached to the Samaritans; and they did not receive, and were most probably unacquainted with, the Jewish Prophets. May not God have raised up amongst these very Samaritans witnesses to Himself, whose names have not come down to us, and whose labours were in secret, and not heard of beyond the borders of their little city? There must be some way of accounting for the readiness with which the inhabitants of this place received Christ; and our Lord certainly implies that this readiness was not accidental, so to speak, but the work of, to us, unknown labourers.

39. "And many of the Samaritans of that city .... all that ever I did." Marvellous is the contrast between their belief, on seemingly very slight evidence, and the unbelief of Chorazin and Bethsaida, after all the mighty works He had done in them. But both Scripture and daily life are full of instances of those who have fewest advantages making the most of them, and of those who have most opportunities throwing them away.

40. "So when the Samaritans .... two days." Did the work

41 And many more believed because of his own word;

42 And said unto the woman, Now we believe, not because of thy saying: for ᵃ we have heard *him* ourselves, and know that this is indeed the Christ, the Saviour of the world.

ᵃ ch. xvii. 8.
1 John iv. 14.

43 ¶ Now after two days he departed thence, and went into Galilee.

---

42. "The Christ" omitted by ℵ, B., C., 69, 71, and a few other Cursives, old Latin (a, b, c, ff², l), Vulg., Copt., Cur. Syriac, &c., retained by A., D., L., all later Uncials, most Cursives, old Latin (e, f, g), and Syriac (Schaaf).

of Christ among them prepare the way for the ready reception of the preaching of Philip in the neighbouring city of Sebaste, the Samaria (Shomeroon) of the Old Testament; or was Sychar itself the city of Samaria to which the Evangelist "went down and preached Christ?" I cannot help inclining to the latter view. What more likely than that, at the dispersion on the death of Stephen, a city of Samaria should be selected in which Christ had already begun the work, and so sanctioned the mission?

41. "Many more believed .... Saviour of the world." "In all this matter (writes Archbishop Trench) the woman may be said to have fulfilled for her fellow countrymen the office which the Church fulfils for her children. She, too, witnesses of Christ; and then those who are brought to Him through this witness find in Him such fulness of grace and truth, that they set to their own seals that He is the Christ, and have another and a better witness of this in themselves."

It is very remarkable that whilst even the Apostles, till just before the day of Pentecost, looked upon Christ as a Restorer of the kingdom to Israel, the Samaritans accepted Him as the Saviour of the world. Christ must have taught them this during His short sojourn among them, and the very fact of their minds not being preoccupied, as the minds of the Jews were, with low and carnal views of what the Messiah was to be, would be a help to them in believing in the universality of His salvation.

43. "Now after two days he departed thence ... no honour in his own country." "His own country" here must mean Judæa, and if we consider that He was "of the house and lineage of David," and consequently the city of His ancestors was first Bethlehem and

A CERTAIN NOBLEMAN. [St. John.

44 For ^bJesus himself testified, that a prophet hath no honour in his own country.

45 Then when he was come into Galilee, the Galilæans received him, ^chaving seen all the things that he did at Jerusalem at the feast: ^d for they also went unto the feast.

46 So Jesus came again into Cana of Galilee, ^ewhere he made the water wine. And there was a certain ‖ nobleman, whose son was sick at Capernaum.

47 When he heard that Jesus was come out of Judæa into Galilee, he went unto him, and besought him that he would come down, and heal his son: for he was at the point of death.

^b Matt. xiii. 57. Mark vi. 4. Luke iv. 24.
^c ch. ii. 23. & iii. 2.
^d Deut. xvi. 16.
^e ch. ii. 1, 11.
‖ Or, *courtier*, or, *ruler*.

---

then Jerusalem [the city of the Great King], the words are not inappropriate; though, of course, there is the difficulty that He spent His youth in Nazareth, which was on that account called "His own city," and to whose inhabitants this very proverb is applied. (Matth. xiii. 57, Luke iv. 24.) St. Augustine felt the difficulty, and gave the passage a mystical explanation which it is difficult to apprehend. Others explain it that He avoided Nazareth and went into another part of Galilee. Others suppose that the words of the next verse, "the Galilæans received him, having seen all the things that he did at Jerusalem," supply the key. Knowing that the Galilæans would not honour Him, on account of His being one of themselves, He first exercised a ministry of miracles and preaching in Jerusalem, and then departed into Galilee, where He was received, but would not have been unless the fame of His mighty works in Jerusalem had preceded Him.

46. "There was a certain nobleman, whose son was sick at Capernaum." Probably a courtier or high officer of Herod Antipas.

47. "When he heard that Jesus was come out of Judæa into Galilee, he went unto him ... point of death." He went a journey of about twenty miles to prefer this request to Jesus, which certainly seems to show that he had at least the average faith of those who came to Christ for the exercise of His power of healing.

CHAP. IV.] THY SON LIVETH. 111

48 Then said Jesus unto him, *Except ye see signs and wonders, ye will not believe. f 1 Cor. i. 22.

49 The nobleman saith unto him, Sir, come down ere my child die.

50 Jesus saith unto him, Go thy way; thy son liveth. And the man believed the word that Jesus had spoken unto him, and he went his way.

51 And as he was now going down, his servants met him, and told *him*, saying, Thy son liveth.

---

51. "Thy son liveth." A., ℵ, B., C., Vulg., "that his son lived," omitting "saying."

48. "Then said Jesus unto him, Except ye see signs and wonders, ye will not believe." It is more difficult than appears at first sight to account for this reproof on the part of Christ. The words are certainly said by way of reproach, and are much used by Rationalists, who desire to get rid of miracles altogether, to show that the faith which depends upon signs is a very imperfect faith compared to that which accepts Christ on account of His preaching or teaching. And so they insinuate that miracles, being comparatively useless, may be first ignored, and then all sorts of devices may be innocently used for eliminating them from the narrative. But all this is beside the mark, for the faith which accepts Christ as a Saviour from sin does not at this stage of the narrative come at all into consideration. The nobleman beseeches Jesus to perform the miracle, not to confirm his religious faith, but to heal his child. His one object in coming was the recovery of his son, probably his only son. His faith might be established without a miracle, but surely his child could not be healed without one! Christ did not heal by natural means, but by a word, by a single touch, and for the exercise of this power for a temporal, rather than for a spiritual purpose, the nobleman came and sought His help.

One of two things is certain, either that our Lord referred to something in his state of mind utterly unknown to us, or, which is more probable, that the nobleman had but a half-belief that our Lord could effect the cure of his son. Chrysostom seems to put this interpretation on our Lord's words, and appeals to the fact that when the nobleman reached home he inquired of his servants at what hour the fever had left his child, and it was not till he

52 Then enquired he of them the hour when he began to amend. And they said unto him, Yesterday at the seventh hour the fever left him.

53 So the father knew that *it was* at the same hour, in the which Jesus said unto him, Thy son liveth: and himself believed, and his whole house.

---

found that it was at the same hour in which Jesus had said "Thy son liveth," that he was fully persuaded of the almighty power of Christ. He (Chrysostom) accounts for the fact that he came to Jesus, and so showed some faith, on this ground—that parents in their great affliction are wont to resort not only to physicians in whom they have confidence, but also to take up with those in whom they have no confidence, desiring to omit nothing by which they can possibly receive benefit for their children. On this hypothesis, what our Lord meant was, that this man and many like him, such as the people of Nazareth, desired to see miracles wrought upon others before they could firmly believe that our Lord actually had the supernatural power which He claimed to have. The miracles which the Galilæans had seen our Lord perform in Jerusalem ought to have been sufficient to dispel any doubt as to His power. Chrysostom may have judged this man somewhat too harshly, but certainly his case presents a striking contrast to that of the centurion from the very same place. The centurion is an example of a strong faith, this of a weak faith; the centurion counts that if Jesus will but say the word his servant will be healed, whilst this nobleman is so earnest that the Lord should come down, because he limits Christ's power, and considers that His actual presence only will avail; and so the one has the highest praise possible given to him by Christ, whilst the other is, at the first, rebuked.

53. "So the father knew . . . himself believed, and his whole house." This notice of the household believing is so similar to several cases in the Acts, as that of Lydia and of the jailer, that we cannot but think that this was religious belief in Jesus as the Christ, and not merely belief in His power of healing. Some have even supposed that this man was Chuza, Herod's steward.

54. "This is again the second miracle . . . out of Judæa into Galilee." This should be rendered, "This again a second sign did

54 This *is* again the second miracle *that* Jesus did, when he was come out of Judæa into Galilee.

Jesus, having come out of Judæa into Galilee." I cannot help thinking that we must look to the reason assigned by antiquity for the composition of this Gospel to explain the interjection of this remark. St. John wrote to describe that which the other Evangelists had omitted, the ministry previous to the incarceration of the Baptist. The chief incidents of this occurred in Jerusalem, but two occurred in Galilee and in Cana, of which the Synoptics had said nothing; and this is mentioned as the second in Cana, thereby showing that this Evangelist knew well the Galilean ministry, though his object was to describe a ministry in another part of the Holy Land.

CHAP. V.

AFTER [a] this there was a feast of the Jews; and Jesus went up to Jerusalem.

[a] Lev. xxiii. 2.
Deut. xvi. 1.
ch. ii. 13.

---

1. "A feast." So A., B., D., G., K., S., U . V. Γ, Λ, and most Cursives; but א, C., E., F., H., L., M., Δ, Π, fifty Cursives, Sah. Copt. read "the feast."

1. "After this there was a feast of the Jews; and Jesus went up to Jerusalem." There is the greatest difference of opinion amongst commentators as to which feast of the Jews this was.

If we read it *the* feast of the Jews, no doubt the Passover is meant. As Archbishop Trench remarks, "All other feasts fall into the background for a Jew, as compared with the Passover; *the feast* with no further addition or qualification could hardly mean any other feast but this." (John iv. 45, Matt. xxvii. 15.) If it be *a* feast, one of the inferior feasts must be meant, and many commentators have thought that it was Purim. The only reason against this seems to be that Purim was not kept religiously by the mass of Jews, and it is assumed that our Lord went up to keep the feast. But as it was kept as a great festival of national deliverance, He may have observed it religiously, though His countrymen did not.

2 Now there is at Jerusalem ᵇ by the sheep ‖ *market* a pool, which is called in the Hebrew tongue Bethesda, having five porches.

ᵇ Neh. iii. 1. & xii. 39.
‖ Or, *gate*.

3 In these lay a great multitude of impotent folk, of blind, halt, withered, waiting for the moving of the water.

2. "Bethesda." So A., C., most later Uncials, and most Cursives; "Bethzatha," א, L.; "Bethsaida," B.

3. "In these lay a great multitude of impotent folk, of blind, halt, withered," &c.; rather, "A great multitude of sick, blind, halt, withered." No word answering to "folk" after word rendered "impotent;" *multitudo magna languentium, cæcorum, claudorum, aridorum* (Vulg.).

"Waiting for the moving of the water" omitted by א, A., B., C., L., 18, 157, 314; but D., later Uncials, most Cursives, most old Latin, retain it.

2. "Now there is at Jerusalem by the sheep market a pool." Rather, by the sheep gate. Nothing can be gathered from the present tense being used here respecting an earlier date of the Gospel as written before the destruction of Jerusalem (it being assumed that the pool would be destroyed with the destruction of the city), for St. John might easily have written as if he had the whole scene before him, and so spake of the past as if it were then existing.

"A pool, which is called in the Hebrew tongue Bethesda." If verses 3 (latter part) and 4 are genuine, then this may be any pool or cistern within the circuit of the walls. If, on the contrary, verse 4 is not genuine, then we have to account for the "moving of the water," recognized in verse 7, in some other way than by an angelic ministry. In this case it is most probable that the pool was fed from below by an intermittent spring, which welled up at irregular times, which required that those waiting to be healed should continually be on the watch, so that they might be plunged into it the moment it boiled up, this being supposed to be the time when the water was efficacious. Now there is at present in Jerusalem such an intermittent spring, called the Fountain of the Virgin, which discharges itself by a long tunnel into the Pool of Siloam, and many suppose that this is the actual pool. As it exists at present, however, there is no room about it for the five porches. After such a lapse of time, and so many destructions of Jerusalem, i seems impossible to identify the site.

"Having five porches." Five spaces roofed over for the shelter of those who "waited for the moving of the water."

3. "In these lay a [great] multitude of impotent folk," literally,

Chap. V.] WHEN JESUS SAW HIM LIE. 115

4 For an angel went down at a certain season into the pool, and troubled the water: whosoever then first after the troubling of the water stepped in was made whole of whatsoever disease he had.

5 And a certain man was there, which had an infirmity thirty and eight years.

6 When Jesus saw him lie, and knew that he had been

---

4. "For an angel," &c. This whole verse omitted by אּ, B., C*., D., and a few Cursives, but retained by A., C., E., F., G., H., I., K., L., most Cursives, old Latin (a, b, c, e, f), Vulg., Peshito. But see excursus.

5. "Which had an infirmity thirty and eight years." "Which had been thirty and eight years in his infirmity." *Triginta et octo annos habens in infirmitate suâ* (Vulg.).

of sick, blind, halt, withered. No word answering to "folk" after the word rendered "impotent."

4. "For an angel went down . . . of whatsoever disease he had." In a short excursus at the end of this Gospel I have examined the question of the genuineness of this passage. The reader, however, should very distinctly realize that the healing bestowed on those who were the first to descend into the water was in no sense one of our Lord's miracles. It did not in any way witness to *His* mission: and we cannot gather from the account that He recognized in the least degree its genuineness. His whole conduct is perfectly consistent with the fact that those who waited were mistaken in supposing that the water had any healing virtue from the stirring of an angel, or from any other cause. Supposing that such persons were under a delusion, they would not have listened to Him if He had attempted to show them their mistake. The very fact, also, of His making no allusion to a work of His Father, performed constantly on the spot, whilst He healed the impotent man by His own power, seems to cast doubt upon the benefit which the crowd was waiting for. It is not at all improbable that His own act of instantaneous healing of such an inveterate disorder may have (in part, at least) been done to convince them that, by His Presence amongst them, they had a far speedier and surer means of being cured than that which they looked for from the agitation of the pool.

5. "And a certain man was there, which had," &c. This, of course, does not imply that the man had been all these years an attendant at the side of the pool.

6. "When Jesus saw him lie, and knew that he had been now a

now a long time *in that case,* he saith unto him, Wilt thou be made whole?

7 The impotent man answered him, Sir, I have no man, when the water is troubled, to put me into the pool: but while I am coming, another steppeth down before me.

8 Jesus saith unto him, ^c Rise, take up thy bed, and walk.

^c Matt. ix. 6.
Mark ii. 11.
Luke v. 24.

---

6. "Wilt thou be made whole?" "Dost thou wish to be made whole?" long time," &c. He knew it by His own Divine Intuition. It has been suggested that He knew it through the information of the bystanders, but this is most improbable; for the narrative implies very distinctly that the man was friendless, which is very inconsistent with the fact that those about him volunteered information respecting the hardness of his lot to a perfect stranger.

"Wilt thou be made whole?" Why this question? It has been supposed to have been asked for the purpose of exciting his hope, which had well nigh withered, and through that his faith; but it seems to me to have been put for the purpose of calling out the answer which showed that he knew not the Lord Jesus, and so could have neither faith nor hope that the total stranger Who accosted him could heal him.

7. "The impotent man answered him, Sir, I have no man," &c. He thinks of nothing but the pool, and is totally unconscious of any presence greater than that of the angel. There can be no doubt from his answer, that the troubling of the water took place unexpectedly, and so at irregular intervals, that the water was believed to have healing power only at the moment of its agitation, and that it took effect on one person only. All this inclines us to believe that it was not an act of God, for if so, it would be the sole case on record in which a Divine intervention was out of the reach of the friendless, and confined to those who could hire others to watch beside them to take advantage of the uncertain moment of the angel's descent.

8. "Jesus saith unto him, Rise, take up thy bed, and walk." This is one of the few cases in which the Lord heals without demanding faith in His power to do so in those who were capable of exercising that faith. The man assuredly did not look to be healed by Christ. At the utmost he might have supposed that the benevo-

CHAP. V.]   IT IS THE SABBATH DAY.   117

9 And immediately the man was made whole, and took up his bed, and walked: and ^d on the same day was the sabbath.   ^d ch. ix. 14.

10 ¶ The Jews therefore said unto him that was cured, It is the sabbath day: ^e it is not lawful for thee to carry *thy* bed.   ^e Ex. xx. 10. Neh. xiii. 19. Jer. xvii. 21, &c. Matt. xii. 2. Mark ii. 24. & iii. 4. Luke vi. 2. & xiii. 14.

---

9. "The same day was the Sabbath." "Now on that day was the Sabbath" (Alford).

lent stranger who accosted him, and showed an interest in his case, might have the means to help him to be lifted into the pool when the water was troubled.

But Jesus looking into him, and seeing in him that spirit of piety and thankfulness which is akin to faith in Him (for He found him afterwards in the temple) healed him at once in the most direct way, without even touching him as He was wont to do.

"Rise, take up thy bed, and walk."

The word was with power. The man, in a moment, felt a change pass through him. A new strength took possession of him. He found that he could rise, and he raised himself up at once, in obedience to the Lord's word. But the strength must precede the obedience.

There was room, however, for faith in the completeness of the healing. For though for thirty-eight years he had no experience of power in his limbs, he, without a moment's hesitation, believed that he could do what he was commanded. "He took up his bed and walked," *i.e.*, went home with it.

But God, for the further honour of His Son, so ordered it that he did not reach home without interruption, for

"On the same day was the sabbath," and there crossed his path Jews, *i.e.*, Jews of consideration, upholders of the Law and tradition, who would not for a moment suffer the Law to be broken in their presence.

10. "The Jews therefore said unto him that was cured, It is [the] sabbath [day]: it is not lawful for thee to carry thy bed." A pallet or mat, or perhaps a thin mattress, sufficient for a man to lie upon, would, when rolled up, seem such a burden as God, by the mouth of Jeremiah, had forbidden the Israelites to carry on

11 He answered them, He that made me whole, the same said unto me, Take up thy bed, and walk.

12 Then asked they him, What man is that which said unto thee, Take up thy bed, and walk?

---

12. "Thy bed" omitted by ℵ, B., C*., L.; but A., D., most later Uncials and Cursives, Vulg., and Cureton and Peshito Syriacs read as in Received Text.

the Sabbath. (Jer. xvii. 21.) The Jews were right in at first calling to this man's remembrance the sanctity of the Sabbath. From all that we can gather from the Old Testament, the laws respecting the Sabbath were intended to be very strictly observed till, of course, "the times of Reformation."

11. "He answered them, He that made me whole, the same said unto me, Take up thy bed, and walk." This answer means, that a higher Power, a power evidently that of God Himself, had absolved him from the sin of carrying his bed, just as it had loosed him from his infirmity. And unconsciously, no doubt, but by the secret leading of the Spirit, he drew the right inference from the act of Christ, that One Who could in a moment restore him, after he had been impotent thirty-eight years, had power from God to set aside, in this case, the strict law of the Sabbath. The absolution of the man sick of the palsy (Matt. ix. 1, &c.) was an exactly parallel case. No one had a right to assume to forgive sins but God, but if one who could not move a limb was bid to "Arise, and take up his bed, and go to his house," and the word of the Man Who said this was effectual, it was a proof that the Son of Man could assume, without blasphemy, the authority to forgive sin. The One Who could say with power in either case, "Rise, take up thy bed," could both loose the burden of sin, and also loose the burden of the Legal Sabbath.

12. "Then asked they him, What man is that which said," &c. Notice they did not ask, "Who is he that bade thee arise, and so healed thee?" but, "What man is that which said unto thee, Take up [thy bed] and walk?" This was in accordance with the whole of their conduct respecting Jesus, as given both in the Synoptics and St. John. Their prejudices, or rather their sins, blinded them to the natural significance of such instances of Divine Power as Christ perpetually displayed. Those amongst them who had moral power to overcome such prejudices could freely confess, "We know

13 And he that was healed wist not who it was: for Jesus had conveyed himself away, ‖ a multitude being in *that* place.

‖ Or, *from the multitude that was.*

14 Afterward Jesus findeth him in the temple, and said unto him, Behold, thou art made whole: ᶠ sin no more, lest a worse thing come unto thee.

ᶠ Matt. xii. 45. ch. viii. 11.

---

13. "Had conveyed himself away." *Declinavit a turbâ constitutâ in loco* (Vulg.). "Had escaped—glided away."

that thou art a Teacher come from God, for no man can do these miracles that thou doest except God be with him."

13. "And he that was healed wist not," &c. A man who, by reason of his infirmity, could not move about, and who had been waiting by the pool all the time that Jesus was in Jerusalem, was not likely to know Him at first sight.

"Jesus had conveyed himself away," literally, had glided out, that the testimony of the man as a witness might be unsuspected. They could not discredit him as a follower of Jesus (as they attempted in the case of the blind man of chap. ix.) if he did not even know Him by sight.

14. "Afterward Jesus findeth him in the temple . . . worse thing come unto thee." No doubt he was there to give thanks for his cure; and it was there, when his heart was softened, and all the hallowing associations of the house of God around him, that Jesus "found him," knowing of his coming to the temple, and seeking him in order that He might warn him in the words—

"Sin no more, lest a worst thing come unto thee."

I cannot think that these words imply that this particular man's disease was the punishment for some sin which he had committed in early youth. They rather seem to teach that all temporal evil is the consequence of sin, and that such things as diseases are sent to us in mercy, to warn us, by the pain which we now suffer, of what God can inflict if we go on in a course of sin and of neglect of His Remedial Mercy.

"A worse thing." A punishment in the future world far worse than thirty-eight weary years of distress in this world. How much worse God only knows, but He warns us in words which, though few, are of very terrible significance.

THE JEWS PERSECUTE JESUS. [St. John.

15 The man departed, and told the Jews that it was Jesus, which had made him whole.

16 And therefore did the Jews persecute Jesus, and sought to slay him, because he had done these things on the sabbath day.

---

16. "And sought to slay him" omitted by ℵ, B., C., D., L., old Latin, Vulg., and Cureton Syriac; retained by A., later Uncials, most Cursives, and Peshito.

15. "The man departed, and told the Jews," &c. This apparently was not done out of treachery. Not knowing Jesus, he was not likely to have heard of the hostility with which He is supposed to have been, at this time, regarded by the heads of the Jewish people. Chrysostom draws attention to his putting forward the miracle of healing rather than the obnoxious command. "Again, observe him continuing in the same right feeling: he saith not, 'This is He who said, Take up thy bed,' but when they continually advanced this seeming charge, he continually puts forward the defence, again declaring his Healer, and seeking to attract and attach others to Him. . . . The words are words of boldness and candour. He proclaims his Benefactor no less than the blind man did."

16. "And therefore did the Jews persecute Jesus [and sought to slay him]," &c. When we blame these wretched Jews for their malice and intolerance, we should remember two things: (1), that the commands of the Law respecting the Sabbath were very peremptory indeed, and were not abrogated, but rather enforced by many prophetical utterances; and (2), we are bound to remember that influential bodies of Christians, with the teaching of our Lord before them, and professing to receive the New Testament as their sole rule of faith, have gone as far as these Jews in binding the burden of the Jewish Sabbath upon Christians. Whilst we reprobate their malice, we must remember that as yet the Son of Man was not lifted up, and that after He was lifted up, very many who persecuted Him and crucified Him, "knew that it was He,"—knew that He was the Christ, the very Son of God. (John viii. 28.) God so ordered it that their conduct brings out with a power almost unique in Scripture, the Divine claims of the Eternal Son, which He now proceeds to assert.

17. "But Jesus answered them, My Father worketh hitherto,

17 ¶ But Jesus answered them, ^g My Father worketh hitherto, and I work.

18 Therefore the Jews ^h sought the more to kill

g ch. ix. 4. & xiv. 10.
h ch. vii. 19.

---

and I work." No words which Jesus had hitherto uttered asserted so unequivocally His Divine Power and Godhead as did these. For they imply, as the Jews understood them to imply, that God was His own Father; "His Father" in a way which no other being, human or angelic, shares with Him; His Father, not in the sense of having been created by Him, but in the sense of having been begotten of Him. And as a human father begets his equal, because he communicates to his son his own human nature as fully as it is possessed by himself; so the Eternal Father has communicated to His Son His own Divine Nature in its perfection, so that, as He works, the Son works. Christ here says, in effect: "My Father has to this day worked unceasingly on the Sabbath, in sustaining and upholding all things; and I work along with Him. As He, in innumerable instances, has terminated a disease on the Sabbath day, so can I, and so will I."

"For He all but wisheth to signify some such thing as this. If thou believest, O man, that God, having created and compacted all things by His command and will, ordereth the Creation on the Sabbath day also, so that the sun riseth, rain-giving fountains are let loose, and fruits spring from the earth, not refusing their increase by reason of the Sabbath, the fire works its own work, ministering to the necessities of man unforbidden: confess and know of a surety that the Father worketh God-befitting operations on the Sabbath also. Why, then, saith He, dost thou uninstructedly accuse Him through Whom He works all things? for God the Father will work in no other way, save through His Power and Wisdom, the Son. Therefore He and I work." (Cyril.)

18. "Therefore the Jews sought the more ... equal with God." The omission of the translation of a very important word in the Greek of this verse [ἴδιος, *idios*, his own] in our Authorized Version is very unaccountable, seeing that in such a place as Rom. viii. 3 (God sending His own Son) it is correctly rendered as His own (or proper) Son: so here it ought to be His own or proper Father. The remark "making Himself equal with God" is the Evangelist's, and at once states the impression which the Jews received from the words

him, because he not only had broken the sabbath, but said

---

of Christ, and the truth of that impression. Thus Augustine: " So even the blind, even the slayers of Christ, yet understand the words of Christ. They did not understand Him to be Christ; they did not understand Him to be Son of God; but, for all that, they did understand in these words that such a Son of God was betokened as was equal with God. Who He was they knew not, yet that such an one was declared they knew at once, in that He said, ' God was His Father, making Himself equal with God.' Then was He not equal with God ? It was not that He made Himself equal, but God had begotten Him equal."

It is necessary now to say something respecting the utterance of such words on the part of our Lord.

Humanly speaking, it seems impossible for those who heard them, whether disciples or enemies, to understand them. For it takes the whole Catholic Faith, which was not revealed till Pentecost, to understand them even in part. For they imply that the God of Israel has a Son, Who can properly and literally be called His own Son, because begotten by Him, and not as created beings, who are by a figure called His sons, because made by Him or adopted by Him. In all this it is of necessity implied that this Eternal Father, in begetting His Son, derived to Him His whole Infinite Nature in all the fulness of its Divine Attributes, more particularly the attribute of power as exhibited in the ceaseless upholding of all things.

No living being at that time could understand this. To apprehend it requires not only Faith but Knowledge such as was not then given. Now this saying and what follows upon it takes its place amongst those sayings of Christ which this Gospel seems especially written to bring to memory: sayings which, as I said, had been heard by the Apostles, and had sunk into their minds, and through them had silently leavened the teaching of the Church. This saying of Christ, and this only, of those which have been preserved to us, is the ground for such words as we have in Coloss. i., " By him all things consist ; " and in Hebrews i., " Upholding all things by the word of his power."

It seems natural that " the Word made Flesh " should speak sometimes as the " Word," not merely as the greatest of prophets, or the greatest of teachers, or even as the Messiah ; but as " God

also that God was his Father, ¹making himself equal with God.

[1] ch. x. 30, 33. Phil. ii. 6.

18. "His Father;" rather, "His own Father," "His peculiar or proper Father" (ἴδιος).

manifest in the flesh:" speaking at such times not according to the knowledge of His creatures, but according to His own infinite knowledge, if for no other reason than for this, to show them what a heaven He lived in—how far above all thought were His relations to His Father, and to the Universe. This is one of such sayings; another I have noticed is, "If thou knewest the gift of God, and Who it is that saith to thee, Give me to drink, thou wouldest have asked of Him, and He would have given thee Living Water;" others are, "I am the living bread which came down from heaven;" "As the Father knoweth Me, and I know the Father;" "Before Abraham was, I am;" "I and the Father are one;" "He that hath seen me hath seen the Father." Let anyone try to realize the amount of ignorance displayed even by Apostles before Pentecost, and then try to divest himself of the knowledge which he has derived from the Pauline Epistles, from St. John's Gospel and general Epistle, from the Creeds of the Church, from the writings of her Fathers and Doctors, and then say how he would have received such words from a man, perhaps much younger than himself, and having no recognized position whatsoever in the Theocracy.

I would remark, in passing, that sayings such as these must be THE Revelation—the special Revelation of any book in which they are, for the first time, made known: all other things which it teaches, or is supposed to teach, such as counter-developments of belief and unbelief in human beings, must be beyond measure subordinate to the making known of such sayings of Christ as these. In what, then, consisted the guilt of the Jews, in that they sought the more to slay him, because "He had not only broken the Sabbath, but said that God was his Father, making himself equal with God"? They were surely not bound to receive such claims by whomsoever asserted, and if they were faithful administrators of the Law of Moses, they were bound to prosecute blasphemy most severely. Their guilt was twofold: (1) they persisted in ignoring the miracles of Jesus, and (2) they shut their eyes to the force of Scriptures which clearly revealed that the Messiah, whom they then expected, would be a superhuman being. That their ignoring of His miracles arose from wilful and determined, and therefore sinful prejudice, is

19 Then answered Jesus and said unto them, Verily,

clear from the fact that one of the first amongst them came to Him, confessing on the part of others, besides himself, "We know that Thou art a teacher come from God, for no man can do these miracles that thou doest except God be with him;" and others could ask, "When Christ cometh, will He do more miracles than those which this man hath done?" And respecting the testimony of the older Scriptures to the Divine claims of the Messiah, had they not the Psalms, one of which spoke of Christ as God's begotten Son (Psalm ii.), and another as David's Son, and David's Lord (cx.); and Isaiah prophesying of the Messiah as "Wonderful, Councillor, the Mighty God, the Everlasting Father, the Prince of Peace;" and Jeremiah, as "the Lord our Righteousness;" and Micah, as One Who, though born in Bethlehem, had His "goings forth from of old, of everlasting"? We have evidence that commentaries written before or about our Lord's time interpreted these places of the Messiah. So that if they were guided by their own Scriptures, they would have expected a Messiah very closely related to God.[1]

The Saviour now proceeds to soften, and yet to re-assert what he had said. He had spoken of the Father and the Son both working as if on an equality, now He proceeds to show that this does not imply two Gods, two independent Agents in upholding all things, but that He, as the Son of God, cannot work independently of, or apart from, His Father. It has been supposed that the following verses were spoken before a council of the Jewish rulers, who were seeking further ground of accusation against Him, implied in the words, "sought the more to slay Him," not by proceeding to apprehend Him at once, but by endeavouring to make Him commit Himself to something more definite on which they could lay hold.

19. "Then answered Jesus . . . . The Son can do nothing of Himself . . . . these also doeth the Son likewise." The Lord, therefore, meets them by disclaiming all independent or separate action; just as He Himself is "of" or "from" the Father, so all that He does, or says, is "of" or "from" the Father. Whatever

---

[1] The reader will find large extracts from Onkelos, Jonathan Ben Uzziel, and others, who were either contemporaries of our Lord, or sufficiently near to His time to show the opinions of the Rabbis, in "Selecta Targum" in Schaaf's "Opus Aramæum."

verily, I say unto you, ᵏ The Son can do nothing of himself, but what he seeth the Father do: for what things soever he doeth, these also doeth the Son likewise.

• 20 For ¹ the Father loveth the Son, and

ᵏ ver. 30. ch. viii. 28. & ix. 4. & xii. 49. & xiv. 10.

¹ Matt. iii. 17. ch. iii. 35. 2 Pet. i. 17.

---

19. "Likewise;" rather, "in like manner," "similarly;" Vulg., *similiter*.

He sees in the bosom of the Father, in the depths of the Divine counsels, that He does. What is inworking in the will and wisdom of the Father, that, so to speak, He works out.

We may illustrate this by a reference to creation. God made all things, and yet all things were made by the Word, for "without Him was not anything made that was made." This, of course, excludes the idea that God made some things, and the Logos others of a similar sort, and after a similar fashion of working; and shuts us up to the true meaning, that whatever was in the Divine foreknowledge and will, planned and determined on as to its existence and coming into being, that the Son worked out, so to speak, and gave shape to, as the Mediating Agent of His Father. And this consideration enables us to understand these words of the Son absolutely and universally, even with reference to those things which are peculiarly His work as the Incarnate Son, such as the accomplishment of our Redemption. These things considered as actually done by Himself, the Son cannot see the Father do; but all that He did and suffered in working out our Redemption was in the Divine Foreknowledge, Mind, Will, Wisdom, and Love. So that in redeeming us He did nothing but what He saw in the foreknowledge and will of the Father.

20. "The Father loveth the Son, and sheweth him all things that himself doeth." Here we have the Lord still, in some measure, speaking after the manner of men, and using human illustrations to set forth the highest truths of God. Just as the obedient human son imitates what is done by his father, and being of the same nature does the same things in the same way; so the human father confides all to his son whom he loves, takes him into his whole counsel, hides nothing from him. Now the Lord implies that there is in the Divine Relationship between the Persons of the Godhead that which answers to this loving human relationship. As the Father knows the

sheweth him all things that himself doeth: and he will shew him greater works than these, that ye may marvel.

Son, so the Son knows the Father, so that all the counsels and thoughts of the Eternal Father are known to the Son, because of the perfect love wherewith They love one another. As between human souls which love there is no concealment, but one knows all that is in the heart of the other, so in the Trinity.

Now all this unfolding of the Divine Love in the Godhead, though expressed in human language, and after the manner of men, is absolutely true, because the human relationship of father and son is after the pattern of the Divine. If, in any case, it be not true of earthly fathers and earthly sons, it is because of the imperfection and sin of the human subjects which prevent the love and confidence which there is in the Persons sharing the Divine Nature.

This exhibition of the highest Divine things under the forms of the most familiar human attachment seems to have, for the time, disarmed the hostility of the Jews. They evidently did not know how to take it. They marvel and marvel again, but this they clearly saw, that whatever it meant, it asserted no independent will or action. It implied subordination to the Father, submission to His will, the carrying out of His purposes.

"He will shew him greater works than these, that ye may marvel." These greater works are the raising of the dead. It was a great thing to terminate in a moment a disease of thirty years' standing; but it would be a greater thing to terminate the reign of death in either the souls or the bodies of men. The latter, however, seems primarily to be alluded to because of the words, "that ye may marvel;" not, of course, stare in stupid wonder and pass on and think no more of it; but that they might marvel at the power which could raise a dead body to life, either in the case of Lazarus or His own, and this "marvelling" might make them ask themselves, How can such a man have such power? It must be from God "Who raiseth the dead," and must be a sign that He Who wields such power must come from God.

All Christ's mighty works were done that, in the first instance, men might "marvel"—*i.e.*, might be struck with them, and arrested by them, and so pass from simple astonishment to inquiry, and from inquiry to faith.

THE SON QUICKENETH.

21 For as the Father raiseth up the dead, and quickeneth *them;* ^m even so the Son quickeneth whom he will.

^m Luke vii. 14. & viii. 54. ch. xi. 25, 43.

Verses 20, 21, 22, 23 are all inseparably connected. "The Father loveth the Son," and out of His love desires that He may receive the same honour from the universe of intelligences as He Himself does. To this end He will show Him greater works, even the greatest of all, the Resurrection of the Dead, which power of raising the dead (implied in God showing it to Him) was given to the Son that He might exercise that Universal Judgment which can only take place in consequence of all men being raised again in their bodies, and this for the further purpose that He may receive that highest Divine Honour which is due to Him as Supreme Judge, the glory of assigning to men and angels their eternal reward, so that ultimately all glory might be to the Father, in that He had an only Son Whom He so loved as to show Him all things that He Himself did.

The honour of the Father is that He should have a Son so fully partaking of His own wisdom and power that He can commit to that Son the conduct of the Universal Judgment.

21. "For as the Father raiseth up the dead and quickeneth them," &c. To what instances of the Father's raising the dead does the Son here allude? There are two or three such resurrections recorded in the Old Testament, and there may have been many of which the record has not been preserved to us, but it may be that the Lord means the power which is inherent in the Father, even though it be not exercised, or exercised only through the Son.

"Even so the Son quickeneth whom he will." "Even so," *i.e.*, in like manner, as the Father raiseth and quickeneth: not as the mere Delegate or Representative of God, but as having within Him Life in Himself. The raising of the dead by the Son will not be by the invocation of the power of the Father, but by the communication of His own Life. "Whom he will." This seems to mean that the power of the Son is absolutely unrestricted except by that "will" which necessarily directs the working of all intelligences. All whom He "wills" to quicken He can and He does quicken. If any one is unquickened, it is because in His infinite wisdom (and perhaps mercy) He wills it not. He exercised this will when He restored to health one man only at the pool, and left the rest unhealed. He

n Matt. xi. 27. & xxviii. 18.
ver. 27. ch. iii. 35. & xvii. 2.
Acts xvii. 31.
1 Pet. iv. 5.

22 For the Father judgeth no man, but ⁿ hath committed all judgment unto the Son:

23 That all *men* should honour the Son, even

---

22. "For the Father judgeth no man;" rather, "Neither doth the Father judge," Alford and Revisers. *Neque enim Pater judicat quemquam* (Vulg.).

exercised the same will when out of the multitudes of Jews who died whilst He lived among them, He raised only a few—the names of three only are recorded. But if we are tempted to suppose that this will of His is independent of the Father, we are met by His words in the next chapter: "This is the Father's will which hath sent me, that of all which He hath given me I should lose nothing, but should raise it up again at the last day." (vi. 39.)

22. "For the Father judgeth no man." This "judgeth," of course, means publicly before the universe at the great day: for it is the inalienable prerogative of every intelligent being to judge all characters and actions that come before him, and class them as good or bad.

"Hath committed all judgment." All judgment now and hereafter. There is a never-ceasing judgment going on now upon every person, whether he is fitted to receive a higher degree of Life or Grace, or whether, through his misuse of it, that which he hath is to be taken away; and this perpetual exercise of judgment which is now for the most part secret, will issue in a final judgment, which will take place before the universe, and which will be conducted, not by the Father, but by the Son. The Father will then judge, but He will judge the world in righteousness *by that Man Whom He hath chosen*. "As God the Father, having the power to create, createth all things through the Son, as through His Own Power and Might; so having the Power to judge, He will work this too through the Son as His own Righteousness." (Cyril.)

23. "That all men should honour the Son, even as they honour the Father." The supreme honour due to God, than which nothing can be conceived greater, is the honour due to Him and paid to Him as the Righteous Ruler of all created intelligences. This is greater than the honour due to Him as the Creator, for it takes into account His hatred of and opposition to that evil which has (we know not how) got into the universe.

But this righteous government implies judgment, both present and final: present, because the present government of all intel-

as they honour the Father. ° He that honoureth not the Son honoureth not the Father which hath sent him.   ° 1 John ii. 23.

24 Verily, verily, I say unto you, ᵖ He that heareth my word, and believeth on him that sent   ᵖ ch. iii. 16, 18. & vi. 40, 47. & viii. 51. & xx. 31.

---

24. "Believeth on Him;" rather, "believeth Him." *Et credit ei qui misit me.* But see below.

ligent beings implies a continued taking account of their actions; and final, in order to redress the patent inequalities of the present distribution of happiness.

Now, if the Son, by the Omniscience and Omnipotence inherent in Him, exercises this judgment, He must of necessity receive the highest honour due to God; for no glory can be conceived greater than that a Divine Person should righteously and yet mercifully award to each and every intelligent being his final state.

This equality of honour with the Father thus paid to the Son, of course carries with it all other expressions of honour, such as Divine worship; and so we find the hosts of heaven singing "Worthy is the Lamb that was slain to receive power, and riches, and wisdom," and again, "Blessing, and glory, and honour, and power be unto Him that sitteth upon the throne, and unto the Lamb for ever and ever." (Rev. v. 12, 13).

"He that honoureth not the Son, honoureth not the Father which hath sent him." It is the greatest glory of God to have a Son by Whom He created the worlds, and to Whom He has committed His highest prerogative of judgment. The Arian idea that Christ is a very glorious, but created Being, does away with the honour of the real Fatherhood of God. This is admirably put by Augustine. "If thou didst not yet honour the Son, neither didst thou honour the Father. For what honouring of the Father can there be, unless for that He hath a *Son?* It is one thing, when thou art bidden to think of God in that He is 'God,' and another thing when thou art bidden to think of God in that He is 'Father.' When thou art bidden to think that He is God, it is to think of the Creator, to think of One Almighty, to think of a Spirit Supreme, Eternal, Invisible, Unchangeable; but when thou art bidden to think that He is *Father*, it cannot be but thou art bidden to think of a *Son* also, because one cannot be called father if he have not a son, as neither son unless he have a father."

24. "Verily, verily, I say unto you, He that heareth my word,

me, hath everlasting life, and shall not come into condemna-

---

24. "Shall not come;" rather, "cometh not."
"Condemnation;" rendered by some, "judgment." See below.

and believeth," &c. He that heareth my word—hears it with hearing ears. "Blessed are your ears, for they hear." He that heareth it so as to receive it into the heart, "and believeth on Him that sent Me." The ultimate object of all faith is God the Father, but God the Father, not as the Supreme Being, or the Creator; but as the Father Who has one Son Whom He sent into the world through the Humiliation of the Incarnation to lay down His Life, and to take it again. Thus the Apostle: "To us righteousness shall be imputed, if we believe on Him that raised up Jesus our Lord from the dead" (Rom. iv. 24); and again, "If thou shalt confess with thy mouth the Lord Jesus, and believe in thine heart that God hath raised Him from the dead, thou shalt be saved." (Rom. x. 9.)

No distinction can be made here between "believing Him that sent Me," and "believing *on* Him that sent Me;" for this reason, that the word or message has as its very substratum the Person of the Sender and the Person of the Sent as Father and Son. Christ's message is not concerning abstractions, as Virtue or Wisdom, or even Love, but concerning the Father ["I have declared unto them Thy Name," John xvii. 26], and the Father's witness to Christ, which all have first of all to believe, is that He is His real, true, and only Son. So that if we believe Him that sent Him, we believe on Him that sent Him; for the Person of the Father as Father, and so the Sender, and the Person of the Son as the Son, and so sent by Him, is that without which the word or message has no existence; then comes, of course, the Motive of the Sender of the Son [His love —"God so loved the world" &c.], and the way in which He sent Him, and the purposes for which He sent Him. All this makes the believing the Divine Person, and the believing *in* Him, to be in this case inseparable, and in point of fact, undistinguishable.

"Hath everlasting life." Not hereafter only, but here. "The life which I live in the Flesh, I live by the Faith of the Son of God." "Christ, Who is our Life."

"And shall not come into condemnation." I am compelled, on account of the supreme importance of the subject, to repeat to a certain extent here what I said on chapter iii. 18. For the same

tion; ^q but is passed from death unto life. ¶ 1 John iii. 14.

---

mischievous alteration is made here, not only by the Revisers, but by some leading commentators. I mean the substitution of the word "judgment" for "condemnation." "He that heareth my word, shall not come into judgment." One commentator, and that one of the most able, writes: "The believer has passed into a state to which judgment does not apply;" but if so, as I have shown, he is no longer under the moral government of God. God, if He is not to judge him, must look with perfect indifference on his actions. Now, I earnestly desire any person who may read what I am now writing, to think of the religious or "believing" men and women whom he has known in times past—persons who would not be what they are unless they had had some life from God vouchsafed to them, and then say whether, if God have any care respecting the use men make of His gifts, such persons must not be judged by Him. They must be judged, if "every man is to receive his own reward, according to his own labour." (1 Cor. iii. 8.) They must be judged, if such a believer as St. Paul says of himself, "We must all appear [or "be made manifest," which is still more searching] before the judgment-seat of Christ, that every one may receive the things done in his body." (2 Cor. v. 10.) The receiving of life, so far from setting a man above the sphere of judgment, will subject him to a more searching process, according to what our Lord says "Every branch in me that beareth not fruit, He taketh away." (John xv.) All the truth respecting this matter is preserved by the old translation, which renders the word *krisis*, or judgment, as it is frequently used in the New Testament, as judgment issuing in condemnation and punishment.[1]

I cannot see how the Revisers, and those who uphold their rendering, can say with sincerity the article of the Creed, "From thence He shall come to judge the quick and the dead."

This distinction between judgment and condemnation is admirably put by Augustine, "The Lord our God therefore revealeth, and by His Scripture admonisheth us, how it is to be understood when judgment is spoken of. I exhort you, then, that ye attend.

---

[1] Thus Matth. xxiii. 33; Mark iii. 29 (most probable reading); John xvi. 11; 1 Tim. v. 24; Heb. x. 27; James ii. 13; Rev. xiv. 7.

25 Verily, verily, I say unto you, The hour is coming, and now is, when ʳ the dead shall hear the voice of the Son of God: and they that hear shall live.

ʳ ver. 28. Eph. ii. 1, 5. & v. 14. Col. ii. 13.

Sometimes judgment means punishment; sometimes judgment means discrimination. According to that sense in which judgment means discrimination, we must all appear before the judgment-seat of Christ, that there a man may receive what he hath done in the body, whether it be good or ill; for this is discrimination, that there be a distribution of good to good, evil to evil. . . . But in respect of the judgment of condemnation, 'Whoso heareth my word,' saith Christ, ' and believeth on Him that sent Me, hath eternal life, and shall not come into judgment, but passeth from death unto life.' What is *shall not come into judgment?* Shall not come into condemnation." (Augustine, *in loco*.)

Also by Stier, amongst modern writers. "The dead live in the full meaning of the word, having, even now, eternal life; and they come not into the judgment of condemnation, but ever stand in the judgment of the Son of Man, in the full meaning of *that* word; that is, under the judgment of His mercy and grace."

25-29. In the next five verses the Lord expands the truths contained in the twenty-fourth. In verse 24 He had said, "He that heareth my word, and believeth on him that sent me, hath everlasting life." This He expands into, "The hour is coming, and now is, when the dead shall hear the voice of the Son of God, and they that hear shall live." This is the Resurrection respecting which we pray, "We meekly beseech Thee, O Father, to raise us from the death of sin unto the life of righteousness."

That this Resurrection from spiritual death to spiritual life is meant here, is manifest from the words, "and now is." But how is it that the Lord mentions both the future and the present, and the future first? It is because the voice of the Son of God came in fulness of power at the day of Pentecost. Then, as never before in this world, the dead heard the voice of the Son of God. His voice was then heard in the voice of His servants, according to His words, "He that heareth you, heareth me," but before the Resurrection and the Pentecostal outpouring there were many first fruits. Such were the Apostles, and the numbers who in Galilee, and even in Jerusalem, believed because of His word.

"They that hear shall live." Shall live with the life of the

26 For as the Father hath life in himself; so hath he given to the Son to have life in himself;

27 And ˢ hath given him authority to execute judgment also, ᵗ because he is the Son of man.

ˢ ver. 22. Acts x. 42. & xvii. 31.
ᵗ Dan. vii. 13, 14.

27. "Also" omitted by אּ, A., B., L., 33, some old Latin MSS. (b, c, d, e, ff², l), Cureton Syriac, Copt., Arm., Æth.; retained by D., later Uncials, and almost all Cursives, Vulg. (Cod. Amiat.), and Peshito Syriac.

Son of God. The description of this life we have in Acts ii. 37-47, "They were pricked to the heart, they were baptized, they continued steadfastly in the Apostles' doctrine, and in their fellowship, and in the breaking of bread, and in the prayers; the true fear of God rested on all of them, they esteemed nothing which they possessed as their own, they continued daily in the temple, they brake bread in their own assemblies, they eat their meat with gladness and singleness of heart, praising God." Such was the first life of the Church. Not only sincere, earnest, spiritual; but corporate, sacramental, charitable. Its fruits have never been equalled since.

26. "For as the Father hath life in himself; so hath he given to the Son to have life in himself." By begetting Him He communicated to Him His own Divine Life. Not so with created beings: they have life, not in themselves, but in God, so long as God wills to keep it in being by means suited to sustain life, such as food and health, and in that higher degree of life called spiritual life, by the Word and Sacraments. This life is not strictly their own, whereas God has communicated to His Son His own self-existent eternal Life; just as a human being communicates to his son his own temporal, transitory, dependent life. This Life which is inherent in Him as God is communicated to His Manhood also, which Manhood is now inseparable from His Godhead; and so He says in the next chapter, "I am the living bread which came down from heaven." The Life of God which is now in the Christian is the Life of the Son of God. The raising up of the spiritually dead of verse 25 is the effect of the Son of God having Life in Himself, as the verses are connected by "for."

27. "And hath given him authority to execute judgment also, because he is the [or a] Son of man." The reason which is implied in the word "because" may be one of two. It may be, that being Son of man, it is necessary that authority to judge all men should be specially committed to Him, because it is not the prerogative of

28 Marvel not at this: for the hour is coming, in the which all that are in the graves shall hear his voice,

---

any " son of man " to judge finally. God as God is the Judge of all, but God wills to judge the world by a man [that Man Whom He hath chosen], and so He formally commits to Him as man the authority to judge. But the word "because" (ὅτι) may refer to the fitness which He has as man, and so one of themselves, to judge mankind. It is the intention of God to judge men by One Who has had experience of their state, Who, by belonging to their race, is identified with them, Who will judge them [just as He mediates for them] as One Who has a feeling for their infirmities and was " in all points tempted like as they are, yet without sin." " No stranger shall judge us, but He Who is our Fellow, Who will sustain our interests, and have full sympathy in all our imperfections. He Who loved us, even to die for us, is graciously appointed to assign the final measurement and price upon His own work. He Who best knows by infirmity to take the part of the infirm, He Who would fain reap the full fruit of His Passion, He will separate the wheat from the chaff, so that not a grain shall fall to the ground. He Who has given us to share His own spiritual nature; He from Whom we have drawn the life-blood of our souls, He, our Brother, will decide about His brethren. In that His Second Coming may He in His grace and loving pity remember us, Who is our only Hope, our only Salvation." (J. H. Newman, " Parochial Sermons," vol. ii., " Sermon on Christmas Day.")

28. " Marvel not at this: for the hour is coming, &c." The Lord sees the astonishment with which they receive His words: but instead of softening them He proceeds to show how, at the last, He will execute His judgment. It will not take place immediately after death in the separate state, not secretly, not in camerâ as it were; neither will it take place by some imaginary self-executing law, as when men, on account of evil conduct, naturally lose honour and self-respect, or have their lives rendered painful, or shortened, by profligacy or excess; neither will it be by some slow process of providence by which a man, in after life, is made to feel, by the way in which men treat him, the cruelty with which he once treated his brethren. (Gen. xlii. 21.) No, it will be by the visible interposition of God, after the manner of an assize; all nations at once summoned before the Son of Man.

29 ᵘ And shall come forth; ˣ they that have done good, unto the resurrection of life; and they that have done evil, unto the resurrection of damnation. ᵘ Is. xxvi. 19. 1 Cor. xv. 52. 1 Thess. iv. 16. ˣ Dan. xii. 2. Matt. xxv. 32, 33, 46.

29. "Damnation." Same word as is elsewhere translated "judgment." It must of necessity here mean "condemnation."

All Scripture witnesses respecting this judgment that all men, believers and unbelievers, even Apostles, will be subject to it—all believers, because there is the greatest difference between some believers and others, some showing their faith by the most abundant good works, others by the scantiest, and so some have an abundant entrance, and some are saved as by fire. (2 Pet. i. 11, 1 Cor. iii. 15.)

Here, however, the Universal Judgment is brought in, not merely to assert it or re-assert it; but to affirm that it will follow upon a general Resurrection, the voice of the Son of Man penetrating into every grave, and every tenant of every grave coming forth when he hears it.

29. "They that have done good, unto the resurrection of life; and they that have done evil, unto the resurrection of damnation." Let the reader notice how the description of the final judgment here is in accord with every other in the Bible on one point of supreme importance, which is, that the division will not be into "believers" and "unbelievers," much less will it be a judgment on unbelievers only, to condemn them all to destruction, which it must be if believers are exempt from it; but the division is into "those that have done good" and "those that have done evil." So in Acts xxiv. 15, it is into "the just and the unjust;" in Matth. xiii. 49, into the "wicked" and the "just;" in Matth. xxv. into those who have done works of mercy, and those who have not; in Rom. ii. into those who "by patient continuance in well-doing, seek for glory, honour, and immortality," and those "who are contentious and obey not the truth, but obey unrighteousness." This place (John v. 29) seems the most pronounced of all, for having laid down that through hearing and believing men have (now) eternal life, instead of leading us to believe that this eternal life puts a believer above judgment, the Lord makes the man's title to eternal life the fact of his having done good. It is astonishing that there can be a difference of opinion among Christian people about this

30 ʸ I can of mine own self do nothing: as I hear, I judge:
and my judgment is just; because ᶻ I seek not
mine own will, but the will of the Father which
hath sent me.

31 ᵃ If I bear witness of myself, my witness is
not true.

ʸ ver. 19.
ᶻ Matt. xxvi. 39. ch. iv. 34. & vi. 38.
ᵃ See ch. viii. 14. Rev. iii. 14.

---

30. "Of the Father." ℵ, A., B., D., K., L., Δ, Λ, Π, some twelve Cursives, some old Latin (a, e, f, ff², g, l, q), Vulg., read "Him that sent me;" but a few Uncials, E., G., H., M., and most Cursives, read "the Father that sent me."

matter. It seems placed beyond all dispute by Christ Himself that the title to blessedness is not life, but the use made of it; not faith, but the fruits of faith in "patient continuance in well-doing."

30. "I can of mine own self do nothing: as I hear, I judge." Here the Lord re-asserts the absolute unity of mind and will in Himself and His Father. As the Father creates nothing, upholds nothing, judges no one but by His Son, so the Son, being a perfect Son, perfectly obedient to His Father, and perfectly loving Him, can do nothing without His Father. This place is in all respects correspondent to verse 19. As the teaching of verse 19, "I can of mine own self do nothing," explains, "My Father worketh hitherto, and I work," so as to show the Jews that He meant no working apart from the Father; so this verse 30 is to be taken as similarly explaining the assertions of verses 27, 28, and 29. "As I do nothing without or apart from the Father, so I judge no man independently of or apart from the Father. As I work what I see the Father work, so I judge according to what I see and hear in the mind of the Father."

"My judgment is just: because I seek not mine own will, but the will," &c. If a judge seek his own will, i.e., his own purpose, his own glory, his own ends, his judgment cannot be just. It can only be just if he has a single eye to the interests of righteousness and truth; and so the Son, in judging, seeks not His own Will, but the Will of Eternal Righteousness and Truth, even the Father, Whose righteous decision in the Councils of the Godhead He "hears." In seeking His Father's Will He is seeking the perfection of Righteousness.

31. "If I bear witness of myself, my witness is not true." "If such a thing were conceivable that I should claim to do what I do independently, so as to make myself to be a second and separate

32 ¶ ᵇ There is another that beareth witness of me; and I know that the witness which he witnesseth of me is true.

ᵇ Matt. iii. 17. & xvii. 5. ch. viii. 18. 1 John v. 6, 7, 9.

God, then My witness would not be true." The Lord now proceeds to assert that respecting His witness which He had asserted respecting His works and His judgment. Just as in His works He did nothing of Himself apart from His Father, just as in His judging He judges nothing of Himself apart from His Father; so in the matter of witness He bore not testimony to Himself, because all His witness witnessed to the greater glory of the Father. In no sense did He assert His own independence: He Himself was "of the Father," His works were "of the Father." (John xiv. 10.) His judgment was "of the Father." If any were saved it was not merely by hearing His Word, but by "believing on Him that sent Him," *i.e.*, on the Father: so that in seeming to witness to Himself, the Lord Jesus really witnessed to the Father. If He asserted His own power, His own Wisdom, His own Life, His own Judgment, it was that in Him was seen the Power, Wisdom, Life, Judgment of the Father. The very word that He used respecting Himself, the word *Son*, as He used it, of necessity led men up to the Father.

And as His witness ultimately centred in the Person of Another, so that Other, the Father, bore witness to Him.

32. "There is another that beareth witness of me; and I know that the witness," &c. Now in order reverently to enter into and realize the position of our Lord as regards His Father on the one hand, and the Jews on the other, we are to remember that the whole Theocracy to which He and the Jews belonged, from first to last rested on the witness of God to Himself as the God of Abraham, by miracles, signs, and wonders. Who was the God in Whom the Jews believed? Not the God of mere Nature, the Giver of the rain and fruitful seasons: not a God the idea of Whom rested on Natural Theology or Philosophy, but the God of Abraham, Isaac, and Jacob, the God Who sent Moses, raised up the Judges and Samuel, made David a king, worked wonders through Elijah and Elisha, and inspired Isaiah and the rest of the Prophets.

We must remember that if these men witnessed to the God of Abraham as the true God, it was because God accredited their witness by the works which He did by them. And if He witnessed to His message in Gideon, Samuel, Elijah, and Elisha, much more in

33 Ye sent unto John, ^c and he bare witness unto the truth.

<small>c ch. i. 15, 19, 27, 32.</small>

34 But I receive not testimony from man: but these things I say, that ye might be saved.

<small>34. "From man;" perhaps "from a man."</small>

the Man then before them. We must remember that the sole reason for their believing that the God of the Patriarchs was their God was the Supernatural in their history, so that on their own principles it was absurd to receive the testimony to Elijah, and to deny the witness to Jesus.

"I know that the witness which he witnesseth of me is true." Here the Lord seems to say, "He by His works wrought by Me, by the testimony of the Baptist, and in His scriptures, witnesseth very great things of Me, that I am His Very Son; but I know, I am conscious in Myself, that, great though they seem, they are true."

33. "Ye sent unto John, and he bare witness unto the truth." "Ye sent unto John, ye know that his holiness and self-denying life, and the success of his preaching in turning the worst sinners to repentance, showed that he was sent of God. Your sending to him was a proof that you felt the truth of his mission, and that "he bare witness unto the truth." He bare witness to you that his eyes saw the sign which God had promised him, the Holy Ghost descending and lighting upon Me, and from this he bare record to you that I am the Son of God."

34. "But I receive not testimony from man." This arises from the nature of the thing to which testimony is borne. "I have been telling you the deepest things respecting the relation that there is between Me and My Father, as Father and Son, and no created being can really testify to such things; only the Father and Myself and the Holy Spirit know these things as they are."

The words, "I receive not testimony from man," cannot, of course, mean "I reject the testimony of John to Myself, or even disparage it;" but they are to be understood in the light of the thirty-sixth verse, "I have greater witness than John." "The testimony of John ought to have been sufficient for you. He was the 'burning' and the 'shining light,' and ye acknowledged him to be such, for 'ye were willing for a season to rejoice in his light;' but no man can bear adequate testimony to Me and My claims. God alone is My true and abiding Witness, and He witnesses by the

35 He was a burning and ᵈ a shining light: and ᵉ ye were willing for a season to rejoice in his light.

36 ¶ But ᶠ I have greater witness than *that* of John: for ᵍ the works which the Father hath given me to finish, the same works that I do, bear witness of me, that the Father hath sent me.

ᵈ 2 Pet. i. 19.
ᵉ See Matt. xiii. 20. & xxi. 26. Mark vi. 20.
ᶠ 1 John v. 9.
ᵍ ch. iii. 2. & x. 25. & xv. 24.

---

35. "He was the burning and the shining light." Article to be expressed.

works which He has given Me to do, in comparison with which the witness of John is as nothing." How, then, come in the words, "These things I say, that ye might be saved"? Evidently in some such way as this: "Though the Father alone beareth true and sufficient witness of Me, yet the Father sent John to prepare the way for Me; His light shone in John, ye acknowledged him, and I now speak of John and remind you of him, imperfect though his witness was, that ye may be saved." Chrysostom seems to have apprehended exactly the drift of these somewhat difficult words. "What He saith is of this kind, 'I, being God, needed not the witness of John, which is man's witness, yet because ye gave more heed to him, believed him more trustworthy than any, ran to him as a prophet (for all the city was poured forth to Jordan), and have not believed on Me even when working miracles, therefore I remind you of that witness of his.'"

35. "He was a [the] burning and a [the] shining light." Many commentators read in this a tone of disparagement; the Baptist was a lighted light, and so gave not light of himself, but was lighted and shone with a borrowed light, a light not essentially his own. But is not this the case with every servant of God? The words seem rather to exalt the light, as not only very bright, but also as taking away all excuse from the Jews in not accepting his witness to Jesus.

"Ye were willing for a season to rejoice in his light." We read in confirmation of this that "all men mused of John whether he were the Christ or no." (Luke iii. 15.) Even the Jews, *i.e.*, the Sanhedrim, sent priests and Levites to inquire whether he were the Christ. No prophet of God seems to have stirred the better feelings of the nation as he did. "There went out to him Jerusalem and all Judea, and all the region round about Jordan."

36. "But I have greater witness than that of John," &c. The article should be expressed, "I have the witness greater than John,"

37 And the Father himself, which hath sent me, ʰ hath borne witness of me. Ye have neither heard his voice at any time, ⁱ nor seen his shape.

38 And ye have not his word abiding in you: for whom he hath sent, him ye believe not.

ʰ Matt. iii. 17. & xvii. 5. ch. vi. 27. & viii. 18.
ⁱ Deut. iv. 12. ch. i. 18. 1 Tim. i. 17. 1 John iv. 12.

---

not than *that* of John, but than John himself. "The works which my Father hath given me to finish, the same works that I do bear witness of me," &c. The reasoning of this seems best explained by a reference to John x. 37, "If I do not the works of my Father, believe me not." Again, xiv. 10, "The Father that dwelleth in me, he doeth the works." The "works" here must not be restricted to miracles, but must include all the successive stages of the great Redemptive Work. All these bore ever-increasing witness. As the claims of Christ on men's faith and love increased, so the works which bore witness to Him increased in significance, till they culminated in His own Resurrection and Ascension, and the gift of the Holy Ghost.

37. "And the Father himself, which hath sent me, hath borne witness of me." In the verses before this the Saviour had used the present tense, "the works which I do bear witness." Now He speaks of a more direct witness, and also one that was accomplished in past time. "The Father himself, which hath sent me, hath borne witness of me." What is the nature of *this* witness? In verses 37 and 38 three ways are mentioned in which it is possible, or it might be conceived, that God might bear witness to men: He might be heard of them ("they heard the voice of the Lord God walking in the garden"); He might be seen of them, as He was by Moses; or He might manifest Himself by His Word "dwelling in them," and so spiritually and effectually instructing them in what He would have them know and do. In none of these three ways were the Jews cognizant of the witness of God. They had neither seen Him nor heard Him, nor was He revealed to them by His Word abiding in them; but, notwithstanding this, He had, in a most direct and effectual way, witnessed to them of His Son. This was in the Holy Scriptures, which the Jews so idolized. If they understood their own Scriptures aright, they would find that they were full of one hope, "the testimony of Jesus was the spirit of prophecy."

39 ¶ ᵏ Search the scriptures; for in them ye think ye have eternal life: and ¹they are they which testify of me.

40 ᵐ And ye will not come to me, that ye might have life.

ᵏ Is. viii. 20. & xxxiv. 16. Luke xvi. 29. ver. 46. Acts xvii. 11.
¹ Deut. xviii. 15, 18. Luke xxiv. 27. ch. i. 45.
ᵐ ch. i. 11. & iii. 19.

---

39. "Search the scriptures;" or, "Ye search the scriptures." The word may be translated either way.

40. "And ye will not come;" rather, "And ye desire not to come to me."

39. "Ye search the scriptures; for in them ye think ye have eternal life: and they are they which testify of me." "Ye desire some evidence that ye shall live after death, that ye shall rise again, that ye shall enjoy eternal life. Well, the doctrine of Eternal Life is to be found in these Scriptures, but it is to be found in close connection with their witness to Me. Ye *think* that ye have eternal life in them, but ye might be sure that ye have in them the promise of a supernatural Messiah, Who is the Son of God." The words, "Ye search . . . because ye *think* ye *have*," cannot but imply that the doctrine of immortality, though contained in the Old Testament scriptures, was not on their surface, as it is in the New Testament, but that the doctrine of a supra-human Messiah was much more plainly revealed in them, and was on their surface.

To return to verse 38, "Ye have not his word abiding in you, for whom he hath," &c. There is the closest connection between the Word of God abiding *in* a man, and that man's reception of any *outward* messenger, or providence, or dispensation, which God may send; according to our Lord's own words, "He that is of the truth cometh to the light," "He that is of God heareth God's words," "Every one that hath heard and hath learned of the Father cometh unto me."

"Search the scriptures," or "ye search the Scriptures." The verb may be either in the indicative or the imperative mood. Taken either way, the place shows us that men may be very busy about the Scriptures, read them very critically, carefully count the verses, words, letters, as the Jews did, and yet miss the chief treasure contained in them, the knowledge of the Son of God.

40. "And ye will not come unto me, that ye might have life."

41 ⁿ I receive not honour from men.

ⁿ ver. 34.
1 Thess. ii. 6.

42 But I know you, that ye have not the love of God in you.

The only probable connection between this verse and the last is to be obtained by understanding the word "yet," which also seems to be implied in the copulative with which the verse begins: "And *yet*, notwithstanding your searching the Scriptures, which Scriptures so plainly testify to Me, ye will not, ye desire not to come to Me, that ye might have life."

41-44. The connection between these verses is very difficult to explain. Scarcely one commentator agrees with another upon their real drift. It seems to be something of this sort: the words, "I receive not honour from men," correspond to "I am come in my Father's name" of verse 43. If a man comes in his own name, he naturally strives to attract regard to himself for his own sake, his coming in his own name signifying, necessarily, that he comes on his own account. If a man comes in another's name, if he is loyal and true, he seeks the honour that comes from that other one in whose name he comes, and desires to honour him. Now so it was with the Lord Jesus. He received not glory from men, *i.e.*, He did not desire it, or lay Himself out for it; He preferred rather, in order to carry out the purposes of Him Who sent Him, to be "despised and rejected of men," and this because He loved God supremely. Why, then, was He rejected? For the very reason that, because He loved God, and sought His glory alone, there was no community of feeling between Him and His opposers. "I know *you*," he says,—you before me,—"that ye have not the love of God in you," and so ye are disinclined to receive One Who comes only in God's Name. "If another shall come in his own name," making himself out for his own worldly, selfish ends to be some great one, "him ye will receive." If I were to put Myself forward to be your king for My own ends, then ye would receive Me. And all this, the Lord intimates, is natural. "How can ye, how are ye able to believe who receive honour one of another, and seek not the honour that cometh from God alone? If ye lay yourselves out to receive the applause of men, and are indifferent to the honour that cometh from God, by so doing ye show that ye love the world rather than God; and so ye will not receive One Who comes in God's

43 I am come in my Father's name, and ye receive me not: if another shall come in his own name, him ye will receive.

44 ° How can ye believe, which receive honour one of another, and seek not ᴾ the honour that *cometh* from God only?

° ch. xii. 43.
ᴾ Rom. ii. 29.

---

44. "From God only;" perhaps, "From the only God;" or, according to B. and the oldest Latin, "the only one."

Name to overcome the world, and establish in each soul the supreme love of God."

"All belief in Me, such as God demands from you, is moral. It is the soul stretching forth and coming out of itself to receive and embrace that which comes from God to cleanse it, and free it, and raise it up to God. I come from God for this purpose, and for no low and carnal purpose whatsoever, and ye do not receive Me, because ye do not desire to be cleansed and made free and raised up to God."

Such seems to be the thread of connection between these verses taken together, and they can hardly be taken separately. Each of them, however, may be taken by itself so far as to teach a particular axiom of Divine Wisdom.

40. "Ye will not come unto me that ye might have life." There is an implied invitation in this, echoing that of the Synoptic "Come unto Me, all ye." If men are unholy and worldly, *i.e.*, are spiritually dead, it is because of their wills which are set upon remaining as they are, and so desire not to come to the Restorer of Life for His Life.

41. "I receive not honour from men . . . ye have not the love of God in you." According to the Saviour, then, the opposite to receiving (that is, desiring to receive) honour from men is having the love of God. The form of worldliness which is most opposed to the honour and so to the love of God, is desire of the applause of men. The Son of God whilst on earth received from men, not honour, but opposition, contumely, unbelief, persecution, and at last death, and in no respect declined these evil things, and this because He knew that in the Divine Counsels men could not otherwise be redeemed.

43. "I am come in my Father's name, and ye receive me not: if another shall come in his own name, him ye will receive." This does not merely apply to the Jews, who were seduced by such impostors

45 Do not think that I will accuse you to the Father:
q Rom. ii. 12. [q] there is *one* that accuseth you, *even* Moses, in whom ye trust.

---

as Barchochabas, but it is true of human nature in all time. "Truth," as has been well said, "is never received, *i.e.*, really and savingly received, on a large scale." Jesus was not received because He taught the whole truth of God; because He exhibited in Himself, and demanded of men, the holiness of God; because He made no compromise with any evil whatsoever. This was, indeed, coming in the Name of God, and they received Him not.

"If another shall come in his own name, him ye will receive." Does this refer to the sixty-four false Christs which some learned men have enumerated as having deluded the Jews? It certainly seems that having rejected the true Christ, they were given up to receive false Christs. Many, and I think with great probability, interpret it as referring to the Antichrist. Thus Stier: "The other in the singular [If another shall come in his own name] . . . is finally, Antichrist with his open and avowed denial of God and of Christ, with his most daring 'I,' before which all the proud will humbly bow down, because they will find themselves again in him and honour him as their true God. As the Father reveals Himself in Christ, so will Satan manifest himself in him, and give him all his work and witness, his own honour as the prince of this world; and the wicked will yield themselves to him, because, through unbelief, they have already fallen into his nature and fitly belong to him."

45. "Do not think that I will accuse you to the Father." "So far from coming to accuse you, I am come to give you life. So far from binding your sins upon you, I shall die to loose them and reconcile you to God. I rebuke that which I read in your hearts, but all this I do, not for your condemnation, but for your salvation."

"There is one that accuseth you, even Moses, in whom ye trust." "Moses, for whose law in its mere letter ye are so zealous, now accuseth you, for his words, in which you boast yourselves, condemn you. The Law was given by him to convince you of sin. You dishonour his Law, and destroy its sin-convincing power by your traditions."

46. "For had ye believed Moses, ye would have believed me, for he wrote of me." The promise to Adam and Eve on their fall, the

46 For had ye believed Moses, ye would have believed me: ʳ for he wrote of me.

47 But if ye believe not his writings, how shall ye believe my words?

ʳ Gen. iii. 15. & xii. 3. & xviii. 18. & xxii. 18. & xlix. 10. Deut. xviii. 15, 18. ch. i. 45. Acts xxvi. 22.

---

46. "For had ye believed Moses, ye would have believed me;" rather, "If ye believed Moses ye would believe me;" implying that it was still in their power to do so.

promise to the Patriarchs, the Mediating Angel, the prophecy of "One like to Moses"—all these witnessed to Christ; and besides there were those who took up and followed out the teaching of Moses, such as the Psalmists, the Prophets, and the Proverb writers: all these are at times called "the Law." (John x. 34, Rom. iii. 10-20.) And from many intimations in Scripture we have every reasons to believe that the references which the Jewish teachers found to the Messiah in the Old Testament were far more numerous than those which, under the influence of a cold and narrowing criticism, we now find.

47. "If ye believe not his writings, how shall ye believe my words?" How strange must this have sounded in the ears of men whose passion it was to glory in the Scriptures! And yet the only *believing* in Scripture worth speaking of must be *receiving* it for the purposes for which God caused it to be written. God had so inspired the Scriptures, especially the books of Moses, that they would lead those who truly believed them to accept His Son. Their belief in the writings of Moses was the God-ordained step to their belief in Christ. If they believed not in the Son of God, it was a sign that they had not truly taken this step—that they had not truly submitted to the preparation which God had ordained.

CHAP. VI.

AFTER ^a these things Jesus went over the sea of Galilee, which is *the sea* of Tiberias.

^a Matt. xiv. 15. Mark vi. 35. Luke ix. 10, 12.

2 And a great multitude followed him, because they saw his miracles which he did on them that were diseased.

3 And Jesus went up into a mountain, and there he sat with his disciples.

---

2. "Miracles." *Signa*, Vulg.; "signs," Revised.
3. "A mountain." Literally, "*the* mountain"—some well-known hill—perhaps "the hilly country."

1. "After these things Jesus went over the sea of Galilee," &c. This does not mean that the Lord went direct from Jerusalem, the scene of the last miracle, to the other side of the lake, but it simply expresses that the two miracles about to be recorded, and the discourse which followed on them, took place after what was mentioned in Chapter V., but after how long or how short a time is not indicated in this Gospel, though we learn from the Synoptics that there was a considerable interval of active ministry between the time of the discourse of the last chapter, and the miracle with which this begins.

"Which is the sea of Tiberias." Tiberias being a Gentile name would be better known in Ephesus, where this Gospel was probably written.

2. "And a great multitude followed him, because they saw his miracles," &c. This is inserted by the Evangelist to account for the presence of five thousand men in a place where there were no provisions. We need not, then, resort to the supposition that they were on their way to Jerusalem to keep the Passover.

3. "And Jesus went up into a mountain, and there he sat with his disciples." Perhaps this was for the retirement and refreshment so needed by them [see St. Mark vi. 31].

4 ᵇ And the passover, a feast of the Jews, was nigh.

5 ¶ ᶜ When Jesus then lifted up *his* eyes, and saw a great company come unto him, he saith unto Philip, Whence shall we buy bread, that these may eat?

ᵇ Lev. xxiii. 5, 7. Deut. xvi. 1. ch. ii. 13. & v. 1.
ᶜ Matt. xiv. 14. Mark vi. 35. Luke ix. 12.

4. "The Passover." There is no difference of reading as regards this word in any Manuscript or Version, but in Westcott and Hort's "Appendix on Select Readings" there is a long and interesting note on the word being a possible interpolation. It ends with the following observation:—" As a considerable body of Patristic evidence points to the absence of the words in at least some ancient texts, and internal evidence is unfavourable to their genuineness, while the chronology of the Gospel History is fundamentally affected by their presence or absence, it seems right to express suspicion and to justify it at some length."

4. "And the passover, a feast of the Jews, was nigh." Why does St. John bring in the Passover here? Most commentators, even many who see no reference to the Christian Passover in this chapter, seem led to suppose that in some way it bears on the interpretation of the following discourse. It seems thrown in by the Evangelist, because he could not but connect together such things as Christ feeding men with bread—then setting Himself forth as the true Bread—then at the last Passover giving Himself as food, and also surrendering Himself as the Passover Victim. Thus one writes, "The notice of the feast is probably designed to give a clue to the understanding of the spiritual lessons of the miracle, which are set forth in the discourse which followed (1 Cor. v. 7);" and another, "The miracle and the discourse alike relate to the true Passover."

The two miracles which follow are the only ones common to St. John and the Synoptics. They are introduced by the Evangelist solely because of their bearing on the discourse, for both conjointly give rise to it: for the immediate occasion for the first words (verses 26, 27) is the multitude finding Jesus on the other side of the sea, and wondering how He came there, He having preceded them by the miracle of the "walking on the water," and they followed Him, as He said to them, because "they did eat of the loaves," which He had miraculously multiplied.

The more general teaching of these miracles I have deduced elsewhere. I shall now only notice their special bearing on what follows.

5. "When Jesus then lifted up his eyes, and saw a great com-

6 And this he said to prove him: for he himself knew what he would do.

^d See Numb. xi. 21, 22.

7 Philip answered him, ^d Two hundred pennyworth of bread is not sufficient for them, that every one of them may take a little.

8 One of his disciples, Andrew, Simon Peter's brother, saith unto him,

^e 2 Kings iv. 43.

9 There is a lad here, which hath five barley loaves, and two small fishes: ^e but what are they among so many?

---

6. " To prove him "—" to try him " *tentans* (Vulg.).

pany," &c. Here is the mark of an eye-witness. None would have thought of mentioning the Lord as doing this except one who had noticed it. It is not in the Synoptics. There is an apparent discrepancy between St. John's account and that of the Synoptics, which can easily be explained. According to the Synoptics, the disciples first mention the coming need: according to St. John, the Lord takes the initiative. Very probably he addressed the words "Whence shall we buy bread?" &c., to Philip privately, at the outset, when He saw the multitudes trooping to Him, and received Philip's answer; and then, later on in the day, after He had taught them for some time, the Apostles began to be anxious as to how the multitudes were to be fed, and they came to Him that He should dismiss them. Then, in their perplexity, one mentions the lad with the five barley loaves, but, as it were in despair, "What are they among so many?"

The speciality of St. John's account is the notice of the Lord putting this trial question to Philip, though the Evangelist, who knew, even then, the intention of the Lord, said, "He Himself knew what He would do." A similar trial underlies the whole of this discourse. The Lord, in what follows, sets forth Himself as the Bread of Life, as the Living Bread, as feeding men with Himself, the Bread of Life, through His Flesh, He and He only knowing all the time how all this would be brought about; and all this time saying things to " prove," not the multitude, not the Jews only, but His very disciples; applying, at last, the touchstone

Chap. VI.] JESUS TOOK THE LOAVES. 149

10 And Jesus said, Make the men sit down. Now there was much grass in the place. So the men sat down, in number about five thousand.

11 And Jesus took the loaves; and when he had given thanks, he distributed to the disciples, and the disciples to them that were set down; and likewise of the fishes as much as they would.

12 When they were filled, he said unto his disciples, Gather up the fragments that remain, that nothing be lost.

---

10. "Make the men . . . . So the men sat down." *Facite homines discumbere* . . . . *discubuerunt ergo viri*. The first should be translated "people"—the second, "men" or "males."

11. "To the disciples, and the disciples" omitted by ℵ, A., B., L., Cursives (1, 33, 118, 254), many old Latin (a, c, f, ff², l, q), Vulg., Syriac (Cureton and Peshito), and some versions; but D., T., Δ, Λ, later Uncials, almost all Cursives, some old Latin (b, e), retain the words.

which separated those who half believed from those who believed implicitly.

I have noticed elsewhere (on Matth. xiv. 19) the significance of the Lord's feeding the multitudes through the hands of the Apostles.

It will be necessary to mention here that the consensus of MSS., versions and editors, is against retaining the words, " to the disciples, and the disciples," in verse 11. So that that verse should read, "when He had given thanks, He distributed to them that were set down." It is doubtful whether they were originally in St. John's account. The fact, however, remains untouched, that the Lord distributed through means of the Apostles, inasmuch as each Synoptic mentions it. Supposing that the words in question ought to be omitted, we learn that what the Lord did through the Apostles, He did Himself. The Lord Himself gives men His Flesh as the Bread, but being not present Himself in visible personality, He does it through the instrumentality of others, and yet each man who receives, receives it as from Himself.

12. " Gather up the fragments." From St. John alone we learn that the direction to allow no waste came from the Lord. The food which had been produced supernaturally, and with such apparent ease, was not to be held cheap on that account. Every fragment was to be esteemed precious.

13 Therefore they gathered *them* together, and filled twelve baskets with the fragments of the five barley loaves, which remained over and above unto them that had eaten.

14 Then those men, when they had seen the miracle that Jesus did, said, This is of a ᶠtruth that prophet that should come into the world.

15 ¶ When Jesus therefore perceived that they would come and take him by force, to make him a king, he departed again into a mountain himself alone.

ᶠ Gen. xlix. 10. Deut. xviii. 15, 18. Matt. xi. 3. ch. i. 21. & iv. 19, 25. & vii. 40.

---

14. "Then those men;" rather, "then the people."

14. "Then those men, when they had seen . . . that prophet that should come," &c. This was only natural. They had some of them seen, and all had heard of the miracles done in Jerusalem. They had been witnesses of His works of healing, for which they had followed Him in such numbers; and now this miracle of the loaves crowned their carnal hopes. They exclaimed, "This is of a truth that prophet," but "*that* prophet" was, according to all their sacred books, to be more than a prophet—He was to be a leader like Moses, and a king like David—and now they thought the time was come when He must put Himself at their head and deliver them. And so,

15. "When Jesus therefore perceived that they would take him . . . he departed again into a mountain," &c. "He departed alone," because, as we read in St. Matthew and St. Mark, he had constrained His disciples to get into a ship, and to go before Him to the other side. "The task of Jesus at this juncture was by no means an easy one. If He were immediately to depart with His disciples, the commotion, instead of being appeased, was in danger of spreading in Galilee. If He remained together with His disciples, they might be infected by the contagion of that carnal enthusiasm which would only find too many points of contact in their hearts. . . . It was therefore needful to be on the alert. And, first of all, He was anxious to send away His disciples to the other side of the lake, for the purpose of cutting off all solidarity between them and the multitude. This is the explanation of the singular expression of Matth. xiv. 22, and Mark vi. 45, 'He immediately *constrained*

16 ᵍAnd when even was *now* come, his disciples went down unto the sea, ^g Matt. xiv. 23. Mark vi. 47.

17 And entered into a ship, and went over the sea toward Capernaum. And it was now dark, and Jesus was not come to them.

18 And the sea arose by reason of a great wind that blew.

19 So when they had rowed about five and twenty or thirty furlongs, they see Jesus walking on the sea, and drawing nigh unto the ship: and they were afraid.

20 But he saith unto them, It is I; be not afraid.

21 Then they willingly received him into the ship: and immediately the ship was at the land whither they went.

---

17. "Not." ℵ, B., D., L., and many Old Latin, read, "not yet." A., most later Uncials, most Cursives, Vulg., Cureton and Peshito Syriac, read as in Rec. Text.

21. "They willingly received Him." "They willed to receive him;" *voluerunt* (Vulg.)

His disciples to embark and to go before Him to the other side, while He sent away the people.' No motive for such *constraint* is furnished by the Synoptic narrative, and perhaps the disciples were themselves ignorant of the true reason for so sudden a step on the part of their Master. When this was done, Jesus calmed and dismissed the multitude." (Godet.)

17. "And entered into a ship . . . Jesus was not come to them." Their intention was, most probably, to skirt along the northern coast, and to take up the Lord at some point between Bethsaida Julias and Capernaum. Something of this sort is implied in the words, "Jesus was not come to them," and still more distinctly if we read, "was not *yet* come to them."

18. "And the sea arose by reason of a great wind that blew." Their intentions, however, seemed to be frustrated by the sudden storm, which seems to have driven them into the middle of the lake, for rowing twenty-five or thirty furlongs with a violent north wind would drive them into the middle of the sea, where St. Matthew tells us they were.

21. "Then they willingly received him into the ship," &c, "They willingly received Him," *i.e.*, they willed to receive Him, because their fear of the supposed supernatural appearance was turned into

22 ¶ The day following, when the people which stood on the other side of the sea saw that there was none other boat there, save that one whereinto his disciples were entered, and that Jesus went not with his disciples into the boat, but *that* his disciples were gone away alone;

23 (Howbeit there came other boats from Tiberias nigh unto the place where they did eat bread, after that the Lord had given thanks:)

---

22. A., B., L., some Cursives and Old Latin, Vulgate, and some versions, read, "save one," omitting "that whereinto His disciples were entered."

joy, when they found it was no other than their Master, Who was walking on the water. The fear which made them cry out was turned into readiness to receive Him.

"And immediately the ship was at the land whither they went." A question has been raised whether this was by miracle. If there be something so rootedly objectionable in a miracle that, if possible, we must avoid supposing one, even in the Life of the Incarnate Son, born by one miracle, raised again by another, then we must suppose that they rowed very rapidly, so as to traverse a considerable distance in a shorter time than usual; but the rejoinder is, why should such a thing be mentioned at all? The fact is noted as if it were something out of the natural order of things. It was surely within the sphere of our Lord's benevolence, after they had toiled all night, and were drenched and weary, to save them the additional labour. If the boat progressed naturally, it could not be said to arrive *immediately* at its destination. If it is a miracle, it has a true Evangelical significance. If a soul spiritually receives Christ, He may see fit, in some cases, to shorten its labour, or otherwise alleviate the severity of its discipline, and bring it at once to some further point in its heavenward journey.

Such are the two miracles which jointly occasion the following discourse. The both bear upon its central Mystery; for in the one the Lord feeds His followers by superhuman means, and in the other He shows that He can raise His Body far above the conditions of this lower nature.

22. "The day following, when the people which stood on the other side," &c. This, of course, does not mean all the multitude,

24 When the people therefore saw that Jesus was not there, neither his disciples, they also took shipping, and came to Capernaum, seeking for Jesus.

25 And when they found him on the other side of the sea, they said unto him, Rabbi, when camest thou hither?

---

but only the more eager ones, who desired to force the Lord, at once, to declare Himself King. These, no doubt, considering how they might find Jesus, saw that there was only one boat, and this not the one by which the disciples had left [the words " save that whereinto His disciples were entered " have little authority, and disturb the sense, for they seem to suggest that the disciples were only just then embarking, whereas they were now on the other side]. These, then, seeing that Jesus could not have passed over in this boat, as it had not left the shore, took shipping, and were able to accomplish this because, owing to the storm, other boats, not belonging to that part of the coast, had come from Tiberias, and taken refuge near where they were : pressing these into their service, they crossed over to Capernaum.

In reading over these three verses [22, 23, 24] it seems at first sight difficult to understand why the Evangelist should labour, as he does, to describe this scene; the people waiting on the shore expecting Jesus to appear, perplexed at not seeing Him, and discovering that the disciples had gone away alone, pressing into the service the strange boats which, by accident, were there, taking shipping in them, and crossing the sea to Capernaum, seeking for the Lord. The solution is not far to seek. St. John describes these men taking all this labour to find Jesus, in order to account for the words which the Lord utters when they accosted Him with, " Rabbi, when camest thou hither?" He retorted upon them with, " Ye seek me, not because ye saw the miracles, but because ye did eat of the loaves and were filled. Labour not for the meat which perisheth," &c. " Ye have worked hard to find Me, because I satisfied your natural hunger. Work not for the meat which perisheth," &c.

It is saying very little to assert that the discourse which springs from these words, and to its very end, keeps, as it were, on these lines, is the most astonishing in all Scripture. There is nothing to be compared to it for the great things which it holds out as within the reach of men, and for the mystery in which it envelops them.

26 Jesus answered them and said, Verily, verily, I say unto you, Ye seek me, not because ye saw the miracles, but because ye did eat of the loaves, and were filled.

27 ‖ Labour not for the meat which perisheth, but ʰ for that meat which endureth unto everlast-

‖ Or, *Work not.*
ʰ ver. 54. ch. iv. 14.

26. "Miracles." "Signs;" *signa* (Vulg.)
27. "Labour." Same word as in next verse is rendered "work."

26. "Jesus answered them .... ye seek me, not because ye saw the signs, but because," &c. In a sense they had sought Jesus because of the sign, for when they had seen the miracle of the loaves, they exclaimed, "This is of a truth that prophet," but Jesus read their hearts. They desired to make Him a king, because they thought that One Who could thus produce food without labour was the very king they wanted. They regarded the sign, not so much as shewing that He was the Messiah, but that He was a Messiah Who would exert supernatural power to save them from labour, and enable them to live in ease and indulgence. The miracle was to them a pledge of nothing but the carnal satisfaction of their lowest desires. It is well to take notice that the men whom He thus reproved must have been, virtually, the same as the "Jews" of verse 41. The "Jews" in this Gospel are always that part of the nation who looked for a carnal Messiah, and abhorred the claims of Jesus because He set Himself forth as a Spiritual One. It is important to notice this, as it is a proof of the unity of the discourse.

27. "Labour [work] not for the meat which perisheth." These words, of course, refer to the labour, or work, which they had given themselves to find Jesus, because He had miraculously increased the bread: "Ye seek Me because of the bread I created for you: Trouble not yourselves about Me, seek not laboriously for Me, on account of this perishable food, because I have better food to give you. Labour for—give yourselves trouble about—food which endureth unto everlasting life, which the Son of Man gives."

"Labour [work] for that meat which the Son of Man shall give." Is it needful to *labour*, if the Son of Man *gives?* Yes, assuredly, for only by labour and trouble can earnestness and true desire for the gift be shown. The "gift" is not wages, but it would be thrown away upon those who take no pains about it, and so exhibit no real desire for it.

CHAP. VI.] THIS IS THE WORK OF GOD. 155

ing life, which the Son of man shall give unto you: ʲfor him hath God the Father sealed.

28 Then said they unto him, What shall we do, that we might work the works of God?

29 Jesus answered and said unto them, ᵏ This is the work of God, that ye believe on him whom he hath sent.

ʲ Matt. iii. 17. & xvii. 5. Mark i. 11. & ix. 7. Luke iii. 22. & ix. 35. ch. i. 33. & v. 37. & viii. 18. Acts ii. 22. 2 Pet. i. 17.
ᵏ 1 John iii. 23.

---

27. "Him hath God the Father sealed." "Him the Father, even God, hath sealed" (Revisers).

"Him hath God the Father sealed." This "sealing" means "especially fitting Him," and "appointing Him to give" the Bread of Life. It is probably that to which our Lord alludes when He speaks of Himself as "sanctified and sent into the world" by the Father. (John x. 36.)

28. "Then said they unto him, What shall we do, that we might work the works of God?" The works of God here must mean the works well pleasing to God: such works as may move God to give to those who do them the Bread which endureth unto everlasting life.

29. "Jesus answered . . . . on him whom he hath sent." As at the outset of this discourse the Lord here mentions "believing" as the one work of God by which we are to obtain the Bread of Life, it will be necessary clearly to understand what this "believing" is.

Our Lord, in demanding men's belief in Himself, always demands that they believe something special and definite respecting Himself. He asks of the Apostles, "Whom say ye that I am?" On another occasion He asks, "Believe ye that I am able to do this?" Again, He says, "If ye believe not that I am He," i.e., the Messiah (or it may be something infinitely greater than any human Messiah) "ye shall die in your sins." Again, to Martha, "I am the Resurrection and the Life. . . . . Whosoever believeth in Me shall never die." "Believest thou THIS?" Again, "Reach hither thy hand and thrust it into My side, and be not faithless, but believing," believing, that is, that I am risen indeed.

Believing in Christ, according to all His teaching respecting belief or faith, is believing that He is all that He says that He is, and, consequently, can do all that He has undertaken to do. Seeing, then, that this discourse is entirely upon Christ as the Bread of Life, the

30 They said therefore unto him, ¹ What sign shewest thou then, that we may see, and believe thee? what dost thou work?

31 ᵐ Our fathers did eat manna in the desert; as it is written, ⁿ He gave them bread from heaven to eat.

¹ Matt. xii. 38. & xvi. 1. Mark viii. 11. 1 Cor. i. 22.
ᵐ Ex. xvi. 15. Num. xi. 7. Neh. ix 15. 1 Cor. x. 3.
ⁿ Ps. lxxviii. 24, 25.

---

belief throughout it proclaimed as necessary, is a particular and realizing belief in Him as the Giver of the Bread which endures to Everlasting Life. It is, *at this first stage of the discourse*, belief in Him as the Dispenser of the Enduring Bread, for as the Lord goes on He increases His demands on their faith, and according as He rises in His demands so must their belief in Him increase, if their belief be worthy of Him as " the Word made Flesh."

The faith here, then, is not faith in His Godhead, or in His atoning Sacrifice, or in His infinite Merits—faith in all these will come in due time; but at this stage it must be a faith which would procure for them the ever-enduring Bread. For they had asked, What shall we do that we may work the works of God? They asked this because He had said, " Work . . . . for the meat which endureth to Eternal Life, which the Son of Man shall give you," and His answer corresponds to their question. It is: " Your work of God to procure for yourselves the ever-enduring Bread is to believe in Him Whom God hath consecrated and then hath sent to dispense it. If you really believe on Him as being the Giver of such Food, you will naturally come to Him for the Food He has to give, just as, because you believed Him able to give an abundance of earthly food you have pursued Him very earnestly and laboriously from Bethsaida to Capernaum."

30. " They said therefore unto him, What sign shewest thou then . . . . ? what dost thou work?" This is not the question of sheer stolid unbelief. Christ by no means treats it as such. He had miraculously fed five thousand men with perishable bread; but was this sufficient to prove that He could give them the Bread of Life? By asking them to believe on Him as the Giver of such Bread, He had claimed a faith in Himself that He could give what neither Moses nor any other servant of God had ever given. What work did He do corresponding to such a claim? They reminded Him of the way

32 Then Jesus said unto them, Verily, verily, I say unto you, Moses gave you not that bread from heaven; but my Father giveth you the true bread from heaven.

33 For the bread of God is he which cometh down from heaven, and giveth life unto the world.

34 ᵒ Then said they unto him, Lord, evermore give us this bread.   ᵒ See ch. iv. 15.

35 And Jesus said unto them, ᵖ I am the bread   ᵖ ver. 48, 58.

---

33. "The bread of God is *He;*" rather, "that."

in which God, by the hand of Moses, fed their fathers, a far greater multitude, for forty years. What did He do greater than this to substantiate His claim to their belief that He could give them the Bread of Eternal Life?

Jesus promises no greater sign, but makes a far greater demand on their faith. He at once sets Himself far above Moses.

32. "Moses gave you not," &c. "Moses gave you no enduring bread. His bread could not be kept for two days without corrupting, but "My Father giveth you," through My hand (verse 32) "the true bread from heaven." The true Bread, that which gives the highest conceivable nourishment, the nourishment of eternal existence.

33. "For the bread of God is that [not He] which cometh down from heaven, and giveth life unto the world." The "Bread of God" in this verse is not yet fully set forth as Christ; for the true rendering is "it," not "He:" and the Jews would not have asked Him, if they understood that He Himself was the Bread, "to evermore give them that bread." They had by no means sufficient belief for *that.* They no doubt inferred from the miracle of the loaves, and His other miracles, that He could give them some sort of heavenly food which might indefinitely prolong their lives: but they could never, in their then state, have believed Himself to be this bread. "Lord, evermore give us this bread," must on their lips have meant, "Lord, evermore give us such bread as will prolong our lives here for a few years."

35. "And Jesus said unto them, I am the bread of life: he that cometh," &c. This is the beginning of the second great stage in the

158 NEVER HUNGER—NEVER THIRST. [St. John.

of life: ⁹ he that cometh to me shall never hunger: and he that believeth on me shall never thirst.

ᵠ ch. iv. 14. & vii. 37.

36 ʳ But I said unto you, That ye also have seen me, and believe not.

ʳ ver. 26, 64.

37 ˢ All that the Father giveth me shall come

ˢ ver. 45.

---

37. "*All that.*" In the neuter, "*the whole that;*" "*all that which*" (Revisers).

discourse. The first is that He gives them the Bread of life. The second is that He Himself is the Bread of life.

"He that cometh . . . never hunger: he that believeth . . . never thirst." What is the significance of this "coming" and "believing?" Evidently this: he that cometh to Christ for the Bread which the Father hath "sealed" Him to give shall never hunger, *i.e.*, shall never desire spiritual grace and sustenance, and not have it given to him, because Christ will give to that man the Life-giving Bread which He has to give: and He that believeth in Christ as being the Wine of Eternal Life, without which his soul must faint and die, will, under the influence of this belief, come to Christ for the Wine of Eternal Life, and will not be refused by Him; but Christ will give Himself to be partaken of by that man, as a thirsty man partakes of drink, and is refreshed. The ideas of "coming" and "believing" must be united together as supplementing one another; he that cometh must *come*, not as these Jews pursued our Lord, but come *believing* in Him as the Giver of the true Bread; and he that *believeth* must believe with a belief which makes him "*come*" to Christ in prayer, and in the means of grace. Here, then, is a very great advance. The whole matter of the Food of Life is raised into a spiritual sphere. It was now impossible for the multitude to ask, "Lord, evermore give us this bread." And at once the Lord, the Searcher of hearts, saw that the ignorant belief which they had had in Him as the Giver of (in some sort) enduring bread, was arrested and dissipated.

36. "But I said unto you [perhaps in some words not recorded], ye have seen me, and believe not." Here He alludes to their words, "What sign shewest thou that we may *see* and *believe* thee?"

To see Christ here is, of course, not merely to look at Him, but to see Him as the Son of God. Further on we shall find a verb used which has a much deeper meaning.

37. "All that the Father giveth me shall come to me," &c. Our

to me; and ᵗ him that cometh to me I will in no wise cast out.

ᵗ Matt. xxiv. 24. ch. x. 28. 29. 2 Tim. ii. 19. 1 John ii. 19.

Lord here seems to break the thread of His discourse, and to set forth another very deep mystery, the secret choice or election of God, of some persons to be taught of the Father, and so to come to Christ, and of others not. Thus, verse 39, "This is the Father's will which hath sent me, that of all which he hath given me, I should lose nothing," &c. Again, after their murmuring (44), "No man can come unto me, except the Father . . . draw him." Again (45), "Every one that hath . . . learned of the Father cometh unto me." Now are these words said in judgment or in mercy, in condemnation or in mitigation? They seem to be said in mitigation, to show that these Jews did not believe the very high things which Christ was now saying, because they were not "drawn to Him"— because they were not "taught of God."

I think this will be plain from the following considerations. There were then gathered round our Lord, and probably in the synagogue, three classes of persons. There were the Jews, or multitude, who either now rejected His claims or were indifferent. These, having seen His miracles, for a moment believed in Him as a Messiah of a low carnal type. Among these, of course, there would be various shades of opinion respecting Him. Then, secondly, there were disciples, who believed, but not implicitly. They had accepted Him as the Christ, but could not stand the test of the "hard saying" (ver. 60), and so fell away. But, thirdly, there were those, a very small number, who believed in Him implicitly; who, having accepted Him as the Christ, the Son of God, felt that if they had accepted Him for this, they must accept Him for everything. God, they were sure, could not have sent into the world One Who would exaggerate His own claims on men's faith. The simplicity of this their faith is seen in their first "coming." They were originally humble, simple-minded, and religious men, who had heard the Voice of God in the message of the Baptist, and attached themselves to him, and therefore accepted him as sent to prepare the way for the Christ, and to point Him out. This John did when he said, "Behold the Lamb of God," and at once they took him at his word, left the servant, and joined themselves to the Master. Then His miracles, and the wisdom of His discourses, and the surpassing holiness of His life, which they and they only, had opportunities of

38 For I came down from heaven, ^unot to do

^u Matt. xxvi. 39. ch. v. 30.

narrowly watching, kept them firm: but, of course, because He specially watched over and kept *them* (ch. xvii. 12). Even their faith was weak: it often wavered, but never with respect to His claims as "having come forth from God."

It was the design of God that these men should be the origin and foundation of the Church. It was the will of God that His Son's Church should be built upon a very small number of men, a mere handful, just eleven in number, who were not remarkable for intellect, for learning, for eloquence, only for the simplicity of their faith. It was not the design of God that His Church should be built upon the many.

Now our Lord has respect to the simple implicit faith which He discerned in these men, and which, because He knew that it was the sign of His Father's Election, far more than made up to Him for the unbelief of the multitude. In the great Intercession of chap. xvii., He thanks God that He has kept *them*, "those that thou gavest Me, I have kept." This cannot but refer to the same counsel of God, set forth in these verses, that there were an elect few which were given to Christ, and the rest could not believe and come as yet.

"As yet," for we cannot suppose that those who had not as yet come were all finally lost: the Kingdom of God did not come in power till the Day of Pentecost, after the Son of Man had been lifted up; then a multitude who had rejected and opposed Him before, "knew that it was He." Then the Lord "sent the rod of His power out of Zion, and He ruled even in the midst among his enemies."

We now return to verse 37, "All that the Father giveth me, shall come to me." Shall actually come to me, and stop not short—shall not only be drawn, but drawn effectually.

"Him that cometh to me, I will in no wise cast out." The Lord's meaning here exhibits simply the assurance that, if in the midst of so much unbelief, there comes here and there one—the right one, given to Him of the Father,—He will assuredly not reject or cast him away, "even if he come ever so creepingly" (as the Berlenb-Bibel says). "Thus do we rightly hold fast that meaning of the word which the Holy Spirit has impressed upon the souls of so many, from age to age, for their full assurance in coming to

mine own will, ˣ but the will of him that sent ˣ ch. iv. 34.
me.

39 And this is the Father's will which hath sent me,
ʸ that of all which he hath given me I should ʸ ch. x. 28. &
lose nothing, but should raise it up again at the xvii. 12. &
xviii. 9.
last day.

---

39. "The Father's will which hath sent me;" perhaps, "the will of Him that," &c. So אּ, A., B., C., D., L., ten Cursives, some Old Latin (b, e, f, q), Sah., Copt., Syriac; but later Uncials, almost all Cursives, Vulg., &c., read "The Fathers."

Christ." (Stier, who also quotes Schleiermacher.) "He utters this word Himself, that however long men may neglect it, however long it may be that they see and hear, and yet believe Him not, when they *do* finally come, He cannot and will not and must not cast them away."

38. "I came down from heaven." By His Holy Incarnation. This is a further advance in mystery, and one which the Jews met with murmuring. "Not to do mine own will, but the will of him that sent me." This "will of him that sent me" must in this place be taken, not generally, but with particular reference to that will of God set forth in the two next verses. With respect to this, Godet remarks: "If Jesus, when He came into the world, had in ever so slight a degree done a work of His own, distinct from that of God, His receptions or His refusals might have been determined, at least in part, by personal sympathies or repugnances, which would not have entirely coincided with the work of God in the hearts of men. We here again meet with that idea of perfect docility with respect to the Divine work which formed the basis of the address in chap. v.

39, 40: "This is the will of him that sent me, that of all which he hath given me," &c.; "This is the will of him that sent me, that every one which seeth the Son." Do these verses refer to the same persons? If we take as our guide the express reference to the twelve in chap. xvii. 12, as those whom God has given to His Son, then the reference in verse 39 is to the apostolic company, and that in verse 40 to a wider election, either at present external to the twelve, and yet following Jesus, as Joseph and Matthias and probably many others (Acts i. 21-23); or to all that would "believe on Him through their word."

39. "But should raise it up again at the last day." 40. "I will

M

40 And this is the will of him that sent me, *that every one which seeth the Son, and believeth on him, may have everlasting life: and I will raise him up at the last day.

* ver. 27, 47, 54. ch. iii. 15, 16, & iv. 14.

40. "Him that sent me." ℵ, B., C., D., L., read "My Father;" Vulg., "My Father who sent me;" but A., E., G., H., K., S., other later Uncials, almost all Cursives, read "of him that sent me."

raise him up at the last day." It is to be remarked that the result of the Father's "giving of men to Christ" of verse 39, and of "seeing the Son, and believing on him" of verse 40, is the Resurrection to Eternal Life, not of the Soul—that has already been resuscitated by having seen and believed on Christ,—but of the Body. From this point, at least, if not before, the idea of the bodily Resurrection dominates to the end of the discourse. I will not say that the Life of the Soul is precluded, but it is presupposed; and when the Life of the Soul exists by continued union with the Source of all Spiritual Life, then the life of the Glorified Body, as derived from the same source of life, comes by an act of Christ at the last day. The latter seems henceforth to be in the mind of the Lord. "In the interview with the woman of Samaria, Jesus did not proceed beyond the representation of Himself as spiritual, living water, which refreshes and sustains the soul; here He already intimates that He is about to go further, and to describe Himself as the Restorer and Transformer of the *entire man*, even of the Body." (Olshausen.) Again, "We would entreat every intelligent reader to take this as the first key to the understanding of the whole of the subsequent discourse concerning the Lord's Flesh and Blood. He who does not recognize the glorified corporeity of the Resurrection as the goal of all God's dealings with the children of men delivered from the bondage of death; he who does not see that in order to the victory of grace over sin, the restitution *in integrum* of fallen man, something would be eternally wanting, if bodily death was not also vanquished, so that the Resurrection alone consummates the Life; and, further, that this restoration can only come to us through the *body* of the Second Adam, the Man from heaven, first glorified: he who does not apprehend all this, will never understand either the Lord's Supper itself, or the testimony which the Lord here gives of its deep foundation and principle." (Stier.)

The reader will notice that the neuter gender is used in verse 39:

41 The Jews then murmured at him, because he said, I am the bread which came down from heaven.

---

41. "At Him." "Concerning Him" (Revisers).

"all which he hath given me," and the masculine in verse 40: "Every one which seeth the Son, and believeth on him, I will raise him up." This is generally interpreted as if the first, "all which," was considered as the whole, and no part of it lost; and the second, as if each part of this whole will in due time exercise the personal conscious acts of seeing and believing. Cyril interprets it as if the Father gives to the Son a whole which is without life, but no part of which must be lost; and the Son quickens and continues in life each part. But may not the first refer to an election on the part of God, which insures that all included in it come to Christ; and the second, to a more general promise (considered as independent of any secret election), which promise insures that *every one* "seeing the Son, and believing on him," shall have everlasting life?

"Seeth the Son." This word "seeing" is not the same as that in verse 36, and has a much deeper meaning—signifying "earnestly contemplating"—looking to Him as one capable of giving all life of body and soul.

41. "The Jews then murmured at him, because he said, I am the bread," &c. Let us notice the saying at which they murmured. It was because He set forth that which pre-supposed and necessitated His Incarnation. They thought that they knew how He came into the world. "Is not this Jesus, whose father and mother we know?" This truth of the Incarnation of the Son of God is the root-mystery of this chapter. They who set before themselves this great thing, that the "Word was made flesh," and adoringly contemplate it, so far as God has revealed it, are in the way of realizing all that is in this discourse. For the Incarnation is that Christ came amongst us not spiritually, but "in the Flesh." He was amongst us, not as an angel or disembodied spirit, but in the Flesh. He came thus in the Flesh as the Second Adam to redeem those who had contracted sin, not through consciously following an evil example, but through unconsciously receiving the flesh and blood of their first father. He came to redeem, not their souls and spirits only, but their bodies, so that they should be raised again in their bodies. He was able to redeem the bodies of all men, because His Godhead dwelt

42 And they said, ^a Is not this Jesus, the son of Joseph, whose father and mother we know? how is it then that he saith, I came down from heaven?

^a Matt. xiii. 55. Mark vi. 3. Luke iv. 22.

43 Jesus therefore answered and said unto them, Murmur not among yourselves.

^b Cant. i. 4. ver. 65.

44 ^b No man can come to me, except the Father which hath sent me draw him: and I will raise him up at the last day.

---

42. Some few MSS. (B., C., Copt.), read "now" instead of "then"—"how doth He now say." Preponderance of authorities (א, A., D., L., later Uncials, almost all Cursives, Old Latin, Vulg.), much in favour of "then."

in His very Body. (Coloss. ii. 9.) So that the fact that the Jews murmured because He set forth that which implied His Incarnation, is very instructive, and very full of warning.

43. "Jesus [therefore] answered and said unto them, Murmur not .... draw him," &c. How is it that He entered into no explanations in order to quiet their murmurs? Simply because He could not. How could He say to them, "I have no human father. I was conceived by the Holy Ghost, and born of my Mother whilst a Virgin; but in my former state, I was in the beginning with God, and was God"? He could give no explanation which at that time would not increase their difficulty.

But He proceeded to account (I believe in the way of palliation) for their unbelief, in not receiving His every word with implicit faith, on the ground that they were not drawn of God to Him. Those who "had heard and learned of the Father" accepted Him as the very Christ, and so received all His words, no matter how deep and startling, and so stumbled not at such words as "I came down from heaven."

44. "No man can come to me, except the Father which hath sent me draw him: and I will raise him up at the last day." These words are clearly a continuation of the thread of the discourse which had been interrupted. They follow on verse 39: "All which the Father giveth .... I will raise it up at the last day," and verse 40: "Every one which seeth the Son, and believeth on him, I will raise him up at the last day."

Mark the emphasis laid on the bodily resurrection by these three repetitions. It shows that throughout this discourse the Lord has

45 ᶜ It is written in the prophets, And they shall be all taught of God. ᵈ Every man therefore that hath heard, and hath learned of the Father, cometh unto me.

46 ᵉ Not that any man hath seen the Father, ᶠ save he which is of God, he hath seen the Father.

c Is. liv. 13.
Jer. xxxi. 34.
Mic. iv. 2.
Heb. viii. 10.
& x. 16.
d ver. 37.
e ch. i. 18. & v. 37.
f Matt. xi. 27.
Luke x. 22.
ch. i. 18. & vii. 29. & viii. 19.

45. "Therefore" omitted in ℵ, B., C., D., L., S., 69, 124, most Old Latin, Vulg.; but retained in A., later Uncials, almost all Cursives, &c.

in His Mind chiefly, though not wholly, the Redemption of the Body.

There is a lesson full of comfort to be got from this verse—that if anyone feels his soul drawn to God in prayer, it is because God desires the salvation of such a one, and what he has to do is to follow the drawing of the Lord, and surrender himself to it, being assured that God Himself is drawing him to Christ as the Bestower of all true life.

45. " It is written in the prophets . . . . learned of the Father, cometh unto me." Our Lord gives the sense of Isaiah liv. as teaching a general truth, that all the true children of the Church are taught of God. And He infers that, "Every one that hath heard and hath learned of the Father," cometh to Him. And it must be so. If the Father has sent His own Son into the world to be its Redeemer and Judge, then all God's teaching must ultimately lead to such a Saviour and Judge.

46. "Not that any man hath seen the Father, save, &c. . . . . he hath seen the Father." These words obviate any misconception as to the mode of teaching. It must be secret, by the invisible operation of God, and cannot be direct, as when a child sits at the foot of his teacher and sees him.

No man can speak of the things of God as having "seen" them save One. "No man hath seen God at any time, the only begotten Son who is in the bosom of the Father, he hath declared him." Notice that here there is a further advance in mystery, and consequent difficulty to those listening to Him in receiving His words implicitly. Here the Lord puts himself far above even Moses, who saw God face to face [Deut. xxxiv. 10], and to whom God spake as to a friend; even he saw not God as the Son hath seen Him.

47 Verily, verily, I say unto you, [g] He that believeth on me hath everlasting life.

48 [h] I am that bread of life.

49 [i] Your fathers did eat manna in the wilderness, and are dead.

[g] ch. iii. 16, 18, 36. ver. 40.
[h] ver. 33, 35.
[i] ver. 31.

47. "On me" omitted by אׁ, B., L.; but A., C., D., later Uncials, all Cursives, Old Latin, Vulg., and Peshito retain it. Cureton Syriac adds, "*in Deum*." The words can only be omitted by making all other authorities (*i. e.* the testimony of all Christendom) yield to three MSS.
49. "And are dead." "And died" (Alford and Revisers).

Verses 47-51. We now come to that part of the discourse to which all the rest leads. The Lord here, before enunciating the mystery of mysteries, sums up, as it were, the leading ideas which have gone before and reasserts them.

47, 48. "He that believeth on me hath everlasting life." "I am that bread of life." What is the connection between these two verses? for they seem to be two independent assertions—one assuring everlasting life to a certain act of the mind or spirit, the other asserting that He Who speaks is the bread of life. The connection is evidently that which I noticed between the first and second clauses in verse 35, that the "believing" recognized throughout this discourse is the believing in Jesus as *being* that, and *doing* that which in this discourse He sets Himself forth as being and doing. It is the believing in Him as being Himself the Bread which came down from heaven, and as giving Himself as the Bread which came down from heaven.

Life requires bread to support it. Each of the two lives, the temporal and the eternal, requires its respective bread; and "he that believeth on me hath everlasting life," because such as are really and heartily believing this, will come to Me for the Bread of life and feed on Me as the Bread of life, and discern Me under any form under which I may proffer them the Bread of life. The Lord now proceeds with a second reference to the Manna.

49, 50. "Your fathers did eat manna .... This is the bread which cometh down from heaven .... not die." This is the repetition of what is in verses 31 and 32, except that the Lord here brings out far more emphatically the real deadness and unprofitableness of the Manna. "Your fathers did eat it, and are dead." This is in contrast with, "I am the bread .... that a man may eat thereof and not die."

50 ᵏThis is the bread which cometh down from heaven, that a man may eat thereof, and not die.   ᵏ ver. 51, 58.

51 I am the living bread¹ which came down   ¹ ch. iii. 13.

What are the respective deaths in these two sentences? They are in each case the death of the body, following upon, and as a punishment for, a previous death of the soul.

Here let us, for a moment, consider the astonishing fact that the daily miracle of the Manna produced no spiritual life in those who saw the miracle, and ate the bread. If anything, in the way of teaching, was calculated to produce spiritual life, it was this Manna. St. Paul calls it "spiritual meat." It was a sermon preached to them every day of their lives, that the God of Abraham sustained them by a special daily exertion of Almighty power and goodness; and yet it was totally without grace—that is without power. "Their carcases fell in the wilderness because of unbelief." No mere outward sign addressed to the outward ear, no mere outward rite addressed to the senses could be more impressive. The Bread, then, opposite to this, which is to sustain spiritual and eternal life, must be more than teaching, more than emblem or figure suggestive only of good things from God. It must be something which gives grace and power to the whole man: it cannot be mere instruction, but it must be power to obey that instruction; it cannot be a mere remembrance to call to mind, but it must be grace and internal power to act upon the remembrance, which grace and power does not expire with the sleep of the body in the grave, but remains (where and how, God knows); so that the man who has, and retains this grace of life, cannot properly be said to die, for because of the Resurrection his sleep in the tomb is but the image of death, not its reality.

And now the Lord proceeds to set forth the mystery.

51. "I am the living bread which came down from heaven." Before He had only said, "I am the Bread of Life," now he says, "I am the Living Bread." This is in contrast with the Manna. Of all the forms of human food which God had vouchsafed to man, the Manna was that which seemed to come most directly from Himself. It was the most heavenly form of food ever given to sustain human life. It was even called "angels' food." (Ps. lxxviii. 25.) And yet, though coming direct from the hand of the living God, it was dead. Whereas the Lord says, "I am the Living Bread which came down

from heaven: if any man eat of this bread, he shall live for

---

from heaven," not from some atmosphere a little above this world, but from the heaven of heavens, from the bosom of the Father.

But if the Lord calls Himself bread, as bread He must be eaten, or He would not have called Himself " bread ; " for the end or purpose of bread is to be eaten, and so He proceeds,

" If any man eat of this bread, he shall live for ever." This must look to the eternal life of the body as following on the spiritual life of the soul, or it would not be in contrast with what precedes. In the two previous verses He had been speaking of the Manna, and of Himself as the Living Bread as contrasted with it. They who eat of the Manna died, and if their bodies are raised again, it will not be because they eat the Manna ; but he who eats Christ as the Living Bread shall live for ever, because of the life-imparting nature of that which He eats.

Hitherto, all has led to the question, " how is Christ as the Bread of Life to be eaten ? " At the beginning of this verse He makes the bread to be His whole Person, " I am the Living Bread." The bread here is that which is signified by the " I am." But the Lord Jesus has two whole and perfect natures in His One Person, and He sometimes speaks as if His Personality resided in one of those natures, and sometimes in the other. When He says, " Before Abraham was, I am," He speaks as God only, and when He speaks of Himself as about to be crucified and to die, He speaks as if He were man only. Again, His manhood is like ours, " of a reasonable soul and human flesh." Now seeing that He has these two natures, which of them does He use as His instrument by which to feed us, and, in feeding, to impart life to us? If we had not known this chapter, I think we should have, without doubt, said, that it is His Godhead through which He gives us His life, for His Godhead is that One of His two natures which has Life in itself; and inasmuch as it permeates all existences, He could communicate Life to us from His Godhead directly, without the use of any means whatsoever, merely by a direct act of His Divine omnipotence. Or, if not His Godhead, we should have said that He would make His Human Soul or Spirit the means by which to make us partakers of His Life, in which case it would have been by those means of communication by which one soul acts upon another, as by instruction, by communication of ideas and thoughts, by

Chap. VI.]   THE BREAD IS MY FLESH.   169

ever: and ᵐ the bread that I will give is my flesh, which I will give for the life of the world.   ᵐ Heb, x. 5, 10.

---

51. "The bread that I will give is my flesh, which I will give for the life of the world;" rather, "The bread that I will give is my flesh for the life of the world." The second "I will give" is very doubtful indeed. It is not in B., C., D., L., Old Latin, Vulg., Cureton Syriac, and some versions. A. (Codex Alexandrinus) is, unfortunately, wanting from vi. 50 to viii. 52. The Peshito Syriac has, "I give."

rational intercourse, and such things. But here He passes by His Godhead, and the higher part of His Manhood, and fixes our faith on the lower part of His human nature, that is, on His Flesh. "I am the Living Bread." "The Bread that I will give is My Flesh, which is for the Life of the world." On this word of Christ's belief rests, and, if it is true belief, cannot stop short, and can go no further.

Now if we consider our nature of flesh in which sin is inherent, there seems to be a certain deep necessity why the Lord should make His Flesh the means for the communication of His Life, for the Lord Who spake these words is the Second Man, the Lord from heaven. As the Second Man or last Adam, He answers to the first man, of whose flesh we naturally partake, and by our partaking of it receive the sin and death which was in him. We receive sin by partaking of the human nature of the first Adam, through his flesh, which we receive at our birth with its taint of corruption, and through the flesh, the lower nature, we receive of Christ's higher nature. The link of communication between ourselves and Adam, is not spirit or soul, but flesh. So that it seems according to analogy of the two heads of the race, that we should receive in some way the Flesh of the Second Man, the Lord from heaven. It also seems that the communication of His Flesh requires means. The communication of Life from His Divine Nature direct would seem to require no outward means—indeed, to be intolerant of such things. The communication of Life from His reasonable Soul, of itself could only be in the way in which one soul communicates its thoughts to another—that is, by means of language, books, and such things. But if there be any proper meaning in the word "flesh," so that it is impossible to substitute for it "Godhead" or "Spirit," then a means seems to be required by which His Flesh may reach us: and this is emphasized by the fact that He gives us His Flesh, not for the life of our souls only, but for the eternal life of our

52 The Jews therefore ⁿ strove among themselves, saying, °How can this man give us *his* flesh to eat?

53 Then Jesus said unto them, Verily, verily,

ⁿ ch. vii. 43. & ix. 16. & x. 19.
° ch. iii. 9.

---

bodies, for no less than four times in this discourse in connection with Christ as the Bread of Life, have we the words, "I will raise him up at the last day."

52. "The Jews therefore strove among themselves, saying, How can this man give us his flesh to eat?" The words of the Jews do not seem to be the outcome of mere unbelief. Unbelief would, on such an occasion, have shown itself in scorn and contempt—in such words as, "He hath a devil, and is mad, why hear ye him?"

These words of the Son of God could at that time be understood by no living being. They could be received by implicit faith, as the Apostles received them, but understood they could not be, for to understand them implied the believing apprehension of Christ's holy Incarnation, as well as of His atoning Death, and His Resurrection in His spiritualized Body. To understand them implied that the Flesh of this Jesus, "whose father and mother they knew," was in some sense a necessity for every inhabitant of the world. No matter what explanation is given of them, they must mean that some sort of apprehension of the lower nature, the Flesh, of the Man before them was an antecedent to the Resurrection of each of their bodies at the last day.

No explanation such as would make His words intelligible could be given till after the Resurrection and the Ascension, and the day of Pentecost had come; and so the Lord proceeds to further enunciate the mystery in words which, like the former, could only be received in implicit faith, but which a short time after this would help those to whom God had given this faith, if not to a solution of the mystery, at least to a realization of the promise.

53. "Then Jesus said unto them, Verily, verily, I say unto you, Except ye eat the flesh of the Son of man, and drink his blood, ye have no life in you." The mystery contained in the fifty-first verse is here repeated with the most important addition of the *Blood.* "Flesh" and "Blood" are the two lower elements of man's nature, and sometimes stand for human nature, to distinguish it from natures above it, such as that of the angels, which is purely spiritual.

EXCEPT YE EAT THE FLESH.

I say unto you, Except ᵖ ye eat the flesh of the ᵖ Matt. xxvi, 26, 28.

Flesh is the tenement in which man's intellectual nature resides, and which in this lower world is its instrument for making itself known, and Blood is in the Scriptures put for his animal life. ("The blood is the life," Deut. xii. 23.) So that here the Lord asserts that we are to receive Himself—the Living Bread, and with it the Resurrection of the body—not primarily through communion with His higher Nature, but through participation in His lower, and His lower Nature is "flesh and blood."

It will be needful to ask in passing, "Can flesh and blood stand for death, so that the Lord means that all we have to do is to realize His Death?" Impossible. Flesh and Blood never stand for death. On the contrary in every place where they occur together in the New Testament, they mean the living human being.[1] We of course do receive the Flesh and Blood of Christ in remembrance of His Death, but this we do, not to receive His Death, but His Life. Those who now heard Christ would understand the words of one living, not of one dead. Before we proceed to consider how this feeding is to be brought about, one or two matters must be noticed.

1. If our Lord meant by "flesh" and "blood" that part of our nature which is not mind and spirit (and He surely did so), then it is clearly wrong and dishonourable to Him to substitute for His Flesh and Blood His Mind or Spirit, or any element or product of His Spiritual Nature, such as His will, or love, or righteousness, or doctrine. Virtually, to substitute "spirit" or some product of "spirit" for "flesh," is to destroy all meaning of human language, for it is to assert that our Lord expressed a particular form of being by that which is most opposite to it, for no words in the range of human language can be more opposite than "flesh" and "spirit."

2. This assertion of Christ that, in order to have His Life, we are to eat His Flesh and drink His Blood, is the ultimate assertion of this wonderful discourse. All leads up to Himself as the Living Bread, and His giving us of Himself the Living Bread, not through His Spirit, but through His Flesh and Blood.

Now, if all leads up to this, the faith which is set forth through-

---

[1] Thus Matth. xvi. 7, "Flesh and blood hath not revealed it to thee." Also 1 Cor. xv. 50; Gal. i. 16; Ephes. vi. 12; Heb. ii. 14.

out this discourse as the qualification, on our part, for eating the Bread of life, must ultimately, if it be a true implicit faith, such as that of the Apostles, fasten itself upon Christ giving to us His Flesh and Blood.

It must be a humble and devout faith, willing to receive Christ, not through His Godhead or His Spirit, but through His Flesh and Blood, the lower part of His lower nature.

If the Faith mentioned throughout this discourse has to do with the subject of this discourse, then it must follow Christ as He enunciates one deep truth after another, and receive each one, and not stop short till He comes to an end, which He does when He says, "Except ye eat the flesh of the Son of Man and drink His Blood, ye have no life in you." If then our faith is to be what many call a "self-appropriating" faith, it must appropriate to itself what Christ here sets forth to be received, which is His Flesh and Blood.

And now we have to answer the question, Has our Lord provided any means, in the faithful use of which we can partake of His Flesh and Blood for the purposes set forth in this discourse?

The New Testament, taken by itself, would lead us to believe that the Flesh and Blood of Christ and the accompanying benefits are actually given to us in one ordinance, and in that alone; for in the references to that ordinance, and that only, have we the salient words of this discourse reproduced. This ordinance, of course, is the Eucharist or Breaking of Bread, which was ordained at the hour when Christ actually gave His Flesh and Blood, which was immolated within twenty-four hours after as a Sacrifice.

The words of Institution of the Eucharist and the words of St. Paul in 1 Cor. x. and xi. which refer to them, and are founded upon them, are the only passages in which there is any allusion to this eating of the Flesh and drinking of the Blood of the Son of Man. Christ is set before us in the rest of the New Testament in every possible relation of love to us. He is set forth as the Husband of the Church, its Head, its Shepherd, its Priest and Intercessor, above all its Life, but never as its Bread or its Food, except in connection with the Communion of His Body and Blood. Never is the reception of His doctrine, or the contemplation of His Goodness, or the abiding in His Body or Church, or trust in His Righteousness, called by such terms as "eating Him as the Living Bread," or

54 ᵃ Whoso eateth my flesh, and drinketh my blood, hath eternal life; and I will raise him up at the last day.   ᵃ ver. 27, 40, 63. ch. iv. 14.

"eating His Flesh." So that if this discourse be not the setting forth of a blessing which it is the will of God that we should receive in the devout reception of the Eucharist, then its most salient words fall to the ground.

And the converse, if it may be so called, is equally true, that if the Eucharist be not the correlative and fulfilment of this discourse, then the Lord gave to the disciples the Eucharistic Food without a single word to prepare them for it. He said, " Take eat, this is my body," without a word to explain why they were to do such a thing as eat His Body.

How is it then that so many professed believers in Christ and in the Inspiration of Holy Scripture formally repudiate any connection worth speaking of between this discourse and the Eucharistic Rite? It cannot be because of the teaching of the New Testament, but simply because of the present state of the Church, or rather of one part of Christendom, in which it is supposed that many Christians have a realizing or self-appropriating faith in our Lord, altogether apart from Eucharistic Reception; and even the greater part of those who do receive Holy Communion, have no belief that it is anything more than a means of reminding ourselves of His Love. They look not for, and in many cases would repudiate, any benefit of a kind different from what they would receive by hearing a sermon on the Death of Christ.

But surely it is most perilous to make our own unbelief, or that of the majority of any particular age or part of the world, the measure of God's dealings. In the Pentecostal Church, and for centuries afterwards, there would be no difficulty, for every one who believed, we may say naturally, and as a matter of course, received the Eucharist; and if any one for the sake of discipline was debarred from it, it was considered both by the Church and by the man himself, if he had any faith or repentance, as tantamount to his separation from Christ.

But this and one or two other matters I shall examine more fully in an excursus.

54. "Whoso eateth my flesh, and drinketh my blood, hath eternal life; and I will raise him up at the last day." In this verse the

55 For my flesh is meat indeed, and my blood is drink indeed.

55. "Meat indeed .... drink indeed" should be rendered, ",truly meat" and "truly drink," or, if B., C., L., and most editors (including Tischendorf and Westcott and Hort) be followed, "true meat" and "true drink." ℵ, D., T., Δ, Λ, later Uncials, most Cursives, most Old Latin, Vulg., and all Syriac, read "truly" or "indeed."

Lord repeats with reference to eating His Flesh and drinking His Blood, what He had said in other parts of the discourse respecting the eating of the Bread of life. He had spoken in verse 27 of the meat that endureth unto everlasting life; in verse 32, of God giving men the true bread, *i.e.*, true in contrast with the Manna; in verse 39, of raising from the dead all that His Father had given to Him; in verse 40, of raising from the dead every one that "seeth the Son and believeth on Him;" in verse 44, of raising from the dead all that "were drawn to Him of the Father." Now He says of those that eat His Flesh and drink His Blood, that He will "raise them up at the last day." If then, according to common-sense, we are to interpret the former part of the discourse by that part to which it leads up, then when God gives to men the true Bread, He gives them the Flesh and Blood of His Son. Those whom He gives to His Son, He so draws to Him that they "eat His Flesh and drink His Blood;" and he that effectually "seeth the Son and believeth on Him," is led by God to "eat His Flesh and drink His Blood"—in other words to obey in a spirit of faith, and of loving and holy remembrance, His Son's last command.

If the discourse be one connected whole, the persons mentioned in these various verses as raised up at the last day must be the same, and be raised up because they partake of the same Living Bread with the same inward faith and, in ordinary circumstances, under the same outward forms.

55. "My flesh is meat indeed [or truly meat], and my blood is drink [or truly drink]. Here evidently verses 32 and 33 are referred to. "My Father giveth you the true bread from heaven." The reference is not so clear in our translation as in the original. My Flesh is truly meat, or, according to some MSS., "true" meat, answering to "My Father giveth you the true bread."

56. "He that eateth my flesh, and drinketh my blood, dwelleth in me, and I in him." In this verse we have the first instance of that remarkable language which reappears in the latter part of the Gospel, and is dominant throughout St. Paul's Epistles, that there is, or can

56 He that eateth my flesh, and drinketh my blood, ^r dwelleth in me, and I him. r 1 John iii. 24. & iv. 15, 16.

57 As the living Father hath sent me, and I live by the Father: so he that eateth me, even he shall live by me.

---

56. D. has here a considerable addition. " As the Father in me, and I in the Father. Verily, verily, I say unto you, except ye receive the Body of the Son of Man as the Bread of Life, ye have not life in Him." There is, however, no other authority worth speaking of for it.

57. By ... by. "Because of" (Revisers); *propter patrem –propter me* (Vulg.).

be, a mutual indwelling between Christ and the Christian; Christ in the believer, and the believer in Christ. This is here first said by way of promise. But in chap. xv. it is declared to be in fulfilment, "I am the true vine, ye are the branches," "He that abideth in me and I in him," &c. The apostles in the latter chapters of this Gospel are repeatedly said to be "in Christ," and have to "abide in him." Now it is to be noticed that they are never said to be "in Christ" till they have received at His Hands the Sacrament of His Body and Blood, for their being "in" Christ is first said of the apostles in chap. xv., just after they had received it.

Again, the same truth is so constantly set forth in St. Paul's Epistles, that to be "in" Christ may not unfitly be described as the characteristic phrase of the Apostle. All the Christians to whom he writes are assumed to be "in Christ." But what is the pledge of this? The Apostle distinctly tells us that the means or pledge is sacramental. "The cup of blessing which we bless, is it not the communion of the Blood of Christ? the bread which we break, is it not the communion of the Body of Christ? For we being many are one bread and one body, for we are all partakers of that one bread." (1 Cor. x. 16, 17.) How can the partaking of one bread [or, rather one loaf] make men in all parts of the earth one body, for the bread of each assembly is different, not only made of different grains, but sometimes of different sorts of grain? Only because it is not mere bread, but has an Inward Part which is always the same everywhere, being the Body of the Lord.

57. "As the living Father hath sent me, and I live by the Father: so he that eateth me, even he shall live by me." The true and faithful feeder on Christ lives morally, spiritually, and eternally by the Life of God Himself, the fountain of all life. For the Son lives

58 ^aThis is that bread which came down from heaven: not as your fathers did eat manna, and are dead: he that eateth of this bread shall live for ever.

^a ver. 49, 50, 51.

---

58. "Your fathers;" perhaps, "*the* fathers" (א, B., C., L.); but Vulgate and Syriac, and most other authorities, as in A. V.

"Manna" omitted by א, B., C., D., L., and some versions; retained by later Uncials; all Cursives except 33, Old Latin, Vulg. and Syriac.

---

by the Life communicated to Him by the Father, and he who effectually partakes of Christ, lives by the same life communicated to him through the Flesh and Blood of the Son.

58. "This is that bread which came down from heaven ... live for ever." The Lord ends with an assertion which binds the whole discourse together as having one meaning, and referring to one thing. "The bread which cometh down from heaven (v. 33), which is infinitely above that which "your fathers" did eat (v. 32), which will endue the eater with such life that he will live for ever, is that which I have in Myself, in My Flesh and Blood, set before you."

Such is this discourse, dealing with the greatest mystery next to that of the Godhead itself, even the communication of the human nature of Christ to all in Him. We of the Church of England have by God's mercy and grace an authoritative guide in this matter, for we have an Eucharistic service which very plainly identifies the mysterious Blessing of this discourse with that which God intends us to receive in the Eucharist. The Church of England teaches that God the Father hath given His Son our Saviour Jesus Christ, " not only to die for us, but also to be our spiritual food and sustenance in that Holy Sacrament: " she teaches us that " the benefit is great if with a true penitent heart and lively faith we receive that Holy Sacrament, for then we spiritually eat the Flesh of Christ and drink His Blood—we dwell in Christ and Christ in us." (John vi. 56.) "We are one with Christ, and Christ with us." (1 Cor. x. 16, 17.) In the prayer of humble access just before the consecration, we pray that we may "so eat the flesh [the special term of John vi.] of the Son of Man and drink his blood ... that we may evermore dwell in him and he in us." Each element is separately given, on the faith of our Lord's promise, that those who eat His Flesh and drink His Blood have " eternal life, and he will raise them up at the last day," for they are given to us with the

59 These things said he in the synagogue, as he taught in Capernaum.

words, "the Body of our Lord Jesus Christ ... the Blood of our Lord ... preserve thy body and soul unto everlasting life." Again, we thank God, after receiving, that He doth feed us with "the spiritual food of the most precious Body and Blood," and "doth assure us thereby that we are very members incorporate in the mystical Body of His Son," thereby claiming the words of our Lord in verse 56, and the doctrine of St. Paul in 1 Cor. x. 16, 17, as referring to the Eucharistic participation. And what is very striking indeed as to the mind of the Church of England, the wise and merciful words of the rubric at the end of the Sick Communion Office, respecting spiritual feeding being accepted by God where actual Eucharistic partaking is impossible, prove the rule whilst laying down the exception: "But if a man, by reason of extremity of sickness, ... or by any other just impediment, do not receive the Sacrament of Christ's Body and Blood ... if he do truly and earnestly repent him of his sins, and steadfastly believe that Jesus Christ hath suffered death upon the cross for him ... he doth eat and drink the Body and Blood of our Saviour Christ profitably to his soul's health, although he do not receive the Sacrament with his mouth." So that there cannot be the smallest doubt as to the mind of the Church of England with respect to the direct reference of this discourse to the Eucharist.

If the thought occurs to us, as it seems to occur to many, that it is unworthy of God to give us some great spiritual gift under so lowly a guise as an outward rite, let us remember that the Holy Eucharist is not an outward rite but a Sacrament, and so the outward part or sign of an Inward Part, which Christ Himself has joined to it; that it was given to us by Christ when He gave Himself as the true Passover Lamb for us; and, above all, that it is the Sacrament of the Unity of the Mystical Body. It is undoubtedly the design of God that we should receive the blessings of Redemption, not as separate units only, but as members of a Mystical Body or Fellowship, and it seems consonant to this that we should receive these blessings in the devout and faithful reception of that Sacrament which assures us that we are in that unity.

59. "These things said he in the synagogue, as he taught in Capernaum." "These things" must mean this whole discourse, for

60 Many therefore of his disciples, when they had heard this, said, This is an hard saying; who can hear it? 61 When Jesus knew in himself that his disciples murmured at it, he said unto them, Doth this offend you? 62 *What* and if ye shall see the Son of man ascend up where he was before?

t ver. 66. Matt. xi. 6.

u Mark xvi. 19. ch. iii. 13. Acts i. 9. Eph. iv. 8.

---

60. "Hard saying;" *i.e.* the saying respecting eating His Flesh. It refers to the culminating words of the discourse, at which alone they stumbled.

"Hear it;" perhaps, " hear *him;* " *quis potest eum audire?* (Vulg.)

62. "What and if," &c. This may be paraphrased, " If then ye see the Son of Man ascend up where He was before, what will ye think? how much more will ye be offended?" See below.

there is not the slightest hint of any break in it. The Jews who, in verse 25, found Him, would have very probably found Him in the Synagogue, where it was His constant habit to preach and teach, and where the teaching was often interrupted by questions.

60. " Many therefore of his disciples . . . hard saying; who can hear it? " Here we have the unbelief extending to the circle of the disciples—not, of course, to the twelve. They felt it to be a hard saying, and they stumbled at it. This was natural, but not the less foolish and sinful; for if they had been His disciples in very deed, they must have accepted Him as the Messiah. But it was folly to accept a man as specially sent from God as the Messiah, Who was to be the fulfilment of a long series of promises, and to question His words. If they believed Him to have " come from God," the only faith worthy of Him was implicit, unquestioning faith. They might have known that an ambassador coming direct from the Eternal and Infinite God was likely to declare things far above them, and they might have waited His time for the solution.

61. "When Jesus knew in himself . . . Doth this offend you?" From this we gather that these half-believing disciples murmured in, or among, themselves, instead of coming to Him to remove any difficulty then capable of explanation, and so help them to believe. On another occasion, the true disciples who believed implicitly had come to Him with the prayer, " Lord, increase our faith." And these should have done the same.

62. " What and if ye shall see the Son of man ascend up where he was before? " This could be taken, and was possibly intended to be

63 [x] It is the spirit that quickeneth; the flesh [x] 2 Cor. iii. 6.

taken, in one of two ways—first, as showing those who took the gross and carnal view (viz., that the Lord meant that His Flesh was to be eaten as any other flesh is eaten), that the belief in any such view would be rendered impossible by His Ascension. If He ascended into heaven, His Body could not be given and eaten naturally; and so they must either take a better and higher view, or cease to be His disciples at all.

But to those who had any belief that He spake of heavenly and spiritual realities, it would be a help, for it would exalt the whole matter into a higher sphere, and render that possible to be received by faith which never could be apprehended by sight. As long as Christ continued on earth men never would be able to realize Him as able, as the last Adam, to enter into the closest union with every man. He must first ascend into heaven in a spiritualized and glorified Body, if men are, in any spiritual way, to partake of His Nature as the Second Man.

63. "It is the spirit that quickeneth; the flesh profiteth nothing." It is impossible that the Lord can here intend to undo all that He had said before. Why should He have said, "the bread that I will give is my Flesh," if His Flesh in no sense profits? There is a noble passage in St. Augustine, which seems to leave nothing to be desired in the way of explanation: "Let us say to Him, O Lord, good Master, how is it that the Flesh profiteth nothing, when Thou hast said, Except a man shall eat my Flesh, and drink my Blood, he shall not have life in him? Doth life profit nothing? And for what are we what we are, but that we may have life eternal, which Thou, by Thy Flesh, dost promise? Then what is ' the Flesh profiteth nothing?' Profiteth nothing; yea, but as they understood it: for they understood the Flesh, so as it is divided piecemeal in a dead body, or as sold in the shambles, not so as it is quickened by the Spirit. Therefore, 'the flesh profiteth nothing,' is said in like manner as it is said, *knowledge puffeth up*. Ought we then straightway to hate knowledge? God forbid. And what is *knowledge puffeth up?* Of itself, without charity. Add, then, to knowledge charity, and knowledge shall be profitable, not through itself, but through charity. So, likewise now, 'the flesh profiteth nothing,' yea, but the Flesh by itself; let the Spirit be added to the Flesh, as charity is added to knowledge, and it profiteth very

profiteth nothing: the words that I speak unto you, *they* are spirit, and *they* are life.

---

63. "I speak;" rather, "have spoken." So ℵ, B., C., D., K., L., U., Π, fifteen Cursives, old Latin, Vulg., and Syriac (Cureton and Peshito), and most editors; but most later Uncials and Cursives as in Received Text. (A. wanting.)

much. For if the Flesh profiteth nothing, the Word had not been made Flesh, that It might dwell in us. If by means of the Flesh Christ hath much profited us, how profited the Flesh nothing? But the Flesh was the means whereby the Spirit acted for our salvation. The Flesh was a vessel : mark what it *had*, not what it *was* " . . . and he concludes " so as those Jews understood the flesh, not so give I my Flesh to be eaten."

"The Flesh," Augustine says, "was the means." Christ offers to us the elements of His lower Nature of flesh, that through them we might partake of His higher Nature, His spiritual and eternal life. Godet, who takes by no means a sacramental view of the whole discourse, has here a valuable remark : " The Event of Pentecost was the reality which Jesus, throughout this discourse, was promising: it was by means of the Spirit that the promises (53-58) would be realized. This explains the singular analogy between the terms of verse 56 and those of chapter xiv.-xviii. Only that we may not attribute to the explanation given by Jesus the character of a retractation, we must remember that our Lord, by communicating Himself to us by the agency of His Spirit, INCORPORATES US INTO HIS WHOLE NATURE. St. Paul develops in the same sense the idea of the Second Adam as 'a quickening Spirit.' (1 Cor. xv. 45.) But it is not merely the identical expression 'quickening' (or life-giving) 'Spirit' which connects these passages (John vi. and 1 Cor. xv.), but especially that corporeal resurrection to which Jesus so frequently recurs in this address, and which is the principal subject of this chapter of St. Paul."

" The words that I speak unto you, they are spirit, and they are life." The Lord does not mean *any* words of His, though all His words tend to Life and Salvation, but He means the particular words which He had spoken in the discourse now brought to a close : according to the best reading, " I have spoken," not " I speak."

But the words which He means are not words striking on the outward ear, but words received, believed, and devoutly pondered. The meaning seems to be this : The Flesh of Christ, whether given

64 But ʸ there are some of you that believe not. For ᶻ Jesus knew from the beginning who they were that believed not, and who should betray him.

ʸ ver. 36.
ᶻ ch. ii. & xiii. 11.

---

in the Eucharist, or (exceptionally) out of it, cannot be received by a man spiritually dead or an unbeliever. There must be, at least, the beginning of life in the human subject, for food cannot be given to a corpse, but to one who has some life to receive it and digest it. And the words of Christ in this discourse give spirit and life to the soul, because, if faithfully received, they will excite the soul to desire the living Bread, and to believe that that bread is given in the way which Christ has here set forth, not through the communication of His higher nature, but through the partaking of His lower, His human nature, in its lower elements of flesh and blood.

The promise of this discourse is the reception of Christ's Life through His Flesh and Blood. The words of Christ are not Flesh and Blood, but if received devoutly and with implicit faith, they will give life to the soul, so that it has power to receive the Flesh of Christ to salvation.

So that many commentators (learned and Christian men though they be) know not what they do when they separate this discourse from the Eucharist, and deny its reference to the most sacred Thing there offered to our acceptance: for in any eating of Christ's Flesh, or of what is given to us as the Sacrament of His Flesh, these particular words of Christ, and no other, must be apprehended if we would eat and drink worthily, discerning the Lord's Body.

We of the Church of England (as I have shown) have the inestimable advantage or having our souls fixed on these words, when we approach the Sacrament of the Lord's Body and Blood. The words of Christ here, respecting receiving His Flesh and Blood, and the words of Institution as recorded in the Gospels, are the instruments of the Spirit, whereby He quickens our desires after the heavenly Food, and fastens our faith on the Consecrated Elements as the ordained Medium of its conveyance.

64. "But there are some of you that believe not." What is this "believing not?" Evidently not believing in the words which Christ had been uttering, and, if not believing in His *words*, not really believing in Him.

"Jesus knew from the beginning," &c. Jesus from the beginning

65 And he said, Therefore ª said I unto you, that no man can come unto me, except it were given unto him of my Father.

ª ver. 44, 45.

66 ¶ ᵇ From that *time* many of his disciples went back, and walked no more with him.

ᵇ ver. 60.

---

66. "From that time;" rather, "Upon this." So Alford and Revisers:—"Upon their hearing these last words of this discourse."

of His words was reading the hearts of all around Him, the hearts of His enemies, of His professed disciples, and of His real disciples. He watched the effect of His words, and He saw how first they stumbled at one thing, then at another, and that there was one who, whilst still adhering to the little company of implicit believers, would even betray him.

65. "And he said, Therefore said I unto you, that no man can come unto me," &c. Are these words like former similar words said in condemnation, or in mitigation? We have more difficulty in answering this question now than before, for Jesus now contemplates the falling away, not of the multitude, but of disciples, disciples who had even hitherto "walked" with Him. And yet they may be taken as said in mitigation, as we believe the former were. Just as none could come to Christ and believe in Him at all without being led by God, so especially was it with those who had a simple, childlike, implicit, and enduring faith: such as, notwithstanding all drawbacks, the twelve, or rather the eleven, had. These were the peculiar gift of God to His Son, to be, not only His disciples, but His representatives, and the founders of His Church. But such were few, very few indeed, and intended by God to be very few, because it was the design of God to build His Church not upon the many, but upon a very few.

66. "From that time many of his disciples went back, and walked no more," &c. From this we gather that, besides the twelve, there were other disciples who might be said to "walk" with Him. Such were those who are mentioned in Acts i. 21, as having "companied" with Jesus and the Apostles. Does this "walking no more" indicate final apostasy? I think not. The demands made on the faith, the devotion, and the self-denial of the twelve were very great, and they required a very special keeping on Christ's part; so great that He mentions it to His Father in the great Intercession, as if He had

WILL YE ALSO GO AWAY? 183

67 Then said Jesus unto the twelve, Will ye also go away?

68 Then Simon Peter answered him, Lord, to whom shall we go? thou [c] hast the words of eternal life.   [c] Acts v. 20.

69 [d] And we believe and are sure that thou art that Christ, the Son of the living God.   [d] Matt. xvi. 16. Mark viii. 29. Luke ix. 20. ch. i. 49. & xi. 27.

---

67. "Will ye also?" *i.e.* "Desire ye also to go away?" *numquid et vos vultis abire?*
69. "We believe and are sure." "We have believed and know" (Alford and Revisers); *credidimus* (Vulg.).
"Thou art that Christ;" rather, "*the* Christ."
Instead of, "the Christ, the Son of the living God," א, B., C., D., L., read, "Thou art the Holy One of God;" but the Vulgate, both Syriacs (Cureton and Peshito), most later Uncials and Cursives, and most versions, read as in Authorized; Vulg. omits "living." Either expression denotes the closest relation of Christ to God as demanding the most implicit faith.

fulfilled it as a special task laid upon Him [xvii. 12]. We trust that after Pentecost some of these might be brought into the Church.

67. "Then said Jesus unto the twelve, Will ye also go away?" There is a touching appeal in these words, as if many were deserting, and He felt that it could only be strong personal feeling which would retain the twelve. "Will ye—ye who have known Me so well, seen all My life, heard all explanations of hard sayings—will ye at at once require to know all, and take nothing on My word?"

68. "Then Simon Peter answered him . . . . words of eternal life." He had revealed to them themselves. He had given to them some glimpses of His own greatness, and of the wondrous things He had in store for the world and for the Church. They could not go back. They must go to some one. "To whom shall we go? Who is like unto Thee? Thou hast the words of Eternal Life." Here, again, notice the correspondence between their faith and what Christ had just taught. He had summed up with, "The words that I speak unto you, they are spirit and they are life," and they re-echoed this, "Thou hast the words of Eternal Life, as Thou hast said."

69. "And we believe and are sure that thou art that Christ, the Son of the living God." This is parallel to St. Peter's and their confession in Matth. xvi. 16, and is a confession of their faith in what He has said throughout this discourse, of the Father being His Father, of His having been given by God from heaven, of His being "of God" and having "seen the Father." This was the

70 Jesus answered them, *Have not I chosen you twelve,
and one of you is a devil.

* Luke vi. 13.
f ch. xiii. 27.

71 He spake of Judas Iscariot *the son* of
Simon: for he it was that should betray him, being one
of the twelve.

70. "You twelve;" rather, "you the twelve."
71. "Judas Iscariot the son of Simon." B., C., G., L., 33, Vulg. (Cod. Amiat.), read,
"Judas the son of Simon Iscariot;" but later Uncials, and almost all Cursives, as in Received Text.

ground of their implicit faith. It was with them the first principle
of all, that if God sent His own very Son they must receive and
believe His every word. Such is implicit faith. It is not unreasoning, but it acknowledges a Supreme Reason which alone knows
all needs and sees things as they are; and this Reason was no
other than the Logos, now before them.

70. "Jesus answered them, Have I not chosen you twelve, and
one of you," &c. We shall, hereafter, enter into the deep mystery
of the choosing of Judas, and what is revealed respecting the foreknowledge of his treachery.

CHAP. VII.

AFTER these things Jesus walked in Galilee: for he

In the two following chapters (vii. and viii.) we have the Lord's
visit to Jerusalem at the time of the Feast of Tabernacles, about
six months after the Passover Season in which he had delivered the
discourse in the synagogue in Capernaum.

These chapters are mainly occupied with a discourse which is
virtually a continuation of that recorded in chap. v., and which,
notwithstanding many interruptions and digressions, maintains
throughout a certain unity of thought and purpose.

This discourse is of the same character as many, if not all, of our
Lord's utterances in this Gospel. It is wholly from the Divine

would not walk in Jewry, ª because the Jews sought to kill him. ª ch. v. 16, 18.

---

1. "In Jewry." "In Judæa." As precisely the same word is translated by the usual word Judæa in verse 3, it is difficult to understand how the translators of 1611 retained this word.

standpoint, and so is addressed to implicit faith. The Lord speaks here, as in chapters iv., v., vi., as the "Verbum caro factum," the Eternal Son, Who is in the bosom of the Father. I cannot see, with many commentators, that the astonishing sayings of Jesus which are preserved in these chapters, are related for the purpose of revealing the progress of faith and unbelief side by side in the people of Jerusalem or their rulers. The contents of the discourse, the things which the Lord in them says of Himself, are more than sufficient to account for their being brought by the Spirit to the remembrance of the Evangelist, and recorded by him for the purpose of establishing the faith of the Church. Consider some of the things which Christ here says of Himself. "I go unto Him that sent Me." "He that believeth on me, out of his belly shall flow rivers of living water." "I am the light of the world." "I know whence I came and whither I go." "Ye are from beneath, I am from above." "If ye believe not that I am He, ye shall die in your sins." "Your father Abraham rejoiced to see My day." "Before Abraham was, I am." Such a discourse making known such things must have been revealed for its own sake, and not for the purpose of recording the fluctuations in the faith or unbelief of the inhabitants of Jerusalem.

Of course such assertions called forth opposition and anger in all who had not implicit faith in Him as the Sent of God: but it was far better that they should manifest opposition and wrath than indifference and contempt. The opposition, like that of Saul of Tarsus, might, after the Son of man was lifted up, be changed into loving discipleship, but indifference is more hopeless, more insolent, and in the case of our Lord's countrymen must have arisen from a more callous or utterly frivolous state of moral feeling.

1. "After these things Jesus walked . . . because the Jews sought to kill him." By this He showed His people an example that they are not rashly to court danger, but rather avoid it, unless to face it is clearly in the path of duty.

2 ᵇNow the Jews' feast of tabernacles was at hand.

3 ᶜHis brethren therefore said unto him, Depart hence, and go into Judæa, that thy disciples also may see the works that thou doest.

4 For *there is* no man *that* doeth any thing in secret, and he himself seeketh to be known openly. If thou do these things, shew thyself to the world.

5 For ᵈneither did his brethren believe in him.

ᵇ Lev. xxiii. 34.
ᶜ Matt. xii. 46.
Mark iii. 31.
Acts i. 14.
ᵈ Mark iii. 21.

---

2. Translated by the Revisers of 1881: "Now the feast of the Jews, the feast of Tabernacles was at hand." This rendering is made avowedly for the purpose of exalting the Feast of Tabernacles above other feasts, particularly the Passover. If any alteration is made, it should be rendered: "Now there was at hand the feast of the Jews, the Skenopegia," *i.e.* the Tabernacle one. The article in the original merely indicates which of the National Festivals it was, not emphasizing it as *the* feast of the Jews, to the disparagement of others.

5. "Neither;" rather, "not even" (Alford and Revisers).

2. "Now the Jews' feast of tabernacles was at hand." Or, feast of In-gathering. One of the three great feasts—apparently called by Josephus the greatest—but the Passover, both from the nature of the deliverance it commemorates, and from the far greater deliverance which it foreshadows, must of necessity be accounted the greatest. From Josephus' own account there must have been a vastly greater number of strangers in the city at the latter feast than at the former. If the Jews made this feast their greatest one, it was another sign of their deep degradation in preferring the mere animal joy of this feast before the deeply religious associations of the Passover, because, no doubt, of the greater austerity of the latter. The Lord evidently gives by far the greater honour to the Passover. The ritual of the feast is to be found in Numbers xxix. 12-40.

3, 4, 5. "His brethren therefore . . . no man that doeth anything in secret . . . believe in him." When it is said that His brethren did not believe in Him, it is not meant that they did not believe that His miracles were real, or that such signs did not signify that He was in some sense a messenger from God; but what they expected was a Messiah of this world, from whom, as His brethren, they should receive worldly advancement. They could understand an

6 Then Jesus said unto them, ᵉ My time is not yet come: but your time is alway ready.

7 ᶠ The world cannot hate you; but me it hateth, ᵍ because I testify of it, that the works thereof are evil.

ᵉ ch. ii. 4. & viii. 20. ver. 8, 30.
ᶠ ch. xv. 19.
ᵍ ch. iii. 19.

---

ambitious and self-asserting Messiah, but not One Who did mighty works in secret, and earnestly bade men "tell them to no man," and Who preferred to preach in Galilee and Peræa, and rather avoided Jerusalem, the centre of national and ecclesiastical life; and so they wavered respecting His claims, but above all things, they would have Him commit Himself to pretensions from which they hoped they might gain something.

Of course these men were not His uterine brothers, for, if so, it is impossible to conceive why, at His crucifixion, He should have committed His mother to the care of a comparative stranger, as St. John was, when it was the duty of her own children to provide her with a home.

6. "Then Jesus said unto them, My time is not yet come: but your time is alway ready. The world cannot," &c. Some have thought that the "time" here signifies the opportune time, the exact time for visiting Jerusalem, if not in safety, yet, at least, at a juncture when the minds of the multitude were less excited about Him than they seem to have been at the commencement of the feast.

"My time [for going up] is not yet come: but yours is alway ready. The world cannot hate you." This need not have been said in reproof of their worldliness or sinfulness, but simply as meaning that they had not put themselves forward to bear testimony against it as He had, having no direct call to do so. There may be, however, a deeper and further meaning. "My time for publicly asserting Myself and letting men see My works, will not be at this feast. It will be at a more solemn one, when the time shall have come for Me to depart out of this world to the Father." Thus Augustine: "They were giving Him counsel of getting glory, as in a worldly sort, and with earthly affection, advising Him that He should not remain unrenowned and hiding out of the way; this then that the Lord said in answer, 'My time is not yet come,' He said to them as [those who were] giving Him counsel respecting glory, 'The time of My glory is not yet come ... He would pre-

188   WHERE IS HE?   [ST. JOHN.

8 Go ye up unto this feast: I go not up yet unto this feast: [h] for my time is not yet full come.

[h] ch. viii. 20. ver. 6.

9 When he had said these words unto them, he abode *still* in Galilee.

10 ¶ But when his brethren were gone up, then went he also up unto the feast, not openly, but as it were in secret.

[i] ch. xi. 56.

11 Then [i] the Jews sought him at the feast, and said, Where is he?

[k] ch. ix. 16. & x. 19.

12 And [k] there was much murmuring among

---

8. "This." The word "this" doubtful. Omitted by B., D., K., L., old Latin, and Egyptian versions; inserted by later Uncials, Vulg., and Syriacs.

"Yet" omitted by ℵ, D., K., M., old Latin, Vulg., Syriac, &c.; inserted by B., L., later Uncials, some old Latin.

vent highness by lowliness, and to very loftiness pave the way by humility."

8. " Go ye up . . . I go not up [yet] . . . my time is not yet full come." If the word " yet " is genuine, this means that the time appointed to Him by the Father was not yet full come, but would shortly be. If it be not genuine, then the most probable significa- tion is, that Jesus, obeying the secret intimation of His Father, would not go up to that feast to keep it, as the rest of the Jews did; but, if He went up, would go to Jerusalem as a stranger might, to bear testimony to those there assembled, without taking part in their festal worship.

9, 10. " When he had said these words, he abode . . . but as it were in secret." Not openly, *i.e.*, not in one of the caravans or companies of pilgrims, but (as it were) in secret, probably not at- tended with the usual number of the disciples.

11. " Then the Jews sought him," &c. The Jews here are, no doubt, the ruling party of the Sanhedrim, mostly Pharisees, who sought Him for an evil purpose. Their conduct and its motive is the same as that mentioned in chapter v. 18, where it is said that " The Jews sought to kill him." They could do no more. Enmity such as that evinced in chapter v. could not be well increased or developed, though it might find better opportunities for accom- plishing its purpose.

12. "And there was much murmuring among the people." It was in all probability the manifestation of this difference of opinion

CHAP. VII.] MY DOCTRINE IS NOT MINE. 189

the people concerning him: for ¹ some said, He is a good man: others said, Nay; but he deceiveth the people.

13 Howbeit no man spake openly of him ᵐ for fear of the Jews.

14 ¶ Now about the midst of the feast Jesus went up into the temple, and taught.

15 ⁿ And the Jews marvelled, saying, How knoweth this man ‖ letters, having never learned?

16 Jesus answered them, and said, ᵒ My doctrine is not mine, but his that sent me.

<small>1 Matt. xxi. 46. Luke vii. 16. ch. vi. 14. ver. 40.
m ch. ix. 22. & xii. 42. & xix. 38.
n Matt. xiii. 54. Mark vi. 2. Luke iv. 22 Acts ii. 7.
‖ Or, *learning*
o ch. iii. 11. & viii. 28. & xii. 49. & xiv. 10, 24.</small>

---

which made the Jews see that it might be dangerous to apprehend Him; and so the Lord, after this, knew that He might speak openly, and proceeded to do so.

13. "Howbeit no man spake openly of him for fear of the Jews." Lest they should be put out of the synagogue (chap. ix. 22).

14. "Now about the midst of the feast . . . . the Jews marvelled . . . . never learned." The Lord taught in the Temple with that astonishing wisdom and power which made the officers who were sent to apprehend Him say, "Never man spake like this man," and it excited the wonder and admiration even of the "Jews." Being many of them Scribes, Doctors of the law, Pharisees, and Rabbis, such as Gamaliel, they were the better able to judge of the knowledge of Scripture, and power of application, and fertility of illustration which he displayed. Could it be that any of the older among them remembered the child of about twelve years of age at whose "understanding and answers," some twenty years before, they were so amazed? But such knowledge was to them as a miracle, for He had never "learned." He had never sat at the feet of any of their Rabbis, or attended their schools. Jesus, however, leaves them in no doubt as to the true source of all that He taught. It came direct from His Father.

16. "Jesus answered them, and said, My doctrine is not mine, but his that sent me." In these and the following words the reader will notice that the Lord carries on the discourse of chap. v. just where he had concluded it, as if no Galilean ministry of considerable length or teaching in the synagogue of Capernaum had

17 ᵖ If any man will do his will, he shall know of the doctrine, whether it be of God, or *whether* I speak of myself.

18 �q He that speaketh of himself seeketh his own glory: but he that seeketh his glory that

ᵖ ch. viii. 43.

ᑐ ch. v. 41. & viii. 50.

---

17. "Will do;" *i.e.* "willeth to do;" *voluerit voluntatem ejus facere* (Vulg.).
"Of myself." More properly, "from myself" (Revisers); *a me ipso* (Vulg.).

---

intervened. Just as in chap. v. He had said that He did nothing of Himself, He judged nothing, or no one, of Himself, and He witnessed not to Himself, so here He sets forth that His teaching or doctrine is not from Himself. And then He proceeds to reproduce the thoughts of the latter part of the discourse of chap. v., respecting not receiving glory from men, only the allusion is unfortunately not clear to the English reader, because in the authorized version the same word is rendered "honour" in v. 41, and "glory" in vii. 18. Then in verses 22 and 23 He alludes to the former charge that He had broken the Sabbath, and shows its futility by the administration of circumcision on the eighth day after birth, though that day be the Sabbath. So that, in point of fact, the discourse in chap. vii. is a continuation and supplement of that in chap. v., and its interruptions on the part of the Jews show us how the higher teaching of the Eternal Word was misapprehended and rejected because not received in perfect faith.

17. "If any man will [or willeth] to do his will, he shall know of," &c. This follows on the former verse. If Christ's doctrine be the Father's, then he who is most in accord with God—that is, he who is desirous to do the will of God—will be most ready to receive it. Our authorized version is very unfortunate in conveying the Lord's meaning by reason that it does not here, as in many other cases, render distinctly the Greek verb "to will." If any man willeth, *i.e.*, is really desirous or determined to do His will—if the man, by reason of the frailty of his nature, is unable actually and perfectly to do the will of God, yet, if he *wills* to do the will of God, he will be accepted, and taught of the truth of Christ's mission.

18. "He that speaketh of himself seeketh his own glory: but he that," &c. The Lord's words here may be true of all teaching, of what a man supposes to be his own, elaborated from his own mind,

sent him, the same is true, and no unrighteousness is in him.

19 ʳDid not Moses give you the law, and *yet* none of you keepeth the law? ˢWhy go ye about to kill me?

ʳ Ex. xxiv. 3.
Deut. xxxiii. 4.
John i. 17.
Acts vii. 38.
ˢ Matt. xii. 14.
Mark iii. 6.
ch. v. 16, 18.
& x. 31, 39. &
xi. 53.

---

and which is given out to be his own. The thoughts of such an one must centre on himself. The self-complacency which leads him to suppose that he is the sole original author of some truth will pursue him in his enunciation of it, so that he will desire all the credit of it. Not so with the Son of God. He absolutely disclaims what men call originality. He desires to be considered simply as the image and representation of His Father, and to deliver faithfully what He has received. Godet has a very good remark: "Verse 18 has the appearance of a general maxim; but the application of it by Jesus to Himself is very clear. To understand this reasoning, we have only to apply it to the Bible in general: in this book God, and God only, is glorified from the first page to the last. In this book man is constantly humbled; therefore this book is of God. It is the argument which, of all others, most directly reaches the conscience."

"There is no unrighteousness in him." This is true in its degree of every faithful deliverer of a message which he has received from another to deliver intact. In such a man there is no double-dealing, no concealment, no withholding of that which he is bound to deliver, through fear of losing popularity or destroying his credit with his party.

13. "Did not Moses give you the law . . . go ye about to kill me?" This may be taken in one of two ways. Either as accusing them of not being willing to do the will of God, and so of not only rejecting Him, but of seeking His Life. The will of God was set forth in the law of Moses, and yet none of them kept that law. They universally made it void by their traditions; and now they were going about to compass the death of an innocent man. What right had such persons, who observed neither the spirit nor even the letter of their law, to make their boast of Moses, and to glory in the mere possession of that which condemned them?

The second way has reference to verses 22 and 23, and may be

20 The people answered and said, ᵗ Thou hast a devil: who goeth about to kill thee?

21 Jesus answered and said unto them, I have done one work, and ye all marvel.

22 ᵘ Moses therefore gave unto you circumcision: (not because it is of Moses, ˣ but of the fathers;) and ye on the sabbath day circumcise a man.

ᵗ ch. viii. 48, 52. & x. 20.
ᵘ Lev. xii. 3.
ˣ Gen. xvii. 10.

---

22. "Therefore" omitted by Tischendorf on the sole authority of ℵ.

expressed thus: Moses gave you the law, and yet ye of set purpose disobey the law of the Sabbath in the matter of circumcision, for if the eighth day after a male child is born happens to be the Sabbath, ye circumcise him, notwithstanding the law of doing no work on the Sabbath. If ye then make a precept of the decalogue yield to an older law delivered to the fathers long before, why do ye blame Me because I, by a single word, made a man " every whit whole on the Sabbath?" If the law of the fathers is older than the law of the decalogue concerning the Sabbath, and so takes precedence of it, the law of mercy is older still. Probably there is a reference to the pain of circumcision and the trouble which its administration would cause in any household. "If ye, on the Sabbath, perform a rite which requires the infliction of pain in the cutting off of a part of the body, and the shedding of blood, why are ye angry with me because, by a single word, accompanied with no pain or trouble whatsoever, I made a man perfectly whole on the Sabbath?"

20. "The people answered and said, Thou hast a devil: who goeth," &c. The mass of the people then standing around Him were ignorant of the murderous designs of the leaders, and so took these words as said to them, and accused our Lord of madness—"Thou hast a devil;" just as elsewhere they say, "He hath a devil, and is mad," most cases of lunacy being put down to possession by evil spirits.

21. "Jesus answered and said unto them, I have done one work, and," &c. This verse is important, as showing the deep and lasting impression which the healing by the pool of Bethesda had made on the people. The impression was deepened by the accusation of the Jews that it was done on the Sabbath, and by the discourse which arose out of it, which brought on our Lord the charge of blasphemy. The word translated "therefore" might be rendered

23 If a man on the sabbath day receive circumcision, || that the law of Moses should not be broken; are ye angry at me, because ʸ I have made a man every whit whole on the sabbath day?

24 ᶻ Judge not according to the appearance, but judge righteous judgment.

|| Or, *without breaking the law of Moses.*
ʸ ch. v. 8, 9, 16.
ᶻ Deut. i. 16, 17. Prov. xxiv. 23. ch. viii. 15. James ii. 1.

"on account of this," and be taken as belonging to the former verse, "Ye all marvel on account of this." But though this gets rid of a difficulty, it does so at the expense of a better and more probable, though not so obvious, meaning. "On account of this, *i.e.*, to teach you that a lower law must yield to a higher one, Moses, from whom you received the first definite precept respecting keeping the Sabbath, gave you the covenant rite of circumcision, not as being his own, but taking up an older ordinance of God. Both, then, stand on his authority—both are embodied in his law; but ye, my accusers, rightly make the one yield to the other, and this was God's intention, in giving circumcision through Moses, that ye should make the lesser precept, even in His law, yield to the greater." Circumcision, and with it the mode and day of administering it is, in one respect, far greater than the Sabbath, because it is the sign and seal of that covenant of which the Sabbath observance is only a part. The law of circumcision was, in one respect, the first of all laws, because it made a Jew a partaker of the covenant of Abraham, and brought him into God's family, so that he might be a "debtor to keep the whole law. In what I have done, then, in making a man by a single word whole on the Sabbath, I have asserted a principle contained, by designed implication, in your own law, that one law may yield to another, and so ye have no reason to be angry with Me because I have made the law of mercy supersede all other laws."

24. "Judge not according to the appearance," &c., that is, superficially, as you do if, on hearing of My having healed a man on the Sabbath, ye condemn Me without asking how I did it. But "judge righteous judgment," judge fairly and equitably, remembering that by your own law, the law of the Sabbath's rest must yield to the law of God's covenant with your fathers, and much more to God's law of mercy.

25 Then said some of them of Jerusalem, Is not this he, whom they seek to kill?

26 But, lo, he speaketh boldly, and they say nothing unto him. ^aDo the rulers know indeed that this is the very Christ?

27 ^bHowbeit we know this man whence he is: but when Christ cometh, no man knoweth whence he is.

^a ver. 48.

^b Matt. xiii. 55. Mark vi. 3. Luke iv. 22.

---

26. "Do the rulers know indeed?" "Have the rulers come to know indeed?" &c. (Alf.). "Can it be that the rulers indeed know?" (Revisers).

25, 26. "Then said some of them of Jerusalem . . . the very Christ." "Some of them of Jerusalem," *i.e.*, citizens of the holy city, and not merely pilgrims come from a distance to keep the feast. Such men would be more familiar with the designs of the rulers against the Lord's life.

"Is not this he, whom they seek to kill? But, lo, he speaketh boldly, and they say nothing unto him." The next clause should be rendered, Have the rulers come to know indeed that this man is the Christ? for such is the meaning of the question. If they had, by some means, found out that this is the Christ, they would, of course allow Him to speak thus openly, not otherwise.

27. "Howbeit we know this man whence he is." They thought they knew all about the origin and extraction of Jesus. Is not this Jesus, Whose father and mother we know? They knew, as they supposed, His family and native town, knowing that He had worked under Joseph, and spent all His youth in Nazareth.

"But when Christ cometh," &c. There were many prophecies which set forth the mysterious origin of the Messiah, as particularly, Isaiah liii. 8, "Who shall declare his generation?" and even the prophecy which named the place of His birth, speaks of "his goings forth having been from old, of everlasting" (Micah v. 2). The words are taken by many commentators as referring to an ancient tradition of the Jews that the Messiah, after having been born in Bethlehem, would live in concealment till His anointing by Elias, and would then be manifest: which tradition seems to have been founded on true prophecy, but in what sense true they knew not.

28 Then cried Jesus in the temple as he taught, saying, ᶜ Ye both know me, and ye know whence I am: and ᵈ I am not come of myself, but he that sent me ᵉ is true, ᶠ whom ye know not.

29 But ᵍ I know him: for I am from him, and he hath sent me.

ᶜ See chap. viii. 14.
ᵈ ch. v. 43. & viii. 42.
ᵉ ch. v. 32. & viii. 26. Rom. iii. 4.
ᶠ ch. i. 18. & viii. 55.
ᵍ Matt. xi. 27. ch. x. 15.

---

29. "But" omitted by B., L., later Uncials, some old Latin, Vulg.; retained by ℵ, D., some old Latin and Syriac (Peshito and Cureton).

28. "Then cried Jesus in the temple as he taught, saying, Ye both know me," &c. That is to say, as Augustine explains it, "Ye both know Me, and know Me not." Ye know My form and features, and My manner of life, but Who I really am, the Eternal Son of God, ye know not. Ye know whence I am, that I am of the household of Joseph, and have lived in Nazareth, but my real Divine Origin ye know not, "for I am not come of myself." I came not as one coming into existence, but as one already in existence, and sent by Another.

"He that sent me is true." This has been variously explained. Some modern expositors take it as meaning, "He that sent me is real, the most real of beings," but surely this would make the Lord answer the thinly-veiled atheism of modern Agnostics, not the unbelief of the Jews. In a way, the very opposite to this, Cyril explains it as if the Lord referred to God as the God of truth, in opposition to Satan as the father of lies. "I am not come of myself, nor mine own messenger, like you, but I am come from heaven: true is He that sent Me, not like your lie-loving sender the Devil, whose spirit ye, receiving, are bold to prophecy falsely. True is he that sent Me, but he that stirreth you up to invent words from God, is not true." The best meaning seems to be, He is the true and faithful God, Who has fulfilled in Me truly and faithfully His own promises made to Abraham and David, that He would send the Messiah for the salvation of men.

"Whom ye know not," because ye are not of the truth, If ye were true—true to your consciences—true to your religion—true to your covenant, ye would be taught to know God, and to know Me as coming from God.

29. "But I know him: for I am from him, and he has sent me." Here is another declaration similar to many before and after, "I

30 Then ʰ they sought to take him: but ⁱ no man laid hands on him, because his hour was not yet come.

31 And ᵏ many of the people believed on him, and said, When Christ cometh, will he do more miracles than these which this *man* hath done?

ʰ Mark xi. 18.
Luke xix. 47.
& xx. 19. ver. 19. ch. viii. 37.
ⁱ ver. 44. ch. viii. 20.
ᵏ Matt. xii. 23. ch. iii. 2. & viii. 30.

---

am from God," I am from beside Him. He hath sent Me, not as a prophet is sent from among his people, not as an angel is sent from amongst his fellow-angels in heaven, but from His Bosom.

30. "Then they sought to take him, but no man laid hands . . . was not yet come." They sought, *i.e.*, the rulers, because they perceived that He had virtually re-asserted that peculiar relationship to God, at the first assertion of which they were so offended (chapter v. 17-23).

His hour was "not yet come." This must be understood in the light of verse 18 of chapter x., "I lay down my life, that I might take it again. No man taketh it from me . . . I have power to lay it down, and I have power to take it again. This commandment I have received of my Father." The Father had laid down the times and seasons of His Son's whole earthly Life; and so we have the Lord constantly speaking of His "hour" not *yet* being come, though it was close at hand.

31. "And many of the people believed on him, and said, When Christ cometh," &c. It is well worthy of notice that the same assertion of His intimate relationship to God which had provoked some to lay hands on Him, incited others of the people to believe on Him.

The carping, cavilling, unbelieving mind is repelled by the same thing which attracts the truly candid, sincere, and humble mind, viz., the assertion of the supernatural side of Christ's Person and Character.

It is a very great mistake which many, even in the Church, are guilty of, to sink the high claims of Christ as God, and to put forward only His example or influence as man. The infidel who is thus supposed to be met half-way, is not won to the Gospel, whilst a means is neglected by which the best souls may be attracted to God and Christ: for the Holy Spirit, as a rule, makes use of the highest claims of Christ, or doctrines which immediately result from His highest claims (such as His Atonement and Mediatorship) as the

32 ¶ The Pharisees heard that the people murmured such things concerning him; and the Pharisees and the chief priests sent officers to take him.

33 Then said Jesus unto them, ¹ Yet a little while am I with you, and *then* I go unto him that sent me.

34 Ye ᵐ shall seek me, and shall not find *me:* and where I am, *thither* ye cannot come.

¹ ch. xiii. 33. & xvi. 16.

ᵐ Hos. v. 6. ch. viii. 21. & xiii. 33.

---

means whereby He acts most powerfully on the soul; and it is but natural that it should be so, for men instinctively feel that the redemption of such a world as ours requires a Redeemer very closely related to God, or He can be no redeemer in any true sense of the word.

"And said, When Christ cometh will he do more miracles," &c. The fact that many of the people could ask such a question as this, together with the report that their own officers brought respecting the power of His words, sealed the guilt of the rulers in not dispassionately examining the claims of Christ to be the Messiah. All the servants of God, the God of Abraham, who had come with special messages from Him, were accredited by miracles and signs. Their sacred books, in their most prominent prophecies, would lead them to expect a Messiah in some very high and unique sense the Son of God; but their pride and self-seeking, their seeking "honour one of another," blinded them to all this.

32. "The Pharisees heard that the people murmured such things," &c. The Pharisees who mixed among the people and were their religious leaders, on account of their great pretensions to sanctity, heard this wavering of the people in His favour, and they brought the report of this to the Chief Priests (though these Chief Priests were Sadducees), and by their authority procured that officers should be sent to take Him.

33. "Then said Jesus unto them, Yet a little while . . . him that sent me." A little while, a few months between that feast and the next Passover.

34. "Ye shall seek me, and shall not find me . . . thither ye cannot come." This mention of "seeking" seems to be suggested by the fact that they were then seeking Him for a malicious pur-

35 Then said the Jews among themselves, Whither will he go, that we shall not find him? will he go unto ⁿ the dispersed among the || Gentiles, and teach the Gentiles?

ⁿ Is. xi. 12.
James i. 1.
1 Pet. i. 1.
|| Or, *Greeks.*

---

35. "The dispersed;" rather, "dispersion," original word in the singular number. "Gentiles." Literally, "Greeks."

pose. "It is but a little while, and then I shall go My way, and be safe from you in a place to which in your present state of body and soul ye cannot come: for I shall have ascended into heaven." There is great disagreement respecting the meaning of this passage, and, no doubt, there is great uncertainty respecting the "seeking" and "not finding," in connection with the words "where I am, thither ye cannot come." Some take them of the Jews vainly seeking the help of Christ as the Messiah, when the final judgment overtook their nation; and it may be that, if we had the account of that fearful time from a Christian's pen, we should read of many, some of them perhaps very old men, on whose ears these very words had fallen, vainly calling upon Him Whom they had once seen and rejected, to help them; but there was no answer, their day of grace was past, and they must endure the severity of judgment.

We can scarcely suppose that, by these words, our Lord shuts up all who were then seeking His Life, to ultimate unbelief and despair; for, if so, why the invitation, on the day of Pentecost, to those who "by wicked hands had crucified and slain" Him, to repent and be converted? We read of no seeking of the person of the Lord after the Crucifixion and Resurrection, but we do read that all who should call upon the Name of the Lord would be saved. Perhaps we may adopt Alford's suggestion, that we must not lay too much stress upon the word "seeking." It simply indicates that He would be removed out of the reach of all seeking of which they could then form any idea. But to suppose that it would be out of their power to repent and seek Him by prayer and faith, seems intolerable.

35. "Then said the Jews among themselves, Whither will he go?" &c. They seem to have altogether lost sight of the words, "I go My way to Him that sent Me," and only take notice of the prophecy of His departure to some place where they would not be able to find Him.

36 What *manner of* saying is this that he said, Ye shall seek me, and shall not find *me*: and where I am, *thither* ye cannot come?

37 °In the last day, that great *day* of the feast, _° Lev. xxiii. 36.

"Will he go unto the dispersed among the Gentiles, and teach the Gentiles?" This question they put probably in irony, but it is a remarkable one. It is considered by the Fathers, as Augustine, as a prophecy. "They knew not what they said, howbeit, because it was His will, they prophesied. For the Lord was about to go to the Gentiles, not in His bodily Presence, but with His feet [which Augustine explains to be the Church]. This, then, these men in no sort understood, and yet, taking occasion from this, they predicted our Salvation, that the Lord should go to the dispersion among the Gentiles."

Supposing, however, that they were not specially led to ask a question which implied a prophecy, we cannot help asking, "How came such a thought to suggest itself to them?" Had the Lord spoken much more about His mission to the Gentiles than what is recorded in the Gospel, or was it a sort of instinct which led them to surmise that One Who was so just, so charitable, and so loving to all human nature, would not ultimately confine His Salvation, and with it His teaching, to His own countrymen?

37, 38. "In the last day, that great day of the feast, Jesus stood ... drink. He that believeth on me," &c. What gave occasion to these words, to which there is nothing corresponding in His discourses hitherto, either in chapter v. or in this chapter? They seem rather to follow out the words to the woman of Samaria, to whom the Lord says, "The water that I shall give him shall be in him a well of water springing up into everlasting life."

It is almost universally assumed by modern expositors, though the ancients (Chrysostom, Cyril, Augustine) knew nothing whatsoever about it, that this mention of Himself as the Giver of Living Water to those who believe, was suggested to Him by one of the customs of the feast (which we know from Rabbinical tradition only), that the priests carried water in a golden vessel with great solemnity, from the pool of Siloam, and poured it as a libation on the western side of the altar, whilst a libation of wine was poured on the eastern side.

Jesus stood and cried, saying, ᵖ If any man thirst, let him come unto me, and drink. 38 ᑫ He that believeth on me, as the scripture hath said, ʳ out of his belly shall flow rivers of living water.

p Is. lv. 1. ch. vi. 35. Rev. xxii. 17.
q Deut. xviii. 15.
r Prov. xviii. 4. Is. xii. 3. & xliv. 3. ch. iv. 14.

During the time in which this was done, there were unusual rejoicings of the people and the greater Hallel was sung. But on the eighth day, though in other respects the most solemn day of the feast, this ceremony did not take place: so that, in allusion to its cessation the Lord proclaimed Himself as the Giver of an infinitely better water—the water of Life, which He would give to those who believed, and which should be a never-failing spring of spiritual refreshment, not to the man himself only, but to others, for out of his belly, *i.e.*, out of his inmost soul, should flow rivers or living water. Let the reader notice that there is here the same relation between believing and partaking of what Christ has to give to him that spiritually thirsts, as there was in the last chapter between believing and receiving Christ as the Bread of Life.

"If any man thirst, let him come to me and drink." "He that believeth on Me, as the Possessor and the Giver of the Living Water, if he truly believes, will come to Me for what I have to give. So that, as many promises of the Scriptures testify, out of such a man's heart shall flow rivers of living water."

"As the scripture hath said." There is no place where this is said in so many words, but it is asserted in a spiritual sense in all those prophecies in which it is predicted that ground, before dry and barren, would be made to abound with water; as, for instance, in Isaiah xxxv. 6, 7: "In the wilderness shall waters break out, and streams in the desert. And the parched ground shall become a pool, and the thirsty land springs of water." It would be a comparatively poor fulfilment of this that some dry tract in Judæa or the neighbouring deserts should become full of springs. Its true fulfilment is that the barren and thirsty soul pours out refreshing and fertilizing speech, and manifests the presence of the Spirit within it by a Christian example, the sight of which refreshes all around.

Some have joined the words, "As the scripture saith," with what goes before. "Let him that believeth on me, come to me, and

39 (ˢ But this spake he of the Spirit, which they that believe on him should receive: for the Holy Ghost was not yet *given;* because that Jesus was not yet ᵗ glorified.)

ˢ Is. xliv. 3. Joel ii. 28. ch. xvi. 7. Acts ii. 17, 33, 38.
ᵗ ch. xii. 16. & xvi. 7.

---

39. "Given" is expressed in B., old Latin, Vulg., and Syriac.

drink, as the scripture saith." Others have joined "he that believeth on me" with "as the scripture saith," *i.e.*, according to the teaching of scripture respecting Me, making it to mean "he that believeth on me as I am revealed in scripture," but both seem inadmissible.

39. "But this spake he of the Spirit, which they that believe on him should receive," &c. This verse teaches us, on the authority of the Apostle himself, that the Lord, in His discourses in this Gospel, said things which none at the time could understand. They must be received in implicit faith, and they must wait His time for explanation. In this case they would not have to wait long. It was as difficult for them to connect this with the Pentecostal gift as it was to interpret the promise of the living Bread, that is, His Flesh and Blood, of the Eucharist.

For consider what was the Pentecostal gift of the Spirit. It was the gift of the Spirit as proceeding from the Person, the human Nature of the risen and glorified Lord. It depended on His Atoning Death, His Resurrection, and His Ascension. It was the same Spirit as was given of old, but given through a new channel, the glorified Body of the God-Man; and for a new purpose, to unite men to Christ, and make them partakers of His Life and His Character.

This verse teaches us, also, that, however the Holy Ghost might have been given of old, He was given so abundantly through Christ, and for such high purposes, that it could be said that before Pentecost the Spirit was not yet [given]. If the word "given" be not in the original it must be understood, as there is no other way of completing the sense. The difference between the two dispensations seems to be that, under the old, He was given singly to individuals to act on their old nature only, whilst, under the new, He was given to the whole mystical body, the Church, through its Head, very abundantly. (Titus iii. 6, 1 Cor. xii. 7, 13.)

40 ¶ Many of the people therefore, when they heard this saying, said, Of a truth this is ᵘ the Prophet.

41 Others said, ˣ This is the Christ. But some said, Shall Christ come ʸ out of Galilee?

42 ᶻ Hath not the scripture said, That Christ cometh of the seed of David, and out of the town of Bethlehem, ᵃ where David was?

43 So ᵇ there was a division among the people because of him.

ᵘ Deut. xviii. 15, 18. ch. i. 21. & vi. 14.
ˣ ch. iv. 42. & vi. 69.
ʸ ver. 52. ch. i. 46.
ᶻ Ps. cxxxii. 11. Jer. xxiii. 5. Mic. v. 2. Matt. ii. 5. Luke ii. 4.
ᵃ 1 Sam. xvi. 1, 4.
ᵇ ver. 12. ch. ix. 16. & x. 19.

---

40. "Many." More probably "some" (א, B., D., L., Vulg., old Latin, and some versions). "Many" read by later Uncials, Cureton and Peshito Syriacs, and most Cursives.

40. "Many of the people therefore . . . . Of a truth this is the Prophet. Others said, This is the Christ." Notice how here, as before, Christ subdues hearts prepared to receive Him by the unqualified assertion of His highest claims. He sets Himself forth as the one Bestower and Channel of the Spirit of God, and some exclaim, "He is the Prophet," the Prophet like unto Moses, others "This is the Christ." Did then the Jews of that day make a difference between the "Prophet" of Moses and the "Christ" of David, and the later prophets? We can hardly think so. The Coming One is set forth in prophecy under many names and figures. Some might choose to call Him by one name, and some by another; and yet, if they were questioned, all would be found to mean the same. There was assuredly but one Person looked for as the final Revealer of God.

41. "But some said, Shall Christ come out of Galilee?" It appears from this and other places, that the memory of the signs which had attended the Lord's Birth, the angels appearing to the shepherds, and the visit of the Magi, had long been lost, or that if there was a tradition of them they were in no respect connected with One Who, having lived so long in Nazareth, was supposed to have been born there. The miracles which Christ wrought and the power of His discourses should have taught them, if they had been at all in earnest about the coming of God's special Messenger, that it was their duty to ascertain all facts respecting One Who had such credentials.

43. "So there was a division." The word rendered division

44 And ᶜsome of them would have taken him; but no man laid hands on him. ᶜ ver. 30.

45 ¶ Then came the officers to the chief priests and Pharisees; and they said unto them, Why have ye not brought him?

46 The officers answered, ᵈNever man spake like this man. ᵈ Matt. vii. 29.

47 Then answered them the Pharisees, Are ye also deceived?

48 ᵉHave any of the rulers or of the Pharisees believed on him? ᵉ ch. xii. 42. Acts vi. 7. 1 Cor. i. 20, 26. & ii. 8.

49 But this people who knoweth not the law are cursed.

---

46. " Spake like this man." MSS. of Neutral Text read, " so spake." Revisers have adopted the reading.

(schisma, schism) seems to imply more than a difference of opinion. The Vulgate translates it, "Therefore there arose a dissension in the multitude for him, and so some of them would have taken him," *i.e.* some of the multitude sided with the chief priests and Pharisees, and would have assisted them to apprehend Him.

45, 46. " Then came the officers .... never man spake like this man." Here then the chief priests had the most unprejudiced testimony, which they could possibly receive, as to the power and majesty of Christ's words. Such things as these made them inexcusable in not looking, on the one hand, to the prophetical intimations respecting the Messiah, to see whether they did not correspond to the witness which Christ gave of His relation to God; and, on the other hand, to His character and mighty works, whether they did not altogether accord with what He said of Himself as the Son of God.

47, 48. " Then answered them .... Have any of the rulers," &c. This shows the evil of believing secretly, and not having the courage to confess our convictions. If Nicodemus, and those whom he represented, when he said, " We know that thou art a teacher come from God," had only borne faithful witness, the enemies of Christ would not have been able to say as much as this.

49. " This people who knoweth not the law are cursed." Accord-

50 Nicodemus saith unto them, (¹he that came † to Jesus by night, being one of them,)

51. ᵍ Doth our law judge *any* man, before it hear him, and know what he doeth?

52 They answered and said unto him, Art thou also of Galilee? Search, and look: for ʰ out of Galilee ariseth no prophet.

53 And every man went unto his own house.

ᶠ ch. iii. 2.
† Gr. *to him.*
ᵍ Deut. i. 17. & xvii. 8, &c. & xix. 15.
ʰ Is. ix. 1, 2. Matt. iv. 15. ch. i. 46. ver. 41.

---

50. "He that came to Jesus by night." Perhaps, rather, "He that came to Him before" (B., L.); but there is much uncertainty about the words within brackets. Vulgate reads, *ad eum nocte;* Syriac as in Text Receptus.

51. " Before it hear him." " Except it first hear from himself" (Revisers); *nisi prius audierit ab ipso* (Vulg.).

ing to their views this following of Christ was only to be explained by ignorance. They look down upon the people with proud contempt. Nowhere was the pride of scholars greater than in Israel. They called the people of the land *sheketz*, an abomination, and one of their proverbs was, "the ignorant is impious, only the learned shall have part in the Resurrection."

50, 51. "Nicodemus saith unto them .... Doth our law judge any man," &c. These words "Have any of the rulers," &c., seem to have touched the conscience of Nicodemus, who (apparently) without confessing that he believed in Jesus, yet demands that He should be treated with something like justice. "Doth our law judge any man," &c.?

52. "They answered and said unto him, Art thou also of Galilee?" Even this slight concession to fairness and equity they would not tolerate. "Art thou also of Galilee?" they rejoined.

"Out of Galilee ariseth no prophet." This appeal to history has been assumed to be false, and has been used to disparage the correctness of St. John's narrative. Four prophets are supposed to have come out of Galilee—Elijah, Nahum, Hosea, and Jonah; but, as Godet shows, of these Elijah was of Gilead, Hosea of Samaria, Nahum of Elkosh, a place unknown, and the place of Jonah's birth, Gath Hephir, probably was not within the bounds of the original Galilee.

CHAP. VIII.

JESUS went unto the mount of Olives.

2 And early in the morning he came again into the temple, and all the people came unto him; and he sat down, and taught them.

---

vii. 53—viii. 1-11. The only Manuscript of the first importance which contains this paragraph of the woman taken in adultery is D. (but Tregelles remarks that its text here is very dissimilar to others). The later Uncials, F., G., H., K., U., Γ, contain it. E., M., Δ contain it, but marked as doubtful by asterisks. It is omitted by ℵ, B., T. (the latter is supposed by Tischendorf to be of the fifth century, and contains this part of St. John, omitting this section). A. is wanting from John vi. 50 to viii. 52, but by measuring the space it is certain that it could not possibly have had this section. So also C., L., Δ have a vacant space here, so that the writers omit, but are conscious of the omission. It is thus rejected by ℵ, A., B., C., L. It is omitted by an extraordinary number of Cursives (among these the most important ones), and relegated by a large number to the end of the Gospel. It is omitted by the old Latin (a, f). It is wanting in the best MSS. of the Peshito (though inserted in some printed editions, such as Leusden and Schaaf's, who in a note enumerate the editions in which it is wanting); the Cureton Syriac is here deficient. It is wanting also in most ancient versions. Chrysostom and Cyril take no notice of it whatsoever in their commentaries. Tregelles writes: "Respecting this section *all* the more ancient writers are silent." With this array of evidence against it, it is impossible to regard it as a genuine part of St. John's Gospel, though it bears every mark of being an account by an eye-witness inserted in later copies, but still very ancient ones. The authorities for it are Latin only.

All the evidence by which we judge respecting the genuineness of any passage of the New Testament, is against the retention of ch. vii. 53—viii. 12, as an original part of St. John's Gospel. Whether, however, it be not a true account of a remarkable incident in our Lord's ministry is another matter altogether. It bears every mark of being a primitive tradition, but not inserted in the Gospel as first published. I think we are bound to treat it as a record of what actually took place. And as in most copies of the New Testament it is inserted here, this seems the proper place for us to comment on its teaching.

1. "Jesus went up unto the mount of Olives." The fact of the Mount of Olives being mentioned nowhere else in this Gospel is taken, by most editors, as a sign of doubtfulness.

2. "He sat down and taught them." This was the posture of

3 And the scribes and Pharisees brought unto him a woman taken in adultery; and when they had set her in the midst,

4 They say unto him, Master, this woman was taken in adultery, in the very act.

---

viii. 1-12. The text of this section varies so much that I shall almost entirely confine myself to the received text. The reader will find two Greek Texts in Alford and Tregelles, and the Latin (c and e and Amiatinus) in Scrivener's "Introduction," p. 317, second edition.
3. D. reads "in sin."
4. Some Latin authorities omit "in the very act."

authoritative teaching. It was that which He assumed when He preached the Sermon on the Mount.

3-5. "And the scribes and Pharisees . . . . what sayest thou?" It is noticed that this is the only place in this Gospel in which Scribes and Pharisees are mentioned together, and this also is commonly cited as against the genuineness of this paragraph.

This was done to tempt the Lord. It is difficult, however, to say with certainty what was the point of the temptation. It is usually explained thus: If the Lord had said that the penalty of the law of Moses must not be exacted, they would have accused Him to the multitude of making light of sin. If He said that they must proceed according to the severe letter of the law, they would have accused Him to the governor of adjudging a criminal to death when the Jews had no power to inflict capital punishment; but this explanation is unsatisfactory, for, supposing that He had said that the law of Moses must be obeyed, it would not have devolved upon Him to see to its execution. Pilate, if the case had come before him, would have said, "What right had you to bring such a matter before a private person? You who stoned her on the opinion of a private person are wholly responsible." The point of the temptation seems altogether in the first alternative. They well remembered such words as "the publicans and the harlots enter into the kingdom of heaven before you;" "I am not come to destroy men's lives, but to save them;" "God sent not His Son into the world to condemn the world." Remembering these or similar words, they surmised that He would, probably, take a merciful view of the case; and, if so, they would malign Him as being indifferent to purity and chastity.

5 ᵃ Now Moses in the law commanded us, that such should be stoned: but what sayest thou? ᵃ Lev. xx. 10. Deut. xxii. 22.

6 This they said, tempting him, that they might have to accuse him. But Jesus stooped down, and with *his* finger wrote on the ground, *as though he heard them not.*

---

6. "This they said, tempting him, that they might have to accuse him," omitted by D., but is contained in old Latin MSS. (c and e) and in Vulgate.

"*As though he heard them not*" are in E., G., H., K.; not in D., old Latin, or Vulg. or Syriac.

They did not understand the difference of His attitude towards sin and the sinner. He never gave the smallest allowance to sin. It was He Who said with such fearful emphasis, "If thy hand or thy foot offend thee, cut it off and cast it from thee: it is better for thee to enter into life maimed, than having two hands or two feet to be cast into everlasting fire:" but He always regarded the sinner with the utmost compassion, even the gross sinner, because He saw in him the image of God, which, though degraded, might be restored, and He had come to restore it.

5. "Now Moses in the law ... what sayest thou?" The words in Levit. xx. 10 and Deut. xxii. 22, are that the adulterer and the adulteress should *both* be put to death, stoning not being mentioned. Very probably, as stoning was the usual mode of executing criminals, they mentioned it as the form of death with which they were most familiar.

6. "But Jesus stooped down, and with his finger wrote on the ground, *as though he heard them not.*" What was the significance of this act? [We are to remember that the words, "as though he heard them not," are a late gloss.] It has been taken to signify indifference. "The habit was an usual one, to signify pre-occupation of mind, or intentional indifference." Others take it to indicate shame—He stooped, wishing to hide his face. A great number of conjectures have been hazarded, May I be permitted to suggest one more? The matter was concerning the crime of adultery. Now there was a special provision made in Numbers v. 11-30 to meet the case of jealousy on the part of a husband of his wife whom he suspected of having committed this crime. She was to be brought into the temple. The priest was to take holy water in an earthen vessel, and " of the dust that is in the floor of the tabernacle," and put it into the water, and make her drink of the water, charging

7 So when they continued asking him, he lifted up himself, and said unto them, ᵇ He that is without sin
among you, let him first cast a stone at her.

ᵃ Deut. xvii. 7.
Rom. ii. 1.

---

her with an oath of cursing that, if she had committed the crime, her belly should swell, and her thigh should rot; but if she was innocent she was to pass the trial unscathed. This was, as it were, a trial by ordeal, God Himself undertaking to interpose, acquitting the innocent, and punishing the guilty, as the ever-present Ruler and Judge in the Theocracy. The Lord's action was intended to remind them of this long obsolete statute. He wrote, of course, in the dust of the floor,—that very dust which, if the law of Moses had been in its original force, would have of itself punished the adulteress. This would remind them of the fact that the Theocracy, as revealed by Moses, existed no longer, and as it had passed away, they could not now urge the letter of the law in all its severity against the offender before them, as they might have done if they had lived in the ages when God Himself interposed to vindicate His law.

It should also be noticed that they were not dealing justly, for by the law the man who had committed adultery with the woman was to be put to death with her. How was it that they brought the woman only, and not her paramour? A woman despised and held to be almost out of the pale of the law, might be dragged forward and publicly exposed, when it would have been very unsafe to deal so with the man, who was equally guilty.

Whether such an explanation of this very peculiar act of our Lord is feasible may be matter of opinion, but it is clear that they had no right to urge the extreme penalty of a law which, in the matter of this very crime of adultery, they did not attempt to obey in its integrity.

7. " So when they continued asking him, . . . first cast a stone at her." What are we to understand by the words "without sin" ? We cannot suppose that the Lord means sinless or perfect, for not only no capital punishment, but no punishment at all could be inflicted, if only the sinless were the ministers of the law. The words can be explained by a well-known fact, the then frightful prevalence of the crime of adultery. "So rife had the crime become, that about this time, by advice of R. Jochanan ben Zacchai, from

8 And again he stooped down, and wrote on the ground.

9 And they which heard *it,* ^c being convicted   ^c Rom. ii. 22.
by *their own* conscience, went out one by one, beginning at
the eldest, *even* unto the last: and Jesus was left alone, and
the woman standing in the midst.

---

9. "Being convicted by their own conscience" contained in E., G., H., K., S.; omitted by D., M., U., and old Latin, Vulg., and Syriac.
"Unto the last" omitted by D., E., G., H., K., M., Vulg., and Syriac.

Hosea iv. 14, the Sanhedrim abrogated the trial, as it failed unless the husband was himself blameless. See Lightfoot's Horæ Hebr. and sermon."

No sins harden more than breaches of the seventh commandment, so that it is by no means improbable that wretches who would drag this woman forward in the temple in order to obtain ground of accusation against such an one as our Lord, had all been guilty of the very crime of which they accused her.

9. "And they which heard it, being convicted by their own conscience," &c. Considering their malignity, and their making use of such an accusation in such a place against our Lord, their consciences must have been hard and callous: and so this was not an ordinary bringing of sins to remembrance, but a special act of the Supreme Judge, bringing their past history before them in a moment, as He will do with all at the last day, and as He does with some even in this life.

That it was no ordinary act of conviction of sin is clear from the express notice of the order in which they went out, one by one, beginning at the eldest [even unto the last]—beginning, that is, with the most seared and callous, and ending with the younger—with those whose consciences would, from their shorter experience of sin, have probably been the tenderest. This stamps this action of our Lord as being out of the ordinary course of His working on men's consciences.

"And Jesus was left alone, and the woman standing in the midst." This is not to be taken as if there were no bystanders; the Lord singled out the accusers only, and compelled them to testify against themselves that they were not innocent of the crime of which they had accused the woman.

10 When Jesus had lifted up himself, and saw none but the woman, he said unto her, Woman, where are those thine accusers? hath no man condemned thee?

11 She said, No man, Lord. And Jesus said unto her, ^d Neither do I condemn thee: go, and ^e sin no more.

12 ¶ Then spake Jesus again unto them, saying, ^f I am the light of the world: he that followeth me shall not walk in darkness, but shall have the light of life.

d Luke ix. 56. & xii. 14. ch. iii. 17.
e ch. v. 14.
f ch. i. 4, 5, 9. & iii. 19. & ix. 5. & xii. 35, 36, 46.

---

10. "And saw none but the woman" omitted by D., Vulg., Syriac.
"Where are those thine accusers?" omitted by D., Vulg. (C. Amiatinus), and Syriac.
12. "Darkness." Literally, "the darkness."

10. "When Jesus had lifted up himself ... hath no man condemned thee?"—*i.e.*, to punishment: the words should certainly be so translated, because here it cannot mean to account guilty of a wicked act, but must mean to follow up that judgment by delivering over to punishment. The Lord could not but condemn the sin, if it had been committed, but He declined to pass any such sentence upon the sinner as was contained in the law to which the Jews had made appeal.

The Lord did nothing more than this. He did not pronounce her forgiveness, as He had done in the case of the man sick of the palsy (Matt. ix. 2), or of the woman that was a sinner (Luke vii. 47). "Were He a favourer of sins, He would say, Neither will I condemn thee: go, live as thou wilt; be sure of My deliverance, how much soever thou mayest sin.... Not this said He. He is a gentle Lord, a long-suffering Lord, a pitiful Lord, yea, but also a just Lord, and a true Lord. He giveth thee space to correct thy ways: but thou lovest the respite of thy punishment more than the amendment of thy faults." (Augustine.)

12. "Then spake Jesus ... I am the light of the world." None could say this but One Who "was with God and was God:" for throughout the Old Testament Jehovah is set forth as the Light. "The Lord is my light and my salvation." (Ps. xxvii. 1.) "The light of Israel shall be for a fire." (Isaiah x. 17.) "The Lord shall be unto thee an everlasting light." (Isaiah lx. 19.) In every sense is Jesus the

13 The Pharisees therefore said unto him, ^g Thou bearest record of thyself; thy record is not true.   g ch. v. 31.

13. " Record;" " witness;" *testimonium* (Vulg.).

Light of the World. He is the " light that lighteth every man that cometh into the world." He is the Light in which we see the Father, in which we see the will of God, the law of God, the purposes of God; " in thy light shall we see light."

But He is only the light to those who receive Him as the Light, and follow Him as the Light. " He that followeth me shall not walk in darkness, but shall have the Light of Life." Here we have that again which we have so constantly noticed in this Gospel, that under every form of grace under which Jesus reveals Himself, He must be met by a corresponding faith, and an obedience corresponding to that faith. Does He set Himself forth as the Bread of Life, as the Bread of Life He must be received and eaten; for bread is given us to be eaten. And so light is for guidance, that we should not err from the way, or grope in uncertainty, much less do the deeds of darkness. So, then, if we truly and sincerely believe that Christ is the Light, as the Light we shall follow Him, by submitting ourselves to be guided by Him.

" Shall not walk in darkness." This darkness is not intellectual darkness in matters of Christian doctrine. On the contrary, St. John in his Epistle (1 John ii. 9) particularly specifies it as want of Charity, as living in malice and hatred: " He that saith, he is in the light and hateth his brother, is in darkness even until now. He that loveth his brother abideth in the light, and there is none occasion of stumbling in him, but he that hateth his brother is in darkness, and walketh in darkness," &c.

" The light of life." Light of any sort can only be apprehended by life. The sun shines on the rock, and it feels it not, but when the sun shines upon a thing which has life, the living creature takes in the light through its organ of vision, and is guided by it to fulfil its place among living creatures; and so where Christ shines into the heart, His Light brings with it not only illumination, but Life; as we have said under chapter i. 4, that which corresponds to life in lower forms of creatures, becomes in renewed man moral and spiritual light.

13. " The Pharisees therefore said unto him, Thou bearest record." Here Christ's opponents remember how He had disclaimed

14 Jesus answered and said unto them, Though I bear record of myself, *yet* my record is true: for I know whence I came, and whither I go; but ʰ ye cannot tell whence I come, and whither I go.

ʰ See ch. vii. 28. & ix. 29.

15 ⁱ Ye judge after the flesh; ᵏ I judge no man.

ch. vii. 24.
ᵏ ch. iii. 17. & xii. 47. & xviii. 36.

16 And yet if I judge, my judgment is true:

His own witness to Himself (chap. v. 31), and they rejoin by turning, as they think, His words against Himself. This is a proof of the unity of this discourse with that in chap. v.

14. "Jesus answered, Though I bear record . . . . whence I came, and whither I go." Here the Lord seems to fall back on what He had said in ch. v. 30, 31, where He had spoken both of witnessing and judging, that neither His judgment nor His witness were alone. If He judged, He judged according to what He saw in the Father; if He witnessed, the Father witnessed to Him. He was conscious of this, for "I know whence I came," even from the Fountain of Eternal Truth, and "whither I go," even back again to the same Fountain. "But ye cannot tell whence I come, and whither I go," because—

15. "Ye judge after the flesh." "Ye judge only by the marks of My humiliation. Ye judge according to the lowest standard, by which I seem as but one of yourselves. Ye leave out of account My mighty works, the power of My words, the testimony of John to Me, the testimony of your own prophets to the coming of such a Messiah as I claim to be;" or it may also mean, "'Ye judge after the flesh;' your own innate evil is the true cause of your false view of Me; ye suffer your passions, and your dislike of the truth, because that truth condemns you, to warp your judgment."

"I judge no man." This may mean, "I judge no man as yet. I am not come into the world to judge it, but to save it;" or it may look to the low and unjust judgment which they formed of Him by judging Him only after the flesh. "Ye judge Me after the flesh." Me, Whose judgment is not after the flesh, but according to that Eternal Truth which I see in the Father, "I judge no man" now, but even though you oppose Me, and persecute Me, I deal in mercy with you by keeping your door of grace open to you.

16. "And yet if I judge, my judgment is true . . . . I and the Father that sent me." My judgment is true, *i.e.*, not only according

for ¹I am not alone, but I and the Father that sent me. ¹ ver. 29. ch. xvi. 32.

17 ᵐIt is also written in your law, that the testimony of two men is true. ᵐ Deut. xvii. 6. & xix. 15. Matt. xviii. 16. 2 Cor. xiii. 1. Heb. x. 28.

18 I am one that bear witness of myself, and ⁿthe Father that sent me beareth witness of me. ⁿ ch. v. 37.

19 Then said they unto him, Where is thy Father? Jesus answered, °Ye neither know me, nor my Father: ᵖif ye had known me, ye should have known my Father also. ° ver. 55. ch. xvi. 3. ᵖ ch. xiv. 7.

---

to the facts of any one case, but because I am One with the Eternal Truth. In all that I judge, just as in all that I work (ch. v. 19), in all that I witness (ch. v. 36), and in all that I teach (ch. vii. 16), the Father is with Me. Being One in essence (ch. x. 30), We are One in work, in witness, in teaching, in judgment.

17. "It is also written in your law"—more particularly in Deut. xix. 15—"the testimony of two witnesses is true." True here, of course, means valid—to be relied on in all ordinary cases of judicial evidence.

18. "I am one that beareth witness of myself ... beareth witness of me." This is the strongest assertion conceivable against anything approaching to that view of the Godhead—which is called Sabellianism—that the Trinity is not Three Persons, but three manifestations of One Person. Our Lord, after asserting the Oneness of His Father with Himself in such words as "I do nothing of myself," "I am not alone," here speaks of the relation of the Father to Himself in the matter of bearing witness, as that of two men to one another, i.e., two personalities. This place fully vindicates the Church in having adopted into the current language of her Theology such a word as "Person." No matter what its derivation or first use, it has been employed for ages as a word signifying an individual, separated from all others by having his own will, no matter how entirely that will may be in accord with that of another person, to whom he may be subordinate.

19. "Then said they unto him, Where is thy Father? ... Father also." In all probability this means, "Thou hast been speaking of another Witness to Thyself—even Thy Father, but

20 These words spake Jesus in ⁹ the treasury, as he taught in the temple: and ʳ no man laid hands on him; for ˢ his hour was not yet come.

21 Then said Jesus again unto them, I go my way, and ᵗ ye shall seek me, and ᵘ shall die in your sins: whither I go, ye cannot come.

q Mark xii. 41.
r ch. vii. 30.
s ch. vii. 8.
t ch. vii. 34. & xiii. 33.
u ver. 24.

---

where is He? let Him come forward, that we may hear his testimony to Thee." And with this agrees the Lord's answer, "It is useless bringing you a Witness Whom ye know not; for ye neither know Me nor my Father." "If ye had known Me," if ye had known, which ye well could, that My words, and My works, and My character witness to the power and wisdom of God within Me, then ye would have known my Father, for "he that hath seen Me hath seen the Father," and ye would have perceived in all My Life and works My witness to Him, and His to Me.

20. "These words spake Jesus in the treasury ... for his hour was not yet come." The significance of this is that Jesus boldly taught these things which utterly condemned His adversaries in a place which was under the absolute control of such adversaries, and yet He was Divinely protected. He was, apparently, as regards His Person, more than ever in their power, and yet "no man laid hands on him, because his hour had not yet come."

21. "Then said Jesus." If the "then" means "therefore," this signifies: Therefore, because of His immunity from capture and death till His hour was come, Jesus said to them again, &c. The Lord here follows up what He had been saying before, so that the discourse is continuous, even though some time may have elapsed between the utterance of verse 19 and this.

"I go my way, and ye shall seek me, and shall," &c. I go my way—*i.e.*, to the Father, not into the unseen world merely, or into Paradise, but into the bosom of the Father.

"Ye shall seek me, and shall die in your sins." Taken in connection with vii. 34, "Ye shall seek me, and shall not find me," it means that they should seek in vain, seek and not find; but why? Certainly not because they sought Him for deliverance from sin, but because they sought Him merely under temporal distress. As clouds of national troubles gathered around, they would go on desiring the Coming of the Messiah, but would not believe that He

22 Then said the Jews, Will he kill himself? because he saith, Whither I go, ye cannot come.

---

had come in the Person of Jesus, and so would perish in unbelief, and in their sins; and they who die in their sins cannot come where Christ is—they cannot come to God.

It will be necessary somewhat carefully to examine the intention of the words, "Ye shall seek me, and shall die in your sins." The two things seem the most opposite possible. To seek Christ as a Saviour from sin implies that the soul so seeking is coming out of sin, and seeking help from Christ to deliver it from the evil thing: so that this cannot mean spiritual seeking.

Were these words, then, said prophetically? Did Christ know that the Jews before Him had committed the sin against the Holy Ghost, and so had passed the limits of God's forbearance in their opposition to Him, and were now shut up to unbelief and despair? Augustine, in one part of his exposition, writes as though he thought this: "Whereas men whose hope is in God ought not to render evil, no, not even evil for evil, these rendered evil for good. Therefore the Lord fore-announced to them, and spake their sentence in His fore-knowledge that they should die in their sins." But further on Augustine recalls the severity of this: "He called them back to hope, for He added, 'If ye believe not that I am, ye shall die in your sins.' Consequently, if ye believe that I am, ye shall not die in your sins. Hope is restored to the despairing, a rousing is given to the sleeping, in their hearts they have waked up; of them very many believed, as the sequel of the Gospel itself showeth." There can be no doubt that this last quotation gives the true answer, for the Lord, Who, in verse 21, says absolutely that they shall die in their sins, in verse 24 puts the matter hypothetically: "I said unto you that ye shall die in your sins, for if ye believe not that I am *He*, ye shall die in your sins." So that we humbly hope that many who were then opposing Him, might come finally under the gracious intimation of verse 28, "When ye have lifted up the Son of man, then shall ye know that I am he."

22. "Then said the Jews, Will he kill himself?" &c. There seems to have been an extraordinary depth of malignity in this question. Those who committed self-murder were held by the Jews to go down to a deeper place in Hades, into which all true Jews were

23 And he said unto them, ^x Ye are from beneath; I am from above: ^y ye are of this world; I am not of this world.

24 ^z I said therefore unto you, that ye shall die in your sins: ^a for if ye believe not that I am *he*, ye shall die in your sins.

x ch. iii. 31.
y ch. xv. 19. & xvii. 16. 1 John iv. 5.
z ver. 21.
a Mark xvi. 16.

---

supposed to be free from any danger of entering. So that they maliciously and blasphemously reverse the sense of the words of the Lord. He said that He should go to a place which their sins would prevent them from entering, and they, in wicked scorn, made His words mean that He, by His own act, would go down after death to a lower depth than any to which they could possibly descend.

23. "And he said unto them, Ye are from beneath; I am from above," &c. The words which they had just spoken showed their true origin. The insinuation was diabolical, and so the Lord rejoins, "Ye are from beneath ['of your father the devil,' v. 44], I am from above, from the Author of Good. Ye consequently are of the world, of which your father is the prince. I am not of this world, I am from God, and so I speak the words and do the works of God."

24. "I said therefore unto you, that ye shall die in your sins: *for if ye believe not*," &c. The connection seems to be of this sort: "Ye are from beneath, ye are of this world, and so, till a mightier power acts upon you to lift you up, to raise you above the world, to make you from above as I am (which power is promised in verse 28), ye cannot believe that I AM, and so ye will, if ye die in your present state, die in your sins."

"If ye believe not that I am he." The Jews evidently did not understand these words as asserting self-existence ("I am that I am," "I am hath sent Me," or they would have taken up stones to stone Him; but knowing from other utterances of His own and of His servants Who He is, *we* can only understand Him as asserting His own participation in the One uncreated Essence. It is with this as with many other of His sayings, men understood them not at the first, but when He was risen and had ascended, and had sent the Spirit, then they saw what He meant.

25 Then said they unto him, Who art thou? And Jesus saith unto them, Even *the same* that I said unto you from the beginning.

25. " Even the same that I said unto you from the beginning." The order of the words is, " From the beginning (an accusative used adverbially) what also I spake unto you." I have been obliged to put the critical examination below.

25. "Then said they unto him . . . the same that I said unto you from the beginning." It would only confuse the reader to give the numerous interpretations which have been assigned to this apparently plain answer of our Lord. Three may be noticed as heads or types under which all the rest, more or less, range themselves.

(1.) That He dismissed their question with contempt. "Why do I speak unto you at all?" This has been taken to be Chrysostom's interpretation, but it is doubtful whether it is so. Many modern interpreters (Westcott, Milligan, &c.) adopt it. Alford dismisses it as "not only ungrammatical, but most alien from the whole character of our Lord's discourses." The latter it most certainly is.

(2.) The second is, that the Lord intended to answer their question, and virtually to reassert that He was the "I am." This is the meaning of the Latin. " (I am) the Beginning, Who also speak to you." Augustine writes: " It was as if they had said, since we have been told by Thee 'Except ye believe that I am,' what shall we believe Thee to be? to this then He made answer, 'The *Beginning*,' as much as to say, 'Believe me to be the Beginning.'"

(3.) The third is, that He does not answer their question directly, but refers them back to what He had always told them.[1] This is the meaning of our Authorized, "Even the same that I said unto you from the beginning." The Revisers of 1881 seem to agree. "Even that which I have also spoken to you from the beginning." So virtually Alford, translating, however, the words for "from the

---

[1] This probably may be Chrysostom's interpretation: "What He saith is of this kind, 'Ye are not worthy to hear My words at all, much less to learn who I am; for ye say all that ye do tempting Me, and giving heed to none of My sayings. And all this I could now prove against you.'" This, the reader will perceive, is quite compatible with the words meaning, "I have all along told you sufficiently Who I am."

26 I have many things to say and to judge of you: but
b ch. vii. 28. ᵇ he that sent me is true; and ᶜ I speak to the
c ch. iii. 32. & xv. 15. world those things which I have heard of him.

27 They understood not that he spake to them of the Father.

28 Then said Jesus unto them, When ye have ᵈ lifted up
d ch. iii. 14. & xii. 22. the Son of man, ᵉ then shall ye know that I am
e Rom. i. 4.

---

beginning," by "in very deed." "In very deed the same which I also speak unto you." "Exactly what I also declare unto you." (Godet.) This third class of interpretations seems to afford the best sense, and to be far more in accordance with the tenor of our Lord's previous discourses. He was not likely to dismiss them with the scorn and contempt which is implied in the first interpretation. He was not likely in their then state of mind to tell them directly that He was the beginning of all things, in fact the Alpha and Omega; but it was very likely that He would tell them that from the very beginning of His speaking to them He had sufficiently indicated to them, if they would have received it, that He was from above—from Heaven—from the Father.

26. "I have many things to say and to judge of you: but .... heard of him." We must understand these words somewhat in this way. "I have many things to speak, and not only to speak, but to judge concerning you when the time of judging comes; but however painful it is to speak them, and however difficult it is for you to receive what I say, I have no alternative, for I speak not of Myself. He that sent Me is true, and His words and His sentence is true, and as I judge what I have seen in Him, so I speak to the world those things which I have heard of Him."

27. "They understood not that He spake unto them of the Father." Plain as His assertion seemed, they were not likely to understand it, inasmuch as through their own sin they really knew neither Himself nor His Father (v. 19).

28. "When ye shall have lifted up the Son of man," &c. This "lifting up" is both the "lifting up" on the Cross, and the "lifting up" to heaven at the Ascension. The one is in the Eternal Mind and Will inseparably connected with the other. "He became obedient unto death, even the death of the cross, wherefore God also hath highly exalted him." (Phil. ii.)

"After that the Holy Ghost was sent from on high, when miracles

he, and *that* I do nothing of myself; but ^g as my Father hath taught me, I speak these things.

29 And ^h he that sent me is with me: ⁱ the

f ch. v. 19, 30.
g ch. iii. 11.
h ch. xiv. 10, 11.
i ver. 16.

---

29. "The Father" omitted in B., D., L., most old Latin, Vulg., Sah., Coptic; but later Uncials, and almost all Cursives, Syriac, Goth., retain.

were wrought in the name of Him Whom as dead the persecuting Jews had despised, they were pricked in heart; and the same who in their rage had killed Him, being changed, believed in Him; and the Blood which in their raging they had shed, by believing they drank." (Augustine.)

"Then shall ye know that I am [He]." From the time of the Ascension the Church knew Christ to be God, and entered into the meaning of such sayings of His as " I am," " I am Alpha and Omega, the Beginning and the End, the First and the Last." With this the Church realized also His perfect unanimity with the Father. "Ye shall know," says Chrysostom, "both My power and My unanimity with the Father. Because the ' of myself I speak nothing,' showeth that His Substance differeth nothing (from that of the Father), and that He uttereth nothing save that which is in the mind of the Father."

"As my Father hath taught me, I speak these things." So afterwards our Lord says: "He gave me a commandment what I should do and what I should teach."

This whole verse must be thoroughly accepted and realized if we would understand this Gospel of St. John aright. We have here the Lord expressly declaring that the time for the understanding of His deepest sayings was yet future. The discourses in this Gospel are pre-eminently His discourses as the " I Am," " the Word Who was with God, and was God." Here he asserts the inability of the mass of those who heard Him (if not of all) to understand them *then*. But He plainly intimates that the time would come when they would believe and accept them, they would know that He is, that He can say of Himself " I am," and that no created being can say " I am " in the same sense, and also they would know His perfect oneness with the Father in every act (I do nothing of Myself), and in every word (I speak nothing of Myself).

29. "And he that sent me is with me: [the Father] hath not left me alone," &c. "He sent me, so that in a sense I left Him,

Father hath not left me alone; ᵏfor I do always those things that please him.

30 As he spake these words, ¹many believed on him.

31 Then said Jesus to those Jews which be-

ᵏ ch. iv. 34.
& v. 30. & vi. 38.
¹ ch. vii. 31.
& x. 42. & xi 45.

---

and yet in another sense I am ever with Him, for I am in the Father and the Father in Me (xiv. 10, 20).

"He hath not left me alone." "I am in never-ceasing communion with Him. If My disciples all forsake Me, yet I am not alone, because the Father is with Me: even if, when I pass through the Valley of the Shadow of Death, for a little moment I feel abandoned, yet even then He upholds Me."

"For I do always those things which please Him." Is this said from the human or the Divine standpoint? It is really said from the Divine, as the Eternal Son: for the human relationship of son and father is but a shadow of the Divine. If the human earthly son and father are not perfectly in accord, it is because of the imperfection of their nature; but because of the perfection of the nature of the Divine Son, His Will is perfectly in union with the Supreme Goodness, and Wisdom, and Love, which is in the Father; so that the perfection of the Son's Life of obedience is a proof that the Father, the Fountain of all good, is always "with Him."

30. "As He spake these words, many believed on him." Here, again, we have to notice that the assertion of the highest claims of Christ on His part bowed the hearts of some to believe on Him. Here He asserts that the unity of will between God and Himself is perfect, and this truth, which no other human being could utter or apprehend in anything like fulness, commands belief at once. How mistaken, then, are those Christians who, in an unbelieving age, keep back the Godhead of Christ and the things which directly spring out of it, lest they should give offence to infidels!

31. "Then said Jesus to those Jews which believed on him, If ye continue," &c. Are the persons who "believed on Him" of verse 30 the same as those to whom He spake in this verse 31? "Then said Jesus to those Jews who believed [on] Him." Notwithstanding the difference between "believing ON Him" and believing Him, it would seem that they are the same, for He recognizes their faith as real, in the next clause, where he says, "If ye con-

lieved on him, If ye continue in my word, *then* are ye my disciples indeed ;

---

31. "Believed on Him ; " rather, "believed Him " or " had believed Him."

tinue in my Word "—this must imply that they were in some sense "*in* His Word," but by no means so safely that they could not fall from it. They were not yet proved to be truly disciples as the twelve were, who had hitherto continued in it, and would do so to the end. But is it possible that these persons could be addressed in such words as those of verse 37? "Ye seek to kill me, because my word hath no place in you," still more in the words of verse 40, "Ye are of your Father the Devil." It seems not, and yet the persons who answer in the words, "We be Abraham's seed," of verse 33, are those who continue to wrangle with Him to the end. Two or three ways have been adopted of getting over the difficulty. 1st. That those who believed in Him, of verse 30, were "believers in the fullest sense of the word, casting themselves upon Him, and accepting Him with the heart." These, however, for some unaccountable reason, stand aside, or disappear; Jesus takes no further notice of them or they of His words, and He ignores their presence, and begins to address Himself solely to the Jews who believed Him, *i.e.*, the truth of His highest words, and yet are supposed to retain their old carnal prepossession respecting an earthly Messiah, a Messiah who would restore the kingdom to Israel (which to a great extent the ten Apostles believed). But let the reader consider for a moment what were the words which He had just uttered, which they are said to have believed. "He that sent me is with me; the Father hath not left me alone." Surely men who could believe a word like this must have had some belief *in* Him Who could say such a thing. All this shows that too much stress is laid on the difference between believing *on* Him and believing Him, particularly when we find that believing Him that sent Him (ch. v. 24, Revised), expressed the fullest belief unto life.

Another explanation is, by supposing that "they," the persons who answered Him in the words "We are Abraham's seed," were some unbelieving Jews among the crowd who took offence at His words about the truth making free; and it is in favour of this view that from this point the Lord never once recognizes their belief. He even says to them, "ye cannot hear my word" (v. 43). This surely is incompatible with any belief in Him.

32 And ye shall know the truth, and ᵐ the truth shall make you free.

ᵐ Rom. vi. 14, 18, 22. & viii. 2. James i. 25. & ii. 12.

The third is, that their belief, though real for a very short time, was dissipated, and turned into deadly opposition when He set before them that He was come to free them—*i.e.* to free them from sin to which they were enslaved because they loved and cherished it. We would fain hope that this cannot be, but it is scarcely more terrible and strange than the fall of St. Peter, the treachery of Judas, who must once have believed, and the first rejection by the eleven of the evidence of the Resurrection. In this case we are taught the exceeding weakness and fickleness of all human faith before Pentecost.

The second of these views appears most in accordance with facts. Perhaps there was a pause after verse 36, when some of the more determined enemies of Christ came forward.

"If ye continue in my word, then are ye my disciples indeed." Continuing in Christ's word means not merely carefully retaining it, but earnestly dwelling upon it, applying it to ourselves, and submitting to be guided by it. Nothing can be more remarkably in contrast with so much of the popular religionism of our day (which makes final salvation accomplished in a moment) than the continued and earnest calls of Christ and His Apostles to believers to abide in the word, to hold it fast, to allow it to dwell in us richly. There seems to be very great danger lest Satan snatch it away, lest the shallowness of our hearts cause it to wither, lest the world choke it.

"Then are ye my disciples indeed." Remember the words of the Lord uttered some time after this, "He that abideth in me and I in him, the same bringeth forth much fruit." "Herein is my Father glorified, that ye bear much fruit, so shall ye be my disciples." (John xv. 5-8.)

32. "And ye shall know the truth." What! Knew they it not when the Lord spake? If they knew it not, how did they believe? They did not believe because they knew, but in order that they might know, therefore they believed. For we believe in order to know, not know in order to believe. (Augustine.) And, again, "If there be a continuing in that which is believed, there shall be a coming to that which is seen."

33 ¶ They answered him, ⁿ We be Abraham's seed, and were never in bondage to any man: how sayest thou, Ye shall be made free?

34 Jesus answered them, Verily, verily, I say unto you, ᵒ Whosoever committeth sin is the servant of sin.

35 And ᵖ the servant abideth not in the house for ever: *but* the Son abideth ever.

ⁿ Lev. xxv. 42.
Matt. iii. 9.
ver. 39.

ᵒ Rom. vi. 16, 20. 2 Pet. ii. 19.

ᵖ Gal. iv. 30.

"And the truth shall make you free." This truth, as we shall see, is not abstract truth, intellectual truth, dogmatic truth, but the Personal Truth, even the Lord Himself. Truth lodges in the mind only, the mind is its sphere, but nothing in the mind or intellect can give the freedom which the Lord here means. It is the will which must be made free, and this will is far deeper within us than the mind. And this is the work of Christ, the Truth Himself, Who comes within us, to change our wills and make them His.

33. "They answered him, We be Abraham's seed, and were never in bondage," &c. Considering their captivity in Egypt, and in Babylon, and by the Philistines, and now by the Romans, how could they say "we were never in bondage to any man?" I think the only reference can be to the immunity of the Jew from bondage, so that he should not be a bond-slave in his own land. It is barely possible that there may be some vague remote reference to the history of Hagar and Sarah.

"Jesus answered them . . . whosoever committeth sin is the servant of sin." Sin is not a thing the commission of which can be laid aside when we wish, or when it is convenient. It enchains us, and becomes our taskmaster in spite of our reason, our mind, and even our conscience and our faith, if that faith be only intellectual. It is often said that "committeth" does not mean to do an isolated *act*, but to live a *life* of sin; but this is a very perilous interpretation, for any one who sins wilfully shows that sin has power within him, and so he is not yet really free indeed, and must seek a more complete freedom: besides, who knows how far any act of sin can be called "isolated"?

35. "And the servant abideth not in the house for ever: but the Son abideth ever." This difficult verse must be thus paraphrased: Whosoever committeth sin is the slave of sin, and as such cannot

36 [q] If the Son therefore shall make you free, ye shall be free indeed.

q Rom. viii. 2. Gal. v. 1.

---

be a true son of God. If such an one is outwardly an inmate in the house or church of God, as these carnal Jews were, he does not really belong to it as one of the family; he has no real right in it, and at some time will be expelled. Not so the Son, He "abideth ever," because He is the Heir. Our only hope, then, of abiding in the house of God, that is, in the home of His grace and love, whatever outward form it takes, is union with the Son of God, so that we are identified with Him, and so partaking of His Nature and Sonship, partake of His freedom from sin.

"Ye shall be free indeed." This signifies not only freedom from sin, but free citizenship in the Kingdom of God, and so the man, so one with Christ, and partaker of Him, is free indeed, not only truly, but, as the word signifies, essentially free.

Is this freedom, however, a freedom which makes men think that they are above the Church and the Sacraments? Certainly not; for if so it would be a freedom to despise the promises of Christ which are given to the Church, and wrapped up in Sacraments as much as they are in the written word. Freedom does not make men despise food.

I have several times noticed how the words of Christ, which are found only in this Gospel, were seeds which sprung up and fructified in the Church, and were the root of her highest doctrine, though the actual expressions were not put on record till near the time of the departure of the last surviving Apostle. These words of Christ respecting the Son making men free indeed are the root of all that teaching respecting Evangelical and Moral Freedom which permeates St. Paul's Epistles, and is represented in such phrases as "the glorious liberty of the children of God," "the law of the Spirit of Life in Christ Jesus hath made me free from the law of sin and death;" "We are not children of the bondwoman, but of the free;" "Jerusalem, which is above, is free." We have the same in St. Peter's Epistle: "Free, and not using your liberty for a cloke of maliciousness." But it is still more decidedly and, we may say, philosophically reproduced in St. James's "Law of Liberty." (Jam. i. 25; ii. 12.)

37. "I know that ye are Abraham's seed." "I know that ye

37 I know that ye are Abraham's seed; but ʳ ye seek to kill me, because my word hath no place in you. ʳ ch. vii. 19. ver. 40.

38 ˢ I speak that which I have seen with my Father: and ye do that which ye have seen with your father. ˢ ch. iii. 32. & v. 19, 30. & xiv. 10, 24.

39 They answered and said unto him, 'Abra- ᵗ Matt. iii. 9. ver. 33.

---

37. "Hath no place in you." "Gaineth no ground" (Alf.); "hath not free course" (Revisers' text).
38. "My Father," א, D., later Uncials, almost all Cursives, old Latin, Syriac; "the Father," B., C., L., Vulg. (Cod. Amiat.).
"Seen" ["ye have seen"], א, D., most later Uncials, most Cursives, Syriac (Peshito), old Latin, Vulg.; "heard," B., C., K., L., 1, 13, 33, 69, 229.
"Your," א, C., D., Vulg., Syriac, most later Uncials and Cursives. B., L. omit.

come of a holy stock, of a noble vine, wholly a right seed." (Jerem. ii. 21.) "I know that ye are the seed of God's friend."

"But ye seek to kill me, because my word hath no place in you." More accurately, doth not advance or progress. If this is spoken to those Jews who believed Him, then it is a proof of the exceeding weakness of their faith; but the words, "ye seek to kill me," cannot well be said of such. In the nature of things men who but a few minutes before had believed that the "Father was always with Him" (29, 30) would not so soon be seeking His Life. May it not be spoken to the whole body of the Jews before Him, among the mass of whom His word made no way, though a few believed?

38. "I speak that which I have seen with my Father: and ye do that," &c. This follows from what He had said before: "Ye are from beneath, I am from above." It is impossible to suppose that the "father" in the second clause, "ye do that which ye have seen [heard] with the father" [pronoun omitted], is God the Father. If "the father" be the true reading, it cannot refer to the same Divine Being as in the first clause: this is certain, because, in the next verse, the Lord denies that they are even the children of Abraham: they are his "seed," but it is a perversion of the word to call them his "children." Heard (ye have heard with your father) is probably the true reading, and is more consonant with the sense. Our Lord, by Divine Intuition, sees and knows what is in God. The children of Satan do not see what is in their father, but are instructed or inspired by him.

39. "They answered and said unto him, Abraham . . . works

ham is our father. Jesus saith unto them, "If ye were Abraham's children, ye would do the works of Abraham.

40 *But now ye seek to kill me, a man that hath told you the truth, ʸ which I have heard of God: this did not Abraham.

41 Ye do the deeds of your father. Then said they to him, We be not born of fornication; ᶻ we have one Father, *even* God.

42 Jesus said unto them, ᵃ If God were your

<small>u Rom. ii. 23. & ix. 7. Gal. iii. 7, 29.
x ver. 37.
y ver. 26.
z Is. lxiii. 16. & lxiv. 8. Mal. i. 6.
a 1 John v. 1.</small>

---

of Abraham." The true children are those who walk in the steps of their parents, and inherit their character. It is a common expression, "he is the true son of his father." In the spiritual sphere, the true sons, who have, and are led by, the Spirit of God, are the only ones who have any real right to the title.

40. "But now ye seek to kill me . . . . this did not Abraham." Abraham did the very opposite. Godet remarks: "Abraham was distinguished by his absolute docility with regard to Divine Truth (Gen. xii. xxii.), and by his reverential affection for those who were its organs (Gen. xiv., Melchizedec; Gen. xviii., the Three Angels). There could not be a greater contrast than between his character and theirs."

"Which I have heard of God." Compare ch. v. 30, "As I hear I judge"—heard in the counsels of the Father. So also He speaks of the Holy Ghost: "He shall not speak of Himself, but whatsoever He shall hear that shall He speak" (ch. xvi. 13).

41. "Ye do the deeds of your father. Then said they to him, We be not," &c. They now perceive that He speaks of spiritual descent, and they at once retort by claiming the highest: "We be not born of fornication," alluding, perhaps, to the unlawful mixture of the Israelites with heathen, which produced so heterodox a race as the Samaritans. "We have one Father, even God." God had Himself owned them as His children in the sense of having nourished them and brought them up—"I have nourished and brought up children" (Isaiah i. 2)—but they had by their sins degraded themselves, so as to have become the children of God's enemy.

42. "Jesus said unto them, If God were your Father, ye would

Father, ye would love me : ᵇ for I proceedeth forth and came from God ; ᶜ neither came I of myself, but he sent me.

43 ᵈ Why do ye not understand my speech? *even* because ye cannot hear my word.

ᵇ ch. xvi. 27. & xvii. 8, 25.
ᶜ ch. v. 43. & vii. 28, 29.
ᵈ ch. vii. 17.

---

42. "Came." "Am come" (Alf., Revisers).
"Neither came I." "Neither have I come" (Revisers).

love me: for," &c. Jesus at once denies the reality of their sonship. Those who are in very deed the children of God by resembling Him in character must of necessity love One Who so perfectly reflected the image of the Father as did Jesus. If they, as they boasted, were the children of God, by deriving their spiritual being from Him, they must recognize the Mission and Person of One Who in the highest sense proceeded forth and was come from God; and Who, besides this, was sent by God to "gather together in one all the children of God." Stier has a valuable remark: "This is the abiding and decisive protest against the rationalism which honours the All-Father, and sets Jesus aside; against all who imagine that they believe in God, and think to be His children, while their cold, loveless, or unfriendly relations to Christ makes it plain that their faith in God and their filial presumption are based upon a wrong foundation."

43. "Why do ye not understand my speech? even because ye cannot hear my word." Speech (*lalia*) is the outward form, the language, the manner of what is communicated; word (*logos*) is the doctrine, the substance, the thing communicated in the speech. "Every God-fearing man, when the Spirit of God begins to speak, hears Him speak in his own tongue: this preparation of spirit is the fundamental condition for hearing and understanding aright, and where it is wanting all the highest words are spoken to the wind or into deaf ears. Love understands, even desire perceives and anticipates the meaning." "Moreover it is to be understood that this *lalia*, which those born in God's house will recognize, is not to be applied merely to the external use of language, but is to be viewed spiritually, as referring to those fundamental ideas, those spiritual truths, those eternal promises which are spoken by God to the mind and heart of a man, and the tones of which he at once catches and comprehends. He who understands in his heart these two words,

44 ^e Ye are of *your* father the devil, and the lusts of your father ye will do. He was a murderer from the beginning, and ^f abode not in the truth, because

^e Matt. xiii. 38. 1 John iii. 8.
^f Jude 6.

---

44. "Ye will do." "Ye will to do;" *vultis facere.*
"Abode not." "Standeth not" (Alf.), or "stood not;" *non stetit* (Vulg.).

"sin" and "grace," which no human lexicon can make perfectly plain, will not be at a loss in any of the idioms of Christianity, will not be baffled even by the hard saying of "the eating and drinking of the flesh and blood." (Stier.)

44. "Ye are of your father the devil." Literally, of the father the devil. He had been speaking of the Father Who was the author of that truth and goodness which was in Him, and the father who was the author of the malice and falsehood which was in them. The One was the Father God, the other was the father Satan. Satan was not their father as the author of their existence, but the author of that which then dominated in them—their evil.

"The lusts of your father ye will do," ye desire to do, ye are bent on doing. The lust of Satan was to destroy the work of God; the lust of the Jews, as his children, was to destroy the work of God in Christ.

"He was a murderer from the beginning, and abode not [stands not] in the truth." Many suppose that the reference here is to the murder of Abel by Cain, who is expressly said to be "of that wicked one;" but does not the mention of "not standing in the truth," and of "lying," which immediately succeeds, point rather to the murder of the soul and body—the whole nature of man, by the temptation of Eve, because it was that which was at "the beginning"? The murder of Abel was the consequence of the destruction of the life of God in our first parents; and this was brought about by a lie. In that first lie Satan "spake of his own" out of the boundless hatred which dwelt in him to all that were of God; and so especially to that work of God which he saw at a glance to be made "in God's image after His Likeness." This lie he was prompted to speak—it had its origin in the hatred, the spirit of murder, the lust to destroy which was in Satan towards God, and so to all that was of God, as Adam then was. An extraordinary exposition of this "speaking of his own" is given by Godet: "Deriving nothing from Divine truth, Satan draws all that he says from his own resources—

there is no truth in him. When he speaketh a lie, he speaketh of his own: for he is a liar, and the father of it.

44. "Of it," or "of him." See below.

that is to say, from the nothingness of his own subjectivity, for the creature, apart from God, is incapable of possessing or originating anything real." But, surely, this superfine intellectualism utterly "darkens counsel," for, instead of Satan's subjectivity being nothingness, it is indomitable hatred to God. This hatred has now become the root of his spiritual being. It inspires him with the lust of destroying the work of God. It made him cast about for all means of doing so; and so he put forth the wicked lie which effected his purpose. What the original spring of Satan's fall was, God has not revealed; but it made him from the beginning "a murderer," full of hatred to God, and so full of "lust" to efface the image of God in man.

When it is said "he stands not in the truth," must not this mean "he stands not in God, and in the Word of God, Who is the Revelation of the truth of God?" And this because "there is no truth in him." He has put God from him, he stands apart from God, and so has no truth, because there is nothing of God in him. No doubt he knows God intellectually; no doubt he knows the truth of God's nature—the Fatherhood and the Sonship, and the Love that there is between the Three Persons, and the desire of God to produce His own likeness in all His intelligent creatures; but he hates all this which he knows, and would destroy it all if he could. And this is his falsehood. It is his negation of the Personal Truth, and his desire that it should not exist; and so in him falsehood and hatred are one, by opposition to God the Truth. In him all evil is one, just as in God all good is one.

"For he is a liar, and the father of it." There is an ambiguity in this. It may be "he is a liar, and the father of him," *i.e.*, of the liar; or "of it," that is, of the falsehood which is the character of the liar. The latter seems preferable, for he is only the father of the liar by being the author of the falseness which makes him a liar.

This place is one of the most decided in Scripture for the personality of Satan. It is surprising how the personal existence of an author of evil can ever have been doubted by those who believe that there are such things us moral good and evil, as distinguished from

45 And because I tell *you* the truth, ye believe me not.

46 Which of you convinceth me of sin? And if I say the truth, why do ye not believe me?

---

physical pleasure and pain. If we deny the existence of a devil, *i.e.*, of a personal author of evil, we must believe that sin has had its source in unconscious matter of some sort, which it must have had if it had not its origin in the breast of some intelligence.

45. "And because I tell you the truth, ye believe me not." They believed Him not, because the truth He had been telling them was unwelcome to them. But what truth had He been pressing upon them? No other than His Divine claims as working with the Father, seeing what was in the Father, teaching what He had learnt in the bosom of the Father. They ostensibly rejected these high supernatural pretensions as blasphemy, but they really rejected them because the nearer the Lord claimed to be to the Eternal Father, the greater His demands on their obedience, and the less likely that He should be the carnal Messiah which they desired.

46. "Which of you convinceth me of sin?" None but a sinless Being, One Who was wholly unconscious of any deviation from the good and the right within Him, would be able to say this. "Had He been merely a supereminently holy man, with a conscience as tender as such a degree of sanctity implies, He would not have suffered the smallest sin, whether in His Life or Heart, to pass unperceived; and what hypocrisy it would, in this case, have been to put to others a question whose favourable solution would have rested only on their ignorance of facts which He Himself knew to be real!" (Godet.)

It is, however, very improbable that He meant by these words to assert dogmatically His own sinlessness. He rather spoke, as we should say, naturally. "You know nothing whatsoever against Me which should make you doubt the holiness of My character, and so give occasion to question what I say."

"And if I say the truth, why do ye not believe me?" This seems to be asked, not by way of expostulation, but catechetically, as it were, and to enable Him in the next verse to give the true reason: "Ye therefore hear them not [My words and so God's words], because ye are not of God."

47 ᵍ He that is of God heareth God's words : ye therefore hear *them* not, because ye are not of God.   ᵍ ch. x. 26, 27. 1 John iv. 6.

---

47. "He that is of God heareth God's words: ye therefore hear them not," &c. Here we have from the lips of Incarnate Wisdom the real reason for the rejection of the Person and Message of Christ. Nor is this less true of those who reject Christ in this day, than it was of those who were rejecting Him then ? It is certainly put forth by our Lord as a truth of universal application and reception. It presupposes, of course, that His claims are known, and that they are commended by the lives, and by the earnestness, and by the unanimity of those who represent Him. And we humbly trust that many who, in this age, reject the Christ of the Bible, do so because of the very imperfect witness of the Church—because of her imperfect holiness and her divisions. But putting this aside as not touching the principle here enunciated by the Lord, we ask what is the reason why a scientific man is sceptical respecting the claims of Christ ? It is because he puts the natural and the temporal before the moral and the eternal. He is quite content that virtue and goodness should come from beneath—that is, should be the outcome of natural forces—not from above, *i.e.*, from God ; he is quite content that there should be no Eternal Justice anywhere in the Universe, no future state of reward for the good and punishment for the bad ; he is quite content that mankind should never be redeemed from the dominion of sin, and that death should reign for ever over good and bad alike. Now he that is "of God" is not content with all this. He desires that goodness and righteousness should proceed from a Supreme Being Who will assert their claims, and not from unconscious natural laws or forces, which know not and care not for what proceeds from them. He desires that there should be somewhere an Eternal Justice which will reward in another state that which is not rewarded, but rather persecuted, in this. He desires that men should be no longer the bondslaves of sin, but should be redeemed, redeemed into a state of freedom, to live according to what is highest within them, not according to what is lowest. He desires this and cannot be content without it, and so he looks out for it, and finds unmistakable evidence for it, not in Chemistry or Physiology, but where it is most likely to be found, *i.e.*, in the history of the race which requires judgment and redemption. He finds it in the centre of that history, and in the most

48 Then answered the Jews, and said unto him, Say we not well that thou art a Samaritan, and ʰ hast a devil?

ʰ ch. vii. 20. & x. 20. ver. 52.

49 Jesus answered, I have not a devil; but I honour my Father, and ye do dishonour me.

50 And ⁱ I seek not mine own glory: there is one that seeketh and judgeth.

ⁱ ch. v. 41. & vii. 18.

---

commanding and attractive character which has ever appeared in that history. He finds it in the faith of Jesus of Nazareth. And this because he is " of God."

If the ideas of Goodness and Righteousness, and Eternal Justice and Redemption, are of God, such a man is "of God." In writing this we do not judge any individual sceptic; we do not deny, rather we earnestly hope that God will make every allowance for the deficient witness of the Church, which, through her worldliness and her divisions, has so imperfectly commended the truth to those to whom she has had to proclaim it, but we must assert what Christ asserts, that a man hears not the words of God, because he is "not of God."

48. " Then answered the Jews, and said unto him, Say we not well that thou art a Samaritan, and hast a devil?" Certainly the bitterest and most malicious words they could apply to him. " Thou art a Samaritan " means: " Thou art born of spiritual fornication, Thou art of an outcast race, Thou art an alien from the Church and worship of God."

" And hast a devil." Whatever the word "daimonion" may have meant among the heathen, on the lips of these men it assuredly means an unclean spirit.

49. "Jesus answered, I have not a devil; but I honour my Father, and ye," &c. Notice that He does not repel the charge of being a Samaritan. " How could He take the name of mockery, which involved in contempt a people called to salvation, upon His lips, and by repelling it, sanction the injustice done to those whom He had already treated with grace ? " (Stier.)

50. " And I seek not mine own glory: there is one that seeketh and judgeth." " I seek not mine own glory," I refer all my works, all My teaching, all My judgment, to the Father.

" There is one that seeketh and judgeth; " but though glory from

CHAP. VIII.] HE SHALL NEVER SEE DEATH. 233

51 Verily, verily, I say unto you, [k] If a man keep my saying, he shall never see death.

52 Then said the Jews unto him, Now we know that thou hast a devil. [l] Abraham is dead, and the prophets; and thou sayest, If a man keep my saying, he shall never taste of death.

[k] ch. v. 24. & xi. 26.

[l] Zech. i. 5. Heb. xi. 13.

---

men is a matter of indifference to Me, there is One that seeketh and judgeth—there is One Who seeks that men should honour Me as they honour Him, and will judge those who withhold from Me the honour due to Me.

51. " Verily, verily, I say unto you, If a man keep my saying, he shall never see death." There is some difficulty in making out the connection between these words and those of the fiftieth verse. Some suppose that He now ceased speaking to the "Jews," and addressed Himself to the believers only. The words seem to follow on those of verse 31. There we read: "If ye continue in my words ... the truth shall make you free," and He proceeds from freedom from sin to freedom from death. "If a man keep my saying, he shall never see death." All between verse 31 and this verse may be regarded as an interruption, and the discourse respecting the privilege of those who continue in Christ's word is renewed.

"He shall never see death." This is explained by Augustine and Cyril, of everlasting death. "That," saith Augustine, "is indeed death, for this death of ours is but a migration." By others they have been taken as meaning, shall not know what death is. It will be to him only a sleep. And this is the very name which our Lord gave to natural death. When Lazarus was already dead He said, "Our friend Lazarus sleepeth, but I go that I may awake him out of sleep." Such a hold had this truth on St. Paul that he not only described the death of the saints as "sleeping in Jesus" (1 Thess. iv. 14), but he speaks of Jesus as having "abolished death" (2 Tim. i. 10).

To keep Christ's word (*logos*) is more than merely to obey His precepts. It is to keep the whole truth respecting Him (the Catholic faith) in mind and heart, and to feed on it by holy meditation, and to endeavour to live as one who holds such things.

52. "Then said the Jews unto him, Now we know that thou hast a devil." Some commentators speak of the change of the word

53 Art thou greater than our father Abraham, which is dead? and the prophets are dead: whom makest thou thyself?

^m ch. v. 31.
54 Jesus answered, ^m If I honour myself, my honour is nothing: ⁿ it is my Father that honoureth me; of whom ye say, that he is your God:

ⁿ ch. v. 41. & xvi. 14. & xvii. 1. Acts iii. 13.

^o ch. vii. 28, 29.
55 Yet ^o ye have not known him; but I know him: and if I should say, I know him not, I shall

---

54. "Your God." ℵ, B., D., F., Vulg., old Latin, read "your;" A., C., L., later Uncials, Cursives, Vulg. (Cod. Amiat.), and Syriac read "our."

" see " into " taste " as a malicious perversion. Others, on the contrary, see no difference. Thus Luthardt: "When they put the verb ' to taste ' in the place of ' to see ' there is no substantial difference, the latter (to see) designates the outward experience, the former (to taste) the inward life in the feelings."

53. " Art thou greater than our father ... whom makest thou thyself?" The Jews were not mistaken when they accused Him of making Himself greater than Abraham. No doubt the Father, Who ordered all the words that His Son was to say and speak (xii. 49), foresaw that the dispute would take this turn, and so give occasion to our Lord to utter by far the most distinct intimation of His pre-existence which had as yet been given by Him.

54, 55. " Jesus answered, If I honour myself, my honour is nothing ... but I know him, and keep his saying." These two verses seem in a parenthesis, the answer to the question " Art thou greater than our father Abraham?" coming in the next verse (56). The Lord, in verses 55, 56, answers the taunt, "whom makest thou thyself?" as if He bore witness to or glorified Himself, which before He had so earnestly disclaimed. Here he again disclaims such a thing. " If I glorify myself, my glory is nothing: it is my Father which glorifieth me," which "glory" is the witness which God gave to Him by prophecy and miracle, and would shortly be increased immeasurably by His Resurrection and Ascension, and the descent of the Holy Ghost; "yet ye have not known him, or ye would have known me."

"And if I should say, I know him not, I should be a liar like unto you." How is it that our Lord contemplates, even for a

be a liar like unto you: but I know him, and keep his saying.

56 Your father Abraham ᵖ rejoiced to see my day: ᑫ and he saw *it*, and was glad.

ᵖ Luke x. 24.
ᑫ Heb. xi. 13.

---

56. "To see my day;" rather, "that he should see;" *exultavit ut videret* (Vulg.)

moment, that He should deny His knowledge of the Father? We may explain the matter thus. He seeks not to glorify Himself, but He must assert, His own Truth compels Him to assert, that what He teaches, both respecting Himself and the Father, arises out of the most intimate knowledge of God. It is not *His* doctrine, it is what He has seen in the Father, heard of the Father, learned of the Father. This He must say. He cannot and must not deny, no matter what opposition it excites, that no prophet, no patriarch, no saint of God, has known the Father as He has. He must for their sakes tell them that the immeasurable distance between them and Him consists in this, that they have not learnt of God even what they might have done if they had followed faithfully the light vouchsafed to them, whilst He knew God essentially and intimately, because One with God. If He were to conceal this, which was that on which all His claims rested, but which excited their utmost enmity—if He were to conceal this, much more if He were to deny it, He would be as false as they were; but He says, "I know him, and keep his saying." What is this saying or word (*logos*) which our Lord here says that He keeps? It must, I think, mean that which He alludes to in xii. 49. "I have not spoken of myself, but the Father which sent me, he gave me a commandment, what I should do and what I should speak," or it may allude to a deeper thing still. The Lord in His discourse in the tenth chapter speaks of His laying down and taking again His Life as "a commandment received from His Father." Now it was the assertion of His Divine claims which directly led to the taking away of His Life, and so "keeping God's saying" was on His part the setting forth of everything and the concealment of nothing told Him by the Father, even though what He set forth was the reason for His Crucifixion.

56. "Your father Abraham rejoiced to see my day." In these words the Lord has respect, first, to their assertion that Abraham, who they supposed could not have kept the word of One Who lived so long after him, was dead; and secondly, that our Lord made Himself

57 Then said the Jews unto him, Thou art not yet fifty years old, and hast thou seen Abraham?

58 Jesus said unto them, Verily, verily, I say unto you, Before Abraham was, ʳI am.

ʳ Ex. iii. 14.
Is. xliii. 13.
ch. xvii. 5, 24.
Col. i. 17. Rev. i. 8.

---

greater than Abraham. The Lord meets their inference that the fact of Abraham having died falsifies these words of His, by telling them that Abraham, so far as it was possible for him, kept Christ's word. By a realizing faith in God's promises respecting his Seed, in which all the nations of the earth were to be blessed, he overcame death, for he rejoiced that he should see Christ's day, and so death would be to him deprived of its sting. The words should not be rendered, "rejoiced to see," but "rejoiced that he should see." He rejoiced in the belief that even if he were in the unseen world God would reveal to him the day of Christ.

The day of Christ is properly the time of Christ's coming into the world, but as the completion of Christ's whole redemptive work on earth was involved in His Incarnation and Birth (for what God had undertaken in so wondrous a way He could certainly carry out) we may take it that the seeing the day of Christ includes the seeing of His Life, Death, Resurrection, and Second Coming.

"He saw it, and was glad." This does not mean in prophetic vision, but that in his place in Paradise God made him to know His Son's Incarnation and Birth. How he saw it we know not, for we do not know the conditions under which God makes known things occurring in this world to the spirits in the separate state: but we have here Christ's word that Abraham *saw* it and was glad. This seems to imply more than that he was told of it. In some unknown way he *saw* it. This answered by implication the question of the Jews, "Art thou greater than our father Abraham?" He was infinitely greater because He was the object of Abraham's faith and hope, and religious joy.

57. "Then said the Jews unto him, Thou art not yet fifty years old, and hast," &c. Our Lord then must have been under thirty-two or thirty-three. It is conjectured that owing to His Life of sorrow at the rejection of His own and His Father's word, He had the appearance of being much older.

53. "Jesus said unto them, Verily, verily, I say unto you, Before

59 Then *took they up stones to cast at him: but Jesus hid himself, and went out of the temple, †going through the midst of them, and so passed by.

* ch. x. 31, 39. & xi. 8.
† Luke iv. 30.

---

59. "Going through the midst of them, and so passed by," omitted by ℵ, B., D., old Latin, Vulg.; retained by A., C., L., X., later Uncials, Cursives, and Syriac.

Abraham was, I am." Not "I was," but "I am." If he had said "I was" it might have been taken to mean that He came into existence some time before Abraham, but "I am" signifies eternal being. By saying this of Himself He claims to be "the high and lofty One that inhabiteth eternity" of Isaiah; the One "whose goings forth have been from of old, of everlasting," of Micah; the Personal Wisdom "whom the Lord possessed in the beginning of his way, and before his works of old, Who was set up from everlasting, from the beginning, or ever the world was," of Solomon. "As the Father useth this expression 'I am,' so also doth Christ: for it signifies continuous-being irrespective of all time" (Chrysostom). That He used the words as asserting, not simply pre-existence, but Divine Eternal Existence, is evident from the conduct of the Jews.

59. "Then took they up stones to cast at him." If He had not been Divine in His Nature He was bound to disabuse them. If He had said the words in any of the utterly unreal senses in which they are now understood by Rationalists or Socinians, His truth would have compelled Him to explain Himself; for they believed that He had, by what He said, committed the worst crime in their law, that of blasphemy; but by His silence He accepted their interpretation. Instead of explaining His words so as to rebut the charge, He withdrew Himself in some unknown way. The words going "through the midst of them, and so passing by," are somewhat doubtful, but that under the eyes of an enraged multitude and in a public building, He hid Himself in some ordinary way seems impossible. He acted, no doubt, by the same exercise of superior power as once in Nazareth He passed through a multitude who were bent on destroying Him. (Luke iv. 30.)

CHAP. IX.

AND as *Jesus* passed by, he saw a man which was blind from *his* birth.

---

1. "And as *Jesus* passed by, he saw a man which was blind from his birth." Whether this took place immediately on His going out of the temple, mentioned in the last verse of chapter viii., is uncertain. It is not unlikely, and if so, there is a very suggestive parallel between the account which follows and that in St. Luke iv. 36, in which our Lord is said to have "passed through" the midst of those who were seeking His life; for, in both cases, our Lord passed immediately from danger which threatened His Life to the performance of works of mercy. Thus, from that hill of Nazareth He went straight down to Capernaum, and healed in their synagogue a man who had a spirit of an unclean devil, just as on the present occasion, as He passed out of the temple, He wrought the wonderful miracle of the opening the eyes of the man born blind.

"He saw a man," &c. He must have stopped to observe him. No doubt He had a secret intimation from His Father that there was now a special work for Him to do. He looked at him attentively, so that the attention of the disciples was also directed to the blind man. Unbelievers and wilful sinners are blind, and are unable to see and to come to Christ, so that Christ must first look upon them, and give them the light in which they may see Him.

"Blind from his birth," and so his case was held to be hopeless. Because no instance had been known of the restoration of sight to one born blind, His enemies investigate the case by sending for his parents. His questioners can allege nothing against what he says in verse 32, "Since the world began, was it not heard that any man opened the eyes of one that was born blind."

2. "And his disciples asked him," &c. The Jews regarded all physical evil as the punishment of sin. The words of the Lord to the impotent man whom He had healed (ch, v. 14), may have

CHAP. IX.]. I MUST WORK WHILE IT IS DAY. 239

2 And his disciples asked him, saying, Master, ^a who did sin, this man, or his parents, that he was born blind? a ver. 34.

3 Jesus answered, Neither hath this man sinned, nor his parents: ^b but that the works of God should be made manifest in him. b ch. xi. 4.

4 ^c I must work the works of him that sent me, while it is day: the night cometh, when no man can work. c ch. iv. 34. & v. 19, 36. & xi. 9. & xii. 35. & xvii. 4.

3. " Neither hath this man sinned." Better, " Neither did this man sin," *i.e.* so as to bring upon him blindness (Alford and Revisers).
4. " I must work." So A., C., most later Uncials, all Cursives, old Latin, Vulg., Syriac. " We must work," א, B., D., L. Origen also seems to read " we."
"Sent me." So A., B., C. "Sent us," א, L.

suggested the inquiry, "Who committed sin, this man, or his parents?" That the children were punished for the sin of the parents in cases of idolatry is certain from the second commandment, ". Visiting the sins of the fathers upon the children, unto the third and fourth generation of them that hate me." But how could the man himself have sinned? Only, of course, in a former state of existence. Josephus very clearly asserts that the Pharisees, who were the most popular religious sect, believed in the pre-existence of souls. " They say that all souls are incorruptible, but that the souls of good men only are removed into other bodies, but that the souls of bad men are subject to eternal punishment." ("Wars," ii. 8, 14.) It has been asserted that this quotation is not to the point, because Josephus speaks only of the souls of good men after death being born again in other bodies; but probably he states the doctrine very loosely, and this man may be supposed not to have been such a wicked man as to deserve eternal punishment, but one who had committed in his previous life some sin which required expiation.

The Lord, in His answer, in no sense allows the doctrine, but asserts the real reason for the man's blindness—that the works of God might be made manifest in him; first, in the restoration of his organs of sight, and then in the illumination of his soul by the faith of Christ. See also xi. 4.

4. " I must work the works of him that sent me, while it is day: the night," &c. The " day " of Christ here is the time of His

5 As long as I am in the world, ᵈ I am the light of the world.

6 When he had thus spoken, ᵉ he spat on the ground, and made clay of the spittle, and he

ᵈ ch. i. 5, 9. & iii. 19. & viii. 12. & xii. 35, 46.
ᵉ Mark vii. 33. & viii. 23.

---

5. "As long as I am." Alford and Revisers, "When I am;" *Quamdiu* (Vulg.).

sojourn here in the flesh. During this time He had works to do in manifesting His Father's glory, and attaching to Himself those whom the Father had given to Him (xvii. 4, 6), which could not be done after He left the world. So this was His "day" of work—His day for working in humiliation, and disappointment, and tears: the night of rest would soon come in which He must cease from these works, and enter upon a new sphere of Divine action altogether.

Much has been made of the reading of the Neutral Text, "*We* must work the works of Him that sent me." It has been used to show how Jesus associates his disciples with Himself in all His working; but this can hardly be the significance if it be genuine, for His day of work was about to be cut short by His departure, and then, and not till then, His disciples would enter upon their true and abiding work, as is manifest from chap. xv. 16 (which certainly looks to the future after His departure). Godet asks, "Is it not" [the reading "me"] "evidently a correction intended to generalize the application of verse 4, and to change this saying into an exhortation addressed to the disciples?" Besides, the incongruity of "*we* must work the works of him that sent *me*." Some MSS., however, א and L, follow on the first correction by reading "us;" but surely we must not confound the sending of Christ and that of his Apostles. "As my Father sent me, so send I you." (John xx.)

5. "As long as I am in the world." "Whilst I am in the world, I am the light of the world;" and so He proceeded to perform a miracle, which parabolically teaches us how he conveys His light to us. He does it by giving to us new organs of vision, or at least by wholly renewing what organs of spiritual vision we have.

6. "When he had thus spoken, he spat on the ground, and made clay," &c. What is the significance of this act? for significance it must have. The mixture of earth and spittle could not, of course, have the smallest natural effect on the eye, except to inflame it. If

|| anointed the eyes of the blind man with the clay,

7 And said unto him, Go, wash ᶠin the pool of Siloam, (which is by interpretation, Sent.) ᵍ He went his way therefore, and washed, and came seeing.

| Or, *spread the clay upon the eyes of the blind man.*
ᶠ Neh. iii. 15.
ᵍ See 2 Kings v. 14.

6. "He anointed the eyes of the blind man," &c. See margin. *Linivit lutum super oculos ejus* (Vulg.).

the eye had been simply diseased, it would have retarded any natural mode of cure instead of assisting it. It is to be noticed that on two other occasions, both recorded in St. Mark, the Lord applied His spittle—once to the tongue (Mark vii. 33), once to the blind eyes (viii. 23).

It has never been sufficiently noticed how frequently the Lord heals men by contact with His own Body.[1] But here He goes further. He heals by an emanation from His Body. The following extract seems to point out where the true significance lies:—" He wishes us to believe that through the instrumentality of things which are, as it were, bodily, He bestows spiritual effects (though He can give such effects if He chooses without them); as through the application of water He bestows regeneration, so in this place through clay, and the washing of it off, He gave light to the eyes of the body." (Estius.)

7. "And said to him, Go, wash in the pool of Siloam," &c. The pool of Siloam (*i.e.*, the upper pool) receives its water through the canal or tunnel from the Fountain of the Virgin. This is the tunnel in which the remarkable Hebrew inscription has lately been discovered. This fountain, which seems to come from under the most sacred part of Jerusalem (for it gushes forth from between Zion and Moriah, at the foot of the height upon which God and the house of David had their seat), is taken by Isaiah to be a type of salvation through the house of David. "The water of Siloah that flows gently," is in contrast to the strong and destructive stream of the worldly power in Isaiah viii. 6.

The words "which is by interpretation Sent" are thrown in by the Evangelist to show that he considered that the action of Jesus

---

[1] Matt. viii. 3, 15; ix. 21, 22, 25, 29; xiv. 36; Mark vii. 33; Luke vii. 14; xxii. 51, &c.

8 ¶ The neighbours therefore, and they which before had seen him that he was blind, said, Is not this he that sat and begged?

9 Some said, This is he: others *said*, He is like him: *but* he said, I am *he*.

10 Therefore said they unto him, How were thine eyes opened?

---

8. "That he was blind." "That he was a beggar," א, A., B., C., D., K., L., a few Cursives, Vulg., Coptic, Sah., Syriacs, &c.; but later Uncials and most Cursives read as in Received Text.

9. "Others said, He is like him." א, B., C., L. read, "No, but he is like him." So Vulg., *Nequaquam sed similis est ei;* Syriac, *Non, sed prorsus similis est ei ;* A., D., most later Uncials, old Latin as in the Textus Receptus.

in sending the man to wash in the pool, was typical. The pool typified the Lord. It had the same name of "Sent." The spring which supplied it, now known to be an intermittent one, would seem at that age to be sent directly by God at such intervals as it pleased Him, for the refreshment of His people. All this occurred to the Evangelist, and by this sentence, explaining the meaning of the word, he would show us that the restoration of eye-sight is but the shadow of a restoration of a higher power of sight, by washing in the Fountain open for sin and uncleanness. Some may despise this typical mode of teaching, but there can be no doubt but that it implants God's truth more firmly and deeply in the minds of the vast majority of unlearned and simple-minded believers, than any other.

8. "The neighbours therefore, and they which before had seen him," &c. No doubt the reading "a mendicant" is the true one.

9. "Some said, This is he," &c. How could there be much question about the identity of one who had sat begging in a thronged thoroughfare? No doubt because his features were somewhat altered by his restoration to sight. The opened eyes had altered his look. No account can possibly present more marks of being the narration of one who was on the spot than all this.

10. "Therefore said they unto him, How were thine eyes opened?" It is very far-fetched to see, as some do, in this question, a sign of their malignity, because they did not ask, "Who opened thine eyes?" rather than "How were thine eyes opened?" How could they guess that any *person* had done it?

11 He answered and said, ^h A man that is called Jesus made clay, and anointed mine eyes, and said unto me, Go to the pool of Siloam, and wash: and I went and washed, and I received sight. h ver. 6, 7.

12 Then said they unto him, Where is he? He said, I know not.

13 ¶ They brought to the Pharisees him that aforetime was blind.

14 And it was the sabbath day when Jesus made the clay, and opened his eyes.

---

11. "I received sight." Literally, "I became again seeing" (Meyer); "I recovered sight." See below.

11. "He answered and said, A man that is called Jesus," &c. Perhaps, "*the* man which is called Jesus," assuming Him to be well known.

"I received sight," rather, I recovered sight, because blindness, even though a man may have been born with it, is not the natural state of a human being. In his perfect state, a man possesses eyesight. So the miracle may be said to have restored him to his natural state.

12. "Then said they unto him, Where is he?" &c. This remark, apparently of no importance, serves to show that the narrator was either present, or heard even the most trifling matters, probably from the man himself.

13. "They brought to the Pharisees him that aforetime was blind." Either to some court which had the power of excommunication, and which was composed chiefly of Pharisees, or to the leading members of the sect, who were men of influence in the Sanhedrim. Some think that the important sect of the Pharisees had a certain organization, and that the Pharisees here mentioned were the chosen representatives.

14. "And it was the sabbath day." Mr. Blunt cites some extracts from the Mishna to show that even lifting up a handful of earth on the Sabbath was held to be a breach of the law. It was also expressly forbidden to put spittle on the eyelids on the Sabbath. The kneading of the clay would be an aggravation of the offence. It is humiliating to cite such absurdities; but similar

15 Then again the Pharisees also asked him how he had received his sight. He said unto them, He put clay upon mine eyes, and I washed, and do see.

16 Therefore said some of the Pharisees, This man is not of God, because he keepeth not the Sabbath day. Others said, ¹How can a man that is a sinner do such miracles? And ᵏthere was a division among them.

17 They say unto the blind man again, What sayest thou of him, that he hath opened thine eyes? He said, ¹He is a prophet.

i ver. 33. ch. iii. 2.
k ch. vii. 12, 43. & x. 19.
l ch. iv. 19. & vi. 14.

---

instances could be given from the annals of Sabbatarianism in this country.

15. "Then again the Pharisees also asked him how he had . . . I washed, and do see." It has been noticed how the blind man described only what he felt. He did not see the spitting on the ground, and the making clay with the spittle, and so was not struck by it, even if told of it.

16. "Then said some of the Pharisees, This man is not of God . . . Others said," &c. "Then said some," &c. They ignored the benignant miracle which had given sight to one born blind, and looked only at the apparent infringement of some additions to the law, which were all of their own making, for God, whilst ordaining the Sabbath that the labourer should have a day of rest and refreshment, never intended that the loosing of burdens on one day of the week should itself, by the perverseness of man, be made an intolerable one.

"Others said, How can a man that is a sinner," &c. These men looked rather at the goodness and power displayed in the miracle. "Jesus trampled not on the Mosaic Sabbath, but on its Pharisaic caricature" (Godet). There was a division among them.

17. "They say unto the blind man again." It is because of the difference between the two parties that most probably the party who favoured Jesus had the man brought forward again, that he might bear his testimony, and so vindicate them for seeming to take his part; but observe the greater boldness of the man: though he knew that many of them had condemned Jesus as "not of God," he

18 But the Jews did not believe concerning him, that he had been blind, and received his sight, until they called the parents of him that had received his sight.

19 And they asked them, saying, Is this your son, who ye say was born blind? how then doth he now see?

20 His parents answered them and said, We know that this is our son, and that he was born blind:

21 But by what means he now seeth, we know not; or who hath opened his eyes, we know not: he is of age; ask him: he shall speak for himself.

22 These *words* spake his parents, because ᵐ they feared the Jews: for the Jews had agreed already, that if any man did confess that he was Christ, he ⁿ should be put out of the synagogue.

ᵐ ch. vii. 13. & xii. 42. & xix. 38. Acts v. 13.
ⁿ ver. 34. ch. xvi. 2.

---

manfully confesses what he thought—that his benefactor was a prophet.

18. "But the Jews did not believe concerning him, that," &c. The Jews, or hostile party, hoping to weaken the effect of the miracle, call the parents of the man, and ask them three questions. Is this your son? Do ye say that he was born blind? How doth he now see? The parents acknowledge that he was their son, and that he was born blind, but decline to answer the third question, fearing the dominant party.

21. "By what means he now seeth, we know not; or who hath opened his eyes, we know not: he *is* of age; ask him: he shall speak for himself." The cowardice and ingratitude of these persons is remarkable, seeing that their son had received so signal a benefit, but multitudes of the Jews shared with them in this evil mind. Their testimony, however, was amply sufficient to convince or convict the Pharisees. It was their son, and they knew that he had been born blind. Their testimony was not needed to confirm the fact of the miracle, as they had not seen it performed. That was clear from the evidence of the man himself, and from that of the persons who a day or two before had seen him as a blind beggar.

22. "These words said his parents, because they feared the Jews," &c. The Jews, *i.e.*, the authorities, not only had it in their inten-

23 Therefore said his parents, He is of age; ask him.

24 Then again called they the man that was blind, and said unto him, °Give God the praise: ᵖwe know that this man is a sinner.

25 He answered and said, Whether he be a sinner *or no*, I know not: one thing I know, that whereas I was blind, now I see.

° Josh. vii. 19.
1 Sam. vi. 5.
ᵖ ver. 16.

---

tion, but had already determined upon a decree of exclusion, and no doubt had made it known. If they were only intending, as some think, their intention would not have overawed men as these parents of the blind man were overawed.

"Put out of the synagogue." This was exclusion from all religious privileges, and also from all social intercourse even with their family, for thirty days.

24. "Then called they again the man . . . give God the praise," &c. "Give God the praise." This has been taken as a sort of adjuration, but without sufficient reason. It seems an adjuration in Joshua vii. 19, but is used with no such intention in Jeremiah xiii. 16. It seems most natural to understand it as an hypocritical assumption of piety by these wicked men. "You have been restored to sight; give God the praise, and not this man, whom we know to be a blasphemer and a Sabbath-breaker, and so, however He may have done this miracle, not likely to be sent by God as a prophet."

25. "He answered and said, Whether he be a sinner or no, I know not," &c. There was no use trying to convince a man who had experienced such a miracle of power and goodness that his deliverer was from beneath, not from above. He said in effect: "Could the powers of evil restore to me my sight, and can restoration of sight to any one born blind come from any one but God?" This place suggests the one all-sufficient answer by which the true Christian can meet (so far as his own soul is concerned) the attack of the infidel. The converted heathen in the first ages could say to his unbelieving neighbours, "I was blind, now I see." "I have experienced a miracle of grace within myself which no one but a God of supreme goodness and truth could bring about." And now the true Christian, even though he may have experienced no sudden enlightening, but may have grown up in the realization of the faith of Christ, can say to the sceptic, "All your arguments from this

WILL YE BE HIS DISCIPLES?

26 Then said they to him again, What did he to thee? how opened he thine eyes?

27 He answered them, I have told you already, and ye did not hear: wherefore would ye hear *it* again? will ye also be his disciples?

28 Then they reviled him, and said, Thou art his disciple; but we are Moses' disciples.

29 We know that God spake unto Moses: *as for* this *fellow*, q we know not from whence he is.   q ch. viii. 14.

30 The man answered and said unto them, r Why herein is a marvellous thing, that ye know not from   r ch. iii. 10. whence he is, and *yet* he hath opened mine eyes.

---

27. "Ye did not hear." Old Latin and Vulg., "Ye heard," omitting "not."

lower world of mere nature are nothing to me. I see a spiritual and eternal world above and behind nature, of which you seem to have no conception. I have as little doubt of its reality as I have of my own existence, for I have experienced its powers."

26. "Then said they to him again," &c. This second questioning was probably intended to bring out some flaw or discrepancy in the narrative, or perhaps some further circumstance which might form ground of accusation against our Lord.

27. "I have told you already," &c. He answers impatiently and with marked contempt, perceiving that it was not a desire to get at the truth, but malice, which dictated their question.

"Will ye also be his disciples?" This was said in irony, but it seems to imply that he considered himself to be a disciple or follower of our Lord, or is, at least, willing to be one.

28. "Then they reviled him . . . we are Moses' disciples." And yet they were grossly mistaken. "Had ye believed Moses," the Lord had said to them, "ye would have believed me" (ch. v. 46).

29. "We know that God spake unto Moses." How did they know that God spake unto Moses? Only by the mighty works which God did by him, and by the wisdom and holiness of the Law which God sent him to teach; and by these same marks they might have known that Jesus was of God.

30. "The man answered and said unto them, Why herein is a

31 Now we know that ᵃGod heareth not sinners: but if any man be a worshipper of God, and doeth his will, him he heareth.

32 Since the world began was it not heard that any man opened the eyes of one that was born blind.

33 ᵗIf this man were not of God, he could do nothing.

34 They answered and said unto him, ᵘThou wast altogether born in sins, and dost thou teach us? And they ‖ cast him out.

ᵃ Job xxvii. 9. & xxxv. 12. Ps. xviii. 41. & xxxiv. 15. & lxvi. 18. Prov. i. 28. & xv. 29. & xxviii. 9. Is. i. 15. Jer. xi. 11. & xiv. 12. Ezek. viii. 18. Mic. iii. 4. Zech. vii. 13.
ᵗ ver. 16.
ᵘ ver. 2.
‖ Or, *excommunicated him*, ver. 22.

[the] marvellous," &c. The man answers boldly, as if he had a firm faith in Him Who had opened his eyes. "Why, here is the marvellous thing that ye cannot read the significance of such a sign as opening the blind eyes, ye who, from your assuming to lead the Israel of God, are bound to distinguish between the false miracles and the true." Can we hope that the man recollected that one of the signs of the Messiah was to open the blind eyes? (Isaiah xlii. 7.)

31. "Now we know that God heareth not sinners." Sinners here, of course, are not those tainted with original sin, as all are, but determined, wilful sinners. "If I regard iniquity in mine heart, the Lord will not hear me." (Ps. lxvi. 18.) Much more does this apply to a power to perform a miracle as a proof of a mission from God.

33. "If this man were not of God, he could do nothing." Nothing, that is, sufficient to attest that He came from God.

34. "They answered . . . Thou wast altogether born in sins," &c. In saying this they reproach the man with his having been born blind, as showing, as they thought, that either he, in some former state, or his parents, had sinned so grievously as to entail such a calamity upon him.

"They cast him out." That is, they excommunicated him. Some think that it only signifies that they violently expelled him from the assembly or court. But from the fact that because they had thus cast him out, the Lord sought him in order to fix and confirm his faith in Himself, it seems as if He desired to make the outcast a

35 Jesus heard that they had cast him out; and when he had found him, he said unto him, Dost thou believe on ˣ the Son of God?

ˣ Matt. xiv. 33. & xvi. 16. Mark i. 1. ch. x. 36. 1 John v. 13.

---

35. "Son of God," read by A., L., later Uncials, all Cursives, even those which usually follow B., old Latin, Vulg., Syriac. "Son of Man," by ℵ, B., D.

partaker of a better fellowship than that of the Judaism from which he had been excluded.

35. "Jesus heard . . . . Dost thou believe on the Son of God?" The MSS. of the so-called Neutral Text against all other authority read Son of Man. If this be the true reading, it, of course, means, "Dost thou believe in the Son of Man as the Messiah?" (Daniel vii. 13.) To believe *in* a person is to believe in him as being something to us, as Lord, Saviour, Judge, Redeemer, Intercessor. A leading commentator seems to think that the Lord here sets before this man something beyond the common belief in the Messiah. He paraphrases the Lord's words by "cast thyself with complete trust on Him Who gathers up in Himself, Who bears and Who transfigures all that pertains to man;" but is it possible to believe that the Lord sets before this poor mendicant ideas of this sort? If by this is meant that Jesus by the term "Son of Man," sets Himself before him as one who is able to be the Second Adam, the New Head of the race, then He reveals to him, under a term commonly used in Syriac to express simply "man" or "human being," a very deep truth which He had, as yet, not revealed to the Apostles. The relation of Jesus Christ to the whole race, and to each individual of that race, is a conception which, though instrumentally connected with His Manhood, wholly depends on the Godhead dwelling in that Manhood for its realization. Luthardt says: "The answer of the healed man shows that Jesus must have asked with a conception that was familiar to him. That, however, was not Son of Man in the sense of Second Adam, but far more probably Son of God." Godet also pertinently remarks: "The reading 'Son of God' is undoubtedly to be preferred to that of three ancient Alex. MSS. (Son of Man), for it alone explains the act of worship with which the scene terminates." In no other place is belief in our Lord as simply the Son of Man insisted on, but in John iii. 18, belief in the name of the Son of God is the one thing needful. So in Peter's

36 He answered and said, Who is he, Lord, that I might believe on him?

37 And Jesus said unto him, Thou hast both seen him, ^y and ^y it is he that talketh with thee.

^y ch. iv. 26.

38 And he said, Lord, I believe. And he worshipped him.

^z ch. v. 22, 27.
See ch. iii. 17.
& xii. 47.
^a Matt. xiii. 13.

39 ¶ And Jesus said, ^z For judgment I am come into this world, ^a that they which see not might see; and that they which see might be made blind.

---

37. "It is he that talketh with thee;" rather more emphatically, "He that talketh with thee is he" (Alford); *qui loquitur tecum, ipse est* (Vulg.).

confession in Matth. xvi. 16. May we not connect our Lord's seeking and saving this outcast of Israel with His words in the next chapter respecting the Shepherd and the Door of the sheep?

36. "He answered and said, Who is he, Lord, that I might," &c. No doubt he knew the face and voice of Jesus, as he had returned from the pool of Siloam to Him. [He went his way and washed and came seeing, *i.e.* came back to Jesus.] But he thought of Him as yet only as a prophet, or one sent from God. He is the example of one who is ready to believe, but wants to know the object of faith. He had witnessed a good confession before his questioners, that His Benefactor was "a prophet," and was "of God:" now he has Him again before him, and he hears from His lips the words

37. "Thou hast both seen him, and it is he that talketh with thee." The words "Thou hast seen him," would remind him, very emphatically, that Jesus had bestowed upon him the power of seeing. Compare the words to the woman of Samaria, "I that speak unto thee am he."

38. "And he said, Lord, I believe, And he worshipped him." Acknowledging Him to be not only the Son of Man, which thing he before believed, but now the Son of God, in some very high sense of the words, he said, "Lord, I believe. " It is a small matter to say, "I believe;" wouldst thou see what manner of Person he believeth? Falling down, he worshipped Him." It is to be remarked that in Matth. xiv. 33, the confession of Jesus as the Son of God, is, as here, accompanied by worship.

39. "And Jesus said, For judgment, I am come into this world,

40 And *some* of the Pharisees which were with him heard these words, ᵇ and said unto him, Are we blind also?

ᵇ Rom. ii. 19.

that," &c. Our Lord now solemnly reflects upon, and gathers up into a focus, the teaching of the foregoing miracle, and its attendant circumstances. He makes the man blind from his birth a type of the spiritually blind, but who are conscious of their blindness, and submit to be washed in Him. He makes the Jews, who thought they saw everything clearly, and who judged according to their pride of knowledge, a type of those who, from their self-sufficiency, reject His illumination; and who are, consequently, made totally blind, the very light within them, *i.e.*, their supposed knowledge of the Law, being turned into darkness.

"And Jesus said, For judgment I am come." This expresses, of course, not the purpose of Christ's coming into the world, but its necessary result. As holy Simeon had said, "He was for the fall and rising again of many in Israel." His words, being the words of God, tried men whether they were "of God." Even His highest, His most Divine and Supernatural claims attracted, as we have seen, those who felt that the state of their case, being desperate, needed not human, but Divine Help.

"That they which see not might see, and that they which see might," &c. "We are spiritually by nature born blind, and to know and confess this our blindness is *our* first and sole seeing; out of this the grace of the Lord can bring a full restoration to sight. . . . The being made blind, however, as happening to those who are essentially blind already, is partly an ironical expression for remaining blind, and partly points to the further truth that unbelief tends to increasing blindness and hardening." (Stier.)

40. "And some of the Pharisees which were with him." Being with Him cannot possibly mean "with him as his disciples," in any sense. It simply means those who were standing by. It has been said that these Pharisees still followed, under the guise of disciples, but clung to their own views of Messiah's work. But there is no proof that there were any such following our Lord. If there were such, it was the Apostles themselves, who till after Pentecost certainly took their own views of Messiah's work. (Matth. xvi. 22; xx. 20; Luke xxii. 24; xxiv. 21; Acts i. 6.)

41. "Jesus said unto them, If ye were blind," &c. This probably

41 Jesus said unto them, ^cIf ye were blind, ye should have no sin: but now ye say, We see; therefore your sin remaineth.

^c ch. xv. 22, 24.

---

41. "Therefore your sin." "Therefore" omitted by ℵ, B., D., L., 1, 33, 69, 157, old Latin, Sah., Vulg.; retained by A., all later Uncials, Cursives, and Syriacs.

means, "If ye were totally without knowledge of the Law, ye would have no sin. It would not be imputed to you." (" Sin is not imputed where there is no law." Rom. iv. 15, and v. 13.)

"But now ye say, We see." "By the use of these very words ye acknowledge your consciousness of the difference between moral and spiritual light and darkness, therefore ye cannot plead want of knowledge, and therefore your sin remaineth, because ye do not allow this knowledge to bring you to Me to be enlightened by Me, and so your sin remaineth, according to My words, 'If ye believe not that I am *He*, ye shall die in your sins.'"

St. Augustine, however, gives a different turn to this saying of Christ: "If ye were blind, that is, if ye perceived that ye were blind, if ye owned yourselves to be blind, and ran to the Physician: if then ye were thus blind, you should not have sin, because I am come to take away sin. But now ye say, We see, your sin remaineth. Wherefore? Because by saying 'We see,' ye seek not the Physician. Ye remain in your blindness."

CHAP. X.

VERILY, verily, I say unto you, He that entereth not

The discourse in this chapter naturally springs out of the tyrannical conduct of the Jews or Pharisees, in having excommunicated the man to whom our Lord had restored sight. They cut him off from the fellowship of Israel; on hearing of which, our Lord, as the Good Shepherd, seeks him out and sets before him faith in Himself as the Door into a far better fellowship, that of the true flock of Christ.

by the door into the sheepfold, but climbeth up some other way, the same is a thief and a robber.

In doing this our Lord sets Himself forth as the One Door of access into the New Fold, and as the true Shepherd of the New Flock. The discourse in which He does this has the same character as all those which are preserved to the Church by St. John. It is the utterance of the "Word made Flesh"—of "God manifest in the Flesh." For the Lord, by calling Himself the Shepherd of the Flock or Church of God, claims to be that to the better and spiritual Israel which the Jehovah of the Old Testament had been to the carnal Israel. God had, by His prophet, taught Israel of old to say of Him, "He is the Lord our God, and we are the people of his pasture, and the sheep of his hand." "We are his people, and the sheep of his pasture." And not only was God the Shepherd of the whole flock, but by the mouth of David He had taught them to regard Him as the distinguishing and discerning Shepherd of each individual sheep. "The Lord is my shepherd, therefore can I lack nothing. He shall feed me in a green pasture, and lead me forth beside the waters of comfort." That God should stand to each soul amongst so many millions, in the relation of its Shepherd, can only be in virtue of His Omnipotence, which can control all events for its good; of His Omniscience, which knows all its most secret wants; and of His Omnipresence, which makes Him ever by its side to lead it and defend it.

So that the Lord Jesus here, in calling Himself the Shepherd of the New Flock, claims as His own those incommunicable attributes of God which are necessary for the successful leading and watching over a flock, not of sheep, but of human souls, and by claiming to be the Shepherd of the new and better flock which was to take the place of the old, and which was to gather into itself of all people, nations, and tongues, He sets Himself forth as acting in the place of God, on behalf of the people of God, as if He were God, and so claiming their trust, their obedience, their allegiance.

The discourse (1 to 18) consists of three divisions. In the first (1 to 6), which takes the form of allegory, the Lord appears as the door by which the true shepherds approach the flock. In the second, as the door by which all the flock—shepherds and sheep alike—enter into the fold; and in the third (11 to 18), as the Good Shepherd, Who gives His Life for, and Who knows the sheep.

2 But he that entereth in by the door is the shepherd of the sheep.

2. "The shepherd." "A shepherd," without article.

In the first five verses He sets forth an allegory, or, as the word is translated in verse 6, a parable, founded on the daily work of every shepherd of Palestine. The flocks at night were gathered into folds or enclosures surrounded by walls, and having one door, which was opened and shut by a porter or doorkeeper, who only admitted those who had flocks in the fold. More than one flock was often gathered for the night into one fold. In the morning, when it was time to lead out the flocks to pasture, each shepherd would come to the door, and the doorkeeper would immediately recognize him, and open to him: so that, if anyone entered in any other way, as by climbing over the wall, it was a sign that he had no right of entrance, and had come for some bad purpose.

When any shepherd to whom one of the flocks belonged came to collect and lead out his sheep, he called aloud, and all the sheep heard, but the sheep of the particular flock of which he is the shepherd recognize his voice as that of their shepherd. He has given names to them, and they hear their names called, and flock to him, and so he leads them out to pasture, and when he puts forth out of the gate his own sheep, *i.e.*, not necessarily the sheep of which he is the owner, but the sheep of which he is the shepherd, he goeth before them, and they follow him, because they know his voice: "And a stranger will they not follow, but will flee from him, for they know not the voice of strangers." Godet mentions a traveller who, meeting a shepherd bringing home his flock, changed garments with him, and thus disguised proceeded to call the sheep. They, however, remained motionless. The true shepherd then raised his voice, when they all hastened towards him, notwithstanding his strange garments. It is to be remembered that "the" shepherd of verse 2 should properly be rendered, a shepherd, and so does not refer primarily to the Lord, but represents the conduct of any real shepherd of the flock of God, whether before or after the time of Christ.

The Son of God was from the first the one Door into the fold of God's grace, whatever that fold was. He, by virtue of His being the Angel of the Covenant, Whose own were the people of Israel (ch. i. 11), was the Divine Person Who sent all the faithful prophets, leaders, and

3 To him the porter openeth; and the sheep hear his voice: and he calleth his own sheep by name, and leadeth them out.

---

teachers of Israel, who either bare messages from Him, or spake of Him, or prepared the way for Him. If any came, and were not sent by Him, they scattered the flock, instead of gathering it. It was through false teachers who came not through Him that the people were spoiled, and led into captivity in the earlier times, and in the later præ-Messianic times were "robbed" of the true meaning of their law, and of the true hope of the Messiah. One prophecy in Jeremiah, in particular (ch. xxiii.), sets forth the difference between those who had a true commission from the Lord and those who had not. "Woe be unto the pastors that destroy and scatter the sheep of my pasture!" "I have seen also in the prophets of Jerusalem an horrible thing: they commit adultery and walk in lies; they strengthen also the hands of evildoers, that none doth return from his wickedness: they are all of them unto me as Sodom." "I have not sent these prophets, yet they ran: I have not spoken to them, yet they prophesied" (ch. xxiii. 1, 14, 21). It is remarkable that the very accusation brought by our Lord against those who came not through Him of being "thieves" is here urged by the prophet against these false prophets: "Behold, I am against the prophets, saith the Lord, that steal my word; every one from his neighbour" (v. 30). In the midst of these denunciations of the false prophets are promises that God would send faithful ones. "I will set shepherds over them which shall feed them" (v. 4). And this in close connection with the promise of the Messiah Himself, as "the righteous branch raised up to David, reigning and prospering, executing judgment and justice."

3. "To him the porter openeth." There can be little doubt but that by the "porter" or "doorkeeper" here is meant the Holy Spirit, Who opens a way for the true Shepherd to the hearts of the people, both in the Old and New Dispensations. This was especially fulfilled at the day of Pentecost. Then he who had himself entered in by the door, and, notwithstanding his grievous fall, was by the Searcher of Hearts thought worthy to receive the commission, "feed my sheep"—he approached the door, and it was opened by the Spirit, and three thousand of the true sheep recognized in his voice that of the One Shepherd.

4 And when he putteth forth his own sheep, he goeth before them, and the sheep follow him: for they know his voice.

4. "He putteth." "He hath put forth." Vulg., *emiserit*.
"His own sheep." For "sheep" MSS. following Neutral Text (אca, B., D., L., 1, 22, 33, some old Latin, and some versions) read "all;" but A., most later Uncials, all Cursives except three, Vulg. and Syriac, read as in Text. Rec.

"He calleth his own sheep by name." Can this be said of any but the One Shepherd? No doubt it can, and somewhat in this way. The Jewish shepherd, when he entered into the fold in which were many flocks, by calling them by name, called to him those who were in a sense his own, but properly belonged to his master; so the true under-pastor, by preaching the Gospel, calls to him the true sheep, and they come, as if called by name. We must remember that, in the great spiritual fold, the actual name of the sheep is not pronounced as in the earthly fold; but it means that the Divine call is not general, but particular and individual, and is heard and obeyed by all who are "of God," as effectually as if the name itself were pronounced.

3, 4. "And leadeth them out. And when he putteth forth his own sheep, he goeth before them." The meaning of this "leading out" and "putting forth" has been strangely perverted by many expositors, especially Germans. It is understood as if the shepherd (whoever he be, whether the under shepherd or the Great Shepherd) leads the true flock out of the fold of Judaism into the free pastures of Christianity, in which it is supposed to be doubtful whether there is any fold—the restraint of the fold being supposed to be contrasted with the absolute freedom out of it; but nothing can be more contrary to historical truth. Neither Christ nor His Apostles ever led the Christian Jews— the converts to Christ in Jerusalem or Palestine—out of the Jewish fold, so long as that fold was in existence. By the destruction of the temple and dispersion of the nation, God absolutely destroyed the Jewish fold, rendering its polity and worship not unlawful, but impossible; but till then—that is, during a period of about forty years—the converted Israelites remained outwardly in the Old Fold. Notwithstanding persecution and excommunication and forced exclusion by the unbelieving Jews, there was no "going out" of the Jewish society, no disruption, nor anything approaching to it. The very man who was raised up to pro-

5 And a stranger will they not follow, but will flee from

claim the immunity of the Gentile believers from the yoke of the law, conformed to that law to the end of his life, so far as we have any account of it in Scripture. Some of his last recorded words were: "Men and brethren, though I have committed nothing against the people or customs of our fathers, yet was I delivered prisoner from Jerusalem into the hands of the Romans." (Acts xxviii. 17.)

In nothing is the power and goodness of the Great Shepherd more manifest than in His leading those who were still under the outward bondage of strict Judaism to such freedom from sin, and such joy and peace in believing as there was in the Pentecostal Church.

This "leading them out" is, of course, leading them to pasture; and it follows upon "calling them by name," for this necessary reason, that only when he led them out would each shepherd have to call his own flock out of the rest of the flocks folded together. When he led them back into the fold, which he must do at night, he would not have to call his own out of other flocks, as the flocks would pasture at some distance from one another; but when eventide came, they would naturally follow him home.

The "leading them out" and the "going before them" can only mean one thing—setting them an example of godly life. "Be ye followers of me as I am of Christ," says St. Paul. The pastor must go before the flock. The pastor must lead them in faith, in hope, in good works. And if he does thus lead them by setting forth the true faith, the lively hope, the abundant works, they follow him, for they know Whose voice his really is. (2 Cor. xiii. 3; Matt. x. 20.)

5. "And a stranger will they not follow," &c. Who are the strangers here, but strangers to God and Christ, who for some unworthy end intrude themselves into the ministry? Such, however popular they may be, even if they draw multitudes after them, feed not the true sheep.

This parable, or rather allegory, is quite distinct from the application of it which follows. It seems to refer wholly to shepherds—to any true shepherd who enters in through Christ the Door. One who is not a true shepherd enters not through the Door, but climbs up some other way, through the way of mere human scholarship or private influence. In the Lord's application of it in verses 7-11 He seems to put quite into the background the idea that

him: for they know not the voice of strangers.

He is the Door by which the under-shepherd enters, and sets Himself forth as the One Door of the whole flock, shepherds and sheep alike.

Before, however, proceeding to the application, or rather extension of the meaning of the parable in the following verses, it will be necessary to consider one matter of supreme importance, and this is the necessary connection which our Lord seems to lay down between "entering through the Door" and being "heard" and "followed" by the sheep. There can be no doubt that the shepherd enters through the Door by a personal faith in Christ, a personal individual coming to Him, or to God through Him, a personal dependence upon Him, and inherence in Him. And such, and such only, can speak so that the sheep hear them, and recognize in their voice the voice of Christ.

Let the reader remember that this personal faith and knowledge is quite apart from, and independent of, parties, schools of thought, denominations, Churches Eastern or Western, Churches national, or Churches as congregations. Multitudes of Romanist pastors thus speak from what they have learnt by personal faith in Christ. It is strictly in accord with the holding of the highest Church or Sacramental Doctrine which can be taught in the Church of England; witness the writings and sermons of such saints as Keble and Pusey. And, on the other hand, persons who range themselves under parties and sects whose very watchwords are such things as Conversion and Justification may not deliver the message or speak with the accents of the One Shepherd.

Another lesson from the parable demands notice. In this allegory or similitude the sheep are never supposed to go out or come in of themselves, but only when led out or in by the shepherd. They only go to pasture when the shepherd comes in at the door to call them. So that in this parable, the Lord, whilst laying down the absolute necessity of entering in by a personal faith in Himself as the Door, never contemplates the sheep as acting without the pastor; in other words, He never contemplates the Church as existing without a ministry. So that the place which, above all others, teaches that none can be a true pastor without personal faith in the Son of God, teaches also that ministerial action and intervention is of the essence of the Church. I am not speaking now of Church

THEY UNDERSTOOD NOT.

6 This parable spake Jesus unto them: but they understood not what things they were which he spake unto them.

---

6. "This parable;" rather, perhaps, "allegorical saying" (*paroimia*). Same word as is used in John xvi. 29 in contrast with plain or open speech. Vulg., *hoc proverbium*.

government, but of the ministry in the most extended sense of the word.

And yet it is clear that the Lord has not here in view the external ordination so much as the inward call. There must be the valid ordination if the Church is not to be a mere congeries of sects, and for the same reason that ordination must be Episcopal; but this the Lord appears here not so much to have in mind as the fitness for the ministry which springs from realizing faith in His Person and work. Let the reader note the following passage from so decided a Catholic as the late Isaac Williams, "No self-confident deacon; no ambitious, or covetous, or ease-loving priest; no proud prelate; none of these, though in right lineal descent from the Twelve or the Seventy, enter the sheepfold by Christ, the Door."

This allegory or similitude, then, sets forth Christ as the Door by which all shepherds approach the flock.

Now he proceeds to speak of Himself as the Door of the flock itself, ministers and people alike being His sheep, who must enter His fold through Himself.

6, 7. "This parable spake . . . I am the door of the sheep." Why did they not understand this parable? Was it because their conduct to the man to whom Jesus had restored sight, showed that the character of a true shepherd of souls was utterly alien from theirs, or because they did not receive the Divine claims of Jesus to be to the true Israel of God what Jehovah of old had been to the carnal Israel? If they had had the spirit of true pastorship, God might have helped them to discern the high claims of the true Pastor.

"I am the Door of the sheep." I am the one entrance into the house, into the grace, into the kingdom of God. "No man cometh unto the Father but by Me." (John xiv. 7.) How do men enter through Christ as the Door? Some say in Baptism, by which men are grafted into the mystical body. Some say in Conversion only, when a man consciously approaches God through Christ. But must not the two be taken together? No unbaptized man can enter into the fold or be numbered among the

7 Then said Jesus unto them again, Verily, verily, I say unto you, I am the door of the sheep.

8 All that ever came before me are thieves and robbers: but the sheep did not hear them.

---

8. "Before me" omitted by א, E., F., G., M., some Cursives, old Latin, Vulg., and Peshito; but retained in A., B., D., L., most Cursives, and older versions.

flock unless he submit to receive this mark or seal which the Saviour so emphatically declares to be the entrance into His kingdom. If he does not, he despises the word and the promise of Christ given in that Sacrament, and cannot be said to come through Him. And if a man after being baptized lives contrary to the faith and obedience of Christ, he is a lost sheep, and requires to be brought again through Christ into the flock by true conversion or repentance unto life.

But it must be ever remembered that when our Lord speaks of thus passing through Himself as the Door, He does not speak of one act of either Baptism or Conversion, but of a life-long habit, as we shall presently see.

8. "All that [ever] came before me are thieves and robbers," &c. This cannot but refer to the succession of teachers who increasingly corrupted the Word of God from the time of the latest prophets to the time of Christ. During the whole of this period there appears to have been, under the evil influence of the scribes, an ever-increasing perversion of the meaning of the Word of God. The Lord seems to have in His mind the 34th of Ezekiel, where the prophet teaches that before God Himself comes down in the person of the Spiritual David to take the oversight of His flock more directly into His own hands, there would be evil teachers whom the prophet describes as oppressors and robbers. "Woe be to the shepherds of Israel that do feed themselves! Ye eat the fat, and ye clothe yourselves with the wool, ye kill them that are fed . . . . with force and with violence have ye ruled them." And this state of things is terminated by God coming to His flock as its true Shepherd, delivering them from the evil and covetous shepherds, whose teaching is described in terms which exactly answer to that of the Scribes and Pharisees: "Seemeth it a small thing to you to have eaten up the good pasture, but ye must tread down with your feet the residue of your pasture; and to have drunk of the deep waters, but ye must foul the residue with your feet?" (v. 18.) This

9 ᵃI am the door: by me if any man enter in, he shall be saved, and shall go in and out, and find pasture. ᵃ ch. xiv. 6. Eph. ii. 18.

---

evil state of things seems to have gone on progressing for two or three centuries before the time of our Lord, and to have reached its climax when He came, so that we must take the words "before Me," as naturally we should, as meaning, for some time "before Me." No one before John the Baptist seems to have been raised up to protest against the corruption in the teaching of the flock of God; when he came he denounced the false teachers as a generation of vipers.

Some have attempted to find the key to the meaning of this verse in the word "came," as meaning those who came in contrast to Him, of Whom it is emphatically said that He should come—who "came" to satisfy national expectations, &c., but all this seems far-fetched and unlikely. The two or three false Christs, such as Judas and Theudas could scarcely be meant by "all that came before me."

"The sheep did not hear them." There was always a remnant of the true people of God, who would not listen to the false interpretations by which it was robbed of its meaning; just as in the times of idolatry there were the seven thousand who had not bowed the knee to Baal.

9. "I am the door: by me if any man enter in," &c. Not merely any shepherd, but if any one enter in, he shall be saved. He shall be in a state of salvation here, free from the dominion of sin, and having power to serve God in holiness and righteousness, and if he continue in Me to the end (John xv. 4), shall be saved everlastingly.

"And shall go in and out." This is a familiar Old Testament expression for leading our daily life in the sight of others. Thus 1 Samuel xviii. 16, "But all Israel and Judah loved David, because he went out and came in before them." Also, "The Lord preserve thy going out and thy coming in from this time forth for evermore." (Ps. cxxi. 8.) It means that not only the inner spiritual, but the daily outer life and conversation shall be "in Christ."

"Shall find pasture." He shall feed on Christ in the Scriptures, and in the Eucharist, and shall find in them food to nourish him unto Life Eternal.

10 The thief cometh not, but for to steal, and to kill, and to destroy: I am come that they might have life, and that they might have *it* more abundantly.

11 ᵇI am the good shepherd: the good shepherd giveth his life for the sheep.

ᵇ Is. xl. 11. Ezek. xxxiv. 12, 23. & xxxvii. 24. Heb. xiii. 20. 1 Pet. ii. 25. & v. 4.

---

10. "More" omitted by Revisers and Alford, but Vulg. *abundantius; id quod præstans est, habeant* (Syriac).

11. "Giveth." "Layeth down" is a more correct translation of the original, which is the same as is rendered "lay down" in verses 16 and 17.

10. "The thief cometh not, but for to steal," &c. Hitherto the Lord had compared false shepherds with true, the false being thieves and robbers; now He uses the singular number, and speaks of the thief. Must not He here allude to him who sends and inspires and is the father of all those who rend and devour the flock, and tread down their pasture and foul the pure water; just as, in verse 12, He calls him the wolf?

"I am come that they might have life, and that they might have it [more] abundantly," or "in abundance." The Son of God has come that men who believe in Him may have not only some measure of life, but no stinted measure. We read that God hath shed the Spirit on His Church *abundantly*. (Titus iii. 6.) This abundant life is manifest in the abundant good works of St. Paul, and other Apostles, and in the lives of eminent Saints and Missionaries in all ages of the Church. When the Pentecostal Church continued steadfastly in the Apostles' doctrine, in their fellowship, in the breaking of bread, in the prayers, in the fear of God, in charity and generosity; so that they sold their possessions and goods, and parted them to all, "when they continued daily in the temple, and eat their meat with gladness and singleness of heart, praising God;" then they manifested the *abundance* of the Life which Christ had bestowed.

11. "I am the good shepherd." In the Greek language the idea of beauty is associated with goodness in the word good [καλος,] here. It was used by the Greeks to designate goodness as the highest moral beauty.

"The Truth has said of Himself, 'I am the good shepherd.' All love, care, providence, devotion, watchfulness, that is in earth or in

12 But he that is an hireling, and not the shepherd, whose own the sheep are not, seeth the wolf coming, and

---

heaven, in the ministry of men or of angels, is but a reflection or participation of that which is in Him. Surely nothing but the vision of His presence in heaven can exceed this revelation of Himself. These words have taken so deep a hold of the hearts of His people, that from the beginning they passed into a common title for their exalted Head. It was the symbol under which, in times of persecution, His Presence was shadowed forth. It was sculptured on the walls of sepulchres and catacombs, it was painted in upper chambers and in oratories, it was traced upon their sacred books, it was graven on the vessels of the altar. The image of the Good Shepherd has expressed, as in a parable, all their deepest affections, fondest musings, most docile obedience, most devoted trust. It is a title in which all other titles meet, in the light of which they blend and lose themselves: Priest, Prophet, King, Saviour, and Guide are all summed up in this one more than royal, paternal, saving Name. It recalls in one word all the mercies and loving-kindness of God to His people of old, when the Shepherd of Israel made His own people 'to go forth like sheep, and guided them in the wilderness like a flock.'" (Manning.)

"The good shepherd giveth his life for the sheep." The primary idea is, of course, in defence of the sheep. A good shepherd, David, risked his life on behalf of his father's flock when he slew the lion and the bear, but the Good Shepherd could not give His Life after that fashion. The power of Evil could not be overcome by force and adroitness, but by submission to death in the way of atonement. And so the Son of God laid down His life for the sheep as a ransom for them, and so the flock is His own, purchased with His own Blood. (Acts xx. 28.)

"But he that is an hireling, and not [the] shepherd, whose own the sheep are not." There are great differences of opinion respecting who is meant by the "hireling" here. Godet considers that the Lord means the leaders of the Jews who believed on Him, but through fear of men did not confess Him; and so through their cowardice He was delivered to death. Others make the hireling and the thief or robber to be the same; but this seems impossible. The meaning must be general, and must signify all who take the oversight of souls for the sake of gain rather than of Christ. Thus, Augustine:

^c Zech. xi. 16, 17.   ^cleaveth the sheep, and fleeth: and the wolf catcheth them, and scattereth the sheep.

---

12. "Scattereth the sheep." "The sheep" omitted by ℵ, B., D., L., and a few Cursives; retained by A., later Uncials, most Cursives, Vulg., old Latin, Syriac.

"Who then is the hireling? There are in the Church certain overseers, of whom the Apostle Paul saith, 'Seeking their own, not the things of Christ.' What meaneth seeking their own? Not loving Christ freely, not seeking God for His own sake; men pursuing temporal advantages, men open-mouthed for gain, seeking honours of men." And yet the same divine clearly distinguishes them from thieves and robbers: "Many in the Church, pursuing earthly advantages, do yet preach Christ, and through them the voice of Christ is heard: and the sheep follow, not the hireling, but the voice of the Shepherd through the hireling."

"Seeth the wolf coming," *i.e.* the enemy of souls in any of his manifold disguises, as not only persecution, but heresy, worldly living, or a low standard of faith and morals.

"Leaveth the sheep, and fleeth: and the wolf catcheth them and scattereth [them]." How can the hireling be blamed for fleeing, seeing that the Lord says, even to the Apostles, "When they persecute you in one city, flee ye to another?" Augustine explains this by the man through fear of men neglecting his duty. His comment is very searching: "Who is the hireling that seeth the wolf coming, and fleeth? The man who seeks his own, not the things which are Jesus Christ's, that man does not frankly reprove him that sinneth. Lo some man hath sinned, hath grievously sinned: he must be rebuked, be excommunicated: yea, but excommunicated he will be an enemy, will plot, will do a mischief when he can. Now the man who seeks his own, not the things which are Jesus Christ's, this man, that he may not lose that which he follows after, to wit, the advantage of men's friendship, and incur the annoyance of men's enmity, holds his peace, does not rebuke. Lo the wolf is griping the sheep by the throat: the devil hath seduced a believer into adultery; thou holdest thy peace, rebukest not. O hireling, thou sawest the wolf coming and fleddest! Perchance he answer, 'Lo here I am: I have not fled.' Thou hast fled, because thou hast held thy peace."

"Scattereth the sheep." Let the reader notice what an evil the

13 The hireling fleeth, because he is an hireling, and careth not for the sheep.

14 I am the good shepherd, and ^d know my sheep, and am known of mine.

^a 2 Tim. ii. 19.

---

13. "The hireling fleeth." So A², (original reading doubtful), X., Γ, Δ, Λ, Π, later Uncials, most Cursives, nearly all old Latin, Vulg., Syriacs, Goth.; but א, B., D., L., 1, 22, 33, Sah., Coptic, Arm. Æth., omit "the hireling fleeth."

14. "And am known of mine." א, B., D., L., Vulg., old Latin, and some versions read, "And mine know Me;" but A., the later Uncials, most Cursives, Syriac, and some versions read as in Text. Recept.

---

scattering of the sheep is in the eyes of the Lord. And must He not have esteemed the unity of His flock as beyond all things needful for the spread of the Gospel when He prayed so earnestly that "they all may be one, as thou, O Father, art in Me and I in Thee, that they may be one in us, that the world may believe that thou hast sent me"? (xvii. 21).

"The hireling fleeth, because he is an hireling, and careth not for the sheep." That is the man who has an hireling spirit, and takes the oversight, not for the work, but for the wages. "It is not the bare receiving hire which denominates a man a hireling (for the labourer is worthy of his hire, and the Lord hath ordained that they who preach the Gospel should live of the Gospel). But the loving hire, the loving the hire more than the work, the working for the sake of the hire. He is an hireling who would not work were it not for the hire. What is he then that continually takes the hire, and yet does not work at all?" (Wesley.)

14. "I am the good shepherd, and know my sheep." As in verse 11 He calls Himself the Good Shepherd because He lays down His Life for the sheep, so here He calls Himself the Good Shepherd because He knows His sheep, and is known of them.

It is, next to His laying down His life for the sheep, the great proof of His goodness that He knows His sheep, not as a whole, not as a flock merely, but each one: each soul is precious in His sight, and so He knows the wants of each one. His is not a general superintendence of a vast flock, but a loving and distinguishing regard for each sheep of the flock. "He knows us through and through, all that we have been and are, all that we desire and need, hope and fear, do, and leave undone, all our thoughts, affections, purposes, all our secret acts, all our hidden life." It is needful that He should have all this consciously in His knowledge, for His

* Matt. xi. 27. 15 ^e As the Father knoweth me, even so know I

15. "Even so know I;" rather, "and I know." *Sicut novit me Pater et Ego agnosco Patrem* (Vulg.).

pastorate is not that of a flock only, but of each particular sheep in the flock. In a way far above all human thought, He saves, He leads, He restores, He pastures each soul by itself as if it were the only one in the flock.

"And am known of mine." His true sheep do not merely know about Him, about His Incarnation, His Life, Works, Teaching, Sufferings, Death, but they know Him as one person knows another. He has called them by name, and they have answered to the call. They have had some tokens, perhaps many, that He recognizes them one by one. They have had some personal experience of His love, compassion, gentleness, or wise and merciful correction. So their knowledge is personal. "It is the knowledge of heart with heart, soul with soul, spirit with spirit: a sense of presence and companionship; so that when most alone we are perceptibly least alone; when most solitary we are least forsaken. It is a consciousness of guidance, help, and protection, so that all we do or say, and all that befalls us, is shared by Him. It fills us with a certainty that in every part of our lot, in all its details, there is some purpose, some indication of His design and will, some discipline or medicine for us; some hid treasure if we will purchase it; some secret of peace if we will make it our own."

15. "As the Father knoweth me, and I know the Father." And this knowledge is the image and reflection of the highest of all mutual knowledge, that of the Father and the Son. It is to be reverently remembered that the Lord, by taking our nature and coming amongst us, became of the flock of God His Father. Knowing perfectly the Father, and being known perfectly of the Father, He submitted to His Father's will and guidance, and put Himself under the care of His Father's providence, so that He knows His Father as His Shepherd, and the Father knows Him as the First of His Flock. And He communicates this knowledge to each true sheep, not, of course, to the same degree, for the knowledge of One Another possessed by the Persons of the Trinity is infinite, but it is of the same nature, the "as" signifying likeness, not equality. Our knowledge of Him is the same loving trustfulness and devotion to His Will as he has to His Father's Will. And He looks upon us with

the Father: ^f and I lay down my life for the sheep.   f ch. xv. 13.

16 And ^g other sheep I have, which are not of   g Is. lvi. 8.
this fold: them also I must bring, and they shall hear my

---

the same guiding, fostering love as His Father, in His state of humiliation, looked upon Him.

There is a very deep truth in this, that the love divine and infinite which the Persons of the Trinity have to one another is the fountain of all pure love which holy creatures have to one another; and similarly the knowledge which the Divine Persons have of one another, is the origin and pattern of that knowledge by which holy creatures know one another.

"And I lay down my life for the sheep." This is not a mere repetition, but follows upon His declaration of His knowledge of the sheep. He knows them, He knows their needs, He knows their danger from the enemy, He knows too what capacities there are in them for serving God and returning His own and His Father's Love: and so because of this knowledge He lays down His Life for them, that His infinite grace may reach them and perfect them.

16. "Other sheep I have, which are not of this fold: them also I must bring," &c. The "other sheep" are the Gentiles which were to believe in Him through the preaching of His word. Notice that even now they are His, though they know it not: "Other sheep I have."

"Which are not of this fold." By saying "not of *this* fold," does the Lord mean that there was a heathen fold or folds? Impossible: A fold is that into which sheep are gathered, and in which they are surrounded by outward and visible means of protection. No doubt Christ kept by His own power all those among the heathen whom He designed ultimately to hear His voice and become of His true flock, but He kept them by other means than those by which He kept the Jewish flock which He hedged round. (Isaiah v. 2.) "Them also I must bring," *i.e.*, into the true fold, or rather flock, by the preaching of the Gospel.

"They shall hear my voice." Just as the sheep of the first or old fold heard His voice in the voices of the true under-pastors, so these shall hear His voice in the words of such preachers as Paul and Timothy, and those who in succession after them preached the same Gospel.

voice; ʰ and there shall be one fold, *and* one shepherd.

<small>ʰ Ezek. xxxvii. 22. Eph. ii. 14. 1 Pet. ii. 25.
ⁱ Is. liii. 7, 8, 12. Heb. ii. 9.</small>

17 Therefore doth my Father love me, ⁱ because I lay down my life, that I might take it again.

18 No man taketh it from me, but I lay it down

---

16. "There shall be one fold;" rather, one "flock." The Authorized rendering is a mistranslation.

"There shall be one fold [or rather flock] and one shepherd." By saying that there is to be one flock our Lord means to assert that there shall be One Catholic Church, not one Jewish and one Gentile fold, but one Body of Christ, one organization for the preservation of the truth, and for the perfecting of the Saints. This was the Lord's intention; how far His intention has been frustrated by the wilfulness and perverseness of men we cannot now determine, suffice it to say that it is impossible that He could have contemplated an unlimited number of separate visible organizations, each founded on its own peculiar view of the truth.

17. "Therefore doth my Father love me." In addition to that infinite love wherewith the Father regards the Son in the Godhead, there is, if it may be lawful to say so, an additional Love on the part of the Father, because the Son hath devoted Himself to be the Eternal Mediator between God and His creatures. This Mediation was not to end with His Death, but continue eternally in and through that renewed Life which He "took again" on the third day. He died for our sakes that He might bring us to God, and He lives for our sakes that He may accomplish and perfect that "bringing us to God" and uniting us with God for the sake of which He died. "If Jesus in devoting Himself to death, had not done so with a determined purpose to rise again, He would have but half given Himself, His Death would have been a withdrawal at the same time that it was a gift." (Godet.)

18. "No man taketh it from me." This was proved in our Lord's very act of dying. Having cried with a loud voice, which showed that His natural strength was not exhausted, and so that He could not then die naturally, He surrendered His Life into the hands of God, in the words, "Father, into Thy hands I commend my spirit." As Bengel says: "Jesus let Himself be taken by His enemies

of myself. I have power to lay it down, and I [k] have power to take it again. ¹This commandment have I received of my Father.

19 ¶ [m] There was a division therefore again among the Jews for these sayings.

[k] ch. ii. 19.
[l] ch. vi. 38. & xv. 10. Acts ii. 24, 32.
[m] ch. vii. 43 ix. 16

---

19. "Therefore" omitted in ℵ, B., L., 33, 49, old Latin, and Vulg., but retained in A., D., later Uncials, almost all Cursives, Coptic, Syriac (Pesh.)

of His own accord, and on the very Cross He sent forth His Spirit, not in any weakness, but with a shout."

It is to be noticed that in the original the first personal pronoun being expressed both here and in the last verse is very emphatic. It might be rendered in English by "I, even I, lay it down of myself," or, "I myself lay it down of myself." The surrender was as supernatural an act of His own power as was the resuming of it.

This does not mean, of course, that He was divinely protected till His time came, but when His time to die had come He surrendered His Life by an act of will. "I have power to lay it down, and I have power to take it again." He has power, or right, because He has life in Himself, and because having no sin, original or actual, He could not, on His own account, pay the penalty of sin.

"This commandment have I received of my Father." This seems to be a solemn assertion that in the matter of dying and rising again, over which He had perfect power in Himself, He yet acted in accordance with the will of the Father, and did nothing without Him. The great redemptive act of dying and rising again was not an act of His own Thought and Will, as if He loved mankind more than the Father did, but it took place by the Will, and so by the ordination and direction of the Father. Though He has perfect power in Himself, He does nothing of Himself (viii. 28); all is in, by, and with, the Father.

19, 21. " There was a division therefore again among the Jews . . . open the eyes of the blind." Some of them would altogether misunderstand the words. They heard astonishing things, such as that He should be the Shepherd of the whole future flock of God, and they would see nothing in Him to warrant such pretensions, because they shut their eyes to all that enforced His claims; and so they pronounced Him a maniac under possession. Others remembered the opening of the eyes of the man born blind, and they felt that

20 And many of them said, ⁿ He hath a devil, and is mad; why hear ye him?

21 Others said, These are not the words of him that hath a devil. ᵒ Can a devil ᵖ open the eyes of the blind?

22 ¶ And it was at Jerusalem the feast of the dedication, and it was winter.

ⁿ ch. vii. 20, & viii. 48, 52.
ᵒ Ex. iv. 11. Ps. xciv. 9. & cxlvi. 8.
ᵖ ch. ix. 6, 7, 32, 33.

---

22. "And it was winter." "And" omitted by ℵ, B., D., G., L.; retained by A., E., F., K., M., old Latin, Vulg., and Syriac.

there was not only an authority, and a depth, and a Divine sweetness, but a marvellous coherence in His sayings ("These are not the words of him that hath a devil"), and they were arrested and were on the road to belief and acceptance. Again I ask the reader to notice how the assertion, on His own part, of the highest claims of Christ, to shepherd the flock of God in a way which can be true only of the Supreme Being, whilst, as was natural, it repelled many, still attracted many—no doubt all those who were "of God."

22. "And it was at Jerusalem the feast of the dedication." Probably it was then the Encænia in Jerusalem. The Encænia, or Feast of the Re-dedication of the Altar (not of the Temple), was instituted by Judas Maccabæus, to commemorate the Re-dedication of the Altar after it had been defiled by Antiochus Epiphanes. It is thus described:—"Now on the five-and-twentieth day of the ninth month, which is called the month Casleu, in the hundred forty and eighth year, they rose up betimes in the morning and offered sacrifice according to the law, on the new altar of burnt-offerings which they had made. Look at what time and what day the heathen had profaned it, even in that was it dedicated with songs, and citherns, and harps, and cymbals. Then all the people fell on their faces and worshipped, praising the God of heaven who had given them good success. And so they kept the dedication of the altar eight days." (1 Maccab. iv. 52-56.)

This was on the 25th Chisleu: and between it and the last mentioned feast, the feast of Tabernacles, there was an interval of two months, during which it is very probable that our Lord was teaching in Galilee and Peræa; and it is supposed that the incidents recorded in Luke xi.-xviii. 30, occurred during this period between the

23 And Jesus walked in the temple ᑫin Solomon's porch.

24 Then came the Jews round about him, and said unto him, How long dost thou ‖ make us to doubt? If thou be the Christ, tell us plainly.

ᑫ Acts iii. 11. & v. 12.
‖ Or, *hold us in suspense?*

25 Jesus answered them, I told you, and ye believed not:

---

24. "How long dost thou make us to doubt?" *Quocunque animam nostram tollis* (Vulg.), but see below.

two Festivals. The way in which the mention of Jerusalem in this verse is brought in would lead us to suppose that our Lord had returned to the city after some absence.

"It was winter. And Jesus walked in the temple in Solomon's porch." A covered cloister forming the Eastern boundary of the Temple. The two notices correspond to one another, because of the inclemency of the season the Lord walked and taught in this covered part.

24. "Then came the Jews round about him, and said unto him," &c. The Jews encircled Him. They closed Him in so that, apparently, He was by Himself in their midst, separated from His disciples. No doubt they did this that, by a kind of compulsion, they might force Him to answer their questions.

"How long dost thou make us to doubt?" Rather, as in margin, How long dost thou hold our minds in suspense? or it may be rendered, How long dost thou raise our minds? *i.e.*, with Messianic hopes which Thou art so slow in satisfying by decisive words and actions. "If thou be the Christ, tell us plainly."

25. "Jesus answered them, I told you, and ye believed not." When had our Lord told them that He was the Messiah? He had told them sometimes in words which they energetically rejected that He was far more than any Messiah such as they expected, for He had told them that whatsoever His Father did He did; that He would, in the place and by the authority of the Father, judge all men; that He was the Light of the world; that if they believed not on Him they would die in their sins; that His Father was always with Him; that children of Abraham though they called themselves, they were not free till He made them free; that if a man keep His saying He shall never see death; that before Abraham came into existence He *is;* that He was the door into God's fold; that He was the Shepherd of the sheep—the Good Shepherd, Who

MY SHEEP HEAR MY VOICE. [St. John.

^r the works that I do in my Father's name, they bear witness of me.

26 But ^s ye believe not, because ye are not of my sheep, as I said unto you.

27 ^t My sheep hear my voice, and I know them, and they follow me:

r ver. 38. ch. iii. 2. & v. 36.
s ch. viii. 47. 1 John iv. 6.
t ver. 4, 14.

---

26. "As I said unto you" omitted by ℵ, B., K., L., M., some Cursives, Vulg., and some versions; retained by ℵ, D., some later Uncials, and old Latin (a, b, e, f), and Syriac.

knew His sheep, and had power not only to lay down His Life for them, but to take it again. He had told them all this, but in thus setting Himself before them He had been careful to assure them that in nothing whatsoever did He speak, or judge, or witness, or act apart from His Father. There was the most perfect oneness between them.

This was far more than telling them that He was the Christ. It was a conception of the Christ infinitely beyond, and so contrary to, their low, carnal expectations.

"The works that I do in my Father's name, they bear witness of me." You have not my unsupported word, but works in number and power such as no man before Me has done. Their very adherents had said, "When Christ cometh, will He do more works than this man hath done?"

26. "But ye believe not, because ye are not of my sheep [as I said unto you]." If the words "as I said unto you" are genuine, then the Lord refers to viii. 47: "He that is of God heareth God's words; ye therefore hear them not because ye are not of God." The words may be taken with verse 27: "As I said unto you, my sheep hear my voice," &c.

27. "My sheep hear my voice." It is to be remembered that this important passage is a repetition of the leading ideas which the Lord had enunciated in the beginning of this chapter respecting His relations to His true sheep as their Shepherd.

"My sheep hear my voice" corresponds to "they know his voice;" "I know them" to "I am the good shepherd, and know my sheep;" "They follow me" to "The sheep follow him, for they know his voice;" "I give unto them Eternal Life" to "I am come that they may have life, and that they may have it more abundantly." "They shall never perish, neither shall any pluck them out of my

28 And I give unto them eternal life; and ᵘthey shall never perish, neither shall any *man* pluck them out of my hand.

ᵘ ch. vi. 37. & xvii. 11, 12. & xviii. 9.

---

hand," corresponds to what He says respecting protecting His sheep and their "being saved," and their "going in and out and finding pasture."

Two questions must now be considered:—

1. Is our Lord here enunciating a perfectly general Theological truth, without any special reference to any particular followers of His, or has He in His mind certain persons? I believe if we compare the first words of the next verse, " My Father, which gave them me," with such words as those in the Great Intercession, "Thine they were, and thou gavest them me; " " I pray for them which thou hast given me;" "Those that thou gavest me I have kept,"—if these words, and many of a like kind, are taken into account, they prove that the Lord here primarily speaks of the Apostles. And there seems to be a necessity for it: for the Saviour was severely blaming the Jews for their unbelief and rejection of His words. But might they not retort, "Who could accept such words, implying such transcendent relations to God, such a place in the universe by His side, such power of doing all that the Father does?" The answer is, that there were amongst them those who had accepted His claims, there were those who, because they were of God, heard in His words the words of God—a small number, but sufficient for all God's purposes in the founding of His Church, and giving it its first direction.

2. "They shall never perish." These words have been used as implying the final perseverance of all who have been, for ever so short a time, sheep of Christ, and so many have so perverted them as to comfort themselves with the idea that having once experienced the internal workings of Divine grace they never can be finally cast away, no matter how they live; but in doing this they ignore the all-important clause "They follow me." No one can take the smallest comfort from this verse unless he is following in the footsteps of the goodness and righteousness of Christ. If he is in the least degree willingly turning aside, this promise does not belong to him. Besides this, the words " I know them," imply necessarily, " I know them with approval," just as in the first Psalm the Lord is

274   I AND MY FATHER ARE ONE.   [St. John.

29 ˣ My Father, ʸ which gave *them* me, is greater than all; and no *man* is able to pluck *them* out of my Father's hand.

30 ᶻ I and *my* Father are one.

ˣ ch. xiv. 28.
ʸ ch. xvii. 2, 6, &c.
ᶻ ch. xvii. 11, 22.

---

29. "My Father, which gave them me, is greater than all." So ℵ, D., L., T., Δ, Λ, Π, later Uncials, all Cursives, Sah.; but A., B., X., all old Latin, Vulg., Goth., Coptic, read "a greater thing." "That which my Father giveth me is greater than all "— *Pater meus quod dedit mihi, majus omnibus est* (Vulg.)—but it seems inconceivable that our Lord, Who is here speaking of the dependence and obedience of the flock, should, without any apparent reason, bring in its greatness. The Syriac reads as in Authorized and Received Text, *Pater enim meus qui dedit eos mihi, omnibus major est*.

said to "know the way of the righteous," and as in the Sermon on the Mount the Lord represents Himself as saying to those whom He rejects, "Depart from me, I never knew you, all ye workers of iniquity."

29. "My Father which gave them me, is greater than all; and no man is able," &c. The power of the Father to keep the sheep is not here contrasted with the power of the Son, as if the Father's power were greater, but it is simply asserted that the Son is not alone, or by Himself, in His protection of the sheep. I take this place to be parallel to, and an echo of, those many passages which we have noticed in the previous discourses in which the Son asserts that He does nothing, judges no one, says nothing, teaches nothing, witnesses nothing, without, or apart from, the Father. As in all other instances of Divine Energy, so particularly in that of preserving the true sheep, they work together; so that "no man is able to pluck them out of my Father's hand," corresponds to "neither shall any man pluck them out of my hand." What is the lesson which the true sheep should learn from this? Not continually to boast of security, but unceasingly to commend themselves to God in such words as, "Into thy hands I commend my spirit, for thou hast redeemed me, O Lord, thou God of truth."

30. "I and my Father are one." This, no doubt, primarily means, One in the exercise of Almighty power in the protection of the sheep, and therefore One in the possession of what must be the substratum of that Almighty power, One in the Divine Substance. The Oneness of the Son with the Father in will, in action, in knowledge, in judgment, in the terms in which the Lord asserts this Oneness through-

31 Then ᵃ the Jews took up stones again to stone him.

32 Jesus answered them, Many good works ᵃ ch. viii. 59. have I shewed you from my Father: for which of those works do ye stone me?

33 The Jews answered him, saying, For a good work we stone thee not; but for blasphemy; and because that thou, being a man, ᵇ makest thyself God. ᵇ ch. v. 18.

---

out this Gospel, can only arise from Oneness in Divine Essence, and cannot be even thought of apart from such Oneness of Essence: and so this is the most absolute assertion on the part of our Lord, of Oneness with His Father in the Trinity, which can be conceived.

31, 32, 33. "Then the Jews took up stones .... makest thyself God." "The Jews took up stones." Rather, "bare stones," as if they brought them from a distance; perhaps, however, owing to the repairs of the temple, loose stones were at hand.

32. "Jesus answered them, Many good works have I shewed you from my Father, &c." Here is wisdom akin to that which He had so often displayed in turning the words of His persecutors against themselves (Matthew xxii. 29-46). Instead of asking them "why they stoned Him?", He asked, "for what good works that I have shewed you from my Father do ye stone me?" He had not said what He had said respecting His Omnipotence with the Father without testimony from that Father. He threw them back upon such works as the healing of the man at the pool of Bethesda, the restoring sight to one born blind, and, doubtless, many others; and He disclaimed having done these things apart from His Father. On the contrary, He declares that He had showed them these works *from* His Father, repeating what He had said before, "The Son can do nothing of himself, but what he seeth the Father do," &c. (chap. v. 19, 20).

33. "For a good work we stone thee not; but for blasphemy ... makest thyself God." It is clear that the Jews understood Him aright, as asserting equality with the Father. They interpreted His words in the only way consistent with common sense, as they had done before when He had said, "My Father worketh hitherto, and I work." He had then done a Divine work which none but either God Himself or one come with a commission from God could do, a work which could only be done by an interposition of the direct

34 Jesus answered them, ^c Is it not written in your law, I said, Ye are gods?

^c Ps. lxxxii. 6.
^d Rom. xiii. 1.

35 If he called them gods, ^d unto whom the word of God came, and the scripture cannot be broken;

---

power of God. Having done such a work, for Him to say in allusion to it, " My Father worketh, and I work," was to assert of Himself a power working side by side with, and in the same sphere as the Divine power: and now He had been asserting that the true sheep of God were His sheep: and as Jehovah had led and fed them of old, so He would in future pasture them, and particularly He had asserted their security, in that they were in His hands, and also in His Father's, and yet the protection was one, " I and my Father are one." There could be but one inference from this, which the Jews naturally and rightly understood to be a claim to equality with the Father in protecting the sheep of God, and if in that, in everything, for the Lord evidently assumes that the protection of souls in the spiritual world from their spiritual enemies is a distinctly Divine act.

34. "Jesus answered them, Is it not written in your law, I said, Ye are gods? If he called them gods .... the scripture cannot be broken." His argument is this: " You accuse me of blasphemy, not because I said in so many words, I am God, but because I said, I am the Son of God. Well, in your own Sacred Books the word " god " is given in a subordinate sense to those to whom God has given His Spirit and His power that they may judge the people of God in truth and equity. If they then can properly, and without blasphemy, be called gods, much more can I, Whom the Father set apart and consecrated to the office of Redeemer before He sent Me into the world, call Myself, without blasphemy, Son of God."

In order to see somewhat of the wisdom of this answer, it is to be remembered that the term " God " (Theos, Elohim) is not the incommunicable Name of the Supreme Being. That Name is Jehovah or Elyon, which could never be given except to Him Who manifested Himself to Moses in the bush. The term " God " signifies the powerful One or Ones, and so early as in the third chapter of Genesis it is given to those beings who were in power greater than men. " Ye shall be as gods, knowing good and evil." In

36 Say ye of him, ^e whom the Father hath sanctified, and ^f sent into the world, Thou blasphemest; ^g because I said, I am ^h the Son of God?

^e ch. vi. 27.
^f ch. iii. 17. & v. 36, 37. & viii. 42.
^g ch. v. 17, 18. ver. 30.
^h Luke i. 35. ch. ix. 35, 37.

36. "Sanctified." "Consecrated" in margin of Revised.
"The Son of God;" rather, "Son of God," without article.

this, and in 1 Sam. xxviii. 13 ("I see gods ascending out of the earth") it seems given to all supernatural beings, reserving, of course, its full application to the one Supreme Jehovah. In this sense it seems to be used in the first verse of the Psalm the Lord quotes, "He is a judge among gods." Subordinately to this it is given to judges, because God gave them His word, and armed them with His authority to represent among their fellows His own especial office of judge. Thus Exod. xxi. 6, "His master shall bring him to the judges," *i.e.*, to the gods or Elohim. So that on the literal interpretation of the Scriptures it was not blasphemy to apply this word to those to whom God had given power above that of men, or to those men to whom God had given power to judge. Did, then, the Lord in saying this disclaim for Himself His true Godhead? No, so far from this He asserted it by implication in the highest sense; for whereas all other beings, whether angels or men, who might be called "gods," were so called because they exercised an inferior and delegated power, He, as the Son of God, exercised the same power as His Father, which resided in Him because He was Son of God, and so partaking of the Father's nature; so that in sustaining all things, in judging, in restoring sight, in tending the sheep of God, and in guarding those sheep in His hand, He co-worked with God; so that here, as in chap. v. 17, 18, the real offence was that He made Himself or called Himself Son of God.

And yet, even here, in deference to their ignorance before the outpouring of the Spirit, He deigns to hide, for a time, the full revelation of His proper Sonship. He is the Son Whom the Father hath consecrated and sent into the world. Such an One has a far higher claim to be called Son than either angel or man, no matter how honoured by God. Let them but accept this one fact, that He comes from God, and they will see that One Who comes from God could not misrepresent His relations to God, and conversely that

37 ¹ If I do not the works of my Father, believe me not.

38 But if I do, though ye believe not me, ᵏ believe the works: that ye may know, and believe, ˡ that the Father *is* in me, and I in him.

i ch. xv. 24.
k ch. v. 36. & xiv. 10, 11.
l ch. xiv. 10, 11. & xvii. 21.

---

38. "That ye may know and believe;" rather, "ye may know and understand." So B., L., and a few versions; but "believe in," א, A., Vulg., later Uncials, Cursives, &c.

God would not acknowledge by such mighty and beneficent miracles One Who misrepresented or exaggerated His relationship to Him. And so, naturally, as it were, He concludes with again appealing to His mighty works.

37. "If I do not the works of my Father, believe me not. But if I do, though ye believe not me, believe the works: that ye," &c. "Jesus gave to this assertion the form of an invitation full of kindness. He consented to their not believing Him on His own word, although the testimony of such a Being as Himself carried its proof with it to those who had ears to hear. But the works which the Father had wrought through Him had been added to His own testimony. If they had not ears, they had at least eyes; and if they were not convinced by His words, they ought, at least, to be convinced by His works." (Godet.)

38. "That the Father is in me, and I in him." The Persons of the Ever Blessed Trinity so contain One Another that each One is the full manifestation of the Others. The Father is in Christ, and Christ receives the Fulness of the Spirit, and the Father and the Son come into us, and make their abode in us by the Spirit (ch. xiv. 23).

An objection suggests itself which should be considered for a moment. Moses and the Prophets did some miracles, approaching, at least, in greatness to those which Christ did. Would these miracles prove that they were in God and God in them in the sense in which Christ uses the words? No, for it is clear that in a Theocracy such as that under which the Jews lived, they might have every confidence in God that He would protect them from false workers of miracles. If the prophets, such as Elijah and Elisha, performed miracles, it was a sure sign that their message was true so far as it went. If it be conceivable that any prophet should have said something more of himself than they did, or should have delivered a message requiring more faith, then such a message,

39 ᵐTherefore they sought again to take him: but he escaped out of their hand,   ᵐ ch. vii. 30, 44. & viii. 59.

40 And went away again beyond Jordan into the place ⁿ where John at first baptized: and there he abode.   ⁿ ch. i. 28.

41 And many resorted unto him, and said, John did no miracle: ᵒ but all things that John spake of this man were true.   ᵒ ch. iii. 30.

---

if accredited by such miracles as they performed, would have been true. Now they all believed that a prophet was to come Who was to be greater than all which went before Him, of Whom it was predicted that He should be in the closest possible union with God, nay, even the names of God seemed in some leading prophecies to be given to Him. If the Scriptures were true, that Prophet must come, and it was the universal belief that He was then to be expected. It was contrary then to all their views of God, and of their own relations to God as His people, to suppose that the God Who watched over them should allow them to be deceived by such works as those of Jesus if He were not all that He claimed to be.

39. "Therefore they sought again to take him." It is clear from this second attempt on His life that He had, in their estimation, in no degree qualified, or explained away, His former assertion that He and the Father were one. It has been asked, Was it by a miracle that He escaped out of their hands? If not by an actual miracle it must have been by a special providence as wonderful and as much requiring God's interposition as any miracle, for the Evangelist had declared that they had encircled Him (verse 24).

40. "And went away again beyond Jordan." It would have been, humanly speaking, dangerous for Him to have remained in Jerusalem, where He would have only excited more virulent opposition, and so added to the guilt of the Jews in rejecting Him. So He went away to the scene of His earliest ministry (Bethabara or Bethany), and there He reaped some fruits from the labours of His predecessor, for we read:

41. "And many resorted unto him, and said, John did no miracle: but all things that John spake of this man were true." From this we learn that not only did John bear witness to Him in general terms, and point Him out as the Lamb of God, but that

p ch. viii. 30.
& xi. 45.

42 ᵖ And many believed on him there.

the Baptist must have foretold many other things which He would say and do.

How is it that John did no miracles, and Jesus such stupendous ones? Simply because John was only a forerunner sent to herald the approaching Messiah. All that he had to do was to arouse men's attention to the claims of Another, whereas Jesus had to assert his Oneness with the Father, and that the Father dwelt in Him, and He in the Father. The Baptist had to proclaim "I am not." "I am not the Christ." "I am not the Bridegroom." "I am not the Baptizer with the Holy Ghost." "I am only the Voice." Whereas the word of Jesus was, "I am." "I am the Christ." "I am the Son." "I am the Light." "I am the good Shepherd." "I am He." "I am the Resurrection and the Life."

Again, when we consider that John, even when he did no mighty deeds, had some difficulty in detaching his disciples from himself and attaching them to Christ (iii. 25, 26, and perhaps Matth. xi. 2, 3), how much would this have been increased if John had himself performed miracles!

CHAP. XI.

NOW a certain *man* was sick, *named* Lazarus, of Bethany, the town of ᵃ Mary and her sister Martha.

ᵃ Luke x. 38, 39.

1. "Town." Properly, "village;" Vulg., *castellum*. *Lazarus a Bethania, de castello Mariæ*, &c.

1. "Now a certain man was sick, named Lazarus .... her sister Martha." Lazarus is the same name as the Eleazar of the Old Testament. He is described as being "of Bethany, the town [or village] of Mary and her sister Martha." The description in its use of the preposition is exactly the same as that in John i. 44, "Now Philip was of Bethsaida," &c. Very literally rendered it would run, "Lazarus was from Bethany, out of the village of Mary," &c. Re-

2 (ᵇ It was *that* Mary which anointed the Lord with ointment, and wiped his feet with her hair, whose brother Lazarus was sick.)   ᵇ Matt. xxvi. 7. Mark xiv. 3. ch. xii. 3.

---

specting this Lazarus nothing whatsoever is known except that from many circumstances of the narrative, as for instance, the number of Jews from Jerusalem who came to comfort the sisters, and the costliness of his sepulchre, his family must have been one of consideration, probably of affluence. From the way in which his name is introduced as the brother of Mary and Martha, neither of whom had been before mentioned by St. John, it seems impossible to avoid the conclusion that St. John had in his mind the passage of St. Luke (x. 38-42) in which Martha is said to have received Jeus into her (not Lazarus's) house. For not only is Lazarus identified as being their brother, but Mary, who from her position in the household is evidently the younger, is mentioned the first, as if she was the best known, which can only be because of the praise which the Lord bestowed upon her as having "chosen the good part," for in the narrative of the miracle in St. John, Martha is unquestionably the more prominent of the two.

2. "(It was that Mary which anointed the Lord with ointment)," &c. Our Lord was twice anointed with ointment by a woman (Luke vii. 38, and John xii. 3), and so it has been assumed by many early commentators that this Mary is the same as the woman of the city which was a sinner, of Luke vii.; but the notices of the two sisters in St. Luke seem to render this impossible, for St. Luke introduces Mary as the sister of Martha, and as hitherto unknown in his narrative, which narrative alone takes notice of the anointing in the house of Simon the Pharisee, whereas the Mary of St. John was evidently the sister of the Martha who was "cumbered about much serving." The confusion of the names probably, in part, arose from both anointings taking place in the house of a Simon; but the circumstances are altogether different, and it is impossible to suppose that the Simons are the same. St. John evidently alluding to the anointing which he himself mentions, which took place on a very different occasion to the first one, and gave rise to very different remarks, and a far more important train of consequences.

3. "Therefore his sisters sent unto him, saying, Lord, behold, he whom thou lovest is sick." The modesty and delicacy of this mes-

3 Therefore his sisters sent unto him, saying, Lord, behold, he whom thou lovest is sick.

4 When Jesus heard *that*, he said, This sickness is not unto death, ^c but for the glory of God, that the Son of God might be glorified thereby.

5 Now Jesus loved Martha, and her sister, and Lazarus.

c ch. ix. 3.
ver. 40.

---

sage has been often noticed. "Enough that Thou knowest it: for Thou dost not love and forsake." (Augustine.)

4. "When Jesus heard that, he said, This sickness is not unto death," &c. That is, it was not sent as other fatal sicknesses are, to cut short the probation of him who is called hence, but

"For the glory of God, that the Son of God might be glorified thereby." Observe how He again asserteth that His glory and the Father's is One; for after saying "*of God*," he hath added, "that the Son of God might be glorified." In what respects was this sickness for the glory of the Father and the Son? Not only that opportunity might be given to the Son of God to do a work of His Father's, whereby He might show Himself to be the Resurrection and the Life (ch. v. 21, 26, 27), but for the further and infinitely greater glory which would accrue to God and to Himself by His own Death and consequent Resurrection, to bring about which Death, this raising of Lazarus was one of the necessary antecedents. He foresaw all the consequences which would follow. He went to raise Lazarus, and the fame of that miracle was the immediate cause of His Death at the ensuing Passover.

5. "Now Jesus loved Martha, and her sister, and Lazarus." How is it that this is said, seeing that the Son of Man loves all His brethren, and has come to die for them all, and to bring salvation to all who will not obstinately put it from them? It is said of Him because He is the Son of Man, fully partaking of the nature of His brethren; for have we not all our private affections? Have we not friends whom we regard with more than goodwill? And would Jesus have been perfectly human? would He have had a perfect human soul, if He did not thus love some with more human affection than others? This is one of the places which teach us how truly He is our Brother. The boundless love which dwells in the Infinite God does not overwhelm or supersede the distinguishing affection of the human friend.

6 When he had heard therefore that he was sick, ᵈ he abode two days still in the same place where he was. ᵈ ch. x. 40.

7 Then after that saith he to *his* disciples, Let us go into Judæa again.

8 *His* disciples say unto him, Master, ᵉthe Jews of late sought to stone thee; and goest thou thither again? ᵉ ch. x. 31.

6, 7. "When he had heard therefore that he was sick . . . Then after that saith he," &c. What is the connection between the assertions of verses 5 and 6, for they are connected by a "therefore?" Something of this sort. His love for them did not cause Him to set out at once, but at the time when He saw that it would be best for them and most for the glory of His Father. "In that He intended to glorify Himself in Lazarus, He prepared for the sisters and for him a joy which far outweighed the pains and the death." "He waited for the signal of the Father: God might act in such wise as the *man* Christ Jesus would not of Himself have done; and might prolong this time of waiting for the purpose of rendering the miracle more manifest and more striking, with a view to His own glory and that of His Son." (Godet.)

7. "Then after that saith he to his disciples, Let us go into Judæa again." It is supposed by many that our Lord mentioned Judæa as naturally dwelling in His mind on the hatred of the Jews to Him. But is this likely? If He was in one division of the Holy Land, and desired to go into another, is it not probable that He would say, "Let us go into Judæa, or into Samaria, or into Galilee" as the case might be? Still His question is so ordered as to call forth the exclamation of the Apostles:

8. "Master, the Jews of late sought to stone thee; and goest thou thither again?" Rather, the Jews now, "just now." As the Encænia at which He was present was in December, and the events immediately before His Crucifixion took place some little time after the Resurrection of Lazarus, it was probable that this latter took place early in January—as Dean Burgon notices, about the time of our festival of the Epiphany, the festival of the manifestation of Christ's glory.

It has been said that they feared for themselves as well as for Him, and the remark of Thomas implies that they would be in like

9 Jesus answered, Are there not twelve hours in the day? ^f If any man walk in the day, he stumbleth not, because he seeth the light of this world.

10 But ^g if a man walk in the night, he stumbleth, because there is no light in him.

11 These things said he: and after that he saith unto them, Our friend Lazarus ^h sleepeth; but I go, that I may awake him out of sleep.

f ch. ix. 4.
g ch. xii. 35.
h So Deut. xxxi. 16. Dan. xii. 2. Matt. ix. 24. Acts vii. 60. 1 Cor. xv. 18, 51.

---

10. "There is no light in him;" rather, "the light is not in him" (Alford and Revisers).

11. "Sleepeth." Alfred and Revisers, "is fallen asleep."

danger. It is, however, one of those many remarks which show how utterly the Apostles were unable to realize that our Lord must, through the suffering of death, enter upon His Glory.

9. "Jesus answered, Are there not twelve hours in the day? .... light of this world." This means: "I have a certain work allotted to me of My Father, and a certain time to do it in. That time, though drawing to a close, is not yet expired. Till it is expired, I am working in the light of day—in the light of the Divine Will; and nothing can hinder Me, much less prevent My working by putting Me out of the way. Just as if any man walk in the day, he walks fearlessly and safely because he seeth the light of this world, so it is with Me." But how can the Lord apply to Himself what He next proceeds to say, "If a man walk in the night he stumbleth, because there is no light in him"? Somewhat in this way: "You counsel me to avoid danger which, so long as I walk in the light of my Father's light and guidance, I cannot incur, so that I should be hurt or hindered by it. If, taking your advice, I should now put off the doing of My work to a more distant, and so safer time, I should have to do that duty at a time when God's light would not be shining upon Me, in the hours of night and darkness, and so I should stumble, because I should have chosen to work when the True Light was not shining. I should be working, if such a thing were possible, in the light of My Father's displeasure."

11. "These things said he; and after that he saith unto them, Our friend Lazarus," &c. More literally, "Lazarus our friend is

12 Then said his disciples, Lord, if he sleep, he shall do well.

13 Howbeit Jesus spake of his death: but they thought that he had spoken of taking of rest in sleep.

14 Then said Jesus unto them plainly, Lazarus is dead.

15 And I am glad for your sakes that I was not there, to the intent ye may believe; nevertheless let us go unto him.

---

12. "He shall do well." "He shall recover." *Salvus erit* (Vulg.).

gone to sleep, but I go," &c. Very similar words were used by Him with respect to Jairus' daughter, "The maid is not dead, but sleepeth." Bengel remarks, "With what kindly feeling does Jesus share His own friendship for Lazarus with His disciples!"

12, 13. "Then said his disciples, Lord, if he sleep, he shall do well. . . . . rest in sleep." It is astonishing why they did not ask themselves, "If the sleep of Lazarus were but a wholesome rest, giving the surest hope of his recovery, why should the Lord take a dangerous journey to arouse him from it?" But the great truth of the Resurrection from the dead seems to have been altogether hid from their eyes (Mark ix. 10, Luke xviii. 33, 34), and so they, almost we may say instinctively, avoided considering the things which would have prepared them for it.

14, 15. "Then said Jesus unto them plainly, Lazarus is dead . . . ye may believe." If He had been in the house of the sisters, a necessity would have been, as it were, laid upon Him to raise Lazarus from his bed of sickness, and so the opportunity of strengthening their weak faith, by the far more stupendous miracle of his resurrection, would have been lost.

"That ye may believe." But did they not already believe? Yes, but faith admits of every possible degree, and in us sinful and earthbound creatures is always feeble and fluctuating.

One of them, and he on behalf of all the rest, had confessed that He was the Son of God, and was pronounced supremely blessed for his answer, and the faith it exhibited, and yet the Lord after this said to these same persons, "If ye had faith as a grain of mustard seed," implying that, compared with His own supreme confidence in His Father, they had not even that. The miracle of the Resurrection of Lazarus was especially for the confirmation of the Apostles' faith,

16 Then said Thomas, which is called Didymus, unto his fellowdisciples, Let us also go, that we may die with him.

17 Then when Jesus came, he found that he had *lain* in the grave four days already.

18 Now Bethany was nigh unto Jerusalem, ‖ about fifteen furlongs off:

¶ That is, about two miles.

---

more than for the consolation of the sisters; and we may be sure, from the Lord's words, that they required such a sign to enable them to adhere to Him unto the end. It was a part of that work which He had completed when He said, "those that thou gavest me I have kept." (xvii. 12.)

"Nevertheless let us go unto him." Not unto them, *i.e.*, the mourning sisters, but unto him, as if he were alive.

16. "Then said Thomas, which is called Didymus." Didymus is the Greek rendering of the Hebrew Thoma, and signifies a twin, one of twins. It is remarkable that on the three only occasions in which anything is said of him, his name is mentioned with the explanation of its meaning. This has led many to suppose, and I think with reason, that there is some mystery about his name—that it was given him, perhaps by the Lord Himself, to indicate that there were in him two men, the believer and the unbeliever. He was a man of strong and ardent affection for our Lord, or he would not have been the first to say, "Let us go, that we may die with him," but undoubtedly his feelings towards our Lord were rather those of affection for the man than belief in the Son of God. Here he seems to have forgotten the words of the Lord, "I go that I may awake him out of sleep." He seems to have thought only of the danger to the Lord's life, though the same Lord had assured the disciples that whilst it was day, the day allotted to Him by His Father, He could not stumble—He could not be hindered or thwarted, much less could He be deprived of His Life.

17. "Then when Jesus came, he found that he had lain in the grave four days already." These four days were, first, the day on which the messenger arrived, then the two days in which He tarried in Peræa, and the fourth the one which He took for the journey. We are to remember that most probably Lazarus was dead or died at the time that the messenger arrived, and that the bodies of the dead were usually buried on the day of their death.

19 And many of the Jews came to Martha and Mary, to comfort them concerning their brother.

20 Then Martha, as soon as she heard that Jesus was coming, went and met him: but Mary sat *still* in the house.

---

19. "To Martha and Mary." Tischendorf, after A., C³., several later Uncials and Cursives, reads, "Came to those [females] about Martha," &c., *i.e.* to the female household. See below. א, B., Cl., L., Vulg., and Syriac read as in Text. Rec.
20. "Sat still." "Still sat"—"continued sitting."

18. "Now Bethany was nigh unto Jerusalem, about fifteen furlongs off." This is told us in order to account for what is mentioned in the next verse.

19. "And many of the Jews came to Martha and Mary, to comfort them concerning their brother." It is assumed, too hastily, that these Jews were of the party hostile to the Lord. But why should they be? Supposing that they belonged to the "party" friendly to Him, they must be designated as Jews, because they were of the Jewish race, and there was no other name possible when St. John wrote. One would think that, sympathizing as they did so deeply with those whom Jesus loved, they would rather be of the number of those who favoured Him. One commentator even supposes that this was their last trial, and that natural human love gave them once more the opportunity of faith; but surely there must have been a time of acceptance on, and after, Pentecost. Again, how many were there that came to console the sisters? Twenty would, one would think, be a great number for such a purpose, and could these represent Jerusalem and all Judæa?

There is some authority for the reading which requires, "Many of the Jews came to the women [or the female household] about Martha and Mary." Such an expression would imply that the family were in good circumstances.

"To comfort them." This need not be taken in the lowest sense as indicating that they came to assist only in the formal ceremonial mourning, but as showing real sympathy. At least, such would be the judgment of charity.

20. "Then Martha, as soon as she heard," &c. Martha was, no doubt, engaged in some household duty, and so would be the most likely to receive the first report that Jesus was coming.

"But Mary sat still in the house," *i.e.*, continued sitting. Either

21 Then said Martha unto Jesus, Lord, if thou hadst been here, my brother had not died.

¹ ch. ix. 31.   22 But I know, that even now, ¹ whatsoever thou wilt ask of God, God will give *it* thee.

23 Jesus saith unto her, Thy brother shall rise again

---

in secret grief in her chamber, or with those who had come to comfort the sisters. The reader cannot fail to notice how exactly this accords with the account of the sisters in St. Luke—the one more intent upon household duties, the other more retiring and contemplative.

Martha at once went and met the Lord, and was, perhaps, in such haste as not to communicate the intelligence to Mary, who would certainly have gone quickly (see verses 29 and 31) to meet the Lord if she had known of His coming.

21. " Then said Martha unto Jesus, Lord, if thou hadst been here, my brother," &c. These are words of faith in the Lord's power of averting death, and yet there seems a shade of reproach in them, though very subdued, very submissive. But Martha had much more to say. There are hopes, though she ventures only at a distance to allude to them, which she is cherishing still.

22. "But I know, that even now, whatsoever thou wilt ask of God, God will give it thee." " High thoughts and poor thoughts of Christ cross one another here—high thoughts, in that she sees in Him One Whose effectual prayers will greatly prevail; poor thoughts, in that she regards Him as obtaining by prayer that which, indeed, He *has* by the Oneness of His Nature with the Father." (Trench.)

23. "Jesus saith unto her, Thy brother shall rise again." The Lord, of set purpose, speaks ambiguously at first. He desires to draw out from her her own belief in the general Resurrection, and then to connect that belief with Himself. Let us remember His words, " The Father which hath sent me, He gave me a commandment what I should do, and what I should teach" (xii. 49). It would be nothing that she should believe in the Resurrection of her brother as an abnormal thing, as it were. Her brother was to rise at the sound of the same Voice and by the exertion of the same Power which would in due time bring about the general Resurrection.

24 Martha saith unto him, ^k I know that he shall rise again in the resurrection at the last day.

25 Jesus said unto her, I am ^l the resurrection,

k Luke xiv. 14. ch. v. 29.
l ch. v. 21. & vi. 39, 40, 44.

---

24. "Martha saith unto him, I know that he shall rise again in the resurrection," &c. The Jews (except the Sadducees) believed in this on the authority of many sayings in the Prophets, "My flesh also shall rest in hope, for thou wilt not leave my soul in hell, neither wilt thou suffer thy holy one to see corruption." Again, "I shall be satisfied, when I awake, with thy likeness." "Thy dead men shall live, with my dead body shall they arise." "Many that sleep in the dust shall awake." That the belief in the general Resurrection was universal nearly two hundred years before the time of our Lord is plain from the courageous confession of the seven brethren and their mother before Antiochus in 2 Maccabees vii. Thus (verse 9, "When the first was at the last gasp he said, Thou, like a fury, takest us out of the present life, but the King of the world shall raise us up who have died for His laws, unto everlasting life;" and the fourth brother, "It is good, being put to death by men, to look for hope from God to be raised up again by Him" (v. 14). So also the mother. (Verse 23). Such, then, was the common belief and Martha's expression of it. Our Lord next proceeds, in one of the most marvellous and gracious of all His sayings, to identify this Resurrection with Himself.

25. "Jesus said unto her, I am the Resurrection and the Life." Is the Resurrection here the Resurrection of the Body, and the Life here the Life of the Soul? We think rather that He is the Resurrection and the Life both of the body and of the soul. He comes into body and soul, and unites the whole man, body and soul, to Himself. When He comes into any soul He is the Resurrection of that soul from a state of spiritual death to a state of spiritual life; and if we eat the Flesh of the Son of Man, and drink His Blood, He says that He will raise us up at the last day. He raises up the soul now in the Sacrament of Baptism (Rom. vi. 1-6); or, if it has been separated from Him by sin after its Baptism, at the time of its true repentance or conversion; and the body at the time appointed by God for all men to rise again in their bodies. But how is it that the Resurrection is mentioned first, seeing that He must first be the *Life* of the soul before He can

and the ᵐ life: ⁿ he that believeth in me, though he were dead, yet shall he live:

ᵐ ch. i. 4. & vi. 35. & xiv. 6. Col. iii. 4. 1 John i. 1, 2, & v. 11.
ⁿ ch. iii. 36. 1 John v. 10, &c.

---

be the Life of the whole man, body and soul, at the last day? The answer is, that in the case of the soul as well as of the body there is, first, Resurrection and then Life—first Resurrection to a new state or a renewed state of Life, and then continuance in that new state, *i.e.*, Life. If we take Baptism as the Church has ever done [Baptism, of course, not apart from Repentance and Faith] to be the grafting into Him, then in Baptism, as St. Paul twice says (Rom. vi. 1-6, Col. ii. 12), "we are raised with him to walk in newness of life:" and again, the entrance of true realizing Faith where it has not hitherto been exercised, is the Resurrection of the soul from the death of sin unto the Life of Righteousness. There must be this Resurrection of the soul or spirit before there is the Life of the same soul or spirit, Resurrection being a beginning, and Life the continuance of that which is begun.

The soul which truly apprehends the Son of God, by that apprehension, or rather, by his apprehending it (Phil. iii. 12), experiences a Resurrection into a new sphere or state of existence, and the continuance or growing in this new state is Life following on such Resurrection. And the same applies to the body: the rising again at the last day is the restoration of its principle of Life, and the Eternal Life which follows is the continuation through eternity of that which is begun when in the tomb it hears the voice of the Son of God. When He saith "I am the Resurrection and the Life," He speaks as the Second Adam, the New Head of the Race. Is this power then of His to be our Resurrection and our Life to be limited in its exercise to the imparting to us of fresh ideas or new aspirations even after what is best and holiest? He says not so when He tells us, "He that eateth My Flesh and drinketh My Blood hath Eternal Life, and I will raise him up at the last day." Christ is the Resurrection and the Life, not because He raises us up by an act of His power, but because He communicates to us of His whole nature, Body, Soul, and Spirit, to be first our Resurrection, that is, our Restoration to Life,—and then our Life, *i.e.*, the continuance of the Life restored to us.

"He that believeth in me, though he were dead, yet shall he

26 And whosoever liveth and believeth in me shall never die. Believest thou this?

27 She saith unto him, Yea, Lord: °I believe that thou art the Christ, the Son of God, which should come into the world.

° Matt. xvi. 16.
ch. iv. 42. &
vi. 14, 69.

---

live." This is an exposition of the words just uttered. It must refer to a death and a coming to life again in this present state of things, because on this side of the grave only is the saving action of belief contemplated. "He that believeth in me, though he were dead," in sins, "yet shall he live," live by the life of God and Holiness.

26. "And whosoever liveth and believeth in me shall never die." This must refer to the continuing in Him. "Whoso liveth in me and believeth in me shall never die." To understand the first, "He that liveth in me," we must take the "abiding" in Christ of chap. xv. 1-10: and to understand the second, we must take His words in a former discourse: "If a man keep my saying [not, that is, if a man once hear it. and then forget or lose it], but if a man KEEP my saying, he shall never see death" (viii. 51).

"Believest thou this?" This is not, "Dost thou believe anything respecting Me?" but, "Dost thou believe this thing in particular which I have just uttered? Dost thou believe in this aspect of My Person and Work, of My power and goodness which has to do, at this present time, with thy dead brother and with thyself?"

"Believest thou this?" This which Jesus required was an amazing demand upon the faith of this woman, for it was tantamount to asking her whether she believed that the man then before her stood to every human being in a relation so unique that they who rise again to life rise not by an act of His mere power, but in Him as the Second Adam. "As in Adam all die, even so in Christ shall all be made alive." It was an amazing demand on her faith, but the Faith which He had given her was equal to the demand, and in her answer she set forth the one sole ground on which, as one of the ancient people of God, she could exercise implicit faith in His word, even when he set forth so astonishing a thing respecting Himself.

27. "She saith unto him, Yea, Lord: I believe that thou art the Christ, the Son of God," &c. In saying this, she said in effect: "I

292   THE MASTER IS COME.   [ST. JOHN.

28 And when she had so said, she went her way, and called Mary her sister secretly, saying, the Master is come, and calleth for thee.

29 As soon as she heard *that*, she arose quickly, and came unto him.

30 Now Jesus was not yet come into the town, but was in that place where Martha met him.

p ver. 19.   31 ᵖ The Jews then which were with her the house, and comforted her, when they saw Mary, t' ; she rose up hastily and went out, followed her, say⋅ She goeth unto the grave to weep there.

32 Then when Mary was come where Jesus was, a:.d saw

---

believe that Thou art the Messiah, the Son of God promised in the writings of our prophets, in David, and Isaiah, and Daniel: and if thou art He, and if Thou comest from the Living God, what bounds can there be to Thy power and Thy truth?" In this she showed that implicit faith which the Apostles had shown when they refused to leave Him, even when He had told them that they must eat His Flesh and drink His Blood, knowing Him to have the words of Eternal Life, and knowing Him to be the Christ, the Son of the Living God, the Holy One of God.

28. "And when she had so said, she went her way, and called Mary her sister secretly." Secretly, no doubt, at the word of Christ, that she might come by herself, and that the Jews might not crowd around her in her way to Him, but that she might be able to speak all that lay on her heart to Him, as her sister had done.

"The Master is come, and calleth for thee." We are not told expressly of this desire of Jesus to see Mary, but it would have been strange if He had performed the miracle when she was absent and yet so near at hand.

29, 30, 31. "As soon as she heard that, she arose quickly. . . . Now Jesus was not yet come into the town. . . . The Jews then that were with her . . . followed her . . . to weep there." All this, though it took place very naturally, was so ordered that many of the Jews should see the miracle.

32. "Then when Mary was come where Jesus was . . . she fell down at his feet . . . Lord, if thou hadst been here, my brother

him, she fell down at his feet, saying unto him, ᵠ Lord, if thou hadst been here, my brother had not died.   ᵠ ver. 21.

33 When Jesus therefore saw her weeping, and the Jews also weeping which came with her, he groaned in the spirit, and † was troubled,   † Gr. *he troubled himself.*

---

33. "He groaned." See below.
"And was troubled." "Troubled Himself;" *turbavit se ipsum* (Vulg.).

had not died." She fell down at His feet. It is not recorded that Martha did this. Mary being more contemplative and spiritual, having "sat at Jesus' feet," and "chosen the better part," realized more fully the Divine in the Son of God.

"Lord, if thou hadst been here." They both utter the same thing, showing the regretful thoughts that had filled the minds of all the sorrowing household.

33. "When Jesus therefore saw her weeping . . . he groaned in the spirit." "He groaned in the spirit." The word "He groaned" should be translated so as to show that the primary idea of the Greek word is indignation rather than grief. It has been variously rendered as "He was indignant in spirit," "He was chafed in spirit," and by some commentators His own spirit is supposed to be the object of this indignation. "He sternly charged or restrained His spirit," giving it the same meaning as in Matth. ix. 30, where He straitly or sternly charged the blind men, not to make known their restoration to sight. It is very difficult to determine at what He evinced such anger: some suppose that it was at the invincible unbelief of the Jews, whom He foresaw would be moved by this miracle to take more determined and successful proceedings against His Life; some that it was because of the unbelief of the friends and disciples standing by, and so was similar in its cause to His indignation at the disciples when He said to them, "O faithless generation, how long shall I be with you, how long shall I suffer you?" Some (taking the sense of sternly charging) say that it means He vehemently repressed His natural emotions. Perhaps the best explanation is that He was indignant at the effects of sin, so vividly brought before Him in the victory of death over His friend, in the grief of the bereaved sisters, and in the hypocrisy of some of the Jews, and the deadly hate of others.

34 And said, Where have ye laid him? They said unto him, Lord, come and see.

r Luke xix. 14. 35 ʳ Jesus wept.

---

34. "And said, Where have ye laid him? They said . . . Lord, come and see." "Where have ye laid him?" not as asking for information, as if He were ignorant, but to engage their attention, and perhaps stimulate them to expect something great from One Who had hitherto done such works of power and grace.

35. "Jesus wept." What a world of grace and love is there in this short verse! "Why was our Blessed Saviour thus affected? Was it the sight of human sorrows that came home to the compassionate heart of the Son of Man? Yet those sorrows He knew that He would immediately remove. And to believe on Him was to be free from all these sorrows and from death. Yet He wept, because, says one, He was Himself the very fountain of pity; He weeps and mingles with us human tears, although the cause of these tears is our want of faith: He is as One weak in our weakness, and sad in our sadness, weeping with them that weep. And thus does He take upon Himself human impressions, and sanctifies to us human sorrows. Adorable sorrows of the Son of God! how does He take unto Himself and then offer up unto the Father, as hallowed and blessed in Himself all human sorrows, rejecting not our griefs, but sealing thereby the blessing of those that weep, and giving us the pledge that, 'He that now goeth on his way weeping, shall doubtless come again with joy and bring his sheaves with him.'"—(Isaac Williams.)

But most wonderful words upon this passage are the following, which I am thankful for the opportunity of reproducing: "He wept from very sympathy with the grief of others. 'When Jesus saw Mary weeping, and the Jews also weeping which came with her, he groaned in the spirit and was troubled.' It is the very nature of compassion or sympathy, as the word implies, to 'rejoice with those that rejoice, and weep with those that weep.' We know it is so with men; and God tells us He also is compassionate and full of tender mercy. Yet we do not well know what this means, for how can God rejoice or grieve? By the very perfection of His nature Almighty God cannot show sympathy, at least to the comprehension of beings of such limited minds as ours. He indeed is

36 Then said the Jews, Behold how he loved him!

37 And some of them said, Could not this man, *which opened the eyes of the blind, have caused that even this man should not have died?

* ch. ix. 6.

---

hid from us; but if we were allowed to see Him how could we discern in the Eternal and Unchangeable signs of sympathy? Words and works of sympathy He does display to us: but it is the very sight of sympathy in another that affects and comforts the sufferer, more even than the fruits of it. Now we cannot see God's sympathy, and the Son of God, though feeling for us as great compassion as His Father, did not show it to us while He remained in His Father's Bosom. But when He took flesh and appeared on earth, He showed us the Godhead in a new manifestation. He invested Himself with a new set of attributes, those of our flesh, taking unto Him a human soul and body, in order that thoughts, feelings, affections, might be His which could respond to ours, and certify to us His tender mercy. When, then, our Saviour weeps from sympathy at Mary's tears, let us not say it is the love of a man overcome by natural feeling. It is the love of God, the bowels of compassion of the Almighty and Eternal, condescending to appear as we are capable of receiving it, in the form of human nature." (J. H. Newman, Ser. X., 3rd vol.)

36. "Then said the Jews, Behold how he loved him!" This could hardly have been said by persons belonging to the party hostile to Jesus; indeed, it is very improbable that more than one or two of such should have come from Jerusalem to console those whom Jesus loved.

37. "And some of them said, Could not this man which opened," &c. This was the most natural question for those to ask who believed in our Lord's power to heal the sick, and restore sight to the blind, but who were ignorant of the reason which induced him to linger in Peræa when He heard of the news of the sickness of His friend. It is, in fact, little more than the sisters' exclamation, "If thou hadst been here, my brother had not died."

A much more evil significance has been given to this question by those who have got themselves to believe that the principal reason for the writing of this Gospel was to put on record certain stages in the progress of the unbelief of the Jews, but I cannot think that it

38 Jesus therefore again groaning in himself cometh to the grave. It was a cave, and a stone lay upon it.

39 Jesus said, Take ye away the stone. Martha, the sister of him that was dead, saith unto him, Lord, by this time he stinketh: for he hath been *dead* four days.

40 Jesus saith unto her, Said I not unto thee, that, if thou wouldest believe, thou shouldest ᵗ see the glory of God?

ᵗ ver. 4, 23.

41 Then they took away the stone *from the place* where

---

41. "From the place where the dead was laid," omitted by א, B., C., D., L., old Latin, Vulg., Peshito, &c.; retained by A., E., G., H., M., and most Cursives.

---

indicates anything more than what would naturally suggest itself under the circumstances to an indifferent person.

38. "Jesus therefore again groaning in himself," &c. The same word in the original which is used in verse 33. Here it may probably have more of the meaning of sternly restraining or curbing His feelings.

"It was a cave, and a stone lay upon it." It was, that is, in a chamber hollowed out of the rock, or out of the side of a hill, and consequently was a costly place of burial; showing, in connection with other things, that the family of Bethany were in very good circumstances.

39. "Jesus said, Take ye away the stone . . . by this time he stinketh," &c. This clearly shows, that though she might have had some hope that the Lord would do some work for their consolation, yet that this hope was exceedingly vague, and did not contemplate for a moment that the Lord would restore to life a body in which corruption had already set in. There was also a natural shrinking from the exposure of her brother's remains, so that they should be an offence to the bystanders.

40. "Jesus said unto her, Said I not unto thee . . . see the glory of God?" Our Lord had not said this to Martha when she met Him, so in all probability He alludes to the words, "This sickness is not unto death, but for the glory of God" (verse 3). This was said, no doubt, in the hearing of him who had brought the message from the sisters, and on his return was reported to them as the Lord intended.

41. "Then they took away the stone." The reader will mark

the dead was laid. And Jesus lifted up *his* eyes, and said, Father, I thank thee that thou hast heard me.

42 And I knew that thou hearest me always: but u because of the people which stand by I said *it*, that they may believe that thou hast sent me.

u ch. xii. 30.

---

the contrast here between this resurrection and that of the Lord. The body of Lazarus was raised up a natural body, and so the stone must be removed to enable it to emerge from the tomb: the Body of the Lord was raised up a spiritual Body, and so after His Resurrection the angel rolled away the stone to show that the tomb was empty.

"And Jesus lifted up his eyes . . . Father, I thank thee that thou hast heard me." Did then the Son of God perform His miracles after prayer? Most assuredly; but not as we understand it, because our prayer is a beseeching of God for what He may, or for what He may not see fit to grant, at least at the time we ask, and in the form in which we ask that it may be granted; whereas the prayer of Christ was a prayer for what He knew the Father had in His counsel determined upon, because of Their Oneness of mind and will. His intercourse was, as it were, a perpetual uniting of His own will with His Father's; a perpetual breathing of "Thy will be done."

Even to mere men God has given such a promise as, "Before they call I will answer, and while they are yet speaking I will hear;" and if it can be so with us who are separate from God, what must it be with One Who is "in the Father, and the Father in Him?" The Lord having secret and unbroken intercourse with His Father, which recognizes no limitations of time, speaks of that as certain and as having taken place, which was yet, in the eyes of men, about to take place, and gives thanks accordingly.

Upon this we must imagine a small interval, and then He says:

42. "And I knew that thou hearest me always: but because of the people which stand by I said it, that they may believe that thou hast sent me."

To enter into something of the meaning of these words, we must remember that it was the most earnest desire of the Lord that the power and glory of all the works which He did should be ascribed to the Father; and that any glory which must of neces-

43 And when he thus had spoken, he cried with a loud voice, Lazarus, come forth.

---

sity accrue to Him, should be ascribed to Him, not as independent of, but as one with the Father; and so that it should never for a moment cross the mind of any man that He was a separate and independent Divine Existence. He seems earnest in disclaiming any separate power in the doing of His works, as well as any separate will in originating them. " I came from heaven not to do mine own will, but the will of Him that sent Me." " The Father that dwelleth in Me, He doeth the works " (vi. 38, xiv. 10). God then hearing Him always with that secret ineffable hearing which transcends the utterance of all words, it might seem superfluous to thank God for having heard Him. Might it not imply that He was sometimes heard and sometimes not heard? But to give no ground for such a surmise, He thanked God aloud as the Author of the miracle, that the people might know that He disclaimed all glory apart from the Father, and that they might believe that the Father had sent Him. To believe that God had in very deed sent Jesus from Himself, was, at that time, all-sufficient. It carried all else with it—Messiahship, Sonship, Mediatorship, Judgeship—all He claimed to be, belonged to Jesus if He was " sent of God."

43. "And when he had thus spoken, he cried with a loud voice, Lazarus, come forth." Literally, He shouted, for in most of the places where the word is used it means no less than this. As Luthardt says, " Κραυγάζειν φωνῇ μεγάλῃ, to cry with a loud voice, is purposely heaped up to express the strength of the call." What is the significance, for this is the only place where the Lord is said thus to shout? The tomb was already uncovered, and Jesus was close to it. Some say that it was done to contrast with the mutterings and incantations of magicians, but this seems a very unworthy explanation. Some, that the Jews around might hear, but the word is never used respecting our Lord when He addressed far greater multitudes. Some that it was to express authority and power. He called him not as a friend, but commanded him as Lord and Master. But must we not rather understand it as if He would have us believe that His voice must penetrate into the unseen world, and call the spirit forth from the place allotted to it by God ? For, in this raising

44. And he that was dead came forth, bound hand and foot with graveclothes: and ˣ his face was bound ˣ ch xx. 7.

---

of Lazarus there was a threefold miracle: there was the reversal of the corruption of the body, so that it should come forth in health and soundness; there was the restoration of the animal life, by which the heart beat and the blood again coursed through the veins; and there was, above all, the summoning of the spirit from the receptacle of spirits, and re-embodying it and enthroning it again in the secret place from which it rules the whole frame.

But, besides this, there was another act of authority in the spiritual world far greater than any in the physical, for the Lord here exercised the office of supreme Arbiter in giving to one whose term of probation had been closed, a renewal of that term, so that at the general Resurrection he would have to render account for perhaps twenty or thirty years more of opportunities of glorifying God. Truly indeed may we say of this Voice of Jesus Christ, "The voice of the Lord is mighty in operation, the voice of the Lord is a glorious voice." And this Voice will be still more mighty when, at the last day, it will be heard, not in one grave, but in all. May God grant that when he who writes these lines and he who reads them hear it, they both may rise to everlasting life, and not to shame and everlasting contempt!

44. "And he that was dead came forth, bound hand and foot with graveclothes: and his face was bound about," &c. It has been asked whether it was a miracle, or part of the miracle, that the dead should rise up and come out of the sepulchre by the power of the Lord, and not by the use of his own limbs? Now why should the Evangelist expressly mention that he was "bound hand and foot with grave-clothes," except for the purpose of showing that the grave-clothes prevented all natural motion? The only other place where this "binding hand and foot" is mentioned is in Matthew xxii. 13, where the man so treated is deprived of all power of his limbs, so that he has not to be *led* but *cast* out into the outer darkness. It appears to have been necessary for the satisfaction of the hostile Jews who had had no opportunity of being convinced that he was really dead, and who, if he had emerged from the tomb with the free use of his limbs, would have most certainly denied the fact of his death.

about with a napkin. Jesus saith unto them, Loose him, and let him go.

45 Then many of the Jews which came to Mary, ʸ and had seen the things which Jesus did, believed on him. 46 But some of them went their ways to the Pharisees, and told them what things Jesus had done.

ʸ ch. ii. 23. & x. 42. & xii. 11, 18.

"Jesus saith unto them, Loose him, and let him go." This command of Jesus to "loose him, and let him go," implied that he could not loose himself, and that he could not walk away of himself. It has even been taken as betokening the power which Christ has entrusted to His Ministers or Priests to loose by absolution from the bands of sin those whom He has Himself quickened by His word of converting power. This is admirably stated by St. Augustine in the following: "Dost thou marvel how he came forth with his feet bound, and not marvel that he rose being four days dead? In both was the power of the Lord, not the strength of the dead man. He came forth, and yet was he still bound: still wrapped round, and yet already he hath come abroad. What does this betoken? When thou despisest thou liest dead, and if thou despisest these so great things of which I have spoken, thou liest buried; when thou confessest, thou comest forth. For what is it to come forth, but by issuing as it were from what is hidden to be made manifest? But then that [issuing] thou shouldest confess is God's doing, by crying with a mighty voice, that is, by calling with a mighty grace. Accordingly, when the dead man had come forth, still bound, confessing, yet still guilty, in order that his sins should be loosed, the Lord said this to His ministers, 'Loose him, and let him go.' How loose him, and let him go? 'That ye shall loose on earth shall be loosed in heaven.'"

45, 46. "Then many of the Jews which came to Mary . . . . told them what things Jesus had done." It seems scarcely credible that any of the Jews who were on such terms with the family of Bethany, and had come to mourn with them for the loss of their brother, should have at once gone to the Pharisees to betray the Lord out of malice; but there is no need to make any such a supposition. For the verse may be rendered, "Then many of the Jews, even those which came to Mary, ... believed in Him. But some of them, *i.e.*, of the Jews generally, and not of those which

47 ¶ ᶻThen gathered the chief priests and the Pharisees a council, and said, ᵃ What do we? for this man doeth many miracles.

48 If we let him thus alone, all *men* will believe on him: and the Romans shall come and take away both our place and nation.

49 And one of them, *named* ᵇ Caiaphas, being the high priest that same year, said unto them, Ye know nothing at all,

ᶻ Ps. ii. 2.
Matt. xxvi. 3.
Mark xiv. 1.
Luke xxii. 2.
ᵃ ch. xii. 19.
Acts iv. 16.¶

ᵇ Luke iii. 2.
ch. xviii. 14.
Acts iv. 6.

---

came to Mary, went their ways to the Pharisees." But even supposing that these last were of the number of those who had come to the sisters, it must not be too hastily concluded that they went in sheer malice. It is not improbable that they were persons of weak minds who knew not what to make of the matter, and went for some sort of guidance to the recognized religious leaders.

47. "Then gathered . . . . What do we? for this man doeth many miracles." "What do we?" not, what shall we do? but what are we doing? as if the case was very urgent indeed.

"This man doeth many miracles." Mark here how they said among one another what they really believed. How marvellously do we see in their conduct the words of the Saviour fulfilled, "If they hear not Moses and the Prophets, neither will they be persuaded though one rose from the dead." We learn from this that the will of man has power to set aside the force of the clearest evidence, so that the man should not act upon it, and should reject the conclusion to which it necessarily leads. This unbelief being immoral arose from an impenitent state of heart; they were not persuaded when the Lord Himself rose from the dead.

48. "If we let him thus alone, all men will believe on him . . . place and nation"—*i.e.*, all men will combine to make Him King, and there will be a dangerous tumult, which will end in the Romans coming and taking away our place and nation; our place, *i.e.*, our Temple, the one place of our religion—our nation, so as to destroy the few remains of national life and independence left to us.

49. "One of them, named Caiaphas, being the high priest that same year," &c. As if he said, Why do ye hesitate? One man's life must be sacrificed to save the nation from destruction by the

53 ᶜNor consider that it is expedient for us, that one man should die for the people, and that the whole nation perish not.

ᶜ ch. xviii. 14.

51 And this spake he not of himself: but being high priest that year, he prophesied that Jesus should die for that nation;

51, 52. "That nation;" rather, "the nation."

Roman power. He is much too dangerous to be tolerated. If He is allowed to live the whole nation will perish.

51. "This spake he not of himself." He himself used the words "One man must die for the people," in his own unjust and wicked sense, but he knew not that in using these words he was not speaking of himself, but God was prophesying by him. He held a priesthood, which, though he was doing his utmost to degrade and prostitute it, was even yet the most sacred of all human offices. The people of the Jews were even yet the people of God, and he was their head so far as they were a Theocracy, and God, because of this his most sacred office, made his accursed lips the means of declaring the all-atoning significance of the Death which he desired to bring about. He urged the Death for a political purpose, and God made his words to foretell universal Atonement. Godet has some very suggestive remarks: "Since Caiaphas was high priest for eleven consecutive years, why did St. John, three times over (vv. 49, 51, xviii. 13), use the expression, high priest, *that year*? Certainly because he desired to recall the importance of that unique and decisive year, in which the perfect Sacrifice terminated the typical sacrifices, and the Levitical priesthood as exercised by Caiaphas. It devolved upon the high priest to offer every year the great atoning sacrifice for the sins of the people, and this was the office now performed by Caiphas, as the last representative of the ancient priesthood. By his vote he, in some degree, appointed and sacrificed the Victim, Who, in that ever memorable year, 'was to bring in everlasting righteousness,'" &c. "In the Old Testament, the normal centre of the Theocratic nation was not the king, but the priest. In all the great crises of the nation's fate, it was the high priest who received, in virtue of a prophetic gift communicated for the occasion, the decision of the Most High for the welfare of His people. (Num. xxvii. 21, 1 Sam. xxx. 7, &c.) St. John by no means asserts that

52 And ᵈnot for that nation only, ᵉbut that also he should gather together in one the children of God that were scattered abroad.

53 Then from that day forth they took counsel together for to put him to death.

54 Jesus ᶠtherefore walked no more openly among the Jews; but went thence unto a country near to the wilderness, into a city called ᵍEphraim, and there continued with his disciples.

ᵈ Is. xlix. 6.
1 John ii. 2.
ᵉ ch. x. 16.
Ephes. ii. 14, 15, 16, 17.
ᶠ ch. iv. 1, 3. & vii. 1.
ᵍ See 2 Chron. xiii. 19.

---

54. "A country." Properly, "the country."

the high priest was generally endowed with this prophetic power; he merely regards Caiaphas as playing, at this decisive moment, the part assigned him in such cases as God's accredited organ to His people, and that notwithstanding the contrast existing between his individual character and the spirit of his office."

52. "And not for that nation only," &c. The Evangelist here notices the very wide significance of this prophecy. Caiphas by "the people" meant to signify the Jews only, but God, Who over-ruled his words, meant by it a far more numerous people, the true people of God, then scattered throughout the world, who would embrace the faith of the Son of God. It is the echo of the Lord's prophecy, "Other sheep I have which are not of this fold, them also I must bring . . . . and they shall be one flock and one Shepherd."

53. "Then from that day forth they took counsel together for to put him to death." Having determined that He must die, they henceforth took counsel how the death was to be accomplished. This seems recorded to show that they intended at once to put Him out of the way. But his time, though fast approaching, was not yet come. He could only die at the Paschal Feast, as the Paschal Victim, and so we read in the next verse,

54. "Jesus therefore walked no more openly among the Jews." He withdrew Himself again, though only for a few weeks.

"But went thence unto a country near to the wilderness." Rather into the country as opposed to the town or city.

"Into a city called Ephraim," &c. According to Jerome, a town in a thinly-peopled country, twenty miles to the north-east of

55 ¶ ʰAnd the Jews' passover was nigh at hand: and many went out of the country up to Jerusalem before the passover, to purify themselves.

ʰ ch. ii. 13. & v. 1. & vi. 4.

56 ⁱThen sought they for Jesus, and spake among themselves, as they stood in the temple, What think ye, that he will not come to the feast?

ⁱ ver. 8. ch. vii. 11.

57 Now both the chief priests and the Pharisees had given a commandment, that, if any man knew where he were, he should shew *it*, that they might take him.

Jerusalem. The place was, from its situation, suited to our Lord's design to keep out of the way of the Jews, till His hour was come, and yet be near Jerusalem.

55. "The Jews' passover was nigh at hand." This is one instance amongst several in which St. John uses the word "Jews" with no sinister meaning as signifying those opposed to Christ, but simply as designating the nation. Thus he speaks of the Jews' feast of tabernacles (vii. 2), and of a feast of the Jews (v. 1).

"To purify themselves." Apparently none of the sacrifices of which part, or the whole, were partaken of by the people, could be properly eaten by unclean persons (Levit. vii. 20). In 2 Chronicles xxx. 18, 19, it is recorded that the King prayed specially for those who had eaten the Passover in a state of uncleanness. No doubt they had better opportunities in Jerusalem for keeping from defilement, than if they were at their homes engaged in their usual business.

56. "Then sought they for Jesus," &c. This verse very graphically describes the excitement, even amongst those who had come up from the country for the feast, about the person and claims of Jesus. It could not have been written except by one who had observed with deep anxiety the groups questioning among themselves whether the fear of the rulers would deter the Lord from coming up.

57. "Now both the chief priests and the Pharisees had given a commandment." This may be recorded to account for the questioning of the last verse as to whether Jesus would be deterred from coming up, and also for the opportunity given for Judas to betray Him.

CHAP. XII.

THEN Jesus six days before the passover came to Bethany, ᵃ where Lazarus was which had been dead, whom he raised from the dead.

2 ᵇ There they made him a supper; and Martha served: but Lazarus was one of them that sat at the table with him.

ᵃ ch. xi. 1, 43.

ᵇ Matt. xxvi. 6. Mark xiv. 3.

---

1. "Which had been dead," omitted by ℵ, B., L., Old Latin (a, c, e), Syriac, but retained in A., D., most later Uncials, all Cursives, some Old Latin, Vulg.

1. "Then Jesus six days before the passover came to Bethany . . . . raised from the dead." There are very great differences of opinion amongst commentators as to the day on which this took place. Taking Friday, the day on which our Lord was crucified, to be the day of the Passover (*i.e.* of the killing of the Paschal Lamb, at about the time at which our Lord was slain), six days before this would be the Saturday before. It is not likely that on this day, being the Jewish Sabbath, our Lord would have taken the long journey from the house of Zaccheus, where He lodged (Luke xix. 5) on His way from Ephraim to Jerusalem by Jericho. So that it is best to suppose that He took the journey on the Friday, so as to arrive at Bethany on the commencement of the Sabbath, *i.e.* about six o'clock on Friday evening. He would spend the Sabbath at Bethany, and on the evening of that day they would make Him the supper. Then on the next day, answering to our Palm Sunday, He would, probably late in the day, make His entry into Jerusalem.

2. "There they made him a supper . . . . at the table with him." St. Matthew and St. Mark tell us that this supper was in the house of Simon the Leper, that is, one who had been a leper, and had been, no doubt, healed by our Lord; for it is impossible to suppose that one who was on such friendly terms with Him as to receive Him into his house, would have been permitted to remain afflicted with such a loathsome disease.

"Martha served: but Lazarus was one of those that sat," &c.

3 Then took ᶜMary a pound of ointment of spikenard, very costly, and anointed the feet of Jesus, and wiped his feet with her hair: and the house was filled with the odour of the ointment.

c Luke x. 38, 39. ch. xi. 2.

3. "Spikenard." Perhaps the words νάρδου πιστικῆς mean pure nard.

This seems decisive as to the fact that the supper was not in Martha's own house, as the widow of this Simon, as some have conjectured. Martha served, not as the mistress of her own house, but in another's, to show her deep devotion to our Lord.

"Lazarus was one of them," &c. This seems mentioned as if it were not a matter of course, which it would have been, if the feast had taken place in the house of the sisters.

3. "Then took Mary a pound of ointment of spikenard .... the house was filled with the odour of the ointment." The reader will remember that the incident which follows is mentioned by St. John alone in its proper chronological order. St. Matthew and St. Mark both insert it, as it were, parenthetically, apparently to account for the treachery of Judas arising from his disappointment at the loss of the three hundred pence to the bag; but neither Evangelist mentions his name as the murmurer, nor that of Mary. From St. Matthew's account, we should judge that it was the disciples generally which "had indignation," and very likely the greater part shared in it, as not yet realizing the unutterable sacredness of the Body of the Lord. St. John gives us the key. Judas out of covetousness and fraud led the way in the murmuring, and being disappointed of dishonest gain in one quarter, looked out for it in another.

As the account of what occurred at this supper is given with variations (all perfectly reconcilable) by each of the Evangelists, Matthew, Mark, and John, it may be well to notice the special points of difference in each account.

"Jesus therefore (according to St. John) six days before the Passover came to Bethany, where Lazarus was whom he raised from the dead." St. John here mentions the date, and begins to connect the matter with the family of Bethany. St. Matthew says nothing about the supper being given to the Lord. "Now when Jesus was in Bethany, in the house of Simon the Leper, there came unto him a woman having," &c. "As he sat at meat:" as if He was

4 Then saith one of his disciples, Judas Iscariot, Simon's *son*, which should betray him,

5 Why was not this ointment sold for three hundred pence, and given to the poor?

---

4. "Judas Iscariot, Simon's son." "Judas the Iscariot" (omitting "Simon's son") read in ℵ, B., L., some Cursives (1, 33, 118, 209, 249), Vulg., and Peshito. "Simon's son" retained in A., most later Uncials and Cursives.

5. "Three hundred pence." This sum in the time of the Emperors would be about ten guineas.

---

taking an ordinary meal. So also St. Mark, without any difference. "Then took Mary [St. John] a pound of ointment of spikenard, very costly, and anointed the feet of Jesus, and wiped his feet with her hair, and the house was filled with the odour of the ointment." St. Matthew only says: "There came unto him a woman having an alabaster box of very precious ointment, and poured it on his head." St. Mark adds, that the ointment was ointment of spikenard, and that she broke the box.

St. John mentions Judas alone as murmuring. St. Matthew, as I have noticed, leads us to believe that the body of the disciples joined in the complaint: "When his disciples saw it they had indignation, saying, To what purpose is this waste?" St. Mark seems to say that only some of those present murmured, "There were some that had indignation," &c.

St. John alone, who mentions Judas as the murmurer, gives the real reason for his discontent. "This he said, not that he cared for the poor, but because he was a thief, and had the bag," *i.e.* the common purse of Jesus and His disciples.

The two Synoptics are much fuller than St. John in their report of the Lord's rebuke: how she had wrought a good work on Him, how she unconsciously poured it on His Body as anticipating His Burial, how the fame of her good deed would be spread abroad as her memorial, wherever the Gospel was preached. It is to be remarked that St. John does not mention this, but he does mention that which cannot but be a mysterious forecast of it, that 'the house was filled with the odour of the ointment." St. John records only a small part of the Lord's answer, "Let her alone: against the day of my burying hath she kept this;" or, if we are obliged to accept the less intelligible reading, "Suffer that she may keep this against the day of my burying."

6 This he said, not that he cared for the poor; but because he was a thief, and ^d had the bag, and bare what was put therein.

^d ch. xiii. 29.

---

6. " Bag," or " box " (Revisers in margin).
" Bare." " Took away " (Alford and Revisers).

The reader will now see the extreme importance of St. John's account of the matter. It makes clear to us two things which would otherwise have been inexplicable, the devotion of the woman and the fall of Judas.

We know from what St. John has recorded that the woman so honouring the Lord, and so honoured by Him, was not some chance stranger, but the devout, contemplative Mary, who had chosen the better part, and who performed the costly act of sacrifice out of deep gratitude for the restoration of her brother, and by so doing sealed the Lord's Body for burial.

And we also learn the mystery of the fall of Judas, so far as man can know it. As recorded in the Synoptics it is simply portentous —an act of extreme wickedness, without any sufficient antecedents, as if he had suddenly, and without reason, plunged from the highest heaven to the lowest hell. But St. John shows us that it was the outcome of a course of petty thefts, committed under the very eye of the Redeemer, and no doubt with a full consciousness that He respecting Whom Judas had ample evidence that He knew all things, was cognisant of each particular act of fraud. So here was one who, with the exception of his fellow apostles, had greater spiritual advantages than any other man ever enjoyed; one who, for two or three years, had observed the holy Life, seen the miracles, heard the words, and received the warnings of the Son of God Himself, and was hardened under it all, and went from one act of wickedness to another, and yet kept up such an appearance of righteousness, that it never crossed the minds of any one of his fellow apostles that he would be the traitor. (Matth. xxvi. 22.)

For further remarks on this matter I must refer the reader to my notes on St. Mark's Gospel, ch. xiv. 1-12.

A word must be said here on the difference of reading of our Lord's words respecting the mystical nature of the anointing. St. John, if we follow the received text, reads, " Let her alone, against the day of my burial hath she kept this," which, though differing in

7 Then said Jesus, Let her alone: against the day of my burying hath she kept this.

8 For ^e the poor always ye have with you; but me ye have not always.

^e Matt. xxvi. 11. Mark xiv. 7.

9 Much people of the Jews therefore knew that he was there: and they came not for Jesus' sake only, but that they might see Lazarus also, ^f whom he had raised from the dead.

^f ch. xi. 43, 44.

---

7. "Against the day of my burying hath she kept this." So A., later Unciale, most Cursives, and Syriac (Peshito); but א, B., D., K., L., some Cursives (33, 42, 145, 157), most Old Latin, Vulgate and Coptic versions read, " that she may keep this against the day of my burial."

9. Some MSS. (א, B., L.) insert article, and read, " the great multitude," i.e., " the common people," " the mass; " but Vulg., *turba multa ex Judæis*.

words, is the same in sense with the Lord's words in St. Matthew and St. Mark; but the MSS. of the so-called Neutral Text, together with the Old Latin and Vulgate, have a reading which, if it have any meaning at all, implies that Mary might keep, or had intended to keep, some of the ointment wherewith to anoint His dead Body. "Suffer her to keep it against the day of my burying." From this some have thought that the whole of the contents of the box or vial were not at this time poured on the Lord, but that part, perhaps owing to this very interruption, was reserved for a more sacred purpose. Godet remarks: "This reading [*i.e.*, that of the Neutral Text], however translated, does not present any passable meaning. It is an unfortunate correction by the hand of critics who were occupied with the notion that no man is embalmed before his death. The received reading, on the contrary, offers a sense at once clear and refined. Jesus bestowed on the act of Mary just what it lacked in the eyes of Judas, an aim at practical usefulness. 'It is not for nothing, as your reproaches suggest, that she has poured out this perfume. She has embalmed Me beforehand, and has thus, by anticipation, made to-day the day of My burial.'"

9. "Much people of the Jews therefore," &c. Very probably the "Jews" here are to be taken as those of Judæa and Jerusalem who had been hitherto much more indifferent to the claims of Jesus than the Galileans and those beyond Jordan.

10. "But the chief priests consulted that they might put Lazarus also to death," &c. No more malignant opposition to the most

10 ¶ ᵍ But the chief priests consulted that they might put Lazarus also to death;

11 ʰ Because that by reason of him many of the Jews went away, and believed on Jesus.

12 ¶ ⁱ On the next day much people that were come to the feast, when they heard that Jesus was coming to Jerusalem,

13 Took branches of palm trees, and went forth to meet him, and cried, ᵏ Hosanna: Blessed *is* the King of Israel that cometh in the name of the Lord.

14 ˡ And Jesus, when he had found a young ass, sat thereon; as it is written,

15 ᵐ Fear not, daughter of Sion: behold, thy King cometh, sitting on an ass's colt.

ᵍ Luke xvi. 31.
ʰ ch. xi. 45. ver. 18.
ⁱ Matt. xxi. 8. Mark xi. 8. Luke xix. 35, 36, &c.
ᵏ Ps. cxviii. 25, 26.
ˡ Matt. xxi. 7.
ᵐ Zech. ix. 9.

---

13. "The King of Israel that cometh in the name of the Lord." ℵ, B., L., read, "Blessed be He that cometh in the name of the Lord, and the King of Israel."

striking evidence of God's power and presence with Jesus is conceivable. It seems scarcely human, but Satanic in its strength and determination of purpose. "O the foolish thought and blind rage! If the Lord Jesus had power to raise him, being dead, had He not power to raise him being put to death? In putting Lazarus to death, can ye put away the Lord's power? If it seems to you that a dead man is one thing, a man put to death another: behold the Lord did both, both Lazarus who was dead, and Himself who was put to death, He raised to life again." (Augustine.)

12-16. Here follows a short notice of the triumphal entry into Jerusalem, nearly all the details respecting the finding of the ass or colt, the multitude strawing their garments in the way, the murmurings of the Pharisees, and our Lord's answer to them, being omitted. The Evangelist's motive for the insertion of his short account is clear at a glance. It is that he may show the reason why so vast a concourse of people came and met the Lord, and attended Him on His entry into Jerusalem. If we had only the narrative of the Synoptics this would be inexplicable, but St. John connects it with the raising of Lazarus in the words, "The people

CHAP. XII.] WHY THE PEOPLE MET HIM. 311

16 These things ªunderstood not his disciples at the first: ºbut when Jesus was glorified, ᴾthen remembered they that these things were written of him, and *that* they had done these things unto him.

n Luke xviii. 34.
o ch. vii. 39.
p ch. xiv. 26.

17 The people therefore that was with him when he called Lazarus out of his grave, and raised him from the dead, bare record.

18 ᵠFor this cause the people also met him, for that they heard that he had done this miracle.

q ver. 11.

---

17. Tischendorf reads "that" instead of "when." "The people also that was with him bare record that he raised Lazarus from the dead." This reading is supported by D., E., K., L., Old Latin; but א, A., B., and most other authorities read "when."

therefore that was with him when he called Lazarus out of his grave, and raised him from the dead, bare record. For this cause the people also met him, for that they heard that he had done this miracle."

Another reason for the insertion of this short notice of what is so much more fully given in the other Evangelists, is to give St. John the opportunity of repeating what he had before said plainly (chap. ii. 22), or intimated (chap. vii. 39, viii. 28), that many of the acts and sayings of the Lord were not understood at the time, that the prophecies respecting His works and sufferings as the Messiah were very vaguely applied to Him, and that the things which those about Him were led to do to Him—such, for instance, as the Anointing His Body to the Burial—were done without a consciousness of their true significance. They did now what they did in honour, as they thought, of a great prophet [This is Jesus the prophet of Nazareth of Galilee], but it was really significant of the fulfilment of a prophecy that the King of Israel Himself, not only the Offspring, but the Root of David, should in such wise enter into "the city of the Great King."

17, 18. "The people therefore that was with him .... heard that he had done this miracle." There were two crowds. The one, the smaller, of course, which came with Him from Bethany, which had seen the miracle of the raising of Lazarus, and the people from Jerusalem, who, attracted by the fame of it, had come to meet Him; and the two accompanied Him in one body to Jerusalem, praising

19 The Pharisees therefore said among themselves, ʳPerceive ye how ye prevail nothing? behold, the world is gone after him.

20 ¶ And there ˢwere certain Greeks among them ᵗthat came up to worship at the feast:

21 The same came therefore to Philip, ᵘwhich was of Bethsaida of Galilee, and desired him, saying, Sir, we would see Jesus.

ʳ ch. xi. 47, 48.
ˢ Acts xvii. 4.
ᵗ 1 Kings viii. 41, 42. Acts viii. 27.
ᵘ ch. i. 44.

---

19. "Perceive ye;" or, "Ye perceive."

and blessing God "for all the mighty works that they had seen." (Luke xix. 37.)

19. "The Pharisees therefore said," &c. These words said in utter despair at the rapidly growing popularity of the Lord, seem to show that they felt that the time for half measures was past, and that they must now, without delay, throw themselves into the bolder and more unscrupulous counsels of the chief priests.

20. "And there were certain Greeks among them that came up," &c. Here follows an incident respecting which we would fain know something more than what the Evangelist has told us. Who were these Greeks? of what country? were they connected with that remarkable embassy which Abgarus of Edessa is said by Eusebius to have sent to Jesus, and which can scarcely be altogether an invention, but must have had some foundation in truth, or were they chance proselytes who had come to Jerusalem to worship, and desirèd to know from Christ's own lips whether His doctrine was for the Gentiles? But nothing whatsoever is told us, except what enables the Evangelist to give the short discourse of the Lord which naturally arises out of the incident. Some suppose that St. John records it as confirming the truth of the remarks of the Pharisees to one another, "Behold, the world is gone after him."

"Certain Greeks"—*i.e.*, not Hellenists, but Gentiles, as the Eunuch of Candace, who came up periodically to worship.

21. "The same came therefore to Philip." Why did they accost this Apostle? Probably because he had a Greek name, and so, whether with reason or not, they might suppose him to be more connected with the outer Gentile world. It is remarkable that

22 Philip cometh and telleth Andrew: and again Andrew and Philip tell Jesus.

23 ¶ And Jesus answered them, saying, ˣThe hour is come, that the Son of man should be glorified.

^x ch. xiii. 32. & xvii. 1.

---

22. "And again Andrew and Philip tell Jesus." A., B., L., old Latin (a) read, "Andrew cometh and Philip, and they tell Jesus." But later Uncials, all Cursives, most old Latin, Vulg. and Syriac read as in Text. Recep.

Philip and Andrew, who intervened in this matter, are the only Apostles who have Greek names.

"We would see Jesus." See Him so as to have an interview with Him.

22. "Philip cometh and telleth Andrew," &c. Why this seeming difficulty about so plain a matter as introducing Gentile inquirers into the presence of the Son of Man? It is supposed that they recollected the Lord's words, "Go not into the way of the Gentiles" (Matth. x. 5); or, "I am not sent but unto the lost sheep of the house of Israel." There certainly would not have been this hesitation if the Lord had at all fully made known to the Apostles His designs respecting the Gentiles. Very probably such an announcement would have been more likely to shake their faith than any revelation of the supernatural conceivable.

23. "And Jesus answered them, saying, The hour is come, that the Son of man," &c. He answered, apparently, not the Greeks, but the Apostles. The answer would have been unintelligible to the Greeks, who very probably were received by Him afterwards. They certainly do not seem to have accompanied Andrew and Philip into the presence of Jesus, and so could not have heard this answer. The Lord discerns by this coming of the Gentiles to His Light that the hour of Redemption, through His Cross and Death, was now come. Now He should be glorified as the Son of Man, by being declared to be the Son of God with power by the Resurrection of the Dead. These Greeks were the first fruits of the vast harvest to be gathered in shortly. They were the precursors of Cornelius, of the Philippian Jailer, of the Churches of Ephesus, Corinth, and Rome. But how was this mighty result to be brought about? What was the seed of such a harvest? His own Body surrendered in death.

24. "Verily, verily, I say unto you, Except a corn of wheat fall

24 Verily, verily, I say unto you, ⁷Except a corn of wheat fall into the ground and die, it abideth alone: but if it die, it bringeth forth much fruit.

25 ᶻHe that loveth his life shall lose it; and he that hateth his life in this world shall keep it unto life eternal.

ʸ 1 Cor. xv. 36.
ᶻ Matt. x. 39. & xvi. 25. Mark viii. 35. Luke ix. 24. & xvii. 33.

---

25. "Shall lose." א, B., L., with a Cursive or two, read "loses;" but A., D., and all later Uncials, other Cursives, and versions read, "shall lose."

into the ground and die, it abideth alone," &c. As long as the grain is unsown, *i.e.*, till it falls and is covered by the earth, and as a particular single grain perishes, it abideth alone; but if it is sown and buried in suitable ground, then it begins to germinate; the integuments, which enfold and protect the infinitesimal germ of life which exists in every seed, perish, and become the nourishment of the new plant which springs from the now dead seed; so that it dies for the reproduction of a far more abundant life. This is an image setting forth the abundant Life of the Church through the Lord's Death. The Lord was absolutely alone—not a soul, even amongst His Apostles, understood His designs, much less could they then take up and continue His work. But if He died and was buried, then that Death and Burial would be the prelude to His rising again in a new and glorified Body, and His whole nature, Body, Soul, and Spirit, would be the fountain of new Life to myriads.

And all this would be the fruit, not so much of His physical Death and Burial, but of the spirit of obedience and submission to His Father's Will, which prompted and inspired Him to endure it all. He was the exemplification, in His own Person, of the law which He had laid down for all His followers which He now enunciates.

25. "He that loveth his life shall lose it [or loseth it], and he that," &c. I have remarked on this in commenting on St. Matthew x. 39. Christ did not lay this down as the law for His people without Himself submitting to it with a perfection of self-devotion to which none of them can come near. It is a law which has many applications. I will give one from a well-known writer: "What He says of natural death may be applied to spiritual mortification; in which case we shall understand Him as laying it down as a general rule of God's dealings, that whosoever desires to bear much fruit

26 If any man serve me, let him follow me; and ^a where I am, there shall also my servant be: if any man serve me, him will *my* Father honour.

^a ch. xiv. 3.
& xvii. 24.
1 Thess. iv. 17.

---

unto God, that is, to be the means of bringing the souls of others to the truth and obedience of Christ, must become, in a spiritual sense, dead; he must die to the world and to himself, if he desire to be the source of life to others. The life and growth of the Kingdom of Heaven upon earth has been the reward of the daily death of Christ's faithful servants."

Godet has a very ingenious application of the Lord's words, assuming that the Greeks were present, and that He desired to address Himself to their way of viewing moral and spiritual matters: "All that is not given to God by an act of voluntary immolation bears within it the germ of death. Hence suppose that Jesus, seeking only His personal safety, had now gone to the Greeks to play among them the part of a sage, or to organize the State, like another Solon. He might, indeed, thus have saved His life, but would in reality have lost it. Not having given it up to God, He would not have received it from Him glorified (verse 23). Thus kept by Him it would have remained doomed to sterility and earthly frailty. It was by renouncing the part of a sage that He became a Christ: by renouncing the throne of a Solomon that He obtained that of God. Lange, with much depth of perception, points out that this saying included the judgment of Hellenism: for what was Greek civilization but human life cultivated from the view-point of enjoyment, and withdrawn from the Law of Sacrifice?"

26. "If any man serve me, let him follow me; and where I am, there shall," &c. This is the application to His people of that principle of self-sacrifice of which, in the previous verse, the Lord set Himself forth as the example. "If any man serve Me, he must be prepared to serve Me by following Me in the matter of not loving life, but hating it. He must not count his life dear unto himself. He must follow Me to prison and to death, if I call upon him so to suffer; but at least he must follow Me in the path of labour and self-denial, and if he so follow Me, then where I am he shall be also; he shall have no small reward, but one in My presence, beholding My glory, and this will be conferred upon him not by Myself only, but by My Father. As we are One, and act as One in all

27 ᵇNow is my soul troubled; and what shall I say? Father, save me from this hour: ᶜbut for this cause came I unto this hour.

28 Father, glorify thy name. ᵈThen came there a voice from heaven, *saying*, I have both glorified *it*, and will glorify *it* again.

ᵇ Matt. xxvi. 38, 39. Luke xii. 50. ch. xiii. 21.
ᶜ Luke xxii. 53. ch. xviii. 37.
ᵈ Matt. iii. 17.

---

27. The place of the note of interrogation doubtful. See in notes below.

things, in working (ch. v. 17, xiv. 10), in judging (ch. v. 30), in witnessing (ch. v. 31, 32, 37), so in this matter of the honouring of My servants, the Father and Myself will be as One in honouring them."

27. St. John gives no account of the Agony; but in this verse we have a forecast, indeed more than a forecast of it. It seems to show that as the time of His Passion drew nearer, that fearful conflict between the human and the Divine Will was also going on in the breast of the Son of Man. We have all the parts or features of the Agony. "Now is my soul troubled" answers to "My soul is exceeding sorrowful;" "Father, save me from this hour" [whether suggested to His mind as a possible, or said as an actual prayer, matters not], answers to "Let this cup pass from Me;" "For this cause came I to this hour, Father glorify thy name," corresponds to "Nevertheless, not my will, but thine be done."

"Father, save me from this hour." This may be taken as if He said, "What shall I say? (I will say) Father save Me from this hour," or as if He said [what] "shall I say, Father save Me from this hour?" As if there was a struggle within Him as to what He should say.

"For this cause came I unto this hour." The Lord came into the world not only to teach by His example, but to reconcile the world to God by His Death. For this cause the Father had protected Him hitherto, so that though the Jews had so often sought to slay Him, yet He had always escaped out of their hands. It was even for this that He came in the flesh, that He might have a perfect human nature in which to suffer for sin.

28. "Father, glorify thy name." This is the expression of His perfect resignation as the Son of Man, and of His oneness in will with His Father as the Son of God; though the glory of the Father was to be through the Son's being "lifted up."

"Then came there a voice from heaven, saying, I have both

29 The people therefore, that stood by, and heard *it*, said that it thundered: others said, An angel spake to him.

30 Jesus answered and said, ᵉ This voice came not because of me, but for your sakes.

31. Now is the judgment of this world: now shall ᶠ the prince of this world be cast out.

ᵉ ch. xi. 42.

ᶠ Matt. xii. 29. Luke x. 18. ch. xiv. 30. & xvi. 11. Acts xxvi. 18 2 Cor. iv. 4. Eph. ii. 2. & vi. 12.

glorified," &c. The Father glorified it in all the witness He had hitherto borne to His Son.

"And will glorify it again." When He shall rise from the dead, and when, through the preaching of His Gospel, God's name shall be great among the Gentiles. (Mal. ii.)

29. "The people therefore, that stood by, and heard it," &c. Some heard no articulate voice: others discerned the words, and thought that an angel spake. But evidently there were those who heard and understood the words of the voice, or the Lord would not have said,

30. "This voice came not because of me, but for your sakes." "To encourage you to continue in your faith in Me, even though for a short time I may appear forsaken even by God."

31. "Now is the judgment of this world." It was the whole world—religious, social, and political—through the chief priests, the voices of the multitude, the decision of Pilate, which condemned Christ to the Cross, and so pronounced its own condemnation. By the killing of the Just One, it proclaimed itself to be utterly unjust. But further. By the Cross of Jesus, the standard of the world, according to which it judges of things, is condemned and reversed. The world judges physical strength, popularity, self-assertion, wealth, and such things to be power. But Jesus on the Cross conquered by weakness, by rejection and reproach, by self-abnegation, by endurance.

"Now shall the prince of this world be cast out." This may mean cast out of the pre-eminence which he enjoyed in the heathen world. There is a change of tense to be noted, "Now is the judgment of this world: now *shall* the prince of this world be cast out." And yet Satan seems to hold absolute sway over above half the world, and even in Christian countries, and churches, and societies,

32 And I, ^g if I be lifted up from the earth, will draw ^h all *men* unto me.

33 ⁱ This he said, signifying what death he should die.

34 The people answered him, ^k We have heard out of the law that Christ abideth for ever: and

g ch. iii. 14. & viii. 28.
h Rom. v. 18. Heb. ii. 9.
i ch. xviii. 32.
k Ps. lxxxix. 36, 37. & cx. 4. Is. ix. 7. & liii. 8. Ezek. xxxvii. 25. Dan. ii. 44. & vii. 14, 27. Mic. iv. 7.

---

and families, he makes his power felt. In this present state of things he returns and reconquers nations who once formally disowned him. Witness the triumphs of Islamism, and the declensions of churches, and the rapid spread of atheism and heresy in societies once Christian. But the Lord, Who sees the end from the beginning, and to Whom a thousand years is but as a day, sees him dethroned and deprived of his power, and cast out finally.

It may be also that the Lord refers to that event in the unseen world of which we have a glimpse in Rev. xii. 9-12, in which it appears that Satan had a place in heaven as the accuser, from which he is cast forth, and his place taken by an Intercessor.

32. "And I, if I be lifted up from the earth, will draw all men unto me." This can scarcely mean all absolutely, because, as far as we can gather from the Scriptures, the Lord draws those only who hear the Gospel and obey its call; and even to this day there are tracts to which the sound of the Gospel has not penetrated. But there is a sense in which, in consequence of His Crucifixion, all, without exception, will be drawn. He will draw those whom He wills to save in mercy, and His voice will draw forth all that are in their graves for the final retribution.

33. "This he said, signifying what death he should die." The Death on the Cross was the lifting up to which the Ascension was the necessary sequel. The "lifting up" upon the Cross must not be taken to mean the physical lifting up a very short space above the ground. It rather looks to this, that from the moment of His Crucifixion His work was in a sphere above this world. It was no longer earthly, but heavenly. He never descended from the Cross to preach, or to heal, or to engage in conflict with evil, as He had done before. In His view of things the two liftings up are as one.

34. "The people answered him, We have heard out of the law

how sayest thou, The Son of man must be lifted up? who is this Son of man?

35 Then Jesus said unto them, Yet a little while ¹is the light with you. ᵐ Walk while ye have the light, lest darkness come upon you: for ⁿ he that walketh in darkness knoweth not whither he goeth.

36 While ye have light, believe in the light, that ye may be ᵒ the children of light. These

¹ ch. i. 9. & viii. 12. & ix. 5. ver. 46.
ᵐ Jer. xiii. 16. Eph. v. 8.
ⁿ ch. xi. 10. 1 John ii. 11.
ᵒ Luke xvi. 8. Eph. v. 8. 1 Thess. v. 5. 1 John ii. 9, 10, 11.

---

35. "Walk while." A., B., D., K., L., and three or four Cursives read, "according as;" א, the later Uncials, almost all Cursives, Vulg., and Syriac read as in Received Text.

36. "The children;" rather, "the sons of light."

that Christ," &c. The people evidently understood the lifting up in the sense of being removed out of the world by death, and probably the Death of the Cross. They asked naturally—naturally, that is, in accordance with their views of the reign of the Messiah —"We have heard out of the law that Christ abideth for ever." This they gathered from such places as "Of the increase of his government and dominion there shall be no end."

"Who is this Son of man?" The people could not have asked this unless they connected the title, Son of Man, used as our Lord used it, with the Messiah. In the vernacular Syriac the name "son of man" is applied to any human being, and it is so used in some places in the Old Testament, but it had undoubtedly a Messianic sense, and our Lord evidently so used it as to lead them to apply it to Himself with a far higher meaning than the common one. The term "Son of God" has similar gradations of meaning. It may be simply an Israelite, or one who believes in and loves God, or an angel of God, or the Only Begotten Son. It is to be noticed, however, that the Evangelist does not record that our Lord applies to Himself the title "Son of Man." It is possible that the question of the Jews is grounded on a reminiscence of the words in chap. viii.: "When ye have lifted up the Son of Man, ye shall know that I am he."

35, 36. "Then Jesus said unto them, Yet a little while is the light with you . . . that ye may be the children of light." It is to be remarked that the Lord does not directly answer their question, just as in chap. viii. 24, when they asked, "Who art thou?" He

things spake Jesus, and departed, and ᵖ did hide himself from them.

p ch. viii. 59. & xi. 54.

---

only deigned to say, "The same that I said unto you from the beginning." He could not have answered them by explaining to them the transcendent sense in which He was the Son of Man, as the New or Second Adam, the representative and sponsor of all humanity; for this is one of the deepest things in His Revelation, and they must learn much more and believe much more before they could enter into it. Neither could He tell them that He was the Son of Man, as meaning the Messiah, for they utterly repudiated the true idea of the Messiah. He simply reasserts Himself to be the Light, and that He will be this Light to them for a very short time, so they must walk according to Him as the Light, lest darkness come upon them.

What, however, does the Lord mean by this "little while?" It can scarcely be the two or three days before His Crucifixion. It looks rather to the day of grace which will really begin by the descent of the Spirit, but which will be to them a very short period compared with the many centuries during which they and their fathers possessed the Law of God and the knowledge of His will. We know that they rejected this last opportunity, and so darkness came upon them. They were shut up to judicial unbelief and blindness ["Blindness in part has happened unto Israel"].

These were the parting words of Christ. They seem an exhortation to accept Him, and walk in Him, not only during the few hours before He was crucified, but during the day of grace which would be opened by His departure. Then one who spake in His Name said, perhaps to some of these very men, "Unto you God, having raised up His Son Jesus, sent Him to bless you, in turning away every one of you from his iniquities." (Acts iii. 26.)

36. "While ye have light, believe in the light." "Believe that I am the true Light, that in Me ye can see God, that ye may be the children [or sons] of light. Just as the children of God are those who believe in and obey God, so the children of light are those who have the light and walk in it, and according to it."

"These things spake Jesus, and departed," &c. Most probably He perceived the anger which His words respecting Himself being the true Light was exciting within them, and as He was only to

37 ¶ But though he had done so many miracles before them, yet they believed not on him:

---

suffer at the very hour of the Passover, He again removed Himself out of their reach till He was betrayed.

37-41. The key to the understanding of these difficult verses is the assertion in the first, where it is said that the Jews did not believe, notwithstanding the number and greatness of the Lord's miracles. Was it not fatal to His pretensions to be the Messiah if the people of God, to whom He was sent, rejected Him? No; the Evangelist answers. It was written in prophecy that they both would not, and could not believe.

We shall have to consider, at some little length, what was the place and function of miracles in the Mission of Jesus. It may be said with truth that He performed His miracles to draw attention to His claims, but they had a deeper purpose, which was, to convince those that were "of God" and "so heard the words of God" that Jesus was "from God" and that all He said must be believed. The following will serve to show this.

The Lord uttered such words as "Blessed are the meek, the merciful, the pure in heart; when ye give alms, or pray, or fast, be not as the hypocrites," and many like them. Anyone who was of God would be attracted by such sayings. He would feel that the Great Teacher put old truths in a new light and with a new force. But the Lord said other things of a far more startling character. He said, "Whatsoever things the Father doeth, the same doeth the Son likewise." "As the Father raiseth up the dead and quickeneth them, even so the Son quickeneth whom he will." "I am the Resurrection and the Life." "The bread that I will give is my flesh." Now has a man who has power to put moral truths in a new and powerful way, on that account a right to say, "I am the Living Bread," or "I am the Resurrection and the Life"? Assuredly not. But the Lord did say these startling things of Himself, and many more. We can then imagine an honest-minded Jew saying, "I can hear this man and accept what He says, when He tells us that we must be pure, and merciful, and peacemaking, but I cannot listen to Him when He says, 'I am the Living Bread,' or 'I am the Resurrection and the Life.'" But to this his wiser neighbour might reply, "You stumble at this Man saying, 'I am the Living Bread,' but have you considered that this Man has fed five thousand

38 That the saying of Esaias the prophet might be fulfilled, which he spake, ⁹ Lord, who hath believed our report? and to whom hath the arm of the Lord been revealed?

q Is. liii. 1.
Rom. x. 16.

39 Therefore they could not believe, because that Esaias said again,

---

men with five loaves? You stumble at His saying, 'I am the Resurrection,' but you do not consider that He has just raised from the grave a man who had been dead four days." If the Jew said, "I cannot but think it blasphemy that a man should say such things of himself," it might be rejoined, that quite as great things are said of the Messiah, Whom all the most godly Jews were then expecting, that He is "the Lord of David," sitting at God's right hand—that He is to be the "Lord our Righteousness,"—that He is "God with us,"—and that "His goings forth have been from of old, of everlasting." If the Jew again retorted, "Why should all this be? Is not a teaching prophet all that we require?" it would be rejoined, "No, our nation and our race require much more than a prophet or a teacher. We require a Redeemer to free us from the slavery of sin. We require a New Man to be a new source of life to us; we require not only teaching, but power to obey that teaching, and all this will necessitate a revelation of the arm of the Lord such as you little dream of." Such reasoning may serve to show that miracles were required to convince and retain those who were of God; but there is a fearful converse of all this. The same miracle which may serve to convince and retain the Jew who is "of God," hardens against Jesus those who are "not of God." But the hardening by the miracle is not the first hardening. They have already hardened themselves. They have hardened themselves against the teaching of Moses and the Prophets, when that teaching, if received, would have convinced them of sin, and humbled them before God in repentance, and now such a miracle as the resurrection of a dead body cannot move them except to greater hatred of the Person and Message of Him Who has raised the dead. And this hardening effect of the miracles was, on account of the moral degradation into which they had then sunk, by far the most general effect, especially amongst the higher classes.

Now this hardening God both foresaw and foretold. Such a

40 ⁿ He hath blinded their eyes, and hardened their heart; that they should not see with *their* eyes, nor understand with *their* heart, and be converted, and I should heal them.   ⁿ Is. vi. 9, 10. Matt. xiii. 14.

---

portentous thing as the national rejection of the Messiah, coming with such credentials, by the then people of God, would have been, humanly speaking, fatal to His claims, if it had not been foretold; but it was foretold, and besides this, it was no new thing in their history. There had been a rehearsal of it, as it were, in the days of Isaiah. He, too, had been sent to the same people with the same message of righteousness. In despair he was compelled to say, "Who hath believed our report?" but he had himself been shown the reason for the rejection of his message, for the Lord had appeared to him in the temple, and sent him to do nothing less than harden the people by the message he was to deliver to them. The message of Isaiah was to have the same effect as the miracles of the Lord. It was to harden the mass, but to save the remnant. And in this it effected God's purpose. The mass was worthless, but the remnant, though it was but a tenth, was to be the nucleus of a new and better state. The Holy Seed was the substance (Isaiah vi. 13).

The Evangelist adopting the words of Isaiah, as true of the Jews of his day, cites him as saying, "Therefore they could not believe because Esaias said again, He hath blinded their eyes and hardened their hearts, that they should not see with their eyes . . . . and be converted, and I should heal them." Are we then to infer that God did not desire the conversion of the Jews? Impossible! He had sent John that all men through him might believe. But what was to be the foundation of their faith? Not mere intellectual belief, but repentance, forsaking of sin, and a sincere doing of their duty. (Luke iv. 10, 14.) God blinded their eyes, not to the moral teaching of the Lord, but to the significance of His Miracles. They themselves had blinded their own eyes to His moral teaching, and to the holiness of His Life and Character, and so God, in just punishment, did not allow the most stupendous signs to have the effect upon them which they might have had. But He did this, not by an arbitrary act, but according to the operation of a law—the law that a man's individual free will, as being good or evil, makes him accept or reject the claims of the truth.

41 ^s These things said Esaias, when he saw his glory, and spake of him.

^s Is. vi. 1.

42 ¶ Nevertheless among the chief rulers also many believed on him; but ^t because of the Pharisees they did not confess *him*, lest they should be put out of the synagogue:

^t ch. vii. 13.
& ix. 22.

It would have, humanly speaking, destroyed Christianity from the very first, if the whole body of the Jewish people, in their then state, had intellectually accepted the claims of Christ, and crowded into the Church. As Godet very pertinently remarks, "We have only to remember their contentions with St. Paul to perceive what an insurmountable obstacle would have been placed in the way of the mission to the Gentiles by the entrance of the bulk of a carnal, legal, and Pharisaic Israel into the Church."

But, after all, is there not some harshness in all this? There may be, if we consider the state of each individual Jew who rejected Jesus before His Crucifixion and Ascension as irrevocable; but even such a predestinarian expositor as Augustine writes upon this verse: "Hence also those could not believe: not that men cannot be changed to the better; but that, as long as they are thus, they cannot believe."

41. "These things said Esaias, when he saw his glory, and spake of him." No doubt the Evangelist means, not the glory of God the Father, but the glory of the Son in His pre-existing state: the Evangelist cites Esaias as speaking of Christ; and here he declares that the prophet saw the glory of Him of Whom he was speaking, *i.e.*, of the Lord, the Son, sitting in the temple upon a throne, high and lifted up, receiving the worship of the Seraphim. A more remarkable declaration of the Godhead of the Son can hardly be conceived.

42. "Nevertheless among the chief rulers . . . . put out of the synagogue." This shows the evil power of party. The chief rulers were the legally appointed rulers. The Pharisees were a sect or party, and so self-constituted; and yet, by their self-assertion, and pretensions, and united action, they cowed the chief rulers, and prevented them from confessing what they believed. This place, amongst many others in this Gospel—indeed, throughout the Scriptures—shows the weak and unsatisfactory nature of human faith.

43 ᵘFor they loved the praise of men more than the praise of God.   ᵘ ch. v. 44.

44 ¶ Jesus cried and said, ˣHe that believeth on me, believeth not on me, but on him that sent me.   ˣ Mark ix. 37. 1 Pet. i. 21.

45 And ʸhe that seeth me seeth him that sent me.   ʸ ch. xiv. 9.

46 ᶻI am come a light into the world, that whosoever believeth on me should not abide in darkness.   ᶻ ver. 35, 36. ch. iii. 19. & viii. 12. & ix. 5, 39.

We shall have to take notice of it when showing what is the real teaching of this Gospel respecting faith.

44-50. There can be little doubt but that we have here a summary of the Lord's teachings, given by the Evangelist, mostly, if not entirely, in the Lord's own words, and for the purpose of showing that in no way whatsoever, either in asking men to believe in Himself, or in setting Himself forth as the Light of the world, or as the Judge of all men, or in His teaching and preaching, was the Son apart from, or independent of, His Father. This abstract, then, of His teaching is His vindication and, consequently, the condemnation of the Jews.

44. "He that believeth on me, believeth not on me, but on him that sent me." "Do I ask men to believe in Me as the Son of God? The very idea of 'Son' carries the thought back to the Father. Do I ask men to believe in Me as the Sent? The very idea of one Sent fixes the idea on the Sender. Do I ask them to believe on Me as the Messiah or Anointed? That of necessity requires that they should believe on Him Who anointed or sanctified Me, and His purpose in so doing."

45. "He that seeth me seeth him that sent me." Here is an advance on the preceding. "Is belief consummated in spiritual vision, so that even here faith becomes inward sight? Then he who thus sees Me sees Him that sent Me, for We are One: One in goodness, grace, power, love, wisdom, as well as One in Essence."

46. "I am come a light unto the world," &c. This also, I think, if taken in connection with the rest of this short discourse, must be taken with reference to the Father. The Father is Light, but He

I CAME NOT TO JUDGE. [St. John.

47 And if any man hear my words, and believe not, ^aI judge him not: for ^bI came not to judge the world, but to save the world.

48 ^cHe that rejecteth me, and receiveth not my words, hath one that judgeth him: ^dthe word that I have spoken, the same shall judge him in the last day.

49 For ^eI have not spoken of myself; but the Father which sent me, he gave me a commandment, ^fwhat I should say, and what I should speak.

^a ch. v. 45. & viii. 15, 26.
^b ch. iii. 17.
^c Luke x. 16.
^d Deut. xviii. 19. Mark xvi. 16.
^e ch. viii. 38. & xiv. 10.
^f Deut. xviii. 18.

---

47. " Believe not." ℵ, A., B., D., L., Vulg., Peshito, and old Latin read " keep not."

is the Light which no man can approach unto. In Christ alone we see His Light—the Light of His holy character, of His wisdom, and of His truth. So that no one can walk in the Light of God, except he walks in the Light of the Revelation of the Son of God.

47-48. "And if any man hear my words, and believe not ... last day." Here the Lord, in mercy to men's souls, reveals the fearful converse. He came not to judge, but to save; but yet His Word judges, both now and at the last day: for His Word is the Word of God. He hath not spoken of Himself; every word that He spoke was ordained in the counsels of the Father; and so His Word, as He had said before, tries men, whether they are of God or not (chap. viii. 47). This word separates between men even now—tries them, sifts them, brings out their characters,—and at the last day the Lord, to Whom the Father has committed all judgment, will make good that award which His Word, being the Word of the Father, has already made.

49. " For I have not spoken of myself . . . . what I should speak." This is apparently the one view which the Lord desires that all men who heard Him should have—that in His wondrous words there is nothing of His own, nothing, if one may so say, original, as being His, apart from His Father. Looked at from our point of view, never were words so original as the words of Christ. Even infidels, in commenting upon them, have said that, in the sayings of Jesus, there is that which is absolutely new; but

50 And I know that his commandment is life everlasting: whatsoever I speak therefore, even as the Father said unto me, so I speak.

---

that originality which good men very rightly ascribe to Him, He here repudiates, and refers all He has and all He knows to the Fountain of Deity, the Father.

50. "I know that his commandment is life everlasting." Is this said with reference to Himself or to us? Of course, God's commandments are life everlasting to us His creatures; but the Lord had been just speaking of His Father having given Him a commandment, "what to say, and what to teach." Now, if all He said was commanded by the Father, some of the things which that Father had commanded Him to say were things which would inevitably bring about His Crucifixion. And yet, in perfect trust that His Father would support Him through that Crucifixion, and bring Him back to life, He said all, knowing that the everlasting life of His people would be the result of His obedience unto death.

CHAP. XIII.

NOW ^a before the feast of the passover, when Jesus knew that ^b his hour was come that he should depart out of this world unto the Father, having

^a Matt. xxvi. 2.
^b ch. xii. 23. & xvii. 1, 11.

---

1. "When Jesus knew;" rather, "Jesus knowing." So Alford and Revisers, and Vulg., *sciens*.

1. "Now before the feast of the passover." The time indicated by the Evangelist in this verse depends upon the time when he considered this feast of the Passover to have taken place. For St. John evidently holds that the evening of the Lord's Crucifixion was the Passover time, *i.e.*, the legal time; so that if our Lord kept a Passover, which according to the Synoptics He unquestionably did, He must have anticipated the legal time by twenty-four hours.

loved his own which were in the world, he loved them unto the end.

1. "Unto the end." So Alford and Revisers; but latter in margin translate "to the uttermost."

In all probability He did this in order that, as the true Paschal Victim, He might be crucified at the time when the typical victim was slain. So that " before the feast of the Passover " might mean any time before the Friday evening; but inasmuch as the events we are now about to consider (particularly those with reference to Judas) took place at the time when the Lord ate His Passover Feast, the Evangelist means by "before the feast of the Passover," the Thursday evening.

"When Jesus knew that his hour was come that he should depart," &c. Some think this to be written with especial reference to "his own which were in the world." He was going to the Father and leaving them, and yet the thoughts of His own departure and His welcome back by the Father did not, in the least degree, make Him forget them. He loved those whom He was leaving to the end with undiminished love: and so at this very supper He instituted that Holy Mystery which would be a perpetual pledge of His love, because a perpetual pledge of His Presence, and a means by which He might ever dwell in them.

Some think that "unto the end" means "to the uttermost," as in 1 Thess. ii. 16, and that this was shown by His voluntary humiliation in stooping to wash their feet; and no doubt this sign of love must be included. But the institution of the Eucharist being the institution of a permanent means of grace, in which He condescends in the lowly elements of bread and wine to feed them with Himself as the Bread of Life, seems by far the greater pledge of love. And we shall presently see that the one has no obscure bearing on the other.

The mention of the Passover as closely connected with the time when He should "pass" out of this world cannot be considered as fortuitous. Augustine says "That prophetical figure is fulfilled in the truth where Christ is led as a sheep to be immolated, with whose Blood our door-posts being marked, *i.e.*, our foreheads signed with the sign of the Cross, we are delivered from the perdition of this world as from an Egyptian captivity or destruction, and make a most salutary transition when from the devil we pass

HE RISETH FROM SUPPER.

2 And supper being ended, ^cthe devil having now put into the heart of Judas Iscariot, Simon's *son*, to betray him;

3 Jesus knowing ^d that the Father had given all things into his hands, and ^e that he was come from God, and went to God;

4 ^f He riseth from supper, and laid aside his garments; and took a towel, and girded himself.

c Luke xxii. 3.
ver. 27.

d Matt. xi. 27.
& xxviii. 18.
ch. iii. 35. &
xvii. 2. Acts
ii. 36. 1 Cor.
xv. 27. Heb.
ii. 8.

e ch. viii. 42.
& xvi. 28.

f Luke xxii 27.
Phil. ii. 7, 8.

---

2. " Supper being ended;" rather, "when supper was begun"—perhaps with the meaning of being ready or being laid, but the past participle (γενομένου) need not mean that supper was finished.

" The devil having now put into the heart of Judas Iscariot, Simon's son, to betray Him." ℵ, B., L., and Vulg. read, " Having now put into the heart that Judas Iscariot should betray Him." *Misisset in cor ut traderet eum Judas*, &c., Vulg., but A., D., old Latin, most Uncials, Cursives, and Versions read as in the received Text.

over into Christ, and from this unstable world to His most surely founded kingdom."

2. " Supper being ended." This is a wrong translation, and introduces much confusion. It should be rendered, "supper being made," or " when supper was begun."

" The devil having now put it into the heart of Judas," &c. Whatever be the reading, this is the only possible meaning. This notice of Judas, as having been already inspired by Satan to betray Him, seems to be mentioned in order to enhance the greatness of the humiliation which succeeds, in that He washed even the traitor's feet, or it may be noticed to preface the words, " Ye are clean, but not all."

3. " Jesus knowing that the Father," &c. This may be paraphrased: " Jesus, with the full consciousness of His own infinite power and dignity, that He had all power in heaven and in earth, that He was come from God as being His only-begotten Son, and went to God to receive the glory which He had with Him before the world was: having all this perfectly in His consciousness, He humbled Himself to be amongst them as one that serveth."

4. " He riseth from supper," &c. See how each step of this act of infinite condescension is dwelt upon by one who had, in astonishment, witnessed it all. He riseth from supper; that, no doubt, drew all eyes upon Himself, as to the purpose for which He interrupted

5 After that he poureth water into a bason, and began to wash the disciples' feet, and to wipe *them* with the towel wherewith he was girded.

† Gr. *he*. 6 Then cometh he to Simon Peter: and † Peter

---

5. "A bason." Literally, "*the* bason," as it was usual to provide one for the purpose.

the sacred meal; He laid aside His garments, took the towel, girded Himself, filled the bason with water. "It was not before reclining, but after they had all sat down, that He arose. In the next place: He doth not merely wash them, but doth so, putting off His garments; and He did not even stop there, but girded Himself with a towel. Nor was He satisfied with this, but Himself filled the bason, and did not bid another fill it." (Chrysostom.) All this must have taken place after the dispute about pre-eminence. It is difficult to imagine that the Lord's example should have been so utterly thrown away upon them as that after such a scene they should have had a strife among themselves which should be the greatest.

6. "Then cometh he to Simon Peter, and Peter saith unto him," &c. Some, amongst them, Chrysostom, think that He came to the traitor first, who submitted to be washed without a word; then He came to Peter, and the others were instructed from his case. It is very probable that He came first to Peter, not because of his primacy, but because He foresaw that his reception of the act would afford the best opportunity for teaching the needful lesson.

"Lord, dost thou wash my feet? . . . . What I do thou knowest not now . . . . If I wash thee not," &c. For what purpose did the Lord perform this act of humiliation? Was its significance exhausted when He had set them this example of self-abnegation, and reproved their pride and self-seeking? We cannot think so. In such a case "If I wash thee not, thou hast no part in me," means, "If thou dost not, when I am gone, follow my example, and do to thy brethren as I have done to thee, thou hast no part in me." But this significance, though, of course, true, cannot be what the Lord means, for the Lord in these words evidently requires of Peter not merely a future following of His example, but a present reception of an act of condescension on His part which if Peter did not there and then receive, he would have no part in Christ. But, on the other hand, it is impossible to suppose that our Lord by the outward act would impart to the Apostles some mere outward clean-

saith unto him, Lord, [g] dost thou wash my feet? [g] See Matt. iii. 14.

sing analogous to the purification by a Jewish ablution. There can be no doubt that the act was sacramental in its nature—not sacramental, of course, so that it should be a standing ordinance in the Church, but still sacramental so far as the Apostles were concerned, so that the Lord should there and then impart to them an inward grace through an outward sign. They had believed in Christ as the Son of God, they loved Him, they had given up all for Him, and so, compared with others, they were "clean;" but there was a spiritual cleansing which they yet required (perhaps from ambition, self-seeking, desiring to be the greatest), and it was the Lord's design to impart this cleansing to them simultaneously with their reception of this outward act. Believing Him to be the Son of God, their preparation of spirit to receive this particular spiritual cleansing was the devout and humble reception on their part of this act of condescending love, consciously believing that it was the humiliation of One infinitely greater than themselves, and was needful to them, if they would have part in Him. Judas received it in stolid indifference and unbelief, and was not cleansed because he received the outward sign unworthily. Peter was in danger of losing it because, out of mistaken humility, he at first shrunk from receiving the outward sign.

There are two ways in which an outward act of condescension from one greatly our superior may be received. We may put it from us altogether, and not allow the superior to abase himself; but in this case we put ourselves above him. We presume to judge him, and to pronounce that the act is unworthy of him: but in this we judge and condemn ourselves, for we show that we do not understand in what true worthiness consists, for the action *is* worthy, and the higher in the scale of being the superior is, the more worthy it is. In God Himself supreme dignity and supreme condescension meet. He is the high and lofty One that inhabiteth eternity, and yet He carefully ministers to the wants of the lowest and meanest of His creatures. The other way, of course, is to receive the act of abasement, whatever it be, with humility and thankfulness, acknowledging that the superior knows best what is for his own dignity and our well-being.

It must suggest itself to the believing mind that the action of the Lord has some reference to the Sacrament which was instituted at

7 Jesus answered and said unto him, What I do thou knowest not now; ʰ but thou shalt know hereafter.

8 Peter saith unto him, Thou shalt never wash my feet. Jesus answered him, ⁱ If I wash thee not, thou hast no part with me.

ᵍ ver. 12.

ⁱ ch. iii. 5.
1 Cor. vi. 11.
Eph. v. 26.
Titus iii. 5.
Heb. x. 22.

---

that very time. If Christ, in any real way, gives Himself in that Sacrament, it must be an act of the greatest condescension on His part, for it is the Living Bread offering the lower part of His Nature, His Flesh and Blood, to be fed upon by us under earthly elements. Out of a false humility we may refuse the mystery. We may say, in effect, "Lord, Thou shalt never give me Thy Body and Blood. It is unworthy of Thee to give Thyself in Thy Body and Blood. I am willing to receive Thee intellectually, but I cannot believe in the reality of Thy condescension to feed me with Thyself after such a sort." To which the Lord may answer: "Thou knowest not the deep needs of thy nature. Thou knowest not how low I must descend to feed thee; but though thou knowest not now, yet if thou believest and obeyest, thou shalt know hereafter."

In this way we see how this incident falls in with what I have frequently drawn attention to as one of the purposes of this Gospel, viz., to teach us implicit faith—faith which not only adores the greatness of the Son of God, but the greatness and reality of His condescension, in that He washes us with His own hands, and feeds us with His own Flesh.

Such is the lesson of the act taken as a whole, but each word of the Son of God teaches us some deep lesson.

"What I do thou knowest not now; but thou shalt know hereafter." Was this fulfilled when the Lord, in verses 14 and 15, explained to them the significance of the example He had set? We think not. Peter realized afterwards, as he could not then, His Master's Divine Dignity and his own needs, and how this act of condescending love had in some mysterious way met and supplied those needs. All God's dealings with us now are acts of loving condescension on His part which, at the best, we know very imperfectly, but if we continue in the fellowship of His Son we shall hereafter understand more perfectly.

8. "If I wash thee not, thou hast no part with me." Some take upon themselves to say that "no part with Me" does not mean no

9 Simon Peter saith unto him, Lord, not my feet only, but also *my* hands and *my* head.

10. Jesus saith to him, He that is washed needeth not

---

10. "He that is washed needeth not save to wash his feet." "He that hath been bathed hath no need save to wash his feet," &c. (Alford and Revisers).

part in My salvation, but no part in My work; but to say this seems very presumptuous, for how can any man say what would have been the issue of such disobedience persisted in? No pride of spirit (and pride of spirit is sinfulness of spirit) could have been greater.

9. " Simon Peter saith unto him, Lord, not my feet only, but also my hands and my head." Notice not only the readiness of submission, but the enthusiasm of this Apostle when he discerned the determined will of the Lord.

It should be noticed here, that the shrinking of the Apostle was not a shrinking from a further spiritual cleansing. If it had been such—if he had shrunk from any further inward purifying, he would not have been a follower of the Lord at all. It was a drawing back from an outward act, and so a questioning of the Lord's wisdom, and if he discerned any spiritual purification in it, it was on his part an unsubmissiveness of spirit to receive the Lord's Blessing in the Lord's way.

10. "Jesus saith to him, He that is washed," &c. There is a general agreement about the meaning of this verse, which is obscured in the authorized translation by two different words in the Greek being translated by the same word in the English. It is, "He that is bathed needeth not save to wash his feet." "He that has had his whole body cleansed in the bath needs only to wash off from his feet the dust which from his walking in sandals on the dry roads adheres to them." And the spiritual meaning is, "He that has been once cleansed needs only to wash off by acts of repentance and confession the sins of infirmity into which he falls in the path of daily life." The application to the Apostles seems to be of this sort. By their acceptance of Christ and steadfast adherence to Him they were in a measure clean, but they had yet faults to be cleansed from; as, for instance, the desire of pre-eminence. It was from faults of this sort that this foot-washing by our Lord's hands was an outward cleansing typical of an inward one, and their humble and devout reception of it was the state of mind required on their part in order that it should not be to them a dead form.

save to wash *his* feet, but is clean every whit: and ^k ye are clean, but not all.

^k ch. xv. 3.
^l ch. vi. 64.

11 For ^l he knew who should betray him; therefore said he, Ye are not all clean.

12 So after he had washed their feet, and had taken his garments, and was set down again, he said unto them, Know ye what I have done to you?

" Ye are clean," ye the body of my disciples.

"But not all." Notice how He first pronounces the body or number of the apostles clean, and then makes the exception. So it is with the Church, the Lord's mystical Body. By virtue of union with Him, and the promise of the Spirit remaining in it, it is clean. It is the *Holy* Catholic Church, but notwithstanding its holiness, in it "the bad are ever mingled with the good."

11. "For he knew who should betray him: therefore said he, ye," &c. How constantly are we reminded that the Lord knew the traitor, though very probably he was the most fair-spoken of all. This repetition of such a thing is for two reasons. First, to show that the Lord with much long-suffering endured his presence, as He now permits for a season His Church to be defiled by the presence in it of evil men; and secondly, to be a warning to each soul that the Lord, the Great Shepherd, knows all of us, our most secret faults, and our most secret services. "I am he that searcheth the hearts and reins." So let us search our hearts to see if there be any root of bitterness in us. Let us "judge ourselves, that we be not judged of Him."

12. "So after he had washed their feet, and had taken his garments . . . Know ye what I have done to you?" Our Lord now sets forth the teaching significance of this act. By what He had done He had taught them the dignity of service—that no service done to others can demean the doer of it. On the contrary, the only real disgrace is idleness and pride. We are not, as I have said, to suppose that the teaching of the action was all, that there was no secret cleansing intended to accompany the outward sign. If there had not been some mysterious cleansing, He would not have made the difference between the rest and Judas, when He said, "Ye are clean, but not all." The sacraments of the Church, whilst they are channels of grace, are also precious means of instruction.

13 ᵐ Ye call me Master and Lord: and ye say well; for so I am.

14 ⁿ If I then, *your* Lord and Master, have washed your feet; ° ye also ought to wash one another's feet.

15 For ᵖ I have given you an example, that ye should do as I have done to you.

ᵐ Matt. xxiii. 8, 10. Luke vi. 46. 1 Cor. viii. 6. & xii. 3. Phil. ii. 11.
ⁿ Luke xxii. 27.
° Rom. xii. 10. Gal. vi. 1, 2. 1 Pet. v. 5.
ᵖ Matt. xi. 29. Phil. ii. 5. 1 Pet. ii. 21. 1 John ii. 6.

---

13. "Master"—in the sense of teacher (*didascalos*).

13. "Ye call me Master [Teacher] and Lord: and ye say well," &c. The higher the Lord's Dignity, the more impressive the lesson. They called Him Teacher and Lord, and He accepted this in words which are emphasized by a touch of irony, "Ye say well, for so I am." As if He said, "I am your Teacher and your Lord in a sense that none else can be, because your Divine Teacher and Lord."

14. "If I your Lord and Master . . . you should do as I have done to you." The action of the Lord has been imitated to the letter in many parts of Christendom. St. Augustine speaks in high commendation of many who in his time copied the Lord's act. Isaac Williams gives an instance in St. Louis, King of France, who not only did this himself, but urged this imitation of Christ upon some of the principal lords of his Court. The kings of England also went through some ceremony of the sort till the time of William III., but as Williams remarks: "The very nature of such an action is now changed, for such a practice is not usual amongst us as a servile office at all, as it then was, and therefore this, if literally performed, would not be the same in spirit and character. But doubtless other such bodily expressions of humility, which are of this character, are very profitable."

All mortifications of pride and self-consequence in doing good to others are in the spirit of the Lord's action. The high-born female who becomes for love of Christ and His poor a nursing sister, or a teacher of orphans, acts in the spirit of the Lord's deed. Many works of mercy, particularly visiting the sick and the prisoners, and instructing the ignorant, may be done and are done in the spirit of it. It is a notable fact in this our day that three Lord Chancellors of England in succession have been Sunday

16 ᑫVerily, verily, I say unto you, The servant is not
greater than his lord; neither he that is sent
greater than he that sent him.

17 ʳIf ye know these things, happy are ye if ye do them.

18 ¶ I speak not of you all: I know whom I have chosen:

ᑫ Matt. x. 24.
Luke vi. 40.
ch. xv. 20.

ʳ James i. 25.

School teachers of poor boys during a part, at least, of their term of office.

16, "Verily, verily, I say unto you, The servant is not greater, &c. . . . do them." This is an oft-repeated saying of the Lord's. We have it substantially in Matth. x. 24, and Luke vi. 40, and also in this Gospel, prefaced with "Remember the word that I said unto you, The servant is not greater than his lord" (ch. xv. 20). But with apparently a somewhat different application in each case. Here it means: "You have seen Me stoop to do a menial service when I saw that it was needful for the salvation or perfection of souls, and ye must, in all your ministrations, act in the spirit of this My example. Ye are My servants, and ye must hold yourselves to be the servants of My flock, and, as I have done Myself, show by your demeanour that ye account that ye live for them, and not for yourselves."

17. "If ye know these things, happy are ye," &c. "Happy are ye, because ye show by your doing of them that ye have profited by My teaching, and have My Spirit dwelling in you. Happy too are ye, for if ye now, as far as ye are able, share My humiliation, ye shall hereafter partake of My glory."

Notice how the Lord here assumes the essential separation between knowledge and obedience unless united by grace. They are in two different spheres: the one in that of the intellect, the other in that of the will.

18. "I speak not of you all: I know whom I have chosen," &c. As if He said, "There is one among you who has so hardened himself that My words respecting humbling yourselves to do service to your brethren are totally inapplicable to him; for whilst sitting at meat with Me, he is plotting My destruction. I know the hearts of all of you whom I have chosen, and I know that by one of you is about to be fulfilled that saying of Scripture respecting the false and

but that the scripture may be fulfilled, ^aHe that eateth bread with me hath lifted up his heel against me.

^a Ps. xli. 9.
Matt. xxvi. 23.
ver. 21.

19 ^t‖ Now I tell you before it come, that, when it is come to pass, ye may believe that I am *he*.

^t ch. xiv. 29. & xvi. 4.
‖ Or, *From henceforth*.

---

18. "Eateth bread with me," or "my bread" (B., C., L.); but ℵ, A., D., Vulg., and old Latin agree with Rec. Text.

treacherous friend, 'He that eateth bread with Me (or My bread) hath lifted up his heel against me.'"

The words after "chosen" come in very abruptly and some sentence must be understood. From the analogy of similar places we should understand, "All this is done or takes place," &c.

Of course no intelligent reader can suppose that the wickedness of Judas was ordained by God, and so that Judas was made wicked by God. He, on the contrary, in spite of all the warnings of God through His Son, increased in wickedness, and persisted, for his own miserable purposes, in clinging to an office for which he knew full well that of all men living he was most unfit, and so he was allowed, as numbers of other men are, to work out his own sin. The sin which he had been secretly cherishing and indulging, had taken such hold upon him, that he was capable of betraying His Master and Friend. He was ready to do it, and what he was ready and willing to do, he was allowed to do, and God, Who knows beforehand all contingencies, caused his conduct to be foretold in the Scriptures, and the foretelling of it is appealed to by our Lord to confirm the faith of the Apostles. It is as if He said, "When you see one whom I have so long associated with Myself and with you, betraying Me, you may be shaken in your confidence in Me, and ask secretly, 'Can I have that unity of will and purpose with the Father if I have chosen such an one?' Yes, I have that unity. The Father gave him to Me in his then state of comparative innocence, and by the Father's direction I chose him. He has fallen since, and his fall and its consequences are foretold in Scripture by Him Who knows all things from the beginning: and so, that I should have such a false friend and companion is one proof of the truth of My mission."

20 ᵘ Verily, verily, I say unto you, He that receiveth whomsoever I send receiveth me; and he that receiveth me receiveth him that sent me.

21 ˣ When Jesus had thus said, ʸ he was troubled in spirit, and testified, and said, Verily, verily, I say unto you, that ᶻ one of you shall betray me.

22 Then the disciples looked one on another, doubting of whom he spake.

ᵘ Matt. x. 40. & xxv. 40. Luke x. 16.
ˣ Matt. xxvi. 21. Mark xiv. 18. Luke xxii. 21.
ʸ ch. xii. 27.
ᶻ Acts i. 17. 1 John ii. 19.

---

20. "Verily, verily, I say unto you, He that receiveth whomsoever," &c. The connection of this saying with what precedes it seems to be this. The Lord was speaking of the fall of an Apostle, and, human nature being as it is, his fall might be the precursor of that of many others who shared the same ministry of reconciliation. Were then the acts which he did in virtue of his Apostleship of no avail, and would the fall of others after him render their ministrations invalid? No. If, when he went about preaching, anyone had received even Judas in the name of Christ, he would have received Christ. Perhaps, also, as some think, the Lord here answers the misgivings of some among them that they could not be true Apostles if their company was polluted by the presence of a traitor. Anyhow, we get from this place the all-important inference that a sin of the deepest conceivable dye does not invalidate the ministry of one who is duly sent by Christ, or by His Church after His departure.

21. "When Jesus had thus said, he was troubled in spirit, and testified," &c. Troubled in spirit at the thought of the wickedness and ingratitude of Judas, and of the terrible doom awaiting him. This was intensified by the fact that it was "one of you."

22. "Then the disciples looked one upon another," &c. It is very remarkable that none of them appears to have thought of Judas. Neither in the accounts in the Synoptics nor in this, do they seem to have had the smallest suspicion respecting him. When we consider what his character really was, what consummate hypocrisy must he have practised to keep up the appearance of seriousness and sincerity, not to say of sanctity!

23. "Now there was leaning on Jesus' bosom," &c. For some time before this the Jews had adopted the custom of reclining at meals,

23 Now ª there was leaning on Jesus' bosom one of his disciples, whom Jesus loved.

24 Simon Peter therefore beckoned to him, that he should ask who it should be of whom he spake.

25 He then lying on Jesus' breast saith unto him, Lord, who is it?

26 Jesus answered, He it is, to whom I shall give a

ª ch. xix. 26.
& xx. 2. & xxi.
7, 20, 24.

---

23. "Leaning;" rather, "reclining;" *recumbens* (Vulg.).
24. "That he should ask," &c. B., C., L., old Latin, Vulg. read, "And saith to him, say, who is it of whom He speaks?" *Et dixit ei : Quis est de quo dicit?* A., D., most Uncials, Cursives, and versions read as in Rec. Text.
25. "Lying on ;" rather, "leaning back" (Alford and Revisers).
26. "To whom I shall give a sop when I have dipped it." So ℵ, A., D., most Uncials, Cursives, Vulg., and Syriac, &c. B., C., L. read, "For whom I shall dip the sop and give it him."

each person lying at full length on the couch and resting on his left side, so that the head of one would be close to the bosom of his left-hand neighbour. St. John occupied the place next to the Lord, as one whom He especially loved, and he could easily turn to the Lord and receive in a whisper the name of the traitor. Amongst the very numerous pictures of the Last Supper, there is, as far as I have seen, but one which aims at representing the scene correctly. This is one by N. Poussin in the Bridgwater Collection. Looking at this painting we instantly perceive how, by an almost imperceptible motion of the head, St. John could ask the name from the Lord.

24. "Simon Peter therefore beckoned to him." A probable reading is, "and saith to him (John), say who it is of whom He speaks." It agrees with the somewhat hasty character of Peter to assume that John already knew who was the traitor, but the reading in the Received Text is more in accordance with the fact of St. Peter beckoning, or making a sign which implies that he reclined too far off from St. John to speak to him. The reader will notice how none but an eye-witness could have given to us so circumstantial an account.

25. "Lying on Jesus' breast." Rather, "falling back" or "leaning back" on Jesus' breast, so as to be able to ask Him the question in a whisper.

26. "The sop." In the course of the Paschal Feast, the father

‖ sop, when I have dipped *it*. And when he had dipped the sop, he gave *it* to Judas Iscariot, *the son* of Simon. 27 [b] And after the sop Satan entered into him. Then said Jesus unto him, That thou doest, do quickly.

‖ Or, *morsel*.
b Luke xxii. 3. ch. vi. 70.

28 Now no man at the table knew for what intent he spake this unto him.

---

of the family used to offer to the guests pieces of meat or bread dipped in a sauce composed of fruit boiled in wine. This was a sign of good-will, and as such was the last appeal to the conscience of Judas. If he had relented, and taken it in the spirit in which it was offered it might have been the beginning of repentance. But as he received it in malice and hypocrisy, it sealed his doom. This last rejection of the good-will of the Lord, whilst hypocritically receiving its outward token, completed the conquest of Satan, and so it is said,

27. "And after the sop Satan entered into him." It was not the sop which enabled Satan to take full possession, but his receiving the sop whilst seeking occasion to betray the Lord.

It is said by St. Luke that Satan entered into Judas at the time when he went his way and communed with the chief priests how he might betray Him. Every suggestion of the evil one, willingly received and consented to, is an entrance of Satan, but this was his final conquest and taking possession of the soul of this bad man, so that there was no further place for repentance.

"That thou doest, do quickly." As if He said, "Thou hast fully determined upon this evil deed, no word of Mine can save thee, by turning thee from thy purpose. It is better for thee to go at once from this holy company. Every moment that thou remainest here adds to thy guilt."

28. "Now no man at the table knew," &c. The words of the Lord revealed to Judas that Jesus knew all, not only his secret determination, but the steps which he had already taken to accomplish his purpose. And probably the sense of his guilt made him surmise that his designs were already known to more than the Lord. He had, no doubt, noticed the beckoning between Peter and John, and that John had asked something of the Lord, and that the Lord had answered him. He was mistaken in all this, for though he had

29 For some *of them* thought, because ᶜ Judas had the bag, that Jesus had said unto him, Buy *those* ᶜ ch. xii. 6. *things* that we have need of against the feast; or, that he should give something to the poor.

30 He then having received the sop went immediately out: and it was night.

31 ¶ Therefore, when he was gone out, Jesus said,

---

been pointed out to two, at least, as the traitor, no one knew the time or the manner of the betrayal, much less imagined that it was coming on so soon. On the contrary,

29. "Some thought, because Judas had the bag, that Jesus had said unto him, Buy those things that we have need of against the feast." This is not to be taken as indicating that the Passover festival had not yet begun, but as it lasted seven days, much more might be required than what had already been bought.

"Or that he should give something to the poor." Notice here how the Lord not only assisted the poor by healing their sicknesses and restoring their sight, but that out of the common purse, containing in all probability at the most very trifling sums, He constantly contributed to the wants of the needy.

Dean Burgon well remarks: "Judas was therefore the almoner of Christ; and surely, if his office of treasurer exposed him to fiery temptation, the insight which he must have obtained in his other capacity into the depth of human misery, and the height of Divine Love, should have sufficed to quench the flame."

30. "He then having received the sop, &c." Why did he immediately leave? Was it because the exact time had come? Not so: that was later on in the night. Was it not rather because, being filled with the evil one, he could no longer endure the presence of the Lord?

"It was night." It is impossible to suppose that this is written merely to show the time. It is the type of the darkness of his deed, and the forecast of the outer darkness into which he plunged.

31. "Therefore, when he was gone out." As soon as the little company is purified from the hateful presence of the traitor, the Lord commences that astonishing unburthening of soul (for though containing the deepest instruction, it can scarcely be called instruc-

342 GOD IS GLORIFIED IN HIM. [ST. JOHN.

^d Now is the Son of man glorified, and ^e God is glorified in him.

32 ^f If God be glorified in him, God shall also

d ch. xii. 23.
e ch. xiv. 13.
1 Pet. iv. 11.
f ch. xvii. 1, 4, 5, 6.

31. Some translate, "Was the Son of Man glorified," but it yields no sense. The English "is glorified" is past as well as present.
32. "If God be glorified in Him." So A., most Uncials and Cursives, Vulg., Syriac, &c.; omitted by א, B., C., D., L., and old Latin.

tion: it is too personal), which lasts, without interruption (for what is mentioned in verse 31 of the next chapter is no interruption), till they leave for Gethsemane.

It was needful that such thoughts, such promises, such tender warnings, such assurances of loving remembrance, such breathings of peace, should only be poured into the ears of pure and holy souls. And so the Lord is now free to tell them all that is in His heart.

"Now is the Son of man glorified." He had said this before, when He heard of the inquiry of the Greeks; and He says it again, because the great crisis of redemption is closer and surer. The inquiry of the Greeks was the sign, the forecast, the sure presentiment; but the departure of Judas was the first actual step—as we say, "the beginning of the end."

"Now is the Son of man glorified." Now nothing can intervene, nothing can delay: the Son of Man must suffer, must atone by that suffering, must rise again, must ascend, must return in Spirit and power at Pentecost, must be Ruler in the midst of His enemies, must gather the "other sheep" into the one flock, must reign till He hath put all enemies under His feet. Now all is sure and certain. Now is the Son of Man glorified. [The time in the original is past, and so it is virtually in the English.]

"And God is glorified in him." Notice how this accords with so many of the sayings of Christ in this Gospel. As the works of God are seen in the works of Christ, as the words of God are heard in the words of Christ, as the judgment of God is revealed in the decisions of Christ, so the glory of God shines forth in the glory of Christ.

32. " If God be glorified in him [the Son], God shall also glorify him in himself." This "in himself" may refer either to the Father or to the Son. If it refers to the Father, then it means that

glorify him in himself, and ^g shall straightway   g ch. xii. 23.
glorify him.

33 Little children, yet a little while I am with you. Ye

---

the Father will take the Son back again to Himself, and will glorify Him with the glory which He had with Him before the world was. Or it may mean: God shall glorify Him as the Son of Man in Himself, by showing visibly to the universe that He is the Son of God, and the Mediator between God and all His creatures, so that henceforth all men " should honour the Son even as they honour the Father." Both of these are true explanations of the words.

"And shall straightway glorify him." God glorified Christ in His Death in that, through it, He enabled the Son of Man to show to the universe how God conquers evil, not by mere force, but by submission, humiliation, patience, endurance, self-sacrifice; and instantly on His Death there followed glorification. "The sun was darkened, the rocks rent, the vail of the temple was parted asunder, many bodies of saints that slept arose, the tomb had its seals, the guards sat by; and, while a stone lay over the Body, the Body arose, forty days passed by, and the gift of the Spirit came, and they all straightway preached Him." (Chrysostom.)

33. "Little children, yet a little while I am with you," &c. The thought that He was going back to heaven, unto the bosom of the Father, recalled the thought that He was about to leave them alone, so far as His visible presence was concerned, in a world hostile to them. His heart swells with tenderness and pity; and He no longer calls them disciples, friends, brethren, but "little children." How apt the word! They were little children, as being dearly loved by Him; they were little children, as being very helpless, very young in faith, very imperfect in knowledge.

"Yet a little while [*i.e.* for two or three hours] I am with you in bodily, visible presence." And to creatures such as we are, nothing can make up for this bodily, visible, tangible presence. Nothing, we may be sure, would ever make up for it to the Apostles. They had seen His face, watched His eye, heard every tone of His voice; they had personally experienced His guidance, reproofs, encouragements, patience; and nothing could make up for all this. Even when they were filled with the Spirit, the words of the Lord were fulfilled: "The days will come when ye shall desire to see one of the days of the Son of Man, and shall not see it." (Luke xvii. 22.)

shall seek me; ʰand as I said unto the Jews, Whither I go, ye cannot come; so now I say to you.

34 ⁱA new commandment I give unto you, That ye love one another; as I have loved you, that ye also love one another.

35 ᵏBy this shall all *men* know that ye are my disciples, if ye have love one to another.

ʰ ch. vii. 34. & viii. 21.
ⁱ Lev. xix. 18. ch. xv. 12, 17. Eph. v. 2. 1 Thess. iv. 9. James ii. 8. 1 Pet. i. 22. 1 John ii. 7, 8. & iii. 11, 23. & iv. 21.
ᵏ 1 John ii. 5. & iv. 20.

"And as I said unto the Jews, Whither I go, ye cannot come." As long as ye are in the flesh, ye cannot come where my spiritual and glorified Body will be. He adds the words, "as I said unto the Jews," to show that, as long as the present state of things lasts, and they are in it, they cannot go where He is. The inability is not merely moral, but, if one may so say, physical—in the nature of things.

34. "A new commandment." Notice the authority of this saying. God had given ten commandments, and the Lord added another as from Himself, "*I give* unto you." In what respect is this commandment new, seeing that the Lord had shown that on two commands—to love God with all our hearts, and our neighbour as ourselves—hang all the law and the prophets? The commandment is new as regards the extent of its fulfilment. "It is not merely 'that ye love one another,' but 'as I have loved you that ye also love one another.' As I have received you, so are ye to receive one another; as I have forgiven you, so are ye to forgive one another; as I have borne with you, so are ye to bear with one another; as I have washed your feet, so are ye to wash one another's feet; as I die for you, so ought ye to lay down your lives for the brethren."

"By this shall all men know that ye are my disciples." Why? Because the disciple learns what his master teaches, and if there be one thing which Christ teaches, it is love. Unless a disciple of Christ shows this love he cannot be said to have learnt of Christ, much less to know Him. All that has to do with Christ, His love of the Father, and the Father's love to Him, His Incarnation, His Life, His miracles, His discourses, even His reproofs, His Death, His Resurrection, His constant Intercession, all teach us His love. If the people of Christ had always so loved one another, the world

36 ¶ Simon Peter said unto him, Lord, whither goest thou? Jesus answered him, Whither I go, thou canst not follow me now; but ¹ thou shalt follow me afterwards.
¹ ch. xxi. 18.
2 Pet. i. 14.

37 Peter said unto him, Lord, why cannot I follow thee now? I will ᵐ lay down my life for thy sake.
ᵐ Matt. xxvi. 33, 34, 35.

38 Jesus answered him, Wilt thou lay down thy life for my sake? Verily, verily, I say unto thee, The cock shall not crow, till thou hast denied me thrice.
Mark xiv. 29, 30, 31. Luke xxii. 33, 34.

---

would have known that we were His disciples. In the disciples they would have seen the Master, and the world would have believed that God had sent Him.

36. "Simon Peter said unto him, Lord whither goest thou?" Peter would have scarcely put this question if he had realized that the Lord was about to leave the world by death. He and the rest of his brethren refused to face the fact.

"Whither I go, thou canst not follow me now." "Thou hast not spiritual strength to follow Me now, and if thou couldst follow Me on the path of suffering, thou couldst not yet ascend up to where I go, far above all heavens."

37. "Peter said to him, Lord, why cannot," &c., "I will lay down," &c. This was the answer of fervent love and loyalty, but as the sad history proved, not of knowledge.

38. "Jesus answered him, Wilt thou . . . . denied me thrice." This is the first intimation the Apostle received of his fall. It has been noticed that though other Apostles—Thomas, Philip, Jude—spake afterwards, and questioned the Lord, yet Peter, otherwise always the foremost, was silent. Had it sunk into his mind, or was he only grieved and vexed? Let us learn from this a lesson of distrust of ourselves and of trust in Him, even when He shows us what is in ourselves.

CHAP. XIV.

LET ^a not your heart be troubled: ye believe in God, believe also in me.

^a ver. 27. ch.
xvi. 22, 23.

1. "Ye believe in God, believe also." The translation is uncertain, owing to the word, "ye believe," in each clause being the same in mood and tense, and may be rendered either indicatively or imperatively. "Ye believe in God, ye believe also in Me," or, "Believe in God, believe also in Me."

1. "Let not your heart be troubled." Let not your heart be troubled at what I have just said: that I should be with you but "a little while," that "ye shall seek me," and that "whither I go ye cannot come."

These words seemed to be a final leave-taking; but He had somewhat qualified them by saying to Peter, "Thou canst not follow me now; but thou shalt follow me afterwards." And now He proceeds to show that the separation was but for a time, and that His departure would be their gain.

"Ye believe in God, believe also in me." Faith in God, and in Himself, will disperse all their trouble. They must have faith in God as the Father, and in Himself as the Son of the Father.

Let the reader notice how the Lord here sets Himself side by side with His Father, as the object of faith—of a faith, too, which should dispel all trouble from the hearts of His followers. Such a command to believe in Him, co-ordinately with His Father, is one of the strongest proofs of His Godhead.

There is considerable doubt respecting the exact translation of the verb in this sentence, because both the words "believe" in the original in each clause are the same in mood and tense. They may be rendered either, "Ye believe in God, ye believe also in me," or "Believe in God, believe also in me."

Either way of translating the verb yields a true and good sense. "Ye believe in God as the Father Who hath sent Me. Ye believe in Me as His very Son, Who, doing nothing of Himself, but by the will of His Father, hath chosen you. What room for distress or anxiety, if ye realize this? Ye are in His hands. Ye are also in Mine. Act on this faith, and dismiss your fears."

2 In my Father's house are many mansions: if *it were* not *so*, I would have told you. ᵇI go to prepare a place for you.

ᵇ ch. xiii. 33, 36.

---

2. "Mansions;" abiding places.
"I go to prepare," &c. "For I go." "For" inserted by ℵ, A., B., C., D., K., L., some old Latin, Vulg., and Syriac.

Or if we take "believe" as involving a command, the sense is equally good.

"Believe in God." "Trust in His Love to Me, and to you as Mine, and accept His words implicitly. Believe in Me, and receive all My words implicitly as His words; and this will dispel all your trouble about your future, even though I leave you."

But, it is urged, to those who had from the first believed in God, and had also believed in Jesus, and shown their belief by giving up all and following Him, how could the Lord say, "Believe," as if they believed not? He said it not to them as if they believed not, so counting their faith as nothing, but He said it as marking the weakness and rudimentary nature of their faith. They had faith in God, they had faith in Him; but they must go on from faith to faith. Their faith in the Father and in the Son was as nothing to what it might be, and to what it would shortly be after His Ascension. Faith corresponds to its object. The faith in an infinite God, and in a Saviour Who, being the Son of that God, is one with Him in infinite power and goodness, never can come to an end, so that it should have nothing further to apprehend or realize. As God increasingly reveals Himself, so we should increase in the apprehension of Him—that is, in faith in Him. A Christian can always be bid to believe in God, just as he can be always urged to love God. But it is necessary to explain the words, "believe also in me," so that, if possible, there should not be that abruptness which there now seems to be in passing from the words "believe in me" to the words

2. "In my Father's house are many mansions." The line of thought seems to be somewhat of this sort: "Ye are troubled because of My departure. If ye believe in God as My Father and your Father, and if ye believe in Me as the true and beloved Son of God, then ye believe in Me as the Son over my Father's house, which being His is also mine (Hebrews iii. 6), and is under Me as His Son.

3 And if I go and prepare a place for you, ^c I will come again, and receive you unto myself; that ^d where I am, *there* ye may be also.

c ver. 18, 28.
Acts i. 11.
d ch. xii. 26.
& xvii. 24.
1 Thess. iv. 17

That house has rooms [abiding places] for all God's children There are places in it for the holy angels, for the servants of God, who from the beginning have served Him, for yourselves, and for those who will in future time believe in Me through your words."

" If it were not so, I would have told you [because] I go to prepare a place for you." And if there be no place for you in that sphere to which I am ascending, I would have told you, and not raised your hopes of being with Me where I shall be, but have bid you be content with the low expectations of some Paradise such as your countrymen entertain. But it is far different. The reality will be above your highest desires. I go to prepare a place for you where ye shall be with Me, and behold My glory.

3. "And if I go and prepare. . . . . I will come again, and receive you to myself; that where I am," not in some Paradisaical state, but in the highest heavens, receiving the worship of the angels,

"Ye may be also." We are reminded by these words of the Vision in the Revelation, where the Apostle beholds the abodes which Christ had prepared, when he saw the New Jerusalem " prepared as a bride adorned for her husband " (Rev. xxi. 2).

In this case, then, the Father's house means the final state of blessedness in the presence of God in the heaven of heavens; but there are some who take the " Father's house " to mean the whole kingdom of God with its various spheres or states, for those who are pressing on to perfection: some of these spheres or abiding-places in this world, in the various degrees of grace and service in the Church; some in the state between death and judgment; some in the final state, so that the removal of a soul from this scene is no more than the stepping out of one room into another in the same palace of the same Great King. If this latter be the interpretation, then the Lord's words, " I will come again," are not to be limited to the Second Advent, but signify all the Lord's various comings to His people, as at Pentecost, or, it may be, at death—so that they may then be in a peculiar sense "with Him" (Phil. i. 23), and at the Second Advent.

4 And whither I go ye know, and the way ye know.

5 Thomas saith unto him, Lord, we know not whither thou goest; and how can we know the way?

6 Jesus saith unto him, I am ͤthe way, ᶠthe

ͤ Heb. ix. 8.
ᶠ ch. i. 17. & viii. 32.

---

4. And whither I go ye know, [and] the way [ye know]." The words in brackets omitted by ℵ, B., C., L.; retained by A., D., later Uncials, almost all Cursives, Vulg., and Syriacs

4. "And whither I go ye know, and the way ye know." "I have told you that I go to the Father, and I have in many ways set before you Myself as the way to God and heaven, as when I said, ' I am the light,' ' I am the door,' ' I am the Shepherd,' and when I gave you to understand that ' I am the ladder which joins earth and heaven ' " (John i. 51).

5. "Thomas saith unto him, Lord, we know not whither thou goest; and how," &c. How is it that the Lord, Who knew all within them—their knowledge and their ignorance—tells them that they " knew whither He was going, and they knew the way " ? And Thomas, apparently speaking for the rest, says, "How can we know the way, seeing we know not whither Thou goest ? " They knew the way because they knew Him; but they knew not what it was to know Him, they realized not their knowledge, and what it involved. What they knew already was very blessed, but it was as nothing compared to what would be theirs, if they followed on to know the Lord fully. No created being can fully know God or the Son of God. "No one knoweth the Son, but the Father."

6. "Jesus saith, I am the way, and the truth, and the life," &c. " I am the way by which alone ye have access to God; but your way to God is not a road from one *place* to another, but it is a spiritual approach of your spirit to the Supreme Spirit, by faith and knowledge; and so " I am the Truth ; " by believing in Me, the Truth, ye know Me, and so ye draw near to God; and " I am the Life," for the way of a redeemed spirit to God must not be a dead, but a living way; to approach God, ye must have Life, and I within you am the Life by which ye have the Life of God, and so come to God." The Life here is the climax. The acts of coming to God, and believing in God, are acts of Life, which men have in and through Jesus Christ. If we believe in the Son of God, and are united to Him, and follow Him, then we are in the way to God, we realize and feed upon the truth of God, we live by the Life of God.

truth, and ᵍ the life: ʰ no man cometh unto the Father, but by me.

7 ⁱIf ye had known me, ye should have known my Father also: and from henceforth ye know him, and have seen him.

ᵍ ch. i. 4. & xi. 25.
ʰ ch. x. 9.
ⁱ ch. viii. 19.

---

7. Tischendorf, following ℵ and D., against all other evidence, reads, "If ye have known Me, ye shall know," &c.

"No man cometh unto the Father, but by me." Let the reader mark these words. They set forth opening and closing. They show the open way in Christ. They close up all other ways. They show the Door to God and heaven; but they equally show that there is but one Door, one Way. No words of Christ are more destructive of modern Liberalism than these, for the Word of God here asserts that no man can come of himself to God, or of himself find God—not even the light of his conscience, or his moral sense, can bring him to the Father, except so far as that moral sense is to be identified with "the true Light which lighteth every man that cometh into the world." (John i. 9.)

7. "If ye had known me, ye should have known my Father also." This is the answer to St. Thomas's remark, in the name of the rest. "If ye had known Me, as from your long converse with Me ye ought to have done, ye would not have asked the question, for ye would have known My Father also, because I am in Him and He in Me. All that can be known of God is seen in Me. In My words, My works, My teaching, My character are seen the words, works, teaching, and character of God My Father; and knowing Me, ye would have known, and come to, My Father." Notice how the Lord had said, "The way ye know," meaning Himself; and yet here He says, "If ye had known me." The same may be said of knowledge as of belief. Christ, the Son of God, being infinite, there are no limits to our knowledge of Him, just as there is no end to our belief in Him. We know Him when we begin to know Him, but through all eternity it will be true, "No one knoweth the Son, but the Father."

"From henceforth ye know him, and have seen him." This "from henceforth" cannot mean from that moment, as if there had been a sudden influx of knowledge into them, but "from about that time"—the Passion and Resurrection of Jesus, and the coming of the

8 Philip saith unto him, Lord, shew us the Father, and it sufficeth us.

Holy Ghost all taking place within two months; and by the coming of the Spirit, all the precious instruction they had received from Christ was brought to their remembrance and made clear to them. They then began to realize how the Father and the Son were one; how the Jesus they had familiarly known was the "Image of the Invisible God," "the express Image of His Person." That the words cannot refer to the moment when they were said, is plain from the request of Philip.

8. "Philip saith unto him, Lord, shew us the Father, and it sufficeth us." By asking this, he showed plainly that he had not as yet understood what the Lord had said about His intimate relation to the God of Israel. The question is a remarkable one, for it must be taken as the question of one who cannot have been ignorant of the places in the Old Testament which teach that God is not to be seen by mortal eyes: "No man can see My face and live." It was the first article of the faith of a Jew, that God could not be seen, and so that no image must be made of Him. Did Philip then consciously ask that the Lord Jesus should give them a sight of God, which God Himself had refused to Moses? If so the question implies very surprising faith in the power of Jesus to reveal God, but it also shows surprising ignorance—ignorance of the very many words of Christ in which He had in Philip's hearing identified His working, His judging, His doctrine, His glory, His keeping of His sheep with that of the Father. Nay, He had even said in so many words, "He that seeth Me, seeth Him that sent Me" (ch. xii. 45). The question then is just such an one as a believing and loving follower of Christ before Pentecost would ask. It is the question of implicit faith in Christ in that He was able to show to men the invisible God, and yet of profound ignorance respecting the drift of the whole teaching of Christ hitherto, which was not simply to teach men His own power and Godhead, but the Father's power and Godhead as set forth in the Son.

And with this agrees the Lord's answer.

9. "Jesus saith unto him, Have I been so long time with you, and yet hast thou not known me, Philip?" "During the years that you have known Me, you have seen My mighty works, but you have heard Me perpetually ascribing all to the Father within

9 Jesus saith unto him, Have I been so long time with you, and yet hast thou not known me, Philip? ᵏ he that hath seen me hath seen the Father; and how sayest thou *then*, Shew us the Father?

10 Believest thou not that ¹ I am in the Father, and the Father in me? the words that I speak unto you ᵐ I speak not of myself: but the Father that dwelleth in me, he doeth the works.

11 Believe me that I *am* in the Father, and the Father in me: ⁿ or else believe me for the very works' sake.

ᵏ ch. xii. 45.
Col. i. 15.
Heb. i. 3.

ver. 20. ch. x. 38. & xvii. 21, 23.

ᵐ ch. v. 19. & vii. 16. & viii. 28. & xii. 49.

ⁿ ch. v. 36. & x. 38.

---

10. "The works." א, B., D. read, "His own works;" A., later Uncials, all Cursives, Vulg., and Syriacs (Peshito and Cureton) read as in Rec. Text.

Me. So with my teaching, so with My whole Life. I have laboured to convince you that I do nothing, teach nothing, work no mighty works, apart from the Father. In nothing are We separate—in all are We one. Hast thou not known Me then as in Myself the Revealer of the Father? not the prophet who speaks in the name of the Father, not the teacher who teaches about the Father, but the Son in Whom the Father is, and in Whom the Father speaks, and in Whom the Father works." Philip, then, had not yet learned that great lesson of God: "No man hath seen God at any time, the only-begotten Son [or God only begotten], Who is in the bosom of the Father, He hath declared Him."

10. "Believest thou not that I am in the Father?" This question contains a summary of the Lord's teaching respecting the oneness of Himself with the Father, for no clause of it is new. "I am in the Father, and the Father in Me," is a repetition of x. 38: "That ye may know that the Father is in Me, and I in Him." "The words that I speak, I speak not of Myself," correspond to "My doctrine is not Mine, but His that sent Me" (vii. 16). "The Father that dwelleth in Me, He doeth the works," corresponds to "I do nothing of Myself," of ch. v. 19, and viii. 28.

Stier has a very good remark on the distinction of words and works and yet their oneness in God: "His words are no other than works, and His works are speaking and testifying words."

11. "Believe me that I am in the Father, and the Father in me," &c., *i.e.*, "Believe the words that I have so repeatedly spoken, that

12 °Verily, verily, I say unto you, He that believeth on me, the works that I do shall he do also; and greater *works* than these shall he do; because I go unto my Father.

* Matt. xxi. 21. Mark xvi. 17. Luke x. 17.

---

12. "My Father." "The Father" read by ℵ, A., B., D., L., 1, 22, 33, 42, 69 n., old Latin, Vulg., Coptic, Arm., &c., and some versions. Later Uncials, most Cursives, and Syriac read, "My Father."

the Father is in Me and I in Him; or, if you cannot believe the *words*, look at My works; would the God of Israel work so mightily in Me unless I spoke the very truth respecting Myself and Him?"

12. "Verily, verily, I say unto you, He that believeth on me, the works that I do," &c. "Think ye that I tell you a very great thing when I say that I am in the Father, and the Father in Me? I tell you a far more wonderful thing. The man who believes in Me shall not only do the works which I do, but still greater works, and this because I go to the Father. Because I go to the Father the Comforter will come unto you, and He will bring My Father and Myself into you, as We have never been before, and as a natural consequence ye shall not only do the works that I do, but greater works." (See verses 20 and 23.)

The works which Christ did were, particularly, healing the sick, casting out devils, and raising the dead, and these the Apostles did (Acts ix. 34, Acts xvi. 18, and Acts ix. 40 and xx. 9, 10); and not only so, but we are assured by two statements in the Acts of the Apostles that there was the same exuberance of Divine power attending upon the followers of Christ as upon Christ Himself, for the shadow of Peter passing by healed the sick (Acts v. 15), and handkerchiefs and aprons which had but touched the person of Paul, expelled both diseases and evil spirits (Acts xix. 12).

But what are the "greater works than these"? Evidently those which Christ could not do when on earth in His own Person, because till He had undergone His Baptism of Suffering and Blood, He was "straitened" (Luke xii. 5). After this His visible presence was withdrawn, and then He ascended to work with far more power from a far higher sphere. He was to be mightier in His Apostles than He had been in His own Person. The "greater works," then, are the Pentecostal works, not the speaking with tongues only, though this never took place before, but the conversion of multitudes of souls by the preaching of the Word, and its far more power-

13 ᵖ And whatsoever ye shall ask in my name, that will I do, that the Father may be glorified in the Son.

p Matt. vii. 7.
& xxi. 22.
Mark xi. 24.
Luke xi. 9.
ch. xv. 7, 16,
& xvi. 23, 24.
James i. 5.
1 John iii. 22.
& v. 14.

ful effects than when He was present in the flesh. When He ascended there were but one hundred and twenty disciples in Jerusalem, a very little after there were five thousand. The Fathers notice also the greater depth of the work. Before His Ascension He could not prevail upon one rich young man to give up all and follow Him: after Pentecost a very great number "sold their possessions and goods, and parted them to all men." Again, look at the Baptism, the Eucharist, the Absolution, the Laying on of hands that men might receive the Holy Ghost. These things are in a higher sphere than miracles, they are mysteries. Miracles only witness to a greater power than that of this world. Mysteries such as the Christian make men partakers of a higher Nature.

13. "And whatsoever ye shall ask in my name, that will I do, that the Father," &c. What is the connection between this and the last verse? Evidently this:—All the mighty works done by the Apostles, and those with them, were actually or virtually done in answer to prayer. There was either the direct prayer, or that secret looking up to God, dependence upon Him, and faith in His peculiar presence which was as much an act of prayer as a direct request. "Whatsoever then I shall put it into your hearts to ask for, for the furtherance and well-being of My Church and kingdom, that will I do. I will do it by the Father's will and by the power of the whole Godhead, which will be wielded by Me, and this not for My glory, but that the Father may be glorified in me." Notice here how on His Mediatorial throne the Son is the same as when in humiliation here on earth—ever thinking of, ever doing all for, the glory of the Father, as He had said: "I seek not mine own glory." "I honour My Father." "I seek His glory that sent Me." Notice also that no assertion of essential Godhead can be greater than this. He must be able to hear all prayer, no matter how secret, to exercise all power, to overrule all events, and to foresee all contingences Who is able to say "whatsoever ye shall ask, that will I do."

14. "If ye shall ask any thing in my name, I will do it." Why

14 If ye shall ask any thing in my name, I will do *it*.
15 ¶ ᑫ If ye love me, keep my commandments.   ᑫ ver. 21, 23.
ch. xv. 10, 14.
1 John v. 3.

---

14. "Ask any thing in my name." "Ask me any thing" read by א, B., E., H., some Cursives, some old Latin (c, f), Vulg., Syriac; but "me" omitted by A., D., G., K., L., M., most Cursives, some old Latin (a, e, g), and Coptic.

is the promise repeated? Dean Burgon suggests that it is to impress it upon us. "Is the saying 'doubled' because the thing is established by God (Gen. xli. 32), and was repeated simply in order to impress it more deeply upon His hearers?" It may well have been so. For we have here three primary, all-important truths—that prayer is to be offered to God in the Name of Jesus: that we have liberty, nay, we are encouraged to ask for *every* thing in His Name, and that what we ask in His Name, He Himself, the One Mediator, will grant. The promise, though primarily addressed to the Apostles, is, of course, given through them to the whole Church. It is but one of many promises of similar breadth and distinctness.

15. "If ye love me, keep my commandments. And I will pray the Father," &c. We cannot help asking what commandments were the twelve to keep, that Christ might pray the Father to give them the Holy Ghost?

They can scarcely mean such commandments as those in the Decalogue, the rules of the ordinary duties of life towards God and towards our neighbour. Now the Lord is recorded, in the last chapter (xiii), to have given to them two commandments, suited not merely to their needs, but necessary to the birth of the Church. The Spirit could not come down upon a divided company. He must descend upon one at Unity in itself. Now, these two commandments which the Lord had given to them had to do with this Unity, this mutual love; the one was, that they should follow the spirit of His example in having washed their feet, *i.e.*, that they should in love serve one another. In order to this they must thoroughly cleanse themselves from the spirit of self-seeking, and rivalry, and ambition, and be in humbleness of mind as little children: the other was, that they should love one another as He had loved them. They seem to have obeyed these commands. They seem all to have held together. They continued in united prayer with one another, and with the Holy Virgin the Lord's mother, and the other women, and His brethren, and so

16 And I will pray the Father, and ʳ he shall give you another Comforter, that he may abide with you for ever;

ʳ ch. xv. 26.
& xvi. 7. Rom.
viii. 15, 26.

---

16. "May abide in you." So A., D., later Uncials, all Cursives, Vulg., Peshito Syriac; but "may be in you" read in א, B., L., some old Latin, Cureton Syriac, &c.

when the moment decreed for the descent of the Holy Ghost had arrived, "they were all with one accord in one place."

Whatever further meaning "keep My commandments" may have which has not come down to us, this, assuredly, has been recorded very emphatically. The Lord prayed that they should be one, and they were one till the all-important moment.

16. "And I will pray the Father, and he shall give you another Comforter." He prays to the Father for the gift, and yet He Himself sends Him (xvi. 7). So both on earth and in heaven He does nothing apart from the Father, and the Father does all in, and through, and by Him. "Another Comforter," another Advocate,— the word being the same as in 1 John ii. 2: "If any man sin, we have an advocate with the Father, Jesus Christ the righteous."

"Another Comforter." Here the Lord reckons Himself as an Advocate, or Guide, or Comforter, and the Holy Spirit as another. So that here we have a very distinct enunciation of the personality of the Spirit of God. No office can be more personal, as requiring personal attributes or qualifications, than that of an Advocate. Is our Lord then a person? So is the Holy Spirit.

But in what sense is the Holy Spirit an Advocate? for we generally look upon Him as an Enlightener, Teacher, and Guide. He is an Advocate within us as St. Paul teaches us when He speaks of the Holy Spirit helping our infirmities in prayer, and "making intercession for us with groanings which cannot be uttered" (Rom. viii. 26.) He is an Advocate because He brings within us Christ, the other Advocate, and, by renewing our souls, makes us acceptable to God.

"That he may abide with you for ever." Here, no doubt, is an allusion to the outward visible departure of Christ. The Lord hitherto had been their Guide and Teacher in His own visible Person, and He would equally guide and teach them, but by His Spirit; indeed, more effectually, for He would, after His departure, work more directly and effectually upon their hearts.

"For ever." This cannot be merely during the lifetime even of

17 *Even* ᵃ the Spirit of truth; ᵗ whom the world cannot receive, because it seeth him not, neither knoweth him: but ye know him; for he dwelleth with you, ᵘ and shall be in you.

ᵃ ch. xv. 26. & xvi. 13.
ᵗ 1 John iv. 6.
  1 Cor. ii. 14.
ᵘ 1 John ii. 27.

---

17. "Shall be" read by ℵ, A., L., later Uncials, most Cursives, Vulg., Peshito, and some versions; "is" read by B., D., 1, 22, 69, 251, 254, old Latin, and Cureton Syriac.

---

the one who would linger longest upon earth. It must correspond to that other promise, "Lo, I am with you alway, even unto the end of the world."

17. "Even the Spirit of truth." So called because He searches and knows the deepest truths of God (1 Cor. ii.), and makes them known to us. "The Spirit utters, teaches, brings to us as Spirit, in real and living apprehension, the Truth; that is, concerning ourselves, the will of God as regards His justice and grace towards us, our position, and calling, the way of return to God through the Person of Christ; shows, glorifies, opens to us this way as truth and life." (Stier.) Hitherto we have had to notice how the Lord asserts His oneness with the Father, so that He does nothing, judges nothing, teaches nothing, except what He sees in the Father; now we shall in the rest of the discourse have to notice how inseparable are Himself and the Holy Ghost, so that He returns by the Spirit, He dwells in us, He instructs us, He consoles us wholly by His Spirit.

"Whom the world cannot receive, because it seeth him not, neither knoweth him." It is a remarkable fact, that worldly men who can descant upon God as the Supreme Being, and upon Christ as the great Exemplar, and even the Mediator, cannot even frame their lips to speak of the Holy Spirit. His very Person seems hidden from them, much more His teaching and enlightening of individual souls.

"It seeth him not, neither knoweth him: but ye know him," &c. Godet remarks admirably on this: "To receive this Divine Teacher a moral preparation is necessary. The soul in which He comes to dwell must have been withdrawn from the profane sphere. This is the reason that Jesus said at the head of the passage (ver. 15), 'Keep my commandments,' and here also added, 'Whom the world cannot receive.' It was by no arbitrary act that the Spirit came down on a hundred and twenty (?) only on the day of Pente-

18 ˣI will not leave you ‖ comfortless: ʸI will come to you.

19 Yet a little while, and the world seeth me no more; but ᶻye see me: ᵃbecause I live, ye shall live also.

ˣ Matt. xxviii. 20
‖ Or, *orphans*.
ʸ ver. 3, 28.
ᶻ ch. xvi. 16.
ᵃ 1 Cor. xv. 20.

---

cost, and not on all the inhabitants of Jerusalem, the former having alone undergone the indispensable preparation. Jesus explains wherein this preparation, which the world is without, consists: before receiving they must have seen and known the Spirit." "This preparation had been effected in the disciples during the three years they had passed in association with Jesus. His words, His life had been a constant emanation of the Spirit, and their hearts had done homage to the exalted holiness of this manifestation. This had not been done by the world, nor by the Jews, who, when they heard His words said, "He hath a devil." They had thus remained alien to the sphere and influence of the Spirit, and they were not in a condition to receive Him. The preparatory operation of the Spirit upon the disciples is expressed by the words, 'He dwelleth with you;' and the closer relations into which He would enter with them at Pentecost by, 'He shall be in you.' "

18. "I will not leave you comfortless [or orphans]," *i.e.*, without protection or guidance.

"I will come to you." In these two verses (18 and 19) the Lord shows how His most intimate presence is assured to them by the coming of the Holy Ghost: "I will come to you," *i.e.* by the Spirit.

19. "Yet a little while, and the world seeth me no more;" *i.e.* in the only way in which, whilst it remains the world, it can see Me, in visible, bodily, tangible presence.

"But ye see me." Ye see Me with that eye which will give you continued possession of Me, *i.e.* with the eye of faith. Faith is the only faculty by which I can be savingly and effectually apprehended, and this faith is the work of the Spirit.

"Because I live, ye shall live also." The Spirit, besides enabling you to see Me, will convey my Life into you, for in Me He is the Spirit of Life. (Rom. viii. 2.)

20. "At that day ye shall know that I am in my Father." "At that day," *i.e.*, the day in which they would see Him with the true

CHAP. XIV.]   HE IT IS THAT LOVETH ME.   359

20 At that day ye shall know that ᵇI *am* in my Father, and ye in me, and I in you.

21 ᶜHe that hath my commandments, and keepeth them, he it is that loveth me: and he that loveth me shall be loved of my Father, and I will love him, and will manifest myself to him.

ᵇ ver. 10. ch. x. 38. & xvii. 21, 23, 26.
ᶜ ver. xv. 23. 1 John ii. 5. & v. 3.

---

spiritual sight, and in which they would have His Life within them, and this time was on and after the day of Pentecost.

"Ye shall know." Ye take it only on my word now, then ye shall realize My oneness with the Father in essence, will, and power.

"And ye in me." And if in Me, in God; and so St. Paul writes to the churches as "in God the Father, and in the Lord Jesus Christ." (1 Thess. i. 1.)

"And I in you." "Know ye not," asks the same Apostles, "how that Jesus Christ is in you, except ye be reprobates?" (2 Cor. xiii. 5.)

The greatest fact which the Church has given to it to believe and realize is the Oneness of Him Who was crucified with the unseen and eternal God, and our union with Him and with one another in His Body, the Church. This latter union, the reader will remember, is by the Lord made to depend upon our eating His Flesh and drinking His Blood (chap. vi. 56). St. Augustine, however, explains "at that day" as meaning the day in which we shall be raised up in our glorified bodies.

21. "He that hath my commandments, and keepeth them, he it is," &c. "Hath" and "keepeth"—perhaps, rather, "holdeth" and "keepeth"; holding seems more than merely having in memory or in a book. St. Augustine seems to recognize both the higher and lower meaning of "having": "He that hath in the memory, and keepeth in the life; that hath in the discourse and keepeth in the manners; that hath in hearing, and keepeth in doing; or that hath in doing and keepeth in persevering."

"He it is that loveth me." Notice how throughout the Lord's words and those of His servants there is but one test of love, which is obedience: not words, not warm feelings, not zeal in defending the truth, but obedience.

"He that loveth me." He that thus loveth Me "shall be loved of my Father, and I will love him." Here is again the unity between

22 ^d Judas saith unto him, not Iscariot, Lord how is it that thou wilt manifest thyself unto us, and not unto the world?

^d Luke vi. 16.

23 Jesus answered and said unto him, ^e If a man love me, he will keep my words: and my Father will love him, ^f and we will come unto him, and make our abode with him.

^e ver. 15

^f 1 John ii. 24. Rev. iii. 20.

---

the Father and the Son. He who shows by obedience his love to the Son, him the Father loves, and the Lord, Whose love is the same with that of the Father, always approving the same character, says, "I will love him, not simply and solely because he obeys Me, but because he is the object of My Father's love, and I will manifest Myself to him by My Spirit.

22. "Judas (not Iscariot) saith unto him, Lord, how is it that," &c. This question seems natural. If Christ was the Messiah spoken of by the prophets, the Saviour of the World, why should He not manifest Himself to the world? Is the manifestation of the Son of God always to be to the few, as it has hitherto been?

23. "Jesus answered and said unto him, If a man love me," &c. Jesus answers in effect that the world cannot receive Him, because it is not prepared so to do. Judas does not understand that the Lord alludes to that secret spiritual manifestation which can only be apprehended by the obedient and loving believer. Our Lord would in one sense be manifested to the world because His Gospel would be preached to all nations, and Judas and his fellow Apostles would be the means of making it known; but the true effectual manifestation whereby they would see Him Who is invisible, would be only to the man who really loves Him, and so keeps His words. The Lord thus repeats what He had said in verse 21, but with a remarkable difference; there it was, "I will love him, and manifest myself to him;" here it is, "We will come to him, and make our abode with him." Notice this wonderful advance. The question of Judas seems to have been ordered to bring it out. Instead of the Son only manifesting Himself, the Father and the Son will come, and do more than come, they will make their abode with him; the same Greek word being used as in verse 2, there rendered mansions: as the true Christian has an abiding place in God, so also God has in him. Here, again, is to be

THE WORD IS NOT MINE.

24 He that loveth me not keepeth not my sayings: and ^g the word which ye hear is not mine, but the Father's which sent me.

25 These things have I spoken unto you, being *yet* present with you.

26 But ^h the Comforter, *which is* the Holy Ghost, whom the Father will send in my name,

g ver. 10. ch. v. 19, 38. & vii. 16. & viii. 28. & xii. 49.

h ver. 16. Luke xxiv. 49. ch. xv. 26. & xvi. 7.

---

noticed the oneness of the Father and the Son: as the Son does nothing, judges nothing, teaches nothing, except in unity with the Father, so they are not separated, but abide together in the Christian; and, of course, it must be so if the Father is in the Son, and the Son in the Father.

24. "He that loveth me not keepeth not my sayings." "And if he keeps not My sayings, he keeps not My Father's sayings and cannot love Him truly, for this reason, that what I say is not My word, but My Father's." There can be no true love to Christ without true love to God, because the true love of Christ is obedience to His words, and His words are the words of God.

25. "These things have I spoken unto you, being yet present with you," *i.e.*, while yet abiding with you visibly in the flesh.

26. "But the Comforter, which is the Holy Ghost, whom the Father will send in my name," &c. "The Comforter, which is the Holy Ghost." There seems to be amongst modern commentators a desire to confine the meaning of Paraclete to Advocate, but Chrysostom, whose vernacular was the Greek, expressly connects this name with "comfort." "He continually calleth Him Comforter, because of the afflictions which then possessed them." In the Acts also we read, "The churches, walking in the fear of the Lord, and in the comfort of the Holy Ghost."

"In my name," *i.e.*, not only at My intercession, but as parallel to "I am come in My Father's name." "In My power so as to make Me present, so that in all that He works or teaches, I work and I teach."

"He shall teach you all things, and bring all things to your remembrance." In all probability this means, "He shall teach you the meaning of all things I have said unto you, and bring to your remembrance all things whatsoever I have said unto you." Whilst

he shall teach you all things, and bring all things to your remembrance, whatsoever I have said unto you.

27 ᵏ Peace I leave with you, my peace I give

ⁱ ch. ii. 22. & xii. 16. & xvi. 13. 1 John ii. 20, 27.
ᵏ Phil. iv. 7. Col. iii. 15.

---

the Lord was with them the disciples understood His teaching very imperfectly indeed. They received His words with implicit faith, and were ready to receive any expansion or explanation of them, but they understood them very partially. Take, as examples, the three questions addressed to the Lord in this chapter: "We know not whither thou goest, and how can we know the way?" "Lord, show us the Father." "How is it that thou wilt manifest Thyself to us and not unto the world?" It is impossible to imagine any Apostle putting any of these questions to our Lord after Pentecost, for it had then become a part of their spiritual existence to realize that Christ had taken His seat at the right hand of God, that the first work of the Holy Spirit Whom He had sent was to reveal the Father Himself to men, and that He manifested Himself to believers in a hidden and spiritual way by the Holy Ghost.

Does the first "all things" refer to Christ's oral teaching, "all things whatsoever I have said unto you"? Most probably so. Because in the teaching of the Apostles, even in that of St. Paul, raised up to do a work, in a great measure, independently of the twelve, there was nothing new. It is, as I have noticed, one great feature of this very Gospel to show this; to show that the doctrine which, before the writing of this Gospel, permeated the Church through St. Paul, was all based upon our Lord's own teaching. "He was to teach them all things, not as though Christ's teaching was incomplete, but inasmuch as it was imperfectly understood. He was to bring all things to their remembrance, not merely as enabling their memories to retain the actual words and matter of their Lord's teaching; but as illuminating their minds to see and hold fast all that was contained in it, to clear up its difficulties, to carry it out to its consequences, to apply its principles to all particular cases; to expand and connect all its separate oracles into one consistent and complete system of Heavenly wisdom." (Burgon.)

27. "Peace I leave with you." "I am on the eve of departure, and I leave you peace, the peace of the Spirit, as my best legacy; and not only peace, but *My* peace, the perfection of peace, some of that

CHAP. XIV.] NOT AS THE WORLD GIVETH. 363

unto you: not as the world giveth, give I unto you. ¹ Let not your heart be troubled, neither let it be afraid. ¹ ver. 1.

28 Ye have heard how ᵐ I said unto you, I go ᵐ ver. 3, 18. away, and come *again* unto you. If ye loved me,

---

unutterable calmness and stillness which is in the bosom of My Father and Myself I give unto you." This peace has two aspects. It is peace towards God from a sense of submission to Him, and oneness with Him. This is the peace of Christ in the Godhead. Peace also with one another. This St. Augustine notices, " Peace He leaves with us, that even here we may love one another. Peace He leaves with us, that we may not concerning our hidden things judge one another."

"Not as the world giveth." The common salutation of the Eastern world is, " Peace be unto you," but this is at the best a wish, too often a hollow and unreal expression. The world cannot give peace, for it is not at peace either with God or with itself. And if it could, it could not give *permanent* peace because itself is passing away. " I give peace because I give reconciliation with God and union with God, and with one another. I give here everlasting peace because I shall reign for ever."

28. " Ye have heard how I said unto you . . . . my Father is greater than I." There are two important statements in this verse:

1. That the Father is greater than the Son: " My Father is greater than I."

2. That the disciples, if they loved Jesus, would rejoice that He was going to One greater than Himself.

The words "my Father is greater than I," could not with any propriety fall from the lips of a mere creature in such a context as this. The mere utterance of such a thing by One Who is beyond conception great and good, implies that He considers Himself in the same sphere, so to speak, with God, or how could there be any comparison? "How could nothingness institute a comparison between itself and God? God alone can compare Himself with God." (Godet.)

There can be little doubt about the Lord's meaning, if we take into consideration the principal statements in this Gospel respecting the Son of God and His relations to His Father. He is equal to Him, and yet subordinate to Him. Equal to the Father in that

ye would rejoice, because I said, ⁿ I go unto the Father: for ^o my Father is greater than I.

ⁿ ver. 12. ch. xvi. 16. & xx. 17.
^o See ch. v. 18. & x. 30. Phil. ii. 6.

28. "I said" omitted by א, A., B., D., K., L., most old Latin, Vulg., Peshito and Cureton Syriac, and some versions; retained by F., G., H., M., S., T., Δ, and most Cursives.

He does all that the Father does, and yet so far subordinate to Him that He receives commands from Him (x. 18, xii. 49, xv. 10).

He is equal to the Father in nature, because He is the own Son, the proper Son, of the Father. God is His own Father, and so in asserting this He makes Himself equal with God. (Ch. v. 18.) It is the glory of a father, as a father, to beget a son of the same nature as himself, and so in nature equal to himself.

He is equal to Him in power. There are three works of God than which we can conceive none greater, creating all things, upholding all things, judging all men, and all these are ascribed to the Son; creating all things, in that "all things were made by Him, and without Him was not anything made that was made" (John i. 3); upholding all things, in that He says, "My Father worketh hitherto and I work" (ch. v. 19); Judging all men, in that "God hath committed all judgment unto the Son" (ch. v. 22). So that, in all that constitutes God, He is equal with God, and yet He is sent by God, He receives commands from God respecting everything which He is to do and teach, "He seeks not His own glory, but His glory that sent Him."

So that the Father is greater in that He is the first Person, in that He commands, in that He sends, in that He exercises the authority, and receives the honour of a Father; and the Son is subordinate in that He is "of the Father" and obeys Him, and returns to Him. If the reader desires to pursue this further, he has only to refer to so well-known a book as "Pearson on the Creed," on the first article (old paging, 34, 35, 36, marked in margin): "In general, then, we may safely observe that in the very name of Father there is something of eminence which is not in that of Son, and some kind of priority we must ascribe unto Him Whom we call the first, in respect of Him Whom we call the Second Person; and as we cannot but ascribe it, so must we endeavour to preserve it. Now that privilege or priority consisteth not in this, that the essence or attributes of the One are greater than the essence or

29 And ᵖ now I have told you before it come to pass, that, when it is come to pass, ye might believe.   p ch. xiii. 19. & xvi. 4.

30 Hereafter, I will not talk much with you: ᵍ for the prince of this world cometh, and hath nothing in me.   q ch. xii. 31. & xvi. 11.

---

attributes of the Other (for we shall hereafter demonstrate them to be the same in Both); but only this, that the Father hath that essence from Himself, the Son by communication from the Father," &c. In page 34 (old paging marked in margin) there is a long note consisting of extracts from the Fathers (Athanasius, Basil, Gregory, Nazianzen, &c.) taking this view of this passage.

But what is the reason why those who loved the Son should rejoice because He returned to One greater than Himself? Evidently this: He returns to One Who, being greater than Himself, is able to reinvest Him with the glory which He had with Him before the world was. He returns to the Head of all things, to have all power given to Him, to have all things put under His feet, to wield His Father's power from His Right Hand. If, then, they loved Him, they would rejoice that He went back to the bosom of that Father, Who is "above all, through all, in all."

29. "And now I have told you before it come to pass . . . . might believe." "If ye had seen Me depart by a violent death before My work in the world seemed to have commenced, your faith might have been shaken, but I have told you all that shall befall Me, so that ye may expect it all and be unmoved."

30. "Hereafter I will not talk much with you . . . . hath nothing in me." I will talk no more with you, for the time is very short. A few more words to you, and to My Father commending you to Him, is all that remains: The enemy is now at hand. When he left me before it was but for a season. (Luke iv. 13.)

"For the prince of this world cometh." It was not Judas only, or Caiphas, or Pontius Pilate. There was one who inspired and directed all.

"And hath nothing in me." He has tried Me, and sifted Me, and watched Me, but he can find nothing of his own, nothing of evil within Me, and so I can die on behalf of My brethren.

31. "But that the world may know that I love the Father." Why then do I, for a moment, seem to succumb to him, so as to receive

31 But that the world may know that I love the Father;
and ʳ as the Father gave me commandment, even
so I do. Arise, let us go hence.

ʳ ch. x. 18.
Phil. ii. 8.
Heb. v. 8.

Death, the wages of sin? Because I love the Father, Who hath sent Me to redeem His fallen creatures by suffering such a Death.

"And as the Father gave me commandment, even so I do." The Father has given me a commandment that I should "lay down my life that I may take it again," and so I do.

"Arise, let us go hence." "Let us go hence to the place where I may be taken, for all things are ordered. I cannot be taken here." Thus the Lord, of His own free will, set forth to obey the Father's will, and to redeem us by His Death. (See Matthew xx. 17; Mark x. 32-34.)

THE TRUE VINE.

INTRODUCTORY REMARKS.

"I am the true vine." As this parable or proverb of the Vine and the Branches is of supreme importance, setting forth, as it does, the great Church truth of mystical union with the Son of God, as well as the means for maintaining it, and our liability to fall from it, it may be well to make one or two remarks by way of introduction.

1. This is the first place where the Apostles (and in them the whole Church) are said to be "in Christ." In the discourse in the synagogue at Capernaum (John vi. 56), the Lord had given a promise that, if men would do a certain thing, which He spoke of as "eating His Flesh and drinking His Blood," He would abide in them, and they in Him. In the last chapter (xiv. 20), He had promised that, after a little while—*i.e.* after the Spirit had descended—they should know, *i.e.* realize more perfectly, that He should be in them, and they in Him. Now, for the first time, He speaks to them as actually "in Him."

Now this He does immediately after the Institution of the Eucharist, when He had given to them His Body and His Blood. So that, as they had fulfilled the condition, He speaks to them as having received the promise.

If the reader will consider the very important application of the two words, "in Christ," throughout the Pauline Epistles, he will see how necessary it is to consider the circumstances under which they were first used.

2. We have, in these words, the Church for the first time described as a living body, or organization, having a common life in Christ. There are in Scripture three organizations, which set forth the relations of Christ to His Church.

(1.) That of a King and His Kingdom. This is the one which commonly prevails in the Synoptics. It is not mentioned in St. John's Gospel, in which its place is supplied by the Shepherd and the Sheep. It sets forth kingly power, government, protection, and reward on the one side, and loyalty, loving obedience, and willing service on the other; but it is an outward union, compared to the other two—there being no common life in the King and His subjects, as there is between the Vine and its branches, or between the Body and its Head.

(2.) That of a Tree and its branches. Here it is a Vine and its branches, but in Rom. xi., an olive tree. Here is a far closer union, because the figure is that of an organization in which there dwells one life. The life of the stem, through its juices or sap, rises into the branches, and, circulating through the larger limbs into the smaller branches, produces fruit.

(3.) The Head of the human body and the members of the body (1 Cor. xii.). Here there is a very important advance. For the soul or mind which dwells in the head makes its influence felt all through the body, directing through the nerves the motion of each limb to one end, and making the whole produce, not some insensible thing, such as grapes, but the works of active intelligent life. Again, we have in the figure of the body the distinctions of offices and functions, which we have not in the vine. But the illustrative figure of the Head and members is wanting in two respects—first, the head is the source of guidance or direction, not of nourishment; secondly, the body cannot have a new limb inserted into it, or it would become a monster; neither can it have a limb removed, or it would be maimed: whereas the tree can have a branch of another tree grafted into it; and many trees, particularly the vine, must be continually pruned of worthless branches, if they are to continue to bear fruit.

3. This is the place where our Lord sets forth the great truth of "Justification of Life," which it was the special mission of St. Paul to expand and apply universally. Justification, as set forth both by the Lord here, and by St. Paul, in Rom. ch. v. 18, is a matter of life rather than of imputation. It is the Resurrection Life of the Lord, permeating His Church, and every member of it; and so is the product of the Lord's Resurrection (Rom. iv. 25). The formal connection between this our Lord's enunciation of Justification, and that of His servant, is in Rom. xi. 17-22, where the same image of a tree is used. The spiritual connection is evident from the use of the terms, "in Christ" and "Christ in us," which are used here by the Lord, and are throughout the Pauline Epistles the characteristic of the justified man.

CHAP. XV.

I AM the true vine, and my Father is the husbandman.

1. "I am the true vine," or "I am the Vine, the true One." He is the true Vine, just as He is the true Bread. He is the Vine in which we are, for all purposes of Christian life and Christian good works, just as He is the Bread, of which, if a man eat, he shall live for ever (vi. 51). The earthly bread and the earthly vine are true gifts of God. They nourish and sustain the earthly life which God has given to men; but they are, each in their way, types of a greater thing, which is able to sustain an eternal life. And so this latter is their truth, their fulfilment.

Again, the Lord and His Church is the true Vine, as compared with the carnal Israel, which is also compared to a vine. "I had planted thee a noble vine, wholly a right seed." (Jeremiah ii. 21.) "Christ, claiming to be '*the true vine*,' claims perfectly to realize in Himself that Divine idea which Israel, after the flesh, had altogether failed to fulfil." (Trench.)

Commentators have been anxious to find something which they think may have suggested this comparison to our Lord, such as a

2 ᵃ Every branch in me that beareth not fruit ᵃ Matt. xv. 13.

vine on the sides of the house where was the upper room, or the golden vine mentioned by Josephus over the entrance into the Temple, or the vineyards they passed through on their way out of the city, or the burning of heaps of withered branches which had been cut off in the process of pruning. But, if we are obliged to seek some outward suggesting cause, why not suppose that it is to be found in the words which the Lord had so lately uttered, "I will not drink henceforth of this *fruit of the vine*"?

Another question of far more importance is, "Why did the Lord choose the comparison of the vine, and not of some other tree?" The answer is, that the vine is of no use whatsoever, except for the bearing of fruit. It is fit only for producing grapes, or for fuel; and it is the only well-known tree which absolutely requires yearly pruning; so that the purging or cleansing which to many trees is only occasional, is to it a necessity, if it is to fulfil its place amongst trees; so that it sets forth the twofold truth, that the one thing required of the Christian is fruit, and that, to bear fruit, he must be purged or cleansed.

"My Father is the husbandman." Having included Himself in the Vine as its stem or trunk, the Vinedresser or Husbandman must be Another besides Himself; and so He likens His Father (in Whom, however, He works, and Who works in Him) to the husbandman who prunes the vine. He is the true Vine, not as God, but in respect of His perfect human nature as the Second Adam; and so, as Augustine asks, "Are husbandman and vine one? Nay; and, therefore, that Christ is the Vine, is in that regard in which He saith, 'The Father is greater than I;' while, in regard that He saith, 'I and the Father are one,' He, too, is the Husbandman. And, in fact, when speaking of the Father as the Husbandman, He had said that He taketh away the unfruitful branches, but purgeth the fruitful, that they may bear more fruit, He straightway shows that He (the Son) doth Himself also purge the branches, saying, 'Now ye are clean, because of the word which I have spoken unto you.' So that in this, as in all else, the Persons in the Trinity work together."

2. "Every branch in me that beareth not fruit he taketh away." It is impossible to avoid the inference from this that a branch may abide for a time in Christ, and then be taken away. All attempts to

he taketh away: and every *branch* that beareth fruit, he purgeth it, that it may bring forth more fruit.

---

2. "He purgeth it." "He cleanseth it . . . . Already ye are clean because of the word," &c. (Alford and Revisers).

get rid of this conclusion are dishonest and futile, and yet it is not to be wondered at that men, even good men, do all they can to avoid it, for anything more terrible cannot be conceived than that a man should have been for ever so short a time in Christ, and yet be cast away.

What is the meaning of this "being taken away?" It cannot mean removed by death, but cut off from that inherence in His Son which God alone knows and recognizes; so that the man so taken away may be for years in the visible unity, and yet be secretly severed from the true Unity; so that henceforth the Word and Sacraments, and ministerial action which nourish the fruitful branches, profit him no more. But as God alone brings about this "taking away," so He alone perfectly and infallibly knows who those are on whom this sentence has been passed. It is not for us to judge. We have to speak to all in the visible Unity as if they were in real connection with the Head, or may at least, by repentance, be restored to that connection. But we have very earnestly to press upon all the need of self-examination as to how they stand in Christ, remembering the words of the Apostle: "Examine yourselves, whether ye be in the faith; prove your own selves. Know ye not your own selves how that Jesus Christ is in you except ye be reprobates?" (2 Cor. xiii. 5.) And what should be the constant prayer of every baptized man but this, "renew in me, most loving Father, whatsoever hath been decayed by the fraud and malice of the devil, or by my own carnal will and frailty"?

"Every branch that beareth fruit, he purgeth it (literally, he cleanseth it), that it may bring forth more fruit." Because of the sharp cutting indicated by the process of pruning, this purging or cleansing is generally considered as brought about by afflictions, distresses, persecutions, and such things, and we know that an Apostle says, "Whom the Lord loveth, he chasteneth," and that, "If ye be without chastisement, then are ye bastards and not sons." But the next verse seems to show that the most important instrument of cleansing is the Word: "Now ye are clean (catharoi)

3 ᵇ Now ye are clean through the word which I have spoken unto you.

4 ᶜ Abide in me, and I in you. As the branch cannot bear fruit of itself, except it abide in the vine; no more can ye, except ye abide in me.

ᵇ ch. xiii. 10.
& xvii. 17.
Ephes. v. 26.
1 Pet. i. 22.
ᶜ Col. i. 23.
1 John ii. 6.

---

through the word which I have spoken unto you." The same word as in the former verse, is rendered "purgeth." The two clauses should be translated: "He cleanseth it that it may bring forth more fruit; now ye are cleansed through the word which I have spoken unto you."

What is this word? Not any particular word, such as, "Now ye are clean, but not all," but rather all that Christ had said from the beginning. All His words had been received by them, and had contributed to make them what they were.

Augustine has a very good remark on those who are "clean," yet requiring further cleansing: "For were they not clean they could not have borne fruit; yet every one that beareth fruit the Husbandman 'purgeth, that he may bear more fruit.' He bears fruit because he is clean: and that he may bear more fruit, he is purged still. For who in this life is so clean, that he does not need to be cleansed more and more?"

4. "Abide in me, and I in you." This does not mean, "Abide in Me, and I will abide in you," but, rather, "See that ye abide in Me, and see that I abide in you." Both clauses must be understood imperatively: "Abide in Me by faith, and love, and watchfulness, and see that I abide in you by your continuing in the Unity of the Faith, and by diligently using all means of grace which I have appointed to bring about My abiding in you, and ye in Me." Whether this precept meant more or less than this to the Apostles, it certainly meant (and yet means) this to the Churches founded by them. The "Abiding in Me, and I in you," cannot be considered apart from the "continuing steadfast" of Acts ii. 42—continuing steadfastly in the Apostles' doctrine, in their fellowship, in the breaking of bread, and in the prayers.

"As the branch cannot bear fruit of itself, except it abide in the vine, no more," &c. Bearing fruit here is of course bearing Christian fruit. Are we, then, to deny that virtue and goodness are not real, and so far acceptable to God, even in the heathen? Assuredly

5 I am the vine, ye *are* the branches: He that abideth

not. But what the Lord means by fruit are those Christian good works and holy dispositions which support and further the kingdom of God. God has planted a Vine of grace in this world, that better, nobler, higher, purer fruits of goodness and righteousness may be produced in it than in the old degenerate vine of unrenewed and unaided human nature, and what we have to see to is, that our own works, and the works of all we can influence, are purified and consecrated to God by being done in the grace of Christ, the true Vine.

5. "I am the vine, ye are the branches." This is not a mere repetition, but an assurance that the Apostles, now that the traitor had left, were actually in Him as branches of Himself. In verse 3 He speaks generally, "Every branch that beareth not fruit," or "that beareth fruit;" then, in the next verse, He pronounced them clean through His word, and bade them abide in Him, and now He pronounces them branches. Let the reader notice this. If these eleven were branches, they were the first branches into which the Divine Stem branched out or divided itself, so that all the members of the future Church were through them connected with Him. There was afterwards another added (St. Paul), but he also came directly and visibly from the Stem itself.

"He that abideth in me, and I in him." How? Internally and externally. Internally by faith and love and secret prayer; externally, by partaking of the One Bread, and so being in the One Body (1 Cor. x. 17), and also by continuance in the Apostles' doctrine and fellowship, and in the common prayers (Acts ii. 42).

"The same bringeth forth much fruit." What is this fruit, because upon so vital a matter there should be no misconception? The first account of "much fruit" of Christian works is at the very formation and outset of the Church: "Fear (the true fear of God) came upon every soul, and all that believed were together, and had all things common, and sold their possessions and goods, and parted them to all men . . . and they continuing daily with one accord in the Temple, and breaking bread from house to house, did eat their meat with gladness and singleness of heart, praising God." This fruit, if it be the fruit of Christ dwelling in us, must be in accordance with His teaching. It must be the fruit of the Beatitudes—humiliation, godly sorrow, meekness, earnest desires after righteous-

in me, and I in him, the same bringeth forth much ^d fruit: for || without me ye can do nothing.

6 If a man abide not in me, ^e he is cast forth as a branch, and is withered; and men gather them, and cast *them* into the fire, and they are burned.

d Hos. xiv. 8. Phil. i. 11. & iv. 13.
|| Or, *severed from me*, Acts iv. 12.
e Matt. iii. 10. & vii. 19.

---

5. "Without Me." "Apart from Me" (Alford and Revisers). Not as meaning, "without My aid," but "severed from Me."
6. "Gather them." Some MSS. (א, D., L.), some old Latin, Vulg. (Cod. Amiat. *eum*), Peshito, read "it" or "him;" but A., B., later Uncials, most Cursives, and some old Latin (a, b, c, f) read "them."

ness, mercifulness, peacemaking, purity of heart, enduring persecution for righteousness' sake, and for Christ's sake. It must be the fruit set forth in St. Paul's account of charity, in St. Peter's adding of virtue to virtue (2 Peter i. 5), in St. James's government of the tongue (James iii.).

"Much fruit." Though it is not expressed, yet it is clear that the amount of the fruit depends upon the closeness of the adherence, *i.e.*, on the strength of the faith and love.

"Without me ye can do nothing," *i.e.*, apart from Me. So that we should seek earnestly to adhere to Him as closely as possible, and prayerfully use every means whereby we may invite Him into us, or continue to retain Him within us.

6. "If a man abide not in me, he is cast forth as a branch." Here the Lord again repeats the terrible warning. A man once in Him has to abide in Him, and may not so do. In the face of two such warnings as these, what foolhardiness in modern fanatics encouraging those who have only just begun to be religious, to boast that they are "saved," that they need have no fear of judgment, that believers are above the sphere of judgment, and such things!

"If a man abide not in me," *i.e.*, if he takes not the pains, and exercises not the self-discipline, and uses not the means, and invites not and retains not the Holy Spirit by Which he may abide in Me.

6. "He is cast forth as a branch and is withered." First, "he is cast forth," not, of course, by death, or by open excommunication, but by the secret act or decree of God. This severs him from Christ as the fountain of grace, and then he withers, just as the branch in

7 If ye abide in me, and my words abide in you, ⁿye shall ask what ye will, and it shall be done unto you.

8 ᵍHerein is my Father glorified, that ye bear

ᶠ ver. 16. ch. xiv. 13, 14. & xvi. 23.
ᵍ Matt. v. 16. Phil. i. 11.

---

7. "Ye shall ask." So ℵ, E., G., H., K., most Cursives, Vulg.; but A., B₁ D., L., M., some Cursives, some old Latin and versions read, "ask" in the imperative.

the actual vine withers if the sap cannot flow into it. He may go on making a profession, speaking well, hearing preaching, receiving Sacraments with outward reverence, but in the eye of God, and not seldom in the eyes of his fellow-Christians, he withers and is spiritually dead, and there is at last the fearful end, "they (Matthew xiii. 41) gather them and cast them into the fire, and they are burned."

7. "If ye abide in me, and my words abide in you, ye shall ask," &c. Here, it will be noticed, the Lord begins to abandon the figure of the tree, for "my words abide in you," cannot properly be said of branches. The unconscious branch begins to disappear in the conscious person, in whom words can "abide" by memory and active obedience. But what words of Christ? All Christ's words. All must be accepted, retained, and pondered over, and acted out so far as our limited faculties will allow.

"Ye shall ask what ye will, and it shall be done unto you." Why should Christ's words abiding in us be the ground of this particular promise? Evidently for this reason: the more the words of Christ abide in us by our receiving them in implicit faith, and appropriating them, the more the mind of Christ will be in us, for the words of Christ convey the mind of Christ, and the more we have of the mind of Christ the more we shall fall in with the will and purposes of God: and so our desires will be expressed in prayer to God for what He is most disposed to grant. The words of Christ abiding within us will inspire us to pray for what He wills, and what He wills His Father approves, and will bring about.

8. "Herein is my Father glorified, that ye bear much fruit." "My Father is glorified in your bearing much fruit, because by sending Me into the world, and putting His words and His power in Me, and giving you to Me as branches, He has planted Me (and you in Me) as His Vine in this world, that in Me and in you as united to Me, and branching out from Me, the nature of His crea-

much fruit; ʰ so shall ye be my disciples.   ʰ ch. viii. 31. & xiii. 35.

---

8. "So shall ye be my disciples." So ℵ, A., E., G., H., K., S., &c., all Cursives. "And become my disciples," B., D., L., M.; so Alford; *et efficiamini*, Vulg.

tures may be renewed and cleansed. And so as He has been glorified in My works, so shall He be glorified in those works which ye shall do through your union with Me." And, again, the fruitfulness of the branches sets forth the glory of the Husbandman, Who has so cleansed them as to make them the more fruitful.

"So shall ye be my disciples," *i.e.*, those in whom the idea of discipleship is perfected. This is a very pregnant saying indeed. The disciples of other teachers are those who attend their schools and learn of them. The disciples of Jesus are those who learn of Him and obey Him. Obedience is the one condition of true discipleship.

Notice also how in this way, to be a disciple of Christ is at once the lowest and the highest thing. It is the first step that we should put ourselves under the teaching of Christ, and learn of Him, and yet after we have not only learnt of Him, but have borne much fruit of our learning, it will still be that we should be His disciples. The most fruitful Apostle is still but a disciple in the school of such a Master, and the continuance in the works of his Apostleship is the condition of the continuance of his discipleship; so that no matter what our office in the Church, or our fruitfulness in that office, from beginning to end we are learners, disciples, children, even little children.

Such is the great Church parable, the parable which sets forth inherence in Christ, so that we should live by His Life. One question more: Is the relation of Christ to His people a matter of mere teaching on the one side, and mere reception of such instruction on the other? This depends upon whether certain statements in Scripture imply mere instruction, or something more. If we are honestly to endeavour to understand the Word of God, we must trace out the ideas which appear and re-appear in it from their source to their application. The characteristic phrase of this parable is the being "in Christ." The first mention of this remarkable phrase is in John vi. 56, in connection with receiving the Lord's flesh and blood. This parable of the Vine in which is the next repetition of it is delivered to the Apostles immediately upon their having received

9 As the Father hath loved me, so have I loved you: continue ye in my love.

ⁱ ch. xiv. 15, 21, 23.

10 ⁱ If ye keep my commandments, ye shall

---

the Lord's Body and Blood. The next re-appearance of it is in the words of St. Paul, in 1 Cor. x. 17, setting forth the means of our continuance in the mystical body. "The bread which we break, is it not the Communion of the Body of Christ? . . . for we being many are one bread and one body, for we are all partakers of that one Bread." The most remarkable period of fruitfulness in the Church is associated with repentance, receiving Baptism, continuing in the Apostles' doctrine and fellowship, and in the breaking of Bread and the prayers (Acts ii. 38, 41, 42, 44); and throughout the Pauline Epistles the great truth that they are in the Mystical Body is brought to bear upon Christians that they may be fruitful in all good works, that they may be humble-minded (Rom. xii. 3, 4), pure (1 Cor. vi. 15), sympathizing with one another (1 Cor. xii. 12, 14, 26, 27), truthful (Eph. iv. 25), and even that they should be regardful of the duties of private and home life (Eph. v. 23, 33).

To "keep" the teaching of ordinary teachers, our own unaided efforts may be sufficient, but to keep the teaching of Christ there is need of very high supernatural grace, and we should gather from this parable, compared with other statements of Holy Writ, that this grace comes from His human Nature, or that His human Nature is the channel through which the Divine flows into us. This is a great thing, but not too great if we consider that He is the Word made flesh, and that "in Him dwelleth the fulness of the Godhead bodily" (Coloss. ii. 9).

9. "As the Father hath loved me, so have I loved you: continue ye in my love." "*As* the Father hath loved me, *so*." Love is the same both in God and in man, for the love of all created beings is derived from the love in the Godhead. The love of the Father to the Son is reproduced in the love of the Son to mankind, and particularly to His people. All holy love must be essentially the same. But this love of Christ has to be continued in, and there is only one way to this, and that a Divine way.

10. "If ye keep my commandments, ye shall abide in my love; even as," &c. Of course, in our keeping Christ's commandments, and abiding in His love, there is a contingency—owing to the re-

abide in my love; even as I have kept my Father's commandments, and abide in his love.

11 These things have I spoken unto you, that my joy might remain in you, and *k that* your joy might be full.

k ch. xvi. 24.
& xvii. 13.
1 John i. 4.

---

11. "Might remain." So ℵ, L., X., most later Uncials and Cursives. "Might be in you," with A., B., D., several Cursives, Vulgate, and Syriacs.

---

mains of our evil nature we may not do so ; and in our Lord's keeping His father's commandments and abiding in His love, there is no contingency, because He is in the Father, and the Father in Him ; but in Him as well as in us it is the same obedience of love, not merely the same love, but the same obedience of love.

"In my love." It has been made a question if "ye shall abide in my love" means in My love towards you, or in your love towards Me ; but both depend on the same thing, on obedience. Christ's love towards us depends on our continuing to obey Him, and on our part every act of disobedience weakens our love to Him.

11. "These things have I spoken unto you, that my joy might remain in you," &c. What things had He spoken? Either the whole of what He had said respecting their union with Him as branches of the true Vine, or perhaps, especially, the last two verses in which He had set forth the keeping of His commandments as the way in which they were to abide in His love. His meaning then is, "What I have spoken to you I have spoken not for obedience only, but for joy in that obedience, that we may rejoice together; that My joy in beholding your obedience may be diffused into you, and may be in you to the full, no matter what outward tribulations or afflictions ye endure." Among the many explanations given of this joy, the two most likely are, (1) that of Augustine, "What is the joy of Christ in us, except that He deigns to rejoice on behalf of us? And what is our joy, which He saith must be made full, but to have fellowship with Him?" This seems most in agreement with 1 John i. 4, where having spoken of the Incarnation, and of its having been revealed that we might have fellowship with God, and with one another, he adds, "These things write we unto you that your joy may be full." (2) The joy which He Himself experiences in feeling Himself the object of His Father's love. By obedience such joy will grow to perfect fulness. For every act of faithfulness will

378 YE ARE MY FRIENDS. [ST. JOHN.

12 ¹This is my commandment, That ye love one another, as I have loved you.

13 ᵐ Greater love hath no man than this, that a man lay down his life for his friends.

14 ⁿ Ye are my friends, if ye do whatsoever I command you.

15 Henceforth I call you not servants; for the servant knoweth not what his lord doeth: but I

l ch. xiii. 34.
1 Thess. iv. 9.
1 Pet. iv. 8.
1 John iii. 11.
& iv. 21.
m ch. x. 11, 15.
Rom. v. 7, 8.
Ephes. v. 2.
1 John iii. 16.
n ch. xiv. 15,
23. See Matt.
xii. 50.

---

15. "Henceforth I call you not servants." "No longer I call you servants" (Alford and Revisers).

draw closer the bond between Himself and themselves, as every moment of His Life did the bond between Jesus and the Father.

12. "This is my commandment, That ye love one another," &c. "Now," says Augustine, "He had already spoken this sentence once before. The repetition of this commandment then is for enhancing it in our regard, only there He saith, 'A new commandment give I unto you;' but here, 'this is my commandment;' there [He speaks] as if no such commandment existed before; here as if no other were His commandment. True, but there it is called 'New,' that we may not preserve in our oldness; here it is called '*My* commandment' that we may not think it can be despised."

13, 14. "Greater love hath no man than this, that ... I command you." The Lord here sets forth the greatness of His love to them. It cannot be greater, for He would die for them. What return were they to make? This, that they were to do whatsoever He commanded them; and His one commandment had been, "That ye love one another as I have loved you." It is as if He said, "I do not ask you so much to love Me, as in return for My love to show your regard by keeping My commandment, that ye should love one another even as I have loved you." Here, again, notice that there is but one test of friendship to Christ, not words, not lively feelings only, but obedience.

15. "Henceforth I call you not servants ... I have made known unto you." We cannot help being reminded here of God's words respecting Abraham and Moses. Abraham was the friend of God: and so God says respecting him, "Shall I hide from Abraham that thing which I do?" (Gen. xviii. 17). Of Moses God said, "The Lord spake to Moses face to face, as a man speaketh to his friend"

have called you friends; º for all things that I have heard of my Father I have made known unto you.

16 ᵖ Ye have not chosen me, but I have chosen you, and ᑫ ordained you, that ye should go and bring forth fruit, and *that* your fruit should

o See Gen. xviii. 17. ch. xvii. 26. Acts xx. 27.
p ch. vi. 70. & xiii. 18. 1 John iv. 10, 19.
q Matt. xxviii. 19. Mark xvi. 15. Col. i. 6.

(Exod. xxxiii. 11); and, again: "With him will I speak mouth to mouth, even apparently, and not in dark speeches" (Numb. xii. 8). If ever men were lifted above the state of servants, and taken into the confidence of God, it was the men who heard this discourse, and especially the outpouring of the Lord's whole soul into the ear of His Father with which it concludes. He treated them as friends, and He called them friends; but this did not prevent them ever after calling themselves, not His friends, but His slaves. St. Paul begins his greatest epistle with calling himself a slave of Jesus Christ (Rom. i. 1). So also St. James and St. Peter. The two are perfectly compatible. They were His friends because He had made known to them the counsels and plans of God. They were His slaves, because they were the purchase of His Blood. In fact, they were more than friends, they were His brethren, sons of God, having received, and retained, and been filled with, the Spirit of adoption, and yet their whole lives were spent in never-ceasing labour and endurance in the service of Himself and of His Father.

"All things that I have heard of my Father I have made known," &c. All things, that is, that they were then capable of receiving. He had many things to say to them which they could not yet bear.

16. "Ye have not chosen me, but I have chosen you," &c. There can be little doubt but that the Lord here refers, not to their election to be His followers, or even to discipleship, but to the Apostolate. In a sense He chooses all who come to Him. With every soul He is the first to begin, even though the soul must also on its part choose Him; but if we are to be guided by other places, in which He specially mentions this choosing (as John vi. 70) it refers to His choice of them to be His Apostles. Mark also for what He chose them, that they should go (*i.e.*, to all the world), and bring forth fruit—the fruit of their toil and labour being the Christian Church; and that their fruit should remain, which it does in the permanency and indestructibility of the same Church.

remain: that ʳ whatsoever ye shall ask of the Father in my name, he may give it you.

17 ˢ These things I command you, that ye love one another.

18 ᵗ If the world hate you, ye know that it hated me before *it hated* you.

19 ᵘ If ye were of the world, the world would love his own: but ˣ because ye are not of the world, but I have chosen you out of the world, therefore the world hateth you.

20 Remember the word that I said unto you, ʸ The servant is not greater than his lord. If they have perse-

ʳ ver. 7. ch. xiv. 13.
ˢ ver. 12.
ᵗ 1 John iii. 1, 13.
ᵘ 1 John iv. 5.
ˣ ch. xvii. 14.
ʸ Matt. x. 24. Luke vi. 40. ch. xiii. 16.

These words contain a very great principle. Christ was in no sense the choice of the people. He was the "Elect," the "Sent" of God, and the Apostles were in no sense elected by the Church, but chosen, ordained, and sent by Christ, after having been given to Him by His Father. This is the first principle of all Church rule and action, that it originally comes not from beneath, but from above.

"That whatsoever ye shall ask of the Father in my name." The Lord's choice of them was not only that they should bear permanent fruit, but that they should put up prevailing prayer. The first and greatest instance of this was, that their united prayers brought down the Promise of the Father.

17, 18, 19. "These things I command you, that ye love," &c. "The world hateth you." "All that I have said unto you may be summed up in the one precept that ye love one another; and ye have indeed need of this love among yourselves, for the world will hate you because it has hated Me, and ye represent Me: but be not shaken in mind, or dismayed at this, rather take courage, for this hatred on the part of the world will prove to you that ye have My mark upon you, that ye are following My example, that ye are doing My work: and so ye are not of the world, but of God and of Myself."

20. "Remember the word that I said unto you . . . keep your's also." "It is not likely that you will fare better at the hands of the world than I have done; you must be prepared to experience

cuted me, they will also persecute you; *if they have kept my saying, they will keep your's also.   *Ezek. iii. 7.

21 But ^a all these things will they do unto you for my name's sake, because they know not him that sent me.   ^a Matt. x. 22. & xxiv. 9. ch.! xvi. 3.

22 ^b If I had not come and spoken unto them, they had not had sin: ^c but now they have no ‖ cloke for their sin.   ^b ch. ix. 41. ^c Rom. i. 20. James iv. 17. ‖ Or, *excuse*.

23 ^d He that hateth me hateth my Father also.   ^d 1 John ii. 23.

24 If I had not done among them ^e the works which none other man did, they had not had sin: but now have they both seen and hated both me and my Father.   ^e ch. iii. 2. & vii. 31. & ix. 32.

---

the same treatment. The mass of your countrymen will reject your words, just as they have rejected Mine; but the few, the godly remnant—those whose hearts God has prepared—will keep your sayings as they have kept Mine."

21-24. "But all these things will . . . If I had not come and spoken to them . . . no cloke for their sin . . . hateth my Father also . . . hated both me and my Father." The meaning of these verses is very clear. Jesus is the perfect manifestation of the Father in His character, His words, and His works; just as they who saw Him saw the Father, and they who loved Him loved the Father, so they who hated Him hated the Father. So that the manifestation of Jesus was that which brought out the depth of their sin, and their real hatred of God under their hypocritical zeal for His Law and His Name. Notice how the Lord, in verse 22, alludes to His words as taking away all excuse, because the words of One Who spake as never man spake; and in verse 24 alludes to His works as so manifestly done by the power and authority of the Father, as to make their rejection of Him not merely a thing without cloke or excuse, but a wilful rejection of both His Father and Himself. They saw the Witness to the Father in His mighty and beneficent works, and they actually hated what they saw, and so hated the final and conclusive testimony of God to Himself. ["Ye do alway resist the Holy Ghost, as your fathers did so do ye."] "The rejection of Jesus characterized their state as one of invincible estrange-

25 But *this cometh to pass*, that the word might be fulfilled that is written in their law, ᶠThey hated me without a cause.

26 ᵍBut when the Comforter is come, whom I will send unto you from the Father, *even* the Spirit of truth, which proceedeth from the Father, ʰhe shall testify of me:

ᶠ Ps. xxxv. 19. & lxix. 4.
ᵍ Luke xxiv. 49. ch. xiv. 17, 26. & xvi. 7, 13. Acts ii. 33.
ʰ 1 John v. 6.

---

ment, as hatred of God, which is, by its very nature, the unpardonable sin, and was thus distinguished from mere ignorance, as that of the heathen." (Godet.)

25. "This cometh to pass . . . they hated me without a cause." These words of the Psalmist are to be found in a strictly Messianic Psalm, and were fulfilled in Christ, *i.e.*, completely and absolutely accomplished in Him, as they were in no other man; for all other men have something in them which calls out at times our anger, or our opposition, or our dislike; but in the Lord Jesus there was nothing but pure love, earnest desire to do good, patient endurance of wrong, and so, as it could be said of no other human being, " They hated him without a cause."

26. " But when the Comforter is come, whom I will send unto you," &c. The Comforter, or the Paraclete; whatever be the full meaning of the word, it certainly seems to include what belongs to both our words Advocate and Comforter.

"Even the spirit of truth, which proceedeth from the Father." This promise of the coming of the Comforter seems to be given here to console and sustain the Apostles under the prospect of the hatred of the world. It must be taken with the eighth, ninth, and tenth verses of the next chapter. " The world may reject and hate Me; but there is One Whom I will send, Who, by His witness to Me, will prove it to be in the wrong. He will make manifest to it the sin of its unbelief in Me, the righteousness of all My Life, and the judgment which will overtake its prince, though he may seem for a little moment to overcome Me."

" Whom I will send unto you from the Father, . . . which proceedeth from the Father." The more this place is examined, the more it is certain that our Lord does not here intend to assert that the Holy Ghost proceeds only from the Father; for why does He mention here at all that He " proceeds from the Father"?

27 And ⁱye also shall bear witness, because ᵏye have been with me from the beginning.

ⁱ Luke xxiv. 48. Acts i. 8, 21, 22. & ii. 32. & iii. 15. & iv. 20, 33. & v. 32 & x. 39. & xiii. 31. 1 Pet. v. 1. 2 Pet. i. 16.
ᵏ Luke i. 2. 1 John i. 1, 2.

Evidently to emphasize the independence of the witness of the Spirit to Him. By saying that He Who will testify of Him proceeds from the Father, He means to assert that the Spirit will testify of the Mind and Will of the Father respecting Jesus, and so will effectually disprove the calumny of the Jews, that the Supreme God, the God of Israel, was opposed to the mission and claims of Jesus. That the Spirit of God proceeds ultimately from the Father is certain from this, that the Son Himself, from Whom He is, or proceeds, is "of the Father." So that, in proceeding from the Son, He proceeds from the Father, from Whom, and in Whom, the Son Himself is. But He is so distinctly called the Spirit of "the Son," or of "Christ" (Rom. viii. 9; Phil. i. 19; 1 Pet. i. 11), and the Lord, by his action of breathing upon the Apostles when He said to them, "receive ye the Holy Ghost," seems so clearly to indicate that the Spirit proceeds from Him also, that we cannot but gather that He is also "of the Son." Besides, the analogy of the Mission of the Son from the Father would lead us to the same conclusion. The Father is never sent; the Son is sent, because He is the Son, and so "of the Father." And so the Holy Ghost can be sent by the Son, because He is "of the Son." If, in some sense, the being of the Spirit does not depend upon that of the Son, it is hard to distinguish His mode of existence from that of a Son.

27. "And ye also shall bear witness, because ye have been with me from the beginning." The Spirit bears witness, after His manner, spiritually; and so, directly on the heart, and mind, and conscience. The witness of the Apostles was after the manner of man. It was limited to what they had seen of the life and conduct of Jesus, and to the words they had heard Him speak; and so the Lord adds, "because ye have been with me from the beginning." The reader will remember how, when a new Apostle was chosen to fill the place of the traitor, the choice was to be from among those which "had companied with the Apostles all the time that the Lord Jesus went in and out among them, beginning from the Baptism of John." (Acts i. 21, 22.)

CHAP. XVI.

THESE things have I spoken unto you, that ye ᵃ should not be offended.

2 ᵇ They shall put you out of the synagogues: yea, the time cometh, ᶜ that whosoever killeth you will think that he doeth God service.

3 And ᵈ these things will they do unto you, because they have not known the Father, nor me.

ᵃ Matt. xi. 6. & xxiv. 10. & xxvi. 31.
ᵇ ch. ix. 22, 34. & xii. 42.
ᶜ Acts viii. 1. & ix. 1. & xxvi. 9, 10, 11.
ᵈ ch. xv. 21. Rom. x. 2. 1 Cor. ii. 8. 1 Tim. i. 13.

---

2. "He doeth God service." "He offereth worship unto God" (Godet), so also Alford; "He offereth service unto God" (Revisers).

3. "Unto you" omitted by A., B., later Uncials, nearly all Cursives, old Latin (b, e, l); retained by ℵ, D., L., old Latin (a, c, f), Vulg., Syriac, and some versions.

1. "These things have I spoken unto you, that ye should not be offended." "These things:" no doubt those in the nineteenth and twentieth verses of the last chapter—that the world hateth them; that if the world has persecuted the Master, it will also persecute the disciples. With this we must include the next verse.

2. "They shall put you out of the synagogues." This implies that they would be separated from all social, as well as religious, fellowship with the outward Israel.

"Yea, the time cometh, that whosoever killeth you will think that he doeth", &c. One is reminded by this of the words of the Apostle: "I verily thought with myself that I ought to do many things contrary to the name of Jesus of Nazareth . . . many of the saints did I shut up in prison . . . and when they were put to death, I gave my voice against them." (Acts xxvi. 9, 10.)

"Doing God service" is a sacrificial term, and really means, in the mouth of a Jew, offering God sacrificial worship, "not merely as a good work, but as an act of sacrificial worship" (Luthardt), who also quotes a Rabbinical saying, "Whoever sheds the blood of the impious, does the same as if he offered a sacrifice." (See Exod. xxxii. 27-30; Numb. xxv. 11.)

3. "And these things will they do [unto you], because they have

4 But ᵉ these things have I told you, that when the time shall come, ye may remember that I told you of them. And ᶠ these things I said not unto you at the beginning, because I was with you.

5 But now ᵍ I go my way to him that sent me; and none of you asketh me, Whither goest thou?

ᵉ ch. xiii. 19. & xiv. 29.
ᶠ See Matt. ix. 15.
ᵍ ver. 10, 16. ch. vii. 33. & xiii. 3. & xiv. 28.

4. "When the time shall come." "Their time" (or "hour"), A., B., Π, 33, 124, several old Latin (b, c, e, f, g, l, q), Vulg., Syriac; "the time" (or "hour") read in א, D., later Uncials, most Cursives, Cop., Arm., Æth.

not known," &c. Notice how the Lord here identifies knowing Himself with knowing the Father. This is the natural corollary of "He that hath seen me hath seen the Father," and "if ye had known me, ye should have known my Father also." (xiv. 7, 9.)

4. "But these things have I told you . . . that I told you of them . . . these things I said not unto you at the beginning, because I was with you," &c. Considerable difficulty has been made of the declaration in the latter part of this verse, inasmuch as the Lord, very early in His ministry, had warned the Apostles very distinctly of what they would have to suffer, particularly in Matt. x. 16-30. Various reconciliations have been proposed, as that the Lord here speaks more distinctly of their having to suffer death for His sake; or that the discourse in Matt. x. contains sayings of our Lord not all uttered at one time, but some of them in view of His near approaching departure. But should we not look for the solution in the words, "because I was with you," which surely point to the coming of the Paraclete? The characteristic of this latest discourse of our Lord is not the persecutions of the Apostles so much as His own departure, and the coming of the Comforter. They would suffer because He would depart; but they would equally be comforted and sustained by the Paraclete also because He would depart (verse 7). And so, till the time of His departure drew nigh, and while He was yet with them, He said not these things, these mixed utterances respecting His leaving them, their consequent sufferings, and their comfort and support under them. We have only to note the amazing difference between the discourse in Matt. x. and this last discourse, to see the meaning of "These things I said not unto you at the beginning."

5, 6. "But now I go my way to him that sent me . . . sorrow hath filled your heart." These verses must be taken together. The

6 But because I have said these things unto you, ʰ sorrow hath filled your heart.

7 Nevertheless I tell you the truth; It is expedient for you that I go away: for if I go not away, ⁱ the Comforter will not come unto you; but ᵏ if I depart, I will send him unto you.

ʰ ver. 22. ch. xiv. 1.
ⁱ ch. vii. 39. & xiv. 16, 26. & xv. 26.
ᵏ Acts ii. 33. Eph. iv. 8.

Lord by the words "none of you asketh me, Whither goest thou?" followed by "sorrow hath filled your heart," gently rebuked them, in that they sorrowed with a mere human sorrow at the prospect of His leaving them, and did not take more interest in, and so eagerly inquire after, the place or sphere to which He was ascending, from which He would send the Spirit, and in which He would prepare them a place among the many mansions. They had abundance of love and affection for Him; but He desired to see more faith in the great things respecting the return to the Father, and the coming and witness of the Holy Spirit which He had been revealing to them. The questions of St. Peter (xiii. 36) and St. Thomas (xiv. 5) showed little or nothing of the faith and hope which His words ought to have worked in them.

7. "Nevertheless I tell you the truth; It is expedient for you," &c. What solemnity and what tenderness in these words! As if the Truth Himself said, "I know your exceeding love to Me. But I am the Truth, and I tell you the truth, though it is the hardest thing you have to receive: your very love makes it difficult to believe that My departure is your gain. But it is so. The Father has in His Wisdom so ordered all that, if I go not away, the Paraclete will not come unto you. It is in the Divine counsels that I am to send Him from the Father" ("The Spirit was not yet given [in the Lord's sojourn here], because that Jesus was not yet glorified," vii. 39). Are we permitted to see the reasons for this? In part, we are; and they are such as these. The power and Godhead of an invisible Divine Agent, such as the Holy Spirit, could not be manifested whilst the Son was visibly present. Men would ascribe all to Him Who was visible, and nothing to Him Who was invisible; in fact, they would not be able to realize His separate action. Now, the departure of the Son glorified both the Son and the Spirit. It glorified the Son, in that He was henceforth exalted into the sphere of Deity, and could now be, as He could not be

8 And when he is come, he will ‖ reprove the world of sin, and of righteousness, and of judgment: ‖ Or, *convince.*

---

before, an object of faith in the sense in which the Father was (John xiv. 1); and it glorified the Spirit, inasmuch as, through Him, the Son was present, and through His powerful working in the souls or spirits of men, the teaching of the Son was understood, and made effectual to all purposes of salvation. The difference in their apprehensions of the Person and work of Christ by the Apostles after Pentecost was the proof of the Almighty Power of the Holy Ghost over all spirits. So that the departure of the Son, and the coming of the Spirit was needful to the complete manifestation of the ever-Blessed Trinity. Again, the Holy Spirit was given in His fulness to the Human Nature of Christ, and sent down by Christ from that human nature, in order that He might be the Channel through which we partake of the Lord's glorified Humanity.

8, 9, 10, 11. "And when he is come, he will reprove the world of sin . . . prince of this world is judged." "He will convince" [or convict]. The word "convince" in the matter of such a thing as sin includes the idea of reproof. The existence of sin, or of what is morally wrong in a man, is of itself a reproof of him. "Convince" is also the English word most consonant with the second and third things of which the world is convinced, viz., righteousness and judgment. The world can scarcely be "reproved" of judgment, but it can be convinced both of the necessity and certainty of judgment.

I cannot help thinking that this promise respecting the Comforter has been considered exceptionally difficult, because its first historical fulfilment on the day of Pentecost has not been sufficiently taken into account.

On that day all these three convictions did take place, and in the manner here predicted.

Men were then convinced of sin because they were "pricked in their heart," and this because they or their fellow-countrymen had not believed in Christ, but "with wicked hands had crucified and slain" Him (Acts ii. 23). They were convinced of righteousness, *i.e.*, of His perfect righteousness, because they saw before them the evident signs that He was exalted to the right hand of God, and that "God had made that same Jesus Whom they had crucified, both Lord and Christ." This they were convinced of because they

[Acts ii. 22-37.] 9 [1] Of sin, because they believe not on me;

---

no longer saw Him, but saw the evident signs of His exaltation to the highest place in heaven. And they were convinced of judgment, that they would be judged each one personally, that "the axe is laid unto the root of the trees," and this conviction made them flee as they had never done before at the preaching of either the Baptist or of Jesus Himself, from the wrath to come. But how was this last conviction brought about through their belief that the prince of this world was judged? Evidently by these steps: Being convinced of their sin in not having believed on Him as the Son of God, and the true Messiah; being convinced by the signs they saw that He was not only a righteous man, but the righteousness of God as set forth in His true and perfect image, they must of necessity have believed that His condemnation was from Satan, that the hour of His Crucifixion and Death was "the hour of the power of darkness," and that His conquest over death and consequent Ascension to the right Hand of God was the guarantee that Satan was already dethroned. If Satan could not keep Jesus in the grave, he must himself be conquered. The stronger Man had come upon the strong and overcome him, and was taking from him all his armour wherein he trusted. And if Satan is judged, so will those who belong to him, and so the Apostle on the day of Pentecost applied to them the words of the Psalmist, "The Lord said unto my Lord, sit Thou on My right hand till I make Thine enemies Thy footstool," and he bade them save themselves without delay from that untoward generation.

Such was undoubtedly the first and great fulfilment of this promise. Simple though it seems and strangely in contrast with more high-flown and intellectual explanations, it is in such sort the fulfilment that without it there could have been no other. The words of the Lord are capable of almost infinite expansion, but the Pentecostal fulfilment is the ground and root of all.

Let us now consider the further and more universal application.

"Of sin, because they believe not on me." The Jews who believed on the day of Pentecost were not only convinced that the rejection of Jesus on their part, and on that of their countrymen, had been a great sin in itself, but that it was also the symptom of a still more sinful state of heart; their doing evil had made them "hate the light," so that they "came not to the light;" they heard not the

10 ^m Of righteousness, ⁿ because I go to my Father, and ye see me no more;

^m Acts ii. 32.
ⁿ ch. iii. 14. & v. 32.

---

10. "My Father." "The Father," so ℵ, B., D., L., some Cursives, old Latin (mostly), Vulg. "My Father" read by A., later Uncials, almost all Cursives, and Syriac.

words of God in the words of Jesus because they themselves were "not of God" (John iii. 20, viii. 47).

And so it is with all rejection of the claims of Christ as a Saviour from sin, whether that rejection be formal, as in the case of the infidel, or virtual, as in the case of the indifferent nominal Christian. If a man who hears of Christ as a Saviour from sin and a Giver of Life, does not believe in Christ as such and does not apply to Him for forgiveness and life, his want of realizing belief is sinful in itself, and an indication of the secret power which sin or the world has over him.

10. "Of righteousness, because I go to my Father," &c. The Jew who was, on the day of Pentecost, pricked to the heart and made to believe in Jesus, was convinced of His righteousness because God had removed Him from the world, and set Him at His right hand, the proof of which was in the Pentecostal effusion of the Spirit and the wonders it wrought. But if the Jew was convinced of this, if he would follow up this conviction he would realize that the righteousness of Christ was the only standard of true righteousness. It is saying very little indeed to assert that this standard was more than an outward law, such as the Jewish. It was the standard of the Beatitudes, the standard of humiliation, self-surrender, self-denial, self-abasement. It was the standard to which the first Christians attempted to live, and their success in coming up to it is described in Acts ii.

But, besides this, the first Christians were convinced because Christ had gone to His Father, that this righteousness was attainable. The Pentecostal descent of the Spirit from the ascended Christ was, according to the prophecy, a shower of righteousness; the heavens rained down righteousness (Isaiah xlv. 8). The believer was convinced by the Ascension of Christ that He was now the Head of a body, to which by joints and bands He could communicate His own life to be in each member a source of strength to do righteousness (Rom. viii. 1, 4; Coloss. ii. 19).

The third conviction by the Spirit, "of judgment, because the

o Acts xxvi. 18.
p Luke x. 18.
ch. xii. 31.
Eph. ii. 2.
Col. ii. 15.
Heb. ii. 14.

11 °Of judgment, because the ᵖprince of this world is judged.

---

prince of this world is judged," is easy enough in its application to the great event of Pentecost and to the events immediately following it, but its universal application as a great general truth is difficult, and grows more so as unbelief in the powers of the unseen world increases. We could easily understand how the Spirit convinces the world of judgment if we could disjoin it from the reason given by the Lord, "because the prince of this world is judged." We can understand that even the world, *i.e.*, human society, has a far better standard by which to judge actions than it had before the coming of Christ. We are referred to the mitigation of the horrors of war, by the care for the sick and wounded; to the gradual extinction of slavery; to the greater respect for women; the abolition of such things as gladiatorial shows; but there seems but an indirect connection between these better judgments and the judging and condemning of the prince of this world. I do not think it is possible to realize fully the reason given by the Lord, unless we could call back our faith in the fact (for no matter whether we believe it or not, a fact it is) that between man and God there is an unseen universe of good and evil spirits. Both these hosts, both those on the side of God and those against Him, seem growing dimmer and dimmer even to the eye of a faith which still seems to apprehend the Trinity and the Incarnation. It sounds strange to us to be told that the Spirit will reprove the world of judgment because the prince of this world is judged, just as it sounds strange to us to be told, even by the Lord Himself, that the reason why we must not despise little ones is that their angels do always behold His Father's face, or by St. Paul, that one of the articles of the Mystery of Godliness is, that He Who was manifest in the flesh was "seen of angels." But in our Lord's day the unseen world and its powers was an accepted fact. He Himself, Who alone knew all its secrets, treated it as a reality. He prophesied of His condemnation and crucifixion in the words, "The prince of this world cometh," and He also prophesied that in that very hour, the hour of his supposed victory, the prince of this world should be cast out. The triumphs of the Gospel, then, on and after Pentecost, were, in His eyes, not so much the diffusion of better principles, or the esta-

12 I have yet many things to say unto you, ᑫbut ye cannot bear them now.

13 Howbeit when he, the Spirit of truth, is come, ˢhe will guide you into all truth: for he

ᑫ Mark iv. 33.
1 Cor. iii. 2.
Heb. v. 12.
ʳ ch. xiv. 17.
& xv. 26.
ˢ ch. xiv. 26.
1 John ii. 20, 27.

---

13. "Into all truth;" rather, "into all the truth."

blishment of a purer religion, or even the conversion to Himself of so many souls, but the transference of those souls from one kingdom to another, from the kingdom of Satan to that of God's Son (Coloss. i. 13). The world and the Church were, in the eyes of Him Who saw things as they are, antagonistic kingdoms, so that the setting up of the Church in Satan's world was his virtual dethronement. If the prince had his throne shaken and so was judged, in the sense of being condemned, so would his subjects be. A power—a moral and spiritual power—had come into the world, which not only by the contrast which it brought out between moral good and evil judged heathenism, but by its gradual conquest of its strongholds, gave a pledge of its final downfall.

12. "I have yet many things to say unto you, but ye cannot bear them now." This implies that though He could not say them then, He could say them hereafter, when they were in a fit state to receive all, and so no difference must be made (as has been made) between the things taught by Christ orally, and the things which He taught afterwards by His Spirit. One of these things which they could not then bear was the Atonement by His Death. His Death as a propitiatory sacrifice could not be freely spoken of till His Resurrection had proved that God had accepted it, and His Ascension had given Him the power of applying it as our High Priest on the throne of God. Till the time of His Ascension, He was "straitened" in speaking of such a truth. After that He so spake of it through His Spirit to the Apostles, that it was the first principle of their teaching. His Headship over the Church, His Mystical Body, must also be reserved to the Ascension, when He was exalted to be the Head of that Body. The equality of the Gentiles with the Jews also, was another thing which, long after Pentecost, the very Apostles had a difficulty in "bearing."

13. "Howbeit when he, the Spirit of truth, is come, he will guide you into all [the] truth." As in the English, so in the Greek, the

shall not speak of himself; but whatsoever he shall hear, *that* shall he speak: and he will shew you things to come.

---

masculine personal pronoun is made to agree with the neuter noun. Properly, it should be "It" the Spirit of Truth, but to emphasize the Personality of the Spirit it is "He" [ἐκεῖνος τὸ πνεῦμα].

"He shall guide you into all the truth." Not merely teach it to you, but guide you into it, so that ye may see it from within, and not from without. This truth is not, of course, scientific, or even political truth: God leaves things which are within the reach of the due use of our natural faculties, to be attained by such use of what He has given to us, but it is all *the* truth—all the truth as it is in Jesus, the truth of the Gospel and of the Church.

"For he shall not speak of himself." The "for" here, signifies that He will guide into all the truth, because He proceeds from the Source of all truth, the Father.

"He shall not speak of himself; but whatsoever he shall hear, that shall he speak." This is not said as if the Spirit knew not the full truth: for "The Spirit searcheth all things, even the deep things of God," or as if He had not power or ability to declare it, for "He divideth to every man severally as He will;" but in order to convince the Apostles that He would not be an independent Teacher, a Teacher apart from God or Christ, Who would teach them different things from what Christ had taught them. It is a declaration by the Lord's own lips that, as it was with Him so would it be with the Spirit. He, the Son of God, had not spoken of Himself, but whatsoever He had heard or had learned of the Father, that He spake; so the Spirit should not speak of Himself, but whatsoever He should hear in the councils of the Trinity, that would He speak; so that though the Person might be another, the word would be the same.

"And he will shew you things to come." This seems said as adding something to the "all" truth of the former clause. He shall not only teach you the truth respecting My Person and work, but He shall be the Spirit of Prophecy within you, revealing to you the future. This took place when St. Paul foretold the coming of the Man of Sin, or Lawless One, and when St. John was inspired to write the visions of the future which are given to us in the Apocalypse.

14. "He shall glorify me: for he shall receive [or take] of mine,

14 He shall glorify me: for he shall receive of mine, and shall shew *it* unto you.

---

14. "Shall shew." More properly, "tell" or "announce;" Revisers, "declare."

and shall shew it unto you." "He shall glorify me." Notice how the Spirit comes to glorify the Son, just as the Son took no glory to Himself, but ascribed all glory to the Father. See how the Persons of the Godhead seek to do honour One to Another. The Father commits all judgment to the Son, "that all men should honour the Son even as they honour the Father." (Ch. v. 22, 23.) The Son seeks not His own glory, but the glory of Him that sent Him. (vii. 18, viii. 50.) The Holy Ghost comes to glorify the Son.

"He shall receive of mine, and shall shew it unto you." What are the things or truths of Christ which the Spirit took and showed to the Apostles, and now takes and shows to the spirit of each believer? Evidently His true and proper Sonship, His Incarnation, His submission to God, the holiness of His Life, the spiritual meaning of His Miracles, the searching and illuminating power of His words, His Death and Passion and its sacrificial value in cleansing our consciences, the power of His Resurrection in that it is the means whereby His very nature is diffused into us, His Ascension that He may be our Forerunner, our Advocate, our Mediator, and the exalted Head of His Mystical Body, His Second Coming, at which, no matter what men say, believers and unbelievers alike will have to stand before Him, to receive the things done in their bodies. (2 Cor. v. 10.) Again, those mysterious things which we call Sacraments, which He ordained on such solemn occasions, and set forth in such unique and startling words, are things of Christ and the instruments of the Spirit, whereby He makes us partakers of the Lord's glorified humanity. These, then, the Spirit must take and show to us, so that we humbly accept His own words respecting them without gainsaying, and humbly hope in the right use of them to receive the promises He has made to us in them.

These all are the things of Christ which the Spirit takes and shows to the soul, but the soul has to submit to receive each particular of these things, and not allow its prejudices, or the fear of those around it, or its rooted preference of the seen to the unseen, to turn it away from what the Spirit would show or declare to it.

15 ^t All things that the Father hath are mine: therefore said I, that he shall take of mine, and shall shew it unto you.

16 ^u A little while, and ye shall not see me: and again, a little while, and ye shall see me, ^w because I go to the Father.

17 Then said *some* of his disciples among themselves, What is this that he saith unto us, A little while, and ye shall not see me: and again, a little while, and ye shall see me: and, Because I go to the Father?

<small>t Matt. xi. 27. ch. iii. 35. & xiii. 3. & xvii. 10.
u ver. 10. ch. vii. 33. & xiii. 33. & xiv. 19.
w ver. 28. ch. xiii. 3.</small>

---

16. "Because I go to the Father" omitted by א, B., D., L., some old Latin (a, b, e); retained by A., later Uncials, almost all Cursives, some old Latin (c, f, g), Vulg., Syriac, and versions.

15. "All things that the Father hath are mine: therefore," &c. What are the things which belong to the Father, as the Father, which are also the Son's? Evidently His providential rule over all things; His pastoral care of Israel as His Flock; above all, His authority as the Supreme Ruler to exercise Universal Judgment. These, which are inherently the Father's, He has given to the Son to execute in His stead, and so the Spirit shows the Son to be the doer of these things.

16. "A little while, and ye shall not see me: and again, a little while," &c. Here the Lord seems to pass on from the Spirit, showing unto them the things which belong to the Son, to the same Spirit showing unto them the Son Himself. The verse has apparently a double meaning. "A little while, and ye shall not behold me;" that is, while I am in the grave ye shall not behold Me with the fleshly eye; "and again, a little while, and ye shall see Me," that is, "After I am risen I will appear to you, and ye shall see Me more perfectly, realizing Who I am; but when I send the Spirit, ye shall see Me with far more clearness still, for ye shall then see Me with your spiritual eye, and this sight of Me will be your spiritual life, your power to overcome the world, your fulness of joy; and all this 'because I go to the Father.' As long as I am with you, ye cannot see Me spiritually and effectually; when I go to the Father, ye can and ye shall."

17, 18. "Then said some of his disciples . . . we cannot tell what

18 They said therefore, What is this that he saith, A little while? we cannot tell what he saith.

19 Now Jesus knew that they were desirous to ask him, and said unto them, Do ye enquire among yourselves of that I said, A little while, and ye shall not see me: and again, a little while, and ye shall see me?

20 Verily, verily, I say unto you, That ye shall weep and lament, but the world shall rejoice: and ye shall be sorrowful, but your sorrow shall be turned into joy.

---

ho saith." This account of the questioning of the disciples among themselves is particularly and fully noticed, and is very important, as showing that there was among the Apostles as a body no clear idea of either the Lord's Resurrection or of the spiritual sight of Him after His departure. This shows how utterly unable they were of themselves to inaugurate the spiritual system which commenced at Pentecost, of which system the outward absence and real presence of the Lord was the greatest truth.

19. "Now Jesus knew that they were desirous," &c. He knew by His discernment of the thoughts of all hearts that they were desirous to ask Him, but had not the courage, for they must have been conscious that if they had had more implicit faith in what He said of His approaching departure by death, and His return, they would have had no need to ask Him. He had had to blame them for the culpable ignorance manifested by some former questions (xiv. 7, 8, 9), and they naturally shrank from further reproof.

20. "Verily, I say unto you, That ye shall weep and lament ... into joy." Notice that the Lord does not give them any further knowledge of the outward facts, but speaks only of the inward feelings which His departure and return would excite: "Ye shall weep and lament, because of what ye shall see Me suffer, or shall hear of My suffering, because also of your unfaithfulness to Me, and because of the extinguishing of all your earthly hopes. But the world shall rejoice: My enemies will think that they have got rid of Me, and so they shall rejoice in their carnal security ... 'but your sorrow shall be turned into joy.'" This joy began when the disciples "were glad when they saw the Lord," but the consummation of joy was at Pentecost; then they joyed before God

21 ˣA woman when she is in travail hath sorrow, because her hour is come: but as soon as she is delivered of the child, she remembereth no more the anguish, for joy that a man is born into the world.

22 ʸAnd ye now therefore have sorrow: but I will see you again, and ᶻyour heart shall rejoice, and your joy no man taketh from you.

ˣ Is. xxvi. 17.
ʸ ver. 6.
ᶻ Luke xxiv. 41, 52. ch. xiv. 1, 27. & xx. 20. Acts ii. 46. & xiii. 52. 1 Pet. i. 8.

" according to the joy of harvest, and as men rejoice when they divide the spoil."

21. "A woman when she is in travail hath sorrow . . . born into the world." The one point in the comparison is the change from very acute but transitory sorrow to very deep and abiding joy. The pains of a woman in travail last, at the worst, but a comparatively short time, and the joy is permanent. There is no other earthly sorrow which has so certain, as well as so speedy a termination in abiding satisfaction, and this explanation is quite sufficient to account for the use of such a figure. If we are to inquire into what the birth signifies, I think the most likely explanation is the Church, which was really born on the day of Pentecost. The Lord, though He appeared after His Resurrection, was soon taken from them, but the Church remained. The next verse,

22. "Ye now therefore have sorrow: but I will see you again," &c., seems to militate against this, but the difficulty arising from this vanishes when we consider that the Resurrection, the Ascension, and the coming of the Holy Ghost were virtually one event, the Resurrection being the glorification of the Lord as the conqueror of death. The Resurrection is the beginning of the Regeneration, taking the word in its fullest sense. The force of the comparison, however, is the acuteness of pain succeeded so soon by the fulness of joy.

"Your joy no man taketh from you." Wicked men had for a time taken away their joy by the cruel death of their Lord, but after Pentecost bitter persecution would only make them rejoice the more, and so we read of these very men, now so sorrowful and so timid, that "they departed from the presence of the council, rejoicing that they were counted worthy to suffer shame for the name" (Acts v. 41).

23 And in that day ye shall ask me nothing. ᵃVerily, verily, I say unto you, Whatsoever ye shall ask the Father in my name, he will give *it* you.

24 Hitherto have ye asked nothing in my name: ask, and ye shall receive, ᵇthat your joy may be full.

25 These things have I spoken unto you in ‖ proverbs: but the time cometh, when I shall no

ᵃ Matt. vii. 7. ch. xiv. 13. & xv. 16.

ᵇ ch. xv. 11.

‖ Or, *parables.*

---

23. "Ye shall ask the Father in my name, He will give it you." MSS. of Neutral Text, ℵ, B., C., L., reverse the clauses—" He will give it you in My name." There seems no appreciable difference in the sense. Whatsoever the Father gives, He gives in the name of Christ, just as all Christians ask for what they pray for in the Same Name.

23. "And in that day ye shall ask me nothing . . . He will give it you." The first of these "asks" signifies to ask questions for information, and is the same word as that in verse 19: "Now Jesus knew that they were desirous to ask him," &c. He would no longer be at hand to give them a verbal answer; but they would not need this, because they would have a new and spiritual sense, by which all mysteries would be made plain to them. These illuminations would be from within, and would be given in answer to devout meditation on Divine Truth. The second "ask," however ("ask, and ye shall receive"), means to prefer requests as in prayer. The connection seems to be natural. Asking questions would be asking for the truth, not out of curiosity, but that they might feed upon it themselves, and make it known to others; and the idea of this would lead to asking in prayer for all things needful for their work. Godet explains the connection as if the same presence of the Spirit within them, which would illuminate them so that they need ask questions respecting nothing, would confer on them the new faculty of prayer in the name of Jesus.

24. "Hitherto have ye asked nothing in my name," &c. Hitherto they had not realized Him as the One Mediator, because He was not yet exalted to His Mediatorial Throne. Now, knowing this, they would look to receive all things through Him.

25. "These things have I spoken unto you in proverbs [or parables]: but . . . of the Father." "These things in parables." All that the Lord had said, no matter how plain, was necessarily

more speak unto you in ‖ proverbs, but I shall shew you plainly of the Father.

‖ Or, *parables.*

c ver. 23.

26 ^c At that day ye shall ask in my name: and I say not unto you, that I will pray the Father for you:

d ch. xiv. 21. 23.
e ver. 30. ch. iii. 13. & xvii. 8.

27 ^d For the Father himself loveth you, because ye have loved me, and ^e have believed that I came out from God.

---

27. "That I came out from God." So אׁ, A., later Uncials, Cursives, old Latin, Vulg., some Syriac, Arm., Æth.; but B., C., D., L., X., 77, 249, Copt., Syriac (Schaaf) read, "the Father."

enigmatical to them in their then state of faith and knowledge. Even things which they thought they understood, they realized but very imperfectly. The Lord, knowing this, said explicitly that what He had said was "in parables." Not only was this true of such similitudes as the Vine and its branches, but of His going away and coming again: of their asking Him nothing, and yet receiving all in His Name.

"But the time cometh, when I shall no more . . . but I shall shew you plainly of the Father." The teaching by the Holy Ghost was the only perfectly plain teaching, the meaning of which could not be mistaken. It is the office of the Spirit alone to speak in language really commensurate with the truth. All teaching in words is but a parable, until the Spirit explains it.

26, 27. "At that day ye shall ask . . . that I came out from God." This is as if He had said, "Do not think that when I speak of interceding for you with the Father, I am interceding with One Who is unwilling to grant what I ask for you. It is not so. The Father is willing to grant all that I ask on your behalf, or that you ask through Me, for He Himself, the Father, loveth you because ye have loved Me."

"Have believed that I came out from God." In other words, the Father loved the disciples of Jesus, not simply because they loved Him, but because of their Faith in His Origin and Mission. They believed that He came forth from God. Their love by itself could only be the human affection of the disciples to the Master; but their faith honoured Him as Divine, and honoured the love of the Father in sending Him.

28 ᶠI came forth from the Father, and am come into the world: again, I leave the world, and go to the Father.   ᶠ ch. xiii. 3.

29 His disciples said unto him, Lo, now speakest thou plainly, and speakest no ‖ proverb.   ‖ Or, *parable*.

30 Now are we sure that ᵍthou knowest all things, and needest not that any man should ask   ᵍ ch. xxi. 17.

---

28. "From the Father." (Παρὰ τοῦ Πατρός). So ℵ, A., later Uncials and Cursives; but B., C., L., &c., read, "out of" (ἐκ).

28. "I came forth from [out of] the Father, and am come into the world: again," &c. These are the crowning words of this, the Lord's farewell, the words which follow being in answer to a remark by the disciples. They express all that He asked them then to believe; and, in the thanksgiving prayer, He returns thanks to the Father that they had believed this. (xvii. 8, 25.) To believe that He came out from the Father, and, after His mission was fulfilled, returned to the Father, implied the acknowledgment of the truth of all that He had said, and the efficacy to the salvation of the world of all that He suffered. And so it is a fitting conclusion to these last words of Jesus to His own.

29. "His disciples said unto him . . . . and speakest no proverb." The disciples thought, because the Lord's words were so very plain, that they understood all; but, as Augustine says: "They did not so much as understand that they understand them not. For they were babes, and did not spiritually discern what they heard of things pertaining not to body, but to spirit."

30. "Now are we sure that thou knowest all things . . . camest forth from God." What had the Lord said which led to this exclamation? Evidently throughout this discourse He had answered the thoughts of their hearts. He had met their secret fears, their worst forebodings with such assurances as that they were in the Father's love because they loved Him, the Son of God.

"And needest not that any man should ask thee." They had been desirous to ask Him what He meant by "ye shall not see Me," and "ye shall see Me," and He had anticipated the question, and had answered, not so much the question itself, as the fear and despondency which had inspired it; and so they were conscious how very deeply He read all within them, so that He had no

thee: by this ʰ we believe that thou camest forth from God.

31 Jesus answered them, Do ye now believe?

32 ⁱBehold, the hour cometh, yea, is now come, that ye shall be scattered, ᵏ every man to ‖ his own, and shall leave me alone: and ¹ yet I am not alone, because the Father is with me.

33 These things I have spoken unto you, that ᵐ in me ye might have peace. ⁿ In the world ye shall

ʰ ver. 27. ch. xvii. 8.
ⁱ Matt. xxvi. 31. Mark xiv. 27.
ᵏ ch. xx. 10.
‖ Or, *his own home*.
¹ ch. viii. 29. & xiv. 10, 11.
ᵐ Is. ix. 6. ch. xiv. 27. Rom. v. 1. Eph. ii. 14. Col. i. 20.
ⁿ ch. xv. 19, 20, 21. 2 Tim. iii. 12.

---

31. "Do ye now believe?" Some, as Alford, read this as an affirmation, not a question—"Ye do now believe." It seems, however, so rendered, to yield not so good a sense.

32. "Is now come." "Now" omitted by ℵ, A., B., C., L.; but retained by old Latin, later Uncials, and Cursives.

33. "Ye shall have tribulation." ℵ, A., B., C., L., later Uncials, Cursives, and versions read, "Ye have;" D., old Latin, Vulg., read, "Ye shall have."

---

need to be asked. Before they asked He could answer. What they were themselves scarcely conscious of within themselves, He knew.

"By this we believe that thou camest forth from God."

31, 32. "Jesus answered them, Do ye now believe? Behold, the hour cometh," &c. As if He said, "Do ye now believe that I came forth from God? How is it then that you will desert and forsake One Whom ye confess to have 'come from God?'" The Lord does not deny the fact that they had faith, but He desires to warn them (as He had warned Peter) of its extreme weakness.

"And yet I am not alone, because the Father is with me." He had said this before (viii. 29), now He says it again; for the desertion by His own disciples brought before Him that ineffable Presence of the Father which could never leave Him, even though, for a brief moment, He seemed to be unconscious of it.

33. "These things have I spoken unto you, that in me ye might have peace." As if He said, "Do not be utterly cast down, though I question the strength and heartiness of your faith. I know all that will come, and so I have spoken all these things about My departure, your grief, My return in and through the Comforter, the love of the Father to you because ye have loved Me,—all these have I spoken that in Me ye might have a secret peace wherewith to meet the

have tribulation: °but be of good cheer: ᴾI have overcome the world.

° ch. xiv. 1.
p Rom. viii. 37.
1 John iv. 4.
& v. 4.

persecution of the world. Be not cast down, I have overcome the world. I have not been carried away for one instant by its applause. I have not been moved from My path ever so little by its opposition. Be of good cheer, for the Spirit within Me which has overcome the world shall be in you. I Myself will be in you, and so ' greater is He that is in you than he that is in the world.'"

CHAP. XVII.

THESE words spake Jesus, and lifted up his eyes to

Various names have been given to the deep and mysterious, and yet most loving and submissive utterance which follows. It has been called the prayer of the Son of God, as being His prayer which He said on behalf of Himself and His own, as distinguished from the prayer which He taught us to say on behalf of ourselves. It has been called the Great High Priestly prayer—the great Intercession; it has been called the Prayer of Consecration, as hallowing and setting apart His chosen ones for the work which He was now leaving in their hands. But can it be called a prayer? Is it not rather an act of free communion with God, of holy intercourse with the Father? Even in those parts which are supplicatory, the supplication is that of One Who is the equal of Him to Whom the supplication is addressed, and yet subordinate to Him; and the greater part by far is not prayer, but converse, the converse of One Who is in the same sphere with Him with Whom He converses. It is dutiful, submissive, reverential, and yet it is the utterance of One Who could say, "Father, glorify thy Son, that thy Son also may glorify thee." "Glorify thou me with thine own self, with the glory which I had with thee before the world was." All throughout it is in marvellous accord with every other word of the Son of God throughout this Gospel. In it there speaks the true and

heaven, and said, Father, ªthe hour is come; glorify thy Son, that thy Son also may glorify thee:

ª ch. xii. 23.
& xiii. 32.

---

1. "Also" omitted by אּ, A., B., C., D., old Latin (a, b, c, f, g), Vulg., Syriac, and versions; retained by L., later Uncials, and most Cursives.
"Thy" omitted by אּ, B., C., and some old Latin; retained by A., L., later Uncials, Cursives, old Latin (a, b, c, f, g), Vulg.

---

proper and only Son, and yet the obedient Son whose "meat and drink it is to do the will of Him that sent Him." It is the utterance of One Who did nothing of Himself, Who sought not His own glory, Who ascribed all, even the very gift of His chosen ones, to God, and yet was fully conscious that all men must honour Him, even as they honour the Father, if the Father Himself is to have the honour due to Him.

Nowhere else is the veil drawn up from before the relation of two Persons of the Godhead to one another. In no other place are we allowed to hear the secret converse of Deity. Elsewhere we are told of the love between the Father and the Son. Here is the expression of it.

1. "Lifted up his eyes to heaven." So did He when He brake the loaves, and blessed them. So did He when He raised up Lazarus.

"The hour is come." The hour of His deepest humiliation and sorrow; and close following upon it, as if it were but one event, the hour of His triumph over death, and His Ascension.

"Glorify thy Son, that thy Son also may glorify thee." Glorify Him by bringing Him triumphantly through the darkest valley of the shadow of death to His glorious Resurrection and Ascension, and the Descent of the Holy Ghost. The latter, if we are to hold in due regard this saying in chap. xvi., "He shall glorify Me, for He shall receive of mine, and shall show it unto you," is especially meant here. The Son of God was to glorify the Father by drawing all hearts to Himself, and so to the Father. Through knowing the Son by the Holy Ghost being given to them, men were to know the Father. The reader will remember the words of St. Paul (Phil. ii. 9), "God hath highly exalted him, and given him the name that is above every name . . . that at the name of Jesus every knee should bow . . . and every tongue confess that Jesus Christ is Lord, to the glory of God the Father."

2 ᵇAs thou hast given him power over all flesh, that he should give eternal life to as many ᶜas thou hast given him.

3 And ᵈthis is life eternal, that they might

ᵇ Dan. vii. 14.
Matt. xi. 27.
& xxviii. 18.
ch. iii. 35. &
v. 27. 1 Cor.
xv. 25, 27.
Phil. ii. 10.
Heb. ii. 8.
ᶜ ver. 6, 9, 24.
ch. vi. 37.
ᵈ Is. liii. 11.
Jer. ix. 24.

2. "As many as thou hast given him." "That whatsoever thou hast given Him, to them He should give" (Alford and Revisers); *ut omne quod dedisti ei, det eis vitam æternam* (Vulg.).

2. "As thou hast given him power over all flesh, that he should give," &c. Had this power then been already given to Him, or was the gift reserved till He ascended? All in the councils of the ever-blessed Trinity had been already given, but at the Ascension the gift took effect and was made manifest. The "as" denotes the sequence thus: the Son glorifies the Father by exercising that power over all flesh which issues in the gift of eternal life to as many as God has given to Him. "That he should give eternal life to as many as thou hast given to him." The structure of the sentence is peculiar, and our English translation scarcely gives its true meaning. It should be literally rendered, "That whatsoever (*i.e.*, πᾶν, "all," looked upon as one thing), Thou hast given to Him, to them (*i.e.*, to each individual of the whole that will receive it) He should give eternal life." The idea is not that of a narrowing, excluding predestination; on the contrary, it is that of (so to speak) a large trunk, or body, or whole, to the various parts of which the Son is to give eternal life. [See particularly note on page 163, on chap. vi. 39, and quotation from Cyril there.]

3. "And this is life eternal, that they might know thee," &c. Life eternal is knowledge, but not intellectual knowledge, such as we can have of words, or things, or ideas, or processes; but that knowledge which persons have of one another, when one can say of another, "I know him," "I know him so that I should converse with him, and learn his thoughts and will, and have intercourse with him as one soul can have with another."

"Thee, the only true God." This designation of the Father comes naturally after the acknowledgment, "Thou hast given him power over *all* flesh." All flesh must comprehend the multitudes

know thee ᵉ the only true God, and Jesus Christ, ᶠ whom thou hast sent.

ᵉ 1 Cor. viii. 4.
1 Thess. i. 9.
ᶠ ch. iii. 34. &
v. 36, 37. & vi.
29, 57. & vii.
29. & x. 36. &
xi. 42.

3. "Jesus Christ, whom thou hast sent." "And Him Whom Thou didst send, even Jesus Christ" (Alford and Revisers).

who were worshipping false gods, and so the Lord here sets forth life eternal to be the intimate and personal knowledge of the One true God, the Father, not as excluding the other two Divine Persons, but as including them, for the Father being the Fountain of Deity, includes in Himself the Son, Who is of Him and from Him, and the Holy Ghost, by Whom both the Father and the Son are known and seen.

"And Jesus Christ, whom thou hast sent." Compare with this, "ye believe in God, believe also in me," and "I am the way, and the truth, and the life; no man cometh unto the Father but by me."

The first recognition of Jesus as the Christ was that He was the sent of God. They who firmly and savingly believed this, had in them the root of all further acknowledgment of Him as the Messiah, the Son of God, and the Lord and God, because, as I said, it is not possible to suppose that God would send as His special messenger anyone who would exaggerate or misrepresent his relations to God.

Exception has been taken to the use of the words "Jesus Christ" by the Lord as a designation of Himself. Some Rationalists, who wish to get rid of the truth of this Gospel, assert that it would have been impossible at that time for the Lord to have called Himself by this united name and title; and others think that the Evangelist must here have given a gloss on the Lord's words rather than the words themselves; but such expositors seem to forget that St. Peter within two months after this said to the Jews, "Let all the house of Israel know assuredly that God hath made that same Jesus whom ye have crucified both Lord and Christ" (Acts ii. 36), and, a few days after, this very collocation, "He shall send Jesus Christ, which before was preached unto you" (Acts iii. 20).

The "knowing" Jesus Christ is the knowing Him as the Prophet, Priest, and King of His people; learning of Him as the Pro-

4 ᵍI have glorified thee on the earth: ʰI have finished the work ¹ which thou gavest me to do.

g ch. xiii. 31. & xiv. 13.
h ch. iv. 34. & v. 36. & ix. 3. & xix. 30.
i ch. xiv. 31. & xv. 10.

4. "I have finished." "Having accomplished;" so ℵ, A., B., C., L., some Cursives (1, 33, 42, 122, 246), and versions; but later Uncials, nearly all Cursives, old Latin (a, c, e, f, g), Vulg., and Syriac (Peshito), as in Rec. Text.

phet, coming to God through Him as the Priest, obeying Him, and being loyal to Him as the King.

4. "I have glorified thee on the earth, I have finished (or, by finishing) the work which thou gavest me to do." It has been asked, "How could the Saviour say this, seeing that His great work of atoning sacrifice on the Cross was not begun? After that work was over He said, 'It is finished.'"

The answer is, that He no doubt distinguished between His active work whilst living amongst men, and His sufferings when dying. He had a certain work to do before He died to expiate sin. He had said, "I must work the works of Him that sent me whilst it is day" (ix. 4). It is very remarkable that the earliest liturgy which has come down to us, in citing this place, makes this distinction: "He was holy in His conversation, and taught according to the law; He cured diseases, and wrought signs and wonders among the people; He manifested Thy Name to them that knew it not; He dispelled the cloud of ignorance, restored piety, fulfilled Thy will, and finished the work which Thou gavest Him to do. And when He had regulated all these things, He was seized by the hands of a disobedient people and wicked men abusing the office of priests," &c. In other words, His work, whilst living amongst us, was to manifest the character of God in His conversation, the power and beneficence of God in His miracles, and the wisdom of God in His discourses.

We know also that one most important part of His work, if not the chief part, was to retain those whom God had given to Him, to augment their faith, and to wean them from the world. As He says afterwards, "While I was with them in the world, I kept them in Thy name," "Those whom thou gavest me I have kept," "For their sakes I sanctify myself."

There is something very mysterious in the way in which the Lord

5 And now, O Father, glorify thou me with thine own self with the glory ᵏ which I had with thee before the world was.

ᵏ ch. i. 1, 2.
& x. 30. & xiv. 9. Phil. ii. 6.
Col. i. 15, 17.
Heb. i. 3, 10.

---

communes with His Father respecting these chosen Apostles. Assuredly, in His own eyes, and in that of His Father's, there was that in them which made the members of this small band a necessity, if one may so say, to the Church. They were not merely the founders of the Church, but the Church itself,—certainly the unity and the ministry of the Church was in them, or there is no meaning in some of the most remarkable words of this prayer.

Many commentators think that the Lord in saying, "I have finished the work," speaks in anticipation of His sufferings, but are we not forced by many sayings of His to distinguish between the work He had to do before He could suffer, and His subsequent sufferings?

5. "And now, O Father, glorify thou me with thine own self with the glory," &c. This verse may be rendered, "And now glorify Thou me, O Father, by the side of Thyself, with the glory which I had before the world was, by Thy side." "With Thee" unquestionably means "in the same sphere, or place, as Thou art—on Thy throne, at Thy right hand." The Lord here asks that the Divine glory which He shared with the Father, before He emptied Himself of it by becoming incarnate (Phil. ii. 7) may now be given back to Him in the nature which He had assumed. Mark that it is one and the same Person Who had glory with the Father before all worlds, and now prays that it may be restored to Him; but though the Personality is one, He is now in a different condition, for He has inseparably united to Himself our human nature, and He asks that He may receive again His pristine glory in this nature. There is no place which more strikingly sets forth the truth of the words of the Creed, "The Godhead of the Father, of the Son, and of the Holy Ghost is all one, the glory equal, the majesty co-eternal." The One Person, Jesus Christ, Who "being in the form of God, thought it not a thing to be tenaciously held to be equal with God," now asks that that may be restored to Him which, for our sakes, He had laid aside. What was it? It was such a form of God as necessarily implied equality with God (Phil. ii. 6). Let it be remembered also that this petition was not solely on behalf of

6 ¹I have manifested thy name unto the men ᵐwhich thou gavest me out of the world: thine

¹ ver. 26. Ps. xxii. 22.
ᵐ ver. 2, 9, 11. ch. vi. 37, 39. & x. 29. & xv. 19.

Himself: for if every tongue confesses that Jesus Christ is Lord, it is "to the glory of God the Father." It was also for His people, for God hath answered the prayer, and put all things under His feet, that "He might be Head over all things to the Church, which is His Body" (Ephes. i. 22, 23).

6. "I have manifested thy name unto the men which thou gavest me." What Name did the Saviour manifest? It can be no other than the Name of "The Father." It could not have been any of the Names of God revealed in the Old Testament, such as Jehovah, Elohim, Most High, for Moses and the Prophets had abundantly manifested these names. But it is very remarkable that the most endearing Name of God,—the Name of the Father, is scarcely known in the Old Testament. He is but once or twice called a Father, as in Deut. xxxii. 6, Isaiah lxiii. 16, and in no place as essentially a Father. Never once is He designated as the Father. And indeed it cannot have been otherwise, for the Revelation of God as a Father depends upon the fact that He is a real Father, and this Fatherhood consists not in His having created men, or angels, of some substance which He has made, which must be a substance and a nature other than His own, much less in adopting a Son out of another family, but in giving existence out of His own substance to One Who is of the same nature as Himself, and so of the same power and the same character.

This, the Revelation of the Father as eternally and essentially a Father, in the nature of things could only be through the manifestation of a true and real Son, and so it was reserved to the Incarnation and Manifestation amongst us of the true and only Son, by union with Whom men could be as they had never been before, sons of God.

But how has Christ manifested the Father's Name? Not merely by asserting His Father's Paternity and His own Sonship, but by visibly manifesting the character, the power, the grace, the love, the wisdom, indeed all that constitutes the spiritual nature of the Father, so perfectly that He could say, "He that hath seen me hath seen the Father."

"The men which thou gavest me out of the world. Thine they were," &c. There is peculiar emphasis laid upon this, that the

they were, and thou gavest them me; and they have kept thy word.

7 Now they have known that all things whatsoever thou hast given me are of thee.

8 For I have given unto them the words ⁿ which thou gavest me; and they have received *them*, ᵒ and

ⁿ ch. viii. 28. & xii. 49. &
ᵒ ver. 25. ch. xvi. 27, 30.

Apostles, and in them other believers, were given by the Father to Christ that they should be peculiarly His own, not as excluding them from the domain and ownership of the Father, but as bringing them nearer to the Father as parts, or members, of Himself, the Son. Thus the Lord says, "I am in My Father, and ye in Me, and I in you," and His servant says, "The head of every man is Christ . . . and the head of Christ is God," and again, "Ye are Christ's, and Christ is God's" (1 Corinth. xi. 3, and iii. 23).

"Thine they were." They were the true children of God, as sincere and religious members of the Jewish Theocracy. This is particularly shown by the leaders of them having been disciples of such an one as the Baptist, and in all probability, more of them had been followers of John than those especially mentioned as such. If we had made known to us the secret religious history of each one of them before they began to follow Jesus, we should see with what wisdom God had chosen them, and how He had drawn and disciplined, kept and taught them, till He gave them to His Son. Men freely criticize their ignorance, and their narrow and partial views, and their seemingly deep-rooted Judaism, and yet God must have discerned some special fitness in each one of them (even in the traitor before he fell) that they should be given to His Son as His companions and the carriers on of His work.

7. "Now they have known that all things whatsoever thou hast given," &c. They have known that of Thee is all my teaching, of Thee are the deep mysteries of the New Birth, and of the eating of My Flesh, of Thee are all things that I have taught them of the Good Shepherd, and of the Water of Life. Of Thee are all things that I have taught them of Thyself and of the Spirit. Of Thee are all the mighty works that I have done.

8. "For I have given unto them the words which thou gavest me, and," &c. Notice here how the knowledge of the Apostles

have known surely that I came out from thee, and they have believed that thou didst send me.

9 I pray for them: ᵖI pray not for the world, but for them which thou hast given me; for they are thine.

ᵖ 1 John v. 19.

10 And all mine are thine, and ᵠthine are mine; and I am glorified in them.

ᵠ ch. xvi. 15.

---

which saved them and enabled them to be Apostles, depended upon their obedience. "They have kept Thy word, for what I said to them is not Mine, but Thine; they have received the words which Thou gavest me, no matter how deep and mysterious, no matter what they set forth respecting Myself and Thee, and so they have known surely that I came out from Thee, and they have believed that Thou didst send Me."

9. "I pray for them: I pray not for the world." This has been explained as if it means, "I pray not for the unbelieving world, for those who, because of sin, cannot believe;" but surely He is the Saviour of the world, and even the world will have, sooner or later, some part in His Intercession. Does it not rather mean, "I pray not *now* for the world. I pray at the present time for these only on whom Thou hast made its conversion to depend. These thou hast given to Me out of the world, apart from it, that they may be thoroughly sanctified and separated from it ere they can, in My Name, act upon it for good." Then He proceeds to say, "For they are thine." In praying for them, I pray for Thine own—those in whom Thou hast as much part as I have, though Thou hast given them to Me.

10. "And all mine are thine, and thine are mine, and I am glorified in them," &c. The Father did not, because He gave them to the Son, Himself lose those whom He gave: seeing the Son still goes on to say, "And all mine are thine, and thine are mine." Whence it sufficiently appears, how all things that are the Father's are the only-begotten Son's; namely, because He also is God, and begotten of the Father, and equal to the Father. These words, in the mouth of any mere creature, would be blasphemy. But He Who said it had made all things, and "without him was not anything made that was made," so that in all created things He had the most perfect of all rights, that of the Creator.

11 ʳAnd now I am no more in the world, but these are in the world, and I come to thee. Holy Father, ˢkeep through thine own name those whom thou

r ch. xiii. 1. & xvi. 28.
s 1 Pet. i. 5. Jude 1.

---

11. "Through thine own name those (οὕς) whom thou hast given." "Through thine own name which [ἐν τῷ ὀνόματί σου ᾧ] thou hast given." So ℵ, A., B., C., L., most later Uncials, Syriac, and some versions; so D. which reads ὅ; but old Latin, Vulg., and some versions read as in Rec. Text.

11. " And now I am no more in the world, but these are in the world," &c. These verses recognize the human solicitude exercised by the Son of God over His own. He had kept them hitherto by His presence, His watchfulness, His needful encouragements and reproofs. All this was His human action as their loving Master, and with His departure they must of necessity lose it, and the loss of such oversight would be perilous. It was absolutely necessary, if they were to be preserved to the Church to carry on the work of Christ, that they should be kept in the Faith or Name which Christ had received from God and given to them, and in which at present they were standing. They must also be kept together in unity, and in love to one another. This He had hitherto done personally, as for instance, when they had disputed which should be the greatest He had washed their feet. But now this tender, loving, personal watchfulness exercised by the Man Christ Jesus was to cease. They were to be left to themselves whilst Christ returned to His Father. So the Lord commits them into the hands of His Father, just as a dying parent would commit his little ones to God. This was no mere form. God works on human beings by such human means as the unceasing watchfulness of parents, or ministers, or teachers. This is as necessary in its place as the Divine Superintending Providence is in its place. And at a time of extreme danger they were to be cast upon themselves: " Satan desiring to have them, that he might sift them as wheat." And so the Lord, Who had hitherto kept them in a state of holy separation from the world, now commits them to His Father, using the (with Him) unique expression " Holy Father; " thus reminding God of His own infinite holiness as a plea that He should keep them in the holiness to which, through Christ's never-ceasing watchfulness, they had attained.

"Keep through thine own name those whom thou hast given," &c. A very great preponderance of authorities read, " Keep them through the Name which (Name) Thou hast given to Me." The

hast given me, ᵗ that they may be one, ᵘ as we *are*.   ᵗ ver. 21, &c.
12 While I was with them in the world, ˣ I ᵘ ch. x. 30.
kept them in thy name: those that thou gavest ˣ ch. vi. 39. & x. 28. Heb. ii. 13.
me I have kept, and ʸ none of them is lost, ᶻ but ʸ ch. xviii. 9. 1 John ii. 19.
  ᶻ ch. vi. 70. & xiii. 18.

12. "In the world" omitted by א, B., C., D., L., old Latin (b, c, e, f, g), Vulg.; retained by A., later Uncials, Cursives, and Syriacs.

"I kept them in thy name: those that thou gavest me." "I have kept them in thy name which (name) thou hast given, and guarded them." So B., C., L., some versions; but A., D., later Uncials, most Cursives, Vulg., and Peshito as in Rec. Text.

"Name" of God, which Christ received from God to make known unto men, was "the Father." "Keep them through thine own Name" means, "Keep them in the realizing belief of Thy Fatherhood, that Thou art the Father of Me, and then of themselves in Me."

"That they may be one, as we are." As I said before, there seems to have been some deep, mysterious necessity that the Apostles should keep together as one—as much as possible even in the same place (John xx. 24; Acts i. 13, 14), that there should be no divisions among them, no jealousies, no separations. Apparently it was in the counsels of God that the Holy Spirit should descend upon the Apostolic body in full number (Acts i. 21-26), and in perfect unity in itself. We, in the present divided state of the Church, cannot recognize the necessity for this. But that it was, in the sight of God, a necessity, is certain. "That they may be one, as we are." No unity can be more perfect than that between the persons in the Godhead, and yet such an Unity is prayed for by Christ on behalf of the Apostolic band. As the Fatherhood in the Godhead is the type of all Fatherhood, as the love between the Persons in the Godhead is the original, uncreated love from which all created love is derived, so the unity of mind and will between the Persons of the Godhead is the pattern of all unity of purpose and will in all intelligences.

12. "Whilst I was with them in the world, I kept them in thy name," &c. The Lord here reminds His Father how unceasingly and perfectly He had fulfilled His will in keeping and guarding the disciples He had given to Him, so that the Father, Who had given them to Him, should make good the personal absence of the Son.

"And none of them is lost, but the son of perdition; that the scrip-

the son of perdition; ᵃthat the scripture might be fulfilled.

*Ps. cix. 8.
Acts i. 20.*

13 And now come I to thee; and these things I speak in the world, that they might have my joy fulfilled in themselves.

14 ᵇI have given them thy word; ᶜand the world hath hated them, because they are not of the world, ᵈeven as I am not of the world.

*ᵇ ver. 8.
ᶜ ch. xv. 18, 19.
1 John iii. 13.
ᵈ ch. viii. 23.
ver. 16.*

---

ture might be fulfilled." As if He said, "It is true that one is lost, but Thine own word predicts the fall. So that, having regard to the conditions under which Thou hast decreed that souls should be kept in a state of grace, to keep him was impossible."

Judas was lost by his own free-will determinedly choosing evil in the presence, and under the teaching, and in spite of the warnings, of Jesus Christ. God Who, dwelling in eternity, foresees all possible contingencies, foresaw his fall, and foretold it, and made it to serve His purposes of grace in redemption, without having, in the least degree, fore-ordained it. It is to be remembered that the fall of Judas, terrible though it was, is only one instance out of multitudes in which God permits men to receive gifts which they fling away, and occupy spheres for which in the end they, through their own fault, prove themselves unfit.

13. "And now come I to thee; and these things I speak in the world . . . . my joy," &c. I leave the world and come to Thee, but, before I leave the world, I say these things to Thee in their hearing, that they may see how We love them, and that they may persevere, and so at last enter into My joy (see particularly for a parallel instance, xi. 42).

Or Christ's joy may here mean that deep, calm, unutterable sense of joy at the thought of His Father's love, and so the knowledge which the disciples received respecting it by hearing His communing with the Father would make them even now enter into it, seeing that He assured them that, by being one with Him, they were sharers in His Father's love.

14. "I have given them thy word; and the world hath hated them." "This word being the message of deliverance from sin and from this evil world has already raised them above the world and translated them into My kingdom, and so the world hath hated

15 I pray not that thou shouldest take them out of the world, but ᵉthat thou shouldest keep them from the evil.

16 ᶠThey are not of the world, even as I am not of the world.

ᵉ Matt. vi. 13. Gal. i. 4.
2 Thess. iii. 3.
1 John v. 18.
ᶠ ver. 14.

---

15. "The evil." Perhaps, "from the evil one."

them." This must have been said from His perfect knowledge of the hearts of all men, for, as yet, all the enmity of the Jewish world had been concentrated on Himself. He alone, in Jerusalem at least, had spoken in the ears of the world, and had drawn upon Himself its wrath, but He saw plainly that those who had so openly cast in their lot with Him, were already partakers of it, for the Jews had long before this decreed, "that, if any man confessed that He was the Christ he should be put out of the synagogue" (ix. 22).

15. "I pray not that thou shouldest take them out of the world, but," &c. He had spoken of being "no more in the world," of being "not of the world," and that "they were not of the world as He was not." It might follow from this that they who heard His prayer would expect to be removed out of the world, so as to act upon it, as He would, from some higher sphere, but this was not His or His Father's will: His chosen ones had a lifelong conflict to maintain after His departure, and so He prays not that they should be removed out of the sphere of evil, but that they should be kept from the evil; either the evil which is in the world, or its prince, the evil one, who directs its energies against the truth. Notice how the Lord here prays that those who had already received His words, and had been separated from the world by their faithful reception of them, should be kept from its evil influence. Can anything more clearly show that as long as men are here their probation is not finished: they have yet to maintain a warfare, and have ever need of the Intercession of Christ, lest they should be entangled and overcome?

"They are not of the world, even as I am not of the world." Remember how the Apostle says, "As he is, so are we in this world." As He had received the word of the Father and kept it, so had the Apostles, through Him, received the same word, and, because of this, had partaken of His separation from the world.

17 ᵍSanctify them through thy truth: ʰthy word is truth.

18 ⁱAs thou hast sent me into the world, even so have I also sent them into the world.

ᵍ ch. xv. 3. Acts xv. 9. Eph. v. 26. 1 Pet. i. 22.
ʰ 2 Sam. vii. 28. Ps. cxix. 142, 151. ch. viii. 40.
ⁱ ch. xx. 21.

17. "Thy truth." "The truth" read in ℵ, A., B., C., D., L., old Latin, and Vulg.; but later Uncials, Cursives, Syriac, and some versions read as in Rec. Text.

"Sanctify them through (or in) thy (or the) truth: thy word is truth." To sanctify is not so much to purify from sin as to hallow, or dedicate, or consecrate to the service of God. "The holy is not opposed to the impure, but merely to the natural. To sanctify is to consecrate to a religious use anything pertaining to common life. Thus in Exodus xxix. 1 (Septuagint) where the priests are said, 'to be hallowed to minister, in the priest's office,' the word translated 'hallow' is the same as this, which is here rendered 'sanctify.' From an Old Testament point of view consecration was an external and ritual act; under the New Covenant, where all is spiritual, the seat of consecration is first of all the heart, or will of the person consecrated. In saying, then, 'sanctify them,' Jesus solicits for them a heart entirely devoted to the task they will have to fulfil in the world. Their whole strength, talents, life, must be dedicated to this great work, the salvation of men, which involves the renunciation of all self-gratification, however lawful, the absence of all interested aims and all self-seeking." (Godet.)

"Thy word is truth." The "Word" here has been taken to mean the personal Word, in Whom is the whole enunciation and revelation of the truth of God, but the Lord never speaks of Himself as the Word, so we should rather take it to mean that which He had just said that He had given to them, *i.e.*, the revelation of the Father, and of Himself as the Son and very Image of the Father. This, as it had already raised them above the world, so if, by God's help, they abode in it, would do so increasingly. This truth or Word of God sanctified them for the work of the Apostleship by raising them above the falsehood and littleness, as well as the wickedness of the world.

18. "As thou hast sent me into the world, so have I sent them into the world." This is a further reason why God the Father should keep them from the evil and sanctify them. As the Son

19 And ᵏ for their sakes I sanctify myself, that they also might be ‖ sanctified through the truth.

20 Neither pray I for these alone, but for them also which shall believe on me through their word;

ᵏ 1 Cor. i. 2. 30. 1 Thess. iv. 7. Heb. x. 10.
‖ Or, *truly sanctified.*

---

19. "Through the truth." Literally, "in truth."
20. "Shall believe." "Believe" in the present tense is read by an overwhelming majority of authorities, א, A., B., C., D., L., most later Uncials and Cursives, Syriac, and versions. Only some old Latin and Vulg. as in Rec. Text.

Himself had been sanctified (*i.e.*, consecrated) by the Father to represent Him and redeem the world, so had the Son sent His Apostles into the world to represent Him, and apply the Redemption which He wrought.

19. "And for their sakes I sanctify myself, that they also might be sanctified," &c. The Lord here means, "For their sakes I consecrate Myself as a holy and spotless Victim by the suffering I now submit to undergo, that they also may be sanctified"—that is, that they may receive the fulness of the Spirit, Who will guide them into all the truth, and by that guiding fit them to represent Me, and carry on My work. If we take it as sanctified "in truth" it is the same, for he who is sanctified by the truth is sanctified in truth and reality. Is, then, the consecration of Christ only for the Apostles? No, but it was especially for them, to this end, that through them the means of universal sanctification was established in the preaching of the Gospel and in the foundation of the Church. It was the will of God that the Church should be in them, inasmuch as they were the first branches into which the True Vine divided itself.

20. "Neither pray I for these alone, but for them also," &c. This expression, "for these alone, but for them also," is to be remarked. The Church was in the Apostles, its doctrine, fellowship, sacraments were ordained by God so to depend upon their sanctification or consecration, that, in praying for the Apostles, the Lord prayed for the fulfilment of God's purposes in the Church which sprung from them; and yet, as the Apostles existed not for themselves but for the whole Church, the Lord mentions "all those which believe on Him through their word." Not which *shall* believe, but which, according to the best reading, believe *now;* the belief of believers in distant ages being anticipated in the faith of the first Christians,

21 ¹That they all may be one; as ᵐthou, Father, *art* in me, and I in thee, that they also

¹ ver. 11, 22, 23. ch. x. 16. Rom. xii. 5. Gal. iii. 28.
ᵐ ch. x. 38. & xiv. 11.

who believed through the word of the Apostles themselves. Believers in all ages are thus combined in a single body. "This saying of Jesus assigned a capital part in the life of the Church to the Apostolic *word*. Jesus did not recognize in the future any faith capable of uniting man to God, and of preparing Him for glory, except that which should be begotten and nourished by the teaching of these eleven Apostles." (Godet.) The teaching of St. Paul, it may be added, was in no respect different, but entirely founded upon the original tradition; so, at least, he most emphatically asserts in 1 Corinth. xv. 1, &c.

21. "That they all may be one." Is it possible that so immense a body of persons should be one? It is not impossible, for here the Lord prays for it: so that we may be sure that no divisions of the Church are of necessity, all come from the perverseness of man, and are contrary to the will of God and the prayer of Christ.

"As thou, Father, art in me, and I in thee, that they also may be [one] in us." The unity of the members of the Church is not a unity of mere opinion, or of purpose, or of mutual agreement, but it is a unity with one another, because they are in God and in Christ. It is a unity, the increase and perfection of which depend upon many things. It depends, for instance, upon holiness, for wilful sin cuts off from Christ, and therefore from oneness with Him and God. It depends upon our abiding in the faith or word which was "once for all delivered unto the saints," or St. John would not have been inspired to write, "Let that therefore abide in you which ye have heard from the beginning. If that which ye have heard from the beginning shall remain in you, ye also shall continue in the Son and in the Father" (1 John ii. 24). St. Paul calls men to it by the consideration of certain great unifying truths, "There is one body and one Spirit, even as ye are called in one hope of your calling, one Lord, one faith, one baptism, one God and Father of all, who is above all, and through all, and in you all" (Ephes. iv. 4, 5, 6). It depends, one may say, almost necessarily on the realization of the grace of sacraments. That by baptism we are grafted into one Body, and by the Eucharist are partakers of One Bread, and so are

may be one in us: that the world may believe that thou hast sent me.

22 And the glory which thou gavest me I have given them; [n] that they may be one, even as we are one:

[n] ch. xiv. 20.
1 John i. 3. & iii. 24.

---

21. "One in us." "One" omitted by B., C., D., some old Latin (a, b, c, e); retained by ℵ, A., C³., L., later Uncials, nearly all Cursives, some old Latin (f, g, q), Vulg., Coptic, Syriac, &c.

continued in One Body. This unity was realized for a short period in the Pentecostal Church, for they continued steadfastly in the Apostles' doctrine, and in their fellowship, and in the breaking of bread, and in the prayers, "and the multitude of them that believed were of one heart and of one soul" (Acts ii. 42, iv. 32).

"That the world may believe that thou hast sent me." It is to be remarked that this wonderful prayer is not for the holiness of the Church, or its zeal, or its activity, but for its oneness; for the Lord here prays for the conversion of the world, but the conversion of the world as, in the counsels of God, depending upon the unity of those who present Christ's message to the world. The holiness and goodness of Christians, if they have not unity, is distracting to the outside world. The world asks, "If such holy men differ, what are we to believe?" They have asked, and are unceasingly asking this in such immense fields of labour as India and China, and can they do otherwise? It stands to reason that the sight of one Holy Catholic Church, immense in numbers, purifying itself from sin, rich in good works of faith and charity, and withal presenting one undivided front, would be overwhelming. Men may call this a dream, but it is a dream for the realization of which Christ here prays.

22. "And the glory which thou gavest me I have given them." This glory is most probably the glory of being sons of God by the indwelling and leading of the Spirit; for the especial grace of Christ to those who receive Him is described in the exordium as, "power to become the sons of God." And by St. Paul in the words, "God sent his Son, made of a woman, made under the law . . . that we might receive the adoption of sons" (Gal. iv. 4, 5). This view agrees best with the contents of verses 22 and 23. Christ's true Sonship involves His Unity with the

23 I in them, and thou in me, ᵒ that they may be made
ᵒ Col. iii. 14. perfect in one; and that the world may know
that thou hast sent me, and hast loved them, as thou hast
loved me.

ᵖ ch. xii. 26.
& xiv. 3.
1 Thess, iv. 17.
24 ᵖ Father, I will that they also, whom thou
hast given me, be with me where I am; that they
may behold my glory, which thou hast given me:
ᵠ ver. 5. ᵠ for thou lovedst me before the foundation of the
world.

---

23. "And" omitted by B., C., D., L., some Cursives (33, 69, 124), some old Latin (a, e, g), Coptic; retained by A., later Uncials, almost all Cursives, and Syriacs.
24. "I will that they also, whom thou hast given me, be with me," &c. "That *that* (neuter) which thou hast given Me, they also may be with Me." So ℵ, B., D., Coptic; but A., C., L., later Uncials, all Cursives, old Latin, Vulg., Syriac, Sah. Arm. and Æth. as in Rec. Text.

Father, the sonship of His followers involves their spiritual unity with Him and with His Father.

23. "I in them, and thou in me . . . loved them, as thou hast loved me." Here the Lord, as it were, advances in His demand, that His Church may be perfect in one, that the world may not only *believe*, but *know* that God has sent Him.

"And hast loved them, as thou hast loved me." What is the proof to the world that the Father has loved the Son? Evidently that the Son so fully partakes of the goodness and wisdom and love and holiness of God. Such gifts can only come from the Author and Giver of all goodness, and so the more the character of Christ is reproduced in His followers the more certain will the world be that they are true sons of God by belonging to Christ, and so partaking of the filial gifts which are characteristic of God's Son.

24. "Father, I will that they also, whom thou." Notice the word "I will"—not "I pray," but it is My wish, simply expressing the desire. This accords with what we said before, that this chapter is an act of converse as much as a prayer. How very human this request is! These men had been witnesses of His humiliation: He naturally desires that they should behold His Glory, the Glory which He shared with the Father, as He had shared His love, before the foundation of the world. As they had seen the humiliation of the

25 O righteous Father, ʳ the world hath not known thee: but ˢ I have known thee, and ᵗ these have known that thou hast sent me.

26 ᵘ And I have declared unto them thy name, and will declare *it*: that the love ˣ wherewith thou hast loved me may be in them, and I in them.

ʳ ch. xv. 21. & xvi. 3.
ˢ ch. vii. 29. & viii. 55. & x. 15.
ᵗ ver. 8. ch. xvi. 27.
ᵘ ver. 6. ch. xv. 15.
ˣ ch. xv. 9.

---

26. "Declared." "I have made known unto them" (Alford and Revisers); *notum feci eis* (Vulg.).

Divine Son in His human nature, and acknowledged it, and believed, notwithstanding His lowliness, that He came from God, so He wills that as the reward of this they should see His Divine Glory shining through the same human nature. It was only right that He and they should be thus rewarded, and so He says,

"O righteous Father," O Father, Who givest to all what is right and just, "the world hath not known thee," and so Thou mightest justly leave them in their ignorance, but I Whom Thou sentest into the world under the same conditions of human nature as My brethren, "I have known thee," and these have progressed in Thy knowledge which I have given them, so far as they were able, even so as to have known that Thou hast sent Me.

26. "And I have declared unto them thy name, and will declare it," &c. I have declared unto them Thy Name of Father throughout all My past intercourse with them.

"And will declare it" still more fully at Pentecost, and will continue to make it known to them, that "the love wherewith thou hast loved me may be in them, and I in them." This is the counterpart of what He had said before, "If a man love me, he will keep my sayings, and my Father will love him, and we will come unto him, and make our abode with him." God loves the true believer as being not in Himself but in Christ, and because Christ is in him; and so the final mystery of God's love to believers is, that God loves them as one with His Son.

CHAP. XVIII.

WHEN Jesus had spoken these words, ^a he went forth

^a Matt. xxvi. 36. Mark xiv. 32. Luke xxii. 39.

We now come to the testimony of the beloved disciple to the Lord's condemnation and Sacrificial Death. The differences between his account and that of the Synoptics are very considerable, and yet not only is his narrative capable of being reconciled in almost every point with that of the first three Evangelists, but is their necessary supplement, rendering much in the older narratives intelligible, as we shall notice as we proceed.

St. John recounts very briefly the events from the departure to Gethsemane to the delivery of the Lord to Pilate, and seems to hasten to the examination before Pilate, in his account of which he reports certain matters which are in remarkable accordance with the characteristic features of this Gospel—in fact, are what is called Johannine, and yet are absolutely necessary to the right understanding of much in the Synoptic accounts.

1. "When Jesus had spoken these words, he went forth with ... and his disciples." It is impossible to say, with anything like certainty, where the words of the Lord, as contained in the 15th, 16th, and 17th chapters, were spoken. At the end of the discourse in the 14th chapter the Lord had said, "Arise, let us go hence." They must then have left the room where He had instituted the Eucharist, and where He had washed their feet. The part of the discourse which follows could not, we should think, have been delivered as they walked through the public roads to the place where they crossed the brook. The words seem too solemn, and to demand too much attention, to have been uttered as they passed through places of public resort. It is conjectured that the prayer in chap. xvii., being an act of priestly intercession, would most fittingly have been said in the Temple, which, it is also conjectured, lay in their way. But the Evangelic writers are not careful to inform us respecting thousands of such matters of time and place.

with his diciples over ᵇ the brook Cedron, where was a garden, into the which he entered, and his disciples.

ᵇ 2 Sam. xv. 23.

2 And Judas also, which betrayed him, knew the place: ᶜ for Jesus ofttimes resorted thither with his disciples.

ᶜ Luke xxi. 37. & xxii. 39.

---

1. "The brook Cedron." The Received Text, with the great majority of MSS. (B., C., E., G., H., K., L., &c.), read the word as if it meant " the brook of the Cedars." Some MS. (אּ, D., and some old Latin), as if it were " the brook of the Cedar," supposing that the name of the brook was derived from the name of the tree. It, however, signifies "black." The pronunciation according to the Hebrew pointing is Kidrōn.

They rather seem as if they were led by a higher Power to discourage the investigation of such things.

But a question of far more importance which should be answered is this: immediately after He had uttered the prayer the Lord went over the brook to endure the agony; how could the depth of peace and serenity of this act of converse with His Father be exchanged, in so short a time, for the fearful bitterness and distress of the scene in Gethsemane? There is no difficulty about it, if He so assumed our whole nature with all its sinless weaknesses, as to be able to enter into our fluctuations of soul, our rapid alternations between mental joy and anguish, hope and fear. And besides this He had, but a few hours before, experienced a foretaste of what He was about to endure, when He exclaimed, "Now is my soul troubled. What shall I say? Father, save me from this hour." If this trouble of soul passed into the calmness of the subsequent discourse and the prayer, this latter might also give way in its turn to the agony in Gethsemane.

"Over the brook Cedron." The Lord passing the Kedron cannot fail to remind us of his ancestor and type passing over the same brook (2 Sam. xv. 23), only with this difference, that David passed over it to flee from treachery and violence, whereas Christ passed over that He might endure these evil things for our sakes.

2. "And Judas also, which betrayed him, knew the place: for Jesus," &c. He must have watched to see whether, after his departure, the holy company went over the Kedron, and, if they did, he knew whither they would resort, and there would be his opportunity to betray the Lord "in the absence of the multitude." (Luke xxii. 6.) "The remembrance of the prayers in which our

3 ^d Judas then, having received a band *of men* and officers from the chief priests and Pharisees, cometh thither with lanterns and torches and weapons.

^d Matt. xxvi. 47. Mark xiv. 43. Luke xxii. 47. Acts i. 16.

4 Jesus therefore, knowing all things that should come upon him, went forth, and said unto them, Whom seek ye?

5 They answered him, Jesus of Nazareth. Jesus saith

---

5. "Jesus of Nazareth;" rather, "Jesus the Nazarene," said in contempt. In John i. 45, it is "Jesus out of Nazareth."

Lord had so often passed whole nights in this place, and of which the traitor had been himself a witness, was not capable of softening his heart." (Quesnel.)

3. "Judas then, having received a band *of men* and officers," &c. Literally, "having received the band (of soldiers) and (also) officers from," &c. "The band was a part of the cohort, or part of the Roman legion, stationed in Jerusalem, which occupied the citadel Antonia, at the north-western angle of the Temple." It is not here used technically to signify the whole number belonging to a maniple. The word officer is not to be understood in the higher sense in which we most frequently use the word, but simply as men employed on such duties,—in fact, "police." Thus, in chap. vii. 32, the chief priests "sent officers to take him."

"With lanterns and torches." As it was full moon, these were probably brought with the view of discovering Him if He took refuge in the dark ravine of the Kedron, or in the olive-groves. The mention of these lights is peculiar to St. John, and is a proof that the writer was an eye-witness.

4. "Jesus therefore, knowing all things that should come upon him." With the full consciousness of all that He should suffer, and in order that the whole counsel of God might be fulfilled.

"Went forth," either from the garden, at the entrance of which He was awaiting their arrival, or from before the company of the disciples who were around Him.

"Whom seek ye?" In the moment before this we are to place the sign given by the traitor. Jesus did not, however, wait for them to take advantage of it. It was, after all, a superfluous act of wickedness, for the Lord stepped forward to the front to proclaim Himself.

5. "They answered him, Jesus of Nazareth." No doubt they

unto them, I am *he*. And Judas also, which betrayed him, stood with them.

6 As soon then as he had said unto them, I am *he*, they went backward, and fell to the ground.

---

had heard of the multitudes crying, "This is Jesus, the prophet of Nazareth of Galilee."

"Jesus saith unto them, I am he" (or "I am").

"And Judas also, which betrayed him, stood with them." Having committed the act of treachery, he had fallen back into the front of those whom he was leading.

6. "As soon then as he had said unto them, I am he, they went backward," &c. It has been much discussed whether it was an exercise of supernatural power by which those sent to take him fell prostrate. Commentators who willingly acknowledge His Godhead seem to hesitate; it being an almost universally received axiom that even in the life of the God-Man we are, if possible, to avoid a miracle. It has consequently been ascribed to the majesty of our Lord's appearance, or to His supreme virtue contrasted with the sense of guilt in those who came to take Him. But will this bear investigation for a moment? If the extraordinary majesty of His human Person, or His goodness and holiness, produced the effect of prostrating those sent to take Him (though they were only obeying the orders of their superiors), why was it not uniform in its action? It had not hitherto protected Him; on the contrary, many times before He had to escape out of their hands. On one occasion the officers had refused to apprehend Him, but it was because of the power of His words, not because of the majesty of His appearance. If He could assume this appearance of superhuman dignity, and lay it aside at pleasure, then it was as much a supernatural endowment as any other power which He possessed, as, for instance, the light which He caused to stream from His Person at His Transfiguration.

Two reasons, at least, can be alleged for this exhibition of power. It took place that He might show that He surrendered Himself to death willingly. Not only was it impossible to take His Life from Him, but even to seize His Person till He willed that men might do so. It took place also that He might send His disciples away in safety. It convinced those who came to apprehend Him, that even

7 Then asked he them again, Whom seek ye? And they said, Jesus of Nazareth.

8 Jesus answered, I have told you that I am *he*: if therefore ye seek me, let these go their way:

9 That the saying might be fulfilled, which he spake, ᵉ Of them which thou gavest me have I lost none.

ᵉ ch. xvii. 12.

10 ᶠ Then Simon Peter having a sword drew it, and smote the high priest's servant, and cut off his right ear. The servant's name was Malchus.

ᶠ Matt xxvi. 51. Mark xiv. 47. Luke xxii. 49, 50.

---

in the extremity of weakness and submission, in which He suffered Himself to be bound, He had power to protect His own. If they had not thus felt His power, the whole company of the disciples would have been apprehended.

Some commentators suppose that it was the power of the word "I am" (not "I am he"), which being the Name of God was "with power," but this seems inconsistent with what follows, when He says, "I have told you that I am he," *i.e.* Jesus of Nazareth, the Man whose name they had pronounced. Still we are bound to acknowledge that, inasmuch as the Lord partook of the self-existent Nature, the words "I am" on His lips are suggestive of infinitely more than they could be on the lips of any other human being (see particularly chap. viii. 24, and 58).

7, 8, 9. "Then asked he them again . . . let these go their way . . . have I lost none." The words of the Lord here referred to, at the time He said them to the Father (ch. xvii. 12), evidently contemplate the eternal life of the Apostles, in the preservation of their faith. "While I was with them in the world I kept them in thy name . . . and none of them is lost," &c., but here the Evangelist seems to interpret them as referring to the temporal deliverance of the Apostles from sharing in the sufferings of the Lord. But the reconciliation is clear. If the Apostles had been then made partakers of the Lord's Sufferings they would not have been able to endure it, they would have made entire shipwreck of their faith, and so the temporal deliverance was in their case needful to the spiritual one.

How perfect a forecast is this of the great act of Redemption; the Lord taken, His people going free because He was taken!

10, 11. "Then Simon Peter having a sword [Luke xxii. 38] . . .

11 Then said Jesus unto Peter, Put up thy sword into the sheath; ᵍ the cup which my Father hath given me, shall I not drink it?   ᵍ Matt. xx. 22. & xxvi. 39, 42.

12 Then the band and the captain and officers of the Jews took Jesus, and bound him,

---

the cup which my Father," &c. This incident is recorded in each of the four Evangelists, but the differences are noteworthy. The Synoptics mention neither the name of him who inflicted the blow nor of him who received it. St. Mark mentions the mere fact, and nothing more. St. Matthew tells us how it called forth from the Lord the words, "All they that take the sword, shall perish with the sword. Thinkest thou that I cannot now pray to my Father, and he shall presently give me more than twelve legions of angels?" St. Luke, that the Lord healed the servant of the high priest. St. John, besides mentioning that it was Peter who struck the blow, gives us also the name of the servant. This is in remarkable accordance with what is said afterwards, that he (John) was known unto the high priest. If so he would probably know personally some at least in his household, and he not only names the sufferer as Malchus, but also mentions that he had a kinsman attached to the high priest, who said to Peter, "Did I not see thee in the garden with him?" All these are undesigned coincidences worthy of devout regard.

"The cup which my Father hath given me, shall I not drink it?" The Lord had just endured the agony in which He had prayed so earnestly that the cup should pass from Him; now He speaks as having accepted the cup, and being prepared to drink it in all its bitterness. St John makes no allusion to the agony, but he mentions the cup respecting which the Lord had prayed, "Not my will, but thine be done."

12. "Then the band and the captain [chiliarch] and the officers," &c. The circumstance that all these—band, captain, officers—took part in binding the Lord, seems to express their fear, having had such proof of His power in healing Malchus, and in prostrating the foremost of them. As He willingly delivered Himself, they saw that He was sincere in submitting to be taken, but they nevertheless acted as those who had to perform a dangerous duty.

"And led him away to Annas first; for he was father-in-law," &c.

13 And ʰ led him away to ⁱ Annas first; for he

ʰ See Matt. xxvi. 57.
ⁱ Luke iii. 2.

It will be necessary to consider, for commentators are much divided upon it, where this first examination of Jesus took place, and by whom, whether in the house of Annas or of Caiaphas ? and whether Annas or Caiaphas put the questions ? At first sight it appears to have been at the house of Annas, and, if so, the high priest [Luke iii. 2, and Acts iv. 6] who questioned the Lord, would probably have been Annas. In support of this it is alleged, and with truth, that in the accounts in the Synoptics there is no mention of any examination by Caiaphas of Jesus Himself, but only of witnesses brought against Him. But in answer to this it is asserted that St. John never recognizes Annas as the high priest, and lays particular stress upon the fact that Caiaphas held the office, and that, in virtue of his holding it, he spake on a certain occasion not of himself, but from God, unconsciously prophesying respecting the Death of the Lord for all men, which prophecy is now again referred to as a sort of identification of the man.

If we are to give its due weight to this, the high priest who questioned the Lord respecting "His disciples and His Doctrine," must have been Caiaphas, and it has been supposed that he was informally present at the hearing before Annas, and put the questions.

But the circumstance which must rule the matter from first to last is evidently this, that the whole examination of the Lord, whether before Annas or Caiaphas, or both, must have taken place in the same building in which Peter denied Him. All the four narratives require that all the denials by Peter should take place at the door of, or by the fire of, one hall. The circumstance then of the first denial, as related by St. John in verses 15-19, undoubtedly took place at the palace of Caiaphas, for it is impossible to suppose that the lighted fire at which they warmed themselves, of verse 25, which was certainly in the hall of Caiaphas, was a different one from that of verse 18, which, if all that took place before the "sending bound" of verse 24 took place at the house of Annas, must have been at the house of Annas. The examination, then, recorded in verses 12-21, and the indignity of verses 22-23, which the Lord endured, must have taken place at the palace of Caiaphas. It has been, however, supposed that Annas lived in the palace of Caiaphas, but on such an hypothesis it seems difficult to account

was father in law to Caiaphas, which was the high priest that same year.‖

‖ *And Annas sent Christ bound unto Caiaphas the high priest.* ver. 24.

for the special mention of the "taking to Annas first," and it seems equally difficult to believe that the sending of the Lord bound on the part of Annas was but sending Him from one room to another of the same house.

The key of the whole matter is, I believe, in the fact that Jesus was first sent to Annas, *because* he was father-in-law to Caiaphas. Why should special mention be made of this relationship? Evidently because, according to all the Theocratic laws and traditions, Annas was by far the most important person—in fact, the fountain of all high priestly authority at that time, for, according to Josephus, he had had five sons who held the priesthood, and Caiaphas, who was only his son-in-law, was then acting high priest, of course solely through his influence.

According to strict Levitical precedent he must have been the real high priest, for the mere son-in-law of the high priest could not be high priest except by some arrangement not contemplated by the original law of the priesthood. The sons of the high priest might be coadjutors in the lifetime of their father, but no son-in-law could be actual high priest except by the interference of some foreign authority. The Lord then was taken before Annas merely to have his sanction for the arrest and subsequent trial; nothing was done by Annas, or at his house or apartments, except to remit Him to Caiaphas. No other reason that I can see can be given for this hearing by "Annas first," *because* he was father-in-law to Caiaphas, except this; but it is a very sufficient reason, for it was of the utmost importance that the condemnation of One Who assumed to be the Messiah, should not only be by the authority of the acting high priest, which was in fact Roman, but by the sanction of him in whom alone the Aaronic succession, so far as it then existed, resided.

If it be the fact, that the whole examination was before Caiaphas, then the statement made in verse 24 (like very many other statements in the Gospels) is not in exact chronological order, but must be read between verses 14 and 15. Supposing, however, that this first examination took place before Annas, then the account of St. Peter's first denial is not in its place, but must be

14 ᵏ Now Caiaphas was he, which gave counsel to the Jews, that it was expedient that one man should die for the people.

ᵏ ch. xi. 50.

15 ¶ ˡ And Simon Peter followed Jesus, and *so did* another disciple: that disciple was known

ˡ Matt. xxvi. 58. Mark xiv. 54. Luke xxii. 54.

---

understood as occurring immediately after what is recorded in verse 24.

We now resume at verse 14.

14. "Now Caiaphas was he, which gave counsel to the Jews, that it was expedient," &c. Why is this man's name thus connected with his prophecy? Evidently to show that Jesus would find no justice or mercy at his hands. In unscrupulously using every means to procure the Lord's condemnation, he would think that he was serving his country.

15. "And Simon Peter followed Jesus, and so did another disciple," &c. Respecting the lessons to be learnt from St. Peter's fall, and the independent form in which it is presented to us by each of the four Evangelists, see notes on St. Matthew xxvi. We shall have to notice that the account of St. Peter's denials in this Gospel is more merciful to him than those of the Synoptics.

Thus, at the commencement, the Synoptical accounts unite in saying that "he followed afar off;" St. John, on the contrary, simply saying that Simon Peter "followed Jesus." Was it right in him to do this? Judged by all our feelings of loyalty and generous disregard of dangers on behalf of a friend, it could not but be right; but we are to remember that the Lord was to be honoured by implicit obedience to every intimation of His will, and He had not only warned St. Peter repeatedly of his weakness, but had expressly said to him, "Whither I go thou canst not follow me now, but thou shalt follow me afterwards."

"And so did another disciple"—no doubt St. John himself, or he would have given the name of "the other." He is careful to give the names of the least-known apostles, as Nathaniel, Philip, Thomas, Jude; but he never mentions his own name.

"That disciple was known unto the high priest." It is impossible to conjecture the reason for this. Some suppose that it had been brought about by his occupation as a fisherman; others, that as there was a tradition respecting him that he wore the "petalon,"

unto the high priest, and went in with Jesus into the palace of the high priest.

16 ^m But Peter stood at the door without. Then went out that other disciple, which was known unto the high priest, and spake unto her that kept the door, and brought in Peter.   ^m Matt. xxvi. 69. Mark xiv. 66. Luke xxii. 54.

17 Then saith the damsel that kept the door unto Peter,

---

he must have been of a priestly family (see quotation from Polycrates, in Eusebius iii. 31, v. 24).

"And went in with Jesus into the palace of the high priest," *i.e.*, into the palace of Caiaphas. If, as seems most likely from verse 24, the house of Annas was some distance from the palace of Caiaphas, then the stay at the house of Annas must have been very brief—in fact, as I have noticed, only sufficient to allow of Annas formally remitting Him for trial to Caiaphas.

"Palace," rather court. It was the space (either open or covered with an awning) in which public business was transacted, around which were the private apartments, and communicated with the street by the one gate or door by which access was had to the whole interior.

16. "But Peter stood at the door without." Evidently not from cowardice, but because he was not known to anyone within the palace; and the high priest would take care that as few as possible of the friends of Jesus should enter.

"Then went out that other disciple . . . . brought in Peter." Evidently at his own desire. The delay might have given him time to recollect the Lord's earnest warnings. The fact that he was admitted through the influence of John is naturally mentioned by this Evangelist alone; probably he was the only one who knew of it.

17. "Then saith the damsel that kept the door unto Peter, Art thou also?" &c. It is very remarkable that the "also" (καὶ) is reported by each Evangelist, though in St. John's narrative only has it any meaning. For the damsel knew that St. John was a disciple, and asks Peter whether *he* was not one *also*. So that, in all four Gospels, the exact words are faithfully recorded, though in this Gospel only have we the presence of St. John recognized, which gives a suitable sense to the "also."

Art not thou also *one* of this man's disciples? He saith, I am not.

18 And the servants and officers stood there, who had made a fire of coals; for it was cold: and they warmed themselves: and Peter stood with them, and warmed himself.

The damsel is said by St. John to have opened the door, and brought in Peter, and then to have addressed the question to him, "Art thou not also one of his disciples?" This implies that she knew Peter as having been with the Lord; but, inasmuch as it was dark, how did she recognize his features? for St. John had evidently not told her who he was whom he desired to bring in. She could only recognize him by the light of the fire which had been kindled; for we read in St. Luke, "A certain maid beheld him, as he sat by the fire, and earnestly looked upon him." So that, in St. John's account, the 18th verse is the explanation of the thing related in the 17th, that the damsel recognized him by the light of the fire— not at first, when she opened the door, but as the glow from the fire lighted up his features.

It is not only probable, but natural, that the maid should say all the three things which are attributed to her by SS. Matthew, Luke, and John. She would ask as recorded in St. John, "Art not thou also one of this man's disciples?" She would, as giving a reason, add to this what is reported in St. Matthew: "Thou also wast with Jesus of Galilee;" and she would (as in St. Luke) appeal to the bystanders: "This man also was with him." And it is also not only possible, but extremely probable, that each Evangelist gives some of the very words said by Peter, "I am not," "I know him not" (Luke, John); "I know not, neither understand I what thou sayest" (Matt., Mark). It is exceedingly improbable that either the maid, in accusing the Apostle, or St. Peter in denying her accusation, confined themselves to a single utterance.

There seems to have been no excuse, so to speak, for the first denial. The maid must have known that St. John was a disciple, and yet he was without danger in the hall. St. Peter must have known this, so that he might have relied on the Lord's words, "Let these go their way," as a protection from all risk on the score of discipleship.

Chap. XVIII.]   I SPAKE OPENLY.   431

19 ¶ The high priest then asked Jesus of his disciples, and of his doctrine.

20 Jesus answered him, ⁿ I spake openly to the world; I ever taught in the synagogue, and in the temple, whither the Jews always resort; and in secret have I said nothing.

21 Why askest thou me? ask them which heard me, what I have said unto them: behold, they know what I said.

ⁿ Matt. xxvi. 55. Luke iv. 15. ch. vii. 14, 26, 28. & viii. 2.

---

20. " The Jews always resort." "Where all the Jews resort," so in א, A., B., C., L., most old Latin, Vulg., Syriac, and most versions; but D., some later Uncials, and most Cursives read as in Received Text.

19. "The high priest then asked Jesus of his disciples, and of his doctrine." No doubt as to their numbers, their influence, and the compact by which they were held together. This question respecting His disciples could not have been the first subject of inquiry, unless the Lord had very manifestly associated the Apostles with Himself, and made them His representatives, and worked through them.

20. "Jesus answered him, I spake openly to the world . . . in secret have I said nothing." The Synoptical narratives show us how constantly the Lord taught in the synagogues, and this Gospel is a witness how publicly He taught in Jerusalem in the Temple.

"In secret have I said nothing." This, of course, is not to be taken as contradicting such a statement as "when they were alone, he expounded all things to his disciples" (Mark iv. 34), but as meaning that He had no doctrine which, for any purpose, He desired to conceal. Thus publicly in the Temple, at the risk of being stoned, His discourse touched upon the Divine relationship between Himself and the Supreme God. His deepest discourse which occasioned most offence (John vi.) was delivered in a synagogue; and publicly in Jerusalem, in the face of His enemies, He spake of Himself as the co-equal Son, as the Supreme Judge in the place of the Father, as by His word bringing about the resurrection of the dead, as the Light of the world, as existing before Abraham.

21. "Why askest thou me? ask them which heard me," &c. The Lord knew how the chief priests and rulers, and those sent by them, were continually on the watch for words that they might bring against Him, so that He is only appealing to themselves when

22 And when he had thus spoken, one of the officers which stood by °struck Jesus ‖ with the palm of his hand, saying, Answerest thou the high priest so?

° Jer. xx. 2.
Acts xxiii. 2.
‖ Or, *with a rod*.

23 Jesus answered him, If I have spoken evil, bear witness of the evil: but if well, why smitest thou me?

He meets their questions with, "Ask them which heard me. They know what I said."

22. "And when he had thus spoken, one of the officers ... the high priest so?" The word translated, "struck with the palm of his hand," may signify struck him with a rod, which we know the servants had in their hands. The words used in the Lord's answer, "Why smitest," literally, "Why flayest thou me?" would seem to signify a blow which would break the skin. The Syriac, however, renders it by a blow on the cheek. The fact that such a wanton insult should have been inflicted on a prisoner in the presence of the high priest without rebuke or punishment on him who perpetrated the outrage, shows the mockery of justice throughout the trial.

23. "Jesus answered him, If I have spoken evil, bear witness of the evil," &c. The answer of the Lord has reference, most probably, to the form or nature of the examination. He had been questioned respecting His "doctrine," and He appealed to the publicity of His teaching, "Ask them which heard me." It is then as if He said, "If on any occasion I have spoken false doctrine or blasphemy, come forward and say what you have heard, but do not wantonly insult Me." St. Augustine notices how the Lord here carries out in spirit His own precept, "Whosoever shall smite thee on thy right cheek, turn to him the other also." "Here," he writes, "some may say: Why did He not do what Himself hath enjoined? For instead of thus answering the smiter, He should have turned to him the other cheek. Yea, but did He not both answer truly, gently, and righteously, and not merely turn the other cheek to the smiter for a second blow, but yield His own body in a readiness to be fixed on the tree! And thereby He rather showed what needed to be shown, namely, that those, His own great precepts of patience are to be put in practice, not by outward show of the body, but by preparedness of heart. For visibly to present the other cheek is no

24 ᵖ Now Annas had sent him bound unto Caiaphas the high priest.

25 And Simon Peter stood and warmed himself. ᵠ They said therefore unto him, Art not thou also *one* of his disciples? He denied *it*, and said, I am not.

ᵖ Matt. xxvi. 57.

ᵠ Matt. xxvi. 69, 71. Mark xiv. 69. Luke xxii. 58.

---

24. "Now Annas had sent him bound." The literal translation is, "Annas then sent him bound." A., later Uncials, most Cursives read simply, "Annas sent him bound;" א, Vulg., and Syriac read, "but Annas," &c.; B., C., L., a few Cursives, old Latin (a, b, f, ff), as in Received Text.

more than even an angry man can do. How much better, then, that He both with mild answer speaks the truth, and with tranquil mind is prepared to endure even worse outrages!"

24. "Now Annas [had] sent him bound unto Caiaphas the high priest." For the time when this took place, see on verses 13, 14.

25. "And Simon Peter stood and warmed himself. They said therefore," &c. The account of this second denial differs from the report in the Synoptics only in circumstances in which any independent witness giving his own account of such a matter would differ from another equally independent witness relating the same story.

St. Matthew tells us that another maid brought forward the charge (Matt. xxvi. 71). St. Luke says, "another saw him," using, however, the masculine gender (Luke xxii. 58). St. John uses the general term "they," " They said therefore unto him." St. John's account, " They said," &c., is perfectly at one with the rest, if we consider that if one began such an accusation, others standing around, who had been at the Lord's capture, would take it up, or if the accusation began to be murmured by several at once, it would be brought home to the man accused by one person, in this case another maid.

There is, however, an apparent difficulty respecting the place of the second denial. St. Matthew says (xxvi. 57) it was "in the porch." St. Mark in the forecourt (xiv. 68). St. John seems to assert that it was by the fire where Peter was warming himself. The reconciliation seems natural and easy. The accusation, perhaps, on the part of several ["They said therefore unto him"] began as he was warming himself. He retired, as was very likely, from the crowd by the fire, which would not be far from the porch,

F F

26 One of the servants of the high priest, being *his* kinsman whose ear Peter cut off, saith, Did not I see thee in the garden with him?

to the forecourt or porch, perhaps a yard or two, and then he was attacked by the maid, and denied the second time. The conduct of the maid was exactly the same as before. She accused Peter, "Art not thou also one of his disciples?" [or as in St. Luke, "Thou art also one of them"], and she addressed the bystanders, "This man also was with Jesus of Nazareth," "This is one of them." The answer of Peter also is the same: "I am not," "I know not the man."

26. "One of the servants of the high priest, being his kinsman," &c. In the case of this third denial, "They that stood by" [Matth., Mark] began the accusation. "Surely thou art one of them, for thou art a Galilean" (and thy speech agreeth thereto, or "bewrayeth thee"). And then one addressed his comrades, "Of a truth this fellow also was with Him, for he is a Galilean." And another who was a kinsman of the man wounded by Peter clenched the matter, "Did not I see thee in the garden with Him?" Of the denial on St. Peter's part no words are given by St. John; simply, "Peter then denied again."

Such is the threefold fall of the foremost Apostle. On account of the accusations of adversaries to the faith, we are obliged to examine the account as if it were on its trial, before we draw from it warning and consolation; warning in that an Apostle when he boasted and trusted in himself, fell grievously, so that there is no hope except in looking up from moment to moment to the Lord for the grace He promised when He said, My "strength is made perfect in weakness."

And yet consolation. Indeed we may humbly venture to think that this melancholy failure in one so eminent and favoured, was permitted to occur to afford us encouragement and hope in similar situations and temptations, and that as our Lord could not afford us an instance of human infirmity in Himself, He has given it to us in the person of the most exalted of His pastors; that all may fear and none may presume, and all may hope. "On this account," says St. Leo, "as it appears, he was allowed to waver, that the remedy of repentance might be laid up in a chief of the Church, that no one should dare to trust in his own goodness, since even the blessed

27 Peter then denied again: and [r] immediately the cock crew.

28 ¶ [s] Then led they Jesus from Caiaphas unto || the hall of judgment: and it was early; [t] and they themselves went not into the judgment hall, lest they should be defiled; but that they might eat the passover.

[r] Matt. xxvi. 74. Mark xiv. 72. Luke xxii. 60. ch. xiii. 38.
[s] Matt. xxvii. 2. Mark xv. 1. Luke xxiii. 1. Acts iii. 13.
|| Or, *Pilate's house*, Matt. xxvii. 27.
[t] Acts x. 28. & xi. 3.

Peter could not escape the danger of mutability." . . . "We may indeed consider it as one of those emanations of exceeding compassion which stream from the cross of Christ, like the acceptance of the penitent thief, and our Lord's prayer for His murderers. They are like objects of mercy kneeling around the cross, from whose reception every sincere penitent may find consolation to the end of time." (Isaac Williams.)

27. "Peter then denied again: and immediately the cock crew." Upon, and after this we are to read the words in St. Luke, "And the Lord turned and looked upon Peter. And Peter remembered the word of the Lord, how he had said unto him, 'Before the cock crow thou shalt deny me thrice.' And Peter went out and wept bitterly."

28. "Then led they Jesus from Caiaphas." Before this we must insert the remainder of the examination before Caiaphas, in which the false witnesses were examined and the Lord, when adjured by the high priest to say whether He was the Son of the Blessed, and the Son of God, answered, "I am, and ye shall see the Son of man sitting on the right hand of power" (Mark xiv. 62). And also the more formal meeting before the council as recorded in St. Luke.

"And they themselves went not into the judgment hall, lest they should be defiled," defiled, *i.e.*, by entering into a dwelling which had not been prepared for holding the feast in it, by the search for and removal of every particle of leaven. They scrupled about entering lest there may have been some crumb of leavened bread in some hole or corner, and they themselves were full of the leaven of malice and wickedness.

It is evident from their conduct and from the express declaration of the Evangelist in the next chapter (verse 14) that that day (Thursday evening to Friday evening) was, in the estimation of St.

29 Pilate then went out unto them, and said, What accusation bring ye against this man?

30 They answered and said unto him, If he were not a malefactor, we would not have delivered him up unto thee.

John, not the day of the eating of the Paschal Lamb, but the day of killing it; so that, according to him, our Lord must have been crucified at the time of the slaying of the lamb, and so He must have kept His Passover meal a day before the time at which the chief priests eat theirs. I have shown in my note on St. Matthew that it is absurd to suppose that this circumstance would invalidate His Passover while so many of the features of the original Passover had been abolished by human authority. Our Lord was crucified on the Friday, but whether this or the day before was the day of the killing of the lamb has been a matter of dispute from, at least, the second century, and is not likely to be settled now. It is most probable that each person to whom the matter is a subject of interest will form his opinion from this, whether he considers that it is more important that the Lord should have celebrated the Passover at the legal time, or whether He should, as the true Paschal Lamb, have died at the time when the Passover Lamb was killed. St. John, who unquestionably intimates that He died on the day of the slaying of the lamb, is the only Evangelist who cites the command in Exodus xii. 46, that not a bone of the paschal lamb was to be broken, as having been fulfilled in what happened to His Blessed Body before He was taken down.

29. "Pilate then went out unto them, and said, What accusation bring ye?" &c. Pilate having, as we suppose, himself granted the use of the Roman soldiery to apprehend Jesus, could only have known that He had committed something criminal in the eyes of the chief priests, but of the specific charge he had not been informed. So now he formally demands it.

30. "They answered and said unto him, If he were not a malefactor," &c. How is it that they avoided bringing before Pilate the charge of blasphemy on which they had condemned Him in their own council? Evidently because Pilate would not have listened to any such matters. So they simply state that He was a malefactor, and endeavour to force Pilate to condemn Him on their mere word that He was such.

31 Then said Pilate unto them, Take ye him, and judge him according to your law. The Jews therefore said unto him, It is not lawful for us to put any man to death:

32 ᵘ That the saying of Jesus might be fulfilled, which he spake, signifying what death he should die.

<small>u Matt. xx. 19. ch. xii. 32, 33.</small>

33 ˣ Then Pilate entered into the judgment hall again, and called Jesus, and said unto him, Art thou the King of the Jews?

<small>x Matt. xxvii. 11.</small>

34 Jesus answered him, Sayest thou this thing of thyself, or did others tell it thee of me?

---

31. "Then said Pilate unto them, Take ye him, and judge him according to," &c. Pilate refused to act as their executioner, and bid them condemn and execute Him themselves.

This brings out their murderous intention—that nothing but death would satisfy them, and death they had no power to inflict.

32. "That the saying of Jesus might be fulfilled ... what death he should die." In declining all power to punish Him, they unconsciously fulfilled His own prophecy—that He must die by being lifted up or crucified. If they had inflicted death upon Him, that death must have been stoning.

33. "Then Pilate entered into the judgment hall again .... King of the Jews?" What suggested to Pilate this question? St. Luke tells us. The Jews had accused Him to Pilate in the words: "We found this fellow perverting the nation, and forbidding to give tribute to Cæsar, saying that he himself is Christ a King" (xxiii. 2). Very probably Jesus was left in the hall whilst Pilate went out to the chief priests; and when they found they must make some definite charge, they accused him in the words recorded by St. Luke.

34. "Jesus answered him, Sayest thou this thing of thyself?" &c. The Lord could not answer Pilate's question directly, for His answer must depend upon the sense in which Pilate used the word "King." If Pilate spake of himself—*i.e.*, as a Roman whose duty it was to uphold the imperial power—he must mean by a king an earthly sovereign, whose pretensions, especially amongst so fanatical a people, must be dangerous to the Roman dominion. In this

35 Pilate answered, Am I a Jew? Thine own nation and the chief priests have delivered thee unto me: what hast thou done?

36 ʸJesus answered, ᶻMy kingdom is not of this world: if my kingdom were of this world,

ʸ 1 Tim. vi. 13.
ᶻ Dan. ii. 44.
& vii. 14. Luke xii. 14. ch. vi. 15. & viii. 15.

---

sense Christ was not a king; but if Pilate had taken the word from the accusation of the Jews, "Christ a King," then the Lord could not deny it without denying His claims to be the Messiah. The Lord's question to Pilate was put with infinite wisdom. It elicited the very answer which the Lord required to enable Him to show to Pilate the true nature of His kingdom.

35. "Pilate answered, Am I a Jew? Thine own nation and the chief priests?" &c. "Am I a Jew, to understand your superstitions and your hopes of Him Whom you call the Christ? Your own nation, ever a disaffected people, and the chief priests of your religion, who ought to understand your prophesies and your national hopes, have delivered Thee unto me." Jesus, upon this, now answers in words which at once showed to Pilate the spiritual nature of His kingdom, and convinced him that the Lord was as far as possible from being a King who would be dangerous to Cæsar.

36. "Jesus answered, My kingdom is not of this world: if my kingdom were of this world," &c. My kingdom is not of this world. This saying of the Lord, though it contains a general truth of the widest application, must be primarily understood as referring to Pilate's questioning. Neither the origin, the principles, the warfare and extension, nor the bond of union of Christ's kingdom is of this world. Its origin is His own Person. He came down from heaven. He came into the world, not after the manner of human generation, for He was conceived by the Holy Ghost. He took, it is true, a thing of this world when He assumed our nature; but He assumed it to deliver it from, and raise it above, this world. Neither are the principles of this kingdom those of any earthly kingdom; for the principle of any earthly kingdom is worldly policy, material prosperity, social progress; whereas the principle of Christ's kingdom is receiving the truth, holding fast to the truth, progressing in the Divine Life by obeying the truth. Neither is the warfare and extension of this kingdom "of this world." Like many evil aggressive kingdoms of this world it extends itself by conquest; and if it

then would my servants fight, that I should not be delivered to the Jews: but now is my kingdom not from hence.

37 Pilate therefore said unto him, Art thou a king then? Jesus answered, Thou sayest that I am a king. To this end

---

is in a state of prosperity, it is in a state of warfare; but "the weapons of its warfare are not carnal." It fights, it extends itself by preaching the truth, by teaching that truth to all ages, and sorts, and conditions of men; but its weapons of warfare are not merely teaching and preaching, it extends itself by meekness, forbearance, long-suffering, and forgiveness of wrong—men seeing these things in its ministers are subdued to it. And its bonds of union are not of this world. Its bonds of union are joint holding of the truth in the creeds, and partaking of two rites, by one of which a man is grafted into the Body of One at the right hand of God; by the other, he is continued in the unity of the Same Body.

Such is the kingdom not of this world. When the Lord says "My kingdom is not of this world," He says all this, and much more; and if Pilate had but received Him, and submitted to Him, in less than two months he would have understood all these things respecting His kingdom.

"If my kingdom were of this world, then would my servants fight," &c. If Jesus had set up a standard for men to rally round, as the princes of this world do, His servants (not merely His disciples, but the vast multitudes who so lately cried, "Blessed be the King of Israel, who cometh in the name of the Lord") would not have tamely submitted to see Him thus bound a prisoner.

"Now is my kingdom not from hence." This "now" does not imply that the Lord's kingdom will ever be "of this world," or "from hence;" but it does imply that the time will come when its presence and power will be overwhelming.

37. "Pilate therefore said unto him, Art thou a king then?" No doubt this is the same interrogation as in the Synoptics. "Art thou a king then,"—"Art thou the King of the Jews?" And the Lord's answer is the same, Thou sayest—thou sayest that I am a king. But now the Lord goes on to show the instrument by which He ruled. He ruled by bearing witness to the truth. By this witness He called forth all who belonged to God, and separated them to be His subjects, according as He had said before: "He that is of God heareth God's words."

was I born, and for this cause came I into the world, that I should bear witness unto the truth. Every one that ᵃ is of the truth heareth my voice.

ᵃ ch. viii. 47.
1 John iii. 19.
& iv. 6.

38 Pilate saith unto him, What is truth? And

"To this end was I born, and for this cause came I into the world," &c.—that is as if He said, "At the will of My Father I became incarnate, and was born into the world, not to exercise an earthly sovereignty, but to witness to God My Father, and to make known His Name, and His will, and His love; and by this exhibition of the truth of God, to bow the hearts of men to Myself." Such seems to be the meaning of the Lord's words. Thus Godet: "It is quite evident that Jesus wishes to explain by them in what sense He is King. He conquers the world by testimony borne to the truth, and His people are recruited from all men who have the sense of truth. It is by His prophetic work that Jesus founds His kingdom among men. The truth, the revelation of God—this is the sceptre which He passes over the earth. The mode of conquest which Jesus here unveils to Pilate was the opposite of that whereby the Roman power was founded."

There is, however, a very different meaning attached to these words, which, though I do not think it is the true one, has still much truth in it. "The Lord sets forth here, in the depth of these words, the very idea of all kinghood. The King is the representative of the truth; the truth of dealing between man and man; the truth of that power which, in its inmost truth, belongs to the great and only Potentate, the King of kings." (Alford.)

38. "Pilate saith unto him, What is truth?" Very different views have been held respecting the spirit in which Pilate asked this question. Some hold that it is "the profession of a frivolous scepticism, such as is frequently met with in the man of the world," and on his lips means, that there is no such thing as truth. Others have looked upon it as a cry of despair—meaning, "who will show it to us; where is it to be found?" Many of the ancients, on the contrary, think that Pilate asked the question in all sincerity. Thus Chrysostom supposes that, by what the Lord had been saying, He attracted and persuaded Pilate to listen to His discourse; and, therefore, at last led him on to ask the question, "What is truth?" And, in answer to the objection that Pilate did not stay to receive

when he had said this, he went out again unto the Jews, and saith unto them, ᵇ I find in him no fault *at all.*

39 ᶜ But ye have a custom, that I should release unto you one at the passover: will ye therefore that I release unto you the King of the Jews?

ᵇ Matt. xxvii. 24. Luke xxiii. 4. ch. xix. 4, 6.
ᶜ Matt. xxvii. 15. Mark xv. 6. Luke xxiii. 17.

---

the Lord's answer, Chrysostom remarks: "For the present he applieth himself to what was pressing, for he knew that this question needed time, and desired to rescue the Lord from the violence of the Jews." The subsequent conduct of Pilate, however, is in no respect that of a man who was sincerely inquiring after truth.

"And when he had said this, he went out again . . . no fault at all." What the Lord had said respecting the nature of His kingdom had convinced Pilate that the Roman government had nothing to fear from such a King; and so he went forth to the Jews with the words: "I find in him no fault at all." Upon this there follows the accusations of "many things" in St. Matthew and St. Mark (Matt. xxvii. 12, 13; Mark xv. 3-8), and the "sending to Herod" of St. Luke.

The first part of the examination before Pilate is needful to explain the fact (related in Luke xxiii. 1-4) that, after the Lord had been accused of making Himself a King, and after Pilate had asked Him the truth of this, and had received the affirmative answer, "Thou sayest it," he at once turned to the chief priests and people, and said, "I find no fault in this man." Surely, as the governor of a people at once so excitable and so disaffected, he was bound to examine the nature of the pretension. The Synoptics give no such examination. This St. John supplies, and his account is thus a needful supplement to the Synoptical narrative.

39. "But ye have a custom, that I should release unto you . . . King of the Jews." Here is the first indication of the miserable weakness of Pilate. He found no fault in the Man, and yet he feared the chief priests and people, for he knew that they had ample grounds for accusing him before Cæsar for maladministration; and so he would not incur the odium of at once releasing, on his own responsibility, the Man Whom he had pronounced innocent. He endeavours to shift the burden of the Lord's release upon the people, just as he did that of His condemnation upon the chief priests.

40 ᵈ Then cried they all again, saying, Not this man, but
Barabbas. ᵉ Now Barabbas was a robber.

ᵈ Acts iii. 14.
ᵉ Luke xxiii. 19.

"The King of the Jews." It is to be remarked how Pilate, from first to last, persists in calling Jesus the "King of the Jews." It is as if, like Caiphas, he "spake not of himself." When he spake in scorn and contempt he was directed by a higher Power to "prophecy" the truth.

40. "Then cried they all again, saying, "Not this man," &c. The rejection of Jesus for a robber and murderer is, like all else in this terrible narrative, typical. It is in our power, after our way, to betray Him, to deny Him, to reject Him, even to crucify Him afresh. Putting aside altogether the Lord's Godhead, which, of course, they who rejected Him for Barabbas were unconscious of, they must have been aware that they were rejecting a teacher of righteousness, a healer of the sick, a restorer of sight, and some of them must have heard that He had even raised the dead, and this Man they rejected, clamorously rejected, for a robber and murderer. They knew not what they did, and yet we are sure that they never would have been permitted to do what they did unless each one of that profane and lawless multitude had long before, of set purpose, chosen evil rather than good. We cannot but suppose that each one of them must have been for years hardening himself, or he would never have been on that most sacred Passover morning one of a mob clamouring for blood. "There is, in everything, a better and worse, a good and an evil to us. If we choose good we choose God, Who alone is good, and is in all things good; if we choose evil we do, in fact, choose the evil one. There are degrees of choice as there were degrees and steps in the rejection of the Lord. Yet each led on to the next. Each hardens for the next. 'No one ever became at once wholly vile,' is even a heathen proverb. But there is no safety against making the very worst choice, except in the fixed, conscious purpose, in all things to make the best." (Dr. Pusey, from a sermon entitled "Barabbas or Jesus?")

CHAP. XIX.

THEN ᵃ Pilate therefore took Jesus, and scourged *him*.

2 And the soldiers platted a crown of thorns, and put *it* on his head, and they put on him a purple robe,

ᵃ Matt. xx. 19.
& xxvii. 26.
Mark xv. 15.
Luke xviii. 33.

---

1. "Then Pilate therefore took Jesus, and scourged him." This scourging was so fearful a punishment that it could not have been inflicted on the Lord more than once, or, humanly speaking, He would have sunk under it. We are to understand then that this was the scourging usually inflicted on those who were about to be crucified, and it was inflicted now at this time by Pilate in the hope that this torture would have been sufficient to satisfy their cruelty. Pilate inferred this when he said, "I will, therefore, chastise him and release him" (Luke xxiii. 16). "Scourging, as practised among the Romans, was so cruel a punishment that the prisoner very often succumbed to it. The scourge was formed of switches, or thongs, armed at the extremity with pieces of bone, or lead. The prisoner received the strokes while fastened to a small post, so as to have his back bent, and the skin on the stretch. The back became quick flesh, and the blood spurted out with the first strokes." Thus "he was wounded for our transgressions, he was bruised for our iniquities, the chastisement of our peace was upon him, and by his stripes we are healed."

2. "And the soldiers platted a crown of thorns, . . . Hail, King of the Jews." See notes on St. Matthew's Gospel. In all probability the mocking of our Lord by these Roman soldiers, which seems to have been voluntary on their part and not directed by Pilate, though connived at, and afterwards, as we shall see, made use of by him, was rather directed against the Jews than against our Lord, of Whom they knew nothing. They took up Pilate's words that He was, "the king of the Jews," and acted on them as they would have done against any other of the hated race who might have been given up to their brutality.

3 And said, Hail, King of the Jews! and they smote him with their hands.

4 Pilate therefore went forth again, and saith unto them,

---

3. א, B., L., some later Uncials, a few Cursives, most old Latin, Vulg., and many versions read, "And they came to him and said" (Alford, "They kept coming to him"); A., D. (a later hand), some later Uncials, most Cursives, and Syriac as in Received Text.
4. "Pilate therefore." א, with some Cursives, old Latin (a, c, e, f, g, q), Vu g. (Cod. Amiat.), and some versions read without any copula; E., G., H., M., and most Cursives read as in Authorized, "Pilate therefore;" A., B., K., L., and Syriac read, "And Pilate went forth."

"And they smote him with their hands." St. Matthew and St. Mark recount other indignities—they put a reed in His right hand, they spit upon Him, and took the reed and smote Him on the head (Matt. xxvii. 27, 30), and bowing their knees worshipped Him (Mark xv. 19).

What shall we say to all this which the Lord endured? Let us hear what an eloquent saint said: "But do thou, O man, when thou hearest these things, and seest thy Lord bound and led about, deem present things to be nought. For how can it be otherwise than strange, if Christ bore such things for thy sake, and thou often canst not endure even words? He is spit upon, and dost thou deck thyself with garments and rings, and if thou gain not good report from all, think life unbearable? He is insulted, beareth mockings, and scornful blows upon the cheek; and dost thou wish everywhere to be honoured, and bearest thou not the reproachings of Christ? . . . When, therefore, anyone makes a jest of thee, remember thy Lord, that in mockery they bowed the knee before Him, and worried Him, both by words and deeds, and treated Him with much irony. But He not only did not defend Himself, but even repaid them with the contraries—with mildness and gentleness." (Chrysostom.) Does anyone think that the saint here is unreal, or exaggerated, or bids sinful men imitate what is impossible to be followed? Hear an Apostle who goes much further, when he says that we are actually *called* to follow the Lord in this very matter. "Even hereunto were ye called, because Christ also suffered for us, leaving us an example that ye should follow his steps . . . Who when he was reviled, reviled not again, when he suffered he threatened not." (1 Pet. ii. 23.)

4. "Pilate therefore went forth again . . . I find no fault in him." Let it be noticed how frequently Pilate reiterates this. Surely he

Behold, I bring him forth to you, [b] that ye may know that I find no fault in him.

[b] ch. xviii. 38. ver. 6.

5 Then came Jesus forth, wearing the crown of thorns, and the purple robe. And *Pilate* saith unto them, Behold the man!

6 [c] When the chief priests therefore and officers saw him, they cried out, saying, Crucify *him*, crucify *him*.

[c] Acts iii. 13.

---

speaks not of himself when he thus repeatedly pronounces Jesus to be the Just One!

5. "Then came Jesus forth . . . Behold the man!" These words seem, on Pilate's part, to have been an appeal to their pity. They seem to say, "What hatred or envy can ye bear against so meek and gentle a sufferer?" "If upon the king ye look with an evil eye, now spare because ye see Him cast down. He is scourged, crowned with thorns, clad with a garment of mockery, scoffed at with bitter taunts, smitten with the palms of men's hands, His disgrace overflows, let your hate subside." (Augustine.)

But surely these are not the words of man. Out of himself Pilate spake not thus. For this is God's great, God's saving command, with the eye of faith to behold Jesus. See how God in His Word calls upon us to behold Him: "Behold, and see, if there be any sorrow like unto my sorrow." "Behold the Lamb of God, that taketh away the sin of the world." "Behold my servant, whom I uphold; mine elect, in whom my soul delighteth. I have put my spirit upon him: He shall bring forth judgment to the Gentiles." "Behold the man whose name is the Branch." "Looking unto Jesus, the author and finisher of our faith." It is impossible to regard such words said of the world's Redeemer on the very day of Redemption, by the judge who condemned Him to the redeeming Death, as if they began and ended in themselves. For He was the Man compared with Whom there seems to be no other. He was the one Man Who could gather unto Himself, and be surety, and sponsor, and make atonement for, and mediate on behalf of, all His brethren. The words have an universal, an eternal significance.

6. "When the chief priests therefore and officers . . . Crucify him, crucify him." These chief priests must have been some of the heads of the courses, holding such a place in the Temple, and per-

Pilate saith unto them, Take ye him, and crucify *him:* for I find no fault in him.

^d Lev. xxiv. 16.
^e Matt. xxvi. 65. ch. v. 18, & x. 33.

7 The Jews answered him, ^d We have a law, and by our law he ought to die, because ^e he made himself the Son of God.

8 ¶ When Pilate therefore heard that saying, he was the more afraid;

---

7. "And by our law." So A., most later Uncials, all Cursives, and most versions; but ℵ, B., D. (later hand), L., most old Latin, and Vulg. read, "by the law."

forming the same holy functions as did Zachariah, the father of the Baptist. Wickedness and cruelty could not go beyond this—that men, taking at that very time the leading part in the holiest feast of God's religion, should, with their creatures (the officers), hound on such a crowd to demand not the death only, but the death by extreme torture, of the innocent and helpless Man before them. It is to be remembered, however, that they were Sadducees, and their leaders intruded into the holy office by Roman influence.

"Take ye him, and crucify him, for I find no fault in him." It is impossible to say whether this was said in impatient anger and scorn, knowing that they had no power to inflict death, or whether Pilate here gave them permission to take the law into their own hands. If they had acted on his word, they could have shifted the responsibility on him. But it is very probable that they knew that it would require the Roman power to administer such a punishment. As the day advanced, the feelings of the multitude might have changed, and another crowd might have rescued the Prisoner.

7. "The Jews answered him, We have a law, and by our law he ought," &c. There is no such law in the book of the law, expressed in any such words. But they understood the unity of the Divine Nature in such a sense as that no other Person, Son or Spirit, could be in that Unity, or partake of It. They understood the Unity of God in the sense in which Mahometans or Socinians now do; and so for anyone so to put himself by God's side, as to say that he worked with God, or would judge men as if he were God, or to say that God was his own proper Father, as Jesus had done, was, in their eyes, blasphemy, and the blasphemer was to be put to death.

8, 9. "When Pilate therefore heard that saying, . . . whence art thou?" The whole bearing of the Lord, the words which He had

9 And went again into the judgment hall, and saith unto Jesus, Whence art thou? ᶠBut Jesus gave him no answer. ᶠ Is. liii. 7. Matt. xxvii. 12, 14.

10 Then saith Pilate unto him, Speakest thou not unto me? knowest thou not that I have power to crucify thee, and have power to release thee?

---

uttered respecting His kingdom not being of this world, so different from any which Pilate had been accustomed to hear; perhaps, also, the report of His miracles, which Pilate could not be altogether indifferent to, had impressed him with an undefined feeling of awe. It may be, too, that at this time he had received the message of his wife. All these things increased a fear which had already disturbed him, and made him still more anxious to dismiss Jesus. He, consequently, went into the judgment hall again, into which the Jews would not enter, in order that he might put to Him more privately the question, " Whence art thou?"

No question such as this has been preserved to us in the Synoptics. It is altogether Johannine, corresponding to such declarations as, "I came forth from the Father and am come unto the world," "I came down from heaven, not to do mine own will," "The Father which sent me." And yet, putting all the circumstances together, it was exceedingly probable that Pilate should have put some question to Jesus respecting His origin. In fact it could scarcely have been otherwise if he had heard of the circumstances of the Lord's condemnation before the Sanhedrim.

"But Jesus gave him no answer." Why did not the Lord answer him? It has been supposed that Pilate had not asked sincerely; but have we any right to say this? On the contrary, he put the question out of real awe, for he was " the more afraid." Must not the reason have been that, in his then state of knowledge, the Lord could not have told him whence He was? How could He have told such a man that " He came down from heaven," that the one true God, of Whom Pilate knew nothing, was His Father, and yet so one was He with God that He did nothing apart from Him?

10. "Then saith Pilate unto Him, Speakest thou not unto me .... to release thee?" As all the Lord said, or refused to say, was ordered by Him Who had "given Him a commandment what He should do and what He should speak," we may assume that

11 Jesus answered, ^gThou couldest have no power *at all* against me, except it were given thee from above:

g Luke xxii. 53. ch. vii. 30.

---

11. "Thou couldest have." So B., most later Uncials, almost all Cursives, Vulg. (*haberes*); but ℵ, A., D. (later hand), L., some later Uncials and a few Cursives read "thou hast."

---

the silence of the Lord was intended to bring out this assertion of authority and power on the part of Pilate. He has been blamed for such a declaration of power, but in an unbelieving Gentile it was only natural. He believed that he had this unlimited authority over our Lord, as he supposed he had over every other person in his jurisdiction, for undoubtedly he represented the supreme worldly dominion.

11. "Jesus answered, Thou couldest have no power at all against me . . . . greater sin." To enter into the force of this answer of the Lord's we must remember that the wilful and determined wickedness of man, and that alone, brought about the crucifixion of Christ; for the circumstances of His Death were so ordered by God that it could only be consequent upon certain acts of extreme wickedness on the part of the race He came to redeem. He could not be put to death as, humanly speaking, any other man could, at any time, in any place, under any circumstances. He could not be taken at any time. His hour came at a certain Passover season only; He could not be taken in any place, for He was to suffer without the gate at Jerusalem—which two things signify that His Death must be the consequence of crimes perpetrated by voluntary agents at the holiest season, and in the holiest city. But especially was it in the counsels of God that His Death should follow upon two acts of deliberate wickedness, such as perhaps no human beings had ever before committed. He must be twice delivered up. "The Son of Man shall be *delivered* unto the chief priests, and unto the scribes, and they shall condemn Him to death, and *deliver* Him to the Gentiles" (Mark x. 33). Here are two acts of betrayal preceding the Death of Christ, and the first, that on the part of Judas to the chief priests and scribes, by far the most wicked, because it was the betrayal, *i.e.* the delivering up, on the part of one who knew far more perfectly the spotless innocence and extreme goodness of his Master, and who had for two years or more seen all His works and heard all his words. Next to this in wicked-

therefore he that delivered me unto thee hath the greater sin.

12 And from thenceforth Pilate sought to release him: but the Jews cried out, saying, ʰ If thou let this man go, thou art not Cæsar's friend: ⁱ whosoever maketh himself a king speaketh against Cæsar.

ʰ Luke xxiii. 2.
ⁱ Acts xvii. 7.

---

ness was the "delivering up" on the part of the chief priests, because they were the heads of the Theocracy and the guardians of the Law. If they had been innocent in their lives and sincere in their religion, God would have led them, before all other men, at once to recognize the Messiah in the Lord. The words of the Lord then signify something of this sort: "Thou thinkest that thou hast the same power over Me as over any criminal whose evil doings have brought him before thy tribunal. Thou hast no such authority over Me. Thou couldst have no power against Me, unless I had been betrayed to thee by those who know My innocence, and who obstinately and wilfully reject the evidence of My claims to be the Christ. Thou art only the blind, but guilty instrument in carrying out the greater wickedness of those who know the truth respecting Me, and have wilfully rejected it. This is ordered from above, for My Death will not be a common death. It will not be the result of any power which thou wieldest, but of the greater sin of others, which My Father will make to be instrumental in bringing about Redemption." In the counsels of Almighty God the Theocracy had not as yet passed away. It was yet recognized by God in its leaders, since, in virtue of his office, even Caiaphas had prophesied. The veil of the temple was not yet rent. In betraying Christ to Pilate the representatives of the holy people betrayed the Theocracy itself. Because of their greater sin, their utter apostasy, Pilate had power to crucify their king, and the Romans had power to take away their place and nation.

12. "And from thenceforth Pilate sought to release him . . . . speaketh against Cæsar." These words of the Lord still more impressed upon Pilate the mystery connected with Him with Whom he had to deal. Again and again he sought to release Him. The reader will remember the words of St. Peter, how "Pilate was determined to let him go" (Acts iii. 13).

"The Jews cried out, saying, If thou let this man go, thou art

13 ¶ When Pilate therefore heard that saying, he brought Jesus forth, and sat down in the judgment seat in a place that is called the Pavement, but in the Hebrew, Gabbatha.

ᵏ Matt. xxvii. 62.

14 And ᵏ it was the preparation of the passover, and about the sixth hour: and he saith unto the Jews, Behold your King!

---

13. "That saying." ℵ, A., B., L., M., Vulg., old Latin, and many versions read, "those sayings."

not," &c. It is to be remarked that it is "the Jews" who thus cry out. The Jews hated the Roman yoke in their hearts, abhorred Cæsar and every sign of his dominion, and yet here we have this "hypocritical nation" zealous for the honour of Cæsar against his own representative. Could national degradation sink lower? We shall soon see that it could. However, the effect on Pilate was at once to dispel any beginnings of religious awe with which the demeanour and the answers of Christ had impressed him, and to make him look wholly to his own safety; for his office, if not his life, would have been in extreme danger if it had been reported at Rome that, at a Jewish Passover time, he had run the risk of exciting a dangerous tumult in his attempts to shield a pretender to the title of king. And so,

13. "When Pilate therefore heard that saying, he brought Jesus forth ... Gabbatha." He brought Jesus forth, *i.e.*, from the prætorium, in order that he might pass a public sentence.

"The Pavement, but in the Hebrew, Gabbatha." Gabbatha, a high place, is derived from a root signifying "to be put on high," and has nothing to do with the Greek word "pavement." It has been conjectured, but apparently on very slender grounds, that Roman magistrates placed their judgment seats on tesselated pavements which they carried about with them.

14. "And it was the preparation of the passover. . . . Behold your King!" It was the preparation or Paraskeüe (see my note on Matth. xxvi. 2, and on John xviii. 28). It was the Friday on the evening of which the Passover Lamb was killed. At least, so I think St. John would have us understand.

"About the sixth hour." This would be about noon, if the Roman computation of time is used by the Evangelist. But, in this case, there would be an irreconcilable discrepancy between

15 but they cried out, Away with *him*, away with *him*, crucify him. Pilate saith unto them, Shall I crucify your King? The chief priests answered, [1] We have no king but Cæsar.   [1] Gen. xlix. 10.

St. John and St. Mark, who makes the Crucifixion itself to take place at the third hour, *i.e.*, nine o'clock in the morning. It is probable that St. John reckons the hours as we do, beginning at midnight, so that this "bringing of the Lord forth" would be between six and seven o'clock, which would give time for further insults, for the deliverance of our Lord to be crucified, for the sending for the two malefactors, for the slow procession to Golgotha, and for the crucifixion itself, all which would certainly occupy between two and three hours. Again, if we understand St. John by the sixth hour to mean noon, there would not be time for the events of the day, seeing that the Lord surrendered His spirit at the termination of the supernatural darkness, *i.e.*, at the ninth hour (three o'clock).

"And he saith unto the Jews, Behold your King." This was said in irritation as well as in scorn. He was angry because he felt that they knew that by the words, "If thou let this man go thou art not Cæsar's friend," they had excited his fears, and had thrust the responsibility of the Crucifixion on himself, so that he could not now avoid it; but he would have his revenge by ironically insisting both by these words and by the title he afterwards wrote, that the poor exhausted Sufferer, insulted, mocked, with brows bleeding from the thorns, and back lacerated with the thongs, was their King.

15. "But they cried out, Away with him, away with him, crucify him," &c. Again they passionately reject the Lord, and demand His death by torture, and again Pilate ironically, as he and they thought, but as we believe, by the leading of a Higher Power, binds on them the kingship of the Lord, "Your King shall I crucify?"

"The chief priests answered, We have no king but Cæsar." Notice that it is the Sadducean chief priests who thus disclaim the Theocracy in order to compass the death of One Whom they knew o be innocent. No baser national degradation can be conceived.

They pronounce with their own lips the abolition of the Theocracy, and the absorption of Israel into the world of the Gentiles. How wonderful is the providence of God in that in the very words in which they reject Christ, they reject their country, they reject

16 ᵐThen delivered he him therefore unto them to be crucified. And they took Jesus, and led *him* away.

17 ⁿAnd he bearing his cross °went forth into a place called *the place* of a skull, which is called in the Hebrew Golgotha:

ᵐ Matt. xxvii. 26, 31. Mark xv. 15. Luke xxiii. 24.
ⁿ Matt. xxvii. 31, 33. Mark xv. 21. 22. Luke xxiii. 26, 33.
° Num. xv. 36. Heb. xiii. 12.

---

16. "*And led him away.*" These words omitted by B., L., old Latin, and two or three Cursives, but virtually retained by almost all other authorities; Vulg. (Cod. Amiat.) *et duxerunt;* Syriac (Pesh.) *et eduxerunt.*

their Messianic hopes, they deny their claim to be the one true people of God. This sealed their doom as a nation, and as an hierarchy. "Of their own will they subjected themselves to punishment; therefore also God gave them up, because they were the first to cast themselves out from His providence, and superintendence; and since with one voice they rejected His sovereignty He allowed them to fall by their own suffrages." (Chrysostom.)

16. "Then delivered he him therefore unto them to be crucified." About this time some suppose that Pilate received his last warning in the message of his wife.

"Then delivered he him unto them to be crucified." Not, it seems, to the centurion or to the Roman soldiers; but to the chief priests, to the chief ministers of religion among the people of God; the soldiers, who had nothing to do but to obey orders, were merely the instruments in carrying out the cruel deed. At this time he released Barabbas unto them.

17. "And he bearing his cross went forth into a place called the place of a skull," &c. St. John, having the other gospels before him, says nothing of the bearing of the cross a part of the way by Simon of Cyrene, nor of the Lord's words to the great company of people and of women (Luke xxiii. 27).

But he makes a most suggestive allusion in that he writes of the Lord that "He went forth," thereby reminding us that the Great Sin-bearer must "suffer without the gate." Thus the writer of the Epistle to the Hebrews, "Wherefore Jesus also, that he might sanctify the people with his own blood, suffered without the gate. Let us go forth therefore unto him without the camp, bearing his reproach" (Heb. xiii. 12, 13). "The place of a skull, which is called," &c. (see note on St. Matth. xxvii. 33).

18 Where they crucified him, and two other with him, on either side one, and Jesus in the midst.

---

18. "Where they crucified him." Thus, simply, and without a word of comment on the cruelty of the form of execution, or on the patient submission of the Divine Sufferer, does each Evangelist recount the commencement of the Redeeming Sacrifice. St. Matthew says: "They crucified him." St. Mark, "when they had crucified him." St. Luke, "there they crucified him." St. John, "Golgotha, where they crucified him."

A Latin writer, Rabanus Maurus, thus speaks of crucifixion: "Hanging upon the wood, attached to it with nails driven through their hands and their feet, they were killed by a protracted death, and lived a long time on the cross; not because a longer life was an object of choice, but because death itself was lengthened, that their pain might not be too soon at an end. But the Jews, in choosing this death for Him, did so only as being the worst of all deaths, but it was chosen by the Lord, while they understood it not: for when He had thus overcome the devil, it was this Cross that He was going to place as His Trophy on the foreheads of the faithful."

The power of the Cross of the Lord Jesus is twofold—atoning and attracting. Its atoning power issues in peace with God (Coloss. i. 29), for "He has made peace through the Blood of His Cross"; and its attracting power is, that being lifted up He draws our hearts to Himself, and if this latter drawing is effectual, we are so drawn to Him as to be crucified with Him. "They that are Christ's have crucified the flesh with the affections and lusts." "I am crucified with Christ; nevertheless I live, yet not I, but Christ liveth in me." "He himself bare our sins in his own body on the tree, that we being dead to sin should live unto righteousness." (Gal. v. 24, ii. 20; 1 Pet. ii. 24.)

"And two other with him, on either side one, and Jesus in the midst." Thus in His Crucifixion was fulfilled the prophecy, "He was numbered with the transgressors." To have suffered crucifixion would have of itself numbered Him with transgressors, but two open sinners, who for their crimes deserved death were executed along with Him, so that to those who knew Him not He appeared as but one of three great criminals to whom the worst punishment then known had been assigned.

19 ¶ ᵖ And Pilate wrote a title, and put *it* on the cross. And the writing was, JESUS OF NAZARETH THE KING OF THE JEWS.

ᵖ Matt. xxvii. 37. Mark xv. 26. Luke xxiii. 38.

20 This title then read many of the Jews: for the place where Jesus was crucified was nigh to the city: and it was written in Hebrew, *and* Greek, *and* Latin.

---

20. "And Greek and Latin." ℵ, B., L., 33, 74, 89, 90, 234, 248, Sah., Coptic, &c., read "Latin and Greek;" but A., D., later Uncials and most Cursives, old Latin, Vulg., and Syriac have the same order as Received Text.

19. "And Pilate wrote a title, and put it on the cross . . . King of the Jews." Much has been made of the discrepancy between the titles as described by the four Evangelists, but without reason. According to St. Matthew we read, "This is Jesus the King of the Jews;" according to St. Mark, "the King of the Jews;" according to St. Luke, "this is the King of the Jews;" according to St. John, "Jesus of Nazareth the King of the Jews." Of these St. Mark and St. Luke evidently give the same; St. Matthew adds the name "Jesus." St. John, in all probability, gives the inscription as it ran in the vernacular Aramaic. Pilate, desiring to annoy and insult the Jews, would add the words "of Nazareth" or "Nazarene," in their language, because such a word was opprobrious and hateful to them, but it would have no point or meaning to those who read the Greek or Latin, who would know nothing of the contempt attaching to Nazareth.

20. "This title then read many of the Jews: for the place where Jesus," &c. Why is it particularly mentioned that because the place was nigh to the city *many* of the Jews read the title? Evidently because the desire of Pilate was accomplished, that as many as possible of the Jews, *i.e.*, the party of the chief priests, should feel the insult, and the design of One Greater than Pilate was equally accomplished, that the truth of the pretensions of His Son to be a King, the King of Israel, should be acknowledged on His very Cross, in the sight of all. As soon as ever He was born, men inquired for Him in the words, "Where is He that is born King of the Jews?" and in the depth of His humiliation His crucifiers are forced to read the title which proclaimed His Kingship.

"In Hebrew, and Greek, and Latin" (or Latin and Greek). All these languages were commonly used in Jerusalem. The Aramaic

21 Then said the chief priests of the Jews to Pilate, Write not, The King of the Jews; but that he said, I am King of the Jews.

22 Pilate answered, What I have written I have written.

23 ¶ ᵍ Then the soldiers, when they had crucified Jesus, took his garments, and made four parts, to every soldier a part; and also *his* coat:

ᵍ Matt. xxvii. 35. Mark xv. 24. Luke xxiii. 34.

---

23. "Garments." Vulg. *vestimenta*.
"Coat" or "tunic." Vulg., *tunica*.

or Hebrew by the native population, the Greek by the Hellenists and strangers from Egypt and other neighbouring countries; the Latin by the soldiers.

21, 22. "Then said the chief priests of the Jews . . . I have written." It has been shown that this decisive answer of Pilate is in accordance with the inflexibility of his character as described by Philo: but why is special mention made of it? We cannot but connect it with Pilate's former proclamations of Jesus as King of the Jews, which he to this time resolutely persists in, and now embodies in a public document, which, when once affixed, not even the writer could alter.[1] There is a sort of Divine and energetic emphasis in the double declaration. For may we not reasonably suppose that He Who made Caiaphas prophesy because he was the high priest, though he knew not of what he spake, caused Pilate also to write the truth, and emphatically confirm what he had written, because he was a governor, a "power ordained of God"?

23. "Then the soldiers, when they had crucified Jesus, ... did cast lots." The parting of the Lord's garments, and the casting lots are mentioned by all four Evangelists, but by St. John far more circumstantially, for he alone speaks of the "coat" (rather the

---

[1] There is a remarkable quotation from Apuleius in a volume of "Notes on the Four Gospels," &c., by F. M. (Pickering), which runs thus:—"Proconsulis tabella, sententia est; quæ semel lecta neque augeri literâ unâ, neque autem minui potest: sed utcunque recitata, ita provinciæ instrumento refertur." Pilate was no proconsul, but others below that rank may have assumed to put forth such "tabellæ."

now the coat was without seam, ‖ woven from the top
‖ Or, *wrought*. throughout.

24 They said therefore among themselves, Let us not rend it, but cast lots for it, whose it shall be: that the scripture might be fulfilled, which saith, ʳ They

ʳ Ps. xxii. 18.

---

24. "Which saith" omitted by ℵ, B., old Latin (a, b, c, e); but A., D. (l, h), I., L., rest of Uncials and Cursives, Vulg. and Syriac as in Received Text.

inner garment, ἱματισμός) which being woven all in one piece they did not rend, but cast lots for. He also (most probably) alone notices that this was the fulfilment of the words in the twenty-second Psalm. (See my note on Matth. xxvii. 35, respecting our Lord using this Psalm in the Synagogue and in the Temple worship).

This inner garment woven without seam has always been held to be a type of the one Holy Catholic Church, in the sight of God one and undivided. Cyprian, in his "Treatise on the Unity of the Church," has a noble passage, which the reader, if he already knows it not, will be thankful to see. "This sacrament of unity, this bond of a concord inseparably cohering, is set forth where, in the Gospel, the coat of the Lord Jesus is not at all divided nor cut, but is received as an entire garment, and is possessed as an uninjured and undivided robe by those who cast lots concerning Christ's garments, who should rather put on Christ. Holy Scripture speaks, saying, 'But of the coat, because it was not sewed, but woven from the top throughout, they said one to another, Let us not rend it, but cast lots whose it shall be.' That coat bore with it an unity which came down from the top, that is, that came down from heaven and the Father, which was not to be at all rent by the receiver and the possessor, but without separation we obtain a whole and substantial entireness. He cannot possess the garment of Christ who parts and divides the Church of Christ. On the other hand, again, when at Solomon's death his kingdom and people were divided, Ahijah the prophet, meeting Jeroboam the king in the field, divided his garment into twelve sections, saying 'Take thee ten pieces: for thus saith the Lord, Behold I will rend the kingdom out of the hand of Solomon, and I will give ten sceptres unto thee: and two sceptres shall be unto him for my servant David's sake, and for Jerusalem the city which I have chosen to place my name there.'

parted my raiment among them, and for my vesture they did cast lots. These things therefore the soldiers did.

25 ¶ ˢ Now there stood by the cross of Jesus his mother, and his mother's sister, Mary the *wife* of ‖ ᵗ Cleophas, and Mary Magdalene.

ˢ Matt. xxvii. 55. Mark xv. 40. Luke xxiii. 49.
‖ Or, *Clopas*.
ᵗ Luke xxiv. 18.

25. "Cleophas." Marginal, "Clopas." No MSS. read Cleophas. Variously spelt in versions. Vulg. (*Cod. Amiat.*) spells it "Cleopas."

As the twelve tribes of Israel were divided the prophet Ahijah rent his garment. But because Christ's people cannot be rent, His robe, woven and united throughout, is not divided by those who possess it: undivided, united, connected, it shows the coherent concord of our people who put on Christ. By the sacrament and sign of His garment, He has declared the unity of the Church" (sec. 7).

"These things therefore the soldiers did"—*i.e.* Roman soldiers who knew not a word of the Jewish Scriptures, did unconsciously the things which fulfilled the prophecy.

25. "Now there stood by the cross of Jesus . . . and Mary Magdalene." It is doubtful whether there are three or four women meant. If three they would be—(1), Mary, His mother; (2), His mother's sister, who was Mary, the wife of Cleophas or Clopas, and (3) Mary Magdalene. Some have a difficulty in believing that two sisters would bear the same name; so the verse has been read as if there were four—(1), Mary, His mother; (2), His mother's sister, the name not being given; (3), Mary, the wife of Clopas, and (4), the Magdalen. The Syriac reads, "And His mother's sister, and Mary the wife of Cleophas." But this is unsupported by any other authorities.

This sister of the Lord's mother is also conjectured to have been Salome, the mother of James and John, and it has been urged in support of this, that as St. John does not mention his own name, so the second of the four women, whose name also he does not give, is his own mother. All this, however, is the merest conjecture. But what is of infinitely more importance, is the example set by the Lord when nailed to the cross as an expiatory sacrifice for the sins of the world. He is not unmindful of the duties and the tenderest ties of human family life. There is one by the Cross to whom,

26 When Jesus therefore saw his mother, and ᵘthe disciple standing by, whom he loved, he saith unto his mother, ˣWoman, behold thy son!

27 Then saith he to the disciple, Behold thy

ᵘ ch. xiii. 23. & xx. 2. & xxi. 7, 20, 24.
ˣ ch. ii. 4.

---

as God, He had given existence, and yet from whom, as very man, He had received His human Nature. It was through her that He was the Son of Man. She had been the willing instrument (Luke i. 38) by which the Son of God had entered into the human family, and could call Himself our Brother; and now in bitterest anguish she was, in very deed, bearing His Cross. The sword was piercing her soul, as it had been predicted (Luke ii. 35). And yet whilst cruel pain was distracting His sacred Body, and the sins of the whole race were heavy on His Soul, full of filial love, He looked upon her and upon him whom He loved: for when "He saw his mother and the disciple standing by whom he loved, he saith unto his mother, Woman, behold thy son! Then saith he to the disciple, Behold thy mother!" And the beloved disciple understood and received the charge, for we read,

"And from that hour that disciple took her," &c. The Lord thus provided a home for her, and a son of all men living the one most worthy to take His place, to care for her, and watch over her. In this He was keeping His Father's and His own commandment to honour father and mother, and He was giving us an example that we should do as He has done. The most illustrious of the Fathers draw this lesson from the Lord's conduct. Thus Chrysostom:—"He on the Cross, committeth His mother to the disciple, teaching us even to our last breath to show every care for our parents. When indeed she unseasonably troubled Him, He said, 'Woman, what have I to do with thee?' and 'Who is my mother?' But here He showed much loving affection, and committeth her to the disciple whom He loved." And Augustine:—"Here then a subject of morals comes in. He is doing that which He admonisheth to be done, and by His own example hath, as the good Teacher, instructed His own that it is the duty of pious sons to have a care for their parents, as though the wood on which were fixed the members of Him that was dying, were even the chair of the Master that was teaching. . . . The Master of the Saints was setting an example in His own practice, when, not as God for the servant

mother! And from that hour that disciple took her [y] unto his own *home*.

[y] ch. i. 11. & xvi. 32.

whom He had created, and was ruling, but as Man for the mother of whom He was born, and whom He was leaving, He provided another to be in some sort a son to her in His stead."

I cannot here help noticing what a remarkable instance we have in the treatment of this touching incident, of how men explain Scripture by what they bring to it rather than by what it really contains and teaches. We have Romish commentators drawing from the words, "Behold thy mother," that St. John is to be considered the representative of the whole Church, and that the Lord here gives the Holy Virgin to be a guiding, instructing, and protecting mother to the whole Church as represented by St. John. But if this be so, how is it that during the infancy of the Church, of which we have the full account in the New Testament, there is such absolute silence respecting her guiding and protecting care? For ages we have no word of any interposition on her part, just as we have no invocation of her power or even intercession. Such men as Chrysostom and Augustine are totally ignorant of any meaning of the words, further than the providing the Virgin with a home, and with a son to cherish her declining years. And, on the other hand, we have ultra-Protestant writers asserting that by the words He now said He divested Himself of all filial relationship to her, making a formal renunciation of her: in fact, so far as the thing was possible, He made as if He had not taken our nature through her. But is this possible? To me it is simply unimaginable that He should cease to regard her as one in whose womb He had dwelt, from whose breasts He had received nourishment, in whose hands He had been lovingly held, and from whom, as a child, He had received His earliest guidance and protection. It seems equivalent to saying, that from this time He ceased to be the Son of Man. As true Son of Man, He must for ever retain all holy human affections, in order that He may truly mediate with reference to all those innumerable matters in our conduct in which human affections come in, and truly sympathize in all those trials and sorrows which spring from the love of relations and friends. He had long ere this taught her that the time was past in which she could command as His mother, but that He should so wipe out the past as to cease to regard her as the mother who bare Him and

28 ¶ After this, Jesus knowing that all things were now accomplished, ᶻthat the scripture might be fulfilled, saith, I thirst.

ᵃ Ps. lxix. 21.

29. Now there was set a vessel full of vinegar:

---

28. "Accomplished." Should be rather rendered, "finished," to show its relation to "It is 'finished'" in verse 30.

brought Him up, seems to me incredible. It should be noticed before we conclude this subject, that if she had had any children of her own He would not thus have committed her to St. John, for there would have been others, not only whose privilege but whose duty it would have been to provide a home for her. If it be said that the brethren of the Lord were not believers, still He must have foreseen that in little more than a month they would be (Acts i. 14).

After, or at this time, occurs the supernatural darkness, and the Lord's cry, "My God, my God, why hast thou forsaken me?"

28. "After this, Jesus knowing that all things were now accomplished," &c. The words rendered "accomplished" in the twenty-eighth verse, and "finished" in the thirtieth, are the same, and should both be translated "finished." St. Augustine seems to give the meaning: "He saw then that all things were finished which behoved to be done ere He should receive the vinegar and give up the Ghost, and that this also might be finished which the Scripture had foretold, 'And in my thirst they gave me vinegar to drink,' He said, 'I thirst.'" All had been done that was written of Him, the betrayal for thirty pieces of silver, the forsaking by all, the buffeting, the stripes, the piercing of the hands and feet, the lifting up to be a gazing-stock, the parting of His garments, the casting lots for His vesture, the mocking, and now the intolerable burning thirst which so often precedes death by loss of blood and protracted agony, seizes the Divine Sufferer. "My strength is dried up like a potsherd, and my tongue cleaveth to my jaws, and thou hast brought me into the dust of death." "To those who have no experience, it might seem strange that thirst should be amongst the last and deadliest symptoms, but such, no doubt, it is. Nothing is more common than for the dying to express it as the last earthly thing they care for, to have their thirst assuaged" (Keble).

29. "Now there was set a vessel full of vinegar: and they filled a spunge with vinegar, and put it upon hyssop [or, 'so they put a

and ^a they filled a spunge with vinegar, and put *it* upon hyssop, and put *it* to his mouth.

30 When Jesus therefore had received the vine-

^a Matt. xxvii. 48.

---

29. "They filled a spunge with vinegar, and put it upon hyssop." So A. (D. supp.), later Uncials, most Cursives, and Syriac; but ℵ (later correction), B., L., old Latin, "So they put a spunge full of vinegar upon the hyssop." So Revisers.

sponge full of vinegar upon the hyssop' (Vulg., Revisers)] and put it to his mouth." The ancients suppose that this was done in mockery, the taste of the vinegar being bitter and nauseous. Thus Augustine: "He said, I thirst: as much as to say, "This ye have left undone, give what ye are (*i.e.*, bitterness). For indeed the Jews themselves were the vinegar, in their degeneracy from the wine of the patriarchs and prophets." And Chrysostom: "Consider, I pray, the accursed nature of the bystanders. Though we have ten thousand enemies, and have suffered intolerable things at their hands, yet when we see them perishing we relent; but they did not even so make peace with Him, nor were tamed by what they saw, but rather became more savage, and increased their irony; and having brought to Him vinegar on a spunge, as men bring it to the condemned, thus they gave Him to drink." Most modern commentators, on the contrary, suppose that the vinegar was the thin sour wine which the soldiers usually drank, and that it was offered to the Lord out of some slight feeling of pity for His agonies. The word of the Psalm (lxix. 21) seem to imply the truth of the older view.

The Synoptics—St. Matthew and St. Mark—say that the spunge was put on a reed, St. John that it was put on hyssop; but the stalks of hyssop might be of sufficient length and firmness to hold a small piece of wet spunge. Probably they found such a stalk growing near the spot.

30. "When Jesus therefore had received the vinegar, he said, It is finished." "In one human word did our Lord gather into one all which He had willed, and wrought, and suffered for man's salvation. 'Finished' was the determinate counsel of God: 'finished' all that prophecy had foretold and type foreshadowed, and patriarchs and righteous men had longed to see, and angels desired to look into; 'finished' the work which His Father gave Him to do, and the deliverance He had wrought in the earth; 'finished' were all the sufferings which the malice of man or of Satan could inflict, and

gar, he said, ᵇ It is finished: and he bowed his head, and gave up the ghost.

31 The Jews therefore, ᶜ because it was the preparation, ᵈ that the bodies should not remain upon

ᵇ ch. xvii. 4.
ᶜ ver 42. Mark xv. 42.
ᵈ Deut. xxi. 23.

---

the cup of His Father's wrath; 'finished' the transgression, and an end made to sin; 'finished' the one Sacrifice for sin, and the mortal Life of God made man, the victory over Satan, his rule, and our enthralment." (Pusey.) But a perverse use has been made of these most precious words to deprive the Eucharist of its sacrificial character. The Sacrifice for sin was finished, so far as its expiatory pains were concerned, for "a full, perfect, and sufficient sacrifice, oblation, and satisfaction had been made for the sins of the whole world." Bur the great work of applying that Sacrifice to men, and representing it before God, had not yet begun, and could not till the High Priest had ascended and taken his seat at the right Hand of God. The expiatory Sacrifice must be followed by the eucharistic Oblation, in which we "show forth the Lord's death till He come." The Lamb of God, once for all slain, must be seen at the right Hand of God, standing as slain. The Divine Victim must be fed upon by the faithful.

"And he bowed his head, and gave up the ghost," or delivered up His Spirit. The giving up the ghost, or the delivering up of His Spirit, was a voluntary act on His part. His natural strength was not exhausted, for it was as He cried with a loud voice that He commended His Spirit into His Father's Hands, "When the flesh was failing," says St. Jerome, "the Divine voice was strong. While we who are of the earth die with lowest voice, or with no voice at all, He Who was from heaven expired with an exalted cry."

"He bowed his head, and gave up the ghost." "Who so sleeps when he will, as Jesus died when He would? Who so lays aside his clothing when he will, as He put off the flesh when He would? Who so departs from a place when he will, as He departed this life when He would? What must we hope or fear to find His power when He judgeth, as it was seen to be so great when He died?" (Augustine.)

31. "The Jews therefore, because it was the preparation," &c. In the law of God (Deut. xxi. 22) it is written, "If a man have committed a sin worthy of death, and he be put to death, and

the cross on the sabbath day, (for that sabbath day was an high day,) besought Pilate that their legs might be broken, and *that* they might be taken away.

32 Then came the soldiers, and brake the legs of the first, and of the other which was crucified with him.

33 But when they came to Jesus, and saw that he was dead already, they brake not his legs:

---

31. "For that sabbath day was an high day." More literally, " For great was the day of that sabbath."

thou hang him on a tree, his body shall not remain all night upon the tree, but thou shalt in any wise bury him that day, for he that is hanged is accursed of God, that thy land be not defiled." The Jews not only having regard to this law, but also to the fact that the Sabbath, which began at six o'clock that evening, was one of peculiar solemnity (being at once the weekly Sabbath and in that year the day on which the passover was eaten, and so no work of any sort, more particularly so defiling a work as the taking down and burying of dead bodies, should be done upon it), came to Pilate and besought him that the three bodies should be taken down, having first, according to the cruel custom, had their legs broken, to make death the more certain ; so that, when cast alive, it may be, into the grave, they should not escape. Some, however, suppose that the breaking of their legs immediately produced gangrene, and so death, but this seems unlikely.

32. "Then came the soldiers, and brake . . . . which was crucified with him." To account for the mention of the two separately, it has been suggested that the soldiers, four in number, came to the bodies in pairs, two doing the cruel work on each of the outside bodies ; but may there not be a hint of the essential difference in character between the two ? the one, the nobler, here called " the first," and " the other," the impenitent one who was crucified with his believing comrade.

33. "But when they came to Jesus, and saw that he was dead already, they brake not his legs." It is important to note this, as it seems to tell us that the Lord was dead before the soldiers came up to the bodies. It is hardly possible to suppose that He could have cried with the loud voice, and surrendered His Spirit whilst they were breaking the legs of those crucified with Him.

34 But one of the soldiers with a spear pierced his side,
and forthwith ᵉcame thereout blood and water.

ᵉ 1 John v. 6, 8.

---

34. "But one of the soldiers with a spear pierced his side." If this soldier had been the centurion, it is most probable that the fact would have been mentioned; or, at least, such an one having been so astonished at the signs which accompanied the Lord's death as to exclaim, "Truly this man was the Son of God," was not likely to have thus insulted the Body of the Lord. That it was done as a last and crowning indignity was believed by the Fathers, one of whom (Chrysostom) writes: "Yet these (soldiers) to gratify the Jews, pierced His Side with a spear, and now insulted the dead Body."

"And forthwith came there out blood and water." It is perfectly clear from the next verse in what light (natural or supernatural) we are to regard this coming forth of blood and water from the side of the Saviour. For the Apostle vouches for the truth of the fact in one of the most solemn asseverations to be found in the whole compass of the Scriptures. "He that saw it bare record, and his record is true, and he knoweth that he saith true, that ye may believe." It is absurd to suppose that he would have made so reiterated a declaration, if the phenomenon was one which would or might have occurred in the case of any other dead body similarly suspended. For it appears from many authorities that in such a case, even if the heart were pierced, there would flow forth a very little blood and a still less quantity of a fluid which could not properly be called "water"; and unless by a special interposition, amounting in fact to a miracle, these would flow forth mingled together, and undistinguishable from one another—the red particles of the blood giving their colour to all that came forth from the wound. For the thrust of the spear, before reaching the heart, would pierce part of the lungs and many smaller vessels, and after passing through the pericardium, in which there would be a little colourless fluid, would penetrate the larger blood-vessels, and the blood of both these would naturally mingle with and discolour any other fluid before it could begin to flow from the wound. Such a stream could not possibly flow forth so as to be distinguished by a bystander as two separate liquids, and dwell in his memory as one of the most remarkable facts of a day such as had never been known before in the history of the world.

35 And he that saw *it* bare record, and his record is true:

Considering, then, the impossibility, on any natural hypothesis, of any such flow of blood and water so distinguishable from one another, as to command attention as something unique, and require, as if it were something incredible, a very solemn twofold assertion on the part of the narrator to enable it to be received, there can be no doubt but that he intended it to be regarded as a fact at once supernatural and typical. And to those who believe that that Body was the Body which the Eternal Son of God had assumed, that its Pains and Death had redeemed the world, and that it was destined within three days to rise again to be the fountain of Life to the world, it seems only likely so to be. What the natural explanation of such a phenomenon connected with such a Body is it seems profane to inquire.[1] Not so with its typical or mystical significance. This we are bound reverently and devoutly to look into, for the Apostle sets it forth as a matter of faith. "He knoweth that he saith true, that ye may believe." We seem to have the key to such meaning in the 1st Epistle of this Evangelist, when, with evident reference to what he had seen at the foot of the Cross, he wrote, "This is he that came by water and blood, not by water only, but by water and blood." Now, why should he contrast "coming by water only," and "coming by water and blood"? Evidently because he had in his mind the contrast between the mission of the Baptist and the mission of Christ. The mission of the Baptist was in water only: " I baptize with water." The mission of the Lord is with "water and Blood." What is the significance of water? Evidently cleansing. What is the significance of the Blood? Evidently Life—"the blood is the life." The Lord comes not with cleansing only, but with cleansing and life, and

---

[1] Godet has a very good remark: "The Apostle, therefore, establishes, as we have said, the exceptional state of the Body of Jesus, which was manifested at this time by an unexampled evidence. The Holy One of God was not to see corruption (Ps. xvi.), and this promise must be fulfilled perfectly in the case of the perfect Holy One. Now, it implied the beginning of the work of Resurrection at the very moment when, in the case of every other death, the crisis of dissolution begins."

and he knoweth that he saith true, that ye might believe.

^f Ex. xii. 46.
Num. ix. 12.
Ps. xxxiv. 20.

36 For these things were done,^f that the scrip-

---

35. "That ye might believe." So a few later Uncials and most Cursives; but א, A., B., D. (supp.), H., K., L., old Latin, Vulg., Syriac read, "That ye also might believe."

each of these proceeding from His own blessed Person. This piercing of the Body of the Lord from which the Blood and Water flowed is parallel to the rending of the veil in the Synoptical Gospels. Just as the rending of the veil was supernatural and also mystical, betokening access to God through the Flesh of Christ, so this flowing of Blood and Water from His pierced Side was also supernatural and mystical, denoting that henceforth His glorified human Nature should be a fountain of cleansing and life.

Is there, then, any adumbration of the Sacraments? Undoubtedly; because the Sacraments are ordained to convey cleansing and life from the glorified Body of the Second Adam. Many of the Fathers think that the second element in the Eucharist is signified by the blood and the water, but however this may be, the grace and truth of Holy Baptism are most certainly set forth, for in that Sacrament we are sanctified and cleansed with the washing of water by the Word. It is to us the washing of Regeneration. It is our engrafting into the Second Adam, so that we may partake of His Life. That our branch of the Church would have us hold that there is a reference to this Sacrament is certain from her appeal in our Baptismal Service, to "God, Whose most dearly beloved Son, for the forgiveness of our sins, did shed out of His most precious Side both water and blood."

"And he that saw it bare record . . . . that ye might believe." Here we have, as I have shown, the Apostle's most solemn declaration, not only of the truth of the fact, but of the necessity laid upon us to realize it by a living faith, "that ye may believe"—"that ye may believe that this supernatural and mysterious sign marked out this Death as a Death very different from all others, and assures you of cleansing and life flowing from His Body to those who by faith stand under His Cross:" and he proceeds to cite two Scriptures to confirm our faith.

"For these things were done, that the scripture should be," &c. These things were done to assure us that He is the true Paschal Lamb Whose Flesh and Blood we are to eat and drink in order to

ture should be fulfilled, A bone of him shall not be broken.

37 And again another scripture saith, ^gThey shall look on him whom they pierced.

^g Ps. xxii. 16, 17. Zech. xii. 10. Rev. i. 7.

38 ¶ ^h And after this Joseph of Arimathæa, being a disciple of Jesus, but secretly ⁱ for fear of the Jews, besought Pilate that he might take away the body of Jesus: and Pilate gave *him* leave. He came therefore, and took the body of Jesus.

^h Matt. xxvii. 57. Mark xv. 42. Luke xxiii. 50.
ⁱ ch. ix. 22. & xii. 42.

39 And there came also ^k Nicodemus, which at

^k ch. iii. 1, 2. & vii. 50.

---

continue in the unity of His Church, and for the strengthening and refreshing of our souls thereby.

37. "And again another scripture saith, . . . whom they pierced." This is written in Zechariah xii. 10. The Hebrew reads, " They shall look on Me whom they have pierced." The Septuagint translators, no doubt feeling the difficulty of the words "piercing Me," altered "pierced" into "mocked." "They shall look on Me because they have mocked Me." St. John renders it, "They shall look on Him [or Me] Whom they have pierced." Whether, however, we read "Him," or "Me," it is the same Lord. The Jews then looked upon the Pierced One with contempt and unbelief, but from the words of the Prophet we believe that the day will come when they will look to Him in repentance and deep contrition: and the day will also come when all men will see Him Whom their sins have pierced. (Rev. i. 7.)

38. "And after this Joseph of Arimathæa, . . . took the body of Jesus." John, writing the account of what was done by one well known, omits all mention of his being "an honourable counsellor" (Mark xv. 43)—"a good man and a just, who waited for the kingdom of God" (Luke xxiii. 50, 51)—and simply records that he was "a disciple, but secretly for fear of the Jews."

39. "And there came also Nicodemus . . . hundred pound weight." Nicodemus is not named in the Synoptics, but only by St. John, and by him three times, and in each case mention is made of his coming to Jesus by night (iii. 2, vii. 50, and here). It is to be borne in mind that the acts of these two good men showed love and devoted remembrance rather than faith. Like all the rest of his disciples,

the first came to Jesus by night, and brought a mixture of myrrh and aloes, about an hundred pound *weight*.

40 Then took they the body of Jesus, and ¹wound it in linen clothes with the spices, as the manner of the Jews is to bury.

¹ Acts v. 6.

41 Now in the place where he was crucified there was

---

39. "A mixture." So nearly all authorities; but ℵ and B. read, "a roll"—the two words, *migma*, mixture, and *eligma*, roll, being easily confounded.
40. "Linen clothes." Properly, "cloths." Vulg., *linteis*.

---

they had no anticipation whatever of His Resurrection (see note on Matth. xxvii. 58-62). It is difficult to realize what must have been their thoughts and feelings respecting Him. They believed, no doubt, that He was a Prophet sent by God, and that His miracles showed this, but that like Isaiah, or the Baptist, He had been a martyr for the truth, and that God would bring about that though His Body should be embalmed and buried, His teaching and the memory of His miracles and example should live.

Still God accepted this their love and devotion, and in due time, we doubt not, turned it into faith in a Risen and Exalted Saviour, and it was a great and noble thing thus openly to avow their belief that He was the "Just One," and that their chief priests and fellow rulers had done wickedly in crucifying Him.

40. "Then took they the body.... manner of the Jews is to bury." Not as those nations who burned their dead, or as the Egyptians, who removed the entrails, and laid the body in nitre.

41. "Now in the place .... never man yet laid." St. John does not mention that the sepulchre belonged to Joseph of Arimathæa. St. Matthew alone records this fact, though it seems to be implied in the narratives of St. Mark and St. Luke. St. Luke and St. John unite in saying that it had never before received any dead body. The fact that Joseph was in possession of such a sepulchre, and that it was very near the place of Crucifixion, probably suggested to him that he should ask of Pilate the Body of the Lord. If the sepulchre had not been near, the Lord's Body could not, most probably, have been placed in it before the commencement of the Sabbath.

"There was a garden," &c. St. John alone mentions that the

a garden; and in the garden a new sepulchre, wherein was never man yet laid.

42 ᵐThere laid they Jesus therefore ⁿbecause of the Jews' preparation *day*; for the sepulchre was nigh at hand.

ᵐ Is. liii. i. 9.
ⁿ ver. 31.

Lord was buried in a garden. "The sepulchre of Christ was in a garden, because in the garden of Paradise Adam had sinned and incurred the sentence of death. Hence in a garden the Passion of Christ was commenced, and in a garden it was finished, and He was buried that he might expiate this sentence, and institute and plant a garden most pleasant, blooming with flowers and fruits— that is, His Church." (Cornelius à Lapide.) Dean Burgon notices how some of the Fathers refer to Luke xiii. 19, where we have the grain of mustard-seed, which "a man took and cast into his garden." Men will esteem these things worthy or unworthy of notice according as they realize or not that He Who suffered was the Word made flesh; that all the circumstances of His Passion were foreseen and a great number foretold; and that by such resemblances and contrasts God has sought to impress the deepest truths on the souls of His best servants.

Introductory Remarks on the Gospel of the Resurrection, as set forth by St. John.

The notices of the Lord's Resurrection in the Gospel of St. John seem to have been written to confirm the accounts given by other of the Evangelists in some matters of great importance; and, above all, to give to the appearances of His Risen Body their full significance.

1. They confirm and emphasize the fact that the first tidings of the Lord's Resurrection were given by angels to women, and that the first appearance of the Lord, after He had risen, was to a woman. The Apostles were evangelized by women. Peter and John were at the sepulchre, entered it, and observed the state in which the Lord had left it, and yet they were not the first to see

the Lord. It was given to Mary Magdalene, a penitent, first to see the Risen Saviour. The Lord here establishes the fact that His Gospel is for penitent sinners.

2. Then we learn from the accounts in this Gospel, far more perfectly than from those of the other Evangelists, the nature of the Lord's Risen Body—that it was a spiritual Body, capable of passing through all obstacles, and so had power and functions far transcending all properties of mere matter. In St. Lukes's account we read that when the Ten were gathered together on the evening of the first Easter Day, Jesus suddenly stood in the midst; but from St. John's account we learn that this took place in spite of the doors being shut because of the Jews—so that walls and barred doors presented no obstacles to the entrance of a frame which, being capable of being felt and handled, was yet a body. This bears upon two great doctrines of the faith. It proves to us that God's Almighty power can bring about the existence of that spiritual body in which we shall ourselves one day be clothed, for " when He shall appear we shall be like Him," and " He shall change our vile body, that it may be fashioned like unto His glorious body, according to the working whereby He is able to subdue all things to Himself." (1 John iii. 2, Phil. iii. 21.)

It also bears very directly upon the Eucharistic mystery, for it makes the doctrine taught in John vi., that we are to eat the Flesh of the Son of Man and drink His Blood, in the eye of faith, conceivable. It is inconceivable that, if the Lord's Body had remained under the conditions under which it existed previous to His Resurrection, it should of itself, as a Body, have any faculties of a higher order than our present gross bodies have; but now that He has risen in a spiritual Body, having the properties assumed in St. John's Gospel, we cannot take into account the limitations of our present natural bodies in realizing the mode of communication of the Lord's Flesh and Blood proffered to us for such puposes as are set forth in the discourse at Capernaum.

3. Then we learn from the words of the Lord in this Gospel the fulness of the powers of the Apostolic commission. This commission was to act towards sinners and towards the Church for Him—in His place, inasmuch as He was no longer to be visibly present. In the Synoptic Gospels this commission was principally to baptize and to teach, but from St. John's account of Christ's words we learn that it extended to representing Him fully in all

offices in which it was possible, in the nature of things, that He could be represented. "As My Father sent Me, so send I you," and He then proceeds to specify that their commission should be to the extent of representing Him in that function of absolving sinners from sin which had drawn down upon Himself such opposition: "Whosesoever sins ye remit they are remitted unto them, and whosesoever sins ye retain they are retained." He had expressly told them before (Matth. xvi. 19, xviii. 18) that their commission should reach thus far, and now He makes good His word.

4. And in the last place the account in St. John gives us the full significance of the testimony of the Resurrection to the Divine claims of Christ. From the Synoptics we gather that His disciples worshipped Him. But in St. John we read that He accepted from one of His followers (and that one the most slow to believe) the titles of God and Lord, and accepted them as signs of that faith in His Divine Nature which was His due. In what way the reality of His risen Body proved His claim to be Lord and God, we shall consider when we come to the passage.

So that in St. John's Gospel we have the full significance of the Lord's Resurrection.

CHAP. XX.

THE [a] *first day* of the week cometh Mary Magdalene early, when it was yet dark, unto the sepulchre, and seeth the stone taken away from the sepulchre.

[a] Matt. xxviii. 1. Mark xvi. 1. Luke xxiv. 1.

1. "The first *day* of the week cometh Mary Magdalene early, when it was yet," &c. "Mary Magdalene." St. John mentions Mary Magdalene only as coming to the sepulchre. St. Matthew mentions her and "another Mary." St. Mark, "Mary Magdalene, and Mary, the mother of James and Salome." According to St. Luke (xxiv. 10) there was a large company who told of the appearance and message of the angel.

Mary Magdalene was among those who came first to the sepulchre,

2 Then she runneth, and cometh to Simon Peter, and to the ᵇother disciple, whom Jesus loved, and saith unto them, They have taken away the Lord out of the sepulchre, and we know not where they have laid him.

ᵇ ch. xiii. 23. & xix. 26. & xxi. 7, 20, 24.

3 ᶜ Peter therefore went forth, and that other disciple, and came to the sepulchre.

ᶜ Luke xxiv. 12.

4 So they ran both together: and the other disciple did outrun Peter, and came first to the sepulchre.

5 And he stooping down, *and looking in,* saw ᵈ the linen clothes lying; yet went he not in.

ᵈ ch. xix. 40.

---

3. " Came to the sepulchre ;" rather, " went towards " (Alford and Revisers).

5, 6, 7. For "clothes" read "cloths," such as a body would be wrapped in. Vulg., *linteamina.*

but seeing from a distance the stone rolled away, she ran to tell the Apostles Peter and John, leaving the rest of the women at the sepulchre.

"When it was yet dark." This was when they set out, but the daylight would increase very rapidly, so that before she arrived there was light sufficient to show that the heavy stone had been removed. Taking for granted that the sepulchre had been opened in order to take away the Lord's Body, she ran to tell the Apostles.

2. "Then she runneth, and cometh to Simon Peter . . . where they have laid him." Simon Peter was with St. John, in his house, to which he had taken the Virgin.

3, 4. "Peter therefore went forth, and that other disciple . . . first to the sepulchre." St. Matthew and St. Mark say nothing of any visit of any Apostle to the tomb. St. Luke (assuming that verse 12 is genuine) tells us that St. Peter went in and observed the order in which the linen clothes were lying, and came away in silent wonder. St. John alone gives full details of this visit. He mentions that "they ran both together," and being the younger he outran Peter, and "came first to the sepulchre."

5. "And he stooping down and looking in," &c., "yet went he not in," restrained, no doubt, by a feeling of awe and reverence for the place where He Whom he regarded as his Lord had been laid.

6 Then cometh Simon Peter following him, and went into the sepulchre, and seeth the linen clothes lie,

7 And ᵉ the napkin, that was about his head,   • ch. xi. 44.
not lying with the linen clothes, but wrapped together in a place by itself.

8 Then went in also that other disciple, which came first to the sepulchre, and he saw, and believed.

9 For as yet they knew not the ᶠ scripture, that   f Ps. xvi. 10. Acts ii. 25-31.
he must rise again from the dead.   & xiii. 34, 35.

---

6. "Then cometh Simon Peter following him, and went into the sepulchre," &c. Having more animal courage, as was evinced by his conduct on the occasion of the Lord's capture.

7. "And the napkin," &c. If the Lord's Body had been taken away by His enemies, it would have been with some evil design, and the linen cloths and the napkin would not have been left in such order. "There were no indications of haste, none of evil design or force, but rather like the appearance of a bed which a person had quitted for his morning's rise." (Luthardt.) ("I laid me down and slept, and rose up again, for the Lord sustained me.")

8. "Then went in also that other disciple, ... saw, and believed." This is very noticeable. St. Peter, who was the first to see the ordered state of what was in the sepulchre, did not realize the cause of it all. St. John did. Very probably he said little or nothing; but the truth flashed upon him, that the emptiness of the sepulchre was not the effect of violence or robbery, or of the officiousness of friends, but of the Lord's power in fulfilment of His very distinct and oft-repeated assertion. "He saw and believed;" but what, then, is the meaning of the next verse,

9. "For as yet they knew not the scripture," &c.? Evidently this. Neither of them believed on the authority of Scripture, which was the one ground on which (connected with the Lord's constant reference to everything respecting Himself as being foretold in Scripture) their faith ought to have rested; but the one suspended, as it were, his belief till he received more evidence, and the other remembered the Lord's words, and so accounted in himself for what he saw.

In all probability the belief of St. John was at this time very

10 Then the disciples went away again unto their own home.

^g Mark xvi. 5.   11 ¶ ^g But Mary stood without at the sepul-

---

vague and indefinite. We may say, I think, with absolute certainty, that at this time it never crossed his mind that in this world he should see the Lord ; but he certainly believed that the Lord had risen, not spiritually, or in any unreal way, but in the Body.

Yet it is very important that we should take these words as teaching that St. John really believed, for this belief on St. John's part is one of the principal facts which dispose of the notion that our Lord's appearances were regulated not by His will and infinite wisdom, but according to some psychological law : so that, whether He desired it or not, He should appear to those and only those who believed in Him ; the Lord's appearance in each case being dependent upon the interior state of the person favoured ;—in fact (the word must be said), to those who were "en rapport" with Him. This is one of the foundations of the absurd but mischievous vision theory, which is that they who believed in Him imagined that they saw Him, and so they mistook the phantom of their imagination for reality. But if there be any such a law, why did He not first appear to St. John, who undoubtedly first believed, and, we may be sure, loved the Lord as well, and, no doubt, more intelligently, than the Magdalen? Yet there was no appearance to St. John alone, whereas the first appearance (after those to the women) was to Cephas, who certainly was, in the matter of belief in the Resurrection, inferior to St. John.

11. "But Mary stood without at the sepulchre weeping." Peter and John had returned home, but Mary stood without towards the sepulchre weeping. The disciples had departed, one believing that the Lord had risen. They lingered not at the empty tomb, feeling that nothing could be done there. They waited for the assembling of the whole Apostolic company that evening, remembering, perhaps, how earnestly the Lord had prayed for their unity, which could not be without their meeting and praying together ; and that, where His disciples were gathered in His name, there was He.

But Mary, full of a grateful and loving woman's grief, remained weeping—weeping because the Body of her Lord was not there; unconscious that, if it had been there, she would have had to weep

chre weeping: and as she wept, she stooped down, *and looked* into the sepulchre.

12 And seeth two angels in white sitting, the one at the head, and the other at the feet, where the body of Jesus had laid.

13 And they say unto her, Woman, why weepest thou? She saith unto them, Because they have taken away my Lord, and I know not where they have laid him.

---

for faith quenched, and hope lost, in the darkness of eternal night. How little, till He teaches us, know we the significance of God's dealings! If the Body had been in the sepulchre, the Lord's word would have been falsified, and not one promise could have been relied on; that the sepulchre was empty was the assurance of everlasting life.

"And as she wept, she stooped down, and looked in." Literally, she stooped into the sepulchre.

12. "And seeth two angels in white sitting," &c. "Seeth," rather "beholdeth"—the word having the signification of a more intent look. "She stood at the place, for, as I have said, even the sight of the tomb tended greatly to comfort her. At any rate, thou seest her, the more to ease her grief, stooping down, and desiring to behold the place where the Body lay." (Chrysostom.)

"And seeth two angels in white sitting, the one at the head," &c. This position of the angels, with respect to the place where the Lord's Body was laid, particularly struck her, inasmuch as we read in St. Mark that Mary Magdalene, and Mary the mother of Joses, *beheld* where He was laid. (xv. 47.)

13. "And they say unto her . . . I know not where they have laid him." Is it possible to think that she realized them to be angels? It has been said that the intensity of her love was such that, though she knew them to be angels, she took no notice of their presence; but is her recognition of them as angelic beings consistent with the reply she made to their question, "They have taken away my Lord, and I know not where," &c.? Would she not instantly have assumed that, being angels of God, and sitting in the very place where she had seen the Lord's Body laid, they knew how it had been removed, and would she not have at once asked

14 ʰAnd when she had thus said, she turned herself back, and saw Jesus standing, and ¹knew not that it was Jesus.

15 Jesus saith unto her, Woman, why weepest

ʰ Matt. xxviii. 9. Mark xvi. 9.
¹ Luke xxiv. 16, 31. ch. xxi. 4.

---

them where it was? If it be answered that she could not, from their form, have any doubt, it may be sufficient to rejoin that, in the gospels of St. Mark and St. Luke, they are described simply as men. St. Mark writes: "They saw a young man" (νεανίσκον). And St. Luke says: "Two men (ἄνδρες) stood by them in shining garments." We are to remember that the conventional figure of angels as winged men is nowhere recognized in Scripture; and it is certain that, at times, they were seen, and not recognized by those to whom they were sent (Judges vi. 22; xiii. 6, 10, 11, 16, 21).

14. "And when she had thus said . . . knew not that it was Jesus." The Fathers give as a reason why she suddenly turned herself back, that she saw the angels arise when the Lord drew near. Thus Chrysostom: "Methinks that, while she was speaking, Christ suddenly appeared behind her, struck the angels with awe; and that they, having beheld their Ruler, showed immediately by their bearing, their look, their movements that they saw the Lord; and this drew the woman's attention, and caused her to turn herself backward."

"Knew not that it was Jesus." Not because of the darkness of the morning, as some suggest, or from such change in His personal appearance, owing to His crucifixion, as others; but because He willed not at once to be recognized by her, just as the two on the road to Emmaus did not know Him till He removed the veil from their eyes. "The essential cause is to be found in the mysterious alteration of the corporeity, and of the appearance of Jesus, which manifests itself from His Resurrection onwards; so that He comes and disappears in a marvellous way; the identity of His Person is doubted, and then recognized." (Meyer.)

15. "Jesus saith unto her, Woman, why weepest thou?" &c. This was the first appearance of the Lord; and so these words are His first words after His Resurrection to any child of Adam. Such words of His, said at such a time, must be of universal and eternal application. "Mary Magdalene, standing by the grave, and there weeping, represents to us the state of all mankind, before the day

thou? whom seekest thou? She, supposing him to be the gardener, saith unto him, Sir, if thou have borne him hence, tell me where thou hast laid him, and I will take him away.

16 Jesus saith unto her, Mary. She turned herself, and saith unto him, Rabboni; which is to say, Master.

---

16. "Saith unto him." So A., E., G., K., M., most Cursives, some old Latin (a, f, g), Vulg.; but ℵ, B., D., L., several Cursives, some old Latin (b, c, e, ff), and many versions read, "Said unto Him in Hebrew."

---

of Christ's rising again; weeping over the dead, as do the heathen who have no hope. But Christ comes and asks, '*Why weepest thou?*' As much as to say, 'Weep not. There is no cause of weeping now.' Henceforth, none shall stand by the grave to weep there any more. So that this question of Christ's, 'Why weepest thou?' wipes away all tears from all eyes, puts off our mourning weeds, girds us with gladness, and robes us all in white with the angels." (Bp. Andrewes.)

And so with the words, "Whom seekest thou?" Seekest thou the Lord of Life in the mansions of the dead?

"She, supposing him to be the gardener." The keeper of the garden rather than the cultivator. Being in the employment of Joseph of Arimathæa, he would be a friend. And so she said:

"Sir, if thou hast borne him hence, tell me," &c. St. Gregory (quoted by I. Williams) well remarks on the omission of our Lord's name by the Magdalen: "The force of love has usually this effect upon the mind, that it supposes that he whom itself is always thinking of, no one else can be ignorant of."

Notice, also, how to this point, the very moment before the Lord revealed Himself, it never crossed her mind that the Lord's Body was not held by death.

16. "Jesus said unto her, Mary." Now He speaks to her in His well-known voice, in the wonted accent. "The most personal thing in human manifestations is the sound of the voice; it is thus that Jesus makes Himself known to her. The tone which the name Mary takes in His mouth expresses all that she is to Him, and all that He is to her." (Godet.)

Here we have the most striking illustration conceivable of the Lord's words: "He calleth his own sheep by name." It is when He spiritually and effectually does this that they recognize Him.

17 Jesus saith unto her, Touch me not; for I am not

"She turned herself, and saith unto him, Rabboni." "Rabboni," my Master. This was her word of recognition, for it was doubtless the word by which she addressed Him before His Crucifixion and Resurrection.

17. "Jesus saith unto her, Touch me not, for I am not yet ascended," &c. These words are very difficult on two accounts—first, because of the Lord's reason, "I am not yet ascended to my Father;" and, secondly, because He apparently permitted other women, and He required St. Thomas, to touch Him.

If the Lord had only given the reason, "I am not yet ascended to my Father," and the Evangelists had recorded nothing respecting others touching Him, we should have naturally explained the words as meaning that there was something in the nature of His Resurrection Body, that it should not be touched by fleshly hands. We must touch Him by faith only. We must apprehend Him in the devout use of the means He has ordained for bringing about His presence.

But women were permitted to hold Him by the feet (Matth. xxviii. 9); and, to St. Thomas the Lord said: "Reach hither thy hand, and thrust it into My side."

Upon the first of these instances it may be observed, that it is by no means certain that there was any difference between our Lord's conduct to the women, related in Matthew xxviii., and to the Magdalen. Commentators are universally agreed that the Greek word for "touch" means "cling to," rather than merely touch. It may be that the devout affection of the Magdalen would lead her to hold Him, so as to detain Him. And so, to repress the too human manifestation of her love, He said, "Touch Me not. Cling not to Me. It is of more importance that you at once bear My message to My sorrowing disciples than that you thus cling to My feet."

Some commentators have held (and it is certainly not improbable, and clears up some difficulties) that St. Matthew and St. John refer to the same incident; but that St. Matthew's account is imperfect and fragmentary, whilst St. John gives in full what occurred to Mary Magdalene as taking the lead. However, St. Matthew's account seems to imply that He allowed the women to embrace His feet for a very brief moment, and at once dismissed them with the message to the Apostles.

yet ascended to my Father: but go to ^k my brethren, and say unto them, ^l I ascend unto my Father,

^k Ps. xxii. 22. Matt. xxviii. 10. Rom. viii. 29. Heb. ii. 11.
^l ch. xvi. 28.

17. "To my Father." So A., L., most later Uncials, Cursives, old Latin (a, c, f, g), Vulg., Syriac, most versions; but ℵ, B., D., old Latin (b, e), read, "the Father."

With respect to the command to touch His wounded Side, given to St. Thomas, the reason was so very different that the two cannot be compared together—the one being for the satisfaction of faith, the other for the repression of undue zeal.

But neither of these surmises take into account the reason given by the Lord Himself: "Touch me not, for I am not yet ascended to my Father."

Taking this to be the key to explain the prohibition, two explanations have been given—one naturalistic, the other mystical.

The first of these, singularly enough, is that held by many Romanist commentators—Cornelius à Lapide, Vetablus, Suarez, and Ribera. It is well expressed by the last. "The Magdalen knew that Christ would ascend into heaven, and that afterwards she could not enjoy the sight of Him. So she was unwilling to lose the opportunity now afforded her of touching the Lord. But He said to her, 'Touch me not,' as if He said, 'Henceforth, you will have opportunities both of touching Me, and conversing with Me, for I yet linger upon earth, nor am I yet ascended into heaven; wherefore delay not thus, but make my Apostles partakers of the joy which you possess, for it is not fitting that you alone should enjoy the knowledge of My Resurrection, but go,'" &c.

The second interpretation, which is mystical or sacramental, may be expressed thus: "Linger not now to embrace Me with thy bodily hands. Another and a better touch is in store for those who love Me, which touch cannot be till I have ascended. When you have seen Me ascend up where I was before, then not merely My Godhead, nor My Spiritual Nature, but My very Flesh, spiritualized and glorified, shall be present, and be given to the faithful. Then you shall touch Me with a far more effectual touch—the touch of faith." It is, however, impossible to conceive that, in her then state of knowledge, she could have thus apprehended His words.

"But go to my brethren, and say unto them," &c. See note on Matthew xxviii. 10. Before they were His disciples, His sheep, and

| | MY GOD, AND YOUR GOD. [St. John.

Ephes. i. 17. — and your Father; and to ^m my God, and your God.

Matt. xxviii. 10. Luke xxiv. 10. — 18 ⁿ Mary Magdalene came and told the disciples that she had seen the Lord, and *that* he had spoken these things unto her.

Mark xvi. 14. Luke xxiv. 36. 1 Cor. xv. 5. — 19 ¶ ° Then the same day at evening, being

---

18. "That she had seen the Lord." So A., D., I., L., later Uncials, Cursives, old Latin (b, c, e, f), Syriac; but ℵ, B., old Latin (a), Vulg., "I have seen the Lord." Vulg., *Venit Maria Magdalene annuncians discipulis quia vidi Dominum*, &c.

19. "Then the same day at evening." "When it was evening therefore, on that same day" (Alford). Vulg., *Cum ergo se ro esset die illo, una sabbatorum.*

latterly His friends; now He calls them, as He had never before done, His brethren. All is forgiven.

"I ascend unto my Father, and your Father; and to my God, and your God." The words of Augustine on this verse are quoted by almost every commentator. "He saith not, 'Unto our Father;' consequently, in one sort Mine, in another yours; by nature Mine, by grace yours. 'And unto my God, and your God.' Neither saith He here, 'Our God;' consequently, here also, in one sense, Mine, in another yours. 'My God, under Whom am I also a Man; your God, between whom and Him I am Mediator.'"

It is to be noted that neither St. Paul, nor St. John, nor any other servant of Christ, is ever said to call God, "My Father." It is the sole prerogative of the Only-Begotten to say, "My Father." All other servants of God say, "Our Father," as joining their brethren with themselves in all their approaches to God: for so had Christ taught them when He bid them say, "Our Father, which art in heaven."

18. "Mary Magdalene came and told . . . spoken these things unto her." Mary Magdalene, apparently, makes no reply—"deep and trembling adoration, of which silence would be the only expression, must have taken the place of her devout anxieties."

A question arises—were the Apostles all collected together when she came to tell them? It is generally assumed that they were, but it seems very doubtful. From St. John's account, as well as from St. Luke's, we should gather that it was evening before they were all together (Luke xxiv. 33).

19. "Then the same day at evening, being the first day of the

the first *day* of the week, when the doors were shut where the disciples were assembled for fear of the Jews, came

---

19. "Were assembled." So most later Uncials, E., G., K., L., M., S., U., &c., most Cursives, old Latin (b, c, e, f, g); but ℵ, A., B., D., old Latin (a), Vulg. (Cod. Amiat.), omit "assembled."

week." *The* day as being the day of the Resurrection, the first day of the new order of things, is far more emphasized in the order of the original than in our translation. It may be rendered, "When therefore it was evening on that day, the first day of the week." It must have been somewhat later in the evening to allow of the return of the two from Emmaus. (Luke xxiv. 33.)

"When the doors were shut where the disciples were assembled," &c. It is a matter of thankfulness to find that almost all believing commentators now allow that this coming of the Lord through the closed doors was miraculous. Thus Meyer: "The constitution of His Body changed, brought nearer to the glorified state, although not immaterial, is the condition for such a liberation of the Risen One from the limitations of space that apply to ordinary corporeity." Thus Godet: ". . . The natural sense is, that the doors were and remained closed, and that Jesus appeared rather than entered. In truth, the body of Jesus . . . was still more assimilated to the nature of the spiritual or glorified body. Now the characteristic of the latter is its being subject to the free disposition of the spirit." Thus Professor Westcott: "All that is set before us is, that He was not bound by the present conditions of material existence which we observe." Thus Professor Milligan, in the "Popular Commentary:" "Jesus, in His glorified humanity, had the power of being present when He pleased without reference to the ordinary laws which control the movements of men." Both Augustine and Chrysostom regard the entrance as miraculous : the former says: "To the substance of a Body in which was Godhead, closed doors were no obstacle." It is, as I said, satisfactory to note this, because in the beginning of the century we have so pious and evangelical a commentator as Thomas Scott, following a semi-Rationalist expositor, Whitby, in asserting that the Lord, unknown to the Apostles, opened the doors. The desire of the followers of Calvin to deny any supernatural attributes in the Lord's Risen Body, such as would raise it above the limitations and conditions of ordinary fleshly bodies, arises, of course, from their apprehension lest such supernatural attributes tell in favour

Jesus and stood in the midst, and saith unto them, Peace *be* unto you.

20 And when he had so said, he shewed unto them *his* hands and his side. ᵖ Then were the disciples glad, when they saw the Lord.

p ch. xvi. 22.

---

of the Eucharistic Presence, but in their anxiety to oppose any such objective Presence they run the risk of denying that there can be such a thing as a spiritual body; for there is no sense in the term "spiritual" body, unless it describes a frame raised above the conditions of ordinary flesh and blood.

This place, apart from its Eucharistic significance, is of infinite value as setting forth the powers of the Resurrection or Spiritual Body. It will be so assimilated to spiritual existence that wherever the spirit within wills to move, it will move.

Note that it is expressly said that the Lord *came*. It was not that He suddenly stood in the midst, but that He *came* and stood in the midst, passing through space as well as through all obstacles.

"And saith unto them, Peace be unto you." This salutation is their absolution. They all had deserted Him. One had denied Him. Only one stood under the cross. And yet His first words to them, as assembled in a body, were, "Peace be unto you." When men remind us that this is the usual Eastern salutation they forget that no words can be unreal or conventional in the mouth of the Lord. If He speaks peace, there is peace.

20. "And when he had so said, he shewed unto them his hands and his side." We must insert between verses 19 and 20, the account in St. Luke xxiv. 36-43. As the coming through the closed doors evinced the spiritual and glorified condition of the Lord's Body; so the showing of the hands and feet, and permitting the disciples to feel and handle Him, showed that He was the same Jesus in body as well as in spirit. He had risen in the same Body in which He had been Crucified. He was the same, and yet a marvellous change had passed upon Him. At first, as we learn from St. Luke, they could trust neither hands nor eyes, "They believed not for joy, and wondered." But very quickly they ceased to fear and to doubt the evidence of their senses, for St. John tells us, "Then were the disciples glad, when they saw the Lord."

The reader cannot but remember His words, "Ye now therefore

21 Then said Jesus to them again, Peace *be* unto you:

---

have sorrow, but I will see you again, and your heart shall rejoice, and your joy no man taketh from you" (xvi. 22.)

21. "Then said Jesus to them again, Peace be unto you." What is the significance of the second salutation of peace? St. Augustine considers it given simply to reassure them. But must we not rather look upon it as having reference to that fulness of the Apostolic Commission which He was just on the point of imparting to them? Thus, as Stier says, "The first peace was rather for the disciples themselves, to assure them and gladden their hearts, whilst the second peace was through them to pass on to all others."

"As my Father hath sent me, even so send I you." The powers assumed by the Apostles, and recognized by God, show that these words are to be taken in the fullest possible sense. The Father sent the Son to teach His doctrine (vii. 16), to gather out a flock, to pasture and feed that flock, and to give the Holy Ghost, and we find that the Apostles, as representing Christ, did all these things. As the Father instructed the Son as to what He was to teach (xii. 49), so the Son instructed the Apostles what they were to teach (xvii. 8). As the Father sent Him as Pastor of the Flock to admit men into it, and to feed them in it, and keep them in it, so the Son sent the Apostles as pastors and teachers to do the same (xxi. 15, 16, 17). But the office of a perfect pastor in the flock of Christ implies binding and loosing in some shape or other, because it has to do with the bringing back and restoration of those who have gone astray. Now if there was one thing which we should have thought that the Lord would have reserved entirely to Himself, and withheld from mere men, it was the giving of the Holy Ghost, and yet we are very distinctly told that through the Apostles' hands the Holy Ghost was given. (Acts viii. 15, 18; xix. 6; 2 Tim. i. 6.)

But there is one thing in which the parallel between the Lord's own commission and that of His Apostles seems not to hold good. God sent His Son to die an atoning and reconciling Death, and the Lord certainly did not send His Apostles to die for sin.

But supposing that the Lord, instead of ascending up to heaven, had continued to dwell on the earth, how would He have forgiven sin? would He have repeatedly offered Himself up to God afresh?

> q as *my* Father hath sent me, even so send I you.

<small>q Matt. xxviii. 18. ch. xvii. 18, 19. 2 Tim. ii. 2. Heb. iii. 1.</small>

No. He would have forgiven men by the application of His past atoning Death. And that is precisely what He commissioned His Apostles to do. They were to apply, to communicate the benefit of, to make men partakers of, the one all-sufficient Sacrifice.

This disposes of the question, Did the Lord send them as priests? God sent Him as a Priest. Did He, in His turn, send them as priests? If to be priests meant that they should atone for sins by offering some independent sacrifice, then, of course, they were not priests, and He did not send them as such; but if the essence of all Christian priesthood is the application to individuals of the one all sufficient Sacrifice, then He sent them to be priests to apply and to plead the same Sacrifice which He would have applied and pleaded if He had continued to minister upon earth.

Another question respecting these words is, To whom were they said? Were they spoken to the Apostles alone, so that this commission expired with the death of the last surviving one, or were they said to the Apostles as then containing in themselves the entire Christian ministry, or, as some suppose, to the Apostles conjointly with others (whose presence is mentioned by St. Luke only), these other persons receiving the commission on behalf of the laity co-ordinately with the Apostles? They were certainly intended for the Apostles alone, though as representing and containing in themselves the Christian episcopate and priesthood, for respecting the Apostles alone Christ had before said these very words, "As thou hast sent me into the world, so have I sent them into the world." And that this was a gathering of the Apostles as distinguished from the general body of believers is manifest from the fact that the absence of one, as one of the twelve, is particularly noticed. "Thomas, one of the twelve, was not with them." If it had been a general meeting of believers, I do not see how the absence of Thomas (by no means a leader among the twelve) would have been observed. Certainly, in the eyes of St. John, no others were present to receive, as is supposed, a commission on behalf of the non-ministerial part of the Church; for St. John, who alone gives us this Apostolic commission, mentions the presence of the Apostles only, and

22 And when he had said this, he breathed on *them*, and

notices the absence of one of the twelve. It was certainly then in his mind to confine this Mission to the Apostolic company, and in thus confining it he is in accord with all the intimations of the Mind of Christ, Who had chosen these twelve out of the number of the rest of the believers to be specially near to Himself, and to receive both instruction and promises which He did not vouchsafe to those who were not of the Apostolic company:[1] and it is also in accordance with the Mind of the Spirit, as that Mind is set forth in the Acts of the Apostles, for in that book a very unique position is assigned to the twelve.[2]

The commission then was given to the Apostles as distinct from the general body of believers. It was given in accordance with that counsel and decree of God by which He made the ministry of the Church to spring from a very small number of men rather than from a very large number. This commission, as well as all the commissions, was given to the Apostles as representing and containing in themselves the ministry which was to spring from them, which was to last to the end of time, for the Apostolic commission had to do, not with what was temporary, but with what was to last as long as the present state of things lasts: it had to do with the remission of sin, and the imparting of grace, and sin and grace will run side by side till the Second Coming.

22. "And when he had said this, he breathed on them," &c. This act was sacramental. His Breath was the outward visible sign betokening the proceeding of the Spirit from Him upon them. What was the relation of this gift of the Spirit to that at Pentecost? On the day of Pentecost the Spirit of God descended in all His fulness, but the sign which the Lord now gave could not be empty. It must have there and then conveyed the gift, or He would not have added to such a significant act as breathing, the words, "Receive ye."

---

[1] Thus, Luke vi. 13, "He called unto him his disciples: and of them he chose twelve, whom also he named apostles." John vi. 70, "Have not I chosen you twelve?" Matth. xix. 28, "Ye also shall sit upon twelve thrones," &c. xxvi. 20, "He sat down with the twelve." xxvi. 47, "Judas, one of the twelve."

[2] Thus Acts i. 24-26; ii. 14, 42; iv. 33, 35, 37; v. 12, 13.

saith unto them, Receive ye the Holy Ghost:

^r Matt. xvi. 19. & xviii. 18. 23 ^r Whose soever sins ye remit, they are re-

---

22. Some commentators notice the omission of the article, "Receive ye [the] Holy Spirit." So Godet, "The natural meaning of the words of Jesus is: 'Receive an effusion of the Spirit'—but what is an effusion of the Spirit but the pouring of the Spirit into a man? The Spirit being an omnipresent and all-penetrating Person in the Godhead, there can be no influence of the Spirit apart from the Spirit. There are greater or lesser gifts, but the same Spirit. 1 Cor. xii. 4."

The Spirit now given was for the Apostleship. Hitherto they had been, if one may so say, Apostles designate, because Christ was visibly present, and as He Himself worked on all occasions they had little to do in the way of representing Him, but now that He was on the eve of departure they were to supply the need of His visible Presence. So now He saith, "As my Father sent Me, so send I you," and He breathed on them, and saith, as it were, "Receive ye the Holy Ghost to fulfil your ministry, as those whom I send to act in My place." This breathing was their full ordination to the Apostolic Office, which is the first of the Gifts of the Spirit to man (1 Cor. xii. 28, Ephes. iv. 11). It appears, then, that by this "breathing" they received the grace of the Holy Spirit to perform all Apostolic duties and functions, such as ruling the Church, appointing and regulating its pastors, government, ordinances, and worship; and, as all the ministry was then contained in them, they received the full grace of the Christian ministry to be in time to come conveyed by them to those whom they ordained to any office or work, as each office required. The Pentecostal gift consisted rather of visible powers, such as the gift of tongues, working of miracles, &c., to enable them to exercise their ministry on the scale, and with the astonishing success, which we read of at the planting of the Church. This breathing, then, betokened a special gift to them as Apostles, whereas the Pentecostal gift was on them and the whole Church, to enable that Church to exhibit the miraculous powers and the fruits of holiness by which it began to subdue the world.

23. "Whoso soever sins ye remit, they are remitted unto them, and whose soever," &c. Here the Lord confers the power of binding and loosing which He had before promised (Matth. xvi. 19, xviii. 18), particularly extending it to the binding and loosing of sins. In these words we have the full scope and

mitted unto them; *and* whose soever *sins* ye retain, they are retained.

---

extent of the power of the ministry of reconciliation, that it even extends to the exercise of that mysterious power which He had Himself exercised, and which had called down upon Him the wrath of the Scribes and Pharisees, viz., the giving of Absolution. The principle of the ministry of reconciliation is this, that God is pleased to convey the benefits of redemption from sin, not only directly from Himself, but mediately, or more indirectly, but not the less certainly, through the action of others. It is allowed on all hands that He uses the instrumentality of men in conferring upon sinners the inestimable blessing of repentance or conversion through the ordinance of preaching; but in this and in several other passages we have power given to confer another benefit of redemption, the remission of sins by word of mouth, *i.e.*, by a sort of sentence judicially pronounced. Thus, St. Paul having heard of the repentance of a certain sinner, pronounces his absolution by ratifying the reception of him to Church Communion in the words, "To whom ye forgive anything, I forgive also; for if I forgave anything, what I forgave, for your sakes forgave I it in the person of Christ" (2 Cor. ii. 10).

We of the Church of England are, thank God, not left to toss on the waves of doubt and difficulty in the frail bark of private judgment, in the matter of the application of this tremendous passage. It is settled for us that the Lord here confers the commission of binding and loosing on the Christian ministry, as distinguished from the Christian society: for, in the use of these words, accompanied by the laying on of hands, each individual priest is admitted into the second order of the ministry. "Receive the Holy Ghost for the office and work of a Priest in the Church of God, now committed unto thee by the imposition of our hands. Whose sins thou dost forgive, they are forgiven, and whose sins thou dost retain they are retained," and the ministers thus ordained have a form given to them in the use of which they are to exercise this power for the benefit of those who humbly and heartily desire it. "Our Lord Jesus Christ, Who hath left power in His Church to absolve all sinners who truly repent and believe in Him, of His great mercy forgive thee thine offences: And by His authority committed unto me, I absolve thee from all thy sins. In the Name of the Father, and of the Son, and of the Holy Ghost."

24 ¶ But Thomas, one of the twelve, ^a called Didymus was not with them when Jesus came.

^a ch. xi. 16.

25 The other disciples therefore said unto him, We have seen the Lord. But he said unto them, Except I shall see in his hands the print of the nails, and put my finger into the print of the nails, and thrust my hand into his side, I will not believe.

---

24. "But Thomas, one of the twelve, called Didymus, was not with them," &c. The meeting that evening, being one of the whole Apostolic body, all of whom were there except Thomas, it seems probable that there was something blameworthy in his absence. They could not have all assembled together, except by mutual agreement, or, perhaps, by Divine guidance; and this agreement or guidance he may have disregarded. He seems to have been of a moody, melancholy temper of mind, which would lead him to nurse his grief and bitter disappointment alone by himself. St. Bernard draws this lesson from his absence: "Even this may have a moral meaning, that he who is [wilfully] separate from the Apostolic body, is not visited by Christ's manifestations."

25. "The other disciples therefore said unto him . . . I will not believe." This answer seems exceedingly presumptuous; but we are to remember that he treated the testimony of his brother Apostles as they had treated the accounts of the women, which they had received as "idle tales." He demanded the proof of seeing the print of the nails, and the wound of the spear, and putting his finger into them, because of what the Apostles had told him respecting Jesus showing them His hands and His side. It is as if he said, "I will not believe *you*. I must have the same visible, tangible proof as you have had, ere I believe." It is to be remembered that St. Thomas may not for a moment have disbelieved that our Lord was the greatest of prophets, and the holiest of men, and that His glorified Spirit was high in the favour of God, and that It had, or would have, the highest place in the world of spirits; but what he refused to believe was that His Body had risen. In all probability, he believed that his brother Apostles had seen the Lord's Spirit, but not His Body; and so he demanded, not mere sight, but touch, which would prove the Body to be real.

26. "And after eight days again his disciples were within, and

26 ¶ And after eight days again his disciples were within, and Thomas with them: *then* came Jesus, the doors being shut, and stood in the midst, and said, Peace *be* unto you.

27 Then saith he to Thomas, Reach hither thy finger and behold my hands; and ᵗ reach hither thy hand, and thrust *it* into my side: and be not faithless, but believing.   ᵗ 1 John i. 1.

28 And Thomas answered and said unto him, My Lord and my God.

Thomas with them," &c. What is the significance of Thomas being now with them? Very great indeed. It is a proof that he had not forsaken, but yet adhered to, the Apostolic fellowship. He could not but believe that there had been some extraordinary manifestation of the Lord. They could not have all been deceived by a cerebration, or a subjective illusion; and so he felt how dangerous it was to separate himself from the special meetings of his brethren; and so the merciful Lord more than made up to him the loss.

27. "Then saith he to Thomas, Reach hither . . . be not faithless, but believing." Notice how our Lord here regards as faithlessness or unbelief a doubt of the reality of His Resurrection in the same Body in which He had suffered; and how He regards as "faith" or "belief" an acceptance of every revelation of Himself which He is pleased to make. We have noticed how this is the faith which is recognized and demanded all through this gospel. We have noticed how, when the Lord sets Himself forth as the Bread of Life, and asserts that Bread to be His Flesh, He requires belief in it (vi. 47, note): how, when He sets forth Himself as the Resurrection and the Life, He requires belief in that (xi. 26). And now, when He is setting forth His Resurrection in His real, but spiritualized and glorified body, He requires specific belief in that.

28. "And Thomas answered and said unto him, My Lord and my God." How astonishing the sequence, the leap, the bound of faith here! The Lord manifests the reality of His Risen Body; and St. Thomas instantly makes, on the strength of it, the most absolute confession of His Highest Godhead—and on principles of common sense. For the evidence of the reality of the Lord's

29 Jesus saith unto him, Thomas, because thou hast seen me, thou hast believed: [u] blessed *are* they that have not seen, and *yet* have believed.

[u] 2 Cor. v. 7.
1 Pet. i. 8.

---

29. All ancient authorities, almost without exception, omit "Thomas."

Resurrection was the direct evidence of the truth of all that He had said of Himself. He had said of Himself that God was His real Father; that, as God's true and proper Son, He so inherited the Divine Nature as to do what the Father did, to judge as the Father judged, to be One with the Father, to have had glory with the Father before the world was, to receive, now and hereafter, the same honour as the Father. Now, a devout Jew, such as St. Thomas was, believed that God alone could raise the dead, and that He certainly would not raise from the dead an impostor who claimed to be what he was not, much less a blasphemer, who claimed to participate in the Divine Nature, when he was a mere man; and so, being convinced of the Resurrection, he lost not a moment in confessing the true Godhead. Notice here how the doctrine of the Lord's Godhead was not developed, but was confessed in His own hearing before His Ascension by the one of all His followers the slowest to believe.

29. "Jesus saith unto him, Thomas, because thou hast seen me, thou hast . . . yet have believed." If true and real belief or faith be the evidence, or firm conviction, of things not seen, then the virtue of faith is that it apprehends the unseen. Sight and touch force belief upon us; but belief in the unseen, in spite of our inability to see (and so, a belief above, and in a manner contrary to, the evidence of our senses), is the noblest faculty with which God has endowed man: for it is that faculty, and that alone, which evidences to a man the unseen and eternal God; and not only so, but puts him in connection with that God, enables him to apprehend God's holiness and goodness, and, together with the revelation of Jesus Christ (now also unseen by us), to realize His mercy and love towards us.

It is to be noticed that the benediction of the Lord makes the later generations of Christians more on an equality with those in the Apostolic times. They saw and believed; we, if we are faithful, have this advantage over them, in that we now walk more completely by

30 ¶ˣ And many other signs truly did Jesus in the presence of his disciples, which are not written in this book: ˣ ch. xxi. 25.

31 ʸ But these are written that ye might believe that Jesus is the Christ, the Son of God; ᶻ and that believing ye might have life through his name. ʸ Luke i. 4.
ᶻ ch. iii. 15, 16, & v. 24. 1 Pet. i. 8, 9.

faith, not by sight. Our faith may be the nobler, and win more favour from God.

30. "And many other signs truly did Jesus in the presence of his disciples, which," &c. From the words, "in the presence of his disciples," we gather that these signs were not the miracles before the Crucifixion, done in the presence of the multitude, but the appearances after His Resurrection—as, for instane, that to the disciples on the way to Emmaus, and those mentioned by St. Paul as given to Cephas, to James, and to the five hundred.

31. "But these are written, that ye might believe . . . life through His Name." It seems at first sight strange that all the great things recorded by this Apostle should be simply that we should believe that "Jesus is the Christ, the Son of God." But we must remember that to words or titles to which, in this unbelieving age, we attach the lowest significance, St John would attach the highest; so that by the title "Christ," St. John would designate One anointed with the fulness of the Spirit, so that He should perfectly represent God, and perfectly fulfil all those prophecies of a Divine Being ruling amongst men, which abound in the Old Testament; and by the title "Son of God," St. John would mean a real Son, begotten from all eternity, inheriting with the Divine Nature of His Father all His attributes and perfections, Who came to assure us that the God of all flesh is a true Father, because He Himself is His true and only Son.

"And that believing ye might have life through His Name." The believing is a means to an end, and that end is our having "life through His Name." By Life, St. John means the Resurrection Life of Christ to be the source of a new Life in our whole nature of body, soul, and spirit. The significance of the appearance of a Risen Christ is twofold—it assures us that He is that Son of God, which He claimed to be, and that He is now in a condition to impart to us that Life from Himself which He promised.

CHAP. XXI.

AFTER these things Jesus shewed himself again to the disciples at the sea of Tiberias; and on this wise showed he *himself*,

2 There were together Simon Peter, and Thomas called Didymus, and ^a Nathanael of Cana in Galilee, and ^b the *sons* of Zebedee, and two other of his disciples.

^a ch. i. 45.
^b Matt. iv. 21.

---

1. "Showed;" rather, manifested. So Alford and Revisers. Vulg., *manifestavit*.

1. "After these things Jesus shewed himself again to the disciples," &c. After these things, that is, after what had taken place on the Sunday of the Resurrection, and on the octave of that Sunday. The indication of time is so indefinite that it is impossible to say when during the great forty days the appearance of the Lord now about to be related occurred. Very probably soon after the second appearance to the assembled disciples just related. According to the Lord's express command, they would go to Galilee, and when there, inasmuch as they had no means of subsistence, would betake themselves to their former means of livelihood. It is certain that the appearance by the lake was prior to the appearance at the "mountain where Jesus had appointed them." Some think that it took place on the morning of the second Sunday after Easter, as they seem to have set out on the previous evening. If so the whole of the appearances to this time would have taken place on the Lord's Day.

"Showed," rather "manifested" Himself, the word betokening more of a supernatural revelation than "showed."

2. "There were together Simon Peter," &c. Simon Peter here, and throughout, takes the lead: the rest are Thomas, who appears anxious to keep with the heads of the Apostolic company; Nathanael, in all probability Bartholomew, and two others supposed to be Andrew and Philip, as both had their homes on the lake. But, as their names are not mentioned, it is possible that the two last may not have been of the number of the Twelve.

3 Simon Peter saith unto them, I go a fishing. They say unto him, We also go with thee. They went forth, and entered into a ship immediately; and that night they caught nothing.

4 But when the morning was now come, Jesus stood on the shore: but the disciples ^cknew not that it was Jesus.

5 Then ^d Jesus saith unto them, ‖ Children, have ye any meat? They answered him, No.

6 And he said unto them, ^e Cast the net on the right side of the ship, and ye shall find. They

^c ch. xx. 14.
^d Luke xxiv. 41.
‖ Or, *Sirs*.
^e Luke v. 4, 6, 7.

---

3. "Immediately" omitted by ℵ, B., C., D., L., Vulgate, old Latin, and versions; retained by A., later Uncials, and almost all Cursives.

3. "Simon Peter saith unto them, I go a fishing." This does not, of course, mean that He intended to return to his old occupation; but, like St. Paul, he had worked at a trade and endeavoured to support himself by it when there was need. (Acts xviii. 3; xx. 34; 1 Cor. iv. 12.)

"They say unto him, We also go with thee." It is probable from this that all the seven lived on the shore, and were either fishermen by trade, or were accustomed to take part in it, for the presence of others who could render no assistance would have been a hindrance in the boat.

4. "But when the morning was now come . . . . knew not that it was Jesus." The remark, "it was morning," seems made to show that it was not because of the twilight that they did not recognize the Lord, but because their eyes were holden. All the appearances of the Risen Lord were supernatural, and depended on His own Will. So with men's recognition of Him. At times He was invisible, at times He was visible and not recognizable, and not till He willed it did men know Him.

5. "Then Jesus saith unto them, Children, have ye any meat?" "Children." In the margin it is "Sirs." In the notes by F. M. it is suggested that it should be "lads."

"Have ye any meat?" Something to eat with food to give it a relish. Here it is a name for "fish."

6. "And he said unto them, Cast the net on the right side of the ship," &c. No doubt He commanded them to do something

cast therefore, and now they were not able to draw it for the multitude of fishes.

f ch. xii. 23.
& xx. 2.

7 Therefore *that disciple whom Jesus loved saith unto Peter, It is the Lord. Now when Simon Peter heard that it was the Lord, he girt *his* fisher's

---

unusual. They were, apparently, better able to see what fish there were about the ship than He could have been, but they felt that there was something in the command which gave them confidence that He could assist them, and so, having as yet been unsuccessful, they obeyed Him.

"They cast therefore, and now they were not able to draw it," &c, The whole account is so full of mystical and spiritual lessons that it will be best to draw attention to them as we proceed.

Just then, as on the occasion of the former miracle (Luke v. 1-12), they had "toiled all night and taken nothing," so it was now. Just as then they let down the net at the express command of the Lord, so now. Just as then they enclosed a great multitude of fishes, so now. Thus was it twice in the Sea of Galilee, and so it is at the present in the sea of human souls. The fishers of men toil and take nothing: and yet it is their duty to toil on, even through darkness, and disappointment, and weariness; but sooner or later, perhaps when they least expect it, the reward will come. Even though it come not in their own lifetime, their toil will not have been in vain, even in the matter of their own joy of reward: they will in the unseen or future world, know of the success which has followed their labours. It will be with the fishers of souls as with the sowers of the good seed: as one soweth and another reapeth, and both rejoice together (iv. 36), so one will toil and another drag the multitudes of fish to shore; but at the last each man will "receive his own reward according to his own labour."

7. "Therefore that disciple whom Jesus loved saith . . . . It is the Lord." St. John first recognized Him, because his memory was the quickest to recall the former sign on the same lake. A stranger on the shore had bid them cast in the net again, the miraculous sweep followed close on, the weight of the net proved what a haul they had secured, and so the loving Apostle exclaimed, "It is the Lord." It is not to be supposed for a moment that St. John recognized the Lord by gazing towards the shore. But though

coat *unto him* (for he was naked,) and did cast himself into the sea.

8 And the other disciples came in a little ship; (for they were not far from land, but as it were two hundred cubits,) dragging the net with fishes.

9 As soon then as they were come to land, they saw a fire of coals there, and fish laid thereon, and bread.

10 Jesus saith unto them, Bring of the fish which ye have now caught.

---

8. " In a little ship; " rather, " in the boat; " Vulg., *navigium*.

the first in discovering, he was not the first in action. As Chrysostom remarks, "The disciples, Peter and John, again exhibit the peculiarities of their respective tempers. The one was more fervent, the other more lofty; the one more keen, the other more clear-sighted. On this account John first recognized Jesus, Peter first came to Him." And is not this acted over again in all ages of the Church? The contemplative discover the truth, the energetic act upon it. The reader will remember how in the preceding chapter, St. John is said to have "stooped and seen the linen clothes lie, but went he not in," so here he is the first to recognize the Lord, but St. Peter is the first to fall down at His feet.

"He girt his fisher's coat unto him, for he was naked." Theophylact says, "it was a linen cloak which the Phœnician and Tyrian fishermen wore, wrapping it around them when they were naked, or putting it over their other garments."

8. "And the other disciples came in a little ship," rather in the boat. The authorized version leaves it uncertain whether it was the same in which they had been all the night fishing.

"As it were two hundred cubits," &c., *i.e.*, about one hundred yards. Within so short a distance they could easily have recognized the Lord at the first if it had been His Will.

"Dragging the net with fishes." Instead of, as before, lifting it with its contents into the ship, they dragged it to shore.

9, 10. "As soon then as they were come to land . . . which ye have now caught." This fire of coals, *i.e.*, charcoal fire, with the fish on it, was there by the Divine power of Christ, whether prepared by angel hands, or by His own creative powers, it matters not, as in either case the supply was supernatural. The significance

11 Simon Peter went up, and drew the net to land full of great fishes, an hundred and fifty and three: and for all there were so many, yet was not the net broken.

---

of it seems to be something of this sort: they had been toiling for food all night, and at the last received an abundant recompense; but instead of waiting for this to be prepared, the Lord had already provided a meal to which some of the fish which they had caught was to be added. The fruit of their own labours was to be joined to that which the Lord had provided on the shore. Thus in all their future labours Christ will give them that on which they have bestowed no labour, and yet to this will be added the fruits of their own toil, and yet even this will be the outcome of Christ's power rather than of their own endeavours. Some, however, suppose that the Lord commanded them to bring of the fish which had been caught, not that it should be baked and eaten, but that it should not be lost, and that it should be counted, and in this case the meat consisted solely of what He had provided.

11. "Simon Peter went up, and drew the net to land." It is not to be supposed that he did this by himself unaided, but that he left the side of the Lord, and waded up to the boat to his companions, and being in the shallow water, he would be able to do what, whilst they were in the boat, they could not do, *i.e.*, land both the net and the boat together.

"An hundred and fifty and three." It must have been by the Lord's direction that, at such a time, when they were full of awe at His presence, they numbered the fish.

"And for all there were so many, yet was not the net broken." We cannot help noticing that, in his account of this miracle, the Apostle must have had in his mind not only the miracle of the miraculous draught in Luke v., but also the parable of the sagene or draw-net of Matthew xiii. For he notices that the Lord stood and bade them cast their net on a particular side of the ship, that when the draught of fishes was enclosed in the net it was not hauled into the ship, but eventually dragged to the shore; that the fishes taken in the first haul were a great multitude of fishes, so that the net brake, but that in this miracle there were one hundred and fifty-three, and the net was not broken. Then in the parable of the draw-net, when the net was drawn to shore, there was a separation

12 Jesus saith unto them, ^g Come *and* dine. And none of the disciples durst ask him, Who art thou? knowing that it was the Lord. g Acts x. 41.

---

12. "Come and dine." See below.

made between those worth preserving and those not, whereas in this case all that are caught are large ones, and none are thrown away.

It is not difficult to see what the spiritual significance is. The net let down at the command of Christ on the right side is the work of the Church in preaching, or other ordinances, which is effectual to the salvation of the true elect of God, as contrasted with that general work which gathered into the ship of all sorts—a great mixed body containing good and bad. The net broken by the multitude of fishes is the Church injured in her usefulness and her witness to Christ, and her power over her members by the "mixed multitude" enclosed in her meshes, whereas the unbroken net is the perfect action of the Church in spite of all hindrance in the sight of man in saving, and disciplining the true elect, and landing them all safe on the eternal shore. The definite number of the fish caught is the "number of the elect"—one hundred and forty-four thousand, now known only to God and Christ ["I know my sheep"], but hereafter to be known to all men. The dragging to the shore of the true elect seems to be the first Resurrection, in which the blessed and holy ones only have part.

Augustine and others elicit very many other mystical meanings from the account, but many of these are very fanciful, as particularly the spiritual significance of the number 153.

12. "Jesus saith unto them, Come and dine;" rather, "Come and break your fast," "Come and take your first meal."

"And none of the disciples durst ask him, Who art thou?" Thus Chrysostom: "For they no longer had the same boldness, nor were they so confident, nor did they now approach Him with speech; but with silence, and great fear, and reverence sat down, giving heed to Him."

"Knowing that it was the Lord." "I take these words to imply that they sat down to the meal in silence—wondering at, while at the same time they well knew, Him Who was thus their host" (Alford). The account here seems to point to some considerable

498 THE THIRD TIME. [St. John.

13 Jesus them cometh, and taketh bread, and giveth them, and fish likewise.

[b] See ch. xx. 19, 26.   14 This is now [h] the third time that Jesus shewed himself to his disciples, after that he was risen from the dead.

15 ¶ So when they had dined, Jesus saith to Simon Peter,

---

difference in the personal appearance and manner of the Lord, so that they should be conscious Who He was, and yet not recognize Him as before. Chrysostom supposes that they desired to ask respecting this alteration: "Seeing that His form was altered, and full of much awfulness, they were greatly amazed, and desired to ask concerning It; but fear and their knowledge that He was not some other, but the same, checked the inquiry."

13. "Jesus then cometh, and taketh bread," &c. This seems to have been intended to bring to their minds the feeding of the five thousand with similar food, only here He feeds them with the same food miraculously produced, with which they then fed the multitudes. What is the significance of this, but that the ministers of Christ, to whom He commits the feeding of His flock, must first be themselves fed, and by His own hands, with the same nourishment with which they will have to feed others?

14. "This is now the third time .... risen from the dead." The third appearance, that is, to the Apostles, or, as they are usually called throughout this Gospel, the disciples. It was the sixth or seventh, if we reckon among them one to Mary Magdalen, one to the other women, one to the disciples on the way to Emmaus, and one to St. Peter alone. This reference to the order of His appearances is important for two reasons: it is certainly a tacit correction of the narratives in Matthew and Mark, for from these we should suppose that the Lord's first appearance to the Apostles was in Galilee; and, in the second place, it emphasizes the importance of appearances to the Apostolic body. The two former appearances were to the Apostles, and if others had been present at the two former meetings it was, as it were, accidentally. They were certainly not present to receive any commission.

15. "So when they had dined [or breakfasted], Jesus saith to Simon Peter," &c. It is to be remarked at the outset that the whole narrative which follows is of a personal nature, and is, in this

Simon, *son* of Jonas, lovest thou me more than these? He

---

15. "Son of Jonas." "Son of John," א, B., C., D., L., old Latin, Vulg. "Jonas" with A., later Uncials, all Cursives and versions.

respect, in decided contrast to the appearance to the ten, which was, so to speak, official. There the Lord says nothing of their personal feelings towards Him, but breathes on them as a body, and says to them, "As my Father sent Me, so send I you," and gives them the power of remitting and retaining sins. Here, on the contrary, we have the personal individual restoration of one who had thrice fallen. He had thrice publicly denied His Master. The Lord had since then appeared to him privately, and, no doubt, reassured him of His forgiveness and love. He had appeared to him also when in company with the ten, and he had then received along with them the blessing of peace, as well as the commission which they jointly received; but inasmuch as he had thrice fallen, and by each fall had evinced the imperfection of that love and devotion which he had before so loudly professed, it was needful in the eyes of the Lord, that, in the presence of his brethren, he should be personally restored and reassured. For the ministry of every minister of Christ has, as it were, two sides—an official side, which must be in many respects independent of his personal feelings and character, for whatever be the inner state of his heart, he must preach, he must teach, he must baptize, he must celebrate the Eucharist; but if his ministry is to be worth anything, if it is to be something more than mechanical routine, it must be rooted in his own personal faith and love.

Now it is this personal side of his ministry with which this thrice-repeated charge to work the work of a pastor, has to do. After three such denials his fellow Apostles might doubt whether he could even be an effective Apostle, much less take the lead among them, which he had done before. After three such falls, he might himself enter on the work of the Apostolate with doubts and misgivings which would be fatal to the success of his ministry. In the incident which succeeds we have such doubts, either on the part of others, or of himself, for ever removed. Others were to look upon him, he was to look upon himself as completely reinstated in his ministry as if he had never fallen.

After these necessary observations we proceed to the narrative.

15. "So when they had dined [breakfasted] . . . . . Feed my

saith unto him, Yea, Lord; thou knowest that I love thee. He saith unto him, Feed my lambs.

16 He saith unto him again the second time, Simon, *son* of Jonas, lovest thou me? He saith unto him, Yea, Lord; thou knowest that I love thee. ¹He saith unto him, Feed my sheep.

¹ Acts xx. 28. Heb. xiii. 20. 1 Pet. ii. 25. & v 2, 4.

---

16. "Feed my sheep." B., C. read, προβάτια, "little sheep;" but ℵ, A., D., later Uncials, old Latin (a, c, e, f), all Cursives read, "sheep," but Vulg. "lambs."

lambs." "Lovest thou me more than these?"—these, thy fellow-disciples. Why "more than these"? Evidently, because he had so foolishly compared himself with the other Apostles to his own advantage, when he said, "Though all should be offended, yet will I never be offended."

"Yea, Lord," he answers; "thou knowest that I love thee." Notice that he does not take up the Lord's words "more than these." He simply appeals to the Lord's intimate knowledge of hearts. "Thou knowest that I love thee." To this the Lord replies, "Feed my lambs." The first sign of love to Christ in the pastor is the care of the young, or of the feeble-minded, or of the new converts. All, in fact, that are not able to feed themselves. The word "feed" here is different from that in the next verse, and signifies simply "feeding," supplying with food; and not "tending" as well.

16. "He saith to him again the second time, Simon, ... Feed my sheep." As Peter had not in his answer compared his love with that of others, so now, in the second question, the Lord no longer hints at his former self-assertion.

"Feed my sheep," here is "tend," or "shepherd my sheep"—give them not only food, but all pastoral care and supervision.

Two manuscripts (see above) read "little sheep," and the Vulgate in both these verses reads "lambs."

In both these verses the Lord in His question used one word for "love," and St. Peter in his answer uses another, and, as scholars tell us, a word of inferior meaning. Godet expresses the difference thus: "For the term $\alpha\gamma\alpha\pi\tilde{q}\nu$, to love, in the sense of veneration, complete, profound, eternal love, he substitutes the word $\phi\iota\lambda\epsilon\tilde{\iota}\nu$, to love, in the sense of cherishing friendship, simple personal attachment, devoted affection."

17 He saith unto him the third time, Simon, *son* of Jonas, lovest thou me? Peter was grieved, because he said unto him the third time, Lovest thou me? And he said unto him, Lord, [k] thou knowest all things; thou knowest that I love thee. Jesus saith unto Him, Feed my sheep.

[k] ch. ii. 24, 25. & xvi. 30.

---

17. " Feed my sheep." So א, D., later Uncials, all Cursives, old Latin (a, b, c, d, e, f), and Vulg.; but A., B., C. read, "little sheep" [προβάτια], as in the preceding verse.

17. "He saith unto him the third time, Simon, ... feed my sheep." Here the Lord changes the higher word signifying love [ἀγαπᾷν] which he had used before for the lower one [φιλεῖν], which Peter had used in his answers. "Peter was grieved because he said unto him the third time." The third repetition would remind him of his thrice-repeated denial. It also seemed to throw a doubt on his sincerity, and so he was grieved—naturally grieved, and he appealed to Christ as the omniscient Searcher of Hearts, "Lord, thou knowest all things." This is, in reality, as unreserved a confession of our Lord's true Godhead as was that of St. Thomas, "My Lord and my God," for God claims for Himself alone the prerogative of searching the heart: "I the Lord search the heart." "There is not a thought in my heart but thou, Lord, knowest it altogether."

"Feed my sheep." So that the Lord makes the care of His flock in feeding or leading it the one proof of love to Himself.

And now the question must be asked and answered, What is the flock which St. Peter is bid to feed or tend? The Romanist says, "The whole flock of Christ. The Church Catholic throughout the world is to be fed by him, and by his successors, the bishops of Rome, to the end of time." Now it makes very considerably in favour of this view, if this threefold charge is a restoration of St. Peter to his Apostleship; for in that case the commission on Easter Day, "As my Father sent me, so send I you" (which he received in common with the rest of the Apostles), goes for nothing, and here he has a special restoration, so worded that it seems to make him the one universal Pastor; but, if we take the words of xx. 21 as the restoration to the Apostolate, then he has already received his restoration jointly with the others, and now he receives his reassurance that the sin of his thrice-repeated fall is wiped away—

18 ¹Verily, verily, I say unto thee, When thou wast young, thou girdedst thyself, and walkedst whither thou wouldest: but when thou shalt be old, thou shalt stretch forth thy hands, and another shall gird thee, and carry *thee* whither thou wouldest not.

¹ ch. xiii. 36. Acts xii. 3, 4.

---

and is to be as if it had never been, and from the root of his present love he is to work in the pastorate with all the confidence of one who had never fallen; nay, the very memory of his falls is to make him more lovingly restore, bind up, and reconcile fallen ones to God: so that, to adopt the words of his brother Apostle, he was to be "able to comfort those that were in any trouble by the comfort wherewith he himself was comforted of God." (2 Cor. i. 4.)

Such an universal pastorate as was claimed for him he neither claimed himself, nor attempted to exercise, nor was it ever ascribed to him; in fact, he disclaimed any such thing, when by joint agreement of the Apostles, the field of Apostolic oversight was divided, Paul and Barnabas taking the heathen, he, James, and John the Circumcision.¹ (Gal. ii. 8, 9.)

18. "Verily, verily, I say unto thee, When thou wast young, thou girdedst thyself," &c. "Thou girdedst thyself," *i.e.*, for active work. There may be a reference to the activity which St. Peter had just displayed in girding his fisher's coat around him. The Lord here may contrast the active obedience of his ripe manhood, easy to him because falling in with his natural temperament, with the passive submission of his old age in yielding to death.

"But when thou shalt be old, thou shalt stretch forth thy hands .... thou wouldest not." There seems to be here indicated a willingness to die for the sake of Christ, in "Thou shalt stretch forth thy hands, and another shall gird thee," and yet a natural shrinking from death in the Lord's words "shall carry thee whither thou wouldst not." So Chrysostom: "What then is the 'Whither thou willest not?' He speaketh of natural feeling and the necessity of the flesh, and that the soul is unwillingly torn from the body.

---

¹ The reader will see this question most exhaustively treated in Bishop Moberly's "Sayings of the Great Forty Days," Discourse III.

19 This spake he, signifying ᵐ by what death he should glorify God. And when he had spoken this, he saith unto him, Follow me.   ᵐ 2 Pet. i. 14.

20 Then Peter, turning about, seeth the disciple ⁿ whom Jesus loved following; which also leaned on his breast at supper, and said, Lord, which is he that betrayeth thee?   ⁿ ch. xiii. 23, 25, & xx. 2.

So that even though the will were firm, yet still even the nature would be found in fault. For no one lays aside the body without feeling. God, as I said before, having suitably ordained this, that violent deaths might not be many." St. Augustine also refers to the example of Christ in naturally shrinking from death: "For our consolation even the Saviour took the affection upon Himself, saying, 'Father, if it be possible, let this cup pass away from Me.'"

The "girding" here is not, as some suppose, girding in the act of crucifixion, but being manacled and bound so as to be led or borne to crucifixion. According to tradition, he was led out of Rome to be crucified with his head downwards.

19. "This spake he, signifying by what death he should glorify God." Glorifying God by death means, of course, martyrdom, as distinguished from natural death. The Apostle assumes that the circumstances of the martyrdom of St. Peter, about A.D. 64 or 65, were well known.

"And when he had spoken this, he saith unto him, Follow me." There is considerable difficulty as to what is meant by this command "Follow me." We should naturally explain it as meaning, "Follow Me in the path of obedience and suffering, even unto death." But the next verse seems to forbid this inference, for there we read,

20. "Then Peter, turning about, seeth the disciple whom Jesus loved following," &c. From this it is assumed by Godet and others that the Lord bid St. Peter follow Him to some little distance in order to speak to him alone: and that Peter, seeing John thus following unbidden, asked, "What shall this man do?" But this seems so unlikely that I should rather interpret the two words "follow" and "following" in different senses, and without reference to one another; the first following meaning "follow Me in the path of self-denial and love," and the second ("turning about, seeth

WHAT SHALL THIS MAN DO? [St. John.

21 Peter seeing him saith to Jesus, Lord, and what *shall* this man *do?*

22 Jesus saith unto him, If I will that he tarry °till I come, what *is that* to thee? follow thou me.

° Matt. xvi. 27, 28, & xxv. 31. 1 Cor. iv. 5. & xi. 26. Rev. ii. 25. & iii. 11. & xxii. 7, 20.

---

the disciple following"), as indicating that Jesus and the disciples moved from the place where they were, that Peter followed close after the Lord, and turning about saw St. John, and asked if the Lord would give him also a charge, or if the charge which he had received was meant also for St. John. The question of St. Peter is, "Lord, but this man, what of him?" as if it meant, "What word has Thou for him?" This does not seem to be said officiously, but out of his interest in St. John, the two being seemingly so attached to one another, and so much together. The reference in verse 20 is probably introduced to show that from the familiarity between these two disciples (it being at St. Peter's instance that St. John asked the question of the Lord respecting the traitor), St. Peter was more likely to inquire respecting the destiny of St. John.

22. "Jesus saith unto him, If I will that he tarry .... follow thou me." It seems strange that there should have been any difficulty respecting the meaning of the Lord's answer. "Till I come," can only mean, "Till I come to judge the world." Some have interpreted it as meaning, "Till I come at the destruction of Jerusalem," which makes the Lord to mean, "If I will that he live forty years longer." Others seems to believe that the Lord rose up to go to some little distance, and meant, "If I will that he tarry till I come back." But the Lord evidently puts a very extreme case. "It is nothing to thee how I order the lives and deaths of thy brethren." This answer completely disposes of the dream of a perpetual governing of the Catholic Church, claimed on behalf of St. Peter and of his successors. If the Lord constituted St. Peter œcumenical Bishop, which rule he was to transmit to his successors, then such a matter as the perpetual existence of St. John till the Second Advent was of the utmost moment to him. If He constituted him Prince of the Apostles, then the Lord put all (including St. John) under St. Peter, and it was not only his right but his duty to inquire how the Lord would dispose of them. The Lord, then, here

23 Then went this saying abroad among the brethren, that that disciple should not die: yet Jesus said not unto him, He shall not die; but, If I will that he tarry till I come, what *is that* to thee?

24 This is the disciple which testifieth of these things, and wrote these things: and ᴾ we know that his testimony is true.

p ch. xix. 35.
3 John 12.

---

23. ℵ alone of Uncials omits "What is that to thee?"

asserts the separate independence of each Apostle, and denies to St. Peter any right to *inquire* even into the way in which He intended to order their services.

23. "Then went this saying abroad among the brethren, that that disciple should," &c. The tradition that St. John should not die lingered till the time of Augustine. Thus he writes: "Of whom also [St. John] they have a tradition (which is found in some apocryphal writings) how he ordered a sepulchre to be made for him, being at the time in perfect health ; and how when this had been dug, and most carefully prepared, he laid himself therein as in a bed, and straightway gave up the ghost; howbeit, as those suppose, who take these words of the Lord in this meaning, he did not actually die, but lay like one deceased ; and being thought to be dead was buried asleep, and so remains until Christ come, giving tokens the while of his being alive by the heaving of the dust; which dust is supposed to be stirred by the breathing of the sleeper;" and he concludes, "I think it superfluous to combat this opinion."

It may be that the Lord, as he prophesied of the violent death of the one servant, so he foretold, or rather forecast, or foreshadowed, the long, painful, weary lingering whereby the other also glorified God. " St. Peter's was the martyrdom of death, St. John's was the martyrdom of life." (Bishop Wordsworth.)

24. "This is the disciple which testifieth of these things . . . . testimony is true." To whom is this verse to be ascribed? Many think that it was written by the Ephesian elders: but how could they testify to the truth of what they had not seen, in such language as this? It is extremely improbable that there were then surviving Apostles or Apostolic men who could vouch for

25 ᵃ And there are also many other things which Jesus
did, the which, if they should be written every

q ch. xx. 30.

---

25. This whole verse omitted by ℵ, but retained by A., B., C., D., E., G., H., K., M.,
&c., old Latin, Vulg., and, in fact, all other authorities. It is omitted by Tischendorf
on the authority of ℵ (but somewhat doubtful). According to Westcott and Hort, verse
25 stands not only in all other extant MSS. and versions, but in a considerable series of
Fathers, including Origen, Pamphilus, Eusebius, Cyril, &c.

the truth of what is recorded by the Evangelist, either in this chapter, or in any other of the accounts of the Lord's words and works of which we have the record in the previous chapters of this Gospel.

Is it not the habit of this Evangelist all through his Epistle to alternate between the "I" and the "we"? He begins with the first person plural, "That which we have heard, which we have seen with our eyes, which we have looked upon, and our hands have handled, of the Word of Life, ... we have seen it and bear witness." Now none who might have been then in St. John's company had thus "handled of the Word of Life." But in the next chapter he changes to the first person singular, "These things write I unto you that ye sin not;" then again he returns to the "we;" "Hereby we do know;" then in the seventh verse he resumes the "I:" "I write no new commandment," and so throughout the second chapter. Throughout the remainder, *i.e.*, the third and fourth chapters, the "we" is used, but in the last chapter (verse 13) he again returns to "I:" "These things have I written unto you." So that the Apostle thus speaking of himself as solemnly avouching for the truth of what he says, is only in accordance with his manner and habit, and that any persons should witness to the veracity of such an one in the matter of things of which they could have no personal knowledge, is incredible.

25. "And there are also many other things .... could not contain the books that should be written." This is an hyperbole, but it is one which, if properly understood, and devoutly contemplated, would lead us to consider what a very small fragment we have of the Life of Christ, and how infinite in the number of its incidents that Life must have been. For if the events related in all the Gospels were put one after another, they would not fill one month of His three years' active ministry. Let us remember how many notices we have of His teaching and preaching, of which teaching

one, ʳI suppose that even the world itself could not contain the books that should be written. Amen. ᶠ Amos vii. 10.

---

and preaching not one word has come down to us. See, for instance, Matthew iv. 23, 24; ix. 35; xv. 29, 30; xvi. 21; xix. 2. If the reader will take the trouble to refer to these places in one Gospel only, he will find that all of them imply days, in some cases weeks, of ministerial industry crowded with performances of miracles, and teachings, and preachings, and other incidents. Who can say what the record of the hours of a single day of our Lord's life would extend to if everything that could interest, everything that could edify, everything that we should admire or wonder at in an ordinary man were put down? So that this is a fitting figure with which to conclude the Gospel narrative, to impress upon us how infinitely full, and varied, and crowded with holy deeds was the human Life of the Word made flesh.

EXCURSUS I.

ON THE READING, "GOD ONLY BEGOTTEN," IN JOHN I. 18.

The reading, "God only begotten" ($\mu o\nu o\gamma \epsilon\nu\dot{\eta}\varsigma$ Θεὸς, without definite article), is found in the MSS. of what is called by Westcott and Hort the Neutral text—*i.e.*, it is found in B., ℵ, C.*, and L., and of Cursives only in 33. It is found in the Peshito Syriac, and in the Harclean in margin (but not in the Cureton Syriac), and in the Coptic and Æthiopic.

The earliest Patristic evidence is somewhat as follows:—

Taking into account the strangeness of the collocation, God, the self-existent nature, being joined with "begotten," a word implying coming into existence, or deriving existence, it was very probably known to Justin Martyr, who writes: "The Word of Wisdom, Who is Himself this God, begotten of the Father of all things." (Trypho. 61.) Justin would scarcely have invented the phrase; and it is not likely that he would use in conjunction two words—one implying eternal existence, the other coming into existence—without authority; and the only authority we know of is this place.

EXCURSUS ON JOHN I. 18.

Irenæus, in his book on Heresies, quotes the verse three times—twice as only begotten Son (III. chap. xi. sec. 6, and IV. chap. xx. sec. 6), once as only begotten God, as follows: "But His Word, as He Himself willed it, and for the benefit of those who beheld, did show His Father's brightness, and explained His purposes; as also the Lord said, 'The only begotten God, which is in the bosom of the Father, He hath declared Him'" (IV. chap. xx. sec. 11). Harvey supposes that the MS. of Irenæus read "only begotten God;" and that, in the other places, the Latin translation had been conformed to the Old Latin or Vulgate, which reads "only begotten Son."

Clement of Alexandria: "And John the Apostle says, 'No man hath seen God at any time. The only begotten God, Who is in the bosom of the Father, He hath declared Him'—calling invisibility and ineffableness the bosom of God" (Miscell. V. chap. xii.). Clement also quotes the heretic Theodotus, "plainly calling Him God. The only begotten God, Who is," &c. Origen also quotes the verse, as having the word "God."

So that the reading of some of the MSS. used by Irenæus and Origen is "God only begotten," and of some "only begotten Son." The reading "God," then, seems to be exceedingly ancient. On the contrary, it seems to have been almost universally rejected by the Church; "only begotten Son" being found in A.; all later Uncials, except L.; all the Cursives, except 33; all the Old Latin (a, b, c, e, f, &c.); the Vulgate, Armenian, Æthiopic (Platt), and Cureton Syriac.

Amongst later Fathers, "God" is read by Epiphanius, Basil, Gregory of Nyssa, and Cyril of Alexandria; but "Son" is read by Hippolytus, Athanasius, Chrysostom, Theodoret, &c. For the places in these Fathers, the reader is referred to Tischendorf (8th edition), and Tregelles' "New Testament," on this passage.

That such a reading, having such authority, should have disappeared from all the later Uncials and Cursives, should not have been adopted by Jerome, to whom it must have been known, and not used by Athanasius (who died, 372 A.D.), though read by Cyril of Alexandria, long after his time (he died A.D. 440), is very perplexing, and shows, I think, that it is quite plain that we have not yet the materials for ascertaining the history of that text of the New Testament which, some time in the fourth century, superseded all others in the use of the Catholic Church.

EXCURSUS II.

ON THE RELATION OF OUR LORD'S WORDS IN JOHN III. 5 TO THE REGENERATION OF INFANTS IN BAPTISM.

Many who believe that the Baptism of Infants is according to the mind of Christ, and so continue the practice, are yet of opinion that our Lord, in His words to Nicodemus (John iii. 5), had in view the baptism of those of riper years only. But if so, the Catholic Church, in all its branches (and more especially the Church of England, as is proved by the first address in her office for the Baptism of Infants) has applied the teaching of this passage to the baptism of those for whom Christ did not intend it; and this is a very serious matter, when we consider that from very early times the practice of baptizing infants has been the rule, and the baptizing of those able to answer for themselves, the exception.

Our view of this matter will, of necessity, depend upon the view we take of the meaning and intention of these words of Christ. If we believe them to be intended to impress upon Nicodemus as a worldly and unconverted man the need of personal or spiritual religion, they will, of course, seem to us out of place when applied to infants, who cannot be pronounced regenerate if regeneration,—that is, a new birth of water and of the Spirit—be any form of conscious repentance or faith.

If, on the contrary, we believe with the Church that Christ meant by these words to set forth the mode of entrance into His *kingdom*, which kingdom is a kingdom of grace proceeding from Him as the Second Adam, answering to and designed to take the place of the kingdom of sin and evil we have been brought into by our union with the first Adam at our natural birth, then infants, as we shall see, are the fittest recipients of such grace as our Lord here alludes to. For, as has been well said, "Regeneration is the correlative and opposite of original sin. So the Catholic Church has ever taught, arguing by contraries from the one to the other: for example, as original sin is the transmission of a quality of evil (from Adam); so regeneration is the transfusion of a quality of good (from Christ); as original sin is inherited without the personal act of us who are born of the flesh, so regeneration is bestowed without personal act or merit on infants who are brought to the font: as in the inheritance of original sin we are passive and unconscious, so in regeneration; as original sin precedes all actings of our will, so also may regeneration."

The analogy of the two Adams not only removes all difficulties out of the way of our believing the Baptismal Regeneration of Infants, but makes some such doctrine, if it be lawful to say so, necessary. For all men's doubts respecting the regeneration of infants in Baptism arise from the difficulty of supposing that the entrance into the Church of God as a spiritual kingdom can be granted to those who, owing to their tender years, cannot exercise repentance and faith; but they who are influenced by this objection forget that all men, without exception, enter into a state or kingdom of spiritual evil whilst they are in a state of unconsciousness, for whilst unable to exercise either faith or unbelief, all men are born into the first Adam, and so into a state of sin and death. Now, if Christ be the Second Adam, it seems only natural and fitting that He should, as the Second Adam, be the counterpart to the first Adam in the matter of the communication of grace from Himself—indeed of His own Nature, to those who are in a state of infancy, seeing that all such have, in a like state of infantile unconsciousness, received evil with the nature of the first Adam.

This seems still more likely if we take into account that He has redeemed every one of them by His one all-sufficient Sacrifice.

It seems fitting also that to those who partake of sin and evil by their *first* birth, He should communicate grace by that *second* birth of water and of the Spirit which He has ordained as the entrance into His kingdom.

Especially does this seem fitting when we remember that He says of little children, "of such is the kingdom of God."

Besides this, all His words respecting children, and His demeanour towards them, would lead us to infer that He accounts them to be equally as fit for receiving union with Himself as those who are able, from mature years, to exercise conscious faith, for to His own Apostles, who were consciously believing in and following Him, He declares that "they must become *as* little children before they can enter into His kingdom."

Many of those who practise infant Baptism are too apt to look upon it as if it were an abnormal thing, which God tolerates in this

EXCURSUS ON JOHN III. 5.   511

dispensation of faith, but which is, after all, somewhat out of accord with the spirit of the dispensation, or as if it were a thing which His Church has adopted on her own suggestion, as it were, apart from the direct leading of the Spirit of God. But this is a great mistake; for though infant Baptism, with its attendant grace of union with the Second Adam, may appear exceptional when viewed in connection with that part of God's dealings by which God requires faith in those who are able to exercise faith, before He blesses them, yet it is the reverse of exceptional when viewed in connection with that part of God's dealings whereby He permits that unconscious infants should receive moral or spiritual evil from their earthly progenitor. When viewed in this light the Baptismal Regeneration of Infants is the natural and fitting counterpart in the kingdom of grace to the transmission of original sin in the kingdom of evil.

All this is recognized very clearly by such a Father as Augustine, who writes:—

"Therefore the Baptism of Infants is no more than is necessary: that they who by their generation are subject to that condemnation (*i.e.* of Adam) may, by regeneration, be freed from it. And as there is not a person in the world who is not carnally generated but from Adam, so neither is any spiritually regenerated but by Christ. The carnal generation is liable to that one offence, and the condemnation therof: but the spiritual regeneration takes away, not only that for which infants are baptized, but also those many [sins] which by wicked living men have added to that in which they are generated." ("Epistle to Hilarius,"ed. Bened.vol.ii. page 711.) Again, "that poisonous serpent stung the whole mass of mankind in the first man. No one passes from the first man to the Second, except through the sacrament of Baptism. In children born and not yet baptized, let Adam be recognised; in children born and baptized, and on this account born again, let Christ be recognized." (Sermon on 1 Tim. 15, Benedictine edition, vol. vii. p. 834.)

"If you understand this aright, you would with simplicity and truth acknowledge the grace of Christ towards infants, and not be driven to say things so exceedingly impious and absurd, either that infants ought not to be baptized, or that so great a sacrament is in their case so utter a mockery, that they are baptized in a Saviour and not saved, redeemed by a Deliverer, but not delivered; washed in the laver of Regeneration, but not cleansed." ("Against Julian the Pelagian," iii. 11, Bened. ed. vol. xiii. p. 696).

"If the child live after Baptism, and come to an age capable of obeying God's commandments, then he has that concupiscence to fight against, and with God's help to conquer, if we have not received His grace in vain, and if he resolve not to become a castaway." ("On the Guilt and Remission of Sin," i. 69, ed. Bened. vol. xiii. p. 47, 48.)

The same principal is acknowledged equally clearly by our own Jeremy Taylor; thus he writes:—

" The acts of Christ which were previous to the Institution of Baptism did prepare our understanding by such impresses as were sufficient to produce such persuasion in us, that Christ intended this ministry [of Baptism] for the actual advantage of infants as well as of persons of understanding. For Christ commanded that children should be brought unto Him, He took them up in His arms, He imposed hands on them and blessed them; and without question, did by such acts of favour consign His love to them. . . . . And it is all the reason in the world that since the grace of Christ is as large as the prevarication of Adam, all they who are made guilty by the first Adam, should be cleansed by the Second. But as they are guilty by another man's act, they should be brought to the font to be purified by others; there being the same proportion of reason that by others' act they should be relieved who were in danger of perishing by the act of others (*i.e.* the parents who brought them into being)." ("Liberty of Prophesying," vol. v. p. 541, Eden's edition.)

EXCURSUS III.

ON THE AUTHENTICITY OF JOHN V. 3, 4.

The last clause of verse 3, " waiting for the moving of the water," is omitted by ℵ, A., B., C., L., by Cursives 18, 157, 314, and Cureton Syriac, Coptic, and Memphitic. It is retained by D., later Uncials, most Cursives, old Latin, and Vulgate.

Verse 4 is omitted by ℵ, B., C., D., 33, 157, 134, and an unusual number of Cursives mark it with asterisks as doubtful. It is retained by A., E., F., G., H., I., K., L., M., by other late Uncials, by most Cursives, Old Lat. (a, b, c, e, ff², g,) Vulg. and Pesh. Syriac. Tertullian alone, of Ante-Nicene Fathers, quotes it: "Piscinam Bethsaidam angelus interveniens commovebat. observabant qui valetudinem quærebantur." ("De Bapt.") It is read by Chrysostom, Cyril of Alexandria, and Augustine.

Very probably the words were a marginal note put in to account for the moving of the water, for the words of verse 7, " I have no

EXCURSUS ON JOHN V. 3, 4.

man, when the water is troubled, to put me into the pool," are in all MSS. It is quite certain from this that a moving of the water at uncertain times took place, and that it was supposed that the first person who was plunged in after this moving, and he only, was healed.

In considering this miracle in the notes, I have drawn attention to the fact that it is in no sense a miracle of the Lord's, and as far as I can see He in no shape or way recognized its reality, which I think He would have been careful to do if a messenger of His Father had actually descended, and by moving the water was the occasion of the healing.

It may be rejoined, If no angelic healing took place, ought He not to have disabused the people waiting there?

Now, if He had told the people that they were under a delusion respecting the cure, it is certain they would not have believed Him; but He showed them very plainly that His own presence and power made their waiting there quite unnecessary.

But, to me, the strongest reason against verse 4 is, that if the healing by the angel be true, it would be the one case in which God interfered in favour of the rich who had many friends to assist them into the pool, and passed by the poor and friendless. The fact that a periodical miracle of such a character is not mentioned by Josephus is not absolutely conclusive, but it has its weight.

The reader will forgive me if I quote an extract taking a view of the probability of this miracle which will be most likely new to him. It is from a very able treatise by a Romanist writer (the Rev. J. E. Bridgett) on "The Ritual of the New Testament," and has the imprimatur "✠ Henricus Eduardus, Archiep. Westmonast." The writer is answering an objection to the miracle as being unlike anything else recorded (which it is), and he remarks:—

"If the miracle was not real, yet whence could the popular supposition of healing powers arise? It can only be attributed to its likelihood in the minds of the people of Jerusalem. If such a miracle were altogether unlike anything else recorded as happening in a great city like Jerusalem, how came the people of Jerusalem to expect it? The truth is, that it is only unlike anything that happens in Protestant London. You would not expect to find a multitude of poor cripples waiting for the stirring of the waters of the New River head in [near?] London, but you would not be at all astonished at finding a multitude of poor sick people at St. Winifred's Well in North Wales, or St. Bridget's Well in West Clare. The Catholic tradition of holy wells makes this history of St. John read very naturally to Catholics, the Protestant tradition against any such order of miracles makes it read very unnatural to Protestants." (P. 209.)

The worthy writer's illustration goes very far in accounting for the concourse, but not for the miracle.

EXCURSUS IV.

ON SOME QUESTIONS ARISING OUT OF THE WORDS OF THE LORD IN JOHN VI.

In ascertaining the relation of the Lord's words in John vi. respecting the partaking of His Flesh and Blood, to the Sacrament of His Body and Blood, one consideration, besides those which I have mentioned, must be taken into account, as it must necessarily have considerable weight in deciding the Eucharistic significance of the chapter. It is this: Certain words of this discourse are the most startling in the whole range of Scripture. If words have any meaning they betoken some very remarkable benefit indeed conferred upon the Christian. There is nothing in all Scripture which can be compared with "He that eateth My Flesh, and drinketh My Blood, dwelleth in Me and I in him." Now, they who have seen a sacramental reference in the terms "eating the Flesh of the Son of Man, and drinking His Blood," have constantly used this sort of language when describing the close and intimate union subsisting between Christ and the Christian. And they who have seen no reference to the Holy Eucharist in the characteristic words of this chapter, but have explained them as expressing the inward realization of the Atonement, apart from any sacramental partaking, have, as a rule, when speaking of the union of Christians with their Lord, studiously avoided the use of the terms in question. Christians whose theology leads them to consider the Eucharist as *the* means of partaking of the Body and Blood of Christ, freely and naturally make use of the expressions in the discourse, and other Christians, who evince the most undoubted love to their Redeemer, but whose prejudices lead them to disconnect, rather than otherwise, these words of Christ with the Eucharist, have avoided the use of the peculiar language of this chapter. They have used freely Scripture expressions which betoken other aspects of Christ's love, as, for instance, His leading His people as a shepherd leads his flock, but not of His giving His Body and Blood as their spiritual food, so that the Lord's most startling and impressive words find no place in their practical or experimental theology. Thus they tacitly confess that the Eucharist is practically the only means by which the mystery of this chapter is brought within our reach.

(2.) A second question is this: Are we to be content with resting in faith on the words of the Lord respecting "eating His Flesh and drinking His Blood" as words which cannot be divested of their deep mystery, or are we through fear of their misapprehension in favour of Romanism, to attempt to express them in other words which are the clothing of more spiritual or intellectual ideas? The following are instances of this from the writings of divines of the Church of England:—"All that are saved, owe their salvation to the Salutary Passion of Christ; and their partaking thereof (which is feeding upon His Flesh and Blood), is their life." (Waterland.) "To eat the Flesh of Christ, is to realize in our inward life the mystery of His body now in heaven—to digest and assimilate our own portion in that Body. To drink His Blood is to realize in our inward life the mystery of His satisfaction for sin—to digest and assimilate our own portion in that satisfaction, the outpouring of that Blood." (Alford.) Or again: "It was now revealed [in this discourse] that life was to be gained by the personal appropriation of the virtues of Christ's Life and Death." (Westcott.) I have taken these extracts from writers who do not by any means deny an Eucharistic significance in this discourse. Moreover, these extracts set forth a necessary truth, that we must personally realize, each one of us for himself, our part in the Death and Passion of our Saviour Christ. But the question now is, Do they mean what the Lord meant when He spake about eating His Flesh and drinking His Blood? In considering this, let us remember that our Lord proceeds from that which is less to that which is more mysterious; from that which is capable, as He expresses it, of an intellectual apprehension, to that which, as He expresses it, is not capable of such intellectual apprehension. When the Lord says, "I am the Bread of Life," if we take these words by themselves, and proceed no further, it is evident that He sets Himself before us to be apprehended intellectually or spiritually. If we were asked how a person can be bread to us, so that we should eat him, there seems to be but one answer—We eat him by contemplating or realizing his life, his example, his character, or his love to us. If he is a great teacher we might say that we feed on him by studying deeply his teaching, and if there were any peculiar circumstances in his death, as the patience he evinced in it, or the generous pouring forth of his life for us; then, by the grateful remembrance of this, we might be said to feed on such a death. But in these two latter cases we feed, not on the man himself, but on something connected with him. But the Lord does not stop with saying, "I am the living Bread." He proceeds to tell us how as the Bread of Life He is to be eaten. He gives Himself in His Flesh: "The Bread that I will give is my Flesh," "Except ye eat the Flesh of the Son of Man," &c. Now, if *we* had to describe the way of eating Him as the bread of Life, we should never think of bringing in, or alluding to, His Flesh in any way. It would at once introduce confusion into a purely spiritual or intellectual process, for we feed on a person, or what belongs to a personality, in one way, and we feed on flesh in another. But the Lord does Himself introduce this disturbing element which we call the element of mystery, and we believe that He does it designedly, because He sees the deepest needs of our nature, and the only way in which these needs can be supplied. These needs require the reception of His lower nature before we can have union with His higher. If, then, we insist upon understanding His words in a more intellectual, or more spiritual, or less mysterious way, we undo, as far as lies in our power, the purpose which He had in speaking of eating His Flesh and drinking His Blood rather than receiving any higher part of His nature.

And with respect to the difficulty of supposing that He could not then speak of the mystery of eating His Flesh to the Jews in the synagogue or to the weaker disciples who ceased to walk with Him, let us suppose that our Lord meant by eating His Flesh some way of realizing His atoning Death. How could they, at that time, have any apprehension whatsoever of such an atoning Sacrifice? how could they in their then state believe that His Body before them could be, by its violent Death sometime after, the propitiation for all sin, and so supersede and take the place of all their legal sacrifices? To form the smallest conception of how this could be brought about required that the Incarnation, the Death, and the Resurrection of this Man before them should be viewed in the full light of the Holy Spirit, after the Ascension and the day of Pentecost. Not one of the

EXCURSUS ON JOHN VI. 517

Twelve believed at that time that He could die as an all-sufficient Sacrifice, but what they did believe was that, having come from God, every word He said was to be received in unquestioning faith, whether they understood it or not. We desire, then, to receive the words of the Lord respecting the eating of His Flesh and drinking of His blood as He said them, without explanation. We leave to God the way in which the mystery is brought about, and in thus leaving it to Him we believe that we are in accord with the mind of the Church of England as well as with the first clear enunciation of the Mystery which we find in any Christian writer. The Church of England asserts the Mystery when she requires us to teach that the Sacrament has two parts—the outward part or sign, and the Inward Part or Thing signified, and that the Inward Part, is "the Body and Blood of Christ, which are verily and indeed *taken* and received by the faithful in the Lord's Supper." Respecting the way in which God unites the outward and the Inward Part, she is silent. In this she is at one with the earliest clear statement of the Sacramental Mystery, that in Irenæus. He is led to consider the opinions of certain heretics who denied the Resurrection of the Body, and he refers them to the twofold nature of the Eucharist. "But our meaning is in harmony with the Eucharist, and the Eucharist again confirms our meaning. And we offer to Him His own, carefully teaching the communication and union, and confessing the Resurrection of the Flesh and Spirit. For as the Bread from the earth, receiving the invocation of God, is no longer common bread, but the Eucharist, consisting of two things, an earthly and a heavenly, so also our bodies, receiving the Eucharist, are no longer perishable, having the hope of the Resurrection of Life Everlasting." (Book IV. ch. xviii. sec. 5.)

THE END.

www.ingramcontent.com/pod-product-compliance
Lightning Source LLC
Chambersburg PA
CBHW071218290426
44108CB00013B/1213